लोक मानस
में
राम संस्कृति

लोक मानस में राम संस्कृति

भाग - एक

संरक्षक

योगी आदित्यनाथ
माननीय मुख्यमन्त्री, उत्तर प्रदेश

डॉ. नीलकण्ठ तिवारी
माननीय राज्य मन्त्री (स्वतन्त्र प्रभार)
संस्कृति, पर्यटन, प्रोटोकॉल एवं धर्मार्थ कार्य विभाग, उत्तर प्रदेश

निर्देशन

श्री मुकेश कुमार मेश्राम *आई.ए.एस.*
प्रमुख सचिव, पर्यटन एवं संस्कृति विभाग, उत्तर प्रदेश
अध्यक्ष, अयोध्या शोध संस्थान

श्री शिशिर *आई.ए.एस.*
निदेशक, संस्कृति एवं *उपाध्यक्ष*, अयोध्या शोध संस्थान

परिकल्पना

डॉ. लवकुश द्विवेदी
निदेशक, अयोध्या शोध संस्थान, अयोध्या (उ.प्र.)

वाणी प्रकाशन

वाणी प्रकाशन

4695, 21-ए, दरियागंज, नयी दिल्ली 110 002

फ़ोन : +91 11 23273167 फ़ैक्स : +91 11 23275710

शाखाएँ

अशोक राजपथ, पटना 800 004, बिहार

कॉफ़ी हाउस कैम्पस, महात्मा गांधी मार्ग, इलाहाबाद 211 001, उत्तर प्रदेश

महात्मा गांधी अन्तरराष्ट्रीय हिन्दी विश्वविद्यालय, वर्धा 442 001, महाराष्ट्र

सुल्तानिया रोड, मोतिया पार्क, भोपाल 462 001, मध्य प्रदेश

www.vaniprakashan.com
marketing@vaniprakashan.in
sales@vaniprakashan.in

In Association with

ESTD.-1986

Ayodhya Shodh Sansthan

presents

LOK MANAS MEIN RAM SANSKRITI- I

Visualisation Dr. Lavkush Dwivedi

ISBN : 978-93-5518-002-5

Culture/Religion

प्रथम संस्करण 2022

मूल्य : ₹4000 (प्रति खण्ड)

जयंत प्रिंटरी, एलएलपी, मुम्बई-02 में मुद्रित

वाणी प्रकाशन का लोगो मक़बूल फ़िदा हुसेन की कूची से

अनुक्रम

छत्तीसगढ़ के लोकजीवन में राम

सम्पादक : अजय अटपटू

खण्ड - अ

खण्ड - ब

रामकथा व्यास-परम्परा

सम्पादक : डॉ. श्यामसुन्दर दुबे

परिचय

प्रभाव

जन-जन में राम

सम्पादन : दयानिधि मिश्र

आरण्यक

सम्पादन : डॉ. अर्जुनदास केसरी

छत्तीसगढ़ के लोकजीवन में राम

सम्पादकीय

रकिसी कवि से सुना था कि—

"किस रावण की भुजा उखाड़ूँ,
किस लंका को आग लगाऊँ।
घर-घर रावण, पग-पग लंका,
इतने राम कहाँ से लाऊँ॥"

इस 'इतने राम कहाँ से लाऊँ' ने मेरे मन में हलचल मचा दी। फिर कहीं से इस पंक्ति का जवाब भी आया कि जहाँ से ये रावण आ रहे हैं, वहीं से राम भी आयेंगे। इस पंक्ति से मेरे मन में राम की एक अलग ही तस्वीर उभर कर आयी। मन्दिर के मूर्ति वाले राम की नहीं बल्कि यथार्थ के राम की तस्वीर।

सन्त तुलसीदास के राम एक थे, दुष्टता का पर्याय रावण एक था। उस समय की रामायण बहुत सरल थी और आज की रामायण? वर्तमान की रामायण उस रामायण से कहीं ज्यादा कठिन है, यही कवि की इस "इतने राम कहाँ से लाऊँ" में दिखाई पड़ता है। और सच यही है कि "राम की एक अवधि थी निश्चित, अपने दिवस अनिश्चित हैं।"

राम के वनवास का समय तय था और हमारा वनवास अनिश्चितकालीन है। अहल्या का उद्धार भी तय समय में हो गया, हम आज तक राम के चरण को तरस रहे हैं। कितनी शबरियाँ हाथों में बेर लेकर राम का रास्ता देखते-देखते पथरा-सी गयी हैं।

रावण तो हर गली-चौराहे पर स्पष्ट रूप से दिखाई पड़ रहे हैं, परन्तु राम कहीं नजर नहीं आते। कितने विवश हो गये हैं हम लोग, जो मन्दिर में राम की पूजा करते हैं और चौराहों पर रावण को नमस्ते करते हैं। वर्तमान की इस व्यथा ने मेरे मन में यथार्थ के राम को स्थापित किया—

"मुझसे मत कहना मन्दिर में जाकर शीश झुकाने को,
हार, प्रसाद चढाकर घंटा, झालर, शंख बजाने को,
रामभक्त बनने से ज्यादा, बनना राम जरूरी है,
मैं आतुर हूँ उसी राम की झलक आप में पाने को।"

आखिर इतने बरस हो गये रामायण पढ़ते, रामायण को गाते लेकिन क्यों आज तक कोई राम नहीं आया। क्योंकि हमने केवल मन्दिरों की मूर्ति में राम को देखा, यथार्थ के राम को देखने का प्रयास कभी नहीं किया।

उसी राम को ढूँढ़ने का प्रयास है 'छत्तीसगढ़ के लोक-जीवन में राम'। आखिर उस विराट राम को ढूँढ़ने का प्रयास तो लोक जीवन से ही करना पड़ेगा। मेरे लिए इससे अच्छी बात और क्या होगी कि मैं राम को ढूँढ़ने का प्रयास वहाँ से शुरू कर रहा हूँ जहाँ राम को जन्म देने वाली माता कौशल्या का पवित्र स्थल है।

छत्तीसगढ़ के निवासियों में राम-राम, जय राम, सीताराम का अभिवादन सुनकर स्पष्ट हो जाता है कि राम कहना हमारी जिह्वा का स्वभाव है और स्वभाव इसलिए है क्योंकि राम छत्तीसगढ़ियों की आत्मा में बसे हुए हैं।

रायपुर के समीप मन्दिर-हसौद से लगभग 10 किलोमीटर की दूरी पर ग्राम चन्द्रखुरी माता कौशल्या के जन्म स्थान का साक्षी है। बार के सघन वन के बीच कसडोल के समीप स्थित तुरतुरिया, वाल्मीकि आश्रम होने की कथा सुनाता है, जहाँ रहकर माता सीता ने लव-कुश को जन्म दिया था। कसडोल के ही समीप तीर्थ शिवरीनारायण रामायणकालीन परमभक्त विदुषी माता शबरी का जन्म स्थान है। उसके समीप स्थित है लखनेश्वर मन्दिर खरौद, जो भ्राता लक्ष्मण जी द्वारा पूजित है। राजिम में महानदी के बीच में भगवान द्वारा स्थापित शिवलिंग है जिसे अब कुलेश्वर महादेव के नाम से जानते हैं।

राम के चरण रज का साक्षी है, अम्बिकापुर के समीप स्थित रामगढ़। छत्तीसगढ़ में राम की स्मृति से जुड़े इतने सारे स्थानों से यहाँ के लोगों को रामभक्ति की प्रेरणा सहज ही मिल जाती है। मेरे लिए सबसे आश्चर्यचकित करने वाला दृश्य था, 'रामरमिहा' को सामने से देखना। पूरे शरीर पर सूई की नोक से राम-राम का गोदना गुदवाना इतना आसान नहीं है। रामरमिहा सम्प्रदाय की ऐसी प्रगाढ़ भक्ति और राम नाम में गहरी आस्था को देखकर आप भी दंग रह जायेंगे।

केवल एक ही विश्वास कि शरीर पर राम नाम गुदवाने से इस माटी के चोले का उद्धार होगा और हमें मुक्ति अर्थात् मोक्ष की प्राप्ति होगी। बहुत सारे विद्वानों ने 'छत्तीसगढ़ के लोक-जीवन में राम' को अपनी-अपनी शैली में अभिव्यक्त किया है। बचपन से जो सुनता आया और इतिहासकारों से जो पढ़ा कि श्रीराम का छत्तीसगढ़ से बहुत गहरा सम्बन्ध रहा है; उन्हीं पहलुओं को उजागर करना और छत्तीसगढ़ की लोक परम्परा में अभी भी राम कैसे वास करते हैं, उसे सामने लाने के उद्देश्य ने ही एक पुस्तक का आकार लिया है जिससे आने वाली पीढ़ी भी भगवान राम और छत्तीसगढ़ के पहलुओं को जान सकेगी।

जनश्रुतियों के अनुसार श्रीराम की यहाँ अनेक कथाएँ प्रचलित हैं, वे सत्य हैं या असत्य यह कोई नहीं जानता। परन्तु मैं यह सत्य मानता हूँ कि यहाँ माता कौशल्या की जन्मभूमि है और भगवान श्रीराम, माता सीता और लक्ष्मण भैया के चरण यहाँ अवश्य पड़े हैं। राम का छत्तीसगढ़ से बहुत गहरा सम्बन्ध है और सदैव रहेगा...

श्रीराम चन्द्राय शरणम्...

अजय अटपटू
पुराना थानापारा,
बागबाहरा (छत्तीसगढ़)

खण्ड - अ

छत्तीसगढ़ के रामनामी

प्रो. अश्विनी केशरवानी

छत्तीसगढ़ राज्य पृथक् अस्तित्व में आया और देश का 26वाँ राज्य बना। 1,35,194 वर्ग कि.मी. में फैला और लगभग दो करोड़ आबादी को 27 जिलों में समेटे छत्तीसगढ़ प्राकृतिक वैभव से परिपूर्ण, वैविध्यपूर्ण, सामाजिक और सांस्कृतिक संरचना तथा अपने गौरवपूर्ण अतीत को गर्भ में समाए हुए है। प्राचीनकाल में यह दंडकारण्य, महाकान्तार, महाकोसल और दक्षिण कोसल कहलाता था। दक्षिण जाने का मार्ग यहीं से गुजरता था इसलिए इसे दक्षिणापथ भी कहा गया और ऐसा विश्वास किया जाता है कि अयोध्यापति दशरथ नन्दन श्रीराम अपने अनुज लक्ष्मण के साथ इसी पथ से गुजरकर आर्य संस्कृति का बीज बोते हुए लंका गये। इस मार्ग में वे जहाँ-जहाँ रुके वे सब आज तीर्थ के रूप में प्रसिद्ध स्थल हैं। उस काल के अवशेष यहाँ आज भी दृष्टिगोचर होते हैं। सरगुजा का रामगढ़, श्रीराम की शबरी से भेंट, उनके बेर खाने के प्रसंग का साक्षी शबरी-नारायण, खरदूषण का स्थल खरौद, कबन्ध राक्षस की शरण स्थली कोरबा, वाल्मीकि आश्रम जहाँ लव और कुश का जन्म हुआ वह तुरतुरिया, राजा दशरथ के लिए पुत्रेष्टि यज्ञ कराने वाले शृंगी ऋषि के साथ अन्य सप्त ऋषियों का आश्रम सिहावा, मारीच खोल जहाँ मारीच के साथ मिलकर रावण ने सीताहरण का षड्यन्त्र रचा, आज ऋषभतीर्थ के नाम से जाना जाता है। चन्द्रखुरी जहाँ माता कौशल्या का एकमात्र मन्दिर है। सुदूर चक्रकोट (बस्तर) और चित्रकोट का वनांचल श्रीराम और लक्ष्मण के दक्षिणपथ गमन के साक्षी हैं। छत्तीसगढ़ गौरव में पंडित शुकलाल पांडेय ने भी गाया है–

रत्नपुर में बसे रामजी सारंगपाणी
हैहयवंशी नराधियों की थी राजधानी
प्रियतमपुर है शंकर प्रियतम का अति प्रियतम
है खरौद में बसे लक्ष्मणेश्वर सुर सत्तम
शिवरीनारायण में प्रकटे शौरिराम युत, हैं लसे
जो इन सबका दर्शन करे वह सब दुख में नहीं फँसे।

छत्तीसगढ़ को प्राचीन काल में 'महाकान्तार' कहा जाता था। महाभारत में कान्तारकों के राज्य को जो स्थान निर्दिष्ट हुआ है उसे डॉ. के.पी. जायसवाल ने 'छत्तीसगढ़ कांकेर' माना है। चौथी सदी के मध्य दो राज्य क्रमशः उत्तर में 'उत्तरी कोसल' और दक्षिण में 'दक्षिण कोसल' था। रत्नपुर शिलालेख के छठवें श्लोक में 'क्षोणां दक्षिण कोसलो जनपदः बहुद्वयेनार्जितः' में दक्षिण कोसल नाम का उल्लेख है। पं. गंगाधर ने इसी कोसल अभिधान पर 'कोसलानन्द'

महाकाव्य लिखा है। लेकिन इतिहासविद् ए. कनिंघम ने महाकोसल या छत्तीसगढ़ कहकर यह सिद्ध करना चाहा है कि दक्षिण कोसल ही महाकोसल है और यही छत्तीसगढ़ है। मध्य प्रान्त के विद्वान रायबहादुर हीरालाल ने छत्तीसगढ़ को चेदिसगढ़ का बिगड़ा रूप माना है। क्योंकि यहाँ चेदिवंश के नरेशों का शासन था। बेगलर ने इसे 'छत्तीसघर' कहा है। भूगर्भ विभाग के सुपरिंटेंडेंट श्री पी.एन. बोस ने इसका समर्थन किया है। रत्नपुर के गोपालचन्द्र मिश्र ने "बसै छत्तीस कुरी सब दिन के बसवासी सब सबके" और बाबु रेवाराम ने विक्रमविलास में लिखा है–

बसत नगर सोभा की खानि, चारि बरन निज धर्म निदान।
और कुरी छत्तिस है तहाँ, रूप राशि गुन पूरन महान ॥
तिन में दक्षिण कोसल देशा, जहाँ हरि ओतु केसरी वेशा।
तासु मध्य छत्तीसगढ़ पावन, पुण्य भूमि सुर मुनि मन भावन ॥

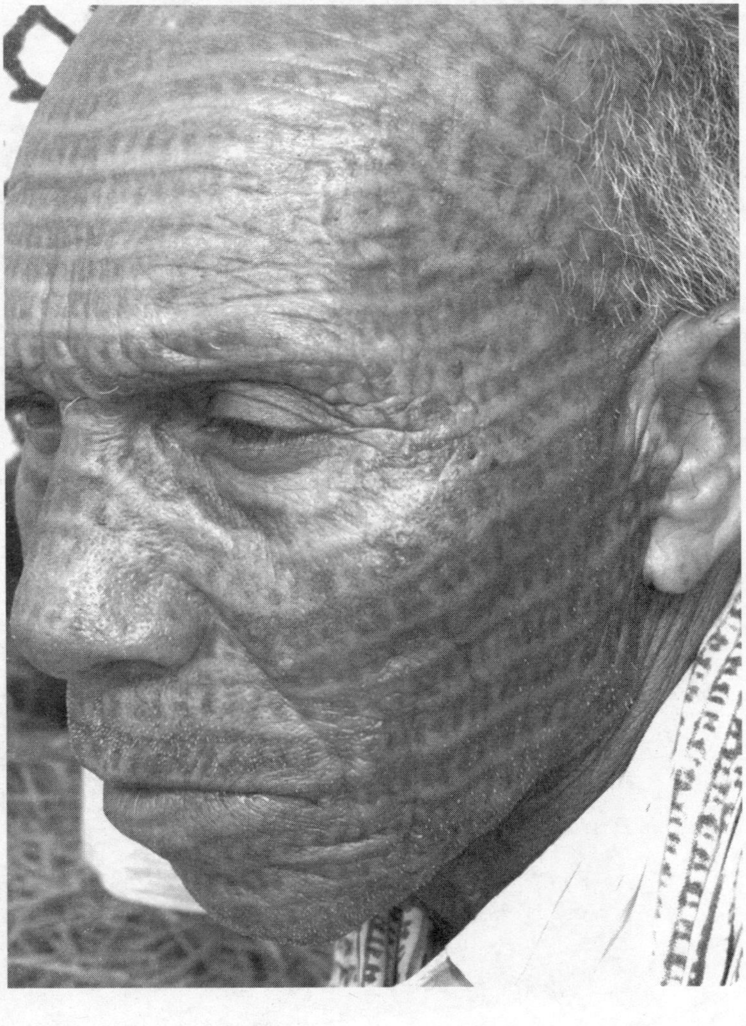

प्राचीन छत्तीसगढ़ को चाहे जिस नाम से भी जाना जाता रहा हो मगर यहाँ रामायण और महाभारत काल का अवशेष आज भी देखा जा सकता है। 'कोसलानन्द' अप्रकाशित ग्रन्थ से पता चलता है कि विन्ध्य पर्वत के दक्षिण में नागपत्तन के पास कोसल नामक एक शक्तिशाली राज्य था जिसका राजा भानुमंत था। राजा भानुमंत की पुत्री कौशल्या थी जिसका ब्याह अयोध्या के महाराज दशरथ से हुआ था। चूँकि राजा भानुमंत का कोई पुत्र नहीं था अतः उसके बाद उनका राज्य राजा दशरथ को मिला। यहाँ भी किंवदन्ती है कि श्रीराम ने अपने वनवास काल का अधिकांश समय इन्हीं वन प्रान्तर में व्यतीत किया था जिनके अवशेष आज भी यहाँ हैं। जांजगीर-चांपा जिलान्तर्गत शिवरीनारायण और खरौद रामकथा से जुड़े हैं। शिवरीनारायण का वास्तविक रूप शबरीनारायण है जो शबरी के जूठे बेर खाने और उसके उद्धार करने के बाद श्रीराम और लक्ष्मण ने दंडकारण्य जाते इस भेंट को चिरस्थायी करने के लिए बनाये थे। श्रीराम का

रामराम

नारायणी रूप यहाँ प्राचीनकाल से गुप्त रूप से विराजमान है। कदाचित् इसी कारण इसे 'गुप्त तीर्थधाम' कहा गया है। इसी प्रकार खरौद को रामायण कालीन खर और दूषण की नगरी माना जाता है। खरौद के दक्षिण द्वार पर शबरी का अति प्राचीन मन्दिर है। इसे सौराइन दाई भी कहा जाता है। रायपुर जिले के बलौदाबाजार के निकट जंगलों के बीच तुरतुरिया ग्राम स्थित है। रामायण काल में यहाँ वाल्मीकि आश्रम था, जहाँ माता सीता ने वनदेवी के रूप में रहकर लव और कुश को जन्म दिया था। श्रीराम के पश्चात् अयोध्या का राज्य लव को और कुश को दक्षिण कोसल का राज्य मिला जिसकी राजधानी कुशावती थी।

महानदी, छत्तीसगढ़ की एक पवित्र और पुण्यदायिनी नदी है। इसे चित्रोत्पला गंगा भी कहा जाता है और इसका उल्लेख रामायण और महाभारत कालीन ग्रन्थों में मिलता है। गंगा के समान पवित्र इस नदी के तट पर अनेक नगर और मन्दिर स्थित हैं। महानदी की पवित्रता के कारण ये नगर सांस्कृतिक तीर्थ कहलाने लगे। इन नगरों में ऋषि-मुनियों ने प्राचीन काल में अपना आश्रम बनाया जहाँ वे तप किया करते थे। सिहावा, राजिम, सिरपुर, खरौद, शिवरीनारायण, तुरतुरिया, चन्द्रपुर और संबलपुर आदि नगर महानदी के तट पर बसे हैं। कदाचित् इसी कारण इन्हें सांस्कृतिक तीर्थ कहा जाने लगा। महानदी के किनारे गिरौदपुरी में बाबा घांसीदास ने जन्म लेकर सत्य का मार्ग दिखाया, उनके अनुयायी 'सतनामी' कहलाये। इसी प्रकार महानदी के तट पर स्थित 'उड़काकन' रामनाम को समर्पित रामनामियों का पवित्र तीर्थ

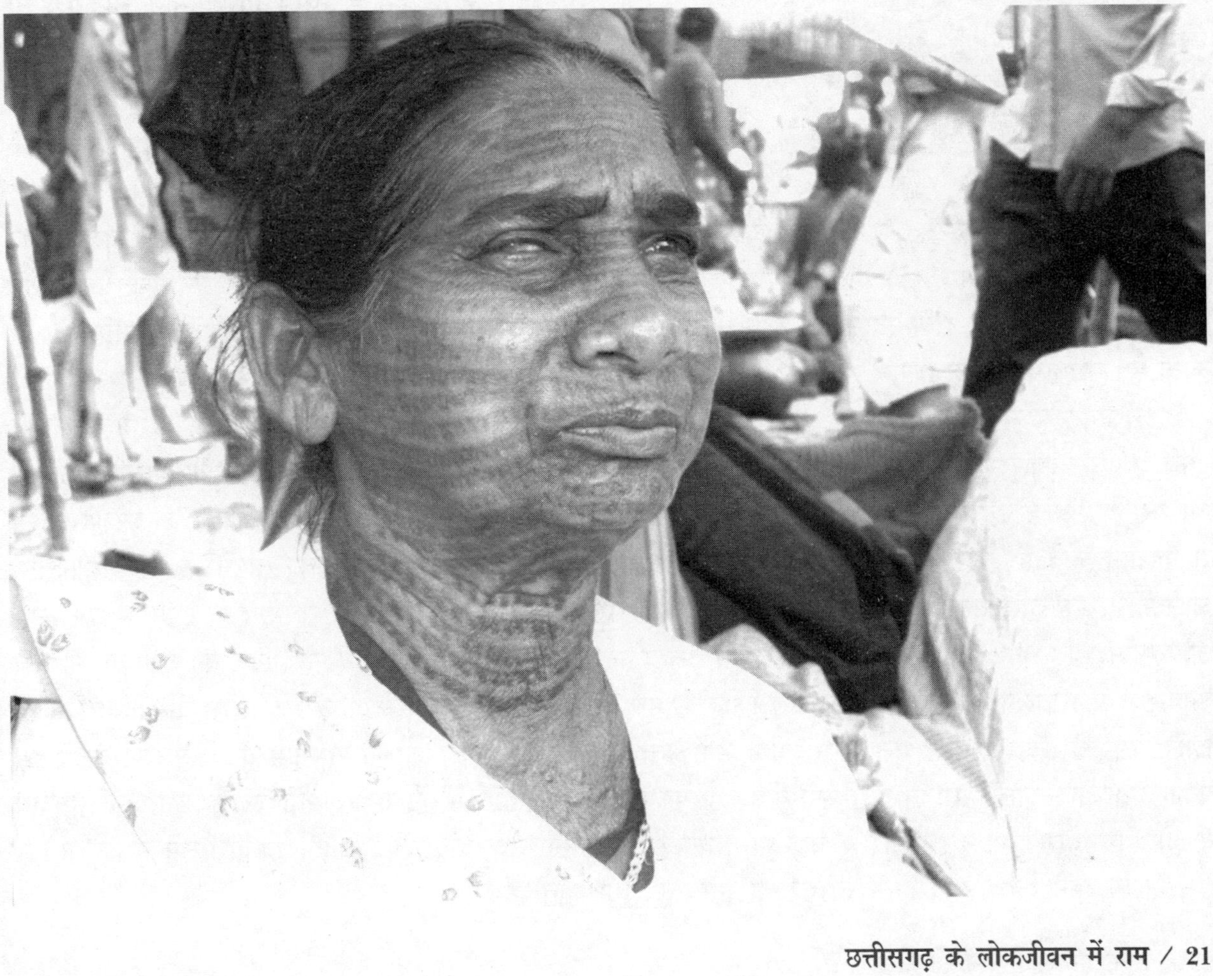

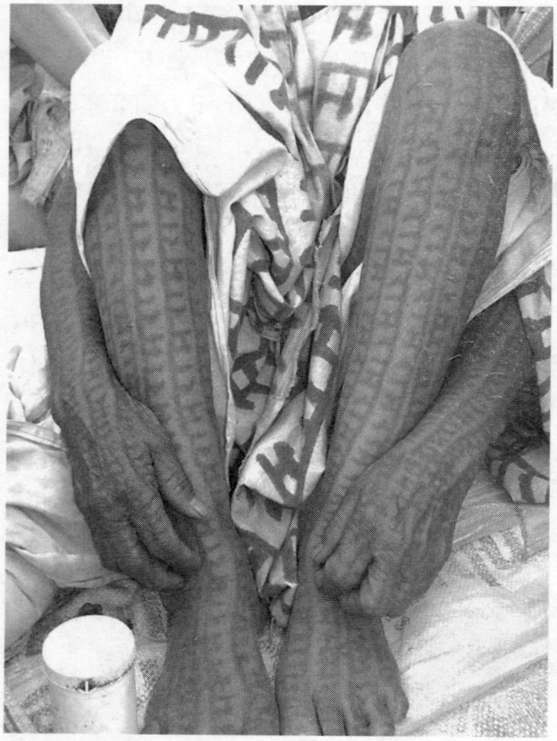

है। इन्हें रामरमिहा, रमनमिहा और रामनामी कहा जाता है। सतनामियों और रामनामियों के लिए शिवरीनारायण का वही महत्त्व है जो दूसरों के लिए प्रयाग और काशी का है। माघी पूर्णिमा से लगने वाले मेले के समय इस पन्थ के लोग भी शिवरीनारायण में अपना तम्बू लगाकर भजन आदि करते हैं पूरे शरीर में रामनाम का अंकन लोगों के लिए आकर्षण का केन्द्र होता है। मैं भी इन्हें बचपन से देखते आ रहा हूँ। मेरे लिए यह उत्सुकता का विषय था। साँवले शरीर में रामनाम का गोदना, सिर पर मोर मुकुट लगाये, हाथ में मंजिरा लिए रात-दिन रामनाम का भजन करना ही जैसे जीवन हो। उनके शरीर का ऐसा कोई भाग नहीं बचा होता है जहाँ रामनाम अंकित न हो ...यहाँ तक कि वे जो कपड़े पहनते हैं और जिस तम्बू के नीचे रहते हैं, उसमें भी रामनाम अंकित होता है। छत्तीसगढ़ के ग्राम्यांचलों में आज भी प्रातः राम-राम कहने का रिवाज है। इससे उनकी दिनचर्या शुभ होती है।

महानदी के तटवर्ती ग्रामों में रामरमिहा लोग निवास करते हैं। छत्तीसगढ़ के रायपुर, बिलासपुर, जांजगीर, चाँपा, महासमुन्द और रायगढ़ जिले के सारंगढ़, घरघोड़ा, जांजगीर, चाँपा, मालखरौदा, चन्द्रपुर, पामगढ़, कसडोल, बलौदाबाजार और बिलाईगढ़ क्षेत्र के लगभग 300 गाँवों में पाँच लाख रामरमिहा निवास करते हैं। रामनामी पन्थ अनुसूचित जाति की एक शाखा है, जो सन्त कवि रैदास को अपने पन्थ का मूल पुरुष मानते हैं। इन्हें रामरमिहा अथवा रामनमिहा कहा जाता है। रामनाम में सदा तन्मय रहने वाले ये लोग अहिंसक और शाकाहारी होते हैं। मदिरा से वे बहुत दूर रहते हैं।

छत्तीसगढ़ में रामनामी पन्थ की उत्पत्ति के सम्बन्ध में कहा जाता है कि ये लोग हरियाणा के नारनौल से यहाँ आये थे। उस काल में तत्कालीन शासकों के दमनात्मक रवैये से त्रस्त होकर ये लोग छत्तीसगढ़ के शान्त माहौल में आ बसे थे। आज उनकी 20वीं पीढ़ी के वंशज अपनी परम्पराओं और विशिष्ट सांस्कृतिक धरोहरों के कारण अलग से पहचाने जाते हैं। पारस्परिक सद्भाव और अद्भुत संगठन क्षमता वाली इस कौम को तोड़ने के लिए तत्कालीन शासकों ने एक चाल चली जिसमें वे सफल हो गये। पूर्व में रामनामी पन्थ के लोग भी सतनाम के उपासक थे। उनमें आपसी सद्भाव और भाईचारा था। इससे उनमें अच्छा संगठन था। उनकी इस संगठन शक्ति को क्षीण करने और आपस में फूट डालने के लिए एक नवजात शिशु के माथे पर 'रामनाम' गुदवा दिया और प्रचारित कर दिया कि यह शिशु राम की इच्छा से इस भूलोक में आया है। अतः राम की इच्छा के अनुरूप रामनाम का अनुसरण करें। इस प्रकार एक शक्तिशाली संगठन दो हिस्सों क्रमशः रामनामी और सतनामी में बँट गया। आगे चलकर इन दोनों समुदाय के दो भाग और हुए। इस प्रकार ये चार भागों क्रमशः रामनामी, सतनामी, सूर्यवंशी और कबीरपन्थी में बँट गये।

अलग रहने के बावजूद इनमें सांस्कृतिक साम्यता पायी जाती है।

सांस्कृतिक परम्परा के द्योतक राम नाम

श्रीराम को अनेक रूपों में पूजा जाता है। शायद ही कोई ऐसा होगा जो श्रीराम के सगुण रूप को नकारता हो? लेकिन महानदी घाटी के ग्राम्यांचलों में बसे रामरमिहा लोग श्रीराम के सगुण रूप को नकार कर उसके निर्गुण रूप के उपासक हैं। हिन्दुस्तान में शायद ही कोई दूसरा पन्थ होगा जो रामनाम में इतना रम जाये कि पूरे शरीर में रामनाम गुदवा ले। लेकिन रामरमिहा लोग पूरे शरीर में राम नाम गुदवाते हैं, यहाँ तक पहनने-ओढ़ने के कपड़े और तम्बू के कपड़ों में भी राम नाम लिखा होता है। श्रीरामचरितमानस में भी कहा गया है–''जय राम रूप अनूप निर्गुण प्रेरक सही'' अर्थात् हे राम! आपकी जय हो। आपके रूप अनुपम हैं। आप निर्गुण हैं और सत्य में ही गुणों के प्रेरक हैं। आगे कहा गया है–

यद्यपि प्रभु के नाम अनेका,
श्रुति कह अधिक एक से एका।
राम सकल नामन्ह ते अधिका,
होउ नाथ अघ खग गल बधिका ॥

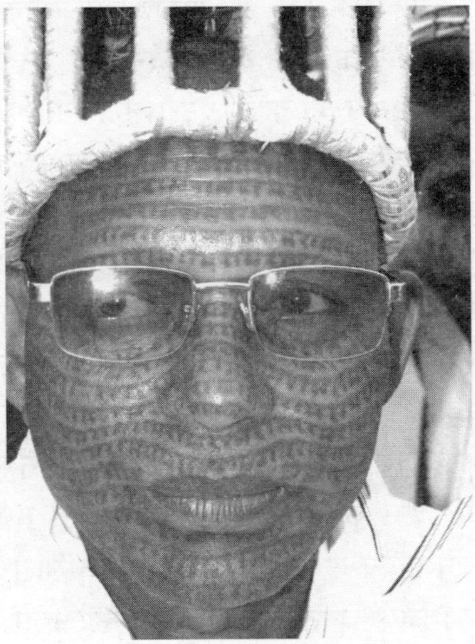

यद्यपि प्रभु के अनेक नाम हैं और वेद कहते हैं कि वे नाम एक से बढ़कर एक हैं। तो भीं हे नाथ! रामनाम सबसे बढ़कर हो और पाप रूपी पक्षियों के लिए वह बधिक के समान हो। सबसे मजेदार बात तो यह है कि निराकार राम की उपासना करने का अधिकार उन्हें न्यायालय से मिला है।

जांजगीर-चाँपा जिले के मालखरौदा विकासखंड के अन्तर्गत ग्राम चारपारा के श्री परसराम भारद्वाज को रामनामी पन्थ का प्रवर्तक माना जाता है। सन् 1904 में उन्होंने निराकार ब्रह्म के प्रतीक राम को मानकर एक जन आन्दोलन की शुरुआत की थी। उन्होंने सबसे पहले अपने माथे पर राम नाम अंकित कराया था। इसके पूर्व निचली जाति के माने जाने के कारण वे रामायण का पाठ और रामनाम का उच्चारण नहीं करते थे। उनका मन्दिरों में प्रवेश निषिद्ध था। अक्सर उनको जातिगत आधार पर अपमान सहना पड़ता था। इसी बीच विदेशी ताकतों ने इस क्षेत्र को अपना कार्यक्षेत्र

बनाया और उन्हें ईसाई धर्म मानने के लिए विवश किया। इसके लिए उन्हें हर प्रकार की मदद की जाने लगी। इसी समय श्री परसराम भारद्वाज ने रामनामी पन्थ के अन्तर्गत निराकार ब्रह्म के प्रतीक राम की पूजा-अर्चना करने की बात कही, जिसे सबने सहर्ष स्वीकार किया और तब से सब निराकार श्रीराम को अपने घर में पूजने लगे। भविष्य में उच्च जातियों द्वारा पुनः बाधा न पड़े इसके लिए उन्होंने तत्कालीन मध्य प्रान्त और बरार के जिला सत्र न्यायालय से कानूनी अधिकार प्राप्त कर लिया। सत्र न्यायाधीश ने अपने फैसले में लिखा है–

ये लोग जिस राम के नाम को भजते हैं, वे राजा दशरथ के पुत्र श्रीराम नहीं बल्कि निराकार ब्रह्म के प्रतीक राम हैं। ब्राह्मणों के प्रति इनके मन में जबरदस्त विरोध की भावना है। सम्भव है उनकी यह भावना उनके द्वारा जातिगत आधार पर दी गयी प्रतारणा का प्रतिफल हो? यही कारण है कि रामनामी पन्थ की सामाजिक संरचना में जन्म से लेकर मृत्यु तक और विवाह से लेकर सन्तानोत्पत्ति तक के सारे संस्कार ऐसे बनाये गये हैं, जिसमें ब्राम्हणों की आवश्यकता ही न पड़े। बिलासपुर जिला गजेटियर के अनुसार उनके धार्मिक कार्यों को पन्थ के सन्त सम्पन्न कराते हैं। अगर अति आवश्यक हुआ तो वे ब्राह्मणों को भी आमन्त्रित करते हैं। छत्तीसगढ़ के मुख्यमन्त्री डॉ. रमनसिंह ने 'उड़काकन' को पर्यटक स्थल के रूप में विकसित करने की घोषणा की है, जो निःसन्देह स्वागतेय है।

रेड इंडियन

रामरमिहा के गुरु और गोसाई लोग रंगीन मोर पंखों वाले बाँस के मुकुट धारण करने वाले होते हैं। इस पर भी रामनाम की काली पट्टी लगी रहती है। पत्रकार श्री सतीश जायसवाल इनकी तुलना रेड इंडियन से करते हैं। अपने एक लेख में वे लिखते हैं–"इन मुकुटों के कारण ये लोग रंग-बिरंगे पंखों की शीश सज्जा करने वाले रेड इंडियनों की तरह नजर आते हैं। वैसे तो भारत में अंडमान द्वीप समूह तथा कुछ अफ्रीकी देशों के जनजातीय कबीलों में वृक्षों की छाल और मिट्टी के नैसर्गिक रंगों से अपने शरीर को चित्रित करने और रँगने की परम्परा है। लेकिन वहाँ यह सब सजावटी-सा होता है। धार्मिक विधि-विधान के तौर पर अपने पूरे शरीर में ईश्वर का नाम अंकित करने वाला सम्भवतः यह दुनिया का एकमात्र समुदाय है। यह समुदाय कोई छोटा-मोटा जनजातीय कबीला नहीं बल्कि पाँच लाख से भी ऊपर विशाल जनसंख्या वाले धर्मावलम्बियों का एक संगठित पन्थ है। जिन्हें जनतान्त्रिक व्यवस्था का सबसे सशक्त अस्त्र अर्थात् मतदान का अधिकार मिला हुआ है।"

tan me ram
man me ram..
by ajay

आदिवासी परम्परा गोदना

सौन्दर्य वृद्धि के लिए आदिवासी संस्कृति में अंग लेखन और चित्रांकन की परम्परा गोदना अनेक आस्थाओं से जुड़ा है। गोदना आदिवासी महिलाओं का शृंगार ही नहीं बल्कि ऐसा परिधान है जो आजीवन तन से जुड़ा रहता है, लेकिन संग तो गोदना ही जाता है। गोदना को लोग 'चिन्हारी' के रूप में गुदवाते हैं। ऐसे में गोदना अगर रामनाम का हो तो सोने में सुहागा ही होगा। अगर किसी रामरमिहा को ध्यान से देखें तो आश्चर्यचकित हो जाना पड़ता है क्योंकि हाथ, पैर यहाँ तक कि आँखों की पलकों में रामनाम गुदा रहता है। बचपन में रामनाम माथे पर गोदा जाता है। गोदना गोदते समय भजन कीर्तन होता है जिससे मन रामनाम में लीन हो जाये और पीड़ा का आभास तक न हो? उम्र के हिसाब से शरीर के दूसरे भाग में गोदने का काम किया जाता है। पहले स्याही से रामनाम लिखा जाता है, फिर सूई चुभोई जाती है। गोदना गोदने में दो सूई काम में लाई जाती हैं और काले रंग को अधिक गहरा तथा पक्का बनाने के लिए उस पर ऊपर से मिट्टी के तेल से निकला धुआँ लगा लेते हैं। गोदना गोदते समय गीत भी गाये जाते हैं–

धूम कुसंगति कालिख होई। लिखिय पुराण मंजु मति होई ॥

गोदना गोदने के बाद उसके ऊपर हल्दी का लेप लगाया जाता है गोदना पकने की बात बहुत कम ही सुनने को मिलती है। छत्तीसगढ़ में गोदना गोदने का काम देवारिन महिलाएँ करती हैं। गोदना गोदते समय वे अक्सर गाती हैं–

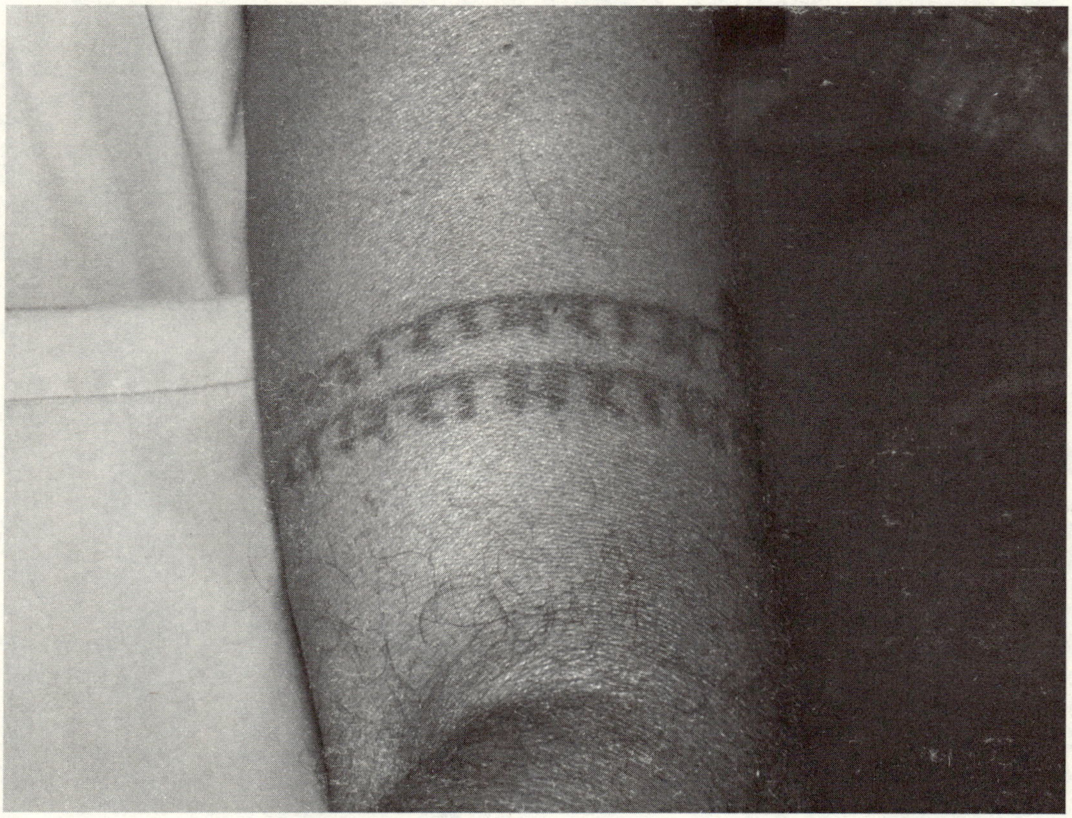

ऐ मोर भूरी दीदी–
घुरूर घुरूर जाता बाजे माली भर पिसान
एक चिरूवा भर दउड़त है किसान।
एक चानी भांटा सोर घइला पानी
तोर धांगरा दारू पी के पडगै उतानी ॥

पंचायत : एक सर्वमान्य संस्था

सामाजिक व्यवस्था में जहाँ चार घर हुए नहीं कि उनमें किसी न किसी बात को लेकर टकराहट अवश्य होती है। रामरमिहा लोग झगड़ों का निपटारा कोर्ट-कचहरी के बजाय अपनी पंचायत में करना ज्यादा पसन्द करते हैं। इस पन्थ की अपनी पंचायत होती है, जो सर्वमान्य संस्था होती है। रामरमिहा लोगों की सामाजिक पंचायत का गठन पन्थ के निर्माण के समय से ही हुआ है। सन् 1960 के पहले तक गुरु प्रथा से पंचों का नामांकन होता था। लेकिन

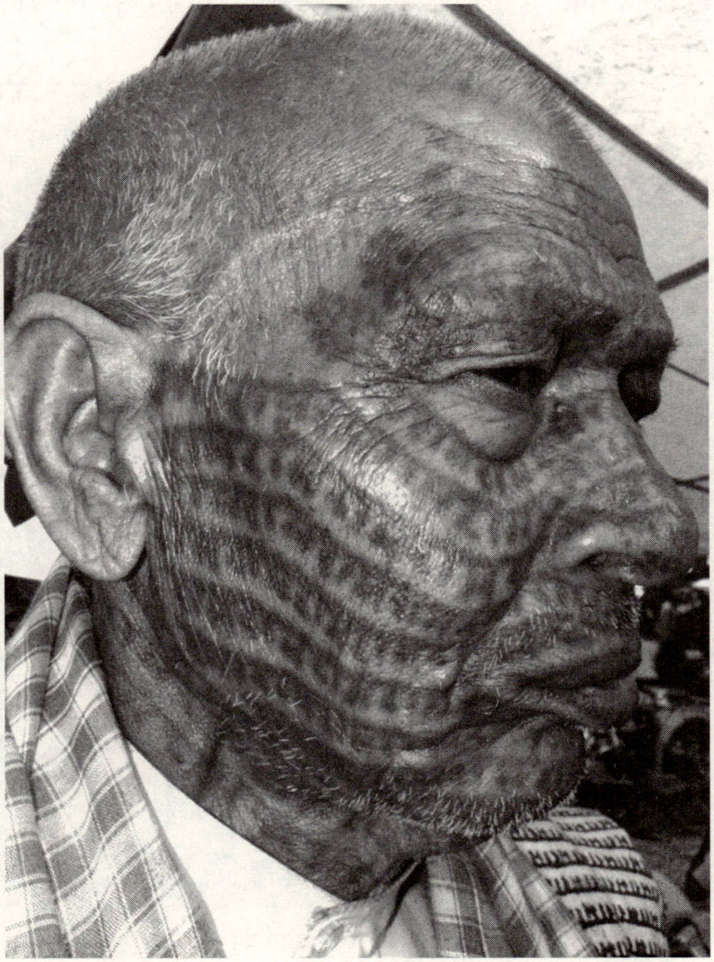

समयानुसार सामाजिक व्यवस्था में परिवर्तन अवश्य सम्भावी है। अतः नामांकन प्रथा के बजाय चुनाव प्रक्रिया अपनायी जाने लगी। इस प्रकार सन् 1960 में पहली निर्वाचित पंचायत बनी और उसके बाद से हर वर्ष पंचायत का चुनाव होता है। इस पंचायत में 100 पंच होते हैं। आठ गाँव के पीछे एक प्रतिनिधि होता है। ये सब महासभा के प्रतिनिधि कहलाते हैं। इसी महासभा में पदाधिकारियों का निर्वाचन होता है। पंचायत का कार्यक्षेत्र सामाजिक, पारिवारिक झगड़ों का निपटारा करना, धार्मिक, सामाजिक और सांस्कृतिक संगठन को मजबूत बनाना और सामूहिक विवाह को सम्पन्न कराना है।

सामूहिक आयोजन : पन्थ मेला

रामनामी पन्थ के दो प्रमुख आयोजन होते हैं—एक रामनवमीं में सन्त समागम और दूसरा पौष एकादशी से त्रयोदशी तक चलने वाला तीन दिवसीय मेला। मेला में सामाजिक वाद-विवादों, पारिवारिक झगड़ों आदि का फैसला होता है। इसके अलावा महासभा का आयोजन और सामूहिक विवाह भी होते हैं। अगला मेला किस स्थान में लगेगा, इसका निर्णय भी यहीं पर हो जाता है। रामनामी मेला महानदी के तटवर्ती ग्रामों में एक बार महानदी के उत्तर में तो दूसरी बार महानदी के दक्षिण में लगता है।

रामनामी मेला का आयोजन महानदी के तटवर्ती ग्रामों में होने के बारे में एक लोककथा प्रचलित है। उसके अनुसार आज से 80-85 वर्ष पहले सवारियों से भरी एक नाव महानदी को पार करते समय मझधार में फँस गयी।

मेले में पूजा करते रामरमिहा

नाविकों ने नाव को किनारे लगाने की बहुत कोशिश की मगर सफलता नहीं मिली, उस समय ईश्वर ही कोई चमत्कार कर सकता था। नाव में सवार सभी यात्री प्रार्थना करने लगे लेकिन इससे भी कोई फायदा नहीं हुआ। संयोग से उस नाव में रामनामी पन्थ के प्रवर्तक श्री परसराम भारद्वाज और उनके अनुयायी भी सवार थे। सबने उनसे भी प्रार्थना करने का अनुरोध किया। तब उन्होंने भी प्रार्थना की–"यदि मझधार में फँसी नाव सकुशल किनारे लग जायेगी तो रामनामी समाज द्वारा महानदी के दोनों किनारों पर रामनाम के भजन-कीर्तन का आयोजन किया जायेगा।" आश्चर्य का ठिकाना नहीं रहा, उनके इस प्रकार प्रार्थना करते ही नाव सकुशल किनारे लग गयी। तब से प्रतिवर्ष महानदी के तटवर्ती ग्रामों में रामनाम का भजन-कीर्तन का आयोजन होने लगा जो आगे चलकर रामनामी सम्मेलन और मेले के रूप में परिवर्तित हो गया।

तीन दिवसीय मेला के पहले दिन मेला स्थल में निर्मित जय स्तम्भ के ऊपर कलश चढ़ाया जाता है। दूसरे दिन रामायण पाठ, रामनाम के भजन-कीर्तन का आयोजन होता है। मेला के अन्तिम दिन सामूहिक विवाह और सामूहिक भोजन-भंडारा का आयोजन होता है। मेला स्थल के आस-पास जुआ, मांस-मदिरा और वेश्यागमन जैसी कुप्रथा पर पूर्णतः प्रतिबन्ध होता है। रामलीला मेला का प्रमुख आकर्षण होता है। मेला स्थल के मध्य में 13 फीट ऊँचे जय स्तम्भ का निर्माण किया जाता है और चबूतरे में भी रामनाम अंकित होता है। इस चबूतरे पर रामचरितमानस की प्रति रख दी जाती है। फिर रामनाम कीर्तन होता है जिसमें वाद्य यन्त्रों के बजाय घुँघरू मंडित लकड़ी के चौके से ध्वनि और ताल निकाला जाता है तथा मयूर पंख से सुसज्जित तंबूरे से वातावरण राममय हो जाता है। फेरा के पूर्व महासभा के समक्ष वर और वधू पक्ष को विधिवत घोषणा-पत्र भरना पड़ता है और संस्था का निर्धारित शुल्क 11-11 रुपये देना पड़ता है। दहेज माँगना और तलाक लेना पूर्णतः वर्जित है। हालाँकि विधवा महिला के माथे पर रामनाम देखकर कोई व्यक्ति उनसे पुनर्विवाह कर सकता है।

छत्तीसगढ़ में विलक्षण भक्तिधारा–'रामरमिहा'

डॉ. पंचराम सोनी

संक्षिप्त विवरण

आदिम गोदना परम्परा से पृथक् छत्तीसगढ़ अंचल में जिस गोदना परम्परा का प्रचलन है, वह है रामरमिहा या रामनामी गोदना। रामरमिहा गोदना का अंकन स्त्री-पुरुष दोनों अपने अंगों पर समान रूप से कराते हैं। इस अंचल में गोदना का यह प्रकार विशेषकर शिवरीनारायण, रायगढ़, सारंगढ़, चन्द्रपुर, माल खरौद, बिलाईगढ़, कसडोल, बिलासपुर आदि के मध्य स्थित ग्रामीण क्षेत्रों में प्रचलित है। बताया जाता है, रामरमिहा गोदना से लगभग तीन सौ प्रभावित गाँव हैं, जहाँ रामनामी बसते हैं। जनश्रुति के आधार पर अनुमानित आँकड़े पाँच लाख के करीब बतलाये जाते है। ये श्रीराम के निर्गुण स्वरूप के उपासक लोग हैं। गोदना इनकी भक्ति भावना का प्रतीक है। ये सर्वांग शरीर पर राम नाम का गोदना गुदाते हैं। शरीर में आँख की पलकों, नाक के ऊपर जैसे संवेदनशील उपांगों पर भी गोदने गुदाए जाते हैं। सिर से पाँव तक इनके पूरे शरीर पर राम राम गुदा रहता है। शिवरी नारायण का माघ मेला रामनामियों का प्रमुख मेला माना जाता है।

रामनामी गोदना श्रीराम के प्रति भावना ईश्वरीय आस्था पर आधारित है। भारतीय भक्ति परम्परा में आदिकवि वाल्मीकि रचित श्रीराम जी की जीवन गाथा पर आधारित कृति 'रामायण' तथा सन्त तुलसीदास जी की श्रीराम के जीवन चरित्र पर आधारित कृति 'रामचरितमानस' एक ऐतिहासिक तथा लोकप्रिय प्रमाण है। मनसा, वाचा, कर्मणा से रामकथा का गायन, वाचन, श्रवण, मनन करने तथा उपदेश के द्वारा कथामृत का रसपान करना, कराना, भारतीय जन-मानस का पवित्र धार्मिक कर्तव्य रहा है। भक्तिभावना से ओत-प्रोत यह धार्मिक परम्परा की बहती निरन्तर धारा भारत में सहस्राब्दियों पूर्व से प्रवाहित होती आयी है। रामरमिहा गोदना इसी भावना की एक बड़ी कड़ी है।

ऐतिहासिक पृष्ठभूमि

छत्तीसगढ़ अंचल की सांस्कृतिक विरासत का महत्त्वपूर्ण अंग है रामनामी गोदना। गोदना विषयक आंचलिक परम्परा का एक बिम्ब तो यह है ही। इस अंचल में रामनामी गोदना एक जाति या वर्ग के बीच प्रचलित मिथक के अनुसार राम नाम का गोदना एक 'परशुराम' नामक व्यक्ति से प्रारम्भ हुआ है। परशुराम ग्राम चारआमा, माल खरौद छत्तीसगढ़ के निवासी थे।

रामरमिहा सम्प्रदाय का जयस्तम्भ

परशुराम अपने माता-पिता के एकमात्र सन्तान थे। बाल्यावस्था से ही उन्हें असाध्य रोग (कुष्ठ) हो गया था। उन दिनों इस रोग का उपचार किसी भी रूप में सम्भव नहीं था। वर्तमान समाज में इस रोग के प्रति छूत की भावना व्याप्त थी। एक तो वह निम्न वर्ग का व्यक्ति ऊपर से ऐसी व्याधि 'दुब्बर ल दू असाढ़' की भाँति समाज में जीना मुश्किल हो गया। परशुराम अपने जीवन से निराश हो चुका था। इसी निराशावश एक सुबह अपने परिवार को साथ लेकर जंगल की ओर निकल पड़ा। चलते-चलते रास्ते में संयोगवश उनकी रामदेव नामक एक रामानन्दी सन्त से भेंट हो गयी। उस सन्त

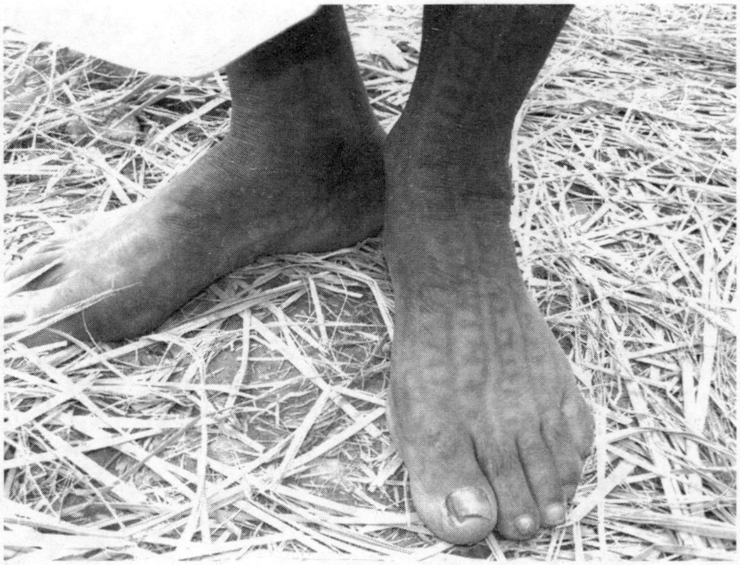

मेले में भोजन बनाते रामरमिहा

ने परशुराम से हाल-चाल, नाम, पता के साथ वनगमन का कारण जानना चाहा। परशुराम ने बड़े कातर भाव से अपनी सारी रामकहानी उन्हें सुनाई। इस वार्तालाप के बीच परशुराम ने उन सन्त से स्वयं को छूत बताते हुए अपने से दुराव बरतने को कहा। इसके साथ ही उनसे आशीर्वाद पाने की अपेक्षा व्यक्त करते हुए छूत रोग से मुक्ति के लिए उचित मार्ग दर्शन कराने को निवेदन किया। इस पर सन्त ने अपने गुणों के अनुरूप परशुराम पर अनुकम्पा की। सन्त तो सन्त ठहरे, मनुष्यों के बीच इतनी हीन भावना को देखकर यह सन्त को उचित नहीं लगा। सन्त ने परशुराम को अपने घर लौट जाने का सुझाव दिया। उन्होंने दोपहर में दूसरे दिन स्वयं परशुराम के घर आने तथा रात्रि के पूर्व लौट आने का वचन भी दिया। परशुराम को अत्यधिक सान्त्वना मिली। वे सपरिवार सहजता से घर लौट आये। घर पहुँच परशुराम उन सन्त के आने की राह देखने लगे। सन्त जी अपने वचन के अनुसार समय पर परशुराम के घर आ पहुँचे। परशुराम की पत्नी ने सन्त के चरण धोए और पूरे घर में चरणामृत के रूप में छिड़काव किया। सन्त की आरती उतारी तथा आदरपूर्वक आसन बिछाकर पधारने की विनती की। सन्त ने घर में प्रवेश कर के आसन ग्रहण किया। तत्पश्चात् परशुराम ने रामचरितमानस माँगा। रामचरितमानस मिलने पर उन्होंने कहा

कि, यही तुम्हारे आराध्य इष्ट हैं ये आपकी सभी आवश्यकताएँ पूरी करते हैं। उन्होंने यह भी बतलाया कि, भगवान राम उनकी भक्ति से प्रसन्न हैं यदि उनका राम के प्रति सच्चा प्रेम और विश्वास है, तब आज ही रात में उनके हृदय स्थल पर स्वतः लिख जायेगा। रामदेव जी कुछ समय तक परशुराम के घर पर भगवान का गुणानुवाद करते रहे। कुछ देर बाद वे उठकर घर से बाहर निकले और रात्रि के घोर अन्धकार में जाने कहाँ विलीन हो गये। सन्त के इस प्रकार वियोग से परशुराम दुखी हुए और भाव विह्वल हो आँसू बहाते घर के एक कोने में रामचरितमानस को गोद में लिए, राम नाम जपते बैठे रहे। रात ऐसे ही बीत गयी। परन्तु दूसरी सुबह चमत्कार हो गया। भोर का उजाला फैलने और अन्धकार छँटने के साथ परशुराम के शरीर से उस असाध्य रोग का निवारण हो चुका था और उनके वक्षस्थल पर 'राम राम' शब्द का अंकन भी हो चुका था। यह समाचार पूरे क्षेत्र में हवा के समान फैल गया। ग्रामवासी, जन-समुदाय दर्शन के लिए उमड़ पड़े।

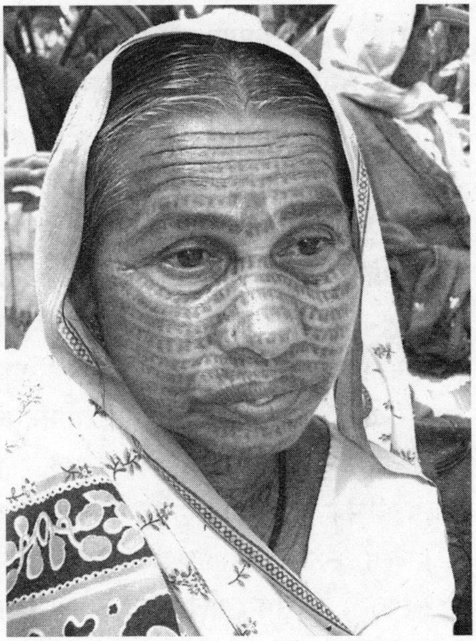

लोगों की भीड़ लग गयी। लोग इस चमत्कार से इतने प्रभावित हुए कि भक्ति भावना में डूब गये। भजन, कीर्तन, गाना-बजाना प्रारम्भ कर दिये। यह क्रम कई दिनों तक चलता रहा। लोग दूर-दूर से आते रहे। भजन, कीर्तन में शामिल होते रहे। इसके बाद से 'राम-राम' के नाम का गुदना गुदाने की परम्परा चल पड़ी। इस प्रकार से रमरमियाँ गोदना की उत्पत्ति और रामनामी सम्प्रदाय की स्थापना हुई।

रामनामियों पर अमेरिकी शोधार्थी प्रोफेसर रामदास लैम्ब ने कुछ ऐसी ही जानकारी अपने शोधकार्य में प्रस्तुत की है। श्री लैम्ब हवाई वि.वि.यू.एस.ए. से शोधकार्य करने हेतु भारत आये थे। उन्होंने छत्तीसगढ़ में रामनामियों के बीच कुछ समय तक रह कर उन पर शोध कार्य किया है। 'रैप्ट इन द नेम' के नाम से इनकी पुस्तक भी छपी है। लैम्ब लिखते हैं, छत्तीसगढ़ में बड़ी संख्या में कबीर पन्थी निवास करते हैं, स्थानीय भाषा में इन्हें कबिरहा कहा जाता है। सामाजिक संरचना में जो पिछड़ी जातियाँ थीं, इस पन्थ के अनुयायियों में इनकी बहुलता है। इसी प्रकार छत्तीसगढ़ का सतनामी समाज सन्त गुरु घासीदास का अनुयायी है, जिनका भक्ति शाखा से सीधा सम्बन्ध है। रामनामी सम्प्रदाय के लोग इसी सामाजिक वर्ग के हैं। गोदना के माध्यम से ये अंचल में अपनी स्वतन्त्र पहचान बनाए हुए हैं। प्रोफेसर लैम्ब के अनुसार इस सम्प्रदाय के लोग रामकथा गाते हैं। रामनामी चादर ओढ़ते हैं। रामनाम अंकित मुकुट लगाते हैं। अपने पूरे शरीर पर रामनाम का गोदना गुदाते हैं। इस रूप में छत्तीसगढ़ में इनकी विशिष्ट पहचान है। ये विशुद्ध शाकाहारी होते हैं, किसी प्रकार का नशा नहीं करते। गोदना इनके सौन्दर्य का साधन नहीं है, बल्कि गोदना में इनकी धार्मिक आस्था निहित है। रामनामी गोदना गुदाना नहीं कहते वे इसे अंकित कराना चाहते हैं। गोदना के प्रति इनका यह विश्वास है कि मृत्यु के पश्चात् अपने अनन्य भक्त के रूप में स्वर्ग में ईश्वर इनकी पहचान कर लेंगे। शरीर पर अंकित रामनाम इनकी धारणा में रामजी का हस्ताक्षर है। श्री लैम्ब से मेरी भेंट हुई थी। लैम्ब क्योंकि एक शोध छात्र थे। रामनामियों पर उनका गहन अध्ययन है, इसलिए जिज्ञासावश मैंने भी उनसे कुछ जानने के लिए प्रश्न किया था। जिसका सार अंश यह है कि—परशुराम का जन्म विषयक कोई लिखित प्रमाण नहीं है। प्रारम्भिक वर्षों में परशुराम के शिष्यों की संख्या कम थी, परन्तु धीरे-धीरे इनमें वृद्धि हुई। रामनामी आन्दोलन के प्रारम्भ के साथ (1890 ईसवी के दशक से) इस सम्प्रदाय का निरन्तर विकास हुआ। सन् 1920 में परशुराम जी के स्वर्गवास के समय गोदनामय रामनामियों के उपस्थिति की संख्या करीब 20,000 थी। परन्तु 21वीं सदी में इनकी

संख्या में आश्चर्यजनक रूप से गिरावट आयी है। इस अंचल के रामनामियों की सांस्कृतिक पहचान गोदना कम होती जा रही है। यह एक चिन्तनीय बात है।

यहाँ ध्यान देने योग्य विशेष बात यह है कि मानवीय धारणाएँ, मान्यताएँ देशकाल, परिस्थितियों के साथ परिवर्तित होती रहती है। परन्तु मानव आस्था के मूल स्रोत या आदिम आधार प्रकारान्तर में भी प्रस्थान बिन्दु से या सम्बन्ध सूत्र से विलग नहीं होते। उपरोक्त सन्दर्भों में भी हम यही पाते हैं कि वैदिक निर्गुण पन्थी सर्वव्यापी आराध्य अथवा इष्ट के प्रति उत्पन्न ईश्वरीय धार्मिक आस्था जो आदिम युग से चली आ रही है, उपनिषद् तथा पौराणिक काल को लाँघ कर वर्तमान वैज्ञानिक युग में भी जन-मानस में समान रूप से अपना प्रभाव बराबर बनाये हुए दृष्टिपात करें तो पाते हैं कि ई. सन् 1398 से 1518 ईसवी तक सन्त कबीर, ई. सन् 1756 से 1850 ईसवी तक सन्त घासीदास और सन् 1850 से 1920 ईसवी तक सन्त परशुराम के समय तक इन 522 वर्षों में चार चक्र परिवर्तनकारी विषम परिस्थितियाँ समाज या जन-मानस में आयीं और चली गयीं। पर अपने आराध्य या इष्ट को अपने अत्यधिक समीप बसाये, बनाये रखने की प्रवृत्ति में कोई अन्तर नहीं आया वह यथावत् बनी रही। जिस आराध्य को वैदिक काल में सर्वव्यापी दृष्टि से देखा गया, कुछ आंशिक मतभेदों के साथ उपनिषदिक काल में उसे निर्गुण निराकार रूपी धारणा में आबद्ध किया गया। पौराणिक काल में अनेक अवतारों के साथ वह सगुण, साकार स्वरूप ग्रहण करके

लीलाधारी हो गया। भक्ति काल में पुनः कबीर से ईश्वरत्व के निराकार स्वरूप को मान्यता मिली जिसे उन्होंने नामों से इंगित किया। सन्त घासीदास ने उसे 'सत्य नाम' का नाम दिया और उसे संसार के कर्ता, धर्ता, हर्ता के रूप में प्रसारित-प्रचारित किया। जिसे सन्त परशुराम ने पुनः 'राम नाम' के रूप में आराध्य इष्ट माना।

अभिन्न तादात्म्य की मंशा से परशुराम के बाद अपने शरीर पर आराध्य को अंकित कराने की परम्परा पुनः चल पड़ती है। इसमें आश्चर्य जैसी कोई बात नजर नहीं आती क्योंकि परशुराम के साथ चमत्कारपूर्ण बातें प्रारम्भ से जुड़ी हुई चली आ रही हैं। इस हेतु से यहाँ यह अत्यधिक उल्लेखनीय बात है कि आदिम युग की धारणा में स्थित आराध्य के प्रति, प्रतीक के रूप में चिह्नांकन की प्राचीन परम्परा अपने मूल रूप में यथावत उपस्थित हो गयी। मनुष्य ने अपने इष्ट को सबसे करीब रखने हेतु उसे प्रतीक के रूप में अपने शरीर पर अंकित कर लिया। इस विश्वास के साथ ईष्ट और आराध्य के प्रति वही आदिम विद्यमान मानवीय आस्था लोक-जीवन में नयी ऊर्जा शक्ति लेकर जीवित हो उठी है।

यहाँ यह भी विशेष उल्लेखनीय बात होगी कि छत्तीसगढ़ अंचल श्रीराम का त्रेता युगीन भक्त क्षेत्र है। यह अंचल कई मायने में श्रीराम से सम्बद्ध रहा है। दक्षिण कोसल के नाम से इतिहास प्रसिद्ध यह क्षेत्र श्रीराम का 'ननिहाल'

होने के साथ-साथ वाल्मीकि आश्रम तुरतुरिया, लव-कुश की जन्मभूमि और दंडकारण्य के रूप में श्रीराम की कर्मभूमि भी रहा है। तात्पर्य यह है कि, यह अंचल त्रेता युग से ही राम की भक्ति भावना से ओत-प्रोत रहा है। उन दिनों अनेक ऋषि-मुनि यहाँ निवास करते थे, जिनका प्रभाव अब तक बना हुआ है। द्वापर युग में सिरपुर में राजधानी की स्थापना करके पाण्डु पुत्र अर्जुन के वंशज यहाँ राज्य करते थे। गौतम बुद्ध से लेकर सन्त घासीदास तक विभिन्न अस्थायी उथल-पुथल इस अंचल में होती रही है। परन्तु परशुराम को माध्यम बनाकर वह त्रेता युगीन रामभक्ति की धारा पुनः तरंगित हो उठी है। अतः यह समझना होगा कि छत्तीसगढ़ की ईश्वरीय आस्था परक मानवीय भावना युगीन है। यद्यपि परिवर्तनशील जीवन में किसी भी विषय-वस्तु के स्थायी होने की कोई गारंटी नहीं है, किन्तु जो कुछ रहा है, और है, उसका अस्तित्व सदैव किसी न किसी रूप में बना रहता है, वह समूल नष्ट नहीं होता। यह सर्वविदित तथ्य है कि सूई की नोक के समान वट बीज में विशालकाय अक्षयवट का सम्पूर्ण आकार विद्यमान होता है, जिसमें पल्लवन की शाश्वत परम्परा भी संयुक्त होती है।

रामरमिहा सम्प्रदाय की जीवनशैली व परम्परा

विद्याभूषण मिश्र

छत्तीसगढ़ अंचल अपनी सांस्कृतिक और धार्मिक विरासतों के लिए जाना जाता है। अगर यहाँ कबीरपन्थ की धर्मदासी पीठ है तो सतनाम का भी यह उद्गम स्थल है। यहाँ परम रामभक्त रामरमिहाओं का अपना विविधतामय संसार है। छत्तीसगढ़ में निवास करने वाले रामनामी सम्प्रदाय के लोग जिन्हें 'रामरमिहा' अथवा 'रामनमिहा' के नाम से जाना जाता है, राम-कीर्तन एवं भजन के कार्यों में सदा तन्मय पाये जाते हैं। रायपुर, बिलासपुर एवं रायगढ़ जिले के ग्रामों में प्रायः इस सम्प्रदाय के लोग अधिक संख्या में निवास करते हैं। जांजगीर-चाँपा जिला में भी इस सम्प्रदाय के कुछ लोग पाये जाते हैं। इस वर्ग के वयोवृद्ध लोगों के अनुसार इनकी पीढ़ी का सर्वप्रथम आगमन छत्तीसगढ़ में हरियाणा के नारनौल नामक शहर से हुआ। आज इस वर्ण की 16वीं पीढ़ी छत्तीसगढ़ की सांस्कृतिक विशिष्टताओं का एक अंग मानी जाती है। जब इस सम्प्रदाय की प्रथम पीढ़ी छत्तीसगढ़ में आयी, भारत में औरंगजेब का राज था, तत्कालीन उत्पीड़न से आक्रान्त हो इस सम्प्रदाय ने यहाँ शरण ली। ये लोग पूर्णतः अहिंसावादी एवं श्रम के प्रति आस्थावान रहे। इन्होंने मुख्यतः कृषि को अपना प्रमुख पेशा चुना।

जब रामनामी सम्प्रदाय के लोग यहाँ आये उनमें पारस्परिक सद्भाव एवं अपूर्व संगठन-शक्ति थी। तत्कालीन मालगुजारों एवं धनिकों ने इनमें फूट डालने की युक्ति निकाली। यह वर्ग मुख्यतः सतनामी पन्थ का अनुयायी था। किन्तु कहा जाता है कि जब किसी के घर एक शिशु का जन्म हुआ षड्यन्त्र करके धनिकों ने उसके मस्तक पर राम नाम अंकित कराके इस बात की घोषणा कर दी कि श्रीराम की आज्ञा है कि इस परिवार के लोग रामपन्थ का अनुसरण करें। धीरे-धीरे कालान्तर में रामनामी सम्प्रदाय सतनामी वर्ग से अलग होकर अपना विभिन्न अस्तित्व रखने लगा। इस अलगाव के बाद इस वर्ग ने राम को अपने गुरु के रूप में स्वीकार किया। इसके बाद हरिजन वर्ग रामनामी, सतनामी, सूर्यवंशी एवं कबीरपन्थी आदि वर्गों में विभाजित हो गया।

रामरमिहा लोगों का मेला किसी एक ग्राम के आमन्त्रण पर पौष शुक्ल एकादशी से त्रयोदशी तक तीन दिनों के लिए लगता है। ये लोग रामनाम का जय-स्तम्भ पहले काष्ठ से निर्मित करते रहे किन्तु अब ईंट और सीमेंट की सहायता से इन्हें स्थायी रूप प्रदान किया गया है। चाहे मेला लगे या न लगे किन्तु जय-स्तम्भ के निकट पौष शुक्ल 11 से 13 तक रामकीर्तन एवं भजन-कार्य में लोग रसमग्न पाये जाते हैं। मानो राम-कीर्तन की रसमय धारा प्रवाहमान हो उठती है।

जय-स्तम्भ या राम-स्तम्भ की ऊँचाई 13 फुट होती है तथा उसके निकट एक चबूतरा का निर्माण किया जाता है। इस चबूतरे पर 'रामचरितमानस' की प्रति आदरपूर्वक रख दी जाती है। रामनमिहा लोग इस चौक या चबूतरा पर

बैठकर मानस की चौपाइयों का गान करते हैं। इस गान के समय बार-बार राम नाम का उच्चारण किया जाता है। राम-कीर्तन में वाद्यों का उपयोग नहीं किया जाता। घुँघरू-मंडित लकड़ी के चौकों से ध्वनि उत्पन्न कर कीर्तन किया जाता है। मयूर पंखों से सुसज्जित तम्बूरे अपनी गुंजनमयी स्वरलहरियों से वातावरण को रामरस से सरस बना देते

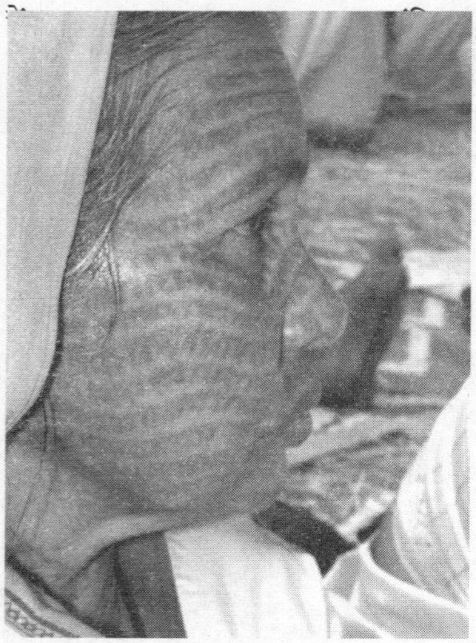

कर दिया जाता है तथा स्तम्भ के ऊपर श्वेत वस्त्र पर रामांकित ध्वज फहराकर कीर्तन को और भी आकर्षक स्वरूप प्रदान किया जाता है। जिस स्थल पर मेला लगता है वहाँ विभिन्न ग्रामों से पधारे लोग अपनी अलग-अलग छावनी लगाकर निवास करते हैं। मेला निरन्तर 62 घण्टे तक चलता है तथा इस अवधि में राम-कीर्तन क्षणमात्र के लिए भी अवरुद्ध नहीं होता है। "राम राम राम राम के भजन प्रिय लागे" जैसी ध्वनि वातावरण को राममय गुंजन से आश्रम का सा स्वरूप प्रदान करती है।

मेला में लोग अपनी-अपनी छावनियों में भोजन बनाते हैं। किन्तु अन्तिम दिन सभी के लिए एक स्थल पर चावल एवं दाल पकाया जाता है। चावल को पकाकर पृथ्वी के ऊपर किसी कपड़े के बिछावन पर इकट्ठा कर दिया जाता है। इस एकत्रित ढेरनुमा आकार पर भक्तवृन्द आकर विभिन्न प्रकार की वस्तुएँ अर्पित करते हैं। कोई घी डालता है तो कोई लाई से बना हुआ उखरा। कहा जाता है कि जब समाज में दूध-दही की सम्पन्नता थी, लोग पीपा पीपा भर घी तक चावल की ढेरी पर श्रद्धापूर्वक अर्पित कर दिया करते थे। पत्तलों से निर्मित दोने में भरकर प्रसाद वितरण में चावल एवं दाल दिये

जाते हैं। सन्ध्या में सूर्यास्त के बाद शेष चावल-दाल पूरे समूह में बाँट दिये जाते थे। जो रामनमिहा गाँव खिलाने की आर्थिक स्थिति रखता है, वही अन्य ग्राम्यवासियों के लिए अपने यहाँ राममेला का आयोजन करता है।

इस मेला की सबसे बड़ी विशेषता पारस्परिक सहयोग एवं एकता के साथ ही साथ सद्भाव एवं भक्ति है। इसकी दूसरी उपलब्धि सामूहिक-विवाह को माना जाता है। जय-स्तम्भ के किनारे लड़का एवं लड़की पक्ष वाले एकत्र हो जाते हैं। वर एवं कन्या के मस्तक पर राम नाम का गोदना अंकित करा दिया जाता है। यह अंकन इस बात

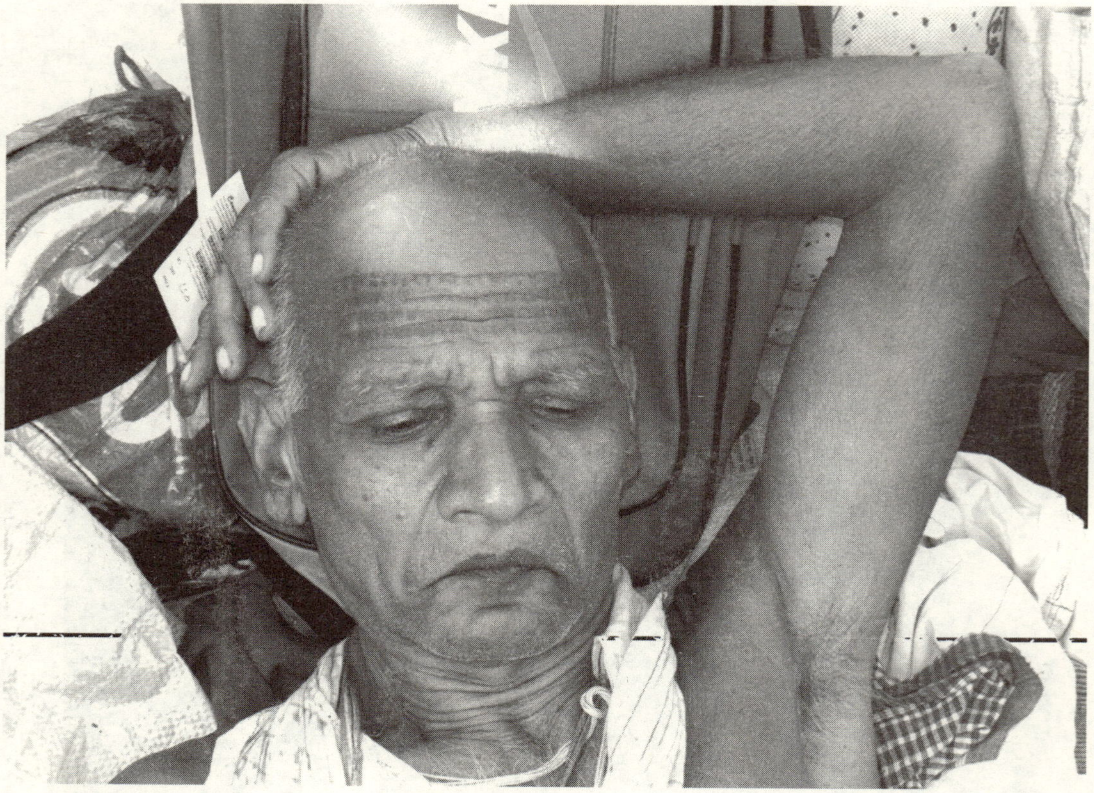

को प्रमाणित करता है कि वे दाम्पत्य जीवन में प्रवेश करने जा रहे हैं। फिर जय-स्तम्भ के चारों ओर वर-कन्या की सात भाँवरी होती है तथा रामचरितमानस पर लड़का एवं लड़की पक्ष के लोग 25-25 रुपये चढ़ाकर वैवाहिक दक्षिणा प्रदान करते हैं। वर-वधू इस समय नये वस्त्र पहनते हैं। सम्प्रदाय के गुरुजन शीश के ऊपर रामांकित बोंगा धारण कर उसे मयूर-पंख से सुसज्जित कर आशीर्वाद देते हैं।

लड़की अगर जीवन में विवाहोपरान्त विधवा हो जाती है तो उसके मस्तक पर अंकित राम-राम को देखकर चूड़ी प्रथा द्वारा दूसरा व्यक्ति उसे दाम्पत्य सूत्र में आबद्ध कर लेता है। चूँकि आज की आधुनिक संस्कृति में नवयुवक रंग चुके हैं तथा उनके ऊपर दूरदर्शन एवं चलचित्र की संस्कृति का गहरा प्रभाव प्रवेश कर गया है, वे मस्तक पर राम नाम के गोदना से घृणा करने लगे हैं। इस तरह यह प्राचीनतम राम संस्कृति इस वैज्ञानिक युग में धूमिल होती जा रही है। राम नाम गोदना के प्रति टूटती आस्था एवं बढ़ती अनास्था का कारण कुछ लोगों ने बताया कि इसे देखकर लोग समाज में उनके प्रति उपेक्षा की भावना रखते हैं। अतः आधुनिक युवक इससे कतराने लगे हैं। विधवा का पुनर्विवाह चूड़ी प्रथा के अन्तर्गत सम्पन्न किया जाता है तथा इस अवसर पर चूड़ी पहनाने वाले व्यक्ति को भात देना पड़ता है, अर्थात् वह अपने समाज को भोजन कराता है। इसी तरह चारित्रिक अपराध सिद्ध होने पर अपराधी व्यक्ति को भात देकर प्रायश्चित्त करना पड़ता है। रामरमिहा वर्ग में सामूहिक विवाह की प्रथा आज की दहेज-प्रथा के विरुद्ध एक नैतिक चुनौती एवं जीवन निर्वाह का सहजतम हल है। जीवन में जटिलताओं के बावजूद सहज जीवन जीने वाला यह विरासती सम्प्रदाय सामाजिक संरक्षक के योग्य है।

रामभक्ति में लीन रामरमिहा सम्प्रदाय द्वारा आयोजित रामनामी मेला की कुछ सुनहरी झलकियाँ

STORM

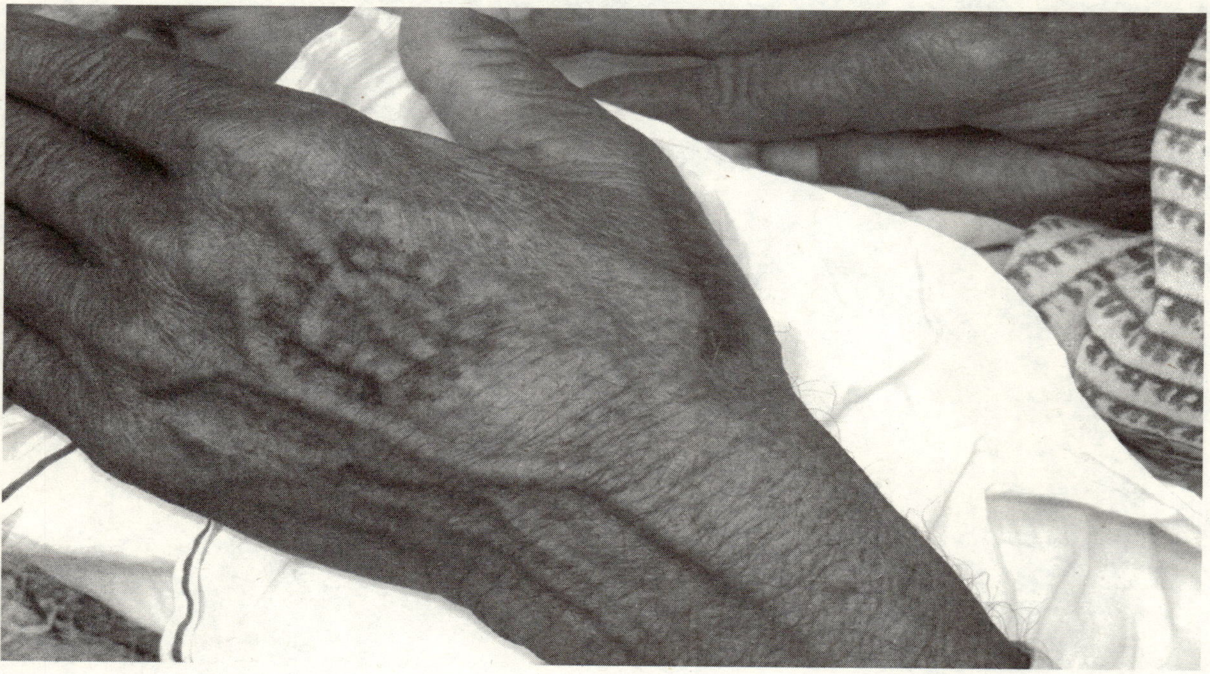

रामरमिहा सम्प्रदाय के साथ लेखक अजय अटपटू

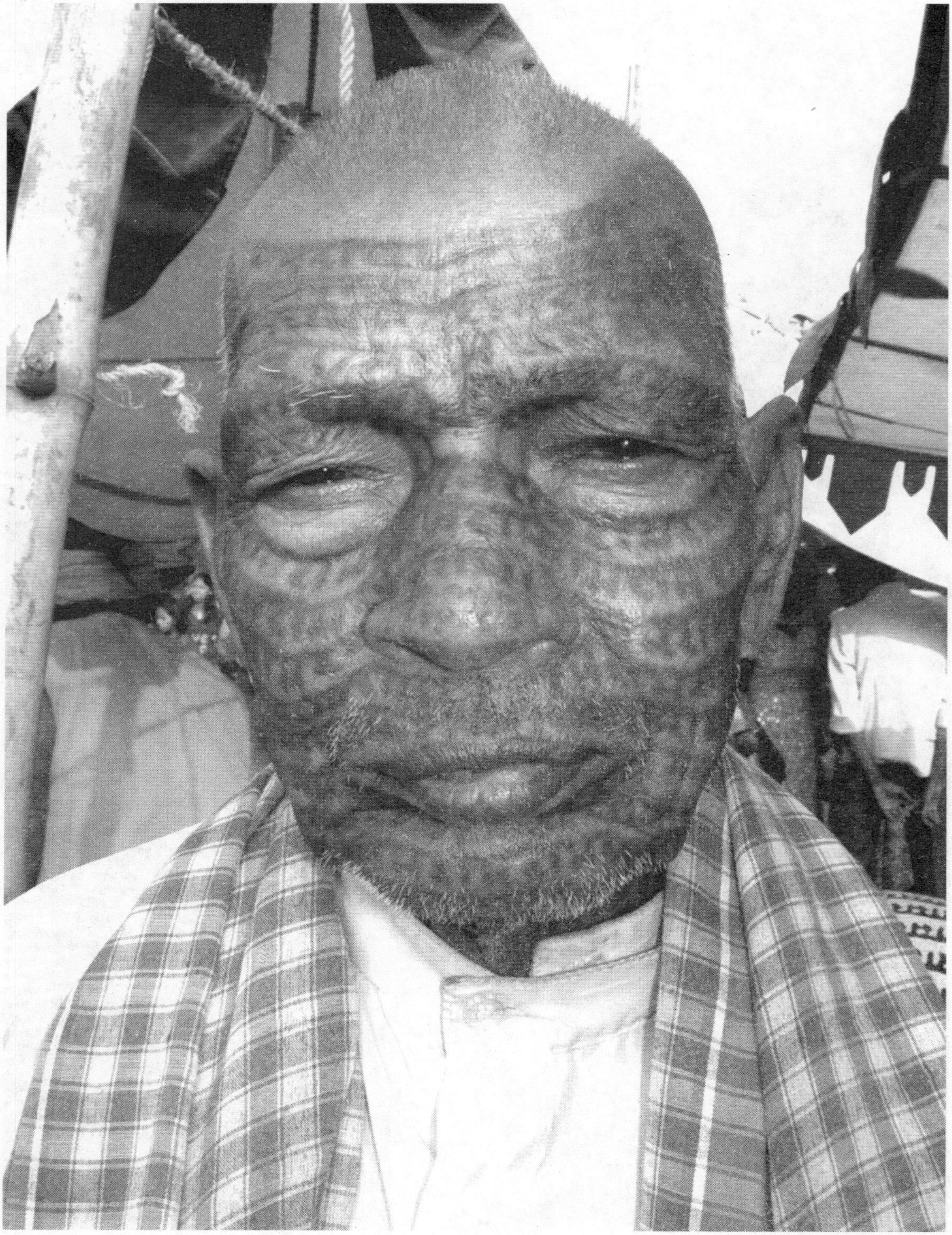

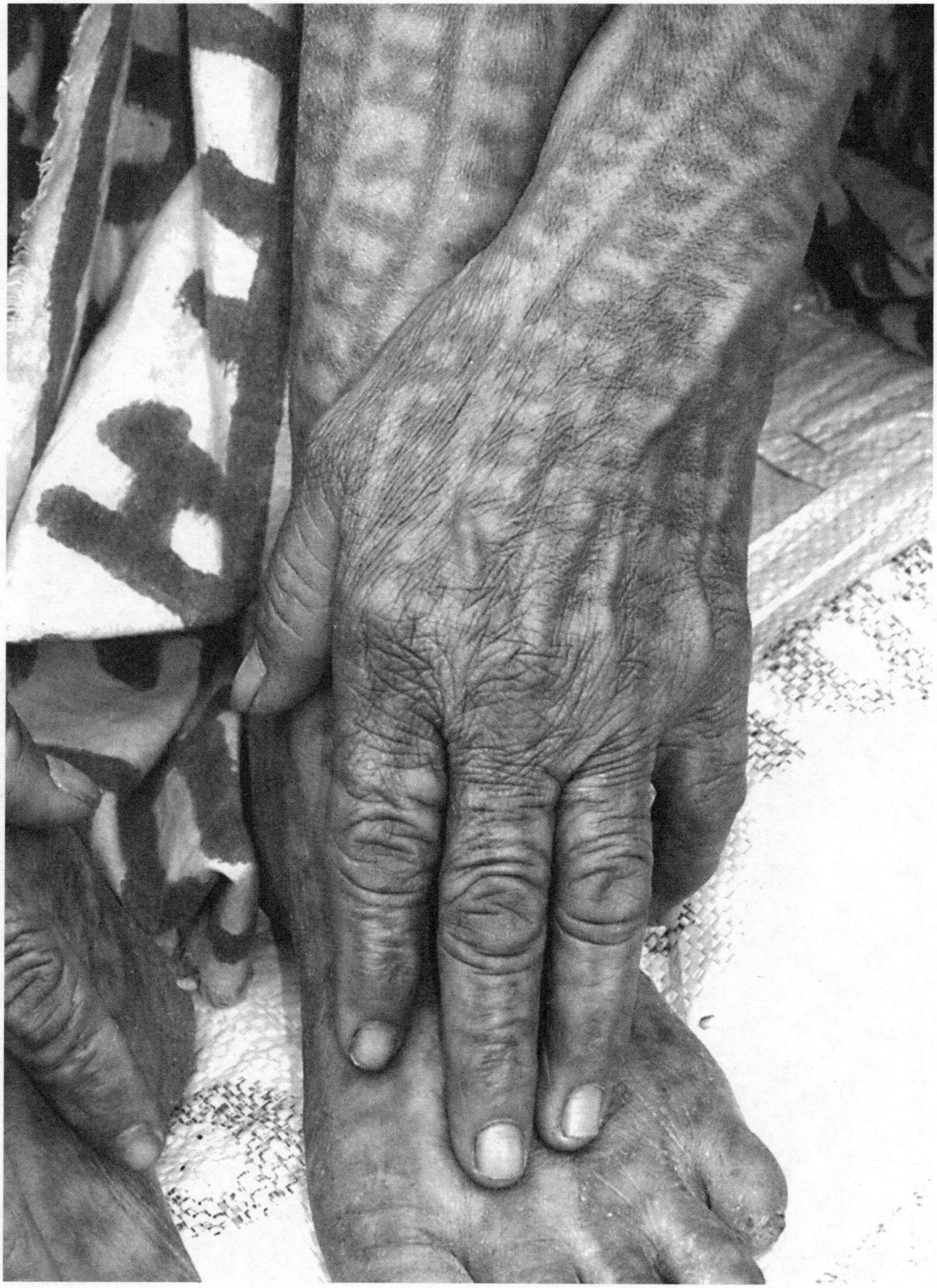

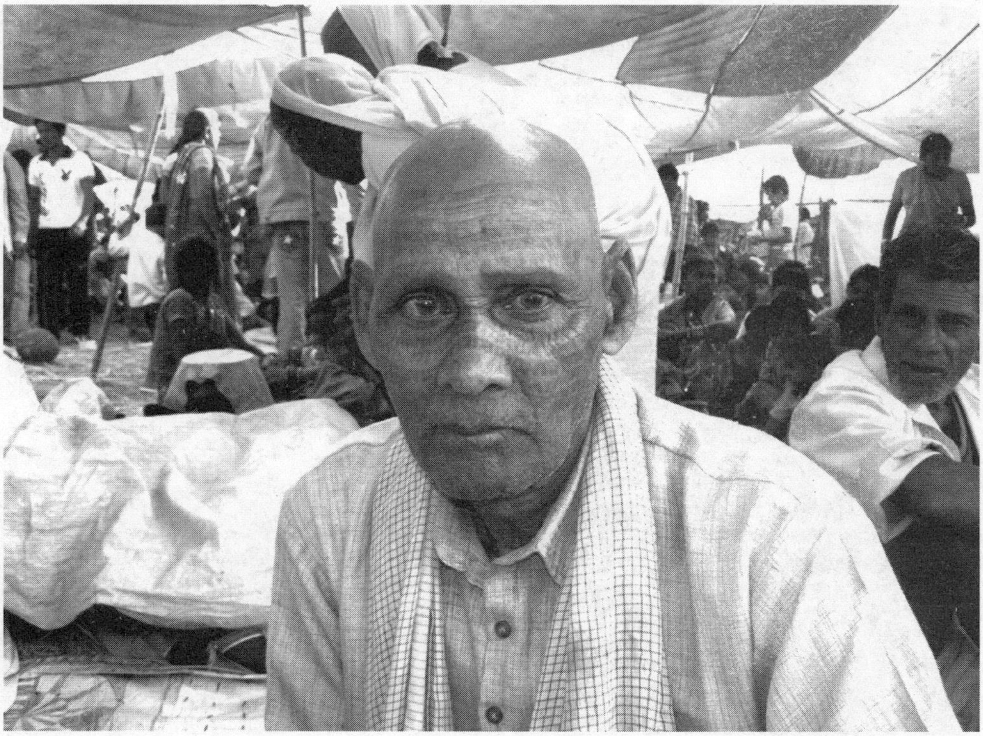

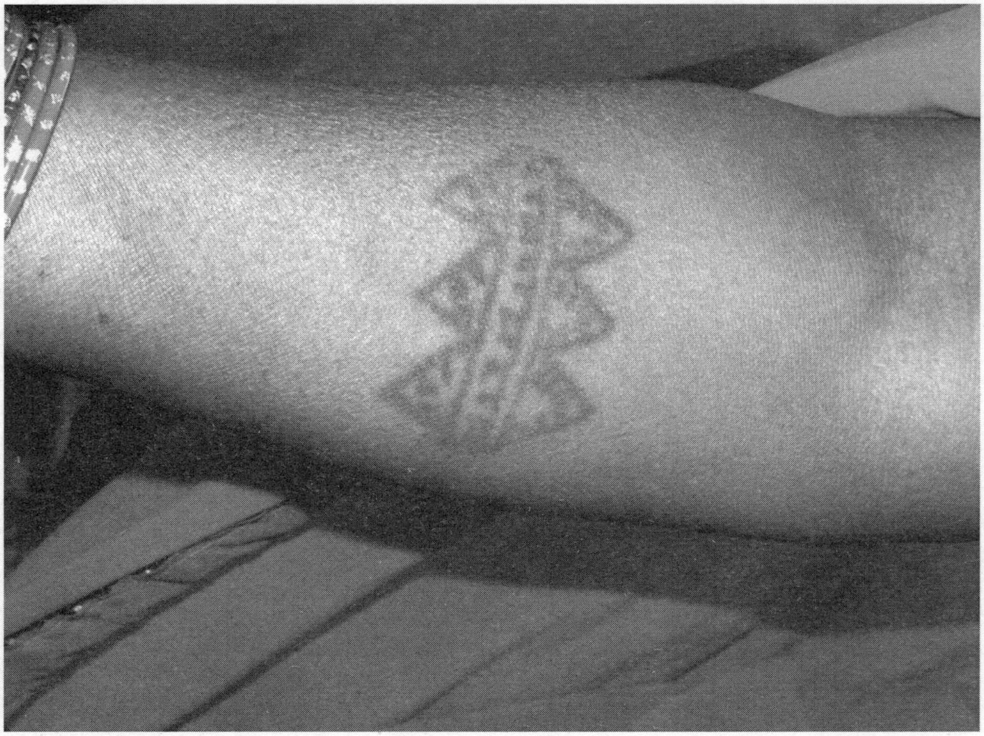

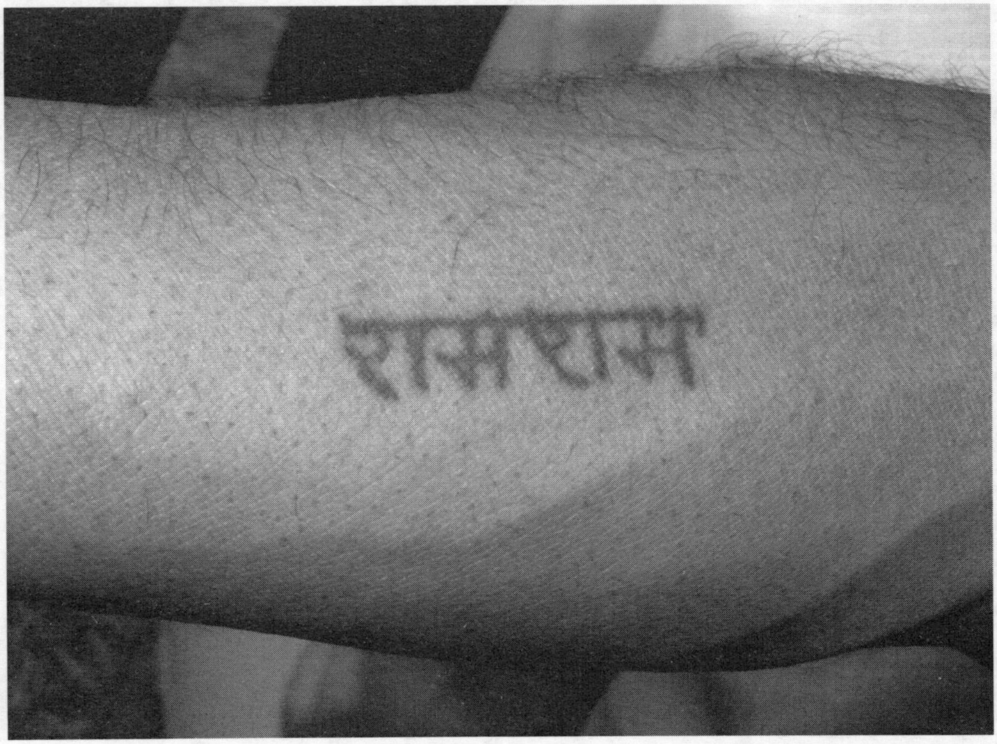
रामराम

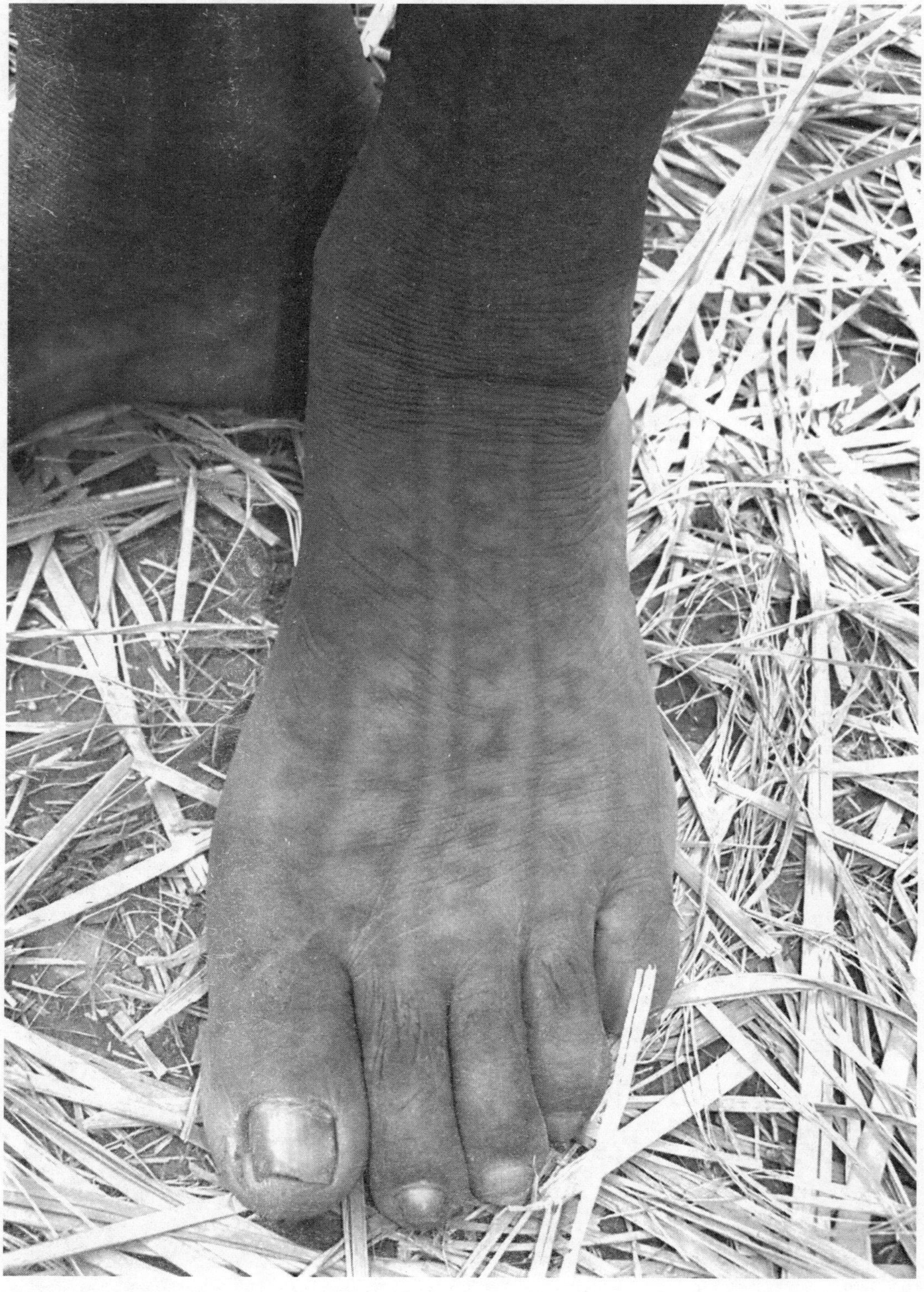

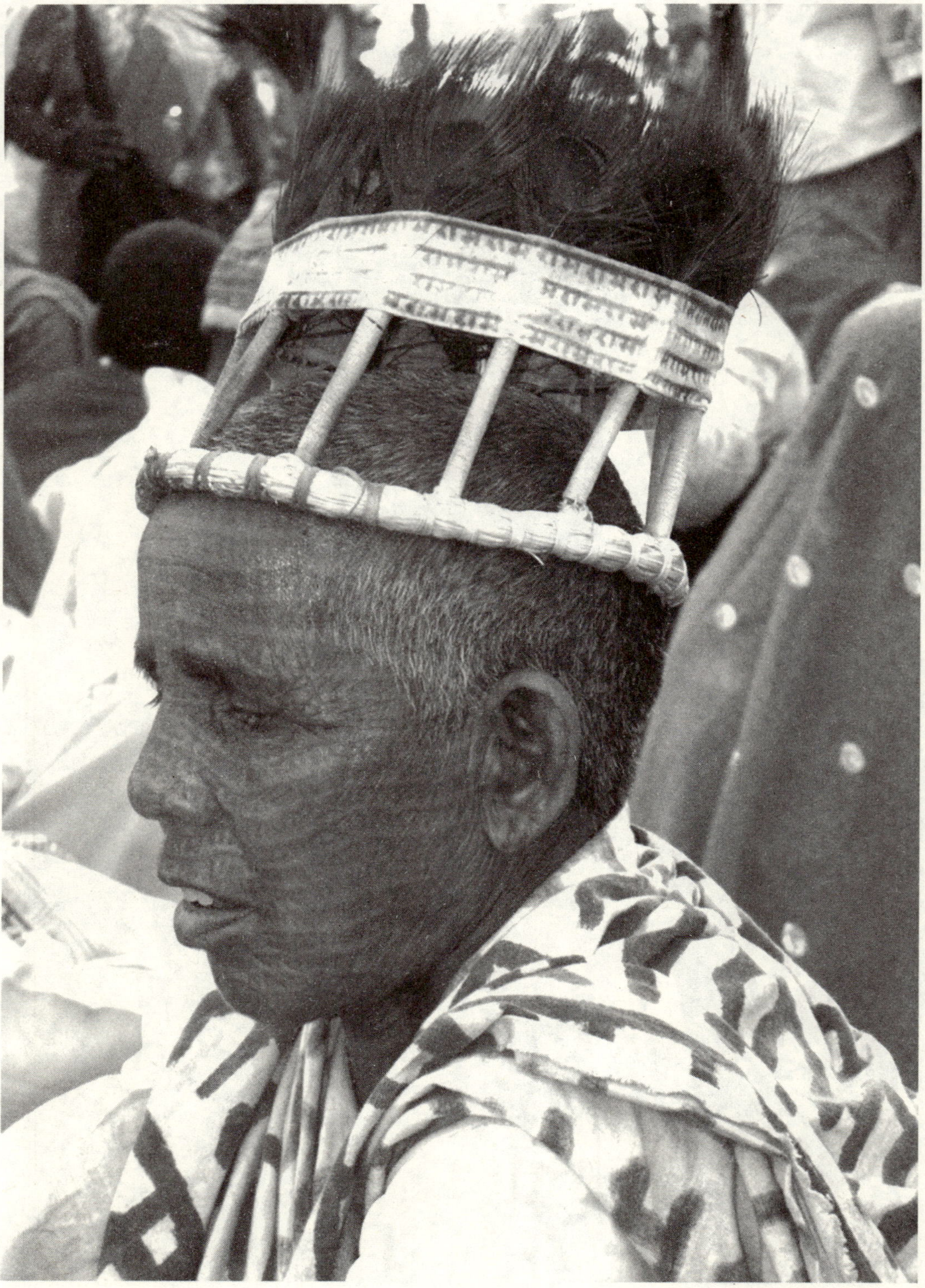

राम राम
राम राम राम राम
रामराम

खण्ड - ब

माता कौशल्या का मन्दिर : चन्दखुरी

अजय अटपटू

मर्यादा पुरुषोत्तम भगवान राम की जननी माता कौशल्या को समर्पित होने के कारण ही चन्दखुरी (चन्द्रपुरी) देवी कौशल्या माता मन्दिर के नाम से विख्यात रहा है। पुरातात्विक दृष्टि से मूल मन्दिर का निर्माण आठवीं शताब्दी के प्रारम्भ में सोमवंशी नरेशों के द्वारा कराया गया था। लोक आस्था का केन्द्र होने के कारण भिन्न-भिन्न समय पर इसका जीर्णोद्धार किया जाता रहा है। परिणाम स्वरूप मन्दिर का मूल वास्तुरूप आज पूर्णतः विलुप्त हो चुका है।

परन्तु शताब्दियों से जन आस्था एवं विश्वास की ऊर्जा समान गति से प्रवाहित होती रही है और लोगों की श्रद्धा माता कौशल्या की दिव्य मूर्ति से आप्लावित होती रही है।

प्राचीन धर्म ग्रन्थों से ज्ञात होता है कि कोसल देश छत्तीसगढ़ के राजा महाकोसल की पुत्री होने के कारण राजमाता को कौशल्या नाम से सम्बोधित किया जाता था।

ऐसी मान्यता है कि चन्दखुरी ग्राम में तालाब के मध्य कौशल्या माता का यह मन्दिर उत्तरवर्ती काल का उत्तम स्मारक है। जो इस क्षेत्र को ऐतिहासिक रामायण काल के दक्षिण कोसल से जोड़ती है। जनश्रुति के अनुसार इस क्षेत्र को भगवान राम की माता कौशल्या देवी के मायका होने का गौरव प्राप्त है। इस मन्दिर को किनारे से जोड़ने के लिए सुबेन सेतु का निर्माण किया गया। यहाँ कौशल्या परिसर और कौशल्या वाटिका का निर्माण भी प्रस्तावित है। चन्दखुरी के सम्बन्ध में यह मान्यता प्रचलित है कि प्रसिद्ध वैद्य सुबेन यहाँ का मूल निवासी था।

मंगलमयी माता कौशल्या के पावन धाम में शरद एवं बसन्त नवरात्र पर श्रद्धालुजनों द्वारा गत कई वर्षों से मनोकामना कलश स्थापना की जाती है। प्रतिवर्ष चैत्र नवरात्र की सप्तमी को एक दिवसीय 'कौशल्या-महोत्सव' का

माता कौशल्या मन्दिर चन्दखुरी में स्थापित मूर्ति जिसमें कौशल्या माता का शीश छोटा और रामचन्द्र जी का शीश बड़ा दिख रहा है।

आयोजन होता है। भगवान राम की माता का मायका होने से यह स्थान अति महत्त्वपूर्ण व गौरवशाली है, परन्तु इस स्थान को अभी विकास की आवश्यकता है, जिससे ज्यादा से ज्यादा लोग इस दिव्य स्थल के बारे में जान सकें।

छत्तीसगढ़ की पावन भूमि में मर्यादा पुरुषोत्तम श्रीराम की जननी माता कौशल्या का मन्दिर, पूरे भारत में एक मात्र मन्दिर होना इसकी दुर्लभता ही नहीं अपितु छत्तीसगढ़ राज्य की गौरवपूर्ण अस्मिता है।

कौशल्या मन्दिर रायपुर जिले के आरंग विकासखंड के अन्तर्गत चन्दखुरी नामक एक छोटे से ग्राम में स्थित है। छत्तीसगढ़ की राजधानी रायपुर से 27 कि.मी. पूर्व दिशा में एक सुन्दर विशाल जलसेन जलाशय के मध्य में स्थित है।

ऐतिहासिकता

छत्तीसगढ़ का प्राचीन नाम कोसल था। रामायण काल में छत्तीसगढ़ का अधिकांश भाग दंडकारण्य क्षेत्र के अन्तर्गत आता था। यह क्षेत्र उन दिनों दक्षिणापथ भी कहलाता था। यह रामवनगमन पथ के अन्तर्गत होने के कारण श्रीरामचन्द्र जी के यहाँ वनवास काल में आने की जनश्रुति मिलती है, जिसमें उनकी माता की जन्मस्थली होने के कारण उनका इस क्षेत्र में आगमन ननिहाल होने की पुष्टि करता है। चन्दखुरी स्थित माता कौशल्या मन्दिर का जीर्णोद्धार 1973 में किया गया था। पुरातात्विक दृष्टि से इस मन्दिर के अवशेष के अवलोकन से सोमवंशी कालीन आठवीं-नौवीं शती ईसवी की मानी जाती है। इस जलसेन तालाब के आगे कुछ दूरी पर प्राचीन शिव मन्दिर चन्दखुरी जो इसके

मन्दिर प्रांगण में अयोध्या दरबार की मोहक आकृति

समकालीन स्थित है। पाषाण से निर्मित इस शिव मन्दिर के भग्नावशेष की कलाकृति मन्दिर के प्रांगण में संरक्षित कलाकृतियों से होती है।

माता कौशल्या का यह मन्दिर जलसेन तालाब के मध्य में स्थित है। इस तालाब में सेतु बनाया गया है। सेतु से जाकर इस मन्दिर तक पहुँचा जा सकता है। जलसेन तालाब लगभग 16 एकड़ क्षेत्र में विस्तृत है। इस सुन्दर तालाब के चारों ओर लबालब जलराशि में तैरते हुए कमल पत्र एवं कमल पुष्प की सुन्दरता इस जलाशय की सुन्दरता को बढ़ाती है। जिससे इस मन्दिर की नैसर्गिक सुन्दरता एवं रमणीयता और बढ़ जाती है। प्राकृतिक सुषमा के अनेक अनुपम दृश्य इस स्थल पर दृष्टिगोचर होते हैं। इस मन्दिर के गर्भगृह में माँ कौशल्या की गोद में बालरूप में भगवान श्रीराम जी की वात्सल्यमय प्रतिमा श्रद्धालुओं एवं भक्तों का मन मोह लेती है। चन्दखुरी को सैकड़ों साल पूर्व तक चन्द्रपुरी (देवताओं की नगरी) माना जाता था। कालान्तर में चन्द्रपुरी से चन्दखुरी हो गया। चन्दखुरी (चन्द्रपुरी) का अपभ्रंश है। जलसेन के सम्बन्ध में कहावत है कि यह इस क्षेत्र का सबसे बड़ा तालाब था। इसके चारों ओर छह कोरी छह अर्थात् 126 तालाब होने की जनश्रुति मिलती है। किन्तु अभी इस क्षेत्र में 20-26 तालाब ही शेष हैं।

वर्तमान में माता कौशल्या मन्दिर परिसर

वाल्मीकि रामायण के अनुसार अयोध्यापति युवराज दशरथ के अभिषेक के अवसर पर कोसल नरेश भानुमंत को अयोध्या आमन्त्रित किया गया था। 'ततो कोसल राजा भानुतमं समुद्रधृतम्'' अर्थात् राजा दशरथ जब युवराज थे, उनके अभिषेक के समय कोसल राजा श्री भानुमन्त को भी अयोध्या में आमन्त्रित किया गया था और इसी अवसर पर युवराज द्वारा राजकुमारी भानुमति जो अपने पिता के साथ अयोध्या गयी थी उसकी सुन्दरता से मुग्ध होकर युवराज दशरथ ने भानुमंत की पुत्री से विवाह का प्रस्ताव रखा हो, तभी कालान्तर में युवराज दशरथ एवं कोसल की राजकन्या भानुमति का वैवाहिक सम्बन्ध हुआ और कोसल की राजकन्या भानुमति को विवाह उपरान्त कोसल की राजदुहिता होने के कारण कौशल्या कहा जाने लगा। रानी कौशल्या की कोख से प्रभु राम का जन्म हुआ और यह कोसल प्रदेश जो बाद में दो भाग में विभक्त हुआ, उत्तर कोसल या अवध का क्षेत्र एवं दक्षिण कोसल छत्तीसगढ़ का क्षेत्र कहलाया। इस प्रकार माता कौशल्या का सम्बन्ध कोसल से होने के कारण इस पावन धरा में उसकी मधुर स्मृति में कौशल्या मन्दिर का निर्माण, माता कौशल्या के प्रति अगाध सम्मान एवं प्रेम का परिचायक है।

भगवान श्रीराम की जननी ममतामयी, वात्सल्यमयी माँ कौशल्या का मन्दिर छत्तीसगढ़ का हृदय स्थल आरंग की पावन भूमि के अन्तर्गत आने वाले विकासखंड के ग्राम चन्दखुरी में किया गया। कहा जाता है कि कोसल नरेश

भानुमंत की एकमात्र पुत्री एवं उत्तराधिकारी होने के कारण दक्षिण कोसल अर्थात् छत्तीसगढ़ प्रदेश श्रीरामचन्द्र जी का ननिहाल था। माता कौशल्या के स्वर्गारोहण के पश्चात् श्रीराम जी को उत्तराधिकार में मिला था। पौराणिक ग्रन्थों के अनुसार श्रीराम ने अपनी माता से प्राप्त दक्षिण कोसल (छत्तीसगढ़) राज्य अपने पुत्र कुश को सौंपा था। इस प्रकार छत्तीसगढ़ का पौराणिक सम्बन्ध रामायणकालीन घटनाओं से स्पष्ट होता है। अतः अपने प्रिय प्रभु मर्यादा पुरुषोत्तम श्रीरामचन्द्र जी की जननी माता कौशल्या की पुण्य स्मृति में उसके छत्तीसगढ़ के सम्बन्धों को महिमामंडित करने के लिए चन्दखुरी में बनाया गया माता कौशल्या मन्दिर देश के मन्दिरों के इतिहास में एक अनुपम उदाहरण है।

राजमाता कौशल्या की गणना त्रेतायुग में महान विदुषी नारियों में की गयी है। वेद-वेदान्त पर उन्हें अद्‌भुत पाण्डित्य प्राप्त था। शास्त्रों के अनुसार उनके आचरण को देखकर समकालीन ऋषि-मुनि वेदों के मर्म को हृदयंगम कर लेते थे। अतः उनके कल्याणकारी विग्रह में वेदमाता की प्रत्यक्ष मूर्ति का दर्शन कर लोग स्वयं को कृत्य-कृत्य मानते थे। ऐसी महिमामयी एवं कल्याणमयी, सर्वदा मंगलमयी, ममतामयी, वात्सल्यभावों की अनवरत वर्षा करने वाली माता कौशल्या का चन्दखुरी ग्राम में जलसेन जलाशय के मध्य विराजमान श्री विग्रह सा दिव्य एवं अलौकिक रूप सन्तप्तजनों को सुख-समृद्धि प्रदान करने वाला है।

कुलेश्वर महादेव

अजय अटपटू

सोढ़ू, पैरी और महानदी के पावन संगम पर स्थित है कुलेश्वर महादेव का प्राचीन मन्दिर। कहा जाता है कि भगवान श्रीराम, माता सीता और लक्ष्मण ने वनवास काल में यहाँ विश्राम किया था। कितने दिन या कितने समय तक वे यहाँ रहे इसका कोई स्पष्ट प्रमाण नहीं है। उन्हीं दिनों माता सीता ने उपवास किया और शंकर जी की पूजा की। पूजा करने के लिए पाँच मुट्ठी रेत रखकर उसे शिवलिंग के रूप में पूजित किया। माना जाता है कि यही पाँच मुट्ठी रेत पंचमुखी शिवलिंग के रूप में आज कुलेश्वर मन्दिर में स्थापित है। यहाँ खरदूषण का राज्य

था। उस समय छह महीने दिन और छह महीने रात हुआ करता था।

कुलेश्वर मन्दिर में एक शिलालेख है। पाश्चात्य पुरातत्त्ववेत्ता बेलगर इसे आठवीं-नौवीं शताब्दी का निर्मित मन्दिर मानते हैं। इसे सामन्त जगतपाल के द्वारा प्रतिष्ठापित माना जाता है। अतिवृष्टि से आने वाली बाढ़ भी इस मन्दिर को कोई नुकसान नहीं पहुँचा सकती यह इसके तकनीकि ज्ञान का जीवन्त प्रमाण है। कई बार ऐसा हो चुका है कि शिवलिंग के साथ पूरा मन्दिर जलमग्न हो जाता है परन्तु मन्दिर का शिखर कभी नहीं डूबता। निश्चित रूप से इस मन्दिर के निर्माण की तकनीक अद्‌भुत है। इसकी मजबूती का अन्दाजा इसी से लगाया जा सकता है कि इतने पानी में डूबे रहने के बाद भी आज तक इसे कोई क्षति नहीं पहुँची।

कुलेश्वर मन्दिर के करीब ही रामायण कालीन लोमश ऋषि का आश्रम भी स्थित है। डॉ. लक्ष्मीचन्द्र देवांगन के एक लेख के अनुसार यहाँ वृक्षों में पके बेल के फल को यदि कपड़े में बाँध दिया जाय, तो वह दूसरे वर्ष पुनः कच्चा होकर पकता है। लोमश ऋषि इस फल को

नदी के बीच स्थापित कुलेश्वर महादेव मन्दिर

खाने से अधिक समय तक जीवित रहे, एवं यौवन के बसन्त का उपयोग अधिक समय तक कर सके। वैदिक काल के ऋषियों में लोमश ऋषि का महत्त्वपूर्ण स्थान है। रामायण काल में प्रसिद्ध ऋषि शृंगी इन्हीं के शिष्य थे। राजा दशरथ को पुत्र प्राप्ति के लिए ब्रह्मा जी ने आदेश दिया था कि जो ऋषि यौन ज्ञान से निर्लिप्त हो वही यह यज्ञ सम्पन्न करा सकते हैं। तब राजा दशरथ ने शृंगी ऋषि के पास आकर यज्ञ कराने की विनती की थी। शृंगी ऋषि ने यज्ञ कराया और उनके पुण्य प्रताप से माता कौशल्या ने राम को जन्म दिया। बाद में शृंगी ऋषि का विवाह माता कौशल्या की पुत्री शान्ति से हुआ। राजिम क्षेत्र भानुमति का राज्य था और कौशल्या उनकी पुत्री अतः राजा दशरथ को दहेज स्वरूप यह क्षेत्र प्राप्त हुआ। पूरे देशभर में केवल कुलेश्वर मन्दिर एवं भगवान राजीवलोचन मन्दिर ही है जहाँ के पुजारी राजपूत हैं।

रायपुर डिस्ट्रिक्ट गजेटियर के अनुसार राजिम दंडकारण्य क्षेत्र था। आज भी गरियाबन्द के पास स्थित मैनपुर के समीप राजा पड़ाव नामक स्थान है जहाँ सामकोड़ा की पहाड़ियों के ऊपर नरकंकाल (हड्डियों) का ढेर लगा हुआ मिलता है उसे रक्शा हाड़ा कहते हैं। यह हड्डियों का ढेर भगवान द्वारा मारे गये राक्षसों का माना जाता है।

वाल्मीकि आश्रम तुरतुरिया

मोगेश चन्द्राकर

सघन वनों के मध्य नदी के किनारे बसे छत्तीसगढ़ का एक सुन्दर तीर्थस्थल है 'तुरतुरिया'। जनश्रुतियों के आधार पर कहा जाता है कि यही रामायण कालीन महार्षि वाल्मीकि का आश्रम है। महार्षि वाल्मीकि के इसी आश्रम में रहकर माता सीता ने लव-कुश को जन्म दिया था।

लगभग 40 वर्षों से भी अधिक समय से यहाँ की सेवा करने वाले पुजारी रामबालक दास जी महराज के मतानुसार उत्तरकांड के दोहा नं. 117 में लिखा है कि–

"तीन अवस्था, तीन गुण, तेहि कपास ते काढ़ि।
तूल, तुरीय, सामरी, पुनि बाती करैं सुगाढ़ि॥"

वैदेही विहार

महर्षि वाल्मिकी

इस दोहे में लिखित तूल, तुरीय, सामरी ये तीनों योग की अवस्था का नाम है। योग की अवस्था 'तुरीय' शब्द से ही इस पवित्र तीर्थ का नाम तुरतुरिया पड़ा होगा। क्योंकि यह महर्षि वाल्मीकि की तपस्थली है और इसी स्थल पर रहकर माता सीता ने अपने तप से लव और कुश जैसे शूरवीर पुत्रों को जन्म दिया था। पुजारी रामबालक दास ने बताया कि यहाँ की नदी का नाम 'बालमदेही नदी' है। इससे दो भाव स्पष्ट होते हैं। एक तो यह हो सकता है, कि ये वाल्मीकि शब्द का अपभ्रंश होकर बालम देही हो गया हो या यह भी हो सकता है कि रामविरह से दुःखी माता सीता को उनके बालम अर्थात् प्रभु श्रीराम से मिलाने के भाव ने इसे बालम देही नाम दे दिया हो। पुरातत्व विभाग के अनुसार यहाँ की मूर्तियाँ छठवी, सातवीं और आठवीं शताब्दी की हैं। यहाँ स्थापित काली माता की मूर्ति के समक्ष 1967 से एक अखंड दीप जल रहा है। यज्ञ करने के प्रतीक के रूप में एक अखंड धूनि 1967 से निरन्तर जल रही है। 1967 में माल गुजार चिंताराम टिकरिहा ने यहाँ राम जानकी मन्दिर का निर्माण करवाया। प्रतिवर्ष पौष महीने की पूर्णिमा को यहाँ मेला लगता है। बालमदेही नदी के एक ओर वाल्मीकि आश्रम है, माता सीता का विहार स्थल 'वैदेही विहार' के नाम से प्रसिद्ध है और नदी के उस पार माता सीता के रहने का स्थान 'सीता-कुटी' के नाम से है।

छत्तीसगढ़ एवं बाहर के अनेक विद्वानों ने अपने-अपने मतों से तुरतुरिया में 'वाल्मीकि आश्रम' और सीता-कुटी के होने की पुष्टि की है। वर्तमान में यह स्थल छत्तीसगढ़ के एक तीर्थ और पर्यटन स्थल के रूप में प्रसिद्ध है। निःसन्तान दम्पति यहाँ सन्तान की मनौती लेकर आते हैं और उनकी मनौती अवश्य पूरी होती है, ऐसा यहाँ के लोगों का विश्वास है। दोनों नवरात्र में यहाँ ज्योति कलश प्रज्वलित होते हैं। पुजारी रामबालक दास जी ने यहाँ के बारे में बताते-बताते अपने मन की पीड़ा भी बताई कि सीता-कुटी से कुछ ऊपर पहाड़ी पर मातागढ़ है, जहाँ माता की मूर्ति की स्थापना है। यहाँ पर लोग पशुबलि करते हैं। जब यह वाल्मीकि और माता सीता का स्थान है फिर यहाँ पशुबलि जैसा कृत्य अशोभनीय व पीड़ादायक लगता है।

वर्तमान वाल्मीकि आश्रम, तुरतुरिया

मान्यतानुसार माता सीता कुटी

तुरतुरिया में स्थापित प्राचीन शिवलिंग

वाल्मीकि आश्रम में अटूट जलधारा

शिवरीनारायण

अजय अटपटू

छत्तीसगढ़ की पवित्र महानदी और शिवनाथ नदी के संगम पर स्थित है शिवरीनारायण मन्दिर। जाँजगीर चाँपा जिले में स्थित यह पावन स्थल आज भी भगवान राम और माता शबरी की स्मृतियों से आलोकित है। यहाँ के मन्दिर लगभग दसवीं से बारहवीं शताब्दी के कलचुरि कालीन प्राचीन मन्दिर हैं।

मान्यतानुसार माता शबरी का जन्म-स्थल

शिवरीनारायण मुख्य मन्दिर का गर्भगृह

अनेक वर्षों से निरन्तर चलती आ रही रामधुनी

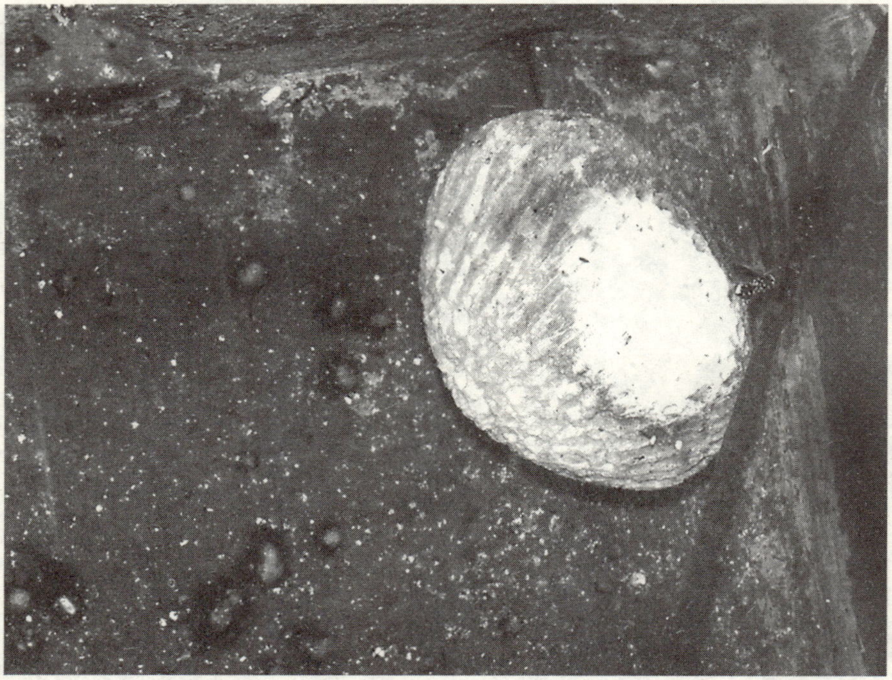

पानी में तैरता रामसेतु का पत्थर

माता शबरी श्रीराम को जूठे बेर खिलाती हुई

लगभग 55-56 पीढ़ी से इस मन्दिर की सेवा पूजा करने वाले पुजारी परिवार के वर्तमान पुजारी पंडित हरीश तिवारी बताते हैं कि श्रीराम, सीता और लक्ष्मण ने वनवास के समय यहाँ रुककर विश्राम किया था।

मुख्य मन्दिर भगवान जगन्नाथ का मूल स्थान है। बहुत समय पहले किसी राजा के द्वारा भगवान जगन्नाथ की मूर्ति को नदी के रास्ते से पुरी ले जाया गया तब व्यथित होकर पुजारी ने पुकार लगाई तब भगवान ने प्रकट होकर कहा कि हर वर्ष माघ पूर्णिमा को भगवान जगन्नाथ यहाँ आयेंगे फिर इसी स्थान पर भगवान राम की स्वयं भू-मूर्ति प्रकट हुई जो आज भी स्थापित है। लक्ष्मण जी की मूर्ति बाद में प्रकट हुई। गर्भगृह के ऊपर बना श्री यन्त्र वास्तुशिल्प का अनुपम उदाहरण है।

मन्दिर की दीवार पर प्राचीन शिल्प

इसी मन्दिर के ठीक सामने स्थित है एक छोटा-सा अधुरा पड़ा मन्दिर। बताया जाता है कि यही परम भक्त माता शबरी का जन्म स्थान है। माता शबरी यहाँ कई वर्ष तक रहीं।

इसी मन्दिर के समीप स्थित है मठ मन्दिर। यहाँ के मन्दिर में भगवान का पूरा परिवार स्थापित है। जहाँ छह साल आठ महीने से अखंड रामधुनी निरन्तर चल रही है।

लखनेश्वर मन्दिर

लक्ष्मण द्वारा स्थापित शिवलिंग

यहाँ मन्दिर प्रांगण में पानी में तैरता रामसेतु का पत्थर, श्रीराम को बेर खिलाती माता शबरी की मूर्ति राम भक्तों को उत्साह से भर देती है।

शिवरीनारायण के ही समीप स्थित है प्रसिद्ध लक्ष्मणेश्वर महादेव मन्दिर। यहाँ आठवीं सदी के सोमवंशी शासकों के काल में ईंटों से बने मन्दिरों के अवशेष विद्यमान हैं। बीस खम्भों से बने विशाल लक्ष्मणेश्वर मन्दिर में रामायण से सम्बन्धित दृश्य स्तम्भों पर उत्कीर्ण हैं।

यहाँ के पुजारी दिनेश कुमार मिश्रा बताते हैं कि लक्ष्मण जी ने यहाँ पार्थिव शिवलिंग बनाकर पूजा की थी उसी से स्वयंभू शिवलिंग प्रकट हुआ। यह शिवलिंग भी देखने में बाकी शिवलिंग से अलग है। इसमें छेद भी है। चाहे जितना भी जल शिवलिंग पर चढ़ाया जाये वह शिवलिंग के भीतर ही भीतर कहाँ चला जाता है कोई नहीं जान पाया। किंवदन्ती है कि शिवलिंग पर चढ़ाया जल पाताल गंगा में चला जाता है।

चूँकि लक्ष्मण जी ने इसकी पूजा की थी इसलिए इसका नाम लक्ष्मणेश्वर महादेव है इसमें एक विशेष प्रकार का लाख चावल चढ़ाया जाता है। लाख चावल का अर्थ है चक्की चलाकर उसमें से साबुत सवालाख चावल का दाना। प्रतिवर्ष माघ पूर्णिमा से फागुन अमावस तक यहाँ मेला भरता है।

शिवरीनारायण और लक्ष्मणेश्वर महादेव शरीर पर राम गुदवाने वाले रामरमिहा सम्प्रदाय का प्रमुख तीर्थ है। यहाँ के पुजारी बताते हैं कि इस मन्दिर की पूजा करने वाली ये हमारी 44वीं पीढ़ी हैं। सन् 1904 से हमारे पूर्वज इसकी सेवा कर रहे हैं।

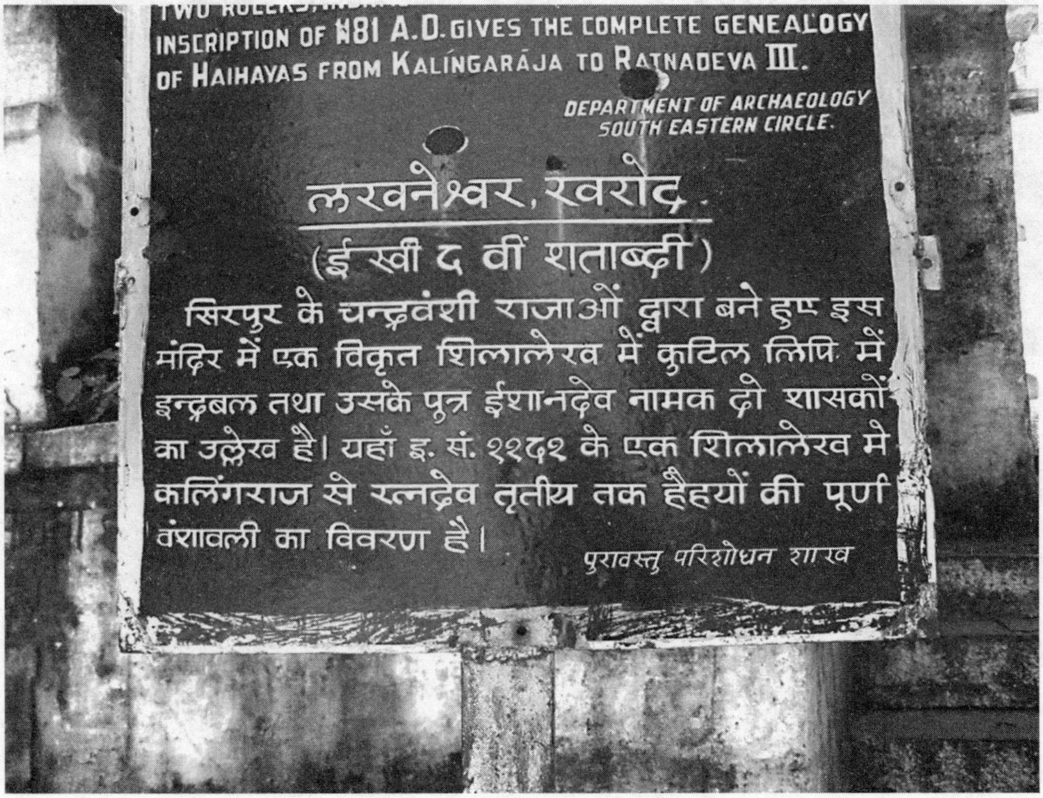

प्राचीन कालीन शिलालेख

प्राचीन शिल्प से सज्जित लखनेश्वर मन्दिर का वर्तमान गर्भगृह

लखनेश्वर मन्दिर के भीतर स्थित प्राचीन शिल्प की एक बेजोड़ कलाकृति

लखनेश्वर मन्दिर के भीतर स्थित प्राचीन शिल्प की एक बेजोड़ कलाकृति

भगवान श्रीराम के अनुज श्री लक्ष्मण द्वारा स्थापित व पूजित शिवलिंग

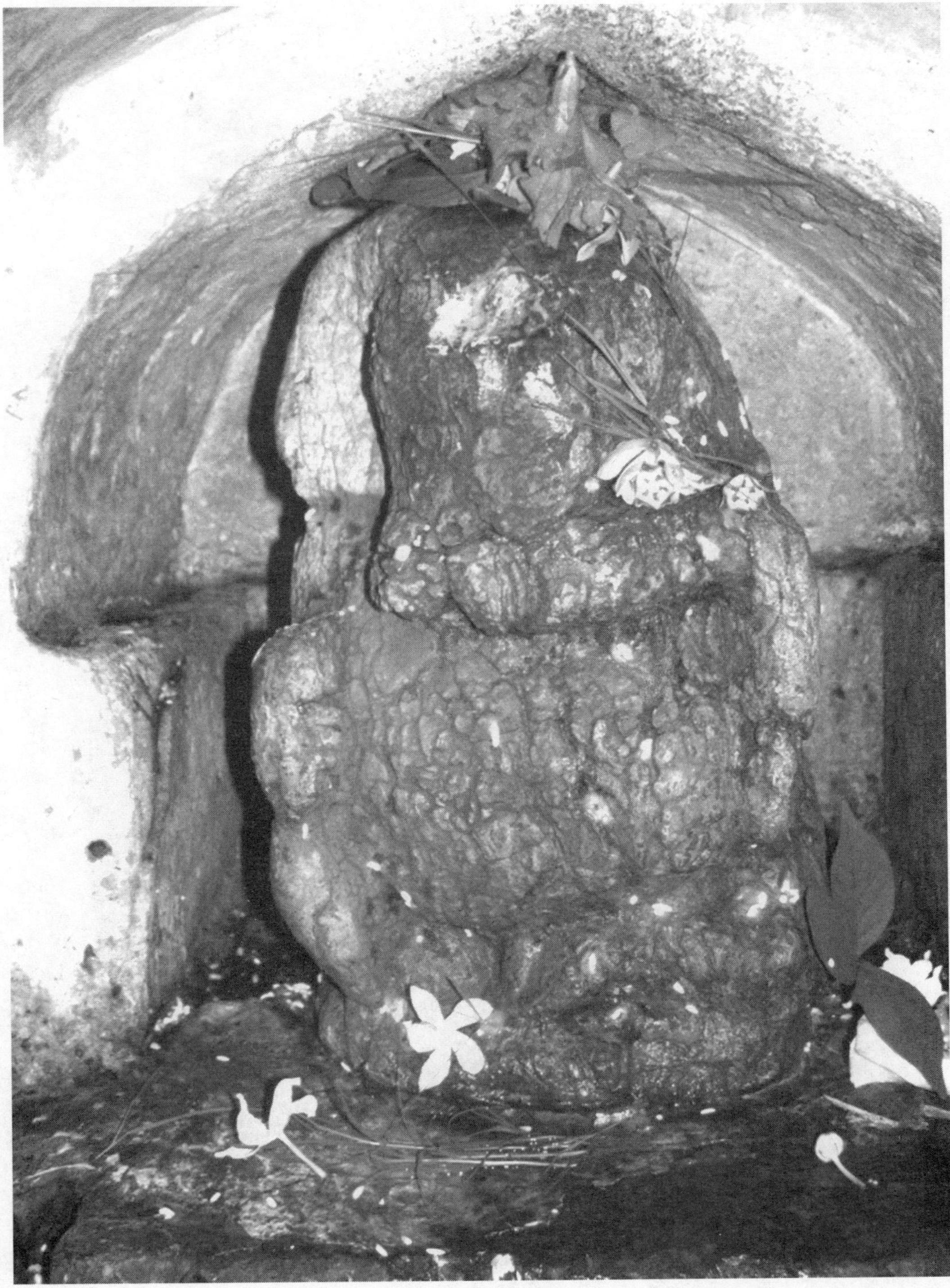

मन्दिर के बाह्य दीवार में स्थापित प्राचीन शिल्प से बनी भगवान गणेश की दुर्लभ मूर्ति

मन्दिर के बाह्य दीवार में स्थापित शिव-पार्वती की प्राचीन मूर्ति

मुख्य मन्दिर का गर्भगृह

गर्भगृह में स्वयं-भू रामलला की ऐतिहासिक मूर्ति

गर्भगृह की छत का अद्‍भुत शिल्प

मन्दिर के भीतर स्थापित शिव-पार्वती का ऐतिहासिक शिल्प

इतिहास का साक्षी प्राचीन शिल्प

मुख्य मन्दिर के द्वार पर दायीं ओर स्थापित प्राचीन कलाकृति

मान्यतानुसार माता शबरी के निवास स्थान पर वर्तमान में स्थापित प्राचीन मूर्ति

इतिहास की गाथा सुनाते पत्थर के प्राचीन शिल्प

लोमश ऋषि आश्रम बेलाही घाट

डॉ. टी.एल. सिन्हा

छत्तीसगढ़ की संस्कारधानी नगरी राजिम के त्रिवेणी संगम स्थल के समीप कुलेश्वर महादेव मन्दिर से 100 गज की दूरी पर पैरी नदी के दक्षिण तट में स्थित है प्राचीन लोमश ऋषि आश्रम। लोमश ऋषि ब्रह्मा के मानस पुत्र एवं श्रृंगी ऋषि के पिता तथा गुरु थे।

यह आश्रम धमतरी जिला के मगरलोड विकासखंड मुख्यालय से लगभग 28 किमी की दूरी पर उत्तर दिशा में है। यहाँ मगरलोड-परसावानी-नवापारा सड़क मार्ग तथा नवापारा राजिम से त्रिवेणी संगम पुल को पार कर आसानी से पहुँचा जा सकता है। प्राचीनकाल से बेल वृक्षों की अधिकता के कारण इस मनोरम शान्ति स्थल को बेलाही घाट के नाम से जाना जाता है। त्रेता युग में वनवास कालान्तर्गत भगवान श्रीराम-सीता एवं लक्ष्मण के कुछ समय निवास करने के कारण इस स्थल को लोग सीता वाटिका के नाम से भी सम्बोधित करते हैं।

जनश्रुति के अनुसार यहाँ ब्रह्मा के मानस पुत्र लोमश ऋषि का आश्रम था। प्राचीनकाल में योग-तपस्या-ज्ञान का ज्योति स्थल यह बेलाही घाट वैदिककालीन ऋषि लोमश का पवित्र शान्ति स्थल रहा होगा।

वर्तमान समय में यह स्थान त्रिवेणी संगम का प्रमुख श्रद्धा एवं विश्वास का केन्द्र है। जहाँ पर प्रति वर्ष लगने वाले राजिम महाकुम्भ मेला के अवसर पर नागा साधुओं का प्रमुख निवास स्थल होता है। इस आश्रम में भगवान श्रीराम-जानकी, बजरंग बली हनुमान, माँ दुर्गा महामाया के मन्दिर के साथ पुरातन अश्वस्थ (पीपल) वृक्ष की छत्रछाया में लोमश ऋषि की भव्य मूर्ति विद्यमान है। यह पीपल वृक्ष रामायण अमरकथा के दोहे द्वारा लोमश ऋषि की कथा कहता है–

मेरु शिखर बट छाया, मुनि लोमश आसीन।
देख चरण सिर नाई, वचन कहे अतिदीन ॥

यह आश्रम लगभग पाँच हजार वर्ष पुराना है। कहते हैं यहाँ पर पहले बरगद का वृक्ष था, फिर पीपल हो गया, बाद में यहाँ पर गस्ती वृक्ष अपना पूरा आकार ले लेगा। वर्तमान में स्थित पीपल वृक्ष पचास फीट मोटा है, पूरा वृक्ष खोखला होता जा रहा है जिसके अन्दर से नया वृक्ष आकार ले रहा है। अमर कथानुसार यह बात सामने आती है कि पुराने वट वृक्ष में पीपल के बाद गस्ती वृक्ष तैयार हो जाता है वह प्रक्रिया द्रष्टव्य है। लोमश ऋषि के समीप ही एक प्राचीन कुआँ भी है। इस आश्रम में निस-दिन सुबह-शाम पूजा-आरती होती है।

कलाकारों और दर्शकों को पुकारती रामगढ़ की नाट्यशाला

विजय गुप्त

जंगलों और पहाड़ों से घिरा, छोटी-बड़ी कई नदियों के जल से भीगा सरगुजा छत्तीसगढ़ का एक आदिवासी बहुल जिला ही नहीं है बल्कि अतीत की मूल्यवान सांस्कृतिक धरोहरों, निशानियों और कलात्मक अवशेषों की एक खोई हुई पहचान भी है। रामगढ़ इन्हीं खोई हुई पहचानों में से एक है। रामगढ़ का ही प्राचीन नाम रामगिरि है।

सरगुजा की राजधानी अम्बिकापुर से लगभग 40 किलोमीटर दूर उदयपुर गाँव है। उदयपुर से मात्र 3-4 किलोमीटर की दूरी पर रामगढ़ की पहाड़ी है। वही रामगढ़ जो पुरातनकाल में शरभंग ऋषि की तपोभूमि था। आज भी सरगुजा का सरभंजा गाँव शरभंग ऋषि की याद दिलाता है। भौगोलिक दृष्टि से रामगढ़ दंडकारण्य का प्रवेशद्वार है। समुद्र तट से 3202 फीट ऊँचाई पर स्थित घने छायादार वृक्षों से घिरा रामगढ़ सूँड़ पसार कर आराम से बैठे हुए हाथी की तरह लगता है। आषाढ़ का पहला मेघ जब रामगढ़ पर उतरता है तो लगता है मानो बादलों से घिरी पहाड़ी पर हाथी खेल रहा हो चट्टानों से। महाकवि कालिदास ने मेघदूत में मनोहारी चित्र को अत्यन्त कलात्मक चित्रमयता से अंकित किया है।

आषाढ़स्य प्रथम दिवसे मेघमाश्लिशटसानुं।
वप्रक्रीडापरिणतगजप्रेक्षणीयं ददर्श ॥

सदियाँ बीत गयीं, ऋषियों का तपोवन आश्रम उजड़ गया। आधुनिक विकास की अन्धी दौड़ में हजारों-हजार वृक्षों की बलि चढ़ गयी। पहाड़ों का सीना चाक हुआ। जलस्रोत लुप्त हो गये या अपने को बचाने के लिए पाताल लोक में उतर गये। पहाड़ अपनी धरोहरों को अपने में समेटे धीरे-धीरे जमींदोज होते रहे और सूरते हाल यह है कि आज किसी को इतनी फुर्सत नहीं कि वह प्राचीन संस्कृति की बहुमूल्य विरासत को आने वाली पीढ़ी के लिए बचाये। गाहे-बगाहे कुछ सरकारी, गैर-सरकारी जलसे होते हैं, जो बिल्कुल बकवास और बेमकसद होते हैं।

रामगढ़ पहाड़ी की रहस्यमयता और सुन्दरता बरबस हमें अपनी ओर खींचती है। लोक मान्यता है कि इस पहाड़ी पर अपने बनवास काल का कुछ हिस्सा श्रीराम ने पत्नी सीता और अनुज लक्ष्मण के साथ बिताया था। रामगढ़ की कुछ गुफाओं के नाम इसी बात की तस्दीक करते हैं जैसे : सीता बेंगरा, लक्ष्मण गुफा, वशिष्ठ गुफा और पहाड़ी शीर्ष पर बना सरोवर सीता नहानी। कालिदास के मेघदूत में भी रामगिरि और सीता-स्नान का जिक्र है—

यक्षश्चक्रे जनकतनयास्नानपुण्योदकेशु।
स्निग्धछायातरूशु वसतिं रामगिर्याश्रमेशु ॥

जिन लोगों ने वर्षाकाल में रामगढ़ की पहाड़ी को भीगते और मेघों से खेलते देखा है, उन्हें विश्वास होने लगता है कि कालिदास जरूर यहाँ आये थे और उन्होंने प्रकृति के दुर्लभ और चकित कर देने वाले जीवन्त क्षणों को

देखा था और उन्हें अद्भुत दृश्य-कविता में बदल दिया था। बिना देखे, बिना महसूस किये ऐसा लिखना चमत्कार से कम नहीं।

जिसे सीता बेंगरा गुफा कहा जाता है, सीताजी की निवास स्थली—दरअसल, वह दुनिया की सबसे प्राचीनतम नाट्यशाला है। एक एम्फीथिएटर। पहाड़ के हृदय में चट्टानों से बना एक नाट्यमण्डप, एक स्टेज। स्टेज के सामने खुले में चन्द्राकार सीढ़ियाँ बनी हुई थीं। चारों ओर वृक्षों से घिरे इस ओपन थियेटर की इन्हीं सीढ़ियों पर दर्शक बैठते थे। अब ये सीढ़ियाँ नहीं हैं। लगभग 30 साल पहले तक थीं, टूटी-फूटी हालत में। प्राकृतिक आपदाओं, मौसमों के बदलते तेवरों और चट्टानों के क्षरण ने रामगढ़ को बहुत बदला है। प्राकृतिक परिवर्तनों के अलावा कुछ अदूरदर्शी उत्साही लोगों ने नाट्यमण्डप के सामने सीमेंट का एक बड़ा-सा चबूतरा बनवा कर मूल ढाँचे को नुकसान पहुँचाया है।

आचार्य भरतमुनि ने नाट्यशास्त्र में वर्णित ''कार्यः शैलगुहाकारो द्विभूमिर्नाट्यमण्डपः'' का रामगढ़ सम्भवतः एकमात्र जीवित अवशेष है। दुनिया में ऐसे गुफा नाट्य मण्डप और भी रहे होंगे लेकिन समय के प्रवाह में या तो वे खत्म हो गये या उन तक मनुष्य नहीं पहुँच सका। बहरहाल, रामगढ़ की नाट्यशाला बहुत से सवालों और जिज्ञासाओं को जन्म देती है। नाट्यशाला की लम्बाई 46 फीट, चौड़ाई 24 फीट और ऊँचाई केवल 6 फीट। ऊँचाई को लेकर अक्सर उलझन होती है। नाटक की बहुत सारी हरकतें मसलन, उछलना, कूदना इतनी कम ऊँचाई वाले मंच पर सम्भव नहीं है। इसलिए कुछ लोग यह भी मानते हैं कि यह मंच कवि गोष्ठियों और सांगीतिक कार्यक्रमों के लिए उपयोग में आता होगा। कुछ मानते हैं कि यह नृत्यशाला थी। जो भी हो, इतना तो तय है कि यहाँ लोकरंजक कार्यक्रम अवश्य होते रहे होंगे।

गुफा के भीतर जाने के लिए बायीं ओर सीढ़ियाँ बनी हुई हैं। मंच तीन भागों में है। प्रत्येक भाग साढ़े सात फीट चौड़ा है। तीनों मंच एक-दूसरे से क्रमशः ढाई फीट ऊँचे हैं। ये मंच ढलावदार हैं। सामने में दो छेद हैं। सम्भवतः इन छेदों का इस्तेलाम परदा टाँगने के लिए किया जाता होगा। कल्पना की आँखों से हम बहुत कुछ देख और समझ सकते हैं। गुफा की एक दीवार पर कुछ अधमिटी पंक्तियाँ खुदी हुई हैं। विद्वान इसे ब्राम्ही लिपि मानते हैं। इसी लिपि के कारण कुछ लोग रामगढ़ को मौर्यकाल से भी जोड़ते हैं। भाषाविदों ने आधी-अधूरी पंक्तियों से कुछ इस तरह अर्थ निकाला कि "हृदय को प्रसन्नता और आनन्द से भर देने वाले महान कविगण यहाँ काव्यपाठ करते हैं" इससे भी लगता है कि नाट्यशाला में निश्चय ही काव्यपाठ होता था।

रामगढ़ की नाट्यशाला से जुड़ी हुई प्रेम की एक दुखान्त कथा भी है। सुतनुका नाम की एक देवदासी थी। मन्दिरों में नृत्य करना और सामन्तों का मन बहलाना उसका काम था। कहते हैं रामगढ़ में कभी बहुत बड़ा वरुण मन्दिर था। सुतनुका वहाँ नृत्य करती थी। बनारस से नौकरी की तलाश में देवदीन वहाँ आया। देवदीन रूपदक्ष था यानी मेकअपमैन। वहाँ के महन्तों और पुरोहितों ने उसे मेकअप करने के लिए रख लिया। सुतनुका की रूप सज्जा करते हुए देवदीन उससे प्रेम करने लगा। दोनों का प्रेम महन्तो को नहीं भाया और उन्होंने देवदीन को वहाँ से हमेशा के लिए चले जाने को कहा। सुतनुका से बिछड़कर देवदीन ने श्राप दिया कि 'निर्दयी महन्तों तुम भुला दिये जाओगे लेकिन मेरी प्रेमकथा अमर रहेगी। लोगों के दिलों में वह हमेशा बनी रहेगी।' देवदीन का श्राप सच हुआ। नाट्यशाला के सामने स्थित जोगीमारा गुफा के दीवार पर उत्कीर्ण कुछ शब्द हैं। कभी पूरी पंक्तियाँ रही होंगी। समय के क्रूर प्रवाह में कुछ टूटे-फूटे अक्षरों में देवदीन और सुतनुका का नाम बचा हुआ है। इससे अन्दाजा होता है कभी उनकी प्रेम कथा रामगढ़ की पहाड़ी पर ही फली-फूली थी और विरह की वही असह्य पीड़ा देवदीन ने भी भोगी थी

जो मेघदूत के विरही यक्ष ने अपने निर्वासन काल में इसी पहाड़ी पर भोगी थी। रवीन्द्रनाथ ठाकुर ने यक्ष की इसी पीड़ा पर लिखा है, "हे निर्जन पर्वत-शिखर के विरही, तुम स्पन्दन में आलिंगन करते हो, मेघ के द्वारा जिसके पास संवाद भेजते हो, उससे, अपूर्व सौन्दर्य लोक में शरद् पूर्णिमा की रात्रि को, सदा के लिए तुम्हारा मिलन होगा, इस बात का विश्वास तुम्हें किसने दिलाया है, तुम्हें तो चेतन-अचेतन के भेद का ज्ञान ही नहीं है। क्या जाने, यदि सत्य और कल्पना के भेद को भी तुम खो बैठे हो?"

रामगढ़ की पहाड़ी पर सत्य और कल्पना का भेद सचमुच ही खो जाता है। प्रमाणों की आवश्यकता नहीं होती। हृदय मान जाता है कि कभी इस नाट्यशाला में नाच और गान की महफिलें सजती होंगी। रसिकजन नाटक के आनन्द में डूब जाते होंगे। रात-दिन कलात्मक विनोद और निर्मल आनन्द से पहाड़ी गुलजार और गुंजरित होती रही होगी।

यह खयाल भी बेमतलब नहीं लगता कि सरगुजा में भारत के कई क्षेत्रों से व्यापारी आते थे। मौर्यकालीन भारत में रामगढ़ प्रमुख राजपथ पर स्थित था। पूर्वी, उत्तरी, मध्य और दक्षिण भारत को जोड़ने वाला राजपथ रामगढ़ से ही गुजरता था। आन्ध्र और तमिल के व्यापारी काली मिर्च, चन्दन, मूँग, लौंग, इलायची, सुपारी आदि के व्यापार के लिए इस पथ का इस्तेमाल करते थे। बाहर से आने वाले सौदागरों और घुमन्तुओं के लिए रामगढ़ निःसन्देह रात्रिकालीन विश्राम स्थल था। उन्हीं के मनोरंजन के लिए सम्भवतः यहाँ नाट्यशाला का निर्माण किया गया होगा।

नाट्यशाला के सामने एक और गुफा है। इसे जोगीमारा गुफा कहते हैं। इसकी लम्बाई 30 फीट, चौड़ाई 15 फीट और ऊँचाई 9 फीट है। इसकी छत पर बने भित्तिचित्र बहुत सुन्दर, सुगठित और विविध रंगों से सज्जित हैं। लोक जीवन के कई चटक रंग और छटाएँ इन चित्रों में अंकित हैं। फूल, पत्ते, पेड़, पशु-पक्षी, स्त्री-पुरुष, साधु की आकृतियाँ बोलती हुई सी लगती हैं। इनमें गुजरे हुए जमाने का इतिहास छुपा हुआ है। चित्र का एक-एक टुकड़ा बेहद कीमती और आदमी की कलात्मक यात्रा का जबर्दस्त सबूत है। दुर्भाग्य है कि हमने अपनी मूल्यवान निशानियों की ओर पीठ कर ली है। देख-रेख के अभाव में चित्र के रंग झर रहे हैं और आकृतियाँ लगातार धूमिल पड़ती जा रही हैं। यह अनमोल खजाना खो गया तो सच मानिये हमसे ज्यादा दरिद्र और अभागा दूसरा और कोई नहीं होगा। प्रसिद्ध चित्रकार अमृता शेरगिल ने बिल्कुल सच लिखा है कि, "अजन्ता का एक भित्तिचित्र या म्यूज गूमैत में शिल्प का एक छोटा-सा टुकड़ा एक सम्पूर्ण पुनर्जागरण से भी कहीं अधिक महत्त्वपूर्ण है।" अजन्ता के भित्तिचित्रों की तरह ही जोगीमारा के भित्तिचित्र बहुत महत्त्वपूर्ण और भारतीय कला की विशेष पहचान हैं। इन्हें हर हाल में बचाया जाना चाहिए।

कई महत्त्वपूर्ण चीजें रामगढ़ की पहाड़ी पर अब भी बची हुई हैं। खुदाई के दौरान गाँव वालों को उस काल के टूटे-फूटे बर्तन, सिक्के, भग्न मूर्तियाँ तथा अन्य कलात्मक चीजें मिलती हैं। उन्हें सहेजना और समेटना चाहिए। लेकिन किसे परवाह है? इसी तरह पहाड़ी पर कई प्रकार की वन्य औषधियों एवं जड़ी-बूटी की कई किस्में हैं। चन्दनमाटी, गेरू और कसौटी पत्थर प्रचुरता से उपलब्ध है। प्रकृति ने रामगढ़ को खुले हाथों से बहुत कुछ दिया है। हालाँकि काफी कुछ मिट चुका है, कुछ मिटने की तैयारी में है बावजूद इसके अब भी जो कुछ बचा है उसे सुरक्षित और संरक्षित कर हम अपना अपराध कुछ तो कम कर ही सकते हैं।

नाट्यशाला के नीचे एक बहुत बड़ी और लम्बी सुरंग है। ऊँची इतनी कि एक हाथी आसानी से इसमें से होकर गुजर जाये। शायद इसीलिए इस सुरंग को हाथीखोह या हाथीपोल कहते हैं। सरगुजा में हाथी बहुतायत में हैं।

हाथीपोल में एक स्थान पर पहाड़ के शीर्ष से भीतर ही भीतर होता हुआ जल प्राकृतिक छन्नों से छनकर बूँद-बूँद

बारहों महीने टपकता रहता है। यह पानी शुद्ध और पीने लायक होता है। यहाँ आने वाले सैलानी और ग्रामवासी इसे पीते हैं और रामगढ़ पहाड़ को शुक्रिया अदा करते हैं।

सरगुजा के बहुत पुराने फोटोग्राफरों के पास रामगढ़ की आजादी के पहले के कुछ ब्लैक एण्ड व्हाइट फोटोग्राफ्स बचे हुए हैं। उन श्वेत-श्याम फोटोज में नाट्यशाला के चारों ओर खूब घने वन दिखाई देते हैं। चिरौंजी, आम, जामुन, साल और आँवले के पेड़। रंगीन फोटोज में वे बहुत कम बचे हैं। किसी जमाने की हरी-भरी नाट्यशाला अब उजाड़ और वीरान है। जोगीमारा की गुफा कलाप्रेमियों की बाट जोह रही है। मेघ रामगढ़ से रुष्ट हो गये हैं। इस आषाढ़ को वे रामगढ़ पर नहीं उतरे। सीताकुंड का पानी किसी मानवीय स्पर्श के लिए तरस रहा है। कीचड़-कादो से भरे सरोवर में अब हंस नहीं आते, बगुले-बगुलियों ने भी मुँह फेर लिया है। अब कमल भी नहीं ख़िलते।

रामगढ़ को शायद किसी की नजर लग गयी।

रामगढ़, रामकथा और मेघदूत

डॉ. महेशचन्द्र शर्मा

रामकथा की घटनाओं से सम्बन्धित होने के कारण समूचे छत्तीसगढ़ के साथ सरगुजा की जनश्रुतियों में भी श्रीराम रचे-बसे हैं। यहाँ स्थित 'विश्रामपुर' का यह नाम भी कदाचित् इसीलिए पड़ा क्योंकि वनवास के समय श्रीरामजी ने भ्राता लक्ष्मण एवं माता सीता के साथ यहाँ विश्राम किया था। प्रागैतिहासिक काल से ही यह स्थान रामायण से सम्बद्ध रहा है। सरगुजा को दंडकारण्य का ही एक हिस्सा माना जाता रहा है। श्रीराम के वनगमन सम्बन्धी अनेक लोक कथायें एवं चिह्न आज भी सुने तथा देखे जा सकते हैं। रामगढ़ का वास्तविक और प्राचीन नाम 'रामगिरि' वस्तुतः ऐसे ही अनेक प्रामाणिक संकेत देता है। यहाँ के 'सीताबोंगरा', 'लक्ष्मण बोंगरा' और 'जोगीमारा' आदि स्थान हैं, जो राम, सीता और लक्ष्मण जी द्वारा यहाँ किये गये प्रवास के प्रबल प्रमाण हैं। यहाँ के अनेक स्थानों के नाम भी रामकथा से अपनी सम्बद्धता सिद्ध करते हैं। रामगढ़, रामपुर, रामगाँव, सीतापुर, सीतारामपुर, लखनपुर, लक्ष्मणगढ़, रघुनाथपुर, रामानुजगंज एवं रामचन्द्रपुर आदि ऐसे ही अनेक नाम हैं। 'प्राचीन छत्तीसगढ़' (ग्रन्थ) के प्रणेता श्री प्यारेलाल जी गुप्त आदि अनेक चिन्तक इस बात को अनेक बार रेखांकित कर चुके हैं। ई.ए.टी.ब्रेट ने 'छत्तीसगढ़ फ्यूडेटरी स्टेट गज़ेटियर' में भी उपर्युक्त धारणा को दृढ़ किया है। यह कहना कि भारत के प्रायः हर राज्य में ऐसे नगर, गाँव या स्थान बड़ी संख्या में पाये जाते हैं। जिनके नाम में राम अथवा रामकथा के अन्य प्रमुख पात्रों का नाम जुड़ा रहता है। उसका कारण यह है कि रामगढ़ पहाड़ी के दक्षिण ी ढलान पर सीताकुंड नामक एक स्थान है। न

केवल जनश्रुति, लोककथा और अनुश्रुति ही इस मत की पुष्टि करती है, कि सीताजी इसमें स्नान करती थीं, अपितु संस्कृत के विश्वप्रसिद्ध और लोकमान्य महाकवि कालिदास के साहित्य से भी इसकी पुष्टि हो चुकी है। तथ्य तो यह है कि रामगढ़ ही रामगिरि है, यहीं श्रीराम का रामगिरि आश्रम है। यह उनका विश्रामस्थल है। रामगिरि से ही बाद में रामगढ़ बन गया। शरभंग ऋषि का आश्रम भी यही है। अत्रि ऋषि के आश्रम के पश्चात् श्रीराम दंडकारण्य में प्रवेश करते हैं। ऋष्याश्रम मण्डल के योगीराज शरभंग कुलाधिपति हैं, वे वनवासी राम से यहीं भेंट कर अपने को धन्य मानते हैं। पुरातत्व एवं इतिहास के ज्ञाताओं ने माँद (मन्दाकिनी) नदी के निकट, दंडकारण्य की सीमा के प्रारम्भबिन्दु रामगढ़ के परिवेश को ही शरभंग जी का आश्रम भी माना है। वाल्मीकि रामायण का अरण्यकांड भी ऐसे ही संकेत देता है।

पूजितं चोपवृतंच य नित्यमप्सरसङ्गणैः।
तद्ब्रह्माभवनमुख्यं ब्रह्माघोषनिनादितम् ॥

अपनी अनुसन्धान यात्रा के दौरान अनेक स्थानीय इतिहासविदों, पुरातत्वविदों और संस्कृतज्ञों से अम्बिकापुर एवं रामगढ़ में मैंने भेंट की। इन बिन्दुओं पर भी विस्तार से चर्चा की। अम्बिकापुर के वयोवृद्ध एवं अनुभववृद्ध लेखक और अधिवक्ता श्री समर बहादुर सिंह देव जी से भेंट के दौरान उन्होंने अपने संकलन—'छत्तीसगढ़ी-सरगुजिया नृत्य-गीत-रामायण' आदि कृतियाँ भी मुझे सौंपीं। रामकथा और रामगढ़ की परस्पर अभिन्नता के विषय में अनेक प्रामाणिक उदाहरणों के साथ ही श्री सिंह देवजी ने अपनी बातें रखीं। वे रामगढ़, रामकथा और मेघदूत पर केन्द्रित लगभग आधा दर्जन ग्रन्थों के रचयिता हैं। छत्तीसगढ़ी-सरगुजिया-नृत्य-गीत-रामायण की रचना किसी अनाम आदिवासी कवि ने की है। यह कीर्तन की पुरानी पारम्परिक शैली में रचित है और गोस्वामी तुलसीदास जी के रामचरितमानस के बाद की प्रतीत होती है। लोकगीतों में रचित इस कृति के कवि का नाम क्या है? यह तो अभी भी शोध का विषय है। यह रामभक्ति का ही प्रभाव था कि आदिवासी महिला रजमन बाई गोंड़ कालान्तर में सन्त राजमोहिनी देवी हो गयीं। उनके पुण्य प्रभाव से असंख्य आदिवासी बन्धु-भगिनी मांस और मद्य का परित्याग कर 'राम भजो भाई', 'गोविन्द भजो भाई', कहकर आपस में अभिवादन करते। घर-घर में तुलसी वृन्दावन के पुजारी इन जनेऊधारी रामभक्तों ने उत्तर प्रदेश और बिहार के सीमावर्ती जिलों में भी रामभक्ति का अलख जगाया। उनके ऐसे ही अनुकरण ीय पुण्यकृत्यों के कारण तत्कालीन (संयुक्त) म.प्र. शासन ने उन्हें न केवल 1986 में एक लाख का इन्दिरा गाँधी समाज सेवा पुरस्कार दिया, अपितु वे आगे चलकर 'पद्मश्री' की उपाधि पाने वाली सरगुजा जिले की पहली नागरिक भी बनीं—ऐसा बताते हैं श्री समरबहादुर सिंह देवजी। कहने का आशय यह है कि यहाँ श्रीराम जी रहे और जन-जन में व्याप्त हो गये, आज भी व्याप्त है। इस जनग्रन्थ से दो पंक्तियाँ—

आगु डहर राम दिखें, पाछू डहर राम।
सबे हो देवता दिखें, नावत माथ ॥

महाकवि कालिदास की अमरकृति मेघदूतम् की जन्मस्थली भी यही रामगढ़ ही है। विश्वकवि कालिदास जी के उक्त गीतिकाव्य की महत्ता साहित्य रसिकों में प्रसिद्ध इस उक्ति से भी ज्ञात होता है—मेघे माघे गतं वयः अर्थात् मेघ के अध्ययन में पूरे उम्र व्यतीत हो गयी। भारतीय संस्कृति के अमर गायक इस कवि कुल गुरु की इस विश्वप्रसिद्धि

रचना के प्रथम श्लोक में ही इस बात का प्रामाणिक उल्लेख है कि यह रामगिर्याश्रम अर्थात् रामगढ़ जनकतनया माता सीता जी द्वारा, स्नान करने से अत्यन्त पवित्र है। इस विरहकाव्य के प्रथम श्लोक में ही यहाँ की घनी छाया और हरियाली का भी मोहक वर्णन है–

कश्चित्कान्ताविरहगुरुणा स्वाधिकारात्प्रमत्तः
शापेनास्तङ्गमितमहिमा वर्षभोग्येण भर्तुः।
यक्षश्चक्रे जनकतनयास्नानपुण्योदकेशु,
स्निग्धच्छायातरुशु वसतिं रामगिर्याश्रमेशु ॥

अर्थात् यक्षाधिपति कुबेर के अभिशाप से दण्डित किसी कर्तव्य प्रमादी यक्ष ने, अलकापुरी में अपनी पत्नी से दूर यहाँ एक वर्ष तक पुनीत जल वाले, सघन छाया वाले एवं हरे-भरे वृक्षों वाले रामगिरि (रामगढ़) के आश्रमों में अपना समय व्यतीत किया। भगवती सीता के द्वारा पवित्र किये जलाशयों वाला रामगढ़ प्रभु श्रीराम के चरणचिह्नों के अंकन से परमपुनीत भी हैं। आज भी यहाँ भगवान् के चरण चिह्न देखे जा सकते हैं। महाकवि ने मेघदूत में ही इसका स्पष्ट उल्लेख कर दिया है। अतः यह केवल कही-सुनी जैसी बात नहीं है, अपितु अब इसका लिखित प्रमाण भी उपलब्ध है, जो इस प्रकार है–*वन्द्यैः पुसां रघुपतिपदैरङ्कितं मेखलासु।* –मेघदूत-12 राम और रामगढ़ की अभिन्नता की सिद्धि में अब अन्य किसी प्रमाण की आवश्यकता भी नहीं है।

महाकवि द्वारा इसी स्थान पर रहते हुए कालजयी काव्य का प्रणयन किया, छत्तीसगढ़ीय लोगों के लिए ये अत्यन्त गौरव की बात है। कालिदास जी प्रणीत मेघदूत के माध्यम से, संस्कृत में एक अभूतपूर्व और अप्रतिम योगदान छत्तीसगढ़ का कहा जा सकता है। मेघदूत में रामगिरि अर्थात् छत्तीसगढ़ रामगढ़पर्वत शीर्षक शोधपूर्ण कृति में बड़े विस्तृत विश्लेषण और प्रामाणिक, विवरण, विद्वान् अधिवक्ता एवं लेखक श्री समरबहादुर सिंह देव ने उक्त मत का पुरजोर समर्थन किया है। पद्मश्री मुकुटधर पाण्डेय, डॉ. बलदेव प्रसाद जी मिश्र, पं. चिरंजीव दास एवं डॉ. भास्कराचार्य त्रिपाठी आदि गवेषक भी इसी पक्ष के हैं। अनेक अन्तः बाह्य साक्ष्यों के आधार पर इन अनुभवी दिग्गज शोधकर्ताओं ने तार्किक ताकत के बल पर अपनी बात सिद्ध की है। उपर्युक्त में से अधिकांश के साहित्य एवं साहित्य घरानों से सतत सम्पर्क एवं डॉ. भास्कराचार्य जी त्रिपाठी से अनेक भेंटवार्ताओं के पश्चात् ही मैं यह बात लिख पा रहा हूँ। इस सन्दर्भ में भगीरथ प्रयत्न करने वाले महारथियों के अनेक एवं सार्थक प्रयास न केवल सराहनीय, अपितु अनुकरणीय भी हैं। वरेण्य एवं प्रणम्य विद्वान और मेघदूत में रामगिरि अर्थात् छत्तीसगढ़ का रामगढ़ पर्वत के प्रणेता श्री समरबहादुर सिंह देवजी से जब अम्बिकापुर स्थित उनके भव्य निवास देवकुंज में अपने परममित्र एवं वरिष्ठ व्याख्याता श्री आर.एस.तोमर जी के साथ मिला तो बड़े अच्छे वातावरण में मेघदूत और रामगढ़ पर हुई विस्तृत वार्ता के दौरान इस विषय के पक्ष में लगभग आठ प्रमाण दिये। सभी अकाट्य और अविवाद्य। पूर्व वर्णित रामगिरि आश्रमों में जनकतनया जी के स्नान से पवित्र जल और वृक्षों की सघन छाया की कालिदासीय चर्चा और पर्वत पर भगवान् श्रीराम के चरणचिह्न सम्बन्धी बात का मेघदूत में उल्लेख वाले प्रमाणों के प्रबल पक्षधर तो श्री समरबहादुर जी हैं ही, वे यह भी बताते हैं कि मेघदूत में वर्णित मेघमार्ग भी मेघ को तभी मिलते हैं, जब मेघ रामगढ़ से आगे जाता है। आम्रकूट या अमरकंटक पर्वत का इस प्रसंग में मेघदूत में कालिदास जी ने जो वर्णन किया है, उसकी संगति भी उक्त मत को मानने पर ही बैठ सकती है। श्रीराम और रामगढ़ ही

वस्तुतः मेघदूत की रचना में कालिदास जी को प्रेरित और प्रवृत्त करते हैं। रामकथा में जिस प्रकार सीता के प्रति हनुमत्सन्देश का प्रसंग आता है, वैसे ही यक्षिणी के समक्ष मेघ को दूत बनाकर मेघदूत में प्रस्तुत किया गया है। वहाँ पवनपुत्र दूत हैं, तो यहाँ जीवनाधार मेघ को दूत बनाया गया है। वायु और जल पूरे जगत् के ही आधारीभूत तत्त्व हैं। कुल मिलाकर बात यह है कि राम वनवास, श्रीराम का सीता वियोग, सरगुजा रामगढ़, दंडकारण्य, कालिदास, मेघदूत और छत्तीसगढ़ इन सबका परस्पर घनिष्ठ अन्तःसम्बन्ध है। मेघदूत को देखें तो स्पष्ट संकेत मिलता है, कि इसी पृष्ठभूमि से प्रेरित होकर मेघदूत उद्भूत हुआ—

इत्याख्याते पवनतनयं मैथिलीवोन्मुखी सा,
त्वामुत्कण्ठोच्छ्वसितहृदया वीक्ष्या सम्भाव्य चैव।
श्रोष्यत्यस्मात्परमवहिता सैम्य सीमन्तिनीनां,
कान्तोदन्तः सुहृदुपगतः सङ्गमात्किंचिदूनः ॥

विगत अनेक वर्षों तक म.प्र. शासन आषाढ़स्य प्रथमदिवसे पर केन्द्रित एक भव्य और विशाल कार्यक्रम आयोजित करता रहा। रामगढ़ उत्सव समिति ने 1985 से ही रामगढ़ में इन विषयों को लेकर कार्यक्रमों का सिलसिला शुरू कर दिया था। इस सारस्वत यज्ञ में म.प्र. संस्कृत अकादमी ने भी प्रतिवर्ष लगातार राष्ट्रीय शोध संगोष्ठियाँ आदि आयोजित कर महत्त्वपूर्ण आहुतियाँ डालीं। 1999 में इस सन्दर्भ में भव्य रजत जयन्ती समारोह भी लगातार दो दिन तक आयोजित होते रहे हैं। छत्तीसगढ़ राज्य शासन के अस्तित्व में आ जाने से गतिविधियाँ बढ़ी हैं। और भी बढ़ने की अभिलाषा है। वर्ष के आषाढ़ के पहले दिन आयोजित होने वाले राष्ट्रीय स्तर के शोधपूर्ण आयोजनों से यह बात दृढ़ता से सिद्ध की जाती रही है कि छत्तीसगढ़ का यह रामगढ़ ही विश्वकवि कालिदास की महती रचना मेघदूत की प्रेरणा स्थली है। न केवल मेघदूत अपितु रघुवंश महाकाव्य आदि अन्य कालिदासीय साहित्य में भी हम छत्तीसगढ़ का प्रभाव देख सकते हैं। महाराज रघु की दिग्विजयों के वर्णन में हम कलिंग और दक्षिण कोसल अर्थात् प्राचीन छत्तीसगढ़ आदि पुराने राज्यों और जनपदों का दर्शन कर सकते हैं। प्रत्यक्षतः वर्तमान नवोदित छत्तीसगढ़ राज्य के नवनिर्माण में इन्हीं राज्यों का सम्मिलन किया गया है। ऋषि प्रधान और कृषि प्रधान भारतीय संस्कृति के अमरगायक कविकुलगुरु कालिदास जी धान के कटोरा छत्तीसगढ़ के स्वादिष्ट और विशिष्ट चावल से सुपरिचित प्रतीत होते हैं। उनके साहित्य में कदाचित् गेहूँ के स्थान पर शालि धान-चावल का ही समधिक वर्णन उपलब्ध है। छत्तीसगढ़ धर्म का कटोरा भी है। अक्षय भारतीय संस्कृति में अक्षत चावल के बिना कोई भी अनुष्ठान पूर्ण नहीं होता। चावल को तन्दुल भी कहते हैं। छत्तीसगढ़ में तान्दुला नाम से नदी और बाँध दोनों हैं। महान गोभक्त महाराज दिलीप द्वारा पूजित नन्दिनी के नाम का छत्तीसगढ़ में जबर्दस्त प्रभाव है। अनेक विमानपत्तन, नगर, खदानों और नारियों के नाम नन्दिनी को समर्पित हैं। कामधेनु के समान मनोरथपूरणी शिवनाथ नदी के तटों पर सौरभेयी नन्दिनी के खुरों के चिह्न आज भी देखे जा सकते हैं। साहित्यकार और समाजसेवी स्व. डॉ. मनराखनलाल जी साहू ने इस विषय पर अनेक आलेख लिखे थे।

छत्तीसगढ़ में प्रख्यात भाँचा-संस्कृति

रामेश्वर वैष्णव

छत्तीसगढ़ संस्कृतियों का संगम स्थल है, एक ओर जहाँ आर्य संस्कृति का गहरा प्रभाव यहाँ देखने में आता है, वहीं द्रविड़ संस्कृति की श्रेष्ठता को भी इस अंचल ने अपना रखा है, इतना ही नहीं अन्य तमाम संस्कृतियों की श्रेष्ठता को ग्रहण करने में छत्तीसगढ़ नहीं चूकता।

मूल रूप से ऋषि संस्कृति, कृषि संस्कृति तथा वन संस्कृति यहाँ की मुख्य पहचान है। यहाँ का आम आदमी विचारों से ऋषि है, कर्म से कृषक है और व्यवहार से आदिवासी है इसीलिए वह उदात्त है, सृजनशील है तथा आस्थावादी है, कुल मिलाकर एक श्रेष्ठ भारतीय का वह सहज प्रतिनिधि है। लोक व्यवहार में छत्तीसगढ़ का व्यक्ति हिन्दुत्व की परिभाषा है बस एक मामले में वह सारे भारत से बिल्कुल अलग है। यहाँ भांजों के प्रति लोगों की अद्भुत श्रद्धा है, वयोवृद्ध मामा अपने से कम उम्र के भांजे को प्रणाम करता है, आरती उतारता है, चरणोदक लेता है। पूरे छत्तीसगढ़ में भांजे के प्रति श्रद्धा, निष्ठा व प्रेम, मामाओं के मन में परिव्याप्त है इसका कारण सिर्फ यही है कि भगवान राम छत्तीसगढ़ के भांजे हैं चूँकि कौशल्या दक्षिण कोसल की बेटी थीं इसलिए यहाँ के तमाम लोग उन्हें बहन मानकर गौरवान्वित होते हैं और अपने भांजों को भगवान राम का प्रतिरूप मानकर उन्हें पूज्य समझते हैं। राजा की बेटी, गाँव के गौटिया की बेटी या पुजारी की बेटी को भी समूचा गाँव बहन की दृष्टि से देखता है और जीवन भर इस रिश्ते को निभाता है। उपरोक्त बेटियों के बच्चे स्वाभाविक रूप से सारे गाँव के लिए भांजे-भांजी के रूप में प्रेम श्रद्ध ा व सम्मान पाते हैं। भांजे-भांजी को छत्तीसगढ़ में 'भाँचा-भाँची' कहते हैं, इसलिए इस अनुराग को 'भाँचा-संस्कृति' के रूप में अभिहित करना कोई अतिशयोक्ति नहीं है।

इन पंक्तियों का लेखक भी खरसिया पुरानी बस्ती का 'गाँव जल्ला' भाँचा है। (गाँव भर का भाँचा) और अपनी तमाम उपद्रव प्रियता के बावजूद गाँव भर के सम्मान का पात्र रह चुका है। अभी भी जहाँ कहीं भी कथित मामा लोग मिलते हैं बाकायदा चरण स्पर्श कर प्रणाम करते हैं। दरअसल छत्तीसगढ़ में राम के प्रति अगाध श्रद्धा है। सन्त कवि पवन दीवान की मान्यता है कि पूरे विश्व में राम की लोकप्रियता व श्रद्धा छत्तीसगढ़ में सर्वाधिक है, 'उद्यम सहित राम गुन गावा' यहाँ की जीवन चर्चा है और आदिवासियों का जीवन तो राम-मय है। प्रायः हर व्यक्ति के नाम में 'राम' जरूर जुड़ा होता है—बिसाहू राम, टेटकूराम, मनकूराम, बेदूराम, खेदूराम, लीलाराम, कोदूराम, मेहत्तरराम, चैतराम, उधोराम आदि बहुतायत में पाये जाते हैं।

छत्तीसगढ़ सप्तऋषियों का विचरण क्षेत्र रहा है, लिहाजा यहाँ का आदर्श ऋषि है—सहजता, सरलता, भोलापन, उदार हृदय यहाँ के लोगों की स्वाभाविक प्रवृत्ति है। छत्तीसगढ़ का व्यक्ति अपनी विद्वत्ता को आत्मीयता में छिपा लेता

है, दूसरों के प्रति श्रेष्ठता का भाव वह हमेशा रखता है। इन गुणों के कारण वह अधिकतर छला गया है, इसलिए इन दिनों उसमें एक जागरूकता दिखाई पड़ रही है, परन्तु भाँचा के मामले में अभी भी वह बेहद श्रद्धालु है।

भाँचा के लिए छत्तीसगढ़ का मामा, प्राण त्यागने में भी गौरव के साथ तत्पर होता है। कई गाँवों के नाम भी 'मामा भाँचा' के रूप में विख्यात हैं। 'मामा भाँचा' सम्बन्धी कई अन्धविश्वास भी यहाँ प्रचलित हैं परन्तु उनका आधार केवल भाँचा-प्रेम है। छत्तीसगढ़ियों का जीवन चाहे जितना यान्त्रिक हो जाये, आधुनिक हो जाये, क्लिष्ट हो जाये वह अपनी संस्कृति से विमुख नहीं हो सकता और भाँचा संस्कृति ने तो समूचे गाँव को एक परिवार के रूप में बाँध कर रखा है। यहाँ जिस किसी को सर्वाधिक प्रेमपूर्ण सम्मान दिया जाता है उसे 'भाँचा' कहकर बुलाने की परम्परा है, मजे की बात यह है कि कथित भाँचा भी कथित मामा को 'भाँचा' ही बुलाता है मतलब मामा कोई नहीं होता सभी 'भाँचा' होते हैं मेरे स्वयं के रिश्ते के अलावा चार भाँचा हैं और ये चारों मुझे 'भाँचा' मानते हैं, है न आत्मीयता की अद्‌भुत मिसाल।

लोकजीवन में मानस गान की परम्परा

आलोक शर्मा

छत्तीसगढ़ की धरा राममय है। यहाँ अभिवादन में राम-राम से लेकर अन्तिम यात्रा में 'राम नाम सत्य है' का उद्घोष राम की महिमा से अभिन्न जुड़ाव का परिचय कराता है। यहाँ तक कि जम्हाई लेने के बाद मुँह में बरबस 'राम' को उच्चारित करना हमारी जुबान से आत्मा तक राम की निरन्तर उपस्थिति का आभास करवाता है, गोस्वामी तुलसीदास ने रामचरितमानस में लिखा भी है कि "राम राम कहि जे जमुहाही, तिन्हहिन पाप पुंज समुहाही।"

गोस्वामी तुलसीदास के राम जन-जन के राम हैं। राम छत्तीसगढ़ की परम्परा में इस कदर समाए हुए हैं कि यहाँ के नामों में राम को जोड़ने की ऐसी सहजता है कि आपको परसराम, दुकालूराम, छेदूराम से लेकर झाड़ूराम तक के नाम वाले मिल जायेंगे। यूँ भी राम की मान्यता राजा रामचन्द्र से ज्यादा वनवासी रामचन्द्र की है। राम के उद्देश्य पूर्ण वनगमन की सार्थकता इसी में दिखती है, आमजन उनके वनवासी स्वरूप की निश्छलता को अपने नायक के रूप में देखती है जो न्याय और समता के वाहक हैं। राम ने अयोध्या से लेकर दंडकारण्य एवं लंका तक अविकसित या अर्धविकसित सभ्यता भावपूर्ण समता का अलख जगाया। एक वैचारिक क्रान्ति एवं सामाजिक चेतना स्थापित कर लोगों में जीवन मूल्यों के प्रति आस्था को दृढ़ किया।

छत्तीसगढ़ की भावभूमि में शक्ति उपासना का बड़ा महत्त्व है। अनेक छोटे-बड़े स्थानों में माँ शीतला, दुर्गा, काली इत्यादि दैवी उपासना के मठ-मन्दिर देखे जा सकते हैं। दैवी उपासना की परालौकिक अनुभूति से राम की उपासना करते हुए वही लोग लौकिक जगत में ईश्वर का आभास करते नजर आते हैं। लोकजीवन सरलता का अनुगामी होता है। लोक स्वर में अन्तरात्मा ही गुंजित होती है। लोकमानस भावुकता की ऐसी परिधि में विश्वासपूर्ण भक्ति करता है, जिसमें बौद्धिक तर्कों का कोई स्थान नहीं होता। उसकी श्रद्धा में तर्क बौने पड़ जाते हैं। छत्तीसगढ़ के लोकजीवन में गोस्वामी तुलसीदास कृत रामचरितमानस का गहरा प्रभाव यहाँ ग्राम्य परिवेश में होने वाले मानस गान में परिलक्षित होता है। तुलसीदास ने अपने काव्य के माध्यम से इस भक्तिधारा को समुचित रूप में प्रवाहित होने का अवसर प्रदान किया है।

आज पूरा आधुनिक समाज अपसंस्कृति से ग्रस्त होता जा रहा है। आम लोगों के रहन-सहन और व्यवहार में पश्चिमी सभ्यता हावी होती जा रही है। लोगों में संवेदना का अभाव होता जा रहा है। जीवन की इन सभी व्याधियों का उपचार रामचरितमानस के अध्ययन से किया जा सकता है। रामचरितमानस के पठन से चित्त में संस्कारिक शुचिता निर्मित होती है। भय की स्थिति से जनसाधारण को मुक्त करने एवं मानसिक शान्ति स्थापित करने के लिए राजशक्ति की नहीं वरन् लोकशकित की आवश्यकता होती है। प्रभु श्रीरामचन्द्र जी ने बिखरी हुई लोकशक्तियों का

कुशल संगठन एवं संचालन किया जिसका समग्र उल्लेख रामचरितमानस में गोस्वामी तुलसीदास ने सहज एवं सरल भाषा में किया है।

लोकजीवन में पारस्परिक सद्भाव, आपसी जुड़ाव एवं संस्कारिक संगठन के उद्देश्य को लेकर मानस गान का प्रचलन हुआ। धीरे-धीरे यह इतना प्रचलित होने लगा कि गाँवों में इसे प्रतियोगिता के रूप में और प्रतिष्ठित करने का मन बना लिया गया। सन् 1973 के आसपास मानस गान को प्रतियोगिता के रूप में प्रारम्भ किया गया। तुलसीकृत रामचरितमानस को गाकर पढ़ने की परम्परा तो गाँवों में पहले से थी। लोक मानस लय और धुन के निर्झर में सहज मानस गान में डूबने लगा। इससे उनके चित्त की शुद्धि एवं संस्कार का निर्माण होता गया।

गोस्वामी तुलसीदास ने भारतीय संस्कृति और सभ्यता के अनुरूप श्रीराम जी के परिवार में नारियों की गौरवपूर्ण व्याख्या प्रस्तुत करके लोकजीवन में नारी की गरिमा को प्रतिपादित किया। सीता जी का चित्रण आदर्श नारी की मर्यादा व विनयाव्रत लज्जा का उल्लेख मानस पठन में ग्राम्य नारियों के प्रति अनुकूलता प्रदान करता है–

"पति अनुकूल सदा रह सीता,
शोभा खानि सुशील विनीता।"

अपने से बड़ों के शील, स्वभाव, आचार और कार्यशैली का अनुकरण छोटे करते आये हैं। यदि राजा शील गुण सम्पन्न हो तो प्रजा अवश्य ही गुणी होगी। राम के शील और गुण से 'राम-राज्य' में सभी प्रसन्न हैं, तभी तुलसी लिखते हैं–

"शीतल सुरभि पवन बह मन्दा,
गुंजत अलिलै चलि मकरन्दा।
सरिता सकल बहहिं बर बारी
शीतल अमल स्वाद सुखकारी॥"

यह ग्रन्थ देवग्रन्थ के रूप में लोकजीवन में मान्य है। जिसमें राम तो दिव्य हैं ही, भरत जैसा निःस्वार्थ भाई, लक्ष्मण जैसा कठिन व्रतधारी भ्रातृसेवी एवं भाभी को माँ का दर्जा देने वाला देवर, हनुमान जैसा निःस्वार्थ सेवक, सुग्रीव जैसा मित्र और रावण जैसा शत्रु भी संसार में दुर्लभ है। यह ग्रन्थ पिता, पुत्र, पति, पत्नी, सेवक सभी के आदर्श को चित्रित करता है।

परहित सरिस धरम नहीं भाई,
परपीड़ा सम नहीं अधमाई।

ऐसे ही अनेक चौपाइयाँ एवं दोहे ग्रामवासियों के मुख पर सहज ही बोलचाल में निकल जाते हैं। नैतिक एवं चारित्रिक उत्थान को प्रेरित करने का लोकजीवन में मानस गान प्रतियोगिता को महत्त्वपूर्ण कारक माना जाता है। प्रतियोगिता के दौरान गाँवों में उल्लासपूर्ण माहौल होता है। लोगों में जितनी सुनने की ललक होती है, उतनी ही गायन मंडलियों से अच्छे से अच्छा प्रस्तुतीकरण की उत्कंठा होती है। छत्तीसगढ़ के ग्राम्य जीवन में धीरे-धीरे अनुशासन, भाषा, संगीत पक्ष, शैली और विषय केन्द्रित ज्ञान के बिन्दुओं पर निरन्तर सुधार लाया गया, जिसके फलस्वरूप अब तो हर मंडली व्याख्या पक्ष एवं संगीत पक्ष को बहुत ही अच्छे ढंग से पूर्ण तैयारी के साथ मंच पर प्रस्तुत करने लगी हैं।

अब तो अधिकांश लोगों की भाषा सुधर गयी और न जाने कितने व्यास बन गये। मानस गान के प्रति पहले पुरुष रामायण मंडली ही आती थी, मगर धीरे-धीरे अब नारियों के अलावा बालक- बालिकाओं के मुख से भी अपनी-अपनी मंडलियों के साथ सस्वर मानस गान करते देखे-सुने जाते हैं। गाँव-गाँव में प्रतियोगिता को भव्यता पूर्ण आकार दिया जाने लगा है। गाँववासी प्रतियोगिता के दौरान आस-पास की साफ-सफाई करते हैं। चौक-चौबारों की लिपाई-पुताई करते हैं। चौक पूरकर दिया जलाते हैं। हर व्यक्ति अपनी क्षमतानुसार प्रतियोगिता की सफलता हेतु सहभागी बनता है।

मानस गान प्रतियोगिताओं से ग्राम्य जीवन पर निम्नलिखित प्रभाव देखने को मिल रहे हैं—

1. सभी गाँवों में संगठन दृढ़ हुए हैं।
2. नारियों के भी आगे बढ़ने के मार्ग प्रशस्त हुए हैं।
3. सामाजिक स्तर के सुधार कार्य हुए हैं।
4. संगीत पक्ष एवं गायन-वादन से अनेक कलाकारों को प्रोत्साहन मिल रहा है।
5. धर्म एवं दान के प्रति लोगों की आस्था बढ़ी है।
6. समूह संगठन एवं ग्राम्य नेतृत्व को बल मिला है।

छत्तीसगढ़ के लोकजीवन में मानस गान का यह स्वरूप अत्यन्त मनोहारी है। जिस राम का वास इस संसार के कण-कण में है, उसका प्रभाव जितना बाहर है, उतना ही अन्तरतम है। अतः अपनी चार पंक्तियों के माध्यम से आत्मा की जिजीविषा निवेदित कर रहा हूँ कि—

यातनाओं के शिविर में आराम ढूँढ़ रहा हूँ,
कोरे जल में लिखकर अपना नाम ढूँढ़ रहा हूँ।
इस दिल की लंका को अवध बनाने के लिए,
मैं अपने अन्दर में राम ढूँढ़ रहा हूँ ॥

छत्तीसगढ़ी संस्कृति में भगवान श्रीराम

दीनदयाल साहू

छत्तीसगढ़ वासियों में भगवान श्रीराम के प्रति आस्था पौराणिक काल से ही चली आ रही है। हमारी प्राचीन परम्परा को आगे बढ़ाने में यह काफी सहायक सिद्ध हुई है। भगवान श्रीराम से सम्बन्धित अनेक प्रमाण हमारे छत्तीसगढ़ में मौजूद हैं। यह हमारी संस्कृति का अभिन्न अंग है, जिसके बिना व्यावहारिक जीवन में भी एक कदम आगे नहीं बढ़ सकते।

भगवान राम का सम्बन्ध छत्तीसगढ़ से

हमारा इतिहास इस बात का साक्षी हैं कि भगवान राम का सम्बन्ध छत्तीसगढ़ से रहा है। माता कौशल्या छत्तीसगढ़ की बेटी थीं। भारत का एकमात्र माता कौशल्या मन्दिर आरंग में है। छत्तीसगढ़ की प्रसिद्ध भक्त माता शबरी की भक्ति भावना से प्रभावित होकर भगवान श्रीराम ने छत्तीसगढ़ की बेटी शबरी के हाथों जूठे बेर भी ग्रहण किये। इसी की याद में बिलासपुर जिले में शबरी नारायण का मन्दिर है। आदिकवि रामायण महाकाव्य के रचयिता महर्षि वाल्मीकि जी का आश्रम रायपुर जिले के तुरतुरिया के घने जंगल में था। इसी आश्रम में लव और कुश का जन्म हुआ। प्राचीन ग्रन्थों के अनुसार छत्तीसगढ़ को पहले उत्तर कोसल, दक्षिण कोसल और महाकोसल के नाम से जाना जाता था। महर्षि वाल्मीकि ने जो बात रामायण के उत्तरखंड में कही, वही बात वायु और ब्रह्मांड पुराण में भी मिलती है।

> **"कुशस्थ कोसला राज्यं पुरी चापि कुश स्थली।**
> **रम्या निवेशिता तेन विंध्य पर्व सानुष ॥**
> **उत्तर कोसले राज्यं लवस्य च महात्मनः।**
> **श्रीवस्ती लोकविख्याता कुश वंश निबोधतः॥"**

दंडकारण्य क्षेत्र में राम सीता कुंड व लक्ष्मण पाँव जैसे और भी अनेक प्रमाण भगवान राम के प्रति हमारी आस्था को प्रबल बनाते हैं।

नव वर्ष आरम्भ

छत्तीसगढ़ी संस्कृति में नव वर्ष आरम्भ रामनवमी से होता है। भगवान राम की स्तुति नौ दिनों तक भक्ति भाव से कर नव वर्ष अच्छा बीतने की कामना करते हैं। इसी का परिणाम हो सकता है कि आज तक हमें अन्य राज्यों की तरह किसी बड़े दुर्भाग्य का सामना कभी नहीं करना पड़ा।

मनन व चिन्तन

हम जब प्रातः सोकर उठते हैं तो हमारे मुख से पहला शब्द हे राम...ही निकलता है। आज भी ग्रामीण अपनी दिनचर्या में सामूहिक रूप से रामधुनी गायन करते हुए बस्ती की परिक्रमा करते हैं। हमारी माता व बहनों के साथ यदि कोई भी आश्चर्य करने वाली बात या घटनाएँ सामने आती हैं तो मुँह से अपने आप हाय राम! शब्द निकल पड़ता है।

दिनचर्या

हम अपनी दिनचर्या आरम्भ से लेकर निद्रावधि में जाने तक भगवान राम का नाम ही लेते हैं। आज भी सबेरे उठते ही राम भक्त अपने मंडलियों के साथ टोली बनाकर भगवान राम का नाम वाद्य यन्त्रों में लय के साथ सामूहिक गायन करते गाँव की परिक्रमा करते हैं। इसमें बच्चे और बूढ़े सभी शामिल होते हैं। इसी तरह यदि कोई अपरिचित व्यक्ति भी आपस में मिलते हैं तो "राम राम भैया" से सम्बोधित करते हैं। इस शब्द मात्र उद्‌बोधन से प्रेम और मित्रता का भाव स्वतः छलक उठता है। हमारे छत्तीसगढ़ में मितान बदने की परम्परा है। अतः मितान बदने वाले आपस में नाम नहीं लेते भगवान का नाम जैसे "सीता राम भोजली" और "सीता राम जंवारा" उद्‌बोधन से सम्बोधित करते हैं।

रामायण प्रतियोगिता

सावन माह में प्रत्येक सोमवार को मन्दिर तथा घर में भक्त भगवान भोलेनाथ की स्तुति करते हैं तथा भक्त अपने घरों में रामायण मंडलियों द्वारा रामायण पाठ का आयोजन कर पुण्य लाभ अर्जित करते हैं। छत्तीसगढ़ में अनेक धार्मिक मंडलियाँ हैं, जिसमें रामायण मंडली ही अधिक होती हैं। ग्रामीण खेती किसानी के कार्यों के बाद अपना समय धार्मिक आयोजनों में लगाते हैं। इसी कारण अगहन से माघ महीनों में गाँव-गाँव में मानसगान प्रतियोगिता के आयोजन से भक्ति की धारा बहने लगती है। सारा वातावरण भक्तिमय हो जाता है। इसी प्रकार पहले रामलीला का आयोजन अधिक होता था। लेकिन आजकल रामायण का प्रसारण टी.वी. चैनलों में होने के कारण लोगों की रुचि रामलीला के प्रति घटने लगी है। रामनवमी के दिन राम भक्त हनुमान से प्रेरित बजरंग अखाड़ा का प्रदर्शन भी कम होने लगा है, इसके पीछे अनेक कारण गिनाये जा सकते हैं लेकिन फिर भी किसी न किसी रूप में राम के गुण का रसपान हमें होता रहता है और भगवान राम के प्रति आस्था कभी कम नहीं होती।

राऊत दोहों में श्रीराम

भगवान श्रीकृष्ण ने गोवर्धन पर्वत उठाकर यदुवंशियों की रक्षा की थी। इसी की याद में गोवर्धन पूजा के दिन यदुवंशी छत्तीसगढ़ में दोहा पढ़ते हुए भगवान कृष्ण के साथ श्रीराम की भी स्तुति करते हैं—

राम राज में दूध मिले, कृष्ण राज में घी हो।
अब के राज में चाय मिले, फूँक-फूँक के पी हो ॥

वैवाहिक अवसरों में

छत्तीसगढ़ में विवाह के समय दूल्हा व दुल्हन को राम व सीता से सम्बोधन करने की प्राचीन परम्परा रही है यह हमें वैवाहिक गीतों में देखने को मिलता है–

मड़वा सरई सइगोना के दाई
छवई ले
बरे बिहे के रहि जाय
कि ये मोर दाई सीता ल
बिहावे राजा राम

निरन्तर शोध का विषय

हमारी आने वाली पीढ़ी भगवान राम के छत्तीसगढ़ से सम्बन्ध को और अधिक सरल और प्रामाणिक तथ्यों के साथ समझ सकें इसके लिए लगातार स्थानीय स्तर पर अनेक संस्थाओं द्वारा शोध किये जा रहे हैं। सन्त व कवि पवन दीवान द्वारा अनेक तथ्यों के आधार पर नव मन्त्रालय भवन का नाम माता कौशल्या के नाम पर रखने हेतु छत्तीसगढ़ शासन से निवेदन किया जा रहा है। अनेक संगठन इसका समर्थन भी कर रहे हैं। इसी तरह डॉ. मन्नूलाल यदु की टीम द्वारा राम वनगमन पर लगातार शोध किये जा रहे हैं। आशा है इससे भविष्य में और भी अधिक प्रामाणिक तथ्य सामने आयेंगे।

चोला माटी के हे राम

इस कथन से स्पष्ट है कि हमारे कण-कण में भी भगवान राम समाया हुआ है। और देखा भी जाता है कि छत्तीसगढ़ी लोक संस्कृति और साहित्य भगवान राम के बिना अधूरा है। सभी में भगवान राम से सम्बन्धित तथ्य ही जुड़े होते हैं। इसलिए हम मनुष्य की अन्तिम यात्रा में ''राम नाम सत्य'' को स्वीकार करते कह ही उठते हैं कि राम नाम के बिना कुछ नहीं हो सकता है। अतः जो सत्य है उसे स्वीकार करने में हम सब की भलाई है और हमें यह स्मरण हो कि राम नाम के बिना मुक्ति सम्भव ही नहीं है।

राम सर्वत्र

सन्त कृष्ण रंजन

प्राचीन काल से ही छत्तीसगढ़ रामायण, महाभारत से सम्बद्ध रहा है। महानदी, शिवनाथ नदी तथा अन्य छोटे-बड़े नालों-पर्वत-पहाड़ तथा उच्च समतलभूमियों से लगे मैदानी इलाकों ने इस क्षेत्र के सौभाग्य-दुर्भाग्य को नियत किया है। घने जंगलों से आच्छादित यहाँ की मनोरम घाटियाँ तपस्वियों का तप स्थल तथा देवी-देवताओं की क्रीड़ा कथ्य से लबरेज रहा है। आर्य तथा अनार्यों की संस्कृति यहाँ की धरोहर है। इसी के माध्यम से तत्कालीन सामाजिक, सांस्कृतिक, धार्मिक, ऐतिहासिक तथा भौगोलिक स्थिति का पता चलता है, यही यहाँ की सभ्यता और परम्परा की खबर देते हैं।

रामायण काल में बिलासपुर, रायगढ़ जिलों तथा सारंगढ़, रामगढ़, बिलाईगढ़ के वन क्षेत्रों में श्रीराम वनवास के समय कुछ अधिक समय तक भ्रमण करते रहे। इस भूभाग में उनकी उपस्थिति का प्राकृतिक संस्कार कूट-कूट कर भरा पड़ा है। आज भी श्रीराम की भक्ति का यहाँ के जनजीवन पर गहरा प्रभाव है। कुछ वन क्षेत्रों के निवासी न केवल प्रभु श्रीराम की मूर्ति की पूजा अर्चना करते हैं वरन उसे गोदना के रूप में अपनी देह में सूई द्वारा काले रंग को शरीरस्थ कर लेते हैं। उनके सौन्दर्य बोध में धार्मिक आस्था की पराकाष्ठा है। न केवल हाथ-पाँव वरन सम्पूर्ण भौंह तथा कपाल में भी श्रीराम का नाम गोदना के द्वारा अंकित कर लेते हैं। ताकि मृत्यु के बाद भी श्रीराम का नाम देह के साथ विसर्जित हो सके। इन्हें रामनामी या रामनमिहा जमात या समुदाय कहते हैं। यह समुदाय सम्पूर्ण विश्व में छत्तीसगढ़ के सारंगढ़, बिलाईगढ़ के आसपास ही निवास करता है। वर्ष में एक बार रामनामी मेले के रूप में भेंट करते हैं। सूई के द्वारा सम्पूर्ण शरीर में सूई चुभोकर रंग भरना नाड़ी चिकित्सा की पतंजलि योग और ऋषि चर्वाक और च्यवन की पद्धति है। इस प्रक्रिया से देह की प्रायः सभी नाड़ी व नसों को वैद्य पद्धति से प्रभावित किया जाता है। आमूल जीवन स्वास्थ्य की यह विधि उन्हें निरोग बनाती है। गुह निषाद और केवट से मित्रता का प्रभार व संस्कार भी छत्तीसगढ़ के प्रायः सभी क्षेत्रों में गंगाजल, मितान, दौनापान, तुलसीदल, गंगाबावर बदने के रूप में दिखाई पड़ता है। ऐसे रिश्ते खून के रिश्ते से ज्यादा मजबूत दिखाई पड़ते हैं।

यहाँ की लोक कथाओं तमूरहा, भजनहा, चिकरहा आदि लोगों के आधार पर माता कौशल्या का मायका कोसिर (सारंगढ़, रायगढ़ के बीच) से कोसला (पामगढ़ के पास) तक माना गया है। माता सुमित्रा का मायका भी छत्तीसगढ़ माना गया है।

> **"मगध राजदुहिता थी, सुमित्रा कोसल राजदुहिता थी।**
> **कौशल्या तथा कैकेयी राजदुहिता थी ॥"**

श्रीराम ने अपने पुत्र कुश को इसी दक्षिण दिशा में स्थित दक्षिण कोसल का राज्य दिया। लव को उत्तर कोसल का

राज्य अधिपति नियुक्त किया। इस तरह यह भी सिद्ध होता है कि बुन्देलखंड या बघेलखंड दक्षिण कोसल के अन्तर्गत था। कोसल देश को सात राज्यों में विभक्त किया गया।

गो सहस्र फलं विन्दपात,
कुर्द कोसलाधि पेरिदूम
कोसलान्त समासाप्दद्य
कालतीर्थ मुपस्पृशेतू (महाभारत : वन पर्व अ 84)

इस्कन्दरिया (मिस्र) के प्रख्यात ज्योतिषी टालमी सन् 130 ई. से 161 तक विद्यमान थे। उनके लेखों से ज्ञात होता है कि तिब्बत के एक लेखानुसार रोम में भी कोसल देशीय विशुद्ध हीरों का प्रचार था।

श्रीराम, वनवास के समय बारह वर्ष छत्तीसगढ़ में रहे

पहले जो तीर्थयात्रा में अयोध्या जाते थे वह लोग प्रसाद को छोड़कर भोजन नहीं करते थे। उनकी मान्यता थी कि—

"इहाँ बेटी देहन बेटी के घर कैसे खाबो।"

कोसल में कौशल्या माता का मन्दिर भी है। छत्तीसगढ़ में श्रीराम को अवतारी से अधिक भाँचा मानते हैं। उपरोक्त लेख रायपुर रविशंकर विश्वविद्यालय के उपकुलपति श्री रामलाल कश्यप ने लिखा था।

छत्तीसगढ़ में जब कभी दो व्यक्ति जान पहचान के मिलते हैं तो आवभगत में राम राम सम्बोधित करते हैं। जयराम जी भी नमस्कार का एक रूप है।

दक्षिण भारत में ही रावण का वर्चस्व था। उत्तर भारत में आर्य राजा था। रावण भगवान शंकर का शिष्य था अतएव दक्षिण भारत में विशेषतः छत्तीसगढ़ में गाँव-गाँव में शिवलिंग की पूजा होती है। लंका लक शब्द से बना है। लक्क अर्थात् चोटी, तंग, शिखर। सतपुड़ा विन्ध्याचल की चोटियों की खाई ही लंका थी। समुद्र लाँघने की बात है तो उस काल में दो भारत थे। जल प्लावन को मध्य में होना चाहिए। भौगोलिक परिवर्तन होते हैं। राम रावण को हुए हजारों वर्ष बीते, उस युग में मनुष्य के समाज में विवाह नहीं होते थे। अपहरण होते थे। मनुष्यता में बानगी आयी तो स्वयंवर की प्रथा प्रारम्भ हुई। कृष्ण, अर्जुन से आकर पृथ्वीराज संयोगिता तक अपहरण होते रहे।

छत्तीसगढ़ विशाल हदय का क्षेत्र है। राम का यह भी संस्कार है। विभीषण राम के शरण में आते हैं, उसे श्रीराम लंकेश बना देते हैं। रावण के जीते जी भाई को लंकेश घोषित करने पर लक्ष्मण के सन्देह को स्पष्ट करते हुए श्रीराम कहते हैं लक्ष्मण हम विभीषण को लंकेश बनायेंगे और यदि परिस्थिति आयी तो हम रावण को अवधेश बना देंगे। श्रीराम को भगवान मानने का यह मजबूत कारण था। श्रीराम के विचार आज छत्तीसगढ़ के व्योम मंडल में व्याप्त हैं। विचार कभी मरते नहीं। लंका के मैदान में विभीषण ने बताया कि "हे राम रावण के हदय को तीरों की बौछार से विदीर्ण कर दो तभी रावण मर सकता है।" श्रीराम सुन्दर उत्तर देते हैं—"हम ऐसे हजारों युद्ध हार सकते हैं किन्तु रावण के हदय को तीरों की बौछार से विदीर्ण नहीं कर सकते विभीषण। रावण के हदय में चौबीस घंटे जानकी विराजमान है। हम वहाँ कैसे तीर चलायें।" राम के इन्हीं विचारों की सर्वत्र पूजा होती है। छत्तीसगढ़ आज भी उनके विचारों को जीता है। ऐसा अवश्य लगता है हम कुछ खोते चले जा रहे हैं किन्तु ऐसा नहीं है सत्य का साथ प्रकृति देती है फिर हमारे साथ श्रीराम की छाया प्रतिछाया है जो केवल उजाले में ही नहीं अँधेरे में हमें दिखाई पड़ती है।

छत्तीसगढ़ में रामलीला का मंचन

श्रीमती आशा ध्रुव

छत्तीसगढ़ की धरा पावन है यह भूमि कई ऋषि-मुनियों महात्माओं की तपोभूमि है, यहाँ घांसीदास जैसे सन्त ने सतनाम के रहस्य को प्रकट किया तो वही सन्त कबीर ने यथार्थ की दार्शनिकता पर जोर दिया, आडम्बर और कुरीतियों का खंडन किया।

ऐतिहासिक और पौराणिक दस्तावेजों, प्रमाणों में कई ऐसे तथ्य उजागर हुए कि जिन पर शोधार्थी शोध कर रहे हैं। कोट, पुर, गढ़ से मिलकर छत्तीसगढ़ का निर्माण हुआ है, प्रत्येक गाँव शहर के नाम के अन्त में कोट, पुर, गढ़ इसलिए आता है क्योंकि यह पुराने ऐतिहासिक गढ़ों का बखान करता है।

छत्तीसगढ़ आदिवासी बाहुल्य से पूर्ण होने के कारण यह घने वनों से आच्छादित है, इसलिए इसे रामायण में दंडकारण्य भी कहा गया है।

ये वही दंडकारण्य है जिसमें राजा राम के साथ जानकी व भाई लक्ष्मण ने वनवास के 10 वर्ष के दौरान वनगमन किया, 10 वर्ष बिताये छत्तीसगढ़ द्वापर और त्रेतायुगीन पौराणिक कथाओं का अथाह सागर है। सीता की खोज में श्रीराम इसी मार्ग से लंका गये थे और यहीं सुग्रीव, जामवंत से उनकी भेंट हुई, यहीं उन्होंने वानरों की सेना तैयार की, यहीं जटायु ने उन्हें लंका का मार्ग दिखाया था।

यहाँ के वनवासियों ने राम की सहायता की तथा राम को स्वयं देखा इसलिए यहाँ के लोकगीतों में राम का नाम आता है तथा अभिवादन पर भी एक-दूसरे से राम-राम कहा जाता है। शायद राम के चरण रज इस धरा पर पड़ने के कारण यहाँ के लोगों ने गाँव की लीला मंडलियों का भी संरक्षण और संवर्धन किया, रामलीला का आयोजन कर इस लोक नाट्य को संरक्षित करने की आवश्यकता है। आधुनिकता और पाश्चात्य संस्कृति लोक मंचों पर हावी होती जा रही है तथा अपने पुराने ऐतिहासिक धरोहर को आज की युवा पीढ़ी भूलती जा रही है और युवा भटकाव की दिशा की ओर बढ़ रहे हैं। चन्द लोग ही सही लेकिन प्रयास करें तो इसे संरक्षित करने का कार्य हो सकता है।

यहाँ तुलसी रचित रामचरितमानस का गान किया जाता है तथा वाल्मीकि रामायण का पाठ किया जाता है। जो मुक्ति प्रदान करता है। राम की स्मृतियों को चिरस्थायी बनाने के लिए यहाँ भांजे को राम के रूप में मानकर उनके पाँव छुये जाते हैं, क्योंकि राम का ननिहाल होने के कारण यहाँ मामा ऐसा करते हैं।

राम की स्मितियों एवं उनके द्वारा किये गये कार्यों को स्मरण करते हुए यहाँ के जनमानस में रामलीला का मंचन किया जाता है, रामलीला जनसाधारण की बोली में तथा रामायण के दोहा- चौपाइयों पर आधारित होती है। रामलीला मंच में पुरुष पात्रों के द्वारा नारी पात्र निभाये जाते हैं। यहाँ रामलीला का मंचन गाँव में होता है तथा बड़े

शहरों में रामलीला मैदान बिलासपुर के शनिचरी बाजार के पास तथा दुर्ग में रामलीला मैदान, रायपुर में गुढ़ियारी पड़ाव जहाँ कई वर्षों तक रामलीला और कृष्ण लीला का मंचन होता था, दशहरा मैदान।

कुँवार नवरात्रि के पहले दिन प्रतिपदा से प्रारम्भ होकर यह दशमी को दशहरा के दिन रावण वध पश्चात् राम राज्याभिषेक कर लीला की पूर्णाहुति होती है।

गाँव में रात्रिकालीन भोजन ग्रहण कर लोग लीला मंच के समीप उपस्थित होते हैं जिसमें महिलाएँ, बच्चे, बूढ़े, जवान सभी लोग बड़े मजे से रामलीला का आनन्द उठाते हैं। पहले मंगलाचरण फिर तुलसीदास की रामायण का मंचन बालकांड से प्रारम्भ होकर अन्त में राज्याभिषेक पर श्रीराम की शोभायात्रा निकालकर आरती की जाती है, लोग स्वेच्छा से अन्नदान, धनदान, वस्त्रदान और श्रमदान करते हैं। जिससे यह आभास होता है, कि यहाँ धर्म और मजहब की दीवारों का कोई काम नहीं है।

राजभाषा छत्तीसगढ़ी में रामायण

यहाँ के विद्वान एवं साहित्यकारों ने रामायण का अनुवाद छत्तीसगढ़ी भाषा में किया है, जो प्रबोध और सरल है। यहाँ राम से सम्बन्धित साहित्य की उपलब्धि प्रचुर मात्रा में है, लिखने वाले लिख भी रहे हैं। स्कूली पाठ्यक्रम में भी रामलीला को शामिल करने से नौनिहालों को मौलिक व मौखिक रामलीला का ज्ञान हो सकेगा। लोक मंच लोक नाट्य को सामाजिक एकता के साथ राष्ट्रीय एकता का परिचायक समझाने का एक अवसर उन्हें मिले कि रामलीला कैसी होती है।

रामलीला में मंचन—रामलीला में बालकांड, खर-दूषण वध, अहल्या उद्धार, जनकपुर, राम-सीता विवाह, राज्याभिषेक, कैकेयी वनवास, दशरथ विलाप, चित्रकूट, पंचवटी, केवट संवाद, सूर्पनखा अंग भंग, मारीच वध, भरत मिलाप, लक्ष्मण सीता संवाद, सीता हरण, जटायु वध, राम विलाप, सीता खोज, शबरी प्रेम, राम हनुमान मिलन, सुग्रीव से भेंट, बालि वध, सेतु निर्माण, लंका दहन, त्रिजटा- जानकी संवाद, मेघनाथ-अंगद संवाद, कुंभकरण वध, मन्दोदरी-रावण संवाद, रावण वध, राम-भरत मिलाप, राम राज्याभिषेक, इत्यादि प्रसंगों को मंच में पात्रों के द्वारा संवाद व अभिनय के साथ मंचित किया जाता है। 12-15 दिनों तक यह क्रम निरन्तर चलता रहता है। लोग उत्साह और उमंग के साथ दर्शक दीर्घा को सुशोभित करते हैं। रावण दहन (वध) के पश्चात् विभीषण का राज्याभिषेक, वनवास काल समाप्ति के पश्चात् राम के अयोध्या वापसी पर अयोध्या में राम-भरत मिलाप की शोभायात्रा निकाली जाती है, जिसमें राम, जानकी लक्ष्मण रथ में बैठते हैं। गाँव में बैलगाड़ी में ही बैठाकर गाँव के चारों ओर घुमाया जाता है तथा शाम को मंच में राजा राम को सिंहासन पर सीता लक्ष्मण सहित विराजित किया जाता है और राज्याभिषेक कर तिलक लगाकर आरती उतारी जाती है तथा जय श्रीराम का जय घोष चारों ओर गुंजायमान होता है। लोग एक-दूसरे से गले मिलकर आपसी वैमनस्यता को मिटाते हैं तथा राम-राम कहते हैं।

लोक संस्कृति लोकमंच के द्वारा रामलीला को संरक्षित किया जाये, वर्तमान समय में यह लुप्त प्राय है, सिर्फ ग्रामीण अंचलों में कहीं-कहीं मंचित की जा रही है, इसे सुरक्षित एवं संरक्षित कर लोक कलाकारों को प्रोत्साहित किया जाये।

बालोद, बेमेतरा, लिमतरा, बिलासपुर, आदि स्थान ऐसे हैं, जहाँ इस कला को प्रोत्साहित किया जा रहा है। छत्तीसगढ़ के प्रत्येक गाँव में रामलीला चौंरा जो गाँव के मध्य हृदय स्थल पर होता है तथा गाँव के बाहर रावण भाँटा होता है, इसका यह अर्थ होता है, कि रावण रूपी पाप का शमन करने वाले भगवान राम यहाँ जनमानस के हृदय में निवास करते हैं, मर्यादा पुरुषोत्तम राम सीधे सरल एवं सेवाभावी थे, शायद इसलिए यहाँ के निवासी मृदुभाषी होने के साथ ही साथ सीधे सरल और सेवा भावी हैं। कौशल्या छत्तीसगढ़ की बेटी थी, प्राचीन नाम कोसल देश होने के कारण कौशल्या नाम से प्रसिद्ध हुई। छत्तीसगढ़ में भगवान राम का मामा गाँव (ननिहाल) होने के कारण यहाँ मामा अपने भांजे-भांजियों का राम मानकर स्मरण करते व चरण स्पर्श करते हैं। पूरे भारत में एक यही ऐसा प्रान्त है, जहाँ यह परम्परा आज के आधुनिक युग में भी प्राचीन स्मृतियों को सँजोये हुए पूरे गौरव के साथ विद्यमान है।

छत्तीसगढ़ में रामलीला का मंचन कुँवार नवरात्रि से प्रारम्भ होता है तथा एकादशी को समाप्त होता है रामलीला की तैयारी महीनों पहले से गाँव के चौपाल में बुजुर्गों व कलाकारों के साथ की जाती है तथा संवादों का रिहर्सल किया जाता है। प्रतिवर्ष पात्र का अभिनयन करने वालों को अपने संवाद कंठस्थ होते हैं। किन्तु लीला मंच में अच्छी से अच्छी प्रस्तुति देने के लिए प्रत्येक गाँव की लीला मंडली प्रयास करती है।

गाँव के सभी लोगों का सहयोग

गाँव में प्रायः सभी लोगों का सहयोग रहता है, लीला में सहभागिता करने वालों के लिए एक स्थान पर भोजन की व्यवस्था की जाती है, मंच को सजाना, विद्युत इत्यादि, पंडाल पर्दा की व्यवस्था करना तथा शाम को गाँव के कोतवाल के द्वारा हाँका देना कि लीला मंच के पास सभी गाँव के लोग उपस्थित होकर राम नाम का रसपान करें। हाँका पड़ते ही गाँव के लोग जमीन पर बैठने के लिए दरी, कमरा (जो काले रंग का कम्बल होता है) तथा पट्‌टी,

चटाई, बोरा इत्यादि लेकर जगह को सुरक्षित कर लेते हैं और बच्चे, बूढ़े, महिलाएँ स्त्रियाँ सभी मिलकर रामलीला का आनन्द लेते हैं।

पुरुष पात्र ही स्त्री पात्र का अभिनय करते हैं

पहले रामलीला में स्त्री पात्र का अभिनय पुरुष पात्र ही करते थे, जिनमें मुख्य पात्र कौशल्या, कैकेयी, सुमित्रा, सीता, मन्दोदरी, मन्थरा, त्रिजटा, तारा आदि की भूमिका करते थे। छत्तीसगढ़ में रावणभाँठा (दशहरा मैदान) रामलीला मैदान के लिए स्थान सुरक्षित होता है, यहाँ रामलीला की समाप्ति के दिन दशहरा मैदान में राम-रावण युद्ध का मंचन कर, रावण के पुतले का दहन कर राम की लंका पर विजय को प्रदर्शित किया जाता है। इस तरह गाँव की संस्कृति परम्परा रामायण की कथा लोक संस्कृति में रची बसी हुई है। जो अपनी प्राचीनता का बखान स्वयं ही करती है।

जिस तरह नाचा गम्मत को सुरक्षित करने के प्रयास में सरकार आयोजन करती है, उसी तरह रामलीला का बदला स्वरूप—आधुनिकता का प्रभाव रामलीला मण्डलियों पर भी पड़ा है। रामलीला का व्यय भार अधिक होने के कारण भी कई मण्डलियों ने मंचन करना बन्द कर दिया। इलेक्ट्रानिक मीडिया के आने से दूरदर्शन एवं विभिन्न चैनलों में रामायण, सम्पूर्ण रामायण तथा रावण या वीर हनुमान, जय-जय वीर हनुमान जैसे रामायण से सम्बन्धित धारावाहिकों का चैनलों से प्रसारण होने के कारण लोगों का रुझान इस ओर अधिक हुआ, इसका लाभ यह हुआ कि सभी धर्म जाति के लोग रामायण के सारगर्भित अर्थों को समझ सके हैं। आधुनिकता और प्रतिस्पर्धा की दौड़ में समय अभाव के कारण अब देर रात तक जाग कर लीला का आनन्द लेना आज की जीवन शैली से अलग हो गया है। गाँव से लेकर शहर महानगरों में भी इसका प्रभाव देखने को मिलता है।

रामनवमी की शोभायात्रा अब सड़कों की शोभा और भीड़, राजनैतिक रंग में बदल चुकी है, सच ही कहा गया है कि समय के साथ परिवर्तन आवश्यक है, क्योंकि परिवर्तन ही जीवन है।

रामलीला मण्डलियों का संरक्षण करना आवश्यक है

भारतीय लोक नाट्य शैली को जीवन्त करने वाले तथा इस ऐतिहासिक पौराणिक धरोहर को लोक नाट्य मंच आज के आधुनिक युग में भी धैर्य के साथ सहेजे हुए हैं तथा उनका मंचन अब भी लगातार किया जा रहा है, ऐसे कलाकारों एवं संस्थानों, मण्डलियों को शासन द्वारा संरक्षण प्रदान किया जाना चाहिए तथा उन कलाकारों को प्रोत्साहन दिया जाना चाहिए, ताकि यह कला आने वाली पीढ़ी को धरोहर के रूप में उसके मूल स्वरूप में हस्तान्तरित हो सके।

रामत्व ही समत्व है

पवन दीवान

जिस प्रकार सूरज को दीपक दिखाने की जरूरत नहीं है, उसी प्रकार जो कण-कण और जन-जन में रमा हुआ है, उस पर कुछ लिखने की आवश्यकता नहीं है। वाणी बिना आँख की है और आँख की वाणी नहीं है। छत्तीसगढ़ (दक्षिण कोसल) माता कौशल्या की जन्मभूमि है। सम्पूर्ण भारत में और विश्व में राम का कितना प्रभाव है, यह दुहराने की जरूरत नहीं है। यहाँ तक कि रूस जैसे साम्यवादी देश में प्रतिवर्ष रामलीला का मंचन किया जाता है।

यहाँ के लोग कहते हैं कि राम को हम ईश्वर भले न मानें पर हमारा मन कहता है कि मानव का आदर्श राम जैसा व्यक्तित्व, चरित्र और व्यवहार वाला व्यक्ति ही हो सकता है, दूसरा नहीं। राम के दृश्य और अदृश्य प्रभाव का आकलन करना हमारे लिए असम्भव है। प्रेम, न्याय, सत्य, चरित्र और मानवता का कोई भी प्रसंग राम के उल्लेख बिना पूर्ण हो ही नहीं सकता।

अनन्त श्री विभूषित श्रीश्री 1008 श्री जगतगुरू शंकराचार्य स्वामी स्वरूपानंद सरस्वती जी से भेंट कर आशीर्वाद लेते हुए संत कवि पवन दीवान जी

अनन्त श्री विभूषित श्री श्री 1008 श्री जगतगुरु शंकराचार्य स्वामी स्वरूपानन्द सरस्वती जी से भेंट कर आशीर्वाद लेते हुए सन्त कवि पवन दीवान जी

रमन्ते योगिनोऽनन्तेसत्यानन्देचिदात्मनि,
राम इति पदेन असौ परब्रह्माभिधियते।

जो सबमें रमा हुआ है, उसी को राम कहते हैं। मन बुद्धि प्राण आत्मा सभी राम ही है। छत्तीसगढ़ राममय है। सम्बोधन, व्यवहार, जन्म, नामकरण सभी में राम छाये हुए हैं। छत्तीसगढ़ में समरसता का भाव राम के नाम के कारण है। यहाँ अमीर गरीब सभी बिना किसी भेदभाव के "सियाराम मय सब जगजानी, करउँ प्रणाम जोर जुग पानी" को लोगों ने आत्मसात् कर लिया है। राम का नाम लेकर लोग तनाव मुक्त रहते हैं और कहते हैं हमको राम से काम है। केवल पुरुष ही नहीं महिलाएँ भी सबको राम-राम कहती हैं। यहाँ के लोग राम का नाम सायास नहीं लेते बल्कि राम का नाम स्वाभाविक ही हर समय हर परिस्थिति में उच्चारित होता रहता है। यहाँ तुलसीदल, गंगाजल इत्यादि बदते हैं, सीताराम का ही नाम लेकर। परस्पर अभिवादन किया जाता है तो भी राम का नाम लेकर। सुख में, दुःख में, आश्चर्य में यही अभिव्यक्ति का माध्यम है। यहाँ तक क्रोध में भी राम का ही नाम आता है। दया और प्रेम दिखाने के लिए भी इसी नाम का लोग उच्चारण करते हैं। कहने का तात्पर्य यह कि जन्म से मृत्यु पर्यन्त राम साथ ही होते हैं। गाँव, शहर, गली, घर राम से रहित नहीं है। कभी-कभी तो ऐसा भी प्रतीत होता है कि मनुष्य को यह भी पता नहीं चल पाता कि उसने राम का नाम लिया या ले रहा है। इससे एकात्मता का और बड़ा उदाहरण क्या हो सकता है।

छत्तीसगढ़ का प्रत्येक पर्व, मांगलिक अवसर और कठिनाइयाँ सभी राममय हैं। ईश्वर को तो किसी न किसी रूप में सभी मानते हैं और उसका नाम लेते हैं। यदि भगवान किसी क्षेत्र के स्नेहिल रिश्तों में बँध जाये तो और क्या कहना। जैसे ब्रज भूमि के लिए कृष्ण तथा उत्तर कोसल और दक्षिण कोसल के लिए राम। दक्षिण कोसल का आज का नाम छत्तीसगढ़ है जो परमविदुषी माता कौशल्या की जन्म भूमि है और मर्यादा पुरुषोत्तम भगवान श्रीराम का ननिहाल है। छत्तीसगढ़ (दक्षिण कोसल) के निवासी श्रीराम को भगवान मानने के साथ-साथ भाँजा भी मानते हैं, इसीलिए यहाँ आज भी भाँजे को राम की तरह पूजा जाता है और उसे 'भाँचा राम' कहा जाता है। महाकवि तुलसीदास ने मानस में कौशल्या की वन्दना करते हुए कहा है—

बन्दऊँ कौशल्या दिसि प्राची

प्राची दिसि का अर्थ पूर्व दिशा होता है। जिस प्रकार पूर्व दिशा से सूर्य का जन्म होता है, उसी प्रकार कौशल्या माता से पूर्व दिशा की तुलना की गयी है, जिनसे राम रूपी सूर्य (सूर्यवंशी) का जन्म हुआ, इस तरह दक्षिण कोसल अर्थात् छत्तीसगढ़ पूर्व दिशा में स्थित है, अतः श्री तुलसीदास ने छत्तीसगढ़ की वन्दना की है।

यदि यह प्रश्न किया जाये कि भगवान के सभी नामों में वह कौन-सा नाम है जो छत्तीसगढ़ में छाया हुआ है तो राम का नाम ही आयेगा और जहाँ राम सर्वत्र छाये हुए हैं, वहाँ राम राज है–

निर्मलजन जो सो मोही पाव।
मोही कपट छल छिद्र न भाव ॥
रामहि केवल प्रेम पियारा।
जान लेहु जो जान निहारा ॥

श्रीराम के नाम और काम का प्रभाव छत्तीसगढ़ में अन्य क्षेत्रों की तुलना में सर्वाधिक गहरा है। यहाँ के नर-नारियों के नाम के साथ राम को जोड़े जाने की परम्परा, गाँवों में गरीब किसान मजदूरों की मदद के लिए रामकोठी की स्थापना, आदि। बनवास काल में सर्वाधिक 10 वर्ष छत्तीसगढ़ में व्यतीत करना इस बात को प्रमाणित करता है कि रावण जैसे मानव द्रोही एवं राष्ट्र विरोधी राक्षसों के नाश करने की पृष्ठभूमि एवं रणनीति छत्तीसगढ़ में ही रची गयी। रघुकुल का आदर्श वाक्य "प्राण जाये पर वचन न जाये।" छत्तीसगढ़ की बेटी कौशल्या माता के त्याग और दृढ़ संकल्प के कारण ही आज तक अमर है। यदि वह इस बात के लिए हठ ठान लेतीं कि भरत को गद्दी मिले लेकिन मैं अपने राम को इतनी लम्बी अवधि के लिए वन में नहीं जाने दूँगी तो किसी की ताकत नहीं थी कि उनका विरोध कर सके। तब देश और विश्व का इतिहास ही दूसरा होता। आज माताएँ अपने कलेजे के टुकड़े और अतिप्रिय पुत्र को देश और मानवता की रक्षा के लिए सीमाओं पर भेजती हैं, वह कौशल्या परम्परा ही है। उस युग में रामराज्य का उद्गम छत्तीसगढ़ और आज भी रामराज्य की शुरुआत छत्तीसगढ़ से ही होगी। महात्मा गाँधी ने राम के नाम से ही देश को जाग्रत और एक किया जिससे देश को आजादी मिली। आज आजादी कायम है तो राम की मर्यादा की नींव पर और भविष्य में भी राष्ट्र की मजबूती राम के नाम और आदर्श से ही सम्भव है।

जय कौशल्या माता, जय श्रीराम, जय भारत, जय छत्तीसगढ़।

छत्तीसगढ़ से ही राम

सन्त गोवर्धन महाराज

छत्तीसगढ़ का पौराणिक इतिहास अत्यन्त गौरवमय रहा है। यह छत्तीसगढ़ श्रीराम की कर्मभूमि है। भगवान राम को धरती पर अवतार लेना था तो छत्तीसगढ़ की बेटी कौशल्या मैया की गोद से जन्मे। इससे यह निश्चित हो जाता है कि छत्तीसगढ़ की माटी में ही वो क्षमता है जो भगवान राम को बेटा बना सके।

दूसरी बात यह है कि जब राजा दशरथ को पुत्र प्राप्ति के लिए गुरु वशिष्ठ द्वारा पुत्रेष्टि यज्ञ का मार्ग बताया गया तब राजा दशरथ ने वशिष्ठ जी से पूछा कि यह यज्ञ कौन सम्पन्न करायेंगे। तब गुरु वशिष्ठ ने राजा दशरथ को बताया कि राजन इस महान यज्ञ के लिए दक्षिण कोसल से शृंगी ऋषि को बुलाना होगा। चूँकि दक्षिण कोसल की भूमि भक्ति से ओत-प्रोत भूमि है अतः वहाँ के ऋषि शृंगी द्वारा यज्ञ का कार्य सम्पादित होना ही उत्तम रहेगा। आशय यह कि भगवान को धरती पर लाना भी दक्षिण कोसल (छत्तीसगढ़) के ऋषि शृंगी द्वारा ही सम्भव हो सका। सीधे-सीधे कहें तो भगवान राम के धरती पर अवतरण में भी छत्तीसगढ़ की महत्त्वपूर्ण भूमिका मालूम पड़ती है। एक वर्ष तक चले इस यज्ञ का परिणाम यह हुआ कि यज्ञ भगवान को प्रकट होकर आशीर्वाद स्वरूप पायष देना पड़ा।

जनश्रुतियाँ यह बताती हैं कि भगवान श्रीराम ने वनवास काल का अधिकमत समय इसी छत्तीसगढ़ में बिताया था। छत्तीसगढ़ सिद्ध ऋषि-मुनियों का स्थान था जिसके बारे में अनेकों विद्वानों ने चर्चा की है। वनवास काल में श्रीराम के छत्तीसगढ़ आने का एक अभिप्राय यह भी हो सकता है कि छत्तीसगढ़ में निवास करने वाले इन ऋषि-मुनियों से मार्गदर्शन या मन्त्रणा कर आमजन और ऋषियों को प्रताड़ित करने वाले असुरों का वध करना हो। छत्तीसगढ़ की संस्कृति का प्रभाव वनवासी पर भी पड़ा होगा। एक घटना और कि राम द्वारा त्यागने के पश्चात भैया लखन ने माता सीता को छत्तीसगढ़ में ऋषि वाल्मीकि के आश्रम में ही क्यों छोड़ा। अन्यत्र कहीं और क्यों नहीं। वह भी ऐसी स्थिति में जब माता सीता गर्भवती थीं। तो इसका कारण यह है कि एक तो दक्षिण कोसल (छत्तीसगढ़) भक्त और ज्ञानी ऋषि-मुनियों के कारण संस्कार और भक्ति की भूमि मानी जाती थी और दूसरा कारण कि वन में रहकर यदि कोई अबला सुरक्षित रह सकती थी तो वह केवल दक्षिण कोसल का ही वन था और तीसरा कारण यह कि माता सीता को ऋषि वाल्मीकि जैसे महान सन्त का आश्रय मिल सके।

छत्तीसगढ़ की इसी पावन माटी में माता सीता ने लव-कुश जैसे वीर बालकों को जन्म दिया और अन्त में स्वयं भी इसी छत्तीसगढ़ की भूमि में समा गयी।

माता सीता छत्तीसगढ़ की इष्ट देवी

पूरे देश में केवल छत्तीसगढ़ में ही शीतला माता के इतने मन्दिर मिलते हैं। प्रत्येक गाँव में शीतला माता का मन्दिर अवश्य मिलता है। बहुत से लोग यह नहीं जानते कि यह शीतला माता, माता सीता ही हैं। अर्थात् सीता माता ही छत्तीसगढ़ की इष्ट देवी हैं। इस परम पावन व संस्कार भूमि छत्तीसगढ़ की माटी को हमारा कोटिशः नमन जो अध्यात्म, ऋषि, कृषि, संस्कृति का उद्‌गम स्थल है।

राम ने छत्तीसगढ़ में अनेक वर्षों तक सत्संग किया, ज्ञान प्राप्त किया, जिसने उन्हें महामानव बना दिया। राम-सुग्रीव मैत्री, विभीषण-शरणागति और राम-राज्य की स्थापना का मन्त्र छत्तीसगढ़ की देन है। राम ने यह सब ज्ञान इसी पावन माटी से सीखा। छत्तीसगढ़ की मितानी प्रथा के प्रभाव ने

"पावक साखी देइ कर जोरी प्रीत दृढ़ाइ"

राम-सुग्रीव मैत्री को सुदृढ़ आधार प्रदान किया। 'बैरी बर ऊँच पीढ़ा' की छत्तीसगढ़ी संस्कृति विभीषण-शरणागति में दृष्टिगोचर होती है। छत्तीसगढ़ का सहज, सरल, निष्कपट, समरस संस्कृति से राम-राज्य की भूमिका बनी। छत्तीसगढ़ ने राम को अपने हृदय में बिठाया है। आज छत्तीसगढ़ की रग-रग में राम ही रम रहे हैं।

भगवान श्रीराम का बस्तर आगमन

दिनेश वर्मा

बस्तर अपने प्राचीन पुरातात्विक महत्त्व, आरण्यक संस्कृति, दुर्गम वनांचल और अनसुलझे तथ्यों के लिए प्रसिद्ध है। बस्तर, दंडक, चक्रकूट, भ्रमरकूट, महाकान्तर जैसे अनेक नामों से परिभाषित धरती पर स्वर्ग का पर्याय है। बस्तर के पूर्वजों ने धर्म, विज्ञान, साहित्य, कला और संस्कृति के क्षेत्र में जो पराक्रम किया है, वह सारा विस्तार बस्तर के भू-भाग में परिलक्षित है, जिसके तेज को आज भी बस्तरवासी साक्षात अनुभव करते हैं।

भगवान श्रीराम के बस्तर आगमन के अनेकों कथा प्रसंग किंवदन्तियों व जनश्रुतियों में हैं, जिसे बस्तर भू-भाग के पौराणिक व पुरातात्विक साक्ष्य प्रमाणित करते प्रतीत होते हैं। इस साक्ष्य का रामायण जैसे प्रमाणित ग्रन्थ में उल्लेख मिलता है। पौराणिक ग्रन्थों के अनुसार रामायण काल का स्पष्ट प्रभाव मिलना दुर्लभ है, रामायण काल की घटना लगभग 9,84,000 वर्ष की है यह तिथि रावण संहिता में भी दर्ज है। भारतीय ज्योतिषियों के कालगणना अनुसार त्रेतायुग के आधार पर भगवान राम का जन्म 15 से 26 लाख वर्ष पूर्व माना जाना चाहिए। अन्य गणना के आधार पर भगवान राम का जन्म 5114 ईस्वी पूर्व माना जाता है। धर्मग्रन्थों में सम्मिलित अगस्त्य संहिता के अनुसार चैत्र शुक्ल नवमी के दिन पुनर्वसु नक्षत्र, कर्क लग्न में जब सूर्य अन्य पाँच ग्रहों की शुभ दृष्टि के साथ मेष राशि में विराजमान थे तब साक्षात् भगवान राम ने माता कौशल्या के गर्भ से जन्म लिया।

मर्यादा पुरुषोत्तम भगवान राम के चरित्र पर आधारित प्रसंग हजारों वर्षों से बस्तर की भूमि पर प्रवाहमान है, बस्तर की भूमि में रामचन्द्र जी का पूरा जीवन मर्यादाओं की ऐतिहासिक यात्रा से परिपूर्ण था। राम एक आदर्श राजा होने के साथ ही कर्तव्य को समझने वाले, भाइयों के प्रेम का आदर करने वाले तथा वानरराज सुग्रीव की दोस्ती को अन्त तक निभाने वाले सगे मित्र के रूप में भी जाने जाते हैं यही कारण है बस्तरवासियों ने राम को आदर्श के रूप में स्वीकार किया है। बुनियादी अभाव, प्रताड़ना, शोषण से संघर्ष कर रहे बस्तरवासियों में राम आसुरी शक्तियों को समाप्त करने वाले देव के रूप में स्थापित हैं। राम का देवदूत के रूप में बस्तरवासियों में स्थापित होने के कई साक्ष्य बस्तर भू पर विद्यमान हैं।

पुरातात्विक साक्ष्य : शैलचित्रों के रूप में

बस्तर का वनांचल नैसर्गिक सुन्दरता के लिए जाना जाता है, सुन्दर वन कलकल करती नदियों का जल, कलरव करती पंछियों की बोली, मुग्ध सुगन्ध चलती शुभ्र बयार ऐसे रमणीय और आनन्ददायक वातावरण में पाषाणों में

शैलचित्र के रूप में बस्तर के अनेक स्थानों में रामायण में घटित घटनाओं का शिल्पांकन मिलता है। प्राचीन काल में दक्षिण कोसल के नाम से जाना जाने वाला यह प्रदेश वनों से आच्छादित था और बस्तर परिक्षेत्र को दंडकारण्य के नाम से जाना जाता है। अतः बस्तर का रामायण से निकट का सम्बन्ध दिखाई देता है और यही कारण है कि बस्तर के अनेक स्थलों पर भगवान श्रीराम के अनेक प्राचीन देवालय उत्कीर्ण हैं।

जिला उत्तर बस्तर कांकेर के चारामा विकासखंड के गोटीटोला के पहाड़ी के विशाल पत्थर पर 'रामदरबार' के शैलचित्र उत्कीर्ण हैं। 'रामदरबार' के साथ अबुझमाढ़ शैली के साथ तीर-धनुष, शिकार करता मानव व अन्य साक्ष्य मौजूद हैं। ऐसे ही साक्ष्य 'शैलचित्र' पास के ग्राम उड़कुड़ा (जोगी गुफा), गांड़ागौरी में बना है ग्राम कुलगाँव, मोहपुर में भी इसी आशय का शैलचित्र है। ग्राम रिसेवाड़ा विकास खंड नरहरपुर के वन क्षेत्र में 11वीं शताब्दी के देऊर (छोटा देवालय) के गर्भगृह में शिव-पार्वती व राम-सीता की प्राचीन मूर्तियाँ हैं। कांकेर शहर के अनेकों स्थलों पर प्राचीन राम देवालय मिलता है। यह प्राचीन प्रस्तर साक्ष्य भगवान श्रीराम के बस्तरागमन के साक्ष्य को रेखांकित करता है। ग्राम रामपुर जुनवानी विकास खंड कांकेर में राम-लक्ष्मण के द्वारा विष्णु जी की पूजा करने की जनश्रुति है, जिसका साक्ष्य ग्राम में प्राचीन विष्णु जी की मूर्ति व देवालय है।

भगवान श्रीराम महानदी और दूधनदी होते हुए कांकेर और कांकेर से कोटरी नदी मार्ग से केशकाल होते हुए गढ़धनोरा पहुँचे थे, उसके पश्चात् नारायणपुर, छोटे डोंगर, बारसूर, चित्रकोट, नारायणपाल आदि स्थलों पर राम भ्रमण का उल्लेख मिलता है। वैसे भी वनवास काल में श्रीराम के वनगमन मार्ग में बस्तर का उल्लेख मिलता है कि रामचन्द्र जी के पर्णकुटी प्रस्थान करने के पूर्व उनकी भेंट गीदम में गिद्धराज जटायु से हुई थी। गीदम से दंतेवाड़ा शंखनी-डंकनी नदी मार्ग से होते हुए तीरथगढ़ पहुँचने का कथा प्रसंग है। तीरथगढ़ जलप्रपात के स्थल पर 'सीता नहानी' है जहाँ माता सीता ने स्नान कर पास के प्राचीन देवालय में शिवजी की पूजा की थी। यहाँ प्राकृतिक रूप में अनेक शिवलिंग मिलते हैं। बस्तर के कोंटा (इंजरम) होते हुए आन्ध्रप्रदेश के भद्राचलम जाने का वर्णन श्लोक में वर्णित है–

प्रविश्य तु महारण्यं दंडकारण्य मात्मवान्।
रामो ददर्श दुर्धर्ष स्तापसा श्रम मण्डलम् ॥

बस्तर के लोक साहित्य, लोकगीत, लोकनाट्य में भगवान श्रीराम

बस्तर का लोक साहित्य मुख्यतः दो भागों में प्रवाहित है, पारम्परिक (मौखिक अलिखित) व अपारम्परिक (लिखित) सृजन की इस भाव भूमि में मौखिक या लोक साहित्य (हल्बी, भतरी में) भगवान श्रीराम का कथा प्रसंग सदियों पूर्व बस्तर के भू-भाग में झालियाना, छेरता और तारा आदि लोकगीत में विद्यमान है। किन्तु जगार गीत में भगवान का वर्णन लोक साहित्य की गरिमा का परिचायक है। बस्तर में सदियों से धनकुल गीत में रामायण व महाभारत के प्रतीकात्मक कथाओं के माध्यम से भगवान श्रीराम लोक साहित्य में जीवन्त हैं। ठाकुर पूरनसिंह, स्व. पंडित गणेशप्रसाद सामन्त के 1937 में हल्बी में प्रकाशित लोक साहित्य इसके उदाहरण हैं। 1950 में स्व. पंडित गम्भीरनाथ पाणिग्रही का गजामूंग, हल्बी पंचतन्त्र, रामकथा, रामचालीसा, प्रसंगवश रामकथा का आख्यायिका निश्चित तौर पर बस्तर में राम के वन आगमन का सूक्ष्म साक्ष्य है।

बस्तर का जगार गीत प्रबन्ध काव्य के अन्तर्गत आता है, अंचल का प्रबन्ध काव्य जब मौखिक परम्परा के अन्तर्गत प्रस्तुत होता है तब इनमें महाकाव्य के सारे लक्षण सुनाई देते हैं। जगार लोक गाथाएँ हैं—सीता स्वयंवर, शिव विवाह आदि प्रसंग आरम्भ करने के पूर्व जगार गीतों का दायित्व निर्वहन करने वाली गुरु माताएँ अपनी वन्दना 'राम' शब्द के उच्चारण पश्चात् ही शुभारम्भ करती हैं—

यथा : हरी-हरी मयं-राम-राम
हरी-हरी मयं-राम-राम
हरी पद चाले बाबा
गुरुमायं नमना करे हरिबोल
हरी-हरी मयं-राम-राम

यह श्रद्धा-भक्ति युक्त साक्ष्य बस्तर में सहज प्रवेश नहीं कर गया, अपितु इसका ऐतिहासिक कारण अवश्य है।

पारम्परिकता लोक-नाट्य की गरिमा की कसौटी होती है, यह उसकी आत्मा है। बस्तर के भतरा नाट में पौराणिक धार्मिक प्रसंगों का मंचन प्राचीन समय से अनवरत हो रहा है, जिसमें राम-रावण युद्ध, सीता हरण, सीता स्वयंवर, राम द्वारा राक्षस वध आदि नाट का यहाँ प्रचलन काफी पुराना है। नाट जैसे विद्या भागोक्तम में भी भगवान श्रीराम के चरित्र का दृश्य एवं श्रव्य रूप में मंचीय प्रस्तुतीकरण है, भागोक्तम के प्रसिद्ध कथा प्रसंग राम-जनम, भरत मिलाप, राम-रावण युद्ध आदि तथ्यों को रेखांकित करता है कि सदियों पूर्व बस्तर के भू-भाग में भगवान श्रीराम का आगमन हुआ था। इन्हीं कथा प्रसंगों को गौरम्मा जी पर्व पर खेलगीत के रूप में दक्षिण बस्तर में बालिकाएँ पुष्प का मीनार बनाकर रामायण के दोहों का सस्वर गायन करती हैं, यह क्रम 09 दिनों तक चलता है।

चइतरई दशहरा

बस्तर में दशहरा पर्व वर्ष में दो बार मनाया जाता है। आश्विन (अक्टूबर) मास में प्रतिवर्ष धूमधाम से मनाने वाले विख्यात दशहरे के अलावा चैत्र मास में संक्षिप्त रूप में चइतरई दशहरा या छोटा दशहरा मनाया जाता है। चइतरई दशहरा का सम्बन्ध भगवान श्रीराम के जीवन प्रसंग से जुड़ा होता है, परन्तु इस दशहरे पर रावण वध की परम्परा नहीं है। महिषासुर के प्रतीक महिष को मारा जाता है। यह गणना के हिसाब से पन्द्रह दिनों तक चलता है। चइतरई दशहरा के माध्यम से बस्तरवासी के हृदय में सदियों से भगवान श्रीराम विराजमान हैं, यह तथ्य भगवान के बस्तर में आगमन का संकेत है।

गोबर बोहरानी

रामनवमी के ठीक पहले आयोजित होने वाले इस पर्व पर मर्यादा पुरुषोत्तम भगवान राम के जन्म प्रसंग पर आधारित ग्राम्य देवों की अराधना की जाती है। गोबर बोहरानी ग्राम के खुले मैदान 'छापर' पर ग्राम्य पुजारी, भगत के निर्देश पर आयोजित होता है, यहाँ आखेट पर प्रयुक्त होने वाले शस्त्र, धनुष, तीर, कुल्हाड़ी, फरसा आदि की विधिवत पूजा करते हैं। यह रस्म बस्तर के वनवासियों में अन्तर्निहित होने का कारण श्रीराम के प्रति आस्था मात्र नहीं अपितु

श्रीराम का इनके भू-भाग पर आगमन है। बस्तर के मूल निवासी माड़िया, मुरिया, गोड़, किरात, निषाद, शबर, कोल से श्रीराम की मित्रता व इन मित्रों द्वारा भगवान श्रीराम का वनवास के दौरान सहयोग करना भगवान राम का बस्तरागमन का साक्ष्य है। बस्तर अंचल का सारा जीवन प्रकृति पर अवलंबित है, अतः बस्तर में प्रथम प्रकृति की पूजा की जाती है, इसमें 'माटी तिहार (बीज पुटनी)', 'विज्जा पण्डुम', चरू-जातरा, दियारी-तिहारी और लक्ष्मी जगार में प्रभुराम की आराधना कर धार्मिक कार्य सम्पन्न करते हैं।

बस्तर के बाह्य व्यवहारों में भले ही भिन्नता दिखाई दे, पर थोड़ी सी अन्तर्दृष्टि डालने से एकात्मता का प्रत्यक्ष परिचय प्राप्त होता है। बस्तर के लोगों का पुण्य सलिला वन भूमि, प्रकृति देव, दंतेश्वरी माई, कृष्ण, राम के प्रति श्रद्धा, आस्था जन-जन में व्याप्त है। श्रीरामकथा की धारा भक्ति भाव पैदा कर लोगों के नैतिक जीवन प्रवाह को सुन्दर से सुन्दरतम रूप दे रही है। हिंसक वनवासी के मन में पारिवारिक प्रेम उत्पन्न कर आदर्श अभिमुख आचरण की प्रेरणा देने वाले राम औरों को भी प्रेरित करने वाले हैं। यही कारण है कि बस्तर अंचल में एक भी ऐसा पर्व नहीं होगा, जिसका सम्बन्ध राम से न हो यही राम बस्तर के वनवासियों के जीवन में नयी चेतना का संचार कर रहे हैं। राम से सम्बन्धित पर्व सामूहिक रूप से मनाये जाने के कारण यहाँ लोगों में सामुदायिक समरसता का भाव भी निरन्तर प्रवाहमान है।

सामूहिक वाचन का प्रतीक है अखंड रामायण पाठ

रामकुमार वर्मा

भारत की संस्कृति में कलाओं के विकास के साथ ही साथ पठन-पाठन की परम्परा बड़े रोचक ढंग से समृद्ध हुई है। यह मानवीय बुद्धि और सृजन का अनूठा प्रदर्शन है। मन की बातों को बोलकर अभिव्यक्त करने की ईश्वर प्रदत्त निधि का उपयोग मनुष्यों ने अच्छी तरह से करना सीखा है। बोली और संवाद करने का वरदान दुनिया के सभी प्राणियों को प्राप्त है। पर मनुष्य ही ऐसा बिरला प्राणी है जो इस वरदान का उपयोग वाचन परम्परा को समृद्ध करने में लगाता है। सुखद बात यह है कि हजारों वर्ष पूर्व हमारे ऋषि-मुनियों से लेकर गुरुओं विद्वानों ने पठन-पाठन, लेखन, चित्रकारी करने जैसी साहित्यिक व सांस्कृतिक विरासत हमारे लिए छोड़ी है। वर्तमान पीढ़ी उसे निरन्तर समृद्ध करती चली जा रही है। ऐसी ही एक पठन-पाठन की परम्परा है, अखंड रामायण पाठ।

भारत के अन्य प्रदेशों व क्षेत्रों के साथ ही छत्तीसगढ़ में गोस्वामी तुलसीदास द्वारा रचित रामचरितमानस सर्वाधिक पढ़ा जाता है। प्रायः सभी के घरों में इस पवित्र ग्रन्थ का वाचन होता है। प्रदेश में इसके सामूहिक वाचन की बड़ी अनूठी परम्परा है। इसे 'अखंड रामायण पाठ' कहा जाता है।

पौराणिक पृष्ठभूमि

सामूहिक वाचन की परम्परा हमारे देश में युगों-युगों से चली आ रही है। सतयुग, त्रेता, द्वापर में भी राजाओं के सरंक्षण और ऋषियों, कुल-गुरुओं के मार्गदर्शन में यज्ञों व मन्त्रों का सामूहिक वाचन किसी खास कामना और जरूरत को पूर्ण करने किसी रुष्ट देवी-देवता को प्रसन्न करने के लिए किया गया है। राजसूय, अश्वमेध, पुत्रेष्टि, यज्ञ सहित सीता-माता द्वारा रचित धनुष यज्ञ आज भी लोगों के मानस पटल पर है। ऐसे अवसरों को सद्‌ग्रन्थों की ऋचाओं का सामूहिक वाचन सम्पूर्ण वातावरण को मन्त्रों व ध्वनियों से पवित्र कर देता है।

प्रादेशिक प्रचलन

छत्तीसगढ़ में रामचरितमानस पाठ करने का अनोखा प्रचलन है। यहाँ के लोग प्रायः अपने घरों में प्रातः स्नान के बाद बड़ी श्रद्धा से एकल मानस पाठ करते हैं। कुछ लोग पाँच, कुछ दस और ज्यादा दोहों का पाठन कर मन में पवित्रता भाव भरते हैं। दूसरे लोग मन्दिरों, सांस्कृतिक भवनों, चबूतरों, चौक या गुड़ी पर बैठकर पाँच-सात लोग वाद्‌य यन्त्रों के साथ सस्वर गीत-संगीत के साथ या केवल वाचन एवं दोहों, चौपाइयों की मौलिक व्याख्या हिन्दी व

कहीं-कहीं छत्तीसगढ़ी में भी की जाती है। अब इसमें महिलाओं की भागीदारी भी बढ़ी। जगह-जगह मानस गान की प्रतियोगिताएँ भी होने लगी हैं। कई जगह साप्ताहिक मानस गान सैकड़ों वर्षों से प्रचलित है।

अवसर या समय

अन्य तरह का मानस गान तो साल भर होता रहता है। पर अखंड मानस पाठ नये भवन के उद्‌घाटन, बसन्त पंचमी, हनुमान जयंती, रामनवमी जैसे पवित्र अवसरों पर होता है। कुछ संकल्पित मानस प्रेमियों द्वारा हर साल होता है। पर छत्तीसगढ़ में वरुण व इन्द्रदेव को प्रसन्न करने की दृष्टि से आषाढ़, सावन व भादो मास में इसका प्रचलन ज्यादा है। लोग वर्षा में घरों से बाहर कम निकल पाते हैं। खेती किसानी का काम भी हो गया होता है, तब मनोरंजन व देवी-देवताओं को सुकाल व सुख-समृद्धि की कामना से अखंड रामायण कराया जाता है। वर्ष के बीच में भी किसी खास इच्छा- कामना की पूर्ति के लिए भी मानस पाठ किया जाता है।

स्वरूप

अखंड रामायण पाठ करने के लिए बहुत से लोगों की जरूरत होती है। तब लोग दो-दो घण्टे या इससे अधिक समय तक टोलियों में गाते हैं। एक तरफ के लोग पहले मुखड़े के दोहों को गाकर शुरुआत करते हैं, फिर बारी-बारी से आगे की चौपाइयों, दोहे, सोरठे, छन्दों को बिना रुके गाते हैं। इसका आयोजन कोई अकेला व्यक्ति या सार्वजनिक

रूप से करते हैं। गाँव या शहर की मानस टोलियों के लोगों को आमन्त्रित कर गायन का समय बता दिया जाता है। तब वे समय के कुछ देर पूर्व पहुँचकर रामायण की पंक्तियाँ पढ़ना शुरू कर देते हैं। नीचे जमीन पर दरी बिछाकर व सामने रामचरितमानस को रखकर गायन किया जाता है। इसमें गाँव के लोग स्वेच्छा से भी सहयोग करते हैं। बिना रुके मानस गान किया जाता है। शब्दों के उच्चारण सहित दोहों श्लोक छन्दों व सोरठों को अलग-अलग लय से गाने पर विशेष ध्यान दिया जाता है। वाचन की कड़ी न टूटे इसलिए दोनों तरफ के लोग पंक्तियों पर लगातार निगाह रखते हैं।

अखंड ज्योति

अखंड रामायण पाठ के समय ज्योति कलश की स्थापना कर विधिपूर्वक दीप प्रज्वलित कर मानस गान प्रारम्भ किया जाता है। जो कि अखंडता व निरन्तर उजालों की ओर जाने का सन्देश देता है। सुख समृद्धि से पूर्ण होने का भाव समाहित होता है, लोग बड़ी श्रद्धा से ज्योति कलश का दर्शन व पुष्पांजलि अर्पित करते हैं। इस तरह अखंड ज्योति व अखंड मानस गान से घर, ग्राम व प्रदेश के जन-जन की सुख समृद्धि की कामनाएँ की जाती हैं। विशेष रूप से जब वर्षा नहीं हो रही है, तब वरुण व इन्द्र देव को प्रसन्न करने के लिए अखंड रामायण पाठ किया जाता है।

वाचन शैलियों का विकास

अखंड रामायण पाठ की इस अनोखी परम्परा से सम्पूर्ण प्रदेश में दोहों, चौपाइयों, छन्दों, सोरठों व श्लोकों को सस्वर एवं लय ताल के साथ गाने की शैलियों का निरन्तर विकास हो रहा है। इससे प्रदेश में लोक शैलियों व वैदिक शैली तथा संगीत के तत्वों की समृद्धि हो रही है। जो कि वाचन शैलियों के विकास को बढ़ावा दे रही है।

सामुदायिक सहयोग

किसी व्यक्ति या समुदाय द्वारा जब भी अखंड रामायण पाठ का आयोजन होता है, वहाँ के लोगों में सामुदायिक सहयोग की भावना का विकास होता है, जो कि उच्च मानवीय मूल्य है। बिना किसी स्वार्थ के किसी दूसरे की मनोकामनाओं की पूर्ति की दिशा में किये जा रहे प्रयासों में सहयोग करना मनुष्य की श्रेष्ठता को प्रकट करता है।

इस तरह प्रदेश में प्रचलित अखंड रामायण पाठ सामूहिक वाचन का अनूठा प्रतीक होने के साथ ही लोगों में साहित्य, कला एवं संस्कृति के प्रति विशेष लगाव को लगातार समृद्ध करता चला जा रहा है। इसे घर जाति-समुदाय द्वारा निरन्तर समृद्ध करना अति आवश्यक है।

लोकजीवन में 'राम'

डॉ. लक्ष्मण सिंह साहू

'धान का कटोरा' कहा जाने वाला छत्तीसगढ़ का भू-भाग आर्य-अनार्य संस्कृति के संगम स्थली के रूप में प्राचीन काल से महाकान्तर, दंडकारण्य, कोसल इत्यादि नामों से सम्बोधित होता रहा है। प्राकृतिक सम्पदा एवं खनिज संसाधनों की दृष्टि से वैभव पूर्ण छत्तीसगढ़ की ऐतिहासिक, सामाजिक तथा सांस्कृतिक चेतना विकासोन्मुखी रही है।

वाल्मीकि रामायण में कोसल के दो भागों—क्रमशः उत्तर कोसल तथा दक्षिण कोसल का उल्लेख हुआ है। जबकि वायु पुराण में कोसल देश का सात खंडों में से दक्षिण कोसल को एक खंड बतलाया गया है। वास्तव में प्राचीनकाल का दक्षिण कोसल ही आज का छत्तीसगढ़ है।

राम का स्वरूप

त्रेतायुग में अवतरित हुए भारतभूमि पर जन्मे अद्भुत स्वरूप के गुणी प्रभु राम जी विष्णु भगवान के प्रमुख अवतारों में से एक हैं। भगवान श्रीराम का उज्ज्वल स्वरूप सूर्य के तेज से भी अधिक प्रकाशमान है। राम का नाम सभी को भवसागर से पार लगा देता है। राम की भक्ति ही जीवन का आधार है, जिसकी डोर को थामे हुए भक्त सभी कठिनाइयों से पार पा लेता है। और उनकी भक्ति में लीन होकर जीवन को सदाचार रूप में व्यतीत करता है, तथा अन्त में मोक्ष को पाता है।

रामचन्द्र जी का जन्म पौराणिक काल में अयोध्या के राजा दशरथ और रानी कौशल्या के सबसे बड़े पुत्र के रूप में हुआ था। लक्ष्मण, भरत और शत्रुघ्न, रामजी के भाई थे। श्रीराम का विवाह राजा जनक की पुत्री सीता जी के साथ हुआ था, जो लक्ष्मी का अवतार मानी जाती है।

माता कैकेयी को दिये वचन से बाधित होकर राजा दशरथ द्वारा श्रीराम को 14 वर्ष का वनवास प्राप्त हुआ। श्रीराम अपने पिता राजा दशरथ की आज्ञा का पालन कर पत्नी सीता एवं भाई लक्ष्मण समेत वनवास को चले जाते हैं। और वनवास के दौरान ही रावण का वध करके सभी को राक्षसों के अत्याचारों से मुक्त करते हैं तथा धर्म की पुनः स्थापना करते हैं।

थे राम अयोध्या के राजा, पत्नी थी उनकी श्री सीता।
नदियों में जैसी गंगा हो, ग्रन्थों में जैसे हो गीता ॥

राम एक आदर्श पुत्र, पति और प्रजापालक थे। तेजस्वी, बुद्धिमानी, पराक्रमी, विद्वान, नीति-निपुण मर्यादा पुरुषोत्तम भगवान राम ने सामाजिक क्रान्ति की मजबूत नींव रखी। ऐसे अनेक उदाहरण देखे जा सकते हैं, जैसे नौका खेने वाला केवट, भक्त माता सबरी वानर जाति के सुग्रीव और अंगद, जामवंत, जटायु आदि सभी प्राणियों के साथ श्रीराम का प्रेमपूर्ण सद्भाव और मैत्रीपूर्ण व्यवहार रहा है, वहीं दूसरी ओर रामसेतु और लंका विजय सामूहिक एकता की विजय के प्रतीक रूप में देखा जा सकता है।

राम का छत्तीसगढ़ से सम्बन्ध

भगवान श्रीराम की माता कौशल्या छत्तीसगढ़ (प्राचीन काल में दक्षिण कोसल) के सम्राट भानुमंत की बेटी थी। ऐसी किंवदन्ती है, कि माता कौशल्या का जन्म रायपुर जिले के आरंग नगर में हुआ था, इस नाते से छत्तीसगढ़ को भगवान श्रीराम के ननिहाल के रूप में भी जाना जाता है। माता कौशल्या का कोई भाई नहीं था अतः राजा भानुमंत ने प्राचीन कोसल राज्य को अपनी पुत्री कौशल्या का राजा दशरथ के साथ हुए विवाह में दहेज के रूप में दे दिया। माता कौशल्या से कोसल राज्य का उत्तराधिकार भगवान श्रीराम को प्राप्त हुआ। मर्यादा पुरुषोत्तम राम विश्वात्मा हैं, परात्पर परमात्मा के नरावतार हैं, और साथ ही वन्दनीया भारतभूमि के अमृत पुत्र भी हैं, अतः श्रीराम भारत की राष्ट्रात्मा भी हैं। आदि कवि महर्षि वाल्मीकि से लेकर व्यास, कालिदास, गोस्वामी तुलसीदास और आधुनिक राम काव्यकार मैथिलीशरण गुप्त तक की भारतीय कवि परम्परा ने रामकथा द्वारा जन-जन व्यापिनी विराट राष्ट्रीय चेतना का प्रतिनिधित्व किया है। रामकथा स्वयं परात्पर ब्रह्म के रामावतार की गाथा मात्र न होकर विश्व में भारतीय राष्ट्रीयता के सांस्कृतिक एवं आध्यात्मिक दिग्विजय की गाथा है।

राम का छत्तीसगढ़ प्रवास

भगवान श्रीराम छत्तीसगढ़ के लोकजीवन में रचे-बसे हुए हैं। रामजी जब 14 वर्ष के वनवास में थे तो छत्तीसगढ़ के बलौदाबाजार जिले के शिवरीनारायण नामक स्थान में उन्होंने माता शबरी के जूठे बेर खाये थे। वहीं पर श्रीराम के लघु भ्राता श्री लक्ष्मण जी ने खरौद नामक स्थान पर श्री लखनेश्वर महादेव की स्थापना कर पूजा की थी, जो आज भी विराजमान हैं।

माता सीता ने मिथिला से छत्तीसगढ़ तक की यात्रा वनवास के दौरान भी की और रावण वध के पश्चात् श्रीरामचन्द्र के राज्याभिषेक के पश्चात् भी, उसने मिथिला की धरती में जन्म लिया और छत्तीसगढ़ की धरती में निर्वाण, पता नहीं दोनों अंचलों की मिट्टी में क्या साम्यता है?

छत्तीसगढ़ प्रदेश के बलौदा बाजार जिले में स्थित तुरतुरिया ग्राम में आदि कवि महर्षि वाल्मीकि का आश्रम था। जब श्रीराम ने माता सीता का त्याग किया तो छत्तीसगढ़ की धरती ने उन्हें महर्षि वाल्मीकि के आश्रम में आश्रय दिया। इसका आशय यह हुआ कि माता सीता की पवित्रता को तत्कालीन कोसल और आधुनिक छत्तीसगढ़ की पावन धरा ने अपने आँचल में समेट कर दो यशस्वी बालक लव और कुश दिये।

गुरु वशिष्ठ की आज्ञा से जब श्रीराम ने अश्वमेध यज्ञ का आयोजन किया तब यज्ञ के श्यामकर्ण घोड़े को लव तथा कुश ने तुरतुरिया नामक स्थान में ही पकड़कर रखा था और क्रमशः चन्द्रकेतु (श्री लक्ष्मण के पुत्र) अंगद,

हनुमान, शत्रुघ्न, भरत और लक्ष्मण को युद्ध में परास्त किया था। अन्ततः श्रीराम पुनः छत्तीसगढ़ की पावनपुण्य धरा तुरतुरिया पधारे और उसी समय यह रहस्य खुला कि लव- कुश श्रीराम एवं माता सीता के पुत्र हैं। माता सीता के छत्तीसगढ़ की पावन भूमि तुरतुरिया में धरती माता की गोद में समा जाने के कारण लव-कुश ने श्रीराम के साथ अयोध्या जाते वक्त यह शपथ ली कि छत्तीसगढ़ (दक्षिण कोसल) की जिस धरती में उनकी माँ ने समाधि ली है, उस धरती की वे प्राण-पण से आजन्म सेवा करेंगे।

छत्तीसगढ़ के लोकजीवन में राम

छत्तीसगढ़ के लोकजीवन में भगवान राम की सर्वव्यापकता इस बात से भी प्रकट होती है, कि लोग अपने नाम के आगे एवं पीछे राम शब्द जोड़ते हैं, जैसे—रामकुमार, रामशरण, रामभरोसा, सीताराम, भगतराम, जगतराम आदि। जब लोग आपस में मिलते हैं, तब भी राम-राम, सीता-राम, जय-राम आदि उद्‌बोधन से एक-दूसरे का अभिवादन करते हैं। प्रतिवर्ष चैत्र माह के शुक्ल पक्ष की नवमी तिथि को राम जी के जन्मोत्सव को रामनवमी के रूप में पूरे छत्तीसगढ़ में उल्लास के साथ मनाया जाता है। रामनवमी की सर्वव्यापकता श्रीराम के छत्तीसगढ़ में अस्तित्व का प्रमाण है।

छत्तीसगढ़ के लोकजीवन में दशहरा एवं दीपावली त्योहारों का विशेष महत्त्व है। दशहरा को यहाँ की जनता लंका के राजा रावण पर श्रीराम के विजय पर्व के रूप में प्रतिवर्ष आश्विन माह के शुक्ल पक्ष की दशमी तिथि को मनाती है। दीपावली (दीपोत्सव) को माता सीता (लक्ष्मीरूपी) एवं श्रीराम के वनवास के पश्चात् अयोध्या वापसी पर घर-घर में दीप प्रज्वलन कर प्रतिवर्ष कार्तिक माह की अमावस्या तिथि के दिन याद किया जाता है।

ऋषि वाल्मीकि की धरती का, यह ज्ञान भरा उर्वर अंचल।
छत्तीसगढ़ नाम सुचर्चित है, साहित्य-धनी भगवान श्रीरामचन्द्र ॥

भगवान राम आदर्श व्यक्तित्व के प्रतीक हैं। परिदृश्य अतीत का हो या वर्तमान का, छत्तीसगढ़ के जनमानस ने रामजी के आदर्शों को खूब समझा एवं परखा है। रामजी का पूरा जीवन आदर्शों और संघर्षों से भरा पड़ा है, आज छत्तीसगढ़ का लोकजीवन भी इन्हीं आदर्शों पर चल रहा है।

छत्तीसगढ़ की जनश्रुतियों में श्रीराम

राजेन्द्र कुमार शर्मा

सदियों से वाचिक परम्परा चली आ रही है। लोककथा, लोकगीत, लोक कहावतें एवं किंवदन्तियों तथा प्रचलित जनश्रुतियाँ ही एक दिन इतिहास बनती हैं। छत्तीसगढ़ में भगवान श्रीराम के वनवास काल के दंडकवन (छत्तीसगढ़ का प्राचीन भू-भाग) में आगमन के प्रसंग में तथा राक्षस संस्कृति के पोषक राक्षस, असुर, यक्ष आदि के रामायण कालीन प्रसंग, तत्कालीन युग की घटित घटनाओं से सम्बन्धित जनश्रुतियों का संग्रह ही इस आलेख का उद्देश्य है। इस आलेख में जनश्रुतियों का समावेश किया गया है, जो छत्तीसगढ़ के रामायण कालीन प्रसंगों एवं घटनाओं को इंगित करती हैं। हमारे लोकगीत एवं लोकगाथा को आधारित कर श्रीराम की छत्तीसगढ़ में वनवास से सम्बन्धित स्थलों एवं मार्गों को प्रकाश में लाना प्रमुख लक्ष्य है—

(1) सरगुजा के अम्बिकापुर से लगभग 65 कि.मी. की दूरी पर स्थित जिला कोरिया, भरतपुर तहसील में जनकपुर नामक स्थान है। मवाई नदी के तट पर बसे इस ग्राम के समीप सीतामढ़ी, हरचौका नामक स्थान है। हर चौका अपनी प्राचीन विरासत एवं पुरातात्विक धरोहर, प्राकृतिक गुफा के कारण प्रसिद्ध है। मवाई नदी के तट पर बने सीतामढ़ी, हरचौका पर भगवान श्रीराम का वनगमन मार्ग में पदार्पण हुआ था। छत्तीसगढ़ की पावन धरा पर सीताजी एवं लक्ष्मण जी के साथ उनका चरण स्पर्श हुआ था। माँ सीता के आगमन पर वनवासियों ने माँ आयी, माँ आयी के सम्बोधन से इस नदी का नाम माँ आयी से मवाई पड़ गया, ऐसी जनश्रुति मिलती है।

(2) सीतामढ़ी—हरचौका में इसी नदी के तट पर शिला पर चरण चिह्न मिला है। किंवदन्तियों के आधार पर यह त्रेतायुग में वनगमन करते समय दंडकारण्य पहुँचने पर प्रभु श्रीराम इसी स्थान पर नदी से उतरे थे, एवं सीतामढ़ी हरचौका में प्रथम पड़ाव डाला था। भगवान श्रीराम के चरण चिह्न होने की जनश्रुति मिलती है।

(3) सीतामढ़ी हरचौका नामक एक प्राकृतिक गुफा मवाई नदी के तट पर स्थापित है। इस गुफा के सम्बन्ध में किंवदन्ती है कि इसमें सीता जी निवास करती थीं। अतः इसे सीतामढ़ कहा जाता है। इसी प्रकार इसका हरचौका नाम के पीछे जनश्रुति मिलती है कि सीताजी ने यहाँ रसोई बनाई थी, इसे सीता-रसोई अर्थात् हरि का चौका होने के कारण इसे हरि चौका से हरचौका नामकरण होने की पुष्टि होती है।

(4) सीतामढ़ी हरचौका से आगे नदी तट पर बने सीतामढ़ी घाघरा, सीतामढ़ी छत्तौड़ा एवं सीतामढ़ी कनवाई नामक स्थान है। जहाँ पर सीता जी ठहरी थीं। इसी के कारण इस स्थान का नाम सीतामढ़ी पड़ा।

(5) अम्बिकापुर के पास बनारस रोड पर भैयाथान नामक ग्राम है। इसी के पास सरोसर नामक स्थान है। कहा जाता है कि यहाँ पर सरासुर नामक राक्षस बड़का पर्वत पर निवास करते थे। उसका इस क्षेत्र में आतंक था। जब श्रीराम वनगमन करते समय महानदी से यहाँ पहुँचे, तो राक्षस के आतंक को समाप्त करने के लिए बड़का और खरात दो पर्वतों के मध्य को तीर से अलग कर दिया। उस समय रहने वाले आतंकी सरासुर का वध किया। इसी कारण सरासुर के नाम से इस स्थान का नाम सरासोर पड़ा। इन दोनों पर्वतों को चीरते हुए महानदी आगे बढ़ती है। पर्वत के ऊपर का भाग गेट के आकार में परिलक्षित होता है। यहीं पर महानदी में सीताकुंड बना हुआ है। कहा जाता है कि सीता जी ने यहाँ पर स्नान किया था।

(6) सरगुजा जिले में रक्सगंडा के पास एक सीता पोखरी नामक स्मारक है। इस पोखरी का जल मटमैला है। आसपास के सभी पोखरी के जल साफ हैं। इस सम्बन्ध में किंवदन्ती है कि सीता जी ने यहाँ पर स्नान किया था एवं सिर धोया था तब से इसका जल मटमैला हो गया है।

(7) इसी के समीप एक ऐसा चट्टान है जिसे चन्दन तिलक कहते हैं। इस चट्टान को हाथ से घिसने से सिन्दूरी रंग निकलता है। किंवदन्ती है कि माता सीता ने स्नान करने के बाद इसी चट्टान को स्पर्श कर सिन्दूरी माँग भरी थी। तब से इस चट्टान पर सिन्दूरी रंग निकलता है।

(8) रामगढ़ के पहाड़ी क्षेत्र में चन्दन मिट्टी नामक स्थान है। कहा जाता है कि इस स्थान की मिट्टी के लेप से सीता जी ने स्नान किया था तब से इस स्थान का नाम चन्दन मिट्टी हो गया है। यहाँ की मिट्टी में चन्दन सा सुगन्ध होता है।

(9) अम्बिकापुर से 175 कि.मी. दूर रेण नदी पर रक्सगंडा स्थान है, इसे रक्सगंडा जलप्रपात भी कहते हैं। यहाँ पर भगवान श्रीराम ने वनवास काल के समय अनेक राक्षसों का संहार किया था। उनका ढेर (गंडा) लगा दिया था। अतः इसी रक्सगंडा अर्थात् राक्षसों का ढेर से है। पुनः यह स्थान एक छोटी पहाड़ी के रूप में परिवर्तित हो गया है, तब से इसे रक्सगंडा कहते हैं।

(10) अम्बिकापुर से 10 कि.मी. की दूरी पर स्थित मनेन्द्रगढ़ रोड पर पिलरवा नामक गाँव है। जनश्रुति है कि जब श्रीराम इस क्षेत्र से वनगमन कर रहे थे तब पिलरवा बिहार राज्य में था। लक्ष्मण के मन में यहाँ के पर्वत को सरगुजा के रामगढ़ पर्वत से मिलाने की बात आयी। तब प्रभु से आज्ञा लेकर कन्धे पर बंहगी रखकर उसे लेने गये। वापसी में दुर्भाग्य से लक्ष्मण की बंहगी टूट गयी और पिलरवा पहाड़ वहीं स्थित हो गया, जिस स्थान पर आज स्थित है। इस पहाड़ पर लक्ष्मण जी के पद चिह्न स्पष्ट रूप से दृष्टिगोचर होते हैं। श्रद्धालुगण इस चरण पादुका की पूजा अर्चना करते हैं।

(11) सरगुजा के ओड़गी विकासखंड के अन्तर्गत बिहारपुर मार्ग में लक्ष्मण जी का पाँव है। उसके मानवाकार पाँव को देखने के लिए दूर-दूर के लोग यहाँ आते हैं।

(12) रामगढ़ की पहाड़ी के ऊपर मुनि वशिष्ठ के आश्रम होने की जनश्रुति मिलती है। कहा जाता है कि भगवान श्रीराम इनसे मिलने यहाँ पहुँचे थे। अतः यहाँ पर भगवान के पद चिह्न शिला पर मौजूद हैं। यहीं पर भगवान श्रीराम ने यहाँ की मिट्टी का तिलक लगा था। अतः यहाँ की मिट्टी चन्दन मिट्टी के नाम से प्रसिद्ध है।

(13) रामगढ़ की पहाड़ी में भगवान श्रीराम वनवास काल के समय 4 माह ठहरकर प्रथम चौमासा बिताये थे। यहाँ पर ऋषि-मुनियों का सत्संग हुआ था, ऐसी जनश्रुति है।

(14) शिवरीनारायण में मतंग मुनि का आश्रम था। जहाँ शबर कन्या शबरी गुरुकुल की आचार्या थी। मतंगमुनि शबरी के गुरु थे। उन्होंने शबरी को कहा था, यहाँ भगवान श्रीराम स्वयं आकर तुमको दर्शन देंगे।

(15) माता शबरी से प्रभु श्रीराम ने बेर खाए थे। इस स्थान को शिवरीनारायण उन्हीं के नाम पर रखा गया है। यहाँ पर मुख्य मन्दिर परिसर में एक ऐसा वट वृक्ष है, जिसके पत्ते से दोने बनाकर शबरी ने भगवान को बेर खिलाए थे। इस वृक्ष में तबसे उसके पत्ते दोने जैसे बनते चले आ रहे हैं। यह अत्यन्त दुर्लभ वृक्ष है।

(16) महासमुन्द जिले में तुरतुरिया नामक स्थान है। जो वाल्मीकि आश्रम के नाम से प्रसिद्ध है। माता सीता इसी आश्रम में रहीं, जहाँ लव-कुश का जन्म हुआ था। इसे लव-कुश का आश्रम तथा वैदेही आश्रम भी कहते हैं। लव-कुश ने यहीं पर अश्वमेध यज्ञ का घोड़ा पकड़ा था। अतः यहाँ पर दो बालकों द्वारा घोड़े को पकड़े हुए एक विग्रह इस आश्रम में स्थापित है।

(17) आरंग में प्रभु श्रीरामचन्द्र जी की माता कौशल्या का स्थान है। अतः यह स्थल माता कौशल्या के जन्म स्थली के रूप में प्रसिद्ध है। यह क्षेत्र दक्षिण कोसल के नाम से जाना जाता है। यहाँ से थोड़ी ही दूर मन्दिर हसौद क्षेत्र में ग्राम चन्दखुरी है। जहाँ पर तालाब के मध्य में एक प्राचीन मन्दिर है। जिसे माता कौशल्या का मन्दिर कहा जाता है। इस मन्दिर की विशेषता यह है कि यहाँ पर स्थित मूर्ति में माता कौशल्या ने गोद में भगवान श्रीराम को उठा रखा है। जिसमें भगवान का सिर माता कौशल्या से बड़ा प्रदर्शित है। इस अनूठी मूर्ति के कारण चन्दखुरी क्षेत्र प्रसिद्ध है।

(18) सिरपुर में भगवान श्रीरामचन्द्र आये थे। यहाँ पर ठहरकर श्रीराम ने विश्राम किया था। यहीं से होकर महानदी से आरंग पहुँचे थे। यहाँ पर प्राचीन लक्ष्मण मन्दिर है।

(19) धमतरी जिले में महानदी के तट पर डोंगा पथरा नामक स्थान है। जहाँ आज भी उल्टी रखी हुई नाव है। इसके नीचे का हिस्सा लगभग 7-8 फीट जमीन में दबे हुए नाव का है। जो स्पष्ट दिखाई देता है। जनश्रुति यह है कि वनगमन के समय जब प्रभु श्रीराम यहाँ आये थे तो उनके साथ तटवर्ती लोग भी नाव में सवार हो गये। जिससे नाव पलट गयी थी। अर्थात् श्रीराम हमारे यहाँ के भाँजा हैं। मामा और भाँजा एक साथ नाव में यात्रा नहीं करते। अतः डोंगा जो सदियों से उल्टा पड़े रहने के कारण पत्थर (जीवाश्म) में बदल गया है। इसीलिए इसे डोंगा पथरा कहते हैं। इस स्थान में डोगेश्वर महादेव का मन्दिर भी है।

(20) राजिम में लोमश ऋषि के आश्रम के पास सीता वाटिका है। कहा जाता है कि सीता श्रीराम राजिम में वनगमन करते समय लोमश ऋषि के आश्रम में रुके थे, तथा यहाँ पर पंचकोशी की यात्रा की थी, यह क्षेत्र कमलक्षेत्र के नाम से रामायण काल में प्रसिद्ध था। लोमश ऋषि के आश्रम में ठहरकर उनसे आर्य संस्कृति के विस्तार के सम्बन्ध में विचार विमर्श किये थे। लोमश ऋषि ने रामायण भी लिखी है। जो श्रीराम के समकालीन ऋषि थे।

(21) नारायणपुर के पास रक्सा हाड़ा नामक स्थान है। कहा जाता है कि वनवास के समय भगवान श्रीराम एवं लक्ष्मण ने ऋषि-मुनियों की तपोभूमि को विघ्न पहुँचाने वाले राक्षसों का बड़ी संख्या में विनाश किया था। उनकी हड्डियों के ढेर से पहाड़ बना दिया था। अर्थात् राक्षसों की हड्डी के कारण इस पहाड़ी का नाम रक्साहाड़ा है। यहाँ के पत्थर एवं मिट्टी को जलाने से आज भी मांस की दुर्गन्ध आती है।

ग्राम्य जीवन में रामायण प्रतियोगिता का प्रभाव

हरीश पाण्डेय

रामायण प्रतियोगिता का ग्राम्य जीवन में क्या प्रभाव परिलक्षित हो रहा है, इसे समझाने के पूर्व हमें थोड़ा पुराने समय में जाना पड़ेगा। पहले रामायण गान कहीं-कहीं हर मंगलवार को हुआ करता था या खुशी के अवसर पर या किसी की स्मृति में या धार्मिक आयोजनों में रामायण पाठ टीका सहित आयोजित किया जाता था। उस समय कहीं-कहीं एकाध रामायण मण्डली हुआ करती थी। समय बदलता गया। लगभग 15-20 वर्ष से ही रामायण प्रतियोगिता का शुभारम्भ हुआ। वर्तमान में ग्रामीण अंचलों में फसल कटने के पश्चात् रामायण प्रतियोगिता का दौर प्रारम्भ हो जाता है। अब तो स्थिति ये है कि हर गाँव में और जो बड़े गाँव होते हैं, वहाँ एक से अधिक मोहल्ले में प्रतियोगिता का आयोजन बड़े समारोहपूर्वक किया जाता है। गाँव में आयोजन स्थल के आस-पास के घरों की पुताई की जाती है। घर के दरवाजों के सामने साफ कर लिपाई की जाती है तथा सन्ध्या को हर घर के सामने दीपक जलाया जाता है।

प्रतियोगिता में भाग लेने वाली टोली को भारतीय वेशभूषा में ही मंच पर उपस्थिति देनी होती है। प्रतियोगिता का समय अधिकतम एक घंटे का होता है। जिस मंडली की बारी आती है, उसे मंचस्थ होने पर विषय दिया जाता है, दोहा, क्रमांक और कांड का उल्लेख होता है। उसी दोहे से प्रारम्भ कर समय सीमा के अन्तर्गत प्रसंग से सन्दर्भित भजन प्रस्तुत किया जाता है तथा टीकाकार दोहे चौपाई के आधार पर टीका करते हैं।

प्रतियोगिता में नगद पुरस्कार होता है जो प्रथम से लेकर पाँचवें स्थान तक निर्धारित होता है और सान्त्वना पुरस्कार, उत्तम संगीत, उत्तम टीका, वेशभूषा, मंच अनुशासन के आधार पर श्रेष्ठता का चयन किया जाता है। वर्तमान में रामायण प्रतियोगिता इतनी लोकप्रिय हो गयी है, कि दो दिवसीय या तीन दिवसीय प्रतियोगिता के दिनों में गाँव का माहौल मेला जैसा हो जाता है।

रामायण प्रतियोगिता में युवा वर्ग जुड़ रहा है। इस प्रतियोगिता के आयोजन से रामायण के सभी पात्रों का चरित्र उभरकर सामने आता है। श्रीराम, लक्ष्मण, सीता, भरत, कौशल्या, सुमित्रा, राजा दशरथ, गुरु वशिष्ठ, विश्वामित्र, अन्य ऋषि मुनि, भक्त सभी के जीवन जीने की रीति नीति से आम नागरिक परिचित होता है। रावण, कुम्भकरण, मन्दोदरी, मेघनाद, विभीषण और भी चरित्र जो दैत्यवंश के हैं, उनकी जीवन शैली-चरित्र तथा गुण-दोष से ग्राम्य अंचल अवगत होता है। कुल मिलाकर ये सभी रामायण के चरित्र अपने-अपने ढंग से जनता को प्रभावित करते हैं। हम जीवन की कला सीखते हैं।

रामायण प्रतियोगिता के माध्यम से टीकाकारों को निर्धारित समय के भीतर अपने ज्ञान, जीवन दर्शन, रामायण के विभिन्न चरित्रों का चरित्र-चित्रण, श्री तुलसीदास जी का विशद साहित्यिक ज्ञान आदि विषयों पर प्रसंगानुसार

विचार अभिव्यक्त करने का सुनहरा अवसर मिलता है। अब तो पढ़े-लिखे लोग महाविद्यालयों के प्रध्यापक तक टीकाकार की भूमिका में नजर आते हैं।

इस प्रकार श्रोताओं को रामायण के भौतिक, आध्यात्मिक, साहित्यिक पहलुओं पर अलग-अलग उत्तम विचार सुनने का अवसर मिलता है।

रामायण प्रतियोगिता में संगीतकारों, गायक, वादकों को भी अपनी कला के प्रदर्शन का सुनहरा अवसर प्राप्त होता है। वे भावपूर्ण भजन मधुर आवाज और विभिन्न साजों के तालमेल से जनमानस को भाव विभोर कर देते हैं।

प्रतियोगिता में निर्णय करने के लिए एक निर्णायक मंडल होता है। निर्णायक मंडल, टीका की शैली एवं विषय का प्रस्तुतीकरण, संगीत की गुणवत्ता, मंडली की वेशभूषा तथा मंच पर अनुशासन के आधार पर अंक देकर ही चयन करते हैं।

रामायण प्रतियोगिता का एक लाभ तो ये हुआ कि रामायण की लोकप्रियता बढ़ गयी। गाँव में सन्ध्या चौपालों में जहाँ दो-चार बुजुर्ग बैठ गये तो रामायण के विभिन्न प्रसंगों की चर्चा शुरू हो जाती है, बड़े स्वस्थ वातावरण में विचारों का आदान-प्रदान होता है।

अनपढ़ लोग भी सुन-सुनकर ज्ञानवर्धक चौपाइयों और दोहों को याद कर उचित अवसरों पर उपयोग करते देखे जाते हैं। रामायण प्रतियोगिता से गाँवों में एकता की भावना जाग्रत हो रही है—मिलजुल कर सहयोग से काम करने का गुण जाग रहा है, अनुशासन के पालन की भावना बढ़ रही है। बहुत-सी मंडलियों ने तो इसे व्यवसाय के रूप में अपना लिया है। पुरस्कारों के अलावा प्रशंसा पुरस्कार देने की प्रथा है जो जनता या श्रोतागण तत्काल घोषित करते हैं, जिसे इकट्ठा कर आयोजक मंडली को प्रदान करते हैं। अक्टूबर से जून तक चलने वाली प्रतियोगिता अच्छा-खासा रोजगार प्रदान कर रही है।

अब तो तहसील स्तरीय, जिला संभाग और राज्य स्तरीय प्रतियोगिता आयोजित की जाती है, जिनमें भारी भरकम पुरस्कार की राशि होती है।

रामायण गान प्रतियोगिता आयोजन से सदाचरण के प्रति युवकों का झुकाव हो रहा है, नशामुक्ति के प्रति जागरूकता आ रही है। महिलाओं के प्रति विचारों में परिवर्तन होकर आदर-सम्मान की भावना जन्म ले रही है। साहित्य के पठन-पाठन के प्रति रुझान हो रहा है। धार्मिक जागृति के साथ-साथ सामाजिक जात-पाँत भेद का अन्त हो रहा है। छुआछूत को नकारा जा रहा है। मानस के दोहे, चौपाइयाँ ग्राम्य जीवन के नस-नस में दौड़ रही हैं। यह सम्भव हुआ क्योंकि तुलसीदास जी ने पहले ज्ञान की अनुभूति ली, फिर उसको लेखनी मानस के माध्यम से अभिव्यक्त किया। तुलसीदास जी कवि के बजाय एक ऋषि के रूप में सामने आते हैं। उनकी हर पंक्ति साधना से ओत-प्रोत है। रामायण पाठ एवं गान तथा कथा सुनने से प्रभु प्राप्त करने की अभिलाषा जाग्रत होती है। तुलसीदास जी रामचरितमानस में रामकथा के माध्यम से सामाजिक, राष्ट्रीय, आध्यात्मिक जीवन जीने की आचार संहिता दे गये हैं।

राम राज्योत्सव की प्रथम परिकल्पना छत्तीसगढ़ में हुई थी

डॉ. विद्या विनोद गुप्त

छत्तीसगढ़ का प्रयागराज शिवरीनारायण जो महानदी (चित्रोत्पला गंगा) शिवनाथ और जोंक नदी का पावन त्रिवेणी संगम है। उसके पास ही ऋष्यमूक पर्वत श्रेणी अपनी उपत्यकाओं के लिए आदि काल से प्रसिद्ध है। इसी पर्वत श्रेणी के निकट ही पम्पा नाम का सरोवर था जो नील कमल के लिए प्रसिद्ध था। जहाँ चक्रवाक और हंस नित कल्लोल किया करते थे। इसी पम्पा सरोवर के तट पर मातंग ऋषि का जगत प्रसिद्ध आश्रम था जो चारों ओर से वनों से घिरा हुआ था। इन वनों को भी मातंग वन ही कहते थे। मातंग ऋषि बड़े तपस्वी थे—प्रखर प्रज्ञा वाले प्रकांड ज्ञानी और विद्वान थे। लोक हितैषी भावना उनमें कूट-कूट कर भरी थी। उन्होंने यहाँ बहुत से यज्ञ किये थे तथा सप्त तीर्थ भी बनवाये थे। उनका गुरुकुल एक विशाल विश्वविद्यालय के रूप में प्रसिद्ध था। उनकी ख्याति से आकर्षित होकर दूर-दूर से विद्यार्थी विद्याध्ययन तथा जन सेवा का प्रशिक्षण लेने यहाँ आते थे। विद्यार्थी यहाँ श्रम भी करते थे। भोजन के लिए लकड़ी काटते और सिर में लकड़ी का गट्ठर ढो कर लाते थे। उनके शरीर के पसीने से ही पौधों में सिंचाई होती रहती थी। इसलिए इन फूलों की सुगन्ध दसों दिशाओं में प्रवाहित होती रहती थी। यह सब श्रम का ही सौरभ था। यहाँ कर्म, धर्म, ज्ञान और जन सेवा का जो प्रशिक्षण दिया जाता था वह सब श्रम सिंचित ही था। इस आश्रम में देवराज इन्द्र स्वयं आते थे और मातंग ऋषि का आतिथ्य स्वीकार करते तथा उनके उपदेशों का अमृतपान किया करते थे। मातंग ऋषि को वो अपने साथ-साथ स्वर्ग लोक भी ले जाते थे। वहाँ उनके प्रवचन का आनन्द देवगणों के साथ उठाया करते थे।

मातंग ऋषि के इसी आश्रम में श्रमणी नाम की एक शबरी (भीलनी) रहती थी। उसे वहाँ के लोग शबरी के नाम से ही जानते थे। वह बड़ी सेवा परायण थी। रात्रि में ही उठकर ऋषियों के मार्ग झाड़-बुहारकर साफ करती थीं। मातंग ऋषि तो उसकी सेवा भावना से सदैव प्रसन्न रहते थे। क्यों न हो शबरी की सेवा भावना समर्पित सेवा थी।

मातंग ऋषि जब शरीर त्याग कर इस लोक से जाने लगे तब शबरी ने उनसे प्रार्थना की कि आप मुझे भी अपने साथ ले चलें। इसपर मातंग ऋषि ने कहा—तू अभी यहीं रह इस स्थान पर श्रीराम आयेंगे। उनके दर्शन लाभ होने के बाद आना।

शबरी ने पुनः प्रश्न किया कौन राम?

मातंग ऋषि ने बताया—भगवान के अवतार श्रीराम-दशरथ नन्दन श्रीराम और कौशल्या का बेटा श्रीराम। कौशल्या कोसल (छत्तीसगढ़ की राजकुमारी, छत्तीसगढ़ की बेटी का बेटा हम सबका भाँजा) श्रीराम यहाँ आने वाले हैं शबरी तो यह सुनकर गद्‌गद हो गयी। राम की सुबह शाम प्रतीक्षा करने लगी। उसने पहले से ही श्रीराम के द्वारा ताड़का

और सुबाहू के वध की शौर्य गाथा, अहल्या उद्धार की पावन गाथा और सीता स्वयंवर की अपूर्व गाथा सुन रखी थी। उसे यह भी मालूम था कि राम सीता और लक्ष्मण को वनवास हुआ है। सीता का हरण भी रावण के द्वारा ही हुआ है। राम लक्ष्मण इसी मार्ग से आयेंगे। वह प्रतीक्षारत थी राम की बाट जोहती मार्ग को नित नूतन फूलों से सजाती और कल्पना भी करती जाती थी कि राम तो भगवान हैं। इनके द्वारा ही रावण का विनाश सम्भव है। सीता को लेकर वे शीघ्र अयोध्या लौटेंगे ही और राम का राज्याभिषेक भी होगा क्यों न मैं उनके आगमन को राज्याभिषेक के रूप में परिणित कर दूँ। नीले नभ का सुन्दर वितान तना है और वन कान्तरों और पर्वत श्रेणियों से सुसज्जित है। सुरभित सुमन और पवन है मार्ग को मैंने फूलों से सजा दिया है। चख-चख कर मीठे और स्वादिष्ट बेरों को भी मैंने रख लिया है। निर्निमेष नयनों से राम की बाट निहारती रहती।

इसी प्रकार एक दिन उसकी प्रतीक्षा टूटी जब भगवान श्रीराम और अनुज लक्ष्मण वन पर्वत उपत्यकाएँ पार करते हुए मातंग ऋषि के आश्रम में जा पहुँचे। वहाँ वृद्धा शबरी ने बड़ी भाव विह्वलता के साथ आतिथ्य सत्कार कर आश्रम में ठहरा कर उनकी थकान मिटाई।

शबरी ने श्रीराम से कहा हे प्रभु मैं अत्यन्त मन्द बुद्धि हूँ। मैं किस प्रकार आपकी स्तुति करूँ। न स्वागत कर सकती न अभिनन्दन। ऐसा कहकर शबरी ने स्वादिष्ट एवं रसीले फल कन्दमूल लाकर श्रीराम के सामने रख दिया। बेर को चख-चख कर राम को देती जाती थी और राम प्रेम से खाते भी जाते थे और शबरी को नवधा भक्ति का पाठ पढ़ाते जाते थे। नवधा भक्ति का पाठ श्रीराम के द्वारा शबरी को दिया गया पुरस्कार ही तो है।

श्रवण कीर्तनं विष्णोः स्मरणं पादसेवनम् ।
अर्चनं वन्दनं दास्यं सख्यमात्म निवेदनम् ॥

(1) श्रवण,	(2) कीर्तन,	(3) स्मरण,
(4) पादसेवन	(5) अर्चन,	(6) वन्दन,
(7) दास्य,	(8) सख्य,	(9) आत्मनिवेदन

राम ने कहा–शबरी जो मैंने तुम्हें नवधा भक्ति का पुरस्कार प्रदान किया है, वह योगियों के लिए दुर्लभ है। आज वह तुम्हारे लिए सुलभ हो गया। शबरी ने पुरस्कार प्राप्त करके अपना प्राण त्याग दिया और राम के हाथों उसे मोक्ष प्राप्त हो गया। शबरी और राम (नारायण) का मिलन स्थल शिवरी नारायण में ही राम राज्योत्सव की प्रथम परिकल्पना हुई थी, जिसकी प्रथम सूत्रधार शबरी थी। शबरी उपासिका थी और राम उपास्य थे। छत्तीसगढ़ राज्योत्सव पर शबरी और राम के उपासकों को भी पुरस्कृत किया जाना चाहिए। शासन दृष्टा भी है और स्रष्टा भी।

मेरे जीवन का सार श्रीरामचरितमानस

नन्द कुमार साहू

हर मनुष्य अपने जीवन में सुख शान्ति चाहता है, और सुख की तलाश में जन्म से लेकर मृत्यु तक भटकते रहता है, पर सुख नहीं मिलता। मिलता भी है तो क्षणिक सुख मिलता है, स्थायी नहीं रहता। स्थायी और अनन्त सुख पाने का मार्ग हमारे ऋषि, मुनि और सन्तों ने जो बताया है वो है धर्म शास्त्र, जिसमें श्रीरामचरितमानस का स्थान सबसे प्रथम है। जिसे पाँचवें वेद का स्थान मिला है। कवि कुल दिवाकर गोस्वामी तुलसीदास जी ने अपने जीवन भर की तर-साधना और सभी शास्त्रों का अध्ययन कर मनुष्य जीवन के सार आधार—इस अनमोल ग्रन्थ की रचना करके मानव समाज पर जो उपकार किया है, समाज उससे कभी उऋण नहीं हो पायेगा।

क्योंकि—

धर्म के मार्ग पर चलना सिखाती है, रामायण,
कर्तव्य का पालन करना सिखाती है, रामायण ।
पशुता से मानवता की ओर बढ़ना सिखाती है, रामायण,
अपने उत्तरदायित्व पर खरा उतरना सिखाती है, रामायण ॥

रामायण क्या है—

श्री रामायण पुस्तक नहीं, भारत का मस्तक है,
रामायण केवल ग्रन्थ नहीं, सभी धर्मों का पन्थ है।
रामायण पुराण नहीं, भारतवासियों की जान है, मानव धर्म की पहचान है।
रामायण मनोरंजन नहीं—यन्त्र, तन्त्र, मन्त्र है और सबके लिए स्वतन्त्र है।
रामायण भोग नहीं—जीवन का योग है,
रामायण बुक नहीं—बुद्धि का सागर है।
रामायण का अन्त नहीं—अनादि काल का शेष है,
रामायण केवल शब्द नहीं—सन्तों का स्वर सन्देश है।

मुझे भी श्रीरामचरितमानस से अति प्रेम है, या यों कहिये रामायण ही मेरा जीवन है—बचपन से ही मैं रामचरितमानस पढ़ते आ रहा हूँ। इसकी प्रेरणा मिली गाँव के ही बुजुर्गों से, मेरे भीतर भक्ति के सुलगते हुए आग को हवा दी मेरे

पूज्यवर गुरुदेव सदाराम ध्रुव जी ने जिनका मैं जनम-जनम तक ऋणी रहूँगा। बारह वर्ष की बाल अवस्था में ही घर-परिवार की सारी जिम्मेदारी मेरे सिर पर आ गयी। धन के अभाव, शारीरिक, मानसिक कष्ट और गरीबी की मार ने मेरा जीना मुश्किल कर दिया। चिन्ता के कारण हर शाम को मृत्यु और हर सुबह को जन्म होता था मेरा। ऐसे विषम परिस्थिति में अन्धकार भरे जीवन में रामचरितमानस मेरा आधार बना, मुझे सम्बल मिला। हर दिन आत्म-हत्या करने का विचार मन में उठता था, पर इस रामचरितमानस ने मुझे सम्बल दिया और मेरे भीतर जीवन जीने की शक्ति दी—आज मैं हर तरह से सुखी हूँ, उसी शक्ति को अब मैं सबको बाँट रहा हूँ। दीन-दुखी, रोते-बिलखते, गरीबी की मार से घायल लोगों को रामकथा का अमृत पिलाकर, जगाने का प्रयास करता हूँ उदास और मायूस चेहरे को हँसाने का प्रयास करता हूँ और मैं अपने प्रयास में सफल भी हो रहा हूँ, जिसका प्रमाण है लाखों-करोड़ों लोगों का प्रेम, जो मुझे मिल रहा है। मेरे मंडली का नाम है 'श्री शोर सन्देश मानस प्रचार समिति' खैरझिटी।

जो लगातार बीस वर्षों से चल रही है और जन मानस के दिल में अपना विशिष्ट स्थान बना चुकी है। श्रीरामचरितमानस को आधार बनाकर लोगों में प्रेम, एकता और भाईचारे की भावना जगाने का प्रयास रहता है।

उपलब्धि के बारे में क्या बताऊँ वो गिनती से बाहर है। छत्तीसगढ़ के राज्यपाल द्वारा छत्तीसगढ़ की सभी मण्डलियों में—'शोर सन्देश मानस मंडली' को प्रथम स्थान का पुरस्कार भी मिला है, लेकिन मेरा सबसे बड़ा पुरस्कार, जनमानस का प्यार है।

गीत और कविता लिखने की आदत मुझे बचपन से है। मेरे पास हजारों गीत और कविता स्वरचित हैं। जो लोगों के दिलों में अमिट छाप छोड़ते हैं, जिसे सुनकर लोग झूम उठते हैं।

छत्तीसगढ़ी-कविता-जेला देख तेला, पापी पेट के सवाल हे—
का भारत देश, अतेक कंगाल हे,
का धान का कटोरा छत्तीसगढ़ के अतेक गिरे हाल हे,
नहीं, कुछ ना कुछ चाल हे,
तभे लोगन मन कहिथे पापी पेट के सवाल हे—
ए धरती मा का नइये भइया,
सोना-चाँदी, हीरा-मोती इंहा के माटी माटी मा परे हे,
दुध के नदी बोहावत है अउ घी के गरिया भरे हे,
चौरासी लाख गइया के चरइया नन्दलाल हे
सबके पालन करइया, जनम देवईया दिन दयाल हे,
तभो ले तैं कहिथस पापी पेट के सवाल हे, इही पायके पुरा दुनिया कंगाल हे,
जेकर करा राम नाम के दौलत हे, तौने मालामाल हे,

मेरे द्वारा गाये गये गीत, कविता और रामकथा कहने की शैली कुछ अलग ही है जो बच्चों को, नौ-जवानों को और बुजुर्ग वर्ग सबको प्रभावित करती है। और उन्हें कुछ करने की प्रेरणा देती है। उनकी रुचि रामचरितमानस में बढ़ी है तभी तो शोर सन्देश मानस मंडली से प्रेरणा लेकर, छत्तीसगढ़ सहित अन्य राज्यों में भी शोर सन्देश के बैनर तले लगभग तीन सौ से अधिक नयी मानस मण्डली गठित होकर छत्तीसगढ़ एवं अन्य राज्यों में रामकथा का प्रचार-प्रसार

कर रही हैं, जिसमें बालक और बालिका मण्डली अधिक हैं। लगभग बीस भागों में मेरी रामकथा का कैसेट बनाया गया है, जो ऑडियो, विडियो और दूरदर्शन के माध्यम से पूरे छत्तीसगढ़ तथा अन्य राज्यों में भी देखा सुना जाता है, जिससे लोगों को सही मार्ग पर चलने की प्रेरणा मिलती है।

मेरे भाइयो, श्रीरामचरितमानस को मैंने अपने जीवन में प्रयोग करके देख लिया है यह वास्तव में कामधेनु गाय है—

॥ रामकथा सुर धेनु सम, सेवत सब सुख खानि ॥

अर्थ, धर्म, काम, मोक्ष चारों फल प्रदान करता है। समाज में यश, कीर्ति और प्रतिष्ठा बढ़ती है। साधु समाज में गिनती होती है, आप भी रामचरितमानस से जुड़कर आत्मकल्याण और जनकल्याण करके सच्चे सुख का अनुभव कीजिए। मैं छत्तीसगढ़ के कोने-कोने में लोगों को रामकथा सुनाकर, उनका भरपूर आशीर्वाद पाकर अति आनन्द का अनुभव करता हूँ। श्रीरामचरितमानस के माध्यम से बड़े-बड़े सन्तों से जुड़कर उनका सान्निध्य और आशीर्वाद पाकर मन गद्गद हो जाता है।

भगवान की बहुत बड़ी कृपा है, तभी तो जगद्गुरु शंकराचार्य स्वामी स्वरूपा नन्द जी सरस्वती महाराज, स्वामी राम किंकर, मंदाकिनी दीदी, स्वामी राजेश्वरानन्द सरस्वती जी जैसे अनेकों राष्ट्र सन्तों का कृपा हस्त मेरे सिर पर है। मैं अपने जीवन को धन्य मानता हूँ कि मुझे उस छत्तीसगढ़ में जन्म मिला जहाँ भगवान राम की माता कौशल्या की जन्मभूमि है और भगवान राम, माता सीता व लक्ष्मण भैया के चरण रज से यह छत्तीसगढ़ की भूमि युग युग तक पावन रहेगी।

मूल कोसल की खोज

स्व. हरि ठाकुर

प्राचीन ग्रन्थों के अध्ययन से हमें कोसल नाम के दो अति प्राचीन राज्यों का पता चलता है। एक है—उत्तर कोसल, जिसे अयोध्या कहते थे। दूसरा है—दक्षिण कोसल जो आजकल छत्तीसगढ़ के नाम से विख्यात है। एक ही देश में एक ही नाम के दो राज्यों का होना अपवाद है, वह भी इतिहास के एक ही कालखंड में दो अलग-अलग राज्यों ने अपने लिए एक ही नाम क्यों चुना जबकि इन राज्यों पर अलग-अलग राजवंशों का शासन था, उनकी भौगोलिक स्थिति भी दूर-दूर थी? उत्तर कोसल अर्थात् अयोध्या राज्य सरयू तट पर था, दक्षिण कोसल का राज्य महानदी और वेणा (वैनगंगा) के तट पर बसा था। उत्तर कोसल और दक्षिण कोसल के मध्य गोमती, गंगा, यमुना और हिरण्यवाह (सोननदी) नदियाँ थीं।

वासुदेवशरण अग्रवाल ने वैदिक काल से लेकर महाजनपद काल तक प्राचीन राज्यों के निर्माण के इतिहास पर अपने ग्रन्थ 'पाणिनिकालीन भारतवर्ष' में विस्तार से प्रकाश डाला है। उनके अनुसार—"वैदिक युग में जन की सत्ता प्रधान थी। एक ही पूर्वज की वंश परम्परा में उत्पन्न कुलों का सम्प्रदाय 'जन' कहलाता था। शनैः-शनैः जन का अभियतवास समाप्त होने लगा और जन एक स्थान जनपद कहलाये। मूल जन के अन्तर्गत जो क्षत्रियकुल सम्मिलित थे, जनपद में भी राजसत्ता उन्हीं के हाथों में बनी रही। एक जनपद के निवासी प्रायः एक ही भाषा या बोली बोलते थे। प्रत्येक व्यक्ति का एक अभिघात (नाम) उसके जनपद के अनुसार ही पड़ता था जैसे अंग जनपद का निवासी आंगक कहलाता था। प्रायः स्त्रियों के लिए भी ये विशेषण प्रयुक्त होते थे। जैसे आंगी, वांगी, माद्री, यौथेयी आदि। स्त्रियाँ जब विवाहित होकर पति कुल में पहुँचतीं तो उनकी वहाँ जनपदीय अभिधा बनी रहती थी। कुन्ती, माद्री, गान्धारी, कौशल्या, कैकेयी—ये सुप्रसिद्ध स्त्री नाम जनपद सम्बन्ध से ही थे।

वासुदेवशरण अग्रवाल ने जनपदों के प्रारम्भिक विकास पर प्रकाश डालते हुए लिखा है—"जन अपने आपको किसी एक पूर्वज से उत्पन्न हुआ मानते थे। यूनानी पुर राज्य और भारतीय जनपद दोनों के स्वामी इस कल्पना को समान रूप से मानते थे।" भरत जन किसी एक पूर्वज से अपनी उत्पत्ति मानने वाला एक छोटा समुदाय था। कुछ और उदाहरण देते हुए वासुदेवशरण ने इस प्रक्रिया को समझाया है—"वस्तुतः प्रत्येक जाति आवश्यकतानुसार अपने लिए एक ऐसे पूर्वज की कल्पना भी कर लेती थी। उदाहरण के लिए महाभारत में अंग, बंग, कलिंग, सुह्मा, पुण्ड्र—इन पाँच जनपदों के आदि संस्थापकों को बलि की रानी सुदेष्णा के पाँच पुत्र कहा गया है, जिनका जन्म दीर्घतमा ऋषि द्वारा हुआ था। प्रत्येक ने अपने नाम से एक-एक जनपद की स्थापना की।" वायुपराण में (कुछ अन्य पुराणों में भी) सुद्युम्न के पुत्र उत्कल गये तथा विनताश्व ने अपने नाम पर राज्यों की स्थापना की। उनके राज्यों का नाम भी उन्हीं के नामों पर पड़ा। अर्थात् जनपदों के नाम वही थे जो उनमें बसने वाले क्षत्रियों के थे।

जनपदों के निर्माण और विकसित परम्पराओं को ध्यान में रखते हुए दो कोसल राज्यों की स्थिति पर विचार करना चाहिए। सबसे पहले हम अयोध्या राज्य जिसे उत्तर कोसल कहा गया है, की स्थिति पर विचार करें। अयोध्या के राजा इक्ष्वाकुवंशी थे। उनके मूल पुरुष मनु थे। इक्ष्वाकु उनके ज्येष्ठ पुत्र थे। बाद में यह राजवंश ऐक्ष्वाक के नाम से प्रसिद्ध हुआ। इस राजवंशी कन्याओं को ऐक्ष्वाकी कहा जाता था। इसका एक उदाहरण प्रस्तुत है–

"मधोर्जज्ञेऽथवैदर्भ्या पुरद्वान पुरुषोत्तमः
ऐक्ष्वाकीचाभद्भार्या मधोस्त्स्यांव्यजाता।
सत्वत सर्वगुणावेतः सात्वता कीर्तिवर्द्धनः॥

मधु (मध श्रीकृष्ण के पूर्वज थे अतः श्रीकृष्ण को माधव भी कहते हैं) की वैदर्भी से पुरूद्वान नामक पुत्र हुआ। पुरूद्वान की पत्नी का नाम ऐक्ष्वाकी था। उससे सत्वान या सत्वत नामक पुत्र का जन्म हुआ।

"सत्वतः सत्वसम्पन्नान् कौशल्या सुषवे सुतान।
भगिनंभजमानव च दिव्यंदेवावृद्ध नृपम् ॥"

सत्वत का विवाह कौशल्या से हुआ। कौशल्या ने भजमान, दिव्य, देवावृद्ध आदि पुत्रों को जन्म दिया। इन दो उदाहरणों से स्पष्ट है कि अयोध्या के राजवंश की कन्या ऐक्ष्वाकी कहलाती थीं। वह कौशल्या नहीं कहलाती थीं। कोसल देश और कोसल राज्य की कन्या ही कौशल्या कहलाती थीं। डॉ. हेमचन्द्रराय चौधरी ने शतपथ के (5-4, 4-5) साक्ष्य के आधार यह निष्कर्ष निकाला है–"हैरण्यनाभ को कौशल्य राज कहा गया है किन्तु ऐक्ष्वाक नहीं माना गया है। इसके विपरीत पुरूकुत्स दौर्गह को ऐक्ष्वाक माना गया है किन्तु कौशल्य राज नहीं माना गया है। कौशल्य राज और ऐक्ष्वाक में अन्तर माना गया है। इसलिए दोनों प्रकार के राजाओं को एक ही वंश तथा एक ही देश का शासक नहीं कहा जा सकता। बौद्धायन श्रौतसूत्र (2, 357) तथा आपस्तम्बी श्रौतसूत्र (20-3) में ऋतुपर्ण को ऐक्ष्वाक नहीं कहा गया है।"

उपर्युक्त उदाहरणों से स्पष्ट है कि अयोध्या के राजा ऐक्ष्वाक कहलाते थे और उनकी राजकन्याएँ ऐक्ष्वाकी कहलाती थीं। अयोध्या के राजा को कौशल्य नहीं कहा जाता था। उनकी राजकन्याओं को भी कौशल्या नाम से सम्बोधित नहीं किया जाता था।

इसके विपरीत दक्षिण कोसल (छत्तीसगढ़) के राजाओं को रामायण, महाभारत, पुराणों में कोसल राज अथवा कौशल्य कहा गया है। दक्षिण कोसल की राजकन्याएँ कौशल्या कहलाती थीं। दक्षिण कोसल के राजा भानुमन्त की कन्या का नाम कौशल्या था। कोसल राज भानुमन्त का नाम वाल्मीकि रामायण के बालकांड में आया है। पुत्र प्राप्ति के लिए किये जाने वाले यज्ञ में महाराजा दशरथ ने जिन राजाओं को आमन्त्रित किया था उनमें भानुमन्त भी थे।

"तथा कोसल राजनंभानुमतंसुसत्कृतम्।
मगधाधिपति शूरंसर्वशास्त्रविशारदम् ॥"

इन्हीं कोसल राजा भानुमंत की कन्या का नाम कौशल्या था। कौशल्या का विवाह महाराजा दशरथ के साथ हुआ था। वे अयोध्या राज्य की पट्ट महादेवी थीं। भगवान श्रीराम का जन्म उन्हीं के पुण्य कोख से हुआ था। कृतवास रामायण में कौशल्या के पिता को भी कोसल कहा गया है–

कोसलेर राजा से कोसल दंडधर।
कौशल्या नामे ते कन्या आछेवार घर ॥

पाणिनिकालीन भारतवर्ष में वासुदेवशरण अग्रवाल ने इस प्रकार नाम रखे जाने के नियम पर प्रकाश डाला है। उन्होंने लिखा है–"जनपद राजनैतिक दृष्टि से दो प्रकार के हो गये थे–एक संघ और दूसरे एक राजा। संघ शासन वाले जनपदों में क्षत्रियगणों का राज्य था। वे क्षत्रिय और जनपद एक नाम से पुकारे जाते थे। एक राज जनपदों में जहाँ एक व्यक्ति राजा होता था, स्थिति यह थी कि जनपद के राजा का नाम और जनपद के प्रत्येक नागरिक क्षत्रिय के पुत्र का नाम एक-सा होता था। प्राचीन साहित्य में माद्री, पांचाली, गान्धारी आदि जो नाम मिलते हैं, वे जनपद स्वामी क्षत्रियों की लड़कियों के थे। ज्ञात होता है कि व्यवहार में इन नामों का बहुत अधिक महत्त्व रहा होगा और लोग अपने नाम के आगे जनपदवाची विशेषण नियमपूर्वक लगाते होंगे तभी पाणिनि ने विस्तार से इस प्रकार के नामों की व्युत्पत्ति पर विशेष ध्यान दिया है।"

यदि अयोध्या राज्य का नाम कोसल था तो उनके राजा को कौशिल्य क्यों कहा जाता था? उनकी कन्याओं को कौशल्या क्यों नहीं कहा जाता था? इस तथ्य का स्पष्टीकरण डॉ. रमेशचन्द्र मजुमदार ने इन शब्दों में किया है–"क्लमाषपाद ने गुरु वशिष्ठ के पुत्रों को मार डाला और उसके बाद राज्य में अशान्ति फैल गयी तथा वह दो विरोधी परिवारों में बँट गया। यह आन्तरिक कलह 6-7 पीढ़ियों तक चलता रहा। अन्त में दिलीप (द्वितीय) ने पुनः एक राज्य की स्थापना की। इस समय अयोध्या राज्य का नाम बदल कर कोसल हो गया।"

डॉ. रमेशचन्द्र मजुमदार ने अपने एक अन्य ग्रन्थ 'हिन्दू सभ्यता' में लिखा है–"अयोध्या को अत्यन्त योग्य राजाओं की परम्परा के अधीन पुनः शक्ति प्राप्त हुई। इनमें भागीरथी, दिलीप, रघु, अज और दशरथ आदि थे, जिनके समय अयोध्या का नाम कोसल पड़ा।"

उपर्युक्त कथनों से इतना तो स्पष्ट है कि अयोध्या राज का मूल नाम कोसल नहीं था। अयोध्या का कोसल नाम बहुत बाद में पड़ा। प्रश्न यह है कि अयोध्या के महाप्रतापी राजाओं ने अयोध्या राज्य के लिए नया नाम 'कोसल' क्यों चुना जबकि इसी नाम का एक राज्य छत्तीसगढ़ में बहुत पहले से अस्तित्व में था? भानुमंत और उसके पूर्वज इस छत्तीसगढ़ वाले कोसल राज्य के शासक थे और वे कोसल राज अथवा कोसल्य के नाम से जाने जाते थे। किसी दूसरे राज्य के नाम को यथावत् अपना लेने की सम्भवतः इतिहास में यह अकेली घटना है। ऐसी कौन-सी विवशता थी, जिसके कारण अपने महान मूल पुरुष वैवस्वत मनु द्वारा दिये गये सुप्रसिद्ध और बहुप्रशंसित अयोध्या के नाम के स्थान पर कोसल नाम रख लिया और फिर भी वे अपने को ऐक्ष्वाक ही कहते रहे, कौशल्य नहीं? इस प्रश्न की ओर सम्भवतः इतिहासकारों का ध्यान नहीं गया अथवा उन्होंने इसकी गम्भीरता पर विचार नहीं किया।

उपर्युक्त प्रश्न का समाधान हमें, कृतवास रामायण के इस विवरण से प्राप्त हो सकता है। कोसल नरेश भानुमंत ने अपनी विदुषी कन्या कौशल्या का विवाह चक्रवर्ती सम्राट महाराज दशरथ से किया था। भानुमंत ने दहेज में अपने दामाद को नाना प्रकार के रत्न आदि दिये हों, और कोसल राज्य का आधा हिस्सा भी दहेज में दे दिया–

"नाना रत्न दिला राजा करे कन्यादान।
शास्त्रेर विहित राजा करिल सन्मान ॥
आपन अद्धक राज दिला अधिकार।
बिलारते दिल तारे अनेक भण्डार ॥"

महाराजा दशरथ को कोसल का आधा राज्य दहेज में प्राप्त होने के बाद वे भी कोसल नरेश कहलाने लगे। उनके पश्चात् भगवान श्रीराम को अपने नाना भानुमंत के सम्पूर्ण कोसल राज्य का उत्तराधिकार प्राप्त हो गया। वे भी कोसल नरेश कहलाने लगे। कोसल नरेश की उपाधि के साथ अयोध्या भी कोसल कहलाने लगा होगा। महाराजा दशरथ के पूर्व अयोध्या का नाम कोसल पड़ा होगा इसकी कोई सम्भावना या कारण दिखाई नहीं पड़ता।

अब प्रश्न यह है कि छत्तीसगढ़ का प्राचीन नाम कोसल क्यों पड़ा? कोई दूसरा नाम भी तो पड़ सकता था? इस प्रश्न का उत्तर 'कोसल खंड' नामक ग्रन्थ में है—"विन्ध्याचल से दक्षिण प्रदेश में एक राजधानी थी, जिसका नाम नागपत्तन था। वहाँ कोसल नामक एक प्रतापी राजा हुआ जिससे इस देश का कोसल नाम पड़ा। तब से वहाँ के जो राजा होते थे, उनकी संज्ञा 'कोसल' होती थी। उसी राजवंश में एक भानुमंत राजा हुए जिनकी पुत्री कौशल्या जी थीं। कौशल्या जी के विवाह के समय तक उनके कोई भाई नहीं था, इसलिए भानुमंत जी ने कोसल देश का उत्तराधिकारी श्री दशरथ जी को बनाया। उसी समय अयोध्या उत्तर कोसल और नागपत्तन दक्षिण कोसल नाम से विख्यात हुआ।

पाणिनि ने जनपदों के नाम रखे जाने के नियम या परम्परा का उल्लेख किया है उसके अनुसार—"एकराज जनपदों में जहाँ एक व्यक्ति राजा होता था, स्थिति यह थी कि जनपद के राजा का नाम और जनपद के प्रत्येक नागरिक क्षत्रिय के पुत्र का नाम एक-सा होता था। "छत्तीसगढ़ वाले क्षेत्र का कोसल नाम इसलिए पड़ा कि इस राज्य के संस्थापक राजा का नाम 'कोसल' था। उसके उत्तराधिकारी भी अपने को कोसल का कौशल्य कहते थे। संस्थापक मूल पुरुष के नाम पर जनपदों के नाम रखने की परम्परा प्राचीन काल में थी।

उदाहरण के लिए मिथि से मिथिला, उत्कल से उत्कल, गय से गया, करूष से कारूष, विदर्भ से विदर्भ, कुरू से कुरू, गन्धार से गन्धार आदि।

अयोध्या के राजवंश की सूची में कोसल नाम के किसी राजा का उल्लेख नहीं है। अतः अयोध्या का नाम महाराजा दशरथ के पूर्व कोसल रहा होगा, ऐसा कहना तर्कहीन और तथ्यों के विपरीत है।

चूँकि अयोध्या का नाम बाद में कोसल पड़ा इसलिए उसे 'उत्तर कोसल' कहा गया। उत्तर शब्द का अर्थ केवल दिशा-बोधक नहीं है, उसका अर्थ पश्चात् भी है जैसे—उत्तरकांड उत्तरार्द्ध। महाभारत में छत्तीसगढ़ वाले क्षेत्र के लिए सभापर्व में 'प्राक् कोसल' नाम दिया है। यहाँ 'प्राक्' का अर्थ पूर्व दिशा नहीं है। प्राक् का अर्थ पहले का अथवा प्रारम्भ का भी होता है, जैसे प्राक्कथन, प्रागैतिहासिक। प्राक् कोसल का अर्थ पहले अथवा मूल कोसल है।

प्राचीन ग्रन्थों में अयोध्या वाले क्षेत्र को 'उत्तर कोसल' ही कहा गया है। छत्तीसगढ़ वाले भू-भाग को सिर्फ कोसल सम्बोधित किया गया है। यह भी इस तथ्य का प्रमाण है कि छत्तीसगढ़ राज्य को वैदिक काल से ही कोसल कहा जाता रहा है और वहीं के राजा को कौशल्य या कोसल राज कहा जाता था। यहाँ की राजकन्याएँ कौशल्या नाम से सम्बोधित की जाती थीं। अयोध्या राज्य का उत्तर कोसल नाम प्रचलित होने के बावजूद वहाँ के राजा परम्परानुसार अपने को ऐक्ष्वाक ही कहते रहे। उनकी राजकन्याएँ ऐक्ष्वाकी कहलाती थीं।

वाल्मीकि रामायण को आदिकाव्य कहा जाता है। इस आदिकाव्य में अयोध्या राज्य को उत्तर कोसल और छत्तीसगढ़ राज्य को सिर्फ कोसल कहा गया है। इस तथ्य को प्रमाणित करने के लिए वाल्मीकि रामायण से कुछ श्लोक उद्धृत है—

"कौशलेषु कुशंवीरमुत्तरेषु तथा लवम्।
अभिषिचय महात्मानावुभौः रामः कुशीलवौ॥"

अर्थात् भगवान श्रीराम ने कोसल राज्य पर कुश को तथा उत्तर कोसल के सिंहासन पर लव को अभिषिक्त किया। यहाँ आदिकवि ने कुश को जो राज्य उत्तराधिकारी में दिया उसे दक्षिण कोसल नहीं कहा—सिर्फ कोसल कहा है, जबकि लव को जो राज्य प्राप्त हुआ उसे उत्तर कोसल नाम दिया है। वाल्मीकि रामायण में कुश वाले कोसल की भौगोलिक स्थिति को भी स्पष्ट किया गया है—

"कुशस्य नगरी रम्या विन्ध्यपर्वरोधसि।
कुशावतीर्भिनिम्ना सा कृता रामेण धामता॥"

भगवान श्रीराम ने अपने ज्येष्ठ पुत्र कुश के लिए विन्ध्य पर्वत के समीप कुशवानी नामक नगरी का निर्माण कराया। कोसल की यह नगरी राजधानी बनी। कुश के वंश ने इसी छत्तीसगढ़ वाले कोसल पर राज्य किया। भगवान श्रीराम के स्वर्गारोहण के पश्चात् अयोध्या नगरी निर्जन हो गयी। वहाँ किसी की राजधानी नहीं थी, यह बात स्वयं आदि कवि ने अपने ग्रन्थ में लिखी है—

"श्रावस्तीतिपुरी रम्या श्राविता चा लवस्यः।
अयोध्यांविजनांकृत्वा राघवो भरतस्थात॥"

भगवान श्रीराम ने अपने कनिष्ठ पुत्र लव को जो उत्तर कोसल राज्य उत्तराधिकार में दिया था उसकी राजधानी श्रावस्ती में थी। भगवान श्रीराम के पश्चात् अयोध्या नगरी जनशून्य हो गयी, उजाड़ हो गयी। अर्थात् अयोध्या न कुश की राजधानी थी और न लव की फिर भी मूलग्रन्थ में उल्लिखित इस तथ्य की उपेक्षा करके बाद में ग्रन्थकारों ने कुश के वंशजों को अयोध्या का ही नरेश मान लिया।

आदिकवि वाल्मीकि ने जो कुछ भी कुश और लव तथा उनके राज्य कोसल तथा उत्तर कोसल के विषय में लिखा है, उसकी पुष्टि पुराणों से भी होती है। यहाँ वायुपुराण के उत्तरार्द्ध, अध्याय 27 के श्लोकों को उद्धृत किया जा रहा है—

"कुशस्य कोसला राज्यंपुरी चापि कुशस्थली।
रम्या निवेशिता तेन विन्ध्यपर्वत सानुष॥
उत्तरा कोसले राज्यंलवस्य च महात्मनः।
श्रीवस्ती लोकविख्यात कुशवं निबोधत्॥"

वायुपुराण में कुश के कोसल की राजधानी का नाम कुशस्थली दिया गया है जबकि वाल्मीकि जी ने राजधानी का नाम कुशवती लिखा है। वायुपुराण में भी कोसल की भौगोलिक स्थिति विन्ध्य पर्वत के समीप बताई गयी है। वायुपुराण में भी कुश वाले कोसल को दक्षिण कोसल नहीं कहा गया है। किसी भी प्राचीन ग्रन्थ में कुश वाले अर्थात् छत्तीसगढ़ वाले राज्य को दक्षिण कोसल नहीं कहा गया है। उसे सर्वत्र 'कोसल' ही कहा गया है, जबकि लव द्वारा शासित क्षेत्र को 'उत्तर कोसल' कहा गया है। तात्पर्य यह कि प्राचीन ग्रन्थों में जहाँ भी कोसल नाम आता है उसका अर्थ छत्तीसगढ़ वाले राज्य से ही लिया जाना चाहिए न कि अयोध्या या उत्तर कोसल, जब तक प्रसंग विशेष के कारण अन्यथा सिद्ध न हो।

वायुपुराण में उपर्युक्त श्लोक 199 के पश्चात् कुश के वंश में उत्पन्न राजाओं की सूची दी गयी है। महापराक्रमी वृहद्बल कुश के वंश के अन्तिम शासक थे। उन्होंने महाभारत के युद्ध में भाग लिया था।

भगवान श्रीराम के शासनकाल तक अयोध्या राज्य का प्रताप और वैभव अपने चरम शिखर पर था, किन्तु श्रीरामचन्द्र जी के पश्चात् अयोध्या का राजनीतिक महत्त्व लगभग समाप्त हो गया। उन्होंने अयोध्या न कुश को दी, न लव को। इसलिए राज्य के बँटवारे के साथ उनके लिए उन्होंने अलग-अलग राजधानियों की व्यवस्था करा दी। श्रीरामचन्द्र जी के पश्चात् अयोध्या का धार्मिक और सांस्कृतिक महत्त्व तो बना रहा किन्तु इक्ष्वाकुवंशियों की वह फिर कभी राजधानी नहीं रही। महाभारत काल में अयोध्या पर किसी दीर्घयज्ञ का शासन था जो इक्ष्वाकुवंशी नहीं था। डॉ. हेमचन्द्रराय चौधरी के अनुसार–"बौद्धकाल तक अयोध्या नगर एक छोटा-सा कस्बा रह गया था। श्रावस्ती ने बौद्धकाल में अवश्य उन्नति की और प्रसिद्धि प्राप्त की किन्तु जहाँ तक उत्तर कोसल का सम्बन्ध है, महावग्ग में उसे एक निर्धन, छोटा और सीमित साधनों वाला राज्य कहा गया है।"

भगवान श्रीरामचन्द्र जी अपने पिता महाराज दशरथ के ज्येष्ठ पुत्र थे अतः सिंहासन पर उनका प्रथम अधिकार था। इक्ष्वाकुवंश की परम्परा थी कि ज्येष्ठ पुत्र ही राज्य प्राप्त करने का अधिकारी होता था। कुश श्रीराम के ज्येष्ठ पुत्र थे। स्वयं भगवान श्रीरामचन्द्र जी ने अपने ज्येष्ठ पुत्र को उस कोसल राज्य का उत्तराधिकार दिया, जिसे आज हम छत्तीसगढ़ कहते हैं।

तात्पर्य यह कि भगवान श्रीराम के वंश की ज्येष्ठ शाखा ने छत्तीसगढ़ पर शासन किया। मूल कोसल पर राज्य करने के कारण कुश के वंशज भी कौशल्य या कोसलराज कहलाने लगे।

प्रश्न यह है कि भगवान श्रीराम ने अपने ज्येष्ठ पुत्र कुश को छत्तीसगढ़ वाले कोसल राज्य का उत्तराधिकारी क्यों बनाया? उत्तर कोसल का उत्तराधिकारी क्यों नहीं बनाया? इसका एक ही उत्तर जो मुझे सूझ रहा है वह यह है कि छत्तीसगढ़ वाला कोसल राज्य उत्तर कोसल वाले राज्य से बहुत अधिक विस्तृत और सम्पन्न था। कोसल (छत्तीसगढ़ राज्य) की सीमा काशी की सीमा से सटी हुई थी। उसके पूर्व में मगध, उत्कल और कलिंग राज्य थे। दक्षिण में कोसल की सीमा आन्ध्र को स्पर्श करती थी। पश्चिम में विदर्भ, चेदि, करूष, कुन्ति राज्य थे। डॉ. हेमचन्द्रराय चौधरी ने महाभारत के साक्ष्य के आधार पर लिखा है–"महाभारत के 'नलोपाख्यान' में दक्षिणापथ को विदर्भ और कोसल को दक्षिण कोसल कहा गया है। दक्षिण कोसल निवासी, वर्धा और महानदी के तटवर्ती भू-भाग पर बसे हुए थे।" इस विवरण से कोसल (छत्तीसगढ़) के भौगोलिक विस्तार का अनुमान लगाया जा सकता है। रामायण में जिस दंडकारण्य का उल्लेख है वह इसी कोसल के दक्षिण में था। भगवान श्रीराम के समय दंडकारण्य का उल्लेख है वह इसी कोसल के दक्षिण में था। भगवान श्रीराम के समय दंडकारण्य पर राक्षसों ने अपना आधिपत्य स्थापित कर आतंक मचा रखा था। छत्तीसगढ़ में आज भी दक्षिण दिशा के लिए 'रक्सहूँ' शब्द है, जिसका अर्थ है राक्षस। राक्षस को छत्तीसगढ़ में 'रक्सा' कहते हैं। दक्षिण दिशा के लिए छत्तीसगढ़ में अन्य कोई शब्द नहीं है। "दीर्धाति नाम कोसल राजा अहोसिदलिहो, अप्पधनो, अप्पधोगो, अप्पबली, अप्पवाहनों, अप्पविजितो, अपरिपुष्ण, कोर्धाकोट्ठागारो।"

अर्थात् बुद्धकाल में कोसल (उत्तर कोसल) दरिद्र, अल्पधन वाला, अल्प उद्योग-वाणिज्य, अल्प सैन्य बल, अल्प वाहनों, अल्प विजयी, अपरिपूर्ण अन्न भण्डार वाला राज्य था। क्या ऐसे जनपद को महाजनपद कहा जा सकता है? वस्तुतः महाजनपद कहलाने की पात्रता दक्षिण कोसल को थी। वायुपुराण में 'पंच कोसल' का उल्लेख है। अर्थात्

पाँच जनपद मिलकर कोसल महाजनपद का निर्माण करते थे। राजनीतिक परिवर्तनों के साथ इनकी संख्या अधिक भी हो जाती थी।

डॉ. वासुदेवशरण अग्रवाल ने पाणिनि के नियमों का उल्लेख करते हुए लिखा है—"दो पड़ोसी जनपदों के नामों के जोड़े भाषा में एक साथ प्रसिद्ध हो जाते थे। जनपदीय नामों के जोड़े जो भौगोलिक दृष्टि से पास-पास न हों, भाषा में नहीं बनते थे। एक जनपद अपने चारों ओर के दूसरे जनपदों से घिरा रहता था, जो उसकी सीमा बनाते थे। इन नियमों और परम्पराओं को ध्यान में रखकर महाभारत और पुराणों में उल्लिखित जनपदों के नामों के जोड़े का अध्ययन करें तो स्पष्ट हो जायेगा कि उसमें उल्लिखित कोसल का तात्पर्य उत्तर कोसल नहीं, दक्षिण कोसल है। इन श्लोकों को पढ़ने से दक्षिण कोसल की भौगोलिक स्थिति और उसके विस्तार का ज्ञान तो होगा ही, यह भी स्पष्ट होगा कि कोसल (दक्षिण) की सीमा से लगे हुए कौन-कौन से राज्य थे।

"शाल्वायानाश्च राजानः सोः र्यानुचरैः सह।
दक्षिणा ये पंचालाः पूर्वाकुन्तिषु कोसलाः ॥"

(सभा पर्व, अ. 14)

"कान्तारकौश्च समरे तथा प्राकूकोसलान नृपान।
नाटकेयांश्च समरे तथा हेरम्बकान युधि ॥"

(सभा पर्व, अ. 31)

"अंगा बंगान कलिंगाश्च मागधान काशिकासलान।
रात्रायणानूवीतहोन्नानू किरातानू मार्तिकावतीम ॥"

(सभा पर्व, अ. 38)

"एष पन्थ विदर्भाणम सौ गच्छसि कोसलान।
अतः परंच देशोऽयंदक्षिणापथः ॥"

(नलोपाख्यान, अ. 61)

"मत्स्याः कुशल्याः सौशल्या कुन्तया, कांति कोसलाः।
चेदिमत्स्य करूषाश्च भोजाः, सिन्धु पुलिंदका ॥"

(भीष्म पर्व, अ. 9)

"पंचालाः कैकया मत्स्या चेदि कारूष कोसलाः ॥"

(द्रोण पर्व, अ. 21)

"मैकला कोसला मद्रा दशार्णा निषधास्तथा ॥"

(कर्ण पर्व, अ. 22)

"कोसलान च आन्ध्र पौण्ड्रान च ताम्रलिप्तान ॥"

(वायुपुराण, कलि एज, पृ. 3, ब्रह्मांड पुराण, पृ. 156)

"तोसला कोसलाश्चैव त्रैपुरा चेदिकास्तथ ॥"

(वृ. सं., पृ. 339)

"आग्नेयो दिशिकोसल कलिंगवंगोपबंगापरांग ॥"

(वायुपुराण)

"अंगान बंगान कलिंगान बंगावत्स मत्स्याश्च मध्यदेशायता ॥"

(द्रोण पर्व, अ. 11, सभा पर्व, अ. 38)

"बंगांग मगधादेशाः समृद्धा काशिकोसलाः ॥"

(वाल्मीकि रामायण, अयोध्याकांड)

"ब्रह्ममालान, विदेहान् मालवान् काशि कोसलान ॥"

(किष्किंधाकांड)

उपर्युक्त श्लोकों के अध्ययन से स्पष्ट है कि कोसल राज्य की सीमा प्राचीन काल में कुन्ति (कुन्ती यहीं की राजकन्या थी) तथा कारूष राज्यों की सीमाओं से सटी हुई थी। ये दोनों राज्य कोसल (दक्षिण) के पश्चिमोत्तर सीमाओं पर थे। काशी राज्य कोसल के ठीक उत्तर में था। इन दोनों राज्यों के बीच हिरण्यवाह (सोन) नदी बहती थी। कोसल के पूर्वोत्तर में मगध और अंग देश थे। मध्य में तोसल तथा कलिंग राज्य थे। दक्षिण में आन्ध्र राज्य था। पश्चिम में विदर्भ, निषध तथा मेकल राज्य थे। काशी के साथ कोसल के नामों का जोड़ा बनने से कुछ इतिहासकारों को उत्तर कोसल का भ्रम हो सकता है किन्तु डॉ. हेमचन्द्रराय चौधरी द्वारा प्रस्तुत महाजनपद के नक्शे का अवलोकन करने पर यह स्पष्ट हो जाता है कि उत्तर कोसल और काशी राज्यों के बीच में वत्स नामक महत्त्वपूर्ण राज्य था, जिसकी राजधानी कौशाम्बी थी। दक्षिण कोसल और काशी राज्य के मध्य कोई भी जनपद नहीं था, केवल हिरण्यवाह नदी थी। अतः महाजनपदकाल में यदि उत्तर कोसल का जोड़ा कोई बनता है तो वह वत्स राज्य के साथ, न कि काशी के। काशी और उत्तर कोसल के मध्य सरयू, गोमती तथा गंगा जैसी नदियाँ थीं। इन नदियों के कारण उत्तर कोसल और काशी राज्यों का भौगोलिक सान्निध्य नहीं था। अतः प्राचीन ग्रन्थों में जहाँ भी काशी कोसल नाम का जोड़ा उल्लिखित है तो उसका अर्थ दक्षिण कोसल से लिया जाना अधिक नियमानुकूल होगा। "एक जनपद अपने चारों ओर दूसरे के जनपदों से घिरा रहता था, जो उसकी सीमा बनाते थे।" छत्तीसगढ़ वाले कोसल की सीमा बनाने वाले जनपदों का कोसल के साथ उल्लेख है। सीमावर्ती जनपदों के उल्लेख से दक्षिण कोसल की पहचान सुनिश्चित हो जाती है। इसके बावजूद कोसल का अर्थ यदि उत्तर कोसल ही लिया जाता है तो आप किसी का क्या बिगाड़ सकते हैं?

पाणिनि ने कलिंग के साथ कोसल पर सूत्र लिखें हैं—कलिंग पर पाणिनि ने सूत्र लिखा उसका क्र.—4-1-170 है। कलिंग के पश्चात् क्र.—4-2-171 में कोसल पर पाणिनि ने सूत्र की रचना की है। पाणिनि ने कच्छ अवन्ती, कोसल, करूष और कलिंग को भारत का दक्षिणतम देश कहा है (माधुरी मई 1944)। पं. लोचन प्रसाद पाण्डेय, प्रो. बालचन्द जैन आदि विद्वानों ने इस कोसल का सम्बन्ध दक्षिण कोसल अर्थात् छत्तीसगढ़ से बताया है। डॉ. वासुदेवशरण अग्रवाल ने लिखा है—यह (कोसल) राजधीन जनपद युद्धकालीन सोड्स महाजनपदों में गिना जाता था, किन्तु उन्होंने सूत्र क्र.—6-4-174 में उल्लिखित सरयू और इक्ष्वाकु के साथ उपर्युक्त कोसल के सम्बन्ध की कल्पना करके उत्तर

कोसल का भ्रम उत्पन्न कर दिया है। जबकि महावग्ग में उत्तर कोसल की दयनीय राजनैतिक अवस्था का विवरण स्पष्ट करता है कि बुद्धकाल में उत्तर कोसल को महाजनपद की संज्ञा नहीं दी जा सकती।

कोसल को लेकर हमेशा उत्तर कोसल की भ्रांति उत्पन्न कर इतिहास को प्रायः तोड़ा-मरोड़ा जाता रहा है। इस प्रयास में छत्तीसगढ़ राज्य वाले कोसल के सही इतिहास की उपेक्षा तो होती ही है, उत्तर कोसल का इतिहास भी गलत तथ्यों के आधार पर खड़ा होने के कारण अविश्वसनीय हो जाता है। प्राचीन ग्रन्थों में जहाँ भी कोसल का उल्लेख हो उसे आँख मूँदकर उत्तर कोसल न मान लें। ऐसी त्रुटियों के कारण ऋतुपर्ण, कल्माषपाद, वृहदबल जैसे नरेशों को उत्तर कोसल (अयोध्या) का राजा मान लिया गया, जबकि वे दक्षिण कोसल के राजा थे। कुछ पुराणों में दक्षिण कोसल पर शासन कर रहे लव की वंशावली एक में ही समेट दी गयी है।

वस्तुतः भगवान श्रीराम के पश्चात् अयोध्या के राजधानी का दर्जा समाप्त हो जाने के बाद उनके ज्येष्ठ पुत्र को जो कोसल राज्य उत्तराधिकार में प्राप्त हुआ था, इतिहास में उसे महत्त्व दिया जाना था। अगर मैं यह कहूँ कि भगवान श्रीराम के पश्चात् इक्ष्वाकु वंश की मूल गद्दी ज्येष्ठ पुत्र कुश के साथ छत्तीसगढ़ में स्थापित हो गयी थी, तो अनुचित नहीं होगा। दुर्भाग्यवश इतिहासकारों ने (और पुराणकारों ने भी) कोसल (दक्षिण) के इतिहास पर इस दृष्टि से कभी गम्भीरतापूर्वक विचार ही नहीं किया।

उत्तर कोसल के राजा प्रसेनजित भगवान श्रीराम बुद्ध के समकालीन थे। इससे सम्बन्धित एक कथा 'अवदानशतक' में है। कथा इस प्रकार है—"उत्तर कोसल के राजा प्रसेनजित और दक्षिण कोसल के राजा विजयस के मध्य युद्ध छिड़ गया। युद्ध लम्बे समय तक चलता रहा। अन्त में प्रसेनजित युद्ध में जब हार के कगार पर पहुँच गया तब वह भगवान गौतम बुद्ध के पास गया और उनसे मध्यस्थ बनकर संधि कराने का अनुरोध किया। भगवान बुद्ध उस समय जेतवन में तपस्यारत थे। उन्होंने कहा कि वे कुछ समय पश्चात् वाराणसी आयेंगे तब वहीं भेंट करना। प्रसेनजित वाराणसी पहुँचे। भगवान बुद्ध ने उन्हें उपदेश दिया और प्रसेनजित ने पश्चात्ताप किया। वह संघाराम में जाकर भिक्षु की तरह रहने लगा। भगवान बुद्ध ने दक्षिण कोसल के राजा विजयस की प्रार्थना पर सिरपुर प्रवास किया। वहाँ वे तीन माह तक रहे।" आचार्य नरेन्द्रदेव के अनुसार 'अवदानशतक' अत्यन्त प्राचीन ग्रन्थ है। इस ग्रन्थ में भगवान बुद्ध के जीवन की घटनाओं को कथा के रूप में प्रस्तुत किया गया है। उपर्युक्त कथा से चार तथ्य स्पष्ट होते हैं—

1. उत्तर कोसल नरेश प्रसेनजित और दक्षिण कोसल नरेश विजयस में लम्बे समय तक युद्ध हुआ था।
2. युद्ध में पराजय की स्थिति देखकर प्रसेनजित भगवान बुद्ध के पास सन्धि करवाने की प्रार्थना लेकर गया था।
3. वाराणसी में प्रसेनजित ने पश्चात्ताप किया क्योंकि युद्ध उसी ने प्रारम्भ किया था। भगवान बुद्ध ने उसे युद्ध से विरत तो नहीं किया वरन् उसे बौद्ध धर्म में दीक्षित कर भिक्षु बनाया।
4. दक्षिण कोसल नरेश विजयस पर प्रसन्न होकर भगवान बुद्ध उसकी राजधानी श्रीपुर आये और वहाँ तीन माह तक रहे।

भगवान गौतम बुद्ध श्रीपुर आये थे, इस तथ्य का उल्लेख इतिहास प्रसिद्ध चीनी यात्री व्हेनसांग ने अपने यात्रा विवरण में भी किया है। इस विवरण से 'अवदानशतक' की उपर्युक्त कथा से ऐतिहासिकता की पुष्टि होती है।

तात्पर्य यह है कि युद्ध काल में भी उत्तर कोसल, दक्षिण कोसल की तुलना में कोई महत्त्वपूर्ण राजनैतिक शक्ति नहीं था। अतः महाजनपद काल के सोलह जनपदों में जिस कोसल की गणना होती है उसका आशय उत्तर कोसल

कदापि नहीं है। उसका आशय दक्षिण कोसल ही है। पाणिनि ने इस काल के जनपदों का उल्लेख किया है। उसमें कोसल का उल्लेख कलिंग के साथ करके उन्होंने कोसल की भौगोलिक स्थिति को स्पष्ट कर दिया है। "जिन जनपदों के नामों के जोड़े भाषा में प्रसिद्ध थे, उनकी भौगोलिक सीमाएँ किसी न किसी अंग में एक-दूसरे से मिली हुई थीं।" पाणिनि के नियमों के आधार पर डॉ. वासुदेवशरण अग्रवाल के इस कथन की कसौटी पर कलिंग की सीमा कहीं भी उत्तर कोसल से नहीं मिलती थी। अतः कलिंग कोसल, मगध कोसल, काशी कोसल, कुंति कोसल, मेकल कोसल, आन्ध्र कोसल या विदर्भ कोसल कहने से दक्षिण कोसल का अर्थ ही प्रकट होता है, क्योंकि उसकी सीमाएँ किसी न किसी अंश में इन राज्यों से मिलती थीं।

प्राचीन काल में भी दक्षिण कोसल उत्तर भारत को दक्षिण भारत से जोड़ने वाली प्रमुख कड़ी था। कात्यायन के अनुसार मुलहठी मिर्च आदि सामग्रियाँ 'स्थलपथ' नामक मार्ग से उत्तर में लायी जाती थीं। डॉ. वासुदेवशरण अग्रवाल ने इस 'स्थलपथ' की पहचान की है। उनका कहना है—यह 'स्थलपथ' दक्षिण भारत के पाण्ड्य देश से पूर्वी घाट और दक्षिण कोसल होकर आने वाले मार्ग में हो सकता है। उत्तर और दक्षिण भारत के मध्य प्रमुख व्यापारिक मार्ग होने के कारण यह भू-भाग उत्तर दक्षिण भारत में समान रूप से विख्यात था। ऐसे भू-भाग प्रायः व्यापार-वाणिज्य के केन्द्र के रूप में विकसित होते हैं। यह 'स्थलमार्ग' जो छत्तीसगढ़ से होकर गुजरता था केवल व्यापार के लिए ही प्रयुक्त नहीं होता था अपितु धार्मिक एवं सांस्कृतिक यात्राओं के लिए भी उपयोग में लाया जाता था। महाप्रभु वल्लभाचार्य के माता-पिता इसी मार्ग से होकर वाराणसी जा रहे थे कि राजिम के पास चम्पारन में महाप्रभु ने अवतार लिया।

यह समझना कि वैदिक काल में उत्तर भारत विन्ध्याचल के नीचे भू-भाग से सर्वथा अपरिचित था, अनुचित है। श्रीमद्‌भागवत महापुराणों में मनु को द्रविड़ेश्वर कहा गया है। (नवम स्कन्ध श्लोक-2) ऋग्वेद में 'दक्षिणापथ' शब्द आया है। महाभारत के नलोपाख्यात में इसे ही 'दक्षिणापथ' कहा गया है। इक्ष्वाकु के सौ पुत्रों में से एक दंड या दंडक था। उसने सुदूर दक्षिण में अपने नाम से दंडकारण्य राज्य की स्थापना की थी। रावण ने इस पर आक्रमण कर अपना आधिपत्य स्थापित कर लिया था। कैकेयी ने इसीलिए राम को दंडकारण्य जाने के लिए कहा था अन्यथा वनवास तो किसी भी वन में दिया जा सकता थ। इससे स्पष्ट है कि इक्ष्वाकु वंशियों का शासन सुदूर दक्षिण में था।

डॉ. वासुदेवशरण अग्रवाल ने पाणिनिकालीन समाज और उसकी आर्थिक दशा पर विस्तार से चर्चा की है। किसी भी जनपद की आर्थिक दशा के अध्ययन के लिए वहाँ से प्राप्त सिक्के बड़े सहायक होते हैं। महाजनपद युग तक आते-आते नियम के साथ-साथ विनिमय के लिए सिक्के प्रमुख माध्यम बन चुके थे। पाणिनि ने सोने, चाँदी और ताँबे के सिक्कों के विषय में विस्तार से प्रकाश डाला है। पाणिनि ने 'शाण' सिक्कों की चर्चा की है। एक शाण 25 ग्रेन (12.1/2) रत्ती के बराबर होता था। शाण का उल्लेख महाभारत तथा चरक के ग्रन्थ में भी है। डॉ. वासुदेवशरण अग्रवाल ने लिखा है—"प्राचीन कोसल जनपद के कुछ सिक्के अर्धशतमान (तोल 75-79 ग्रेन) और सोनपुर में प्राप्त सिक्के (तोल 21 ग्राम) पदार्धशतमान या शाण से मिलते हैं।'' सोनपुर के ये सिक्के पं. लोचनप्रसाद पाण्डेय को मिले थे, जिन्हें उन्होंने महाकोसल इतिहास परिषद द्वारा मुद्रा शास्त्रियों को उपलब्ध कराया था। इसी प्रकार माषक (माषिक) सिक्के ठठारी (अकलतरा के पास बिलासपुर) में प्राप्त हुए हैं।"

चाँदी के काषार्पण सिक्के प्राचीनकाल में कोसल जनपद (छत्तीसगढ़) में बहुत अधिक प्रचलित थे। छत्तीसगढ़ में ये सिक्के प्रचुर मात्रा में मिले हैं। डॉ. लक्ष्मीशंकर निगम के अनुसार—"ये सिक्के महाभारत युद्ध के पश्चात् मौर्य साम्राज्य के विस्तार तक जनपदों और महाजनपदों द्वारा प्रचलित किये जाते थे।" डॉ. वासुदेवशरण अग्रवाल

ने काषार्पण सिक्कों के महत्त्व पर प्रकाश डालते हुए लिखा है—"प्राचीन भारत में सबसे मशहूर सिक्का चाँदी का काषार्पण था। इसे ही मनुस्मृति में 'धारण' या राजत पुराण भी कहा गया है। पाणिनि ने इन सिक्कों को 'आहत' (5/2/120) कहा है। उसी के अनुसार अंग्रेजी में ये पंच मावर्ड के नाम से प्रसिद्ध हैं। ये सिक्के बुद्ध से भी पुराने हैं। मनुस्मृति में ताँबे के आहत सिक्कों को 'पण' कहा गया है।

कोसल महाजनपद (छत्तीसगढ़) से मौर्य साम्राज्य के उदय के पूर्व प्राप्त आहत मुद्राएँ स्थानीय मुद्राएँ कहलाती हैं। मुद्रा विशारद डॉ. निगम के अनुसार इस प्रकार की मुद्राएँ सर्वप्रथम तारापुर (जि. रायपुर) में प्राप्त हुई थीं। प्रायः 12रत्ती तौल की इन आहत मुद्राओं पर किसी पर हाथी, किसी पर हल के साथ बैल जोड़ी के चिह्न ठप्पांकित है। नन्द-मौर्य काल के पूर्व के शाण अथवा पादकाषार्पण सिक्के आरंग, उडेला (रायपुर जिला) तथा धापेपुर (बालाघाट) से बड़ी संख्या में प्राप्त हुए हैं। नन्द- मौर्य काल के आहत सिक्के बार (रायगढ़), अकलतरा, ठठारी (बिलासपुर), सम्बलपुर से प्राप्त हुए हैं। इसके अतिरिक्त शातवाहन, कुषाण, यौधेय, गणराज्य के तथा चीनी सिक्के भी प्राप्त हुए हैं। अर्जुनी (डोंगरगढ़) में 64 चाँदी के आहत सिक्के मिले हैं। श्री चन्दोल को डोंगरगढ़ के ही पास ग्राम आमरी में दो चौकोर आहत मुद्राएँ प्राप्त हुई थीं।

सैकड़ों की संख्या में प्राप्त ये आहत मुद्राएँ कोसल महाजनपद (छत्तीसगढ़) की प्राचीनता को सिद्ध करने के लिए पर्याप्त हैं। साथ ही इस क्षेत्र की व्यापारिक गतिविधियों और उन्नत आर्थिक दशा के साक्ष्य भी प्रस्तुत करते हैं। उत्तर भारत से दक्षिण भारत को जोड़ने वाला व्यापारिक 'स्थलमार्ग' होने के कारण इस क्षेत्र में सिक्कों का अत्यधिक महत्त्व और प्रचलन था।

भारतीय सभ्यता के उषाकाल में जन अपने आपको किसी एक पूर्वज से उत्पन्न हुआ मानते थे। भारत जन अपने को भरत से उत्पन्न और ऐक्ष्वाक अपने को ऐक्ष्वाकु से उत्पन्न मानते थे। प्राचीन छत्तीसगढ़ के जन अपने को कोसल से उत्पन्न मानते थे। कोसल से उत्पन्न जन के समुदाय ने इस क्षेत्र पर शासन किया अतः इस क्षेत्र का नाम कोसल पड़ा। कुरू, पांचाल, गान्धार, मिथिला, करूष, वत्स आदि जनपदों के नाम इसी प्रथा के अनुसार पड़े। प्रत्येक जनपद की अपनी भाषा, धर्म, संस्कृति, सामाजिक और आर्थिक जीवन होता था। ये केवल भौगोलिक और राजनैतिक इकाई मात्र नहीं थे। पाणिनि से भी सैकड़ों वर्ष पूर्व से वे अपनी स्थानीय प्रथाओं को प्रचलित रखने में समर्थ रहे हैं। प्राचीन काल में प्रथा थी कि जो जिस जनपद का निवासी होता था, उसके नाम के साथ उस जनपद का नाम भी जुड़ जाता था। इसी प्रथा के अन्तर्गत कोसल नरेश कौशल्य कहलाते थे। उनकी कन्याएँ कौशल्या कहलाती थीं। यहाँ तक कि इस कोसल जनपद के निवासी भी कौशल्या कहलाने में गर्व अनुभव करते थे। राजकन्याएँ जब विवाहित होकर अपने पति के घर जाती थीं तो वे अपने साथ अपने जनपद की अभिधा भी साथ ले जाती थीं। उन्हें उनके उसी नाम से सम्बोधित किया जाता था। अयोध्या नरेश, महाराजा दशरथ के साथ विवाहित होने के पश्चात् कोसल नरेश भानुमंत की कन्या अयोध्या में कौशल्या के नाम से ही सम्बोधित की जाती रहीं। वधुओं के लिए यह प्रथा आज भी छत्तीसगढ़ में प्रचलित है। वधुओं को उसकी ससुराल में उनके मैके के गाँव के नाम से ही पुकारा जाता है। जैसे—रयपुरहिन, बिलासपुरहिन, रयगढ़हिन, नन्दगहिन, दुर्गहिन, बड़गहिन, धमतरहिन आदि।

इन्द्र वैदिक काल के प्रमुख देवता थे। बाद में उनका प्रभाव घट गया। अब तो वे केवल पुराणों के पन्नों में ही सिमट कर रह गये हैं। किन्तु छत्तीसगढ़ में उनका वैदिक कालीन सम्मान प्रतीक रूप में जीवित है। मड़ई छत्तीसगढ़ का लोकप्रिय लोकोत्सव है। दयाशंकर शुक्ल के अनुसार—"इस उत्सव में ध्वजोत्तोलन का महत्त्वपूर्ण

स्थान है। यह वैदिक कालीन इन्द्रध्वज ही है।" मजदूरी के लिए प्राचीनकाल में भृति शब्द का प्रयोग किया जाता थ। पाणिनि ने कर्मणिभूतौ, कर्म, करोतीति, कर्मकरः (3/2/22) का उल्लेख किया है। छत्तीसगढ़ी में यह भृति शब्द 'भूति' के रूप में आज भी दैनंदिन जीवन में प्रचलित है। यह 'बस' अष्टाध्यायी में उल्लिखित 'वस्न' का ही अपभ्रंश है। अष्टाध्यायी में पाणिनि ने गहराई नापने के लिए 'पुरुष संज्ञक माप के प्रयोग' (पुरुषात प्रमाणेऽन्यतर स्याम–4/1/24) का उल्लेख किया है। छत्तीसगढ़ में आज भी सिर से ऊपर तक पानी की गहराई को 'मुड़पुरूस' कहा जाता है। इसी प्रकार लम्बाई नापने के लिए 'कांड' शब्द का प्रयोग होता है। कांड को दंड भी कहा जाता था। छत्तीसगढ़ में इसके लिए डांग या डंगनी शब्द का प्रयोग आज भी प्रचलित है। अंगुलि और वितस्ति शब्दों का प्रयोग भी प्राचीन काल में होता था, जिसका उल्लेख पाणिनि ने किया है। उँगली और बीता से नापने की परम्परा छत्तीसगढ़ में आज भी है।

छत्तीसगढ़ में गँड़वा एक जाति है। बाजा बजाकर वे अपनी जीविका अर्जित करते हैं। वे जो बाजा बजाते हैं वह गँड़वा बाजा कहलाता है। यह जाति गोंडों से भिन्न है। गँड़वा गण शब्द से बना मालूम होता है। कोसल गणराज्य में जो वाद्य राजकीय समारोहों और सामाजिक उत्सवों में बजाया जाता था वह गणवाद्य कहलाता रहा होगा। उसके बजाने वाले 'गणवा' या गंड़वा कहलाने लगे।

पाणिनि के पूर्व से ही भारतीय समाज में भक्ति की धारा प्रवाहित होने लगी थी। वैदिक काल में यज्ञों का जो महत्त्व था, वह कम होने लगा था।

उसका स्थान सीधे, सरल आडम्बरहीन भक्ति आन्दोलन ने ले लिया। समाज के सम्मुख भगवान श्रीकृष्ण आदर्श के रूप में लोकप्रिय हो चुके थे। उन्हें विष्णु का अवतार मान लिया गया था। पाणिनि के अनुसार वासुदेव श्रीकृष्ण के प्रति भक्ति रखने वालों को 'वासुदेवक' कहा जाता था। 'वसदेवा' के नाम से आज भी एक जाति छत्तीसगढ़ में है। प्रातःकाल वे भजन गाते हैं और भिक्षा प्राप्त करते हैं। विष्णु की प्राचीनतम प्रतिमा (ईसा पूर्व दूसरी शताब्दी के लगभग की) मल्हार के पास बूढ़ीखार ग्राम से प्राप्त हुई है। छत्तीसगढ़ में वैष्णव का यह प्राचीनतम प्रमाण है।

प्राचीनकाल में छत्तीसगढ़ राज्य कोसल कहलाता था, यह अनेक प्रमाणों से सिद्ध किया जा चुका है। रामायण, महाभारत, पुराण आदि प्राचीन ग्रन्थों में इस क्षेत्र को सर्वत्र कोसल ही कहा गया है। इन ग्रन्थों में इस क्षेत्र को कहीं भी दक्षिण कोसल अथवा महाकोसल नहीं कहा गया है।

जो लोग यह कहते हैं कि अयोध्या वाले क्षेत्र को उत्तर कोसल और उससे भिन्नता दिखाने के लिए इस क्षेत्र को दक्षिण कोसल कहा जाने लगा, इस तर्क के समर्थन में किसी भी प्राचीन ग्रन्थ में कोई प्रमाण नहीं है। इसके विपरीत स्वयं रामायण में छत्तीसगढ़ राज्य को 'कोसल' और श्रावस्ती वाले राज्य को 'उत्तर कोसल' अवश्य कहा गया है। बाद के सभी ग्रन्थों में छत्तीसगढ़ वाले राज्य को 'कोसल' ही कहा गया है। अवदान शतक की कथा में प्रसेनजित को उत्तर कोसल का और विजयस को दक्षिण कोसल का राजा अवश्य कहा गया है। किन्तु छत्तीसगढ़ वाले राज्य के लिए दक्षिण कोसल नाम प्रचलित नहीं था। प्रसंग विशेष के कारण यहाँ उत्तर कोसल और दक्षिण कोसल नामों का प्रयोग हुआ है। इस एकमात्र प्रसंग के सिवाय बाद के भी किसी ग्रन्थ में छत्तीसगढ़ राज्य को दक्षिण कोसल या महाकोसल नहीं कहा गया है। समुद्रगुप्त के प्रशस्ति लेख में छत्तीसगढ़ वाले राज्य के नरेश को 'कोसल महेन्द्र' कहा गया है। वराह मिहिर ने 'वृहदसंहिता' में और श्री हर्ष ने 'रत्नावली' में इस क्षेत्र को कोसल ही कहा है। पांडुवंशी

नरेशों के ताम्रपत्रों और शिलालेखों में यह क्षेत्र 'कोसल' नाम से ही उल्लिखित है। इस क्षेत्र में तथा बाहर से भी प्राप्त सभी शिलालेखों तथा ताम्रपत्रों में इस क्षेत्र का 'कोसल' नाम से ही उल्लेख है। जैन ग्रन्थ हरिवंशपुराण में इस क्षेत्र को 'कोसल' कहा गया है। जाजल्लदेव प्रथम के शिलालेख (सन् 1114) में एक बार अवश्य छत्तीसगढ़ को 'दक्षिण कोसल' कहा गया है। जाजल्लदेव प्रथम के पूर्व पृथ्वीदेव प्रथम (सन् 1079) के शिलालेख में इस क्षेत्र को केवल 'कोसल' कहकर सम्बोधित किया गया है। बिलहरी के मुग्धतुंग तथा त्रिपुरी के लक्ष्मणराज के शिलालेखों में भी छत्तीसगढ़ राज्य को 'कोसल' ही कहा गया है। एहील तथा थिरूमलाई के प्रशस्ति पत्र में भी इसे 'कोसल' संज्ञा दी गयी है। देवगिरि के यादववंशी राजा रामचन्द्र के ताम्रपत्र में तथा कुरूसपाल के सामेश्वरदेव के लेख में भी इस क्षेत्र को 'कोसल' नाम से सम्बोधित किया गया है। प्रो. बालचन्द्र जैन भी इसी निष्कर्ष पर पहुँचकर लिखते हैं—"प्राचीनकाल के अधिकांश लेखों में 'कोसल' और बाद में 'कौशल्य' लिखने की पद्धति प्रारम्भ हुई। उत्कीर्ण लेखों के अलावा साहित्य ग्रन्थों में भी अक्सर 'कोसल' नाम ही मिलता है। महाभारत और वायुपुराण में कलिंग और मेकल के साथ कोसल का उल्लेख मिलता है। कालिदास के रघुवंश के नवम सर्ग में उत्तर कोसल और कोसल दोनों देशों का एक साथ उल्लेख किया गया है। उक्त सर्ग के प्रथम श्लोक में कहा गया है कि दशरथ ने अपने पिता के पीछे उत्तर कोसल राज्य बड़ी योग्यता से सम्हाला। उसी सर्ग के सत्रहवें श्लोक में बताया गया है कि कोसल, मगध और कैकेय देश के राजाओं की कन्याओं ने दशरथ को पतिरूप में प्राप्त किया। इससे स्पष्ट है कि कालिदास के समय अवध के कोसल को उत्तर कोसल और छत्तीसगढ़ वाले कोसल को केवल 'कोसल' कहा जाता था। वैसे तो कालिदास से भी बहुत पूर्व पाणिनि ने कलिंग के साथ कोसल नाम पर भी व्याकरण के नियम लिखे थे। इतिहास पुरातत्व के प्रकांड विद्वान पं. लोचन प्रसाद पाण्डेय भी इसी मत के हैं—

The Oldest inscriptional recorc's available to us mention the महाकोश or दक्षिण कोसल Country simply a 'कोसल' and this proves beyond doubt that the prevalent name if महाकोसल was कोसल in earliest times as the Ramayana and Mahabharata mention चीनी यात्री ह्वेनसांग ने प्राचीन छत्तीसगढ़ राज्य को कोसल (कियावसलों) ही लिखा है। उसने लिखा है कि उस समय कोसल राज्य की सीमा की परिधि 6000 ली थी। प्रो. बालचन्द्र जैन 6000 ली को 1600 किलोमीटर के बराबर मानते हैं।

जाजल्लदेव प्रथम का शिलालेख एकमात्र अपवाद है। अपवाद नियम नहीं होते। इस क्षेत्र के लिए महाकोसल नाम अलेक्जेंडर का नियम का दिया हुआ है। सन् 1881-82 में जब वे इस क्षेत्र का पुरातात्विक अनुसन्धान कर रहे थे तब इस क्षेत्र की विशालता को देखकर भौचक्का रह गये और उन्होंने इसका 'महाकोसल' नाम रख दिया। वस्तुतः प्राचीन कोसल में छत्तीसगढ़ के सात जिलों के अतिरिक्त चाँदा (चन्द्ररपुर) बालाघाट, मण्डला, शहडोल का आधा भाग, सम्बलपुर, सुन्दरगढ़, बलांगीर, कालाहाण्डी, पटना, खरियार, कोरापुट प्राचीन कोसल के अन्तर्गत ही थे। डॉ. हेमचन्द्र राय चौधरी के अनुसार—"दक्षिण कोसल निवासी वर्धा और महानदी के तटवर्ती भू-भाग पर बसे हुए थे।" उन्हीं के अनुसार—ब्राह्मण साहित्य में तोसल को कोसल (दक्षिण) से सम्बन्धित बताया गया है तथा उसे कलिंग से भिन्न बताया गया है। टालेमी ने कोसल को कोसलई और अशोक के शिलालेख में इसे कोसली कहा गया है। इस विवरण से भली-भाँति अनुमान लगाया जा सकता है कि प्राचीनकाल में कोसल साम्राज्य का विस्तार कितनी दूर-दूर तक था। तभी तो चक्रवर्ती सम्राट दशरथ ने इस कोसल की राजकुमारी कौशल्या के साथ वैवाहिक सम्बन्ध

स्थापित करने में और उन्हें राजमहिष पद प्रदान करने में गौरव का अनुभव किया था। राजमहिष का पुत्र ही युवराज हो सकता था, अन्य कोई नहीं। समान स्तर के प्रतापी राजाओं में ही परस्पर वैवाहिक सम्बन्ध होते थे। छत्तीसगढ़ वाले कोसल की राजकन्या का विवाह काशी नरेश के साथ हुआ था। अर्थात् अम्बा-अम्बिका और अम्बालिका की माता का नाम कौशल्या था, जैसे राम की माता का नाम। पुरू की पत्नी का नाम भी कौशल्या था। महाभारत में धृतराष्ट्र और पाण्डु की माता को भी कौशल्या लिखा गया है, वह भी इसी प्रथा के अनुसार है।

प्राचीन छत्तीसगढ़ राज्य कोसल कहलाता था और उसकी भाषा 'कोसली' कहलाती थी। अवध की भाषा आज भी अवधी कहलाती है, तब भी कहलाती थी। 'छत्तीसगढ़ी' नाम प्रचलित होने के बाद उसकी भाषा 'छत्तीसगढ़ी' कहलाने लगी।

प्रख्यात भाषाविद् डॉ. क्रान्तिकुमार के अनुसार—"पूर्व हिन्दी जिन तीन बोलियों के सम्मिलित संज्ञा बोध हैं, उनमें निम्न बोलियों की गणना होती है (क) अवधी (ख) बघेली (ग) छत्तीसगढ़ी बघेली और अवधी में तो इतना कम अन्तर है कि इन दोनों को पृथक मानना उपयुक्त नहीं है। मराठी और उड़ीसा का पड़ोस होने के कारण छत्तीसगढ़ी की स्थिति अवश्य किंचित विशिष्ट है।" उन्हीं के अनुसार—"छत्तीसगढ़ की सामान्य जनता के सामान्य व्यवहार की बोली छत्तीसगढ़ी है। सरगुजा, रायगढ़, बिलासपुर, रायपुर, दुर्ग, कांकेर, भानुप्रताप, कोंडागाँव, जगदलपुर (बस्तर जिला) में छत्तीसगढ़ी बोली जाती है। छत्तीसगढ़ी क्षेत्र की आदिम वन जातियाँ भी अपने समुदाय के बाहर छत्तीसगढ़ी का ही प्रयोग करती हैं। छत्तीसगढ़ के बाहर छत्तीसगढ़ी अपने संकर रूप में मण्डला, भण्डारा, बालाघाट, चाँदा, सम्बलपुर, छोटा नागपुर के सीमावर्ती क्षेत्रों में प्रयुक्त होती है। बिहार, बंगाल, आसाम आदि प्रान्तों के चाय बागानों, कल-कारखानों, खदानों आदि में छत्तीसगढ़ी मजदूर काम करते हैं, वे भी छत्तीसगढ़ी बोलते हैं।" (राष्ट्रबन्धु दि. 2-12-1976) बोली के आधार पर भी छत्तीसगढ़ के विस्तार का अनुमान लगाया जा सकता है।

प्राचीन कोसल की सीमा के विस्तार पर विचार करते समय हमें उसकी चारों दिशाओं में स्थित राज्यों के नामों पर भी विचार करना चाहिए। सम्भव है, ऐसा करने से कोई महत्त्वपूर्ण तथ्य सामने आ जाये। महाभारत, पुराण आदि प्राचीन ग्रन्थों के अध्ययन से पता चलता है कि कोसल राज्य के तीनों ओर ये राज्य थे—मेकल, कुन्तल (कुन्ति), उत्कल, सम्बल, तोसल तथा कोरल। इन सभी राज्यों के नाम 'ल' अक्षर से ही अन्त क्यों होते हैं? एकाध-दो नाम यदि 'ल' अक्षर से अन्त होते तो उसे संयोग कहा जा सकता था, किन्तु यहाँ तो सात-सात राज्यों के नाम 'ल' अक्षर से अन्त होते हैं। निश्चय ही इसे संयोग नहीं कहा जा सकता। फिर, इन सभी राज्यों के नाम 'ल' अक्षर से अन्त क्यों होते हैं? क्या इन सभी राज्यों के पूर्वज एक ही थे? क्या कोसल मेकल, कुन्तल, उत्कल, सम्बल, तोसल तथा कोरल—ये सभी एक ही पिता के सन्तान थे, जिन्होंने इस बड़े भू-भाग पर अपने-अपने नाम से राज्यों की स्थापना की? क्या ये सभी एक ही साम्राज्य के अन्तर्गत सात जनपद थे? वायुपुराण में जिस सप्त कोसल का उल्लेख है क्या उनके नाम यही थे? मेरा अनुमान है कि ये सब कोसल के अन्तर्गत जनपद थे और इन राज्यों का संस्थापक मूल पुरुष एक ही था। पुराणों में मनु की पुत्री इला का उल्लेख है। योनि परिवर्तन के पश्चात् इला का नाम सुद्युम्न हो गया। सुद्युम्न के तीन पुत्र थे—उत्कल, गय और विनिताश्व (या हरिताश्व) क्या विनिताश्व के वंश में कोई 'कोसल' नामक नरेश हुआ था? क्या उसी ने नागपत्तन पर अधिकार स्थापित कर अपनी राजधानी बनाई थी? इस क्षेत्र में प्राचीनकाल में नागों का राज्य था, इसका उल्लेख मिलता है। अर्जुन ने नागकन्या चित्रांगदा से विवाह किया था, जिसका पुत्र बब्रुवाहन था। कोसल की सीमा में प्रवेश करने के पूर्व राजा नल को कर्कोटक नाग मिला था।

कुश की पत्नी कुमुदवती एक नागकन्या ही थी। कोसल नरेश की राजधानी नागपत्तन का नाम उसके नाम पर बाद में बदलकर कोसल नगर हो गया। उसके सम्पूर्ण राज्य का नाम भी कोसल हो गया।

कलिंग सम्राट खारवेल के पूर्वज कोसल निवासी थे। प्रो. बालचन्द्र जैन ने उड़ीसा की एक प्राचीन पाण्डुलिपि का उल्लेख करते हुए इन पंक्तियों को उद्धृत किया है—

"देववाणी श्रुते एरः हर्षनिर्भरमानस।
कोसलानगरंत्यक्तवा खंडशैला समीपस्तु ॥"

अर्थात् खारवेल के पूर्वज जो ऐलवंशी थे, कासल नगर त्यागकर खंडगिरी में जाकर बस गये। इला के वंशज ऐल कहलाये। इला के पुत्र का नाम पुरूरवा था। खारवेल का शासन काल ईसा के लगभग सौ वर्ष पूर्व माना जाता है। उस समय उत्तर में शुंगवंश और दक्षिण में सातवाहन वंश का शासन था। सम्भवतः खारवेल के पूर्वजों को कोसल नगर से सातवाहन वंश के किसी नरेश ने अपदस्थ किया था। सबसे पहले हमें 'कोसल' नामक नगर की सूचना उसी पाण्डुलिपि से प्राप्त होती है।

प्रो. बालचन्द्र जैन ने ही मल्लार से प्राप्त महाशिवगुप्त बालार्जुन के शासनकाल (सन् 585 से 655 ई. वेक) का एक ताम्रपत्र प्रकाशित कराया है। उक्त ताम्रपत्र में शिवनन्दिन द्वारा कोसल नगर में कपालेश्वर महादेव के मन्दिर निर्माण का उल्लेख है—"कोसला नगर प्रतिष्ठित श्री शिवनन्दिने कारित कपालेश्वर भट्टारक यो...।" इससे स्पष्ट है कि उड़ीसा से प्राप्त खारवेल के पूर्वजों से सम्बन्धित कोसल नगर का उल्लेख कल्पना के आधार पर नहीं, अपितु ऐतिहासिक तथ्यों पर आधारित है।

डॉ. श्यामा कुमार पाण्डेय के मल्लार के उत्खनन में एक मृद मुद्रा प्राप्त हुई है, जिस पर 'गामस कोसली' उत्कीर्ण है। राजनीतिक उत्थान-पतन के साथ राजनगरों का भी उत्थान-पतन होता रहता है। खारवेल के पूर्वजों के समय जो कोसल एक नगर के रूप में राजधानी होने के गौरव से महिमा- मण्डित था, वह बाद में एक गाँव के रूप में सिमट कर रहा गया। श्रीपुर और रत्नपुर इस प्रक्रिया के उदाहरण हैं। किन्तु, सम्राट महाशिवगुप्त बालार्जुन के शासन काल में यह कोसल ग्राम पुनः नगर के रूप में विकसित हुआ जैसा कि ताम्रपत्र से ज्ञात होता है। राज के नाम पर राजधानी का नाम रखने के उदाहरण प्राचीन काल से मिलते हैं। अयोध्या राज्य की राजधानी अयोध्यापुरी थी, काशी राज्य की राजधानी काशी थी, त्रिपुरी राज्य की राजधानी त्रिपुरी थी।

पं. लोचन प्रसाद पाण्डेय की सूचना के अनुसार कोसीर ग्राम (जिला रायगढ़) में जो देवी स्थापित है, उन्हें 'कोसलेश्वरी' कहा जाता है, पटना (पहले यह स्थान कोसल में था, सन् 1905 में उड़ीसा में सम्मिलित हो गया) में महादेव का मन्दिर है—उन्हें 'कोसलेश्वर महोदव' कहा जाता है। राजिम के पास श्रीतंगम में जो महादेव है, उन्हें कुलेश्वर कहा जाता है। अनुमान है कि यह कोसलेश्वर का अपभ्रंश है। कोसला ग्राम में कौशल्या देवी का मन्दिर है।

कोसल राज्य के संस्थापक राजा का नाम कोसल था। उसके राजवंश का नाम भी कोसल था। यहाँ के निवासी कौशल्य और राजकन्याएँ कौशल्या कहलाती थीं। कोसल राज्य की राजधानी कोसल नगर कहलाती थी। कोसल राज्य की इष्ट देवी कोसलेश्वरी कहलाती थीं। ये सब किसी प्राचीन परम्परा के परिणाम हैं। उत्तर कोसल में हमें ऐसी परम्परा नहीं दिख पड़ती। अतः छत्तीसगढ़ वाले भू-भाग को ही मूल कोसल स्वीकार करने में कोई बाधा नहीं होनी चाहिए। छत्तीसगढ़वासियों को अपने प्राचीन इतिहास पर अभिमान करने का पूरा अधिकार है। आवश्यकता इस बात की है कि हीन भावना त्यागकर अपने प्राचीन गौरव की स्थापना के लिए वे संकल्प लें।

छत्तीसगढ़ का गौरवशाली इतिहास

संकलित

दंडकारण्य क्षेत्र के अन्तर्गत सरगुजा का कुछ भाग भी आता है, उन दिनों सरगुजा की सुरम्य वादी में 'मैनपाटी' नामक स्थान था। इस सम्बन्ध में जनश्रुति है कि मैनपाट पर शरभंजा ग्राम है जहाँ अगस्त्य ऋषि का आश्रम था। कुछ विद्वान् इसे सरभंग ऋषि का आश्रम बताते हैं। कहा जाता है कि इस स्थान पर अगस्त्य ऋषि ने तपस्वी ऋषिजनों के

लिए आश्रम बनवाकर भारतीय संस्कृति का केन्द्र स्थापित किया था। जिसका वाल्मीकि रामायण में उल्लेख आता है। सरगुजा का मैनपाट नामक स्थान प्राकृतिक दृष्टि से इतना अधिक आकर्षक है कि ऐसे स्वस्थ वातावरण ने उन दिनों ऋषि जनों को अवश्य आकर्षित किया होगा, क्योंकि तपोभूमि के लिए एकान्त वृक्षों से आच्छादित चारों ओर पहाड़ियों से घिरा हुआ यह एक मनोरम स्थान है।

छत्तीसगढ़ की प्राचीन नदियों में 'रेण' नदी एक प्रमुख नदी है, जो सरगुजा क्षेत्र में प्रवाहित होती है। इसी नदी के तट पर देवगढ़ नामक स्थान है जहाँ प्राचीन शिवमन्दिर का भग्नावशेष है। जनश्रुति के अनुसार इस नदी के किनारे ऋषि जमदग्नि की तपोभूमि थी। ऋषि जमदग्नि ने एक बार यज्ञ में आचमन के लिए नदी से जल लाने हेतु अपनी पत्नी रेणुका को आदेश दिया। ऋषि पत्नी जब जल लेने उस नदी पर गयी तो वहाँ गन्धर्व दम्पत्ति को रतिक्रिया में संलिप्त देखकर वह मुग्ध हो गयी और वह यज्ञ के लिए पवित्र जल लाना भूल गयी। इस कृत्य से ऋषिवर क्रोधित हो उठे, उसी समय अपने पुत्रों को उनका गला काटने का आदेश दे डाला किन्तु कोई भी पुत्र माँ का गला काटने के लिए तैयार नहीं हुआ। तभी उनका एक पुत्र परशुराम इस कार्य के लिए तैयार हो गया और उसने अपने पिता की आज्ञा का पालन किया। ऋषि ने अपने पुत्र के इस कार्य से प्रसन्न होकर उन्हें वर माँगने को कहा तब परशुराम ने अपनी माता को पुनर्जीवित करने का वर माँगा, फलस्वरूप माता पुनर्जीवित हो गयी। इस नदी को माता रेणुका के नाम पर रेण नदी होने की जनश्रुति है।

इस प्राचीन रेण नदी के तट पर देवगढ़ नामक स्थान है, यहाँ शिवजी का एक प्राचीन मन्दिर है, जो भग्नावशेष स्थिति में है। इस मन्दिर के सम्बन्ध में जनश्रुति है कि इस मन्दिर में परशुराम जी उपासना किया करते थे। शिवजी ने उनकी तपस्या से प्रसन्न होकर उन्हें वरदान दिया था, उन्हें शक्तिशाली होने का वर मिला था। देवगढ़ का प्राचीन मन्दिर आज भी परशुराम की तपोस्थली के रूप में विद्यमान है। रामगढ़ की पहाड़ी में एक वशिष्ठ गुफा है, जिसमें महर्षि वशिष्ठ के आश्रम होने की जनश्रुति है तथा रामचन्द्र जी के वनवास के समय इस क्षेत्र में, रामगढ़ की पहाड़ी पर कुछ समय व्यतीत करने के कारण पहाड़ी का नाम 'रामगढ़' होने की कथा अति प्राचीन है। किन्तु मानस कवि कालिदास द्वारा रामगढ़ की पहाड़ी पर निवास कर 'मेघदूत' की रचना करने की पुष्टि इतिहासकारों ने अवश्य की है।

इस प्रकार छत्तीसगढ़ क्षेत्र वन्यांचल एवं प्राकृतिक वातावरण के कारण ऋषियों के लिए आकर्षण का केन्द्र रहा होगा। यह उनके आश्रम एवं तपोभूमि के लिए उपयुक्त स्थान था। जिसकी पुष्टि जनश्रुतियों से होती है। ऋषिगण ों के नाम पर यह स्थान आज भी विद्यमान है, जो छत्तीसगढ़ में वैदिक युग की ऋषि परम्परा का बोध कराती है।

रामायण काल

वैदिक काल के पूर्वार्द्ध से ही भारतवर्ष में आर्यों की सभ्यता एवं संस्कृति के आविर्भाव की पुष्टि तत्कालीन वैदिक साहित्य से होती है। वैदिक काल को ऋषियों का युग कहा जाता है। इस काल में ऋषि-मुनियों द्वारा भारत के विभिन्न स्थानों का भ्रमण कर सर्वप्रथम आर्य संस्कृति का प्रचार-प्रसार किये जाने की जानकारी मिलती है। उत्तर भारत में आर्य संस्कृति के विस्तारक एवं रक्षक के रूप में ऋषि विश्वामित्र का नाम सर्वोपरि है, जो उन दिनों कौशिक नाम से प्रख्यात थे। इसी क्रम में भारत की दक्षिण दिशा की ओर आर्य संस्कृति के ज्योतिपुंज को लेकर आगे बढ़ने वाले ऋषि के रूप में अगस्त्य ऋषि का नाम सर्वज्ञात है, जिन्होंने आर्य संस्कृति के विस्तार एवं प्रचार-प्रसार के लिए उत्तरापथ

से विन्ध्याचल पर्वत को लाँघकर दक्षिणापथ की यात्रा की थी। उनके इस प्रशस्ति काल में ही रामायण युग प्रारम्भ हो चुका था। उत्तरापथ से दक्षिणापथ की ऋषिगणों की यात्रा अवधि से ही कोसल (प्राचीन छत्तीसगढ़) में रामायण काल का प्रारम्भ माना जाता है। आर्य पुत्र श्रीरामचन्द्र एवं लक्ष्मण जी को साथ लेकर दक्षिणापथ की ओर जाने का गौरव महर्षि विश्वामित्र को मिला था। वहीं ऋषि अगस्त्य भी आर्य संस्कृति के प्रचार-प्रसार हेतु दक्षिणापथ गये थे। यहाँ यह उल्लेखनीय है कि उत्तरांचल और दक्षिणापथ के मार्ग पर छत्तीसगढ़ (कोसल प्रदेश) पड़ता है। अतएव छत्तीसगढ़ में उनके आगमन की पुष्टि वैदिक साहित्य से होती है। वाल्मीकि रामायण के अनुसार विश्वामित्र आर्य पुत्र श्रीरामचन्द्र और लक्ष्मण को उनके पिता दशरथ से माँगकर अपने साथ ले गये और दक्षिणापथ की ओर यज्ञ-हवन की रक्षा हेतु आसुरी शक्ति का विनाश किया। वहीं ऋषि अगस्त्य ने विन्ध्याचल पर्वत को पार करके कोसल प्रदेश (छत्तीसगढ़) में प्रवेश कर दंडकारण्य से होते हुए आर्य-संस्कृति के प्रचार-प्रसार हेतु दक्षिण भारत की यात्रा का मार्ग प्रशस्त किया था। उन दिनों छत्तीसगढ़ क्षेत्र के अन्तर्गत दंडकारण्य का अधिकांश भू-भाग था जो कोसल प्रदेश के रूप में विख्यात था। रामायण काल के कोसल (छत्तीसगढ़) की क्या भूमिका थी इसका विवेचन संक्षेप में इस प्रकार है।

रामायण में 'कोसल' शब्द का उल्लेख बार-बार आता है। कोसल शब्द की उत्पत्ति संस्कृत के 'कुशल' से हुई है जिसका अर्थ है मुदित। मुदित का अर्थ प्रसन्नता से है। कोसल शब्द की उत्पत्ति अयोध्यापति रामचन्द्र की माता कौशल्या से है, तो यह निश्चित ही प्रसन्नता की बात होगी। यह तथ्य संस्कृत शब्द कुशल की व्याख्या को अधिक सारगर्भित करता है।

महाकाव्य वाल्मीकि रामायण में उल्लेख आता है कि कोसल नरेश को अयोध्या में युवराज दशरथ के राज्याभिषेक के अवसर पर आमन्त्रित किया गया था।

"ततो कोसल राजा भानुमंत समुद्रधृतम्" (वाल्मीकि रामायण) राजा भानुतंतम अर्थात् भानुमंत कोसल प्रदेश में अयोध्या नरेश दशरथ के समकालीन थे। सम्भवतः राजकुमारी भानुमति इनकी पुत्री का नाम था, जिनका विवाह राजा दशरथ के साथ होने के पश्चात् रानी कोसल प्रदेश से होने के कारण कौशल्या रखा गया। इससे यह जानकारी मिलती है कि विवाह पश्चात् स्त्री का नाम ससुराल में परिवर्तित होने की परम्परा अति प्राचीन है। महाकवि कालिदास ने अपनी कृति 'रघुवंश' में उल्लेख किया है कि सुमात्रा की राजदुहिता थी सुमित्रा, कोसल की राजदुहिता थी रानी कौशल्या एवं कैकय राज की राजदुहिता था रानी कैकेयी। कोसल के सम्बन्ध में मल्ला (जिला बिलासपुर) उत्खनन से प्राप्त द्वितीय शताब्दी का एक सिक्का ब्राह्मी लिपि में 'मानस कोसलीय' लेखबद्ध प्राप्त हुआ है। इस सिक्के में कोसली शब्द के उत्कीर्ण होने से प्रतीत होता है कि छत्तीसगढ़ का प्राचीन नाम 'कोसल' ही था। छत्तीसगढ़ को रामायण काल में दक्षिण कोसल के नाम से सम्बोधित किया जाता था। कोसल दो भागों में विभक्त था, उत्तर कोसल एवं दक्षिण कोसल। उत्तर कोसल की राजधानी सरयू नदी के तट पर अयोध्या और श्रावस्ती थी। साहित्यिक साक्ष्यों में उत्तर कोसल के अलावा दक्षिण कोसल का उल्लेख मिलता है। जो कोसल दक्षिणापथ के मार्ग में अर्थात् प्राचीन छत्तीसगढ़ में आता था कोसल के इस भू-भाग को दक्षिण कोसल कहा जाने लगा। अवध को उत्तरापथ की ओर होने के कारण उसे उत्तर कोसल कहा जाने लगा। उत्तर कोसल कोसल महाजनपद के नाम से भी सम्बोधित किया जाता था।

मगध राज्य के समीप एक अन्य कोसल का वर्णन मिलता है, मगध अर्थात् वर्तमान बिहार के समीप का राज्य अर्थात् मध्यप्रदेश का दक्षिण पूर्वी भू-भाग छत्तीसगढ़ ही है। जिसका प्राचीन नाम दक्षिण कोसल था। ऐसा माना जाता है कि 300 ई.पू. तक दक्षिण कोसल का पृथक क्षेत्र होने का नामोल्लेख नहीं मिलता, यह जनपद विदर्भ का

भाग था। जिसका क्षेत्र वर्तमान के बराबर से बड़ा है। इतिहासकार प्रो. एन.एन.डे. ने अशोक के अभिलेखों में वर्णित कोसल एवं तोसली की पहचान 'कोसल' अथवा दक्षिणकोसल से की है, लेकिन पुराणों में तोसल और कोसल का अलग-अलग उल्लेख मिलता है अतः प्रो. एन.एन. डे का तथ्य मान्य नहीं है। महाकाव्य रामायण में उत्तर कोसल से अलग दो और कोसलों का उल्लेख है। तीसरा कोसल अथवा काशी कोसल सम्भवतः देश के दक्षिण-पूर्वी भाग में स्थित था। अन्य विवरण में काशी कोसल का उल्लेख पूर्वी दिशा के लोगों के रूप में हुआ है। सम्भवतः उत्तर कोसल के राजा दशरथ की पत्नी कौशल्या परम्परानुसार दक्षिण कोसल से सम्बन्धित थी। इस परम्परा की पुष्टि महाकवि कालिदास ने अपने रघुवंश में की है। महाकवि कालिदास की तपोभूमि अर्थात् साधना स्थली के रूप में विख्यात छत्तीसगढ़ (दक्षिण कोसल के अन्तर्गत स्थित रामगिरि पर्वत) के रामगढ़ पर्वत में होने की शील सम्पन्न परम्परा की मधुर स्मृति अंचल के जनमानस को आज भी गौरवान्वित करती है।

छत्तीसगढ़ की जनश्रुतियों में यह प्रबल मान्यता है कि राम-शबरी का मिलन स्थल शिवरीनारायण है, जिसका प्राचीन नाम शबरीनारायण था। कहा जाता है कि ऋषि मतंग के आश्रम में एक विदुषी महिला शबरी रहा करती थी, जो वहाँ प्राचीन विद्यापीठ की प्रमुख थी। कालान्तर में राम वनवास के समय वह वृद्धावस्था में थी। उसने प्रभु राम को स्नेहपूर्वक अपने झूठे बेर चखकर इसलिए खिलाये थे कि कहीं बेर खट्टे न हों। इस प्रकार शबरी एक भिलनी थी, जिनसे प्रभु राम ने बेर ग्रहण किये थे। छत्तीसगढ़ में भील जातियों में एक शर्बर जाति पायी जाती है जो शबरी को अपना वंशज मानते हैं।

छत्तीसगढ़ के सरगुजा क्षेत्र की रामायण काल में महत्त्वपूर्ण भूमिका रही है। महाकवि कालिदास की अमरकृति 'मेघदूत' की रचना स्थली सरगुजा स्थित रामगढ़ पर्वत को माना जाता है। रामगिरि पर्वत में रचित महाकवि कालिदास के इस ग्रन्थ में विरही यक्ष ने अलका नगरी में निवास करने वाली अपनी प्रेयसी को मेघ द्वारा सन्देश भेजा है, अर्थात् कालिदास का सन्देश रामायण में विरही राम द्वारा लंका स्थित सीता को हनुमान के माध्यम से प्रेषित सन्देश का स्मरण दिलाता है। महाकवि कालिदास शैव सम्प्रदाय के पोषक थे किन्तु उन्होंने अपने सबसे बड़े चरितग्रन्थ का प्रणयन भारतीय संस्कृति के प्रमुख संरक्षक उन्नायक 'रघु' के वंश को लेकर रघुवंश की रचना की थी। सरगुजा क्षेत्र रामायण काल में एक महत्त्वपूर्ण केन्द्र बिन्दु था। उन दिनों सरगुजा क्षेत्र को सघन अरण्य क्षेत्र के रूप में प्रसिद्धि प्राप्त होने के कारण दंडकारण्य का एक हिस्सा माना जाता है। प्राचीन साहित्यों में इसे 'झारखंड' भी कहा जाता है। सरगुजा जिले में अम्बिकापुर से 45 कि.मी. दूर उदयपुर ग्राम के निकट 'रामगिरि पर्वत' (रामगढ़) सरगुजा के ऐतिहासिक एवं धार्मिक महत्त्व के लिए प्रसिद्ध है। इस सम्बन्ध में जनश्रुति है कि रामचन्द्र जी ने वनवास के समय दक्षिण दिशा की ओर दंडकारण्य जाते समय कुछ समय इसी अरण्य क्षेत्र में व्यतीत किया था। रामगिरि पर्वत में कुछ समय के लिए उनके निवास करने की जनश्रुति भी प्रचलित है। किन्तु इसका कोई ऐतिहासिक प्रमाण नहीं है। रामगढ़ पर्वत की दक्षिण दिशा में 300 फुट की ऊँचाई से गिरता हुए एक जलप्रपात है। इस जलप्रपात के नीचे एक जलकुंड निर्मित है। इसके सम्बन्ध में जनश्रुति है कि सीताजी ने वनवास के दिनों में प्रयागराज से आने के बाद इसी स्थान पर स्नान किया था इस कारण इस कुंड का नाम सीताकुंड पड़ गया। कुछ विद्वानों ने इसकी पुष्टि की है कि इस कुंड से प्रवाहित होने वाली सरिता ही प्राचीन मंदाकिनी नदी है। जिसकी पुष्टि कालिदास की अमरकृति 'मेघदूत' के प्रथम श्लोक से होती है।

सरगुजा जिले के अन्तर्गत पाल तहसील है, जहाँ पिपदी नामक ग्राम है, जिससे 3 कि.मी. की दूरी पर रेण नदी पर 'रक्सगंडा' जलप्रपात गिरता है। इस रक्सगंडा के लिए राक्षसों का ढेर शब्द पर्याप्त है। इस सम्बन्ध में जनश्रुति है कि रामायणकाल में राक्षसों का आतंक इतना अधिक बढ़ गया था कि आसपास के क्षेत्रों में भी ऋषिगण यज्ञ हवन कार्य करने से भयभीत रहते थे। कहा जाता है कि रामचन्द्र जी ने वनवास के दौरान इस स्थान पर विचरण करते समय ऋषि-मुनियों के अनुरोध पर कुछ समय व्यतीत कर उनकी रक्षा हेतु राक्षसों का भारी संख्या में वध किया था एवं उनकी हड्डियों का ढेर लगा दिया था, अतः राक्षसों के ढेर को ही रक्सगंडा कहा जाता है। इस रक्सगंडा जलप्रताप के नीचे पूर्व दिशा में आयताकार पत्थरों के आसन बने हुए हैं। जिसमें उन दिनों राम-सीता दोनों विराजमान हुए थे इसी कारण इसे 'रामआसन' कहा जाता है। यद्यपि इसका कोई पुरातात्विक प्रमाण नहीं मिलता है। इसी जलप्रपात के समीप 'सीता पोखरी' है जिसे सीता जी के नाम पर सीता पोखरी कहते हैं। सरगुजा जिले के सुरजपुर तहसील में भैयाथान से 30 कि.मी. दूरी पर वैदमी नामक पहाड़ी है। प्राकृतिक सुषमा से सम्पन्न इस पर्वत पर रामचन्द्र जी का वनवास के समय आगमन होने की जनश्रुति है। वे ऋषि-मुनियों का कुशल क्षेम जानने यहाँ आये थे। इसी प्रकार सरगुजा क्षेत्र में पिलखा पहाड़ नामक स्थान है। इसी पहाड़ी पर अनेक गुफायें एवं जलकुंड बने हैं, इस क्षेत्र के सम्बन्ध में किंवदन्ती है कि रामचन्द्र जी ने स्वर्णमृग 'मरीच' का वध यहीं किया था। मरीच का धड़ रायगढ़ जिले के तपकरा नामक स्थान में जाकर गिरा था। सिर बेलगाँव (सीतापुर तहसील) में गिरा था। इसलिए माना जाता है कि तपकरा नामक स्थान में आज भी 'स्वर्ण-कण' पाये जाते हैं। सरगुजा के सांस्कृतिक इतिहास रामायणकालीन तेजस्वी पुरुष परशुराम से भी सम्बन्धित हैं। ऋषि जमदग्नि की शादी इक्ष्वाकु वंश के राजा रेणु की पुत्री रेणुका के साथ हुई थी। इनसे जो पुत्र हुआ उनका नाम परशुराम था। परशुराम की माता रेणुका की तपश्चर्या की साक्षी यही पुण्य स्थली है। माता रेणुका के नाम पर प्राचीन सरिता का नामकरण आज हिरन्द, रेण, रेड़, रेणु के नाम से विख्यात है।

इस प्रकार छत्तीसगढ़ क्षेत्र में सरगुजा जिले के अन्तर्गत ग्राम व नगरी का नामकरण कुछ इस प्रकार है जैसे श्रीराम के नाम पर रामगढ़, रामपुर, रामनगर, रामगाँव, रामानुजगंज, लक्ष्मणजी के नाम पर लक्ष्मणपुर, लखनपुर, लखनटोला, सीताजी के नाम पर सीतापुर, सीताबैंगरा, सीतानदी, सीतारामपुर, भरतजी के नाम पर भरतपुर, एवं अन्य पात्रों के नाम पर हनुमानगढ़, जनकपुर, जामवन्तपुर, लवकुशनगर, परशुरामपुर आदि हैं। बस्तरक्षेत्र में चित्रकूट, चक्रकोट, कोन्टा के आगे भद्राचलम में पर्णकुटीर (पंचवटी) तथा खरदुशन से खरौद, राम-शबरी से शिवरीनारायण आदि नामकरण आधुनिक ग्रामों एवं नगरों का मिलता है किन्तु इस नामकरण से रामायण की ऐतिहासिकता का कोई ठोस प्रमाण नहीं मिलता। जन मानस ने अपनी आस्था को जोड़कर अपनी कोमल भावनाओं को उनके आदर्शों में ढालने के प्रयास में तथा तत्कालीन नरेशों, राजाओं ने अपनी धार्मिक सहिष्णुता का परिचय देते हुए यहाँ के स्थलों को रामकथा का स्वरूप देने एवं इस युग के घटनाक्रम को मूर्तरूप देने के लिए स्थलों का नामकरण व धार्मिक स्मृति बनाने के लिए इन स्थानों के नाम वहाँ पर घटित घटना के अनुसार रखे और कालान्तर में किंवदन्ती तथा लोकोक्तियों में स्थान पाकर छत्तीसगढ़ को राममयी महिमा स्थली कहलाने का गौरव प्रदान किया।

वनवास के दस वर्ष छत्तीसगढ़ में बिताये प्रभु राम ने

डॉ. सूर्यकान्त मिश्र

सरगुजा और दंडकारण्य की भूमि को श्री चरणों का प्रसाद मिला हुआ है। मर्यादा पुरुषोत्तम भगवान श्रीराम के वनगमन के समय उनके पावन चरण देश के किन-किन स्थानों को पवित्र स्थल के रूप में पहचान दिला चुके हैं, यह हजारों वर्षों बाद आज भी खोज और अनुसन्धान का विषय है। इतिहास वेत्ताओं और पुरातत्वविदों का दल अब तक इस बात के प्रमाण जुटाने में लगा हुआ है कि सम्पूर्ण भारतवर्ष के साथ छत्तीसगढ़ प्रदेश (पूर्व में मध्यप्रदेश) के किन शहरों में प्रभु राम का आगमन हुआ। इतना अवश्य है कि महज 12 वर्ष का बालकनुमा छत्तीसगढ़ प्रदेश भगवान श्रीराम के चरणों का आशीर्वाद हज़ारों वर्ष पूर्व ही ले चुका है। रामायण कालीन प्रसंगों और घटनाक्रमों के आधार पर अब तक शोध कार्य लगातार चल रहे हैं।

लगभग 9 लाख 85 हजार वर्ष के रामायण काल के प्रमाणों के साथ प्रभु राम के चरणों का श्री प्रसाद लेने वाले ग्रामों और शहरों का पता लगाना दुर्लभ और कठिनाई के साथ असम्भव कार्य से कम नहीं है। आशा की एक किरण हमें ब्रह्मांड की खोज कर रही महा मशीन और वैज्ञानिकों तथा पुरातत्वविदों की टीम के द्वारा कुछ ही दिनों पूर्व मिली है, जिसमें ऐसे कण की वैज्ञानिकों द्वारा खोज निकाला गया है, जो भगवान होने का प्रमाण दे रहे हैं। बहुत जल्द हमें ऐसे भी प्रमाण मिल सकते हैं, जो हमारी ईश्वरीय रचना के साथ इस मृत्यु लोक में ईश्वर के पदार्पण और उनके आराम स्थलों का प्रमाण अकाट्य रूप में प्रदान कर सकते हैं।

वाल्मीकि रामायण का अध्ययन हमें ऐसी अनेक जानकारियाँ प्रदान करता है, जो प्रभु राम ने 14 वर्ष के वनवास के दौरान पत्नी सीता एवं भाई लक्ष्मण के साथ अयोध्या से समुद्री मार्ग एवं वनों से गुजर कर अनेक ग्रामों और शहरों को अपनी शरण स्थली बनायी है। विशेष रूप से छत्तीसगढ़ का वनाच्छादित अंचल बस्तर क्षेत्र का उल्लेख अनेक पुरातत्व वेत्ताओं ने अपने शोध में किया है। एक अध्ययन में यह बात भी खुलकर सामने आयी है, कि लक्ष्मण और सीता जी के साथ मध्यप्रदेश और छत्तीसगढ़ के दूर तक फैले हुए क्षेत्र में जंगलों के भीतर प्रभु राम ने छोटी नदियों से यात्रा करते हुए अपने श्री चरणों को वहाँ तक पहुँचाया है। उनके द्वारा दंडकारण्य के जंगलों में रहने के प्रमाण लम्बे समय से दिये जा रहे हैं। इस दौरान मर्यादा पुरुषोत्तम ने शरभंग और सुतीक्ष्ण ऋषि आश्रमों को शरणस्थल बनाते हुए दस वर्षों तक भ्रमण किया और फिर सुतीक्ष्ण मुनि के आश्रम लौटकर पन्ना, रायपुर, बस्तर, और जगदलपुर के माण्डव्य आश्रम, शृंगी ऋषि आश्रम में रहते हुए वहाँ भगवान श्रीराम लक्ष्मण मन्दिर निर्माण की ऐतिहासिक धरोहरों को भी इतिहास वेत्ताओं की खोज के रूप में संरक्षित कराया है। यदि हम प्रभु श्रीराम के वन

गमन के 14 वर्षों के उपलब्ध इतिहास को देखें तो उन्होंने मध्यप्रदेश और छत्तीसगढ़ के साथ ही सम्पूर्ण भारतवर्ष के लगभग 200 स्थानों को अपने चरणों से पवित्र किया है।

छत्तीसगढ़ प्रदेश से भगवान श्रीराम का सम्बन्ध यहाँ तक बताया जा रहा है कि उन्हें मिले 14 वर्ष के वनवास में तय किया गया वन भी दंडक वन ही था। वे 14 वर्ष का वनवास काटने दंडकारण्य पहुँचे थे। जो छत्तीसगढ़ प्रदेश का एक मनोरम स्थल है। अपनी यात्रा के दौरान भगवान राम उत्तर प्रदेश के चित्रकूट होते हुए सरगुजा के जंगलों में पहुँचे थे। उन्होंने अपने वनवास के दौरान प्रथम वर्षाकाल का चौमासा भी सरगुजा में ही किया था। उस समय सरगुजा के जंगलों में आसुरी शक्तियों का वर्चस्व था। जिनसे वनीय लोगों को मुक्त कराने मर्यादा पुरुषोत्तम श्रीराम ने अनेक ऋषि आश्रमों में अपना समय बिताया। कहा तो यहाँ तक जाता है कि अपने चौदह वर्ष के वनकाल में भगवान राम ने दस वर्ष दंडकारण्य में ही बिताये हैं, किन्तु इस बात की प्रामाणिकता में सभी ग्रन्थ लगभग मौन हैं।

भगवान श्रीराम के छत्तीसगढ़ आगमन की प्रामाणिकता के सम्बन्ध में हमें उनकी ऋषि-मुनियों से सान्निध्यता का अध्ययन करना भी समीचीन जान पड़ता है। रामायण काल में रामकथा में आये उल्लेख के अनुसार हमें हमारे सांस्कृतिक और धार्मिक देश में अनेक ऋषि-मुनियों का सन्दर्भ प्राप्त होता है, जिनमें विशेष रूप से महर्षि वशिष्ठ, महर्षि वाल्मीकि, भारद्वाज, अगस्त्य, जमदग्नि, गौतम, सुतीक्ष्ण, याज्ञवल्क्य, विश्वामित्र, शृंगी ऋषि आदि की तपस्या का वर्णन प्राप्त होता है। इन ऋषियों ने ही भारत वर्ष को सांस्कृतिक बोध के आधार पर गौरवान्वित किया है। साथ ही विभिन्न भाषाओं में लिखी गयी रामायणों में ऋषि-मुनियों का उल्लेख मिलता है। इन ऋषियों में अधिकांश का सम्बन्ध उनकी तपोभूमि के कारण छत्तीसगढ़ से रहा है। सवाल यह उठता है कि इन ऋषियों अथवा ऋषि आश्रमों से भगवान श्रीराम का छत्तीसगढ़ आगमन कैसे प्रमाणित होता है? सभी रामायणों में इस बात का संकेत ही नहीं प्रमाण भी है कि भगवान श्रीराम ने इन ऋषियों का आशीष पाया है। वर्तमान में हम मनुष्यों के घरों में प्रभु राम के चरित्र को चरितार्थ करने वाली रामायण किसी न किसी रूप में अवश्य पाते हैं, फिर वह चाहे तमिल की कम्ब रामायण हो, तेलगू की रंगनाथ रामायण, मलयालम की अध्यात्म रामायण, कश्मीर की दिवाकर भट्ट रचित रामायण, बंगला की कृतवास रामायण, उड़ीसा की विचित्र रामायण, मराठी की भावार्थ रामायण, गुजराती की रामायण सार, असमिया की माधव कन्दली रामायण और हिन्दी की रामचरितमानस ही क्यों न हो सभी में श्रीराम और ऋषि-मुनियों की निकटता और अध्ययन-अध्यापन की स्पष्ट जानकारी मिलती है। रामायणों में उल्लेखित ऋषि आश्रमों का प्रमुख केन्द्र भी छत्तीसगढ़ की पावनधरा ही रही है। विशेष रूप से सरगुजा क्षेत्र तपोभूमि का आकर्षण रहा है।

प्रभु श्रीराम का छत्तीसगढ़ में सर्वप्रथम प्रवेश सम्भवतः सीतामढ़ी के समीप नदी तट से हुआ माना जाता है। इतिहास बताता है कि प्रभु श्रीराम के चरणारवृन्द यहाँ पड़े थे। प्रमाण स्वरूप वह शिलाखंड देखा जा सकता है। इस क्षेत्र के निवासी इस पदचिह्न को मर्यादा पुरुषोत्तम के चरण स्वीकार कर उनकी पूजा-अर्चना करते आ रहे हैं। कोरिया जिले के अन्तर्गत आने वाले भरतपुर तहसील के जनकपुर में सीतामढ़ी हरचौका नाम से पुरातत्व धरोहर के रूप में प्राकृतिक गुफा का दर्शन भी किया जा सकता है। मवाई नदी के तट पर स्थित यह स्थान अत्यन्त मनोरम और आँखों को शीतलता देने वाला भी है। हालाँकि दंडकारण्य क्षेत्र में भगवान श्रीराम के आगमन से लेकर आज भी शोध की आवश्यकता महसूस की जा रही है। पूर्व में इस छत्तीसगढ़ को दक्षिण कोसल के नाम से भी जाना जाता था। इसे भी प्रभु राम के इसी मार्ग से होकर दक्षिण प्रदेश गमन से जोड़कर देखा जाता रहा है। इस बात की सच्चाई से रू-ब-रू होने के लिए पूर्व में भी सरगुजा क्षेत्र का भौगोलिक सर्वेक्षण किया जा चुका है।

भगवान श्रीराम के छत्तीसगढ़ पदार्पण को ऋषि-मुनियों के आश्रम और सरिताओं से जोड़कर भी देखा गया है। सरगुजा में अम्बिकापुर से लेकर आसपास के अनेक क्षेत्रों को भगवान राम के चरणों का प्रसाद उनके चरण कमल के कारण माना जाता है। विशेष रूप से जनकपुर, भरतपुर, सीतामढ़ी, घरघरा, कोटाडोल, छतौड़ा आश्रम, सोनहर (रामगढ़), महर्षि वामदेव आश्रम (अमृतधारा), मुनि निधान आश्रम (जटाशंकर गुफा), ओड़गी-बिलासपुर के पास सीतालेखनी, देवगढ़, पटना (बैकुण्ठपुर), ऋषि जमदग्नि आश्रम (देवगढ़), सूरजपुर, विश्रामपुर (विश्रवा ऋषि का आश्रम), सीताकुंड (सरसोर), रक्सगंडा, सीताबेंगरा-जोगीमारा गुफा (उदयपुर-रामगढ़), रामगिरि पर्वत (रामगढ़), चन्दन मिट्टी, हाथीपोल गुफा (क्षबिल), लक्ष्मणगढ़, महेशपुर, बन्दरकोट, मैनपाट (दंतोली आश्रम), मछलीपाट (शरभंग ऋषि का आश्रम), मंगरेलगढ़, महारानीपुर, पंपासूर, किलकिला, रामझरना, धरमजयगढ़, चन्द्रपुर आदि स्थानों का नामकरण भी रामचन्द्र जी के वनवास काल में छत्तीसगढ़ सहित मध्यप्रदेश में प्रवेश और विश्राम को लेकर ही हुआ है।

सिहावा में सप्त ऋषियों से भगवान की मन्त्रणा के प्रमाण

रामायण काल में एक छत्तीसगढ़ प्रदेश ही ऐसा स्थान बताया गया है, जहाँ भगवान श्रीराम ने अपने वनवास के सर्वाधिक दस वर्ष ही नहीं बिताये वरन ऋषि-मुनियों से मन्त्रणा करते हुए रावण वध की योजना भी बनायी। छत्तीसगढ़ के सरगुजा से लेकर दंडकारण्य तक ऋषि-मुनियों के आश्रम स्थित थे। सिहावा के विशाल फैले हुए क्षेत्र में ऋषियों का जन्म स्थान था, ऐसा माना जाता है। भारतवर्ष के प्रमुख ऋषि-मुनि रावण वध के लिए इन्हीं क्षेत्रों में अपनी कार्ययोजना को सम्पादित करते थे। मुनियों की सभा में ऋषि वशिष्ठ, विश्वामित्र, वाल्मीकि, नारद, भारद्व ाज, लोमस ऋषि, शृंगी ऋषि, कंक ऋषि, भृगु ऋषि, जमदग्नि, अगस्त्य, अंगिरा, सुतीक्ष्ण आदि शामिल रहा करते थे। वनवास काल में भगवान श्रीराम सिहावा आये और वहाँ उन्होंने सप्त ऋषियों से राक्षसों के विनाश विषयक मन्त्रण ाा में हिस्सा लिया।

छत्तीसगढ़ के लोक साहित्य में राम

धनराज साहू

छत्तीसगढ़ी प्रहेलिकाओं में त्रेतायुगीन चरित्रों का भी संकेत मिलता है। राम यहाँ के जनजीवन में रमे हुए दिखते हैं। यह तथ्य आर्य संस्कृति का परिचायक है। विद्वानों का कहना है कि रामचन्द्र जी ने इस भू-भाग में अपने वनवास का काफी समय व्यतीत किया था। छत्तीसगढ़ी की प्रहेलिकाओं में राम और सीता का स्थायीकरण हुआ है। वे अलौकिक होकर भी लोक साहित्य में लौकिक धरातल पर गृहीत हुए हैं। भगवान रामचन्द्र का पुरुषोत्तम के रूप में उल्लेख नहीं मिलता वे एक कृषक के रूप में यहाँ उपस्थित हुए हैं। एक पहेली में उनको हल चलाते हुए दिखाया गया है। जगतमाता सीता भी छत्तीसगढ़ की कृषक पत्नी के समान खेत पर रामचन्द्र को 'बासी' (गीला चावल) पहुँचाती हैं। इसके माध्यम से पहेलीकार ने अलौकिक देवी-देवताओं का जो साधारणीकरण किया है, वह द्रष्टव्य है।

राम गिस नाँगर फाँदे,
सीता ला दिस बासी।
बिन बीज के साग लान दे,
हमू खाबो बासी ॥

अयोध्या नरेश दशरथ के पुत्र श्रीराम और वधू सीता पति-पत्नी हैं। लक्ष्मण राम के छोटे भाई हैं। लोक साहित्य में इन दोनों भाइयों की जोड़ी बड़ी फबती है। दशरथ और सुमन्त्र का उल्लेख राम वनवास के सन्दर्भ में हुआ है।

राज पूछही त बताहों का,
एक अन्धेर कबले चलिही।
जब ले चलिही तब ले चलिही,
नइ चलिही त अपन घर चलदिही ॥

सुमन्त्र दशरथ के मन्त्री हैं। सुमन्त्र को रामचन्द्र को वन पहुँचा देने की आज्ञा मिलती है। लोक साहित्य ने रामचन्द्र जी के वनवास के कष्टों को आज भी अपनी स्मृति में सँजोये रखा है। इसीलिए उसमें कैकेयी और राजा दशरथ को लांछित किया गया है।

छत्तीसगढ़ी की एक प्रहेलिका में सीता के वन-प्रवास का उल्लेख हुआ है। सीता पुनः वनवासिनी हो जाती हैं। वन में उन्हें वाल्मीकि का आश्रय प्राप्त होता है। छत्तीसगढ़ी की एक प्रहेलिका में सीता और वाल्मीकि से सम्बन्धित

एक घटना का उल्लेख किया गया है। एक दिन सीता लव को वाल्मीकि की देख-रेख में पालने पर सुलाकर स्नान के लिए नदी पर चली जाती हैं नदी पर सीता एक बन्दरिया को देखती है जो अपने बच्चे को छाती से चिपकाकर वृक्ष की ऊँची-ऊँची डालों पर कूद रही थी। सीता उससे कहती है, "बन्दरिया, तुम अपने नन्हें बच्चे को लेकर इतनी ऊँचाई से क्यों कूद रही हो। तुम अपने बच्चे को घर पर ही क्यों नहीं छोड़कर आती?" बन्दरिया कहती है, "यदि मैं इसे घर में छोड़कर आऊँ और उधर हिंसक पशु उठा ले गये तब?" तब सीता का ध्यान तत्काल अपने शिशु की ओर जाता है और वह सोचती है कि कहीं वाल्मीकि सो तो नहीं गये, या कहीं चले तो नहीं गये? उनके शिशु को कोई उठा तो नहीं ले गया?

सीता तत्काल आश्रम लौटती हैं और अपने शिशु को लेकर पुनः स्नान के लिए नदी पर लौट आती हैं। उधर वाल्मीकि जब अर्धनिद्रा से उठते हैं, तब पालने में लव नहीं मिलता। उन्हें चिन्ता होती है कि जब सीता लौटकर आयेगी और जब वह अपने बच्चे को पालने पर नहीं पायेगी तब उसे मर्मांतक पीड़ा होगी। वाल्मीकि सीता के कष्ट की कल्पना मात्र से द्रवित हो उठते हैं। वे अपने शरीर के कल्मष से एक बालक की मूर्ति बनाते हैं और अपनी मन्त्र-साधना से कुश को जल सिंचन कर उसे सप्राण कर देते हैं। इस बालक को पालने पर सुलाकर? वाल्मीकि आश्वस्त होते हैं।

सीता अपने शिशु लव के साथ जब स्नान करके लौटती हैं, तब वहाँ कुश को पालने में देखती हैं। वे आश्चर्यचकित हो उठती हैं कि यह दूसरा बालक कौन है। तब वाल्मीकि उसे सारी कथा सुनाते हैं और उसके उपरान्त सीता कुश को भी अपना पुत्र मान लेती हैं। इस तरह प्रहेलिका के द्वारा कुश के जन्म का वृत्तान्त सत्यापित होता है।

निरसंखी को संसो भयो
बिना बाप के पूत
उहू पूत कब?
माता नी रिहीस तब!

छत्तीसगढ़ी की प्रहेलिकाओं में लंका नरेश रावण और उसकी रानी मन्दोदरी का भी उल्लेख हुआ है।

खटिया गाँधे तान-बितान,
दू सुतइया बाइस कान।

रावण असुरों का राजा था लंकाद्वीप उसकी राजधानी थी। लोकश्रुति और रामचरितमानस में रावण को सीताजी का हर्ता व्यक्ति बतलाया गया है। पहेलियों में रावण के दस सिरों और बीस कानों का साक्ष्य मिलता है। इनमें राम-रावण युद्ध के भी संकेत मिलते हैं।

जनमति टुरा के लागे है टोपी,
राम मारिन रावण ला उही में।
किरिस्न मोहिन गोपी ला उही में,
भात खायेन आज हमन उही में॥

उस पौराणिक युद्ध में रावण राम के हाथों से मारा जाता है और इस तरह रावणत्व पर रामत्व की तथा असत्य पर सत्य की विजय होती है।

छत्तीसगढ़ की एक प्रहेलिका में पवनदेवता, अंजनी और हनुमान का उल्लेख मिलता है। उसमें हनुमान को पवन और अंजनी का पुत्र बतलाया गया है। किंवदंती है कि अंजनी और पवन के अप्रत्यक्ष संसर्ग से हनुमान का जन्म हुआ था। पुराणों में पवन, अंजनी और हनुमान को अविवाहित माना गया है। पवनपुत्र हनुमान ही महावीर हैं। गाँवों में हनुमान के मन्दिर पर्याप्त संख्या में निर्मित हैं। बल प्राप्ति के इच्छुक व्यक्ति तो हनुमान के परम भक्त होते हैं। इनकी पूजा प्रत्येक परिवार में होती है। हनुमान को राम का भक्त बतलाया जाता है। इसीलिए लोगों की आस्था हनुमान पर विशेष रूप से है।

बाप कुँआरा बेटा कुँआरा,
अउ कुँआरी महतारी।
कोरा मँ लइका होवय,
बताओ न वेदाचारी ॥

छत्तीसगढ़ के जनजीवन में रामचरितमानस का महत्त्वपूर्ण स्थान है। यहाँ की जनता उसे धर्मग्रन्थ के रूप में मानती है। यहाँ लोग एक मंच पर बैठकर रामायण का गान करते हैं। रामायण पाठ और गायन को भक्ति का कार्य माना जाता है। लोकमान्यता है कि जहाँ रामायण होती है, वहाँ से दुख और दारिद्र्य दूर हो जाते हैं और नित्य उसका श्रवण करने से लोगों को मोक्ष की प्राप्ति होती है। छत्तीसगढ़ी की एक प्रहेलिका में रामचरितमानस का उल्लेख एक पेड़ के रूप में हुआ है और उसकी शाखाओं में लगने वाले फलों के स्वाद को मानस के रसास्वादन से होने वाली आत्मशान्ति का पर्याय बताया गया है।

एक पिंहड़न मोल, सबमें अलग-अलग डारा।
सबमा फर लगिस त सबमा अलग-अलग सुवाद॥

:: नहडोरी ::

सीता जो माँगे अजोधिया के राज
सरजू नहाय के बड़ा आस
यहो राम सरजू...
सरजू नदी के तीर अवध नगरिया
जहाँ बसे राम लखन दोनों भइया
यहो राम जहा बसे...
दशरथ जइसे ससुर मिलही
रानी कौसिल्या जस सास
यहो राम रानी...
सुमंत जइसे मन्त्री मिलही

सेवक मिले हनुमान
यहो राम सेवक...
लक्ष्मण जइसे देवरा मिलही
पति मिले सीरी भगवान
यहो राम पति मिले...
सीता जो माँगे अयोध्या के राज
सरजू नहाय के बड़ आस।

सीताजी मन ही मन कामना करती हैं कि वह अयोध्या की बहू बनें। उनकी सरयू नदी में स्नान करने की बड़ी इच्छा है। सरयू नदी के किनारे अयोध्या नगरी स्थित है। जहाँ पर श्रीरामचन्द्र जी और लक्ष्मण रहते हैं। अयोध्या में राजा दशरथ जैसे ससुर मिलेंगे और रानी कौशल्या सास बनेंगी। सुमन्त जैसे मन्त्री और भक्त हनुमान जैसे सेवक मिलेंगे। लक्ष्मण जैसे देवर मिलेंगे और स्वयं भगवान श्रीरामचन्द्र जी पति के रूप में मिलेंगे।

गाँव के तीरे-तीरे
नानमुन डबरी नानमुन डबरी
सीता करई असनांदे रे भाई
सीता करइ असनांदे,
जय हो सीता...
डबरी अटइगे,
सीता झपइगे, सीता झपइगे
के कइसे करों असनांद रे भाई
कइसे करौ असनांदे
जय हो कइसे करौं...

गाँव के नजदीक छोटा तालाब पोखर है। उस पोखर में सीता जी स्नान करती हैं। पोखर सूख गया, सीताजी उसमें कूद गयीं। अब उसमें कैसे स्नान करें?

कोने कोड़ावे ताले सगुरिया
ताले सगुरिया
कोने बन्धाये ओखर पारे सजन मोर
कोने बन्धाये पारे...
रामे कोड़ाइथे ताले सगुरिया
ताले सगुरिया
लखन बन्धावे ओखर पारे सजन मोर
लखन बन्धावे ओखर पारे...

कोने लगइथे लख अमरइया
लख अमरइया
कोने हवय रखवारे सजन मोरे
कोने हवय रखवारे...
रामे लगइथे लख अमरइया
लख अमरइया
लखन हवय रखवारे सजन मोरे
लखन हवय रखवारे...

किसने तालाब खुदवाया और किसने उस तालाब के तट बँधवाये? श्रीराम जी ने तालाब खुदवाये और श्री लखनलाल जी ने तालाब के तट बँधवाये। उस तालाब के तट पर किसने आम के लाख वृक्ष लगवाए और कौन उसकी रखवाली कर रहे हैं? श्रीराम जी ने आम के लाख वृक्ष लगाये और उसकी रखवाली श्री लखनलाल जी कर रहे हैं।

दे तो ओ दाई खूराधरी लोटा
के नंगा नहाय ल जाबो दाई ओ
गंगा नहाय ल जाबो
जय हो गंगा नहाये ल जाबो।
गंगा-जमुना गये तिरबेनी
अऊ सरजू में करेंव असनांदे दाई ओ
सरजू म करेवं असनांदे
जय हो सरजू में...
घुरूवा ऊपर के
करूहा तुमा करूहा तुमा
सकल तीरथ आये दाई ओ
सकल तीरथ...
गंगा जमुना
गिये तिरबेनी
गिये तिरबेनी
जभो करूहा पन न जाये दाई ओ
करूहा पन नयी जाये
जय हो जभो...

माँ मुझे खुरा वाला खुराही लोटा दो। मैं गंगा नहाने के लिए जाऊँगी। गंगा जाऊँगी जमुना और त्रिवेणी संगम भी जाऊँगी। सरयू नदी में स्नान करूँगी। घुरे की कड़वी लौकी सारे तीर्थों को घूम आयी। गंगा, यमुना, त्रिवेणी गयी लेकिन उसका कड़वापन नहीं गया।

इसके अलावा भी यहाँ के लोकसाहित्य में–

“आवत घानी सीताराम, जावत घानी सीताराम,
आवत जावत बोल रे भईया मीठा बानी सीताराम।”

या

“तोर भजन बिना राम, मोर बितगे जिनगानी,
जाये के बेरा होगे राम, कइसे कर डरेंव नादानी।”

जैसी सैकड़ों रचनाएँ हैं। जो यहाँ के लोकजीवन में राम को बारम्बार प्रणाम करती हुई दृष्टिगोचर होती हैं। कुछ छत्तीसगढ़ी विद्वानों ने रामायण के अलग-अलग प्रसंग को छत्तीसगढ़ी में लिखा। मेरी जानकारी में एक नाम है बागबाहरा के समीप ग्राम–खोपली के स्व. श्री मेहत्तर राम साहू जी का जिन्होंने कैकेयी प्रसंग को छत्तीसगढ़ी में लिखा। जिसके अन्तर्गत ‘रतना बपरी’ शीर्षक से वे लिखते हैं–

रामायण रच तैं सब पाये,
तोर रतना लहुट के नयी आये।
हे स्वामी रटत रटत मरगे,
तैंय जान के रतना हर तरगे ॥

पंडित शुकलाल प्रसाद पाण्डेय ने छत्तीसगढ़ को गौरवशाली बताया, माता कौशल्या के कारण उन्होंने छत्तीसगढ़ी भाषा में लिखा कि–

“राम के महतारी कौसिल्या इहें के राजा के बिटिया
हमर भाग कइसन बढ़िया
इहें हमर भगवान रामे के कभू रहिस ममिओर।”

कुछ विद्वानों ने तो श्रीरामचरितमानस को छत्तीसगढ़ी में लिखने का प्रयास भी किया।

राममय छत्तीसगढ़ में सिद्धियों की नवरात्रि

परदेशीराम वर्मा

जवारा पाख

छत्तीसगढ़ में देवी की आराधना जवारा पाख में गाँववासी करते हैं। क्वाँर नवरात्रि में जिस दिन जवारा सिराया जाता है उसी दिन रावण वध होता है। श्रीराम ने शक्ति पूजा के बाद जो बल प्राप्त किया उसी से रावण का वध हुआ। इसलिए छत्तीसगढ़ भी बल प्राप्त करने के लिए उनकी परम्परा में ही शक्ति की आराधना करता है और रावण मरता है। छत्तीसगढ़ श्रीराम का ननिहाल और श्रीराम की माता कौशल्या का मायका है। इसलिए यहाँ श्रीराम जन-मन में प्रतिष्ठित हैं। रिश्ते-नाते से बँधे हैं। लौकिक और पारलौकिक सम्बन्धों की डोर से श्रीराम को छत्तीसगढ़ ने अपने ही अन्दाज में बाँधा है।

छत्तीसगढ़ की बेटी माता कौशल्या और भांजे श्रीराम

छत्तीसगढ़ माता कौशल्या का 'मायका' है। यहाँ तुरतुरिया में महाकवि वाल्मीकि का आश्रम भी है। श्रीराम ने जब सीताजी को निर्वासन दिया तब उन्हें इसी आश्रम में शरण मिली। छत्तीसगढ़ की बेटी माता कौशल्या के पुत्र को वनवास हुआ, पुत्र वधू को भी। दोनों को वंदित है। वनवास का बारह वर्ष श्रीराम ने यहीं काटा। परित्यक्ता सीता के अन्तिम वर्ष यहीं बीते। छत्तीसगढ़ उन्हें अंगीकार करता है, जिन्हें राजधानियाँ अस्वीकार करती हैं। राज्य सत्ताहीन जन को छत्तीसगढ़ छत्र देता है। मान-सम्मान और स्वाभिमान का छत्र। छत्तीसगढ़ के सन्यस्त लोगों के बीच पल-बढ़कर बड़े हुए लव- कुश के आगे राजधानी के सैनिक, सेनापति और राजकुँवर भी हार गये थे। छत्तीसगढ़ वनवासियों का अंचल है इसलिए राजमहल से भी जब कोई सब कुछ त्याग कर निकलता है, तब छत्तीसगढ़ उसे अपने लिए अधिक उपयुक्त लगता है। निराला के श्रीराम की व्यथा अंचल के वनवासियों की भी रही है। दुख ही जीवन की कथा रही, क्या कहूँ आज जो नहीं कही। छत्तीसगढ़ शक्ति का आराधक है। यहाँ मातृशक्ति की वन्दना होती है। इसीलिए माता-पिता को भी अन्तिम समय में यहीं स्नेह, सम्मान और संरक्षण मिला।

छत्तीसगढ़ भाव की धरती है। यहाँ राजा मोरध्वज अपनी भक्ति से वीर अर्जुन को परास्त कर देते हैं। श्रीकृष्ण अपने सखा के अहंकार का इलाज यहीं करते हैं। छत्तीसगढ़ राममय है। यहाँ रामरमिहा का एक अलग ही सम्प्रदाय है। वे शरीर भर में राम-राम गोदवा लेते हैं। उठते-बैठते, चलते-फिरते, मरते-जीते वे राम-राम रटते चलते हैं। कहाँ जाथस राम? कहाँ ले आवथस राम? भोजन होगे राम? ये वाक्य होते हैं।

लीला चौरा

छत्तीसगढ़ के गाँव में श्रीराम की लीला का चँवरा होता है। इसे लीला चौरा कहते हैं। गाँव के बाहर पक्का रावण खड़ा रहता है। देश भर में दशहरे के दिन कागज का रावण जलता है, जबकि छत्तीसगढ़ में लंका दहन प्रतीकात्मक होता है। अग्निबाण रावण नाभि में छोड़ा जाता है, लेकिन ईंट पत्थर का रावण गिरता नहीं है। हाँ, लीला में रावण बना कलाकार ज़रूर गिर पड़ता है–

तब यह अर्धाली व्यास जी उठाते हैं, सायक एक नाभि सर सोषा। अर्थात् एक बाण ने रावण की नाभि का अमृत सोख लिया। इस तरह रावण मरता है। राम के साथ यहाँ रावण का भी अस्तित्व स्वीकारा जाता है। छत्तीसगढ़ जानता है कि श्रीराम को हृदय में बसाए रखने के लिए रावण को याद किये रखना जरूरी है। रावण भी यहाँ प्रतीक है। हम देख रहे हैं कि तमाम कोशिशों के बावजूद रावण मरा नहीं है। यद्यपि श्रीराम बार-बार भुजा और शीश काट देते हैं, मगर रावण तो फिर रावण ही है। वह फिर उठ खड़ा होता है। तुलसीदास ने लिखा है–

काटे सिर भुज बार बहु
मरत न भट लंकेश।

बार-बार सिर काटने पर भी योद्धा लंकेश नहीं मरता।

यह द्वन्द्व सदा से चला है। छत्तीसगढ़ में प्रतिवर्ष रावण दहन हर गाँव में होता है। दशहरे के अवसर पर कई गाँवों में तीन दिन, सात दिन की रामलीला भी होती है, छत्तीसगढ़ में रामलीला मंडलियों का समृद्ध इतिहास है। स्वतन्त्रता आन्दोलन के दिनों में रामलीला के माध्यम से जागृति का शंखनाद किया गया। रावण को अंग्रेजों से जोड़ते हुए और बापू या स्वतन्त्रता के लिए लड़ने वाले वीरों को श्रीराम की परम्परा से जोड़कर कथा के माध्यम से सारा द्वन्द्व रख दिया जाता था। ठाकुर छेदीलाल बैरिस्टर एवं पाटन क्षेत्र के पूर्व विधायक उदयराम वर्मा ने वह प्रयोग खूब किया।

साहित्य में श्रीराम

रामचरितमानस रामलीला छत्तीसगढ़ नाटक नामक ग्रन्थ प्रकाशित हुआ है। यह उदयराम वर्मा एवं उनके भूदानी सुपुत्र पन्थराम वर्मा द्वारा लिखित है। इस ग्रन्थ में आजादी के आन्दोलन में रामलीला के माध्यम से जो प्रयोग हुए उसको एक कर प्रकाशित किया गया है। इस ग्रन्थ की भूमिका पदुमलाल पुन्नालाल बख्शी जी ने लिखी है। उन्होंने लिखा है, जब जब देश में किसी को भाव के प्रचार की आवश्यकता हुई तब तब राम और कृष्ण के जीवन गाथाओं से कवियों ने प्रेरणा प्राप्त कर अपने युग के अनुकूल महाकाव्यों या नाटकों की रचना की। उदयराम जी ने लोक शिक्षा के लिए श्रीरामचन्द्र की जीवनी गाथा को नाटक का रूप देकर छत्तीसगढ़ में लिखा। रावण वध के बाद जब श्रीराम अयोध्या आते हैं तब उदयराम जी के श्रीराम गुरु से यह कहते हैं–

“हे गुरु इन्हीं वानर भालू मन के किरपा से रावण जइसे महान बलशाली अउ सबल दुश्मन ला मारे हंव, अब ये देश के जनता ला सुराज मिले असन लागही।”

कथा में यह जो नयापन है कि इस देश की जनता को अब लगेगा की सुराज आ गया।

श्रीराम का आराधक छत्तीसगढ़

रामायण की कथा में इस तरह प्रयोग कर सेनानियों ने अंग्रेजों से लोहा लिया। जब भी श्रीराम का भक्त आपके बीच से उठकर आपको छोड़कर चल देगा उसी पल आप निस्तेज हो जायेंगे। यह कथन तुलसीदास जी का है जिसे छत्तीसगढ़ ने हृदयंगम किया। रावण के द्वारा अपमानित होने पर विभीषण सभा से चल देते हैं। तुलसीदास कहते हैं–

अस कहिं चला विभीषण जबही, आयु हीन भये सब तबही।

छत्तीसगढ़ में सत्य के प्रति विकट आस्था है। कबीर और गुरु घांसीदास का प्रभाव है तो धर्म की नयी व्याख्या करने वाले स्वामी विवेकानन्द की भाव धारा का भी यहाँ गहरा प्रभाव है। उन्होंने कहा है कि नास्तिक वह नहीं है जो धर्म पर विश्वास नहीं करता बल्कि नास्तिक वह है जो स्वयं पर विश्वास नहीं करता। इस अर्थ में छत्तीसगढ़ परम धार्मिक हैं उसे स्वयं पर भरपूर विश्वास सदा रहा। इसीलिए देश के विभिन्न हिस्सों में प्रचलित कथाएँ जब छत्तीसगढ़ी रंग में रँगती हैं, तो उसका समग्र स्वरूप छत्तीसगढ़ी होकर रह जाता है। पद्मभूषण तीजनबाई के पास आत्मविश्वास ही तो रहा, जिसके बल पर वे विदेशों में भी छत्तीसगढ़ी भाषा में सत्य की जीत और असत्य की हार की कथा कह आयी। वहाँ उन्हें भरपूर सराहना मिली। छत्तीसगढ़ के चरित्र को विदेशियों ने नये सिरे से समझा।

मामा-भांजों का अन्तःसम्बन्ध

श्रीराम छत्तीसगढ़ के भांजे हैं। इसीलिए छत्तीसगढ़ का मामा भांजों का चरण स्पर्श करता है। भांजे श्रीराम तक प्रमाण पहुँचाते हैं यही आस्था छत्तीसगढ़ को अलग पहचान देने के लिए काफी है। देश भर में भांजे को बुजुर्ग मामा केवल छत्तीसगढ़ में ही प्रणाम करते हैं। मामा-मामी, भांजों को जूठन नहीं देते।

राम विमुख अस हाल तुम्हारा, रहा न कोई कुल रोवनिहारा।

यह सन्देश है। जो राम-विमुख होगा उसके कुल में कोई रोने वाला नहीं होगा। छत्तीसगढ़ में अब रामलीलाओं की परम्परा कम हो गयी है। नृत्य गीत से भरे लोक मंचीय प्रस्तुतियाँ एवं फिल्मों ने रामलीलाओं का आकर्षण कम कर दिया है, फिर प्रतिवर्ष दशहरा के दिन गाँव-गाँव में रावण वध होता है। सत्य की जीत का जश्न होता है रावण की आसुरी वृत्ति पर तुलसीदास ने इस तरह कटाक्ष किया है–

गजेउ मरत घोर रव भारी,
कहाँ राम रन हतौं पचारी।

मरते समय भी अहंकारी व्यक्ति की मनोवृत्ति कैसी होती है यह उन्होंने स्पष्ट किया है। श्रीराम पर आस्था रखने वाला छत्तीसगढ़ जानता है कि जीत सत्य की ही होती है। छत्तीसगढ़ को घटाटोप भरे दिनों में भी श्रीराम का यह कथन भरोसा दिलाता है–

सुनु सुग्रीव मारिहंव बालिहि एकहि बान,
ब्राह्मण रुद्र शरणागत गये न उबरहि प्राण।

पुराणों में चार नवरात्रि का उल्लेख है जिसमें दो गुप्त नवरात्रि आते हैं। आषाढ़ और माघ मास में गुप्त नवरात्रि आते हैं। दो प्रगट नवरात्रि आश्विन और चैत्र नवरात्रि कहलाते हैं। ऋतुओं के बीच संधि काल में ये दो प्रगट नवरात्रि आते हैं। आश्विन मास के नवरात्रि को शारदीय नवरात्रि कहते हैं। शारदीय नवरात्रि में ही श्रीराम ने रावण वध के लिए भगवती की कृपा प्राप्त करने के लिए आराधना का दृढ़ आराधन से उत्तर देने हेतु देवी का वन्दन किया। चैत्र नवरात्रि ठंड के बाद गर्मी की शुरुआत में आता है। चैत्र नवरात्रि का समापन राम जन्म अर्थात् रामनवमी से होता है जबकि क्वाँर नवरात्रि का समापन रावण वध से होता है।

छत्तीसगढ़ की बेटी भगवान श्रीराम की माता कौशल्या

छत्तीसगढ़ को दक्षिण कोसल कहा जाता था। राजा भानुमंत दक्षिण कोसल के राजा थे। उन्हीं की सुपुत्री थीं कौशल्या जी। छत्तीसगढ़ में मायके के गाँव को जोड़कर बेटियों का नाम ससुराल में चलता है। जैसे नन्दौरी से गयी कन्या नन्दौरहिन और लिमतरा से गयी बिटिया लिमतरहिन कहलाती है। उसी तरह कोसल से अयोध्या गयी छत्तीसगढ़ की बेटी भगवान श्रीराम की माता कौशल्या कहलाई। छत्तीसगढ़ के गाँव चन्दखुरी एवं आरंग में कौशल्या मन्दिर है।

रायपुर जिले के इन गाँवों में लोग कौशल्या मन्दिर स्थित मूर्ति की पूजा करते हैं। छत्तीसगढ़ ही ऐसा विलक्षण अंचल है जहाँ भांजे का चरण स्पर्श किया जाता है। चूँकि भगवान श्रीराम छत्तीसगढ़ के भांजे हैं इसलिए हर भांजे को आदर देकर छत्तीसगढ़ श्रीराम को अपना प्रणाम निवेदित करता है। यह परम्परा छत्तीसगढ़ की प्रायः सभी जातियों में है। केवल ब्राह्मणों में यह परम्परा नहीं है।

छत्तीसगढ़ का प्रयाग कहलाता है राजिम। यहाँ भगवान श्रीराम का भव्य मन्दिर है। इसके पुजारी क्षत्रिय हैं, ब्राह्मण नहीं। छत्तीसगढ़ में ही श्रीराम ने वनवास का दस वर्ष बिताया। यहीं शबरी से उनकी भेंट हुई। इतिहासविद् प्रसिद्ध साहित्यकार हरि ठाकुर जी ने अपने शोधपरक लेखों में बताया कि छत्तीसगढ़ में स्थित तुरतुरिया में वाल्मीकि आश्रम था। अयोध्या से निष्कासित सीता जी को यहीं आसरा मिला। सन्त पवन दीवान अपने प्रवचनों में भाव-विह्वल होकर बताते हैं कि आसरा देना छत्तीसगढ़ का स्वभाव है। सीता जी का आशीर्वाद छत्तीसगढ़ को मिला इसलिए यह आज भी समृद्ध है हर तरह से। लवकुश ने यहीं प्रशिक्षण प्राप्त किया।

इतिहासकार छत्तीसगढ़ की इस विलक्षण संस्कृति पर शोध कर रहे हैं कि यहाँ मेल और सत्कार का संस्कार इतना समृद्ध क्यों है सीताजी यहीं आकर ससम्मान रहीं। श्रीराम यहाँ के वनवासी बनकर आये। लवकुश ने यहीं संस्कार ग्रहण किया। इस तरह छत्तीसगढ़ का अनोखापन धीरे-धीरे दुनिया के सामने पूरे प्रभाव के साथ प्रगट हुआ। देश में जहाँ क्षेत्रीयवाद की तंग सीमायें हैं, वहीं छत्तीसगढ़ को सबके साथ जुड़कर बड़प्पन पाने का संस्कार उदार बनाता है। कौशल्या जी, राजा दशरथ, सीता जी सब भिन्न-भिन्न सुदूर राज्यों में जन्मे। छत्तीसगढ़ के साथ सबका भावात्मक सम्बन्ध और प्रगाढ़ रिश्ता बना। यह राष्ट्रीय एकता का अनोखा सूत्र भी है जो छत्तीसगढ़ में मिलता है। सम्भवतः इसीलिए छत्तीसगढ़ किसी को बाहरी मानकर कुढ़ता नहीं। छत्तीसगढ़ की यह उदारता सीखने योग्य है।

मेल का यह संस्कार छत्तीसगढ़ की बेटी माता कौशल्या ने न केवल श्रीराम को बल्कि छत्तीसगढ़ के हर बाशिंदे को दे दिया है। धीरज और सौहार्द का पाठ छत्तीसगढ़िया घुट्टी में ही पढ़ लेता है। राजा बनते-बनते वनवासी बन गये श्रीराम के साथ चौदह वर्षों को काटा। दस वर्ष छत्तीसगढ़ में बिताकर वह आगे बढ़े।

सिर पर रखा जाने वाला ताज अचानक छीन लिया जाये तब भी व्यक्ति विचलित न हो, यह पाठ भी छत्तीसगढ़ ने युग-युगों से पढ़ लिया है। इसीलिए नये राज्य में केवल छत्तीसगढ़िया ही उच्चासनों पर बैठें यह आग्रह यहाँ के लोग नहीं करते। दीवान जी प्रवचनों में एक अनोखी बात बताते हैं। विभीषण जब शरण में आया तो श्रीराम ने उन्हें लंका का राजा बनाकर तिलक-सार दिया। तब शंका करते हुए उनसे पूछा गया कि अगर रावण भी शरण में आये तब क्या होगा, तब श्रीराम ने कहा—

विभीषण शरण में आया तो,
किया उसे लंकाधीश।
रावण भी शरण में आवेगा,
तो करूँ कोसलाधीश ॥

यह कोसल प्रदेश राजा भानुमंत ने अपने दामाद महाराज जनक जी को दहेज में दिया था, यह मान्यता है। कोसल देश भी श्रीराम के अधीन ही था। इसीलिए वह विकल्प के रूप में यह कह सके कि रावण को कोसलाधीश बना देंगे। इस तरह कोसल अयोध्या, जनकपुर, ये भिन्न-भिन्न क्षेत्रों की राजधानियाँ एकसूत्र में बँधी थीं। छत्तीसगढ़ सबको आसरा देकर गर्वित होता है। यह इसकी परम्परा है।

श्रीराम की माता छत्तीसगढ़ की बेटी कौशल्या जी का भव्य धाम भी यहाँ बने यह कल्पना अब साकार होने वाली है। साधु-सन्तों के साथ छत्तीसगढ़ के शीर्ष राजनेता भी इस दिशा में संकल्पित हैं। एक ही स्थान पर इतिहास के समस्त सूत्रों को महसूस कर सकें ऐसी परिकल्पना है।

छत्तीसगढ़ के निरभ्र आसमान में युग-युगों से रोशनी देने वाले सितारे चमक रहे हैं। उन्हीं में से एक माता कौशल्या जी हैं। आशा है, छत्तीसगढ़ उनके आशीष से निरन्तर आगे बढ़ेगा।

❑❑

लेखक सम्पर्क-सूत्र

1.	**अजय अटपटू**	:	वार्ड नं.-4, थाना पारा, बागबहारा, जिला-महासमुन्द (छत्तीसगढ़)
2.	**प्रो. अश्विनी केशरवानी**	:	दो कालोनी, बरपाली चौक, चाँपा, जिला-जाँजगीर चाँपा (छत्तीसगढ़)
3.	**डॉ. पंचराम सोनी**	:	सिविल लाईन्स, दुर्ग (छत्तीसगढ़)
4.	**विद्याभूषण मिश्र**	:	ब्राह्मण पारा जाँजगीर (छत्तीसगढ़)
5.	**मोगेश चन्द्राकर**	:	जिला संयोजक, महासमुन्द उद्योग एवं व्यापार प्रकोष्ठ, (छत्तीसगढ़)
6.	**डॉ. टी.एल. सिन्हा**	:	मेला मैदान, राजिम (छत्तीसगढ़)
7.	**विजय गुप्त**	:	सम्पादक, साम्य, ब्रह्म रोड, अम्बिकापुर, सरगुजा (छत्तीसगढ़)
8.	**डॉ. महेशचन्द्र शर्मा**	:	प्राचार्य, वैशाली नगर गवर्नमेंट कॉलेज, भिलाई (छत्तीसगढ़)
9.	**रामेश्वर वैष्णव**	:	62/699, प्रोफेसर कॉलोनी, सेक्टर-1, सड़क-3, रायपुर (छत्तीसगढ़)
10.	**आलोक शर्मा**	:	क्वार्टर नं. 3-डी, स्ट्रीट-29, सेक्टर-1, भिलाई नगर (छत्तीसगढ़)
11.	**दीनदयाल साहू**	:	सम्पादक, चौपाल हरिभूमि, रायपुर (छत्तीसगढ़)
12.	**सन्त कृष्णा रंजन**	:	राजिम (छत्तीसगढ़)
13.	**श्रीमती आशा ध्रुव**	:	बी/46, कोटा हाउसिंग बोर्ड कॉलोनी, कोटा, रायपुर (छत्तीसगढ़)
14.	**पवन दीवान**	:	ग्राम/पोस्ट—किरवई, तहसील—राजिम, जिला—गरियाबन्द (छत्तीसगढ़)
15.	**सन्त गोवर्धन महाराज**	:	वर्तमान महन्त सिरकटटी आश्रम, राजिम (छत्तीसगढ़)
16.	**दिनेश वर्मा**	:	बाजार पारा, चारामा, जिला—उत्तर बस्तर, कांके (छत्तीसगढ़)
17.	**रामकुमार वर्मा**	:	शिक्षक/संस्कृतिकर्मी, ब्लाक-6/ई, दक्षिण वसुन्धरा नगर, भिलाई, दुर्ग (छत्तीसगढ़)
18.	**डॉ. लक्ष्मण सिंह साहू**	:	'प्रमुख ग्रन्थपाल', शासकीय महाविद्यालय बागबाहरा, जिला-महासमुन्द (छत्तीसगढ़)
19.	**राजेन्द्र कुमार शर्मा**	:	राजलता भवन, नन्दई चौक, राजनाँदगाँव (छत्तीसगढ़)
20.	**हरीश पाण्डेय**	:	जैन मन्दिर के पास, थाना पारा, बागबाहरा (छत्तीसगढ़)

21. डॉ. विद्या विनोद गुप्त	:	पटेल मार्ग, चाँपा, जिला-जाँजगीर (छत्तीसगढ़)
22. नन्द कुमार साहू	:	एक ग्रामीण रामायण गायक व प्रवचनकर्ता, खैरझिटी, (महासमुन्द)
23. डॉ. सूर्यकान्त मिश्र	:	जूनी हटरी, राजनाँदगाँव (छत्तीसगढ़)
24. धनराज साहू	:	डॉली फैंसी, मेन रोड, बागबाहरा (छत्तीसगढ़)
25. परदेशीराम वर्मा	:	एल.आई.जी.-18, आमदी नगर, भिलाई, जिला–दुर्ग (छत्तीसगढ़)

सम्पादक

रामकथा व्यास-परम्परा

'व्यास आदि कविवर्य बखानी'

लगभग पैंसठ वर्ष पूर्व के वे दिन आज याद कर रहा हूँ–जिन दिनों–रामकथा मेरे बालमन में धीरे–धीरे उतर रही थी। मैंने रामचरितमानस पढ़ना प्रारम्भ किया था, और एक नवाह पारायण भी कर लिया था। गाँव में नवाह पारायण की परिपाटी थी। रामचरितमानस का पाठ गाँव में ढिवरी के मद्धिम उजाले में अनेक घरों में होता था। मेरी बहिनें मानस के पाँच दोहे शाम के समय गाकर पढ़ती थीं। मेरे पिता मानस की व्याख्या करते थे। मैं कभी बैठकर, कभी बिस्तर में घुसे–घुसे ये कथा सुनता रहता था। तब तक मेरे गाँव में सार्वजनिक रूप से मानस के प्रवचनों का आयोजन नहीं हुआ था। अखण्ड मानस पाठ का ज़रूर होता रहता था।

मैंने पहली बार इसी समय 'रामचरितमानस' का सार्वजनिक कार्यक्रम अपने गाँव में आयोजित होते देखा–सुना था। एक वृद्ध पण्डित जी सतना के क़रीब के किसी गाँव से आये थे। उनकी सफ़ेद दाढ़ी थी। वे लम्बी बाँहों का चोंगानुमा कुर्ता पहनते थे। बघेली में बात करते थे। वे रात में मानस पर प्रवचन करते थे। प्रवचन, कहने के लिए प्रवचन थे। जबकि थी यह मानस की मनगढ़न्त व्याख्या। गाँव के ही एक पण्डित जी मानस के दोहे–चौपाइयाँ पढ़ते और बूढ़े बाबा हाथ फटकार–फटकार करके बघेली में उनकी व्याख्या करते हुए वाणी के बाग़–बगीचा लगाया करते थे। गाँव के लोग उनकी व्याख्या से ख़ुश थे। उन्हें लोग मानस का विद्वान मानने लगे थे।

इन्हीं दिनों मुझे पिता के साथ ज़िला मुख्यालय दमोह जाने का अवसर मिला। उस समय दमोह में अगरिया वाले पण्डित जी की रामकथा चल रही थी। पिता इस तरह के आयोजन में पहुँचते थे–वे मुझे भी साथ ले गये थे। पहली बार मैंने सुसज्जित मंच देखा, मंच पर बैठे व्यास को देखा। उनके साथ बैठी संगीत मण्डली को देखा। पहली बार मैंने हज़ारों श्रोताओं को एक साथ कथा में देखा। मैं इस दृश्यानुभूति से ही चमत्कृत था। मैंने जब पण्डित जी को बोलते सुना तो मुझे लगा कि यही रामकथा रसवाहिनी है। मेरी बाल–बुद्धि पर इस प्रवचन का गहरा प्रभाव पड़ा और मैं लम्बे अरसे तक उस प्रवचन का पारायण–सा करता रहा।

इन घटनाओं का ज़िक्र इसलिए किया कि साठ वर्ष पहले तक मानस पर प्रवचन करने का सिलसिला इतना सघन नहीं था। कथाएँ होती थीं। सीमित श्रोता रहते थे। यहाँ तक कि एक हालनुमा कमरे में भी प्रवचन हो जाते थे। मेरे पिता बताया करते थे कि हमारी हटा बस्ती में स्वनामधन्य मानस प्रवचनकार रामकिंकर जी के पिताश्री कथा करने आया करते थे।

हमारी सभी कथाएँ चाहे वे पौराणिक हों अथवा धार्मिक हों अथवा लोक कथाएँ हों, श्रोता–वक्ता और एक श्रोता रहा है, तो कभी एक वक्ता और बड़ी तादाद में श्रोता रहे हैं। श्रोताओं की एक संख्या अक्सर कथाओं के सन्दर्भ में आती है। कथा–कथन के लिए नैमिषारण्य क्षेत्र को चुना गया था जहाँ अठासी हज़ार ऋषिगण श्रोता के रूप में उपस्थित रहते थे। सूत जी व्यास बनकर कथा कहते थे।

हमारी वैदिक और पौराणिक साहित्य की कथाएँ श्रोता–वक्ता के बीच लोकप्रिय हो चुकी थीं। तुलसी ने रामकथा अपने गुरु के मुख से ही सुनी थी।

इसके पूर्व भी लव–कुश रामकथा का गायन कर चुके थे। तुलसी ने रामकथा को कहने–सुनने का बड़ा स्पेस निर्मित किया। उनकी कथा चार जगह चार जोड़ियों के माध्यम से कही–सुनी गयी। इन्हें तुलसीदास ने रामकथा सरोवर के चार घाट की तरह निरूपित किया। शंकर और पार्वती, काग भुसुंडी और गरुड़, याज्ञवल्क्य और भरद्वाज के साथ तुलसी और सन्त जन! इस तरह देव, पक्षी, ऋषि और कवि सन्त सभी स्तरों पर रामकथा कही–सुनी गयी है।

रामचरितमानस की रचना के बाद रामकथा को कहने–सुनने की पद्धति का क्रमशः विकास होता गया है। स्वयं तुलसीदास के पूर्व तक रामकथा कहने की बात लोकश्रुतियों से उजागर होती है। सम्भवतः वाल्मीकि की रामायण या अन्य और राम के चरित–काव्यों को कहने–सुनने की परिपाटी रही हो, लेकिन यह निश्चित है कि उस समय कथा संस्कृत आधारित ही थी, हो सकता है कहीं–कहीं अपभ्रंश में भी कथा का प्रचलन रहा हो। हनुमान जी के दर्शन का प्रसंग रामकथा के आयोजन से ही जुड़ा है जिसने तुलसीदास को हनुमान जी से मिलाया था।

तुलसी ने रामचरितमानस के माध्यम से रामकथा के लोकवृत्त को व्यापक परिधि से जोड़ दिया। उनकी कथा 'भाखा' में रची गयी। पूर्व–प्रचलित छन्द दोहा–चौपाइयों में रची गयी यह कथा एक तरह से सिद्ध छन्दों का आश्रय पाकर जनमानस में जल्दी ही पैठ सकी। जायसी का पद्मावत अवधी में दोहा, चौपाई, छन्द में ही रचा गया था और यह काव्य–रूप लोकविश्रुत और लोकप्रिय हो चुका था।

फिर तुलसी ने राम के पावन चरित्र को इस शैली में वर्णित कर कथा को कई स्तरों पर महनीय और सम्प्रेषणीय बना दिया। समाज, संस्कृति, भक्ति, ज्ञान, वैराग्य और नीति आदि के व्यापक फलकों को उन्मोचित करनेवाली इस कृति में जो अनन्त सम्भावनाएँ विद्यमान हैं, उनकों युगों के अन्तराल में भी तलाशा जायेगा और यह तलाश मानव जीवन को सार्थक दिशा प्रदान करती रहेगी।

अपनी इन्हीं उत्तम विशेषताओं के कारण रामचरितमानस को अपार लोकप्रियता हासिल हुई। यह विद्वानों और सामान्यजनों के लिए प्रबोधित करने में समर्थ है इसलिए यह सर्वसंवेद्य है। व्यास–परम्परा में इसका आगमन एकाएक नहीं हुआ है, न ही इसके माध्यम से व्यास–परम्परा का सूत्रपात ही हुआ। शताब्दियों पूर्व से हमारे देश में पुराण प्रवचन की परम्परा रही है। श्रीमद्‌भागवत महापुराण के साप्ताहिक कथा आयोजन की परम्परा पर्याप्त पूर्व से इस देश के गाँव–गाँव में थी। 'मानस' ने इसी परम्परा में अपना स्थान निर्धारित किया। आज भागवत के प्रसंगों में भी मानस के प्रसंगों की अवतारणा होती रहती है। ये दोनों महाग्रन्थ व्यास–परम्परा के आधार हैं।

मानस की व्यास–परम्परा अब स्वतन्त्र रूप से भी गतिशील है। 'मानस' की कथा का मंचन रामलीलाओं के माध्यम से होता है जिसमें तुलसीदास के दोहे, चौपाइयों का ही संवाद की तरह प्रयोग होता है। कुछ अन्य कवियों की कविताएँ इस प्रयोजन के लिए चुन ली जाती हैं। रामलीलाओं ने लोकांचलों में रामकथा को लोकप्रिय बनाने में अपनी भूमिका का तो निर्वहन किया ही, प्रकारान्तर से रामकथा की व्यास–परम्परा को भी आधार प्रदान किया। अनेक व्यास रामलीला से ही व्यास गद्‌दी पर प्रतिष्ठित हुए हैं।

रामकथाओं में संगीत की अपनी प्रभावी भूमिका है वैसे सभी तरह की कथाओं में संगीत का अतिरिक्त आकर्षण होता है, किन्तु रामचरितमानस के छन्द अनेक राग–रागिनियों में गाये जा सकते हैं। लोकगीतों में भी मानस के प्रसंगों का अद्‌भुत समायोजन हुआ है, इसलिए लोकगीतों के गायन का भी अवसर रामकथा में है। एक सहज संगीत संलाप रामकथा में सम्भव होता है। इसलिए संगीतमय रामकथा का अलग ही आकर्षण रहता है।

रामकथा विभिन्न अंचलों में अपनी उपस्थिति अपने तरह से दर्ज कराये हुए है। राम का चरित लोकव्यापी है। रामचरितमानस की रचना के पूर्व भी रामकथा लोक के संस्कारों में ढल चुकी थी। तुलसी ने अपने रामचरितमानस की रचना में लोक की इस रचना–प्रणाली को भी अपनी कथा–रचना में कहीं–कहीं स्थान दिया है। जो रामकथा लोकचित्त में बसी हुई है। व्यास–परम्परा में उस चित्त को द्रवित–स्रवित करने में अधिक सक्षम है इसलिए रामकथा की लोकव्यापिनी सामर्थ्य को व्यास–परम्परा ने अनेक आयाम दिये।

रामकथा व्यास–परम्परा का लोक में समादर इस कथा की सहजता में तो निहित है ही इसकी चमत्कारगर्भिता भी इस रूप में सहायक है। श्रद्धा और विश्वास के क्षेत्र के चमत्कारों की बात छोड़ दें तो अर्थगत, भावगत और शब्दगत चमत्कार रामकथा में जिस काव्यत्व का प्रभाव व्यक्त करते हैं, वह वक्ता और श्रोता को रसानुभूति से भरने वाला है। बहुत से गुणी वक्ता कथा के इस आन्तरिक चमत्कार को बेहद कुशलतापूर्वक प्रकट करते हैं। विशेष रूप से रामचरितमानस में निहित चमत्कारों पर तो वक्ता जैसे नयी–नयी शोध लेकर ही आते हैं। यह अन्यतम काव्य गुण भी रामकथा की लोकप्रियता का एक विशेष पक्ष है।

रामकथा इस देश की आत्मा में बसी हुई है इसलिए देश की बिखरी शक्तियों को जोड़ने में भी यह कथा समर्थ है। परिवार, समाज और राष्ट्र के आदर्शों की प्रतिमान रामकथा आज की विखण्डित हो रही सभी स्तरों की परिस्थितियों को जाग्रत कर रही है। भारतीय चिन्तन परम्परा में जिस मानवतावाद की परिकल्पना की गयी है रामकथा उसे उद्बुद्ध करती है, उसे साकार करती है।

रामकथा को विस्तारित करने में इलेक्ट्रॉनिक मीडिया की बड़ी भूमिका है। पिछले पच्चीस–तीस सालों में टी.वी. के माध्यम से रामकथाओं के प्रसारण में व्यापक विस्तार हुआ है। अनेक चैनल्स इस तरह के कार्यक्रमों का सतत प्रसारण कर रहे हैं, इस रूप में रामकथा विश्वव्यापिनी हो रही है। कुछ चैनल्स केवल इसी तरह के कार्यक्रम प्रसारित करते हैं। इन चैनल्स के माध्यम से घर–घर में रामकथा के श्रोता और दर्शक हैं। अधिकतर ये चैनल्स रामकथाओं का लाइव प्रसारण करते हैं इसलिए रामकथा के कार्यक्रमों में साज–सजावट और उनका अनुशासित एवं समयबद्ध प्रस्तुतीकरण सम्भव हो रहा है। इस रूप में कथा– शैली के वैविध्य के साथ कथा के अनेक अनछुए पहलुओं का भी उद्घाटन हो रहा है।

मानस पर केन्द्रित प्रवचनों की शृंखला के आयोजन जगह–जगह होते रहते हैं। इन कार्यक्रमों के द्वारा अनेक विद्वानों को एक ही मंच पर कार्यक्रम देने का अवसर प्राप्त होता है। 'नवरात्रि व्याख्यान माला', 'तुलसी जयन्ती व्याख्यान माला', 'पावस व्याख्यान माला' आदि शीर्षकों से मानस पर व्याख्यान मालाएँ आयोजित की जाती हैं। इन व्याख्यान मालाओं के माध्यम से समाज के एक बड़े हिस्से को एक साथ कई विद्वानों को सुनने का अवसर सुलभ हो जाता है।

शताब्दियों से इस तरह के प्रवचनों का सिलसिला चल रहा है। पहले जब संसाधन विकसित नहीं हुए थे, तब प्रवचनकारों की वाणी को स्थायित्व प्रदान करने का स्थायी तरीक़ा नहीं था। पढ़ने–लिखने में उन्नति हुई तो प्रवचनकारों के प्रवचन लिपिबद्ध किये जाने लगे। पत्र–पत्रिकाओं और पुस्तकों में ऐसे प्रवचन सुरक्षित रखे जाने लगे। बाद में कैसेट्स आदि उपकरण आये तो व्याख्यान रिकॉर्ड होने लगे। इन्हें सुरक्षित रखने और इनके प्रसारण का स्थायी आधार बना किन्तु ये सब होने के बावजूद प्रवचनकारों के विषय में सामान्यजन तक जानकारियों का अभाव–सा रहा। प्रवचनकारों का समवेत परिचय मिलना कठिन था।

यह कार्य–योजना प्रवचनकारों के परिचय को एक जगह उपलब्ध कराने के उद्देश्य से क्रियान्वित की गयी है। सूचना एकत्रित करना इस कार्य का ध्येय अवश्य था, किन्तु इसके पीछे यह दृष्टि थी कि प्रवचनकारों की शैली और रुचि का भी उल्लेख हो सके–ऐसा किया भी गया है। इस कार्य में सामग्री संकलन में किंचित कठिनाई थी। प्रवचनकार अक्सर भ्रमणशील रहते हैं। उनके कार्यक्रम सतत चलते हैं इसलिए उन तक पहुँचना सरल काम नहीं रहा। फिर प्रवचनकर्ता अपने विषय में भी एक सामान्य जानकारी उपलब्ध करा सकते हैं। वे स्वयं अपने विषय में अधिक जानकारी नहीं देते इसलिए उन्हें सुनने–गुनने के बाद ही उनकी प्रवचन–शैली आदि को जाना जा सकता है।

इस कार्य को करते हुए यह अनुभव हुआ कि यह भी एक व्यापक जगत है। गोस्वामी जी ने जो कहा है कि "हरि अनन्त हरि कथा अनन्ता" यह व्यास–परम्परा पर सटीक बैठने वाली पंक्ति है। रामकथा के व्यास अनगिनत हैं। गाँवों–क़स्बों से लेकर नगरों–महानगरों में व्यास श्रेणी के विद्वान सर्वत्र उपलब्ध हैं। अधिकांश व्यासों ने अपने आश्रम भी निर्मित कर लिए हैं। इन व्यासों की अपनी गुरु परम्परा है, अपने प्रेरणास्रोत हैं। उनके सम्बोधन की शैली भिन्न–भिन्न हैं। इनके सम्बोधन के तरीक़े अपने–अपने हैं।

अक्सर यह देखने को मिला है कि क्षेत्रीयता भी व्यास–परम्परा में अपना महत्त्वपूर्ण स्थान रखती है। व्यास की भाषा–शैली क्षेत्रीयता से भी परिचालित होती है। यह भी एक तथ्य है कि गाँवों–क़स्बों में कथा करनेवाले व्यास क्षेत्रीय बोलियों को भी अपने प्रवचन का आधार बनाते हैं। ऐसा इसलिए कि वे जिनको सम्बोधित कर रहे है उन्हें बात समझ में आनी चाहिए। रामकथा के प्रसंगों के अनुकूल वे लोकगीतों का चयन भी करते हैं, उन लोकगीतों को लोकधुनों के आधार पर संगीत की लय में सुनाते भी हैं। इससे कार्यक्रम की स्पष्टता बढ़ जाती है।

देश–विदेश की यात्रा करनेवाले व्यास रामकथा के ऐसे प्रचारक और विस्तारक हैं जो भारतीय संस्कृति के लोक हितैषी तत्त्वों को विदेशों में लोकप्रिय बना रहे हैं। विदेशों में इस कथा की लोकप्रियता बढ़ने के मायने हैं कि भारतीय संस्कृति के प्रति विदेशी जनों का रुझान बढ़ रहा है। एक तरह से सांस्कृतिक सम्बन्धों की दृढ़ता इस रूप में बढ़ती है। कथाकार एक तरह से सांस्कृतिक एम्बेसडर हैं।

अब कथाओं का आयोजन ख़र्चीला होता जा रहा है। पहले जहाँ व्यास एक तख्त पर बैठकर सम्बोधित करते थे अब उनकी मंच सज्जा बेहतरीन होने लगी है। जितने दिन कथा चलती है, उतने दिन मंच–सज्जा का स्वरूप अलग–अलग बनाया जाता है। श्रोताओं को बैठने की सुविधाजनक व्यवस्था की जाती है। पण्डाल सुन्दर और सुरक्षित बनाया जाता है। आधुनिक सुख–सुविधाओं का पूरा ध्यान रखा जाता है। ध्वनि–विस्तारक के साथ–साथ वीडियो रिकॉर्डिंग की सुविधा बनायी जाती है। प्रथम प्रसार में भी बड़े पैमाने पर व्यय किया जाता है। यह कथा का बदला हुआ परिवेश है। इस रूप में सामान्यजन की इतनी सामर्थ्य नहीं रहती है कि वह कथाओं का आयोजन करा सके। सार्वजनिक प्रयासों या श्रीमन्तों के संरक्षण में ही कथाओं के आयोजन की कल्पना की जा सकती है।

कथाओं में तामझाम की बढ़ती प्रवृत्ति ने इन्हें एक अलग तरह की सांस्कृतिक पहचान भी दी है। संगीत के साथ–साथ इनमें नृत्यों का भी आयोजन होने लगा है–प्रसंगानुकूल झाँकियाँ सजने लगी हैं। कथा में राजनीति से सम्बन्धित व्यक्तियों की विशेष पूछ–परख बढ़ रही है। ये सब कथा के आकर्षक बनानेवाले प्रयास ज़रूर हैं किन्तु उससे कथा की अन्तरंग भाव और विचार चेतना की हानि हो जाती है। श्रोता–दर्शक एक विशेष प्रदर्शन का हिस्सा बनकर कथा मूल के प्रयोजन से विरत हो जाता है। इस कार्ययोजना को मैंने बोली क्षेत्रों के अनुसार विभाजित किया है। विभिन्न बोली क्षेत्रों के प्रवचनकारों को यथासम्भव इसमें सम्मिलित किया गया है जिन्हें कार्यक्रमों के लिए देश–विदेश की

यात्राएँ करनी पड़ती हैं और कुछ ऐसे प्रवचनकारों पर हमने स्वतन्त्र विवेचन भी प्रस्तुत किया है, जो अखिल भारतीय स्तर पर अपनी पहचान बनाने में समर्थ हुए हैं।

इस कार्य में यह तथ्य प्रसन्नतावर्द्धक रहा है कि सभी श्रेणियों के व्यासों को इस कृति में सम्मिलित कर लिया गया है। रामकथा व्यास–परम्परा का यह मिनी कोश जैसा है। यह इस दिशा का प्रस्थानिक कार्य है। इस क्षेत्र में आगे शोध और समाहार की बहुत दिशाएँ खुलेंगी और विद्वज्जन इन दिशाओं में संचरणशील भी होंगे।

इस कार्य को सम्पन्न करने में अयोध्या शोध संस्थान की ही भूमिका रही है। इस शोध संस्थान ने मुझे प्रेरित किया, इस हेतु संस्थान के निदेशक प्रिय डॉ. योगेन्द्र प्रताप सिंह को मैं प्रीतिपूर्वक अपना धन्यवाद करता हूँ। उन सभी मानस व्यासों को और उन सभी लेखकों को भी अपना आभार व्यक्त करता हूँ, जिन्होंने इस कार्य को करने में यत्किंचित सहायता की है।

हटा (दमोह) म.प्र.

डॉ. श्यामसुन्दर दुबे

परिचय

।। रामकथा के मिति जग नाँही ।।

बुन्देलखण्ड क्षेत्र की व्यास-परम्परा

डॉ. अवधेश कुमार चंसौलिया

बुन्देलखण्ड का प्राचीन नाम जैजाक मुक्ति था। आधुनिक दृष्टि से उत्तर प्रदेश और मध्य प्रदेश के कुछ ज़िला मिलाकर बुन्देलखण्ड का निर्माण हुआ है। बुन्देलखण्ड पहाड़ों–घाटियों का इलाका है। यहाँ जंगलों से आच्छादित भूमि अधिक है। बेतवा, केन, ब्यारमा, धसान, आदि यहाँ की प्रमुख नदियाँ हैं। चित्रकूट, ओरछा, कुंडलपुर आदि यहाँ के तीर्थस्थल हैं। इस क्षेत्र में श्रीराम वनगमन के समय आये थे। इसलिए यह भूमि राम के श्री चरणों से पवित्र भूमि है।

यहाँ के लोकगीतों में राम के चरित्र की अनुगूँज है। रामकथा को यहाँ के कवियों ने विस्तारित किया है। महाकवि केशवदास ने 'रामचन्द्रिका' जैसा महाकाव्य रचा तो आधुनिक युग में राष्ट्रकवि मैथिलीशरण गुप्त ने 'साकेत' की रचना की है। यहाँ गाँव–गाँव में रामलीलाएँ होती रही हैं। रामकथा के प्रवाचक के रूप में रहली में रामचन्द्र वीर महाराज की कथा प्रसिद्ध थी। टीकमगढ़ में सुप्रसिद्ध कथावाचक सुश्री उमा भारती का जन्म हुआ। बाद में उमा भारती राजनीति में आ गयीं और मध्य प्रदेश की मुख्यमन्त्री तक बनीं। उमा भारती जी ने सम्पूर्ण भारतवर्ष में रामकथा कहकर बुन्देलखण्ड क्षेत्र को गौरवान्वित किया। रामकथा कहनेवाले विद्वानों में सागर विश्वविद्यालय के पूर्व कुलपति डॉ. भागीरथ मिश्र रामकथा के विद्वान प्रवक्ता थे। उन्होंने तुलसीदास पर पुस्तकों की रचना भी की है। दमोह के श्री झुन्नीलाल वर्मा भी मानस के मर्मज्ञ विद्वान थे। उनकी 'भरत दर्शन' कृति उस समय की सुप्रसिद्ध कृति थी।

महाराजा छत्रसाल ने सन् 1703 में छतरपुर को बसाया था। महोबा का एक पाण्डेय परिवार उस समय छतरपुर में आकर बस गया। इस परिवार में विद्वान पण्डितों ने जन्म लिया। बाद में यह परिवार झाँसी ज़िले के मऊरानीपुर आ गया और पं. खुरखुरी पाण्डेय ने 'रामचरितमानस' और 'विनयपत्रिका' की हस्तलिखित पोथी प्राप्त कर इन ग्रन्थों का गहन अध्ययन किया और वह रामचरितमानस पर प्रवचन करने लगे। इसी परिवार में आगे पं. नन्द किशोर पाण्डेय भी मानस के प्रसिद्ध प्रवचनकार हुए।

हटा नगर के पं. दुर्गाप्रसाद पाण्डेय ने रामकथा प्रवचन में संगीत का समावेश किया। वह कुशल गायक थे। स्वयं हारमोनियम बजाते थे। उस समय तक बुन्देलखण्ड में इस तरह की कथा–वाचकी का वातावरण कम था। फिर भी पण्डित जी ने इस क्षेत्र में अपनी संगीतमय रामायण से एक भक्तिमय प्रवचन–शैली के विकास में अपना योगदान किया।

बुन्देलखण्ड में मानस प्रवचनों की आयोजन श्रृंखलाएँ चलती रहती हैं, जिनमें देशभर के मानस प्रवचनकार सम्मिलित होते रहते हैं।

पूजा पचौरी 'प्रज्ञा'

वृन्दावन के गुरु श्री किशोर दास जी एवं श्री सिया रामदास महन्त के आशीर्वाद से रामकथा में रुचि जाग्रत होने के उपरान्त पूजा पचौरी ने रामकथा को जन–जन तक पहुँचाने का व्रत लिया। वह बचपन से ही कथा सुनने और कहने की लगन अपने भीतर बनाये हुए थीं। सुयोग्य अवसर प्राप्त होने पर वह एक लोकप्रिय कथावाचक के रूप में उभरकर आयीं।

प्रज्ञा जी सात्विक और पवित्र विचारों से ओत–प्रोत हैं। वह कीर्तन का आश्रय लेकर अपनी कथा के सूत्र आगे बढ़ाती हैं। वह स्वयं अच्छी गायिका हैं, इसलिए उनकी कथा संगीत रस से आपूरित रहती है। संगीत मण्डली वह अपने साथ रखती हैं। वह बीच–बीच में पदों का गायन कर कथा को विस्तार देती हैं।

उनकी कथा में भक्ति का प्रवाह उमड़ता है इसलिए वह भावुक कथावाचिका हैं। वह सामान्यतः कथा के सभी प्रसंगों को प्रस्तुत करती हैं किन्तु उनकी विशेष रुचि मार्मिक प्रसंगों को नयी भव्य छवि प्रदान करने में है। वह परम्परित शैली में भी अपनी मौलिकता इस रूप में प्रकट करती हैं कि वह जीवन के यथार्थ से कथा की संरचना को जोड़ती चलती हैं।

वह सहज सरल भाषा में तथा बोधगम्य लहजे में अपनी कथा प्रस्तुत करती हैं। इसी कारण उनकी कथा जन–रंजन के साथ–साथ लोक–शिक्षण के विभिन्न आयामों को भी स्पर्श करती है। वह अभी और आगे बढ़ेंगी।

पूजा पचौरी 'प्रज्ञा' के पिताश्री का नाम पं. श्री रामगोविन्द पचौरी और माता का नाम श्रीमती रचना पचौरी है। आपका जन्मस्थान–साँबा (जालौन) उ.प्र. है। उन्होंने अपनी पहली कथा रौन (भिण्ड) में की थी। तब से अब तक लगभग 500 प्रवचन कर चुकी हैं। आप स्नातक तक शिक्षित हैं।

आपका पता है–

ग्राम–साँबा, जालौन (उ.प्र.)

स्वामी राजेश्वरानन्द चतुर्वेदी

ग्राम पचोखरा, ज़िला जालौन में जन्म लेनेवाले कथा–व्यास स्वामी राजेश्वरानन्द सरस्वती ने कथा–कथन की प्रेरणा अपने पिताश्री अमरदास शर्मा से ली। वह उच्च शिक्षा के प्रथम पायदान पर ही थे, तभी उनके भीतर रामकथा के प्रचार–प्रसार का भाव जाग्रत हुआ। उन्होंने अध्ययन (महाविद्यालयीन) छोड़कर, रामकथा का गहन स्वाध्याय किया। वह जब कथा के भीतर के चरित्र रत्नों से परिचित हुए तब उन्होंने कथा–व्यास के रूप में सक्रिय भूमिका निभाना प्रारम्भ कर दी। अब तक वह तीन हज़ार कार्यक्रम अपनी कथा के दे चुके हैं। वह लोकप्रिय व्यास हैं।

अपनी कथा वह वाद्य–यन्त्रों की सुरलहरी के माध्यम से प्रस्तुत करते हैं इसलिए कथा में विशेष आकर्षण बना रहता है! वह गायन–वादन में निपुण कथा–व्यास हैं। रामचरितमानस के दोहों–चौपाइयों को वह अपने गायन के माध्यम से साकार करने की क्षमता रखते हैं।

उनके प्रवचनों के अनेक संकलन प्रकाशित हुए हैं–जिनमें 'रामकथा सुधा', 'रामकाज लगि तव अवतारा', 'भजनांजलि', 'मानस पुष्पांजलि' आदि प्रमुख हैं। स्वामी जी कवित्व शक्ति से परिपूर्ण हैं इसलिए उनकी कथा का प्रवाह काव्यमय होता है। यद्यपि वह तात्विक चिन्तन प्रधान कथा के भी पक्षधर हैं। अपनी कथा में उन्हें हनुमान जी का चरित्र प्रिय है, इसलिए वह हनुमान अर्पित अपने कथा–पुष्पों की माला भक्ति–भाव से गूँथते हैं। स्वामी जी के प्रवचनों की भाषा भावानुगामिनी है। वह विषय के प्रतिपादन में समर्थ हैं।

उन्होंने अमर शान्ति नाम से अपना आश्रम स्थापित किया है। वहीं रहकर रामकथा से सम्बन्धित शोध और अध्ययन करते और कराते रहते हैं। स्वामी जी अपने क्षेत्र से श्रद्धा सहित जुड़े हुए हैं। इसलिए उनका क्षेत्र उन्हें अपनी धरोहर जैसा मानता है।

आपका जन्म 22 सितम्बर 1955 में हुआ। आपकी माता का नाम श्रीमती शान्ति देवी है। आपके गुरु का नाम ब्रह्मलीन स्वामी अविनाशी रामजी महाराज था। आपने अपनी पहली रामकथा (छत्तीसगढ़) में की थी। तब से लगभग आप 4000 कथाएँ सम्पन्न कर चुके हैं।

आपका पता है–

अमर शक्ति आश्रम, ग्राम पचोखरा, पोस्ट जालौन (उ.प्र.)

डॉ. हरिहर गोस्वामी

डॉ. हरिहर गोस्वामी 'मानस विश्वास' के उपनाम से भी विख्यात रहे हैं। यह उपनाम शायद उन्होंने मानस के प्रति अपनी आस्था व्यक्त करने के लिए रखा है। मानस विश्वास शासकीय महाविद्यालय में प्रोफ़ेसर रहे हैं। सुदर्शन और आकर्षक व्यक्तित्व के केन्द्र 'मानस विश्वास' अपनी पहली ही मुलाक़ात में प्रभावित करनेवाले व्यक्तित्व थे। उनका समग्र जीवन अध्यापन तथा कथा करने में व्यतीत हुआ।

'मानस विश्वास' जी का कण्ठ सुरीला था, वह बहुत अच्छे गायक थे। मानस के दोहे और चौपाइयाँ वह अपनी गरजती आवाज़ में तार स्वर में प्रस्तुत करते थे, तो वातावरण झंकृत हो उठता था। उन्हें गायन के लिए वाद्य मण्डली की भी ज़रूरत नहीं पड़ती थी। वह अकेले ही पर्याप्त रहते थे।

उनकी कथा चमत्कारिक प्रभाव उत्पन्न करती थी। अक्सर वह ऐसे प्रसंग उठाते थे, जिनके कुछ रहस्य छिपे रहते थे। वह छिपे रहस्यों को उजागर करने के लिए रामचरितमानस का ही सहारा लेते थे। जैसे हनुमान का लंका प्रवेश प्रसंग जब कहते थे तो यह अवश्य बताते थे कि मंसक समान रूप धारण करनेवाले हनुमान जी के पास अँगूठी कैसे सुरक्षित रही–इस हेतु वह और अष्ट सिद्धि नव निधि के दाता का स्मरण करते थे। ऐसे प्रसंग श्रोताओं को नयी–नयी जानकारियाँ देनेवाले रहते थे।

वह हिन्दी के प्रोफ़ेसर थे अतः उनकी भाषाशैली परिमार्जित रहती थी, किन्तु वह देश–काल के अनुसार भाषा–व्यवहार करते थे। उनकी रामकथाएँ पश्चिम बंगाल तक में लोकप्रिय थीं।

डॉ. मानस विश्वास ने अपने छात्रों को भी रामकथा कहने की कार्यशालाएँ आयोजित की थीं। वह चाहते थे कि व्यास–परम्परा में नयी प्रतिभाएँ आयें और आज के पढ़े–लिखे लड़के इसे अपनायें। मानस विश्वास सहज–सुलभ व्यक्तित्व थे।

पं. मानस विश्वास के पिता का नाम पं. श्री रामचरण गोस्वामी एवं माता का नाम श्रीमती राजा बेटी गोस्वामी था। आपके गुरु का नाम श्री मानस मयंक खुरई वाले था। वे ही कथा के प्रेरणास्रोत थे। मानस विश्वास जी का जन्म 13 जुलाई 1937 को सिरसा, तहसील स्यौढ़ा, ज़िला दतिया (म.प्र.) में हुआ था। आपने अपने जीवन काल में लगभग 900 कार्यक्रम किये।

श्रीमती शान्ति देवी पाण्डेय 'मानस मन्दाकिनी'

श्रीमती शान्ति देवी पाण्डेय 'मानस मन्दाकिनी' की उपाधि से विभूषित हैं। वह सन्त शिरोमणि रामदास जी की शिष्या हैं। उन्होंने अपनी पहली रामकथा झाँसी में प्रस्तुत की थी। तब से लगातार अब तक वह एक हज़ार स्थानों पर अपनी कथा का विस्तार कर चुकी हैं। उनका जीवन भगवत् सेवा में समर्पित है। वह जनता जनार्दन में विश्वास करती हैं इसलिए रामकथा को अपनी भक्ति का आधार मानती हैं।

यद्यपि उनके गुरु ने उन्हें इस मार्ग पर बढ़ाया, लेकिन वह मानती हैं कि मानस–पाठ करते–करते ही उनके भीतर रामकथा कहने की प्रेरणा जाग्रत हुई। लगभग उसी तरह से जैसे राष्ट्रकवि मैथिलीशरण गुप्त ने अपने पिताश्री रामचरन जी गुप्त के निर्देशानुसार रामचरितमानस के 108 पाठ किये और पाठ करते–करते ही उनमें कविता रचने का स्रोत उमड़ पड़ा। इसलिए उन्होंने लिखा था–

राम तुम्हारा चरित्र स्वयं ही काव्य है–
कोई कवि बन जाये सहज सम्भाव्य है।

कुछ ऐसी ही प्रेरणा मानस–पाठ से 'मानस मन्दाकिनी' को प्राप्त हुई और वह व्यास–माला की रत्नावली की एक विशिष्ट रत्न बन कर चमकीं।

मानस मन्दाकिनी जी अपनी कथा संगीतमय ढंग से ही प्रस्तुत करती हैं। संगीत के अन्तर्गत वह मानस के दोहों–चौपाइयों का तो गायन करती ही हैं, विभिन्न कवियों द्वारा रचित–पदों को भी अपने गायन में समाहित कर लेती हैं।

उनकी कथा में अधिकतर पारिवारिक आदर्शों के सिद्धान्तों की चर्चा रामचरितमानस के पारिवारिक आदर्शों के आधार पर होती है। वह समाज को अपनी कथा के आधार से सन्देश देना चाहती हैं कि सामाजिक समरसता ही मानव जीवन का सार है और यह तभी आयेगी जब प्रत्येक मनुष्य प्रभु चरणों का आश्रय ग्रहण करे और धर्म के विहित मार्ग पर चलने का आधार बनाये।

आपकी माता का नाम श्रीमती माधव बेनी और पिता का नाम पं. श्री दीनदयाल दुबे है। आपका जन्मस्थान उदोतपुरा (भिण्ड) है। आपकी जन्मतिथि 1 जुलाई 1948 है।

आपका पता है–

शान्ति आश्रम, चिरगाँव, झाँसी (उ.प्र.)

मानस माधुरी मंशाजी

मानस माधुरी मंशाजी–यथानाम तथागुण हैं। वह सचमुच मानस को उसकी सम्पूर्णता में माधुर्य भाव के साथ प्रस्तुत करती हैं। उनके अभी तक पाँच सौ से ऊपर कार्यक्रम विभिन्न स्थानों पर सम्पन्न हो चुके हैं। उनके पिता ही उनके कथा–गुरु रहे हैं। इसलिए उन्हें व्यास पीठ परम्परा के रूप में ही प्राप्त हुई है।

मंशा जी की कथा रस प्रधान होती है, वह गायन–वादन के साथ कथा करती हैं। उनका कण्ठ मधुर है। वह अभी तक पाँच सौ से अधिक प्रवचन कर चुकी हैं। वह अपनी कथा को प्रसंगों और चरित्रों को विस्तार देने में माहिर कथाकार मानी जाती हैं। उनकी पहली कथा सहरसा (बिहार) में आयोजित की गयी थी, तब से वे विभिन्न प्रान्तों में कथा कर चुकी हैं।

मंशा जी अपने प्रवचन को सरस बनाने के लिए दृष्टान्तों का सहारा लेती हैं। वह दृष्टान्तों का चयन पौराणिक कथाओं से भी करती हैं, और आज की परिस्थितियों से भी दृष्टान्त चुनती हैं। उनका लक्ष्य रहता है कि वह कथा की प्रेषणीयता को बनाये रखें। वह लोक बोलियों की लोकगीत परम्परा से भी अपने लिए कुछ चुन लेती हैं। इससे कथा में जीवन की पुलक आ जाती है।

मंशा जी कथा में अधिकतर नारी–चरित्रों की गरिमा और उनकी आदर्श मर्यादाओं को केन्द्र बनाकर अपनी बात कहती हैं। मानस के नारी–चरित्र उन्हें आकर्षित करते हैं। वह इन चरित्रों की गहराई में उतरकर उनका विवेचन मधुरा शैली में करती हैं।

मंशा जी का जन्म ग्वालियर में 9 मार्च 1978 में हुआ है। आपके पिता का नाम श्री गोस्वामी रामस्वरूप जी उपमन्यु है। माता का नाम श्रीमती सरस्वती उपमन्यु है। आपके गुरु तुल्य पिताश्री ही रहे हैं।

आपका पता है–

खासगी बाज़ार, लक्ष्मीनारायण मन्दिर, लश्कर, ग्वालियर (म.प्र.)

ब्रजरसिक भागवताचार्य पं. जानकी वल्लभ शास्त्री

ब्रजरसिक भागवताचार्य पण्डित जानकी वल्लभ शास्त्री जी महाराज श्रीमद्भागवत महापुराण के साथ रामचरितमानस पर भी प्रवचन करते हैं। यह कहना असंगत न होगा कि शास्त्री जी अधिकतर रामकथा पर ही केन्द्रित रहते हैं। रामकथा व्यास डॉ. श्यामसुन्दर पाराशर उनके कथा–गुरु हैं। वह कथा को सरस और सहज ढंग से सम्प्रेषणीय बनाते हैं। वह कथा के बीच–बीच में गायन भी करते हैं, गायक मण्डली उनके साथ रहती है। लेकिन इसे यह न मान लिया जाये कि वह कथा का तात्विक विवेचन नहीं करते हैं। वह प्रसंगानुकूल कथा की गूढ़ व्याख्याएँ भी करते हैं। विशेष रूप से संस्कृत की सम्पुट में शब्दों की व्याख्या और शब्दों की व्युत्पत्ति भी देते रहते हैं।

शास्त्री जी सार्वजनिक सुलभ दृष्टान्तों को भी प्रस्तुत करते हैं। इस कारण उनकी कथा रंजन भी करती है और उपदेश भी देती है। समकालीन कथाकारों में उनका विशेष स्थान है।

शास्त्री जी की भाषा–शैली प्रवाहमय है। वह श्रोता को अपने साथ ले चलने की क्षमता रखते हैं। वह अपनी कथा में समकालीन सन्दर्भों की भी प्रस्तुति करते हैं। शास्त्री जी की कथाओं से नागर जनों के साथ–साथ लोकांचली जन भी प्रभावित होते हैं।

रामचरितमानस के भावुक प्रसंगों को वह बड़े ही प्रभावी ढंग से कहते हैं। यथा भरत–मिलाप, दशरथ–स्वर्गारोहण आदि। वह हनुमान चरित्र का भी ओजस्वी और भक्तिमय चित्रण करते हैं।

शास्त्री जी से कथा–परम्परा को बहुत आशाएँ हैं। पं. पाठक जी का जन्म भितखार ग्वालियर (म.प्र.) में हुआ। 14 मई 1982 आपकी जन्मतिथि है। आपके पिताश्री का नाम पं. वृन्दावन लाल जी पाठक और माताश्री का नाम श्रीमती सुखदेवी पाठक है। आप व्याकरणाचार्य की उपाधि से विभूषित हैं। आपके गुरु का नाम पं. कमल किशोर शास्त्री जी महाराज है। आपकी पहली कथा श्री कुंज वृन्दावन में हुई थी। तब से अब तक सैकड़ों कथाएँ हो चुकी हैं। अपने प्रवचनों को वह लेखबद्ध भी प्रकाशित कराते हैं।

आपका पता है–

खेड़ापति मुहल्ला खरैली घाट, वार्ड 14 भितखार, ग्वालियर (म.प्र.)

मानस माधुरी सुश्री दीपा भारती

संगीत में उच्च शिक्षा प्राप्त मानस माधुरी सुश्री दीपा भारती जी को 'सनातन धर्म प्रवक्ता' की उपाधि से विभूषित किया गया है। वह ठाकुर जी धारी महाराज की शिष्या हैं। वह अबतक सौ से अधिक स्थानों पर अपनी कथा प्रस्तुत कर चुकी हैं। भगवद्भक्ति पारायण मानस माधुरी जी 'सनातन धर्म' की विशद व्याख्या करनेवाली और वर्तमान में सनातन धर्म की रक्षा की ध्वजा धारण करनेवाली कथावाचिका हैं।

वह शास्त्रीय संगीत में निष्णात हैं। संगीत और वैदुष्य का अद्भुत संगम है–मानस माधुरी जी का व्यक्तित्व। वह अपनी कथा में संगीत का ख़ूब सहारा लेती हैं। उनकी संगीतमय कथा सुनने के लिए श्रोताओं का हुजूम उमड़ पड़ता है। वह रामचरितमानस की चौपाइयों को अनेक रागों में प्रस्तुत करती हैं।

मानस माधुरी जी अपनी कथा संगीतबद्ध तो कहती हैं, किन्तु वह कथा के तात्विक पक्ष पर भी ध्यान देती हैं। वह कथा–मर्म उद्घाटन करने में समर्थ व्यास हैं। इसलिए उनकी कथाएँ बौद्धिक पिपासा रखनेवाले श्रोता भी अपनी सन्तुष्टि प्राप्त करते हैं। वह कथा के बीच–बीच में दृष्टान्तों के माध्यम से भी कथा को सरस बनाती हैं इसलिए आबाल–वृद्ध उनकी कथा से प्रभावित होते हैं।

मानस माधुरी जी अच्छी लेखिका भी हैं। लगभग साठ लेख रामचरितमानस पर लिखे हैं। इन लेखों में उनकी चिन्तन शक्ति का अच्छा समाहार हुआ है। यह सोना में सुहागा ही कहा जायेगा कि मानस माधुरी संगीत गायन तथा कथा–कथन में पारंगत बहुआयामी व्यास हैं। वह अपनी कथा से लोकहित का संवद्ध 'न करती रहें।

आपके पिता का नाम पं. श्री रमाकान्त मिश्रा शास्त्री तथा माता का नाम श्रीमती कमला मिश्रा है। आपके गुरु का नाम स्वामी शतानन्द गिरि जी महाराज है। आप सनातन धर्म की प्रमुख प्रवक्ता हैं।

आपका पता है–

सनातन धर्म मन्दिर (प्रमुख पुजारी), लश्कर, ग्वालियर (म.प्र.)

पं. अवधेश मणि शाण्डिल

पं. अवधेश मणि शाण्डिल के पिताश्री का नाम पं. विजेन्द्र मणि शाण्डिल है। आपका जन्म 15 मई 1967 में हुआ। आपके गुरु डॉ. मदनमोहन मिश्र वाराणसी हैं। आपको कथा कहने की प्रेरणा अपने पिताश्री से प्राप्त हुई है। आप उच्च शिक्षित हैं। आपने परास्नातक तक शिक्षा ग्रहण की है, आपकी कथा व्यास–परम्परा वाराणसी के डॉ. मदन मोहन मिश्र के चरणचिह्नों का अनुसरण करनेवाली है। सिरजन आश्रम में आपकी प्रथम कथा हुई थी। अब तक लगभग पाँच सौ कथाएँ आपके श्रीमुख से श्रोता सुन चुके हैं।

पं. अवधेश जी गायन के साथ कथा करते हैं। कभी–कभी संगीत मण्डली भी साथ लेकर चलते हैं। वह कथा की सरस धारा के प्रवक्ता हैं। वह स्वयं छन्दबद्ध रचनाओं को गाकर प्रस्तुत करते हैं। गायन के कारण कथा की लोक प्रसिद्धि में चार चाँद लग जाते हैं। पण्डित जी का विश्वास है कि कथा प्रभु की आराधना का ही एक अंग है, इसलिए इसे आराधना की तरह ही लेना चाहिए, यह कोई व्यवसाय नहीं है।

पण्डित जी आधुनिक दृष्टि से भी अपनी कथा का विषय चयन करते हैं। वह परम्परित कथा के पक्षधर ज़रूर हैं, किन्तु समकालीन जीवन से निरपेक्ष नहीं हैं, इसलिए वह ऐसे प्रसंगों पर अधिक फोकस करते हैं, जो आज की ज़रूरत हैं। वह राम का चरित्रांकन करते हुए उनकी राष्ट्रभक्ति और उनके मातृभूमि के प्रति किये गये प्रेम की चर्चा ज़रूर करते हैं। इस रूप में श्रीराम का शील, सौन्दर्य और पराक्रम राष्ट्र का ही प्रतीक है। वह चौदह वर्ष की अपनी वन–यात्रा में जैसे अपने राष्ट्र की ही आत्मा की तलाश में संलग्न रहते हैं। वह इस देश की पग–पग यात्रा नापते हैं, और उत्तर से दक्षिण तक एकात्म्य भाव को जाग्रत करते हैं। पण्डित जी का चिन्तन आधुनिक है, इसलिए वह कथा में आधुनिकता बोध भी जगाते हैं।

पण्डित जी ने अपना आश्रम बनाया है। यह आश्रम 'सिरजन आश्रम' कहलाता है। यह गौरी बाज़ार देवरिया में है।

प्रस्तुति : पं. वीरेन्द्र शर्मा कौशिक

पं. अरुण कुमार गोस्वामी

पं. अरुण कुमार गोस्वामी का जन्म 12 मार्च 1964 को हुआ था। इनके पिताश्री का नाम पं. रामप्रसाद गोस्वामी है। इनके गुरु डॉ. रामाधार शर्मा, विद्यावाचस्पति हैं। इनकी शिक्षा आठवीं कक्षा तक है। पहली कथा इन्होंने वियादिन में की थी। फिर तो कथा कहने का जो प्रवाह चला तो अनवरत आज तक चल रहा है। अब तक इनके 1200 से अधिक कथा–आयोजन हो चुके हैं। आपको कथा कहने की प्रेरणा श्री पाण्डेय जी महाराज, साला, ज़िला रीवा (म.प्र.) से प्राप्त हुई है। श्री पाण्डेय जी रामचरितमानस के अच्छे गायक हैं।

श्री अरुण कुमार भी अपनी कथा कवित्त–सवैयों, दोहों–चौपाइयों से सजाते–सँवारते हैं। आपका कण्ठ और उच्चारण अच्छा है इसलिए आपकी कथा में मधुरता का पुट रहता है। बीच–बीच में दृष्टान्त शैली का भी आप प्रयोग करते हैं। आपका गद्य भी अच्छा है इसलिए आपकी कथा में सम्प्रेषणीयता बनी रहती है।

पं. अरुण कुमार को मानस के सभी प्रसंगों में रुचि है। वह अपने प्रवचनों में प्रसंगानुकूल भावना की भूमिका प्रारम्भिक चरण में विभिन्न दृष्टान्तों के माध्यम से बाँधते हैं, फिर वह अपने इष्ट प्रसंग पर केन्द्रित

होते हैं। वह प्रसंग में से प्रसंग निकालते चलते हैं। कभी–कभी अन्य कथाओं से भी प्रसंगों की अवधारणा कर लेते हैं। एक तरह से वह प्रसंग गुच्छ निर्मित करते हैं। इस प्रसंग गुच्छ में एकसूत्रता निहित रहती है।

पण्डित जी की दृष्टि में राम–विवाह प्रसंग रामचरितमानस में एक अनूठा प्रसंग है। इस प्रसंग में गोस्वामी तुलसीदास ने लोक जीवन के अनेक दृश्य प्रस्तुत किये हैं। नेग–जोग, खान–पान का बड़ा ही सुहावना वर्णन राम जी के विवाह का है। इस प्रसंग की लोक व्याप्ति के कारण ही पण्डित जी को इस प्रसंग पर प्रवचन करने में आनन्द की अनुभूति होती है। पण्डित जी की कथा सुनने दूर–दूर से लोग एकत्रित होते हैं। इनमें गाँव–देहातों से भी लोग रहते हैं, उनके निमित्त राम–विवाह को पण्डित जी लोक शैली में प्रस्तुत करते हैं।

वर्तमान में पण्डित जी नयी बस्ती, खजूर बाग, झाँसी में अपना निवास बनाये हैं।

पं. श्री सत्यपाल शर्मा

पं. श्री सत्यपाल शर्मा के गुरु श्री रामदुलारे शरण जी हैं। शरण जी महाराज अयोध्या में निवासित हैं। श्री सत्यपाल जी के रामकथा के प्रेरणास्रोत श्री हनुमान जी महाराज हैं, 'सकल सिद्धि नवनिधि के दाता' के रूप में हनुमान जी महाराज को वह मानते हैं, उनकी कृपा ही पण्डित जी पर है। पण्डित जी की पहली कथा सेमरी महाराज में हुई थी। तब से लगातार अब तक छह सौ से अधिक स्थानों पर पण्डित जी अपनी कथाएँ कर चुके हैं। पण्डित जी की शिक्षा इंटरमीडिएट तक है। उनका जन्म 18 मार्च सन् 1970 में हुआ था। इन्हें बचपन से ही रामकथा में रुचि थी।

पण्डित जी संगीत के साथ तथा बिना संगीत के भी कथा करते हैं। संगीत में वह स्वयं अच्छे गायक हैं। पद और कीर्तन वह अच्छी तरह से गाते हैं। श्रोताओं को बाँधने के लिए वह दृष्टान्त भी कथा के बीच–बीच में प्रस्तुत करते हैं। अन्य कथाओं से भी प्रसंग उठाते हैं किन्तु केन्द्रीय कथा केवल रामचरितमानस की ही रहती है। वह विद्वान व्यक्ति हैं, इसलिए व्यास शैली में कथा करते हैं।

राम की कथा तो प्रत्येक ओर से मिठास से भरी है। रामकथा शक्कर की रोटी है, जिस तरफ़ भी आप स्वाद लेंगे उस तरफ़ से वह मीठी लगेगी। इसी तरह रामकथा के प्रसंग भी हैं। जिस कथा को उठा लें वही सुहावनी लगने लगती है। पण्डित जी ने बताया कि उन्हें 'रामवनगमन' की कथा का प्रसंग प्रिय है। इस प्रसंग में अनेक भावों का उतार–चढ़ाव है जो श्रोताओं के हृदय को मथ देता है। कर्त्तव्यपरायणता के साथ के दृश्य भी हृदय पिघला देते हैं। दशरथ जी का मरण और राम जी का वन–प्रस्थान महाभयंकर रात्रि जैसे अयोध्या पर उतर आयी थी। यह मानव जीवन का यथार्थ है। इस रात्रि से सबको एक–न–एक दिन गुज़रना पड़ता है। तुलसीदास ने जिस भाव की गहराई में डूबकर इस प्रसंग को रचा है, पण्डित जी भी उसी भाव को छूने का प्रयत्न करते हैं। उनके मुख से इस कथा को सुनकर अनेक लोग अपनी आँखों में आँसू भर लेते हैं। यही तो कथा सुनने और कहने की सच्ची भाव–भूमि है।

वह आज भी गाँव की सहजता और सादगी को जीवित रखें हैं।

पण्डित जी का स्थायी पता है–

मु. पो. सेमरी चिरगाँव, झाँसी (उ.प्र.)

पं. राम जीवन पस्तोर

पं. राम जीवन पस्तोर का जन्म 1 जुलाई 1971 को मदरवास में हुआ था। इनके पिता का नाम पण्डित श्री दुर्गाप्रसाद पस्तोर और माता का नाम श्रीमती मिथला देवी है। पण्डित जी के गुरु पण्डित श्री सुन्दर लाल रिछारिया जी हैं। आपको रामकथा के प्रति प्रेरित करने वाले हैं पण्डित डॉ. गदाधर भट्ट। आप गोलोकवासी जगद्‌गुरु हर्षाचार्य जी महाराज की कथा व्यास–परम्परा के अनुगामी हैं। आपकी प्रथम कथा रोढ़ी, फतेहपुर, ज़िला झाँसी में हुई थी। इसके बाद जो कथाओं का सिलसिला चला तो आज तक अनगिनत कथाएँ हो गयी हैं।

आप तात्विक विवेचन के साथ कथा में जन–रंजन का विशेष ध्यान रखते हैं। आप मानते हैं कि श्रोताओं में सब श्रेणियों के श्रोता रहते हैं। उन सबका ध्यान कथावाचक को रखना पड़ता है, इसलिए कथावाचक को सदैव अपनी कथा को इस तरह से प्रस्तुत करना चाहिए कि सभी जन उसका आनन्द ले सकें। आपका प्रयास यही रहता है कि श्रोताओं के सभी वर्गों को सन्तुष्ट कर सकें।

पण्डित राम जीवन पस्तोर कुछ चयनित प्रसंगों की मधुर व्याख्या करते हैं। वे भरत के चरित्र पर मुग्ध हैं। वह कहते हैं कि मैं तो भरत को धर्म का अवतार ही मानता हूँ। मानस में कहा गया है– 'जो न होत जग जनम भरत को। सफल धरमधुर धरनि धरत को'– इसी चौपाई पर केन्द्रित होकर पण्डित जी भरत के चरित्र की गहन व्याख्या करते हैं। वह भरत को धर्म का अवतार स्पष्ट करते हैं। इस रूप में मानस का धर्माचरण भरत में ही समाया हुआ है। भरत के चरित्र को पण्डित जी बहुत भावुक होकर मंच से प्रस्तुत करते हैं। वह कभी–कभी अपनी कथा में श्रोताओं को गहरे विषाद में डुबाकर उन्हें आँसू बहाने के लिए मजबूर कर देते हैं।

पण्डित जी ने अपना मुख्यालय अपने गाँव में ही बनाया है। वह अपनी कथा का स्थान ये सोचकर नहीं चुनते कि उनकी सुविधाएँ कैसी हैं। वह अपने जीवन में सात्विक विचारों वाले और श्रोताओं से घुल–मिल जाने वाले हैं। उनमें अहंकार का लेशमात्र भी नहीं है।

अपका पता है–

ग्राम मदरवास, पोस्ट बेखई, तहसील मऊरानीपुर, ज़िला झाँसी

पं. सुन्दरलाल रिछारिया

श्री गया प्रसाद जी बिदुआ के शिष्य एवं श्री गोकुलचन्द रिछारिया के सुपुत्र श्री सुन्दरलाल रिछारिया का जन्म 4 सितम्बर 1955 को सुहागपुरा झाँसी में हुआ है। उन्होंने मध्यमा तक शिक्षा प्राप्त की है। उनके ऊपर गोलोकवासी जगद्‌गुरु हर्षाचार्य जी महाराज की कृपा थी। अपनी कथा का प्रारम्भ उन्होंने हर्षाचार्य जी महाराज के संरक्षण में उन्हीं की प्रेरणा से किया था। सुन्दरलाल जी महाराज की प्रथम कथा का आयोजन श्रीराम की वासस्थली चित्रकूट से हुआ था। रामघाट पर उन्होंने अपनी पहली कथा का विस्तार किया था। उस समय पण्डित जी की कथा से श्रोता प्रसन्न हुए थे। इनका उत्साह फिर निरन्तर बढ़ता रहा और अब तक पण्डित जी की अनेकानेक कथाएँ हो चुकी हैं।

पण्डित जी अपनी कथा तात्विक विवेचना के माध्यम से करते हैं, इसलिए इनकी कथा विवरणात्मक रूप से प्रसंगों को विस्तार देनेवाली तो है, किन्तु वह अपनी कथा में ऐसे स्थल तलाश लेते हैं, जहाँ कुछ गूढ़ता निहित हो। पण्डित जी दोहा–चौपाइयाँ सस्वर सुनाते हैं। ज़रूरत पड़ने पर संगीत का साथ भी ले लेते हैं। रामचरितमानस के अधिकांश प्रसंग पण्डित जी को कण्ठस्थ हैं और वह मनोयोग के साथ इन्हें सुनाते भी हैं।

पण्डित जी पर हनुमत लाल की कृपा है। इसलिए वह हनुमान जी की शरण में सदैव रहते हैं। वह हनुमत चरित्र–चित्रण में भी बेजोड़ हैं। हनुमान जी की भक्ति आराधना और समर्पण की तो चर्चा करते ही हैं। हनुमान जी का बल–पराक्रम और हनुमान जी की सूझ–बूझ का वह मनोहारी और सूक्ष्म वर्णन करते हैं। दरअसल वह कथा के शक्ति केन्द्र हनुमान को ही मानते हैं यद्यपि हनुमान जी तो यह मानते हैं–जो कुछ भी बल–पराक्रम है–वह रघुनाथ जी का ही दिया हुआ है। अंजनी नन्दन जी की प्रार्थना वह सुरीले कण्ठ से करते हैं।

पण्डित श्री रिछारिया जी अपने ग्राम में ही निवासरत हैं। वह चटक–मटक और तड़क–भड़क में विश्वास नहीं करते हैं। सीधे–सच्चे भाव के भूखे रहते हैं। इसी भाव को वह जहाँ पाते, वहाँ अपनी कथा कहते हैं। उनकी कथा सुनने हज़ारों नर–नारी, युवा–बाल इकट्ठे हो जाते हैं। पण्डित जी इसी तरह से आगे बढ़ते हैं।

श्रीमती अखिलेश्वरी देवी

स्वामी रामस्वरूपाचार्य जी महाराज चित्रकूट की शिष्या श्रीमती अखिलेश्वरी देवी, श्रीमती नीलम गायत्री की कथा–शैली से प्रभावित हैं। उन्होंने बी.ए. तक शिक्षा ग्रहण की है। उनके पिता पण्डित श्यामसुन्दर शर्मा विद्वान व्यक्ति हैं, उनकी छत्रछाया में ही अखिलेश्वरी जी का बचपन अपने भीतर रामकथा के बीज पल्लवित करने की ओर उन्मुख हुआ। उनकी पहली रामकथा–धुरट (हनुमान मन्दिर) में हुई थी, तब से उन पर हनुमान महाराज की कृपा है। इसके बाद वह लगातार कथा करती रही हैं। आज तक वह तीन सौ से अधिक कथाएँ कर चुकी हैं।

श्रीमती अखिलेश्वरी जी की गहरी रुचि साहित्य में है। इसलिए उनके पास भाषा का अच्छा वैभव है। वह लोक जीवन की भाषा से लेकर साहित्यिक भाषा तक के शब्दों का सफ़र अपने प्रवचनों में तय करती हैं। वह पदों और कीर्तन का गायन भी अपने प्रवचनों में करती हैं। इस रूप में उनकी कथा जहाँ तात्विक विमर्श–वाली होती है, वहीं वह सरस शैली में अपने श्रोताओं को बहा लेनेवाली भी है। उनके प्रवचनों का सार–संक्षिप्त संकलन भी प्रकाशित हुआ है।

अखिलेश्वरी जी की कथा में वैसे तो सभी प्रसंगों का समावेश कथा के दिवस क्रम से होता है और वह प्रतिदिन के प्रसंगों को रुचि के साथ प्रस्तुत करती हैं, किन्तु वह मानस के विवाह प्रसंगों से अधिक प्रभावित हैं, उन्हें अपनी गहरी भावुकता के साथ प्रस्तुत करती हैं। इन विवाहों में शिव विवाह और राम विवाह महत्त्वपूर्ण हैं। विवाहों का विस्तार से वर्णन करने–वाली अखिलेश्वरी देवी कभी–कभी लोकगीतों के माध्यम से भी विवाह की रस्मों को साकार करती हैं। उनकी कथा में उत्सव जैसा वातावरण बना रहता है।

अखिलेश्वरी जी का निवास उनका गाँव ही है यद्यपि वह सदैव यात्राशील रहती हैं, और स्थान–स्थान पर कथा कहती रहती हैं इसलिए वह अपने स्थायी आवास पर कम ही रह पाती हैं।

आपका स्थायी आवास है–

मु.पो. एटा, ज़िला जालौन (उ.प्र.)

श्रीमती रश्मि रामायणी

श्रीमती रश्मि रामायणी की रामकथा के लिए प्रेरणा स्रोत सुप्रसिद्ध कथावाचिका श्रीमती नीलम गायत्री जी रही हैं। उनके गुरु हैं–स्वामी नित्यगोपाल दास जी महाराज, अयोध्या। अपने गुरु से उन्होंने कथा कहने की शैली प्राप्त की है। श्रीमती रश्मि रामायणी के पिता पण्डित विश्वनाथ शर्मा स्वयं एक अच्छे विद्वान हैं, इसलिए श्रीमती रश्मि जी को पिताजी से भी परम्परा का अवलम्बन मिला है।

रश्मि जी का स्थायी निवास ग्राम पोस्ट–लखवती गुरसराय (झाँसी) में है। वह ग्रामीण जीवन में रची पगी रही हैं इसलिए रामकथा के प्रति अनुराग उन्हें बचपन में ही हो गया था। जब वह घर–परिवार और गाँव में मानस–पाठ में भाग लेती थीं तब उनकी रुचि श्री राम चरणाविन्द में अपने को समर्पित करने में बढ़ने लगी, उन्हें अपने परिवार से भी इस मार्ग पर चलने की जैसे अनुमति मिल गयी थी। वह रामकथा में दक्ष होने लगीं। मानस के अनेक पारायण करने के बाद उन्हें लगा कि अब उन पर राम कृपा कर रहे हैं। तब उन्होंने एट में अपनी पहली रामकथा की।

वह गाती भी अच्छा हैं, इसलिए उनकी रामकथा संगीत से अछूती नहीं है। संगीत के कारण उनकी कथा में सरसता हिल्लोलित होने लगती है। जब उनसे जानना चाहा कि उन्हें मानस का कौन–सा प्रसंग सर्वाधिक प्रभावित करता है, तब उन्होंने कहा कि उन्हें तो सभी चरित्र प्रभावित करते हैं लेकिन मैं मानस के उन गौण चरित्रों से अधिक प्रभावित हूँ जो कथा प्रवाह आगे बढ़ाते हैं, किन्तु वे मुखर अधिक नहीं होते, ऐसे अनेक नारी चरित्र मानस में हैं, उनमें से सुमित्रा ऐसा चरित्र है, जो अपने अधिक मौन में भी प्रभावशाली है। अपने पुत्र को वनवास के लिए राम के साथ भेजने में वह तनिक भी विलम्ब नहीं लगाती हैं। यद्यपि कथा में सुमित्रा के चरित्र को कहने के अधिक अवसर नहीं हैं, किन्तु उन्हें इस चरित्र से प्रीति है।

अब तक रश्मि जी की अनेक कथाएँ हो चुकी हैं। वह अपने श्रोताओं में सहज ही उपलब्ध रहती हैं। समाज में रामकथा को विस्तार देना ही उनका उद्देश्य है।

सुश्री मन्दाकिनी

ग्राम खलार, पोस्ट करगुँवा खुर्द, तहसील टहरौली, ज़िला झाँसी में जन्म लेनेवाली सुश्री मन्दाकिनी जन्म से ही जैसे प्रतिभावान थीं। वह एक ग्राम में बचपन व्यतीत करके अपने विद्याध्ययन के लिए अनेक स्थानों पर गयीं। उन्होंने स्नातक स्तर तक शिक्षा ग्रहण की। उनके माता–पिता श्री शिवकुमार यादव और श्रीमती कुसुम यादव ने उन्हें संस्कारी कन्या की तरह पाला–पोसा, अपने माता–पिता के ममतामय सान्निध्य ने ही उन्हें वह प्रेरणा दी कि वह रामकथा की प्रवाचक बन गयीं।

वैसे उनके कथा–गुरु श्री रामेश्वरदास जी महाराज हैं। उन्होंने ही इन्हें कथा करने की ओर प्रवृत्त किया और कथा–कथन के गुणों से परिचित कराया। यद्यपि मन्दाकिनी जी मानती हैं कि उनके मन में कथा कहने की तीव्र लालसा बचपन से जाग गयी थी, जो अनुकूल जनों और अनुकूल वातावारण पाते ही बीज से वृक्ष बन गयी। उन्होंने पहली कथा अपनी जन्मभूमि से ही प्रारम्भ की थी। उन्हें अपनी जन्मभूमि से ही अपार सहयोग मिला। उनका उत्साहवर्धन हुआ, और आज वह व्यास–परम्परा के क्षेत्र में अपने गाँव का नाम उजागर कर रही हैं।

मन्दाकिनी जी ने बताया कि उन्हें 'सीता स्वयंवर' प्रसंग अधिक रुचिकर लगता है। जब वह बचपन में गाँवों में होनेवाली रामलीला देखती थीं तब उन्हें रामलीला के सभी प्रसंग आकर्षित करते थे, किन्तु सीता स्वयंवर देखकर वह बहुत प्रसन्न होती थीं। विवाह का उत्सव उन्हें आनन्द में डुबा देता था। रामलीला मण्डलियों में यह धनुषयज्ञ से लेकर सीता की विदाई तक जो अनेक भावनाओं को उभारने वाले दृश्य चलते हैं, वह बहुत आकर्षित करते हैं। इसका एक कारण यह भी है कि सीता स्वयंवर में लोक संस्कृति के अनेक पक्ष हैं। मन्दाकिनी जी का मन लोक संस्कृति से ही बना है। उन्हें लोकगीत और लोककथाएँ आती हैं। अपने इस लोक ज्ञान का वह भरपूर उपयोग करती हैं। और कथा को रोचक बनाती हैं।

मन्दाकिनी जी ने कोई आश्रम नहीं बनाया है। वह कथा करने में ही यात्रारत रहती हैं। उन्हें श्रोताओं का भरपूर प्रेम मिलता रहता है, इसलिए उन्होंने आश्रम बनाने का कभी सोचा भी नहीं। भविष्य में यदि कभी मन बना तो आश्रम बना भी सकती हैं।

श्रीमती योगेश्वरी देवी

महन्त श्री विश्वभूषण दास चिरगाँव की शिष्या श्रीमती योगेश्वरी देवी ने अपनी औपचारिक शिक्षा स्नातक तक प्राप्त की है। पण्डित रामशरण जी की सुपुत्री योगेश्वरी जी के कथा–व्यास बनाने के प्रेरणास्रोत उनके पतिदेव रहे हैं। उनकी प्रथम कथा का आयोजन उरई में हुआ था। तब से लेकर अब तक वह तीन सौ से अधिक कथाएँ कर चुकी हैं। वह अपनी कथा के माध्यम से रामकथा के प्रति जन–जागरण तो कर ही रही हैं। वह राम की जन–जन में रमी छवि को भी अपनी कथा के माध्यम से स्वयं जानना चाहती हैं क्योंकि वह मानती हैं कि–

सीय राम मय सब जग जानी। करऊँ प्रनाम जोर जुग पानी।

राम की कथा जैसे वह राम रूपमय जनता को ही सुनाती हैं।

योगेश्वरी जी को सीता का चरित्र सर्वोपरि प्रिय है–वह मानती हैं कि भले मानस रामचरित को लेकर रची गयी हो, किन्तु मानस की असल शक्ति तो सीता ही हैं। सीता के कारण ही मानस का समुच्चयकारी दर्शन आकार पा सका है। सीता ही एक ऐसा चरित्र है, जो भारत की नारी को आदर्श बना सकता है, यदि नारी सीता बन जायें तो देश अपनी खोयी कीर्ति को प्राप्त कर सकता है, सीता ही राम हैं–और राम ही सीता हैं–**"बन्दऊँ सीता राम पद जिनहिं परम प्रिय खिन्न"** सीताराम एक–दूसरे से अभिन्न नहीं हैं। इस रूप में सीता का गुणगान भी प्रकारान्तर से राम का ही गुणगान हैं।

योगेश्वरी जी की कथा विवरणपरक है। वह प्रत्येक प्रसंग और प्रत्येक चरित्र का विवरण देते हुए उसके उत्कर्ष की ओर अग्रसर होती हैं। इस बीच चरित्र के संघर्ष और घटना के उद्वेलन को जब वह अपने शब्दों में बाँधती हैं तो प्रवचन भाव विचार और भक्ति के सागर में लहराते हुए सम्पन्न होने लगता है।

वह सहज सरल जीवन पद्धति को अपनानेवाली कथावाचिका हैं। वह रनेहमयी ममतामयी और कृपामयी हैं। उनका प्रभाव उनकी शिष्य मण्डली पर रहता है। वह अधिकतर लोक क्षेत्र में ही अपनी कथाएँ करती हैं। वह मानती हैं कि जिन्हें कथा की ज़रूरत है वे ही कथा सुनने के अधिकारी हैं। ऐसे कथा अधिकारी को वह कथा सुनाकर सन्तुष्ट होती हैं।

श्रीमती नीलम गायत्री

श्रीमती नीलम के व्यास–गुरु धर्मचक्रवर्ती श्री श्री 1008 श्री जगद्गुरु रामानन्दाचार्य स्वामी रामभद्राचार्य जी हैं। स्वामी रामभद्राचार्य के सान्निध्य में नीलम जी ने मानस का अध्ययन किया एवं उन्हीं की वाणी का आश्रय लेकर वह कथा–पीठिका पर बैठकर कथा का गायन करती हैं। स्वामी रामभद्राचार्य स्वयं विद्वान एवं व्यास–परम्परा के स्वनामधन्य व्याख्याता हैं इसलिए नीलम जी ने एक सुयोग्य गुरु के संरक्षण में अपनी मानस–यात्रा प्रारम्भ की, यह उनके लिए गौरव की बात है।

श्रीमती नीलम की प्रथम कथा क़िले के पास झाँसी में हुई, तब से वह निरन्तर इस दिशा में आगे बढ़ रही हैं। वह यह मानती हैं कि उनके पिता श्री रामशरण शर्मा ही वह व्यक्ति हैं,जिन्होंने उन्हें व्यास–परम्परा में अग्रसर होने की प्रेरणा प्रदान की। अभी तक उनकी विभिन्न स्थानों पर 2,500 कथाएँ सम्पन्न हो चुकी हैं। वह रामचरितमानस के प्रायः सभी प्रसंगों और चरित्रों पर बोलती हैं, किन्तु वह भरत चरित्र पर अधिक मुग्ध हैं। उन्हें भरत के चरित्र में भक्ति, त्याग, सेवा, संघर्ष, धैर्य जैसे गुण सदैव आकर्षित करते रहे हैं। वह भरत को मानस का प्राणतत्त्व मानती हैं और कहती हैं कि भरत के समान और कौन है। जिन राम को संसार भजता है–वे राम भरत को भजते हैं। तुलसीदास ने ज्ञान, वैराग्य और भक्ति को यदि कहीं एकत्रित किया है तो वह भरत चरित्र ही है।

नीलम जी ने चित्रकूट में अपना आश्रम बनाया है। उनके आश्रम का नाम है–धनंजय आश्रम। ये आश्रम जानकी कुण्ड के पास है। वहीं निवास करके वह अपनी शिष्य मण्डली को सम्बोधित करती हैं। अक्सर वह अपने प्रवचनों हेतु बाहर जाती रहती हैं लेकिन उनके आने–जाने से आश्रम की गतिविधियाँ प्रभावित नहीं होती हैं।

बाबा रामदास रामायणी

बाबा रामदास जी रामायणी की प्रथम कथा प्रयाग माघ मेला में आयोजित हुई थी। वह अब तक अनेक जगह अपनी कथाएँ सम्पन्न कर चुके हैं। उनके गुरु श्री रामदास जी ब्रह्मचारी हैं। वह कथा व्यास–परम्परा में स्वामी करपात्री जी से प्रभावित हैं। बाबा रामदास जी संगीतमय कथा नहीं करते हैं। यह अलग प्रसंग है कि वह कभी–कभी अपनी शैली में ही दोहा–चौपाइयों का गायन कर लेते हैं।

बाबा जी का मुख्य लक्ष्य कथा के तात्विक विवेचन का है। वह कथा के जो निगूढ़ तत्त्व हैं उनकी ओर ही अधिक संकेत करते हैं। अधिकतर वह अपनी कथा के लिए रामचरितमानस के प्रसंग चयन करते हैं जो मीमांसा की दरकार रखते हैं। उन्हें इन प्रसंगों में चित्रकूट में भरत प्रसंग सर्वप्रिय है। विशेष रूप से भरत के तर्कों की वह बड़ी सहृदय विवेचना करते हैं। चित्रकूट के सभा–स्थल में जो वाग्धारा बही थी, वे उसमें स्नात होनेवाले व्यास हैं। वह अपने श्रोताओं को इस प्रसंग का आख्यान करते हुए उन्हें मन्त्रमुग्ध कर देते हैं।

वह 'तुलसी चेतना' पत्रिका में अपने विचार प्रस्तुत करते रहते हैं। उनकी भाषा सधुक्कड़ी होते हुए भी गम्भीर विश्लेषण की क्षमता रखती है। वह कभी–कभी अपने श्रोताओं को लोक बोली में भी सम्बोधित कर देते हैं। यह उनकी ख़ास विशेषता है कि वह संगीत का सहारा न लेकर भी कथा की सरसता को बनाये रखते हैं।

बाबा जी ने मऊरानी में अपना स्थायी आश्रम बनाया है जहाँ वह पठन–पाठन में संलग्न रहकर आगन्तुकों का स्वागत अपने मधुर स्वभाव के अनुकूल करते हैं। उनका लक्ष्य है कि रामकथा जन–जन तक पहुँचनी चाहिए। उसके नये–नये अर्थ तलाशे जाने चाहिए।

आचार्य अमरनाथ दीक्षक

आचार्य दीक्षक का जन्म 10 जनवरी 1959 को हुआ। आपके पिता का नाम स्व. श्री भक्त भगवत गिरिदीक्षक और माता का नाम स्व. श्रीमती रुद्रादेवी था। आपके उपनाम हैं–मधुर गिरि मानस अमर गिरिजी। आपको विद्वान पिता का संरक्षण प्राप्त हुआ। पारिवारिक वातावरण में धार्मिक संस्कार थे। अतः बचपन से ही कथावार्ता में रुचि रही।

आपकी शिक्षा एम.ए., बी.एड. है। आप राजकीय इंटर कालेज समथर में शिक्षकीय कार्य में संलग्न रहते हुए कथा–प्रवचन हेतु भी अवसर निकाल लेते हैं। आपकी अभिरुचि पुराण और मानस प्रवचन में है। ज्योतिष, कर्मकाण्ड आदि के प्रति भी आप समर्पित विद्वान हैं।

पं. दीक्षक को रामकथा में 'रामराज' की परिकल्पना राज्य की आदर्श परिकल्पना प्रतीत होती है। वह राम को देव संस्कृति का प्रतीक मानते हैं। और मानवीय क्षमताओं को दैवी क्षमताओं तक विकसित करने के लिए वह राम को आदर्श पुरुष मानते हैं। वह रावण को राक्षसीय प्रवृत्तियों का प्रतिनिधि मानते हुए उसके भी आचरण की चर्चा करते हैं। यह द्वन्द्व हमारी आन्तरिक प्रवृत्तियों का द्वन्द्व भी है। पं. दीक्षक के रामकथा विषयक व्याख्यान तत्त्व चिन्तन परक होते हैं। वह मानस के आधार व्यक्ति और समाज के भीतर की अन्तःप्रवृत्ति की चर्चा करते हैं। वह यथावसर अपने प्रवचनों में गायन का भी प्रयोग करते हैं।

पं. दीक्षक को अनेक सम्मान प्राप्त हुए हैं। 'मानस मधुर', संस्कृत प्रबोध, धर्मरत्न, विद्यावारिधि, सुकवि आदि इनमें प्रमुख हैं। आप स्वयं कवि भी हैं, इसलिए वह प्रवचनों में अपनी कविताओं का भी प्रयोग करते हैं। उनकी कविताएँ आकाशवाणी से भी प्रसारित होती हैं। मानस सम्मेलन और सभाओं का आयोजन भी

करते रहते हैं। आपकी प्रकाशित पुस्तकें–'अमृत कलश', 'अमर नैतिक शिक्षा', 'कृष्ण की करुणा' आदि हैं। आप पत्र–पत्रिकाओं का भी सम्पादन करते रहे हैं।

आपका वर्तमान पता है–

योगाश्रम, रूराजती, पोस्ट शहजादपुरा, ज़िला जालौन (उ.प्र.)

श्रीमद्भागवतभूषण जी महाराज पं. श्री कृपाचार्य जी

पण्डित कृपाचार्य के पिता का नाम पण्डित गोपाल प्रसाद मिश्र है। आप श्री राघवेन्द्राचार्य महाराज के शिष्य हैं। आपके कथा प्रेरक श्री मधुसूदनाचार्य जी महाराज, अयोध्या हैं। आप अपने गुरुतुल्य जनों के सान्निध्य से ही प्रवचनों में पारंगत हुए हैं। आपका जन्म 15 फ़रवरी 1945 को हुआ था।

आपकी रुचि बचपन से भगवद्भक्ति में थी और सदैव सत्संग की खोज में रहते थे। अयोध्या, काशी, वृन्दावन आदि क्षेत्रों में भ्रमण करते हुए आपने रामचरितमानस पर अपने को केन्द्रित किया। आप श्रीमद्भागवत और रामचरितमानस पर प्रवचन करने में समर्थ हैं।

आपको रामचरितमानस का केवट प्रसंग प्रिय है। वह कहते हैं–भगवान स्वयं भक्त के सामने पराधीन हो जाते हैं। जबकि भगवान हमेशा स्वतन्त्र हैं। फिर भी भगवान इस प्रकार झुक जाते हैं कि जैसे वृक्ष की डाली फलों के भार से झुक जाती है। भगवान हनुमत लाल के सामने झुक गये थे।

सुनु कपि तोहि समान उपकारी। नहिं कोऊ सुर नर मुनि तनुधारी।।
प्रति उपकार करों का तोरा। सन्मुख होई न सकत मन मोरा।।
सुनु सुत तोहि उरिन मैं नाहीं। देखेऊँ कर विचार मन माँहीं।।

इस प्रेमालाप का मर्म बहुत गहन है। प्रभु का यही संकल्प है कि जो उनका हो जाता है, तब वे उसे बड़ा बना देते हैं।

पण्डित कृपाचार्य जी की प्रवचन शैली सर्वबोधी है। वह मानस की दोहा–चौपाइयाँ गाकर सुनाते हैं। लोककथाओं और विभिन्न ग्रन्थों के दृष्टान्त सुनाकर वह अपने प्रतिपाद्य को पुष्ट करते हैं। पण्डित जी सहज–सरल स्वभाव वाले हैं। आप दमोह के प्राचीन देव स्थान श्री देव श्यामलाधीश, प्यासी मन्दिर में निवास करते हैं। यहीं रहकर आप भगवत् भजन करते हुए श्रोताओं को कथा का उपदेश करते रहते हैं। जब कहीं से प्रवचन हेतु आमन्त्रण आता है, तब कथा करने हेतु भ्रमणशील हो जाते हैं।

पण्डित जी के शिष्यवृन्द एवं श्रद्धालु जनों की संख्या बहुत है। ये लोग ही पण्डित जी को सदैव कथा करने के लिए प्रेरित करते रहते हैं, अन्यथा पण्डित जी तो भगवद् भक्ति में ही रमे रहते हैं।

आपका पता है–

श्री देव श्यामलाधीश, प्यासी मन्दिर, दमोह (म.प्र.)

पं. श्री गणेश प्रसाद पाठक

पण्डित पाठक का जन्म बेलखेड़ी (आँजनी) ज़िला दमोह में 28 जुलाई 1949 को हुआ था। आपके पिता का नाम स्व. श्री गोपाल प्रसाद पाठक तथा माता का नाम श्रीमती केशर बाई पाठक था। पण्डित पाठक की

शिक्षा अपने ग्राम और नज़दीक के क़स्बे में हुई। एक कर्मकाण्डी परिवार में जन्म लेने के कारण बचपन से ही आप पर धार्मिक और आध्यात्मिक विचारों का प्रभाव था। आप अपने स्वाध्याय और सत्संग के बल पर ही अपनी यात्रा आगे बढ़ाते रहे और मानस प्रवचनकार के रूप में प्रतिष्ठा अर्जित करते रहे।

आपने रामकथा पर प्रवचन सन् 1977 से प्रारम्भ किये हैं। आप संगीतमय रामकथा करते हैं। सुगम और लोकशैली में आपका गायन श्रोताओं का मन मोह लेता है। आपके प्रवचन सरस और तात्विक विश्लेषण प्रधान होते हैं। आपको मानस की अर्द्धाली **"रामहिं केवल प्रेम पियारा। जानि लेउ जो जाननिहारा।।"** अत्यन्त पसन्द है। वह मानते हैं कि भगवान केवल भावुक भक्तों को ही सुगमतापूर्वक मिलते हैं। यह गुण जीव में तभी आता है, जब उसे कोई योग्य गुरु प्राप्त हो जाता है। योग्य गुरु की प्राप्ति के लिए सत्संग की आवश्यकता होती है। एक तरह से सत्संग करना ही योग्य गुरु की खोज करना है। गुरु की कृपा से राम के प्रति भक्ति बढ़ती है। यही भक्ति, परम प्रिय रूपा है।

पण्डित पाठक अपने प्रवचनों में दृष्टान्तों का सहारा भी लेते हैं। वह दृष्टान्त लोककथाओं से भी चयन करते हैं। दृष्टान्तों के माध्यम से वह कथा के तात्विक विश्लेषण करते हैं। इस प्रक्रिया से कठिन–से–कठिन दार्शनिक गुत्थियाँ भी सुलझाते जाते हैं। यह एक तरह से सम्प्रेषणीयता का ऐसा गुण है, जो सर्वसाधारण को कथा की अनुभूति कराने में सक्षम है। पण्डित पाठक की प्रवचन की भाषा सहज और प्रवाहमयी रहती है। अभी तक पाठक जी अनेक स्थानों पर अपने प्रवचन कर चुके हैं। पण्डित जी को विभिन्न मानस सम्मेलनों में भी आमन्त्रित किया जाता है।

पं. पाठक का पता है–

इन्द्रा कॉलोनी, दमोह (म.प्र.)

पं. फूलचन्द्र शर्मा

पं. फूलचन्द्र शर्मा के पिता का नाम श्री के. सी. शर्मा है। आपका जन्म 9 जून 1955 को हुआ था। आप पूज्यपाद अवधेशानन्द जी गिरि के शिष्य हैं। आपने एम.ए., बी.एड. तक की शिक्षा ग्रहण की है। आपको मानस प्रवक्ता और गीताचार्य की सम्मानोपाधि से विभूषित किया गया है।

आप मानस पर प्रवचन करने के लिए दूर–दूर तक जाते हैं। मानस को केन्द्र बनाकर आप श्रीमद्भगवतगीता और श्रीमद्भागवत महापुराण से भी अपने आख्यान और अपने उद्धरण चुनते हैं। एक प्रकार से आपके प्रवचनों में त्रिवेणी की धारा का आनन्द लिया जा सकता है। इन ग्रन्थों के पारस्परिक पुष्ट प्रमाणों से पण्डित शर्मा अपने प्रवचनों को व्यापक स्वरूप प्रदान करते हैं। आपके प्रवचन उद्धरण बहुल रहते हैं।

भक्ति के सन्दर्भ में पण्डित शर्मा का मन्तव्य है कि जीव भक्त बनता है, तब वह मानवता से जुड़ता है। भक्ति मनुष्य को करुणामय बनाती है। भक्त बनकर ही मानव का उद्देश्य लोक रंजन, लोक हितकारी और लोक रमण का हो उठता है। रामचरितमानस का प्रमाण है–

उमा जे राम चरित रत, विगत काम मद क्रोध।
निज प्रभुमय देखहिं जगत का सन करहिं विरोध।।

जब सारा संसार ही प्रभुमय दिखाई देने लगता है तब किसी से विरोध करने का प्रश्न ही नहीं उठता है। यह समभाव ही प्रभु की भक्ति है। भक्ति एकान्तिक नहीं होती है, भक्ति तो एक व्यापक भाव है।

पण्डित जी पद–गायन से अपने प्रवचन प्रारम्भ करते हैं। वे श्रोताओं को मानव के तत्वज्ञान से परिचित कराने का सदैव प्रयास करते हैं। उनके प्रवचन एक तरह से बौद्धिक आख्यान भी होते हैं।

पण्डित जी अध्यात्म विद्यापीठ गीता रामायण भागवत समन्वयक मण्डल दमोह के संयोजक हैं। यह पीठ अध्यात्म विज्ञानशाला, विद्यापीठ ओंकारेश्वर खण्डवा (म.प्र.) की एक शाखा है।

पण्डित जी का पता है–

बी–29, वसुन्धरा नगर, दमोह (म.प्र.)

मानस माधुरी किरण भारती

किरण भारती का जन्म ग्राम नन्ही देवरी, सागर (म.प्र.) में हुआ। आपके पिता का नाम स्व. बाबूलाल था। बाल्यकाल से ही किरण भारती को मातृ–पितृहीन जीवन व्यतीत करना पड़ा। आपके बड़े भाई श्री अयोध्या प्रसाद 'मानस मयंक' ने अपना संरक्षण दिया। आपको धर्म–अध्यात्म की दिशा दी।

आपके गुरु श्री मृदुल जी महाराज हैं। आप बताती हैं कि जब आप सोलह वर्ष की थीं, तब आपने श्री मृदुल जी के मानस प्रवचन के कैसेट्स सुने थे और उनसे प्रभावित हुई थीं। उसी समय मन–ही–मन उन्होंने मृदुल जी को गुरु बना लिया था। बाद में जब मृदुल जी देवरी में प्रवचन करने आये, तब उन्हें किरण भारती ने प्रत्यक्ष गुरु बना लिया।

किरण भारती जी कथा करते समय पदों और भजनों का गायन करती हैं। वह कथा को सहज भाव से सरलतापूर्वक समझाती हैं। उनकी शैली सामान्य जन की समझ के अनुकूल है। वह ज्ञान, भक्ति और वैराग्य की चर्चा करते हुए राम को ज्ञान, लक्ष्मण को वैराग्य और सीता को भक्ति के रूप में व्यक्त करती हैं। रावण भक्ति का ही हरण करके ले गया था। ज्ञान और वैराग्य भक्ति को ही खोज रहे थे। जब ज्ञान–वैराग्य के साथ भक्ति आ जाती है तभी जीवन की पूर्णता होती है।

बुन्देलखण्ड क्षेत्र में किरण भारती की कथाएँ होती रहती हैं। आपको मानस सम्मेलनों में आमन्त्रित किया जाता है। आपका कण्ठ मधुर है। आप लोकगीतों की लय पर भी कभी–कभी अपनी कथा का विस्तार करती हैं। किरण भारती गृहस्थी वाली हैं। वह सद्गृहस्थ के जीवन के कर्तव्य निभाती हुई कथा करनेवाली विदुषी हैं।

आपका पता है–

केवलारी कला, सागर (म.प्र.)

श्री सीताराम महाराज

आपका पूरा नाम स्वामी राम आसरे रामायणी महाराज है। आपके गुरु श्री राजेश्वरानन्द जी सरस्वती महाराज हैं। आपके कथा प्रेरक श्री मृदृल जी महाराज हैं। आपके पिता का नाम श्री रामकृपाल गोस्वामी है।

माता का नाम श्रीमती रामप्यारी देवी गोस्वामी है। आपका जन्म रूराजती ग्राम में 12 फ़रवरी 1971 को हुआ। आपकी शिक्षा स्नातक है।

आपके प्रवचन का आधार रामचरितमानस है। आप अठारह वर्ष की आयु से ही रामकथा कह रहे हैं। आपको मानस के सभी प्रसंगों पर प्रवचन करने में महारत हासिल है। किन्तु इन्हें राम वनगमन, केवट–संवाद, सीताहरण, आदि प्रसंग विशेष प्रिय हैं। आप भावुक वक्ता हैं। श्रीराम नाम प्रवाचक हैं, भक्ति आपका केन्द्रीय विषय है। वह मानते हैं–श्रीराम को अपना भक्त सबसे प्रिय है–वह भक्त के वश में हैं। श्री हनुमान लाल राम के परम भक्त हैं। हनुमान जी न केवल श्रीराम के कृपा–पात्र रहे, बल्कि माता सीता का भी उन्हें आशीर्वाद प्राप्त था। वह भक्त शिरोमणि हैं। भक्त की शिखर साधना में पहुँचे श्री हनुमत लाल जी स्वयं देव रूप में प्रतिष्ठित हुए।

आप पद और भजन गाते हैं। कथा के बीच में आप कीर्तन को विशेष महत्त्व प्रदान करते हैं। श्रोताओं को सदैव कीर्तन करने के लिए प्रेरित करते हैं। उनके अनुसार ''**कीर्तिनीयो सदा हरिः**''। श्री हरि ही सदैव कीर्तिनीय ही हैं। वह अहर्निशि कीर्तन के पक्षधर हैं।

सीताराम महाराज जी के प्रवचन मुम्बई (महाराष्ट्र), भुसावल (महाराष्ट्र), जबलपुर (म. प्र.), कायमगंज (उ.प्र.), डॉलटनगंज (झारखण्ड), छपरा (बिहार), दिल्ली, तरनतारन (पंजाब), कलकत्ता, हैदराबाद (आन्ध्र प्रदेश), आदि स्थानों पर हो चुके हैं। आज भी आप सम्पूर्ण देश में भ्रमण करते रहते हैं। आपको विद्यालंकार, धर्मरत्न, भूषण, आदि उपाधियाँ प्राप्त हैं।

आपके आश्रम का पता है–

आश्रम कैलाश नगर कालोनी, श्रीधाम, मथुरा–वृन्दावन (उ.प्र.)

आपका पता है–

श्री सीताराम आश्रम, रूराजती, पोस्ट शहजादपुरा, ज़िला जालौन (उ.प्र.)

हरे राम बाबा

मानस की एक चौपाई है– **"रामचरित जे सुनत अघाही। रस विसेस जाना तिन्ह नाही।"** इस चौपाई में रामकथामृत की महिमा जिसमें सुमेरु की ऊँचाई और सागर की गहराई है, व्यंजित हुई है। रामनाम की ज्योति को विगत सौ वर्षों से अधिक समय से प्रज्वलित रखनेवाले साधु जमनादास जी महाराज जिन्हें मध्य भारत का बुन्देलखण्ड अंचल हरे राम बाबा के नाम से जानता है, रामकथा के अप्रतिम गायक हुए हैं। होशंगाबाद के गृहस्थ सन्त जगन्नाथ प्रसाद परसाई जी से आपने बाल्यकाल में ही वैराग्य दीक्षा ग्रहण की और अपना जन्मस्थान हरदी गाँव को छोड़ दिया। इस ग्राम से लगभग बारह किलोमीटर की दूरी पर आपचन्द की गुफाएँ स्थित हैं जो वर्तमान में गढ़कोटा तहसील, ज़िला सागर परिक्षेत्र में आती हैं। पुरामानव निर्मित शैलचित्र और तीन परमहंसों की समाधि यांगधेरी नदी के तीर पर यहाँ स्थित है और इसी तपोभूमि को हरे राम बाबा जी ने अपना आश्रम बनाया और मध्य प्रदेश के सागर संभाग और आसपास के हज़ारों गाँव–क़स्बों में हरे राम नाम संकीर्तन, प्रभात फेरी एवं रामकथा की अजस्र धारा प्रवाहित की।

बाबा जी वैष्णव परम्परा के वाहक रहे और अयोध्या, बनारस, प्रयागराज तथा वृन्दावन से सैकड़ों साधु सन्तों के आगमन से गुफा आश्रम का तेजोमय व्यक्तित्व देखते ही बनता था। जितनी सुन्दर और आकर्षक उनकी काया थी उतना ही मनमोहक उनका मधुर कण्ठ था। हारमोनियम बज़ाते हुए उनकी रामकथा की छवि अलौकिक हो उठती थी, ढोलक बजाते हुए खरगा धानुक चौपाई संकीर्तन में करुण रस उड़ेल देता था। बाबा जी एवं खरगा का सम्बन्ध चोली–दामन के जैसा था। समीप के ही गाँव मझगुवाँ में जन्मे खरगा किसी बीमारी में अन्धत्व को प्राप्त हो गये थे और गुफा आने पर बाबाजी का अनुग्रह पाकर उनकी दृष्टि वापस आ गयी। इसके बाद खरगा ने बाबा जी का सान्निध्य नहीं छोड़ा। जाति न पूछो साधु की का व्यावहारिक दर्शन मुझे बाबाजी और खरगा धानुक के युगल संयोजन में बाल्यावस्था से ही देखने को मिला। यह जानकर लोगों को अचरज होगा कि हरे राम बाबा जी की शालेय शिक्षा शून्य थी और उनके गायन के अन्तर्गत गूढ़ तत्त्वों की मीमांसा शास्त्रीय विवेचन और विषय का सुमधुर प्रतिपादन जिस ऊँचाई को स्पर्श करता था उससे बाबाजी के आचार्य होने का बोध होता था।

मेरा सौभाग्य था कि बाबाजी के साथ तपो भूमि गुफा में दीर्घ अवधि का सत्संग सदैव सुलभ रहा और इस अवधि में मैंने जाना कि हरे राम बाबा की रामकथा और नाम संकीर्तन धुन, लोक–मानस में साधना सात्विक वातावरण को निर्मित तो कर ही रही है साथ ही उनकी साधना की संसिद्धि भी **''रामकथा कलि कुलष नसावन''** को अपना शक्तिशाली अस्त्र बनाकर सतत विचरणशील हरे राम बाबा जी **''साधु ते होई न कारज हानी''** के स्वयं सिद्धविग्रह रहे और शतायु होकर भौतिक जगत से सांकेतोन्मुखी हुए।

बालसन्त श्री शाश्वत भार्गव

आपका जन्म 26 मार्च 2001 को यशस्वी शिक्षक श्री योगेन्द्र भार्गव जी के यहाँ गुना (म.प्र.) में हुआ। आप जन्मजात प्रभु कृपा प्राप्त एवं प्रतिभाशाली हैं। पाँच वर्ष की आयु में आपको पूरी श्रीमद्भगवद्गीता कण्ठस्थ थी।

श्री शाश्वत जी संस्कृत विषय के साथ स्नातक हैं। आपने बचपन में ही परम पूज्य रामानन्दाचार्य श्री अभिरामदास त्यागी जी महाराज से दीक्षा ग्रहण कर ली थी और पाँच वर्ष की आयु में ही सन् 2006 में राजनाँदगाँव (छत्तीसगढ़) से श्रीरामकथा वाचन का श्रीगणेश कर दिया। तत्पश्चात् 17 अप्रैल 2007 से राजस्थान में कथा की।

श्री शाश्वत जी अब तक मध्य प्रदेश, उत्तर प्रदेश, राजस्थान, हरियाणा, पंजाब, गुजरात, उत्तराखण्ड, बिहार, झारखण्ड, महाराष्ट्र, अरुणाचल, आन्ध्र प्रदेश, तेलंगाना आदि राज्यों में 190 कथाएँ कर चुके हैं।

आपकी कथा पूर्णतः शास्त्रीय शैली में नारद व व्यास पद्धति पर रहती है और सामाजिक समस्याओं से लोगों को अवगत कराकर उनका मूल्यपरक समाधान प्रस्तुत कर समाधान का मार्ग प्रशस्त करती है। आप अपनी कथा में रामदूत श्री हनुमन्त लाल जी का सामाजिक चरित्र प्रस्तुत कर उन्हें युवाओं के रोल मॉडल बनाने पर बल देते हैं। आप अपनी कथा में स्वरचित भजनों के गायन से श्रोताओं को मन्त्रमुग्ध करने की क्षमता रखते हैं। आपको देश के अनेक प्रसिद्ध सन्तों का स्नेह व आशीष प्राप्त है।

पं. लखन शास्त्री

पं. लखन शास्त्री जी का जन्म ग्राम सरखण्डी में 01 फ़रवरी 1974 को अपने नाना के यहाँ माता श्रीमती सुशीला देवी उपाध्याय के गर्भ से हुआ। बाल्यकाल से ही आप विलक्षण प्रतिभा के धनी रहे और सन्त–सेवा में आपकी रुचि रही।

आपकी प्रारम्भिक शिक्षा पैतृक गाँव कुरौद, गुना, (म.प्र.) में तथा उच्चतर माध्यमिक शिक्षा गुना में सम्पन्न हुई। बचपन में ही आपको अपने गाँव में श्री श्री 1008 श्री बजरंगदास जी महाराज एवं श्री श्री 1008 श्री सियाराम दास जी महाराज जैसे सन्तों का आशीष प्राप्त हुआ। आपने पूज्य श्री रामायणी जी (वृन्दावन) से दीक्षा ग्रहण की।

श्री रामचरितमानस के अध्ययन में आपकी रुचि बचपन में ही जाग्रत हो गयी थी। बचपन में आप गाँव की चौपाल पर गाँव के लोगों को लालटेन के उजाले में श्री रामचरितमानस सुनाया करते थे। यहीं से आपके भीतर श्री रामकथा का बीजारोपण हुआ। गाँव में तत्कालीन मिडिल स्कूल के प्रधानाचार्य श्री शिवनारायण आपकी संगीतमय रामकथा के प्रेरक बने। लोगों को आपकी कथा रुचिकर लगी।

आप अपना आदर्श गुरुदेव श्री श्री 1008 श्री परमानन्दगिरि जी को मानते हैं। सिंहस्थ– 2016, उज्जैन एवं प्रयागराज कुम्भ– 2019 में आपने अपना विशाल पण्डाल लगाकर, भण्डारे का आयोजन कर आगन्तुक जन–समुदाय को श्री रामकथा का रसामृत पान कराया। सिंहस्थ में आपकी सेवाओं के लिए म.प्र. शासन द्वारा आपको विशिष्ट सेवा पुरस्कार से सम्मानित किया गया।

अब तक आप उत्तर प्रदेश, मध्य प्रदेश, राजस्थान, कर्नाटक, हैदराबाद, मुम्बई, दिल्ली आदि अनेक स्थानों पर संगीतमय श्रीरामकथा के भव्य आयोजन कर चुके हैं। रामकथा में आप श्री हनुमन्तलाल जी, भरत जी एवं केवट के आदर्शों पर बल देते हैं।

मानस को जन–जन तक पहुँचाना एवं उसे राष्ट्रीय ग्रन्थ के रूप में मान्यता दिलाना आपका लक्ष्य है।

मानस पुत्री दीदी पुष्पांजलि जी

मानस पुत्री दीदी पुष्पांजलि जी का जन्म 16 अक्टूबर 1995 को कोचे ऋषि की तपस्थली कोंच जनपद जालौन में हुआ। इनकी प्रवचन प्रवृत्ति का परिचय इस बात से मिलता है कि आप बचपन से ही चालीस–पचास बाल मित्रों को एकत्रित कर उन्हें शिक्षा देने का कार्य करती रही हैं। पहली कक्षा से ही विद्यालय में उनके सांस्कृतिक कार्यक्रमों की प्रस्तुति होती रही। वह अपने बोलचाल और आचरण से समाज में अलग प्रभाव छोड़ने लगीं। उन्होंने सन् 2002 में सखी हनुमान मन्दिर, झाँसी से श्री रामचरितमानस प्रवचन की शृंखला का श्रीगणेश किया। सन् 2011 में उन्हें पं. भागवतशरण जी महाराज ने श्रीमद्भागवत की व्यास पीठ सौंपी। आप तब से निरन्तर श्रीरामकथा, श्रीशिवपुराण तथा श्रीमद्भागवत की 125 कथाएँ देश के अनेक अंचलों में कर चुकी हैं।

मानस पुत्री दीदी पुष्पांजलि जी ने हरि लीलामृत सेवा संस्थान का गठन किया है जो लोक कल्याण ाकारी सेवा प्रकल्पों द्वारा भारतीय संस्कृति की रक्षा में संलग्न है। आप 2014 से श्री दुर्गावाहिनी, विश्व हिन्दू परिषद की महाराष्ट्र में संयोजिका भी रही हैं।

आपकी 'कल्पवृक्ष', 'सतपंच चौपाई सरस्वती कवच', 'हरिलीला' आदि कृतियाँ भी प्रकाशित हैं। उत्तर प्रदेश, हरियाणा, पंजाब, दिल्ली, महाराष्ट्र, राजस्थान, बंगाल, बिहार आदि राज्यों में आपने सनातन संस्कृति की पताका फहराई है। वृन्दावन की पावन धरा पर आप अनाथालय, नारी निकेतन, वृद्धाश्रम जैसे सेवा प्रकल्पों का संचालन भी कर रही है।

देवी भक्ति प्रभा दीदी

देवी भक्ति प्रभा जी का जन्म 01 जुलाई 1982 में उत्तर प्रदेश के जनपद जालौन के ग्राम पचोखरा (एटा) में हुआ।

देवी भक्ति प्रभा दीदी एक ऐसी कथावाचिका हैं जिन्हें श्री रामकथा विरासत व सहज संस्कारों में प्राप्त हुई है, आप मानस जगत के सशक्त एवं सहज हस्ताक्षर उत्कृष्ट सन्त परम पूज्य स्वामी श्री राजेश्वरानन्द जी (रामायणी) की ज्येष्ठ सन्तान हैं।

वैसे तो महाराज श्री की नाद परम्परा में उनकी अनेक सन्तानें मानी जा सकती हैं। परन्तु बिन्दु परम्परा से दो सन्तानें हैं। उनमें ज्येष्ठ सुपुत्री एवं कनिष्ठ पुत्र हैं।

दीदी जी बचपन से ही महाराज श्री के साथ मंचों पर भक्त गाथा, भजन आदि से श्रोताओं को भागवत रसामृत पान करा रही हैं। सद्गृहस्थ होने के साथ–साथ आज लगभग 16 वर्ष से देश के अनेक भागों में श्री रामकथा गाकर अपनी इस दिव्य गायन की परम्परा का बड़ी कुशलता से निर्वहन करती आ रही हैं।

दीदी जी ने मन्त्र दीक्षा श्रद्धेय परम वैष्णव सन्त श्री श्री 1008 श्री नृत्यगोपालदास जी महाराज (मणिराम छावनी, अयोध्या जी) द्वारा ली है। अभी कुछ समय पूर्व पूज्य महाराजश्री का गोलोकगमन हो जाने के बाद आधिकारिक रूप से राजेश्वरम् परिवार ने दीदी जी को महाराजश्री की श्री रामकथा गायन दिव्यपरम्परा का संवाहक बनाया है ताकि यह परम्परा पल्लवित व पुष्पित होती रहे। साथ ही राजेश्वरम् परिवार के संस्थापक पूज्य महाराजश्री के संकल्प पूर्ण हो सकें।

पं. श्री कपिल कुमार शर्मा 'मानस मधुकर'

पं. कपिल कुमार शर्मा जी का जन्म 09 मई 1962 को माता श्रीमती भगवती देवी शर्मा एवं पिता श्री नन्दकिशोर शर्मा जी के घर ग्राम धनियाखेड़ी, तहसील ब्यावरा, राजगढ़ (म.प्र.) में हुआ। आपने दर्शनशास्त्र, राजनीतिशास्त्र, समाजशास्त्र में एम.ए. किया है।

आपने अपने पूज्य पिताजी से प्रभावित होकर श्रीरामकथा आरम्भ की। आपने 15 वर्ष की आयु से ही श्रीरामकथा का गायन–वाचन प्रारम्भ कर दिया था। आपने प्रयागराज में अनन्त श्री समलंकृत ऋषिकुल परम्परा प्रवर्तकाचार्य श्री अखिलेश्वरानन्द तीर्थ (अंगदजी) महाराज से दीक्षा ग्रहण की।

आपके सान्निध्य में श्री नीलगिरि आश्रम ग्राम हबीपुरा, पोस्ट डकोरा, ब्यावरा में विगत 21 वर्षों से श्रीरामचरितमानस का अखण्ड पाठ निर्विघ्न रूप से संचालित हो रहा है।

आपने वाराणसी के श्री संकट मोचन धाम से श्रीरामकथा प्रारम्भ कर त्रयम्बकेश्वर, रामेश्वर धाम तक और जैसलमेर से जगन्नाथ धाम तक श्रीरामकथा का गायन और वाचन किया है।

अन्य कथाएँ—श्रीरामकथा के अतिरिक्त श्रीमद्भागवत महापुराण तथा श्रीशिवपुराण की भी कथा व प्रवचन आपके द्वारा होते हैं।

भारतवर्ष के कई मानस सम्मेलन मंचों से आपके द्वारा श्रीरामचरितमानस के पृथक्–पृथक् पात्र व प्रसंग पर आपका व्याख्यान प्रवचन होता है।

संकल्पित—जब तक श्रीरामलला का मन्दिर (अयोध्या) में नहीं बन जाता तब तक आप श्रीरामकथा का गायन का प्रवचन खड़े होकर ही करेंगे।

इसी संकल्प को 21 वर्ष पूर्ण हो चुके हैं।

श्रीरामचरितमानस के प्रत्येक प्रसंग को आपके द्वारा प्रामाणिक रूप से और संगीतबद्ध तथा सभी रसों से समावेशित कर प्रस्तुत किया जाता है।

एक ही विषय पर पूरे नौ दिनों तक आपकी व्याख्या होती है। सन् 2010 में हरिद्वार कुम्भ में आपके द्वारा 31 दिनों तक भरत चरित्र ही श्रवण कराया गया था।

विचार—रामायण पर्याप्त पढ़ना, अब साँचे में ढलना होगा, चले राम के पदचिह्नों पर, अब इतिहास बदलना होगा, समस्त विषय का मंगल हो, सभी निरोग व स्वस्थ रहें, सभी अपने–अपने धर्म का पालन करें, सम्पूर्ण विश्व में शान्ति स्थापित रहे। प्रिय वाक्य—श्रीराम जय राम जय जय राम।

श्री दामोदर प्रसाद तिवारी

(गुरुप्रदत्त नाम—श्री दामोदर दास)

आपका जन्म बुन्देलखण्ड की भक्तिमयी धारा पन्ना ज़िले के शहनगर में 23 जुलाई 1941 को पं. श्री राजाराम एवं श्रीमती थम्मीबाई के सम्पन्न परिवार में हुआ था। आप बाल्यावस्था से ही कठिन परिश्रमी और लगनशील रहे। प्रारम्भिक शिक्षा गाँव में ही पूर्ण हुई। आपने अपने अध्यवसाय से एम.ए. और एम.एड. उपाधियाँ अर्जित कीं तथा स्कूल शिक्षा म.प्र. में शिक्षकीय कर्म का निष्ठा पूर्ण ढंग से निर्वहन किया। आपकी शास्त्रों तथा सन्तों में अद्भुत श्रद्धा रही है। स्वामी श्री रामहर्षणदास के माध्यम से 'श्री राम मन्त्र' मिला। निरन्तर नाम जप और गुरु कृपा से रामकथा गायन का भाव मन में जाग्रत हुआ। इस मनोभूमि निर्माण में श्री सद्गुरु का प्रबल सम्बल बना। रामकथा पीठ पर आसीन होने की प्रेरणा शिक्षा गुरु श्री सुरेन्द्र रामायण ी से मिली। आप अपने प्रवचनों में विचारपरक विषय लेते हैं तथा संगीत के माध्यम से श्रोताओं को झंकृत कर देते हैं। कथा प्रवाह सरस और मार्मिक रहता है। देश के विभिन्न प्रदशों में रामकथा के जन–मन तक सम्प्रेषण के संवाहक हैं। प्रमुखतः प्रवचनों में श्री हनुमान चरित्र का सेवा पक्ष उद्घाटित करते हैं।

सेवक–सेव्य भाव बिनु, भव न तरहिं हनुमन्त।
मैं सेवक सचराचर रूप स्वामि भगवन्त।।

"आप सेवा भावों से सदैव भावित रहते हैं। गुरु आश्रम पर आपकी कथनी और करनी प्रेरणा के आधार बनकर दिशा–दीप बनती हैं।

प्रस्तुति : डॉ. जवाहर लाल द्विवेदी

डॉ. वाल्मीकि प्रसाद : श्री अवध किशोर दास

आपका जन्म विन्ध्याचल की पावन धरा पर श्री मार्कण्डेय आश्रम दवबार में माघ कृष्ण नवमी संवत् 1989 को पं. श्री भृगुनाथ प्रसाद गौतम तथा श्रीमती मुनियादेवी के घर में हुआ था। आप बचपन से ही कुशाग्र बुद्धि के धनी थे। परिणामतः आपने अध्ययन में कठिन श्रम और लगन शक्ति से उत्कृष्ट सफलता अर्जित की। एम.ए.,एम.एड. तथा पीएच.डी. की उपाधियाँ अर्जित कीं। इसी तारतम्य में आप स्कूली शिक्षा म.प्र. में व्याख्याता पद पर चयनित हुए। मन्त्र–दीक्षा स्वामी श्री रामहर्षणदास से ग्रहण की तथा गुरु निष्ठा में उच्च प्रतिमानों को सृजित किया। रामकथा प्रवचन की प्रेरणा युग तुलसी पं. रामकिंकर उपाध्याय से प्राप्त हुई। निरन्तर अभ्यास और शास्त्रों के विशद अवगाहन से चमत्कारिक आकर्षण वृद्धिगत होता गया। आपके प्रवचनों के विवेच्य पात्रों में प्रमुख रूप से श्री हुनमान चरित, मिथिलेश नन्दिनी तथा वैराग्य मूर्ति श्री लक्ष्मण चरित होते हैं। आप म.प्र., छत्तीसगढ़ और उत्तर प्रदेश के अंचलों में रामकथा रस विकीर्ण करने का महनीय कार्य सम्पादित कर रहे हैं। नेपाल के भक्तों पर एकाधिक बार कथा सुनाने का योग बना। आपकी शैली शोधपूर्ण तथा विचार प्रधान है।

भक्त भक्ति, भगवन्त, गुरु चतुर्नाम वपु एक।
इनके पद वन्दन करें, नाशत विघ्न अनेक।

आपने सम्पूर्ण जीवन गुरु जी द्वारा निर्दिष्ट आचार–विचार के निर्माण में प्रवृत्त किया। साधु वर्ग में आपकी प्रतिष्ठा 'भइया जी' के रूप में है। आप जितने प्रभावी वक्ता हैं उससे कहीं अधिक आप भाव प्रवण कवि भी हैं।'

श्री सुरेन्द्र कुमार 'रामायणी' : कौशल किशोर दास

आपका जन्म बुन्देलखण्ड की पावन धरा धाम चित्रकूट के समीप स्थित श्री बाँके सिद्ध आश्रम सिद्धपुर में माघ शुक्ल त्रयोदशी वि.सं. 1988 को हुआ। आपके पिता श्री मिठाई लाल एवं माता श्रीमती विद्या देवी थीं। आपका लालन–पालन ग्रामीण परिवेश में हुआ परन्तु उच्च शिक्षा प्राप्ति हेतु नगरीय परिवेश में जाने की बाध्यता आयी। आपने कठिन परिश्रम और लगनशीलता से एम.ए. हिन्दी, एम.एड. और साहित्यरत्न की उपाधियाँ अर्जित कीं तत्पश्चात् आपको स्कूल शिक्षा में व्याख्याता पद पर नियुक्ति मिली। आप एक संस्कारी वैष्णव सन्त स्वभाव के भावुक भक्त हैं, इसीलिए आप रामकथा के ओजस्वी एवं सरस वक्ता के रूप में समादृत हैं।

सन्त विशुद्ध मिलहिं पुनि केही। राम कृपा पुनि चितवहिं जेही।।

इस धारणा का फलितार्थ यह हुआ कि फाल्गुन शुक्ल पंचमी सं. 2024 को पंचरसाचार्य स्वामी रामहर्षण ादास अयोध्या से शरणागति प्राप्त होने का सौभाग्य मिला। सन्त–मिलन से रामकथा गायन की सद्प्रेरणा

मिली। आपका रामचरितमानस पर सम्यक् अध्ययन और अधिकार है। वीर रस और करुण रस की मार्मिक व्याख्या से श्रोता मन्त्र मुग्ध हो जाते हैं। श्री भरत चरित और हनुमत् चरित की प्रस्तुतियों में भाव और विद्व त्ता सम्मिश्रण प्रेमाश्रु का विषय बन जाता है।

आपकी विचारात्मक शैली अनूठी है। फलतः आप मध्य प्रदेश के अलावा उत्तर प्रदेश, राजस्थान, गुजरात, छत्तीसगढ़, झारखण्ड, बिहार, उड़ीसा, पश्चिम बंगाल तथा मेघालय में रामकथामृत का प्रचुर लाभ दे चुके हैं। 'श्री सीताराम विवाहोत्सव पद्धति' तथा 'सब विधि भरत सराहन जोगू' दो चर्चित कृतियाँ हैं।

श्री रामकृष्णदास वेदान्ती

आपका जन्म ज़िला देवरिया के जोकहा खाट नामक गाँव में 2 अगस्त 1965 को पं. श्री अवधराम एवं श्रीमती गैंदाबाई के भरेपूरे परिवार में हुआ। आपके परिवार में धार्मिक आचार–विचार पर बड़ा ज़ोर दिया जाता था जिसकी अमिट छाप आपके भावी जीवन में परिलक्षित हुई। आपकी स्कूली शिक्षा गाँव में माता–पिता के ही संरक्षकत्व में हुई परन्तु इन्हें औपचारिक शिक्षा अधिक रास नहीं आयी। आपने श्री सिद्धिसदन 'नया घाट' परिक्रमा मार्ग श्री अवध में श्री रामहर्षणदास के चरण प्रदेश में स्थान ग्रहण किया। उनकी स्नेह छत्रछाया में व्याकरण तथा वेदान्त का अध्ययन पूर्ण किया। तदनन्तर श्री रामहर्षण कुंज के महन्त पद पर आसीन हुए। रामकथा गायन का अंकुरण श्री स्वामी जी के कृपा कटाक्ष से हुआ। आप प्रमुख रूप से श्री जानकी चरित्र पर प्रवचन करते हैं। आपकी मधुर वाणी का जब शब्द से संयोग होता है तो रससिक्त भक्त वृन्द नृत्य करने लगते हैं। वर्तमान में आप प्रभु की लीला भूमि चित्रकूट में श्री प्रेम रामायण आश्रम का सुचारु रूप से संचालन कर रहे हैं, जिसमें संस्कृत शिक्षा अर्जन के साथ गौ–संवर्द्धन प्रकल्प अनवरत क्रियाशील है। देश के विभिन्न प्रदेशों के अलावा नेपाल में भी रामकथा की गंगा का लाभ जन–जन को सहज सम्प्राप्य हुआ।

सन्त न होते जगत में, तो जरि जातो संसार।
भक्ति–ज्ञान–वैराग्य को, को करते उजियार।।

आप सरस वक्ता के साथ भाव सिद्ध सन्त और भक्त भी हैं।

छत्तीसगढ़ क्षेत्र की व्यास-परम्परा

अनिरुद्ध 'नीरव'

छत्तीसगढ़ को पूर्व में कोशल क्षेत्र कहा जाता था। इसलिए यह कहा गया कि कौशल्या छत्तीसगढ़ की ही थीं। अभी भी इस क्षेत्र के निवासी भगवान राम को अपना भानजा मानते हैं। इस रूप में यह क्षेत्र भगवान राम का मामा घर कहलाया। भगवान राम अपने वनवास काल में भी इस क्षेत्र में यात्रा–रत रहे हैं। छत्तीसगढ़ के सरगुजा इलाके में जो सिसरिंग पहाड़ हैं–उसे श्रृंगी ऋषि का आश्रम स्थल माना जाता है। सरगुजा में ही रामगढ़ पहाड़ी है, जहाँ सीता बैंगरा और लक्ष्मण बैंगरा नाम की दो गुफाएँ हैं। जनश्रुति है कि वनवास के समय राम जी ने यहाँ निवास किया था। बस्तर में दण्डकारण्य है। राम जी की यात्रा में दण्डकारण्य का उल्लेख है। बस्तर में तो चित्रकूट भी एक स्थान है। ऐतिहासिक, भौगोलिक और सांस्कृतिक परिदृश्य से यह स्पष्ट हो जाता है कि श्रीराम के प्रति इस अंचल में अगाध श्रद्धा और विश्वास है।

छत्तीसगढ़ में छत्तीसगढ़ी भाषा बोली जाती हैं। यहाँ महाभारत की कथा पण्डवानी के रूप में गायी जाती है। रामकथा से सम्बन्धित भजन इस इलाके में प्रचलित हैं। कुछ विशेष जातियों के लोग अपने शरीर पर राम, राम शब्द का गोदना गुदवाते हैं। एक तरह से यहाँ का धार्मिक परिवेश हमारी संस्कृति के अनेक आयामों से परिपूरित है।

'रामचरितमानस' का प्रचार–प्रसार भी इस क्षेत्र में ख़ूब है। रामचरितमानस के छत्तीसगढ़ी भाषा में भी कई अनुवाद किये गये हैं। मानस पाठ की परम्परा भी इस क्षेत्र में है। छत्तीसगढ़ साहित्यिक गतिविधियों में भी अग्रणीय रहा है। पं. मुकुटधर पाण्डेय जैसे साहित्यिक साधक कभी यहाँ हुए हैं, जिन्होंने छायावाद का प्रारम्भ किया। अठारहवीं सदी का उत्तरार्ध यहाँ जागृति का काल रहा है। इस काल में अनेक विभूतियों ने छत्तीसगढ़ में अपना प्रवास किया। इसी समय लगभग यहाँ रामकथा वाचकों का आवागमन भी प्रारम्भ हुआ। रामलीलाओं के आयोजनों की भूमिका बनी, और राम–भक्ति का समुद्र जैसे हिल्लोलित होने लगा।

छत्तीसगढ़ की रामगढ़ रियासत इस रूप में एक मुख्य केन्द्र रही है कि वहाँ कविता, कला और अध्यात्म की त्रिवेणी बहती रही है। विशेष रूप से महाराजा चक्रधर सिंह के काल में यहाँ विद्वानों को ख़ूब प्रश्रय मिला। हिन्दी के प्रमुख कवि सूर्यकान्त त्रिपाठी निराला और जानकी बल्लभ शास्त्री जैसे व्यक्तित्व यहाँ आते

रहे हैं। इसी कड़ी में डॉ. बल्देव प्रसाद मिश्र भी रामगढ़ में रहे हैं, बाद में डॉ. मिश्र दिग्विजय महाविद्यालय, राजनाँदगाँव से सम्बन्धित हो गये। तुलसी साहित्य के गहन अध्येता और मानस मर्मज्ञ डॉ. मिश्र की अनेक पुस्तकें तुलसी के साहित्य पर रची गयी हैं। वह तुलसीदास पर वक्तव्य भी प्रस्तुत करते थे। वह यद्यपि मानस की व्यास–परम्परा वाले विद्वान नहीं थे, किन्तु वह मानस के प्रवचनकार थे। एक तरह से छत्तीसगढ़ में उन्होंने मानस का प्रवचन कर उसे एक नया आयाम प्रदान किया। अब तक छत्तीसगढ़ में मानस पर बोलने–वाले प्रवासी व्यास आने लगे थे। ये प्रायः उत्तर प्रदेश से आते थे।

डॉ. सूर्यकान्त झा और डॉ. शोभाकान्त झा ने भी मानस के सम्बन्ध में अपनी–अपनी भूमिका का निर्वाह किया है। दोनों उच्च शिक्षा विभाग में अपनी सेवाएँ देनेवाले हैं। बाद में रामकथा को दो तरह से प्रस्तुत किया जाने लगा–एक ओर गीत रामायण के रूप में सांगीतिक प्रस्तुति हुई तो दूसरी ओर रामायण पर प्रवचन की संगीतमय शैली भी प्रारम्भ हुई। अरुण कुमार सेन जो रायपुर के रहनेवाले हैं–ने गीत रामायण की संगीतमय प्रस्तुति करना प्रारम्भ की और दूर–दूर तक रामायण का प्रचार किया। प्रवचन परम्परा में प्रेमचन्द मालवीय, रायपुर का नाम लिया जाता है। आप सुप्रसिद्ध मानस प्रवक्ता श्री रामकिंकर जी के शिष्य हैं। स्व. जमना प्रसाद कसार जो दुर्ग निवासी थे, व्यास–परम्परा के प्रवाचक थे। वे स्वतन्त्रता संग्राम सेनानी थे। इसी तरह स्व. गजानन्द प्रसाद देवांगन का स्मरण किया जाता है। आप छुरी (ग़ाज़ियाबाद) में निवास करते थे। स्व. रामकुमार तिवारी भी एक ऐसी ही विभूति थे। आप बिलासपुर में रहते थे और छत्तीसगढ़ी भाषा में ही रामकथा कहते थे। स्व. भूपाल प्रसाद द्विवेदी जी इस क्षेत्र के जाने–माने रामकथा व्यास थे। आपको अनेक उपाधियों से विभूषित किया गया था। डॉ. विजय दुबे (बेमेतरा), शिवकुमार पाण्डेय, तखतपुर (मुंगेली), मनोरंजन मिश्र (सारंगगढ़), अर्जुन नयने मानस (राजिम), नर्मदा प्रसाद 'नरम' (रायपुर), वृन्दावन से पढ़कर आनेवाले श्री हरिकृष्ण शुक्ल (मुंगेली) और शैलेन्द्र पाण्डेय शास्त्री ने मानस व्यास–परम्परा को आगे बढ़ाया है।

छत्तीसगढ़ में अब मानस पर प्रवचन करनेवालों की संख्या निरन्तर बढ़ रही है। गाँव–गाँव में इस तरह के कार्यक्रम हो रहे हैं। कतिपय व्यासों का विस्तृत परिचय आगे दिया जा रहा है।

पं. गिरधर शर्मा

पं. गिरधर शर्मा को भागवत भूषण आचार्य नाम से भी सम्बोधित किया जाता है। पं. गिरधर शर्मा का जन्म 01 जनवरी 1941 को बेदहारी (दुर्ग) में हुआ था। उनके पिता का नाम पं. लखनलाल शर्मा है।

पं. गिरधर शर्मा ने प्रवचनों का प्रारम्भ सन् 1982 से किया। आप माँ गायत्री के उपासक हैं। उन्हीं की कृपा से आपको प्रवचन की प्रेरणा प्राप्त हुई। अभी तक आपके अनेक प्रवचन करते हुए छत्तीसगढ़, दिल्ली, मुम्बई, अमरकंटक आदि स्थानों पर प्रमाणशील रहे हैं।

आप संगीतबद्ध रामकथा और श्रीमद्भागवत करते हैं। आपकी शैली व्याख्यात्मक है। प्रसंगों की व्याख्या करना और तदनुरूप भजन और पदों का गायन करना आपकी कथा की विशेषता है। आप परम्परित कथा–कथन में विश्वास रखते हैं। इसलिए कथा के लटकों–झटकों से बचते हैं। तात्पर्य यह है कि आपका ध्यान अधिकतर मूल कथा पर रहता है। आप श्रोता को भटकाते नहीं हैं।

आपके सम्पादन में 'प्रज्ञातन्त्र' नामक मासिक पत्रिका का प्रकाशन होता है। आपको रामचरितमानस में भरत का चरित्र सर्वाधिक प्रिय है। आप अपनी कथा में अक्सर भावुक होकर भरत के चरित्र का वर्णन करते हैं। सन्त सज्जन भक्त भाई की दृष्टि से भरत चरित्र खरा उतरता है। वे मानस में मानो प्रेम के ही अवतार हैं। इसलिए भरत का चरित्र प्रायः अधिकांश मानस व्यासों की पसन्द है और सभी व्यास गाहे बगाहे भरत की चर्चा अपनी कथा में कर लेते हैं।

पण्डित गिरधर शर्मा अपने अनुभवों का लाभ अपनी कथा में लेते हैं। इसलिए निजी जीवन के अनुभवों के आधार पर वह रामकथा के प्रभावों को भी व्यक्त करते हैं। विभिन्न ग्रन्थों से वह अपनी कथा में दृष्टान्तों का भी प्रयोग करते हैं। वह रामकथा को लोक–परलोक सुधारने वाली मानते हैं।

आपका पता है–

प्रज्ञातन्त्र कार्यालय, सोन गंगा कॉलोनी, सीपत रोड, बिलासपुर (छ.ग.)

पं. कृष्णा रंजन

पं. कृष्णा रंजन के पिता का नाम पं. सरयू प्रसाद तिवारी है। आपका जन्म 15 अगस्त 1931 को दुर्ग में हुआ था। एक सनातनी परिवार में जन्म लेने के कारण पण्डित कृष्णा रंजन को धार्मिक संस्कारों का वातावरण जन्म से ही मिला था। पण्डित सरयू प्रसाद तिवारी की पितृछाया में उनका प्रारम्भिक अध्ययन हुआ। उनके कथा–संस्कार बनाने में उनके पिताश्री की महती भूमिका रही है।

पण्डित कृष्णा रंजन को कथा करते हुए लगभग चालीस वर्ष का समय गुज़र चुका है। इस दौरान उन्होंने हज़ार से ऊपर जगहों में कथाएँ सम्पन्न की हैं। वह एक साहित्यिक रुचि प्रधान कथा व्यास हैं इसलिए कथा में दृष्टान्तों के साथ पद–भजन आदि को भी प्रस्तुत करते हैं। पं. कृष्णा रंजन की कथा यद्यपि विचार प्रधान होती है। वह कथा के अन्तरंग का विश्लेषण करने के लिए कभी–कभी आधुनिक चिन्तन का भी सहारा लेते हैं। एक तरह से वह सतर्क कथाकार हैं। वह कथा के वैज्ञानिक महत्त्व को भी प्रतिपादित करते हैं।

पं. कृष्णा रंजन श्रीमद्भागवत के प्रवक्ता भी हैं। उन्होंने 2400 पृष्ठों में भागवत–तत्त्व को लिखा है। वह भागवत के साथ रामकथा को भी लेते चलते हैं। रामचरितमानस का आधार वह अपने सभी कार्यक्रमों में लेते हैं। वह स्वतन्त्र रूप से रामचरितमानस पर व्याख्यान देते हैं। वह कथा में संगीत को आवश्यक मानते हैं। मानस में उन्हें मानस का उत्तरकाण्ड प्रिय है, किन्तु वह मानस के सभी प्रसंगों को अपनी कथा का आधार बनाते हैं–जैसे अवतरण का हेतु एवं राम का जन्म, राम का विवाह, राम वनगमन, केवट प्रसंग आदि पर वह खूब बोलते हैं, और इन प्रसंगों को रोचकता के साथ प्रस्तुत करते हैं।

पं. कृष्णा रंजन जी ने अनेक पुस्तकों का प्रणयन किया है– 'महानदी की घाटी की सभ्यता', 'पुष्पांजलि', 'छत्तीसगढ़ की खोज', 'विविधा' आदि। पण्डित जी की इतिहास–दृष्टि भी विलक्षण है। वह सांस्कृतिक अभिप्रायों की खोज करनेवाले कथावाचक हैं। उनकी कथा गवेषणापूर्ण होती है। उन्होंने सत्संग एवं

पठन–पाठन के लिए अपना एक आश्रम भी बना रखा है। इस आश्रम में रामकथा और कृष्णकथा सम्बन्धित सत्संग सदैव चला करता है।

आपका पता है–

श्रीमद्‌भागवत आश्रम (शान्तानन्द), राजिम (छत्तीसगढ़)

पं. मोहन चतुर्वेदी

पं. मोहन चतुर्वेदी का जन्म 10 अक्टूबर 1944 को डोरापार नामक स्थान में हुआ था। आपके पिता का नाम स्व. गोपाल प्रसाद था। आपको बचपन से ही रामकथा के संस्कार प्राप्त थे। घर में रामकथा को सुनते–सुनते आपके मन में भी रामकथा को कहने की ललक जागने लगी। अनेक बार रामचरितमानस का पारायण किया। इसके साथ ही आपने संस्कृत ग्रन्थों का भी अध्ययन किया। सदैव सत्संग की तलाश करते रहते थे। **'सो जानेऊँ सत्संग प्रभाऊ।'** को उन्होंने जैसे ध्येय वाक्य बना लिया था।

उनकी प्रवचन करने की ललक सन् 1982 में साकार हुई। फिर उनके प्रवचनों की एक लम्बी श्रृंखला है। छत्तीसगढ़ में लगभग सौ स्थानों पर आपकी कथाएँ हो चुकी हैं। छत्तीसगढ़ी भी आपको आती है–इसलिए बीच–बीच में श्रोताओं को सम्बोधित करने में आप छत्तीसगढ़ी भाषा का प्रयोग करते हैं। वह भाषा की ताक़त को जानते हैं।

रामचरितमानस के प्रसंगों में उन्हें भरत मिलाप, शबरी की भक्ति, हनुमत् चरित्र प्रभावित करते हैं। हनुमत् चरित्र को पण्डित जी विस्तार से अपनी कथा में प्रस्तुत करते है। हनुमान जी का चरित्र है भी अद्वितीय। भक्ति और अनुराग के साथ हनुमान जी में विद्वत्ता, विनम्रता और बुद्धिमत्ता का भी समन्वय है। वे समुद्र उल्लंघन करके जब लंका पहुँचे थे तब उनके इन्हीं गुणों का प्रकाशन होता है। हनुमान जी के साथ–साथ लक्ष्मण का चरित्र भी पण्डित जी बड़े मनोयोग से समझते हैं।

पं. मोहन चतुर्वेदी जी ने साहित्य के क्षेत्र में भी अनेक ग्रन्थों की रचना की है। 'वारिधि प्रकृति' और 'मोर गाँव' उनकी लोकप्रिय कृतियाँ हैं। वह पदों और भजनों का गायन भी करते हैं, और रचना भी करते हैं। पण्डित जी विद्वत् समाज में समादृत व्यक्तित्व हैं। वह अपने विचार और रहन–सहन में एकदम सहज व्यक्तित्व हैं। वह छत्तीसगढ़ में लोकप्रिय कथा व्यास हैं।

आपका पता है–

साहित्य कुटीर, गुरूर, ज़िला दुर्ग (छत्तीसगढ़)

पं. दानेश्वर शर्मा

पिता का नाम पं. श्री गंगा प्रसाद द्विवेदी 'व्यास'। आपका जन्म 10 मई 1931 को छत्तीसगढ़ के मेर्डोसाहा स्थान में हुआ। आपके पितृव्यों से व्यास–परम्परा का दाय आपको भी प्राप्त हुआ। आपके पिताश्री भी अच्छे व्यास थे। रामकथा को बहुत ही प्रभावशाली ढंग से प्रस्तुत करते थे। अतः पिता के संरक्षण में ही पं. शर्मा को कथा कहने की प्रेरणा का सफल प्रकाशन भी उन्हीं की देख–रेख में हुआ।

मूलतः दानेश्वर शर्मा एक अच्छे साहित्यकार हैं। अब यह कहना कठिन है कि वह अच्छे साहित्कार हैं या अच्छे प्रवचनकार। यह अवश्य है कि ये दोनों गुण जिस व्यक्ति में एकाकार हो जाते हैं, तो ऐसा व्यक्तित्व अपने प्रभा–मण्डल को प्रभावी बना ही लेता है।

पं. दानेश्वर शर्मा स्वयं काव्य–रचना कर लेते हैं, अतः अपने प्रवचनों में वह अपने पद स्वयं गाते हैं। उनका छत्तीसगढ़ी पर भी अच्छा अधिकार है, इसलिए अपने प्रवचनों में वह छत्तीसगढ़ी बोली का पुट लगाते चलते हैं।

मानस के प्रसंगों को छत्तीसगढ़ी के माध्यम से वह सामान्य जनों तक सम्प्रेषित करने में सिद्धहस्त हैं। उन्हें शबरी प्रसंग, केवट प्रसंग, भरत मिलाप आदि प्रसंग रुचिकर लगते हैं–वह इन प्रसंगों की गूढ़ और सहज दोनों प्रकार की व्याख्या करते हैं। वह अपनी कथा में चरित्रों को जीवन्त कर देते हैं। भाषा पर अच्छा अधिकार होने के कारण उनकी शैली सरस और बोधगम्य होती है।

पं. शर्मा ने अपने प्रवचन सन् 1994 से प्रारम्भ किये थे, तब से अब तक अनेक कथाएँ अनेक स्थानों पर पण्डित जी कर चुके हैं। आप छत्तीसगढ़ में ही अब तक कथा करते रहे हैं, उन्होंने लक्ष्य ही बना लिया है कि वह रामकथा को छत्तीसगढ़ी में करेंगे। उनकी लिखी पुस्तकें हैं–'लवकुश', 'छत्तीसगढ़ी श्रीमद्भागवत'। वह सतत क्रियाशील हैं।

आपका पता है–

582, पदम नामपुर, दुर्ग (छत्तीसगढ़)

पं. राजेन्द्र प्रसाद पाण्डेय

पं. राजेन्द्र प्रसाद पाण्डेय के पिता का नाम पं. नर्मदा प्रसाद पाण्डेय, माता का नाम श्रीमती केजावाई पाण्डेय है। आपका जन्म 01 मार्च 1967 को ग्राम– लिटीपुर, पोस्ट–प्रतापपुर, तहसील नवागढ़, ज़िला बेमेतरा (छ.ग.) में हुआ। आपकी शिक्षा एम.ए. साहित्य में आचार्य और लोकसंगीत में डिप्लोमा के स्तर तक है। आप कथा में रस को प्रवाहित कर देते हैं।

आप रामकथा तथा श्रीमद्भागवत के लोकप्रिय कथाकार हैं। आप संगीतमय रामकथा करते हैं। स्वयं पद रचने और गायन में निपुण होने के कारण आप प्रसंगानुकूल पद रचना कर लेते हैं। आपका गायन छत्तीसगढ़ी लोकरागनियों पर आधारित रहता है। यही वजह है कि छत्तीसगढ़ी, गुजराती, भोजपुरी आदि के भजनों को गाकर भी आप अपनी कथा में भजनों का प्रसारण आकाशवाणी दूरदर्शन, ज़ी–24, सब टी.वी. आदि पर होता रहता है।

आप स्वयं कवि हैं। कवि–सम्मेलनों में भी सक्रिय रहते हैं। अनेक कवि–सम्मेलनों में आपने भागीदारी की है। आपने छत्तीसगढ़ी फ़िल्मों में भी भूमिका निभायी है। आप श्रीमद्भागवत पुराण पर केन्द्रित कथा करते हुए भी रामचरितमानस के दोहों–चौपाइयों का सम्बल लेते हैं। मानस के सभी प्रसंग आपको प्रिय हैं–वे हैं हनुमान जी के चरित्र की वे घटनाएँ जो उन्हें अलौकिक और लौकिक रूप में प्रस्तुत करती हैं। वे भगवान राम के अनन्य सेवक रहते हुए स्वयं देव श्रेणी में आ गये और कलियुग में तत्काल–फल देनेवाले देवता की तरह प्रतिष्ठित हो गये।

पण्डित राजेन्द्र जी व्यास–परम्परा को आजीविका नहीं बनाये हैं। वह स्वान्तः सुखाय और परजन सुखाय ही कथा करते हैं। वह अनेक संस्थाओं में पदाधिकारी हैं, उन्होंने प्रवचन करना सन् 2000 ई. से प्रारम्भ किया है। अब तक वह अनेक स्थानों पर प्रवचन कर चुके हैं।

आपका पता है–

पं. राजेन्द्र प्रसाद पाण्डेय, लक्ष्मीनारायण विद्यामन्दिर के पास, कुकरी पारा, सुभाष नगर, रायपुर (छत्तीसगढ़)

पं. पवन दीवान

पं. पवन दीवान का पूरा नाम पं. पवनधर दीवान है। आपके पिता का नाम पं. सुखरामधर दीवान था। आपका जन्म किरवई (राजिम) में 01 जनवरी 1945 को हुआ था। पं. पवन दीवान ने प्रवचन करना सन् 1976 से प्रारम्भ किया था। बाद में वह सन्त पवन दीवान के रूप में प्रसिद्ध हुए।

पं. पवन दीवान श्रीमद्भागवत और रामचरितमानस पर प्रवचन करते थे। वह सन्त और प्रवचनकर्ता की भूमिका से ही राजनीति में आये थे। छत्तीसगढ़ में उन्होंने एक राजनीतिज्ञ की तरह भी अपनी विशेष भूमिका दर्ज करायी। वह मध्य प्रदेश में उस समय मन्त्री पद पर प्रतिष्ठित रहे, जब छत्तीसगढ़ मध्य प्रदेश में ही सम्मिलित था।

पं. दीवान कुशल गायक थे। हिन्दी और छत्तीसगढ़ में उन जैसा गायक विरल है। अपनी गायिकी प्रतिभा से वह लोगों का मन मोह लेते थे। रामचरितमानस के वह कुशल प्रवक्ता थे। तुलसी के दोहे और चौपाइयों का वह जब सस्वर पाठ करते थे, तब श्रोतावृन्द झूम उठते थे। आकाशवाणी और दूरदर्शन से आपकी कविताओं एवं प्रवचनों का प्रसारण होता रहा है।

सन्त पवन दीवान ने पूरे छत्तीसगढ़ में घूम–घूम कर कथाएँ सम्पन्न की हैं। उनकी कथाएँ विश्लेषण प्रधान होती थीं। वह प्रसंग की आत्मा को व्याख्यायित करते थे इसलिए उनकी कथाओं का आनन्द बौद्धिक वर्ग लेता था। किन्तु वह गायन शैली में निबद्ध प्रसंगों को जब प्रस्तुत करते थे तब सामान्य जन भी उनकी कथा को रस लेकर सुनता था।

सन्त पवन दीवान सरल व्यक्तित्व के धनी थे। वह भारतीय सन्त परम्परा के मूर्तिमान व्यक्तित्व थे। उन्होंने अपने सद्कृत्यों से एक आश्रम भी स्थापित किया था। इस आश्रम का नाम उन्होंने छत्तीसगढ़ ब्रह्मचर्याश्रम राजिम (दुर्ग) रखा था। आज भी उनका आश्रम पठन–पाठन का केन्द्र–स्थल है।

बघेलखण्ड क्षेत्र की व्यास-परम्परा

प्रीति तिवारी

बघेलखण्ड बघेली बोली का क्षेत्र है। विन्ध्य के सामीप्य ने इसे प्रकृति का मनोहारी रूप दिया है। इस क्षेत्र में ही वाल्मीकि जी और बाणभट्ट का निवास रहा है। अनेक ऋषि और मुनि यहाँ आते–जाते रहे तो यहाँ ज्ञान–सत्र भी वे सम्पादित करते रहे हैं। चित्रकूट की पवित्र भूमि पर अत्रि और अनसूया का आश्रम था। मुनि का सान्निध्य लाभ लेने अनेक ऋषि–मुनि यहाँ आते रहते थे। स्वयं राम उनके आश्रम में उनका उपदेश सुनने आये थे। न केवल अत्रि जी ने श्रीराम से संवाद किया बल्कि अनसूया जी ने सीताजी को पतिव्रत धर्म की शिक्षा प्रदान की।

रीवा के राजा रघुनाथ सिंह जी ने रामचरित को केन्द्र बनाकर पहला हिन्दी नाटक 'आनन्द रघुनन्दन' रचा। इस रूप में यह क्षेत्र राममय रहा है। आधुनिक काल में सतना के समीप 'रामवन' की स्थापना श्री शारदा प्रसाद ने की। वे इसे तुलसी तीर्थ बनाना चाहते थे। यहाँ से 'मानस मणि' अनेक वर्षों तक प्रकाशित होती रही। इसमें मानस से सम्बन्धित उत्कृष्ट स्तर पर रचनाएँ प्रकाशित होती थीं। अनेक मानस समर्थ विद्वानों के इस पत्रिका में लेख प्रकाशित होते थे। रामरक्षित जी रामायणी के लेख इसमें सतत प्रकाशित होते थे। यहाँ लायब्रेरी भी स्थापित थी। लायब्रेरी में तुलसीदास जी से सम्बन्धित पुस्तकों को एकत्रित किया गया था। एक समय था, जब मानस प्रवचनकारों का यहाँ मेला लगा करता था।

बघेलखण्ड में रामलीलाएँ भी खूब आयोजित होती रही हैं। यहाँ के खजुरी ताल की रामलीला मण्डली ने अच्छी ख्याति अर्जित की थी। इस मण्डली के माध्यम से देश के अनेक स्थलों पर रामलीलाओं का प्रदर्शन होता रहा है। रामलीलाओं में रामचरितमानस के गायन की पद्धति है। प्रायः पात्रों के संवाद रामचरितमानस की दोहा–चौपाइयों पर आधारित रहते हैं। महन्त पहले दोहा–चौपाई प्रसंगानुकूल गाकर प्रस्तुत करता है, फिर पात्र उनका हिन्दी गद्य में अनुवाद–सा अपने संवादों में प्रस्तुत करता है। कभी–कभी पात्र भी दोहा–चौपाइयाँ सस्वर बोलता है। इस रूप में पात्र एवं गायक मण्डली को रामचरितमानस की दोहा–चौपाइयाँ याद हो जाती हैं, वे उनकी गायन शैली से परिचित हो जाते हैं। ऐसे ही लोगों में से कुछ लोग रामकथा व्यास बनकर प्रतिष्ठित हो जाते हैं। इस तरह से रामलीला मण्डलियाँ व्यास बनने की नर्सरी जैसी होती हैं। इस रूप में बहुत से लोग व्यास–परम्परा में इस क्षेत्र से भी आये हैं।

बघेलखण्ड के अधिकांश घरों में रामचरितमानस की पुस्तक का पाठ होता रहता था। इसकी व्याख्या करनेवाले भी प्रायः इन घरों में होते थे। यही व्याख्या करनेवाले जन गाँव–क़स्बों में जाकर, रामकथा की

सरस व्याख्याएँ करके अपनी जीविका भी निर्धारित कर लेते थे। ऐसे अनेक नाम–अनाम कथावाचक एक समय में यहाँ से देश के विभिन्न अंचलों में भ्रमणशील रहे हैं।

रीवा में गुरु रामप्यारे अग्निहोत्री जी जैसे विद्वानों ने अपनी भूमिका रामचरितमानस के प्रचार–प्रसार में निभायी। डॉ. भगवती प्रसाद शुक्ल, डॉ. श्यामसुन्दर लाल दीक्षित प्रभृति जनों ने भी तुलसी साहित्य को वाचिक और व्यास–परम्परा को अपनी मेधा का आधार प्रदान किया। इसी क्षेत्र से सूरदास रामायणी अपने समय के श्रेष्ठ व्यासों में परिगणित होते हैं। बाद में स्वामी रामभद्राचार्य ने अपनी विश्वव्यापी ख्याति से इस क्षेत्र को पवित्र किया। यहाँ धारकुण्डी आश्रम भी है, जहाँ विद्वान सन्तों का सदैव आवागमन बना रहता है और मानस प्रवचन के अवसर यहाँ सुलभ होते रहते हैं।

मानस के अध्ययन–अध्यापन, उसके मौखिक प्रस्तुतीकरण और मानस की कथा व्यास– परम्परा का एक पुख्ता आधार इस क्षेत्र में विनिर्मित होता रहा है।

बघेलखण्ड क्षेत्र में 'दृष्टिबाधित दिव्यांगता और कथा व्यास-परम्परा'

प्रीति तिवारी

दिव्यांग जनों के लिए व्यवसायगत अवसर कम नहीं हैं। बस ज़रूरत है उनकी प्रतिभा को सही दिशा में प्रेरित किया जाये। दिव्यांग की कोटि के अनुसार ही व्यवसाय का चयन किया जाता है। अक्सर दृष्टिबाधित विकलांगों को ऐसे कार्य करने में असुविधा होती है, जो हाथ और पैरों से किये जाते हैं। यद्यपि एक निश्चित दायरे में निश्चित समयावधि में किये जाने वाले कार्य दृष्टिबाधित जन अपने पाँव को चलाकर भी कर लेते हैं। बँधी–बँधाई परिपाटी वाले इन कार्यों को ठीक उसी तरह से माना जा सकता है, जैसे आँखों पर पट्टी बाँधे कोल्हू का बैल कार्य करता है। दृष्टिबाधित के लिए जो कार्य अनुकूल होते हैं वे उनके कण्ठ और मुख से सम्बन्धित हैं। जब नेत्र बन्द रहते हैं तब ज्ञान का भीतरी प्रकाश जगमगा उठता है। महाकवि सूरदास इसके बड़े प्रमाण हैं। इसे दीनत्व की आपूर्ति की तरह माना जा सकता है। इस रूप में संगीत और प्रवचन के क्षेत्र दृष्टिबाधितों के लिए सुविधाजनक माने जा सकते हैं। "कलाओं को व्यवसाय के रूप में ग्रहण किया जा सकता है। आजकल कला का बाज़ार भी बहुत बड़ा बाज़ार है। दिव्यांगजन कलाओं में महारत हासिल कर ले तो वह इस बाजार का उपयोग अपने लिए कर सकते हैं। संगीत के क्षेत्र में इस तरह की अपार सम्भावनाएँ हैं। दिव्यांग संगीत के केन्द्र स्थापित कर सकते हैं। संगीत की शिक्षा दे सकते हैं। स्वयं गायन–वादन करके रंगमंचीय कार्यक्रम के माध्यम से अर्जन कर सकते हैं।"

यदि दिव्यांग गायक कला में निपुण है, और वह अपने ज्ञान की सीमाओं में वृद्धि कर ले तो वह बहुत अच्छा प्रवचनकार भी बन सकता है। ज़रूरत यह है कि उसे धार्मिक ग्रन्थों की शिक्षा ग्रहण करनी पड़ेगी जो कि बहुत कठिन कार्य नहीं है। दृष्टिबाधित सुनकर ही अनेक सन्दर्भों और प्रसंगों को याद कर लेते हैं। इस हेतु उन्हें ट्रेनिंग भी दी जा सकती है। यहाँ मैं अखिलेश महाराज का उदाहरण प्रस्तुत कर रही हूँ–"अन्तरराष्ट्रीय भजन गायक अखिलेश महाराज के बचपन का नाम मोतीलाल तथा पिता का नाम पुन्नीलाल था। गाँव में चेचक के कारण मोतीलाल की दोनों आँखों की ज्योति चली गयी। माँ और पिता के स्वर्गवास के बाद वे दर–दर की ठोकरें खाने को मजबूर हो गये। घर से भाग कर मन्दिरों में घूमते हुए भजन गाने लगे। उनकी याददाश्त अच्छी थी, इसलिए उन्हें भजनों के साथ–साथ श्रीमदभागवत के श्लोक भी कण्ठस्थ हो गये। अब वे अखिलेश महाराज बन गये थे। अखिलेश महाराज ने अपना आश्रम वृन्दावन में बनाया। आश्रम में गायिकी और प्रवचन का अभ्यास कराया जाता है।"

यह दिव्यांग का हौसला ही है कि स्वयं के लिए रोज़गार सृजित किया, और दूसरों के लिए अवसर जुटाने का मंच भी निर्मित। रवीन्द्र जैन इसके सर्वोत्तम उदाहरण हैं। दृष्टिबाधित होते हुए भी उन्होंने जीवन की अनेक ऊँचाइयाँ छुईं। वह एक कुशल गायक तो थे ही कुशल संगीत निर्देशक भी थे। उन्होंने अनेक फ़िल्मों में गायन किया और अनेक फ़िल्मों में संगीत निर्देशन भी किया। उन्होंने 'रामायण' जैसे लोकप्रिय सीरियल में गायन किया था। वह धार्मिक भजनों की संगीत निशाएँ भी आयोजित करते थे, और स्वयं भजन गाते थे। यह स्पट करने की ज़रूरत नहीं है कि दृष्टिबाधित जनों के पास इस तरह की शक्तियाँ जाग्रत हो उठती हैं। उनकी वाणी उनका व्यक्तित्व निखारने लगती है। वह वाणी व्यक्तित्व बन जाते हैं, और अपने इसी व्यक्तित्व के बल पर अपनी लोकप्रियता को स्थापित कर लेते हैं।

दृष्टिबाधित जनों को प्रवचन करने में कोई असुविधा नहीं होती है, यदि वे संगीत पक्ष को साथ लें तो यह सोने में सुहागा हो जाता है। सामान्यतः यह अनुभव किया गया है कि दृष्टिबाधित जन गायक अच्छे होते हैं। अधिकतर यात्रा करते हुए रेलगाड़ियों में दृष्टिबाधित जनों को गाते हुए देखा सुना जाता है। इनकी गायन कला ही इनकी आजीविका बन जाती है। यदि अपनी प्रज्ञा का और विकास कर लें तो वे प्रवचनकार भी बन सकते हैं। रामकथा व्यास–परम्परा में ऐसे अनेक प्रवचनकार हुए हैं जिन्होंने दृष्टिबाधित होते हुए भी देश–विदेश में रामकथा पर प्रवचन करते हुए लोकप्रियता हासिल की है यह केवल लोकप्रियता ही नहीं थी, बल्कि लोक को परलोक से जोड़ने का एक आध्यात्मिक उपक्रम था। भक्ति की भावना से ओतप्रोत ये कार्यक्रम भक्ति के प्रकार कीर्तन का ही एक प्रकार है। तुलसीदास ने रामचरितमानस में लिखा है–

तीजी भगति मम गुन गन करई कपट तजि गान।

रामचरितमानस में उल्लिखित भक्ति की कोटि में प्रवचन को इसी रूप में लिया जा सकता है।

'रामकथा व्यास–परम्परा' में दृष्टिबाधित जनों का योगदान यह स्पष्ट करता है कि रामकथा के सन्दर्भ में जो कहा गया है– **'उघरहिं विमल विलोचन हिय के।'** वस्तुतः रामकथा हृदय के नेत्र खोलनेवाली ही होती है। तभी तो चर्मचक्षु रहित जन रामकथा का आश्रय लेकर स्वयं अपनी अन्तर्दृष्टि का उन्मीलन तो करते ही हैं दूसरों के आन्तरिक नेत्रों को खोलने का भी प्रयास करते हैं। यही वजह है कि सूरदास रामकथा को कहने और गाने में अपना विशिष्ट स्थान रखते हैं।

रामकथा व्यास–परम्परा में वैसे तो अनेक दृष्टिबाधित जन अपनी वाणी की अर्चना राम के प्रति समर्पित करते रहे हैं, किन्तु निकट अतीत में 'सूरदास रामायणी' नामक कथा व्यास अत्यन्त लोकप्रिय हुए हैं। सूरदास रामायणी चित्रकूट के नज़दीक के एक गाँव में जनमे थे। वह जन्मान्ध थे। उन्होंने अपना निवास चित्रकूट को बनाया। चित्रकूट में रहकर वह सत्संग करने लगे। उनके पास गायन के लिए सुरीला कण्ठ था ही। वह बहुत प्रभावी गायन करते थे। वह रामचरितमानस को आधार बनाकर ही प्रवचन करते थे। वह प्रवचन करने दूर–दूर तक जाते थे। उन्हें रामचरितमानस के दोहे–चौपाइयाँ कण्ठस्थ थे। वह इनकी लोकलुभावनी व्याख्या भी करते थे। उनकी यह विशेषता होती थी कि वह प्रसंगों की कड़ी मिलाने में चमत्कारिक प्रयोग करते थे। वह शब्दों की नयी–नयी व्याख्याएँ करने में प्रवीण थे। बीच–बीच में अंग्रेज़ी और उर्दू के उदाहरण भी देते थे। वह सामाजिक दृष्टि से उपयोगी दृष्टान्त भी कथा के बीच–बीच में सुनाते थे। उनकी शैली देशज लहजे वाली थी, इसलिए बघेली बोली के शब्दों का वह गाहे–बगाहे प्रयोग

करते थे तथा उसी लहजे में अपनी कथा का गद्य–भाग प्रस्तुत करते थे। वह गेरुये वस्त्र धारण करते थे। लुंगी और कुरती उनकी प्रिय पोशाक थी। वह स्वयं हारमोनियम बजाते थे। उनके साथ वाद्य बजानेवाली संगत पार्टी भी रहती थी।

सूरदास रामायणी को भरत चरित्र की कथा प्रिय थी। वह भावुक कथावाचक थे। कभी–कभी उनकी कथा में श्रोता अपने आँसू नहीं रोक पाते थे। उनकी कथा सुनने हज़ारों श्रोता एकत्रित होते थे। उस समय तक बाज़ार में कैसिट उपलब्ध होने लगे थे। सूरदास रामायणी के प्रवचनों के कैसिट्स की रिकॉर्ड बिक्री हुई। घर–घर उनके कैसिट्स सुने जाते थे। वह जब दोहे और चौपाइयाँ उच्च स्वर में गाते थे, तब कथा को साकार करनेवाला वातावरण बन जाता था। यद्यपि वह कथा में तात्विक विवेचना करते थे, जिनसे कथा प्रसंग को एक नयी अर्थ दीप्ति प्राप्त हो जाती थी। वह प्रवाहमय कथा करते थे। बीच–बीच में अपने श्रोताओं को भी विशेषणों से सम्बोधित करते थे। प्रवचन के बीच–बीच में वह 'ॲय' जैसी ध्वनि भी निकालते थे। उनकी कथा, श्रोता मन्त्रमुग्ध होकर सुनते थे। उनके प्रवचनों को कराने को उस समय होड़ लगी रहती थी।

रामकथा व्यास–परम्परा में जो भी प्रज्ञाचक्षु व्यास हुए हैं उनमें **स्वामी रामभद्राचार्य** का स्थान सर्वोपरि है। चित्रकूट में अपना आश्रम बनानेवाले स्वामी रामभद्राचार्य ने इसी जगह दिव्यांग विश्वविद्यालय की स्थापना भी कर दी है। इस विश्वविद्यालय में दिव्यांगों को शिक्षित–प्रशिक्षित किया जाता है। रामभद्राचार्य जी बहुआयामी व्यक्तित्व हैं। वह अनेक क्षेत्रों में महत्त्वपूर्ण कार्य कर रहे हैं। प्रवचन, संगीत, शिक्षा, साहित्य आदि अनेक क्षेत्रों में उनकी प्रतिभा ने नये–नये मानदण्ड स्थापित किये हैं। इन सबके केन्द्र में उनका प्रवचन करनेवाला व्यक्तित्व अत्याधुनिक लोकप्रिय है। ऐसा इसलिए कि उन्हें लाखों लोग बड़े चाव से सुनते हैं। वह रामचरितमानस और श्रीमद्भागवत के अच्छे प्रवचनकार हैं।

स्वामी रामभद्राचार्य का मूलनाम गिरधर मिश्र है। उत्तर प्रदेश के जौनपुर ज़िले में सन्दीखुर्द नामक गाँव में 14 जनवरी 1950 ई. में इनका जन्म हुआ। सरयूपारीण ब्राह्मण परिवार में जन्म लेनेवाले रामभद्राचार्य के पिताजी का नाम राजदेव मिश्र और माताजी का नाम सचि देवी था। उनकी बड़ी चाची मीराबाई कृष्ण की भक्त थी, इसलिए इनका नाम गिरधर रख दिया था। उनके गुरु ने उनको चौपाई रटाई थी, **"यह चरित जो गावहिं हरिपद पावहिं ते न परहिं भवकूपा"** इस छन्द के बल पर वे एक कुएँ में गिरकर भी बच गये थे। उनकी मौखिक शिक्षा उनके दादा जी के संरक्षण में हुई। रामभद्राचार्य ने 7 वर्ष की अवस्था में सम्पूर्ण रामचरितमानस कण्ठस्थ कर ली थी। वह रामचरितमानस पर अपने प्रवचन करते हुए देशाटन करते रहे हैं। वह बहुत अच्छे गायक हैं। उनकी कथा तात्विक विवेचन वाली होती है। वह संस्कृत साहित्य के निष्णात विद्वान हैं, अतः शाब्दिक विवेचन में वह अत्यन्त कुशल हैं। वह रामचरितमानस के एक–एक शब्द की गहरी मीमांसा करते हैं।

कथा के लिए वह जहाँ वेद–पुराण आदि को आधार बनाते हैं, वहीं वह लोक प्रसंगों को भी अपने प्रवचनों में स्थान देते हैं। लोकगीतों के पुट से उनके प्रवचन अधिक सरस और अधिक ग्राह्य हो जाते हैं। वह कथा के सरस व्याख्याकार तोः हैं ही उनका विस्तृत अध्ययन कथा को विस्तार देने में सक्षम होता है। रामभद्राचार्य जी हमारे युग की मूर्धन्य विभूतियों में से हैं।

विभिन्न अंचलों में इस तरह के अन्य सूरदास कथाकार कथावाचक अपनी वाणी से जन–रंजन भी करते है और समाज में भक्ति भावना का प्रसार भी करते हैं। दिव्यांगों का यह अवदान यह साबित करता है कि उन्हें अवसर मिले तो वह अपने को प्रतिपादित करने में कोई कोर–कसर नहीं लगाते।

अनेक क्षेत्रों में उनकी प्रतिभा ने नये–नये मानदण्ड स्थापित किये हैं। इन सबके केन्द्र में उनका प्रवचन करनेवाला व्यक्तित्व अत्यधिक लोकप्रिय है। वह रामचरितमानस और श्रीमद्भागवत के अच्छे प्रवचनकार हैं। उनके सभी रूप प्रभावशाली हैं और लोक उपकार की भावना से जुड़े हुए हैं।

रामभद्राचार्य जी ने अपनी दो माह की अवस्था में ही अपने दोनों नेत्र खो दिये थे। 24 मार्च 1950 को उनकी आँखें ट्रिकोमा नामक बीमारी से ग्रस्त हुईं। गाँव में इस बीमारी का कोई सही इलाज नहीं था। गाँव की एक महिला ने देशी दवा की, जिसके परिणामस्वरूप आँख ठीक नहीं हुई और उनमें निरन्तर दृष्टिहीनता आती गयी। बाद में उन्हें लखनऊ, सीतापुर, मुम्बई आदि स्थानों के प्रसिद्ध नेत्र चिकित्सालयों में भर्ती किया गया लेकिन उनकी नेत्रज्योति वापस नहीं लौटी। नेत्रज्योति चली जाने की वजह से रामभद्राचार्य न तो पढ़ सकते थे, न लिख सकते थे। इन्हें ब्रेल लिपि का प्रशिक्षण भी प्राप्त नहीं हो पाया था। जब वह तीन वर्ष के थे तब गाँव में एक बन्दर का नाच दिखाने वाला मदारी आया। मदारी का बन्दर उसकी गिरफ़्त से छूट गया और उसने ऊधम मचाना शुरू कर दिया। बन्दर के डर से लड़के भागे। रामभद्राचार्य भी उसी भगदड़ में फँस गये और एक छोटे सूखे कुएँ में गिरने के साथ ही दादाजी के द्वारा सिखाये गये छन्द के इस पद को दुहराते रहे थे–**''यह चरित जो गावहिं हरिपद पावहिं ते न परहिं भव कूपा।''** इस पद का अर्थ है कि जो भगवान के चरित्र को उनके चरण पकड़कर गाता रहता है वह इस संसार रूपी कुआँ में नहीं गिरता है। कुएँ में गिरने की इस चमत्कारिक घटना के बाद रामभद्राचार्य जी इस पद को हर समय दुहराने लगे।

रामभद्राचार्य जी की शिक्षा उनके दादाजी के संरक्षण में हुई। उस समय उनके पिता मुम्बई में काम करते थे। प्रायः दोपहर के बाद उनके दादा उन्हें रामायण व महाभारत की कथा सुनाया करते थे। इसके साथ ही साथ भक्तिपरक ग्रन्थों का भी वह श्रवण अपने दादा के माध्यम से करते रहे। इन भक्तिपरक ग्रन्थों में से कुछ ये थे– 'विश्राम सागर', 'सुखसागर', 'प्रेमसागर' और 'ब्रजविलास'। इन ग्रन्थों के सुनने से बालक रामभद्राचार्य के मन पर उनकी विषयवस्तु का गहरा प्रभाव पड़ा। उनके भीतर भी कवित्व शक्ति जाग्रत हो गयी और उन्होंने अपनी तीन वर्ष की अवस्था में एक कविता रची जो इस प्रकार थी–

मेरे गिरधारी जीके काहे लरी।
तुम तरुणी मेरी गिरधर बालक काहे भुजा पकरी।।
सुसुकि–सुसुकि मेरो गिरधर रोबत तू मुसुकात खरी।।
तू अहिरिन अतिशय झगराऊ बरबस आये खरी।।
गिरिधर कर गहि कहत जसोदा आँचर ओट करी।।

तीन वर्ष में ऐसी कविता रच देना आश्चर्य की बात थी। इतनी वर्ष की उम्र में बच्चे बोलना ही सीख पाते हैं, लेकिन रामभद्राचार्य जी ने एक अनूठे प्रसंग को लेकर एक सुन्दर छन्द रूप दे दिया। यह छन्द

उनकी रचनात्मक ऊर्जा का प्रतीक है। उनकी कवित्व शक्ति आगे चलकर और विकसित हुई और उन्होंने श्रेष्ठ रचनाओं की सृष्टि की।

रामभद्राचार्य जी ने अपनी 5 वर्ष की अवस्था में ही पन्द्रह दिनों की अवधि में गीता के 700 श्लोकों को कण्ठस्थ कर लिया था। ये श्लोक उन्होंने अपने पड़ोसी पण्डित मुरलीधर मिश्र के सहयोग से याद किये थे। 1955 की जन्माष्टमी को उन्होंने पूरी गीता मौखिक सुना कर सबको आश्चर्य में डाल दिया था। जब रामभद्राचार्य जी की उम्र 7 वर्ष की थी तब उन्होंने रामचरितमानस के सम्पूर्ण दोहा–चौपाई कण्ठस्थ कर लिए थे। इनकी संख्या 10,900 है। रामचरितमानस के इतने छन्दों को याद करने में उन्हें मात्र 60 दिन लगे थे। 1957 की रामनवमी को उन्होंने सम्पूर्ण रामायण मौखिक रूप से सुनायी थी। बाद में उन्होंने वेद, उपनिषद्, भागवत पुराण और तुलसीदास की सम्पूर्ण रचनाओं को कण्ठस्थ किया था। वह संस्कृत व्याकरण में भी पारंगत हुए। रामभद्राचार्य जी की अच्छी स्मरण शक्ति है। उनकी एकाग्रता का ही यह परिणाम है। यहाँ यह बात ध्यान देने योग्य है कि वह इन सबको किसी दूसरे से सुन–सुनकर याद करते रहे हैं। यह कठिन कार्य था किन्तु उनकी लगन ने इतने कठिन कार्य को भी कर दिखाया।

रामभद्राचार्य जी एक अध्यवसायी व्यक्तित्व हैं। वह 22 भाषाएँ बोल सकते हैं। वह आशु कवि हैं। वह संस्कृत, हिन्दी, अवधी, मैथिली आदि भाषाओं में रचनाएँ करते हैं। अभी तक उनकी 100 से ऊपर किताबें और 50 से ऊपर शोधपत्र प्रकाशित हो चुके हैं। इन पुस्तकों में कुछ पुस्तकें महाकाव्य के रूप में प्रस्तुत की गयी हैं। उन्होंने तुलसीदास जी की रामचरितमानस और हनुमान चालीसा जैसे ग्रन्थों पर अपनी नयी व्याख्याएँ प्रस्तुत की हैं। उन्होंने अष्टाध्यायी पर भी महत्त्वपूर्ण कार्य किया है। लेखक के रूप में वह हिन्दी व संस्कृत के महत्त्वपूर्ण लेखक माने जाते हैं। उनकी रचना दृष्टि शब्द के मर्म को पहचानने वाली है। संस्कृत व्याकरण में पारंगत होने के कारण वह शब्द की आन्तरिक शक्तियों से अच्छी तरह से परिचित हैं।

उनका उपनयन संस्कार 24 जून 1961 को हुआ था। उन्होंने इसी समय मन्त्र दीक्षा अयोध्या के पण्डित ईश्वरदास महाराज से ली। वह अपनी छोटी–सी ही अवस्था में अपने गाँव के पास के गाँव में पुरुषोत्तम महीना में कथा करते थे। यहीं से उन्होंने रामचरितमानस पर कथा कहना प्रारम्भ किया। एक बारात की तैयारी चल रही थी। उस बारात में इनके अन्धे होने के कारण इन्हें सम्मिलित नहीं किया गया। इस घटना से ये विचलित हो गये। उनके ऊपर इसका गहर प्रभाव पड़ा।

रामभद्राचार्य की दीक्षा औपचारिक रूप से नहीं हुई। उनके परिवारजन चाहते थे कि वह कथावाचक बनें। जबकि रामभद्राचार्य जी आगे बढ़ना चाहते थे। उनकी इसी इच्छा के कारण उन्हें बनारस भेजा गया। उन्होंने आदर्श गौरी शंकर संस्कृत कॉलेज से हिन्दी, अंग्रेज़ी, गणित, ज्यॉग्राफी में अध्ययन किया था। इसी समय उन्होंने श्लोक रचना भी शुरू कर दी। सन् 1971 में अपने उच्च अध्ययन के लिए उन्होंने शास्त्री, आचार्य की उच्चतम उपाधियाँ गोल्ड मेडल प्राप्त करके उत्तीर्ण कीं। इसी संस्थान से उन्होंने पीएच.डी. एवं डी.लिट्. की भी उपाधियाँ प्राप्त कीं।

सन् 1976 में स्वामी करपात्री जी को उन्होंने रामचरितमानस सुनाया। करपात्री जी उनसे इतने प्रभावित हुए कि उन्होंने कह दिया कि अब आप शादी नहीं करना और ब्रह्मचर्य का जीवन ही व्यतीत करना। इसी

समय रामचरनदास महाराज फलाहारी के वह शिष्य बन गये। अब वे गिरधर मिश्र से रामभद्र दास हो गये थे। इस तरह से विरक्त दीक्षा लेकर उन्होंने घर–गृहस्थी त्याग दी।

रामभद्राचार्य जी ने 1987 में चित्रकूट में तुलसी पीठ की स्थापना की। इस पीठ की स्थापना से उन्होंने कई बौद्धिक कार्यक्रम संचालित किये हैं। तुलसी पीठ पर उन्हें काशी की विद्वत् परिषद् ने 24 जून 1988 को जगद्गुरु रामभद्राचार्य स्वामी के रूप में विभूषित किया। स्वामी रामभद्राचार्य जी ने चित्रकूट में ही विकलांग विश्वविद्यालय की स्थापना की। इस विश्वविद्यालय की स्थापना 21 सितम्बर 2001 को चित्रकूट में हुई। इस विश्वविद्यालय में विकलांगों के लिए स्नातक व स्नातकोत्तर स्तर पर संस्कृत, हिन्दी, अंग्रेज़ी, समाजशास्त्र, मनोविज्ञान, संगीत, ड्राइंग व पेंटिंग फाइन आर्ट्स व शिक्षा, इतिहास, संस्कृति व पुरातत्त्व विभाग, कम्प्यूटर एवं सूचना विज्ञान विधि और अर्थशास्त्र आदि विषयों में छात्र उपाधि प्राप्त कर सकते हैं। इस विश्वविद्यालय में वह चिकित्सा व आयुर्वेद विषय भी खोलना चाह रहे हैं। उन्होंने जगद्गुरु रामभद्राचार्य विकलांग सेवा संघ नामक संस्थान को भी प्रारम्भ किया है। यह संस्थान सतना (म.प्र.) में स्थित है। इस संस्थान में सभी तरह के विकलांगों की सहायता की जाती है। यह संस्थान सभी तरह के विकलांगों का सभी तरह से सहयोग करता है।

स्वामी रामभद्राचार्य जी के ये कार्य मानवीय सेवा के आदर्श मानदण्ड स्थापित करते हैं। इन्होंने अपनी प्रतिभा का मानव सेवा के लिए उपयोग किया। विशेष रूप से स्वयं अपने जीवन में विकलांगता के अनुभव से उपजी करुणा से वह विकलांगों की सेवा के कार्यो के लिए प्रेरणास्रोत बने।

बघेलखण्ड की विदुषी व्यास-परम्परा : डॉ. ज्ञानवती अवस्थी

प्रभुदयाल मिश्र

श्रीमती ज्ञानवती अवस्थी की 'भारतीय संस्कृति और रामचरितमानस' कृति मानस की अपूर्व रचना द्वारा भारतीय परम्परा की रक्षा और शृंखला के निर्माण कार्य का रेखांकन करती है। लेखिका विदुषी साधिका है। प्रवचन पारायण है। मानस के विभिन्न पक्षों पर उनका शोध, संश्लेषण और विचारपूर्ण अनुशीलन है।

उनकी उक्त पुस्तक में 31 विभिन्न विषयपरक आलेख हैं। इनमें अनेक विषय मानस के उन सूक्ष्म विश्लेषणों से सम्बन्धित हैं जिनके सम्बन्ध में मानस प्रेमी प्रायः चर्चा करते हैं और उनमें निगूढ़ रहस्य को जानने की चेष्टा करते रहते हैं। उदाहरण 'मानस के याचक', 'साहिब और शीलनिधान', 'तुलसी की नारी भावना', 'कथा राम की गूढ़', 'सेतुबन्ध क्यों', परम सुन्दरी नारि ललामा' आदि। इसके अतिरिक्त इसमें कुछ ऐसे अभिनव प्रसंग जैसे 'सीता अग्रज प्रेममूर्ति', 'श्री लक्ष्मीनिधिजी', 'सिद्धि कुअंरिजी', 'वैष्णव मुसलमान भक्त' आदि भी हैं। चूँकि लेखिका रसाचार्य श्री रामहर्षणदास महाराज की शिष्या हैं। अतः माधुरी भक्ति के ऐसे प्रसंग स्वभावतः इसमें समा गये हैं।

आलेखों में स्वभावतः उत्कट भक्ति, भावोन्मेष और अडिग आस्था का आवेग है। भरत का राम को यह कहना कि प्रभु, आप साक्षात् परमात्मा जिसे रात–दिन माँ कहते हैं उसके (कैकेयी) मन में यह कामना शेष है कि मैं हाड़–मांस का पुतला उसे माँ कहूँ तब उसे सन्तोष होगा तो इससे बड़ा अभाग्य क्या होगा? (पृ. 58) और अग्नि की ज्वाला देखकर वानर हाहाकार करने लगे और देवगण के आँसू गिरने लगे। इनमें सबसे अधिक गम्भीर विषाद में डूबे हैं हनुमान। वे कहते हैं कि जिसका सदाचरण त्रैलोक्य में विख्यात है, जिन पर श्रीराम सदा विश्वास करते थे, जिनकी विषम स्थिति को मैंने स्वयं अशोक वाटिका में अपनी आँखों से देखा तथा प्रभु को सुनाया, उन सीता को सामान्य स्त्री मानकर देव अग्नि में डाल रहे हैं? (पृ.64)

विगत कुछ दिन पूर्व डॉ. अवस्थी का मानस भवन भोपाल में माता सीता के चरित्र को लेकर त्रिदिवसीय मनोरम व्याख्यान हुआ। इस अवसर पर वाल्मीकि रामायण के युद्धकाण्ड के इस श्लोक को मैंने उनके विचार विश्लेषण के लिए सामने रखा, क्योंकि इसे लेकर पश्चिमी पौर्वात्य विशेषज्ञ गोल्डमेन/पोलक आदि इससे पूरी रामायण और स्वयं सीता को स्त्री निन्दक प्रतिपादित करते हैं–

पृथकस्त्रीणां प्रचारेणजातिं त्वंपरिशंकसे
परित्याजनां शंका तु यदि तेहं परीक्षित।

(वाल्मीकि रामायण 6/116/7)

सीता जी राम के द्वारा यहाँ अग्निपरीक्षा के लिए परिचालित किये जाने हेतु राम को उलाहना दे रही हैं। इस श्लोक का गीता प्रेस गोरखपुर द्वारा अनुवाद निम्न प्रकार से किया गया है–

'नीच श्रेणी की स्त्रियों का आचरण देखकर यदि आप समूची स्त्री जाति पर सन्देह करते हैं तो यह उचित नहीं है। यदि आपने मुझे अच्छी तरह परख लिया हो तो अपने इस सन्देह को मन से निकाल दीजिए।

इसका इन विदेशी विद्वानों ने यह अर्थ किया है, 'तुम कुछ नीच स्त्रियों को लेकर सभी स्त्रियों के प्रति सन्देह करते हो, यदि वास्तव में तुम मुझे समझे होते तो अपने सन्देह को छोड़ देते।'

इस विवाद पर ज्ञानवती जी का मत बहुत स्पष्ट था। उनका कहना था कि पश्चिम के विचारकों की दृष्टि जहाँ सीमित और संकुचित है वहीं वे राम और सीता जैसे महान चरित्रों के समाकलन की क्षमता सम्पन्न नहीं है। वास्तव में 'शंका' और 'सन्देह' पृथक् अर्थ रखते हैं। संस्कृत में शंका शब्द आया है जिसका निश्चित समाधान होता है किन्तु सन्देह जड़ीभूत होता है। हम भारतीय राम अथवा सीता में परस्पर 'सन्देह' की परिकल्पना भी नहीं कर सकते।

डॉ. ज्ञानवती जी रामकथाकारों की उस भाव और भक्ति प्राधान्य भूमिका का प्रतिनिधित्व करती हैं जिसमें भगवान की माधुरी भक्ति की परिपूर्णता है। इनकी कथा में राम के जनकपुर प्रवास की अनेकानेक ऐसी झलकियाँ सुलभ रहती हैं जिनमें राम की ससुराल के परिहास और प्रसाद की विनम्र सुवास और आभा रसिक भक्त जनों के स्वानुभव हेतु प्रचुरता में विद्यमान रहती है।

उषा रामायणी

सम्पत्ति कुमार सिंह

प्राचीनकाल से लेकर आज तक चित्रकूट को अनेक देवी–देवताओं, साधु–संन्यासियों ने अपनी तपोभूमि–स्थल बनाया है।

भगवान राम से लेकर अनेक लोकप्रिय साधु–सन्तों का चित्रकूट से बहुत गहरा नाता जुड़ा रहा है।

चित्रकूट देश की पवित्र और पूजनीय भूमि है। यह तपोभूमि है। संस्कार, संस्कृति निर्माण स्थली है। ज्ञान की पवित्र गंगा यहीं से प्रकाशमान होती है।

चित्रकूट आराध्य देवी–देवताओं की तपोस्थली है। सुकून और शान्ति की पड़ाव सलिला है। मन, कर्म, वचन से सेवा आराधना करने की शक्ति–स्थली है।

चित्रकूट की इसी पावन और पवित्र धरती पर मात्र 13 वर्ष की उम्र में दीदी उषा रामायणी ने अपने गुरु से ज्ञान लिया और आध्यात्मिक जीवन दर्शन का सन्देश लेकर देश–दुनिया को संस्कृति, संस्कार से रू–ब–रू करवाने एवं चहुँ विश्व में भक्ति और ज्ञान की अलख जगाने का संकल्प लेकर निकल गयीं। उन्होंने रामकथा के माध्यम से देश–दुनिया में जन–जन को आध्यात्मिक ज्ञान दिया।

संस्कृति, नैतिक मूल्यों और इन्सानियत का सन्देश जन–जन तक पहुँचाया। आज दीदी उषा रामायणी के मुख से रामकथा का आध्यात्मिक ज्ञान लोगों के कानों में गूँज रहा है। आज दीदी उषा रामायणी के मुख से रामकथा सुनने से अनगिनत लोग सुखी और सम्पन्न होकर सार्थक जीवन जीने की दिशा में आगे बढ़ रहे हैं।

उषा रामायणी का जन्म 01 जून 1984 को ग्राम गोखौर, पो. बड़वारा, ज़िला पन्ना में हुआ। आपके पिता का नाम रामभगत विश्वकर्मा और माँ का नाम स्व. श्रीमती मुलायम बाई था। आपके प्रेरणास्रोत आपके शिक्षक श्री रुद्रसिंह यादव और डॉ. सुरेश पराग हैं।

प्रभु की कृपा से अपनी अमृतमयी, धीर, गम्भीर, वाणी माधुर्य द्वारा भक्ति रसाभिलाषी चातकों को जनसाधारण एवं बौद्धिकों को मानस का दिव्य रसपान कराकर रसासिक्त करते हुए प्रतिपल निज व्यक्तित्व व चरित्र में ब्रह्म राम को अपने उर में बसाते हुए मर्मस्पर्शी मानस की भाव भागीरथी बहाकर जन मानस को अनुप्राणित कर रही हैं उषा रामायणी जी। आपके पितामह श्री जंगी प्रसाद विश्वकर्मा, पिताश्री राम भगत (कल्लू) विश्वकर्मा, माता स्व. मुलायम बाई भी राम भक्त एवं धार्मिक विचारों के प्रति समर्पित रहे।

जन्म से ही उषा रामायणी की बुद्धि प्रखर थी। शिक्षा–दीक्षा ग्राम गोखौर में हुई, स्वभाव से अत्यन्त संकोची एवं शान्त प्रकृति की थीं। अपने उम्र के बच्चों से अधिक गम्भीरता थी। प्रारम्भ से ही पृष्ठभूमि के रूप में पितामह, माता–पिता के धार्मिक विचारों, संस्कारों का प्रभाव आप पर पड़ा साथ ही शिक्षक श्री रुद्र सिंह यादव एवं साहित्यकार रचनाकर्मी डॉ. सुरेश पराग का भी मार्गदर्शन मिलने से कथा में एक नया प्रवाह हो चला। अपने प्रवचन से रामकथा का पीयूष समाज में वितरण करा रही हैं। जन–जन के तप्त एवं शुष्क मानस में नव शक्ति का सिंचन कर रही हैं। श्रद्धा भक्ति की निर्मल मन्दाकिनी प्रवाहित करते हुए महान लोक कल्याणकारी कार्य सम्पन्न कर रही हैं।

भक्ति योग आश्रम जानकीकुण्ड चित्रकूट के मानस मर्मज्ञ श्री श्री 108 श्री सुखनन्दन शरण जी महाराज जहाँ समूचे परिवार के सद्‌गुरु हैं, वहीं उनकी कृपा और विवेक का जो वरदान उषा रामायणी को मिला है इसमें प्रभु श्रीराम जी की कृपादृष्टि प्रत्यक्ष अनुभव की जा सकती है। लगभग 5–6 वर्ष के अन्तराल में उषा रामायणी बिहार, झारखण्ड, उत्तर प्रदेश, मध्य प्रदेश, छत्तीसगढ़, उड़ीसा, हरियाणा, प्रान्तों के कई गाँव नगरों में रामकथा प्रवाहित कर चुकी हैं। वर्तमान में कर रही हैं।

आपको नारद मोह की कथा सर्वाधिक पसन्द है। इसमें काम को दुर्निवार तो बताया ही गया है किन्तु गोस्वामी जी ने इसे अवतार प्रयोजन की तरह लिया है। **''नारद श्राप दीन्ह एक वारा। कल्प एक लगी तेहि अवतारा।''** नारद पर काम ने अनेक प्रयोग किये कि उनकी समाधि भंग हो जाये किन्तु **''काम कला कछु मुनिह ना व्यापी''** नारद काम विजय कथा सुनाने शंकर के पास पहुँचे। शंकर ने नारद को परामर्श दिया–

''जनि हरहिं सुनायेक कबहूँ'' अपनी ये कथा विष्णु को मत सुनाना। फिर भी नारद ने विष्णु को अपनी काम विजय की कथा सुना ही दी। फिर एक अपूर्व नगर में अपूर्व कुमारिका के दर्शन **''विश्वमोहिनी तासु कुमारी''** नारद का वैराग्य ज्ञान तो समाप्त हुआ ही वे प्रबल काम से परिचालित हो उठे। उनकी लज्जा का अपहरण हो गया। उन्हें माया ने मूढ़ बना दिया– **''माया विवस भये मुनि मूढ़ा''** नारद को हरि का मुख मिला वे प्रसन्न थे कि राजकुमारी उन्हीं का वरण करेगी, किन्तु ऐसा हुआ नहीं उल्टे नारद की जग हँसाई हुई, वे क्रोधित हुए और विष्णु को शाप दे दिया। यह प्रसंग अनेक भावों का समवाय है। इसमें व्यास का अपने प्रवचन के लिए प्रचुर भावोद्‌वेलन है। उषा रामायणी जी इस प्रसंग को गूढ़ तत्त्व विवेचनी शैली में प्रस्तुत करती हैं। वह मूल कथा को आधार बनाकर कथाओं की अन्तःकथा के साथ अपने प्रवचन को रसमय बनाती हैं। वह दृष्टान्त शैली का उपयोग भी करती हैं। वह संगीतमयी कथा करने में भी सिद्धहस्त हैं। वह आजकल चित्रकूट में रहती हैं।

मालवा क्षेत्र की व्यास-परम्परा

किरण उपाध्याय

मालवा अपनी सरस समृद्धि के लिए विख्यात है। कहावत है– **"डग–डग रोटी पग–पग नीर। मालव माटी गहन गम्भीर।"** मालवा की मिट्टी में अन्न–जल की प्रचुरता के कारण जीवन की सुखद यात्रा इतिहास की पगडण्डियों पर चलती रही है। यहाँ प्रकृति मुक्तहस्त से अपने वरदान लुटा रही है। शाम–ए–अवध, सुबह–ए–बनारस तथा शब–ए–मालवा में मालवा की रात्रियों की शोभा का ही चित्रण है। यहाँ राजा भोज से लेकर विक्रमादित्य की चरित्र चर्चाएँ इतिहास के महत्त्वपूर्ण प्रसंग हैं। महारानी अहल्याबाई की धर्मप्रियता को कैसे भुलाया जा सकता है। उज्जयिनी के कविकुल गुरु कालिदास तो विश्व कवि हैं ही। उनके द्वारा रचित 'रघुवंशम्' श्रीराम की श्रीवंश वल्लरी की सुगन्ध से महमहा रहा है। यह वही उज्जयिनी है, जहाँ भगवान कृष्ण संदीपनी आश्रम में शिक्षा ग्रहण करने आये थे। जहाँ सुदामा जैसे मित्र उन्हें मिले थे। यह महाकवियों, आचार्यों, और कथा–कीर्तनकारों की भूमि है।

वैष्णव, शैव और शाक्त मान्यताओं का मिलन केन्द्र यह क्षेत्र रहा है। तन्त्र, मन्त्र और ज्योतिष में इस क्षेत्र की प्रसिद्धि रही है। यहाँ के संदीपनी आश्रम में पुष्टि मार्ग के प्रवर्तक वल्लभाचार्य की तिहत्तरवीं बैठक है, जहाँ उन्होंने भागवत का पाठ किया था, और भागवत की व्याख्या करके अपनी वाणी से इस क्षेत्र को कृतार्थ किया था, यह कथा सृजन और कथा–कथन का अद्‌भुत क्षेत्र रहा है। वृहत्कथा से लेकर बेताल पच्चीसी तक की कथाएँ यहाँ प्राप्त होती हैं।

साहसांक विक्रमादित्य की सभा में सदैव विद्वानों के प्रवचन और काव्य–पाठ होते रहते थे। इनके दरबार में विशेष सम्मानित रत्न थे–धन्वन्तरि, क्षपणक, अमरसिंह, शंकु, वेतालभट्ट घटकर्पक, कालिदास, वाराहमिहिर और वररुचि। यहाँ के मुंज, भोज आदि राजाओं के दरबार में विद्वत् सभाएँ होती रहती थीं।

यह क्षेत्र विद्वानों का आदर करनेवाला रहा है। यहाँ पण्डित सूर्यनारायण व्यास जैसे दैवज्ञ और विद्व ान हुए हैं। कविवर शिवंमगल सिंह सुमन, यहाँ की विभूति रहे हैं। यहाँ आचार्य राममूर्ति त्रिपाठी, आचार्य विश्वनाथ प्रसाद मिश्र जैसे मर्मज्ञ विद्वानों का निवास रहा है। आचार्य राममूर्ति त्रिपाठी जी को रामकथा मर्मज्ञ श्री मुरारी बापू अपने गृहक्षेत्र–महुवा में आयोजित वार्षिकोत्सव में प्रतिवर्ष प्रवचन करने बुलाते।

उज्जयिनी में क्षिप्रा तट पर होनेवाले कुम्भस्थ की अपनी महिमा है। कुम्भस्थ में यहाँ देश–देशान्तर के साधु–संन्यासी, ऋषि, मुनि और गृहस्थ एकत्रित होते हैं। अनेक विद्वान अपने प्रवचन करने यहाँ पहुँचते

हैं। सतत प्रवचन शृंखलाएँ यहाँ व्याख्यान करने आते हैं। सिंहस्थ की इस प्रभावशाली परम्परा का प्रभाव यहाँ के नवोन्मेषी कथा–व्यासों पर भी पड़ती है।

यहाँ निरन्तर विद्या के उत्सव सम्पन्न होते रहते हैं। बसन्त पंचमी को पारम्परिक सरस्वती पूजा सम्पन्न होती है। इस दिन विद्वत्संगोष्ठी भी होती है। धार नगरी में राजा भोज उत्सव होता है। ओंकारेश्वर तीर्थ में सतत रूप से विभिन्न आश्रमों में रामचरितमानस के सम्मेलन होते रहते हैं। इन्दौर में भी सत्संग कार्यक्रम सदैव चलते रहते हैं। रामकथा वाचक व्यासों का आवागमन इस क्षेत्र में होता ही रहता है। महेश्वर आदि तीर्थों में इस तरह का सत्संग सुलभ होता रहता है।

श्री भगवान बापू

मधुर मुस्कान एवं सहज व्यक्तित्व के धनी श्री भगवान बापू जी का जन्म भोपाल संभाग के सिहोर ज़िले के एक छोटे–से गाँव 'मगर खेड़ा' में शरद पूर्णिमा को प्रातः वेला में हुआ था। आपके दादा श्री खुंशीदयाल ने प्रेम से आपको भगवान स्वरूप नाम दिया। आपके पिता का नाम श्री प्रभुदयाल जी एवं माता का नाम श्रीमती धापू देवी जी है।

आपने अपनी पाँचवीं तक की पढ़ाई गाँव में ही की। ज़िला स्तर पर एक सार्वजनिक समिति द्वारा आयोजित रामायण प्रतियोगिता में आपने उसी समय प्रथम स्थान प्राप्त किया था। आप अपने गाँव से तीन किलोमीटर दूर पूर्वमाध्यमिक विद्यालय में अध्ययन हेतु पाँचवीं कक्षा उत्तीर्ण करने के बाद जाने लगे। रास्ते में पड़ने–वाली नदी के किनारे एक शिव मन्दिर था। इसमें एक जटाजूटधारी साधु रहते थे, वे कभी किसी गाँव नहीं जाते थे। उनके आग्रह पर उन्हें 'रामचरितमानस' नित्य प्रति स्कूल आते–जाते सुनाने लगे। यह क्रम आठवीं कक्षा तक चला। फिर एक दिन अचानक बाबा जी कहीं चले गये। उनके दर्शन कभी नहीं हुए। ऐसा लगा जैसे स्वयं भोलेनाथ कथा सुनने आये थे।

चूँकि बाल्यकाल से ही आपका स्वभाव अध्यात्म की साधना की ओर अग्रसर था। उनके इस स्वभाव को देखकर उनका विवाह 17 वर्ष की उम्र में ही कर दिया। आप फिर भी घर–गृहस्थी में नहीं रम पाये। बिना किसी को बताये आप एक दिन घर से निकल गये। आप साधुओं की जमात में विचरणशील हो गये। अचानक आपके श्वसुर ने आपको पहचान लिया और वह वापस आपको घर ले आये। लौटकर आपने हाईस्कूल की परीक्षा उत्तीर्ण की।

इसके उपरान्त आप उज्जयिनी में आ गये। सन् 1983 से 1987 तक का जीवन आपने संघर्षों के बीच गुज़ारा। किन्तु आपके जीवन में बदलाव तब आया जब आपने अपने गुरु स्वामी शान्ति स्वरूपानन्द महाराज का सान्निध्य प्राप्त किया। आपने अपने गुरु जी से ही रामकथा की शिक्षा ग्रहण की।

आपने गंगा के तटवासी अनन्तश्री विभूषित स्वामी परमानन्द जी महाराज से दीक्षा मन्त्र लिया। पुनः राष्ट्रहित में और समाज हित में गृहस्थाश्रम को श्रेष्ठ मानते हुए आपने गुरु स्वामी परमानन्द के आदेश से रामकथा करना प्रारम्भ किया। पहली कथा आपने उज्जयिनी में भूतभावन महाकालेश्वर जी को सन् 1999 में सुनाई। तब से निरन्तर कथा कहने का सिलसिला चल रहा है।

भारत के अनेक स्थलों में कथा सुनाते हुए नेपाल और भूटान में भी आपने अपनी कथा प्रस्तुत की है। लगभग 400 कथाओं का कार्यक्रम आप कर चुके हैं। आपकी कथा नौ दिवसीय होती है। बापू जी की कथा संगीत प्रधान होती है। वह स्वयं बहुत अच्छे गायक हैं। अपनी मधुर स्वरलहरी से वह श्रोताओं को अपना वशवर्ती बना लेते हैं। आपके साथ गायक मण्डली भी रहती है। आप राम जन्म से लेकर रावण ावध एवं रामराज्य तक के प्रसंगों को बहुत ही रोचक ढंग से प्रस्तुत करते हैं। आपकी कथा भावप्रधान है। आपके आदर्श चरित्र भरत, लक्ष्मण, केवट आदि हैं। आप राम और सीता की अन्तर्व्याप्ति तो हर जगह मानते हैं। आप अपनी कथा के माध्यम से अनेक सामाजिक सन्देश भी देते रहते हैं। आप राष्ट्रप्रेम, गोमाता की सेवा, पर्यावरण शुद्धि के साथ–साथ कन्या भ्रूण हत्या निषेध, दहेज उन्मूलन आदि पर भी अपनी कथा में समझायश देते रहते हैं।

आपने उज्जयिनी में 'परम शान्ति सेवा आश्रम' की स्थापना की है। इस आश्रम में गरीब और निराश्रित बच्चों को शिक्षा प्रदान की जाती है। आप पाँच वर्षों तक 'अखिल भारतीय गोरक्षा महाअभियान समिति के प्रान्तीय महामन्त्री भी रहे हैं, इसके साथ ही अखिल भारतीय सन्त समिति के घटक दल धर्म समाज के प्रान्तीय संयोजक भी हैं।

देश के अनेक अंचलों में भगवान बापू जी के शिष्य हैं। बापू अपने शिष्यों के प्रति सदैव आत्मीय बने रहते हैं, उनके व्यक्तित्व का ही आकर्षण है कि वह अपनी रामकथा कहते हुए भगवान राम के प्रति अगाध श्रद्धा का वातावरण निर्मित कर देते हैं। उनके गाये गीतों को लोग अक्सर गुनगुनाते रहते हैं।

पं. कमल किशोर नागर

पं. कमल किशोर नागर के पिता का नाम श्री रामस्वरूप नागर और माता का नाम श्रीमती रामप्यारी बाई है। आपका जन्म ग्राम सेमली धाम, ज़िला शाजापुर में कृष्ण जन्माष्टमी की आधी रात्रि में हुआ था। आपके दादा श्री जगन्नाथ जी भगवद् भक्त थे। पिताजी प्रसिद्ध भागवतकार थे। वे अपने अंचल में कथा के रूप में विख्यात थे। इस तरह की वंश परम्परा में पं. नागर का जन्म हुआ अतः यह सुज्ञात तथ्य है कि पं. नागर को जन्म से ही कथा के संस्कार प्राप्त हुए थे। जब नागर जी सातवीं–आठवीं कक्षा में पढ़ रहे थे, तभी आपके पिता जी का स्वर्गवास हो गया था। चौदह–पन्द्रह वर्ष की अवस्था में पितृविहीन बालक पं. नागर ने अपने भीतर आत्म–विश्वास जाग्रत किया। वह पिता के पदचिह्नों पर चलकर प्रवचन देने लगे।

आप मुख्यतः श्रीमद्भागवत के कथा–व्यास हैं, किन्तु रामचरितमानस पर भी आप व्याख्यान प्रस्तुत करते हैं, तथा भागवत की कथा में भी मानस का आलम्बन लेते हैं। आपके गुरु और प्रेरणास्रोत आपके पिताजी ही रहे हैं। आप संगीतमय कथाएँ करते हैं। पण्डित नागर स्वयं पद रचते हैं, और उन्हें स्वयं गाते भी हैं। आपका कण्ठ मधुर है। संगीत के संगतकार भी आप साथ में रखते हैं। आप भावुक होकर कथा करते हैं, किन्तु कथा के तत्त्व चिन्तन का निरूपण भी करते चलते हैं। पण्डित जी अपने समकालीन समाज चिन्तन से सम्बन्धित चिन्तन भी अपने प्रवचनों में अभिव्यक्त करते हैं। आप प्रवचनों के दौरान कभी–कभी मीठी मालवी बोली का भी प्रयोग करते हैं। मालवी के लोकगीतों को भी आप अपने प्रवचनों का हिस्सा बनाते हैं।

आपने अपना आश्रम हाटकेश्वर धाम सेमली में बनाया है। यहाँ प्रतिवर्ष गुरुपूर्णिमा और दिसम्बर में हाटकेश्वर जयन्ती का आयोजन होता है। इन अवसरों पर कथा–वार्ताओं का आयोजन तो होता ही है। हज़ारों भक्तगण और शिष्यगण एकत्रित होकर इस भक्तिमय आयोजन का आनन्द लेते हैं। पण्डित जी निस्पृह व्यक्तित्व वाले विद्वान हैं। वह लोक प्रसिद्धि से दूर भागते हैं। वह सामाजिक उत्थान में रुचि लेते हैं। उन्होंने सैकड़ों गौशालाओं का निर्माण कराया है। वह हज़ारों कन्याओं का विवाह अपने कथा आयोजनों में करा चुके हैं। अब तक आपकी हज़ारों कथाएँ सम्पन्न हो चुकी हैं। लाखों श्रोता आपकी कथा सुनकर पुण्य लाभ ले चुके हैं। आपके प्रवचनों पर आधारित पुस्तकों का भी प्रकाशन हुआ है। आपकी कथाएँ राजस्थान, हरियाणा, पंजाब, उत्तर प्रदेश, मध्य प्रदेश, महाराष्ट्र आदि में सम्पन्न हो चुकी हैं। पण्डित जी भारतीय संस्कृति के प्रतीक पुरुष हैं।

पं. श्यामस्वरूप मनावत

पं. श्यामस्वरूप जी का जन्म ग्राम हड़लाय कला, ज़िला शाजापुर में हुआ। आपके पिता का नाम पं. श्री भगवान स्वरूप और माता का नाम श्रीमती अवंतिका देवी है। आपके दादा जी श्री दुर्गाप्रसाद मनावत विख्यात भागवताचार्य थे। पं. श्यामस्वरूप को धार्मिक संस्कार और वाग्मिता अपनी वंश परम्परा से ही प्राप्त हुई है। कथा कहने की प्रेरणा भी उन्हें अपने पूर्वजों के पुण्य से प्राप्त हुई। आप अयोध्या की सर्वेश्वरी माता श्री किशोरी जी के कृपा पात्र शिष्य हैं। आपने परम विद्वान पं. लीलाधर जी शर्मा 'बन्धु' के आश्रम में रहकर शास्त्रों का स्वाध्याय किया।

चिन्तक, विचारक, साहित्यकार एवं शिक्षाविद् पं. श्याम जी प्राचार्य के पद से सेवानिवृत्त होकर हरिकथा के माध्यम से सामाजिक जागरण में संलग्न हो गये। आपके देश–देशान्तर में चतुर्दिक प्रवचन होते हैं। विशेष रूप से तीर्थ क्षेत्रों में आपने अनेक कथाएँ की हैं। मानस सम्मेलन एवं तीर्थों में तथा अन्य स्थलों पर होनेवाले सन्त सम्मेलनों में भी आपके राष्ट्र स्तरीय मानस प्रवचन आयोजित होते हैं। आपने विद्या भारती के माध्यम से वनवासी क्षेत्रों में भी कथाओं के माध्यम से जन जागृति की है। आपको 'मानस मर्मज्ञ' की उपाधि से विभूषित किया गया है।

पौराणिक प्रसंगों की वर्तमान सन्दर्भ में व्याख्या करने में आप वाक् सिद्ध हैं। आपकी विशिष्ट शैली, मौलिक चिन्तन और ओजस्वी वाणी श्रोताओं को मन्त्रमुग्ध करने में समर्थ है। रामचरितमानस, श्रीमद्भागवत, श्रीशिवपुराण, श्रीभागवत गीता आदि पर आपके प्रवचन होते हैं। आप अपनी रामकथाओं में अनेक पौराणिक आख्यानों के माध्यम से और अनेक दृष्टान्तों से कथा को सम्प्रेषणीय बनाते हैं। आप लोक–भाषा की शक्तियों से भी परिचित हैं इसलिए उन शक्तियों का भी प्रयोग अपने प्रवचनों में करते हैं।

आपकी कथा–शैली तात्विक विवेचन प्रधान है, किन्तु वे बीच–बीच में अनेक सरस प्रसंगों के माध्यम से इसे सुग्राह्य बनाते चलते हैं। आपकी अभी तक शताधिक कथाएँ सम्पन्न हो चुकी हैं। आप अपना स्थायी निवास अपने ग्राम हड़लाय कला को बनाये हुए हैं। आपका अध्ययन, शुजालपुर में हुआ है। आप अधिकतर संचरणशील रहते हैं।

सन्त सुश्री वर्षा नागर

सन्त सुश्री वर्षा का जन्म ग्राम भन्दावन में रक्षाबन्धन के पावन पर्व पर आठ अगस्त को हुआ। आपके माता–पिता शासकीय विद्यालय में शिक्षक हैं। आपके दादाजी अपने क्षेत्र के प्रख्यात भागवताचार्य रहे हैं। इस रूप में वर्षा जी को वंश–परम्परा के रूप में कथा कहने के संस्कार प्राप्त हैं। आपके द्वारा कथा करने की प्रारम्भिक घटना भी इस ओर संकेत करती है। आपकी कुलदेवी के पावन–स्थल पर ग्राम कलाली में आपके दादाजी की कथा चल रही थी। सुश्री वर्षा अपने पिताजी के साथ पहुँचीं। कथा सुनकर उनके बाल मन में भी कथा कहने की एकाएक इच्छा जागी। तभी से आपकी कथा का अविरल प्रवाह चल रहा है। आपके मुख्य निवास–स्थल के पास ही माँ बगलामुखी का प्रसिद्ध स्थान है। माँ की विशेष कृपा आप पर बरसती रहती है। आप कथा करने में इतनी व्यस्त हो गयीं कि आप हाई स्कूल तक शिक्षा ग्रहण कर पायीं। किन्तु आपका ज्ञान किसी औपचारिक शिक्षा का मोहताज नहीं था। आप विदुषी सन्त–साध्वी हैं।

आपको महामण्डलेश्वर अवधेशानन्द गिरि महाराज जी का पूर्ण आशीर्वाद प्राप्त है। आपकी कथाएँ विभिन्न तीर्थस्थलों में आयोजित होती रहती हैं। इस क्रम में अभी तक शुकताल, नैमिषारण्य, द्वारिका, हरिद्वार, रामेश्वरम्, जगन्नाथपुरी, माँ कामाख्या, काठमाण्डू (नेपाल), बद्रीधाम आदि में आयोजित हो चुकी हैं। इन कथाओं में तीर्थयात्रियों की भीड़ जुटती रहती है। प्रायः प्रत्येक वर्ष आप किसी–न–किसी प्रसिद्ध तीर्थ क्षेत्र में कथा करने का क्रम बनाये हुए हैं। भारतवर्ष के प्रायः सभी प्रान्तों में कथा कर चुकी हैं। सिंगापुर और थाईलैंड की विदेशी भूमि पर भी आपकी वाणी गूँज चुकी है। अब तक आप पाँच सौ से अधिक कथाएँ कर चुकी हैं।

आपकी कथा में रामचरितमानस के सभी प्रसंग अपनी सरसता में तो अभिव्यक्त होते ही हैं। अन्य पुराण प्रसंगों को भी आप यथा प्रसंग प्रस्तुत करती हैं। आप स्वयं गाकर कथा को रसमय बना देती हैं। आपकी शैली श्रोताओं को प्रभावित करनेवाली है। कथा प्रसंगों के अलावा आप प्रकृति संरक्षण, गाय, बालिका, गंगा बचाओ, नशामुक्ति दहेज विरोध एवं ऐसे कई सामाजिक मुद्दे हैं जिन पर आप अपने प्रवचनों में शिक्षाप्रद सन्देश भी देती हैं।

सन्त सुश्री वर्षा जी अपनी मनोहारी शैली में जब कथा प्रवचन करती है तब श्रोता–दर्शक झूम उठते हैं। आप भावमयी कथा करती हैं जिसमें संगीत की भी महत्त्वपूर्ण भूमिका रहती है।

डॉ. देवकरण शर्मा 'देव'

डॉ. देव के पिता का नाम स्व. श्री जानकी लाल शर्मा पटेल तथा माता का नाम श्रीमती गंगा बाई था। आपका जन्म ग्राम बिछड़ौद, ज़िला उज्जैन में 13 अप्रैल 1948, गणगौर तीज को हुआ था। आप उच्च शिक्षित हैं। आपने एम.काम., एल.एल.वी., एम.ए. (हिन्दी), एम.ए. (समाजशास्त्र) किया है। आप म.प्र. उच्च शिक्षा विभाग में प्रोफ़ेसर रहे हैं। आप शोधकर्ताओं के सहायक के रूप में मार्गदर्शक भी रहे हैं।

स्वैच्छिक सेवानिवृत्ति के बाद आप सामाजिक जागृति के कार्य में संलग्न हो गये। आप वैज्ञानिक दृष्टि चेतना सम्पन्न हैं और अपने परम्परागत ज्ञान को इससे समन्वित करके देखते हैं। आपने अनेक पुस्तकों का लेखन एवं कई पत्रिकाओं का सम्पादन किया है। पुस्तकों में 'निबन्ध सर्वस्व', वैवाहिक मंगल गीतों

का 'मंगल कलश', 'वैदिक सनातन हिन्दू विवाह के विविध सोपान', 'त्रिकाल सन्ध्या', 'सरल पूजा पद्धति' आदि आपकी कुछ विशिष्ट पुस्तकें हैं। 'नागदह सन्देश', 'प्रेरणा पथ', 'ब्रह्मतेज', 'साधना पथ', 'संकल्प', 'अग्निहोत्रम' आदि पत्रिकाओं का सम्पादन किया है। अनेक पत्र–पत्रिकाओं में लेख, शोध–निबन्ध, कहानी, पत्रों आदि का प्रकाशन।

आप रामचरितमानस पर आधारित कथाएँ भी करते हैं। अभी तक व्यासपीठ से अनेक कथाएँ प्रस्तुत कर चुके हैं। कथा में आप तत्त्व–विवेचन पर विशेष ध्यान देते हैं। आप अपनी कथा को सामाजिक एवं सांस्कृतिक पक्षों से जोड़कर प्रस्तुत करते हैं। लोक को भी वह अपनी कथा में विस्मृत नहीं करते हैं। आपकी कथा–शैली प्रभावशाली है। चरित्रों के विश्लेषण में उनके अनेक पक्षों की आप सतर्क व्याख्या करते हैं। आपकी कथा को तत्त्व विश्लेषणी कथा कहा जा सकता है।

आप अनेक परमार्थिक सेवा संगठनों से जुड़े हुए हैं। श्री जानकी लाल पटेल स्मृति परमार्थिक ट्रस्ट, बिछड़ौद (उज्जैन) के आप संस्थापक अध्यक्ष हैं। आप भारत संस्कृत परिषद् के अखिल भारतीय उपाध्यक्ष, सिंहस्थ–92 के विश्व संस्कृत सम्मेलन के कोषाध्यक्ष रहे हैं। आप अनेक पुरस्कारों से विभूषित हैं।

आपका पता है–

गंगोत्री, 12 सुभाषनगर, उज्जैन (म.प्र.)

नर्मदा क्षेत्र की व्यास-परम्परा

कृष्णगोपाल मिश्र

पुण्य सलिला नर्मदा का तट तपश्चर्या के लिए सर्वाधिक उपयुक्त कहा गया है। **'रेवा तटे तपं कुर्यात्, मरठी जाह्नवी तटे।'** –इस उक्ति से भी यही ध्वनित होता है। अतः नर्मदा के तट तप की परम्परा अत्यन्त प्राचीन है। नर्मदा तट के निर्जन वनों में एकान्त साधना करने वाले असंख्य तपस्वी साधु मिलते हैं तो इसके तटवर्ती नगरों में शास्त्रों–पुराणों एवं अन्य धर्मग्रन्थों पर प्रवचन करते हुए लोक कल्याण का पथ अन्वेषित करनेवाले साधुओं–व्यासों की परम्परा भी सतत प्रवहमान रही है। इस सन्दर्भ में 'नर्मदापुरम्' (आधुनिक होशंगाबाद) विशेष रूप से उल्लेखनीय है क्योंकि इस पुराण प्रसिद्ध नगर में व्यासों के प्रवचन की परम्परा अत्यन्त प्राचीन है और देश के विभिन्न भागों से आनेवाले विद्वान व्यास अपने प्रवचनों से यहाँ के धर्मानुरागी जन को प्रबोधित करते रहे हैं तो दूसरी ओर नर्मदापुरम् के व्यासों ने देश के दूरस्थ क्षेत्रों में जाकर ज्ञानगंगा बहाई है। अतः व्यास–परम्परा के अनुशीलन की दृष्टि से नर्मदापुरम् निश्चित रूप से प्राचीन महत्त्वपूर्ण नगर है।

नर्मदापुरम् की व्यास–परम्परा का इतिहास अभी तक अलिखित एवं अप्राप्त है। लिखित प्रमाणों के अभाव में यहाँ के व्यासों की प्राचीन परम्परा का ऐतिहासिक निरूपण असम्भव नहीं तो दुष्कर अवश्य है। तथापि स्थानीय मान्यताओं और जनश्रुतियों के साक्ष्य से इस सन्दर्भ में संक्षिप्त विवेचन की प्रस्तुति सम्भव है। स्थानीय मान्यताओं के अनुसार मार्कण्डेय ऋषि यहाँ के सर्वप्रथम व्यास हैं। इस मान्यता का आधार नर्मदा की उत्पत्ति के साथ महर्षि मार्कण्डेय के उल्लेख की पौराणिक–साक्षी है। 'स्कन्द पुराण' के रेवाखण्ड में वर्णन है कि ज्येष्ठ पाण्डव युधिष्ठिर ने मार्कण्डेय ऋषि से नर्मदा की उत्पत्ति के विषय में प्रश्न किये। उनकी विविध जिज्ञासाओं का समाधान करते हुए सर्वप्रथम मार्कण्डेय ऋषि ने उन्हें नर्मदा के महत्त्व से अवगत कराया।

इयं माहेश्वरी गंगा महेश्वरतनूद्भावा।
प्रोक्ता दक्षिण गडतगेतिभारतस्य युधिष्ठिर।।
जाह्नवी वैष्णवी गंगा ब्राह्मी गंगा सरस्वती।
इयं माहेश्वरी गंगा रेवा नास्त्यत्र संशयः।।
यथा हि पुरुषे देवस्त्रैमूर्तमुपाश्रितः।

ब्रह्मा विष्णु महेशाख्यं स भेदस्तत्र वै यथा।।
यथा सरित्त्रये पार्थ! भेद्र मनसि मा कृथा।
त्रिभिः सारस्वतं पुण्यंसत्पाहेन तु यामुनम्।।
सद्यः पुनाति गांगेय दर्शनादेव नर्मदा।
गंगा कनखले पुण्या, कुरुक्षेत्रे सरस्वती।
ग्रामे वा यदि वारण्ये, पुण्या सर्वत्र नर्मदा।।
समुद्राः सरितः सर्वाः कल्पे–कल्पेक्षयंगताः।
सप्त कल्पक्षये क्षीणे न मृता तेन नर्मदा।।
रेवायां स्नानदानादि जपहोमार्चनादिकम्।
यः कुर्यान्मनुजः श्रेष्ठः सोश्वमेधफलं लभेत्।।
स्मरणाज्जन्मजं पापं दर्शमेन त्रिजन्मजम्।
स्नानाज्जन्मसहस्रख्यं हन्ति रेवा कलो युगे।।

स्कन्द पुराण (रेवाखण्ड) से नर्मदा
कल्पवल्ली में पृ. 15–16 पर उद्‌धृत

'स्कन्द पुराण' के रेवा खण्ड में प्राप्त उपयुक्त कथा–प्रसंग से स्पष्ट होता है कि इस क्षेत्र में महर्षि मार्कण्डेय आदि व्यास हैं और वनवासी राजा 'युधिष्ठिर' आदि श्रोता हैं किन्तु यह कथा–प्रसंग रेवातट पर किस स्थान पर कहा–सुना गया, यह अस्पष्ट है। निष्कर्षतः महर्षि मार्कण्डेय को इस पुण्य क्षेत्र का प्रथम व्यास मान्य किया जाना युक्तियुक्त है।

पुराण काल के अनन्तर बौद्ध कालीन भारत में भगवान बुद्ध के इस क्षेत्र में आने का उल्लेख मिलता है। गुप्तकाल के महान गणितज्ञ महर्षि कपिल आदि दार्शनिकों के कथा–प्रसंग इस क्षेत्र से सम्बद्ध हैं। सन्त दार्शनिक जगद्‌गुरु शंकराचार्य ने भी नर्मदा तट पर ज्ञानचर्चा की। मध्यकाल में कबीर और गुरु नानक देव भी इस क्षेत्र में रहे। स्थानीय सन्तों में सिंगाजी, रामजी आदि के नाम महत्त्वपूर्ण हैं। इन सबने अपने ज्ञान–अनुभव जनित प्रवचनों–उपदेशों से इस क्षेत्र की जनता को लाभान्वित किया किन्तु व्यासगादी से श्रीमद्‌भागवत, 'रामायण' आदि धर्मग्रन्थ स्वीकृति न होने के कारण ये महान सन्त–दार्शनिक व्यास–परम्परा में उल्लेखनीय नहीं हैं। तथापि इस परम्परा की पुष्ट आधार शिक्षा के रूप में इनका महत्त्व असन्दिग्ध है।

ओंकारानन्द गिरि महाराज

नर्मदापुरम् की व्यास–परम्परा में प्रमाणित विवरण स्वामी ओंकारानन्द गिरि के उल्लेख से प्राप्त होता है। स्वामी ओंकारानन्द गिरि दसनामी साधु थे और नर्मदापुरम् के सुप्रसिद्ध सेठानी घाट के पूर्वी भाग में स्थित सत्संग भवन की दूसरी मंज़िल पर निवास करते थे। स्वामी ओंकारानन्द गिरि का जन्म संवत् 1974 विक्रमी (सन् 1917 ईसवी) में आश्विन कृष्ण एकादशी को हुआ। बुन्देलखण्ड के टीकमगढ़ ज़िले का ग्राम 'बड़ा लिधौरा' उनकी जन्मभूमि थी। संन्यास जीवन के पूर्व वे बैजनाथ नाम से जाने जाते थे। स्वामी जी

की जन्म–स्थली लिधौरा टीकमगढ़ राज्य की तत्कालीन राजधानी ओरछा से मात्र चालीस किमी. उत्तर–पश्चिम में स्थित है। उस समय गाँव में विद्यालय नहीं था। इसलिए बालक बैजनाथ ने हरिदास वैष्णव के निवास पर जाकर प्राथमिक शिक्षा प्राप्त की। बाद में परिवार के साथ जबलपुर स्थानान्तर होने पर मढ़ाताल स्थित संस्कृत विद्यालय में 'लघु सिद्धान्त–कौमुदी' आदि ग्रन्थों का अध्ययन किया। बिठूर (ब्रह्मावर्त) अनेक स्थानों पर अध्ययन करते हुए उहोंने संस्कृत विद्यालय के पाठ्यक्रमों के अनुसार 'सर्वदर्शनशास्त्री' एवं 'वेदान्त शास्त्री' की पढ़ाई पूर्ण की। इतिहास, पुराण, धर्म, दर्शन (अद्वैत दर्शन) एवं साहित्य के मर्मज्ञ व्याख्याता के रूप में स्वामी जी को विशेष प्रसिद्धि मिली।

स्वामी ओंकारानन्द गिरि ने निरंजन पीठाधीश्वर निवृत्त महामण्डलेश्वर श्री स्वामी नृसिंह गिरि से झूसी में अट्ठावन वर्ष की अवस्था में सन् 1975 ईसवी में संन्यास ग्रहण करके 'गिरि' उपनाम धारण किया। इस प्रकार स्वामी ओंकारानन्द दसनामी साधुओं में सम्मिलित हुए किन्तु उनकी अलग पहचान रही वे कण्ठ (विशुद्धि चक्र) एवं सिर (सहस्रार चक्र) पर रुद्राक्ष धारण करते थे। आदिगुरु शंकराचार्य के प्रथम शिष्य पादानन्द स्वामी जी ने सिर पर रुद्राक्ष धारण किया।

विद्वत् संन्यास की स्थिति में स्वामी जी ने सन् 1961 में नर्मदा प्रदक्षिणा पूर्ण की थी। प्रदक्षिणा के समय उनके प्रयत्नों से नर्मदा तट पर नेमावर में पंचनाम मन्दिर तथा तपोवन का निर्माण किया गया। प्रदक्षिणा पूर्ण करके होशंगाबाद में सेठानी घाट पर स्थित शंकर मन्दिर में रहते हुए उन्होंने स्वाध्याय और श्रीमद्भागवत मानस आदि पर कथा कहना प्रारम्भ किया। स्वामी जी की प्रवचन शैली अत्यन्त प्रभावपूर्ण थी। नगर सामान्य जन के अतिरिक्त गण्यमान्य नागरिक भी नियमित रूप से कथा सुनने आते थे। वर्ष 1966 ई. में सेठानी घाट पर सत्संग भवन का निर्माण कार्य सम्पन होने के अनन्तर स्वामी ओंकारानन्द गिरि स्थायी रूप से नर्मदापुरम् में बस गये। यहीं उन्होंने ज्ञानसत्र प्रकाशन न्यास का गठन और 'श्री नर्मदा प्रदक्षिणा', 'शंकर चरितामृत', 'शंकर वचनामृत', 'गोविन्द गुण कीर्तन', 'गोपीगीत' 'भक्त भक्ति भगवान' आदि धार्मिक पुस्तकें प्रकाशित करायीं। अनगिनत बार 'श्रीमद्शंकरभागवत कथा' एवं 'नर्मदापुराण' का वाचन; स्वाध्याय एवं प्रवचन करते हुए स्वामी जी सन् 1997 में ब्रह्मलीन हुए।

सन्त हरिराम जी

नर्मदापुरम् की व्यास–परम्परा में सन्त हरिराम का नाम अत्यन्त आदर से लिया जाता है। हरिराम जी का जन्म संवत् 1957 विक्रम (सन् 1900 ई.) में श्रावण माह की कृष्ण पक्ष की सप्तमी को सूर्यास्त के समय होशंगाबाद ज़िले के कहारिया गाँव में नवजात शिशु (हरिराम) का जन्म मूल नक्षत्र में हुआ था और वह पहले छह दिन तक निराहार रहा। सातवें दिन उसने स्तनपान किया। माता–पिता ने बालक का नाम जगन्नाथ प्रसाद रखा। इनका अध्ययन खण्डवा में पूर्ण हुआ। इनके पिता पण्डित हीरालाल परसाई शिवभक्त थे और पौरोहित्य कर्म कर परिवार का पालन करते थे। पिता ने उनका विवाह सोहागपुर निवासी श्री बालाराम जी दीवान की कन्या से किया किन्तु युवा जगन्नाथ शीघ्र ही गृहस्थ जीवन को त्याग कर विरक्त हो गये। हरिराम संकीर्तन के कारण इनका नाम भी जगन्नाथ के स्थान पर हरिराम हो गया।

गृहस्थ जीवन का परित्याग करने के अनन्तर सन्त हरिराम की जीवनधारा पूर्ण रूप से भक्ति की ओर प्रवाहित हो उठी। इनका सारा समय भगवदाराधना में व्यतीत होने लगा। वह टाट के वस्त्र धारण करते थे और टाट ही ओढ़ते–बिछाते थे। चौबीस घण्टे में एक बार अभिमन्त्रित बिल्व पत्र इनका भोजन था। नाम–संकीर्तन के अतिरिक्त ये मौन ही रहते थे।

सन्त हरिराम सन् 1934 ईसवी में होशंगाबाद पधारे। होशंगाबाद में स्थित 'श्रीजी' के मन्दिर में एक कमरे में उनका निवास था। नर्मदा जी के प्रति उनके मन में अपार श्रद्धा थी। वह नर्मदा जल का ही सेवन करते थे। तीर्थयात्रा के अवसर पर तीर्थजल, गंगाजल आदि ग्रहण करते थे। 'रामचरितमानस' हरिराम महाराज का प्राणप्रिय ग्रन्थ था, वह उन्हें कण्ठस्थ था। एक बार एक मास के अखण्ड नाम–संकीर्तन के अनन्तर उन्होंने 'श्रीरामचरितमानस' पर अद्भुत प्रवचन किया। वह सारी रात बोलते रहे और उपस्थित जनसमूह मन्त्रमुग्ध होकर रात भर सुनता रहा। ऐसी प्रवचन–कला अन्यत्र दुर्लभ है।

मानस प्रवचनकार सन्त हरिराम ने 24 जनवरी सन् 1958 ईसवी को तदनुसार शुक्रवार माघ शुक्ल चतुर्थी संवत् 2014 विक्रम को नर्मदापुरम् में ही देह त्याग किया। उनकी स्मृति में 'श्रीहरिराम संकीर्तन' अखण्ड ज्योति के साथ आज भी अनवरत चल रहा है। 'श्रीरामचरितमानस' के प्रबुद्ध प्रवचनकार एवं संकीर्तन निष्ठ सन्त के रूप में नगर में उनकी प्रतिष्ठा आज भी अक्षुण्ण है।

पं. गुरुदयाल प्रसाद दुबे

मानस एवं 'श्रीमद्भागवत' के प्रवचनकारों में स्वर्गीय गुरुदयाल प्रसाद दुबे नर्मदापुरम् में प्रख्यात नाम है। स्वर्गीय गुरुदयाल जी दुबे का जन्म होशंगाबाद ज़िले के निकटवर्ती ज़िले सीहोर की बुदनी तहसील में 'बायाँ' ग्राम में 10 मार्च 1910 ई. को हुआ था। बायाँ होशंगाबाद के निकट है और अपने ज़िला मुख्यालय सीहोर से बहुत दूर है। अतः स्वर्गीय दुबे की ख्याति होशंगाबाद के कथावाचक के रूप में ही अधिक रही। उनके पिता का नाम गेंदालाल दुबे एवं माता का नाम छायादेवी था। परिवार में धार्मिक अनुष्ठान निरन्तर चलते रहते थे। अतः गुरुदयाल प्रसाद दुबे के व्यक्तित्व का विकास धर्मप्रेमी व्यक्तित्व के रूप में हुआ और कथा–पुराण सुनते–सुनते वह भी कथावाचक का काम करने लगे। स्वर्गीय दुबे जी हिन्दी, अंग्रेज़ी, उर्दू और संस्कृत भाषाओं के ज्ञाता थे। स्कूल शिक्षा विभाग में कार्य करते हुए वह प्रधान अध्यापक के पद से सेवानिवृत्त हुए। स्वतन्त्रता संग्राम आन्दोलन में भी दुबे जी ने भाग लिया। कथा–वाचन वह स्वान्तः सुखाय करते थे और प्राप्त दान–दक्षिणा को धर्मार्थ कार्यों में व्यय कर देते थे। 03 दिसम्बर 1985 ई. को वह दिवंगत हुए। होशंगाबाद और आस पास के क्षेत्र में कथावाचक के रूप में वह अविस्मरणीय हैं।

पं. हरगोविन्द पाठक

होशंगाबाद के 'नाँदनेर' ग्राम के निवासी स्वर्गीय हरगोविन्द पाठक 'भागवताचार्य' के रूप में विख्यात हैं। पाठक जी का जन्म 01 जनवरी 1916 ईसवी को नाँदनेर में पण्डित नाथूराम पाठक के यहाँ हुआ। उनके पिता का नाम नाथूराम एवं माता का नाम देवकी बाई था। हरगोविन्द जी की शिक्षा बनारस में हुई और उन्होंने काशी विद्यापीठ से आचार्य की उपाधि प्राप्त की। श्रीमद्भागवत के दशम स्कन्ध की कथा वह

भाव–विभोर होकर कहते थे। 27 दिसम्बर 1999 को उन्होंने अपने पैतृक गाँव नाँदनेर में शरीर–त्याग किया। आपने अनेक कार्यक्रम प्रस्तुत किये। आप भागवत और मानस के अधीत विद्वान थे।

पं. मोहनलाल त्रिपाठी

कथा पण्डित मोहनलाल त्रिपाठी का जन्म होशंगाबाद में 01 जुलाई 1923 ई. को हुआ। उनके पिता का नाम पण्डित गेंदालाल त्रिपाठी और माता का नाम पूर्णिमा देवी था। मोहनलाल त्रिपाठी ने आर्य गुरुकुल होशंगाबाद में आचार्य तक शिक्षा प्राप्त की। वह प्रख्यात सन्त करपात्री जी महाराज के प्रिय शिष्य थे और उन्हीं की प्रेरणा से व्यास कार्य में प्रवृत्त हुए थे। नियमित नर्मदा स्नान एवं नर्मदा पूजन उनकी दिनचर्या का अभिन्न अंग था और नर्मदा तट पर कथा–वाचन को प्राथमिकता देते थे। जगदीश मन्दिर के पास उनका स्थायी आवास रहा। 21 अगस्त 1981 को पण्डित मोहनलाल त्रिपाठी इस असार संसार से विदा हो गये किन्तु सजल कथाकार के रूप में उनकी कीर्ति कौमुदी नर्मदापुर के धार्मिक सांस्कृतिक वातावरण को सतत आलोकित कर रही है।

सन्त लक्ष्मणदास महन्त

नर्मदापुरम् के विद्यमान कथावाचक व्यासों में सन्त लक्ष्मणदास अत्यन्त प्रतिष्ठित नाम हैं। नर्मदापुर होशंगाबाद उनकी कर्मस्थली है और सन् 1954 से वह अनवरत नर्मदा तट पर साधनारत हैं। सन्त श्री लक्ष्मणदास जी का जन्म 27 दिसम्बर 1936 को जौनपुर, उ.प्र. में हुआ। वह अपने माता–पिता का नाम नहीं बताते हैं। महन्त जी का तर्क है कि जब संसार त्याग कर सन्त जीवन स्वयं अंगीकार किया है तब इन सांसारिक रिश्तों–नातों के बन्धनों का निर्वाह अनावश्यक है। वह अपने दीक्षा गुरु का नाम सन्त श्रीशत्रुघ्नदास जी बताते हैं। सम्पूण ार्नन्द संस्कृत विश्वविद्यालय वाराणसी से उन्होंने शास्त्री की उपाधि प्राप्त की और वर्ष 1967 ईसवी में वहीं से 'दर्शन' में आचार्य की उपाधि अर्जित की। रामानुज के वेदान्त दर्शन पर महन्त जी को विशेषज्ञता प्राप्त है। अध्ययनकाल में तीन स्वर्ण पदक पानेवाले महन्त जी श्रीमद्भागवत के विद्वान व्याख्याकार हैं। उनकी व्याख्यान शैली अत्यन्त प्रभावपूर्ण और उच्चारण स्पष्ट होते हैं। श्रीमद्भागवत में भक्ति–विषयक प्रसंगों की चर्चा वह सविस्तार करते हैं। इन्दौर, नागपुर, अमरावती, बैतूल, उज्जैन, सिवनी, मालवा, निमाड़ आदि सुदूरवर्ती क्षेत्रों तक आपने 'श्रीमद्भागवत' की कथा पर प्रवचन किये हैं। विगत चालीस बियालीस वर्ष से होशंगाबाद के प्रसिद्ध सेठानी घाट पर हनुमान मन्दिर में सेवा–अर्चना करते हुए नर्मदा की पूजा सेवा में व्यस्त हैं। आजीवन ब्रह्मचर्य का पालन करते हुए सन्त के रूप में महन्त जी ने जीवन को सार्थक किया है।

पं. प्रभुदयाल रामायणी

'रामचरितमानस' को अपने जीवन का सर्वस्व समझने वाले निर्लोभ, निस्पृह और निरभिमानी प्रवचनकार श्री प्रभुदयाल जी रामायणी होशंगाबाद ज़िले के प्रख्यात विद्वान हैं। रामायणी जी का जन्म होशंगाबाद ज़िले के सिवनी मालवा तहसील में शिवपुर ग्राम में 01 सितम्बर 1946 ईसवी को हुआ। यादव परिवार

में जन्म लेनेवाले श्री रामायणी कर्म से किसी सात्विक नैष्ठिक ब्राह्मण से कम नहीं हैं। उनके पिता का नाम दातार सिंह यादव एवं माता का नाम सुन्दर बाई था। रामायणी ने सागर विश्वविद्यालय से बीएस.सी. और एम.ए. (भूगोल) की उपाधियाँ प्राप्त कीं। वह शिक्षा विभाग में सेवारत रहते हुए प्रधानाध्यापक के पद से सेवा निवृत्त हुए। सागर के प्रख्यात सन्त स्वामी विट्ठल देव जी की प्रेरणा से वह प्रवचनकार की ओर उन्मुख हुए। कवि, लेखक, शिक्षक एवं रामकथा वाचक के रूप में प्रख्यात श्री रामायणी जी की 'दादाचरित सुधा' और 'शिवचरित मानस' कृतियाँ भी प्रकाशित हुई हैं। यह महान कृति लगभग पूरी तरह आपको कण्ठस्थ है। प्रवचन करते हुए रामायणी जी की भक्ति भावना की सहजता, सात्विकता और प्रवाहमयता विशेष रूप में प्रतिष्ठा देती हैं।

पं. प्रभुदयाल परसाई

स्वर्गीय पण्डित प्रभुदयाल परसाई होशंगाबाद के प्रवचनकारों में एक प्रतिष्ठित नाम है। पण्डित प्रभुदयाल का जन्म ग्राम पो. जहाजपुर, ज़िला सीहोर में हुआ किन्तु उनके जीवनकाल का अधिकतम समय नर्मदा तट पर होशंगाबाद में ही व्यतीत हुआ। शास्त्री की उपाधि से मण्डित पण्डित प्रभुदयाल जी की शिक्षा बनारस में सम्पन्न हुई। वह संस्कृत, हिन्दी, अंग्रेज़ी, उर्दू और फ़ारसी भाषाओं के जानकार थे। सात्विक वृत्तियों के धनी परसाई जी की विवेचन शैली अद्‌भुत थी। श्रीमद्‌भागवत, रामायण आदि ग्रन्थों पर प्रवचन करते हुए वह श्रोताओं को मन्त्रमुग्ध कर लेते थे। उनका निधन 22 फ़रवरी 1989 को हुआ किन्तु होशंगाबाद की जनता में उनके प्रशंसक सहज सुलभ हैं।

प्रख्यात कथावाचक पण्डित प्रभुदयाल परसाई के पुत्र पण्डित नरेश परसाई ने कुलधर्म के रूप में कथावाचक का कार्य स्वीकार किया है। स्वर्गीय पण्डित प्रभुदयाल परसाई एवं सुशीलादेवी के यहाँ नरेश परसाई का जन्म 15 जून 1957 को हुआ। बी.ए. तक शिक्षा प्राप्त श्री नरेश परसाई 'श्रीमद्‌भागवत मानस' और 'श्रीमद्‌भागवत गीता' का प्रवचन करते हैं। नागपुर, सूरत, बैतूल आदि अनेक स्थानों पर पण्डित नरेश परसाई प्रवचन करके प्रशंसा प्राप्त कर चुके हैं।

इस प्रकार पुराण प्रख्यात नर्मदापुरम् (वर्तमान होशंगाबाद) में कथाकार व्यासों की समृद्ध परम्परा मिलती है। आत्मश्लाघा से दूर भगवन्निष्ठ कथावाचकों ने अपने सम्बन्ध में कभी कुछ नहीं लिखा अतः उन पर प्राप्त महत्त्वपूर्ण विवरण प्रायः विलुप्त हैं। तथापि नगरवासियों की स्मृति में संरक्षित तथ्यों–विवरणों के अनुसन्धान एवं संकलन से इस दिशा में महत्त्वपूर्ण कार्य सम्भव है। स्वतन्त्र भारत में विकसित तथाकथित आधुनिक जीवनशैली ने भारत के जनजीवन में ईश्वरी शक्ति के प्रति अनास्था, अविश्वास और अश्रद्धा का जो आत्मघाती वातावरण निर्मित किया है उसके प्रतिपक्ष में सक्रिय व्यास–परम्परा के प्रबुद्ध प्रवचनकारों का सामाजिक प्रदेय निश्चय ही उपादेय और अनुशीलनीय है। अतः इस दिशा में अधिकाधिक प्रयत्न अपेक्षित है।

पं. शिव विनायक उपाध्याय

नर्मदा तीर पर मानस व्यास–परम्परा के कुछ और भी केन्द्र रहे हैं उनमें से मध्य प्रदेश में जबलपुर के पं. शिव विनायक उपाध्याय प्रख्यात रामायण प्रवचनकार थे। वहीं सराफा में कुचैनी मन्दिर में उनका निवास था।

वह हनुमान भक्त थे। उन्हीं के यहाँ हनुमान जयन्ती के ठीक सातवें दिन 01 नवम्बर 1924 में जिस पुत्र रत्न की प्राप्ति हुई उससे उन्होंने रामभक्त हनुमान के नाम पर रामकिंकर नाम दिया। आपके पूर्वज ग्राम के निवासी थे। इस बालक ने आत्मकथा लिखी। हिन्दी की शिक्षा के बाद पिताजी ने मुझसे पूछा कि तुमने संस्कृत का चुनाव किया। अंग्रेज़ी मेरे लिए कठिन है। यद्यपि यह बाल सुलभ धारणा थी। बहुत वर्षों बाद मेरा (तार्किक) प्रवचन सुनकर उच्च न्यायालय के न्यायाधीश (न्यायमूर्ति) गंगेश्वर प्रसाद जी ने पिताजी से कहा था–आपने अपने पुत्र को अंग्रेज़ी माध्यम से पढ़ाकर यदि विधिवेत्ता बनाया होता तो वह देश के विधिवेत्ताओं में से एक होता पर इसके कुछ वर्षों के बाद उन्होंने आपकी धारणा में निःसंकोच संशोधन करते हुए कहा था–कितनी हानि साहित्य और धर्म की हुई होती यदि आप वकील बनकर रह गये होते। वाराण सी जाकर उन्होंने संस्कृत और वैदिक पौराणिक साहित्य के साथ मानस प्रवचन की शिक्षा–दीक्षा ली।

सागर का एक संस्मरण है। पं. शिव विनायक जी की कथा का आयोजन भक्तों ने किया था। पण्डित जी अचानक अस्वस्थ हो गये। निराश आयोजकों ने कहा आप अपने पुत्र को ही मंच दीजिए ताकि हम लोगों को मुँह दिखाने लायक तो हो जायें। पण्डित जी बोले, जैसी आपकी इच्छा किन्तु यह सोलह–सत्रह साल का बालक क्या बोल पायेगा। पर मंच पर मंगलचरणी करते ही जो कथा धारा बही वह मन्त्रमुग्ध कर देने वाली 'ज्ञानीनामाग्र–गण्यम' सिद्ध हुई।

शीघ्र ही पिताजी ने अपनी सुखद भावना पत्र द्वारा अभिव्यक्त की, श्री तिवारी जी आपके आशीर्वाद से अब रामकिंकर अच्छा बोलने लगा है। तदनन्तर वृन्दावन में ब्रह्मलीन अखण्डानन्दजी सरस्वती महाराज पर पदमासिल्पसन्त उड़िया बाबाजी तथा भक्त शिरोमणि श्री हरि दादाजी महाराज का सान्निध्य एवं आशीर्वाद प्राप्त हुआ। तभी एक संयोग घटा। गंगा जी के पास हरिबाबा के संकल्प–सहयोग से नवनिर्मित बाँध पर सत्संग प्रवचन होने में वहाँ बुलन्दशहर के कलेक्टर उर्दू साहित्य के शोध प्रबन्ध के माध्यम से डॉक्टर उपाधिधारी रामबाबू सक्सेना आये और महाराज जी के प्रवचन से बहुत प्रभावित होकर उन्हें बुलन्दशहर आमन्त्रित कर ले गये। पहले तो वह हिन्दी में ऐसा कोई साहित्यिक ग्रन्थ ही नहीं मानते थे, जिसकी तुलना वह उर्दू साहित्य से कर सकें। पर श्री रामकिंकर जी को सुनकर उनकी धारणा बदल गयी। वह तुलसी ही नहीं किंकर जी के भी भक्त हो गये। मानस के माध्यम से प्रतीकात्मक व्याख्या का सांगोपांग रूप श्रोता समाज को मौलिक लगने लगा। उसके माध्यम से सागर जैसी विराटता बिन्दु जैसी छोटी इकाई में समाहित होकर मिलाने लगती है। वह तुलनात्मक शिल्प विधान के प्रयोक्ता डॉ. विश्वास द्वारा उनके प्रवचन शिल्प लेख में माने गये हैं जिसमें वह मानस के प्रसंगों की पुष्टि में समग्र तुलसीकृत साहित्य से अभीष्ट सामग्री चयन करते हैं जिससे और रोचकता बढ़ती है।

कथा–प्रवचन के दौरान प्रभावित हुए पुरातत्त्ववेत्ता साहित्यकार श्री वासुदेव शरण अग्रवाल की अनुशंसा पर काशी हिन्दू विश्वविद्यालय के कुलपति श्री देवीशंकर झा ने आपकी विलक्षण प्रतिभा से आपको विजिटिंग प्रोफ़ेसर के नाते वहाँ व्याख्यान देने को आमन्त्रित कराया। पद्मश्री कन्हैयालाल मिश्र प्रभाकर ने आपको विश्वविद्यालय का आधुनिक कुलपति कहा है। 'मानस प्रवचन' हेतु आपने कई विदेश यात्राएँ कीं जिनमें उर्दू बहुल देश थाईलैंड की बैंकाक–यात्रा उल्लेखनीय है। उनकी साहित्यिक अभिव्यक्ति ने भाव से जुड़कर भाषा की खाई पाट टी। वहाँ के भारतीय अभिभूत हुए।

1983 में 'विश्व साहित्य संस्थान' की स्थापना हुई। श्री लल्लन प्रसाद व्यास के विशेष अनुरोध पर उन्होंने इस संस्थान द्वारा आयोजित 'विश्व रामायण सम्मेलन' के अध्यक्ष पद को स्वीकार किया। 27 नवम्बर 1984 को प्रारम्भ इस अन्तरराष्ट्रीय सम्मेलन ने अयोध्या से लेकर रामेश्वरम तक की यात्रा गोष्ठियों के रूप में सम्पन्न की। 20 दिसम्बर 1988 को दिल्ली के विज्ञान भवन में पुनः आपने चतुर्थ अन्तरराष्ट्रीय रामायण ी सम्मेलन में भी अध्यक्षता की, जिसका उद्घाटन तत्कालीन राष्ट्रपति महामहिम रामास्वामी वेंकटरमन ने किया। भारत सरकार ने आपको 'पद्मश्री' की उपाधि से अलंकृत किया। दमोह (म.प्र.) में मुझे आपका आशीर्वाद प्राप्त हुआ और भोपाल आयोजन में पहुँचकर मैंने उन्हें तुलसी जीवनवृत्त पर लिखा अपना महाकाव्य 'विरागी अनुरागी' भेंट किया। जिस पर उन्होंने प्रसन्नता व्यक्त की। 9 अगस्त 2002 श्रावण शुक्ल तृतीया संवत् 2058 को यह भक्ति–ज्योति महाज्योति में अयोध्या में विलीन हो गयी जहाँ उनकी समाधि पर निरन्तर ज्योति प्रज्वलित होती है, जिसके दर्शन मैंने किये और वहीं उनकी मानसपुत्री पूज्य दीदीमाँ मन्दाकिनी 'रामकिंकर' का आशीर्वाद भी लिया। उस मानस ज्योति को निरन्तर विकीर्ण करनेवाले 'रामायण ीम ट्रस्ट' युग तुलसी पं. रामकिंकर उपाध्याय परिक्रमा मार्ग जानकी धाम, श्रीधाम अयोध्या में वहाँ प्रति वर्ष 01 नवम्बर को श्री रामकिंकर जयन्ती समारोह आयोजित होता है।

किंकर जी महाराज की इकलौती पुत्री प्रमिला जी थीं। किन्तु मानसपुत्री मन्दाकिनी जी ने रामकथा–गंगा को देश भर में प्रवहमान रखा है। यह गुरु विश्वास की कथा है जो मुम्बई के एक सुसंस्कृत परिवार में घटित हुई। एक प्रतिभाशाली, विलक्षण बुद्धि सम्पन्न शैक्षणिक जीवन से समुज्ज्वल कथा है। माइक्रो–बायलॉजी में एम.एस.सी. परीक्षा प्रथम श्रेणी में आपने स्वर्णपदक जीतकर प्राप्त की।

भारत सरकार ने आपकी शीर्षक साधना का सम्मान करते हुए आपका चयन परमाणु विभाग के प्रतिभापूर्ण प्रोजेक्ट पर कार्य करने के लिए किया और इस दुष्कर कार्य हेतु आपको फैलोशिप प्रदान की। मुम्बई में एक बार पूज्य दीदी को महाराज रामकिंकर जी का प्रवचन सुनने का सुयोग प्राप्त हुआ जिसमें विवेकपूर्ण व्याख्या ने मन्दाकिनी जी को भाव विभोर कर उनकी जीवन धारा ही बदल दी और एक भावी श्रेष्ठ वैज्ञानिक विज्ञान को छोड़ भक्ति पथ पर अग्रसर होने का संकल्प लिया। परिवार भी उनके इस अध्यात्म पथ साधना में सहायक बना और दीदी की अनुसन्धान दिशा बदल गयी। उन्होंने महाराज जी की सेवा में रहते हुए उनके साहित्य का गहन अध्ययन किया और श्रीमद्भागवत तथा श्रीरामचरितमानस के तुलनात्मक विवेचन पर आधारित महाराज श्री के अद्भुत ग्रन्थ 'शीलसिन्धु राघव–माधुर्यमूर्ति माधव' का गुरु की आज्ञा से सुसम्पादन किया। गुरुजी ने आपको अपने जीवनकाल में श्री 'रामायण आश्रम' अयोध्या का अध्यक्ष पद देकर स्नेहपूर्वक सम्मानित किया। हिन्दी, अंग्रेज़ी, गुजराती और मराठी आपके धाराप्रवाह भाव–भक्ति और बुद्धि विवेक पूर्ण प्रवचनों में आज वे श्रद्धापूर्वक साक्षात महाराज जी की कथा के अवतार रूप में प्रतिष्ठित रामायण आश्रम के साथ उसके ट्रस्ट और जानकी जीवन मन्दिर ट्रस्ट का भी अध्यक्ष नियुक्त कर महाराजश्री ने आपको मानस के प्रचार–प्रसार हेतु अपना उत्तराधिकारी घोषित किया। 'वर्ल्ड रिलीजन कॉन्फ्रेंस' वार्सोलोना की धर्म सभा में आपने भी विवेकानन्द की तरह भारत का प्रतिनिधित्व किया। भक्तों और प्रबुद्धों को आपकी प्रवचन शैली में महाराजश्री के दर्शन होते हैं। अयोध्या में आपके पुण्य दर्शन चरण स्पर्श से मुझे उनकी भेंट 'पंचामृत' ग्रन्थ प्राप्ति का सौभाग्य मिला।

मानस की व्यास–परम्परा में महिला प्रवाचकों में जो अगला अग्रगण्य नाम है वह है महाराज जी की मुँहबोली बहन डॉ. श्रीमती ज्ञानवती अवस्थी (बाँदा रोड, रीवा) का। उनके पूज्य पिता भी जबलपुर निवासी स्व. दीनानाथ जी तिवारी और महाराजश्री के पूज्य पिताजी पं. शिव विनायक उपाध्याय जी जबलपुर में आत्मीय मित्र थे। अपने संस्मरणों में वह लिखती हैं, उपाध्याय जी अपने प्रवचन–प्रवास में किंकर जी का अभिभावक दायित्व मित्रवत तिवारी जी को सौंप जाया करते थे चूँकि उनकी माताश्री का बचपन में ही देहावसान हो गया था। हनुमत सेवा कृपा से ही उपाध्याय जी को हनुमत का आशीर्वाद मिला था। तभी उन्होंने बालक का नाम 'रामकिंकर' रखा।

ज्ञानवती जी के बड़े भाई ब्रह्मदत्त तिवारी, तहसीलदार, सागर के कथनानुसार उपाध्याय जी की अस्वस्थता से आयोजक 16–17 वर्ष के युवक पुत्र किंकर जी को ही श्रोताओं को 'मुँह दिखानेलायक बने रहने के लिए ले गये पर उन्होंने ऐसा गम्भीर कथावाचन किया कि 'ज्ञानीनामाग्रगण्यम' सिद्ध हुआ। 1987 में उपाध्याय जी ने ज्ञानवती जी के पिता को लिखा, 'तिवारी जी, आपके आशीर्वाद।' 1991–92 में किंकर जी के प्रवचन हेतु रीवा पधारने पर उन्होंने वह पत्र धरोहर के रूप में माँग लिया। ज्ञानवती जी ने 1991 में हितकारिणी कन्या विद्यालय जबलपुर में शिक्षिका के रूप में भी कार्य किया जिसके प्रांगण में किंकर जी का प्रवचन हुआ। पिताजी ज्ञानवती जी से किंकर जी को 'भैयाजी' सम्बोधित करने को कहते पर वे श्रद्धावश 'पूज्य पण्डित जी' कहना न छोड़ पायीं। उनके प्रवचन सुन–सुनकर उनके सहारे उन्होंने एम.ए. (हिन्दी) में प्रथम श्रेणी प्राप्त की। वह भी प्रवचन में उसी शैली को अपनाती हैं जिसमें वह मानस की कथा को आज के जीवन से जोड़ते हैं। तुलसी को जनमन में जीवन्त कर दिया।

उन्हीं की तरह वह जीवन की गूढ़ समस्याओं का समाधान मानस के माध्यम से देती हैं। मानस को अपनी चित्तवृत्तियों के परिष्कार का ग्रन्थ मानती हैं और प्रतीकों के माध्यम से मानव प्रवृत्तियों से जोड़ती हैं। जून 2000 में जब ज्ञानवती जी की कथा हरिद्वार में चल रही थी, पता चला कि देहरादून में महाराजश्री की कथा भी चल रही है। वह वहाँ पहुँची, उन्होंने उनका आत्मीय स्वागत किया। क़रीब 25 वर्ष के अन्तराल के बाद वह रीवा पधारे और सहज निवेदन पर ज्ञानवती जी के घर पर अपनी छोटी बहिन से उन्होंने दक्षिण ाा स्वीकार नहीं की। उनकी व्यास–परम्परा ज्ञानवती जी में ही नहीं उनके एक और अनन्य भक्त शिष्य बरेली के उमाशंकर शर्मा में भी उल्लेखनीय है। (सन्दर्भ : तुलसी मानस भारती अमृत महोत्सव विशेषांक अगस्त 1999 एवं रामकिंकर स्मृति विशेषांक जनवरी 2003 है।)

व्यास पीठ श्रृंखला की महत्त्वपूर्ण कड़ियों में मुंगेली (बिलासपुर, छत्तीसगढ़) के पं. रामभरोसे शुक्ल अच्छे प्रवचनकार थे तभी उनके सुपुत्र पं. गोरेलाल शुक्ल में भी वे ही सद्‌गुण आये। अंग्रेज़ी में एम.ए. और आई.ए. एस कर उच्च पदों पर रहनेवाले गोरेलाल जी अच्छे चिन्तक, प्रशासक, शिक्षक और रामानुरागी रहे। तुलसी मानस भारती के सम्पादकीय आपकी सम्पादन कला, भाषा सौष्ठव और शैली वैशिष्ट्य के उदाहरण हैं। रामचरितमानस चतुश्शताब्दी समारोह तथा तुलसी मानस प्रतिष्ठान के सफल संचालन में आपकी महत्त्वपूर्ण भूमिका रही है। मानस भवन आपकी कल्पना का कीर्ति कलश है।

स्वामी राजेश्वरानन्द सरस्वती वर्तमान में रामचरितमानस के प्रवचनकारों में शीर्षस्थ हैं। भगवान राम और संकटमोचन हनुमान जी के प्रति अनन्य श्रद्धा और भक्ति से आपने मानस का तत्वस्पर्शी अध्ययन किया

है। अच्छे प्रवचनकार के साथ आप उत्कृष्ट भक्ति कवि भी हैं। सरस चित्ताकर्षक शैली के साथ रामकथा का संगीत भी आपको विरासत में मिला है तभी सुधी–श्रोताओं के प्रिय हैं।

प्रस्तुति : डॉ. रमेश चन्द्र खरे

दिव्यानन्द सरस्वती

स्वामी दिव्यानन्द तीर्थ जैसे श्रेष्ठ रामकथा वाचक का जन्म नागालैंड (असम) में एक सात्विक ब्राह्मण परिवार में हुआ। मूलतः आप बुलन्दशहर (उ.प्र.) के निवासी हैं। आपकी शिक्षा–दीक्षा पश्चिम बंगाल के पूर्णिया तथा ओडीसा के भुवनेश्वर के सैनिक स्कूल में हुई। गोहाटी (असम) विश्वविद्यालय से आपने अंग्रेज़ी में स्नातकोत्तर उपाधि प्राप्त की पर धार्मिक प्रवृत्ति के कारण सन् 1980 में गृह त्याग कर चित्रकूट में संन्यास ग्रहण किया। 1988 में शास्त्रों के गहन अध्येता तथा विशिष्ट प्रतिभा के कारण प्रयाग में आपका शंकराचार्य के रूप में अभिषेक किया गया। आपने 22 देशों में धर्म प्रचारार्थ भ्रमण किया। जापान में आयोजित विश्व बौद्ध सम्मेलन के आप मुख्य अतिथि थे। अमेरिका में विश्व धर्म सम्मेलन में भी आप भारत का प्रतिनिधित्व कर चुके हैं। 1986 से आप मानपुर पीठ के जगद्‌गुरु शंकराचार्य के रूप में विभूषित हैं। रामकथा का गहन तत्त्व आपका प्रिय विषय है।

डॉ. रामाधार शर्मा

डॉ. रामाधार शर्मा 'हनुमत चरित्र का विकास' विषय पर हमीदिया महाविद्यालय भोपाल से पीएच.डी. प्राप्त करने वाले भक्ति साहित्य के अनन्य विद्वान हैं। आपने वाराणसी से संस्कृत में उच्च अध्ययन के बाद 'विद्यावाचस्पति' की उपाधि अर्जित की। आपका जन्म मध्य प्रदेश के रायसेन ज़िला के ग्राम बीकलपुर में हुआ। वैदिक साहित्य तथा ज्योतिष का ज्ञान आपने अपने पूज्य पितामह से प्राप्त किया। अठारहों पुराणों पर प्रवचन, वैदिक अनुष्ठान एवं यज्ञ में आचार्यत्व के साथ शताधिक मानस सम्मेलनों का आयोजन, मार्गदर्शन तथा रामचरितमानस के मनोहारी विश्ववाणी विवेचन द्वारा मर्म उद्‌घाटन से आप अखिल भारतीय ख्याति अर्जित कर चुके हैं। विश्व वेद सम्मेलन में भी आप मध्य प्रदेश का प्रतिनिधित्व कर चुके हैं। रामचरितमानस के प्रचार–प्रसार में आप निरन्तर समर्पित हैं। इस समर्पण में एक अन्यतम नाम है भोपाल के ही विष्णुपाल सिंह परिहार का। एम.ए., एम.एससी. (रसायन), बी.एड., एल.एल.बी. की उपाधि प्राप्त परिहार जी मूलतः विज्ञान शिक्षक हैं पर हनुमत समर्पण में विराम कथाप्रवाचक गृहस्थ संन्यासी हैं। 2 नवम्बर 1951 में मझगाँव बम्होर हमीरपुर (उ.प्र.) में श्री बृषकेतु सिंह परिहार के घर जन्मे बालक को रामचरितमानस से भी लगन रही है। अपने परदादा स्व. नारायणी सिंह परिहार को ही उन्होंने अपना वास्तविक गुरु माना। हिन्दी प्रेमी श्री राममनोहर लोहिया जी की प्रेरणा से चित्रकूट में आयोजित 32वें मानस सम्मेलन ने आपकी दिशा बदल दी। सन् 1970–71 से 22 दिसम्बर से 1 जनवरी तक 11 दिन का मानस सम्मेलन आप अपने भोपाल निवास राजेन्द्र नगर के तुलसीवन में प्रति वर्ष करते आ रहे हैं जिसमें रामायणी मेला, सुन्दरकाण्ड प्रतियोगिता आदि विद्यार्थियों के लिए आकर्षण भी रहते हैं। आपका उद्‌देश्य है लोग मानस की महत्ता को

समझकर अपने जीवन में उतारें। इस सम्मेलन में कई मानस प्रवाचक आते हैं। आपने मैसूर (कर्नाटक) में भी जाकर मानस प्रवचन कर प्रतिष्ठा अर्जित की।

स्थानीय स्तर पर कई व्यास कड़ियों ने इस रामकथा शृंखला को अविच्छिन्न किया। इनमें श्री ब्रजेश महाराज (दीनदयाल नगर), डॉ. श्यामदास (नरसिंह मन्दिर, गोरखपुर, जबलपुर), भागवत एवं रामकथा वाचक, हरिशंकर परसाई पीठ सागर (विश्वविद्यालय) के निर्देशक, डॉ. श्यामसुन्दर दुबे (हटा, दमोह), हज़ारों की संख्या में रामकृतियाँ भक्त श्रोताओं को अपनी प्रबुद्ध और रसमय वाणी से आकर्षित करते हुए धर्म और समाज सेवारत हैं।

अगरिया वाले पण्डित जी स्व. श्री विष्णुदत्त शुक्ल

अगरिया वाले पण्डित जी के नाम से प्रसिद्ध, स्व. श्री विष्णुदत्त शुक्ल जी का जन्म ग्राम अगरिया (जैसीनगर), ज़िला सागर (म.प्र.) में हुआ था। आपके पिता का नाम स्व. श्री हरिशंकर गर्ग व्यास जी था। वे अपने समय के श्रेष्ठ वक्ता थे।

रामकथा वाचक पं. नीलमणि दीक्षित जी पण्डित जी के व्यक्तित्व के विषय में लिखते हैं, ''गौर वर्ण, ऊँची, भरी–पूरी पुष्ट देह, शरीर पर शुभ्र परिधान, प्रेमजल से भरे–भरे विशाल नेत्र। पहली बार जब दर्शन हुए मन प्रसन्न हो गया। बरबस ही चरणों पर सिर रख दिया।'' एक प्रभावी व्यक्तित्व था पण्डित जी का।

पण्डित जी की कथा–शैली की चर्चा करते हुए पूर्व सचिव प्रो. भागचन्द जैन भागेन्दु स्पष्ट करते हैं, ''श्रद्धेय अगरियावाले पण्डित जी की कथा–शैली में विश्लेषित प्रवचनों को सुनने के लिए हज़ारों श्रोता पूर्वतः अपना स्थान आरक्षित करा लेते थे। और मन्त्रमुग्ध की भाँति रोचक शैली में भारतीय अस्मिता, राष्ट्र बोध, आत्म कल्याण और सदाचार प्रवण जीवन–शैली का मर्म सुनकर भाव–विभोर होते थे।

पण्डित जी की साधना के विषय में प्रसिद्ध समाज सेवी सन्तोष भारती बताते हैं, "दुर्गा सप्तशती का पाठ, त्रिकाल सन्ध्या 'हरे राम हरे कृष्ण' संकीर्तन प्रतिदिन की चर्चा में शामिल था" प्रसिद्ध साहित्यकार डॉ. रघुनन्दन चिले लिखते हैं, ''प्रवचन के प्रारम्भ में हारमोनियम, तबला के साथ करताल बजाते हुए विभिन्न राग–रागनियों में वन्दना एवं भजन श्रोताओं को भाव–विभोर कर देते थे। रायसेन ज़िले के अधिकांश गाँवों में पदयात्रा करते हुए कई वर्षों तक उन्होंने बिना किसी मंच के खड़े–खड़े ही हरिकीर्तन एवं प्रवचन कर रामकथा भक्ति का प्रचार–प्रसार किया तथा सनातन धर्म की ध्वजा फहरायी।''

उनके जीवन का अधिकांश समय नर्मदा किनारे ही बीता। बौरास घाट, उदयपुर, साईखेड़, गाड़रबारा, नरसिंहपुर, जबलपुर निवासी उनके शिष्यगण आज भी उनका स्मरण कर भावविह्वल हो जाते हैं। पण्डित जी ने बारह साल का मौन व्रत धारण किया था। वह बिना सिले कपड़े पहनते थे। उनकी साधना का प्रतिफलन उनकी वाग्वैखरी से प्रवाहित हुआ।

पण्डित जी की प्रवचनकर्ता के रूप में अपार प्रसिद्धि थी। वह सहज सम्प्रेषणीय व्यक्तित्व से मण्डित थे। वह क्षेत्रीय सीमाओं का अतिक्रमण करनेवाले सन्त वक्ता थे। उनका स्वर्णारोहण 21 अगस्त 2004 को हुआ था।

पं. रघुनाथ प्रसाद रामायणी 'मानस शरण'

पं. मानस शरण का जन्म 9 दिसम्बर 1946 को नरसिंहपुर ज़िले की करेली तहसील में हुआ था। करेली के मुर्गाखेड़ा गाँव से आपने प्राथमिक शिक्षा तथा करेली से हायर सेकेण्डरी की शिक्षा ली। आपके दीक्षा गुरु पं. सिद्धनाथ मिश्र मानस शास्त्री, मानस मन्दिर, हाथरस (उ.प्र.) थे।

मानस पर प्रवचनों का प्रारम्भ आपने सन् 1972 से किया। अब तक देश–विदेश में आप अनेक कथाएँ कर चुके हैं। भारत के सभी हिन्दी प्रदेशों में कथाएँ हुई हैं। बैंकॉक, मलेशिया, कुआलालम्पुर, सिंगापुर, दक्षिण पूर्व एशिया, यूनाइटेड किंगडम, लन्दन, हॉलैंड, जर्मनी, पेरिस आदि देशों में आपकी कथाएँ हुई हैं। एक प्रकार से पं. मानस शरण जी ने विश्वभ्रमण करते हुए मानस की कथाओं का विश्वव्यापी प्रचार–प्रसार किया है।

पं. मानस शरण जी की कथा सात्विक चिन्तन प्रधान होती है। आप मानस के गूढ़ दार्शनिक सिद्धान्तों की व्याख्या करने में निपुण हैं। 'व्यापक एक ब्रह्म अविनासी' की व्याख्या करते हुए आप स्पष्ट करते हैं, "सतत चेतन की राशि ब्रह्म जब सभी में समान रूप से सर्वत्र व्याप्त है, सभी के हृदयों में निरन्तर विद्यमान है फिर इस जगत में जीव दुखी क्यों हैं? कभी भी जिसका अभाव नहीं होता, उस आनन्द की राशि ब्रह्म का सम्बन्ध निरन्तर जीव से है। सार्वकालिक सार्वदेशीय वह ब्रह्म सर्वत्र समान रूप से व्यापक होते हुए भी जब तक प्रकट नहीं होता तब तक उससे लाभ नहीं हो सकता है। जैसे हममें ज्ञान है किन्तु जब तक वाणी के माध्यम से मुख के द्वारा प्रकट नहीं होगा, तब तक इस ज्ञान और ऐसे ज्ञानी का क्या लाभ?" पण्डित जी के प्रवचन उच्च बौद्धिक किस्म के होते हैं। आप मानस के चरित्रों की भी दार्शनिक व्याख्याएँ करते हैं। आपकी शैली परमार्जित है। आप मानस को समझने की नयी दृष्टि देते हैं।

आपका पता है–

अन्तरराष्ट्रीय मानस प्रवक्ता, करेली (म.प्र.)

पं. घनश्यामदास 'मृदुल' महाराज

पं. मृदुल महाराज के पिता का नाम पं. श्री जुगलदास गोस्वामी महाराज था। आपका जन्म ग्राम विछोदना, ज़िला दतिया में 1 जनवरी 1937 को हुआ था। आपके दीक्षा गुरु अनन्त श्री विभूषित महेश्वरानन्द सरस्वती जगद्गुरु काशी पीठाधीश्वर थे। आपके प्रेरक श्री विनीत जी महाराज अयोध्या दादा श्रीठन–ठन पाल जी महाराज जमुनिया (जबलपुर) एवं श्री ब्रह्मचारी जी महाराज जालौन रहे हैं।

आपकी शिक्षा एम.ए. संगीत प्रभाकर तक की है। आपका कार्यक्षेत्र जबलपुर, दमोह, नगरसिंहपुर, होशंगाबाद, भोपाल आदि नर्मदा क्षेत्र में स्थित नगरों, क़स्बों में रहा है। आप कवि भी हैं। इसलिए आपके रचे गये कवित्त–सवैया, दोहा तथा गीत आदि का प्रयोग आप अपनी कथा में करते हैं। आप मधुर स्वर के गायक भी हैं। शास्त्रीय संगीत एवं सुगम संगीतबद्ध रचनाओं के साथ आप लोकगीतों की लय पर भी अपने गीतों को प्रस्तुत करते हैं। आपकी कथा संगीतमय होती है।

पं. मृदुल महाराज भरत के चरित्र से प्रभावित हैं। वह भरत की वेदना के अप्रतिम प्रवाचक हैं। ननिहाल से लौटने के बाद भरत गुरु वशिष्ठ ने राजसिंहासन पर बैठने को कहा तो भरत ने विनम्रतापूर्वक कहा, **"चाहिए धर्मशील नरनाहू"** और **"मुझे भूख न बासर नींद न राती। यह कुयोग कर औषधि नाँही।"**

भरत राम की चिन्ताओं से दुखी हैं। वे इस सोच में डूबे हैं कि सीता जी एक ही वस्त्र में कैसे चौदह बरस काटेंगी? सीता जी को तो अनसूया जी ने **"दिव्य वस्त्र भूषन पहनाये। जो नव मूल अमल सुहाये।"** और भी चिन्ताएँ भरत जी को हैं। **"राम लखन सिय बिन पग पनही। करि मुनि वेष फिरहिं वन वनही।" "यह दुख दाह दहत नित छाती। भूखन बासर नींद न राती।"** इस तरह पं. मृदुल जी भावमय कथा कहने में सिद्धहस्त हैं। वह रामचरितमानस की चौपाइयों को अनेक राग–रागिनियों में संगीत के माध्यम से प्रस्तुत करते हैं। आप बेहद लोकप्रिय मानस प्रवक्ता हैं।

आपने राष्ट्रीय रामायण मेला, भोपाल (म.प्र.) तथा देश के अनेक प्रान्तों में मानस सम्मेलनों की स्थापना की है। आकाशवाणी, दूरदर्शन के भी आप गायक कलाकार हैं। आपने मानस आकाशवाणी और दूरदर्शन से भी प्रस्तुत की है। आपने मानस धाम आश्रम की स्थापना की है।

आपका पता है–

मानस धाम, सौरभ कालोनी, चाँदबड़, भोपाल (म.प्र.)

पं. भुवनेश गोस्वामी 'मानस व्यास'

पं. भुवनेश गोस्वामी का जन्म ग्राम विछोद ना (भांडेर), दतिया (म.प्र.) में 10 अप्रैल 1958 को हुआ। आपके पिता का नाम पं. घनश्यामदास मृदुल महाराज है। आपने हायर सेकेंडरी तक शिक्षा प्राप्त की है। साथ में 'संगीत प्रभाकर' परीक्षा भी आप उत्तीर्ण हैं। आपके दीक्षा गुरु अनन्त श्री विभूषित बाबा कल्याणदास जी महाराज (अमरकंटक) हैं। आपके कथा–प्रेरणा स्रोत आपके पिताजी हैं।

आप स्वयं कवि भी थे। अपनी कविताओं का प्रयोग आप अपने प्रवचनों में करते थे। आप रामकथा संगीतमय ही करते थे। शास्त्रीय संगीत, सुगम संगीत और लोक संगीत में आप निपुण थे। कथा को मधुरतापूर्वक आगे बढ़ाने में आपको सिद्धि–सी प्राप्त थी। आपको मानस में 'हनुमत चरित्र' प्रिय लगता है। आप हनुमान को बुद्धिमतां वरिष्ठ मानते हैं–एक उनका गुण बताते हैं कि बुद्धि करुणा से ही पवित्र होती है। वह मानते हैं कि हनुमान जी को पता था कि सीता जी अशोक वाटिका में हैं, उन्हें तपस्विनी स्वयंप्रभा ने बताया था। **"जहाँ अशोक उपवनता आयी सीता बैठ सोच रत राही।"** तब हनुमान जी **"मन्दिर मदिर प्रीतिकर शोधा"** जैसी स्थिति में गतिशील रहे। दरअसल वह विभीषण के घर की खोज कर रहे थे। विभीषण को आश्वस्त करना भी हनुमान जी का एक उद्देश्य था। पं. भुवनेश गोस्वामी की कथा कौतूहल भी जगाती थी और मानस के मर्म का भी उद्घाटन करती चलती थी। वह कथा को सहज भाव से कहनेवाले कथा–वाचक थे।

पं. भुवनेश गोस्वामी रामायण मेले के महासचिव थे। उनकी कथा आकाशवाणी और दूरदर्शन से भी प्रसारित होती थी। साथ ही वह अपना गायन भी यहाँ से प्रस्तुत करते थे। वह संगीत की सुरलहरियों पर मानस की मधुर कथा कहनेवाले राष्ट्रीय कथाकार थे। आपका निर्वाण 1 जनवरी 2010 को हो गया है।

पं. श्री अंजनी नन्दन शरण रामायणी

पं. श्री अंजनीनन्दन के पिता का नाम श्री शिवशंकर दास जी है। आपका जन्म ग्राम भरोखा, तहसील मोठ

(झाँसी) में 20 दिसम्बर 1973 में हुआ। आपके दीक्षा गुरु डॉ. मानस विश्वास दतिया और प्रेरक स्वामी मानस मृदुल महाराज एवं श्री रामलखनदास जी वेदान्ती रहे हैं।

आप शास्त्रीय तथा सुगम संगीत गायन में निपुण हैं। आप रामकथा संगीत प्रधान ही करते हैं। आपने एम.ए. तक शिक्षा प्राप्त की है। आपकी कथा सुमधुर होती है। आपकी कथा अनेक स्थानों पर हो चुकी है।

आपको हनुमान जी का चरित्र प्रेरक लगता रहा है। आपका मानना है कि हनुमान जी अनेक विशेषताओं को धारण करनेवाले थे। हनुमान जी को समस्त सिद्धियाँ प्राप्त थीं। वह संयोजक थे। वह रक्षक थे। हनुमान जी में परहित साधन और लोकोपकार का भाव था। उनकी शक्ति विशाल थी। उन्होंने महाबलशाली कुम्भकर्ण को एक ही मुष्ठिक में विचलित कर दिया था।

पण्डित अंजनी जी अपनी कथा में विवरणात्मकता के साथ–साथ दृष्टान्त शैली का प्रयोग करते हैं। वह प्रसंगों की श्रृंखला बनाने में निपुण हैं। उनके रचे अनेक छन्द हैं जो पुस्तकाकार प्रकाशित हो रहे हैं।

आपका पता है–

लीलाधर कॉलोनी, शिवमन्दिर के पीछे, भानपुरा, भोपाल (म.प्र.)

पं. मानस प्रफुल्ल महाराज

पं. मानस प्रफुल्ल महाराज का जन्म ग्राम भरोखा, मोठ (झाँसी) में 15 जनवरी 1938 में हुआ। आपके पिता का नाम स्व. श्री दयाल दासजी महाराज था। आपके दीक्षा गुरु श्री मानस मृदुल जी महाराज हैं, आपके कथा प्रेरक हैं–श्री मोनी बाबा जी और ब्रह्मचारी जी महाराज, आपकी शिक्षा इंटरमीडिएट तक है।

आपका कण्ठ अच्छा है। आप स्वयं पद, भजन, कविता, सवैया का गायन करते हैं। आपके साथ गायन मण्डली भी रहती है। संगीतमय रामकथा करके आप श्रोताओं के भीतर रस का संचार कर देते हैं। आप अष्ट सिद्धि नव निधि के दाता श्री राम भक्त हनुमान के भक्त हैं। हनुमच्चरित्र गायन में आपको आनन्द आता है। कई दिनों तक केवल आप हनुमान पर ही प्रवचन करते रहते हैं। हनुमान जी की लीलाओं का सविस्तार अनुकीर्तन करना ही आपकी हनुमान जी के प्रति भक्ति भावना है।

वह मानते हैं कि हनुमान जी का चरित्र मान का हनन करके निरभिमान दास्य भाव का अद्वितीय व उत्कृष्ट चरित्र है–**चारों जुग परताप तुम्हारा, है परसिद्ध जगत उजियारा**– जैसी योनि में जन्म लेकर अपने अनुकरणीय वानर आचरण एवं भावों के द्वारा श्री हनुमान जी महाराज ने जन–जन का परम कल्याण किया है।

श्रीहनुमत भक्त पण्डित प्रफुल्ल महाराज जब रामकथा कहते हैं तब श्रोता भावविभोर हो जाते हैं। वह अपनी कथा को भावना प्रधान बनाते हैं। सर्व साधारण जन उनकी कथा से लाभान्वित हो सकें पण्डित जी का यही प्रयत्न रहता है।

पण्डित जी छन्द–रचना में भी प्रवीण हैं। वह अपने छन्दों का स्वयं गायन भी करते हैं। उनके छन्द भक्ति रस से ओत–प्रोत रहते हैं। कथा के बीच–बीच में वह अपने छन्दों का गायन भी करते हैं। आपकी कथा पर गायिकी प्रधान व्यास–परम्परा का प्रभाव है।

आपका पता है–

लीलाधर कॉलोनी, शिव मन्दिर के पीछे, भानपुरा, भोपाल (म.प्र.)

ब्रज क्षेत्र की व्यास-परम्परा

डॉ. प्रणव शास्त्री

हमारा भारतवर्ष अवतारों का देश है। हमारा भारतवर्ष देवताओं का देश है। यह गौ, गंगा और गायत्री का देश है। यह परम्पराओं का देश है। यह मानव–मूल्यों के संवर्धन और संरक्षण का देश है। यह दयालुता, उदारता और करुणा का देश है। यह माता, पिता और अतिथियों को देवतुल्य मानने का देश है। यह जननी और जन्मभूमि को स्वर्ग से भी बढ़कर मानने का देश है। यह पर–स्त्री को मातृवत् पूजने का देश है। आइए, इसी देश को पावनता प्रदान करनेवाले दो प्रमुख अवतारों का स्मरण करें। भगवान राम और कृष्ण के रूप में हमें दो प्रमुख देवताओं की शुभ्र और पुण्य थाती प्राप्त हुई है। इनमें से एक आदर्श और मर्यादा की प्रतिमूर्ति हैं तो दूसरे चांचल्य और माधुर्य का साक्षात् अवतार। इनकी कथाएँ आदिकाल से मानव मात्र को हर्षित एवं तुष्ट करती रही हैं। वेद, उपनिषदों, श्रीवाल्मीकि रामायण, श्रीमद्भागवतमहापुराण की सारस्वत परम्परा में गोस्वामी तुलसीदास कृत रामचरितमानस का विशिष्ट स्थान है। मेरी राय में किसी सामान्य मनुष्य की किसी रचना कृति को आज तक वह सम्मान प्राप्त नहीं हुआ, जो तुलसीदास की रामचरितमानस को प्राप्त है। आज भी अधिकांश हिन्दू मतावलम्बियों के पूजाघर में रामचरितमानस लाल कपड़े में लपेटकर रखी जाती है, और इसे श्रीमद्भगवद्गीता, श्रीमद्भागवत, श्रीवाल्मीकि रामायण के सदृश ही पूजा जाता है।

श्री वेदव्यास, आदि कवि वाल्मीकि, देवर्षि नारद, श्री सूत जी, श्री शौनकादि ऋषियों की परम्परा ही आगे चलकर चैतन्य महाप्रभु, महाप्रभु वल्लभाचार्य, बिट्ठलनाथ, सूरदास, कबीरदास और तुलसीदास में परिणत हुई और परिवर्धित हुई। 19वीं सदी के पाँचवें दशक में इसमें कुछ नाम और जुड़े। 1950 के आसपास श्री प्रभुदत्त ब्रह्मचारी, श्री करपात्री जी महाराज, स्वामी अखण्डानन्द सरस्वती जी महाराज, श्री उड़िया बाबा जी महाराज, श्री रामचन्द्र डोंगरे जी महाराज, श्री हनुमान प्रसाद पोद्दार जी, श्री रामसुखदास जी महाराज, प्रभृति विद्वानों के नाम व्यास–परम्परा के सुदृढ़ स्तम्भ हैं।

इस व्यास–परम्परा को पूरे भारत सहित चित्रकूट, अयोध्या, नैमिषारण्य एवं वृन्दावन में पर्याप्त पोषण मिला। तीन–चार दशक पूर्व गुजरात का नाम भी राष्ट्रसन्त पूज्य श्री मोरारी बापू, पूज्य श्री रमेश भाई ओझा, श्री किरीट भाई के कारण सम्माननीय हुआ। बीसवीं सदी के आते–आते टी. वी. चैनलों ने इस कथा के पुण्य कार्य को विस्तार भी प्रदान किया और व्यापकता भी। इलेक्ट्रॉनिक मीडिया के बढ़ते प्रभाव

ने इन व्यासों को स्टार का दर्जा प्रदान किया। आरम्भ में यह चैनल संस्कार और आस्था का जयघोष भले ही करते रहे हों पर आज बाज़ारवाद और ग्लोबलाइजेशन के प्रभाव से यह भी अछूते नहीं रह सके हैं।

वृन्दावन और पूरे ब्रजमण्डल में आज श्रीमद्भागवत और रामकथा के लगभग 2000 व्यास पूरे विश्व में इस शब्द–प्रसाद को वितरित कर पुण्यार्जन एवं धनार्जन कर रहे हैं। श्री हरिबल्लभ शास्त्री, श्री ब्रजकिशोर गौतम, श्री पुरुषोत्तम गोस्वामी, श्रीवत्स गोस्वामी, आचार्य मृदुलकृष्ण गोस्वामी, श्री गौरवकृष्ण गोस्वामी, पं. श्रीनाथ शास्त्री, डॉ. मनोजमोहन शास्त्री, श्री श्यामसुन्दर जी संगीताचार्य, आचार्य श्री दीनदयालु पाण्डेय, श्री कृपालु जी महाराज, श्री गुरु शरणानन्द जी महाराज, साध्वी ऋतम्भरा जी, श्री नृसिंह बल्लभ गोस्वामी, पं. रवि बनर्जी, आचार्य महावीरप्रसाद शास्त्री, आचार्य हरिचरणबल्लभ गोस्वामी, सन्त विजय कौशल जी, श्री कृष्णचन्द्र शास्त्री ठाकुर जी, शान्तिदूत श्री देवकीनन्दन ठाकुर जी सहित शताधिक व्यासों ने तृप्त किया है।

वर्तमान परिदृश्य में डॉ. श्यामसुन्दर पाराशर, डॉ. सुरेश शास्त्री, पं. अशोक शास्त्री, मृदुलकान्त शास्त्री, पं. संजीवकृष्ण ठाकुर जी, सन्त विजय कौशल जी, डॉ. अनिल शास्त्री, पं. पूर्णचन्द्र उपाध्याय, पं. रामविलास शास्त्री, श्री पीयूष जी महाराज, सन्त गिरिधर गोपाल, स्वामी गिरीशानन्द जी महाराज, पं. गोपीचन्द्र शास्त्री, पं. अवधेश शास्त्री, पं. ओमप्रकाश शास्त्री, पं. अनुरागकृष्ण पाठक, बालशुक गोपेश जी, पं. रविशंकर बघेले, पं. रामनिहार शास्त्री, पं. बालावेंकटेश शास्त्री, पं. शिव भगवान, पं. रमाकान्त त्रिपाठी, आचार्य अच्युतलाल भट्ट जी, आचार्य वासुदेवकृष्ण चतुर्वेदी, मलूक पीठाधीश्वर आचार्य राजेन्द्र दास जी महाराज, स्वामी श्रवणानन्द जी सहित शताधिक व्यास देश–देशान्तर में भगवन्नाम की धूम मचा रहे हैं।

डॉ. सुरेश शास्त्री

डॉ. सुरेश अवस्थी के पिताश्री का नाम श्री लक्ष्मीनारायण मिश्र है। श्रीमती कलावती उनकी माता का नाम है। उनकी पत्नी श्रीमती अनीता मिश्र हैं। आपका जन्म 5 जुलाई 1966 को छोटी कोंथर पोरसा (मुरैना) म.प्र. में हुआ था। सन् 1980 से डॉ. सुरेश अवस्थी वृन्दावन में निवास कर रहे हैं। आपकी शिक्षा एम.ए., पीएच.डी. तक है। आपने अपनी कथा का आरम्भ 1990 ई. से किया था। अब तक 400 से अधिक कथाएँ आप कर चुके हैं। आपके गुरु श्री गर्वीली शरण जी महाराज हैं। आपने अपना आदर्श श्री विशन चन्द्र सेठ को माना है।

डॉ. अवस्थी की कथाओं का आयोजन साउथ अफ्रीका में भी हुआ है। भास्कर भक्ति (राज) टी. वी. चैनल से भी कथा का प्रसारण हुआ है। देश–विदेश में कथा करनेवाले पण्डित अवस्थी गायन में प्रवीण हैं। उनकी कथा संगीतमयी होती है। वह प्रभावी पदों का गायन करते हैं। आपकी कथा सरस प्रवाहमयी होती है।

पण्डित जी को रामचरितमानस में सर्वाधिक भरत ने प्रभावित किया है। भरत का जीवन आज के समय में एक आदर्श निर्मित करनेवाला है। भरत–सा भाई अब दुर्लभ है। भरत को तुलसी ने अपने युग में प्रतिरोध की तरह गढ़ा था। जब भाइयों–भाइयों में राजसिंहासन पाने के लिए दारुण विरोध चल रहा था। भाई ही भाई का गला काट रहा था, तब भरत ने सत्ता को अस्वीकार कर दिया। राम को उन्होंने सर्वोपरि माना। इसलिए कहा गया है, **"भए न हैं न होंहिगे कबहूँ भुवन भरत से भाई।"** पण्डित जब भरत–चरित्र

पर प्रवचन करते हैं, तब वह भरत की निश्छलता, भरत की साधुता की चर्चा अवश्य करते हैं। भरत में रंच मात्र भी कहीं भी धर्म से विचलन नहीं है। यद्यपि वह कहते हैं कि ''**आरत काह न करई कुकरमु। भाँगहुँ भीरव त्याग निज धरमु**'' तो वहाँ वे वैयक्तिक धर्म से बड़ा सामाजिक धर्म मानते हैं।

वह भरत मिलाप की कथा भक्ति भाव में डूबकर कहते हैं। उनकी इस कथा–प्रसंग में आँखें डबडबा आती हैं। श्रोता भी भाव–विह्वल हो जाते हैं। वह भरत मिलाप की कथा पर मुग्ध हैं। पण्डित जी इस प्रसंग को गाते हुए भरत की सहजता को प्रस्तुत करते हैं।

डॉ. सुरेश अवस्थी ने अपना आश्रम भी बनाया है। वृन्दावन धाम में रमणरेती में उन्होंने अपना आश्रम वनविहार आश्रम के नाम से बनाया है। आश्रम में सदैव ही पठन–पाठन, पूजन–अर्चन चलता है।

आपका पता है–

वन विहार आश्रम, रमणरेती, वृन्दावन (उ.प्र.)

डॉ. अनिल शास्त्री

चित्रकूट की पावन धरा पर जन्म लेनेवाले पं. अनिल जी के पिता का नाम स्व. पं. श्री उमा शंकर एवं माता का नाम श्रीमती शान्ति देवी था। श्रीमती निधि अवस्थी आपकी सहधर्मिणी हैं। पण्डित जी का जन्म 2 जुलाई 1977 को हुआ था। आपके गुरु का नाम श्री श्री 1008 राजेन्द्रदास जी है। आपकी शिक्षा–दीक्षा अतर्रा–वृन्दावन में हुई। आप उच्च शिक्षित हैं। एम.ए. आचार्य, पीएच.डी. की उपाधियों से आप विभूषित हैं।

आपने कथा का प्रारम्भ 20 अप्रैल 2004 से किया है, और अब तक 150 से ऊपर स्थानों में आपकी कथाएँ सम्पन्न हो चुकी हैं। आप मानते हैं कि ''विनामहत्पादा रजोभिषेकम्'' गुरु चरणाश्रय बिना भक्ति सफल नहीं है। आप अपनी कथाओं के लिए श्री रामकिंकर जी महाराज को प्रेरणास्रोत मानते हैं। श्री रामकिंकर जी की कथा–शैली और उनकी विवेचनपरक पद्धति से आप प्रभावित हैं। आपको स्वामी रामभद्राचार्य द्वारा प्रशस्तिपत्र प्राप्त है। पण्डित जी की यह विशेषता है कि वह 'रामचरितमानस' पर आधारित प्रवचन तो करते ही हैं किन्तु वह 'वाल्मीकीय रामायण' का भी आश्रय लेते चलते हैं। इस तरह से रामकथा के दो महत्त्वपूर्ण ग्रन्थों के अनुशीलनकर्ता के रूप में पण्डित जी की ख्याति फैली हुई है।

आपको भरत चरित्र की कथा कहने में आत्मतोष होता है। आप भरत के चरित्र से सर्वाधिक प्रभावित हैं। अनेक व्यास भरत चरित्र को केन्द्र बनाकर कथा कहते हैं। किन्तु सबकी शैली और वर्णन अपने ही तरह का होता है। तुलसीदास ने भरत को मनोयोग से गढ़ा है। भरत विनयशील और बुद्धिमान हैं। इसीलिए गोस्वामी जी को कहना पड़ा कि **"भरत महामहिमा जल राशी। मुनिमति ठाढ़ि तीर अबला सी।"** भरत के व्यक्तित्व की थाह लेना सम्भव नहीं है। पण्डित जी भरत की मूर्ति के ही उपासक हैं। भरत के बहाने ही वह राम की आराधना करते हैं।

डॉ. अनिल शास्त्री ने वृन्दावन धाम में अपना आश्रम बनाया है। इस आश्रम का नाम है–श्री द्वारिकेश्वर आश्रम। यह आश्रम मानस–चर्चा से परिपूर्ण रहता है। अनेक विद्वज्जनों का सत्संग इस आश्रम में होता रहता है।

पण्डित जी का पता है–

डॉ. अनिल शास्त्री, श्री द्वारिकेश्वर आश्रम, ज्ञानबाग, मोतीमील, वृन्दावन (उ.प्र.)

आचार्य श्यामसुन्दर गोस्वामी

आचार्य श्यामसुन्दर गोस्वामी का रहवास वृन्दावन में है। वृन्दावन में ही आचार्य जी का जन्म हुआ है, और वृन्दावन में ही शिक्षा–दीक्षा हुई है। आपके पिता का नाम श्री गोकुल चन्द्र गोस्वामी और माता का नाम श्रीमती शकुन्तला देवी है। श्रीमती राधिका गोस्वामी आपकी धर्मपत्नी हैं। आचार्य जी गुरु महाराज श्रीमद् वल्लभराय जी, वासुदेवानन्द जी हैं। आपका जन्म 1 मई 1980 को हुआ था। आपने आचार्य तक की शिक्षा ग्रहण की है। बाद में संगीत विशारद की उपाधि भी आपने अर्जित की है।

आपने कथा 1995 ई. से प्रारम्भ की है। अब तक 250 से अधिक कथाएँ, विभिन्न स्थानों पर आयोजित हो चुकी हैं। आपकी कथा–कथन परम्परा श्री निर्मल नारायण जी महाराज के आदर्श पर आधारित है। आपके प्रेरणास्रोत श्री निर्मल जी महाराज हैं। पण्डित जी श्रीमद्‌भागवत कथा को भी उतनी ही सहजता से कहते हैं जितनी वह श्री रामचरितमानस पर केन्द्रित कथा को कहते हैं। इन दोनों कथाओं का वह परस्पर आलम्बन भी लेते हैं। पण्डित जी स्वयं पदों–श्लोकों छन्दों का गायन करते हैं। उनकी कथा संगीतमय होती है। श्रोता संगीत–सागर में डूबकर भक्ति के मोतियों की जगमगाहट से निखर उठता है।

पण्डित जी को रामकथा के अन्तर्गत राम–विवाह प्रसंग पर बोलना रुचिकर लगता है। वह राम–विवाह को अपनी संगीत साधना से साकार कर देते हैं। पण्डित जी को लक्ष्मण का चरित्र प्रिय है। लक्ष्मण की सेवा भावना और लक्ष्मण की एकनिष्ठता से वह प्रभावित हैं। वह मानते हैं कि गोस्वामी तुलसी ने जो लिखा है **"रघुवर कीरत विमल पताका। दण्ड समान भएऊ यश साका।"** लक्ष्मण का सम्पूर्ण चरित्र इस अर्द्धाली में व्यक्त हो रहा है। लक्ष्मण रामकथा के महत्त्वपूर्ण पात्र हैं। वह राम जी के साथ वन–यात्रा को सबकुछ छोड़कर उद्यत हो जाते हैं, यह उनकी त्याग–भावना है।

पण्डित जी मानते हैं कि भागवत मरना सिखाती है और मानस जीना सिखाती है। आचार्य जी को 'परम भागवत' उपाधि से विभूषित किया गया है। आचार्य जी के कार्यक्रमों का प्रसारण 'श्रद्धा' और 'साधना' चैनल पर होता रहता है। वह 'भागवतामृत' नाम की एक पत्रिका का प्रकाशन भी करते हैं।

पण्डित जी का पता है–

दावानल कुण्ड, वृन्दावन (उ.प्र.)

आचार्य संजीवकृष्ण ठाकुर जी

आचार्य संजीवकृष्ण ठाकुर जी का जन्म 23 फ़रवरी 1989 को, पैगाँव, छाता मथुरा में हुआ था। उनके पिता का नाम श्री सत्यभान शर्मा और माता का नाम श्रीमती राधा देवी है। आचार्य जी की सहधर्मिणी श्रीमती पूजा शर्मा हैं। आचार्य जी गुरु महाराज कोसीकलाँ निवासी श्री मूलचन्द शास्त्री जी हैं। आचार्य जी का वृन्दावन वास सन् 1996 ई. से है।

आचार्य जी की शिक्षा–दीक्षा वृन्दावन में ही हुई है। वह आचार्य की उपाधि से अलंकृत हैं। उन्होंने 1998 ई. से कथा कहना प्रारम्भ की है। और अब तक उनकी दो सौ से अधिक कथाएँ हो चुकी हैं। आप

अन्तरराष्ट्रीय कथावाचक के रूप में सिंगापुर, मलयेशिया और थाईलैंड में अपनी कथाएँ कर चुके हैं। आपकी कथाओं का प्रसारण 'आस्था' और 'संस्कार' चैनलों से भी होता है।

आप मूलतः श्रीमद्भागवत की कथा करते हैं, किन्तु आप 'रामचरितमानस' में भी निष्णात हैं। 'मानस' पर आपका पूरा अधिकार है। 'मानस' को सरस ढंग से आचार्य जी प्रस्तुत करते हैं। वह कथा में पौराणिक प्रसंगों को भी महत्त्व देते हैं। उनके स्वयं का कण्ठ सुरीला है। इसलिए पद आदि का गायन वह स्वयं करते हैं, यद्यपि उनके साथ उनकी संगीत मण्डली भी चलती है।

पण्डित जी के प्रवचनों पर केन्द्रित 'भगवत चिन्तन', और 'पिया की प्यास' पुस्तकें भी प्रकाशित हैं। ये पुस्तकें व्यास–परम्परा के आचार्यों को उपयोगी हैं। आपके मार्गदर्शन और संरक्षण में 'कृष्ण दर्शन' नाम से एक पत्रिका भी प्रकाशित होती है। आचार्य जी का आश्रम 'राधामाधव धाम' नाम से प्रसिद्ध है।

आचार्य जी को 'भरत' का चरित्र सर्वाधिक प्रभावित करता है। वह भरत चरित्र को मानस की आत्मा जैसा मानते हैं। 'अयोध्याकाण्ड' में भरत के चरित्र को गोस्वामी जी ने जिस तरह विचार और भावना का मिलन स्थल बनाया है, वह अद्‌भुत है।

आचार्य संजीवकृष्ण ठाकुर जी अपने प्रवचनों के लिए सुप्रसिद्ध मानस प्रवक्ता सन्त श्री मोरारी बापू को प्रेरणास्रोत मानते हैं। वह मोरारी बापू के पदचिह्नों पर अपनी प्रवचन यात्रा सम्पन्न कर रहे हैं। एक श्रेष्ठ प्रेरणास्रोत के अनुगामी होने के गौरव से आचार्य जी मण्डित हैं। उनका ध्येय वाक्य है : 'पहले नैतिक मूल्यों का पालन करें, फिर धार्मिक कहलायें'। इस रूप में आचार्य जी समाज में मानस के माध्यम से नैतिक मूल्यों की स्थापना का प्रयास करते हैं, जो आज ज़रूरी भी हैं।

आपका पता है–

'राधामाधव धाम', निकट श्यामकुटी, परिक्रमा मार्ग, वृन्दावन (उ.प्र.)

पं. पूर्णचन्द्र उपाध्याय

पं. पूर्णचन्द्र उपाध्याय का जन्म 19 फ़रवरी 1972 को पेल्खू, छाता (मथुरा) उ.प्र. में हुआ। आपके पिता का नाम पं. मोहन लाल उपाध्याय और माता का नाम श्रीमती रमा देवी है। श्रीमती हेमलता शर्मा आपकी सहधर्मिणी हैं। आपके गुरु का नाम शुकदेव दास जी महाराज है। पं. पूर्णचन्द्र उपाध्याय की कथा–कहन के आदर्श कथावाचक श्री कमलेश जी महाराज हैं।

पं. पूर्णचन्द्र उपाध्याय की शैली तत्त्वार्थ विवेचनी है। वह बौद्धिक और भावुक दृष्टि सम्पन्न कथा व्यास हैं। वह मानस के प्रसंगों में अन्तर्निहित गूढ़ार्थों का अन्वेषण करनेवाले कथा व्यास हैं। आपने अपनी कथा का प्रारम्भ सन् 1982 से किया। अब तक 150 से अधिक कथाएँ कर चुके हैं। आपकी शिक्षा शास्त्री की उपाधि तक हुई है। शिक्षा का केन्द्र वृन्दावन ही रहा है।

आप अपने व्याख्यान के लिए रामचरितमानस को ही आधार बनाते हैं। रामचरितमानस के सभी प्रसंग आपको रुचिकर लगते हैं, किन्तु जो गहन चिन्तन युक्त स्थल अयोध्याकाण्ड में हैं, वह पण्डित जी को प्रिय हैं। मानवीय भावनाओं के उद्वेलन का अच्छा अवसर अयोध्याकाण्ड में मिलता है। साथ ही ज्ञान–वैराग्य और भक्ति का संगम ही जैसे अयोध्याकाण्ड में हुआ है। अयोध्याकाण्ड मानस के अन्तर्द्वन्द्वों की पराकाष्ठा

वाला काण्ड है। इस काण्ड में चरित्रों के मध्य भरत चरित्र एक विभूति जैसा है। पण्डित जी को भरत का चरित्र अतिशय प्रिय है। भरत की रहन, भरत की समझन, और भरत के क्रियाकलाप जिस आदर्श की रचना करते हैं–वह आदर्श दुर्लभ है। भरत तो अपने नाम के अनुसार ही संसार में प्रेम के पोषक हैं। संसार का जो भरण–पोषण करे वह भरत है। इस रूप में प्रेम ही संसार का भरण–पोषण करता है। भरत की भूमिका मानस में विशिष्ट भूमिका है। पण्डित इसी भूमिका पर बलिहारी हैं।

पं. उपाध्याय का व्यक्तित्व सहज–सरल और प्रभावशाली है। वह अपनी कथाओं में वर्तमान की विसंगतियों को उजागर भी करते हैं, और उनका समाधान भी देते हैं।

आपका पता है–

म. नं. 64, सेक्टर 01, कैलाश नगर, वृन्दावन (उ.प्र.)

पं. अशोक शास्त्री

पं. अशोक शास्त्री का जन्म छावर, करौली (राजस्थान) में 8 अप्रैल 1970 को हुआ। उनका वृन्दावन–वास सन् 1985 से है। उनकी सम्पूर्ण शिक्षा–दीक्षा वृन्दावन में ही हुई है। वह शास्त्री हैं। उन्होंने श्री श्री 1008 श्री शुकदेव दास जी महाराज से दीक्षा मन्त्र लिया है। आपके पिता का नाम पं. श्री कन्हैयालाल मिश्र और माता का नाम स्व. श्रीमती राजकुमारी देवी है। आपकी सहधर्मिणी का नाम श्रीमती गोपी शास्त्री है।

आपने अपनी कथा का आरम्भ सन् 1992 से किया। अब तक 250 से ऊपर स्थानों में आप कथा कर चुके हैं। आप संगीत सहित कथा करते हैं। शास्त्रीय रागों में निबद्ध पदों का आप गायन करते हैं। संगीत मण्डली साथ में लेकर चलते हैं। कथा के प्रेरणास्रोत के रूप में आपने श्री राजवंशी द्विवेदी और स्वामी करपात्री जी को स्वीकार किया है, आपकी कथा सरस और तात्विक होती है। प्रायः सरस प्रसंग से आप कथा को लोकप्रिय बनाने में सिद्धहस्त हैं।

आपको भरत–मिलाप प्रसंग पसन्द है। आप इस प्रसंग को डूबकर कहते हैं। भरत–मिलाप में वीर रस, रौद्र रस, करुण रस और भक्ति रस का समावेश है। भरत को आते देखकर लक्ष्मण का क्रोध वीर रस की सृष्टि करता है। लक्ष्मण के **"रदपर फरकत नयन रिसौंहे"** से रौद्र रस का प्रारम्भ होता है। जब वह कहते हैं कि **"जो शत शंकर करें सहाई। हतौं भरत रण राम दुहाई।"** तो रस अपनी उत्कृष्ट अवस्था में पहुँचता है। किन्तु जब राम कहते हैं कि **"भरतहि होहि न राजमद विधि हरिहर पद पायी। कबहुँकि काँजी सीकरन्ह छीर सिन्धु बिनसाई।"** तब शान्त रस का प्रवेश हो जाता है। जब भरत राम से मिलते हैं तब करुण रस मानो सशरीर उपस्थित हो जाता है। **"भरत राम की मिलन लखि बिसरे सबटि अपान।"** एक अद्‌भुत दृश्य कायम हो जाता है। पण्डित जी की शैली सबको बाँधने बाली है।

पण्डित जी को कई सन्तों से प्रशस्ति–पत्र प्राप्त हुए हैं। आपके प्रवचनों के कैसेट्स बने हैं। आप 'भजन भागीरथी' नामक पत्रिका का प्रकाशन करते हैं। आस्था चैनल पर आपकी कुछ कथाओं का लाइव प्रसारण भी हुआ है। आप स्कॉटलैंड और लन्दन में कथा कर चुके हैं। पण्डित जी मानते हैं कि संगीत के लिए शास्त्रीय ज्ञान होना नितान्त ज़रूरी है।

पण्डित जी का पता है–

134, चैतन्य विहार, फेस–1, वृन्दावन (उ.प्र.)

आचार्य मृदुलकान्त शास्त्री

आचार्य मृदुलकान्त शास्त्री के पिताश्री का नाम पं. विष्णुकान्त शास्त्री एवं माता का नाम श्रीमती लक्ष्मी शर्मा है। सहधर्मिणी का नाम श्रीमती नेहा शर्मा है। आपका जन्म वृन्दावन में 27 जनवरी 1978 में हुआ था। आपका निवास वृन्दावन में जन्म से ही है। आपके दीक्षा गुरु श्री श्री जी महाराज हैं।

आपकी शिक्षा वृन्दावन में ही हुई है। आपने एम.ए.,एम.कॉम. तक शिक्षा प्राप्त की है। आपकी पहली कथा सन् 1978 में आयोजित हुई थी। तब से अब तक 300 स्थानों पर कथाएँ सम्पन्न हो चुकी हैं। आप अपनी कथा के लिए रामचरितमानस को ही आधार बनाते हैं। आपके आदर्श स्वामी विवेकानन्द हैं।

रामचरितमानस के मनोहर प्रसंगों में आचार्य जी को केवट संवाद प्रसंग रुचिकर लगता है। इस पर वह भाव विह्वल होकर बोलते हैं। केवट का चरित्र भी गोस्वामी जी ने बड़े मन से सिरजा है। गंगा को पार करने के लिए राम नाव माँगते हैं तो केवट चतुराई से राम जी को मना करता है। पाँव को पखारने का बार–बार अनुरोध करता है। उसका तर्क है कि आपके पाँवों में जो रज है, उसका स्पर्श कर पत्थर भी स्त्रियाँ बन जाती है, फिर मेरी नाव तो लकड़ी की है। यह चली जायेगी तो मेरा रोज़गार बैठ जायेगा। यह हास्य और व्यंग्य का पुट था, जो राम वनगमन के शोकमय वातावरण के बीच एक प्रसन्नता का अवकाश देता है। केवट की सहजता और सरलता में भी पारलौकिक समृद्धि छिपी हुई है। एक पूरी परम्परा केवट के माध्यम से प्रकट होती है। संस्कृति का एक सनातन भाव केवट है जो श्रीराम के चरण पखारकर नाव में बैठाता है और गंगा को पार कराता है। उसने अपने पितरों को भी पार लगा दिया। **"पितर पारकर प्रभुहिं फिर नाव गयेऊ ले पार।"** पण्डित जी इस प्रसंग में निहित मर्म को मार्मिक ढंग से विश्लेषित करते हैं।

अभी तक पण्डित जी को 'बालशुक', 'भागवत चंचरीक' आदि सम्मान प्राप्त हो चुके हैं। पण्डित जी पर एक लघु शोध प्रबन्ध भी रचा गया है। आपके प्रवचन आस्था, संस्कार, सनातन टी.वी. पर प्रसारित होते हैं। आपकी कथाएँ लन्दन, स्कॉटलैंड, ब्राजील आदि जगहों पर हो चुकी हैं। आपका एक भजन संग्रह भी प्रकाशित है।

आपका पता है–

नरोत्तम सदन, पत्थरपुरा, वृन्दावन (उ.प्र.)

पं. महावीर प्रसाद शास्त्री

पं. महावीर प्रसाद शास्त्री का जन्म विश्वामित्र पुरी बेसवाँ में हुआ था। आपके पिता का नाम पं. श्री बाँकेलाल एवं माता का नाम श्रीमती लीला देवी है। आपकी पत्नी का नाम श्रीमती द्रौपदी देवी है। आपके गुरु पं. राधा गोपाल शास्त्री थे। आपका स्वर्गारोहण 3 जनवरी 2007 में हो गया।

आपकी शिक्षा–दीक्षा वाराणसी और अलीगढ़ में हुई थी। आपने एम. ए. साहित्य रत्न की उपाधियाँ अर्जित की थीं। आपने अपनी कथाओं का आरम्भ सन् 1953 से किया था। अपने जीवनकाल में आपने लगभग 1000 कथाएँ की थीं। आपके आदर्श स्वामी करपात्री जी थे।

आप भरत चरित्र पर ख़ूब रस लेकर बोलते थे। आपकी शैली रामकथा की परम्परित शैली थी। विवरण ात्मकता के साथ–साथ आप दृष्टान्तों का सहारा लेकर अपनी कथा को विकसित करते थे। भरत के चरित्र के महनीय पक्षों को प्रस्तुत करनेवाले पण्डित शास्त्री जी भरत के समर्पण को प्रमुख गुण मानते थे। वह बताते थे कि भरत ने अपने आपको राम के भक्त रूप में तो प्रस्तुत किया ही वह अपने को त्याग की कसौटी पर कसते रहे हैं। यह त्याग ही उन्हें महान बनाता है। पण्डित जी उर्मिला को भी एक श्रेष्ठ चरित्र मानते थे। उर्मिला का त्याग मानस के सभी पात्रों पर भारी पड़ जाता है। उर्मिला के चरित्र को केन्द्र मानकर हिन्दी के आधुनिक कवियों में राष्ट्रकवि मैथिलीशरण गुप्त और बालकृष्ण शर्मा नवीन ने महाकाव्य रचे हैं।

शास्त्री जी श्री करपात्री जी से प्रभावित रहे थे। उनकी कथाओं में हज़ारों श्रोता एकत्रित होते थें। वह मानस के बुज़ुर्ग प्रवक्ताओं में से थे। वह अनुभव सम्पन्न और अध्ययनशील व्यक्तित्व थे। रमणरेती (वृन्दावन) में निवास करते थे।

रामकथा व्यास–परम्परा को ऐसे ही विद्वानों ने आगे बढ़ाया है। पण्डित जी का जन्म 1919 ई. में हुआ था। एक लम्बा समय पण्डित जी ने राम की सेवा में गुज़ारा था। उनका जीवन–दर्शन सात्विकता प्रधान था। ऐसे महत्पुरुषों का स्मरण अवश्य किया जाना चाहिए।

पं. अवधेश शास्त्री

पं. अवधेश शास्त्री का जन्म 12 जून 1968 को निवास सिहोरा (म.प्र.) में हुआ था। आप सन् 1988 से वृन्दावन धाम में निवास कर रहे हैं। आपके पिता का नाम श्री द्वारिकाप्रसाद दुबे, माता का नाम जमुनादेवी दुबे तथा सहधर्मिणी का नाम श्रीमती सीमा दुबे है। आपके दीक्षा गुरु स्वामी निश्चलानन्द सरस्वती जी हैं।

आप शास्त्री उपाधि से विभूषित हैं। आपने सन् 1997 से कथा कहना प्रारम्भ किया। अब तक आपकी 60 से ऊपर कथाएँ हो चुकी हैं। आपके कथा–कथन के प्रेरणा स्रोत पं. राजवंशी द्विवेदी जी हैं। आप अपनी कथा के लिए केवल रामचरितमानस का आधार लेते हैं। आप पदों का गायन भी करते हैं। आपकी कथा उत्तर भारत के अनेक क्षेत्रों में लोकप्रिय है। आप अपनी सहज शैली में ही कथा का प्रस्तुतीकरण करते हैं। यह कथा सर्वसंवेद्य होती है। हज़ारों की संख्या में श्रोतागण आपकी कथा–श्रवण हेतु आते हैं।

'रामचरितमानस' के आप सभी प्रसंग रोचक ढंग से प्रस्तुत करते हैं, किन्तु 'राम–भरत–मिलाप' और 'केवट प्रसंग' आपको विशेष प्रिय हैं। ये दोनों प्रसंग मानो मानस के दो भावना छोर हैं। केवट के माध्यम से राम का स्नेह भाव सामान्य जनों के लिए प्रस्तुत हुआ है। श्रीराम का व्यक्तित्व किस तरह से केवट जैसे जनों को अपने बाहुपाश में बाँध लेता है–यह सत्य इस प्रसंग से उजागर होता हैं। वंचित जन पर कृपा करके श्रीराम लोक रक्षक बने हैं। केवट के व्यवहार से लक्ष्मण क्षुब्ध हो उठते हैं जबकि श्रीराम के मन में केवट के प्रति अपरिमित प्रेम है। प्रेम के साकार स्वरूप भरत हैं। प्रेम का त्याग पक्ष जितना भरत चरित्र में प्रबल है उतना अन्य चरित्रों में नहीं हैं। यहाँ का समर्पण अद्वितीय है। भरत और केवट दो अलग–अलग छोर हैं, जिन्होंने राम की कृपा को अपने उत्कट भाव में पाया है। मानसकार गोस्वामी जी ने दोनों चरित्रों को लोक मर्यादाओं से पोषित किया है। पं. अवधेश जी इन चरित्रों में रमकर जब कथा कहते हैं, तब श्रोता वर्ग की भावनाएँ उद्वेलित हो उठती हैं।

पण्डित जी के अभी 25 कैसेट्स उपलब्ध हैं। इन कैसेट्स में उनके द्वारा विभिन्न स्थानों पर किये कथा–प्रसंग हैं।

आपका पता है–

निकट–सोहम् आश्रम, परिक्रमा मार्ग, वृन्दावन (उ.प्र.)

डॉ. श्यामसुन्दर पाराशर

डॉ. श्यामसुन्दर पाराशर का जन्म भितखार (ग्वालियर) में 8 जुलाई 1967 को हुआ। आपके पिता का नाम पं. श्री भगवत लाल पाराशर, माता का नाम श्रीमती विमला देवी और पत्नी का नाम श्रीमती हेमलता पाराशर है। आपके गुरु स्वामी रामहर्षण दास जी महाराज हैं। रामकथा के प्रेरणास्रोत स्व. श्री करपात्री जी महाराज और श्री विशनचन्द्र सेठ हैं।

डॉ. पाराशर जुलाई 1979 से वृन्दावन में निवास कर रहे हैं। उनकी शिक्षा वृन्दावन धाम में ही हुई है। वह शास्त्री एवं एम.ए., पीएच.डी. की उपाधियों से विभूषित हैं। आपकी प्रथम कथा 25 अप्रैल 1979 में हुई। तब से आप देश–विदेश में अभी तक 700 से अधिक कथाएँ कर चुके हैं।

आप मानस पर प्रेरणादायी कथा करते हैं। समाज के सभी वर्गों को सम्बोधित करने की क्षमता आपके भीतर है। विद्वान से विद्वान और सामान्य से सामान्य श्रोता को आप अपने प्रवचन से प्रभावित कर लेते हैं। पण्डित जी में गायन की अच्छी निपुणता है। अतः आपकी कथा का प्रवाह श्रोताओं को भावनाओं में बहाता चलता है। आप भरत–चरित्र पर बोलते हुए भरत के व्यक्तित्व का वह पक्ष अपने प्रवचन में रखते हैं, जिसमें भरत की राम के प्रति अतिशय भक्ति है। भरत ने राम के कारण अपनी माँ को भी त्याग दिया **"तज्यौ विभीषण बन्धु भरत महतारी"।** नाते–नेह के सूत्र जब राम से जोड़ दिये जाते हैं, तब सारे सम्बन्ध किसी काम के नहीं रहते हैं किन्तु जिनके सम्बन्ध राम से होते हैं, वे तो सगे–सम्बन्धी बन जाते हैं। पं. पाराशर उन गिने–चुने कथावाचकों में से हैं, जो मानस की गहन व्याख्या भी करते हैं और उसके सरस प्रसंगों की भी प्रस्तुति करते हैं। वह भाषा के माहिर विद्वान हैं, इसलिए उनकी कथन–शैली विशेष आनन्द से भर देती है। उनका श्रीमद्भागवत पर भी समान अधिकार है।

पं. पाराशर रमेश भागवत दिवाकर आदि सम्मान से अलंकृत हैं। वह 'श्याम प्रेम सन्देश' पत्रिका का प्रकाशन करते हैं। उनके प्रवचन संस्कार, साधना और सनातन टी.वी. चैनल पर प्रसारित होते हैं। हॉलैंड, थाईलैंड और सूरीनाम में कथाएँ सम्पन्न हो चुकी हैं।

आपका पता है–

श्याम प्रेस संस्थान 334, फेस–1, चैतन्य विहार, वृन्दावन (उ.प्र.)

डॉ. मनोज मोहन शास्त्री

डॉ. मनोज मोहन शास्त्री का जन्म वृन्दावन धाम में दि. 30 जुलाई 1967 को हुआ। आपके पिता का नाम पं. आचार्य श्रीनाथ शास्त्री, माता का नाम श्रीमती जानकी देवी है। आपकी पत्नी का नाम श्रीमती प्रिया है।

आपके गुरु हैं श्री गुरुशरणानन्द जी महाराज। आप स्वामी अखण्डानन्द महाराज से प्रभावित होकर कथा में अग्रसर हुए। स्वामी जी ही आपके प्रेरणास्रोत हैं।

शास्त्री जी की शिक्षा वृन्दावन धाम में ही सम्पन्न हुई है। उच्च शिक्षित व्यास हैं। आपने एम.ए, पीएचडी. तक शिक्षा प्राप्त की है। आपकी पहली कथा सन् 1986 में हुई थी। तब से लेकर आज तक चार सौ से ऊपर कथाएँ हो चुकी हैं। आप सतत रूप से कथा–वाचन कर रहे हैं। रामचरितमानस आपका प्रमुख आधार ग्रन्थ है। यद्यपि आप अन्यान्य ग्रन्थों का सहारा भी कथा को रोचक बनाने के लिए लेते हैं।

पण्डित मनोज मोहन संगीतबद्ध कथा करते हैं। अतः कथा में सरसता बनी रहती है। आप चिन्तनशील वक्ता हैं इसलिए कथा–प्रसंगों के अन्तःसूत्रों को जोड़ने के लिए समान गुण–धर्म वाले कथा–प्रसंगों की भी चर्चा कर लेते हैं। एक तरह से व्यास–शैली के समस्त गुण पण्डित जी में हैं।

आपको अपनी कथा के समस्त प्रसंगों में केवट प्रसंग सर्वाधिक प्रिय है। ये संवाद 'राम राज' की केन्द्रीय संसूचना हैं। यद्यपि उस समय तक राम राजा नहीं थे। किन्तु यह झलक इस प्रसंग में प्राप्त होने लगी थी कि राजपुत्रों का सामान्य जनों के तोष हेतु क्या व्यवहार होना चाहिए। राम ने केवट को अपने व्यवहार से अपना बना लिया। गोस्वामी जी को अपनी काव्य–कला प्रदर्शित करने का यह प्रसंग अच्छा अवसर देता है। लक्ष्मण का क्षणिक क्रोध 'वीररस' को जगाता है। केवट की सहज अभिव्यक्तियाँ हास्य–व्यंग्य के अवसर निर्मित करती हैं। वहीं राम की करुणा अपना प्रभाव छोड़ती है। गंगा की प्रसन्नता, सीता माता की दया आदि का अवसरानुकूल प्रदर्शन काव्य–कला की गरिमा के अनुकूल है।

पण्डित जी को उर्मिला का चरित्र प्रभावित करता है। यद्यपि मानस में उर्मिला के चरित्र को अधिक विस्तार नहीं मिल पाया है, किन्तु उर्मिला का त्याग है तो सराहनीय और वन्दनीय भी। पण्डित जी उर्मिला के चरित्र को आधुनिक दृष्टि देते हुए व्याख्यायित करते हैं।

पण्डित जी को 'बालव्यास' की उपाधि प्राप्त है। उनके कार्यक्रम आस्था और संस्कार चैनल से प्रसारित होते हैं। उनकी कथाएँ लन्दन और न्यूयॉर्क में भी हो चुकी हैं।

आपका पता है–

गाँधी मार्ग, वृन्दावन (उ.प्र.)

उत्तर-पूर्व क्षेत्र की व्यास-परम्परा

डॉ. रमेशचन्द्र खरे

लोक रंजन और लोक मंगल के लिए रामकथा की वाचिक परम्परा का एक लम्बा इतिहास है। रामकथा के आदि वक्ता और आदर्श श्रोता तो भगवान शिव–पार्वती ही कहे गये हैं। 'मानस' में भी गोस्वामी तुलसीदास ने कहा है–

रचि महेशनिज मानस राखा
पाह सुसमय सिवासन भाख।।

इसमें अन्यत्र भी यथा–कथन है–

बहुरि कृपा कहि उमहिं सुनावा। (30/3)

और–

जेहि विधिसंकर कहा बखानी। (33/1)

वही प्रसाद उन्होंने अधिकारी सुपात्र राम भक्त कागभुशुण्डि जी को भी दिया है।

इस तरह 'मानस' में रामचरित रूपी मानसरोवर के चार घाट निरूपित किये गये हैं–

वक्ता–श्रोता		**संवाद स्थान**
1. श्री शिव–पार्वती संवाद	–	'परम रम्य गिरिवर कैलास'
2. श्री कागभुशुण्डि–गरुड़जी	–	'उत्तर दिसि सुन्दरगिरि नीला'
3. श्री याज्ञवल्क्य–भरद्वाज	–	'भरद्वाज मुनि बसहिं प्रयागा'
4. श्री गोस्वामी तुलसी–सज्जन	–	'सव विधिपुरी मनोहर जानी'

'मानव पीयूष' के नवम संस्करण, भाग–1 में उन घाटों को चार नामों से अभिहित किया गया है। पहला है 'ज्ञान घाट', दूसरा 'उपासना (भक्ति) घाट', तीसरा है 'कर्म घाट' और चौथा 'विनय घाट'। तीसरे और चौथे घाट के बीच में भी एक व्यास–परम्परा की कड़ी मानी जा सकती है और वह है गोस्वामी जी के सद्गुरु नरहर्यानन्द जी और तुलसी के बीच।

पुनि निजगुरु सन सुनी कथा सो सूकर खेत।

नरहर्यानन्द जी को प्राप्त कथा का स्रोत अज्ञात है। आचार्य राममूर्ति त्रिपाठी के अनुसार इस रामकथा परम्परा के आदिवक्ता श्री शिवजी ही हैं जिसकी प्रतिष्ठा की पृष्ठभूमि में शैव–वैष्णव समन्वय की भावना कहीं–न–कहीं निहित है। (तुलसीमानस भारती 8/998–6)

लेकिन इसके पूर्व हम रामकथा प्रसाद के कुछ आदि स्रोतों पर भी विद्वानों के विचारों से अवगत हो लें। फादर कामिल बुल्के ने अपने शोधप्रबन्ध 'रामकथा का विकास' में वाल्मीकि के 'आदि रामायण' के विकास को समझने के लिए उसके प्रचार की रीति को ध्यान में रखने को 'परमावश्यक' माना है। उसके कालखण्ड (सर्ग 4) तथा उत्तरकाण्ड में लिखा है कि वाल्मीकि ने अपने शिष्यों को रामायणी सिखलाकर उसे राजाओं, ऋषियों तथा साधारण को सुनाने का आदेश दिया–

कृतज्ञ रामायणं काव्यं गायता परया मुदा ।। 4।।
ऋषिवाहेषु पुष्येषु ब्राह्मणवसयेषु च
रहयासु राजमार्गेषुपार्थिवानां गृहेषु च ।। 5।।

(उत्तरकाण्ड 93)

इससे ज्ञात होता है कि रामायण मौखिक रूप से प्रचालित थी। कुश–लव (वाल्मीकि के शिष्य) सारे देश में उसे गाकर सुनाते थे। (पृ. 35) और इस प्रकार अपनी जीविका चलाते थे। वे काव्योपजीवी थे। रामायणी उनको कण्ठस्थ थी। रामायण का कोई ग्रन्थ प्रचलित नहीं था। और प्राचीन फलश्रुति, श्रवण फलश्रुति ही है।

'श्रुत्वा रामायणंमिदं दीर्घमायुश्च विन्दति' बाद में रामायण के पढ़ने तथा लिखने का उल्लेख भी मिलता है। कुश–लव रामायण को गाते–गाते अपने श्रोताओं की रुचि का भी ध्यान रखते होंगे। जिन गायकों में काव्य कौशल था, वे लोकप्रिय अंशों को बढ़ाते थे और इस तरह 'आदिरामायण' का कलेवर बढ़ने लगा।

(रामकथा, पृ. 109–110)

पुस्तक के अन्तिम 21 वें अध्याय में उपसंहार 'रामकथा की व्यापकता' के विषय में उल्लेख है–

"जिस दिन वाल्मीकि ने इस प्राचीन गाथा साहित्य को एक ही कथा–सूत्र में ग्रंथित कर 'आदि रामायण ा' की सृष्टि की थी, उसी दिन से रामकथा की दिग्विजय प्रारम्भ हुई। इस प्रकार उसकी लोकप्रियता दिनो दिन बढ़ती जा रही थी।" (पृ. 576)

वाल्मीकि कृत 'आदिरामायण' शताब्दियों तक वाचिक परम्परा से विकसित होती रही। उसका कोई प्रामाणिक लिखित रूप नहीं मिलता। (पृ. 590)

वैदिक साहित्य में भी रामकथा के पात्रों का उल्लेख तो मिलता है पर श्रृंखलाबद्ध परम्परा नहीं मिलती। उपनिषदों को वाल्मीकि से पूर्व का माना जाय तो रामकथा का सर्वप्रथम निबन्धन हमें तापनीय उपनिषद् में मिलता है। किन्तु वह भी स्पष्ट रूप में ही है। इस प्रकार रामकथा की गंगोत्री वाल्मीकि रामायण को ही मानना होगा। रामकथा की लोकप्रियता और व्यापकता सम्पूर्ण भारत के साथ तिब्बत–चीन–मध्यपूर्व से लेकर मलाया और इंडोनेशिया तक व्याप्त है। डॉ. सर जार्ज ग्रियर्सन ने रामचरितमानस की भारत में निखिल व्याप्ति को देखकर अचम्भित होकर लिखा है "केवल उत्तर भारत में जितना प्रचार तुलसी के मानस का है उतना यूरोप में बाइबिल का भी नहीं है। किसी ज़माने में तुलसी के बाद 'राधेश्याम रामायणी' का भी बहुत प्रचार था। उसकी संगीतात्मक प्रस्तुति लोक रंजक थी। तुलसी स्वयं भी 'मानस' का जगह–जगह व्यासपीठ से पारायण करते थे।''

उन्होंने पहले ही कह दिया था–

रामकथा सुन्दर करतारी, संशय विहग उड़ावन हारी।

यथा–श्रद्धा और भक्ति के दानों को चुगने के लिए आये सन्देह या अविश्वास के पक्षियों को उड़ाने के लिए रामकथा ताली ध्वनि के समान है। इसीलिए उसकी सांकेतिकता के पीछे आचार्य रामचन्द्र शुक्ल ने भी अपनी कृति 'तुलसीदास' में प्रारम्भ में ही कहा है– "घोर नैराश्य के समय हिन्दू जाति ने जिस भक्ति का आश्रय लिया उसी की शक्ति से उसकी रक्षा हुई। भक्ति कवियों के सच्चे उद्‌गार ने ही हमारी भाषा को प्रौढ़ता प्रदान की थी और मानव जीवन में सरसता आयी। दया से आर्द्र होता है, बुराई पर ग्लानि करता है, शिष्टता का अवलम्बन करता है और मानव जीवन के महत्त्व का अनुभव करता है।" (पृ. 4)

रामकथा, केवल कथा नहीं संकट में मुक्ति का एक भावात्मक अस्त्र, एक इच्छाशक्ति जागरण का प्रेरणास्रोत है जिसे समय–समय पर कथा–वाचनों की व्यास–परम्परा ने प्रकारान्तर से जन–जन तक प्रवाहित किया है।

जागबलिक जो कथा सुहाई, भरद्वाज मुनिवरहिं सुनाई।
कहहिं सोइ संवाद बखानी, सुनहु सकल सज्जन सुखमानी।

वाल्मीकि रामायण के बाद 'योगवाशिष्ठ रामायण से लेकर घट रामायण' तक 29 रामकथा कृतियाँ मिलती हैं। अन्य धर्मों तक में भी रामकथा ग्रन्थ रचे गये। जैसे–बौद्धों ने 'दशरथ जातक', जैसे कथात्मक ग्रन्थ रचे, जैनों में तीसरी शताब्दी में विमलसूरि ने प्राकृत में 'पउम चरित', लिखकर रामकथा को अपने साँचे में ढाला। संस्कृत साहित्य में तो कालिदास के रघुवंश से लेकर जयदेव के 'प्रसन्न राघव' तक की परम्परा है। दक्षिण में भी तमिल में 'रंगनाथ रामायण', मलयालम में 'इरामरामायण' गुजराती में 'गिरधरदास रामायण', बांग्ला में 'कृतिवास रामायण, उड़िया में 'सारलादास रामायण', मराठी में 'भावार्थ रामायण', असमिया में 'माधव कंदली रामायण', नेपाली में 'भानुकृत रामायण', पंजाबी में 'गोविन्द रामायण, भोजपुरी मैथली में 'रामचरित', राजस्थानी में माधवदास कृत 'अध्यात्म रामायण', 'कश्मीरी रामायण–उर्दू में 'रामायण खुश्तर' की लम्बी परम्परा है जो जगह–जगह रामकथा की व्यापकता की परिचायक है।

हिन्दी साहित्य के इतिहास के हर काव्य में रामकथा प्रभूत में उपलब्ध है। वीरगाथा काल में पृथ्वीराज रासो में कविवर चन्दबरदाई ने दशन्तरार के अन्तर्गत 56 छन्दों में रामचरित विवरण दिया है। दूसरे भक्तिकाल में सर्वोपरि सन्त तुलसीदास के समकालीन आचार्य केशवदास (रामचन्द्रिका), नाभादास (भक्तमाल), स्वामी अग्रदास (रामध्यान मंजरी), प्राणीचन्द चौहान (रामायणी महानाटक), हृदयराम (हनुमन्नाटक), सेनापति (रामरसायन), मीराबाई (श्रीरामपरक पदावली), माधवदास (अध्यात्म रामायणमाल) आदि ने लोक में रामरसरंजन किया। किन्तु इसकी पूर्व भूमिका में निर्गुण ज्ञानाश्रयी धारा में सन्त नामदेव, कबीर, रैदास, मलूकदास, धरमदास, ईश्वरदास, माधवदास, अग्रदास आदि का रामरस प्रवाह भी महत्त्वपूर्ण है। तीसरे रीतिकाल में श्रृंगारिकता से परे जिन कवियों ने भक्तिमय सांस्कृतिक मूल्यों को नहीं बिसारा उनमें कुछ प्रमुख हैं–गुरुगोविन्द सिंह (गोविन्द रामायण), सुखदेव

(दशरथ–राम), सहजराम (रघुवंश दीपक), पद्माकर (प्रबोध पचासा), बिहारी (रामरसायन), विश्वनाथ सिंह (आनन्द रामायण), नवल सिंह कायस्थ (रूपक रामायण), रीवा नरेश शिव सिंह (आनन्द रघुनन्दन)।

आधुनिक काल तो कविवर अयोध्या सिंह उपाध्याय 'हरिऔध', मैथिलीशरण गुप्त, सूर्यकान्त त्रिपाठी 'निराला', डॉ. बलदेव प्रसाद मिश्र, बालकृष्ण शर्मा 'नवीन', पं. रामकिंकर उपाध्याय आदि मूर्धन्य कवियों की राम–कृतियों से समुज्ज्वल है। मध्य आधुनिक काल में डॉ. रामकुमार वर्मा (उत्तरायण) और नरेश मेहता (संशय की एक रात), रामवृक्ष बेनीपुरी (सीता की माँ) के साथ आचार्य चतुरसेन शास्त्री (वयम् रक्षामः) और नरेन्द्र कोहली के रामकथा उपन्यासों (दीक्षा, अवसर, संघर्ष की ओर, युद्ध) आदि। गद्य भूमिका पर भी रामकथा के किरदारों को जन मानस में जीवन्त बनाया है। साक्षर लोक में लेखक और पाठक के बीच तो रामसेतु रहा पर निरक्षरों के साथ साक्षरों में भी बुद्धिसम्मत रामकथा व्याख्या हेतु व्यास प्रवचन परम्परा चल पड़ी।

श्री विश्वनाथ त्रिपाठी ने अयोध्या से ही प्रारम्भ माना और काशी में रचित मानस का तदनन्तर प्रचार केन्द्र वाराणसी को मानते हुए काशी में मानस व्यास–परम्परा पर विस्तृत लेख लिखा है। गोस्वामी तुलसीदास जी ने नाना पुराण निगमागम सम्मत 'रामचरितमानस' तो अपने गुरु से बार–बार रामकथा सुनकर रच दिया–

तदपि कही गुरु बारहिबारा, समुझि परी कछु मति अनुसारा
और कल्प भेदहरि चरित सुहाए, भाँति अनेक मुनी सन गाये।

पर उसमें बीच–बीच में कई क्षेपक भी जुड़ गये। लोक भाषा अवधी में वह लोकप्रिय होकर प्रसारित हुई। तुलसीदास जी के जीवन काल में कथा–वाचक व्यास समुदाय द्वारा इसके माध्यम से जनजीवन का सांस्कृतिक परिष्कार किया जाने लगा पर इन क्षेपकों के कारण वह मूल उद्देश्य गौण होता गया। तब मिर्जापुर निवासी मानस प्रवक्ता प्रसिद्ध रामायणी पं. रामगुलाम द्विवेदी द्वारा बीसवीं शताब्दी के प्रारम्भ में प्राचीन प्रति का संशोधन कर इसके शुद्ध पाठ पर ध्यान दिया गया। उनकी शिष्य परम्परा में प्रसिद्ध रामायणी हुए पं. चौथीराम, छक्कन लाल और वन्दन पाठक गोस्वामी जी से प्रारम्भ हुई कड़ी तक श्रृंखला इस प्रकार है–

प्रथम तुलसी कहवो मानस गुरु सों लही
जिन दीन्हों बूँद रामदास को जनाय के
ताते ली रामदीन ज्योतिषी बटवाने भले
जन्म भर गयी सब सुख सर लाय के।
तातें लकत भाव भरि।
तातें मानदास अति सुख पाय कै।
पण्डित गुलाम राम तासों ली चौथराम
ताकों शिष्य कहै द्विज वन्दन बनाय कै।

काशी नरेश महाराज श्री ईश्वरी नारायण सिंह का उत्साह और श्रद्धा, रामायणी के शुद्ध पाठों तथा टीकाओं के लिए कृतज्ञ है। उस स्वर्ण युग में सिद्ध पीठ काशी (वाराणसी) मानस–प्रचार की राजधानी थी।

महाराज के दरबारियों में मानस के एक से एक विद्वान थे। इनमें नवरत्नों में भी देवतीर्थ काष्ठ जिह्वा स्वामी संस्कृत के मूर्धन्य विद्वान एवं मानस के अद्वितीय प्रवक्ता थे। 'मानस परिचर्चा' आपका प्रसिद्ध ग्रन्थ है जिसे स्वयं महाराज ने मानस परिचर्चा परिशिष्ट लिखकर और उनके फुफेरे भाई श्री सीतारामीय हरिहर प्रसाद जी द्वारा 'मानस परिचर्चा परिशिष्ट प्रकाश' लिखकर पूर्णता दी गयी। काशी नरेश के दूसरे नवरत्न थे लाल छक्कनलाल मिर्जापुरवासी जो पं. रामगुलाम द्विवेदी के शिष्य थे। छक्कनलाल जी के विद्वान शिष्य पं. रामकुमार मिश्र ने रामकथा व्याख्या कर व्यास–परम्परा को चमत्कारिक बनाया। उनके अनुसार "रामायण का अर्थ रामायणी से ही किया जा सकता है।, किष्किन्धा काण्ड पर आपकी टीका 'मानस तत्त्व प्रकाश' उल्लेखनीय है। उनके सुपुत्र पं. विजयानन्दन त्रिपाठी भी अच्छे प्रवाचक थे। उनकी 'मानस व्याकरण', 'शत पंच चौपाई', सम्पादित 'विजया' टीका प्रसिद्ध है।

रामायण का शुद्ध और क्षेपक रहित पाठ उपलब्ध करानेवालों में कथा–वाचक होते हुए भी श्री भागवत दास खत्री का महत्त्वपूर्ण संस्करण आज भी सर्वमान्य है। सर जॉर्ज ग्रियर्सन के मानस प्रकाशन से क्षेपकों की बहुलता का क्रमशः अन्त हो गया। उस ज़माने में रामकथा व्यास टिप्पणी पर महाराज द्वारा चार–पाँच सौ रुपये का पुरस्कार मिलता था। तब काशीराज ने सचित्र प्रति एक लाख साठ हज़ार रुपये में तैयार कराई थी। इसके हेतु सभी हिन्दू–मुस्लिम का सौहार्द सहयोग था। काशी में संकट मोचन के प्रांगण में तुलसी मन्दिर के महन्त के सान्निध्य में निरन्तर आयोजित सार्वभौम रामायणी सम्मेलन, चैत्र शुक्ल पूर्णिमा के दिन आज भी रामायण प्रेमी कथा–वाचकों के सम्मेलन के रूप में मनाया जाता है। इसने कई नये रामायण–व्यासों को आगे बढ़ाया। इसी सम्मेलन की देन है श्रीबिन्दु जी की व्यासपीठ। काशी के श्री राधागोविन्द मन्दिर चौक में गोस्वामी दामोदर लाल जी महाराज की अध्यक्षता में इनका प्रथम मानस प्रवचन स्मरणीय है। वे हफ्तों एक पंक्ति की व्याख्या करते थे। बीच–बीच में विनयपत्रिका, गीतावली आदि का प्रसंगात गायन लालित्यपूर्ण होता था। यहीं के अन्य प्रसिद्ध कथा–वाचक थे। श्री भूषण जी महाराज, श्री देवी प्रसाद जी, श्री चन्द्रिका व्यास, प्यारेलाल जी और पं. काशीनाथ जी व्यास। चौपाइयों का सरस पाठ और उनके गूढ़ प्रसंगों का सरल स्पष्टीकरण उनकी विशिष्टता थी। समकालीन कथा–वाचक 'बच्चू सूर रामायणी' की भी लोकप्रियता काफ़ी थी। कथा में ये श्रोताओं का शंका–समाधान भी करते थे। रामकथा में सर्वश्री मुकुन्दा साबजी देवी भगत और गौरीशंकर सेठ की प्रासंगिकता भी सर्वस्मरणीय है। 'साबजी' के शिष्य श्री भीम चंडी, श्री श्यामाचरण व्यास रामकथाक्रम में मुसलमान हरिजनों के शेरों तथा सूफ़ी कवियों के ईश्वरीय प्रेम गीतों का भी यथास्थान प्रयोग करते थे। आज की व्यास–परम्परा में महत्त्वपूर्ण नाम है श्री नारायणकान्त चतुर्वेदी का जिन्होंने पुरानी पीढ़ी के वरिष्ठ मानस वक्ताओं के कथनों का संकलन किया है। 'परशुराम संवाद' उसका उत्कृष्ट विवेचन है। श्री शिवशंकर जी पाठक, कविवर 'भज' जी तथा श्री जगदीश जी व्यास की प्रसिद्धि कथा व्यास से है। व्यास–शृंखला की लम्बी कड़ियों में जो नाम महत्त्वपूर्ण हैं वे हैं मानस राजहंस पं. विजयानन्द त्रिपाठी, उनके शिष्य श्री श्रीनाथ जी मिश्रा, श्री बाँकेराम मिश्र, श्री हरिहर पाण्डेय, श्री सन्ता छोटे जी, श्री रामनारायण जी एवं श्री देवकीनन्दन जी। इनको कैसे भूला जा सकता है, इनकी भक्ति भावपूर्ण पदावली के लालित्य एवं रसासिक्त मधुर स्वर लहरी में श्रोतावृन्द डूब जाते हैं।

पं. विजयानन्द जी के सुपुत्र पं. नित्यानन्द जी ने सम्मेलनों में न जाकर भी विशिष्ट संस्थाओं में अपने प्रवचनों से विद्वत्तापूर्ण पहचान बनायी है।

गोस्वामी जी के मान्य ग्रन्थाधार से हटकर आधुनिक युग के सम्मत व्याख्याकारों में नवयुवक कथा–वाचकों की समन्वित शैली के उल्लेखनीय नाम हैं रामनगर के श्री रामजी, श्री शंभुनाथ जी, सान्ताराम जी, बालव्यास श्री विद्याभास्कर त्रिपाठी व श्री विजयशंकर जी, श्री कृष्ण कुमार जी, श्री विजय लक्ष्मी जी, श्री राधाकान्त ओझा तथा श्री कृपाराम जी। इस व्यास–परम्परा के अग्रगण्य शिरोमणि पं. रामकिंकर जी उपाध्याय तो थे ही जिन्होंने न केवल सम्पूर्ण भारत में वरन् हिन्दी भाषाओं के बीच विदेशों तक में अपनी अभिनव शैली में हृदय और बुद्धि के तत्त्व के सम्यक् सन्तुलन से रामकथा कहन की कीर्ति पताका फहराई है। उपर्युक्त व्यास–परम्परा का केन्द्र–स्थल मुख्यतः काशी ही है। मानस चतुश्शती पर प्रकाशित स्मारिका में पं. विश्वनाथ त्रिपाठी के लेख में उपर्युक्त नामावली का उल्लेख है।

अयोध्या के रामकथा व्यास : समकालीन परिदृश्य

डॉ. अम्बिका प्रसाद पाण्डेय

अयोध्या ही रामकथा का केन्द्र है, अयोध्या ही वह सौभाग्यशाली नगरी है, जहाँ भगवान श्रीराम ने इक्ष्वाकु वंश में जन्म लिया। अयोध्या ने श्रीराम के अनेक जीवन प्रसंगों को अपने नेत्रों से निहारा था। यहाँ की पावन सरयू नदी में श्रीराम के पावन स्पर्श की अभी भी स्फूर्ति जागती है–अभी भी वह श्रीराम की स्मृति से हिल्लोलित है। यहाँ के राजपथ, यहाँ की गलियाँ, यहाँ की बीथिकाएँ, यहाँ के बाग–बगीचे, यहाँ के कुंज सब में श्रीराम के स्मृति बिम्ब समाये हैं। यहीं के गुप्तार घाट ने अश्रु विगलित नेत्रों से राम का लीला संवरण देखा था।

अयोध्या ऐतिहासिक नगरी है। यहाँ बौद्ध और जैन धर्म ने भी अपनी छाप छोड़ी। यहाँ गोस्वामी तुलसीदास ने रामचरितमानस का लेखन प्रारम्भ किया था। **"नवमी भौमवार मधुमासा अवधपुरी यह चरित प्रकाश।।"** उस रामचरितमानस के लेखन की यहाँ से शुरुआत हुई, जिसने रामकथा व्यास–परम्परा का सूत्रपात किया। 'रामचरितमानस' पर प्रवचन करने वालों की एक विशाल शृंखला का यहाँ से उदय हुआ। अयोध्या रामकथा के व्यासों का एक श्रेष्ठ केन्द्र बन गया। ऐसा इसलिए हुआ कि यहाँ वह सब कुछ सुलभ था जो रामकथा को मुखरित करने में अपना आधार दे सकता था। रामकथा के रसिक श्री हनुमत लाल यहाँ थे। रामकथा में रमे–बसे सन्तों के आश्रम यहाँ थे। देश–विदेश से तीर्थयात्री यहाँ लगातार आते रहे– वे श्रोता बनकर रामकथा के सरस जल का प्रवाह लेकर विश्व के कोने–कोने में गये।

अयोध्या से ये तीर्थयात्री रामचरितमानस, हनुमान चालीसा जैसी पुस्तकें क्रय करके अपने–अपने घरों और गाँवों को ले गये। सन्तों द्वारा लिखे गये रचे–गये अनेक ग्रन्थ अयोध्या से देश के कोने–कोने में इस तरह से पहुँचने लगे। यहाँ के कतिपय आश्रमों से पत्र–पत्रिकाएँ प्रकाशित होती रही हैं। तीर्थयात्री उनके ग्राहक बनते रहे और ये पत्र–पत्रिकाएँ सुदूर इलाकों तक पहुँचती रहीं।

इस तरह सत्साहित्य और श्रीराम साहित्य के प्रचार–प्रसार ने एक नयी जागृति ला दी। इस रूप में देश के कोने–कोने में मानस व्यासों को अपने प्रवचनों के लिए सामग्री सुलभ होने लगी। अयोध्या ने न जाने कितने रामकथा–व्यास बनाये। अयोध्या में देश–विदेश से आकर न जाने कितने वाग्मीजन व्यास बनकर प्रतिष्ठित हुए।

अयोध्या में जो पहली संगीतबद्ध रामकथा अयोध्या के राजदरबार में हुई थी, वह तो लवकुश ने ही सुनायी थी। वाल्मीकि रामायण के लेखन से ही इस तरह की कथा का प्रवाह चल पड़ा होगा। एक और

परम्परा थी रामकथा की और वह परम्परा थी–लोक की परम्परा! उस परम्परा में प्राकृत, अपभ्रंश और लोक बोलियों में रची गयी रामकथा आती है। यह परम्परा लोक हृदय में हिल्लोलित हो रही थी। यह रामकथा लोक में गायी जानेवाली कथा थी। तुलसी ने इन बोलियों में गायी जानेवाली रामकथा को भी सुना था। रामकथा कहने की भले ही उस समय कोई व्यास–परम्परा विकसित न हुई हो, किन्तु किसी–न–किसी तरह से कही–सुनी जानेवाली कथा से ही बाद की व्यास–परम्परा का स्वरूप निर्धारित हुआ होगा। संस्कृत में पहले ऐसी कथा का सूत्रपात किया गया होगा। बाद में यह परम्परा परवर्ती भाषा और बोलियों में आयी होगी। विशेष रूप से रामचरितमानस की रचना के बाद में इस तरह की परम्परा का सिलसिला बढ़ चला होगा। रामचरितमानस की जो मौखिक व्याख्या की जा रही होगी वह बोलियों से प्रभावित होगी–ऐसे व्याख्याकार ही व्यास–परम्परा के आधार बने होंगे। थोड़ा–बहुत शब्दों का जानकार और कथा में दखल रखनेवाला व्यक्ति ही इस तरह की व्याख्याएँ छोटे–छोटे श्रोता समुदायों को सुनाता होगा। बाद में रामचरितमानस का अर्थ भी अर्थकारों ने किया। इस अर्थ की भाषा भी लोकबोलियों से प्रभावित थी। मानस की प्रामाणिक व्याख्याओं के बाद मानस के अनेक विस्तारित भाष्य भी हुए। अयोध्या में इस सबकी सुलभता थी। वैसे तो सभी तीर्थ क्षेत्रों में ऐसे ग्रन्थों की उपलब्धता थी, किन्तु तीर्थ क्षेत्र के देवताओं से सम्बन्धित साहित्य तीर्थ विशेष में मिलता है और वहाँ से वैंसे साहित्य तीर्थ यात्री ले भी जाते हैं। भाष्य आदि हो जाने पर प्रवचनों के लिए सामग्री की प्रचुरता हो गयी और प्रवचनकारों की संख्या में वृद्धि होने लगी।

अयोध्या में देश के कोने–कोने से प्रवचनकार आये। उन्हें उचित वातावरण मिला। वे अयोध्या में राम के रंग में रंग गये। इस रूप में एक बहुत बड़ा समुदाय व्यास–परम्परा में समवेत हुआ। इस समुदाय में साधु–सन्त तो थे ही, उच्च शिक्षा प्राप्त विद्वान भी सम्मिलित हो गये। इस रूप में अयोध्या की व्यास–परम्परा एक तरह से पूरे देश की व्यास–परम्परा का ही प्रतिबिम्ब है।

अयोध्या के वर्तमान परिवेश में शताधिक रामकथा व्यास सक्रिय हैं। ये विभिन्न बोली क्षेत्रों से भी आये हैं, तो अवध के भी अधिकांश व्यास इनमें सम्मिलित हैं। इन व्यासों में रामकथा की अपनी शैलियाँ हैं। लेकिन एक बात सबमें केन्द्रीभूत यह है कि इन सबके प्रवचनों में राम की कथा है और इसका आधार है–'रामचरितमानस'। महाकवि जायसी याद आ रहे हैं–''**यावत् पंछी जगत के आ बैठे अमराँव। अपनी–अपनी भाषा लेंय दई कर नाँव।**'' ये अयोध्या रूपी अमराई में बैठे व्यास अपनी–अपनी रंगतों में राम रंग की उजासभरी वाणी लेकर आये हैं।

इन व्यासों में कुछ तात्त्विक विश्लेषण प्रधान शैली में प्रवचन करते हैं, कुछ सरस संगीत की लहरियों पर कथा की लय छेड़ते हैं। कुछ दोनो पक्षों को साधते हैं। कुछ लोकगीतों की लयों की बन्दिशों का सहयोग लेते हैं, तो कुछ सुगम संगीत में पद और भजन गाते हैं– कुछ शास्त्रीय संगीत को आधार बनाते हैं। कुछ मानस तत्त्व के विवेचन में विभिन्न शास्त्रों और पुराणों के पुष्टिपरक प्रसंग देते हैं। कुछ भक्ति की पयस्विनी में डुबाते भक्ति की सहज अनुभूतियों के हृदयहारी प्रसंग प्रस्तुत करते हैं। एक मिलीजुली सिंफनी मानस की रागदारी की जैसे यहाँ गूँजती रहती है।

इस व्यास समूह में सभी वयवाले व्यास सम्मिलित हैं। कहने के लिए ये व्यास अयोध्या में रहते ज़रूर हैं, किन्तु इनका भ्रमण देश–विदेश में निरन्तर होता रहता है। इन्हें एक स्थान से नहीं बाँधा जा सकता

है। इनके प्रवचन पुस्तकों में भी प्रकाशित होते हैं। इनमें से अधिकांश के टी.वी. के चैनल्स पर भी कार्यक्रम प्रसारित होते हैं। कुछ के आश्रम भी हैं और उनके आश्रम में सत्संग चलते रहते हैं। मानस से सम्बन्धित पत्र–पत्रिकाओं का प्रकाशन भी इन आश्रमों से होता रहता है। यहाँ कुछ व्यासों के नाम और पते अंकित किये जा रहे हैं।

त्रिभुवन दास, करुणानिधान भवन; रामेश्वर शरण, युगल किशोर कुंज, नयाघाट; राघवेन्द्रदास, राघवेन्द्र निवास, वासुदेवघाट; हरिहरदास, विद्याकुंड चौराहा; अशोक दास निर्मोही बाज़ार; सियारामशरण, हनुमत भवन, गोलाघाट; सुश्री सुशीला पाण्डेय, कनीगंज; अयोध्यादास, श्री मनीराम की छावनी; सुश्री ऋचारामायणी, स्वामी देवेशाचार्य, गिरीशचन्द्र, पवनकुमार शास्त्री, झुनकीघाट; रामजीवनदास निराला स्वर्गद्वार; राममिलनदास, रामायणी, रामकोट; रामानन्द दास, रामघाट; रामजी शास्त्री, लवकुश नगर; आनन्द बिहारीदास, रामघाट; नन्दकिशोर त्रिपाठी, गोलाघाट; व्यासदास रामायणी, विद्याकुंड चौराहा; विश्वनाथ दास शास्त्री, दर्शन भवन रामघाट; कन्हैयालाल शास्त्री, सनकादिक आश्रम; महादेव शास्त्री, शीशमहल, रामकोट; रामकृष्ण दास, रामसेवकपुरम; राममंगलदास मानस भूषण अंजनी गुफा, रामकोट; रामावतारदास, मानस अगस्त दशरथ महल, रामकोट; नरेन्द्र शुक्ल मानसभवन, रामघाट; अजय कुमार पाण्डेय, लवकुश नगर; रवीन्द्रनाथ, शास्त्री नगर; तुलसीदास, नावघाट; डॉ. महेशदास, हनुमानगढ़ी मन्दिर; राजहंसदास, शास्त्री नगर; विजय किशोर शाही, कनीगंज; देव मुरारीबापू, रामघाट; प्रेमशंकर महामण्डलेश्वर, विद्याकुंड; स्वामी वासुदेवाचार्य कौशलेश सदन, कटरा, सुश्री शान्ति मिश्रा उर्फ शान्ति पाण्डेय, छोटी देवकाली; लवकुशदास पाण्डेय, हनुमान गढ़ी; सुश्री सुधा सोनी, नया घाट; रामजीवनदास, स्वर्गद्वार; विश्वनाथ दास शास्त्री, दर्शन भवन, रामघाट; रामनयन मिश्र, हनुमानकुण्ड; दामोदरदास, मणिपर्वत; शिवानन्द बापू, वासुदेव घाट; रामलखनदास, व्यासदास रामायणी; आचार्य मनमोहनदास, श्रीरामकथाकुंज रामघाट; आचार्य मनमोहन मिश्र; रामघाट चौराहा; आचार्य रवीन्द्रनाथ मिश्र, सोनादेवी मार्ग, रामघाट; राघवशरण, वैदेही भवन, जानकी घाट; विष्णुदेव पाण्डेय, दशरथ महल, रामकोट; मणिराम दास, रामहर्षणकुंज; भगवत शरण, भगवतकृपालु आश्रम; वासुदेव घाट।

प्रयागराज और रामकथा व्यास

रामकथा के वे स्थल जैसे केन्द्रीय स्थल हैं, जिनको श्रीराम ने उपस्थिति से पवित्र किया है। अयोध्या तो उनकी जन्म भूमि और लीला भूमि है ही। वे चौदह वर्ष के वनवास काल में जहाँ–जहाँ रहे हैं, उनमें प्रयागराज और चित्रकूट भी हैं। प्रयागराज में भरद्वाज ऋषि बसहिं प्रयागा उनके आश्रम में कथावार्ता सत्संग सदैव चला करता था।

वैसे तो प्रयागराज युगों–युगों से विद्या का केन्द्र रहा है। त्रिवेणी संगम में भले ही कभी सरस्वती भौतिक रूप में मिलती हो किन्तु यहाँ सरस्वती सदैव वाक् रूप में समुपस्थित रही है। भरद्वाज ऋषि का आश्रम इस रूप में भी सरस्वती की प्रतिष्ठा का आश्रम था।

संगम पर अनेक विद्वानों के सत्संग–सत्र चलते रहे हैं, और अभी भी चलते रहते हैं। प्रयाग में आयोजित महा कुम्भों के अवसर पर अनेक प्रवचनकारों को सुनने और दर्शन करने का लाखों जनों को अवसर सुलभ

होता है। इस अवसर पर अनेक मूर्धन्य प्रवचनकारों का आगमन प्रयागराज में होता है। श्रोता अपनी रुचि के अनुसार प्रवचन सुनते हैं।

प्रयाग का विश्वविद्यालय विद्वानों का केन्द्र रहा है। इस विश्वविद्यालय से अनेक छात्र आई.ए.एस. अधिकारी मात्र अधिकारी नहीं होते हैं, परम्परा के अनुसार वे संस्कृति के ज्ञाता, कथाओं के जानकार और अपनी अभिव्यक्ति में सक्षम अधिकारी होते थे। इनमें से अनेक मानस के प्रकाण्ड विद्वान भी मिलते हैं।

प्रयागराज में अनेक विद्वानों ने अपना निवास–स्थान बनाया है। हिन्दी साहित्य के अनेक नक्षत्र यहाँ अपना आलोक बिखेरते रहे हैं। हिन्दी की प्रसिद्ध कवयित्री महादेवी वर्मा, कवि सुमित्रानन्दन पन्त, सूर्यकान्त त्रिपाठी निराला, धर्मवीर भारती जैसे मूर्धन्य साहित्यकारों से यह धरा धन्य होती रही है। इनमें तुलसी और तुलसी के रामचरितमानस के प्रति अगाध आदर भाव था। निराला ने तो तुलसीदास शीर्षक से लम्बी कविता लिखी है। हरिवंशराय बच्चन से यह क्षेत्र तुलसी के स्मरण में डूबा हुआ क्षेत्र रहा है।

प्रयागराज से अनेक साहित्यिक, धार्मिक पत्र–पत्रिकाओं में भी तुलसीदास जी और मानस पर समय–समय पर लेख–शोध–निबन्ध प्रकाशित होते रहते हैं। हिन्दुस्तानी एकेडेमी की पत्रिका 'हिन्दुस्तानी' ने रामचरितमानस पर अनेक लेख प्रकाशित किये हैं। इस तरह के प्रकाशनों से गोस्वामी तुलसीदास के कृतित्व पर नये चिन्तनपरक गवाक्ष खुलते हैं, इन सभी उपक्रमों से व्यास–परम्परा भी प्रभावित होती है। व्यासगण भी इन रचनाओं को पढ़ते हैं और उनसे अधीत होते हैं।

प्रयागराज में विद्वान वक्ताओं की संख्या बहुत है। सभी दूर–दूर तक रामकथा कहने जाते रहते हैं–कुछ के अपने आश्रम हैं, कुछ यायावरी करते रहते हैं। कुछ व्यासगण का परिचय मैं इस रूप में दे रहा हूँ कि वे सभी परम्परा को अपनी प्रवचनशैली से समृद्ध करने में संलग्न हैं।

जगद्गुरु स्वामी श्री धराचार्य जी महाराज

आपके पिता का नाम श्रीयुत श्री निवासाचार्य विद्वान है। आपके पिता विशेष विद्वान की श्रेणी में हैं। उन्हीं की छत्रछाया में आपका बचपन बीता। यही कारण है कि महाराज जी के मन में बचपन से ही अध्यात्म, धर्म और संस्कृति के प्रति अभिरुचि जाग्रत हो गयी। आप बचपन से ही प्रतिभाशाली थे। आपकी स्मृति अच्छी है, इसलिए आपको अनेक प्रसंग कण्ठस्थ हैं।

आपको संगीत में विशेष रुचि है। आप स्वयं गायक हैं। आपकी कथा का आधार ग्रन्थ 'रामचरितमानस' है। आप रामचरितमानस के छन्दों को गाकर सुनाते हैं। तुलसीदास के अन्य ग्रन्थों से भी छन्द सुनाते हैं। आपका गायन श्रोताओं को भाव–विभोर करने में सक्षम है। आपके पिता ही आपके गुरु तुल्य रहे हैं। इसलिए कथा के प्रेरणास्रोत के रूप में वे ही सर्वप्रथम गणनीय ठहरते हैं। आपकी कथा–शैली भावमय है। प्रसंग को ऐसा प्रस्तुत करते हैं आप कि सीधे वह श्रोता के हृदय के तार झनझना देता है। मानस के ऐसे कतिपय प्रसंग हैं, जो भावुक हृदयों को उद्वेलित करने में सक्षम हैं। उनमें से एक प्रसंग है–केवट संवाद।

स्वामी जी को केवट संवाद बहुत प्रिय प्रसंग है। प्रयागराज के पास ही वह प्रसंग घटित हुआ था। अतः वह अपनी पुलक इसमें स्पष्ट करते रहते हैं। केवट की चतुराई और केवट की भक्ति का अद्भुत

समावेश इस प्रसंग में है। गोस्वामी जी द्वारा सामान्य से सामान्य जन को प्राप्त होती भगवान राम की कृपा का दिगदर्शन इस प्रसंग में हुआ है, वह विशेष रूप से ध्यान आकर्षित करता है। स्वामी जी इस प्रसंग को भाव विभोर होकर सुनाते हैं। वह राम की अनयनी कृपा के मुरीद हैं। भगवान राम इस तरह से अपने जन पर कृपा कर के अपने दीन प्रतिपालक व्रत को तो व्यक्त करते ही हैं। अपनी उदारता का परिचय देते हुए वह लखन लाल जी और माता सीता की धारणा को भी समाप्त करते हैं, जो उनके मन में है। मानो राम जी ये सन्देश देना चाहते हैं कि आगे अब ऐसे ही जन मिलेंगे, उन्हें हृदय की ओर से ही देखना होगा। स्वामी जी की प्रवचन शैली सम्प्रेषणीय है। स्वामी जी को 40 वर्ष कथा करते हुए हो गये हैं।

आपका पता है–

वैकुण्ठधाम आश्रम, अलोनी बाग, प्रयागराज (उ.प्र.)

पं. रामकिशोर मिश्र शास्त्री

पं. शास्त्री के पिता का नाम स्व. रामसजीवनन मिश्र था। आपका जन्म 3 अगस्त 1956 को हुआ। आपका वर्तमान में निवास श्री नृसिंह मन्दिर, दारागंज, प्रयागराज में है। आप आचार्य और बी.एड. की उपाधि से विभूषित हैं। आपके गुरु स्वामी रघुनाथाचार्य हैं।

आपको कथा करने की प्रेरणा आश्रम के सन्तों से प्राप्त हुई है। आप बचपन से ही आश्रम में रहे हैं, और साधु–सन्तों, विद्वानों का सत्संग आपको बचपन में मिल गया था। आपके मन में कथा के बीज उसी समय पड़ गये थे जो शिक्षा–दीक्षा के प्रभाव से आगे पल्लवित, पुष्पित और फलवान हुए।

आप अपनी कथा में कथा तत्त्व का विवेचन करते हैं। कथा की मार्मिकता को इस रूप में विश्लेषित करते हैं कि वह कथा के तत्त्व को समझने में सुगम हो सके। कथा में आप संगीत का सहारा भी लेते हैं। यह संगीत कथा को सुग्राह्य और सरस बनाने वाला होता है। आप स्वयं गाते हैं। संगीत की निपुण ाता आपको लोकप्रिय कथाकार की तरह प्रतिष्ठित करती है। आपकी कथा भावमय होती है। भावना के प्रवाह में आप अपने श्रोताओं को बहा ले जाने में सक्षम हैं। आप वाल्मीकि रामायण पर भी व्याख्यान करते हैं। इस रूप में रामचरितमानस और वाल्मीकि रामायण को मिलाकर आप राम के चरित्र की चर्चा अपने प्रवचन में करते हैं।

प्रयागराज में रहकर आप लगभग 25 वर्षों से कथा कहते आ रहे हैं। आप देश के विभिन्न अंचलों में भी कथा करने के लिए जाते रहते हैं।

आपका पता है–

श्री नृसिंह मन्दिर, दारागंज, प्रयागराज (उ.प्र.)

स्वामी श्रीहरानन्द

आपके पिता का नाम श्री सूर्यप्रकाश शुक्ल है। आप आचार्य की उपाधि से अलंकृत हैं। आपने अपना अध्ययन करते हुए रामकथा पर विशेष ध्यान केन्द्रित किया था। आपको बचपन से ही कुछ ऐसे पारिवारिक

संस्कार प्राप्त हुए थे कि आप भगवत भक्ति की ओर आकर्षित हो गये। मन में आपने यह भी ठान लिया था कि **"सन्त हरिभजन जगत सब सपना"** हरि भजन ही सत्य है, लेकिन हरि भजन अकेले–अकेले ही नहीं सबको साथ लेकर, इस धारणा ने ही आपको कथा कहने की ओर प्रेरित किया। फिर आपको श्रीस्वामी रघुनाथाचार्य जैसे गुरु मिल गये जिन्होंने आपके भीतर सुप्त कथा के बीजों को अंकुरित करने में अपनी महती प्रेरणा प्रदान की।

आप संगीतमय रामकथा करते हैं। आप स्वयं गायक हैं। गायन की प्रवीणता ने आपकी कथा को लोकप्रिय बनाया है। गायन में आप लोक संगीत को भी महत्त्व देते हैं। पदों–भजनों के अलावा लोकगीतों की लयों का भी प्रयोग करते हैं। आपकी कथा–शैली भाव प्रधान है। यही कारण है कि आप मानस के उन प्रसंगों पर अधिक केन्द्रित होते हैं, जिनमें भावोत्कर्ष के अवसर अधिक रहते हैं। आपको परशुराम–लक्ष्मण संवाद सर्वाधिक प्रिय प्रसंग है।

रामचरितमानस में परशुराम–लक्ष्मण संवाद अनेक भावों के उतार–चढ़ावों का कथास्थल है। परशुराम का क्रोध और लक्ष्मण का क्रोध टकराता है–बादलों जैसी गर्जना करता उमड़ता–घुमड़ता है तो राम की प्रिय और शीतल वाणी जैसे जल की बूँदों के समान बरसाती है फिर परशुराम का समर्पण शक्ति का भक्ति में बदलने का अद्भुत उदाहरण है। गोस्वामी जी ने जो इस प्रसंग में संवाद–योजना की है वह बेहद प्रभावशाली है। स्वामी जी संवादों की नाटकीयता को बेहद आकर्षक ढंग से प्रस्तुत करते हैं।

स्वामी जी लगभग 30 वर्ष से रामकथा को प्रस्तुत कर रहे हैं। आप दूर–दूर तक कथा कहने हेतु आमन्त्रित होते रहते हैं।

आपका पता है–

दुर्गा शक्तिपीठ, भानुपुर, हंडिया, प्रयागराज (उ.प्र.)

अयोध्या के पं. राजन महाराज जी

डॉ. प्रेमचन्द्र स्वर्णकार

मेरी डिस्पेंसरी के पास ही 'मानस भवन' में रामकथा चल रही थी। कुछ बोल कानों में पड़ते लगता कि बोलों में सम्मोहन है। मैं सुनने के लिए लालायित था कि मानस भवन पहुँचूँ। इसी उधेड़बुन में लगा था, तभी हटा से फ़ोन आ गया कि कथा सुनने मैं पहुँचूँ और कथा व्यास से एक साक्षात्कार भी ले लूँ। प्रस्ताव मुझे रुचिकर और अच्छा लगा। मैं वैसे तो लिखता–पढ़ता रहता हूँ किन्तु किसी कथा व्यास से बात करने का यह पहला अवसर था। मैंने उनसे जब जन्म, शिक्षा–दीक्षा आदि के विषय में जानना चाहा तो उन्होंने बताया कि वे राजन महाराज के नाम से जाने जाते हैं, उनका जन्म दक्षिण कोलकाता में 10 जनवरी 1985 को हुआ है। उनके दीक्षा गुरु जगद्गुरु रामानन्दाचार्य स्वामी रामभद्राचार्य जी हैं। रामकथा के प्रेरणास्रोत श्री प्रेमभूषण जी महाराज हैं।

श्री प्रेमभूषण जी महाराज कुशल कथावाचक हैं। वह अपनी कथा संगीतबद्ध करते हैं। उनके साथ उनकी गायन मण्डली रहती है। महाराज जी स्वयं बहुत अच्छा गाते हैं। श्री प्रेमभूषण महाराज की कथा–शैली रोचक है। वह रामचरितमानस को ही आधार बनाते हैं। उनकी कथा निरूपण की क्षमता अद्वितीय है। वह प्रसंग को सरल तो बनाते हैं किन्तु प्रसंग की व्याख्या मनोयोग से करते हैं। शान्त स्वभाव और मनोहर व्यक्तित्व वाले कथावाचक प्रेमभूषण जी महाराज यथानाम तथा गुण के अनुकूल आचरण करनेवाले हैं। वह देश–विदेश में अनेक कथाएँ कर चुके हैं।

पं. राजन जी महाराज इन्हीं विशेषताओं के कारण प्रेमभूषण महाराज को अपना आदर्श और प्रेरणास्रोत मानते हैं। पण्डित जी अब तक 125 स्थानों पर कथाएँ कर चुके हैं। अपनी कथा के लिए आप केवल गोस्वामी जी की कृति रामचरितमानस को आधार बनाते हैं। वह अन्य कथाकारों में पूज्य विजयकौशल जी महाराज, पूज्य मुरलीधर जी महाराज की कथा को पसन्द करते हैं। श्री विजयकौशल जी महाराज के द्वारा कथा कहना कथा के रस में डूबकर वक्ता फिर श्रोताओं पर जैसे भक्तिरस की बौछार करता है, कुछ ऐसा ही अनुभव पं. विजयकौशल जी की कथा–कथन शैली का है।

पं. श्री मुरलीधर महाराज जी की कथा संगीत के साथ तात्विक विवेचन वाली होती है। पण्डित जी दृष्टान्तों को प्रस्तुत करके कथा को सम्प्रेषणीय बनाते हैं। आपकी अनेक कथाएँ हो चुकी हैं।

पं. राजन जी महाराज इन व्यासों की परम्परा को जीवित रखे हैं। वह अपने व्यक्तित्व को भी अपनी कथा का आधार बनाये हुए हैं। मैं जब उनसे मिला तब वह बहुत ही सहजता और शालीनता से मिले। मुझे उनके व्यक्तित्व में तनिक भी अहंकार का अनुभव नहीं हुआ।

बातचीत में पं. राजन जी ने बताया कि उनको भरत और केवट का चरित्र सर्वाधिक प्रभावित करनेवाला है। उन्होंने बताया कि आज जब परिवारों का विघटन हो रहा है, भाई–भाई में अनबन है, तब भरत का स्मरण करना ज़रूरी है। भरत हमारी संस्कृति के प्रतीक हैं। भरत ने राजा बनने से अच्छा राम का सेवक बनना समझा। वे जैसे अपने व्यक्तित्व से एकदम खाली से हो गये थे। एक तरह से ये व्यक्तित्व की सर्वव्यापकता थी। वे खड़ाऊँ में राम के दर्शन कर रहे थे। **''माँगु माँगु आयसु करत''** जो खड़ाऊँ आदेश करती थी, वही भरत करते थे। यह भरत की व्यापकता का अनुभव है। वह बताते हैं कि भरत की कथा कहने पर व्यास स्वयं गहन भावना में डूब जाता है। जब व्यास डूबता है तभी वह श्रोताओं को डुबा पाता है। भरत का चरित्र तो रामकथा के सम्पूर्ण व्यक्तित्व में मेरुदण्ड जैसा है।

केवट अपनी भक्ति के लिए स्मरण करने योग्य चरित्र है। केवल ये चतुराई नहीं है कि वह राम के चरण पखारना चाहता है, बल्कि वह केवट की ऐसी प्रेम–भावना है जो लोकाचरण से उपजी है। जो प्रभु के उन गुणों पर विमोहित नहीं है, जो आराध्य के विशेष होते हैं, बल्कि वह तो उस चमत्कार पर अडिग है जिसमें शिला स्त्री बन गयी। लोक विश्वास भी भक्ति के स्रोत होते हैं। केवट से राम जिस तरह मिलते हैं, वह प्रसंग मानस में अभिजात और अकिंचन के मिलन का प्रसंग है। किन्तु यह राम के सामान्य बने रहने का भी सन्देश देता है। राम जब ऐसे जनों जैसे केवट है, के स्तर पर आते हैं तब राम बनते हैं।

पं. राजन जी ने अपनी शैली के विषय में बताया है कि मेरी शैली तो कथा को संगीतबद्ध रूप से प्रस्तुत करना है। मुझे जो परम्परा से मिला है उसमें मैं अपना भी कुछ जोड़ता चलता हूँ, मैं तो बस कथा कहने मंच पर बैठ जाता हूँ और कथा प्रवाह चल पड़ता है। पण्डित जी मानते हैं कि कथा सहज, सरल और सुग्राह्य होनी चाहिए। कथा के श्रोता तो अनेक स्तरों के रहते हैं–सबकी अपनी–अपनी चाहत कथा के प्रति होती है–कथा में सबको कुछ–न–कुछ मिलना चाहिए। मैं अपनी कथा इसी के अनुरूप करता हूँ।

पं. राजन जी की कथा एवं भजनों का प्रसारण आस्था चैनल पर हुआ है। यूट्यूब पर पण्डित जी की कथा के अंशों को देखा–सुना जा सकता है। आपके गुरुदेव पं. प्रेमभूषण जी महाराज की कथाओं का प्रसारण भी अनेक चैनल्स पर होता रहता है। जब उनसे जानना चाहा कि आगे आपकी क्या योजनाएँ हैं तो उन्होंने कहा, ''जहाँ ले चलोगे वहीं मैं चलूँगा। जहाँ नाथ रख दोगे वहीं मैं रहूँगा।'' यह पण्डित जी का प्रभु के प्रति समर्पण भाव है।

मुझे अगले दिन पण्डित जी का प्रवचन सुनने का अवसर मिला। वह सहज भाव से कथा कह रहे थे। बीच–बीच में संगीत की मधुर सुरलहरियाँ दर्शकों को नाचने पर मजबूर कर रही थीं। पण्डित जी जो गीत गा रहे थे उनका शास्त्रीय संगीत निबद्ध रूप भी था, और फ़िल्मी धुनों पर भी वह कुछ गीत प्रस्तुत कर रहे थे। उनकी कथा–विवेचन क्षमता अच्छी है। वह श्रोताओं को बाँधने की क्षमता रखते हैं। विशेष रूप से वह प्रसंग के भीतर भी प्रसंग ले चलते हैं–इस रूप में वह प्रसंग की घटनाओं का विस्तार करते हैं। पण्डित जी की भाषा रसमय है। वह विनम्र वक्ता हैं इसलिए वह व्यास–परम्परा के अपने गुरुजनों को श्रद्ध ा के साथ स्मरण करते हैं। आपकी कथाएँ देश के कोने–कोने में होती रहती हैं। पण्डित जी भगवत्कृपा से अभी और आगे जायेंगे और राम का काम इस तरह आगे बढ़ाते रहेंगे।

स्वामी प्रभंजनानन्द शरण जी

स्वामी प्रभंजनानन्द जी महाराज के पिता का नाम श्री किशोरीनन्द जी महाराज है। आपका जन्म अयोध्या में 1 सितम्बर 1976 में हुआ। आपकी शिक्षा वाराणसी में हुई। आपकी शिक्षा आचार्य तक हुई है।

आपने पहली कथा अयोध्या में की थी तब से अब तक आप देश–विदेश में चार सौ से ऊपर कथाएँ कर चुके हैं। आप अपनी कथा में संगीत का सहारा लेते हैं। अपने साथ संगीत मण्डली भी रखते हैं और स्वयं गायन करते हैं। आप रामचरितमानस में भरत चरित्र से प्रभावित हैं। वह भरत को सत्य, न्याय, करुण भक्ति से आपूरित मानते हैं। आज भरत जैसे भाई की ज़रूरत है। परिवारों के टूटने को भरत जैसे भाई के आदर्शों के माध्यम से बचाया जा सकता है। भरत का रहन–सहन और भरत के क्रियाकलाप दिव्य है। वे संसार की विभूति हैं, ऐसा गोस्वामी जी ने भरत के चरित्र को निरूपित किया हैं। स्वामी जी सम्पूर्ण संसार में यही सन्देश वितरित कर रहे हैं कि रामचरितमानस परिवार और समाज की समरसता का सन्देश देनेवाला ग्रन्थ है। इसे सुनने और पढ़ने से लोक और परलोक दोनों सुधरते हैं। कलियुग में रामकथा कामधेनु है यह सब कुछ देने में समर्थ है। वह मानस के सभी चरित्रों को आदर्श भावना से देखते हैं। जो जिस कर्म में निरत है, वह जैसे उसी में डूब गया है। मानस में सत् और असत् का द्वन्द्व है किन्तु सत् की विजय सदा सर्वत्र है।

आचार्य जी ने भारत के अलावा न्यूजर्सी, थाईलैंड, कनाडा आदि में कथाएँ की हैं। आपकी कथा आस्था, श्रद्धा और सनातन चैनल्स पर प्रसारित होती रहती है। आप बिहार के राज्यपाल से सम्मानित हैं। आप एक पत्रिका 'अवध सन्देश' का प्रकाशन भी करते हैं।

आपका अयोध्या में सियाराम आश्रम है। आप अपने आश्रम में कम ही रह पाते हैं। अधिकतर समय भ्रमण में ही व्यतीत होता है। आपकी कथा भावमय होती है। आप श्रोताओं को कथा–तत्त्व में रुचि लेने के लिए दृष्टान्तों का भी सहारा लेते हैं। आपको अन्य आर्ष ग्रन्थों से भी सामग्री संयोजन करने में कुशलता हासिल है, इसलिए आप अपने प्रवचनों में अनेक ग्रन्थों के उदाहरण देते चलते हैं।

आपका पता है–

सियाराम क़िला, अयोध्या (उ.प्र.)

गुजरात क्षेत्र की व्यास-परम्परा

डॉ. सरोज गुप्ता

भारतीय संस्कृति अत्यन्त समृद्धशाली एवं गौरवपूर्ण है। ऋषि–मुनियों की तपस्या, त्याग तथा तपोबल का प्रभाव है कि सम्पूर्ण विश्व के हृदयपटल पर हमारी संस्कृति आज भी तीव्रगति के साथ प्रखर रूप से निखर रही है। यहाँ त्याग और तपस्या है, प्रचण्ड शक्ति के रूप में तपोबल विद्यमान है। प्राचीन, सनातन, आर्य, वैदिक मृत्युंजय संस्कृति इसी तपोबल–ब्रह्मतेज व क्षात्रबल के कारण आज भी अजेय संस्कृति के रूप में स्थापित है।

देश में मुस्लिम शासकों तथा आततायियों की अतियों से भारतीय जनजीवन में जब धर्म का प्रवाह अवरुद्ध होने लगा तब सामान्य जनता के हृदय में अतीत गौरव, राष्ट्रप्रेम व उत्साह जगाने के लिए सन्तों, कथावाचकों ने श्रीराम का आश्रय लिया। हज़ारों वर्षों के इतिहास की उथल–पुथल एवं राजनीतिक जय–पराजय में भी हिन्दुओं ने कभी हार नहीं मानी वरन् अपने वैचारिक चिन्तनपरक दृष्टिकोण, सनातन जीवनदर्शन, दिव्य दृष्टि, तेजस्विता और प्रखरता द्वारा श्रीराम के आदर्श चरित्र को जीवन में उतारने को ऊर्जस्वित होते रहे।

श्रीराम की कथा का आदिस्रोत वाल्मीकि रामायण है। नारद जी के कथनानुसार ऋषि ने अपने अन्तःचक्षुओं से श्रीराम के जिस रूप का अनुभव किया उसे रामायण में वर्णित कर आध्यात्मिक एवं दार्शनिक विचारों की अनगिनत चिन्तन धाराओं को जन–जन तक प्रवाहमान किया। रामायण के साथ गोस्वामी तुलसीदास जी की रामचरितमानस भी विश्व परिदृश्य में भारत के जीवन–मूल्य, जीवन–दृष्टि, समान जीवन उद्देश्य तथा मूल्य आधारित वैचारिक परम्परा को अग्रसर करने के लिए सन्तों ने श्रीराम की लोकोत्तर महत्ता को, उनके आचरण को तथा अमृतस्रोतस्विनी वाणी को स्तुत्य बनाया है। अन्धकार में पड़ी मानव जाति को, दुखशोक–सन्तप्त जनजीवन को, दुष्टजनों से त्रस्त हिन्दू जाति को, उनमें सत्संस्कारों की कभी न बुझने वाली अमोघ दिव्य ज्योति जागृति करने का जो कार्य सन्तों ने किया वह वरेण्य है। इन्होंने समाज में जाति–पाँति की ज़ंजीरों को तोड़कर समरसता का पाठ पढ़ाया है। आस्तिकता, सरसता और लोकहित द्वारा जन–जन का मार्ग प्रशस्त किया। ऐसे सन्तों के लिए गोस्वामी तुलसीदास जी ने सही कहा है कि–

संसारामय भेषजं सुखकरं श्रीजानकी जीवनं।
धन्यास्ते कृतिनः पिवन्ति सततं श्री रामनामामृतं।।

वे कुशल व श्रेष्ठ पुरुष धन्य हैं जो रामनामामृत का निरन्तर पान करते हैं और कराते हैं। राम नाम संसार रूपी व्याधि का निराकरण करनेवाला एकमात्र भेषज है। वास्तव में रामकथा मानवीयता, त्याग एवं कर्तव्यपरायणता का एक ऐसा आदर्श है जिसकी व्यावहारिक शिक्षा बच्चे–बच्चे तथा हर प्राणी को मिलनी चाहिए। क्योंकि श्रीराम की कथा भारतीय साहित्य एवं संस्कृति की प्रेरणा का अक्षय स्रोत है और श्रीराम भारत व विश्व के कोने–कोने में विराजमान हैं।

गुजरात में 14 वीं शती के उत्तरार्द्ध से वर्तमान समय तक रामकथा की परम्परा अबाध रूप से उपलब्ध होती रही है। गुजरात में रामकथा की साहित्यिक परम्परा के साथ वाचिक परम्परा भी रही जो जनसाधारण से लेकर अरावली की कन्दराओं में सदियों से आदिवासी समाज के बीच प्रचलित है। श्री प्रह्लाद दीवान के अनुसार रामकथा के रचनाकारों में सर्वप्रथम राजाराम के पुत्र आशायित भक्त कवि नरसी मेहता के पूर्व से प्रसिद्ध रहे हैं। गुजरात के सन्तों में श्री नरसी मेहता का आविर्भाव सन् 1371 में हुआ। आपके 'रामलीलाना पदों' से महात्मा गाँधी अत्यन्त प्रभावित हुए। आपका भजन **"वैष्णव जन तो तेने कहिए जे पीर पराई जाने रे"** गाँधी जी का प्रिय भजन बन गया। 15 वीं शती के भालण, उद्धव, विष्णुदास, सन्त श्री भीम, सन्त मलूकादास, सन्त अखा, सन्त मेकण, भक्त गिरधर, स्वामी सहजानन्द, स्वामी मुक्तानन्द, स्वामी दयानन्द, समरसता की गंगा बहानेवाली गंगाबाई, और पानबाई ने भी अपना योगदान दिया। (साक्षी), डॉ. योगेन्द्र प्रताप सिंह, डॉ. त्रिभुवन राय, प्रस्तावना) 15वीं शती से श्रीराम पर केन्द्रित जैन कवियों की रचनाएँ मिलती हैं। इसके पश्चात् तो रामकाव्य की पूरी परम्परा ही चल पड़ी। आधुनिक काल के व्यास–परम्परा प्रवचनकारों में अहमदाबाद के निकट सोला में भागवत विद्यापीठ के संस्थापक श्रीकृष्ण, भागवत् विद्यापीठ के संस्थापक श्री कृष्णशंकर शास्त्री, बड़ौदा के व्यास–परम्परा के प्रतिनिधि श्री रामचन्द्र केशव डोंगरे महाराज, रोहा के श्री पाण्डुरंग बैजनाथ आठवले, महुआ के श्री मुरारी बापू जी, खेड़ा ज़िला से दन्ताली आश्रम के स्वामी श्री सच्चिदानन्द जी महाराज, सन्त मुरलीधर महाराज, सन्त शिरोमणि किरीट जी, भक्त सन्त श्री रमेश भाई ओझा, साध्वी कनकेश्वरी जी व साध्वी ऋचा मिश्रा उल्लेखनीय हैं। भागवत मार्तण्ड श्री कृष्णशंकर शास्त्री जी के प्रवचनों का संकलन 'रामायण नवनीत' के रूप में (सन् 1962) में प्रकाशित है। आप रावण के दस सिरों को दस इन्द्रियों की वासनाओं के संकेत रूप बताते हैं।

श्री रामचन्द्र केशव डोंगरे महाराज

रामकथा के गहन अध्येता और व्यासपीठ प्रवचनकार श्री रामचन्द्र केशव डोंगरे महाराज की रामायण–गिरधर रामायण है जिसमें उन्होंने रामकथा पर मौलिक निष्पत्तियाँ दी हैं। आप मूलतः भक्त सन्त हैं। आपके प्रवचनों का संकलन 'तत्त्वार्थ रामायण' के रूप में किया जाता है। आपके अनुसार भक्ति द्वारा हृदय और मन दोनों को शुद्धता प्राप्त होती है। इससे आत्मज्ञान स्वतः प्रकट होता है। डोंगरे महाराज मानते हैं कि स्वतः स्फुरित ज्ञान स्थिर रहता है। यह अन्तःस्फुरित ज्ञान ही पहुँचे हुए सन्तों का अन्तःप्रज्ञात्मक ज्ञान होता है जिसके माध्यम से मूल सत्य का साक्षात्कार सम्भव होता है। दार्शनिक इसी को सहजानुभूति कहते हैं।

(साक्षी, डॉ. योगेन्द्र प्रताप सिंह, डॉ. त्रिभुवन राय–लेख–डोंगरे महाराज के राम, पृ. 215–16) सन्त की वाणी में सत्य का सौन्दर्य और सद्भाव के दर्शन होते हैं। इसी क्रम में श्रीमगनलाल हरिभाई व्यासजी गुजरात के बसो नामक ग्राम के निवासी थे। आपका जन्म ब्राह्मण परिवार में हुआ। आप प्रवचन देते हुए कहते थे–जैसा अन्न वैसी बुद्धि। जैसा संग वैसी बुद्धि। सत्संग को महत्त्व देते हुए संवत् 2005 में श्री मगन भाई स्वर्ग सिधारे। (कल्याण, पृ. 615) सन्त श्री मोतीलाल जी महाराज जी गुजरात के खेड़ा वाले ब्राह्मण परिवार में संवत् 1941 में जन्मे थे। श्री हरिकिशन जी झबेरी लिखते हैं कि महाराज प्रवचन सुनाते हुए कहा करते थे कि इस विश्व में जो विषय सुख का भान होता है वह वास्तव में सुख ही नहीं है। अपितु लहर की तरह सुख का केवल आभास मात्र है। विषय रूपी हवा के कारण जो लहरें उठती हैं उन्हीं के कारण सच्चे चन्द्र सुख का सम्यक् दर्शन नहीं हो पाता। इस विषय रूपी पवन को रोकने के लिए अतृष्णारूपी ईंट, सन्तोष रूपी सीमेंट से बनी दृढ़ अभ्यास रूपी दीवार की ज़रूरत है। सद्गुरु के उपदेशामृत के आधार–नींव पर दीवार बनाओ, इष्ट के भजन रूपी चूने को पीस कर रखो, अनीर्षा और अमोह का पानी छिड़क कर ज़मीन को तय करो और उस पर काम रहित मसाले और मत्सर रहित प्लास्टर दीवार के ऊपर लगाते जाओ। इस प्रकार अच्छी चहारदीवारी त्यागवृत्ति और सुख–दुःख के प्रति समत्व रखकर बनाओ। इस दीवार के बन जाने के बाद विषय रूपी पवन प्रवेश नहीं कर सकेगा और सरोवर का पानी हिलना बन्द होकर वह स्थिर हो जायेगा। तब तुम सच्चे सुख चन्द्रमा को सम्यक् प्रकार से देख सकोगे। (कल्याण, पृ. 616) इस प्रकार से व्यक्ति को सन्मार्ग पर चलने की शिक्षा इन सन्तपुरुषों द्वारा दी जाती रही। डॉ. गोवर्धन शर्मा जी कहते हैं कि कुशल वक्ता अपने श्रोता समुदाय की अपेक्षा और चाहत को ध्यान में रखकर अपनी बात प्रस्तुत करते हैं ताकि हर श्रोता को अपनापन लगे। दूसरी ओर प्रवचनकार अपनी बात की प्रामाणिकता के लिए अनेक उदाहरण प्राचीन ग्रन्थों, इतिहास, लोककथाओं, गाथाओं से एवं अपने अनुभवपरक रोचक प्रसंग सुनाते हैं। इस प्रकार श्रोता समाज में नयी चेतना एवं जागृति आती है। वातावरण परिष्कृत होता है। रामकथा निमित्त मात्र है इसके बहाने आदर्श जीवन, सामाजिकता, जीवन की सार्थकता, धर्म–अधर्म की बातें बताते जाते हैं। सन्तों के अनुभव श्रोताओं को अपने जीवन पर घटित घटना जैसे प्रतीत होते हैं।

श्री मोरारी बापू जी

श्रीराम की दिव्य कथा को मोरारी बापू जी ने समस्त मानव जाति के मंगल की कथा बना दिया। बापू जी ने रामकथा के माध्यम से जन–जन में राम को अपनाने, गोस्वामी तुलसीदास जी की रामचरितमानस को विश्वपटल पर स्थापित करने तथा देश–विदेश में रामकथा रूपी ज्ञान की गंगा बहाने का अद्भुत प्रयास किया है। श्रीरामकृपा का ही सुफल है जो रामकथा रसामृत का सुफल हम सबको दूरदर्शन से ही सही सहज प्राप्त हो रहा है। सन्त मोरारी बापू ने व्यासपीठ से वैदिक काल से लेकर आज तक वैदिक ग्रन्थों के सारतत्त्व, उपनिषदों के ऋषियों की वाणी एवं भारतीय दर्शन की आधारशिला को जन–मानस के समक्ष रखकर धर्म, कर्म, ज्ञान, और भक्ति में ऐसा सामंजस्य स्थापित किया कि मोरारी बापू स्वयं राममय हो गये हैं और उनकी वाणी मन्त्र बन गयी। बापू जी गुजरात के अपने गृहनगर तलगाजरडा से सन् 1960 से श्रीराम की कथा का

श्रीगणेश कर रामायण व रामचरितमानस के प्रायः सभी पात्रों पर आज भी सांगीतिक प्रस्तुति के साथ स्थान, काल व परिस्थिति अनुसार नये–नये आयाम निर्मित कर रहे हैं। श्रीराम की कथा दस हज़ार वर्ष प्राचीन है पर मोरारी बापू वर्तमान सन्दर्भों में रामकथा को प्रासंगिक बनाकर लोगों को श्रेष्ठ जीवन जीना सिखा रहे हैं। ईश्वर के चैतन्य स्वरूप की अनुभूति, सभी प्राणियों में **"ईश्वर अंश जीव अविनाशी"** का भाव जाग्रत करने तथा सभी प्राणियों के अन्दर ब्रह्म विराजमान है, ईश्वर कर्मों का अधिष्ठाता है, साक्षी चेतनस्वरूप है। अन्यान्य जानने योग्य बातों को अन्नत उदाहरणों के माध्यम से अत्यन्त सरल, बोधगम्य भाषा–शैली में जनता जनार्दन के समक्ष रखकर सत्य, प्रेम, करुणा की त्रिवेणी से अपनी व्यासपीठ सिद्ध कर रहे हैं। ऐसे महामानव अवतारी पुरुष ही होते हैं। वे लोग धन्य हैं जिन्होंने मोरारी बापू की रामकथा प्रत्यक्ष सुनी है।

श्री रमेश भाई ओझा

बापू के शिष्य श्री रमेश भाई ओझा गुजरात के सौराष्ट्र जिले के देवका नामक गाँव में 31 अगस्त सन् 1957 में जन्मे, पारिवारिक संस्कारों के प्रभाव से पिता, चाचा श्री जीवनराज ओझा एवं दादी की भागवती चेतना को आपने आगे बढ़ाया। तथा तेरह वर्ष की अवस्था में भागवत पुराण पर पहली व्यासकथा का शुभारम्भ किया। धार्मिक ग्रन्थों के अध्ययन, मनन, सतत सक्रिय देश–विदेश में निरन्तर व्यास–परम्परा का निर्वहन बिना किसी अवरोध के आप कर रहे हैं।

श्री किरीट भाई

श्रीमद्‌भागवत पुराण, गीता, रामायण, ज्ञान कथा और लोक–मंगलकारी रामचरितमानस के प्रवचन में विशेष अधिकार रखनेवालों में श्री किरीट जी का नाम विशेष उल्लेखनीय है। आपका जन्म 21 जुलाई सन् 1962 को पोरबन्दर में हुआ था। आपने आत्मज्ञान हेतु सात वर्ष की अवस्था में बल्लभ कुल के गोस्वामी श्री गोविन्दराय जी महाराज से दीक्षा प्राप्त की। मृदुभाषी, अगाध ज्ञान सम्पन्न सन्त किरीट जी देश–विदेश में भक्ति की ऐसी लहर कर रहे हैं कि गुजरात धन्य हो गया।

सन्त श्री मुरलीधर जी

आध्यात्मिक जगत् में विशेष पहचान वाले गुजरात के ही सन्त श्री मुरलीधर जी व्यासपीठ से रामकथा के प्रवचन अपनी प्रभावशाली और भावुकता से ओतप्रोत कथा–शैली से श्रोताओं को मन्त्रमुग्ध कर रहे हैं। कल्लोल गाँव ज़िला मेहसाणा में सन् 1970 में साधारण परिवार में जन्मे तथा परम वैष्णव सन्त श्री जमनादास से दीक्षित होकर समाज के लिए प्रेरक, युवाओं के लिए मार्गदर्शक की भूमिका का निर्वहन कर रहे हैं।

साध्वी कनकेश्वरी देवी

आधुनिक भारत की मीरा के नाम से सुविख्यात, मानसमर्मज्ञा साध्वी कनकेश्वरी देवी गुजरात के मोरबी के तपोनिष्ठ सन्त श्रीशंभु पंचाग्नि अखाड़े के प्रमुख परमपूज्य केशवानन्द बाबा की दीक्षित शिष्या हैं। आप

अपने संचित पुण्यों के प्रताप से श्रीरामचरितमानस एवं श्रीमद्भागवत पुराण व गीता की अमृतरूपी रसधारा प्रवाहित कर रही हैं। छोटी उम्र से ही वाग्देवी की कृपा एवं आध्यात्मिक रुझान के कारण देश–विदेश में ख्याति प्राप्त हैं। करुणा की साक्षात् प्रतिमूर्ति माँ कनकेश्वरी जी की कथाएँ, प्रवचन देश–विदेश में हो रहे हैं। इसी क्रम में गुजरात की साध्वी ऋचा मिश्रा का नाम भी कथावाचकों में प्रसिद्ध है। आप श्रेष्ठ भजन गायिका हैं। गोस्वामी तुलसीदास जी की रामचरितमानस की सांगीतिक अभिव्यक्ति का आपका निराला अन्दाज़ श्रोताओं को भावविभोर व मन्त्रमुग्ध कर देता है। गुजरात श्रीकृष्ण की राजधानी रही उन्होंने अपने जीवन के एक सौ बीस साल में सौ वर्ष द्वारिकापुरी में बिताये। गुजरात पर कृष्ण भक्ति का प्रभाव अधिक है यह सुनिश्चित है परन्तु रामकथा व्यास–परम्परा के मूर्धन्य सन्तों के योगदान को देखते हुए कहा जा सकता है कि रामकथा गुजरात के लोकजीवन में, समाज व संस्कृति में इतनी गहराई से विद्यमान है कि इस विषय पर गहन शोध की आवश्यकता है।

रामकथा व्यास–परम्परा में गुजरात के सन्तों के योगदान, उनकी शक्ति सामर्थ्य, दूरदृष्टि तथा लोककल्याण के भाव को महसूस किया जा सकता है। सन्तों के नाम बहुत हैं, पर सुविधा की दृष्टि से कुछ का ही विवेचन किया गया है। भारत देश के इतिहास में सन्तों के प्रति श्रद्धा, भक्ति व पूजनीय भाव देश–विदेश में ज्ञात है परन्तु कुछ वर्षों से सन्त की महिमा व उनके कथनी–करनी के अन्तर से श्रद्धा में कमी आयी है। गुजरात के लब्धप्रतिष्ठ सन्तों में व्यासपीठ को कलंकित करनेवाले आसाराम बापू आज जेल की सलाखों में बन्द हैं। श्रद्धेय सन्त मोरारी बापू ने रामकथा के माध्यम से राष्ट्रीयता की जो अलख जगायी है वह स्तुत्य है। अधिकांश सन्त गोस्वामी तुलसीदास जी की रामचरितमानस पर ही अपना प्रवचन देते हैं। उनका तुलसीमय होना वरेण्य है। तुलसीदास जी के शब्दों में–

श्रीराम की कथा कल्पवृक्ष के समान है, जितना महत्त्व श्रवण का है उतना ही रामनाम जप का भी है।

नाम राम को कल्पतरु, कलि कल्याण निवासु।
जो सुमिरत भयो भाग में, तुलसी तुलसीदास।।

प्रभाव

।। सुनिए कथा सादर रति मानी।।

रामकथा मन्दाकिनी : रामकथाकार

प्रभुदयाल मिश्र

भागवत का **''सत्यं परम् धीमहि''** का ध्येय, रामायण के 'रामो विग्रहवान धर्मः' की स्थापना तथा महाभारत का **''यतो धर्मः ततो जयः''** का उद्‌घोष एक कथाकार की सम्पूर्णता का समाहार है। संस्कृत परम्परा में काव्य, महाकाव्य, नाटक और गद्य लेखन में प्रायः उन्हीं आख्यानों को उठाया गया है जो पुराणप्रसिद्ध थे। महाकाव्य के नायक की परिभाषा करते हुए कहा गया है–**''तत्रैका नायका सुरः''** इन नायकों में धीरोदात्त और धीर प्रशान्त नायकों की स्पष्ट प्रधानता रही है। हिन्दी काव्यधारा में भक्तिकाल को स्वर्ण युग कहा गया है। भक्ति युग के कवि कबीर, तुलसी, सूर, मीरा और जायसी को भक्तिकाल तक समेट रखना भी जैसे उनकी विराटता का अनादर करना है। एक अर्थ में ये महान कवि भारत के इतिहास के जहाँ प्रहरी हैं वहीं वे एक ऐसे भावी मानस समाज के सर्जक भी हैं जो स्रष्टा की बनायी धरती के स्थानापन्न सर्जक कहे जाने की क्षमता रखते हैं।

गोस्वामी तुलसीदास ने सन्त और असन्तों की विस्तार से विशेषताएँ वर्णित की हैं। मानस के आरम्भ में उन्होंने दोनों से अपनी कथा प्रस्तुत करते हुए क्षमायाचना भी की है। इस प्रकार उन्होंने यद्यपि असन्तों को सृष्टि रचना का एक अनिवार्य अंग स्वीकार किया है–एक अर्थ में वे एक–दूसरे के पूरक भी हैं किन्तु इनका रिश्ता बड़ा विचित्र है–**''जिमि कुठार चन्दन आचरनी।''** अर्थात् असन्त जहाँ कुल्हाड़ी है वहीं सन्त चन्दन का पेड़ है। इस सम्बन्ध की ख़ूबी यह है कि जहाँ कुल्हाड़ी चन्दन को काटती है, क्षत–विक्षत करती है वहीं चन्दन कुल्हाड़ी को अपनी गन्ध लुटाता है। दोनों अपने स्वभाव के अनुरूप काम करते हैं। निश्चित ही सन्त असन्त से इस प्रतिस्पर्धा में बहुत आगे निकलता है। सामान्य तौर पर चूँकि प्रत्येक क्रिया की एक प्रतिक्रिया होती है। अतः प्रतिक्रिया दोनों ही स्तर पर होगी किन्तु सन्त की प्रतिक्रिया एक अर्थ में एक सकारात्मक क्रिया ही है क्योंकि इससे प्रतिक्रियाओं की आगे श्रृंखला नहीं बनती। यही वह बिन्दु है जहाँ सन्त और असन्त दोनों एक बार फिर इकट्ठे होते हैं और यह आशा की जा सकती है कि यह ऐसी सृष्टि रचना का बिन्दु है जो परमात्मा के बनाये इस संसार से भी श्रेष्ठतर हो सकता है। इसी भूमिका के कुछ रामकथाकारों का यहाँ स्मरण किया जा रहा है।

अब न आँखतर आवत कोऊ : श्री रामकिंकर जी उपाध्याय

वर्ष 1977 में पहले--पहल जब कुछ सौ लोगों की उपस्थिति में मैं भोपाल के गाँधी भवन में श्री रामकिंकर जी उपाध्याय के प्रवचन सुनने पहुँचा तो मेरे मन में अन्य अनेक प्रवचनकारों की भाँति उनकी परिकल्पना एक उपदेशक की ही थी किन्तु कुछ ही समय पश्चात् मैं इस निष्कर्ष पर पहुँच गया कि वस्तुतः वह रामायण के एक व्याख्याकार हैं तथा रामचरितमानस की व्याख्या से सम्बन्धित प्रायः उठनेवाले प्रश्नों के समाधान के लिए उन्हें सुना जाना चाहिए। किन्तु इस प्रकार पच्चीस वर्षों तक उन्हें प्रायः लगातार सुनकर जैसे सभी प्रश्नों के समाधान की प्रतीक्षा ही कर रहा था कि अकस्मात्...पच्चीस वर्ष की इस अवधि में मेरा भोपाल से बाहर भी जाना रहा किन्तु यह जैसे मेरे संस्मरण का एक आश्चर्यजनक पक्ष ही है कि प्रत्येक वर्ष कुछ दिन की कथा सुनने का सुयोग जैसे मुझे मिलता ही गया। किसी एक व्यक्ति के किसी एक विषय पर बिना गुरु भाव के सृष्टि की इस प्रकार का अविरल स्वीकार श्री किंकर जी महाराज के व्यक्तित्व की महानता का ही परिचायक है। दूसरे शब्दों में उनका सुनना जैसे मेरी विवशता थी और उन्हें न सुनकर जैसे मैं पूरी तरह से अपूर्ण रह गया होता।

किसी एक वर्ष नयी दुनिया ने श्री उपाध्याय जी के पुराने श्रोताओं की साक्षात्कार द्वारा प्रतिक्रियाएँ प्रकाशित की थीं, इसमें मैंने उस समय कहा था, अनेक प्रवचनकार और महात्मा कुछेक प्रवचनों के बाद लोगों को उठाने लगते हैं। विवश श्रद्धाभाव से आखिर कोई उन्हें कितना सुन सकता है। किन्तु श्री उपाध्याय जी के व्याख्यान विषय की जैसे कोई सीमा नहीं है। उन्हें सुनने और पढ़ने में जैसी नित नवीनता है।

गाँधी भवन, मानस भवन के समारोह योग्य बनने तक जैसे वार्षिक मानसोत्सव का जो पर्याय बना रहा--में महाराज जी की वह प्रथम व्याख्या 'रामराज्य' विषयक थी। मानसकार का यह राज्य महात्मा गाँधी की परिकल्पना से होकर जिस प्रकार हमारे सामने आ रहा था उसकी स्थापना तो कठिन लगती ही थी उसके स्वरूप के सम्बन्ध में भी हमारी अनेक भ्रान्तियाँ थीं। क्या दो ही व्यक्ति--मन्थरा और कैकेयी रामराज्य के द्वार बन्द कर सकते हैं जबकि हमारे प्रजातन्त्र में मात्र 51 प्रतिशत का समर्थन पूरे सन्तोष का आधार बन जाता है। रामराज्य शत--प्रतिशत सम्पूर्ण की स्वीकृति से ही स्थापित होता है। राम का चरित्र इसकी स्थापना का सोपान है, यह एक वास्तविकता है तथा यह किसी एक युग का ही सत्य न होकर हमारी शाश्वत नियति है।

मुझे लग रहा था कि महाराज जी एक ऐसे रहस्य का उद्‌घाटन कर रहे हैं जो हमारे इतने निकट होते हुए भी हमारी दृष्टि से ओझल है। अब इसे कितने लोग कितनी जल्दी समेट सकते हैं यही चेष्टा होनी चाहिए। भोपाल में जैसे दैवयोग से मानस चतुश्शती समिति विस्तार कर रही थी और श्री गोरेलाल जी शुक्ल सभागार में सन्ध्या के सात बजे...पूज्य महाराज जी प्रतिवर्ष भोपाल के 'प्रबुद्ध श्रोताओं' को आकण्ठ मानस में डुबोने लगे थे।

सम्भवतः ऐसा ही आत्म मुग्ध भोपाल के श्रोता के रूप में मैंने एक बार पूज्य महाराज जी से पूछा था कि क्या वह भोपाल के श्रोताओं को श्रेष्ठ मानते हैं? महाराज जी अपने शील के निर्वाह में अप्रतिम आदर्श प्रस्तुत करते थे। रामकथा और अनेक पुराण कथानकों में जब भी कहीं शृंगार का प्रसंग आ जाता था तो वह जिस संयत शब्दावली का प्रयोग करते थे वह केवल उनकी ही विशेषता थी। इस प्रसंग में भी महाराज

जी ने एक सुदीर्घ स्वीकृति के साथ एक स्थान का नाम लिया था जिससे मेरा मोह भंग यथासमय ही हो गया।

इस प्रकार साल–दर–साल पच्चीस साल तक तुलसी मानस परिवार की ओर से भोपाल में तुलसी जयन्ती के आसपास एक अनूठा इतिहास गढ़ा जाने लगा। भोपाल के विमुग्ध श्रोता स्थान, वर्षा और व्यस्तताओं की परवाह न करते हुए लगभग दौड़ते हुए गाँधी भवन पहुँचते थे। इस समारोह में पहुँचने के लिए व्यक्तियों के समूह, उनके बैठने के स्थान और सभी अनुमानित आकृतियाँ जैसे हठात् खिंच आती थीं। 'तुलसी मानस भारती' के आजीवन सदस्यों को महाराज श्री के माल्यार्पण क्रम में विस्तार के साथ–साथ मानस भवन भी मन्थर गति से उभर रहा था अतः अन्त के दो वर्षों में इसके 'उत्तरायण' उन्मुक्त सभागार में उमस और वर्षा की चिन्ता से भी श्रोताओं की मुक्ति हो चुकी थी।

प्रेम मूर्ति भरत, शील सिन्धु राघव, गीता और रामायण की सम्बन्ध सूत्रता, श्रीमद्भागवत के कृष्ण और रामायण के रामावतार की अर्थवत्ता तथा सबसे गहन सगुण और निर्गुण ईश्वरीय अवधारणा में अवतार की निष्पत्ति जैसे गूढ़ विषयों को महाराज जी ने सहज ही अवधारित किये जाने योग्य सत्य के रूप में प्रतिष्ठित किया है। वाल्मीकि जी के इस प्रश्न की **"जँह न होउ तँह देहु कह, तुमहिं दिखावउँ ठाव"** में राम के मूल प्रश्न की यह बारीक़ी, यह यात्रा सगुण रूप की राग और विराग की शक्तियों (सिय, सौमित्र) सहित है, की ओर वह हमारा ध्यान आकृष्ट करते हैं। अपने निर्गुण निराकार रूप में तो वह कितना भी अच्छा हो (अस प्रभु अक्षत रहत अविकारी), हमारा दुख तो कम नहीं हो पाता। ईश्वर की तटस्थता पर जब किसी व्यक्ति ने श्री किंकर जी से पूछा कि सभी के हृदयों में बैठा यह परमात्मा सब कुछ संचालित करते हुए हमें दुष्कर्मों का दण्ड क्यों देता है, तो किंकर जी का यही उत्तर था कि 'ध्यान रखो, यह वही ईश्वर है जिससे अब तक पुरस्कृत भी हुए हो, अब यदि निराकार को स्वीकारते हो तो उसको उसकी उस पूर्णता में ही स्वीकारना होगा।

क्या इस इतिहास को लिपिबद्ध नहीं किया जाना चाहिए? क्या महाराज जी भोपाल में जो कह रहे हैं उसे प्रतिवर्ष एक पुस्तक कार नहीं दिया जा सकता? ये प्रश्न मेरे मन में थे। अतः एक दिन मैंने महाराज जी से पूछा था कि इस विचार से क्या उनकी सहमति है? महाराज जी ने इस पर मुझसे कहा था कि भोपाल आने के पहले वह प्रायः दिल्ली बिड़ला मन्दिर में बोलते हैं। वहाँ पर हुए उनके प्रवचनों के आधार पर प्रवचन 'पुष्प' पुस्तिका प्रकाशित होती है। यद्यपि यहाँ और वहाँ के प्रवचन प्रसंग अलग होते हैं किन्तु अधिकांश प्रसंगों में समानता आ जानी स्वाभाविक है अतः उनका कहना था कि भोपाल के प्रवचनों के संकलन में पुनरुक्ति की सम्भावना है तथापि मुझे विशेष प्रसन्नता हुई जब श्री रामसिंह खन्ना ने वर्ष 1996 के प्रवचन प्रसंग पर आधारित 'मानस के चार घाट' पुस्तक सम्पादित कर प्रकाशित की। योग और ध्यान की व्याख्या से सम्बन्धित इस वर्ष की प्रवचन माला में इस सम्पूर्ण शृंखला की शिखरस्थ धारा ही प्रकट होती थी। 6 अगस्त 1997 को इस पुस्तक पर पूज्य महाराज जी का आशीर्वाद प्राप्त कर मैंने धन्यता का ही अनुभव किया।

"श्री गुरु चरण सरोज रज, निज मन मुकुर सुधार" से जब श्री रामकिंकर जी अपनी कथा प्रारम्भ करते थे तो जैसे रामायण की सार्वकालिकता की स्थापना की घोषणा ही आरम्भ में कर देते थे। यही कारण

था कि उनकी कथा के श्रोता किसी पुराण अथवा इतिहास की भूल–भुलैयों के स्थान पर अपने समानान्तर लोक और मानव व्यवहार की समीक्षा के साक्षी बन जाते थे। मानस के विभिन्न पात्रों का मानव वृत्तियों के प्रतीकार्थ में अभिचित्रण मानस के चिन्तन पक्ष में महाराज जी का अभिनव योगदान है। यही कारण भी है कि कुछ समालोचक श्री किंकर जी की व्याख्याओं को अति बौद्धिक मानकर उसकी सर्वजन ग्राह्यता के प्रति शंका व्यक्त करते हैं किन्तु इस निष्कर्ष में दो मत नहीं हो सकते कि श्री किंकर जी जिस अपार कौशल से कथा–प्रतीकों और अपनी निष्पत्तियों का समाहार करते थे वह उनकी अपनी ही ऐसी विशेषता थी जो किसी चमत्कार से कम प्रतीत नहीं होती थी।

रावण मोह, कुम्भकरण अहंकार, मेघनाद काम तथा इसी प्रकार राम–लक्ष्मण आदि धर्म, अर्थ, काम और मोक्ष के प्रतीकार्थ वह जिस सटीकता से रखते थे उससे यही समझ में आता था कि मानस की यह व्याख्या हमारे वर्तमान जीवन के तो निकट है ही, समस्त शास्त्रोक्त सन्दर्भ में भी वह पूरी तरह से खरी उतरती है। तुलसी का सत्य महाराज श्री की व्याख्या में सम्पूर्ण भारतीय मनीषा का प्रतिनिधित्व करता था। यही कारण है कि गीता, महाभारत और भागवत आदि ग्रन्थों के उदाहरण देकर भी किंकर जी तुलसी के सत्य की ही पुनःस्थापना करते थे। राम के लक्ष्मण को 'कुमार' कहना या वालि की ही तरह दूसरे दिन सुग्रीव के वध की प्रतिज्ञा करना कृष्ण के शस्त्र न उठाने की प्रतिज्ञा भंग जैसी परमोच्च सत्य साधना के उदाहरण हैं। इसी तरह शिव का धनुष तोड़कर राम का अनजान–सा यह कहना कि वह कोई आपका 'दास' ही होगा अपनी बचत का बचकाना सा प्रयास लग सकता है किन्तु भाषा और भाव की गहराई में पैठकर इन कथनों के मर्म में पहुँचाना महाराज की ही क्षमता थी।

रामकथा की आज की प्रासंगिकता के अनेक तर्क और पक्ष प्रस्तुत किये जाते हैं किन्तु रामकिंकर जी द्वारा कही जानेवाली कथा इतिवृत्त को परमार्थ से जोड़ती थी। इस कथा में परिपूर्ण रसवत्ता के साथ–साथ दैवी आदर्श को सामान्य जीवन व्यवहार में समेट लेने की क्षमता होती थी, मानस के विभिन्न पात्रों के माध्यम से तुलसी जिस सार्वलौकिक और सार्वकालिक मनोविज्ञान की स्थापना करते प्रतीत होते हैं उसमें उनकी अलौकिक क्षमता ही प्रकाशित होती है।

"प्रति संवत् अस होइ अनन्दा" की अन्तिम आवृत्ति में जब वर्ष 2001 में यह कथा रामनवमी के आसपास मानस भवन के विशाल खुले 'उत्तरायण' में आरम्भ हो रही थी तब मध्य प्रदेश के महामहिम राज्यपाल भाई महावीर कह रहे थे कि इस कथा की प्रतीक्षा में ऐसा लगने लगता है कि कहीं यह साल लम्बा तो नहीं हो गया। यह सुनते हुए इतना किसी ने नहीं सोचा अगली यह प्रतीक्षा ही अनन्त हो जानेवाली है। विडम्बना यह है किंकर जी को सुनने के बाद **'अब न आँख तर आवत कोऊ'** की स्थिति ही बनती है।

'विनय वाटिका' सन्त : श्री रामप्रिय दास

सन्त रामप्रिय दास त्यागी 'सितारी बाबा' के नाम से विख्यात थे। यह मैंने उनसे ही बाद में जाना। भोपाल में 5 नं. के पास स्थित उनके आश्रम में उनसे मेरी भेंट लगभग 1990 के आसपास हुई थी। उस समय उस छोटी झील के किनारे उनकी एक अर्द्धनिर्मित छोटी–सी कुटिया थी। उसमें उन्होंने अपने एक ग्रन्थ के

दर्शन कराये। सम्भवतः यह ग्रन्थ 'विनयवाटिका' ही रहा होगा क्योंकि बाद में जब उनसे मेरी भेंट अक्सर और लगातार होने लगी, तब उनसे चर्चा का प्रसंग यह पुस्तक ही हुआ करती थी। आरम्भ की इस भेंट के बाद कुछ विराम सा आ गया था। इसके बाद 1997 में उनके ब्रह्मलीन होने तक मेरी उनसे अनेकानेक सत्संग चर्चाएँ हुईं तथा विचार–प्रसंगों में उनके विचार और चर्चा के कुछ तर्कों का लाभ मिला।

रामप्रिय दास जी 'त्यागी' केवल उपाधि से ही नहीं विचार से भी वीतरागी थे। वे रामाश्रयी शाखा के सन्त थे और यह बाना उन्हें परम्परा से मिला था। सन्तों के अनेक अखाड़े और स्कूल होते हैं। रामभक्ति परम्परा का यह प्रभाव बहुत पुरातन है। संयोग से उनका सम्बन्ध मेरे गृह नगर टीकमगढ़ के तपसी जी महाराज जो झिरकी बगिया में विराजते थे, से था। वह तपसी जी महाराज की अक्सर चर्चा किया करते थे। उनके चित्र भी दिखाते थे। यह मुझे अपने आपके प्रति असन्तोष ही रहा है कि मैंने अपने गृहनगर में न तो तपसी जी के दर्शन किये और न ही उनके सान्निध्य में सितारी बाबा को देखा। यह तब नहीं हुआ जब तपसी जी महाराज ने अपनी लौकिक देह को 104 वर्ष तक धारण कर रखा था।

परम्परा से इस प्रकार सितारी बाबा एक भक्त थे। साधु उनका बाना था एवं संन्यासी की तरह वह रहते थे। किन्तु उन्होंने संयास धारण नहीं किया था। संन्यास की अनेक परम्पराएँ और विधियाँ इस प्रकार उन्हें बाँधती नहीं थीं। वह प्रायः अपने सामने एक मोटी लकड़ी लेकर बैठते थे और जब कुछ ज़्यादा लोग इकट्ठे हो गये तो कुछ और लकड़ियों को इकट्ठा कर धूनी जला लेते थे। इससे ज़्यादा जगह बन जाती थी, तथा वार्ता का अच्छा वातावरण निर्मित होता था। उनके स्वयं के बैठने का आसन भी साधारण था। वह उत्तराभिमुख बैठते थे। उनके पीछे छोटी झील रहती थी। यदि अधिक लोग हो गये तो बायीं तरफ़ चटाई बिछा दी जाती थी।

बाबा के विचार शुद्ध रूप से राष्ट्रीय और प्रगतिशील थे। वह एक साथ ही भक्त, दार्शनिक, ज्ञानी, गायक, विचारक, भाषाविद् और सरल साधु थे। लालघाटी में यदाकदा जाते थे। किन्तु उस आश्रम से भी उनका सम्बन्ध प्रायः आध्यात्मिक परम्परा को लेकर ही था। एक–दो बार वह मेरे तथा रामरसायनी जी के घर पर पधारे। एक बार रामरसायनी जी के यहाँ एक विचार गोष्ठी हुई। उसमें हम लोगों के अतिरिक्त गोविन्दाचार्य जी भी थे। गोविन्दाचार्य चूँकि शंकराचार्य का बाना धारण किये हुए थे, अतः बाबा ने उन्हें भरपूर सम्मान दिया, उन्हें ऊपर बिठाया। वह स्वयं नीचे बैठे किन्तु उनके विचार निश्चित ही सबसे श्रेष्ठ थे।

बाबा रामप्रिय दास जी जब कभी अपने अतीत में जाते थे तो अपने देशाटन के प्रसंग सुनाया करते थे। उन्होंने समग्र भारत भ्रमण किया। उनकी भारत–पाकिस्तान और गुजरात के संस्मरणों की याद मुझे आती है। सम्भवतः उन्होंने अपने पूर्व आश्रम में भारत–पाकिस्तान युद्ध में भी एक सैनिक के रूप में भाग लिया था। इस लड़ाई में जैसा कि सैनिकों के साथ होता है, उन्हें काफ़ी भटकना पड़ा और उन्होंने कष्ट भी सहा। उनकी आध्यात्मिक यात्रा के संस्मरण रोचक ही हुआ करते थे।

जोगी तो पानी की तरह बहता ही रहता है। ठीक उसी प्रकृति के बाबा रामप्रिय दास देशाटन करते हुए अपना कविता कर्म और भजन भाव का परिपोषण कर रहे थे। कभी–कभी उन्हें देखकर मुझे राहुल सांकृत्यायन की याद आती थी। इतने पर्यटन और भ्रमण में वह अपने लिखे हुए क़ाग़ज़, क़लम और पाण्डुलिपियाँ कब और कैसे सहेजते होंगे, आश्चर्य होता है। लेकिन शायद यह उनके लिए कठिन नहीं रहा है,

क्योंकि यदि उनके पास कोई सम्पत्ति थी तो शायद इतनी ही सम्पत्ति रही होगी। उनकी कविता में रस, छन्द, अलंकार, कूटरचना, संगीत, नृत्य और सधुक्कड़ी छाप स्पष्ट रूप से दृष्टिगोचर होती है। हमारे भक्तियुग के कवियों का विकास और वैभव कैसा रहा होगा, यह बाबा रामप्रिय दास के जीवन से आसानी से समझा जा सकता है। विनय वाटिका, तुलसी की विनय–पत्रिका की अनुकृति एक अर्थ में है किन्तु दूसरे अर्थ में नहीं भी है। इसका शिल्प विनय–पत्रिका से मिलता–जुलता है। लेकिन बाबा के भाव सर्वथा मौलिक हैं तथा उनके स्वयं के अनुभव प्रसूत हैं। उनकी कविता से लगातार यह भाव अनुस्यूत होता है कि यदि भगवान भी उनसे नाराज़ होंगे तो अधिक–से–अधिक उनका लँगोट ही तो छीन सकते हैं। इसके अतिरिक्त तो उनसे कुछ छीना जा नहीं सकता।

ऐसा विचारक सन्त संगीत का भी साधक है। यह बात मुझे अचरज ही देती थी। शुरू में मुझे मानने में तब तक कठिनाई भी रही जब तक उन्होंने स्वयं सितार के साथ भजन नहीं सुनाया। संगीत की इतनी विविध शिक्षा बाबा ने कब और कहाँ प्राप्त की, अपने आप में यह एक विस्मय ही है। उन्होंने संगीत के क्षेत्र में अनेक शिष्य भी तैयार किये। शरद पूर्णिमा को संगीत की एक शमा बँधती थी। संगीत लय की परिपूर्णता देता है। साहित्य में भी छन्द और भाषा का जुड़ाव लयबद्धता लाता है। जहाँ संगीत निश्चित ही लम्बे अभ्यास का परिणाम होता है, इसकी शिक्षा सुदीर्घ होती है। इससे कवि यह शिक्षा तो ले ही सकते हैं कि कविता में अधकचरापन नहीं होना चाहिए। बाबा की संगीत साधना ने उनकी कविता को परिपूर्ण बनाया था। उनकी कविता मुख्य रूप से एक भजन भाव थी। उसके शब्दमय आकार को उन्होंने अपनी संगीत की सरिता में तैराते हुए ही दिया था। उनके प्रत्येक पद को गाया जा सकता है। उनमें कहीं छन्दोभंग नहीं होता। मात्रा दोष भी कहीं दिखाई नहीं पड़ता। यह उनकी संगीत साधना की ही महिमा है।

सन्त रामप्रिय दास जी सितारी बाबा के रूप में ख्यात थे। यह मुझे कुछ बाद में ही पता चला जब मैं उनके पास सत्संग के लिए बैठता था तो उनकी धूनी लगी रहती थी, कुछ भक्त लोग, कुछ ट्रस्ट के लोग आस पास बैठे रहते थे। एक दिन सत्संग चलते–चलते जब रात हो गयी और किसी ने संगीत की बात छेड़ी तो बाबा ने सितार मँगाया, सितार पर मधुर तान छेड़ी तभी मेरी जानकारी में यह आया कि बाबा सितारी बाबा के रूप में मुख्य रूप से जाने जाते हैं। ऐसा लगता है कि वह आरम्भ में अपने साथ सितार लेकर चला करते होंगे, उनके सितार को सुनने के लिए मन्दिर, बाग़–बगीचे और संगीत सभाओं में इकट्ठे हो जाते होंगे। ऐसा परिचय बाबा को इसलिए भी स्वीकार रहा होगा क्योंकि वह महात्मा या एक सिद्ध सन्त के रूप में अपनी पहचान के प्रति आग्रही नहीं थे।

सितारी बाबा ने भोपाल का आश्रम वर्ष 1967 में पाँच नम्बर बस स्टाप के पास स्थापित किया। रामानन्द सम्प्रदाय के मुख्य केन्द्र लालघाटी से वह सायकिल से इतने दूर चलकर आते थे। सन्त रामप्रिय दास विरक्त भी थे और एक भक्त भी थे। यह अद्‌भुत–सा संगम उनके व्यक्तित्व में जब हो गया था तो उनके कृतित्व रूप आश्रम में उसके प्रकट होने पर कोई आश्चर्य नहीं होना चाहिए। बाबा एक गम्भीर दार्शनिकचेता थे। ऐसे लोगों की लिखावट प्रायः अपठनीय हो जाती है किन्तु बाबा की हस्तलिपि इतनी परिपूर्ण थी कि वह मुद्रित शब्दों का भ्रम उत्पन्न करती थी। इतना सुन्दर सुलेख मैंने अन्यत्र और किसी का नहीं देखा।

रामप्रिय दास जी साहित्य की भक्तिकालीन परम्परा के वर्तमान संस्करण थे। यह प्रश्न उठाया जा सकता है कि सत्रहवीं सदी का भक्ति साहित्य इक्कीसवीं सदी में क्या प्रासंगिकता रखता है ? और शायद यह भी कि आज के समय में भक्ति की क्या प्रासंगिकता है? हम भजन क्यों गाते हैं? हमें तुलसी, सूर और मीरा के भजन क्यों प्रिय लगते हैं? वास्तव में भजन एक भाव धारा है जिसमें भक्त को बहना ही है। रामप्रिय दास जी से यदि कोई पूछता कि वह अपना नाम साहित्यकार की श्रेणी में लिखना चाहेंगे अथवा एक भक्त की क़तार में ही बैठे रहेंगे तो निश्चित ही वह भक्तिमार्ग का चयन करते। संगीत और कला यद्यपि भक्ति के निकट रहती है किन्तु इनमें कुछ ख़तरे भी हैं। इनकी सांसारिकता आश्रम से दूर घरों की ओर ले जाती है। किन्तु बाबा ने संगीत और भक्ति को आश्रम में ही बाँधकर रखा यह उनकी अपनी विशेषता थी।

'रस' राजेश्वरानन्द जी महाराज

भोपाल के तुलसी मानस प्रतिष्ठान और तत्समय के श्री रामकृष्ण आश्रम, भोपाल में विगत आधी सदी से लगातार लोक रंजिनी रामकथा के अगाध स्रोत श्री राजेश्वरानन्द ने विवेकानन्द आश्रम रायपुर में छठे दिन की कथा सुनाकर 10 जनवरी 2019 को रात्रि में इहलोक की लीला का संवरण कर प्रभु राम के चरणों में चिर विश्रान्ति हेतु साकेत वास ले लिया। चूँकि उपासना और भक्ति का मार्ग जन सामान्य के लिए बहुत स्वाभाविक और सरल पथ ठहरता है। अनेक दिग्गज महात्माओं और धर्म–धुरन्धरों की तुलना में राजेश्वरानन्द जी श्रोताओं में गहरी पैठ रखते थे। अतः हमें तब कोई आश्चर्य नहीं हुआ जब विगत 2 दिसम्बर से 6 दिसम्बर को भरत चरित पर आधारित उनकी कथा का रस पान करनेवालों के लिए 700 श्रोताओं को समा लेने की क्षमता वाला रामकिंकर सभागार छोटा पड़ गया। इस कथा में उन्होंने सार रूप में यही बताया कि तुलसी के अनुसार भरत आदर्श और व्यवहार की ऐसी धुरी हैं जो सभी प्रकार के विरुद्ध धर्मों में भी समन्वय रख सकते हैं। इसी सिद्धान्त का विवेचन करते हुए स्वामी जी ने उपासना और ज्ञान के भी समन्वय का अद्‌भुत सूत्र सामने रखा। उन्होंने कहा कि प्रायः तथाकथित वेदान्ती यह कहते हुए सुने जाते हैं कि चूँकि वे कण–कण में ईश्वर का दर्शन करने लगे हैं; अतः अब उन्हें मन्दिर, पूजा, विग्रह और शास्त्र की कोई आवश्यकता ही नहीं है। स्वामी जी ने कहा कि जिस प्रकार ज्ञान शरीर की क्षुधा की पूर्ति नहीं कर पाता ठीक वैसे ही साधना के सभी पक्ष और पद्धतियों की जीवन में उपयोगिता है। जब आपने ठाकुर जी अपने मन्दिर में रखे हुए हैं और यह माना है कि उनकी पूजा की जाती है, तो आपको उपासना की बराबर आवश्यकता है।

भरत जी के चरित्र का यह आदर्श पूज्य श्री स्वामी जी की कथा और उनके आचरण में प्रतिफलित होता था। वह साधुत्व की पराकाष्ठा थे जिसने उन्हें जिस दिशा में खींचा, वह उधर के ही हो जाते थे। इस तरह जब कुछ सत्संगी उन्हें कथा–स्थल पर पहुँचने में विलम्ब करा देते थे तो हम लोगों का कहना होता था कि स्वामी जी आज कुछ देर हो गयी है। स्वामी जी तुरन्त स्वीकृति में कह उठते थे–कल बिल्कुल देर नहीं करेंगे। किन्तु अगले दिन...

स्वामी जी संन्यास पूर्व राजेश मुहम्मद थे। उनके नाम का यह मुस्लिम पक्ष उनके व्यवहार और आदर्श की कोई छोटी बाधा या परीक्षा नहीं थी। वह अपने निवास ग्राम पचोखरा, एट ज़िला जालौन, उत्तर प्रदेश में विराजते थे। उनके निकट सम्बन्धी श्री गुणसागर सत्यार्थी, जो कुण्डेश्वर टीकमगढ़ में रहते हैं, मेरे परम मित्र हैं। उनके दादा थे हिन्दी के प्रख्यात रचनाकार मुंशी अजमेरी जी जो राष्ट्रकवि मैथिलीशरण गुप्त के साथ चिरगाँव में रहते थे। इस परिवार को कला और साहित्य में विरुद संस्कारतः उपलब्ध रही है। बुन्देलखण्ड की यह धरती 'रामराजा' द्वारा परिपोषित प्रजा भूमि है, जिसमें महाराज वीरसिंह (प्रथम) जैसा उदार राजा, गणेशकुँवर जैसी भक्त रानी, केशव जैसा महाकवि और 'मिश्र–मित्रोदय' जैसे धर्मशास्त्रकार पैदा हुए हैं। यहाँ तक कि ओरछा की उस इतिहास प्रसिद्ध नर्तकी को भी लोक कभी भुला नहीं सका जिसने सम्राट अकबर को परनारी का संस्पर्श न करने के व्यवहार शास्त्र का ज्ञान देकर अपनी और ओरछा राज्य की आन की रक्षा की थी।

स्वामी जी की कथा और शास्त्र ज्ञान में अध्यात्म और साधुत्व की इस अखण्ड परम्परा का उन्मेष था। उनके संवाद की शैली बुन्देली दर्प प्रधान थी। इस जन भाषा के उच्चारण के समय उदात्त–अनुदात्त स्वर प्रयोग आवश्यकतानुसार लघु और दीर्घ वाणी विराम और भावों का मुखाकृति विज्ञान श्रोताओं को मन्त्रमुग्ध करने की इनकी अपनी अद्‌भुत विरासत है जिसमें स्वामी जी को पूर्ण महारत प्राप्त थी। उन्होंने अपने एक प्रवचन में तो यह भी कहा कि तुलसी के मानस को ठीक से समझने के लिए बुन्देली भाषा की परम्परा की महत्त्वपूर्ण भूमिका काम करती है। वास्तव में तुलसी ने बुन्देली के कुछ ऐसे दूरस्थ शब्दों का प्रयोग भी किया है जिनसे अच्छे–अच्छे भाषा शास्त्री भी विस्मित और चमत्कृत होते आये हैं। इसके लिए उन्होंने रावण को चोर सिद्ध करने वाले ठेठ बुन्देली शब्द 'भड़या', स्त्री द्वारा पुत्र को जन्म देने के लिए 'बियानी' आदि के उपयोग का उल्लेख किया।

वर्ष 1973–74 में जब पूरे देश में रामचरितमानस के प्रादुर्भाव पर आधारित 'मानस चतुश्शती' समारोह मनाये जा रहे थे, उसी समय गायक मुकेश द्वारा मानस का रागात्मक गायन भी प्रकाश में आया। तब भोपाल आकाशवाणी से भी रामकिशन चन्देशरी आदिक अनेक शास्त्रीय गायन शैलियों में मानस के गायन को लोकप्रियता प्रदान करते थे। इसके पूर्व राधेश्याम तर्ज और बिन्दु आदि कवियों के द्वारा रामकथा की रस स्निग्धता का व्यापक परिचय मोरारी बापू आदि की कथा से भी हुआ है। ऐसे राम रसाश्रयी श्रोताओं को स्वतः के संगीत और गायन से एक साथ सराबोर कर देनेवाले श्री राजेश का आविर्भाव एक बहुत बड़ी घटना थी जिसका रामकथा अनुरागियों ने दशकों तक भरपूर लाभ लिया।

श्री राजेश जी बहुपठित, बहुश्रुत और बहुआयामी कल्पनाशील सर्जक भी थे। प्रत्येक कथा के अन्त में उनके द्वारा पढ़े जानेवाले इस दोहे के उत्तरार्ध की यह पंक्ति प्रायः प्रत्येक श्रोता को याद रहने वाली है।

''जननि जनक राजेश के जय श्री सीता राम''

उन्होंने ऐसे अनेक पद, सवैये, दोहे और कविताएँ लिखीं जो भक्ति, वीर, अद्‌भुत और शान्ति रस से परिपूर्ण तथा साहित्य की दृष्टि से मानक स्तर की हैं। वर्तमान में अनेक कथाकार और प्रवचनकार उनकी इन रचनाओं को दोहराते हुए अपनी कथा को गति प्रदान करते देखे जाते हैं।

इसके अतिरिक्त स्वामी जी की रचना धारा की एक और बड़ी विशेषता यह थी कि वह हिन्दी के अतिरिक्त संस्कृत और उर्दू के शब्द और पदों का प्रयोग भी समान अधिकारिता और सिद्धिपूर्वक करते थे। उनकी इन सभी भाषाओं की बहुज्ञता उन्हें बड़ी असाधारणता प्रदान करती थी।

स्वामी जी ने सनातन हिन्दू परिपाटी में संन्यास दीक्षा प्राप्त कर उन अति परम्परावादियों को जैसे मौन कर दिया था जिन्हें उनके पूर्व आश्रम के 'मुहम्मद' मुखड़े से आपत्ति होती थी। कर्ण की किसी ऐसी ही मनोदशा पर अपने खण्डकाव्य 'रश्मिरथी' में श्री रामधारी सिंह दिनकर ने लिखा था–

मैं उनका आदर्श कभी जो व्यथा न खोल सकेंगे

किन्तु क्या कबीर, जायसी, रहीम, रसखान, साईं बाबा और वर्तमान समय के अजहर हाशमी आदि को हम जाति के तराजू पर तौलकर उनकी सार्वजनीनता को माप सकते हैं।

विनयपत्रिका में तुलसी का तो यही कहना है–

भले लोक परलोक तासु जाके बल ललित ललाम को
तुलसी जग जनियत नाम ते सोचन कूच मुकाम को
कलि नाम कामतरु राम को।

तुलसी के अनुसार तो राम का नाम मात्र कल्प वृक्ष जैसा फलदायी है। अब किसी को पते–ठिकाने के लिए गली, कूचा, मकान और देश के ठिकाने में जाने की कहीं कोई ज़रूरत नहीं। वे सारे लौकिक विवरण अनावश्यक विस्तार में पहुँचाकर केवल भटकाने का ही काम करते हैं। जिसने राम के नाम का आश्रय ले लिया उसके लिए लोक और परलोक दोनों स्वतः ही सँवर जाते हैं।

स्वामी जी राजेश्वरानन्द जी सरस्वती न केवल मध्यकालीन भक्ति परम्परा के नैरन्तर्य के परिचायक हैं बल्कि ये भारतीय संस्कृति बोध के भविष्य के वह स्तम्भ हैं जो अपनी कालजयता में सदा चिरन्तन है।

सुरसरि धार नाउँ 'मन्दाकिनि' : दीदी मन्दाकिनी

मुम्बई के एक सुसंस्कृत परिवार में जन्मी पूज्य मन्दाकिनी दीदी ने प्रारम्भ से लेकर स्नातकोत्तर शिक्षा प्राप्त कर विश्वविद्यालयीन स्वर्णपदक प्राप्त किया। उन्हें भारत सरकार के द्वारा एक प्रतिष्ठापूर्ण परियोजना में फेलोशिप भी स्वीकृत की गयी। किन्तु कृष्णमूर्ति श्री रामकिंकर उपाध्याय की रामचरित की तात्विक विवेचना ने इतना प्रभावित किया कि उनकी जीवन दिशा ही परिवर्तित हो गयी। एक परम जिज्ञासु शिष्य का समर्थ गुरु के प्रति यह ईश्वरादिष्ट अनुपम संगम था।

मन्दाकिनी जी ने परम पूज्य रामकिंकर जी महाराज के अगाध चिन्तन और विवेचनपूर्ण साहित्य को अत्यधिक शोध और सम्पादन कौशल के द्वारा व्यवस्थित और लोक हितकारी स्वरूप में संवर्धित किया है। वह हिन्दी, अंग्रेज़ी, गुजराती और मराठी में समान अधिकार से प्रवचन करती हैं तथा जैसी कि पूज्य महाराज श्री की उनके सम्बन्ध में अवधारणा और आशीर्वाद था, वह देश और विदेश में उनके 'युग तुलसी' के रूप में हुए आविर्भाव को फलीभूत करने के प्रति संकल्पित हैं।

तुलसी मानस भवन की विगत अर्धसदी की परम्परा में वर्ष 2016 के तुलसी जयन्ती सप्त दिवसीय प्रतिवर्ष समारोह की प्रवचनकर्ता पूर्वानुसार युग तुलसी पण्डित रामकिंकर की सुयोग्य शिष्या दीदी

मन्दाकिनी रामकिंकर थीं, उन्होंने अपनी सप्त दिवसीय प्रवचन शृंखला को अहल्या उद्धार प्रसंग के निम्न दोहे पर केन्द्रित किया।

गौतम तीय शाप बस उपल देह धर धीर
चरण कमल रज चाहति, कृपा करहु रघुवीर।

परम विदुषी और सन्निष्ठ रामसेविका मन्दाकिनी जी ने परम समर्थ विश्वामित्र द्वारा राम से अहल्या का उद्धार, प्रभु राम की कृपा सापेक्ष ही है। राम की कृपा अहैतुकी होती है। वह कारण और कार्य के सिद्धान्त से परे है। इसे प्राप्त होने या न होने की कोई मीमांसा नहीं की जा सकती। यह कृपा ताड़का और रावण जैसे दुष्ट राक्षसों को भी प्राप्त हो सकती है और हुई है।

अहल्या के अभिशप्त होने की पृष्ठभूमि में जाते हुए दीदी ने बताया कि यह पूरा खेल 'मति' अर्थात बुद्धि के परिष्कार से सम्बन्धित है। बुद्धि कितनी भी प्रखर हो, कुशाग्र हो, किन्तु वह शुक्राचार्य जैसी भी हो सकती है जिसके परिणामस्वरूप उन्हें बलि के यज्ञ में अपना एक नेत्र गँवा कर इसका परिणाम भोगना पड़ा। हमारी दो आँखें ज्ञान और वैराग्य की प्रतीक हैं। हमारी बुद्धि में धर्म की प्रतिष्ठा इसी रूप में होनी आवश्यक है।

धर्म हमें जहाँ स्वर्ग पहुँचाता है वहीं वह मुक्ति का भी मार्ग प्रशस्त करता है। स्वर्ग जाकर तो लौटना आवश्यक है, किन्तु मोक्ष के बाद वापस नहीं होना पड़ता। जीवन में काम की सत्ता का विश्लेषण दीदी ने मेघनाद के चरित्र से किया। वह देशकाल छोड़कर मानो दंस इन्द्रियों का माध्यम लेता है। दूसरी ओर लक्ष्मण 'काम' रूपी पुरुषार्थ के प्रतीक हैं। उनके गार्हस्थिक जीवन में काम नियन्त्रित है। यही कारण है कि परम ब्रह्मचर्य व्रती श्री हनुमान के स्थान पर श्री लक्ष्मणजी ही मेघनाद का वध करते हैं।

भगवान परशुराम भी विष्णु के अंशावतार थे, किन्तु पूर्णावतार राम के सामने वह अपनी अपूर्णता से अवगत होकर तप के लिए प्रस्थान कर जाते हैं।

राम विवाह अहल्या उद्धार की पूर्ण फलश्रुति है। जिस काम ने अहल्या और इन्द्र को शापग्रस्त किया था, उनकी मुक्ति का मार्ग राम द्वारा सीता (जो निर्मलमति की प्रतीक हैं) के कारण करने हेतु प्रस्थान करने में प्रशस्त होता है। राम स्वयं मनसिज कामदेव रूपी अश्व पर सवार होकर नियन्त्रित काम के वास्तविक रूप को अद्‌भुत आयाम देते हैं। काम के इस अश्व पर सवार राम को देखनेवाला सहज छिद्रों वाला इन्द्र 'सुजान सुरेश' हो जाता है क्योंकि उसके ये छिद्र नेत्र का रूप ले लेते हैं।

अभी हाल ही रामकिंकर सभागार, मानस भवन, भोपाल में दीदी का कथा प्रसंग था– 'प्रबन्धन मानस और श्रीमद्भागवत सन्दर्भ'। मन्दाकिनी जी ने कथा की पृष्ठभूमि में भगवान के अवतार के हेतुओं पर विचार करते हुए कहा कि राम का जन्म सूर्यवंश में हुआ जबकि कृष्ण का आविर्भाव चन्द्रवंश में। सूर्य हमारी बुद्धि के प्रतीक हैं जबकि चन्द्र मन के। पुरुष सूक्त में **"चन्द्रमा मानसो जाता"** कहा गया है तथा ऋग्वेद में **"सूर्य आत्मा जगतस्थुश्च"** कहा गया है। इसका आशय यह है कि राम स्वतः प्रकाश रूप हैं, उन्हें अपने ईश्वरत्व के प्रकटीकरण की आवश्यकता नहीं पड़ती। श्रीकृष्ण बचपन से ही चमत्कार दिखाते हैं क्योंकि उन्हें युगीन आवश्यकता के अनुरूप अपनी ईश्वरता प्रतिपादित करनी पड़ती है। इन अवतारों के जन्म, कार्य और भगवन्त के प्रकटीकरण में यह भेद बराबर प्रदर्शित हुआ है। दीदी ने यह स्पष्ट किया कि इस

प्रतिपादन द्वारा किसी एक अवतार की महत्ता सिद्ध करने अथवा दूसरे की कम करने का आशय कदापि नहीं है। इस प्रसंग को लेकर उन्होंने केवल यह सन्देश देना चाहा है कि वर्तमान जीवन प्रबन्धन के इस युग में हमें यह आवश्यक हो गया है कि हम भौतिक दृष्टि मात्र लेकर आत्म प्रस्तुतीकरण के स्थान पर अन्तःकरण चतुष्टय–मन, बुद्धि, चित्त और अहंकार के स्तर पर ही केन्द्रित होकर आत्म–साक्षात्कार की ओर प्रवृत्त हों जो कि हमारा वास्तविक विकास का पैमाना होगा।

इस प्रस्तुतीकरण में दीदी ने पूज्यश्री रामकिंकर महाराज की महत्त्वपूर्ण कृति 'शील सिन्धु राघव और माधुर्य मूर्ति माधव' का आधार लेते हुए प्रतिपादित किया कि दोनों ही अवतार पूर्ण हैं और उनका सन्देशा उसकी परिपूर्णता में ही ग्रहण किये जाने योग्य है। **'धर्म न दूसर सत्य समाना''** का सत्य का पैमाना लेते हुए दीदी ने बताया कि यदि रामायण आदर्श महाभारत काल में प्रवृत्त होता तो महाभारत युद्ध की दूर–दूर तक कोई भी सम्भावना नहीं थी। यदि भ्रातृ प्रेम का आदर्श धृतराष्ट्र और पाण्डु के बीच ही काम कर रहा होता तो दुर्योधन की ईर्ष्या ही जन्म नहीं लेती। महाभारत में तो जैसे सत्य के प्रमाण–पत्र बटोरने और उनको लटकाकर चलने की होड़ ही लगी हुई है, चाहे वह भीष्म हो, गान्धारी हो, युधिष्ठिर हो, भीम हो, अर्जुन हो, या कि द्रौपदी हो। कृष्ण धर्म की इस जड़ता को तोड़ते हैं। भीष्म को लेकर वे अपनी स्वयं की प्रतिज्ञा तो तोड़ते ही हैं, युधिष्ठिर, अर्जुन, द्रौपदी, गंधारी आदि को वे परम सत्य के दर्पण में विपरीत बिम्ब के रूप में प्रतिच्छायित भी करते हैं।

राम–रावण युद्ध और महाभारत के युद्ध की तुलना करते हुए मन्दाकिनी जी ने कहा कि निश्चित ही राम–रावण युद्ध अधिक बड़ा और दुर्धर्ष था, किन्तु इस युद्ध में वस्तुतः एक भी जन–हानि नहीं हुई। राम की सेना को तो इन्द्र ने अमृत पान कराकर जीवित कर ही दिया था। रावण की सेना के मृत लोगों को भी राम ने अपने धाम में पहुँचा दिया। दूसरी ओर महाभारत के युद्ध में दोनों ओर से लड़नेवाली 18 अक्षौहिणी सेना में से अन्त में केवल पाँच पाण्डव और तीन–अश्वत्थामा, सात्यिकी और कृपाचार्य कहीं जीवित बचे। इससे बड़ी विडम्बना तो यह रही कि 1 अक्षौहिणी नारायणी सेना का भी विनाश कृष्ण ने नहीं रोका और इससे भी बड़ी द्विविधा तो यह कि श्रीकृष्ण महाभारत युद्ध के 36 वर्ष बाद अपने सम्पूर्ण यादव कुल का संहार देखकर ही अपना गोलोक का प्रत्यागमन करते हैं।

इस प्रसंग में दीदी द्वारा धर्म–रथ का तुलनात्मक आधार लेकर बड़ी रोचक व्याख्या की है। वास्तविक गीता का जन्म धर्मरथ से ही होता है चाहे वह विभीषण को सुनाई जा रही हो याकि अर्जुन को और यह कैसे भी भूलने की बात नहीं कि इसके तीसरे अप्रकट श्रोता पवनपुत्र दोनों ही स्थानों पर मौजूद हैं। धर्मरथ में राम के अनुसार शौर्य और धैर्य के दो पहिये होते–**सौरज धीरज जेहि रथ चाका।** धैर्य मन तथा शौर्य बुद्धि का गुण है। इन पहियों पर प्रत्येक काल के व्यक्तित्व का विकास का रथ भी स्थिर रहना चाहिए। इस प्रसंग में 'सुजान सारथी' की आवश्यकता भी भगवान राम ने प्रतिपादित की। स्पष्ट है कि कृष्ण रूप में इसे उन्होंने स्वयं चरितार्थ किया। अर्जुन के प्रतिद्वन्द्वी कर्ण की पराजय का महत्त्वपूर्ण कारण तो सारथी ही बन गया जब शल्य ने कर्ण का मनोभाव लगातार क्षीण करते हुए उसे अर्जुन से पराजित हो जाने की स्थिति उत्पन्न कर दी।

अब कोई यह प्रश्न करे कि महाभारत और श्रीमद्भागवत की रचना वेदव्यास ने की थी जबकि 'रामचरितमानस' तो तुलसीदास जी ने अभी कुछ सौ वर्ष पूर्व ही लिखा है अन्ततः इनकी तुलना का आधार कैसे बन सकता है, तो इस सम्बन्ध में मन्दाकिनी जी का यह उल्लेख सर्वथा ध्यान दिये जाने योग्य है कि मानस के मूल और वास्तविक रचयिता कवि तो महादेव हैं–**रचि महेस निज मानस राखा।** तब तुलसी तो इस कृति के लिपिकार ही हुए। इस अर्थ में मानस को यदि वाल्मीकि रामायण से भी प्राचीन कहा जाता है तो इसमें भी कोई त्रुटि नहीं मानी जा सकती।

साधुत्व और शास्त्र के सुमेरु : श्री राजेन्द्र दास जी देवाचार्य

भारतवर्ष के प्रदेशों में मध्य प्रदेश उसका एक क्षेत्र बुन्देलखण्ड। वहाँ के एक जनपद टीकमगढ़ का एक ग्राम विशेष अचर्रा! पूर्वकाल से ही आचार्यों–सदाचारी वैदिक विप्रों के आवास स्थान का नाम आचार्य शब्द से अचर्रा हो गया। भद्र भाद्रमास जिसमें अवतारी लीलापुरुषोत्तम श्रीकृष्ण का प्राकट्य होता है उसी मास की शुक्ल पक्ष पंचमी को जिसे ऋषि पंचमी कहते हैं, उस पवित्र ि तिथि में हमारे पूज्यपाद श्रीमहाराज जी का आविर्भाव सत्परायण पुण्यसंस्कारशीला माता श्रीमती बृजलता देवी जी की दक्षिण कुक्षि से हुआ। आपके पिता पण्डित श्रीरामस्वरूप पाण्डेय जी वंशपरम्परानुसार अति संस्कारी, पुण्यात्मा, सदाचारी, नैष्ठिक धर्मप्राण विद्वान महानुभाव हैं। वैदिक सनातन पद्धति से ज्ञात कर्मादि संस्कार सम्पन्न होने के पश्चात विहित दिवस में विधि–विधानपूर्वक श्री महाराज जी का जन्म–लक्षणादि के अनुसार नामकरण संस्कार सम्पन्न हुआ। तदनुसार आपका जन्म नाम श्री राजेन्द्र नारायण पाण्डेय हुआ। सुजनश्रेष्ठ सद्गुरु श्रीगण ोशदास जी भक्तमाली जी के समर्थ दिव्याशीष से सरलात्मा दम्पति श्रीमती बृजलता देवीजी तथा पण्डित श्रीरामस्वरूप पाण्डेय जी नामक माता–पिता से भारद्वाज गोत्र पाण्डेय विप्रवंश में भाद्रपक्ष शुक्ल पक्ष पंचमी, ऋषि तिथि को एक तेजस्वी बालक का प्राकट्य हुआ जो नामकरण संस्कार से आयुष्मान राजेन्द्र नारायण संज्ञावान हुए।

यथा आपके सद्गुरुदेव श्री भक्तमाली जी अपने बचपन में केवल संस्कृत पढ़ने हेतु दो बार चुपके से घर से भाग गये। पहली बार तो वह असफल हुए किन्तु दूसरी बार दो–तीन साथियों के साथ वह अपने गाँव कुसी (नैमिष क्षेत्र) से पैदल वाराणसी आ गये। उसी तरह पाँचवीं–छठी कक्षा पढ़ते–पढ़ते ग्रामीण विद्यालय में घटनाविशेष के कारण विरक्त हो गये। तथा आपने पिताजी से कह दिया कि अब मैं वहाँ पढ़ने नहीं जाऊँगा। इस स्थिति से आपके पण्डित पिताश्री तथा सम्पूर्ण परिवार अति चिन्तित हो गये। किन्तु श्रीहरि कृपा से उसी समय वृन्दावन से सद्गुरुदेव महाराज का पदार्पण हुआ और सारी स्थिति जानकर उन्होंने झट से समाधान किया।

इससे पूर्व ग्राम निवास की अवधि में भी लगभग एक वर्ष के लिए प्रातःस्मरणीय पूज्यपाद स्वामी श्रीशरणानन्द सरस्वती जी महाराज का पावन सान्निध्य प्राप्त हुआ। पूज्य स्वामी जी जगद्गुरु शंकराचार्य ज्योतिषपीठाधीश्वर श्रीब्रह्मानन्द सरस्वती जी महाराज के शिष्य तथा धर्म–सम्राट स्वामी श्रीकरपात्री जी महाराज के छोटे गुरु–भ्राता थे। पूज्यपाद श्रीशरणानन्द जी संन्यास धर्म में पूर्ण परिनिष्ठित एवं कंचन कामिनी के स्पर्श से सर्वथा विमुक्त एक सर्वसन्तप्रशस्त महापुरुष थे।

वहीं अपने शरणागत नव बाल शिष्य को उन्होंने वैष्णवी दीक्षा प्रदान कर विधिवत संस्कार किया। संस्कृत शास्त्र अध्ययन वृन्दावन में इनका आरम्भ करवाया। कालान्तर में आपके गुरुदेव श्रीगणेशदास भक्तमाली जी ने आपको निकटस्थ खाकी चौक के योगिराज सिद्ध सन्त श्रीदेवदास जी महाराज से विरक्त दीक्षा दिलवाई। संस्कारी वैष्णव अध्ययनशील श्री राजेन्द्रदास जी ने क्रमशः नव्य व्याकरण, विशिष्टाद्वैत वेदान्त दर्शन तथा साहित्य शास्त्र में आचार्यत्व उपाधि अर्जित की तथा अनुसन्धान कार्य सम्पन्न कर विद्यावाचस्पति (डी.लिट्.) की उपाधि भी प्राप्त की।

जब मैंने देवाचार्य राजेन्द्रदास जी से तुलसी मानस भवन, भोपाल में 'रामकथा' पर व्याख्यान हेतु पधारने का अनुरोध किया तो उन्होंने अपने सर्वज्ञात विनम्र भाव में प्रथमतः यही कहा जब पूज्य रामकिंकर जी उपाध्याय, राजेश्वरानन्द जी महाराज और देवी मन्दााकिनी आदि पधारते रहे हैं, वहाँ मेरे जैसे रामकथा न कह पानेवाले व्यक्ति का स्थान हो सकता है?

तब मेरा कहना था कि वाल्मीकि रामायण के इस श्लोक को आपके सन्दर्भ से मैंने नोट कर रखा है तथा आपकी अपेक्षा के अनुरूप इसके अभिज्ञान के लिए मैं इसे जहाँ का तहाँ साझा कर रहा हूँ–

यश्च रामं न पश्येतु यश्च रामं न पश्यति
निन्दितः सर्वलोकेषुस्वात्माप्येनं विगर्हति।

(वाल्मीकि रामायण 2/17/14)

अर्थात जिसने राम को नहीं देखा–जाना और राम ने जिसे नहीं देखा (कृपादृष्टि से) वे दोनों तो सर्वत्र निन्दा के ही योग्य हैं। उनकी अन्तरात्मा उन्हें सदा धिक्कारती ही है।

देश के शीर्ष शास्त्रज्ञ और वाल्मीकि रामायण के अप्रतिम प्रस्तोता के रूप में आपके सुने इस कथन कि वाल्मीकि रामायण के इस श्लोक को भारत के घर–घर द्वार पर लिखा जाना चाहिए, क्या सुनकर कोई भुला सकता है?

यह सही है कि देवाचार्य जी के प्रधान प्रियतर विषय भक्तमाल, श्रीमद्भागवत और गोसंरक्षण आदि हैं, किन्तु भारतीय मनीषा का कोई भी विषय उनसे छूटा नहीं है तथा उनकी अनवरत नित्य अध्यवसायिता उन्हें शास्त्र ज्ञान की सर्वोच्चता प्रदान करती है। यहाँ चूँकि मूल सन्दर्भ 'रामकथा' का है, अतः इस समबन्ध में उनका इसी रूप में परिचय मेरा प्रकट अभिप्रेत है।

कुछ समय पूर्व देवाचार्य ने रामकथा की वेद के प्रत्यक्ष उपब्रह्मण के रूप में अद्भुत व्याख्या की। उनका कहना था कि दशरथ जी के पिता अज थे। 'अज' को हम जानते हैं, यह ब्रह्मा जी का नाम है। जिस प्रकार वेदब्रह्मा के निश्वास हैं, उसी प्रकार दशरथ अज महाराज के आत्मज के आत्मज हैं। गोस्वामी तुलसीदास मानस में उनका यही परिचय देते हैं–

अवधपुरी रघुकुलमनि राऊ। बेद विदित तेहि दसरथ नाऊ।।

जब हम वेद के कथ्य भाग पर आते हैं तो स्पष्ट होता है कि वेद में ज्ञान, उपासना और कर्म–तीन मुख्य प्रभाग हैं। दशरथ जी की तीन महारानियाँ–कौशल्या, सुमित्रा और कैकेयी इन्हीं तीन भूमिकाओं का प्रतिनिधित्व करती हैं। और जहाँ तक राम, भरत, लक्ष्मण और शत्रुघ्न का सम्बन्ध है, उनके विषय में गोस्वामी तुलसीदास का यही कहना है–**"वेद तत्त्व नृप सुत तवचारी"** (मानस 1/98)। वे मनुष्य के

पुरुषार्थ चतुष्टय–मोक्ष, धर्म, धन और काम के प्रतीक हैं। अपने इस व्याख्यान में महाराज जी ने विस्तृत व्याख्यापूर्वक यह भी समझाया है कि पुरुषार्थ का क्रम प्रचलित रीति–धर्म, अर्थ, काम और मोक्ष के स्थान पर पूर्वोक्त क्रम में ही रखे जाने योग्य है। वास्तव में 'काम' से मोक्ष का क्रम तो असंगत है ही, 'अर्थ' से भी मोक्ष की प्राप्ति की कल्पना नहीं की जा सकती है। महाराजश्री की स्थापना है कि 'काम', अर्थात कामना, इच्छा, अभीप्सा और जीवनाकांक्षा प्रथम पुरुषार्थ है जो संसार में मानव की यात्रा का सर्वथा प्रथम पग है। इस पुरुषार्थ साधन से मनुष्य अर्थ अर्थात उपकरण, साधन और उपादान तथा धन (अर्थ) संचित करता है। धन की सर्वोत्तम गति दान है जो एक सच्चे पुरुषार्थी को धर्म पथ पर पहुँचाती है और यही मनुष्य के लिए मोक्ष का द्वार खोलता है।

आदिकवि वाल्मीकि के 'शोक से श्लोक' उत्पन्न होने के लोक विश्रुत सिद्धान्त पर **''मा निषाद प्रतिष्ठां त्वमगमः शाश्वती समा/यत्क्रौंचमिथुनाद्मेकमवधी काममोहितम्''** की देवाचार्य जी की व्याख्या अद्भुत है। उनके अनुसार इस एक श्लोक मात्र में रामायण के सातों काण्डों की कथा का समाहार उपलब्ध हो जाता है। वाल्मीकि जैसे द्रष्टा महाकवि की काव्य प्रक्रिया को इस श्लोक में सरलीकृत धारणा में देखना कदापि उचित नहीं है। यहाँ कवि की अन्तर्दृष्टि किसी काल या घटना सापेक्ष न होकर वेदानुकूल सृष्टि की रचना और विस्तार क्रम की ही प्रतिपादक है।

''भक्ति भक्त भगवत गुरु चतुर्नाम वपु एक/इनके पद बन्दन किये नासहिं विघ्न अनेक'' की भक्तिमाली धार में ज्ञान, उपासना और सनातन भारतीय जीवन–दर्शन का सर्वांगीण समाहार हो सकता है, यह राजेन्द्रदास जी की कथा सुनकर ही समझ में आता है। हिन्दी साहित्य की सन्त परम्परा के मध्ययुगीन भक्त कवियों को नाभादास जी की दृष्टि में पिरोकर राष्ट्र के सांस्कृतिक परिष्कार का एक महतर प्रयोजन साधा जा सकता है, यह संकल्पना राजेन्द्रदास जैसे उक्त परम्परा के वर्तमान और सनातन संस्करण की ही हो सकती है। उन्हें सुनते हुए मलूकदास जी के सम्बन्ध में लोक प्रचलित निश्चेष्टा **(अजगर करें न चाकरी पंछी करें न काम। दास मलूका कहि गये सबके दाताराम)** के सिद्धान्त का तो निवारण होता ही है, भक्त रैदास द्वारा काशिराज की उपस्थिति में काशी के पण्डितों की पराजय का तुमुलनाद भी सुना जा सकता है। प्रियादास जी के किसी एक पद को लेकर जब राजस्थान, महाराष्ट्र, गुजरात या मध्य प्रदेश के किसी सन्त के सम्बन्ध में किन्हीं चार पंक्तियों पर उनकी कथा का एक सम्पूर्ण सप्ताह (पाँच घण्टे प्रतिदिन की अबाध कथा धारा में) अपर्याप्त हो जाता हो तो वाल्मीकि या तुलसी की रामायण की कथा के आरम्भ और विश्रान्ति की सीमा रेखा ही खोजना निरर्थक है।

राजेन्द्र दास जी स्वर, संगीत, गान, सम्बोधन, उद्बोधन, प्रबोधन और संयोजन की अपार क्षमता रखते हैं। जहाँ कुछ कथावाचकों के साथ काफ़ी बड़ी संख्या में लगभग एक गाँव जैसा अनुयायी वर्ग चलता है, वैसे ही देवाचार्य जी के साथ विरक्त साधु महात्माओं और संस्कारवान गृहस्थों की जमात चला करती है। यहाँ यह अनुमान किया जा सकता है कि इतनी संख्या के श्रोता मात्र श्रद्धावश केवल पाठ पुनरावृति के लिए प्रेरित होकर उपस्थित नहीं हो सकते हैं। इन श्रोताओं के लिए निश्चित ही यह आश्चर्य का विषय होगा कि उनसे आयु में इतने कनिष्ठ (महाराजश्री का जन्म वर्ष 1971 है) वक्ता के पास इतने शास्त्र, साधना, अध्यवसाय और सत्संग से इतने अल्पकाल में उपार्जित यह अतुलनीय सम्पदा दैवी प्रसाद ही हो सकती है।

इस अवसर पर मुझे श्री राजेन्द्र दास जी के पूर्व आश्रम के पूज्य पिताश्री रामस्वरूप दास जी पाण्डेय की एक पुस्तक की समीक्षा करते हुए लिखी अपनी निम्न पंक्तियों का स्मरण आ रहा है–

'यह महज़ संयोग ही नहीं है कि श्री रामस्वरूप दास जी पाण्डेय मलूक पीठाधीश्वर राजेन्द्र दास जी देवाचार्य के पूर्व आश्रम के पिता हैं। श्री राजेन्द्र दास जी वर्तमान समय के देश के शीर्षतम शास्त्रवेत्ता साधु हैं। विद्वत्ता की उनकी पराकाष्ठा अतुलनीय है जिस प्रकार कपिल महाराज से देवहूति और ऋषि कर्दम धन्यता को प्राप्त हुए वही भाग्यश्री पाण्डेय जी का भी है। राजेन्द्र दास जी अपने विश्वव्यापी सरसन्धान से गोरक्षा के जिस अप्रतिम संकल्प साधन में निरत हैं, वह उनकी सनातन भारतीय भूमिका को पुनराख्यायित करता है।'

राजेन्द्र दास जी की रामकथा का वह प्रसंग जब राम 'निश्चर वध' की दृढ़ प्रतिज्ञा करते हैं, प्रकारान्तर से अनेक बार उभरता है। रामचरितमानस में तो इसकी पृष्ठभूमि में तुलसीदास जी ने राम का राक्षसों के द्वारा मारे गये मुनियों के 'अस्थि समूह' देखना बताया है। वाल्मीकि की सीता राम की इस दृढ़ प्रतिज्ञा पर औचित्य का प्रश्न उत्पन्न करती है। उनका कहना है कि निश्चरों ने राम का कुछ अहित नहीं किया है, उनसे उनकी कोई शत्रुता भी नहीं है, अतः राम जैसे धर्मज्ञ और नीतिवान को अकारण उनके विनाश की प्रतिज्ञा करना कहाँ तक सही है? वाल्मीकि जी के राम इस सम्बन्ध में इतने दृढ़प्रतिज्ञ हैं कि इसके कारण को लेकर तो वे सीता और लक्ष्मण का भी परित्याग कर सकते हैं। ऐसा श्रीराम का कहना है–

अप्यहं जीवितं जह्यां त्वां व सीते सलक्ष्मणाम्
न तु प्रतिज्ञां सन्श्रुत्य ब्राह्मणेभ्यो विशेषतः।

आशय यह है कि ब्राह्मणों के प्रति की गयी प्रतिज्ञा राम के लिए अपरिहार्य है। सारतः ब्राह्मण, गाय और सनातन धर्म के सिद्धान्त और दर्शन का विधि और निषेध रीति से पूरी तरह से परिपालन देवाचार्य का स्थिर सन्देश है। यह प्रश्न उठाया जा सकता है कि शास्त्रों की भी अनेकशः व्याख्या हुई है तथा आधुनिक सन्दर्भों में समाज को पश्चिम की वैज्ञानिक शिक्षा और सन्देश को भी ध्यान में रखना विधेय हो सकता है। किन्तु साधु परम्परा, सनातन शास्त्र दर्शन और भारतीय जीवन दृष्टि में आकण्ठ निमग्न मलूक पीठाधीश्वर से भिन्न धारणा की अपेक्षा भी नहीं की जा सकती। इसमें यह आश्चर्य भी कोई स्थान नहीं रखता है कि जिस तिलक, चोटी, नित्य पूजा अनुष्ठान और सम्पूर्ण धर्म निष्ठा ने स्वयं उनकी अपनी कठिन साधनापूर्ण जीवन–यात्रा में पग–पग पर परीक्षा ली, उनके सार्वभौम सन्देश का वही आग्रह है। ज्ञान, साधना, अनुभव और दृष्टि की यह एक निष्ठा उनके विरल व्यक्तित्व की विशेष पहचान बनाती है।

यहाँ नूतन और समसामयिक विषयों में से एक पर्यावरण पर श्री राजेन्द्र दास की अत्यन्त प्रभावी दृष्टि का उल्लेख करना आवश्यक लगता है। 5 जून 2019 को टीकमगढ़ में समायोजित अपनी रामकथा में उन्होंने विश्व पर्यावरण दिवस के सन्दर्भ में राम द्वारा चित्रकूट में भरत को पर्यावरण की सुरक्षा की आवश्यकता के सन्देश को आधार बनाया। देवाचार्य का कहना था कि पर्यावरण में हम प्रकृति के पाँच तत्त्व–पृथ्वी, जल, अग्नि, वायु और आकाश को ही सम्मिलित कर अपनी अपूर्ण चेष्टाओं में खो जाते हैं। उनके अनुसार गीता में भगवान श्रीकृष्ण ने प्रकृति को 'अष्टधा' कहा है। इसमें पाँच के अतिरिक्त मन, बुद्धि और अहंकार की भी महत्त्वपूर्ण स्थिति है। पूर्वोक्त पाँच जहाँ स्थूल प्रकृति के प्रतीक हैं वहीं उक्त तीन सूक्ष्म प्रकृति के परिचायक हैं। हम पर्यावरण की रक्षा आज इसलिए नहीं कर पा रहे हैं क्योंकि हमारी

वर्तमान सारी चेष्टाएँ स्थूल तत्त्वों के स्तर तक ही सीमित हैं। इस सिद्धान्त को हम अपने जीवन में घटित करते हुए भी अच्छी तरह से समझ सकते हैं। हमारे अपने स्वास्थ्य, रूपान्तरण और परिष्कार का कार्य केवल भौतिक स्तर पर चेष्टा करने से सम्पादित नहीं होता। सबके लिए यदि हम सूक्ष्म स्तरों–मन, बुद्धि और अहंकार के स्तर पर–चेष्टा करते हैं तो भौतिक स्थिति स्वतः प्रभावी रीति से परिवर्तित होती है। यही स्थिति पर्यावरण में सुधार को लेकर भी ध्यान में दी जाना आवश्यक है। यदि आज की मानवीय चेतना के धरातल पर भारतीय विज्ञान के इस सिद्धान्त और दर्शन को स्वीकार कर लिया जाता है तो इतनी विश्वव्यापी चिन्ता के प्रश्न पर हमें आसान और स्थायी समाधान प्राप्त हो सकता है।

यह कोई आश्चर्य नहीं कि जगद्गुरु रामभद्राचार्य जी इस विभूति को देश के राष्ट्रपति के द्वारा अपने विश्वविद्यालय से डी. लिट्. उपाधि प्रदान करते हैं, ज्योतिष पीठाधीश्वर स्वरूपानन्द जन्मदिन की शुभकामना मलूक पीठ पहुँचकर प्रदान करते हैं तथा इनकी जन्मस्थली समारोह में अचर्रा पहुँचकर पुरी पीठाधीश्वर श्री निश्चलानन्द जी महाराज कहते हैं–मैं इन पर लट्टू इसलिए हूँ क्योंकि ये ज्ञान के पुंज होने के साथ ही साथ साधुत्व की पराकाष्ठा हैं। रामकथाकार मोरारी बापू इनके आमन्त्रण पर रामधाम ओरछा में कथा करते हैं। नृत्यगोपालदास अयोध्या में रामकथा सुनते हैं तथा भारत माता मन्दिर प्रधान पीठाधीश्वर श्री अवधेशानन्द रेवतीरमण, पथमेड़ा महाराज, श्री मृदुलकृष्ण गोस्वामी, श्री कृष्णचन्द्र शास्त्री, ठाकुर जी, रमेश भाई ओझा, बाबा रामदेव आदि इनके परम प्रशंसक हैं। वर्तमान में रामानुरागी और भगवद्कथा प्रेमी जनों का यह परम सौभाग्य है कि वह आज ऐसे युग में एक ऐसे प्रामाणिक कथाकार की कथा रस का पान करने में समर्थ हैं जिसमें भगवान् शुकदेव जी महाराज और मैत्रेय आदि ऋषियों की प्रतिच्छाया देखी जा सकती है।

रामकथा के विश्वकोश : विद्यावाचस्पति डॉ. रामाधार शर्मा

मध्य प्रदेश के ज़िला रायसेन के बीकलपुर में जन्मे डॉ. रामाधार शर्मा की प्रारम्भिक शिक्षा ग्राम बीकलपुर में ही हुई। पश्चात उन्होंने 'हनुमान चरित का विकास' विषय पर भोपाल के हमीदिया महाविद्यालय से डॉ. रामचन्द्र तिवारी के मार्गदर्शन में शोध समपन्न किया। इसके अतिरिक्त उन्होंने वाराणसी से विद्यावाचस्पति की उपाधि अर्जित की। ज्योतिष, वैदिक और संस्कृत साहित्य का प्रामाणिक ज्ञान उन्हें अपने पूज्य पितामह से प्राप्त हुआ। वह सभी अठारह पुराणों में प्रवचन की दक्षता रखते हैं तथा वैदिक और कर्मकाण्डीय अनुष्ठान के आचार्यत्व की क्षमता युक्त हैं। उन्होंने शताधिक मानस सम्मेलन, समायोजन और सम्मविमर्श में भागीदारी की है तथा साधिकार शास्त्र और वेद विषयक भ्रान्तियों को निर्मूल करने की क्षमता रखते हैं। उन्होंने अनेक धर्मसंघों और वेद सम्मेलनों में प्रभावी क्षेत्रीय प्रतिनिधित्व किया है।

डॉ. रामाधार शर्मा तुलसी मानस प्रतिष्ठान में प्रति वर्ष समायोजित श्री गोरेलाल शुक्ल स्मृति व्याख्यान माला के शिखर शिल्पी हैं। लगभग दो दशक पुरानी इस व्याख्यान शृंखला में उन्होंने हनुमान, भरत, महाराज दशरथ आदि के चरित्र तथा रामकथा के प्रायः सभी सारभूत ग्रन्थों जिनमें देश, विदेश तथा जैन और बौद्ध रामकथाएँ भी सम्मिलित हैं, पर अपने प्रभावी सप्त दिवसीय प्रवचन दिये हैं। आचार्य प्रवर की कथा की सबसे बड़ी विशेषता उनके द्वारा विविध शास्त्र प्रसंगों में सकारात्मक संगति बिठाने की क्षमता है।

प्रायः सर्वथा आस्तिक सनातनी हिन्दू मानस भी विविध पुराणों के अध्ययन से समाहूत विरोधाभासों से आच्छन्न होकर इनके समाधान के लिए भटकता रहता है। ऐसे जिज्ञासुओं के लिए डॉ. शर्मा का कथा मंच बहुत महत्त्वपूर्ण हो जाता है क्योंकि आचार्य जी दिन–प्रतिदिन की शंकाओं का निवारण तो करते चलते हैं ही, उनकी कथा के अन्त में प्रायः एक सम्पूर्ण सत्र शंका समाधान का ही हो जाता है। शास्त्र विषयक अध्ययन की प्रामाणिकता इतनी बात से ही स्वतः सिद्ध हो जाती है क्योंकि शर्मा जी जिस शास्त्र या विषय का सन्दर्भ देते हैं, उसके सम्बन्ध में वह यह स्पष्ट करते चलते हैं कि तत्सम्बन्धी मूल विषय का उनका अध्ययन अपना है। मानस में प्रयुक्त छन्द संख्या पर आचार्य ने यह रोचक जानकारी दी–

प्रश्न पूछने वाले तो कभी–कभी सूची ही साथ लेकर चलते हैं। ऐसे ही एक अवसर पर रामचरितमानस में प्रयुक्त छन्द संख्या पर आचार्य ने यह रोचक जानकारी दी–

मानस में प्रयुक्त चौपाइयाँ	–	9218
दोहे	–	1173
सोरठा	–	87
छन्द	–	228
श्लोक	–	27

आचार्य ने इसके अतिरिक्त यह भी बताया कि इसमें प्रयुक्त शब्द संख्या 1,16,733 तथा अक्षर संख्या है 2,91,580।

आचार्यवर ने पुराण परिचय, नित्यकर्मानुशासन, गृहस्थ, स्त्री धर्म, आश्रम व्यवस्था आदि के सम्बन्ध में अनेक ग्रन्थ भी लिखे हैं जो धर्मानुरागियों के लिए बहुत उपयोगी हैं। यह कोई आश्चर्य नहीं कि अयोध्या में नृत्यगोपालदास जी की छावनी में अभी 2019 में अपनी रामकथा के प्रसंग में देवाचार्य मलूक पीठाधीश्वर श्री राजेन्द्र दास जी ने इस महत्कार्य के लिए श्री रामाधार जी का सादर स्मरण कर उन्हें साधुवाद दिया।

एक कथा प्रसंग में श्रीमद्भागवत को लेकर मैंने जब कुछ दाक्षिणात्य शैव विचारकों के इस मत पर उनका अभिमत जानना चाहा कि क्या श्रीमद्भागवत आदि शंकराचार्य के पश्चात् लिखा हुआ पुराण है? इन विचारकों का तो यह भी कहना है कि वास्तव में श्रीमद्भागवत आदिशंकर के पश्चात् लिखा हुआ पुराण है? इन विचारकों का तो यह भी कहना है कि वास्तव में श्रीमद्भागवत में ही पुराणों की सूची में 'भागवत' 8वें क्रम पर उल्लिखित है। इसके आधार पर इनका मत बना है कि भागवत से आशय देवी भागवत से ही लिया जाना चाहिए। इसके अतिरिक्त इनका एक और महत्त्वपूर्ण प्रश्न भागवत कथाकार शुकदेव जी महाराज को लेकर खड़ा किया गया है। उनका कहना है कि महाभारत (जो कि इन दाक्षिणात्यों की दृष्टि में पूर्ण प्रामाणिक है) के अनुसार शुकदेव जी परीक्षित के जन्म पूर्व ही ब्रह्मलोक गमन कर चुके थे। अतः परीक्षित को कथा सुनाने की उपस्थिति कैसे सम्भव थी? इसके अतिरिक्त यह भी कि महाभारत के अनुसार तक्षक ने परीक्षित को वास्तव में डसा था जबकि इस घटना का भागवतकार ने संस्पर्श ही नहीं किया।

इस सम्पूर्ण विवाद का आचार्य प्रवर ने बहुत शोध और विचारपूर्ण उत्तर दिया। सबसे पहले तो उन्होंने इस तथ्य के उचित सन्दर्भ दिये कि श्रीमद्भागवत में इन विचारकों की अवधारणा से गायत्री मन्त्र के अनेक सन्दर्भ ज्ञात हैं। उदाहरण के लिए जहाँ प्रथम श्लोक के अन्त में ही 'सत्यं परं धीमहि' में गायत्री मन्त्र की

ध्वनि सुनी जा सकती है वहीं दशम स्कन्ध में भगवान कृष्ण की नित्य कर्म और चर्या के प्रसंग से गायत्री मन्त्र का सन्दर्भ लिया जा सकता है। जहाँ तक शुकदेव जी महाराज द्वारा राजा परीक्षित को भागवत सुनाने का सन्दर्भ है, इस सम्बन्ध में श्री शर्माजी का कहना था कि जिस प्रकार सनकादिक और नारदादि ऋषि के आवागमन के पुराण प्रसिद्ध अनेकानेक सन्दर्भ हैं, उसी प्रकार परमहंस स्वरूप शुकदेव जी महाराज की भी भागवत की दिव्य कथा प्रसंग में उपस्थिति को स्वीकार किया जाना चाहिए।

(तुलसी मानस प्रतिष्ठान में संगृहीत सामग्री से साभार)

डॉ. श्यामसुन्दर दुबे : 'स्वान्तस्तमः शान्तये'

इस आलेख का शीर्षक डॉ. श्यामसुन्दर दुबे के तुलसी प्रतिष्ठान भोपाल में वर्ष 2016 में संस्थान की सुप्रतिष्ठित 'बलदेवप्रसाद व्याख्यान माला' में दिये गये त्रिदिवसीय व्याख्यान का विषय–शीर्ष था। श्री दुबे इसमें मेरे अनुरोध पर हमारी समन्वित विगत पचास वर्ष पुरानी स्मृतियों की मंजूषा सहित सप्रेम पहुँचे थे। रामचरितमानस के संस्कृत श्लोकी इस उपसंहार जिसमें तुलसी के प्रतिज्ञा कथन 'स्वान्तः सुखाय' का जैसे उदात्तीकरण हुआ है, पर श्री दुबे ने एक बहुत विद्वत्तापूर्ण व्याख्यान दिया। प्रबुद्ध व्याख्यान मूलक यह श्रृंखला इस अर्थ में उल्लेखनीय ही है कि इसमें डॉ. नगेन्द्र, विष्णुकान्त शास्त्री, विद्यानिवास मिश्र, डॉ. गोविन्दचन्द्र पाण्डेय, कल्याणमल लोढ़ा, डॉ. राममूर्ति त्रिपाठी, पाण्डुरंग राव, विश्वास पाटील और नरेन्द्र कोहली आदि प्रभृति मनीषी भाग ले चुके हैं। डॉ. दुबे ने अपने व्याख्यान का विषय निश्चित ही उसकी गुरुवत्ता के अनुरूप ही रखकर तीन दिन तक भोपाल राजधानी के बुद्धिजीवियों को अभिभूत किया। तुलसी की यहाँ यह स्वीकारोक्ति कि इसमें उन्होंने मानस लिखकर अन्ततः अपने अन्तस की कालिमा को ही मिटाने की चेष्टा की है, चकित ही करती है। तुलसी में क्या कोई कलुष का वास हो सकता है? और यदि तुलसी में कालुष्य है तो फिर इससे बचने वाला कोई अन्य हो सकता है, कल्पना करना ही मुश्किल हो जाता है। अतः मानस के गहन अन्तर्दर्शन द्वारा ही यह समझा जा सकता है कि इस कथन में तुलसी का कितना अन्तः साक्ष्य और कितना जीवन दर्शन छिपा हुआ है।

श्री दुबे की उपलब्धियों में यह सब चमत्कृत ही करता है कि प्रतिष्ठापूर्ण महाविद्यालयीन परमाचार्य पद के सम्यक् निर्वाह सहित जहाँ उन्होंने बहुआयामी विषयों पर लगभग तीन दर्जन पुस्तकें लिखी हैं वहीं लगभग समान संख्या में उन्हें सुब्रह्मण्य भारती सहित अनेक सम्मान भी प्राप्त हुए हैं। यदि उन्होंने लगभग एक दर्जन शोधार्थियों का मार्गदर्शन किया है तो उनके साहित्यिक अवदान को लेकर भी लगभग इसी संख्या में उन पर शोधकार्य भी सम्पन्न हो चुका है। किन्तु मुझे श्री दुबे के वर्तमान में भागवत और रामायण कथा प्रसंग पर प्रवचन और व्याख्यान की ओर उनके झुकाव विशेष अर्थपूर्ण समझ आते हैं। उम्र के इस पड़ाव पर मुझे एक समान बात कहे जाने का स्मरण हो रहा है। अपनी आयु की प्रायः पूर्ण कामना पर उन्होंने कहा कि यहाँ पहुँचकर एक आप्तकाम में भगवद्भक्ति का यही भाव आना चाहिए–

सकृददेव प्रपन्नाय तवास्मीति च याचते
अभयं सर्व भूतेभ्यो ददाम्येतद् व्रतं मम्

(वाल्मीकि रामायण 6–18–33)

अतः श्री दुबे का भगवत्–'कथामृत' का पारायण और लोक में सम्प्रसार श्रीमद्भागवत के **'भुवि ग्रणन्ति ते भूरिदा जनाः'** (भागवत 10/31/8) की भूमिका निर्वाह का महत्तर दायित्व मुझे प्रियतर है। अतः मैं अपने शीर्षोक्त विषय पर लौटता हूँ।

आज के एक विद्वान के आचरण और व्यवहार में यह अपने आप में तुलसी की तुलना में कितना विरोधाभासपूर्ण नहीं है कि हमारी प्रस्तुति जहाँ स्वकीर्ति गायन प्रधान होती है, वहीं तुलसी मानस की भूमिका में जो अपना परिचय देते हैं वह कुछ इस प्रकार का है–

जे जनमे कलिकाल कराला। करतब बायस बेष मराला।।
चलत कुपन्थ बेद मग छाँडे। कपट कलेवर कलि मल भाँडे।।
बंचक भगत कहाइ राम के। किंकर कंचन कोह काम के ।।
तिन्ह महँ प्रथम रेख जग मोरी। धींग धरम ध्वज धंधक धोरी।।

(मानस बालकाण्ड 11/1–2)

तुलसी के साथ यह कोई सामान्य शिष्टाचार या औपचारिकता का निर्वाह भी इसलिए नहीं कहा जा सकता क्योंकि वह न केवल इस महाकाव्य का उपसंहार करते हुए इसे दोहराते हैं बल्कि वह अन्य ग्रन्थ, विशेषकर विनयपत्रिका को तो अपनी दैन्य प्रधान भक्ति की पराकाष्ठा तक पहुँचाते हैं।

अतः अपने व्याख्यान में जैसा कि श्री दुबे ने प्रतिपादित किया, तुलसी ने जैसे अपने भीतर के इस प्रच्छन्न कल्मष का साक्षात्कार भी कर लिया था। स्पष्ट भी है कि रोग के उपचार के लिए उसका उचित निदान कर लिया जाना सर्वथा आवश्यक था। यही कारण है कि मानस की रचना प्रक्रिया में रोग के निदान और उपचार की पूर्ण प्रक्रिया का दर्शन इसके कथाक्रम के विकास में किया जा सकता है। तुलसी ने राम के अवतार के अनेक हेतुओं में मुख्य रूप से नारद मोह, जलन्धर वध, जय–विजय प्रसंग, और प्रताप भानु कथानक को उठाया है। इस तरह उन्होंने प्रकारान्तर से मनुष्य के भीतर के मोह, काम, क्रोध और लोभ के विकारों के उत्कर्ष और उनसे दैवी संघर्ष की आवश्यकता प्रतिपादित की है। नारद जैसे विष्णु भक्त मोह के वशीभूत होकर अपने आराध्य को ही अभिशापित करने से नहीं चूकते। जलन्धर अपनी पत्नी वृन्दा के प्रेम में भगवान शिव के लिए क्रोध कर बैठते हैं तथा सभी यज्ञादि का फल 'वासुदेव' को अर्पित कर देनेवाला राजा प्रताप भानु एक कल्प के राजसुखभोग के लिए कपटी मुनि के फेर में पड़ जाता है। प्रकारान्तर से मानस मन की ये सूक्ष्म वृत्तियाँ मोह–रावण (मोह दशमौलि–विनयपत्रिका), क्रोध–कुम्भकरण **(कुम्भकरण रन रंग विरुद्ध।। सन्तुख चलेउ काल जनु क्रुद्धा–मानस)**, काम–मेघनाद (पाकारिजित काम– विनयपत्रिका) और लोभ वह 'ईसना' **(सुत वित लोक ईसना तीनी)** है जो प्रत्येक की मति मलीन करती चलती है।

तुलसी ने स्पष्ट किया है–**जीव हृदय तम मोह विषेखी** (उत्तरकाण्ड 116 ख 4) अतः अज्ञान की 'ग्रन्थि' टूटना आसान नहीं कहा जाता। विनयपत्रिका में उन्होंने कहा भी है– **मोहमय कुहू विसाल काल विपुल सोयो**। अतः उनका स्पष्ट मत यही स्थापित होता है कि 'ज्ञान की ईश कृपा' से ही 'सुजान जीव' का जागरण एक सम्भावना है।

अतः इस व्याख्यान माला में श्री दुबे की यह स्थापना कि तुलसी एक सिद्ध पुरुष तो थे ही उनकी रचना प्रक्रिया भी पूर्ण सिद्ध साधना है जिसका प्रमाण उन्होंने स्पष्ट रूप से अपने उक्त कथन में किया है।

रचना की सिद्धिवत्ता का एकदम समान प्रमाण उनकी विनयपत्रिका में भी मिल जाता है जिसके अन्तिम पद में उन्होंने इस सारे कल्मष के स्रोत कलयुग को चुनौती देनेवाली अपनी याचिका को भगवान राम द्व ारा भरे दरबार में स्वीकार कर लेने का उल्लेख किया है–

बिहँस कहयो राम सत्य है, सुधि मैं हू ही लही है
कहत रघुनाथ के बनी तुलसी अनाथ की परी रघुनाथ हाथ सही है।

जीवन में सफलता, कृतित्व की फलान्विति और सत्य साक्षात्कार की फलश्रुति का यह प्रमाण अति विरल है जो तुलसी की अतीव साधना का सबल सनातन आधार भी बनता है– विशेषकर तब जब यह परिष्कार बाह्य संसार और मनुष्य के आन्तरिक रूपान्तरण की प्रकट एक जीवन्त प्रक्रिया ही हो।

रामकथा के सन्त प्रवर : बाबा रामकिंकर

प्राचार्य डॉ. विश्वास पाटील

राम और कृष्ण भारतीय आत्म तत्त्व के दो पहलू हैं–चिन्तन की दो सर्वमान्य दिशाएँ हैं, विचारधारा के दो सर्वव्यापी प्रवाह हैं, जीवन धारणा के दो सुनिश्चित आयाम हैं, राम उत्तर से दक्षिण को जोड़ते हैं, कृष्ण पूर्व से पश्चिम को मिलाते हैं, दोनों मिलकर आन्तर भारती का एक दिव्य सपना साकार करते हैं। सन्तों, आचार्यों और विद्वत्जनों ने वाणी और अर्थ के सामंजस्य को मनमुक्त भाव से स्वीकार किया है। राम और कृष्ण उस एकाकारता के साक्षात् विग्रह हैं, राम की कथा और कृष्ण का रास भारतीय जीवन की समान्तर अभिव्यक्तियाँ हैं, एक अन्तरंग दिशा का उद्घाटन करती है, दूसरी बहिरंग साधना की चरम ऊँचाइयों का व्याख्यान करती है, कथा जीवन को रसमय बनाती है, रास जीवन को सम्पूर्णता की दीक्षा प्रदान करता है।

भारतीय परम्परा ने श्रुति की सिद्धि को परम आवश्यक माना। ज्ञान की समस्त निधि श्रवण के अधिकारी के समक्ष प्रकट हुई, कुछ ने गाकर तो कुछ ने सुनाकर उस महातत्त्व की रसवर्षिणी वाक् धार को जन–जन के कर–सम्पुट में स्थापित करने में यशस्वी प्रयत्न किये। जीवन और जागरण के दो बिन्दुओं को छूकर जिस कथा का प्रचलन हुआ उसका नाम महाभारत है, जीवन और मरण के दो बिन्दुओ को छूकर जो कथा प्रवाहित हुई उसका नाम भागवत है। भारतीय चेतना को रामायण, महाभारत एवं भागवत की त्रिवेण ी में स्नान करने का सुअवसर प्राप्त हुआ।

राम इस चिन्तन चेतना की धुरी पर स्थापित नाम एक ऐसी साधना है, जिसका कोई जोड़ नहीं हो सकता। विकल्प होने का तो कोई प्रश्न ही नहीं। राम का नाम जप कर यज्ञ का पुण्य लाभ प्राप्त किया जा सकता है। राम नाम के साथ किसी प्रकार से शास्त्रीय विधि–विधान का भी आग्रह नहीं। राम का नाम सीधा ही जपा जाना चाहिए, इस प्रकार की कोई शर्त नहीं। यह नाम बिना शर्त का नाम रहा, उल्टा जाप करने पर भी उसने अपने चमत्कारी प्रभाव से सन्त–सिद्ध–साधकों को समान रूप से लाभान्वित किया। यह सम्भावनाओं के आर–पार की प्रभावी वस्तु रही, राम का नाम अनेक के लिए इस लौकिक के साथ पारलौकिक सम्पदा का परिचय–पत्र रहा।

रामकथा के गायकों की परम्परा के मूर्धन्य आचार्य तो साक्षात् हनुमान जी हैं। उनके समान रामकथा गायक कोई दूसरा हो भी कैसे सकता है? बाबा तुलसीदास जी ने इसी अर्थ में तो कवीश्वर एवं कपीश्वर को प्रणाम किया। वाल्मीकि और हनुमान जी को प्रणाम किया। वाल्मीकि, कालिदास और बाबा तुलसीदास

जी की यह रामकथा की साहित्य समृद्ध परम्परा रही। तुलसीदास जी के साथ रामकथा गान की सर्वशक्तिमान परम्परा का उदय हुआ। जन–जन के बीच जाकर उनकी अपनी भाषा में उन्होंने राम की जो कथा सुनाई वह परम आश्चर्य का विषय है। मैं सोचता हूँ कि बाबा के सम्मुख तीन सुलभ विकल्प थे। एक तो वह संस्कृत भाषा के सर्वमान्य पण्डित थे वह सोचते और चलते तो काशी के पण्डितों के काँधों पर उनकी पालकी सजी होती। उनकी देह पर पण्डित मान्य वस्त्र होते। काँधे पर रेशम का जगमगाता उत्तरीय शोभित होता, माथे पर पगड़ी होती, बाबा ने जीवन की इस व्यवस्था को अपने हाथों ही रोक दिया। दूसरी दिशा थी राजदरबार की, सम्राट अकबर गुणी एवं गुणज्ञ थे। बाबा के सन्मित्र रहीम उस दरबार की शोभा में वृद्धि कर रहे थे। बादशाह के संकेत मात्र से बाबा उस दरबार के सम्मान्य सदस्य हुए होते, उनकी देह पर राज पोशाक सुशोभित होती, राजसी लिबास में बाबा की देह कान्ति सुरम्य होती, बाबा के माथे पर राज योग्य मुकुट होता, बाबा के भव्य भाल प्रदेश पर चर्चित अंगराग होते, उनके आगमन के साथ दरबारी जन उनके प्रति आदर व्यक्त करते हुए उत्थापन देते। बाबा ने इस सम्भावना को आमूल रूप में नकार दिया था। **"तुलसी अब क्या होइंगे नर के मनसबदार"** कह कर बाबा ने तीसरा विकल्प चुना, उस पर अमल किया वह काँधे पर सामान्य से अँगोछा डाले चल पड़े। गंगा के तट पर कमर में लपेट लिया। वह माथे पर सादी–सी टोपी, जन–जन की भाषा में राम की कहानी सुनाई मुझे, रामकथा सुनानेवाले के लिए इन तीन विकल्पों को ख़ूब गहराई से समझ लेना चाहिए। पहली बात ज्ञान के बोझ से अपने आपको मुक्त रखा जाये। दूसरा विकल्प दरबारी चमक–दमक से अपने दामन को बचाये रखा जाये और जन–जन के साथ बैठकर उनकी भाषा में उनकी संवेदना में रमी राम की कथा सुनाई जाये।

बाबा तुलसी द्वारा निरूपित इस व्यवस्था को बराबर बनाये रखते हुए, हमारे युग में एक तपस्वी साधु का जन्म हुआ, 1 नवम्बर 1924 को जबलपुर, मध्य प्रदेश में एक प्रतिभा ने आँख खोली। पिता का नाम पण्डित शिवनायक उपाध्याय, माता का नाम परम साधिका धनेसरा देवी। पिता के कण्ठ में रामकथा ने स्थान लिया था। वह रामायण के न केवल व्याख्याकार थे अपितु हनुमान जी के परम भक्त थे। उनके साथ गृहस्थ धर्म का पालन करनेवाली धनेसरा देवी जी की साधना ने हनुमान जयन्ती के ठीक सातवें दिन एक पुत्ररत्न को जन्म दिया। शिवनायक जी पर हनुमान जी की सम्पूर्ण कृपा थी, उनके सर्वस्व समर्पण एवं एकनिष्ठ भक्तिभाव के जन्मे नाम रामसेवक नहीं रामकिंकर रहा। सन्तों और भक्तों ने कभी कहा था कि वह किंकर बनना चाहते हैं। यह कैंकर्य भाव समर्पण का अन्तिम सोपान है। बालक की शिक्षा–दीक्षा जबलपुर एवं काशी में हुई। बचपन से ही उनकी एकान्तप्रियता, आत्ममन लय पण्डितों ने देख ली थी। अपने सहज विनम्र स्वभाव वैशिष्ट्य के कारण आप अध्यापक वर्ग में विशेष रूप से प्रिय रहे, घर–परिवार की सहज साधना से सम्पृक्त होता रहे। उनका पारिवारिक वातावरण वरेण्य था। उनकी साधना के लिए उसकी उपयोगिता सहज ही रही।

साधु–सन्तों के जीवन को ऊर्ध्वमुखी बनाने में देवशक्तियों ने हमेशा ही अपनी ओर से सुमधुर संकेत प्रदान किये हैं। महाराष्ट्र की भूमि पर सन्त श्रेष्ठ तुकाराम महाराज को स्वप्न में ही सद्गुरु के दर्शन एवं आशीर्वाद प्राप्त होने के संकेत मिलते हैं। अन्य महापुरुषों के जीवन में भी इस प्रकार के संकेत प्राप्त होते रहे हैं।

रामकिंकर जी के जीवन के आँगन में रामकथा वृक्ष का पौधा यों ही अनायास नहीं उगा था। अपने पिताजी के आशीर्वादों से वह आत्मतृप्त तो थे ही, उनकी परम्परा वहन करने का कोई प्रश्न नहीं था। कोई योजना नहीं थी। कोई संकल्प नहीं था और कोई अभिरुचि का भी जागरण नहीं था। पारम्परिक अर्थ में अपने पिताजी के क़दमों पर चलने का कोई विचार उनके सामने नहीं था। छात्र जीवन में ही रामकिंकर जी के साथ एक दैवी घटना घटित हुई। अठारह वर्ष की अवस्था रही होगी। हनुमान जी उनके कुलदेवता थे। एक रात उन्हें अद्वितीय स्वप्नदर्शन हुआ। वह अपने आपको उस अलौकिक स्वप्नदर्शन के अधिकारी मानते हैं। एक दिव्य प्रभामण्डल से उनका परिचय हुआ, वटवृक्ष के नीचे स्थापनापन्न है। उनके भाल प्रदेश पर स्वयं हनुमान जी ने दिव्य तिलक मण्डित किया। ईश्वरीय संकल्प साकार हुआ। पिताजी के श्रीमुख से भी यह निर्देश हुआ और जबलपुर में ही रामकिंकर जी की पहली रामकथा की मन्दाकिनी प्रवाहित हुई। उनके द्वारा प्रस्तुत यह प्रथम भावन दर्शन हुआ। उन्होंने बाबा तुलसीदास जी के ग्रन्थों के प्रचार–प्रसार में अपना समस्त जीवन समर्पित करने का दृढ़ संकल्प कर लिया।

रामकिंकर जी उस साधना के पथ पर चल पड़े जो विरलों को पूर्व जन्म के पुण्यों से प्राप्त होती है। अपने संकोचशील स्वभाव के कारण वह अपने स्वयं के बारे में बहुत कम बताते–बोलते रहे लेकिन अन्तरंग आत्मीय जनों से एवं अन्तेवासियों के मुख से जो प्रकट हुआ उसका मर्म बहुत विलक्षण माना जा सकता है। उत्तराखण्ड की दिव्य भूमि ऋषिकेश की पावन भूमि में उन्हें हनुमान जी का साक्षात्कार हुआ। प्रसंग उनके द्वारा किया गया एक लघु अनुष्ठान था। चित्रकूट धाम में उनके साथ अनेक दिव्य घटनाएँ घटित होने के भी अपरम्पार संकेत मिलते हैं। अपने स्वभाव के अनुसार उन्होंने स्वयं इस इत्र की कुप्पी को कभी भी उद्घाटित नहीं किया। अपने जीवन एवं तपाचरण के आरम्भिक दिनों में आपने दिव्य लीलाभूमि वृन्दावन धाम की यात्रा की। ब्रह्मलीन स्वामी अखण्डानन्द जी के शुभ निर्देश पर आपने वहाँ रामकथा सुनाने का उपक्रम किया। आपका संकल्प एक सप्ताह तक कथा करने का था। वहाँ के भक्त एवं साधु–सन्तों के आग्रह के कारण आपको वहाँ ग्यारह माह तक रामकथा करने का सुयोग प्राप्त हुआ। सुप्रवचन रसमाधुरी के कार्यकाल में वहाँ के सन्त शिरोमणि अवधूत श्री उड़िया बाबा जी महाराज, भक्त प्रवर श्रीहरिबाबा जी महाराज, स्वामी श्री अखण्डानन्द जी महाराज को भी कथा श्रवण करने का सुअवसर प्राप्त हुआ। अवधूत पूज्यप्रवर श्री उड़िया बाबा बहुत प्रभावित हुए। उनका यह मानना था कि बालक बोल रहा है। उनके शब्द थे–''क्या तुम समझते हो कि यह है? इसके माध्यम से तो साक्षात् ईश्वरीय वाणी का अवतरण हुआ है।, ''रामकिंकर जी के हृदय में उड़िया बाबा से संन्यास दीक्षा ग्रहण करने का संकल्प जागा। बाबा के द्व ारा लोक कल्याण हेतु शुद्ध संन्यास वृत्ति से जनमानस की सेवा करने की आज्ञा पायी। सन्त का आदेश हुआ, ईश्वरीय संकल्प था, रामकिंकर जी की मानस प्रचार की यात्रा चहुँ दिशाओं में व्यापक होती गयी।

रामकिंकर अब तक मिशन का नाम बन गया था। सेवा का विकल्प बन गया था। काशी में आपका प्रवचन जारी था। काशी हिन्दू विश्वविद्यालय से आपका शुभ सम्पर्क हुआ। एक दिन पुरातत्त्व के प्रकाण्ड पण्डित डॉ. वासुदेव शरण जी अग्रवाल ने आपका प्रवचन सुना। आपकी विवेचक एवं मर्मस्पर्श शैली से प्रभावित हुए। उन्होंने तत्कालीन कुलपति डॉ. वेणीशंकर झा तथा कुलसचिव श्री शिवनन्दन दर से चर्चा की। विश्वविद्यालय के तापस प्रांगण में रामकिंकर जी के प्रवचन की योजना हुई। आपकी प्रतिभा एवं प्रतिपादन से

विद्वत्जन प्रभावित हुए, अगले वर्ष से उन्हें विश्वविद्यालय में अतिथि अध्यापक के रूप में आमन्त्रित किया गया।

रामकिंकर जी पारम्परिक अर्थ में कथावाचक नहीं रहे। कथा उनकी प्राणधारा रही। कथा उनके लिए केवल कण्ठ का व्यायाम नहीं था। कथा उनके लिए हृदय का मधुर गीत बनकर प्रकट हुई। कथा के माध्यम से उन्होंने भारतीय जनमन की व्याख्या की, भारतीय जनमानस से संवाद साधा। वह केवल मानस के अर्थ–विश्लेषण तक ही नहीं रुके रहे। उन्होंने तुलसी बाबा के अन्तर्मन में झाँकने के प्रयास किये। मानस के अर्थ बोध से आरम्भ कर उन्होंने मानस के अर्थ विवेक तक की यात्रा की। इस पड़ाव पर न रुकते हुए वह मानस के अर्थ संवेदना तक पहुँचे। अपने श्रोताओं को सहयात्रा कराई, मानस के आन्तरिक रहस्यों को उद्घाटित करने में वह रमे रहे। उनकी वाणी के प्रकाश ने सश्रद्ध श्रोता समूह को इस रहस्यमय जगत की यात्रा से अवगत कराया। संशयात्माओं को मथा, उन्होंने आस्तिकों को भव्य दर्शन कराया। नास्तिकों को पुनर्विचार के लिए प्रेरित किया। अन्तरराष्ट्रीय ख्याति पायी। रामायणम् ट्रस्ट के रूप में एक भव्य संस्था का निर्माण किया। विपुल साहित्य की सर्जना की। मानस के पात्रों की भावात्मक आरती उतारी। मानस के हृदय पक्ष को अनेक आयामों से व्याख्यायित करने में लगे रहे। मानस के घटनाक्रम को आदि से अन्त तक जोड़े रखने में अपनी प्रतिभा का सफल परिचय कराया। रामकथा उनके लिए उनके अपने मानस की बात बन गयी। वह नित्य इसमें नये–नये प्रयोग करते रहे। वह सनातन विचारधारा के प्रतिनिधि बने। सनातन का अर्थ पुरातन नहीं –'सनातनो नित्यनूतनः'– सनातन नित्य नूतन होता है। इस अर्थ में रामकिंकर जी एक प्रवाह का नाम है। यह प्रवाह कभी न तो रुकता है और न कभी थकता ही है। 9 अगस्त 2002 को आपने अपने विग्रह को अयोध्या के तट पर त्याग दिया, समाधि का वरण किया। आज उनकी अक्षर काया अमर है।

रामचरितमानस के दैदीप्यमान नक्षत्र : मोरारी बापू

जयकृष्ण पलया

भारतीय संस्कृति के उद्‌भव और विकास की परम्परा में अगर हम गहरे से गहरे जाकर देखें, तो उसमें एक वक्ता और एक श्रोता की परम्परा प्रारम्भ से ही दिखाई देती है। हमारे उपनिषद भी इसी श्रुत परम्परा को आधार बना कर लिपिबद्ध किये गये हैं। तुलसी ने भी राम की कथा को लोक संचारित करने के लिए, इसी श्रुत परम्परा का अनुगमन किया। तुलसी ने काग भुशुंडि को राम की कथा कहने के लिए क्यों चुना, इस विचार का अनुमान करने पर मुझे लगता है, कि कोयल अगर राम की कथा कहती तो सबको मीठी लगती, पर राम की कथा का यही रस है, अगर कौआ भी इस कथा को कहता है, तो कथा की मिठास में फ़र्क़ नहीं पड़ता, यही इस कथा का आनन्द उद्‌गम है, जहाँ से निकलकर यह कथा सारे लोक को अभिसिंचित करती हुई प्रवाहित होती है।

रामचरितमानस की कथा, लोकव्यापी कथा है। रामकथा गाकर तुलसी एक लोकरंजन परम्परा की शुरुआत करते हैं, इसलिए बरसों से गाये जाने के बाद भी यह कथा बासी नहीं पड़ती। जाने कितने लोगों ने इस कथा को गाया और सुना, पर इस कथा के आनन्द में, इसके भाव में रत्ती भर भी फ़र्क़ नहीं आया। संसार की धार में हिचकोले खाते आदमी के लिए रामकथा सदा से वैतरणी बनती रही है। इसमें जो भाव के साथ डूबता है, कभी–न–कभी पार हो ही जाता है। **''जो उतरा सो डूब गया जो डूबा सो पार''** इस सन्दर्भ में भारत की व्यास–परम्परा बहुत विस्तृत परम्परा रही है। इसमें मानस से पहले भागवत का श्रवण करानेवाले अनेक मूर्धन्य लोग हुए हैं, जो इस परम्परा में काम करते रहे हैं। लेकिन जब रामचरितमानस व्यासपीठ पर अवतरित हुआ तो लोक दृष्टि और लोक समन्वय के नये द्वार खुले। इसके बाद हज़ारों लोग आये जो अपनी शैली, अपनी भाषा, अपनी दृष्टि से इस कथा को गाते रहे हैं, लेकिन बहुत कम लोग हुए हैं, जो इस कथा को आत्मा से गाते हैं, और सुननेवाले उसी आत्मबिन्दु से इस कथा का आस्वाद लेते हैं। भारत के इन्हीं शिखर वक्ताओं में एक नाम मोरारी बापू का आता है जिन्होंने रामकथा को इस भाव से गाया कि हमारे मानस ने उनको आधुनिक तुलसी कह दिया।

गुजरात के भावनगर ज़िले में एक छोटी–सी जगह है महुआ। जिससे पाँच किलोमीटर दूर तलगाजगड़ा में बापू का जन्म हुआ था। पूरा घर रोज़ मानस का पाठ करता था, इसलिए बापू के मन में मानस के प्रति श्रद्धा का भाव जन्म से ही था। फिर एक वक़्त ऐसा भी आया जब घर में एक साथ तीन पीढ़ियाँ मानस पाठ

करती थीं। बापू पढ़ाई के लिए जब पैदल महुआ आते तो रास्ते में मानस की चौपाइयाँ रटते हुए आते थे, इसलिए दस–बारह साल की उम्र में ही उनको मानस पूरी याद हो गयी थी। बाद में इसी महुआ के प्राथमिक स्कूल में वह शिक्षक हो गये, लेकिन मन मानस में ही रमता था। इसलिए उन्होंने सबसे पहले अपने गाँव के आसपास ही रामचरितमानस गाना प्रारम्भ किया, फिर धीरे–धीरे उड़ान भरता हुआ तलगाजगड़ा का ये पंछी ऐसा उड़ा कि उसने सारी दुनिया को अपने प्रेम में उड़ते हुए विमान में भी कथा कही।

हमारे साथ अक्सर ये होता है कथा सुनने के बाद में उनकी कथा सुनी। हमारे घर में रामदरबार के एक चित्र के साथ, बापू का चित्र भी प्रतिष्ठित होता था। मैं रोज़ अपनी दादी को उस चित्र की पूजा करते देखा करता था। इसलिए बाल्यकाल से ही मेरे मन में बापू की सौम्य छवि बसी हुई थी। उनकी कथा के प्रति मेरे मन में सदा एक आदर भाव रहा और इसी भाव के साथ मैंने सदा उनकी रामकथा सुनी। बापू की पहली कथा मैंने खजुराहो में सुनी थी। जब उन्होंने मानस में काम दर्शन पर नौ दिन की प्रवचनमाला में काम की ऐसी सात्विक पृष्ठभूमि तैयार की, जो मानस को समझाने के लिए हमें एक नयी दृष्टि देती है। हम देख रहे थे, श्वेत वस्त्रों में बापू की प्रकाशमयी देह व्यासगादी पर विराजित थी, जैसे संगमरमर का एक टुकड़ा व्यासपीठ पर रख दिया गया हो, खजुराहो के मन्दिर भी उस देह के सामने फीके लग रहे थे।

कहहु संखी अस को तनु धारी
जो न मोह यह रूप निहारी

एक बार चित्रकूट में हमने बापू की कथा सुनी, उस समय वे मानस भरत पर बोल रहे थे।

प्रनवउँ प्रथम भरत के चरना
जासु नेम व्रत जाइ न बरना

इस एक मानस चौपाई पर उन्होंने नौ दिन कथा कही, एक चौपाई के परिप्रेक्ष्य में जो विस्तार हमें मानस में मिलता है, उस विस्तार को एक चौपाई के केन्द्र में रखकर बोलना परमात्मा की अनुकम्पा और निर्मल ज्ञान से ही सम्भव हो पाता है। यह काम, विस्तार को एक बिन्दु में समेटने वाला काम है, जो कम ही लोग कर पाते हैं। इस कथा में बापू ने भरत के चरित्र के सारे बिन्दुओं पर उस समय बड़ी मार्मिक और तात्विक कथा कही थी। बापू को सुनते हुए, यह कथा के प्रवाह का चौथा दिन था। सब आनन्द से कथा सुन रहे थे, और कथा के मध्य में अचानक ऐसा भयंकर तूफ़ान आया कि सब अस्त–व्यस्त हो गया, और जब धीरे–धीरे तूफ़ान हमारे कथा पण्डाल में प्रवेश करने लगा, तो बापू ने ज़ोर से संकीर्तन करवाना शुरू कर दिया। लेकिन स्थिति जब उसके बाहर होने लगी, तो बापू ने अनुग्रह किया, ''आज पवनसुत ख़ूब प्रसन्न हैं, कथा सुनने अपने स्थूल रूप में पधार चुके हैं। पवनपुत्र को स्थान दें। आप सभी से अनुरोध है कि धीरे–धीरे कथा पण्डाल से बाहर निकलें।'' पूरा पण्डाल ध्वस्त हो गया। हवा की मार को काटते हुए, हम सब बापू के कथा पण्डाल से बाहर आने का इन्तज़ार कर रहे थे, इतने में बापू मानस की पोथी अपने हाथों में लिए बाहर आये, वह उस समय एक–एक श्रोता के पास जाकर, सबका हाल पूछ रहे थे, फिर दूसरे दिन यह निश्चित हुआ, कि आगे की कथा अब रामायणी भवन में होगी। कथा प्रारम्भ करते हुए बापू ने कहा कि ''कथा में महीना नहीं बदलता, जिस महीने में कथा प्रारम्भ होती है, उसी महीने समाप्त होती है। पक्ष और साल भी नहीं बदलते, लेकिन मान्यताओं और परम्पराओं की चिन्ता किये बिना मैंने सब कुछ बदला है। महीना भी बदला है, पक्ष

भी बदला है, साल भी बदला है लेकिन आज की कथा में तो पूरा प्रदेश ही बदल गया है। आधी कथा मध्य प्रदेश में हुई और अब आधी कथा उत्तर प्रदेश में होगी।'' इस तरह बापू कहीं–कहीं विद्रोही दिखाई पड़ते हैं। कथा के परम्परागत नियमों से बाहर जाकर बापू ने कथा कही। मानस को गणिकाओं के लिए गाया, मानस को किन्नरों के लिए गाया, समाज के हर वंचित हर पतित के उद्धार के लिए उन्होंने कथा कही। यही उनकी कथा का उच्चाशयी स्वरूप है, जो हर आदमी के कण्ठ में मानस को प्रतिष्ठित करता है। बापू ने सनातन वाङमय को नया स्वरूप दिया है, उसे नये स्वरूप में, नये अर्थों में परिभाषित किया। **''मति अनुरूप राम गुन गावउँ''** उन्होंने अपनी शैली अपने दृष्टान्तों के साथ कथा को नये आयाम दिये हैं। यही उनकी कथा का माधुर्य है। वह गुज़रे साठ बरसों से निरन्तर ''स्वान्तः सुखाय'' कथा गा रहे हैं।

बुद्ध से एक बार आनन्द ने पूछा, "तथागत आपको जो कहना था, क्या आपने वो कह दिया है'' तब बुद्ध ने अपने हाथ में लिली के कुछ फूलों को उठाकर कहा, ''आनन्द जितने फूल मेरे हाथ में हैं, मैंने भी उतना ही कहा है, और जितने फूल पेड़ पर हैं, उतना कहने को अभी बाक़ी है।'' साठ साल रामकथा का श्रवण कराने के बाद भी बापू यही कहते हैं, "मैंने वर्षों तक जो भी आपको श्रवण कराया, ये सब मंगलाचरण है, कथा कहना तो अभी बाक़ी है।"

बापू के व्यक्तित्व की तरह उनके व्यासपीठ की भी एक आभा है, उनके पीछे हनुमान का एक विशाल और शान्त धातु विग्रह होता है। बापू कहते हैं, ''यह छवि जाने कितने बरसों से मेरे मन में थी पर इस विग्रह का मूर्त रूप आने में चौदह साल लग गये। यह दुनिया युद्ध और अशान्ति के ऐसे संक्रमणकाल से गुज़र रही है, कि आज आपको युद्ध के हनुमान की नहीं, बुद्ध के हनुमान की ज़रूरत है।'' इस विग्रह को दूर से देखने पर ऐसा लगता है, जैसे व्यास को अपनी गोद में रखकर हनुमान ध्यानस्थ हो गये हों। बापू को कथा विवेचना से अलग करके, अगर हम उनकी कथा का दूसरा पक्ष देखें जो सबसे ज़्यादा उभरकर हमारे सामने आता है, तो वह उनकी कथा का संगीतमय पक्ष है। वह अपनी शैली में अपनी तरह से जब फ़िल्मी गीतों को भी गाते हैं, तो उन गीतों में एक सात्विक भाव स्वतः उत्पन्न हो जाता है, जो मूल गीत से कहीं अधिक भाव पूर्ण लगता है। उनकी कथा का संगीत, गीतों में छुपी आत्मा के उद्वेलन से प्रकट होता है, जो सुननेवाले को एक दूसरी दुनिया में ले जाता है।

बापू आकाश में उड़ते ऐसे मुक्तपंछी, जो अपने पीछे कोई रास्ता नहीं बनाते, कोई पदचिह्न अपने पीछे नहीं छोड़ते, वह न किसी को दीक्षित करते हैं, न शिष्य बनाते हैं। मानस का विशुद्ध गायन ही उनके जीवन का परम ध्येय है, जिसको वह अपनी पूरी आत्मा से गाते रहे हैं। जे. कृष्णमूर्ति की तरह अपने ही सामने अपनी सारी संस्थाएँ विसर्जित करके उन्होंने एक चित्रकूट धाम में बस तालगाजगड़ा में रहने दिया, जो गुरुकुल विद्यालय के संचालक के लिए आवश्यक था। बापू ने मानस को जन–जन तक पहुँचाया है उसे सारी दुनिया में गाया है। सबके लिए गाया है। सबके हित के लिए गाया है।

कीरति भनिति भूति भलि सोई।
सुरसरि कह सब कर हित होई।।

रामकथा के अनुपम गायक : रमेश भाई ओझा

जगदीश प्रसाद पाठक

रामकथा के अनुपम गायक रमेश भाई ओझा, जिन्हें आदर और श्रद्धा भाव से धर्मजगत भाई श्री के नाम से जानता है, की चर्चा के पूर्व कथागायन की पृष्ठभूमि का अवलोकन अनिवार्य है। सनातन वाङमय में प्रकाशित तथ्यों में उल्लेख है कि नारद भक्तिमार्ग के आदि ऋषि हैं। नारद का सम्पूर्ण चरित्र गायन, वादन और विचरण से ओतप्रोत है और उनकी संचार शीलता अलौकिक है। सृष्टि में सर्वत्र अबाध गति से प्रभु लीला का गायन करते नारद युगों की सीमाओं के पार सर्वकालिक हैं। कहते हैं नारद ने एक बार भगवान से प्रश्न किया कि "प्रभु आप कहाँ रहते हैं?" उत्तर मिला, **"मद भक्ता यत्र गायन्ति"**। जहाँ मेरे भक्त गायन करते हैं। भक्ति मार्ग के इस आप्तसूत्र ने आर्यावर्त की सीमाओं के पार वर्तमान वैश्वीकरण के परिप्रेक्ष्य में सम्पूर्ण विश्व में एक ऐसी आधारशिला की स्थापना की जिस पर दिग्दिगन्त से लाखों भक्तों की साधना फलीभूत होती रही है।

संवत् 1631 में, मधुमास की नवमी तिथि का भौमवार, कलिकाल में गायन की गंगोत्री के स्फोट का जीवन्त साक्षी बना, जिसने पुण्यसलिला सरयू के पावन तीर पर तुलसी को रामकथा का वर्णानामर्थ संघानाम गाते हुए देखा। रामकथा में रसानां छन्दसामपि की यह अजस्रधारा, जो कभी आदिकवि के प्रज्ञातीर से छलछलाती हुई प्रवाहित हुई थी तुलसी के घाट से होते हुए हमारे कालखण्ड तक पहुँची। युगों–युगों से चली रामकथा की इस सुदीर्घ गीत धारा के अनगिनत सोपान हैं, जो हमारी स्मृतियों एवं सृजन के संसार में व्यापक रूप से समाहित हैं। हमारा लोक, इस गीत धारा में सुवासित उच्छ्वासन्ता है और सतत जीवन का संभार करता रहता है।

सनातन परम्परा में यह एक अनूठा तत्त्व निहित है और कदाचित सर्वत्र दिखाई भी देता है कि जिन भक्तों ने रामकथा का गायन किया उन्होंने कृष्ण का भी अनुगायन किया और जिन्होंने कृष्ण कथा के गायन–वाचन से अपने जीवन का श्रीगणेश किया उनके द्वारा रामजी की मंगल आरती से कथा गायन का शुभमभूयात किया गया। इस अनूठे समायोजन में मुझे हरेराम–हरेकृष्ण महामन्त्र की दोनों अर्धालियों का परम सन्तुलन दृष्टिगोचर होता है। हज़ारों वर्षों से चली आ रही कथा गायन की इस ललित और संगीतमयी परम्परा में हमारे तीर्थ और तपोवनों का महती योगदान उल्लेखनीय है, किन्तु **मुदमंगलमय सन्त समाजू** की बात ही और है। तुलसी ने इसे जंगम प्रयाग कहा।

रमेश भाई ओझा जंगम तीर्थराज के सुरम्यघाट हैं। जहाँ पर करोड़ों नाचते–गाते भक्त **''दरस परस अरु मज्जन पाना''** को आत्मसात करते हैं। गुजरात की पुण्यभूमि, जहाँ से नरसी भगत का **''वैष्णव जन तो तेने रे कहिये''** गूँजा भाईश्री और मोरारी बापू, जो राम– कृष्ण कथा के विशाल नक्षत्रों की तरह दैदीप्यमान हैं, को जन्म देकर धन्य हुई है। गुजरात के छोटे से गाँव देवका में अगस्त 1957 में ममतामयी माँ लक्ष्मीबेन और परम वैष्णव बृजलाल जी ओझा के घर भाईश्री का जन्म धर्मजगत और सत्संग के आनन्दपूर्ण संसार में युगान्तकारी घटना है। उस समय जब स्वतन्त्रता के बाद भारत का जनमानस शताब्दियों के शोषण के उपरान्त अभावों से भरे जीवन में अलभ्य परितोष को प्राप्त करने की चेष्टा कर रहा था, गुजरात में भाईश्री का आविर्भाव उस कथासरित्सागर की तरह था, जिसकी उत्कट अभीप्सा उत्तप्त–सन्तप्त हृदय की अग्नि शान्त करने हेतु सघनरूप से बहुप्रतीक्षित थी।

सौराष्ट्र के राजुला में भाईश्री ने देव भाषा संस्कृत का अध्ययन आरम्भ किया और कुछ अवधि के उपरान्त आगे की शिक्षा के लिए मुम्बई प्रस्थान किया। अपने समय के जाने माने प्रवाचक पं. जीवराज जी ओझा, भाईश्री के चाचा थे, जिनके मार्गदर्शन और दैवी प्रभाव वश पिता से विरासत में पायी आध्यात्मिकता की पूँजी परिवर्धित होने लगी। शनैः–शनैः कथा गायन को ही भाईश्री ने अपने जीवन का आधार बनाया। गुजरात के तलगाजरडा में जन्मे मोरारी बापू और भाईश्री की मातृभाषा गुजराती है किन्तु आश्चर्यजनक बात यह है कि जब ये महान कथागायक व्यासपीठ पर विराजते हैं तो इनकी वाणी का सात्विक ओज अभिव्यक्ति के सारे सम्भावित दोषों को भस्मीभूत कर देता है और संगीतमय कथा का पावन प्रवाह **''रामकथा कलि कलुष नसावन''** को चरितार्थ कर देता है।

रामकथा के इस अद्भुत प्रभाव और गूढ़ मर्म को मेरा अन्तर्मन समझने में कभी सक्षम नहीं होता, यदि सात वर्ष की अल्पायु में ही मेरे पिता ने मेरे हाथों में मानस की पोथी को न रखा होता। **''स्वान्तः सुखाय तुलसी रघुनाथ गाथाः''** से उद्भूत मंजुल मति का प्रसाद जीवन में कभी न उतरा होता। यदि एक चौपाई का भावार्थ मेरी शतायु दादी माँ की वाणी से मेरे लिए आशीषित न हुआ होता। मानस की एक–एक चौपाई मन्त्र की संसिद्धि से आविष्ट न हुई होती यदि परम वैष्णव साधु हरेराम बाबा के चरण कमल रज का संस्पर्श मेरे माथे पर न हुआ होता। यह उल्लेख करते हुए मैं आह्लादित हो रहा हूँ कि मध्य भारत के बुन्देलखण्ड परिक्षेत्र में सागर ज़िले के गुफा आपचन्द क्षेत्र में बाबा जी का आश्रम है जहाँ तीन परमहंसों की समाधि विद्यमान है। बाबाजी के सौ वर्ष के जीवन में से लगभग 10 वर्ष का काल इसी आश्रम में बीता और आसपास के हज़ारों गाँव और सैकड़ों नगर क़स्बों में उन्होंने संगीतमय रामकथा का गायन करते हुए हरे राम महामन्त्र की अलख जगाई। उस समय के भारतवर्ष के लगभग सभी बड़े साधुसन्तों से बाबाजी का जीवन्त सम्पर्क था। इस तपोभूमि में अपने विद्यार्थी जीवन का कुछ काल व्यतीत करने के बाद जब मैंने बाह्य जगत को देखा–परखा और कथा प्रवचनों को सुना तो ये जाना कि रामकथा केवल बुद्धिविलास का साधन नहीं वरन् **''सीता राम गुण पुण्यारण्य विहारणो''** है जो जीवन में आध्यात्मिकता को समाविष्ट कराकर सहज सरल गृहस्थ जीवन में आत्मोत्थान का मार्ग प्रशस्त करती है।

बहुत कम लोगों को इस सत्य की जानकारी होगी कि व्यावहारिक जीवन में कथागायन के परम रुचिकर माध्यम से कर्म, ज्ञान और भक्ति की त्रिवेणी को बहानेवाले रमेशभाई जी जब माँ के गर्भ में थे, तभी

कथागायन के बीज उनके अवचेतन में पड़ चुके थे। उनकी दादी माँ भागीरथी देवी ने अपने भ्राता कथा व्यास पं. मोहनलाल जी शास्त्री से कथावाचन अपने घर में कराया था, जिसका आद्योपान्त श्रवण भाईश्री की माँ ने पूरे सप्ताह किया और गर्भकाल के यही संस्कार बाद में पिता एवं चाचा के सान्निध्य सत्संग में पुष्पित–पल्लवित हुए जिनकी सुवास आज भी दिक् दिग्दिगन्त तक व्याप्त है। जानकर यह आश्चर्य होगा कि भाईश्री की पहली कथा का आरम्भ मात्र 13 वर्ष की आयु में गंगोत्री में हुआ और 18 वर्ष की आयु में मुम्बई से इनके कथागायन का विधिवत श्रीगणेश हुआ। भाईश्री की प्रतिभा और धर्मजगत के लिए उनके अवदान का मूल्यांकन इस घटना से लगाया जा सकता है। जब अन्तरराष्ट्रीय स्तर की प्रसिद्ध अमरीकन पत्रिका 'हिन्दुज़्म टुडे' ने वर्ष 2006 में उन्हें 'हिन्दू ऑफ द इयर' घोषित किया और संसार के 60 में से भी अधिक देशों में प्रसारित होनेवाली इस पत्रिका ने मुखपृष्ठ पर भाईश्री का चित्र प्रकाशित किया।

गुजरात की पावन भूमि पर इनके द्वारा स्थापित देवका विद्यापीठ एवं सान्दीपनी विद्यानिकेतन, भाषा, व्याकरण, धर्म, दर्शन और इन सबसे ऊपर सत्य और प्रेम का जीवन्त विग्रह है, जिनमें विद्यार्थियों के कण्ठ से गुंजरित मन्त्र और ऋचाएँ अनन्त ब्रह्माण्ड को सात्विकता और सकारात्मकता से ऊर्जस्वित करती हैं। यह सर्वविदित है कि निरन्तर विस्तारशील ब्रह्माण्ड में हमारी पृथ्वी का अस्तित्व मात्रात्मक रूप से नगण्य है और अनन्त जगत में गतिमान आकाश गंगाएँ और तारों की अति सूक्ष्म हलचल भी इसे सदा के लिए समाप्त करने में सक्षम है, किन्तु धरती पर जीवन के उन्मेष और मनुष्य को प्राप्त चेतना, इस तथ्य की ओर इंगित करती है कि अनादिकाल से आघूर्णनरत अनन्त आकाशीय पिंड और नक्षत्रों में जो रहस्यपूर्ण लयबद्धता है वही निसर्ग के सन्तुलन का कारक है और सतत ऊर्जा का स्रोत भी। इस लय और स्वर के गुम्फन में ही जीवन और ब्रह्म का निरूपण तथा उसकी प्रतीति सम्भव है। अस्तित्व के इस महारास में रमेश भाई ओझा जैसे संगीतमय कथागायकों का योगदान, कल कल निनादिनी गंगा के अलौकिक संगीत समतुल्य है, जिसमें सात्विकता, रोचकता, गेयता, मधुरता, पावनता, धीरता एवं निर्मलता के सप्तस्वर सदैव गतिमान हैं।

लोकजीवन में रामकथा के गायन का ही प्रभाव है कि जब भी रमेश भाई ओझा, मोरारी बापू, राजेन्द्र दास जी महाराज अथवा हरेराम बाबाजी का पावन स्मरण होता है, पीछे–पीछे तत्क्षण मानस की चौपाई : **''कीरति भनिति भूति भलि सोई। सुरसरि कहँ सब कर हित होई।।''** आँखों के सामने नर्तन करती हुई चली आती है और हृदय की भाव सरिता में उतर जाती है।

रामकथा के लोकाभिराम गायक : रमेश भाई ओझा

मंजूषा सोनी

फूलों से सज्जित मंच और उस पर प्रतिष्ठित व्यास आसन पर विराजमान तेजस्वी मुखारविन्द लिए रामकथा वाचक के कम्पित होंठों से निकलती ध्वनि के बीच धीरे–धीरे सारा दृश्यपट तिरोहित हो गया है। श्रीमुख से रामकथा का मंगलाचरण प्रारम्भ हुआ।

लोकाभिरामं, रणरंगधीरम, राजीवनेत्रं, रघुवंशनाथं
कारुण्यरूपं, करुणाकरंतं, श्रीरामचन्द्रम शरणं प्रपद्ये।

इस अनुगूँज की शरण में बैठे करबद्ध श्रोताओं की बन्द अश्रुपूर्ण आँखों के पीछे दृश्यपटल पर सम्पूर्ण लोकों में सुन्दर और रणक्रीड़ा में धीर, कमल नेत्र वाले रघुवंशनायक, करुणामूर्ति और करुणा के भण्डार स्वामी श्रीरामचन्द्र, मैया सीता और भैया लक्ष्मण के साथ उपस्थित थे। जिस तरह व्यास किसी वृत्त के केन्द्र को स्पर्श करती हुई परिधि के दो बिन्दुओं को मिलाने वाली रेखा होती है, उसी तरह व्यास आसन पर विराजित छवि के ब्रह्माण्ड का केन्द्र बनकर परिधि के दोनों ध्रुवों आत्मा और परमात्मा के बीच एक तादात्म्य स्थापित कर दिया, और ऊँकार के ब्रह्मनाद की छाया में हर हृदय श्रीराम के पीछे चल पड़ा।

ये तेजस्वी मुखारबिन्द महर्षि व्यास जी के प्रतिनिधित्व को सही अर्थों में चरितार्थ करते कथावाचक सन्त श्री रमेश भाई ओझा जी थे। कहा जाता है कि नियति अपना रास्ता ख़ुद बनाती है। जैसे महर्षि वाल्मीकि और उनके शिष्य भारद्वाज तमसा नदी पर स्नान करने जाते हैं। और उसी समय एक निषाद द्वारा नर सारस का वध तथा मादा सारस के करुण विलाप से महर्षि वाल्मीकि के हृदय में उपजा शोकः श्लोकत्वमागतः–

मानिषाद प्रतिष्ठां त्वमगतः शाश्वतीः समाः
यत्क्रौंचमिथुनादेकमवधीः काममोहितम्।

यही घटना महाकाव्य रामायण का आधार बनी। इसी तरह पत्नी रत्ना के वियोग और व्यंग्य ने तुलसीदास जी को पुनः रामबोला बना दिया **"अब लौ नसानी अब न नसैहों"** इस नश्वर जगत में तुलसीदास अनश्वर से प्रेम करने चल पड़े–

करे एक रघुनाथ संग, बाँध जटा सिर केस
हम तो चाखा प्रेम रस, पतिनी के उपदेस।

इसी तरह नियति ने रमेश भाई ओझा जी को सत्संग के इस मार्ग से जोड़ दिया। भागवत कथा अनुरागी पिता स्वर्गीय श्री बृजलाल कांजीभाई ओझा और दादी भागीरथी बेन की छत्रछाया में जो पुष्प पल्लवित हुआ, वो सारे जगत को सुगन्धित कर उठा। दादी गाँव के वृद्धजनों को शिक्षित करने के साथ परिवार को भी अपनी भक्तिधार से सिंचित करती रहीं। भाईश्री के शब्दों में 18 वर्ष की वय में अपने पूजनीय चाचा भागवत कथावाचक श्री जीवनराज ओझा की प्रेरणा से स्वतन्त्र रूप से प्रथम भागवत कथा का वाचन किया जिसमें एक कुत्ते ने भागवत कलश यात्रा से अन्तिम दिवस की कथा सुनने तक निरन्तर पण्डाल में व्यास गद्दी के तखत के नीचे बैठकर कथा का श्रवण किया और कथा की समाप्ति के साथ ही साथ कुत्ते के प्राण पखेरू उड़ गये। यह घटना उनके लिए भागवत के प्रति असीम श्रद्धा का कारण बनी। उन्होंने महसूस किया कि जिसे सुनकर जीवन मुक्त हो जाये वही कथा भागवत कथा है।

भागवत, वेदान्त दर्शन, रामकथा के अध्येता ओजस्वी एवं धाराप्रवाह वक्ता रमेश भाई ओझा ने इन शास्त्रों का अनुशीलन और विश्लेषण शास्त्र के रूप में नहीं बल्कि संस्कृति और मर्त्य–अमर्त्य और संस्कार के रूप में किया। कृत्य–अकृत्य, मर्त्य–अमर्त्य और मुक्ति–अमुक्ति, राग–वैराग का भेद 'भागवत' और आदर्श जीवन–शैली की स्थापक 'श्रीरामकथा' का ध्येय शास्त्र नहीं वरन् संस्कार की स्थापना है। रमेश भाई ओझा कथा नहीं कहते बल्कि कथा के एक सूत्रधार बन श्रोताओं के साथ प्रसंग में भगवान के समक्ष उपस्थित होते हैं और प्रभु के साक्षात्कार का सेतु बनते हैं। श्रोता भावविभोर हो प्रभु के बाल्यकाल में उन्हें अपने हाथों में झूला भी झुलाता है और उसे रोता हुआ देखकर स्वयं अश्रु भी बहाता है। वो हर प्रसंग अपने समक्ष घटित होते देखता है। कथा के समानान्तर चलता है। गंगा के एक घाट पर श्रोता चलता है और दूसरे घाट पर वाचक, बीच धार में केवट की नाव पर प्रभु झूलते हैं।

वाल्मीकि ने मुनि नारद जी से एक प्रश्न किया **"चारित्रेण च को युक्तः"** महर्षि वाल्मीकि की चारित्र योग की यही जिज्ञासा रामायण में प्रभु राम और सीता के माध्यम से विश्व समाज और संस्कृति के परिप्रेक्ष्य में धर्म और चरित्र की स्थापना का आधार बनी। श्रीराम कथावाचक के रूप में श्री रमेश भाई ओझा ने रामायण के इन आधारभूत तथ्यों को कथा में धर्म और चरित्र की स्थापना का आधार बनाया। श्रीराम कथावाचक के रूप में श्री रमेश भाई ओझा ने रामायण के इन आधारभूत तत्त्वों को कथा में समाविष्ट करते हुए आत्मसात भी किया। श्वेत धवल वस्त्र और धवल आत्मा, शान्त नेत्र और शान्त चित्त, केसरिया हरिचन्दन पर लाल भालमणि सा तिलक, प्रसंग वात्सल्य का हो या श्रृंगार का, करुणा का हो या वीरता का, प्रभु राम के चरित्र के अनुरूप ही निरपेक्ष, निश्चल मुखमुद्रा और वाणी प्रशान्तात्मा राम की कथा के लिए वाचक को और क्या चाहिए।

कथा में अभिव्यक्ति का सौन्दर्य और शैली की मधुरता, अमृतमयी धीर–गम्भीर वाणी से कथावाचन को विशिष्ट स्थान दिलाने वाले सन्त श्री ओझा दार्शनिक से द्रष्टा के पद पर आरूढ़ हो गये। प्रकाश का विचार और प्रकाश का साक्षात्कार ही अन्य वाचकों से उन्हें अन्यतम स्थान प्रदान कराता है। शिव सूत्र और वेदान्त दर्शन के सिद्धहस्त ओझा जी श्रीरामकथा कहते हुए कितनी सुन्दरता से शिव तत्त्व का उल्लेख और सद्‌गुरु की व्याख्या करते हुए कहते हैं कि शिव नित्य बोधमय है, शिव का हर तत्त्व हर चेष्टा बोधमय है, शिव महाश्मशान में रहते हैं इसी तरह जीव हर क्षण चिन्ता में जल रहा है। चिता का, द्वेष का, राग का,

दुःख का ताप चिता अग्नि के समान उसे लील रहा है, शरीर हर क्षण नष्ट हो रहा है, काल आयु को पी रहा है **"कालो जगते भक्षकः"।**

शिव भभूति रमाते हैं, उसी तरह जीवन के माथे जंजाल की जटाएँ हैं पर शिव के अनुरूप सद्गुरु ही हैं जो नीलकण्ठ हैं, जो अपने साधकों के जीवन के हर ज़हर को, हर व्याधि को पीकर अमृत की अनुभूति कराता है। शिव समान सद्गुरु का जीवन भी नित्य बोधमय हो क्योंकि सद्गुरु की हर चेष्टा साधक के लिए सीख होती है। एक सच्चा सद्गुरु ही ये व्याख्या कर सकता है। ऐसा गुरु जो समाधान के साथ समाधि दे, उसके सत्संग से सिर्फ़ सूत्र नहीं मिलते बल्कि क्रान्ति घटित होती है। जो ब्रह्माण्ड के हर कण को उद्वेलित कर देती है। रामचरितमानस के प्रथम सोपान बालकाण्ड की एक चौपाई जो श्रीराम के नामकरण से सम्बन्धित है–

जो आनन्द सिन्धु सुखरासी, सीकर तें त्रैलोक सुपासी।

इस चौपाई की पूर्ण अर्थ सहित व्याख्या अनेकोनेक शास्त्रों में पढ़ने को मिलेगी पर उक्त चौपाई में 'सीकर' शब्द की सुन्दर व्याख्या श्री ओझा जी के शब्दों में–जब किसी पात्र में हाथ डुबाकर निकालो तो जो उँगलियों के अग्रभाग पर जलबिन्दु दिखाई देता है, अगर उसे छिड़क दिया जाये तो सहस्रों जलकण बन जाते हैं, यही सीकर है। प्रयोजन राम के नाम का सूक्ष्मतम अंश भी जगत को आनन्द से भर देता है। प्रभु की लीलाओं में जो स्थान बाल लीला का है उतना मनमोहक स्थान और दृश्य अन्यत्र दुर्लभ है पर उन पर उत्प्रेक्षाएँ या भाव को अन्यतम सुन्दरता प्रदान करना कथावाचक का काम है। चूँकि श्री ओझा जी भागवत कथा के भी श्रेष्ठ वक्ता हैं, उन्होंने रामकथा को अत्यन्त सुन्दरता से कृष्णकथा से जोड़कर नयनाभिराम दृश्य उत्पन्न किये। भगवान श्रीकृष्ण की बाललीला में प्रभु के द्वारा मिट्टी खाने के उद्देश्य के पीछे कितनी ही व्याख्या महामनीषियों द्वारा लिखी गयीं, पर उन सभी का अध्ययन कर मनकों को एक तार में पिरोने में ओझा जी की शैली बेजोड़ है। उन्होंने ये भी माना कि पृथ्वी क्षमा का पर्याय है और कृष्ण पृथ्वी के मेहमान बनकर अवतरित हुए अतः पृथ्वी द्वारा परोसे हुए पदार्थ 'मृदा' से उन्होंने क्षमा को ग्रहण किया क्योंकि पृथ्वी पर रहते हुए इसी गुण की सर्वाधिक आवश्यकता उन्हें पड़ने वाली थी। इसके साथ ही ओझा जी ने ये भी माना कि पृथ्वी पर ब्राह्मण अपने सत्व गुण के कारण जन में फैले दुर्गुणों से खुद को बचाने के लिए मानस को सही मार्ग में लाने के अपने कर्तव्य से हटकर स्व–हितार्थ भगवत भक्ति में लीन हो गये, इसके लिए श्री ओझा जी के शब्द पढ़ें–

ये नामुमकिन है कि दुनिया अपनी मस्ती छोड़ दे
इसलिए ऐ दिल तू ये बेकार बस्ती छोड़ दे

अतः ओझा जी के अनुसार कृष्ण ने पृथ्वी से मिट्टी के रूप में रजोगुण ग्रहण किया, क्योंकि रजोगुण ही है जो प्रवृत्ति को प्रेरित करता है।

कृष्ण का दायाँ हाथ पकड़कर माँ यशोदा उन्हें मिट्टी खाने के लिए डाँट रही है, ओझा जी की सूझ देखिए–दायाँ हाथ इसलिए क्योंकि मिट्टी खाने के अपराध में वही शामिल है इसलिए वह ही दण्ड का पात्र है, ये कथा की रोचकता है, ये कथावाचक की दृष्टि है, जिसने माँ यशोदा की आँखों के वात्सल्य को हर श्रोता की आँख में भर दिया। मैया कहती चटोरे और इस शब्द के लिए 'अदांतात्मन' शब्द का प्रयोग ओझा जी के अनुसार विष्णु सहस्रनाम में भी नहीं है।

कृष्ण के मुँह खोलने पर माँ यशोदा को ब्रह्माण्ड दर्शन होना और कृष्ण का सोचना कि अगर मैया इस क्षण में सारा गुस्सा भूलकर कान्हा को गोद में बिठाकर एक ही पल में सारे ऐश्वर्य की स्वामिनी हो जाती है। मैया माया के वशीभूत है और माया कृष्ण के। ओझा जी के मुख से बहती इस गंगा धारा में श्रोताओं के अश्रु मिश्रित होते रहते हैं और हर गोद पुलक उठती है। तभी श्री ओझा श्रीरामचरितमानस का वह छन्द गाते हैं और माँ कौशल्या की उसी मनोदशा का वर्णन करते हैं जो माँ यशोदा की प्रभु के विराट स्वरूप के दर्शन से हुई–

देखराबा मातहि निज अद्भुत रूप अखण्ड
रोम रोम प्रति लागे कोटि कोटि ब्रह्माण्ड

और माँ कौशल्या अपनी ममता के वशीभूत प्रभु की स्तुति करती है–

अस्तुति करति न माई भय माना
जगत पिता मैं सुत करि जाना

मानस और भागवत का ये समानान्तर प्रवाह कथावाचक श्री ओझा की मुखमुद्रा में गोचर होता है। कृष्ण चंचल–चपल हैं और राम धीर–गम्भीर। ओझा जी की मुखमुद्रा कृष्ण और राम के नाम के साथ बदलती है। श्रोता भावविभोर हो उठता है जब वह कथावाचक के चेहरे पर अपने प्रभु के भाव देखता है। जीवन का ऐसा कौन–सा कोना शेष रहा जिसे भाईश्री ओझा ने स्पर्श न किया हो। एक सच्चे सन्त के रूप में उन्होंने गुजरात प्रान्त में अपने जन्मस्थान देवका में देवका विद्यापीठ तथा पोरबन्दर में सान्दीपनी विद्यानिकेतन की स्थापना की जहाँ गुरुकुल पद्धति से संस्कृत की निःशुल्क शिक्षा दी जाती है। सन् 1987 में ढाई करोड़ की राशि आधुनिक नेत्र चिकित्सा के विकास के लिए तथा दो करोड़ की राशि गोवर्धन क्षेत्र को प्रदूषण मुक्त करने हेतु दान कर उन्होंने श्रीराम एवं श्रीकृष्ण के आदर्शों को कथा के साथ सोदाहरण प्रस्तुत किया। ये विश्व सन्त समाज में भागवत भूषण, भागवताचार्य और भागवत रत्न जैसी उपाधियों से अलंकृत किये गये।

आज नगरों–महानगरों में सत्संग के लिए पण्डालों में हज़ारों की भीड़ देखी जा सकती है इसका अर्थ सिर्फ़ श्रद्धा, भक्ति या आस्था ही नहीं हो सकता। एक शून्य है जिसे हम स्वतः भर नहीं पा रहे। एक क्षुधा है, अतृप्ति है जो सोने–चाँदी की थाली में परोसे छप्पन प्रकार के व्यंजनों से नहीं मिट रही। ये क्षुधा जो उन्हें सत्संग के इन पण्डालों तक खींच लायी, वो है ज्ञान की, मोक्ष की और भक्ति की। एक बहुत ख़ूबसूरत प्रसंग जो ओझा जी द्वारा ही सुनाया गया, किंचित याद है मुझे–

वृन्दावन की गली में एक नौजवान साधु आँखों में आँसू लिए भूख–भूख चिल्ला रहा था। भूख से इस कदर व्याकुल कि आँखों से बहती अश्रुधार नहीं रुक रही थी। लोगों ने देखा तो साधु समझ अपनी मति अनुसार फलाहार की व्यवस्था कर दी, पर उस साधु ने फलाहार को आँख खोलकर भी न देखा। कुछ लोगों ने सोचा कि वैष्णव है, भूखा है.... क्षुधा सम्भवतः फलाहार से शान्त न हो अतः अन्न की व्यवस्था की गयी पर साधु ने आँख भर न देखा और रोता ही रहा, भूख–भूख चिल्लाता रहा... पीड़ा बढ़ती ही जा रही थी। एक अन्य साधु वहाँ से निकले उन्हें रोककर लोगों ने उस नवयुवक साधु के बारे में बताया। साधु ज्ञानी थे, देखते ही समझ गये। उन्होंने मुस्कुराते हुए उस नवयुवक साधु के सिर पर हाथ फेरा और बोले

कि रोते रहो जब तक भूख न मिट जाये, जब तक भूख मिटे हरिदर्शन की, जब तक नैन तृप्त न हों, बहते रहने दो अश्रु। वृन्दावन में हज़ारों साधु हैं पर इस क्षुधा से प्रीति बिरले को सताती है। यही प्रेम यही क्षुधा है जो सत्संग के द्वार तक ले आती है।

श्री भागवत कथा के श्लोक, श्री रामचरितमानस के दोहे, छन्द, चौपाई और वेदान्त दर्शन, उनकी मीमांसाएँ कोई कहानी नहीं बल्कि सूत्र है, जीवन सूत्र है, जिस प्रकार गणित के सूत्र में प्रत्येक पद को हल करते हुए हम सवाल का उत्तर प्राप्त करते हैं। उसी प्रकार उनके प्रत्येक शब्द की व्याख्या का हमारे जीवन से सम्बन्धित प्रत्येक सवाल का हल हृदयगम्य बना दे... उत्कण्ठा उपलब्ध कराती है, ज़रूरत होती है योग्य व्याख्याकार की, योग्य गुरु की, गूढ़ अध्येता की जो इन शब्दों या पदों में छुपे अर्थों का विश्लेषण कर हमारे लिए बोधगम्य बना दे, हृदयगम्य बना दे,.. उत्कण्ठा दे, बोधि दे, ब्रह्मदेव और ब्रह्माण्ड दे।

मनुष्य जन्म और उसका उपभोग लोक कल्याण की भावना के साथ रामराज्य की परिकल्पना और चारित्रिक आदर्श की प्रस्तुति तथा भगवत धर्म के सूत्र एवं विचार की छाया में पल्लवित समाज के पथ प्रदर्शक कथावाचक सार्थक करते रहे हैं।

बड़े भाग मानुष तन पावा
सुर दुर्लभ सदग्रन्थहिं गावा।
साधन धाम मोक्ष कर द्वारा
पाई न जेहि परलोक सँवारा।।

❐❐

लेखक-प्रस्तुतिकर्ताओं के पते

डॉ. अवधेश कुमार चंसौलिया	– डी.एम. 242, डी.डी. नगर, ग्वालियर (म.प्र.)
रमेश तिवारी	– दमोह (म.प्र.)
वीरेन्द्र शर्मा कौशिक	– 146, कुरेचा नाका, मऊरानीपुर, झाँसी (उ.प्र.)
डॉ. सतीश चतुर्वेद 'शाकुन्तल'	– विभागाध्यक्ष हिन्दी शासकीय कस्तूरबा कन्या महाविद्यालय, गुना (म.प्र.)
डॉ. जवाहर लाल द्विवेदी	– प्राचार्य, शासकीय महाविद्यालय, राघौगढ़, गुना (म.प्र.)
अनिरुद्ध नीरव	– शिल्पायन, सदर रोड, अम्बिकापुर, सरगुज। (छत्तीसगढ़)
प्रीति तिवारी	– श्री चंडी जी वार्ड, हटा, दमोह (म.प्र.)
प्रभुदयाल मिश्र	– अध्यक्ष, महर्षि अगस्त्य संस्थान, 35 ईडन गार्डन, कोलर रोड, भोपाल (म.प्र.)
किरण उपाध्याय	– राजीव कॉलोनी, सिविल वार्ड–5, दमोह (म.प्र.)
डॉ. कृष्णगोपाल मिश्र	– 9, चैतन्य नगर, मालाखेड़ी रोड, होशंगाबाद (म.प्र.)
डॉ. रमेशचन्द्र खरे	– 'श्यामायन' एम.आई.जी.बी. 73, विवेकानन्द नगर, दमोह (म.प्र.)
डॉ. प्रणव शास्त्री	– 'कल्पतरु', वसुन्धरा कालोनी, पीलीभीत (उ.प्र.)
डॉ. प्रेमचन्द्र स्वर्णकार	– गायत्री नगर, दमोह (म.प्र.)
डॉ. अम्बिका प्रसाद पाण्डेय	– यमुनौली नगर, मड़ौका रोड, डॉडी, प्रयागराज (उ.प्र.)
डॉ. सरोज गुप्ता	– हिन्दी विभाग, शास. कला एवं वाणिज्य महाविद्यालय सागर (म.प्र.)
डॉ. विश्वास पाटील	– पूर्व प्राचार्य, श्हादा, जिला नन्दूखार (महाराष्ट्र)
जयकृष्ण पलया	– पोस्ट ऑफिस के पास, हटा, दमोह (म.प्र.)
जगदीश प्रसाद पाठक	– रेलवे विभाग, जबलपुर (म.प्र.)
मंजूषा सोनी	– सागर (म.प्र.)

जन-जन के राम

सम्पादकीय

"रामकथा कै मिति जग नाहीं" मर्यादा पुरुषोत्तम श्रीराम की भारतीय साहित्य और लोक-जीवन में सतत और आह्लादकारी उपस्थिति को रेखांकित करती है। सहस्राब्दियों से गरिमामयी रामकथा समाज का रंजन करने के साथ उसके चित्त के विश्राम का योग बनाती आ रही है। इस पुस्तक में भारतीय संस्कृति के अनन्य व्याख्याता पं. विद्यानिवास मिश्र द्वारा संस्कृत साहित्य, हिन्दी साहित्य, लोकसाहित्य और भारत की जीवन्त परम्परा में राम-भाव की विभिन्न छवियों और छटाओं की व्याख्या और विवेचन द्वारा राम-चरित के न केवल कई अनछुये मानवीय पक्षों को उद्‌घाटित किया गया है बल्कि राम के मानुषी संघर्ष, उससे उपजती पीड़ा को भी आत्मीय संवेदना के साथ रेखांकित किया गया है।

एक व्यापक अर्थ में राम का चरित धर्म अर्थात् जीवन के आधारों की मर्यादा स्थापित की राह में उठने वाले प्रश्नों के रू-ब-रू कराता है तथापि राम की कथा के आज अनेक तरह के पाठ प्रचलित हो चले हैं। कई पाठों में कथा और उसके अनुभव की जगह स्थानीय और सामाजिक सन्दर्भों को अतिरिक्त वरीयता देने का रिवाज चल पड़ा है। ऐसे में कभी-कभी अप्रासंगिक सरोकार भी विचार के आधार बन जाते हैं जिनका अपना महत्त्व है परन्तु ऐसा करते हुए रचना का आस्वाद और रचना की आभ्यंतरिक संगति से उपजने वाली दृष्टि अलक्षित रह जाती है और स्वाभाविक अर्थ-बोध की जगह सन्दर्भ हावी हो जाता है। इसी प्रवृत्ति के चलते राम को भगवान या इतिहास पृरुष साबित करने की चेष्ट कुचेष्टा के अनेक परिणाम हम भुगतते आ रहे हैं।

राम का चरित और उनकी कथा को पूरी निष्ठा के साथ वाल्मीकि, भवभूति और तुलसीदास जैसे महान रचनाकारों की कालजयी प्रतिभाओं ने अपने-अपने ढंग से कहा है ओर सबने अपने काव्य में राम के भाव की नये-नये ढंग से उद्‌भावना और सर्जना भी की है। आदि कवि वाल्मीकि की तो बात ही निराली है। वे तो कथा कहते भी हैं और स्वयं कथा के पात्र भी होते हैं। भवभूति का उत्तम राम चरित भाव-प्रवणता की दृष्टि से किसी को भी विचलित कर सकता है। तुलसी के राम सभी रिश्तों-नातों के आधार हैं। यही रामकथा जब लोक-जीवन में पहुँचती है तो हर बार उसका एक और नया संस्करण होता है। आज भी रामकथा की यह परम्परा श्री मोरारी बापू ओर श्री रमेश भाई ओझा और अनेकानेक कथावचकों द्वारा नये-नये अर्थ ग्रहण करती जा रही है। हो भी क्यों न? भक्ति बड़ी विचित्र जो ठहरी। जैसा कि प्रसिद्धि है, अन्ततः भगवान भक्त के अधीन होता है और जो भगवान को जैसे भजता है वैसे ही पाता है। इस पुस्तक में संकलित निबन्धों में भी पाठक को राम के विभिन्न रूपों का अनुभव और रसास्वाद मिलेगा।

लोकानुभव की, देश काल में बदलाव के बावजूद, निरन्तर साझेदारी बने रहने के आर्थ में रामकथा अभी भी असमाप्त है ओर वह आगे भी चलती रहेगी क्योंकि वह असमापय है। वह सतत् अनुभव का विषय बनी हुई है और उससे जुड़ना मनुष्य को मुक्त करने का अनुभव देता है। कथा ऐसी है जिससे मन अघाता नहीं है और कथा-रस

से परितृप्ति नहीं होती है। गोस्वामी तुलसीदास की मानें तो कलिमल का हरण करने वाली' रामकथा का अवगाहन करने का अपना तात्कालिक सुख है पर उससे भी अधिक महत्त्वपूर्ण है जीवन जीने की परिपक्व समझदारी विकसित होने की सम्भावना का विकसित होना। हर क़ीमत पर मूल्य के धरातल पर अविचल भाव से टिके रहते हुए धैर्य के साथ संघर्ष करते रहना राम ही सिखा सकते हैं।

इस पुस्तक में सम्मिलित निबन्धों में कई मूलतः व्याख्यान थे जो विभिन्न अवसरों पर दिये गये थे। वाचित संचार की जरूरतों के अनुसार और अपनी अनूठी शैली में मिश्र जी ने कुछ प्रसंगों और पक्षों पर अधिक बल दिया है। इस क्रम में पाठकों को किंचित पुनरुक्ति भी मिल सकती है। कुछ निबन्धों में आंशिक सम्पादन भी किया गया है। उनमें प्रस्तुत व्याख्याओं का फलक हमारे सामने रामकथा के नये-नये आयाम खोलता है। आशा है पाठकों को इन व्याख्याओं से आज के विपर्यस्त होते समय में, जबकि जीवन में ऊहापोह मची हुई है, आश्वस्ति के व्याज और अवसर मिल सकेंगे। यह पुस्तक विद्याश्री न्यास द्वारा संचालित 'विद्यानिवास मिश्र स्मृति ग्रन्थ माला' के अन्तर्गत प्रकाशित की जा रही है। वाणी प्रकाशन, दिल्ली के सुरुचिसम्पन्न अधिष्ठाता श्री अरुण माहेश्वरी ने रुचिपूर्वक इस पुस्तक का प्रकाशन किया है। न्यास के कार्यक्रमों के लिए उनका सतत रूप से उल्लेखनीय सहयोग मिलता रहा है। न्यास की ओर से मैं उनके प्रति हार्दिक कृतज्ञता ज्ञापित करता हूँ।

दयानिधि मिश्र
सचिव, विद्याश्री न्यास, वाराणसी

गंगा-दशहरा

राम : आज के सन्दर्भ में

आजकल लोगों को आज की और आज के सन्दर्भ की चिन्ता कुछ विशेष है। शायद आज का आज कुछ अजूबा है और उसका सन्दर्भ भी बिलकुल अलग है। आज लोगों पर आज का दबाव कुछ ज़्यादा है, आज ही यह काम होना है, आज के दिन पारसाल यह हुआ, सौ साल पहले यह हुआ, आज का दिन कैसे बीतेगा, आज कौन नया हादसा होगा, आज किस-किसने मूर्खतापूर्ण वक्तव्य दिये, आज के दिन क्या-क्या गुल खिले। ऐसी अनेक अपेक्षाएँ आज से जुड़ी रहती हैं। आज का सन्दर्भ इन्हीं अपेक्षाओं, इन्हीं चिन्ताओं का सन्दर्भ है।

अब ऐसे में राम की एक तो सुधि कहाँ से आये, आये भी तो भरपूर सुधि कैसे आये? अधिकतर तो राम की पार्श्वच्छवि से ही काम चल जाता है, किसी के लिए राम शून्य हैं, किसी के लिए सगुण साकार, किसी के लिए मनुष्य, किसी के लिए देवता, किसी के लिए इतिहास, किसी के लिए सब धर्मों के धर्म, किसी के लिए शब्द और किसी के लिए जीवन के परम और चरम अर्थ। अनेक रचनाकार राम को रचने में लगे हैं अनेक दूसरे लोग जो रचना नहीं कर सकते, वे राम के अर्थ को तोड़ने में लगे हैं। कुछ तो राम को इस युग के लिए बिलकुल अप्रासंगिक ही नहीं, इस युग के लिए प्रतिकूल मान रहे हैं। कुछ लोग उन्हें बस अपना कवच मानकर अपनी छाती पर चिपकाये हुए हैं, राम बस मेरे हैं। कुछ राम का इस्तेमाल अपनी घटिया रचना में रूपक बनाने के लिए कर रहे हैं और कुछ हैं जो अपने ज़माने का सारा पाप राम पर डालकर निश्चिन्त हो जा रहे हैं। जो बहुत सयाने नहीं हैं जिन्हें शिक्षा-संस्कृति का वरदान नहीं मिला है, ऐसे मेरे और मेरे-जैसे असंख्य लोगों के राम मन्द-मन्द मुसका रहे हैं—इसका भी मज़ा है, मुझे लोग ऐसे बूझे-अनबूझे भाव से देखें। हमने राम को कोसा है, राम को सुमिरा है, राम के चरण पखारे हैं, राम के साथ पथरीले-कँकरीले रास्तों पर दो-चार डग तो चले ही चले हैं, हमने राम को अकेला पड़ते देखा है, हमने राम को भीड़ में देखा है और हमने राम को सीता के साथ तुलते और जान-बूझकर हलके पड़ते देखा है। राम हलके न पड़ते तो सीता जैसी एकनिष्ठ नारी का दुःख अपना दुःख हम कैसे मानते, कैसे इतने युगों के अन्तराल के बाद अगहन में विवाह रचने में अमंगल मानते, अगहन में सीता का विवाह हुआ, सीता ने इतना दुःख पाया। कैसे हम देश में हज़ारों स्थलों को सीतानहानी या सीतारसोई के रूप में स्मरण करते।

हमारे राम हमारे गीतों में किसी बाथरूम में टूथ-ब्रश लेकर तौलिया लपेटे नहीं घुसते। हमारे राम हमारे लोकजीवन में आज भी तालाब के किनारे नीम की दातौन लिए दिखाई पड़ते हैं। इतने में लक्ष्मण आते हैं उनका चेहरा खिला हुआ है। राम पूछते हैं तुम्हारा चेहरा खिला हुआ है, कोई शुभ समाचार है क्या? लक्ष्मण कहते हैं मेरी भाभी सीता के पुत्र जनमे हैं, अभी-अभी सन्देश मेरे पास आया है, माँ के पास आया है। राम सोचते हैं, मेरे पास सन्देश नहीं

आया, कितना अभागा हूँ। मैंने राजा होकर अपने साथ ऐसा क्या किया कि अपने निजी सुख से बिदा हो गये, और राम की आँखों से आँसू तार-तार बहने लगते हैं, अपने कमरबन्द से आँसू पोंछते हैं।

और हमारी सिया सुकुमारी ही नहीं, ऐसी बहादुर भी हैं कि शिवजी का धनुष जिस मण्डप में रखा हुआ है, उसे प्रतिदिन लीपने जाती हैं और बायें हाथ से धनुष उठाकर दायें हाथ से उसके नीचे का फ़र्श लीपती हैं। राजा जनक यह देखते हैं। सोचते हैं, ऐसी बेटी किसी ऐसे शूरवीर को सौंपनी होगी जो यह धनुष केवल उठाये ही नहीं, इसे तोड़ भी दे, तब तो जोड़ी बैठेगी।

हमारे राम इतने कोमल, इतने कठोर, इतने सुन्दर, इतने आत्मीय और इतने दूर कि हम बस इनकी लीला से चकित होते रहते हैं। इतने आत्मीय हैं कि हम इन्हें कोसते हैं, क्यों हमें पीछे छोड़ गये, अयोध्या नगरी सुनसान कर गये, हमें राम के बिना अयोध्या प्रेतपुरी लगती है। इतने सुकुमार हैं कि हम कौसल्या के साथ बिसूरते रहते हैं, 'आजु मोहि राम कै सुधि आयी। कवन बिरछ तर भींजत होइहैं, राम-लखन दोउ भाई'। आज राम की याद आ रही है; जाने इस सावन-भादों की झड़ी में किसी वृक्ष के नीचे खड़े-खड़े राम-लक्ष्मण दोनों भाई भीग रहे होंगे। मेघ, तुम यहाँ बरस लो मन चाहे जितना, पर जहाँ राम-लक्ष्मण-सीता वन-वन घूम रहे हैं, वहाँ थम जाओ। राम के बिना कलेवा सूना लगता है, लक्ष्मण के बिना बाग-बगीचा और सीता के बिना रसोई। राम के बिना नाते-रिश्ते सब बेमानी हो जाते हैं, राम से ही सब नातों में रस घुलता है।

ऐसे राम से हमारे लोक का मन इतना तादात्म्य स्थापित कर चुका है कि वह उनके ऊपर झुँझलाता है जब वे सीता को निर्वासित कर देते हैं मामूली धोबी की कड़ी बात पर। जब राम पश्चात्ताप करते हुए सीता को मनाने वाल्मीकि के आश्रम में जाते हैं, सीता उनकी ओर देखती तक नहीं और अपनी माँ धरती से कहती हैं, माँ, फट जाओ, ऐसे पुरुष का मुँह नहीं देखना चाहती, जिसने मेरे 'गरुए गर्भ' की चिन्ता नहीं की, निकाल दिया। धरती फटती है, राम पकड़ने चलते हैं और सीता के बस खुले केश हाथ में आते हैं। हाथ में आते ही कुश बन जाते हैं। कुश बनकर तीक्ष्ण असिधाराव्रत के पवित्र संकल्प बन जाते हैं। हम ऐसे निर्मोही राम को ऐसे अकेलेपन में पाकर विह्वल होते हैं।

ऐसे राम स्मृति के विषय नहीं, वे बस मन में बसे रहते हैं, पुतलियों से कभी क्षण-भर उतरते नहीं, वे राम किसी सन्-संवत् में नहीं बँधे, किसी राजधानी में नहीं बँधे, किसी राजनीति में नहीं बँधे, किसी देश में नहीं बँधे, हमारे आपके लिए बिहरते रहते हैं। ऐसे राम को लोग अपने ढंग से रचने की बात करते हैं तो उनकी बुद्धि पर तरस आता है। राम के योग्य मन में आसन न हो और वह व्यक्ति राम को रूपायित करने चले, कोई तैयारी नहीं भीतर, और राम की बात करे! पहले परखें कि हम राम के बिना कोई जीवन सोच नहीं सकते, राम के बिना हम साँस नहीं ले सकते। पहले राम के सत्य को अपने भीतर झाँककर देखें कि उसके योग्य निश्छल हृदय है कि नहीं, तब राम में दोष देखें, राम में पुरुष प्रधान समाज का प्रतिमान देखें। राम तो 'सूधे मन सूधे बचन सूधी सब करतूति, तुलसी सूधी सकल बिधि रघुवर प्रेम प्रतीति' के अनुकूल सीधेपन के साथ हैं; शबरी बन सकें, निषाद बन सकें कोल-किरात बन सकें, गाँव के साधारण जन बन सकें, तो राम समझ में आयें। सारा जीवन दुराव और छल को समर्पित, झूठ ही आसन-बसन, झूठ ही भोजन, झूठ ही शयन और राम की बात करें! राम-राम, राम का नाम लें और बगल में छुरी रखें!!

राम शायद इसीलिए ऐसे लोगों को अप्रासंगिक लगते होंगे, कहीं आदमी इतना सीधा होता है, ज़रा-सी बात पर राजपाट छोड़ दिया और छोड़ दिया तो छोड़ दिया, मनाने पर भी नहीं गये। हमारे यहाँ विवाह में जब गाली (गारी) के गीत गाये जाते हैं तो राम ही सम्बोध्य होते हैं, नये दूल्हे में राम ही दिखाई पड़ते हैं, दूल्हे की माँ-बहन

को गाली नहीं मिलती, गाली मिलती है कौशल्या और शान्ता को। राम यह सब सुनते हैं और विशाल भारतीय जन की आत्मीयता से विह्वल हो जाते हैं।

जब बच्चा जन्म लेता है तो जो भी सोहिले (सोहर) जन्म-मंगल के गीत गाये जाते हैं, उनमें बच्चा राम ही होता है, बच्चा बढ़ता जाता है और राम बढ़ते जाते हैं। राम की छठी के लिए हुक्म होता है, शिकारी, हरिण मारकर लाओ। हरिण को मारने चलते हैं तो हरिणी कौसल्या से फरियाद करने आती है; 'ऊँची मचिया पर बैठी कौसल्या रानी' फ़रियाद नहीं सुनतीं, कहती हैं कि हमें तो हरिण का मांस चाहिए, हरिणी का मांस फीका होता है। हरिणी कहती है, अच्छा उसकी खाल मुझे दे दो, मैं अपने को उसी से समझा लूँगी। कौसल्या कहती हैं नहीं, उस खाल की खँजड़ी बनवाऊँगी, राम बड़े होंगे, खेलेंगे। जब-जब वह खँजड़ी बजती है, पेड़ के नीचे खड़ी अकेली हरिणी उसकी आवाज़ सुन-सुनकर अपने हरिण के लिए रोती रहती है। यही रुदन कौसल्या का हाहाकार बन जाता है। ऐसे करुण गीत के बिना जन्म का मंगल पूरा नहीं होता। राम तो हरिणी का शाप जीते हैं। ऐसे अभिशप्त राम ही तो परम मानवीय हैं, अपने इतने सगे हैं। वे आज बेगानेपन की दुनिया में प्रासंगिक नहीं तो और कौन होगा? पर इसी के साथ यह भी विचारणीय है कि आज के जो लोग 'जय श्रीराम' के नारों से आकाश गुँजा रहे हैं और जो लोग इन नारों से आहत होकर राम पर ही तरह-तरह के कटाक्ष कर रहे हैं, वे भी तो अपनी (आज के सन्दर्भ में) प्रासंगिकता बनायें, राम जिनके लिए आज भी वर्तमान हैं, इतिहास नहीं, उनके साथ राम के इतिहास की दुहाई देने वाले कितने प्रासंगिक हैं और राम के सत्य को नकारते हैं और नकारकर ही अपने अस्तित्व को सुरक्षित पाते हैं, वे भी कितने प्रासंगिक हैं। आज का अधिसंख्य हिन्दुस्तान संचार साधनों के विपुल विस्तार के बावजूद न पीछे की ओर बचने के लिए भागता है, न भविष्य के विकास के स्वप्निल परिदृश्यों में भटकना चाहता है। वह कठोर धरती पर जीता है। उसके राम नंगे पाँव उसी कठोर धरती पर चले हैं, उस धरती के ईर्ष्या-द्वेष को सहज रूप से स्वीकारते हुए चले हैं, उसकी सीता इस धरती की बेटी हैं, इस धरती ने ही उन्हें अपनी तपसी वनवासिनियों के द्वारा सँभाला है। सबको साथ लेकर जो न चले, वह राजा नहीं है। जो राज्य को अपनी प्रभुता माने, अपनी प्रजा की प्रभुता न माने, वह राजा नहीं है।

इसलिए दिल्ली के सिंहासन पर कोई भी बैठे, उस जन को अपने उस राजा पर अधिक प्रतीति होती है, जो उसके दरवाज़े के बाहर ही मिल जाता है, उस रानी पर प्रतीति होती है जो रसोई में कुछ कहने आ जाती है।

वह रामराज्य का अनुकीर्तन इसलिए नहीं करता कि वह कोई उस लोक की वायु है, वह इस रामराज्य को जीता रहा है और राम उसकी राजनीति नहीं, उसके जीवन हैं सुबह से रात होने तक, चिरनिद्रा तक भी, उसके बाद भी। उनका नाम ही सामने विराट रिश्तों का संसार बसा देता है, आदमी अपने को अकेला और बेगाना नहीं अनुभव करता। राम से जुड़ने के अर्थ हैं अपने में प्रभुता और स्वतन्त्रता का विश्वास आना। जो लोग राम की अप्रासंगिकता की बात करते हैं, वे अपने हृदय से पूछें, क्या वे सामान्य जन को यह विश्वास दिलाने को तैयार हैं क्या उनकी विशालता पहचानने को और उसके आगे अपनी संकीर्णता को न्यौछावर करने को तैयार हैं! जो राम का इतिहास बचाने को ही परम पुरुषार्थ मानते हैं वे भी अपने हृदय से पूछें कि अनपढ़-अधपढ़ लोग जो राम में जीते हैं, वे राम में कितना कुछ समेट सकते हैं क्या उतना ही हम भी समेट सकेंगे?

ये आत्म-मन्थक प्रश्न उठें तो बहुत-सा मनमुटाव अपने आप दूर हो जाये और विकास की सामंजस्यपूर्ण नीति बने जिसके ऊपर सामान्य जन की दिलजमई हो। अभी तो तटस्थ उदासी ही चारों तरफ़ दिखती है। इसको छाँटने के लिए राम को आमन्त्रित करना है।

(फागुन दुई रे दिना, 1994)

धर्म के विग्रह राम

वाल्मीकि के रामायण में जिन राम के चरित के वर्णन का संकल्प है, वे राम धर्म के सक्रिय विग्रह हैं। वे धर्मज्ञ तो हैं ही, धर्म के रक्षक भी हैं, जीवलोकमात्र के रक्षक हैं, सबके साथ सामंजस्य रखने वाले हैं, समस्त प्राणियों में तल्लीन हैं। उनके बारे में तीन विशेषण बड़े महत्त्वपूर्ण हैं—वे 'कृतज्ञ' हैं, वे 'साधु' हैं और वे 'अदीन आत्मा' हैं। कभी भी अपने मन में वे दीनता का अनुभव नहीं करते। ये तीनों मानवीय गुण हैं। कोई कुछ भी भला करता है तो राम उस उपकार को आजन्म याद रखते हैं। सुग्रीव ने हरी गयीं सीता के आभूषण दिये, सीता के अस्तित्व का सटीक प्रमाण दिया—राम सुग्रीव के कृतज्ञ बने रहे। उनकी साधुता समर्थ व्यक्ति की साधुता है, दुर्बल व्यक्ति की साधुता नहीं है। इसलिए उनके लिए 'साधु' और 'अदीन' दोनों विशेषण साथ हैं। उत्तम मनुष्य निष्क्रिय साधु नहीं होता, उसकी साधुता बाँझ नहीं होती। राम के बारे में एक बात यह भी कही जाती है कि वे युद्ध में क्रुद्ध हो जायें तो देवता भी उनसे भयभीत हो जाते हैं। ऐसे द्युतिमान धर्मात्मा चरित्र के बारे में भी आलोचनाएँ हुई हैं। भवभूति के 'उत्तर रामचरित' में राम के पुत्र लव ही चन्द्रकेतु के साथ वाद-विवाद में एक से एक व्यंग्य के बाण छोड़ने लगते हैं—

वृद्धास्ते न विचारणीयचरितास्तिष्ठन्तु किं वर्ण्यते
सुन्दस्त्रीमथनेऽप्यकुण्ठयशसो लोके महान्तो हि ते।
यानि त्रीणि कुतोमुखान्यपि पदान्यासन् खरायोधने
यद्वा कौशलमिन्द्रसूनुनिधने तत्राप्यभिज्ञो जनः।।

(उ.रा.च., 5/34)

'वे बड़े लोग हैं, बुज़ुर्ग हैं, उनके बारे में कोई बात नहीं करनी चाहिए; जैसे हैं, हैं। सुंद राक्षस की पत्नी ताड़का को मारा, उनका यश मलिन नहीं हुआ। बालि को छिपकर मारा, यश कुण्ठित नहीं हुआ। खर और दूषण के साथ युद्ध करते हुए वे तीन पग पीछे हट गये थे।'

सबसे अधिक आलोचना सीता की अग्निपरीक्षा और उनके निर्वासन को लेकर हुई। अग्निपरीक्षा लेते हुए भी उन्होंने बहुत कठिन वाक्य बोले थे। कौन पुरुष होगा, जो अच्छे कुल में उत्पन्न होगा और दूसरे के घर में रही हुई पत्नी का फिर से स्वीकार करेगा। सीता बार-बार रोकर कहती हैं कि, 'इतनी कड़ी बातें मुझे न कहें, मैं वैसी नहीं हूँ; मैं अपने चारित्र्य की शपथ लेती हूँ; हनुमान को आपने भेजा था और वे देखकर आये थे कि मैं कैसे रहती थी। बहुत छोटे आदमी की तरह तुम स्त्री जातिमात्र का अपमान कर रहे हो। मेरी भक्ति, मेरा शील तुमने सबको अनदेखा कर दिया।'

किं मामसदृशं वाक्यमीदृशं श्रोत्रदारुणम्।
रुक्षं श्रावयसे वीर प्राकृतः प्राकृतामिव।।
न तथास्मि महाबाहो यथा मामवगच्छसि।
प्रत्ययं गच्छ मे स्वेन चारित्रेणैव ते शपे।।
पृथक्स्त्रीणां प्रचारेण जातिं त्वं परिशङ्कसे।
परित्यजैनां शङ्कां तु यदि तेऽहं परीक्षिता।।
यदहं गात्रसंस्पर्शं गतास्मि विवशा प्रभो।
कामकारो न मे तत्र दैवं तत्रापराध्यति।।
मदधीनं तु यत् तन्मे हृदयं त्वयि वर्तते।
पराधीनेषु गात्रेषु किं करिष्याम्यनीश्वरी।।
सह संवृद्धभावेन संसर्गेण च मानद।
यदि तेऽहं न विज्ञात्रा हता तेनास्मि शाश्वतम्।।
प्रेषितस्ते महावीरो हनुमानवलोककः।
लङ्कास्थाहं त्वया राजन् किं तदा न विसर्जिता।।
प्रत्यक्षं वानरस्यास्य तद्वाक्यसमनन्तरम्।
त्वया संत्यक्तया वीर त्यक्तं स्याज्जीवितं मया।।
न वृथा ते श्रमोऽयं स्यात् संशये न्यस्य जीवितम्।
सुहृज्जनपरिक्लेशो न चायं विफलस्तव।।
त्वया तु नृपशार्दूल रोषमेवानुवर्तता।
लघुनेव मनुष्येण स्त्रीत्वमेव पुरस्कृतम्।।
अपदेशो मे जनकान्नोत्पतिर्वसुधातलात्।
मम वृत्तं च वृत्तज्ञ बहु ते न पुरस्कृतम्।।
न प्रमाणीकृतः पाणिर्बाल्ये मम निपीडितः।
मम भक्तिश्च शीलं च सर्वं ते पृष्ठतः कृतम्।।

(वा.रा., युद्ध., 116/5-16)

सीता स्वयं कहती हैं, 'लक्ष्मण, इस मिथ्या प्रवाद के साथ मैं जी नहीं सकती। चिता बनाओ, मैं चिता में प्रवेश करूँगी।' राम सिर झुकाये बैठे रहे और सीता उनकी प्रदक्षिणा कर यह कहते हुए अग्नि में प्रवेश कर गयीं कि यदि मेरा मन राघव से इधर-उधर नहीं हुआ तो तुम मेरी रक्षा करो। लोक-साक्षी अग्नि मेरा प्रमाण दे।

चितां मे कुरु सौमित्रे व्यसनस्यास्य भेषजम्।
मिथ्यापवादोपहता नाहं जीवितुमुत्सहे।।
अप्रीतेन गुणैर्भर्त्रा त्यक्ताया जनसंसदि।
या क्षमा मे गतिर्गन्तुं प्रवेक्ष्ये हव्यवाहनम्।।

...अधोमुखं स्थितं रामं ततः कृत्वा प्रदक्षिणम्।
उपावर्तत वैदेही दीप्यमानं हुताशनम्।।
प्रणम्य दैवतेभ्यश्च ब्राह्मणेभ्यश्च मैथिली।
बद्धाञ्जलिपुटा चेदमुवाचाग्निसमीपतः।।
यथा मे हृदयं नित्यं नापसर्पति राघवात्।
तथा लोकस्य साक्षी मां सर्वतः पातु पावकः।।
यथा मां शुद्धचारित्रां दृष्टां जानाति राघवः।
तथा लोकस्य साक्षी मां सर्वतः पातु पावकः।।

(वा.रा., युद्ध. 116/18-19, 23-26)

ऋषि, देवता, गन्धर्व विक्षुब्ध हो उठे; स्त्रियाँ रो पड़ीं, हाहाकार मच गया। समस्त देवता आये। बोले, 'राघव! समस्त लोक के कर्ता हो, ज्ञानियों में श्रेष्ठ हो, कैसे तुम अग्नि में प्रवेश कर रही सीता की रक्षा नहीं करते! तुममें सभी देवता वर्तमान हैं। क्यों तुम अत्यन्त क्षुद्र मनुष्य की तरह व्यवहार करते हो?' राम का उत्तर है—और उत्तर बहुत महत्त्वपूर्ण है कि, 'इस समय मैं देवता नहीं, दशरथ का पुत्र राम हूँ। उसी के अनुरूप आचरण कर रहा हूँ। फिर भगवान ब्रह्मा स्वयं राम से कहते हैं कि, 'तुम्हारे अंग-अंग में समस्त विश्व और अधिष्ठाता देवता समाये हुए हैं। सरस्वती तुम्हारी जिह्वा हैं, पलक झपकना रात्रि है, पलक खुलना दिन है। तुम्हारे संस्कार ही वेद हैं, सीता साक्षात् लक्ष्मी हैं। तुम स्वयं विष्णु हो, रावण के नाश के लिए मनुष्य शरीर में अवतरित हो।'

एते सर्वे समागम्य विमानैः सूर्यसंनिभैः।
आगम्य नगरीं लङ्कामभिजग्मुश्च राघवम्।।
ततः सहस्ताभरणान् प्रगृह्य विपुलान् भुजान्।
अब्रुवंस्त्रिदशश्रेष्ठा राघवं प्राञ्जलिं स्थितम्।।
कर्ता सर्वस्य लोकस्य श्रेष्ठो ज्ञानविदां विभुः।
उपेक्षसे कथं सीतां पतन्तीं हव्यवाहने।
कथं देवगणश्रेष्ठमात्मानं नावबुद्ध्यसे।।
...इत्युक्तो लोकपालैस्तैः स्वामी लोकस्य राघवः।
अब्रवीत् त्रिदशश्रेष्ठान् रामो धर्मभृतां वरः।।
आत्मानं मानुषं मन्ये रामं दशरथात्मजम्।
सोऽहं यश्च यतश्चाहं भगवांस्तद् ब्रवीतु मे।।
इति ब्रुवाणं काकुत्स्थं ब्रह्मा ब्रह्मविदां वरः।
अब्रवीच्छृणु मे वाक्यं सत्यं सत्यपराक्रम।।
भवान् नारायणो देवः श्रीमांश्चक्रायुधः प्रभुः।
एकशृङ्गो वराहस्त्वं भूतभव्यसपत्नजित्।।
...त्वं त्रयाणां हि लोकानामादिकर्ता स्वयंप्रभुः।।

सिद्धानामपि साध्यानामाश्रयश्चासि पूर्वजः।
त्वं यज्ञस्त्वं वषट्कारस्त्वमोंकारः परात्परः।।
प्रभवं निधनं चापि नो विदुः को भवानिति।
दृश्यसे सर्वभूतेषु गोषु च ब्राह्मणेषु च।।
दिक्षु सर्वासु गगने पर्वतेषु नदीषु च।
सहस्त्रचरणः श्रीमाञ्शतशीर्षः सहस्रदृक्।।
त्वं धारयसि भूतानि पृथिवीं सर्वपर्वतान्।
अन्ते पृथिव्याः सलिले दृश्यसे त्वं महोरग।।
त्रींल्लोकान् धारयन् राम देवगन्धर्वदानवान्।
अहं ते हृदयं राम जिह्वा देवी सरस्वती।।
देवा रोमाणि गात्रेषु ब्रह्मणा निर्मिताः प्रभो।
निमेषस्ते स्मृता यत्रिरुन्मेषे दिवसस्तथा।।
संस्कारस्त्वभवन् वेदा नैतदस्ति त्वया विना।
जगत् सर्वं शरीरं ते स्थैर्यं ते वसुधातलम्।।
अग्निः कोपः प्रसादस्ते सोमः श्रीवत्सलक्षणः।
त्वया लोकास्त्रयः क्रान्ताः पुरा स्वैर्विक्रमैस्त्रिभिः।।
महेन्द्रश्च कृतो राजा बलिं बद्ध्वा सुदारुणम्।
सीता लक्ष्मीर्भवान् विष्णुर्देवः कृष्णः प्रजापतिः।।
बधार्थं रावणस्येह प्रविष्टो मानुषीं तनुम्।

(वा.रा., युद्ध.. 117/4-6, 10-13, 18-28)

इतने में अग्नि वैदेही को अंक में लेकर ऊपर आयी, चिता को बुझा दिया और स्वर्णाभूषणों से अलंकृत, लाल वस्त्र पहने, खिले हुए फूल की माला पहनी सीता उपस्थित हुईं। ऐसी सीता को अग्नि ने राम को सौंपा। अग्निदेवता, जो स्वयं लोक के साक्षी हैं, बोले, 'राम, यह वैदेही हैं। इनमें लेशमात्र भी पाप नहीं है। मन-वचन बुद्धि—सबसे कभी भी तुम्हारे प्रतिकूल नहीं सोचा है। तुम्ही में चित्त विलीन करके, तमाम प्रलोभनों को तुच्छ करती हुईं लंका में रहीं। इन्हें तुम स्वीकार करो और कुछ भी मत कहो। मैं तुम्हें आज्ञा देता हूँ।'

एतच्छ्रुत्वा शुभं वाक्यं पितामहसमीरितम्।
अङ्केनादाय वैदहीमुत्पपात विभावसुः।।
विधूयाथ चितां तां तु वैदेहीं हव्यवाहनः।
उत्तस्थौ मूर्तिमानाशु गृहीत्वा जनकात्मजाम्।।
तरुणादित्यसंकाशां तप्तकाञ्चनभूषणाम्।
रक्ताम्बरधरां बालां नीलकुञ्चितमूर्धजाम्।।
अक्लिष्टमाल्याभरणां तथारूपामनिन्दिताम्।

ददौ रामाय वैदेहीमङ्के कृत्वा विभावसुः।।
अब्रवीत् तु तदा रामं साक्षी लोकस्य पावकः।।
एषा ते राम वैदेही पापमस्यां न विद्यते।।
नैव वाचा न मनसा नैव बुद्ध्या न चक्षुषा।
सुवृत्ता वृत्तशौटीर्यं न त्वामत्यचरच्छुभा।।
...विशुद्धभावां, निष्पापां प्रतिगृह्णीष्व मैथिलीम्।
न किंचिदभिधातव्या अहमाज्ञापयामि ते।।

(वा.रा., युद्ध., 118/1-6, 10)

राम विनम्र भाव से कुछ देर तक ध्यान करते हैं और हर्ष से आँसू भरकर धर्मात्मा राम भगवान ब्रह्मा से कहते हैं कि मैं जानता हूँ कि सीता पवित्र हैं। मैंने कठोर वचन इसलिए कहे, क्योंकि लोग यही कहते कि काम-भावना से ही दशरथ-पुत्र राम ने परीक्षा लिए बिना ही सीता को ग्रहण किया। मैं जानता हूँ कि वे अनन्यहृदया हैं, मेरे चित्त की रक्षा करने वाली हैं। तीनों लोकों के विश्वास के लिए सीता को अग्नि-प्रवेश से मैंने नहीं रोका।'

अनन्यहृदयां सीतां मच्चित्तपरिरक्षिणीम्।
अहमप्यवगच्छामि मैथिलीं जनकात्मजाम्।।
...प्रत्ययार्थं तु लोकानां त्रयाणां सत्यसंश्रयः।
उपेक्षे चापि वैदेहीं प्रविशन्तीं हुताशनम्।।

(वा.रा., युद्ध., 118/15, 17)

लेकिन यही राम एक बार फिर जब यह लोकापवाद सुनते हैं कि कैसे राजा हैं जिन्होंने राक्षसों के घर में रहने वाली सीता का तिरस्कार नहीं किया, अब हमें भी अपनी पत्नियों का कदाचार सहना होगा; क्योंकि जैसा राजा वैसी प्रजा—'अस्माकमपि दारेषु सहनीयं भविष्यति, यथा हि कुरुते राजा प्रजा तमनुवर्तते'—तो लक्ष्मण से कहते हैं, 'मैं जानता हूँ कि सीता पवित्र हैं; लेकिन यह लोकापवाद मेरे मन में शूल पैदा कर रहा है। मैं इस अपवाद को दूर करने के लिए प्राण भी छोड़ सकता हूँ, तुम्हें भी, जनकात्मजा की तो बात ही क्या है। तुम शीघ्र जाओ, सीता को विजन में छोड़ आओ। इस निश्चय में प्रतिबन्धक न बनना, अपने प्राणों की शपथ देता हूँ।'

अप्यहं जीवितं जह्यां युष्मान् वा पुरुषर्षभाः।
अपवादभयाद् भीतः किं पुनर्जनकात्मजाम्।।
...न चास्मि प्रतिवक्तव्यः सीतां प्रति कथंचन।।
तस्मात् त्वं गच्छ सौमित्रे नात्र कार्या विचारणा।
अप्रीतिर्हि परा मह्यं त्वयैतत् प्रतिवारिते।।
शापिता हि मया यूयं पादाभ्यां जीवितेन च।
ये मां वाक्यान्तरे ब्रूयुरनुनेतुं कथंचन।।
अहिता नाम ते नित्यं मदभीष्टविघातनात्।

(वा.रा., उत्तर., 45/14, 19-22)

लक्ष्मण सीता को वन में छोड़ते हुए कहते भी हैं कि 'राजा ने त्याग यह जानते हुए किया है कि तुम निर्दोष हो; जो किया है, लोगों के अपवाद-भय से किया है।' यही कठोर राजत्व सीता के सामने एक बार फिर तब उपस्थित होता है जब वाल्मीकि सीता को अयोध्या लाते हैं। राम कहते हैं, 'मुझे विश्वास है कि आप कहते हैं तो सीता निष्पाप हैं; लेकिन लोगों को विश्वास दिलाने के लिए सीता देवताओं के सामने प्रतीति करायें। मैं जानता हूँ कि कुश-लव मेरे ही पुत्र हैं, तथापि।' और समस्त आदित्यों, वसुओं, विश्व देवताओं, अप्सराओं, ब्रह्मा को सामने देखकर सीता शपथ लेती हैं। शपथ लेते समय सारी सृष्टि सिहर उठती है। काषाय वस्त्र पहने सीता ने आँखें नीची किये शपथ ली, 'यदि मन से भी मैंने राघव के अलावा किसी की चिन्ता नहीं की, तो हे माधवी। पृथ्वी! तुम फट जाओ, मैं तुममें समा जाऊँ। यदि मैं राम के अतिरिक्त किसी को नहीं जानती तो तुम फट जाओ, मैं तुममें प्रवेश कर जाऊँ।'

जानामि चेमौ पुत्रौ मे यमजातौ कुशीलवौ।
शुद्धायां जगतो मध्ये मैथिल्यां प्रीतिरस्तु मे।।
अभिप्रायं तु विज्ञाय रामस्य सुरसत्तमाः।
सीतायाः शपथे तस्मिन् महेन्द्राद्या महौजसः।।
पितामहं पुरस्कृत्य सर्व एव समागताः।
...यथाहं राघवादन्यं मनसापि न चिन्तये।।
तथा मे माधवी देवी विवरं दातुमर्हति।
...यथैतत्सत्यमुक्तं मे वेद्मि रामात् परं न च।।
तथा मे माधवी देवी विवरं दातुमर्हति।

(वा.रा., उत्तर., 17/5-7, 14, 16)

सीता के ऐसा कहते ही एक दिव्य सिंहासन पृथ्वी से उठा; नाग उसे उठाये हुए थे। पृथ्वी देवी उस पर आयीं। उन्होंने जानकी को बाँहों में लिया, आसन पर बिठाया और रसातल को चली गयीं। सीता पर निरन्तर पुष्पवृष्टि होती रही, साधुवाद होता रहा। राजा विस्मय में पड़ गये। यज्ञ करते हुए मुनि विस्मय में पड़ गये। कुछ ने हर्ष से निनाद किया, कुछ ध्यानस्थ हो गये, कुछ राम की ओर देखने लगे, कुछ सीता की ओर–कुछ क्षण तक सारा जगत् सम्मोहित हो गया।

तथा शपन्त्यां वैदेह्यां प्रादुरासीत् तदद्भुतम्।
भूतलादुत्थितं दिव्यं सिंहासनमनुत्तमम्।।
ध्रियमाण शिरोभिस्तु नागैरमित विक्रमैः।
दिव्यं दिव्येन वपुषा दिव्यरत्नविभूषितैः।।
तस्मिंस्तु धरणी देवी बाहुभ्यां गृह्य मैथिलीम्।
स्वागतेनाभिनन्द्यैनामासने चोपवेशयत्।।
तामासनगतां दृष्ट्वा प्रविशन्तीं रसातलम्।
पुष्पवृष्टिर्विच्छिन्ना दिव्या सीतामवाकिरत्।।
साधुकारश्च सुमहान् देवानां सहसोत्थितः।

साधु साध्विति वै सीते यस्यास्ते शीलमीदृशम्।।
एवं बहुविधा वाचो ह्यन्तरिक्षगताः सुराः।
व्याजह्रुर्हृष्टमनसो दृष्ट्वा सीताप्रवेशनम्।।
यज्ञवाटगताश्चापि मुनयः सर्व एव ते।
राजानश्च नरव्याघ्रा विस्मयान्नोपरेमिरे।।
अन्तरिक्षे च भूमौ च सर्वे स्थावरजङ्गमाः।
दानवाश्च महाकायाः पाताले पन्नगाधिपाः।।
केचिद् विनेदुः संहृष्टाः केचिद् ध्यानपरायणाः।
केचिद् रामं निरीक्षन्ते केचित् सीतामचेतसः।।
सीताप्रवेशनं दृष्ट्वा तेषामासीत् समागमः।
तन्मुहूर्तमिवात्यर्थं समं सम्मोहितं जगत्।।

(वा.रा., उत्तर., 17/17-26)

यह आलोचना एक ओर है और दूसरी ओर राम के कुछ अत्यन्त प्राकृत मनुज जैसे आचरण हैं। सीता के विरह में उनकी आकुलता, उस आकुलता में देवताओं पर क्रोध, सीता के भूमि-प्रवेश के पश्चात् उनका पृथ्वी पर क्रोध–ये सारी बातें उन्हें दुर्बल चित्तवाला व्यक्ति प्रमाणित करती हैं। फिर राम धर्म के प्रतिमान कैसे हैं? वाल्मीकि रामायण पढ़ने से धर्म की क्या प्रतिमा बनती है, राम जिसके विग्रह कहे जाते हैं? धर्म का पहला लक्षण है पूर्णता, अंग-विन्यास की पूर्णता। अंग-विन्यास ठीक हो, सारे अंग सन्तुलित हों, अच्छे अनुपात में हों, स्निग्ध वर्ण हो, देखने मात्र से प्रताप की प्रतीति हो, चौड़े वक्षवाले हों, बड़ी आँखों वाले हों, शोभा-सम्पन्न हों, शुभ लक्षणों वाले हों, सत्य-पालन करने वाले हों, प्रजा के हित में रत हों, यशस्वी हों, ज्ञान-सम्पन्न हों, हमेशा शुचि रहने वाले हों, गुरुजन के प्रति विनम्र हों, उनको अनुभव कराने वाले हों कि हम उनके वशवर्ती हैं, समाधि से युक्त हों, अर्थात् अपने चित्त को एकाग्र करने की क्षमता रखते हों, प्रजापति के समान श्रीमान् हों, मान्धता के समान शत्रुजेता हों, जीवलोक के रक्षक हों, अपने कर्तव्य रूपी धर्म के रक्षक हों, वेद-वेदांग के तत्त्वज्ञ हों, धनुर्वेद में निपुण हों, सभी शास्त्रों के अर्थ की गहराई में पहुँचने वाले हों, स्मृति-सम्पन्न हों, प्रतिभा-सम्पन्न हों, स्वभाव से सज्जन हों पर अदीन हों, मन ऊँचा रखने वाले हों और अपने कार्य में कुशल हों, उनके चारों ओर सज्जन हों, सबके साथ समुचित व्यवहार करने वाले हों, सदैव प्रियदर्शन हों, समस्त गुणों से युक्त हों, समुद्र की तरह गम्भीर, हिमाचल की तरह धीर, विष्णु की तरह पराक्रमी हों, क्रोध करें तो कालाग्नि बन जायें, पृथ्वी की तरह क्षमाशील हों, कुबेर की तरह धनवान होते हुए भी त्यागी हों, सत्य के पालन में धर्म के ही दूसरे रूप हों–इन सबसे होती हैं अंग-विन्यास की पूर्णता; धर्म इन सबको लेकर होता है। राम के धर्म का मूर्तिमान् विग्रह होने का अर्थ यही है कि वे सबके साथ उपयुक्त व्यवहार करने वाले हैं; अपने कर्तव्य के प्रति निष्ठावान् हैं; समय आने पर क्रोध करते हैं, लेकिन दूसरे को कमज़ोर पाकर क्षमा भी कर सकते हैं। वे पूर्ण हैं।

इक्ष्वाकुवंशप्रभवो रामो नाम जनैः श्रुतः।
नियतात्मा महावीर्यो द्युतिमान् धृतिमान् वशी।।

बुद्धिमान् नीतिमान् वाग्मी श्रीमाञ्छत्रुनिबर्हणः।
विपुलांसो महाबाहुः कम्बुग्रीवो महाहनुः।।
महोरस्को महेष्वासो गूढजत्रुररिंदमः।
आजानुबाहुः सुशिराः सुललाटः सुविक्रमः।।
समः समविभक्ताङ्गः स्निग्धवर्णः प्रतापवान्।
पीनवक्षा विशालाक्षो लक्ष्मीवाञ्छुभलक्षणः।।
धर्मज्ञः सत्यसंधश्च प्रजानां च हिते रतः।
यशस्वी ज्ञानसम्पन्नः शुचिर्वश्यः समाधिमान्।।
प्रजापतिसमः श्रीमान् धाता रिपुनिषूदनः।
रक्षिता जीवलोकस्य धर्मस्य परिरक्षिता।।
रक्षिता स्वस्य धर्मस्य स्वजनस्य च रक्षिता।
वेदवेदाङ्गतत्त्वज्ञो धनुर्वेदे च निष्ठितः।।
सर्वशास्त्रार्थतत्त्वज्ञः स्मृतिमान् प्रतिभानवान्।
सर्वलोकप्रियः साधुरदीनात्मा विचक्षणः।।
सर्वदाभिगतः सद्भिः समुद्र इव सिन्धुभिः।
आर्यः सर्वसमश्चैव सदैव प्रियदर्शनः।।
स च सर्वगुणोपेतः कौसल्यानन्दवर्धनः।
समुद्र इव गाम्भीर्ये धैर्येण हिमवानिव।।
विष्णुना सदृशो वीर्ये सोमवत्प्रियदर्शनः।
कालाग्निसदृशः क्रोधे क्षमया पृथिवीसमः।।
धनदेन समस्त्यागे सत्ये धर्म इवापरः।
तमेवंगुणसम्पन्नं रामं सत्य पराक्रमम्।।

(वा.रा., बाल., 1/8-19)

ये सारे गुण राम में समय-समय पर लक्षित होते हैं। उनका पहला बड़ा काम विश्वामित्र के यज्ञ के बाधक राक्षसों का संहार था। पराक्रम का दूसरा काम उन्होंने बिना बड़बोलापन दिखाये, धनुर्भंग करके प्रस्तुत किया। धनुष को देखकर उन्होंने विनयपूर्वक इतना ही कहा कि 'हे दिव्य धनुष, आप आज्ञा दें तो हाथ से छुऊँ, चढ़ाऊँ।' राम ने खेल-खेल में धनुष को बीच से उठा लिया, उसकी प्रत्यंचा चढ़ा दी और प्रत्यंचा चढ़ाते ही धनुष बीच से खण्डित हो गया। इस पूरे प्रसंग में राम ने कोई मर्यादा नहीं तोड़ी। तीसरा बड़ा कार्य, जो इसके पहले ही सम्पन्न हुआ, राम ने गौतम-शापित, अन्तर्ज्वाला से जलती, किसी को नहीं दिखती निश्चेष्ट पड़ी अहिल्या के पैर छूकर, उसका सत्कार कर सम्पन्न किया। वह पुनः सजीव दिखने लगी। वाल्मीकि रामायण में यह उल्लेख नहीं है कि वह पत्थर बन गयी थी। पत्थर की तरह हो गयी थी। उसे स्मृति थी, प्रतीक्षा थी कि राम आयेंगे। और राम ने ऐसी अभिशप्त स्त्री के पैर पकड़े तो बहुत बड़प्पन था। जिसकी सबने उपेक्षा की, राम ने उसके पाँव पकड़े। अहिल्या को लगा कि इतना शील और किसी में नहीं हो सकता, यही राम हैं। जाने कितने मुनि आये, धर्म-धुरंधर आये, गुज़रे; लेकिन राम से

स्त्री का ऐसा अभिशप्त रूप देखा न गया; जान लिया कि ये तपस्विनी हैं—और समुचित आदर दिया। पराक्रम और शील दोनों मिलकर धर्म होता है। कुपित परशुराम के आने पर भी राम ने कोई नाटक नहीं किया। परशुराम ने अपना धनुष दिया कि इसकी प्रत्यंचा चढ़ा दो तो मैं तुमसे द्वन्द्व युद्ध करूँ। दशरथ ने बहुत विषाद से भरकर हाथ जोड़कर कहा कि आप तो क्षत्रियों पर क्रोध करके शान्त हो चुके हैं, तपस्वी ब्राह्मण हैं, बच्चों को अभय देना ही उचित है। स्वाध्यायपारायण भार्गव कुल में उत्पन्न हुए आप, आपने इन्द्र के सामने प्रतिज्ञा करके हथियार फेंक दिये, कश्यप को सारी पृथ्वी दान कर दी, महेन्द्रगिरि पर तपस्या कर रहे हैं, आप क्यों हमारा विनाश चाहते हैं? राम के बिना हम जियेंगे कैसे? लेकिन राम के पास विनय के साथ ही एक अदीन भाव भी है; परशुराम के धनुष को चढ़ा देने के बाद, बाण रख देने के बाद उन्हें क्रोध हुआ, 'आप ब्राह्मण हैं, आप पर प्राणहर बाण नहीं छोड़ सकता और इस बाण को व्यर्थ भी नहीं कर सकता।' परशुराम पानी-पानी हो गये। कह गये कि मैं स्वयं महेन्द्र पर्वत जा रहा हूँ।

अयोध्याकाण्ड के प्रथम सर्ग में ही राम का पुनः वर्णन है। वे प्रियभाषी हैं, शक्ति-सम्पन्न हैं, क्रोध पर संयम रखने वाले हैं, कभी भी असत्य नहीं बोलने वाले हैं, विद्वानों-वृद्धों की पूजा करने वाले हैं, प्रजा के प्रिय हैं, करुणापरायण हैं, अपनी इन्द्रियों को वश में रखने वाले हैं, आचरण में पवित्र हैं, क्षात्र धर्म को अपना कर्तव्य मानते हैं, कभी भी कोई अश्रेयस कार्य नहीं करते, कभी भी मर्यादाविरोधी कथाओं में रुचि नहीं लेते। बोलते हैं तो युक्तिपूर्वक, मानो बृहस्पति हों; नीरोग हैं, वाग्मी हैं, पुरुषों के सारतत्त्व को जानते हैं, विद्या में निष्णात हैं, कल्याण स्वभाव वाले हैं, सीधे हैं, तीनों पुरुषार्थों के तत्त्व को जाननेवाले हैं, लौकिक आचार में कुशल हैं, अपने पौरुष को अपने भीतर समोकर रखते हैं, मन्त्र को छिपाकर रखते हैं, उनके क्रोध-हर्ष कभी विफल नहीं होते, कभी दुर्वचन नहीं बोलते, उन्हें कभी तन्द्रा नहीं घेरती, अपना और दूसरों का दोष समझते हैं, शास्त्रज्ञ हैं, कृतज्ञ हैं, कब दण्ड देना चाहिए, कब अनुग्रह—यह समझते हैं, दण्ड देने का उचित स्थान जानते हैं, आय-व्यय दोनों किस रूप में उचित है, यह जानते हैं, कभी आलस्य नहीं करते, शिल्पों के जानकार हैं; हाथी-घोड़ों की सवारी कैसे की जाती हैं, जानते हैं, सैन्य-नीति विशारद हैं, युद्ध में अपराजेय हैं, निन्दा नहीं करते, घमण्ड नहीं, डाह नहीं, कोई उनकी अवज्ञा नहीं कर सकता, वे काल के वश में नहीं हो सकते—ऐसे श्रेष्ठ गुणों से युक्त हैं। इन्हीं का राज्याभिषेक होना चाहिए।

स तु श्रेष्ठैर्गुणैर्युक्तः प्रजानां पार्थिवात्मजः।
बहिश्चर इव प्राणो बभूव गुणतः प्रियः।।
सर्वविद्याव्रतस्नातो यथावत् साङ्गवेदवित्।
इष्वस्त्रे च पितुः श्रेष्ठो बभूव भरताग्रजः।।
कल्याणाभिजनः साधुरदीनः सत्यवागृजुः।
वृद्धैरभिविनीतश्च द्विजैर्धर्मार्थदर्शिभिः।
धर्मकामार्थतत्त्वज्ञः स्मृतिमान् प्रतिभावान्।।
लौकिके समयाचारे कृतकल्पो विशारदः।।
निभृतः संवृताकारो गुप्तमन्त्रः सहायवान्।
अमोघक्रोधहर्षश्च त्यागसंयमकालवित्।।
दृढभक्तिः स्थिरप्रज्ञो नासद्ग्राही न दुर्वचः।

निस्तन्द्रीरप्रमत्तश्च स्वदोषपरदोषवित्।।
शास्त्रज्ञश्च कृतज्ञश्च पुरुषान्तरकोविदः।
यः प्रग्रहानुग्रहयोर्यथान्यायं विचक्षणः।।

(वा.रा., अयोध्या., 1/19-25)

कथं नु मयि धर्मेण पृथिवीमनुशासति।
भवन्तो द्रष्टुमिच्छन्ति युवराजं महाबलम्।।
ते तमूचुर्महात्मानः पौरजानपदैः सह।
बहवो नृप कल्याणगुणाः सन्ति सुतस्य ते।।
गुणान् गुणवतो देव देवकल्पस्य धीमतः।
प्रियानानन्दनान् कृत्स्नान् प्रवक्ष्यामोऽद्य ताञ्शृणु।।
दिव्यैर्गुणैः शक्रसमो रामः सत्यपराक्रमः।
इक्ष्वाकुभ्योऽपि सर्वेभ्यो ह्यतिरिक्तो विशाम्पते।।
रामः सत्पुरुषो लोके सत्यः सत्यपरायणः।
साक्षाद् रामाद् विनिर्वृत्तो धर्मश्चापि श्रिया सह।।
प्रजासुखत्वे चन्द्रस्य वसुधायाः क्षमागुणैः।
बुद्ध्या बृहस्पतेस्तुल्यो वीर्ये साक्षाच्छचीपतेः।।
धर्मज्ञः सत्यसंधश्च शीलवाननसूयकः।
क्षान्तः सान्त्वयिता श्लक्ष्णः कृतज्ञो विजितेन्द्रियः।।
मृदुश्च स्थिरचित्तश्च सदा भव्योऽनसूयकः।

(वा.रा., अयोध्या., 2/25-32)

इस प्रकार पुनः यह बात प्रतिष्ठापित होती है कि धर्म चारित्र्य की सर्वविध सम्पूर्णता है और व्यक्तित्व की पूर्णता है। खण्डित व्यक्तित्व के साथ धर्म अखण्ड रूप में नहीं रहता। कैकेयी के मरणतुल्य वचन सुनकर कि 'राजा दशरथ की प्रतिज्ञा सच करो जो उन्होंने मुझसे की थी।' राम तनिक भी व्यथित नहीं हुए और उन्होंने कहा कि, 'मैं अभी जटाजूट धारण कर राजा की प्रतिज्ञा पूरी करने वन जा रहा हूँ। तुम क्रोध न करो, अमर्ष न करो, प्रसन्न हो जाओ केवल एक ही क्लेश है कि राजा ने अपने मुँह से एक बार भी नहीं कहा कि हम भरत का अभिषेक करेंगे। वे आज्ञा देते तो मैं भरत को सब कुछ दे देता, बड़े हर्ष से। आप अभी द्रुतगामी घोड़ों पर दूत भेजिए, वे अपने ननिहाल से आएँ।' कौशल्या और लक्ष्मण दोनों ने राम को वन जाने से रोका तो राम ने यही कहा कि, 'लोक में धर्म ही सर्वाधिक प्रतिष्ठित है, धर्म में ही सत्य प्रतिष्ठित है, पिता के वचन का पालन धर्म का ही पालन है। पिता ने कहा है, कैकेयी माँ ने प्रेरित किया है, इसलिए माँ! मुझे आज्ञा दो, अपने प्राणों की शपथ देता हूँ। अब तुम मेरा स्वस्त्ययन कराओ। प्रतिज्ञा पूरी करके पुनः मैं आऊँ तब तक तुम शोक आवेग को रोको, यही सनातन धर्म है। तुम सभी पिता की आज्ञा के पालन में सहायक होओ।' राम के समझाने से धैर्य धारण कर कौशल्या ने जो आशीर्वाद दिये वे अत्यन्त महत्त्वपूण र्ग हैं—'जो धर्म तुम प्रीतिपूर्वक, नियमपूर्वक पालन कर रहे हो, वही धर्म तुम्हारी रक्षा करे। तुमने पिता की सेवा की

है, माता की सेवा की है, सच्चे मन से सेवा की है, यही सेवा तुम्हारी रक्षा करे; कुश समिधाएँ तुम्हारी रक्षा करें; वन देवियाँ, शैल, वृक्ष, सरोवर, पक्षी, सर्प, विप्रों के कुटीर—ये सभी तुम्हारी रक्षा करें। इन्द्रादि सभी लोकपाल, छह ऋतु, बारह मास, संवत्सर, रात-दिन कल्याण करें, श्रुति-स्मृति-धर्म तुम्हारी रक्षा करें। ब्राह्मणों ने स्वस्तिवाचन किया—वृत्र के नाश के पश्चात् जो मंगल इन्द्र के लिए किया गया, वही मंगल तुम्हारा मंगल बने; विनता ने अमृत की अभिलाषा करने वाले गरुड़ के लिए जो मंगल किया, वही मंगल तुम्हारा हो; तीन पगों में समस्त लोकों को नापने वाले विष्णु ने जो मंगल किया, वही मंगल तुम्हारा हो।

पितृशुश्रूषया पुत्र मातृशुश्रूषया तथा।
सत्येन च महाबाहो चिरं जीवाभिरक्षितः।।
समित्कुशपवित्राणि वेद्यश्चायतनानि च।
स्थण्डिलानि च विप्राणां शैला वृक्षाः क्षुपा ह्रदाः।
पतङ्गाः पन्नगाः सिंहास्त्वां रक्षन्तु नरोत्तम।।
स्वस्ति साध्याश्च विश्वे च मरुतश्च महर्षिभिः।
स्वस्ति धाता विधाता च स्वस्ति पूषा भगोऽर्यमा।।
लोकपालाश्च ते सर्वे वासवप्रमुखास्तथा।
ऋतवः षट् च ते सर्वे मासाः संवत्सराः क्षपाः।।
दिनानि च मुहूर्ताश्च स्वस्ति कुर्वन्तु ते सदा।
श्रुतिः स्मृतिश्च धर्मश्च पातु त्वां पुत्र सर्वतः।।
...यन्मङ्गलं सहस्राक्षे सर्वदेवनमस्कृते।
वृत्रनाशे समभवत् तत् ते भवतु मङ्गलम्।।
यन्मङ्गलं सुपर्णस्य विनताकल्पयत्पुरा।
अमृतं प्रार्थयानस्य तत् ते भवतु मङ्गलम्।।
अमृतोत्पादने दैत्यान् घ्नतो वज्रधरस्य यत्।
अदितिर्मङ्गलं प्रादात् तत् ते भवतु मङ्गलम्।।
त्रिविक्रमान् प्रक्रमतो विष्णोरतुलतेजसः।
यदासीन्मङ्गलं राम तत् ते भवतु मङ्गलम्।।
ऋषयः सागरा द्वीपा वेदा लोका दिशश्च ते।
मङ्गलानि महाबाहो दिशन्तु शुभमङ्गलम्।।

(वा.रा., अयोध्या., 25/6-10, 32-36)

कैकेयी ने चलते समय पहनने के लिए चीर दिया। सीता अप्रतिभ होकर बोलीं, 'कैसे मुनि लोग वस्त्र पहनते हैं, मैं तो जानती नहीं।' राम अतिशीघ्र उनके पास आये और उन्होंने उनके कौशेय के ऊपर ही चीर बाँध दिया। वसिष्ठ ने कैकेयी की भर्त्सना की। कहा, 'राम के साथ यह समस्त नगर जायेगा, हम जायेंगे, भरत भी चीर धारण कर वनवासी राम के पास जायेंगे। तुम इस निर्जन धरती पर राज्य करना, जिसमें पीड़ा के रूप में पेड़ रह जायेंगे।

जहाँ राम राजा नहीं होंगे, वह राष्ट्र नहीं रह जायेगा। राम रहेंगे तो वन ही राष्ट्र हो जायेगा। राम को वनवास देकर तुमने अपने पुत्र का ही अप्रिय किया है। कोई व्यक्ति नहीं है, जो राम का अनुसरण न करता हो।'

अन्तपालाश्च यास्यन्ति सदारो यत्र राघवः।
सहोपजीव्यं राष्ट्रं च पुरं च सपरिच्छदम्।।
भरतश्च शत्रुघ्नश्चचीरवासा वनेचरः।
वने वसन्तं काकुत्स्थमनुवत्स्यति पूर्वजम्।।
ततः शून्यां गतजनां वसुधां पादपैः सह।
त्वमेका शाधि दुर्वृत्ता प्रजानामहिते स्थिता।।
न हि तद् भविता राष्ट्रं यत्र रामो न भूपतिः।
तद वनं भविता राष्ट्रं यत्र रामो निवत्स्यति।
न ह्यदत्तां महीं पित्रा भरतः शास्तुमिच्छति।
त्वयि वा पुत्रवद वस्तुं यदि जातो महीपतेः।।
यद्यपि त्वं क्षितितलाद् गगनं चोत्पतिष्यसि।
पितृवंशचरित्रज्ञः सोऽन्यथा न करिष्यति।।
तत् त्वया पुत्रगर्धिन्या पुत्रस्य कृतमप्रियम्।
लोके नहि स विद्येत यो न राममनुव्रतः।।
द्रक्ष्यस्यद्यैव कैकेयि पशुव्यालमृगद्विजान्।
गच्छतः सह रामेण पादपांश्च तदुन्मुखान्।।

(वा.रा., अयोध्या., 37/26-33)

राम के धर्म की परीक्षा होती है, जब भरत स्वयं राम से कहते हैं कि, 'अपना राज्य स्वीकार कीजिए और मेरा कलंक धोइए।' राम बार-बार यही कहते हैं कि, 'पिता ने जो आज्ञा दी है, उसका पालन मुझे करना है और तुम्हें भी करना है। पिता ने जो प्रतिज्ञा की थी, उसकी पूर्ति तुम्हारे अभिषेक और मेरे वनवास से ही होगी। उस धर्म का तुम पालन करो और मैं भी करूँ।' इस पर अयोध्या से आये हुए ऋषि जाबालि ने राम से कहा—और उनके वचन को भी वाल्मीकि ने धर्म से युक्त ही कहा है—'हे राम, तुम अत्यन्त सामान्य जन की तरह व्यवहार कर रहे हो, ऐसी निरर्थक बुद्धि तुम्हारी क्यों है? कोई किसी का बन्धु नहीं; अकेले ही आदमी उत्पन्न होता है, अकेले ही जाता है! न कोई माता है, न पिता है। मनुष्य के माता-पिता, धन-सम्पत्ति, ये सब बसेरे मात्र हैं! सज्जन इनमें आसक्त नहीं होते। तुम्हें शोभा नहीं देता कि पिता का राज्य छोड़ो और कष्टमय पथ पर चलो। अभिषेक कराओ, नगरी तुम्हारी प्रतीक्षा कर रही है।'

साधु राघव मा भूत् ते बुद्धिरेवं निरर्थिका।
प्राकृतस्य नरस्येव ह्यार्यबुद्धेस्तपस्विनः।।
कः कस्य पुरुषो बन्धुः किमाप्यं कस्य केनचित्।
एको हि जायते जन्तुरेक एव विनश्यति।।

तस्मान्माता पिता चेति राम सज्जेत यो नरः।
उन्मत्त इव स ज्ञेयो नास्ति कश्चिद्धि कस्यचित्।।
यथा ग्रामान्तरं गच्छन् नरः कश्चिद् बहिर्वसेत्।
उत्सृज्य च तमावासं प्रतिष्ठेतापरेऽहनि।।
एवमेव मनुष्याणां पिता, माता गृहं वसु।
आवासमात्रं काकुस्थ सज्जन्ते नात्र सज्जनाः।।
पित्र्यं राज्यं समुत्सृज्य स नार्हसि नरोत्तम।
आस्थातुं कापथं दुःखं विषमं बहुकण्टकम्।।
समृद्धायामयोध्यायामात्मानमभिषेचय।
एकवेणीधरा हि त्वां नगरी सम्प्रतीक्षते।।

(वा.रा., अयोध्या., 108/2-8)

राम ने इसका तत्काल उत्तर दिया, 'बड़ी प्रीतिकर बातें आप कर रहे हैं, पर यह अकार्य है; मेरे हित की बात कर रहे हैं, पर यह अहितकर है। चारित्र्य ही निर्णय करता है कि कौन शुचि है, कौन अशुचि। यदि मैं धर्म जैसे दिखने वाले अधर्म का सेवन करूँ तो कौन मुझे आदर देगा! मैं ऐसा करूँ तो दूसरे भी ऐसा करने लगेंगे। यह राजनीति सत्याचार-आश्रित होता है, और अकरणीय नहीं होती। सत्य में ही लोक प्रतिष्ठित है। धर्म और कुछ नहीं, सत्य है। वही सत्य सबके मूल में है। वही ईश्वर है, उसी से सब कुछ निर्गत होता है। प्रतिष्ठा का उससे बड़ा कोई बल नहीं है। मैं अपने पिता की प्रतिज्ञा का पालन करूँगा, सत्य के सेतु का भंजन नहीं करूँगा। इस कर्मभूमि में आकर शुभ कर्म करना चाहिए; क्योंकि इस कार्य के फल देने वाले होते हैं—अग्नि, वायु, सोम। स्वर्ग का एक ही रास्ता है—सत्य, धर्म, पराक्रम, प्राणियों पर अनुकम्पा, प्रियवादिता, अतिथिदेव का पूजन।'

भवान् मे प्रियकामार्थं वचनं यदिहोक्तवान्।
अकार्यं कार्यसंकाशमपथ्यं पथ्यसंनिभम्।।
निर्मर्यादस्तु पुरुषः पापाचारसमन्वितः।
मानं न लभते सत्सु भिन्नचारित्रदर्शनः।।
कुलीनमकुलीनं वा वीरं पुरुषमानिनम्।
चारित्रमेव व्याख्याति शुचिं वा यदि वाशुचिम्।।
अनार्यस्त्वार्यसंस्थानः शौचाद्धीनस्तथा शुचिः।
लक्षण्यवदलक्षण्यो दुःशीलः शीलवानिव।।
अधर्मं धर्मवेषेण यद्यहं लोकसंकरम्।
अभिपत्स्ये शुभं हित्वा क्रियां विधिविवर्जिताम्।।
कश्चेतयानः पुरुषः कार्याकार्यविचक्षणः।
बहु मन्येत मां लोके दुर्वृत्तं लोकदूषणम्।।
...सत्यमेवेश्वरो लोके सत्ये धर्मः सदाश्रितः।

सत्यमूलानि सर्वाणि सत्यान्नास्ति परं पदम्।।
दत्तमिष्टं हुतं चैव तप्तानि च तपांसि च।
वेदाः सत्यप्रतिष्ठानास्तस्मात् सत्यपरो भवेत्।।
एकः पालयते लोकमेकः पालयते कुलम्।
मज्जत्येको हि निरय एकः स्वर्गे महीयते।।
सोऽहं पितुर्निदेशं तु किमर्थं नानुपालये।
सत्यप्रतिश्रवः सत्यं सत्येन समयीकृतम्।।
नैव लोभान्न मोहाद् वा न चाज्ञानात् तमोऽन्वितः।
सेतुं सत्यस्य भेत्स्यामि गुरोः सत्यप्रतिश्रवः।।

(वा.रा., अयोध्या., 109/2-7, 13-17)

जाबालि पुनः कहते हैं कि मैंने समय देखकर नास्तिक बातें कहीं, पुनः आस्तिकता की बात कहता हूँ। वसिष्ठ ने भी समझाया कि सारी सभा कह रही है, मैं कह रहा हूँ, भरत कह रहे हैं, तो लौट चलो। ऐसा करके तुम सत्य का अतिक्रमण नहीं करोगे। भरत एक तरह से धरना देते हैं और ज़मीन पर बैठ जाते हैं। राम भरत को सान्त्वना देते हैं और कहते हैं कि, 'तुम मेरी ओर से राज्य करो और पादुका ले जाओ, जिससे तुम्हारा धर्म रह जाये और मेरा भी धर्म रहे।'

राम का धर्म केवल पितृ-वचन का पालन ही नहीं है, उनका धर्म भरत के निश्छल अनुरोध का निर्वाह भी है और प्रजा की इच्छा की पूर्ति भी। इन दोनों के बीच सामंजस्य के लिए उन्होंने पादुका भरत को दी। भरत की धर्मबुद्धि भी कोई कम तेजस्वी नहीं, वे भी स्वयं को राजसुख से वंचित रखते हैं, राज्य के धरोहरी बन जाते हैं, अयोध्या में रहते भी नहीं, बाहर रहकर राज्य चलाते हैं। यह अपने आप में राज्य व्यवस्था का शुद्ध भारतीय आदर्श स्थापित करता है, जहाँ राजलिप्सा के लिए कोई स्थान नहीं। लोक के अभ्युदय के लिए ही राजा की सत्ता हो, यही शुद्ध राजनय का आधिपत्य है।

एक दूसरा प्रसंग भी ध्यातव्य है। राम ने वनवास में रहकर भी क्षात्र धर्म नहीं छोड़ा है। आक्रान्त आतंकित दीन जनों की रक्षा का भार राम ने ले रखा है। इसलिए वे चित्रकूट में अधिक दिनों तक नहीं रहते; उन वनों की तरफ़ चल देते हैं, जहाँ वनवासी ऋषि सताये जा रहे हैं, उनका भक्षण किया जा रहा है। ऋषियों की हड्डियों की बहुत बड़ी राशि देखकर राम क्षुब्ध हो उठते हैं और प्रतिज्ञा करते हैं कि 'मैं इस पृथ्वी को राक्षसविहीन कर दूँगा। इसीलिए जब वे मृगया को निकलते हैं और सीता टोकती हैं कि मुनियों का वेश धारण किया है, पशुओं की हिंसा में क्यों संसक्त हो रहे हो।' तो राम का उत्तर है कि 'मैंने वन में रहना स्वीकार किया है, वनवेश धारण किया है; लेकिन मैं गृहस्थ हूँ, क्षत्रिय हूँ, मृगया मेरे पराक्रम का अभ्यास है। उसे नहीं छोड़ सकता और राक्षसों के संहार से नहीं भाग सकता।'

अपराधं विना हन्तुं लोको वीर न मंस्यते।।
क्षत्रियाणां तु वीराणां वनेषु नियतात्मनाम्।
धनुषा कार्यमेतावदार्तानामभिरक्षणम्।।
क्व च शस्त्रं क्व च वनं क्व च क्षात्रं तपः क्व च।

व्याविद्धमिदमस्माभिर्देशधर्मस्तु पूज्यताम्।।
कदर्यकलुषा बुद्धिर्जायते शस्त्रसेवनात्।
पुनर्गत्वा त्वयोध्यायां क्षात्रधर्मं चरिष्यसि।।

(वा.रा., अरण्य., 9/25-28)

अप्यहं जीवितं जह्यां त्वां वा सीते सलक्ष्मणाम्।
न तु प्रतिज्ञां संश्रुत्य ब्राह्मणेभ्यो विशेषतः।।
तदवश्यं मया कार्यमृषीणां परिपालनम्।
अनुक्तेनापि वैदेहि प्रतिज्ञाय कथं पुनः।।

(वा.रा., अरण्य., 10/18-19)

शूर्पणखा प्रसंग को आलोचकों ने इस दृष्टि से नहीं देखा कि वह मिलते ही सीता पर आक्रमण करती है और कहती है कि, 'यह विकृत है, विरूप है, तुम्हारे अनुरूप नहीं है। मैं ही तुम्हारे अनुरूप हूँ।' यही नहीं, वह सीता जैसी अद्वितीय सुन्दरी को स्थूल उदरवाली, कराल और असती तक कह डालती है। उसका एकान्त संवाद सुनिए। प्रस्ताव करती है कि 'मैं तुम्हारे भाई को खा जाऊँगी, इस सीता को खा जाऊँगी।' राम ने सिर्फ़ इतना ही उत्तर दिया कि, 'मेरी तो पत्नी है; तुम्हारी जैसी स्त्री की सौत बनना किसी भी स्त्री के लिए बड़ा क्लेशकर होगा।' वे लक्ष्मण की ओर इशारा कर देते हैं। तब वह लक्ष्मण के पास पहुँचती है। लक्ष्मण उसे लौटा देते हैं। कहते हैं, 'मैं तो दास हूँ, तुम दास की दासी बनना कैसे चाहोगी! तुम बड़े भाई की ही द्वितीय पत्नी बनने के योग्य हो। पहली तो, जैसा कि तुमने कहा, कुरूप हैं, वे उन्हें छोड़कर तुम्हें ही ग्रहण करेंगे। ऐसा सुन्दर रूप कौन तजना चाहेगा!' इस गेंद को इधर से उधर फेंके जाने के विनोद में आक्रामक काम-वासना वाली राक्षसी की परीक्षा मात्र है। इस परीक्षा के बाद वह अपने वास्तविक रूप में प्रकट हो जाती है और तीनों को खाने चल देती है। राम लक्ष्मण से कहते हैं कि यह मनुष्योचित परिहास दुष्ट स्वभाव वालों के साथ नहीं करना चाहिए। यह अपने को बहुत सुरूपा मानती है, अप्रतिम मानती है, इसके बस नाक-कान काट दो। इसकी सुरूपता का गर्व खण्डित हो जायेगा। यह भी उल्लेखनीय है कि शूर्पणखा ने पहले ही सूचना दी थी कि मैं रावण की बहन हूँ, और राम रावण के वध की प्रतिज्ञा कर चुके हैं। शूर्पणखा का नाक-कान काटना एक तरह से दण्डकारण्य में ही उपद्रवशील राक्षसों को खुली चुनौती देना है। राम अपनी प्रतिज्ञा के पालन का आरम्भ करना चाहते हैं—और यही होता है। खर-दूषण के साथ विकट युद्ध में राम उसकी सेना और त्रिशिरा जैसे राक्षस का संहार कर देते हैं। रावण भी सीधे लड़ने नहीं आता, क्योंकि वह राम के पराक्रम से भयभीत है। वह सीता का हरण करके राम को उनके विरह में दीन-दुर्बल बनाकर उनसे लड़ना चाहता है। इस प्रकार शूर्पणखा-प्रसंग काव्य के प्रयोजन की दृष्टि से एक बहुत उपयुक्त प्रसंग है। एक सहज आनन्दमय दाम्पत्य जीवन में छल का बीज बोने शूर्पणखा आती है और इस छल को पहले बहुत हलके तरीके से लिया जाता है।

पर जब छल करने वाला व्यक्ति अपने स्वरूप को प्रकट कर देता है तो उसका प्रतिकार इस ढंग से लिया जाता है कि छल करने वाली कामार्त्त राक्षसी इस स्थिति में आ जाये कि पुनः सुरूपता का नाटक कर किसी के साथ छल न करने पाये। यह देखने में अमानवीय लगता है, लेकिन उस उग्र आक्रामक राक्षसी के साथ दूसरा व्यवहार सम्भव भी नहीं था। राम की मानवीयता का पता तो सीता के विरह में उनके मुक्त विलाप में मिलता है। सरोवर के पास

आकर वे पक्षियों के जोड़ों के विहार से और भी विह्वल हो उठते हैं और साथ ही रावण-वध के लिए और भी उग्र। बालि जब राम को धिक्कारता है, राम उत्तर देते हुए कहते हैं कि, 'मैं जो कुछ कर रहा हूँ, राज्य की मर्यादा के पालन में कर रहा हूँ। तुमने मर्यादा का अतिक्रमण किया, तुम्हें दण्डित करना आवश्यक था। मैंने सुग्रीव की सहायता की प्रतिज्ञा की थी, उसका भी निर्वाह करना था।' बालि स्वयं पश्चात्ताप करता है और कहता है कि, 'मुझे अपने लिए शोक नहीं है, तारा के लिए भी शोक नहीं है, केवल अंगद के लिए शोक है। इस पर वही कृपा रखना जो लक्ष्मण पर है, सुग्रीव पर है।' राम सुग्रीव और अंगद दोनों का एक साथ अभिषेक करते हैं—सुग्रीव का राजा के रूप में और अंगद का युवराज के रूप में। सुग्रीव जब प्रतिज्ञा का पालन नहीं करते, वर्षा बीत जाती है, शरद ऋतु आ जाती है, तब राम लक्ष्मण के द्वारा यही सन्देश भेजते हैं कि सुग्रीव, अपने वचन का पालन करो, बालि के रास्ते पर मत जाओ वह जिस रास्ते गया, वह अभी संकुचित नहीं हुआ है, उससे दूसरा भी जा सकता है।

न स संकुचितः पन्था येन बाली हतो गतः।
समये तिष्ठ सुग्रीव मा बालिपथमन्वगाः।।

(वा.रा., किष्किन्धा., 30/81)

जिस मानवीय गुण का उल्लेख राम ने बालि से किया था, उसी कृतज्ञता के उल्लंघन का संकेत लक्ष्मण ने सुग्रीव को दिया कि 'गोहत्या करने वाले की, मद्य पीने वाले की, चोर की, व्रत खण्डित करने वाले की निष्कृति सम्भव है, लेकिन कृतघ्न की नहीं।'

गोघ्ने चैव सुरापे च चौरे भग्नव्रते तथा।
निष्कृतिर्विहिता सद्भिः कृतघ्ने नास्ति निष्कृतिः।।

(वा.रा., किष्किन्धा., 34/12)

मनुष्य के रूप में राम के बड़प्पन का परिचय रावण की मृत्यु के बाद भी मिलता है। विभीषण रावण का दाह-संस्कार नहीं करना चाहते, क्योंकि वे उसे नारी-अपहर्ता, क्रूर और अधर्म-परायण मानते हैं। राम विभीषण से यही कहते हैं कि, 'यह निशाचर अधर्मी है, पर बड़ा तेजस्वी, बलवान और वीर रहा है; कभी इन्द्र जैसे देवता भी इसे हरा नहीं सके। हर वैर मरण तक रहता है; अब हमारा प्रयोजन पूरा हो गया, कोई वैर नहीं रहा। यह तुम्हारा बड़ा भाई था, इसलिए मेरा भी बड़ा भाई था। इस महात्मा का यथाविधि संस्कार करो, यश के भागी बनो।'

मरणान्तानि वैराणि निर्वृत्तं नः प्रयोजनम्।।
क्रियतामस्य संस्कारो ममाप्येष यथा तव।
त्वत्सकाशान्महाबाहो संस्कारं विधिपूर्वकम्।।
क्षिप्रमर्हति धर्मेण त्वं यशोभाग् भविष्यसि।

(वा.रा., युद्ध., 111/100-101)

राम रावण की लंका पर विजय प्राप्त कर विभीषण को सिंहासनारूढ़ करके चक्रवर्ती राजाओं की परम्परा का प्रवर्तन करते हैं। राज्य को जीतकर भी उसी राज्य के व्यक्ति को सिंहासनासीन करना उचित होता है। इसीलिए राम की आज्ञा से लक्ष्मण ने अपने हाथों घड़े के जल से विभीषण का अभिषेक किया। राम का यह मानवीय रूप ही है कि उन्होंने लंका से आयी हुई सीता को स्वीकार करने के पहले उन्हें अग्निपरीक्षा के लिए विवश किया और कुछ

बहुत अशोभन, बहुत कठोर बातें कहीं। राम से देवताओं ने कहा भी कि आप तो जानते ही हैं कि सीता कितनी निष्पाप हैं। आप तो स्वयं विष्णु रूप है। इस पर राम ने कहा कि, 'मैं जो कर रहा हूँ, दशरथ-पुत्र रघुवंशी के रूप में कर रहा हूँ; न करूँ तो लोक क्या कहेगा।' इसके बाद अग्नि सहित समस्त देवताओं के साक्ष्य के साथ राम ने सीता को ग्रहण किया और कहा—

बालिशो बत कामात्मा रामो दशरथात्मजः।?
इति वक्ष्यति मां लोको जानकीमविशोध्य हि।।
अनन्यहृदयां सीतां मच्चित्तपरिरक्षिणीम्।
अहमप्यवगच्छामि मैथिलीं जनकात्मजाम्।।
प्रत्ययार्थं तु लोकानां त्रयाणां सत्यसंश्रयः।
उपेक्षे चापि वैदेहीं प्रविशन्तीं हुताशनम्।।

(वा.रा., युद्ध., 118/14-15, 17)

राम के समस्त चरित्र ने धर्म को जिस रूप में व्याख्यायित किया है, संक्षिप्त अभिव्यक्ति यह है कि अपने लिए कठोर, पर लोक के लिए करुण होना राजधर्म है। सम्बन्ध-निर्वाह करते हुए कर्तव्य-निर्वाह धर्म का दूसरा रूप है। दिव्य बल सम्पन्न होते हुए भी मनुष्य के पौरुष पर भरोसा करना तीसरा लक्षण है। सकल सृष्टि के साथ सामंजस्य रखना चौथा लक्षण है। साधारण जन में भी आस्था रखना पाँचवाँ लक्षण है। शत्रु की मृत्यु पर शत्रु के प्रति आदर दिखाना उसी सम्बन्ध-निर्वाह का प्रकाशन है। एकपत्नीव्रत होते हुए भी राम ने अपनी पत्नी की कठिन-से-कठिन परीक्षा ली। यह परीक्षा सीता से अधिक उनकी थी, इस बारे में आगे विस्तार से बात की जायेगी। यह परीक्षा इस उद्‌देश्य से ली गयी कि सीता पर जो भी दोष लगायें, वे पापी सिद्ध हों। दोष वे अपने ऊपर नृशंसता का ले लेते हैं। सीता के निर्वासन की आज्ञा के बाद राम अपने आप में नहीं रहते। बड़ी मुश्किल से उन्हें समझाया जाता है, तब कहीं राजकाज में प्रवृत्त होते हैं। वे आदर्श राजा हैं, पर मन से सबके बन्धु हैं। वे राजत्व का अहंकार नहीं पालते। यही उन्हें मानव धर्म का श्रेष्ठ प्रतिमान बनाता है।

(रामायण का काव्यमर्म, 2001)

तुलसी के राम

इस समय की चुनौती है कि धर्म जब प्रश्नचिह्नों में घिरा हो तो धर्म का आकार स्पष्ट किया जाये। पुराणों में कथा आती है कि धर्म की तेरह पत्नियाँ थीं : श्रद्धा आदि। इनमें सबसे प्रिय पत्नी मूर्ति थीं। मूर्ति से दो जुड़वाँ पुत्र उत्पन्न हुए—नर और नारायण। श्रीमद्‌भागवतकार ने कहा है—ये नर-नारायण ही भारतवर्ष के अधिष्ठाता हैं। इनके उपासक हैं नारद और इनकी लीलाभूमि एवं तपोभूमि है बदरिकाश्रम। यह अचल पर्वत के रूप में, मूर्ति के रूप में और भाव के रूप में भी स्थित हैं। भारतवर्ष में सबसे अधिक यह स्थायी भाव है कि नर, नारायण का मुखापेक्षी है, केवल यह बात नहीं, नारायण भी नर का मुखापेक्षी है। नर की सार्थकता नारायण होने में है, नारायण की सार्थकता नर होकर अपनी पूर्णता को पूर्णतर बनाने में है। मूर्ति के पुत्र होने का अर्थ क्या है? मूर्ति और धर्म के पुत्र होने का अर्थ मेरी समझ में यही आता है कि धर्म को अगर साकार रूप में देखना चाहते हैं तो नर-नारायण के सजीव रिश्ते के रूप में धर्म को पहचानिए। धर्म के और भी रूप हैं। किसी से सन्तोष पैदा होता है, किसी से उत्साह पैदा होता है। ये भी धर्म के ही रूप हैं, धर्म का ही फल है; लेकिन धर्म का वास्तविक आधार है नर-नारायण का परस्पर रिश्ता, परस्पर आभिमुख्य। तब राम को जो 'विग्रहवान् धर्म' कहा गया तो राम उस आत्मीयता के, उस परस्पर आकर्षण के, सबके सजीव प्रतिष्ठान के रूप में देखे गये; क्योंकि उनके बारे में यही प्रश्न था कि इस युग में कौन अकेला एक व्यक्ति है जो गुणवान हो, वीर्यवान हो, धर्मज्ञ हो, कृतज्ञ हो, सत्यसंध हो, दृढ़व्रत हो? कौन है जो देवोपम ही नहीं हो, देवताओं से भी कुछ बड़ा हो; जिसमें अपार धैर्य हो, अपार तितिक्षा हो, लेकिन कुछ ऐसा पराक्रम हो कि—अगर क्रोध में आ जाये तो देवता भी भयभीत हो जायें। जो देवता का मुखापेक्षी न हो, देवता उसका मुख जोहें। ऐसा व्यक्तित्व कौन है? इस प्रश्न से वाल्मीकि ने रामायण की रचना की। इस प्रश्न का उत्तर ही है राम का चरित। और उस धर्म की परिभाषा कुछ विचित्र परिभाषा है।

एक साकार परिभाषा, एक सगुण परिभाषा तो मैंने दी; लेकिन एक और परिभाषा है। पुराणों में ही जब विराट पुरुष का वर्णन मिलता है, जहाँ-जहाँ मिलता है वहाँ धर्म को विराट पुरुष का वक्षस्थल कहा गया है और अधर्म को विराट पुरुष की पीठ। जिस प्रकार के पाप-पुण्य का दो टूक द्वैत सामी विश्वासों में है, पश्चिमी चिन्तन में भी है, वैसा दो टूक विभाजन भारतीय चिन्तन में नहीं है, कहीं भी नहीं है; न हिन्दू में, न बौद्ध दर्शन में और न जैन दर्शन में। एक सापेक्षता है और उस सापेक्षता का सबसे सशक्त बिम्ब यही है कि उसी विराट पुरुष की पीठ है अधर्म और उसी विराट पुरुष का वक्षस्थल है धर्म। धर्म का अभाव या धर्म का विरोध अधर्म नहीं है। अन्तर केवल इतना ही है कि यदि विराट की ओर मुँह देकर कोई काम किया जाता है, विराट की सत्ता के अनुकूल कोई कार्य किया जाता है तो वह धर्म होता है। विराट को पीठ देकर कोई कार्य किया जाता है तो वह अधर्म हो जाता है। यदि दान

में विराट सत्ता सामने नहीं रहती है, विराट सत्य सामने नहीं रहता है, समग्र जीवन नहीं रहता है, सम्पूर्ण जीवन नहीं रहता है तो वह दान चोरी हो जाता है। लेकिन मात्रा से दान की गुणवत्ता नहीं नापी जाती, बल्कि इस भाव से कि कितना सबके लिए है और सबकी ओर से है; कितना यह सबका काम है, सबमें आत्मसात् होकर, डूबकर किया गया काम है, तभी वह धर्म है; यही धर्म की परिभाषा है।

इस दृष्टि से केवल उपस्थिति का भान होना और अनुपस्थिति की पीड़ा का दर्द होना ही प्रमाण है। राम की उपस्थिति हमारे मन में, हमारे जीवन में कुछ इसी प्रकार की है कि राम सामने रहते हैं तो सभी रिश्ते प्रिय लगते हैं, सभी मीठे लगते हैं। राम के रस से सारे रिश्ते मधुमय होते हैं और राम नहीं रहते हैं तो अपने ही परिजन, अपने ही स्वजन शत्रु हो जाते हैं, भूत-प्रेत की तरह लगते हैं। यह उपस्थिति और अनुपस्थिति की लीला, चाहे वाल्मीकि रामायण हो, चाहे रामचरितमानस हो, सर्वत्र बड़े विस्तार में गायी गयी है। राम जब अयोध्या छोड़ते हैं तो नदियाँ सूख जाती हैं, पेड़ सूख चलते हैं और जिस जगह राम चरण रखते हैं वहाँ काँटा भी फूल की तरह से कोमल हो जाता है, पत्थर मुलायम हो जाता है।

राम की उपस्थिति एक ऐसी शक्ति का प्रवाह संचारित करती है, जिससे आदमी समझता है कि हम जो थे वह नहीं रह गये हैं, कुछ दूसरे हो गये हैं और जब राम चले जाते हैं तो जो उस चले जाने का अनुभव करता है। उसके लिए सब कुछ अन्धकारमय हो जाता है, सब कुछ खाली हो जाता है, रिक्त हो जाता है; जैसे सुमन्त्र जब राम को छोड़कर आते हैं तो उन्हें लगता है कि, 'मेरे भाग्य में यही लिखा था। मैं राम को रथ पर ले गया था और राम का सन्देश लेकर के लौटा।' इस दुर्भाग्य की जो धारणा करता है, वह भी राम की ही धारणा करता है—'कितना अभागा हूँ कि राम को ले जाने का सौभाग्य मुझे मिला और राम आज उस रथ पर नहीं हैं, इस अभाव की पीड़ा झेलने का दुर्भाग्य मुझे मिला।' इस दुर्भाग्य का जो अनुभव करता है, लेकिन जो उनको अनदेखा करके कुछ करता है, उनकी उपस्थिति की उपेक्षा करके कुछ करता है—चाहे कोई भी हो, किसी भी स्तर का हो, बड़े से बड़ा मुनि हो, बड़े से बड़ा तपस्वी हो, बड़े से बड़ा ज्ञानी हो, वह कहीं झूठ हो जाता है; क्योंकि उसके हाथ में जो कुछ आता है, वह शून्य हो जाता है, भरा हुआ कुछ नहीं आता। तुलसीदासजी ने कहा है कि हरि ने जिसे खाली किया, उसे भरने वाला कोई पैदा नहीं किया—

को भरिहैं हरि के रितये रितवै पुनि को हरि जो भरिहैं।

हरि ने जिसको भरा, उसे खाली करने वाला भी कोई नहीं हुआ। क्योंकि यह भरना, यह खाली होना किससे होता है? एक विशाल धर्म का भाव भरता है तो फिर आदमी भरता ही जाता है; वह कभी भी खाली नहीं होता। जितना उसमें से उलीचते हैं उतना ही उसमें भरता है। और अगर वह भाव नहीं है तो जितना कुछ भी आता है वह सब भस्म होता चला जाता है, कुछ नहीं बचता। जो आता है, वह शून्य में परिणत हो जाता है। एक अन्धकूप है, एक सागर है और यह सागर एक ऐसे बिम्ब के रूप में राम के साथ जुड़ा हुआ है कि तुलसीदासजी ने वाल्मीकि के मुख से कहलवाया, स्वयं तो कहा ही, कि तुम्हारे लिए रहने को जगह मैं देता हूँ, वैसे तो कोई जगह नहीं जहाँ तुम नहीं हो, लेकिन एक सुरक्षित जगह देता हूँ—

जिन्ह के श्रवन समुद्र समाना। कथा तुम्हारि सुभग सरि नाना।।
भरहिं निरन्तर होहिं न पूरे। तिन्ह के हिय तुम्ह कहुँ गृह रूरे।।

जिनके कान समुद्र की तरह से हैं और तुम्हारी कथाएँ सर-सरिताएँ हैं, निरन्तर आती रहती हैं और समुद्र भरने की प्रक्रिया में ही रहता है, कभी भरता नहीं। भरने की इच्छा उसकी कभी पूरी नहीं होती और भरना चाहता है क्योंकि समुद्र का भरना निश्चय ही भरने के व्यापार को एक चक्र के रूप में परिवर्तित करता है। समुद्र भरेगा, समुद्र अभितप्त होगा, सूर्य की किरणें उसे खींचेंगी, बादल बनेंगे, बादल बरसेंगे, नदियों में जल आयेगा, फिर समुद्र में जल आयेगा। सुने गये शब्दों की गूँजों से चक्र बनता है, जो इस देश में वाल्मीकि के समय से लेकर अब तक बना है और बनता जा रहा है। राम अपनी कथा में बस गये हैं। राम की उपस्थिति उनकी चर्चा में, उनकी लीला के गान में बस गयी है।

राम इसीलिए मापे नहीं जा सकते। राम का एक ही माप है—जो उनकी सुनता है, जो उनकी भावना करता है; कौन कितनी ऊँची भावना करता है, कौन कितनी कम भावना करता है—इससे कोई तात्पर्य नहीं; लेकिन भावना शरीर के द्वारा राम का कुछ अनुमान लगता है। वैसे अथाह भाव का क्या अनुमान लगेगा! कुछ नहीं लगेगा। लेकिन उस भाव का जब एक रस के रूप में अवतरण होता है, सुनने वाले मनुष्य की आँखों में नमी बनकर, शरीर में रोमांच बनकर और मन में आत्मविस्मृति बनकर, तो अनुभव होता है कि राम हैं; एक क्षण के लिए हैं, दो क्षण के लिए हैं। ठीक है, सबके भाग्य में उतना लम्बा सिलसिला है क्षणों का कि एक क्षण दूसरे क्षण में अपने आप परिवर्तित हो जाये और असंख्य क्षण ऐसे हो जायें कि कोई दूसरी चीज़ अन्तराल के रूप में न रह जाये। पर एक क्षण के लिए भी उस सत्ता का भान जो होता है, ऐसा होता है कि जैसे भरत का दुःख, अंगद का दुःख, सीता का दुःख अपना ही दुःख है। और तुरन्त टीका करने की आवश्यकता पड़ती है कि कैसे कृपालु हो तुम, कैसे दयालु हो तुम कि अपनों को इतना कष्ट देते हो!

कुलिसहु चाहि कठोर अति कोमल कुसमहु चाहि।

वज्र की तरह कठोर हो, फूल की तरह कोमल हो। कैसे हो तुम! रीझोगे तो ऐसे रीझोगे कि जो सम्पत्ति इतनी तपस्या करने पर, दस शीश काटकर रख देने पर शिव रावण को देते हैं, वह सम्पत्ति विभीषण को भगवान—'सकुचि दीन्ह रघुनाथ'—बड़े संकोच से देते हैं कि हम तो कुछ दे ही नहीं रहे हैं विभीषण को। पराये के लिए तो तुम ऐसे हो जाते हो। और जो आदमी इतना मोह-छोह करता है, इतना सगा होता है, उससे तो कुछ कहते ही नहीं, उसकी बात ही नहीं मानते। अंगद बेचारा पैरों पर पड़ता है कि पिताजी ने मरते समय आपकी गोद में मुझे डाला था। मैं छोटी-से-छोटी सेवा का काम करूँगा, नीच टहल करूँगा, मुझे जाने न दीजिए। मैं यहीं रहूँगा। मुझे युवराज पद नहीं चाहिए। पर राम ज़रा भी नहीं पसीजते। उसे भेंट दे दी। बार-बार ललक करके प्रणाम करता है, देखता है कि अब बुला लेंगे, 'रुक जाओ।' लेकिन राम नहीं रोकते। राम उसे वंचित ही लौटाते हैं। हनुमान से कहता है कि भाई, कभी याद दिला देना। तब भी राम नहीं पसीजते। और तुलसीदासजी को लगता है कि क्या कहें। इस पर तो पसीजना चाहिए था कि जब आदमी दूसरे आदमी से उलाहना देता है—अरे भाई! कभी याद दिला देना। तब तो महाराज को कहना चाहिए था कि अच्छा बेटा, दो दिन रुक जाओ। पर नहीं। यह कठोरता क्यों आती है? धर्म इतना कठोर क्यों हो जाता है?

आन्दोलन ज़ोर पर है। सन् 1921 में एक छोटी-सी घटना चौराचौरी में होती है और गाँधीजी आन्दोलन रोक देते हैं। वे नाराज़ हैं। वे आन्दोलन रोक देते हैं और सबके ख़िलाफ़ खड़े हो जाते हैं। इतनी कठोरता क्यों? इतने लोगों

का बलिदान हो जाने पर रोक देना; ऐसी कठोरता क्यों? उसका कारण है कि धर्म एक सतत प्रक्रिया है, परीक्षा है, कोई रससिद्धि नहीं है कि लेकर आप चले जाइए और उसकी पूँजी पर सारा जीवन बिता दीजिए। वह तो जीना है निरन्तर जीने के लिए। यदि युवराज अंगद वंचित करके नहीं भेजे जाते तो जिन्होंने राम को देखा नहीं, राम को सुना नहीं, राम आये और चले गये। गाँव में, जंगलों में पड़े रहे, जिन्हें राम का कोई स्पर्श नहीं मिला, उन वंचितों का ख़याल बिना वंचित हुए अंगद करेंगे कैसे, उस वंचना का दर्द समझेंगे कैसे—यदि उन्हें वंचित करके वंचित युवराज के रूप में राम वापस नहीं करते हैं। सब वंचितों के पास पहुँचने के लिए इतने अपने में डूबे हुए और दर्द समझने वाले राम की अनुपस्थिति बड़ी पीड़ादायक है।

सब सुख एक ओर और राम की उपस्थिति में रहना एक ओर। राम को निरन्तर अनुभव करते रहने का अनुभव लेकर अंगद जायेगा तो उस राज्य का अच्छा युवराज होगा, अच्छा शासक होगा। वह पीड़ा समझेगा। और राम की उपस्थिति की आवश्यकता अकेले अंगद को है? नहीं। उन सबको भी है, जो गोद में नहीं डाले गये थे। तो यह जो व्यापकता है धर्म की, सब तक पहुँचने की उसकी अपरिहार्यता है, उसके लिए धर्म का जो माध्यम होता है, धर्म का जो वाहक होता है उसके ऊपर एक कठोर दायित्व आता है—और कठोर दायित्व जो सौंपता है, उसके भीतर एक कठोरता आती है, एक निठुरता आती है। राम ऐसे ही निठुर हैं, जो असंख्य लोगों के लिए कोमल होने के लिए यह निठुरता धारण किये हुए हैं।

धर्म की एक दूसरी परिभाषा है कि जो चलाये लेकिन उसका कोई गन्तव्य हो वह गन्तव्यहीन संचालन न हो, दिग्विहीन संचालन न हो, केवल चलना, केवल चूहा-दौड़ न हो। वह चलना हो और साथ ले चलना हो। बिना साथ ले चलने का भाव लेकर जो चलना होता है वह चलना धर्म नहीं है। सबको सहभागी बनाये हुए चलना है और उस चलने की दीक्षा धर्म है। इसीलिए उसकी गति—कहने को तो कह दिया जाये—'धर्मस्य त्वरिता गतिः' लेकिन बहुत मन्द गति होती है—और तूफान नहीं आता; जो तूफान अधर्म से आता है, जैसा महाभारतकार ने कहा—

अधर्मेणैधते तावत् ततो भद्राणि पश्यति।
ततः सपत्नान् जयति समूलस्तु विनश्यति।।

अधर्म से उन्नति बहुत शीघ्रता से होती है। आदमी बड़े अच्छे दिन देखता है और अपने विरोधियों पर विजय पर विजय प्राप्त करता चला जाता है। बिलकुल ऐसा लगता है कि एक विद्युत गति से सब कुछ हो रहा हो और लोग कहते हैं कि धर्म में क्या रखा है। अधर्म से सब कुछ हो रहा है। लेकिन अन्तिम जो पंक्ति है—'समूलस्तु विनश्यति'—जब नाश होता है तो जड़ सहित, मूल सहित नाश होता है। धर्म का बीज कभी नहीं मरता, क्योंकि वह तो तूफान है ही नहीं, सबको विध्वंस करने वाला भाव है ही नहीं। वह तो सतत है, निरन्तर जन्म है, निरन्तर अंकुरण है; उसमें बड़े धैर्य की आवश्यकता होती है, प्रतीक्षा होती है, तितिक्षा होती है, सहना होता है, झेलना होता है और इसीलिए कि उसमें विवेक होता है—और जब विवेक होता है तो उसके साथ दुःख जुड़ा होता है। क्षेमेन्द्र ने रामकथा को उपसंहित करते हुए कहा—'सर्वदुःखमयं तदस्तु भवतां'—राम का जीवनचरित दुःखमय है, लेकिन 'विवेकोदयः'—राम का चरित विवेक उत्पन्न करने वाला है।

तुलसीदास ने भी इस पर बल दिया है कि इस कथा को समझने के लिए जिनके 'विमल विवेक', जिनको विवेक होगा वही इस कथा को समझ पायेंगे। यह विवेक राम का तत्त्व इस धर्म को समझने के लिए बहुत आवश्यक तत्त्व

है। राम को समझने के लिए भी इस विवेक के दो रूप हैं—एक विवेक की सिद्धावस्था है, दूसरी साध्यावस्था। सिद्ध ावस्था शिव हैं और साध्यावस्था भरत हैं। बिना इन दोनों विवेक के प्रतिमानों के राम को नहीं समझा जा सकता। इनके माध्यम से, इनके पास बैठकर, इनसे सीखकर राम को समझा जा सकता है—और रामचरित की उन विशेषताओं को समझा जा सकता है, जहाँ पर आदमी को बड़ी द्विविधा होती है, बड़ा संशय होता है। सती को संशय होता है। कौशल्या, जो उनकी माँ हैं, एक क्षण उनको भी संशय हुआ है। राम की प्रतीति हो जाये धर्म का प्रत्यय आदमी के भीतर जग जाये यह इतना आसान नहीं है; क्योंकि धर्म की प्रतीति होना सहजता की प्रतीति है, अपनी सहज उस रूप की पहचान है, जब आदमी सोचता है कि हम विशाल के साथ जुड़े हैं। जब पूरा आकाश उसका है, पूरी धरती उसकी है—यह है सहजभाव, जो रहता नहीं। आदमी छोटे-छोटे घरौंदों में घिरता चला जाता है, उनको अपनी सुरक्षा मानने लगता है, उनके बिना असुरक्षित अनुभव करने लगता है। छोटे रिश्ते, छोटे नातों—इन सबसे घिरकर उनसे अपने को परिभाषित करने लगता है। वह फिर सहज नहीं हो पाता, लौट नहीं पाता उस कैवल्य अवस्था में; और इसलिए इस प्रतीति को ग्रहण करने के लिए रामचरित में पात्रता का विचार हुआ है—कौन ग्रहण कर सकेगा? अपनी ही सवारी गरुड़ ग्रहण कर पायेगा आसानी से या कि सबसे पाँवरजीव पक्षी जगत् का कौआ ग्रहण कर पायेगा? कौन ग्रहण कर पायेगा? वही, जिसका अहंकार पहले मिट जायेगा, जिसके मन में ज़रा भी विश्वास नहीं होगा कि राम हमारे भी हो सकेंगे। अति सामान्य जो होगा, वही पात्र होगा।

शिव की उमा पात्र नहीं होंगी, जब तक कि उनको आग में जलाकर परिशुद्ध नहीं किया जाता। गरुड़ पात्र नहीं होंगे। पात्र वही होगा जो अपने को खपाता है, जिसका अहंकार टूटता है और जिसके लिए कुछ नहीं रह जाता। जैसे सती के लिए कुछ नहीं रह गया, सब कुछ बदलता है; लेकिन राम वही रहते हैं। काकभुशुण्डि के लिए एक ही राम रहते हैं, भुवन बदलते हैं, ब्रह्मा बदलते हैं, सब देवता बदल जाते हैं; लेकिन दौड़ रहे हैं तो पीछे राम वही हैं : हाथ में रोटी लिए हुए। वे राम नहीं बदलते। इतना छा जाने वाला भाव जब आ जाता है, अभिभूत करने वाला भाव आ जाता है तब आदमी सहज हो जाता है। जो इयत्ता होती है वह समाप्त हो जाती है। राम उसी की पहचान में आते हैं, दूसरे की पहचान में नहीं आते। जो आदमी जितना निकट आता है, उतने ही वे दूर जाते हैं। शायद उस आदमी के भीतर संकोच नहीं होता है, बड़प्पन को झेल सकने का संकोच या राम की परीक्षा होती है, वे दूर चले जाते हैं। जैसा तुलसीदास ने कहा—'ज्यों ज्यों निकट भयौ चहौं कृपालु त्यों त्यों दूरि पर्‍यौ ही'—जितना नज़दीक तुम्हारे आना चाहता हूँ लगता है आ गया तुम्हारे नज़दीक, बिलकुल करीब हूँ मैं। और राम बहुत नज़दीक लगते हैं। इतने सरल, इतने भोले, इतने नज़दीक लगते हैं कि अरे, बिलकुल इस गली से तो गये हैं राम! और जो नज़दीक आता है उसे लगता है कि राम बहुत दूर हैं।

उनकी कृपा होती है तो आदमी नज़दीक आता है; लेकिन उनकी कृपा बड़ी दोरुखी होती है। आदमी को अपनी विपन्नता, अपनी हीनता, अपनी सीमा, अपनी असहजता, अपनी कृत्रिमता, अपनी कुटिलता की पहचान होती है, अपने झूठ की पहचान होती है। और सहज वहाँ होता है जहाँ राम की वे लीलाएँ हुई हैं। उन लोगों के बीच में लीला हुई हैं, जहाँ कोई कृत्रिमता नहीं थी, अर्थात् चित्रकूट में। चित्रकूट में आकर तुलसीदास को कलि की पहचान हुई है। तब उन्होंने समझा कि यह झूठ है, जो राम को समझने नहीं देता। इसलिए उनको समझने के लिए भोला-भाला उच्छ्वास का प्राणमय स्पन्दन मात्र है—हनुमान। सहज प्राणशक्ति का उच्छ्वास—हनुमान। यह उनको साधने से सधता है। अब वे पण्डित लोग जानते हैं, कहते हैं कि इस अर्थ में क्यों जायें, यह जो 'राम' का जो 'रम्' अग्नि बीज है,

बिना पवन के जगता ही नहीं। बिना हनुमान को साधे, यह जगता ही नहीं। और जब तक यह न जगे तब तक राम में तो आगे बहुत अक्षर हैं, वे कहाँ से जगेंगे। पहले 'र' तो जागे। 'र' तो जगेगा ही नहीं बिना प्राणशक्ति के आवाहन के। प्राणशक्ति के, शुद्ध प्राणशक्ति के आवाहन के अलावा हनुमान कुछ और हैं ही नहीं, जिनका प्रत्येक स्पन्दन राम हैं। हर साधक के, हर कवि के सहारा रहे हैं।

धर्म को समझने के लिए एक उच्च स्तर का विवेक और द्वैत की पहचान आवश्यक है, उस विवेक का अर्थ क्या है? एक दर्द की पहचान, एक बड़े भयंकर संशय में पड़कर आदमी अपने को चीरकर सत्य को पहचानना चाहता है। वही तो विवेक है। राम का क्या विवेक होगा! साधारण स्थिति में हर आदमी के लिए पहचानना सम्भव होता है। लेकिन ऐसी स्थिति में जहाँ संशय यह होता है, कौन बड़ी चीज़ है—राम के साथ रहना या राम की बात मानकर घर रहना? सीता के मन में मामूली द्वन्द्व नहीं है। लेकिन उन्हें विवेक उत्तर देता है कि जिससे सब अर्थ पाते हैं—घर, परिजन, जात—वे तो राम हैं और राम के साथ रहना चाहिए। और सेवाएँ छोटी हैं। एक छोटे धर्म का यह सीधा उल्लंघन है, पति की आज्ञा का उल्लंघन है, कुटुम्ब-सेवा धर्म का उल्लंघन है, सीधा उल्लंघन लेकिन उस उल्लंघन में एक विवेक है। एक बड़ी चीज़ को सामने रखकर उसका उल्लंघन है। वे हैं, उनकी उपस्थिति में सारी सेवाएँ हैं। और वे नहीं हैं तो उसमें कोई लगाव नहीं है। यही स्थिति भरत की है। इतना गहरा द्वैत है कि उनको वापस ले जाना है; इतना बड़ा पाप हुआ है, उसका प्रतिकार करना है। यह बहुत बड़ी चीज़ है, उसको करना है, स्वयं को होम करके करना है, निर्वासन वरण करके करना है। लेकिन ऐसा वरण करना कि राम कहें—'सो तुम करहु करावहु मोही' अर्थात् राम अपनी ईश्वरता को सौंप दें, अपनी प्रभुता सौंप दें—और प्रभुता सौंपने पर इस प्रभुता को भरत द्वारा अंगीकार न करना, इस दायित्व को अंगीकार न करना एक बड़े कठिन संकट का समय है; भरत को कहाँ से मिलती है वह बुद्धि? इतने हठीले, आग्रही भरत को कहीं से यह भाव मिलता है कि नहीं, राम की आज्ञा का पालन भी करेंगे और राज्य भी नहीं करेंगे। यह समाधान जो उन्हें मिलता है कि निर्वासन झेलेंगे हम, और कठिन निर्वासन झेलेंगे और राम की आज्ञा का पालन भी करेंगे। राज्य सँभालेंगे, लेकिन राजा नहीं होंगे, धरोहरी होंगे। राज्य का कोई सुख नहीं लेंगे। वन में जो सुख मिलता है, जो स्वतन्त्रता है वह स्वतन्त्रता भी नहीं लेंगे। यह जो विशेष प्रकार की दिव्य अधीनता का वरण है, यह बड़े ऊँचे विवेक का निर्णय है। यह विवेक किनकी तरफ़ से आयेगा, कहाँ से आयेगा? और कैसे यह सम्भव कर दिया कि आये? तुलसीदासजी ने कहा—'कलिकाल तुलसी से सठहिं हठि राम सन्मुख करत को'—अगर भरत का जन्म नहीं होता तो ज़बर्दस्ती कौन राम के सन्मुख हमारे ऐसे धुर पापी को करता? अरे भाई, जिसकी माँ ने निकाला हो, वह आदमी उनका इतना समीप हो सकता है तो हम भी हो सकते हैं। हमारी माँ ने तो राम को निकाला नहीं है। हमारी माँ ने तो राम को वनवास दिया नहीं है। हम तो इतने वैरी के लड़के नहीं हैं। लेकिन जो भरत एक निश्छल भाव के कारण उनके समीप हो सकते हैं, एक चालक निष्ठा के कारण हो सकते हैं तो शायद हमारी भी कुछ लह जाये। हम भी राम के समीप होंगे। एक प्रेरणा मिलती है।

तो एक मर्तबा यह पहचान हो जाये कि राम अपने हो सकते हैं, क्योंकि अपना होना ही राम होना है, तो सब समस्याओं का समाधान हो जाता है। और इसी समाधान के लिए भरत का चरित्र है। वे परीक्षा लेते ही हैं। साधारण आदमी के लिए यह स्थिति है और असम्भव चरित्र बिलकुल सम्भव लगता है। बिलकुल विचित्र है। जैसे शिव का है, क्योंकि यह असम्भव चरित्र है। हमारी समझ के बिलकुल बाहर है। परन्तु गाँव-गाँव घूमने वाले हर आदमी की पहुँच में है। तो असम्भव-सम्भव का खेल राम के चरित में इतना अधिक है कि आदमी बराबर संशय में रहता है,

द्वैत में रहता है, थका रहता है—और यह थकना उस आदमी के मन में तो होगा नहीं, जिसे धर्म की कोई चिन्ता ही नहीं। जो धर्मनिरपेक्ष है, उसको क्यों चिन्ता होगी कि कोई द्वैत है, क्योंकि उसके दिमाग़ में कोई संशय है ही नहीं। न वे कोई विचार ही करते होंगे। हमारी आँख के सामने राम की बरात चली गयी। हमने नहीं देखा होगा कुछ। कोई होगा बड़ा भारी फरेब। जिनको ऐसी परिस्थिति का कोई एहसास नहीं होता, जो इतने धर्म-विमुख हैं उनके लिए तो सब बेकार है। लेकिन जिनको कभी-कभी इसका एहसास होता है, उनके लिए यही सत्य है। आप देखते हैं, हमारी जनता राम को इतिहास नहीं मानती।

धर्म कभी इतिहास नहीं हो सकता, कभी बीती हुई बात नहीं हो सकती। राम को वे एक जीवन्त उपस्थिति के रूप में देखते हैं। उनका जन्मदिन नहीं मनाते, उनका जन्मोत्सव मनाते हैं। हमारे यहाँ स्त्रियाँ राम का जन्म हो रहा है, यह मनाती हैं; राम का विवाह आज हो रहा है, यह मनाती हैं; राम की आज वरयात्रा शुरू हुई, यह मनाती हैं; राम आज जीत रहे हैं, यह मनाती हैं; राम को राजगद्दी मिल रही है, यह मनाती हैं। हम राम की राजगद्दी की तिथि नहीं मनाते। उनका भाव बिलकुल अलग है। हमारे-आपके मन में बड़ा भारी द्वैत है। एक इतिहास का द्वैत है कि राम की पहले ऐतिहासिकता जाँचें। पहले राम की ऐतिहासिकता साबित हो जाये, तब राम के बारे में बात करेंगे। लेकिन चूँकि तकाजे के कारण जो बात होती है, जो भीतर का तकाजा है कि हमें एक जीवन के अपार महासागर से मिलना है, एक भीतरी महान् भाव है कि बिना उससे मिले मन मानता नहीं, एक अपार सागर का एक कोना है, एक ऐसी यात्रा में जाना है जिसमें आगे राम चल रहे हैं; लगता है कि कितनों के लिए निर्वासन सहने वाले राम चल रहे हैं, कितनों का कल्याण करने वाले राम चल रहे हैं।

वन में एक वन की राह चलना है, एक वन की राह में उनके साथ जाने का उत्साह प्रत्येक तीर्थयात्री, गँवार आदमी के मन में रहता है। उसके लिए राम इतिहास नहीं हैं, बीती हुई कथा नहीं हैं। उसके लिए आगे चलने वाले एक मार्गदर्शक हैं। उनके पीछे चलने में बड़ा आश्वासन रहता है। डॉ. लोहिया ने कहा था कि राम का चरित्र ऐसा है, जिसके पीछे चलने में बड़ा मज़ा आता है। उन्होंने एक राह चुन ली होगी। हमारे लिए तो राह ठीक हो गयी है। जो कठिन निर्णय था, वह तो ले लिया। हमारे लिए निर्णय लेना सही है। उस निर्णय की जो सरणी बनी है, उस पर चलना है। धर्म की अनुभूति का एक प्रकाश बना है, हमें उस पर चलना है। उनका दिखाया हुआ एक रास्ता है, उस रास्ते में बड़ा आश्वासन है; उस आश्वासन के कारण ही लोग तरह-तरह से उसे जीते रहते हैं। कवि ने कविता की है, चित्रकार ने चित्र खींचा है, गायिका ने गाया है। किसी ने कथा कही है, किसी ने कथा सुनी है। तरह-तरह से इस अनुभव को ताजा करना हमारा धर्म बन गया है।

इस धर्म को विमुख करना और इस धर्म को बेड़ी में रखना एक विशाल विश्वास को नहीं, मानवता को, मनुष्यता को बेड़ियों में जकड़ना है। यह केवल विश्वास ही नहीं है, एक सत्ता का अनुभव है, चेतना है। सत्ता का चेतना के साथ जो जुड़ाव है, इस पर थोड़ा विचार करना है। यह तो हमारे जीवन का, हमारी श्वास-प्रश्वास प्रक्रिया का अंग है; इसमें किसी को प्रमाण माँगने का क्या हक़? इसमें प्रमाण की क्या आवश्यकता है? यह स्वतः प्रमाण है। किसी रीति या नीति से इसका निर्णय नहीं होता है। नीति का निर्णय जब वह करता है—हर नीति का, हर राजनीति का, हर राजधर्म का निर्णय राम से तो होता है; पर राम का निर्णय राजनीति से नहीं होता है। और यदि होता है तो यह दुःख की बात है और देश के लिए दुर्भाग्य की बात है। अपने मन से निर्णय नहीं हुआ, अपने अन्तःकरण से

निर्णय नहीं हुआ, यह विशालता क्या चीज़ है, सबके लिए रमना क्या होता है और राम होना क्या होता है—यह अगर भीतर नहीं है तो बाहर कुछ नहीं है।

चाहे वह आकार के रूप में हो, चाहे शब्द के रूप में हो, चाहे किसी भी रूप में हो, वह अनुभव जीवन के साथ जुड़ा हुआ अनुभव है। मैं चूँकि इसमें नहीं जाना चाहता कि राम चरित्र की क्या-क्या विशेषताएँ हैं, क्या-क्या विचित्रताएँ हैं; लेकिन उस अनुभूति के पक्ष में एक उदाहरण देना चाहता हूँ। मैंने इसका ज़िक्र पहले भी किया है, मैं फिर कहना चाहता हूँ। महापण्डित राहुल सांकृत्यायन के नाम से आप परिचित होंगे। इससे भी परिचित होंगे कि वे आरम्भ में संस्कृत पढ़ते थे। उन्होंने जिस पाठशाला में संस्कृत पढ़ना प्रारम्भ किया था, एक बार उस पाठशाला में गये। मैं भी साथ में था। बनारस में अस्सी घाट पर यह पाठशाला है। पुकारा एक आदमी को—शंकर है? उन्होंने कहीं सुन रखा था कि वे यहीं रहते हैं। साथी हैं उनके। आवाज़ आयी, 'नहीं भाई, शंकर तो चले गये। 'कौन, केदार?' 'हाँ केदार ही है।' उन सज्जन की आँखें जाती रही थीं। फिर भी पहचान गये और पूछा, 'कहो भाई केदार, देश—दुनिया का हाल-चाल कहो।' उन्होंने कहा, 'हाल-चाल ठीक है, ईश्वर मर गया।' वे सज्जन कुछ देर तक चुप रहे। उसके बाद कन्धे पर हाथ रखा और बोले, 'भाई केदार, सुनो! तुमसे एक बात बता रहा हूँ। किसी से कहना मत। मैं ईश्वर का अर्थ जानता नहीं। जिस दिन घर की कलह से ऊबकर यहाँ आया कि यहीं रहूँगा उस दिन मैंने सोचा, मेरा जीवन चलेगा कैसे? आँखें हैं नहीं। कौन चलायेगा? कैसे रहूँगा मैं? नींद नहीं आ रही थी एक दिन। और रात में मुझे लगा, धनुष लिए हुए दरवाज़े पर एक आदमी खड़ा है। केदार, सबके बारे में कहना, लेकिन 'वह' है। इसके बारे में कुछ नहीं कहना।' और उन सज्जन की आँखों से आँसू बहने लगे। राहुलजी परम नास्तिक, लेकिन बड़े सहृदय व्यक्ति थे। भीतर से बड़े कोमल थे। कुछ बोले नहीं, चुपचाप रोते हुए वहाँ से लौट आये। मैंने इसीलिए यह कहानी सुनाई कि मैंने घटना देखी है और यह सम्भव है कि इस देश के लिए राम एक व्यक्ति नहीं हैं, एक कथा नहीं हैं। वे ऐसे रोमांच हैं, जो स्वतः प्रमाण हैं; जिनकी अपनी सत्ता एक क्षण में प्रमाणित हो जाती है।

रामकथा के वाचकों ने जो कार्य इस देश में किया, वह कार्य अन्य संचार साधन नहीं कर सके। इसीलिए अमर कथागायकों का पुण्य स्मरण बहुत ही कल्याणप्रद है। ये कथा की अन्विति समझाते-समझाते, कथा में कौतुक जगाते—जगाते एक ऐसा बढ़िया स्वाद पैदा कर देते हैं कि लगता है, अभी तो कथा हमने पूरी सुनी ही नहीं। और कथा कभी पूरी न हो, ऐसा वातावरण बनाते हैं। और वह कथा पूरी नहीं होती। पूरा होना इसलिए नहीं होता कि सारी कथा तो आगे चलाने के लिए है, राम को आगे बढ़ाने के लिए है, राम को इतिहास में जाने से रोकने के लिए है।

शंकरजी से पार्वतीजी प्रश्न करती हैं कि यह कौन-सा अचरज हुआ कि सब अयोध्यावासियों को लेकर राम स्वर्ग चले गये? तुलसीदासजी ने भी चुपचाप इस प्रश्न का उत्तर गोल कर दिया। सब प्रश्नों का उत्तर है। प्रश्नों के उत्तर से पार्वतीजी कहती हैं कि हमारा सब समाधान हो गया। लेकिन आख़िरी प्रश्न वे भी भूल जाती हैं। आखिरी प्रश्न शिव भी भूल जाते हैं। तुलसीदासजी राम को स्वर्ग जाने की छूट ही नहीं देते। उनके राम हमारे बीच में ही रहते हैं। राम का सिंहासनारोहण होता है, उसके बाद घर-घर रामकथा होती है। अर्थात् जहाँ तक राम का चक्र है, हर कथा के चक्र में राम आ जाते हैं और वह चलती रहती है। यह असमाहित प्रश्न है और इसका मौन समाधान है कि इस कथा में सबकी उपस्थिति है। हर आदमी दूसरे का संवाद छीनकर बीच में कूद पड़ता है और वह कथा का केवल वाचक ही नहीं बनता, कथा का पात्र भी बन जाता है। कभी शिव पात्र बन जाते हैं, कभी मुनि पात्र बन जाते हैं, कभी काकभुशुण्डि पात्र बन जाते हैं। हर आदमी कहीं-न-कहीं उसमें पात्र बनता रहता है।

सुन्दरकाण्ड में एक प्रसंग आया है। हनुमानजी ने कहा कि सीता की विपत्ति कहने लायक नहीं है। राजीव-नयन राम की आँखों में आँसू आते हैं तो हनुमान को लगता है कि कहीं ग़लती हुई है। जो मन, कर्म, वचन से राम का स्मरण करेगा, उसको सपने में भी दुःख नहीं होगा। हमने क्या कह दिया कि सीता की विपत्ति विशाल है—कह क्या दिया? ग़लत बात कह दी। और तुरन्त कहा—नहीं-नहीं प्रभु, मुझसे ग़लती हुई है। आप जिसे शरण में लीजिएगा उसे दुःख कहाँ! और ज्यों ही उन्होंने कहा, शिव की समाधि लग गयी। इस अनुभव में डूब गये और कथा कहने का भाव ही भूल गये। तब तुलसीदासजी को कथा सँभालनी पड़ती है। कथावाचक भी कथा में शरीक हो जाता है, ऐसी कथा जहाँ होगी तो उसका अन्त कहाँ हो पायेगा! रामकथा तो आप बन रहे हैं जो सुन रहे हो, गा रहे हो, जो डूब रहे हो। आप सभी श्रीरामकथा के अंग हैं। धर्म एक ऐसी ही मंगलमय साधनावस्था है, जैसे राम। आदमी अपने आचरण और कठिन आचार की परीक्षा से धर्म बनाता है। धर्म होता है, यदि उसके सामने राम जैसा विशाल व्यक्तित्व हो।

(जीवन अलभ्य है, जीवन सौभाग्य है, 1994)

राम का अयन वन

रामकथा पर आधारित वाल्मीकि के ग्रन्थ का नाम 'रामायण' देने का कारण क्या है? इस पर विचार-विमर्श करना चाहिए। अयन के दो अर्थ हैं—'घर' भी है और 'चलना' भी है। राम के घर के बारे में तुलसीदासजी ने एक प्रसंग में कहा है कि वन में पहुँचने पर चित्रकूट वनमाला के द्वार पर वाल्मीकि मिले। उनसे राम ने पूछा कि मैं कहाँ घर बनाऊँ? वाल्मीकि ने उत्तर दिया कि कोई जगह तो है नहीं जहाँ तुम नहीं हो—

पूँछेहु मोहि कि रहौं कहँ मैं पूँछत सकुचाउँ।
जहँ न होहु तहँ देहु कहि तुम्हहि देखावौं ठाउँ।।

फिर भी, मेरी दृष्टि में एक ऐसी जगह है जो सर्वथा तुम्हारा घर होने के योग्य है—

जिन्ह के श्रवन समुद्र समाना। कथा तुम्हारि सुभग सरि नाना।।
भरहिं निरन्तर होहिं न पूरे। तिन्ह के हिय तुम्ह कहुँ गृह रूरे।।
लोचन चातक जिन्ह करि राखे। रहहिं दरस जलधर अभिलाषे।।

जहाँ कान हमेशा अतृप्त रहते हों, समुद्र की तरह अपूर, कोटिशः कथा—गंगाएँ आयें और समुद्र जैसा-का-वैसा आकांक्षी बना रहे। इस रमणीय घर में एक विशेषता और होनी चाहिए कि इसमें दूसरे के लिए किसी जगह की गुंजाइश न हो।

जाति पाँति धनु धरमु बड़ाई। प्रिय परिवार सदन सुखदाई।।
सब तजि तुम्हहि रहइ उर लाई। तेहि के हृदयं रहहु रघुराई।।

जितनी भी वंचनाएँ होती हैं आदमी की—जाति-पाँत, धन-धर्म, बड़प्पन—सबको तजने वाला मन, तुममें लवलीन रहने वाला मन तुम्हारा निवास हो।

इसके बाद वाल्मीकि ने चित्रकूट का एक रमणीय स्थल बताया है, जहाँ एक छोटी-सी नदी है (वाल्मीकि रामायण में तो उसका नाम 'माल्यवती' है, तुलसीदास ने उसका नाम 'मन्दाकिनी' दिया है)। उसी के किनारे पर्णशाला तैयार हुई। उस पर्णशाला की वास्तु-रचना राम, लक्ष्मण, सीता ने अपने श्रम से की। राम ने उसके लिए वास्तु-यज्ञ किया और तब उसमें प्रविष्ट हुए। पर वस्तुतः उनका घर रामकथा से अतृप्त मन ही बना रहा। वह अतृप्त मन भी असंख्य सहज मनोभावों के बीच में स्वावलम्बन पर कहीं टिकता है। इस प्रकार सारा वन ही, वन जैसा सहज हृदय ही, भाँति—भाँति के जीवन का आश्रय मन ही राम का अयन है और हम कह सकते हैं कि वन बना मन या मन बना वन ही राम का अयन है। रामायण का मर्म समझने के लिए इस घर का मर्म समझना पहली शर्त है।

अयन का दूसरा अर्थ 'गति' है, चलना है, एक निश्चित उद्देश्य से चलना है। वन में आकर राम पर्णशाला तक अपने को सीमित नहीं रखते, वे वनवासियों तक जाते हैं, उनका सुख-दुःख बूझते हैं, वन में तपस्या करने वाले ऋषियों-मुनियों के पास जाते हैं और उनकी रक्षा का भार भी लेते हैं। पिता द्वारा दिये गये कैकेयी के वचन का पालन तो ब्याज था, राम को वन ही में अपना काज करना था। उनका काम है क्या, सिवाय इसके कि संत्रस्त लोगों को आश्वासन देना, आश्वस्त लोगों को सविनय प्रीति का उपहार देना। और इस क्रम में वे एक से दूसरे वन को लाँघते-लाँघते दण्डक वन में पहुँचते हैं, जहाँ राक्षसों द्वारा खाये गये और आग में पकाये गये ऋषियों की हड्डियाँ बिखरी पड़ी हैं। देखते ही राम का आक्रोश संकल्प बन जाता है कि मैं पृथ्वी को राक्षसविहीन कर दूँगा। वे वन से वन नापते हुए नगर में कभी प्रवेश नहीं करते—न किष्किन्धा में प्रवेश करते हैं, न लंका में, वनवासी ही बने रहते हैं। वन से ही युद्ध का संचालन करते हैं, वन की राजनीति का संचालन करते हैं। और जब अयोध्या लौटते हैं तो कुछ ही वर्षों में अयोध्या वन से भी अधिक बनैली हो जाती है तथा एक ऐसा लांछन लगाती है कि राम तो अयोध्या में रहते हैं, लेकिन राम का मन, राम के मन और हृदय की अधिष्ठात्री सीता वन के आश्रय में चली जाती हैं। इस प्रकार अयन की पूरी यात्रा वन से वन की यात्रा है, एक तप से दूसरे तप की यात्रा है। एक तप वन में होता है और अन्तिम वय का तप वन बने नगर में होता है। इस प्रकार राम का अयन घर होते हुए भी वन है, गति है। 'रामायण' ग्रन्थ की भी रचना वन में है, ग्रन्थ का पहला पाठ भी वन में है, ग्रन्थ की फलश्रुति भी यही है कि यह कथा प्रासादों में नहीं, लोक में विहरेगी, लोकचित्त में विहरेगी।

इस कथा के और अंश जितने भी परिवर्तित रूप में मिलते हों, पर राम का वन में निर्वासन, सीता का अयोध्या लौटने के बाद निष्कासन इस कथा के प्रत्येक संस्करण में है। वन को जाती हुई राम-लक्ष्मण-सीता की छवि आज भी लोकचित्त में अंकित है। आज भी अनेक क्षेत्रों में, तीर्थयात्रा में इसी वनयात्रा के गीत गाए जाते हैं। प्रत्येक तीर्थयात्रा जैसे राम के पीछे-पीछे चलने वाले अकिंचनों की ऐसे विजन की यात्रा है, जिसमें आदमी अपरिचित जन में भी स्वजन की पहचान पाता है और विजन सही अर्थों में सजन हो जाता है। इसीलिए मैं कहता हूँ राम का घर वन है। राम का निरन्तर चलते रहना ही उनका जीवन है और जन-जन के पवित्र होने की यात्रा है, पवित्रता की गतिशीलता है। वन घर है तो वन संचरण भी है जिसमें रास्ते के काँटे, रास्ते के कुश राम और सीता के पैरों में चुभकर धन्य हो जाते हैं। उस स्पर्श से—निराला से शब्द उधार लें तो—उपल 'उत्पल' बन जाते हैं, जो कंटक चुभते हैं वे जागरण बन जाते हैं। वन में सम्पादित यज्ञ के प्रसाद से राम गर्भ में आते हैं, वन में स्थित विश्वामित्र के आश्रम में राम सांगोपांग वेद की शिक्षा पाते हैं, विवाह का मुदमंगल अधिक दिनों तक नहीं रहता, राज्याभिषेक की चर्चा के अगले दिन ही वन-गमन होता है। राम पद छोड़कर वनगामी होते हैं, राजकुमार अभिषेक के मंच से वापस होते हैं ऐसे स्थान में, जहाँ नगर का प्रपंच नहीं है, जहाँ अर्थ की लिप्सा नहीं है, जहाँ प्रकृति के मुक्तदान से सन्तोष है, जहाँ छल नहीं है, सहज-सीधा व्यवहार है। वहाँ बीहड़ वन है, जंगली जानवर हैं; पर विचित्र प्रकार का अभय है, कोई किसी से डरता नहीं है, अपने रास्ते जाता है। इसीलिए कोई घेरा नहीं है, किसी सुरक्षा की आवश्यकता नहीं है। राम की वनयात्रा एक सीधे-सादे आदमी की अपने पिता के सच की रक्षा में स्वयं ओढ़ी हुई यात्रा है। यह यात्रा किसी दुःख के भोग के लिए नहीं है, एक ऐसे भोग के लिए है जिसमें सुख की प्राप्ति भी नहीं है, सुख एक-दूसरे का भाव-अभाव बाँटने में है और दुःख देश और व्यापक देश-परिवार छोड़ने का, यदि है भी तो उसकी पूर्ति व्यापक देश और व्यापक परिवार बनाने से वन में होती है।

वाल्मीकि ने वन का वर्णन बड़े रस के साथ किया है। वन में मीठी गन्ध फैली हुई है—

त्वया सह निवत्स्यामि वनेषु मधुगन्धिषु।

वाल्मीकि की वन की पहचान तरह-तरह के पखेरुओं की आवाज़ों से है, तरह-तरह के वृक्षों की छाया से शीतल, तरह-तरह के नदी-झरनों के मीठे सुस्वादु जल से है और इन सबकी समग्र पहचान पत्तों के दोनों में वनवासियों द्वारा लायी गयी वन-उपज की भेंट से है। राम अयोध्या के राज से निर्वासित हैं, पर विस्तृत वन-भाग के वन के महीप हैं।

पश्यन् वनानि चित्राणि पर्वतांश्चाभ्रसंनिभान्।
सरांसि सरितश्चैव पथि मार्गवशानुगान्।।
सुतीक्ष्णेनोपदिष्टेन गत्वा तेन पथा सुखम्।
इदं परमसंहृष्टो वाक्यं लक्ष्मणमब्रवीत्।।
एतदेवाश्रमपदं नूनं तस्य महात्मनः।
अगस्त्यस्य मुनेर्भ्रातुर्दृश्यते पुण्यकर्मणः।।
यथा हीमे वनस्यास्य ज्ञाताः पथि सहस्रशः।
संनताः फलभारेण पुष्पभारेण च द्रुमाः।।
पिप्पलीनां च पक्वानां वनादस्मादुपागतः।
गन्धोऽयं पवनोत्क्षिप्तः सहसा कटुकोदयः।।
तत्र तत्र च दृश्यन्ते संक्षिप्ताः काष्ठसंचयाः।
लूनाश्च परिदृश्यन्ते दर्भा वैदूर्यवर्चसः।।
एतच्च वनमध्यस्थं कृष्णाभ्रशिखरोपमम्।
पावकस्याश्रमस्थस्य धूमाग्रं सम्प्रदृश्यते।।
विविक्तेषु च तीर्थेषु कृतस्नाना द्विजातयः।
पुष्पोपहारं कुर्वन्ति कुसुमैः स्वयमर्जितैः।।

(वा.रा., अरण्य., 11/45-52)

अयं देशः समः श्रीमान् पुष्पितैस्तरुभिर्वृतः।
इहाश्रमपदं रम्यं यथावत् कर्तुमर्हसि।।
इयमादित्यसंकाशैः पद्मैः सुरभिगन्धिभिः।
अदूरे दृश्यते रम्या पद्मिनी पद्मशोभिता।।
यथाख्यातमगस्त्येन मुनिना भावितात्मना।
इयं गोदावरी रम्या पुष्पितैस्तरुभिर्वृता।।
हंसकारण्डवाकीर्णा चक्रवाकोपशोभिता।
नातिदूरे न चासन्ने मृगयूथनिपीडिता।।
मयूरनादिता रम्याः प्रांशवो बहुकन्दराः।

दृश्यन्ते गिरयः सौम्य फुल्लैस्तरुभिरावृताः।।
सौवर्णे राजतैस्ताम्रैर्देशे देशे तथा शुभैः।
गवाक्षिता इवाभान्ति गजाः परमभक्तिभिः।।
सालैस्तालैस्तमालैश्च खजूरैः पनसैर्द्रुमैः।
नीवारैस्तिनिशैश्चैव पुन्नागैश्चोपशोभिताः।।
चूतैरशोकैस्तिलकैः केतकैरपि चम्पकैः।
पुष्पगुल्मलतोपेतैस्तैस्तैस्तरुभिरावृताः।।
स्यन्दनैश्चन्दनैर्नीपैः पर्णासैर्लकुचैरपि।
धवाश्वकर्णखदिरैः शमीकिंशुकपाटलैः।।
इदं पुण्यमिदं रम्यमिदं बहुमृगद्विजम्।
इह वत्स्याम सौमित्रे सार्धमेतेन पक्षिणा।।

(वा.रा., अरण्य., 15/10-11)

वन के उपान्त भाग में या वन के बीच-बीच में जहाँ कहीं छोटे-छोटे टुकड़ों में खेती होती है, उनका दृश्य भी वाल्मीकि के रामायण में सज-धज से अंकित है। वाल्मीकि की वन की पहचान हेमन्त की मलाईनुमा चाँदनी से है, उस चाँदनी में झरती हुई ओस से है, सुबह होते ही उस ओस के मोती बनने से है, कुहरे के कारण निःश्वास के अँधराये दर्पण सरीखे चन्द्रमा के चेहरे से है—जिस दर्पण में रात अपना मुँह निहारना चाहती है, निहार नहीं पाती है, जुते खेतों में छोड़ी गयी शरद के ताप में झँवाई हुई हराई के धीरे-धीरे ओस से भीगकर स्नेह पिन्हाने से है, धान की भरी-पूरी बालियों में खजूर के फूल की दिखती हुई झाँईं से है, प्यासे हाथी के द्वारा पुष्करिणी के जल को छूते ही तुरन्त सूँड़ सिकोड़ लेने से है, उस सूर्य से है जो जैसे-तैसे घने कुहरे के बीच अपनी किरणों के सहारे उगता है तो चन्द्रमा की तरह प्रिय दिखता है और पूर्वाह्न में धूप तो ऐसी लगती है जैसे बेजान हो, मध्याह्न में मीठी लगती है और कुछ ललछौंही, पीली-पीली सी, पृथ्वी पर फैली हुई—अपराह्न में वह एक अलग आभा देती है। ओस और कुहरे से ढँके हुए जंगल फूल-पत्तियों से विकसित होकर सोये-से लगते हैं। नदियों की पहचान सारस की बीच-बीच में उठती हुई करुण ध्वनि और कुहरे के घने आवरण से ढँके हुए जल तथा बर्फ़ से भी अधिक ठण्डे बलुए तटों से होती है।

रविसंक्रान्तसौभाग्यस्तुषारारुणमण्डलः।
निःश्वासान्ध इवादर्शश्चन्द्रमा न प्रकाशते।।
ज्योत्स्ना तुषारमलिना पौर्णमास्यां न राजते।
सीतेव चातपश्यामा लक्ष्यते न च शोभते।।
खर्जूरपुष्पाकृतिभिः शिरोभिः पूर्णतण्डुलैः।
शोभन्ते किंचिदालम्बाः शालयः कनकप्रभाः।।

(वा.रा., अरण्य., 16/13-14, 17)

अवश्यायतमोनद्धा नीहारतमसावृताः।
प्रसुप्ता इव लक्ष्यन्ते विपुष्पा वनराजयः।।

वाष्पसंछन्नसलिला रुतविज्ञेयसारसाः।
हिमार्द्रवालुकैस्तीरैः सरितो भान्ति साम्प्रतम्।।

(वही, 23—24)

अस्मिंस्तु पुरुषव्याघ्र काले दुःखसमन्वितः।
तपश्चरति धर्मात्मा त्वद्भक्त्या भरतः पुरे।।
त्यक्त्वा राज्यं च मानं च भोगांश्च विविधान् बहून्।
तपस्वी नियताहारः शेते शीते महीतले।।
सोऽपि वेलामिमां नूनमभिषेकार्थमुद्यतः।
वृतः प्रकृतिभिर्नित्यं प्रयाति सरयूं नदीम्।।
अत्यन्तसुखसंवृद्धः सुकुमारो हिमार्दितः।
कथं त्वपररात्रेषु सरयूमवगाहते।।

(वही, 27-30)

सबसे अधिक हेमन्ती वनवास की पहचान राम की इसी चिन्ता से होती है, इस ठण्ड में भरत कैसे नन्दिग्राम में रह रहे हैं। राज्य का सब सुख-भोग छोड़कर वे तपस्या करते हुए, एक बार मुट्ठी भर कुछ खाकर ठण्डी-ठण्डी ज़मीन पर सो रहे होंगे। इस वनवास में राम को अपनी चिन्ता नहीं होती, अपने छोटे भाई भरत की चिन्ता होती है। यही वन की संस्कृति है और इस संस्कृति का काव्य है—'रामायण'।

इस वन-संस्कृति की सहजता को नष्ट करने के लिए रावण आता है। रावण के पहले शूर्पणखा आयी है; उसके भी पहले जयन्त आया। राम ने उन सबका समुचित सम्मान किया। रावण जब सीता को हर रहा था तो सीता ने वन का ही आवाहन किया, 'हे जनस्थान, हे कर्णिकार, हे गोदावरी, हे वन देवताओं, हे इस वन में रहने वाले विविध पशु-पक्षी! राम से कहो कि रावण सीता का हरण करके जा रहा है।' इसी वन-संस्कृति का एक दूरदृष्टि वाला प्राण ी है जटायु, जो रावण को चुनौती देता है, रावण को राजधर्म का उपदेश देता है कि राजा ही धर्म का पालक होता है। प्रजा शुभ की ओर उन्मुख है या अशुभ की ओर, इसका दायित्व राजा का होता है। राजा ही धर्म है, राजा ही धर्म-कर्म की धरोहर है। उस धरोहर के साथ विश्वासघात करना उचित नहीं। विलाप करती हुई सीता आकाश मार्ग से जनस्थान के उस पार जा रही हैं और उनके चमकते हुए स्वर्ण आभूषण टूट-टूटकर बजते हुए भूमि पर गिरते हैं। हार टूटकर गिरता है तो जैसे गंगा ही आकाश से उतर रही हों। उस समय वृक्ष कह रहे हैं कि डरो मत, डरो मत। पुष्करिणियाँ सीता के समदुःखभाव में खिन्न हो रही हैं, उनके कमल नष्ट हो रहे हैं, भीतर रहने वाले जलचर त्रस्त हो रहे हैं। सारे वन के पशु-पक्षी सीता के पीछे-पीछे दौड़ते हैं, पर्वत जल-प्रपातों के व्याज से बाँह ऊँची करके चिल्ला रहे हैं, सूर्य मन्द पड़ रहे हैं, सोचते हैं—धर्म नहीं रहा, सत्य कहाँ से रहेगा। समस्त प्राणी शोक मना रहे हैं। मृग के शावक ऊपर उचक-उचककर डरी हुई आँखों से देखते हैं, काँप रहे हैं और रो रहे हैं। वनदेवियाँ काँप उठी हैं—तुम्हारी रक्षा में रही सीता हरी जा रही हैं।

आमन्त्रये जनस्थाने कर्णिकारांश्च पुष्पितान्।
क्षिप्रं रामाय शंसध्वं सीतां हरति रावणः।।

हंससारससंघुष्टां वन्दे गोदावरीं नदीम्।
क्षिप्रं रामाय शंस त्वं सीतां हरति रावणः।।

(वा.रा., अरण्य., 49/30-31)

नलिन्यो ध्वस्तकमलास्त्रस्तमीनजलेचराः।
सखीमिव गतोत्साहां शोचन्तीव स्म मैथिलीम्।।
समन्तादभिसम्पत्य सिंहव्याघ्रमृगद्विजाः।
अन्वधावंस्तदा रोषात् सीताच्छायानुगामिनः।।

(वा.रा., अरण्य., 52/35-36)

इस प्रकार सीता के साथ सम्पूर्ण वन है, सीता का जैसे यह दूसरा मायका हो। वन जैसे इस बेटी के साथ घटी इस दारुण घटना से विक्षुब्ध हो उठा हो। वन-संस्कृति का दूसरा पक्ष है कि इस प्रकार की असहाय स्थिति में भी सीता की तेजस्विता अप्रतिहत रहती है और सीता रावण को ऐसे फटकार बताती हैं जैसे कि वह स्वतन्त्र शासन करने वाली हों। सीता के भीतर यह सहज अभयभाव वन के स्वभाव की देन है। इसी कारण उनमें पराजय का भाव नहीं; उनके भीतर कुछ है जो अजेय बना रहता है। बादलों के बीच बिजली-सी छटपटाती सीता तमककर कहती हैं 'नीच, तुम्हें लाज नहीं आती ऐसा गर्हित काम करते हुए! मैं अकेली कुटी में थी, चोर की तरह मेरा हरण किया और भागे जा रहे हो। छल करके मेरे पति को मृग के माध्यम से दूर कर दिया, इतने कायर तुम हो कि तुम्हें सामने लड़ने का साहस नहीं! यही तुम्हारा परम पराक्रम है! नीच राक्षस, अपना नाम उद्घोषित करके तुमने युद्ध में मुझे नहीं जीता है! धिक्कार है तुम्हारी वीरता को! धिक्कार है तुम्हारे सत्त्व को, तुम्हारे चरित्र को! तुम एक घड़ी रुक जाओ, ऐसे भागो मत तो तुम जीवित नहीं लौटोगे। अगर मेरे पति और मेरे देवर के दृष्टिपथ में तुम आ जाओ तो अपनी सेना के साथ भी तुम बचकर नहीं जा सकते। उनके बाण का स्पर्श तुम सह नहीं पाओगेय जैसे पक्षी वन में लगी आग को सह नहीं पाता।'

न व्यपत्रपसे नीच कर्मणानेन रावण।
ज्ञात्वा विरहितां यो मां चोरयित्वा पलायसे।।
त्वयैव नूनं दुष्टात्मन् भीरुणा हर्तुमिच्छता।
ममापवाहितो भर्ता मृगरूपेण मायया।।
धिक् ते शौर्यं च सत्त्वं च यत्त्वया कथितं तदा।
कुलाक्रोशकरं लोके धिक् ते चारित्रमीदृशम्।।
किं शक्यं कर्तुमेवं हि यज्जवेनैव धावसि।
मुहूर्तमपि तिष्ठ त्वं न जीवन् प्रतियास्यसि।।
न हि चक्षुःपथं प्राप्य तयोः पार्थिवपुत्रयोः।
ससैन्योऽपि समर्थस्त्वं मुहूर्तमपि जीवितुम्।।
न त्वं तयोः शरस्पर्शं सोढुं शक्तः कथंचन।
वने प्रज्वलितस्येव स्पर्शमग्नेर्विहंगमः।।

(वा.रा., अरण्य., 53/3-4, 9-12)

वन में पली हुई वनजा सीता का दुर्धर्ष तेज ही था कि सीता रावण के ऐश्वर्य-प्रलोभ में नहीं आयीं। यही कहती रहीं कि 'तुम्हारे दिन अब लद गये। तुम्हारा सत्त्व क्षीण हो गया है। तुम्हारी सारी श्री चली गयी। लंका विधवा होने वाली है।'

सीता के इस प्रकार हर लिए जाने पर राम दुःख से भर जाते हैं; सूनी कुटिया देख, शोक-विह्वल हो वन के एक-एक वृक्ष से पूछना शुरू करते हैं, 'तुम जानते हो, सीता कहाँ हैं?' वन के ये वृक्ष ही वन के स्वभाव वाली सीता के बारे में बता सकते हैं। इसलिए कभी वे पूछते हैं कदम्ब से, 'सीता को तुम्हारे फूल बहुत प्रिय थे, तुम जानते होगे, सीता कहाँ हैं। वह पीत कौशेय धारण करने वाली हैं, जिसमें तुम्हारे फूलों की आभा झलकती है। स्निग्ध पल्लवों की तरह कोमल हैं वे तुम ज़रूर जानते होंगे कि सीता किस तरफ़ गयी हैं। हे अर्जुन, तुम सीता की तरह गोरे हो, तुम ज़रूर जानते होगे उनके बारे में कि वे जीवित हैं या नहीं। यह कुसुम का वृक्ष निश्चय ही सीता के बारे में जानता होगा। इतने भौंरे गूँज रहे हैं—ऐसा यह तिलक का वृक्ष तिलक को चाव से सिर पर धारण करने वाली सीता के बारे में जानता होगा। हे अशोक वृक्ष, प्रिया के दर्शन कराके मुझे भी अशोक बनाओ। हे तालवृक्ष, यदि तुम्हारी मुझ पर कृपा है तो तुम्हारे फल से सादृश्य रखने वाली सीता कहाँ हैं? तुम ऊँचे हो, तुमने देखा होगा। हे जामुन, यदि तुम जानते हो सुनहरी कान्तिवाली मेरी प्रिया को कि कहाँ गयीं तो निर्भय बता दो। हे कनेर, फूले-फूले से दिखते हो, कनेर के फूल को प्यार करने वाली सीता को, बोलो, तुमने देखा है?' इसी प्रकार राम ने आम, साल, कटहल और कुरव जैसे वृक्षों के पास जा-जाकर पूछा; मौलश्री, चम्पा, चन्दन, केवड़े के पास जा-जाकर पूछा। राम जैसे पागल हो गये हों। सीता कहाँ हैं? धरती की बेटी सीता हैं कहाँ? पेड़ नहीं कुछ उत्तर देते तो वन पशुओं से पूछना शुरू किया। मृग से पूछा, 'तुम्हारे जैसी दृष्टि वाली सीता कहीं मृगियों के साथ खेल तो नहीं रहीं? शार्दूल, दूर तक देखते हो, तुमने यदि देखा है तो भय न करो, धीरे से कान में बता दो।'

वृक्षाद् वृक्षं प्रधावन् स गिरिंश्चापि नदीनदम्।
बभ्राम विलपन् रामः शोकपङ्कार्णवप्लुतः।।
अस्ति कच्चित्त्वया दृष्टा सा कदम्बप्रिया प्रिया।
कदम्ब यदि जानीषे शंस सीतां शुभाननाम्।।
स्निग्धपल्लवसंकाशां पीतकौशेयवासिनीम्।
शंसस्व यदि सा दृष्टा बिल्व बिल्वोपमस्तनी।।
अथवार्जुन शंस त्वं प्रियां तामर्जुनप्रियाम्।
जनकस्य सुता तन्वी यदि जीवति वा न वा।।
ककुभः ककुभोरुं तां व्यक्तं जानाति मैथिलीम्।
लतापल्लवपुष्पाढ्यो भाति ह्येष वनस्पतिः।।
भ्रमरैरुपगीतश्च यथा द्रुमवरो ह्यसि।
एष व्यक्तं विजानाति तिलकस्तिलकप्रियाम्।।
अशोक शोकापनुद शोकोपहतचेतनम्।
त्वन्नामानं कुरु क्षिप्रं प्रियासंदर्शनेन माम्।।

यदि ताल त्वया दृष्टा पक्वतालोपमस्तनी।
कथयस्व वरारोहां कारुण्यं यदि ते मयि।।
यदि दृष्टा त्वया जम्बो जाम्बूनदसमप्रभा।
प्रियां यदि विजानासि निःशङ्कं कथयस्व मे।।
अहो त्वं कर्णिकाराद्य पुष्पितः शोभसेभृशम्।
कर्णिकारप्रियां साध्वीं शंसदृष्टा यदि प्रिया।।
चूतनीपमहासालान् पनसान् कुरवान् घवान्।
दाडिमानपितान् गत्वा दृष्ट्वा रामो महायशाः।।
बकुलानथ पुन्नागांश्चन्दनान् केतकांस्तथा।
पृच्छन् रामो वने भ्रान्त उन्मत्त इव लक्ष्यते।।
अथवा मृगशावाक्षीं मृग जानासि मैथिलीम्।
मृगविप्रेक्षणी कान्ता मृगीभिः सहिता भवेत्।।
गज सा गजनासोरुर्यदि दृष्टा त्वया भवेत्।
तां मन्ये विदितां तुभ्यमाख्याहि वरवारण।।
शार्दूल यदि सा दृष्टा प्रिया चन्द्रनिभानना।
मैथिली मम विस्रब्धः कथयस्व न ते भयम्।।

(वा.रा., अरण्य., 60/11-25)

कोई उत्तर नहीं देता तो सीता को ही सम्बोधित करके वे प्रलाप करते हैं और सन्देह करने लगते हैं कि कहीं पुष्कर की खोज में पुष्करिणी तो नहीं पहुँच गयीं। कहीं किसी जंगल में तो नहीं छिप गयीं। इस प्रकार वनश्री में सीता का अन्वेषण करते हुए राम यह संकेत दे रहे हैं कि सीता वन की आत्मा हैं, वन की संस्कृति हैं। वे वन से बाहर कहाँ जायेंगी। वन से बाहर सीता का भागधेय है ही नहीं। लंका में रहते हुए भी वन में हैं और अयोध्या में वापस आने पर भी उस वनानुरागिनी सीता का मन नहीं लगता और दोहद की पूर्ति के लिए वन-विहार की अनुमति माँगता है। इसी व्याज से लक्ष्मण उन्हें गंगा-तमसा के संगम के पास वाल्मीकि आश्रम के परिसर में छोड़ने जाते हैं। वे ऋषियों की तपस्या का फल थीं, ऋषियों की तपस्या की साधक बनीं। ऋषियों की तपस्या की छाया में उन्होंने पुत्र जने, उनका पालन किया और उस छाँह से दूर अयोध्या बुलाये जाने पर माँ से ही प्रार्थना की कि, 'हे माधवी देवी, विवर दो कि समा जाऊँ।' यह भूमि-प्रवेश अयोध्या में हुआ कि लोक-परम्परा के अनुसार वाल्मीकि आश्रम में ही हुआ, कौन जाने; पर सीता की पूरी कहानी तपोवन-परिक्रमा है। वाल्मीकि के मन में राम के राज्य या ऐश्वर्य से तपोवन का यह स्वातन्त्र्य अधिक बसा हुआ है। उसके लिए उनके मन में विशेष आदर भाव है। तभी राम पर तो क्रोध कर सकते हैं, लेकिन सीता उनके लिए परम पवित्र हैं, साक्षात तपो मूर्ति हैं। सीता की पवित्रता की प्रतिष्ठा के लिए वे जन्म-जन्मान्तर का सुकृत, पुण्य दाँव पर रखने के लिए तैयार हैं। सीता निष्पाप हैं। तपोवन की कन्या को कोई दोष छू नहीं सकता, लग नहीं सकता। उसे पराजित नहीं किया जा सकता। इसी कारण 'रामायण' जितना रामचरित है उससे कहीं अधिक 'सीतायाश्चरितं महत्' है। वन राम का घर है क्योंकि वन ही सीता है।

(शेफाली झर रही है, 1987)

सीता के निर्वासन में राम का निर्वासन

जितना मैंने महाभारत पढ़ा है उतना रामायण नहीं पढ़ा है। लेकिन स्वर्गीय भाई (अज्ञेयजी) से, जिनके द्वारा यह संचारित हुआ है, बार-बार बहस होती थी रामायण और महाभारत को लेकर; और मैंने रामायण उनसे बातचीत करके पढ़ना शुरू किया। पढ़ चुका था, लेकिन फिर से पढ़ना शुरू किया और रामायण महाभारत से मुझे अधिक रहस्यमय लगा। महाभारत का आयाम बड़ा विस्तृत है; रामायण का उतना विस्तृत नहीं है, लेकिन गहरा बहुत अधिक है। विस्तार को देखना उतना कठिन नहीं होता है; एक सर्वग्राही दृष्टि होनी चाहिए उसके लिए। लेकिन गहराई को नापना बड़ा कठिन होता है; क्योंकि अपने ही वहाँ विलीन हो जाने का डर रहता है। मैंने पढ़ा और पश्चिमी विद्वानों ने हमारे काव्यों का ऐसा बार-बार छेदन किया है कि पुराना होगा या नया होगा; पुराना होगा तो ठीक होगा, नया होगा तो ठीक नहीं होगा। और यह अंश बाद में जोड़ा गया है, वह अंश बाद में नहीं जोड़ा गया है। उन्होंने यह समझा नहीं कि यह समृद्ध रचनात्मक वाचिक परम्परा की देन है, जिसमें बहुत बड़ा हिस्सा संवाद का है और संवाद से प्राप्त प्रतिक्रिया का है। बहुत से अनसुलझे प्रश्नों के उत्तर बीच-बीच में हैं। लेकिन उससे पता चलता है कि ये प्रश्न पूछे गये हैं और वाचन की प्रक्रिया में ही प्रश्न पूछे जाते हैं। इसलिए इसको यह मानना कि एक व्यक्ति ने एक समय में ऐसा ही रचा होगा, आवश्यक ही नहीं है। ये सारे ग्रन्थ अवधारणा के स्तर पर पहले तैयार हुए। और फिर उनके प्रसार की प्रक्रिया शुरू हुई। अब एक कृष्णद्वैपायन व्यास हैं, उन्होंने देखा है।

इतिहास का अर्थ जो अभिनवगुप्त ने लिया, वह यही है कि प्रत्यक्ष जो देखा गया है। इति का अर्थ, जो प्रत्यक्ष है; इसको देखकर के जो कहा जाता है, वह इतिहास है। इतिहास की परिभाषा हमारे यहाँ अतीत की घटनाओं की व्याख्या या विवरण नहीं है। उसका अर्थ है कि प्रत्यक्ष हमने देखा है—और जो हमने प्रत्यक्ष नहीं देखा, प्रत्यक्ष देखने वाले से सुना है, उसको वह उपाख्यान कहते हैं। तो हम इतिहास के रूप में इस ग्रन्थ को देखते हैं और दोनों ग्रन्थों में प्रत्यक्ष द्रष्टा का प्रमाण मिलता है, केवल प्रत्यक्ष द्रष्टा नहीं। जैसे इतिहासकार होते हैं वैसी स्थिति दोनों में नहीं है, दोनों प्रतिभागी हैं। दोनों इस ग्रन्थ में आते हैं, कहीं-न-कहीं उनका योगदान है इस पूरी कथा के विकास में, इस इतिवृत्ति के विकास में ही नहीं, बल्कि जो रामचरित है उसी में उनका बहुत बड़ा योगदान है। और राम को चुनौती कोई बाद में दे, पहली चुनौती देने वाले वाल्मीकि हैं। और जिस भाषा में चुनौती दी गयी है वह भाषा बड़ी कड़ी भाषा है। पूर्वजों का स्मरण करके जब कोई बात कही जाती है तो उन्होंने कहा यही कि, 'प्राचेतसोहं दशमः पुत्रः'। मैं प्राचेतस का दसवाँ पुत्र, मैं कह रहा हूँ, मेरा वचन प्रमाण मानो, रघुवंशी! मैं कह रहा हूँ।' अपने पितरों का जो स्मरण किया है, अपने पूरे गौरव के साथ स्मरण किया है और बड़ी कड़ाई से कहा है कि, 'मैं कह रहा हूँ कि सीता निष्पाप हैं। यदि मैंने जीवन भर सत्य आचरण किया हो, जीवन भर तप किया हो तो मैं कहता हूँ कि सीता निष्पाप

हैं। और तुम अपने अन्तःकरण में जानते थे, सीता शुद्ध हैं और तुमने लोकापवाद से भयभीत होकर त्याग किया है। तुम्हारे ऊपर मुझे बहुत क्रोध है। तुमने त्रिलोक के कंटक रावण का शोधन किया, पर इसके लिए बहुत अमर्ष है।' तो यह एक साक्ष्य मात्र नहीं है, यह उस काव्य को गति देने वाला है, उसको झँझोरने वाला है, पूरे घटनाक्रम को दूसरी दिशा देने वाला है। अब जिस रूप में मिलता है, वह पूरी चीज़ है, समग्र चीज़ है।

पश्चिम के लोग प्रायः कहते हैं, हमारे यहाँ भी उस दृष्टि के आलोचक यही कहते हैं कि युद्धकाण्ड में रामायण समाप्त है, उत्तरकाण्ड बाद में जोड़ा गया है। यह दो व्यक्तियों की रचना है, दो वाल्मीकियों की रचना है। मैंने इसकी परीक्षा की। एक बाह्य परीक्षा होती है, एक अन्तःपरीक्षा होती है। बाह्य परीक्षा में ऐसा लगता है कि हाँ, प्रतिज्ञा उसमें भी है कि यहाँ पर उत्तरकाण्ड शुरू हो रहा है और एक नये सिरे से कहानी शुरू हो रही है। यह राम से पूछ रहे हैं पिछले राजाओं के बारे में, पिछली बातों के बारे में, पिछले मुनियों के बारे में, यहाँ से कहानी शुरू होती है उत्तरकाण्ड की। और मूल रामायण में नारद ने संक्षेप में राम की कथा का एक वृत्त दिया है। उसमें जानकी के दूसरे निर्वासन की चर्चा नहीं है। लेकिन उससे जुड़ा हुआ जो मूल रामायण में है, मूल रामायण के अन्तिम अध्याय में है, जो वाल्मीकि ने कथा कहना शुरू किया है, उसकी संरचना शुरू की है तो उसमें जो सूची दी गयी है, उसमें 'वैदेह्याश्च विसर्जनम्' यह आता है। और बहुत ही मार्मिक श्लोक आता है—'काव्यं रामायणं नामः सीतायाः चरितं महत्', तो यह प्रतिज्ञा है कि यह रामायण काव्य है, लेकिन सीता के महत्त्व का काव्य है। इसीलिए सीता का महत्त्व प्रतिपादित होता है सबसे अधिक उत्तरकाण्ड में। यह निरर्थक नहीं है, यह एक तरह से आकांक्षा की पूर्ति है। यह प्रश्न उठाकर के उसकी पूर्ति की गयी है। और यह पूर्ति बड़ी सार्थक पूर्ति है; क्योंकि स्रष्टा ने वाल्मीकि से यह कहा कि, 'कृत्स्नं रामस्य चरितम्'। समूचा राम का चरित लिखो। फिर आगे कहा कि नहीं, केवल राम का नहीं, लक्ष्मण का, राक्षसों का और वैदेही का—'व्यक्तं यदिवा रहः', जो सब लोग जानते हैं वह दो, जो नहीं जानते हैं वह दो, उसको पहचानने के लिए मैं दिव्य दृष्टि तुम्हें देता हूँ। तो इस कृत्स्नता में, सम्पूर्णता में कुछ मर्म छिपा हुआ है। और उस मर्म का उपोद्घात पहली घटना से होता है। क्रौंचवध होने के बाद शाप देने पर काव्य की रचना शुरू हुई है। लेकिन ऐसी कुछ रचना करनी है, इसकी चिन्ता पहले है। नारद से पहले प्रश्न पूछा है। एक तपस्वी से दूसरे तपस्वी ने पूछा है कि 'कोन्वस्मिन् साम्प्रतं लोके गुणवान् कश्च वीर्यवान्, धर्मज्ञश्च कृतज्ञश्च सत्यसंधो दृढव्रतः'—यह प्रश्न पूछा है कि इस समय इस लोक में कौन ऐसा है; कौन ऐसे थे, यह प्रश्न नहीं है। कौन ऐसा है और यहाँ पर कौन ऐसा है, वह साक्षात् प्रस्तुत है; जो हमारे परिवेश में यहाँ कौन ऐसा है जो इस प्रकार के गुणों से, शील से युक्त हो। और जो गुण उन्होंने बताये हैं, चर्चा की है, उन सारे गुणों को बताने के बाद एक ऐसा गुण भी बताया है कि जो बताता है, निर्देश देता है कि यह काव्य एक नये प्रकार का सिलसिला है : 'यस्य बिभ्यति देवाश्च जातरोषस्य संयुगे।' जब राम को क्रोध हो जाये—ऐसा कौन-सा व्यक्ति है, जो कुद्ध हो जाये तो देवता तक भयभीत हो जायें। दानवों के भयभीत होने की बात नहीं है, देवता तक भयभीत हो जायें। तो ऐसा देवोत्तर मानवीय चरित्र कौन है, मनुष्य में ऐसी क्षमता कहाँ है, मैं पहचानना चाहता हूँ। यदि जानते न होंगे, तो पुष्टि क्यों चाहते हैं नारद से, कि इसकी पुष्टि हो जाये तो उनके मन में है कि ऐसा कोई चरित है। लेकिन उसकी जो बड़ी महत्त्वपूर्ण विशेषता है कि देवता काँप उठते हैं उसके क्रोध के आगे। अर्थात् धैर्यशाली है, क्षमाशील है; पर क्रोध उसे हो सकता है। उसका क्रोध बहुत उद्दीप्त हो सकता है। लेकिन यह एक बात हो गयी। उसके बाद क्रौंचवध की घटना होती है। और रामचरित की कथा से उद्वेलित हैं वाल्मीकि या निठुर निषाद के प्रति द्वेष से उद्वेलित हैं, उनसे कहा नहीं जा सकता। यह क्या हुआ, यह क्या

घटना हुई, एक आनन्द के चरम क्षण में इस नर पक्षी की जो हत्या हुई है, वध हुआ है? यह क्या हुआ? यह सृष्टि के नियम का कैसा उल्लंघन है? ऐसे क्षण में क्यों विघ्न डाला गया है, क्यों ऐसे आनन्द को छीना गया है? कितना बड़ा पाप हुआ है! और वाल्मीकि से वह सहन नहीं होता है। जब बिलकुल कभी क्रोध करता ही नहीं आदमी, शान्त है, ऐसे जीवन में ही रहता है, जहाँ कभी क्रोध का अवसर ही नहीं है। जो हिंस्र पशु हैं, वे भी बड़े सौहार्द से रहते हैं उस तपोवन में। बड़े विश्वास के साथ रहते हैं दूसरे पशु। यहाँ कुछ नहीं होगा, किसी की हिंसा नहीं होगी—और उसके मन में इतना क्रोध उमड़ता है कि शाप दे डालता है। और शाप भी जन्म-जन्म भर के लिए—'शाश्वतीः समाः'।

अनन्त काल के लिए शाप देता है। अनन्त काल के लिए सृष्टि की प्रक्रिया में हस्तक्षेप का ऐसा असह्य क्रोध जब होता है, किसके भीतर होगा-देवता बने ऋषि के भीतर नहीं होगा, वह मनीषी के भीतर होगा। तो एक मानुष भाव का अवतार वाल्मीकि में होता है। रामकथा के कारण हुआ हो या उसको रचने की बेचैनी थी, उसके कारण हुआ हो। उस अवतार के कारण उनके मुख से निकलता है, निकल तो जाता है—छात्र, उनके विद्यार्थी उसको लिख भी लेते हैं, उसको टीप लेते हैं; पर वह सोचने लगते हैं कि यह मैंने क्या किया? मुझे क्रोध क्यों आया? मैंने शाप क्यों दिया? केवल दुःखी ही होकर क्यों नहीं रह गया? ऐसी करुणा क्यों हुई, जो ऐसे अमर्ष में परिणत हो गयी? यह करुणा मनुष्य की करुणा है, जो बंध्या नहीं होती, जिसमें प्रतिकार की क्षमता होती है। चाहे वह कोई पीड़ित हो रहा हो, चाहे कोई गहरे दुःख में हो, उसके प्रतिकार की इच्छा होती है मनुष्य में। केवल द्रवित होकर के नहीं रह जाता है। इसलिए वे गम्भीर चिन्तन में हैं, द्वन्द्व में हैं और इस द्वन्द्व के समय प्रजापति ब्रह्मा उपस्थित होते हैं और कहते हैं कि क्यों सोचते हो तुम—'मच्छन्दादेव प्रवृत्तेयम्'। मेरे छन्द के कारण सरस्वती तुम्हारे मुख से प्रकट हुई हैं। यह नया अवतार, छन्दों का नया अवतार जो वेद से अतिरिक्त है। वेद से अतिरिक्त है, क्योंकि यह देव काव्य नहीं है। यह काव्य ऐहिक है। इस संसार का है, इस समय का है। इसलिए यह नयी शुरुआत है। यह नया आदिकाव्य है।

कवि के रूप में तो श्रीकृष्ण ने 'गीता' में कहा है, 'कवीनामुशना कविः'। उशना शुक्र का नाम है। कृष्ण ने कहा है कि कवियों में मैं शुक्र हूँ। वाल्मीकि का कवि रूप में उल्लेख नहीं किया है। तो इसका अर्थ यही है कि जिस रूप का काव्य वाल्मीकि से प्रारम्भ होता है उसकी दिशा दूसरी है, उसमें मानवोचित गुण है। गुण के साथ-साथ गुण के जहाँ अतिरेक होते हैं, उन अतिरेकों की एक छाया भी होती है। जिसमें विवेक होता है उसी में विवेक-भ्रंश की सम्भावना होती है। जिसमें आदर्श की उच्चता होती है उसी के भीतर कहीं-कहीं उस आदर्श की विशेषता के कारण एक ऐसी स्थिति आती है कि वह केवल आदर्श रहता है और भूल जाता है दूसरे प्रतिमानों को। उदाहरण सामने है कि कर्ण आदर्श दानी हैं। दान का महत्त्व उनके मन में इतना अंकित है, इतना उसके साथ उन्होंने अपना तादात्म्य स्थापित किया है कि बछिया मर गयी है—कोई जानूझकर नहीं मारी उन्होंने, तीर चलाया, बछिया को लगा, मर गयी। वह बछिया यज्ञ के काम में आने वाली कामधेनु की बछिया थी। जिसकी बछिया थी, आया और कहा कि तुमने क्या किया यह? नाश कर दिया तुमने हमारे यज्ञ का! तो उन्होंने कहा कि इतनी सम्पत्ति ले लो, यह ले लो, वह ले लो आदि। वह ब्राह्मण बिगड़ गया कि यह ग़लती की तुमने और उसका परिमार्जन दान से करना चाहते हो। जीवन की क्षति का परिमार्जन तुम दान से करना चाहते हो। यह दान का अहंकार तुम्हें है, इसलिए विद्या की विस्मृति तुम्हें होगी। तुमने जो शस्त्रविद्या सीखी है, समय पर वह तुम्हें विस्मृत हो जायेगी। क्योंकि तुम्हें ठीक स्मरणशीलता नहीं है; क्योंकि तुम केवल दानी कर्ण नहीं हो, तुम एक सामान्य मनुष्य भी हो। हमारी स्थिति देखते कि किस काम में

आने वाली बछिया है। उसकी क़ीमत रुपयों में नहीं है। उसकी क़ीमत एक बड़े स्नेह में है। वह तो तुमने सोचा नहीं। तुमने अपने को पूरी तरह नहीं पहचाना। इसलिए तुम्हें विस्मृति होनी चाहिए।

इस प्रकार का द्वन्द्व जहाँ बड़े चरित्र होते हैं वहीं गहरा होता है। दूसरी जगह सतही होता है, बड़ी जल्दी निर्णय हो जाता है। लेकिन यहाँ निर्णय होता नहीं है, निर्णय विलम्बित रहता है। तो यह बात राम के साथ है और इस काव्य की रचना-प्रक्रिया में यह निहित है कि यह काव्य सब कुछ कहने के लिए आतुर है। और सब कुछ कहने के बावजूद राम के अभिराम पक्ष को कहीं भी कम नहीं करने वाली है। बल्कि उस पक्ष को बराबर स्मरण रखता है और उस पक्ष की तीव्रता को भी स्मरण रखता है। वाल्मीकि रामायण के सातों काण्ड आप देख लें, क्रोध के अवसर सबसे अधिक तीव्र हैं।

पहला अवसर जब सीता का हरण हुआ तो राम सीता के लिए इतने अधिक विह्वल हैं, कि उन्हें लगता है कि सारी सृष्टि का मैं विनाश कर दूँ। देवताओं ने मेरे साथ क्या किया है! उनका जो उद्‌गार क्रोध का है, हिला देने वाला है—'तुम लोगों ने समझ लिया है कि मैं बहुत सीधा-सादा हूँ और मैं बड़ा क्षमाशील हूँ। मैं एक बाण में समस्त देवताओं को नष्ट कर सकता हूँ, त्रिभुवन का संहार कर सकता हूँ!' इतना भयंकर क्रोध है उनका। बड़ी मुश्किल से लक्ष्मण के कहने पर कि आप क्या कर रहे हैं, वह शान्त होते हैं। लक्ष्मण उनकी करुणा को जगाते हैं—किसके ऊपर आप क्रोध कर रहे हैं! दूसरा अवसर आता है जब सीता की अग्निपरीक्षा होती है। लोग निवेदन करते हैं, देवता निवेदन करते हैं कि यह आप क्या कर रहे हैं। उनकी परीक्षा की आवश्यकता क्या है? तो उनका उत्तर एक है—'मत बोलो कुछ, मैं दशरथ का पुत्र यह कर रहा हूँ। यह राम नहीं कर रहे हैं, यह दशरथ के पुत्र कर रहे हैं, एक राज्य व्यवस्था के उत्तराधिकारी कर रहे हैं, एक निर्मल सामाजिक व्यवस्था के उत्तराधिकारी कर रहे हैं। इस समय मत बोलो मुझे, मैं क्या हूँ।' और तीसरी बार क्रोध होता है, जब सीता पृथ्वी में समा जाती हैं। पृथ्वी को सम्बोधित करके उनको क्रोध होता है कि मैं, अगर उनको निकाल करके अभी बाहर नहीं रखोगे, तो मैं छिन्न-भिन्न कर दूँगा सारी पृथ्वी को।

ये तीनों क्रोध सीता को लेकर हैं। यह दूसरे के लिए नहीं है। रावण पर इतना क्रोध नहीं है। उसका एकमात्र कारण यही है कि सीता के प्रति उनका प्यार अत्यन्त गहरा है। भवभूति ने दो श्लोक इस सम्बन्ध में 'उत्तररामचरित' के छठे अंक में उद्धृत किये हैं। वे ध्यान देने योग्य हैं। वाल्मीकि रामायण में मुझे नहीं मिले वे श्लोक। लेकिन वाल्मीकि के नाम तो उन्होंने उद्धृत किये हैं। यह पता चलता है कि जिस रूप में हमारे पास यह पाठ है, उस पाठ के ऊपर विचार करना चाहिए। लेकिन जो जनस्मृति में एक पाठ है, भवभूति की स्मृति बड़ी सजग स्मृति है—

प्रिया तु सीता रामस्य दाराः पितृकृता इति।
गुणै रूपगुणैश्चापि प्रीतिर्भूयोऽप्यवर्धत।।
तथैव रामः सीतायाः प्राणेभ्योऽपि प्रियोऽभवत्।
हृदयं त्वेव जानाति प्रीतियोगं परस्परम्।।

(उ.रा.च., 6/31-32)

राम के लिए सीता प्रिय थीं और यह प्रीति सीता के गुणों के कारण, उनके आभ्यन्तर और बाह्य दोनों प्रकार के गुणों के कारण, व्यक्त और अव्यक्त दोनों प्रकार के गुणों के कारण निरन्तर बढ़ती गयी। और सीता के लिए राम प्राण से भी अधिक प्रिय थे। इसके बारे में कोई दूसरा नहीं कह सकता।

इनका हृदय एक-दूसरे के प्रेम को जानता है दूसरा कोई नहीं कह सकता। इसको एक दूसरे रूप में तुलसीदासजी ने कहा—

तत्त्व प्रेम कर मम अरु तोरा। जानत प्रिया एकु मनु मोरा।।
सो मनु सदा रहत तोहि पाहीं। जानु प्रीति रसु एतनेहि माहीं।।

(रामचरित., सुन्दर., 14/6-7)

इतना ही संक्षिप्त सन्देश है राम का सीता के लिए। लेकिन ये दोनों छन्द यह सूचित करते हैं कि राम की जो अभिरामता है, वह सीता से जुड़ने के कारण है। सीतापति रामचन्द्र हैं, सीता के साथ संयुक्त हैं, इसीलिए उनकी इतनी अभिरामता है। सीता से अलग होकर राम की अभिरामता नहीं है। प्रिय होना, आकर्षण का केन्द्र होना सीता के साथ है। वन में, वन में निर्वासन में सीता का साथ उन्हें शक्ति देता है, और सीता का हरण एक उकसावा देता है। लोग समझते नहीं हैं कि राम ने निठुरता क्यों दिखलाई है। यह निठुरता लोगों को समझ में नहीं आती है। लेकिन इसका बीज राम की अत्यन्त क्षमाशीलता, अत्यन्त शालीनता और अत्यन्त प्रियता में है। इसीलिए निठुरता का बीज वहीं पर है। वही व्यक्ति निष्ठुर हो पाता है जो अपने साथ उसका तादात्म्य स्थापित कर चुका है। अपने प्रेम के विषय का तादात्म्य कर लेता है उसके साथ, वही निठुर होता है। निठुर उसके साथ नहीं होता है, अपने साथ होता है। अपने मर्म का चिन्तन करते हुए वह कुछ करता है।यह निहित है, अत्यन्त सघन प्यार में निहित है कि राम सीता के साथ कठोर हों। समझ में बात न आये, ऐसे कठोर हों। भाइयों के समझ में बात न आये ऐसे कठोर हों।किसी की समझ में बात न आये, ऐसे कठोर हों। अत्यन्त अतर्क्य है। लेकिन उसका बीज उसी में है। उनके गुणों में ही इस गुण विपर्यय का बीज है। एक बात तो यह है।

दूसरी बात यह कि कथा किसके लिए है। इसका सम्बोध्य कौन है, ब्रह्मा का आशीर्वाद है। जब तक ये पहाड़, ये नदियाँ हैं तब तक यह कथा लोक में प्रचारित होगी—'लोकेषु प्रचरिष्यति'। यह घटना का विवरण देने वाला, रोजनामचा रखने वाला कोई नहीं है यह। राम के बारे में जो मैंने जाना है, जो मैंने पहचाना है, वह आगे आने वाले युगों के लिए एक प्रतिवाद है, मनुष्यता की पहचान है, मनुष्य के उत्कर्ष की पहचान है, मनुष्य के अन्तर में निहित उसके अन्तर्द्वन्द्व की भी पहचान है और यह पहचान लोकमात्र के लिए है। राजाओं के लिए, राजकुमारों के लिए नहीं, लोकमात्र के लिए पहचान है; क्योंकि राम केवल अपने वृत्त की रक्षा करने वाले नहीं हैं, वह मानवमात्र के वृत्त की रक्षा करने वाले हैं। जिस प्रकार वाल्मीकि ने राम को विग्रहवान धर्म कहा है, उसका सूक्ष्म अर्थ है। वे, धर्म का जो मुख्य प्रयोजन है, अपने को दूसरे में विसर्जित करना, इसके भी साकार विग्रह हैं। राम अपने लिए नहीं जीते, अपने सुख के लिए नहीं जीते; उनका अपना निजी सुख कोई नहीं है। जिसका निजी सुख कोई नहीं है, वह व्यक्ति भरोसे का व्यक्ति होता है। वाल्मीकि ने राम के लिए जो विश्वास पैदा किया है, उसका चाहे जो रूपान्तर हुआ हो वह विश्वास हिन्दुस्तान के लिए बहुत बड़ी शक्ति है। हिन्दुस्तान ही नहीं, अनेक साझीदार देशों की बहुत बड़ी शक्ति है। चाहे इंडोनेशिया हो, मलेशिया हो, थाइलैंड हो—ये सारे देश भरोसे की शक्ति के रूप में राम को देखते हैं। राम हैं, उनके पीछे हैं तो बड़ा भरोसा है। और इसलिए भरोसा है कि राम हमारे लिए हैं। वसिष्ठ ने समझाया है कि तुम चलो अयोध्या में; लेकिन राम राजनीति का अतिक्रमण करते हैं। उन्होंने जाबालि को डाँटा—क्या कर रहे हो तुम? ऐसी बात हमसे कह दी! फिजूल की राजनीति की सत्ता अति महत्त्वपूर्ण है। कहा—नहीं, कुछ दूसरे सत्य हैं जो अधिक महत्त्वपूर्ण हैं। आज मैं, यह जानते हुए भी कि मोहवश प्रतिज्ञा की थी मेरे पिता ने, जब प्रतिज्ञा की थी, उस प्रतिज्ञा का

निर्वाह होना चाहिए। और उस प्रतिज्ञा का निर्वाह मुझे करना है। वे करें न करें, निर्वाह मुझे करना है। उस प्रतिज्ञा का दायित्व मेरे ऊपर है। अगर पुत्र ने अपने पिता की प्रतिज्ञा का निर्वाह नहीं किया तो पुत्र क्या है! इसलिए मुझे कुछ मत कहिए, राजनीति न समझाइए। राजनीति से ऊपर कोई है, वह है मेरा सिद्धान्त। मैं उसको मानता हूँ, छूछी राजनीति को नहीं मानता हूँ मैं।

तो एक ऐसे अतिक्रामी सिद्धान्त की स्थापना राम के द्वारा होती है। इसीलिए आज भी वह राजा राम हैं। रामायण में एक और अन्तर्द्वन्द्व दिखाई पड़ता है। वाल्मीकि रामायण में तो ऐसा-ऐसा वर्णन आता है, ऐसा शृंगार आता है जो अटपटा लगता है। हम भूल जाते हैं कि राम मनुष्यता की सम्पूर्णता के एक चित्र हैं। और सम्पूर्णता के एक चित्र होने के कारण कहीं भी रागात्मक आवेश को छिपाते नहीं हैं। और वाल्मीकि बेचारे तो छिपा ही नहीं सकते। उनसे तो प्रतिज्ञा ली गयी है, सम्पूर्ण चरित कहना है, छिपाना नहीं है। 'व्यक्तं य यदिवा रहः'—एकान्त में भी जो घटित हुआ है, उसे भी तुम्हें कहना है। और ऐसे एकान्त के संग को भवभूति ने उद्धृत किया है। बड़ा मार्मिक छन्द है। मन्दाकिनी प्रसंग में उसका उल्लेख आता है और वह श्लोक भी वाल्मीकि रामायण के कई संस्करणों में नहीं मिलता है। वह श्लोक है कि 'त्वदर्थमेव विन्यस्तः शिलापट्टोयमग्रतः'। और इसके बाद कहा है, 'यस्यायमभितः पुष्पैः प्रवृष्ट एव केशरः'। यह जो शिला है, आयत शिला है, बड़ी लम्बी-चौड़ी है। यह सब तुम्हारे लिए ही है। तुम्हारे लिए तैयार करके रखी गयी है। इतनी चिकनी, इतनी चौड़ी, इतनी लम्बी, यह शिला तुम्हारे लिए तैयार की गयी है। इसके दोनों ओर मौलश्री के फूल बरसे हुए हैं। तो मौलश्री के फूलों के साथ, उसकी मादक गन्ध के साथ शिलापट्ट को सामने दिखलाना बहुत ही सूक्ष्म रागात्मक अभिलाषा है। 'उत्तररामचरित' में उसकी टिप्पणी भी है। राम के आगे जब लव-कुश श्लोक सुनाते हैं तो कहते हैं, 'क्या कहें, ये बच्चे क्या जानें। खासकर ये जंगल में पले बच्चे क्या जानें कि ये क्या कह रहे हैं और किसके आगे कह रहे हैं। किन्तु वहाँ करुणा का बीज, बच्चा दुहरा रहा है इस बात को। अपने पिता के बारे में बात कर रहा है और जानता नहीं है कि अपने पिता के बारे में बात कर रहा हूँ। एक तटस्थ की तरह बात कर रहा है। यह ग्रन्थ की करुणा का बीज है कि लड़के तटस्थ हो गये हैं। इस श्लोक में इंगित है कि राम मनुष्य की समस्त आकांक्षाओं को व्यक्त भी करते हैं, उसको नियन्त्रित भी करना जानते हैं, संयत भी करना जानते हैं। यह उनकी विशेषता है कि उसका दमन नहीं करते, केवल उसका संयमन करते हैं।

जब-जब भावोद्वेग की स्थिति आयी है, लक्ष्मण के आवेग की स्थिति आयी है तो उसको संयत किया है उन्होंने। बड़ी दृष्टि से सोचो, उनकी भूमिका में अपने को डालकर सोचो। भरत के बारे में सोचा है उन्होंने। जाड़ा शुरू हुआ है और जाड़े के प्रसंग में बात करते-करते कहते हैं, 'भरत कहाँ होंगे, कुटिया में होंगे। नित्य सरयूस्नान करते होंगे और राजकाज देखते होंगे। मैं तो यहाँ बड़े आराम से हूँ और भरत बड़े दुःख में होंगे।' तो लक्ष्मण कहते हैं, 'और मझली माँ वहाँ बड़ी खुश होंगी कि हम लोग यहाँ पर हैं। अब क्या पता, किसके लिए किया।' तो राम कहते हैं, 'नहीं, ऐसा नहीं कहते हैं। मझली माँ को दोष मत दो। मझली माँ ने अपने पुत्र के लिए किया है। पुत्र के स्नेह के लिए किया है, अपने लिए नहीं किया है। पुत्र के प्रति स्नेह उसका रहा है। और स्नेह लेकर ही आयी थी इस घर में वह। ऐसा मत कहो उसके बारे में।' तो एक संयम भी उनमें है। जब ग़लत काम हुआ है, जानते हुए भी कि इसमें लोगों से पूछा नहीं गया है और सभा में लोगों ने ग़लत निर्णय ले लिया है; राजधर्म के विपरीत कार्य हुआ है। लेकिन यह राजधर्म न भी हो, यह मनुष्य का धर्म है और उसका महत्त्व है।

यह बात बड़े ध्यान देने योग्य है कि जिस प्रकार महाभारत का आयाम इतना विस्तृत है कि व्यक्ति नगण्य-सा हो गया है और उसके अपने सुख-दुःख बहुत छोटे हो गये हैं। कुछ दूसरे प्रयोजन, कुछ दूसरे मूल्य सामने आ गये हैं। लेकिन यहाँ पर व्यक्ति का मूल्य है, उसकी संवेदना का मूल्य है और इसीलिए यह काव्य भारतीय काव्य के लिए एक वांछनीय शुरुआत है। भारतीय काव्य की शुरुआत इसी से होती है। समाज इसमें न हो, ऐसी बात नहीं; लोक इसमें न हो, ऐसी बात नहीं; लेकिन लोक व्यक्ति के भीतर उतरा हुआ लोक है, तटस्थ लोक नहीं है। लोक है वहाँ, एक गहरा द्वन्द्व भी है। जैसे राम के चरित में ही है। जब सीता का त्याग उन्होंने कर दिया है और लौटे हैं तो पता चला कि चार दिन हो गये, राम ने कुछ खाया-पिया नहीं और कोई राजकाज नहीं देखा। कहते हैं—आपने क्या किया, लोग आपके लिए, आपके दर्शनों के लिए तरस रहे हैं। कहते हैं, कौन से लोग तरस रहे हैं! जो मनुष्य को समझते नहीं, वे लोग तरसा करें। द्वन्द्व है बड़ा गहरा। तो यह बीज तो शुरू में ही पड़ चुका है। राम जब वन जा रहे हैं तो कौशल्या ने कहा कि यह बात तो होने को थी ही, और कोई प्रमाण तो नहीं मिलता। लेकिन जो उसकी परम्परा है, रामायण की, लोक-साहित्य में प्रचुर प्रमाण मिलते हैं। राम की कुण्डली दिखलाई कौशल्या ने। उन्होंने कहा—और सब तो अच्छा है, लेकिन राम का वनवास होगा। उन्होंने कहा कि वह तो मैं जानती हूँ। दूसरी कथा है, वह और भी मनोरम कथा है। वनवास का कारण कैकेयी का युद्ध में सहायता देना नहीं है, दूसरा है। वहाँ सीता सब काम करती हैं राजकुमारी होकर भी। झाड़ू लगाती हैं, एक-एक तिनका बाहर करती हैं बीन कर। उनसे प्रमाद होता है, कोई तिनका था कँटीला, वह फेंक दिया उन्होंने बाहर और वह विशाल पेड़ हो गया, कंटकद्रुम हो गया। दशरथ आये उस रास्ते से, चुभ गया काँटा पैर में। काँटा कोई रहा होगा दुष्ट। बहुत से काँटे होते हैं जो बड़े दुःखदायी होते हैं। नागफनी भी हो सकता है। तो उस चुभन को कैकेयी ने चूस करके हरा। उस दर्द को हरा और उस दर्द के क्षण में उन्होंने कहा कि जो माँगो, वह दूँगा। बहुत ही कष्ट में थे और तब उन्होंने उसको माँगा। तो कहीं-न-कहीं उसमें सीता का प्रमाद था। एक प्रमाद, छोटा ही प्रमाद क्यों न हो, कारण है। जैसे सीता की शक्ति कारण है यज्ञ में। यह लोक-साहित्य के आधार पर कहा जा सकता है, सीता सवेरे उठती थीं और बायें हाथ से उस धनुष को उठाती थीं और उसके नीचे साफ़ करके लीप देती थीं। जनक ने देखा कि बायें हाथ से यह लड़की धनुष उठाती है तो इसकी शादी किसी ऐसे-वैसे से नहीं हो सकती है। इन छोटे, नन्हे हाथों में इतनी शक्ति है तो इसकी शादी धनुष तोड़ने वाले के अलावा किसी से नहीं हो सकती। तो रामायण कथा के ऐसे बीज, जो अत्यन्त गुप्त रूप में, संक्षिप्त रूप में हैं, प्रसरित हुए हैं; अनेक कथाओं में, अनेक गीतों में वे प्रसरित हुए हैं। और वह सब मिलकर रामायण का समग्र पाठ (हाइपर टेक्स्ट) बनता है।

वाल्मीकि रामायण जातीय रचना इस मायने में है कि भारत की सर्जनात्मक परम्परा उसको निरन्तर आगे बढ़ाती रहती है। उसमें प्रश्न करती है, उत्तर ढूँढ़ती है; फिर प्रश्न करती है, फिर उत्तर ढूँढ़ती है। राम को छोड़ नहीं पाती—और इसलिए नहीं छोड़ पाती, क्योंकि वह सीता से जुड़े हुए राम हैं। और कैसे यह जुड़ाव बार-बार इसको मथता रहता है।

केवल 'उत्तररामचरित' या 'रघुवंश' ने राम को नहीं कोसा, लोक-साहित्य ने बहुत कोसा और बड़े विचित्र ढंग से कोसा। एक कोसने का उपाय यह है कि लव-कुश का जन्म होता है तो पुत्र-जन्म का सन्देश दिया जाता है, रोचना भेजा जाता है। सन्देशवाहक नाई से कहा कि सबको सन्देश देना, परन्तु राम को मत देना; कौशल्या को देना, लक्ष्मण को देना, राम को न देना। लक्ष्मण को सन्देश मिला है, चेहरा दीप्तिमान् है। राम एक तालाब के किनारे दातौन कर रहे हैं। चेहरा बहुत दीप्त हो रहा है। क्या बात है, कौन-सा ऐसा शुभ समाचार तुमने सुना है? तो उन्होंने

कहा—मेरी भाभी को दो पुत्र हुए हैं। और उनके हाथ से दातौन गिर जाती है और आँसुओं से उनका कमरबन्द भीग जाता है।...मैं ही अकेला ऐसा व्यक्ति, जिसे सन्देश नहीं दिया गया। तो इस रूप में उन्हें ऐसी उपेक्षा का पात्र बनाकर उन्हें लोक-साहित्य में एकदम खड़ा कर दिया गया। प्रश्न छेड़ने का प्रारम्भ होता है रामायण में—और इस काव्य का बीज यही है। यह काव्य करुणरस-प्रधान काव्य है, करुण नियति का काव्य है। इसको संक्षेप में क्षेमेन्द्र ने कहा—राम के पूरे चरित के बारे में उन्होंने कहा, 'यह दुःख, यह दुःख कैसा है। इस जीवन में दुःख-ही-दुःख तो है। अभी जवानी शुरू हुई है, वनवास हो गया। लड़के और हँसी-खुशी और गाजे-बाजे के कुछ ही दिन अभी बीते थे कि भयंकर अपवाद सुनाई पड़ा। दुःख-ही-दुःख है, सुख तो है ही नहीं।'

सबका निचोड़ निकालते हुए क्षेमेन्द्र ने कहा था कि 'दुःखं विवेकोदयः', जिसके भीतर विवेक का उदय होगा, उसको दुःख होगा-ही-होगा। विवेक की करुणा है यह। वाल्मीकि के मन में विवेक की ही करुणा है। वह भूल जाते हैं कि मैं मुनि हूँ मेरा स्वभाव दूसरा है। वह भूल जाते हैं और उबल पड़ते हैं। सह नहीं सकते हैं। तो यह विवेक की ही करुणा है। विवेक से ही ऐसी स्थिति उत्पन्न होती है। वह भूल सकते थे। अच्छा भाई, ठीक है, उसको ले जाओ। पक्षी को देखो। उसकी मादा की रक्षा करो। वे प्रचलित लोक-कल्याण के उपाय कर सकते थे। लेकिन नहीं किया उन्होंने। उसकी चिन्ता छोड़ दी उन्होंने। इस घटना की मार्मिकता आविद्ध कर गयी उन्हें। वह क्रौंच क्या आविद्ध हुई होगी, आविद्ध तो वाल्मीकि हुए। वाल्मीकि के भीतर वर्षों का तप आविद्ध हुआ, वाल्मीकि का विवेक हुआ। शान्ति बिलकुल विचलित हो गयी। तो ऐसे विचलित मनुष्य की रचना है रामायण। इसलिए इस रचना में परिपाक में भी यही स्थिति होनी चाहिए, जो वाल्मीकि के उत्तरकाण्ड में है। वही स्थिति होनी चाहिए, जिसमें सीता का उद्दीप्त रूप आता है। सीता की जो दूसरी शपथ है, वह बड़ी मार्मिक है—

यदि मैंने मन-वचन-कर्म से किसी दूसरे को न चाहा हो, किसी के प्रति कुछ भी भाव न रखा हो तो 'तदा मे माधवी देवी विवरं दातुमर्हति।'

सारी प्रतिज्ञा यही करती हैं, कोई दूसरा नहीं। एकनिष्ठा को रखती हैं। वह यह नहीं कहती हैं कि मुझे स्वीकार करो। अगर मेरी निष्ठा है तो माँ पृथ्वी! फटो, मैं समा जाऊँ। मैं इस ऊपर के पृथ्वीलोक में नहीं रहूँगी। जो मेरी निष्ठा में विश्वास नहीं करते, उन लोगों के बीच में नहीं रहूँगी। जहाँ ऐसा पाप उदित होता है, ऐसे लोगों के बीच में नहीं रहूँगी। उस व्यथा में राम हैं। सीता नहीं समाई हैं, राम का समस्त जीवन-रस उसमें समा गया है। दारुण घटना है और इस प्रकार उनका सरयू प्रवेश होता है। सब उसी की एक अगली कड़ी है। करुण का बीज इस काव्य के आरम्भ में है, बीच-बीच में है और उसका परिपाक, जिसकी चर्चा हम अधिक व्यापक रूप में करेंगे, इसी रूप में है।

यह मैं जो आगे रेखांकित करने जा रहा हूँ, वह यह बात है और जिसकी पुष्टि 'उत्तररामचरित' से होती है। 'उत्तररामचरित' की आवश्यकता भवभूति को क्यों पड़ी?

'उत्तररामचरित' राम के मन की बात करने के लिए है। सीता का उत्कर्ष दिखाया जा चुका है। कालिदास के 'रघुवंश' में भी है। और अयोध्या की ग्लानि का भी चित्रण कालिदास के 'रघुवंश' में है। अयोध्या वह रहती ही नहीं। अयोध्या उजड़ जाती है। अयोध्या के उजड़ने का चित्र ही सूचित करता है कि यह निर्मम व्यवस्था स्वीकार्य नहीं है। लेकिन भवभूति ने राम का पक्ष लेने के लिए नहीं, बल्कि राम के हृदय की बात को मुखरित करने के लिए' उत्तररामचरित' की रचना की। राम को निपट अकेला करने के लिए 'उत्तररामचरित' लिखा। उस अकेलेपन का अनुभव कराने के लिए; जैसे—मनुष्य का अकेलापन बहुत विराट होता है, बड़ा दुर्गम होता है, दुर्बोध होता है।

समझ में नहीं आता, ऐसा आदमी कैसे हो जाता है। बारह वर्ष तक आदमी हृदय पर पत्थर रखकर सहता है। एक अन्तरंग बारह वर्षों के साहचर्य का स्थान आता है पंचवटी का अरण्य भाग। उस आदमी की सारी वेदना, सारी प्रसुप्त वेदना उभर पड़ती है। और एक पंक्ति में भवभूति (उ.रा.च., 3/33) ने कहा—'देव्या शून्यस्य जगतो द्वादशः परिवत्सरः। प्रनष्टमिव नामापि न च रामो न जीवति।' बारह वर्ष बीत गये देवी से सूने हुए इस संसार को, किसी ने कोई चर्चा नहीं की है।

अभी भी राम साँस ले रहे हैं। यह आक्रोश यह सूचित करता है कि राम ने सब कुछ किया है। सीता के लिए किया है, लोक के लिए नहीं किया है। लोक की कमज़ोरी से परिचित हैं। इससे परिचित हैं—'यथा स्त्रीड़ां तयावाचां साधुत्वे दुर्जनो जनः।' लोग कैसे स्त्री के बारे में अफ़वाह फैलाने में बड़े रस का अनुभव करते हैं। इस कमज़ोरी का एक उत्तर है यह। इसलिए मैं यही निवेदन करूँगा कि यह निर्वासन सीता का निर्वासन नहीं है, यह राम का निर्वासन है।

मैं अपनी बात वहीं से प्रारम्भ करता हूँ। यदि रामायण काव्य का बीज करुण है, जैसा कि इस श्लोकार्थ की बार-बार पुनरावृत्ति से प्रमाणित है—

'शोकः श्लोकत्वमागतः' या 'श्लोकत्वमापद्यत यस्य शोकः।'

यह कालिदास के 'रघुवंश' में मिलता है और यही बात भवभूति में मिलती है। तो परम्परा कहीं इसका निरन्तर स्मरण दिलाती है। काव्यशास्त्र के अधिकतर ग्रन्थ इसका स्मरण कराते हैं कि रामायण करुणरस-प्रधान काव्य है। महाभारत के बारे में थोड़ा विवाद भी है; लेकिन रामायण के बारे में एकमत होकर उन्होंने यही कहा है, तो इस करुण की अवधारणा रामायण में क्या है? हमारे यहाँ करुण की अवधारणा, एक नृशंसता के कारण कोई ग़लत निर्णय होता है, केवल यही नहीं है। यह उसका बहुत छोटा-सा हिस्सा है। सबसे बड़ी बात यह है कि एक द्वन्द्व निरन्तर मनुष्य के हृदय में है। जो लोकयात्रा के लिए चलता है, लोक का होने के लिए चलता है वह एक समय ऐसा अनुभव करता है कि लोक भी मेरे साथ नहीं है—और जिसकी बलि मैंने दी है—लोक के लिए, उसके कारण मैं भी अपने साथ नहीं हूँ। यह सामान्य व्यक्ति का भी अनुभव-विषय हो सकता है और यह राम का भी अनुभव—विषय है, जिसके कारण राम के अकेलेपन की मैंने चर्चा की। और इस अकेलेपन की बात सबसे अधिक मुखरित हुई है 'उत्तररामचरित' में, जहाँ पर राम अपने को लोक से अलग-थलग करके रखते हैं। पंचवटी में जाते ही वासन्ती ने पूछा, 'आपने आख़िर क्यों सीता का परित्याग किया? क्या कारण था सीता के परित्याग करने का?' तो उन्होंने कहा, एक संक्षिप्त उत्तर है, 'लोको न मर्षतीति'—लोगों को सह्य नहीं था सीता का रहना।

वासन्ती ने पूछा कि लोगों को क्यों नहीं सह्य था? इतनी प्रियदर्शना, इतनी सुशीला लोगों को नहीं सह्य थी? राम ने कहा, मुझसे उत्तर न पूछो। 'स एव जानाति किमपि'। उसी लोक से पूछो, वही जानता होगा—क्या उत्तर है! सीता ने क्या अपराध किया है। और जब सीता उनके सामने समुपस्थापित की जाती हैं, साक्षात् अरुन्धती ने ग्रहण किया है सीता को और लोगों ने बहुत विनम्रता से, लज्जा से प्रणामांजलि अर्पित की है सीता को और इसके पहले जो घोषणा की है अरुन्धती ने तो लक्ष्मण ने कहा, 'आर्य, सुन रहे हैं, तो उन्होंने कहा कि मैं क्यों सुनूँ। लोग सुन रहे हैं तो स्पष्ट रूप से लोक से अलग एक राम हैं। लोक से खीझे हुए, लोक की निष्ठुरता से खीझे हुए राम हैं। और यह खीझ, सबसे अधिक तीसरे अंक में दिखती है और उसका कुछ इशारा सातवें अंक में मिलता है। तीसरे अंक (श्लोक 32) में जब वह कहते हैं, 'न किल देव्भवतां स्थानं गृहेयाऽभिमतं ततस्तृणमिव वने शून्ये त्यक्ता न

चाप्यनुशोचिता।' आपको देवी का रहना घर में सुहा नहीं रहा था। देवी घर में है, यह आप लोगों को नहीं सुहा रहा था। सीता जैसा सौभाग्य, सौन्दर्य, शील, अयोध्या के रनिवास में रहे, यह आप लोगों को नहीं सुहा रहा था। मैंने तृण की तरह उसे छोड़ दिया, शून्य वन में उसे छोड़ दिया। 'न चाप्यनुशोचिता।' कभी मैंने प्रकट रूप में कुछ नहीं कहा, एक शब्द नहीं कहा। एक आह नहीं निकली मेरे मुँह से। प्रजारंजन करते हुए मैं बाट जोह रहा था, कहीं कोई कहेगा कि बहुत हो गया। और सप्तम अंक में पृथ्वी ने गंगा से उलाहना किया है—'यह क्या किया है राम ने!' और जो श्लोक आता है—

'न प्रमाणीकृतः पाणिर्बाल्ये बालेन पीडितः।'

उस बालक ने जो हाथ पकड़ा था, वह भी प्रमाणित नहीं किया है। मुझे देखते हुए नहीं प्रमाणित किया, जनक को नहीं प्रमाण माना और सन्तति को नहीं प्रमाण माना और उसने यह किया। उसके बाद कहती है कि नहीं, राम की बड़ी लाचारी है। इस प्रलाप को दूर करने के लिए, सीता को निष्पाप करने के लिए राम को ऐसा करना पड़ा होगा और ऐसा करते हुए वह केवल सीता के हित में बात सोच रहे होंगे, ऐसा पृथ्वी के वाक्य हैं कि वह लोकोत्तर शक्ति के कारण और प्रजा के पुण्य से जीवित हैं। राम ने जिस क्षण निश्चय लिया है सीता को त्यागने का, सीता सोई हुई हैं और अंक में सोई हैं—और उस समय सारी वार्त्ता होती है। लक्ष्मण से कहते हैं—इनको ले जाओ। उस वक़्त राम यही कहते हैं, 'समाप्त हो गया है राम के जीवन का प्रयोजन! सारा प्रयोजन आज ही समाप्त हो गया। यह सारा संसार उजड़ा हुआ वन हो गया है।' तो उसी क्षण से राम के लिए अयोध्या नगर नहीं है, वह हिंस्र पशुओं का एक आश्रय जंगल है। जंगल से भी भयावह जंगल है। उस जंगल में बारह वर्ष राम रहते हैं, कुछ नहीं बोलते, चुप रहते हैं। यह सोचना है कि राम ने त्याग किसका किया है। सीता का किया है या अपने उस अभिन्न प्यार का किया है, जिस प्यार के बिना राम की कोई कल्पना नहीं हो सकती। और यह सोचते हैं तो एक चीज़ और जोड़नी चाहिए।

इस एक श्लोक में कालिदास ने बताया है कि रामायण का गान किया अयोध्या में और उसका प्रभाव क्या पड़ा उससे भी स्थापित होता है कि परिपाक कहाँ हुआ है रामायण का। यद्यपि लव-कुश ने सीता-परित्याग के बाद की कहानी नहीं कही, क्योंकि उन्हें बताई नहीं गयी थी—उस समय तक उन्हें नहीं बताई गयी थी; तथापि सीता और राम के प्रगाढ़ प्रेम की बात उन्हें बताई गयी थी। इसके पर्याप्त प्रमाण हैं। बड़े ही मार्मिक श्लोक में बच्चे कहते हैं, जब राम से मिलते हैं। वे नहीं जानते हैं कि ये हमारे पिता बैठे हुए हैं और यही उस रामायण के चरित नायक हैं। वे सुनाते हैं। अत्यन्त एकान्त प्रसंग की बात वे करते हैं और उन्होंने इसे पढ़ा है केवल। राम कहते हैं, कैसी बात करते हैं ये बच्चे! इतने तटस्थ होकर अपने पिता के बारे में बात कर रहे हैं। करुणा तो यहीं है, अपना बच्चा ऐसे बात कर रहा है। और सबसे अधिक करुणा इस बात की है कि जब इनके आँसू झरते हैं, कुश लव से कहता है—तुमको पता नहीं है कि राम को सीता कितनी प्रिय हैं। तुमको पता नहीं है कि सीता के बिना राम जीवित नहीं रह सकते। खासकर यह निर्बाध विरह जो सह रहे हैं, उन्हें पता नहीं है। ऐसे कह रहे हैं मानो रामायण पढ़ी न हो। जिसने रामायण पढ़ी होगी, रामायण के उस निगूढ़ प्रेम को ज़रूर समझेगा। तो मैं उस श्लोक की बात करता हूँ जो रामायण के प्रभाव का सबके सटीक पर्यालोचक है—'तद्गीत श्रवणैऽकाग्रा संसदश्रुमुखी बभौ। हिमनिष्यन्दिनी प्रातर्निवातेव वनस्थली।' उन्होंने जो गाया है, सब एकतान होकर अयोध्या की सभा ने सुना। 'तद्गीत श्रवणैऽकाग्रा संसदश्रुमुखी बभौ', और आँसू झरने लगे। आँसू ग्लानि के थे, आँसू लज्जा के थे। एकदम से उस एकाग्रता का, कोई किसी से कुछ नहीं बोला और आँसू झरने लगे। पूरी सभा अश्रु-निर्झर बन गयी। उपमा जो कालिदास ने दी है,

इसकी बड़ी सार्थकता है, 'हिमनिष्यन्दिनी प्रातः'। भोर हो और ओस जो झरी है, ओस जो झरने लगती है सबेरे-सबेरे, झलमलाने लगती है सूर्य के आने पर, वैसे ही पूरी संसद अश्रुमुखी, आँसू से भरी है, झलमला उठी है। पूरी संसद की उपमा किससे दी है, वनस्थली से। अयोध्या की संसद वनस्थली है। वह वनस्थली जो बिलकुल दिखती नहीं थी, ओस से भीग गयी है और सवेरे केवल एक विशेषता है—'निवातेव वनस्थली, हवा थमी हुई है। सारी प्राणशक्ति एकाग्र है। साँस नहीं ली जा रही है। तब यह ओस झरती है तो झलमल-झलमल करती है। ये आँसू पूरी अयोध्या की ग्लानि के आँसू हैं। और इस काव्य की यह परिणति है कि सुनने से एक ऐसा बोध जाग्रत हो, ऐसा कारुण्यबोध जाग्रत हो कि प्रजारंजन के नाम पर ऐसा नहीं होना चाहिए था। प्रजारंजन के नाम पर इस चैतन्य का ऐसा विचित्र रूप से मन्थन, निष्पत्ति, ऐसा राम का अन्तःपीड़न नहीं होना चाहिए था। राम को पीड़ित करने का अर्थ है, विश्व की आत्मीयता की प्रतिमा को खण्डित करना। जिससे आत्मीयता मिलती है—भाई को मिलती है, साथी को मिलती है, विमाता को मिलती है, पिता को मिलती है, साधारण वनवासी को मिलती है, निषादराज को मिलती है और उस आदमी के दो टुकड़े कर दिये जायें, यह प्रजारंजन का कौन-सा व्यापार है। यह गहरा और करुण प्रभाव पड़ता है।

इन सभी प्रमाणों से ऐसा लगता है कि कवि का प्रयोजन इसको बार-बार दुहराना है। यह लोकप्रियता, लोक के साथ तादात्म्य—यह अपनी जगह पर है; और कठिन धर्म है, कर्तव्य है। लेकिन ये कर्तव्य यदि बड़े धर्म की उपेक्षा करते हैं, एक बड़े सत्य की उपेक्षा करते हैं (यही बात महाभारत में भी प्रकारान्तर से है) तो अनुचित होता है। मैंने श्लोक की अर्ध पंक्ति पहले उद्धृत की थी—'यथा स्त्रीणां तथा वाचा साधुत्वे दुर्जनो जनः।' स्त्री के बारे में परिवाद फैलाना ही लोगों का स्वभाव है। यह कैसी अमानवीयता है, इसी को रेखांकित करना रामायण का काम है। इसीलिए रामायण आदिकाव्य है, प्रारम्भिक काव्य है। लेकिन चासर की तरह का आदिकाव्य नहीं है। यह ऐसा आदिकाव्य है, जो बराबर लिखा जाता रहा भारत में। इसको बार-बार लोग लिखते रहे, अनेक बार लोग लिखते रहे और लिख करके परितोष पाते रहे। रामायण को भीतर से फिर से लिखने का एकमात्र प्रयोजन यही है कि एक ऐसे गहरे सम्बन्ध के भीतर जाना, जिसमें अपने को कुछ मिल सके। कोई गहरा सम्बन्ध है, गृहस्थी का सम्बन्ध है, घरबारी का सम्बन्ध है। घरबारी के अन्तर्द्वन्द्व के बीज का मधुर सम्बन्ध है, जहाँ पर भाई के प्रति, बन्धु के प्रति, मित्रों के प्रति, माता के प्रति, पिता के प्रति सभी रिश्ते निभाने होते हैं। तुलसीदासजी ने कहा—'नातै सबै राम सो मनियत'। राम हैं, तभी नाते मनते हैं। राम से ही नातों की शिक्षा मिलती हैं। रामत्व क्या होता है, यह राम से मिलता है। जब लक्ष्मण को शक्ति लगती है तब राम कहते हैं, 'एक बाँह टूट गयी है', और कहते हैं कि मुझे पिता का आदेश नहीं मानना चाहिए था। लक्ष्मण का वियोग होने वाला है। लक्ष्मण, यह सब कहाँ मिलेगा मुझे! तो वे रिश्ता निभाना वह जानते हैं और सभी रिश्ते निभाना जानते हैं। तो एक सबसे निकट का रिश्ता है, सबसे आत्मीय रिश्ता है, उसको निभाना क्यों नहीं जानते?

लेकिन जानते हैं, सीता को विश्वास है कि जानते हैं। सीता ने जब लक्ष्मण के माध्यम से सन्देश दिया राम को कि—कालिदास की तेजस्विनी सीता ने कहा कि राजा से कहना, राम से नहीं, राजा से कहना कि जो किया है, क्या वह रघुकुल के यश के अनुकूल है? और कुछ नहीं होता तो एक अपनी प्रजा की, एक अपने राजा की सामान्य नारी की, केवल उसकी भी चिन्ता करनी चाहिए थी। गर्भ के भार से जो बिलकुल अलस है, उसकी भी चिन्ता तो राजा को करनी चाहिए। यह क्यों नहीं किया उन्होंने, सीता ने यह सन्देश भेजा है और सन्देश भेजने के साथ-साथ कहा है कि मैं यह चाहती हूँ कि यदि मेरा दूसरा जन्म हो तो राम ही मेरे पति हों। इस नृशंस को पति भी चाहती हैं,

उलाहना भी देती है, दूसरे को पति नहीं चाहती हैं। दूसरे के बारे में तो सोचा ही नहीं, कोई प्रश्न ही नहीं उठता है। तब सीता जानती हैं कि राम ऐसा क्यों कर रहे हैं। और जब लक्ष्मण से सन्देश भेजती हैं वाल्मीकि के रामायण में, कहती हैं कि लक्ष्मण, मेरी तो सृष्टि ही विधाता ने दुःख के लिए की है। राम का कोई अपराध नहीं है। यह मूर्ति ही दुःख की है। यह गहन दुःख से उपजी मूर्ति है, सर्वंसहा के दर्द से उपजी मूर्ति है। विश्वंभरा की पीड़ा से उपजी मूर्ति है यह। जो लोक में प्रसिद्ध है, कुछ पुराणों में भी मिलता है कि ऋषियों का रक्त एक घड़े में इकट्ठा किया गया, ज़मीन में गाड़ दिया गया, उसी रक्त से सीता उपजीं।

सीता एक गहरी पीड़ा का उद्‌बोध हैं। कहा कि इसी के लिए मैं हूँ और राजा से कहना कि प्रजाजन के साथ भाइयों जैसा व्यवहार करें। बेटे जैसा नहीं कहा है, भाई जैसा व्यवहार करें, अपने भाई के रूप में उन्हें देखें। और मैं रानी नहीं, मैं सामान्य स्त्री हूँ। मेरे लिए केवल पति का ही एक रिश्ता है, मेरे लिए और कोई रिश्ते नहीं हैं। कोई रिश्ता अर्थ नहीं रखता। मेरे लिए सब कुछ राम हैं। गुरु, बन्धु, पति, सखा—सारे रिश्ते मेरे लिए राम में समाये हैं। मेरे पिता, माता, कोई नहीं हैं, मेरे सिर्फ़ राम हैं, तो एक हल्का-सा व्यंग्य भी है, कहीं-न-कहीं कोई संकेत भी है कि तुम राजा हो, राजपाट देखते हो, तुम्हारे लिए सब रिश्ते निभाने हैं। निभाओ, निभा सकते हो तो निभाओ। किन्तु मेरे लिए कोई दूसरा रिश्ता नहीं है। केवल यही रिश्ता मुझे निभाना है और मैं इसी रिश्ते को निभाने के लिए अपने प्राणों का उत्सर्ग नहीं करूँगी। इसी रिश्ते को निभाने के लिए, उनकी सन्तान को उत्पन्न करने के लिए, मैं जिऊँगी। और यह जीना अपने प्रेम के लिए है, अपने लिए नहीं है। सीता के इस सन्देश में बड़ी गहरी करुणा है और सीता सन्देश दे कर बिलकुल निढाल हो जाती हैं। लक्ष्मण चले जाते हैं। नाव उस पार जाती है और उस पार से लक्ष्मण ाजी देखते रहते हैं, सीता भी देखती रहती हैं। जब तक लक्ष्मण दृष्टिपथ में रहते हैं तब तक सीता के मुँह से एक भी कराह नहीं, एक भी क्रन्दन नहीं निकलता। लक्ष्मण जब चले जाते हैं, विजन में सीता एकदम दुःखार्द्र होकर रो पड़ती हैं। उस विजन के रुदन को कालिदास ने ग्रहण किया, वाल्मीकि से ही प्रेरित होकर। वाल्मीकि ने एक छन्द में ही कहा है और कालिदास ने दूसरे प्रकार से कहा है—

नृत्यं मयूराः कुसुमानि वृक्षा दर्भानुपात्तानन् विजहुर्हरिण्यः।
तस्याः प्रपन्ने समदुःखभावमत्यन्तमासीत् रुदितं वनेऽपि।।

(रघुवंश, 14/69)

मयूर ने नाचना छोड़ दिया। वृक्ष कुसुम झहराने लगे। वृक्ष के जैसे आँसू झर रहे हों, और हिरणियों ने मुँह में जो रखा था तृण, वह तृण छूट गया मुख से और सभी उस दुःख में ऐसे दुःखी हुए हैं। 'तस्याः प्रपन्ने समदुःखभावमत्यन्तमासीत् रुदितं वनेऽपि।'—सारा वन रो पड़ा है और उस रोने का अनुसन्धान करते हुए एक क्रौंच के वध से उत्पन्न होने वाले श्लोक के रचयिता मुनि गये हैं समिधा, कन्दमूल, फल आदि जंगल से बटोरने—और सारे जंगल का आक्रोश और रुदन उन्होंने सुना है। सारी प्रकृति में विपर्यय हो गया है। यह क्या हो गया है, कौन-सी घटना घटी है और आकर आश्वासन देते हैं कि तुम अपने बाप के घर आयी हो। तुम्हारे पिता का मैं मित्र, तुम्हारे श्वसुर का मैं मित्र—तुम मेरी बेटी हो। मैं तुम्हें जानता हूँ। तुम अपने घर आयी हो। तुम्हारा असली घर यहीं है। यह विजन ही तुम्हारा असली घर है। अयोध्या तुम्हारा घर नहीं, मिथिला तुम्हारा घर नहीं, सबके लिए तुम पराई हो। इस वन की आत्मीय और इस वन की तपस्विनियाँ तुम्हें आत्मीयता देंगी। और तुम बिलकुल चिन्ता न करो कि मेरी पहचान क्या होगी। सीता

सोचती हैं कि पहले वन में जब मैं गयी थी तो मेरी पहचान थी, मैं राम की प्रिया थी। मेरा हरण हुआ तो भी मेरी पहचान थी, मैं राम जैसे पुरुष की पत्नी थी और जब हनुमान ने कहा कि मैं अपने बल से, अपने योगबल से आपको ले चल सकता हूँ। मैंने कहा कि नहीं पुत्र! वह योगबल मेरे पास भी है। मैं वह प्रयोग नहीं करूँगी। मैं अपने पति के पौरुष से जाऊँगी। हनुमान बहुत चिन्तित होते हैं। लेकिन उन्होंने कहा कि नहीं, मैं जाऊँगी तो केवल राम के पौरुष से जाऊँगी। राम को जानती हूँ, अच्छी तरह से जानती हूँ। उनको जानना मेरी पहचान है। पर आज मेरी क्या पहचान, जब राम ने मुझे जानना नहीं चाहा? सीता राम से आहत होती हैं तो जानती हैं कि राम के लिए मैं आहत नहीं हो रही हूँ स्वयं राम आहत हो रहे हैं। दो-दो बार उन्होंने शपथ लेने के लिए कहा है—एक बार अग्निपरीक्षा करायी है, दूसरी बार शपथ ली है।

अग्निपरीक्षा जब करायी तब सीता ने प्रतिवाद किया कि तुम इतने कायर हो, मैं नहीं जानती थी। मेरे लिए लड़ाई लड़ी और तुम कहते हो कि नहीं, तुम जहाँ चाहो, चली जाओ। जहाँ तुम्हें राह मिले, चली जाओ। इतने कापुरुष हो तुम, राम! राम कुछ बोलते नहीं और सफाई देते हैं कि अगर मैं आज परीक्षा न लूँ तो कोई विश्वास नहीं करेगा। लेकिन अग्निपरीक्षा लेने पर भी लोगों ने विश्वास नहीं किया। करुणा तो इसमें है कि अग्निपरीक्षा ली गयी, तब भी लोगों ने विश्वास नहीं किया। लोग कौन थे, लोग सीता-राम के विवाह में उत्सव मनाने वाले लोग थे। सीता-राम के प्रेम को आदर्श मानने वाले लोग थे। सीता के एकनिष्ठ प्यार को आराधना का विषय मानने वाले लोग थे। उन लोगों को विश्वास नहीं हुआ। उन लोगों के मन में ऐसा हुआ। राजा ऐसा है तो प्रजा कैसी होगी, तो एक ऐसी मर्यादा की चिन्ता, एक ऐसी झूठी मर्यादा की चिन्ता, एक प्रश्न बन कर छायी रहती है—और उस चिन्ता का शमन राम अपने दो हिस्से करके करते हैं।

इस काव्य में कुछ योजनाएँ ऐसी हैं जिनकी तरफ़ हम लोगों का ध्यान एक दृष्टि से गया है कि हेमन्त का वर्णन बड़ा सुन्दर है, शरद ऋतु का वर्णन बड़ा सुन्दर है, वर्षा का वर्णन बड़ा सुन्दर है। वसन्त का वर्णन जैसे बाद में मिलता है वैसे ही है; लेकिन तीन ऋतुओं का वर्णन बड़ा सुन्दर है। हेमन्त का वर्णन अरण्यकाण्ड में है। सीता का हरण होने वाला है; उसके पहले जो भूमिका बन रही है, उसके पहले का वर्णन है यह। और हेमन्त के वर्णन में एक छाया है—आगे आने वाली घटनाओं की। हेमन्त का सजीव वर्णन है। अगहनी की फसल कटती है उसी समय। उसका वर्णन किया है—'खर्जूरपुष्पाकृतिभिः शिरोभिः पूर्णतण्डुलैः।' अर्थात् खजूर के फूल की तरह से धान की बालियाँ होती हैं। 'शालयः किंचिदालम्बा शोभते।' जो अगहनी के धान हैं, सुनहरे रंग की उनकी बालियाँ, जैसे खजूर के फूल हों। भरे हुए तंदुल से, चावल से भरे हुए हैं। एक परिपूर्णता का चित्र है, पृथ्वी की सम्पूर्णता का एक चित्र है। यह भरी-पूरी पृथ्वी है। और पृथ्वी संगीत भी है। एक छोटा-सा जीवन, एक भरा-पूरा, सीमित-सा जीवन इस वन में है सीता का। कुटुम्बी के नाम पर केवल एक लक्ष्मण; लेकिन कितना भरा-पूरा है। और इसी में एक जगह वर्णन आता है चन्द्रमा का, 'रवि संक्रान्त सौभाग्यः तुषारावृत मण्डलः। निःश्वासान्ध इवादर्शश्चन्द्रमा न प्रकाशते।।' इस हेमन्त की रात का चन्द्रमा और यह स्मरण कर लीजिए, बड़े भोर का वर्णन है यह। चन्द्रमा ने अपना समस्त सौभाग्य सूर्य को सौंप दिया है—'रवि संक्रान्त सौभाग्यः तुषारावृत मण्डलः।' कुहरे से ढँके हुए हैं, तुहिन से ढँके हुए हैं; ऐसे लगते हैं जैसे एक आईना हो, वह अँधरा गया हो उसी से। 'निःश्वासान्ध इवादर्शः।' रात की, रजनी की उन श्वासों से यह दर्पण अँधरा गया है। कुछ दिखता नहीं। उस हेमन्त की रात के अन्तिम प्रहर का वर्णन है यह। एक ओर कहते हैं हेमन्त बड़ी प्रिय ऋतु है और दूसरी ओर यह चित्र है कि रात निःश्वास छोड़ रही है और इसमें संकेत

हैं कि पूरी-की-पूरी प्रकृति निःश्वास छोड़ रही है—आगे की आने वाली घटनाओं की कल्पना करके। तो प्रकृति की जो समदुःखभागिता है, वह शुरू से आख़िर तक सीता के साथ है।

भवभूति ने इसको और अच्छी तरह से समझा है। उसको एक मानवीय रूप देकर वासन्ती बनाया है कि वासन्ती आती है और वह राम से प्रश्न पूछती है कि तुमने क्या किया है। 'उत्तररामचरित' का पूरा विस्तार इसी आधार पर है कि वनदेवी उनसे प्रश्न करती है और प्रश्न करते-करते जान जाती है कि जिस राम को मैं उलाहना दे रही हूँ वह राम यहाँ नहीं हैं। जो राम यहाँ आया हुआ है वह दूसरा राम है। वह उस राम को छोड़ कर आया हुआ है, अयोध्या के जंगल में उसको विसर्जित करके आया हुआ है। वह राम यहाँ नहीं है। और उसे लगता है कि हमने क्या किया है। सीता, जो अदृश्य रूप में वहीं उपस्थित हैं, उन्होंने कहा कि वासन्ती, तुम क्या कर रही हो। मेरी अतीव प्रिय सखी हो। सीता आती हैं अनुताप से, प्रियताप से। एक त्याग के तिरस्कार से उबली हुई आती हैं। प्रवेश करती है पंचवटी में, वही सीता एकदम से पिघल जाती है। और राम जब-जब कहते हैं कि तुम कहाँ हो जानकी, तो वह अदृश्य होकर कहती हैं—जो राम को सुनाई नहीं पड़ता है, नाट्य संगीत के कारण—'एषा प्रिये', मैं जीवित हूँ, मैं हूँ, मैं हूँ, मैं हूँ। राम कहते हैं, सीता नहीं है। और सीता का स्पर्श, हमारा भ्रम है यह। जो स्पर्श मिल रहा है बीच-बीच में, यह भ्रम है। और जितने उपाय वासन्ती करती है कि तुम्हें यह याद है, यह जगह याद है, वह जगह याद है, तो सीता कहती हैं कि हैं हो तो आख़िर वनदेवता न! जिसको समझती है, मन बहलाने का उपाय वही तो करुण उद्दीपन है। वह इशारा करती हैं। जो भवभूति के सबसे उत्तम श्लोकों में है (इस दृष्टि से भी उत्तम है कि कहीं पुरुष के मान का वर्णन नहीं मिलता है साहित्य में, यह श्लोक ऐसा है जो पुरुष के मान का वर्णन करता है)—

अस्मिन्नेव लतागृहे त्वमभवस्तन्मार्गदत्तेक्षणः
सा हंसैः कृतकौतुका चिरमभूद् गोदावरीसैकते।
आयान्त्या परिदुर्मनायितमिव त्वां वीक्ष्य बद्धस्तया
कातर्यादरविन्दकुड्मलनिभो मुग्धः प्रणामाञ्जलिः।।

(उ.रा.च., 3/37)

यही वह लतागृह है, जो अब झंखाड़ हो गया है। यहीं तुम बैठे-बैठे बाट जोह रहे थे। सीता गयी हैं गोदावरी में पानी भरने कलशी लेकर। लेकिन वहाँ देर लग गयी और तुम्हारी आँखें लगी रहीं रास्ते पर कि कहाँ अटक गयीं। सीता का बाल स्वभाव कभी नहीं जाता, एक सहज बाल स्वभाव कभी नहीं जाता। हंसों की जोड़ी क्रीड़ा कर रही थी और उसी को देखने में विलम्ब हो गया। आते ही उसने देखा, 'आयान्त्या परिदुर्मनायितमिव त्वां वीक्ष्य'। तुमको देखा जैसे अनखाये से हो तुम—नाराज़ नहीं कहा है—अनखाए से हो तुम। और उसने तुरन्त कमल के समान प्रणामांजलि बाँध ली, कुछ नहीं कहा। केवल 'कातर्यादरविन्दकुड्मलनिभो मुग्धः प्रणामाञ्जलिः'। एक मासूमियत से प्रणाम कर दिया और मैंने ग़लती की, यह कुछ नहीं कहा। जब वासन्ती इसकी सुधि दिलाती है तो राम बिलकुल विह्वल हो जाते हैं। सीता भी विह्वल हो जाती हैं कि यह क्या याद दिला रही है वह। उस क्षण की याद दिला रही है, जो जीवन में बहुत कम घटित होता है। ऐसे मान की, ऐसे मान के उपशम की याद दिला रही है, जो जीवन का सबसे बहुमूल्य क्षण था मेरे लिए तो राम के अन्तरंग की बात 'उत्तररामचरित' में विस्तार से है। लेकिन वाल्मीकि के रामायण में बीच-बीच में मधुर संकेत हैं। हेमन्त के ही वर्णन में एक श्लोक आता है—आता है सीता का नाम लेकर। सीता

का अर्थ वहाँ दूसरा भी है—'सीतेव चातपश्यामा लक्ष्यते न तु शोभते।' सीता कहते हैं हराई को। हल चलाते हैं तो एक गहरी रेखा बन जाती है, काफ़ी गहरी बनती है; और हल चलाकर जब छोड़ देते हैं, जब खूब धूप पड़ती है, जब जेठ की चटक धूप पड़ती है तो वह झँवा जाती है, वह सँवरा जाती है। और जितनी ही सँवराती है उतनी ही उसमें उर्वरता आती है। वर्षा के बाद उसमें उतनी ही अंकुर निकलने की क्षमता आती है। तो कहा है, आतप से झँवाई हुई दिखाई तो पड़ती है, लेकिन जाने कैसी लगती है। तो सीता को जो तेज़ धूप में तपना है, उसका एक संकेत है, उस हराई की तरह से तपना है। हल जोतते समय मिली थी और जीवन भर हल चलता ही रहा है उसके ऊपर, किसी-न-किसी व्याज से चलता रहा है और वह झँवाती रही है। और उसके झँवाने का फल है कि तपोवन में दो पुत्रों की उत्पत्ति; तेजस्वी, विद्या-विनयसम्पन्न दो पुत्रों की उत्पत्ति करती हैं। इसलिए एक जगह वाल्मीकि ने कहा है, 'कल्याणी बतगाथेयं लौकिकी प्रतिभाति मे एतिजीवन्तमानन्द नर वर्षशतादपि।' यह बड़ी बढ़िया बात लोक में प्रसिद्ध है कि सैकड़ों वर्ष के बाद भी हो, लेकिन आदमी में जीवन है, जीवन की आशा है, जीवन की अभिलाषा है तो आनन्द लौट कर आता है।

आनन्द सीता को भी आता है। उसे पूरा मिल जाता है और अनेक कष्ट सह कर लोकगीतों में तो यहाँ तक आता है—'सीता लकड़ी कै कइलीं अँजोर सनाति मुँह देखेलीं।' सीता ने लकड़ी जलाकर प्रकाश किया है तो अपने बच्चों का मुख देखा है। लेकिन देखने के बाद सारी पीड़ा, सारा अनुताप, अभिमान की सारी ज्वाला शान्त हो गयी है। तुलसीदास जैसे मर्यादा वाले कवि भी विचलित हुए बिना नहीं रहे हैं। उन्होंने कहा कि राम के द्वारा किये गये अपमान को सीता जब सोचती हैं तो दूध की तरह उबलती हैं और जब बच्चों की तरफ़ देखती हैं तो जैसे पानी के छींटे पड़ जायें, वह दूध बैठ जाता है। सीता के सामने यह द्वन्द्व बराबर रहता है। लेकिन उस द्वन्द्व की समाप्ति सीता के लिए यही है कि राम का प्रेम नहीं टूटा है हमारे मन में। राम का प्रेम है, लेकिन उस प्रेम की परिणति जो पूरे रघुकुल वंश के लिए है, वह मेरे द्वारा है। मेरे द्वारा इसलिए है कि उन पुत्रों ने मुझसे पहचान पहले पायी है और पिता से पहचान बाद में पायी है। एक असाधारण बात है सारे भारतीय काव्य में सीता के इस चरित्र को, इस निष्ठा को स्मरण कराने के लिए इस पर बल देने के लिए राम ने क्या अभिनय किया है? या राम ने सीता का परित्याग करते समय, सीता को बलि देते समय यह सोच लिया है कि अब राम, तुम्हारी परीक्षा है; तुम कितना सह सकते हो? तुमने कुछ ही महीने वियोग के ऐसी विह्वलता में काटे, अब एक निरवधि वियोग कैसे सह सकोगे? तुम्हारी परीक्षा है और इसको सहते हुए तुम, कैसे प्रजा का पालन कर सकोगे? कैसे एक व्यवस्था बनाये रख सकोगे? अशान्ति नहीं होगी। यह तुम्हारी परीक्षा है, तुम कर सकोगे राम; और कर नहीं पा रहे हैं, अश्वमेध इसी कारण है। कहीं राम शिथिल हो रहे हैं। उनको लगता है कि करना असम्भव हो रहा है। राम की शक्ति चली गयी है, ऊर्जा चली गयी है। इसलिए वह चाहते हैं कि अश्वमेध हो।

अश्वमेध में लोगों ने सुझाया है कि दूसरा विवाह कर लीजिए, धर्मपत्नी चाहिए। कहा—नहीं। कोई दूसरी सहधर्मचारिणी नहीं है, एक ही है। उसकी स्वर्ण-प्रतिमा बनाकर स्थापित कीजिए। वह स्वर्ण-प्रतिमा स्वयं ऐसी सजीव है कि अनेक लोकाख्यानों में वह जाने को तैयार ही नहीं होती है। यज्ञ समाप्त हुआ तो कहते हैं कि जाओ, अब तुम्हारा काम हो गया। तुम्हारी प्राण-प्रतिष्ठा की थी, अब विदा हो जाओ। वह कहती है, ऐसे गाढ़े में तुम्हारा साथ दिया और अब तुम मुझे विदा कर रहे हो। मैं नहीं होती विदा। उन्होंने कहा कि मैं एकपत्नीव्रत हूँ इतना ही काम तुम्हारा था। इससे ज़्यादा काम नहीं है तुम्हारा। कहा—नहीं, मैं नहीं जाती। दुराग्रह किया, तो राम को कहना पड़ा

कि नहीं, तुम्हें विदा नहीं देता हूँ, फ़िलहाल यही कहता हूँ कि अगला अवतार होगा तो तुम राधा होगी और तुम्हारा नित्य संयोग रहेगा। एक भी क्षण ऐसा नहीं होगा, जब तुम हमारे साथ नहीं रहोगी। इतनी ज़िद की, इतना दुराग्रह किया है, एक क्षण भी तुम्हें नहीं लगेगा कि कृष्ण से तुम बिछड़ी हुई हो। नित्य संयोग, नित्य वियोग के दोले में तुम रहोगी। और राधा सीता के एकनिष्ठ प्यार का भावविग्रह के रूप में रूपान्तर है। यह निरन्तरता ही उस प्रयोजन को सिद्ध करती है कि निष्ठा का परिणाम क्या है। शुद्ध निष्ठा की परिणति शुद्ध प्यार में है। प्यार में भी कहें, ऐसे आत्मनाशी प्यार में है, जिसमें कुछ नहीं रह जाता राधा का। और कुछ नहीं रह जाने के बाद, राधा से परिपूण र्ा चरित कोई दूसरा चरित है नहीं साहित्य में। इतना भरा-पूरा कोई दूसरा नहीं है। यह सीता की पूर्ति है। सीता की भावना की पूर्ति है, सीता की भावना इस रूप में बनी रहती है। अनेक कथाओं में कहीं-न-कहीं बनी रहती है। राम सिया के कारण वर हैं। वे श्रेष्ठ हैं सिया के कारण। सिया के वर होने के कारण सियावर नहीं हैं। सिया के कारण वर हैं। उनकी सारी शोभा हैं सिया। और वे सारी अयोध्या की शोभा हैं। यह अयोध्या ऐसी अभागिन है, उसने सीता को नहीं समझा है, सीता की उस धरती की आत्मा को नहीं समझा है, धरती के हृदय को नहीं समझा है। सीता कहाँ से आयी हैं, किस ओज से आयी हैं, किस ऊर्जा से आयी हैं, किस दुलार से आयी हैं और किस आत्मविश्वास से आयी हैं।

अयोध्याकाण्ड में जनक के खेमे में जाती हैं सीता भेंट करने और शाम को रुकती नहीं। इतने दिनों बाद भेंट हो और स्वाभाविक है, लड़की रुके। लेकिन रुकती नहीं हैं और मन में एक दुविधा में पड़ती हैं, सीता का परिचय एक पंक्ति में मिलता है। चौपाई के एक चौथाई हिस्से में मिलता है—'इहाँ बसब रजनी भल नाहीं' । रात में यहाँ नहीं रुकना है। कुछ और नहीं कहा गया है। और कुछ संकेत नहीं है कि क्यों नहीं रुकना है। लेकिन यहाँ रहना ठीक नहीं है। इसकी बड़ी व्याख्या आचार्य शुक्ल ने की है। उसकी चर्चा में जाने की आवश्यकता नहीं है। लेकिन यह मैं कहना चाहता हूँ कि इतने दुलार की, इतने आत्मविश्वास की, इतनी दृढ़ता की प्रतिमा सीता, लोक के चित्त में एक बड़े अपराधबोध के कारण आज वैसे ही बसी हुई हैं। राम, तुम्हारे ऊपर इतना विश्वास, तुमने सीता के साथ यह क्या किया! राम के ऊपर चोट पर चोट होती जाती है—और सीता के कारण नहीं, बल्कि पूरी संस्कृति के अपराध के कारण सब कुछ प्रश्न के घेरे में आ जाता है। साधारण जनता की दृष्टि में जो है, वह बात मैं कर रहा हूँ। साधारण जनता की दृष्टि में आज भी सीता का जो स्थान है वह स्थान अद्वितीय है।

मैं गया था 1978 में इंडोनेशिया तो वहाँ कुछ कलाकार लोग मिले। फिर उनकी पत्नियों से बातचीत हुई तो उन्होंने कहा कि सीता ने हमको एक वरदान दिया है। जब जंगल से जा रही थीं तब हम उन्हें रोक रही थीं कि तुम मत जाओ, तुम्हारा घर यहीं है। चलते-चलते उन्होंने वरदान दिया कि यहाँ की ज़मीन हरी—भरी रहेगी और तुम्हारा सौभाग्य अखण्ड रहेगा। और हँसी करने लगीं कि हमारा सौभाग्य अखण्ड ही रहता है। उतनी दूरी तक सीता एक ऐसी मानवीय प्रतिमा के रूप में हैं, जो अपने स्पर्श से, अपनी दृष्टि के स्पर्श से ऐसी आत्मीयता, ऐसा विश्वास पैदा करती हैं जिसका कोई हिसाब नहीं है। वह पुरुष के भीतर विश्वास पैदा करती है, उस सीता को लोग ऐसे प्रतिष्ठित किये हुए हैं। इस प्रतिष्ठा के पीछे राम को, राम की आत्माहुति, राम के प्रेम की आहुति, अपने सर्वस्व की आहुति करनी पड़ी है। इसलिए मैं ऐसा सोचता हूँ कि सीता का निर्वासन नहीं है, यह स्वयं राम का निर्वासन है और प्रत्येक उस व्यक्ति का निर्वासन है, जो लोकाराधन करता है और एक बिन्दु पर आकर खड़ा होता है तो उसे लगता है कि किस लोक का आराधन किया है। उसने मुझे छोड़ दिया। मैं अकेले छूट गया हूँ। कोई नहीं मिलेगा जो अकेले ऐसा

न छूटा हो। गाँधी तक ऐसा कोई मिलता नहीं। सबको एक समय अनुभव होता है कि मैं अकेले छूट गया हूँ और मैंने जिस सच्चाई की खोज की, वह सच्चाई कहीं नहीं है। उसका कोई असर नहीं है। व्यास कहते हैं : मैं चिल्लाकर कह रहा हूँ कोई मेरी बात नहीं सुनता'। यह समझना चाहिए कि मानवीय नियति की इस दुरूहता को वाल्मीकि ने पकड़ा। ऐसे-वैसे नहीं रामायण आदिकाव्य हुआ, ऐसे-वैसे नहीं काव्यों का प्रतिमान हुआ। मानवीय नियति की विडम्बना है, जिसके पीछे दौड़ता है उसे देखता नहीं है और जो उसके पीछे दौड़ता है, उसे भी नहीं देखता। वह अपने को नहीं समझता, अपनी चाल को समझता है।

आज भी वैसे ही प्रश्न छिड़ा रहता है सबके मन में। मैंने स्वयं अनुभव किया है। मैं स्वयं इस प्रश्न से टकराता हूँ। लोक-संग्रह की बात बहुत सुनता रहता हूँ, सामाजिक सोद्देश्यता, ऐसी बातें सुनते-सुनते यह लगता है कि कहीं ऐसी सोद्देश्यता अपनी सोद्देश्यता है ही नहीं, उसकी खोज है ही नहीं—और इस सबके पीछे नाचना एक और सोद्देश्यता है। अपने तप से देखा हुआ, साक्षात् पाया हुआ जो सच है, वह अर्थ नहीं रखता। और एक झुण्ड का सच अर्थ रखता है, एक गिरोह का सच अर्थ रखता है। उस अन्तर्द्वन्द्व की कहानी है यह रामकथा; खासकर रामायण और रामायण की पूरी परम्परा काव्य के रूप में हो, चित्र के रूप में हो, कहानियों के रूप में हो, रामायण को सकल बनाने के सारे प्रयत्न यही सिद्ध करते हैं कि इस काव्य में एक आकांक्षा है। उस आकांक्षा की पूर्ति के प्रयत्न होते हैं, आकांक्षा पूरी नहीं होती। लोककथाओं में ही ऐसा मिलता है। पूर्ति के दो और कथानक मैं दे रहा हूँ। कैकेयी ने राम से कहा—पुत्र, तुमने मुझे क्षमा कर दिया, मैं जानती हूँ। लेकिन मेरा मन भरेगा नहीं; तुम मेरी कोख से पैदा हो। राम ने कहा कि माँ यदि तुम ऐसा कहती हो तो मैं तुम्हारी ही कोख से जन्म लूँगा। लेकिन माँ, तुमने केवल अपना वात्सल्य ही समझा; पिता का भी वात्सल्य होता है, इसकी अनदेखी की। तो माँ, तुम्हें मुझे जन्म देने का सौभाग्य मिलेगा; लेकिन माँ को जो सबसे बड़ा सुख मिलता है—आत्मदान करने का, दूध पिलाने का, वह नहीं मिलेगा। और कैकेयी देवकी होती हैं। यह पूर्ति है रामायण की।

उसी प्रकार शबरी के बारे में है कि शबरी मिलती है राम से। बूढ़ी हो चुकी है; लेकिन राम को जिस रूप में देखना चाहती है, वह चाहती है कि राम हमारे पुत्र हों। राम को दूध पिलाना चाहती है। दूध आता नहीं। बड़ा क्लेश होता है उसको। उस क्लेश को राम देखते हैं। कहते हैं—नहीं, चिन्ता न करो। तुम्हारा ही दूध मैं पिऊँगा, और किसी का दूध नहीं पिऊँगा। और वही यशोदा होती है। रामायण की आकांक्षा की पूर्ति लोकमानस करता रहता है और करता रहेगा। इसीलिए यह काव्य अपनी अनुगूँजों में और उन अनुगूँजों की सर्जनात्मकता में सदैव भारत का एक महाकाव्य ही नहीं रहेगा, विश्वमात्र की चेतना को झकझोरने वाला एक संकेत रहेगा। इसका परिपाक नये-नये करुणबोध में, नये-नये रूप में होता रहेगा।

(रामायण का काव्यमर्म, 2001)

राम का करुण रस

राम के जीवन के करुण पक्ष ने सबसे अधिक भवभूति को उद्वेलित किया। 'उत्तररामचरित' में इसी राम का उन्मीलन है। भवभूति के 'उत्तररामचरित' की प्रशंसा मुक्तकण्ठ से पारस्परिक विद्वानों ने भी की है और पाश्चात्य विद्वानों ने भी, किन्तु प्राचीनों की प्रशंसा केवल आलंकारिक सूक्ति के रूप में है। जैसे–'कारुण्यं भवभूतिरेव तनुते', 'भवभूतेः शिखरिणी निरर्गल तरङ्गिणी', 'रुचिरा घनसन्दर्भे या मयूरीव नृत्यति', 'उत्तरे रामचरिते भवभूतिर्विशिष्यते', 'भवभूतेः सम्बन्धाद् भूधर भूरेव भारती भाति। एतत्कृतकारुण्ये किमन्यथा रोदिति ग्रावा' आदि।

इनमें कहीं भी भवभूति के 'उत्तररामचरित' की नाटकीय विशेषताओं का विस्तृत क्या, संक्षिप्त संकेत भी नहीं है। यहाँ तक कि करुणरस अंगीरस है तो इसका निर्वाह किस प्रकार आदि से अन्त तक हुआ है और सुखान्त होते हुए भी इसको करुणरस-प्रधान ही मानना क्या उचित है, इस पर प्रकाश नहीं डाला गया है। केवल उदाहरण के लिए कुछ टीकाकारों ने बहुत सामान्य ढंग से यह सफाई दे दी है कि करुण भी नाटक में अंगीरस हो सकता है।

'ननु तदेतन्नाटकमेव न भवति शृंङ्गारवीरयोरन्यतरस्य रसस्य प्राधान्यमिति नियमात्, करुणरसस्यैव (अत्र) भूयस्तरत्वादिति चेत् सत्यम्, शृंङ्गारवीरयोन्यत- रस्याङ्गित्वम् अन्येषामङ्गत्वेन प्रवेशो यद्यपि, तथापि, 'प्रधानं योऽवमुख्यता, अन्ये त्वङ्गानि शृंङ्गारवीरौ तु प्रायिकौ क्वचित् 'इति नाटकमेवेति।'

(घनश्याम, उत्तररामचरित की टीका)

पाश्चात्य आलोचकों तथा उस ढंग के भारतीय समीक्षकों ने 'उत्तररामचरित' की प्रशंसा मुख्यतः तीन बातों के लिए की है–

1. मन के मीतर के अतर्द्वन्द्व की सफल अभिव्यक्ति 'उत्तररामचरित' में मिलती है; चाहे वह सीता के मन की हो, राम के मन की हो, जनक के मन की हो या लव-कुश और चन्द्रकेतु जैसे बच्चों के मन की।

2. 'उत्तररामचरित' में वर्णित प्रेम अत्यन्त ऊँचे धरातल का है। उसमें वासना का ज्वार नहीं है। वह एक प्रकार से स्नेह के सार में सिमटकर प्रेम का सत्त्व रूप है। उसकी एक आध्यात्मिक भूमिका है; क्योंकि वस्तुओं को जोड़ने वाला कारण कोई भीतरी होता है, जो बाहरी कारणों की अपेक्षा नहीं करता–

व्यतिषजति पदार्थानान्तरः कोऽपि हेतु-
र्न खलु बहिरुपाधीन् प्रीतयः संश्रयन्ते।
विकसति हि पतङ्गस्योदये पुण्डरीकं
द्रवति च हिमरश्मावुद्गते चन्द्रकान्तः।।

(उ.रा.च., 6/12)

शृंगार के सम्भोग पक्ष का भी जो चित्र भवभूति ने पूर्वस्मृति के रूप में खींचा है, वह इतना सूक्ष्म और गहरे अपनेपन में सराबोर है कि कहीं भी वह काम-चेष्टाओं की अपेक्षा नहीं रखता—

किमपि किमपि मन्दं मन्दमासक्तियोगा-
दविरलितकपोलं जल्पतोरक्रमेण।
अशिथिलपरिरम्भव्यापृतैकैकदोष्णो-
रविदितगतयामा रात्रिरेव व्यंरसीत्।।

(उ.रा.च., 1/27)

प्रेम के सात्विक वर्णनों में इस प्रकार भवभूति संस्कृत कवियों में अपने ढंग के अकेले कवि दिखते हैं।

3. भवभूति ने चित्रवीथी अंक, छाया अंक और गर्भांक के प्रयोग में क्रमशः प्रथम, तृतीय और सप्तम अंकों में अद्‌भुत नाटकीयता का परिचय दिया है। प्रथम अंक की प्रेरणा उन्हें 'रघुवंश' के चौदहवें सर्ग से अवश्य मिली, पर उसका नाटकीय विनियोग जिस रूप में किया है, उनकी मौलिक उद्‌भावना चित्रवीथी अंक है जिसमें आगे की घटनाओं का आभास मिलने लगता है। पिछली घटनाओं की काली छाया लम्बी होने लगती है। इसी अंक में दैवी शक्तियों की भूमिका का बीज वपन हो जाता है, जब राम अस्त्र-देवताओं से प्रार्थना करते हैं कि मेरी सन्तान को भी जन्म से ही अस्त्र प्राप्त हों, भगवती भागीरथी से प्रार्थना करते हैं कि आप सीता की रक्षा करें, भगवती वसुन्धरा से प्रार्थना करते हैं कि वन में सीता की देखरेख आप करती रहें। ये तीनों दैवी शक्तियाँ राम के अनुरोध को स्वीकार करके समय पर कार्य करती हैं और नाटकीय प्रभाव की परिणति में सहायक होती हैं। इसी अंक में बहुउद्धृत पताकास्थानक (जिसे कुछ हद तक पाश्चात्य नाट्यशास्त्र के अनुसार' ड्रैमेटिक आयरनी' या 'नाटकीय विडम्बना' भी कहा जा सकता है) मिलता है। राम ज्यों ही कहते हैं कि—

'किमस्या न प्रेयो यदि पुनरसह्यो न विरहः।'

त्यों ही दुर्मुख के आने की प्रतिहारी से सूचना मिलती है—'देव उपस्थितः।' यहाँ पर असह्य विरह के उपस्थित होने की सूचना प्रेक्षक को होती है; किन्तु राम के प्रतिप्रश्न पर तुरन्त सूचना मिलती है कि गुप्तचर दुर्मुख उपस्थित हुआ है। छाया अंक के द्वारा राम को अपने भीतर छिपाये दुःख को अनावृत करने का अवसर मिलता है; साथ ही अपने को, अपने राजधर्म को और इस लोक को प्रसन्न करने के लिए अपने प्राणों से प्रिय सीता का परित्याग किया—इन तीनों का उपालम्भ देने का भी अवसर मिलता है। छाया अंक के इस संविधानक के द्वारा ही सीता राम को देख सकीं, राम सीता को न देख सके। इससे यह भी सम्भव होता है कि सीता का अपमानदग्ध हृदय पुनः राम की करुण अवस्था से द्रवित होकर राम की ओर अभिमुख हो और बारह वर्षों के असह्य अपमान से अधिक दुःख उन्हें राम को आँखों से ओझल करते हुए हो। सातवें अंक में गर्भांक का नाटकीय विनियोग अद्‌भुत और करुण रसों का अपूर्व संयोजन-कौशल दिखलाता है। इसी गर्भांक के प्रयोग के द्वारा न केवल अलग-अलग बिखरे हुए कथासूत्रों का संयोजन तथा पिछली घटनाओं की तर्कसंगत परिणति दिखलाई जाती है, प्रत्युत अत्यन्त सबल ढंग से अयोध्या की प्रजा को उसके अपराध की ग्लानि का बोध कराया जाता है, जिसके कारण सीता को पृथ्वी में प्रवेश की आवश्यकता नहीं पड़ती, अयोध्या के लोग भी जैसे धरती में गड़ जाते हैं। पाश्चात्य ढंग के विवेचकों ने चरित्र-चित्रण के सौन्दर्य पर भी पर्याप्त प्रकाश डाला है और जनक के चतुर्थ अंक

के स्वगत आलाप की तुलना हैमलेट के 'टु बी ऑर नाट टु बी' (होना, न होना) वाले प्रसिद्ध स्वगत आलाप से करते हुए भवभूति की नाटकीय गरिमा की मुक्तकण्ठ से प्रशंसा की है। कुछ ने बाल स्वभाव के सहज वर्णन और सूक्ष्म परिहास की अभिव्यंजना में भवभूति के कौशल की भी प्रशंसा की है। पहला उदाहरण चित्रवीथी में लक्ष्मण द्वारा चित्रों को दिखाते समय उर्मिला को छोड़कर आगे बढ़ने पर सीता की यह उक्ति—'वत्स! इयम् अपराकाः' है। इस पर लक्ष्मण लजा जाते हैं। यह अत्यन्त शिष्ट और मनोरम भारतीय वातावरण के परिहास का अनुपम उदाहरण है।

दूसरा उदाहरण है—वाल्मीकि के आश्रम के बच्चे अश्वमेध के अश्व का वर्णन करते हैं। उन्होंने पहले वही अश्व देखा है। और उनके मनोभाव को पकड़ने में भवभूति कितने समर्थ हैं, यह इस वर्णन से पता चलता है।

पश्चात् पुच्छं वहति विपुलं तच्च धूनोत्यजस्रं
दीर्घग्रीवः स भवति खुरास्तस्य चत्वार एव।

(उ.रा.च., 4/26)

और किस प्रकार लव बड़े-बूढ़े की तरह कहता है कि 'मूर्खो! नहीं जानते कि अश्व नाम किसका है?' यह अश्वमेध प्रकरण में आया है। और यद्यपि उत्सुकता उसके मन में स्वयं उसे देखने की है, परन्तु बड़े भोले मन से कहता है कि 'देखिए-देखिए ये सब मुझे लिए जा रहे हैं।'

तीसरा उदाहरण सौधातकि का है, जो वत्सतरी के मांस के द्वारा मधुपर्क-विधान पर गहरा व्यंग्य करता है। वसिष्ठ के आने पर कहता है कि—'वृकोऽथवा व्याघ्रो वा'। पश्चिमी आलोचकों ने इस व्यंग्य के द्वारा नाटककार का यह अभिप्राय लक्षित किया है कि वे इस प्रथा को त्याज्य समझते थे और उनके समय यह प्रथा किसी-न-किसी रूप में थी (पश्चिमी आलोचकों का यह सामाजिक निष्कर्ष वस्तुतः ठीक नहीं है)। यह उल्लेखनीय है कि भवभूति अपने समय की सामाजिक दशा का वर्णन नहीं कर रहे हैं—और यदि वे चोट करते भी हैं तो उसका उद्देश्य केवल प्रथा की नृशंसता पर चोट करना नहीं है, उससे भी बड़ा उद्देश्य है, जो अधिक गहरा और नाटक के सन्दर्भ में उत्पन्न है। वह है राजधर्म के लोकरंजक पक्ष की शिक्षा देने वाले वसिष्ठ पर चोट करना। उस लोकरंजक धर्म से राम का स्वधर्म दबता है और वही करुण का बीज बनता है। इसलिए भी ऐसी लोकरंजक व्यवस्था की नृशंसता पर चोट करने के लिए यह बहाना बहुत ही नाटकीय है।

चौथा उदाहरण है, नाटक के अन्त में जब सीता राम से मिलती हैं तो लक्ष्मण प्रणाम करते हैं—'आर्ये, अयं लक्ष्मणः प्रणमति।' सीता उत्तर देती हैं, 'वत्स, ईदृशस्त्वं चिरं जीव।'

सीता के उत्तर में न केवल विनोद है, बल्कि एक मीठा उलाहना भी है। ऐसे सूक्ष्म परिहास, आक्षेप और सहज वर्णन की प्रस्तुति में भवभूति संस्कृत के उन नाटककारों से बिलकुल अलग हैं, जो विदूषक का सहारा लिए बिना निर्मल हास नहीं प्रस्तुत कर सकते।

पाश्चात्य ढंग से सोचने वालों ने भवभूति में अनेक दोषों की उद्‌भावना की है। एक तो यह है कि आवश्यकता से अधिक वर्णन बहुत है। यदि द्वितीय, पंचम तथा षष्ठम् के बहुत से अंश निकाल दिये जायें तो नाटक की बहुत क्षति नहीं होती, उलटे इनके रहने से नाटक बोझिल हो जाता है। वर्णन करने का यह उत्साह भवभूति की दुर्बलता है और प्रायः वे 'मालतीमाधवम्', 'महावीरचरितम्' में आये हुए वर्णनात्मक श्लोकों को 'उत्तररामचरित' में दोहराने का लोभ संवरण नहीं कर सके। ऐसे श्लोकों की संख्या अनेक है।

दूसरा दोष उन्हें यह दिखाई पड़ता है कि भवभूति की भाषा 'मौकुकि प्रचलाकी' जैसे अप्रचलित शब्दों के उपयोग के कारण, समस्त पदावली के कारण तथा कठिन वाक्य-विन्यास के कारण भावबोध में बाधक हो जाती है। दृश्यकाव्य में प्रवाहपूर्ण भाषा अपेक्षित होती है और उस दृष्टि से 'उत्तररामचरित' की काव्यात्मकता चाहे इस प्रकार की भाषा से क्षत न हो, किन्तु नाटकीयता अवश्य आहत होती है।

तीसरा दोष यह भी निकाला गया है कि राम जैसे धीरोदात्त नायक का फूट-फूटकर रोना और बिलखना नायक की मर्यादा के विरुद्ध है। इसी प्रकार लव के द्वारा नाटक के नायक राम के चरित की आलोचना अनौचित्य दोष लाती है, साथ ही कुश के द्वारा षष्ठम् अंक में वाल्मीकि रामायण से राम और सीता के प्रेम के वर्णन का प्रसंग प्रस्तुत किया जाना तथा लव के द्वारा संयोग शृंगार का सूक्ष्म संकेत करने वाला श्लोक उद्धृत किया जाना भी अनुचित प्रतीत होता है। इसी शृंखला में एक दोष और दिखता है कि जनक जैसे राजर्षि अपना स्थितप्रज्ञ रूप छोड़कर सीता के त्याग से इतने विह्वल हो उठते हैं कि राम को शाप देने के लिए उद्यत हो उठते हैं। यह बात उनके जैसे ज्ञानी को शोभा नहीं देती। आलोचकों की दृष्टि में पदवाक्य प्रमाण-तत्त्वज्ञ भवभूति को भी शोभा नहीं देती कि वे राजर्षि जनक को ऐसे विकृत रूप में चित्रित करें।

कुछ आलोचकों को करुण का बार-बार प्रथन (काव्यशास्त्र की भाषा में दीप्ति) बहुत अस्वाभाविक और रस परिपाक में बाधक दिखता है। यह कुछ अतिरिक्त और कृत्रिम भी लगता है कि राम बार-बार मूर्च्छित होते हैं और सीता के स्पर्श से संजीवित होकर आनन्द-पुलकित होने लगते हैं।

ऐसे आलोचकों की दृष्टि में पश्चिमी नाट्यशास्त्र की तीनों अन्वितियों का भंग भी एक दोष दिखता है। बारह वर्ष के व्यवधान में नाटक की घटनाएँ घटती हैं; इससे काल-अन्विति भंग होती है। अयोध्या, पंचवटी और पुनः वाल्मीकि आश्रम में घटनाएँ घटती हैं; इससे देश-अन्विति भंग होती है और इतने प्रकार के कार्यों से संकुल होने के कारण (अभिषेक, जामाता का यज्ञ, सीता-त्याग, शम्बूक वध, वासन्ती प्रसंग, अश्वमेध, युद्ध और वाल्मीकि आश्रम के नाटक के बाद मिलन) कार्य–अन्विति भंग होती है। अधिक-से-अधिक उनकी दृष्टि में यह नाटक एक दार्शनिक कवि की मौलिक काव्यमय उद्भावना है जो वाल्मीकि, कालिदास और बाण इन तीनों के आत्मसात् करने के कारण संस्कृत साहित्य में अपना एक विशिष्ट स्थान बनाती है।

सही बात यह है कि गहराई से 'उत्तररामचरित' की परीक्षा नहीं की गयी है। सबसे पहले इसी दृष्टि से विचार करना चाहिए कि इस नाटक में अंगीरस करुण का आदि से अन्त तक निर्वाह किस प्रकार हुआ है और किस प्रकार घटनाक्रम, समस्त पात्र और अन्य रसों के परिपाक इसमें सहायक हैं। भारतीय नाट्य सिद्धान्त तीन अन्वितियों पर आधारित नहीं है। वह रस निष्पत्ति को केन्द्र में रखता है। वस्तु और नेता को उसके आगे गौण मानता है। यही कारण है कि पाश्चात्य दृष्टि से भारतीय नाटकों के पात्र 'टाइप' दिखते हैं, जिसमें कुछ गुण पूर्व निश्चित लगते हैं। परम्परावादी टीकाकार भी करुणरस की अंगिता का दूसरा उदाहरण न देख पाने के कारण करुणरस की नाटक में निष्पत्ति का कोई निगमनात्मक सिद्धान्त नहीं बना पाये और इसीलिए 'उत्तररामचरित' की व्याख्या करने में उन्होंने रस-दृष्टि को ओझल करके सीता से पुनर्मिलन रूपी फल-प्राप्ति को ही ध्येय बनाते हुए नाटक की सभी सन्धियों की (मुख-प्रतिमुख, गर्भ-विमर्श और निर्वहण की) व्याख्या प्रस्तुत की। ध्यान से देखने पर वह व्याख्या शुद्ध नहीं प्रमाणित होती; क्योंकि करुणरस का स्थायी भाव है शोक–ऐसा शोक, जो इष्ट-नाश से उत्पन्न हो। इष्ट-नाश का अर्थ है ईप्सित या प्रिय वस्तु का नाश। यह प्रिय वस्तु व्यक्ति भी हो सकती है, धारण

ा भी हो सकती है, धर्म भी हो सकता है; इस पर ध्यान नहीं दिया गया है। पश्चिमी दृष्टि से ट्रेजेडी का मूल होता है आशाभंग। उस दृष्टि से राम के मन में एक आशा थी कि सीता का परित्याग करके हम लोक को प्रसन्न कर लेंगे और इस कार्य का महत्त्व समझा जायेगा। पर होता यह है कि लोग यह भूल जाते हैं कि सीता का त्याग भी हुआ है। उन्हें इसका भान ही नहीं होता कि राजा ने त्याग करके अपने को कितना तोड़ दिया। जिसको प्रसन्न करने के लिए त्याग किया जाता है, वह राजा के दुःख को दुःख नहीं मानता—और यही ट्रेजेडी का मूल बनता है। सीता के मिलने से भी यह ट्रेजेडी दूर नहीं होती, क्योंकि तब भी लक्ष्मण से राम यही कहते हैं कि सीता की पवित्रता के बारे में भगवती भागीरथी एवं वसुन्धरा की बात मुझे क्यों सुनाते हो? लोगों से कहो, वे सुनें। इससे यही लगता है कि लोगों के प्रति अमर्ष नहीं जाता और अन्त में उनके मुख से कहलाया गया वाक्य भी इसी स्थायी दुःख को रेखांकित करता है—

'सर्वमिदमनुभवन्नपि न प्रत्येमि।'

मैं यह सब कुछ घटित होते देख रहा हूँ कि सीता को लोग लज्जित भाव से प्रणाम करते हैं। स्वयं अरुन्धती उन्हें प्रतिष्ठित कर रही हैं, पर मुझे विश्वास नहीं। इस तरह भौतिक मिलन होता तो है, पर सीता-त्याग से मन में जो विषाद गहरा घर कर गया है वह किसी सुख पर विश्वास नहीं होने देता। नाटक का प्रारम्भ सूने चौराहे से होता है और नाटक का अन्त इस दूसरे कथन से कि—

'यद्वा प्रकृतिरियमभ्युदयानाम्।'

अभ्युदय का यह स्वभाव ही होता है कि उस पर विश्वास न हो। उसके बारे में मन में खटका लगा रहे। इस प्रकार ऊपर से देखने में सुखान्त है, पर भीतर से आदि से अन्त तक यह नाटक करुणबोध से भीगा हुआ है। वह करुणबोध इतना प्रखर है कि वह राम जैसे गम्भीर व्यक्ति को उन्मथित कर देता है, नदियों एवं वन-पर्वतों के हृदय को झंकृत कर देता है, सब कुछ सहने वाली धरित्री को क्षुब्ध कर देता है, ब्रह्मज्ञानी जनक को निस्संग परमहंस भाव से विचलित कर देता है। राम की आत्मग्लानि, वासन्ती का कठोर उपालम्भ, जनक का उन्माद, एक ही घर के दो बच्चों में युद्ध, अपने ही पुत्र द्वारा अपनी समीक्षा सुनने की विडम्बना—ये सारी बातें इस करुणबोध के परिपोष में सहायक होती हैं। और अपने आप में अगर इनका अनौचित्य हो तो भी करुण के परिपोषक होने के कारण इनका औचित्य बन जाता है। भारतीय दृष्टि से करुणबोध का स्वरूप केवल मनुष्य की असहायता या निरुपायता ही नहीं है; जैसा कि ग्रीक ट्रेजेडी में देखने को मिलता है। जहाँ मनुष्य के विरोध में देवता हैं और मनुष्य की नियति है। यहाँ मनुष्य के विरोध में वह स्वयं है और उसका लिया गया अपने ढंग से विवेकपूर्ण, पर आत्मघाती निर्णय है। राम ने सीता-त्याग का निश्चय स्वयं लिया। उस समय वहाँ न वसिष्ठ थे, न कौशल्या और न अरुन्धती। राम के ऊपर ही अकेले निर्णय का भार हो, इसीलिए नाटककार ने द्वादश वर्ष के सत्र की नयी उद्भावना की है, ताकि वे सभी लोग जब चले जायें तब राम अपने विवेक से ऐसा कठोर निर्णय लें और उस निर्णय का अभिशाप स्वयं झेलें। निर्णय लेते समय राजा हो जायें पर निर्णय लेने के बाद भी दो भागों में विभक्त हो जायें—राजा राम और व्यक्ति राम। राजा राम निर्णय के बाद ऐसे ध्वस्त हो जायें कि फिर राजा राम के साथ व्यक्ति राम का कोई सम्बन्ध न रह जाये, एकदम विच्छिन्न हो जाये। ज्यों ही राजा के परिवेश से बाहर आने का अवसर मिले त्यों ही वह व्यक्ति राम और उसकी व्यथा ऐसी मुखरित हो उठे कि—

'अपि ग्रावा रोदित्यपि दलति वज्रस्य हृदयम्।'

पंचवटी से लौटने पर जब राम वाल्मीकि के आश्रम में उतरते हैं तो वे अपना राजत्व भूल चुके हैं और पूरे तौर से पारिवारिक बन गये हैं। चन्द्रकेतु और लव से उनकी बातचीत इसी रूप में होती है। क्रोध से भरे हुए कुश आते हैं। और राम केवल कुश का दर्प भरा रूप स्नेह से निहारते रह जाते हैं; उन दोनों को पहचानने की कोशिश करते हैं, तर्क-वितर्क करते हैं कि ये सम्भवतः मेरे ही पुत्र हैं। पर ज्यों ही पूछना चाहते हैं त्यों ही उनकी आँखें भर आती हैं और लव-कुश बड़ी सहानुभूति से कहते हैं कि सीता के विरह में रघुपति दुःखी हैं। राम को इस तटस्थ आलाप से और गहरा आघात लगता है। वे फिर दूसरी ओर मुड़ जाते हैं और लव-कुश से कहते हैं कि रामायण से कुछ याद हो तो कहो। कुश निरीहतावश अत्यन्त मर्मभेदी प्रसंग उभारते हैं कि—

प्रिया तु सीता रामस्य दाराः पितृकृता इति।
गुणै रूपगुणैश्चापि प्रीतिर्भूयोऽप्यवर्धत।।

(उ.रा.च., 6/31)

जिससे राम का दुःख बढ़ता ही जाता है और वे भूल जाते हैं कि मेरे सामने बच्चे हैं। वे अपने सुखमय दाम्पत्य जीवन के स्मरण में खो जाते हैं। इतने में ही लव एक दूसरा श्लोक पढ़ते हैं—

त्वदर्थमिव विन्यस्तः शिलापट्टोऽयमायतः।
यस्यायमभितः पुष्पैः प्रवृष्ट इव केसरः।।

(उ.रा.च., 6/36)

राम को लगता है कि कितने भोले होते हैं बच्चे, विशेष रूप से आश्रम में पले हुए। वे यह नहीं सोचते कि किससे कह रहे हैं, क्या कह रहे हैं। कारुण्यबोध को तीव्र करने में बच्चों के द्वारा अनजाने ऐसा व्यापार—जो पुत्र के लिए न उचित है न कभी कल्पनीय है—इसलिए सफल है कि इस प्रकार की दारुण घटना घटित हुई, जिसने पिता-पुत्र के बीच पहचान की राह काट दी। इतने में सुनाई पड़ता है कि वसिष्ठ, वाल्मीकि, कौशल्या, जनक आदि धीरे-धीरे उन बच्चों की लड़ाई की बात सुनकर आ रहे हैं और राम को लगता है कि कैसे मैं जनक के सामने उपस्थित होऊँ।

सातवें अंक में भी करुण और अद्भुत के उपनिबन्धन के लिए नाटक के भीतर जब एक नाटक प्रस्तुत होता है और सीता-परित्याग से बाद की कहानी नाटक के रूप में प्रस्तुत होती है तो राम वहाँ राजा के रूप में कम, व्यक्ति के रूप में ही अधिक हैं। और बीच-बीच में यह भूल जाते हैं कि वे राजा हैं, वे पति, पिता, पुत्र और जामाता के रूप में हैं। विभिन्न पारिवारिक सम्बन्धों के दबाव में चकित होते हैं, दुःखी होते हैं, लज्जित होते हैं और सन्तप्त होते हैं। सीता भी अपने पुत्रों से बारह वर्ष बाद मिलती हैं तो कहती हैं—

'चिरस्य मां परिष्वजेथां लोकान्तरादागतां जननीम्।'

मानो मुझे दूसरे जन्म में दोनों मिल रहे हों। बेटे, मेरी गोद में चिपके रहो। भवभूति ने सीता को लड़कों का दूध छूटने के बाद पाताललोक में भिजवाकर कथा में नया सन्निवेश इसी प्रयोजन से किया है कि सीता का दुःख राम के दुःख की तरह ऐकान्तिक हो। अन्तर केवल इतना हो कि सीता को पता हो कि मेरे दो पुत्र पैदा हुए हैं। वे वाल्मीकि के आश्रम में पल रहे हैं, किन्तु राम को इसका भी पता न हो। बारह वर्ष का अन्तराल भी नाटक में आवश्यक है, क्योंकि उसके बिना न तो लव और कुश को इतने बड़े रूप में प्रस्तुत करके उनके कार्यों के द्वारा कारुण्य का पोषण कराया जा सकता था, न राम की अन्तर्गूढ मनःस्थिति की परीक्षा ही की जा सकती थी। बारह वर्ष तक राम अनवरत भूसे की आग में जलते रहे।

चिरं ध्यात्वा ध्यात्वा निहित इव निर्माय पुरतः
प्रवासे चाश्वासं न खलु न करोति प्रियजनः।
...कुकूलाना राशौ तदनु हृदयं पच्यत इव।।

(उ.रा.च., 6/37)

क्योंकि अपने विवेक से लिए गये निर्णय के परिणामस्वरूप इस जन्म में क्या, जन्मान्तर में भी अपने द्वितीय हृदय सीता से मिलने का विकल्प नष्ट हो गया है। सीता से मिलन होता भी है तो टूटे हुए हृदय का मिलन होता है जो केवल कर्तव्य-पालन के लिए शरीर धारण किये हुए है और इसीलिए मिलने पर राम को उच्छ्वास नहीं होता है। वे अन्त तक पृथ्वी भगवती वसुन्धरा के आगे लज्जित ही रहते हैं। इस प्रकार इस नाटक में करुणरस का बीज है राम का अपना निर्णय, उसका प्रस्फुटन है राजा राम और व्यक्ति राम के भीतर अन्तर्द्वन्द्व, जनक, कौशल्या एवं अरुन्धती का वाल्मीकि के आश्रम में समागम और एक ही कुल के बालकों का विडम्बनाकारी युद्ध तथा अपने ही पुत्रों के द्वारा राम की निर्मम व तटस्थ आलोचना इसका उत्कर्ष बिन्दु है। देवताओं की सहायता से समाधान के अद्भुत संविधानक में राम के चित्त की अप्रतीति में ही इसकी परिणति है।

इस विश्लेषण को यदि हम सामने रखेंगे तो बहुत-सी बातें अपने आप सुलझ जाती हैं। प्रथम अंक में प्रवेश करते ही राम कहते हैं–

'किन्त्वनुष्ठाननित्यत्वं स्वातन्त्र्यमपकर्षति।'

गृहस्थ आश्रम में स्वतन्त्रता है। नाटककार इस ओर इंगित करता है कि सामाजिक संयुक्तता और व्यक्तिगत निष्ठा में यदि सन्तुलन चूक जाये तो मनुष्य के लिए कितना दारुण हो सकता है। इसीलिए वह सामाजिक सम्पृक्तता के अतिशय पर निरन्तर आघात करता रहता है।

द्वितीय अंक के प्रारम्भ में ही आता है–

तदपि न पराधीनमिह वः।

वन में भौतिक सुख न भी मिले, किन्तु वन के जीवन में व्यक्ति की निष्ठा का मूल्य है और यहाँ पराधीनता नहीं है। राम और सीता दोनों ही वन में रमने वाले हैं। वन उन्हें बार-बार बुलाता है, क्योंकि वन ही इन दोनों के शुद्ध स्नेह का साक्षी है। वन ही भाग्यशाली है कि जगत् की आत्मा और उसकी अमृता कला के साहचर्य के असंख्य क्षण एक-दूसरे में जुड़े हुए हैं; पर एक-दूसरे से हर एक विशिष्ट दिखता रहे। वन में जाते ही 'वज्रादपि कठोर' राम 'कुसुमादपि मृदु' हो जाते हैं और चिरविस्मृत दबे हुए सख्य, प्रेम और वात्सल्य उभर आते हैं। राम और सीता के साहचर्य के क्षणों के साझीदार वन, वनदेवता, वन के प्राणी, नदी, पर्वत–सभी हैं। इसलिए इन वस्तुओं का वर्णन निरा वस्तु-वर्णन नहीं है। वह सजीव और पौरजानपद तटस्थ प्रजाजन की अपेक्षा अधिक संवेदनशील आत्मीयों के साक्षात्कार का वर्णन है। इसीलिए वह नाटक में अनुपयोगी न होकर अत्यन्त सार्थक है; क्योंकि राम के दुःख को बाँटने के लिए प्रत्यक्ष रूप में गंगा, गोदावरी, तमसा, मुरला, वनदेवता, वासन्ती–सभी ऐसे प्रस्तुत किये गये हैं मानों वे अयोध्यावासियों के अकरुण व्यवहार के विरोध में कवि द्वारा प्रस्तुत एक अलग मानवीय संवेदनाओं के साकार प्रतिमान हैं।

भारतीय दृष्टि विवेकशील प्राणी के रूप में न देवताओं को विरोध में पाती है, न नियति को पाती है विरोध में उसकी असन्तुलित सामाजिकता को और नागरिक जीवन की कृत्रिम औपचारिकता को, जिसके दबाव में विवेकशील मनुष्य अपने विवेक का प्रतिकूल विनियोग कर बैठता है।

इस नाटक में सारी लड़ाई इस बात को लेकर है कि प्रजा को प्रसन्न करने में राजा का नाम होता है और यह कीर्ति ही 'परम धन' या आज की शब्दावली में 'चरम जीवन मूल्य' है या नहीं। नाटककार का स्पष्ट संकेत है कि यह चरम मूल्य नहीं है। लोगों की वाहवाही लूटने के लिए स्नेह, दया, सुख और इन सबके ऊपर जानकी को छोड़ने में कोई मूल्यवत्ता नहीं है; क्योंकि इनको छोड़ने का अर्थ अपनी आत्मा से और उसकी अमृता कला से बिछुड़ना होता है। भवभूति न निराशावादी हैं, न दुःखवादी; किन्तु वे मनुष्य को मनुष्य बनाने वाली करुणा के पारखी हैं। इसीलिए जब वे पूर्व अनुभूत दुःख की बात करते हैं तो कालिदास की तरह वह यही कहते हैं कि उन दुःखों का स्मरण सुखरूप हो।

स्मृतानि दुःखानि सुखान्यभूवन्।

(रघुवंश, सर्ग 14)

वे कहते हैं कि उस समय तो रावण द्वारा सीता के हरे जाने पर दुःख इसलिए सह लिया गया कि रावण के उस अपकर्म का प्रतिकार करना था; पर जब वही दुःख फिर से मन में स्मृति रूप में सुलगता है तो हृदय के घाव की तरह कष्ट पहुँचाने लगता है। राम के इस कथन में भवभूति अपना जीवन-दर्शन स्थापित करते हैं कि वस्तुतः दुःख से अधिक दुःख की भावना, करुणा का मूल कहलाती है। राम के इसी वाक्य के बाद सीता कहती हैं कि मैं भी इस स्मरण से ऐसा अनुभव कर रही हूँ जैसे मेरे पास आर्यपुत्र न हों।

ऐसा लगता है कि एक मृग का लोभ पहले विरह का कारण बना, अब लोक-संग्रह का दूसरा लोभ तुरन्त दूसरे विरह का कारण बनने जा रहा है; इस ओर संकेत करने के लिए ही बार-बार पिछले वियोग के सन्दर्भ उभारे गये हैं और उसके साथ-साथ नाटकीय विडम्बना के रूप में सीता के द्वारा ही इच्छा व्यक्त की गयी है कि मैं पुनः उन्हीं प्रसन्न गम्भीर वनराजियों में विहरना चाहती हूँ तथा पवित्र, सौम्य, शिशिरावगाहा गंगा में स्नान करना चाहती हूँ। यह इच्छा व्यक्त करके वे राम की बाँहों का तकिया लगाकर सो जाती हैं। राम इस सुख का भी वर्णन करते समय यह कहते हैं—

विनिश्चेतुं शक्यो न सुखमिति वा दुःखमिति वा
प्रमोहो निद्रा वा किमु विषविसर्पः किमु मदः।
...विकारश्चैतन्यं भ्रमयति च संमीलयति च।।

(उ.रा.च., 1/35)

सुख-दुःख का ऐसा तादात्म्य सुख और दुःख की साधारण कल्पनाओं से ऊपर उठता है। उसकी गहराई में यह पता नहीं चलता कि यह नशा है, ज़हर है, मूर्च्छा है, जागरण है, स्वप्न है या मोह है; क्योंकि इसमें केवल चैतन्य चंचल होता है, फिर स्थिर होता है। करुण की भूमिका के रूप में ही इस गहरी आत्मीयता के चित्र प्रस्तुत किये गये हैं। चित्रवीथी अंक वस्तुतः आगे घटित होने वाली प्रत्येक घटना के बीज को वपन करता दिखाई पड़ता है। कुते के काटने के ज़हर की उपमा भवभूति ने सीता के सम्बन्ध में फैले हुए अपवाद से दी है। उसका अर्थ यही है कि जिस प्रकार यह ज़हर बादल

उमड़ने पर उभर जाता है उसी प्रकार सीता के चारित्र्य के बारे में सन्देह भी रावण-विजय के अनन्तर राम अभिषेक की आनन्द-वर्षा के समय उभरा। ऐसा लगता है कि जैसे राम का जीवन ही इस ज़हर से पूरा काला पड़ गया हो। विजय के पश्चात् उन्होंने अपने अनुचरों के मन में विश्वास जगाने के लिए अग्निपरीक्षा ली और यह परीक्षा भी उन्होंने अपने अन्तःकरण के विरुद्ध ली। पुनः अभिषेक के समय पौर-जनपदों के मन में राजा और रानी के सम्बन्ध में ऊँची धारणा बनाने के लिए दूसरी कठिनतर परीक्षा में सीता-त्याग का निश्चय किया; जैसे यह विष केवल दबा हुआ था, मौक़ा मिलते ही फिर इसे उभरना ही था। सीता का त्याग करते समय भी राम के मन में एक गहरा अन्तर्द्वन्द्व था। वे सीता को दोष नहीं देते, दोष देते हैं अपने को, 'लोकानुरंजन के लिए यह नृशंस कर्म करने जा रहा हूँ। मैं स्वयं विषद्रुम हूँ और अपूर्वकर्म चाण्डाल हूँ।'

अपूर्वकर्मचण्डालमयि मुग्धे! विमुञ्च माम्।
श्रितासि चन्दनभ्रान्त्या दुर्विपाकं विषद्रुमम्।।

(उ.रा.च., 1/46)

प्रथम अंक के अन्त में राम का जो स्वगत आलाप है, वह स्पष्ट करता है—

हन्त हन्त, सम्प्रति विपर्यस्तो जीवलोकः।
अद्यावसितं जीवितप्रयोजनं रामस्य।
शून्यमधुना जीर्णारण्यं जगत्।
...अयं पश्चिमस्ते रामशिरसा पादपङ्कजस्पर्शः।

(उ.रा.च., 1/141 ख, 141 घ)

राम के लिए संसार उलट-पलट गया, संसार सूना हो गया, शरीर काठ हो गया। राम में चैतन्य सिर्फ़ कर्तव्यबोध के लिए विद्यमान है। मानो प्राण कील की तरह हृदय में गाड़ दिये गये हैं—

दुःखसंवेदनायैव रामे चैतन्यमाहितम्।
मर्मोपघातिभिः प्राणैर्वज्रकीलायितं हृदि।।

(उ.रा.च., 1/47)

वे अपने सभी गुरुजनों, मित्रों को सम्बोधित करते हुए कहते हैं कि, 'मैंने सबको धोखा दिया है, क्योंकि मैं जो काम कर रहा हूँ इसमें न किसी की सम्मति है, न सम्मति की सम्भावना ही है। मैं अपनी आसन्नप्रसवा गृहलक्ष्मी को, जो विश्वासपूर्वक मेरी छाती पर पड़कर सो गयी थी, राक्षसों के लिए भक्ष्य पदार्थ की तरह घोर जंगल में फेंकने जा रहा हूँ।' भवभूति को बराबर इसका ध्यान रहता है; जब इस प्रकार आवेगमय क्षण का विवरण उपस्थित हो तो वे ध्यान मोड़ने के लिए कोई-न-कोई दूसरी घटना उपस्थित कर देते हैं, जो नाटकीयता की दृष्टि से सर्वथा उचित है। इसी समय लवणासुर के अत्याचार का समाचार आता है और राम उसके निराकरण के प्रबन्ध के लिए पुनः राजा बनकर रोते हुए उठ जाते हैं। सीता जगती हैं और उन्हें याद आता है कि उन्होंने कोई स्वप्न देखा है—राम नहीं हैं। उन्हें एकाएक बड़ा सूना लगता है। फिर कहती हैं कि यदि वे मिलें तो उनके ऊपर कोप करूँगी, बशर्ते कि यदि उनके मिलने पर अपने ऊपर काबू रख पाऊँ। प्रिय के प्रति ऐसा अर्पित भाव लिए वे रथ पर चढ़ जाती हैं। प्रथम अंक यहीं समाप्त होता है।

द्वितीय अंक, जिसे आलोचक अनावश्यक मानते हैं, वासन्ती और आत्रेयी के संवाद से शुरू होता है। इस संवाद में जैसा कि उल्लेख किया जा चुका है, वनदेवी वासन्ती वन के स्वाधीन और पवित्र जीवन की प्रशंसा करती हैं। उसके उत्तर में आत्रेयी वनवासियों के सहज, विशुद्ध और मधुर कल्याणमय स्वभाव की चर्चा करती हैं।

ये दोनों आशंसाएँ मानों अयोध्या के विषाक्त एवं क्षुब्ध वातावरण के प्रतिलोम के रूप में उपस्थित की गयी हों। इस विष्कंभक का उपयोग बारह वर्षों के भीतर घटित घटनाओं की सूचना देने के लिए तो है ही, अत्यन्त नाटकीय ढंग से लव-कुश के जन्म, वाल्मीकि द्वारा लालन-पालन के बारे में सूचना देते हुए रामायण के प्रथम श्लोक का उल्लेख करने के लिए भी है क्योंकि उसी के द्वारा यह सिद्ध होता है कि स्वयं रामायण करुणरस-प्रधान है। कवि का शोक ही प्रथम श्लोक के रूप में अवतरित हुआ है। वार्त्तालाप के कितनी दूर जाने के बाद आत्रेयी को सूचना मिलती है कि पंचवटी के द्वार पर वासन्ती उपस्थित है—और उनके सामने एकाएक सारी बातें स्पष्ट हो जाती हैं कि यही पंचवटी है, यही प्रस्रवणगिरि है और सामने खड़ी यही वासन्ती है। जानकी के निर्वासन की स्मृति वहाँ आ जाती है और वह उसकी सूचना वासन्ती को देती है। आत्रेयी को सीता के बारे में और कोई जानकारी नहीं है। वासन्ती पूछती है कि आर्या अरुन्धती-कौशल्या आदि के रहते हुए भी क्या ऐसा हुआ? आत्रेयी उत्तर देती है—ऐसा नहीं है। बारह वर्षों के बाद ऋष्यश्रृंग का यज्ञ जब समाप्त होता है तब अरुन्धती ने कहा कि मैं सीताविहीन अयोध्या में नहीं रहूँगी। उनके अनुरोध से वसिष्ठ का मन भी वाल्मीकि के आश्रम में रहने को हो जाता है। वाल्मीकि का आश्रम नृशंसता से बचने के लिए करुणा का आश्रम है। आत्रेयी भी कई क़िश्तों में सूचना देती है कि राम ने सीता की प्रतिमा बनवाकर अश्वमेध यज्ञ प्रारम्भ किया है और लक्ष्मण के पुत्र चन्द्रकेतु उसके साथ चले हैं। इसी बीच में अधोमुख धूम्रपान करने वाले तपस्वी शम्बूक को मारने के लिए राम दण्डकारण्य आ रहे हैं। वासन्ती को यह सूचना देकर आत्रेयी चलती है। वासन्ती कहती है, 'दिन चढ़ आया है'—और मध्याह्न काल के ताप से प्रकृति में आयी हुई शिथिलता का एक चित्र प्रस्तुत करती है, जिसमें छोटे-छोटे कीड़ों के शिकार करते हुए पक्षी हैं, पेड़ के तने पर खुजली मिटाने वाले हाथी हैं और उन हाथियों की रगड़ से लहराने वाले फलदार पेड़ हैं। जैसे हिंसा, ताप, भय, थकान—इन सबका परिणाम पुष्पांजलि में होता है।

उपर्युक्त वर्णन वस्तुतः 'उत्तररामचरित' नाटक के दूसरे खण्ड के सूक्ष्म संकेत के लिए है। राम राजा के कठोर कर्तव्य के कारण शम्बूक को मारने आते हैं और अपने हाथ से कहते हैं कि तुम क्यों हिचकते हो, तुम राम के हाथ हो। तुमने गर्भ के भार से शिथिल सीता को निर्वासित किया है, तुम्हें कहाँ से करुणा हो रही है। शम्बूक के लिए यह हिंसा वरदान होती है और वह दिव्य पुरुष बनकर राम का आशीर्वाद प्राप्त करता है कि आप दण्डकारण्य में मेरे ही भाग्य से आये। राम को अपनी परिचित भूमिका स्मरण होते ही ऐसा लगता है कि वे पुनः दण्डकारण्य में अकेले निर्वासित होकर घुस रहे हैं। जब शम्बूक के भयावह पक्ष का चित्र खींचते हैं कि वन इसलिए भी आज भयानक है कि पहले इसमें राम की प्रिया वैदेही थीं और उनके साथ ऐसे प्रेम के क्षण थे जिसमें प्रिय का सुखी होना ही दुःखों को दूर कर देता है—

न किञ्चिदपि कुर्वाणः सौख्यैर्दुःखान्यपोहति।
तत्तस्य किमपि द्रव्यं यो हि यस्य प्रियो जनः।।

(उ.रा.च., 2/19)

किन्तु आज यहाँ न तो राम के साथ उनकी प्रिया सीता हैं, न वे सुख के क्षण ही हैं। पुनः शम्बूक जब वन के कोमल पक्ष का चित्र खींचता है तो राम अपने उस आरण्यक गृहस्थ जीवन का स्मरण करते हैं कि वह गृहस्थ जीवन आज के जीवन से अधिक सार्थक था, क्योंकि राम पर गृहस्थी दुर्वह बोझ नहीं थी। राम अपने सुख के क्षणों को देखते हुए एकदम विकल हो उठते हैं। जो घाव ऊपर-ऊपर सूख चला था, फूट पड़ता है तथा बारह वर्षों का पुराना शोक नया हो उठता है; जैसे कोई देर में असर करने वाला ज़हर एकदम तेज़ी से फैलने लगे–

चिराद्वेगारम्भी प्रसृत इव तीव्रो विषरसः
कुतश्चित्संवेगात्प्रचल इव शल्यस्य शकलः।
व्रणो रूढग्रन्थिः स्फुटित इव हृन्मर्मणि पुनः
पुराभूतः शोको विकलयति मां नूतन इव।।

(उ.रा.च., 2/26)

यहीं राम प्रकृति के चित्र और अपने जीवन के चित्र का एकीकरण देखते हैं।

पुरा यत्र स्रोतः पुलिनमधुना तन्त्र सरितां
विपर्यासं यातो घनविरलभावः क्षितिरुहाम्।
बहोर्दृष्टं कालादपरमिव मन्ये वनमिदं
निवेशः शैलानां तदिदमिति बुद्धिं द्रढयति।।

(उ.रा.च., 2/27)

राम के जीवन में जहाँ प्रेम का रस स्रोत था वहाँ रेत-हीं-रेत है, जहाँ घनी छाया थी वहाँ खालीपन है और जहाँ बीच में एक रमणीय खुली हुई जगह थी वहाँ दुनिया के जंजाल का जंगल। सारा संसार जैसे पराया हो गया हो। केवल पहाड़ अपनी जगह पर स्थिर हैं। और राम के राज्यपालक रूप की कठोरता यह पहचान कराने के लिए वैसी ही देदीप्यमान है कि तुम वही राम हो। अब सोचा जाये तो क्या इस प्रारम्भिक भूमिका के बिना राम का पंचवटी में प्रवेश, आत्मग्लानि और अपने आत्मीयों से पुनः भेंट करके अपने दुःखमय स्वरूप को पहचानने का अवसर देना उपयुक्त होगा? क्या प्रतीक रूप में नृशंसता की पुनरावृत्ति और उसके साथ ही सहज स्निग्धता का पुनः स्फुरण तथा वन के परुष (कठोर) और कोमल पक्षों में अपने ही जीवन के वर्तमान दुःखमय पक्ष और विगत जीवन के कोमल पक्ष की समानान्तरता की उद्भावना नाटकीय प्रयोजन से रहित है?

तृतीय अंक का प्रारम्भ मुरला और तमसा की भेंट से होता है। मुरला गोदावरी के पास लोपामुद्रा का सन्देश देने जा रही है कि वह अपनी लहरियों के स्पर्श से सन्तप्त राम को सींचती रहे, क्योंकि निश्चय है कि जो पीड़ा भीतर दबी हुई थी वह एकाएक उभर आयेगी। तमसा भगवती भागीरथी द्वारा सीता की सहचरी के रूप में नियुक्त की गयी है। वह सूचना देती है कि राम पंचवटी में आकर निश्चय ही पुरानी यादों से ऐसे व्यथित होंगे कि मूर्च्छित हो सकते हैं। इसलिए पाताललोक से ऊपर सीता इस पृथ्वीलोक में भेजी गयी हैं कि वे अपने बच्चों के द्वादश वर्षपूर्ति का मांगलिक अनुष्ठान सम्पन्न करेंगी, किन्तु उन्हें वे दृश्य नहीं होंगे और पंचवटी में राम मूर्च्छित हुए तो अपने स्पर्श से पुनः होश में ला सकेंगी। तृतीय अंक में राम तीन बार मूर्च्छित होते हैं; पहली बार पंचवटी में प्रवेश करते ही।

'हा देवि दण्डकारण्यवासप्रियसखि विदेहराज पुत्रि!' कहते हुए मूर्च्छित हो जाते हैं; जैसे पहला ही दर्शन एकदम असह्य हो उठा हो। सीता आतुर हो उठती हैं। तमसा के कहने पर स्पर्श करती हैं और राम फिर से होश में आते हैं। वे जागरण और स्वप्न के बीच तर्क-वितर्क करते हैं—यह स्पर्श तो परिचित है। उठ बैठते हैं और सीता को पुकारते हैं; फिर मन में सोचते हैं कि यह मेरा भ्रम है। यहाँ पर दुःख का संवेग पुनः एक शिखर पर पहुँच रहा है, इसलिए नाटककार घटना को दूसरी ओर मोड़ता है और सीता के पाले हुए हाथी के ऊपर एक आक्रमण की सूचना नेपथ्य से सुनाई पड़ती है। राम करुण से वात्सल्य और वात्सल्य से क्रोध में उतरते हैं। इतने में सूचना देने वाली वासन्ती सामने आती है और राम तथा वासन्ती उस हाथी के बच्चे की ओर जाते हैं तथा उसे वधू के साथ देखकर एक विस्मयमिश्रित वात्सल्य से उच्छ्वसित हो उठते हैं। इस प्रकार के अन्तराल की उद्भावना करने का उद्देश्य ही यही है कि करुण की तीव्रता को पुनः क्रमशः विस्मय, वात्सल्य, शृंगार की भूमियों से नये तीव्रतर शिखर पर पहुँचाया जाये। जो गहराई से इस परिवर्तन को नहीं देखते उनको राम का बार-बार बेहोश होना अस्वाभाविक लगता है; पर राम की बेहोशी करुणरस की निष्पत्ति में एक कड़ी मात्र है। वस्तुतः राम की बेहोशी से अधिक उस बेहोशी के आने का क्रम महत्त्वपूर्ण है। यह क्रम नये-नये प्रसंग उभारता है। पहले तो केवल आकस्मिकता का झटका देता है। छाया अंक की संयोजना ऐसी है कि एक भूमि पर सीता और तमसा हैं तथा दूसरी भूमि पर वासन्ती और राम। तमसा और सीता छाया में हैं। इससे या तो यह अनुमान लगाया जा सकता है कि प्रकाश की ऐसी व्यवस्था है कि राम व वासन्ती के ऊपर प्रकाश अधिक है या तमसा और सीता निचली भूमि पर हैं तथा राम और वासन्ती ऊपरी भूमि पर हैं, जिससे दृश्य-संयोजन सम्भव हो सकता है। उस झटके के कारण राम एकदम शुद्ध पुराने राम हो जाते हैं और सीता पुनः पंचवटी की सीता हो जाती हैं। राम के दुःख में दुखी—

तटस्थं नैराश्यादपि च कलुषं विप्रियवशाद्
वियोगे दीर्घेऽस्मिञ्झटिति घटनात्स्तम्भितमिव।
प्रसन्नं सौजन्याद्दयितकरुणैर्गाढकरुणं
द्रवीभूतं प्रेम्णा तव हृदयमस्मिन्क्षण इव।।

(उ.रा.च., 3/13)

यह झटका एक ओर राम को शोक-विह्वल करता है तो दूसरी ओर सीता के हृदय से अपमान का शल्य निकालकर उस सकल स्नेही हृदय को राम की ओर अभिमुख करता है।

दूसरी बेहोशी के पूर्व सीता और राम दोनों वात्सल्य से भर उठते हैं। सीता को दुःख होता है कि राम ने मेरे बच्चों का मुँह नहीं चूमा—और यह वात्सल्य दोनों को एक करके करुण में निमज्जित करता है। वासन्ती सीता के पाले हुए मोर की श्रीवृद्धि दिखलाती है और राम को याद आता है कि किस तरह सीता ने इसे बच्चे की तरह पाला था, किस तरह भौंह नचा-नचाकर इसे नाचना सिखाया था। इतने में ही एक कचोट उठती है कि यह मोर उस कदम्ब पर बैठा हुआ है जिसे सीता ने लगाया था। पक्षी भी परिचय मानता है।

हन्त, तिर्यञ्चोऽपि परिचयमनुरुन्धन्ते।

और एक हम हैं, जो मनुष्य होकर इतना बड़ा विश्वासघात कर बैठे हैं। इतने में वासन्ती उस शयनीय शिलातल पर राम को बैठने के लिए कहती हैं जहाँ वे सीता के साथ बैठे रहते थे। सीता हरिणों को तृण दिया करती थीं और

राम के लिए उसे देखना अशक्य हो जाता है। सीता को भी लगता है कि वासन्ती क्या कर रही है। सब कुछ वही है, लेकिन मैं कैसी अभागिन हूँ कि यह सब कुछ मेरे लिए नहीं रह गया है। वासन्ती अलग एक उन्माद के भाव में भूलकर, कि सीता नहीं हैं, सीता को उलाहना देती है—सखि, किसी तरह जो अपनी प्राकृत कान्ति के कारण पहचान में आ सकते हैं, उन राम को नहीं देख रही हो कि वे कैसे हो गये हैं और कैसे इस दशा में भी आँखों को प्रिय लगते हैं। सीता वासन्ती का मानो उत्तर देते हुए कहती हैं कि सखि, मैं देख रही हूँ। और इस देखने में सीता की दृष्टि दुग्ध धवल हो जाती है। सारा कलुष, सारा मान धुलकर केवल प्रिय के लिए पूर्णरूप से अर्पित भाव आँखों में उमड़ आता है।

वासन्ती पुनः यथार्थ में उतरती है और एक मधुर उलाहना देती है कि इस वन में देव राम स्वयं आये हैं। वनस्पति, पशु-पक्षी, सभी स्वागत करते हैं; क्योंकि ये राम मनुष्य नहीं हैं। कुशल प्रश्न भी पूछती हैं तो, 'महाराज, अपि कुशलं कुमार लक्ष्मणस्य? सखी के बारे में प्रश्न नहीं, राम के बारे में प्रश्न नहीं, केवल कुमार लक्ष्मण के सम्बन्ध में प्रश्न। पहले तो राम के कान उधर नहीं जाते। वे पुराने दिनों में खोये रहते हैं। दूसरी बार वासन्ती जब पूछती है तो राम समझ जाते हैं कि वासन्ती को सीता-निर्वासन का समाचार मिल गया। वासन्ती आघात करना प्रारम्भ करती है कि बड़े दारुण हो। कैसे तुमने मेरी निरीह सखी को फुसलाकर मोहा और कैसे तुमने... इसके आगे कहने में उसको संकोच होता है। वह बेहोश हो जाती है। राम सँभालते हैं। वासन्ती पुनः पूछती है और वह पूरा वार्त्तालाप नाटक की करुणा को रेखांकित करता है—

वासन्ती—(समाश्वस्य) तत्किमिदमकार्यमनुष्ठितं देवेन?

सीता—सखि वासन्ति, विरम विरम।

राम—लोको न मृष्यतीति।

वासन्ती—कस्य हेतोः?

राम—स एव जानाति किमपि।

राम उत्तर देते हैं कि मैंने दारुण कर्म इसलिए किया कि लोग सीता का अयोध्या में रानी के पद पर रहना सहन नहीं कर सके। वासन्ती पूछती है—क्यों? तो राम कहते हैं कि इस 'क्यों' का उत्तर लोग दें, उन्हें ही पता होगा। पुनः वासन्ती पूछती है—तुमने जिस यश के लिए किया, तुम्हीं बताओ कि ऐसी अवस्था में ऐसी अबला का त्याग करने से बढ़कर कुछ और अपयश हो सकता है? वासन्ती का यह कठोर उपालम्भ सीता को भी कठोर लगता है। राम को यह स्वाभाविक लगता है। किन्तु वे इसी प्रकार का निर्मम उत्तर भी देते हैं कि इसमें और कुछ सोचने की क्या बात है। राक्षस 'ज्योत्स्नामयीव मृदुबालमृणालकल्पा' सीता को लील गये। इसके बाद राम इस आत्मग्लानि में और विह्वल हो उठते हैं। एक ओर तो उलाहना देते हैं उन लोगों को, जिन्हें सीता का अयोध्या में रहना अभिमत नहीं रहा और उन लोगों ने सीता के इस प्रकार तृण की तरह परित्याग दिये जाने पर दुःख नहीं व्यक्त किया; दूसरी ओर उन्हीं लोगों से कातर प्रार्थना करते हैं कि मैं उस जगह पर हूँ, जहाँ तुम्हारा वंश नहीं है, जहाँ मेरे चिर-परिचित भाव मन को उन्मथित करते हैं। तुम लोग नाराज़ न हो, रोये बिना मुझसे रहा नहीं जाता है—

न किल भवतां देव्याः स्थानं गृहेऽभिमतं तत—
स्तृणमिव वने शून्ये त्यक्ता न चाप्यनुशोचिता।

चिरपरिचितास्ते ते भावास्तथा द्रवयन्ति मा–
मिदमशरणैरद्यास्माभिः प्रसीदत रुद्यते।।

(उ.रा.च., 3/32)

इस उलाहने में भी राम के विभक्त चित्त का स्पष्ट चित्र उभरकर सामने आ जाता है। राम को यहीं पर रामत्व मिलता है। वासन्ती जब इस ग्लानि से द्रवित हो कहती है–देव, धैर्य धारण करें, तो राम बहुत ही मर्मभेदी उत्तर देते हैं–क्या धैर्य की बात कहती हो। देवी से शून्य हुए इस जगत के बारह वर्ष बीत गये; कोई नाम तक लेने वाला नहीं रह गया और 'न च रामो न जीवति।' और यह नहीं कि राम अभी जीते न हों। इस दूसरे निषेध से राजा के रूप में राम के जीवन की व्यर्थता की अत्यन्त तीव्र अभिव्यक्ति कराई गयी है। वासन्ती उनका ध्यान दूसरी ओर आकृष्ट करती है। एक ऐसे स्थल की ओर, जहाँ राम ने ईषत् मान किया और सीता ने मुग्ध प्रणामांजलि से उन्हें मना लिया (पुरुष के मान का वह चित्र पूरे संस्कृत वाङ्मय में अकेला और अत्यन्त स्वाभाविक है)। अपने आप में ही यह श्लोक उत्कृष्ट रचना है; किन्तु जिस प्रसंग में स्थापित है उसमें करुण के उज्ज्रृंभण में सहायक होने के कारण और अधिक महत्वपूर्ण हो जाता है, क्योंकि ऐसे दुर्लभ क्षण का स्मरण, जिसमें सीता की मुग्धता की विजय दिखाई गयी हो (सीता के शब्दों में–मेरी सखी दुःख के संदीपन उपायों को मन बहलाने का उपाय मानती है) कितना दारुण है–

अस्मिन्नेव लतागृहे त्वमभवस्तन्मार्गदत्तेक्षणः
सा हंसैः कृतकौतुका चिरमभूद् गोदावरीसैकते।
आयान्त्या परिदुर्मनायितमिव त्वां वीक्ष्य बद्धस्तया
कातर्यादरविन्दकुड्मलनिभो मुग्धः प्राणामाञ्जलिः।।

(उ.रा.च., 3/37)

राम दूसरी बार सीता को कोपनशील कहते हुए उन्मत्त हो उठते हैं–'तुम यहाँ-वहाँ हो और मेरे ऊपर कृपा नहीं करती हो।' इस बार सभी विकल हो उठते हैं। राम सीता के स्पर्श से पुलकित होकर वासन्ती से आँख मूँदे-मूँदे यह कहते हैं–'सखि! यह लो, सीता सामने हैं।' वासन्ती कहती है–'क्यों री, तुम अपने उन्मादी वाक्यों से मुझ सखी सन्ताप-सन्तप्ता को और अधिक जलाती हो!' सीता हाथ हटाना चाहती हैं और हाथ हटता नहीं। राम स्मरण करते हैं कि यह वही हाथ है, जिसको उन्होंने विवाह में ग्रहण किया था। सीता इस बीच में टोकती-सी हैं–क्या तुम वही हो? और किसी प्रकार राम जब आनन्द से परवश हो जाते हैं तब सीता अपना हाथ हटा लेती हैं। समस्त ऐन्द्रिय व्यापारों में स्पर्श को सबसे अधिक आदिम माना गया है। किन्तु उस स्पर्श का भी भवभूति ने ऐसा उपयोग किया है कि वह वासना से विरहित होकर शुद्ध सात्विक प्रेम का अधिकरण बन गया है। हाथ छुड़ाते ही राम चारों ओर देखते हैं और कहते हैं कि कितनी अकरुण हो वैदेही! तुम्हें इस तरह मुझे छोड़ना शोभा नहीं देता। सीता कहती हैं कि यह तो ठीक उल्टी बात आप कह रहे हैं।

इस छाया अंक की विशेषता इसमें है कि प्रेक्षक को तो लगता है जैसे राम सीता से उन्माद में जो कह रहे हैं उसका उत्तर सीता दे रही हैं, पर सीता राम को देख रही हैं। राम को सुध नहीं है; वे सीता को न देखते हैं, न सुनते हैं, केवल सीता के स्पर्श से जीवन पाते हैं। इसी कारण यह अंक बार-बार मिलन लाकर भी दुर्निवार विरह को छेड़ता

रहता है। वासन्ती कहती है—'मेरी प्रिय सखि! कहाँ यहाँ। अपने आपको सँभालो।' इस पर राम कहते हैं तो उत्तर उनके तुरन्त शोक के चैतन्य को भी अभिव्यक्त करता है—

'व्यक्तं, नास्त्येव। कथमन्यथा वासन्त्यपि तां न पश्येत्? अपि खलु स्वप्न एष स्यात्? न चास्मि सुप्तः। कुतो रामस्य निद्रा? सर्वथापि स एवैष भगवाननेकवा- रपरिकल्पितो विप्रलम्भः पुनः पुनरनुबध्नाति माम्।'

पुनः इस आवेग शिखर से उतरने के लिए एक नाटकीय मोड़ आता है। वासन्ती जटायु प्रसंग याद दिलाती है और सीता एकदम से उस प्रसंग से अभिभूत होकर सीताहरण की भूमिका में पहुँच जाती हैं। कहती हैं—'आर्यपुत्र, रक्षा करो! रक्षा करो!' राम भी उसी तन्मयता में क्रोध में भरकर उठ जाते हैं—'लंकेश्वर! नीच लंकेश्वर! कहाँ निकलकर जाओगे!' वासन्ती कहती है कि तुम्हारे क्रोध का पात्र रहा नहीं। राम उत्तर देते हैं—'इसीलिए तो आज का दुःख और गहरा है। तब तो शत्रु के नाशपर्यंत ही विरह था और सह्य था। आज जब मैं अपना ही वैरी हो गया हूँ तब विरह निरवधि हो गया है। इस विरह में किसी का वश नहीं है।' अब राम वासन्ती से विदा माँगते हैं। मैं तुम्हें कब तक रुलाऊँ। अब तो राम के देखने का अर्थ होता है मित्रों का क्षुब्ध होना। सीता को लगता है कि राम हाथ से निकले जा रहे हैं; सीता ही इस बार मूर्च्छित होती हैं। तमसा सँभालती है।

जब सीता को पता चलता है कि राम ने उनकी स्वर्णमयी प्रतिमा बनाकर उसी को सहधर्मचारिणी के रूप में प्रतिष्ठित किया है, तब वे कहती हैं, 'वही बड़भागिनी है, जो समस्त प्राणिलोक के प्राण आर्यपुत्र के लिए आशा-बन्धन बनी है।' तमसा भी उलाहना देती है कि बेटी, तुम तो अपनी ही प्रशंसा कर रही हो। जैसे-तैसे सीता वहाँ से हटती हैं और हटते ही मूर्च्छित हो जाती हैं। अन्त में आशीर्वाद के रूप में तमसा के मुँह से भवभूति का सिद्धान्तवाद पढ़वाया जाता है—

एको रसः करुण एव निमित्तभेदाद्
भिन्नः पृथक्पृथगिव श्रयते विवर्तान्।
आवर्तबुद्बुदतरङ्गमयान्विकारा-
नम्भो यथा, सलिलमेव हि तत्समस्तम्।।

(उ.रा.च., 3/47)

अन्तिम और चरम रस करुण है। जितने भी अन्य भाव, रस हैं, वे सभी करुण की अभिव्यक्ति हैं; क्योंकि इतनी प्रीति, विस्मय, वात्सल्य, क्रोध, उत्साह, घृणा, भय—सभी, एक चरम करुणाबोध की परिणति में उद्दीपक का काम करते हैं। सब अपने आप में व्यर्थ होकर करुण को अर्थवान् बनाते हैं। ठीक इसके बाद एक मंगलकामना होती है कि पृथ्वी, भगवती, वसुन्धरा, भागीरथी, वाल्मीकि और वसिष्ठ मंगल करेंगे; अर्थात् ग्रीक ट्रेजेडी के ठीक विपरीत देवशक्तियाँ मनुष्य के मंगल में सहायक बनती हैं। पर स्वयं मनुष्य ऐसा है जो अपने आप अपनी निर्भयता का प्रतिकार नहीं करता। भारतीय दृष्टि से मानवीय जीवन की करुणा मनुष्य में सन्निहित है।

चतुर्थ अंक का विष्कंभक दो प्रकार के प्रयोजनों की सिद्धि करता है। पहला, इतने गहरे विषादमय वातावरण के बाद कुछ हलकापन लाकर जनक के आक्रोश की तीव्रता के लिए अन्तराल उपस्थित करना। दूसरा यह कि वाल्मीकि आश्रम जनक, वसिष्ठ, अरुन्धती तथा कौशल्या—सबके लिए सम्मिलन स्थल बनने जा रहा है। इसकी सूचना देना सौघातकि तथा दण्डायन के वार्त्तालाप में गम्भीरता और परिहास का एक घात-प्रतिघात भी है। परिहास में दारुण राज व्यवस्था के

ऊपर एक गहरी चोट भी है। जनक को वाल्मीकि आश्रम में उपस्थित करने की घटना भवभूति की उद्भावना है। वह समस्त अयोध्यावासियों को ही इस आश्रम में उपस्थित करने जा रहे हैं, जिससे सीता के परित्याग के स्थल के साक्षात्कार से स्नेहियों की दुःख-कातरता सबको डुबो दे—जनक के क्रोध को, कौशल्या के संकोच को कि कैसे हम जनक को मुँह दिखलायें, राम के भय को कि गुरुजनों के सामने कैसे जायें और अयोध्यावासियों की ग्लानि को कि हमने ऐसा प्रवाद क्यों सच माना। जनक को नाटक में लाने का सबसे बड़ा प्रयोजन यह दिखलाता है कि उनके जैसे विदेह और स्थितप्रज्ञ पुरुष को भी सीता का निर्वासन कितना कष्ट पहुँचा सकता है, मानवीय करुणा किस प्रकार ज्ञान और धैर्य का पुल भी ढहा सकती है। जनक आते ही क्षोभ व्यक्त करते हैं कि इतने दिनों से निरन्तर कष्ट देता हुआ भी यह अपमान नये घाव जैसा बढ़ रहा है और मन का क्षोभ आरे की तरह मर्म पर निरन्तर चल रहा है; मर्म आज भी नहीं कटता। आज भी यह दग्ध शरीर टिका हुआ है। आत्मघात वर्जित है। अनेक वर्ष बीत जाने पर भी प्रत्येक क्षण में नयी-नयी भावना के कारण प्रत्यग्र लगने वाला दुःख का आवेग शान्त नहीं होता। 'अपत्ये यत्तादृग्दुरितमभवत्तेन महता विषक्तस्तीव्रेण व्रणितहृदयेन व्यथयता। पटुर्धारावाही नव इव चिरेणापि हि न मे निकृन्तन्मर्माणि क्रकच इव मन्युर्विरमति।।' देवता की यज्ञभूमि में उत्पन्न सीता का ऐसा भाग्यविधान कि मैं लज्जावश खुलकर रो भी नहीं सकता।

राम ने भी सीता की बाल्यावस्था का ऐसा ही मोहक रूप वीथी अंक में उपवर्णित किया था। इन दोनों में सीता के भोलेपन पर बल है; और ऐसे भोलेपन के साथ ऐसा अकरुण व्यवहार हो तो करुणा और प्रखर हो जाती है। जनक-कौशल्या का मिलन होता है। कौशल्या अरुन्धती के बहुत कहने पर सामने आती हैं। और आते ही जनक सीधे कौशल्या से बात नहीं करते; कंचुकी से पूछते हैं—'प्रजापालक राम की माता कुशलपूर्वक हैं?' कंचुकी राम की ओर से सफाई देता है। सफाई देते ही जनक का क्रोध उभर आता है। कौन होती है यह अग्नि मेरी सन्तान को शुद्ध करने वाली? अरुन्धती सँभालती है कि अग्नि-शुद्ध सीता कहना ही सीता का अपमान है। कौशल्या मूर्च्छित हो जाती हैं। जनक पसीजते हैं और स्मरण करते हैं कि कौशल्या मेरे अत्यन्त प्रिय मित्र दशरथ की पत्नी हैं और मैं इन दोनों का विश्वासपात्र रहा हूँ। कौशल्या होश में आते ही जानकी का स्मरण करती हैं और कहती हैं कि—और लोगों के लिए जानकी वधू रही, लेकिन मेरे लिए तो पुत्री थी। अरुन्धती आश्वासन देती हैं कि कल्याणमय परिण ाम होगा। इतने में बच्चों का कोलाहल सुनाई पड़ता है। जनक दूर लव को देखकर बुलवाते हैं। अरुन्धती, कौशल्या और जनक तीनों को लगता है कि इस बच्चे में सीता और राम की छाया है। पर कौशल्या और जनक को इसकी सूचना नहीं है कि सीता को पुत्र उत्पन्न हुए। इसलिए वे निराश हो जाते हैं। पुनः लव अपने रामायण-ज्ञान की सूचना देता है और बतलाता है कि मैंने केवल वहीं तक कथा पढ़ी है जहाँ लक्ष्मण सीता को वन में अकेले छोड़कर लौट गये हैं। यह उल्लेख हुआ ही था कि कौशल्या का दुःख उमड़ता है और जनक का क्रोध। वे भभक पड़ते हैं कि ये दुष्ट नागरिक इतने क्रूर हैं और रामभद्र इतने उतावले हैं! वे धनुष चढ़ाने के लिए तथा शाप देने के लिए उद्यत होते हैं। कौशल्या काँप उठती हैं। लव जनक का समर्थन करते हैं। अरुन्धती के अनुरोध पर जनक पुनः शान्त हो जाते हैं। इस अन्तर्द्वन्द्व को इंगित मात्र करके नाटककार पुनः कौतुक की सृष्टि करता है। बच्चे आते हैं और लव को घोड़ा दिखाने के लिए खींच ले जाते हैं। वृद्ध लोगों के चले जाने के बाद लव तथा बच्चे रंगमंच पर आते हैं। लव बड़े-बूढ़े की तरह उन्हें समझाता है कि यह अश्वमेध का घोड़ा है। तुम लोग ऐसे मूर्ख हो कि अश्वमेध काण्ड पढ़ा है, पर तुम्हें स्मरण नहीं है।

लव पताका और अश्व छीन लेने की चुनौती का सामना करने के लिए उद्यत हो जाता है। कहता है कि ढेलों से मारते हुए घेरकर ले चलो; मृगों के बीच में चरेगा। मैं डर में आने वाला नहीं हूँ। बच्चे भागते सैनिकों को देखकर भागते हैं; पर लव शस्त्र लेकर खड़ा हो जाता है।

पाँचवाँ अंक बिना किसी व्यवधान के नैरन्तर्य में प्रारम्भ होता है। अश्वरक्षक चन्द्रकेतु लव के शौर्य की प्रशंसा करते हुए रंगमंच पर आता है। सुमन्त्र को लव का शौर्य देखकर राम का स्मरण होता है। इतने में लव चन्द्रकेतु के सामने आता है और दोनों के बीच आदरभावपूर्वक मुटभेड़ प्रारम्भ होती है। बीच-बीच में सैनिक लव से लड़ते हैं; लव उन्हें पराभूत करता है। जब जृंभकास्त्र का प्रयोग करता है तब सुमन्त्र को सन्देह होता है कि इसे कैसे यह अस्त्र प्राप्त हुआ। दोनों कुमार एक-दूसरे से मिलकर मन में संकोच करते हैं—'वीराणां समयो हि दारुणरसः स्नेहक्रमं बाधते'—कि वीरों का आचार स्नेहक्रम में बाधक हो रहा है। चन्द्रकेतु सुमन्त्र से अनुमति माँगते हैं कि मैं रथ से उतरकर लव से लड़ूँ। सुमन्त्र अनुमति देते हैं और कहते हैं कि दशरथ का कुल आज प्रतिष्ठित हो गया। चन्द्रकेतु कहता है कि कैसी प्रतिष्ठा? जबकि कुल-ज्येष्ठ श्रीराम स्वयं अप्रतिष्ठित हैं, सीता के निर्वासन के परिताप से एकदम टूटे हुए हैं। लव को एक बार संकोच होता है कि हम क्यों लड़ें, हम नहीं लड़ते। पर अश्वरक्षकों ने बड़ी उद्दीपक बातें कहीं। इतने में पुनः वाक्कलह प्रारम्भ हो जाता है। लव तथा चन्द्रकेतु लड़ पड़ते हैं। यहाँ तक कि—

वृद्धास्ते न विचारणीयचरितास्तिष्ठन्तु किं वर्ण्यते
सुन्दस्त्रीमथनेऽप्यकुण्ठयशसो लोके महान्तो हि ते।
यानि त्रीणि कुतोमुखान्यपि पदान्यासन्खरायोधने
यद्वा कौशलमिन्द्रसूनुनिधने तत्राप्यभिज्ञो जनः।।

(—उ.रा.च., 5।34)

लव ताड़का वध तथा बालि वध को लेकर राम की कड़ी आलोचना कर बैठता है। चन्द्रकेतु से यह सहन नहीं होता और युद्ध आरम्भ हो जाता है।

छठे अंक का प्रारम्भ विद्याधर मिथुनों के युद्ध वर्णन से होता है, जिसमें शब्दक्रीड़ा विपुल मात्रा में है। विद्याधर अन्त में सूचना देता है कि यह युद्ध राम के विमान के बीच में आने से रुकता है, तथा राम को देखकर दोनों बालक प्रणत हो उठते हैं। चन्द्रकेतु लव का परिचय अपने मित्र के रूप में देते हैं तथा राम लव की प्रशंसा कायवान् क्षात्रधर्म के रूप में करते हैं। लव विगलित हो उठता है। राम सोचते हैं कि यह अकारण स्नेह क्यों उमड़ रहा है। पुनः समाधान देते हैं कि स्नेह तो अकारण होता है। लव को जब पता चलता है कि ये ही राम हैं—तो वह और भी विनीत होकर प्रणाम करता है तथा क्षमा माँगता है। राम पूछते हैं, 'किस अपराध के लिए क्षमा?' चन्द्रकेतु कहते हैं कि, 'अश्वरक्षकों को चुनौती देने के लिए इनका शौर्य उमड़ पड़ा था।' राम इस पर शाबाशी देते हैं। किन्तु जब उन्हें यह सूचना मिली कि उसने जृंभकास्त्र का प्रयोग किया, तब उसके लौटा लेने के लिए कहते हैं। उस अस्त्र की प्राप्ति के सम्बन्ध में पूछने पर लव कहता है कि हमें जन्म से प्राप्त है। राम कहते हैं—कुछ भी हो सकता है। इतने में लव के ज्येष्ठ भ्राता कुश धनुष चढ़ाये हुए आ जाते हैं। राम इस साकार वीररस की प्रशंसा करते हैं। पर कुश युद्ध के नशे में हैं, राम को नहीं देखते, सीधे लव से पूछते हैं कि क्या बात है? लव उत्तर देता है कि आप अब दर्प छोड़कर विनयपूर्वक व्यवहार करें। ये सामने रामायण कथानायक व ब्रह्मकोश के रक्षक रामचन्द्रजी हैं। अब यहीं से

राम दूसरी ओर मुड़ते हैं। उन्हें स्मरण आता है कि ये दोनों बच्चे हमारे कुल के हैं। यही नहीं, इनमें जानकी की भी छाया दिखाई देती है। वैसे ही होंठ हैं, कान हैं। पूछें, शायद ये बच्चे वे ही हों! उनकी आँखें भर आती हैं। लव तथा कुश इस पर तटस्थ टीका करते हैं। लव पूछते हैं कि राम की आँखों में क्यों आँसू आ गये? कुश कहता है, 'तुमने रामायण नहीं पढ़ी। रघुपति को सीता देवी के बिना क्या सुख रह गया है।' राम स्वगत कहते हैं, 'यह तटस्थ वार्त्ता है। अतः प्रश्न करने की आवश्यकता नहीं। बच्चे भी मेरे ऊपर अनुकम्पा दिखला रहे हैं। यह दशा हो गयी है मेरी।' करुणरस की निष्पत्ति में लव का चन्द्रकेतु से युद्ध, लव की आलोचना, कुश का अपने पिता के सामने ही उनके विरुद्ध दुःख की अनजाने चर्चा–ये सभी बातें सहायक होती हैं; क्योंकि ये सारी बातें यह दिखलाती हैं कि इतनी निर्मम और दारुण परिस्थिति है कि लड़का भी पिता से इतना दूर हो गया है। एक ही कुल के बालकों में व्यर्थ का युद्ध होता है। राम को अपने बच्चों से ही ऐसी बातें सुनने को मिलती हैं, जिस पर और अधिक रुलाई आती है। राम जब लव-कुश से रामायण के कुछ अंश पढ़ने को कहते हैं तो वे ऐसे मर्मभेदी प्रसंग को पढ़ते हैं कि उनका दुःख और अधिक हो जाता है–

तथैव रामः सीतायाः प्राणेभ्योऽपि प्रियोऽभवत्।
हृदयं त्वेव जानाति प्रीतियोगं परस्परम्।।

(उ.रा.च., 6/32)

और तो और, जब लव अत्यन्त मधुर संकेत वाला मन्दाकिनी विहार का प्रसंग उपस्थित करता है तो राम को एक बार लज्जापूर्ण हँसी आती है कि बच्चे भी कितने विचित्र होते हैं, विशेष रूप से वन में पले हुए। वे नहीं समझते कि कब क्या कहना चाहिए। वे नहीं समझते कि प्रवास में तो प्रिया ध्यान कुछ आश्वासन देता है, किन्तु जब पत्नी की मृत्यु हो जाती है तो जगत् जीर्ण अरण्य हो जाता है, तथा हृदय भूसे की आग में निरन्तर जलता रहता है। इतने में सूचना मिलती है कि बच्चों के झगड़े की बात सुनकर शिथिल गात से धीरे-धीरे वाल्मीकि, वसिष्ठ और दशरथ की रानियाँ आ रही हैं। राम विचलित हो उठते हैं कि मैं क्यों सहस्र खण्डों में विदीर्ण नहीं हो जाता, कि इस महापाप की स्थिति में अपने पितातुल्य श्वसुर जनक से मिलूँ। पुनः नेपथ्य से सूचना मिलती है कि रामचन्द्र को क्षीण देखकर माताएँ मूर्च्छित हो जाती हैं। राम कहते हैं कि मेरे ऊपर करुणा व्यर्थ है। मैं उसके प्रति अकरुण रहा हूँ जो जनकों और रघुओं दोनों के कुल की मंगल थी।

सातवाँ अंक गर्भांक के रूप में प्रस्तुत होता है। नाटक के भीतर नाटक रचा जाता है। राम तथा समस्त अयोध्यावासी दर्शक के रूप में उपस्थित होते हैं। इस नाटक में सीता-परित्याग के अनन्तर की कहानी अभिनीत होती है। इसमें पता चलता है कि पृथ्वी, भगवती, भागीरथी और वसुन्धरा ही सीता के प्रसव के समय उपस्थित हैं। पृथ्वी और भागीरथी में राम के इस कार्य को लेकर बातचीत भी होती है। इन सबके बीच में राम का लक्ष्मण से संवाद चलता रहता है। एक साथ दो नाटक चलते रहते हैं। पूरी कथा की योजना ऐसे चलती है जैसे राम नाटक न देख रहे हों, उन घटनाओं का साक्षात्कार कर रहे हों। और जब नाटक में सीता को लेकर गंगा और अरुन्धती चली जाती हैं तो राम को लगता है कि सीता लोकान्तर में चली गयीं, और वे मूर्च्छित हो जाते हैं। लक्ष्मण उलाहना देते हैं कि भगवान वाल्मीकि, तुम्हारा क्या यही काव्यार्थ था? इतने में नाटक यथार्थ हो जाता है। गंगा और पृथ्वी के साथ सीता गंगा के जल से ऊपर आती हैं। गंगा और पृथ्वी नेपथ्य में अरुन्धती के हाथों में सीता को सौंपती हैं।

अब भी राम होश में नहीं आते। जब सीता स्पर्श करती हैं तो उन्हें होश आता है। राम गंगा और वसुन्धरा को प्रणाम करते हैं। अरुन्धती नागरिकों को भर्त्सनापूर्वक आज्ञा देती हैं कि अब भी तुम्हें सीता—के बारे में प्रमाण चाहिए? और लोग लज्जित होकर सीता को प्रणाम करते हैं। अरुन्धती राम को आज्ञा देती हैं कि तुम यज्ञ में सीता को धर्मचारिणी बनाओ। सीता मन में कहती हैं कि क्या आर्यपुत्र को सीता का दुःख-परिमार्जन करने की कला याद है? राम आज्ञा शिरोधार्य करते हैं और सीता कहती हैं, 'मैं फिर से जी उठी।' यहाँ भी सबका मिलन होता है। बच्चों से भेंटकर सीता यही कहती हैं, 'देर तक मेरी गोद में छिपे रहो। मैं दूसरे लोक से लौटी हुई तुम्हारी माता हूँ।' सबके बाद राम का अन्तिम वाक्य यही है—

'सर्वमिदमनुभवन्नपि न प्रत्येमि। यद्वा प्रकृतिरियमभ्युदयानाम्।'

इस नाटक के भरतवाक्य में ठीक यही कहा गया है कि शब्दब्रह्म के वेत्ता कवि की इस परिणत वाणी को बार-बार अभिनीत करें जिससे पाप से पाप की रक्षा हो, श्रेय की वृद्धि हो तथा समस्त लोक का मंगल हो।

इस प्रकार ऊपर से देखने पर तो राम और सीता के मिलन के पर्यवसान हैं, पर वस्तुतः मिलन होता नहीं है, क्योंकि सीता और राम दोनों टूट चुके हैं। लोगों को प्रताड़ित करने के लिए ही मिलन होता है। दैवी शक्तियों के सहयोग से लोगों की कुबुद्धि का मार्जन तो हो जाता है, किन्तु सीता के हृदय में एक शल्य है कि क्या आर्यपुत्र को मेरा दुःख दूर करने की कला अभी भी याद है? और राम के मन में होता है कि सब कुछ घटित हो रहा है, पर मुझे विश्वास नहीं हो रहा है। दोनों को अपने दुःख की समाप्ति पर विश्वास नहीं है। यही और अधिक करुण है। दोनों का इतना बड़ा त्याग केवल लोक-मंगल एवं लोक-रंजन के लिए है; किन्तु लोक-मंगल के लिए किया गया यह करुण बलिदान दोनों के हृदय में स्थायी वेदना के रूप में कीलित हो गया है।

ऊपर इस नाटक के सातों अंकों की जो धारावाहिक व्याख्या की गयी है, उसका एकमात्र प्रयोजन यही है कि करुणरस की निष्पत्ति में किस प्रकार कथावस्तु और पात्र योजना सहायक हुई है—और किस प्रकार अंगी करुणरस के सहायक के रूप में हास्य, वीर, भयानक, रौद्र और अद्‌भुत का विनियोग सफलतापूर्वक किया गया है, यह बात समझ में आ जाये। भवभूति वाल्मीकि के क्रौंच वध वाले श्लोक से अभिभूत हैं। वे यही मानते हैं कि शोक ही श्लोक बन कर सबसे स्थायी श्लोक बनता है। उन्होंने इसीलिए जो भी नयी उद्‌भावनाएँ कीं, उनके पीछे एक ही उद्देश्य था कि सीता-निर्वासन की ज़िम्मेदारी अकेले राम पर हो, जिससे उसकी ग्लानि भी सबसे अधिक राम को हो। भवभूति के राम की अधीरता, सामान्य पुरुष की अधीरता नहीं है, वह सामान्य रूप से वज्रमय पुरुष की अधीरता है; क्योंकि राम को लगता है कि उनके दुःख के समभागी भी वन, पर्वत, नदी और कुछ दूर तक वनदेवता हैं। इन्हीं के बीच आकर राम अधीर होते हैं। यहीं आकर खुलकर रोने से वे फिर से आत्मीयता पाते हैं, जिसके फलस्वरूप वे अपरिचित लव-कुश को देखकर भी अपनेपन के भाव से उच्छ्‌वसित हो उठते हैं। इस नाटक में बीच-बीच में गहरा दार्शनिक पुट है। कहीं-कहीं वैदिक भाषा की छटा है। वह ज्ञान के प्रदर्शन के लिए नहीं, वह करुण की लोकोत्तर भूमि की स्थापना के लिए है; क्योंकि कवि की मान्यता है कि चैतन्य का जहाँ सबसे अधिक उद्रेक होगा वहीं दुःख की संवेदना गहरी होगी। चैतन्य का यह अभिशाप है कि वह गहराई से दुःख की संवेदना दे—

'दुःखसंवेदनायैव रामें चैतन्यमागतम्।'

इसी दृष्टि से देखने पर यह नाटक कृत्रिम नागर जीवन के दुराव भरे कुत्सित रूप के विरुद्ध तीव्र आक्रोश भी व्यक्त करता है और यह भी व्यक्त करता है कि ऐसे दुराव भरे लोक के लिए व्यक्ति की निष्ठा का कोई महत्त्व

नहीं रहता है, क्योंकि एक व्यक्ति दूसरे व्यक्ति के लिए कितनी गहराई में प्रीति पालता है, यह बात उनके मन में घर नहीं कर सकती है। यह बात केवल सहज दुःखरहित जीवन बिताने वाले वनवासियों में ही घर कर सकती है। इसीलिए नाटक उत्सवों के बाद की खाली चर्चा से शुरू होता है और बीच-बीच में बराबर वन के साक्षात्कार से मानो प्राण पाता हुआ आगे बढ़ता है।

एक और दृष्टि से देखा जाये तो लगता है कि मनुष्य को मनुष्यत्व की शिक्षा अगर देवताओं और ऋषियों से मिलती है तो क्या बात हुई। यह तो उसकी पराजय है। देवता मन में जगे और तब मनुष्य में करुणा आये, इससे क्या बात बनी। मनुष्य से मनुष्य व्यथित हो और इसके लिए राम के द्वारा किया गया यह दारुण कर्म पर्याप्त न हो, इससे बढ़कर करुणा की बात क्या हो सकती है। पर भारतीय दृष्टि में मानवीय ममता और स्नेह का यही मूल्य है और इसीलिए भवभूति ने यह नाटक रचा है। इस नाटक की आलोचना करने वाले यह भूल जाते हैं कि असाधारण परिस्थितियों और साधारण मनोभावों का अत्यन्त सहज चित्रण इस नाटक में है। इसीलिए जहाँ शब्द रूप कठिन है वहाँ इसे समझना आसान है और जहाँ इसकी भाषा सहज एवं प्रभावपूर्ण है वहाँ इसकी गम्भीरता की थाह लगाना कठिन है। जितनी गहरी व्यंजनाएँ और जितने दो अर्थों वाले संकेत इसमें हैं उतने संकेत संस्कृत के किसी नाटक में नहीं हैं। जितना नाटकीय जोड़-तोड़ इसमें है उतना अन्यत्र नहीं है। इससे सिद्ध होता है कि भवभूति को भारतीय रंगमंच का एक सजग अनुभव था। वे नये प्रयोग करने में इसीलिए समर्थ थे। छाया अंक और गर्भांक का जिस प्रकार उन्होंने विनियोजन किया है और जिस प्रकार संवादों को दो-दो भूमियों पर साथ रखते हुए भी एक-दूसरे में गूँथा है, वह अपूर्व कल्पना और प्रयोग-कुशलता के बिना सम्भव नहीं हो सकता। संस्कृत नाटक में रस केन्द्र होता है। नेता और वस्तु उसके अधीन होते हैं। इसीलिए चरित्र-चित्रण या कथावस्तु के चमत्कार की दृष्टि से अलग से विचार करने की आवश्यकता नहीं है, वह ऊपर किया जा चुका है।

भवभूति का वैशिष्ट्य इसमें है कि उन्होंने राम की कथा राम की ओर से प्रस्तुत की है; उन्होंने नाटक के लिए अपूर्व चिन्तित रस को केन्द्र में प्रतिष्ठित किया और उन्होंने वाल्मीकि के काव्य का प्रयोजन नृशंसता के विरुद्ध करुण आक्रोश में आकर उसे 'उत्तररामचरित' में घटित कराया। यह केवल राम के उत्तर जीवन का चरित नहीं, यह लोकोत्तर राम का चरित है, जिसमें राम राजा से ऊपर मानवीय मूल्यों के एक विचारक के रूप में उपस्थित होते हैं। राम स्वयं उन मूल्यों के लिए दुःख झेलकर उन्हें अर्थ बता देते हैं। उन मूल्यों से सबसे बड़ा मूल्य है विश्वास की रक्षा। जितने देव या ऋषि पात्र हैं, वे सभी विश्वास की रक्षा करते हैं। राम रक्षा नहीं कर पाते तो उसके लिए अनुतापमय दीर्घ जीवन बिताते हैं तथा उस अनुताप में पिघलकर वे शुद्ध रूप में अभीप्सित रूप मूल्य के साकार प्रतिमान बन जाते हैं। जहाँ कहीं विश्वासमय जीवन का, निश्छल जीवन का चित्र प्रस्तुत करना होता है वहाँ भवभूति से बड़ा चित्रकार संस्कृत में नहीं मिलता। जहाँ कहीं दीर्घ परिचय के कारण उभरी हुई आत्मीयता का चित्र खींचना होता है वहाँ भवभूति से बढ़कर जीवन-दर्शन का व्याख्याता नहीं मिलता।

अद्वैतं सुखदुःखयोरनुगतं सर्वास्ववस्थासु य-
द्विश्रामो हृदयस्य यत्र जरसा यस्मिन्नहार्यो रसः।
कालेनावरणात्ययात्परिणते यत्स्नेहसारे स्थितं
भद्रं तस्य सुमानुषस्य कथमप्येकं हि तत्प्रार्थ्यते।।

(उ.रा.च. 1/39)

चदपि कुर्वाणः सौख्यैर्दुः खान्यपोहति।
तत्तस्य किमपि द्रवप्रियो जनः।।

(उ.रा.च. 6/5)

उपर्युक्त दो श्लोक ही इसके पर्याप्त निदर्शन होंगे कि भवभूति जिस आत्मीयता को श्रेष्ठ मानते हैं, वह ऐसी है कि जो सुरक्षित पूँजी की तरह है, स्नेह के सार की तरह है, जिसमें उसका सारा रस तलछट में आपस के सब दुराव, उपचार हट जाने पर स्थित हो गया है। इसी के साथ जब अपघात होता है तो मानवीय करुणा का उदय होता है और उस करुण के प्रवाह में फिर ज्ञान, वैराग्य, राग, द्वेष, क्रोध—सब बह जाते हैं और मनुष्य के चित्त का प्रक्षालन हो जाता है। इसीलिए इस कथा को कवि ने स्वयं कहा है—

'माङ्गल्या च मनोहरा च जगतो मातेव गङ्गेव च।'

(सोहम्, 1991)

रामकथा कै मिति जग नाहीं

राम की और राम में पगे हुए तुलसी की आत्मीयता छिपी हुई आत्मीयता है, एक निठुरता है, एक दूरी है। उसका स्रोत है राम की कथा का स्वरूप, उस कथा का स्वरूप, जो तुलसी ने रची है। राम क्यों इतने पास हैं और क्यों इतने दूर हैं, उसकी कथा क्यों उतनी अपनी लगती है और क्यों इतनी असंगत लगती है, यह प्रश्न उठाकर ही तुलसीदास की रामकथा की बात की जा सकती है; जो शुरू होती है, समाप्त नहीं होती। उसके शुरू होने की एक तिथि भी है—राम के जन्म का दिन, पर कथा पूरी होने की तिथि नहीं दी गयी है। वह कथा राम के साथ ही जन्म लेती है। रामचरितमानस में राम अपनी नर-लीला का संवरण नहीं करते; उस कथा के सबसे पहले मानव वक्ता—श्रोता भी अपनी कथा नहीं समेटते। भरद्वाज के प्रश्न का उत्तर याज्ञवल्क्य ने एक दूसरा संवाद सुनाकर दिया—शिव-पार्वती का संवाद। शिव ने भी भक्ति के गूढ़ रहस्यों का समाधान एक तीसरे संवाद की कथा से दिया, वह संवाद था काकभुशुण्डि और गरुड़ के बीच। गरुड़ को अपने प्रश्न का समाधान मिल गया, उमा को अपने प्रश्न का समाधान मिल गया। गरुड़ ने कहा—

सुनि भुसुंडि के बचन सुभ देखि राम पद नेह।
बोलेउ प्रेम सहित गिरा गरुड़ बिगत सन्देह।।
मैं कृतकृत्य भयउँ तव बानी। सुनि रघुबीर भगति रस सानी।।

और कथा सुनकर गिरिजा को भी सन्तोष हो गया—

नाथ कृपाँ मम गत सन्देहा। राम चरन उपजेउ नव नेहा।।
मैं कृतकृत्य भयउँ अब तव प्रसाद बिस्वेस।
उपजी राम भगति दृढ़ बीते सकल कलेस।।

तुलसीदासजी ने भी अपने पाठकों को समझा लिया कि मैंने शम्भु-उमा संवाद यथामति गाया है और कलिकाल में इसके अलावा कोई दूसरा साधन नहीं है। परन्तु भरद्वाज के प्रश्न का समाधान नहीं हुआ। याज्ञल्क्य ने अपनी कथा नहीं समेटी और तुलसीदासजी ने जानबूझकर इस कथा को समेटने नहीं दिया; क्योंकि भरद्वाज ने यह प्रश्न प्रयाग में किया था, जहाँ चुपके से सरस्वती गंगा-यमुना के साथ जुड़ जाती हैं और यह त्रिवेणी एक बड़ी धार बनकर आगे चली जाती है : अनन्त की ओर। बार-बार माघ आता है, बार-बार सन्त-समागम होता है; नदी बहती रहती है और रामकथा भी बहती रहती है। जितनी बार कथा सुनी जाती है उतनी बार वह नयी होती जाती है, उतनी ही बार राम भी नये होते जाते हैं। राम कोई एक निश्चल देश-काल में बँधे चरित्र नहीं हैं—और ऐसे चरित्र हैं भी तो

उस रूप में उस नाम से छोटे हैं, जो उनके कोटि-कोटि कल्पों में घटित कोटि-कोटि चरित्रों में एक प्रकाश की तरह निरन्तर झर रहा है। तुलसी की रामकथा अतीत की गाथा नहीं है; उस कथा में शरीक व्यक्ति का अनुभव है, जो कथा कहता है। वह कथा के साथ चलता भी है, बीच-बीच में कथा में डूब भी जाता है; तब कोई दूसरा उस कथा का सूत्र सँभालता है। वह भी डूब जाता है तो तुलसी को सँभालना पड़ता है। तुलसी ने भी इस कथा को जिस रूपक में बाँधा है, वह रूपक जल का है। जल का ही नहीं, जल के बनने के प्रक्रियावृत्त का है। सागर से जल खींचा जाता है, बादल बनता है और बादल का रस एक जगह सिमटकर मानस-सर बनता है और मानस-सर में वह जल नहीं समा पाता तो उससे रामकथा की एक सरयू निकलती है, जो रामभक्ति की सुरसरिता में मिलती है। उससे अनेक कथाएँ मिलती हैं और फिर वह सागर होती है—और यह चक्र निरन्तर चलता ही रहता है। इस चक्र को निरन्तर चलाने वाले सन्त हैं रामकथा को भावित करने वाले वे लोग, जो राममय हो गये हैं, तब भी उन्हें तृप्ति नहीं-

जिन्ह के श्रवन समुद्र समाना। कथा तुम्हारि सुभग सरि नाना।।
भरहिं निरन्तर होहिं न पूरे। तिन्ह के हिय तुम्ह कहुँ गृह रूरे।।

जिनके कान समुद्र की तरह रामकथा की सरिता से भरते रहते हैं, पर पूरे नहीं होते; जो अपने आचरण से यह प्रमाणित करते हैं कि वे राम में हैं और राम उनमें हैं और उस आचरण के दो बड़े प्रतिमान हैं—एक शिव, जो उस सती को छोड़ देते हैं जो सीता का वेश धारण करके राम की परीक्षा लेने जाती हैं; दूसरे प्रतिमान हैं भरत, जो 'चंचरीक इव चंपक बागा'—चम्पा के वन में भौंरे की तरह निर्लिप्त रहते हैं; जो राम की इच्छा के आगे अपने प्यार का अनुरोध भी तज देते हैं, राम से दूर रहकर भी निरन्तर राममय बने रहते हैं—इतने राममय कि उनका गूढ़ प्रेम सबके लिए एक पहेली बना रहता है। कौशल्या तब घबराती हैं कि राम के लिए एक ऐसी अनन्यता, जो भीतर आग की तरह दहकती रहती है, पता नहीं क्या करेगी। यह मेरे राम को कितना लाचार करेगी! वसिष्ठ को भरत के प्यार का अनन्त—अछोर विस्तार कुण्ठित कर देता है—

भरत महा महिमा जलरासी। मुनि मति ठाढ़ि तीर अबला सी।।

धर्म, राजनीति और ब्रह्मविद्या के आचार्य विदेह जनक भी यह स्वीकार करते हैं कि मेरी बुद्धि, भरत की गहराई की व्याख्या करने की कौन कहे, उसकी छाँह भी नहीं छू सकती—

धरम राजनय ब्रह्मबिचारू। इहाँ जथामति मोर प्रचारू।।
सो मति मोरि भरत महिमाही। कहै काह छलि छुअति न छाँही।।

और अन्त में कहते हैं कि भरत का प्यार केवल राम जानते हैं; लेकिन उनसे भी उस प्रेम का निरूपण करने को कहा जाये तो वे नहीं कर सकते। रामभाव के ये दो प्रतिमान—शिव और भरत हैं। शिव सिद्ध, भरत साधक; शिव राम के भक्त हैं, राम शिव के भक्त हैं। भरत राम के सनेही भी नहीं हैं, वे तो राम के स्नेह के आकार हैं। इसलिए—

भरत सरिस को राम सनेही। जगु जप राम रामु जप जेही।
भरत अमित महिमा सुनु रानी। जानहिं रामु न सकहिं बखानी।।

और कोई भी अपने स्नेह को पहचान तो सकता है, लेकिन स्नेह के परिणाम को कैसे नाप सकता है! स्नेह तो निरन्तर अनेक संचारियों में अनेक रूप धारण करता रहता है। यह रूपान्तरण ही राम का, राम के भाव का रस के रूप

में रूपान्तरण है। तुलसी की रामकथा का जो मुख्य रस है, वह न राम का है, न राम के उत्साह, शील, करुणा और प्यार का रस के रूप में रूपान्तरण है; न सीता की राम के प्रति अनन्य रति का उदात्त शृंगार के रूप में रूपान्तरण है, न लक्ष्मण-हनुमान जैसे सेवकों के दास्य भाव का एक उच्छल भक्ति-रस के रूप में रूपान्तरण है। कुछ दूर तक वह भी है परन्तु पारमार्थिक रूप से वह रस शुद्ध रूप मैं रामभाव का रूपांतरण है। रामकथा के केन्द्र में राम नहीं हैं, रामभाव है; रामभाव कहना भी अपर्याप्त होगा, उसे रामभाव का एक ऐसा रस-प्रभाव कहना चाहिए, जिसमें आदमी जितनी बार डूबता है उतनी बार ही तिरता है—और डूबना तिरने से अच्छा लगता है। अब ऐसी रामकथा का अन्त कहाँ? ऐसी रामकथा की मिति कहाँ होगी? तुलसी के लिए राम थे नहीं, राम हैं। रामलीला निरन्तर हो रही है। एक रावण मारा तो क्या हो गया, नाना प्रकार के मोह के, दारुण अत्याचार के, दुरन्त दम्भ के और विध्वंसक अहंकार के रावण नये-नये रूप में खड़े हो रहे हैं। एक वनवास पूरा हुआ तो क्या, जाने कितने कठिन सत्य बाट जोह रहे हैं कि राम उस सत्य के लिए फिर से वनवास लें। एक अहल्या तरी तो क्या हुआ, कितनी अभिशप्त नारियाँ हैं, जिन्हें समाज ने अपने अत्याचार से जड़ बना दिया है; उन्हें राम की प्रतीक्षा है। असंख्य गिरिजन-वनजन हैं, जिन्हें सभ्य समाज कृपा की दृष्टि से देखता है, जिन्हें केवल कानून में बराबर आसन देता है, या जिन्हें केवल शब्दों से सम्मान देता है, उन्हें राम जैसे राजा की प्रतीक्षा है।

पार्वती ने शिव से सात प्रश्न किये। सबसे पहला प्रश्न था—निर्गुण ब्रह्म ने सगुण रूप क्यों धारण किया? दूसरा प्रश्न था—राम ने क्यों अवतार लिया? तीसरा प्रश्न था—राम का बालचरित्र कैसा अपूर्व है? चौथा प्रश्न था—राम का जानकी से विवाह कैसे हुआ? पाँचवाँ प्रश्न था—किस दोष के कारण उन्होंने राज्य तजा, वन में बसे और अनेक चरित किये? राम ने किस प्रकार रावण को मारा? छठा प्रश्न था—राम ने किस प्रकार राज्य किया? और सातवाँ तथा अन्तिम प्रश्न था—

बहुरि कहहु करुनायतन कीन्ह जो अचरज राम।
प्रजा सहित रघुबंसमनि किमि गवने निज धाम।।

पहले छह प्रश्नों के उत्तर मिल जाते हैं, सातवाँ प्रश्न अनुत्तरित रह जाता है। या तो तुलसीदास ऐसे विस्मरणशील थे या जिस प्रकार यह कथा कही जाती है, उसमें अपने आप सातवाँ प्रश्न व्यर्थ हो जाता है। पहली बात तो सही हो नहीं सकती, दूसरा ही विकल्प सही है। राम वाल्मीकि की रामायण में प्रजा सहित स्वर्ग गये होंगे; पर तुलसी के राम का स्वर्गधाम यहीं है। उनकी प्रजा वे सभी हैं जो हर युग में, हर देश में उनकी बाट जोह रहे हैं—इस रास्ते से राम जाने वाले हैं, इस रास्ते से राम लौटने वाले हैं; आज के दिन राम धनुष तोड़ेंगे, आज राम की राजगद्दी है; आज घर-घर दीये जलेंगे। राम की कथा इसीलिए रामराज्य के और लव-कुश के जन्म की चर्चा करके उसी बिन्दु पर लौट जाती है, जहाँ रामकथा गायन बन जाती है, अनुदिन का उच्छ्वास बन जाती है:

सबकें गृह गृह होहिं पुराना। रामचरित पावन बिधि नाना।।
नर अरु नारि राम गुन गानहिं। करहिं दिवस निसि जात न जानहिं।।

अर्थात् रामकथा फिर से शुरू की जाती है और तुलसीदास अपनी समकालीन समस्या पर उतर आते हैं—

झूठहि लेना झूठहि देना झूठहि भोजन झूठ चबेना।

राम इस समस्या का एक ही समाधान देते हैं। उन्हीं के मुख से तुलसी यह कहलवाते हैं—

परहित सरिस धर्म नहिं भाई। पर पीड़ा सम नहिं अधमाई।।

फिर नारद आते हैं, वसिष्ठ आते हैं, सनक आते हैं—और फिर एक सन्देह पार्वती के मन में रह जाता है कि यह पवित्र चरित्र कौए को कैसे मिला? गरुड़ जैसे महाज्ञानी का काकभुशुण्डि से हरि–भक्ति का रहस्य जानना—बड़ा आश्चर्य है। शिव यह रहस्य खोलते हैं कि रामकथा जिस पात्र से पायी जाती है और जो पात्र होकर पायी जाती है, वह जानना ही रामकथा को जानना है। वह पायी जाती है अभिमान के टूटने पर और जिससे पायी जाती है, वह ऐसा होता है कि बार-बार उसका अभिमान टूटा हो, बार-बार उसने सन्तों की जूठन चखी हो—उसे कभी तृप्ति न मिली हो—उसकी अतृप्ति में राम की कथा पूरी उद्भासित हो गयी हो। रामकथा की मिति नहीं है। वह कथा अपने भीतर घटित न हो तो रामचरितमानस क्यों कहलाये! इस कथा के लिए मन की आँख चाहिए—'अस मानस मानस चख चाही।'

अब मैं तुलसी की रामकथा की बनावट की कुछ बात करूँगा, रचना की कुछ बात करूँगा।

तुलसी की रामकथा की रचना एक विचित्र संश्लेषण है। एक ओर तो श्रीमद्भागवत पुराण की तरह इसमें एक संवाद के भीतर दूसरे संवाद, दूसरे संवाद के भीतर तीसरे संवाद और तीसरे संवाद के भीतर चौथे संवाद को संगुम्फित किया गया है और दूसरी ओर यह दृश्य—रामलीला के प्रबन्ध के रूप में गठित की गयी है, जिसमें कुछ अंश वाच्य हैं, कुछ अंश प्रत्यक्ष लीलायित होने के लिए हैं। यह प्रबन्ध काव्य है, जिसमें एक मुख्य रस होता है, एक नायक होता है, मुख्य वस्तु होती है, प्रतिनायक होता है—और अन्त में रामचरितमानस में तीनों नहीं हैं। यह पुराण है क्योंकि पुराण में कवि सामने नहीं आता है—और यहाँ कवि आदि से अन्त तक सम्बोधित करता रहता है। एक तरह से कवि बड़ी सजगता से सहयात्रा करता रहता है। पुराण में कविकर्म की चेतना भी नहीं रहती—सृष्टि का एक मोहक वितान होता है और पुराने चरितों तथा वंशों के गुणगान होते हैं। पर रामचरितमानस का लक्ष्य सृष्टि का रहस्य समझना नहीं है, न ही नारायण की नरलीला का मर्म खोलना मात्र है। उनका लक्ष्य अपने ज़माने के भीतर के अन्धकार को दूर करना है, जिसके कारण उस मंगलमय रूप का साक्षात्कार नहीं हो पाता—आदमी सोच नहीं पाता कि केवल नर के भीतर नारायण नहीं हैं, नारायण के भीतर भी एक नर का मन है, नर की पीड़ा है। तुलसी के राम जिस कारण अवतार लेते हैं, वह है नारद का शाप। नारद के ऊपर कृपा करके भगवान ने उनका यह अभिमान तोड़ा कि मैं काम के ऊपर विजय प्राप्त कर चुका हूँ; और जब नारद काम-विह्वल होकर उपहास के पात्र बने तो उन्होंने शाप दिया कि तुम स्वयं, नारी के लिए कैसी काम-विह्वलता होती है, इसका साक्षात् अनुभव करने के लिए नर रूप धारण करोगे। राम ने उस शाप को अंगीकार किया—नर की सबसे बड़ी कमज़ोरी को पहचानने के लिए और उस कमज़ोरी को एक ऐसी शक्ति में रूपान्तरित करने के लिए, हाड़-चाममय देह के लिए प्रीति को और उसकी बेचैनी को—सनातन सौन्दर्य के, सौन्दर्य रूप के, रूप प्यार के, राम के प्रति प्यार—रमणीयता के धाम के प्रति मोड़ देने के लिए।

तुलसीदास की यह रामकथा उनके भीतर उनकी अपनी कथा है, उनकी स्वानुभूति है और उनके अनुभव में पले राम की कथा है। एक बड़ी आध्यात्मिक ऊँचाई से आयी हुई रामकथा की भागीरथी तुलसी के घाट पर आते ही एक ऐसा वृत्ताकार मोड़ लेती है कि वह एक नयी काशी बन जाती है—चित्तकाशी नहीं, भावकाशी। तुलसी का रामचरितमानस 'गीतगोविन्द' की तरह लीलाप्रबन्ध भी नहीं है; क्योंकि इसमें दृश्य-परिवर्तन है, नाटकीय मोड़ है, एक उत्कर्ष पर एक देश-काल की कथा पहुँचाकर यकायक दूसरे देश-काल में प्रवेश कराने का कौशल भी है। पर इसमें केवल लीला ही नहीं है, लीला की व्याख्या भी है। यह भक्ति का शास्त्र भी है—भक्ति का दर्शनशास्त्र नहीं, भक्ति का

काव्यशास्त्र है। रामचरितमानस की भूमिका में ही जो रूपक बाँधा गया है, उसमें स्पष्ट रूप से प्रचलित काव्यशास्त्र के उपादान उपजीवी हो गये हैं, वे उपजीव्य नहीं रह गये हैं। एक नया काव्यशास्त्र रचा गया है—

पुरइनि सघन चारु चौपाई। जुगुति मंजु मनि सीप सुहाई।।
छन्द सोरठा सुन्दर दोहा। सोइ बहुरंग कमल कुल सोहा।।
अरथ अनूप सुभाव सुभासा। सोइ पराग मकरन्द सुबासा।।
सुकृत पुंज मंजुल अलि माला। ग्यान बिराग बिचार मराला।।
धुनि अवरेब कबित गुन जाती। मीन मनोहर ते बहुभाँती।।
अरथ धरम कामादिक चारी। कहब ग्यान बिग्यान बिचारी।।
नव रस जप तप जोग बिरागा। ते सब जलचर चारु तड़ागा।।
सुकृती साधु नाम गुन गाना। ते बिचित्र जलबिहग समाना।।

चौपाई कमल के पत्र का विस्तार है। छन्द, सोरठा और दोहा कमल हैं। भाषा पराग है, अर्थ मकरन्द है, भाव सुवास है, सुकृत के पुंज ही भ्रमर हैं, जो उन कमलों पर गुनगुनाते रहते हैं। ज्ञान और वैराग्य के विचार मरालों की तरह विहार करते हैं! अनेक प्रकार की काव्य-ध्वनियाँ और काव्य-गूँज जल में निर्भय विचरण करने वाली मछलियाँ हैं। चारों पुरुषार्थ, नवरस, जप-तप-योग—ये सभी सुन्दर मानसरोवर के जलचर हैं और साधुओं के नाम तथा उनके गुणों का कीर्तन ही जलपक्षी हैं। दूसरे शब्दों में, ये सभी उस जल पर जीते हैं—'रामसीय जस सलिल सुधासम।'

राम और सीता का यश ही उपजीव्य है। शेष सभी उसके अधीन होने के कारण ही मनोरम हैं। उसके बिना सभी निष्प्राण हो जाते हैं। यह जल भी एक लम्बी प्रक्रिया से बनता है। वेद और पुराणों के अपार समुद्र में तप के द्वारा रस लेकर साधक घन बनते हैं और सुमति की भूमि पर हृदय की गहराई में ये बादल राम का सुयश बरसाते हैं। और जो सगुण लीला के रूप में निथरा हुआ रस है वही बरसाते हैं, खारा जल नहीं। उसमें प्रेमा भक्ति की एक मधुरता होती है, शीतलता होती है। वह जल बरसाता है तो मनुष्य के पुण्य रूपी धान की फसल लहलहा जाती है। ऐसा निथरा हुआ जल जिस काव्य का उपजीव्य हो उस काव्य का विवेचन नवरसों के मापदण्ड से जो करता है, वह इसका अवमूल्यन करता है। यह मानस इसीलिए पारिभाषिक रूप में महाकाव्य नहीं है। इसमें महाकाव्य के कई मापदण्ड छोटे पड़ जाते हैं। महाकाव्य में नायक की प्रतिष्ठा होती है। इसमें नायक राम से अधिक प्रतिष्ठा हुई है उसकी, जो इनके भाव से भावित हुआ है—शिव की प्रतिष्ठा हो या भरत की या काकभुशुंडि की। महाकाव्य में एक अंगीरस होता है। इसमें यह रस नवरसों में हो ही नहीं सकता। इसमें कथावस्तु भी महाकाव्य की कथावस्तु की तरह पाँच अवस्थाओं के क्रम में नहीं जुड़ती; निर्वहन पहले आ जाता है, आरम्भ बाद में रहता है। ऐसे विचित्र काव्य की रचना की संगति समझना और समझाना आसान नहीं है। मैं इसीलिए रामचरितमानस की तथाकथित विसंगतियों से बात शुरू करता हूँ; तब शायद संगति भी समझ में आये। एक विसंगति तो यह है कि इसमें लव-कुश के जन्म की बात है, पर सीता-त्याग की बात छोड़ दी जाती है। 'गीतावली' में सीता-त्याग का प्रकरण है। रामचरितमानस में केवल एक हलका-सा संकेत है। तुलसीदासजी अवधपुरी और अवधवासियों की वन्दना करते हैं। उन अवधवासियों के प्रति राम की बड़ी ममता है। इतनी ममता है कि वे—

सिय निन्दक अघ ओघ नसाए। कोक बिसोक बनाइ बसाए।।

राम जानते हैं कि सीता की निन्दा करने वाला अयोध्या का पुरुष समाज बहुत बड़ा पाप कर चुका है। पर राम उस पाप को नष्ट करते हैं। वे पिता के एक झूठे मोह का प्रायश्चित्त अपने वनवास से करते हैं। सन्तान सरीखी प्रजा के दूसरे झूठ, दम्भ का प्रायश्चित्त सीता के वनवास से करते हैं। परन्तु तुलसीदास रामचरितमानस में सीता के त्याग के सम्बन्ध में मौन हो जाते हैं। मेरी समझ में इसका केवल एक ही काव्य-प्रयोजन हो सकता है—तुलसी के मानस में घटित हो रही लीला सीता का त्याग सहन नहीं कर सकती। तुलसीदास ने तो सीता की अग्निपरीक्षा भी नहीं कराई, वह अग्निपरीक्षा सीता की छाया की थी। जिस सीता का हरण रावण ने किया था, वह भी सीता नहीं थीं, सीता की छाया थी। सीता तो अग्नि में प्रविष्ट हो गयी थीं, ताकि राम नारी-विरह की नरलीला कर सकें। साधारण लौकिक पुरुष की दुर्बलता राम के द्वारा इसलिए नहीं लीलायित होती कि वह आदर्श है, इसलिए होती है कि वह यथार्थ है—भारतीय समाज का कड़वा यथार्थ। तुलसीदास राम से अधिक सीता को बार-बार महत्त्व देते हैं। उनके मन में सीता के बिना राम का कोई महत्त्व नहीं है। मानस के मंगल श्लोक में पहले सीता की वन्दना की गयी है, फिर राम की। और पुनः एक लम्बा क्रम चलता है वन्दना का। समस्त रामभक्तों की उस सूची में सबसे अन्तिम नाम सीता का आता है—

जनकसुता जग जनक जानकी। अतिसय प्रिय करुनानिधान की।।
ताके जुग पद कमल मनावउँ। जासु कृपाँ निरमल मति पावउँ।।

'गीतावली' में वाल्मीकि के मुँह से उन्होंने स्पष्ट कहलवाया है—'तुम सुमंगल खानि, इस संसार में सीता की उपस्थिति मात्र से विपिन में विनोद और मोद छा जाता है। परन्तु तुलसी को खटकता रहता है कि वन तो सुखी है, पर क्या सीता भी सुखी हैं?

राम बिनु सिय सुखद बन तुलसी किमी गाय।
दिवस निसि सुख सुवनि को सिय सुखद सकल सहाय।।
सूल राम सनेह को तुलसी न जियतें जाय।

बच्चों के विनोद देखते दिन तो बीत जाते हैं, पर भीतर-ही-भीतर सीता के चित्त का चितेरा प्रेम की भित्ति पर प्रिय का ही चरित उरेहता रहता है—

प्रिय चरित सिय चित चितेरो लिखत नित हिय भीत।

सीता के हृदय में जो एक ताप खौल रहा है, वह तुलसीदास को कभी बिसरता नहीं है। इसलिए वे राम को बरवै रामायण में सीता की छाया के रूप में देखते हैं—

गर्व करहु रघुनन्दन जनि मन माँह। देखहु आपन मूरति सिय कइ छाँह।।

'गीतावली' में भी उन्होंने लोकापवाद को तो सीता-त्याग का एक बहाना मात्र माना है। असली कारण तो यह माना है कि राम 'राम' की आयु पूरी कर चुके हैं। दशरथ की अकाल मृत्यु हुई थी, इसलिए उनकी शेष आयु को जीना है; इस अवस्था में राम अनुपस्थित हैं और सीता में समाहित हैं। सीता का निर्वासन वस्तुतः राममय सीता का निर्वासन होता है और तुलसी का रामराज्य फिर वाल्मीकि के आश्रम में स्थानान्तरित हो जाता है। वस्तुतः तुलसी के राजा राम की नियति है कि वे भूमिसुता की संगति के कारण वनवासी बने रहे और उनके सिय-रघुवीर का विचार

चित्त के चारु चित्रकूट में रामकथा की मन्दाकिनी के किनारे, तुलसी के सुभग स्नेह के वन में निरन्तर होता रहे। इस तुलसी की मंजरी को छोड़कर सिया-राम का मन कहीं जाने को न करेगा।

इस कथा के आगे-पीछे शिव-पार्वती और काकभुशुण्डि की कथाएँ हैं। प्रश्न उठता है कि रामकथा में शिव-पार्वती के विवाह की गाथा की क्या भूमिका है और काकभुशुण्डि की जीवनगाथा की क्या भूमिका है? कुछ गहराई में जाने पर दोनों बातें संगत दिखती हैं। रामचरितमानस की कथा राम-जन्म से शुरू नहीं होती। जिस प्रकार भागवत की कथा महाभारत युद्ध के अन्त से शुरू होती है उसी तरह रामचरितमानस की कथा वहाँ से शुरू होती है जहाँ राम सीता-विरह में व्याकुल घूम रहे हैं और शिव तथा सती उन्हें इस रूप में देखते हैं। शिव तो प्रणाम करके चले आते हैं; सती के मन में सन्देह होता है कि ऐसे विरह में बावले आदमी को मेरे स्वामी ने प्रणाम क्यों अर्पित किया? सती परीक्षा लेना चाहती हैं। शिव कहते हैं—परीक्षा लो, मगर विवेक खोकर नहीं। सती ने विवेक खो दिया—सीता का वेश धारण किया और राम के सामने आयीं। लक्ष्मण को कुछ भ्रम हुआ; लेकिन राम ने सती का दुराव पहचान लिया, उन्हें प्रणाम किया और कहा, 'शिव कहाँ हैं? अकेले क्यों जंगल में घूम रही हैं?' इस 'अकेले' में बड़ा रहस्य था। सती शिव से, शिव के भाव से, शिव की श्रद्धा से अलग हो गयी हैं। सती ने इस व्यंग्य को समझा और—'उर उपजा अति दारुण दाहा'—सती के आगे राम, लक्ष्मण और सीता; पीछे लक्ष्मण, सीता समेत राम और जिधर देखें उधर राम—उनके पीछे हज़ारों शिव, हज़ारों विष्णु उनकी सेवा में लगे हैं। इन देवताओं को तो अनेक वेश में देखा, लेकिन—'राम रूप दूसर नहिं देखा'—और विशेषकर सीता रहित राम का रूप देखा। हृदय काँप उठा, तनिक भी सुधि नहीं रही। आँख मूँदकर सती बैठ गयीं और आँखें खोलीं तो कुछ नहीं। वे शिव के पास गयीं तो भयवश झूठ बोल गयीं—मैंने कोई परीक्षा नहीं ली, आपकी तरह प्रणाम करके लौट आयी। शंकर ने ध्यान किया और लगा कि किसी माया ने सती से झूठ कहलाया है। सीता का कपट वेश यदि सती ने धारण कर लिया तो सीता की तरह सती भी पूज्य हो गयीं—

एहि तन सती भेंट अब नाहीं।

यह कथा किसी पुराण में नहीं है। यह कथा एक भूमिका है—शिव की संगिनी जैसे ऊँचे पात्र का अभिमान तोड़ने की, अभिमान तोड़कर उसे रामकथा का अधिकारी श्रोता बनाने की—उस पार्वती के जन्म की, जो सती के सन्देह का प्रायश्चित्त करने के लिए प्राण तजकर, जीवन न्योछावर करके हिमाचल के घर जन्म लेती हैं, तप करती हैं और फिर शिव को प्राप्त करती हैं। ऐसी पार्वती शिव की अर्द्धांगिनी बनकर यह अधिकार प्राप्त करती हैं कि जिस राम से छल किया था उसी राम की सच्चाई का अनुभव प्राप्त कर सकें। इस प्रकार पार्वती का विवाह रामकथा की ऐसी मांगलिक भूमिका है, जो राम विवाह के वसन्त के पूर्व आने वाली शिशिर ऋतु है; जहाँ सब पत्ते झर जाते हैं, भारत का मस्तक हिम से आच्छादित हो जाता है। इस अपर्णा ऋतु के बाद सीता-राम के विवाह का वसन्त जब आता है तब उसे समझना अधिक सुगम होता है। इस वसन्त की छाया में ही राम के वन-गमन की ग्रीष्म ऋतु और फिर निशाचर-युद्ध की वर्षा तथा राम राज्य की शरत् ऋतु का चक्र समझ में आता है।

जहाँ तक काकभुशुण्डि के कथाचक्र का प्रश्न है, वहाँ उल्लेखनीय है कि तुलसी की कथा की परम्परा इसी प्रकार रही है। शम्भु ने सर्वप्रथम कथा रची और फिर उन्होंने काकभुशुण्डि को रामकथा का अधिकारी पहचानकर यह चरित सुनाया। काकभुशुण्डि से यह कथा याज्ञवल्क्य को मिली और याज्ञवल्क्य से भरद्वाज को। उसके बाद आगम

परम्परा से यह तुलसी के गुरु तक पहुँची, जहाँ तुलसी ने कथा सुनी और उसी कथा को कहने का संकल्प किया। तुलसी की इस कथा में, शिव-पार्वती संवाद में भी जहाँ कहीं भक्ति की बात आती है वहाँ काकभुशुण्डि-गरुड़ संवाद के रूप में ही शिव उसका उल्लेख करते हैं—

जब ते राम प्रताप खगेसा। उदित भयउ अति प्रबल दिनेसा।।
पूरि प्रकास रहेउ तिहुँ लोका। बहुतेन्ह सुख बहुतन मन सोका।।

यह बात उमा को खटक गयी—

सो हरि भगति काग किन पायो।

और कौए ने अगर हरि-भक्ति पा ली तो फिर कौए का शरीर बना क्यों रहा? शिव तब कथा सुनाते हैं कि जैसे नारद को अभिमान हुआ वैसे गरुड़ को भी अभिमान हुआ—जब वे रघुनाथ के गले में पड़ा इन्द्रजित मेघनाद के द्वारा डाला गया नागपाश काटने गये कि ये ब्रह्म के अवतार हैं, जो बन्धन में पड़े हैं। फिर वे नारद के पास गये। नारद ने उन्हें ब्रह्मा के पास भेजा। ब्रह्मा ने फिर मेरे पास भेजा। मैंने कहा कि तुम सत्संग करो, काकभुशुण्डि के पास जाओ। गरुड़ काकभुशुण्डि के पास गये। काकभुशुण्डि ने पूरी कथा सुनायी। तब गरुड़ ने पूछा कि मुझे सन्देह क्यों हुआ कि जो नागपाश में बँधे हैं, वे मेरे प्रभु हैं या नहीं? और उसके उत्तर में काकभुशुण्डि ने अपने मोह की कथा सुनायी तथा कहा कि राम अपने जन का अभिमान रहने नहीं देते। यह उनका सहज स्वभाव है। पहले वे दुःख देते हैं और तब—

जिमि सिसु तन ब्रन होइ गोसाईं। मातु चिराव कठिन की नाईं।।

जैसे बच्चे को घाव हो जाता है तो माता कठोर होकर उसमें चीरा लगवा देती है वैसे ही राम अभिमान का व्रण चीर देते हैं। मेरी ही बात सुनो, जब-जब राम मनुष्य रूप धारण करते रहे तब-तब मैं उनका जन्म-महोत्सव देखता रहा। मेरे इष्टदेव बाल रूप राम हैं। जहाँ-जहाँ वे जाते, उनके साथ दौड़ता रहा। एक बार उन्होंने क्रीड़ा की। मणिमय प्रांगण में अपना प्रतिबिम्ब देखकर नाचने लगे, मुझे पकड़ने के लिए दौड़ने लगे। मैं भागता तो पुआ दिखाने लगते, निकट आता तो हँसते। मैं दूर भागता तो रोने लगते। उनकी इस साधारण शिशु की लीला को देखकर मेरे मन में मोह हो गया। मैं भाग चला और राम ने अपनी बाँह फैलायी। मैं जितनी ही दूर उड़ा जाता था उतनी ही दूर बाँह मेरे पास आती जाती थी। ब्रह्मलोक तक गया, वहाँ भी बाँह मेरे पीछे-पीछे गयी। डरकर मैंने आँखें मूँद लीं और फिर मैं अयोध्या पहुँच गया। मुझे देखकर राम विहँसे और मैं उनके मुँह में चला गया। वहाँ मैंने पूरा ब्रह्माण्ड देखा और ब्रह्माण्ड में अलग-अलग राम का अवतार देखा; परन्तु—'राम न देखेउँ आन'—राम मेरे लिए वही बाल रूप राम बने रहे।

सोइ सिसुपन सोइ सोभा सोइ कृपाल रघुबीर।
भुवन भुवन देखत फिरउँ प्रेरित मोह समीर।।

और तब राम ने अपनी माया समेटी और मेरा मोह मिटा, मेरा अभिमान मिटा और फिर मैं चरणों में लोट पड़ा। मैंने एक ही वर माँगा कि मुझे और कुछ नहीं चाहिए केवल आपकी भक्ति चाहिए। इस प्रकार जिस शरीर को यह कृपा मिली उस शरीर को कैसे छोड़ूँ? गरुड़ ने फिर पूछा कि तुम्हें यह शरीर मिला कैसे? काकभुशुण्डि ने कहा कि मैं कलियुग में अयोध्या में जनमा। शिव की पूजा करता था—मन, कर्म, वचन से; लेकिन दूसरे देवों की निन्दा ही करता रहता था। तब मैंने रघुपति की महिमा नहीं पहचानी थी। कलियुग का प्रताप, दम्भ का राज्य अपार अनीति थी।

नृप पाप परायन धर्म नहीं, करि दण्ड विडंब प्रजा नित ही।

बड़ा अकाल पड़ा, मैं उज्जयिनी चला गया। वहाँ मैंने एक ब्राह्मण की सेवा की। ब्राह्मण ने मुझे पढ़ाया-लिखाया और शिव का मन्त्र दिया। वह मन्त्र मैंने जपा तो हृदय में दम्भ और बढ़ गया; विष्णु के भक्त को देखकर जलन होने लगी। गुरु ने बहुत समझाया, पर मैं समझ नहीं पाया। एक बार गुरु सामने आये तो मैंने उन्हें प्रणाम नहीं किया। तब आकाशवाणी हुई कि 'जाओ, सर्प हो जाओ।' गुरु शिव का शाप सुनकर हाहाकार करने लगे और मेरे लिए प्रार्थना करने लगे कि इस भक्त पर कृपा करो। तब शिव ने कहा, 'जाओ, सहस्र जन्मों तक तुम दुःख तो पाओगे, पर अन्त में अयोध्या में द्विज बनोगे।' मैं उस जन्म में सारी ऐषणाएँ छोड़कर राम के चरणों में अनुरक्त हुआ। पर मैं निर्गुण मत का निरन्तर खण्डन करने लगा। मैं लोमश ऋषि के पास गया। उन्होंने निर्गुण ब्रह्म का निरूपण किया और मैं हठपूर्वक उत्तर-प्रत्युत्तर देता रहा। ऋषि को क्रोध आया और उन्होंने कहा, 'जाओ, काँव-काँव करो। तुम कौआ हो जाओ।' मैंने प्रसन्नतापूर्वक यह शाप ले लिया और देहमुक्त होकर मैंने पुनः अयोध्या में जन्म लिया। जब-जब वे शिशु रूप धारण करते हैं मैं उनके पास जाकर उनकी लीला देखता हूँ। इसी शरीर से राम के प्रति प्रगाढ़ प्रेम हुआ है, अतएव यह शरीर मुझे अतिशय प्रिय है। इतनी लम्बी कथा का एक ही अभिप्राय है। तुलसीदासजी काकभुशुण्डि को भक्ति के रहस्यवेत्ता के रूप में सामने लेकर इस पर बल देना चाहते हैं कि कोई शरीर, कोई योनि अपने आप में न बड़ी है, न छोटी। और कोई भी भक्ति चाहे कितनी ही प्रगाढ़ क्यों न हो, अभिमान से भर जाये तो वह वंचना है। वंचित होने पर ही उस अनुयायिनी प्रेमाभक्ति का भक्ति-पात्र बनता है, जिसको पाने के बाद सब कुछ प्रिय हो जाता है–अधम शरीर भी प्रिय हो जाता है, अभिशाप भी प्रिय हो जाता है। सगुण लीला के लिए जो एक आग्रह होता है वही आग्रह एक ओर द्विज को काग योनि में लाता है, दूसरी ओर वही आग्रह काग योनि में और गहरी अनन्यता बन जाता है। एक गहरी आत्मवंचना, परिताप और दृढ़ाग्रह से गुज़रकर ही राम को समझा जा सकता है। शिव-पार्वती की कथा रामकथा के द्वार पर है, चूँकि कोई अधिकारी कैसे हुआ करता है–यह बताती है। काकभुशुण्डि की कथा रामकथा-मन्दिर का शिखर है। कैसे नीचे से ऊपर चढ़ते-चढ़ते ऐसी ऊँचाई पर पहुँचा जाता है, जहाँ अमृत का घट भेदकर एक ऊर्ध्व शिखा ऊपर चली जाती है। इन विसंगतियों के समाधान के बाद रचना की आन्तरिक संगति की बात आती है–राम के मन में जन-जन की, चर-अचर की एक गहरी चिन्ता ही सबसे बड़ी संगति है।

पहली चिन्ता राम को सीता की होती है, जब वे देखते हैं कि सीता अधीर हो गयी हैं; केवल सीता ही नहीं, जनकपुर के सभी लोग अधीर हो गये हैं। राम ने जब देखा, अब देर नहीं करनी चाहिए तब उन्होंने विश्वामित्र को प्रणाम करके हलके हाथ से धनुष उठा लिया और कब धनुष चढ़ा, किसी को ध्यान नहीं; कब धनुष की डोर खिंची, किसी ने नहीं देखा। एक बिजली चमकी और एक भयंकर ध्वनि भुवन में भर गयी। फिर उन्हें दूसरी बार चिन्ता होती है, जब अपने पिता को दुःखी देखते हैं–

करुनामय मृदु राम सुभाऊ। प्रथम दीख दुखु सुना न काऊ।।

एक ओर राम को पिता के सत्य की चिन्ता होती है, दूसरी ओर स्नेह की। वे आज्ञा मानकर चल देते हैं, प्रतीक्षा नहीं करते; इसलिए कि कहीं रुक जायें तो राजा का मोह प्रबल न हो जाये। इसके बाद राम को चिन्ता होती है माँ को।।

माँ भी राम की हैं। उन्हें एक दुविधा होती है। फिर सोचती हैं–राम और भरत दोनों ही तो एक समान हैं–और वे राम-सीता को वन में जाने की अनुमति दे देती हैं। जाते-जाते राम को सारे परिजनों की चिन्ता होती है। वे गुरु

वसिष्ठ पर सबका भार छोड़कर जाते हैं। जब राम अयोध्या छोड़ते हैं तो प्रजा तमसा के तीर तक उनके साथ-साथ चलती है। राम बहुत समझाते हैं, पर–'लोग प्रेमबस फिरहिं न फेरे।'

सीलु सनेहु छाड़ि नहिं जाई। असमंजस बस भे रघुराई।।

अन्त में वे लोगों के सो जाने पर चोरी से रथ हँकवा देते हैं, इसलिए कि लोग राम के निर्वासन में स्वयं निर्वासित होते हैं। राह में लोगों को प्रिय वचन कहकर फेरते रहते हैं। सबसे अधिक चिन्ता राम को होती है तब, जब भरत आते हैं। भरत के आने से पहले सीता स्वप्न देखती हैं कि मलिन वेश में भरत आते हैं; राम स्वप्न का अभिप्राय समझाते हुए कहते हैं–

लखन सपन यह नीक न होई। कठिन कुचाह सुनाइहि कोई।।

राम को चिन्ता होती है कि भरत ऐसा आग्रह रखेंगे, जिसे मानना धर्म के विपरीत होगा और न मानना प्रेम के विपरीत। उसके बाद का पूरा अयोध्याकाण्ड धर्म और प्रेम के गहरे अन्तर्द्वन्द्व का एक अपूर्व विस्तार है। भरत के हृदय का क्षीरसागर विरह के मन्दर से मथा जाता है और प्रेम का अमृत निकलता है। कथा एक बिन्दु पर आती है, जब भरत कहते हैं कि अब आप जो आज्ञा दें, मैं वही करूँगा। तब राम को चिन्ता होती है कि जब भरत ने निर्णय मेरे ऊपर छोड़ दिया है तो मैं अपनी टेक पर कैसे टिकूँगा इतने में जनक अपने परिजनों के साथ आते हैं। ऐसा लगता है कि शान्तरस के सागर में करुणा की नदी प्रवेश करती है। और वह रूपक तुलसीदास के रूपकों में एक विशिष्ट स्थान रखता है–

बोरति ग्यान बिराग करारे। बचन ससोक मिलत नद नारे।।
सोच उसास समीर तरंगा। धीरज तट तरुबर कर भंगा।।
बिषम बिषाद तोरावति धारा। भय भ्रम भँवर अबर्त अपारा।।
केवट बुध बिद्या बड़ि नावा। सकहिं न खेइ ऐक नहिं आवा।।
बनचर कोल किरात बिचारे। थके बिलोकि पथिक हियँ हारे।।
आश्रम उदधि मिली जब जाई। मनहुँ उठेउ अम्बुधि अकुलाई।।

राम से यह करुणा सँभाले नहीं सँभलती और वे अपना सम्पूर्ण मन भरत को दे देते हैं; अपने को सौंप देते हैं–

मोहि सब भाँति भरोस तुम्हारा। तदपि कहउँ अवसर अनुसारा।।

भरत राम के प्रेम के भाजन बन सकते हैं और भरत के निर्मल आकाश में–

सम दम संजम नियम उपासा। नखत भरत हिय बिमल अकासा।।
ध्रुव बिस्वासु अवधि राका सी। स्वामि सुरति सुरबीथि बिकासी।।

आकाशगंगा से राम की स्मृति का सादृश्य तुलसी की अपनी उद्‌भावना है। आकाशगंगा में एक नक्षत्र दूसरे नक्षत्र से ऐसा जुड़ा रहता है कि उनके बीच अन्तर नहीं जान पड़ता। भरत के मन में स्मृतियों का ऐसा गुम्फन है कि वह एक प्रवाह बन गयी है; कौन-सी स्मृति छोटी है, कौन बड़ी, इसका ध्यान ही नहीं रह गया है। सारी स्मृतियाँ हृदय के आकाश में इस पार से उस पार तक छा गयी हैं।

मैंने इस प्रतिज्ञा से बात शुरू की थी कि रामकथा वस्तुतः राम की चिन्ता की कथा है। राम की चिन्ता का अतिशय जहाँ होता है वहाँ राम के प्रेम की पूर्णता भी होती है। रामकथाएँ अनेक हैं, पर तुलसीदासजी की रामकथा की विशेषता यह है कि रामकथा की मिति, उसका माप राम से नहीं होता; उसका माप होता है राम के द्वारा संचारित ऐसी चिन्ता से, जो राम की उपस्थिति से उद्‌भासित हो जाती है। तुलसी के राम की वनयात्रा अभी भी समाप्त नहीं हुई है। तुलसी की रामकथा का हृदय है अयोध्यावासी राम और उस हृदय की आत्मा है चित्रकूट। इस चित्रकूट में ऐसे राजा रहते हैं, जो अपने तिलक के लिए आकुल नहीं रहते, जन-जन के भाल को तिलकित करने के लिए व्याकुल रहते हैं। ऐसे राम की कौन प्रतीक्षा नहीं करेगा; और जब तक प्रतीक्षा रहेगी तब तक राम की कथा भी शेष न हो सकेगी। वे इस देश की सच्चाई के स्पन्दन बने रहेंगे और तुलसीदास का रामचरितमानस एक साथ सरोवर, नदी, सागर और सागर से उठकर बादल का अनवरत वृत्त बना रहेगा।

(लागौ रंग हरि : श्याम रसायन, 1985)

जिन्हें राम एक बार मिलते हैं

तुलसी के रामचरितमानस में कई बातें बड़ी विचित्र हैं। कुछ पात्र आते हैं राम की जीवन-यात्रा में और वे ओझल हो जाते हैं, पर ऐसे पात्र अमिट छाप छोड़ जाते हैं, राम पर और राम की कथा पर। तुलसी के राम को इनकी विपुल चिन्ता है। वन के रास्ते में जो मिले और बिछुड़े, बिछुड़ते बनता नहीं था, पथिक की विवशता, पथ पर आगे जाना, पथ में जाने वाले पर ठहरी हुई आँखों की विवशता, किसी तरह राम उस घेरे से निकलते हैं। सब जानते हैं, समझते हैं, अब फिर कहाँ मिलेंगे, सपना हो जायेंगे। पर तुलसी चाहते हैं, देखने की वह तरस बनी रहे, जो देख पाये उनके मन में पछतावा बना रहे, जिन्होंने देखा, देख रहे हैं, देखेंगे, बड़े पुण्य हैं उनके—

वे पुनि पुण्य पुंज हम लेखे। जे देखहिं देखिहहिं जिन्ह देखे।

और जो देखने का अवसर न पा सके बार-बार अकुलाकर पूछते हैं—'अब लगी कहाँ गये रघुराई', जो समर्थ हैं, दौड़ कर पहुँचना चाहते हैं, पर जो असमर्थ हैं, वे पछताते रहते हैं—

अबला बालक वृद्ध जन कर पीजहिं पछिलाहिं।
होंहि प्रेमवस लोग इमि राम जहाँ नटे जाइ।।

तुलसी के लिए राम की वन यात्रा का प्रयोजन ही ऐसे सामान्य लोगों को, अनाम लोगों को राममय बनाना है। राम के वेश के राजा चले जाने पर राम की यह यात्रा, राम का वह बटोही रूप सपनों पर छाया रहे—

अजहुँ जासु उर सपनेहुँ काऊ। बसहुँ लखन सियराम बटाऊ।
रामधाय पथ पाइय सोई। जो पथ कबहुँ नाहिं मुनि कोई।

उस रूप का सपना भी देखे तो जो राम का धाम मिलता है, राम की राह मिलती है, वह मुनियों को भी मुश्किल से मिलती है।

तुलसी ने इसीलिए कुछ ऐसे पात्र रचे, जो बस एक बार आते हैं, और राम को अपने भीतर भरकर और भर नहीं पाते तो राम की प्यास से भरकर ओझल हो जाते हैं। एक पात्र तो वह लघुवयस तापस है, जो राम की पैदल वनयात्रा के द्वार पर आता है।

तेहि अवसर एक तापस आवा। तेज पुंज लघु वयस सुहावा।
कवि अलखित गति वेषु विरागी। मन क्रम वचन राम अनुरागी।।

सजल नयन तन पुलकि निज इष्टदेउ पहिचानि।
परेउँ देउ जिमि धरनितल दसा न जाइ बखानि।।

राम सप्रेम पुलकि उर लावा। परम रंकु अनु पारस पावा।
मनहुँ प्रेम परमारथ दोऊ। मिलन धरे तन कह सब कोई।।

बहुरि लखन पायन्ह सो लागा। लीन्हि उठाइ उमगि अनुरागा।
सुनि सिय चरन धूरि धरि सीसा। जननि जानि सिसु दीन्ह असीसा।।

कीन्ह निषाद दण्डवत नेही। मिलेउ मुदित लखि राम सनेही।
पियत नयन पुट रूप पियूषा। मुदित सुअसनु पाइ जिसि भूखा।।

तापस आता है, बड़ा तेजस्वी, कच्ची उम्र का, बैरागी के वेष में कवि आता है। मन, कर्म, वचन से राम का प्रेमी और दण्डवत करता है। राम उससे मिलते हैं जैसे परमार्थ प्रेम से मिल रहा हो। लक्ष्मण उमंगित होते हैं मिलकर और सीता जी मन भर असीस देती हैं, निषादराज विह्वल हो जाता है और वह तापस आँखों की पुटी में रूप-सुधा भर-भरकर पीता है, जनम-जनम के भूखे को पहली बार और कुछ अच्छा भोजन मिला। इसके बाद उस तापस का क्या हुआ, कुछ पता नहीं चलता, वह तापस कथा में समा जाता है, राम की चरण धूलि बनकर जैसे समा गया हो।

कवि से रहा नहीं गया था, बैरागी घर से रूठकर चला था, पर राम की गृहस्थी का यह बनयात्री, ठाट देखने का लोभ उसे ले आया, बचपना ही तो है यह, अभी कवि के रूप में बच्चा ही है, बिना इस यात्रा में आये उसकी काव्य यात्रा आगे चल नहीं सकती।

तुलसी का रामचरितमानस कवि को अपने भीतर जज़्ब किये हुए है, जैसे—नया सकोरा पानी को अपने भीतर जज़्ब कर लेता है।

पुनः आते हैं सुमन्त्र, मन्त्री को रथ हाँककर राम को वन दिखाने का कार्य दशरथ ने सौंपा था, सुमन्त्र के मन में भी यही था कि मैं जाऊँगा तो राम को लौटा लाऊँगा, वन जाने का बस कर्मकाण्ड पूरा कराके उन्हें अयोध्या वापस लाऊँगा। उन्हें क्या पता था कि गंगातीर पर ही राम रथ छोड़ देंगे, सब राजचिह्न छोड़ देंगे, सुन्दर केश-पाश को जटाजूट में परिवर्तित कर देंगे और विदा दे देंगे। और सुमन्त्र को ऐसा लगता है जैसे सर्वस्व हर लिया गया हो, सब पुण्य शेष हो गये हों—

जमपुर पन्थ सोचि जिसि पापी

ऐसी आकुलता हुई जैसे पापी को जमपुर के रास्ते में होती है। कैसे मैं अयोध्या लौटूँ, राम के साथ आया, राम के बिना लौटूँ? क्या उत्तर दूँगा लोगों को, क्या यही कहने को मुँह रह गया है कि कुशलपूर्वक पहुँचा आया—

देहउँ उतरु मौन मुँह लाई। आयहुँ कुसुल कुंअर पहुँचाई।

दिन-दिन अयोध्या में पैठने का साहस नहीं जुटा पाये। राम का सन्देश लेकर लौटना राम को विदा करके लौटना यही विधि ने भाग्य में लिखा था।

यह पछतावा, यह अपार दुःख, यह राम के द्वारा विदा किये जाने की वेदना ऐसी है जो फिर सुमन्त्र को आप कहीं नहीं पाते, न चित्रकूट में, न अयोध्या में। वे बस रामकथा में कहीं विलीन हो जाते हैं, जैसे नमक पानी में घुल जाता है। राम का रथ हाँकने के सुख के बाद रामविहीन रथ को लाने की ग्लानि तुलसी के मन में ऐसी चुभती है कि वे इसका समाधान बस इसी में देते हैं कि वह व्यथा इस कथा का मर्म बन हरेक आदमी को बीधती रहे, एक क्षण सपने में कथा-श्रवण में भी राम के प्रेम में आँखें गीली हुईं और फिर जग का जंजाल आ गया। हाय यह दुर्भाग्य, यह नियति है साधारण जन की। पर यह नियति ही राम की पुकार लगाती रहती है, यह दुर्बलता ही राम को पास बुलाती रहती है, प्रभु यह बाँहे टूटीं तो क्या तुम्हारे ही गले बँधेंगी 'टूटियाँ बाँह गरै परै'।

अरण्य काण्ड में अत्रि-अनसूया, शरभंग, सुतीक्ष्ण और शबरी एक-एक कर आते हैं, शरभंग और शबरी के शरीर तो बस राम की प्रतीक्षा कर रहे थे, उन्हें देखा और शरीर का कार्य पूरा हो गया, तत्काल प्राण त्याग दिये योग के द्वारा। योग, राम की परम ज्योति से मिलना ही तो योग है। पर सुतीक्ष्ण का प्रसंग कुछ और है। सुतीक्ष्ण राम की प्रतीक्षा कर रहे हैं। ध्यान में मग्न हैं और बटोही राम ही सब ओर हैं, दिखते हैं ध्यान लग जाता है, राम विष्णु का चतुर्भुज रूप धारण करते हैं और उनका ध्यान एकदम उचट जाता है, यह क्या हो गया, आँखें खुल जाती हैं और फिर वही वनवासी रूप। सब ध्यान का अभिमान गल जाता है—कहते हैं, प्रभु यह अभिमान भूलकर भी न आये। मैं सेवक हूँ और रघुपति स्वामी—

अस अभिमान जाइ जनि भोरे।
मैं सेवक रघुपति पति मोरे।।

बिना माँगे प्रभु ने वर दिया—

अविरल भगति विरति विग्याना
होहु सकल गुन ग्यान निधाना।

सुतीक्ष्ण ने कहा—यह तो तुमने अपने मन से दिया, मेरे मन की मुराद पूरी करो—

अनुज जानकी सहित प्रभु चाप बान धर राम।
मन हिय गगन ईनु इव बसहु सदा निहकाम।।

राम, सीता, लक्ष्मण सहित धनुष-बाण लिए मेरे हृदय गगन में चन्द्रमा की तरह सदा विराजे रहो।

एवमस्तु कहकर राम चल देते हैं, अगस्त्य के पास, अपने कथा के मूल श्रोता के पास। पर क्या राम सुतीक्ष्ण के हृदय को छोड़कर जा सके?

राम का वह वनवासी रूप सुतीक्ष्ण जैसे असंख्य प्रतीक्षारत लोगों के मन से कभी जा सकेगा। तुलसी अपने मानस के द्वारा बस यही प्रतीक्षा, यही प्यास, यही आस, यही विश्वास भरना चाहते हैं, उन सबके मन में जो अपनी सामान्यता को बिसराना नहीं चाहते इसीलिए राम उस सामान्यता में बसना चाहते हैं। एक राज्य से निर्वासित होकर विशाल अनाम असंख्य जनों के मनोराज्य के फकीर राजा होना चाहते हैं तभी तो वे इतने अपने हैं। झूठ-मूठ में लोग कहते हैं तुलसी ने राम को ईश्वर बनाया, तुलसी ने ईश्वर को अपना सगा नातेदार बनाया।

(पीपल के बहाने, 1994)

रामकथा का आशय

मैं सरवारि अर्थात् सरयूपार का हूँ, इसलिए राम के ऊपर कुछ अधिक दावा रखता हूँ। मेरे क्षेत्र का कोई गाँव क्या—कोई घर नहीं, जहाँ तुलसी की गन्ध न छायी हो और उस गन्ध पर राम भ्रमर बनकर न रीझे हों। आज भी वह पिछड़ा क्षेत्र कहा जाता है। उस पृथ्वी पर जनसंख्या का भार अधिक है। वहाँ का आदमी खटने के लिए दूर देश-देशान्तर गया, आज भी जा रहा है। कलकत्ता, बम्बई, सिंगापुर, बैंकाक, रंगून में अगर आपको तुलसी की चौपाई श्रमिकों की बस्ती में सुनाई पड़ेगी, तो समझ लीजिए ये अवध के निवासी हैं। तुलसी की चौपाई यहाँ के निवासी के अस्तित्व का प्रमाण है। गोरी संस्कृति ने काली संस्कृति को सुधारने का व्रत लिया और सुधारा भी, पर अवध से गये अनपढ़ गिरमिटिया मज़दूरों को फीजी, मॉरीशस और कैरीबियन द्वीपों में ले जाकर, उनकी धरती से उन्हें काटकर, कोड़ों की मार भी सुधार नहीं सकी। इन मज़दूरों के पास कुछ नहीं था, बस एकाध के पास रामचरितमानस था, सबके पास अयोध्या से राम के निर्वासन की कहानी थी। ये मज़दूर अपने संस्कारों में बिना किसी आग्रह के, बिना किसी प्रदर्शन के अनगढ़ हिन्दुस्तानी बने रहे, क्योंकि ये राम को किसी भी मूल्य पर छोड़ नहीं सकते थे और जहाँ राम हैं राम की कथा है, वहीं हिन्दुस्तान है, वहीं हिन्दुस्तानियत है।

इस प्रकार राम मेरी अस्मिता के प्राण हैं। हमारे यहाँ बच्चा जन्म लेता है तो माँ उसमें राम की छवि देखती है। बचपन में 'जागिये रघुनाथ कुँअर पंछी बन बोलें' से कितनी बार दादी के द्वारा जगाया गया हूँ। बच्चे का मुण्डन होता है, जनेऊ होता है तो माँ ललक के साथ देखती है कि मेरे राम इतने बड़े हो गये और विवाह में तो वर राम ही बन जाता है और कन्या सीता। इनसे सम्बद्ध असंख्य लोकगीत मेरी शिराओं में आज भी बह रहे हैं, अभी भी स्मरण करने पर रोमांच हो जाता है और रोकने की कोशिश करने पर भी आँखें नम हो जाती हैं। पिछली रामनवमी को मुझे एक वार्त्ता प्रसारित करनी थी, मुझे एक गीत याद आया, बल्कि कहूँ वह गीत कभी याद से उतरा नहीं, वह तो बस नाचता रहता है, उसका भाव यही है कि ऐसी स्मृतियों के राम, उन्हें कैसे बिसराऊँ?

राम की ऐसी ही कुछ स्मृतियाँ आपसे बँटाना चाहता हूँ। अक्षर-ज्ञान होते ही घर में एक काम था, रात में कुछ देर तक रामचरितमानस माँ को, चाची को, दादी को सुनाना। रामचरितमानस एक साथ मैंने भयंकर पीड़ा के क्षणों में पढ़ा था। एक बार मधुमक्खियों के छत्ते में किसी सहपाठी ने पत्थर फेंके और उनका आक्रमण पूरे दल पर हुआ। मेरे ऊपर तो औचक हुआ, फेंकने वाला लड़का तो भागा, पर मैंने देखा ही नहीं, क्या हो रहा है और मुँह-हाथ-पैर सभी सूज गये। घर लाद कर लाया गया। एक दिन एक रात तो आधा बेहोश, होश में आया तो भयंकर पीड़ा। गाँव में मामूली उपचार हुआ। दर्द की वहाँ कोई दवा नहीं लेता। मैंने तभी रामचरितमानस का पारायण किया, लगभग ढाई दिनों में, मेरा दर्द जाने कहाँ चला गया और तभी एक दूसरा दर्द समा गया। वह दर्द मैं विशेष रूप से बँटाने

जा रहा हूँ। सुमन्त राम को गंगा तीर तक पहुँचा कर लौट रहे हैं, इस बीच निषादराज गुह भी कुछ दूर राम के साथ जाकर लौटे हैं और निषाद को लगा कि ये तो यहीं प्राण दे देंगे। उन्हें रथ पर बिठलाता है, अब घोड़े नहीं चलतेः

शोक शिथिल रथ सकहिं न हाँकी।
रघुवर बिरह पीर उर बाकी।
तरफराहिं मृग चलहिं न घोरे।
वनमृग मनहु आनि रथ जोरे।
अटकि परहिं फिर चितवत पीछे
राम वियोग विकल दुख तीछे।
जो कह राम लखन बैदेही
हिंकरि हिंकरि हय हेरहिं तेही।

इन पंक्तियों को पढ़ते-पढ़ते ऐसा लगा कि मुझे ही यह रथ खींचना है। निषादराज चले गये औरः

शोच सुमन्त विकल दुख दीना
धिक् जीवन रघुवीर विहीना
रहिहिं न अन्तहु अधम सरीरू।
जस्र न लहेउ बिछुरत रघुवीरू।

सुमन्त की यह ग्लानि मुझमें उसी समय समा गयी, जिस राम को खिलाया, बड़ा किया, घुमाया, उनके निर्वासन का रथ मुझे हाँकना पड़ा और फिर उनको छोड़कर सूना रथ लेकर लौटना पड़ा। आज बड़े हो गये और सोचता हूँ तो लगता है मैं एक रथ खींच कर जैसे-तैसे लौट रहा हूँ, उस रथ पर बैठकर मेरे राम वन गये हैं। जाने कब लौटेंगे। मैंने ही नहीं हम सबने अपने देश के भाव-सत्य को निष्कासित किया है, उनके साथ कर्तव्य चला गया है, उनके साथ निष्ठा चली गयी है। मैं अँधियारे में अयोध्या में प्रवेश करना चाहता हूँ, किस-किस को किस मुँह से उत्तर दूँगा, राम कहाँ हैं, कैसे हैं? सुमन्त जैसे-तैसे पहुँचते हैं और समाचार बड़े धीरज से सुनाते हैं, राम का सन्देश सुनाने के बाद कहते हैं:

करि प्रणाम कछु कह न लिय, सिह भइ सिथिल सनेह।
थकित वचन लोचन सजल पुलक पल्लवित देह।।
येहि अवसर रघुवर रुख पाई। केवट पारहिं नाव चलाई।
रघुकुल तिलक चले यहि भाँती। देखेउ ठाढ़ कुलिस घरि छाती।
मैं आपन किमि कहब कलेसू
जियत फिरउँ मैं राम संदेसू।
अस कहि सचिव वचन रहि गयऊ
हानि गलानि शोचबस भयऊ।

बस सुमन्त अधिक कह नहीं सकते, मैं राम का सन्देशवाहक बन कर आया, यही मेरा प्राप्य था?

आपसे बात कर रहा हूँ तो मैं अपने भीतर पूछना चाहता हूँ कि मैं बस रामकथा का सन्देशवाहक मात्र हूँ। राम की कथा मैं कहाँ छोड़ आया? मेरी रामकथा जीवन- मूल्यों के लिए विसर्जन की कथा है, मैंने उन जीवन-मूल्यों को अपनी आँखों से नाव में ओझल होते देखा और मैं कुछ नहीं कर सका।

एक दूसरा प्रसंग है रामकथा का जो इससे जुड़ा है। वात्स्यायन जी ने मुझे बतलाया कि गुजरात की एक लोककथा है। राम ने सोचा कि पत्थर पर मेरा नाम वानरों ने लिखा, समुद्र में फेंका, वह तैरने लगा। मैं ख़ुद पत्थर फेंक कर देखूँ, पत्थर फेंका, पत्थर डूब गया। हनुमान वहीं थे, राम को बड़ा दुखी देखा तो पूछा, 'प्रभु क्यों दुखी हैं।' राम ने बतलाया कि मैंने परीक्षा ली, सब झूठ है, मेरे नाम पर कुछ हो सकता है, यह ग़लत है। हनुमान बोले, 'प्रभु आपने ठीक नहीं किया, आप प्रेम की, विश्वास की परीक्षा क्यों लेते हो? सीता के प्रेम की परीक्षा लेकर क्या आपको पछतावा नहीं हुआ? और दूसरी बात यह है कि आप सोचिए आपने अपने हाथ में जिस पत्थर को लिया, वह निहाल हो गया कि राम के हाथ का स्पर्श मिला, वह आकाश में उड़ने लगा, और आपने उसी हाथ से उसे पानी में फेंका, भला वह ग्लानि में डूबेगा नहीं तो ऊपर आयेगा?'

इस कहानी को भी नहीं भूल पाता। राम की कहानी का स्पर्श पाकर फिर उससे अलग होना बस डूब मरने की बात है।

राम की कहानी स्मृति नहीं है, साक्षात्कार है, वह स्मृति बन जाये, यह बड़े शोच का विषय है। जब तक वह कहानी साक्षात्कार है, तब तक राम भी सामने रहते हैं, क्योंकि राम को एक ही ठौर है, राम की कहानी, और राम की कहानी सुन-सुन कर अतृप्त मानव हृदय :

जिनके श्रवण समुद्र समाना
कथा तुम्हार सुभग सरि नाना।
भरहिं निरन्तर होहिं न पूरे
तिनके हिय तुम कँह गृह खरे।।

यह ठौर वाल्मीकि ने राम के लिए बतलायी है।

जब हनुमान जी सीता को अशोक वाटिका में देखकर लौटे तो सीता का सन्देश सुनायाः

नाथ जुगल लोचन भरि बारी।
बचन कह्यो कछु जनक कुमारी।।
अनुज समेत गहेहु प्रभुचरणा।
दीनबन्धु प्रणतारति हरणा।।
मनक्रम वचन चरण अनुरागी
केहि अपराध नाथ मोहि त्यागी
अवगुण एक मोर मैं जाना
बिछुरत प्राण न कीन्ह पयाना
नाथ जो नयनन कर अपराधा
निसरत प्राण करहिं हठ बाधा।

किस अपराध से मेरे प्राणेश्वर ने मुझे छोड़ रखा है शायद एक अपराध हुआ है। मेरे प्राण उनसे बिछुड़ने पर निकले नहीं। पर मैं क्या करूँ, इन आँखों में तो तुम बसे हुए हो, प्राण निकलना चाहते हैं, आँखें रोक लेती हैं, राम यहाँ हैं, तुम लौट जाओ। और :

विरह अगिनि तनु तूल समीरा।
श्वास जरै छन मोहि सरीरा
नयन स्रवैं जल निज हित लागी
जरैं न पाव देह विरहागी।

आँखें अपने स्वार्थ में देह को विरहाग्नि में जलने नहीं देतीं। हनुमान जी टिप्पणी करते हैं कि :

सीता की अति विपति विसाला।
बिनहिं कहे भल दीन दयाला।

राम की आँखें यह सुनते ही भर जाती हैं:

वचन काँय मन मम गति जाही।
सपनेहुँ बूझिय विपति कि ताही।।

जो मन, वचन, कर्म से मेरी ओर गतिशील है, उसे सपने में भी क्या विपत्ति होगी? राम की चिन्ता हो जाये, फिर चिन्ता रहे, यह कैसे, राम की सुधि रहे और फिर वह सुधि ही बनी रहे, वह राम न हो जाये, मैं व्यर्थ हूँ। हनुमान प्रभु का दुःख समझ लेते हैं और जीभ काट लेते हैं—नहीं-नहीं प्रभु चूक हो गयी :

कह हनुमान बिपति प्रभु सोई।
जब तव सुमिरन भजन न होई।।

रामकथा के इस प्रसंग को जब पढ़ता हूँ तो लगता है कितने भाग्यशाली हैं वे जो राम से जुड़े हुए हैं। कितना अभागा हूँ मैं और मेरी ही तरह अर्धशिक्षित साक्षर समुदाय, जो राम को उपस्थिति के रूप में नहीं देख पाता, ज़मीन की खुदाई करके पुराने ठीकरों में राम का अस्तित्व तलाशता रहता है, राम को अपने पुलक में नहीं देख पाता, राम को अपने अश्रु में झलकते नहीं देख पाता।

लगता है रामचरितमानस के आसपास रहा, इसे परसा, पिया, इसमें नहाया, पर अभी इसमें अवगाह नहीं सका। अभी रामचरितमानस का मैंने अधूरा पारायण किया है। इसी से संकट है, इसी से दुविधा है, इसी से कर्तव्य की सही दिशा नहीं सूझती और इसीलिए राम एक घटना हैं, कहानी हैं, आदर्श हैं। पर जिस मानस ने मेरा दर्द हरा था, वह यथार्थ है, वह वर्तमान है, वह कानों का नहीं आँसुओं में तिरती आँखों का विषय है। काश, वैसा ही दर्द हो, उससे भी अधिक तेज़ दर्द हो और मानस की ये पंक्तियाँ अँसुयाई आँखों से पूरी पढ़ी न जा सकें, बस उन्हीं में अधडूबी अधतिरी तैरती रहें :

रहा एक दिन अवधि अधारा
समुझत मन दुख भयउ अपारा

कारन कवन नाथ नहिं आये
जानि कुटिल प्रभु मोहि बिसराये
अहह धन्य लछिमन बड़भागी
राम पदारविन्द अनुरागी
कपटी कुटिल नाथ मोहिं चीन्हा
ताते नाथ संग नहिं लीन्हा।

और उस दर्द से विह्वल होकर राम यकायक आ जायें। काश, ऐसा कभी हो, किसी जन्म में हो।

(संचारिणी, 1982)

लोक-मानस में राम

रामकथा का प्रसार भारत और एशिया के अन्य देशों में जिन कारणों से हुआ, उनमें दो बहुत प्रमुख लगते हैं। एक तो रामचरित की उदात्त मानवीयता, जिसके अन्तर्गत एक साथ कई बातें आती हैं—पिता की प्रतिज्ञा की रक्षा के लिए कठिन वनवास का अंगीकार, एकपत्नीव्रत, ऋषियों के प्रति आदर और श्रद्धा की भावना, उनकी रक्षा के लिए अपने बूते पर घोर संकल्प लेने की क्षमता, स्नेह भरा भायप (भाई का प्रेम) निषाद-कोल-किरातों के साथ घनी आत्मीयता, जंगली ऋक्ष और वानर जातियों में आत्मविश्वास पैदा करके उनकी सहायता से आसुरी शक्तियों को पराजित करने वाला पराक्रम, शरणागत के लिए दया के स्थान पर मैत्री की भावना, वीरता के साथ-साथ अत्यधिक सौम्यता और निरभिमानता तथा कर्तव्य की कठोरता के साथ-साथ अद्‌भुत मृदुता। इन गुणों के प्रतिमान के रूप में राम का चरित्र बड़ा ही आकर्षक बन गया है। उनसे सम्बद्ध कथा के मूल ढाँचे को रखते हुए अनेक रूपान्तर हो गये हैं। जैनों और बौद्धों ने रामकथा का एक रूप लिया, जिसमें उनके विवेक और धैर्य पर अधिक बल है। प्रत्येक प्रदेश और क्षेत्र में रामकथा में नयी-नयी रंगतें आयीं; पर एक बात सब जगह एक-सी है—राम ने पिता के सत्य का निर्वाह करने के लिए वनवास स्वीकारा और भरत के लाख मनाने पर भी चौदह वर्ष की अवधि तक अयोध्या आने के लिए सहमत नहीं हुए। एक प्रकार से वनवासी राम ही अपने लोकरंजक और लोकरक्षक रूप से जनभावना के आराध्य बने।

राम से पहले जटाजूट बाँधने वाले तपस्वी तो बहुत हुए और किसी विशेष उद्देश्य के लिए तप करने वाले राजा भी बहुत हुए। उनको भी भारतीय जनता ने सम्मान दिया; क्योंकि सुख का त्याग करना भारतीय जीवन में एक महनीय जीवन-मूल्य रहा है। और दूसरों को सुख देने के लिए कष्टपूर्ण साधना के जीवन का वरण तो और बड़ा जीवन-मूल्य माना जाता रहा है; एक प्रकार से वही सबसे बड़ा पुरुषार्थ, मानव जीवन का चरम लक्ष्य माना जाता है। परन्तु वनवासी राम की एक अलग धज है। वे जटाजूट बाँधकर भी, वन का अभावों और कष्टों से भरा जीवन जीकर भी धनुर्धर हैं। वे कोलों-किरातों के बराबर होकर भी असहाय और निरुपाय नहीं हैं, असहायों और निरुपायों के रक्षक हैं। वे छोटे से भूखण्ड के राजा नहीं, एक विशाल मनोराज्य के राजा हैं। पिता के सत्य के लिए तप का वरण और दुर्बलों की रक्षा के लिए शस्त्र का वरण—ये दोनों बातें एक साथ पहले किसी एक व्यक्ति में नहीं दिखीं—ये सबसे पहले राम में ही दिखीं। उनके बाद युधिष्ठिर में।

सत्य के धुरंधर होते हुए भी युधिष्ठिर राम न हो सके, क्योंकि वन में रहते हुए उन्होंने कोई रावण नहीं मारा या उन्हें मारने को कोई रावण नहीं मिला। वनवासी राम ने धर्म के रथ पर सवार होकर विजय-यात्रा की, यही बात लोक-चेतना में ऐसी बसी कि वह देवताओं से बड़े हो गये। देवता असुरों से डरते थे, पर राम नहीं। राम दूसरे आदमियों से भिन्न सिर्फ़ इस मायने में थे कि दूसरे आदमी विपत्ति में देवता की गुहार लगाते हैं और राम की गुहार

देवता लगाते हैं। हाँ, राम स्वयं अपने साथ लेते हैं ऐसे मनुष्यों को, जो अपने को दीन और हीन माने बैठे हैं। इसीलिए राम से साधारण आदमी का इतना गहरा और इतने लम्बे अरसे का लगाव है।

अकेले राम के साथ जुड़ी हुई इतनी लोककथाएँ, इतने लोकगीत हैं कि केवल हिन्दी क्षेत्र की जनपदीय भाषाओं की ही पूरी सामग्री का संकलन किया जाये तो वह कम-से-कम दस-बारह खण्डों में छपे। प्रायः सभी संस्कार गीतों में जन्म से लेकर विवाह तक, राम ही नवजात शिशु के रूप में, राम ही वटु या बरुआ के रूप में, राम ही वर के रूप में और वधू या विवाह के लिए प्रस्तुत हो रही कन्या सीता के रूप में लोक-दृष्टि से निरखे जाते हैं। मेले के गीतों में और तीर्थयात्रा के गीतों में तो राम की वनयात्रा ही मुख्य वर्ण्य विषय है। स्त्री के शोकगीत विरल हैं; पर उनमें भी भाव यही है—'मेरे राम मुझे अकेले छोड़ गये, मैं कैसे जिऊँ? इनके बिना 'अजोधिया' सूनी है।' मृत्यु के समय तो राम नाम से अधिक काम्य कोई नाम नहीं है। जीवन का समग्र सत्य राम नाम में ही सिमटा रहता है। ऋतु गीतों—बारहमासों, कजरियों, होलियों और चैतों में भी राम बसे हुए हैं। राम लोक-जीवन के पूरे वृत्त बने हुए हैं। साहित्य में रामकथा के नायक हों, इतिहासपुरुष हों, अवतार हों, साक्षात् परब्रह्म हों, जो भी हों; पर लोक-साहित्य में राम कभी भी असाधारण, कभी भी व्यतीत नहीं होते। वे ऋतुचक्र के साथ-साथ एक अवस्था से दूसरी अवस्था में संचरण करते रहते हैं। यह आवश्यक नहीं कि लोक-मानस में यह क्रम वाल्मीकि रामायण से या किसी और रामायण से मेल खाये ही, लोक-मानस में राम को अपने बीच निरन्तर पाते रहने की अतृप्त आकांक्षा रहती है; वही उसकी सहज कण्ठध्वनि में भी मुखरित होती रहती है। बारहमासे का एक गीत है, जो मामूली हेर-फेर के साथ अवधी, भोजपुरी और बघेली—कई जनपदीय भाषाओं में गाया जाता है। इस रूप में अवधारणा की गयी है कि—

चैत से ही वर्ष शुरू होता है और चैत में अयोध्या में राम जन्म लेते हैं। कौशल्या सारा घर चन्दन से लिपवाती हैं, मोतियों से चौक पुराती हैं। बैसाख में यह ऋतु ज़हर हो जाती है और जैसे पानी के बिना मछली तड़पती है वैसे ही कैकेयी, कौशल्या की गति कर देती हैं—अर्थात् राम को वन भेजने का वर माँगती हैं। जेठ में लू चलने लगती है और राम, लखन एवं सीता वन में तपते हैं। असाढ़ में घटा छाती है। पपीहा पुकारता है। अयोध्या में कौशल्या बिलखती हैं—लक्ष्मण, सीता और राम भीग रहे हैं। सावन-भादों की झड़ी में यही चिन्ता लगी रहती है कि मेरे बच्चे कहाँ होंगे। कुआर में चिन्ता लगी रहती है कि राम घर होते तो मैं भी दान-दक्षिणा देती, धर्म का उत्साह होता। कातिक आते ही लगता है, घर-घर दीप जल रहा है, पर हमारी अयोध्या ही अँधियारी हो गयी है। अगहन का महीना आता है। इसी महीने में सीता का विवाह हुआ था। सोने के तारों की साड़ी सीता ने पहनी थी। पूस की रात तलवार की धार की तरह तीखी हो जाती है और याद आती है—कुश के आसन पर राम कैसे सोये होंगे। माघ में राम के बिना जीना कठिन लगता है। भरत पादुका पर चँवर डुलाते रहते हैं, फागुन में अबीर घोलते हैं और चिन्ता करते हैं कि राम घर नहीं हैं। अबीर किस पर छोड़ी जाये?

चैत अयोध्या में जनमें राम। चन्दन सो लिपवायउँ धाम।
सुवरन कलस धरे भरवाए। धरे घटमण्डल पठाए।
अरी बन कैकेयी। बन बालक मेरे।।1।।

बैसाखे कत भीषम घाम। पवन चलत जैसे बरसत आग।
जैसे जल बिनु तड़पत मीन। पियासे होइहैं लछमन राम।

कौन बिरिछ तरै। ये ही दुःख दीने कैकेयी। पठाए... ।।2।।

जेठ मास लू लागत अंग। राम लखन अरु सीता संग।
हरि के चरण जैसे कमल समान। धधकै धरती औ असमान।
चलैं पगु कैसे। पठाए... ।। 3 ।।

असाढ़ मास घन गरजै घोर। चहक विहंगम कूकत मोर।
कलपै कौसिल्या अवधपुर धाम। बन भीजैं मोरे लछमन राम।
काऊ बिरिछ तरे। पठाए... ।।4।।

सावन में सर साधै तीर। मोरन गूँजत फिरत भुजंग।
ठाढ़ी कौसिल्या अवधपुर धाम। बन भीजैं मोरे लछमन राम।।
झमकि झरि लागै। पठाए... ।।5।।

बड़ी-बड़ी बुँदिया बरसत नीर। भीजत ह्वैहैं श्रीरघुवीर।
रैनि अँधियारी। पठाए... ।। 6 ।।

आइल ए सखि मास कुआर। धरम करै सगरो संसार।
आज जो होते अयोध्या में लछमन राम। न्यौतती बाम्हन देती दान।
थार भर मोती। पठाए... ।।7।।

कातिक मास सखि आई दिवारी। घर दिवला लेसहिं नर-नारी।
मेरी अयोध्या पड़ी अँधियारी। सब सखियाँ मिलि गंगा नहावैं।।
करौ मैं कैसे। पठाए... ।।8।।

अगहन कुआरी करती सिंगार। खियाती बरसत सोने के तार।
पाट पटम्बर कुलही के मान। माथे वीरा चड़े कलीदार।
गले वैजन्ती। पठाए... ।। 9 ।।

जिन ओढ़ना मोरे लछमन राम। कलपै कौसिल्या अवधपुर धाम।
कैसे करैं मो जनम जरी के। पठाए।। 10 ।।

माघ मास रितु होत वसन्त। सुत विदेस तन तज गये कन्त।
बैठे भरतजी ढारैं चौर। आजु जो होते मोरे लछमन राम।
जनम के जोड़ी। पठाए.... ।।11।।

फागुन रंग चले सब कोई। ऐसी रितु में गवायौं रोई।
बैठे भरतजी घोरैं अबीर। केहि पर छिरकौं बिन रघुवीर।
दीन्ह दुःख कैकेयी। पढ़ाए... ।।12।।

एक दूसरे बारहमासे में क्रम दूसरे प्रकार का है। चैत में वनवास, बैसाख में कठिन घाम, जेठ में लक्ष्मण को शक्ति लगना, असाढ़ में हनुमान का धौलागिरि को प्रस्थान, सावन में पहुँचना, भादों में अँधेरे में दिखाई न देना, कुआर में राम का लक्ष्मण को गोद में लेकर विलाप करना, कातिक में आशा लगाकर शिव को पूजना, अगहन में हनुमान का लौटना, पूस में लक्ष्मण का जी उठना, माघ में सीता के लिए उदास होना और फागुन में रावण को मारकर सीता का उद्धार–

चइत मास घर छूट रघुपति के, वन में विपति परी।
काली नदिया पार उतर गइले, तपसी भेस धरी।।1।।
घाम लूक बइसाख में लागत, देह से नीर चली।
सीता हरन भइल, पिता मरन भइल, विपति पे विपति परी।।2।।
जेठ बान लागल लछुमन के, मुरछित भुँइयाँ परी।
बैदा सुखेन बतउलें सजीवन, तब लछुमन उबरी।।3।।
राम सुमिर हनुमानजी गइले, धवलागिरि कइले पयान।
तब तक चढ़ले मास असाढ़ा, साम घटा घिर आन।। 4।।
सावन मास सुहावन सजनी, रजनी सूझि ना परी।
बादर गरजै बिजुरी चमकै, महाबीरजी कौंध भरी।।5।।
भादों रैन भयावन सजनी, तनिकौ ना सूझ परी।
चहुँ अँधियारी दिसा नाहीं सूझे, राम सुमिर के वीर चली।।6।।
कुआर हाल-बेहाल लछुमन के, गोद में ले के बिलखाई।
बानर–भालू के कवन ठेकाना, फल पर गइले लोभाई।।7।।
मास कातिक में आसा लागल, संजीवन अइहें ततकाल।
राम रमेसर पूजेले पूजेली विरहिन बात।।8।।
अगहन मास अति गहन बाटे, जानत सकल संसार।
ओही समय लवट अइलें वीरजी, अपना सिखा पर ले के पहार।।9।।
पूस मास जठमर पड़त बा, जस कुठार के छाई।
पीसि के बूटी दिहले लछिमन के, उठले बीर अँगिड़ाई।।10।।
माघ मास में लागेला पंचमी, सखी लोग करेला सिंगार।
आपन बदनियाँ निहारेले रामजी, सीता बिना भइले उदास।।11।।
फागुन में रंग होरी मचेला, उड़ेला गुलाल अबीर।
रावन मारि के सीता उबारे, पार उतरि गइले रामजी बीर।।12।।

इस प्रकार पहले वाले बारहमासे में कौशल्या की राम के लिए निरन्तर चिन्ता और दूसरे वाले बारहमासे में राम के वनवास को एक ऋतुचक्र के रूप में देखने का प्रयत्न वर्णित है। इन दोनों में राम आदमी की माया-ममता के केन्द्र में हैं और इसीलिए राम के लिए चिन्ता अपने सगे के लिए चिन्ता है। राम के वनवास का दुःख अपने ही वनवास

का दुःख है। इस प्रकार का भाव लोक-मानस में झंकृत होता रहे, तभी वहाँ ऋतु का मंगल भी मन सकता है। राम के दुःख में सहभागी बनकर ही आदमी राम के लोक-मंगलमय राज्य का अपने को नागरिक बना सकता है। यह भाव लोक-मानस में यहाँ तक व्याप्त है कि जहाँ राम निराकार हो गये हैं वहाँ भी राम के 'सुमिरन' के बिना और राम की 'टेक' के बिना कोई गीत आगे नहीं बढ़ता।

जन्म के समय गाये जाने वाले गीतों में राम से सम्बद्ध कई कथानक आते हैं—एक तो सीधे-सादे राम के जन्म के पहले कौशल्या और दशरथ के तप का वर्णन, योगी की भभूत से राम का जन्म लेना और जन्म लेने पर चारों ओर बधावा बजना। यह कथानक प्रायः सभी क्षेत्रों में सोहर गीतों में उतारकर गाया जाता है और पुत्र के जन्म का मंगल तभी चरितार्थ माना जाता है, जब उसके जन्म के साथ-साथ राम के प्रादुर्भाव की सम्भावना भी जगाई जाये। जोगी के भभूत से जन्म लेने वाले व्यक्ति की नियति ही वन-वन जोगी बनकर घूमने की होती है। शायद इसीलिए, राम सम्बन्धी कुछ दूसरे गीतों में राम के वनवास के ही चित्र हैं—

बहुते सुघरी राम जनमे त रोहिनी नखत में,
राजा बारह बरिस कै होइहैं त बन के सिधरिहैं।
बभना के पूत जो न होतेउ ते जियरा मरवउतेउँ,
मोर एतनी तपसिया कै राम त बन के सुनायवउ।
बाउर हो रानी कोसिला किन बउराई,
रानी धीरे—धीरे पटना लुटावउ राम बन जइहैं।
बाउर हो राजा दशरथ किन बौरावा,
राजा छुटल बँझिनिया कै नाम भले बन जइहैं।।

इस गीत में ज्योतिषी ने कहा, राम बारह बरस के होंगे तो वन चले जायेंगे। दशरथ को बुरा लगता है और कहते हैं कि तुम ब्राह्मण न होते तो ज़िन्दा गड़वा देता। इतनी तपस्या के राम—और वन जाने को कहते हो! दशरथ कहते हैं—कौशल्या, पागल मत बनो। धीरे—धीरे धन पटना लुटाओ, राम वन चले जायेंगे। कौशल्या कहती हैं—पागल हो, यह नहीं कहते, बाँझिन बनने का नाम छूटा, राम भले ही वन चले जायेंगे।

कुछ और गीत हैं, जिनमें पुत्र के जन्म के समय वनयात्रा का ही स्मरण किया जाता है। मानो साधारण आदमी अपने पुत्र से उसी पौरुष की आकांक्षा कर रहा हो, मनुष्य की उसी नियति को सबसे बड़ी नियति मान रहा हो, जब वह निर्वासित होकर, बेघर होकर विश्व को अपना घर बना लेता है और विश्व का अधिपति बन जाता है। हाँ, यह आवश्यक है कि उसके साथ उसकी शक्ति भी हो। राम बड़े कौशल से सीता को अपने साथ ले जाते हैं—माँ, हम तो मधुवन चले, सीता को कैसे रखोगी? माँ कहती हैं—आँगन में कुआँ खोदवाऊँगी। सीता को आँगन में ही नहवाऊँगी, खाँड़ एवं चिरौंजी खिलाऊँगी और हृदय के बीच रखूँगी। राम सीता से कहते हैं—तुम हमारे साथ मत चलो, बहुत कष्ट पाओगी। लेकिन सीता कहती हैं—भूख-प्यास सह लूँगी, जेठ की दुपहरी भी सह लूँगी, हे राम! तुम्हें देखकर मैं सब सुख पाऊँगी।

राम जे चलेनि मधुबन के माई से अरज करइँ।
माई हम तो जाबइँ मधुबन के सितै कइसे रखबिउ।।1।।

आँगन कुइयाँ खनइबइ सितहिं नहवइबइ।
बेटा खाँड़ चिरौंजी खिअइबइ हिरदइया बीच रखबइ।।2।।
राम जे चले मधुबन के सीता जे गोहन लागी।
सीता हमरे संग जनि चलहू बहुत दुःख पउबिउ।।3।।
सहबइ मैं भुखिया पियसिया जेठ दुपहरिया।
पिया देखि हम तोहरी सुरतिया सकल सुख पउबइ।।4।।

एक दूसरे गीत में कैकेयी ने कभी दशरथ के पाँव में गड़े काँटे को निकालकर उनकी वेदना हरी है और उसकें लिए एक पुरस्कार माँग रखा है। समय पाकर जब वह पुरस्कार माँगती हैं कि राम-लक्ष्मण वन जाये और भरत राज्य विलसें, तो दशरथ कहते हैं—तुमने पुरस्कार तो माँगा, पर तुम्हें माँगना नहीं आया। तुमने मेरे प्राण का आधार माँग लिया और कौशल्या का सहारा माँग लिया। जो राम चित्त से नहीं बिसरे, पलक से नहीं उतरे वे राम वन चले जायेंगे तो मन को कैसे समझाऊँगा।

राजा गइले कदलिया के वन में त काँट गड़ि गइलिनि,
ककही जे कँटवा निकारि बेदन हरि लिहलीं।
राजा जवन मँगन हम मँगली तवन रउरे देहीं,
राजा राम लछमन बन जाएँ भरत राज बिलसैं।
मँगही के ककही तूँ मेंगलू माँगन नहीं जनलू,
ककही माँगेलू मोरे प्रान अधार कोसिल्ला के ओठगन।
जे राम चित्त से न उतरें पलक से न बिसरें,
से राम बने चलि जइहैं त कइसे जिय बोधब।।

इस गीत के काँटे का अभिप्राय एक नयी उद्‌भावना है—एक काँटा निकालकर बदले में दूसरा काँटा चुभोना; ऐसा काँटा जो निकल न सके, एक बड़ी ही मर्मस्पर्शी अभिव्यंजना है। इस गीत का उद्देश्य राम की उपस्थिति की तीव्र आकांक्षा जगाना ही लगता है।

तीसरे प्रकार के जन्म-गीत और भी करुण हैं। उनमें भी एक तो वे हैं, जो हरिणी वाली कथा से सम्बद्ध हैं और दूसरे हैं, जो सीता के वनवास और सीता के पुत्रों के वन में जन्म से सम्बन्धित हैं। हरिणी वाले गीतों के कथानक अधिकांश करुणान्त हैं। शिकारी हरिण का शिकार खेलने जाते हैं। हरिणी कौशल्या से आकर विनती करती है कि हरिण को छोड़ दो, मुझे मार डालो। रानी कहती हैं कि हरिण का मास अधिक स्वादिष्ट होता है। अपने घर जाओ, हरिण मारा ही जायेगा। हरिणी विनती करती है—उसे मारती हो तो मारो, कम-से-कम उसका चमड़ा ही मुझे दे दो। मैं वही लेकर सन्तोष करूँगी। पर रानी कहती हैं—मैं उससे खँजड़ी मढ़वाऊँगी। राम उससे खेलेंगे। जब-जब खँजड़ी बजती है तो उसकी आवाज़ सुनकर उसी पलाश के नीचे हरिण की याद में हरिणी आँसू बहाती है। इसी गीत के कुछ संस्करणों में हरिणी कौशल्या को शाप देती है कि तुम्हें भी ऐसा ही दुःसह पति-वियोग होगा। दूसरे संस्करणों में हरिणी की विनती से कौशल्या सोचती हैं और हरिण को अभयदान देती हैं। यही नहीं, हरिणी को अयोध्या का पूरा राज देती हैं।

इसी प्रकार एक गीत में सीता के गर्भवती होने की कथा है और सीता के लिए हरिण का शिकार होने गया है

और हरिणी ने विनती की है। उसने सीता के पुत्र-प्रसव की अगवढ़ खुशी में अभयदान माँगा है, और उसे अभयदान मिला है—

दशरथ बगिया लगवले लखन आए ढूँढ़ले हो,
प्यारे रघुबर धनिया गरभ से हरिनवाँ मरवावेले हो।
कर जोड़ी हरिनी अरज करइ सुनइ कोसिल्ला रानी हो,
रानी सीता के होइहैं नन्दलाल हमहीं कुछ दीहब हो।
सोनवा मढ़इबो दुहूँ सिंगवा भोजनवा तिलचाउर हो,
हरिनी भुगतहुँ अजोधिया क राज अभै बन बिचरहु हो।।

परन्तु अधिकांश सोहरों में हरिणीवाला गीत करुणान्त ही है। हरिण का वध राम के लिए बराबर अमंगलकारक ही सिद्ध होता है। कदाचित् उसी से प्रेरित होकर यह अभिप्राय लोक-साहित्य में आया। एक जोड़े के बिछुड़ने से पूरी रामकथा किस प्रकार बिछुड़न की कथा बन जाती है और किस प्रकार एक शोक की चोट अनेक आघातों की कड़ी बन जाती है, किस प्रकार मनुष्य के कर्मफल-भोग को राम स्वीकार करके ही मनुष्य के रूप में इंगित बनते हैं, क्रौंच-वध से व्यथित वाल्मीकि का शाप किस प्रकार लोकभाषा में आकर हरिणी का शाप बन जाता है—इन सभी सूत्रों के अन्वेषण के लिए हरिणी वाले सोहर गीत बहुत ही महत्त्वपूर्ण सामग्री प्रस्तुत करते हैं। पुत्र-जन्म के समय ऐसे करुणान्त गीत गाने का मतलब और तो नहीं समझ में आता, इतना ही समझ में आता है कि आनन्द का क्षण भी एक चिन्ता है कि कहीं दूसरों को दुःख देकर तो यह आनन्द नहीं है। और एक चेतावनी भी है कि इस आनन्द में इतना न खो जाओ कि यह दुःखमय संसार आँखों से ओझल हो जाये। करुणरस की उद्भावना से द्रुत चित्त में ही जन-मंगल की भावना आती है तो वह तपकर, गलकर, शुद्ध होकर आती है। एक और अभिप्राय हो सकता है—प्रसव-वेदना के अनन्तर पुत्र-प्राप्ति का सुख दुःख को सार्थक बना देता है और तब दुःख का स्मरण तीव्रता के साथ होना मंगलकारी होता है।

सीता के पुत्र-प्रसव से सम्बद्ध सोहर गीत भी इसी के दूसरे प्रकार के निदर्शन हैं। सुनसान वन में सीता को पुत्र होने वाला है। वेदना होती है। सोचती हैं, कौन मेरे पास बैठेगा? कौन मेरे केश-पाश ढीले करेगा? कौन मेरे साथ रात भर जगेगा और कौन नार काटेगा? इतने में वन में एक तपसी आती है और कहती है, मैं यह सब करूँगी।

के मोरे आगे-पीछे बइठी त बिपति गँवाइ हो।
बन में से निकरी बन तपसिन सितहिं समुझावइ हो,
सीता हम तोरे पँजरा बइठबइ त बिपति गँवाइब हो।

इसी प्रकार के एक दूसरे गीत में सीता के पास कोई नहीं आता और जंगल की लकड़ी स्वयं ही बीनकर सीता आग जलाती हैं और उसी के उजाले में अपनी जुड़वाँ सन्तान का मुख देखती हैं—

कुस कै आढ़न कुस डासन बन फल भोजन,
सीता लकड़ी कै कइलीं अँजोर सन्तति मुख देखेलीं।

एक तीसरे गीत में कहानी और आगे बढ़ती है—जंगल में ही एक नाई बुलाया जाता है और नाई पुत्र-जन्म का शुभ समाचार (रोचना) अयोध्या सुनाने जाता है। सीता कहती हैं—पहला रोचन राजा दशरथ को, दूसरा कौशल्या

रानी को, तीसरा देवर लक्ष्मण को; पर चौथा हाथ में लिए रहना, प्रिय को न देना। राम सवेरे कदम्ब के वृक्ष के नीचे दातून तोड़ रहे हैं और लक्ष्मण को प्रसन्न देखकर पूछते हैं कि किसका रोचन तुमने पाया कि तुम्हारा माथा दमक रहा है? प्रसन्नता से तुम्हारा मुख खिल उठा है।

लक्ष्मण कहते हैं—सीता देवी को, जो मेरी भाभी हैं, पुत्र हुआ है और मुझे रोचन आया है। राम कहते हैं—पुत्र! तुमने बड़ी विपत्ति में जन्म लिया है। यदि अयोध्या में जन्म लेते तो मैं भी तुम्हारा मुख देखता। तुम्हारे जन्म की खुशी में राजा दशरथ पटना नगर लुटाते और रानी कौशल्या गहने लुटातीं। राम की आँखों से आँसू बहने लगे, जिन्हें वे दुपट्टे से पोंछते हैं—

पहिला रोचन राजा दसरथ दुसरा कौसिल्ला रानी,
अहो, तिसरा रोचन देवर लछिमन, पिअइ न बतायउ हो।
छोटे कदम कइ डाल त राम दतुइन तोरैं,
लछिमन किनके रोचन तुम पायउ त मथवा भभर—भभर करै,
झहर-झहर करै।
भउजी जो हमरी सितल देई बड़ि गुन आगरि,
भइया उनहीं के भए नन्दलाल रोचन हम पायो।
जनम त ले ल पूता बड़ी रे बिपति में हो,
बड़ी रे साँसति में हो।
पूता जनम जो लेतेउ अजोधिया हमहु मुँह देखित,
राजा दशरथ पटना लुटउतें कौसिल्ला रानी अभरन।
रामा तरर-तरर चूवैं आँसू पनुकवन पोंछइँ।

इस गीत में दशरथ के जीवित होने की बात इसलिए आवश्यक है कि राम को सबसे अलग करके रखना है। सीता सबसे अधिक आहत हैं राम से, इसलिए राम को सन्देश नहीं भेजतीं और राम अपनी ग्लानि अपने आँसुओं से धोते हैं। इसी गीत के एक दूसरे संस्करण में लक्ष्मण की बात सुनते ही राम के हाथ का गड़ुवा हाथ में और मुँह का दातून मुँह में रह जाता है और आगे वसिष्ठ, पीछे लक्ष्मण, बीच में राम सीता को मनाने चलते हैं। सीता कहती हैं—गुरुजी, आपकी बात मैं नहीं टालूँगी, दस क़दम चलूँगी; पर अयोध्या में नहीं जाऊँगी और नगर के फाटक पर ही पृथ्वी में समा जाऊँगी—

हाथे क गेड़ुवा हाथ रहा मुख क दँतिवन मुखे रही,
ढुरै लागै मोतियन आँस पटुकवन पोंछइँ।
आगे के घोड़वा वसिष्ठ मुनि पीछे कै लछिमन,
बीचे कै घोड़वा रामचन्दर सीता के मनावन चलें।
तुम्हारे कहा गुरु करबइ परग दस चलबइ,
फाटल धरती समाबइ अजोधिया न जाबइ।।

इस गीत में सीता का दीप्त अभिमान बोल रहा है। ऐसा अभिमान, जो राम से समझौता नहीं करना चाहता। इसी के तीसरे संस्करण में केवल लक्ष्मण सीता को बुलाने जाते हैं और सीता कहती हैं—

जाहु लच्छन घर अपने त हम नहीं जाइब,
मोरे जिअइ नन्दलाल त उनके कहइहैं।

अर्थात् लक्ष्मण, जाओ; मैं नहीं जाऊँगी। मेरे पुत्र जियेंगे तो जिस राम ने बुलाया है उन्हीं के कहे जायेंगे।

एक चौथे गीत में मनाने की लम्बी प्रक्रिया है—नवमी को राम ने यज्ञ ठाना है। उन्हें लगता है, सीता के बिना यज्ञ फीका है। राम वसिष्ठ से सीता को मनाने को कहते हैं। वसिष्ठ और लक्ष्मण जाते हैं। सीता पत्ते के दोने में गंगाजल रखकर वसिष्ठ के चरण धोती हैं। वसिष्ठ कहते हैं—सीता, तुममें इतनी बुद्धि है। किसने तुम्हारा ज्ञान हर लिया है कि तुमने राम को बिसरा दिया है? सीता कहती हैं—गुरुजी, आप सब जानकर अनजान न बनिए। राम ने मुझे आग में जलाकर बाहर निकाला और जब मुझे गर्भ रहा तो घर से बाहर निकाल दिया। अब उनसे चित्त नहीं मिलेगा। तुम कहते हो तो चार पग अयोध्या की ओर चलूँगी, फिर धरती फटेगी और समा जाऊँगी। ...फिर राम चन्दन की पालकी लेकर चलते हैं। एक से दूसरे, दूसरे से तीसरे वन में पहुँचते हैं। गुल्ली-डण्डा खेलते दो बालक मिलते हैं, जो राम का मन मोह लेते हैं। राम कहते हैं—किसके पुत्र हो, किसके नाती हो और किस कोख से जन्म लेकर आँख तुमने जुड़वाया? लड़के कहते हैं—बाप का नाम नहीं जानते? लक्ष्मण के भतीजे हैं, राजा जनक के नाती हैं और सीता की कोख से हमने जन्म लिया है।

आगे ऋषि की मड़ई थी। वहीं एक कदम्ब का पेड़, वहीं खड़ी सीता केश सुखा रही थीं। पीछे उन्होंने देखा तो राम खड़े थे। राम ने कहा—रानी, मन की ग्लानि छोड़ दो। अयोध्या बसाओ। तुम्हारे बिना जीना व्यर्थ है।

किन्तु सीता राम को एकटक देखते-देखते पृथ्वी में समा जाती हैं और कुछ नहीं बोलतीं।

माघे के तिथि नौमी राम जगि रोपेन,
राम बिना रे सिता जगि सूनि सिते लइ आवउ।
अरे रे गुरु वसिष्ठ पइयाँ तोरे लागौं,
गुरु तुमरे मनाए सिता अइहइँ मनाय लै आवहु।
अगवा के घोड़वा वसिष्ठ मुनि पाछे लछिमन देवर,
हेरैं लागे रिसि की मँड़ुबलिया जहाँ सीता तप करें।
अगनेहि ठाढ़ि सितल देइ रहिया निहारत,
रामा आवत हैं गुरु हमार त पाछे लछिमन देवर।
पतवा के दोनवाँ बनाइन गंगाजल पानी,
सीता धोवै लागीं गुरुजी के चरन औ मथवा चढ़ाइन।
एतनी अकिल सीता तोरे तूँ बुधि के आगरि,
सीता किन तोरा हरा है गियान त बुद्धि फिरायउ।
सबके हाल गुर जानो अजान बनि पूछो,
गुरु अस कइ राम मोहि डाहेन कैसे चित्त मिलिहैं।

तुमरा कहा गुरु करबइ परग पाँच चलबइ,
गुरु अब न अजोधिया के जाब औ विधि न मिलावैं।
हँकरहु नगर क कहरा वेगिहि चलि आवहु हो,
एक बन गइले दुसर बने तिसरे ब्रिन्दावन।
गुल्ली-डण्डा खेलत दुइ बलकवा देखि राम मोहेन,
केकर तू पुतवा, नतियवा केकर हौ भतिजवा।
लरिका कौनी मयरिया कै कोखिया जनमि जुड़वायउ हो,
बाप कै नउवाँ न जानौ लखन कै भतिजवा।
हम राजा जनक कै नतिया सीता कै दुलरुवा हो,
एतना वचन राम सुनलेन सुनहू न पवलेन हो।
रामा तरर-तरर चूवै आँस पटुकवन पोंछइँ हो,
अगवे रिषि के मँड़ुलिया राम नियराएनि हो।
रामा छापक पेड़वा कदम कर लगत सुहावन हो,
तेहि तर ठाढ़ि सितल रानी केसियन झुरवई हो।
पछवाँ पलटि जब चितवइ रामजी ठाढ़े हो,
रानी छोड़ि देहु जियरा विजोग अजोधिया बसावहु।
सीता अँखिया में भरली विजोग एकटक देखिन,
सीता धरती में गइली समाइ किछी नाहीं बोलिन।।

इस प्रसंग के सभी गीतों में यह ध्यान देने योग्य है कि सीता अयोध्या नहीं आतीं। वे भूमि-प्रवेश करती हैं तो वाल्मीकि के आश्रम में ही करती हैं। अन्तिम गीत में सीता के मन में एक अन्तर्द्वन्द्व दिखाई देता है। राम के लिए प्रेम बैठा ही है। उन्हें देखने की ललक वैसी ही नयी है; पर एकनिष्ठ प्रेम का अभिमान भी उतना ही दुरन्त है। स्पष्ट है कि लोक-साहित्य की सहानुभूति सीता के साथ अधिक गहरी है, पर राम के अनुपात को भी उनके निःशब्द आँसुओं के द्वारा रेखांकित करके लोक-साहित्य यह जतलाता है कि राम की विवशता भी सीता के ही तेज को और प्रखर करने के लिए है। निर्वासित राम से निर्वासक राम कहीं अधिक मानवीय लगते हैं। निर्वासित अवस्था में तो वह जो कुछ भी हैं, 'राजा हैं'; पर निर्वासक राम राजा होकर भी सबसे अधिक अनुकम्पा के पात्र हैं कि पुत्र-जन्म का सन्देश पाने के भी अधिकारी नहीं हैं। पति और पिता होते हुए भी ऐसे अभागे कि पत्नी उनके लिए अनकहा सन्देश भेजती हैं और पुत्र उनका नाम नहीं जानते। लोक-मानस इस प्रकार राम के समूचे मानवीय दुःख को अपनाता है, सीता को देवी के रूप में आदर देता है। मिथिला और अवध के लोग अगहन में विवाह असगुन मानते हैं, सिर्फ़ इसलिए कि अगहन में सीता का विवाह हुआ और उन पर एक के बाद दूसरी विपत्ति आयी। यही नहीं, एक बहुत बड़े क्षेत्र में विवाह के पहले कन्याएँ आँचल पसारकर धोबिन से सुहाग माँगती हैं और धोबिन बहुत मनावन के बाद एक चुटकी सिन्दूर देती है। धोबिन का यह आदर इसलिए है कि धोबी के दुर्वचन से एक धोबिन के घर से निकाले जाने पर सीता जैसी सुहागिन का वनवास हो गया। इसलिए धोबिन को प्रसन्न करना अपने सुहाग को कायम रखने

के लिए बहुत आवश्यक माना जाता है। यह कर्मकाण्ड केवल छूछा कर्मकाण्ड नहीं। इसके लिए तो कोई मन्त्र भी नहीं है, केवल लोक-चित्त में सीता-राम के दाम्पत्य जीवन के क्लेश के लिए गहरी चिन्ता का प्रतिस्मरण है। एकनिष्ठ प्रेम की कठोर साधना को निरन्तर आदर देने का भारतीय लोक-मानस में भाव बना हुआ है—यह राम और सीता के साथ जुड़ने के ही कारण।

जनेऊ के बहुत से गीतों में बरुवा और वर को राम के रूप में देखने का प्रयत्न है। आठ वर्ष के राम मँड़वे के नीचे कौशल्या से भीख माँग रहे हैं। नया उपवीती बालक साक्षात् रामचन्द्र हैं, यह भावना माँ के मन में निश्चय ही उत्साह उत्पन्न करती है। भिक्षुक वेश में राम नंगे पाँव, नंगे सिर खड़े हैं। मेरा लड़का राम की तरह संघर्ष करेगा और विजयी होगा—

आठ बरिस के रमइया उन्हें देतेउ जनेऊ ना
अतना सुनतइ वसिष्ठजी मलिआ बुलावइँ।
माली पानेन मँड़वा छवावउ कलसा धरावउ
आठ बरिस कै दुलरुवा मँड़ुए तर ठाढ़े।

विवाह के पहले एक रस्म नहछू की होती है। इसमें जो गीत गाया जाता है उसमें भी नाई नाउन से लड़ता है कि तुमने तो गहने नग पा लिए, मैं तो घोड़ा लूँगा। और उसे आश्वासन मिलता है कि राम ब्याह कर घर लौटेंगे तो तुम्हें घोड़ा मिलेगा।

नउआ जे झगरै नउनिया से यह सब थोर,
राम लछनजी के नहछू लेबौ मैं घोड़।
जनि झगरौ नउआ रे जनि झगरौ यह अब थोर,
राम बियाहि घर लौटें तौ देब्यो मैं घोड़।।

विवाह से सम्बद्ध अधिसंख्य गीतों में वर-वधू का समीकरण राम और सीता से है। सीता विवाह के पूर्व सवेरे से दुपहर तक फूल चुनती हैं, शाम तक माला गुहती हैं और परिक्रमा करती हुई शिव को माला चढ़ाते हुए आशीर्वाद माँगती हैं—बाबा! अन्न-धन चाहे कम देना, पर स्वामी रूप में मुझे राम को देना, जो मेरी नाव पार लगायेंगे और जिन्हें देखने से आँख जुड़ा जायेगी—

देउ न मोरी माई बाँसे क डलइया फुलवा लोढ़न हम जाब,
फुलवा लोढ़त भइलीं खड़ी दुपहरिया हरवा गुँथत भइली साँझ।
घुमरि-घुमरि सीता फुलवा चढ़ावै शिव बाबा देलन असीस,
जौन माँगन तोहूँ माँगौं सितल देई उहें माँगन हम देब।
अन-धन चाहे जो दीहा शिव बाबा, स्वामी दिहा सिरीराम,
पार लगावैं जे मोरी नवरिया जेहि देखि हियरा जुड़ाइ।।

इसी प्रकार का आशीर्वाद सीता पार्वती से पाती हैं। हर विवाह लोक-मानस में धनुष-यज्ञ है; हर कन्या का पिता जनक, वर का पिता दशरथ, कन्या सीता और वर राम हैं। बारात दरवाज़े पर आती है तो कन्या अटारी पर चढ़कर सखियों से पूछती है कि कौन दूल्हा, कौन दूल्हे का बाप और कौन दूल्हे का भाई है? सखियाँ सचित्र वर्णन करती

हैं—मदमाती-झूमती आ रही हथिनी पर बैठा सोने का मुकुट पहने दूल्हे का बाप है। नदी के किनारे घोड़ा दौड़ाते काली भँवर मूँछों वाला जो दीख रहा है, वही दूल्हे का जेठा भाई है और चमचम करती जो चन्दन की पालकी को उठाये कहार आ रहे हैं और उसमें पीताम्बर पहने जो साँवला है, वही दूल्हा है।

सात सखी सीता चढ़ि गयी अटरिया इन्द्र झरोखे जाय,
कौन दुलहा कौन दुलहे के बाबा कौन दुलहे के जेठ भाय।
माती हथिनिया रे घुमरत आवे घुमरि-घुमरि डारै पाँव,
सोने कै मुकुटवा विराजत आवै वै दुलहे कर बाप।
नदिया केइ रे तीरे घोड़ा दौड़ावैं मोंछिया भँवर मन भाय,
हाथे सुबरना गरे मोती माला वै दुलहे के जेठ भाय।
चनना के डँड़िया चमकावत आवै झूमत चारिउ कहार,
पीत पितम्बर झलकावत आवैं ओई अहैं दुलरु दमाद।।

विवाह के इस गीत में जनक सीता को आशीर्वाद देते हुए कहते हैं, 'दूधो नहाओ, पूतो फलो, पर बारह वर्ष के लिए राम वनवास जायेंगे और तुमको रावण हर लेगा।' सीता पिता से कहती हैं, 'क्यों ऐसा असगुन कहते हो? क्या बावले हुए हो?' जनक कहते हैं, 'तुम्हीं बावली हो—तुम्हारी बुद्धि किसने हर ली है? बेटी! जो कुछ ललाट पर लिखा है, वह कैसे मेटा जा सकता है?'

राम की जब आरती उतारी जाती है तो राम की आँखों में आँसू दिखाई देते हैं। कौशल्या पूछती हैं, 'क्या तुमको जनक ने गाली दी है, या दहेज कम मिला है या तुम्हारी सीता सुन्दरी नहीं है? आँखों में आँसू क्यों हैं?

राम कहते हैं—माँ, न जनक ने मुझे गाली दी, न दहेज कम मिला, न सीता ही कम सुन्दरी है; तीन लोक मुझे दहेज मिला, सीता जैसी लक्ष्मी मिली, पर मुझे वनवास मिला है—

दुधवा नहायो बेटी पुतवन फलेऊ कोखियन झालर लागु रे।
बारह बरिस राम वन के सिधरिहैं तोहके रावन हर लेइ रे।।
बाउर भइलऽ तूँ बाबा जनक रिखि तोर हरल गियान रे।
इहइ वचन बाबा असगुन बोलते मरतिउ जहर बिख खाइ रे।।
बाउर भइलू तूँ बेटी रे सीता के तोर हरलें गियान रे।
जो कुछ लिखल बेटी तोहरे लिलरवा से कइसे मेटल जाइ रे।।
मिलहुँ न सखिया रे मिलहुँ सहेलरि मिलहुँ सकल रनिवास रे।
जस-जस मोरे माता आरती उतारइँ राम नयन ढरै आँसु रे।।
किया तोहके राम जनक गरिअवले किया तोके दायज थोर रे।
किया तोर राम सिता नाहीं सुन्नर काहे नयन ढुरै आँस रे।।
नाहीं मोर माता जनक गरिअवले नाहीं मोर दायज थोर रे।
लछमी सीता रानी मोरे घर अइलीं हमके लिखल वनवास रे।।

इस गीत में राम को वनवास की चिन्ता इसलिए है कि केवल वनवास ही नहीं, सीता का हरण भी लिखा है। उसकी बात वह माँ से नहीं कहते। राम का विवाह एक कठिन जीवन की तैयारी तो है ही, कोरा प्रमोदोत्सव नहीं है—हरेक गृहस्थ का विवाह भी ऐसा ही है, यह भावना इन गीतों में प्रतिध्वनित है।

पर सबसे अधिक राम का स्मरण और राम की वनयात्रा का बड़े छोह के साथ स्मरण मेले और तीर्थयात्रा वाले गीतों में किया जाता है। इन गीतों में या तो राम की अनुपस्थिति में अयोध्या के सुनसान होने का उल्लेख है या उसके साथ-साथ अयोध्या छोड़कर राम के साथ-साथ चलने का संकल्प है—

अवधा लगेला उदास हम ना अवध में रहबइ।

या फिर रघुवर के साथ-ही-साथ चल पड़ने की उतावली है। वे रथ पर चलें तो हम ज़मीन पर चलेंगी, वे वन-फल खायेंगे तो हम उसके छिलके पर गुजर करेंगी, वे पत्ते पर सोयेंगे तो हम ज़मीन पर ही सो लेंगी—

रघुवर सँग जाब, हम ना अवध में रहबइ।
जो रघुवर रथ पर चलिहैं, भुँइए चलि जाब, हम...।। 1।।
जो रघुवर बन फल खइहैं, फोंकली बिनि खाब, हम...।। 2।।
जो रघुवर पात बिछइहैं, भुँइयाँ पड़ि जाब, हम...।। 3।।

या फिर कौशल्या का भाँति-भाँति का विलाप है—मेरे दुलारे राम-लक्ष्मण, मेरी बहू जनकदुलारी-सब वन चले गये। राम के बिना मेरी अयोध्या सूनी है, लक्ष्मण के बिना बैठक सूनी है और सीता के बिना रसोई सूनी है; क्योंकि सीता नहीं तो किसके लिए रसोई-

किन मोरि अवध उजारी हो, बिलखै कउसिल्ला।
कहाँ गये राम कहाँ गये लछिमन कहाँ गयी जनकदुलारी हो, बिलखै...।। 1।।
बन गये राम बने गये लछिमन बन गयी जनकदुलारी हो, बिलखै...।।। 2।।
राम बिना मेरी सूनी अजोधिया लछिमन बिना चौपारी हो, बिलखै...।।। 3।।
सीता बिना मोरी सूनी रसोइयाँ राम लखन ज्योनारी हो, बिलखै...।। 4।।

या फिर भरत का विलाप है—माँ, राम कहाँ गये? घर-घर, घाट-घाट प्रजा रो रही है। सारी अयोध्या सूनी हो गयी है। लक्ष्मण के बिना शासन का सारा स्वाद सूना हो गया है। सीता के बिना रनिवास सूना हो गया है, यह राम के लिए जन-जन की विह्वलता है—

मेरे ऐसी सुरतिया के राम ते कैसे बिसरावउँ।
अँखियाँ त ओनकर जइसे अमवा के फँकिया
ओठवन चुवेला गुलाब त कैसे बिसरावउँ।।

ऐसे राम को कोई कैसे भूल सकता है, जिनकी आँखें आम की फाँक हों और जिनके होंठों से गुलाब चूता हो; ऐसे सुघड़ सलोने राम को कैसे भूला जा सकता है? एकाध गीतों में राम के लिए उद्वेग और गहरा हो जाता है और सारा आक्रोश राम की ओर मुड़ जाता है—राम बड़े बेईमान निकले। उन्होंने क्यों मुझे बेसहारा छोड़ दिया—

राम बेईमान अकेल छोड़ गइलैं।

किसी भी प्रकार राम के बिना धैर्य नहीं धारण किया जा सकता और हर तीर्थयात्रा इसी अधैर्य के आवेग में की जाती है—कहीं-न-कहीं तो मिल जायें। न मिलें तो उन-उन आश्रमों-तीर्थों का स्पर्श मिल जाये, जिनको उन्होंने पवित्र किया है। लोक-मानस के भारत में राम ने न जाने कितने पड़ाव बना डाले हैं। कितनी सीता-नहानी, कितनी सीता-रसोई, कितनी सीता-बनी लोगों ने भारत के मानचित्र में आँक रखी हैं। कहीं-न-कहीं राम मिलेंगे ही, क्योंकि राम हम लोगों के लिए वन-वन घूम रहे हैं।

हिन्दुस्तान की लोक-कल्पना भी अद्भुत है कि उसमें वनवासी राम के आँधी—पानी में भीगने की चिन्ता तो होती ही है, उनके मुकुट के भीगने की भी चिन्ता होती है; क्योंकि राज्य न हो, सेना न हो, राज्य के और साज-बाज न हों, पर राम चाहे जिस रूप में, जहाँ कहीं भी हों, उनके सिर पर मुकुट तो होना ही चाहिए। अपने निर्वासन में भी उन्हें विश्वात्मा का अधिपति तो होना ही चाहिए। इसीलिए मुकुट के भीगने की चिन्ता होनी स्वाभाविक है। इससे भी अधिक चिन्ता लक्ष्मण के दुपट्टे के भीगने की है, जो उनकी कमर में कसा है। यह दुपट्टा मुकुट का सहयोगी है, क्योंकि उस निर्वासन में यह दुपट्टा ही मुकुट का पहरुआ है। इन दोनों के भीगने से भी अधिक चिन्ता सीता के सिन्दूर के भीगने की होती है कि राम जो कुछ हैं वह सीता के सोहाग के बल पर, सीता के साहचर्य के कारण। इसलिए निर्वासित राम अयोध्या के राम से अधिक तेजस्वी हैं। अयोध्या के राम तो सीता के वनवास को लेकर मलिन हो जाते हैं उनके मुकुट का तेज झँवा जाता है; पर सीता का सिन्दूर दमकता रहे, मुकुट भीग भी जाये तो भी सीता की ओजस्विता बनी रहे, इसी सिन्दूर की दमक के कारण राम घर लौट आयें।

मोरी सीता के भीजै सेनुरवा लवटि घर आवइँ हो राम।
भीजै त भीजै मुकुटवा पटुकवा न भीजइ हो,
भीजै त भीजै पटुकवा सेनुरवा न भीजइ हो।
अहै, सेनुरवा के साथ सिया घर लवटइँ हो।।

इन गीतों के अलावा अलग-अलग ऋतुओं के गीतों में होली, चैता, कजरी, हिण्डोला तथा कोल्हू, जँतसार, रोपनी, धोबिया, कहरवा, सोहनी जैसे श्रम-गीतों में भी राम का स्मरण बार-बार मिलता है। रामकथा के रूप में, राम नाम की महिमा के रूप में या और कुछ न हो तो 'रामा' या 'राम' की टेक के रूप में राम इन गीतों में मिले हुए हैं। चैता के एक गीत में राम के द्वारा धनुष-भंग का एक बहुत ही अर्थ-व्यंजक चित्र है। कितने सहज लीलाभाव से राम धनुष तोड़ते हैं, इसकी अभिव्यक्ति इस प्रकार की गयी है—

आहो रामा एक हाथे रामचन्द्र धेनुहा उठावे हो रामा,
दूजे हाथे कीट मुकुट सरिहावें हो रामा।

सिर्फ़ एक हाथ में धनुष उठाना और दूसरे हाथ से विजय की अदा में शीश का मुकुट सहलाना, राम के पराक्रम का बहुत ही सजीव चित्र उपस्थित करते हैं। राम के ऐश्वर्य को लोक-मानस स्वीकार करता है, पर उस ऐश्वर्य को निरन्तर आत्मीयता की चुनौती भी देते रहना कि मेरा तो यही प्रण है कि होली खेलेंगे तो रघुवर के साथ, रहा करें पराक्रमी और अयोध्या के राजा।

प्रण यही मेरो रघुवरजी से खेलबि होरी।
जाके सिर पर मुकुट बिराजै, साँवर गोर दुनों जोरी।

भाल बिसाल, तिलक बिच सोभा सिन्धु खरोरी।
प्रण यही मेरो।।

संक्षेप में यह कह सकते हैं कि राम निरन्तर आँखों के आगे नाचते रहते हैं और उनके दुःख में साधारण आदमी भीगकर रस का विधाता बनता रहता है और साधारण को झेलते हुए राम अपने बिलकुल निकट के, अपने साथ के, अपनी पहुँच के आत्मीय मनुष्य लगते हैं। जब कोई अहीर बिरहा टेरता है—

राम लछिमनवाँ बनवाँ के चललें
सीता चलेलीं सँग तोर,
राम लछिमनवाँ के लगली पियसिया
सीता देलीं अमरिति घोर।

तो आँखों के सामने न केवल जेठ-बैसाख में पहाड़ पर चलते-चलते प्यास से आकुल राम-लक्ष्मण आँखों में झूल जाते हैं बल्कि उनके साथ-ही-साथ उस प्यास को निवारने वाली, अपने हाथों घड़ा भरकर दूर से आती वह सीता भी हलके-हलके रिमझिम घटा की तरह लरज जाती है। भारतीय लोकचित्त सत्य, पराक्रम और कोमलता की त्रिपुटी के रूप में राम, लक्ष्मण एवं सीता को देखता है और यही कारण है कि उसके संघर्षमय जीवन में राम की छवि है और राम की गाथा उसके जीवन की सम्पूर्णता की गाथा है, जो कभी पूरी नहीं होती, पूर्ण-से-पूर्णतर होने के लिए निरन्तर नयी होती रहती है। राम के चक्कर में ज़िन्दगी गति पाती रहती है और लोक-जीवन के घिरनीदार चक्कर में पड़कर राम सहज से सहजतर होते रहते हैं। साधारण आदमी के लिए रामलीला कोई नाटक या तमाशा नहीं है, एक जीवन्त घटना है, जिसमें राम तो बार-बार घटित होते ही हैं, राम के साथ-साथ रामभक्ति-भावित चित्त का एक पटल भी घटित होता है। राम का नया अभिषेक होता है। उनके साथ-साथ राम में जीने वाला साधारण आदमी भी उस अभिषेक का एक घट बनकर बड़ा हो जाता है। राम और हिन्दुस्तान का जनमानस दोनों एक-दूसरे के पर्यायवाची बन गये हैं।

(अस्मिता के लिए, 1998)

अयोध्या उदास लगती है

माहौटी फुहार के साथ तीखी हवा और नीचे गीली रेत, इनको नकारती हुई स्वरलहरी—'अवधा लगेला उदास हम न अवध में रहबैं, रघुबर संगे जाब, हम न अवध में रहबैं' एक अद्भुत ऊष्मा पैदा कर देती है। ये गाँव की औरतें माघ मेला नहाने प्रयाग आयी हैं, अभी काफ़ी अँधेरा है, पर गंगा-नहान का उत्साह गर्मी पैदा किये हुए है, सभी युवती भी नहीं हैं, बहुतेरी अस्सी पार कर चुकी हैं पर सभी में एक नशा छाया हुआ है; यह तीर्थयात्रा राम की वनयात्रा की अनुगामिनी है। राम अयोध्या छोड़कर वन गये, अयोध्या उदास हो गयी, बस उस अयोध्या में नहीं रहना है। कोई भी मेला हो, कोई भी पर्व हो, कोई भी तीर्थ हो, मेले के गीत की यह टेक बराबर गूँजती रहती है—'रघुवर संगे जाब, हम न अबध में रहबैं' राम के साथ मैं भी वन चलूँगी, अवध में मुझे नहीं रहना है।

सोचता हूँ कौन अवध में ये रहीं कि उस 'अवध' पर इतनी नाराज़गी है और कौन राम इनके लिए परेशान कि उस राम के लिए ऐसी बेकली है कि घर अवध हो न हो घर से बाहर निकल पड़ने की ऐसी उतावली हो गयी हैं। इतिहास का संस्कार इस प्रश्न को बार-बार उठाकर ठठाता है, पर सनातनी मन खीझ-खीझ रहता है, बात कुछ और है, यह अतीत का प्रत्याकलन नहीं हो सकता। इतना प्रत्यक्ष, इतना प्रत्यक्ष, इतना प्रत्युत्पन्न अतीत नहीं हो सकता।

गरज यह कि एक अजीब संशय के झूले में झूलने का अभ्यास हो गया है। लाख-लाख गँवार औरतों का सत्य झुठलायें या अपने ही खण्डित व्यक्तित्व को—बड़े सुघड़ सत्य के आधार पर तराशे व्यक्तित्व को झुठलाये, किसी भी स्थिति में ठहराव नहीं है।

सही बात यह है कि हिन्दू धर्म के प्रति हमारी आस्था में ही कहीं ठहराव नहीं है। उन्नीसवीं सदी के प्रारम्भ से, तथाकथित पुनर्जागरण के बाद, एक अजीब उलट-फेर हमारी मूल्यांकन-पद्धति में हुआ है; बजाय इसके कि हम पश्चिम के नये प्रभावों को अपने पैमानों से नापते, हम अपने ही मूल्यों को पश्चिमी पैमानों से नापने लगे। मूर्ति को परोक्ष का प्रतीक या माध्यम मानने वाला धर्म, प्रत्यक्ष को परोक्ष का द्वार मानने वाला देश मूर्ति-मोह का शिकार हो गया, प्रत्यक्ष पूजा का आराधक हो गया। श्रीकृष्ण और श्रीराम के ऐतिहासिक चरित परिमापित किये जाने लगे। नित्यलीला के असली और जन-जन में अभिव्याप्त उद्देश्य को भूलकर ऐतिहासिक लक्ष्यसिद्धियों में हम भटकने लगे। ईसा मसीह ने इतिहास का एक लक्ष्य पूरा किया और श्रीराम और श्रीकृष्ण ईसा मसीह के आगे छोटे पड़ जायेंगे, यदि उनसे ऐतिहासिक लक्ष्य पूरा नहीं कराया गया, इस भय ने हमारी हिन्दू दृष्टि में ऐसा विपर्यास जगाया कि तत्काल एक चौड़ी दरार पड़ी। सामान्य अशिक्षित जनता का धर्म (काफ़ी हद तक अन्तर्विरोधों, असंगतियों और अनाकारों वाला धर्म) एकदम अलग हो गया, शिक्षित चुने हुए (ईश्वर द्वारा नहीं, बल्कि पश्चिमी आक्रामक संस्कृति की नयी शक्ति द्वारा) लोगों के स्पष्टतः परिभाषित, तर्कसंगत, नवघटित धर्म से। राजा राममोहन राय की जय हो, भारतीय

बौद्धिक पुनर्जागरण के पितामह बंकिम चट्टोपाध्याय की जय हो, हिन्दू धर्म को नये तगादों के डर से सिकुड़कर भीतर घुसना पड़ा। उसका विवर्तमान रूप पीछे की खिड़की से निकलकर अलग रपटन वाली पगडण्डियों पर अलख जगाने चल पड़ा और फिर अलग सिंहपौर से उसका बड़ा सजा-सँवरा रूप राजमार्ग पर शानदार रथयात्रा के जुलूस में परिणत होकर आगे बढ़ने लगा। चलते-चलते एकाएक, पता नहीं निरन्तर चढ़ती फूलमालाओं के बोझ से, या रथ ढोने वाले विचारकों की थकान के बोझ से, रथयात्रा एक जगह ठहर गयी।

पर अलख जगाने वाला रमता जोगी चलता ही रहा, जाने कितनी डगरों पर रमता ही रहा और कोई सुने-न-सुने, गाहे-बगाहे अपनी धुन में गाता ही रहा।

रथयात्रा रुकी हुई है और सुदेशी कन्धे हार गये तो विलायती कन्धे उसे उठाने की कोशिश कर रहे हैं, 'योगा-ड्रग' चढ़ाकर; और रथ है कि टस-से-मस नहीं होता। रथ के वाहक पानी पी-पी कर कोसने लगते हैं, भरे रथ के बोझ को यान्त्रिक रथ-भंजक (ऑटो रेकर) अपने उठाऊ यन्त्रों से रथ को टाँगकर ऐसे रथों के कचरा-बाड़ों अर्थात् समाजशास्त्रीय विश्लेषण करने वाले संस्थानों में लादकर ले जाने को जुट आये हैं और चूँकि ये रथभंजक पगडण्डियों पर जा नहीं सकते, इसलिए राजमार्ग वाला रथ ही इनकी विश्लेषण तुला पर चढ़ाया जा सका है, पैरों को रथ मानकर चलने वाले जोगी की अलख अभी पकड़ में नहीं आ रही है। विश्लेषण शुरू हो गया है। हिन्दू संसार में बस कुरूपता, बेढंगापन, गन्दगी, अश्लीलता, अनैतिकता और असभ्यता ही नज़र आने लगी है। पर कौन इन विश्लेषकों से माथा-पच्ची करे कि हिन्दू-धर्म अपने को पढ़े-लिखे कहने वाले सत्तासीन ज्येष्ठ पुत्रों का अधमरा विश्वास नहीं, जिसे वे केवल जनतन्त्रीय अनुकम्पा भाव से अपने घर के कोने में जोगाये हुए हैं। यह लावारिस शव नहीं, जिसे कुछ चाँदी के टुकड़ों पर ख़रीदकर चीर-फाड़ घर में प्रशिक्षण के लिए लाया जा सके। हिन्दू धर्म एक जीवन्त उच्छ्वास है। हिन्दू देवी-देवता केवल आराध्य ही नहीं, आराधक भी हैं। मानस-पाठ होगा तो हनुमान जी चुपचाप एक गोलियायी गमछी पर बैठ जायेंगे। अन्धे सूरदास का डण्डा हाथ में लेकर बालकृष्ण आँख-मिचौनी का खेल रचने लगेंगे। विवाह के गीत में श्रीराम 'वनरा' बन जायेंगे और अपनी माँ-बहन के लिए सौ-सौ गालियाँ सुनकर मुस्कराते रहेंगे। शंकर गौरा-पार्वती के साथ कभी फगुआ खेलने निकलेंगे, कभी माघ मेले के रास्ते में भिखमंगा बनकर बैठ जायेंगे, कोई माघ-नहान का पुण्य एक चुटकी देता जाये।

जिस रघुवर के बिना अयोध्या उदास हुई, वे रघुवर आज भी सीता-लक्ष्मण को लिए चित्रकूट में घूम रहे हैं, सीता जी की रसोई आज भी जग रही है। जाने कितनी अयोध्याएँ हैं, कितने चित्रकूट हैं, कितनी सीतावनियाँ हैं, वे कभी भी समाप्त नहीं होतीं। पर राम असंख्य मिथक (पुरावृत्त) नहीं हैं राम उन सब में सूत की तरह पिरोये हुए अनवच्छिन्न नाम हैं, जिसमें एक मोती के बाद दूसरा मोती, एक मनोरम आख्यान के बाद दूसरा आख्यान पिन्हता चला जाता है और राम असंख्य घटनाओं के सिरों पर लात रखते चले जाते हैं। ऐसे राम कब बीते और कब बीतेंगे! वे हैं और वे वर्तमान ही रहेंगे। इसीलिए उनके लिए ऐसा छोह है कि मेले के गीतों की दूसरी कड़ी आक्रोश में पुकार उठती है—'राम बेईमान अकेले छोड़ि गइले'; राम ने बड़ी बेईमानी की, अकेले छोड़कर चले गये, उन्होंने केवल सीता-लक्ष्मण को ही अपना सगा समझा, हम लोग उनके लिए कुछ नहीं। अब किस हृदय से इस उच्छ्वसित आवेग को धर्म की सीमा के बाहर कर दिया जाये। क्या महज़ झूठ के बल पर इतने कोटि-कोटि जन सन्तरण का विश्वास सँजोये हुए हैं जीवन में, मरण में? क्या धर्म का चरम सत्य इतना परिभाषित है कि उसकी परिधि में सीधी और घरू प्रेम-प्रतीति नहीं आ सकेगी? और क्या ईश्वर के भी शहरी और देहाती दो संस्करण होते हैं और केवल

शहरी संस्करण ही प्रामाणिक माना जाता है? क्या धर्म केवल संस्थाबद्ध रूप में ही रह सकता है? इतने सारे प्रश्न उठते हैं और राम को बेईमान बनाने वाली धार्मिक भावना के मुकाबले कोई सच्चिदानन्द सन्दोह रूप की स्तुति नहीं आती। उस स्तुति का स्वर कहीं दब जाता है, दार्शनिक चिन्तन कुछ फीका पड़ जाता है, और ऐतिहासिक वीर-पूजा का भाव उसके आगे स्वाँग लगने लगता है। जब राम स्वामी नायकर के चेले काग़ज़ी राम पर चप्पल बरसाते हुए जुलूस निकालते हैं तो उन्हीं चेलों के सिर पर पाँव रखकर राम मुस्कराते रहते हैं—जिसके ऊपर जूते बरसा रहे हो, वह तो तुम्हारा ही भूत है, राम तो यहाँ हैं, उन पर बरसाओ तो जानें। इस जुलूस को आधार मानकर जो लोग धार्मिक पवित्रता का आन्दोलन खड़ा करना चाहते हैं, वे भी राम को भूल जाते हैं। राम की पवित्रता राम की भक्ति करने वाले हृदय के लिए है, वह पवित्रता भावना के साथ एकाकार है, जहाँ भावना नहीं, वहाँ पवित्रता कैसी? जो चीज़ अपने सन्दर्भ में नहीं स्थापित है, वह अधूरी है, वह अश्लील है और खण्डित वस्तु की अश्लीलता से अखण्ड पदार्थ का क्या बनता-बिगड़ता है? राम कुछ चित्रों तक, कुछ मूर्तियों तक, कुछ कृतियों या कुछ स्मारकों तक ही सीमित रहते हैं तो फिर उनका अपमान हो सकता था। पर राम का अपमान कौन कर सकता है? रावण भी राम का अपमान नहीं कर सका, सीता का हरण करके भी सीता-धर्षण नहीं कर सकता था। राम का रूप धारण करने का मन्त्र जानता हुआ भी सीता के सामने राम बनकर न उपस्थित हो सका, क्योंकि उसने राम की भावना की थी, भले ही शत्रु-भाव से की हो। इसलिए जो भावना कर चुका है, वह राम को कैसे अपमानित करेगा और जो भावना-शून्य है, उसके अपमान की पकड़ में आयेंगे काग़ज़ के टुकड़े, निर्जीव मूर्तियाँ, गूँगी किताबें।

राम ने बहुत अरसे से अयोध्या छोड़ रखी है, कृष्ण ने मथुरा छोड़ रखी है। इन राजधानियों में, इन संस्थानों में राम या कृष्ण नहीं मिल सकते। जहाँ उनकी भावना होती रहेगी, निश्छल भाव से जहाँ उन्हें बुलाया जायेगा, वहीं रहेंगे। राजधानियों में बड़ी तपन है, बहुतों को राम या कृष्ण की उपस्थिति ही बर्दाश्त नहीं होती, बहुतों से उनकी प्रसन्नता नहीं सही जाती, बहुतों की कुचर्चा के वे शिकार होते हैं। इसीलिए वे राम चित्रकूट के घाट पर तुलसीदास को तिलक देने के लिए विराजमान रहते हैं, उस चन्दन से तिलक करने के लिए, जिसे तुलसीदास उनको चढ़ाने के लिए घिस रहे थे। कृष्ण गँवार ग्वालिनों के घर में मक्खन चुराने के लिए घुसे रहते हैं। राजधानी में ये मज़े कहाँ? ऐसे राम-कृष्ण के पीछे बावला हिन्दू-धर्म जीवन-धर्म है, इसमें जन्मतिथि ही जयन्ती के रूप में मनाई जाती है, पुण्यतिथि केवल पिता की मनाई जाती है, क्योंकि पिता की मृत्यु की घटना जीवन से जुड़ी है, क्योंकि मृत्यु के अनन्तर ही पिता का सारा ऋण पुत्र में संक्रान्त हुआ है। गँवार हिन्दू श्राद्ध की सारी विधि पूरी करे न करे, दाह-संस्कार करने के बाद एक पीपल के पेड़ के नीचे एक घट ज़रूर बाँधता है। उस घट में नीचे एक छोटा-सा छिद्र कर दिया जाता है। प्रतिदिन उस घट में पानी भरा जाता है और यह अपेक्षा की जाती है कि पानी निरन्तर पीपल की जड़ पर गिरता रहे। उस घट के पास प्रतिदिन दीप जलाया जाता है। यह जीवन की साधना नहीं तो क्या है?

महाप्रयाण के लिए गया जीवन ही उस घट के रूप में सनातन काल की डालों में उतने दिनों तक लटका दिया जाता है, जितने दिन में प्रतीक रूप में उसे नया जन्म ग्रहण कर लेना है। तब इस प्रतीक की आवश्यकता नहीं रह जाती, भौतिक शरीर आग को सौंपा गया था, इस प्रतीक की सार्थकता समाप्त हो गयी, इसे भी फोड़ दिया जाता है : 'फूटा घट-घट घटहिं समाना'। एक व्यष्टि चैतन्य समष्टि में समाहित हो गया। भौतिक अवशेषों को गंगा की धारा में या तीर्थ में प्रवाहित करने के पीछे भी जीवन की निरन्तरता की खोज की भावना है। भस्मभूत अवशेष एक अध्याय की समाप्ति के प्रतीक भर हैं, वे सर्वथा अशुचि हैं, उन्हें छूने से आदमी अपवित्र हो जाता है, क्योंकि

आदमी मृत्यु को छूने के लिए नहीं बना। आदमी की देह जीवन के पार जीवन की तलाश के लिए साधनधाम है, ऐसा समाधान जो देवताओं को मयस्सर नहीं।

पर आजकल बिलकुल उल्टा है। भस्मियाँ पवित्र हो गयी, उनको रजतघटों में रखा जाने लगा और चुपचाप प्रवाहित करने के बजाय बड़े जुलूस के साथ उन्हें एक जगह नहीं, सैकड़ों जगह प्रवाहित करने का उन्माद शुरू हो गया। प्रवाहित करके रजतघट स्थायी प्रदर्शन की सामग्री बन गये, उनको गंगा-लाभ नहीं हो सका। मृत्यु की पूजा इतने भोंड़े तरीक़े से शुरू हुई कि मुझे स्मरण है, महात्मा गाँधी का लोगों ने गाँव-गाँव दाह-संस्कार किया, मेरे बाबा तब जीवित थे, उन्हें बड़ा बुरा लगा—गाँव-गाँव साल-साल रावण फूँका जाता है, सन्त का यह अपमान क्यों? पर मृत्यु-पूजक धर्म का ज्वार इस देश में बहुत पहले आ चुका था और मृत्यु-पूजा प्रतिष्ठा की बात समझी जाने लगी। श्राद्ध में पिता का ध्यान भास्कर तेज-पुंज के रूप में करने के लिए कहा जाता है, पिता की तस्वीर का ध्यान करने को नहीं कहा जाता। हिन्दू घर के पितर कृतज्ञता ज्ञापित करने के लिए इसलिए हर उत्सव में न्योते जाते हैं कि हम बीच की कड़ी हैं, उनका पार्थिव शरीर बिलकुल महत्त्व नहीं रखता, न उनकी आकृति, न उसका कोई भी भौतिक प्रतिनिधि। महत्त्व रखती है उनकी भावना, भावना जीवन की कड़ी के रूप में, प्रकाश के रूप में। आज इतने चौराहों पर जो मूर्तियाँ स्थापित हो रही हैं और दूसरे दिन वे ही भूलूण्ठित की जा रही हैं, इसके पीछे मृत्यु-पूजा का ही भाव और भय काम कर रहे हैं। जो चला गया, उसकी पार्थिव आवृत्ति इतिहास के लिए ज़रूरी हो, पर उसकी पूजा क्यों, पूजा हो तो उसके वैचारिक रूप की पूजा हो, जीवन में जो रूप आत्मसात हुआ है, उसकी पूजा हो। जो रीत गया, फूट गया, उसकी पूजा क्यों हो? पर आज जो इस मूर्ति-मोह का खण्डन करे, वह पागल ही समझा जायेगा।

अवध इसीलिए तो उदास हो गया है, क्योंकि वहाँ राम इतिहास-भर रहे गये हैं, ऐसा इतिहास जिसका तिथिक्रम निश्चित करने में ही इतनी सारी उलझने हैं। सच्चा हिन्दू-धर्म विगत के प्रति मोह नहीं रखता, विगत के प्रति मोह वर्तमानजीवी हिन्दू-धर्म का स्वरूप हो ही नहीं सकता और न अनागत की उपलब्धि में ही वह जीना चाहता है। यदि ऐसा होता हो स्वर्ग, मोक्ष सबसे ऊपर यह कामना क्यों की जाती—

न त्वहं कामये राज्यं न स्वर्गं न पुनर्भवम्।
कामये दुःखतप्तानां केवलमार्त्तिनाशनम्।।

न राज्य चाहता हूँ, न स्वर्ग, न पुनर्जन्म के चक्कर से मुक्ति, मैं केवल दुःखितों के पीड़ा-निवारण का अवसर चाहता हूँ। यह अवसर वर्तमान का ही वरण करता है। जो कुछ भी जैसा भी जीवन चारों ओर है, उसकी साझेदारी, यही हिन्दू-धर्म का प्राणभूत तत्त्व है। और यह न हो तो राम के बिना अयोध्या सूनी हो जाती है। ऐसी अयोध्या में कौन रहेगा?

जिन लोगों ने मूर्ति-पूजा का वास्तविक स्वरूप छोड़कर नयी मूर्तियों को गढ़ना और उनसे चिपकना शुरू किया, उनके विजड़ित धर्म के साथ कैसे रहा जाये? यहाँ तो मूर्ति बनाते हैं, उसमें प्राण डालते हैं, उसे नैवेद्य अर्पित करते हैं और फिर उसमें आवाहित देवता को विदा देकर उस मूर्ति को किसी तुलसी के चौरे पर, किसी पीपल के नीचे, किसी नदी में विसर्जित कर देते हैं, उसको जीवन से रस ग्रहण करने वाले आरोही वनस्पति को या जीवन की धारा को समर्पित कर देते हैं कि जीव नया आकार ले। राम रचना नहीं, कल्पना नहीं, इतिहास नहीं, मूर्ति नहीं, रचना की प्रकिया, कल्पना की छटपटाहट हैं, इतिहास की बदलती हुई व्यवस्था हैं। मूर्ति अधूरेपन की जागरूक स्मृति है।

उस राम का छन्द मन्थराओं वाली राजधानी से नहीं मिलता, सत्यनारायण की कथा सुनने वाले, ज्योतिषियों से फल विचरवाने वाले, चुनाव में जीतने के लिए चण्डी पाठ बैठाने वाले और अंग्रेज़ी में योग और वेदान्त पर चर्चाएँ आयोजित करने वाले, हिन्दू धर्म की प्रदर्शनी अपने घर की दीवारों पर टँगने वाले कैलेण्डरों में लगाने वाले, परन्तु भीतर-भीतर हिन्दू धर्म से घबराने वाले, हिन्दूपन में हीनता अनुभव करने वाले बुद्धिजीवियों, धर्मनिरपेक्षतावादियों और उन्नायकों के साथ भी राम का छन्द नहीं मिलता। राम का छन्द मिलता है क्रौंच वध के कारण उमड़ी हुई करुणा और करुणा से उद्दीपित क्रोध के साथ। राम का छन्द मिलता है, निरन्तर राम की तलाश में व्यग्र उस लोक-भावना के साथ, जो जन्म होता है, तो राम का जन्म मानकर गीत गाती है, विवाह होता है तो राम के रूप में वर की पूजा करती है और सीता के रूप में वधू की प्रतिष्ठा करती है और मृत्यु आती है तो उस मृत्यु को भी जीवन-सत्य राम के नाम से नकारने की कोशिश करती है। राम का छन्द मिलता है 'सूधे मन सूधे वचन सूधी सब करतूति, तुलसी सूधी सकल विधि रघुवर प्रेम प्रतीति' वाली ऋजुता से। अयोध्या से ऋजुता विदा हो गयी है। कैसे उस अयोध्या में रहा जाये?

अयोध्या में राम लौटें या न लौटें, इससे हमें क्या मतलब, हमें तो राम की लीला में अपने को कहीं स्थापित कर देना है, आज वह वन में हो रही है, हम वहीं रहेंगे। हमें—राम ने क्या किया, राम के साथ क्या घटित हुआ, राम के पक्ष में क्या चर्चा हुई, विपक्ष में क्या चर्चा हुई, इससे क्या लेना-देना, जब राम हमारे बीच में हैं, हम उनसे सीधे लड़-झगड़ सकते हैं, जो कुछ सुलझाना होगा, सुलझा सकते हैं, राम का ईमान उन्हीं के सामने खराद पर चढ़ा सकते हैं।

माना, राम रेतीले, कँकरीले, पथरीले, कँटीले रास्ते पर चल रहे हैं, और यह ऐश का रास्ता नहीं है, रागभोग का भी रास्ता नहीं 'कबहुँक भोजन बारि बतासा' का रास्ता है पर इस रास्ते पर राम चल रहे हैं, इसलिए दूसरा विकल्प जो भी होगा, रामहीन विकल्प होगा और 'सो सब धरम-करम जरि जाऊ। जेहि न राम पद पंकज भाऊ।' उस रास्ते पर आग लगे, जिस पर राम के चरण नहीं पड़ रहे हैं। ऐसे रास्ते पर इतना उल्लास मिलता है, यह क्या इसका प्रमाण नहीं कि राम वहीं छिपकर मुस्करा रहे हैं, जहाँ गाया जा रहा है—'राम बेईमान अकेले छोड़ि गइलैं' राम ने बेईमानी की, अकेले छोड़ गये। मुस्करा रहे हैं कि इस गीत के गाने पर भी कैसा अकेलापन, क्योंकि अकेलेपन की सही पहचान ही तो राम की उपस्थिति है।

(मेरे राम का मुकुट भीग रहा है, 1974)

राम होने का अर्थ

राम के जन्म के आसपास राम के बारे में सोचते समय अजीब परेशानी होती है। राम की भूमिका में अपने को डालने की बात सोचना बहुत ही असम्भव लगता है। राम का स्वभाव है, रिश्ते-नाते निभाना, अपने को निज और पर के बीच अन्तर को कम करने के द्वन्द्व में पीसते रहना और लोक के लिए बस केवल एक हलकी मुस्कान चेहरे पर बनाये रखना, जिससे कि लोक उस प्रसन्नता का प्रसाद लेता रहे। राम को अपना दुःख, अपना अमर्ष कहने के लिए कहीं भी कोई बस्ती नहीं मिलती। गाँव की हो या शहर की, उन्हें जंगल का विजन ही एक मिलता है, जहाँ राम अपने मन की बात कर सकते हैं। इतना आत्मसंयम और इतनी भीतरी विह्वलता कैसे निभाते होंगे राम! बराबर उन्होंने अपने को कटघरे में पाया। ताड़का-वध पर आक्षेप, शूर्पणखा के अपमान पर आक्षेप, बालि-वध पर आक्षेप, अग्निपरीक्षा पर आक्षेप, फिर सीता-निर्वासन पर आक्षेप, किसी का राम ने उत्तर नहीं दिया। सफाई नहीं दी। विश्वामित्र को वे सौंपे गये, विश्वामित्र की आज्ञा में उन्हें रहने को कहा गया। वे गुरु के अधीन थे शूर्पणखा प्रसंग नारी का अपमान नहीं, अतिकामुकता का दण्ड है। क्षण-क्षण में जिसकी काम-लोलुपता राम से लक्ष्मण की ओर दौड़े, वह अतृप्ति की प्रतिहिंसा में यदि मनुष्यता खो दे तो उसे शिक्षा देने में मनुष्य का सम्मान है या मनुष्य का अपमान? बालि-वध वस्तुतः सुग्रीव के प्रति कृतज्ञता का निवेदन है। सात ताड़ों को वेधते हुए बालि को वेधना सामने से कैसे होता, सात-सात ताड़ के वृक्ष थे। अग्निपरीक्षा सीता के लिए है, सीता की नहीं है। निर्वासन भी सीता का नहीं, राम के अपने हृदय का निर्वासन है, जो राजधर्म के लिए बलि हुआ है।

राम के मर्म को भवभूति ने समझा और राम से कहलाया दुःखसंवेदनायैव रामे चैतन्यमाहितम्, राम को चैतन्य मिला ही इसलिए कि वे दुःख का पूरी तरह अनुभव करें। व्यथित होकर सीता के चरित्र के प्रति विश्वस्त होने के कारण जिस लोक के अपमान से राम ने सीता को गंगातीर पर भिजवाने की व्यवस्था की, उस लोक ने राम के त्याग का कोई महत्त्व नहीं समझा। वह लोक राम के निजी जीवन को कुछ महत्त्व नहीं देता। तभी तो उत्तररामचरित में जब पंचवटी की वनदेवता और सीता की सखी वासन्ती राम से जवाब माँगती है, तुमने सीता का निर्वासन क्यों किया? तो राम का उत्तर है—लोक को सीता का अयोध्या में रहना सह्य नहीं था। वासन्ती ने फिर पूछा, इसका कारण क्या है? राम उत्तर देते हैं लोग ही जानें, क्यों उन्हें सीता की अयोध्या में उपस्थिति अभिमत नहीं थी। वही राम पंचवटी में बारह वर्षों तक छाती पर सीता-निर्वासन की शिला ढोते रहने के बाद यकायक उसे उस सहज विश्वासी वन में नीचे उतार देते हैं और फूट पड़ते हैं—

देव्या शून्यस्य जगतो द्वादशः परिवत्सरः।
प्रनष्टमिव नामापि न च रामो न जीवति।।

देवी से सूनी हुई इस दुनिया के बारह वर्ष होने जा रहे हैं। देवी का नाम भी कहीं कोई नहीं लेता। और राम अभी भी जीवित न रह सकें, यह नहीं हुआ। राम यह सब सहते हुए भी जी रहे हैं।

राम को लगा कि यह लोकसंग्रह का ध्यान कितना महँगा पड़ा, उसने मुझे भीतर से तोड़ दिया! राम-राम का शव ढो रहा है। बारह वर्ष तक मैंने उसाँस तक नहीं भरी और लोगों ने कोई परिताप नहीं किया। कैसा आत्मघाती निर्णय मैंने लिया? लोक-साहित्य ने तो राम के दुःख को और अधिक मुखर रूप में प्रस्तुत किया है। पुत्र जन्म का सन्देश वह साहित्य लक्ष्मण तक पहुँचाता है राम को छोड़ देता है। लव-कुश राम के इस प्रश्न पर कि किसके बच्चे हो, उत्तर यही देते हैं माँ जानकी हैं, नाना जनक है, दादा दशरथ हैं, चाचा लक्ष्मण हैं, पिता का नाम हम नहीं जानते। यह उत्तर राम के ऊपर कितनी मार्मिक चोट है। राम सीता को मनाने वाल्मीकि के आश्रम में जाते हैं तो सीता कहती हैं—ऐसे पुरुष का मैं मुख भी नहीं देखूँगी—जिसने मुझे गर्भवती स्थिति में घर से बाहर निकाल दिया। वही सीता बार-बार यह भी कहती हैं, मेरा जब अब जन्म हो, मैं राम की ही रहूँ। कैसा दारुण एकनिष्ठ प्यार है!

राम का पूरा जीवन बीता दूसरों का दुःख ढोने में, दूसरों का दुःख दूर करने में, छोटों को आदर देने में, छोटों का मन रखने में। राम ने भरत का मान रखने के लिए चौदह वर्ष बाद राज्य स्वीकारा; अन्यथा वन में राम परम प्रसन्न थे। राम तो छल-प्रपंच से दूर रहना ही पसन्द करते थे। इसीलिए जब अयोध्या का राज्य सँभाला, तो वे निश्छल राजनीति को ही प्रश्रय देते रहे, भले ही उन्हें अयोध्यावासियों के छल-प्रपंच का शिकार होना पड़ा। सहज सीधे लोगों की 'अटपटी प्रेम लटपटी' वाणी राम के लिए जितनी प्रिय थी, उतना अयोध्या का नागरिक शिष्टाचार प्रिय नहीं था। ऐसे सीधे-सादे सामान्य जनों के बीच रमने वाले राम राजा होते हैं। यह राम की विडम्बना नहीं तो क्या है? पर सामान्य जन है कि देश-काल का अन्तराल नहीं मानता, वह अभी भी राम को ही राजा मानता है, दूसरी सत्ताओं को कोई सत्ता ही नहीं मानता।

विशिष्ट जन ने अपनी पहचान बना ली है कि राम की उपस्थिति ही न स्वीकार करो, करो तो उनका कोई नया विकृत रूप बना डालो। उनके लिए कोई स्थान नक्शे में न रखो। उनके लिए जातीय स्मृति में भी कोई कोना न रहने दें। जाने क्या-क्या जाल राम को फँसाने के लिए ताने जाते हैं। राम सामान्य लोगों की विह्वलता में कितने भी परेशान हुए हों, विशिष्ट जनों की इस चेष्टा पर खुलकर हँसे होंगे, धन्य हैं बुद्धि के ये निधान जो हवा की रस्सी बुन रहे हैं और उस रस्सी से सोचते हैं राम फँस जायेंगे। अरे भाई, राम को फँसाना ही है तो स्नेह की डोर में बाँध दो। मुझे बँधा हुआ मान लो। तुम मुझसे लेखा-जोखा जितना लेना चाहो, ले लो। सारे संसार की विपदा की जड़ में मैं हूँ; मैं जवाब दूँगा। मैं कैसे सबकी विपदा की जड़ हूँ मैं सबमें हूँ, सबकी विपत्ति मेरी विपत्ति है; पर एक बार मुझे इस प्रकार बाँध के देखो। देखो तुम्हारे जितने स्नेह बन्धन हैं वे मीठे होते हैं कि नहीं; तुम्हारे जितने भी आक्रामक आक्षेप हैं वे उलाहने में परिवर्तित हो जाते हैं या नहीं। कभी तुमने अपने नये शिशु में मुझे देखा है? कभी अपनी बेटी को प्रेम के पंख पर बिठा उठा ले जाने वाले हंस सरीखे दामाद में मुझे देखा है, कभी अपने बड़े भाई में मेरी छवि देखी है? देखते तो लगता, राम कोई अजनबी नहीं, बिलकुल हम-तुम जैसे साधारण सीधे-सादे मनुष्य हैं। बाँहें कुछ अधिक लम्बी हैं घुटनों को छूती हुई। रीढ़ की हड्डी कुछ अधिक सीधी है, शरीर तना हुआ है, गोरे नहीं हैं अधिकांश भारतीयों के रंग में मिले 'साँवरे सलोने' हैं। मित्र, राम कोई जादू की पिटारी नहीं रखते। राम कोई औलिया फकीर नही। उनकी झोली में कोई भभूत नहीं। बिलकुल घरबारी आदमी हैं। हाँ, तुम स्वयं घरबारी नहीं हो, तो कोई बात नहीं। राम को समझने के लिए घर को समझना ज़रूरी है। जिसको घर से ममत्व होता है,

वह राम को समझता है और जिसको सर्वत्र घर जैसा लगता है, वह राम को समझ पाता है, अनुभव कर पाता है। जिसका मन घर की विशालता से भरता है उसी को राम भरते हैं। जो घर वापस लौटना चाहता है, वही राम के पास वापस लौटना चाहता है।

मैं राम के बारे में सोचने-समझने की कोशिश जितनी ही करता हूँ उतना ही मुझे लगता है, राम का होना इतना आसान है, इसी से इतना मुश्किल है। कारण स्पष्ट है। हम दूसरों का ही छल देखते हैं अपना नहीं। राम कहीं भी छल नहीं देखते, देखते तो अयोध्या लौटने पर कैकेयी को भी इतने स्नेह से न अपनाते। यदि अपने मन में आशंका पालते तो भरत के चित्रकूट आने पर चिन्तित न होते। भरत राज्य देने आ रहे हैं उनका आग्रह कैसे टालूँ। उन्हें इसकी चिन्ता नहीं हुई कि भरत राम के ऊपर आक्रमण करेंगे। हम हैं कि कहीं हमें कोई विश्वसनीय नहीं दिखाई पड़ता। अविश्वास में ही हम घुटते रहते हैं। अब कोई कहे, राम ने सीता पर क्यों अविश्वास किया, तो उसे पहले पूछना चाहिए कि राम-सीता एक-दूसरे को जितना जानते हैं उतना कौन जानता है? वहाँ प्यार के सिवा किसी अन्य भाव का कोई स्थान नहीं। राम सीता को महनीय बनाना चाहते हैं अपने को अपराधी बनाकर वे सीता पर अविश्वास करने के पहले अपने घर पर अविश्वास करते। सीता के सामर्थ्य पर, सीता के एकनिष्ठ प्यार पर, राम को अटूट विश्वास है। वही विश्वास उनकी वास्तविक शक्ति है। राम अपनी प्राणों से प्रिय सीता पर विश्वास न करते, दोनों के लम्बे साहचर्य के साक्षी वन पर विश्वास न करते, गंगा पर विश्वास न करते, वाल्मीकि पर विश्वास न करते, तो अपने भावी पुत्रों का भविष्य यों जोखिम में न डालते। राम साकार विश्वास हैं इसलिए सामान्य जन को राम पर इतना विश्वास है, इतना भरोसा है। राम का होने का अर्थ जीवन में विश्वासी होना है, राम होने का अर्थ सहज विश्वासी होना है।

(शिरीष की याद आयी, 1995)

राम की अनुभूति

रामनवमी राम का जन्मदिन नहीं, जन्मोत्सव है। राम के जन्म का उछाह राम को अपने बीच सदा अनुभव करने वाला साधारण जन मानता है। राम को या किसी को भी जो लोग भगवान नहीं स्वीकार करना चाहते हैं, वे भी इस उत्सव में सहभागी हो जाते हैं, क्योंकि राम सबके हैं, सबके लिए हैं। यह तिथि इसलिए भी महत्त्वपूर्ण है कि गोस्वामी तुलसीदास ने इसी दिन अपनी अमरकृति 'रामचरितमानस' का शुभारम्भ उसी अयोध्या में किया, जहाँ राम का जन्म हुआ और उस जन्म को हम घर-घर रामनवमी के लिए घटित होती भावना का विषय बनाते हैं। गोस्वामीजी ने किसी और रचना की रचना-तिथि नहीं दी, केवल 'मानस' की रचना-तिथि दी। इसका गूढ़ अभिप्राय है। उन्होंने रचना-समाप्ति की तिथि नहीं दी, अनुमानतः दो वर्ष लगे होंगे। अयोध्या, चित्रकूट और काशी तीन स्थानों में अलग-अलग कालावधियों में बैठकर 'मानस' लिखा गया। 'रामचरितमानस' में भी प्रश्न ज़रूर प्रारम्भ में पूछा गया कि राम अयोध्यावासियों समेत किस प्रकार स्वर्ग गये, पर इसका उत्तर तुलसीदास जैसे कुशल काव्यशिल्पी ने नहीं दिया। इसका भी कोई विशेष अभिप्राय है।

मैं समझता हूँ कि अभिप्राय यही होगा कि तुलसी के राम यहीं बसे रहते हैं, वे जन्म लेते हैं और धरती पर रहने वाले मनुष्यों के प्रेम से खिंचे यहीं रहते हैं। वे किसी स्वर्ग में क्यों जायें? पार्वती जैसी कुशल प्रश्न करने वाली भी शिव से पुनः नहीं पूछतीं, स्वामी इस प्रश्न के उत्तर से क्यों कतरा गये, क्योंकि वह कथा सुनती-सुनती देखती हैं, इस कथा में कथावाचक शिव भी बीच-बीच में डूब जाते हैं, फिर कवि को गद्दी सँभालनी पड़ती है। यह कथा सबको ऐसा प्रतिभागी बनाती है, जैसे सब रामकथा में समा गये हों, यदि कथा के साथ न रहें तो राम का साथ छूट जायेगा। उत्तरकाण्ड में राम की राजगद्दी के बाद घर-घर रामकथा होती है और यही रामराज्य है कि राम को अपने बीच अनुभव करते रहें, उनके जन्म-मंगल को, उनके विवाह-मंगल को, उनके वनवास को, उनके विरहाकुल भ्रमण को, उनके वानर-भालुओं के सहयोग से असुरों के मद के नाश को, फिर राजगद्दी पर आना, कैकेयी से मिलना, उनकी ग्लानि को धो देना, इन सबको अनुभव करते रहें। राम के साथ हों तो उसका उछाह हो, राम आगे चले जायें और हम पीछे छूट जायें तो उसका पछतावा हो, राम केवट से पहले मिलें तो हमें रश्क हो कि हम केवट क्यों न हुए। तुलसी के 'मानस' से जुड़े लोग राम से छूटकर नहीं रह सकते, राम की तरह वह कथा कभी चुकती नहीं, वह कथा, कथा में ही लौटती रहती है।

यह भी संयोग मात्र नहीं है कि इस कथा के दो मर्मज्ञ वाचक—शिव और काकभुशुण्डि—एक परमेश्वर, दूसरे निकृष्ट काक योनि के जीव, एक परमयोगी भक्त और दूसरे ज्ञान के मद से काक योनि पाये हुए टूटे अहंकार वाले भक्त, दोनों राम के बाल रूप का ही स्मरण करते हैं। शिव कथा का आरम्भ ही करते हैं, इस अर्धाली से—

मंगल भवन अमंगल हारी।
द्रवउ सो दसरथ अजिर बिहारी।।

दशरथ के आँगन में बिहरने वाले बालक राम मेरे ऊपर द्रवित हों, मंगल राम में ही रहता है, अमंगल राम को दूर से देखते ही भाग जाता है। काकभुशुण्डि तो बस काक योनि नहीं छोड़ना चाहते, क्योंकि इसी योनि में रहते हुए उन्हें बालक राम के हाथों से छीनकर कौर मिला था, वह हाथ उन्हें पकड़ने चला और उन्हें कहीं ठौर नहीं मिला, हाथ उन तक पहुँचा जा रहा था, तब उन्हें ज्ञान हुआ और वे रामकथा सुनाने के परम अधिकारी हुए।

बालक राम की लीला में कौसल्या को ही रस नहीं आया होगा। हर एक माता अपने पुत्र के जन्म-मंगल के गीत में राम-जन्म का ही वर्णन करती है, सुनती है और अपने पुत्र में राम की छवि देखती है, बहू आती है तो उसमें सीता की। राम का जन्म होता है साधारण लोगों के भीतर आत्मविश्वास भरने के लिए। जिसे कोई आलम्बन न मिले, उसे राम आलम्बन देते हैं। जो बिलकुल टूट जाता है, उसे जोड़ने के लिए राम खड़े हो जाते हैं, जिसका कोई रक्षक नहीं, उसके लिए धनुर्धर राम प्रहरी बन जाते हैं, राम सबके ढाढ़स हैं, राम हारे हुए की जीत हैं।

राम के अवतार लेने के दो ही कारण बड़े सटीक हैं। एक कारण पुराणों में बार-बार दोहराया गया—सनक, सनन्दन, सनातन और सनत्कुमार चारों भाई (जो हमेशा पाँच वर्ष के बालक रहते हैं, अर्थात् जो सहज बालभाव में ही रहते हैं) बैकुण्ठधाम आते हैं, विष्णु भगवान से मिलना चाहते हैं, वैसे उनका कहीं भी प्रवेश बाधित नहीं, पर विष्णु के दो दरबान, जय और विजय, इस सहज बालभाव का अनादर करते हैं, तुम क्यों चले आये यहाँ? बस, चारों कुमारों ने शाप दे दिया, जाओ, तुम सेवा के मद में चूर हो, असुर बन जाओ। तब दोनों को होश आया, ये तो बालक नहीं, चार सनातन ज्ञान हैं। ऐसे ज्ञान हैं जो सहज हो गये हैं, उस ज्ञान पर कोई आवरण नहीं है। वह ज्ञान स्वभाव बन गया है, वह अलग से ओढ़ा हुआ लबादा नहीं है। दोनों पैरों पर पड़ते हैं, कुमार शाप में संशोधन करते हैं, तुम्हारा असुर योनि से उद्धार भगवान विष्णु के हाथों होगा। लाचार होकर सनकादि कुमारों की बात रखने और अपने मदोन्मत्त सेवकों का मद झारने के लिए विष्णु को अवतार लेना पड़ता है, कभी नृसिंह बनकर, कभी राम बनकर, कभी कृष्ण बनकर। तीन बार जन्म लेने पर जय-विजय की निष्कृति होती है और भगवान की भी निष्कृति होती है। इस प्रकार अवतरण का दोहरा उद्देश्य है। विशिष्ट की सेवा भी विशिष्ट बना देती है। भगवान उस विशिष्टता को नहीं रहने देते, न ही सबके साधारण में छिपे हुए महत्त्व की पहचान खोने देते हैं।

दूसरा कारण तुलसीदासजी ने यह बतलाया, और उनके राम के अवतीर्ण होने का प्रमुख कारण यही है कि नारद के मन में यह अहं हुआ कि मैं अकेला हूँ जो काम के वश में नहीं हुआ, नहीं तो ईश्वर भी काम के वश में हैं। उन्होंने शिव से जाकर कहा कि प्रभुकृपा से मैं काम के वश में नहीं हुआ। शिव ने कहा, मुझसे कहा सो कहा, कहीं भगवान विष्णु के आगे जाकर यह बात न कहना। पर नारद तो नारद थे। विष्णु भगवान के चरणों में प्रणाम किया और कहा—प्रभु! तुम्हारी कृपा से मुझे काम नहीं सताता। मैं स्त्री की ओर से पूरी तरह विरक्त हूँ। विष्णु भगवान ने सोचा, यह तो बुरा हुआ कि भक्ति में भी अहंकार आ जाये। उन्होंने माया रची।

नारदजी घूमते जा रहे थे, देखा, कहीं स्वयंवर हो रहा है, सुन्दर सुलक्षणा माला लेकर घूम रही है, कौन उपयुक्त वर है। नारदजी मोहित हो गये, विष्णु भगवान के पास आये, कहा कि मुझे अपना रूप दीजिए, तभी वह कन्या वरमाला मेरे गले में डालेगी। भगवान ने हरि रूप तो दिया, पर हरि का अर्थ तो वानर भी है। वानरी

मुख लिए पहुँचे। देखा, कन्या ने जिसके गले में वरमाला डाली, वह तो स्वयं विष्णु हैं। बड़े नाराज़ हुए, चले बैकुण्ठ में हिसाब करने अपनी इतने दिनों की भक्ति का। रास्ते में शिव के दो गण मिले, हँस रहे थे। नारद कुपित हुए। उन्होंने कहा, ज़रा जल में अपनी परछाईं तो देखो। देखा तो वानर-सा मुँह और नाराज़ हुए। शिवगणों को शाप दिया—जाओ, असुर हो जाओ, हमारे ऊपर हँसे! तत्काल भगवान विष्णु को शाप दिया—तुम नारी के विरह का अनुभव करने मनुष्य लोक में अवतीर्ण हो। भगवान विष्णु ने सहर्ष इस शाप को स्वीकार किया। नारद को फिर बड़ा पछतावा हुआ। भगवान ने कहा, पछतायें नहीं, मुझे आपकी बात सच करनी है, शिवगणों का उद्धार करना है और मनुष्य होकर, मनुष्य की दुर्बलता झेलकर मनुष्य के उबरने की क्षमता पहचाननी है। इसलिए राम के रूप में वे आये, उन्होंने गृहस्थ जीवन के सुख-दुःख पहचाने। वे इतने आत्मीय हो गये जन-जन के, वे सारे हिन्दुस्तान ही क्यों, दक्षिण-पूर्व एशिया, मध्य एशिया और दूर-दूर प्रवर्जित भारतीयों के ऐसे परिवारी हो गये कि उनके परिवार में हर मंगल के अवसर पर, चाहे जन्म हो, मुण्डन हो, विवाह हो, तीर्थयात्रा हो, वे ही गाये जाते हैं।

रामनवमी इसी आत्मीय मंगलभाव का स्मरण कराने आती है, साधारण व्यक्ति के भीतर राम के साथ होने का एहसास जगाने आती है, असाधारण का दर्प-दलन करने आती है और आती है मानस का कथाचक्र बनने, जिसमें अनन्त के भीतर के रस को ज्ञान का प्रकाश खींचता है, सन्त जन बादल बनकर उस भाप को दूर ले जाते हैं, मानस को भरते हैं; वहाँ से रामकथा सरयू की धार बनकर निकलती है और रामभक्ति की गंगा में मिलकर फिर अनन्त में समा जाती है। रामनवमी अनन्त की अनन्त तक यात्रा की सीटी बजाती है, राम के साथ होने का अर्थ अनन्त के साथ होना है, पूरी तरह जीना है, पूरी तरह जीने के सब उद्वेलन अनुभव करना है। रामनवमी राम के नाम पर अपने को विशिष्ट मानने वालों का स्मरण दिलाती है कि राम का आदमी साधारण न बना रहे तो राम उसके न रहेंगे और राम के नाम पर बिदकने वालों को चेतावनी देती है कि राम का नाम, तुलसी के शब्दों में, अपना घर है, आत्मीयता है, आत्मीयता से तटस्थ रहने वाले को कभी वह जन स्वीकार नहीं करेगा। वह तो राम से रिश्ते-नाते को अपना रिश्ता-नाता मानता है। राम से रिश्ते का अर्थ है अति साधारण, अति विपन्न, अति अज्ञानी, अति पीड़ित से रिश्ता सहज रखना। जो न रख सके वह कहाँ का नातेदार! रामनवमी रिश्तों के विस्तार का त्योहार है। इसी रूप में हम इसे मनायें, हँसी-खुशी में, उदारता में और विनम्रता में कि इसमें सब हैं, अकेला मैं नहीं।

(फागुन दुइ रे दिना, 1994)

स्मृतियों के राम

मैं जिस विधा का लेखक हूँ, वह कोई लोकप्रिय विधा नहीं है। इसके पाठक कम ही होते हैं। हाँ, यह ज़रूर है, पाठक बड़े आग्रही होते हैं। इधर जब से ब्रज-भूमि के घेरे में आया, तब से एक पाठक मुझसे बराबर पूछता है, आप राम के अवध के ठहरे, कैसे बाँसुरी वाले के चक्कर में पड़ गये? आपको कन्हाई ने कैसे फँसा लिया? राम की ज़मीन का आदमी बड़ा पक्का होता है, पर आप तो बड़े कच्चे निकले। एक दूसरे पाठक हैं, वे जवाब तलब करते हैं, आपका साहित्य सीता की सुधि नहीं लेता, वह तोते की तरह बस राधे-राधे की रट लगाये हुए है; मैंने कहा न, पाठक मेरे ज़्यादा नहीं, इसलिए मैं अपने पाठक का कुछ अधिक ख़याल रखता हूँ, मेरे बूते का नहीं कि उसकी बात अनसुनी कर दूँ, मैं उन्हें समझा नहीं सकता, क्योंकि उनके लिए राम एवं कृष्ण दो अलग रूप हैं, दो अलग चरित्र हैं, उन्हें समझाऊँ भी तो वे कहेंगे—बस कीजिए, आप जैसे एक छलिया के द्वारा छले गये हैं वैसे ही हम नहीं छले जाने वाले; कुछ अधिक दयालु हुए तो कहेंगे, हमें धोखा न दीजिए, यह सब लमतरानी और लबारपना सरजू के पानी में नहीं चलता, इसका जल बड़ा निर्मल है, आज भी बड़ा निर्मल है, दूसरे जल गँदले हो गये, हो जायें।

कैसे कहूँ कि राम को बिसराया जा नहीं सकता, राम न पलक से उतरते हैं, न चित्त से बिसरते हैं। वे कभी आगे, कभी पीछे, कभी दायें, कभी बायें से बराबर देखते रहते हैं। वाल्मीकि के शब्दों में—

यश्च रामं न पश्येत्तु यं च रामो न पश्यति।
निन्दितः स भवेल्लोके स्वात्माप्येनं विगर्हते।।

जो राम को नहीं देखता और जिसे राम नहीं देखते, वह लोक में निन्दा का पात्र बनता है। यही नहीं, उसकी स्वयं की आत्मा भी उसे धिक्कारती है। कौन अपनी आत्मा की धिक्कार सुनना चाहेगा, विशेषकर ऐसा आदमी, जिसका हर एक संस्कार राम में नहलाया हुआ संस्कार है, जीवन भर जो राम की गूँज लोक के संस्कार गीतों में सुनता रहा है! राम की आत्मीयता बड़े भाई की आत्मीयता है, मेरे तो कोई सगे बड़े भाई भी नहीं हैं, एक भाई हैं, पर उनके आगे कुछ कह पाना नहीं होता। राम के आगे भी सम्भव नहीं होता, हाँ, मुझे राम सगे से अधिक सगे लगते हैं। जब कभी राह भूलती है, जब कभी झूठ फुसलाता है, जब कभी कवि बहकाता है, राम की तर्जनी उठ जाती है। बहुत आगे जाने की क्षमता नहीं, बहुत ऊँचे उठने का कठिन संकल्प नहीं, लेकिन रास्ते पर लगा रहता हूँ, अपने बल पर नहीं, राम की आत्मीयता के बल पर।

और सच कहूँ, राम का यह 'भायप' मन को इतना मुक्त करता है कि बन्धुता बन्धन नहीं लगती, खुले मन का एक नया क्षितिज लगती है। राम के स्नेह की छाया ही कृष्ण के आर्कषण में ले जाती है, कृष्ण से आत्मीयता जोड़ने के लिए विश्वास देती है। पर कृष्ण भाई नहीं, बन्धु नहीं, बड़े ही निर्मम मित्र हैं। राम जितने सगे, कृष्ण उतने ही

पराये। राम जितने सीधे, कृष्ण उतने ही टेढ़े। राम जितने ही नज़दीक, कृष्ण उतने ही दूर। पर नज़दीक होते हुए भी राम के आगे बड़ा संकोच होता है, कैसे कुछ कहें! कृष्ण के आगे संकोच नहीं होता, वह संकोच एक झटके से चीर देते हैं। हाँ, राम की ओर से विश्वास बना रहता है कि वे स्वयं मेरा दुख-दर्द समझते होंगे, कृष्ण इतना घात करते हैं कि उन पर कभी विश्वास नहीं होता। काले दोनों हैं, गहरे दोनों हैं, पर राम को समझना इसलिए कठिन है कि इतनी उदारता, इतना शील, इतनी सच्चाई, इतना स्वजनों के लिए छोह, यह कहीं और दिखता नहीं, इसलिए असम्भव लगता है। राम कब किसके लिए व्याकुल हो जायेंगे, इसकी कुछ थाह नहीं लगती और कृष्ण कब किसको मँझधार में छोड़ देंगे, कब किसके साथ दग़ा करेंगे, इसका कुछ पहले से आभास नहीं होता। मेरा यार ऐसा जालिम है कि बिना माँ हुए माँ बनी यशोदा का दूध तक भूल जाता है। पर क्या करें, दोस्त ऐसा है कि आपके मन के कोने-अन्तरे की बात निकलवा ले, आपको एकदम बेपर्द कर दे। इसी से उस पर इतना प्यार आता है, पहले से जानते हुए भी कि ठगा जाना है, उससे ठगे जाने का मन होता है।

और ठगा जाता हूँ तो राम याद आते हैं। खेल में भी उन्होंने कभी अपने जन को नहीं हराया, बराबर खुद हारते रहे। बहुत दिन हुए एक गीत सुना था—

मोरे अइसे सुरतिया के राम त कइसे बिसराई
अँखिया त उनके जइसे अमवा के फँकिया।
लिलरा चनरमा के जोति त कइसे बिसराई
दँतवा त उनके जइसे बेइली के कलिया
ओंठवन चुएला गुलाब तब कइसे बिसराई।

मेरी ऐसी स्मृतियों के राम, ऐसी छवियों के राम, कैसे उन्हें बिसराऊँ! उनकी आँखें ऐसी हैं जैसे आम की फाँकें और माथा जैसे चन्द्रमा दिप रहा हो, कैसे बिसराऊँ? उनके दाँत जैसे बेले की कलियाँ और ओंठ से बस गुलाब झरता रहता है, कैसे बिसराऊँ?'

राम की आँखें परितृप्ति हैं, उनका ललाट शान्ति है और उनकी मुस्कान एक महक है, बात एक सपना। राम पूरे मनुष्य हैं, पूरे लोक-मनुष्य हैं। राम को छोड़ कर जाने का विचार भी तो तब आये, जब राम कभी छोड़ें। हाँ, राम एक जगह बड़े निष्ठुर हैं, वे सिंहासन के साथ नहीं है, वे सिंहासन की राजनीति के साथ नहीं है। वाल्मीकि रामायण में भरत के आग्रह पर राम जब लौटने को राज़ी नहीं होते तो एक ऋषि समझाते हैं—क्या मूर्खता कर रहे हो, कोई किसी का नहीं होता, आदमी अकेले जन्म लेता है अकेले चला जाता है—

कः कस्य पुरुषो बन्धुः किमाप्यं कस्य केनचित्।
एकोहि जायते जन्तुरेक एव विनश्यति।।

दशरथ तुम्हारे कोई नहीं, तुम उनके कुछ नहीं, उनकी बात से क्यों बँधते हो—

न ते कश्चिद्दशरथस्त्वं च तस्य न कश्चन।।

राम बड़ी मृदुता से, पर बड़ी दृढ़ता से उत्तर देते है—

सत्यमेवेश्वरो लोके सत्ये धर्मः सदाश्रितः।
सत्यमूलानि सर्वाणि सत्यान्नास्ति परं पदम्।।

नैव लोभान्न मोहाद्वा न चाज्ञानात्तमोन्वितः।
सेतुं सत्यस्य भेत्स्यामि गुरोः सत्य प्रतिश्रवः।।

तुम और कोई ईश्वर मानो न मानो, सत्य इस लोक में ऐसा ईश्वर है जिसे तुम भी मानोगे, क्योंकि सत्य में ही समस्त कर्म-धर्म आश्रित हैं।

लोभवश, मोहवश और अज्ञानवश मैं जो कह चुका हूँ, उससे पीछे नहीं हटूँगा। राम इस लोक के अस्तित्व के आधार हैं, वे अपने सत्य से इस लोक को गुणवान बनाते हैं। इसीलिए उनके पीछे-पीछे चलने में कोई भय नहीं लगता, वे जिसे छोड़कर चल देते हैं, वही भयप्रद हो जाता है। जिस सिंहासन को राम छोड़ते हैं, उस पर भरत भी नहीं बैठते, वह सिंहासन खाली रहता है। भरत भी राम के चरण-चिह्नों पर नगर के बाहर नन्दिग्राम में झोपड़ी में बैठे राजकाज चलाते हैं। राम के बिना अयोध्या प्रेतनगरी हो जाती है।

राम आधारहीन सत्ता के ऐसे प्रत्युत्तर हैं कि उनकी याद इस ज़माने में कुछ और सार्थक हो जाती है और कृष्ण राजनीति के केन्द्र में रहते हुए, दाँव-पेंच के बीच रहते हुए भी अत्यन्त अलौकिक हैं। मनुष्य को वे लोक से निरन्तर निष्कासित करते रहते हैं, लौकिक सम्बन्धों का उच्छेद करते रहते हैं ताकि लोक से कोई रिश्ता न रह जाये, रिश्ता केवल उससे हो जो लोक को नचाता रहता है। राम लोक के लिए रिश्तों को छोड़ते हैं, कृष्ण लोक के रिश्तों को तोड़ते हैं।

कृष्ण की लीलाभूमि में आकर मुझे राम कुछ और अपने लगते हैं, क्योंकि जब से इस लीलाभूमि में आया, बराबर यही अनुभव करता रहा कि टूट रहा हूँ। यह भी नहीं कि किसी के तोड़ने से टूट रहा हूँ, बस बलुहे कगार की तरह टूट रहा हूँ। देख रहा हूँ, कृष्ण मुस्का रहे हैं। ऐसा सत्यानाशी दोस्त है, जो सिर्फ़ मुस्काना जानता है। ऐसा बेदर्दी कि कभी किसी दोस्त के साथ भी दया नहीं दिखलाता। बस जोहता रहता है कि तुम बिलकुल निःस्व हो जाओ, लुट जाओ तब मैं आऊँ। क्या हो, अपनी माँ का दूध जिसने पिया नहीं, उससे और आशा ही क्या की जा सकती है और तब मुझे राम याद आते हैं, कौशल्या की आँखों के आँजन, सीता के साये और लक्ष्मण के ध्रुवतारे और राम के साथ ही याद आते हैं तुलसीदास, जिन्होंने संवत सोलह सौ इकतीस की रामनवमी को अयोध्या में राम को फिर जनमाया, उसी अयोध्या में जिसे राम ने छोड़कर उजाड़ बना दिया था। तुलसीदास ने हज़ार अयोध्याएँ बसायीं, हर अयोध्या में नये-नये राम जनमाये, हरेक के लिए हरेक के अनुरूप राम। तुलसी की वह पंक्ति याद आती है—

टूटियौ बाँह गरै परै फूटेहूँ बिलोचन परि होत हित करिए।

यह बाँह जो टूट गयी है, अब तुम्हारे गले पड़ेगी, यह आँख जो फूट गयी है तुम्हें ही दुःख देगी। बाँह का ख़याल, आँख का ख़याल तुम्हीं को करना है, बाँह तुम्हारी, आँख तुम्हारी।

ऐसा लगता है कि श्रीकृष्ण आखेट करते हैं, वेध्य बनाते हैं और राम सहलाते हैं, गोद में ले लेते हैं। वे रावण की मृत्यु पर भी शोक करते हैं और श्रीकृष्ण अपने कुटुम्बियों—यदुवंशियों के विनाश पर भी प्रसन्न होते हैं। राम साक्षात् करुणा हैं और श्रीकृष्ण हैं निर्ममता। यह दूसरी बात है कि श्रीकृष्ण से आविद्ध होने को जाने क्यों मन करता है और राम की गोद में सहलाये जाने के लिए भी प्रस्तुत होते समय संकोच होता है कि कहीं राम के लायक़ हूँ भी या नहीं। तुलसी के शब्दों में—"ज्यों ज्यों निकट भयौं चहौं कृपालु, त्यौं त्यौं दूरि पर्‌यौ हौ" (जितना ही तुम्हारे निकट आना चाहता हूँ त्यों-त्यों लगता है, दूर फेंक दिया गया हूँ)। लाज लगती है कि राम की शुचिता और सच्चाई के सम्पर्क में आने की योग्यता भी है या नहीं। तो भी राम अपने हैं, अपने घर के हैं, राम के साथ रहने से लगता है

घर बसा हुआ है, भले ही वह घर जंगल में बसा हो, पर कृष्ण के साथ घर के भीतर भी जंगल समा जाता है, वे घर रहने ही नहीं देते, शरीर को जीव का घर नहीं रहने देते। वे घर को कुंज बना देते हैं, शरीर को परमात्मा की लीलाभूमि। श्रीकृष्ण के कारण बेघर होना पड़ा है। पर मैं घरबारी आदमी हूँ, मुझे घर बुला रहा है, वह घर नहीं जो अयोध्या में है बल्कि वह घर जो वन में है, जो विन्ध्य के अंचल में है, जो तमसा के किनारे है, मन्दाकिनी के किनारे है, पंचवटी की वह पर्णकुटी बुला रही है। रेतीले कुंज में रहा नहीं जाता, समूचा अस्तित्व बूँद-बूँद सर्वसोखी बालू में समाता जा रहा है, इस बालू की प्यास है कि बुझती ही नहीं।

समाने के पहले विन्ध्य की पठारी धरती की रसधार को पुकारना चाहता हूँ, वह रसधार राम हैं। राम ऊपर से कठोर, भीतर से बड़े कोमल हैं उनका चेहरा बड़ा गम्भीर-बड़ा कठोर, उनका हृदय बड़ा कोमल, और कृष्ण ऊपर से बड़े मधुर, बड़े रसिया, पर भीतर बड़े निर्दय। मैं एक विचित्र तनाव की स्थिति में हूँ। राम और कृष्ण दोनों मुझे अप्राप्त, पर दोनों काम्य। एक ओर आसपास से ऐसा उद्वेग और अपने से इतना कटाव, दूसरी ओर अपनेपन के लिए ऐसी तड़पन, समझ नहीं पाता कितना अपना हूँ, कितना पराया हूँ, कितना राम का हूँ, कितना कृष्ण का। यही लगता है कि मेरे अपने असमंजस स्वभाव के अनुरूप आज रामनवमी के दिन एक राम जन्म ले रहे हैं, गोदावरी के किनारे अकेले खड़े, अकेले तो नहीं, चारों ओर से वन-देवता की मुखर साँसें जवाब माँग रही हैं। सोच रहे हैं—मैंने लोगों को इतना अपनापन दिया, कितना लोगों का हुआ? हाँ, अपना नहीं रहा, जो कुछ अपना था सब मैंने खो दिया, खो नहीं दिया फेंक दिया, मैंने गुँजा बटोरी, मोती की माल फेंक दी। लोकैषणा की गुँजा इतनी महँगी और जीवन-निष्ठा इतनी सस्ती।

मैं अपने आग्रही पाठक को कैसे समझाऊँ कि राम मुझे नहीं बिसरे, राम की आँखें नहीं बिसरीं और राम के ओठों से चूने वाला गुलाब भले ही बिसर जाये, उनका मौन नहीं बिसरता।

सीता ने बच्चों के जन्म का शुभ सन्देश भिजवाया, नाई से सबको सन्देश देने को कहा, पर उसे ताकीद कर दी गयी थी, राम को सन्देश न देना। वह राम को सन्देश नहीं देता है। सन्देश की दमक लक्ष्मण के माथे पर दिखती है, राम पूछते हैं—कौन-सी ऐसी खुशी है जिससे तुम्हारा माथा दमक रहा है? लक्ष्मण कहते हैं—मेरी एक भाभी हैं सीता, उनको पुत्र हुआ है। राम कुछ नहीं बोलते। तरर-तरर आँसू झरते हैं, दुपट्टे से पोंछते रहते हैं। कुछ नहीं बोलते।

मुझे लगता है वह मौन मुझमें समा गया है, राम ने जो व्यवस्था तजी थी, एक बड़े सत्य के लिए उसी व्यवस्था के वशीभूत होकर उन्होंने परीक्षित सचाई का परित्याग किया, उन्हें क्या मिला? बस यह एकान्त अनुताप। सचाई कितनी बड़ी है, व्यवस्था कितनी छोटी है, इसकी पीड़ा आज अनुभव करता हूँ, इसीलिए मैं राम की बात नहीं कर पाता। राम की सचाई की प्रतिमा, सीता की बात नहीं कर पाता। मैं अपने को बहलाने के लिए राधा-कृष्ण के रेतीले और कँटीले प्यार की बात करता हूँ, अपने को बहलाता हूँ, क्योंकि मेरे राम को कोई ठौर नहीं है, चित्रकूट और पंचवटी में भी कोई ठौर नहीं है। मेरे राम, मेरे तुलसी दोनों गुप्तार घाट पर उदास खड़े हैं। नहीं, नहीं, आज रामनवमी है, राम जन्म ले रहे हैं। 'रामचरितमानस' जन्म ले रहा है। सचाई ऐसे ही जन्म लेती है। संशय के गहरे अन्तर्द्वन्द्व में, वसन्त के अस्तित्व-मन्थन में, राम जन्म लेते हैं, लेते रहे हैं, लेते रहेंगे। राम-जन्म के सोहर गाओ, मंगल धूमधाम से मनाओ। पलाश के दहकते पेड़ के नीचे बिलखती और हरिण को बिसूरती हरिणी की पीड़ा को भूलकर मंगल गाओ, राम का जन्म सूर्य का जन्म है, वह असंख्य-असंख्य स्मृतियों की नीहारिकाओं के विस्फोट से होता है। असंख्य स्मृतियों की दीप्ति राम बनती है। राम अपनी स्मृतियों में ही जन्म लेते हैं। मेरी ऐसी स्मृतियों के राम।

(तमाल के झरोखे से, 1981)

राम से रिश्ता

आज के समय में, मानवीय रिश्तों की परिधि में राम को देखने की कोशिश मुझे विशेष प्रासंगिक लगती है।

समर्थ आलोचकों ने तुलसी को मर्यादावादी कहा है, लोक-मंगल का संस्थापक सिद्ध किया है, निराशा में डूबती हुई जनता का उद्धारक कहा है, पर कम-से-कम मुझे तुलसी के ये रूप कुछ अधिक महत्त्वपूर्ण नहीं लगते। यह मर्यादा का कैसा रूप कि सीता राम की बात नहीं मानतीं और हठ ठानकर राम के साथ चल पड़ती हैं? राम अपने प्राणों से भी प्रिय भरत की बातों को नहीं मानते और भरत जैसे स्नेही भाई का आग्रह नहीं मानते—यह कैसी भक्तवत्सलता? भरत अपनी माता के विद्रोही हो जाते हैं, माता के ख़िलाफ़ हो जाते हैं और उनसे बात तक नहीं करते हैं। सीता की अग्नि परीक्षा करके भी राम सीता का परित्याग करते हैं, यह कैसा एकपत्नीव्रत? लौकिक अर्थ में जो भी मर्यादाएँ स्वीकृत हैं, वे सभी तुलसी के मूल्यबोध में टूटती ही रहती हैं, एक बड़ी मर्यादा के आगे—

"सो सब धरम-करम जरि जाऊ, जेहिं न राम-पद-पंकज भाऊ।
जाति-पाँति धन-धरम-बड़ाई, सब तजि तुमहि रहहि लौ लाई।।"

की बात करते हैं, तो राम में एकाग्रता के आगे जाति-पाँति-धन-धरम, सब छोड़ना उन्हें आवश्यक प्रतीत होता है, उनके लिए वर्णाश्रम धर्म साध्य नहीं है, अनेक साधनों में से सिर्फ़ एक साधन है।

जहाँ तक लोकमंगल का प्रश्न है, वह भी मंगल नहीं है, यदि राम के भाव से भावित नहीं है—दूसरे शब्दों में, उस भावना से भावित नहीं है कि परिजन परिजन हैं, मित्र मित्र हैं, प्रिय प्रिय हैं, इसलिए नहीं कि वे अपने आप परिजन हैं, मित्र हैं, प्रिय हैं, बल्कि इसलिए कि राम वहाँ हैं। राम वहाँ नहीं हैं तो घर भूतों का डेरा है, अपने ही परिजन यमदूत हैं, मित्र शत्रु हैं। मंगल का अधिष्ठान राम की उपस्थिति है। 'राम-नाम मंगल दिसि दसहूँ' का अर्थ यह नहीं है कि राम का नाम ले तो दसों दिशाओं में मंगल हो; उसका अर्थ यह है कि सब राम के हो जाते हैं, सारी दिशाएँ राम से भर जाती हैं, कोई पराया नहीं रहता—यहाँ तक कि जो राम का ध्यान शत्रु के रूप में करता है, जो राम को गाली देता है, जिसे यह लाचारी होती है कि राम का स्मरण शत्रु-रूप में करता रहे, वह व्यक्ति भी राम के लिए पराया नहीं होता। जहाँ राग की उपस्थिति नहीं है, वहाँ सब सुख के साधन रहें, ऐश्वर्य के साधन रहें, फिर भी सब कुछ उजाड़ हो जाता है। राम की अनुपस्थिति का बोध, पाप का वास्तविक बोध है। सुमन्त्र जब राम के बिना अयोध्या लौटते हैं, तो उन्हें लगता है कि कौन मुँह लेकर मैं अयोध्या में प्रवेश करूँ। जिस राम को रथ पर बैठाकर गया, उस राम का सन्देश लेकर प्रवेश करूँ? यह किन पापों का फल है! समन्वय की बात तो और भी लचर है। तुलसीदासजी सम्पूर्णता की बात करते हैं, और सम्पूर्णता के प्रश्न पर उनका किसी से समझौता नहीं—

"जाके प्रिय न राम-बैदेही।
तजिए ताहिं कोटि बैरी सम, जद्यपि परम सनेही।।"

वे सबको स्वीकार करते हैं, सबकी श्रेष्ठता का आदर करते हैं, पर अपनी विवशता भी देखते हैं—'अपनो भलो राम-नामहिं ते, तुलसिहिं समुझि परे।' मैं इसलिए इस बात को केन्द्र में रखकर बात आगे बढ़ाना चाहता हूँ कि तुलसी का काव्य एक ऐसे अपनाव का काव्य है, जिस अपनाव के केन्द्र में राम हैं और इसीलिए यह अपनाव है, यहाँ परायेपन के लिए कोई स्थान नहीं है।

राम का अपनाव एक विचित्र प्रकार का अपनाव है। जो कैकेयी उन्हें वनवास देती हैं, सबसे पहले अयोध्या लौटने पर उसी कैकेयी के प्रति भरत ऐसे निष्ठुर हो गये कि जनम-भर कोई बात नहीं करते; किन्तु—मानी राम अधिक जननी ते—राम ने माता कैकेयी को अपनी माँ से अधिक माना। कौशल्या के भी मन में इसका कोई डाह नहीं रहता। राम का प्रेम देखकर किसी ने भी इस लोक की—वेद की मर्यादा, दोष, नीति आदि की चिन्ता नहीं की। जिसे राम से प्रेम है वह सबके प्रेम का पात्र है।

राम बालि को मारते हैं और वही बालि जब उलाहना देता है—

धर्म हेतु अवतरेउ गोसाईं।
मारेहु मोहि व्याध की नाईं।।
मैं बैरी सुग्रीव पियारा।
अवगुन कवन नाथ मोहि मारा।।

तो पहले तो राम उसके अभिमान को तोड़ते हैं कि यह धर्म की बात करने का अधिकारी ही नहीं—उसने अनुजवधू के ऊपर कुदृष्टि की है, वह वध के ही योग्य है। उसमें अतिशय अभिमान है। पर जब उसका अभिमान टूट जाता है और वह निवेदन करता है—

'प्रभु अजहूँ मैं पापी, अन्तकाल गति तोरि', तब राम पिघल जाते हैं, उसके सिर पर हाथ फेरते हैं और कहते हैं कि—'अचल करहुँ तन राखेहु प्राना।' पर यह स्नेह पाकर बालि के मन में फिर ऐसे जीवन का ख़तरा उठाने की इच्छा नहीं रह जाती, जिसमें राम का स्नेह भरा हाथ सिर पर न रहे। यह क्षण आज मिला है और इस जीवन की पूरी सार्थकता मिल गयी है। अब ऐसा अचल जीवन लेकर क्या होगा, जहाँ सिर पर राम का हाथ नहीं रहेगा।

मोहि जानि अति अभिमान-बस प्रभु कहेउ राखू सरीरही।
अस कवन सठ हठि काटि सुखतरु बारि कर ही बबुरही।।

सामने कल्पद्रुम भरे हैं और मैं इस कल्पद्रुम को काटकर बबूल बनकर जिऊँ, यह नहीं होगा! जहाँ अभिमान टूटता है, राम वहीं द्रवित हो जाते हैं। और जहाँ सब कुछ राम के ऊपर छोड़ दिया जाता है, वहाँ वे केवल द्रवित ही नहीं होते, विवश भी हो जाते हैं। वे कौशल्या के आगे विवश नहीं होते। वे सगी माँ हैं, पर महारानी भी हैं। सीता के आगे विवश हो जाते हैं, क्योंकि सीता का कोई दूसरा आश्रय नहीं है, आलम्बन-सूत्र नहीं है। वे लक्ष्मण के आगे विवश हो जाते हैं, जो यह कहते हैं—

जँह लगि जगत सनेह-सगाई।
प्रीति-प्रतीति निगम निज गाई।।

मोरे सबहि एक तुम स्वामी।
दीनबन्धु गुरु, अन्तर्यामी।।

लक्ष्मण कहते हैं कि धर्म और नीति का उपदेश उसे चाहिए जिसको कीर्ति, अभ्युदय और सुगति प्रिय हो—मुझको तो केवल राम चाहिए। वे अयोध्यावासियों के आगे लाचार हो जाते हैं। तमसा के तीर तक जब अयोध्यावासी उनके साथ-साथ आते हैं तो राम बड़े असमंजस में पड़ जाते हैं। वे उनका प्रेम भी देखते हैं और यह भी सोचते हैं कि इस प्रेम का निर्वाह तभी होगा, जब वे राम की अनुपस्थिति में राम की उपस्थिति का अनुभव अयोध्या में करते करेंगे। और इसीलिए वे ऐसी माया करते हैं कि वे सब सो जाते हैं और राम वहाँ से तेज़ी से चल पड़ते हैं।

वे केवट के आगे विवश हो जाते हैं और उसके आगे निहोरा करते हैं कि तुम मुझे पार करो। जो सबको पार करने वाले हैं, वे स्वयं पार होने के लिए केवट के आगे झुक जाते हैं। उनके मन में संकोच होता है कि मैंने कुछ नहीं दिया, शायद इसीलिए कि उन्होंने अपने आपको दे दिया। वे सीता से कहते हैं—तुम कुछ दो! सीता मनिमुन्दरी देती हैं, पर केवट यह उतराई नहीं लेना चाहता। वह कहता है—

बहुत काल मैं कीन्हि मजूरी।
आजु दीन्ह विधि बनि भलि भूरी।।

आज ही तो मुझे पूरी मजूरी मिल गयी। लेकिन सबसे अधिक लाचारी राम को है भरत के आगे। भरत के आग्रह के आगे राम से कुछ करते नहीं बनता और वे पूरी तरह अपने को भरत के हाथों सौंप देते हैं—

सो तुम करहुँ-करावहु मोहू।
तात तरनिकुलपालक होहू।।
बाँटी बिपति सबहिं मोहि भाई।
तुम्हहि अवधि भरि बड़ि कठिनाई।।
जानि तुम्हहि मृदु कहउँ कठोरा।
कुसमयँ तात न अनुचित मोरा।।
होंहिं कुठाय सुबन्धु सहाए।
ओड़िअहिं हाथ असनिहु के घाए।।

तुम मृदु हो, यह जानकर ही इतनी कठोर बात कह रहा हूँ, क्योंकि कठोर को वही झेल सकता है जो मृदु होगा। तुम्हीं मेरी सहायता कर सकते हो! भाई का आघात भाई, वज्र का ही क्यों न हो, अपने हाथ में ले लेता है। मेरे भीतर कर्तव्य और प्रेम के बीच जो अन्तर्द्वन्द्व है, उसमें मेरा कर्तव्य बड़ा कठोर है, वह तुम्हारे प्रेम का विरोधी हो रहा है। अद इसका समाधान तुम्हारे हाथ में है कि दोनों बने रहे और यह विरोध दूर हो जाये।

विचित्र विनिमय होता है। राम वन में बसते हुए, निर्वासित होते हुए भी सबके मन पर राज्य करते हैं और—भरत भवन बस तपु मन कसहीं—भरत घर में रहते हुए भी वनवासी हो जाते हैं। भरत के साथ राम का इतना गहरा रिश्ता, तुलसी के काव्य का एक विशिष्ट उद्देश्य है। भरत के कारण उनका निर्वासन हुआ। भरत को उसकी ग्लानि हुई, और ऐसी ग्लानि को यदि राम महत्त्व न देते तो कौन राम की ओर उन्मुख होता? राम उसी के होते हैं जो राम के प्रेम का भाजन बनने के लिए अपने को अपनेपन से बिलकुल खाली कर देता है; और खाली वही कर सकता है,

जिसके भीतर यह परिताप हो कि मेरे कारण राम को कष्ट हुआ, राम को निर्वासन मिला। भरत की भूमिका एक शाश्वत आमन्त्रण है कि आदमी अनुभव करे—कहीं हमारे भीतर कोई खोट थी, किसी ऐसी आकांक्षा से लगाव था जो राम के निर्वासन की क़ीमत पर मुझे सुख देना चाहती थी। जब आदमी को यह अनुभव हो जाये कि ऐसे सुख में आग लगे जो अकेले एक आदमी का सुख हो—जब आदमी को यह अनुभव हो जाये कि ऐसे सपनों में आग लगे जो दूसरों का प्राप्य हमें दिलाये, तो राम पास आयेंगे और जब बहुत पास आयेंगे तो उनका पास आना भी एक संकट बन जायेगा।

राम के साथ रिश्ता जब घना हो जाता है तब यह संकट और तीव्र हो जाता है कि क्या हम इस रिश्ते के योग्य हैं? विराट के साथ जुड़ने की सम्भावना जब प्रत्यक्ष होने लगती है तो अपना छुटपन एक भयावह दूरी बन जाता है।

ज्यों-ज्यों निकट भयौ चहौं कृपालु त्यों-त्यों दूरि पर्‌यो हौं।
तुम चहुँ जुग रस एक राम, हौ हूँ रावरो यद्यपि अध-अवगुननि भर्‌यो हौं।।
बीच पाइ एहि नीच बीच हि छरनि छर्‌यो हौ,
हौं सुबरन कुबरन कियौ, नृप ते भिखारि करि सुमति तें कुमति कर्‌यौं हौ।।
अगनित गिरि-कानन फिर्‌यौं हौं बिन अगिन जर्‌यौं हौं।
चित्रकूट गये हौं लखि कलि की कुचाल सब अब अपडरनि डर्‌यौ हौं।।
माथ नाइ नाथ सों कहौ हाथ जोरि खर्‌यो हौं।
चीन्हौ चोर जिय मारिहैं, तुलसी सो कथा सुनि प्रभु सों गुदरि निवर्‌यौं हौं।।

राम के समीप आना एक ऐसा विराट अनुभव है, जो सँभाले नहीं सम्भलता। यह तो लगता है कि कहीं समानता है, राम में एकदृश्यता है सहज कृपालुता की, और व्यक्ति-मन में भी एकरसता है—निरन्तर पाप की ओर झुकने की, निरन्तर दुराव की ओर जाने की। राम की ओर जाने की प्रवृत्ति होते ही एक दुराव घेरता है और वह सोने को राँगा बना देता है, राजा-जैसे मन को भिखारी बना देता है, सुमति को कुमति बना देता है, और 'अगनित गिरिकानन' घुमाता फिरता है, बिना आग जलाता रहता है, कहीं चैन नहीं लेने देता। पर राम के निर्वासन का पहला पड़ाव चित्रकूट जब मन में बसता है तो स्पष्ट हो जाता है कि यह जलना, यह दिशाहीन घूमना, एक छल के कारण या ढोंग के कारण हुआ है। सहज हो जाने पर तो राम बिलकुल सामने मिल जाते हैं, क्योंकि राम छल और ढोंग को छोड़कर चित्रकूट में बसे हैं—उन लोगों के बीच बसे हैं, जिन्होंने छल-ढोंग का नाम तक नहीं सुना। उनके जो भीतर है, वही बाहर है। वे किसी के अधीन नहीं हैं। प्रकृति जो उन्हें देती है, उसे वे सहज भाव से लेते हैं। वे तो राम में रहते ही हैं; पर जो व्यक्ति राम से दूर है और राम के समीप आता है, जो छल से सहजता की ओर आता है और छल की अर्थात् कलिकाल की कुटिलता को पहचानता है, उसको बड़ा भ्रम घेरता है कि मैं राम के समीप आ तो गया, पर मेंने इस चोर को पहचान लिया जो मेरी सहजता बराबर चुराता रहा; अब यह मुझे जीने नहीं देगा। राम को पाकर भी मैं कहीं राम से दूर तो नहीं चला जाऊँगा? क्योंकि राम को पाते ही अपना छल इतना उजागर हो जाता है कि मन में यह विश्वास ही नहीं होता कि हम राम के हो सकते हैं। राम के पास आने पर दूर फेंके जाने का एक अनुभव राम के रिश्ते की एक विचित्र पहचान है।

कौन यह अनुभव नहीं करता कि निषादराज को चित्रकूट में साथ रहने की अनुमति नहीं मिलती। भरत को लाचार होकर चित्रकूट से लौटना पड़ता है। सीता को इतनी असह्य वेदना, अग्नि-परीक्षा के बाद राम मिलते हैं

और जब वे राममय हो जाती हैं तो उन्हें निर्वासन मिलता है झूठे लोकापवाद पर। लेकिन लोकापवाद तो व्याज है, गीतावली में तुलसीदास ने एक दूसरा कारण दिया है कि राम जब तक राम की आयु भोगते हैं, तब तक वे सीता से अलग होने की बात नहीं सोचते हैं। दशरथ ने अपने पुत्र राम के वियोग में अपने समय से पूर्व प्राण त्याग दिये थे और अब राम को अपने पिता की शेष आयु जीनी है और राम इस रूप में सीता को अपने पास नहीं रख सकते। राम सीता को निर्वासित करते हैं, इस उद्देश्य से भी निर्वासित करते हैं कि मेरी सन्तान जन्म से ही उस तपोवन की दीक्षा ले—भागीरथी के प्रवाह की शुचिता की दीक्षा ले, रामकथा के स्रष्टा वाल्मीकि से करुणा की दीक्षा ले, और वह सन्तान और उसकी माँ से राम अधिक गौरवशाली बन जायें—रामायण की कथा का वे ही आश्रय बन जाये, रामायण की कथा का वे ही कण्ठ बन जाये। रामायण की कथा तो राम के रिश्ते की इस मृदुल कठोरता की कथा है। पर कथा की बात विस्तार में अलग करूँगा।

राम अन्त में लक्ष्मण को भी विदा दे देते हैं, लयमण जो इतने पास रहे, वे लक्ष्मण राम से पहले शरीर-त्याग करते हैं। सबसे अधिक दुःखद, सबसे अधिक इसे दूर करने का 'वंचित भाव' अनुभव करते हैं अंगद। अंगद को बालि ने मरने के समय राम की गोद में डाला था। राम ने अंगद को किष्किन्धा का तत्क्षण युवराज घोषित किया था। पर अंगद किष्किन्धा के युवराज-पद को महत्त्व नहीं देते थे। सब वानर-भालू अयोध्या गये और भरत के हाथों भेंट लेकर अपनी-अपनी जगह लौट गये। केवल अंगद हैं, जो लौटना नहीं चाहते। कहते हैं—

मोरे प्रभु तुम गुरु, पितु, माता।
जाउँ कहाँ तजि पद-जलजाता।।
तुम्हहिं बिचारि कहहुँ नरनाहा।
प्रभु तजि भगत काय मम काहा।।
बालक ज्ञान-बुद्धि-बलहीना।
राखहु सरन नाथ जन दीना।।
नीचि टहल गृह कै सब करिहहुँ।
पद-पंकज बिलोकि भव तरिहहुँ।।
अस कहि चरन परेउ प्रभु पाहीं।
अब जनि नाथ कहहुँ गृह जाहीं।।

मेरे लिए युवराज पद व्यर्थ है। मैं तुम्हारे चरणों के समीप रहना चाहता हूँ। मुझसे घर जाने को न कहें। राम की आँखों में आँसू आते हैं। वे अपने हृदय से माला उतारकर स्वयं उसे पहनाते हैं और विदा कर देते हैं, पर—

अंगद हृदय प्रेम नहिं थोरा।
फिरि-फिरि चितई राम की ओरा।।
बार-बार कर दण्ड-प्रनामा।
मन अस, रहन कहई मोहि रामा।।

अंगद जाना नहीं चाहते। सोचते रहते हैं कि शायद अब राम कह दें कि रुक जाओ। पर राम कुछ नहीं कहते। चलते-चलते हनुमान से अंगद कहते हैं कि कभी-कभी प्रभु को मेरी याद दिलाते रहना। हनुमान जब यह बात राम

से कहते हैं तो राम कुछ कहते नहीं, चुप हो जाते हैं, कहीं टूट जाते हैं।

एक दूसरी विदाई है जो बहुत सालती है, वह है सुमन्त्र की। सुमन्त्र तो यह भार लेकर आये हैं कि वन दिखाकर राम को गंगा-स्नान कराकर उसी रथ पर जल्दी लौटा लायेंगे, और राम उन्हें कर्तव्य का उपदेश देते हैं। सुमन्त्र कुछ कह नहीं सकते। राम की आज्ञा कैसे मेटें और कैसे जायें? वे जब वहाँ से चलते हैं तो–'फिरेउ बनिक जिमि सूर गँवाई'–जैसे व्यापारी अपना मूलधन गँवाकर घर लौटता है, वैसा उन्हें लगता है। घोड़े नहीं चलते–राम को लेकर आये थे और राम के बिना चलें कैसे? निषाद सोचता है–

जासु वियोग विकल पसु ऐसे।
प्रजा, मातु-पितु जियहई कैसे।।

वह सुमन्त्र को बहुत समझाता है। सुमन्त्र किसी तरह से रथ हाँकते हैं और पछताते जाते हैं कि–'धिग जीवन रघुबीर विहीना।' जब लोग मुझे अयोध्या में रामरहित आया देखेंगे तो मैं क्या कहूँगा–

पूछत उतरु देहु मैं तेही।
गे बन राम-लखन-वैदेही।।
जोहि पूछेहि तेहि ऊत्तर देवा।
जाइ अवध अग यह सुख लेवा।।

मैं राम को लेकर आने वाला था, और अब मैं उनका सन्देश लेकर आया हूँ–

मैं आपन किमि कहउँ कलेसू।
जिअत फिरत लेइ राम सँदेसू।।

मेरी आँखों के सामने, राम का रुख़ पाकर नाव खुली और मैं वज्र की छाती लेकर देखता रह गया।

आज के सन्दर्भ में अंगद और सुमन्त्र की यह विदाई सबसे अधिक सालती है।

राम के साथ रिश्ता जोड़ना इतना आसान और इतना ही कठिन है कि जो केवल भाव के भूखे हैं, जिन्हें केवल प्रेम प्यारा है, वे–

कुलिसहुँ चाहि कठोर अति कोमल कुसुमहु चाहि।
चित्त खगेस रामकर समुझि परइ कहुँ काहि।।

वे कुसुम से भी कोमल और कुलिस से भी कठोर हैं। ऐसा क्यों? बार-बार मन में यह मथता है, पर जल्दी कोई उत्तर नहीं मिलता। शायद उत्तर न मिलना ही इस रिश्ते को और अधिक घना बनाता है। राम को अपने बीच पाना, सोचना कि राम के हाथ में धनुष है–वह धनुष हमारी रक्षा के लिए है, यह विश्वास भर जाना और इस विश्वास का अभिमान हो जाना, अभिमान होते ही राम का दूर चला जाना, दूर जाते ही राम को फिर से पाने के लिए अपने आपको, अपने अभिमान को गलाने की उत्कट अभिलाषा उत्पन्न होना–यही तो राम के नाते की पहचान है। शायद राम के साथ जुड़ने की यही नियति भी है। राम के द्वारा अपनाये जाने की एक ही पहचान है कि गर्व टूटता रहे, निरादर से जलन न हो, प्रभु की चर्चा चलते ही नयनों में नीर ढरे, दूसरे की पीड़ा अपनी पीड़ा हो, क्योंकि राम का रिश्ता पीड़ा मात्र से रिश्ता है। अंगद को जब राम लौटाते हैं तो अंगद के प्रेम को उस पूरी वानर-जाति में व्याप्त

करना चाहते हैं, जो प्रेम राम के लिए है। राम की सुधि लिए अंगद लौटेंगे, राम की सेवा का भाव लिए अंगद लौटेंगे तो वे युवराज नहीं होंगे, वे अपनी प्रजा के दुःख में दुखारी होंगे, वे राम की एक सजीव उपस्थिति होंगे।

इसी प्रकार सुमन्त्र की भूमिका में व्यक्ति जब अपने को डालेगा तो राम को साक्षात् अनुभव करके, राम का सन्देशवाहक बनकर पछतायेगा—यह कैसा दुर्भाग्य है कि मैं राम को नहीं ला सका, राम का सन्देश ढो रहा हूँ। तब उसका कर्तव्य कोरा कर्तव्य नहीं रहेगा, वह कोरा सन्देशवाहक नहीं रहेगा—वह उन सबका दुःख समझ सकेगा जो राम के साथ रहे और अब राम उनके बीच में नहीं हैं।

तुलसीदास अंगद और सुमन्त्र की तरह बराबर अपने भीतर उन सबकी टूटन का अनुभव करते हैं, जो राम की झलक पाकर राम से वंचित हैं, जिन्होंने अपने को पूरी तरह खाली नहीं किया था और राम को थोड़ा-सा भरा तो राम बाहर चले गये। राम वहाँ रहते हैं, जहाँ कोई नहीं रहता और जहाँ वे भरते हैं, वहाँ केवल वे ही भरते हैं। और जिसे भी भरते हैं, वह भरकर भी कभी पूरी तरह नहीं भरता—

'भरहिं निरन्तर होहि न पूरे...।'

राम का रिश्ता एक ऐसा रिश्ता है, जो निरन्तर है—जो निरन्तर टूटने के भय से निरन्तर जुड़ा रहता है। विनयपत्रिका में तुलसीदास ने नाते बहुत गिनाये—

'तोहि-मोहि नाते अनेक मानिये जो भावे।'

पर यह राम के ऊपर छोड़ दिया कि जो नाते वे स्वीकार करें, वही नाता है। राम से सम्बन्ध होने का अर्थ है, उन सबसे सम्बन्ध जो राम के हैं, जो सवेरे-ही-सवेरे सारे देह-गेह के नेह छोड़कर राम से नेह जोड़ लेते हैं—

सो जननी, सो पिता, सोई भाई, सो भामिनी, सो सुतु, सो हितु मेरो।
सोइ सगो, सो सखा, सोइ सेवकु, सो गुरू, सो सुरू, साहिबु, चेरो।।
सो 'तुलसी' प्रिय प्रान-समान, कहाँ लौं बनाइ कहौं बहुतेरो।
जो तजि देह को गेह को नेहु, सनेह सों राम को होइ सबेरो।।

(जीवन अलभ्य है, जीवन सौभाग्य है, 1994)

राम इतिहास से परे

राम के बारे में जिन लोगों ने पक्ष-विपक्ष में राम की ऐतिहासिकता का विवाद उठाया है, उन पर दया आती है। हम क्यों राम को इतिहास में बाँधते हैं? इस देश के इतिहास को राम के साथ क्यों नहीं बाँधते? जैसे थाईलैंड ने अपने आधुनिक इतिहास को राम के साथ बाँधा है। राजा का नाम (केवल राजा का नाम) वहाँ राम होता है।

पूज्य स्वामी ब्रह्मलीन करपात्री जी महाराज का प्रत्येक प्रवचन 'नमोऽस्तु रामाय च लक्ष्मणाय' से शुरू होता था और प्रत्येक प्रवचन का अन्त 'श्रीराम जय-राम' से होता था। राम का नाम और राम का चरित्र—ये दोनों उनको बहुत प्रिय थे। इसलिए संन्यासी होते हुए भी उन्होंने रामराज्य परिषद् की स्थापना की। बाद में मैंने उनसे पूछा, "महाराज जी! आप संन्यासी हैं। आपको इसकी क्या आवश्यकता या प्रयोजन है?" उन्होंने कहा, "हाँ, बात सही कहते हो। यह काम गृहस्थ का ही है। लेकिन जो काम कोई न करता हो, जो काम अवशिष्ट वचता हो, सबके द्व ारा उपेक्षित हो, वह जो सबसे परित्यक्त हो, उसको संन्यासी को लेना पड़ता है। एक विकल्प देने के लिए। इस विकल्प की बात लोग भूल गये और दूसरे-दूसरे विकल्पों की चर्चा करें—यह उचित नहीं है। विकल्प का स्मरण बना रहे। भले ही विकल्प अभी लोगों के सामने व्यावहारिक न लगे। पर सामने रहेगा तो पता चलेगा कि यह विकल्प भी था। और इसका प्रयोग किया जा सकता था। हमने किया ही नहीं इसलिए इसे मैंने रखा है। हार-जीत, राजनीतिक लाभ, इन सब दृष्टियों से मैंने इसकी स्थापना नहीं की।" मेरी समझ में उनकी बात आयी। ऐसा निर्भीक पुरुष इस युग में पैदा नहीं हुआ जो सव कुछ ताक पर रखकर जो उचित समझता हो, अपने विवेक के अनुसार जो समझता हो, बराबर कहे और किसी का भी भय न माने। चाहे वह बात किसी के विरुद्ध पड़ती हो। लेकिन उसको कहने में कोई संकोच न हो। जो उन्हें लगता हो कि यह पूर्ण है, शास्त्र-सम्मत है, हमारे देश की परम्परा के अनुकूल है।

जिस दृष्टि से लोग आज राम को इतिहास में बाँधने की बात करते हैं उससे मैं सहमत नहीं हूँ। राम सनातन सत्य हैं। ऐतिहासिक सीमित सत्य नहीं। ऐतिहासिक सत्य में बाँधना—यह एक प्रकार से पश्चिम की अधूरी शिक्षा का परिणाम है। हम लोग चक्कर में पड़ जाते हैं कि राम की तिथि साबित करें। राम कहाँ-कहाँ गये? उस स्थान के उनके प्रमाण ढूँढ़ें और तर्कसम्मत प्रमाण ढूँढ़ें। यह छोटी सचाई है, बड़ी सचाई नहीं है, इसका महत्त्व सीमित है। बड़ी सचाई यह है कि राम के बिना हमारा साधारण आदमी कुछ सोचता ही नहीं और वह अपने बीच राम को उपस्थित पाकर सोचता है। राम की जन्मतिथि वह नहीं मनाता है। राम का जन्मदिन नहीं मनाता है। राम का जन्मोत्सव मनाता है। 'रामनवमी' के दिन उसके लिए राम का प्रादुर्भाव होता है। अगहन की पंचमी के दिन राम का विवाह होता है। विवाह की तिथि नहीं मनाई जाती अपितु, राम की वरयात्रा मनाई जाती है। राम की यात्रा हो, वह हुई थी। इस रूप में नहीं, बल्कि वह आज की खोज है।

इस दृष्टि से यदि धर्म के विग्रह हों तो धर्म का क्या इतिहास? धर्म का क्या जन्मकाल? धर्म का क्या मरणकाल? धर्म तो सनातन है। हाँ, उस धर्म की अभिव्यक्तियाँ तो अनेक रूपों में हुई हैं। उसी धर्म से राम के कोटि-कोटि अवतार हुए हैं। तुलसीदासजी ने कहा—न जाने कितने कल्पों में कितने तरह के अवतार देखे। राम एक हैं। कल्प-कल्प अवतारों में अनेक कारणों से राम के अवतार हुए हैं। लेकिन राम तो वही हैं। राम का अवतार उसी उद्देश्य से है। बहाने अलग-अलग हैं। कई लोगों की तपस्या के फल होंगे। कभी किसी की तपस्या का फल है, कभी किसी का शाप है, कभी किसी का वरदान है; लेकिन राम तो वही हैं। सती को सन्देह होता है तो जिधर देखती हैं उधर सब कुछ देखती हैं। लेकिन राम वही दीखते हैं, जिस रूप में उन्होंने राम को देखा था वही राम हैं। काकभुशुण्डि को भ्रम होता है। भागते-भागते अनेक भुवन देखते हैं, अनेक प्रकार की चीज़ें दीखती हैं, अनेक अयोध्याएँ दीखती हैं, राम वही दीखते हैं। जिस रूप में राम की एकता का अनुभव इस देश को होता था वह अति महत्त्वपूर्ण है और इतिहास-पुरुष राम का महत्त्व अति ख्याति प्राप्त है।

इस दृष्टि से मैं टीका-टिप्पणी नहीं करना चाहता क्योंकि मैं जानता हूँ अधिकांश हिन्दू कहा जाने वाला चिन्तन इस देश में पश्चिमी शिक्षा की प्रतिक्रिया में जन्मा हुआ है। पश्चिमी प्रतिक्रिया में ही इसमें ऐतिहासिक गुण आ गया है। ऐतिहासिक गुण जिसे न कहें, बल्कि इतिहास-ग्रस्तता का गुण कहें। इतिहास से आक्रान्त होने का गुण आया है। वह हमारे गौरव पुरुष थे। अंग्रेज़ों का तो एक स्वार्थ था कि यह साबित करें कि तुम्हारा स्वर्णकाल एक था। इतिहास बड़ा गौरवान्वित था। अब तुम छोटे हो गये हो तो उसी गौरव को लकर चाटते रहो और उसी का स्मरण करते रहो। तुम बड़े भाग्यशाली थे। उसमें उनका एक स्वार्थ है। हमारे लिए कभी यह बात महत्त्व नहीं रखती थी कि हम पहले गौरवशाली थे और अब बड़े अभागे हैं। अगर अभागे होते तो तुलसीदास रामचरितमानस कहाँ से लिखते और यह क्यों कहा जाता, हमारा मन लोक-मन यह क्यों कहता कि विश्वनाथजी के मन्दिर में रामचरितमानस सबसे नीचे रखा गया, लेकिन वेद की पोथी के ऊपर सवेरे चला गया। क्यों चला गया? अर्थात् हम निरन्तर छोटे नहीं हो रहे हैं। कुछ चीज़ें आ रही हैं ह्रास की। उस ह्रास की चिन्ता में कुछ बड़ी चीज़ें भी आ रही हैं। राम की जिस प्रकार की चिन्ता तुलसीदासजी को हो रही है उतनी चिन्ता वाल्मीकि को नहीं हुई थी तो उससे ह्रास नहीं हुआ; विकास हुआ है और उत्तरोत्तर होगा। अगर कहीं कुछ चीज़ों में कमी आती है, कहीं उस कमी के अनुभव के कारण एहसास के कारण, कुछ नयी चीज़ भी आती है कुछ नये मूल्य का बोध भी हो जाता है।

कलियुग के जो गुण हैं वे भी तो हम लोग जानते हैं कि किस प्रकार कितने कम समय में कितनी चीज़ें पायी जा सकती हैं, जो दूसरे युगों में नहीं पायी जा सकती थीं। उसका कारण क्या है? उसका अर्थ क्या है? अर्थ है यह देखना कि राम को धर्म का विग्रह मानना अर्थ नहीं रखता है। अर्थ यह नहीं है कि राम जहाँ अधर्म है वहाँ नहीं रहेंगे। उसका अर्थ केवल इतना ही है कि जहाँ अधर्म है और जहाँ अधर्म का ज्ञान है वहाँ अधर्म रहेगा, क्योंकि अधर्म का ज्ञान होना, अधर्म की प्रतीति होना कि अधर्म हो रहा है; उसकी चिन्ता होना धर्म का बीज है। महाराज जी कहा करते थे। हमने एक दिन पूछा कि इतना आचार नष्ट हो रहा है। यह ह्रास हो रहा है, वह ह्रास हो रहा है। आपका क्या ख़याल है? उन्होंने कहा—देखो! बहुत-सी चीज़ें नश्वर हैं। जो नष्ट होने वाली हैं, नष्ट होंगी। हम तो वेदान्ती बड़े विचित्र हैं। जो नष्ट नहीं होगा, वह नहीं ही होगा। प्रयत्न यही करना चाहिए और समझना चाहिए कि कौन-सी चीज़ नष्ट नहीं होने वाली है। कौन आधार है? यह जो जितने बाह्य आचार हैं इन सबको परिचालित करने वाला कोई आधार है, वह नहीं नष्ट होना चाहिए। सब धर्मों का धर्म, सब सत्यों का सत्य कोई है, वह नहीं

नष्ट होना चाहिए। वह क्या है? उसको अगर कहा जाये कि कुछ है ही नहीं। सबकी चिन्ता सबकी तरफ़ से हो यही सभी धर्मों का आधार है। यही सभी धर्मों का धर्म है। इन सबकी तरफ़ से चिन्ता और सबकी चिन्ता। जो पुरुषसूक्त में अन्तिम मन्त्र है—"तेन यज्ञेन यज्ञे अयजन्त देवाः, तानि धर्माणि प्रथमानि आसन्" उस पुरुषसूक्त से विराट पुरुष के खण्ड-खण्ड करके उस विराट पुरुष का ही यज्ञ उस विराट पुरुष से किया—यही प्रथमतत्त्व है। इस विराट का अनुभव, विराट के खण्ड-खण्ड का अनुभव, उसके संयोजन का अनुभव, उसके पुनः सकलीकरण का अनुभव—यही प्रथमतत्त्व है और यही समस्त धर्मों का धर्म है कि अपने को हज़ार भागों में बाँटें। पुनः अपने को सम्पूर्णता में प्राप्त करें और यह अनुभव करें कि यह जीवन अकेला मेरा नहीं है। मैं अकेला मैं नहीं है। हम है तभी मैं है। मैं हम के लिए है, हम की ओर से है तो ये सर्वभाव है। यही समस्त धर्मों का आधार है। सर्वात्मा के साथ ऐक्य ही सभी धर्मों का आधार है। इसी के कारण जब कोई रूपक हम लोग लेते हैं विराट पुरुष का, तो कहते हैं धर्म विराट पुरुष का वक्षस्थल है, अधर्म पीठ। पश्चिमी जितने धर्म हैं, विशेषकर सिमेटिक मूल के जितने धर्म हैं, वे दो टूक विभाजन मानते हैं कि यह चीज़ ग़लत है तो ग़लत ही है। यह चीज़ सही है तो सही है। हम ऐसा नहीं मानते। हम तो यही कहते हैं कि वही चीज़ धर्म यदि विराट पुरुष का वक्षस्थल है अर्थात् विराट पुरुष अभिमुख है। वक्षस्थल का अर्थ है जिसको विराट दीखता रहता है। सामने दीखता रहता है, मुँह दीखता रहता है विराट का। मुँह की ओर है अर्थात् सामने विराट सत्ता है तो धर्म है। सामने विराट सत्ता नहीं है तो अधर्म है।

वही दान, धर्म है जो इस भाव से किया जाता है कि वह दान सबके लिए है। न मम, न मम तो धर्म है। अगर उसमें पटिया लगाकर एक हज़ार वर्ष तक सुरक्षित रहने की चिन्ता पहले होती है तो धर्म नहीं है, अधर्म है क्योंकि वे विराट पुरुष की चिन्ता नहीं करते, क्षुद्र पुरुष की चिन्ता करते हैं। तो यह धर्म का आधार नहीं है। राम में हमने उसी धर्म की पूरी प्रक्रिया पायी है। उसी धर्म को साधने के लिए उन्होंने अपने को न जाने कितने कष्टों में डाला है। कितने दुःखों में डाला है। निर्वासन में डाला है। यहाँ तक कि अपने से जो बिलकुल संयुक्त है उनके निर्वासन करने के बाद और भी अधिक कष्ट में डाला है तो धर्म की जो सबकी चिन्ता वाली आधार-पीठिका है वह राम में है। केवल एक कठोर सत्य का भाव नहीं है, करुणा भी है। अच्छी करुणा है। ऐसे व्यक्ति की करुणा ही पहली करुणा है, जिसको कोई नहीं पूछता। सबकी चिन्ता छोड़कर होइए काह विभीषण की गति। सबकी चिन्ता नहीं होती। विभीषण की चिन्ता होती है। शरणागत की चिन्ता होती है, और किसी की चिन्ता नहीं होती। तो सबसे उपेक्षित की चिन्ता होगी। उसके लिए करुणा होगी और जो सबसे अपना आदमी है उसके लिए कठोर हो जायेंगे। तो यह जो विवेक का सन्तुलन है, कठोर सन्तुलन है। वह राम में है और इसीलिए राम सबको अच्छे लगते हैं, प्रिय लगते हैं। बहुत भरोसा होता है राम के ऊपर। नाम के ऊपर ही इतना भरोसा होता है तो स्वरूप के ऊपर कितना भरोसा होगा!

रही बात राम जन्मस्थान बनाम राम जन्मभूमि वाले प्रकरण की तो मैं केवल एक बात ही कहना चाहूँगा—ऐतिहासिक दृष्टि से जो विचार करते हैं तो स्थान शब्द का प्रयोग कृष्ण के जन्म के प्रसंग में मिलता है और स्थान का महत्त्व हमारे शास्त्रों में भी मिलता है। वैसे तो सबै भूमि गोपाल की' है। सब जगह चैतन्य है। सब जगह चिन्मयता है। लेकिन कुछ स्थान ऐसे होते हैं जहाँ चिन्मयता छिपी नहीं रहती है। जहाँ चिन्मयता उन्मीलित होती है अर्थात् वहाँ बैठते ही कुछ स्पन्दन होता है। आदमी को कुछ अनुभव होता है कि इस स्थान में कुछ है। उसे भूमि नहीं, उसे हम लोग स्थान कहते हैं कि इस स्थान में कोई महत्त्व है। उसका अर्थ केवल इतना ही होता है कि उस स्थान का सम्बन्ध किसी निरन्तर भावधारा से होता है। निरन्तर तप से होता है। निरन्तर साधना से होता है। उस साधना के कारण, भावना

के कारण स्थान महत्त्व को प्राप्त करता है। श्रीकृष्ण जन्म के सम्बन्ध में पहली शताब्दी का एक शिलालेख है जिसमें कहा गया है—'भगवतो वासुदेवस्य' भगवान वासुदेव का जन्मस्थान होने के नाते महास्थान है और उसका नाम ही इतिहास में महास्थान है। मन्दिर की स्मृति नहीं है। स्मृति है स्थान की। श्रीकृष्ण के जन्मस्थान की स्मृति। ऐसी ही स्मृति है राम के जन्मस्थान की। यह जातीय स्मृति ऐतिहासिक स्मृति से अधिक महत्त्वपूर्ण होती है। ऐतिहासिक स्मृति तो कुछ लोगों को कुछ चीज़ों से बाँधती है। लेकिन जातीय स्मृति समस्त जीवन को उसके साथ जोड़ती है। सम्पूर्ण जाति को जोड़ती है। यहाँ जाति का मतलब केवल ब्राह्मण, क्षत्रिय और वैश्य से नहीं है। यहाँ जाति का अर्थ जो अंग्रेज़ी में या सोवियत रूस में नेशनेलिटी कही जाती है, राष्ट्रीयता कही जाती है, उस अर्थ से है। जाति का अर्थ एक सामान्य-सा अर्थ है। सबकी सामान्य स्मृति का विषय है। सामूहिक स्मृति का विषय है। अकेले एक व्यक्ति द्व ारा दूसरे व्यक्ति की स्मृति का विषय नहीं है। एक वर्ग या दूसरे वर्ग का नहीं है। सामान्यतः एक वर्ग की सामान्य स्मृति में प्रत्येक व्यक्ति के व्यक्तित्व में स्मृति करीब-करीब 75 प्रतिशत होती है। उस 75 प्रतिशत में जातीय स्मृति कम-से-कम आधी होती है और वह न रहे तो व्यक्तित्व खण्डित होता है। हममें से अधिकांश आदमी खण्डित व्यक्तित्व के हैं इसमें कोई सन्देह नहीं, क्योंकि हमारी जातीय स्मृति है तो सही, पर वह खण्डित रूप में स्मृति है। एक दुविधा पड़ी हुई है मन में कि पहले इनका इतिहास साबित हो जाये।

बहुत समय पहले महाभारत के बारे में एक गोष्ठी करने का विचार अखण्डानन्द महाराज जी के सामने लोगों ने रखा। उन्होंने मुझे बुलवाया। मैंने कहा—महाराज! इसके चक्कर में आप न पड़ें। हमारे लिए व्यास सच्चे हैं कि संकालिया सच है। अगर व्यास हमारे लिए प्रमाण हैं तो हमें संकालिया से प्रमाण लेने की आवश्यकता नहीं है। महाभारत जिस रूप में हमारे मन में है उसका महत्त्व है तो महाभारत इस खण्ड-खण्ड रूप में नहीं है जैसा कि सुखठण ाकर ने किया है। महाभारत पूरे रूप में हमारे मन में है। इसका प्रमाण यह है कि सुखठणकर ने, जिन्होंने महाभारत का मूल भाव कल्पित किया और कहा कि इतना तो पुराना है महाभारत और इतना नया है, उन्होंने 'महाभारत का अर्थ' विषय पर व्याख्यान दिया। उस व्याख्यान में अधिकांश श्लोक वहीं से उद्धृत किये जिसको उन्होंने निकाल दिया था। स्वयं अपने व्याख्यान में, 'मीनिंग ऑफ़ महाभारत' में उन्होंने जो उद्धरण दिये हैं, वे उद्धरण उनके बाहर निकाले हुए महाभारत के हैं। प्रमाण यही है कि बरबस उनकी स्मृति में तो वही है। जो सम्पूर्ण महाभारत है, खणि डत महाभारत नहीं। जो सम्पूर्ण महाभारत हमारी जातीय स्मृति का विषय बना हुआ है वह हमारे लिए महत्त्वपूर्ण है। कब लिखा गया है? किसने लिखा? क्यों लिखा? ये महत्त्वपूर्ण नहीं हैं क्योंकि जातीय स्मृति रचनाशील स्मृति होती है। वह उसमें उसको सम्पूर्ण करती चलती है। भरती चलती है और भरने की प्रक्रिया में कुछ जुड़ता है। यह ऐसा नहीं जुड़ता है जो मूल को खण्डित करने वाला हो। मूल को पूरा करने वाला ही इसमें जुड़ता है। वह आज तक जुड़ रहा है। वह तुलसीदास ने भी जोड़ा, पर उस जुड़ने से राम की कथा बदलती नहीं है। राम की कथा केवल और अधिक पूरी होती है तो उस दृष्टि से उसका अधिक महत्त्व है।

राम का जन्मस्थान हमारे लिए बहुत पवित्र धरोहर है और उस स्थान को लेकर यदि सनातन हिन्दू की दृष्टि से विचार किया जाये तो बातें कुछ दूसरी उभरती हैं और यदि इतिहास के मिथ्या गौरव से अभिभूत तथाकथित नवजागरण काल के बाद के हिन्दू की दृष्टि से विचार किया जाये तो बात दूसरी है। यह 19वीं शताब्दी, 18वीं शताब्दी का अन्त, जिसे पुनर्जागरण कहा जाता है, मैं उसे मानता हूँ कि यह पुनः सम्मोहन काल था। राजा राममोहन राय को चिन्ता यह थी कि उनके मित्र मैक्समूलर ने उनको पत्र लिखा। पत्र छपा हुआ है। 'मेरा सपना यह है कि मैं पूरे हिन्दुस्तान

को ईसाई धर्म में परिणत करूँ और मैं इसीलिए जो व्याख्या कर रहा हूँ उसका प्रयोजन यही है कि अपने पुराने धर्म के प्रति हिन्दुओं के मन में अवज्ञा का भाव उदित हो तो उनकी जड़ कट जायेगी अपने आप'। उन्होंने दो-तीन पत्र उनको लिखे, मैक्समूलर ने जिसको हम लोग ऋषि बताते रहते हैं, बिना पढ़े-लिखे लोग। राजा राममोहन राय के मन में चिन्ता यही थी कि कम-से-कम ये जिन-जिन आधारों पर आलोचना करते हैं उन-उन आधारों पर हम अपने को सुधार लें। हम अपने में से पुराण छाँट दे। केवल उपनिषद लेकर हिन्दू धर्म बनायें तो यह सर्वव्यापी हो जायेगा। तो उन्होंने यह खण्डित हिन्दू धर्म बनाया। वह चला-वला नहीं, न चलेगा। लेकिन उसकी मानसिकता का बहुत बड़ा प्रभाव हमारे ऊपर पड़ा। उसके बाद ही लोगों ने यह कहना शुरू किया कि अतीत हमारा बड़ा स्वर्णिम था, बड़ा गौरवपूर्ण था। अब हम बड़े पतित हो गये। इससे बड़ा फायदा होता है उपनिवेशवादी को, साम्राज्यवादी को बड़ा लाभ होता है। कोई अपने आप कहने लगा कि हम बहुत छोटे हो गये हैं अर्थात् अब हम आश्रित होने के योग्य हो गये हैं। पहले कभी अच्छे रहे होंगे। इसका फायदा होता है और इसका फायदा हुआ। हम एक सपने के गौरव में रहे और वर्तमान को महत्त्व न दिया। तो हम एक जाल में फँस गये। उन्होंने कहना शुरू किया कि आपके वेद जो हैं 1200 ई.पू. लिखे गये हैं। मैंने कहा 1200 नहीं 4000 मानिए, 5 हज़ार मानिए, ढाई हज़ार नहीं, मतलब 3 हज़ार तो मानिये। हम जाल में फँस गये। उसका उत्तर यह था कि हमारे वेद आज लिखे गये हैं। अभी लिखे गये हैं। आपसे मतलब? हमने ठीक यही उत्तर दिया। मुझको बड़ा अच्छा लगा। स्वामी अखण्डानन्द जी से बात हो रही थी। चर्चा की किसी ने। आज हमसे कहा गया कि भागवत नवीं शताब्दी में लिखा गया है महाराज! तो इसका क्या महत्त्व है? यह पंचम वेद है। यह तो आप ग़लत सोच रहे हैं। यह भागवत जो आज सवेरे लिखी गयी है और मैंने इसे लिखा। अब प्रश्न आगे पूछिए। अर्थात् इसका क्या महत्त्व है कि कौन ग्रन्थ पहले लिखा गया? सोचना यह चाहिए कि इस ग्रन्थ के बारे में सोचने की जो लम्बी प्रक्रिया है हमारी, इसके निर्वचन की जो लम्बी प्रक्रिया है, जो हम वेद शब्द का अर्थ करते हैं केवल 'जानना' वह नहीं है। वेद का अर्थ है मैं जानता रहा हूँ। यह जिस धातु का प्रयोग है वह है—'य एवं कुरुते य एवं वेद' यह बराबर बाह्मणों में आता है कि जो ऐसा यज्ञ करता है जो यह समझता है कि मैं ऐसा जानता आया हूँ। वह भूतकाल का अर्थ भी नहीं है। वह वेद तिङ्न्त प्रयोग है। समाटिका क्रिया 'फाइनाइट वर्ब'। मैं जानता आया हूँ तो अपने में यह अनुभव करना कि जानता आया हूँ, मेरे जानने की क्रिया समाप्त नहीं हुई है, चल रही है, यह वेद है। वेदोऽखिलो धर्म मूलम्' कहा गया है और इसीलिए ज्ञानचक्षु का महत्त्व हमारे यहाँ है। निरन्तर जानना। अगर जानना समाप्त हो जाये तो आदमी क्या रहेगा? तो निरन्तर जानना और निरन्तर समझना, यही वेद है। तो उस वेद की कोई तिथि थोड़े ही है। और सही बात है, उसमें जो अनुभव है वह किस युग का है? मनुष्य के किस स्तर का है? किस चेतना के स्तर का है? इसे आज का आदमी, छोटी बुद्धि का आदमी नहीं समझ रहा है। लेकिन आगे समझेगा और आज के विज्ञानवेत्ता इसको समझने की कोशिश करेंगे।

उस दृष्टि से, हमें एक सम्पूर्ण दृष्टि से इस पर विचार करना चाहिए और सीमित दृष्टि से विचार करने की जो एक परम्परा चल पड़ी है कहीं उसका खण्डन करना चाहिए और ये सारी दृष्टियाँ बड़ी-छोटी सीमित दृष्टियाँ हैं, इनका खण्डन करना चाहिए। मेरा तो यही निवेदन है। और इसका महत्त्व होता है कि भारतीय जनता जिस रूप में राम का ध्यान करती है, राम का स्मरण करती है, राम का प्रत्यक्ष करती है, रामलीला के समय उस रूप में उसके अनुरूप क्या हो, यह अधिक सोचने की ज़रूरत है। इतिहास के मोहपाश में पड़कर एक मूठे इतिहास की प्रतिक्रिया में एक दूसरे झूठे इतिहास की रचना में पड़कर कोई विशेष लाभ नहीं होता है।

(जीवन अलभ्य है, जीवन सौभाग्य है, 1994)

राममय संस्कृति

हर संस्कृति का एक हिस्सा ऐसा होता है, जो भीतर-भीतर सक्रिय रहता है और दूसरा हिस्सा बाहर संचारिणी दीपशिखा का कार्य करता है। पहला हिस्सा है अमूर्त्त विचार, दूसरे में आते हैं उस संस्कृति के मूर्तिमान रूप, उसके प्राण-पुरुष। राम भारतीय संस्कृति के प्राण-पुरुष हैं। वे इतिहास-पुरुष भी हैं, पर यह भूमिका गौण है, उनकी मुख्य भूमिका सदा उपस्थित और श्वास-प्रश्वास में उपस्थित, गीतों में, जपों में उपस्थित, आँखों में उपस्थित, कानों में उपस्थित होकर भारतीयों की जीवन-यात्रा का सम्बल बने रहने की है और वे हमारे सम्बल हैं।

कालिदास ने राम के राज्य का वर्णन एक श्लोक में ही बड़े सटीक ढंग से किया है—

तेनार्थवाँ ल्लोभपराङ्मुखेन तेन घ्नता विध्नभयं क्रियावान्।
तेनास लोकः पितृमान् विनेत्रा तेनैव शोकापनुदेन पुत्री।।

राम को राजा पाकर लोग धनी थे, क्योंकि उनके धन पर राजा की लोलुप दृष्टि नहीं थी, लोग स्वेच्छा से अपनी सीमा के भीतर राज्य संचालन के लिए धन देते थे। राम कभी उगाहते नहीं थे, लोग अपने-अपने दिये कार्य को निर्बाध रूप से कर सकते थे, क्योंकि राजा रामचन्द्र यह सुनिश्चित करते थे, किसी को कर्त्तव्यपालन में कोई बाधा न हो। राजा राम को पाकर जिनके पिता नहीं रहे थे, वे अपने को पितृमान सनाथ पाते थे। राम जब विनय के प्रकाश हों तो बहुत बड़ा आश्वासन रहता है। जिनके पुत्र नहीं थे, उन्हें राम पुत्र का सुख देते थे; पुत्र और करता क्या है, सिवाय दुःख-शोक हरने के। राम से बड़ा दुःख-शोक हरने वाला कौन है? कालिदास ने इस श्लोक में राजा और प्रजा के सम्बन्ध की बात-भर नहीं की है, उन्होंने ऐसे मनुष्य की बात की है जिनके पास जायें तो लगेगा मनुष्यता के सत्य का विकिरण हो रहा है, मानवीय करुणा की धारा बह रही है, मानवीय रिश्तों की सुवास बगर रही है, मानवीय संस्पर्श की ऊष्मा पुलकित हो रही है। कालिदास ने उन्हें विनेता कहा, नेता नहीं। नेता अपने पीछे-पीछे चलने का आवाहन करता है, बिनेता बुलाता नहीं, लोग बस खिंचे चले जाते हैं, उस अकेली राह पर जिस पर राम चल रहे हैं, उस राह के काँटे फूल बन जाते हैं, उनके चरणों के संस्पर्श से, उनकी असीम ममता से। जिस राह पर चलते हैं, उनके दोनों ओर दीपमालिका जल उठती है, राह रोशनी से नहा उठती है। राम जिस राह पर चलते हैं, वह चक्की पर बैठी हुई बेटे-बहू के शहर चले जाने के बाद अकेली पड़ी माँ के साथ बैठ जाती है और कौशल्या के साथ तन्मय हो जाती है—कवने बिरछ तर भीजत होइहैं राम लखन दोउ लरिकवा हो राम।'

(किस पेड़ के नीचे दोनों बच्चे राम-लक्ष्मण खड़े होंगे, वर्षा से बचने के लिए और भीग रहे होंगे)। बादल थोड़ी देर वहाँ से हट जाओ, दूसरी जगह बरस लो। मेरे राम का मुकुट न भीगे, मेरे लक्ष्मण का कमरबन्द न भीगे, मेरी सीता का सिन्दूर न भीगे। सब सब ममताओं के विदा होने पर भी एक ममता कहीं-न-कहीं बची हुई है। बहुत

बावली दिखती है, पर वह तकनीकी विमानवी स्थिति में नक़ली प्रगति से मोहभंग होने पर मनुष्य को उसकी थाती, मनुष्यता वापस देगी।

इस संस्कृति को रमने वाले राम चैत की खड़ी दुपहर में जन्म लेते हैं, इसके पीछे बड़े धर्म की प्रतीति खुली धूप में हो तब वह सच्ची प्रतीति है। उसकी प्रतीति तपिश में हो, ताप में हो, सम्बन्धों की गरमाहट में हो, तप के बल पर उभरते हुए नये सर्जन में हो, पलाश की डहकी हुई लाली में हो, तवे पर फूलती हुई और महकती हुई रोटी में हो, तब तो वह बड़ा धर्म है। जो धर्म यह सब पहचानता है, वह वन की कँटीली राह पर चलते-चलते निढाल और पसीने से सराबोर सीता को देखकर आँसुओं से डबडबा जायेगा। राम ने दुःख झेला है, ताप झेला है, इसलिए वे द्रवित होना जानते हैं। राम की तरह इस संस्कृति ने बड़े आघात सहे हैं, पर इससे अपनी आत्मीयता की धार सूखने नहीं दी। हमारे क्षेत्र में एक बारहमासा है जो राम के पूरे जीवन को ऋतुचन्द्र के रूप में बाँधता है उसके कुछ अंश इस प्रकार हैं—

जेठ मास लूक लागेला अंग
राम लखन अवरु सीता संग,
राम चरन पद कमल समान
तलफेले धरती अरु असमान।
सावन में सर सागर नीर
भीजत होइहैं सिया रघुबीर।
भूमि गुजरिया फिरेला भुजंग
राम लखन अवरु सीता संग।।

बारहों महीने राम की वनयात्रा के कष्ट की सुधि में बीत जाते हैं। बड़ी भयंकर लू झेली है, हमारी संस्कृति ने बड़ी कड़ी वर्षा की मार सही है, पर यह शरद ऋतु की तरह अन्ततः प्रसन्न ही दिखती है भीतर और बाहर एक-सी। इसलिए यह मात्र संयोग नहीं कि राम का जन्म वसन्त के उजाले पखवारे में होता है और उनका विजयोत्सव शरद के उजाले पखवारे में होता है और ये ही दोनों उजले और निखरे पखवारे शक्ति की आराधना के भी पखवारे हैं। हमारी शक्ति जीवन की ऊर्जा का प्रसाद बाँटने में चरितार्थ होती रही है, अन्धकार चीरने वाली ज्योति बनने में सार्थक रही है, पार्थिव सुगन्धित और पार्थिव हराभरापन ही उस शक्ति की परितृप्ति है।

हम राम में अपनी आभ्यन्तर शक्ति का, अपने संस्कार का आकार पाते हैं, इसलिए हम संहारकर्त्ता से अधिक रक्षक को, शासक से अधिक पालक को, पिता से अधिक बड़े भाई को, स्वर्णपुरी से अधिक केवट की राजधानी शृंगवेरपुर को, वीरता से अधिक तितिक्षा को और अभिमान से अधिक विनय को बड़ा मूल्य मानते हैं।

एक ओर राम बड़े कोमल हैं, अपनी निजता के मूल्य पर कठोर हैं। हमारी संस्कृति भी कुछ वैसी ही है, मृदु मंजु कठोर है। इसी से बहुतों की पहचान में नहीं आती। राम ही कहाँ आते हैं, आते तो यह सब नहीं होता जो हो रहा है।

(जीवन अलभ्य है जीवन सौभाग्य है, 1994)

जय : अपराजित जय

मेरे पिताजी और दादा जब प्रणाम करने पर आशीर्वाद देते थे तो उनके मुँह से तत्काल निकलता था—जय। मेरे अत्यन्त आत्मीय भाई अज्ञेयजी मिलने पर 'जय' से ही अभिवादन का उत्तर देते थे। दूसरी ओर अपने आराध्यों के लिए जयकार ही करना हमारा अभ्यास है। इस प्रकार जय प्रणाम भी है, जय आशीर्वाद भी है और जय बराबरी के सम्बन्धों में प्यार भी है। जय सभी सम्बन्धों को अभिव्याप्त करता है। इस जय में निहित है कि बिना किसी को कष्ट पहुँचाये उत्कर्ष करे। ऐसा न होता तो हम देवता या अवतार या बुद्ध या महावीर के आगे जय शब्द क्यों लगाते? हमारा जययात्रा पराजित करने का उल्लास नहीं है, अपने भीतर की ऊपर जाने वाली प्रवृत्तियों के प्रति अपने को अर्पित करने का भाव है।

यहाँ यह प्रश्न उठता है, राम की रावण के ऊपर जय या देवी की असुर शक्तियों के ऊपर जय किसी अन्य का नाश करके ही तो है। इन्द्र ने वृत्रासुर को पराजित किया, तभी तो वे जयी हुए। प्रश्न अपनी जगह सही है। अश्वमेध या राजसूय यज्ञ के पूर्व दिग्विजय की परम्परा भी रही है। पर वहाँ भी निरन्तर इस पर बल रहा है, पौधे को उखाड़ो और उसे फिर से रोप दो। इसके लिए पुराने अभिलेखों में 'उत्खात प्रतिरोप' शब्द का प्रयोग बराबर मिलता है। राज्य-विस्तार की बात हमने इन यात्राओं पर आरोपित की है। उपनिवेशवादी प्रवृत्ति कभी भी हमारे यहाँ नहीं रही; हाँ, उपनिवेशवाद की छाया में ज़रूर हमने उपनिवेशभाव से भारत के साझीदार देशों को काफ़ी अरसे तक देखा। हमने बृहत्तर भारत की बात की। पर वह बात बहुत छोटी है। यहाँ तक कि सांस्कृतिक आरोपण भी हमने नहीं किया। वियतनाम के ऊपर चीनी और भारतीय प्रभावों की तुलना करते हुए कला समीक्षकों ने कहा है कि जहाँ चीन से प्रभावित कला में वियतनामी व्यक्तित्व लुप्त है, वहीं भारत-प्रभावित या ठीक-ठीक कहें, भारत भावित कला में देशी प्रतिभा का पूरा प्रस्फुटन है। यही बात हम कम्बोडिया के अंकोरवाट में और हिन्देशिया के बोरोबुदूर में पाते हैं। भारत की प्रकृति आक्रामक नहीं है, वह प्रकृति हमेशा साझेदारी का निमन्त्रण देती रही है। यहाँ आदान-प्रदान दोनों हुए हैं। हिन्देशिया के मन्दिरों को देखकर उसके अनुरूप सोपानमय (जिसे पैगोडा कहा जाता है) मन्दिर ललितादित्य ने कश्मीर में बनवाये। इसके स्पष्ट प्रमाण मिलते हैं।

राम ने रावण का राज्य अधिगृहीत नहीं किया, विभीषण की राजगद्दी करके वे अयोध्या आये। राम ने सुग्रीव का राजतिलक किया, राम ने निषादराज गुह के राज्य को गौरव दिया। महाभारत युद्ध में युधिष्ठिर जीतकर गहरा शोक करते हैं कि किसके लिए राज्य भोगा जाये। जो साथ भोगने वाले थे, वे चले गये। देखने में रामायण और महाभारत युद्धगाथा लगें, पर वस्तुतः वे जयकाव्य हैं वे सहज मानुषभाव के उत्कर्ष के काव्य हैं। राम का अयोध्या में अभिषेक उतना महत्त्वपूर्ण नहीं, जितना चित्रकूट में उनका गिरिजनों और तपस्वी ऋषियों के बीच रहते हुए सहज

जीवन का आदर्श प्रस्तुत करना महत्त्वपूर्ण है। युधिष्ठिर के जीवन का भी सबसे अधिक महत्त्वपूर्ण अंश या तो उनकी वनयात्रा है या फिर स्वर्गारोहण के बाद नरक में एक घड़ी रहते हुए यह संकल्प है कि यदि मेरे रहने से मेरे बन्धुओं को सुख है तो मैं नरक में ही रहूँगा—स्वर्ग की मुझे दरकार नहीं। ये दोनों स्थितियाँ मानुषभाव के उत्कर्ष की सूचक है मनुष्य विशेष के उत्कर्ष की सूचक नहीं।

यहाँ यह उल्लेखनीय है कि हमारी वीरता का आदर्श एकदम अलग है। प्रसादजी के शब्दों में वह 'उन्माद या आँधी' नहीं है। वह उदारता है, तितिक्षा है, झेलने की शक्ति है, अपार धैर्य है; दूसरों, विशेषकर दुर्बल लोगों की रक्षा का भार है। पराक्रम के लिए जो प्रतीक है बाहुबल, वही सहारे के लिए भी है। राम दुर्बल की भी बाँह हैं रक्षक मात्र विराट पुरुष की बाहु है। इसीलिए महायोगी श्रमण महावीर महावीर कहलाते हैं। प्राणशक्ति के प्रतिमान हनुमान महावीर कहलाते हैं। अपार शक्ति को भीतर समाहित करके रखना ही वीरता का आदर्श है। उसका प्रदर्शन वीरता का उपहास है।

इसी प्रसंग में बात आती है विभीषण की शंका की :

रावनु रथी बिरथ रघुबीरा।
देखि बिभीषन भयउ अधीरा।

रावण रथ पर सवार और रघुवीर रथविहीन पैदल, कैसे जीतेंगे, यही सोच-सोचकर विभीषण अकुला रहे हैं। राम ने जान लिया कि विभीषण अब भी असुरभाव से आतंकित हैं उन्हें मानुषभाव की अपार क्षमता का आभास कराना चाहिए। उन्होंने जो उत्तर दिया, वही इस युग के मानुषभाव के सबसे बड़े प्रतिष्ठापक महात्मा गाँधी के लिए साधना का सोपान बना। इसीलिए उसे पूरा उद्धृत करना उचित होगा :

सुनहु सखा कह कृपानिधाना।
जेहिं जय होइ सो स्यन्दन आना।।
सौरज धीरज तेहि रथ चाका।
सत्य सील दृढ़ ध्वजा पताका।।
बल बिबेक दम परहित घोरे।
छमा कृपा समता रजु जोरे।।
ईस भजनु सारथी सुजाना।
बिरति चर्म सन्तोष कृपाना।।
दान परसु बुधि सक्ति प्रचण्डा।
बर बिग्यान कठिन कोदण्डा।।
अमल अचल मन त्रोन समाना।
सम जम नियम सिलीमुख नाना।।
सखा धर्ममय अस रथ जाकें।
जीतन कहँ न कतहुँ रिपु ताकें।।

जिस रथ पर चढ़कर वास्तविक विजय होती है, वह रथ कुछ दूसरा है। मित्र, तुम बुद्धिमान हो, उस रथ को तुम अपने भीतर देख सकोगे। इस रथ के पहिए हैं शौर्य और धैर्य। इसमें सत्य-शील की दृढ़ ध्वजा फहरा रही है, आत्मबल, विवेक, और परहित ये दस घोड़े जुते हुए हैं। इन घोड़ों पर क्षमा, कृपा और समता की तिलड़ी से बनी लगाम लगी हुई है, घोड़े इधर-उधर नहीं जा सकते। ईश्वर में अविचल भक्ति ही सारथी है, वैराग्य या निस्संग अनासक्त भाव ही ढाल है, सन्तोष ही कृपाण है, दान ही फरसा है, बुद्धि ही अस्त्र है, श्रेष्ठ विज्ञान ही धनुष है, निर्मल और स्थिर मन ही तरकस है, संयम और नियम ही अचूक बाण हैं। मित्र, देखो, यही जिताने वाला रथ है।

आज इस रथ की बहुत याद आती है। इस शताब्दी के संहारकारी मुद्दों ने यह और भी प्रमाणित कर दिया है कि हार-जीत का कुछ अर्थ नहीं रह गया। जब तक जीत अपने पर नहीं होती, तब तक आदमी हारा हुआ है। हम साफ़ देख रहे हैं कि जीत का दम भरने वाला, विजय दिवस मनाने वाला हारता रहा है और हारने वाला नयी शक्ति लेकर उठता रहा है। जीत आसुरी उपायों से हो नहीं सकती। जीत का एकमात्र अर्थ है अपराजित भाव। देवी अपराजिता हैं। किसी के आगे हार न मानो, किसी के आगे झुको न, जब यह लगे कि वह झुका रहा है। इसके लिए भीतर प्रतिरोधक शक्ति पैदा करो।

पहले चाहे यह पुकार अवास्तविक लगती रही है, पर बीसवीं सदी की घटनाओं ने और मनुष्य की नयी चेतना ने यह सिद्ध कर दिया है कि मनुष्य के भीतर का भाव जब तक अपराजेय रहता है अर्थात् सौ-सौ उत्तेजनाओं और उकसावों के बावजूद शान्त रहता है, तब तक वह कभी विजित नहीं होगा। पोरस, कलिंगराज, स्कन्दगुप्त, पृथ्वीराज, राणा संग्राम सिंह, राणा प्रताप की पूरी परम्परा अपराजेय योद्धाओं की परम्परा है। हमारे भीतर एक मानसिकता भरी गयी कि हम सदा हारने वाली, सदा पिटने वाली महाजाति हैं, हर कोई चढ़ाई करता रहा और विजेता होने का गौरव पाता रहा। हिन्दू मात्र पराजय की भावना से ग्रस्त हैं। इसलिए कुछ अतिरिक्त पराक्रम का प्रदर्शन करना चाहिए। परन्तु लोग उस नकार की शक्ति को भूल गये हैं कि मुग़ल शासक का नाम तक तुलसीदास ने नहीं लिया, केवल व्यवस्था की ओर हलका-सा संकेत किया, पर ऐसा नकारा उन्होंने साम्राज्य को कि राम के आगे कोई राजा नहीं रह गया। इससे भी अधिक मधुर रूप में सूरदास ने नकारा, एक गोपाल की वंशी की तान के आगे सब कुछ व्यर्थ करके। 'नन्द नन्दन अछत कैसे आनिये उर और'। सामने बैठे हैं शहंशाह अकबर और सूर कहते हैं अब इस हृदय में दूसरे के लिए जगह नहीं है। पूरे भक्ति साहित्य ने शाहे—वक़्त को एकदम नज़रअन्दाज़ कर दिया। इस नकार का ही प्रभाव था कि मुसलमानों ने प्यार का महत्त्व समझा, उन्होंने साथ रहने का महत्त्व समझा।

हमारे युग में ऐसे नकार का उद्घोष महात्मा गाँधी ने किया, पर कहीं वह नकार का संकल्प कमज़ोर पड़ गया है, तभी अनेक प्रकार के रथों की आवश्यकता लोगों को हो रही है। पर ये सभी रथ बेकार हैं। भारत का मन उस विरथी रघुवीर के साथ है, जिसके पास कोई रथ नहीं और है तो वह रथ बड़े मानवीय भाव का इतना बड़ा रथ है, जिस पर सब एक साथ सवार हो सकते हैं, सब रथी हो सकते हैं, सब सारथी हो सकते हैं।

विजयादशमी मनाते हुए हम अपने भीतर अनुभव करें कि इतने आक्रमणों के बावजूद हम जो हारे नहीं, उलटे सारी दुनिया अब हमारी अहिसक प्रतिरोधक शक्ति का महत्त्व समझने लगी, परिस्थितियों ने वह महत्त्व समझा दिया तो निश्चय है कि हम अपने भीतर न केवल आत्मविश्वास भरेंगे, बल्कि साथ रहने वाले लोगों के भीतर भी आत्मविश्वास भरेंगे कि डर की कोई बात नहीं। असुरक्षा की कोई बात नहीं, आदमी आदमी के लिए है, हर पदार्थ दूसरे पदार्थ के लिए है, क्योंकि यही जगद्धात्री जयन्ती के अपार वात्सल्य की वास्तविक प्रतीति है। जय हो इस अपराजित जय की।

(फागुन दुई दे दिना, 1994)

होगी जय, होगी जय, हे पुरुषोत्तम नवीन!

विजयादशमी—आसुरी शक्तियों पर मानवी शक्ति की विजय का पर्व है। शस्त्रास्त्र-सज्जित सेना पर हाथ में पत्थर लिए सेना की विजय का पर्व। रथी रावण पर विरथ रघुवीर की विजय। सामान्य की विशेष पर विजय। पर कहीं भी वर्णन में यह उल्लेख नहीं मिलता कि यह हिन्दू जाति की विजय है। जिस ग्रन्थ में यह वर्णन है उसमें कहीं भी यह उल्लेख नहीं है कि राम-रावण में से कोई हिन्दू था, कोई अहिन्दू था। इतना ही वर्णन है कि राम भी शिवभक्त थे और रावण भी शिवभक्त था। राम धर्म-साधन की इजारेदारी में विश्वास नहीं करते थे रावण धर्म-साधन में किसी दूसरे को अधिकार नहीं देना चाहता था, देवताओं को अपने अधीन रखना चाहता था। एक तरह से उसने धर्म पर एकाधिकार स्थापित किया था। आजकल सत्ता भी सेकुलरवाद पर एकान्तिक अधिकार जमाये हुए है। जो राजसत्ता में नहीं है उसे सेकुलर कहलाने के लिए लाइसेंस लेने की ज़रूरत है। जिसको वह लाइसेंस नहीं हासिल वह ग़ैर-सेकुलर है और मनुष्यता की सूची से ख़ारिज है। हाँ, उसे यह लाइसेंस तत्काल मिल जायेगा, यदि वह अपने को हिन्दू कहना छोड़ दे अथवा वह प्रकट रूप से 'हिन्दू' शब्द से ज्ञापित होने वाली सांस्कृतिक प्रक्रिया को अपना कहना छोड़ दे। हिन्दू नाम से जाने जाने वाले किसी भी विश्वास या मत के अलावा छूट है कि किसी ग़ैर-हिन्दू के नाम से जाने जाने वाले किसी भी मत को कितनी भी कट्टरता से माने, वह पूरी तरह सेकुलर है। कोई मत न माने, केवल ग़ैर—हिन्दू मत मानने वालों को देवता माने वह शत-प्रतिशत सेकुलर है।

विजयादशमी पर्व सेकुलर पर्व नहीं है। रामलीला सेकुलर नहीं है। इसी रामलीला का यदि कोई विद्रूप अभिनीत हो तो वह सेकुलर हो सकता है। उदाहरण के लिए, 'मेघनाद वध' सेकुलर है 'साकेत' ग़ैर सेकुलर है। 'रामचरितमानस' घोर ग़ैर-सेकुलर है 'अन्धा युग' सेकुलर है। 'महाभारत' ग़ैर-सैकुलर है। उस्ताद अलाउद्दीन का परोट शारदा की आराधना से शुरू होता है, वह सेकुलर है; सरस्वती-वन्दना ग़ैर-सैकुलर ही नहीं, कुफ्र भी है। अपने तखल्लुस में 'पिया' शब्द जोड़ने वाले वाजिद अली शाह की ठुमरी सेकुलर है, ठुमरी में गाये जाने वाले कन्हैया और राधा प्यारी ग़ैर-सेकुलर हैं। ऐसे प्रयाग में गंगा, यमुना, सरस्वती का संगम ग़ैर-सेकुलर है और ख़्वाजा निजामुद्दीन की दरगाह सेकुलर है। ऐसे असंख्य उदाहरण दिये जा सकते हैं। सेकुलर, ग़ैर-सेकुलर की अलग-अलग पहचान है।

'सेकुलर' शब्द एकाएक राजनीति की कृपा से एक आतंकवादी शब्द हो गया है। आपको सपने में भी सेकुलर होना चाहिए, जीते-जागते तो होना ही चाहिए। धर्म को विस्थापित करके सेकुलर आ गया है। इसमें कोई हर्ज नहीं है। धर्म चला जाये नीति चली जाये; दर्शन, साहित्य, कला—सब कुछ चला जाये सेकुलर बना रहे। स्व. सम्पूर्णानन्दजी ने लगभग पचास वर्ष पूर्व यह कहा था कि कभी-कभी किसी एक शब्द का ग़लत अनुवाद पूरे देश के सर्वनाश का कारण हो जाता है। इसका सबसे सटीक उदाहरण 'धर्म' शब्द है। इस शब्द

का अंग्रेज़ी में अनुवाद 'रिलिजन' किया गया या उलटकर कहें तो 'रिलिजन' का अनुवाद 'धर्म' किया गया। इस एक अनुवाद ने देश के बौद्धिक मन को विशृंखल कर दिया है। यहाँ पढ़ा-लिखा आदमी हर जगह यह विभाजन देखना चाहता है कि यह सेकुलर कार्य है, यह ग़ैर-सेकुलर है; यह कला, यह साहित्य सेकुलर है, यह ग़ैर-सेकुलर है, साम्प्रदायिक है, धार्मिक है। जो अर्थ सूफियों के यहाँ सिलसिला का है, अंग्रेज़ी में स्कूल का है वही वैष्णवों-शाक्तों के यहाँ सम्प्रदाय का है, शास्त्रीय चिन्तन में भी वही अर्थ है—जैसे पाणिनीय सम्प्रदाय, जैसे रसवादी सम्प्रदाय, जैसे अलंकारवादी सम्प्रदाय। वही अर्थ घराना का भी है। पर केवल' सम्प्रदाय' शब्द ज़हर से भर गया, 'सिलसिला' अछूता रहा।

'ऑक्सफोर्ड इंग्लिश डिक्शनरी' ने धर्म के भिन्न अर्थों के विस्तार को देखकर उसे एक अलग शब्द के रूप में रखा, क्योंकि वह रिलिजन के अर्थ में अँट नहीं पाता था। पर अपने यहाँ' धर्म' शब्द से उद्वेग रखने वाले इसकी पूरी अर्थवत्ता को नकार कर इसे हीन से हीनतर बनाने में लगे हैं। अब थोड़ा-सा भी पढ़ा-लिखा आदमी धर्मनिरपेक्ष का प्रयोग सेकुलर के अर्थ में करता है, धड़ल्ले से। उसे ज़रा भी असमंजस नहीं होता। हिन्दू ही नहीं, किसी भी मत को मानने वाले धर्म का प्रयोग ईमान या सत्यनिष्ठा के अर्थ में करते आये हैं, स्वभाव के अर्थ में करते आये हैं। जैसे आग का स्वभाव जलाना है, नदी का स्वभाव बहना है—ये अर्थ अभी जीवित हैं, मरे नहीं हैं। गाँव में हिन्दू ही नहीं, मुसलमान भी कह पड़ता है कि हमसे यह झूठ न बुलवाइए हमारा धर्म इसे कुबूल नहीं करता। क्या इन तमाम अर्थों से धर्म निरपेक्ष हो सकता है? और यदि नहीं तो इतना अनर्थ लोग क्यों कर रहे हैं? क्या सिर्फ़ इसलिए कि धर्म इस देश में ग़रीब की मेहरी है, सब उससे गाली का रिश्ता जोड़ सकते हैं? धर्म की परिभाषा जितनी भी मिलती है उसमें कहीं भी 'हिन्दू' शब्द नहीं मिलता। धर्म का लक्षण है—जो लोगों को अच्छे कर्म के लिए प्रेरित करे। धर्म का लक्षण है सत्य, अहिंसा, परोपकार, सर्वभूत की चिन्ता। इन गुणों से निरपेक्ष होकर आदमी क्या आदमी रहेगा!

सेकुलर का अगर कोई ठीक अर्थ था तो वह था लौकिक या विभिन्न मतों, सम्प्रदायों के प्रति समान आदर-भाव रखने वाला। लेकिन वह भी व्यक्तिगत जीवन में नहीं, सार्वजनिक जीवन में। धर्म भी कहता है कि सबके कल्याण की कामना करनी चाहिए, सबका हित सोचना चाहिए। सभी मनुष्यों का ही नहीं, सभी जातियों का ही नहीं, सभी जीवों का, चराचर जगत का हित सोचना चाहिए। सब में कोई-न-कोई सम्भावना देखनी चाहिए। राम ने रावण पर विजय प्राप्त की, पर उन्होंने रावण का राज्य हड़पा नहीं और रावण के प्रति आदर-भाव दिखलाया। विभीषण रावण का दाह-संस्कार करने को तैयार नहीं हो रहे थे, राम ने कहा, 'मरने के बाद वैर शान्त हो जाता है। तुम्हारे बड़े भाई रावण मेरे भी बड़े भाई है सम्मान के साथ उनका अन्त्येष्टि संस्कार करो—यही तुम्हारा धर्म है।' इसी प्रकार का भाव हमारे जनजीवन में रहा है और वह बहुत कुछ शान्तिपूर्वक चलता रहा है। वही धर्म तमाम भेदों को नगण्य करते हुए साथ रहने के भाव को, एक-दूसरे के प्रति समझदारी रखने के भाव को महत्त्व देता था। क्या इस भाव की आवश्यकता चुक गयी? क्या निषेधात्मक तरीक़े से ही, वह भी एकतरफ़ा निषेधात्मक तरीक़े से, परस्पर सौहार्द और सामंजस्य स्थापित होगा?

ईमानदारी से सेकुलर रीति-नीति यदि निभाई जाये तो सेकुलर संविधान की शपथ लेने वाले को किसी मन्दिर, किसी समाधि, किसी मस्जिद, किसी दरगाह, किसी चर्च, किसी गुरुद्वारे में नहीं जाना चाहिए। व्यक्तिगत स्तर पर

जहाँ रहे वहाँ अपने घर में निजी पूजा की व्यवस्था करे। उसे राजपद पर आसीन होकर किसी ऐसे जलसे में नहीं जाना चाहिए जिसे किसी मज़हब विशेष-से जोड़ा जाये। पर एक मजहब के उत्सव साम्प्रदायिक हो जायें दूसरे मज़हब के उत्सव सेकुलर माने जायें, यह भेदभाव शान्ति और समरसता के लिए बहुत घातक है। आप परस्पर सद्भावना का नाटक करने के लिए इफ़्तार पार्टी देते हैं, पर कभी आप यह भी सोचते हैं कि दशहरा, होली, दीवाली, बिहू, बैसाखी, ओणम, पोंगल, रथयात्रा, रामनवमी, जन्माष्टमी-ये सभी त्योहार पूरे हिन्दुस्तान में इस रूप में मनाए जायें और इन त्योहारों पर तरह-तरह के वर्जनात्मक अंकुश न लगाए जायें? कब तक परस्पर भय के धुमैले वातावरण में एक अरब लोग घुटते रहेंगे? कब तक त्योहारों के साथ कर्फ़्यू जुड़ा रहेगा? कब तक एक जगह रूढ़ियों को निर्मूल करने के लिए कानून बनाये जायेंगे और दूसरी जगह रूढ़ियों में एक पूरे सम्प्रदाय को जकड़ने की गारंटी दी जायेगी? क्या सकारात्मक विकल्प समाप्त हो गये हैं?

गाँधीजी लोकप्रियता को दाँव पर लगाकर परस्पर त्याग और आदर की बात करते-करते चले गये। क्या उनके तौर-तरीक़े अपनी सार्थकता खो चुके हैं? धर्म की दीक्षा, सही अर्थ में मज़हब की दीक्षा प्रगति के मार्ग में विरोधी नहीं है। वह सबकी समान प्रगति में सहायक हो सकती है। यदि खुले मन से सभी मज़हबों की मुख्य-मुख्य बातों की शिक्षा सबको दी जाये तो एक-दूसरे को समझने में सहायता होगी। एक-दूसरे का एकरूप होना वांछनीय नहीं है, पर एक-दूसरे में विश्वास रखना, एक-दूसरे के विकल्प को स्वीकार करना तो एक देश में साथ रहने की पहली शर्त है, और रहेगी। न मज़हब बुरे हैं न धर्म अशुभ है। इन दोनों में जहाँ कहीं संकीर्णता होती है, उसका विचारक-साधक-सन्त निरन्तर संशोधन करते रहते हैं, वह प्रक्रिया अब बन्द हो गयी है। एक-दूसरे के दरवाज़े उस तरह नहीं खुले हैं जैसे कभी उन्नीसवीं सदी में बहुत हद तक खुले थे। बहुत से मुसलमानों ने मुसलमान रहते हुए कृष्ण-भक्ति स्वीकार की थी, बहुत से हिन्दुओं ने हिन्दू रहते हुए सूफियों का तसव्वुफ स्वीकार किया था। मस्जिद में जाना, नमाज पढ़ना और कृष्ण-मन्दिर में लीला पद गाना दोनों में कोई विरोध नहीं है।

सेकुलरवादी जानते हैं कि वे कट्टर सेकुलरवादी नहीं हो सकते। केवल एक बड़े जीवन-आधार को विध्वस्त करके एक बहुत बड़े शून्य का निर्माण कर सकते हैं, जो कि आज शुरू हो गया है। उसकी प्रतिक्रिया में जहाँ एक ओर कट्टरता पनप रही है वहीं दूसरी ओर सहज धर्म का स्वभाव अपने को असहाय पाता है। हिन्दुस्तान में पैदा होने वाला राम की बात न करे, रामलीला की बात न करे, श्रीकृष्ण के रास की बात न करे, महाकुम्भों की बात न करे, आसेतुहिमालय जल तीर्थों की बात न करे तो और क्या करे? अगर अन्य स्थानों में जाने से उसे एक बड़े देश का परिचय मिलता है तो वह इस उपाय को छोड़ कौन-सा दूसरा उपाय अपनाये? क्या सेकुलरवाद कोई विकल्प दे सकता है? क्या कोई भी त्योहार, कोई भी उत्सव ऐसा गिना सकता है जो केवल शुद्ध अलौकिक प्रयोजन से हो या कोई भी कला, कोई भी रचना ऐसी होगी जो निरी लौकिक होगी। हिन्दुस्तान के सन्दर्भ में लौकिक-अलौकिक में, भौतिक-आध्यात्मिक में कोई विभाजक रेखा नहीं है। दोनों एक-दूसरे में ओत-प्रोत हैं। यज्ञ हो, पुर्जा हो, होम हो, जप हो—सबका उद्देश्य पूरी सृष्टि का कल्याण और पूरी सृष्टि में प्रकाश का प्रवाह पाना है। वह जितना बाहर है उतना भीतर है, जितना आध्यात्मिक है उतना लौकिक है। राम जिस मात्रा में परब्रह्म हैं उससे कम मात्रा में मानव नहीं हैं। रामलीला जितनी लौकिक, प्रत्यक्ष और वर्तमान है उससे कम वह एक आध्यात्मिक चेतना का उमड़ाव भी

नहीं है। ऐसी स्थिति में क्या बुद्धि का तकाजा यह नहीं है कि एक राजनीतिक उद्देश्य से भिन्न सन्दर्भ में भिन्न परिस्थिति में आये हुए शब्द और उससे जुड़े विचार पर देश-काल के अनुसार पुनर्विचार किया जाये; और अपने देश-काल में जो ग्राह्य है, जो कारगर रहा है उसे पुनः सही तरीक़े से कार्यान्वित करने पर विचार-मन्थन किया जाये उसके लिए द्वार तो बन्द नहीं हो गये? ये सारे प्रश्न मेरे जैसे व्यक्ति को विशेष रूप से उन्मथित करते हैं जो हिन्दू होने, हिन्दू कहलाने में एक आस्वादन का अनुभव करता है, पर जो अपने को किसी राजनीतिक खेमे में नहीं पाता, जो 'हिन्दू' शब्द पर पाप की गठरी नहीं लादना चाहता, जो 'हिन्दू' शब्द को भुनाना नहीं चाहता। वह कहाँ जाये, कहाँ किन काँटों के बीच बाप की सच्चाई के लिए भटकने वाले अपने राम को तलाशे? किस बलुहे तट से आती हुई रास की नूपुर ध्वनि सुनने को मिले—कौन उत्तर देगा? तो भी जो मरते-मरते जिया है, जो तपते-तपते निखरा है और कटते-कटते भी साबुत खड़ा है उस भारत में अभी भी यह विश्वास करने को मन करता है कि—

होगी जय, होगी जय, हे पुरुषोत्तम नवीन!

(कितने मोरचे, 2006)

जन-जन के राम

राम के नाम के बारे में तुलसीदासजी ने कहा कि 'राम कौ नाम सु आपनौ सु घरू है'—राम का नाम अपने घर जैसा है। आदमी कहीं बाहर चला जाता है, ज़िन्दगी की भागदौड़ में थककर चूर होने लगता है तो उसे घर की तलब होती है, घर चलें; घर सब थकान हर लेगा, सारी चोटों पर मलहम लगा देगा। घर में कोई भय नहीं होगा कि कोई छल करेगा। घर में कोई पराया नहीं होगा। राम का नाम भी घर का ही प्रकार है। राम का नाम लेते ही बड़ा भरोसा हो जाता है कि कलि के छल से, दुराव से त्रास नहीं भोगना पड़ेगा, कोई भय नहीं होगा, संशय के घिराव नहीं होंगे। एक खुला द्वार होगा। आओ, यहाँ सब अपने हैं। यहाँ कोई बनावटीपन नहीं है। बस, अपने को कहो कि सहज अनुभव करे, सब सीधे लगेंगे। यहाँ नेह-छोह, क्रोध-मान, राग-द्वेष—जैसा भी है, सामने है, ओट में कुछ नहीं है। इसलिए कोई घबराहट नहीं है, कोई हड़बड़ी नहीं है। विश्राम है, सकल श्रम की सार्थकता है। जो पाया, जो खोया, सब राम को दिया। तो सुख मिला कि घर को अपनी कमाई सौंप दी। राम का नाम लेते ही आदमी बाहरी नहीं रहता घर न हो तो भी।

राम का एक अर्थ है जिसमें मन रमे; दूसरा है मन रमाने वाला—मन न रम रहा हो तो भी उसे रमाने वाला और तीसरा अर्थ है मन का ऐसा रमना, ऐसा रमना कि मन का मन न रहना, रमना हो जाना, पानी में नमक की तरह घुल जाना। आवाँ से उतारे नये घड़े में पानी का जज़्ब होना। वर्षा का तपती हुई धरती में समाकर उसकी सोंधी गन्ध बन जाना। इसलिए राम के पास पहुँचते हैं, या न भी पहुँचते हों, राम के पास पहुँचने की सोचते हों तो भी हम राम के होने की सिहरन अनुभव करने लगते हें। और तब हम सबके होने लगते हैं, अब तक जो पराये थे, उनके भी होने लगते हैं।

राम का आविर्भाव चैत की उजली दुपहरी में होता है। इसलिए राम के होने का आविर्भाव होता है तो मन में खुलापन होता है। राम का होकर बन्द कैसे रहा जा सकता है, खुलना ही पड़ेगा। पण्डित लोग कहते हैं कि राम में अग्निबीज है। इसका यह अर्थ नहीं कि राम जलाते हैं; इसका अर्थ है कि राम एक ऊष्मा पैदा करते हैं रिश्तों में गर्मी का एहसास कराते हैं। आग के आसपास सर्दी में लोग बैठते हैं तो एक-दूसरे को अपने सान्निध्य से गर्मी देने लगते हैं। आग बड़ी संक्रामक होती है, ऊष्मा बहुत जल्दी फैलती है। राम के साथ जुड़ाव भी बड़ा संक्रामक होता है। वह नीम को भी चन्दन बनाता चला जाता है। राम के होंगे तो भाई के होंगे, माँ के होंगे, बाप के होंगे, इष्ट-मित्रों के होंगे; यही नहीं, शत्रु के भी होंगे। राम से वैर पालना भी राम का हो जाना होता है। राम को आदमी मानो देवता मानो, ईश्वर मानो; राम को ईश्वर न मानो, आदमी न मानो, कोई फ़र्क़ नहीं पड़ता। सिर्फ़ तुम राम के बारे में सोचो, बराबर सोचते रहो, खीझकर सोचते रहो कि इतने ऐशोआराम में हैं। घर की याद आ ही जाती है; कैसी लाचारी

है, तड़पते हुए सोचते रहो—हाय, आज घर होते तो यह होली कैसी लगती! राम के होते तो यह ऋतु का नया मोड़ कितना सुहावना लगता। जैसे भी सोचते रहो, राम को सोचना एक जादू है। यह जादू हिन्दू पर ही चलता हो, ऐसी भी बात नहीं, पक्के कैथोलिक कामिल बुल्के और पक्के ईसाई जॉर्ज ग्रियर्सन पर चलता है, मलेशिया-हिन्देशिया के मुसलमान पर चलता है, थाई-लाओस के बौद्ध पर चलता है। सबको लगता है, राम तो बस मेरे हैं। सबको घर चाहिए—और राम जैसा घर कोई नहीं है।

यह घर क्या है, द्वार-ही-द्वार है। द्वार पर द्वार खुलते जाते हैं। निजता के पटल पर पटल खुलते जाते हैं। एकदम उस जगह आदमी पहुँचता है, जहाँ बस पराग-पराग है, सौरभ-सौरभ है; जहाँ रिश्ता नहीं है, एक महक है; जहाँ आदमी अपने सौंपे हुए मन की वेदी पाता है। जो मन चढ़ाया था, वही अब फूल बनकर महक रहा है। राम को मन देने का अर्थ है राम के साथ घर की सच्चाई के लिए घर से निकलना। फिर घर वापस आना। घर से निकलना तो जिस राह पर निकलना, उसे घर बनाते जाना। जिनसे मिलना, उन्हें अपना बनाते जाना, उनका सुख-दुःख बाँटते जाना। राम के साथ काँटों-कुशों में छिदना और हँसते रहना। और राम के साथ-साथ चलने वाली सीता की थकान छोह से देख—भर आना। राम के साथ वनवासी लोगों के साथ रमना। राम के साथ आसुरी शक्तियों के साथ जूझना, पर जूझते हुए भी मधुर बने रहना। राम के साथ जीतना और जीत का सेहरा अपने साथियों के सिर पर चढ़ा देना।

इसलिए राम को मन तभी कोई देता है, जब भीतर की सच्चाई उसे कचोटती है कि राम को मन दिये बिना काम नहीं चलेगा। गाँधीजी भी सच्चाई के लिए चले तो उन्हें राम का अवलम्बन ही सबसे भरोसे का अवलम्बन लगा। और यह अवलम्बन उनको तो बड़ा बना ही गया; उनका अवलम्ब हुआ, इसलिए हम लोगों के लिए और बड़ा अवलम्ब हो गया। राम के आगे दीन बनने में बड़ा गर्व होता है। हम तो जाचक राम दुवार के, अब क्या किसी के आगे जाँचना।

जग जाँचिए कोउ न जाँचिअ जो
जिय जाँचिअ जानकि जानहि रे।
जेहि जाँचत जाँचकता जरि जात,
जेहि जारत जोर जहानहि रे।।

उनसे जाँचते ही जाँचकता जल जाती है। सारे संसार का ताप जल जाता है। राम के आगे दीन बनने में सुख है। राम जानकी अपने जन की दीनता झेल नहीं पाते। वे स्वयं दीन बन जाते हैं—तुम पहले मेरे पास क्यों नहीं आये? मैं तो तुम्हारी बाट जोह रहा था इतने दिनों से।

पर राम के सामने जाने का साहस नहीं होता। जैसे अपराधी पुत्र पिता के सामने जाने से डरता है, जैसे विरहिण ी कुलवधू विदेश से पति के लौटने पर, मिलने चलती है और फिर विजड़ित हो जाती है, कैसे मिलें? मन का सारा भाव मन में धरा रह जाता है; जैसे चोर साह के सामने जाने से लज्जा का अनुभव करता है वैसा ही कुछ राम के सम्मुख होते समय लगता है, वैसा ही कुछ अपने घर के सामने आते हुए लगता है, जब आदमी बहुत कुछ गँवाकर लौटता है। राम तो क्षमा करेंगे, राम सब बात समझते हैं, पर भीतर कैसी कसमसाहट है कि हम राम के योग्य नहीं। वे सब के अपने हैं, जन-जन के अपने हैं, मेरे भी अपने हैं, पर मैं उनका हो कैसे सकता हूँ। मैं जो इतना राम के

स्वभाव के विपरीत हूँ। मेरी आँख नहीं उठती और राम की आँखें भर आती हैं। ऐसे राम के देश और प्रदेश का रहने वाला राम को पाना तो चाहता हूँ, पर अपनी भाजन की क्षुद्रता देखता हूँ तो हताश हो जाता हूँ।

यह विशाल मेरे बस का नहीं है। अपनी क्षुद्रता की यह चुभन ही मुझे घर के सामने भी बाहरी बना देती है। राम के बारे में इतना कुछ सोचता हूँ कहता हूँ और लगता है, भीतर राम के लिए आसन रखने की जगह नहीं है, वहाँ तो अभिमान, मोह-मद की खलमण्डली डेरा जमाये हुए है। राम का जन्म हो रहा है और मैं उस उत्सव में प्रवेश नहीं पा रहा हूँ। कैसी विडम्बना है कि विशालता का ज्वार उमड़ा चला आ रहा है और मैं सिकुड़ा, सिमटा, सहमा-सा पीछे हटता जा रहा हूँ। जन-जन के राम मेरे नहीं हो रहे हैं। ऐसा अकेलापन, अकेले अपने झूठे होने का एहसास और ज्वार से वंचित होने का ऐसा दुरन्त अभिशाप कहीं राम की कृपा से ही तो नहीं हो रहा है, क्योंकि कठोर होकर भी वे कृपालु रहते हैं। घर से मैं कितना भी बेगाना क्यों न हो जाऊँ, घर बेगाना नहीं होता।

(जीवन अलभ्य है जीवन सौभाग्य है, 1994)

❑❑

आरण्यक

आरण्यक संस्कृति में रामकथा के प्रसंग

'हरि अनन्त हरि कथा अनन्ता' की घोषणा उस बात की ओर संकेत है कि ईश्वर अनादि, अनन्त, अखण्ड, अभेद है। राम, कृष्ण इसी अनन्त सत्ता के अवतार हैं। श्रीराम मर्यादा पुरुषोत्तम हैं तो श्रीकृष्ण लीला पुरुषोत्तम। तब भी, श्रीराम का चरित्र चौदह वर्ष के वनवास के कारण लोकानुरंजन का मूल स्रोत बन गया।

रामकथा की परम्परा कब से प्रारम्भ हुई, विद्वान् अब तक एकमत नहीं हुए हैं। संस्कृत के 'अनर्घराघवम्', 'प्रसन्न राघवम्' में रामकथा विस्तार से कही गयी है। वाल्मीकीय रामायण को कुछ विद्वान् रामकथा का पहला काव्य मानते हैं। तुलसी ने उसी को मुख्य आधार बनाकर नानापुराणनिगमागमसम्मत श्रीरामचरितमानस की रचना की, जो चार-पाँच शताब्दी बाद आज सबसे अधिक लोकप्रिय और जनमानस को आन्दोलित, अनुप्राणित करनेवाला महाकाव्य बन चुका है, किन्तु प्रागैतिहासिक कालीन गुहाचित्रों के अध्ययन के फलस्वरूप रामकथा के कुछ नये अनुद्घाटित स्रोतों का पता चलता है।

वर्तमान सोनभद्र (पूर्व मिर्जापुर) जनपद के अरण्यों से श्रीराम, लक्ष्मण और जानकी का बड़ा निकट का सम्बन्ध प्रतीत होता है। चित्रकूट, प्रयाग और काशी, इन तीन महातीर्थों की यात्रा भी भगवान् श्रीराम ने की थी। इसके प्रमाण में बताया जाता है कि विन्ध्याचल शिवपुर के समीप गंगाघाट पर श्रीराम ने अपने पिता दशरथ का तर्पण किया था और तब वे गया गये थे। गंगाघाट के इस तीर्थ का नाम 'रामगया' है, जहाँ आज भी पितृपक्ष में हजारों पितृभक्त तर्पण-क्रिया करने यहाँ आते हैं और यह मानकर चलते हैं कि यहाँ पिण्डदान किये बगैर गया में पिण्डदान का कोई फल नहीं होता।

विन्ध्याचल की त्रिकोण यात्रा के अन्तर्गत एक सुन्दर पहाड़ी पर 'सीताकुण्ड' नामक स्थान है, जहाँ राम, लक्ष्मण और जानकी की प्रतिमाएँ प्रतिष्ठित हैं। यहाँ एक जलस्रोत है और वह कभी सूखता नहीं है।

प्रागैतिहासिक कालीन गुहाचित्रों में रामकथ : मिर्जापुर तथा सोनभद्र जनपद में पचास से अधिक प्रागैतिहासिक कालीन गुफाएँ प्राप्त हुई हैं जिनमें युद्ध, आखेट, गोचारण, पूजा-आराधना, पदयात्रा, नावयात्रा आदि के हजारों चित्र बने हुए हैं। इन चित्रों में रामकथा के कुछ चित्र भी मुझे प्राप्त हुए थे। पुरातत्ववेत्ताओं ने इन चित्रों का पुरातात्त्विक महत्त्व बताते हुए इनका समय पाँच हजार वर्ष पूर्व से बीस हजार वर्ष पूर्व तक सिद्ध किया है। उस समय तक छपाई माध्यम का विकास नहीं हो पाया था। पत्थर की चट्टानों पर चित्र गेरू अथवा रंग-बिरंगे पत्थरों को घिसकर, उसमें पेड़ों का दूध अथवा जानवरों की चर्बी आदि मिलाकर उसका लेप तैयार करके, बाँस की टहनी के ब्रश से सुन्दर चित्र बना दिया करते थे, जो आज भी पानी से साफ कर देने पर चटकार हो जाते हैं। इनमें बहुत से चित्र कथात्मक हैं और निःसन्देह उनमें से कुछ रामकथा से भी सम्बन्धित हैं।

सीताकुण्ड : सबसे पहले मैं सीताकुण्ड के चित्रों का उल्लेख करना चाहता हूँ। यह स्थान सोनभद्र जनपद के मुख्यालय से लगभग चालीस कि.मी. पूरब चिचली-पनौरा से पाँच कि.मी. दूर सोणनद के तट पर स्थित है। यह अत्यन्त दुर्गम है। सन् 1970 में जब इसकी पहली यात्रा इन पंक्तियों के लेखक ने टीम के साथ की थी तो यहाँ गुफा में बैठा शेर दिखलायी पड़ा था, जिसके कारण उस दिन की यात्रा स्थगित करनी पड़ी थी; किन्तु दूसरे दिन यहाँ पहुँचने पर जब इन दुर्लभ शैलचित्रों के प्रथम दर्शन हुए तो सारा श्रम सफल हो गया।

यहाँ कुल तीन गुफाएँ हैं जिनमें पशु-चारण, हाथी, घोड़ा, बैल, सूअर, सामर, योद्धा, पशु-मैथुन के चित्रों के अलावा एक जो सबसे दुर्लभ चित्र मिला वह है आखेट का। वहाँ एक जानवर हरिण को भगाता हुआ दिखाया गया है, उसके सामने एक योद्धा है। पीछे से लक्ष्मण को तीर चलाते हुए दिखाया गया है। राम बल्कलवेशधारी हैं और कमर पर हाथ रखे हुए पीछे खड़े हैं। यह दृश्यचित्र बहुत भावपूर्ण तथा रोमांचक है।

छातूग्राम : इसी जनपद में छातूग्राम नामक गुफा में भी तीर चलाते एक धनुर्धारी को दिखाया गया है। कोई योद्धा ढाल से अपनी रक्षा कर रहा है। यह राम-रावण युद्ध का दृश्य प्रतीत होता है। ढाल लेने वाला योद्धा भारी और बलिष्ठ है।

लिखनियाँ : अहरौरा से नौ कि.मी. दक्षिण लिखनियाँ नामक झरने से उत्तर एक गुफा में एक अन्य योद्धा का चित्र बना हुआ है। वह तीर कमान लेकर युद्ध कर रहा है। इसका मस्तक विशाल है। यह चित्र रावण का हो सकता है अथवा रावण-पक्ष के अन्य किसी योद्धा का।

पंचमुखी और चनाइनमान : सोनभद्र मुख्यालय से पाँच कि.मी. दक्षिण पंचमुखी और फिर उससे दो कि.मी. पश्चिम चनाइनमान में चार-पाँच गुफाएँ हैं, जिनमें शताधिक दुर्लभ चित्र बने हैं। पंचमुखी में जो योद्धाओं के अनेक चित्र बने हुए हैं, उनमें भी राम-रावण-युद्ध के चित्र प्रतीत होते हैं। यहीं एक चित्र योद्धा का है, जिसके हाथ में गदा जैसा आयुध है। वह हनुमान की अनुकृति प्रतीत होती है। चनाइनमान में एक पालवाली नाव का चित्र बना है, जिसको गौर से देखने से लगता है कि कुछ व्यक्ति यात्रा करते हुए आमोद-प्रमोद की मुद्रा में हैं। इनके कमर में तीर-कमान-तरकस बँधा है। इनमें स्त्री-पुरुष दोनों हैं। यह वनवास और ग्राम-वधुओं द्वारा जानकी के साथ वार्तालाप का दृश्य प्रतीत होता है।

केरवाघाट : केरवाघाट सोनभद्र मुख्यालय से पचीस कि.मी. दक्षिण चोपन से पूरब सर्वोच्च कैमूर शिखर पर स्थित है। यहाँ कई गुफाएँ हैं, जिनमें प्रायः सभी प्रकार के चित्र बने हुए हैं; किन्तु उनमें दो-तीन चित्र नाव-यात्रा के भी हैं। दो पुरुषों के बीच में एक स्त्री को दिखाया गया है। नाव नदी में चल रही है। नाव के एक सिरे पर नाविक प्रसन्न मुद्रा में नाव खे रहा है। क्या यह केवट-प्रसंग नहीं हो सकता? हो सकता है।

उसी तरह के और भी रामकथा से सम्बन्धित चित्र इन गुफाओं में बने हुए हैं जिनकी ओर शोधीत्सु विद्वानों का ध्यान अभी आकृष्ट नहीं हुआ है। यदि आकृष्ट हुआ और महत्त्वपूर्ण तथ्य प्रकाश में आये तो रामकथा के अबतक अनुद्घाटित आदिस्रोत का पता चल जायगा। इन गुफाओं में कुछ ऐसे स्थल भी हैं, जिनमें कथावाचक और कथा-श्रोताओं को आमने-सामने दिखाया गया है। ऐसे चित्र मुखादरी, केरवाघाट और पंचमुखी में देखे गये थे। अम्बिकापुर के रामगिरि पर्वत पर तो एक बड़ी पड़ी शिला भी मिली थी जिसे प्राचीन रंगमंच कहा जा सकता है, वनवास काल में भगवान राम-जानकी-लक्ष्मण संग यहाँ आये थे जिनके अन्य अनेक प्रमाण भी यहाँ उपलब्ध हैं।

पुरुषोत्तम भगवान राम का वनवासियों, गिरिवासियों के साथ निकट का सम्बन्ध था। उन्होंने शबरी के जूठे बेर खाये थे। कोल-किरातों को अपना प्रेम-भाजन बनाया था। कोल आज भी शबरी की पूजा करते हैं। उनके कोलदहकी नृत्य

तथा कोलदादर गीतों में शबरी के साथ राम का कथा-प्रसंग जुड़ा रहता है। इस अंचल में कोल, भील, खरवार आदि जनजातियों की अधिकता थी जो अब औद्योगिकीकरण के कारण निर्वासित-विस्थापित हो रहे हैं।

भगवान श्रीराम के यहाँ आने के अनेक प्रमाण मिलते हैं। प्रयाग से मिर्जापुर की दूरी मात्र एक सौ कि.मी. है। अपने अरण्यवास के समय वे विन्ध्याचल, मिर्जापुर, चुनार होते हुए काशी और फिर दुद्धी होते हुए बिहार तथा मध्य प्रदेश के वनों में निकल गये होंगे। विन्ध्याचल में श्री रामेश्वर (शिवपुर के समीप) की स्थापना भगवान श्रीराम ने की थी, ऐसा पुष्ट प्रमाण मिलता है। रामगया में तर्पण क्रिया की बात कही ही गयी है। मिर्जापुर नगर के तरकापुर मुहल्ले में गंगाजी के तटपर 108 शिवलिंगों की स्थापना पर उनके द्वारा की जाने की बात पौराणिक आधार पर खरी उतरती है। उन्होंने तरकासुर का वध भी यहीं किया था। चुनार में गंगा के तट पर शिवलिंगों की स्थापना की बात भी कही जाती है। वर्तमान भदोही जनपद में सीतामढ़ी चर्चित स्थान जो एक तीर्थ हो गया है। यहीं सीताजी धरती में समाहित हुई थीं।

जो भी हो यह निर्विवाद सत्य है कि भगवान राम, लक्ष्मण, जानकी का आगमन यहाँ हुआ था। यहाँ की प्रागैतिहासिक कालीन गुफाएँ और उनमें बने चित्र यहाँ की आदिम संस्कृति, कला और जीवन के चाक्षुष प्रमाण हैं। इन गुफाओं में रामकथा के बने चित्रों का होना तो न अप्रासंगिक है और न आश्चर्यजनक। अतः इनके विस्तृत अध्ययन की आवश्यकता है। वैसे इस सन्दर्भ को अगरिया-कोरबा जनजातीय लोकवार्ता से जोड़कर देखा जा सकता है।

अगरिया-कोरवा जनजातीय संस्कृति में राम

गाढ़ा गेरुआ रंग का महावीरी झण्डा-तिकोन। उसमें लगी लम्बी सफेद रंग की लँगोटी। गृह-प्रवेश के अवसर पर भी पूजनोपरान्त इसे लम्बे बाँस में बाँधकर मकान की छत पर लगा दिया जाता है, ताकि इससे व्याधियाँ दूर रहें। इसी झण्डे को लेकर पुजारी पात्र खुले मंच पर प्रवेश करता है। वह लाल रंग के कपड़े की लुंगी, उसकी एक छोर पीछे खोंसकर जैसे ही बीच में खड़ा होता है, वैसे ही अन्य पात्र लगभग 10-12 की संख्या में उसे घेर लेते हैं। सभी के हाथ में या तो कोई वाद्य होता है या पूजा-पात्र या फिर कच्ची-पक्की मिट्टी की छोटी-छोटी अंगीठियों में प्रज्वलित अग्नि। आग साक्षी है और शक्ति का प्रतीक भी। वे शक्ति-आराधना के गीत भी गाते हैं। राम की शक्तिपूजा के तौर पर वे गीत गाते हुए एक ओर राम की आराधना करते हैं तो दूसरी ओर रावण को दुत्कारते भी हैं। कहते हैं-

"तुम रावण बड़े घमण्डी हो; रुको, दोनों तपसी (राम-लक्ष्मण) आ रहे हैं, तुम्हारे अग्निवाण और चक्रवाण उनके तेज के सामने नाकामयाब रहेंगे और उनके पास भी अग्निवाण हैं और चक्रवाण हैं, जिसके चलते तुम भस्म हो जाओगे, इसलिए गर्व छोड़कर उनकी शरण जाओ-वार्तालाप देखिए-

"तै रावण बड़े गारभी होऽऽऽ
आवत है दूनो तापसी"
"का करिहै आगिनबान
का करिहैं चक्रबान,"
"मरिहैं अगिनिबान

भूजिहैं अगिनिबान

जीउ लेलीहै उहै होऽऽऽ

तै रावण बड़े गारभी हो।।''

–करमा : केसरी, पृ. 109

गीत गाते हुए वे अर्द्धवृत्त और फिर पूर्णवृत्त बना लेते हैं। फिर थिरकना शुरू करते हैं। उनमें से दो-दो पात्र बाना से अपनी जीभ छेदते हैं। यह बाना एक प्रकार का त्रिशूल होता है, जो लम्बे सूजे की तरह तीखा होता है। उससे जीभ में छिद्र हो जाता है, किन्तु क्या मजाल कि रक्त की एक बूँद भी टपक जाय। इसे वे शक्ति की कृपा मानते हैं और मानते हैं–रामकृपा भी। पूछने पर ये बताते हैं कि–''माता सीता शक्ति स्वरूपा हैं। उनकी कृपा के चलते जीभ से खून का बूँद नहीं चूता।।''

अचरज तो यह है कि लगभग आधा घण्टा अँगीठी (जलती हुई) उनकी हथेली पर रहती है, तब भी हाथ नहीं जलता और न ही हथेली पर फफोले पड़ते हैं। पूरा दल गाता-बजाता, नाचता-थिरकता रहता है। बारी-बारी से पात्र बालि-सुग्रीव, हनुमान का अभिनय करते हैं। अभिनय ऐसा करते हैं कि जैसे हनुमान जी समुद्रोल्लंघन कर रहे हों। वह लंका पहुँचकर सीता का पता लगाते हैं। जीव-जन्तु, पशु-पक्षी, उद्भिज से सीतामाता का पता पूछते हैं। अपनी व्यथा-कथा उन्हें सुनाते हैं। तब वे उनके और सीता माता के प्रति भी दयालु-कारुणिक हृदय होते हैं। वे उन्हें सीता तक ले जाने में सहयोगी भूमिका निभाते हैं। तब हनुमान जी फलदार वृक्ष पर चढ़कर प्रसन्न मुद्रा में फल खाते हैं। कुछ फल गिराकर उनका अपनी ओर ध्यान आकृष्ट करते हैं। उनके साथ संवाद करते हैं–कुछ मौन और कुछ मुखर। यह जान लेने के बाद कि जानकी यहीं हैं, वह मुद्रिका गिराते हैं। इस डाल से उस डाल पर, इस वृक्ष से उस वृक्ष पर उछलकूद करते हैं। माता सीता का आशीर्वाद प्राप्त कर वह रावण के दरबार पहुँचते हैं, रावण को समझाने का प्रयास करते हैं। न मानने पर लंका-दहन करते हैं और श्रीराम के पास लौट आते हैं। इतना ही नहीं, राम को हर स्थिति से अवगत कराते हैं। राम की सेना की अगुआयी कर सेतु बाँधकर लंका पहुँचते हैं। वहाँ राम-रावण युद्ध होता है। लक्ष्मण को शक्ति लगती है। हनुमान संजीवनी बूटी लाते हैं। उसे पीकर लक्ष्मण उठ बैठते हैं। बस यहाँ तक रामकथा का प्रसंग उनके उस अगरिया लोकनाट्य में मिलता है। इसके बाद शक्ति-पूजा पुनः की जाती है और यहीं रामकथा-केन्द्रित एकांकी लोकनाट्य समाप्त हो जाता है।

सीता-हरण-प्रसंग को अगरिया अपनी दृष्टि से देखते हैं। वे रावण को योगी का प्रतीक मानकर नाम लिए बगैर उसके कुकृत्य को नकारते और उसे धिक्कारते हैं। जोगी का रूप बनाकर सीता को ठगने की वे निन्दा करते हैं और अन्ततः उसे भाग्य का ही फेर मानते हैं। गीत की पंक्तियों पर ध्यान दीजिए–

''करम भइल पातऽरीऽऽऽ....

चलले जोगिया भीच्छा माँगेऽऽऽ

चलले लेउड़िया भीच्छा देवेऽऽऽ

करम भइले पातऽरीऽऽऽ

हाथ-हाथ तिल-चाडर

जोगी दिहले छितराय।
लेउड़िया के मारे घूसा चार।
करम भइले पातऽऽरीऽऽऽ''

–वही, पृ. 74

"तकदीर ही में आग लग गयी, क्या करें? किशोरी (सीता) उस योगी को तिल–चावल की भिक्षा देने लगीं कि वह जमीन पर गिर पड़ा जिसके कारण योगी (रावण) क्रुद्ध हो गया। तब वह लक्ष्मण–रेखा से बाहर निकलने के लिए विवश हो गयीं, बाहर निकलते उसने उनका हरण कर लिया। यह भाग्य का ही तो फेर है?"

अगरिया तीर-कमान बनाते हैं : पत्थर से लोहा निकाल कर उसे माथी पर चढ़ा कर पत्थर–कोयला जलाकर। कहा जाता है कि अगरियाओं ने ही सबसे पहले पत्थर कोयला (काला हीरा) के उस गुण को जाना था। जो भी, ये तीर बनाते बेचते हैं, तो अहेर (शिकार) की कला में भी दक्ष होंगे ही, यह समझ की बात है। वे गुलेल–गोटी से भी चिड़ियों का शिकार करते हैं। राम–लक्ष्मण जब वन जाते हैं तो वे उन्हें भी गोटी–गुलेला चलाना सिखाते हैं, अरे भाई, धनुहीं से सुगना का शिकार थोड़ी किया जायगा, जहाँ काम आवै सुई, कहा करै तलवार? प्रसंग से जुड़िए। गाँव–घर के सामने बाग है। रहता ही है, उसमें पेड़ पर बैठे तोता को भाभी गुलेला से मारना चाहती है, कि राम–लक्ष्मण ने सहायतार्थ धनुष–बाण चलाकर उसे मार गिराया तो वे दुःखी हो गये, क्यों? वह तो पाला हुआ तोता था, सीता–सहित किसी ने यह भी नहीं जाना। जब ज्ञात हुआ कि यह तो पाला हुआ था, तो उन्हें भी अपने किये पर पश्चात्ताप हुआ। तब क्या हो, जिसका तोता था, उसने दूसरा तोता पाल लिया। यह अजब तोता था भाई, कि भोर में ही उठकर 'सीताराम' बोलता था। गृहिणी अब प्रतिदिन भोर ही में उठ कर उसे पढ़ाती–'कहो परबत्ते! सीता राम।' पाठक जान लें कि तोता तब संदेशवाहक (पत्रकार) भी होता था।

रामकथा का यह प्रसंग कहीं आभिजात्य साहित्य में मिलेगा क्या? यही है तुलसी का 'क्वचिदन्यतोऽप'। नाना पुराण निगमागम् के साथ जो तुलसी ने लोक से लिया था, वह यही है। तो आइए सुनिए, पढ़िये, जानिए गीत का यह प्रसंग कितना अद्‌भुत है–

''भउजे बगिया में खेलेले गुलेल होऽऽऽ।
भउजे राम-लखन धनुष चढ़ावेंऽऽऽ
रामा पोसले सुगनवां मारि दिहलैंऽऽऽ
रामा रनियाँ का जिउवा उदास!
भउजी पोसले बा दूसर सुगनवांऽऽ
भिनुसर बोले-'सिताराम'
रामो बइठे भउजी सुगना पढ़ावेऽऽऽ
भउजे पोसले हिरन सुगनवां होऽऽऽ
भउजे बगियाऽऽऽ''

–वही, पृ. 70

राम योगी वेश में जब वन जाते हैं तो वनवासी उनका स्वागत करते हैं। चिलचिलाती दुपहरी में आये राम–लक्ष्मण जानकी को छाया में बिठाते हैं, कहते–"आ जोगी समतुल हो ले, आराम कर ले। आराम करके चिपरी गोइठा (उपली) ले जाकर भोजन भी बना ले।"

करुणा की यह अजस्र सहज धारा आज कहाँ बह रही है? काश! बहती होती। पंक्तियों पर ध्यान दें–

''पुरबे पछिमबां से आयल जोगिया (अयोध्या से)
बइठा जोगी हमरे ओसारी-
दुपहर गंवाइ लेऽऽऽ।''

× × ×

''हथवा में धइले जोगी चिपरी-गोइठवा,
आगी के बहना जोगी भागे, जीवा बाचे।''

–वही, पृ. 69

आग लेने के बहाने राम–लक्ष्मण–जानकी आगे बढ़ जाते हैं और वे ग्रामवासी आँख से ओझल होने तक टकटकी लगाये रहते हैं। यही है असली–

''दोनों ओर प्रेम पलता है....
शशि पतंग तो जलता ही है, दीपक भी जलता है।''

कोरबाओं के राम : अगरिया रामपक्षीय जनजाति है; किन्तु कुछ ऐसी जनजातियाँ भी हैं; जो राम–विरोधी और रावणपक्षीय हैं, जैसे एक जनजाति कोरबा है; जो बहुत पुरानी है और आज भी प्रायः नंगधड़ंग ही घने जंगलों में, नदी–पहाड़ों की कंदराओं में रहती है। इस जनजाति के लोग आज भी दिन में दिखलाई नहीं पड़ते। रात में, सन्नाटे में जब पशु–पक्षी भी सो रहे होते हैं तो ये शिकार के लिए निकलते हैं। घने वन में चले जाते हैं, जहाँ ऊँचे दरख्त होते हैं और जिनपर लंगूर चिपक कर सोये होते हैं। ये अपने परिवार के साथ निकलते हैं। उस दरख्त के नीचे बिना किसी सुनगुन (आवाज) के ये निशाना साध कर बैठ जाते हैं। पत्नी किसी लम्बे बाँस या काठ में सूखा घासपात बाँधकर उसमें आग लगाकर उसे धीरे–धीरे उस दरख्त के ऊपर ले जाती है, प्रकाश में बन्दर दिखलाई पड़ता है, जिसे नीचे बैठा या खड़ा उसका पति तीर–धनुष से मार गिराता है। बन्दर के नीचे गिरते उसके बच्चे झपट पड़ते हैं, उसे मार कर आग में भून कर खा जाते हैं। पहले तो वे उसे कच्चा ही खा जाते थे।

उनका मानना है कि हनुमान राम के परमभक्त थे। उनकी सहायता से राम ने रावण को मारा, अतः हम उनका कच्चा मांस खा जायेंगे। 'कच्चा मांस खा जाना' अत्यन्त क्रोध का प्रतीक कहावत है। अधिक क्रोधित होने पर आज भी लोग कहते हैं–''मार कर तुम्हारा कच्चा मांस खा जाऊँगा।''

कोरवा आज भी हनुमान को अपना शत्रु मान कर उनका प्रतीक बनाकर शिकार–क्रीड़ा की तरह अभिनय करते हैं और उस प्रतीक को जलाकर जश्न मनाते हैं। उस अवसर पर जो अभिनय करते हैं, वह देखने लायक होता है।

सीता–हरण : जनजातीय जीवन में राम इस तरह घुलमिल गये थे कि जैसे अभेद हो गया हो। वहाँ वनवासी राम–वनवासी ही रह जाते हैं। सीता–हरण प्रसंग, जो अगरिया या अन्य आदिवासी समाज में प्रचलित है, वह अन्य आभिजात्य–साहित्य–प्रसंगों से भिन्न, सहज और मौलिक है। रावण ब्राह्मण योगी का रूप धर कर आता है। सीता जी अकेले घूमती रहती हैं, (लक्ष्मण–रेखा के भीतर नहीं) योगी पाँवों में स्वर्ण–पादुका और मृगचर्म पहने हुए है। उसे देखते सीता जी खड़ी हो जाती हैं। योगी धर्मार्थ उनसे भिक्षा माँगता है। सेविका तिल–चावल लेकर उसे देने जाती है तो सीता जी उसे रोक लेती हैं और उसका झोंटा (जूड़ा) पकड़कर चार डण्डे मारती हैं। उसकी जगह वह स्वयं करुणार्द्र होकर उसे भिक्षा देने जाती हैं। करुणा, मर्यादा और ब्राह्मण–योगी के प्रति श्रद्धा के भाव यहाँ एक साथ

दिखलाई पड़ते हैं। भिक्षा-पात्र में ऊपर तो दिखाने के लिए तिल-चावल है, पर उसके नीचे सोना रखा है, ताकि योगी संतुष्ट हो जाय। सामने कपड़े के चार टुकड़े बिछाये गये हैं जिनके भीतर से ही एक पाँव आगे बढ़ाकर ज्योंही जानकी भिक्षा देने के लिए आगे बढ़ती हैं और बदले में दूध-भात की कमी, बाल-बच्चों के लिए न पड़ने पाये का आशीर्वाद प्राप्त करना चाहती हैं, त्योंही अहेर के लिए गये राम-लक्ष्मण दोनों मृग को दौड़ाते हुए सामने आ जाते हैं। वे सीता को देख भी नहीं पाते कि इसी बीच योगी भिक्षा लेने के साथ-साथ सीता को भी हर कर ले जाता है।

पाठक ध्यान दें, यहाँ स्वर्णमृग का वर्णन नहीं आया है और दिखाया गया है कि समीपस्थ राम-लक्ष्मण के रहते सीता-हरण हो जाता है। इसमें सहजता, सादगी और अकृत्रिमता दिखलाई पड़ती है। चार पंक्तियाँ प्रस्तुत हैं–

''रानी सीता चलिलि परीक्षा देवेऽऽऽ
तीला-चाउर जोगी झोरि पोंछि लिहलाऽऽ
अइसे सीता करंथा (झोली) में छिपावइं
बराभन हरि लिहला होऽऽऽ''

–वहा, पृ. 27

लक्ष्मण-शक्ति : इसी तरह लक्ष्मण-शक्ति का भी अजीब प्रसंग आया है। लक्ष्मण को जब शक्तिबाण लगता है और वह मूर्च्छित हो गिरने लगते हैं तो हनुमान जी उन्हें भ्राता राम जानकर नहीं, मानव जानकर मानवता के नाते 'सधुवानी बूटी' (जीवन बूटी नहीं) पर्वत को ही उठाकर ले आते हैं, जिससे प्राणों की रक्षा हो जाती है। तब कितना खुश होते हैं राम-सीता–

''खूस भइनऽ रामचन्नर, खूस भइनी सीताऽऽ
लछिमन जी ऊठि बइठनऽ, जीवा बचि जात बा होऽऽऽ।''

कथा के इस लम्बे प्रसंग को 18 पंक्तियों में वनवासी गीत-गायक ने सब कुछ कह दिया है। करुणा उड़ेल दी है। राम-लक्ष्मण-सीता कैसे रहते थे वन में, बस इसी प्रसंग के साथ हम अपनी बात समाप्त करना चाहते हैं–

''हर्रा बहेड़ा तर पर गइले डेरा होऽऽऽ
कुसवा न काटि-काटि सथरी लगावे होऽऽऽ
सूते लगल राजा-रानी दूने रे बेकाती होऽऽऽ
चिंउटी के कटलक, दयिया कइले हंडहोर होऽऽऽ''

–वही, पृ. 30

उनका हर्रा-बहेड़ा के वृक्ष-तले डेरा पड़ा है। कुश की सथरी बिछी है। राम-जानकी दोनों उसी पर सो रहते हैं, वह भी विभोर होकर; जबकि नीचे चींटियाँ काट रही हैं। विषैले कीट-पतंग काट रहे हैं। हम अपने सुख से उस दुःखात्मक सुख की कल्पना करें। कौन कहता है–असली सुख राजमहल में होता है।

विशेष : अगरिया शिल्पी वर्ग की जनजाति है जो अन्य क्षेत्रों के अलावा विंध्याचल के कैमूर की पहाड़ियों में, वर्तमान सोनभद्र जनपद के शक्तिनगर के आसपास और शोणनद के तटवर्ती इलाकों में बहुत पहले से निवसित है। इस जाति के लोग लौहयुक्त पत्थर से पत्थर कोयला जलाकर माथी से पत्थर को पिघलाकर कच्चा लोहा तैयार करते हैं,

फिर उससे विविध प्रकार के औजार-फावड़ा-कुदाल, बर्तन-तवा, कड़ाही, करछुल, संड़सी, चिमटा, घड़ा-गगरा आदि अस्त्र-शस्त्र, तीर, बन्दूक, चाकू-छुरी आदि बनाकर, उन्हें मेलों-ठेलों में बेचकर अपनी जीविका चलाते हैं।

यहाँ इन दो जनजातियों के बीच रची-बसी रामकथा का उल्लेख किया गया है, ऐसे ही अन्य अनेक जनजातियों के साहित्य-कला-संस्कृति में रामकथा के प्रसंग भरे पड़े हैं जिन्हें खोज निकालने की जरूरत है। इस तरह तमाम जनजातियों में प्रचलित स्फुट प्रसंगों वाली रामकथा के प्रसंगों को क्रमबद्ध कर दिया जाय तो मेरा विश्वास है कि रामकथा विषयक एक अनोखा प्रबन्धकाव्य बन जायगा। इसे आगे कोई रामकथा-प्रेमी मरजीवा कृतिकार कर सकेगा, ऐसा मेरा विश्वास है।

क्यों न श्रीराम की कथावार्ता, लोकवार्ता भगवान श्रीराम से ही शुरू की जाय! राम मर्यादा पुरुषोत्तम तो हैं ही, परन्तु उनका प्रजानुरंजन-लोकानुरंजन पक्ष उनके सम्पूर्ण व्यक्तित्व का परिचायक है। भवभूति के राम कहते हैं-

स्नेहं दयां च सौख्यं च यदिवा जानकीमपि।
आराधनाय लोकस्य मुंचतो नास्ति मे व्यथा।।

अर्थात् प्रजा को प्रसन्न और सुखी रखने के लिए मुझे स्नेह, दया, सुख, यहाँ तक कि जानकी को भी छोड़ देने में कोई कष्ट नहीं होगा।

यहाँ पर लोक का व्यापक अर्थ समझने की जरूरत है। लोक से परे है क्या? लोक में तो वेद भी समाहित है जो आभिजात्य है। राम के वन-गमन का तात्पर्य लोक-विशेष, लोक-आरण्यक-पर्वतीय, जन बाहुल्य, अन्त्यज, आदिवासी लोक का मान बढ़ाना था, उनका सहज आतिथ्य स्वीकार कर उनका सर्वप्रकारेण, सर्वतोभावेन हित करना था, उन्हें अत्याचारियों, अन्यायियों, उत्पीड़कों से मुक्त करना था। रावण के वध के पीछे सीता की मुक्ति मात्र नहीं, अपितु नारी-उद्धार भी था। कोल-किरातों, वन्य जातियों के साथ भी तो यही होता रहा होगा। श्रीराम ने इस घटना से शोषितों, पीड़ितों, प्रताड़ितों में अन्याय-अत्याचार, अपमान को पी जाने के विरुद्ध प्रतिरोध-प्रतिकार करने की शक्ति प्रदान की है, उन्हें स्वाभिमान के साथ जीने की प्रेरणा दी है। यही कारण है कि रामलीला हर जगह प्रचलित हुई। उत्तर भारत की रामलीला के अलावा अन्यत्र भी रामचरित के पारम्परिक रंग-मंच के विविध रूपों को प्रस्तुत किया जाता है। यथा केरल का कुतियत्रम जो संस्कृत रंगमंच का एकमात्र जीवित रूप है, कथकली-जो केरल की शास्त्रीय नृत्य-नाटिका है, यक्षगान-जो मैसूर का अत्यन्त विकसित और शैलीबद्ध नृत्यगीत है; अकीय नट जो असम में वैष्णवी मठों में प्रदर्शित किया जाने वाला गीतात्मक नाटक है और पश्चिम बंगाल का 'छो' या 'छांऊ' नृत्य भी बहुत लोकप्रिय है। उड़ीसा का पश्चिम बंगाल में 'यात्रा' या 'जात्रा', आंध्रप्रदेश का विधीनारकम् और मध्य प्रदेश में 'माच' नामक लोकनाट्यों में भी रामचरित अथवा रामकथा का अभिनयात्मक रूप प्रस्तुत किया जाता है। उत्तर प्रदेश के आदिवासियों की 'कठपुतली' भी रामकथा से जुड़ी हुई है। इस तरह स्पष्ट है कि ईस्वी पूर्व अरण्यक संस्कृति में भी राम का चरित्र अनुकरणीय था। छायानाट्य और आदिवासियों के मूक प्रदर्शन को भी रामकथा से पृथक नहीं किया जा सकता, जैसा कि वर्तमान सोनभद्र जनपद में सीताकुण्ठ (शोण-तट) के पास प्रागैतिहासिक कालीन गुहाकला के चित्र प्राप्त हुए हैं। उनमें नौकायात्रा-श्रीराम-लक्ष्मण-जानकी को नदी-पार करने का चित्र अंकित है। (दे. रामार्णव तृतीय खण्ड का अंतिम पृष्ठ; बाबा झामदास कृत तथा अर्जुनदास केसरी द्वारा पुनर्लिखित प्रकाशित, कोलरुचि प्रकाशन, राबर्ट्सगंज, सोनभद्र; 23।2।6)

जाहिर है, श्रीराम का लोकानुरंजन रूप जब पर्वतीय, आरण्यक क्षेत्रों में जनमासन को अनुप्राणित किया होगा तो वह उस क्षेत्र-प्रान्त की भाषा-बोली में ही रहा होगा। पन्द्रहवीं-सोलहवीं शताब्दी में भक्ति-आन्दोलन का मुख्य केन्द्र वाराणसी था, उसी समय असमियाँ, उड़िया, अवधी, मैथिली, बंगला, ब्रजभाषा, पश्चिमी हिन्दी, राजस्थानी भाषाओं-बोलियों के साथ-साथ वनवासियों, आदिवासियों की बोलियों, यहाँ तक कि भोजपुरी, छत्तीसगढ़ी, बिहारी भाषा-बोलियाँ अपना विस्तार कर रही थीं। अतः रामकथा के अनेक प्रसंग इन भाषाओं-बोलियों में भी अभिनीत हुए अथवा लोकगीत, लोकनाट्य, लोकगाथा, यहाँ तक कि लोककथा के विषय बने। इतना ही नहीं, रामभक्ति और क्षेत्रीय भाषाओं की विकासोन्मुखता ने भी 'रामचरितमानस' की रचना की प्रेरणा दी होगी। पूर्वोक्त 'रामार्णव' भी उसी क्षेत्र की अनुपम राम-कथा-कृति है, जिसका समय पौने तीन सौ वर्ष पूर्व सिद्ध है।

तुलसी जनकवि थे। वनवासीजन उनके केन्द्र में थे। उन्होंने उनसे बहुत कुछ ग्रहण किया है। नाना-पुराण निगमागम् सम्मतम के साथ उन्होंने 'क्वचिद्न्यतोऽपि' की जो बात की है वह अरण्यक लोक ही तो है और है क्या? विद्वानों को इस पर मंथन करने की जरूरत है। इसी से जुड़ा प्रसंग नर-सेवा है, जिसे आज मानव-सेवा कहा जाता है। तुलसी ने रामकथा लिखकर सार्थक नर-सेवा की है और आगे के लिए उसका पथ-प्रशस्त किया है।

शबरी का प्रसंग क्या है? डॉ. बलदेव प्रसाद मिश्र ने लिखा है-'वह शबरी जिसे ठेठ जनता की प्रतिमूर्ति कह सकते हैं, जन-प्रतिनिधि को भगवान का तत्वज्ञान कह सकते हैं। जन-प्रतिनिधि को भगवान का तत्वज्ञान एक शिष्ट व्यक्ति के समान हो जाना बड़ा कठिन है। उसे यदि नारायण-सेवा के भाव देने हैं तो नर-सेवा के मार्ग से ही आगे बढ़ाना कल्याण-प्रद होगा। इसीलिए शबरी के उस भक्ति-प्रकरण में गोस्वामी जी ने नरसेवा और नारायण-सेवा को समान दर्जा दे दिया है। मिश्रजी ने दो पंक्तियाँ उद्धृत की हैं-

"नव यह एकहु निके होई। नारि-पुरुष सचराचर कोई।
सो अतिशय प्रिय भामिनि मोरे। सकल प्रकार भगति दृढ़ तोरे।।"

भावार्थ यह कि अगर कोई ईश्वर का उपासक नहीं है तो भी यदि वह मनुष्य समाज अथवा उसके किसी अंश विशेष का कल्याण चाहने वाला या उसके प्रति सेवाभावी है तो वह भी ऊँची-से-ऊँची भक्ति का पात्र माना जा सकता है। इस तरह तुलसी के राम में एक अपूर्व मानव की कल्पना तथा परिपूर्ण मानवता का आरोप किया गया है, जिसे हरिजन-प्रेमी महात्मा गाँधी ने भी माना और अति पिछड़ों, अन्त्यजों को अपनाने के लिए उन्हें 'हरिजन' शब्द से सम्बोधित किया और उनकी सेवा को नारायण-सेवा बताया।

'मानस' में निषादराज और शबरी की उपकथाओं द्वारा यह प्रतिपादित किया गया है कि भगवान का भक्त चाहे जिस जाति का हो, अभिनन्दनीय है और उसके साथ खान-पान पर कोई प्रतिबन्ध नहीं है। शबरी और निषादराज के कथा-प्रसंग तो मात्र उदाहरण हैं, ऐसे न जाने कितने प्रसंग श्रीराम और वनवासियों और आदिवासियों से जुड़े होंगे या हैं जिनको वनवासी जातियों के बीच जाकर खोज निकालने की आवश्यकता है। 'साक्षी' के इस अंक में हमने उनके साहित्य का उल्लेख करते हुए शोधीत्सुओं के लिए मात्र मार्ग-प्रशस्त करने का संकेतमात्र किया है।

राम-साहित्य धार्मिक साहित्य के साथ-साथ नृतत्वशास्त्र भी है। मैटर के अनुसार "आदिकालीन मानव की दार्शनिक कल्पनाओं का परिणाम धर्म है।" उसकी इस दार्शनिक सोच का सूर्य प्रतीत होता है। आदिवासियों, विशेष रूप से मुण्डा-खरिया लोग सूर्य को परमेश्वर (High God) का प्रतिरूप मानते हैं, क्योंकि वह प्रकाश-ऊर्जा प्रदान करता है। मुण्डा, हो, बिरहोर सूर्य को सिंगबोंगा (Singbonga) अर्थात् सूर्यदेवता (Sun God) कहते हैं। राम

सूर्यवंशी थे। क्या पता इसी कारण राम की उपासना अन्य जातियों में अधिक लोकप्रिय हुई हो और राम ने भी अपने जीवन का मूल्यवान समय उन्हीं के बीच उनको अपनी भक्ति प्रदान करने के लिए गुजारा हो। यदि ऐसा है तो वनवासियों को श्रीराम का आदिउपासक अथवा भक्त कहा जा सकता है। तभी तो अरण्य साहित्य राम अथवा राम के प्रतीक से भरा पड़ा है जिसका यथास्थान-यथाप्रसंग उल्लेख इस अंक में किया गया है। आदिवासी समाज के आदि उपासक राम ही थे, जिन्हें कालान्तर में उपेक्षाओं के फलस्वरूप बुरे दिनों के चपेट में आ जाने के कारण अन्य धर्मावलम्बियों ने प्रलोभन देकर छीन लिया। तथापि राम उनके अंग-आलेखनों, वाद्ययंत्रों, आभूषणों, कठपुतलियों, वृक्ष-पाषाण प्रतीकों, लोकगीतों, लोककथाओं, लोकगाथाओं, लोकनाट्यों, लोक-सुभाषितों, सुख-दुःख की अनुभूतियों, लोक-विश्वासों में सर्वत्र व्याप्त हैं। कुछ भी अच्छा होता है तो उसे वे राम की कृपा मानते हैं। कुछ बुरा हो जाता है तो उसे भी 'राम की लिखनी' मानकर दुःखमुक्त हो जाते हैं।

आदिवासी जीवन तथा संस्कृति में राम सर्वत्र रमते हैं। सीधी जनपद में बैढ़न तहसील से लगभग 30 कि.मी. दूर दक्षिण की ओर कैमूर की पहाड़ियों में पहाड़ खोदकर कक्ष बनाये गये हैं जो मन्दिरनुमा हैं और उनमें एक से एक कलात्मक सुन्दर मूर्तियाँ उत्कीर्ण हैं। उनमें एक रावण-माड़ा है। कहते हैं इसमें रावण रहता था। इस गुफा के द्वार पर गणेश की मूर्ति है और शिव-ताण्डव का दृश्य उत्कीर्ण है। इसी प्रकार चितरंगी तहसील में तराई नामक गाँव में हनुमान जी की एक पुरानी मूर्ति स्थापित है।

सरगुजा जनपद में भी इसी तरह की गुफाएँ मिलती हैं। रामा नदी के तट पर स्थित सीतामढ़ी गुफा में अनेक आकार प्रकार की राम-कथा विषयक मूर्तियाँ उत्कीर्ण हैं, जिनमें शिव-चरित्र दर्शाया गया है। (दे. विन्ध्यक्षेत्र का सांस्कृतिक वैभव –अर्जुनदास केसरी, पृ. 227।)

सरगुजा जनपद में सीता बोंगिरा विश्व की प्राचीनतम नाट्यशाला है, जिसके बारे में कहा जाता है कि राम-वनवास के समय भगवान श्रीराम यहाँ सीता-लक्ष्मण के साथ आये थे। उनके आवास गुफाओं के रूप में वर्णमान हैं। यह स्थान रामगिरि पर्वत पर स्थित है। रामगढ़ में धनुर्धर, हनुमान, शिवलिंग, विष्णु, जानकी की प्रतिमाएँ, उत्कीर्ण हैं। (वही, पृ. 222-227) यहाँ लक्ष्मणगढ़, रामानुजगंज नामक स्थान है। तात्पर्य यह कि इन दुरूह इलाकों में भी रामकथा के अवशेष बहुशः प्राप्त हैं जो इस बात के प्रमाण हैं कि वनवासियों, आदिवासियों में राम के प्रति अटूट भक्ति एवं श्रद्धा का भाव विद्यमान था जिसका स्पष्ट प्रभाव उनके साहित्य और कला पर पड़ा है।

भारत के अनेक जनजातीय क्षेत्रों में पर्वों-त्यौहारों, व्याह के अवसरों पर घरों के प्रवेश-द्वार के दोनों ओर चित्रांकन की परम्परा रही है। ये चित्र गोबर, माटी, आटा-चावल पीसे लेपन से अथवा चूना रंग से महिलाओं द्वारा बनाये जाते हैं। इनमें रामकथा की प्रमुखता होती है। ये चित्र प्रागैतिहासिक काल में भी गुहा की दीवारों पर बनाये जाते थे, 'जिसे कोहबर के चित्र या लेखनियाँ, आँख की पुतलियाँ' के नाम से जाना जाता था। यह परम्परा आज भी विशेष रूप से जनजातीय क्षेत्रों में देखी जाती है। इन चित्रों में राम-लक्ष्मण, जानकी, हनुमान, शिव-पार्वती के चित्र अधिक होते हैं। भाद्रपद शुक्ल दशमी के अवसर पर दशावतार के चित्र, विवाह के अवसर पर घड़े के ऊपर रामभक्त हनुमान के चित्र, सीता-स्वयंवर के दृश्य-चित्र, भैयादूज के अवसर पर रामनामी चित्र, मुखद्वार पर सीताराम नामांकन, राम के मुखौटे, अगहन मास के शुक्लपक्ष में श्रीराम-सीता विवाह के दृश्यचित्र, सीता-चौकी, सीताराम-रसोइया, रामझूला गोदना, रामलीला के अवसर पर राम-दरबार के चित्र बहुतायत से पाये जाते हैं, जिन्हें इस विशेष अंक में सम्मिलित किया गया है।

जनजातीय साहित्य जनजातियों का पुराणेतिहास, वेद-शास्त्र, अर्थशास्त्र, नीतिशास्त्र, धर्मशास्त्र और आचरणशास्त्र भी है। आचरण का मतलब यह है कि वे तदनुसार जीवन जीने का प्रयास करते हैं। इनकी भी लोकगाथाएँ हैं, लोकनाट्य हैं, लोककथाएँ, लोकसुभाषित, लोकगीत और लोकरूढ़ियाँ, लोक-विश्वास और लौकिक परिसंवाद और रूढ़ियाँ भी हैं। जनजातियों में आल्हा, लोरिकी, विजयमल की तरह लम्बी लोकगाथाएँ बहुत कम मिलती हैं। बूढ़ी दादियों के कण्ठ में जो थीं, वे अब लुप्तप्राय हैं, सम्भव है, तराई की जनजातियों में कुछ बची-खुची हों, यदि ऐसा है तो उनका संग्रह कर लेने की आवश्यकता है। इनकी लोककथाओं में यत्र-तत्र-सर्वत्र राम रमे हैं, जिसका उल्लेख प्रसंगतः इस अंक में किया गया है। हाँ, लोकगीतों में राम का बहुशः उल्लेख हुआ है। प्रायः हर जनजाति के लोकगीतों में राम, रामायण के पात्र रचे-बसे हैं। यह बात और है कि उनके बीच राम या रामकथा के पात्र जब होते हैं तो वे आभिजात्य रामायणों के पात्रों से भिन्न होते हैं। वे वहाँ उन्हीं की जाति, वर्ग, समाज के अगुआ, उनके परिवार के सदस्य बनकर उनमें घुल-मिल जाते हैं। उनका ईश्वरत्व, अलौकिक रूप बदल कर तदनुरूप हो जाता है। यही तो है राम का रमत्व। उसी प्रकार आदिवासी भी उन्हें महामानव, अति-मानव, अलौकिक पुरुष, दिव्य-पात्र न मानकर उन्हें अपने बीच का सुहृद मानते हैं। शबरी का ही प्रसंग ले लें। वह जिस प्रकार अपने परिवार के सदस्यों को जूठे बेर खिलाती थी, वैसे ही राम को भी उसने खिला दिया। कितनी सहजता है-इस आचरण-व्यवहार में। हाँ, आदिवासी-समाज अतिथि को देवता जरूर मानता है और उनका बिना किसी बनावटी भाव के, जो भी उनके पास रहता है, जूठन-काठन, बासी-तिवासी खिला-पिला देता है। उनको खिलाने के बाद कुछ बचा तो उसे खा लेता है, अन्यथा भूखे पेट लुढ़क कर सो जाता है। आदिवासी ही है, जिसे कल की चिन्ता नहीं होती, वह वर्तमान जीता है। वह अगले दिन के लिए अपने पुरुषार्थ का भरोसा रखता है। न गगरी में दाना होगा न उसकी उसे चिन्ता रहेगी। ये सारे प्रसंग उनके साहित्य में मिलते हैं जिनका यथावसर उल्लेख इस अंक के लेखकों ने अपनी रचनाओं में किया है।

आदिवासियों-वनवासियों के राम वाल्मीकि, तुलसी तथा अन्य सभी रामकथाकारों से भिन्न हैं। इस अंक के "अगरिया-कोरवा जनजातियों के राम' शीर्षक लेख में इसकी स्पष्ट झलक मिलती है। जानकी जी जहाँ रहती हैं, वहाँ वनवासी भी रहते हैं। उन्हें अकेले यात्रा करने नहीं देते और न राम-लक्ष्मण के अहेर खेलने चले जाने पर सीता को अकेले छोड़ते हैं। यही कारण है कि रावण जब योगीरूप धारण कर उनके समीप जाता है तो वे उसे धिक्कारते हैं।

राम-लक्ष्मण जब वन जाते हैं तो तीर-धनुही चलाने में दक्ष नहीं होते। वनवासी उन्हें तीर-धनुही चलाना सिखाते हैं तब वे दक्षता प्राप्त करते हैं।

ज्ञातव्य है कि अगरिया तीर-धनुष बनानेवाली जनजाति है और वह तीर-कमान चलाना सिखाती भी है।

इसी तरह एक और प्रसंग आया है जो आभिजात्य रामकथाओं से भिन्न है। राम-लक्ष्मण जब लंका में युद्ध के लिए जाते हैं तो रावण गर्व करता है और जब राम-लक्ष्मण, हनुमान को ललकारता और कटुवचन बोलता है तो आदिवासी वहाँ पहले स्वयं उसे आगाह करते हैं और कहते हैं कि घमण्डी रावण चुप हो जा, गर्व न कर, तुम्हारा गर्व ये योगी चूर-चूर कर देंगे। तुम्हारा अग्निवाण कुछ काम न आयेगा, चक्र भी व्यर्थ हो जायगा। उन्हें वे भून देंगे और तुम्हें मार-गिरा कर तुम्हारा प्राण ले लेंगे।

कोरबा रावण-पक्ष की राम-विरोधी जनजाति है जो बन्दरों का शिकार कर कच्चा मांस खा जाती थी। उसका मानना है कि हनुमान ने रावण-वध में सहयोग किया था, अतः हनुमान के प्रतीक बन्दरों को हम छोड़ेंगे नहीं। इस प्रसंग से समझने की आवश्यकता है कि वनवासी कभी भी आक्रामकता पसन्द नहीं करता, अपितु अपनी शक्ति भर उसका प्रतिरोध

कर सकता है। राम ने वनवासियों को आचरण की सभ्यता का पाठ अपने आचरण द्वारा पढ़ाया तो है, उससे बढ़कर उनसे बहुत कुछ सीखा भी है। अतः हम कह सकते हैं कि आरण्यक जीवन और साहित्य-संस्कृति राम को एक नये नजरिए से समझा और समझाया भी गया है, जो सार्वभौमिक-सार्वकालिक है। ऐसा नहीं होता तो शबरी, जो आदिवासियों की देवी स्वरूपा प्रतिनिधि भी है, श्रीराम का आतिथ्य बेर से न करती बल्कि मांसाहार और मद्य से ही करती; लेकिन नहीं उसने बेर खिलाकर, फलाहार-शाकाहार कराया। ऐसा करके उसने सब क्षत्रियों को शाकाहारी होने की सीख दे दी।

खानपान से आचरण बनता-बिगड़ता है। उसने यहाँ हम सबको आचरण की पवित्रता की भी सीख दी है जो सर्वतोभावेन अनुकरणीय है।

साक्षी के इस अंक में राम-कथा से सम्बन्धित अधिकृत विद्वानों के महत्त्वपूर्ण लेख संकलित हैं, जिनमें से अधिकतर आदिवासी जीवन, साहित्य, कला, संस्कृति से जुड़े हुए हैं। कुछ लेख ऐसे भी हैं जो पाण्डुलिपियों में वर्णित राम-कथा प्रसंग से जुड़े हैं। कुछ ऐसे भी लेख हैं जो आरण्यक जीवन से पृथक होकर भी अवधी, भोजपुरी, छत्तीसगढ़ी, बैसवारी अथवा अन्य स्थानीय भाषाओं और बोलियों में हैं। सब मिलाकर यह अंक जनजातीय जीवन से जुड़ गया है।

जनजातियों के साहित्य में राम-कथा के प्रसंग अनेकशः वर्णित हैं जिन सबके पृथक अध्ययन की आवश्यकता है। वास्तव में आदिवासियों के समग्र साहित्य को, जो रामकथा से सम्बन्धित हैं-लोकगाथा, लोककथा, लोकनाट्य, लोक-सुभाषित अथवा अन्य के संग्रह एवं सम्पादन की आवश्यकता है। अयोध्या शोध संस्थान द्वारा किया गया यह कार्य अत्यन्त सराहनीय है जिससे रामकथा के व्यापकत्व का परिचय मिलता है। एतदर्थ संस्थान धन्यवाद का पात्र है। यह अंक शोधकर्ताओं के लिए विशेष महत्त्वपूर्ण हो गया है।

डॉ. अर्जुनदास केसरी

कै तो राखै राम ने कै राखै डाम

डॉ. महेन्द्र भानावत

आदिवासी चाहे कहीं के हों, उनकी आदिम कला-संस्कृति, जीवन-परिवेश, संस्कारजनित सरोकार, प्रथा-परम्परा, प्रकृतिजन्य मान्यताएँ, सृष्टि विषयक मिथक, अच्छी-बुरी आत्माओं से जुड़ी कथाएँ, मांदगी से मुक्ति के उपाय, आराधना-उपासना के सन्दर्भ उनके आदिमपन की अनमोल विरासत के वे दस्तावेज हैं जो सांसारिक रचनावली के विराट् स्वरूप को दिग्दर्शित करते हैं। उनके उद्‌भव और आख्यान से लेकर विकास के वर्चस्व के पड़ाव को संकेतित करते हुए कई प्रतीकों तथा मिथकों का संबल बनते हैं। धरती और आकाश के भराव तथा शून्यजनित रहस्य वैभव के वर्चस्व को स्थापित कर किसी शक्ति सम्पन्न सत्ता के हाथों की डोर में बँधे होने का अटूट विश्वास बुनते हैं।

सर्वत्र राम

जनजातियों में राम सर्वत्र हैं। प्राणी के हर घट तथा जीवन के हर पट में राम का अस्तित्व है। राह चलते किसी पथिक को उसका नाम पूछने पर वह यही कहेगा-'नाम तो श्रीराम का' और उसके बाद अपना निजी नाम बतायेगा। होमा, मंगला, बुधा, बसता, हकरा, धावरा, दीता ये सब नाम दिनों के हैं, सप्ताह के सातों दिनों के। इनमें से जिस दिन वह जन्मा है, वही दिन उसके नामकरण की साख लिए है। कोई गाँव ऐसा नहीं मिलेगा, जहाँ राम-नाम का प्राणी न हो। मैंने ऐसे व्यक्ति देखे हैं जो अपने जीवनकाल में अपनी उम्र के अनुसार राम के नाम की पहचान लिए हैं। नाम की यह स्वीकृति-सहमति लोकसम्मत होती है। बचपन में जब उसकी उम्र बालपन लिए होती है तब वह नाना रामा के नाम से जाना जाता है। नाना से तात्पर्य छोटा यानी नन्ही उम्र से है। बाल वय से है। बालक राम से है जैसे बालपने में विवाह करने वाला बालक बनड़ा कहलाता है वैसे ही बालपने का लड़का बाला राम के रूप में याद किया जाता है। यही बाला वाल्हा यानी प्रिय, लाड़ला, प्यारा रूप में सबकी आँखों का तारा बना रहता है।

जवानी में यही नाना रामा, रामलाल बन जाता है। अति प्रियजनों में रामलाल, रामा भाई तथा रामूड़ा के रूप में पुकारा जाता है। आधुनिकता की हवा पाकर रामलाल, रामचन्द्र होते भी देखे गये हैं। बुढ़ापा आ जाने पर बचपन का नाना रामा और जवानी का रामलाल रामा बा के रूप में आदरणीय बन जाता है। ये सम्बोधन व्यक्तिवाची, परिवारवाची तो बनते हैं, समूहवाची भी हो जाते हैं। एक घर का नाना रामा, रामलाल और रामा बा हर घर का, घर-घर का, पूरे गाँव का तथा चौखले का उसी नाम रूप में सम्बोधित होने लगता है। यही लोकजीवन की, लोकशक्ति की, समूह की और जन-जन की सार्थकता भी है।

सच तो यह है कि राम-नाम ही जीने का सबसे बड़ा संबल है। उठते-बैठते, खाते-पीते, चलते-सोते हर घड़ी राम की ही श्वास-धारा में जीवन की नाड़ी चलायमान रहती है। राम जीवन का रमण है, चलन है। विराम नहीं है। दु:ख में सुख में राम की ही कृपादृष्टि है। सुख है तो राम है और दु:ख है तो भी राम है। वही दातार है। श्वास को जोड़ने वाला उसका हर तार ही जीवन का सार और सत्व है।

कै तो राखै राम

ऐसे राम की शरण में जाकर आदिवासी जगत अपने जीवन को निश्चिन्त बनाये रखता है और कभी रोगग्रस्त भी हो जाता है तो उसी के नाम का इलाज चलता है। यह इलाज अधिकांशत: दग्धचिह्न के रूप में होता है। बड़ी से बड़ी बीमारी का इलाज हो या तो राम का नाम या उसके नाम का डाम, यानी दग्धचिह्न है। गाँवों में ऐसे समझे-बुझे होते हैं जो राम के नाम की तांती, डोरा या धागा बाँधते हैं या फिर जिस स्थान पर कोई बीमारी उठ आती है, उस स्थान को दागते हैं। यह दागने की क्रिया ही डाम कहलाती है। इसीलिए कहावत भी चल पड़ी-"कै तो राखे राम ने कै राखै डाम।" अर्थात् या तो राम ही जीवित रख सकता है या फिर डाम।

मैंने ऐसे कई समझे-बुझे व्यक्ति देखें हैं जिन्होंने हर बीमारी के इलाज के लिए डाम को माध्यम बनाया है। उदयपुर के पास के बड़ी गाँव में एक व्यक्ति ने अपने जीवनकाल में एक लाख डाम देकर लोगों को ठीक किया। पहले हर बीमारी का इलाज डाम था।

कै राखै डाम

तब आज की तरह नाना प्रकार की बीमारियाँ भी नहीं होती थीं। मैंने तो कहानी के माध्यम से बीमारी का शमन होते भी देखा। मेरे अपने ही गाँव में एकांतरे यानी एक दिन छोड़ एक दिन अर्थात् एक दिन के अन्तराल से आनेवाले बुखार का इलाज एक उत्तमा बाते, जो कहानी के माध्यम से एकांतरा पीड़ित व्यक्ति का इलाज करते थे।

डाम का इलाज करने वाले अधिकांशत: नस के ज्ञाता होते हैं। नस के अनुसार बीमारी को पकड़ते। कई बार नस से परे भी बीमारी होती। मुझे स्वयं को बचपन में पेट पर, नाभि और फेफड़ों के बीच पुरानी मिट्टी की मटकी के टुकड़े, जिसे ठीकरी कहते हैं, उसे गर्म कर दागा जाता था, मैं तब भी ठीक नहीं हुआ तो उसी के पास एक छोटा डाम और दिया गया जिसकी निशानी आज भी बनी हुई है। यह बीमारी फीयेकालजे की थी।

बीमारी और उससे जुड़े स्थान के अनुसार डाम अत्यन्त पतले लोहे के तार, बड़े मोटे तार, कंकड़, ठीकरी आदि को अच्छी तरह गर्म कर चिपका दिया जाता है। मेरे अग्रज डॉ. नरेन्द्र भानावत को भी इसी प्रकार पीठ पर दाग कर ठीक किया गया था। मनुष्यों में ही नहीं, जानवरों में भी डाम देने की प्रथा रही है। यह प्रथा तो गाँवों में अब भी कहीं-कहीं देखने को मिल जाती है।

राम के साथ सीता का नाम नहीं आया तो राम भी अधूरे हैं और सीता तो राम के बिना हो ही नहीं सकतीं। इसीलिए यहाँ कई लोग अपना नाम सीताराम लिए हैं। दोनों हैं तो जीवन की सफलता है। राजस्थान का दक्षिणी भाग उदयपुर संभाग मेवाड़ कहलाता है। इधर सीता का नाम और उसके नाम से दो बड़े मेले जनजातियों के लिए वरदान बने हुए हैं। इनमें से एक हाड़ौती क्षेत्र का सीताबाड़ी मेला तथा दूसरा मेवाड़ क्षेत्र का सीतामाता मेला प्रसिद्ध है।

सीताबाड़ी मेला

हाड़ौती क्षेत्र का सीताबाड़ी नामक अत्यन्त प्राचीन धार्मिक स्थल राम-सीता की स्मृति का जीवंत गाथारूप बना हुआ है। यहाँ के भग्नावशेष देख लगता है कि वह काल 12वीं-13वीं शताब्दी का रहा होगा जब वहाँ राम, लक्ष्मण, सीता के नाम से बने कुंड कई तरह के मिथक लिए लोकजीवन के श्रद्धापात्र बने हुए हैं। कोटा से लगभग 92 किलोमीटर की दूरी लिए उत्तर-पूर्व में स्थित सीताबाड़ी धर्मस्थल आदिवासी सहरियों के लिए सर्वाधिक श्रद्धामय है।

कार्तिक पूर्णिमा पर खासतौर से यहाँ विशाल मेला लगता है। चन्द्रग्रहण सूर्यग्रहण जैसे अवसरों पर भी विशाल जनसमुदाय के लोग यहाँ एकत्र हो स्नान आदि का पवित्र पुण्य कमाते हैं। प्रसिद्धि है कि यह स्थल वाल्मीकि आश्रम के रूप में आबाद रहा। अग्नि-परीक्षा के उपरांत भी सीता का परित्याग किया और यहाँ उसे कष्ट सहने के लिए आना पड़ा। यहीं लक्ष्मण वाल्मीकि तथा अन्य अरण्यवासियों ने सीता के निवास की व्यवस्था जुटाई। लव-कुश का जन्म भी यहीं हुआ और यहाँ वे शास्त्रविद्या तथा शस्त्रज्ञान में शिक्षित हुए। मुख्य रूप से सहरिया आदिवासियों ने यहाँ रहकर हर तरह का सहयोग किया और आश्रम में अपनी सेवाएँ देकर सीतामाता की सर्वप्रकारेण सुख-सुविधा का उपक्रम किया। आज भी सहरिया लोग इस भूमि को उसी श्रद्धा-समर्पण की भावना से पवित्र और पूजनीय समझ नमन करते हैं।

यह सारा स्थान चमत्कारिक तथा श्रद्धापूर्ण रहस्यों से अटा हुआ है। कुंड में नहाने से कोढ़ तथा कई प्रकार के चर्मरोग दूर हो जाते हैं। सीता कुटी तब कैसे बनी होगी, इसकी झाँकी वर्तमान में भी बहुत कुछ संकेत देती लगती है। वृक्षों की सूखी टहनियों और पत्तों से निर्मित यह कुटिया अपनी निर्मिति में इस प्रकार गठन-गुंथन लिए है कि न तो हवा के झोंके से ही यह हिल पाती है और न आँधी-अंधड़ का ही प्रभाव उसे पराजित कर पाया। कुटिया के अन्तःकक्ष में सीता के पदचिह्न हैं जिन्हें सीतामाता के पगल्ये के रूप में पूजा जाता है।

इस क्षेत्र की सीमा मध्यप्रदेश को स्पर्श करती है। पगडंडी मार्ग से मात्र बारह किलोमीटर दूर गुना पहुँचा जा सकता है। यहीं से चलकर दंडकारण्य वन में प्रवेश पाया, जाकर बहुत सारे वे स्थल दृश्यगत होते हैं जिनका वर्णन तुलसीदास ने 'रामचरितमानस' में किया है।

सीताबाड़ी परिक्षेत्र आम्र वृक्षों का सघन वनांचल है। पदे-पदे आम्र वृक्ष अपनी छायादार सघन छवि के लिए सबको मोहित किए रहते हैं। ग्रीष्मकाल में हर वृक्ष आम फल से लटालूट रहता है। जो भी आता है, भरपेट आम का मधुर फल सेवन करता है। इसकी खासियत यही है कि कोई इसे इस क्षेत्र से बाहर नहीं ले जा सकता। सीमा बाहर जाने पर वह फल किसी काम का नहीं रहता। या तो सूख जाता है या सड़-गल जाता है।

लव-कुश झूलना

चित्तौड़ जिले के बाड़ीसादड़ी से कुछ किलोमीटर की दूरी पर मऊँजवा पंचायत का सीतामाता स्थल भी पूरा का पूरा सघन वन से आच्छादित है। इधर भी वाल्मीकी का आश्रम है और सीता रही थीं। मंजूवा पंचायत के छोटे-छोटे सोलह खेड़े हैं जिसमें आदिवासी भील-मीणा की बस्ती है। यह मेला भी आदिवासी मेले के रूप में अधिक जाना जाता है। अधिकांश वृक्ष आम और चारोली के हैं। इधर जो तलैया है, किसी वक्त उसमें पत्थर की शिला तैरती थी। वैसाखी पूर्णिमा के मेले में सन् 1953 में मैंने इस पूरे मेले का भ्रमण किया था और वह शिला भी तैरती हुई देखी थी। यह कई दृष्टियों से चमत्कारिक मानी जाती थी। एक नदी ऐसी भी है जिसे बार-बार पार करनी पड़ती है, शिलास्थल तक पहुँचने

के लिए। यहीं पास में बड़ वृक्ष की जड़ेलियों का बना प्राकृतिक ऐसा झूला है जहाँ कहते हैं, लव-कुश झूला करते थे।

हाड़ौती क्षेत्र का सीताबाड़ी स्थल और यह स्थल, जंगल-जंगल की राह से सटे हुए ही थे। ऐसा अनुमान है कि दोनों स्थल एक ही थे और वाल्मीकि का आश्रम बड़ा फैलाव लिए घने जंगल से आच्छादित था। यों आज भी उदयपुर संभाग में सर्वाधिक आदिवासी भीलों की बस्ती है। ऐसी घनी बस्ती पूरे राजस्थान में अन्यत्र कहीं देखने को नहीं मिलेगी।

जोगियों के संघ में रावण

जनजातियों में कई प्रकार के हरजस, भजन और भारत प्रचलित हैं। विशिष्ट अवसरों पर जहाँ उनका समाज जुड़ता है तब समूह रूप में मिलकर गीत-गावणी चलती रहती है। इसमें विविध देवी-देवताओं, भक्तों तथा महापुरुषों से सम्बान्धित कई गीत भजन टप्पों में रामजीवन से सम्बान्धित विविध घटना-प्रसंगों वाले कथन, कथानक बड़े रोचक मिलते हैं। वे कथानक आमजन में प्रचलित हैं, उनसे मिथक बड़े रोचक और नयी जानकारी प्रस्तुत करते हैं।

सति सीता जति हनुमान

लक्ष्मण के शक्तिबाण लग जाता है। राम बड़े दु:खी व्यथित और कायल हैं। वे कहते हैं कि कोई ऐसा व्यक्ति मिल जाये जो मेरे भाई के प्राण लौटा दे तो उसे अयोध्या का आधा राज और उससे सवाई धरती दे दऊँ; लेकिन कोई ऐसा समर्थ सामर्थ्यवाला नहीं मिल रहा है। लोगों का विश्वास है कि ऐसी शक्ति या तो सति सीता में है या फिर जति हनुमान में। सीता के पास उसका सत, शीलव्रत और हनुमान के पास ऐसी जड़ीबूटी है जिससे लक्ष्मण पुनर्जीवित हो सकते हैं। कहा है–

''सत सऊँ जीवाड़े माता सीता सतवंती
बऊँटी सऊँ जीवाड़े हनुमान जती।''

रावण और सीता की आपसी वार्ता का एक हरजस है जिसमें रावण सीता से भिक्षा माँगता कह रहा है कि जोगियों का संघ आया है जो केदारनाथ जा रहा है। हे सतवंती नार! तुम्हारी फेरी (बस्ती) में भिक्षा माँगने आया हूँ। सीता कहती हैं–राम-लक्ष्मण दोनों भाई जंगल में हैं। मेरे चारों ओर कार लगी हुई है, अत: मैं तुम्हें भीख देने में असमर्थ हूँ।

रावण हल बताता है, उस कार के ऊपर सिंहासन, बाजोट धरो और उस पर पाँव रख मुझे भिक्षा दे दो। मैं अपनी भुजा पसार भीख ले लऊँगा। सीता इस पर मोतियों से भरा थाल लाती हैं। जोगी भेष रावण बड़ी चतुराई से सीता को उठा लेता है। कहता है–राम-लक्ष्मण को भूल जाओ। वे अभी लौटने वाले नहीं हैं। मैं तुम्हारे लिए रत्नजड़ित अँगूठी जड़ा दऊँगा। गले के लिए नवसर हार ला दऊँगा। हाथों में पहनने के लिए सोने का चूड़ा तैयार करवा दऊँगा। इस पर सीता को क्रोध आ जाता है। उसकी शान्त और सौम्य मुद्रा भयानक रूप धारण कर लेती है। गुस्से में वह कह उठती हैं–तेरी रत्नमऊँदड़ी को आग लगा दऊँ। नवसर हार को तार-तार कर दऊँ और स्वर्ण चूड़ले पर शिला पटक नष्ट कर दऊँ। मेरे राम सरीखे भरतार से तुम्हारा पाला नहीं पड़ा है। तुम सेंतमेत में ही अपना राज गाँवा दोगे और असाध्य दु:खों से धर लिए जाओगे–

''बाळू रे जाळऊँ थासे रतन मूदड़ो
तट के तोड़ूं नवसर हार जी ओ
सिलाड्याँ थारो सोवन चूड़लो

म्हारे राम सरीसो भरतार जी ओ
रावण थारो राज गंमासी
घणो होसी दुखदाई ओ।''

जनजातियों में राम-सीता के विविध प्रसंगों के साथ मुझे दशरथ के उद्भव का जो मिथ-प्रसंग सुनने को मिला उसने सर्वाधिक अचरज में डाल दिया। यह प्रसंग पहले न कभी कहीं पढ़ा और न सुनने में आया। लोकजीवन की सुबिद्धि और सुदृष्टि का ही यह कमाल कहा जायेगा कि उनकी प्रज्ञा-मति हजारों शास्त्रों से भी अधिक ज्ञानवान और सैकड़ों शस्त्रों से भी अधिक चलायमान सुफलदायिनी होती है।

पौधे से दशरथ मिलना

इसे जनजातीय जीवन चक्रावली की ही खूबी कहा जाय कि वहाँ भी दशरथ की उत्पत्ति की एक मजेदार घटना मिली। उसके अनुसार अयोध्या में एक नामी सेठ था। उसके एक पंडित नौकर था जिसे वह सेठ प्रतिदिन सोने की मुहर देता था। पंडित उस मुहर को अपने घर के परिंडे में वहाँ जहाँ पानी गिरता, रख देता। धीरे-धीरे वहाँ एक पौधा उग आया। यह खबर रघु के पास पहुँची। वे भी नौकरी पर निकले। उन्होंने भी पंडित के जैसा ही किया। रघु ने एक दिन परिंडे के जल टपकने के स्थान को खोद दिया जिससे वहाँ एक-एक कर नौ रथ निकले और अन्त में एक ऐसा रथ निकला जिसमें एक बालक बैठा हुआ अपने पाँव का अँगूठा चूस रहा था। रघु ने उसका नाम दशरथ रख दिया।

कहते हैं वही दशरथ आगे जाकर अयोध्या का राजा बना। राम उसी के राजकुमार थे। दशरथ ही नहीं, जनजातियों में तो सीता के लिए भी कहा जाता है कि वह खेत से निकली। जब एक किसान खेत जोत रहा था तब हल चलाते सीता प्रकट हुई। यों सीता को भूमिजा और भूमि के साथ हल और हल से जुड़ी जमीन से हल की नोक से बनी रेखा भी कहा जाता है। यह भी कहा जाता है कि जनकराज को खेती के लिए हल प्राप्त हुआ। उस हल से जोती गयी जमीन की रेखा में सीता की प्राप्ति हुई।

दशरथ की इस घटना से मुझे श्रवण की याद आ गयी जो मामा दशरथ से ही चोट खाकर मृत्युगामी बना। इस पर श्रवण के माता-पिता ने दशरथ को भी नहीं बख्शा। सच ही है जब घोर विपत्ति का पहाड़ आ गिरता है और सदमा इस कदर ह्दयाघात कर देता है कि घनिष्ठ से घनिष्ठ रिश्ते भी वैरी बन जाते हैं और श्राप-ताप की ऐसी हाय लगती है कि उसकी लौ से बचना ही नामुमकिन हो जाता है। दशरथ के साथ भी उसकी बहिन और जामाता ने ऐसी बिताई कि अन्त तक वे उससे मुक्त नहीं हो पाए और अपनी करनी पर जो उन्हें श्राप झेलना पड़ा, वही उनके लिए अन्ततोगत्वा मारक सिद्ध हुआ।

श्रवण परिवार

लोकजीवन में श्रवण (सरवण) विषयक कई कथा कहानी, गीत और आख्यान सुनने को मिलते हैं। एक दिन एक काँवड़िया भाट ने अपनी काँवड़ बाँचते हुए उसमें चित्रित सरवण को बाँचा तो मैं श्रवण के सम्बन्ध में कई सारे प्रश्न कर बैठा। उसने बताया कि काँवड़ में तो श्रवण को केवल स्मरण मात्र कर लिया जाता है, पर एक पूरी कहानी भी उसे याद है। यह कहानी अब तक की सुनी कहानियों से थोड़ी भिन्न और नवीन जानकारियों से युक्त थी जो इस प्रकार थी-

'श्रवण' सन्तन ऋषि का लड़का था। ज्ञानवंती उसकी माँ थी। दोनों जन्मान्ध थे और श्रवण को बड़ा प्यार करते ते। श्रवण भी परमेश्वर की तरह उनकी सेवा करता था। श्रवण की औरत विद्यावती थी। वह बड़ी चालाक, स्वार्थी तथा सास-श्वसुर की कोई सेवा नहीं करती थी। इनके पास दो पैंदे वाली एक हँड़िया थी। एक पैंदे में वह खीर आदि मिष्ठान बनाती; जबकि दूसरे में रूखे-सूखे बासी रोटी के कवे बनाती जो अपने सास-श्वसुर को राब-छाछ के साथ खाने को देती। श्रवण को इसकी कोई जानकारी नहीं थी।

एक दिन श्रवण अपने माता-पिता के पास बैठकर भोजन कर रहा था, तभी बाहर से बुलावा आने पर वह थाली माता-पिता के सामने रख चला गया। माता-पिता को जब थाली मिली तो उसमें रखा भोजन उन्होंने चख लिया। ऐसा स्वादिष्ट भोजन पाकर उन्होंने श्रवण से पूछा कि आज कोई त्योहार तो नहीं है? श्रवण ने ना कहा तब माता-पिता ने बताया कि आज उन्हें इतना अच्छा स्वादिष्ट भोजन मिला है, जबकि प्रतिदिन ही रुखा-सूखा खाने को दिया जाता है। श्रवण को यह सुन बड़ा दुःख हुआ कि उसकी पत्नी तो तरह-तरह का भोजन बनाती है और उसके अन्धे माँ-बाप के साथ दोयम दर्जे का व्यवहार करती है।

पत्नी की ऐसी हरकत से श्रवण ने अपने माता-पिता को तीर्थयात्रा कराने की सोची। वह एक काँवड़ लाया और उसके दोनों पलड़ों में उन्हें बिठाकर अयोध्या के निकट पहुँचा। एक दिन जब माता-पिता को प्यास लगी तो श्रवण नदी के किनारे पहुँचा और पानी भरने को झुका ही था कि उधर से शिकार पर आ रहे राजा दशरथ ने जानवर समझ बाण चलाया जो श्रवण को जा लगा। बाण लगते ही श्रवण के मुँह से निकला–**हतो राम / हतनोपुर ग्राम / सरवण म्हारो नाम।**

दशरथ यह सुन दौड़े-भागे वहाँ आये। जब देखा कि उन्होंने अपने ही भानजे पर तीर चला दिया तो वे श्रवण के माँ-बाप यानी अपने बहिन-बहनोई के पास गये और क्षमा माँगी। अन्धे दम्पति पुत्र-वियोग में फूट-फूट कर रोने लगे। उनके मुँह से निकला–**फिट रे दशरथ पाप कियो/फाणजो मार कांई जस लियो?** उन्होंने श्राप दिया कि जिस अग्निबाण से तुमने हमारे लाड़ले श्रवण के प्राण लिए उसी तरह तुम भी पुत्र-वियोग में प्राण त्यागोगे।

यह सुन दशरथ ने बाण को घिसना प्रारंभ किया; ताकि उसकी जलन का श्रवण पर कोई प्रभाव नहीं पड़ सके। घिसते-घिसते बाण की एक फाँस पानी में जा गिरी जिसे एक मच्छी (मछली) ने निगल लिया। वही मच्छी आगे जाकर राजा दशरण का भोजन बनी तब उसकी फाँस राजा दशरथ के पेट में चली गई। इससे उन्हें असह्य पीड़ा होने लगी।

कई समझे-बुझे वैद्य हकीम आये पर इलाज नहीं हुआ। तब एक ने यह भेद दिया कि रानी कैकेयी के मुँह में अमी है। यदि राजा दशरथ का अँगूठा वह अपने मुँह में रखे तो जलन मिट सकती है। दशरथ ने यह बात कैकेयी से कही। इस पर कैकेयी ने दो वचन माँगे और राजा की पीड़ा दूर हुई। कुछ समय बाद जब राम को राजतिलक देने की बात आयी तो मौका देख रानी कैकेयी ने राम को वनवास और भरत को राज देने के दोनों वचन माँग लिए। ये ही श्राप राजा दशरथ के काल बने।

मेवाड़ में श्रवण

यही श्रवण तीर्थयात्रा कराते समय मेवाड़ क्षेत्र की ओर आया। इधर के तीर्थस्थानों के दर्शन कराते जब वह सलूम्बर तहसील के उथरदा गाँव के पास आया तब अचानक उसके मस्तिष्क में माता-पिता के प्रति कुत्सित विचार पैदा हुए। उसने मन में सोचा कि तीर्थयात्रा कराते-कराते यहाँ तक आया हूँ; लेकिन बदले में मैंने क्या पाया? कितना समय व्यर्थ

में गँवा दिया? यदि यही समय कुछ काम में व्यतीत करता तो कुछ तो कमाता। कमाई के नाम पर इनसे तो मुझे एक धेला तक नहीं मिला। सारी मेहनत ही निष्फल हुई और भाड़ा (पारिश्रमिक) भी कुछ प्राप्त नहीं किया। यह सोच उसने अपनी काँवड़ वहीं रख दी और माता-पिता से अपने परिश्रम का भाड़ा माँग लिया।

श्रवण की बात से उसके माता-पिता को जो वेदना हुई, उसकी कल्पना सहज ही की जा सकती है। हालाँकि दोनों अन्तर्ज्ञानी और श्रवण की हर हरकत से भली प्रकार परिचित थे; किन्तु वे लाचार थे सो कर भी क्या सकते थे। उन्होंने इसका अर्थ उस धरा की अमांगलिकता से लिया। वे जानते थे कि सब धरती एक जैसी नहीं होती। धरती-धरती का फर्क होता है। कोई धरती समृद्धि देती है। सुमंगल देती है। सुहावनी लगती है तो कोई अपशकुनी, अमंगली तथा कष्टदायिनी होती है; अतः उन्होंने श्रवण को बुरा बताने की बजाय यही कहा कि यहाँ से शीघ्र आगे की ओर चल दे और किसी अच्छी जगह अगला पड़ाव डाले।

सरवण भाड़ो गाँव

श्रवण ने यही किया और आगे चल दिया। पास ही एक ऐसा स्थान आया जहाँ श्रवण को ठहर जाने को कहा। वहाँ जाते ही श्रवण को सद्बुद्धि आयी और मन ही मन अपने द्वारा कहे गये कथन पर पश्चात्तप करने लगा। उसने अपनी गलती महसूस करते हुए कह–मुझे क्षमा कर दीजिए। मेरे मन में कुबुद्धि घर कर दी थी सो मैंने आपसे भाड़ा माँग लिया था। कहते हैं, श्रवण की आत्मशुद्धि के कारण बाद में वहाँ जो गाँव बसा, उसका नाम ही सरवण भाड़ो पड़ गया। यह गाँव आज भी इसी नाम से जाना जाता है।

धर्म बहिन राखी बना

यह दिन पूर्णिमा का था। जब लोगों को इस घटना का पता चला तो सब दौड़े-दौड़े वहाँ आये और उत्साह एवं उल्लासपूर्वक उन तीर्थयात्रियों का मंगल कलशों से स्वागत किया। सामूहिक उजेणी की। इस समूहभोज को रामरसोई नाम दिया गया। वहाँ एकत्र सबके सब जनजाति के ही लोग थे, जो आज भी उस पूरे क्षेत्र में बसे हुए हैं।

सामूहिक उल्लासमय नृत्योत्सव में आदिवासी स्त्री-पुरुषों ने भाग लेकर पूरे वातावरण को अति आत्मीय रसमय बनाया। नृत्यमग्न आदिवासी बालाओं ने जहाँ श्रवण की कलाई में धागा बाँधा, वहीं अन्य स्त्रियों ने श्रवण के पिता-माता की कलाई में रक्षा-सूत्र बाँधकर उन्हें अपना धर्म भाई-बहिन थरपित किया। आदिवासी बालाओं में एक बाला ऐसी थी जो श्रवण और उसके माता-पिता की बड़ी लाड़ली बनी। उसका नाम राखी था। उसी घटना की याद में राखी का त्योहार चल पड़ा जो श्रवण-राखी का प्रतीक लिए है। भाई-बहिन का अटूट रिश्ता बना। मेवाड़ में ही नहीं, अन्यत्र भी रक्षाबन्धन को राखी नाम से ही सम्बोधित किया जाता है और रक्षा-सूत्र ही राखी का प्रतीक बना हुआ है।

राखी के दिन बहिनें भाइयों को राखी बाँधने से पहले श्रवण कुमार का दीवार पर कुंकुम से उँगलियों द्वारा थापा मांडती हैं और श्रवण को राखी चढ़ाती हैं। माता-पिता की सेवा के लिए प्रसिद्ध श्रवण की यह पूजा सोणा-सोवणी कहलाती है। श्रवण की यह भक्ति प्रत्येक घर में भाई-बहिन द्वारा अपने माता-पिता की भक्ति की सीख लिए जानी जाती है। चावल या फिर सेवइयों की खीर का भोग (धूप) दिया जाता है। मेवाड़ में सेवइयों का वीड़ा नाम प्रचलन में है। गेहूँ के बारीक आटे को अच्छी तरह से गूँथ-गूँथ कर उँगलियों की सहायता से पतली-पतली लड़ें निकाली जाती हैं। यही लड़ें सूखने के बाद वीड़ा का रूप धर लेती हैं। मैगी के मूल में यही वीड़ा अथवा सेवइयाँ रही हैं।

आगे जाकर लकड़ी से निर्मित मन्दिरनुमा पाटों से बनी काष्ठकला काँवड़ भी श्रवण की काँवड़ के नाम से जानी गयी, जिसे श्रवण या सरवण भी कहते हैं। यह काँवड़ अपने हर घाट पर नाना प्रकार के चित्रों से मंडित होती है। मेवाड़ में चित्तौड़ के पास का बस्सी गाँव कावड़ निर्माता खैरादियों के लिए प्रसिद्ध है। यह काँवड़ को बाँचनेवाले काँवड़िया भाट कहलाते हैं जो अपने-अपने क्षेत्र में यजमानों के गाँव-घर जाकर काँवड़ बाँचने या काँवड़ फेरने के लिए जाने जाते हैं। काँवड़िया इस समय सफेद धोती, सफेद कमीज और सिर पर चूँदड़ीनुमा पगड़ी अथवा साफा पहनता है। तीर्थयात्रा के दौरान वह लाल धोती, पीली कमीज तथा सिर पर रामनाम की पट्टी बाँधता है। काँवड़ का प्रारम्भिक रूप भगवान राम और श्रवण से जुड़ी गाथा-चित्रावली का रहा। रामजीवन की प्रधानता के कारण यह काँवड़ रामजी की काँवड़ के नाम से भी पहचान लिए है।

हरवण काँवेड़िया

कौन-सी घटना समय के प्रवाह को साथ लिए धीरे-धीरे परिपक्व बन विकास के आयामों के बीच अपनी छाप छोड़ती है और एक मिथक के रूप में धीरे-धीरे जन-जन की उपहार बन जाती है, कुछ कहते नहीं बनता। यह श्रवण जनजातियों में सरवण नाम की धारा पकड़ते हुए हरवण के रूप में कंठासीन हो गया। उसके साथ उसका प्रतीक काँवड़ भी जुड़ गया और राखी के दिन उसकी स्मृति के रूप में उसका तीर्थाटन स्वरूप पूजा जाने लगा जो आज भी पूजा जा रहा है, न केवल जनजातियों में, बल्कि अन्य सभी जातियों में भी भाई-बहिन के त्यौहार के रूप में प्रसिद्धि लिए है।

श्रवण विषयक गीत

माँगणियार अड़भोपे तथा अन्यान्य जातियों में श्रवण के गीतों का बड़ा प्रचार है। मेवाड़ के अड़भोपे से अपने गाँव कनोड़ में सन् 1952 के अगस्त माह में सुना गया लोकगीत आज भी यदा-कदा सुनने को मिलता है। ये अड़भोपे राखी के दिनों में खासतौर से इस गीत को गाकर धानचून इकट्ठा करते हैं और हस्तरेखाओं को देखकर भविष्य कथन करते हुए भी पाये जाते हैं। गीत इस प्रकार है–

"बारा बरस का सरवण व्हिया
ले पोथी भणवाने चाल्या
भणिया वेद वतावे
जाय परण्या कलवंती नार
म्हारा पीयर में गा मैं घणी
म्हनै लेइने म्हारे पीयर चाल
आँधा आँध्या ने कुचा में नाक
नहीं डूबे तो सिला सरकाय
छानी मानी रे म्हारी पग की पेंजार
धारी हरीकी लाऊँ दो चार
खाती का बेटा धरम का वीर

कावड़ घड़दे चांगा चीर
कावड़ घड़ी मोतियाँ जड़ी
आगे बेवाड़ूँ म्हारो आँधो बाप
लारे बेवाड़ूँ म्हारी आँधी माय
कावड़ ले काँधे धरी
सरवण चाल्यौ तीरथ धाम
सरवण पूत पाणीड़ो पाव
तरस्या मरतां जीवड़ो जाय
अणी बनी में कुवो न बाव
पाणी कठसऊँ लाऊँ म्हारी मांय
उगूणी दिसा तलाव भर्‌यो
मामो दशरथ चौकी देय
वणसऊँ जायर पाणीड़ो ला रे पूत
चंपला री डाल कावड़ धरी
ले तऊँबो भरवा निसर्‌यो
पाणी जाय तऊँबो झकोल्यो
मामा दशरथ वायो तीर
लागियो सरवण के तीर
कूद पड्यो समंदर की तीर
मरतां-मरतां बोल्यो
मामा-मामा थऊँ हत्यारो
आंधी माय र आंधा बाप
पाणी माँगे रूंखां छाव
था पापी को कुण मुख देखे
दशरथ मामो ले पाणी
आँधा आंधी ने पावा निसर्‌यो
आंदो बोल्यो थूं कुण रे सरदार
म्हूँ आपको सरवण पूत
तू रे नाहीं म्हारो सरवण पूत
म्हें तो थारो मुख नहीं देखां
सरवण कारणे म्हाणो जोवड़ो जाय
ज्यऊँ म्हें मरां ज्यऊँ तु ई मरे
पूत बिना दुख मांय पड़े
तऊँ तो छोड़ चल्यो परलोक

थारे बिना म्हासऊँ रयो एन जाय
थासे होसी अम्मर नाम
राखी दिन घर-घर पूजसी
पूरोई जग संसार
जब लग रेवे या धरती
तब लग रेसी थारो नाम
या म्हांकी है आसीस
छोड़ चल्यौ म्हांको सरवण पूत
थां बिन म्हांको जावे पिराण।''

भावार्थ–बारह वर्ष का श्रवण हुआ। पुस्तक ले पढ़ने चला। पढ़े-लिखों ने उसे वेद आदि में पारंगत किया। उसने कलवंती (कलहवंती) नारी के साथ विवाह किया। वह बोला–मेरे पीहर में बहुत सारी गायें- भैंसें हैं। अन्धे-अन्धी तुम्हारे माता-पिता को कुएँ में डाल दो। नहीं डूबें तो उन पर शिला सरका दो। यह सुन श्रवण को बड़ा गुस्सा आया। उसने कलवंती को बहुतेरा बुरा कहा और डाँटा-फटकारा।

ऐसी स्थिति में अपने घर से श्रवण का मन उचट गया। तब वह खाती के पास गया और एक अच्छी-सी काँवड़ घड़ने को कहा। खाती ने हीरे-मोती जड़ी अच्छी सी काँवड़ तैयार कर दी। उस काँवड़ के आगे वाले पलड़े में पिता को और पीछे वाले पलड़े में माता को बिठाया। श्रवण ने काँवड़ कन्धे पर धरी और तीर्थयात्रा को चल पड़ा। आगे जाकर माता-पिता को प्यास लगी। उन्होंने अपने श्रवण पुत्र से पानी लाने को कहा; किन्तु वहाँ दूर-दूर तक कोई पानी नहीं दिखाई दिया। पिता बोले–पूर्व दिशा की ओर तुम्हारे मामा दशरथ चौकसी के लिए निकले हैं, उनसे जाकर ले आ।

श्रवण चंपा वृक्ष की डाल के नीचे काँवड़ धर तूम्बा ले पानी लेने चला। पानी में तूम्बा को झकोला। उसकी आवाज से दशरथ को लगा कि नदी किनारे कोई जानवर पानी पीने आया है। यह जान उसने तीर से निशाना साधा। तीर श्रवण को जा लगा जिससे वह समन्दर तट पर गिर पड़ा। राजा दशरथ वहाँ पहुँचा। मृत्यु को प्राप्त होते श्रवण ने अपने मामा दशरथ को कहा–तुम हत्यारे हो। मेरे अन्धे माता-पिता वृक्ष की छाया तले प्यासे हैं। तुम जैसे पापी का मुँह कौन देखे। यह सुन दशरथ उन्हें पानी पिलाने चला। उनकी बदली हुई पद-चाप सुन श्रवण का पिता बोला–तुम कौन हो? दशरथ बोला–मैं आपका श्रवण पुत्र हूँ। पिता बोला–नहीं तू मेरा श्रवण-पुत्र नहीं है। हम तुम्हारा मुँह नहीं देखना चाहते। श्रवण के बिना हमारे प्राण निकले जा रहे हैं। उन्होंने श्राप दिया–जैसे हम मृत्यु को प्राप्त हो रहे हैं, वैसे ही तुम भी मृत्यु को प्राप्त करोगे। अपने पुत्र के बिना हम दुःखों से घिर गये हैं। दोनों विलाप करने लगे–हे श्रवण! तू हमें छोड़ परलोकवासी हो गया। तुम्हारा नाम अमर होगा। राखी के दिन पूरे संसार में घर-घर तुम्हारी पूजा होगी। जब तक यह धरती रहेगी, तुम्हारा नाम रहेगा। यही हमारा आशीष है। यह कह वे दोनों भी मृत्यु को प्राप्त हुए।

दशरथ को लगा श्राप

कहना नहीं होगा कि राजा दशरथ के लिए उन्हें बहन-बहनोई, श्रवण के माता-पिता का श्राप उनकी मृत्यु का कारण बना। जब कैकेयी ने अपने वर में राम को चौदह वर्ष का वनवास देना और उसकी बजाय अपने पुत्र भरत को अयोध्या

का राजा बनाना माँग लिया। कहाँ तो पूरे राज्य में राम के राज्याभिषेक की तैयारियाँ चल रही थीं, जनता उत्साह और उल्लास के मारे फूली नहीं समा रही थी और कहाँ अचानक कैकेयी ने वर माँगकर रंग में भारी भंग कर दिया। दशरथ पर इस विपत्ति का ऐसा पहाड़ गिरा कि अन्त में उन्हें अपने प्राण विसर्जित करने पड़े।

राम से जुड़ी रामायण से तो सभी परिचित हैं। इधर यह शब्द इतना प्रचलित है कि व्यर्थ की सारहीन वार्ता, बहस, किंवा बातचीत के लिए भी प्रयुक्त होने लग गया। बहुत हो गयी रामायण, क्या धरा इस रामायण में, छोड़ो इस रामायण को जैसे जुमले आये दिन सुनने में आते हैं। इसी प्रकार सीता नाम जहाँ सतवंती, शीलव्रती नारी के लिए भारतीय समाज का आदर्श बना हुआ है, वहीं यह पक्ष भी ध्यान देने योग्य है कि जितना दुःख सीता ने उठाया, उतना अन्य कोई नारी ने नहीं उठाये। इसलिए कई जगह लड़कियों का सीता नाम रखना भी वर्जित रहा है।

सीता नाम दुःखवाची

सच ही है, सीता नाम दुःख का कारक बन गया। सीता ही क्यों, शकुन्तला के साथ भी यही सोच बना हुआ है और मीरा भी कम दुःखी नहीं रही। उसे तो ससुराल वालों ने तो प्रताड़ित किया ही, पर पीहर वालों की ओर से भी कोई सुख एवं सहारा नहीं मिला। मैंने ऐसी महिलाएँ भी देखीं जो कभी भी अपनी पुत्रियों का नाम सीता, शकुन्तला या मीरा रखने के पक्ष में नहीं रहीं। उनका कथन था कि हर महिला यह जानती है कि ये नाम दुःख भोग्ये हैं; लेकिन यदि कोई इन नामों का सहारा भी लेता है तो केवल इसलिए कि ये ही नाम उसके उदात्त चरित्र के प्रतीक भी हैं। उन्होंने दुःख तो अथाह उठाया पर कभी भी अपने शील पर आँच नहीं आने दी। तीनों अन्त तक सतवंती, शीलवंती नार ही बनी रहीं।

सीता तो भटकी भी बहुत। कई परीक्षाओं से उसे गुजरना पड़ा। जिस लोक-समाज ने उसे लांछना दी, उसी ने उसे शिरोधार्य भी किया। सच है, सच्चे को ही कष्ट से गुजरना पड़ता है। कष्ट भी प्याज के छिलकों की तरह, एक के बाद एक, किन्तु वही अन्त में पूजनीय भी बनता है।

रामकथा के अतिवाद से रामायण के बहुत सारे वे पात्र तथा उनसे जुड़े घटना-प्रसंग दबे से रह गये, जिन पर ध्यान बहुत कम गया या गया ही नहीं। लोकजीवन में ऐसा कई बार, बार-बार होता है जब कोई घटना, कोई प्रसंग, कोई अवसर समझ और स्थिति-परिस्थिति के अनुसार परिवर्तित होता हुआ अपना अर्थ बदलता रहता है और कभी-कभी यह बदलाव इस कदर हो जाता है कि उसकी असलियत भी अलोप हो जाती है।

श्रवण और राखी के साथ भी लगता है, यही हुआ। राखी जहाँ भाई-बहिन के अटूट प्रेम का प्रतीक त्योहार बना हुआ है, वहाँ इस अवसर पर श्रवण को काँवड़ लिए, उसके पलड़ों में उसके माता-पिता को बिठाया दिखाया जाना और उस चित्र का दीवार पर मंडावण और पूजा प्रतिष्ठा देख मुझे कई वर्षों से रक्षाबन्धन के साथ श्रवण की मान्यता का सन्दर्भ हाथ नहीं लग रहा था। जब मैं लोक की बात करता हूँ, उनके द्वारा मान्य घटना, प्रसंग, सन्दर्भ-कथा, चितर मंडन और गाथा आदि के जुड़े हिस्से को देखता हूँ तो शास्त्र-सम्मत विचार कथन को परे रखता हूँ। सच ही है, पोथियों, सूत्रों अथवा शास्त्रों में चढ़ी लिखावट जब लोक की धरोहर नहीं बन पाती है तब शास्त्र का कथन पोथियों में कैद होकर ही रह जाता है। ऐसा कथन हमारे अतीत काल का वैभव भले ही रहा होता है पर आज के सन्दर्भ का लोकजीवंत पक्ष तो नहीं हो पाता है।

विरासत का वैभव

जनजातियों में ऐसी बहुत सारी विरासत हमारे अतीत और वर्तमान की खोई, धूमिल हुई, विस्मृत कड़ियों को सूत्रबद्ध कर सकती है। ऐसा भी बहुत हो रहा है कि हम जब किसी का अध्ययन करते हैं तो मनुष्य, आम मनुष्य के साथ जनजाति या कि आदिवासी वर्ग को अलग रखकर देखते हैं या कि उसे अलग से अध्ययन के लिए छोड़ देते हैं। मेरी दृष्टि में यह भी एक दृष्टि से नाइंसाफी है। यदि हम इनको भी अपने साथ रखें तो हमारा अध्ययन पूर्णता की कसौटी पर खरा और सही उतर सकता है।

जिन आदिवासी गाँवों में मैं जाता रहा, वहाँ अब वे लोग नहीं रहे जिनके पास बातचीत के लिए, बताने के लिए, पूछताछ के लिए पूरा समय, समझ और खजाना खोल देने का प्रेमभाव था, स्नेह-आदर और आत्मीय सम्मान का भाव था। उनके नहीं रहने से वह सब शून्य में बदल रहा है। बहुत कुछ खोते, लूटते, बर्बाद होते संस्कृतिजन्य सरोकारों को मैंने अपनी गीली होती आँखों से देखा है। लाख प्रयत्न करने पर भी कोई उस विरासती वैभव को प्राप्त नहीं कर सकता।

इतना सब कुछ होते हुए भी मैं निराश नहीं हूँ। मनुष्य ही में वह शक्ति है कि वह सबकुछ लुप्त-गुप्त होने पर भी अपने हिये की आँखों से वह सब देखने की सामर्थ्य रखता है; क्योंकि उनका जीवन केवल वर्तमान का जीवन ही नहीं होता। वह अतीत की अनदेखी नींव पर अपने वर्तमान की दिव्यता एवं भव्यता के साथ खड़े भविष्य को अपनी निगारों में चाहे तो कैद कर सकता है। आवश्यकता है, हम जनजाति के लोगों को अपना मित्र बनायें और उनके पास जो ज्ञान-सम्पदा, गुण-सम्पदा तथा जीवन-सम्पदा का आध्यात्मिक उत्स एवं उल्लास है, उसे ग्रहण करें।

सर्वत्र राम ही राम

राम सर्वत्र हैं। अच्छाई में भी और बुराई में भी। इतनी व्यापकता अन्य किसी नाम, महापुरुष और देव में नहीं मिलेगी। यहाँ सुखमय जीवन में भी राम है। आराम में भी राम छिपा हुआ है और अकर्मण्य बने रहने वाले निठल्ले हराम में भी राम की मौजूदगी है। हरामखोर जीवन जीने वाले भी कहते हैं—राम हमारे भीतर छिपा हुआ है। राम का नाम भी कितने अजब-गजब का है कि राम-राम रटनेवाले का तो उद्धार होता ही है, उसका उल्टा मरा-मरा जपने वाला भी बेड़ा पार ही लगता है। राम समद्रष्टा हैं। वह सबके साथ हैं। जो जैसा करेगा, वैसा भरेगा।

कई आदिवासी भाई मिले, जिन्होंने राम और कृष्ण में कोई भेद नहीं किया। सब कुछ जो राममय है, वही कृष्णमय है। आस्था और विश्वास हो तो दोनों में कोई भेद नहीं मिलेगा। तुलसीदास जब कृष्णनगरी द्वारिका गये तो वहाँ भी राम-राम की ही रट लगाते रहे। वे यह भूल गये कि यहाँ सभी कृष्ण-कृष्ण कहने वाले हैं, पर उनकी रामभक्ति टस से मस नहीं हुई। वे दिनभर मन्दिर की सीढ़ियों पर ही बैठे रहे पर उन्होंने राम-रटन नहीं छोड़ी। इस पर पंडों को दया आयी तो उन्होंने मन्दिर में प्रवेश दिया। वहाँ प्रवेश देने पर भी तुलसी कृष्ण की बजाय राम के ही दर्शन करना चाहते थे। कहते हैं, सच्चे भक्त की जिद्द भगवान भी पूरी करते हैं। तब देखते-देखते कृष्ण की प्रतिमा का सारा श्रृंगार उतरता गया और राम के जिस स्वरूप का तुलसी दर्शन करना चाहते थे, उन्हें उस स्वरूप के दर्शन हो गये।

आदिवासी इसीलिए सर्वप्रकारेण राम के ही रंग में रंगे हैं। कई रंगों के होते हुए भी उनका राम-रंग ही अन्त में असल और सर्वांगीण होता है। इसीलिए उदयपुर से 15 किलोमीटर दूर स्थित आदिवासी गाँव बड़ी ऊँदरी के सौ से अधिक की लम्बी उम्र जीते उदा बा पारगी ने मुझे समझाइश देते हुए कहा कि जीवन का रस है, वह भी राम-रस ही है। सब ओर लीला राम की ही है। इसलिए कहा भी गया—**रामजी री चिरकिली रामजी रा खेत/आवोरी चिरकिली खावो भर पे**

आदिवासी लोक साहित्य में उपलब्ध रामकथा प्रसंगों में सीता कथा-प्रसंग

डॉ. पूरन सहगल

मान्यता यह है कि सागर सबसे विशाल, गहन तथा विस्तीर्ण होता है। सागर से भी गहन, विशाल और विस्तीर्ण लोक होता है। सागर तो लोक का एक भाग मात्र है। इस विशाल सागर में वेद-पुराण और महाकाव्य समाहित हैं। इतिहास की भी सीमा होती है। लोक असीम और अनन्त है। जब इतिहास मौन हो जाता है तब लोक मुखर होकर उसे वाक्शक्ति प्रदान करता है। कई बार लोक का प्रवक्ता लोक साहित्य इतिहास की अँगुली थाम कर उसे निर्दिष्ट मार्ग पर चलाने का महत्त्वपूर्ण कार्य करता है तो कभी इतिहास भी लोक साहित्य का मार्ग प्रशस्त करता हुआ दिखता है। हमारा लोक साहित्य के मनोरंजन का साधन नहीं है। इसमें संस्कृति के बीजमंत्र निहित हैं। यह संस्कृति का प्रवक्ता, पोषक और संरक्षक है। इसलिए इसे सहेजना, समझना और संकलित करना आवश्यक है। अर्थवादी व्यस्ततम् भागम-भाग में हमने अपनी इस धरोहर की जितनी उपेक्षा की है, उसके कारण हमारे सांस्कृतिक धरोहर का बहुत बड़ा भाग नष्ट हो गया है, बिसर गया है। पारम्परिक लोक गायक एवं लोक कलाकार अपनी पीढ़ियों की परम्परा त्याग कर अन्य व्यवसायों में लग गये हैं। उन्हें जो राजकीय और सामाजिक संरक्षण और प्रोत्साहन प्राप्त था, वह बन्द हो गया है। वे मात्र भिक्षुक बनकर छा गये हैं। इस तंगहाली और उपेक्षा-वृत्ति के फलस्वरूप हमारा लोक साहित्य जितना बचा है, वह भी नष्ट होने के कगार पर पहुँच गया। लोक साहित्य को तलाशना अब रेत में से बाजरा बीनने जैसा दुष्कर कार्य बन गया है। बावजूद इसके हम निराश होकर कैसे और क्यों बैठे रह जाएँ? हमें सक्रिय होकर गाँवों, ढाणियों, कुटीरों, डेरों, पड़ावों पर जाकर उसे तलाशना होगा। श्रेष्ठता का अहंकार त्याग कर लोकमय हो जाना होगा। आज भी हमारी साठोत्तरी पीढ़ी के पास हम अपनी इस धरोहर को तलाश सकते हैं। विशेषकर आदिवासी समुदायों में उनकी संस्कृति आज भी जीवित है। उनका बखान आज भी मुखर हो सकता है।

सन् 2007 ईस्वी में ऐसा ही प्रयास भोपाल की 'आदिवासी लोककला एवं तुलसी साहित्य अकादमी' ने किया था। उन्होंने पत्र लिखकर एक कार्ययोजना सौंपी थी कि "हमारी जनपदीय वाचिक परम्परा में प्रचलित लोकगीतों में श्रीराम या रामकथा का उल्लेख हो, ऐसे गीत भावानुवाद के साथ संकलित करने का प्रयत्न हो।" मैंने निर्धारित 2 माह की अवधि के भीतर पूरी दशपुर जनपद में घूम-फिर कर ऐसे 41 लोकगीत एकत्र किये, जिनमें रामकथा के सन्दर्भ निहित थे। उन्हें कथाक्रम के अनुसार सम्पादित कर तथा उनका गद्य अनुवाद कर अकादमी को प्रेषित कर दिया था। यदि हम उस गद्यपाठ को पढ़ें तब हमें अद्‌भुत रूप में एक समग्र रामकथा का आभास हो जाता है। मैं उसे

'लोक रामायण' कहना चाहता था। बालकवि बैरागी ने उसकी भूमिका लिखी और संकलन का नाम दिया 'लोक रमंता राम'। उसी संकलन को पढ़कर अकादमी के निदेशक डॉ. कपिल तिवरी ने मुझे फोन पर इतने अच्छे कार्य के लिए बधाई देते हुए संकलन का नामकरण 'लोकरंग में राम' कर दिया। वह रामकथा यद्यपि अप्रकाशित है; किन्तु उसका अप्रकाशन मेरी व्यस्तता एवं उसे और अधिक परिपूर्ण करने का मोह भी रहा। दशपुर जनपद आदिवासी समुदाय का सत्ता क्षेत्र रहा है। भील-सत्ता यहाँ दीर्घकाल तक कायम रही। बाद में मेवाड़ अंचल से राजपूत समुदाय ने उन्हें सत्ता से बाहर कर अपना वर्चस्व स्थापित कर लिया। आज भी इस अंचल में भील समुदाय और मीणा समुदाय की बहुलता बनी हुई है। उनकी लोक संस्कृति और बोली यहाँ की दशौरी मालवी में घुल-मिल गयी है; किन्तु उनके पास लोक-संस्कार एवं साहित्य अभी भी सुरक्षित हैं। मैंने उनके लोक कथक्कड़ों एवं आयुवृद्धों से उनकी गाथाएँ और कथाएँ एकत्र की हैं। कुछ पुस्तकाकार तथा कुछ अन्यत्र पत्र-पत्रिकाओं में प्रकाशित भी हुई हैं।

लोक साहित्य तटस्थ भाव से अपनी बात कहता है। तटस्थ वह इसलिए रह पाता है कि उसे किसी राजा, जागीरदार अथवा साहूकार से जागीर या पुरस्कार नहीं लेना होता। जहाँ वह राम को भगवान रूप में प्रस्तुत कर उनकी महानता का बखान करता हुआ स्वयं को धन्य मानता है, वहीं वह सीता जी को निरपराध मानते हुए राम द्वारा सीता को वनवास भेजने के लिए उन्हें उलाहना देने से भी नहीं चूकता। "सीता ने दियो वनवास, राम जी आहणी नी करी।" लोक साहित्य का सबसे बड़ा सत्य यह भी है कि उसका सृजक कोई एक व्यक्ति नहीं होता, समूह होता है। वह व्यष्टिपरक नहीं होकर समष्टिपरक होता है। मैंने एक लेख में लिखा है कि "लोक साहित्य पैरों से नहीं पंखों से यात्रा करता है। वह सात समुद्र पार आ-जाकर वहाँ से बहुत कुछ ले आता है और बहुत कुछ दे भी आता है।"

जितनी बार उसका वाचन या गायन होता है, उतनी ही बार उसमें पाठ-भेद भी हो जाता है। कुछ घट-बढ़ भी हो जाती है। बावजूद इसके उसका केन्द्रीय भाव सदा अक्षुण्ण बना रहता है।

मैंने पिछले दिनों सीता जी पर आधारित एक लम्बा लोकगीत सुना। इसे सबसे पहले मनासा के मंसापूर्ण मन्दिर की भजन मंडली में सुना। तब उसके दो पद मेरे पल्ले पड़े थे। फिर इसी गीत को जावद तहसील के गाँव कोज्या, कदवासा में सुना। आखिरी बार इसे रतलाम तहसील के रावटी गाँव में सुना। यह क्षेत्र आदिवासी अंचल है। रावटी, व्याजना और सैलाना तीनों तहसीलें आदिवासी अंचल में आती हैं। मैं वहाँ मध्यप्रदेश के मेलों का सर्वे कर रहा था। यह गीत एक भिक्षुक गा रहा था। उसके पास रणत्या वाद्य था। पता चला वह वागड़ अंचल के भील समुदाय का व्यक्ति है और उसका नाम सुमन्या गमेती है। गीत इस प्रकार है–

सीता मइया लियो जी अवतार

"सीता मइया लियो जी अवतार।
धरणी की बेटी लियो जी अवतार।।
जगती में घणो पाप बढ़ि गयो, बढ़ि गयो जुलम अतचार।
धरम, नेम, मरजादा भांगी, डगि गया पागा चार।।
डीलां डील बढ़्यो रोगड़ो, कूण करे उपचार।
धरती माता आरत होवे, नहिं कोई दुख मेटणहार।।

सीता मइया लियो जी अवतार।
रिषियाँ की पत राखणहार।।1।।

रावण राकस जुलम कमायो, रिषियाँ ने संघार्‌या।
रगत काढ़ करसा में भर्‌यो, आसरम हगरा बार्‌या।।
चारी खऊँटाँ खड़ग घुमायो, राजा हमरा हार्‌या।
हाहाकार मची तिरलोकी, जुलम कर्‌या मन धार्‌या।।
हामऊँ पड़याँ मुँड उड़ावे, कर दे धूरमधार।
सीता मइया लियो जी अवतार।
सद्मत रावण हार।।2।।

रिषि मुनियाँ को रगत करसले रावणयो घणो पोमावे।
पुस्पक चढ्यो मऊँछाँ एँठे, मन ई मन इइतरावे।।
कार देव ने करी गरजना, ढब जा रावण के जावे।
रिषियाँ को यो रगत करस्यो, कार बणे खा जावे।
तू जणी भोम यो करसो मेले, वठे पड़े गा कार।
वंश नसावे, अंस नसावे, मेहलां ने करदे छार।।
सीता मईया लियो जी अवतार।
रावण वंस की कार।।3।।

सुण ले रावण, गुण ले रावण, कर ले खूब विचार।
थारे हाथों में धर्‌यो हे थारे वंस को कार।।
रिषियाँ मुमियाँ की तप-तपसा, नी हो सके बेसार।।
अणगण रिसियाँ की तपसा को हे करसो निरधार।।
जतरा पाप कर्‌या रे रावण, कर्‌या जतरा अतचार।
कतराई जोड़, जोड़ ले रावण, करसो बणसी कार।।
थारी रकसा नी कर पावे, सिव संकर, महाकार।
सीता मइया लियो जी अवतार, रावण को वंस नसावणहार।।4।।

रावण कसप्यो, पड्‌यो होच मे, जतन नजर नी आवे।
कार देव की गगन गरजना, बिरथा नी ज़ा पावे।।
करसा को कई करूँ उपावो, होच-होच भरमावे।
बाऽअर ती तो गाठो दीखे, भीतर मन अकलावे।
राजा जनक घणों बलधारी, नी नाख्या हथियार।
बण की हीम में गाढ़ूँ करसो कर दऊँ बंटाढार।।
सीता मइया लियो जी अवतार। सतियाँ जतियाँ सतधार।।5।।

जनक राज तो तपे तपस्या, राज सिवां के सार।
रकत करस मुनियाँ की सगती, पड्यो राज में कार।।
गौतम रिसि ने जुगती काढ़ी, जनक सुणी चित धार।
अपणे हाथां धरती हाँको, निसचै भागेगा कार।।
धरती माता के गरभ में हे सगती को अवतार।
परगट होवे, जनक राज में, नियति को निसतार।।
सीता मइया ने लियो जी अवतार, दुस्ट दलन आधार।
सगती मता परगट्या, मैना मइया सुखसार।।6।।

हर हाँकता करसो फूट्यो, फूटी जी अमरतधार।
नान्हीं-नान्हीं आँखों वारी, लक्ष्मी की अवतार।।
ठुड्ढी तारो झलमले, झलमलयो अणियार।
मुलकावे, मन मोइत होवे, मैना के छूटी अमरतधार।।
बत्तीस धाराँ चोली भींजी, होयो जनम सतकार।
धन्न-धन्न देवत गण बोल्या, हो रई जै-जै कार।।
घन घुमड्या नाड़ी घण गरजी, जल बरस्यो झमकार।
सीता मइया लियो जी अवतार, जनक पिता सुखसार।।7।।

जनकपुरी में सीता जी अवतर्या, अयोध्या में श्रीराम।
गुरु विसस्ट ती विद्या पाई, आसरम कर्यो मुकाम।
अस्तर-सस्तर निपुन संधार्या, धन्य हुआ गुरुधाम।
भरत, लखन, शत्रुघन साथे, मेहलाँ पधार्या सुखधाम।।
विसवा मुनि संग ताड़क वन पौंच्या, लखन वीर, सिरिराम।
ताड़का मार, अहिल्या तारी, पहुँच्या जनक सुधाम।।
सिव धनु चढ़ा सीता जी परण्या खूब वई जैकार।
सीता मइया लियो जी अवतार, वै गयो लछमी को अवतार।।8।।

दासी मंथरा कपट कमायो, हुओ राम वनवास।
लछमन सीता संग में चाल्या, छनक नी ब्या उदास।।
लीलाधारी ने लीला रच दी, चौदा बरस बनवास।
राकसहीन धरा बणावण, दियो अटल विस्वास।।
धरम राख दुष्ट सब मारूँ, हे प्रन पालनहार।
सेस संग दुरगा अवतरणी, लछमन, सीता नार।
सीता मइया लियो जी अवतार, रिसि-मुनियाँ दुख मेटनहार।।9।।

रिसिमुनियाँ का दरसन करतां, खूब लिया आसीस।

सीता, अनसूया के चरणा नमयो, सुगनो सीस।।
अखन हुआगण रेहजो सीता, लुर-लुर हे आसीस।
सहजां रहिजो जनकदुलारां मत करजो हठ, रीस।।
रीसकर्‌याँ दुख ऊपजे, हठ ठान्या बगरे काम।
सावचेत वै मारग चालो, संग लखन सिरिराम।।
दूजे पंथे जाई पौंचजो, पंचवटी सुखधाम।
कुटि बणा रेहवास राखजो, कर्‌जो बठे मुकाम।।
विधि को लेखो विधि ही जाणे, कै जाणे करतार।
सीता मइया जनम लियो जी, विधि ने कर्‌यो निधार।।10।।

रावण ने छल छदम रचायो।
होना को मिर्‌गो पठवायो।।
रावण दुस्ट भेस धर आयो।
भिकसा कारण हाँक लगायो।।
जगदम्बा माता ने भरमायो।
कारदेव नोतो भिजवायो।
जेसी करणी वेसी भरणी।
मरवा को खातो खुलवायो।।
हरण कर्‌यो सीतामइया को खूब बढ्यो हंकार।
रिषि मुनियाँ को रकत असल में मइया सीता अवतार।।
रावण हाथाँ-हाथ ले चल्यो, लंकापुरी में कार।
वाह रे विधना खूब रचाई, लीला, लीलाधार।
सीता मइया लियो जी अवतार, लंक वंस की कार।।11।।

राम लखन जद पंचवटी आया।
दसा देख मन में अकलाया।
सीता-सीता करी पुकार।
सिथिल विया कर्‌का हथियार।।
जटायु राज ने आरत सुर में करी खूब गुहार।
दक्ख दिस रावण गयो सीता ने ले गयो लार।।
हिम्मत मति हारो राम जी, खांधे धरो हथियार।
सीता मईया लियो जी अवतार, दारुन दुख मेटनहार।।12।।

हणुमंत, सुग्रीव, जुड़गया, जामवंत, अंगद सरदार।
हणुमंत पहुँच्या लंकाभीतर, लाया सीता का हमचार।

लंका व्यारी राख बणा दी, हो रह्या हाहाकार।
नल-नील ने समदर बांध्यो, गया समंदर पार।
रावण को तो वंस नसायो, सिरिराम सिरकार।
सीता मईया खुद दुर्गा बण कर्‌यो सकल संघार।
सीता मइया रिषियाँ को सत, राखण को आधार।
सीता मइया लियो जी अवतार, धरती को भार उतारणकार।।13।।

राकस मार सिया-राम पधार्‌या, लछमण जी के लार।
रामराज की धजा फेहराई, दियो धरम आधार।।
दुस्ट कमाई दुसटता, माता पे दियो इलजाम।
राजधरम को पालन करता, विलख उठ्‌या सिरिराम।।
कतरी अगन परीक्षा लेऊँ, कतरो देऊँ बीसास।
बेबस वेतां दे दियो, सिता ने कठन वनवास।।
वालमीक का आसरम पऊँच्या, गरभ धार सतमास।
लव कुस जलम्या, उच्छव होयो, सीतां व्या उदास।।
राज मेहल का वारिस वेतां, सेवे आसरमवास।
रेह-रहे ठंड़ी सांसां लेवे, रेह-रेह भरे उसांस।।
विधना को लिखियो कुण वांचे, करे कूण उच्चार।
सीता मइया लियो जी अवतार, दुख झेलाय हरबार।।14।।

अस्वमेघ को अस्व छुड़ावा खुद आवा सिरिराम।
जण का जण ने होपताँ, कर्‌यो नमन परनाम।
लीला पूरी वै गई, हे प्रभु लीलाधार।
धरम निभायो हे धणी, धार धरा अवतार।।
धरती ती परगट वई, धरती करूँ समाव।
भूल-चूक त्वगसावजो, मनख जलम सुभाव।।
धरती माता परगट वी, चलक-चलक उजियार।।
ना कण जाण्यो ना देख्यो, सीता वई अलोप।
धन्न-धन्न देवत करें, नारद कहे अनोप।
पुस्पाँ की बरखा वई, देव करें जैकार।
सीता मइया लियो जी अवतार, सद्‌मत रावण हार।।15।।

सीतामाता परगट्‌या, लक्ष्मी का अवतार।
सीता माता परगट्‌या, सुरसत का अवतार।।
दुरगा समति परगट्‌या, सीता का अवतार।

सीता मइया लियो जी अवतार सद्मत रावणहार।।16।।

राम प्रभु अकला उठ्या, टप-टप बरस्या नैण।
सीता-सीता कंठती, फूट पड्या दुख बैण।।
जीमणे ऊबा लव लत्ता, डावे कुस को ठाँव।
माता-माता करि उठ्या, नी लग पायो ढाँव।।
पलक झपकतां वइ गया, सीता सगत अलोप।
घन गेहर्यो, नाड़ी गजी, गजब हुओ घटटोप।।
वाल्मीकि औचक उबा, निरखे विधि को कार।
सुभ सलोक मुख ती काढ़्यो, राम कथा को सार।।
जतरे सूरज चंद्रमो, हे धरती निरधार।
वतरे सीता राम ने, नी भूले संसार।।
सीता मइया ने लियो जी अवतार सत्य धरम की राखणहार।
धरणी की बेटी लियो जी अवतार, सत्य-सील को सार।।17।।

भावार्थ–

1. सीता माता ने अवतार धारण किया। धरती की बेटी ने अवतार धारण किया।

संसार में बहुत पाप बढ़ गया। जुल्म और अत्याचार भी खूब बढ़ गया है। धर्म नियम और मर्यादा भंग हो गयी है। धर्म के चार चरण (सत्य, शुचिता, दान और दया) डगमगा गये हैं। सारी देह (समाज) रोगी हो गयी है। इसका उपचार कौन करे? धरती माता आर्तभाव से पुकार रही है। उसका दुःखभंजक कोई नहीं है। (इसलिए) ऋषियों की मान-मर्यादा की रक्षक सीतामाता ने अवतार धारण किया है।

2. रावण ने बहुत अत्याचार किये हैं। उसने ऋषियों का संहार किया है। उनका रक्त एक कलश में भर लिया है। उनके आश्रम जलाकर राख कर दिए हैं। उसने चारों दिशाओं में अपने खड्ग के बल पर सभी राजाओं को परास्त कर दिया। उसके मनमाने जुल्मों से सर्वत्र हा-हाकार मच रहा है। जो भी उसके सामने पड़ता है, वह उसका सिर उड़ाकर उसका नाश कर देता है। इसीलिए सद्मति देने वाली सीता माता ने अवतार धारण किया है।

3. रावण ऋषि-मुनियों के 'रक्त-कलश' को लेकर बहुत अहंकार दिखा रहा था। वह पुष्पक पर सवार होकर मूँछों पर ताव लगाकर मन-ही-मन इतरा रहा था।

तभी कालदेवता ने गरजना करते हुए रावण को सावधान किया। "अरे रावण ठहर जा। ऋषियों का यह रक्त-कलश ही तेरा काल बनेगा। तू जहाँ भी इस कलश को रखेगा वहाँ अकाल पड़ जाएगा। वंश का नाश होगा, महल जलकर राख हो जाएँगे। रावण के काल के रूप में सीतामाता ने अवतार धारण किया है।"

4. "अरे रावण तू अच्छी तरह मेरी बात सुन और समझ ले तथा खूब विचार कर ले। तेरे हाथों में तेरा ही काल रखा हुआ है। ऋषियों-मुनियों की तपस्या व्यर्थ नहीं जा सकती। यह रक्तकलश अनगिनत ऋषियों की तपस्या का सार है। तूने जितने भी पाप और अत्याचार किए हैं। तू कितना भी जोड़-घटाव कर ले। उपाय कर ले। यह रक्तकलश तेरा महाकाल (मृत्युदेवता) भी नहीं कर सकते। रावण (तेरा) वंश नाश करने के लिए ही सीता ने अवतार धारण किया है।" (भविष्य में करेगी)

5. रावण कालदेव की गगन गर्जना (आकाशवाणी) सुनकर चिन्ता में खो गया। उसे कोई उपाय नजर नहीं आ रहा था। वह जानता था कि कालदेव की आकाशवाणी व्यर्थ नहीं हो सकती। अब मैं इस कलश का क्या करूँ। उसे कुछ भी समझ नहीं आ रहा था। वह बाहर से तो मजबूत दिख रहा था, किन्तु भीतर मन बहुत व्याकुल था।

उसने सोचा राजा जनक बहुत बलशाली हैं। उसने मेरे सामने हथियार नहीं डाले हैं। यह कलश उसकी राज्य की सीमा में गाढ़ देता हूँ। उसका बंटाढार (सर्वनाश) हो जाएगा।

सीता माता ने सतियों और सतवंतों के सत्य की रक्षा करने के लिए अवतार लिया है।

6. राजा जनक जो शिव की तपस्या में लीन रहते थे। राज शिव के भरोसे चलता था। रक्तकलश तो मुनियों की शक्ति थी। राज्य में अकाल पड़ गया। ऋषि गौतम ने उपाय सुझाया कि "हे राजन यदि आप अपने हाथ से हल चलाओगे तो अकाल समाप्त हो जायेगा। धरती माता के गर्भ में शक्ति का अवतार स्थित है। विधि का ऐसा विधान है कि शक्ति का अवतार **जनक राज्य में होगा।**

सीता माता ने धरती से दुष्टों के नाश के लिए तथा मैना (जनकरानी) माता को सुख प्रदान करने के लिए अवतार धारण किया।

7. जैसे ही राजा जनक ने हल चलाया। एकदम अमृत की धारा फूट पड़ी। कलश फूट गया। नन्ही-नन्ही आँखों वाली लक्ष्मी की अवतार कन्या दिख गयी। कन्या की ठुड्डी पर तारा झिलमिला रहा था। उनका स्वरूप आभायुक्त था। मुस्कान मन को मोह रही थी। मैना की माता के स्तनों से अमृत धाराएँ फूट पड़ीं। बत्तीस धाराओं से माता की कंचुकी भीग गयी। उनका जन्म सार्थक हो गया। उनकी कोख फलवती हो गयी। देवताओं ने कहा-धन्य है! धन्य है, कहकर आकाश से जय-जयकार की। बादल घुमड़ आये। बिजली गर्जने-चमकने लगी। जोर से वर्षा होने लगी। काल, सुकाल हो गया।

जनक पिता को सुख देने के लिए सीता मइया ने अवतार धारण किया।

8. जनकपुरी में सीताजी का अवतार हुआ। अयोध्या में श्रीराम जी का अवतार हुआ। श्रीराम ने गुरु वशिष्ठ जी के आश्रम में रहकर विद्या अध्ययन किया। अस्त्र-शस्त्रों में निपुण हुए। गुरुधाम धन्य हो गया। श्रीराम, भरत, लक्ष्मण और शत्रुघ्न को साथ लेकर महलों में पधार गये। फिर विश्वामित्र के साथ श्रीराम और वीर लक्ष्मण ताड़क वन पहुँचे। ताड़का को मार कर वन आश्रम में अहल्या का उद्धार किया। फिर वे जनक जी के सुधाम पहुँचे। वहाँ शिव धनुष की प्रत्यंचा चढ़ाई, सीता जी से विवाह किया। खूब जै-जैकार हुई। सीता मइया ने लक्ष्मी के रूप का अवतार धारण किया।

9. मन्थरा दासी ने कपट किया। राम को वनवास हो गया। लक्ष्मण और सीता भी बिना उदास हुए संग में चले। लीलाधारी ने लीला रची थी। इसी कारण चौदह बरस का वनवास हुआ। श्रीराम ने धरती को राक्षस-विहीन करने का विश्वास दिलाया। मैं धर्म की रक्षा करूँगा। दुष्टों का विनाश करूँगा। पालन का भगवान श्रीराम ने प्रण लिया। शेष और शक्ति इसमें लक्ष्मण व सीता जी का अवतार हुआ।

ऋषि-मुनियों का दुःख मिटाने के लिए सीता जी ने अवतार धारण किया।

10. ऋषि-मुनियों के दर्शन करते हुए तीनों ने खूब आशीर्वाद प्राप्त किए। सीताजी ने महासती अनसूया के चरणों में सौभाग्य शीश नवाया। अनसूया जी ने सीता जी को अखण्ड सौभाग्यवती होने का अन्तर्मन से आशीर्वाद दिया। उन्होंने सीता जी को शिक्षा देते हुए कहा। हे जनक दुलारी! सदा सहज भाव में रहना। हठ और रीस (क्रोध) मत करना।

क्रोध करने से दुःख प्राप्त होता है और हठ करने से काम बिगड़ जाते हैं। सावधान होकर मार्ग तय करना। सदा श्रीराम और लक्ष्मण की रक्षा में रहना। दो मुकाम के पश्चात पंचवटी पहुँचकर सुखधाम समझ कर वहाँ कुटी बनाकर मुकाम करना।

विधि का लेख विधि ही जानता है या स्वयं ईश्वर जानते हैं। विधाता ने ही सीता का अवतार होना निर्धारित किया था।

11. रावण ने छल-छद्म की रचना की। सोने का मृग भेजा। स्वयं रावण भेष (साधू) बनकर कुटिया पर आया। भिक्षा हेतु अलख लगाई। जगदम्बा माता को भ्रम में डाल दिया। उसने ऐसा करके काल देवता को निमंत्रण दे दिया।

जैसी करनी वैसी भरनी होती है। उसने मरने का खाता खुलवा लिया। सीता माता का हरण करके खूब अहंकार करने लगा। सीता माता वास्तव में ऋषि-मुनियों के रक्त का ही अवतार हैं। इस प्रकार रावण अपना काल अपने हाथों स्वयं ही लंकापुरी ले चला।

वाह रे विधाता! तूने खूब लीला रचाई। सीता माता लंका-वंश के काल रूप में अवतरित हुई।

12. जब राम-लक्ष्मण पंचवटी लौटकर आये तब वहाँ की दशा देखकर व्याकुल हो उठे। सीता! सीता! पुकारने लगे। उनके हाथों से हथियार छूट गये।

जटायुराज ने आर्त स्वर में जोर से पुकार लगाई। उसने राम को बताया कि रावण सीता को लेकर दक्षिण दिशा में गया है। वही सीता को अपने साथ ले गया है। आप हिम्मत मत हारो और कन्धे पर शस्त्र धारण करो।

सीता माता ने जगत के दारुण दुःखों को मिटाने के लिए अवतार लिया है।

13. हनुमान, सुग्रीव, जामवन्त और अंगद आदि सरदार मिले। राय करके हनुमान जी लंका पहुँचे, सीता का समाचार लाये। उन्होंने लंका को जलाकर राख बना दिया। लंका में हाहाकार मच गया।

नल, नील ने समुद्र पर बाँध बना दिया। सब समुद्र पार पहुँच गये। श्रीराम ने रावण का वंश नाश कर दिया। स्वयं सीता माता ने दुर्गामाता का रूप धरकर सर्व संहार किया। उन्हीं के बल राम ने रावण को मारा। वे ही रावण का काल बनीं। सीता माता ने सत की रक्षा करने के लिए अवतार धारण किया। उन्होंने धरती का भार उतारने के लिए अवतार लिया।

14. राक्षसों को मारकर रामजी, सीताजी व लक्ष्मण सहित अयोध्या लौटे। रामराज्य की यशपताका फहरा कर धर्म को दृढ़ किया। इसी बीच एक दुष्ट ने दुष्टता दिखाते हुए सीता जी पर कलंक लगा दिया। श्रीराम ने राजधर्म का पालन किया। वे मन में बिलख रहे थे। उन्होंने बिलखते हुए कहा-"मैं सीता की कितनी अग्निपरीक्षा लूँ? कितना विश्वास दिलाऊँ? विवश होकर उन्होंने सीता जी को वनवास दे दिया। सीता जी का त्याग कर दिया। सीता जी के गर्भ में सातमास का गर्भ था। वे वाल्मीकि के आश्रम पहुँचीं। वहीं लवकुश को उन्होंने जन्म दिया। आश्रम में उत्सव हो गया। सीता बहुत उदास थीं। राजमहल के वारिस आश्रमवास में रह रहे हैं। वे रह-रहकर ठण्डी साँसें लेती थीं और लम्बे उसाँस भरती थीं। विधाता का लिखा कौन पढ़ सकता है? कौन उसका उच्चारण कर सकता है? सीतामाता ने अवतार लिया। उन्होंने जीवन भर दुःख भोगा।

15. अश्वमेध का अश्व मुक्त करवाने स्वयं श्रीराम, वाल्मीकि आश्रम पधारे। सीता जी ने 'क्षेम' जिसका जिसको सौंपकर विनम्र प्रणाम किया। उन्होंने कहा, "हे प्रभु! हे लीलाधर!! लीला पूर्ण हो गयी। हे स्वामी! मैंने आपके संग धरती पर अवतार लेकर धर्म का निर्वाह किया। मैं धरती से प्रगट हुई और धरती में समा जाना चाहती हूँ। मनुष्य जन्म के स्वभाव से भूल-चूक होती ही है। हे धणी! हे स्वामी! आप मेरी भूल-चूक क्षमा कर देना।

तभी सूरज की सी आभायुक्त धरती माता प्रकट हुई। प्रकाश इतना तेज था कि सबकी आँखें चौंधिया गयी। सीता को माता की गोद में अलोप होते न तो कोई देख सका और न कोई जान पाया।

देवताओं ने धन्य-धन्य जयघोष किया। नारद ने अनुपम कहा। देवताओं ने जय-जयकार करते हुए पुष्प-वर्षा की। सीता माता ने सद्‌मत की रक्षा करने हेतु अवतार धारण किया।

16. सीता माता लक्ष्मी का अवतार थीं। वे सरस्वती का अवतार थीं। वे माता दुर्गा की शक्ति के रूप में अवतरित हुईं। सीता माता ने सद्‌बुद्धि देने के लिए अवतार धारण किया।

17. राम प्रभु सीता के विदा होने पर व्याकुल हो उठे। उनके नयनों से टप-टप आँसू बरस पड़े। उनके कंठ से दुःख भरे 'सीता-सीता' केवल इतने ही शब्द निकल पाये।

उनके दाहिने लव लला तथा बाएँ कुश लला खड़े थे। वेद माता-माता पुकार उठे। उनका भी कुछ बस नहीं चल पाया। शक्ति स्वरूपा सीता जी पलक झपकते ही ओझल हो गई। बादल घिर आए, बिजली कड़कने लगी, गजब अंधकार हो गया। घटाटोप हो गया।

वाल्मीकि जी अचम्भित खड़े-खड़े विधि की लीला निरख रहे थे। उनके मुँह से रामकथा का सार शुभ श्लोक निकल पड़ा।

जब तक धरती का अस्तित्व है, जब तक सूरज-चाँद है तब तक संसार सीता-राम को नहीं भूल पाएगा।

सीतामाता ने सत्य धर्म की रक्षा के लिए अवतार लिया। उन्होंने सत्य और शील (शुचिता) के सार रूप में धरती की बेटी के रूप में जन्म लिया।

सत्रह पदों की यह 'सीताकथा' एक सम्पूर्ण 'विरद वरवाण' है। लोक साहित्य में ऐसे अनेक कथा-प्रसंग उपलब्ध हैं जो धीरे-धीरे सीतामाता की तरह कंठ से प्रकट होकर कंठ में अलोप हो रहे हैं। इस लोक-सम्पदा की रक्षा-सुरक्षा हमारा परम दायित्व है। प्रस्तुत सीताकथा आदिवासी समुदाय में गायी जाने वाली लोकप्रिय तथा दुर्लभ रचना है। निश्चित रूप से इसका सृजन पीढ़ी-दर-पीढ़ी होता रहा होगा।

ऐसी ही एक और रचना समुद्र के राम के सामने प्रकट होकर राम को मार्ग देने के कथा-प्रसंग से सम्बद्ध है। वह रचना भी बहुत बड़ी है। समुद्र के स्वरूप का जैसा अद्‌भुत वर्णन उसमें किया गया है, उतना न रामचरित मानसकार ने किया है और न रामायणकार ने। उसपर अभी काम बाकी है। वह भी एक दुर्लभ रचना है।

एक लोकगीत में रामराज्य का कितना सहज वर्णन किया गया है–

"रामजी का राज घणो सिव संकर।
न कोई भौ न कोई भयंकर।।"

रामजी का राज्य बहुत शुभकर एवं मंगलकारी है। न किसी प्रकार का भय है और न कोई भय पैदा करने वाला है। आतंक और आतंकी सब समाप्त हो गये हैं। इस गीत की इन दो पंक्तियों में लोक ने रामराज्य की गरिमा और महनीयता प्रकट कर दी है।

यदि हम राम और कृष्ण की तुलना करें तब हमें कृष्ण-सम्बन्धी लोकगीत अधिक मिलते हैं। राम-सम्बन्धी लोकगीत कम मिलते हैं। कृष्ण के साथ लोक रंजन जुड़ा है। राम के साथ मर्यादा की सीमा है। उन्होंने कभी मर्यादा की रेखा नहीं लाँघी। सीता ने लाँघी तो पूरी कथा ही बदल गयी।

वाल्मीकि के अन्तिम श्लोक के अनुसार जब तक सूरज-चन्द्रमा रहेंगे, धरती का अस्तित्व रहेगा तब तक मर्यादा पुरुष राम और सत्यशील (शुचिता) की प्रतीक सीता जी का नाम भी रहेगा।

आदिवासी लोकगीतों में रामकथा

डॉ. लखनराम 'जंगली'

भगवान श्रीराम की स्थापना यद्यपि पुरुषोत्तम के रूप में है, किन्तु जनभावनाओं व लोक-भावनाओं ने अपने हृदय में भगवान श्रीराम को अयोध्या के राजमहल से उठाकर न सिर्फ भारतवर्ष; बल्कि दुनिया के कोने-कोने में, विशाल मन्दिरों में स्थापित कर युग-युगान्तर के लिए पूज्य बना दिया है।

लोकसभा में जनजातियों के प्रतिनिधि के रूप में स्थापित नेता रामविलास पासवान ने भरे सदन में चर्चा के दौरान भारतीय जनता पार्टी के नेता अटल बिहारी वाजपेयी व लालकृष्ण आडवानी की तरफ इशारा करते हुए कहा था–'आपके पास राम कहाँ हैं। आपके पास तो अटल हैं, आपके पास लाल हैं, राम तो रामविलास के साथ हैं।' यह बात भले ही राजनीतिक सन्दर्भ में कही गयी हो, किन्तु इस बात के निहितार्थ भी हैं। इसमें कोई सन्देह नहीं, वनवासियों में भगवान राम के प्रति आस्था शाश्वत् रूप में विद्यमान है। इसके बावजूद कि कई जनजाति-शुभ-चिन्तकों ने भगवान श्रीराम को आर्यों का प्रतिनिधि बताया, कई जनजाति-चिन्तकों ने भगवान राम की महिमा को जन-जन तक पहुँचाने वाले महाकवि तुलसीदास को हिन्दू समाज का पथभ्रष्ट घोषित किया। जनजातियों का प्रतिनिधित्व करने वाले तथाकथित एक जनप्रतिनिधि नेता ने तो अभिलेखों में चले आ रहे पचासों साल पुराने अपने नाम से राम शब्द हटाने को अपने राजनीतिक उत्थान का कारण बताया। इन विषम परिस्थितियों के बावजूद जब राजनीति ने अपनी प्रकृति के अनुसार भगवान श्रीराम पर कीचड़ उछाला हो, कलम के सौदागरों ने उनके चेहरे पर आड़ी-तिरछी लकीरें खींची हों, सत्ता के दम्भ व क्रूर कट्टरता ने उन्हें बेघर किया हो, तो भी भगवान श्रीराम आज भी वनवासियों के हृदय में बिराजते हैं, जो उनके लोकगीतों में देखा जा सकता है। लिखित साहित्य के अभाव के बावजूद भगवान श्रीराम के प्रति श्रद्धा से सराबोर गीत वनवासियों की जुबान पर अपने पूर्वजों की थाती के रूप में सदियों-सदियों से सुरक्षित व पूजित हैं।

मैं सोचता हूँ, साहित्यिक-स्थापना अमरत्व का सोपान मात्र है; जबकि लोकस्थापना अमरत्व है। भगवान राम के अमरत्व का कारण भी लोकस्थापना है। भगवान श्रीराम लोक के प्रतिनिधि हैं, जन के प्रतिनिधि हैं। साहित्य तो लोक-मान्यताओं और लोक-स्थापनाओं के पीछे-पीछे चलता है। वनवासियों की लोककथाओं, लोकगाथाओं, लोकगीतों में भगवान राम की स्थापना के सन्दर्भ बड़े विषय हैं। आइये, वनवासी गीतों में भगवान श्रीराम की स्थापना पर थोड़ी चर्चा करते हैं।

वनवासी समाज का टोना-टोटका, भूत-प्रेत तथा अपनी प्राचीन मान्यताओं व परम्पराओं पर घोर विश्वास है। जहाँ नगमतिहा (सर्पदंश सम्बन्धी मंत्र) में मंत्रों की भरमार है, वहीं ओझाई गीतों की लम्बी शृंखला है। ओझाई के दौरान ओझा डीह-डीहवार, देवी-देवताओं का आवाहन सामान्य तरीके से तो करता ही है, गीतों में भी देवताओं की अभ्यर्थना-प्रार्थना

करता है। देवीगीतों, अन्य गीतों के साथ-साथ अखरा (मंत्रों की पाठशाला में देवताओं, देवियों के लिए गाये जाने वाले गीत), आवाहन गीतों में भी यत्र-तत्र सर्वत्र रामकथा विद्यमान है। कहीं राम की चर्चा है, कहीं हनुमान की तो कहीं रावण सहित अन्य पात्रों की। एक गीत जो अखरा में शिष्यों पर वीर हनुमान की सवारी के लिए गाया जाता है, इस प्रकार है–

''कहंवां न वोनहल कारी बदरिया, कहंवां न वोनहल देव,
कि देव हो कहंवां न वोनहल देव,
सरगेन वोनहल कारी बदरिया, अखसन वोनहल देव,
कि देव हो, अखरा न वोनहल देव,
काहे लागी वोनहल कारी बदरिया, काहे लागी वोनहल देव,
कि देव हो काहे लागी वोनहल देव,
बरसे न वोनहल कारी बदरिया, सुपली डोलावे बरे देव,
कि देव हो, सुपली डोलावे बरे देव,
रिमकी-झीमकि बन बरसेन लागे, लहरि-लहरि आवे देव,
कि देव हो लहरि-लहरि आवे देव,
जइसे न गरजे बाघ अउ बघीनियाँ, गरजत आवे वइसे देव,
कि देव हो, गरजत आवे वइसे देव,
झुरहुर-झुरहुर नार बहिय गये, संइये पइसी अजनी नेहाय,
कि देव हो सेइये पइसी अजनी नेहाय,
अजनी नेहइते बहे पुरवइया, अजनी गरभ रहि जाय,
कि देव हो अजनी गरभ रहि जाय,
कथ रे महीना कर हनुमत बेटवा, कइयो रे घरीय कर रात,
कि देव हो कइयो रे घरीय कर रात,
दस रे महीना कर हनुमत बेटवा, सोरहो घरीय कर रात
कि देव हो सोरहो घरीय कर रात,
कवन कोखी जनमे राम भइया लछुमन, कवन कोखी बीर हनुमान,
कि देव हो कवन कोखी बीर हनुमान,
माई कोखी जनमे राम भइया लछुमन, पंजरी टोरीय हनुमान,
कि देव हो पंजरी टोरीय हनुमान,
हँसुआ न खोजे गये हँसुआ न पाने, कइसे दईबा नभिया छिनाय,
कि देव हो कइसे दईबा नभिया छिनाय,
हँसुआ न खोजे गये हँसुआ न बावे, नसूती में नभिया छिनाय
कि देव हो नसूती में नभिया छिनाय,
कवन लोहा दाबे राम भइया लछुमन, कवन लोहा बीर हनुमान,
कि देव हो कवन लोहा बीर हनुमान,

तीर रे धनुष दाबे राम भइया लछुमन, बुची टंगा बीर हनुमान
कि देव हो बूची टंगा बीर हनुमान,
कइयो मूड़ी काटे राम भइया लछुमन, कइयो मूड़ी बीर हनुमान
कि देव हो कइयो मूड़ी बीर हनुमान,
दस मूड़ी काटे राम भइया लछुमन, अनलेखा बीर हनुमान,
कि देव हो अनलेखा बीर हनुमान,
चिठिया न लीखी भेजे राम भइया लछुमन, अजनी बहिन चलि आव,
कि देव हो अजनी बहिन चलि आव,
कइसे के आवे जावे राम भइया लछुमन, गोदिया के बलका रोवाय,
कि देव हो, गोदीया के बलका रोवाय,
भैने के देहूँ दूध, दही, गाय सूरही, बहीनी के लहरा पटोर,
कि देव हो बहिनी के लहरा-पटोर।''

गीत में प्रश्न व उत्तर साथ-साथ चलते हैं। गीत का भाव इस प्रकार है—कहाँ पर बादल छाया हुआ है तथा देवताओं का आगमन कहाँ होगा? सरगे अर्थात् आसमान में बादल छाया हुआ है और अखरा (मंत्र पाठशाला) में देवताओं का आगमन होने वाला है। बादल क्यों छाये हुए हैं व देवता क्यों आने वाले हैं? बादल बरसने के लिए छाया हुआ है और देवता सुपली (छोटा सूप) डोलाने के लिए आयेंगे। दरअसल देवताओं के आवाहन के समय शिष्यों के हाथ में सुपली पकड़ाया जाता है। आवाहन गीत के समय जब हाथ का सुपली हिलने लगता है तो माना जाता है कि देवता की सवारी सुपली धारण किये हुए शिष्य पर आनेवाली है। रिमझिम, रिमझिम बरसात होने लगी है। जैसे बाघ व बाघिन गर्जना करते हैं, उसी प्रकार देवता गर्जना करते हुए आ रहे हैं। बरसात की वजह से जल नाले में चंचलता के साथ उछलकूद करते हुए प्रवाहमान है। नाले में प्रवेश कर अंजनी स्नान कर रही हैं। अंजनी के नाले में प्रवेश करते ही पुरुवा हवा बहने लगी है। पवनदेव के संयोग से अंजनी को गर्भ रह गया है। हनुमान (अंजनी-पुत्र) कितने माह के हैं, और रात कितने घड़ी की है? अंजनी पुत्र को दस माह गर्भ में आये हो गया है; जबकि रात्रि सोलह पहर की है। किस कोख में और कैसे राम व लक्ष्मण का जन्म हुआ और हनुमान ने कैसे जन्म लिया? राम व लक्ष्मण ने सामान्य रूप से जन्म लिया जबकि हनुमान ने जन्म लेते वक्त अंजनी का कमर तोड़ दिया। अर्थात् हनुमान का जन्म बहुत कष्ट से हुआ। जन्म के बाद लोग हँसुआ खोज रहे हैं, हँसुआ मिल नहीं रहा है। आखिर नालछेदन कैसे होगा? सेविका ने नाखून से नाल छेदन कर दिया। राम और लक्ष्मण कौन सा लौहशस्त्र धारण करते हैं और हनुमान किस प्रकार का लौह अपने उपयोग में लाते हैं? राम और लक्ष्मण तीर और धनुष धारण करते हैं; जबकि हनुमान छोटी कुल्हाड़ी धारण करते हैं। राम और लक्ष्मण ने कितना सिर काटा और हनुमान ने कितना सिर काटा? राम और लक्ष्मण ने दस सिर काटा; जबकि हनुमान ने अनगिनत सिर काटा है। राम और लक्ष्मण ने अंजनी बहन को पत्र लिखकर अपने यहाँ बुलाया है। अंजनी कहती हैं कि हे भ्राता द्वय, अपने गोद के बालक हनुमान को रुला कर कैसे आऊँ? राम और लक्ष्मण कहते हैं, बहन तुम चली आओ। भगिना! हनुमान को दूध-दही खिलाकर प्रसन्न करेंगे, साथ ही देवलोक से प्राप्त सुरही गाय देंगे और तुम्हारे लिए ढेर सारा वस्त्र प्रदान करेंगे।

इसी प्रकार हनुमान के अशोक-वाटिका में फल खाने व वृक्षों के ढहाये जाने का प्रकरण इस गीत में आया है।

''लंकागढ़े गये हनुमत, कवन-कवन फल खाये रे
केरा खाये कटहर खाये, छोलन कहाँ गिराये रे - लंकागढ़े.....

औंरा खाये जमती खाये, अठुली कहाँ लड़ाये रे - लंकागढ़े.....
बोइर खाये, मकवर खाये, मुह काहे बिजुकाये रे - लंकागढ़े.....
खाते बर तो खाये हनुमत, बीरीछ काबर ढहाये रे - लंकागढ़े.....''

गीत में हनुमान से पूछा गया है कि लंकापुरी में जाकर तुमने कौन–कौन सा फल खाया? केला खाया, कटहल खाया, उसका छिलका कहाँ गिराया? आँवला व जामुन खाया तो उसका गुठली कहाँ फेंक दिया? बेर, मकवर खाकर आपने मुँह टेढ़ा क्यों किया? फल खाया तो खाया, आखिर वृक्षों को क्यों उखाड़ कर फेंक दिया? इस गीत में अक्षय–बध सहित पूरे प्रकरण को गीत का विषयवस्तु बनाया गया है। पर्यावरण–संरक्षण की अनिवार्यता बतायी गयी है।

इसी प्रकार एक और गीत विचारणीय है। इस गीत से स्पष्ट हो जाता है कि वनवासी समाज रामकथा से कितनी गम्भीरता से जुड़ा हुआ है। इस गीत में नदी के किनारे–किनारे तथा एक पहाड़ के ऊपर कई वृक्षों का वर्णन है, जिस पर भगवान राम सहित कई लोगों को बैठा बताया गया है। साथ ही नीचे ग्रामजन, साधु–महात्मा बैठ कर कागभुशुण्डी का कथा–वाचन सुन रहे हैं, गीत इस प्रकार है–

''पहरी के उपरे दुइ गो बिरीछवा बर अउर पाकर नाव हो माय,
बोही बिरीछ परे दुई ठे बलकवा एक लक्षुमन एक राम हो माय,
पहरी के ऊपरे दुई ठे बिरीछवा, एक पीपर एक आम हो माय,
अमा उपर बइठे बीर बजरंगी, पीपर तरी बइठे गाँव हो माय,
वोही बिरीछ तरी कउआ भुषूण्डी राती दिन राम राम हो माय,
वोही बिरीछ तरी साधू महात्मा गरुण धरै नित ध्यान हो माय।''

अर्थात् पहाड़ के ऊपर दो पेड़ हैं, एक बरगद तथा दूसरा पाकर का। उन वृक्षों पर राम और लक्ष्मण विराजमान हैं। उसी पहाड़ के ऊपर दो और वृक्ष हैं, एक पीपल का दूसरा आम का। आम के ऊपर बजरंग बली विराजमान हैं, जबकि पीपर के नीचे सारा गाँव बैठा है। उन्हीं वृक्षों के नीचे काकभुशुण्डी रात–दिन राम नाम का उच्चारण कर रहे हैं। उन्हीं वृक्षों के नीचे साधु और महात्मा तथा पक्षीराज गरुड़ ध्यानमग्न कथा–श्रवण कर रहे हैं।

इसी प्रकार एक होली गीत में लंका नगर के विस्तार का वर्णन इस प्रकार है।

''माया पुछों हो तोहीं, लंका के भेद बताव हो सही।
माया पुछों हो तोहीं.....
काय रे जोजन वर लंका हो, काय रे जोजन हरी।
लंका के भेद बताव हो सही......
काय रे जोखन चकरायी, जहाँ रवना हरी।
लंका के भेद बताव हो सही......
दस रे जोजन गढ़लंका हो, बीस जोजन हरी
लंका के भेद बताव हो सही......
तीस जोजन चकराई हो, जहाँ रवना हरी।
लंका के भेद बताव हो सही......''

उक्त गीत में भांजा मामा से लंकानगर का विस्तार जानना चाहता है। मामा भांजे को लंका नगरी का विस्तार बीस गुणा तीस योजन का बताता है।

इसी प्रकार एक करमा गीत में भगवान राम की सेना का वर्णन है। गीत में विशेष रूप से हनुमान की बहादुरी की चर्चा की गयी है। गीत इस प्रकार है–

''राम के सेवइका हलुमाने, बराते हो राम के
कवन देव पूजे राम भइया लक्षुमन, कवन पूजे बीर हलुमाने,
बराते हो राम के.........
शंकर भोला पूजे राम भइया लक्षुमन, रामजी के पूजे हलुमान,
बराते हो राम के.........
कवन लोहा दाबे राम भइया लक्षुमन कवन लोहा बीर हलुमाने,
बराते हो राम के.........
अगड़-बगड़ लोहा दाबे राम भइया लक्षुमन, सुलुस लोहा बीर हलुमाने
बराते हो राम के.........
कइयो मूड़ काटे राम भइया लक्षुमन, कइयो मूड़ बीर हलुमाने,
बराते हो राम के.........
दस मूड़ काटे राम भइया लक्षुमन, अनलेखा बीर हलुमाने,
बराते हो राम के........''

अर्थात् राम जी की सेना में वीर हनुमान श्रेष्ठ योद्धा हैं। भगवान राम जहाँ भगवान शंकर के उपासक हैं; वहीं हनुमान भगवान राम की उपासना करते हैं। भगवान राम अपने शस्त्रों के लिए किसी भी प्रकार के लोहे का उपयोग करते हैं; जबकि हनुमान नरम व लचीला लोहा इस्तेमाल करते हैं। राम और लक्षुमन मिलकर दस सिर काटते हैं तो हनुमान युद्ध के मैदान में अनगिनत सिर काट डालते हैं।

एक और करमा गीत उद्धरित है, जिसमें सीताहरण की चर्चा की गयी है, गीत इस प्रकार है–

''सीता के रावन हर लेवे, कइसे धीरीजा धरे हो।
कइसे धीरीजा धरे.......
सीता के हरन भये पीता के मरन, कइसे धीरीजा धरे
दुख दून भइले अपार कइसे धीरीजा धरे।
सीता के रावन हर लेवे....''

अर्थात् सीता को रावण चुरा ले गया, भगवान राम कैसे धैर्य धारण करें। एक तरफ सीता का हरण, दूसरी तरफ पिता दशरथ का मरण, उनका दुःख दूना हो गया है।

राजा दशरथ जी के वाण से श्रवण कुमार का कैसे प्राणान्त हुआ, इस सन्दर्भ का एक गीत काफी लोकप्रिय है। करमा गायन करने वालों के मुँह से इस गीत को सुनना एक अलग अनुभूति है। स्वर की दृष्टि से या फिर साहित्य की दृष्टि से गीत का प्रभाव अन्तर तक होता है। गीत इस प्रकार है–

"एक सरुवन पूत, अन्हां रे अन्हूरी कर लरिका.......
एक सरुअन पूत
हांथे त धरल कउड़िया हो, चलल कुम्हरा दुकान।
एक रे धरीला दुइयो आंतर हो, बासन गढ़ि देल।
अन्हा रे अन्हूरी कर लरिका....
एक में त चूरल खीर बखीरवा, एक में खटा हो महेर।
दुसरे चुरल दूध चाउर हो, रस बरनी न जाय।
अन्हा रे अन्हूरी कर लरिका....
सरुवन त आंसी भला छोड़ल हो अन्हीं घीची तीरी खाय।
जियहु-जियहु सरुवन पूता हो जीय लाखो ही बरीस।।
अन्हा के लिहल खन्हबरिया, अन्ही हाँथे डोरियाय।
लेइयो चलल बिरधा वन में जहाँ कोइयो नई हमार।।
अन्हा रे अन्हूरी कर लरिका....
नदी के तीरे तीरवहिया, एको रे चिरैया नहीं आव।
एके रे अमउरा बर पाके, हो चिरैया नरियाय।
अन्हा रे अन्हूरी कर लरिका....
एक फँका फाँकल दुसर फँका फाँके लागल चटका पियास।
एक बून पनियाँ पियाव, चोला छुटे रे परान।
अन्हा रे अन्हूरी कर लरिका....
नहीं देखों तलवा तलैया हो नहीं नियरे लाठ।
नहीं रे दिखरे जल पोखर, कइसे पनियाँ पियाओं।।
अन्हा रे अन्हूरी कर लरिका....
खाँखे तो घरल खंख तुमरी, चले सयरा डफोर।
भूभूक-भूभूक जल मरे, जल रे भरत कल छटके।।
लागल सरवन बान - अन्हा रे अन्हूरी कर लरिका....
राम राम कही लगे गिरले, रामा छुटे रे परान।
रखिया बटोरे राजा दशरथ, लागे नतुसी में फाँस।
अन्हा रे अन्हुरी कर लरिका....
अन्हा रे अन्हुरी छाती पीटेल हो छाती बिहरल जाय।
अन्हूरी त लगले सरापे हो, राजा रोवे घिघियाय।
अन्हा रे अन्हूरी कर लरिका...."

श्रवण कुमार अन्धा-अन्धी का एक ही लड़का है। पैसा लेकर कुम्हार के दुकान पर जाता है। कुम्हार एक घड़े में दो दीवार (दुई आँतर) अर्थात् तीन खाने वाला घड़ा गढ़ कर देता है। एक खाने में खीर पकाया गया, दूसरे में मट्ठा से बना

खट्टा महेर पकाया तथा तीसरे में दूध और भात पकाया गया। श्रवणकुमार ने अपने अन्धे और अन्धी माता-पिता का (अंश) (औसी-हिस्सा) निकाला। दोनों ने खाना खाया और श्रवण कुमार को दीर्घायुष्य का आशीर्वाद दिया। श्रवण कुमार ने वृद्ध पिता को कन्धे पर उठाया व माता को हाथ में रस्सी के सहारे लेकर जंगल में चल दिया, जहाँ आदमी का नामोनिशान नहीं है। नदी के किनारे-किनारे चलता रहा। कहीं पक्षियों का निशान भी नहीं है; तभी एक आम तथा बरगद का पेड़, जिसपर फल पके हुए हैं, चिड़ियाँ चहचहा रही हैं, दिखायी पड़ा। एक दो ग्रास निगलने के बाद ही तेज प्यास लगने लगी। अन्धा-अन्धी ने श्रवण कुमार से पानी पिलाने के लिए कहा। श्रवण कुमार ने कहा-"यहाँ ताल-तलैया दिखायी नहीं पड़ रहा है, न ही लाठ-कुआँ है, पोखरा भी दिखायी नहीं दे रहा है, कैसे जल पिलाऊँ।" फिर काँख में खंखतुमरी (काँख में दबाकर भरने वाला पानी का बर्तन) लेकर वहाँ पहुँचा, जहाँ पानी का तरंग उठ रहा था। श्रवण कुमार ने खंखतुमरी पानी में ज्योंही डुबाया भुभुक-भुभुक कर आवाज कर जल भरने लगा। आवाज के कारण राजा दशरथ द्वारा जंगली जानवरों का शिकार करने के लिए लगाया गया तीर-धनुष का यन्त्र (कल) छटक गया और बाण श्रवण कुमार को जा लगा। श्रवण कुमार वहीं मर गया। राजा दशरथ पास आकर देखते हैं तो उनका भांजा श्रवण कुमार मरा पड़ा है। राजा ने वहीं पर श्रवण कुमार का दाह संस्कार किया तथा राख बटोर कर जल में प्रवाहित करने लगे। राख बटोरते वक्त उनके नाखून में हड्डी का फाँस घुस गया (अशुभ लक्षण हुआ)। तभी अन्धा-अन्धी आ गये और श्रवण कुमार को मरा जानकर छाती पीट-पीट कर रोने लगे। उनका कलेजा फटा जा रहा है। अन्धी व अन्धा ने राजा दशरथ को श्राप दे दिया। राजा रोने गिड़गिड़ाने लगे।

इसी प्रकार एक गीत में राजमहल व राजमहल में चलने वाली गतिविधि का वर्णन इस प्रकार है-

"चलि जाबे भाई रामगढ़ देखे न हो
काहे कोठिया उठावल अंटरिया उठावल हो,
झांके बदिन भीरी-भीरी ऐना लगवावल हो,
चलि जावे भाई राम......
अमवा लगावल इमलिया लगावल हो,
चाटे बदिन लेमो के लगावल हो,
चलि जावे भाई राम......
कवन रानी सूतल बाड़े कवन रानी जागल हो
कवन रानी रांचेल जेवनार
चलि जावे भाई राम......
बड़े रानी सूतल बाड़े छोटे रानी जागल हो,
मांझल रानी राँचल जेवनार,
चलि जावे भाई राम......"

गीत का भावार्थ इस प्रकार है-

चलो भाई रामजी का गढ़ी देखने को। उनके महल में जगह-जगह शीशा लगा हुआ है। दरवाजे पर आम और नीबू तथा इमली का पेड़ लगा है। बड़ी रानी सो रही है, छोटी रानी जगी हुई है तथा मझली रानी तरह-तरह का खाना बना रही है।

एक और गीत द्रष्टव्य है-

"राम धरे हो गुलेल छपकत फीरे माझे गली में
संवरा के अंगना में एक पेड़ निमिया हो, वोह में बइठे धवरेल,
फीरे माझे गली में........
नीम तरी माटी चिटमिटिया हो मांटीं लिहले सनाय
फीरे माझे गली में........
रुचि-रुचि गोरहा बनावे हो खेले मनवांकर खेल,
फीरे माझे गली में........"

भगवान राम गुलेला लिए गली-गली घूम रहे हैं। संवरा के घर में एक नीम का पेड़ है जिसमें धवरेल पक्षी (कबूतर की एक जाति) बैठा हुआ है। नीम के पेड़ के नीचे चिट-चिटा माटी है जिसमें भगवान राम धवरेल में शिकार के लिए मिट्टी सानकर गुलेल का पत्थर बना रहे हैं। भगवान राम मनुष्य का खेल खेल रहे हैं।

सीता व राम-लखन के बिना अयोध्या सून है, इस आशय का गीत इस प्रकार है–

"एक दिल लागल हमार सीताबीना घर अँधियार
दिल लागल हो हमार....
एक राम बिना अजोध्या सून दिल लागल हो हमार....
लखन बिना अजोध्या सून दिल लागल हो हमार....
ए बीर गइले लंका भेद हो, लगाय दिल लागल हो हमार....
ए बीर लेले सीता पहिचान, दिल लागल हो हमार....
ए सीता बीना घर अन्हियार।"

सीता का हरण और बालि-वध सहित रावण-वध का वर्णन नीचे लिखे एक और गीत में विस्तार से किया गया है। कुछ पंक्तियाँ उद्धरित हैं।

"ए जोगिया आयल गोया, कहाँ जोगी तुमा लरकावे हो।
रावन धइले जोगिया के भेष हो, वोही जोगी तुमा लरकावे हो।
सीता के रावन हर ले गये हो, वोही जोगी तुमा लरकावे हो।
राम लखन वने-वने सीता के करने हो, वो ही जोगी तुमा लरकावे हो।
मीत के करने बाली मारे हो, वोही जोगी तुमा लरकावे हो।
रवना के लिहले परान सीता के करने हो, वोही जोगी तुमा लरकावे हो।"

आदिवासी लोकगीत जो रामकथा से सम्बन्धित है, गीतों पर चिन्तन करने से वनवासियों का राम के प्रति एकात्मक भाव का दर्शन होता है। आर्य, द्रविण, मंगोल के विवाद से दूर वनवासी-समाज सम्पूर्ण रामकथा को अपनी व्यथाकथा समझता है। तभी तो भगवान राम के हाथों में न सिर्फ तीर-धनुष; बल्कि पक्षियों के शिकार के लिए गुलेल भी पकड़ाता है। गुलेल पकड़ाने के साथ प्रभु राम की मर्यादा का भी पूरा ध्यान रखता है। तभी तो पक्षियों के शिकार को भगवान राम की मानव लीला बताता है। हनुमान गदाधारी हैं, इसपर वनवासियों को कोई आपत्ति नहीं है; शर्त इतनी है कि उनके हाथों में वनवासियों का पारम्परिक हथियार 'बूची' टंगा जरूर होना चाहिए। वनवासियों का मित्रता करने और इनके निर्वहन में पूर्ण विश्वास है; तभी तो बालि वध का एक मात्र कारण सुग्रीव का भगवान राम से मित्रता है। भगवान राम

वनवासी परम्पराओं, मर्यादाओं, मान्यताओं को उनके गीतों में सम्पूर्णता से जीते हैं। बहन अंजनी को अपने घर बुलाते हैं तो अंजनी गोद के बालक हनुमान के रोने का जिक्र करती हैं, तो भगवान राम बालक को न सिर्फ दूधभात खिलाने की बात करते हैं; बल्कि सुरही गाय भी देने की बात करते हैं। साथ ही बहन के लिए वस्त्र आदि प्रदान करने की परम्परा का निर्वहन करते भी दिखायी देते हैं।

भगवान राम किस जाति के हैं, किस नस्ल के हैं, किस धर्म के हैं, इन विवादों से दूर वनवासी समाज ने भगवान राम को सम्पूर्णता से स्वीकार किया है। ऐसा सिर्फ इसलिए हो पाया है कि श्रीराम वनवासियों की आकांक्षाओं, मर्यादाओं, वर्जनाओं, उनकी भावनाओं सहित सभी अपेक्षाओं की कसौटी पर खरा उतरते हैं। भगवान राम जन के उपासक हैं, जनाकांक्षा के उपासक हैं, जन भावनाओं के उपासक हैं। सिर्फ और सिर्फ इसीलिए पुरुषोत्तम श्रीराम वनवासियों–सहित सम्पूर्ण हिन्दू समाज के भगवान के रूप में प्रतिष्ठित हैं, विद्यमान हैं।

छत्तीसगढ़ी प्रहेलिकाओं और लोकोक्तियों में श्रीराम

डॉ. (श्रीमती) अनसूया अग्रवाल

संस्कृत के प्रकाण्ड विद्वान् गोस्वामी तुलसीदास ने जनभाषा अवधी एवं ब्रज में साहित्य-सृजन कर लोकभाषा को उच्चतम् स्थान पर प्रतिष्ठित कर दिया है। लोकभाषा लोकसाहित्य की भाषा है। 'रामचरितमानस' के पूर्व ही लोकसाहित्य रामनाम की महत्ता और रामकाज की उपादेयता से समृद्ध थी। एक तरफ लोकगाथाएँ जहाँ श्रीराम के चरित्र के अनेक पहलुओं को उजाकर करती हैं, वहीं दूसरी ओर लोकगीत में श्रीराम एक सामान्य पात्र के रूप में चित्रित हैं। जहाँ जनमानस अपने सुख-दुःख, हास्य-रुदन, पीड़ा-प्रसन्नता के अवसर पर श्रीराम को पुकारता है वहीं श्रीराम भी उनसे दूर कहाँ हैं? उनकी एक पुकार पर दौड़े चले आते हैं। अजर, अमर, अलौकिक पारब्रह्म परमेश्वर श्रीराम अनादि काल से आजतक महामानव, धर्मराज्य प्रवर्तक और सत्यमेव जयते के संस्थापक के रूप में प्रतिष्ठित हैं, किन्तु छत्तीसगढ़ के लोकसाहित्य में वही राम लौकिक धरातल पर गृहीत हुए हैं। यहाँ की प्रहेलिकाओं में राम अगम्य नहीं हैं, उन्हें जाना जा सकता है। अगोचर नहीं हैं, उन्हें देखा जा सकता है। अदृश्य नहीं हैं, उन्हें पुकारा जा सकता है। राम छत्तीसगढ़ के जनजीवन में रमे हुए दिखते हैं। यहाँ का जनमानस श्रीराम से अत्यन्त निकटता से जुड़ा हुआ है।

जैसा कि सबको विदित है, छत्तीसगढ़ एक कृषि प्रधान प्रान्त है। खेती यहाँ का प्रमुख व्यवसाय है। यहाँ का पढ़ा-लिखा बाबू भी खेतों में काम कर गर्व का अनुभव करता है। सम्पन्न से सम्पन्न व्यक्ति और निर्धन से निर्धन व्यक्ति खेत का एक कोना पाकर मुदित हो उठता है। वह अपने खेत में भरपूर मेहनत करता है; तभी उसकी धरती सोना उगलती है। प्रस्तुत पहेलिका में श्रीराम एक कृषक के रूप में उपस्थित हैं, वे हल चला रहे हैं और सीता मैया आज्ञाकारिणी पत्नी की भाँति श्रीराम के खेत में बासी पहुँचाती हैं। बासी छत्तीगढ़वासियों का प्रिय आहार है। यह रात का बचा चावल होता है, जिसमें पानी डाल दिया जाता है। गोंदली यानि प्याज और आम की चानी यानि अचार के साथ बासी इतना जायकेदार लगता है कि इसको सामने पाकर छत्तीसगढ़ का व्यक्ति छप्पन भोग भी छोड़ देता है। रात में पानी में भीगे होने के कारण यह विटामिन सी से भी युक्त हो जाता है, अतः इससे पेट तो भरता ही है, सेहत भी दुरुस्त रहता है। छत्तीसगढ़ की इस संस्कृति और अलौकिक देवी-देवता को जो साधारणीकरण पहेली के माध्यम से पहेलीकार ने किया है, वह द्रष्टव्य है-

''राम निस नाँगर फाँदे, सीता ले दीस बासी
बिन बीजा के साग लान दे, हनू खावो बासी''

संस्कृत साहित्य में श्रीराम और अनुज लखन की जोड़ी जितनी प्रसिद्ध है, लोकसाहित्य में भी उतनी ही उल्लेखनीय और प्रसिद्ध है। श्रीराम की धर्मपत्नी सीता मैया हैं और पिताश्री हैं राजा दशरथ। उनके मंत्री हैं सुमंत। श्रीराम को वन पहुँचा देने का

आदेश सुमंत को मिलता है। वनवास में श्रीराम को अनेक कष्ट उठाने पड़े हैं। जिस श्रीराम के कोमल चरणों में काँटे चुभे हैं; लोकसाहित्य में वे साधारण मानव हैं, उनकी पीड़ा लोक की पीड़ा है, लोक उसे भुला नहीं पाया है, इसलिए लोकसाहित्य में राजा दशरथ और कैकेयी को लांछित किया गया है–

राजा पूछही त बताहों का, ये अंधेर कबले चहिली
जब ले चलिही, तब ले चलिही, नई चलिही त अपन घर चल दिही

सीता मैया को पुनः वनवास होता है, जहाँ ऋषि वाल्मीकि का आश्रम उन्हें प्राप्त होता है, जिसके संरक्षण में कुश का जन्म होता है। इस घटना से सम्बान्धित पहेली लोकसाहित्य में है। किन्तु यह चमत्कारपूर्ण घटना पूर्णतः लोकतत्त्वों पर आधारित है। शिष्ट साहित्य में वर्णित रामकथा से इसका दूर–दूर तक कोई सम्बन्ध नहीं है। लोकमानस से उपजी इस मनोरंजनात्मक घटना के अनुसार सीतामाता एक दिन अपने पुत्र लव को वाल्मीकि की देख–रेख में छोड़कर स्नान के लिए जाती हैं। लव पालने में सोये हैं। नदी पहुँचने पर माता की नजर एक बंदरिया पर पड़ती है, जो अपने बच्चे को छाती से चिपकाकर एक वृक्ष की ऊँची–ऊँची डाली में इधर–उधर कूद रही थी। माता उससे पूछती हैं–'बंदरिया, तुम नन्हे बच्चे को लेकर इतनी ऊँचाई से क्यों कूद रही हो? इसे तुमने घर पर क्यों नहीं छोड़ दिया?' बंदरिया कहती है कि 'यदि मैं इसे घर पर छोड़कर आऊँ तो कोई हिंसक पशु उठाकर ले जाएगा।' बंदरिया की बात सुनकर सीता का मातृहृदय भावी अनिष्ट की आशंका से काँप उठता है, तत्क्षण उनका ध्यान अपने पुत्र लव की ओर चला जाता है, जिसे वो कुटी में छोड़ आयी थीं। वे सोचती है–'कहीं वाल्मीकि सो गये होंगे अथवा अन्यत्र चले गये होंगे तो? उनके शिशु को कोई उठा तो नहीं ले गया होगा?' चिन्तातुर सीता माता तत्काल आश्रम लौट आती हैं और लव को गोद में उठाकर पुनः स्नान के लिए चली जाती हैं। इधर वाल्मीकि अर्धनिद्रा से जागते हैं, और पालने में लव को न देखकर चिंतित हो उठते हैं। वे सोचते हैं कि पुत्री सीता जब लौटकर आएगी और पालने में शिशु को नहीं पाएगी तो उसे मर्मांतक पीड़ा होगी। उनके कष्ट की कल्पना मात्र से वाल्मीकि द्रवित हो उठते हैं और अपने देह के कल्मष से एक शिशु की रचना कर उसकी मंत्रसाधना से उसपर कुश का छींटा मारकर उसमें जीवन फूँक देते हैं। तंत्र–मंत्र से जीवन प्राप्त वह बालक किलकारी मारने लगता है। मुनि श्रेष्ठ उसे पालने में सुलाकर निश्चिन्त हो जाते हैं।

इधर सीतामाता स्नान कर जब लौटती हैं तो पालने में अपने शिशु के प्रतिरूप कुश को देखकर हतप्रभ रह जाती हैं। उसे चकित देख वाल्मीकि सारा वृत्तान्त कह सुनाते हैं; सारा वृत्तान्त सुनकर सीता कुश को भी अपना पुत्र मान लेती हैं। इस तरह प्रस्तुत पहेली में कुश–जन्म की कथा सत्यापित है–

''निरसंखी को संसों भयो, बिन बाप के पूत
अहू पूत कब?
माता नी रिहीस तब''

न केवल शिष्ट साहित्य में; अपितु लोकसाहित्य में भी 'रामचरितमानस' को श्रेष्ठ महाकाव्य माना गया है, जिसके श्रवण मात्र से कोटि–कोटि पाप कट जाते हैं और आदमी को मोक्ष की प्राप्ति हो जाती है। एक छत्तीसगढ़ी पहेली में 'रामचरितमानस' को एक ऐसे विशाल वृक्ष के रूप में कल्पित किया गया है, जिसकी शाखाओं में लगने वाले फलों के स्वाद को मानस के रसास्वादन से मिलने वाली आत्मशांति का पर्याय बताया गया है। यथा–

''एक पिंहड़न मोल, सबमें अलग-अलग डारा
सबमा फर लागिस त सबमा अलग-अलग सुवाद''

श्रीराम, सीता, लव-कुश के अतिरिक्त त्रेतायुगीन अनेक पात्रों का उल्लेख छत्तीसगढ़ी प्रहेलिकाओं में उपलब्ध है। यथा हनुमान, रावण, मंदोदरी आदि। लोकसाहित्य में भी हनुमान समस्त कष्टों के निवारक देव हैं। प्रभु राम की इन पर विशेष कृपा है। माता-सीता तो इन्हें अपना पुत्र मानती हैं। प्रभु राम और सीता हनुमान के हृदय में वास करते हैं।

हनुमान जी पवनपुत्र हैं। किंवदंती के अनुसार अंजनी और पवन के अप्रत्यक्ष संसर्ग से हनुमान का जन्म हुआ था। पुराणों के अनुसार पवन, अंजनी और हनुमान तीनों अविवाहित हैं, लोकसाहित्य में भी इन तीनों के विवाहित होने का प्रमाण नहीं मिलता, बुझौवल है–

''बाप कुँआरा, बेटा कुँआरा, अऊ कुँवारी महतारी
कोरा म लइका होवय, बताओ न वेदचारी''

एकाध पहेली में राम-रावण युद्ध के संकेत भी मिलते हैं। रावण कोई पात्र नहीं वृत्ति है, जिसे मारने का बीड़ा श्रीराम ने उठाया था। पौराणिक कथा के अनुसार रावण पर राम का विजय प्रतीक है–अमंगल पर मंगल का, असत्य पर सत्य का, अन्धकार पर प्रकाश का। यथा–

''जनमती टुरा के लागे हे टोपी, राम मारिन रावन ल उही मं।
किरिस्न मोहिन गोपी ल उही मं, भात खायेन आज हमन उही मं।।''

छत्तीसगढ़ की संस्कृति का रुझान सदैव धर्म और दर्शन की ओर अधिक रहा है। सभी मनीषियों ने यही माना है कि माया सदैव मनुष्य को धर्म ईश्वर से विरक्त करती है, किन्तु यदि परमात्मा को प्राप्त करने की चाह हो तो भक्ति सद्कर्म, सत्ज्ञान, उपासना, यज्ञ आदि माध्यमों का सहारा लिया जाना चाहिए। छत्तीसगढ़ी प्रहेलिकाओं की भाँति लोकोक्तियों में श्रीराम नाम का भरपूर उल्लेख है। यहाँ भी श्रीराम सर्वसमर्थ हैं, उनकी इच्छा के बगैर कुछ भी हो पाना सम्भव नहीं है, यथा–

''राखही राम त लेगही कोन, लेगही राम त राखही कोन''

राम को प्राप्त करना सहज नहीं है। श्रीराम को प्राप्त करने के लिए साधना की जरूरत है, ठीक वैसे ही जैसे किसी कार्य के सम्पादन के लिए हिम्मत की आवश्यकता है–

''रोए मं राम नई मिलय''

श्रीराम दिव्य गुणों की खान हैं। छत्तीसगढ़ के कण-कण में ये बसे हुए हैं। छत्तीसगढ़ का जन इनका सुमिरन निरन्तर करता रहता है–

''भज मन सीता राम, कौड़ी लगे न दामा''

छत्तीसगढ़ का जन श्रीराम के नाम से रमकर मोक्ष के लिए भी इच्छुक है। यहाँ की सरल-सीमा में जन जानता है कि राम नाम ही सत्य है, शेष सब मिथ्या–

''मन मं राम भजन कर तोता, बिन भजन के खावे गोता''

यहाँ की लोकोक्तियों में श्रीराम के अतिरिक्त उनके अनुज लक्ष्मण और वानर साथियों का उल्लेख भी मिलता है यथा–

"रालबाभा संग ले, लंक जीन वर जाय
मेकु के मरना सुनय, रावन दुखी होइ जाय"

यहाँ रा, ला, बा, भा से तात्पर्य राम, लक्ष्मण, बानर, और भालू हैं। मे, कु का आशय मेघनाद और कुंभकरण है, जिसके मरने की सूचना से रावण दु:खी हो जाता है। इस तरह यह लोकोक्ति पौराणिक प्रसंग पर प्रकाश डालती है।

निष्कर्षत: कह सकते हैं कि सीताराम छत्तीसगढ़ के मंगल और आनन्द की अनुभूति से जुड़े हुए हैं। श्रीराम का नाम, उनके उदात्त कार्य छत्तीसगढ़ अंचल में आज भी जीवित हैं। यहाँ का जन इन नामों से जीवन्तता और ऊर्जा प्राप्त करता है। यहाँ की लोकोक्तियों, प्रहेलिकाओं, लोकगाथाओं, लोककथाओं में ये मानवीय रूप में अवतीर्ण हुए हैं; इसलिए जन-जन के सुख-दु:ख के ये साथी हैं, लोक इनसे कभी विलग नहीं हो सकता। यहाँ की मौखिक परम्परा में भी ये सदैव जीवित और जीवन्त बने रहेंगे।

उत्तराखण्ड के लोकजीवन में श्रीराम

डॉ. यशोधर मठपाल

उत्तराखण्ड तीर्थ-प्रदेश है, जहाँ हर जाति-धर्म विचार के लोग आते रहते हैं। यहाँ आदिवासी-आभिजात्य सभी वर्ग के लोग निवास करते हैं। ग्रामीणांचल में जनजातियों का बाहुल्य है, तथापि राम अथवा रामकथा सर्वव्याप्त, सर्वमान्य, सर्व-सुखदायी है।

उत्तराखण्ड में दो मंडल हैं—गढ़वाल और कुमाऊँ। गढ़वाल में 'महाभारत' के कथानक पर आधारित अभिनीत कला का प्रचलन है तो कुमाऊँ में रामायणी कथा की सर्वव्यापकता है। कुमाऊँ में रामलीला मंचन, रामचरितमानस का अखण्ड पाठ व सुन्दरकाण्ड का पारायण पूर्ण धार्मिक आस्था के साथ यत्र-तत्र होते रहते हैं, रामलीलाएँ वर्ष में दोनों नवरात्रियों (चैत्र व आश्विन) को गाँवों-नगरों में सामूहिक रूप से आयोजित होती हैं। कुमाऊँनी रामलीला शास्त्रीय संगीत व रागों पर आधारित होती है। यद्यपि पात्र बीच-बीच में गद्य का प्रयोग भी करते हैं; किन्तु रात्रि में विभिन्न प्रहरों के अनुसार विभिन्न राग-रागिनियों का मार्मिक गायन होता है, रामलीला के उस्तादों को समग्र नाटक कंठस्थ होता है, वे शास्त्रीय संगीत के विशारद होते हैं, हारमोनियम, तबला, सारंगी, वीणा, झाँझ, खड़ताल आदि का सम्यक् प्रयोग किया जाता है। पात्रों को एक माह पूर्व से तालीम दी जाती है, अपनी मार्मिकता के कारण कुमाऊँनी रामलीला प्रदेश से बाहर भी आयोजित होती है। दर्जनों विद्यालयों की अपनी-अपनी रामलीला समितियाँ होती हैं, जो विद्यालय की आमदनी का प्रमुख साधन भी हैं, ये समितियाँ दिल्ली, मुंबई जैसे महानगरों में भी लीला आयोजित करती हैं। रामलीला-मंचन इतना सजीव होता है कि राम-वनगमन, दशरथ-मरण, कौशल्या-विलाप, सीता-हरण और लक्ष्मण को शक्ति लगने के दृश्यों में नारियाँ जोर-जोर से रोने लगती हैं।

यद्यपि स्थानीय लोकभाषा कुमाउँनी में साहित्य रचनाएँ की जाती हैं; किन्तु रामलीला में हिन्दी और अवधी का ही मुख्यतः प्रयोग होता है, यदाकदा संस्कृत के श्लोकों का गायन किया जाता है। कुमाऊँनी रामलीला का आरम्भ सन् 1773 में माना जाता है। अतः इसमें गोस्वामी तुलसीदास के मानस का प्रचुर प्रभाव है। मार्मिक प्रसंगों में मानस की चौपाइयाँ यथावत् रख दी गयी हैं। इनके अलावा अरबी व फारसी का भी अल्प प्रयोग हुआ है जैसे श्रृंगी ऋषि को महाराज दशरथ अपनी व्यथा इन शब्दों में सुनाते हैं—

'क्या कहूँ मैं गुरु जी अपनी व्यथा, मुझको औलाद का गम सताता रहा।
हर तरह से हुई नाउमेदी मुझे अब, जमाना जवानी का जाता रहा।।'

उधर विश्वामित्र अवधेश को आशीर्वाद संस्कृत में देते हैं—

'लक्ष्मी ते पंकजाक्षी निवसतु भवने, भारती कंठ देशे।
बर्द्धताम् बन्धुवर्गाः सकल रिपु गणाः यान्तु पाताल मूलम् ...।।'

पुष्प–वाटिका में श्रीराम, सीता–प्रथम–दर्शन पर अनुज से कहते हैं–

'तनक निहारो तुम जानकी की छवि भाई,
वाटिका फिरत कोटि चन्द्र भी लजायो है।'

प्रभु राम ने अपने आगमन की सूचना देने महावीर को जब नन्दिग्राम भेजा तो भरत जी के साथ उनका संवाद मानस से ही पूर्णतः लिया गया है–

'जासु विरह सोचहु दिन राती, रटहुं निरंतन गुन गन पाती।
रघुकुल तिलक सुजन सुख दाता, आयहुं कुशल देव मुनि त्राता।।' आदि

कुमाऊँनी रामलीला का सबसे विलक्षण पक्ष, दशहरे पर प्रदर्शित होने वाले दशानन–परिवार के गगनचुंबी पुतले हैं, भारत में शायद ही कहीं अन्यत्र इतने विस्मयकारक पुतले बनते हों, जिनमें रावण, कुम्भकरण, मेघनाद के अलावा खर–दूषण, त्रिशिरा, ताड़का, शूर्पनखा, नरान्तक, देवान्तक आदि के पुतले बना कर वाहनों में बाजार में घुमाया जाता है, अल्मोड़ा शहर में पुतले के लिए एक–एक समिति बनी हुई है। वस्तुतः रामलीला के द्वारा रामायणी कथा आबाल वृद्ध सभी साक्षर–निरक्षर कुमाऊँनी स्त्री–पुरुषों को कंठस्थ हो गयी है।

देवभूमि के इस क्षेत्र में जितने भी धार्मिक संस्कार होते हैं, उनमें पुरोहित जहाँ संस्कृत में मंत्रोच्चार करते हैं, वहीं नारियाँ लोकभाषा में 'सगुन–आखर' गाती हैं, इन शकुन–गीतों में शायद ही कोई मंगल गीत हो, जिसमें श्रीराम, सीता, लक्ष्मण का उच्चारण न किया जाता हो, मंगलाचरण का आरम्भ ही इन शब्दों में होता है–

''शकूना दे शकूना दे सब सिद्धि काज में अति नीको शकूना बोल्या
दाईना बाजन छन, शंख शब्द दैणी तीर भरियो कलेश,
अति नीको सो रंगोलो, पटलो आँचली कमलै को फूल,
सो ही फूलू मौलावन्त, गणेश, रामीचन्द्रा, लछीमना, लवकुश,
जीवा जनम आधा अम्बर होय।
सोही पाट पैरी रहना, सिद्धि बुद्धि सीता देवी बहूराणी,
आयुवन्दी पुत्रावन्ती होय सोही फूलू मोलावन्ता।''

गणपति पूजन के बाद जब षोडश मात्रिका–पूजन होता है तो नारियाँ (जिन्हें मंगलमुखी या माँगोगाणी पुकारा जाता है) गाती हैं–

''कै रे लोक उपजनी माई मात्रा देव ए,
कै रे कोखी उपजनी रामचन्द्र पूत ए,
लछीमन पूत ए, चल तुमी माई मात्रा इनऊँ धरी आज ए।
इनऊँ धरौ धौला, हरा काज सोह ए।
कौशल्या राणी कोखी उपजनी रामीचन्द्र पूत ए,
सुमित्रा राणी कोखी उपजनी लछीमन पूत ए.....''

एक संस्कार वसुधारा भी होता है, उसमें नारियाँ गाती हैं–

''वसोधारा वसोधारा धार उधारा, तसू घृत ले रामीचन्द्र लछीमन माय भरा ए,
वसोधारा वसोधारा धार उधारा,
तसू घृत ले सीता देही बहुराणी श्रृंगार कर ए।''

आवदेव संस्कार में श्रीराम, लक्ष्मण, कौशल्या व सुमित्रा राणी का आह्वान किया जाता है कि वे इस परिवार को दीर्घजीवन प्रदान करें। इस कुल की सभी बहुएँ पुत्रवती होवें, पुण्य आह्वान, कलश-स्थापन नवग्रह-पूजा, अग्नि-स्थापना, नामकरण, नवजात को प्रथम सूर्य-दर्शन, ज्यऊँतिपूजा, सेली, यज्ञशाला-निर्माण, होम, यज्ञोपवीत में बटुक का स्नान, भिक्षा दान व अध्ययन हेतु काशी-प्रवास सभी में रामायणी पात्र विद्यमान होते हैं, उनमें सामान्यतः उपेक्षिता उर्मिला भी होती है, इतना ही नहीं, पावन अयोध्यापुरी का यश भी गाया जाता है, बटुक हेतु यज्ञशाला का जब निर्माण किया जाता है तो मंगलमुखी गाती हैं, **'वामण पुरोहित लै जन्यो सुजै छ, मेरि जनेऊ सुजै छ, बज्यू रामीचन्द्र लै, ककज्यू मेरा लछीमन लै शाला बणै छ। मेरि शाला वणै छ'** (वटुक के बोल हैं कि मुझे अभिमंत्रित जनेऊ ब्राह्मण पुरोहित द्वारा प्रदान किया गया, मेरे पिता रामचन्द्र व काका लक्ष्मण ने मेरी यज्ञशाला का निर्माण कराया है।)

इसी प्रकार कुमाऊँनी विवाह-संस्कार में सर्वप्रथम 'सुआल पथाई' होती है जिसमें नारियाँ आटे की रोटियाँ बनाकर धूप में सुखाती हैं, बाद में इन्हें तल लिया जाता है, पापड़ जैसी ये रोटियाँ, जिन्हें 'सुंआल' कहा जाता है, एक साल तक खराब नहीं होती हैं। इनके साथ चावल के भुने आटे या तिल को गुड़ की पाग में गूँथ कर बने लड्डू जिन्हें 'लाडु' कहते हैं, को सौगात के रूप में समग्र जाति-बिरादरी में बाँटा जाता है। सुआल पथाई के कई मंगल गीत हैं। एक गीत के बोल इस प्रकार हैं-

'को ए उ पण्डित लै कणि की मौले छ,
को ऊ सोहगिला लै कणि की छरौंछ,
पंडित रामीचन्दै लछीमन लै कणिकी मौलेछ।
सोहागिलि सीता देही लै बहुराणी लै कणिकी छरौछ।
अगप्य जतणा धूली बरौंछ छत्रा जतणा सवालि दुछैछ।
पड़ोसा वसनी सीता देही लै बहुराणी लै सुवालि दुछैछ.....''

विवाह संस्कार के प्रत्येक शुभ कार्य में (जैसे वर/कन्या स्नान, उबटन-लेपन, वर का अलंकरण, बारात का कन्या घर आगमन, धुलिअर्घ्य (द्वारचार) साखोच्चार, कन्यादान, विदाई तत्पश्चात्, पुत्रजन्म आदि के समस्त उछाहों में सगुन आखर तन्मयता व उल्लास से गाये जाते हैं-"भोजन जीमने में नारीवृद्ध द्वारा जो गालियाँ दी जाती हैं, उनमें भी हमारे राम जी सपरिवार उपस्थित रहते हैं। एक झलक देखिए-

''खंवन खंवन दियो जगायो जगमग ज्योति उजालो जी।
लाल ही कमल-झमक विद्यौना, आग पहुँचा विदेशीय लोग जी।
कहाँ के तुम विदेशीय लोगों कहाँ तुम लै जाणौ नेऊणौ जी,
अयोध्या के हम विदेशीय लोग जनकपुरी जाणौ बेऊणौ जी।।
रामीचन्द्र गारि कहा कैसे दीजे, लछीमन गारि कहा कैसे दीजे,
जाके एक बाबा तीन महतारी जी।
श्री कृष्ण गारि कहा कैसे दीजे, जाके एक बाबा दो महतारी जी।....''

समग्र उत्तराखण्ड में होली प्रधानतः बृजभाषा में ही गायी जाती है, जिसमें कुमाऊँनी भी मिश्रित होती है, और होली के महानायक भी नन्द के नटखट लाल ही हैं, जिस प्रकार हर शुभ कार्य का श्रीगणेश गणपतिवन्दना से होता है, उसी प्रकार होली-गायन का आरम्भ भी इन शब्दों से किया जाता है-'**सिद्धि को दाता विघ्न विनाशन, होरि खेले गिरिजापति वन्दन, गौरी को नन्दन, मूसा को वाहन, होरि खेलै गिरिजापति नन्दन।**' भगवान् शिव हिमालय के सर्वमान्य देवेश्वर हैं; अतः दूसरी होली-

"शिव दर्शन दीजे नाथ जटाधारी, शिव दर्शन दें।
पूरब दिशा से जातुरि आये, भीड़ भई तेरे मन्दिर में शिव दर्शन दें।।"

इनके बाद सर्वाधिक गाये जाने वाले गीत भगवान् कृष्ण, गोपियों, जमुनातट, ब्रजभूमि और मथुरानगरी पर आधारित हैं; फिर चाहे वह '**नदि जमुना के तीर कदम चढ़ि कान्हा बजाइ गयो बाँसुरिया हो**' या '**दधि लूटे नन्द को लाल वेचन ना जइए हो री हो**', हो या '**वृन्दावन केसर क्यों ना बोई। क्यों ना बोई नन्द लाल।**' अथवा '**मथुरा में खेले एक घड़ी, काहे के हाथ में डमरू विराजे, काहे के हाथ में लाल छड़ी.....।**' ही हो, श्रीकृष्ण-सुदामा-मिलन प्रसंग वाला एकाध गीत ही सभवतः करुणरस प्रधान होगा, शेष सभी शृंगाररस परक गीत हैं, इनके विपरीत मर्यादा पुरुषोत्तम भगवान् राम या रामायण के किसी प्रसंग पर आधारित होली गीत अधिकतर गम्भीर और करुणरस प्रधान हैं, दशरथ राजा के घर पुत्रजन्म से लेकर रावण-वध पर्यन्त कितने ही प्रसंगों पर होली के मार्मिक गीत हैं, कुछ प्रमुख गीत इस प्रकार है-

"भज दशरथ नंदन जनक लली,
दशरथ राजा के राम भये हैं, राजा जनक की भई है लली,
जनक स्वयंवर यज्ञ रचायो, तोड़ धनुष की बात चली है,
ये दोऊ भूप जनकपुर आए, पुष्प बिछाये गली गली।
स्यामल गौर किशोर मनोहर, निरखत मोही पुर की अली।
कौशल्या राम सुमित्रा लछिमन, जन्मी जोड़ी अवध भली।। भज....

× × ×

मुनिवर जठर पिनाक, परसत टूटि पड़ौ है,
जनक स्वयंवर यज्ञ रचो है, निजपुत्री के काज, परसत.....
देश देश के भूपति आये, सहित स्वजन गज बाज।
रामचन्द्र के छूवत कर से। खण्ड भये दो सात......
भृगुपति कोप अपार निरख के। कौशिक मुनि समुझात.....
राम सुनो कपटी तब भ्राता। चाहत जम पुर जात.....

× × ×

हाँ जी सीता वन में अकेली कैसे रही, कैसे रही दिन रात, सीता....
हाँ जी सीता रंगमहल में सब छोड़ चली है, वन में कुटिया बनाई, सीता.....
हाँ जी सीता षटरस भोजन छोड़ चली है, वन में कन्द मूल फल खाई.....
हाँ जी सीता सौड़ा सुफेदा छोड़ चली है, वन में पत्तियाँ बिछाई......

हाँ जी सीता पान सुपारी छोड़ चली है, वन में वनफल खाई....
हाँ जी सीता तेल फुलेला छोड़ चली है, वन में धूल रमाई......
× × ×
दशरथ को लछीमन बाल जती, दशरथ......
बारोबरस सीता संग रहिए, पाप न लागो एक रती। दशरथ......
× × ×
दशरथ भूप खेले होरी.... दशरथ भूप....
कौन राजा के कुँवर कन्हैया, कौन रानी के लाल री.....
दशरथ राजा के कुँवर कन्हैया मात कौशल्या के लाल री......
राम लछीमन भरत सतुरघन, खेलें चारो भैया री.......
× × ×
कहत निषाद सुनो रघुनन्दन
कहत निषाद सुनो रघुनन्दन
सुने जगवंदन तुम सुनो जगवंदन
नाथ न लऊँ तुमसे उतराई।
नदी और नाव के हम हैं खेवइया।
वैतरणी के तुम रघुराई''

इन गीतों के अलावा शिवधनुष न टूट पाने पर सीता जी की मनोव्यथा पर भी एक होली गीत है तो दूसरा जयन्त की नादानी पर, एक गीत में भगवान् पवनसुत से लंका का हाल पूछते हैं तो दूसरे में मंदोदरी अपने वर को रामद्रोह की एक साथ वन्दना की गयी है, इन होली गीतों, मंगलगीतों और रामलीला नाटकों का जनमानस पर ऐसा प्रभाव है कि दो भाइयों में से एक का नाम यदि रामसिंह होगा तो दूसरे का लक्ष्णम सिंह, किसी व्यक्ति के यदि चार पुत्र हैं तो उनको 'दशरथ' उपनाम से जाना जाता है, ब्राह्मणों में सर्वप्रिय नाम रामदत्त है और हरिजनों में हर नाम के साथ 'राम' जुड़ा होगा, यथा नरीराम, धनीराम, शेरीराम, सदीराम आदि आदि।

उत्तराखण्ड के दोनों मंडलों के दो पौराणिक भूगोल हैं, जिन्हें क्रमशः 'मानस-खण्ड' और 'केदारखण्ड' पुकारा जाता है। लोकमान्यता है कि ये महर्षि वेदव्यास रचित 'स्कन्दपुराण' के ही खण्ड भाग हैं। मानसरोवर तक परिव्याप्ति होने से कुमाऊँ का पौराणिक नाम मानसखण्ड रहा है; जबकि केदारनाथ जी की पावन उपस्थिति के कारण गढ़वाल को केदारखण्ड पुकारा जाता रहा है, मानसखण्ड के 39वें अध्याय में सीतावनी का वर्णन है, जहाँ वैशाख माह भर सीता जी ने पवित्र कौशिकी नदी में स्नान कर तपस्या की थी और पूजा हेतु सीतेश्वर की स्थापना की थी। यह पूरा तात्त्विक स्थल हल्द्वानी-रामनगर के मध्य पवलगढ़ के समीप है, यहाँ प्राचीन मन्दिरों के भग्नावशेष तथा दो जलधाराएँ हैं, जिन्हें रामधारा और सीताधारा पुकारा जाता है, अल्मोड़े के पास काषाय पर्वत (कलमटिया) पर रामक्षेत्र है। वहाँ एक रामशिला भी है, जहाँ भगवान राम ने देव, ऋषि, सनकादि, पितरों और मानवों का तर्पण किया था। इसका वर्णन भी मानसखण्ड के 52वें अध्याय में है। श्रीराम यमराज के साथ इस स्थान पर वैकुण्ठ जाने से पूर्व पधारे थे। इसी प्रकार 63वें अध्याय के अनुसार कुम्भकर्ण का सिर कुमाऊँ में जिस स्थान पर गिरा था, उसे ही कालान्तर में घटोत्कच ने भीम को दान में

दिया था। आगे 95 वाँ अध्याय रामेश्वर माहात्म्य को समर्पित है, रामेश्वर सरयू नदी के तट पर पिथौरागढ़ जनपद में है, यहाँ राम पादुकाएँ भी हैं, अल्मोड़ा के पश्चिमी भूभाग में रामगंगा नदी के तट पर रामपादुका भी एक धार्मिक स्थल है। यहाँ भी श्रीराम की पादुकाएँ चट्टान में उकेरी गयी हैं। इसी प्रकार केदारखण्ड में सीता-लक्ष्मण सहित प्रभु राम का देवप्रयाग में तपस्या करने का वर्णन दिया गया है। दशानन-वध की ब्राह्मण-हत्या पाप के निवारणार्थ श्रीराम देवप्रयाग में रुके थे, यह वर्णन 150वें, 158वें व 162वें अध्यायों में गुंफित है, श्रीराम ने गढ़वाल में कमलेश्वर महादेव की नित्य एक सहस्र कमलों से पूजा की थी। (अध्याय 188) गढ़वाल क्षेत्र में रामतीर्थ, सीताकुण्ड, रामकुण्ड, हनुमत्कुण्ड और रामेश्वर शिव-तीर्थ भी है। इतना ही नहीं, रामकथा से सम्बन्धित ऋषि वशिष्ठ, अत्रि, नारद, विश्वामित्र, गौतम आदि ऋषियों के एक-एक आश्रम इस हिमालयी क्षेत्र में विद्यमान थे। ये सारे सूत्र उत्तराखण्ड के लोक मानस में श्रीराम की व्यापकता को ही सिद्ध करते हैं।

''राम अनन्त अनन्त गुन, अमित कथा विस्तार,
सुनि आचरजु न मानिहहिं जिन्ह के विमल बिचार।।''

उत्तराखण्ड तीर्थ-प्रदेश है, जहाँ हर जाति-धर्म विचार के लोग आते रहते हैं। यहाँ आदिवासी आभिजात्य सभी वर्ग के लोग निवास करते हैं। ग्रामीणांचल में जनजातियों का बाहुल्य है, तथापि राम अथवा रामकथा सर्वव्याप्त, सर्वमान्य, सर्व-सुखदायी है।

कथा रामचन्द्र की : दृष्टि आदिवासियों की

डॉ. जयप्रकाश मिश्र

'रामायण काव्य बीजं सनातनम्'। रामायण काव्य बीज का सनातन है, जिसमें 'राम नाम जनैः श्रुतः' नायक भी जन लोक श्रुति का ही मान्य है। इन सबका तात्पर्य रामकथा की व्याप्ति सम्पूर्ण भारतीय के साथ-साथ विश्व वाङ्गमय में है। अब तो जैसे ही रामकथा की चर्चा होती है। भारतीय क्या विदेशी वाङ्गमय के मनीषियों की देन स्वरूप राम का चरित्र-चित्रण और प्रभावी उसका लालित्यपूर्ण मनभावन दृश्य वीडियोग्राफी की तरह जनमानस पटल पर दर्शित होने लगता है। यही है रामकथा का विशेष विस्तार और उसकी परिव्याप्ति। इसका मूल कारण जीवन के तमाम पहलुओं में समायी हुई रामकथा है जो जीवन-सन्दर्भ के स्रोत के रूप में परिलक्षित होती है। जहाँ-जहाँ भारतीय मूल के लोग गये हैं; अपने साथ रामकथा भी लेते गये हैं। जिनसे प्रभावित तत् स्थान के लोगों को भावनाओं के अन्तः में स्थान पाते-पाते समा गये तो जो कथा का मर्म रहा वह तोड़-मरोड़ के बावजूद जिन्दगी से जुटता स्पष्ट होने लगा, इसी सम्पृक्तता में रामकथा और उसके विभिन्न सन्दर्भ प्रभावी रूप से प्रकट हुए। यह रही दृष्टि जिससे उसे नापा, तौला, आँका तथा प्रयोग में लाया प्रयुक्त होने लगा है।

जनमानस जहाँ से कथा, मार्मिक कथा के सन्दर्भ ढूँढ़ने लगता है, वहीं समूची रामकथा उनके दिल-दिमाग में अपनी ऊँचाई, लम्बाई, चौड़ाई नापने लगती है। यह तो पल-प्रतिपल के जीवन-सन्दर्भों में भाव-विह्वल हो झूम-झूम आनन्द लेते हुए भाव में विभोर हो उठता है। ठीक यही स्थिति यहाँ के आरण्यक-आदिवासियों की है। ये समीपस्थ संस्कृति के मेलजोल से रामकथा के अन्यान्य हृदयग्राही सन्दर्भ इनके जीवन-सन्दर्भों में स्थान पाने लगे तथा उनका उत्तरोत्तर वर्णन उनके साहित्य में जुटता गया। उनकी रामकथा कहीं कुछ ही पंक्तियों की हो, परन्तु जीवन सन्दर्भों में जुटते-जुटते उसने विशाल मार्मिक उपजीव्य रूप धारण कर लिया है और आदिवासियों की दृष्टि सहचरी की भाँति निरखती रही है साथ ही समाद्रित भी हुई है। एक ललक रामकथा की फलवती होने लगी है जिससे इनके जीवन को गतिमयता सहज रूप में मिलती गयी है।

सोनभद्र के आरण्यक क्षेत्र में रामकथा के सन्दर्भ उनके अपने रंग-ढँग के हैं। जैसा इनका अरण्य में जीवन-क्रम जन्म से उत्तरोत्तर प्रवहमान है, उसी क्रम में रामकथा के गीत राम गीतावली के रूप ले लिये हैं। इनके साहित्य में वह भावना उभर कर व्यक्त हुई है। यह उनकी अपनी सहज सम्पृक्तता की ललक है, दृष्टि है।

आदिवासियों के प्रत्येक गाँव में गौंहा मुखिया के रूप में होता है। सामन्ती व्यवस्था के तहत सामन्त विशेष के सहारे पर अचल विशेष की व्यवस्था होती है। उसी के अनुसार उसके सुख-दुःख, भाव-अभाव को आदिवासी मानस

भी महसूस करता है। रामकथा का सन्दर्भ वर्णित है। राजा दशरथ के एक सौ साठ रानियाँ होते हुए भी बालक का जन्म नहीं हुआ। उन्होंने देवताओं की मनौती की जिसके परिणाम स्वरूप चार पुत्र जन्म लिए–

''लागल दिला नहिं छूटे रे सजनी
केकरे एक सै साठ रनियाँ एको बलक नहिं केकरे
राजा दशरथ सिंह के एक सौ साठ रनिया रे
देवता मनवे राजा दशरथ सिंह रे
लड़िका जनमले कुलि चारि रे। लागल...''

राम का जन्म राजमहल के अन्दर हुआ; परन्तु सीता का जन्म सबके समक्ष हुआ। सभी देवगण जन्मोत्सव देखने आते हैं। वे देवगण भूख–प्यास से व्याकुल हैं। खाद्य–सामग्री के अभाव में वन में कन्दा खोदकर उससे अपनी भूख मिटाते हैं तथा जल के अभाव में सोननद के दह के जल से अपनी प्यास बुझाते हैं, गीत की पंक्तियाँ–

''केकर जनम भयल ओलिया–कोलिया
केकर जनम माफ सहरे
राम जनम भयल ओलिया रे महलिया
सीता जनम माफ सहरे
सगरो देवता मिलि आवे देखे
सबरे मरे भूख पिआसे
कंदा कोड़िया केड़ि कइले अहारे
तुम्बा लवकी लेके पनिया के जाले गो साजन
कबहू न पानी घाटे
जाइ देखे सोनघाटे
पानी दह रहे लहराये''

राम का अवतार–जन्म किस समय हुआ। श्रीराम का जन्म दिन के मध्य नौमी तिथि को हुआ। राजा दशरथ सिंह की बेटी सोने का घड़ा लेकर स्नान के लिए जाने लगी तो उसको जाने से मना किया गया और बताया गया कि वहाँ पागल हाथी है। स्नान हेतु जाना अच्छा नहीं होगा।

''कवने दिना कवने जूनिया राम लिहे अवतरिया।
सुरुज कपारे नौमी बहते बयारे राम लिये अवतरिया
राजा दशरथ सिंह कऽ बिटिया
होई राम राजा दशरथ बलक
ले लेहु ए बेटी सोने कऽ घरिलवा
हाइराम चली सगरो नहान
जिनिजाउ बेटी बाबा के सगरवा
मातल हथिया जे बाइ।''

श्रीराम-भाइयों सहित बड़े होने लगते हैं, वन में आवास बना हुआ है। जंगली हिंसक खतरनाक जानवर नुकसान पहुँचाते हैं। इसके लिए राम भाइयों के साथ वन में 'धव' आदि की डालियाँ काट कर लाते हैं, उसी से घर के चारों तरफ घेरा बनाते हैं। घेरा बनाते समय दक्षिण और प्रवेश-द्वार की व्यवस्था करते हैं। श्रीराम की बहन एवं सीताजी उस घेरे में फुलवारी लगाती हैं तथा फूलों के पौधों का अभिसिंचन करती हैं। फूल का पौधा बड़ा हो फूलने लगता है। बसन्त ऋतु का आगमन हो गया, भ्रमर उसपर गुंजार कर फूल का रस लेते हैं। वे राम के साथ आकाश की ओर उड़ जाते हैं। राम मत्त हो इन्द्रलोक में बैठते हैं। आदिवासी अपने घर उसके घेरा बीच फुलवारी आदि का परिदृश्य रामकथा के मुख्य पात्रों के द्वारा सम्पादित कराते हैं। गीत अपने कलेवर के साथ इस प्रकार सँजोया गया है–

''राम तऽ काटे धवइ कऽ झिंगटा
मन लागे हो देवरा घोरन घोराने
दखिन में रखले दुआरे लगाये फुलवारे
ननदी भउजिया धमकि बइठे फुलवारे
पेड़वा सींचि लगावे, पेड़वा उठल लहराये
एक फूल फूलल अगासे
सरसे भँवर रितु आये सतसे भंवर मड़राये
चुहुकि-चुहुकि रस लेवे रस लेले लंका उड़ि जाले
जाइके बइठे इन्द्रलोके।''

राम-कथा का अग्रिम सन्दर्भ है–राम-सीता जी का स्वयंवर, जब कोई धनुष नहीं उठा पाया तो राम ने धनुष को उठाया, चढ़ाया, खण्ड-खण्ड कर दिया। यह इतनी शीघ्रता से हुआ कि किसी ने देखा तक नहीं–

''केहु धनुही न उठाइ पारे
राम लखन जग्गे दरबारे
राम धनुष चढ़ाये
केहू नाहीं लखिपाये
दस बीस खण्डों कई डारे
राम धनुष चढ़ाये''

राम-लक्ष्मण शिकार के लिए वन में जाते हैं, पहले वन में राम, कदली-वन में लक्ष्मण शिकार खेलते हैं। हिरन का शिकार होता है, दोनों भाई उस हिरन को ले आकर आँगन में रखते हैं। मृग के दाँत एवं चमड़े आदि की बिक्री की जाती है। दाँत दस मोहर तथा चमड़ा सोलह मोहर में विक्रय होता है।

''राम वने राम केदुली बने लछिमन
राम वने खेलते अहेर हो रावन।
मारि दिहल हरिना विडहरे
लाइपटके माँग अगने
दस मोहर ओकर दंतिये हो दंतिये
सोरह मोहर ओकर चामे''

श्रीराम लक्ष्मण वन में आखेट के लिए जाते हैं। वन में कुछ दूर जाने के बाद ये दोनों लोग अलग हो जाते हैं। संयोग से हर्रा-बहेरों के वृक्ष की छाँव में राम बैठे हुए हैं। रोझ (नीलगाय) अपने कानों को हिला रहा था। लक्ष्मण ने तीर चलाया। तीर राम को लग गया, राम बेहोश हो गये, उनके मूर्च्छित शरीर को नये पत्तों पर लिटाकर नये पत्तों से ढँककर सूर्य, वनगीधिन, चिउटी आदि से प्रार्थना करते हैं। राम का शरीर सूर्यताप से कुम्हलाने न पावे, वनगिद्ध इसको क्षत-विक्षत न करने पावें, तथा चींटियाँ राम के शरीर में न लगने पावें। जब तक लक्ष्मण घर में लौट नहीं आते। लक्ष्मण घर गये। घर में ओसरी के नीचे टूटी झिलगी चारपाई पर मुख मलीन कर बैठ जाते हैं। सीता उनसे पूछती हैं–आज देवर ऐसा क्यों कर रहे हैं। लक्ष्मण ने वन-गाथा बयान किये। सीता उसी क्षण वन जाती हैं। वह राम के पास पहुँच अपने सतीत्व का दावा करती हैं। श्रीराम मूर्च्छा-विगत हो उठ खड़े हो जाते हैं। सती की कई गाथायें, मन्दिर वहाँ पाये जाते हैं। रामकथा इस सन्दर्भ को यानी, सीता-सती-सन्दर्भ का कितने ही मार्मिक संवेदनशील ढंग से वर्णन हुआ है, यही इसकी अपनी दृष्टि है, गीत की पंक्तियाँ–

"हररा के अनते बहेरा के दुहें
रोझ कान डोलावे
रोझनी के उठते तीरा छटकावे
मरही के मरली राम के दोहइया हे राम
मारल हो सहोदर जेठ भइया हे राम
राम हे रमइया कहि गिरे हे राम
कुराकुठा दिहले ओढाय
तोर तऽ पइया लागऊँ सूरूज देवता हे राम
चामे जनि कुम्हिलाये हे राम
तोर तऽ पइया लागू मइ धरतिया
चिउटी जनि बगिराये हे राम
तोर तऽ पइया लागू राम गिधिनियाँ
नेगड़ा जनि वगिराये हे राम
अनु दिन देवर मोर ओरी ओकारी
आज कऽसन झखिनीतर ठाढ़
अनदिन देवर मोर सोने लोटा पानी पीये
आजु कइसन वोखी तूतुइया
अतना त बोलिया सुनल नहिं पावे हे राम
खाटि छाड़ि भूइयाँ बघकाले हे राम
जाइ अपने पिह्वा जगावे हे राम
जउ मइ पतिवरता हे राम
एक बोल कढ़ली दूसर बोल कढ़ली
तीसरे उठि राम जागे हे राम।"

वनगमन में राम-लक्ष्मण-सीता तीनों वन को चले, अयोध्या सूनी हो गयी। माँ ने देखा-आगे राम, पीछे लक्ष्मण, बीच में सीताजी, तीनों राजभवन से वन जोगी की तरह गये। पता नहीं लग रहा है, राजमहल में क्या कुछ हो गया, कैसी हलचल है। राम का राज सीता का महलवास छूट गया, ऐसा करने वाली कैकेयी अयोध्या में न रहे।

''राम हो लछिमन सिया वन हो
आगे राम पाछे-पाछे लछिमन
माझे चले सीता सुन्दरी उदयमान
राम लखन सिया वन के गवन किया
राजा घर कइसन हड़होर हो
राजापुर कलपे दिनि रात हो
केकई अयोध्या में न रहे
सीता छूटे सेज सुपेती
राम के छूटे राज रे''

अयोध्या में ऐसी कौन सी घटना घटित हो गयी, चारों तरफ शोर मचा हुआ है, राम-लक्ष्मण-सीता वन को चले गये। राजा दशरथ को सायं जर-जूड़ी आयी, कैकेयी-भवन में भोर होते राजा का प्राण छूट गया। उनकी चिता जलाई गयी, चिता की धूम ने आकाश को आच्छादित कर दिया। शवदाह के बाद राख हड्डी-चूर वाराणसी गंगा में प्रवाहित किया गया।

''राजाघर कइसन हड़होर हो
सही मांझे रजवा के भइले जर-जूड़ी हो
भिनुसहर छूटले परान हो
जरे लागल कठिया धधके लागल आग हो
धूइयाँ सरग मेड़राय हो
कोहला बटोर घट आने हो
हड़वा बनारस जाये हो।''

वन में सीता का हरण हो गया। राम व्याकुल होकर वन-वन सीता को ढूँढ़ते हुए लता-पत्तों, वृक्षों से सीता का पता पूछते हैं। गीत में रावण को चोर कहा गया-

''व्याकुल कुँजल वन ढूँढ़इ हे रामा
कहूँ देखा चकहा सिया हरिजाता
लता पतई पूछे सिया हरिजाता
रावन चोर सखी कुजा वने''

भरत ने राम का समाचार पूछा, राम-लक्ष्मण-सीता कहाँ हैं, कैसे हैं, किस वन में, किस दिशा में हैं। राम वन में लक्ष्मण कदली-वन, श्री सीताजी निर्जन वन में हैं, रामजी कंदा, लक्ष्मण मूली खाते हैं तथा श्री सीताजी दूध का आहार करती हैं, यह कैसी विषम परिस्थिति है।

''भरत पूछे राम की खबरि हो,

कवने वने राम कवने वने लछिमन कवने वने जनक दुलारी
रामे वने राम के दुलीवने लछिमन विरधा वने जनक दुलारी
का खाले राम का खाले लछिमन का खाली जनक दुलारी
कंदा खाले राम मुराई खाले लछिमन दूध पीअल जनक दुलारी''

सीताजी की खोज में हनुमन्तलाल का समुद्रोलंघन, मेघनाद के ब्रह्मफांस से बद्ध होना, रावण की सभा, दूत को दण्ड दिये जाने का विचार-विमर्श, पूँछ में वरभ लपेट कर तेल छिड़क आग लगाया जाना, पूँछ के बदले लंका दहन, लंका नगरी के दहन दिन आदि अनेक सन्दर्भ एक ही गीत में स्थान पाये हुए हैं। ये सन्दर्भ मार्मिक होते हुए रामकथा का एक विस्तृत आयाम प्रदान करते हुए जनलोक-हृदयग्राही बने हुए हैं, मार्मिक सन्दर्भों के समस्त गुण संवलित हैं।

श्री रामचरितमानस की कई पंक्तियाँ एक साथ स्मरण हो आती हैं–

''चला इन्द्रजित अतुलित जोधा, नाग फाँस बाधेसि लैगयउ
तेलवोरि पटवाधि पुनि पावक देहु लगाई
उलटि पुलटि कपि लंका जारी''

आदिवासियों का यह गीत ज्यों-का-त्यों इस प्रकार है–

''मेघनाथ चले बलवंता बाधि लागे वीर हनुमंता
कहते राजा रावन सुनते बेटा मेघनाथ झनमारे दूता बाँधे
हनुमान ब्रह्मफाँस बाँधे हनुमन्ता मेघनाथ
ले आने कचहरी काहू पूछी हो वार्ता बाड़ा होके जाई
हनुमन्ता लेलेन नाम सिरी भगवंता
तेलन वोर चिन्हु बधाई दहिनजरत आगी कुदिन
हनुमन्ता उलटि-पुलटि लेसेनि लंका मेघनाथ''

श्रीराम लंका पर चढ़ाई करने के लिए आ गये हैं, लंकावासी आपस में वार्ता कर रहे हैं–चलो भाई लंका से भाग चला जावे। अब तो श्रीराम यहाँ आ रहे हैं, सबकी दुर्दशा निश्चित है। अंगद, सुग्रीव, जामवन्त क्या करेंगे? उत्तर मिलता है, अंगल बल देंगे, सुग्रीव बुद्धि देंगे तथा जामवन्त मंत्री हर परिस्थिति की काट-समाधान बतलायेंगे, बड़ा ही घमासान युद्ध छिड़ेगा, नगाड़े बजेंगे, धनुष की टंकार गूँजेगी, अग्नि आदि वाण छूटेंगे, लक्ष्मण के बाण तो बिजली की गति से चलते हैं। आओ भाई हम सब लंका छोड़कर अन्यत्र भाग चलें जहाँ हम सबके जान-माल की सुरक्षा हो सके।

''चल रावण लंका हो पराई आवथयें राम रघुवीर
का करिहें बालिबेटा का करिहे सुग्रीव
का करिहें जामवन्त मंत्री हो
बल देइही बालिबेटा बुधि देइही सुग्रीव
काट करिहीं जामवन्त मंत्री हो आवथहे राम रघुवीर
कहँवा अगिनिवान कहँवा धनुषवान कहंवो निरूआ नगारे
आगे काऽ वान दन-दन पाछे कऽ वान घिट-घिट
लछिमन कऽ वान छूटे बिजुली समान चल लंका हे पाई''

राम के इतने अधिक मार्मिक सन्दर्भ अरण्य आदिवासियों के साहित्य में अपना स्थान बना लिये हैं, जिसे जन्म से पूर्व देव–मनावन–पूजन, जन्म की, जन्मोत्सव, घर की सुरक्षा, आखेट, सीय–पतिव्रत, सीता–स्वयंवर में धनुर्भंग, वनगमन अयोध्या की स्थिति, वनवास अवधि का जीवन, सीयहरण, हनुमान का सीय खोज में समुद्रोलंघन, राम–रावण युद्ध, लंकावासियों का चिन्तन आदि इन सन्दर्भों को आदिवासी उस बोलचाल की वैखरी वाणी के माध्यम से प्रकट किये हैं। इन सन्दर्भों को अपने जीवन की गति, स्थिति के अनुसार स्थान दिया है। यही रामकथा सन्दर्भों को प्रकट करने वाली उनकी अपनी दृष्टि है। इस सत्य को डंके की चोट पर स्वीकारना पड़ेगा। कथा श्रीराम जी की दृष्टि आरण्यक आदिवासियों की जिसे अपने जीवन सन्दर्भों के माध्यम से मुखरता देते गये हैं।

आदिवासी जीवन में रामकथा के प्रसंग

दीपक कुमार केसरवानी

प्राकृतिक, स्वच्छन्द जीवन जीने वाली आदिवासी जातियाँ आदिकाल से वनोपजीवी रही हैं। प्राकृतिक शक्तियों में अगाध श्रद्धा, विश्वास, भक्तिभाव रखने वाले ये प्रकृतिपुत्र देवी-देवता, वृक्षों, नदियों, पहाड़ों, घाटियों, जंगलों, गुफाओं, कन्दराओं, जरहथानों में निवास करते और सुरा, बलि स्वीकार करते हैं।

सामूहिक जीवन जीने वाली अनेक आदिवासी जातियाँ विश्व के प्रत्येक भाग में निवास कर भौगोलिक, पर्यावरणीय जटिलताओं, विभिन्नताओं के बावजूद अपनी आदिम जीवन-शैली, प्रथाओं, परम्पराओं, आस्था, विश्वास, कला, वाचिक साहित्य को कायम रखे हुए हैं।

भारत में निवास करने वाली आदिवासी जातियों के पूर्वज नेग्रिटो, आस्ट्रिक, किरात, द्रविण थे जो विश्व के अन्य भूभागों से आकर भारत के अन्य भूभागों में बस गये।

आर्यों के आगमन के पूर्व भारतीय समाज, जातिविहीन वर्णविहीन था या द्रविणों की विकसित सभ्यता व संस्कृति थी हड़प्पा, मोहनजोदड़ो की नगरीय सभ्यता द्रविणों की देन है। आर्यों के आक्रमण ने द्रविणों की सत्ता को छिन्न-भिन्न कर दिया। बावजूद इसके द्रविणों की सत्ता भारत के एक बड़े भूभाग पर कायम रही।

आर्य सभ्यता में वर्ण-व्यवस्था, जाति व्यवस्था का अस्तित्व कायम था। राम की लोकप्रियता तत्कालीन समाज में कायम थी। वैदिक साहित्य में 'राम' शब्द का प्रयोग अनेक अर्थों में हुआ है, वेद और पुराणों में रामकथा का वर्णन है।

रामकथा में वर्णित राज्यों में अयोध्या, जनकपुर व राजा दशरथ, राजा जनक के राजपरिवार से जुड़े अन्य राज्यों पर आर्य राजाओं का अधिकार था। शेष आर्यावर्त लंकापति रावण के अधीन था। रावण के नाना सुमाली के नाम पर सोमालिया, रावण के ससुर मय के नाम पर मैक्सिको, बाली के मामा बालीजावा के नाम पर सुमात्रा द्वीप, रावण के भाई मारीच के नाम मॉरीशस आदि देश रावण के राज्य-विस्तार के द्योतक हैं।

रामकथा पर आधारित रामायण के रचनाकार महर्षि वाल्मीकि निम्न जाति के थे। 'स्कन्दपुराण' के वैशाख माहात्म्य में इन्हें जन्मान्तर का व्याध (बहेलिया आदिवासी) बतलाया है। इससे सिद्ध है कि जन्मान्तरण में ये व्याध जन्म में शृंगी ऋषि के सत्संग से रामनाम के जप से दूसरे जन्म में 'अग्निशर्मा' (मतान्तर से रत्नाकर) हुए। वहाँ भी व्याधों के संग के कुछ दिन प्राक्तन संस्कारवश व्याध कर्म में लगे। फिर सप्तऋषियों के सत्संग से मरा-मरा जपकर बांबी पड़ने से वाल्मीकि नाम से ख्यात हुए और वाल्मीकि रामायण की रचना की। (कल्याण सं. स्कन्दपुराण, पृ. 381; 709; 1024)

रामायण-रचना का कारण निषाद (आदिवासी) बना। तमसा नदी के तट पर विचरण कर रहे महर्षि वाल्मीकि कामक्रीड़ारत क्रौंच जोड़े में से निषाद द्वारा नर-क्रौंच की हत्या कर क्रौंची के करुणाबद्ध चित्कार से द्रवित हो उठे और रोती हुई क्रौंची की ओर देखते हुए निषाद से इस प्रकार कहा-

''मा निषाद् प्रष्ठितां त्वमगमः शाश्वतीः समाः।
यत् क्रौंचमिथुनादेकमवधीः काममोहितम्।।''

अर्थात् निषाद! तुझे नित्य निरन्तर कभी भी शान्ति न मिले; क्योंकि तूने इस क्रौंच के जोड़े में से एक की, जो काम से मोहित हो रहा था, बिना किसी अपराध के ही हत्या कर डाली।।15।।

महर्षि वाल्मीकि के मुख से निकली अकस्मात् यह उक्ति प्रथम काव्य बनी और कालान्तर में इसी आधार पर महर्षि ने लोक रामकथा को रामायण के रूप में संकलित किया।

निषाद (आदिवासी) कुल में जन्मे श्रृंग्वेरपुर के राजा गुहनाम की सहायता, कोलिन शबरी का ज्ञान, कपिराज सुग्रीव की सेना के योद्धा-नील, हनुमान, जाम्बवान, सुहोत्र, शरीर शरगुल्म, गज गवाक्ष गवय, सुषेण, वृषभ, मैन्द, द्विविद, गन्धमादन, उल्कामुख, असंग, अंगद, शतबील, मयंक, नल, गद, विकटास्य, दधिमुख, केसरी, निषठ, रठ, जटायु, सम्पाति आदि आदिवासी वीरों की शक्ति, कुशल रणनीति के कारण राम की वनयात्रा जययात्रा बनी।

दशरथपुत्र राम की वन्ययात्रा से विजययात्रा में आदिवासी जातियों का योगदान रहा और लंकापति रावण का वध, लंका पर विजय द्रविण जाति के राजा रावण के राजद्रोही विभीषण के कारण मिली।

रामकथा पर आधारित वाल्मीकि रामायण पर आधारित संस्कृत टीकाएँ, कतक टीका, तिलक या रामाभिरामी टीका, भूषण टीका, रामायण शिरोमणि व्याख्या, तीर्थव्याख्या, या तीर्थदीप, रामानुजयी व्याख्या, विवेकतिलक, धर्मकृत व्याख्या, रामायणकूट व्याख्या, चतुरर्थदीपिका, रामायण विरोध, विरोध परिहार, रामायणसेतु, तात्पर्यतरणि, श्रृंगारसुधाकर, रामायणसप्ताबिम्ब मनोरमा, वाल्मीकि हृदय, विरोधभंजिनी, रामायणतात्पर्यनिर्णय-व्याख्या, रामायण भूषण व्याख्या, अमृतकतक, रामायणसारदीपिका, गुरुबाला, चित्तरंजिनी, विद्वन्मनोरंजिनी, रामायणसार संग्रह, विषयपदार्थ, व्याख्या, काल्पवल्लिका, रामायणार्थप्रकाशिका, रामायण कथा विमर्श, लोमसरामायण, संब्रत रामायण, अध्यात्म रामायण, मंजुल रामायण, गौडीह रामायण, राम-रहस्य, अगस्त्य रामायण, सुब्रह्म रामायण, शौर्य रामायण, चंद रामायण, रामायण चंपू, रघुवंशम्, भीट्टकाव्य, महावीर चरित्रम्, उत्तर रामचरितम्, प्रतिमानाटकम्, जानकीहरण, कुंदमाला, बाल रामायण, हनुमन्नाटकम्, अद्भुत रामायण, आनन्द रामायण, 10वीं शताब्दी में कंबनकृत तमिल रामायण, 12वीं सदी में तेलगू त्रिपाद रामायण, 14वीं शताब्दी में मलयालम् में रामचरितम्, कन्नड़ी तोरावे रामायण, उड़िया में बलरामदास रामायण, मराठी में भावार्थ रामायण, 16वीं शताब्दी में अवधी में गोस्वामी तुलसीदासकृत रामचरितमानस ने रामकथा का प्रचार-प्रसार किया।

'हरि अनन्त हरि कथा अनन्ता' के तर्ज पर विश्व की अनेक भाषाओं में रामकथा का अनुवाद हुआ है। तिब्बत, श्रीलंका, मध्य एशिया, हिन्दू, चीन, श्याम, ब्रह्मदेश, बाली, यवद्वीप सहित वृहत्तर भारत के अन्य देशों में रामकथा का प्रचलन है।

भारत में रामायण के नायक रामनाम के कुल 71 शहर हैं जिनमें रामनगर-8, रामपुर-20 अन्य शहर हैं, कश्मीर में रामवन रामनगर अवस्थित है।

इसके अतिरिक्त ईरान में रामिया, रामरोप, रामिस्क, रामसार, रामहमोज, ईरान में रामाद्रि-बरेज, रामादि-तलूब, रामाजान, इजरायल में-हररामोन, मिजाप-रामो न रामा, जाईन में-राम, रामा, रामाल्लाह, रामलाह, रामथा, केनिया

में–रामलहल, कबीरा–रामलटल, विध में–रामसे, मेडागास्कर में अंजोमा, रामरीटिना, मैक्सिको में–रामरेज, रामोनल, रामोंस, न्यूयार्क में–रामापो, रामापोखिर, अफगानिस्तान में–रामगुलनाम, अलास्का में रामार्ट, अर्जेन्टाइना में–रामल्लो, रामव्योनस, रामोन, रामाज आस्ट्रिया में–रामग्टीन, रीमाकाम्ट, बांग्लादेश में–रामगढ़, रामपुर, बौलिया राम, बेल्जियम में–रामसड़ोक, रामसेल, रामस्केपल, इसी नाम से मिलते–जुलते आठ अन्य शहर हैं। बोलीक्या में–सैनरामान (तीव्र शहर), वोत्सवाना में–रामोत्सवा, रामरूडेन, ब्राजील में–रामल्हो, रामोज, कनाडा में–राम, रामा, रामपार्ट, डेनमार्क में–रामे रामसिंह, रामटेन, इंग्लैण्ड में–राम्पसाइड, रामसबाटम, रामसे, राम्सगेट, रामसीगल, फ्रांस में–रामटुएल, रामबरविमसर्ल, रामबट, जर्मनी में–रामबिन, रामबो, रामास्टे, रामसडार्फ, फिलीपिन्स में–रामोज, रावांडा में–रामबूरा, दक्षिणी अफ्रिका में–रामलबामा, रामे, रामगेट, सउदी अरब में–रामालाब्धाम, रामलटलधका, स्पेन में–रामेका, रामित, रामोन, रामश्की, रामेश्कोप, यूनाईटेड अरब अमीरात में रामस नामक शहर स्थित है।

लाओस (लव का देश) कम्बोडिया (कंबुज या अगस्त्य का देश), वियतनाम (शिवग्राम, सेगाँव), सिंहपुर (सिंगापुर, क्वालालंपुर), सिओल (शिवालय), भवद्वीप या जावा, सुर्णद्वीप, जापान, कोरिया, मिस्र, पेरु, अमेरिका, अर्जेन्टीना आदि देशों में लोकनायक राम से जुड़े स्थल विद्यमान हैं।

रामकथा की व्यापकता से देश–विदेश में निवास करने वाली आदिवासी जातियाँ अछूती नहीं रह पाईं। रामायण कालीन जातियाँ मुख्य रूप से कोल, किरात, भील, व्याधिक निषाद आदि जातियाँ भारत सहित अन्य देशों में निवास करती हैं। ये जातियाँ राम की विजययात्रा में सहयोगी रहीं। अपने पूर्वजों की यशकीर्ति को आदिवासी जातियाँ अपनी लोक–कथाओं, लोकगाथाओं, लोकगीतों, लोकचित्रों में संरक्षित कर आदिवासी संस्कृति की जड़ को मजबूत किये हुए हैं।

भारतवर्ष का उत्तरप्रदेश राज्य की अयोध्या नगरी जहाँ पर लोकनायक राम का जन्म हुआ और वनवास काल से सम्बन्धित स्थल श्रृंगीरामपुरम्, श्रृंगवेरपुर, चित्रकूट, पंचवटी, वाल्मीकि आश्रम सहित रामायण में वर्णित स्थल आज धार्मिक स्थल के रूप में विद्यमान हैं। विन्ध्य एवं कैमूर पर्वत श्रेणियों में अवस्थित मीरजापुर व सोनभद्र जनपद में रामायणकालीन अवशेष रामकथा की महिमा का बखान करते हैं।

लोककलाओं में रामकथा

विन्ध्य क्षेत्र की आदिवासी लोकमन की आत्मा 'राम' हैं। वनांचलों में तीर–धनुष के सहारे अपने अस्तित्व की तलाश में नाचते–गाते, झूमते–घूमते आदिवासी जातियों में प्रचलित रामकथा आदर्श सामाजिक, धार्मिक जीवन का आधार है।

रामकथा के अनेक स्मृतिचिह्न विन्ध्यक्षेत्र में अवस्थित हैं। यह क्षेत्र एक अत्यन्त विस्तृत क्षेत्र है। विन्ध्य पर्वत श्रेणी की तराई में बसा विन्ध्यक्षेत्र भारतवर्ष के बीच में समुद्र तट के पतले प्रदेशों को छोड़कर बंगाल की खाड़ी से होकर अरब सागर तक विन्ध्य–पर्वत–श्रृंखलाएँ फैली हुई हैं।

विन्ध्यगिरि मध्य भारत के उत्तर से पश्चिम विस्तृत एक पर्वत–श्रेणी है जिसमें आर्यावर्त के दक्षिणात्य को प्रायः सम्पूर्ण रूप से विच्छिन्न किया है। यह पर्वत पश्चिम में गुजरात से आरम्भ होकर मालवा के दक्षिण किनारे पर्वत श्रेणियों में विभक्त होकर वाराणसी के निकट गंगाघाटी में जाकर समतल हो जाता है।

विन्ध्य क्षेत्र का लोक-संस्कार, लोकगीत, लोकपर्व बिना रामकथा प्रसंग के पूरा नहीं होता है। लोक के राम को आदर्श पुत्र, पति, भाई के रूप में स्वीकार किया गया है तो पतिव्रता सीता को कर्तव्यनिष्ठ बहू, अनुज लक्ष्मण को एक सत्यनिष्ठ सेवक के रूप में माना है।

विन्ध्य क्षेत्र में निवास करने वाले कोल, ओझा, बैगा, मझवार, खरवार, बियार, बिन्द, गोंड़, धरकार, चेरो, पनिका, बैसवार, भुईयाँ, भूर्तिया, कोरबा, पथरिया, घसिया, परहिया, केवट, माझी, निषाद आदि वनवासी जातियाँ अपने को पृथ्वी के प्रथम राजा निषादराज की वंशज मानती हैं, जिनकी सहायता से राम की वनयात्रा जययात्रा बनी और शबरी के कारण राम नारायण के अवतार की सार्थकता पा सके।

वाल्मीकिकृत रामायण में वर्णित है–'आरण्यैश्च महावृक्षैः पुन्यैः स्वादुफलैर्वृत्ताम्' अर्थात् सुस्वादु फलों से युक्त बड़े-बड़े वृक्षों वाला वन जिसमें रामचन्द्र ने अपना वनवास-काल बिताया था। यह स्मरणीय स्थल विन्ध्यक्षेत्र में अवस्थित था।

काशी से सोनभद्र जनपद के मुख्यालय राबर्ट्सगंज से होकर मारकुण्डी घाट दक्खिन में रतनपुर जगन्नाथपुरी रामेश्वर जाने का मार्ग गुजरता है। इसी भूखण्ड से होकर त्रेता के राम रामेश्वरम् गये थे। और कोल-भील, वनराज सुग्रीव, राजकुमार अंगद, नल-नील, हनुमान, ऋक्षराज जामवन्त आदि वनवासियों के सहयोग से लंका पर चढ़ाई के लिए समुद्र पर सेतु का निर्माण किया था जिसको देखकर श्रीरामजी हँसकर बोले–

''परम रम्य उत्तम यह धरनी। महिमा अमित जाइ नहिं बरनी।।
करिहउँ इहां संभु थापना। मोरे हृदयँ परम कलपना।।''

यह (यहाँ की) भूमि परम स्मरणीय और उत्तम है। इसकी असीम महिमा का वर्णन नहीं किया जा सकता है। मैं यहाँ शिवजी की स्थापना करूँगा। मेरे हृदय में यह महा संकल्प है।।2।।

''सुनि कपीस बहु दूत पठाए। मुनिवर सकल बोलि लै आए।
लिंग थापि विधिवत करि पूजा। सिव समान प्रिय मोहि न दूजा।।''

श्रीराम के वचन सुनकर वानरराज सुग्रीव ने बहुत से दूत भेजे जो श्रेष्ठ मुनियों को बुलाकर ले आये। शिवलिंग की स्थापना करके विधिपूर्वक पूजन किया। (फिर भगवान् बोले) शिवजी के समान मुझको दूसरा कोई प्रिय नहीं है।।3।।

विन्ध्यक्षेत्र में अवस्थित विन्ध्याचल मण्डल के मुख्यालय मीरजापुर के पश्चिम में कर्णावती गंगा नदी के संगम-तट पर रामगया (विन्ध्याचल) पर भगवान् श्रीराम ने राजा दशरथ के पिण्डदान के पश्चात् रामकुण्ड का उत्खनन कर शिवपुर में विशाल शिवलिंग स्थापित किया था। अष्टभुजा मन्दिर के पश्चिमी भाग में सीताजी ने सीताकुण्ड का उत्खनन कर सीतेश्वर शिवलिंग एवं सीताकुण्ड के नैर्ऋत्यकोण पर महाबली हनुमान ने लहुलेश शिवलिंग स्थापित किया था। इसी मंडल के अन्तर्गत संत रविदास नगर में महर्षि वाल्मीकि का आश्रम, लवकुश जन्मस्थली एवं सीता-समाहित-स्थल सहित रामजन्म-भूमि-अयोध्या चित्रकूट, पंचवटी आरण्यक (जहाँ भगवान् राम ने सपत्नीक अनुज लक्ष्मण के साथ वनवास के दस वर्ष व्यतीत किये थे। रामकथा से सम्बन्धित अन्य स्थल विन्ध्यक्षेत्र में अवस्थित हैं, जिनके कारण रामनवमी, हनुमान जयन्ती, श्रीराम-विवाह पंचमी, जानकी नवमी, विजय एकादशी, विजय दशमी (दशहरा), दीपावली आदि लोकपर्व हर्षोल्लास के साथ मनाये जाते हैं; वहीं विन्ध्यक्षेत्र के अंचलों में रामलीला का मंचन लोक के मनोरंजनार्थ किया जाता है, ताकि लोक की भावी पीढ़ियाँ रामकथा के आदर्श पात्रों के पदचिह्नों पर चलकर आदर्श लोक स्थापित कर सकें। लोक को रामकथा प्रसंग ने इतना प्रभावित किया कि इस कथा के विभिन्न प्रसंगों के विन्ध्यक्षेत्र सहित देश के अन्य भागों में कठपुतली कलाकार लकड़ी, चमड़े से निर्मित रंग-बिरंगी राम, सीता,

लक्ष्मण, रावण, मेघनाद, कुम्भकर्ण, हनुमान, सुग्रीव, अंगद, जामवन्त आदि बानरी-राक्षसी सेना में अँगुलियों के जादू से इन बेजान पुतलों में जान डाल देता है। ये कठपुतलियाँ कभी राम वनगमन, कभी राम-रावण-युद्ध आदि प्रसंगों को प्रस्तुत कर रामकथा-प्रेमियों में कठपुतली लोककला के प्रति आकर्षण बनाये हुए हैं। विन्ध्यक्षेत्र में प्रचलित लोककलाओं में रामकथा के पात्रों का सांकेतिक अंकन गोदना के चित्रांकन में किया जाता है।

गोदना

गोदना मानव शरीर को स्थाई रूप से चित्रांकित करने का सशक्त, कष्टदायी, आकर्षक माध्यम है। विन्ध्यक्षेत्र के वनवासी, ग्रामीण इलाकों में वादी एवं नट जाति की स्त्रियाँ, स्त्रियों के अंगों पर सूई-काजल के माध्यम से सीता-रसोइया, सीता-राधनी, सीता-चौकी, रामझूला, रामनाम एवं पुरुष अपनी बाँह पर गदाधारी हनुमान, धनुषधारी राम-सहित अन्य चित्रों का चित्रांकन बहुलता से कराते हैं। इन चित्रों के आलेखन का उद्देश्य शरीर के अंग को अलंकृत करने के साथ-साथ लोकरुचि, लोक-देवता के प्रति श्रद्धा, पारिवारिक प्रेम, अज्ञात भय से मुक्ति लोकभाव का परिचायक है। लोक मान्यता है कि-'बाँधे मुट्ठी हाथ आया मानव मुट्ठी खोलकर सबकुछ पृथ्वी लोक छोड़कर परलोक सिधार जाता है। उसके साथ सिर्फ शरीर पर अलंकृत गोदना जाता है।' यह उक्ति लोकमन में इतनी गहराई तक जमी है कि हर स्त्री लोककला का अंकन कराकर अपना परलोक सुधारती है।

भित्ति चित्रकला

विन्ध्यक्षेत्र में वनांचलों, ग्रामीणांचलों में भित्तिचित्रण की परम्परा कायम है। स्त्री-पुरुष स्वयं विवाह, दीपावली के अवसर पर कच्चे मकानों व पक्के घरों की लिपाई-पुताई के बाद कच्चे घरों की भित्तियों (भीतरी भाग) पर गेरु, चूना, हल्दी, रामरज मिट्टी से चित्र-रचना करते हैं। घर के अन्दर की दीवारों पर सीताराम, राम-राम लिखते हैं। द्वार पर आकर्षक बेलबूटा बनाकर सीताराम का अंकन करते हैं। इतना ही नहीं, घर की बाहरी-भीतरी दीवारों पर राम-हनुमान आदि के चित्र का रेखांकन कराते हैं।

रक्षाबन्धन, भैयादूज के अवसर पर इन पर्वों से सम्बन्धित चित्रों के अंकन के बाद लोकचित्रकार सीताराम लिखना नहीं भूलते। लोक में राम को आदर्श वर एवं सीता को पतिव्रता बहू के रूप में स्वीकार किया गया है। विन्ध्यक्षेत्र में विवाह-संस्कार के अवसर पर वर-कन्या की बुआ-बहिन-भाभी के द्वारा विभिन्न प्रकार के आकर्षक कोहबर विभिन्न रंगों के माध्यम से बनाये जाते हैं। प्रतीकात्मक मंगलमय चित्रों के साथ-साथ रामसीता का चित्र अथवा नाम, शुभ-लाभ, स्वस्तिक, ओम् आदि चित्रांकन किया जाता है। विवाह-संस्कार का आरम्भ एवं समापन कोहबर से होता है। कोहबर का आलेखन उस कमरा में होता है जहाँ वर-वधू प्रथम रात्रि गुजारते हैं।

विवाह के अवसर पर कुम्हार द्वारा चटख रंगों से घड़े पर हनुमान के विभिन्न रूपों का चित्रांकन किया जाता है, इसके अलावा विवाह के मंडवार (मंडप) में भित्तियों एवं बाहरी दीवारों पर राम को सीता द्वारा वरमाला पहनाने का चित्र चित्रकार द्वारा चित्रित किया जाता है। कोहबर के चित्रांकन में स्त्रियाँ राम-सीता के विभिन्न प्रसंगों पर लोकगीत भी गाती हैं।

मूर्तिकला

विन्ध्यक्षेत्र के वनांचलों एवं ग्रामीणांचलों में दशहरा के अवसर पर व्यवसायिक कलाकारों द्वारा कागज, कपड़े, बाँस की खपच्चियों से रावण, मेघनाद, कुम्भकर्ण के रूपों वाले विशाल पुतलों का निर्माण किया जाता और आसुरी शक्ति पर दैवी शक्ति के विजय के परिणाम स्वरूप रामलीला मैदान में भगवान् राम, लंकापति रावण, मेघनाद, कुम्भकर्ण का अग्निबाण से वध (दहन) करते हैं। दशहरा के अवसर पर मेलों में राम, हनुमान, राक्षस मुखाकृति वाले मुखौटे, रामराज की आकर्षक रंगीन मिट्टी से बनी मूर्तियाँ बिकती हैं।

लोक में रामभक्त हनुमान को बल और शक्ति का देवता माना गया है, इसलिए हनुमान-पूजा का प्रचलन है, हनुमान जी की मूर्ति चाहे पत्थर की हो या मिट्टी की गढ़ी हो, वह मन्दिर में स्थापित हो या खुले आसमान के नीचे हो, लोक द्वारा पूजनीय है। रामराज्य (राम-सीता-लक्ष्मण-हनुमान भाइयों) की मूर्तियों को प्रस्तर पर उत्कीर्ण करने एवं गढ़ने की परम्परा है। विन्ध्यक्षेत्र के मीरजापुर जनपद के चुनार, अहरौरा आदि स्थलों पर रामकथा के पात्रों की मूर्तियाँ गढ़ने की परम्परा आज भी कायम है।

लोकगीतों में रामकथा

आदिवासी जातियों ने राम को एक लोकनायक के रूप में स्वीकार किया है। आर्य जातियों से सम्पर्क बढ़ने के कारण आदिवासी जातियों में रामकथा लोकप्रिय हुई, विन्ध्यक्षेत्र की आदिवासी जातियों में प्रचलित विवाह, जन्म-संस्कार के अवसर पर रामकथा से सम्बन्धित लोकगीत-गायन की परम्परा है।

राम के वनगमन के समय आदिवासी जातियों ने राम का सहयोग कर राम के पक्ष से युद्ध किया था और राम-सेना को विजयी बनाया था। वाल्मीकिकृत रामायण, गोस्वामी तुलसीदासकृत रामचरितमानस में कोल, किरात, भिल्ल, निषाद, व्याध आदि आदिवासी जातियों का उल्लेख है। आदिवासी लोकगीतकार रामकथा को अपनी संस्कृति के आधार पर ढाल कर गाते हैं। रामजन्म 'अर्जुनदास केसरी' कृत प्रमुख लोकगाथा 'लोरिकायन' में वर्णित लोरिक-निलमल्ल-युद्ध, राम-रावण युद्ध जैसा है। निलमल्ल भी बार-बार मरता और रक्तबीज की तरह जीता है।

1. **कवने दिनेवा कवने जनिया राम लिहे अवतरियाऽ**
   रसूरूज कपारे नौमी बहते बयारे राम लिहे अवतरियाऽ....

-रामजन्म

2. **राम त काटे धवइ कइ झिगंटा**
   मन लागे हो देवरा घोरन घोरानेऽ...

-बाल्यावस्था

3. **राम लखन सिया वन के गवन किया,**
   राम घर कइसन हड़होर हो।

-राज्याभिषेक

4. **सही सांझे रजवा के भइले जर जूड़ी हो,**
   केकही भवन रजवा के भइले जर जूड़ी हो।

भिनुसहर छूटले परान हो,
जरे लागल कठिया धधके लागल आग हो।
धूइया सरग मेडराय हो,
कोइला बटोरि घर लाने हो।
हड़वा बनारस जाय हो,

–राजा दशरथ की मृत्यु, अन्तिम संस्कार

5. राजपुर कलपे दिन रात हो,
केवई अयोध्या में न रहै।
दुनउ भईया-सीता के छूटे सुपेती हो,
राजा के छूटे राजपुर हो।
उदित असमान केकई अयोध्या में न रहै।

–वनगमन

6. भरत पूछे राम सबीर हो,
सीता झंखल जो आनके तरेऽ।
कवने बने लक्ष्मण,
कवने बने जनक दुलारी हो।
रामे वने राम केदुली बने,
विरधा बने जनक दुलारी।
का खाले राम का खाले लक्ष्मण,
का खाले जनक दुलारी।
कन्दा खाले राम मुराई खाले लछिमन,
का खाली जनक दुलारी।

–वनगमन

7. कवने बने रामचन्द्र कवने बने लक्ष्मन हो,
रावन चोर सीख कुजा बनेऽ
केदुल बनेऽ राम बिजुल वनेऽ लछिमन
विरधा बने हो रावन चोर सखी।

–सीताहरण

8. मेघनाथ चले बलवन्ता,
बाँध लाने वीर हनुमन्ता।
कहत रावन राजा सुनते बेटा,
मेघनाथ झन माइये दुता बाँधा।
हनुमत ब्रह्म फांस बाँधे हनुमंता....

ले आने कचहरी काहू पूछी बाते बाड़ होके जाई।
हनुमंता लेलेन नाम सिरी भगवन्ता,
तेलनबोर चिहु बंधाई दिहिन जरत आगि कु दिन।
हनुमंता उलटि पलटि लेसेनि लंका मेघनाथ....

–लंकादहन

9. चल रावन लंका हो पराई अवध में राम रघुवीरइऽ,
का करिहे बलि बेटा का करिहे सुग्रीव।
का करिहे जामवंत मंत्री हो,
बल देहली बालि बेटा बुद्धि देहि सुग्रीव।
काट करिही जामवन्त मंत्री हो अवध में राम रघुवीरऽ,
कहवा अगिनवान कहंवा धनुषवाण कहंवा निरूआ नगारेऽ।
आगे कऽ बान दन-दन पाछे कऽ बान खिट-खिट,
लछिमन क बान छूटे विजली समान।
चल रावन लंका हे पराई

–राम-रावण युद्ध

आदिवासियों का लोकप्रिय नृत्य करमा है। करमा लोकगीतों में लोकगायक रामकथा का उल्लेख करते हैं। वनवास काल में शबरमंत्र की ज्ञाता तपसिनी शबरी ने चख-चख कर बेर खिलाया था, शबरी के इस प्रेम के वशीभूत होकर लोकनायक राम ने आदिवासी स्त्री को मोक्ष प्रदान किया था–

10. सबरी जोहयम पथ मारे कब आही प्रभु मोरे,
सुनहिन गइया के गोबर मंगा के।
अपन आंगन ला लिय डारे,
चिख-चिख बोइर बुदेला टोरे।
करूकस ला अपने खावे,
मठि-मठि ला चंगोरा चारे।

सोनभद्र जनपद में निवास करने वाली कोल जाति का कोलदहकी मुख्य नृत्य है और लोकदादर गीत इस नृत्य के साथ गाया जाता है। इस जाति के लोग अपने को कोलों की आदिमाता शबरी का वंशज मानते हैं और रामकथा में वर्णित शबरी की कथा को बड़े ही चाव से गाते हैं। स्त्रियाँ नृत्य भी करती हैं और पात्र राम-लक्ष्मण-सीता, शबरी का अभिनय करते हैं और वनवासी राम के लिए भोजन बनाने, खिलाने का नाट्य प्रदर्शन करते हैं–

11. कउने बेलवा हो, कउने बेलवा,
कउने बेलवा त लछिमन-राम मिलैया।
कउने बेलवा........

12. पोखरी के भीतवा पर तीन पेड़ रूखवा हो,
कटहर, निबुला, अनार हो।

वही तर बैइठलन तीन तपेसिया,
सीता अ लछिमन राम हो।

13. सेवरि देखिलिन हो सगुनवा,
घरवा राम अइहैं ना।
लामि-लामि केसिया से सबरी,
रहिया बहौरे रे।
वही रहिया अइहैं भगवान्,
पकली, पकली बइरिया विछि-विछि।
तोड़ली हो,
भोगवा लगावे भगवान सेबरी के घरवां।

14. प्रेम क भूखल हो भगवान सेबरी के घरे,
सगवा, बइरिया क भोजन बनावे।
जेवना जेवे भगवान सेबरी के घरे।''

–रामकथा बानागीत (लोकगाथा)

लोकगाथाएँ आदिवासी लोकजीवन की चलती-फिरती संस्कार-शालाएँ हैं। इन गीतों में पद्यात्मकता, गेयत्व, लालित्य, कथात्मकता, काव्य-सौष्ठव का पुट होता है।

आदिवासी जातियाँ पोथी-पांडित्य से आज भी दूर हैं। लेकिन वाचिक परम्पराओं के आधार पर रामकथा से सम्बन्धित लोकगीत लोककण्ठों में संगृहीत है। इन लोककथाओं में महर्षि वाल्मीकि द्वारा रचित 'रामायण' गोस्वामी तुलसीदास द्वारा रचित 'रामचरितमानस' कथाओं का वर्णन स्थानीय लोकगाथा, स्थानीय लोकनायक को जोड़कर लोकगायकों द्वारा किया जाता है।

गोडवानी लोकगाथा में 'लक्ष्मण सती' (लक्ष्मण जटी) की कथा आम जनमानस में प्रचलित कथा से अलग है। इस कथा के अन्तर्गत क्रमशः लक्ष्मन, इन्दरकामिनी, लक्ष्मन और तिरियाफूल, लक्ष्मन और मचलादाई, लक्ष्मन और रानी फुफैया, सीता वनवास आदि लोकगाथाओं के गाने का प्रचलन है।

रामकथा-गायन में पाण्डवानी कथा का मिश्रण दृष्टिगोचर होता है, लोकगायक कल्पना-लोक में विचरण करते हुए लोकगाथा का गायन करता है। प्रत्येक लोकगायक के गीतों में अन्तर भी मिलता है। रामायनी और इन्दरकामिनी की लोककथा निम्नांकित है–

लछिमन जी सतलोक के प्राणधारी थे। डुण्डा महल में निवास करते थे। परायी स्त्री से कभी मुँह नहीं बोलते थे। अन्ध कुओं में झाँकते नहीं थे। बाँझ-झाड़ की छाया में बैठते नहीं थे, तिल के खेत शौचक्रिया नहीं करते थे, लछमन जी छिवलहा बढ़ई से मनमोहन किंदरा बनवाकर बजाया करते थे, किन्दरा की आवाज सुनकर राजा इन्दर की कन्या इन्दरकामिनी मोहित हो जाती है और अन्तरा माछी बनकर डुन्डा महल में प्रवेश करती है, लछमन जी को जगाती है। लेकिन लछमन जी की नींद नहीं खुलती, इन्दरकामिनी जादू से लछमन को बोकरा बना देती है, बोकरा बनाकर अपने पास रखती है। तब महादेव कौरव, पाण्डव, हनुमान, नारद आदि एक साथ इकट्ठे होकर इन्दरकामिनी के पास से (बोकरा) लछमन को लेकर आते हैं। इन्दरकामिनी को अठारह खण्ड महल में बन्द कर देते हैं। इस लोकगाथा गीत (बानागीत) का अंश–

15. ''अजुध्या नगरी माँ रामा के बासा
झिंझरी महल में सीता माता
डुण्डामहल माँ लछमन सतेली की
कैसे वास कर रहे हैं भेया
होऽ ऽ जे खे सत के नैहा परवा ना रे
गली चलत तिन ना टोरे
पर तिरिया में मुख नहीं बोले
बाँझी रूख के छैयाँ नाहीं खड़े
अन्ध कुआँ झाँक के नाहिं देखे
हो झै बतावे मोर मालिक
हाय ऽऽ ऐसे है सतलोकी लछमन''

16. अठारा बाजन के तान मिलाके बजा रहे हैं मनमोहन किंदरा बाना गाय रहे हैं, मनमोहन किंदरा–

''राजा इन्दर की बेटी रे मैया
नाव रहे इन्दरकामिनी रे दाऊ
साठ जोड़ी जंग सहेली रे हीरा
महलो मा बासा करै भाई
शंकर झूला माँ झूले रे बाबू
बाजा के धुन पोंइचे हवे ऊहो
तलख बलख भवै हवै दादा
कैसे मनमोहन किंदरा के आवाज मोहिनी कर दैसे होऽऽ।''

(लक्ष्मन और तिरिया फूल)

17. ''तै सुनि के देवरा
इन्दर राजा के लड़की
दुर्बल कन्या बोली मा मैना
चाल मा कबुतरी
सोह की मोहनियाँ
चन्दा-सूरज उनहारी
ओला देख के रे देवरा
अपन सत माँ अटल रहते
तबै त सतधारी लेख तो तोला होऽऽ।
मै लान है भौजी, तै देखे ला कहथस
मै उईच लान के छोड़ हूँ
और हाथ न लगा हूँ कन्या ला।

मैं तोला बताइच दे हूँ,
अपन सत के परीक्षा ला।
कैसे तेख लम गैसे लछमन का।
कैसे सीताजी मन मा खुशी मै रहे होऽऽ।
चले जाम रहे है लक्ष्मन रे भाई
एक बन नाकिन चार बन नाकिन रे दादा
तीन बन नाकिन चार बन नाकिन रे भाई।
कुइली कछारा, धमकी ददरा, भूतहा कोनहा रे भाई।
करिया पहारा कांचे दह नारा नक गैन भैया।''

अर्थात् सीता जी एक बार मन में विचार करती हैं कि देवर लछमन सतधारी हैं। इन्हें शादी के लिए तैयार करना चाहिए। सीताजी इन्दरराजा की दुर्बल लछमन जी दुर्बल कन्या को लेने के लिए जाते हैं। बैरागी बाबा के बताये हुए मार्ग के अनुसार आशीर्वाद प्राप्त कर दुर्बल कन्या को पाने में सफल हो जाते हैं, लछमन जी दुर्बल कन्या को फूल बनने के लिए बाध्य करते हैं। दुर्बल कन्या के फूल बनते ही भौरामल जोधा फूल लेकर उड़ जाते हैं। इसके बाद रामचन्द्र जी सैनिकों द्वारा भौरामल जोधा के पास से दुर्बल कन्या को लाया जाता है। लछमन सत की परीक्षा में लछमन और मचलादई के बनागीत–

18. ''एक बखत लछमन अपने मन माँ सोचे है रे भैया
बहुत दिन भै गैन भौजी खो नहि देखे आँव मै रे
आज मिल आती ते नगदै रहै भाई
या सोच के चले हव लछमन झिझरी महल खो होऽऽ।
होऽऽ लछमन झिंझरी महल माँ पहुच गैन्हो है।
अब सीता आपन सपना ला सुनाय रहे है होऽऽ।
कलशपुर के राजा
नाम है मछन्दर
ओखर एक कन्या
नाम हवै मचलादई
मै सपना मे जो देखो
सुन लै ओ देवरा हो
है बने इस दुलाहा
बा बनी से दुलही
मै हवो सुवासिन
गुढ़ै हवै मढ़वा
मेले हवै बाराती
बजत हवै बाजा
नाचत्यै नच गरी।''

लछमन की सीता की गाथा लछमन और बीजलदई के रूप में प्रचलित है–

एक दिन रामचन्द्र जी मन में विचार करते हैं कि मेरी शादी हो गयी; लेकिन छोटे भाई लछमन की शादी नहीं हुई है। मेरे जीते जी लछमन की शादी हो जाती तो अच्छा होता। रामचन्द्र जी को चिन्तित देखकर सीताजी कहती हैं कि बासुक मामा की एक कन्या है जिसका नाम 'बिजुलदाई' है। सीताजी की बात सुनकर रामचन्द्र जी बासुक मामा से बिजुलदाई के सम्बन्ध में चर्चा करते हैं। बिजुलदाई को प्राप्त करने के लिए लछमन को लमसवाई जीतना पड़ता है। बिजुलदाई को बाँस के पोर में डालकर लछमन जी बसुक मामा को दे देते हैं। बाँस के पोर को लछमन जी बीच में खोलकर देखने लगते हैं। बिजुलदाई बीच में बाँस का पोर खुलने के कारण बादल में जाकर छिपती है। (सोनभद्र में सिंदुरिया के पास तीन नदियों–शोण, रेंड़, बीजुल का संगम गोठानी में होता है, कहीं यह प्रकरण उससे तो नहीं जुड़ा है?) इस बानागीत के अंश निम्नांकित हैं–

''ऐसे बोलत हवै सीता जी भाई,
तब रामचन्द्र करथै विचारा
मन मा होके दिल मा विचारै
राम बसुक एक ठन दूरी हवै दादा
नाम ओखर बिजुलादाई है हो।
होऽऽ काहे का बुलाये इस माचा,
कहथै बसुक मामा।
तब बताय रहे है रामचन्दन होऽऽ।
मैं सुनि ले हो मामा
कछु बात परगै
तेखर मारे राजा
तुमला बुलायौ हो
घर मा है दुरी
बीजुलदई होऽऽ
सियानी अब भैस गैस
ना होतिस ता हमार लछमन ला दे-दे तब ता नगदे रहे।''

इसी गाथा को जिला डिण्डौरा के लोक-गायक इस प्रकार कहते हैं–एक राजा थे बिजरामल (बिजयमल?)। रानी का नाम भूरी भैंस था। नौ लाख भैंसों के बीच में भादों करेलिन (बसिन कन्या) रहती थी। लछमन जी सीता के कहने पर करेलिन (बसिन) कन्या को लेने जाते हैं। गोंडवानी रामायनी में सीता-वनवास की गाथा भी मण्डल-क्षेत्र में प्रचलित है–

20. **''कैसे बोल रहे है रामचन्दर**
देख लछमन दया झै करबै
अब चले हवै चल को
तोला डोंगरा घुमाय लानो
कहत हवै सीता जी

चल देवरा नगदे कहवस हो
अब देवर भौजाई
घरै हवै रास्ता
डोंगर के भैया
आंगू हवै लछमन
धरे हवै तलवार
पाछे हवै सीता
भरे हवै लोटा मां पानी।''

रामलीला का मंचन

आदिवासी जातियाँ आर्यों के समान लोकनायक राम को नहीं पूजती हैं; परन्तु रामकथा से प्रभावित होने के कारण एवं आर्य जातियों से सम्पर्क होने के कारण राम उनमें लोकनायक के रूप में लोकप्रिय हैं।

भारतीय संस्कृति से ओत-प्रोत देशों में दशहरा, दीपावली मनाने के साथ-साथ रामलीला-मंचन का प्रचलन है। भारत में यह परम्परा प्राचीन है।

भारत के शहर ग्रामीणांचलों में भिन्न-भिन्न तिथियों पर रामलीला का मंचन होता है और स्थानीय जन ही रामकथा पात्रों की भूमिका का निर्वहन करते हैं। स्त्रियों की भूमिका पुरुष पात्र निभाते हैं। रामनगर (काशी) की रामलीला विश्व-प्रसिद्ध है।

विन्ध्यक्षेत्र के सोनभद्र जनपद में आदिवासी बाहुल्य इलाकों में आदिवासी युवा रामलीला का मंचन करते हैं; बिल्कुल सादगी के साथ। सामान्य वेशभूषा में युवक और बच्चे गाँव की चौपाल में रामकथा के पात्रों के संवाद स्थानीय लोककथाओं को जोड़कर बोलते हैं और दर्शकों का मनोरंजन करते हैं। वे उसे अपनी भाषा-बोली में करते हैं। (यथा अगरही लोकनाट्य)

रामकथा का मंचन लोककलाकार कठपुतली के माध्यम से करते हैं। उत्तर भारत एवं दक्षिण भारत के विभिन्न राज्यों में रामकथा से जुड़े प्रसंगों को कठपुतली के माध्यम से प्रस्तुत किया जाता है। कठपुतली नचाने और निर्माण में आदिम जातियाँ मुख्य रूप से जुड़ी हुई हैं। वादी जाति के कलाकार कठपुतलियाँ बनाते भी हैं, फिर उसका मंचन करते हैं। तीर-कमान चलाने में प्रवीण बालक दशहरा के अवसर पर श्रीराम-लक्ष्मण की तरह आपस में खेल खेलते हैं। राम-रावण के युद्ध का दृश्य उपस्थित कर देते हैं।

आदिवासी लोकजीवन में प्रकृति ने विभिन्न रंग भरा तो वाचिक परम्पराओं ने इन रंगों को मौखिक व्याख्या दी। लोकगीत, लोकगाथाएँ, लोककथाओं के माध्यम से आदिवासी भावी पीढ़ियों को सामाजिक समरसता, सहयोग की शिक्षा देते रहे हैं। लंकापति रावण की शक्ति, राम-रावण-युद्ध, वनवासी राम की आदिवासी जातियों द्वारा सहयोग आदि के प्रसंग पूर्वजों की लोकगाथाएँ रामकथा से सम्बन्धित ग्रन्थों में स्वार्णक्षरों में अंकित हैं। आज भी आदिवासीजन तीर-धनुष धारण कर अपने को शक्तिमान समझता है। तात्पर्य यह कि आदिवासी जातियों में लोकनायक राम का अस्तित्व चिरकाल तक कायम रहेगा।

सन्दर्भ ग्रन्थों की सूची

1. सम्पूर्ण विश्व रामायण है–दीपक कुमार केसरवानी, गांडीव (वाराणसी), गुरुवार, 20 दिसम्बर 2006
2. वही
3. वही
4. प्राचीन भारत–राजबली पाण्डेय–रेखाचित्र
5. हिन्दी शब्दकोश, पृ. 431-432
6. वही
7 सोन के पानी का रंग–पं. देवकुमार मिश्र, पृ. 8
8 स्वतंत्र भारत–ऐसो हमार सोनभद्र–शेख जैनुल आब्दीन।
9. श्रीमद्गोस्वामी तुलसीदास सविचारित श्री रामचरितमानस लंकाकाण्ड, पृ. 709
10. वही
11. लोकगीतों में रामकथा 1-9, सोनभद्र के आरण्यक आदिवासियों का साहित्य–डॉ. जयप्रकाश मिश्र, पृ. 96-102
12. लोकगीतों में रामकथा 10, अनुष्ठानिक नृत्य गीत–प्रो. अश्विनी केसरवानी, चौमासा त्रैमासिक, वर्ष 19, अंक–58, मार्च 2002, पृ. 65
13. लोकगीतों में रामकथा 11-14, सोनभद्र के सलखन ग्राम सभा के आदिवासी कोल जाति बाहुल्य बैरहवा टोला में लोकगीत गायिका विफनी और लोकगायक सोबरन से लेखक द्वारा संकलित।
14. लोकगीतों में रामकथा 15-20, चौमासा गाथाओं में कथात्मकता–डॉ. ओंकार सिंह चन्देल, पृ. 55-60

रामलीला मंचन में राम दरबार

घर की भित्ति पर चित्रांकित रामभक्त हनुमान

अगहन मास के शुक्ल पक्ष में श्री रामसीता विवाह पंचमी के अवसर पर घर की दीवार पर बनाया गया चित्र

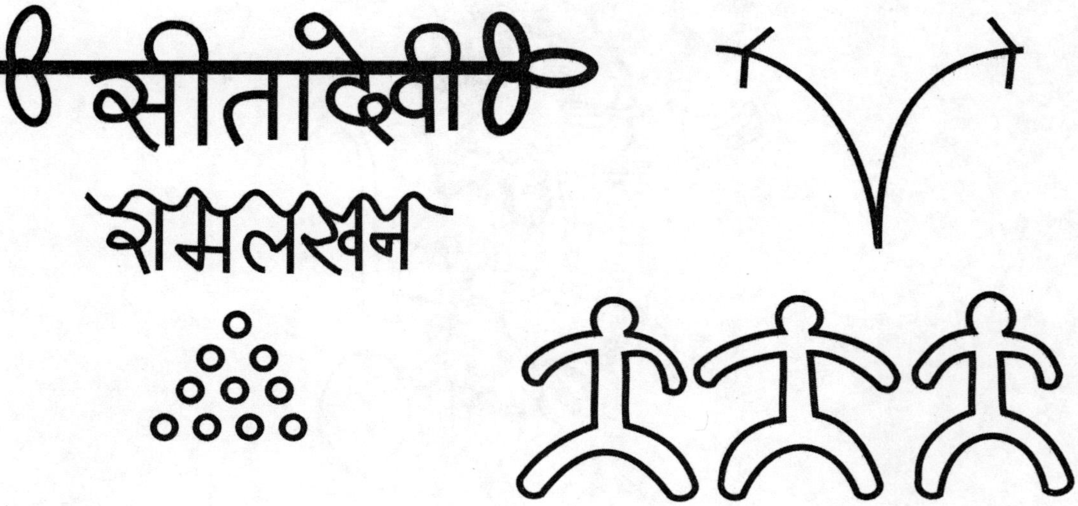

राम लखन सीता गोदना चित्रांकन

सीता रसोइया गोदना आलेखन

भित्तिचित्र मुख्यद्वार–सीताराम नामांकन

गोदना चित्रांकन रामभक्त हनुमान के विभिन्न रूप

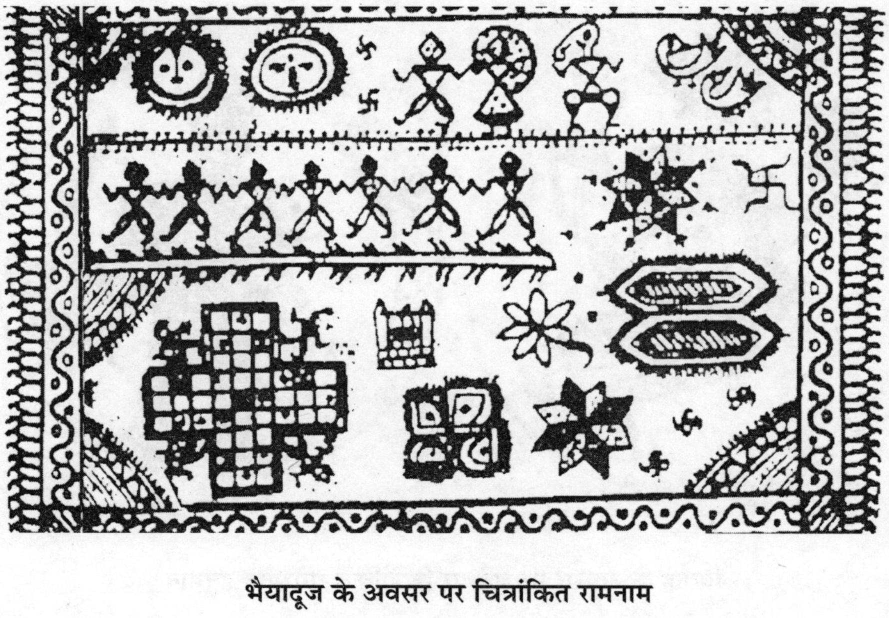

भैयादूज के अवसर पर चित्रांकित रामनाम

विवाह के अवसर पर चित्रांकित सीता स्वयंवर का दृश्य

विवाह के अवसर पर घड़े पर चित्रांकित रामभक्त हनुमान

गोदना चित्रांकन में राम के विभिन्न रूप

मिट्टी से निर्मित मुखौटा

कोलों की देवी शबरी के राम

डॉ. अर्जुनदास केसरी

(शबरी कोलों की देवी और कोलिन थी। वह राम की भक्तिन थी। अतः वनवासी राम को जानने के लिए, शबरी का प्रसंग आत्मसात करने के लिए कोलों के बारे में जानना भी जरूरी है। अतः यह लेख उसी भाव से यहाँ प्रस्तुत है।)

कोल, भील और गोंड शिकारी वर्ग की बड़ी पुरानी जनजातियाँ हैं, जिनसे गोस्वामी तुलसीदास का भी कभी पाला पड़ गया होगा, तभी तो उन्हें लिखना पड़ा–

''इहइ तुम्हार बड़ी सेवकाई। लेइं न बासन बसन चतुराई।।''

मैं नौ फरवरी'14 कोलों की देवी शबरी के बारे में जानने के लिए मारकुण्डी घाटी में, शोणभद्र के तट पर चुनार दुर्ग की तरह स्थित विंध्ये क्षेत्र, कैमूर के सर्वोच्च शिखर के पाँव तले बसे बैरहवां 'कोलान टोला' प्रातः दस बजे पहुँता–दो किलोमीटर की पदयात्रा करके। उसी रास्ते सन् 1966 में हम कुछ लोगों ने पहली बार खोढ़वा पहाड़ की चढ़ाई की थी। उस समय शेर–भालू चीते वहाँ बसेरा बनाये हुए थे। जीवों में अजगर तक रहते थे। उसी समय से गुहाचित्रों की खोज का भूत भी मेरे ऊपर सवार हो गया था और लिखने का नशा लग गया था।

खैर, बस से उतरा तो धरकारों का एक झुण्ड मिला। वे सूपा, बेना, डलिया–डोलची बेचने ओबरा–डाला जा रहे थे। इनकी बस्ती में मैं बहुत पहले वाद्ययंत्रों की एक कार्यशाला पटवध स्कूल में कर चुका था, अनुभव था। इसमें से एक कलाकार ने कोलों की बस्ती का ठेकाना बताते हुए कहा कि उनकी नहीं, हमारी बस्ती में चलिए, हम बढ़िया नाचते-गाते हैं। माथा ठनका कि कहीं ये कार्य में बाधक न बन जायँ। इनकी विशेषता यह है कि ये दिन भर काम करके शाम को छक कर मद्यपान करते और तनिक–तनिक सी बात पर कपरफुटौवल कर बैठते हैं। थाने जाते हैं, सिपाही वसूली करकरा कर इनके रगड़े–झगड़े निबटाते हैं।

जो भी, मैं आगे बढ़ा, डरते–डरते तो सोबरन कोल मिले। यह एक अच्छे कलाकार हैं, कई कार्यक्रमों में जा चुके हैं, प्रमाण में उन्होंने एक प्रमाणपत्र भी दिखाया। सोचा, काम बनेगा, पर वह अकेले मिले। बात मैंने बताई तो उन्होंने कहा–"दिन में हम अपनी जीविका का काम करेंगे कि नाच–गाना करेंगे। यह काम रात में होगा।" सोचा, आखिर उनकी भी बात ठीक है। हम उन्हें अधिक से अधिक नाश्ता ही तो देंगे, ये भोजन कहाँ पायेंगे? "भूखे भजन न होइं गोपाला, ले लो अपनी कण्ठीमाला।"

बात मैंने कई तरह से समझयी तो उसे और उसकी बहू के समझ में कुछ–कुछ आयी तो बोला–"ठीक है आप परसों आइए, मैं सबसे पूछकर बताऊँगा, उस दिन उन्हें जुटाऊँगा भी, पर कुछ खर्चा–बर्चा दे दीजिए। उन्हें छनाना–घोटाना पड़ेगा, तब नाचेंगे, बतायेंगे।"

मैंने सौ रुपये निकाल कर दे दिया, वह मुस्कुराया, मैं सेबरी और राम का कथा-प्रसंग स्मरण करते घर लौट आया।

सोच-विचार के बाद दूसरे दिन फिर पहुँचा तो स्थिति यथावत मिली। सोबरन को गाँव से बुलवाया तो तीन जन आये जिनमें दो छाने हुए थे। दो ढोल लिए हुए थे। कहा-"और बातिज कमाने चले गये हैं। हम नाचेंगे-गायेंगे, सुन देख लीजिए और वे नाचने-गाने लगे। बोल था-

"कहत मदोदरि, सुनऽ पति रावन।
लंका में दाहन होत।।"

मन्दोदरी-रावन का यह अच्छा प्रकरण था। ढोल दमक उठी थी, झाल सुहावन लगी। पाँवों की थिरकन में भी दम-खम था। लगा कि काम हो सकता है। बाजा सुनकर और लोग आ गये।

मैंने कहा-"**कुछ और गावो, सुमिरनी से शुरू करो।**" तो ढोल बजाकर गाने लगा-

"के के सुमिरीं हम आसन लगवतीं,
के सुमिरि गायीं गीति,
रामसुमिरि हम आसन लगवली हो,
सरदा सुमिरि गायीं गीत-येऽऽऽ हाँ।।
भवानी माई भूलि रहिया बतावऽ। येऽऽहाँ

× × ×

देवी तोहरे अंगने में आये निहारि,
गोड़ हे पइयाँ लागउं। येऽऽऽहे।"

इतना गाते अन्य कलाकारों, दर्शकों-श्रोताओं की भीड़ जुट गयी। स्वर में स्वर, वाद्यों की संगति करने के लिए और कलाकार जुट गये। लगभग एक घण्टा स्वर की गंगा बहती रही और हम उसमें डुबकियाँ लगाते रहे। अगले दिन फिर सबके जुटने की बात कहकर मैं घर लौट आया।

अगले दिन पहुँचा तो कुछ कलाकार और जुट गये। सोबरन ने कहा-'बाबू! आज देवी क गीत सुनाइब।' मैंने कहा ठीक है, 'बताओ भाई, किन-किन देवी-देवताओं की पूजा करते हो।'

'सेबरी कऽ बिरम्ही, दूल्हादेव (विवाह के अवसर पर), गंवहेर (गाँव में), डिहवार (डीह पर), घमसान (जहाँ, जब काम रुकता है।), जिस काम को कोई देवता नहीं कर पाता, उसे घमसान करते हैं-

"बिन घमसान कवन बारे तपनी।"

इसके अलावा मइहर माई, ज्वालामुखी, जलारानी (रोट चढ़ाकर), नारियल-दूध चढ़ाकर, जाऊर (खीर) चढ़ाकर। मंगेश्वरनाथ को गांजा चढ़ाकर पूजते हैं, गीत भी गाते हैं। देखऽ उहइ मंगेसर बाबा खोढ़वा पर बायंऽ।

"अरे निबिया महरानी का नाम तो लिया नहीं। क्यों?"

"ऊ जबर देवी हैं, गाने पर आती हैं तो बिना पूजा लिए नहीं मानतीं।"

"अरे भाई-पूजा ही न लेंगी, गाओ तो सही।"

वहीं नीम का वृक्ष था, चुनरी-मचिया टँगी थी। लगा कि यहाँ भी सावन में गीत-गवनई होती है। इतना कहते सोबरन ने आँखें मूँदी, फिर खोला तो लाल-लाल दिखीं, पेड़ की ओर देखा, फिर ढोल पर थाप मारा और गाने लगा-

"नीबिया के डारी मइया डालें ली हिंडोलवा कि झूलि-भूलि ना,

मइया गवनऽ गीतिया मिलिजुलि ना,
हमार दुधवा जुड़ाबऽ हो, मालिनि एक ना।
× × ×
नीबिया के पेड़ जीनि काटा ए बाबा,
ओही में चिरइया क बसेर।

क्या बात है? देवी की पूजा के संग-संग वृक्ष और चिड़िया-चुनमुन की बात जीव-दया, पर्यावरण के मूल्य उमड़ आये।

इतना गाते उसपर देवी सवार हो गयीं। वह लोटने-हबुवाने लगा। ढोल लुढ़क गयी। आँखें लाल हो गयीं। नाक बहने लगी तो राम प्रसाद ने मनाना शुरू किया, हाथ जोड़ने, पाँव पड़ने लगा।

सोबरन देवी के रूप में बोला–"पूजा चाहीं। गुड़, घी, शराब चाही, दो नहीं, मारे जाओगे।" मैं हैरान था–क्या करूँ?

राम प्रसाद बोला–"आप मनाईं, पूजा बदे 201 रुपया देहीं, तबै काम बनी, नाहीं देवी मार डाली।"

मैं भी क्या करता, झट 101 रुपया निकाला, देने लगा तो रामप्रसाद बोला–"पाँव पकड़ीं, देवी मनाईं।" मैंने हाथ जोड़ लिया, थोड़ा डरा भी।

खैर, सब सामान्य हुआ तो गायक-वादक आये, कार्यशाला करनी थी। एक घण्टा उनके साथ रियाज किया। एक दिन और बीता। शबरी के बारे में, शबरी के वंशजों के बारे में कुछ ही हाथ लग पाया था।

फिर अगले दिन पहुँचा। बैनर लगवाया। नीम तले सेबरी का प्रतीक रखा गया। बूढ़ा देयी के रूप में लकड़ी, टेढ़ी-मेढ़ी गाड़ी गयी और बातचीत शुरू हुई। ढोल-मजीरा, तरसा, हारमोनियम, घुँघुरू, झाल लेकर कलाकार बैठ गये। अगरबत्ती जलाई गयी। पूजा-स्वरूप फिर 101 रुपये का लड्डू मँगाया, उसे चढ़ाया गया। सोबरन, दुलारे, परसोतम, रामविलास, बौड़म, रामपती, विफन, सत्तन, बंगाली, नान्हू, जवाहिर, सुखराम, सुकालू, गोहन जुट गये। फिर बातचीत शुरू हुई तो कलाकार गीत की पंक्ति गुनगुनाने लगे–

"कहै गावैं न बजावै, देव अपने से आवैं
केकर राम केकर भइया लछिमन अब होऽऽऽ
केकर भरत भुवाल, दोनों भाई। आवऽ होऽऽऽ
× × ×
रानी कौसिल्या क राम-लछिमन
रानी केकई के भाई भरत भुवाल
केकरा के राम लिखैं, केकरा के रावन
केकरा के राज लिखें, केकरा वनवास।
राम-लछिमन के बन लिखिले
बारह बरिस के वनवास लिखिले
तेरहवें में राज भोगाई।"

इस गीत-गवनई से राम में वनवासी और वनवासी में राम का रूप मूर्तवत् हो गया। उनके संग स्वयं भी खूब झूमा-गाया-नाचा तो आनन्द आ गया।

फिर अगला गीत शुरू हुआ–

"फुलवरिया केतने दूर
के राम गेना के गइले।
कहंवां लगउला गेंदवा
कहंवां हो चमेला फूल?"

जवाब में आया–

"दुवरा लगवलैं गेंदा
खिड़की पर बेलवा
लालें फूल फूलै गेनवां
बेला उजर फूले ला।"

श्रीराम ने बेला–चमेला का बाग लगा दिया। कोलों के प्रथम आराध्य राम हैं, क्योंकि कोलिन सेबरी राम–भक्तिन थी। उसके अप्रतिम प्रेम के चलते राम ने उसके हाथ की जूठी बेर खायी थी। इसीलिए सेबरी भी पूज्या बन गयी। यही कारण है कि कोल रामकथा से जुड़े अनेक प्रसंग गाते–सुनाते हैं। वे राम और सेबरी का प्रस्तर–मिट्टी का प्रतीक बना कर वृत्त या अर्द्धवृत्त में नाचते–गाते हैं। कोलदहकी नृत्य के साथ 'दोहरी' पंक्तियों को बार–बार दुहराते हैं। यथा–

"कवने बेलवां अब कवने बेलवां हो
कवने बेलवां त लछिमन राम मिलइं हो।
हिन्नक-धिन्नक-धिन्नक।"

इसके साथ राम से सम्बन्धित एक लम्बा गीत गाते हैं जिसे अपनी भाषा में 'भजनिया कोलदहकी दोहरिया' कहते हैं–

"सेबरी के देखनी हो सगुनवां,
घरवां राम अइहैं ना।
लामी-लामी केसिया रे सेबरी रहिया हो बहोरै–
ओही रहिया अइहैं भगवान
त सेबरी के घरवा।
पकली बइरिया सेबरी बीछि-बीछि तोरे ले हो
भोगवा लगावैं भगवान, सेबरी के घरवां।
सेबरी देखेंली हो सगुनवां–
घरवां राम अइहैं ना।
प्रेम क भूखल हो भगवान
सेबरी के घरवां।
ओही रहिया अइनऽ हो भगवान
सेबरी के घरवां।"

शबरी भविष्यद्रष्टा है, उसने राम के आने का शकुन विचार लिया था। तभी तो सेबरी ने राम को बुलाया, सथरी दसाया, बेर साग चीख–चीख कर रखा कि कहीं कच्ची बेर न हो। नीम के छाँव तले चटाई भी बिछा दिया, पानी–पत्तर रख दिया और सेबरी कहने लगी–

"उतरऽ हो भगवान निबिया के शीतल छइयाँ।"

भगवान आये, आये तो बैठे कहाँ? देखिए–

"पोखरी के भितवा पर तीन पेड़ सखुववा
ओही तरे बइठइं तीन रे तपेसिया
सीता हो लछिमन राम हो, राम बिलायन।
खिरकी रे चमेला सिया राम भजे राम भाई।"

इस दिन की तो चर्चा भी पूरी हो गयी। ऐसे ही दस–बारह दिन बीत गये। मैं उन्हें राह बताता रहा, पर वे अपनी राह चलते रहे। एक दिन पूछा राम के अलावा भी किसी के गीत गाते हो तो गाओ, हाँ किसुना जी के।

गीत गाकर सुनाया और नाम बताया 'कोलझर्रा।' गीत की पंक्तियाँ हैं–

"कवने बनइं किसुना गइया चरावइं हो, कवने बने?
केदुल के बने किसुना बंसिया बजावइं,
गइया चरावइं।"
पंपापुर में दहिया जमावइं होऽऽऽ।।"

कोलों का जीवन विसंगतियों का जीवन है, तथापि वे मस्त रहते हैं। दिन में कमाते, रात होते छान–घोंट कर लुण्ड हो जाते हैं। झगड़े करके कपरफुरौवल भी कर लेते। प्रातः सब एक हो जाते हैं। नाचना–गाना उनकी प्रतिदिन की दिनचर्या है। स्त्रियाँ तबाह रहती हैं। बच्चे इस माहौल में पढ़ नहीं पाते हैं। ये प्रायः खदान में क्रशर से जुड़े हैं। मजदूरी करते हैं। गाँव में बिजली सड़क पर भले हो घरों में नहीं है। नहर (शोन पंप नहर) के जल से काम हो जाता है। घरों में टूटी चारपाई, मचिया, दो चार पात्रों, गगरी भर दानों के सिवाय कुछ नहीं दिखा। बच्चे नमक–चावल खाते दिखे। चाय–नाश्ता–जलपान का सवाल कहाँ? वस्त्र के नाम पर लंगोटी–लुंगी, बंडी। इस टाइम खाया तो उस टाइम नहीं खाया, उस टाइम खाया तो उस टाइम नहीं। पुवाल भरी बोरियाँ मिलीं जिनपर वे सोते हैं। एक ही घर में बेटी, बहू, भाई, बाप सब आड़ बचाकर रह–सो–लेते हैं। आज़ादी के साठ दशक और यह जिन्दगी हम कहाँ हैं? यह देश कहाँ है? राजधानियों में गुलछर्रे उड़ाते हैं, यहाँ फाकामस्ती है–राम ही का सहारा है। देखकर रहा नहीं गया तो पूछ बैठा–भाई अपने जीवन के गीत तो सुनाओ जिसमें दर्द भरा हो? तब ताल ठोंक कर गाने लगे–

"देशवां में भइनऽ कुदेस
चलऽ हो भइया आन देसवां।
गंवइयाँ हमके नीकइ न लागइ
देसवा भइनऽ भदेस-
चलऽ हो पिया
देशवां ई भइनऽ कुदेस।"

भाव यह कि अब इस देश में कुछ रह नहीं गया है। यह सुदेश–भदेश हो गया। पहले वाली बात नहीं रह गयी, जंगल कट गये। जानवर भाग गये। चिड़ियाँ–चुनमुन उड़कर दूसरे देश चले गये, जंगल के फल–फूल नष्ट हो गये, नदियों का पानी सूख गया। पंप का पानी जहरीला हो गया। तेन, पियार, महुवा, साखू–सरई, कोदई भी नहीं बची जिसे हम प्रेम से खाते और अकाल–दुकाल के लिए रख लेते थे।

कोदई की बात आ गयी तो मुझे छठे दशक में सुने एक गीत की पंक्ति याद आ गयी–'कोल छाँटइ कोदइया कोलिनि मुसुकाइ।'

पूछा यह गीत किसी को याद है? सुना सकोगे? तो कहा–हाँ, याद है सुनाऊँगा। सुनाने लगा–

''कोल छाँटइ कोदइया कोलिनि मुसुकाइ।।''

× × ×

''कोलवा पुअरा पोटइ रे
कोलिनिया करइ उधुवार।।''

कितना भावपूर्ण गीत है यह। कोलिनें कोदई (निकृष्ट कोटि का अनाज जो निरन्तर खाते रहने से मता देता है खाती है। वह ऐसा अनाज है जो कभी वर्षों-वर्ष सड़ता-गलता नहीं है। मिट्टी में सानकर दीवार बना दी जाती है, जिसे अकाल-दुकाल में निकालकर धो-बनाकर खाया जा सकता है।) उसे कोलिनें ढेकी में ओखली में कांडकर भात पकाकर खिलाती हैं। यह लगभग प्रतिदिन का क्रम है। यह गरीबी का प्रतीक है, लेकिन एक दिन कोलिन रूठ गयी, कोदई नहीं कांड़ी और कोल को भूख लग गयी। क्या खाता, उसने कोदई छाँटनी शुरू किया तो दूर से कोलिन मुस्कुराने लगी। चलो छाँटो कोदई, मजे न मारते हो। छाँटा-बनाया खा लेते हो, देखो तो कि छाँटने-बनाने में कितनी मेहनत लगती है।"

इस पंक्तियों में कैसी भाव-व्यंजना है। कुछ प्रेम है, कुछ अमर्ष है, कुछ अभावग्रस्त जीवन की विसंगति है, सहयोग का भाव भी है। श्रृंगार के साथ-साथ करुणा-हास्य भी है। ऐसे गीत किस आभिजात्य भाषा में प्राप्त हैं?

कोल समुदाय में ऐसे सैकड़ों गीत हैं जो सदियों ही नहीं, सहस्रब्दियों से उनके जीवन में रंजेपुजे हैं और स्वस्थ मनोरंजन के साथ, दुख में सुख की अनुभूति के लिए प्रेरणा-स्रोत भी हैं। जिस दिन ये गीत नहीं रहेंगे, ये मर जायंगे। इनका जीवन दूभर हो जायगा।

दिन जैसे बीतते जाते वैसे-वैसे उनके साथ आत्मीयता बढ़ती जाती। एक दिन ऐसा हुआ कि हम कार्यशाला कर रहे थे, बच्चे, बूढ़े-बूढ़ियाँ दीवार और टटरी के पीछे से सुन-देख रही थीं। मैंने देखा कि लगभग पचहत्तर वर्षीया बुढ़िया गीत के संग थिरक रही थी, हाव-भाव प्रदर्शित कर रही थी। कहा-आ माता जी, तू भी नाच दिखा तो वह शरमा कर घूँघट काढ़कर किनारे हो गयी। मेरे समझ में आया कि महिलाएँ भी नाचती-गाती हैं। पूछा तो पता चला कि हाँ, वे भी नाचती हैं। पहले कोलदहकी नाच में महिलाएँ भी भाग लेती थीं, अब नहीं लेतीं। मैंने उनसे आग्रह किया-नाचने का तो किसी तरह तैयार हुईं। आकर नाचने लगीं, तो क्या पूछना, शमा ही बँध गया। झूमकर नाचा, आनन्द आ गया। बूढ़ी माई जब नाचने लगी तो भसुर-समधी हट गये (मर्यादा)। इसी तरह क्रमशः तेरह दिन बीत गये-नाचते-गाते हँसी-खुशी में। चौदहवें दिन मैंने कहा-कुछ और रस-रंग के गाने सुनाओ तो ये गीत गाने लगे-

''मेरी बेनी गिरइ कवने ओर हो।
नचत रही तेरे हहरे अंगने।''

मैं तुम्हारे आँगन जब नच रही थी ते मेरी बेनी (बांह में पहने जाने वाला आभूषण) कहीं गिर गयी, अब तो नाचने नहीं जाऊँगी। ब्याह के समय की वह बेनी अब कहाँ मिलेगी?

दूसरा गीत-

''नाचइ पतुरिया घुघुरु घहनाइ''

आज नाचने वाली महिलाओं में तम्मू, तरेसी, बेसनी, बिफनी, मंजू, रन्नू और कौशिल्या थीं। उन्होंने आगे गाया–

''फुलवरिया है केतनी दूरी
गमक आवे बेला क हो।''

(कितनी दूर फुलवाड़ी है कि बेला की गंध मदमस्त कर रही है)

''सखी आई बेलवरिया में।''

यहाँ सखियों के साथ जानकी के जनकपुर वाटिका आने का भाव व्यंजित होता है।

इसी तरह दादरा स्वर में विरह-मिलन के भाव व्यक्त करने वाली पंक्तियाँ हैं–

''घुघुरुवा बोलइ सारी रतिया हो
सइयाँ सुनइं
जिया घबराइ।

सेजिया रे लागइ भयावन–
राती बिनु बालम के। हे रे हे।।

पारिवारिक जीवन के सुख-दुख की अभिव्यक्तियाँ भी इनके गीतों में मिलती हैं, जो प्रेरणादायक हैं। आज परिवार, संयुक्त परिवार टूटता जा रहा है। पहले, विशेषकर जनजातियों के परिवार और पंचायत जो सर्वोच्च सत्ता थी, जिस पर बड़े बूढ़े का बड़ा महत्त्व था। पुरानी कहावत भी है–'बूढ़े जेवन भीती लेलन।' अर्थात् बूढ़ों को खिला-पिला कर और दीवार को लीप-पोत कर रखा जा सकता है। इनके गीत की पंक्तियाँ देखिए–

''पूरब के देसवां में झांझर नइया
केन खेवइं नइया, ससुर मोर बुढ़वा।
केन खेवई नयिया देवर आना बोलत नाऽ।''

पूरब देश की ओर दूर जाना है, नाव झांझर हो गयी है, खेवइया ससुर जी बूढ़े हो चले हैं, देवर जी कुछ बोल ही नहीं रहे हैं। हमारी नाव पार कैसे लगेगी? (नौका) का मतलब जीवन-नौका से समझना चाहिए। अब तो उसे राम ही पार लगायेंगे।

गंगा जी पूरब की ओर बहती हैं। जल कम होने से धारा में रेत पड़ती जा रही है। (प्रदूषण) उस बालू रेती में बूढ़ी बंगालिन जाकर टोना-टोटका कर रही है, हम कैसे बचें–

''धीरे-धीरे बहइं मइया गंगा-जमुनवां
कइसन हऽ ए मइया गंगाजी क पनियाँ
बीचवा बहइ बालू रेत ए माई।
ओही बालू रेतिया में बुढ़िया बंगालिन
जादू अइसे मरलवा सरीर रे माई।''

इस तरह पन्द्रह दिन इनकी बस्ती में रहकर मैंने देखा कि कोल जनजाति निरन्तर टूटती जा रही है। अशिक्षा के चलते इस बढ़ती महँगाई में उनका जीवन कठिन से कठिनतर होता जा है। उससे उबरने के लिए एकमात्र सहारा है उनका नाचगाना, राम-सहारा। अतः जरूरत है कि उसे राजकीय संरक्षण प्राप्त हो, साथ ही उनके साहित्य को भी संरक्षित किया जाय।

जनजातीय लोकगीतों में राम

डॉ. ज्ञानेन्द्र प्रताप निराला

धनुष-यज्ञ में देश के कोने-कोने से राजाओं का जमघट जनकपुर में लगना शुरू हो गया था। कोई बल के दम्भ में तो कोई योद्धा धन-ऐश्वर्य के गर्व में, कोई दीर्घ और पुष्ट काया के मद में तो कोई रत्न-जड़ित-मण्डित मुकुट के अहम् में चूर था। वे बड़ी-बड़ी गर्वीली मूँछें ताने पधारे तो जरूर; लेकिन तपसी वेशधारी राम और अनुज लक्ष्मण के आगमन की प्रतीक्षा पूरे नगरवासियों को थी। उनका राजसी ठाठ-बाट नहीं था। उनके माथे पर मुकुट और ताज नहीं था। लेकिन तपसी परिधान में उनका आकर्षण नगरवासियों के नेत्रों में हमेशा-हमेशा के लिए समा गया था जिसका उल्लेख आदिवासी साहित्य में हुआ है।

1. सोनभद्र के आदिवासी चेरों के एक गीत में राम-लक्ष्मण के तपसी-वेष का आकर्षण, राम को झरोखे से निहारती सीताजी की स्थिति, धनुष और योद्धाओं की स्थिति और अल्पवय में रामजी के विलक्षण रूप-सौन्दर्य, लावण्य और वीरता का वर्णन इस प्रकार है–

''सखी राम लखन दुनों भइया जनकपुर, आय गइनो हो राम।
तपसी क रूप अनूप बनायो
कोटिन भाँति छवि रूप देखायो,
माता जानकी जी झरोखे बइठे नयन सर्माय गइलें हो राम।
सखी राम लखन दुनों भइया जनकपुर, आय गइनो हो राम।''

''बड़े-बड़े वीर जनकपुर जूटें
तिल भर धनुष गुमुष न खाय।
अबहीं रामचन्दर थोड़े उमर के, छलक धनुष तोड़ देहलें हो राम।
सखी राम लखन दुनों भइया जनकपुर, आय गइनों हो राम।''

2. अनुरागिनी सेबरी हर पल अपने इष्ट के ही चिन्तन भजन में हुलसित रहती थी। उसका नियत कर्म ईश्वरानुराग था। उसे उठते-बैठते, चलते-फिरते, सोते-जागते राम की ही लौ लगी रहती थी। गहरी आस्था और चिरंतन भजन-भाव के नाते भगवान को सेबरी की झोंपड़ी तक तपसी-वेश में जाना पड़ा। जंगली कुटिया में था भी क्या? सिर्फ राम का भजन और उन्हीं का भरोसा। कैसे हो आतिथ्य सत्कार; कामधेनु और नन्दी भी तो नहीं कि आवभगत मनोवांछित ढंग से कर सकें। लेकिन जरूरत भी नहीं, तपसी को तो कन्दमूल और जंगली बेर ही तो चाहिए था।

कोल आदिवासी के एक गीत में राम और सेबरी का चित्रण देखिए और एक लम्बी गाथा को जोड़ती दूरदर्शिता भी–कुछ ही पंक्तियों में रामकथा के कई प्रसंगों को ग्रहण कर लिया गया है–

''सेबरी रहिया बहोरे हो राम, भगवान अइहें।
सेबरी राम के बइर खियावे हो राम, भोगवा लगावें
सेंबरी लछिमन के बइर टिकावे हो, लछिमन पीछे के फेंकत
लछिमन के लागल शक्तिबनवा हो, लछिमन मुरझाय गइले
हनुमत उड़ गयो परबतवा लेवे, सजीवन बुटिया,
एक हाथ लिहे गदा, एक हाथे परबतवा।
उहां से उड़े तब भरत मार देहलें बनवा हो।''

3. बेटी में तीनों देवियों की परिकल्पना की गई है। सच में बेटी ही सृष्टि है, बेटी ही दृष्टि है, बेटी ही बृष्टि है। लेकिन समाज उसे संतुष्ट नहीं बना पाया। कहीं न कहीं पुत्र के बिना कोख सालती है। तभी तो पुत्र–जन्म पर उल्लास भरा मन और माहौल होता है, पुत्री–जन्म पर हताश भरा मन।

कोल आदिवासी भी इसी कुण्ठा में जी रहा है; तभी तो पुत्र जनम पर आदिवासी महिलाओं के कण्ठ से सोहर के स्वर फूटते हैं और पुत्री जनम पर ऐसा नहीं होता है–

''कहवां जनमलैं ले राम, त कहवां कन्हइयाँ,
त कहवां कन्हइया न हो,
कि अब कहवां जनमलैं गणेश जी कि, तीनों घरवों सोहर हो।
अजोध्या में जनमलैं जे राम, त गोकुल में कन्हइयाँ,
त गोकुल में कन्हइया न हो।

कि अब घरे में जनमलैं गणेश जी, कि तीनहुं घरवों सोहर हो।
कोसिला के जनमलैं जे राम, त देउकी के कन्हइया,
त देउकी के कन्हइया न हो
कि अब परबती के जनमलैं गणेश जी, कि तीनहुँ घरवाँ सोहर हो।''

आदिवासी बहुधा राम-कृष्ण में अन्तर नहीं मानता। वह दोनों में एक शक्ति का आभास पाता है और मानता है कि एक की आराधना से दूसरे की भी पूरी हो जाती है। इसीलिए उक्त गीत में राम-कृष्ण दोनों के कथा-प्रसंग निहित हैं। ऐसे और ऐसे और भी लोकगीत प्राप्तव्य हैं। उन्हें खोज निकालने के लिए कृतसंकल्प होना होगा।

4. घसिया जाति अपनी भाषा और परम्परा को लेकर काफी सजग है। पुत्र-जनम के अवसर पर इनमें भी खुशी का माहौल बना होता है। पास-पड़ोस में भी खुशी का ठिकाना नहीं होता। वे महुआ की दारू और मादल की थाप पर रात-रात भर नाचते व गाते हैं। बिटिया की पैदाइश इनमें भी कष्ट पहुँचाती है। पुत्र की उत्पत्ति राम के अवतार के रूप में देखते हैं–

घसिया के एक गीत को देखिये, जिसमें हर्ष और विषाद द्रष्टव्य है–

''नउवें महीना ग गरब रहे ढेबी हो,
दसवें महिना अवतार।
रेपटी जनम भइल, कोला-पीछोला,
रेपटा जनम भइल मांझ अंगना।
अवध राजा दशरथ कोसिला के कोख में राम अवतार।''

(ढेबी = पुत्री, ढेबा = पुत्र)

वनवासी जीवन में व्याप्त श्रीराम

शिवप्रसाद 'कमल'

इस वर्ष वैशाख में ही सूरज जेठ माह की तरह तप रहा था। प्रस्तुत लेख के लिए सामग्री इकट्ठा करने हेतु आदिवासी समाज के पास जाना था। सुबह के समय घर के पुरुष, लकड़ी काटने, दातुन (नीम की पतली डाल) तोड़ने, दवा बनाने के लिए अपने लड़के-लड़कियों के साथ बस्ती छोड़ देते हैं। सुबह इनसे भेंट न हो सकेगी, यही सोचकर शाम को सूरज के नरम पड़ने पर इनसे भेंट करने का निश्चय किया।

सायंकाल साढ़े पाँच बजे मुसहरों और कोलों की बस्ती में जाने के लिए मोटरसाइकिल से अपने छोटे पौत्र आकाश रंजन के साथ निकल पड़ा। नगर के बाहर दो-तीन किलोमीटर जाने पर इन वनवासियों की बस्तियाँ हैं। इनकी बस्ती में पहुँचते-पहुँचते सूरज की स्वर्णरंगी ज्वालाएँ शान्त हो चुकी थीं। ऊपर आकाश में पश्चिम की ओर हल्की लाली फैलने वाली थी।

इनकी बस्ती के आसपास पेड़ों-पौधों तथा झाड़-झंखाड़ों पर अभी हरियाली शेष थी। इधर दो-एक बार वर्षा हो जाने के कारण बसन्त का वैभव सम्पूर्ण रूप से समाप्त नहीं हुआ था। इन वनवासियों को जीने के लिए जंगल, जमीन, जल और जानवर जरूरी हैं। लेकिन मैं जहाँ पहुँचा वहाँ बस्ती के नाम पर मात्र कुछ झोंपड़ियाँ अत्यन्त जर्जर अवस्था में थीं और वहीं कुछ बकरियाँ में...में...में...में...कर रही थीं।

शायद यह विडम्बना ही है कि स्वतन्त्रता के बाद ये मुसहर और कोल जंगल से बाहर कर दिए गए। इनके पास अब न जमीन है, न खेती के काम आने वाले बैल-गोरू। रही बात जल की तो इनकी इस मलिन बस्ती में मात्र एक चापाकल पानी के लिए लगा हुआ है। किसी समय वन सम्पदा पर इनका अधिकार था और ये उसी पर आश्रित थे; किन्तु आज ये लोग जंगल के बाहर कर दिये गये हैं।

इनकी रहनी निर्वासिनों की तरह हैं। अब ये जंगल के बाहर और नगर के बाहर की बीच वाली जमीन पर झोंपड़ी बना कर रहते हैं। कभी आम, महुआ, गूलर, करौंदा, पियार मेवा और कंद-मूल खा कर मस्त रहने वाले ये वनवासी आज सचमुच न घर के हैं और न घाट के। कभी वनों में रहते हुए इनकी स्त्रियाँ किसी संस्कार के अवसर पर गाया करती थीं–

''आम पुतर हवे, निमिया महतारी
बनवा के कर रक्षपाल ए वनवासी।''

आम पुत्र और नीम महतारी (माता) हैं, इनकी रक्षा करना वनवासियों का धर्म है। अब तो न आम के बौर और न ही महुवे के फूलों की मदमाती सुगन्ध इन्हें आकर्षित करती है; क्योंकि इन सबसे वंचित ये लोग वीरान जीवन के कठिन दिन काट रहे हैं। यहाँ न महुवा है और न आम, न टेसू-पलाश के जंगल। खैर, इनकी बस्ती के बाहर कच्ची सड़क पर

पौत्र आकाश रंजन ने मेरे कहने से मोटरसाइकिल रोक दी। उससे उबर कर इनके पास पहुँचा तो कुछ मैली-कुचैली स्त्रियाँ कौतुक और भय से हमें देखने लगीं। सबसे पहले हमारी बात उनकी एक वृद्धा स्त्री से हुई। मैंने कहा–'हम रामजी के बारे में कुछ पूछे आइल हई।' (मैं रामचन्द्र जी के सम्बन्ध में कुछ पूछने आया हूँ।)

तब तक कुछ अधनंगे बच्चे और एक युवा लड़का, जिसने पूछने पर अपना नाम राजू बतलाया–हमारे आसपास इकट्ठा हो चुके थे। मुझसे कुछ दूर एक झोंपड़ी के बाहर एक साठ-सत्तर वर्ष का बूढ़ा आदमी आँखों पर चश्मा लगाये निस्पृह बैठा था। मैंने उन्हें अपने पास बुलाया और कहा कि आप लोग राजा दशरथ के पुत्र रामचन्द्र जी को जानते हैं।

इन बूढ़े सज्जन का नाम मल्लू है। इन्होंने सम्मति सूचक सिर हिलाया। मैंने इन्हें अपने बाएँ हाथ से पूरब की तरफ दिखाते हुए कहा–"यहाँ चुनार की विजयादशमी की रामलीला होती है। रावण जलाया जाता है। आप लोगों ने यह लीला देखी है?"

मल्लू बोला–"हाँ, हमरे सौ हाथ दूर पर ई लीला होला। हम सब कोई देखले हई। ऊ देखीं अपने पीछे, उहाँ सीताजी बैठेलीं। अशोक बाटिका में।" उसने मुझे मेरी पीठ की ओर दिखाया।

मेरी गाड़ी कुछ आगे बढ़ी। इस संवाद से उन लोगों का कुतूहल और भय समाप्त हो गया। सबसे पहले जिस स्त्री से मैंने प्रश्न किया था वह अब मुस्कुरा रही थी। उसका परिचय मालूम हुआ कि वह राजी की दादी हैं और उसका नाम धनुई है। मैंने अब उसी से पूछा–"तू लोग अपने काम-परोजन (जन्म, ब्याह, मुंडन) आदि में रामजी के गीत गावऽलू की नाहीं। रामजी के बारे में का जानऽलू।"

मेरे पूछने पर वह इधर-उधर देखने लगी, फिर बोली–"रामजी अजुधिया (अयोध्या) से वन में आइल रहलें, सीता जी आउर लछिमन जी के साथ, तब हमनी के पूरबज (पूर्वज) लोग उनकर विवस्था (व्यवस्था) वन में कइले रहलन।" उसकी बात सुनते ही मेरा ध्यान 'रामचरितमानस' की चित्रकूट में भगवान के पहुँचने पर कही जाने वाली चौपाई की ओर गया–

"कोल किरात वेष सब आए। रचे परन तृन सदन सुहाए।।"

और

"यह सुधि कोल किरातन्ह पाई। हरषे जनु नव विधि घर आई।।
कंदमूल फर भरि-भरि दोना। चले रंक जनु लूटन सोना।।"

मेरा उत्साह बढ़ा उसका उत्तर सुनकर। मैंने कहा–"दादी! सोहर, विवाह कऽ कउनो गीत सुनावऽ जेमे रामजी, सीताजी कऽ बरनन (वर्णन) होवे।"

तब तक अन्य झोंपड़ियों की बूढ़ी और युवा स्त्रियाँ भी जुट गयी थीं। उनमें से एक बूढ़ी महिला जिसका नाम मंजू बुआ है–उसने गीत की पंक्ति सुनाई–

"सोनवा रुपवा कुछ नाहीं मांगिले।
माँगी ले राम अइसन पूत ए गंगा मइया।"

मैं चकित हुआ। इन वनवासियों के यहाँ तो गंगा भी उपस्थित हैं और राम भी। उन्हें राम जैसा पुत्र चाहिए।

मेरे पुनः अनुरोध करने पर अब धनुई दादी ने एक पंक्ति में सीता का वर्णन दिया–

"अंवरा के गछिया अंगनवा देखत सोहावन
पूजन चले ली सीता देई, अंचरा पसारे ली
जुग-जुग बाढ़ो अहिवात!"

सम्पूर्ण वन-क्षेत्र में आँवला, हर्रे, बहेड़े आदि के वृक्ष बहुतायत से होते हैं। ये वृक्ष ओषधियों में उपयोगी हैं। उनसे अपने लिए आशीष माँगने और सौभाग्य की कामना करने की सीता की यह इच्छा-वृक्षों, वनस्पतियों की महत्ता सिद्ध करती है।

औरतों में गाने की बड़ी ललक होती है-जन्म-विवाह आदि अवसरों पर। मेरे कई बार कहने पर मन्नो बुआ ने टुकड़े-टुकड़े में निम्न गीत सुनाया-जिसे जोड़ने पर इसका यह स्पष्ट स्वरूप हुआ-इस सोहर का-

''चरिही कोन के पोखरवा त राम करे दतुअन हो
ए ललना, बनवा से आवेला नउआ
अजोधिया पता ढारेला हो
ए ललना, सीता के भइले नंदलाल
लोचन पहुँचावेला हो
पहिला संदेशा वसिष्ठ मुनी
दूसर कोसिला रानी
ए ललना तीसर लोचन लखन देवर
राम जनि सूनहु हो।''

क्या अभिव्यक्ति है कि सीता को पुत्र होने की सूचना सबको मिले, मात्र राम को नहीं। मेरे मन में अनेक प्रश्न उठ रहे थे, किन्तु अँधेरा बढ़ने लगा था और अपने-अपने काम से पुरुष वर्ग दो-एक करके लौटने लगे थे। मैंने आखिरी सवाल मन्नो बुआ से किया-"रामजी की भगती करती हो?"

उसने तपाक से उत्तर दिया-"हम लोग का राम जी के भगती करब। भगती तऽ सबरी मइया कइलें रहलीं। जेके राम जी दरसन दिहलें आउर उनकर जूठा बइर (बैर) खइलें रहन।" मेरा मन बुआ की बात पर मुग्ध हो गया। उन लोगों को धन्यवाद देकर लौटने लगा तो मानस के शबरी प्रसंग की निम्न चौपाइयाँ जीवन्त हो उठीं आँखों में-

''सरसिज लोचन बाहु विसाला। जटा मुकुट सिर उर बनमाला।
स्याम गौर सुन्दर दोउ भाई। सबरी परी चरन लपचाई।।''

और

''कंदमूल फल सुरस अति, दिए राम कहुँ आनि।
प्रेम सहित प्रभु खाए, बारंबार बखानि।।''

राम विश्व के पहले ऐसे राजकुमार थे, जो उन्हीं वनवासियों की तरह वस्त्र धारण कर, उनकी जैसी झोंपड़ियों में रहकर और उन्हीं के जैसा भोजन कंद-मूल खाकर, चौदह वर्षों तक उन्हें अन्याय के विरुद्ध लड़ने की दीक्षा देते रहे। अतः स्वाभाविक है कि वनवासी उनसे जुड़े हुए हैं। भले ही सब नगरीय सभ्यता से प्रभावित हो गये हैं; किन्तु अपना अतीत उन्हें भलीभाँति याद है। उन्हें राम के आतिथ्य और राम के उनके प्रति स्नेह का गर्व है।

मैं जहाँ साक्षात्कार लेने मुसहरों की बस्ती में पहुँचा था, उसके ठीक बगल में चुनार की प्रसिद्ध रामलीला की रावण-दहन की लीला होती है। विगत सौ वर्षों से ये वनवासी रावन-दहन की लीला के प्रत्यक्षदर्शी रहे हैं। वैसे चुनार

की रामलीला एक सौ पैंसठ साल पुरानी है, लेकिन इस लंका क्षेत्र में बसनेवाले ये बनवासी इसे तब से देखते हैं जबसे उनको वन-क्षेत्र से निष्कासित कर दिया गया था। सम्भवतः यही कारण है कि ये मुसहर और कोल रामकथा से विशेषकर जुड़े हुए हैं। इन्हें भले ही रामकथा का सम्पूर्ण रूप से ज्ञान न हो, लेकिन विभिन्न अवसरों पर गाये जाने वाले इनके गीतों में राम जीवन्त रूप में विद्यमान हैं।

यह एक विचारणीय प्रश्न है कि राम ने चौदह वर्षों तक वन में निवास किया था और उनकी संस्कृति से परिचित हुए थे। ऐसी हालत में स्वाभाविक है कि वनवासी भी राम के परिवारजनों माता-पिता सबसे भिज्ञ हो गये हों। वास्तव में देखा जाय तो राम-रावण युद्ध दो संस्कृतियों-सभ्यताओं का युद्ध था। इसे आर्य एवं अनार्य युद्ध के रूप में जाना जाता है। इस युद्ध में आर्य संस्कृति विजयी हुई थी। अर्थात् राम की जीत हुई थी।

ये आदिवासी भले ही न जानते हों आज, किन्तु इनकी पुरानी पीढ़ी अच्छी तरह से आर्य संस्कृति से जुड़ी हुई थी; क्योंकि सभी ऋषियों और मुनियों की तपस्या-स्थली और उनके अनेक गुरुकल इसी वन क्षेत्र में थे। इनकी सेवा में रहनेवाले वनवासी पूर्ण रूप से आर्य संस्कृति से परिचित थे। ऋषि गौतम का गुरुकुल तो इन्हीं वनवासियों के क्षेत्र में था और कई उदाहरण मिलते हैं कि कुछ वनवासी भी तपस्यारत रहकर मुनियों की श्रेणी में आ गये थे।

शबरी, जटायु, सम्पाति आदि ही नहीं अन्य अनेक जातियों की और नामों की बात छोड़ दें तो वानर और रीछ भी ऐसी जातियाँ थीं जो राम-रावण युद्ध में राम की ओर से लड़ी थीं। आप सोचिए यदि वानरों और रीछों का सहयोग न मिलता तब भला राम के लिए यह युद्ध जीतना कितना कठिन हो जाता? राम जिस आर्य संस्कृति का प्रतिनिधित्व कर रहे थे उससे ये जातियाँ भली-भाँति परिचित थीं और वनगमन के काल खण्ड में जब ऋष्यमूक पर्वत के नीचे हनुमान भाव-विह्वल हो कर कहने लगते हैं–

पुनि धीरज धर अस्तुति कीन्हीं।
हृदय हरषि निज नाथ हि चीन्ही।।
मोर न्याउ मैं पूछा भाई।
तुम पूछहु कस नर की नाईं।।

यही नहीं, हनुमान रामकथा के ऐसे वनवासी पात्र हैं जो सम्पूर्ण आर्यावर्त में उनका प्रतिनिधित्व करते हैं। यदि वानर जाति आर्य संस्कृति से परिचित न होती तो हनुमान पावक को साक्षी मानकर राम-सुग्रीव मित्रता का नया अध्याय न रचते–

तब हनुमंत उभय दिसि की सब कथा सुनाइ।
पावक साखी देइ करि जोरी प्रीति दृढ़ाइ।।

कहने का तात्पर्य यह कि वनवासी भली-भाँति आर्य संस्कृति से परिचित थे और उन्हें एक नायक की जरूरत थी जो राम के रूप में उन्हें काफी प्रतीक्षा के बाद मिले। यहाँ एक महत्त्वपूर्ण बात यह भी है कि राम ने वनवासियों को अभयमुक्त करने तथा अत्याचारों से लड़ने के लिए सक्षम बनाने में, अपने जीवन के यौवनकाल को उन्हें संगठित करने में खर्च कर दिये थे।

सीताहरण के पहले तक राम और लक्ष्मण वनवासी पुरुषों को तो सीता उनकी स्त्रियों को अपनी सुरक्षा करने के

लिए प्रशिक्षित कर रहे थे। क्योंकि सबसे अधिक वनवासी ही रावण के सहचर राक्षसों से संत्रस्त थे। ऐसे में राम का नायक बन जाना स्वाभाविक था। राम पहले ऐसे राजकुमार थे जो उनके साथ रहकर वन के कष्टों का साक्षात्कार करने में सफल हुए थे। बालि-वध की कथा को दरकिनार कर दिया जाय तो एक भी ऐसा उदाहरण नहीं मिलता, जिसमें राम के द्वारा कोई वनवासी कभी प्रताड़ित हुआ हो।

राम ने अपने वनवास में न्याय, धर्म, मर्यादा को जिस प्रकार वनवासी संस्कृति से जोड़ने का कार्य किया, उसी के चलते आज भी वन क्षेत्र में उनकी गाथा विद्यमान है और आगे भी वनवासियों के मध्य वह नायक बनकर जीवित रहेंगे। लेकिन हमारा भी कर्तव्य है कि हम वनवासियों को न्यायपूर्वक जीने के साधन उन तक पहुँचाते रहें। वनवासियों के वर्तमान रहने से ही हमारी संस्कृति की संरक्षा सम्भव है। उनको उनके अधिकार देकर हम आर्य संस्कृति की रक्षा कर सकेंगे।

वनवासी रामभक्ति के दो प्रेरक प्रसंग

शेख जैनुल आब्दीन

(रामायण राम पढ़ते हैं, हम अक्षर पर उँगली रखते हैं)

प्रथम-वन में राम-भरत संवाद-

भरत वीर! तू घर के लवट जाऊँ
भूखड़ा के अन्न
पियसवा के पानी
नंगवा के देहू चीर
भरत
वीर.....
राम चले वनको
भरत चले घर
अखियाँ भरल
सरजू जी के नीर
भरत
वीर.....

मैं चोपन से ट्रेन द्वारा राबर्ट्सगंज जा रहा था। बोगी में जिस बर्थ पर बैठा था, उसके ठीक पीछे वाली बर्थ पर एक बूढ़ी औरत ने कारुणिक स्वर में उपरोक्त गीत गाना शुरू कर दिया था। वह अपने कलेजे से पूरा जोर लगा कर गीत गा रही थी। उसकी आवाज में जो घरघराहट थी-वह बता रही थी-गायिका बूढ़ी और दुर्बल है। ट्रेन अपनी गति से दौड़ रही थी। ट्रेन की गति-रिदम गीत को संगीत के ताल-छन्द में आबद्ध कर राम-भरत-संवाद को बड़ा मार्मिक बना रहा था। मैं भावुक होकर अपनी जगह से उठा और बूढ़ी औरत के पास जा बैठा। मेरा उसके साथ जो संवाद चला, उसका सारांश कुछ इस प्रकार है। उस आदिवासी बूढ़ी महिला को यह भली-भाँति ज्ञात है कि कैकेयी के हठ से 14 वर्ष राम को जब वनवास हुआ तो वह माता सीता-लहुरा भाई लक्ष्मन के साथ विन्ध्याचल मार्ग से ही दक्षिण को गये थे। भरत उन्हें मनाने आये थे। राम ने भरत को राजधर्म का बोध कराकर उनसे अयोध्या लौट जाने का आग्रह किया था। राम-भरत जी को समझाकर आगे बढ़ गये। भरत जी निराश होकर आँखों में सरजू जी का नीर भरकर घर लौट गये। उस बूढ़ी औरत को यह भी विश्वास है, उसकी आस्था के राम इसी मार्ग से दक्षिण गये थे तो इसी मार्ग से अयोध्या लौटेंगे।

वह प्यासे होंगे। उन्हें पानी पिलाने के लिए उसने अपने द्वार पर एक कुआँ खुदवा रखा है। वह प्रतिदिन प्रातः, दोपहर व शाम अपने कुएँ की जगत पर बैठकर राम के आगमन की प्रतीक्षा करती रहती है। उसकी आस्था के राम जरूर लौटेंगे। इसी मार्ग से लौटेंगे। वह उन्हें अपने हाथ से कुएँ का पानी काढ़कर पिलायेगी। अपनी साधना और प्रतीक्षा को सफल बनाकर जीवन के आवागमन से मुक्ति पा जायेगी।

रामायण पाठ की बुझौनी–उस दिन वह भगीरथ मुझे खदान वाली झील में स्नान करता हुआ नजर आया। आज महत्वपूर्ण स्नानपर्व मकर संक्रान्ति का दिन था। जब वह नहाकर जल से बाहर निकला तो काँप रहा था। उसकी देह की तरह उसका वस्त्र भी मटमैला था। वह भीगे हुए गमछे को पहनकर खड़ा हुआ और कुछ बुदबुदाने लगा। शायद कोई मंत्र पढ़ रहा हो। उसका चेहरा उस समय किसी धार्मिक पुस्तक की तरह पवित्र लग रहा था। वह काँपता हुआ एक टोकरी के पास गया। चेहरों को सूर्य की ओर उठाकर आँखें मिचमिचाने लगा। कुछ देर तक इसी तरह खड़ा रहा। सूर्य–वन्दना करके वह झुका और काँपते हाथों से टोकरी में से एक गुटका निकाला और पढ़ने बैठ गया। मैं अब उसके काफी समीप आ गया था। वह रामायण का गुटका था। उसने गुटके को खोला और पंक्तियों पर उँगली फेरने लगा। बहुत तेज–तेज से उँगली फेर रहा था। जैसे उसे रामायण कण्ठस्थ हो। जब वह रामायण का पाठ कर चुका तो मैंने बहुत श्रद्धाभाव से उसे प्रणाम किया और पूछा, ‘‘क्या आप पढ़े–लिखे हैं।’’ उसने कहा, ‘‘हम पढ़ा नाहीं हैं।’’ तो फिर रामायण कैसे पढ़ रहे थे, मैंने बात को आगे बढ़ाया, ‘‘मैं रामायण पढ़ता नहीं हूँ, हम क्या जाने आखर। हम तो भालू, बानर, सूअर, हिरन, चितल, शेर, बाघ, बघुवत, पाथर, कोंदो–सांवा, गईता, भरूहा, झऊवा, वंशी, मादल, करमा, काची, शराब यह सब बचपन से पढ़े हैं। राम पढ़े हैं तो रामायण पढ़ते हैं।’’ राम का प्रश्न छिड़ा तो दोनों तरफ से मन निर्मल हो गया। उस खुशी के माहौल में मैंने अपनी जिज्ञासा शान्त करने के लिए पूछा–‘‘कैसे पढ़ते हो, जब पढ़े नहीं हो।’’। ‘‘आप बहुत सोझवा है बाबू! आप नहीं समझोगे हमारी बुझौनी।’’ उसने निश्छल हँसी हँसते हुए कहा।

‘‘क्या है बुझौनी?’’ मैंने पूछा।

‘‘हमने कहा न राम पढ़े हैं। हम अक्षर पर अँगुली रखते हैं। राम पढ़ते हैं, रामायन पढ़ना है। हम पढ़ें या राम पढ़ें। धर्म कर्म कर लिया। मेरी मुक्ति के लिए राम ने रामायण बाँच दिया, हमारा इतने से संतोख है। आगे राम जाने।’’ उसका धर्मपरायण दर्शन और धर्म व्याख्यान सुनकर मैं हतप्रभ रह गया।

इस प्रकरण से राम के रमत्व की बात स्पष्ट हो गयी होगी। वह निरा आदिवासी पहाड़ी अरण्यवासी था। श्रीराम सही अर्थों में भक्तों के संग रहते हैं। राम सब कुछ करते हैं, हम तो अहम् और भ्रम जीते हैं। जब इसी अहम् और भ्रम का अन्त हो जाता है तो सारा जगत्, जन–जन, कण–कण राममय हो जाता है।

श्रीराम आस्था और प्रेम के भूखे हैं–‘‘**प्रेम ते प्रकट होइं मैं जाना।**’’

न जाने कितने ऐसे लोग हैं जो निरक्षर हैं, परन्तु उन्हें रामायण कंठ्ठथ है–सुनते–सुनते। पहले गाँव–गाँव में शाम–रात रामायण पढ़ी–सुनी जाती थी और तब अन्याय, अत्याचार, उत्पीड़न, असत्य–अधर्म नहीं था, सदाचार लोगों के आचरण में था। वे गलत काम से डरते थे।

तमाम ऐसे गाँव हमने देखे हैं, जहाँ रामायण पढ़ी नहीं, पूजी जाती है। वह साक्षी बनती है। जिस तरह राम की खड़ाऊँ ने चौदह बरस राज्य–संचालन किया उसी तरह अनन्त काल तक राम पूजे जायेंगे आस्था का प्रतीक बनकर जन–जन के हृदय में बस कर।

वनवासी और वनवासी राम

रामनाथ शिवेन्द्र

तमाम विडम्बनाओं के बावजूद हमें राम, कृष्ण और शिव की प्रचलित कथाएँ सदैव प्रभावित करती रही हैं। इन कथाओं के अलावा दुनिया के लोग शायद ही किसी दूसरी कथा को जानते होंगे जो इन कथाओं के मर्म को फलाँग सके। इन कथाओं के अपूर्व होने पर मुझे सन्देह नहीं। राम का वनवासी रूप हमें आज के भौतिकवादी समय में जितना प्रभावित करता है उतना किसी और कथा-पात्र का नहीं। कथा पढ़ते या सुनते ही साँसें फूलने लगती हैं कि कोई ऐसा व्यक्ति हो ही नहीं सकता जो मर्यादा के बन्धन से खुद को जकड़ ले; क्योंकि बन्धन कुदरती नहीं होता है। व्यक्ति सदैव स्वतन्त्र रहने का आकांक्षी होता है। यह बात अलग है कि उसकी स्वतन्त्रताएँ बाधित या छीन ली जायें जैसा कि हुकूमतें हर काल में किया करती हैं मानव सभ्यता के विकास-क्रम में कोई ऐसा काल नहीं, जब मानव-सभ्यता की कुदरती आजादी को तमाम पाबन्दियों में न रखा गया हो, भले ही वह काल दीर्घ न रहा हो, अल्प ही रहा हो। सत्ता तो हर काल में व्यवस्था और शान्ति स्थापनाओं के नाम पर तमाम तरह के रंगीन कानूनों के द्वारा अपने नागरिकों को आच्छादित करती रही है। बहरहाल यह प्रसंग सत्ता कौतुकों के विमर्श की तरफ ले जाता है, जिसे यहाँ प्रस्तुत करना प्रासंगिक नहीं।

समझना होगा कि यह जो राम का मर्यादा वाला रूप है, खुद को नियंत्रित व प्रतिबंधित करने वाला (राम जो राजकुमार थे, उनकी आजादी को भला कौन बाँध सकता था) क्या सरल और तरल है, क्या उसे बचाने में एक मनुष्य के नाते राम की जो स्वतन्त्रताएँ थीं वे छिन नहीं गयीं? या उन्होंने खुद से अपनी स्वतन्त्रताओं का परित्याग नहीं किया? क्या यह अचरज नहीं है कि राम अपनी वैयक्तिक स्वतन्त्रताओं के त्याग के बाद भी पूरी मानवीय गरिमा के साथ सामान्य मनुष्य की तरह कथा-समय के साथ भाग रहे हैं। यह जो राम की सामान्यता है, राजा से परजा बनने की तरफ की छलाँग है, विचारणीय है, जबकि ऐसा होता नहीं। लोग तो खुद को समाज के विशेषाधिकार प्राप्त खानों में स्थापित करने के लिए ही लालायित व उत्सुक रहते हैं, पर राम ऐसा नहीं करते। वे तो राजा से परजा की तरफ छलाँग लगाते हैं, आखिर खुद को नियंत्रित कर सामान्य बने रहने का चयन राम ने क्यों किया? उनका काल था त्रेता वाला, सतयुग के ठीक बाद वाला, कहीं उसका प्रभाव तो राम पर नहीं था? माना जाता है कि सतयुग का काल सम्पूर्ण मानवीय स्वतन्त्रता का समत्व वाला काल था, उसके बाद के काल का नायक भी तो सत्‌गुण वाला ही होगा, भला वह तामस प्रवृत्ति का कैसे हो सकता है? राम का वनगमन दुनिया के इतिहास में एक असाधारण घटना है, वे वन गमन का चयन करके वनवासी हो जाते हैं; पर सत्ता व्यवस्थापन पर सवाल नहीं उठाते। अपने सामान्य से अधिकारों के लिए भी सवाल नहीं उठाते, कम से कम इतना तो सत्ता-व्यवस्था से पूछ ही सकते थे कि उन्हें वन में क्यों निर्वासित किया जा रहा है या उसके उत्तराधिकार को क्यों छीना जा रहा है, वह भी बिना कारण बताये।

राम का वनवास या निर्वासन तत्कालीन सत्ता-व्यवस्था पर सवाल की तरह चिपका हुआ है। थोड़ा गम्भीरता से सोचने पर स्पष्ट हो जाता है कि हर काल का सत्ता-प्रबन्धन एक ही तरह से काम करता रहा है, भले ही वह काल राम का ही क्यों न हो। सत्ता-प्रबन्धन से जुड़ी कैकेयी की इच्छा राज्यादेश में तब्दील हो जाती है। किसी व्यक्ति की इच्छा का राज्यादेश में तब्दील होने का यह एक चिंतित करने वाला उदाहरण है। मजा यह कि राम उस आदेश को सहर्ष स्वीकार कर लेते हैं और वनगमन कर जाते हैं, वे प्रतिकार नहीं करते, उनके सामने मर्यादा का सवाल था। वे किसी भी हाल में मर्यादा नहीं तोड़ सकते थे। मर्यादा और अधिकार पर विमर्श का एक जरूरी आधार राम वनगमन के द्वारा छोड़ जाते हैं। सवाल है मर्यादा और अधिकार के बीच के फर्क का, मर्यादा क्या होती है और कैसे बनती है, यह सारा कुछ वैयक्तिक होता है, व्यक्ति उसका खुद मानक और प्रमाण होता है। मर्यादा निजता के आर्तबोध की उपज होती है, जहाँ चित्त और चेतना एकाकार होकर समूहगत हो जाती है, वहाँ 'निज' जैसा कुछ नहीं होता, जबकि अधिकार तो सत्ता-प्रबन्धन द्वारा प्रदान किया गया महज एक औजार होता है जो सामान्य से विशेष की तरफ ले जा कर वर्गीकृत करता है। आज के उपभोक्तावादी समय में मर्यादा और अधिकार में से किसी एक का चयन करना हो तो अधिकार का पक्ष ही चुना जायेगा, मर्यादा का नहीं, पर राम के लिए संकट है। वे मर्यादा का चयन करते हैं और वनगमन कर जाते हैं। वे प्रतिवाद नहीं करते। वे अपने अधिकारों को मर्यादा से ऊपर नहीं रखते।

तो ये हैं राम, जो स्वेच्छया अपने कुदरती अधिकारों का परित्याग करते हैं और मर्यादा के कठिन और जटिल रास्तों पर निकल पड़ते हैं। वन-गमन के अलावा आप देखें पूरी रामकथा में सीता का अपहरण एक ऐसी दूसरी परिघटना है जो राम के सम्पूर्ण व्यक्तित्व को खोलने का काम करती है और इस घटना के घटने का कारण होता है-राज्यादेश के अनुपालन के लिए राम का वनगमन। तो यह जो राम का वनगमन है पूरी दुनिया के लिए एक कथानक के रूप में अपूर्व और अद्‌भुत। ऐसे वनगमन का कथानक दुनिया की किसी सभ्यता में नहीं है, राम चाहते तो अयोध्या छोड़कर किसी दूसरे राज्य में जा कर अपना आश्रय तलाश कर सकते थे। उन्हें उस समय का कोई राज्य राज्याश्रय दे ही देता। पर राम ऐसा नहीं करते। राज्यादेश के अनुपालन में वे सहर्ष वन गमन करते हैं। तो हमें देखना है कि यह जो राम के द्वारा लिया गया वनगमन का निर्णय है, वह क्या रामकथा को आगे छलाँग लगाने भर का निर्णय है या इसके अर्थ कुछ दूसरे हैं, जहाँ तक मुझे पता है राम के वनगमन वाले निर्णय पर गम्भीरता से विचार ही नहीं किया गया है, जबकि पूरी रामकथा में यह जो राम का वनगमन है, अपूर्व और अद्‌भुत कथानक है। ऐसा कथा-मानव सभ्यता के इतिहास में कहीं नहीं।

किसी राजा का वनगमन का निर्णय सरल नहीं है, आखिर वन ही क्यों? राम तो नागर समाज के थे, पर हमें ध्यान देना है कि राम मर्यादा पुरुष हैं, मर्यादा के बन्धन से बन्धे हुए हैं, वे जानते हैं कि उनके लिए वन ही वह स्थान है जहाँ वे अपने चित्त और चेतना दोनों को नियन्त्रित रख सकते हैं। वन एक ऐसा स्थान है, जहाँ सामाजिक व राजनीतिक प्रबन्धन में कोई घालमेल नहीं है। रिश्तों में चालाकियाँ और कलाबाजियाँ नहीं होती हैं, वन के नागर और अरण्यक का कोई अर्थ नहीं, सो वे वनगमन करते हैं। यह जो राम का वनगमन है-रामकथा के शुभेच्छुओं के लिए चिन्तन-मनन के कई दरवाजे खोल सकता है, अगर वे चाहें तब। वे मानवीय भेदों के रहस्यों तक भी इस कथा के माध्यम से पहुँच सकते हैं, समझ सकते हैं कि आदमी और आदमी में भेद नहीं होता। हर आदमी प्रकृति का बेहतर उत्पाद होता है।

राम-वनगमन न करते तो सीता का अपहरण नहीं होता, बालि नहीं मारा जाता, उन्हें हनुमान जैसा भक्त भी नहीं मिलता और न ही लंका विजय होती, तो ये सारे घटनाक्रम राज प्रबन्धन से जुड़े हुए हैं, पर जो शबरी वाला प्रसंग है वह

तो दूसरी कथा के रूप में रामकथा में महत्वपूर्ण स्थान पाता है जो राम के वनवासी होने के रूप को उद्‌घाटित करता है। वनवासी राम और अयोध्या के राम में कोई तुलना नहीं; क्योंकि अयोध्या के राम के लिए तो कुछ करना ही नहीं था। एक राजा की तरह वे उत्तराधिकार का सुख भोग सकते थे; जबकि वनवासी होकर राम पूरी तरह आरण्यक सभ्यता के नागरिक बन जाते हैं। आरण्यक यानि आदिवासी सभ्यता। वन की सभ्यता, जो कुदरती होती है, कुदरती जमीन पर उगती है, जहाँ स्वामित्व और नियंत्रण के रोग नहीं होते, पूरी तरह समत्व पर आधारित एक ऐसी सभ्यता जिसका जीवन ही वन हो, वन की तरह हरा-भरा, उन्मुक्त जीवन के रागों को गुनगुनाता।

आदिवासियों के बीच राम का जो रूप है, वह अयोध्या वाला नहीं है, वे राजा नहीं हैं, वनवासी हैं, सबके प्रिय हैं, चित्त और चेतना के साधक हैं, प्रकृति की तरह प्रकृतिमय हैं, आदिवासियों की लोक कथाओ में सीता के अपहरण का प्रसंग बहुत ही अश्रुपूर्ण है, उनकी लोक कथाओं से यह मालूम नहीं होता कि रावण विद्वान् था, केवल इतना पता चलता है कि रावण अत्याचारी था और उसने छल करके सीता का अपहरण किया था। यह भी मिलता है कि रावण लंका का राजा था। धांगरों और खरवार जनजातियों में एक गीत गाया जाता है जिसके बीच में आता है–

''सीता मइया के भगाय ले गयल बभना हो
उहै बभना जवन देलेस भगाय
बिभीसन के रजवा (राज्य) से हो''

सीता के अपहरण का कथानक आदिवासियों के गीतों में कई तरह से ढला हुआ है। यहाँ पर ध्यान देने लायक है कि उनके गीतों में रावण को राजा के रूप में नहीं देखा जाता है, रावण उनके गीतों में उपस्थित है–एक ब्राह्मण के रूप में। इससे यह पता चलता है कि आदिवासियों में सत्ताप्रबन्धन या राजा के बारे में कोई विमर्श नहीं था, यहाँ विमर्श है जाति पर। ऐसा लगता है कि राम के काल में भी जाति के सवाल मौजूद रहे हैं, भले ही वे प्रमुख न रहे हों, पर रहे हैं। इस गीत से दूसरी सूचना मिलती है कि वनवासी राम आदिवासियों में वन-प्रसंगों के कारण अधिक लोकप्रिय हैं। इसका अर्थ यह नहीं कि वे अयोध्या के राम के रूप में कम लोकप्रिय हैं, आदिवासियों के विस्थापन की कहानियाँ किसे नहीं मालूम, राम भी अयोध्या से विस्थापित किये गये थे। सम्भव है नागर सभ्यता के पोषकों ने उस समय भी तमाम अबोध व कमजोर लोगों को विस्थापित किया हो और जंगल में विस्थापितों का ही वर्ग समूह निवास करता रहा हो। वे भला राम को क्यों नहीं मान-सम्मान देंगे? हम जानते हैं कि आधुनिक सभ्यता ने कारखाना बनाने के नाम पर मुख्यत: आदिवासियों, वनवासियों को ही विस्थापित किया है। उनसे संस्कारों ने वन की अन्तरंगता को छीन लिया है, विस्थापन की इस स्थिति पर एक आदिवासी गीत देखें जो राम को समर्पित हैं....

''जनमवा काहे देला राम!
भात भात लरिका नरियाँय,
बनिया माँगे दाम....
जनमवा काहे देला राम!
करजा काढ़ि खेतवा रोपली
उहो गयल झुराय,
बरधा बेचि के दरोगवा के देहली
बनवा से देलेस निकाल....
जनमवा काहे देला राम!''

राम को समर्पित इस गीत से स्पष्ट है कि आदिवासी समूहों में राम उनके यहाँ भी उनके अन्य राजा लाखन, मद्यन्त, दूल्हा देव, बड़ा भासुरिया, भैरव, माता आदि देवी-देवताओं की तरह पूज्य हैं, पूज्य तो उनके गीतों व पारम्परिक पूजाओं में हनुमान, काली माई आदि भी हैं, सामान्यतया आज के आदिवासी पहले नागर और आरण्यक सभ्यता में विखंडित आदिवासी नहीं हैं। वे अब मुख्य धारा की तरफ लौटते हुए लोगों में हैं, वे बदल रहे हैं, पूजा और आराधना के क्षेत्रों में तो उनमें उल्लेखनीय बदलाव हुए हैं। हाँ वे आर्थिक रूप से भी बदलना चाह रहे हैं, पर यह जो स्वामित्व और पूँजी पर टिकी सत्ता है उनके बदलावों के प्रति उदार नहीं है।

जहाँ तक आदिवासी समाज में राम की उपस्थिति का सवाल है, वह एक अलग तरह का सवाल है, राम तो सभी के हैं, राम के लिए नागर और आरण्यक का कोई मतलब नहीं। पूरी रामकथा चाहे वह जिस किसी के द्वारा लिखी गयी हो, उसमें वर्णित राम को किसी जाति विशेष के खानों में नहीं बाँटा जा सकता। राम की असल कथा तो वनगमन से प्रारम्भ होती है। वे वनगमन के बाद ही शबरी से मिल पाते हैं। वनगमन के बाद ही उन्हें पता चलता है–बालि के बारे में तो यह जो बालि और सुग्रीव हैं, यह जो शबरी है, सभी आदिवासी हैं। रामकथा प्रसंगों में निषाद, राक्षस, शबर, वानर, नाग आदि जैसी जनजाति का सन्दर्भ आता है। जाहिर है राम का सम्पूर्ण मानवीय कर्म वन में ही फलित होता है। अयोध्या का लंका तक का फैलाव उस समय कोई साधारण कार्य-भार नहीं था। पहले तो अयोध्या केवल अयोध्या थी। उसका फैलाव लंका तक नहीं था। इस सन्दर्भ में यहाँ डॉ. लोहिया को उल्लिखित करना आवश्यक है...ये वही लोहिया जी हैं जो रामायण मेले का आयोजन अयोध्या में करवाते रहे हैं...पहली बार किसी राजनेता ने रामकथा को राजनीति की कथा की तरह देखा था और कहा था कि–

''धर्म दूरगामी राजनीति है और राजनीति अल्पकालीन धर्म।''

राम का जीवन बिना हड़पे (राज्य) हुए ही फैलने की कहानी है। उनका निर्वासन देश को एक शक्ति केन्द्र के अन्दर बाँधने का एक मौका था। इसके पहले प्रभुत्व के दो प्रतिस्पर्धा केन्द्र थे। अयोध्या और लंका। अपने प्रवास में राम अयोध्या से दूर लंका की ओर गये। रास्ते में अनेक राज्य और राजधानियाँ थीं, जो एक या दूसरे केन्द्र की मातहत थीं। मर्यादा पुरुष राम की नीति निपुणता की सबसे अच्छी अभिव्यक्ति तब हुई जब राम ने रावण के राज्यों में एक बड़े राज्य को जीता। उसका राजा बालि था, बालि से उसके भाई सुग्रीव और सेनापति हनुमान दोनों अप्रसन्न थे। वे रावण के राज्य से निकल कर राम की मित्रता और सेवा में आना चाहते थे। भारत माता धरती माता...डॉ. राममनोहर लोहिया, पृ. 69

तो यह है राम का सार्वभौम मानवीय व्यक्तित्व। वे अयोध्या का फैलाव लंका तक कर जाते हैं, पर बिना किसी साम्राज्यवादी क्रूरता से। राम सुग्रीव की व्यथा का साक्षी बनते हैं और उन्हें ही बालि के जीते हुए राज्य का राजा बना देते हैं। ये वही सुग्रीव हैं जो लंका-विजय-अभियान में पूरी निष्ठा के साथ राम का सहयोग करते हैं और हनुमान, जो कभी सुग्रीव के सेनापति हुआ करते थे, वे तो राम के अपूर्व भक्त हो ही जाते हैं। तो यह हैं राम, अपनत्व के प्रतीक, जो भी उनके करीब आया, उनका हो गया। यहाँ विभीषण का उल्लेख करना भी आवश्यक है। राम पूरी आत्मीयता और सहृदयता से विभीषण का साथ देते हैं और लंका-विजय के बाद उन्हें लंका का राजा बना देते हैं। पूरे निर्वासन के दौरान हुए संघर्षों से पायी हुई कोई भी चीज राम अयोध्या नहीं ले आते। सब वहीं छोड़ देते हैं। चाहे लंका का सन्दर्भ हो, चाहे बालि के राज्य का, दोनों राज्यों को राम स्वतंत्र छोड़ देते हैं, उन्हें पराधीन नहीं बनाते। कुल मिलाकर अयोध्या में नहीं मिलाते, जैसा कि साम्राज्यवादी ताकतें किया करती हैं। राम ऐसा नहीं करते। जाहिर होता है कि राम पराधीनता के दर्द को जानते थे, सो वे लंका और सुग्रीव के राज्य को स्वतंत्र ही रहने देते हैं, उन्हें अयोध्या में विलीन

नहीं कराते, तो यह है राम के कृत्रित्व की मानवीय समीपता, राम दूसरे राजाओं से जिस मैत्रीपूर्ण रिश्ते का निर्वहन करते हैं और जिस तौर तरीके से करते हैं उसे कम से कम उन देशों को नकल करने की आवश्यकता है जो राज्यों को हड़पना अपना कर्तव्य मानते व जानते हैं पर क्या ऐसा हो सकेगा? राम के वनगमन के कथानक की स्वीकार्यता का सवाल पूरी सभ्यता के स्वीकार्यता से जुड़ा हुआ है। शबरी के जूठे बेर खाने वाला कथानक तो अपने आप में एक अपूर्व उदाहरण है, जिससे सम्भावना बनती है कि राम और शबरी से निश्चित रूप से कोई विशेष लगाव या बन्धन रहा होगा नहीं तो सामान्यतया कोई किसी का जूठा नहीं खाता। बन्धन और लगाव के सन्दर्भ में यह प्रसंग विचारणीय है। रामकथा या केवल राम को आदिवासियों की स्वीकार्यता से परखने का प्रयास करना मानवीयता के दायरों की सीमाओं का अतिक्रमण करना होगा। हम जानते हैं कि वाल्मीकि रामायण के सृजन की कथा ही क्रौंच-वध से शुरू होती है। क्रौंच का वध करने वाला एक निषाद था। राम का वनगमन और वन-प्रवास का कथन तक ही आदिवासियों के लिए प्रिय बन जाता है। आदिवासियों के लिए भी राम की कथा एक पवित्र कथा है। उनके यहाँ दूसरी 'करमा' आदि कथाओं की तरह, फिर भी यह सच है कि आदिवासी समूहों में वनवासी राम ही अधिक प्रिय हैं; अयोध्या के राम नहीं।

जनजातियों की लोक-कथाओं में रामकथा

ओमप्रकाश त्रिपाठी

कबीर, रहीम, रसखान आदि ने अपने दोहों एवं रचनाओं से भारत की आत्मा व श्रृंगार के रूप में वहाँ के मूल मानव के हृदय पर जो कवच पहनाया है वह औरों के लिए भी प्रेरणा का स्रोत है। इन जातियों की स्वच्छन्दता एवं लोकगाथा विस्तार में रहीम के दोहे–''**कह रहीम कैसे निभै बेर केर के संग, वे डोलत रस आपने उनके काटत अंग।**'' ने आधुनिकता को दूर रखने के संकेत दिये हैं।

''चरन कमल रज कहुं सबु कहई। मानुष करनि मूरि कछु अहई।।''

पुनः कहा–

''छुअत शिला भइ नारि सुहाई। पाहन तें न काठ कठिनाई।।
तरनि मुनि घरिनी होइ जाई। बस परइ मोरि नाव उड़ाई।।''

यह भावना उसके मन में अपने छोटे से उद्यम की विनष्टता का महाकाल समझ में आ रही थी। दुख के बाद भी भगवान की सहायता चाहकर भी न करना उसके अपनी जीवन चर्चा के लिए एक चुनौती बना जो जनजातियों की वीरता और पौरुषेय का सफल उदाहरण है।

केवट ने पुनः कहा–

''एहिं प्रतिपालउँ सबु परिवारु। नहिं जानउँ कछु अउर कबारू।।
जौ प्रभु पार अवसि गा चहहू। मोहि पद पदुम पखारन कहहू।।''

ये बातें केवट की अपने उद्योग के प्रति लगाव के क्रम में बार-बार पद्‌म चरण को प्रच्छालन के लिए ही विवश किया जाना प्रकट करती हैं। यहाँ तक कि केवट भगवान श्री राम को विश्वास दिलाता है कि पद कमल धोने की कोई मजदूरी उसे नहीं चाहिए किन्तु सब के बाद भी वह पद प्रच्छालन के बिना किसी भी दशा में नाव पर बैठा नहीं सकता।

केवट के ऐसे वचन सुनकर करुणानिधान श्रीराम माता जानकी की ओर देखकर मुस्कुराने लगते हैं और अपने पद-प्रच्छालन की अनुमति केवट को देते हैं। केवट ने अत्यधिक प्रसन्नता की अनुभूति कर सुमन वृष्टि किए। केवट प्रसन्नता के साथ चरण पखार कर उस चरणामृत को पाकर अत्यधिक पुलकित हुआ। उद्यमशील केवट अपनी मजदूरी भगवान श्रीराम के चरणामृत को ही मानता हुआ कहता है–''**नाथ आजु मैं काह न पावा। मिटे दोष दुख दारिक दावा।। बहुत काम मैं कीन्हि मजूरी। आजु दीन्ह बिधि बनि भसि भूरी।।**''

भगवान् स्वयं संकुचित हैं कि गरीब को कुछ नहीं दिया। माता जानकी के इशारे पर मणियों से पुष्ट मुँदरी को केवट को देना चाहे किन्तु लोक रहित केवट अपनी गरीबी में भी इस कीमती मुँदरी को लेने से इन्कार कर दिया, यह भारतीय

चरित्र की अप्रतिम मिसाल है। यहाँ का अत्यन्त गरीब व्यक्ति भी अपने हृदय में आदर प्यार एवं सेवाभाव समेटे हुए है। केवट, श्रीराम को विश्वास दिलाता है कि जब वे अपने लक्ष्य को पूर्ण कर प्रत्यावर्तित होंगे तो जो भी प्रसाद स्वरूप उसे प्राप्त होगा वद सादर स्वीकार करेगा। इस प्रकार यहाँ की जनजातियाँ अपने को विशाल आदर, प्रेम, सेवाभाव, अतिथि सत्कार की भावना से परिपूर्ण सिद्ध करने में दक्ष हैं।

एक ओर भगवान के चरणामृत की आकांक्षा, दूसरी ओर भगवान को मानव रूप में घोर संकट ग्रस्तता दोनों एक दूसरे के प्रतिपक्षी होते हुए अपने-अपने दायित्वों एवं उद्यमों का आदर्श यहाँ के चरित्र का प्रतिबिम्ब है। एक ओर करुणा के सागर भगवान श्रीराम दूसरी ओर अंकिचन केवट, दोनों के आदर्श चरित्र भारत की आत्मा स्वरूप हैं।

यद्यपि केवट को एक अच्छा माध्यम अपने समस्त जीवन यापन का प्राप्त हो गया था फिर भी उसे अपने दैनिक चर्चा में ही कन्द मूल फल पर आश्रित रहकर अभावग्रस्त जीवनयापन में ही अनोखा सुख प्राप्त हो रहा था। जनजातियों में नर-नारियाँ आपस में मिलकर अनेक उत्सवों में सहभागिता दिखाते हुए अनेकता में एकता का प्रदर्शन करते हैं। इनके गीतों में नाचना, ठुमकना, सहयोग व हाथ में हाथ मिलाकर गीत गाना, देवी-देवताओं के पूजन-अर्चन में संगठित होकर मादल की थाप पर पैर में कड़े डालकर, इष्ट देव को प्रसन्न करने का पूरा प्रयास सराहनीय रहा है। नारियों में भी सेवाभाव व अतिथि देवो भव की भावना इनके हृदय में सदैव विराजमान रहती है।

अरण्यकाण्ड में गोस्वामी तुलसीदास ने भील की शबरी की भक्ति भावना एवं श्यामल और गौर वर्ण की सुन्दर जोड़ी राम और लक्ष्मण को अपनी झोंपडी में पाकर अतीव हर्षातिरेक का अनुभव करती है और दोनों भाइयों के चरणों में लिपट कर मुँह से कुछ बोलती नहीं बल्कि बार-बार उनके कमलवत् चरमों में अपना शीश झुकाती हुई जल लेकर बड़े आदर के साथ आकर चरणों को धोकर अपनी समझ से सबसे सुन्दर आसन पर बैठाती है। इस भारतीय संस्कृति का अप्रतिम उदाहरण जनजातियों, काननवासियों में भी है जिसे गोस्वामी तुलसीदास ने रामचरितमानस में वर्णित करते हुए लिखा है-

"स्याम गौर सुन्दर दोउ भाई। सबरी परी चरन लपटाई।।
प्रेम गमन मुख बचन न आवा। पुनि पुनि पद सरोज सिर नावा।।
सादर जल लै चरन पखारे। पुनि सुंदर आसन बैठारे।।"

आतिथ्य में भारत का सामान्य जन भी अपने पास उपस्थित सर्वश्रेष्ठ खाद्य वस्तु को भोग हेतु अर्पण करता है वहीं गिरिवासियों की सम्पत्ति तो वन के कन्दमूल फल, सरस रसीले फल, जड़ी-बूटियाँ ही हैं वही सम्पत्ति शबरी ने प्रभु श्रीराम को बड़े प्रेम से अर्पित करते हुए अपने को अधम जाति की होते हुए भी मीठे बेर व कन्दमूल फल अर्पित कर गौरवान्वित एवं सफल मानती है। प्रभु ने भी अपने ऐसे भक्त के वशीभूत होकर बड़े प्रेम से उस दिव्य फल को बार-बार बखान करके खाया। वह संयोग दीनों के हृदय में ही विराजमान रहता है। बड़े-बड़े धनवान के पास यदि फटे-चीथड़े में भगवान भी पहुँच जायँ तो वे उन्हें दुतकार कर बाहर निकाल देते हैं जो इस बात का प्रमाण है कि ईश्वर का वास कंगालों में उसकी कंगाली हाल में रहता है वहीं दूसरी ओर कंगालों, लोक मंगल, लोक जीवन तथा प्रकृति के संसर्ग में रहने वाले गरीबों में ही वास्तविक श्रद्धा व भक्ति विराजमान रहती है।

पौराणिक कथाओं तथा सतयुग, द्वापर, त्रेता युगों में दैवी शक्तियों की महत्ता तथा भारतीय पुराणों, वेदों में ऐसे तथ्य दिये हुए हैं जो भारतीय दर्शन एवं जीवन मूल्यों के विकास में मानवीय मूल्यों को स्थापित करने में ठोस कारक के रूप में प्रयोग किये जा सकते हैं। भारतीय संस्कृति, चरित्र और संस्कार ने विश्व के क्षितिज पर जो आदर्श स्थापित किया है वह युग-युगान्तर तक प्रेरणा का स्रोत रहेगा।

आदिकाल का मानव प्रकृति-प्रेमी, अपनी ही कलाओं के प्रदर्शन में दक्ष, प्रकृति के कण-कण में ईश्वरानुभूति का भाव समेटे हुए बड़ा साहसी और पुरुषार्थी रहा है। सिन्धुघाटी-सभ्यता एवं प्राचीन युग, पाषाण युग, अपनी एक अलग कहानी कहते हैं। यहाँ का धार्मिक विश्वास सतयुग, द्वापरयुग, त्रेतायुग और वर्तमान में कलियुग की विभिन्न परिवर्तनशील परिस्थितियों में रहा है। ऐसा माना जाता है कि भारत-धरा पर दो प्रकार के जन्म हुए हैं–एक तो निमित्त जन्म, दूसरा नित्य जन्म। जन्म संकट और विपत्ति से जीव-जन्तु एवं मानवों की रक्षा के लिए हुए हैं। जैसे–द्वापर में श्रीकृष्ण का जन्म कंसादि के नाश के लिए, त्रेता में मर्यादा पुरुषोत्तम श्रीराम का जन्म लंकाधिपति रावणादि के विनाशार्थ, नृसिंह का अवतार हिरण्यकश्यप जैसे कुमार्गी के नाश के लिए हुआ था; किन्तु नित्य जन्म में महात्मा, ऋषि-मुनि, विद्वान, भारतीय संस्कृति व धर्म के रक्षक व पोषक मनीषीगण आते हैं, जिनका जन्म पतनोन्मुख समाज व राष्ट्र को विकासोन्मुख बनाने हेतु हुआ है।

हमारे वेद, पुराण, शास्त्र, सभी मानव-धर्म एवं मानवीय मूल्यों की अभिरक्षा हेतु अनेक सूत्रों एवं नीति श्लोकों के कोष हैं, जो समयानुसार अपने अमृतमय कोष के बिन्दुओं को छिटकाकर उष्णता को कम करते हुए उनमें जीवन का संचार करते हैं। उड़ीसा, उत्तराखण्ड, मध्यप्रदेश, छत्तीसगढ़, झारखण्ड, बिहार एवं उत्तर प्रदेश आदि राज्यों में आदिवासियों का मूल जमावड़ा है जिसमें निवास करने वाली जनजातियों–चेरो, बइगा, गोंड, पठारी, अगरिया, पनिका, भुइया, धाँगर, धरकार, खरवार, कोल, कोरवा, मझवार, घसिया आदि अपनी विशिष्ट जीवनचर्या, लोककला, संस्कृति एवं परम्पराओं द्वारा न केवल भारत, वरन विश्व के क्षितिज पर अपनी पहचान वीरता, अदम्य साहस, दैवी शक्तियों के आराधक, भौतिकवादी दृष्टिकोण से अछूते, मानवीय मूल्यों की मूल तथा भारतीय परम्पराओं के रक्षक के रूप में ऐतिहासिक पटल पर चिह्नित हैं। इन वीर जातियों के पर्व एवं लोकनृत्य–करमा, कोलदहकी, धरकहरी, मुसहरी, डोमकच, नटुआ, अगरही, खटिकही, झूमर आदि हैं। इन लोकनृत्यों में प्रकृति-प्रेम, मानवदशा, स्वभाव, विभिन्नताएँ, शौर्य, पुरुषार्थ, सहयोग, दया, करुणा, मैत्री जैसे गुणों की खान हैं जो भारत के गौरव व उसकी शान के पर्याय हैं। ये जातियाँ बीहड़ों, घनघोर वनारण्यों, गुफाओं, नदी घाटी के अंचलों में निवास करने वाली तथा प्रकृति की ऐसी उपजों एवं उत्पादों पर आश्रित हैं जिनके लिए न तो वैज्ञानिक खोजों पर अवलम्बित होने की आवश्यकता है और न भौतिक सुख-समृद्धि के ठिकानों पर रास्ता देखना है। हाँ, इतना अवश्य है कि इनकी स्वतन्त्रता पर भौतिकता ने अपनी नाशक लता का प्रक्षेपण कर इनके मूल को ही समाप्त करने के लिए पुआल डालने का कुचक्र रचा है।

जनजातियों के प्रमुख नृत्य एवं प्रभावकारी प्रदर्शन का माध्यम 'करमा' अपने आप में प्रकृति के प्रति अनन्य स्नेह, आदर एवं आपसी सद्भाव तथा प्रसन्न मुद्रा का असरदार कैटलिस्ट है। जिस देश भारत ने प्रत्येक जीव में ईश्वर की विद्यमानता का दर्शन किया है, वहाँ आज के आधुनिक उद्योगों तथा विकास की धाराओं ने इसके मूल में लिपटी हुई सुगन्ध की माटी को धोकर उसकी जड़ को निर्बल और तत्वहीन करने का एक नाटक रच दिया है, जो देश के अस्तित्व पर मँडराता हुआ महाकाल है।

ये जातियाँ अपने छोटे-छोटे उद्यमों पर विश्वास रखने वाली होती थीं। इनमें लालच नहीं थी। ये दूरदर्शी और ईश्वर की शक्ति में दृढ़ विश्वास करनेवाले होते थे। इनमें शिव व राम में अटूट श्रद्धा, लगन व विश्वास था। जब भगवान श्रीराम का वनगमन हुआ, अयोध्यावासियों ने बड़े दु:ख के साथ अपने राजाराम को विदा किया। उस समय रास्ते में कण-कण, तृण-तृण, पशु-पक्षी सभी शोकाकुल थे। मार्ग में सुरसरि को पार करना, राजमहल के सुख का उपभोग करने वाले श्रीराम, लखन व सीता के लिए अत्यन्त कठिन था। ऐसी विपत्ति की घड़ी में नाव का ही एक मात्र सहारा दिखाई दे रहा था। श्रीराम ने केवट से नाव की याचना की। केवट दु:ख के बाद भी श्रीराम के चमत्कारी गुणों को प्रकट करने के लिए विवश था। उसने कहा–

करमा नृत्य में रामकथा का चित्रांकन देखें–

तो रावण अति गरबी हो, आवत है कि नाता फँसिहै...
ई का करिहँइ अगिन बाण, का करिहँइ सोना बाण, कि नाता फँसिहै...
जब राम सीता वन जात रहनऽ त...
ई मारइ के धनुष बाण, भउरइ के अगिन बाण
मोहइ के तीन बसुरी हो.....
ऐ लिजा लिजा से तोर पनकी पुरान हो
ए कड़िया बसइ रे.....
ए कड़िया कऽ राजा रानी चललइँ पराय हो....
कड़िया कऽ राजा रानी चललइँ पराय हो...
× × ×
आगे आगे राजा रानी पीछे से कहाँर
भागल जात रहँइ....
घटि जब गइलइँ तब्बइ रानी क ऊँचारा छुट गइल।
आदमी हँसइ लगवऽ.....
तब रानी पुछलिन कि का देखि क हँसलऽ हहाय हो
त ऊ कहलस - सबकर विपति देखि हँसली हहाय हो।।

करमा का एक अन्य गीत देखें–

केकर भइया गइया रे चरावइँ मधुरि बनवाँ हो
अच्छा कइरान मधुरी बनवाँ हो
केन के हँथवा में का के गुलेल हो,
मधुरी बान खेलले हो......
हँथवा माटी क गुलेल मधुरि बान खेललें हो
रामलेले तीर धनुष, लक्षिमन लेले गोटी क गुलेल हो
मधुर बान खेललें हो...
केन मारि देहलें लवरे तितिरिया हो, मधुर बान खेललें हो
चलऽ खेलि आवइँ राजा खेलवाड़े मधुर बान खेललें हो
चलऽ चलीं मरद मरद खेलवाड़े मधुर बान खेललें हो।
अच्छा राम मारि देहलें लवरी तितिरिया,
लक्षिमन मारि देहलें खेलवार हो
मधुर बान खेललें हो.........।।

एक समय अयोध्या में एक राजा रहत रहनऽ। एक दिन ऊ शिकार बदे गइलँ, वापस न अइलें। राजा क एक बेटा रहल। जब ऊ बड़ा भइल त ओकर माँ पढ़इ बदे नाम लिखउलस। राजकुमार क साथी ओके गारी गुम्फर देवें और ताना बोलइ लागनऽ कि तूँ बाप-विहीन दोगली सन्तान हउअऽ।

राजकुमार के काफी दुख भइल। घरे लौट के ऊ बिस्तर पर सोइ गयल। ओकर माई जब खाना काये बदे कहलस त ऊ इनकार कइ देहलस। ओकर माँ पुछलस–तू बीमार हउअऽ कि थकल हउअऽ।

राजकुमार कहलस–"न हम थकल हई, न हम बीमार हई। हम दुखी ए बदे हई कि लइकन हमें पिता-विहीन दोगली सन्तान कहत हयँऽ। एसे हे माता तू बतावऽ कि हमार पिता कहाँ बायँ।

माँ कहलेसि–"केवल एतनऽ जानइ बदे तूँ चारपाई पर पड़ल हउऊऽ। हम तोरा के सब कुछ बता देब, पहिले तू भोजन करऽ।"

लड़िका कहलस–"नाहीं, जब तक तूँ न बतइबू तब तक हम न खाब न पियब।"

माँ कहलेसि–"ठीक बा सुनऽ–जब तूँ छ महीना क रहलऽ त तोहार पिता जंगल में शिकार पर गइलँऽ जहवाँ कोई ओनकर हत्या कइ दिहलस। बाद में ओनकर हड्डी मिलल जउने के जलाइ देहल गइल।"

एतना सुनतइ लड़िका क्रोध से आग बबूला होइ गयल और कहलस–"हम न खाबू न पीयब पहले अपने पिता के शत्रु के खोजब।"

तीर-धनुष लेकर ऊ घर बार छोड़िके निकल गयल। वह जंगल-जंगल, नदी-नदी, घाटी, गाँव-पुरवा, मोहल्ला सब जगह ढूँढ़लस लेकिन कउनव फल नाहीं निकलल। पाँच-छः महीना बाद वह दूसरे राजा के रजधानी में गयल। ऊ भूख-प्यास से तड़पत रहल। ई देखि क कि लड़का आपन हत्या करत हौ ओकरे सामने भगवान राम परगट भइलें। पुछलन–"बेटा तूँ कहबाँ जात हवऽ।"

बच्चा पुछलस–"आप के हवऽ और हमार का मदद कइ सकलऽ।"

भगवान कहलन–"हम तोहार सब मदद अवश्य करब।" तब लड़का सब कहानी बतउलस।

भगवान कहलन–"बेटा! तू अभी छोटा हउवऽ, अभी बदला नाहीं ले सकतऽ।" बच्चा गम्भीरता से उत्तर दिहलस–"हम अपने पिता के हत्यारे के बिना मारे घर न लौटब।"

भगवान सलाह देलन–"ठीक बा। अपने धनुष से तीर छोड़ के हमें देखावऽ कि तूँ अच्छी लड़ाई लड़ि सकलऽ।"

बच्चा आपन तीर छोड़लस जउन आकाश में गयल। कउनउ दुश्मन नाहीं मिललनऽ तब तीर भगवान के पैर पर आकर गिरल। तब भगवान ओसे कहलन–"तूँ जरूर विजयी होबऽ काहे से कि तूँ अच्छा निशानेबाज बायऽ। किन्तु सुनऽ–तोहार शत्रु जंगल हौ जवन तोहरे पिता क हत्या कइलस। सामने देखऽ जंगल देखात बा। ई उहइ जंगल ह जउन तोहरे पिता क हत्या कइलस। जब ऊ जंगल में गयल तब एक पेड़ के टक्कर मरलस ऊ तुरन्त गिर गयलऽ। भगवान ओके पेड़ के पास ले गइनऽ और जंगल देखउलन। यह खयर के पेंड़ क ठूँठा रहल। भगवान कहलन–'इहइ तोहरे पिता के जान लेलहस। तूँ एकै काट सकलऽ, एकर छाल निकाल सकल, तूँ एकरे में से खून निकाल सकलऽ। एके घर ले जा और कउनो मिट्टी के बर्तन में एके उबाल डालऽ। जब गाढ़ा होइ जाय तब जमीन पर गिराय दऽ। तब ई मक्खन के जइसन होइ जाई और कड़ा होइ जाई, एकर नाम कत्था होई। लोग एके पान-सुपारी के साथे खइहैं। ई भगवान के भी चढ़ी। तोहार नात, हित, रिश्तेदार एही से आपन रोजी रोटी कमइहइँ। तोहार पिता योद्धा रहनऽ। अपने तीर-धनुष क उपयोग चतुराई से करइ जानत रहनऽ। तोहार पिता तीर से पेड़ पर निशाना सधलन जउने से खून बहल। येह प्रकार से

कत्था अपने रूप से तोहरे पिता क ऋणी हौ। एही खयर और कत्था के कारण तोहार जाति खरवार या खैरवार नाम से जानल जाई।"

इस प्रकार हम देखते हैं कि लोककथाओं में रामकथा शीर्ष पर है और जनजातियाँ, राम (भगवान), शिव, देवी, बड़ादेव की आराधना, पूजन–अर्चन में विशेष विश्वास रखती रही हैं। आज भी भौतिकवादी युग एवं अर्थयुग में भी उन्हें प्रकृति की अनेक चीजों में दैवीशक्ति का एहसास है और वे देवी–देवताओं को प्रसन्न करने के लिए अनेक जादू, टोने, टोटका आदि का प्रयोग करते हैं। उनके नाचने, ठुमकने और उनके हाव–भाव में प्राचीन संस्कृति का दर्शन निश्चित रूप से भारत की प्राचीन सभ्यता व संस्कृति की कहानी बताकर इसके अतीत को गौरवशाली एवं भारत की आत्मा तथा दरिद्र में भी नारायण का निवास होने के तथ्य को उजागर करती है। जनजातियाँ इष्ट की कृपा से अनेक असम्भव को भी सम्भव कर डालती रही हैं। असम्भव को सम्भव करने के पीछे श्रीराम–भक्ति ही है।

जनजातियाँ प्राय: नदी–नालों के किनारे दुर्गम स्थलों में अपनी कला, अपने तेवर व अपने ढंग से पुरुषार्थ के सहारे वनौषधियों और जंगलों में पाई जाने वाली कन्दमूल, जड़ी–बूटियों के ऊपर निर्भर रहकर प्रकृति के सीधे सम्पर्क में रहती रही हैं। उन्हें टोना, टोटका तथा पत्थरों, पेड़ों, नदी–नालों के प्रति देवतुल्य भाव था जिसके कारण उसी शक्ति से शक्तिमान होकर वे प्रतिकूल परिस्थितियों का भी सामना करने में हिचकिचाहट का लेशमात्र भी अनुभव नहीं करती थीं। प्राय: यह देखा गया है कि वे अपने गीतों, वाद्ययंत्रों से झंकृत आमोद–प्रमोद द्वारा अपना जीवन–यापन प्रसन्नतापूर्ण वातावरण में बिताती थीं। उनके पास पाषाणों के द्वारा निर्मित हथियार होते थे जिसका प्रयोग अपने रक्षार्थ या अपने पेट भरने के क्रम में करते थे। सम्भवत: उनकी ऐसी जीवन–शैली व उनकी शुचितापूर्ण जिन्दगी का प्रभाव ईश्वर को भी लुभानेवाला होता था क्योंकि उनके अन्दर किसी भी प्रकार का कलुष नहीं था वरन् वे जीवन का खेल बड़ी प्रसन्नता के वातावरण में ही खेलते थे। त्रेतायुग में जब मर्यादा पुरुषोत्तम राम को वनवास का आदेश अपनी प्रिय माता द्वारा प्राप्त हुआ तो दु:खी होने के स्थान पर उन्हें प्रसन्नता का एहसास हुआ जिसका प्रमाण रामचरितमानस की चौपाई–"पिता दीन्ह मोहि कानन राजू" ही है जो वनवासियों के प्रति उनके लगाव एवं आत्मीयता का द्योतक है।

अनेक ऐसे स्थल उनके वनवासकाल में उनके सहभागी बने जो जनजातियों के प्रति उनके लगाव तथा उन जातियों के मन में श्रीराम के आशीष की घनी छाया का एक अच्छा उदाहरण प्रस्तुत करता है। वनवास काल में परमभागवत निषादराज गुह की कथा त्रेतायुग में भगवान श्रीराम के प्रति अनन्य श्रद्धा तथा आत्मीयता का दिग्दर्शन कराती है।

गुह दो शब्दों गुह्य और हनन के प्रथमाक्षरों का संयुक्त रूप है। गुह्य का अर्थ है–छिपाने योग्य और छिपाने वाला अर्थात् अन्धकार और अज्ञान तथा हनन का अर्थ है–नाश करना। इस प्रकार गुह का अर्थ है–अज्ञानान्धकार का नाश करने वाला। निषाद्, नीषाद शब्द का अपभ्रंश है, जिसका अर्थ है–नीर अर्थात् जल पर आसन देकर बैठाने वाला।

लाखों वर्ष पूर्व त्रेतायुग में निषादराज गुह का जन्म हुआ था किन्तु उनके नाम और तद्नुरूप उनके आदर्श चरित्र के विमल प्रकाश ने उनके यश: शरीर के ऊपर गुहपतम काल की अन्धता का आवरण नहीं पड़ने दिया। जिस प्रकार भगवान विष्णु जी के कला अवतारी, अपने भक्तों को भुक्ति, युक्ति और मुक्ति प्रदान करने वाले श्रीराम अखण्ड, अनंत, अप्रमेय, अनादि और अविनाशी हैं, उसी प्रकार उनके बाल सखा परम भागवत गुह का उज्ज्वल यश सत् अक्षुण्ण रहकर संसार के सामने सच्चे मित्रे के गुणों का आदर्श बनाकर आधुनिक सखा मित्रों का मार्गदर्शन करता रहेगा।

कथा के क्रम में आगे देखा–

गुह के पिता ने राजा दशरथ के आखेट में परिच्छद का कार्य दिया था जिससे महाराज दशरथ का उनसे निकट का परिचय था। जब श्रीराम किशोर हुए और वन में शिकार करने लगे तब राजा दशरथ के आदेश से सम वय गुह भी श्रीराम के सखाओं में सम्मिलित हुए। गुह अपनी सेवा, तत्परता, सहनशीलता, सादगी, त्याग और शौर्य आदि गुणों के कारण श्रीराम के बहुत प्रिय हो गये जो उनके अन्य सखाओं को अच्छा न लगा।

मित्रों का यह मनोभाव श्रीराम से छिपा न रह सका। अतः भगवान राम ने गुह पर अपनी विशेष कृपादृष्टि का औचित्य स्पष्ट करने के लिए एक दिन सभी साथियों को बुलाकर कहा–"आज आखेट का कार्य केवल मैं ही करूँगा, यदि किसी दूसरे ने यह कार्य किया तो उसे प्राणदण्ड दिया जाएगा।" उसके बाद आखेट की लीला प्रारम्भ की। संयोग से उस दिन एक भयंकर सिंह निकलकर आक्रमण के लिए दहाड़ते हुए श्रीराम की ओर बढ़ने लगा। सब सखा यह देख रहे हैं कि हाथों में धनुषबाण होने के बाद भी श्रीराम तीर नहीं चला रहे हैं। अनिष्ट की आशंका के भय से किसी मित्र के पैर राम की सहायता के लिए आगे नहीं बढ़े। सिंह श्रीराम पर झपटने ही वाला था कि गुह से यह खूँखार दृश्य न देखा गया। सभी साथियों की आँखें भय के कारण बन्द हो गयीं किन्तु गुह ने बिना देर किये एक तीक्ष्ण बाण धनुष पर चढ़ाकर सिंह के हृदय में बेध दिया। सिंह भयंकर गर्जना करते हुए उछलकर श्रीराम जी के समक्ष ही मर गया। साथियों ने आँख खोलकर देखा कि गुह के धनुष की डोरी चढ़ी हुई है और सिंह मरा पड़ा है। श्रीरामजी कभी सिंह की ओर तो कभी गुह को देख रहे हैं। साथी एक साछ चिल्लाये–"राजा के आदेश का ऐसा उल्लंघन? गुह द्वारा ऐसी ढिठाई? गुह को प्राणदण्ड दिया जाना चाहिए।" श्रीराम ने गुह से पूछा, "गुह, आखेट से पहले मेरे आदेश को सुना था और आदेश की अवहेलना का परिणाम जानकर भी तुमने ऐसा कार्य क्यों किया?"

गुह ने सिर झुकाकर कहा, "प्रभु! मैंने आपके आदेश को सुना था और वह याद भी है। हमें आपके साथ रहने का अवसर और सौभाग्य इसलिए मिला है कि हम सब प्रकार से अपने प्राण प्रिय श्रीराम की रक्षा करें। मेरे प्राणधन की रक्षा हो गयी। ऐसा करने में आपके आदेश का पालन न हो सका तो परिणाम स्वरूप मुझे प्राणदण्ड दिया जाना चाहिए। मुझे इसकी चिन्ता और भय नहीं है, बल्कि अपने प्राणों का मूल्य देकर अपने हृदयधन के प्राणों की रक्षा करने में समर्थ होने के कारण धन्य मानकर परम प्रसन्नता की अनुभूति कर रहा हूँ।" गुह के ऐसे उत्तर से अन्य साथियों के सिर लज्जा से झुक गये। श्रीराम ने गुह को अभयदान देकर हृदय से लगा लिया और आत्मा के समान उन्हें प्रिय सखा कहा। अयोध्या लौटने पर श्रीराम ने यह समाचार महाराज दशरथ को सुनाया और गुह को शृंगवेरपुर का राजा बनाने का अनुरोध किया। राजा दशरथ ने शृंगवेरपुर नगर बसाकर गुह को वहाँ का राजा बनाकर सप्रेम विदा किया।

मर्यादा पुरुषोत्तम भगवान श्रीराम व्यक्ति के जाति-पाँति, कुल, धर्म आदि की दिव्यता को न देखकर उसके दिव्य मानवीय गुणों और प्रेम के नाते को ही महत्व देते थे कि एक सच्चा मनुष्य होने के नाते जिसे जैसा होना या करना चाहिए वह वैसा है, या करता है या नहीं करता। इसीलिए तो सोने की लंका का स्वामी महाज्ञानी होते हुए भी पराई स्त्री पर कुदृष्टि रखने वाले आतताई रावण का वध उन्होंने सामने से युद्ध करके किया, वहीं जटायु की भाँति शवभोजन करने वाले नीच पक्षी का अन्तिम संस्कार अपने पिता के समान किया। ऊँचे कुल में जन्म लेने से कोई ऊँचा नहीं हो सकता बल्कि उसके काम ऊँचे होने चाहिए। विचार, कर्म, भावना और व्यवहार महान होने पर ही व्यक्ति महान बनता है।

श्रीराम के तीन मित्रों गुह, सुग्रीव, और विभीषण में से गुह के निःस्वार्थ प्रेम समर्पण और मित्र के प्रति दैवीगुणों के प्रति आदरबुद्धि तथा आत्मत्याग की आन्तरिक भावना के कारण ही पहला स्थान उसे ही श्रीराम ने दिया था। सुग्रीव

और विभीषण की मित्रता में कुछ स्वार्थ था किन्तु निषादराज का प्रेम अहैतुक था। सच्ची मित्रता का गुण इसी आदर्श आत्मीयता भाव से निकल कर आता है।

वन जाते समय श्रीराम के शृंगवेरपुर पहुँचने पर गुह ने आगवानी कर उनसे निवेदन किया, "प्रभो! आपकी सम्पूर्ण पृथ्वी हो, आप हम सबके राजा हैं, हम सब आपके दास हैं। आप हमारे राज्य सहित हम सब पर विधिपूर्वक शासन करिए।" गुह की आत्मीयता, समर्पण और प्रेमपूर्ण वचन सुनकर श्रीराम ने विह्वल होकर उसे अपने हृदय से लगा लिया। जब भरत पिता की मृत्यु और भाइयों के वियोग से व्याकुल होकर पूरी अयोध्या की प्रजा लेकर वन जा रहे थे, गुह को सन्देह हुआ कि कहीं अज्ञानता में भरत वन में जाकर श्रीराम व लक्ष्मण को मार न डालें तथा भरत को राजनीति का ज्ञान नहीं है और श्रीराम व लक्ष्मण से युद्ध कर अपने प्राण गँवा सकते हैं। ऐसी स्थिति का विचार कर गुह ने सेना को तैयार कर नावों को डुबा कर भरत व सेना को रोकने हेतु अपनी सेना को नगाड़े के साथ युद्ध के लिए ललकारा। एक वृद्ध के सुझाव पर गुह ने भरत के शील स्वभाव को परखने के उद्देश्य से लड़ाई से पूर्व उनसे मिलने का मन बनाया। जाते ही मुनि वसिष्ठ जी को दण्डवत प्रणाम कर अपना परिचय दिया। मुनि ने आशीर्वाद देकर भरत से राम सखा के रूप में निषादराज का परिचय दिया। भरत जी रथ छोड़कर प्रेमपूर्वक आगे बढ़े। निषादराज गुह ने अपना गाँव, जाति और नाम बता कर माथा टेककर प्रणाम किया। भरत जी ने अपनी छाती से उन्हें ऐसे चिपका लिया मानों स्वयं लक्ष्मण जी से भेंट हो गयी हो। इस प्रकार शृंगवेरपुर के अधिनायक निषादराज गुह के सद्गुणों, विनम्रता, विवेक, सावधानी, त्वरित निर्णय क्षमता आदि की छटा उनके व्यक्तित्व और कृतित्व में पग-पग दिखाई देती है।

कहते हैं कि जब ब्रह्मा जी ने सृष्टि की रचना की तब क्रियाशील जीवों की तीन ही श्रेणियाँ देवता, दैत्य और मनुष्य हुए। मनुष्यों में उत्पन्न किसी व्यक्ति की सामाजिक पहचान उनका जन्मना जाति से और उसकी विशिष्ट पहचान उसके गुण कर्मणा वर्ण से होती है। मत्स्यवध पर आश्रित निम्नकुल में जन्म लेकर भी निषाद राज गुह ने अपने गुण कर्मणा वर्ण से इस सीमा तक श्रेष्ठता प्राप्त की। राम सखा के रूप में उनका नाम सदा के लिए अमर हो गया।

इसी प्रकार अनेक जनजातियों व निम्न जातियों के साथ राम, लक्ष्मण का जो स्नेह, लगाव, दृष्टिकोण देखने को मिलता है वह एक मानव का मानव के लिए प्यार व मित्रता का प्रगाढ़ सम्बन्ध परिलक्षित होता है। केवट के प्रति श्रीराम का भाव और दोनों के मध्य चतुराई और जीवन के सम्बन्ध तथा भीलनी शबरी का आतिथ्य तथा भगवान का अपने भक्त के प्रति करुणा, दया, ममता का अगाध भण्डार आदि बातें इस बात की गवाह हैं कि वनवासियों, जनजातियों के लिए श्रीराम और उनकी लोक करुणा व गाथा उनके जीवन की संजीवनी है और जड़ चेतना में सर्वत्र श्रीराम की विद्यमानता उनके मंगलकारी भविष्य की धरोहर हैं। मानव तन द्वारा मानव के लिए जो मानक निर्धारित दिखते हैं, सभी श्रीराम जी के प्रति जनजातियों तथा आदिवासियों के हृदय देश में प्रसुप्त अवस्था में विद्यमान हैं।

राम-सीता छत्तीसगढ़ के मंगल और आनन्द की अनुभूति से जुड़े हैं। वहाँ का आदिवासी इस श्रीराम नाम से ऊर्जा प्राप्त कर जीवन्तता अर्जित करता रहा है। वहाँ की लोकोक्तियों, पहेलियों, लोककथाओं और लोकगाथाओं में मानवीय रूप अवतीर्ण हुए हैं अतः जन-जन के सुख-दुख के ये साथी हैं, लोक इनसे कभी विलग नहीं हो सकता और वहाँ की परम्परा में भी सदैव जीवन्त रहेंगे। जनजातियों की दृष्टि में श्रीराम ही उनके प्रत्येक समस्याओं के समाधान की दिव्य ओषधि है।

आदिवासियों के रोम-रोम में राम का निवास होता था। आमोद-प्रमोद की बेला में भी वे गीतों के द्वारा भी राम-सीता-लक्ष्मण का स्मरण करते हुए सुखानुभूति प्राप्त करते थे। एक गीत देखें-

"हरे राम कऽ भजनियाँ सबइ कोइ भजि लेना
प्रेम से सबइ कोई भजीला होऽ......2"

इसी को बार-बार सस्वर गाते नाचते हैं।

"आलर बाँस कटाइ दा हो, आलर बेनिया बिनाइ दऽ,स
आलर बेनिया बयार नाहीं लागइ हो, लागइ हो वन कऽ बयरिया"

यह कोलदहिया तीन पदों की होती है।

"प्रेम कऽ भूखल अइनऽ भगवान शेबरी के घरवाँ,
कुश क चटाई हो, केशिया से झड़लस रहिया हो।
प्रेम कऽ भूखल अइनऽ........."

ये पद जनजातियों के हृदय स्थल में राम, लखन, सीता के प्रति अनन्य प्रेम के द्योतक हैं।

"राम लखन दुनौ भइया हो, खोजइ वनवा में सीता मइया हो
पूछैं चिड़िया चुनमुन और बिरीछन से हलिया हो
राम लखन दुनौ भइया हो......."

पाण्डुलिपियों में बने रामकथा के प्रसंग चित्र

उदयशंकर दुबे

रामकथा के उद्भव के साथ ही उसके चित्रांकन का श्रीगणेश हुआ। संभवतः प्रारम्भ में लोक शैली में रामकथा उकेरी गयी; क्योंकि आज भी हमारे ग्राम्य-अंचलों में लड़कियाँ दीवाल, कपड़े और कागज पर रामकथा विषयक चित्र उरेहती हैं। मधुबनी में विवाह के अवसर पर वधू के लिए पहनने वाली साड़ी पर रामकथा के धनुषभंग और राम-सीता के विवाह का चित्रांकन किया जाता है। इसे कोहबर की साड़ी कहते हैं। अवध और भोजपुर क्षेत्र में प्रचलित एक लोकगीत में सीता के निर्वासन का कारण उनके द्वारा रावण के चित्र का उरेहना बताया गया है। प्राचीन मन्दिरों के शिलाखण्डों पर रामकथा के कुछ प्रसंग उत्कीर्ण हुए मिलते हैं। इनमें मध्य प्रदेश के नचना (सतना) तथा उत्तर प्रदेश के ललितपुर जिले में स्थित देवगढ़ के मन्दिरों में लगे प्रस्तरखण्डों पर रामकथा के कुछ प्रसंग उत्कीर्ण हैं। (द्रष्टव्यः पुरातत्त्वविद् प्रो. कृष्णदत्त वाजपेयी का दिनांक 22 अक्टूबर 1987 ई. का पत्र)। ये चित्र-फलक गुप्तकाल के माने गये हैं। शिलापट्टों, ईंटों, काष्ठ एवं वस्त्रों पर रामकथा के प्रसंगों का चित्रांकन प्रचलित रहा; किन्तु कालचक्र के प्रभाव से आज ऐसी प्राचीन सामग्री बहुत कम प्राप्त होती है।

महाकवि भवभूति द्वारा सातवीं शताब्दी में रचित 'उत्तर रामचरित' ग्रन्थ का प्रारम्भ ही चित्रदर्शन से होता है। लक्ष्मण, राम और सीता को चित्राकार द्वारा अभिलिखित रामचरित को दिखाने के लिए आलेख्य वीथिका में लिख जाते हैं। चित्र-दर्शन से ही सीता को वन-विहार तथा भागीरथी-दर्शन का दोहक उत्पन्न होता है। कवि भवभूति ने सीता की अग्निपरीक्षा तक की कथा के बने चित्रों का वर्णन किया है, इससे ज्ञात होता है कि भवभूति के समय में वीथिका में रामकथा के विविध प्रसंगों के भित्तिचित्र बने थे।

कागज के आविष्कार हो जाने पर कवि-पंडितों ने सभी विषयों के ग्रन्थों को कागज पर लिखना प्रारम्भ किया। इसी के साथ रामकथा के 'वाल्मीकि रामायण' तथा 'अध्यात्म रामायण' की प्राचीन हस्तलिखित प्रतियाँ मिलती हैं। सर्व प्रथम मुगल सम्राट् अकबर ने वाल्मीकि रामायण का फारसी अनुवाद कराकर उसे अपने शाही चित्रकारों से चित्रांकित कराया। इसे हम रामायण की प्रथम सचित्र पाण्डुलिपि कह सकते हैं जिसमें रामकथा के प्रसंगानुसार चित्र उरेहे गये हैं। यह प्रति पाँच वर्ष में (सन् 1574-1579 ई.) तैयार हुई थी। कविवर रहीम ने इसी के आधार पर वाल्मीकि रामायण की एक प्रति अपने पढ़ने के लिए तैयार कराई थी जो 'फ्रीयर आई गेलरी'-वाशिंगटन में सुरक्षित है। इस पाण्डुलिपि के अधिकांश पृष्ठों पर रामकथा-लेखन के साथ भावानुरूप चित्र बने हैं। इस प्रति की माइक्रोफिल्म भारतीय मनीषी सूत्रम्-दारागंज, प्रयाग में आरक्षित है। बादशाह जहाँगीर के शासनकाल में पानीपत मसीही ने वाल्मीकि रामायण का फारसी अनुवाद किया। यह 'मसीही रामायण' के नाम से जानी जाती है। इसकी

एक सचित्र प्रति पाण्डुलिपि पुस्तकालय-इलाहाबाद में वर्तमान है। पंडित सुमेरचन्द द्वारा फारसी में सन् 1715 ई. में अनूदित पाण्डुलिपि राज लाइब्रेरी-रामपुर में है। वाल्मीकि रामायण की इस प्रति में बहुत से नयनाभिराम चित्र बने हैं। मुगलकालीन फारसी किताबों के अनुकरण पर यह प्रति उच्चकोटि की रंगीन सजावट से भरी हुई है। अभी हाल में इसका तीन भागों में प्रकाशन हुआ है।[1]

अकबर के ही शासनकाल में गोस्वामी तुलसीदास ने 'रामचरितमानस' की रचना की। भाषा में रचित होने के कारण जनसाधारण ने मानस को बहुत अधिक पसंद किया साथ ही चित्रकारों ने रामचरितमानस की कथा को चित्रांकित करना आरम्भ किया। अठारहवीं और उन्नीसवीं शताब्दी के मध्य देश के विभिन्न अंचलों के चितेरों ने अपनी-अपनी शैली में रामचरित मानस कथा-प्रसंगों के भावानुरूप चित्रांकित करने का दुष्कर कार्य किया। यही कारण है कि विभिन्न संग्रहालयों, ग्रन्थागारों और व्यक्तिगत संग्रहों में रामचरितमानस की सचित्र पूर्ण-अपूर्ण पाण्डुलिपियाँ देखने को मिल जाती हैं। यहाँ पर हम रामचरितमानस की कुछ विशिष्ट पाण्डुलिपियों की चर्चा करना उचित समझते हैं।

आशुतोष भारतीय कला संग्रहालय, कलकत्ता विश्वविद्यालय में सुरक्षित रामचरितमानस की सचित्र पाण्डुलिपि : यह प्रति सन् 1766-1775 ई. के मध्य बंगाल के महिषादल परगना के ग्राम कमलपुर में श्रीमती रानी जानकी देवी के पठनार्थ तैयार की गयी थी। रामचरितमानस की सचित्र पाण्डुलिपियों के इतिहास में यह अपने ढंग की बेजोड़ प्रति है। ईस्ट इंडिया कम्पनी के समय में महिषादल एक प्रतिष्ठित रियासत थी। रानी जानकी श्री आनन्दलाल उपाध्याय की विधवा थीं। अभिलेखों से ज्ञात होता है कि रानी जानकी ने सन् 1765 ई. से लेकर सन् 1804 ई. तक कुशलतापूर्वक शासन किया। उनके आराध्य मर्यादापुरुषोत्तम श्रीराम थे। कला और साहित्य के प्रति उनकी विशेष अभिरुचि थी। इसका प्रमाण है रामचरितमानस की सचित्र प्रति।

इस प्रति के लिपिकार पंडित ईक्षाराम मिश्र थे। उन्होंने कमलपुर ग्राम में रहकर रानी के पढ़ने के लिए मानस की प्रतिलिपि की थी। लंकाकांड की पुष्पिका में इसका उल्लेख हुआ है। यह प्रति मिल के बने कागज पर चमकदार काली स्याही से लिखी हुई है। विराम चिह्नों और पुष्पिका के लिए लाल स्याही भी प्रयुक्त है। प्रति में कुल 686 पृष्ठ हैं जिसमें 153 पृष्ठों पर रामकथा के भावानुरूप रंगीन चित्र बने हैं, प्रत्येक पृष्ठ कलात्मक रंगीन बार्डर से युक्त है। प्रति में बने रामकथा के चित्रों की शैली को लेकर विद्वानों में मतैक्य का अभाव है। श्री डी.पी. घोष के कथनानुसार मिदनापुर के ही किसी चित्रकार ने इनका निर्माण किया होगा। किन्हीं-किन्हीं चित्रों पर उत्कल कला का भी प्रभाव देखने को मिलता है। चित्रों में लाल, पीला, नीला-श्वेत व हरा रंग का प्रयोग हुआ है। प्रत्येक काण्ड के कथाक्रम में रामकथा के भावानुरूप चित्र बने हैं। कुछ पृष्ठों पर लेखन और चित्र एक साथ बने हैं। कला की दृष्टि से यह प्रति अपने ढंग की निराली प्राचीन प्रति है।[2]

काशिराज ईश्वरी नारायण सिंह द्वारा तैयार कराई गयी रामचरितमानस की सचित्र प्रति : रामचरित्मानस की यह सचित्र पूर्ण पाण्डुलिपि विद्यामन्दिर संग्रहालय, रामनगर में सुरक्षित है। मानस की ज्ञात सचित्र पाण्डुलिपियों में यह सबसे कीमती प्रति है। इस प्रति के कुछ चित्र सर्वप्रथम डॉ. श्यामसुन्दर द्वारा सम्पादित और सन् 1903 ई. में इंडियन प्रेस, प्रयाग से प्रकाशित रामचरितमानस में प्रकाशित हुए थे। यह संस्करण अब दुर्लभ हो गया है। इस प्रति के पत्र अलग-अलग हैं। पूरी प्रति में कुल 535 चित्र बने हैं। यह प्रति पाँच वर्ष में तैयार हुई थी। इस प्रति के लेखन और चित्रांकन में कुल 1,60,000 (एक लाख साठ हजार रुपये) व्यय हुए थे। इसे काशी के कुशल चित्रकारों ने सजाया-संवारा था।[3] रामचरितमानस की यह पाण्डुलिपि संवत् 1889 वि. (सन् 1832 ई.) में तैयार हो गयी थी। इस प्रति के चित्रों पर राजपूत, मुगल और कम्पनी शैली का प्रभाव पड़ा है। इस प्रति का लेखन और चित्र नयनाभिराम है।

राजा पटनीमल के लिए तैयार की गयी रामचरितमानस की पाण्डुलिपि[4] : भारत कला मर्मज्ञ और 'भारत कला भवन' के संस्थापक रायकृष्ण दास के पूर्वज राजा पटनीमल ने सन् 1835 और सन् 1840 ई. के मध्य स्वपठनार्थ रामचरितमानस की सचित्र पाण्डुलिपि तैयार करायी थी। यह वह समय था, जब काशी में सुलेखक हाथ से मानस की प्रतियाँ तैयार कर बड़े-बड़े रईसों को भेंट कर पर्याप्त धनराशि प्राप्त करते थे तथा लीथो प्रेस से मानस की सचित्र पाण्डुलिपियाँ निरन्तर प्रकाशित हो रही थीं। राजा पटनीमल के लिये तैयार की गयी पाण्डुलिपि के मात्र बालकांड के 154 पत्रों (फोलियो) पर बने चित्र भारतकला भवन-वाराणसी में सुरक्षित हैं। शेष काण्डों के पत्रों के विषय में कोई जानकारी नहीं मिलती। स्वयं रायकृष्ण दास ने मानस की चर्चा के दौरान बताया था कि उन्हें इस प्रति के 154 चित्र ही प्राप्त हो सके थे। उस समय राय साहब, श्री सुधाकर पाण्डेय द्वारा सम्पादित 'मानस अनुशीलन' की भूमिका लिखने में संलग्न थे। राजा पटनीमल द्वारा तैयार कराई गयी मानस की पाण्डुलिपि (अपूर्ण) के सभी चित्र अलग-अलग हैं। प्रति काली स्याही से बड़े-बड़े अक्षरों में लिखी हुई है। विराम चिह्नों के लिए लाल मसि का भी प्रयोग है। चित्र काशी के चित्रकारों द्वारा बनाये गये हैं। इन चित्रों में वह आकर्षण नहीं है जो काशिराज की पाण्डुलिपि में है।

पाण्डुलिपि पुस्तकालय, इलाहाबाद (उ.प्र.) में सुरक्षित मानस की प्रति : संवत् 1851 वि. (सन् 1794 ई.) में तैयार की गयी रामचरितमानस की यह प्रति अपूर्ण है। प्रारम्भ के बालकाण्ड और अयोध्याकाण्ड अनुपलब्ध हैं। शेष पाँच काण्ड पूर्ण हैं। इन पाँचों काण्डों में कथा प्रसंगानुसार भावानुरूप चार सौ चित्र बने हैं। सभी चित्र अवधी शैली के हैं। यह पाण्डुलिपि हाथ के बने देशी कागज पर काली स्याही से कैथी लिपि में लिखी हुई है। विराम चिह्नों, छन्द अलगाव तथा चित्र बनाने हेतु भाव-निर्देश के लिये लाल स्याही प्रयुक्त है। पाण्डुलिपि का आकार 11 इंच लम्बाई और 9½ इंच चौड़ाई है। इस प्रति को मौजा साहपुर के मालिक लाला जेठमल (आत्मज लाला हेमराज) ने अपने पढ़ने के लिए लिखवाया था। उत्तरकाण्ड की पुष्पिका से यह ज्ञात होत है। (उत्तरकाण्ड, पत्र संख्या-71)। इस प्रति में बालकाण्ड से लेकर उत्तरकाण्ड तक कुल 772 पत्र (1544 पृष्ठ) होने थे; किन्तु वर्तमान में केवल 315 पत्र (630 पृष्ठ) शेष बचे हैं। पाण्डुलिपि के लिपिकर्ता राम सहाय नामक कोई सज्जन थे।

इस पाण्डुलिपि में क्षेपक कथाओं की बाहुल्यता है। इसमें लेखन कार्य के बाद चित्रांकन हुआ है। रामचरितमानस की यह पहली प्रति है जिसमें चित्र बनाने के लिए पृष्ठों पर स्थान रिक्त रखे गये हैं और लिपिकार के कथा-लेखन के साथ रिक्त स्थान के ऊपर भावानुरूप चित्र बनाने का निर्देश दिया है। उदाहरण के लिये अरण्यकांड की प्रारम्भिक चार पंक्तियों को लिखने के उपरान्त लिपिकर्ता चित्र बनाने का भाव गद्य में लिखा है–

"पुरजन भरत प्रीति मैं गाई। मति अनुरूप अनूप सोहाई।।
अब प्रभु चरित सुनहु अति पावनि। करत चरित सुर नर मुनि भावनि।।
एक बार चुनि कुसुम सोहाए। जिन कर भूषन राम बनाए।।
सीतहि पहिराए प्रभु सादर। बैठे फटिक सिला पर सुंदर।।"

"राम जी जानकी को कुसुमी सारी पहिराए, फटिक सिला पर बैठे हैं सो बनेगा।" इस वाक्य के नीचे चित्रकार ने निर्देशित भाव के अनुरूप चित्र बनाया है।

इसी प्रकार लंकाकांड अन्तर्गत लक्ष्मण-शक्ति का प्रसंग द्रष्टव्य है–

''इहां राम लछुमनहि निहारी। बोले वचन मनुज अनुहारी।।
उठहु लखन भएल भीनुसारा। होत प्रात तन छुटै तुम्हारा।।
अर्ध रात्रि गै कपि नहि आए। राम उठाए अनुज उर लाए।।''

''आधा रात्रि गत हुआ, हनुमान जी नहीं आए, राम जी लछुमन जी को उठाए कै हृदय मो गाए के रोदन करत हैं सो बनेगा।''

पाँचों कांडों में जहाँ-जहाँ चित्र बनाने की आवश्यकता थी, वहाँ-वहाँ स्थान रिक्त छोड़ने के साथ प्रसंगानुसार गद्य में भावों को लिख दिया गया है। यह इस पाण्डुलिपि की प्रमुख विशेषता है। सभी चित्र अवधी लोक शैली के हैं। चित्रों में विविध रंगों का प्रयोग हुआ है। पाण्डुलिपि में उरेहे गये चित्र छोटे आकार के हैं; किन्तु भाषाभिव्यक्ति में सक्षम हैं। प्रति में चित्रकार का नामोल्लेख नहीं है। अवधी शैली में चित्र रामचरितमानस की ज्ञात यह पाण्डुलिपि की पहली प्रति है।

बिहार में तैयार की गयी रामचरितमानस की कुछ सचित्र पाण्डुलिपियाँ : अवध क्षेत्र की ही भाँति बिहार के भोजपुर क्षेत्र में भी रामचरितमानस की सचित्र पाण्डुलिपियाँ तैयार की गयी थीं। यहाँ पर हम बिहार से ज्ञात मानस की सचित्र पाण्डुलिपियों का विवरण प्रस्तुत कर रहे हैं–

1. संवत् 1878 वि. (सन् 1821 ई.) की प्रति : रामचरितमानस की चित्रमय यह प्रति हाथ के बने देशी कागज पर काली स्याही से लिखी गयी है। कथाओं को अलग करने के लिए लाल स्याही का उपयोग हुआ है। यह प्रति खंडित अवस्था में है। अरण्यकाण्ड, किष्किंधाकाण्ड, सुंदरकाण्ड और उत्तरकाण्ड के कुल मिलाकर मात्र 67 पत्र (74 पृष्ठ) ही प्राप्त हैं। यह पाण्डुलिपि छपरा जिले में स्थित रतनपुरा गाँव में लिपिबद्ध हुई थी। इसमें बने सभी चित्र भोजपुरी शैली के हैं, जिनमें भोजपुर में प्रचलित वेशभूषा, रीति-रिवाज का पूरा प्रभाव है। रामकथा के अन्य कथा-प्रसंगों के चित्रण के साथ चित्रकार ने प्रकृति का बड़ा मनोहारी चित्रण किया है। किष्किंधाकाण्ड के वर्षा ऋतु प्रसंग को चित्रकार ने बड़ी कुशलतापूर्वक दर्शाया है। नाले का जल सिमट-सिमट कर तालाब को भर रहा है, तालाब के भर जाने पर उसका जल नदी की ओर जा रहा है और नदी का जल समुद्र में समाहित हो रहा है। तालाब के जल में रंग-बिरंगी मछलियाँ तैर रही हैं। किनारे पर हरे-भरे वृक्ष हैं जिन पर पक्षी विहार कर रहे हैं। साधारण देशी रंगों के सहारे कलाकार ने चित्रों को सँजोया है।

2. संवत् 1815 वि. (सन् 1858 ई.) की चित्रित पाण्डुलिपि : यह प्रति संवत् 1915 वि. में भोजपुर के समीप स्थित मौजा बसाव कला में तैयार की गयी थी। यह भोजपुरी शैली में चित्रांकित है। इस प्रति के उपलब्ध पाँच काण्डों में उनतालीस चित्र बने हैं। किसी-किसी पृष्ठ पर प्रतिलिपिकर्ता ने मानस के मूल पाठ के साथ स्वामी रामचरण दास की मानस की टीका के महत्वपूर्ण अंश को भी लिख दिया है। इसके लिपिकार जगन्नाथ नाम के कोई सज्जन थे जिन्होंने परगना भोजपुर, मौजा-बसाव कला, जिला-शाहाबाद के श्री रामानुज दास के पठनार्थ पाण्डुलिपि तैयार की थी। (अरण्यकाण्ड की पुष्पिका, पत्र संख्या-68)।

इसमें बने रामकथा के प्रसंगानुसार चित्र शुद्ध भोजपुरी शैली के हैं। राम-अत्रि ऋषि मिलन दिखाते हुए चित्रकार ने एक चित्र में अत्रि ऋषि के सामने राम-लक्ष्मण को खड़े दिखाया है। अत्रि मुनि की वेश-भूषा से ही उनकी पहचान

हो जाती है। वे उपदेश देने की मुद्रा में हैं। इसी पृष्ठ पर दायीं ओर अनसूया–जानकी मिलन का प्रसंग है। जानकी की वेशभूषा राजकुमारियों जैसी है। सभी चित्रों में देशी रंगों का प्रयोग हुआ है।[5]

3. संवत् 1906 वि. (सन् 1849 ई.) की रामचरितमानस की सचित्र पाण्डुलिपि[6] : रामचरितमानस की यह सचित्र हस्तलिखित प्रति शारदा पुस्तकालय लालगंज, वैशाली (बिहार) में सुरक्षित है। यह प्रति बसहा (बाँस) कागज पर काली स्याही से लिखी हुई है। प्रति का आकार 14 इंच लम्बाई और 10 इंच चौड़ाई है। प्रति में कुल 772 पृष्ठ हैं जिनमें 153 बहुरंगी चित्र बने हैं। चित्रों में परम्परागत देशी रंगों का प्रयोग हुआ है। इसमें बने चित्रों पर कम्पनी शैली का पूर्ण प्रभाव है। कुछ चित्रों में आधुनिक वेशभूषा देखने को मिलती है। उदाहरणार्थ–राजा दशरथ राजकुमारों सहित प्राचीन भारतीय वेशभूषा में दिखाये गये हैं तो अयोध्या की कचहरी के चित्रांकन में चित्रकार ने आधुनिकता को अपनाया है। न्यायालय में दर्शाये गये व्यक्तियों के शिर टोप है जो आंग्ल प्रभाव है। इस प्रति का वजन चार किलो है।

इसी प्रकार देश के विभिन्न अंचलों–यथा राजपूताना, गुजरात, बुन्देलखण्ड, छत्तीसगढ़, उत्तराखंड आदि क्षेत्रों में रामकथा विषयक ग्रन्थों के चित्रांकन का कार्य हुआ है। यही कारण है कि राजस्थानी, कांगड़ा, बसोइली, मधुबनी, बुन्देली शैली में रामकथा ग्रन्थों के चित्र मिलते हैं। ओरछा (बुन्देलखण्ड) की रानी गणेश डे द्वारा संवत् 1631 वि. रामनवमी के शुभ पर्व पर रामराजा की मूर्ति की प्राणप्रतिष्ठा के साथ रामकथा के चित्रांकन का कार्य शुरू हुआ। राम राजा के मन्दिर की दीवालों पर बने विभिन्न प्रसंगों के चित्र इसके प्रमाण हैं। दतिया राजकीय पुस्तकालय में सुरक्षित संवत् 1824 वि. की रामचरितमानस की पाण्डुलिपि के प्रत्येक काण्ड के प्रारम्भ में एक–एक चित्र बने हैं। सभी पाण्डुलिपियों का विवरण प्रस्तुत करना दुष्कर कार्य है।

रामकथा के ग्रन्थों की सचित्र पाण्डुलिपियाँ कला की दृष्टि से आत्यन्त महत्त्वपूर्ण हैं तथा सांस्कृतिक धरोहर हैं।

सन्दर्भ

1. उर्दू–हिन्दी कैटलाग–समाहर्त्ता–डॉ. वकारुल हसन सिद्दीकी, संख्या 53, पृष्ठ 29, रामपुर रजा लाइब्रेरी, रामपुर, सन् 2000 ई.।
2. कैटलाग ऑफ पेंटिंग ऑफ दि आशुतोष म्यूजियम मैन्युस्क्रिप्ट्स ऑफ दि रामचरितमानस, पृष्ठ 2–3, –निरंजन गोस्वामी, आशुतोष म्यूजियम ऑफ इंडियन आर्ट, यूनिवर्सिटी ऑफ कलकत्ता, सन् 1981।
3. मानस अनुशीलन–श्री शंभु नारायण चौबे, पृष्ठ 9, सम्पादक–सुधाकर पाण्डेय, नागरी प्रचारिणी सभा, वाराणसी संवत् – 2024।
4. काशी से प्राप्त चित्रित पाण्डुलिपियाँ (रामचरितमानस) –डॉ. प्रेमकुमारी श्रीवास्तव, पृष्ठ 25–29, कला प्रकाशन, न्यू साकेत कालोनी, बी.एच.यू., वाराणसी–5, सन् 2008।
5. संवत् 1878 वि. और संवत् 1915 वि. पाण्डुलिपियों का विवरण एवं चित्र मुझे श्री सुरेशचन्द्र पाण्डेय–संचालक–भारत–भारती, दुर्गाकुण्ड, वाराणसी से प्राप्त हुआ था। दुर्भाग्यवश श्री पाण्डेय जी अब इस संसार में नहीं हैं। मैं उनके प्रति हृदय से अभारी हूँ।
6. इस पाण्डुलिपि के संक्षिप्त विवरण के लिए हम आभारी हैं श्री शारदासदन पुस्तकालय, लालगंज, वैशाली (बिहार) के प्रधान सचिव श्री जगन्नाथ प्रसाद शाह के।

संलग्न चित्र

1. पुरातत्त्वविद् प्रो. कृष्णदत्त वाजपेयी का दिनांक 22 अक्टूबर 1987 ई. का पत्र।
2. रानी जानकी के पठनार्थ कमलपुर (बंगाल) में तैयार की गयी मानस की पाण्डुलिपि के चित्र–2, एक रंगीन, एक काला।
3. रतनपुर–छपरा (बिहार) में तैयार की गयी मानस की पाण्डुलिपि का एक पृष्ठ।
4. भोजपुर (बिहार) में तैयार की गयी मानस की पाण्डुलिपि के दो पृष्ठ।
5. वैशाली (बिहार) की पाण्डुलिपि का एक पृष्ठ।
6. गणेश यंत्रालय (शिलायंत्र) से प्रकाशित सचित्र मानस की पाण्डुलिपि का एक पृष्ठ।

रामकथा की दो अप्रतिम काव्यकृतियाँ : पाण्डुलिपियाँ

डॉ. अर्जुनदास केसरी

रामकथा के अनेक हस्तलिखित काव्यग्रन्थ संग्रहालयों में पड़े हैं; अथवा दीमक का आहार बनकर नष्ट हो चुके हैं, बहुत कम प्रकाशित हुए हैं। इनपर देशस्तरीय व्यापक सर्वेक्षण की आवश्यकता है; जो केवल सरकारी तन्त्र से सम्भव नहीं है। उत्तर प्रदेश के सोनभद्र जनपद में इन पंक्तियों के लेखक ने अपना एक संग्रहालय बनाया है, जिसमें दुर्लभ वस्तुओं के साथ-साथ पाण्डुलिपियों का भी संग्रह किया गया है। उनमें दो रामकथा की हैं। प्रथम बाबा झामदास कृत 'रामार्णव' का प्रकाशन तीन खण्डों में अयोध्या शोध संस्था के सहयोग से लोकरुचि प्रकाशन, सोनभद्र (उ.प्र.) द्वारा किया गया है। उसका पुनर्लेखन-सम्पादन अर्जुनदास केसरी ने ही किया है। 'रामचरितमानस' से लगभग दो गुनी बड़ी इस कृति पर शोधकार्य हो रहा है। दूसरी है—तुलसी कृत 'रामायण' जिसका बालकाण्ड प्राप्त है और इसके आरम्भ में 94 पुस्त की सूर्यवंशियों की सूची दी हुई है। उसी जनपद के बनौरा ग्राम से श्री मुनीर बख़्श आलम के सहयोग से प्राप्त इस कृति में कुल 63 कथाओं की भी सूची दी हुई है। ये दोनों काव्य-कृतियाँ रामकथा की बड़ी उपलब्धियाँ हैं। यहाँ हम उन कृतियों का विवरण दे रहे हैं।

1. रामार्णव

श्रीराम-भक्त बाबा झामदास का जन्म सन् 1700 ई. के आसपास ठहरता है और अपने जन्मस्थान के बारे में उन्होंने स्वयं लिखा है—

''बरनवाल की ग्याति निज, वैश्य वरन कहवाउ।
सिख्य भयो श्री झामधर, इष्ट देव रघुराउ।।''

इससे स्पष्ट होता है कि बाबा का जन्म वर्नवान वैश्य वंश में हुआ था और उनके इष्टदेव श्रीराम थे। उनका जन्म उत्तर प्रदेश में ही भदोही में हुआ था। 'रामार्णव' की रचना उन्होंने उमादयाल की प्रेरणा से की थी। अयोध्याकाण्ड के प्रथम पृष्ठ पर उन्होंने संस्कृत में अपना परिचय लिखा है जिससे स्पष्ट है कि यह काव्य बाबा जी ने अपने पितानुज भवानी दयाल के लिए, उनके द्वारा मान्य और हस्ताक्षर किये जाने पर घनश्याम दास और उनके ज्येष्ठ भ्राता के पुत्र के निमित्त लिखी थी। उन्होंने रूपक-योजना के तहत उसका नाम 'रामार्णव' रखा और कहा कि यह रामनाम का अर्णव (समुद्र) है। तरंगें (प्रसंग) इसकी लहरें हैं, जिसमें सज्जन मज्जन करके अपने कलुष-भ्रम का नाश कर सकते हैं।

बाबा का बड़ा परिवार था। वे सात भाई थे और सभी एक साथ रहते थे। सभी प्रभु का यशगान करते थे। 'रामार्णव' का रचना-काल उन्हीं के अनुसार संवत् 1857 है, जिसमें वह पूर्ण हुआ था। उन्होंने इसे 1818 प्रजापति नाम संवत् में

लिखना आरम्भ किया था। प्रत्येक काण्ड के अन्त में काण्ड के पूरा होने की तिथि भी लिखी हुई है। बाबा जी क्रमशः पंचमढ़ी (भदोही), मिर्जापुर के गंगातट (जहाँ उनका आज भी बगीचा है), काशी, प्रयाग, राजा माण्डा के दरबार में और अन्त में अयोध्या रहे। यहीं इसकी पूर्णाहुति हुई। कहते हैं, इसे वे नित्य गाते थे और तमाम कथाप्रेमी उसे प्रेमपूर्वक सुनते थे। इनकी कथा में हनुमान जी किसी न किसी रूप में विराजमान रहते थे।

बाबाजी के हृदय में सभी प्राणियों के प्रति समान आदर का भाव था। वे सेवाभाव, प्रेम, स्नेह, दया, करुणा, सत्य, अहिंसा, समता, सद्भाव, सादा जीवन और उच्च विचार के समर्थक थे, जिसका परिचय इस काव्यकृति में सर्वत्र मिलता है। उन्होंने श्रीराम को ब्रह्म नहीं, आदर्श पुरुष माना है और उनके कार्यों को प्रत्येक के लिए अनुकरणीय माना है।

'रामार्णव' की भाषा मधुर, सम्प्रेषणीय, भावप्रणव, अलंकृत, सरस, सूत्रात्मक, मिर्जापुर-प्रयाग की अवधी है। रचना शान्त रस में है। दोहा, चौपाई, सोरठा, हरिगीतिका, भुजंगप्रयाति, तोमर छन्दों में अपने काव्य की उन्होंने रचना की है। हाँ, आपकी भाषा पर वाल्मीकि के 'रामायण' सहित सभी पुराणों के अध्ययन की छाप है जिनका उन्होंने अन्त में उल्लेख भी कर दिया है। रामकथा की यह अपनी तरह की अलग-थलग एक अति महत्त्वपूर्ण काव्यकृति है जिसकी रचना विशेष रूप से कथावाचन के लिए ही की गयी थी; ताकि समाज में समरसता का वातावरण सृजित हो। उन्होंने आरम्भ में ही लिख दिया–

बन्दौ गणपति पांय, मंगलादि अनिमादि प्रद।
अज्ञ तिमिर उर छाय, जासु ध्यान दिनमणि सुखद।।

उन्होंने प्रथमतः श्रीगणेश, फिर सज्जन-चरणों की, तब फिर राम की वन्दना की है–

''बंदौं प्रथमहिं सज्जन चरना। जामु गिरा गोपति तम हरना।
कृपासिंधु संतत सुखदाता। बिचरहिं राम विश्वहित दाता।
छमा छमा सम सगुण विलासी। विधु सम गिरा पियूष प्रकासी
सुरसरि सम सुभ चरित सुहाई। सन्मुख होत सरिस सुख पाई।।''

× × ×

''संत करिहि विधु वसु महिमाहीं। मधु सित सोम राम जनु नाहीं।
मंगल मूल जानि आनंदी। करौं कथा रघुपति पद बंदी।।
विन्ध्यक्षेत्र सुरसरि कै तीरा। करौं कथा भंजन भव भीरा।''

श्री उदयशंकर दुबे के अनुसार यह ग्रन्थ रीवां नरेश महाराज रघुराज सिंह के शासन-काल में लिखा गया था। (रामार्णव बालकाण्ड, पृ. 6) इनके गुरु का नाम ब्रह्मदेव था। (सु.का., पृ. 53)

इस हस्तलिखित ग्रन्थ में मात्र पाँच काण्ड हैं–बालकाण्ड, अयोध्याकाण्ड, अरण्यकाण्ड, किष्किंधाकाण्ड और सुन्दरकाण्ड, जिनमें कुल 445 पन्ने हैं। वर्णन से लगता है कि जब ये कथा कहने लगते थे तो संत-महात्मा और रामकथा-प्रेमी एकत्र हो जाया करते थे, जैसा कि पन्ना आठ पर लिखा भी है–

''रामचरित अर्णव एहि नामा। सुनहिं संत पावहिं मनकामा।
सोइ हरि चरित करौ अवगाना। सुनहु श्रवण देइ संत सुजाना।।''

अपने गुरू की वन्दना बाबा ने इस प्रकार की है–

"बन्दौं गुरुपद कंज, हरण कुअंक विरंचिकृत।
जाकी कृपा मयंक, सदा उदित आसंकहर।"

यह तो बात हुई कृति और कृतिकार के बारे में। अब इस महाकाव्य के काया-विस्तार पर भी कुछ चर्चा होनी चाहिए। ज्ञातव्य है कि बालकाण्ड में 35, अयोध्याकाण्ड में 21, अरण्यकाण्ड में 9, किष्किंधाकाण्ड में 11 और सुन्दरकाण्ड में 10 तरंगों में अलग-अलग कथाप्रसंग वर्णित हैं जिनमें अनेक अवतार-कथाएँ भी हैं, जो अन्यत्र नहीं मिलतीं। यहाँ उनकी सूची दिये बगैर बात अधूरी रह जायगी। वे प्रसंग हैं–क्रमशः सुमिरनी, भक्ति प्रदायक संवाद, ब्रह्मा-नारद संवाद, उमा-महेश्वर सम्वाद, शिवोमा-संवाद, राम-हृदय, सृष्टि-निरूपण, भुवन-विन्यास (भरतखण्ड-वर्णन), जम्बूद्वीप-वर्णन, षट्द्वीप-वर्णन, मनुधत-दानुकीर्तन, भानुवंश-वर्णन, भानुवंशानुकीर्तन, अस्य श्रृंगानयन, रामावतार निरूपण, बाललीला वर्णन, मलदकाठशरण्य प्रवेश, विश्वामित्र योग समाप्ति, सुरसरि-उत्तरण, अहल्या शापोद्धार, त्रिशंकु, अश्व-चाण्डाल-प्रयाण, विश्वामित्र उपाख्यान, धनुभंजन, दशरथ-प्रयाण, जनक-वंश-वर्णन, जनक-वंश-वर्णन (दो), सीताराम-विवाह-वर्णन, मैथिलपुर दशरथ-प्रयाण, परशुराम गहन तपस्या, अयोध्याभिनिवेश (बालकाण्ड)। रामराज्य सभामंत्रण, मंगलोपवास, कैकेयी का कोपभवन-प्रवेश, कैकेयी का वरदान माँगना, दशरथ-विलाप, कैकेयी-कुटिलता, राम-लक्ष्मण-संवाद, राम-जानकी-संवाद (सिखावन), राम का राजा के समीप वन गमनार्थ आगमन, राम-लक्ष्मण-जानकी का वनचीर-परिग्रहण, वनगमन, परित्याग, कौशल्या-सुमित्रा का शोक, परिजन-रुदन, श्रृंगवेरपुर वास, सुरसरि-दुस्तरण, भारद्वाज-मिलाप, चित्रकूट-दर्शन, वाल्मीकि-आश्रम-आगमन, सुमंत का अयोध्या प्रत्यागमन, दशरथ-शरीरान्त, भरत का अयोध्या आगमन, भरत-विलाप, दशरथ-अन्त्येष्टि, भरत-शपथ, दशरथ का दाह-संस्कार, भरत का राजा न होने का विरोध व राम के पास जाना, भरत-शत्रुघ्न का श्रृंगवेरपुर-प्रस्थान, गंगा-संतरण, भरत भारद्वाज आश्रम में, सानुज-ससैन्य भरत का चित्रकूट आगमन, चित्रकूट में राम-भरत का मिलन, राम द्वारा भरत को समझाया जाना, दशरथ-मरण सुनकर राम का विलाप करना, भरत को वापस करने का प्रयास, भरतोत्थापन-राजनीति धर्म, भरत का श्रीराम की पादुका लेकर वापस होना, भरत का अवध आकर नंदीग्राम वास करना (अयोध्याकाण्ड)। विराध-वध, सरभंग के धाम में; सुतीक्ष्ण के आश्रम में प्रयाण, ऋषि कुंभज के आश्रम में, सुरपणखा-खरदूषणादि-वध, मारीच-रावण-संवाद, मायामृग-सीता का अग्नि-प्रवेश, सीता-हरण, सीता-हरण (दो) जटायु-वध, सीता अशोक वाटिका में, राम का विलाप : सीता-हरण, जटायु-मिलन, मोक्षलाभ, श्रीराम द्वारा कवंध का भुजा काटना (अरण्यकाण्ड)। हनुमान-मिलन, राम-सुग्रीव का गुहागृहवास; तारा-प्रबोध, सुग्रीव को राजपद, श्रीराम का गुहावास; क्रियायोग उपदेश, श्रीराम-विलाप; दूत-प्रेषण, लक्ष्मण द्वारा किष्किंधापुर से सुग्रीव को लाया जाना, जोगिनी वर-प्रदान, बानरी सेना का सिंधुतट प्रयाण; गीधराज से मिलन, सम्पाति सम्पक्ष, समुद्र-लंघन-चिन्तन-प्रकरण, जामवंत का जन्मकर्म वर्णन (किष्किंधाकाण्ड)। स्तुति और हनुमान द्वारा समुद्र-संतरण, सीता-अन्वेषण, हनुमानाद्विलास, राक्षसी-तर्जन, अंगुलीयक समर्थन; सीता-हनुमान-वार्ता, अशोक वाटिका-भंग, हनुमान-बंधन, लंकादहन, मधुवन-विध्वंस, हनुमान द्वारा सीता को संदेश और अन्त में रचनाकाल एवं स्तुति।

ये सभी प्रसंग और प्रकरण बड़े मार्मिक, सम्प्रेषणीय और भाव-प्रवण हैं। प्रकृति-चित्रण, चित्रात्मकता, अलंकृत भाषा, सहजता के सर्वत्र दर्शन होते हैं। बालकाण्ड में अयोध्या का वर्णन देखिए कवि किस तन्मयता के साथ करता है–

''सुमन वाटिका वृन्द, द्वार-द्वार प्रति शोभियत।
निरखति अति आनंद, मनो सुषमा के आवरण।।
करहिं पिनाक नभग खग नाना। कपितहि मन आवत काना।।
तेन्हं तहं सुन्दर सरवर सोहे। जेन्हहिं विलोकि न केन्ह मन मोहे।
विगसे पंकज नाना रंगा। करहिं विहार जथा रुचि भृंगा।।
बोलहिं जल खग अनबनि बानी। भनत न बनत मोद मन जानी।।''

बाबा ने प्रामाणिकता के लिए प्रमाण भी बहुत दिये हैं, अर्थात् अपनी बात को अन्य पुराणों-शास्त्रों से प्रमाणित भी करते गये हैं जिससे लगता है कि उन्होंने रामकथा-सम्बन्धी प्राय: सभी ग्रन्थों का अनुशीलन किया था।

झामदास बाबा उस समय पैदा हुए थे, जब ब्राह्मण-धर्म का सर्वत्र वर्चस्व था और शूद्र-नारी को वेदाध्ययन की अनुमति भी न थी; तब भी बाबा ने समरस समाज की स्थापना के खयाल से इन बासी मान्यताओं को नकारा और 'ढोल गंवार शूद्र पसु नारी। ये सब ताड़न के अधिकारी।।' जैसी कोई बात कहीं नहीं लिखी; अपितु श्रीराम को सम्मान्य आदर्श महापुरुष मान कर उनसे पुरुषोचित आचरण करवाया। 'मानस' में गंगावतरण करते समय श्रीराम के समय केवट को अत्यन्त दीन-हीन, दया का पात्र दिखाया गया है, परन्तु 'रामार्णव' में केवट श्रीराम, जानकी और लक्ष्मण को सामान्य जन की तरह सादर, विनम्रतापूर्वक गंगापार करता है और उचित खेवाई भी ले लेता है।

'रामार्णव' के कतिपय प्रसंग तो अत्यन्त मार्मिक हैं। दशरथ की मृत्यु का समाचार कितना दु:खद है? रानियों की शोकजन्य पीड़ा का कितना कारुणिक और मार्मिक वर्णन कवि ने किया है, देखिए, विलाप का यह दृश्य–

''किमि अनाथ करि हमहिं बिहाई। महाराज केहि काज सिंधाई।।
नहिं पालन कर एहि छन रामा। केहि अवलम्ब तजेउ निज बामा।।
देस कोष पुर पालन कारी। सो एहि समय सुवन बनचारी।।
हमहिं सहित एहि सब लोका। किमि सहि सकिहि स्वामि बिन सोका।।
एहि भांतिन बहु विलपहि रानी। सो सुनि सकल पुरी अकुलानी।।''

(अयोध्याकाण्ड, पृ. 108)

पूरे 'रामार्णव' में तुलसीदास का एक स्थान पर नाम आया है। ऐसा प्रतीत होता है कि बाबा तुलसी से बहुत प्रभावित नहीं थे और वह सर्वमान्य, समाजसुखाय, जनहिताय, सर्वथा अलग रामकथा का प्रणयन करना चाहते थे। यह और बात है कि अभी 'रामार्णव' के बारे में बहुत कम लोगों को जानकारी है। 'मानस' को लोकप्रिय होने में 500 वर्ष का समय लग गया और तब ही छिद्रान्वेषण प्रारम्भ हो गया। क्या पता कुछ दशक बाद यह 'रामार्णव' अधिक लोकप्रिय हो जाय।

'रामार्णव' में जीवन मूल्य उभर कर सामने आये हैं। स्नेह, दया, करुणा, प्रेम, सदाचार, सामाजिक जीवन की समरसता, पारिवारिक जीवन का माधुर्य, देशभक्ति, सत्य, अहिंसा, गो-बाल-ब्राह्मण-स्त्री रक्षा, अपाहिजों, अन्त्यजों, दबे-कुचले, दलित लोगों के प्रति आदर भाव आदि सब कुछ है। (तृ. खण्ड, भूमिका, पृ. 6)

'रामार्णव' का सुन्दरकाण्ड सर्वोत्तम माना जाता है। यह कथा दस तरंगों में वर्णित है। कथा भी 'रामचरितमानस' के सुन्दरकाण्ड से अधिक लम्बी (लगभग तीन गुनी) है। समुद्रोल्लंघन के उपरान्त हनुमान की मन:स्थिति का चित्रण एक छन्द में देखिए–

"गत वेगि सागर पार मरुत, कुमार कूल निहारेऊ।
नाना नभग बहु रंग रव करु, कर्ण करत सुखारेऊ।
बहुवृक्ष फूलित फलित बहुधा, करु बिहार मृगांगना।
करि झामराम सुकाम कपि अवलोकि सुखपूरित मना।"

(वही; पृष्ठ 275)

फलागम के बाद प्रसन्न मन का होना स्वाभाविक है और जब पूर्ण फल प्राप्ति हो जाय तो फिर क्या कहना। इसी कारण तो हनुमान सर्वोपरि हो गये और बाबा को भी कहना पड़ा–

"नहि गाइ जाइ अपार कविकुल, को न जवन सकै कहा।
जेहि पदन तुलसी दलन पूजत, पाउं पावर पद महा।
सोइ राम पूरन काम सोइ-सोइ, मिलत भाव अमान को।
अरु भाग्यमान सुजान अति, हनुमान सम जग आन को।।"

(वही; पृ. 214)

इसीलिए तो राम ने हनुमान को अपनी अमोघ भक्ति दे दी और हनुमान जी भी दण्डवत कर उनके चरणों में अपने को समपर्ति कर सदा के लिए निहाल और अमर हो गये। देखिए, राम कहते हैं–

"देंउ तोहि निज भक्ति पुनीता। करत जासु निगमागम गीता।।
सो सुनि पवन तनय अनुरागे। परेउं दण्ड जिमि पुनि प्रभु आगे।।
सजल नयन रघुपति उर लाये।। उमा प्रेम सोइ जात न गाये।।"

(वही; पृ. 214)

तात्पर्य यह कि 250 वर्ष पूर्व रचित बाबा झामदास की यह रामकथा-कृति 'रामार्णव' अब तक के समस्त रामकथा-काव्यों में अप्रतिम, अनोखी, सामाजिक समरसता की दृष्टि से प्रासंगिक है। इसपर शोध और अध्ययन की अनेक सम्भावनाएँ हैं।

2. रामायण

रामायण का तात्पर्य सामान्यतया 'रामचरितमानस' से ही लगाया जाता है। रामायण का अर्थ है राम का चरित्र या यशगायन। तुलसीदास ने 'रामचरितमानस' नाम 'वाल्मीकीय रामायण' से पृथकत्व जाहिर करने के लिए दिया होगा।

प्रस्तुत रामचरितमानस का बालकाण्ड काशी प्रसाद ग्राम-बनौरा, तहसील राबर्ट्सगंज, जनपद सोनभद्र (उ.प्र.) से इन पंक्तियों के लेखक को लगभग अस्सी के दशक में प्राप्त हुआ था, जिसका मंथन नहीं हो पाया था। रामकथा-विशेषज्ञ और हिन्दी साहित्य सम्मेलन, इलाहाबाद के पाण्डुलिपि विशेषज्ञ श्री उदयशंकर दुबे से जब इसकी चर्चा हुई और उन्होंने जब इसका अवलोकन किया तो प्रथमतः 'अमर उजाला' के माध्यम से इसकी उपादेयता और विशिष्टता समझ में आयी।

यह अब तक प्राप्त सभी रामकथा कृतियों में अलग हस्तिलिखित कृति है, जिसके आरम्भ में ही 94 पीढ़ी की सूर्य वंशावली दी हुई है। मैं यहाँ उसे यथावत देना उचित समझ रहा हूँ। इसका शीर्षक लिखा है–'अथ वंशाउरी सूर्ज बंसीयों के।' कालीस्याही से खाना बनाकर 'नाम राजाओं के' 'नाम रानियों के' दिया हुआ है, जो इस प्रकार है–क्रमांक 1 से 5 तक राजाओं के ही नाम दिये गये हैं, रानियों के नहीं–(1) निरंकार वेम्पकार, (2) वोंकार, (3) तोये,

(4) कमलासन, (5) ब्रह्म, (6) मनिच-प्रेमजा रानी, फिर राजा-रानियों के नाम साथ-साथ यथा, (7) कस्य-अदिति, दिति, कहुसुरसा, विन्ता, पदावती, सुरोब्रती, मनवती, अमोधा, (कस्य के पार्श्व में 'नसरेषा' लिखा है।), (8) सुर्ज-छायाप्रना, (9) अखनिकुमार-महाव्रति, (10) मनु-सुचिरेषा लिखा है, (11) इछाक-सुप्लातीहि, (12) वीचक-नृमल, (13) विडर-दामा, (14) द्रिगपाल-देवमती, (15) सुतंजये-सुर्जमुषी, (16) पुतंजपेदेव-दानमती, (17) जवेवछ-चेदा, (18) वीरभानु-कुमुदुनी, (19) महारानी-मानमती, (20) अतेस कुमार-धनमती, (21) निसंक-सुसर्ष, (22) त्रिशंकु-सुशीला, (23) धर्मध्वज-नमा, (24) भुमेस्वर-ख़ामा, (25) पृथु-देवजानी, (26) श्रीकदत्त-विष्पाता, (27) इन्द्र-परमा, (28) सुमुज-नासो, (29) कनीफट-नुपावती, (30) जुवानाथ-पुष्पावती, (31) मध्याता-सुभागी, (32) सयम्भु-ग्यानमती, (33) प्रध्यन्या-तेजमती, (34) त्रिजरेतु-नागेश्वरी, (35) त्रिसानुज-चन्द्रमा, (36) हरिचंद-मदनावती, (37) हरदास-चंद्रावती, (38) रूपमगन-मंगला, (39) धरमगत-सुगधी, (40) मयुर्धुज-पींग्ला, (41) तामध्वज-सुभावती, (42) सुचछ-सोनमती, (43) विजसुदानी-जप्रेमती, (44) सुविक-बालमती, (45) नरिन्द्र-ललंग, (46) सगर-केसीप्द्धुम, (47) अजमंजस वगैरह-कीरमती, (48) किरमनी-अस्वमान-आसमती (60001), (49) दलीप-सुकंठ, (50) भागिरथी-सुवासी, (51) कुकन्य-सिसिम, (52) नभंगा-कपुरा, (53) धुंधर-चंपामुख, (54) हरितासुपावलधा-सुवरना, (55) अंवरीक-रितुपानी, (56) सुदास-सुषमनी, (57) कमल-गंजमती, (58) नरनायक-देवमती, (59) असमंका-ठीका, (60) मूल-सुलाची, (61) वरिवड़ा-रमला, (62) कलच-नेत, (63) दासर्थ-मुगा, (64) अनुगा-सहजमती, (65) इसबिला-मैनसीरा, (66) ...(अज्ञात)-सौलमईजीरा, (67) सुवस-हेमकुंवरि, (68) रितुपालक-सुफाली, (69) खड्ग-भाममती, (70) श्रीदलिप-कृष्नावती आदि, (71) रघु-कमलकुंवरि, (72) अज-इंदुमती, (73) श्री दशरथ-कौशिल्या आदि (360), (74) श्रीरामंद्रादि-(4)-जानकीजी, (75) लव-चिभौजा, (76) निषादा-सुरपती, (77) नभग-अनुमावती, (78) पुंडरीक-सुचि सुषना, (79) देवनीक-लालमती, (80) अहिनाग-सुखसेनी, (81) पारिपत्र-तोरा, (82) जमुना-कुंदनी, (83) वर्जनाभ-शंषकीमातुहै, (84) शंख-ब्रिजा, (85) सुदरसन-ललिता, (86) पुहपराऊ-सषसेट, (87) मुर-....(अज्ञात), (88) सुन्र-(अज्ञात), (89) बृहदवल किसोरी, (90) वीरसनि-कुसुमा, (91) सुभमरती-बलसुंदरी, (92) रामरेनु-गोविंदी, (93) देवदत्त-वीरकुअरी, (94) हरिदंत-उमा। इसके अन्त में एक दोहा लिखा है-

अष्टाधिक सुत भूप ये, दये अंस बलवान।
आगे मानुष होयंगे, सुनिये कृपा-निधान।।

तात्पर्य यह है कि राजा के आठ से अधिक पुत्र पैदा हुए, जो बलवान थे, इसके बाद सन्देश है कि इसके उपरांत मनुष्य होंगे (देव नहीं) हे कृपानिधान! ऐसा मेरा अभिमत है-ऐसा कवि का मानना है। राजाओं के 73वें क्रम में दशरथ का और 74वें क्रम में श्रीराम का नाम आया है।

इसी पाण्डुलिपि में कथाओं की भी सूची दी गयी है, किन्तु उसमें पृष्ठों का क्रम व्यतिक्रम है। मैं उसे यथावत् दे देना उचित समझता हूँ। वे कथाक्रम हैं-

मानस-(1) चतुर्जगे कथा (11), जग विध्वंस राजा जछ कै (19), जन्म पारवती कै (23), प्रकास काम देववातोरुक बध (25), विवाह पारवती कै (23), पूर्वकथा पार्वती कै (29), प्रस्न पार्वती कै (36), कथा जालन्धर कै, नार्द कै मोह (38), राजा मनु का तप (48), राजा भानुपरताप कै (50), उत्पत्ति रावन कै (53), गधर्पप

कै सार्पव्य कै (55), पंचकन्या का जन्म (59), हतारिकै जन्म लंका रावणलि;.......(60), वरनन चौरासी नर्क (63), रावन वो सम्पातीकाल डार (67), चौदहो मनू के (71), चाषुसुकिहा रावन गया (72), रावन छिरसागर गये (75), व्रोबाकेछु पुत्र कै नाम तप (75), मेघनाद इन्द्र कै लड़ाई (76), रावन राजा दलिप के परिछा लेन गये, रावन का अनिति वो बलि आदि साधे गयो (80), नल कुबल किरत्राप मुनि दकाउर (82), सीता जी का जन्म (83), रावन भ्रष्टाचारम् का रुदन (84), जामती को तप विवाह (86), वावन जीवलि छल्यो (88), बालि सुग्रीव का जन्म (92), अहिल्या का सयंवर (96), राजा दशरथ कै जन्म (98), रावन दशरथ सोउंमा (100), चंदमा वंसावरी (102), कौसिकै जन्म कै (105), पछासुर वध सुमंत मेघनाद का लड़ाई (108), घनाद का लड़ाई (109), कोसलनृत फलदान (110), रावन सपन देखा (110), दशरथ-कौसिल्या विवाह (112), दशरथ-खरदूषण लड़ाई (115), दशरथ-केकई विवाह (119), दशरथ-सुमित्रा-विवाह (121), दशरथ-केकई विवाह (122), रघुराजा कै जन्म (124), रावन महादेव को दूर खड़ल्यायो (127), इन्द्रस्त्रो सती कै स्तुति (131), मेघनाद का तप (132), इंदुमती का तपस्या (139), दशरथ पुत्र हेतु ग्लानि स्त्रिंगी ऋषि आगमन (140), ऋषि आगमन (140), श्रीरामावतार (143), वंशारी राम जी कावदेकहा (145), बिस्सामित्र रामहेतु आये (150), अहिल्या का स्त्राप (152), रघुषक स्त्राप कै (153), भस्मासुर वध हनुमान जन्म (154), अंजनी तप विवाह (157), हनुमान जी कै जन्म (159), गंगाजी कै उत्पत्ती (160), राग-रागिनी नाद महादेव (166), रामचन्द्र जनकपुर चले (167), धनुष टूटा (173), परसुरामादि (178), धन्या जेहि प्रकार जनक पाया (180), दूत जनकपुर गया। (182), जनकपुर बराति आई (185)।

इस तरह कुल तिरसठ कथाएँ 194 पन्नों 288 पृष्ठों में काव्यबद्ध हैं। अन्त में चन्देल की वंशावली दी हुई है, किन्तु उस पन्ने का लगभग आधा भाग फटकर नष्ट हो गया है। उसमें तैंतालीस पुस्तों के नाम हैं। इनमें से भी कुछ दीमक चाट गये हैं, फिर भी जितना बचा है अथवा सायास पढ़ा जा सकता है, उसे यहाँ दे देना उचित और महत्त्वपूर्ण भी है। यह काव्यबद्ध है–

महामहो पथोरको, चंदरवंश कविंस।
चंदेले चौहान को, समर भयेव अवतंस।।
एतेकार्पी में सतत, जासु चनेरी नाम।
मदन ब्रह्म दियाल सनि ये सुखमा के धाम।।
कृत ब्रह्मा ताके भये, ताकर ही ब्रह्म।
सूर्ज ब्रह्म ताके भयो ताही पर्यालिक ब्रह्म।।
राइ ब्रह्म ताके भये, व्याहि लियो चौहान।
खर्गधार से जुही गे, त्रियिक ये मैदान।।
हुजो सुतपर माली कही, रहे ब्रह्म गोयंद।
सुरथ ब्रह्म ताक भयो, अरिन्ह हीन हुषहुह।।
जयति भाल ताके भयो, ताके माल कलीन।
भारह-पारह मल भये, हुइ सुत ताहि मलीन।।
गोरी हीन्ह मलीछ को, भैं ते भागे होउ।
आये प्राची ही शाको, तान्ह पुरसा मोव।।

उहां सगुन कुछ पाइके, लिये सगुनिया साथ।
नग्र अगोरी बसत भै, घाटै मनु पसनाथ।।
राम तते रह सैगनो, अवर तीनी पुनि सेर।
घाट मराजहि हनत में, बचे सोभय भउ।।
रुताके सुत में सहन मल, हेमदास मल तासु।
सूर जीत मल तासु में, प्रजनहीन सुख पाससु।।
रन हवन मल तासु में, सुवीधमन तेही के भयो।
इहातेप हवी केर, गये हस ही जके भये।।
कुंजरशाही भये ताही, गघ्रपशाही ताके भये।
अगंहसाही तेही आस............................।।

चंद्रभान शाही ताके भये, खर्गसाही तेही कै।
सूर्जशाही ताके भयो, पालशाही के हीन हे।।
नैपालशाही ये तासु सुत, ताही बलीनन्ह मारी।
रानी ओउसेभगी, वोड़नशाही सुहानी।
जाह बेलवन में रही, सोइ रिनि लीन्ह बिवाही।
मेहुड़ी वाले तासु सुत, जानहिं सबै निवाही।
केरी वियाहहु सन भयो, गहरवान फल माह।।
हीयशाही ताके भयो, जगत सराहत ताही।
मदनशाही ताके भये, ताके भये सुजान।
लालशाही ताके तनै, जानत सकल जहान।।
अचलशाही ताके भये, कोनउलरी लीहे पाल।
सिंधरौली अमली वोन्हो, कोडशाही लीन्हो छीनी।
....।।

अचलशाही नहालड़ी, मरे घर सेहो ऐसी मोह।
फते बहादुर तासु तन, ताके शंकरशाही।।
ताकर सेम्भुशाही भे, राज करत हीदजाइ।
....।।

नेती नीपुन राजी सहाया, राजरिषी सम कर्म।
रन के साही बहादुर, तन के फामस रूप मह।
मकरंधुज ताके तने, वीरमहु अनरूप।
....।।

येक अगोरी छत्र ते, कीन्हों राजी ललामी।
वीजौपुरशाही प्रथम, भो गहरबार फल।

बन्हल गोत हूजो कियो, नग्र अमेठी माह।

शीलवान ह्रीदग्यान मे, बचन्ह में अति धीर।

बरम्हत भलउ साही 24 = 43 पुस्ती

इतमनुइछाक कछवान है, अनरनी प्रिथु अवत्रिशंकु।
धूमधाम जुत युवामानधा।[१]
तासु संधी ध्रुवसंधी मरतान है।[२]

भगीरथी कथन धुरानह[३]
प्रवीष कलमाष नरनु संकन्ह केसु हरटसनहै अग्रीवननी
सीग्र नगीमरूसु कहा......
राती नीशा भोग अजहसर थकनिमजु भानुवंश वहोग
नाम वंस चालीस एह, वरनत हही जहास।

पाण्डुलिपिकार का नाम नहीं लिखा है। कहाँ लिखी गयी इसका भी जिक्र नहीं है।स्याही काली है। कागज हाथ का बना है। दोहा, सोरठा, चौपाई, छन्द और अर्द्ध–पूर्ण विराम के लिए लाल स्याही का प्रयोग किया गया है। पाण्डुलिपि का आकार 14" 10" है। शब्दों का संचयन लगातार है। पूरी पाई खींचकर अविरल लिखा गया है। अक्षर देखने में सुन्दर किन्तु सुपाठ्य नहीं है। र, त, ट, न में अन्तर करना कठिन है। हर पन्ने पर पृष्ठ संख्या लिखी है। कथाओं का शीर्षक भी लाल स्याही से दिया गया है। लेखक ने यह संकेत नहीं दिया है कि और भी काण्ड उसके द्वारा लिखे गये हैं, अथवा नहीं। लिखे गये होंगे तो उपलब्ध नहीं हैं। पोथी का आरंभ श्री गणेशाय नमः से किया गया है। उसके बाद श्री पोथी बाल काण्ड लिखकर 'नीलाम्बुजः श्यामलकोमलाङ्गः' से किया गया है। अंतिम चौराई इस प्रकार है–

करहे सदा लरिकन्ह पर छोहू। दरसन देत रहब मुनि मोहू।।
असकहि नाव सहित सुतरानी। परेउ चरन सुख आउन बानी।।

इस पाण्डुलिपि की महत्ता को 'अमर उजाला' ने महत्व के साथ प्रथम पृष्ठ के प्रथम समाचार के रूप में उजागर करते हुए लिखा है–"सोनांचल में तुलसीकृत 'रामचरितमानस' के बालकाण्ड की दुर्लभ पाण्डुलिपि मिली है। इस पाण्डुलिपि की मदद से अयोध्या के इतिहास और सूर्यवंशियों के अतीत पर नयी रोशनी डाली जा सकेगी।

पाण्डुलिपि के पहले दो पृष्ठों में दी गयी सूर्य वंशावली में प्रभु श्री रामचन्द्र के पहले के इन 73 राजवंशों का जिक्र है, जिनके बारे में अब तक पुराणों में भी अद्यतन जानकारी नहीं मिल सकी है। इसे राष्ट्रीय पाण्डुलिपि मिशन कार्यक्रम में शामिल किया जायगा। पाण्डुलिपि से सूर्यवंश की 94 पीढ़ियों राजाओं और उनकी रानियों–पटरानियों का पता चल सकेगा। इस वंश के पहले पाँच राजाओं में निरंकारवें प्रकार, वोकार तोम, कमलासन और ब्रह्म की रानियों का पता नहीं है। चौंकाने और मनन करने वाली बात यह है कि इस पाण्डुलिपि में जिन राजा–रानियों के नाम हैं, वे गरुड़ पुराण, मत्स्य, वाराह और ब्रह्माण्ड पुराण में भी खंगाले से नहीं मिल रहे हैं। हिन्दुस्तानी एकेडेमी की ओर से 1932 में प्रकाशित

और लालाराम बी.ए. द्वारा लिखित अयोध्या के इतिहास और वंशावली से उसे काफी भिन्न और महत्त्वपूर्ण माना जा रहा है। उसमें तो राजा मनु से लेकर सुमति तक सिर्फ 36 राजाओं का ही जिक्र है। श्री उदयशंकर दुबे के अनुसार यह पाण्डुलिपि 19वीं शताब्दी की लगती है और इस पर नयी बहस छिड़ सकती है। अयोध्या के इतिहास और सूर्यवंश के अनछुए पहलुओं पर प्रकाश पड़ेगा। इसके हर पृष्ठ पर 13 पंक्तियाँ हैं और हर पंक्ति में 52 शब्द। यह कैथीलिपि में है, परन्तु काल-खण्ड का पता नहीं चलता।"

तात्पर्य कि रामकथा की यह काव्यकृति अपनी तरह की बिल्कुल अलग है। सूर्यवंश की वंशावली की दृष्टि से तो यह अप्रतिम है ही। आज जरूरत है इस पर अलग से शोधकर्म करने की ताकि कुछ नये तथ्य उद्घाटित हो सकें।

इसमें अगोरी, सिंगरौली, बड़हर के राजाओं-स्थानों का जिक्र है–

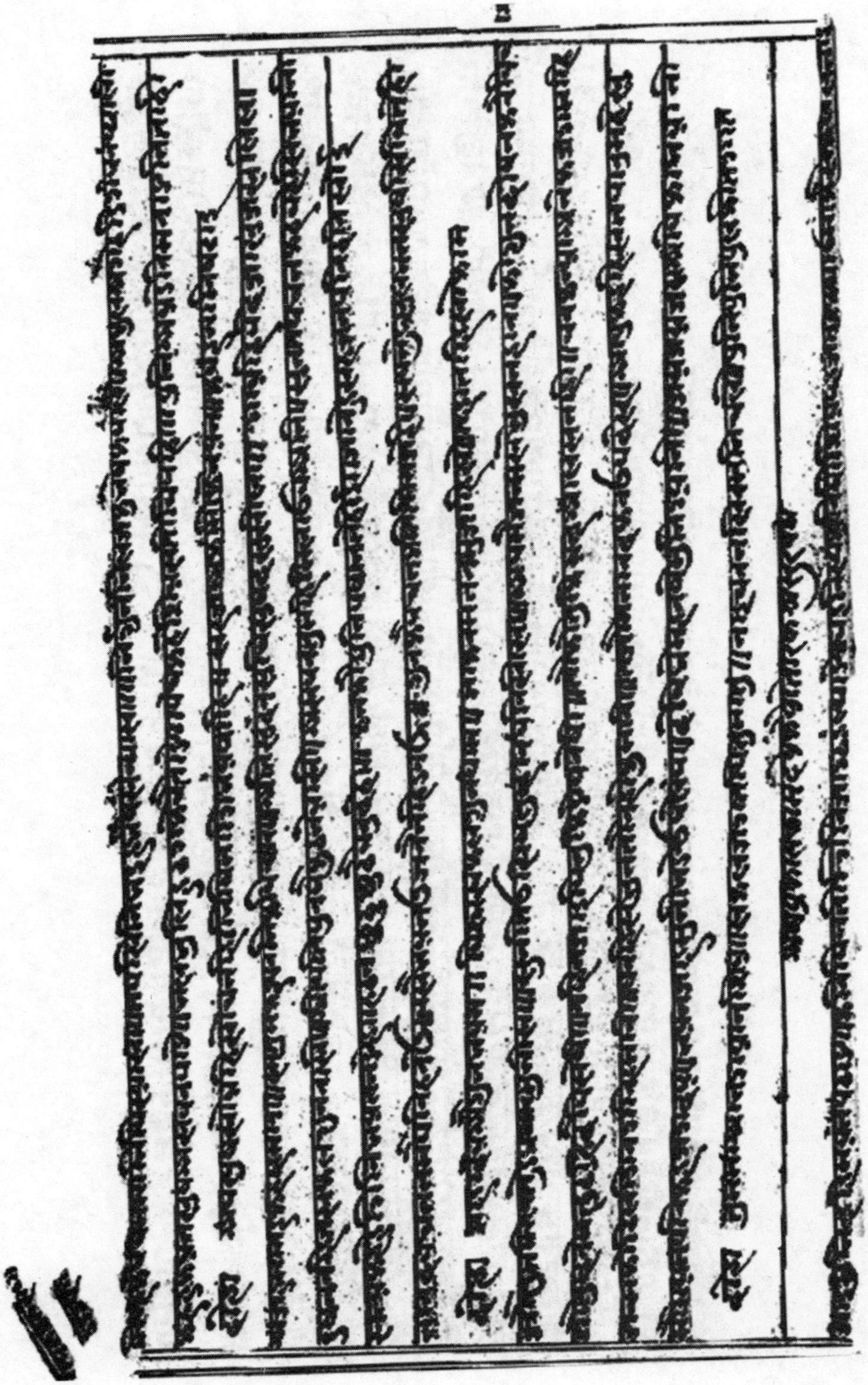

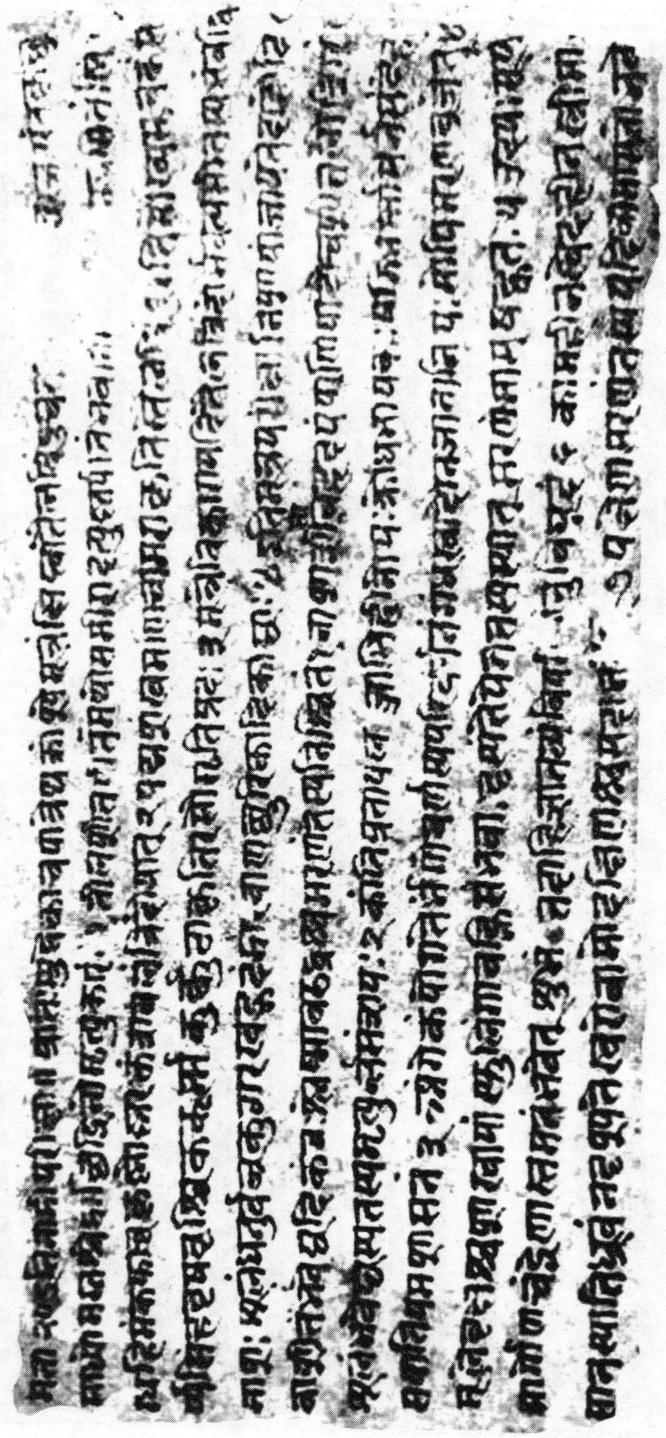

अवधी संस्कार गीतों में रामकथा

डॉ. अनुज प्रताप सिंह

अवधी का मुख्य वर्ण्य विषय रामकथा है। अवध की सबसे बड़ी उपलब्धि है–रामजन्मभूमि होने की। राम की यश-कीर्ति के साथ-साथ अवध और अवधी की कीर्ति भी बढ़ती रही है। रामकथा को स्पर्श कर भाषा और रचनाकार अमर हो गये हैं। राम और कृष्ण की कथाएँ सभी प्रकार से भारत-भूमि को जोड़ती हैं। ये अखण्डता और एकता प्रदान करती हैं। रामकथा उत्तरी और दक्षिणी ध्रुवों को जोड़ती है, तो कृष्णकथा पूर्वी और पश्चिमी ध्रुवों को। उक्त दोनों कथाएँ यहाँ के जन-जन, कण-कण, जल, वायु और आकाश में समायी हुई हैं। रस और गन्ध तथा प्रकृति और पुरुष में ये मिली हुई हैं। इनके स्मरण के लिए आज विश्व भर में तीर्थ बने हुए हैं। यह गर्व की बात है कि हमारी भक्ति वैश्विक रूप को धारण कर चुकी है। सीता स्वयंवर, राम-रावण-युद्ध और महाभारत में भारतेतर लोग भी सम्मिलित थे। कार्य सम्पन्न होने के उपरान्त अवशेष विभूतियों ने राम-कृष्ण की भक्ति का प्रचार-प्रसार अपने-अपने देशों में किया।

इसके साथ लोकजीवन में ये कथाएँ समायी हुई हैं। पीढ़ी-दर-पीढ़ी ये बिना कागज-कलम के लिपि-आविष्कार के पूर्व से चलती आ रही हैं। हमारे संस्कारों में ये पंचतत्व (भू, जल, पावक, गगन और समीर) के समान समाहित हैं। आज गर्भ धारण से मृत्यु तक के संस्कार राम-कृष्ण की कथाओं से जुड़े हुए हैं। हमारे देश की हर माँ कौशल्या, यशोदा और देवकी है तथा हर बालक राम और कृष्ण है। हर पिता दशरथ, नन्द और वसुदेव है। सन्तान किसी के उत्पन्न हो, पर बधाई अवध और गोकुल में ही बजती है, उत्सव दशरथ और नन्द बाबा ही मनाते हैं। यथार्थ रूप से चाहे जो ब्याहने जाय, पर विवाह गीतों में राम और कृष्ण ही गाये जाते हैं। उन्हीं का विवाह भी होता है। यह अक्षय लोकप्रियता का प्रमाण है। ऐसा विश्व के किसी भूखण्ड में नहीं है।

अवधी के तीन स्वरूप मिलते हैं–(1) पूर्वी अवधी, (2) मध्यवर्ती या केन्द्रीय, (3) पश्चिमी अवधी

1. पूर्वी अवधी : पूर्वी अवधी के जनपद हैं–गोंडा, फैजाबाद, सुलतानपुर, अमेठी, प्रतापगढ़ तथा इलाहाबाद। इलाहाबाद तो पूर्वी अवधी लोकगीतों का केन्द्र है। इनके अतिरिक्त केराकत तहसील को छोड़कर शेष सम्पूर्ण जौनपुर जनपद, मिर्जापुर और सोनभद्र (कुछ भाग), बाँध (आधा), चित्रकूट धाम, बस्ती (हर्रैया तहसील) और संत रविदास नगर भदोही (ज्ञानपुर तहसील) भी पूर्वी अवधी की सीमा में आते हैं।

पूर्वी अवधी की अपनी विशेषताएँ हैं। इसी के क्षेत्र में अयोध्या, श्रावस्ती, प्रयाग, चित्रकूट आदि तीर्थ हैं। पर सत्यवादी राजा हरिश्चन्द्र, महाराज रघु, महापराक्रमी राजा दिलीप एवं दृढ़ प्रतिज्ञ राजा दशरथ अयोध्या के प्रसिद्ध राजा थे। राजा दशरथ के सुपुत्र रामचन्द्र को परब्रह्म परमात्मा का पद प्राप्त हुआ। सरवन पाकर नामक स्थान पर अपने अन्धे माता-पिता को लेकर श्रवण कुमार ठहरे थे। यहाँ प्रतिवर्ष माघ अमावस्या को विशाल मेला लगता है। महाराज रामचन्द्र

के पुत्र कुश के कोशल प्रदेश की राजधानी श्रावस्ती यहीं थी जो सम्प्रति 'सहेट-महेट' में खण्डहर के रूप में बिखरी पड़ी है। पूर्वी अवधी में अद्भुत अभिव्यंजना शक्ति भी है। इसके गीतों में अत्यन्त माधुर्य एवं भावोद्भाविनी रसमयता है। इसके अपने निजी छन्द, दोहा, सोरठा, चौपाई, बरवै आदि हैं।

2. मध्यवर्ती या केन्द्रीय अवधी : इसके जनपद हैं–रायबरेली, बाराबंकी तथा बहराइच।

3. पश्चिमी अवधी : इसके जनपद हैं–सीतापुर, लखनऊ, उन्नाव, फतेहपुर, हरदोई (शाहाबाद तहसील छोड़कर) तथा कानपुर (अकबरपुर तथा डेरापुर तहसीलें छोड़कर)।

ये सभी जनपद वर्तमान उत्तर प्रदेश में हैं। इनके अतिरिक्त यह छत्तीसगढ़ प्रदेश में भी व्यवहृत होती हैं। इनके वक्ताओं की संख्या चार करोड़ से ऊपर होगी। मध्यवर्ती अवधी को बैसवारी भी कहते हैं। यह रायबरेली जनपद की महाराजगंज तथा डलमऊ तहसीलों का अधिकांश भाग और उन्नाव का दक्षिणी-पूर्वी भाग बृहत बैसवारा का क्षेत्र है। इसका केन्द्र बैसवारा है–जिसमें वैस क्षत्रियों की बहुलता है। अतः यहाँ की बोली को बैसवारी या बैसवाड़ी कहा जाता है। बृहत् बैसवारा केन्द्रीय अवधी के रायबरेली तथा पश्चिमी अवधी के उन्नाव जनपद में अन्तर्भुक्त है, तथापि वैसवारी क्षेत्रीय बोली के रूप में अपनी स्वतन्त्र पहचान भी बनाती है। मार्मिकता को अभिव्यक्त करने की इसमें अगाध क्षमता है। इसके लिए अवधी गीतों के विविध संग्रहों को देखा जा सकता है। इन गीतों में ब्रजभाषा की कोमलता और माधुर्य है। अवधी के संस्कार सम्बन्धी लोकगीत हैं–

(क) सीमन्तोन्नयन संस्कार सम्बन्धी लोकगीत–देवीगीत, साध (दोहद), उठान आदि।

(ख) जातकर्म संस्कार सम्बन्धी लोकगीत–देवीगीत, सरिया, सोहर, रोचना, कठुला, झुनुझुन, बधाई आदि के गीत।

(ग) निष्क्रमण तथा नामकरण संस्कार–सम्बन्धी लोकगीत–देवीगीत, बरही, सोहद, उठान, ख्याल आदि।

(घ) चूड़ाकर्म तथा कर्णवेध संस्कार सम्बन्धी लोकगीत–देवीगीत, लफरी, झालर, सुजिया आदि के गीत।

(ङ) उपनयन संस्कार–सम्बन्धी लोकगीत–देवीगीत, साँझ न्यौता, मनछुआ-धनछुआ, तेलमैन, मॉड़व, जनेऊ, नाखुर आदि के गीत।

(च) विवाह-संस्कार-सम्बन्धी लोकगीत–देवीगीत, तिलक, मनछुआ-धनछुआ, साँझ न्यौतना, तेल-मैन, मॉड़व, नहछू आदि के गीत।

इनको क्रम से स्थापित करके रामकथा का अखण्ड रूप तैयार किया गया है। वाद्ययंत्रों पर इनका स्वर पाठ एवं नृत्य किया जा सकता है। मिथिला के रामायणी अभिनय के सात सस्वर गायन करते हैं। लोकगीतों में वर्णित रामकथा में भावनाओं की अविरल धारा है। इसमें कथावस्तु गौण और भावना प्रमुख है। लोकगीतों की रामकथा, लोकमानस के राम और उनकी राममयी कहानी है। लोकगीतों में लोकसंस्कार, सभ्यता, सामाजिक विकास एवं विविध भावनाएँ परिलक्षित हैं। रामभक्ति अवध के लोकजीवन का अंग है। विश्व में व्याप्त रामकथा की पृष्ठभूमि अवधी में मिलती है। लोकगीत जनमानस के पूँजीभूत उल्लास के प्रवाह हैं। इनमें लोकमानस की भावनाएँ, आशाएँ, अपेक्षाएँ और कामनाएँ मिलती हैं। संस्कृति के वे मूर्त रूप और जीवन के प्रवाह इनमें सहजता से मिल जाते हैं। रामकथाओं में इनको बालकाण्ड के भीतर रखा गया है। सभी के उदाहरण इस प्रकार हैं–

(क) सीमन्तोन्नयन संस्कार सम्बन्धी लोकगीत : विवाह के उपरान्त जब कुछ वर्षों तक सन्तानोत्पत्ति नहीं होती तो सारे परिवार में बन्ध्यत्व की आशंका से चिन्ता उत्पन्न हो जाती है। राजा दशरथ को जब किसी रानी से लम्बे काल तक कोई सन्तान नहीं हुई तो वे और उनकी तीनों रानियाँ चिन्तित रहने लगीं। इस गीत में उनकी चिन्ता बड़ी रानी

कौशल्या से व्यक्त की गयी है जिसके निवारणार्थ राजा ने अपने कुलगुरु एवं पुरोहित वशिष्ठ से निवेदन किया। उनके प्रयत्न से तीनों रानियाँ गर्भवती हो गयीं। प्रस्तुत सोहर में इसी का उल्लेख किया गया है–

''मचिअइ बइठी कउसिल्या रानी, सुनऊ राजा दसरथ।
राजा! बिन रे सन्तति घर सून, मइं तपसिनि होबइ।।1।।
हंकरउ न नग्र के नउआ, तउ हाले बेगे आवउ हो।
नउआ! जाइ वसिष्ठ बोलावउ, रनिया समुझावइं हो।।2।।
हंकरउ न नग्र के लोनिया, तउ हाले बेगे आवउ हो।
लोनिया! खनि लावउ कन्द मुरइआ, कउसिल्या रानी ओखद।।3।।
अरे-अरे लउंड़ी अउ चेरिया त संग केरी सखिया।
बहिनी! रगि-रगि पिसउ मुरइया, कउसिल्या रानी ओखद।।4।।
एक घूंट घुंटइ कउसिल्या रानी, दुसर केकही रानी।
सिल धोइ पिअइं सुमित्रा रानी त तीनिउ गरभ से।।5।।''

–नसूरा (सुलतानपुर)

एक बार रानी कौशल्या मचिया पर बैठी हुई थीं। उन्होंने राजा दशरथ से निवेदन किया–हे राजन! बिना किसी सन्तान के घर सूना-सा लगता है, (ऐसी दशा में) मैं तपस्विनी हो जाऊँगी।।1।। राजा दशरथ ने यह सुनकर नगर के प्रसिद्ध नाई को कहलवाया–हे नगर के (प्रसिद्ध) नापित! तुम अति शीघ्र जाओ और जाकर पुरोहित मुनि वसिष्ठ को बुला लाओ; वे रानी को समझायें।।2।। वसिष्ठ जी ने नगर के प्रसिद्ध लोनिया को सन्देश भेजा–हे नगर के लोनिया! अति शीघ्र आओ और रानी कौशल्या हेतु कन्द-मूल ओषध खोदकर ले आओ।।3।। लोनिया ने कन्द-मूल लाकर दिया तो परिचारिका ने अपनी साथ की सखी सेविका से अनुरोध किया–हे बहिन! इस मूल (जड़) को धीरे-धीरे पीसो, जिससे भली-भाँति इसका रस निकल आये। यह रानी कौशल्या की ओषधि है।।4।। इसके बाद कौशल्या रानी ने एक घूँट घूँटा, दूसरा कैकेयी रानी ने और सुमित्रा रानी ने सिल धोकर पिया, जिससे तीनों रानियाँ गर्भवती हो गयीं।।5।।

(ख) जातकर्म संस्कार सम्बन्धी लोकगीत : इसमें देवीगीत को स्वतंत्र रूप से मंगल के लिए दिया गया है। इसके अतिरिक्त उठान, सरिया, सोहर, रोचना, कठुला, झुनझुन तथा बधाई के लोकगीत आते हैं।

जब गर्भ पूर्ण हो जाता है, तो शिशु के जन्म का समय निकट जानकर डोमिन/महरिन या दाई को बुलाया जाता है। वे बन-ठन कर अपने घर से निकलती हैं। फिर रघुवंशी राजाओं की डोमिन के साज-शृंगार का तो कहना ही क्या। यथा–

उठान

''रघुबंसिनि घर आई डोमिनियाँ।।टेक।।
झुमका, बीर, चांद भल सोहैं, गल तिलरी भल सोहैं डोमिनियाँ।
बाजूबन्द, टाँड़ भल सोहैं, ककना कै छवि न्यारी डोमिनियाँ।।1।।
लहँगा, चुंदरी, चोली सोहैं, करधन कै छवि न्यारी डोमिनियाँ।
कड़ा-छड़ा, पाजेब बिराजै, बिछुअन कै छबि न्यारी डोमिनियाँ।।2।।

कइके साज चली मदमाती, कवन सकै पहिचानी डोमिनियाँ।
राजा दसरथ देबि मनावैं, सुभ साइति ते आई डोमिनियाँ।।3।।''

–सेंदुरवा (सुलतानपुर)

राम का जन्म होने पर सारी अयोध्या में हर्षोल्लास छा गया। नारियाँ विविध उपहार देकर राजमहल में पहुँचने लगीं। उनकी भेंट में कई प्रकार की वस्तुएँ हैं। सोहर और विवाह संस्कारों के गीत सर्वाधिक हैं। कई गीत कुछ फेर-बदल के साथ अवधी के तीनों रूपों में प्राप्त होते हैं। यहाँ कुछ उद्धत हैं–

''चइत कै तिथि नउमी तै नउबति बाजइ हो।
एइ हो, बाजइ राज-दुआर, कउसिल्या रानी मन्दिर हो।।1।।
मिलहु न सखिया सहेलरि मिलि-जुलि चलतिउ हो।
सखिया, राजा के जनमे हैं राम, करी नेउछावरि हो।।2।।
केऊ नावै बाजूबन्दा, केऊ कजरावट हो।
एइ हो, केऊ दखिनवा के चीर, करै नेउछावरि हो।।3।।''

–पांडे का पुरवा (गोंडा)

चैत्र मास के शुक्ल पक्ष की नवमी तिथि को राजद्वार तथा कौशल्या रानी के महल में नौबत बज रही है।।1।। एक सखी दूसरी सखीजन से कह रही है कि हे सखियो! हम सब लोग मिल-जुलकर एक साथ चलतीं तो कितना अच्छा होता। राजा (दशरथ) के यहाँ राम ने जन्म लिया है, चलकर हम लोग न्यौछावर करें।।2।। फिर तो सभी राजमहलों में पहुँचती हैं एवं उनमें से कोई बाजूबन्द, कोई कटरौटा और कई दक्षिणी साड़ी न्यौछावर करती हैं।।3।। राम के जन्म पर सभी बहुत हर्ष-विभोर हो गयीं। राजा दशरथ और उनकी तीनों रानियों ने प्रभूत दान-दक्षिणा दी। इस सन्दर्भ में दूसरा सोहर उद्धरणीय है–

''चइतइ कै तिथि नउमी तौ नउबत बाजइ हो।
ये हो, राम लिहिन अवतार, अजोध्या के ठाकुर हो।।1।।
दसरथ पटना लुटावैं, कउसिल्या रानी अभरन हो।
ये हो, ककही रतन पदारथ, सुमित्रा रानी सुबरन हो।।2।।''

–उपाध्यायपुर (सुलतानपुर)

''चैतहि कै तिथि नवमी त नौबति बाजइ हो।
बाजै दसरथ राज दुवार कौसिल्ला रानी मन्दिर हो।।1।।
मिलहु न सखिया सहेलरि मिलि जुलि आवहु हो।
जहाँ राजा के जनमें हैं राम करिय नेवछावरि हो।।2।।
केउ नावै बाजूबन्द केऊ कजरावट हो।
केउ नावै दखिनवा कै चीर करहिं नेवछावरि हो।।3।।
भितरा से निकसीं कौसिल्ला अँगनवहिं ठाढ़ी भई हो।
रानी धइ-धइ हिरदै लगावै करै नेवछावरि हो।।4।।
राम के मथवा चननवा बहुत निकलागै हो।

राम नयन रतनारे कजर भल सोहै।
दीन्हों रचि रचि फूआ सुभद्रा तउ पतरी अँगुरियन।।5।।
राम के मथवा लुटुरिया बहुत निक लागै हो।
जैसे फूलन के बिच बिच कलियाँ बहुत निक लागै।।6।।
राम गोड़वा घुंघुरुवा बहुत निक लागै हो।
नान्हें गोड़वन चलत बकैयाँ देखत राजा दसरथ।।7।।''

यह पं. रामनरेश त्रिपाठी के 'कविता-कौमुदी' तीसरा भाग-ग्रामगीत, पृ. 201-202 से लिया गया है। कैसा स्वाभाविक वर्णन है। इस गीत में आँखों में काजल लगाने की कला की चर्चा है। राम की फूफी यद्यपि सुभद्रा नहीं थीं, पर गीतों में राम और कृष्ण का सारा परिवार एक कर लिया गया है। सुभद्रा के लिए गीत में कहा गया है कि उन्होंने अपनी पतली उँगली से राम की आँखों में बहुत सुन्दर काजल लगाया था। आजकल की स्त्रियों में इस कला का ह्रास होता जा रहा है। अब तो स्त्रियाँ भूत-प्रेत और नज़र-टोना ही के भय से अपने बच्चों की आँखों में काजल लगाती हैं, बल्कि लीपती हैं, पर वे स्वयं अपनी आँखों में भी अच्छी तरह रच-रचकर काजल लगावें तो उनका सौन्दर्य और अधिक मनमोहक हो सकता है।

राम के जन्म के समय से ही अनेक सम्भावनाएँ सामने आती हैं। स्त्रियाँ कहती हैं कि बालक असाधारण है। यही लंका फूँकेगा और अयोध्या को बसायेगा। गीतों से यह भी स्पष्ट होता है कि घर-घर में राग-द्वेष फैलाने में नौकरानियों का कितना हाथ होता है। रावण के आतंक का कुप्रभाव अयोध्या तक था, यह भी स्पष्ट होता है। गीतों में राम के जन्म होने और उनके दर्शन की प्रबल ललक है। अयोध्या राजपरिवार की अभूतपूर्व उपलब्धि बतायी गयी है। सब को दान-दक्षिणा से सन्तुष्ट किया गया था। गीतों में राम के साथ लक्ष्मण, भरत और शत्रुघ्न की भी यत्र-तत्र चर्चा है। गीतों में पुनरुक्तियाँ पर्याप्त हैं। शिशु राम के सौन्दर्य का वर्णन सर्वाधिक है। उनका सहज सौन्दर्य आकर्षण का केन्द्र है। राम का जन्म असम्भव को सम्भव में बदल देने वाला है। राजा दशरथ और रानी कौशल्या के जीवन को ही नहीं; अयोध्या का सबसे बड़ा संकट राजा दशरथ का निःसन्तान होना। इस लोकगीत से सम्पूर्ण वेदना प्रकट होती है–

''सोने के खरउवाँ राजा दशरथ हेलवा बोलावयँ हो।
हेलवा, बरहो बजन लइके आवउ सुनब, सुख सोहर हो।।
बइठि जगावइ हेलनिया, सुनहु राजा हेलवाउ हो।
हेलवा, देखा निरबसिया कै मुँहवा, दइउ केस करिहइँ हो।।
एतनी बचन सुनि राजा दसरथ, जियरा दुखित भयो हो।
राजा गोड़े-मुड़े ताने पिछउरा, सोवयँ धउराहर हो।
बइठि जगावइँ कउसिल्या रानी, उठहु राजा दसरथ हो।
राजा दुधवा कै सीझल रसोइया, करा उठि भोजन हो।
काउ कहउँ कउसिल्या रानी, कहत की लाज लागइ हो।
रानी, जतिया कै पतरी हेलिनिया, कहइ निखसियाउ हो।।
काउ कहउँ राजा दसरथ, कहत की लागइ हो।
राजा, नवयें महिनवा कै पेट, करा उठि भोजन हो।।

होत बिहान लोहा लागत, हरिलवा राम जनमइँ हो।
ए हो, बाजै लागे आनंद बधाव, गावइँ सखी सोहर हो।।''

(पूर्वी अवधी)

यहाँ सोहरों में भी राजा की वेदना और प्रसन्नता को विस्तार से कहा गया है। राजा के पास सभी वैभव हैं, पर सन्तान का दु:ख सर्वोपरि है, जो रामजन्म से दूर होता है–

''धनि-धनि नगर अजोध्या, धनै राजा दसरथ-धनै राजा दसरथ हो।
धनि रे कउसिल्ला तोरी कोख, राम जनम लिहिन राम जनम लिहिन हो।
जौने दिन राम जनम लिहिन, पैसेन लुस भइन-रुपयन, लुस भइन हो।
पैसा के बाछे मोहर, रमइया चन्दन सोहै - रमइया चन्दन सोहै हो।।
जौने दिन राम जनम लिहिन, मुहरन लुस भइन मुहरन लुस भइन हो।
मुरहन के नाते पाँच बेसरी, कउसिल्या नाके सोहै-कउसिल्या नाके सोहै हो।।''

(पूर्वी अवधी)

पुत्रजन्म होने पर ग्रह, नक्षत्र, नाम, राशि और भविष्य-ज्ञान के लिए पुरोहित और ज्योतिषी आदि को बुलाया जाता है। राम का जन्म होने पर ज्योतिषी ने जन्माङ्क बनाकर उनके वन-गमन का भविष्य कथन किया, जिससे राजा दशरथ को बड़ी चिन्ता हुई। रानी कौशल्या ने उन्हें कान्ता-सम्मति दे चिन्ता-मुक्त करने का प्रयास किया। प्रस्तुत लोकगीत में इसका वर्णन मिलता है–

''जेहि दिन राम कै जनम भये, धरती अँनद भये हो।
सुर-पुर होइगा उजेर, कउसिल्या रानी मंडित हो।।1।।
हँकड़ो न नग्र के पण्डित, हाले-बेगे आवउ हो।
खोलि दिअउ पोथिया पुरान तौ साइति विचारउ हो।।2।।
भली घरी राम हैं, जनमें औ सुघरै नखत रहा हो।
मुल विआह के थोरेन पाछे ई बन का सिधरिहैं हो।।3।।
अतनी बचनिया सुनतै तौ राजा दुखित भये हो।
राजा गोड़े-मूड़े तानै चदरिया, सोवई धउराहर हो।।4।।
बइठि जगावइँ कउसिल्या रानी, सुनौ मोरे राजा हो।
राजा, छूट बँझिनिया कै नाउ भलेहिं बन जइहैं, लउटि फिरि अइहैं हौ।।5।।''

–चिलौली (रायबरेली)

भारतीय समाज में 'बन्ध्या' होना ठीक नहीं समझा जाता, क्योंकि नारी के जीवन की सार्थकता इसी में मानी जाती है कि वह सन्तानोत्पत्ति के द्वारा पितृऋण से उऋण कराती है। तीन प्रधान ऋण हैं–देवऋण, ऋषि ऋण, तथा पितृऋण। सन्ध्योपासना, यज्ञ एवं धार्मिक कार्य के द्वारा देवऋण से, अध्ययन-अध्यापन एवं सत्साहित्य के प्रचार द्वारा ऋषि-ऋण से तथा सन्तानोत्पत्ति के द्वारा पितृ-ऋण से मुक्ति मिलती है। धार्मिक विश्वास है कि पुत्र या पुत्री के होने पर ही 'पुन्' नामक नरक से त्राण मिलता है। कौशल्या को संतोष है कि राम के उत्पन्न हो जाने से अब लोग उन्हें 'बन्ध्या' तो नहीं कहेंगे। फिर यदि राम वन को जायेंगे तो विश्वास है कि वे लौट भी आयेंगे।

राजा दशरथ जब 50 वर्ष के ऊपर हो गये तो उन्हें पुत्र प्राप्त हुए। 25 वर्ष की अवस्था तक राम ने विधिवत् विद्या अध्ययन किया और वे जब गुरुकुल से राजमहल आ गये तो एक दिन ऋषि विश्वामित्र पधारे एवं राम लक्ष्मण को यज्ञ-रक्षार्थ अपने साथ ले गये। वहाँ उन्होंने इन क्षत्रिय कुमारों को वला तथा अतिवला नाम की विद्या सिखायी और दो वर्षों तक अस्त्र-शस्त्रों का अभ्यास कराया। इस बीच राम-लक्ष्मण ने विघ्नकारी राक्षसों का विनाश कर विधिव यज्ञ सम्पन्न कराये।

सीता जन्म की गारी–

**"एक समय कैलासपुरी में, गिरजा वचन उचारी जी।
सिया-जनम की कथा सुनन को इच्छा त्रिपुरारी जी।
संकर विहँसि उमा से बोले, सुनहु ध्यान धरि बानी जी।
सिया जनम की कथा सुनावउँ, जो है बहुत पुरानी जी।
सखन सहित सरजू तट ऊपर, रघुवर खेल रचाई जी।
विहँग रूप धरि रावन आयो, राम पै घात लगाई जी।।
जानि राम रावन कै माया, बिन फर बान चलायी जी।
बान लगत दसकठा उड़ा जौ, गिरा लंक मुरछाई जी।।
रामचन्द्र के बल हैं तपसी, रावन मन ठहराई जी।
कर लगाइ तपसिन पर दीन्हा, दूतन कहेउ बोलाई जी।
कंचन घट दूतन का दीन्हा, लावहु रकत भराई जी।
नभ बानी भै गगन गंभीरा, यह घट बंस नसाई जी।
नासि सुनत रावन बराना, जनक-नगर गड़वाई जी।
जब से घट मिथिलापुर आयो, जनकराय अकुलाई जी।।
सूखा चरा जनकपुर भारी, बरसा नेकु न पानी जी।
नर-नारी पसु-पंछी ब्याकुल, भूखन परे परानी जी।।
× × ×
राजा जनक पंडित बलवायो, साइत धरी बिचारी जी।
देस-देस के पंडित आये, भीरि भई तहं भारी जी।।
कंचन हर बनवावइं राजा जोतइं राजा-रानी जी।
सुवनर हर तेहि छन बनि आना, जोतइँ दुवहूँ परानी जी।।
हर लागे घट ऊपर आयो, बसन लाग्या पानी जी।
एहि घट से कन्या एक निकरी, सीता नाम धराई जी।।"**

इसी प्रकार सीता के पुत्रों के जन्म सम्बन्धी लोकगीत भी हैं–

सरिया छोटी

**"दसरथ पुतवा के पूत भे हैं,
कौसिल्या देई नाती भै हैं रे।**

सोहइया लाल जनकन धेरिया जुड़ानी,

तौ पितरा अनंद भै हैं, धरती सुखित भै है रे।।''[2]

मंगल : यह जन्मोत्सव गीत है। इसमें लोग शुभकामनाएँ करते हैं, बधाइयाँ देते हैं, गुणगान करते हुए आशीष देते हैं–

''नग्र बखाना अयोध्या, सेजरिया राजा दशरथ सेजरिया राजा दसरथ हो।

सखिया, कोखिया बखानी कउसिल्या रानी, जिनके राम जन्मे हैं हो।।''

लोग पूछते हैं कि हे रानी! आपने कौन से व्रत-नेम किये हैं कि राम जैसा पुत्र कोख में आया। कौशल्या उत्तर देती हैं–एकादशी को मैंने व्रत किया था, द्वादशी को पारन किया और भूखे बाभन को भोजन कराया था, माघ में मकर स्नान किया और आग नहीं तापा था।

आगे के मंगल में राजा दशरथ और रानी कौशल्या की भावनाएँ, उल्लास और दैवी आशीर्वाद की बातें हैं–

''सभवै बइठे राजा दशरथ, देउतै अरज करैं हो।
राजा केहिके भये नंदलाल, उठै घर सोहर हो।।
देउतै पइठे धधाय तौ रानी के महल गये हो।
रानी तुभदे भये नन्दलाला, हमैं कुछ चाही हो।।
देबै सोनै कै सिंहासन, रूपे कै सिंघासन हो।
देउता देबै अयोध्या कै राज, मुरति कइकै पूजब हो।।
देउतै देथै असीस, दूनउँ कर जोरे हो।
रानी, बाढ़ै दसरथ कै बेलि तौ नित उठि पाउब हो।
जो यह मंगल गावै, गाइ कै सुनावै हो।।''[3]

इस प्रकार के विविध मंगल हैं।

रोचन : पुत्रजन्म के उपलक्ष्य में सगे-सम्बन्धियों के पास शुभवस्तु के साथ मंगल सन्देश भेजा जाता है–

''बेरिया कि बेरिया हँकरौ नवा, बेगी चढ़ि आवहु रे।
ए हो, रचि-रचि पिसउ हरदिया, रोचन पहुँचावहु रे।
पहिला रोचन राजा दसरथ, दुसरा कउसिल्या रानी रे।
ए हो, तिसरा रोचन लछिमन देउरा, पपियवा न मानइ रे।।
दसरथ दीहिन घोड़वा, कउसिल्या रानी पटोखा रे।
ए हो, लछिमन दिहिन पाँचौ जोड़वा नउआ रहसि चलेउ रे।।
अतना पहिरि नउआ खड़ा भा असीसइ रे।
ए हो, जिअइ राजा तोर दुलरवा, जहाँ पायउँ इउ अतना।।''[4]

इसी आशय के कठुला, झुनझुन और बधाई आदि के संस्कारगीत हैं,पर सभी को एक लेख में प्रस्तुत नहीं किया जा सकता है।

जातक की सेवा-शुश्रुषा, स्वास्थ्य-रक्षा, मनोरंजन आदि के निमित्त परिवार के सदस्यों में कार्य का विभाजन निर्धारित है। सास चेरुआ (ओषधि) तैयार करती है, जेठानी, पीपरि पीसकर पिलाती है, नन्द षष्ठी स्थापित करती है

और देवर वंशी बजाता है। साधारणतया छठें दिन षष्ठी देवी की स्थापना की जाती है। उसी समय षष्ठी पूजन के साथ-साथ स्त्रियाँ देवी गीत, सोहर, ख्याल, उठान आदि भी गाती हैं। सभी को अपने-अपने कार्य सम्पादन के लिए नेग भी मिलता है।

(ग) निष्क्रमण तथा नामकरण संस्कार सम्बन्धी गीत : इसमें देवीगीत तो मंगल के लिए होता है। बरही, सोहर, उठान और खयाल आदि संस्कार गीतों में रामकथा मिलती है। शिशुजन्म के बारहवें दिन पहले-पहल सूतिका कक्ष से शिशु को बाहर निकाला जाता है, इसलिए उसको बरही, बरहों या निकासन कहा जाता है। इस अवसर पर बड़े उल्लास से बाजे बजते और सरिया, सोहर, बरही, उठान तथा खयाल आदि गाये जाते हैं। कभी-कभी कोई उत्साही फूफू (बुआ) इसी दिन बधावा भी लेकर आती हैं। इन लोकगीतों में रामकथा के पर्याप्त स्रोत मिल जाते हैं। अवधी के एक सोहर गीत में कैकेयी की वर-याचना भी है। रानी कौशल्या बरही में आने के लिए सभी को निमंत्रण भेजती हैं, किन्तु वैर-विरोध के कारण कैकेयी को नहीं बुलातीं; इससे स्वाभिमानी कैकेयी रानी का सापत्न्य की ज्वाला भभक जाती है और वह कामासक्त राजा से राम के वनवास तथा भरत की राजगद्दी की याचना करती है-

> **''अरे-अरे कार भँवरवा, करिअइ तोरी जतिया हो।**
> **भँवरा, आज मोरे राम कै बरहिया, नेवत दइ आवहु हो।।1।।**
> **आइ गये अरगन-परगन रामा ननिआउर हो।**
> **राजा एक नहीं आई केकही-केकही मोरी बैरिनि हो।।2।।**
> **सोने के खरउआँ राजा दसरथ केकही के महल गये हो।**
> **रानी, कवन बिरोग तोरे जिअरा, अँगन नाहीं आइउ हो।।3।।**
> **एक मंगन मइँ माँगउँ, जउ बिधि पुरवइ हो।**
> **राजा, राम का दिहेउ बनवास, भरथ राजगद्दी हो।।4।।''**[5]

इसी सन्दर्भ में हरिणी की व्यथा और याचना का एक सोहर है-

> **''छापक पेड़ छिउलिया त पतवन घन बन हो।**
> **ये हो, तेहि तर ठाढ़ि हरिनिया त मन अति अनमन हो।।1।।**
> **चरतइ चरत हरिनवा तौ हरिनी ते पूछइ हो।**
> **हरिनी, की तोरे चरहा झुराने कि पानी बिन मुरझिउ हो।।2।।**
> **नाहीं मोरे चरहा झुराने, न पानी बिन मुरझिउँ हो।**
> **ये हो, आज हवै राजा के बरहिया तुहइँ मारि डइहइँ हो।।3।।**
> **मचियहि बइठी कउसिल्या त हरिनी अरज करइ हो।**
> **रानी मँसवा तौ सिझइ रसोइयाँ, खलरिया हमैं देतिउ हो।।4।।**
> **पेड़वा मं टंगबइ खलरिया, मनइ समझइबइ हो।**
> **रानी, नित उठि दरसन करवइ मनउ हरिना जीतइ हो।।5।।**
> **जाउ हरिनि घर अपने खलरिया नाहीं देबइ हो।**
> **हरिनी खलरी कै खँजड़ी मढउबइ त राम मोरे खेलिहइं हो।।6।।**
> **जब-जब बाजइ खंझड़िया, सबद सुनि अनकइ हो।**

ये हो, ठाढ़ि ढेखुलिया के निचवा त हरिनी बिसूरइ मनहिं मन सोचइ हो।।7।।''[6]

प्रस्तुत लोकगीत में राज-परिवार के भोग-विलासमय जीवन तथा वैभव-प्रदर्शन का जीवन्त उदाहरण है। राजा दीन-हीन प्रजा को पशुवत् समझता है और अपने साधारण-से मनोरंजन के लिए प्रजा का सब कुछ नष्ट कर देता है। उसकी साधारण सी याचना (जिसका प्रजा के लिए बहुत महत्त्व है) को अपने तुच्छ स्वार्थ के पीछे ठुकरा देता है। हरिणी दयनीय प्रजा के प्रतीक रूप में है। यह लोकगीत संवाद शैली का अच्छा उदाहरण है। इसमें हरिणी तथा हरिण और रानी कौशल्या का वार्तालाप अति करुणाजनक है।

पहले शिशु-जन्म के दसवें दिन नामकरण संस्कार भी हो जाता था, किन्तु आजकल जैसे कई अन्य संस्कारों का लोप हो गया है या जैसे एक के साथ ही दूसरे को भी निपटाने की प्रवृत्ति हो गयी है, वैसे ही अब निष्क्रमण संस्कार के साथ ही नाम भी रख दिया जाता है और नामकरण संस्कार की पूर्ति मान ली जाती है। शिशु के जन्म के छठे महीने अन्नप्राशन संस्कार होता है। इसको लोकभाषा में पसनी कहा जाता है। इस अवसर पर भात में दही, मधु तथा घी मिलाकर पहली बार शिशु को अन्न खिलाया जाता है। लोकगीतों में रामकथा से सम्बन्धित जन्मोत्सव की ही भाँति देवीगीत, सरिया और सोहर गाकर कार्य को सम्पन्न किया जाता है। इस अवसर पर राम तथा अन्य तीनों भाइयों को खीर खिलाने का विशेष वर्णन मिलता है। अब इसका महत्त्व कम होता जा रहा है।

(घ) चूड़ाकर्म तथा कर्णवेध संस्कार सम्बन्धी लोकगीत : अन्नप्राशन संस्कार के उपरान्त वर्षान्तर्गत या तीसरे वर्ष चूड़ाकर्म संस्कार होता है जिसे अवधी भाषा में मुँडन कहा जाता है, क्योंकि इसमें प्रथम बार शिशु के बाल मूँड़े जाते हैं। इस अवसर पर नापित अपने अस्तुरे से दशरथ के चारों बालकों के सिर के बाल साफ करता है। महिलाएँ इस अवसर पर देवीगीत, सरिया, सोहर, उठान, ख्याल और मूड़न तथा झालर गीत गाती हैं। राम के मुँडन संस्कार के गीत यत्र-तत्र मिलते हैं। वास्तव में जब शिशु गर्भ में आता है, तभी से उसपर माता-पिता के आचरण तथा परिवार के वातावरण का प्रभाव पड़ने लगता है, जो आगे चलकर उसके जीवन में अपना स्थान बना लेता है। घर की दीवारों पर देवी-देवताओं, अवतारों, महापुरुषों, भक्तों, साहित्यकारों, क्रांतिकारियों आदि के चित्र लगाने तथा उनकी मूर्तियाँ रखने से घरेलू वातावरण सौम्य बना रहता है। गीतों से पता चलता है कि अयोध्या के राजभवन में भी मांगलिक चित्र उरेहे गये थे। राम पर इनके पूर्वजों का प्रभाव भी दर्शाया गया है।

कर्णवेध को लोकभाषा अवधी में कनछेदन या छेदन कहा जाता है। यह शिशु-जन्म के तीसरे वर्ष चूड़ाकर्म के साथ या पाँचवें वर्ष किया जाता है। इसमें कुशल नाई से शिशु के दोनों कानों में छिद्र कराया जाता है, फिर उनमें सोने या चाँदी की बाली पहना दी जाती है। छेदन के समय देवीगीत, सोहर, उठान आदि गाये जाते हैं। राम, लक्ष्मण, भरत और शत्रुघ्न की कर्ण-छेदन की चर्चा लोकगीतों में है।

(ङ) उपनयन संस्कार-सम्बन्धी लोकगीत : इस संस्कार में यज्ञोपवीत की प्रधानता होने के कारण इसे यज्ञोपवीत संस्कार भी कहा जाता है, जिसे अवधी में जनेऊ कहते हैं। यह संस्कार अत्यन्त महत्त्वपूर्ण है जिनका लोक और शास्त्रों में उत्तम विधान है। जिस दिन जन्म हुआ हो अथवा जिस दिन गर्भ रहा हो, उससे आठवें वर्ष में ब्राह्मण के, ग्यारहवें वर्ष में क्षत्रिय के और बारहवें वर्ष में वैश्य के बालक का उपनयन होना चाहिए। इसके उपरान्त उपनयन करना पड़े तो ब्राह्मण का 16, क्षत्रिय का 22 तथा वैश्य का 24 वर्ष तक हो जाना चाहिए। मुख्य संस्कार के ही दिन पहले से विविध लोकाचार होने लगते हैं, किन्तु उनमें से चार दिन तो महत्त्वपूर्ण होते हैं। प्रथम दिवस-मनछुहा, धनछुहा, देवीगीत, भिनसरिया, चकिया, कँड़िया, साँझ मनाना। द्वितीय दिवस-तैल-पूजन, मण्डप व्यवस्था, मण्डप छाते समय,

कलश रखते समय, पीठासन रखते समय, दीपाधार रखते समय, कोइलरि या पेरीगीत। तृतीय दिवस–मातृपूजन, कलश गोंठना, सिलपोहनी, देव-निमंत्रण, पितर निमंत्रण, बरजई। चतुर्थ दिवस–यज्ञोपवीत, बरुआ जेवाना, मातन की भीखी गीत, बरुआ नहान, यज्ञोपवीत धारण, जनेऊ गीत, मान-दान गीत, नाखुर या नहछू, काशी गमन। प्रातः के कार्य गीतों के अनुसार होते हैं। इनसे सम्बन्धित रामकथा बहुत पावन है। राम तथा उनके भाइयों का लोक और शास्त्र के अनुसार संस्कार हुआ था। कुछ उदाहरण दर्शनीय हैं–

"सोने के खड़ाऊँ राजा दशरथ ठाड़े पंडित पुकारइँ हो।
अरे अरे पंडित बशिष्ठ जी मोरे अरज ओनाव।
आठ बरिस के रमइया उन्हें देतेउ जनेउना।।1।।
इतना सुनिन हैं वशिष्ठ जी मलिआ बुलावइँ।
माली पानेन मड़वा छवावउ कलसा धरावउ।।2।।
आठ बरिस कै दुलरवा मड़ये तर ठाढ़े।
सिर वाके घाम लागैं पाँव भूँभुरि लागै हो।।3।।
अरे अरे माय कौसिल्ला रानी उठि भीख संठारउ।
आठ बरिस के रमइया चन्द्र मँड़ये तर ठाढ़े।।4।।

अनेक कार्यक्रम एक-एक गीत में हैं। गीतों से स्पष्ट है कि राम-लक्ष्मण के मन में यज्ञोपवीत लेने की अत्यन्त चाह थी। राम का जनेऊ बहुत उल्लास के साथ लोक और शास्त्रीय रीति से सम्पन्न हुआ था। सभी को दान-दक्षिणा भी पर्याप्त दी गयी थी। इसको व्रत-बन्ध भी कहा गया है।

नहछू जनेऊ के पूर्व गाया जाता है–

"घर-घर घुमहि नउनिया तौ गोतिनी बुलावै।
राम लक्षन कै नहछु सभै कोई आयो।।1।।
पाँच पाट के जाजिम झारि बिछाओ।
जेकरे जहाँ मनु होय तहाँ ते बैठौ।।2।।
केई दीना चुटकी मुँदरिया केई दीना सूप।
केई दीना रतन जड़ाऊत भरिगा ह सूप।।3।।
केकई ने चटकी मुँदरिया कौसिल्या रानी सूप।
सुमित्रा रानी रतन जड़ाऊ तौ भरिगा ह सूप।।4।।
पातर पातर अँगुली तौ नाउनि गोरी।
करत राम जीव कै नहाछू तौ घूँघुट खोली।।5।।
नौआ जे झगरै नउनिया से यह सब थोर।
राम लछन जी कै नहछू लेबौं मैं घोड़।।6।।
जनि झगरौ नौआ रे जनि अगरौ यह सब थोर।
राम व्याहि घर लौटैं तौ देव्यौं मैं घोड़।।7।।"[7]

इसी को नाखुर भी कहा जाता है। बरुआ (जिसका जनेऊ होता है) को नहलाने का गीत आदि लोकप्रिय है।

"के तौ सगरा खनावा औ घाट बँधाना,
केकर भरयँ कहार, बरआ नहुवावयँ।
राजा दसरथ सगरा बनावा औ घाट बँधावा,
केकही के भरयँ कहार, बरआ नहुवाययँ।
केन डावयँ चुटकी मुँदरिया, केन डावयँ सूप;
केन डावयँ रतन पदारथ, भरिगा है सूप।
कउसिल्या डावयँ चुटकी मुँदरिया, सुमित्रा डावयँ सूप,
केकही डावयँ रतन पदारथ, भरिगा है सूप।"

वरुआ सबसे भीख माँगता है। उसको भीख रूप में सगे सम्बन्धी यथाशक्ति दान देते हैं। राम भी भीख माँगते हैं। ऐसे अवसर पर भीखी लोकगीत गाया जाता है।

(च) विवाह संस्कार सम्बन्धी लोकगीत : विवाह संस्कार में तिलक, विवाह, बारात, गौना आदि से सम्बन्धित गीत गाये जाते हैं। ऐसे अवसरों पर विशेष रूप में देवीगीत, तिलक, मनछुआ, धनछुआ, साँझ न्यौतना, तेल, मैन, माँड़व, नहछू आदि गीत गाये जाते हैं।

तिलक (वर)

"यक दिन सीता क जनकन देखा, अब बेटी भई है सँजोग।
उत्तर ढूँढ्यो दक्खिन, ढूढ़ेउँ सब गुजरात।
यह नाहीं ढूँढ्यो मैं नग्र अयोध्या, जिन घर राम कुँवार।।
नउवा ने जाय जोहारा दसरथ जिअ, तिलकन सइत विचार।
माचेयन बइठी है रानी कउसिल्या, सुनौ राजा बात हमारि।
आये तिलक कोऊ नहिं फेरइ, सुनि लिअउ बात हमारी।।"[8]

तिलक (लगन) कन्या के घर से वर के घर को जाते समय–

"कहवाँ केरे बरुआ बाभन त कहँवाँ लगन लिहे जाई जी।
रूपे के थार, सोने के कटवा, नरिअर-पान-जनेऊ जी।
बाहर से राजा भितर हसिगे, रानी से मत लइ आई जी।।
कहउ तउ रानी तिलक चढ़ाई, नाहीं फिरि घर जाई जी।
काहे क राजा, फिरि घर जइहै, राम कइ तिलक चढ़ाई जी।।"[9]

दोनों पक्षों से तिलक के गीत पर्याप्त हैं। कुछ पंक्तियों को छोड़कर प्राय: गीतों में एक बात ही है। रायबरेली क्षेत्र में गाया जाने वाला तिलक-गीत विशेष भिन्नता रखता है–

"राम जिउ कहैं चलौ भइया लक्षिमन।
चलौ भइया चली ससुरारी
मोरे रघुवंसी हो बरना।।टेक।।
जाय कै पहुँचे, जनक फुलवरिया-2
सीता रखावैं फुलवारी, मोरे...।।1।।

कोहि की अहिउ तुम, बारी दुलारी-2
कोहि कै रखावौ फुलवारी, मोरे...।।2।।
राजा जनक की हम, बारी दुलारी-2
सिउ कै रखावौं फुलवारी, मोरे...।।3।।
जौ तुम अहिउ राजा, जनक कुँआरी-2
बइठौ न बगल हमारी, मोरे...।।4।।
कइसे बइठौं, बगल तुमाही-2
अबहीं तौ बारी कुँआरी, मोरे...।।5।।
हमरे बबइया के, अजब धनुख है-2
टुटिहै तौ होइहै बियाह, मोरे...।।6।।
राम कहैं जौ, चलौ भइया लछिमन-2
चलिकै धनुख उठावौ, मोरे...।।7।।
जौ हम भइया, धनुख उठउबै-2
तुम भइया रहिहौं कुँआर, मोरे...।।8।।
धनुख तूरि राम, खंड किहिन है-2
सीतै बेहि लै जायँ, मोरे...।।9।।''[10]

इन गीतों से क्षेत्रीय चरित्र और संस्कार का भी पता चल जाता है। इनसे बननेवाले बिम्ब अतीत को सर्व समक्ष कर देते हैं।

परम्परागत रूप से तिलक के अवसर पर कन्या-पक्ष से लोग आते हैं, जो अपने साथ फल, मिष्ठान्नादि लाते हैं। कन्या का भाई या उसके अभाव में घर का कोई अन्य व्यक्ति वर का तिलक करता है। उसके उपरान्त विवाह सुनिश्चित हो जाता है। तिलक के समय नारियाँ तत्सम्बन्धी गीत गाती हैं।

विवाह-तिलक के उपरान्त विवाह की तिथि (लगन) निश्चित हो जाती है। विवाहगीत दो पक्ष के हैं-(क) वरपक्ष (ख) कन्यापक्ष।

वेशभूषा (वरपक्ष)-बँदरा (बन्ना)

''खेलैं-खेलैं कउसिल्या की गोद, रामचन्द्र दुलहा बने।।टेक।।
दुलहा के माथे ओ चन्दन सोहैं, तेरे टीका पै नाचै मोर।।रामचन्द्र...।।
दुलहा के काने कुण्डल सोहै, बाली पै नाचै मोर।।रामचन्द्र...।।
दुलहा के अंगे ओ जामा सोहै, तेरी जमदारी पै नाचै मोर।।रामचन्द्र...।।
दुलहा के पायें जो मोजा सोहै, तेरे चप्पल पै नाचै मोर।।रामचन्द्र...।।''

× × ×

''रामहि चले हैं वियाहन, रिमझिम बाजन;
अरे आली, उपरा सुगन मेड़राइँ हमहूँ चलबै बिअहन।।''

× × ×

''रंग भीना बना रघुनाथ बना।।टेक।।
राजा जनक के द्वार पै, भारी लागी भीर।
संभु पिनाक न उठै उठाये, हारे सबै रनधीर।।
धनु तोरा ओंहीं रघुनाथ बना।।1।।
राजा जनक के द्वार पै, चौपड़ बनी सतरंग।
जनकराज ने बाजी हारी, हारे सीता के संग।।
सीता व्याहा ओंही रघुनाथ बना।।2।।''

विश्वामित्र को चिट्ठी मिली; सीता स्वयंवर की। वे राम-लक्ष्मण को लेकर मिथिला जाते हैं। एक लम्बे विरहा पे सीता स्वयंवर का वर्णन है। बन्ना गीतों पर मुगल सभ्यता जामा पहनावा का प्रभाव है।

बड़ी सम्पन्नता उल्लास के साथ अयोध्या से जनकपुर के लिए बारात जाती है। राम-गारी में इसका उल्लेख है। राम जनकपुर के आकर्षण के केन्द्र बन जाते हैं। उनका अभूतपूर्व सम्मान होता है–

''जेहि दिन राम जनकपुर आयेन, देखन धाई सारी दुनिया, सीताराम से बनी
चन्दन की पिढ़ई बनि आई; बइठे उइ चारिउ भइया, सीताराम से बनी।
खाँड़ चिरउँजी औ भोजन आये, देत्थींसखी सब गारी, सीताराम से बनी।
हम तौ अही लखयतिया के ठाकुर हमैं देउ केस गारी, सीताराम से बनी।
जौ तु अह्या लखपतिया के ठाकुर, काहैं क आया ससुरारी, सीताराम से बनी।''

सीता-राम-लक्ष्मण के फुलवारी में मिलने के गीत बहुत हैं। राम-सीता के आकर्षण की बातें भी हैं।

विवाह (कन्या पक्ष)

कन्या के विवाह का प्रारम्भ वर खोजने से चलता है। सीता के अद्‌भुत गुण, बल और सौन्दर्य को देखकर उनको चिन्ता होती कि इसके योग्य मैं वर कहाँ पाऊँगा? सीता जी बायें हाथ में शिव का धनुष लेकर दाहिने हाथ से चउपारि लीप देती हैं–

''राजा जनक की बारी चउपरिया, सीता लिपहिं चउपारि।
जब-जब देखइँ ओहि चउपरिया, को रे लिपा चउपरिया।
राजा राजकुँआरी बोलाइनि, लिहिनि जाँघ बइठाइ।
कइसे मेरी बेटी धनुख उठायउ, कइसे लिपेउ चउपरिया।
सुरही गइया कै गोबरा मँगायउँ अउर गंगा जुड़ पानि।
बायें हाथ मोरे बाबा धनुख उठायउँ, दहिनी लिपेउ चउपारि।
अइसनि धीया रे नउजी कोखी जनमइ, मोरे जिया भवा बिरोग।
छोट हेरउँ तौ धरम नसावउँ, बड़ नहिं डीठि संमाय।।''

लड़कियाँ शिव-पार्वती से वर-याचना करती हैं। सीता जी भी फुलवारी के शिव जी से श्रीराम को वर रूप में माँगती हैं–

"देउ न मोरी माई बाँसे क डेलैया फुलवा लोढ़न हम जाब।
फुलवा लोढ़त भइली खड़ी दुपहरिया हरवा गछत भइली साँझ रे।।1।।
घुमरि घुमरि सीता फुलवा चढ़ावैं शिव बाबा देलेन असीस।
जौन माँगन तुहुँ माँगौ सीतल देई उहै माँगन हम देब।।2।।
अन धन चाहैं जो दिहा शिव बाबा स्वामी दिहा सिरी राम।
पार लगावैं जे मोरि नवरिया जेहि देखे हिअरा जुड़ाइ।।3।।"

राम को पाने की उनमें उत्कट अभिलाषा है। उनकी प्राप्ति पर वही नहीं, उनकी सखियाँ भी सीता के भाग्य और तप की सराहना करती हैं।

विवाह में भी नहछू या नाखुर के गीत कन्या और वर के नख काटते समय गाये जाते हैं। नाखुर गीत पर्याप्त संख्या में हैं, सीता का विवाह शास्त्र और लोकरीति से सम्पन्न होता है। धनुष टूटने पर जयमाल से हुआ था। इस अवसर का फगुआ-धमार गीत दर्शनीय है-

"सिया डारौ राम गले जै माल।।टेक।।"

तदनन्तर शास्त्रीय और लोकरीति से मण्डप में हुआ। विवाह में सिन्दूरदान या सिन्दूर बहोरने का बहुत महत्त्व होता है। इस प्रसंग का एक गीत दर्शनीय है-

"परदा का ओट करा मोरे बाबा,
सीता कै सेंदुरा बहोर रे।
सेंदुरा बहोरी जब लौटी गौरा देई,
रामा हँसे मुसुकाय।
सीता-गौरा एकै कोखी जनमी,
गौरा सँवरि, सीता गोरि।।
देवरी के भीतर से बोली गौरा देई,
रामा हँसे मुसुकाय।
रामा-लक्ष्मिन एकै कोखी जनमें,
रामा सँवर, लछिमन गोर।।

सतभँवरी या सप्तपदी का भी वर्णन है। माँड़व में गाँठ जोड़कर वर-वधू अग्नि-वेदी की परिक्रमा करते हैं। छह चक्र के उपरान्त सातवें चक्र में कन्या परायी या ससुराल की हो जाती है। विधिवत विवाह के उपरान्त प्रातः या बड़हार के संस्कार होते हैं। राम कलेवा करते हैं; उसकी गाली गाई जाती है-

"राजा जनक घर कन्या जौ उपजी, सीता है बारी कुँबारी जी।
हँकरौ न नग्र के तुम नउआ-बरिया, सीता जोग वर ढूँढ़उ जी।
पुरबा में ढूँढ़ेउँ पछुआ मैं ढूँढ़ेउ, ढूँढ़ेउँ मैं दिल्ली गुजरात जी।"

आगे की पंक्तियों का आशय है कि लाख प्रयत्न के उपरान्त राम वर के रूप में मिले, पर ये भी सीता के योग्य वर नहीं हैं। सोल्लास विवाह के सभी संस्कार होते हैं। गजमोती से चौक पुराया जाता है। सखियों के बीच सीता मण्डप में लायी जाती हैं। गंगा-स्नान भी कराया जाता है। जेवनार का गीतों में भव्य वर्णन है। लोग आश्चर्य करते हैं कि सीता का

बनाया भोजन इतना अच्छा है, तो सीता कितनी सुन्दर होंगी। सीता का गुणगान किया जाता है। इसके उपरान्त व्याहाभात के समय की रामगारी है–

"राम लखन दूनौं व्याहन आये, भरिभा है जनक दुआर कि हाँ जी।
गंगा जी से जल भरि लावौ, पाँव पखारैं नउआ बारी कि हाँ जी।।
चन्दन की पिढ़ई बनि आई, पाँतिनि-पाँति बिछाई कि हाँ जी।
पानन की पतनी बनि आई, लेउँगन डोम डोमी कि हाँ जी।।
झिनवा के भात जतन से रींध्यो, मुँगवा कै दालि बघारी कि हाँ जी।
मइदा की रोटी जतन ते सेक्यो, घिअना मँ दिह्यो चभोरी कि हाँ जी।।
अमवा औ भँटवा, खरिका-रसाजै, परवर की तरकारी कि हाँ जी।
निहुरे-निहुरे परसै जनक जी, धोतिया धुमिल ह्वै जाय कि हाँ जी।।
जेवन बइठे हैं राम और लक्ष्मिन, देति सखियाँ सब गारी कि हाँ जी।
अइसे ललन का गारी नही ना, एक बाप तीनि महतारी कि हाँ जी।।
ई गारी कै माख न मान्यो, गारी मिलै बड़ी भागि कि हाँ जी।
माख कै कउनिउ बात नहीं सखि, गारी लगैं अति प्यारी कि हाँ जी।।"[11]

विवाह के उपरान्त सीता जी की विदाई होती है, सखियाँ रोती-बिलखती हैं, पुनः मिलने की सम्भावना से उदास होती हैं।

विवाह के उपरान्त गौना होता है–

"लेन गवनवा, आये दूनो बालक।।टेक।।
हँसि-हँसि पूछै सखिया सहेलरी।
कउन है देवरा; कउन सजनवा।। आये।।
दै आचर सीता मुस्क्यानी,
गोरे हैं देवरा, संवरे सजनवा।। आये।।
रोय कै सीता चढ़ी हैं पालकी,
अब के गये कब होइहैं मिलनवा।। आये।।"

परछन के गीत मिलते हैं।

सीता जी के परित्याग और लव-कुश के जन्म के साथ भी संस्कार गीत हैं। इसी अवधि में राम याज्ञिक कर्म करते हैं। लोग परामर्श देते हैं कि बिना धर्मपत्नी सीता के यज्ञ करना उचित नहीं है–

"चइतइ कइ तिथि नउमी, राम जग्गि रोपा हो।
रामा, बिन सीता जगि सून, सितइ लइ आवहुँ हो।"

वसिष्ठ और लक्ष्मन जी उनको लेने जाते हैं। सीता-परित्याग की घटना का स्मरण होता है। वे स्नान करके झरोखे से देखती हैं कि गुरुजी और देवर लक्ष्मण आ रहे हैं। शीतल जल से वे वसिष्ठ जी के चरण पखार कर माथे लगाती हैं। बुद्धिमती सीता परित्याग का स्मरण दिलाकर न जाने की विवशता व्यक्त करती हैं। वसिष्ठ जी उनसे अयोध्या वापस

चलने के लिए कहते हैं। अतीत की घटना (परित्याग) को भूल जाने के लिए वे कहते हैं। सीता जी अद्‌भुत उत्तर देती हैं। इससे उनके पावन संस्कार की अभिव्यक्ति होती है–

''तुम्हार कहा गुरु मनबइ, परग पाँच चलबइ हो।
गुरु जी, उलटि हियउँ चली अउबै, अजोध्यइ न जाइब हो।।''[12]

इसके उपरान्त उनके हृदय में अयोध्या, कौशल्या, लक्ष्मण, राम, सरयू और दशरथ आदि के प्रति पावन भाव हैं। वे माँगन में इन्हीं को पुनः पाने की कामना करती हैं। एक सोहर गीत में उनके उच्च संस्कार व्यक्त हैं–

''पहिला मँगन सीता माँगइँ जौ विधि पुरवै,
जौ विधि पुरवइ हो।
सीता माँगइ कउसिल्या ऐसी सासु, ससुर राजा दसरथ
ससुर राजा दसरथ हो।
दुसरा मँगन सीता माँगइ, जौ विधि पुरवइ
जौ विधि पुरव हो।
सीता माँगइ अयोध्या कै राज, सरजू असनान
सरजू असनानइँ हो।
तिसरा मँगन सीता माँगइ, जौ विधि पुरवै
जौ विधि पुरवइ हो।
सीता माँगइँ लछन अस देउरा, पुरुख राजा रामचन्द
पुरुख राजा रामचन्द हो।।''[13]

सन्दर्भ

1. 10/1. कविता-कौमुदी – ग्रामगीत : सं. रामनरेश त्रिपाठी, पृ. 138-139, 140, 141, 142
2. 12/1. पूर्वी अवधी
3. 13/1. रायबरेली
4. 13/2 रायबरेली
5. 14/1. रायबरेली
6. 15/1. पीढ़ी किरतनिया (सुलतानपुर)
7. 16/1. दुबेपुर (सुलतानपुर)
8. 19/1. एटा
9. 20/1. पश्चिमी अवधी, लखनऊ
10. 21/1. पश्चिमी अवधी
11. 22/1. रायबरेली
12. 26/1. रायबरेली
13. 27/1. रायबरेली

ब्रज-लोकवार्ता में श्रीराम कथा-प्रसंग

डॉ. मालती शर्मा

मेरे शोध–आलेख के क्षेत्र में, भाषायी ब्रज के राजस्थान के कुछ सीमावर्ती शहर–भरतपुर, धौलपुर और ग्वालियर संभाग आता है। यहाँ पहले लोकगीत की अवधारणा और संरचना स्पष्ट करना चाहूँगी; ताकि लोक–रामायण की पृष्ठभूमि और व्याप्ति सुसंगत हो सके। किसी भी भाषा–बोली का लोकगीत, इसमें लोकगीतों के सभी प्रकार और रूप शामिल हैं, लोक रचित गीत, लोकप्रिय गीत और लोक–प्रचलित गीतों का सम्मिश्रण होता है। वह किसी व्यक्ति विशेष का रचा, उसकी छाप लिए भी उसका ही गीत नहीं रह जाता। वाचिक परम्परा में उसका निर्वैयक्तीकरण की प्रक्रिया में गीत में कुछ शब्द, एक दो कड़ी तक जुड़ते–छूटते चलते हैं। सूर, तुलसी, मीरा के पद, कबीर, रहीम की साखियाँ छाप के बावजूद भी उनकी नहीं रह जातीं। लोककवि इनकी छाप उड़ा कर गीत में परिवर्तन कर लेते हैं और कभी–कभी इनकी छाप अपनी रचनाओं को दे देते हैं। अपने शोध में मुझे किन्हीं अज्ञात तुलसीदास की फुटकर पदों में लिखी रामायण के करीब 40 पद मिले हैं। पर इनके जीवनवृत्त का पता नहीं लगा। इनके साथ तुलसीदास की 'गीतावली' के भी कुछ पद हैं, जिन्हें पहचानना कठिन नहीं है।

अनादिकाल से राम और कृष्ण हमारे भारतीय जीवनमूल्यों के प्रकाश–स्तम्भ रहे हैं। ये दोनों महान लोकनायक जैसे भारतीय लोकजीवन के सूर्य–चन्द्र हैं। इनकी जीवनगाथा में मानवमन की समस्त मूलभूत भावनाओं के, मनोवृत्तियों के कृष्णपक्ष और शुक्लपक्ष समाहित हैं। इन जीवन–कहानियों में मनुष्य की जीवनयात्रा का, प्रकृति का, ऋतु–सापेक्ष सत्य और प्रकृति विरोधी अनृत का असत्य मनुष्यता के सत्यम्, शिवम्, सुन्दरम् से सुसज्जित हो जीवन के असूर्य को भी रूपाकार देता चला आ रहा है और शब्दों में, अक्षरों में ही नहीं, समस्त ललित कलाओं में राम तो जीवन के आदि और अन्त हैं। पूरे जीवन में रमे हैं। आज तो पूरा विश्व रामायणमय हो चला है।

यह तनिक आश्चर्यजनक है कि ब्रजभाषी लोकजीवन में जो कृष्ण की जन्मभूमि, लीलाभूमि है, कृष्णायन कम, रामायण अधिक है। तुलसीदास जी ने राम के विभिन्न अवतारों की, रामायणों की गणना करने की कोशिश की थी और उन्होंने लिखा "रामायण सत कोटि" अर्थात् सौ करोड़ हैं रामायण पर तुरन्त उन्हें अपनी भूल ज्ञात हुई कि अरे! मैं यह क्या लिख गया रामायण सिर्फ सौ करोड़ कैसे? और तुरन्त उन्होंने "अपारा" शब्द जोड़ा। अपार रामायणों में ब्रजभाषी लोक में रामायण उक्ति है। हर व्यक्ति की जीवन कहानी है–

"अब कहा सुनामे तुम्हें अपनी रामायन",
"बु तो अपनी रामायन ले बैठी"

ब्रजभाषा के लोकगीतों में रामायण का प्रत्येक पात्र लोकजीवन की धड़कनें लिए, भावनाएँ लिए साधारणीकृत है, कामनाएँ, आवृत्ति है ही, मनौती और आकांक्षा भी है। प्रत्येक गृहस्थ का घर राम का, दशरथ का महल है। गृहस्वामी दशरथ, गृहस्वामिनी कौशल्या, भाभी सीता, देवर छोटे लछिमन से और भरत भरत हैं। ननद छोटी भगिनी सी हैं। भाई भरत है वह दाहिनी बाँह सा हर दूल्हा राम है, दुल्हन सीता है, कन्या का पिता जनक है, वर का पिता दशरथ है। हर विवाह का द्वारचार राम और चारों भाइयों के विवाह का द्वारचार है।

प्रजनन की देवी विधाता की शक्ति "बै" से शिशु जन्म होने पर ब्रज का प्रत्येक घर 'राम के महलों में' आने की प्रार्थना करता है। दशरथ और कौशल्या से घर का फाटक खोल दूध से पाँव धोकर विधिमाता को भीतर लेने का आदेश देता है।

मंगल उत्सव में घर में बधावा गानेवालियाँ राम के परिवार की बधाई गाती हैं फिर चाहे किसी का भी हो–

''धनि धनि कौसल्या की कूख, माँग सुहाग भरी।
आँचर दूब हरी इन्ने जाये एँ राम जी से पूत, रोपिन अटल धुनी।''

राम यहाँ कृषक-पुत्र धान रोपने में अटल धैर्यवान, धुन के पक्के बन जाते हैं। पर वे राम हैं।

ब्रजभाषा के लोकगीतों में लोक-प्रचलित लोकगीतों के जितने भी प्रकार और रूप हैं–सोहर, मंगल, बधायें, बन्ना-बन्नी, कात, घोड़ी, गारी, ढोला, लाँगुरिया, खेल के और ऋतुगीत हिंडोला, नवरात्रि गीत, सभी गीत रूपों में लिखी हुई रामायण की घटनाएँ और प्रसंग हैं। लोकमानस को जिस प्रसंग के लिए लोकगीत का जो रूप और प्रकार उपयुक्त लगा, उसने वही रचना के लिए चुन लिया।

एक ओर यह ब्रजभाषी लोक सावन में झूले पर झूलता एक हिंडोला गीत बारहमासी में पूरी रामायण गा लेता है। वही लोक इन चंद पंक्तियों में कथा सुनाने की दक्षिणा से मुकरने वाले कंजूस सेठ और बच्चों को पूरी रामायण सुना देता है–

''एक रामहवे एक रावन्ना
एक छली हवे एक बामन्ना
वाने वाली नारि हरी
वाने वाली नाँढ़ि करी
बात को बनि गयौ बातन्ना
तुलसी भरि दियो पोथन्ना''

यद्यपि अपनी अब तक की शोध से प्राप्त ब्रजभाषा के लोकगीतों से यहाँ सिलसिलेवार क्रम से पूरी रामायण लिख कर प्रस्तुत की जा सकती है और यदि 'ऐक्य भारती' चाहें तो वह प्रकाशित भी हो सकती है; किन्तु मैं रामायण की अतिमहत्त्वपूर्ण घटनाएँ–राम-जनम, विवाह, वनवास, सीता-वनवास और लवकुश-जन्म के प्रचलित इतिहास और पुराणों से भिन्न लोकमानस की अपनी अस्मिता लिए लोकतत्त्व से युक्त प्रसंग ही यहाँ प्रस्तुत करूँगी।

ब्रजभाषा के लोकगीतों में राम का जन्म न तो पुत्रेष्टि यज्ञ की खीर खाकर होता है न उसका भवसार उतारने का बड़ा उद्देश्य ही है। वह तो लोक जीवन का सबसे बड़ा अभिशाप दशरथ की रानियों का बाँझपन मिटाने को होता है। इस प्रसंग पर प्राप्त सोहर गीतों में कथातत्त्व की दृष्टि से तीन प्रमुख हैं। पहली सोहर है–राजा दशरथ सिंहासन पर बैठे हैं, कौशल्या पीढ़े पर। संतान न होने से दुखी। विचार-विमर्श के बाद दोनों बैमाता की खोज में निकलते हैं। एक वन,

दो वन पार करने पर तीसरे वन में बै मइया मिलती हैं। कौशल्या के चरण पकड़ने पर बैमाता कहती हैं–"जाओ रानी अपने महलों में जाओ, नौ माह पीछे तुम्हारे पुत्र होगा।" और पुत्र होता भी है "तबल निसान" बजते हैं।

दूसरी ओर सोहर में कौशल्या दशरथ से कहती हैं–"हे पिया! हमें संतति की बड़ी साध है। तुम जंगल पहाड़ जाकर जड़ी–बूटी खोद लाओ। दशरथ लाते हैं। तीसरे सोहर में अयोध्या के माली को ही बुला कर उससे जनमबूटी दे जाने को कहा जाता है। बूटी आई, सिल पर पीसी जाती है। कौशल्या और सुमित्रा उसे पी लेती हैं। बेचारी कैकेयी सिल धोकर पी लेती हैं। सपत्नी ईर्ष्या जो ठहरी। जड़ी के प्रभाव से कौशल्या के राम, सुमित्रा के लक्ष्मण और कैकेयी के चरत भरत दो पुत्र पैदा हुए। लोकगीतों में शत्रुघ्न का नाम नहीं आता। चरत में सम्भवतः रूपान्तरण है। कुछ गीत राम और लक्ष्मण दोनों को कौशल्या का पुत्र चरत भरत को कैकेयी का पुत्र बताते हैं।

"दशरथ के चारयौ लाल, दिन दिन नीके अधिक नीके लगें।
कैकेयी कहिएँ चरत भरत, कौसिल्या के लछिमन राम।"

रामजन्म का कारण बताती इन तीनों सोहरों के साथ अनेक सोहर–गीतों में रामजन्म पर हुए लोकाचार चरुआ, साँतिए, छटी आदि के नेगचारों का वर्णन है। राजा दशरथ की पुत्रजन्म की प्रसन्नता में अनोखी दानशीलता की चर्चा है–

"अए जन्मे राम अवध चलो सजनी
राजा दसरथ ने मोती मूँगा बकसे
रहा मोती एक कौसल्या जी की नथ में
जन्मे राम मोती ही नहीं
राजा की घुड़साल में एक घोड़ा हथसाल में हाथी गौशाला में।"

एक गाय और तो और एक भाग साड़ी कौशल्या के तन पर वस्त्रदान करने के बाद शेष रह जाती है। अनेक सोहर लोकगीतों में ये ही मूलभाव भिन्न शब्दावली और भिन्न टेक और उगैरों के साथ आते हैं।

ऐसा नहीं कि लोकमानस राम के पुत्रेष्टि–यज्ञ की खीर खाकर जन्म लेने के तथ्य से परिचित न हो। तथ्य की जानकारी उसे है और राम के विवाह के गारी गीतों में स्त्रियाँ कहती हैं कि ऐसी अनोखी रीति लला कहीं देखी सुनी नहीं गई कि अवधपुरी की स्त्रियाँ खीर खाकर पुत्र जन्मती हैं। वे दशरथ की अक्षमता पर व्यंग्य कर गाली देती गारी गीत गाती हैं। राम की कुलरीति बखानती हैं। धनुषयज्ञ और रामविवाह के कथाप्रसंग बन्ना–बन्नी गीतों में उपनयन के लोकगीतों में आते हैं। वेदाध्ययन समाप्त कर दूल्हा बना हर ब्रह्मचारी राम है, जिसे धनुष तोड़कर जानकी ब्याहनी है। हर दूल्हा कौशल्या की गोद में बैठा राम है। किन्तु धनुष यज्ञ और धनुष तोड़ने की कहानी रामसीता के मिलन की स्थितियाँ लोकगीतों में थोड़ी भिन्न और रोचक हैं। कुछ नये पक्ष लिए हैं। ये कथाप्रसंग विवाह के विस्तृत गीत मंगल और ब्याहुलों में आते हैं। इन्हें खंडकाव्य या एकार्थकाव्य कहा जा सकता है। तुलसीदास जी की ऐसी प्रारंभिक रचनाएँ 'रामलला नहछू' 'जानकी मंगल' 'पार्वती मंगल' हैं। पर उनकी रामायण जनजन का कंठहार बनी इन रचनाओं को लोक ने नहीं अपनाया, किसी भी रूप में। उल्टे तुलसी की रचनाएँ लोक से प्रभावित हैं।

मुझे अपनी खोज में तीन सीता के मंगल गीत मिले हैं। ये गीत विवाह में भाँवरें पड़ते समय गाये जाते हैं। उच्च वर्णों और निम्न वर्णों के सीता का मंगल अलग है। तीसरा सीता का मंगल किसी प्रभुदास का रचा हुआ है।

उच्च और निम्नवर्ण के दोनों मंगलों में धनुष-भंग, सीता-विवाह की शर्त होने का कारण एक ही है। घटना यों है कि राजा जनक घर क्वाँरी सी कन्या सात बरस की कन्या घर लीपते समय कोने रखे धनुष को एक हाथ से उठाकर एक तरफ रख चारों कोने लीप देती है।

निम्न वर्ण के मंगल में वह बान उठाती है–

''राजा अपने नाम जनकपुर ग्राम बसायौ
चारयौ कौम भमन के लीपे चौका दियो संभार
इतते बानु उठाय कुमरि ने धरयो एकई हाथ
अन्तरनु वंयी आये''

दोपहर में जनक भोजन के लिए आये सीता की माँ से पूछते हैं–"अरे यह बान किसने उठायौ?" माँ कहती है–"सीता ने घर लीपा है, उन्हीं ने उठाया है।" जनक सोच में पड़ जाते हैं, इस बेटी को कौन ब्याहेगा जिसने एक हाथ से बान उठा लिया। उन्हें तुरन्त उपाय सूझता है कि यह सीता जो गुन की आगरी है, भरी पूरी ब्याह योग्य हो गई, इस धनुष के बहाने में सातों द्वीपों के राजाओं को बुला लूँगा जो धनुष तोड़ देगा, उसी से सीता को ब्याह दूँगा। सीता की माँ कहती हैं–"तुम सब राजाओं को बुलाना, पर उस रावण को मत बुलाना, वह बान उठा कर मेरी सीता को ब्याह ले जायेगा।"

उच्चवर्णों में सीता का मंगल स्वयंवर का उल्लेख करता है–

''देस देस पाती भिजवाई सुयंवरू दियो रचाय
देस देस के भूप जुटेएँ रामहूँ देखन जायँ।''

इस मंगल-गीत में राम को स्वयंवर का निमंत्रण नहीं भेजा जाता। किन्तु उच्च और निम्नवर्ण के दोनों के मंगल-गीतों में राम-सीता का मिलन पुष्पवाटिका में नहीं होता। प्रसंग यों है–राम शिकार खेलने निकलते हैं तो लक्ष्मण साथ हो लेते हैं। एक वन, दो वन जाकर तीसरे वन में उन्हें प्यास लगती है। राम कहते हैं–यहाँ पानी कहाँ? तब राम एक पेड़ पर चढ़ते हैं और देखते हैं कि एक तरफ एक तालाब है, जौ का खेत है और एक लड़की उस खेत की रखवाली कर रही है। निम्नवर्ण के ब्याहुले में लड़की भाट की बिटरिया यानी बेटी बताई जाती है। उच्चवर्ण के ब्याहुले में राम तालाब पर जाकर उससे पूछते हैं–"तुम किसकी बेटी हो, यह किस राजा का देश है और किस राजा का खेत है।" फिर सीता कहती है–"हम राजा जनक की लाड़ली हैं। देश बलि राजा का है।" फिर सीता राम से पूछती है–"तुम किस के नाती, किसके पुत्र हो, क्या तुम्हारा नाम है।" राम से कहते हैं, "प्यास लगी हो तो पानी पियो, भूख लगी हो तो जौ की बालें चबाओ।" राम कहते हैं, "न हमें भूख है न प्यास, हम तो तुम्हारा रूप निरख रहे हैं। यह तो बताओ कि तुम कुमारी हो कि विवाहिता या तुम्हारा विवाह कहीं तय हो गया है।" सीता कहती हैं–"न हम ब्याही हैं न ब्याह ही तय हुआ है।" इतना कह सीता अपने घर दौड़ जाती हैं और अपने पिता से कहती हैं कि मेरे लिए जैसा वर चाहिए, वह आपके तालाब पर आया है। इधर दशरथ जनक को पत्र भेजते हैं कि मेरे घर राम कुँवारे हैं, तुम्हारे घर जानकी। उत्तर में जनक पत्र भेजते हैं–"हम तो भार भिखारी हैं, तुम राजा महाराज हो, हमारी तुम्हारी सजनई कैसे हो सकती है।" दशरथ ने कहा, "बातचीत से सम्बन्ध जुड़ेंगे, बेटी देकर स्नेह।"

इसके उपरान्त उच्चवर्ण का 'सीता का मंगल' लग्न लिखने से लेकर बेटी-विदा तक के समस्त नेगचार, बरात आगमन, मंडल छाना, कन्यादान, परिछन, लाजाहोम आदि का वर्णन करता है। निम्नवर्णों का 'सीता मंगल' राम के पाताल जाने और परशुराम-संवाद-विवाद की कहानी भी कहता है।

स्फुट गीतों में राजा दशरथ का बरात सजाना, द्वारचार और ज्यौनार गीतों में राजा जनक की ज्यौनार का वर्णन है। राम घनश्याम को जनकपुर की स्त्रियाँ गारीगीत सुनाती हैं–''**तुम सुनो राम घनस्याम हमारी गारी**'' प्रेमभरी कंकन खोलने की लोकरीति पर एक ग्वालियर से प्राप्त गीत में वे राम को चुनौती देती हैं कि यह कोई धनुष का तोड़ना नहीं, कंकन की गाँठ खोलना है। अपने मन की सारी गाँठें खोल तुम्हें यहाँ ललीसे चित्त जोड़ना पड़ेगा–

''जन होबै धनस को टोरबो
कठिन कंकन गाँठ छोरबो''

ब्रज के लोकगीतों में राम वनवास देस–निकाला है। दशरथ लिख कर आदेश देते हैं। राम–लक्ष्मण शिकार खेलकर आते हैं। लक्ष्मण चिट्ठी देखते हैं और दोनों भाई वन को चल देते हैं, यह सपत्नी ईर्ष्यावश दिया, सीधा–सीधा देश निकाला है।

फुटकर गीतों में गुँथी लक्ष्मण में शक्ति और वनवास की अवधि में सीताहरण लोकसाहित्यिक है। रावण सीता से भीख नहीं माँगता, पानी की याचना करता है और अपनी झोली में सीता को डालकर लंका ले आता है। राम को सीताहरण का आभास कुटी पर उड़–उड़ कर बुरी आवाज में बोलने वाले कौओं से होता है ''**सिया जानें काग ने हरी रे लछिमन**'' लोक में कौओं का बोलना अपशकुन है।

''उड़ि उड़ि काग कुटी पै बैठें, बोलत भाँस बुरी रे लछिमन''

ब्रजभाषा के लोकगीतों में सर्वाधिक करुण प्रसंग है–सीता–वनवास और लवकुश–जन्म का। यहाँ सीता–परित्याग का कारण लोकापवाद नहीं है, लोकमत की प्रतिष्ठा नहीं ननद भावज का द्वेष है। सीता की ननद सीता से रावण का चित्र बनवा कर राम को दिखाती है–

''राजे ननद भावज दोऊ बैठिए
भाभी कैसी सूरति देख्यो रामनु खेंचि देखाइए''

क्रोधित राम लक्ष्मण को सीता को वन में छोड़ आने की आज्ञा देते हैं। ग्वालियर से मिले लाँगुरिया गीत में यह दृश्य है–

''सूरज की मुरकि गई कोर लाँगुरिया,
को जारथुला बैठिए को जहाँ वन हार।
सीता माता रथुला बैठी,
लक्षिमन हाँकन हार लाँगुरिया।।''

अपने वंश में देख सूर्य ने भी मुँह फेर लिया, लक्ष्मण वन सीता ले गये सीता को वन में प्यास लगी। उन्होंने लक्ष्मण से पानी लाने को कहा। सीता थकी थीं सो एक पेड़ के नीचे बैठीं, आँख लग गयी। लक्ष्मण पानी पेड़ पर टाँग दिये और चले गये। पानी की बूँद सीता के मुख पर पड़ी। जग कर अपने को अकेली देख वे रोने लगीं। उधर से एक बाबा जी निकले। उन्होंने पुत्र जन्म कराने का आश्वासन दिया।

एक दूसरे गीत में रोती हुई सीता को उड़कर आयी एक चिड़िया सांत्वना देती है और कहती है कि इस वन में एक बाल जती की मढ़ी (कुटिया) है, तुम वहाँ जाओ। सीता मढ़ी में घुस गयीं। शिशुओं के क्रन्दन से जती की समाधि टूटी। सीता ने कहा–मेरे वन में पुत्र हुए हैं। इनके शकुन के नेगचार कौन करे? चरुआ साँतिए कौन रखे? छठी कौन पुजाये। बाल जती ने जो भी कहो वे नेगचार कराने का आश्वासन दिया–

''कहै घर बाऊँ साँतिए कहै तो मंगल चार
कै नीसान पुराऊँ बेटी तपसी के दरबार?''

किन्तु महाराष्ट्र से इस विषय में करुण स्थिति पर मिली ओबी शायद पराकाष्ठा है। चिड़िया तो सजीव है, बाल जती साधू है, पर मराठी की इस ओबी में काँटों भरी बेरिया और बयूरिया रोती हुई सीता को सांत्वना देती हैं–

''भई न वना भधी सीता रहती ऐका
तिला समजाव यासी बोरी बाभकी बायका''

बेरिया और बयूरिया की सहानुभूति की यह ओबी लोक साहित्य में बेजोड़ है। सीता के राजमहल में पुत्र न होने के दुःख और पश्चात्ताप के गीत आज भी ब्रजक्षेत्र में सिनेमा की धुनों पर गाये जाते हैं।

अन्तिम प्रसंग सीता के धरती में समाने का

अपनी कुटी के पास वन में रूप-सरूप रानी के दोनों बच्चे (कुश लव नाम नहीं) खेल रहे हैं। उन्होंने कोई खेल बनाया कि राम-लक्ष्मण आ गये। बच्चे लोटा माँज-धोकर पानी लाये और पीने का आग्रह किया। राम ने कहा–पानी तभी पिएँगे जब अपने माँ-बाप का नाम बताओ।

बच्चों ने कहा–"हम राजा जनक के पोते, लक्ष्मण के भतीजे हैं, बाप का नाम नहीं जानते, सीता के दुलारे पुत्र हैं।"

राम कहते हैं–"कहाँ है तुम्हारी माता, चलो देखें तो।" कदम्ब के वृक्ष के नीचे सीता अपने बाल सुखा रही हैं। गीत ब्रज का है, इसलिए कदम्ब का वृक्ष है। बच्चों ने कहा–"माँ अपने केशों को ढक लो, लक्ष्मण-राम आ रहे हैं।" इतने में धरती फटती है, सीता उसमें समा जाती हैं। उन्हें पकड़ने की कोशिश में राम के हाथ में केश रह जाते हैं। 'लोक' कहता है–सीता के वे केश ही कुश की घास हैं। (भदोही जनपद में सीतामढ़ी का यह दृश्य दर्शनीय है।)

ब्रज की अपेक्षा अवधी लोकगीतों में सीता-वनवास और उनका धरती में समाना बहुत ही मर्मबेधक और विस्तृत है।

लोकमानस इतिहास की चिन्ता नहीं करता। समाज का आचार ही उनका इतिहास है। राम के बहन थी या नहीं थी, थी भी तो कितनी और उन्होंने अपनी भांजी के विवाह में भात पहनाया या नहीं यहाँ इतिहास मौन है; पर समाज में भाई भात पहनाता है; अतः भात-गीतों में राम-लक्ष्मण से भात माँगा जाता है और राजा दशरथ की चार बेटियाँ बधाई लाती हैं। राम के लौटने पर फिर भी लोक ने राम, लक्ष्मण, दशरथ, कौशल्या, कैकेयी के चरित्र की मूल रेखाएँ भी बदलीं। वे भाई, पिता-माता विमाता हो रहे हैं।

हिन्दीभाषी क्षेत्र के लोक जीवन में रामायण एक मात्र ऐसा ग्रन्थ है, जो रोग-शोक के लिए संजीवनी और उत्सवों के हर्ष-उल्लास का रामरंग है, जो अमृत-कस्तूरी सा बरसता है।

''हॉ हॉ राम रंग बरसैगो,
रंग बरसै कहु अमिरत बरसै
औरू बरसै कस्तूरी......''

कब बरसता है यह रंग विवाह की ज्यौनार में भोजन करते समय। राम-सीता और रामायण लोकजीवन के संधि-समाज हैं। जीवन-गीत के अनुप्रास हैं। अन्त्यानुप्रास हैं, उपमेय हैं, श्वास-निश्वास, आस्था और विश्वास हैं, आकांक्षा हैं, मनौती हैं, आदर्श हैं और अन्तिम लक्ष्य हैं। राम बाँस हैं तो सीता सरसों हैं। लोकगीतों की टेक हैं, उगेर हैं, आरोह हैं।

रामायण ही एक मात्र ऐसा ग्रन्थ है जिसके गाँवघर में चौपालों पर पारायण होते हैं। अखंड पाठ नवाह्न पाठ नित्य और नैमित्तिक पाठ होते हैं। गीता का तत्त्व-दर्शन लोक के पास रामायण ही ले गयी।

अपने जीवन में रोज की कठिनाइयों के चौदह वर्ष झेलता जनलोक शाम को अपने राम के साथ अयोध्या में अपने घर में आकर यह गाकर आनन्द से सोता है-

''राम आये अयोध्या आनंद भये नगरी
आनंद भये नगरी मगन भयी नगरी।''

लोकगीतों में भूमिजा सीता

डॉ. आद्याप्रसाद द्विवेदी

यों तो रामकथा का आदि स्रोत वाल्मीकि रामायण को ही माना जाता है; लेकिन वाल्मीकि रामायण से भी काफी पूर्व विभिन्न रुपों में लोकपरम्पराओं में रामकथा प्रचलित थी। कहीं भित्तिचित्रों के रूप में तो कहीं लोकगीतों के रूप में तो कहीं निजन्धरी कथा-कहानियों के रूप में। लगभग देश की अधिकांश भाषाओं और बोलियों के गीतों में राम के जीवन-चरित्र पर बहुत कुछ लोकजीवन के द्वारा रचा गया है; लेकिन रामचरित के उस पक्ष को, जिसमें सीता को बनवास दिया गया है, बड़े ही कारुणिक ढंग से भोजपुरी और अवधी के लोकगीतों में उरेहा गया है। राम के जीवन-चरित्र में सीता का वनवास एक ऐसी घटना है, जो पत्थर के कलेजे को भी पिघला देती है। हिन्दी के भक्त कवियों ने इस घटना को छिपाने का प्रयत्न किया है, पर लोकजीवन में रचीबसी स्त्रियों ने इस विषय को लेकर अपने गीतों में पति-पत्नी के मनोभावों को बड़े ही करुणापूर्ण ढंग से चित्रित किया है। इसका एक बहुत बड़ा कारण यह है कि लोक का सीधा सम्बन्ध धरती से है और सीता धरती माँ की पुत्री हैं। यह सर्वविदित है कि सीता का जन्म भूमि से हुआ, जब राजा जनक खेत में अपनी पत्नी सुकन्या के साथ हल चला रहे थे। ऐसी भूमिजा सीता पर जब मर्यादा के उपासक राम के द्वारा लोकापवाद से बचने के लिए निर्वासन दे दिया गया, वह भी ऐसी सीता को जो आसन्न प्रसवा थी तो उस प्रसंग को उरेहने में लोकगीतकार खामोश नहीं रहा। वाल्मीकि रामायण में सीता के द्वितीय वनगमन के मूल में लोकापवाद को ही कारण माना गया है। ऐसा ही कारण भवभूति ने अपने 'उत्तररामचरित' नाटक में भी दिया है; लेकिन लोकगीतकार ने इस प्रसंग को पूरी तरह से नजरअन्दाज कर दिया है। सीता के दूसरी बार वनगमन प्रसंग को अवधी और भोजपुरी के लोकगीतों में सीता की ननद द्वारा रावण का चित्र बनाने को ही कारण माना गया है। यह एक प्रमुख लोकगीत है जो इस प्रकार है-

''ननदी भउजी दूनो एक मत एक साथे रहेली हो।
हे भउजी कवन सरीखे रावन हउन त हमके बतावहु हो।''

इस पर सीताजी कहती हैं-

''जब हम रावनवा उरेहबि उकेरि देखाइब हो,
सुनि पइहें भइया तोहार त देसवा निकासइ हो।
लाख दोहइया राजा दशरथ भइया माथा छुई हो,
भउजी! लाख दोहइया लछिमन भइया, भइया से ना बताइब हो।''

ननद की मीठी-मीठी बातों में आकर सीताजी गंगा-यमुना की मिट्टी से रावण का चित्र बनाना प्रारम्भ कर देती हैं-

''हथवा बनवली-गोड़वा बनवली त नैना बनावेली हो

कि आई गइले सीरी राम त आँचर खोलि ढाँपति हो।
रामजी बइठें जेवनरवा, बहिनिया नइया लावेली हो।
भइया! जवन रावन तोहार बैरी त भउजी उरेहेली हो।''

फिर क्या था, बहन की बात सुनते ही रामचन्द्र जी आग बबूला हो उठे। वे अपने छोटे भाई लक्ष्मण को सीता जी को घर में से निकाल कर जंगल में छोड़ देने का आदेश दे देते हैं–

''अरे रे लछिमन भइया, विपतिया के साथी हो,
सीता को देसवा निकारहु, उते रावन उरेहे हो।।''

श्रीरामचन्द्र जी लक्ष्मण को आदेश के स्वर में कहते हैं–'जिस सीता के लिए हमने इतनी बड़ी लड़ाई लड़ी, वह आज भी रावण को भूल नहीं पाई है। उसी रावण का वह चित्र बना रही है।' रामचन्द्र जी का ऐसा आदेश सुनकर लक्ष्मण हतप्रभ हो जाते हैं, क्योंकि उस समय सीता गर्भवती हैं। लक्ष्मण जी रामचन्द्र जी से विनय के साथ कहते हैं–

''जे भौजी भूखे को भोजन, नांगे को विस्तर
जे भौजी गरुये गरभ त कइसे के निकारहु।''

लक्ष्मण की बात सुनकर श्रीरामचन्द्र जी कहते हैं कि सीता जी का अपराध अक्षम्य है। उनके मन से आज भी रावण उतर नहीं पाया है। इसलिए तुम्हें आदेश देता हूँ कि तुम उन्हें घर से बाहर निकालकर वन में छोड़ दो। लक्ष्मण को अपने अग्रज की बात का अवज्ञा करने का साहस नहीं होता है। वे विवश हो जाते हैं और माता सदृश्य अपनी जानकी को अयोध्या की सीमा से बाहर निकालने का निर्णय लेते हैं। वे सीताजी से कहते हैं–

''अरे रे भौजी सीतल रानी, बड़ी ठकुराइन
भौजी आवा है तोहरा नेवतवा, बिहाने बने चले के।''

लक्ष्मण की बात सुनकर सीता जी आश्चर्यचकित हो जाती हैं। वह सोचने लगती हैं कि मेरे पिताश्री जनक तो वन में तपस्या नहीं करते हैं, जंगल में ससुराल भी नहीं है। वह स्वयं अयोध्या में हैं फिर किस उद्देश्य से वन से बुलावा आया है। वह लक्ष्मण से स्पष्ट पूछती हैं–

''ना मोरे नैहर, ना मोरे सासुर।
देवरा, ना रे जनक अस बाप, मैं केहिको जइहों।''

लक्ष्मण जी सीता जी की बात का तत्काल कोई उत्तर नहीं दे पाते हैं फिर भी बहाना बनाकर के वे सीता जी को फुसला लेते हैं। सहृदया सीताजी अपने प्रिय देवर लक्ष्मण की बात पर विश्वास कर वन जाने के लिए तैयार हो जाती हैं। वन में चलते-चलते थक जाती हैं, होठ सूख जाते हैं। लोकगीत कहता है–

''एक वन डाकिनि दूसर वन, तीसरे वृन्दावन।
चउथे लगलें पियसिया, त कतहूँ न पानी मिले।।''

वह देवर से कहती हैं–

''देवरा! एक बूँन पनियाँ पियाओ पियसिया बेआकुल।''

लक्ष्मण जी एक वृक्ष की शीतल छाया में सीताजी को बैठने के लिए कहकर स्वयं पानी की तलाश में निकल पड़ते हैं–

''बैठहुं भौजी! चंदनु तरे, चंदन विरिछ तरे।
भौजी! पनिया के खोजि करि आई, आ तुंहके पिआई।''

लक्ष्मण जी पत्ते के दोने में पानी भरकर सीताजी को पीने के लिए लेकर आते हैं। आने पर सीता जी को वृक्ष की शीतल छाया में सोते हुए देखते हैं। लक्ष्मण जी सोचने लगते हैं कि सीताजी को अकेले छोड़कर निकल जाने का यही उपयुक्त अवसर है और वे इस तरह गर्भिणी सीता को सोते हुए अकेली छोड़कर चुपके से भाग जाते हैं। कुछ देर के बाद जब सीताजी की आँख खुली तो अपने चारों तरफ देखने लगती हैं, पर कहीं पर भी लक्ष्मण दिखाई नहीं देते हैं। वह विलाप करते हुए कह उठती हैं–

''कहाँ गये लछुमन देवरा त हमैं ना बतावहु
हिरदया भरि देखितउँ, नजर भर रोअतहु हो।''

अपने शरीर की स्थिति देखती हुई पुनः कहती हैं–

''के मोरा आगे पीछे बाटें , के लट छोरिहें
के मोरा जागि रयनियाँ त नरवा छिनायहु।''

कुछ दूरी पर एक तपस्वी का आश्रम है। जंगल में एक दुखिया नारी का करुण क्रन्दन सुनकर वे आर्त हो उठते हैं। वे कुछ तपस्विनियों को सीता को ढाढस बँधाने के लिए भेजते हैं। तपस्विनियाँ सीता को समझाते हुए कहती हैं–

''बनवा से निसरई तपसिनी सीतहिं समुझावई
सीता हम तोहरे आगा पीछा बइठब हमहिं लट धोइब
हम देइब सरई के सुपवा मोतिन कई आखत
हम टेइब सोने के हँसुअवा, हमहिं नार छीनब।।''

तपस्विनियों के समझाने के बाद सीता जी सांत्वना धारण करती हैं, किसी तरह रात बीतती है। भोर की वेला में सीताजी के दो पुत्र पैदा होते हैं। तपस्विनी लोग लकड़ी जलाकर प्रकाश करती हैं। उसी उजाले में सीताजी अपने बच्चों का मुख देखती हैं। अयोध्या के राजा रामचन्द्र के बच्चों का जन्म इतनी विपन्न स्थिति में होगा, यह देखकर सीता का कलेजा विदीर्ण होता जा रहा है। वह सोचती हैं कि अगर इन बच्चों का जन्म अयोध्या में हुआ होता तो आज राजा दशरथ (यद्यपि शास्त्रीय परम्परा में वे स्वर्गवासी हो गये हैं, किन्तु लोक की परम्परा में जीवित हैं) सारा शहर लुटा देते और कौशल्या रानी अनगिनत आभूषण दान कर देतीं–

''जो पूत होतऽ अयोध्या में, वही पूर पाटन,
राजा दशरथ पन्ना लुटवते, कौशल्या रानी अभरन।''

जंगल के वातावरण में यातना के जीवन में रहते हुए भी जानकी जी पुत्र जन्म से हर्षित हैं। इस खुशी का समाचार वह अपने आत्मीय लोगों तक शीघ्रातिशीघ्र पहुँचाना चाहती हैं। उनकी इच्छा है कि खुशी का यह समाचार सभी लोगों को दिया जाय; परन्तु राम को नहीं। लोकगीत में उनका मनोभाव देखिये–

''नउआ! हमार लोचना लेइ जाउ, अयोध्या पहुँचावहु हो।
पहिले दीहो राजा दशरथ, दूसरे कौशल्या रानी हो।
तीसरे लोचना देवरा लछुमन, पै पिया न जनाइहउ हो।''

लक्ष्मण इस समाचार को पाकर पुलकित हो उठते हैं। उनकी इस प्रसन्नता को देखकर श्रीरामचन्द्र जी इसका कारण पूछते हैं। अनेक प्रश्न पर लक्ष्मण जी संक्षिप्त उत्तर देते हैं–

"भौजी त हमरी सीता रानी बसेलीं वृन्दावन हो,
उनही के भइले नन्दलाल, लोचना सिर धारिले हों।"

लक्ष्मण का उत्तर सुनकर राम आश्चर्यचकित हो उठते हैं। हाथ की दतुअन मुँह में ही स्थिर सी हो जाती है। उनके आँखों से मोती चूने लगता है। रामचन्द्र जी किसी तरह अपने को संयत करते हैं और नाई को बुलाकर सीता का हाल पूछने लगते हैं। जंगल से आया हुआ नाई सीता जी का हाल इस तरह सुनाता है–

"कुस रे ओढ़न कुश आसन बन फल भोजन।
साहब! लकड़ी का कीहिन अजोर सेतहि मुख देखिन।"

नाई की बातों को आगे राम सुन नहीं पाते हैं। उनका कलेजा फटने लगता है। वे लक्ष्मण को सीता को जंगल से वापस लाने के लिए भेजते हैं। काफी हिम्मत करके लक्ष्मण सीता को लाने के लिए जंगल के लिए प्रस्थान करते हैं। जंगल पहुँचकर लक्ष्मण रामजी की मानसिक स्थिति के बारे में बताते हैं और उनसे अयोध्या वापस चलने के लिए विनय करते हैं। सीता तो लक्ष्मण से स्पष्ट कहती हैं–

"देवरा जाहु लवटि तूँ अयोध्या त हम नाहीं जाबै।
लक्षिमन! अँखिया में पटिया बँधाव, अयोध्या दिखावो।।"

जानकी जी लक्ष्मण से पुन: कहती हैं कि हे लक्ष्मण अपने घर लौट जाइये। मैंने पति का नाम जपकर वनवास की अवधि लंका में अपार कष्ट के साथ बिताया, किन्तु जब मेरे प्राणों के सर्वस्व राम ने परित्याग कर जंगल में भिजवा दिया और उन्हें अपनी भावी संतति पर भी दया नहीं आयी तो मैं कौन सा मुँह लेकर अयोध्या जाऊँ। लोकगीत की पंक्ति इस प्रकार है–

"जाहु लछिमन घर अपने, त हम नाहीं जावें।
जो रे जिये नन्दलाल, उनहिं को कहइहैं।।"

गीत की ओर से पंक्ति में सीता जी ने न केवल अपने मन की पीड़ा व्यक्त की है; अपितु अपने मन के आक्रोश, क्षोभ और उपालम्भ को भी व्यंग्यात्मक तरह से कहा है। एक बार रामचन्द्र जी को राजसूय यज्ञ कराने की इच्छा होती है, किन्तु बिना अर्धांगिनी के राजसूय यज्ञ कैसे हो। माताओं ने सीता को वन से बुलवाने के लिए रामजी से कहा–

"चइत के राम नवमी त राम यज्ञ ठानेले हो।
कि मोरा माता बहुआ बिनु सून, मोरा आँगना त बहुआ के बोलावहु हो।"

रामचन्द्र जी जानते हैं कि सीता स्वाभिमानिनी हैं। अत: उनके या लक्ष्मण के जाने पर वे जंगल से नहीं लौटेंगी। अत: वे सीत को लिवाने के लिए गुरु वशिष्ठ जी को भेजते हैं; क्योंकि वे जानते हैं कि सीता गुरु वशिष्ठ की बात नहीं टालेंगी। गुरु वशिष्ठ जी सीता को बुलाने के लिए जंगल के आश्रम में पहुँचते हैं। सीता जी पत्ता का दोना बनाकर उसमें गंगा जल लाती हैं और गुरु वशिष्ठ का पाँव पखारती हैं। अयोध्या लौटने की गुरु की बातों को सीता ध्यान से सुनती हैं। अत्यन्त ही विषाद और अमर्ष के साथ वे अपनी पीड़ा को गुरु वशिष्ठ के सम्मुख प्रस्तुत करते हुए कहती हैं–

"मन पार ए राम ऊ दिन जाहि दिन बियाह कइलऽ हो।
निहुरि चरनियाँ मोरा धइल चिटुकिया सेनुरा डलऽल हो।
मन पार उ दिन जाहि दिन गवन कइल हो,
खिलि-खिलि विरवा लगवलऽ अपने मुसकइव हो।

जब हम भइलीं गरभ में त राम बन दीहलें हो,
अब तो जो पुतर बाहर जनमले त राम मोहिं बन दीहले हो
आग लागहु ओहि अयोध्या में अब नाहीं जाइब हो,
भइलो संतति हम तेजबि अयोध्या नाहीं जाइब हो।''

सीता जी के इस उत्तर को सुनकर गुरु वशिष्ठ के पास कोई जवाब नहीं रह जाता है; फिर भी वे समझाते हुए सीता जी से पुनः कहते हैं–

''एतना अकिल सीता तोहरे त बुद्धि के आगर
किन तुम्हरा है गियान राम बिसरायहु
सीता एक बेर चलतिउ अयोध्या तब ई जगि पूरत।''

सीता के मन में एक ओर गुरुदेव वशिष्ठ के प्रति आदर भाव है तो दूसरी ओर अपना अपमान सोचकर स्वाभिमान भी जाग उठता है। अपने ऊपर राम द्वारा किया गया अन्याय उन्हें बार-बार याद आता है। वे गुरु वशिष्ठ को सम्बोधित करते हुए कहती हैं–

''सबके हाल गुरु जानो, अजानि बन पूछो
गुरु अस के राम मोहि डाहिन त कइसे चित मिलिहैं
अगिया में राम मोहि डारेनि, लाइ भुजि काटेनि
गुरु गरुये गरभ हे निकरिहैं त कैसे चित मिलिहैं
तुम्हरा कहा गुरु करबै, परग दुइ चलबै,
गुरु अब ना अयोध्या जाइब, औ विधि ना मिलिहैं।।''

सीता जी का उत्तर सुनकर वशिष्ठ जी चुप हो जाते हैं। उनके मुख से बोल नहीं निकलता। वे चुपचाप अयोध्या लौट आते हैं और सारा वृतान्त रामचन्द्र को सुनाते हैं। श्रीरामचन्द्र जी सीता के रूप को समझकर सीता को मनाने के लिए जंगल में स्वयं जाने का निर्णय करते हैं। जंगल पहुँचकर वे दो सुन्दर बालकों को खेलते हुए देखते हैं। बालकों से पूछते हैं–

''केकर तऊँ पुतवा, नतियवा, केकर तऊँ भतिजवा नू हो
लरिको! कवन मतरिया त कोंखिया जनमि जुड़वावहु हो।''

किसी बाहरी व्यक्ति द्वारा अपना परिचय पूछे जाने पर बालक तुरन्त जवाब देते हैं–

''बाप के नउवां ना जानों, लखन के भतिजवा रे हो
हम राजा जनक के नतिया, सीता के दुलरुआ न हो।''

बालकों का उत्तर सुनकर रामजी के ऊपर जैसे बज्रपात हो गया हो। उनके आँखों से तर-तर आँसू गिरने लगा। किसी तरह अपने को सँभालकर आगे बढ़ते हैं तो देखते हैं–एक वृक्ष की शीतल छाया में सीता जी अपने सिर के भीगे बाल सुखा रही हैं–

''रामा छापक पेड़ कदम कर लागत सुहावन हो
तेहि तर बइठेलीं सीता रानी केशवनि झुकेली हो
पछवा उलटि जब चितवेली, रामजी के ठाढ़ देखेलीं हो।''

रामचन्द्र जी और सीता जी की आँखें आमने-सामने मिलती हैं। सीता जी कुछ नहीं बोलती हैं। रामचन्द्र जी ही मौन तोड़ते हुये सीता जी से अयोध्या लौटने का निवेदन करते हैं–

''रानी! छोड़ि देउ जियरा विरोग, अयोध्या बसावहु हो।
सीता! तोरे बिनु जग अँधियार, त जीवन अकारथ हो।''

इसके बाद की जो स्थिति होती है, उसे शब्दों में वर्णन नहीं किया जा सकता है। संयम, शील और आदर्श की प्रति मूर्ति सीता की आँखों में उनके हृदय की सारी वेदना, सारा विक्षोभ एक साथ उभर आता है। अतीत की सारी घटनाएँ, सारे दृश्य एक-एक कर उनकी स्मृतियों में बसे ही आ रहे हैं–जैसे सिनेमा की रील खुलती है। जनकपुर की पुष्पवाटिका में गौरी पूजन के समय राम से प्रथम मिलन, धनुर्भंग का दृश्य, वनगमन की वेला, पंचवटी आश्रम, अशोक वाटिका में घुट-घुट कर बिताया गया जीवन, अग्नि-परीक्षा का दृश्य, राम का राज्याभिषेक और उसके बाद आसन्न प्रसव की स्थिति में होने के बाद भी राम द्वारा अयोध्या से निर्वासन। वह सोचने लगती हैं कि यह सब उनके साथ क्यों हुआ। निर्दोष, स्वाभिमान की पुतली, गौरव की प्रतीक सीता कुछ बोल नहीं पा रही हैं। उनकी आँखों में किसी प्रतिहिंसा की छाया भी नहीं है। निश्छल आँखों के कोरों पर कुछ अश्रु की बूँदें ठहरी हुई हैं। इसी मनःस्थिति में सीता एक भयंकर निर्णय लेती हैं। वे एक बार आँख गड़ाकर राम की ओर देखती हैं। दुःख से कुछ बोलती नहीं हैं, मन ही मन उन्हें प्रणाम करती हैं और पुनः धरती की बेटी सीता अपनी माँ धरती से प्रार्थना करती हैं कि मुझे स्वीकार करो। सीताजी के द्वारा इतनी प्रार्थना करते हुए एक भयंकर आवाज के साथ धरती फट जाती है और धरती की बेटी भूमिजा सीता दोनों हाथ जोड़कर उसमें प्रवेश कर जाती हैं–

''सीता अँखियाँ मै भरती विरोग, त एक टक देखेली हो।
सीता धरती में गइलीं समाय, कुछहु नाहीं बोलेली हो।''

ऊपर की पंक्तियों में अज्ञात लोकगीत सिरजनहार ने सीता की उस मानसिक स्थिति का चित्र उत्कीर्ण किया है जो किसी अन्य शास्त्रीय कृति में नहीं है। वाल्मीकि की सीता सभा के बीच में अपनी सफाई देती हैं; किन्तु इस लोकगीत की सीता ने अपने बारे में किसी प्रकार की कोई सफाई नहीं दी है। वह राम के समक्ष दीन-हीन बनना, शरणागत होना, अपराधबोध से प्रणत होना, किसी प्रकार का कोई समझौता करना उचित नहीं समझती हैं। वह चुपचाप राम की तरफ एक बार देखती हैं फिर बिना कुछ कहे धरती की तरफ देखती हैं। सीता धरती की पुत्री थीं। धरती सीता के दर्द को समझ रही है; आखिर वह माँ थी। धरती माँ सीता के स्वाभिमान की रक्षा के लिए फट जाती हैं और सीता उसी में प्रविष्ट हो जाती हैं। इस प्रकार देखा जा सकता है कि वह भोजपुरी लोकगीत में समाज में संचलित परम्परा, विश्वास, रीति तथा प्रथा को आधार लेकर सीता के चरित्र का एक ऐसा रूप खड़ा किया गया है जो लोक के हृदय की स्वाभाविक अनुभूति है। कहीं कोई शास्त्रीयता का आवरण नहीं, नितान्त सहज और निश्छल जानकी के चरित्र को इस गीत ने अत्यन्त ही स्पृहणीय, संवेदना से परिपूर्ण और स्वाभाविक बना दिया है। लोकहृदय ने धरती की पुत्री सीता को धरती के साथ जोड़ दिया है।

रामलीला की प्राचीन परम्परा

डॉ. हरिप्रसाद दुबे

हर युग में लोक साहित्य ने लोकमानस का संस्कार किया है। उसे संघर्षों से जूझने की शक्ति दी है और विजयी होने का जयगान किया है। लोक साहित्य ही लोक संस्कृति का दर्पण है, जो हमारे जीवन के छन्द के साथ मेल रखता है। अवध की धरती की पहचान उसकी लोकभाषा और बोलीबानी से है। अवधी भाषा की अपनी एक लोकधुन, लोकसंगीत, लोकनृत्य, लोकनाट्य को जनाधार प्रदान करने वाले और रामकथा को घर-घर पहुँचाने वाले गोस्वामी तुलसीदास ही हैं। उन्होंने अपनी प्रतिभा से लोकसंस्कृति की जड़ों को सींचा। राम के व्यक्तित्व में तुलसी ने मनुष्यता के सारे गुणों का समावेश कराया। रामलीला के माध्यम से जिन मानवीय मूल्यों की स्थापना की गयी, वे सार्वकालिक हैं। रामलीला जीने की कला सिखाती है।

राम का लीला-रूप विलक्षण और अद्वितीय है। राम की लीला से नर-नारी, वानर-भालू, भुशुंडि-गरुड़ जैसे पशु-पक्षी और कोल-किरात, निषाद, गृद्ध भी राम के लोक पावन रूप को जान जाते हैं। सोलहवीं-सत्रहवीं शताब्दी के भक्ति आन्दोलन में भक्तों ने राम के गुण नाम आदि को गान का विषय बनाया। लीलाकथा में श्रवण के साथ दर्शन की महत्ता बढ़ने लगी। पढ़ने-सुनने की तुलना में दृश्य देखने का अधिक प्रभाव पड़ता है। रामकथा को व्यापक स्वरूप प्रदान करने के लिए रामलीला आरम्भ की गयी। रामलीला में सत्य की रक्षा और उसका सम्यक् उद्घाटन है। राम के द्वारा की गयी लोकानुरूप मर्यादित लीलाएँ रामलीला के नाम से जानी जाती हैं।

राम के अनन्य भक्त, उच्चकोटि के महात्मा तुलसी को समाज के पतन की चिन्ता सताती है। उन्हें अपने मोक्ष से अधिक समाज के मोक्ष की चिन्ता रही। लोक और समाज की यही चिन्ता तुलसी को लोकनायक बनाती है। तुलसी ने केवल रामचरितमानस और अन्य कृतियों का ही सृजन नहीं किया; बल्कि राम के चरित्र को घर-घर पहुँचाने के लिए रामलीला भी आरम्भ कर दी। अवध-क्षेत्र में रामलीला परम्परा की नींव गोस्वामी तुलसीदास ने डाली। तुलसी के समकालीन उनके मेधा भगत ने गोस्वामी के साथ रामलीला में मंचन किया। अयोध्या प्राप्त युगल प्रियाकृत रसिक प्रकाश 'भक्तमाल' ग्रन्थ में इस सन्दर्भ में उल्लेख आया है–

> ''जैसे प्राण प्यारे श्री गुंसाई जी हमारे
> तैसे तुमहुँ हमारे ताते काम एक कीजिए।
> लेके धनुबाण जाओ निजथान तहाँ
> रामायण गाय के प्रत्यक्ष सुख लीजिए।।
> लोक में प्रचुर रामलीला रसछाए
> उर आनन्द बढ़ाय औध धाम को सिधाए हैं।

अठारहवीं शताब्दी के इस ग्रन्थ से स्पष्ट होता है कि युगल प्रिया के समय तक लोक में रामलीला का पर्याप्त प्रचार हो चुका था। युगल प्रिया और मेधा भगत के समय में एक शताब्दी का अन्तर है। अवध क्षेत्र में रामलीला की परम्परा गोस्वामी तुलसीदास के बाद मेधा भगत, राघवदास, भगवानदास, हनुमानदास, राम प्रियादास, प्रेमदास, रामदेव दास के पश्चात् इस समय जयरामदास का नाम प्राप्त होता है। मेधा भगत काशी से अयोध्या आकर लीलाधार ग्रन्थ मानस का गान करते थे। यहीं इनके सम्पर्क में आये। राघवदास ने काशी जाकर अस्सीघाट पर रामलीला की परम्परा आरम्भ की। अयोध्या में तुलसीचौरा पर रामलीला की प्राचीनता के साक्ष्य मिलते हैं। 1856-1910 तक अयोध्या-नरेश ददुआ के यहाँ प्रतिवर्ष रामलीला आयोजित होने लगी। इस समय तक काशी के समान ही अयोध्या में भी मैदानी लीला की परम्परा थी। उसमें अभिनय करने वाले सन्त-महात्मा भावुक प्रसंगों की लीला करते थे।

सत्रहवीं शताब्दी के पूर्वार्द्ध में प्रारम्भ में हुई मैदानी लीला लगभग उन्नीसवीं शताब्दी के अन्त तक उसी रूप में चलती रही। आगे रामप्रियादास ने अपने समय के प्रचलित पारसी शैली के नाटकों के ढंग से रामलीला के मंचन का कार्य प्रारम्भ कराया। इसमें लगभग सभी संवाद उर्दू में रहते थे। अवध क्षेत्र में होने वाले पारसी नाटकों से उर्दू भाषा और संवाद बोलने के ढंग को मंचीयलीला में अपनाया गया। रामप्रियादास के शिष्य रामदेवदास ने रामलीला को पुनः अवध शैली में जाग्रत करने का प्रयत्न किया।

अवध की रामलीला में पटकथा संवाद नहीं मिलता। इसका मुख्य आधार ग्रन्थ मानस अवधी में है। रामलीला में जिस अवध शैली का विकास किया गया, वही परम्परा उत्तरोत्तर आजतक विद्यमान है। आजकल रामलीला में व्यास द्वारा गायी गयी पंक्तियाँ अवधी में रहती हैं। पात्रों के संवाद खड़ीबोली में रहते हैं। तुकान्त पंक्तियों वाले इन संवादों के उतार-चढ़ाव और उच्चारण आदि के ढंग में अवध-शैली समाहित है। बालकाण्ड के प्रायः सभी प्रसंग लिये जाते हैं। रामलीला के सभी पात्र जन-जन से एकात्मकता प्राप्त करते हैं। तुलसीदास रचित अवधी में 'रामचरितमानस' ही रामलीला का आधार है। रामकथा की चर्चा गाँव-गाँव चौपाल-चौपाल में रामलीला के माध्यम से होती आ रही है।

रामकथा मनुष्य के संस्कार की कथा है। इसमें राम का आदर्श तीन माध्यम से जन मानस में पहुँचता है। साहित्य का अध्ययन, विद्वानों के व्याख्यान और रामलीला मंचन का जिज्ञासापूर्ण दर्शन। जन-जन के नायक राम के आदर्शों से प्रेरणा ग्रहण करने और आम आदमी को राम के जीवन चरित्र से परिचित करवाने के लिए जागरूक समाज द्वारा रामलीला का मंचन आरम्भ किया गया। रामलीला के मंचन की परम्परा में तुलसीदास का महत्त्वपूर्ण योगदान है। ऐतिहासिक साक्ष्यों के अनुसार उन्होंने अपने मित्र मेधा भगत के साथ काशी में रामलीला के मंचन की व्यवस्था की। प्राचीन काल से लेकर आज तक विविध शैलियों और रूपों में रामलीला की परम्परा चली आ रही है। पहले मेधाभगत वाल्मीकि रामायण के अनुसार रामलीला कराते थे। तुलसी से मित्रता के बाद उन्होंने मानस के अनुसार करायी।

अवध-क्षेत्र की रामलीला में राम की वन्दना के स्वर 'मंगल भवन अमंगलहारी' घर-घर गूँजते हैं। लोकगीत संगीत के साथ वाद्ययन्त्रों का स्वर मंत्रमुग्ध कर देता है। रामलीला लोक संस्कृति का अंग है। भारतीय जीवन मूल्यों का समावेश अवध की रामलीला परम्परा में है।

राम भारतीय संस्कृति की पहचान हैं। वे आनन्द रूप हैं। राम जीवन के मंगलमय निधान हैं। रामलीला अपनी राम कहानी है।

रामकथा जीवन के प्रसंगों को ऐसा स्पर्श करती है कि हर किसी को अपनी राम कहानी याद आ जाती है। यह जीवन का शास्त्र है। तुलसी सबमें समभाव रखते हुए बीच की खाई को पाटते हैं-**'श्रुति सेतु पालक राम तुम जगदीश माया जानकी।'**

श्रद्धा और प्रेम के योग का नाम भक्ति है। भक्ति ही एक ऐसा तत्त्व है जो समाज को जोड़ने में सहायक होता है। यह महात्मा तुलसी का देश है। समूचा अवध-क्षेत्र रामलीला के कारण राममय दीखता है। रामलीला में उन्हीं पात्रों की विजय दिखाई जाती है जो सदाचारी हैं। रामकथा प्रत्येक व्यक्ति के जीवन में आवश्यक है। गाँव के साधारण व्यक्ति मानस और रामलीला से सम्बन्ध स्थापित कर आनन्द की अनुभूति करते हैं। शबरी और सुतीक्ष्ण की विह्वलता प्रेम की परिभाषा करते हैं। तुलसी ने शिव के मानस में रची-बसी कथा को मात्र भाषाबद्ध किया।

गणेशवन्दना से रामलीला आरम्भ होती है। इसके बाद राम, लक्ष्मण और सीता का चरणस्पर्श किया जाता है। आरती का रामलीला में विशेष महत्त्व है। आरती में उपस्थित होकर दर्शक भक्ति-प्रेम में अवगाहन करके धन्य होते हैं। रामलीला का अपना अलग लोक-पुराण है।

रामकथा की बहुलताओं के बाद भी रामकथा की एकसूत्रता के रूप में राम-वनवास, सीताहरण, हनुमान-भक्ति, रावण वध न्यूनाधिकरूप में सर्वत्र रामलीला में विद्यमान है। राम ने जो कार्य किये वे सब के सब ईश्वर के रूप में न करके मनुष्य के रूप में किये। वे मानव रूप में हमारे जीवन में साधना सिखाते हैं, और ईश्वर के रूप में साध्य बन जाते हैं। तुलसी कहते हैं–**'गिरजा सुनहु राम कै लीला।'** और कहीं बताते हैं यह चरित्र है–**'चरित करत नर अनुहरत संसृति सागर सेतु।'** गोस्वामी जी का अभिप्राय यह है कि भगवान राम ईश्वर रूप में लीला करते हैं और मनुष्य रूप में चरित्र रखते हैं। मानस के उत्तरकाण्ड में वर्णित है–**'करउँ सकल रघुनायक लीला।'** यह रामलीला शब्द का संकेताक्षर लगता है।

रामकथा मानवता की परिक्रमा है। यह कर्म, त्याग और भक्ति की त्रिवेणी है। रामलीला के आदर्श पात्र जीवन-शक्ति देते हैं। सीता को छुड़ाने के लिए जटायु ने युद्ध किया। रामकथा पक्षियों की बोली और मौन से संकेत पाती है। अवध-क्षेत्र की रामलीला में कुछ प्रसंग विशेष लोकप्रिय हैं। पुष्पवाटिका प्रसंग में तुलसी बताते हैं कि वहाँ चार प्रकार के पक्षी-समूह विद्यमान हैं। चातक राम को देखकर बोलता है–'पियू-पियू' अर्थात् प्रियतम आये। कोकिल बोली–'कुहू-कुहू' कौन प्रियतम कौन प्रियतम। तोता बोला–'राम-राम' और चकोर बोला–'चन्द्र-चन्द्र'। इस प्रकार चारों पक्षी समूह की बोली से प्रगट हुआ 'रामचन्द्र-रामचन्द्र' फिर क्या था, सभी पक्षी गाने लगे–**'श्रीरामचन्द्र कृपालु भजमन, हरन भव भय दारुणम्।।'** इस राम स्तुति की स्वर लहरी में अन्य पक्षी और मयूर नृत्य करने लगे। धन्य है–रामलीला की ऐसी पावन-भूमि, जहाँ के खग-मृग, नर-नारी सभी ईश्वर-परायण हैं। करुणा, मैत्री, प्रीति, सद्भाव, सेवा सबके रोम-रोम में विद्यमान है।

राम केवल रामलीला नहीं है। रामलीला देखने के साथ ही समझने के लिए भी होता है। राम एक चरित्र भी है, उसे हम यदि नहीं जी पाये–अपने जीवन में, नहीं देख पाये राम चरित्र, तो कोई अर्थ नहीं। राम की लीला से अपने चरित्र आदर्श को सँवारना है, नहीं तो अवध की रामलीला हमें पकड़ने के लिए बढ़ती रहेगी। रामलीला प्रसंगों की जीवन्तता लोक जीवन को सँवारती है। प्रीति का कुमकुम शान्ति किरनदायक रहता है। तुलसी की वाणी सरस्वती के नूपुरों से होड़ लेती हुई **'सुर-सरि सम सब कर हित होई'** की उदात्त भावना लेकर मुखरित हुई।

रामलीला का मंचन मर्यादा पुरुषोत्तम राम के आदर्श चरित्र को जनमानस के हृदय तक पहुँचाने का सुगम माध्यम है। दर्शकों को प्रभावित करने के लिए अवध की रामलीला में लोकगीत-संगीत के साथ वाद्ययन्त्रों का प्रयोग करने पर सभी मंत्रमुग्ध हो जाते हैं। रामकथा में राम का आदर्श तीन माध्यम से जनमानस में पहुँचता है। रामलीला की परम्परा अत्यन्त प्राचीन है।

रामकथा के प्रचार-प्रसार में जितनी भूमिका ग्रन्थों की है, रामलीला और उनके जुड़े लोकगीतों की भूमिका कदापि कम नहीं। लोकगीत अनौपचारिक पाठशालाएँ हैं। रामलीला में गाँवों की मौलिक कला और लोकसंस्कृति की चेतना

रहती है। गाँवों की रामलीला में सम्पूर्ण गाँव सहभागी रहता है। नयी दुल्हन की बनारसी साड़ी की खोज सीता को पहनाने के लिए की जाती है। पर्दे, कुर्सी, थाली, कटोरी, पंखा, खड़ाऊँ तक घर-घर से एकत्र करने में जुड़ाव होता है। अपनी कला की सर्वोत्तम भूमिकाओं में सभी पात्र इतने सजीव हो जाते हैं कि उनका सामाजिक नामकरण ही वही हो जाता है। सांस्कृतिक स्तर पर अवध की रामलीला में लोक-मंगल, मानव-कल्याण के उदात्त भाव सन्निहित हैं। व्यक्ति का सम्पूर्ण जीवन राममय लगता है। जीवन के हर मोती रामसूत्र में पिरोये दिखते हैं। हर पड़ाव, हर गति, अवस्था, स्थिति और सन्दर्भ में राम हैं। रामलीला की परम्परा से जोड़ने के लिए ही तुलसीदास ने काव्यमय रामचरितमानस की रचना की। राम ने अपने भक्तों के लिए ही लीला की। अहल्या, शबरी, अनसूया के प्रसंग प्रेरणादायक हैं–**'भगत हेतु लीला तनु गहई। भगत हेतु नानाविधि करत चरित अनूप।'**

अवध की रामलीला में राम के जन्म में सोहर, विवाह में गीत परम्परा के संवाहक हैं। भरत का त्याग, राम का वनगमन, सीताहरण, लक्ष्मण-मूर्च्छा, नंदिग्राम (भरतकुंड) में भरत द्वारा हनुमान को तुरन्त पूर्ववत स्थिति में कर देना दर्शकों को जीवन सन्देश देनेवाला रहता है। प्रचलित रामकथा की रामलीला-परम्परा का सत्य है कि यह एक सशक्त माध्यम है, लक्ष्य तो अपने समय और समाज की बात को कहना है। अवध की रामकथा में रामलीला परम्परा अत्यन्त व्यापक और उदात्त है।

होली-गीतों में रामकथा

डॉ. भगवान सिंह 'भास्कर'

होली में एक विशेष प्रकार के गीत गाये जाते हैं, जिन्हें होलीगीत कहा जाता है। इन गीतों का गायन बसंत पंचमी से ही प्रारम्भ हो जाता है। भोजपुरी में इन गीतों की विशाल परम्परा है। भेद-प्रभेद की दृष्टि से उनमें फगुवा, चौताल, पहपट, जोगीरा, चहका, नारदी, बाँसवाड़ा आदि प्रमुख हैं।

दुर्भाग्यवश भोजपुरी में इन गीतों पर विशेष काम नहीं हुआ है। भोजपुरी अकादमी पटना से 'भोजपुरी के होरी-गीत' नाम से एक पुस्तक 1983 ई. में प्रकाशित तो हुई, किन्तु उसमें हिन्दी, अवधी, ब्रजभाषा आदि के होलीगीतों की बहुलता है। यही नहीं, लोकगीतों की परम्परा में आनेवाले अज्ञात कवियों के होलीगीतों के बजाय उसमें तुलसीदास, सूरदास आदि कवियों के नामों की रचनाएँ धड़ल्ले से प्रस्तुत हैं।

होली-गीतों में हास-परिहास एवं श्रृंगारिक गीतों की भरमार तो है ही, सामाजिक, धार्मिक एवं विभिन्न समस्याओं से जुड़े गीतों की भी कमी नहीं है। मेरी पुस्तक 'लोकधर्म' में भगवान राम के सम्बन्ध में लोकगीत परक एक वृहद् निबन्ध है, किन्तु प्रस्तुत निबन्ध में मेरा उद्देश्य भोजपुरी के होली-गीतों के आधार पर मर्यादा पुरुषोत्तम भगवान राम के चरित्र को प्रस्तुत करना है।

पृथ्वी पर व्याप्त दुराचार को खत्म करने के लिए रामजी, राजा दशरथ एवं कौशल्या के पुत्र के रूप में अवतार लिए। एक होलीगीत में वर्णन देखें–

'सिरी राम लीहनीं अवतार
मनुज तन धारी।''

(भगवान श्रीराम अवतार लेकर मनुष्य का शरीर धारण किये।)

भगवान श्रीराम के जन्म लेने से सर्वत्र खुशी की लहर दौड़ गयी। मर्त्यलोक के मानवों को कौन पूछे, स्वर्ग के देवता तक प्रफुल्लित हो गये। एक होलीगीत में छटा देखें–

''जहाँ जनम लीहले भगवान
सुरन हरखाई।''

(भगवान राम के जन्म लेने से देवगण प्रसन्न हो उठे।)

उधर जनकपुर में सीताजी पैदा हुईं। जब वे शादी करने लायक हुईं तो भगवान राम के वर रूप में पाने के लिए उन्होंने शंकर भगवान की पूजा की। एक होलीगीत में वर्णन देखें–

"राजा जनक जी के बारी दुलारी
शिव पूजनवा के लाए।
आरे लाला शिव पूजनवा के जास।।
अच्छत चन्दन बेल के पाती
गुगुल होम कराई।
शिव पूजन ही खुलले अँचरवा
शिव देखि मुसुकाई।।
शिव पूजन में एक वर पवली
वर त मिलले भगवान।
आहोलाला वर त मिलले भगवान।।

(राजा जनक की दुलारी बेटी सीता भगवान शंकर की पूजा करने जा रही हैं। वे अच्छत, चंदन, बेलपत्र आदि पूजन-सामग्री लेकर पूजा करने जा रही थीं। उन्होंने गुगुल का होम भी करवाया। भगवान शंकर की पूजा के क्रम में उनका आँचल खुल गया जिसे देखकर शंकर जी मुस्कुरा दिये। आँचल खुलने से तात्पर्य है कि पूजा करने के क्रम में सीताजी आँचल पसारकर वर माँग रही थीं। भगवान शंकर के मुस्कुराने का अर्थ है कि जो स्वयं जगत् जननी हैं, वे उनसे वरदान माँग रही हैं। शिव पूजन में उन्हें वरदान मिला कि वे पति रूप में भगवान राम को प्राप्त करेंगी।)

सीता-स्वयंवर में भगवान राम ने शिव-धनुष तोड़कर एक कीर्तिमान स्थापित किया। जब राम-सीता के विवाह की खबर अयोध्या पहुँची तो दशरथ जी बहुत खुश हुए। उन्होंने बारात की तैयारी की और धूमधाम से बारात लेकर जनकपुर चल दिये। एक होली गीत में वर्णन देखें-

"साज बारात चले राजा दशरथ
राम अवधपुरी चलि आई।
जाई बारात जनकपुर उतरल
जाजिम झारि बिछाई।।"

(सभी बाराती अयोध्या चले आये। राजा दशरथ जी बारात साजकर चल दिये। जनकपुर पहुँचकर बारात उतर गयी। वहाँ बारातियों के बैठने के लिए जाजिम झाड़कर बिछायी गयी।)

फिर वहाँ जंगल से बाँस मँगाकर माड़ो छवाया गया। एक होलीगीत में छटा देखें-

"वन विरना से बाँस मँगायो
कंचन माँड़ो छवाई।"

(वृक्षों के जंगल से बाँस मँगवाया गया तथा सुनहला माँड़ो छवाया गया।)

भगवान राम की सुन्दरता तो जगजाहिर है ही, किन्तु कहीं भी स्त्रियाँ दूल्हा को देखने के लिए लालायित नहीं रहती हैं। रामचन्द्र जी अपने भ्राताओं के साथ जब राजा जनक के आँगन में गये तो सखियाँ उनकी अपूर्व छवि देखने के लिए व्याकुल हो गयीं। एक लड़की अपनी सहेली से कह रही है-

"चल ए सखि! मंड़वा वर देखे
कतना वरन हउवन राम?

कवन वरन राम कवन बरन लछुमन

कवन वरन भरत भुवाल?

चल ए सखि!.......''

(लड़की अपनी सहेली से कह रही है–"हे सखि! मँड़वा में दुल्हा देखने चलो।" वह फिर पूछ बैठती है–'किस रंग के राम जी हैं, किस वर्ण के लक्ष्मण जी हैं तथा किस रंग के भरत भुवाल हैं?)

लेकिन दूसरी सखी ने चारों भाइयों को देखा है। राम-लक्ष्मण तो पुष्प-वाटिका में गये ही थे। धनुष-भंग एवं वरमाला के समय भी सखी ने उन लोगों को देखा था। इसी से वह कहती है–

''चल ए सखि! मंड़वा वर देखे

साँवर वरन हउवन राम।

साँवर राम गोर बबुआ लछुमन

साँवरे भरत भुवाल।।

चल ए सखि!......''

(लड़की कहती है–'हे सखि! मँड़वा में दूल्हा देखने चलो। रामजी साँवले हैं, लक्ष्मण जी गोरे हैं तथा भरत लाल साँवले हैं।')

राम एवं सीता की शादी होने के बाद सर्वत्र खुशी की लहर दौड़ गयी। सभी सीता के भाग्य की सराहना करने लगे। एक होलीगीत में वर्णन देखें–

'धनि धनि हो सिया रउरी भाग

राम वर पायो।'

(चारों ओर से आवाज आ रही है–'हे सीता! आपका भाग्य धन्य है कि आपने राम को पति के रूप में प्राप्त किया।')

जनकपुर में माँड़ो में सोने के कलश रखे हुए हैं। होलीगीत में वर्णन देखें–

''कंचना कलशा धरे वेदियन पर

जहाँ मानिक दीप धराई।

राम वर पाई।''

(वेदियों पर स्वर्ण कलश रखे हुए हैं। कलशों पर मणि के दीपक रखे हुए हैं। सीता ने राम को वर रूप में प्राप्त किया।)

शादी के बाद हमारे समाज में कोहबर की परम्परा प्राचीन काल से रही है। राम और सीता का भी कोहबर हुआ। नीचे के होली-गीत में वर्णन देखें–

''भइल बिआह देवलोक हरखे

भये कोबहर तइयारी।

भये कोहबर तइयारी रामा हो

भये कोहबर तइयारी।।''

(राम और सीता की शादी होने से देवगण प्रसन्न हैं। राम और सीता के कोहबर कराने की तैयारी हुई)

सखियों ने सोचा कि रामजी ऐसे ही जनकपुर से चले जायेंगे तो ठीक नहीं होगा। इसलिए उन्होंने रामजी की पगड़ी रंग देने का निश्चय किया। एक होली-गीत में छटा देखें-

''राम जी की पगिया रंगा देवो हो
फेरू नाहीं राम जनकपुर अइहें।''

(रामजी दुबारा जनकपुर नहीं आयेंगे। इसलिए उनकी पगड़ी रंग दी जाय।)

किन्तु बालिकाओं को इतना से संतोष नहीं हुआ है। उन्होंने रंग बना-बनाकर रामजी के साथ पूरा रंग खेलने का निश्चय किया। बिना फाल्गुन के होली जैसा दृश्य हो गया। एक होलीगीत में सखियों का कथन देखें-

''खेल सखि! रंग बनाई आरे लाल
खेल सखि! रंग बनाई।
फेरू नाहीं राम जनकपुर अइहैं
खेल सखि! रंग बनाई।।''

(लड़की अपनी सहेली से कहतीहै-'हे सखि! रंग बनाकर रामजी के साथ रंग खेलो। रामजी फिर जनकपुर नहीं आयेंगे।')

लगता है कि लड़कियाँ भविष्यद्रष्टा थीं। उन्हें मालूम था कि अयोध्या से जाने के बाद रामजी का वनवास हो जायेगा और वे फिर अपने ससुराल नहीं आयेंगे।

विवाह के बाद सीताजी रामजी के साथ अयोध्या आयीं। वहाँ उन लोगों का जीवन काफी सुखी था। राजा की बहू होने के बावजूद सीताजी होली के अवसर पर राजमहल की चहारदीवारी से बाहर निकल होली खेलती थीं। एक होलीगीत में वर्णन देखें-

''सीता निकले अवधवा के खोरी
होरी खेले राम लला हो।''

× × ×

''कथि के उ जे रंग बनल बा,
कथि के उड़ेला अबीर?
सरजू जल के रंग बनल बा
बालू के उड़ेला अबीर।।''

× × ×

''केकरा हि हाथे कनक पिचकारी
केकरा हाथे अबीर?
राम के हाथे कनक पिचकारी
सीता के हाथे अबीर।।''

× × ×

''सीता निकले अवधवा के खोरी
होरी खेले रामलला हो।''

(सीताजी अयोध्या की गलियों में निकल जाती हैं। राम एवं सीता होली खेल रहे हैं। किस पदार्थ का रंग बना है तथा किस चीज की अबीर बनी है? सरजू जल का रंग बना है तथा बालू की अबीर उड़ती है। किसके हाथ में सोने की पिचकारी है तथा किसके हाथ में अबीर है? राम के हाथ में सोने की पिचकारी है तथा सीता के हाथ में अबीर है।)

किन्तु राम-सीता को अयोध्या सुख ज्यादा दिनों तक रास नहीं आया। राजा दशरथ राम का राज्याभिषेक करना चाहते थे, लेकिन कैकेयी के वर माँगने के कारण रामजी अपनी पत्नी तथा अनुज लक्ष्मण को साथ लेकर जंगल चले गये। वहाँ उन लोगों को बहुत कष्ट उठाना पड़ा।

एक दिन लंका का राजा रावण वेश बदलकर जंगल में सीताजी का हरण कर लिया। एक होलीगीत में वर्णन देखें–

''कपट के भेष धरे रावनवा
जंगल में चलि आई।
भीख के बहाने कुटी में पहुँचि
सीता के लीहलस चोराई।।''

(रावण कपट से एक साधु का वेश धारण कर जंगल में आया। वह भिक्षा के बहाने राम की कुटी में पहुँचा और सीता जी को चुरा लिया।)

रावण सीता को जबर्दस्ती अपने रथ में चढ़ा लिया। जनक नंदिनी जानकी विलाप करने लगीं। एक होली-गीत में मार्मिक वर्णन देखें–

''करत विलाप चढ़ली रंथिया पर
शरन-शरन गोहराई।''

(सीता जी विलाप करते रावण के रथ पर चढ़ गयीं। उन्होंने बार-बार शरण-शरण की गुहार लगायी।)

उन्होंने रामजी के दल के वीरों की भी गुहार लगायी। उन्हें आशा थी कि यदि कोई वीर होगा तो उन्हें अवश्य छुड़ा लेगा। एक होलीगीत में उनका विलाप देखें–

''बा केहू वीर रामजी का दल में
रथवा से लेत छोड़ाई?''

(क्या रामजी के दल में ऐसा कोई वीर है जो मुझे रावण के रथ से छुड़ा ले?)

जिसकी पत्नी का हरण हो जाय वह व्यक्ति भला चैन से कैसे रह सकता है? राम-लक्ष्मण बेचैन होकर सीता की खोज इधर-उधर करने लगे। एक होली-गीत में मार्मिकता देखें–

''तपसी दुनू वन में व्याकुल भयो
जाहि दिन से सिया हरण भयो।''

(जिस दिन से सीता का हरण हो गया, उसी दिन से दोनों भाई तपस्वी राम और लक्ष्मण व्याकुल हो गये।)

रामचन्द्र जी ने सुग्रीव से दोस्ती की और तब सुग्रीव की बानरी सेना की खोज में जहाँ-तहाँ निकल पड़ी। हनुमान जी ने लंका में जाकर सीता की खोज की। वहाँ उन्होंने काफी विध्वंस किया जिस कारण रावण की आज्ञा से राक्षसों ने उनकी पूँछ में कपड़ा लपेटकर आग लगा दिया। हनुमान जी ने अपनी पूँछ की आग से सम्पूर्ण लंका जला दी। एक होलीगीत में वर्णन देखें–

''पवन के पुत्र वीर हनुमान
लंका दीहले डढ़िआई।''

(पवनपुत्र वीर हनुमान ने लंका जला दिया।)

भगवान राम ने बानरी सेना लेकर लंका पर चढ़ाई कर दी। भयंकर युद्ध हुआ। भगवान राम स्वयं कुंभकर्ण का संहार करने चल पड़ते हैं। नाना प्रकार से लीला करके कुंभकर्ण रामजी से युद्ध करता है। भगवान वाण से उसकासर काटकर अलग कर देते हैं। होलीगीत में वर्णन देखें–

''कुंभकरन के भयंकर लीला देखि
कपि सब भइले बेहाल आरे लाला।
भयानक वाण से राम मुड़िया नू कटनीं
धरती पर गिरल पहाड़ आरे लाला।
मूड़ी गिरल ओकर रावन के आगे
रावन रोवे फूँका फार आरे लाला।।''

(कुम्भकर्ण की भयंकर लीला देखकर बानरी सेना व्याकुल हो उठी। भयानक वाण से भगवान राम ने उसका सिर काट दिया। उसका धड़ धरती पर पहाड़ के समान गिरा, जिसे देखते ही वह चित्कार करके रोने लगा।)

रावण अनेक प्रकार के कल–बल–छल करके भगवान राम से युद्ध करता है, किन्तु उसकी एक नहीं चलती है और वह घबड़ा जाता है। भगवान राम को जीतने के लिए उसने शक्ति प्राप्त करना चाहा। उसने राजमहल में ही यज्ञ प्रारम्भ कर दिया। विभीषण को जब यह बात मालूम हुई तो उसने भगवान राम से यज्ञ–विध्वंस करने के लिए कहा। होलीगीत में वर्णन देखें–

''रामजी के जीते खातिर रावन कठिन यग्य ठनलस
विभीषण के मालूम भइल भेद आहो लाला।
बानर भालू मिलके विध्वंस यग्य कइले
रामजी के पाइके आदेश आहो लाला।।

(भगवान राम को समर में जीतने के लिए रावण ने कठिन यज्ञ प्रारम्भ कर दिया। विभीषण को जब यह मालूम हुआ तो उन्होंने भगवान राम से बताया। रामचन्द्र जी के आदेश से बानर–भालुओं ने रावण का यज्ञ–विध्वंस कर दिया।

फिर भगवान राम ने रावण एवं उसकी सम्पूर्ण सेना का संहार कर दिया। उन्होंने युद्ध के पहले ही विभीषण का राज्याभिषेक कर दिया था। उन्होंने लंका का सम्पूर्ण राज्य विभीषण को दे दिया। होलीगीत में वर्णन देखें–

''रामजी बानीं महादानी आरे लाला
रामजी बानी महादानी।
रावण के मारि विभीषण के राज दीहलीं
रामजी बानी महादानी।।''

(रामचन्द्र जी महादानी हैं। उन्होंने लंका के राजा रावण को मारकर उसका राज्य विभीषण को दे दिया।)

उसके बाद भगवान राम अपनी पत्नी सीता, अनुज लक्ष्मण एवं कुछ सहयोगियों के साथ अयोध्या वापस चले गये। वहाँ उनका राज्याभिषेक हुआ। वहाँ भी वे होली के रंग में सबके साथ डूब जाते हैं। होलीगीत में झाँकी देखें–

''हरि होरी अवध में मचाई।''

× × ×

''सिरी महाराज सिरताज भूपमनि, दशरथ सुन सुखदाई।
राम लखन औ भरथ शत्रुघन जोरि अतुल सुहाई।
अमित रहित छवि पाई।।
सूरत रंग राम पर लछुमन, रोरी भरथ लगाई।
रिपुसूदन ले कनक पिचकारी, भरि-भरि रंग चलाई।
पीतपट हरि के भिंजाई।।''

× × ×

''मारुत नन्दन बीन बजावत झाल लिये कपिराई।
ढोलक रुचिर बजावत अंगद, सुनि सुनि मनवा लुभाई।
कपि-दल करि सम साज मनोहर गावत अबीर उड़ाई।।''

(अयोध्या में होली की धूम मची है। भूपमणि महाराजाओं के सिरताज दशरथ-तनय भगवान राम परम सुखदायी हैं। राम-लक्ष्मण, भरत और शत्रुघ्न-चारों भाइयों की जोड़ी अत्यन्त सुन्दर लग रही है। उनका सौन्दर्य अतुलनीय है। लक्ष्मण राम पर रंग लगा रहे हैं तथा भरत उनके माथे में रोरी लगा रहे हैं। शत्रुघ्न स्वर्ण पिचकारी से भर-भरकर रंग चला रहे हैं। भगवान् राम के पीले वस्त्र भीग गये हैं। हनुमान जी बीन बजा रहे हैं। सुग्रीव के हाथों में झाल है तथा अंगद सुन्दर बाजा बजा रहे हैं जिसे सुनकर मन लुभा जाता है। कपिदल पूरे साज-बाज के साथ सुरीली आवाज में होली-गीत गा रहा है और अबीर उड़ा रहा है।)

अयोध्या की महिलाएँ एवं बालिकाएँ भी सीता एवं उनकी देवरानियों के साथ होली खेलते राजमहल में आ गयी हैं। बहुएँ भी अपनी लाज छोड़कर खुलकर होली खेल रही हैं। वे अपनी समस्त लज्जा एवं भय को छोड़कर होली में खूब रंग अबीर खेल रही हैं और गीत भी गा रही हैं। होलीगीत में वर्णन देखें-

''अवधपुरी के नारी सब मिलि खेले अइली होरी
नख सिख रूप अनूप किशोरी बनी मनोहर जोरी।
फागुन फाग सुहावन आइल मधुर पवन झकझोरी
कुलवधू लाज फाग नहिं मानत होली सब मिली खेली।
केहू मृदंग ढफ झाँझ बेनु आ केहू करताल बजावे
एक-एक सौ छैल छबीली अति अद्‌भुत सुर गावे।।''

(अयोध्या की सभी स्त्रियाँ मिल कर होली खेलने आयी हैं। वे नख-सिख से अनूप किशोरियाँ हैं और उनकी जोड़ी बड़ी ही सुन्दर बनी है। कुलवधू की लाज फाल्गुन नहीं मानता है। सभी मिल-जुलकर होली खेल रही हैं। कोई मृदंग बजा रही है, कोई डफ-करताल बजा रही है। सभी एक से बढ़कर एक सुन्दरी अत्यन्त अद्‌भुत स्वर में होली-गीत गा रही हैं।)

किन्तु अयोध्या में उन लोगों का जीवन अधिक दिनों तक सुखी नहीं रह सका। भगवान राम ने अपनी पत्नी सीता को वैसी स्थिति में वनवास दे दिया, जब वे गर्भवती थीं। वे वाल्मीकि ऋषि के आश्रम में रहीं। वहीं उन्होंने दो पुत्रों को जन्म दिया जिनके नाम लव और कुश रखे गये।

अपने पुत्रों के कुशल-क्षेम के लिए सीताजी भगवान सूर्य से प्रार्थना करती हैं। एक होली-गीत में वर्णन देखें–

''सियाजी जमुनवा में खाढ़
सुरुज उदय के बेरिया।''

(सूर्योदय के समय सीता जी यमुना नदी में खड़ी है। यमुना-जल में खड़ी होकर वे अपने पुत्रों–लव एवं कुश के स्वस्थ एवं दीर्घायु होने के लिए भगवान् सूर्य से प्रार्थना करती हैं।)

इस प्रकार भोजपुरी के ऋतुगीत, होली-गीतों के माध्यम से मर्यादा पुरुषोत्तम भगवान श्रीराम के अनुपम, गौरवपूर्ण तथा महान् आदर्श चरित्र की अत्यन्त संक्षेप में चर्चा हुई।

ब्रज की मौखिक परम्परा से प्राप्त लोक साहित्य में रामकथा के प्रसंग

डॉ. हरिसिंह पाल

"यावत् स्थास्यति गिरयः सरितश्च महीतले,
तावद् रामायण कथा लोकेषु प्रचरिस्यति।।"

(अर्थात् जब तक पृथ्वीतल में पहाड़ और नादियों का अस्तित्व रहेगा, तब तक रामकथा संसार में प्रचलित रहेगी।) यह कथन अक्षरशः सत्य सिद्ध हुआ है। भारतीय लोकमानस में पैठकर रामकथा मानो जनजीवन के मन-प्राण में घुल-मिल गयी है और आज भी उसका पथ-प्रदर्शन कर रही है। यही कारण है कि देश के प्रत्येक अंचल की बोली और भाषाओं में रामकथा की उपलब्धता रही है। यही नहीं, भारत से बाहर–चीन, तिब्बत, तुर्किस्तान, मंगोलिया, जापान, इंडोनेशिया, कम्बोडिया, श्रीलंका, फिलीपीन्स, म्याँमार (बर्मा), रूस, मॉरिशस, सूरिनाम, फीजी, गुआना, दक्षिण अफ्रीका, आदि देशों में भी रामकथा कही-सुनी और मंचित की जाती रही है। भारत के सांस्कृतिक, धार्मिक केन्द्र ब्रजमंडल में भी रामकथा प्राचीनकाल से ही लोकमानस में अपनी गहरी बैठ बनाए हुए है। वैसे भी मथुरा (मधुपुरी) की स्थापना का श्रेय तो भगवान राम के अनुज शत्रुघ्न कुमार के द्वारा मधुवन में लवणासुर के वध से ही माना जाता है।

जैन धर्म के अनुसार ब्रज का केन्द्र मथुरा जो हरिवंशी राजा, हरिवाहन के तेजस्वी पुत्र और महाबली रावण के जामाता 'मधु' राजा के नाम से अपने मूल नाम 'मधुरा' से जनप्रिय रहा। राजा दशरथ के कनिष्ठ पुत्र शत्रुघ्न के पुत्र सूरसेन के नाम से यह क्षेत्र प्रसिद्ध हुआ। तत्पश्चात् इसी सूरसेन की राजधानी मथुरा मानी गयी। बौद्ध-साहित्य में भी यह 'मधुरा' के नाम से प्रचलित रहा। महर्षि वाल्मीकि ने अपने आदिकाव्य 'रामायण' में इस मधुपुरी का सुन्दर वर्णन किया है–'राज्ये त्वमाभिषेक्ष्यामि मधोस्तु नगरे सुधे। नगरं यमुनाजुष्टं तथा जनपदांशुमान्।।' आज भी ब्रज में सौंख रोड पर अड्डा पाली गाँव में रामायण कालीन लवणासुर की गुफा का द्वार अवशेष विद्यमान है। भूतेश्वर स्थित शिवलिंग और बलभद्र कुण्ड भी रामायणकालीन माने जाते हैं। 'आनन्द रामायण' में रावण द्वारा मधु से वैमनस्य हो जाने के कारण मथुरा, गोवर्धन, डीग, बरसाना आदि नगरी तक का वर्णन मिलता है। आज भी ब्रज-क्षेत्र में आश्विन मास में जगह-जगह पूरे उत्साह और भक्तिभाव के साथ भव्य रामलीलाओं के मंचन होते हैं। ब्रज के कलाकारों की रामलीला मंडलियाँ, देश-विदेशों में आग्रहपूर्वक आमंत्रित की जाती हैं। इस प्रकार रामकथा के प्रचार-प्रसार में ब्रज की अग्रणी भूमिका रहती है।

जहाँ तक ब्रज लोक साहित्य में रामकथा की उपस्थिति की बात है, वह तो प्राचीन काल से ही लोकगीतों, लोकगाथाओं, लोकोक्तियों और लोककथाओं के माध्यम से ब्रजभाषा और ब्रज के जनमानस में विद्यमान ही रही है। जन्म से लेकर मृत्यु तक के संस्कारों में भगवान राम को अवतारी पुरुष मानकर उनकी अर्चना, अभ्यर्थना, कुशल-मंगल और कृपा के लिए अब तक की जाती है।

''रामनाम सुखदायी, भजन करौ भाई जीवन द्वै दिन कौ।
ऐ तनु है सपनौ की माया, अंखि खुलै कछु नाहिं भजन करौ भाई.....''

इसी प्रकार व्रज-वनिताएँ भगवान राम को उनकी कृपा-दृष्टि प्राप्त करने के लिए आमंत्रित करना चाहती हैं–

''मेरे घर आजु आनौ हौ राम रे।
मैं तो सोने के लौटा में जलु भरि लाई, नेंकु आयकै नहानी हौ राम रे.....''

ब्रज में जब किसी घर में बच्चे का जन्म होता है तो वह भगवान राम का ही जन्म माना जाता है–

''जनमे अवध में राम कुमार मेरी सजनी।
धन-धन रानी कौशिल्या जिनके राम अवतार, अवतार मेरी सजनी, जनमे....''

हास-परिहास में पुत्र को जन्म देने वाली माँ अपने परिजनों को राम की कृपा के बारे में बताती है–

''तैने सास कहा कीनौ, मेरौ लल्ला राम नै दीयौ फेरिजा मेरी हंसुला हजारी।
तैने ननद कहा कीनौ, मेरौ लल्ला राम नै दियौ फेरिजा मेरे कंगना हजारी।।.....''

ब्रजवासियों को राम उतने ही प्रिय हैं, जितने कृष्ण। यही कारण है कि ब्रज के लोकगीतों में राम-सम्बन्धी लोकगीत पर्याप्त संख्या में मिलते हैं। पुत्रजन्म पर अनेक लोकगीत गाए जाते हैं–

''कौन ने बाँटे बीरा बतासे, कौन ने नागर पान।
कैकयी ने बाँटे बीरा बतासे, कौसिल्या ने नागर पान।
कैकयी ने पूजे कुआँ बावरी, कौसल्या ने सागर ताल।।''

ब्रज-वनिता अपने राम रूपी बालक को बुरी नजर से बचाने का उपाय करना चाहती है–

''गुलाब जैसो फूल मोय दियो ललना, सासुल आवै हो दूरि-दूरि रखियौ,
नजर लगि जाय मोय, राम दियौ ललना, गुलाब जैसौ फूल.....।''

घर में जन्मोत्सव का आयोजन समारोहपूर्वक किया जाता है। बच्चे को नये-नये वस्त्र आभूषणों से सजाया जाता है–

''आहा राम रंग बरसेगो
रंग बरसै कछु अमरत बरसै और बरसै कस्तूरी। आहा राम रंग बरसेगो....''

ब्रज में 'जन्ति' के अवसर पर अनेक प्रकार के लोकगीत गाये जाते हैं, जिनमें भगवान राम का स्वरूप नवजात शिशु में ही देखा जाता है। राम-जन्मोत्सव का आनन्द ही अलग है।

''चौकी पै बैठे राजा दसरथ अए, नीचे कौसिल्या,
राजे हमे ओ सम्पति की ऐ साथ, सम्पति फल देउ, कुमर तुम्हारे होय।
कौसल्या के भए राजा राम, सुमित्रा के लछिमन, कैकई के चरत-भरत दोनों भए,
तौं बाजत तबल निसांन, गवल लागे सोहले राजा दसरथ थैली लुटाइ, गइयन कराइए।''

जन्म के उपरान्त छठी के गीत गाए जाते हैं, उसमें भी भगवान राम की माँ कौशल्या के माध्यम से खुशी व्यक्त की जाती है। इस अवसर पर 'लापसी' (हलुवा) तैयार की जाती है–

''मन गुर, मन गुर द्वै मन मैदा करउ कौसल्या लापसी।
जैती री जैतीदारी सुमित्रा के काम, कैकई विचारी कहा करे
चूल्हे पाँछे, चूल्हें पाँछे हार्यो ऐ खरेड़ा लछिमन जानै मौकू लापस.....''

इस अवसर पर घर में परिजनों और सम्बन्धियों की उपस्थिति में 'बंधाया गीत' गाए जाते हैं–

''राम आए अजुध्या आनंद भए, अनंद भए माई सुख चैन भए।
माई राजा जसरत के चारि बेटा भए, चारों धूमें अजुध्या अनंद भए।
माई राजा जसरत के चारि हाथी हए, चारों अड़े दरवाजे, अनंद भए....''

अयोध्या में राजा दशरथ के चारों पुत्र धीरे-धीरे बड़े होने लगते हैं। पूरी अयोध्या में आनन्दोत्सव मनाया जाता है–

''जारा जसरत के चारों लाल दिन-दिन नीके लगे
कौन के बाजे ढोल मजीरा कौसल्या के धुरत निसांन।
कैकई के बाजे ढोल मजीरा, कौसल्या के धुरत निसांन....''

भारत के लोकजीवन में विवाह-संस्कार सबसे महत्त्वपूर्ण आनन्ददायी अवसर होता है। जब सगाई और लगन वधू-पक्ष के यहाँ से वर-पक्ष के यहाँ आती है तो सभी झूम उठते हैं। सभी को यही लगता है कि यह भगवान राम की ही सगाई का अवसर है–

''रघुनन्दन फूले न समाय, लगुन आई हरे-हरे लगुन आई मेरे अँगना।''
बाबा सजि गए ताऊ सजि गए सजि गई सबरी बरात,
रघुनन्दन हौ ऐसे सजि गए जैसे सिरी भगवान, लगुन आई मेरे अँगना....''

इसी प्रकार बारात ले जाते समय बरना को हिदायत भी दी जाती है। राम से कहा जाता है–

''आजु मेरे लाडिलै नै धनुस उठाय लियौ,
जनकपुर जइयौ बरना, बाबा-ताऊ कूँ संग लइयो।
तोरि धनुस बरना सीताजी कूँ ब्याह लइयो। आजु मेरे लाड़ले ने....''

'घुड़चढ़ी' के अवसर पर भी राम से सम्बन्धित लोकगीत गाए जाते हैं। रामचन्द्र जी का शृंगार किया जाता है–

''वीर कौनु हर की तू मालिनी ऐ, औरु सेहरी कौन घर जाइ री?
भैन बन्यों री कुंमर कौ सेहरो, तोर अजुध्या की हम मालिनी औरु सेहरो कवन घर जाई री।
औरु धरयो री राम जी के सीस, री भैन बन्यो ऐ कुंअर को सेहरौ....''

वर पक्ष के यहाँ अवध में 'बरन' गीत गाए जाते हैं जिन्हें 'रतजगा' भी कहते हैं, इस अवसर पर देर रात तक अनेक प्रकार के 'बरना' गीत गाए जाते हैं–

''सो अवधपुरी में 'बरना' गांमे।
नाइन नगर बुलाए देंति, लगुन राम घर घरवाँ में.....
जब रघुवर की रातिजगा में हरी हाथन रचवा में सब सखियाँ मंगल गावें।
जब रघुवर पै तेलु चढ़ावें, हरद तेल में लिपटावैं, सौ अवधपुरी में बरना गावैं।''

इसी प्रकार वधू-पक्ष के घर में 'बरनी' गीत गाए जाते हैं। वहाँ भी रतजगा होता है। वहाँ महिलाएँ शंका व्यक्त करती हैं कि भगवान राम धनुष को कैसे तोड़ पाएँगे।

''धनुष कैसे तोरेंगे, हरि बारे,
हरे हरे गोबर अंगन लिपाए मोतिन चौक पुराए। धनुष कैसे तोरेंगे
आज मेरी सीता से रघुबर ब्याहन आए, धनुस कैसे तोरेंगे?''

बारात के चलने को 'निकरोसी' कहा जाता है। इस अवसर पर भी गीत गाए जाते हैं–

''रघुबर की निकरोसी कीनी, मौहर राम पै बधवामे
पिता जू दसरथ लिये संग में थैली ऊपर लुटवामें।
माइ कौसल्या लिए गोद में मन्दिर-मन्दिर उसकावें। रघुवर की निकरीसी...''

ब्रज में विवाह के अवसर पर 'ज्यौनार' के अवसर पर 'गाली-गीत' भी गाए जाते हैं–

''हाँ-हाँ राम रंग बरिसैगो,
जेठ में उतरयो असाढ़ जी लाग्यौ इंदर सूखा डारी।।
राजा जनक ने पंडित बुलाए किस विध सूखा डारी।
हाँ हाँ राम रंग बरिसैगो....''

ज्यौनार के अनेक गीत ब्रज में प्रचलित हैं, जो राजा जनक की ज्यौनार को प्रतिबिम्बित करते हैं–

''राजा जनक नै दई ज्यौनार, जुगत ते हरे हरे जुगत ते परसींजी
पूरी परसौं, कचौरी परसौ मठरी मोमनद्वार
पापड़ कचरी दाल-माँठ और चटनी सौंठ अचार।
जुगत से हरे हरे परसौजी.....''

उधर सीता अपनी मनोकामना पूरी होने पर आनन्दमग्न हो रही हैं। जो उन्होंने माँगा सब कुछ मिल गया–

सीता ढाड़ी जनक दरबार सूरज कूँ ही सूरज कूँ जल दे रही
''सीता माँगनी होय सौई माँग तपस्या तेरी पूरी हो गई।
मैंने माँगौ अयोध्या कौ राजु गंगाजी माँगी न्हायवे वऊँ।
मैंने वर पाए श्री राम, देवर छोटे लक्षिमन से
मेरे चरत भरत देवर जेठ ननद छोटी बहिना सी।
सीता ठाड़ि जनक दरबार.....''

विवाह के अवसर पर 'भाँमर' (पाणिग्रहण संस्कार) के अवसर पर गाए जाने वाले गीतों में भी भगवान राम और सीता के विवाह का ही दृश्य उपस्थित किया जाता है।

''जुरि आई नर-नारि जनक जी के अंगना में।
हरे-हरे गोबर अंगन लिपाए ऊपर महुए की डारि। जनक जी के अंगना में
सिया रघुवर की जोरी बैठी, रामचन्द्र दोइ भाई। जनक जी के अंगना में
सिया रघुवर की परै भंमरिया, विनमाइल बिन बाप जनक जी के अंगना में''

इस अवसर पर ब्रज में विवाह के अवसर पर गाए जाने वाले गीत में रामकथा भरपूर रूप में मिलती है–

''ऐ जनकपुर सीता को रच्यौ है ब्याहु,
हरी हरी गोबर अंगन लिपायाँ मोतिन चौक पुराय। जनकपुर....
ब्याह चलो दशरथ कौ नन्दन लै चलौ रथ पै चढ़ाय। जनकपुर....
जाय उतारी अजुध्या नगरी, कौसल्या तिलक संजोय। जनकपुर....

राम-रावण का वध कर चौदह वर्ष के वनवास की अवधि पूरी करके पुष्पक विमान से अयोध्या लौटे तो पुरजनों ने आनन्द मनाया–

''घर आय गए रामलखन जी पुरी में आनन्द भए,
खड़ी मातु कौसल्या करै आरती तिरियन मंगल गाए
चारौ भैया हैं इकठे रे फूलन की होइ बरसात, पुरी में आनन्द भए....''

ब्रज लोकगीतों में राम-भरत-मिलाप को बड़े सुन्दर शब्दों में रूपायित किया गया है–

''उठि मिल लेउ राम भरत आए। विंदावन में करी तपस्या, मथुरा जी में फल पाए।
बहियाँ पसारि मिले री चारों भैया रामा ऊपर चौर ढुरत आए।
उठि मिला राम भरत आए...''

लोक-गीतों में साथ-साथ ब्रज की लोकगाथाओं में रामकथा के प्रसंग प्रचुरता में उपलब्ध हैं। 'सीता जी कौ ब्याहुली' विशेष रूप से उल्लेखनीय प्रबन्ध लोककाव्य है, इसका गायन विवाह के अवसर पर मंगल कामना के रूप में किया जाता है। भले ही सीताजी का विवाह त्रेतायुग में हुआ था; किन्तु उनके 'व्याहुले' आज भी सभी जातियों में बड़े चाव से गाए जाते हैं। इस प्रबन्ध काव्य में सीता के जन्म (अवतार) धनुषभंग, विवाह, स्वयंवर, राम के साथ विवाह के प्रसंग हैं, जो समाज में प्रचलित रामकथा से थोड़े भिन्न भी हैं। जैसे-सीता शिवजी के धनुष को स्वयं चौका लगाते समय उठाकर रख देती हैं। सीता की माता स्वयंवर में भगवान राम को निमंत्रण न देने की प्रार्थना करती हैं कि वे तो बिना बुलाए ही आ जायेंगे और सीता को विवाह करके ले जाएँगे। इससे जनक के कुल को दाग लग जाएगा। परशुराम के आने पर रामचन्द्र जी स्वयं उनसे बचकर पाताल में चले जाते हैं। बाद में अपना अवतारी रूप दिखाकर उन्हें संतुष्ट करती हैं।

''रथ में सीता बैठी खात पछार, मेरी रथ की पैजनी ए दौजे रे।
चरत भरत मैने घर ई छोड़े, औरु बान हत नाथ।
मेरे रथ की पैजनी ऐ दौड़ो रे
रामचन्द्र गए लेख पताल, वे तौ अबऊ तक बगदे नाम रे।
मेरे रथ की पैजनी ऐ दौड़े रे''

इसके अतिरिक्त ब्रज के प्रकीर्ण लोकसाहित्य (लोकप्रहेलिका आदि) में रामकथा के प्रसंग मिलते हैं, उदाहरणार्थ 'होनी' के ऊपर में कथन–

''राम न जाते हिरन संग, सिया न रावन संग।
होनहार होके रहे, बन कै रहे प्रसंग।।''

अनेक कहावतें भी है–

''निरबल के बल राम
अब हम डोकरा भए, लाठी टेकत घर ते गए।''

''अजगर करे ना चाकरी, पंछी करे न काम।
दास मलूका कहि गए, सबके दाता राम।।''

''राम मिलाई जोड़ी, एक अंधा एक कोढ़ी।
इकेले दुकेली राम बेली।''

''राम नाम जपनौ, परायौ माल अपनौ।''
''गाम करै सौ राम करै।''

''राम और गाम ते काऊ की नाय बसियाई।
राम भरोसे जो रहे परबत पै हरियाई।''

''राम बढ़ाए जे बढ़े बलकरि बढ़ी न कोय।
बल करि के रावन बढ़ौ सो पल में डारौ खोय।''

''राम नाम लियो नहीं, कियौ न हरि से हेत,
ते नर यो ही जाएँगे मूरा कौ सौ खेत।''

''जापै कृपा राम की होई।
तापै कृपा करै सब कोई।
फिरकी सामा सो करे
जाकि राम न होय।''

''राम असरता बैठिकै, सबको मुजरालेय।
जाकी जैसी चाकरी वाकी वासी देय।
''चुंगौरी चिरैया भर-भरपेट।
राम की चिरैया राम कौ हरि खेत।''

''राम की माया, कहीं धूप कहीं छाया।''

''अब खाई सो खाई, आगे राम दुहाई।''

''एक राम एक रावन्ना, एक छत्री एक बाभन्ना।
बाने बारी नारि हरौकौ, बानै वाकूँ मारन्ना।
बात कौ है गयौ बातन्ना, तुलसी रचि गयौ पौथन्ना।''

इसी प्रकार अनेक प्रकार अनेक प्रहेलिकाएँ भी ब्रज-क्षेत्र में प्रचलित हैं जिनमें रामकथा के प्रसंग मिलते हैं। यथा–

''अवधपुरी में द्वैजनै, एक ही सा नाम
ना गोरे ना साँवरे ना लक्ष्मण ना राम।''

इस प्रकार समूचे भारतीय लोक-मानस के साथ-साथ ब्रज-लोक-साहित्य में भी रामकथा के प्रसंग आत्मीयता के एक केन्द्र के रूप में मिलते हैं। भले ही यह क्षेत्र भगवान श्रीराम की जन्मभूमि और लीलाभूमि के रूप में मान्य नहीं है। आखिर कृष्ण भी तो भगवान राम की परम्परा के अवतारी पुरुष ही हैं, वैसे भी रामकथा और लोकजीवन में भ्रातृभाव, पितृभक्ति, पति भक्ति, एक पत्नीव्रत, विमाता के प्रति आदरभाव, सौत के प्रति सहिष्णुता और शरणागत की रक्षा जैसे जीवन-मूल्यों की प्रतिष्ठापना करती है। रामकथा आज भी लोकमानस में परस्पर त्याग और सहिष्णुता तथा सामाजिक समरसता की शिक्षा देने की क्षमता रखती है। भगवान राम का सहज मानवी रूप और उनके बड़प्पन के आतंक से मुक्त रहने का भाव लोक साहित्य में विशेष रूप से रेखांकित हुआ है। इसीलिए लोकमानस 'जेहि विधि राखो राम, वाहि विधि रहिए' में संतोष पाता है। व्रत में आज भी राम-सम्बन्धी अनेक सरस, अर्थगर्भित एवं भावमय लोकगीत गाए जाते हैं। ब्रज में 'रामनवमी' का पर्व उसी आस्था और श्रद्धा के साथ मनाया जाता है जिस आनन्द और उत्साह से श्रीकृष्ण जन्माष्टमी।

लोकगीतों में रामकथा

उदयशंकर दुबे

मर्यादा पुरुषोत्तम श्रीराम की कथा भारतीय जन-जीवन में रची-बसी है। उनका मर्यादित चरित्र किसी भी व्यक्ति, परिवार, समाज और राष्ट्र को आदर्शपूर्वक जीने की प्रेरणा प्रदान करता है। यही कारण है कि वाल्मीकि से लेकर तुलसीदास तक तथा आधुनिक युग में मैथिलीशरण गुप्त ने राम के चरित्र का भरपूर बखान किया। देश के अनेक कवियों ने समय-समय पर अपनी-अपनी भाषा में राम के चरित्र का मान किया है। बौद्ध और जैन कवियों ने भी रामकथा को अपने ढंग से प्रस्तुत किया है। साहित्य के अतिरिक्त हमारे लोकगीतों में भी रामकथा का पर्याप्त वर्णन हुआ है। अवधी, भोजपुरी, छत्तीसगढ़ी, बघेली, बुन्देली आदि लोकभाषाओं में राम के चरित्र का संक्षेप और विस्तार में वर्णन मिलता है। लोककवियों द्वारा रचित रामकथा विषयक लोकगीत सामान्य जन के कंठ में समाये हुए हैं।

लोकगीतकारों ने रामकथा को अधिक मनोवैज्ञानिक और सामाजिक रूप प्रदान किया है। यही कारण है कि ये गीत परम्परागत आज भी विशेष रूप से नारीकंठ से सुनने को मिल जाते हैं। लोककवि बहुत सजगतापूर्वक रामकथा को गीतों में व्यक्त करने में कुशल है। वह रामकथा के विशिष्ट गायक तुलसीदास पर भी व्यंग्य करने में नहीं चूकता। बुन्देलखण्ड में प्रचलित संक्षिप्त रामकथा का रूप इस प्रकार है–

''राम, रवन्ना दुइ जन्ना
एक क्षत्री एक वाभन्ना।
उन्ने उनकी तिरिया हरी।
उन्ने उनकी नाश करी।
बात को बढ़िगा बातन्ना।
तुलसी लिखिगे पोथन्ना।।''

बुन्देलखण्ड के गाँवों में पुराने लोगों के मुख से उपर्युक्त पंक्तियाँ सुनने को मिल जाती हैं। इसे हम 'मिनी रामायण' भी कह सकते हैं। संस्कृत में लिखा गया 'एक श्लोकी रामायण' प्रसिद्ध ही है।

लोकगीतों में राम-जन्म से लेकर, सीता-विवाह, राम-वनगमन, लक्ष्मण का मार्मिक वर्णन मिलता है। अवधी में प्रचलित एक लोकगीत में जाति की हेलिन राजा दशरथ के राज-द्वार पर प्रातःकाल झाड़ू लगाने से इनकार कर देती है। जब उसका पति उससे झाड़ू न लगाने का कारण पूछता है तो वह बेखटके उत्तर देती है कि राजा दशरथ निरवंशी हैं। मैं प्रातःकाल उनका मुँह नहीं देखना चाहती, झाड़ू लगाने जाने से उनका मुँह देखना होगा। हेलिन द्वारा कही हुई बात रानी कौशल्या तक पहुँच जाती है जिसे सुनकर उनका बदन म्लान हो जाता है। इसी समय दशरथ उनके पास पहुँच जाते हैं–

''सोने के खड़उवाँ राजा दशरथ वेदिया पर ठाढ़ भये हो।
मोर रानी काहे तोहरा वदन मलीन कंवलहीन हुलसइ हो।
भल बउरानेउ राजा दशरथ किन बउरावा हो?
राजा बिन संतति कुलहीन कंवल कैसे हुलसइ हो?
सोनवा कऽ हमरे गिनती नाहीं, चँदिया का ढेर लागो हो।
मोर रानी बारह भवन कै अजोधिया दुनौ जने भेलसब हो।
सोना त मेरे लेखे राखी भा, चँदिया त माटी भा हो।
राजा बरता भवन कै अजोरिया तो मोरे लेखे जरिगै हो।''

रानी कौशल्या राजा के समक्ष तपस्या करने का प्रस्ताव रखती हैं। राजा स्वीकार कर वन में रानी-सहित तप करने चले जाते हैं–

''तऊँ राजा होउ तपसिया तौ हम धन तपसिन हो।
राजा वृन्दावन के कुटियन दुनौ जनै तप करबइ हो।।''

राजा-रानी वन में जाकर पुत्र हेतु तपस्या में रत हो गये। उसी वन में एक योगी योगरत था। वह राजा-रानी की तपस्या को देखकर उनके पास जाता है। वह राजा से तप का कारण पूछता है। राजा दशरथ के कहने पर कि पुत्र प्राप्ति हेतु तप कर रहा हूँ। योगी ने अपनी झोली से भभूत निकाल कर रानी को खाने के लिए दिया एवं पुत्र प्राप्ति का वरदान भी दिया।

गुरु गोरखनाथ के पश्चात् समाज में योगियों का विशेष आदर होने लगा था। लोककवि बहुत चतुराई के साथ राजा दशरथ और रानी कौशल्या के तप का वर्णन करने के साथ योगी द्वारा दिये भभूत और आशीर्वाद को रामजन्म का हेतु माना है।

बुन्देली भाषा में प्रचलित लोकगीत में राजा दशरथ द्वारा पालित तोता राजा के आग्रह पर वृन्दावन जाकर वहाँ के आम्रवन से पाँच आम लाकर दशरथ को देता है। राजा दशरथ आम की फारी काटकर तीनों रानियों में बाँट देते हैं। इस आम्रफल के खाने से रानियों ने गर्भ धारण किया। गीत का टेक है–अरे रामा हो–

राजा दशरथ और तोते का वार्तालाप–

''अरे रामा हो, जसरथ सुअना पलियों हो कच्चे से दूध रे पिलाय।
अरे रामा हो, उड़ जा रे सुअना नंदन वन हो दो फल लाय रे पंछी ठोर।
अरे रामा हो, चोंत हमारी ठूँठी तौ हो गई डरवन गये रे कुमल्याय।
अरे रामा हो, सोने गढ़ा दों तोरी चोंचिया हो रुपे गढ़ा देंव पंख।
अरे रामा हो, मन से जो सुअना उड़ तौ गये हो पौंचे बगीचा बीच।
अरे रामा हो, डारन-डारन सुअना तौ फिरे हो अरे पेड़न फिरे रखवार।
अरे रामा हो, पाँचा आम की झुमकिया हो सुअना ने लई चटकाय।
अरे रामा हो, मन से जो सुअना उड़ तौ चलो हो पोंचो कचेरीं मोज।
अरे रामा हो, भरी कचैरीं लाला जसरद हो घुमड़ लगे दरबार।
अरे रामा हो, पाँच आम की झुमकियाँ हो सुअना दई छुटकाय।
अरे रामा हो, जसरद हांत बगुरदा हो फाँके करीं रे दो-चार।

अरे रामा हो, कोना खों देखो फकियाँ तौ दइहों कोने दये सेंगे आम।
अरे रामा हो, केकई खाँ देखो फकियाँ तौ दई हो अरे कौशल्ये दये सेंगे आम।
अरे रामा हो, उन अम्मन के खाये से हो रानी रही रे आधान।
अरे रामा हो, आठ से नमये मइना लागियो हो रनियाँ के पेट रे पिराँय।
अरे रामा हो, कोना के चरत भरत भयो तो कौशल्या के भये राजा राम।
अरे रामा हो, काय के छुरा नरा छीनियो हो काये के डोर गाँठ।
अरे रामा हो, सोने के छुरा नरा छीनियो हो रेशम डोरन गाँठ।
अरे रामा हो, काये के खपरा अनाइयो हो, काये के अरछुत डार।
अरे रामा हो, सोने के छुरा नरा छीनियो हो अरे मुतियन अरछुत डार।
अरे रामा हो, काये के सूपन पोड़ाइयो हो काये के उड़ोना उड़ाये।
अरे रामा हो, हारहई के सूपन पोड़ाइयो हो, रेशम उड़ोना उड़ाय।
अरे रामा हो, बज रई आनंद बधइयाँ हो, दोरे में घूमे री निसान।
अरे रामा हो, खाली खजाने राजा करतौ दये हो खूबई दई है निछाउर।''

बगुरदा–फल काटने का लोहे का अस्त्र, सेंगे–पूरें, अनइये–स्नान कराना, अरछुत–अच्छत (चावल का)।

उपर्युक्त दोनों लोकगीतों में पुत्रेष्टि यज्ञ के स्थान पर योगी द्वारा दिये भभूत और तोता द्वारा लाये गये आम्रफल की चर्चा है। (अर्जुनदास केसरी कृत ऐसा प्रसंग लोरिकायन में भी खुइलन के गर्भ-धारण के प्रसंग में आया है जिससे लोरिक जैसा पुत्र-रत्न की प्राप्ति होती है) लोककवि की यह अपनी सूझ है। चाहे योगी के भभूत का प्रभाव हो या आम्रफल का–राजा दशरथ और रानी की मनोकामना पूर्ण हुई–

''चैतइ कै तिथि नवमी तौ नौबत बाजइ हो।
बाजइ दशरथ राजा दुवार कौशल्या नारी मंडिर हो।
मिलहु न सखिया-सहेलरि मिल जुल चलतिउ हो।
राजा दशरथ के जनमे हे राम करब न्योछावर हो।
राम नयन नतनारे कारज भल सोहै हो।
दीनी रचि फुआ सुभद्रा तऊ पतरी अंगुरियन हो।''

लोक परम्परा में सर्वप्रथम बच्चे के नेत्रों में काजल उसकी बुआ (फुआ) द्वारा लगाने की परम्परा है। लोककवि ने उसी परम्परा का निर्वाह किया है।

राम के जन्म धारण करते ही पूरी अयोध्या आनन्द-मग्न हो उठी। एक लोकगीत में रानी कैकेयी और सुमित्रा राम को देखने के लिए कौशल्या के महल में जाती हैं। इस अवसर पर लोककवि ने रानी कौशिल्या और कैकेयी के मध्य जो वार्तालाप कराया है, वह अब भी हमारे घरों में बहुधा घटित होता है। कैकेयी राम को देखने की इच्छा व्यक्त करती हैं; किन्तु कौशिल्या यह कहकर टाल देती हैं कि छठी या बरही के दिन आकर राम को देख लीजियेगा। कैकेयी को यह बात अखर जाती है, वह तत्काल उत्तर देती हैं कि ऐ रानी कौशल्या! आप यह न समझें कि राम बड़े सुन्दर हैं, ये राम लंका को जलवा देंगे और अयोध्या को बसायेंगे–कितना गहरा व्यंग्य है–

"राजा दशरथ के पिछवरवाँ अतर भल गमकइ हो।
अतर क वास-सुवास कौसल्या रानी के राम भये हो।
घर से निकसी केकई रानी सुनऊँ सुमित्रा रानी हो।
बहिनी आओ चली बड़े दरबार तो हँस केर आई हो।
अँगना बटोरत चेरिया त अबरी लउड़ियाँ हो।
आवेंली कैकई सुमित्रा त राम जी के देखन हो।
चेरिया झारि बिछाव सुखपलिया बैंठे रानी कैकई हो।
हम नाहीं बैठिब कौशल्या रानी हम नाहीं बैठब हो।
रानी एक बार राम का देखब, घरे हम जाइब हो।
का हम राम का दिखाई का राम सुन्दर हो।
छठिया बरहिया के आवा तो राम देखि जावा हो।
ई मत मानू कौशिल्या रानी का राम सुंदर हो।
इहौ राम लंका फुकइहैं, अजोधिया बसइहैं हो।"

रामजन्म सम्बन्धित बहुत से लोकगीत मिलते हैं। एक गीत में अयोध्या की स्त्रियाँ कौशल्या से राम जैसे पुत्र प्राप्ति का उपाय पूछती हैं। कौशल्या उन्हें बताती हैं–

"मचिया ही बैठेली कौशिला रानी, सिंहासन राजा दसरथ हो।
अरे! कौसिला कवन हाथ कइलू रमइया जी के पावेलू हो।
गंगा त हमहू नहइली, सुरुज गोड़वा लागिले हो।
अरे, भूखीलें हम अतवार रमइया जी के पाइलें हो,
भूखले ब्राह्मन जेवइलें, लेंगटा के बसवर हो।
तुलसी के दिअरा बार लें, रमइया जी के पाइलें।"

अवधी और बुन्देली भाषा में रामजन्म से सम्बन्धित बहुत से लोकगीत मिलते हैं। लोककवियों ने रामकथा के विविध प्रसंगों को लेकर लोकगीतों की रचना की है। रामजन्म के अतिरिक्त अहिल्या-उद्धार, धनुष-यज्ञ, लक्ष्मण-परशुराम-संवाद, राम-सीता का विवाह, राम-वन-गमन, भरत-राम का चित्रकूट में मिलन, शूर्पणखा-निरूपण, लक्ष्मण-शक्ति, राम राज्याभिषेक, सीता-निर्वासन विषयक, लोकगीत बहुतायत प्राप्त होते हैं। लोककवि की दृष्टि कारुणिक प्रसंगों की ओर अधिक है। उसने राम-वनवास, लक्ष्मण-शक्ति और सीता-निर्वासन प्रसंग की ओर अत्यधिक सहानुभूति प्रकट की है। इस अवसर के गीत बड़े-बड़े हैं।

राम-जानकी के विवाह पर्व पर बुन्देलखण्ड में प्रचलित लोकरीति और कुलरीति का भी वर्णन मिलता है। राम बनरा (दूल्हा) बने हैं-तो सीता बनरी (दुल्हन)।

"जे वनरा होई जनक लली के राजा दसरथ के।
धन्य अजुध्या धन पुरवासी धन्य धरती जाँ जियाये री।
धन्य कौशल्या धन्य राजा दसरथ जिनने गोद खिलाये री।

धन्य जनकपुर धन्य पुरवासी सो भाग सिया वर पाये री।
लै जयमाल सिया जू आईं पुरवासिन सुख पाये री।
जे वनरा दोई जनक लली के।''

राम द्वारा जानकी जी का कंगन छोड़ते समय जनकपुर की स्त्रियाँ गारी गीत के माध्यम से राम पर व्यंग्य कर रही हैं–

''ए जौ न होवै धनुष को तोरना कठिन कंकन गाँठ छोड़ना।
अब देखे लला तुमरी चतुराई, कैसी पाहन नार बनाई।
मारे निसचर दल समुदायी, ए जौ नोंई मरीच मद मोरबौ।
तुम तौ अवधपुरी पग धारे, कैसे छत्रियन के मद मारे।
अब तौ पड़ गये फंद हमारे, इतै सटहै ना नैना मरोरबो।
चारउ भइया मुनी जियाये, उनमें रघुवर वेई सुताये।
सीता बेटी शीश नवाये, कैसें सी को परान चित चोरनो कठिन।
वै तो मिथिलापुर की बाला लगे तुम्हारी सारीं।
आखर अबला हतीं विचारी, ए कैसों हो रव लली हात जोरबो।
ए जो न होवै धनुष को तोरबौ।''

रामकथा में सीता-निर्वासन का प्रसंग अत्यन्त कारुणिक है। लोक में ननद-भौजाई का पारस्परिक द्वेष प्रसिद्ध है। लोककवि ने सीता-निर्वासन का कारण भौजाई के प्रति ननद की ईर्ष्या को मानकर लोकगीत की रचना की है–यह लोकगीत जन-जन में प्रचलित है–

''ननद-भौजाई दूनौ पानी भरन गईं-अरे पानी भरन गई हो।
पनिया भरत ननदी करैं लागिन रवना कऽ बात।
भौजी जौन रावन तोहि हरि लैगा उसे उरेहि दिखावौ हो।
जो मैं रवना उरेहि दिखाऊँ, सुनि जइहैं बिरना तुम्हार तो देसवा निकरिहैं हो।
लाख दोहाई राजा दसरथ कै, राम भइया कौल करौं हो।
मांगिन रंग गड़ुलिया, गंगाजल पानी हो।
ननदी समुहै कै गोबरी लिपावहु मै रवना उरेहौं हो।
सीता समुहै कै ओबरी लिपाइन कि रवना उरेहैं हो।
हाथ लिखिन दुइ पाँव लिखिन दुइ लिखिन बत्तीसो दांत
माथे का मथहर लिखै नहीं पाइन कि आइ गये राजा राम।
काहे में लुकाये रंग की गगरिया, काहे में लुकावे दुइ हाथ।
अंचरा लुकावै रंग की गगरिया, ड्योढ़ी लुकावै दुनौ हाथ।
जेवन बैठे राम औ लछिमन की बहिनी के ढरै लगे आँसु।
कि बहिनी तौहे अन-धन घटिगा कि भौजी बोले बड़े बोल।
नाँह भइया मोरा अन धन घटिगा नाहीं भौजी बोले बड़े बोल।
भैया जौन रवनवा तोहरा जनम कऽ बैरी तौन भौजी डरेहैं हो।

साजो न लछिमन खुली पलकियाँ कि भौजी के आवो पठाय।
पलौ न भौजी अपने नैहरवाँ तुम्हरे नैहर रच्यो है व्याह।
ना मोरे देवरा, भाई औ बाप न सगे कोरवा का भाई।
न मोरे बबुली बी दूसर धेरिया केह कर रचाहै, व्याह।
जबे भौजी तूँ हियाँ चलि आऊ वहाँ लिये भाई अवतार।"

सीता लक्ष्मण के साथ चल देती हैं–

"एक वन नाघ्यो, दूसर वन नांघ्यो तीसरे में लगिगै पिआस।
बैठ भौजी तुम कदम की छइयाँ में मैं देखि आऊँ वनवास।
बहइ लागी जुड़री बयरिया कदम के री छइयाँ।
सीता भुइया परी कुमिलाय पियसिया के मारे हो।
तोरेन पतियाँ कदम के रे लछिमन दोनिआ बनाएन हो।
भरि लाये दोनिआ में पनिया कदम डरिया टागेन हो।
लछमन चलि दिहले अवध डगरिया, सीता वन छाड़ि के हो
चटकि गैले खिलियाँ पटक गैले दोनवा बुंदवां पड़ा सीता जी के देह हो।
बुँदवाँ पड़त सीता भभकि जागिनि हो।
कहवाँ गये लछमन देवर हमें न बताइन हो।
सीता गवर भर देखिन लछमन न दिखाने हो।
रोइ-रोई सीता पड़ली धरतिया पै मानुष कोई न दिखाय।
वही वन से आयल एक तपस्वी ठाढ़े सीता समुदाय।
मति रोयहु सीता बेटी, मत रोवहु तुम्हरे हुइहै लव-कुश पूत
को मोरे होइहैं सखी-सहेलरी मंगल गाय सुनावहि हो।
हमहीं होबे तोरे नाऊन वारिन हमहीं धोबिन हो।
हमहीं होबे सखी सहेलरि मंगल देव सुनाय।
जब सीता के लव-कुश जनम लीन्हें, रोचना दीहिन पठवाय।
या रोचना दिहेउ देवरा लछिमन हो....
महर-महर तोरा माथा लछमन या रोचना को दीन।
भौजी के भये हैं लव-कुश या रोचना भौजी दीन्ह।
कुश-लव बेटा खेले धनुहियाँ लछमन ठाढ़े होइ निहारे हो
किनके हो तुम नतियाँ, पनतियाँ किनके लगो भतीज।
राजा दसरथ के नतियाँ लगत हौ, लछमन के रे भतीज।
पिता अपने का नांव न जानौ माता सीतल के कऽ पूत।
चलौ न लरकों जहाँ बसै मात तुम्हार।
जाइ कहेनि माता सीता से आवत कंत तुम्हार।

ऐसे कंत पूत मुख नहिं देखूँ जौन लिवाय बनवास।
चलौ न भउजी अपने अजोधिया तुम बिन नगर उदास
मरि मैं जाव, जगत तज डारौं मैं न अजोधिया जाऊँ।
फाटि गई धरती समाइ गई सीता, मैं न अजोधिया जाऊँ।

सीता-निर्वासन का वह लम्बा गीत थोड़े अन्तर के साथ अवधी, भोजपुरी, बुन्देली जनजातीय और बघेली भाषा में भी प्रचलित है। करुण रस प्रधान इस लोकगीत को सुनकर बरबस कंठ भर जाता है, नेत्रों में आँसू आ जाते हैं।

बुन्देलखण्ड में प्रचलित लावनी, सैर तथा फागों में रामकथा विषयक गीतों का बाहुल्य है। हनुमान के वीरत्व का एक फाग द्रष्टव्य है-

''कारे नीर समुद्र कै, अंगद देख डराँय।
हनूमान जोधा जली, नित आवैं नित जाँय।
अंगद जाँघ रोप गये लंका में।।''

ओरछा की रानी गणेश दे कुँवारी ने संवत् 1631 वि. (सन् 1574 ई.) में सरयू नदी में से प्राप्त राम की मूर्ति लेकर अयोध्या से ओरछा आयीं और अपने महल में भगवान राम की प्रतिमा की सविधि प्राण-प्रतिष्ठा कराकर ओरछा राज्य को उनके चरणों में अर्पित कर दिया। अयोध्या के रामलला ओरछा आकर राम राजा हो गये। लोककवि कहता है-

''राम जन्म सरजू निकट, गुरु विशष्ठ के धाम।
कनक भवन दसरथपुरी, को कर सकै बखान।।
अवध में राम ओड़छे आ गये हो।
सप्तधार सरजू बहैं, नगर ओड़छे धाम।
फूलबाग नौ चौक में, बिराजैं राजा राम।
ओड़छें राम चतुरभुज हो रमे हो।।''

लोक जीवन में राम का आदर्श चरित्र अत्यन्त गहराई के साथ लगाया हुआ है। यही कारण है कि लोकगीतों में रामकथा का मनोहारी वर्णन मिलता है। जातिगत गीतों में भी रामकथा का वर्णन मिलता है। लोक में प्रवाहित रामकथा विषयक गीतों का अभी तक कोई विशेष संग्रह प्रकाशित नहीं हो सका है, आवश्यकता है ऐसे संग्रह के प्रकाशन की।

मधुबनी शैली में रामकथा के चित्र

डॉ. नन्दिता शर्मा

(मधुबनी शैली में अंकित रामायणकालीन चित्र भारतीय लोक चित्रकला के अनुष्ठानिक, आलंकारिक व कौशलार्थ तीनों उद्देश्यों की पूर्ति करते हैं। राम-सीता-विवाह, स्वयंवर, जयमाल इत्यादि विषयों का चयन कलाकार की सौन्दर्यानुभूति, सौन्दर्यबोध व सौन्दर्य-चेतना की आलंकारिक अभिव्यक्ति के परिचायक हैं। वर-वधू की मंगलकामना एवं सुखी वैवाहिक जीवन की शुभेच्छा हेतु अनुष्ठानिक उद्देश्य से निर्मित यह भित्ति-चित्र विवाह-रस्मों का एक अभिन्न अंग बनकर न केवल कोहबर घर में सम्पन्न विभिन्न वैवाहिक क्रियाकलापों के; अपितु हास-परिहास-विनोद, सहभागिता एवं आनन्द के साक्षी बनकर लोकमानस को परितृप्त व आह्लादित करते हैं। चटक रंग, काली रेखाएँ व अलंकरणों की अधिकता इन चित्रों का वैशिष्ट्य है, जो मधुबनी शैली के चित्रों को चित्ताकर्षक व लुभावना बनाता है और संप्रेषणीय भी।)

अभिव्यक्ति हेतु मानव ने जिन संसाधनों का चुनाव किया, उनमें चित्रों का स्थान सर्वोपरि था। प्रागैतिहासिक कालीन गुहा-चित्र इसका प्रत्यक्ष प्रमाण हैं। लोक कलाकार के लिए चित्रात्मक अंकन सर्वाधिक सम्प्रेषणीय माध्यम रहा है। लोक-कला भारतीय सभ्यता एवं संस्कृति की संवाहिका है। यदि आदिकवि वाल्मीकि की रचना 'रामायण' और गोस्वामी तुलसीदास की कालजयी कृति 'रामचरितमानस' जन-जन के हृदय में वास करती हैं तो लोक कलाकार द्वारा अंकित रामकथात्मक-चित्र रंग-रेखा व आकृतियों के रूप में मानव-चेतना पर बिम्ब रूप में अपना स्थायी प्रभाव छोड़ने की क्षमता रखते हैं। मधुबनी शैली के लोककला-चित्रों में अभिव्यक्ति का प्रतिरूप जिस कुशलता या सहजता से रामकथा का अंकन करता है, वह निश्चय ही स्पृहा के योग्य है।

भारत के बिहार राज्य में अवस्थित 'मिथिला' नामक स्थान 'मधुबनी' चित्रों का मूल केन्द्र है। इन लोकचित्रों का इतिहास रामायण-काल से माना जाता है। कहा जाता है कि राम व सीता के विवाह के अवसर पर मिथिला-नरेश राजा जनक ने अपने राजमहल की चित्रात्मक साज-सज्जा हेतु अनेक कलाकारों को नियुक्त किया था। उन्हीं कलाकारों की अभिव्यक्ति को 'मिथिला शैली' के चित्र कहा जाने लगा। 'मधुबनी' शब्द का तात्पर्य 'शहद के वन' एवं 'मधुर वाणी' से है। इस शैली के लोकचित्र पूर्णतः अपने विशेषण के अनुरूप सुखद भावाभिव्यक्ति से पूर्ण हैं। सीता की जन्मस्थली होने के कारण इन लोकचित्रों में राम-सीता से सम्बन्धित अंकन बहुल हैं।

रामकथात्मक चित्र मूलतः भित्तियों पर अंकित किये जाते हैं। सतह तैयार करने हेतु गोबर, मिट्टी, प्लास्टर, चूना आदि लीप कर भित्ति को समतल किया जाता है। तत्पश्चात् माचिस की तीली अथवा बाँस द्वारा निर्मित ब्रश द्वारा आकृतियाँ चित्रित की जाती हैं। ये आकृतियाँ रेखांकन रूप में काले रंग द्वारा चित्रित की जाती हैं। रेखांकन बिल्कुल

महीन होता है, जिसे 'काचनी' कहा जाता है। इसके पश्चात् रंग भरने की क्रिया की जाती है, जिसे 'भरनी' कहते हैं। इस शैली के सभी चित्रों में रंग प्राकृतिक संसाधनों द्वारा एकत्रित कर तैयार होते हैं। काले रंग के लिए काजल, लाल रंग के लिए गेरु, लाल चंदन या जवाकुसुम, सफेद रंग के लिए पिसा हुआ चावल, नीले रंग हेतु नील, पीले रंग के लिए हल्दी, नारंगी रंग के लिए पलाश पुष्प तथा हरे रंग के लिए पत्तियों के रस का प्रयोग किया जाता है।

मूलतः रामसीता-विवाह हेतु निर्मित ये सभी चित्र चटख, आकर्षक व रंग-बिरंगे मनमोहक रूप का प्रस्तुतीकरण करते हैं। राम-सीता-माल्यार्पण, राम-सीता-वार्ता, सीता-विदाई, रानी-यात्रा, राम-सीता-प्रथम मिलन, राम-सीता-स्वयंवर, राम-सीता-लक्ष्मण वन-गमन, नाव-यात्रा आदि विषयों पर चित्रों की संख्या अधिक है। कोहबर घर की दीवारों को अलंकृत करने के उद्देश्य से निर्मित ये चित्र अब कागज, कैनवास व कपड़ों पर भी चित्रित किये जाने लगे हैं।

रामकथा व अन्य देवी-देवताओं–जैसे दुर्गा, काली, सरस्वती, शिव-पार्वती, राधा-कृष्ण, इन्द्र, विष्णु-लक्ष्मी, अर्धनारीश्वर, हनुमान, सूर्य आदि धार्मिक आकृतियों को मध्य भाग में चित्रित किया गया है; जबकि बचे हुए स्थान को प्राकृतिक प्रतीकों यथा फूल, बेल, कमल, पत्तियों, वृक्ष, बाँस, मोर, तोता, कछुआ, सूर्य, चन्द्र, मछली, तुलसी आदि द्वारा भरा गया है। चारों ओर चित्ताकर्षक बॉर्डर द्वारा चित्रों को अलंकृत किया जाता है जिसके कारण मधुबनी शैली में निर्मित चित्रों में खाली स्थान नहीं दिखाई देता। बारीक काली रेखाएँ सम्पूर्ण चित्र को आकर्षक बना देती हैं और यही इस शैली की मौलिकता है।

रामकथात्मक चित्रों में राम, सीता, लक्ष्मण, हनुमान व अन्य देवी-देवताओं के चेहरे अधिकतर 'साइड व्यू' से तथा धड़ के नीचे का भाग सम्मुख मुद्रा में चित्रित किया गया है। लम्बी नुकीली नाक व मोटी बड़ी आँख वाली आकृतियाँ इस शैली की खास विशेषता है। परवर्ती काल में अंकित किये जाने वाले लघु चित्रों या मिनियेचर पेंटिंग्स पर इस लोकचित्रकला का प्रभाव दिखाई देता है। कुछ धार्मिक चित्रों में, जिनमें स्वतंत्र रूप से एक ही मुख्य आकृति का अंकन है (जैसे दुर्गा, काली, सूर्य, सरस्वती आदि) उनमें सम्पूर्ण रूप से चेहरा सम्मुख मुद्रा में चित्रित किया गया है। इन आकृतियों को दोनों आँखों सहित बनाया गया है। किन्तु ऐसे चित्रों की संख्या अपेक्षाकृत कम है। कोहबर या विवाह जैसे विषय से सम्बद्ध होने के कारण ये सभी चित्र प्रायः सुखद भावों से पूर्ण हैं। राम कथात्मक इन सभी चित्रों में प्रेम, पराक्रम, समर्पण, उर्वरकता व समृद्धि के भावों को लोक प्रतीकों यथा–मछली, मोर, चिड़िया, तोता, हाथी, कछुआ, सूर्य, चन्द्र, कदली-वृक्ष आदि द्वारा सम्प्रेषणीय बनाया गया है।

व्यावसायिक कला का रूप ले रही मधुबनी की यह चित्रशैली दीवारों के अतिरिक्त कागज, कैनवास, कपड़े व सिल्क जैसे अनेक माध्यमों पर आकार ले रही है। सरकारी सुविधाएँ व प्रोत्साहन पाकर अनेक कलाकार पीढ़ी-दर-पीढ़ी इस विरासत का हस्तान्तरण कर रहे हैं। मिथिला नगरी में राम-जानकी विवाहोत्सव से आरम्भ लोक-चित्रों की यह कला-यात्रा अनवरत अपनी अमिट पदचाप छोड़ती रहेगी; क्योंकि इस लोक-कला का प्रारम्भ उन कालजयी पात्रों की प्रेरणा से उद्भूत हुआ है जो स्वयं हर भारतवासी की आत्मा में निवास करते हैं।

समन्वय के प्रतीक राम

आर.डी. सोनकर

कबीर की रचनाओं में राम का नाम बहुत पाया जाता है; किन्तु कबीर के राम वह नहीं हैं, जिन्हें हम अयोध्या के राजा दशरथ के पुत्र रामचन्द्र कहते हैं और भगवान विष्णु का उन्हें अवतार मानते हैं। कबीर के राम निर्गुन हैं, सगुन नहीं। निराकार हैं, साकार नहीं। इसे उन्होंने कहकर स्पष्ट भी किया है–

''एक राम दशरथ का प्यारा, एक राम ने सकल पसारा।''

अर्थात् राम वह है जिन्हें राजा दशरथ के प्रिय पुत्र के रूप में सभी जानते हैं और दूसरे निराकार हैं, जिसने सारा संसार रचा रखा है–दोनों एक नहीं हैं; बल्कि भिन्न हैं। इसी क्रम में कबीर आगे कहते हैं–

''दशरथ का सुत राम बखाना। राम नाम का मरम न जाना।।''

अर्थात् निर्गुन राम के मर्म को न जानकर लोग दशरथ के पुत्र राम को ही निर्गुन राम समझ बैठे हैं।

राम का शाब्दिक अर्थ है जो सारे विश्व में रमा हो–व्याप्त हो–मन में रमा हो किन्तु वह निर्गुन होगा, सगुन नहीं। साकार होकर वह सारे विश्व को नहीं देख सकता और न ही उसका संचालन कर सकता है, न उसपर नियंत्रण रख सकता है। कबीर ने निराकार के स्वरूप के बारे में कहा है–

''जाके मुख-माथा नहीं, नहीं रूप-कुरूप।
पुहुप वास से पातरा, ऐसा तन्त अनूप।।''

अर्थात् निराकार राम के मुख-माथा कुछ नहीं है। न वह रूपवान है और न ही कुरूप है। वह फूलों की गंध से अधिक सूक्ष्म है–इस प्रकार उसका तल अनुपम है–अनूठा है।

कबीर का राम वह है, जिसे वेदों और उपनिषदों में ब्रह्म कहा गया है। ब्रह्म अनादि, अखिल ब्रह्माण्ड की रचना करता है। कबीर के राम भी वही करते हैं। कबीर के राम (उपनिषदों के ब्रह्म) में सारा जगत् समाविष्ट है। ब्रह्म एक से अनेक हो जाता है–''**एकोऽहम् बहुस्याम् प्रजायेय।**'' कबीर ने इसे कहा है–''**एक ते अनन्त, अनन्त एक हो आया। परिचय नहीं भए जब एक ते, तो अनन्तो एकै माँहि समाया।।**''

वेदों में कहा गया है–'**ब्रह्म सत्यं जगन्मिथ्या**' (केवल ब्रह्म सत्य है और जगत् मिथ्या है। कबीर का भी कहना है कि यह संसार माया है–झूठ है, जिसमें ब्रह्मा, विष्णु, महेश सभी का अभाव हो जाता है–

''झूठ-झूठा कर डारहु मिथ्या यह संसार।
एकै नारी जाल पसारा, जग में भया अंदेसा।
खोजत-खोजत काहू अन्त न पाया; ब्रह्मा, विष्णु, महेशा।।''

ब्रह्म बहुत प्रकार के चित्रों को बनाकर रास रचाता है; परन्तु कबीर कहते हैं कि ये पुण्य–पाप करने वाले प्राणि वर्ग, सुर–साधक जगत–प्रपंच ही नहीं, सम्पूर्ण ब्रह्माण्ड, सूर्य, चन्द्र, नाग–लोक से लेकर विष्णुलोक तक सब क्षण मात्र में गल–पच कर विनष्ट हो जाते हैं–''**विष्णु लोक विनसे दिन माँही, हौं देखा प्रलय की छाहीं।**'' किन्तु कबीर का यह परमतत्व अन्य ईश्वर या ब्रह्म से भिन्न है। वह न तो अयोध्या का राम है और न गोकुल का कृष्ण है और न अन्य कोई देवी–देवता ही है। यह न ही विष्णु है, न महेश है। यह 24 अवतारों में से भी कोई नहीं है। अर्थात् सभी अवतारों को वह मायावी मानते हैं और उन्हें अस्वीकार कर देते हैं। ये सब उनके राम, जो ब्रह्म हैं, वे अलग व भिन्न हैं–

''दस अवतारु ईश्वरी माया, कर्ता कै जिन पूजा।
दशरथ कुल औतारि नहिं आया, नहिं लंका के राव सताया।
नहिं देवकी के गर्भहि आया, नहीं जसोदा गोद खेलाया।
पृथ्वी रमन-धमन नहिं करिया, पैठि पताल नहीं बलि छलिया।
ई सब काम साहब के नाहिं, झूठ कहै संसारा।''

कबीर की दृष्टि में इस जगत् का कर्ता–धर्ता गुण–रहित निर्गुण–निरंजन है। अर्थात् चेतन के बिना कुछ करने में असमर्थ है और अवतार सगुण है। ऐसी दशा में सगुण और निर्गुण एक नहीं हो सकते। क्योंकि कबीर कहते हैं–''**वे निर्गुणिया ते-गुणवन्ता, मति एकै में सान।**'' अर्थात् निर्गुण और सगुण को एक करके मत देख, क्योंकि एक मायातीत है और दूसरा मायिक है। इसलिए दोनों में तालमेल नहीं हो सकता। वेदों और उपनिषदों में कहा गया है–''**एकोऽहम् द्वितीयोनास्ति**''। कबीर इस विचारधारा के उपासक थे। उनका कहना है कि जिसकी उपासना होती है, जिसका चिन्तन होता है, वह एक ही तत्व है। उसी एक तत्व के साधने में सभी की सिद्धि हो जाती है तो फिर अनेक की साधना की क्या आवश्यकता है–''**एक साधे सब साधिया; सब साधे एक जाय।**'' इस्लाम में भी एक ही ख़ुदा (अल्लाह) को मानते हैं।

कबीर के समय देश में हिन्दू और मुस्लिम दो ही जातियाँ मुख्य रूप से पाई जाती थीं। हिन्दू राम को मानते थे तो दूसरे अल्लाह को। दोनों जातियों में धार्मिक और साम्प्रदायिक तनाव भी हो जाया करता था; जैसा कि अब भी यदा–कदा होता रहता है। कबीर इन दोनों के मध्य समन्वय स्थापित करना चाहते थे और अपनी सशक्त वाणी से दोनों जातियों के धर्मगुरुओं को स्पष्ट एवं कठोर शब्दों में सदा लताड़ते भी थे। वह जो भी कहते निर्भय होकर कहते थे, जैसे–

''वे ही महादेव, वे ही मुहम्मद; ब्रह्मा-आदिम कहिए।
कोई हिन्दू कोई तुरुक कहावैं; एक ज़मीं पर रहिए।''

उनके मत में राम या ख़ुदा की एक ही शक्ति है जो समस्त जगत को धारण करती है–सारे ब्रह्माण्ड का नियंत्रण करती है–'**राम खुदाय सक्ति शिव एकै।**' वेदान्त के इसी महापुरुष को महादेव भी कहा गया है। दोनों जातियों के बीच वह समन्वयवादी की भूमिका निभाते थे।

वेदान्त में एक पुरुष कहा गया है और उस पुरुष का सम्बन्ध माया से नहीं, प्रत्युत प्रकृति से है। प्रकृति को त्रिगुणी (सतोगुण, रजोगुण, तमोगुण) कहा गया है। इस प्रकृति को गायत्री भी कहा गया है जो तीनों गुणों की साम्यावस्था से उत्पन्न होती है। अर्थात् वह भी सगुण है। इन तीनों गुणों से ब्रह्मा, विष्णु और महेश का उत्पन्न होना कहा गया है, जिनको सद्गुरु साहब कहते हैं। कबीर कहते हैं–

''रजोगुण ब्रह्मा, तमोगुण संकर; सतोगुणी हरि होई।
कहहिं कबीर, राम रमि रहिए; हिन्दू तुरुक न कोई।''

आगे कहा है–

''हिन्दू कहै मोहि राम पियारा; तुरुक कहै रहमाना।
लड़ते लड़ते दोऊ मरिगै; मरम न केऊ जाना।।''

कबीर सभी प्राणियों को समान मानते थे। जीव-जीव में भेद नहीं करते थे। जात-पाँत में, ऊँच-नीच में विश्वास नहीं करते थे; अपितु वह जाति-प्रथा के विरोधी थे। सभी जीवों को राम के जीव मानते थे। उनका मत कहीं-कहीं जीववाद की भी स्थापना करता है जैसा कि उन्होंने कहा है–

''जो जानहु जीव अपना; करहु जीव से साथ।''

वह सभी माने में जीव-प्रेमी थे, मानव-प्रेमी थे और प्रेम का पाठ सभी को बताते थे। उन्होंने कहा भी है–

''पोथी पढ़ि-पढ़ि जग मुआ, भया न पण्डित कोय।
ढाई आखर प्रेम का, पढ़ै सो पण्डित होय।''

हिन्दू और मुसलमान जब धर्म के नाम पर विवाद करते थे–राम और अल्लाह के नाम पर लड़ते थे तो उनको बड़ा दुःख होता था। वे दोनों को समझाते थे और मिलजुलकर प्रेम के साथ रहने को कहते थे–

''हिन्दू अन्धा, तुर्की काना; दोऊ से है ज्ञानी सयाना।
कहत कबीर राम-गुन गाओ; हिन्दू-तुरुक दोऊ समझाओ।''

वे अपने को राम बनाम रहीम के विवादों से अलग रखते थे और दोनों धर्म के गुरुओं को सत्य का मार्ग बताते रहते थे। वह कहते थे–

''सुर, नर, मुनि अरु औलिया; ये सब बसते तीर।
अल्लाह-राम की गति नहीं; तँह घर किया कबीर।''

वह मन्दिर-मस्जिद के अन्दर पूजा करने में विश्वास नहीं करते थे और न ही तीर्थ-यात्रा व हज जाने में विश्वास करते थे। उनका कहना था कि जब ईश्वर या अल्लाह सर्वत्र व्याप्त है, घट-घटवासी है तो फिर एक स्थान पर बैठकर पूजा करने का क्या तुक है–

''जो खुदाय मस्जिद बसत है; और मुलक केहि केरा।
तीरथ-मूरत राम निवासी; दुइ कहाँ, कतहुँ न हेरा।''

कबीर राम (निर्गुण) के परम उपासक थे और 'राम' के अलावा किसी अन्य की उपासना की आवश्यकता नहीं समझते थे। वे कहते थे–

''राम नाम अति दुर्लभ; अउरे ते नहिं काम।
आदि अन्त अऊ जुग-जुग; मोहि रामहिं ते संग्राम।''

कबीर कहते हैं कि राम की महिमा अपरम्पार है, उसकी कृपा से असम्भव सम्भव हो जाता है और मनुष्य दुर्लभ की प्राप्ति कर सकता है। वह सूर्य व शेषनाग आदि दैवी शक्तियों का नियंत्रण करता है और उन्हें संचालित करता है। वे कहते हैं–

''पंगा मेर सुमेरु लंघै, त्रिभुवन मुक्ता डोलै।
गूँगा ज्ञान विग्यान प्रगासै, अनहद बानी बोले।
अकासहिं बांधि पतालहि पठवै, सेस सरग पर राजै।
कहैं कबीर राम है राजा, जो कछु करै सो राजै।।''

अर्थात् राजा राम चाहें तो लँगड़ा सुमेरु पर्वत लांघ सकता है और तीनों लोक में मुक्त होकर घूम सकता है। गूँगा ज्ञान-विज्ञान विषयों पर निरन्तर बोल सकता है। सूर्य को आकाश से पाताल भेज सकता है और शेषनाग को आकाश में विराजमान कर सकता है। राजा राम सर्वसमर्थ हैं—वह जो भी करें उन्हें शोभा देता है।

सूरदास भी अपने हरि की वन्दना में वही बात कहते हैं—

''जाकी कृपा पंगु गिरि लंघै; अंधे को सब कुछ दरसाई।
बहिरौ सुनै, गूँग पुनि बोलै; रंक चलै सिर छत्र धराई।।''

सन्त कबीर की सबसे बड़ी विशेषता यह है कि वह अनपढ़ थे। उनका जन्म जुलाहा के घर में हुआ था; अतः उन्हें शिक्षा प्राप्त करने का प्रश्न ही नहीं था। बचपन से ही वह कर्घे पर कपड़ा बुनते थे और परिवार का पालन करते थे। अतः उन्हें सन्तों और गुरुओं के संग रहकर ज्ञान प्राप्त करने का अवसर भी नहीं मिला था। उन्हें जो भी ज्ञान मिला आत्मज्ञान से मिला। राम-भक्ति से मिला। कर्मयोग से मिला। ऐसी परिस्थितियों में उनका तत्वज्ञान अद्‌भुत व अद्वितीय कहा जाएगा, जिसे संसार में बहुत से विद्वान्, ज्ञानी, दार्शनिक और विचारक भी प्राप्त नहीं कर सके। कबीर के राम अनादि हैं, जो अखिल ब्रह्माण्ड का रचयिता है—उसी की शक्ति से ब्रह्म सृष्टि की रचना करता है और एक से अनेक हो जाता है। ब्रिटिश दार्शनिक ब्रैडले भी इस निरपेक्ष तत्त्व को स्वीकार करता है। जर्मन दार्शनिक काण्ट भी ईश्वर को आदिकारण से समीकृत नहीं मानते—उनका सर्वोच्चकर्ता भिन्न है। बौद्धधर्म में भी 'निर्वाण' को इसी उच्चतम तत्व अथवा निरपेक्ष परमतत्त्व के समकक्ष मानते हैं—नागार्जुन ने इसी प्रकार के सोच-निर्वाण की व्यवस्था की है।

आदि शंकराचार्य ने अद्वैत ब्रह्म को मानते हुए केवल ब्रह्म को सत्य कहा है और जगत् को माया (मिथ्या)। कबीर भी एक राम (ब्रह्म) को सत्य और संसार को मायाजाल कहते हैं—

''माया-मोह सकल संसारा; इहै विचार न काहु विचारा।
माया-मोह कठिन है फन्दा; करै विवेक सोई जन बन्दा।
राम नाम ले बेड़ा पारा; सो तों लै संसारहि पारा।।''

परमतत्व का ज्ञान कबीर ने जिस सरल भाषा में दिया है और बोलचाल के शब्दों में सहज भाव से दिया है—वह दुर्लभ है। ऐसे सन्त कबीर को कोटिशः साधुवाद और शत्-शत् नमस्कार।

रामचरितमानस : राम का अर्थ और जनलोक

विद्यासागर डॉ. रमेश सोबती

पिछले ग्यारह शताब्दियों के सम्पूर्ण हिन्दी साहित्य के साथ-साथ समग्र भारतीय वाङ्मय के परिप्रेक्ष्य में गोस्वामी तुलसीदास सच्चे अर्थों में विश्वकवि हैं। उनके 'रामचरितमानस' में व्याप्त उदात्त जीवन-दर्शन आज देशकाल की सीमाओं को लांघकर सम्पूर्ण मानव जाति को सत्य के प्रशस्त मार्ग पर अग्रसर कर रहा है। मर्यादा पुरुषोत्तम श्रीराम सम्पूर्ण विश्व में मानवता के आदर्श हैं। वे एक ऐसे व्यक्तित्व हैं जो अपनी वचनपरायणता, कर्तव्यनिष्ठा, शौर्य, विनम्रता, धैर्य, त्याग और विश्व का कल्याण भाव रखनेवाले हैं। इन्हीं गुणों ने श्रीराम को भगवान बना दिया। भगवान राम अर्थात् पूर्ण ईश्वर–

शशब्दो विश्ववचनो महाश्चापीश्वरवाचकः।
विश्वानामीश्वरो यो हि तेन रामः प्रकीर्तितः।।

(ब्रह्मवैवर्तपुराण 111/18 **)**

अर्थात्–'रा' शब्द परिपूर्णता का बोधक है और 'म' शब्द परमेश्वर का वाचक है। अतः श्रीराम पूर्ण परमेश्वर हैं, यही इसका तात्पर्य है। इसलिए श्रीराम शब्द का अर्थ पूर्ण परमात्मा ही लिया जाता है। श्रीराम धर्म के मूर्तिमान स्वरूप हैं, सत्यनिष्ठ और पराक्रमी हैं। राजा दशरथ ने पुरोहित वसिष्ठ जी के द्वारा बालक का नाम बड़ा सुन्दर रखवाया। महर्षि वसिष्ठ जी बोले–

श्रियः कमलवासिन्या रमणोंज्यं महाप्रभुः।
तस्माच्छीराम इत्यस्य नाम सिद्ध पुरातनम्।।
सहस्रनाम्नां श्रीशस्य तुल्य मुकिप्रंदनृणोम्।
विष्णुमासि समुत्यन्नों विष्णुरित्यमिछीयते।।

(पद्मपुराण)

अर्थात् ये महाप्रभु कमल में निवास करने वाली श्रीदेवी के साथ रमण करने वाले हैं, इसलिए इनका परम प्राचीन स्वतः सिद्ध नाम 'राम' होगा। यह नाम श्रीविष्णु के सहस्र नामों के समान है तथा मनुष्य को मुक्ति प्रदान करने वाला है। चैत्र मास श्रीविष्णु मास है। इसमें प्रकट होने के कारण विष्णु ही कहलाएँगे। श्रीराम पुराण-पुरुष हैं। सृष्टि की स्थिति और गति के मूल में व्यापक रूप से निहित परमसत्ता के अवतार के रूप में धरती पर मानवीय लीला करने वाले 'राम' के व्यक्तित्व में निष्ठा रखने वालों को इस बात से बहुत क्षोभ होता है कि वैज्ञानिक तर्कनिष्ठ वाले विद्वानों को रामायण-वर्णित 'राम' और उनके जीवन-वृत्त के सम्पूर्णतः ऐतिहासिक होने के सम्बन्ध में अनेक संदेह है। श्री विश्वनाथ लिमये

ने 'वाल्मीकि के ऐतिहासिक 'राम' नामक ग्रंथ में लिखा है, ये राम कौन थे? थे भी या नहीं? आज का बुद्धिजीवी दुहाई देता विज्ञान-युग की और प्रयोगशाला के प्रमाण माँगता है। श्री लिमये सबसे बड़ा आधार यह बताते हैं कि भारतीय जीवन और भारतीय वाङ्मय पर राम का गहरा प्रभाव इस बात का ठोस सबूत है। भारत के पत्थर, पेड़, नद-नदियाँ, पर्वत, यहाँ तक कि समुद्र की लहरें भी राम के होने का अर्थ बताते हैं। उनकी गौरवगाथा कहती हुई प्रतीत होती हैं। मनुष्य झुठलाया जा सकता है, भूगोल नहीं। चित्रकूट, पंचवटी, शृंगवेरपुर, रामेश्वरम् तथा अयोध्या से स्थान हजारों वर्ष पहले बड़े प्रसिद्ध हुए।

'राम' के होने के अर्थ में जिस निरंतरता की आवश्यकता है, जिसकी पठनीय संवेदना की अपेक्षा है, वह शायद अब तक हिन्दी-पाठक नहीं जुटा पाया, क्योंकि लोक-हृदय में विराजमान राम की काव्यमय अनुभूति और संस्कारों को समझ पाना, उतना सरल और सहज नहीं है। जब तक अपनी आत्मीयता को राम की आत्मीयता से जोड़कर मनुष्य नहीं हुआ जाता, तबतक राम की मर्यादा से नहीं जुड़ा जा सकता। राम तो वाल्मीकि से लेकर तुलसी जैसे लोककवि तक एक ही हैं। लोकपाल श्रीराम के सन्दर्भ में वाल्मीकि, भास, कालिदास, प्रवरसेन, भवभूति जैसे कवियों की परम्पराधारा तथा कथास्रोतों तथा घटनाक्रम के साथ ही परस्पर सम्बन्धों की रचना में नई-नई दीप्ति का अनुभव हुआ है। तुलसीदास को जिस लोकनायक की तलाश थी, वह देवताओं से भी श्रेष्ठ लोकनायक मानस की तलाश थी। वहाँ भवभूति को जिस राम की तलाश थी, वह लोकेषणा के आवरण को चीरकर खड़ी हुई मानवीय करुणा के साकार विग्रह की तलाश थी। तुलसी ने मानस में ऐसे ही राम को स्थापित किया, जो साधारण से साधारण व्यक्ति के घाव की पीड़ा को अपने ऊपर लेने वाले जीवन्त करुणशील सिन्धु की थी। इसलिए तुलसीमानस में राम की ऐसी उपस्थिति बोध को अपने काव्य में आद्यंत बनाये रख सके। मानस कवि तुलसी जैसे भावबोध में अनात्मीय भी, अपने आत्मीय भावबोध का विस्तार करता है। राम किसी के लिए सगुण साकार हैं, तो किसी के लिए शून्य, किसी के लिए मनुष्य, किसी के लिए देवता, किसी के लिए इतिहास, किसी के लिए शब्द। यही है राम के होने का अर्थ।

तुलसी की रामकथा में कलियुग से पीड़ित जीवों के कष्टनिवारण का सुन्दर विधान है। लोगों के कष्ट-निवारण के लिए जब उन्होंने गम्भीर चिन्तन किया तो उनकी दृष्टि राम तथा रामकथा पर गई। रामकथा का स्वरूप कैसा होना चाहिए, इसपर चिन्तन-मनन करने के पश्चात् उन्होंने शिव से समन्वित, रामभक्ति रूपी सुरसरि-धारा का अवतरण किया। वह सुरसरि धारा सर्वसुलभ और सर्वत्र विद्यमान थी-**''सबहि सुलभ सब दिन सब देखा''**। तुलसी के पूर्व की कथा में देवतत्व की प्रधानता थी। उसमें लोक का ध्यान नहीं रखा गया था। तुलसी का मानस दो तटलोक और वेद के रूप में समाहित है-**''लोक वेद मत मंजुल कूला''**। मानस का सबसे बड़ा गुण है, भावों का उदात्तीकरण; यानी उदात्त भावों की अभिव्यक्ति, जो बड़े ही प्रभावी रूप में हुई है। मानस त्यागपूर्ण जीवन-पद्धति का जयघोष है-क्योंकि त्यागपूर्ण योग ही हमारी संस्कृति है। संस्कृति, प्रकृति और विकृति शब्दों का मानस के परिप्रेक्ष्य में गवेषणात्मक विवेचन यही है कि भूखे के सामने से थाली हटा कर फेंकना विकृति है। अपना पेट भरना प्रकृति है; जब कि स्वयं भूखे रह कर दूसरों को अपना भोजन प्रदान करना संस्कृति है। मानस विकृति को प्रकृति में तथा प्रकृति को संस्कृति में परिवर्तित कर देता है। वामन से विराट करना यही मानस में है। प्रकारान्तर से तुलसी और मानस अन्योन्याश्रित हैं। मानस को तुलसी ने विश्वजनीन बना दिया है। डॉ. सारस्वत लिखते हैं-तुलसी ने राम के माध्यम से जो आदर्श प्रस्तुत किया है, यदि उसको आचरण का विषय बनाया जाए तो यह संसार बहुत खूबसूरत हो जाएगा। डॉ. योगेन्द्र प्रताप सिंह कहते हैं कि तुलसी जी मानस में लिखते हैं-**''करव लोकमत वेदमत, नृप नय निगम निचोरि।''** अर्थात् लोकमत के अनुसार वैदिक परम्परा का निर्वहन करते

हुए राजनितिक परिप्रेक्ष्य में शुचिता तथा पारदर्शिता सम्भव है। इसीलिए उन्होंने यह भी कहा कि अद्वैत वेदान्त का सारतत्व तुलसी की रामकथा में समाहित है। तुलसी सुरसरि को नहीं मानते। मानस और गंगा दोनों पुण्यप्रदा तथा पापहारिणी हैं। डॉ. शम्भुनाथ द्विवेदी ने तुलसी के चरित-नायक को लोकोन्मुखी चरित्र की विशेषताओं का उल्लेख करते हुए लिखा है, "कि लोकजीवन में आदर्श व्यक्ति की आवश्यकता होती है। भगवान् श्रीराम ने चरित्र तथा व्यवहार से अपनी अलौकिकता का परिचय दिया है। यह ध्यातव्य है कि सारे अवतार लोक के प्रति समर्पित रहे हैं। इस दृष्टि से राम का लोकनायकत्व भारतीय संस्कृति में सबसे ऊपर है।"

तुलसी ने समाज में सबका समन्वय किया है। विभिन्न संस्कृतियों–देव-संस्कृति, दानव-संस्कृति, मानव-संस्कृति, तिर्यक-संस्कृति, अरण्य-संस्कृति आदि का समन्वय अपने चरित्र-नायक के माध्यम से वे कराते हैं। लोक जीवन कैसे समृद्ध बने, कैसे सुखी बने, तुलसी की सबसे बड़ी यही चिन्ता थी। इसीलिए उन्होंने लोक-चेतना को जाग्रत करने का कार्य किया। समाज में दबे-कुचले-शोषित-पीड़ित-उपेक्षित-तिरस्कृत और समाज से बहिष्कृतजनों को समाज की मुख्य धारा में जोड़ने का स्पृहणीय कार्य मानस के द्वारा किया। राम का लौकिक आचरण ही तुलसी साहित्य का लोकजीवन है। लोक-जीवन के चार पक्ष हैं–वैयक्तिक, पारिवारिक, सामाजिक तथा राजनितिक। लोकजीवन राजनीति से भी जुड़ा है। वर्तमान समय में राजनैतिक मापदण्ड पतनोन्मुख है। तुलसी ने जिन राजनैतिक मापदण्डों की स्थापना की थी, आज उसका क्षरण हो रहा है।

'रामचरितमानस' की सार्वभौमिकता को ध्यान में रखते हुए महामना पंडित मदनमोहन मालवीय ने कहा था कि–'यह ग्रन्थ समस्त मानवजाति को अनिर्वचनीय सुख एवं शान्ति पहुँचाने का साधन है।' राष्ट्रपिता महात्मा गाँधी ने 'मानस' को जीवन पर्यन्त अपने मार्गदर्शक के रूप में स्वीकार किया था। स्वतन्त्र भारत में रामराज्य की कल्पना गाँधी जी ने इसी मानस से अपनाई, जिसमें राजा भरत त्यागी भरत बन गए थे–

"राम मातु गुर पद सिरु नाई। प्रभु पद पीठ जायसु पाई।।
नन्दिगाँव करि परन कुटीरा। कीन्ह निवासु धरम धुर धीरा।।
जटा जूट सिर मुनिपट धारी। महि खनि कुस साँथरी सँवारी।
भूषण बसन भोग सुख भूरी। मनतन बचन तजे तिन तूरी।
अवध राजु सुर राजु सिहाई। दसरथ धनु सुनि धनदु लजाई।।
तेहिं पुर बसत भरत बिनु रागा। चंचरीक जिमि चंपक बागा।।"

जीवन की इस पद्धति में भला उपभोक्ता संस्कृति का क्या वश चलेगा। जहाँ–'**रामलखन सिय कानन बसहीं। भरत भवन बसि तप तब कसहीं।**' तुलसी का आज के विश्व को, जड़ता पर चेतना के विजय का यही संदेश है। भारत का 'वसुधैव कुटुम्बकम्' का नारा भी एक प्रकार का भूमण्डलीकरण ही था, पर इसके मूल में मानवीय संवेदना थी, रिश्तों की पवित्रता थी, आदमीयत का जयनाद था। उपभोक्तावादी अपसंस्कृति से यही मानववाद निज़ात दिला सकता है। व्यावसायिकता के शोषण-तन्त्र को तोड़ सकता है, पदार्थवाद को तिलांजलि देकर प्रत्ययवाद, विचार को स्थापित करना होगा। मानस का यही पैगाम है।

तुलसी का विश्वास है कि लोक कल्याण का मूल भाव साहित्य का प्राणाधार है। इसीलिए समाज उनकी मानस-कृति को समादृत करता है, क्योंकि उसमें लोक कल्याण की भावना निहित है, नहीं तो उनका प्रयास व्यर्थ होता, **"जो प्रबन्ध बुध नहिं आदरहीं, सो श्रमवादि बाल कवि करहीं।"** मानस रामायण विश्व में अपनी शैली की अद्भुत

कृति है। वेद, स्मृति, पुराण के उपदेशों का सारभूत यह धर्मग्रन्थ है। इसमें ज्ञान, भक्ति, वैराग्य की विमल त्रिवेणी का प्रवाह बहता है। इस चेतनामय ग्रन्थ के अभाव में जनजीवन जड़वत और शुष्क बन जाता। तुलसी जी की भाषा में जो प्राणप्रद शक्ति है वह किसी और की भाषा में नहीं। संसार के प्रत्येक मानव ने उसका रसास्वादन कानों द्वारा किया। गीत और अर्थ-शैली की सरलता और विचार तथा भावना की गहराई के मिश्रण में गोस्वामी तुलसीदास का मानस हिन्दी का अत्यन्त प्रसिद्ध यह ग्रंथ और शिक्षा का बोध माना जाता है। तुलसी एक ऐसे कवि हैं जो देश और काल की परिधि के ऊपर हैं और उनकी वाणी समूची सभ्यता और मानवीय कुटुम्ब के लिए है। मानस का मूलमंत्र सत्य की विजय और कर्तव्य की ऊँची प्रतिष्ठा है।

उक्त कथनों से स्पष्ट है कि गोस्वामीजी के पास रामकथा की सुदीर्घ परम्परा का मिथ था, जिसका उन्होंने यथावसर सदुपयोग किया। वे समकालीन तथा भविष्य के समाज के लिए राम जैसा ही आदर्श पुरुष नायक के रूप में देखना चाहते थे। सामाजिक व्यवस्था तभी सुसंगत एवं मर्यादित रह सकती है, जब सत्य को डंके की चोट पर सत्य कहा जाय और असत्य की सार्वजनिक रूप से भर्त्सना की जाए।

''हम चाकर रघुवीर के, पढ़ौ लिखो दरबार।
तुलसी अब का होहुँगे, नर के मनसबदार।।''

लावनी में रामकथा के प्रसंग

डॉ. कवीन्द्र कुमार केसरी

रामायण, महाभारत, श्रीमद्भागवत् तीन उपजीव्य महाकाव्य हैं। रामायण इनमें आदिकाव्य है जिसकी रचना आदिकवि महर्षि वाल्मीकि ने की थी। रामकथा का आदि स्रोत भी अनेक विद्वान् वाल्मीकीय रामायण को ही मानते हैं। इसी से प्रभावित होकर आज से पाँच सौ वर्ष पूर्व भक्तशिरोमणि तुलसीदास ने 'रामचरितमानस' की रचना की जो भाव-भाषा, ज्ञान-विज्ञान, भक्ति, नीति, समन्वयशीलता के कारण कोटि-कोटि जनता के गले का हार बन गयी है। इससे जन-जन का लोक-परलोक दोनों सुधरता नज़र आया और वह निरन्तर लोकप्रिय होती चली गयी। इसका सुपरिणाम यह हुआ कि उस समय या उसके बाद से अद्यावधि जितने भक्ति, ज्ञान के ग्रंथ लिखे गये, उनमें प्रायः सभी पर उसका असर दिखलाई पड़ा। 'रामचरितमानस' को सोलहवीं सदी के अन्त की रचना मान लिया जाय तो उसके बाद जो भी काव्य-विधाएँ आयीं, वे येन-केन प्रकारेण उससे प्रभावित अवश्य मिलती हैं। उसी समय यानि 17वीं सदी के आरम्भिक काल में लावनी-गायन की एक नयी विधा की शुरुआत हुई। इसका जन्म तो महाराष्ट्र में अवश्य हुआ, किन्तु उसे ख्याति मिली उत्तर-प्रदेश, मध्यप्रदेश में, क्योंकि यह भगवान श्रीराम की जन्म तथा कर्मभूमि भी है। कालान्तर में व्यवसाय का मुख्य केन्द्र होने के कारण यह परम्परा गंगा-शोण के सहारे कोलकाता तक पहुँच गयी। वहीं पहला 'नागरी प्रेस' खुला जिसके कारण अनेक कृतियों का प्रकाशन सम्भव हो सका। इस तरह बम्बई से कोलकाता तक साहित्य का माहौल जो सृजित हुआ, वह आज तक अनवरत चल भी रहा है।

बम्बई (मुंबई) से सं.1971 (सन् 1867 ई.) में 'अनेक संग्रह' नाम का एक ग्रंथ 432 पृष्ठों का, जिसे श्री महापाच-वंशावतंस अंजोरी महापात्र जिला रायपुर रईसी खैरागढ़ के निवासी के पुत्र पं. रामलाल द्वारा संगृहीत-विविध भांति की राग-रागिणियों एवं उत्तमोत्तम पदों का अपूर्व संग्रह लिखा गया है, मुरादाबाद-निवासी ब्रजरत्न भट्टाचार्य द्वारा संशोधित, सम्पादित और परिवर्द्धित होकर गंगाविष्णु श्रीकृष्णदास के 'लक्ष्मी वेंकटेश्वर' छापेखाने में छपा था। रामचन्द्र राघो ने मालिक के लिए छापकर प्रसिद्ध किया था, में अद्भुत सामग्रियों का संग्रह है। यह ग्रंथ पैतृक सम्पत्ति के रूप में मेरे पास सुरक्षित है। इसमें लावनियों का प्रभूत (आधा के लगभग) दुर्लभ संग्रह है। संयोग और सौभाग्य से जब इसका मैंने वाचन अवलोकन किया तो लगा कि यह तो रामकथा का एक महाकोश ही है।

मैं कहना यह चाहता हूँ कि रामकथा के ऐसे अनेक ग्रंथ गाँवों में पड़े हुए हैं, जो अत्यन्त जीर्णशीर्ण अवस्था में हैं। रामकथा से जुड़े या रामकथा पर काम कर रहे 'अयोध्या शोध संस्थान' जैसी संस्थाओं को इनके संग्रह, सम्पादन, पुनः प्रकाशन और शोध का कार्य करना चाहिए।

'रामचरितमानस' के समानान्तर अथवा थोड़ा-बहुत आगे-पीछे लावनी-गायकों के भी अनेक अखाड़े खड़े हुए थे, जिनके माध्यम से रामकथाएँ खूब लिखी गयीं। इस ग्रन्थ को केंद्र बनाकर मैं यहाँ 'लावनी गीतों में रामकथा' की विशेष चर्चा करते हुए अन्य प्राप्त लावनियों के साथ समन्वय बैठाते हुए अत्यन्त हर्ष और प्रसन्नता का अनुभव कर रहा हूँ।

बाबा तुलसीदास ने 'नानापुराण निगमागम' से लेकर जिस सुन्दर काव्य की रचना की, उसमें 'क्वचिदन्यतोऽपि' भी लिखा। सम्भवतः उनका यही भाव था कि नाना पुराण निगमागम के अलावा जो अन्यत्र से ग्रहण किया, वह कुछ और नहीं, व्यापक लोक ही था। उस समय का उनका वह लोक मौखिक परम्परा का था। लोक से लिया और अपने ग्रंथ को लोकोपयोगी बनाने में महारथ भी हासिल कर लिया, जिसके लिए उन्हें हमेशा नमन किया जाता रहेगा।

तो आइये, हम लावनी गीतों में रामकथा की चर्चा करें। रामकथा की महिमा अनन्त है। संशय रूपी पक्षी को उड़ाने के लिए हाथ की ताली बजाकर रामकथा का श्रवण कीर्तन मोक्ष देने वाला है–

''रामकथा सुन्दर करतारी। संसय विहंग उड़ावन हारी।''

–तुलसी

लावनी में राम-प्रताप का वर्णन इस प्रकार किया गया है–

''हे रामचंद्र सुखधाम तुम्हारे नाम बड़े अभिराम वेदगायी है।
हैं जन के प्रान-अधार सुयश छाई है।।
भव अरन्य को नाश करन को खास अग्निप्रकाश नाम आला है।
है गरुड़ ग्रसन, करने संशय व्याला है;
चारों फल देवनहार, कल्पतरु चार नाम उदार अमी प्याला है
दुखकरि नाशन को केहरि मतवाला है।
नहिं नाश होत है शंकर, तुव नाम प्रताप हे रघुवर।
है गनप पूज प्रथम पर, भये बालमीक मुनियों वर।
नाम बलफन्न हजारधरे, महि भार बोझ अपारन दुखहराई है
है जन के प्रान अधार, सुयश छाई है।

–अनेक संग्रह, पृ. 418

इस लावनी में कहा गया है कि रामनाम जप कर योगी, मुनि, शुकदेव अविनासी हो गये। नाम-विश्वासी सनकादि अमर हो गये। नारद ब्रह्मा सुखी हो गये। प्रह्लाद भक्त हो गये। ध्रुव नाम पाकर स्थिर हो गये। पवनकुमार नाम जपकर जगत्-प्रसिद्ध हो गये। अजामिल, गणिका, खग, नाम का आधार पाकर मुक्ति पा गये। हे प्रभु! तुम्हारा नाम जपने से सारे पापों का नाश हो जाता है। निष्काम हो जाता है। सारी कामनाएँ पूरी हो जाती हैं और किसी के हजार बार नाम जपना, राम के एक बार जपने के बराबर है। इसे तो महेश भी हमेशा जपते हैं, शेष रटते रहते हैं। सब कुछ करके भी बिना नाम जपे भवसागर से पार नहीं उतरा जा सकता, नाम जपने वाले का ही कार्य सफल होता है। इसलिए हे प्रभु! –

''मैं जपता नाम तुम्हारी, निसवासार अवध विहारी।
दीजै दुख मेरी टारी, है अरजी यही हमारी।
जन रामलाल निहोर कहत, कर जोर बसो उर मारे ये रघुराई हैं।''

लावनियों में विरहिणी सीता विलाप जितना मार्मिक कारुणिक है, उतना अन्यत्र कहीं कोई प्रसंग नहीं है। हर तरफ से निराश सीता अश्रुजल को ही अपना साथी मानती हुई अपनी सारी संवेदनाएँ उसी के समक्ष उड़ेल देती हैं–

''अश्रुजल! साथी तुम्हीं हो, आज मेरे शोक में।
हाय रे मुझसी अभागिनी, कौन होगी लोग में।।
नीचतनु! निश्चय अनल में, मैं जलाऊँगी तुझे।
दुःख जिसके हेतु, ये सहने पड़े ऐसे मुझे।।2।।''

–वही, पृ. 423

इस असह्य पीड़ा के बाद भी जानकी के चरित्र और पति-प्रेम की ऊँचाई तो देखिए, कितनी बेजोड़ हैं, जानकी कहती हैं–

''दुःखिनी चाहे रहूँ मैं, तुम उन्हें राखिए सुखी।''

–वही, पृ. 224

लावनियों में कारुणिक प्रसंग अधिक लिए गये हैं। लक्ष्मण-शक्ति का वर्णन बहुत बढ़िया किया गया है। लगभग चार पृष्ठों में सवासौ पंक्तियों की एक ही लावनी मिली, जिसमें मेघनाद के वाण-संधान से लेकर लक्ष्मण के लिए संजीवनी बूटी लाने तक का अद्भुत वर्णन किया गया है। पहले आरम्भ की कुछ पंक्तियाँ देखिए–

''जब मेघनाद ने बान हना लछमन को,
महराज लगत शर मुरछा खाया है।
देख हाल लछमन के बहुत सोचें रघुराया जी।
जिस वक्त लखन रावन-सुत जोधा भारी।
महराज परस्पर लगे जुद्ध करने।
नहिं मानत कोऊ हार दुष्ट लगे छलबल कर लरने।
तब मेघनाद के सारथि रण को भेजे
महराज कोप के धरनीधर ने।''

यह प्रसंग कथात्मक है। राम ने जब बाण-संधान किया तो मेघनाद डरा, सोचा तब तक घातक बाण चलाया जो लक्ष्मण के उर में जा लगा, लक्ष्मण मूर्च्छित हो गये, तब तमाम योद्धा मिलकर उन्हें उठाने लगे, परन्तु तिल भी नहीं उठे, वीर हार मान बैठे, तब हनुमान को मालूम हुआ, दुःखी हुए। तब जामवंत ने सुखेन वैद्य को बुलाने का सुझाव दिया। तब हनुमान जी स्वयं लघुरूप धारण कर वहाँ गये, उन्हें ले आये। वे आये, रघुनाथ को प्रणाम किया, देखा, कहा–कोई वीर तुरंत जाय पर्वत से रातोरात बूटी ले आये, तभी प्राण बचेंगे। तब राम ने हनुमान को जाने का आदेश दिया, हनुमान जी चले तो, पर खल ने मार्ग रोक लिया, उसे मार गिराया, हर्षित हो आगे बढ़े, पहाड़ पर गये तो संजीवनी को पहचानने में उन्हें दिक्कत हुई, वह पहाड़ ही उखाड़ कर लेकर चल पड़े। जब अयोध्या गये तो भरत ने सोचा कोई शत्रु है और हनुमान को मार गिराया। हनुमान ने 'राम-राम' कहा तो समझ गये कोई रामभक्त है, निकट पहुँचे, देखा तो हृदय से लगा लिया, विलाप करने लगे, भगवान का स्मरण किया, हनुमान को चेतना आयी, आपबीती सुनाया तो भरत और दुःखी हो गये, विलाप किया, तब तक इधर आधी रात हो गयी, राम को प्रातः हो जाने की चिन्ता हुई, और दुःख बढ़ा, लक्ष्मण से ही कहा–

''ज्यों पंख बिना खगपती दीन होता है,
महराज बिना मनि के पन्नग जानो।
ज्यों रजनी बिनु चंद भानु बिन दिवस को पहिचानो।
येहि भांति बंधुबिन मम जीवन नहिं होगा।।''

–वही, पृ. 334

राम विलाप कर ही रहे थे, मूर्च्छित लक्ष्मण को सम्बोधित करके, तभी हनुमान जी आ गये, राम ने उन्हें गले लगाया। तब हनुमान जी ने जड़ी पिलाई, लक्ष्मण को चेतना आयी, राम को लक्ष्मण ने भी गले लगा लिया, देव-नारियाँ मंगलगीत गाने लगीं, आकाश से देवों ने पुष्प बरसाये। तब हनुमान जी ने वैद्यजी को उनके आवास तक पहुँचाया, पर्वत को जहाँ के तहाँ छोड़ा। सब मंगलमय हो गया। गीतकार का कहना है कि जो इस कथामृत का पान-गायन करेगा, उसका राम-पद-अनुराग बढ़ेगा, पापों का नाश हो जायगा और वह राम के साथ-साथ सदा रहेगा–

''जो चरित गावे सुने यह, राम पद करुणा बढ़े।
नाश होवे पाप सब अरु, अन्त बसे रहे प्रभु जहाँ।।''

–वही, पृ. 335

लावनी रामचरित में श्रीराम के जीवन की घटनाओं का तिथिवार वर्णन किया गया है, जो अन्यत्र दुर्लभ है। इसे यथावत् दे देना मैं उचित समझ रहा हूँ। इसकी भाषा सरल, बोधगम्य है–

''श्रीरामचन्द्र महराज संत सुरकाज जन्म जग लिये।
राजा दशरथ के धाम बड़े अभिराम सकल सुख दिये।
भये पन्द्रह वर्ष के राम व्याह गये जान संत श्रुति कहे।
रहे अवध बारहें वर्ष सताईस वर्ष गमन वन कहें।
माधवसित पंचमी जान तेड़ी दिनमान राम तजदिये धाम नहिं रहे।
श्रीरामचन्द्र भगवान बरख बिताय बारहां चित्रकूट में रहे।।(झेला)
मास नव पंचवती मोक्काम किये सुखदायक सीताराम।।
असित अष्टमी फागुन की जाना भये सीता के हरन सुजान।।
नौमी दिन माघ के मास, शुक्लपच्छ खास मास दस कपि खगते सुधि लिए।
दिन द्वादशी के वीर हनुमान, सियाते बात परस्पर भये।।
लगते ही एक दिन पूस, लंक गढ़ फूँक हर्ष मन भये।।
सतमी तिथि हनुमान वीर बलवान, खबर सब रामचंद्र को दिये।।1।।
अष्टमी उहा मध्यान श्री भगवान कूँच कर दिये।। झेला।।
सित परिवार को दधिपास, राम ले पहुँचे सैन हुलास।।
विभीषन मिली चौथ को खास। भये अति मंगल करक प्रकाश।।
दशमी से सेत आरम्भ किया, दृगबंध त्रयोदशमीते बंद कर दिये।।2।।
द्वितीया दिन माघ के मास कृष्णपच्छ खास राम लंका गढ़ पर चल चढ़े।।
पहिले ते द्वैज सित माघ कृष्ण वैशाख चतुर्दश भले।।

सत्तासी दिन लौ जुद्ध भये। अति कुद्ध मही आकाश लोक सब हले।
मध्यम पन्द्रह दिन सैन किये, दुहूं चैन श्रमित सब टले।।झेला।।
कियो युद्ध बहत्तर बार, नेक नहिं मानत कोई हार।।
अमावस के रावन भैं संहार, देवगन बरषैं फूल अपार।।
दोज शुक्ल पच्छ बैसाख, श्री रघुराज राज रावन-भ्राता कह दिये।।3।।
जानकी तीज को मिली, अधिक सुख बढ़ी, यान चढ़ करके राम सिय चले।।
पंचमी रोज महराज, मुनि भरद्वाज के आश्रम अड़े।
जब बीते चौदह मास करत सब आस समय ताही में राम आ पड़े।।
छठ को भरतादिक मिले, खुशी हो खिले राज सतमी पाये सुख बढ़े।
नौदिन अरु चौदह मास रहे वियोग सिया ते खास, बरष हजार रहे इक पास।।झेला।।
किये बहु विधि के भोग विलास, जो इस चरित्र को पढ़े,
अधिक सुख बढ़े, कहे 'रामलाल' वोही जग जिये।।4।।88।।

–वही, पृ. 336-337

एक लावनी में लावनीकार ने राम को विश्वरूप मानकर उनके प्रत्येक अंग का रूपक बाँधा है। इतना ही नहीं, उनके बल, बुद्धि, विद्या आदि को भी रूपकों में बाँधा है जो अप्रतिम है। इसे भी यथावत् ही प्रस्तुत करना उचित होगा–

"राम तुम सब उर थाना है। विश्व रूप महराज तुम्हें वेदों ने बखाना है।
पांव पाताल शीश अजधाम, और लोक जितने हैं तिसमें अंग रहा सरनाम।
नैन रवि कान दिशा अभिराम, घ्राण तेरे अश्विनी कुमार हैं।
सुन्दर सुख के धाम। केश घन तुव सब जाना है।।1।।
पयोनिधि जीह तुम्हारे हैं, दिवस रात जो होत सोई प्रभु पलक तुम्हारे हैं।।
अगनि आननसु तुम्हारे हैं। बाहू हैं दिगपाल पवन स्वासा जो तुम्हारे हैं।।
रोम तरु तृन के खाना है।।2।।

नारि अजा हांस नदी भाई।
अधर लोभ हैं दशन तुम्हारे यम पदबी पायी।।
अस्थि अद्री रस शब्द गाई, और भोग है चरित, तुम्हारे बिरले लख पाई।।
विष्णु परजापति जाना है।।3।।

तुम्हारे बीरज हैं सो तोय। है भवके विलास तुम्हारे सोई काल सच होय।
तुम्हारे उदर सिंधु हैं सोय। अंग तुम्हारे हैं जो इतना सो अस्थूला।।
अहंकार शिव भगवाना है।।4।।

तुम्हारे बुद्धि सोई अज जान, मन प्रभु के दिन राजा है।
वह सत्य सत्य कर मान। प्रभु तुम व्यापक व्योम समान।
भजन बिना नहिं देख परत हो, जिमि बिन मथे कृसान।
'रामलाल' जन के ये गाना है।।5।।"

–वही, पृ. 339-340

रामलला की बाल लीलाओं का भी मनोमुग्धकारी वर्णन लावनियों में किया गया है। उन्हें ग्राम्य-परिवेश से जोड़ कर बताया गया है कि वह नित्य व्यायाम भी करते हैं और माता-पिता की नित्य सेवा भी करते हैं–

''कुस्ती कबहूँ लड़ें अरु कसरत पेले राम लला।।
कबहूँ मुदगर लेके अपने कर से झेलें राम लला।
कबहूँ सरजू मध्य में नावरि खेवें रामलला।।
कभूँ उड़ावें पतंग सखा संग कबहूँ लरत हैं रामलला।।
कबहूँ मातु पिता गुरु के चरनन को सेवें रामलला।।''

–वही, पृ. 341

कहा–रामकथा अकथ कथा है, वाल्मीकि तुलसी से लेकर जितने भक्त कहते थक गये, कह न सके।

राम-रावन युद्ध वर्णन भी बहुत अनोखा है। दास रामलाल का कहना है कि–

'' रावण-राम युद्ध जो गावै, सो नर विजय जगत में पावैं।।''

–वही, पृ 380

इसी प्रकार 'लावनी विनय' 'नई विनय पत्रिका' के पदों की याद दिला देती है। सीता-स्तवन कवित्त की पंक्तियाँ नारी के प्रति कवि के कर्त्तव्य की याद दिलाती हैं। मात्र दो पंक्ति पर ही ध्यान दें–

''कल्प अन्तकारी, साधु संत शोक हारी।
मुनि देवन उबारी, गिरिराज की कुमारी तैं।''

× × ×

''हाहाकार भारी, परे लोक लोक-न्यारी।
जब चलत प्रचारी सिया मात की सवारी है।।''

–पृ. 388/5/112

वन-गमन-प्रसंग में अनेक कवियों की कल्पना रमी है। ग्राम बालाएँ उन्हें देखकर कहती हैं–

''कोटि काम की छबी है, इनकी शोभा में है बड़े सखी।
देव असुर नर नाग मुनी में सुना न अस छबि कहीं सखी।।''

–पृ. 392

राम-लक्ष्मण में प्रश्नोत्तर का वर्णन बहुत कम मिलता है, इस संग्रह में। इसे ज्ञानकाण्ड कहा जा सकता है। लक्ष्मण ने आरम्भ में ही कह दिया कि–

''नाथ बात सब विधि तुम जानौ।। मैं पूछतैं संक्षेप बखानौ।।''

× × ×

''रंक कौन ज्यहि तृष्ना चोषी। धनी सो को सब विधि संतोषी।
महा अंध को जो मदनातुर। जिन भल करै सोई बड़ चातुर।।
छमावंत को त्यहि श्रुति कहई। परुष बचन सुनि जो नहिं दहई।।
मृतक कौन ज्यहि कीरति नाहीं। जीवत जासु सुयश जग माहीं।।
दीरध रुज किं यह संसारा। और वधि तासु अनूप विचारा।।''

उसमें प्रश्न के साथ-साथ उत्तर है। जब लक्ष्मण ने प्रश्न किया कि–

''को हौं आये कहाँ ते, कित जैहों का सार।
को मैं जननी को पिता, याको कहिए विचार।
प्रश्न-किं अनीति? उत्तर-जहं वेद विरुद्धा।
प्रश्न-परम तीर्थ किं? उत्तर-निज मनशुद्धा।
प्रश्न-बिन प्रतीत को? उत्तर-कंचन कांता।
प्रश्न-सेवा करन योग को? उत्तर-शांता।
प्रश्न-तप किं? उत्तर-विषय भोग परिहरई।।''

यह बड़ा लम्बा प्रकरण है, परन्तु एक दोहा उद्धृत कर मैं विराम चाहता हूँ, वह यह है कि–

''हौं नहिं तन मन वचन बुधि, जाति वरन कुल एक।
थावर जंगम सबन में, याको कहत विवेक।।''

अब इसके बाद क्या रह गया। कवि ने एक ही दोहे में राम-लक्ष्मण के शब्दों में सृष्टि-समरसता की बात कह दी। इस ग्रंथ के बारे में भी कवि ने स्वयं सबकुछ कह दिया कि–

''कल्पवृक्ष सम ग्रंथ यह, सर्वोफल दातार।
रामलाल गुन आगम है, कहाँ तक कहूँ विस्तार।।
विविध सगुन बहु विधि सुमन, मय मति मारखी जानि
है 'अनेक संग्रह' मधू, कीन इकट्ठे आनि।''

अन्त में रामलाल कवि ने यह भी कह दिया कि हे प्रभु! इस ग्रंथ को मैं आप को ही अर्पित करना इसलिए चाहता हूँ कि–

''दीजै यह वरदान, ग्रंथ संत को होय प्रिय।
जहं जहं जन्मो जान, तहं तहं भक्ती मिले मोहिं।''

अन्त में लिखा है कि–

''इति श्री अनेक संग्रह दूसरा खण्ड सागर सब गुण आगर ग्रंथ उजागर श्रीरामलालदास कृत सम्पूर्ण।''

इसका मतलब यह है कि इस ग्रंथ का पहला भाग भी प्रकाशित है, जो मेरी पहुँच के बाहर है। इति श्रीरामचन्द्रायते नमः।।

संस्थान को चाहिए कि उसकी खोज कर दोनों का प्रकाशन करे, यह बड़ा काम होगा।

रामायण में करुण रस का विवेचन

डॉ. अशोक कुमार

संस्कृत साहित्य में रस शब्द का प्रयोग विभिन्न अर्थों में अति प्राचीन काल से किया जाता रहा है। काव्य साहित्य में रस शब्द से श्रृङ्गार आदि रसों का बोध होता है। विभाव, अनुभाव तथा व्यभिचारी भावों के संयोग से अभिव्यक्त स्थायी भाव ही रस कहलाता है। अतः स्थायी भावों की जो संख्या होगी, वही रसों की संख्या होगी। भरत मुनि के मतानुसार रसों की संख्या आठ है–श्रृङ्गार, हास्य, करुण, रौद्र, वीर, भयानक, बीभत्स और अद्भुत। आचार्य मम्मट ने निर्वेद को स्थायी भाव मानकर शान्त रस को नवम रस कहा था। विश्वनाथ ने वात्सल्य की गणना भी रसों में की है।[1] इस प्रकार रसों की संख्या (11) (ग्यारह) हो जाती है। परन्तु अधिकांश विद्वान रसों की संख्या 9 ही मानते हैं।

इष्ट का विनाश तथा अनिष्ट की प्राप्ति करुण रस के आलम्बन विभाव हैं। प्रिय के गुणों का कथन उद्दीपन विभाव है। निःश्वास उच्छ्वास, रुदन, स्तम्भ, प्रलाप, विवर्णता आदि अनुभाव हैं। स्वप्न, अपस्मार, दैन्य आदि व्यभिचारी भाव हैं। इनसे निष्पन्न शोक रूप स्थायी भाव करुण रस दशा को प्राप्त करता है। भवभूति ने उत्तररामचरित (3/47) में करुण रस के विषय में कहा है–

एको रसः करुण एव निमित्तभेदाद्भिन्नः पृथक्पृथगिवाश्रयते विवर्तान्।
आवर्तबुद्बुदतरङ्गमयान्विकारान्भो यथा सलिलमेव तु तत्समग्रम्।।[2]

अर्थात् जिस प्रकार जल अलग-अलग निमित्त कारणों से आवर्त, बुद्बुद, तरङ्ग और फेन आदि का रूप लेता है तथा अलग-अलग संज्ञाओं से पुकारा जाता है, परन्तु रहता अन्ततः जल ही है, क्योंकि अन्ततः इन सभी का पर्यवसान जल में ही होता है और शेष जल ही बचता है, इसी प्रकार साहित्य में भी एक ही रस करुण है और वही निमित्त-भेद से श्रृंगार, वीर, रौद्र, अद्भुत आदि रूप धारण कर विभिन्न नामों से पुकारा जाता है। अर्थात् नाटककार भवभूति के मतानुसार एकमात्र करुण रस ही होता है। उसी के आश्रय से विभिन्न रसों की अभिव्यक्ति होती है।

रामायण महाकाव्य में आदि कवि वाल्मीकि ने सभी रसों का प्रतिपादन बड़े ही मार्मिक रूप में किया है। आनन्दवर्धन ने रामायण का अंगीरस 'करुण' को (ध्वन्यालोक, चतुर्थ, उद्योत, पृष्ठ 237) ही माना है। अन्य रस जैसे श्रृंगार और वीर आदि अंग रस हैं। आनन्दवर्धन का मत है कि महर्षि वाल्मीकि ने स्वयं ही करुण रस की सूचना दी है और सीता के आत्यन्तिक वियोग तक अपने प्रबन्ध का निर्माण कर उन्होंने करुण रस का पूर्ण निर्वाह किया है।

अनादिकाल से मानव दुःख की अनुभूति में भी एक प्रकार के सुख एवं आनन्द का अनुभव करता आया है। करुणा मानव के मोलतम हृदय को स्पर्श कर उसमें अनेक भावों को उद्बुद्ध कर उसकी चेतना को झकझोर देती है। काव्य की रचना करुणा की मर्मानुभूति के पश्चात् होती है। रामायण की रचना करुण रस के प्रस्फुटित होने के कारण हुई तथा

अन्यथा नहीं हो सकता था। ऋषि वाल्मीकि एक दिन स्नान करने के लिए तमसा नदी के तीर पर जाते हैं। तमसा नदी के तट पर पहुँचने के पश्चात् वहाँ ऋषि वाल्मीकि देखते हैं कि एक व्याघ ने काम से मोहित क्रौञ्च पक्षी को बाण से मारता है। बाण के प्रहार से क्रौञ्च पक्षी रुधिर से आप्लावित होकर भूमि पर गिर जाता है। क्रौञ्च की प्रेयसी क्रौञ्ची उसके लिए विलाप करती है।

तं शोणितपरीताङ्ग चेष्टमानं महीतले।
भार्षा तु निहतं दृष्टा रुराव करुणां गिरम्।।

(बाल-2/11)

तथाविधं द्विजं दृष्टा निषादेन निपातितम्।
ऋषेधर्मात्मनस्तस्य कारुण्यं समपद्यत।।

(बाल-2/23)

अर्थात् निषाद (व्याघ) ने जिसे मार गिराया था, उस नर पक्षी की वह दुर्दशा देख कर उन धर्मात्मा ऋषि अर्थात् वाल्मीकि को बड़ी दया आयी। रामायण के बालकाण्ड (2/14-15) में करुण रस का उल्लेख मिलता है। यथा–

ततः करुणवेदित्वाद्धर्मोऽयमिति द्विजः।
निशाम्य रुदतीं क्रौञ्चीमिदं वचनमब्रवीत्।।

अर्थात् स्वभावतः करुणा का अनुभव करने वाले ब्रह्मर्षि ने 'यह अधर्म हुआ है' ऐसा निश्चय करके रोती हुई क्रौञ्ची की ओर देखते हुए निषाद (व्याध) से इस प्रकार कहा–

मा निषाद प्रतिष्ठां त्वमगमः शाश्वती समाः।
यत् क्रौञ्चमिथुनादेकमवधीः काममोहितम्।।

अर्थात् हे निषाद तुमने काम से मोहित इस क्रौञ्च पक्षी को मारा है। अतः तुम सदा के लिए प्रतिष्ठा प्राप्त न करो।[3] महर्षि वाल्मीकि की कल्याणमयी वाणी सुनकर स्वयं ब्रह्मा उपस्थित हुए और उन्होंने रामचरित लिखने के लिए उनसे कहा। रामायण की रचना इसी प्रेरणा का फल है। रसाविष्ट हृदय होने पर ही कविता का उद्गम होता है। जब तक कवि के हृदय को तीव्र भावना आक्रान्त नहीं करती, तबतक वह विशुद्ध कविता का निर्माण नहीं कर सकता। काव्य अन्तश्चेतना की बाह्य अभिव्यक्ति है अतएव रसात्मक कविता के उन्मेष के लिए हृदय को रस दशा में पहुँचना ही पड़ता है। तीव्र भाव के अन्तः जागरण के साथ ही साथ उसकी शाब्दिक अभिव्यक्ति बाहर अवश्यमेव होती है।

रामायण के अयोध्याकाण्ड में महर्षि वाल्मीकि जी ने करुण रस का प्रतिपादन मार्मिक रूप में किया है। इस काण्ड में राजा दशरथ का विलाप का वर्णन महर्षि वाल्मीकि ने किया है। यथा–

न जीवितं मेऽस्ति कुतः पुनः सुखं निवात्मजेनात्मवतां कुतो रतिः।
ममाहितं देवि न कतुमर्हसि स्पृशामि पादावपि ते प्रसीद मे।।

(अयो.-12/11)

अर्थात् देवि! (कैकेयी) अपने बेटे श्रीराम के बिना मेरा जीवन नहीं रह सकता, फिर कहाँ से सुख हो सकता है? आत्मज्ञ पुरुषों को भी अपने पुत्र से विछोह हो जाने पर कैसे चैन मिल सकता है? अतः तू मेरा अहित न कर। मैं तेरे पैर छूता हूँ, तू मुझ पर प्रसन्न हो जा।[4] इस प्रकार महाराज दशरथ अनाथ की भाँति विलाप कर रहे थे। राजा दशरथ कह रहे हैं कि 'हाय! स्वर्ग में भी जब देवता मुझसे श्रीराम का कुशल समाचार पूछेंगे, उस समय मैं उन्हें क्या उत्तर दूँगा? यदि

कहूँ, उन्हें वन में भेज दिया तो उसके बाद वे लोग जो मेरे प्रति धिक्कारपूर्ण बात कहेंगे, उसे कैसे सह सकूँगा? फिर महान् परिश्रम करके मैंने जिस महातेजस्वी महापुरुष श्रीराम को पुत्र रूप में प्राप्त किया है, उनका मेरे द्वारा त्याग कैसे किया जा सकता है?' इस प्रकार विलाप करते-करते राजा दशरथ का चित्त अत्यन्त व्याकुल हो उठा। बूढ़े राजा दशरथ निरन्तर गरम उच्छ्वास लेते हुए आकाश की ओर दृष्टि लगाये आर्त की भाँति दुःखपूर्ण विलाप करने लगे–

सदैवोष्णं विनिःश्वस्य वृद्धो दशरथो नृपः।
विललापार्तवद् दुःखं गमनासक्तलोचनः।।

(अयो.-13/16 **)**

श्रीरामचन्द्र जी ने अपनी माता कौसल्या को वनवास की बात बताई। यह अप्रिय बात सुनकर वन में फरसे से काटी हुई शालवृक्ष की शाखा के समान कौशल्या देवी सहसा पृथ्वी पर गिर पड़ीं, मानो स्वर्ग से कोई देवाङ्गना भूतल पर आ गिरी हो–

सा निकृत्तेव सालस्य यष्टिः परशुना वने।
पपात सहसा देवी देवतेव दिवश्च्युता।।

(अयो.-20/32 **)**

माता कौशल्या बारम्बार रो रही हैं। उन्होंने श्रीराम से इस प्रकार कहा–

यदि पुत्र न जायेथा मम शोकाय राघव।
न स्म दुःखमतो भूयः पश्येयमहमप्रजाः।।

(अयो.-20/36 **)**

अर्थात् बेटा रघुनन्दन। यदि तुम्हारा जन्म न हुआ होता तो मुझे इस एक ही बात का शोक रहता। आज जो मुझ पर इतना भारी दुःख आ पड़ा है, उसे वन्ध्या होने पर मुझे नहीं देखना पड़ता। इस प्रकार माता कौशल्या श्रीराम से कह रही हैं कि "अवश्य ही मेरा कठोर हृदय लोहे का बना हुआ है, जो पृथिवी पर पड़ने पर भी तो फटता है और इसी दुःख से व्याप्त हुए इस शरीर के भी टुकड़े-टुकड़े हो जाते हैं। महर्षि वाल्मीकि ने रामायण के अरण्यकाण्ड में भी करुण रस का बड़े ही मार्मिक रूप से प्रतिपादन किया है। राम एवं लक्ष्मण को सम्बोधित करते हुए सीता कह रही हैं–

त्राहि मामद्य काकुत्स्थ लक्ष्मणेति वराङ्गना।
सुसंत्रस्ता समाक्रन्दच्छृण्वतां तु यथान्तिके।।

(अरण्य.-25/5 **)**

अर्थात् हे राम! हे लक्ष्मण! अब आप ही दोनों मेरी रक्षा करें। 'यों कहकर अत्यन्त डरी हुई सुन्दरी सीता इस प्रकार क्रन्दन करने लगीं, जिससे निकटवर्ती देवता और मनुष्य सुन सकें।'[5] महाकवि भवभूति का उत्तररामचरित करुण रस प्रधान नाटक है। इस नाटक के तृतीय अङ्क (श्लोक-38) में रामचन्द्र जी सीता से कह रहे हैं–

हा हा देवि स्फुटति हृदयं ध्वंसते देहबन्धः
शून्यं मन्य जगदवि रतज्वालमन्तर्ज्वलामि।
सीदन्नन्धे तमसि विधुरो मज्जतीवान्तरात्मा
विष्वङ्मोहः स्थगयति कथं मन्दभाग्यः करोमि।।

अर्थात् हा! देवी सीते! तुम्हारे वियोग से पीड़ित यह मेरा हृदय फटा जा रहा है। शरीर के जोड़-जोड़ शिथिल हो रहे हैं, जिससे शरीर का सन्तुलन ठीक नहीं बन पा रहा है। यह संसार निर्जन-सा प्रतीत हो रहा है। मैं निरन्तर जलती हुई शोक की लपटों में अन्दर ही अन्दर जल रहा हूँ। विरह वेदनाव्यथित अन्तरात्मा अवसन्न-सी गहन अन्धकार में निमग्न हो रही है। मूर्च्छा चारों ओर से मुझे घेर कर अपने आगोश में लपेटे जा रही है। ऐसी स्थिति में तुम्हीं बतलाओ कि मैं मन्द भागी क्या करूँ?[6] महर्षि वाल्मीकि जी रामायण के अरण्यकाण्ड (श्लोक -35-36) में लिखे हैं-

हा लक्ष्मण महाबाहो पश्यसे त्वं प्रियाँ क्वचित्।
हा प्रिये क्व गता भद्रे हा सीतेति पुनः पुनः।।३५।।
इत्येवं विलपन् रामः परिधावन् वनाद् वनम्।
क्वचिदुद्भ्रमते वेगात् क्वचिद् विभ्रमते बलात्।।३६।।

अर्थात् श्रीरामचन्द्रजी श्रीलक्ष्मणजी एवं सीताजी से कह रहे हैं-हा महाबाहु लक्ष्मण! क्या तुम कहीं मेरी प्रियतमा को देखते हो। हा भद्रे! हा सीता! तुम कहाँ चली गयी? इस तरह बारंबार विलाप करते हुए। श्रीरामचन्द्रजी एक वन से दूसरे वन में दौड़ने लगे। वे कहीं सीता की समानता पाकर उद्भ्रान्त हो उठते (उछल पड़ते थे) और कहीं शोक की प्रबलता के कारण विभ्रान्त हो जाते थे।[7]

महर्षि वाल्मीकि जी ने बड़ी मार्मिक विलक्षणता से रामायण में करुण रस का उल्लेख किया है। अशोक वाटिका के एकान्त में बैठी हुई दयनीय सीता शोक के भार से न्यस्त धूमजाल से संसक्त अग्नि की शिखा के समान हैं। संदिग्ध स्मृति, विहत श्रद्धा, प्रतिहत आशा, विघ्नबाधा से युक्त सिद्धि, कलुषित बुद्धि, नवीन अपवाद के कारण विनष्ट कीर्ति के साथ शोकमग्न सीता की तुलना करने वाले कवि हमारे हृदय में दैन्य की भावना को तीव्र बना रहा है तथा सीता के दशावैषम्य के उत्कर्ष की ओर हमारा ध्यान आकृष्ट कर रहा है। सीता जी को देखकर हनुमान जी की बुद्धि सन्देह में पड़ जाती है, जिस प्रकार शास्त्र के अभ्यास के बिना विद्या नितान्त शिथिल बन जाती है और पद-पद पर सन्देह पैदा करती है।

रामायण में यह शोक (करुण रस) न केवल श्रीरामचन्द्रजी के ही मर्मस्थल में काँटे चुभो रहा है; बल्कि महाराज जनक, देवी कौशल्या और लक्ष्मण एवं सीता के मर्म को भी उतनी ही तीव्रता से व्यथित करता है। जनक का शोक उनके हृदय को चीर रहा है, राजरानी कौशल्या को देखकर उनका हृदय घाव पर नमक के लेप की भाँति तड़प उठता है। कौशल्या की पीड़ा भी कम नहीं है। वह अपने को जनक के सम्मुख स्थिर करने में असमर्थ पाती हैं। परम प्रेयसी सीता के वियोग में श्रीरामचन्द्र की दशा अत्यधिक शोचनीय हो जाती है, उनका हृदय फट पड़ना चाहता है, फिर भी उसके दो टुकड़े नहीं हो पाते। व्याकुल शरीर मूर्च्छित हो रहा है, फिर भी संज्ञाहीन नहीं हो पाता है। हृदय में सीता-वियोग की जो अग्नि जल रही है, वह शरीर को जलाकर भी भस्म नहीं कर पाता है और इस तरह क्रूर विधाता श्रीरामचन्द्रजी के मर्मस्थल पर प्रहार करता है, परन्तु उनके जीवन का अन्त नहीं कर डालता। सीता के वियोग जनित वेदना का दहन राम के लिए मृत्यु से भी अधिक दुःखदायी है।

अतः करुणा मानव के कोमलतम हृदय को स्पर्श कर उसमें अनेक भावों को उद्बुद्ध कर उसकी चेतना को झकझोर देती है, काव्य अर्थात् रामायण की रचना करुणा की मर्मानुभूति के पश्चात् ही हुई थी। करुण के चित्रण में महर्षि वाल्मीकिजी ने अपनी करुणा की पराकाष्ठा कर दी है। सीता के वियोग में श्रीरामचन्द्रजी की दशा देखकर सचमुच मानव,

पशु, पक्षी, वृक्ष एवं पत्थर भी रो देता है। रामायण में महर्षि वाल्मीकि ने सभी रसों का प्रतिपादन किया है। आनन्दवर्धन ने रामायण का अंगीरस 'करुण' को ही माना है। अन्य रस जैसे श्रृंगार और वीर यदि आदि अंग रस हैं। अतः अन्य रसों में एक प्रमुख करुण रस ही है।

सन्दर्भ

1. अलंकारशास्त्र का इतिहास, डॉ. कृष्णकुमार, पृ. 245
2. उत्तररामचरित, जनार्दनशास्त्री पाण्डेय, पृ. 314
3. श्रीमद्वाल्मीकीय रामायण (प्रथम खण्ड), गीता प्रेस, पृ. 33
4. श्रीमद्वाल्मीकीय रामायण (प्रथम खण्ड), गीता प्रेस, पृ. 239
5. श्रीमद्वाल्मीकीय रामायण (प्रथम खण्ड), गीता प्रेस, पृ. 584
6. उत्तररामचरित, आनन्दस्वरूप, पृ. 293
7. श्रीमद्वाल्मीकीय रामायण (प्रथम खण्ड), गीता प्रेस, पृ. 604

उत्तररामचरित में राम का लोकानुरंजन

सुषमा

संस्कृत साहित्य में भवभूति एक महाकवि के रूप में हमारे समक्ष प्रस्तुत हुए हैं। कालिदास के बाद भवभूति का ही नाम उत्कृष्ट नाटककार के रूप में लिया जाता है। भवभूति के उत्तररामचरित, महावीरचरित तथा मालतीमाधव इन तीन नाटकों में उत्तररामचरित सर्वश्रेष्ठ नाटक है। इसमें भवभूति अपने आपको परिणतप्रज्ञ कहते हैं, शब्दब्रह्म के वेत्ता (अर्थात् ब्रहम-साक्षात्कार करने वाले) विद्वान कवि भवभूति के द्वारा रूपान्तरित अर्थात् इस नाटक के रूप में प्रस्तुत तथा अभिनयों के द्वारा नाटकीय रूप को प्राप्त कराई गयी इस वाणी पर विद्वान चर्चा करें–

तमेत्तां परिभावयन्त्वभिनयैर्विन्यस्तरूपां बुधाः।
शब्दब्रह्मविदः कवेः परिणतां प्राज्ञस्य वाणीमिमाम्।।[1]

उत्तररामचरित के नायक राम हैं, उनको मुख्यतया राम या रामभद्र नाम से सम्बोधित किया गया है। प्रस्तुत नाटक में राम को एक लोकप्रिय महाराज के रूप में चित्रित किया गया है। वह मर्यादा पुरुषोत्तम हैं, जिन्होंने लोकानुरंजन के लिए सीता का परित्याग किया। स्वयं राम का कथन है–प्रजानुरंजन हेतु सर्वस्व अर्पण कर सकता हूँ–

स्नेहं दयाँ च सौख्यं च यदि वा जानकीमपि।
आराधनाय लोकस्य मुञ्चतो नास्ति मे व्यथा।।[2]

उनका कुल की परम्परा रही है कि वे प्रजापालक रहे हैं, जिसको महाराज दशरथ ने भी लोकाराधना के लिए राम को और अपने प्राणों को छोड़ा था–

सतां केनापि कार्येण लोकस्याराधनं व्रतम्।
यत्पूरितं हि तातेन मां च प्राणांश्च मुञ्चता।।[3]

राम ने इस नाटक में एक आदर्श उपस्थित किया है कि राजा के लिए जन-हित और प्रजानुरंजन सर्वोत्तम कार्य है। प्रजानुरंजन के लिए उसकी व्यक्तिगत स्वतंत्रता की ओर भी ध्यान नहीं जाता है। क्योंकि स्वयं न चाहते हुए भी उन्होंने जनता के सन्तोष के लिए सीता का परित्याग किया और उसके कारण बारह वर्ष असह्य वियोग-दुःख सहा। अन्त में प्रजा और ऋषि-मुनियों की स्वीकृति से ही सीता को स्वीकार करते हैं। एक आदर्श पति के रूप में उनका जीवन अनुकरणीय रहा है। उन्होंने सोने की सीता की मूर्ति बनाकर अश्वमेध यज्ञ किया–"हिरण्मयी सीताप्रकृतिर्गृहिणीकृता।"[4] इसलिए वासन्ती का कथन है कि महापुरुषों के हृदय में व्रज से भी अधिक कठोर होते हैं और फूल से भी अधिक कोमल–

वज्रादपि कठोराणि मृदूनि कुसुमादपि।
लोकोत्तराणां चेतांसि को हि विज्ञातुमर्हति।।[5]

यद्यपि राम सर्वथा यह मानते रहे कि सीता निरपराध हैं, और उनका पतिव्रत धर्म सर्वथा निर्मल है, किन्तु सीता के विषय में फैला हुआ लोकापवाद उनको विवश करता है कि सीता परित्याग करें। इसके लिए उन्होंने दुःखों के अवसरों पर जनता को दोषी बताया है–

देव्या शून्यस्य जगतो द्वादशः परिवत्सरः।
प्रनष्टमिव नामापि न च रामो न जीवति।।[6]

इस प्रकार यह स्पष्ट है कि राम सीता–परित्याग का निर्णय करके बारह वर्ष तक अत्यन्त दयनीय अवस्था में शोकाकुल रहे।

उत्तररामचरित नाटक में भवभूति ने अपनी योग्यता और विद्वत्ता का चरम रूप प्रकट किया है। यह नाटक भवभूति की नाटकीय प्रतिभा का सर्वोत्तम निदर्शन है। क्योंकि भवभूति के जो पात्र हैं उनके जो चरित्र हैं वे सर्वथा असाधारण ही हैं। उनके पात्र सजीव एवं सक्रिय हैं एवं उनमें भावप्रकाशन की क्षमता है तथा उनमें संघर्ष करने की शक्ति भी है। जैसे परिस्थितियों में कोमल होना आदि। यह मानव–पात्रों को मानवीय स्तर पर ही रखता है और देवों को दैवी स्तर पर। मानव को अमानवीय स्तर पर ले जाना भवभूति को पसन्द नहीं। राम और सीता में भी मानवीय दुर्बलताएँ हैं। राम कर्तव्यनिष्ठ हैं, वे कर्तव्यनिष्ठा के कारण सीता का परित्याग करते हैं, परन्तु एक आदर्श पति के रूप में उन्हें सीता–वियोग से उतना ही दुःख होता है, जितना एक सामान्य व्यक्ति को होता है। वे बार–बार रोते हैं, विलाप करते हैं और मूर्च्छित हो जाते हैं। उनका रोदन मनुष्य मात्र को ही नहीं, अपितु पर्वतों और वज्र के हृदय को द्रवित कर देता है। परित्यक्ता सीता में भी राम के प्रति सहानुभूति और सद्भाव है।[7] वह राम के जीवन की रक्षा के लिए सदा उद्यत हैं। राम जैसे धीरोदात्त गम्भीर नायक को भवभूति ने अपने नाटक में फूट–फूट कर रोने पर विवश कर दिया है। अनुकार्य राम के प्रति जनमानस में इतना अधिक लगाव है कि उनके शोक को देखकर मानवमात्र दुःख का अनुभव करने लगता है, क्योंकि समुद्र के समान गम्भीर तथा हिमाचल के समान अचल राम को शोकाभिभूत देखकर जनमासन उद्वेलित हो उठता है तथा अपनी निजात को छोड़ उसी में खो जाता है। अर्थात् करुण रस की चर्वणा करने लगता है। ऐसा प्रतीत होता है कि मानो सम्पूर्ण वनभूमि ही उसके साथ ही साथ आँसू बहा रही है। इस विषय से सम्बन्धित भवभूति ने उत्तररामचरित के प्रथम अंक में उक्ति प्रस्तुत की है–'**अपि ग्रावा रोदित्यपि दलति वज्रस्य हृदयम्।**'[8]

प्रस्तुत पंक्तियों के माध्यम से राम की करुणा अभिव्यक्त हो रही है। प्रथम अंक में चित्र का दर्शन करते हुए राम जब दण्डकारण्य के दृश्यों को देखते हैं तो कहते हैं कि वह मुझे वर्तमान सा प्रतीत हो रहा है। इस उक्ति में लक्ष्मण कह रहे हैं खिन्न–चित्त आपके चरितों से पत्थर भी रो पड़ा था और वज्र का भी हृदय फट गया था। पत्थर का रोना और वज्र के हृदय का फटना यह असम्बन्ध के सम्बन्ध के वर्णन से अतिशयोक्ति अलंकार है। भवभूति ने करुण रस के क्षेत्र में जो प्रसिद्धि प्राप्त की है उसमें इस श्लोक की उक्ति का विशेष महत्त्व है। भवभूति के करुण रस के वर्णन को सुनकर पत्थर भी रो पड़ते हैं और वज्र का भी हृदय फट जाता है। इससे और बड़ी बात क्या हो सकती है। इससे यह बात सबके सम्मुख स्पष्ट हो जाती है कि भवभूति ने चेतन को तो रुलाया ही है, साथ ही साथ अचेतन पदार्थों में भी करुणा की अभिव्यक्ति करायी है। यही कारण रहा है कि इस पंक्ति से प्रभावित होकर 'गोवर्धनाचार्य' ने आर्यासप्तशती में भवभूति के विषय में कहा है–

भवभुतेः सम्बन्धाद् भूधरभूरेव भारती भाति।
एतत्कृतकारुण्ये किमन्यथा रोदिति ग्रावा।।[9]

भवभूति की सबसे बड़ी विशेषता है कि गम्भीर मनोभावों का सम्यक् वर्णन और पाठक के मन में उनकी उद्बुद्धि कर देते हैं। भावनाओं का वर्णन वे इतनी सच्चाई और ईमानदारी से करते हैं कि वे उन्हीं के साथ अपना तादात्म्य कर लेते हैं। भावनाओं के वर्णन में जितनी सघनता भवभूति में दिखाई पड़ती है उतनी अन्य किसी संस्कृत कवि में नहीं।

सन्दर्भ

1. उत्तररामचरित, 7/21
2. उत्तररामचरित, 1/12
3. उत्तररामचरित, 1/41
4. उत्तररामचरित, 2/वाक्य सं. 46
5. उत्तररामचरित, 2/7
6. उत्तररामचरित, 3/33
7. उत्तररामचरित, भूमिका भाग, पृ. 128
8. उत्तररामचरित, 1/28
9. आर्यासप्तशती, 1/36

□□

रचनाकारों के पते

1.	डॉ. महेन्द्र भानावत	:	1–352, श्रीकृष्णपुरा, सेंटपॉल स्कूल के पास, उदयपुर, मो. : 09351609040
2.	डॉ.पूरन सहगल	:	निदेशक, मालव संस्कृति अनुष्ठान, मनासा, जि. नीमच, म.प्र., मो. : 09424041310
3.	डॉ. लखन राम 'जंगली'	:	ग्राम व पोस्ट–लिलासी वाया अमवार, सोनभद्र– 231212 (उ.प्र.), मो. : 09559658016
4.	डॉ.(श्रीमती) अनसूया अग्रवाल	:	क्लब वार्ड, पो. व जिला–महासुंद–493445 (छ.ग.), 'प्राध्यापक एवं विभागाध्यक्ष', मो.: 09425515019
5.	डॉ.यशोधर मठपाल	:	गीताधाम, भीमताल, नैनीताल
6.	डॉ.जयप्रकाश मिश्र	:	बी 1/148 पी8ए, अस्सी, वाराणसी
7.	दीपका कुमार केसरवानी	:	दीपनगर, नई बस्ती रोड, राबर्ट्सगंज, जनपद–सोनभद्र–231216 मो. : 09936002341
8.	डॉ.अर्जुनदास केसरी	:	सम्पादक–लोकवार्ता शोध पत्रिका, राबर्ट्सगंज, सोनभद्र–231216 (उ.प्र.), मो. : 09450778597
9.	डॉ.सानेन्द्र प्रताप निराला	:	वरिष्ठ कार्यक्रम अधिकारी, आकाशवाणी केन्द्र, ओबरा–सोनभद्र (उ.प्र.)
10.	शिवप्रसाद 'कमल'	:	कल्पना मन्दिर, चुनार (मिर्जापुर)
11.	शेख जैनुल आब्दीन	:	मियांपुर, गाजीपुर (उ.प्र.)
12.	रामनाथ शिवेन्द्र	:	अक्षर घर, हर्ष नगर, पूरब मोहाल, राबर्ट्सगंज, सोनभद्र–231216, मो. : 07376900866
13.	ओमप्रकाश त्रिपाठी	:	ऊँचडीह, राबर्ट्सगंज, सोनभद्र
14.	उदयशंकर दुबे	:	ग्राम–करेरुआ, पो.–खमरिया, जिला–मिर्जापुर–221306 (उ.प्र.)

15. **डॉ.अनुज प्रताप सिंह** : एसोसिएट प्रो. हिन्दी विभाग, आर.आर.पी.जी. कालेज-अमेठी-227405 (उ.प्र.)

16. **डॉ. मालती शर्मा** : 1034/1 मॉडल कॉलोनी, कैनाल रोड, पुणे-411016, मो. : 09423247033

17. **डॉ. आद्याप्रसाद द्विवेदी** : मालती कुंज, सिद्धार्थ इन्क्लेव विस्तार, पी.एच.आई.जी.-II32, तारामण्डल, गोरखपुर-273017 (उ.प्र.)

18. **डॉ.हरिपसाद दुबे** : गयादेवीनगर, रामपुर भगन, फैजाबाद-224203 (उ.प्र.)

19. **डॉ. भगवान सिंह 'भास्कर'** : प्रधान संपादक : 'साहित्य प्रहरी' एवं 'उड़न', प्रखण्ड कार्यालय के सामने, लखराँव, सीवान-841226 (बिहार)

20. **डॉ.हरिसिंह पाल** : 684, इन्द्रा पार्क, नयी दिल्ली-15, फोन : 25039559

21. **डॉ.नन्दिता शर्मा** : बी-201, मेदिनव टॉवर, प्लॉट नं. 50, सेक्टर-56, गुड़गाँव

22. **विद्यासागर डॉ. रमेश सोबती** : एन.आर.आई. एवेन्यू, सुखचैन रोड, फगवाड़ा (पंजाब), मो. : 09815985535, 09878006736

23. **डॉ. अशोक कुमार** : एम.फिल. /पीएच.डी. (संस्कृत), विशिष्ट संस्कृत अध्ययन केन्द्र, जवाहरलाल नेहरू, विश्वविद्यालय, नयी दिल्ली

24. **सुषमा** : पीएच.डी. (संस्कृत, रुम नं. 228, साबरमती हास्टल, जवाहरलाल नेहरू विश्वविद्यालय, नयी दिल्ली, मो.: 9013898206

लोक मानस
में
राम संस्कृति

लोक मानस में राम संस्कृति

भाग - दो

संरक्षक

योगी आदित्यनाथ

माननीय मुख्यमन्त्री, उत्तर प्रदेश

डॉ. नीलकण्ठ तिवारी

माननीय राज्य मन्त्री (स्वतन्त्र प्रभार)

संस्कृति, पर्यटन, प्रोटोकॉल एवं धर्मार्थ कार्य विभाग, उत्तर प्रदेश

निर्देशन

श्री मुकेश कुमार मेश्राम *आई.ए.एस.*

प्रमुख सचिव, पर्यटन एवं संस्कृति विभाग, उत्तर प्रदेश

अध्यक्ष, अयोध्या शोध संस्थान

श्री शिशिर *आई.ए.एस.*

निदेशक, संस्कृति एवं *उपाध्यक्ष*, अयोध्या शोध संस्थान

परिकल्पना

डॉ. लवकुश द्विवेदी

निदेशक, अयोध्या शोध संस्थान, अयोध्या (उ.प्र.)

वाणी प्रकाशन

वाणी प्रकाशन

4695, 21-ए, दरियागंज, नयी दिल्ली 110 002

फ़ोन : +91 11 23273167 फ़ैक्स : +91 11 23275710

शाखाएँ

अशोक राजपथ, पटना 800 004, बिहार

कॉफ़ी हाउस कैम्पस, महात्मा गांधी मार्ग, इलाहाबाद 211 001, उत्तर प्रदेश

महात्मा गांधी अन्तरराष्ट्रीय हिन्दी विश्वविद्यालय, वर्धा 442 001, महाराष्ट्र

सुल्तानिया रोड, मोतिया पार्क, भोपाल 462 001, मध्य प्रदेश

www.vaniprakashan.com
marketing@vaniprakashan.in
sales@vaniprakashan.in

In Association with

ESTD.-1986

Ayodhya Shodh Sansthan

presents

LOK MANAS MEIN RAM SANSKRITI - II
Visualisation Dr. Lavkush Dwivedi

ISBN : 978-93-5518-002-5
Culture/Religion

प्रथम संस्करण 2022

मूल्य : ₹4000 (प्रति खण्ड)

जयंत प्रिंटरी, एलएलपी, मुम्बई-02 में मुद्रित

वाणी प्रकाशन का लोगो मक़बूल फ़िदा हुसेन की कूची से

अनुक्रम

जनजातीय जीवन में राम

*सम्पादक : **वसन्त निरगुणे***

आन्ध्र लोक साहित्य में उत्तर रामायण

*सम्पादक : **प्रो. आई.एन. चन्द्रशेखर रेड्डी***

रामकथा : वैश्विक सन्दर्भ

*सम्पादक : **आलोक पराड़कर***

वैश्विक रामकथा

फादर कामिल बुल्के

पुरस्कृत निबन्ध

प्रथम साक्षी

सम्पादक : डॉ. संजय कुमार सिंह

जनजातीय जीवन में राम

सम्पादकीय नहीं आत्मिकी

जनजातियों में 'राम' और 'रामकथा' की वैसी उपस्थिति मुश्किल है, जैसी हम चाहते हैं, क्योंकि रामकथा का समय और समाज आदिम नहीं ठहरता। कामिल बुल्के कहते हैं—'राम, रावण और हनुमान के आख्यान पहले अलग-अलग प्रचलित थे।' जनजातियों का समय और संस्कृति आदिम है। रामचरित की घटना बहुत बाद की है। रामकथा के सूत्र हमें पौराणिक काल के 'उत्तरार्द्ध' में मिलते हैं। जब आख्यान रचे जा रहे थे, तब मनुष्य के विकास-समय को विष्णु के अवतारवाद की पुराकथाओं में बाँधा जा रहा था। प्रारम्भ के तीन अवतार में जीव-सृष्टि का अंश लगता है, जिसमें 'मत्स्य', 'कच्छप' और 'वराह' की कथाएँ कही गई हैं। इसके पश्चात् 'नरसिंह', 'वामन' और 'परशुराम' की कथाओं में हमें मनुष्य के जैविक विकास की कड़ियाँ मालूम पड़ती हैं। परशु में 'राम' तो था, लेकिन पूर्ण 'राम' नहीं था। परशुराम के बाद दाशरथी 'राम' आते हैं, जिन्हें 'पूर्ण पुरुष' कहा गया अथवा विष्णु का अंश ही नहीं, पूर्णावतार माना गया और जिन्हें 'लीला पुरुष' भी कहा गया। वैसे पूर्ण लीलाधारी का साक्षात् अवतार तो 'कृष्ण' को माना गया है। कृष्ण को 'पूर्ण पुरुष योगेश्वर' भी कहा गया। कृष्ण के बाद 'बुद्ध' को नौवाँ अवतार स्वीकार किया गया। अभी दसवाँ 'कल्कि अवतार' होना है।

ये स्वैर कल्पनाएँ निश्चित रूप से प्रागैतिहासिक समय के बाद की हैं, क्योंकि जनजातीय समूहों में अवतारवाद की भनक कोसों दूर तक न सुनाई देती है और न दिखाई देती है। उस समय भी जनजातीय समाज पूर्णत: 'आरण्यक' ही रहा। पुराण काल के मानव से उसका सम्बन्ध और सम्पर्क सम्भवतया बहुत कम रहा। वे प्रकृति के सान्निध्य में अपने ज्ञान की अनुभूतियों की नैसर्गिक सरणियों में रहे, जहाँ जनजातियों से इतर ज्ञान-पिपासु मानव की अपरिमेय गतिविधियों की पहुँच नहीं के बराबर रही। बस इसी प्रस्थान बिन्दु से मानवीय चेतना की सृष्टि में दो संस्तर दिखाई देने लगे थे, जिनमें एक आदिम चेतना का स्तर और दूसरा लोकचेतना का विस्तारी स्तर। जिसने वेद, उपनिषद्, पुराण, आख्यान आदि शास्त्र अपने लिए रचे। धर्म, दर्शन, अध्यात्म की जटिल संरचनाएँ गढ़ीं। ईश्वर को अवतारवाद में उतारा। उसी अवतारवाद में 'राम' का आगमन हमें मिलता है।

जनजातियों में जो कुछ भी उपस्थिति है, वह निश्चित रूप से अवतारवाद के बाद के समय की मिलती है। वनवासियों की वाचिक परम्परा में जंगल-जीवन की अनुभूतियाँ सबसे अधिक मिलती हैं। उनकी स्मृतियों में प्रकृति की मूल ध्वनियाँ इतनी गहराई में रची-बसी हैं कि आज भी वे उनसे एक पल के लिए भी विलग नहीं होना चाहते हैं। यही कारण है कि लोक-समूहों में बनी अवधारणाओं, मान्यताओं और विश्वासों की आवाजाही

जनजातीय चेतना में बहुत कम दिखाई देती है, बल्कि लोक संस्कृति के मूलाधार जनजाति अथवा आदिम संस्कृति से आग्रहित लगते हैं। गहराई से देखें तो जनजातियों की मिथकीय अवधारणाओं में लोक की संस्कृति के समस्त बीज मिल जाते हैं—चाहे सृष्टि की उत्पत्ति की कथा हो अथवा प्रलय के लय की अन्त:कथा हो। आदिम से लोक तक संस्कृति, साहित्य और कला की यात्रा का एक अन्तर-सेतु बनता है, जहाँ से जीवन का जीवन्त अन्त:सम्बन्ध भी निर्मित होता है।

सबसे पहले रामकथा शिव ने पार्वती को सुनाई। रामकथा के प्रथम वक्ता 'शिव' और प्रथम श्रोता 'पार्वती' बनी। शिव देवाधिदेव महादेव के रूप में जनजातियों के 'आदि देवता' रहे हैं। जनजातियों के मिथकों में महादेव की पूरी उपस्थिति आज भी किसी-न-किसी रूप में हमें मिल जाती है, जिन्हें वे 'भगवान' या 'बड़ा-बूढ़ादेव' की संज्ञा देते हैं। शिव ने पार्वती को 'कथा' का इसी जगह एक मन्त्र भी दिया था। वह 'कथारस' है। शिव ने कहा था— "सृष्टि में सबसे बड़ा 'रस' या 'आनन्द' कथारस है।" यही कारण है कि कथा अथवा आख्यान की 'रसधारा' आज तक सूखी नहीं है। शिव जब पार्वती को रामकथा का मर्म समझा रहे थे, तब वहाँ तीसरे के रूप में 'काकभुशुण्डि' यह कथा सुन रहे थे। काकभुशुण्डि ने यह कथा 'गरुड़जी' को सुनाई। गरुड़जी के मुख से 'याज्ञवल्क्य' ने सुनी। याज्ञवल्क्य ने शुक सनकादि ऋषियों को सुनाई। इसके बाद 'सनातन ऋषियों' के कानों में रामकथा का रस पड़ा। इस प्रकार रामकथा सारी सृष्टि में फैली। यह सारा कार्य-व्यापार 'श्रुति' के माध्यम से हुआ। सबसे आश्चर्यजनक तो यह बात है कि इस 'श्रुति' में तीन जीव ऐसे हैं, जिनकी 'योनि' पक्षियों में है। वे हैं काकभुशुण्डि, गरुड़ और शुकदेवजी हैं, जिन्होंने रामकथा को अपनी 'स्मृति' में रखा और श्रुति के जरिए एक-दूसरे को दिया। बाद में वाल्मीकि ने रामकथा को संकलित कर प्रथम 'काव्याख्यान' का रूप दिया।

जनजातियों में भी रामकथा का विस्तार 'श्रुति' और 'स्मृति' के माध्यम से हुआ। जनजातियों के जीवन का सारा कार्य-व्यापार आज भी 'वाचिक' ही है। उनके पास अपना 'लिखित' कुछ भी नहीं। जबकि लोक में 'आख्यान' और 'शास्त्र' रचे गये हैं। यही कारण है कि श्रुति के जरिए जितनी रामकथा का प्रवेश जनजातियों में हुआ, वह सिलसिलेवार नहीं, बल्कि उन्हें वे ही स्वत्व या प्रसंग महत्त्वपूर्ण लगे, जो उनकी जातीय स्मृतियों के सबसे करीब पड़ते थे। उन्हें ही अपने संस्कारों से जोड़कर रामकथा की बुनावट की गई लगती है। यही कारण है कि कई जनजातियों में नायक के रूप में 'राम' को प्रतिष्ठा नहीं दी गई, उनकी जगह 'लक्ष्मण' को उनकी रामायण का महानायक माना गया। वहाँ 'राम' एक छाया की तरह अवतरित होते हैं। लक्ष्मण जनजातियों को राम की अपेक्षा अधिक आकर्षक, साहसी, वीर और व्रती लगे। गोंडों ने अपनी रामायनी को 'लक्ष्मण की सतपरीक्षा' ही कहा। सम्भवतया लक्ष्मण का चरित्र जनजातियों के नैसर्गिक स्वभाव, जंगल-जीवन की अवधारणाओं के बहुत नजदीक बैठता है।

राम और सीता वनवास के समय बहुत-सी कोल, भील, निषाद आदि जनजातियों के सम्पर्क में आते हैं। भीलनी शबरी तो मतंग ऋषि के सम्पर्क में 'राम की भक्त' ही बन जाती है, जिसे राम ने स्वयं 'नवधा भक्ति' का उपदेश दिया था। शबरी 'राम' और 'रामकथा' के जनजातीय विस्तार में सबसे महत्त्वपूर्ण कड़ी मानी जा सकती है। भील, सहरिया आज भी 'शबरी' को अपना पूर्वज मानते हैं। सहरिया गीतों में सबसे अधिक 'सीता' और 'राम'

का जिक्र आता है। वानर, हनुमान, बाली, सुग्रीव, जटायु, जामवन्त आदि वनवासी जातियाँ रही होंगी, जिन्हें 'राम' ने संगठित कर अपनी सेना बनाई थी। किंवदन्ती के अनुसार राम के समकालीन रामायण के रचयिता वाल्मीकि डाकू 'वाल्या' भील थे। किंवदन्ती सेतु का काम करती है। राम और रामकथा का बाद में जनजातियों में प्रवेश और विश्वास जगने का एक मुख्य कारण यह भी रहा हो। रावण जैसे दुष्ट राक्षस का नाश करके राम का विजयी होना भी जनजातियों को जंगल में उन्हें निरापद जीवन जीने का संकेत देता है। इससे भी राम के प्रति जनजातियों में 'आस्था' का संचार होना स्वाभाविक है। वनवास में सुकोमल राजकुमारी सीता की सादगी, सुन्दरता और सहिष्णुता देखकर भी वनवासी स्त्रियाँ विगलित और प्रभावित अवश्य हुई होंगी। जिसके कारण एक स्त्री के प्रति उनके मन में सहज करुणा और भक्ति का भाव जागना स्वाभाविक है। सीता के अपहरण में राम के असहाय हो जाने पर सम्पर्क में आई जनजातीय चेतना में उनके प्रति सहयोग की भावना का संचार भी राम और रामकथा को मजबूती प्रदान करता है। इन सब कारणों के बावजूद जनजातियों ने रामचरित को अपनी वाचिक परम्परा के अनुरूप 'रूप' देने की कोशिश की। जनजातियों की जीवन-शैली, उनके विश्वासों और उनकी आस्थाओं ने 'राम और रामकथा' को कई जगह एक 'अटपटा' रूप भी दे दिया है। जो हमारे लोक के जेहन में कहीं 'अटता' नहीं। हमें सहज विश्वास ही नहीं होता कि 'रामकथा' ऐसी भी हो सकती है, पर जनजातियों की 'कल्पना' उनके 'यथार्थ' से ही उपजती है, इसलिए उनकी कथा, गाथा और आख्यानों में ऐसे चौंकाने वाले आश्चर्य मिल सकते हैं, जो उनके जीवन के रंग हैं। हमें आश्चर्य करने की जरूरत नहीं है। ये राम, लक्ष्मण, सीता को अपनी तरह मनुष्य समझते हैं। इसलिए जनजातीय लोग उन्हें अपने सुख-दुख में शामिल करते हैं।

देश के विद्वान रामकथा-अध्येताओं ने 'साक्षी' के इस विशेषांक के लिए जनजातीय जीवन, संस्कृति, साहित्य और कला में 'राम' को खोजने की कोशिश की है। इस विषय पर सम्भवतया इतनी गम्भीरता से देश में विचार-विमर्श पहली बार किया गया है। कुछ विचारकों का सोचना है कि जनजातियों में राम की उपस्थिति देखना बेमानी है। कुछ मानते हैं कि भले ही 'राम और रामकथा' जनजातीय घटना नहीं है, फिर भी रामकथा का आकर्षण इतना चुम्बकीय है कि राम से जनजातीय जीवन अछूता नहीं रहा। रामकथा जंगल-पहाड़ के बीच पहुँचकर उसी हवा-पानी के साथ बहने लगी, जिसे आदिवासी पीकर जीते हैं।

गुजरात के भीलों में रामकथा 'रोंम-सीतमानी वारता' के नाम से प्रसिद्ध है, जिसका पहला पाठ डॉ. भगवानदास पटेल ने संकलित किया है। गुजरात के भील 'रोंम-सीतमानी वारता' से इतने सम्पृक्त हैं कि उनके जीवन के अनुष्ठान, तीज-त्योहार, सामाजिक प्रसंग तक संचालित होते हैं। लेख इतना मार्मिक है कि रामकथा के सारे तनावों को भील प्रजाति अपने भीतर महसूस करती है और उसे कथारस की मौलिक कलात्मक अभिव्यक्तियों तक ले जाती है तथा स्त्री-शक्ति का प्रतिपादन भी करती है।

डॉ. अर्जुनदास केसरी जनजाति और लोक संस्कृति के वरिष्ठ अध्येता हैं। वे 'आदिवासी के राम और राम के आदिवासी' लेख में शोण महानद के चिचली पनौरा के उस शिलालेख का उल्लेख करते हैं, जिस पर उत्कीर्ण 'राम की आँख की पुतलियाँ' कहकर आदिवासी पूजा करते हैं। यहाँ आदिवासी लोरिकायनी की तरह 'रामायनी' जानता है।

डॉ. श्रीराम परिहार ने 'रामवनगमन' मार्ग में जनजातियों के समागम को बहुत अच्छे से अंकित किया है। डॉ. पूरन सहगल मालवांचल में निवास करने वाले भीलों और मीणा में रामपरक साहित्य की जमीनी परख करते हैं।

डॉ. रोमा चटर्जी, जो दिल्ली विश्वविद्यालय में समाजशास्त्र की अध्येता हैं, ने 'What Happened to Rama in Pardhan Storytelling?' नाम से अंग्रेजी में लेख लिखा है, जिसका हिन्दी अनुवाद 'परधानों की वाचिक परम्परा में रामकथा' के रूप में डॉ. के.जी. व्यास ने किया। गोंडी रामायनी के सीतावनवास काण्ड की व्याख्या में रावण छाया चलचित्रों के बारे में रोमा ने विस्तार से पहली बार लेखनी चलाई है।

'राम-रज की हठ मची' में डॉ. महेन्द्र भानावत राम-रज (लाल मिट्टी) की लाली को रामकथा में खोजते हैं। पूरे मेवाड़ में रामकथा का चित्रण राम-रज से होता है। जनजातियों में 'रामधर्म : जीवन-शैली का स्वरूप' में डॉ. श्रीकृष्ण जुगनू जनजातियों की नैतिकता का आकलन रामधर्म के रूप में करते हैं, जो एक नया विचार है, जिसे वे उदाहरणों से प्रतिपादित करते हैं।

डॉ. रमानाथ त्रिपाठी का लेख 'मड़ई-7' से लिया है—'वन्य जातियों में रामकथा'।

'लोक, जनजाति जीवन, संस्कृति, कला और साहित्य में राम' डॉ. नर्मदा प्रसाद उपाध्याय का अत्यन्त महत्त्वूर्ण आलेख इसलिए कहा जा सकता है कि लेख एक अलग दृष्टि निरूपित करता है। जीवन, संस्कृति की व्याख्या तो उपाध्यायजी करते ही हैं, जनजातीय लघुचित्र शैली और साहित्य इतिहास के माध्यम से राम का चित्र उकेरते हैं।

डॉ. मोहन गुप्त के सारगर्भित लेख 'जनजातीय जीवन और साहित्य में राम' में जनजातियों के उन आयामों को देखा जा सकता है, जिनके आधार पर उनका जीवन संचालित होता है। ऐसी आस्थाएँ राम और रामकथा से जुड़ी हैं। आदिम जीवन से लेकर वेद और उसके उत्तरार्द्ध तक की जनजातीय पड़ताल में लेखक सफल हुए हैं।

'आदिवासी जीवन साहित्य, संस्कृति एवं कलाओं में राम' (बघेलखण्ड के विशेष सन्दर्भ में) में डॉ. सेवाराम त्रिपाठी ने अपनी विशिष्ट सोच, समझ और विचार-दृष्टि से लेख को पठनीय बनाया है। राम सम्बन्धी बघेलखण्ड के बहुत से नये जनजातीय सन्दर्भ सामने आये हैं।

भारत के उत्तर-पूर्वी राज्यों में जनजातियों की बहुलता है जिनमें असम राज्य भी है। यहाँ की संस्कृति में राम और रामकथा की उपस्थिति देखी जाती है। डॉ. मुकुल राभा इसकी पड़ताल कर रहे हैं। उनके अंग्रेजी आलेख 'The Influence of Ramchandra on the Tribal Society of Assam', का अनुवाद 'असम के जनजातीय समाज पर रामचन्द्र का प्रभाव' नामक शीषक के रूप में डॉ. के.जी. व्यास ने किया है।

डॉ. महेन्द्र मिश्रा उड़ीसा के जनजातीय और लोक संस्कृति के स्कॉलर हैं। उन्होंने उड़ीसा और छत्तीसगढ़ की वाचिक परम्परा का गहन अध्ययन-लेखन किया है। 'Ramayan Tradition on the Folklore of Odisha and Chhatisgarh' आलेख में उन्होंने इस बात को चिह्नांकित किया है। इस लेख का हिन्दी अनुवाद डॉ. के.जी. व्यास ने किया है।

गोंड रामायनी का कथा-सार रामकथा का जनजातीय रूप पहली बार अतिथि सम्पादक की कलम से दिया गया। वहीं रामकथा के प्रदर्शनकारी रूप पर भी संक्षिप्त टिप्पणी की गई है।

बस्तर की जनजातियों में राम की उपस्थिति का जायजा डॉ. हरिहर वैष्णव ने लिया है।

कन्नड़ में श्री गुरूराज का लेख मिला है, लेकिन अन्त तक उसका हिन्दी अनुवाद नहीं प्राप्त हो सका, इसका खेद रहेगा।

रामायनी के कुछ गोंड चित्र हमें डॉ. रोमा चटर्जी और इन्दिरा गाँधी राष्ट्रीय कला केन्द्र, नयी दिल्ली से उपलब्ध हुए हैं। कुछ चित्र डॉ. मुकुल राभा ने भेजे हैं। प्रायः जनजातियों में रामकथा के चित्र बनाने की परम्परा नहीं के बराबर है।

विषयगत विचार लेखकों के हैं। उन पर संवाद, बहस या चर्चा करके विषय को आगे बढ़ाया जा सकता है, क्योंकि इस विषय पर पर्याप्त सामग्री का अभाव ही है, फिर भी 'साक्षी' में जो सामग्री प्रकाशित है, वह सागर में एक बूँद की तरह ही है। इस विषय पर अभी बहुत शोधकार्य होना है, फिर भी 'साक्षी' इसका प्रस्थान बिन्दु बनेगी, ऐसी उम्मीद है।

वसन्त निरगुणे

रोंम-सीतमानी वारता (रामायण)

सन्दर्भ : भील समाज, गुजरात

डॉ. भगवानदास पटेल

भूमिका

रामकथा, कृष्णकथा और पाण्डवकथा—ये तीन भारतीय कथा-साहित्य की ही नहीं, अपितु समग्र राष्ट्र की विविध जाति-प्रजातियों की संस्कृति को जिन्दा रखती रक्त-वाहिनियाँ हैं। वन, ग्राम और नगर इन तीन स्थल विशेष की जाति-प्रजाति में इन तीन कथाओं की पूर्वकाल से लेकर सा भ्रतकाल तक सुरक्षित, सुदीर्घ और सुदृढ़ जीवनदायिनी पर पराएँ विद्यमान हैं। किन्तु अनुसन्धान-सम्पादन के अभाव में गुजरात के आदिवासी वाचिक साहित्य का यह क्षेत्र मुख्यत: अछूता ही रहा है। हालाँकि पिछले तीन दशकों में इस शोधार्थी द्वारा संशोधित-सम्पादित उत्तर गुजरात के भील आदिवासियों के 'रोंम-सीतमानी वारता' (भीलों की रामायण), 'भीलों का भारथ' (भीलों का महाभारत), 'राहोरवारता' 'गुजरांनो अरेलो', जैसे लोक महाकाव्यों और अन्य विधाओं के 45 ग्रन्थों के प्रकाशन से आदिवासियों का बहुआयामी मौखिक साहित्य प्रकाश में आया है।

विषय

गुजरात प्रान्त की खड़ेब्रह्म तहसील में निवास करते भील आदिवासियों के ऋतुचक्र के अनुसार वर्ष भर मनाये जाने वाले धार्मिक और सामाजिक पर्व-प्रसंगों के समय प्रकट होती उनकी वर्तमान जीवन-रीति में से उद्‌भूत लोक महाकाव्यों से 'रोंम-सीतमानी वारता' (भीली रामायण) के पाठ (टेक्स्ट) का यहाँ उनके समाज, जीवन के सन्दर्भ में अध्ययन प्रस्तुत करना मेरा उद्देश्य रहा है।

पाठ की प्राप्ति

गुजरात के पंचाल गाँव के महामार्गी भील साधु नवजी भाई देवाभाई खाँट के सान्निध्य में रहकर सन् 1984 से 1989 के दौरान ऋतुचक्र के मुताबिक 'आते धूलानो पाट' (महामार्गी पाट), 'कोबरिया कुरनी कोली' (मैला पाट), 'समाधि पूजवी', 'हूरो (शूरा) मांडवो' जैसे चोखे-मैले (शुद्ध-अशुद्ध) धार्मिक अनुष्ठानों में सहभागी होकर, साधु के मानस में रहे मनोगत पाठ 'रोंम-सीतमानी वारता' को समझने के लिए ध्वनि मुद्रित की गयी थी। इसकी चर्चा यहाँ की जा रही है।

रोंम-सीतमानी वारता 30 पँखुड़ियों (अध्याय, पर्व) में विभाजित है। ऋतुचक्र के मास के आह्वान में भील साधु और भोपों (ओझा) द्वारा तम्बूर, मंजीरे, साँग (चर्म वाद्य) और बंसी जैसे लोकवाद्यों पर नृत्य के साथ इसका गान-कथन किया जाता है। इसके पाठ को साधु या भोपा पर परा और गुरु से प्राप्त करता है।

नियत पाठ

'रोंम-सीतमानी वारता' जैसे महाकाव्य सिर्फ कथारस को सन्तृप्त करने के लिए ही नहीं आते, अपितु ऐसे महाकाव्य भील जीवन की किसी-न-किसी धार्मिक या सामाजिक प्रणाली को क्रियाशील करके सम्पन्न बनाने के लिए आते हैं। अत: वे भील समाज के धार्मिक अनुष्ठान, त्योहार और सामाजिक प्रसंग के ख़ास प्रकार के वातावरण के प्रभाव तले, गायक या कथा-वाचक के कण्ठ से तथा दर्शक या श्रोताओं के सहयोग से शब्दों द्वारा अपना कलामय स्वरूप धारण करते हैं। इनमें आते प्रसंग-घटना-चरित्रों को समग्र समाज सत्य मानता है। उन पर अटल धार्मिक आस्था जुड़ी होने से ऐसे प्रसंग-घटना-चरित्र देवत्व प्राप्त करके पुराकथा (मिथक) का रूप लेकर लोक के सामूहिक मानस, हृदय और लहू में संचरित होते हैं। अत: उनका वाहक-गायक पर परा के बाहर की घटना न तो जोड़ सकता है और न ही नये चरित्र का सृजन कर सकता है। यदि करता है तो समाज कथावाचक के मानस में पर परागत पाठ नियत हो जाता है।

रोंम-सीतमानी वारता का सा प्रत सामाजिक सन्दर्भ

रोंम-सीतमा भील समाज के जीवन में जल-मीन की तरह ओत-प्रोत है। ऐसे मौखिक स्वरूप में दो-चार पीढ़ी की कथा-घटना की अनेक पँखुड़ियाँ होती हैं, जो कथावाचक के गान-कथन द्वारा भिन्न-भिन्न चरित्रों का विकास करती हुई और अनुष्ठानों के सान्निध्य में धार्मिक आस्था में प्रभावित श्रोता-दर्शकों को नृत्य-नाट्य-संगीत के माध्यम से रसानन्द देती हुई विकसित होती हैं। प्राचीन और सा प्रत समाज के रीति-रिवाजों, विधि-विधानों और धार्मिक-सामाजिक पर पराओं को क्रियाशील करती हैं।

'इन्द्र और गौतम ऋषि', 'भगवान और शिव', 'सीता' जैसी पँखुड़ियाँ भादों मास में महामार्गी पाट की स्थापना के अवसर पर गायी जाती हैं। लोगों का हृदय भक्ति-रस से आप्लावित हो जाता है और सावन-भादों के पवित्र महीने में लोग मांस-मदिरा से दूर हो जाते हैं।

'राम-सीता का विवाह', 'राम-सीता और लक्ष्मण वनखण्ड में' जैसी पँखुड़ियाँ लग्नोत्सव पर गायी जाती हैं।

'सीता वनखण्ड में', 'नाई और दशरथ राजा', 'श्रवणकुमार', 'जनक राजा' आदि पँखुड़ियाँ भील समाज की मरणोत्तर क्रियाओं—शंखोद्धार, बड़ी न्यात, समाधि की स्थापना आदि प्रसंगों पर गायी जाती हैं एवं उपस्थित लोक समुदाय के हृदय में शोक और वैराग्य के भाव जगाती हैं।

'दसवाँ ग्रह', 'हनुमान लंका में', 'राम-लक्ष्मण लंका में', 'रावण', 'रावण वध' इत्यादि पँखुड़ियाँ बैर की समाप्ति के बाद 'हूरो' (शूरे) की स्थापना के समय एवं माघ मास में कांबरिया ठाकुर की कोली के अवसर पर पशु-बलि चढ़ाते समय गायी जाती हैं।

भील महाकाव्यों के सृजन-स्त्रोत

भील आदिवासी समाज में आज तो पितृवंशी, पितृसत्तात्मक और पितृस्थानी पारिवारिक व्यवस्था अस्तित्व में आयी है, फिर भी समाज में आज भी बहुत से ऐसे रीति-रिवाज प्रचलित हैं जिनमें स्त्री की सर्वोपरिता के दर्शन होते हैं और पूर्वकाल में यह समाज मातृसत्तात्मक था, इसकी गवाही देते हैं।

भील परिवार में लिंग-भेद बिना ही कन्या का लालन-पालन किया जाता है। समाज में 'कन्या शुल्क' की प्रथा होने से बहुत से प्रसंगों में पुत्री को अधिक स्नेह दिया जाता है।

विवाह के अवसर पर कन्या के पिता को दिया जाने वाला 'कन्या शुल्क' न हो तो दूल्हे को ससुर-गृह जाकर कृषि का काम करना पड़ता है। 'कन्या शुल्क' के बराबर मजदूरी हो जाने के बाद ही माता-पिता अपनी पुत्री का विवाह दूल्हे के साथ रचाते हैं। भील समाज में तरुणावस्था में गोठिया-गोठण (प्रेमी-प्रेमिका) करने की समाज-स्वीकृत जीवन-रीति है। मँगनी के अवसर पर यह सम्बन्ध ध्यान में नहीं लिया जाता।

प्रत्येक सामाजिक विधि में स्त्री पुरुष के समान ही सहभागी होती है। पुत्र या पुत्री की मँगनी माता एवं चाचा की सम्मति बिना तय नहीं होती। विवाह के अवसर पर माता के 'सामैये' (परछाने) के बिना विवाह सम्पन्न नहीं होता। पितृगृह से प्राप्त भेंट पर स्त्री का ही अधिकार होता है। वह अपनी इच्छा के मुताबिक इसका उपयोग करती है।

भील आदिवासियों के पारगी जैसे गोत्र में स्त्री अपने मायके के गोत्र से पहचानी जाती है, उसके पति के गोत्र के नाम से नहीं। इतना ही नहीं, मायके के गोत्रदेव की ध्वजा भी पति के घर पर फहराती है।

भील समाज में स्त्री के विधवा हो जाने के बाद अपने मूल पति के घर ही दूसरा पति ला सकती है और पूर्व पति की सम्पत्ति की स्वामिनी बन सकती है। भील समाज में यह प्रथा 'घजमाई' के नाम से पहचानी जाती है, जो पूर्वकालीन मातृसत्तात्मक समाज की गवाही देती है। नये पति को शारीरिक सम्बन्ध स्थापित करने के अलावा कोई विशेष अधिकार प्राप्त नहीं होता।

भील समाज में तरुणावस्था मों गोठिया-गोठण (प्रेमी-प्रेमिका) करने की समाज-स्वीकृत प्रथा है। स्त्री यहाँ भोग-विलास के लिए पूर्ण मुक्त होती है।

माता की मृत्यु के बाद उसकी अस्थि (फूल) को एक छोटे कु भ में रखकर घर में 'हितदेवी' के रूप में स्थापना की जाती है, जो परिवार की हितरक्षक मातृदेवी होती है।

भीलों में प्रचलित महामार्गी पाट (धूळानो पाट) के धार्मिक अनुष्ठान के समय स्त्री गुरु के स्थान पर होती है और उसका आदेश धार्मिक सभा (गत गंगा-सभा गंगा) को स्वीकार्य होता है।

भील समाज में आज भी प्रचलित ऐसी सामाजिक-धार्मिक प्रथाएँ उनकी पूर्वकालीन मातृसत्तात्मक समाज-व्यवस्था और जीवन-रीति का परिचय कराती हैं। ऐसी मातृसत्तात्मक जीवन-रीतियों का प्रभाव उनके महामार्गी धार्मिक जीवन-दर्शन, धार्मिक अनुष्ठान और विधि-विधानों के साथ-साथ 'रोंम-सीतमा', 'भारथ' जैसे लोक महाकाव्यों एवं 'तोळी रोणी', 'रूपांरोणी' जैसे लोका यानों की रचना-रीतियों और चरित्रों के निर्माण में दृष्टिगोचर होता है। वस्तुतः ये मातृसत्तात्मक जीवन-रीतियाँ एवं महामार्ग धर्मदर्शन ही ऐसे महाकाव्यों और चरित्रों के विधायक परिबल या सृजन-स्त्रोत हैं।

भीलों का महामार्गी जीवन-दर्शन : स्त्री का देवीकरण

पूर्वकालीन मातृसत्तात्मक जीवन-रीति से आविर्भूत भीलों के महामार्गी जीवन-दर्शन का प्रभाव शैवधर्म, शाक्तधर्म और नाथ-सम्प्रदाय पर भी पड़ा है।

ऋग्वेद में वर्णित गौण देवता रुद्र बाद में शिव के रूप में विकसित हुए हैं, जो आर्येतर जाति में ऋग्वेद में प्रविष्ट हुए हैं और उनके निषाद या भील जाति के देवता होने की सम्भावना है, जिसके मूल आज भी भीलों के धूळाना पाट (महामार्गी पाट) के धार्मिक अनुष्ठान और सृष्टि की उत्पत्ति-कथा और उससे सम्पृक्त मन्त्रों में पाये जाते हैं।

वैदिक देवता 'वाक्' जो विश्व की प्रेरक शक्ति मानी गयी है, वह यजुर्वेद में 'रुद्र' की स्त्री देवता के रूप में परिवर्तित आज की शक्ति के रूप में प्रतिष्ठित है। महामार्ग एक विशाल लोकधर्म है। आदिदेव शिव एवं आद्यशक्ति ने आविर्भूत किया कि 'धरम' ही 'आद्यंधरम' है। महादेव शिव उसके स्थापक थे। अत: उनका नाम महापंथ पड़ा है।

ऋग्वेद के दशम मण्डल देवीसूक्त में ब्रह्मस्वरूपा सर्वव्यापिनी शक्ति को समस्त विश्व और क्रियाओं का मूल माना गया है। यह धारणा ही भारतीय शक्तिवाद का मूलाधार है, जो पूर्वकालीन आर्येतर जातियों में से प्रविष्ट होने की सम्भावना है।

भील समाज में प्रचलित महामार्गी पाटपूजा एक ऐसा विशिष्ट प्रकार है, जिसमें सृष्टि का आदिरूप आद्यशक्ति को माना जाता है, जिसको 'उमिया देवी' कहा गया है। उसने ही जळुकार भगवान का साथ लेकर सृष्टि का सृजन किया। इसलिए महामार्गी पाट के प्रसंग पर एक स्त्री को 'माई' के रूप में स्थापित किया जाता है और उसका आदेश धर्मसभा को मान्य होता है। पाटपूजा का यह केन्द्रस्थ विभाव है और इसमें भील आदिवासियों की सर्वाधिक आस्था है। अत: उन्होंने अच्छी और बुरी सभी शक्तियों का, ऊर्जा का मूल आद्यशक्ति को माना है। इसका व्यापक प्रभाव भील समाज की पुराकथाओं (मिथकों), मौखिक महाकाव्यों, नारी-चरित्रों और विभावनाओं में है। भाद्रपद में महामार्गी पाट के सन्मुख गायी जाती 'रोंम-सीतमा', 'भारथ', 'देवरानी वारता' इत्यादि मौखिक महाकाव्यों और पुराकथाओं में आते सीता, कौशल्या, द्रौपदी, कुन्ती, सुभद्रा, उमिया, अ बा आदि चरित्रों का निर्माण इस विभावना और जीवन-दर्शन से ही हुआ है।

पूर्वकालीन मातृसत्तात्मक समाज में स्त्री ही सर्वोपरि होती थी। उसके सामने पुरुष असहाय था। 'देवी सहस्रनाम' में 'डामरी' और 'डाकिनी' का उल्लेख है। भील लोकमानस में आज भी स्त्री-विषयक भय व्याप्त है। ऐसे भय से ही डायन-विषयक ख़याल पैदा हुए हैं। रोंम-सीतमानी वारता में स्त्री को 'डायन देवी' मानने के लोकमानस के ख़यालों से सीता के चरित्र का देवीकरण हुआ है और उसका प्रभावी चरित्र अनेक घटनाओं का विधायक बना है। एक उदाहरण निम्नांकित है—

सीता राजकुमारी होते हुए भी ग्रामकन्या की तरह सहज रूप में व्यक्त हुई हैं। वह पंछी की तरह गाती-नाचती वन में से गुजरती हुई अपने किसानों को पाथेय (कलेवा) देने के लिए खेत में पहुँचती है और किसानों को गेहूँ-गुड़-घी का चूरमा भरपेट खिलाती है। उसका एक नाम फूलवती भी है।

रोंम सीतमानी वारता में राम-लक्ष्मण के वनगमन का प्रसंग प्रथम आता है। खेत में भूले राम के धनुष को जनक के बारह किसान और बारह जोड़ी बैल का सामूहिक बल भी तनिक हिला न सका। किन्तु इसका एक सिरा (छोर) चुनरी के पल्लू में लगते ही सीता के पीछे घिसटता हुआ सहज रूप में जाने लगा और सीता को पता भी न चला। तब भयभीत किसान सोचने लगे कि यह राजकुमारी नहीं है, अपितु डायनदेवी है।

बार कलहुणी (किसान) थाका! बार अलां (हुल) ना काटी (बैल) थाका विसार तो करांट ए... अवें आ कोई डाकेंण हें...! आवी झोगण हें!

सीता का व्यक्तित्व किसी भी प्रकार के पारिवारिक, सामाजिक, राजकीय दबाव के बिना बनफूल की तरह विकसित होता है। उसका यौवन जल-प्रपात की तरह पूरे जोश के साथ प्रगटता है। यह यौवन सहज जोश लंका-आवास तक अनर्गल टिकता है।

स्त्री के प्रभाव के दर्शन रोंम-सीतमानी वारता में सीता, कैकेयी, कौशल्या आदि स्त्री-चरित्रों में होते हैं। रोंम-सीतमा के बहुत से घटना-प्रसंगों के कर्ता-हुर्ता-धर्ता स्त्री-चरित्र ही हैं। यहाँ भीली रामकथा के केन्द्र में ओज से भरा सीता का प्रभावी चरित्र व्याप्त है।

स्त्री-गौरव

भीलों के महामार्ग में जो स्थान स्त्री का है, वह जगत् के किसी भी धर्म या सम्प्रदाय में नहीं है। महापंथ, आदिधरम, महाधरम, धूलानो पाट इत्यादि के नाम से प्रचलित इस पंथ ने स्त्री को अनन्य गौरव प्रदान किया है।

इस पंथ में अहंकार का नकार ही महाधर्म है, अहं जल जाये तभी भक्ति प्रकाशित होती है। पुरुष को अपने अहं और स्वामित्व-अधिकार को छोड़कर स्त्री को गुरु के स्थान पर स्थापित करना है। अत: 'भीलों का भारथ' में भी द्रौपदी को गुरु के स्थान पर स्थापित करके अपने स्वामित्व, भाव को छोड़कर पाण्डव मुँह में घास का तिनका दबाकर उसके चरण में गिरते हैं और हाथ जोड़कर पिता के मोक्ष के लिए मार्गदर्शन माँगते हैं। द्रौपदी पाण्डु के मोक्ष के लिए आठवाँ शंखोद्धार (सेनेतरो) यज्ञ करने का आदेश देती है।

रोंम-सीतमानी वारता से एक उदाहरण द्रष्टव्य है—

रोंम-सीतमानी वारता में राम जब बनफल लेने जाते हैं, तब कुटिया बनाते समय श्रमित हुए सीता और लक्ष्मण देह पर सागौन के पत्ते ओढ़कर सो जाते हैं। नींद आने के बाद पवन की लहर आती है। पत्ते उड़ जाते हैं और दोनों अर्ध-अनावृत हो जाते हैं।

ए... हात्रपोन रे ओढ़ीन सतियां हुई न रे रइयां...
देवर मारो तुं रो रे सती....
ए पुरुष देसना पवना देवर पोनरां उड़ारां हें... (2)
देवर मारो तुं रो रे सती....
बाप रो लक्ष्मण उपर रोम कालमो आय्यो हैं... (2)
देवर मारो तुं रो रे सती....

***

ए... अमे हुतां रे रोंमझी देई केंणांन नहीं अड़ी... (2)
देवर मारो तुं रो रे सती....
ए ला एकें आथें रोमझी ताली तुं तो पारे... (2)
देवर मारो तुं रो रे सती.... ॥

वन से फल लेकर राम आते हैं। दोनों को अर्ध-अनावृत देखकर संशयग्रस्त राम लक्ष्मण को मारने के लिए दौड़ते हैं। राम के चलने की आवाज से सीता की नींद टूट जाती है। क्रोधित राम से सीता विचलित नहीं होती। चतुरा सीता राम को कहती है, 'तू एक हाथ से ताली बजा और एक हाथ से लकड़ी घिसकर आग प्रकट कर!' राम एक हाथ से ताली बजाने और एक हाथ से लकड़ी से आग प्रकट करने के प्रयत्न करते हैं, किन्तु वे असफल होते हैं। अन्त में सीता राम को ज्ञान की वाणी सुनाती हैं। 'हम दोनों की देह तो एक-दूसरे छुई तक नहीं! जिस तरह एक हाथ से ताली नहीं बजती और एक हाथ से लकड़ी से आग नहीं प्रकटती, उसी तरह एक शरीर से कुछ नहीं होता!' राम का पुरुष अहं यहाँ सहज गलने

लगता है। वे लज्जित होते हैं। सीता राम को कुआँ खोदने के काम में लगाती हैं। सीता यहाँ मार्गदर्शक गुरु के स्थान पर हैं। यहाँ महामार्गी जीवनदर्शन के प्रभाव में सीता का निजी व्यक्तित्व सहज रूप में निखरता है।

स्त्री के व्यक्तित्व का स्वीकार

आदिवासी मौखिक साहित्य में स्त्री के व्यक्तित्व के सहज स्वीकार की जो मनोवृत्ति है, जो दृष्टिकोण है, उसके मूल में आदिवासी समाज में नारी की शक्ति का स्वीकार है, जो अन्य ग्राम या नगर साहित्य (शिष्ट साहित्य) और महाकाव्यों में दुर्लभ है। स्त्री-शक्ति का स्वीकार करने से ही आदिवासी पुराकथाओं (मिथकों) और लोक महाकाव्यों में स्त्री का देवीकरण हुआ है। इस धारा में सीता, द्रौपदी, अ बा, कुवारका, चामुण्डा आदि देवियाँ प्रमुख हैं। ये देवियाँ अयोनिजा होती हैं। अत: सीता का जन्म पाताल की नागिन से अयोनिजा के रूप में होता है।

वन में सीता के व्यक्तित्व में गृहसंसार का ज्ञान, व्यवहार-कुशलता, स्पष्टवादिता, सत्यप्रियता और निडरता के दर्शन होते हैं। पति से अलग स्वतंत्र विचार व्यक्त करने की हि मत भी अनेक प्रसंगों में देख सकते हैं। वह वाल्मीकि या तुलसी की सीता की तरह राम की अनुचरी नहीं है, किन्तु सहचरी है। मायके मिथिला में सीता का चरित्र पिता जनक के प्रभाव के बिना सहज रूप में निखरा है। अत: वन में भी पितृसत्तात्मक परिवार के दो पुरुष होते हुए भी सीता के निजी व्यक्तित्व के दर्शन होते हैं।

पुरुष अहं का सहज निरसन

रोंम-सीतमानी वारता में राम महामार्गी साधु की तरह आर भ से ही संसार से, सांसारिक बातों से वीतरागी हैं। विमाता कैकेयी (ककायदमणी) ने बारह वर्ष का वनवास दिया तो सहज स्वीकारते हैं। माता, विमाता और नगरजनों को आशीर्वचन बोलते हुए हाथ में धनुष-बाण लेकर जैन साधु की तरह पाद-विहार करते हुए लक्ष्मण के साथ वन में निकल पड़ते हैं। राम को यह अनाशक्तिभाव सीता स्वयंवर के प्रसंग में देख सकते हैं।

यहाँ राम-लक्ष्मण के वनगमन के बाद सीता स्वयंवर का प्रसंग आता है। वन में विहार करते हुए दोनों भाई धनुष-बाण जनक राजा के खेत में भूल आते हैं। याद आने पर जब वे धनुष-बाण लेने के लिए जाते हैं, तब सीता स्वयंवर के बाजे बज रहे हैं। यहाँ आग्रह करके लक्ष्मण राम को इस प्रसंग को देखने के लिए ले जाता है तो वे स्वयंवर की राजसभा में प्रवेश नहीं करते, अपितु दूर गोबर के ठेर पर बैठते हैं। हाथी और हथनी उनको ही पुष्पमाला पहनाते हैं। तब वे स्वयंवर-सभा में प्रविष्ट होते हैं। राम अपने ही धनुष को भंग करते हैं एवं सीता को प्राप्त करते हैं।

राम वन में और जीवन में भी, सीता एवं लक्ष्मण को आवश्यकता हो तो ही सहयोग देते हैं। झोंपड़ी बनाते समय सीता और लक्ष्मण परिश्रम से थक जाते और भूखे हो जाते हैं। सीता के कहने पर ही राम बनफल लेने जाते हैं। राम अन्तरमुखी होने से व्यावहारिक जीवन की बहुत-सी प्रवृत्तियों से अलिप्त रहते हैं। वे भील आदिवासियों के अहंशून्य महामार्गी साधु जैसे लगते हैं। रोंम-सीतमानी वारता में राम पूरे जीवन में दो बार क्रोध करते हैं और दो बार शारीरिक हिंसा का आचरण करते हैं। हनुमान यहाँ विवाहित हैं। एक बार उनकी पत्नी को 'येरिया' वानर उठा ले जाता है, तब हनुमान की पत्नी को छुड़ाने के लिए वानर को पीटते हैं। सागौन के पत्ते उड़ जाने पर अर्ध-अनावृत्त लक्ष्मण पर क्रोध करते हैं, उसका उल्लेख पीछे किया गया है। बने-बनाये हुए बाग को मृग ने उजाड़ दिया। दु:खी सीता ने उन्हें आलसी कहकर उपाल भ दिया। अत: क्रोधित राम हाथ में धनुष-बाण लेकर मृग को मारने के लिए चल पड़े। सप्तर्षि के आश्रम में लव-कुश को उनके

पिता के बारे में पूछते हैं। अतः अवांछित उत्तर मिलने पर राम क्रोध में दोनों भाइयों को युद्ध के लिए ललकारते हैं। इन प्रसंगों के अलावा राम का आचरण पूरे जीवन में सम्यक् रहा है।

भीली रामकथा में सीता एवं लक्ष्मण ही कर्मशील हैं। यहाँ शूर्पणखा का चरित्र नहीं है। अतः लक्ष्मण द्वारा नाक-कान के छेदन का प्रसंग भी नहीं है।

दसवें ग्रह के उकसाने से सीता का हरण करने वाले रावण का वध अकर्मण्य राम नहीं, अपितु लक्ष्मण करता है। लक्ष्मण मन्दोदरी का छद्मवेश लेकर रावण की मृत्यु का रहस्य जान लेता है। रावण के प्राण आकाशगामी सूर्य देवता के रथ में स्थित भौंरे में हैं। उबलते तेल की कड़ाही के दोनों छोर पर खड़े रहकर मध्याह्न के समय भौंरे का प्रतिबि ब तेल में पड़ने पर धनुष पर बाण का सन्धान करके भौंरे को तेल में गिराये, तब ही रावण की मृत्यु हो सकती है। इस कार्य के लिए आवश्यक कड़ाही और तेल लाने में भी राम सहयोग नहीं देते, तब लक्ष्मण सोचता है, 'राम तो ऋषि जैसे हैं, उनसे कुछ नहीं होगा। यह कार्य भी मुझे ही करना होगा।'

प्रातःकाल में पहले लक्ष्मण धरती पर चूल्हा बनाता है। कड़ाही में तेल डालकर नीचे आग जलाता है। सूर्यदेव निकलने की तैयारी कर रहे हैं। लक्ष्मण हाथ में धनुष-बाण लेकर कड़ाही के दोनों कड़ों पर अपने पैर जमाकर स्थिर खड़ा हो जाता है। धरती का स्वामी सूरज धीरे-धीरे आकाश-मार्ग में जैसे-जैसे ऊपर चढ़ता है, वैसे-वैसे लक्ष्मण तीर के लक्ष्य को ऊँचे और ऊँचे ले जाता है। मध्याह्न वेला है। नीचे तेल स्थिर हुआ है। सूर्य के रथ में बिराजे भँवरे का प्रतिबि ब तेल में पड़ता है। उचित योग जानकर लक्ष्मण बल समेटकर सूर्य के सामने तीर छोड़ता है। तीर से बींधा भँवरा नीचे पृथ्वी पर कड़ाही के तेल में गिरकर तल जाता है। इसी के साथ रावण के प्राण निकल जाते हैं। भील महामार्गी साधु त बूर पर गाता है, 'रावण का वध हुआ, योद्धा लक्ष्मण मूर्च्छित होकर सो गया, अहंकार की मृत्यु हुई (मूआ एंकार)!

लंकागढ़ में रावण के बाग में नाभि तक पत्थर में समाहित और हाथ में माला लेकर राम का नाम रटती सीता का अनन्य भक्तिरूप पावनकारी है। सीता-मिलन के समय पर राम वाल्मीकि रामायण की तरह सीता का अपमान नहीं करते। नहीं तो, नये श्रृंगार सजकर आने का संदेशा भेजते। वे स्वयं सीता के पास जाते हैं। उस समय राम सीता के शील चरित्र या रावण के व्यवहार-वर्तन के बारे में एक भी प्रश्न नहीं करते। पवित्र शील सिद्ध करने के लिए अग्निपरीक्षा भी नहीं लेते। रोंम-सीतमानी वारता में राम सीता को दुः ा हो, ऐसा एक शब्द भी नहीं उच्चारते। आर भ में संशय-ग्रस्त लक्ष्मण भी आश्वासन देकर सीता के नाम तक के पत्थर लेने में राम को मदद करता है। राम पूरे सम्मान के साथ सीता को मिलते हैं।

भीली रामकथा में अयोध्या जाने के बाद नगर जन न तो सीता के चरित्र के बारे में संशय करते और न ही तो राम सीता का त्याग करते। संयुक्त परिवार में माता कौशल्या का वर्चस्व है। कौशल्या सीता के चरित्र पर शंका करती है। अतः सास और बहू के बीच झगड़ा होता है। कौशल्या के आदेश से लक्ष्मण सीता को वन में छोड़ आता है। वन में बाघ सीता को धर्म की बहन बनाकर अपनी-अपनी पीठ पर बैठाकर सप्तऋषि के आश्रम में छोड़ आता है। सप्तर्षि के आश्रम में सीता के दो पुत्र, लव-कुश का जन्म होता है। यहाँ वाल्मीकि का आश्रम नहीं है।

बाद में कौशल्या को अपनी गलती का अहसास होता है। अतः राम-लक्ष्मण के साथ अयोध्या आ रही सीता का कुंकुम-अक्षत से स्वागत करती है। सुवर्ण रथ में विराजित करके अपने पौत्रों, लव-कुश के साथ सीता को गृहप्रवेश करवाती हैं। अतः सीता-राम का सुखमय दा पत्य जीवन आर भ होता है।

इस तरह रोंम-सीतमानी वारता में राम का चरित्र साधु जैसा है। भील समाज के महामार्गी धर्मदर्शन-जीवनदर्शन के अहं का निरसन, नारी-गौरव, नारी-समानता, भक्ति, वैराग्य जैसे कितने ही आध्यात्मिक गुण-तत्त्वों से राम के चरित्र का निर्माण हुआ है और यह महामार्गी जीवनदर्शन उनके दैनिक जीवन के क्रिया-कलापों में भी व्यक्त हुआ है।

प्रशिष्ट महाकाव्यों से तुलना

आदिवासी मौखिक महाकाव्यों में पितृसत्तात्मक समाज के आदर्श ख़याल और मान्यताओं के कृत्रिम प्रभाव के बिना स्त्री के व्यक्तित्व का स्वाभाविक विकास हुआ है, इसका कारण स्त्री की साहित्य और जीवन में सहभागिता है। अत: आदिवासी महाकाव्यों की सीता, कौशल्या, कैकेयी, अंजनी, भंजनी, द्रौपदी, कुन्ती, सुभद्रा, गान्धारी, इन्द्राणी जैसे नारी चरित्र या वाल्मीकि और व्यास जैसे शिष्ट या नागरिक प्रवाह के कवियों के नारी चरित्रों से अलग पड़ते हैं। शिष्ट-प्रशिष्ट महाकाव्यों के सर्जक पुरुष हैं। अत: यहाँ पुरुष के भावों का ही ज़्यादा प्रकटीकरण हुआ है। वाल्मीकि और व्यास जैसे शिष्ट महाकाव्यों के सर्जकों ने पुरुष के दृष्टिकोण से पति-परायणता, पति-भक्ति, सतीत्व जैसे पितृसत्तात्मक या आदर्शों को चरितार्थ करने के लिए ही स्त्री-चरित्रों का सृजन किया है। अत: सीता, कौशल्या, कैकेयी, अहल्या, द्रौपदी, कुन्ती इत्यादि स्त्रियाँ कृत्रिम आदर्शों के भार तले दब गयी हैं, कुचल गयी हैं और आहत हुई हैं। परिणामत: उनके व्यक्तित्व का विकास आदिवासी नारी चरित्रों जैसा स्वाभाविक नहीं हो सका है।

सभी शिष्ट समाजों ने स्त्री के लिए शील, सतीत्व एवं एकनिष्ठा आदि मूल्य अनिवार्य माने हैं और अन्धपात की पत्नी के ज्योतिमण्डित नेत्रों पर पट्टी बँधवा दी गयी। पत्नी को पराये पुरुष के आश्रय में रहना पड़ा तो उसकी अग्निपरीक्षा ली गयी। फिर भी लोक समुदाय में व्यर्थ चर्चा हुई, तब निर्दयता से उसका त्याग किया गया। ऐसी किसी आत्म-प्रवंचना से भरा किसी प्रकार का नकली समाधान आदिवासी मौखिक महाकाव्यों में देखने को नहीं मिलेगा।

जस-की-तस अपने साहजिक रूप में, किसी भी प्रकार के द भ या छल बिना आदिवासी मनोवृत्ति स्त्री की महत्ता और मर्यादा को स्वीकारती है और अंकित करती है। परिणामत: आदिवासी सीता को अपने शील के लिए न तो अग्निपरीक्षा देनी पड़ती है और न ही अपमानित होकर धरती में समाहित हो जाना पड़ता है। वह समग्र नगरजनों के बीच गौरव और सम्मान के साथ सदा के लिए गृह-प्रवेश करती है। 'भारथ' में भी गान्धारी को शिष्ट लिखित महाकाव्य की तरह हस्तिनापुर लाने के लिए न तो किसी छद्म का आश्रय लेना पड़ता और न ही अन्ध धृतराष्ट्र के सन्मुख सतीत्व सिद्ध करने के लिए नेत्रों पर पट्टी बाँधनी पड़ती है। 'भीलों का भारथ' में अर्जुन जैसे वीर को वासुकी मूँछ के बाल से बाँधकर, खूँटी पर लटकाकर उसकी नज़र के सामने द्रौपदी को भोगता है। फिर भी पत्नी भ्रष्ट हुई है, ऐसा किसी भी प्रकार का प्रत्याघात अर्जुन के मन में देखने को नहीं मिलता। इसमें स्त्री के प्रति औदार्य का भी कोई भाव या भार नहीं है। जो है, वह समझ है और स्त्री के वास्तविक व्यक्तित्व का स्वीकार है। आदिवासी धारा के अलावा अन्यत्र ऐसा मानवीय और कृत्रिम आदर्शों के आवरण से रहित सहज निरूपण सम्भव नहीं है।

यह साहजिकता उनके मौलिक साहित्य तक ही सीमित नहीं है। उनकी गोठिया (प्रेमी) के वर्तमान में प्रचलित प्रथा में भी स्त्री की यौन-मुक्तता और उसके व्यक्तित्व के स्वीकार के सहज दर्शन होते हैं। कन्या के विवाह-पूर्व के यौन सम्बन्ध से हुई सन्तान के प्रति किसी भी प्रकार की नैतिक या सामाजिक घृणा बीच में लाये बगैर पति उसे स्वीकारता है। इस तरह भीलों का साहित्य, समकालीन वैयक्तिक शिष्ट साहित्य की तरह समाज-जीवन से पृथक् नहीं है। उनका आदिम साहित्य साम्प्रत जीवन का अभिन्न अंग है।

वाल्मीकि और व्यास ने स्त्री और उसके चरित्र को कितने ही उच्च आदर्शों से मण्डित किया हो, फिर भी पुरुष होने के नाते उनके मन में प्रकट या प्रच्छन्न रूप में स्त्री-पुरुष की सम्पत्ति ही है। पुरुष के स्त्री के प्रति इस दृष्टिकोण के कारण ही युधिष्ठिर द्रौपदी को अपनी स पत्ति मानकर द्यूत के दाँव पर लगाते हैं और चीरहरण की करुण घटना घटित होती है।

'भीलों का भारथ' में वर्णित स्त्री-चरित्रों पर पितृसत्तात्मक समाज के आदर्श, ख़याल या मान्यता का कोई विशेष बोझ न होने से द्रौपदी को द्यूत के दाँव पर लगाने और चीरहरण की घटना तो दूर की बात रही, किन्तु दाँतों तले तिनका दबाकर पाण्डव पिता के मोक्ष के लिए द्रौपदी के चरणों में गिरकर मार्गदर्शन माँगते हैं और उसकी निगरानी में सेनेतरो (शंखोद्धार-मरणोत्तर यज्ञ) यज्ञ करते हैं। कृत्रिम संस्कृति के भार से मुक्त ऐसी इस वास्तविक समझ के मूल, प्रकृति के सान्निध्य में बसे आदिवासियों के सहज और निर्दम्भ दृष्टिकोण और महामार्ग जीवन-दर्शन में निहित हैं।

रोंम-सीतमानी वारता भारतीय वाचिक साहित्य का विरल महाकाव्य

'रोंम-सीतमानी वारता' में स्त्री के प्रमुख तीन स्वरूप—दुहिता (पुत्री), पुत्रवधू-पत्नी और माता बिना लिंग-भेद या बिना सामाजिक, धार्मिक तथा राजकीय स्तर भेद के समान अधिकार प्राप्त करते हैं। इतना ही नहीं, दासी जैसे सामान्य स्त्री-पात्र भी राजा, रानी, राजकुमारी के व्यक्तित्व से प्रभावित नहीं हैं। यहाँ बाघ, गिलहरी, बन्दर जैसे प्राणी भी भाई-मामा जैसे सामाजिक स बन्ध स्थापित करते हैं। सीताहरण के बाद दु:खी राम और लक्ष्मण जब गिलहरी से मिलते हैं, तब वह दोनों भाइयों को 'मामा' कहकर आनन्द से पुकारती है और दोनों को महुए के फूल खिलाकर आश्वासन देती है। सीताहरण के बाद हनुमान जब सबसे पहले मिलते हैं, तब वे दोनों भाइयों को 'मामा' कहकर स बोधित करते हैं। बाघ जैसा हिंसक पशु भी सीता को धर्म की बहन बताकर अपनी पीठ पर बैठाकर सप्तर्षि के आश्रम में ले जाता है। यहाँ न तो अपने उच्च जाति के अहं से प्रभावित करता ब्राह्मण समाज है और न ही अन्य समाजों को डरावना लगता और नीच माने जाने वाला राक्षस समाज। अत: यहाँ रावण का उल्लेख राजा के अलावा राक्षस के रूप में नहीं हुआ है। यहाँ मानव-जगत् एवं प्रकृति-जगत् एक समान मानवीय भूमि पर विचरण करता है। इसका प्रमुख कारण, आदिवासी पुराकथाओं (मिथ्य-मिथकों) और मौखिक महाकाव्यों की रचना तब हुई होगी, जब आदिमानव और प्रकृति के बीच विभाजक रेखाएँ स्पष्ट नहीं थीं। दोनों एक सार्वभौम जीवन में सहभागी थे। अत: 'रोंम-सीतमानी वारता' में प्रकृति और मानव के घनिष्ठ तादात्म्य के दर्शन होते हैं।

भीली रामकथा में नारियाँ राजकीय, धार्मिक और सामाजिक व्यक्तित्व के साथ, सशक्त रूप में प्रकट होती हैं। वे पुरुषों को आतंकित नहीं करतीं, किन्तु जहाँ भी पुरुष भूल करते हैं वहाँ राजकीय, सामाजिक और धार्मिक जीवन की मार्गदर्शक बनती हैं। इन अर्थों में 'रोंम-सीतमानी वारता' स्त्री-जीवन के अनेक स्वतन्त्र स्वरूपों को प्रकट करता और स्त्री के व्यक्तित्व का गौरव करता, भारतीय मौखिक साहित्य का विरल महाकाव्य है। और इसमें निहित पर परित लोकधर्मी-महामार्गी-समतावादी जीवनदर्शन से आज के नारीवादी दार्शनिक भी अपने नये जीवन-मूल्य गढ़ सकते हैं।

सन्दर्भ

1. रोंम-सीतमानी वारता, सम्पादक-डॉ. भगवानदास पटेल, प्रकाशक-भारतीय भाषा संस्थान, मैसूर और भाषा केन्द्र, वड़ोदरा, द्वितीय आवृत्ति-2011.
2. भीलों का भारथ, डॉ. भगवानदास पटेल, प्रकाशक-साहित्य अकादेमी, नयी दिल्ली, प्रथम आवृत्ति-2000.
3. राठोर वारता, सम्पादक-डॉ. भगवानदास पटेल, प्रकाशक-भारतीय भाषा संस्थान, मैसूर और भाषा केन्द्र, वड़ोदरा, द्वितीय आवृत्ति-2011.
4. गुजरांनो अरेलो, सम्पादक-डॉ. भगवानदास पटेल, प्रकाशक-भारतीय भाषा संस्थान, मैसूर और भाषा केन्द्र, वड़ोदरा, द्वितीय आवृत्ति-2011.
5. महाधरम, सल्यसा पढ़ियार, पृ. 1, प्रकाशक-स्वयं, प्रथम आवृत्ति-2002.
6. एजन, रोंम-सीतामनी वार्ता, डॉ. भगवानदास पटेल, पृ. 300.
7. एजन, पृ. 332.

आदिवासी के राम और राम के आदिवासी

डॉ. अर्जुनदास केसरी

भारतीय जीवन में राम की सर्वत्र व्याप्ति है, वह चाहे आर्थिक जीवन हो, चाहे सामाजिक और नैतिक जीवन हो, चाहे धार्मिक व सांस्कृतिक जीवन हो, चाहे कलात्मक। राम जीवन की अनिवार्यता हैं, इसलिए कि राम सबमें रमते हैं—व्यक्ति में, जीव में, वृक्ष में, नदी-नाले-झरने में, पहाड़ और जंगल में, योगी और गृहस्थ में, सभ्य और असभ्य में, अयोध्या और आदिवासी के हृदय में भी। यही कारण है कि चौबीसों अवतारों में 'राम' शब्द सर्वमान्य और सबका प्रतीक बन गया है। वह मूर्तियों में स्थूल है तो हृदयों में सूक्ष्म भी। राम शक्ति है, कोई उसे सगुण मानकर पूजता है तो कोई निर्गुण—

'अगुनहिं सगुनहिं नहिं कुछ भेदा। गावहिं मुनि पुरान बुध वेदा॥'

सन्त तुलसीदास ने 'नाना पुराण निगमागम सम्मतं यद्' कहकर 'क्वचिदन्यतोऽपि' कह दिया। वह जो अन्य है, वही 'लोक' है, लोक का है और लोक से लिया गया है, उसी में आदिवासी, वनवासी, गिरिवासी और उसका सदियों से ही नहीं, सहस्राब्दियों से मौखिक पर परा से कण्ठ-दर-कण्ठ, गुरु-शिष्य-पर परा से चला आ रहा सर्जनात्मक साहित्य है। उसमें संशोधन, परिमार्जन, परिवर्तन की कहीं कोई गुंजाइश नहीं है। इसीलिए वह शाश्वत बनकर उनके लिए प्रेरणा का स्रोत हो गया है, यों कहें कि वही उनका पुराणेतिहास है।

राम ने आदिवासियों को स्वीकारा, इसलिए नहीं कि राम ब्रह्म हैं। आदिवासी ब्रह्म-व्रह्म क्या जाने? वह तो उसी को जानता है, जो उसका अपना हो, जो उसी की तरह रहता, खाता-पीता, सोता-जागता, जीवनयापन करता है। उसके सुख-दुःख में सम्मिलित होता है, उनके साथ घुल-मिल जाता है, ऐसा घुल-मिल जाता है कि पंक्ति-भेदन करके उनका दिया जल ग्रहण कर लेता है, यहाँ तक कि कंद-मूल-फल (जूठी बेर) तक खा लेता है। उनके ओढ़ने-बिछाने वाले ओढ़ना-दसौना, कथरी-सथरी, पत्ता-पुवाल की बनी चटाई मृगचर्म पर भी सोकर उनका सहज आतिथ्य स्वीकार कर लेता है। राम का ऐसा ही आचरण-व्यवहार उनके साथ था, इसीलिए आदिवासियों के साथ उनकी युति-युक्ति बैठ गयी। राम के साथ आदिवासियों की तब कतई युति न बैठती, जब राम पिता की आज्ञा की अवहेलना कर बैठते, सुमुखी नवब्याहिता, आज्ञाकारिणी, जीवनसंगिनी पत्नी, लक्ष्मण जैसे भ्राता को साथ न लाते, केवट को अपनी सायुज्य भक्ति प्रदान न करते, भरत की बात मानकर अयोध्या वापस चले जाते, ऋषि-मुनियों का यथोचित स मान न करते, गौतम-पत्नी का उद्धार न करते, शबरी का आतिथ्य स्वीकार न करते, राक्षसों-आततायियों को यथोचित दण्ड न देते, यहाँ तक कि तीर धुनहीं (आदिवासियों के शस्त्र) लेकर न आते, उन्हीं की तरह वल्कल धारण करके न आते, पत्ता-पुवाल, पत्थर को दसौना न

बनाते, बनफल न खाते, जटायु का उद्धार न करते, विभीषण को राजा न बनाते आदि-आदि। मित्रता तो समान संग न होती है। राम आदिवासियों के सखा, सहयोगी, सहचर, सहधर्मी बन गये थे। यही उनकी विराटता है और यही रामत्व है।

इस तर्कयुक्त सत्य के बाद भी राम को रामकथा (लिखित) के राम और कण-कण में व्याप्त राम में अन्तर करना अनुचित होगा। रामकथाएँ तो बाद में रची गयीं। उन्हें रचनाकारों ने अलग-अलग तरह से, जिसे उनका जो रूप अधिक उदात्त लगा, रचा। आदिवासियों के राम तो बिल्कुल सहज दिल, सत्यानुयायी, शीलवान, धैर्यवान, करुणा के सागर, प्रेम-भाव के भूखे, दीनदयाल, दयावान, विनम्रता की प्रतिमूर्ति, साहसी, पराक्रमी, मितभाषी, मृदुभाषी, क्षमाशील हैं।

आदिवासी क्या जाने रामकथा, जो किताबों में लिखी गयी है। वह तो लोरिकायनी की तरह रामायनी जानता है। जो कुछ सुनता-सुनाता आया—वंश पर परा से। जब वह कुछ होशियार हुआ, गुफाओं में रहने लगा, आग जलाना सीख गया, आग में तपा सुस्वादु मांसाहार करने लगा तो 'राम के चरित्र की शिलाओं पर गेरू, जानवरों की चर्बी, बाँस की टहनी के ब्रश अंकित या चित्रित करने लगा। (देखें—रामार्णव : बाबा झामदास-कृत, अर्जुनदास केसरी द्वारा स पादित एवं पुनर्लिखित, अयोध्या शोध संस्थान से प्रकाशित, तृतीय खण्ड का अन्तिम पृष्ठ जिसमें केवट प्रसंग का चित्र अंकित है।) यह चित्र प्रागैतिहासिक काल का है और **उत्तर प्रदेश के आदिवासी बाहुल्य जनपद सोनभद्र के शोण महानद के तट पर चिचली-पनौरा के घने वनप्रान्त में एक शिला पर चित्रित है। ऐसे चित्र रामकथा से सम्बन्धित अन्य स्थानों पर चित्रित अथवा उत्कीर्ण शिलालेख के रूप में बने हैं। आदिवासी इनकी पूजा 'आँख की पुतलियाँ अथवा लिखनियाँ कहकर करते आ रहे हैं।'**

समग्र आदिवासी समाज दशहरा, दीपावली, अनन्त चतुर्दशी, नवरात्र आदि अवसरों पर कर्मादेवी अथवा कर्मदेव की पूजा पुरुषार्थ के प्रतीक के रूप में करता आ रहा है। पत्थर के महादेव उसके बड़ादेव हैं, सिहोर का वृक्ष उसके महादेव हैं, नीम का वृक्ष शीतला माता हैं, पत्थर का अनगढ़ टुकड़ा शबरी का प्रतीक है, खोदवा पहाड़ पर दुल्हादेव रहते हैं इसी तरह गोशाला में गोरइया, वन में वनसत्ती तथा कहीं धमसान, कहीं गँवहेर की पूजा का विधान है, तथापि राम सर्वत्र वर्तमान हैं जिनकी पूजा गुड़-घी-शाकला से की जाती है।

प्राचीन काशी और विंध्य क्षेत्र से लगे दक्षिण की ओर कैमूर पहाड़ के शिखरों पर अथवा विंध्याटवी के घने वनों, खो, कन्दराओं में आदिवासी समाज निवास करता था। सन् 1911 में प्रकाशित 'मिर्जापुर डिस्ट्रिक्ट ग़ज़ेटियर, के अनुसार—चौबीस प्रकार की जनजातियाँ निवास करती थीं, जिनमें मुख्य थीं—गोण्ड (गोंड् या मझवार) खरवार, बैगा (चेरू) पनिका, परहिया मुइयाँ, घसिया, ओराँव (मुण्डा या धांगर), अगरिया, कोरकू, कोल, पठारी, बारी आदि। इसके ही अनुसार प्रत्येक की सात कूरियाँ (उपजातियाँ) थीं। सन् 1971 की जनगणना के अनुसार इनकी जनसंख्या 3,80,15,162 थी, जो कुल आबादी का 6.94 प्रतिशत है। इनकी अधिकतर आबादी उत्तर प्रदेश, मध्य प्रदेश तथा बिहार में थी। श्रीराम, सीता, लक्ष्मण के साथ प्राय: इन्हीं दुर्गम अंचलों में निवास करते थे। उनकी उनसे ऐसी मैत्री हो गयी थी कि वे एक-दूसरे से विलग नहीं हो सकते थे, जिसका जीता-जागता प्रमाण सदियों-सहस्राब्दियों से अलिखित होते हुए उनकी मौखिक पर परा से प्राप्त साहित्य है। आदिवासियों का जीवन सदा से कलात्मक रहा, अत: उसके प्रमाण उनके पर परागत, आभूषणों, वाद्ययन्त्र, गुहाकलाओं, अल्पनाओं, भित्तिचित्रों, दैनिक उपयोग में आने वाली वस्तुओं, सिक्कों, पात्रों में भी देखे जा सकते हैं। यह अलग बात है कि विकास के नाम पर विस्थापनों के चलते वे लुप्त होते जा रहे हैं। **प्राप्त साक्ष्यों के अनुसार कहा जा सकता है कि सबसे पहले राम ने ही आदिवासियों की महत्ता स्वीकार की, उन्हें यथोचित स मान दिया और आदिवासियों ने भी उन्हें सिर-माथे चढ़ाया और भगवान की मान्यता दी, जिसके चलते दोनों**

एक-दूसरे के पूरक हो गये। इससे हमें सीखना चाहिए कि जब तक अन्त्यज अभावग्रस्त आदिवासी वर्ग को आत्मीयता नहीं प्राप्त होगी, तब तक देश-समाज का समग्र उत्थान नहीं होगा।

राम के सापेक्ष शबरी का प्रसंग सबसे अधिक लोकरंजक है, जो प्रकाशित-अप्रकाशित सभी रामकथाओं में वर्णित है। **शबरी कोल जनजाति की युवती बाला है। उसे राम ने अपनी भक्ति प्रदान की थी, इसीलिए राम से भी बढ़कर कोलों ने शबरी की पूजा करते हुए यह सिद्ध कर दिया कि राम से बड़ा राम का भक्त होता है।** वरना वे तो राम का बासन-वसन नहीं चुरा लेते, यही उनकी कम सेवकाई नहीं है—

'इहम हमार बड़ी सेवकाई, लेहिं न बासन बसन चौराई ॥'

आदिवासी सबसे पहले राम को सुमिरता है, बाद में शारदा भवानी (इन्द्रासनी) को—

'राम सुमिरि हम आसन लगवली हो,
सरदा सुमिरि गाईं गीति येऽऽऽ हो।
भवानी माई भूलि रहिया बतावऽयेऽऽऽहो।
देवी तोहरे अँगने में आयी निहारि।
गोड़ हे पइयाँ लागऊँ ॥'

अर्थात् राम का स्मरण करके हम आसन लगाते हैं, शारदा का सुमिरन करके गीत गाते हैं, भवानी का स्मरण राह न भूलने के लिए करते हैं। हम आप सबके पाँव लगते हैं। 'पाँय लागौं' आदिवासी प्रणाम है।

आदिवासी शबरी की स्थापना नीम के वृक्ष तले करते हैं। नीम देवी पूजा और पर्यावरण का प्रतीक है। अतः उसे काटना अपराध है। इसलिए भी कि चिड़िया उसमें खोता बनाकर बसेरा करती हैं—

'निबिया क पेड़ जीनि काटा ए बाबा,
ओही में चिरइया क बसेर।'

यहाँ ध्यान देने योग्य बात यह है कि आदिवासी नीम की डाल काटने से भी परहेज करता है और हम हैं कि विकास के नाम पर घने जंगल काटकर हजारों-हजार आदिवासियों को कइयों बार उजाड़कर विस्थापित कर देते हैं। जबकि राम को भी इन्हीं का आश्रय लेना पड़ा था।

सीता, राम और लक्ष्मण के आने का समाचार सुनकर शबरी अपने लम्बे-लम्बे केश से घर-आँगन ही नहीं, आने वाला रास्ता भी बटोर-बुहार डालती है, उसे उनके आने का आगम मिल गया था—

'सेबरी जे देखनी हो सगुनवाँ हो,
धावाँ राम अइहैं ना।
लामी-लामी केसिया से सेबरी
रहिमा हो बटोरे-
हो सेबरी के घरवां।'

घर-आँगन, रास्ता बुहारकर वह छाँट-छाँटकर पकी-पकी बेर तोड़ लाती है, इसलिए कि भगवान स्वयं आकर उसके घर में भोग लगायेंगे। वे प्रेम के भूखे जो हैं, इसलिए जल्द आयेंगे, ऐसा उसका दृढ़ विश्वास है। वे आते भी हैं और भोग भी लगाते हैं—

'पकली बइरिया सेबरी,

बीछि-बीछि तोरे ले हो,
भोगवा लगावैं भगवान।
सेबरी के घरवां॥
सेबरी देखलीं सगुनवाँ, घरवाँ राम आइ हैं ना॥
प्रेम के भूखल हो भगवान।
सेबरी के घरवाँ।
ओही रहिमा अइनऽ भगवान हो-
सेबरी के घरवाँ॥'

यहाँ एक बात ध्यान देने योग्य है कि शबरी ने जूठा बेर भोग लगाने को नहीं दिया या देती भी कैसे? भगवान या अतिथि को कोई जूठन देगा? कदापि नहीं। बेर लाकर रखने के बाद वह पुन: नीम के छाँव तले भगवान का आवाहन करती है—

'उतरऽ उतरऽ हो भगवान,
निबिया के शीतल छइयाँ॥'

भगवान आते हैं, सहज आतिथ्य स्वीकार करते हैं और उसे अपनी अनन्य भक्ति प्रदान करते हैं। इस प्रकरण से शबरी तो ऊँचे उठ ही जाती है, भगवान भी ऊँचे उठ जाते हैं।

आदिवासियों के करमा गीत में एक और प्रसंग बहुत मार्मिक आया है। वनवासी राम से पूछते हैं—'भूख लगेगी तो आप लोग क्या खायेंगे? और नींद आयेगी तो सोयेंगे कहाँ प्रभु!' तो भगवान कहते हैं—'भूख लगने पर कन्द खोदकर खायेंगे और दोनों हथेलियों का दोना बनाकर पानी पी लेंगे, नींद लगने पर पताई का आसन बिछा लेंगे, बस!' वार्तालाप सुनिए—

वनवासी—'भूंखि लगी कहाँ भोजन पइबऽऽऽ?'
राम—'एक कंदमूला खोदि खाइब।
पीयब हाथ जोरि पानी।'
वनवासी—'नींद लगी कहाँ आसन पइबऽऽऽ
गड़ि जइहैं काटा-कुशी होऽऽऽ।'
राम—'कांट कुसी जोरि असना लगाइब होऽऽऽ
वन में चले रघुराई॥'
इतना के बाद जब पानी बरसने लगेगा, तब?
'टपकि-टपकि बूंद बरसे हो—
भींजह राम-लखन दूनो भाई।
रामा वन में चले रघुराई॥'

आगे चलकर यह प्रकरण लम्बा हो जाता है। बताया गया है कि यही स्थिति राम-पुत्र लव-कुश की भी होती है। उन्हें बहेलिया होना पड़ता है। छोड़िए उस प्रसंग को। हाँ, तो राम को अपनी वन-यात्रा में बहेलिया बनकर कभी कदलीवन, तो कभी छाया-विहीन तर्पण धूप, कहीं वन्य जीवयुक्त घने वन की यात्राएँ करनी पड़ती हैं। ग्राम बधूटियाँ करुणाई होकर

बार-बार बट जाती हैं, परन्तु उन्हें तो बस चलते जाना है। **वनवासी सुझाते हैं—ठीक है, जाना ही है तो सातू-सामर जो मिले खाते जाइएगा, घाम लगे तो पत्ता का छत्ता लगा लीजिएगा। और लखन भइया सुनिए—बड़े भैया के पाँव दबाहे जाइएगा और सीताजी को भूख लग जाय तो मेरुगा (मृग) मारकर खिला दीजिएगा, भूखी न सो जाएँ। हाँ, एक बात का और ध्यान रखिएगा कि सूरुज देवता और आँवला-हर्रा-बहेड़ा का भी ध्यान रखते जाइएगा, ताकि तेज धूप न करें, वृक्ष छाया करते चलें।** गीत ल बा है, कतिपय पंक्तियाँ प्रस्तुत हैं—

'गिद्धा जिनि भेड़रामा हो राम
चौथे सुमिरल सूरुज देवता वा हे राम
घामें न जानि कुा हलाएँ हे राम
हर्रा के छाँहेंवाँ, बहेरा के ओल्टे हो राम
तुलसी क मुंह ढाँपे हो राम॥' (करमा, केसरी अर्जुनदास, पृ. 24-25)

यहाँ तुलसी बिरबा से मुँह ढककर चलने का संकेत है। तुलसी रोग-निवारक औषधि और विष्णुप्रिया है।

आदिवासियों के साथ राम की युति कैसे बैठी, इसका सही उत्तर यह है कि आदिवासी और राम एक-दूसरे से बिना किसी औपचारिकता के घुल-मिल गये थे। स्वतन्त्रता-पूर्व तक गाँवों में चाहे किसी जाति का कोई व्यक्ति-स्त्री-पुरुष, बाल, वृद्ध हों, एक-दूसरे को दादा-दादी, काका-काकी, नाना-नानी, भइया-बहन-भौजी का नाता जोड़ लेते थे। भुंइहार झूला गीत में सीता के साथ 'भौजी' का नाता जोड़ने का प्रसंग आया है, जो बहुत सहज और भावप्रवण है। पंक्तियाँ प्रस्तुत हैं—

'हिया हो सिया भउजी झूलि-झूलि जाइ।
हिया हो झलुवा के टूटे ले बंउेर
हिया रे सीता भउजी गिरइ अंनाचेत,
हिया हो तिरनी गइले छितिराइ,
किया हो उठावै आठ मुस तिरनी,
किया रे उठावै लामी केस,
ननदी उठावै आठ मुठा तिरनी,
किया भउजी हो उठावै लामी केस॥' (वही, पृ. 50)

तात्पर्य यह है कि झूला पड़ा था। गाँव की बालाएँ झूल रही थीं, तब तक सीताजी आ गयीं। बालाओं ने उन्हें आमंत्रित कर झूले पर बिठा लिया, फटाफट पटेंगे मारना शुरू किया तो सीता अचेत हो गिर पड़ीं। अब क्या हो! एक बाला ने उनकी फुँफती (तिरनी) उठा लिया और सीता ने स्वयं लजाकर अपने केश बटोर लिये। सभी ननद-भौजाई के रिश्ते से हँसने लगीं।

इस छोटे से गीत में हास्य, व्यंग्य, श्रृंगार, करुणा की एक साथ संचिति बैठायी गयी है, जो प्रकाशित साहित्य मे अप्राप्त है।

ऐसे ही अगणित कथा-प्रसंग जनजातीय समुदाय में राम से जुड़े हैं, न केवल गीतों में, अपितु कथाओं, गाथाओं, नाट्य-नृत्यों और लोकसुभाषितों में भी। यही कारण है कि राम आज भी आदिवासियों में रचे-बसे हैं। अत: कहा जा सकता है कि जब से राम की अवधारणा बनी, वन, पर्वत-पहाड़, नदी-नाले-झरने बने, तब से आज तक राम की

व्यवहार-कुशलता एवं आध्यात्मिक चरित्र ने अपने उदार व्यक्तित्व एवं सर्जनात्मक कृतित्व से अरण्यवासी जनमानस को विगलित किया हुआ है। उनका अकृत्रिम साहित्य इसका जीता-जागता प्रमाण है।

ऐसे ही एक प्रसंग और याद आ गया। सत्तर के दशक में हम कुछ लेखक आदिवासी गाँवों में अकाल-पद-यात्रा पर निकले थे। वहाँ एक आदिवासी के द्वार पर जब पहुँचे तो एक गीत गाया जा रहा था, जिसकी कुछ पंक्तियाँ आज भी याद हैं—

'राम लछिमन पीसे-कूटे
सीता अँगना बटोरे होऽऽऽ।'

इसका मतलब यह हुआ कि राम-लक्ष्मण-जानकी आदिवासियों में इतना घुल-मिल गये थे कि उनको मडुबा मेझरी कूटकर खाते-खिलाते भी थे और जानकी उनका अँगना बटोरती थीं। इतना घुल-मिल जाने के बाद कैसे कहा जा सकता है कि वे एक-दूसरे से भिन्न थे और उनमें तनिक भी अलगाव था।

तात्पर्य यह है कि राम यदि सीता-लक्ष्मण के साथ पिता की आज्ञा मानकर वन में आते, वनवासियों सहित वन के जीव-जन्तुओं, पशु-पक्षियों, वनस्पतियों के साथ आत्मीयता स्थापित न करते, उनके सुख-दुःख के भागी न बनते, उनका सा जीवन न जीते, उनका दुःख-मोचन न करते तो रघुवंश के अन्य राजाओं की तरह उनका नाम भी मात्र सं या बढ़ाने वाला होकर रह जाता, उनका लोकरंजन-लोकरक्षक रूप उमड़कर सामने न आता। कह सकते हैं कि यदि उन्होंने आदिवासियों का मान बढ़ाया, उन्हें गले लगाया तो उन्होंने भी उन्हें ऐसी लोकमान्यता दी कि वे महान् हो गये, भगवान हो गये।

राम के वनगमन मार्ग में जनजातियों का समागम

डॉ. श्रीराम परिहार

रामकथा कवि कलुष निकंदिनी है। अपने समय में जाते हुए मनुष्य और अन्य जीवों के कलुष मिटाकर मंगल करणी, कलिमलहरिणी रघुनाथजी की कथा है। यह कथा नर से नारायण बनने की भी है। यह कथा आत्मकल्याण की है। यह कथा सुरतरु-समान है। यह कथा मुदमंगल देने वाली है। गंगा के समान है। यह कथा परात्पर ब्रह्म के भारतवर्ष की पावन धरा पर अवतरण की है। कथा विप्र, धेनु, सुर, सन्त हित प्रकट होने वाले प्रभु राम की है। यह मर्यादा पुरुषोत्तम की लीलामय कथा है, यह कथा मानव धर्म की रक्षार्थ प्रकट हुए सच्चिदानन्द ब्रह्म की है। यह कथा स्वय भू और सतरूपा की तपस्या से दशरथ और कौशल्या के पुत्र राम की है। यह वाल्मीकि और तुलसीदास की वाणी से निसृत अमर कथा है। यह भारतीय वाङ्मय की अमृत कथा है। यह मानव मात्र की आत्मशुद्धि और आत्मोत्सर्ग की सरग-निसेनी है।

रामकथा में राम के वनगमन प्रसंग ने असमंजस, कौतूहल, विवाद, अवसाद के बीच में से वचनबद्धता, प्रेम की अटूट रीति, आज्ञापालन, मर्यादारक्षण, धर्मरक्षण, त्याग, तप, स्नेह, शील, सत्य, वीरता, धैर्य, पर दुःखकारता, भक्ति की प्रगाढ़ता और राष्ट्र-रक्षण के रत्न निपजे हैं। राजा दशरथ द्वारा माता कैकेयी को दिये हुए दो वचन तो वनगमन के मूल में हैं ही, परन्तु इसके परे भी वास्तविक कारण का संकेत रामकथा में है। राम के राज्याभिषेक से देवताओं में बेचैनी होती है। राम अवध के राजा रहेंगे, तो निसिचरों का वध कैसे होगा? देवताओं द्वारा माता सरस्वती की प्रार्थना की जाती है। सरस्वती मंथरा के माध्यम से कैकेयी की मति फेरती है। राम को भरत से अधिक चाहने वाली माता कैकेयी भरत के लिए राज्य और राम के लिए वनवास माँग लेती है। माता-पिता की आज्ञा-पालन हेतु राम चौदह वर्ष के लिए माता सीता और लक्ष्मण सहित वन को जाते हैं। इस कारण के अतिरिक्त गोस्वामी तुलसीदास भरत के चरित्र को रामकथा में प्रेम और भक्ति से परिपूरित करने हेतु स्पष्ट संकेत देते हैं। वनगमन के पार्श्व में श्रीराम की ही इच्छा मु य है, क्योंकि वे प्रेम और भक्ति की प्रतिमूर्ति भरत के चरित्र को सुर और साधु के हित में प्रकट करना चाहते हैं—

प्रेम अमिय, मन्दर, विरह, भरत पयोधि ग भीर।
मथि प्रकटेहुँ सुर-साधु हित, कृपासिन्धु रघुवीर॥

राम का वनगमन दो बार अलग-अलग उद्देश्यों से भिन्न-भिन्न दिशाओं में होता है। प्रथमतः मुनि विश्वामित्र के यज्ञ की रक्षार्थ वे भ्राता लक्ष्मण के साथ जाते हैं। विश्वामित्र राजा दशरथ को कहते हैं—'अनुज समेत देहुँ रघुनाथा, निसिचर वध मैं दोऊँ सनाथा।' इस वनयात्रा में मुनि विश्वामिश्र के यज्ञ की रक्षा तो होती ही है, अनेक अवान्तर महत्त्वपूर्ण कार्य भी होते हैं। ताड़का और सुबाहु का वध राम करते हैं। मारीच को बिना काल वाला बाण मारते हैं, जिसके बलाघात से मारीच

सौ योजन दूर समुद्र-पार जा गिरता है, मारीच ही रावण के कहने पर स्वर्णमृग बनता है—राम-लक्ष्मण की यात्रा पूर्व दिशा की ओर की थी। राम विश्वामित्र के आश्रम में अनेक प्रकार की अस्त्र-शस्त्र विद्याओं और शक्तियों को प्राप्त करते हैं। वास्तव में ऋषि-मुनियों के आश्रम त्रेतायुग में वेदशालाओं के रूप में थे। राम को विश्वामित्र अनेक प्रकार की आधुनिक वैज्ञानिक शक्तियों का ज्ञान देते हैं। इन प्राप्त शक्तियों का प्रथम परिचय भगवान शिव के महाधनुष को तोड़ने में प्राप्त होता है। जो सहसदस राजाओं से भी नहीं टूट सका, वह धनुष राम ने सहज ही तोड़ दिया। 'लेत चढ़ावत खेंचत गाढ़े, काहू न लखा देख सब ठाढ़े।' राम के इस प्रथम वनगमन में वनवासी आश्रमवासी विश्वामित्र से समागम के परिणामस्वरूप उपद्रवी राक्षसों का नाश और जनकनन्दिनी सीताजी से विवाह होता है। लक्ष्मण का उर्मिला से, भरत का माण्डवी से और शत्रुघ्न का श्रुतिकीर्ति से विवाह होता है। राम को यश और सिद्धि दोनों इस यात्रा से प्राप्त होती है।

राम के वनगमन की दूसरी यात्रा दक्षिण दिशा की ओर होती है। पितु आज्ञा का पालन और मुनियों के मिलने तथा राक्षसों का नाश करने के उद्देश्य से राम वन को जाते हैं। वनगमन में सबसे पहली भेंट गुह निषाद से होती है। गुह निषादराज है। राम उससे सखाभाव से मिलते हैं। गले लगाते हैं। कहते हैं कि वह भरत के समान भाई है। निषादराज गुह अपने सभी प्रजाजनों एवं सभी साथियों के साथ राम-सीता-लक्ष्मण का स्वागत करते हैं। कन्द-मूल-फल दोना भर-भरकर लाते हैं। राम से आत्मीयतावश ऐसे जुड़ते हैं कि राम-सीता-लक्ष्मण की वन में कष्ट सहन करने वाली स्थिति से अनेक बार विकल हो जाते हैं। वनमार्ग में राम जहाँ-जहाँ से जाते हैं, वनवासी-ग्रामवासी सब उनसे संवेदना के स्तर पर जुड़ते हैं। ग्रामवासिनी स्त्रियों में सीता से सुखद संवाद भी होते हैं।

राम के वनगमन के सामाजिक और राष्ट्रीय सन्दर्भ वहाँ तक फैले हैं, जहाँ समाज की पंक्ति का अन्तिम व्यक्ति खड़ा है। केवट को राम हाँक लगाते हैं—'नाव ले आओ, पार जाना है।' केवट नाव नहीं लाता है, कहता है—'पहले पाँव धुलवाओ, फिर नाव पर चढ़ाऊँगा।' अयोध्या के राजकुमार केवट जैसे सामान्य जन का निहोरा कर रहे हैं। यह स्वाभाविक समरसता की अद्‌भुत घटना है। केवट चाहता है कि वह अयोध्या के राजकुमार को छुए। उनका सान्निध्य प्राप्त करे। उनके साथ बैठकर अपना सामाजिक अधिकार प्राप्त करे। अपने सम्पूर्ण जीवन की मजूरी का फल पा जाये। राम वह सब करते हैं, जैसा केवट कहता है। उसकी भावना को पूरा मान-सम्मान देते हैं। उसके स्थान को समाज में ऊँचा करते हैं। राम अपनी संघर्ष और विजय-यात्रा में उसके दाय को बड़प्पन देते हैं। त्रेता के स पूर्ण समाज में केवट की प्रतिष्ठा करते हैं। केवट रामराज्य का प्रथम नागरिक बन जाता है।

राम त्रेतायुग की स पूर्ण समाज-व्यवस्था के केन्द्र में हैं। प्रत्येक की निगाह में राम आतुरता की तरह बसे हैं। प्रत्येक की सत्याकांक्षा की वे तृप्ति बन गये हैं। वे सबका भरोसा बन जाते हैं। यह बहुत बड़ी बात है। राम वनमार्ग में मिलने वाले सभी जनजातीयजन की आत्मीयता पाते हैं। उनको मान देते हैं। उनके विश्वास की रक्षा करते हैं। वे सबको निरुवारते हैं। मतंग ऋषि ने शबरी भीलनी से एक अपेक्षित घड़ी में कह दिया कि राम तु हारी कुटिया में आयेँगे। ऋषि ने शबरीयों की श्रद्धा और सबूरी की परख करके यह भविष्य-वाक्य कहा। शबरी एक भरोसा लेकर जीती रही। वह बूढ़ी हो गयी, किन्तु उसने आतुरता और प्रतीक्षा को बूढ़ा नहीं होने दिया। अपने राम के लिए बनफलों की अनगिनत टोकरियाँ भरी और औंधी कीं। पथ बुहारती रही। राह निहारती रही। प्रतीक्षा करते-करते शबरी स्वयं प्रतीक्षा का प्रतिमान हो जाती है। शबरी की प्रतीक्षा के प्रतिमान की रक्षा के लिए राम शबरी की झोंपड़ी में जाते हैं। भीलनी को स मान देते हैं। भीलनी को सामाजिकता की मूलधारा में ले आते हैं। उसके जूठे बेर खाकर राम ने एक वनवासिन का मन ही नहीं रखा, बल्कि उसे

पारिवारिकता दी। अपने परिवारजन और प्रियजन का जूठा खाने में संकोच नहीं होता। राम इस अर्थ में बहुत व्यापक एवं सामाजिक सन्दर्भों में मानव समाज की पुनर्रचना की नींव रखते हैं।

अतुलित बलशाली हनुमान, सुग्रीव, जामवन्त, अंगद, नल-नील से जुड़ाव राम के लक्ष्य और उनके भाव-प्रसार को व्यापक करता है। इनमें से कुछ वानर हैं, कुछ भालू हैं। स भवत: ये दोनों ही वनवासी जनजातियाँ रही हों। राम की वनगमन-यात्रा के सामाजिक और राष्ट्रीय सूत्रों का विस्तार वानर-भालुओं तक है, अत: राम की वनगमन-यात्रा भारतवर्ष की जययात्रा है। प्रकारान्तर से यह पृथ्वी की जययात्रा है। पृथ्वी की जातीय स्मृतियों के सन्दर्भ अलग-अलग दिशाओं से आकर राम में समाहित होते हैं। वनगमन का प्रसंग सबसे जीवन-मरण का प्रश्न बन जाता है जिसके उत्तर सब खोजते हैं। असद्वृत्ति की निस्सारता सिद्ध करने के लिए सब सद्वृत्ति के साथ हो जाते हैं। करोड़ों वर्षों की जीवयात्रा का अनुभव कहता है कि किसी एक भाव के प्रबल होने से सन्तुलन गड़बड़ाता है और एक-सी स्थिति भी सदा-सदा नहीं रहती। रावण का अतिचार ही युग-पुरुष राम को चुनौती देता है। वह चुनौती राम के साथ सारे पृथ्वीचरों की हो जाती है। राम के साथ गुह निषाद, केवट, शबरी, आञ्जनेय हनुमान, कपिपति सुग्रीव, रीछपति जामव-त सब उस चुनौती को स्वीकार करते हैं। राम के रूप में इस महादेश का महानायक उभरता है। उस महानायक का निर्माण अयोध्या से बाहर आकर अर्थात् राजसत्ता की परिधि से परे व्यापक जनजातीय समुदाय और जीव समुदाय के बीच सबकी सहभागिता और सखाभाव से होता है।

जब युग के सन्दर्भ सृष्टि के प्रतिकूल होते हैं, तो उससे केवल पृथ्वी के निवासी ही त्रस्त होते हों, ऐसा नहीं है। उसके छींटे नभमण्डल और जलमण्डल पर भी पड़ते हैं। राम की जययात्रा के ध्वजाधारी जितने हनुमान, सुग्रीव, जामवन्त, अंगद, नल-नील, गयंद हैं, उतने ही गिद्धराज जटायु और सम्पाति हैं। जो जहाँ है, वहाँ से सत्य का समर्थन करते हुए असत्य को ललकार रहा है।

जटायु ने दो महत्त्वपूर्ण कार्य किये, जिससे राम के वनगमन का लक्ष्य और जययात्रा की दिशा इंगित होती है। असत्य के गढ़ की ओर ध्यान केन्द्रित होता है। सम्पाति ने उसे और सुनिश्चितता दी। जटायु ने पहला कार्य किया—अपनी समूची सत्ता के साथ असत्य से लड़ते हुए स्त्रीत्व की रक्षा का, दूसरा—अपने प्राणों को स पूर्ण इच्छा-शक्ति के साथ रोककर राम को सीता-हरण की खबर देने का अनाचार के खिलाफ लड़ाई लड़ने के लिए किस दिशा में बढ़ा जाये, यह तो जटायु ही बताता है। अपने वर्तमान की चुनौती नभचारी भी स्वीकार करते हैं और उससे पार पाने के लिए वे राम के साथ हैं। राम हैं कि जटायु को गोद में उठा लेते हैं। उसके देह-त्याग के बाद राम उसकी अन्तिम क्रिया अपने हाथों से करते हैं। यह सम्पूर्ण युग और समाज के लिए अनुपम उदाहरण बनता है। ये खगसमाजी सन्दर्भ राम की वनगमन-यात्रा की रामराज्य की फलश्रुति के बाद पक्षीराज गरुड़ और कागभुशुण्ड़ि के संवादों में विस्तारित होते हैं।

सुरसा सर्पों की माता है। वह समुद्र में रहती है। वह पवनपुत्र को ग्रसने का प्रयास करती है। वह असफल होती है। हनुमान उसे मारते नहीं हैं। वह स्वयं कहती है कि वह जिस परीक्षा हेतु यहाँ आयी थी, उसमें पवनपुत्र को सफल पा रही है। वह नव आशीष देकर चली जाती है। युग के सन्त्रास से मुक्ति के अभियान में सुरसा के बहाने जलचर भी सन्नद्ध हैं। थल, नभ और जल के निवासी एक मन होकर युग पर छाये हुए विद्रूप को छाँटना चाहते हैं, राम का हर प्रयास समूह-मन की आकांक्षा की पूर्ति में किया गया सद्प्रयास बन जाता है।

राक्षसों के समाज में सब-के-सब रावण के समर्थक नहीं हैं। विभीषण की सात्विकता तो उजागर है। कई ऐसे पात्र भी हैं जो रावण के प्रभाव या भय से शरीर से उसके साथ हैं, लेकिन मन-मस्तिष्क से चाहते हैं कि रावण का आतंक

समाप्त हो। लंकिनी इसका प्रमाण है। एक सीमा तक कुम्भकरण भी राम से युद्ध करने के पूर्व अपने अन्तर्द्वन्द्व से रावण की अनीति को प्रमाणित करता है। मंदोदरी, त्रिजटा, सुलोचना आदि ऐसी नारी शक्तियाँ हैं, जो लंका के वैभव के बीच भी सद्-असद् का विवेक नहीं खोती हैं। पूँजी और सत्ता के प्रभाव के बीच भी सत्य भाषती हैं। भयमुक्त रहती हैं। त्रिजटा नाउम्मीद को एक विश्वास देती है और मन्दोदरी अनीति को सीख भरी चुनौती। ये सब अप्रत्यक्ष रूप से असत्य के चरागाह में आग लगाना चाहते हैं। सोने की चमक से पेट की भूख नहीं मिटती। मूल्यहीनता से जीवन को रीढ़ नहीं मिलती। राम का वनगमन सिन्धु-पार भी कई पात्रों को जोड़ता है।

वनगमन के मार्ग में राम ऋषि-मुनियों के आश्रमों में जाकर उनके चरणों में बैठते हैं। उनके प्रति श्रद्धावनत होते हैं। ऋषि-मुनि युग के बौद्धिक हैं। वे अपने आश्रमों में प्रयोगशालाओं के द्वारा सारी विधाओं और सारी कलाओं का उत्कर्ष खोजते हैं। राम उनकी शरण में जाते हैं। उनसे वह शक्ति और कौशल प्राप्त करते हैं जिससे राक्षसों से युद्ध में निपटा जा सके। राम अनेक ऋषि-मुनियों से अस्त्र-शस्त्र प्राप्त करते हैं। ऋषि-मुनियों का राम को यह सहयोग, राम को वैज्ञानिक और सामरिक शक्तियों से समृद्ध बनाता है। समूह-मन की इच्छा, अपने समय का ज्ञान और अद्‌भुत सत्यवीर का तेज अनाचार का अन्त कर देता है। राम का वनगमन युग-युग का कथानक बन जाता है। वनगमन के मार्ग में वनवासियों-जनजातियों से समागम सामाजिकता और राष्ट्रीयता की अखण्डता के नये सन्दर्भ रचते हैं। जनजातियों के गीतों, पर्वों, नृत्यों, कलाओं, गाथाओं, वार्ताओं और आदर्शों में राम अटूट रूप से गहरे बैठते हैं।

आदिवासी जनजीवन में रामपरक साहित्य की सांस्कृति अवधारणा

डॉ. पूरन सहगल

संस्कृति हमारी सभ्यता की नियामक और नियंता होती है। यदि स यता हमारा बाह्य आचरण है तो संस्कृति उस आचरण की सुविचारक एवं सुबोधक अनुशासक है। यदि और अधिक स्पष्ट कहूँ तो संस्कृति स यतारूपी अश्व की वल्गा है। जब भी सभ्यता स्वच्छन्द होकर समाज की मर्यादाओं और पर पराओं की बागड़ लाँघकर सरपट दौड़ने लगती है, तब संस्कृति उसका नियंत्रण कर पुन: लोकानुगामी बनाने का प्रयत्न कर उसे संयमित करती है।

जहाँ स यता हमारे रहन-सहन, खान-पान, वेश-भूषा, वाणी-लालित्य आदि की परिचायक होती है, वहीं संस्कृति, शान्ति, अहिंसा, करुणा, दया, क्षमा, शील, शुचिता, सहिष्णुता, समभाव, सहभागिता का समुच्च्य होकर तथा हमारे समाज एवं राष्ट्र की भव्यता और दिव्यता की परिचायक होकर स यतारूपी देह को प्राणवान, जीवन्त और सुशील बनाये रहती है अर्थात् संस्कृति स यता की आत्मा होती है। इसके दर्शन हमें हमारी कलाओं और साहित्य में स्पष्ट रूप से होते हैं। संस्कृति व्यष्टिगत न होकर समष्टिगत होती है, इसके निर्माण में अनेक वर्ष एवं युग लग जाते हैं। जब भी परिवर्तन होता है, वह सभ्यता में ही होता है। संस्कृति के मूल्य सदा स्थायी रहते है। हमारे वेद, पुराण, रामायण, महाभारत आदि महाकाव्य सांस्कृतिक प्रतिमानों की स्थापना करते हैं। साहित्य ही वह शक्तिपुँज है, जो सांस्कृतिक प्रतिमानों का साक्षी होता है तथा भाषा साहित्य की कुशल प्रवक्ता।

जिस अंचल के आदिवासी समुदाय के वाचिक साहित्य पर मैं इस आलेख में चर्चा कर रहा हूँ, इसे दशपुर जनपद या दशपुर अंचल कहा जाता है। यहाँ की लोकबोली को 'दशौरी मालवी' के नाम से जाना जाता है। इस बोली पर मेवाड़ी (राजस्थानी) हाड़ौती, राठौरी तथा कुछ-कुछ वागड़ी का प्रभाव है। यह मालवी बोली की उपबोली मान्य है। इसे इस क्षेत्र के सारे आदिवासी भी बोलते हैं।

यह अंचल मूल रूप से आदिवासी अंचल है। यहाँ भील समुदाय एवं मीणा समुदाय दोनों आदिवासी जातियाँ निवास करती आयी हैं। अरावली का यह अंचल एक समय भील-सत्ता का क्षेत्र रहा। रामपुरा भीलों की राजधानी रही। उधर भानपुरा, शामगढ़, सालरमाला, केदारेश्वर जैसे प्रमुख नगर भील-सत्ता के क्षेत्र थे। कुल मिलाकर अरावली का समूचा पठार और तलहटी भील-सत्ता क्षेत्र था।

आड़ा अवला ठेठ तईं, भीलों कोईऽराज।
कीर, भील, मीणा, मुरा, सबै निसाना बाज॥ [1]

(विरद-वरवाण और गाथा साहित्य, डॉ. पूरन सहगल, पृ. 19)

मेवाड़ राजस्थान से चन्द्रावत राजपूतों ने भीलों से सत्ता हथिया ली और यहाँ चन्द्रावत राजपूतों की सत्ता कायम हो गयी। धीरे-धीरे क्षेत्र का विकास हुआ और अनेक जातियाँ राजस्थान और गुजरात-महाराष्ट्र से आकर यहाँ बसती गयीं। फलत: भील समुदाय सत्ताविहीन होकर पठार पर सिमट गया। कूटनीतिज्ञ राजपूत सत्ताधारियों ने उन्हें विपन्न बना दिया। वे शनै:-शनै: 'वोर बीनती' जाति बनते गये। बेर बीनती जाति अर्थात् विपन्नता की चरम स्थिति। यह मालवी कहावत है। इनके रीति-रिवाजों, भाषा व बोली पर, रहन-सहन पर, खान-पान पर और वेशभूषा पर यहाँ की अन्य कृषिधर्मी जातियों का प्रभाव पड़ता चला गया। भील समुदाय कृषिश्रमिक बनकर अपना गुजर-बसर करने लगा।

मूल रूप से भील समुदाय अवतारवाद को नहीं स्वीकारता। इस समुदाय के अपने मान्य लोक देवता होते हैं, किन्तु स्थानीय अन्य जातियों की धार्मिक एवं सामाजिक आस्थाओं और पर पराओं का प्रभाव उन पर पड़ा और लगभग 300 वर्षों के मेलजोल के कारण उनकी भाषा तक में बदलाव आ गया।

आज भी इस अरावली पठार पर मेरी सर्वे-सूची के अनुसार लगभग 100 गाँव भील समुदाय के हैं। इनमें कुछ गाँव पूर्णत: भील समुदाय के हैं। कुछ भील बहुल हैं तथा कुछ भील अल्प भी हैं। इसके अतिरिक्त कुछ गाँव तलहटी में ऐसे भी हैं, जहाँ भीलों के इक्के-दुक्के परिवार हैं। सब पर दशौरी मालवी का स्पष्ट प्रभाव है। धार्मिक आस्थाओं के मान से भीलों ने अपने पूर्वज देवताओं आदि के अतिरिक्त शिव, राम और हनुमान पर अपनी आस्था बनाकर रखी है। आपस में या अन्य जाति-समाज वालों से मिलने पर वे 'राम-राम' कहकर अभिवादन का आदान-प्रदान करते हैं।

राम भले ही उनके आराध्य अथवा इष्ट नहीं हैं, किन्तु वे उनके आस्था पुरुष अवश्य हैं। मैंने पिछले कुछ वर्षों में भील समुदाय एवं अन्य सामाजिकों के गायकों से कुछ गाथाएँ और गीत, कथा, भजन सुनकर संकलित किये हैं। लगभग 54 लोकगीत ऐसे मिले हैं, जिनमें रामकथा का कोई-न-कोई सन्दर्भ है। राम, लक्ष्मण, सीता, रावण, हनुमान, शूर्पणखा आदि सभी में अनेक रामकथा पात्रों के सन्दर्भ निहित हैं। लोकमाता शबरी का गीत सन्दर्भ तो अत्यन्त मार्मिक है। सभी गीत कथा-क्रम में मेरे ग्रन्थ 'लोक रमंता राम' में संगृहीत हैं।

दशपुर जनपद की जावद तहसील का एक छोटा-सा गाँव ग्वालियरकला है। भील समुदाय का गाँव। मैं वहाँ एक बार शोधयात्रा के दौरान पहुँचा। मेरे साथ प्रिय भाई संजय शर्मा भी थे। हमने एक चबूतरे पर देखा, एक अधेड़ आयु का भील व्यक्ति बैठा था। ल बे बाल, बढ़ी हुई दाढ़ी, सफेद धोती और लाल रंग की कमीज़। सिर पर पीला साफ़ा।

मैं उसके पास गया। तब उसने 'राम-राम' कहकर मेरा स्वागत किया। मैंने पूछा—बाबा यह कौन से देवता का चबूतरा है? तब उसने कहा 'देवनारायण बावसी रो'। मैंने फिर पूछा—आप यहाँ अकेले क्यों बैठे हो? तब उसने बताया कि आज चौकी है। 12 बजे चौकी शुरू होगी। अभी हजूरिया आयेगा। देव को स्नान कराएगा। सारी सामग्री जोड़ेगा। फिर ढोली आयेगा। ढोल बजेगा। तब गाँव को पता चल जायेगा कि चौकी का समय हो गया। मैंने कहा—'दादा' आपके पास घड़ी तो है नहीं? फिर 12 बजने का पता कैसे चलेगा? सूरज बावजी की धूप से। उसने बताया। आप यहाँ क्या करेंगे? मैं भोपा हूँ। मैं ही चौकी करूँगा। मैंने थोड़ा-सा उसे कुरेदा—आपके गाँव में मन्दिर है? उसने कहा—मन्दिर तो नहीं है। हणुवत बाबा का ओटला है। वहाँ सभी धोक लगाते हैं।

आप राम को भी धोक लगाते हैं? अभी आपने राम-राम कहकर हमारा स्वागत किया। उसने अत्यन्त धैर्य से कहा—राम तो सबके भीतर बसता है। वह हम लोगों से खुलकर बात करने लगा था। उसके पास पानी का मटका भरा था। उसने लोटा भरकर हमें पानी पिलाया। पानी पिलाकर उसने कहा—

'राम राखे, राम तारे, राम देवे दाणा।
राम जग को पारनहारो हारो, झूठा राजा राणा॥' [2]

उससे राम का ऐसा बखान सुनकर मैं सचेत हुआ। मुझे लग गया, यह भोपा है तो ज्ञानी। अनुभवी ज्ञानी। भोपे वैसे भी पूरे गाँव से अधिक सयाने होते हैं। इसी कारण उन्हें 'सयाना' भी कहा जाता है। अब वह भोपा गमेरी लाल खराड़ी (भील) कुछ वाचाल होने लगा था। वह स्वयं को समझदार सयाना भी सिद्ध करना चाह रहा था।

राम सचमुच उसके भीतर बैठा था—

'राम हे तो गाम हे, गाम हे तो राम।
ऊजड़ बसती में कूण भजे ला राम॥' [3]

राम है तो गाँव है। गाँव है तो वहाँ राम का भी वास है। आप ही कहो कि उजाड़ बस्ती में राम को कौन भजेगा? भले ही राम कण-कण में बसता है, किन्तु उसका स्मरण तो बस्ती के जन ही करते हैं। वह लगभग गाकर सस्वर रामपरक साखियाँ बोलने लगा था।

'राम हँसावे, राम रुआवे, राम गावे गाणो।
राम बोले, राम चाले, राम जगत रो राणो॥'[4]

राम ही हँसाता है, राम ही रुलाता है। राम ही गीत गाता है। राम ही दाता और विधाता है। राम ही पिता-माता है। राणा तो कुछ देकर अंहकार दिखाता है और रात-दिन बेगारी करवाता है। राम ही सच्चा दाता है।

'राम जितावे, राम हरावे, राम वताड़े मारग।
राम, गाम, गऊ, गंगा धोकाँ, सबै राम रा बारग॥' [5]

राम ही विजय और पराजय करवाता है। वह मार्ग भी दिखाता है। हम राम, गाम, गऊ और गंगा को सदा धोक लगायें। हम सब राम की ही सन्तानें हैं।

इस साखी में तो गमेरजी खराड़ी ने भील समुदाय की समूची धार्मिक मान्यता ही स्पष्ट कर दी थी। बस्ती माँ-बाप कही जाती है और बस्ती ही में राम का वास है। तब बस्ती ही राम का स्वरूप है। गमेरी के राम निश्चित रूप से दशरथनन्दन राम नहीं हैं, वे तो परमात्मा और परमतत्त्व राम हैं।

इसी बात को अगली साखी में वे और भी स्पष्ट कर देते हैं। वे गाते हैं—

'राम दसरथ, राम रावण, रामजी री माया।
हगरा रे घट राम वराजे, न्यारी-न्यारी काया॥' [6]

राम ही दशरथ हैं। राम ही रावण भी हैं। सब रामजी की ही माया है। सबके घट में राम बैठा है। केवल काया भिन्न-भिन्न है।

'कुटिल मंथरा रे घट बैठ्या, कैकेयी भ माणी।
रावण रागस मारण खातर, माया राम रचाणी॥' [7]

राम ही कुटिल मंथरा के घट में बैठे और मंथरा ने रानी कैकेयी को भ्रमित कर दिया। राक्षस रावण को मारने के कारण स्वयं रामजी ने ही सारी माया रची थी।

संजय और मैं चकित थे। मैंने पूछा कि गमेरजी आपने इतना ज्ञान कहाँ से पाया। सतसंगत से। उसने तत्काल उत्तर दिया। नीमच जिले का यह अन्तिम गाँव है। अरावली पठार के उत्तरी ढलान पर इस छोटे से गाँव में गमेरजी जैसा ज्ञानी

भी बसता है। अद्‌भुत था। मैंने पूछा—आपने कभी रामकथा सुनी है? एक बार सुनी थी जावद में। फिर नहीं सुनी। मेरे बाप-दादा कथा-गाथा कहते थे। उनके पास कई कथा गाथा थीं। उनकी रची-रचाई। सब गुम-गुमा गयीं। कथा का सार यह है—

'चोरी, जारी, लूटणी, करो न पाप विपार।
निंदा करो न ईरसा, कथा भागवत सार॥' [४]

कथा भागवत का सार यह है कि न तो चोरी करो, न लूट करो और न पाप का व्यापार करो। किसी की निन्दा नहीं करनी चाहिए, ईर्ष्या नहीं करनी चाहिए। बस!

गमेरजी ने कहा—मैंने रामजी की कथा पर एक भजन लिखा है। फेर कदी आवजो सुणाऊँगा। हारी चौकी को समय वै गयो है। वह अपने काम में लग गया। हम वहाँ से चल पड़े, अगले किसी दिन वहाँ लौटने के लिए।

गमेरजी खराड़ी से रामपरक साखियाँ सुनकर इतना तो भान हो गया कि आदिवासी समुदायों में राम का अस्तित्व कायम है। वह भले ही दशरथनन्दन राम का हो अथवा परमेश्वर राम का। राम, सीता, हनुमान, लक्ष्मण के गीत-कथा सन्दर्भ भी समुदायों में सुने-सुनाये जाते हैं। मैंने अपने 'लोक रमंता राम' में कई बार कथापरक गीत आदिवासी समुदायों में जाकर सुने और संग्रहीत किये हैं। गमेरजी जैसे कथा-गाथा कहने-सुनाने वाले जन वहाँ आज भी हैं। भले ही अब उनकी सं या और रुझान इस ओर से कम हुई है। पहले रेडियो आया। फिर टी.वी. आया। लोक-चौपाल बन्द होते चले गये।

जनजाति वाचिक साहित्य केवल मनोरंजन का ही साधन नहीं है, यह आदि संस्कृति की अमूल्य धरोहर है। इसकी जितनी भी उपेक्षा हम करते रहेंगे, उतनी ही हमारी संस्कृति, हमारी कलाप्रियता, हमारी पार परिक अवधारणाएँ खण्डित होती रहेंगी। आज इस सांस्कृतिक धरोहर का बहुत बड़ा भाग नष्ट हो गया है। समूची जनजाति और लोक-साहित्य वाचिक पर परा में जीवित था। वह पर परा समाप्त होती जा रही है, विशेषकर आदिवासी अंचलों में वाचिक साहित्य का अखुट खजाना था, जो अब भूल-भुलैया में फँस गया है। पार परिक गायक कलाकार और अन्य कलाओं के सर्जक आज अपना पार परिक व्यवसाय त्यागकर अन्य व्यवसायों में चले जा रहे हैं। भील समुदाय के एक गायक सम्मतजी ने बताया—'दा साब अबे अण गाण-माण ती पेट भराई नी वे। त बूरा टांगी दिया भीतां पर।' विशेषकर आदिवासी समुदायों में उनकी संस्कृति तो आज भी जीवित है। उनके बखान तो आज भी मुखर हैं। यद्यपि आदिवासी संस्कृति अवतारवाद पर विश्वास नहीं रखती, तथापि उनके अपने देवताओं की तरह राम तो उनके लिए आज भी तथा पर परा से भी अवतारवाद और लोकवाद के मध्य सेतुबन्ध की भाँति लोकमान्य देव हैं।

वाल्मीकि स्वयं आदिवासी समुदाय के जन थे। भले ही हम आज उनके गले में जनेऊ डालकर ब्राह्मण स्वरूप प्रदान कर दें। वे तो पूर्व में लुटेरे थे। वनवासी थे। लूट ही उनका व्यवसाय था। सन्त जनों स भवत: सनकादि ऋषियों के प्रेरणा शब्दों ने उन्हें लुटेरे से भक्त बना दिया। तपस्या कर ज्ञानी बने और फिर ऋषि धर्म का निर्वाह किया। क्रौंचवध के दृश्य ने उनके मन में करुणा का संचार कर दिया। वाल्मीकि के मुख से अनायास जो करुणा श्लोक के माध्यम से फूट पड़ी थी।

'मा निषाद प्रतिष्ठांत्वगमः शाश्वतीसमाः।
यत्क्रौंच मिथुनादेकम्वधी काममोहितम्॥'

स भवत: करुणा की यह पहली निझरणी पूरे लोक को करुणामय कर गयी। वह करुणा लोक में भिन्न-भिन्न गीत-कथा-गाथाओं में प्रकट हुई। जनजातीय समुदाय में कुछ अलग तरह से वह करुणा फूटी है—

एक चड़ी, एक चड़ो सुभागो
करता था नत, बागाँ बेठ कलोल।
तनको चण-चण धर्‍या डार
कर्‍यो जी घर को घोंसलो
चुग्गो लेवा जाता लारे-लार।
भरता जी वन में उड़ान,
ऊँचे आगस उडारी लेता
उड़ता जी गगना बीच।
एक चिड़िया थी एक चिड़ा था
बागों में साथ-साथ विचरण करते थे।

तिनका-तिनका चुनकर उन्होंने अपना घर-घोंसला बनाया था। चुग्गा लेने साथ-साथ जाते। आकाश में ऊँची-ऊँची उड़ाने भरते। आगे-पीछे निकलने की होड़ लगाते। दोनों बहुत खुश थे।

गीत खूब लम्बा चलता है और एक स्थान पर कह जाता है—

'एक भीलड़ो, वन में आयो, हाथाँ तीर कमाण।
कर्‍यो निसाणो, जुलम कमायो, छोड़ दिया रे बाण॥
जुल्मी ने कानां सूदी ताण।
बाण तो लागो हिरदे चरकली के
रामा लागो रे तीखो बाण।
बाण खा धरती पे पड़गी
तल्फ़ निकर्‍या पराण॥
होई रे ठण्डी ठार।
चरकलो रोवे डाणा मार।
जोर-जोर कुरलावे, अरे जीवड़ो बाहर क्युँ नी आवे।
ढब-ढब हारी चरकली दोई हंडे चालाँ।'

उन्हें किसी की नजर लग गयी। उनकी खुशी पर वज्रपात हो गया। वन में एक भील आया। उसके कन्धे पर तीर-कमान था। उसने निशान साधा। कान तक प्रत्यंचा खींचकर बाण चला दिया। बाण चिड़ी के कलेजे में जा लगा। वह तत्क्षण धरती पर आ गिरी। थोड़ी-सी तड़पी। उसके प्राण छूट गये। वह ठण्डी ठार हो गयी। चिड़ा बेचारा जोर-जोर से विलाप कर उठा। उसने रोते-रोते कहा—'मेरी चिड़िया, थोड़ी देर ठहर जा। दोनों साथ-साथ चलेंगे।' ऐसा कहकर उसने भी अपने प्राण त्याग दिये।

गीत आगे कहता है—

'सत का राखा राम
ड़ील तो रेह गयो धरती ऊपर
उड़ि गया ऊँचे आगास

राम-नाम का जुड़्या फींकड़ा
उड़िचाल्या जीवड़ा आगासां के पार।
राम राखे, राम मारे, देवे राम की आण।
देख सिकारी भीलड़ो रोवे
वेवे आखां नीर, धनस बाण तो परे फेंकया।
हिरदै उपजी पीर।
अछतावे-पछतावे सिकारी, अपनी करणी जाण
सद्गुरु जाणूँ रे थने चरकला,
लग्यो कारजे बाण।
रे हारे लाग्यो सबद को बाण।'[१]

दोनों की देह ठण्डी ठार हो गयी। सत का रक्षक तो 'राम' है। दोनों की देह तो धरती पर रह गयी। उनकी आत्माएँ ऊँचे आकाश में उड़ चलीं। राम-नाम के पंखों पर बैठकर दोनों आकाश के भी पार चले गये।

राम ही रक्षक है। राम ही मारक है। शेष तो राम की आन ही रह जाती है।

शिकारी अपनी करनी पर पछता उठा। वह जोर-जोर से विलाप कर उठा। नेत्रों से अश्रु बह उठे। उसने अपना धनुष-बाण दूर फेंक दिया। उसके हृदय में करुणा की पीड़ा उठी। वह अपनी करनी पर पछताने लगा। उसके कलेजे में 'शब्द का बाण, करुणा का तीर, पश्चात्ताप की कटार चुभ गई। गीत कहता है—हिरदै लागी सबद कटार।' वह पश्चात्ताप की सरिता में डुबकी लगाकर निर्मल हो गया। वह वाल्मीकि हो गया।

गीत सुनाते-सुनाते कोज्या गाँव (तह. जावद) के भीमा भाई खेराड़ी की आँखों से तो अश्रु बह ही रहे थे। मेरे नेत्र भी सजल हो उठे थे।

पिछले पृष्ठों में मैंने जिस गमेरजी भील का ज़िक्र किया है। जिन्होंने कहा था, मैंने जीवन में केवल एक बार ही रामायण कथा सुनी और मुझे यह ज्ञान मिला कि किसी को लूटो मत, चोरी मत करो, जारपना मत करो। ईर्ष्या-द्वेष मत करो। उन्होंने यह भी कहा था कि मैंने रामकथा कैसी और कथा में क्या सुना, ऐसी मैंने वार्ता तैयार की है। दुबारा आना, तब मैं तु हें सुना दूँगा। वह चाहता तो उसी दिन सुना देता, किन्तु 'फिर कभी आना' में उसका किंचित अहंकार तुष्ट हो रहा था। मैं दो माह बाद श्रावण में वहाँ पहुँचा, तब पता चला कि वह पिछली चिड़िया के वियोग के समान चिड़ा बन गया। श्रावण के प्रारम्भ में उसकी पत्नी मरी और एक सप्ताह पश्चात् वह भी मर गया।

मेरे साथ संजय इस बार भी था। हमने शोक प्रकट किया। एक लोटा पानी पीकर जब हम चलने को हुए, तब उसके पौत्र ने एक कागज लाकर दिया। मरने के दो-तीन दिन पहले गमेरजी ने अपने इसी (5वीं उत्तीर्ण) पौत्र से वह कथा-वार्ता लिखाई थी। हम उसकी वचनबद्धता से धन्य थे। वह कथा भले ही सहज भाषा-बोली में है, किन्तु है पूरी रामकथा। आप भी पढ़ें-सुनें और गमेरजी को सराहें—

कथा सुणी थी एक दाण की, पेटी ढोलक गावण सुण्यो।
एक राम अजोयध्यावासी, लंकावासी रावण सुणयो॥ 1॥

दुस्ट मंथरी रो केकई ने, खोटी सीख-सिखावण सुण्यो।
द्वेस, इरसा भरी केकई, दसरथ ने बेभावण सुणयो॥ 2॥

अछता-पछता दसरथजी रो, राम ने वन होकलावण सुणयो।
सतवंती अरवीर लखन रो, राम लला संग जावण सुणयो ॥ 3 ॥

निसाद राज रो राम चरण धो, सरता पार उतारण सुणयो।
रिसि मुनियाँ रे आसरम जाताँ, चरण सीस नमावण सुणयो ॥ 4 ॥

पंचवटी री सरिता तीरे, आसरम जाऽर बणावण सुणयो।
सीता, लक्षमन, राम, हिल मिलां, कुटिया पाँच बणावण सुणियो ॥ 5 ॥

लीप-छापने सीताजी रो, कुटियाँ ने चितरावण सुणयो।
फूल क्यारियाँ, वेल-वेलड़ियाँ, आंगण रुचर मंडावण सुणयो ॥ 6 ॥

सूर्पनखी री बेसरमी रो, लखन पे जाल बिछाताँ सुणयो।
छीना झपटी सीता रे संग, जबरन घात लगाता सुणयो ॥ 7 ॥

रघुवरजी री आज्ञापाताँ, सूर्पनखी री नाक कटावण सुणयो।
खूनाझम, कल्पती सूपा रो, रावण रे ढिग जावण सुणयो ॥ 8 ॥

सीताजी री चित्र बणा, रावण ने ललचावण सुणयो।
सीताजी हरण करण रो, रावण ने बेहकावण सुणयो ॥ 9 ॥

होन मिरगडों बण मरीच रो, सीता मइयाँ ने लुभावन सुणयो।
राम-राम री टेर लगाताँ, सीता रोमन ने भटकावण सुणयो ॥ 10 ॥

साध बेस धर रावण रो, पंचवटी में आवण सुणयो।
छल-बल करताँ सीताजी रो, हरण जुड़ाता पुसपक में लेजाताँ सुणयो ॥ 11 ॥

सीता-सीता टेर लगाताँ, राम लखन भटकावण सुणयो।
राम-राम रटती सबरी रे, प पा आसरम जावण सुणयो ॥ 12 ॥
सबरी आसरम जा रघुवर रो, मीठा बोर खिलावण सुणयो।
कुटिया भीतर रघुवरजी री लीला रो चित्रावण सुणयो ॥ 13 ॥

खोज करतां राम लखन री, हणुवंत भेंट करावण सुणयो।
रिस्यमूक जा सुग्रीव हेत, बाली रो बाण लगावण सुणयो॥ 14॥

समंद पार जा हणुवंत रो, सीता री सुधलावण सुणयो।
रीस भर्‌या हणुवंत बली रो, लंका लाय लगावण सुणयो॥ 15॥

फेरे सुणयो एक अजब अजूबो।
हाथ जोड़ समदर खुद ऊबो॥ 16॥

समंदरजी रो, समंदर ऊपर, बांधावण धारण सुणयो।
नल-नील दोइ भाइयाँ रो, सेतु बांध बणावण सुणयो॥ 17॥

सेतुबांध री पूजा कारण, बामण-रावण आवण सुणयो।
रामेसर री करी थरपणा, रावण परोत बणावत सुणयो॥ 18॥

जुद्ध ठण्यो, फौंजा चढ़ आयी, फौजाँ रो आवण-जावण सुणयो।
वीर लखन ने मेघनाद रो, सगती बाण लगावण सुणयो॥ 19॥

फेर सुणयो हणुवंत बली रो, सरजीवण बूटी लावण सुणयो।
वीर लखन रो मेघनाद पे, मारण घात लगावण सुणयो॥ 20॥

बड़ा-बड़ा जोध मर खुटया, मेघनाद रो मारण सुणयो।
कुंभकरण पूरो बलसाली, होयो धूर-धराणी सुणयो॥ 21॥

राम बाण नाभी में लागो, रावण रो मर जावण सुणयो।
बि भीसण लंका पति होयो, सीताजी रो आवण सुणयो॥ 22॥

सतवंती सीता मइया रो, अगन परीख दिलावण सुणयो।
पुस्पक बैठ अयोध्या आतां, राम राज भरपावण सुणयो॥ 23॥

चतर-चकोरी नणदल रो, सीताजी ने भरमाणो सुणयो।
डावाँ पग रो अंगूठा लिख, रावण चित्र बणावण सुणयो॥ 24॥

रावण ने चीते नत सीता, रघुवर मन भटकावण सुणयो।
कुटल-कुलच्छनी नणदल रो, सीता पे दोस लगावण सुणयो॥ 25॥

दुस्ट धोबड़े रो मइया पे, झूठो कलंक लगावण सुणयो।
सतवंती सीता राणी ने, देस निकाल दिलावण सुणयो॥ 26॥

वालमीक रे आसरम रेहताँ, लवकुस जलम जमावण सुणयो।
लव, कुस री मधरी वाणी में, राम कथा रो गावण सुणयो॥ 27॥

सुण ली-सुण ली कथा राम रीं, सीता रो धरती जावण सुणयो।
फेर सुणयो सिरि रामचंद्र रो, सरयु नदी सिरावण सुणयो॥ 28॥

अतरो सुणयो वतरो सुणयो, परजा रो असु बहावण सुणयो।
दूजी दाण सुणी नी कथा, सत रो नेम निभावण सुणयो॥ 29॥

ऊँच पठारी मंदर बीचे, हणुवंत रो गावण सुणयो।
राम-राम री मधरी धुन सुण, राम-राम चित लगावण सुणयो॥ 30॥

तीस दोहों में एक आदिवासी गायक ने स पूर्ण रामकथा का सार संक्षेप में कह दिया है।

राम के राजतिलक में मंथरा द्वारा बाधा, दशरथजी द्वारा राम को वनवास, सीता-राम-लक्ष्मण का वनगमन, ऋषि-मुनियों और सीताजी द्वारा कुटियाओं को लीप-छापकर उनकी भीतों पर चित्रावण करना।

स्वर्णमृग द्वारा सीता को लुभाना, राम-राम टेर लगाकर सीताजी को भ्रमित करना, फिर छल-बल द्वारा सीता-हरण होना तथा इससे पूर्व शूर्पणखा द्वारा लक्ष्मण को अपने रूप से छलने का प्रयास, फिर अंग-भंग होने पर रावण के दरबार में जाकर सीता का चित्र बनाकर रावण को ललचाना और सीता के अपहरण हेतु प्रेरित करना, शबरी के आश्रम में जाकर शबरी से भेंट तथा शबरी द्वारा कुटिया की भीतरी दीवारों पर रामजन्म से लेकर तब तक की रामलीलाओं का अद्‌भुत चित्रावण। हनुमान-राम की भेंट, ऋष्यमूक पर्वत पर सुग्रीव-मैत्री, बाली-वध और फिर हनुमान द्वारा समुद्र लाँघकर सीता-सुधि, लंका-दहन। समुद्र-शरण, सेतुबंध-निर्माण, राम-रावण का युद्ध। समस्त बलशाली राक्षसों यथा कुम्भकरण और मेघनाद-वध। लक्ष्मण-शक्ति प्रसंग, संजीवनी बूटी लाना। रावण को पुरोहित बनाकर रामेश्वर की स्थापना रावण-वध, सीता की अग्निपरीक्षा। अयोध्या लौटकर राम का राजतिलक, सीताजी-नणदल (नणद) द्वारा सीताजी से रावण का चित्र बनवाना। सीताजी द्वारा केवल रावण के बाएँ पैर के अंगूठे को आधार बनाकर रावण का चित्र बना देना। ननद द्वारा यह प्रचार कि सीता तो निसि दिन रावण की स्मृति में लीन रहती है, फिर धोबी प्रसंग। सीताजी का दोबारा वनवास। लव-कुश का जन्म तथा अन्त में धरती-प्रवेश, रामजी का सरयू-प्रवेश।

अन्त में गायक का यह कथन, एक बार सुनी थी, फिर नहीं सुनी। उसके बाद ऊँचे पर्वत पर से हनुमानजी द्वारा राम-राम की वाणी सुनी। वही सार है। कथा का सार है—'सत्य का आचरण'।

कथा में दो-तीन प्रसंग ऐसे महत्त्व के हैं, जिन पर ध्यान देना अनिवार्य है। राम, लक्ष्मण और सीता द्वारा हिल-मिलकर पाँच कुटियों का निर्माण करना। आदिवासी समाज की सामुदायिकता, सहभागिता और श्रम की साझेदारी के सन्देश के अतिरिक्त आदिवासी समुदाय का कलाप्रियता के प्रति रुझान का भी यह गीत हमें आकृष्ट करता है। आदिवासी साहित्य के लोकगायक की सृजनशीलता तो अद्‌भुत ही है। केवल 30 साखियों में रामकथा को व्यक्त कर देना अच्छे-अच्छे लेखकों के बस के बाहर होता है। इसमें भी आश्चर्य यह कि ये गायक बिल्कुल भी पढ़े-लिखे नहीं होते। इसी प्रकार ऐसी गाथाएँ या कथागीत न तो एक बार में बैठकर लिखे जाते हैं और न ही किसी एक सर्जक द्वारा रचे जाते हैं। जितनी कड़ियाँ बनीं, पढ़ दीं। गा दीं। सुना दीं। खो-खो के खेल की तरह फिर अगला गायक गीत-गाथा को आगे बढ़ा देता है। गीत बनता जाता है और गाथा सृजित होती जाती है।

आदिवासी अंचलों में जाकर यदि हम उनके घर-आँगन निहारें, उनकी वेशभूषा देखें, उनकी बोली-भाषा और उनके गीत सुनें, तब हमें लगेगा कि यह आदिम लोक अद्‌भुत है। आर्थिक विपन्नता के बावजूद भी आदिवासी जन की जीवन्तता और जिजीविषा अजब और अनोखी है। लिपे-पुते घर, आँगन, दीवारों पर बनी चटक रंगों वाली सफेद, गेरू और काले रंग का अद्‌भुत संयोजन। अपने कुलदेवता-ग्रामदेवता और जनदेवता का अंकन देखकर आपको अवश्य यह आभास हो जायेगा कि जीवन की उमंग के लिए अर्थ नहीं समझ सामर्थ्य की आवश्यकता होती है।

जनपदों और जनजातियों की जीवन-धारा का अध्ययन करने के लिए हमारा मन-मस्तिष्क और नेत्र खुले हुए होना आवश्यक है। हमारी मानसिकता में जन, वन और उपवन के प्रति सजगता होनी चाहिए। उनके गीतों में जहाँ उमंग हैं, वहीं उल्लासमय थिरकन और स्वर भी कम नहीं हैं।

राम का होना और राम के प्रति आस्था का होना एक महत्त्व की बात है। किन्तु राम-परिवार के प्रति अपनत्व होना उससे भी बड़ी बात है। एक आदिवासी गीत देखें। सीताजी किस प्रकार भील युवतियों के साथ स ीभाव से हिल-मिलकर, उन्हें अपना अपनत्व, स्नेह देती हैं और बदले में कई गुना प्राप्त भी कर लेती हैं।

'वन जुवतियाँ रे संग-संग सीताजी निरत करें।
अपणे हाथाँ सीताजी, सबरो सिंणगार करें।
माथे टीकी, आँखाँ काजल, होठ गुलाल करें।
हाथाँ गजरा, चोरी बेणी, सुभ फूलहम भरें॥
पगाँ पलसमाँ, छमणकारी, वन जुबतीं संवरें।
तारी दे-दे सीताजी, रुच-रुच ने निरत करें।
वन जुवतियाँ रे संग-संग, सीताजी निरत करें।
अपणे हाथाँ सीताजी, सबरो सिंणगार करें॥
बाजे ढोल, ढोलकी बाजे, चंग उमंग भरें।
कद्यां तो झूमें चक्कर खाताँ, कद्याँ सूध कतार करें॥
सीता सीखें और सिखावें, नहीं इंकोच करें।
गल बहियाँ लेवें, दे वें तारी, कर-पग ताल भरें॥
वन री वासी सीता राणी, जुवतिन संग विचरें।
अपणे हाथाँ सीताजी, सब रो सिंणगार करें॥' [10-11]

वनवासी सीताजी किस प्रकार वनजीवन में रच-बस गयी थीं, यह बात गीत कहना चाहता है। वे वनयुवतियों को नृत्य के लिए तैयार करती हैं। उन्हें सीताजी सँवारती हैं। फूलों के गजरे बनाकर, हार बनाकर उनका शृंगार करती हैं। उन्हें काजल-टीकी लगाती हैं। इससे भी बड़ी बात यह कि वे उनके साथ गलबहियाँ डालकर नृत्य भी करती हैं। ढोल और चंग की धुन पर ताली का ताल देकर वे नृत्यमय हो जाती हैं।

भले ही इस गीत के सृजनहार ने वह सब नहीं देखा हो, किन्तु सीता का अपनत्व और वात्सल्य वनवासीजनों के प्रति कितना परिवारमय था, इसका आभास यह गीत करवा देता है।

वस्तुतः यह सभी गीत आदिवासी समुदाय के अपने जीवन का ही प्रतिबि ब प्रकट करते हैं। सीताजी का लेपन, आलेपन, चित्रावण, नृत्यमयता सब मिलकर आदिवासी जनजातियों की कलाप्रियता एवं उमंग-उल्लासमय जीवन के साथ-साथ राम-सीता और लखनलाल के प्रति अपना स्नेह और विश्वास प्रकट करने के माध्यम हैं।

जनजातियों में अनेक मिथक बनते और लोकमान्य हो जाते हैं। जैसे सीताजी की नणद द्वारा सीताजी से रावण का चित्र बनवाकर उन्हें राम के समक्ष दोषी सिद्ध कर देना। वस्तुतः यह मिथक तो व्यावहारिक जीवन में ननद-भौजाई के इसी प्रकार के स बन्धों का एक माध्यम है। यह मिथक गीत केवल जनजातियों के मालवांचल में ही प्रचलित नहीं है। अन्य बोलियों में भी प्रचलित है—बुन्देली लोकबोली का यह लोकगीत देखें—

आम नि बोली की नन्हीं-नन्हीं पतियाँ, नीम की सीतल छाँह।
ओई तरे बैठी नणद भोजाई, कर रही रावण की बात॥
जोन रावण भौजी तुमें हर ले गब, हमें उरेह बताव।
रावण उरेहों जबई बारी ननदी, घर में खबर न होय।
जो सुन पाहें बीरन तु हारे घर से दें निकार॥ [12]

ऐसा ही गीत बघेली से भी मिल जाता है—

अपने ओसरवा सीतल बइठीं, जमरे ननदियऊ हो।
अब हंसि पूछै ननदी बात सुनहुँ भौजी सीतल हो।
भउजी तोहई, मोरी भौजी, तोहई मोरी सब कुछ हो।
भउजी जउन रामन तोहई हरिसि उरेह बतउतिह हो।
कछु नहिं बोली सीतल देई ननद हठ कीन्हस हो॥ [13]

मालवी (दशौरी) बुन्देली और बघेली में एक जैसे मिथक गीत को देखकर लगता है कि राम का चरित् लोक-साहित्य से लगाकर जनजातियों की वाचिक पर परा तक विस्तार पा गया है। बघेली गीत खूब ल बा चलता है और अन्त में मालवी गीत की भाँति सीता को राम के समक्ष भी और समूचे महल में अपराधबोध में घेर लेता है। सचमुच लोक-साहित्य पैरों पर नहीं, परों (पंखों) पर यात्रा करता है।

जनजातीय समुदायों की कला-पर परा उनके अनुष्ठानों, उनकी सामाजिक पर पराओं, उनके आस्था देवों-देवियों, मन्नत-मान्यताओं, उनके गीतों, कथाओं, गाथाओं, संगीत, गीत-नृत्य-चित्र-चित्रावण शिल्प आदि से ही ज्ञात हो सकती है। आदिवासी लोककला उनकी पर परागत मान्यताओं पर आधारित होती है।

सीता द्वारा कुटिया की भीतों पर और द्वारों पर चित्रावण करना। वनवासी युवतियों के संग हिल-मिलकर नृत्य-गान

करना और आत्मीयता का स बन्ध स्थापित करना, वस्तुतः स्वयं आदिवासी समुदायों की ही सांस्कृतिक छवियाँ हैं। सीता तो उन छवियों की अभिव्यक्ति का एक सुलभ माध्यम है।

राम से आदिवासी समुदायों का कैसा स बन्ध है? यह तो इसी बात से स्पष्ट हो जाता है कि दशपुर अंचल में जिस भील-सत्ता का उल्लेख पिछले पृष्ठों में यह कहकर किया गया है कि 'आड़ा अवला ठेठ तई, भीलां को ईऽराज' अर्थात् अरावली पठार पर ठेठ तक अर्थात् ओर-छोर तक भीलों का ही राज था। इस राज्य का संस्थापक रामा भील था। आज भी इस अंचल में भील समुदाय में भीलों के नाम 'राम' बोधक मिल जाते हैं।

एक शोधयात्रा में बस द्वारा सफर करते हुए एक वृद्ध भील से चर्चा होने लगी। राम का सन्दर्भ मैंने उगेरा। मैंने कहा— भील समुदाय तो अपने देवताओं को ही पूजता है, फिर वहाँ के गीतों में राम, सीता, लक्ष्मण नाम कैसे आ जाता है?

उस वृद्ध सज्जन ने मुझे जो उत्तर दिया, वह अद्भुत था। वृद्ध बोला—'हमारे आराध्य हणुवंत बली हैं। हणुवंतजी के आराध्य रामजी, सीताजी। जिस प्रकार हणुवंतजी के हृदय में राम-सीता-लक्ष्मण निवास करते हैं, उसी प्रकार हम भीलों के हृदय में तीनों और चौथे हणुवंतजी निवास करते हैं। राम तो हमारे भीतर बसे हैं, फिर उन्हें बाहर पूजने से क्या मतलब।'

मैं वृद्ध बाबा का ऐसा तर्कपूर्ण एवं भावपूर्ण उत्तर सुनकर सचमुच भाव-विभोर हो उठा था।

उसी वृद्ध बाबा ने आगे कहा—राम की कथा तो वनवास समाप्त होते ही समाप्त हो जाती है। आगे तो तुलसी बाबा का आनन्द है। चौदह वर्ष राम हम वनवासियों, भीलों और अन्य जातियों के बीच रहे। सारे दुख-सुख हमने हिल-मिलकर बाँटे। सीताजी ने हमारी बेटियों और बहुओं को घरों को लीप-छापकर सुन्दर बनाना सिखाया। चित्रावण करना सिखाया। शस्त्र चलाना सिखाया। स्वयं अपनी रक्षा करना सिखाया। लक्ष्मणजी ने हमारे युवकों को शस्त्र चलाना सिखाया। अपने गाँवों की रक्षा करना सिखाया। गाँवों के चारों ओर कोट बनाना सिखाया। सबके मन में से रामजी ने राक्षसों का भय दूर कर दिया। तब लक्ष्मण को राक्षस जनजाति और भील जाति कैसे भूल सकती है?

मैंने पहली बार किसी आदिवासी जन से राम के प्रति-सीता और लक्ष्मण के प्रति ऐसी आस्था सुनी थी।

आदिवासी समुदायों में आँगन के माँडनों और अपने कच्चे-पक्के घरों को चित्रमय बनाकर सुन्दर बनाने की रुचिर परम्परा तो है ही, अपनी देह को चित्रमय बनाने की परम्परा भी आदिवासी से देखने-सुनने और पढ़ने में आती है।

आदिवासी कन्याएँ और बहुएँ अपनी देह पर गोदना गुदवाकर स्वयं को धन्य मानती हैं। गोदना गुदवाने में जहाँ सौन्दर्य भाव निहित है, वहीं उनके व्याधियों से छुटकारा पाने का प्रसंग भी बतलाया जाता है। केवल महिलाएँ ही नहीं पुरुष वर्ग भी अपनी देह पर गोदना गुदवाने में पीछे नहीं रहते। बहुधा विवाह से पूर्व ही गोदना गुदवा लेना शुभ और अनिवार्य माना जाता है।

मान्यता यह है कि अन्य आभूषण और शृंगार के प्रसाधन तो यहीं छूट जाते हैं, किन्तु गोदना साथ जाता है। स्त्रियों और पुरुषों के गोदने भिन्न-भिन्न प्रकार के होते हैं। स्त्रियों के गोदने शृंगारपरक तथा पुरुषों के गोदने पहचानपरक होते हैं। कभी-कभी कुलदेवता भी चित्रित होता है।

गोदना गुदवाने में भी राम का प्रसंग तो आ ही जाता है।

छत्तीसगढ़ की माता अपनी बेटी को गोदना गुदवाने के लिए प्रेरित तो करती ही है, उसे यह भी कहती है कि वह कौन-कौन-सा गोदना गुदवाए।

का गोदना ला गोदो मय, का गोदना ला गोदो।
मोर दुलैरिन बेटी, मंय का गोदना ला गोदो।
नाक गोदा ले, नाक मां फूलो, माथ गोदा ले बिंदिया।
बाँह गोदा ले बाँह बहूटा, हाथ गोदा ले ककनी।
माँग ऊपर छै बुंदिया ले, पाँव गोदा ले बिछिया।
हिरदे में 'हे राम' गोदा ले, दाग लगा ले छतिया॥ [14]

छत्तीसगढ़ एवं अन्यत्र भी एक पुरुष वर्ग अपनी पूरी देह पर गोदना गुदवाते हैं। इसे 'रामनमिहा या रामरमिहा' कहा जाता है। रामरमिहा अर्थात् रामरमैया—जो पूरी तरह राममय हो जाये। ऐसे पुरुषों के पूरे शरीर पर 'राम' शब्द गुदा रहता है। यहाँ तक कि आँखों की पलकों पर भी राम गुदा रहता है। हम इसे राममयता तो कह ही सकते हैं, किन्तु यह गोदना प्रथा सौन्दर्यबोध और आदिवासी समुदाय की कलाप्रियता का एक विशेष सन्दर्भ भी है। गोदना गुदवाने के लिए माता ने अपनी लाड़ो बिटिया को जो भी निर्देश दिये हों, किन्तु यह निर्देश बहुत गरिमामय और आदिवासी समुदाय की अखण्ड आस्था का प्रतीक है। वह है—हिरदे में 'हे राम' गुदा ले। राम का स्थान तो आदिवासी समुदाय के हृदय के भीतर है। मालवी दशौरी में एक गीत राम को पूर्णता के साथ प्रस्तुत कर देता है—

'महल आंगणे, माणक चौरे, सीतल चौक चौबारे।
नणदल-भावज बैठ्याँ-बैठ्याँ, मधर-मधर वतरावे॥
सीता राणी मगन चौक में, चुग्गो चुगर चुगावे।
नणदल बाई, बणी-ठणी सज, हिरदा में इतरावे॥

चत-चातर नणदल यूँ पूछे, केवे सीता भाभी।
पंचवटी में रेहताँ-रेहताँ, कसतर काया ढाबी॥
कसतर आयो रावण रागस, केसो थो उणियारो।
दुबलो थो के पतरो थो, के डील बदन में भारा॥

हाथ ढाब जबरन जालम ने, केसो जुलम कमायो।
रूप आप रो केवो भाभी, केसो वण ने भायो॥
कूंची, रंग मंगा दासी ती, रावण ने चितराओ।
चित्र बणा नै भाभी, मन्ने, रावण रूप दिखाओ॥
सीता कह्यो, सुणो नणदली, आँखाँ ती नी दे यो।
कसतर चित्र उकेरू केहवो, हे रावण अणये यो।।
परक झुका, तृण ओट राखताँ, धरती आखाँ राखी।
डावाँ पग रो एक अंगूठो, दे यो, गौरा साखी।।

चित्रावण रो जस वडेरो, भाभी थांको जाणूं।
हारो मन राख लो भाभी, चित हंकोच मति राखो॥

एक अंगूठो राख चित्त, पूरोईऽ चित्र बणाओ।
जसतर भी बण पावे भाभी, रावण रूप दिखाओ॥

भोरी भाभी सीता री चतराई जाण नी पाई।
दासी ने बुलवा मेहलाँ ती, रंग-कूँची मंगवाई॥
अंगूठो चितरायो पेहलाँ, फेर रावण चितरायो।
चुगल खोरनी नणदल ने, मेहलाँ में जा टंगवायो॥
फेर राम ती कह्यो, देखो भाभी री चित्रावण।
हिरदा में थो दुबक्यो बैठ्यो, बाहर आयो रावण॥

चित्र देखताँ राजा रो मन, गुस्सा में भर आयो।
दूजे दन पापी धोबी ने, नवरो दोस लगायो॥
मेहलाँ री राणी सीता ने, वियो वनवास।
राम सदा हिरदा में रोवे, रेहवे सदा उदास॥

वाह री बेहना आछी की दी, आच्छो जुलम कमायो।
सत सतवंती सीता ने, दूपट वनवास करायो॥
भलो कर्‌यो सिरि राम, आप जी, आछो वैर रचायो।
अपणो जस राखण रे कारण, सीता ने दलकायो॥ [15-16]

महल के आँगन और शीतल चौबारे में बैठकर सीताजी और उनकी ननद प्रतिदिन मधुर-मधुर बातें करती थीं। सीताजी वहाँ बैठकर पक्षियों को चुग्गा चुगाती रहती थीं। एक दिन ननद ने कहा—'भाभी, आपने पंचवटी में रहते हुए अपने शरीर (लज्जा-सत) की रक्षा कैसे की? वहाँ रावण कैसे आया और वह आपका हाथ पकड़कर बलात् कैसे ले गया? उसका आकार कैसा था? वह दुबला था कि भारी-भरकम शरीर वाला डरावना था अथवा सुन्दर था? वह आपके रूप पर किस प्रकार मोहित हो गया? आप रंग और कूची मँगवाकर उस रावण का चित्र बनाकर मुझे रावण का रूप दिखलाओ? मैं भी तो देखूँ कि कैसा था वह राक्षस रावण?'

सीताजी ने अपनी ननद की बात सुन कहा—'मैंने तो उसका मुख नहीं देखा। उसका चित्र कैसे बनाऊँ? सदा पलकें धरती की ओर झुकाकर तथा मध्य में तृण की ओट रखकर मैंने उससे बात की। हाँ! उसके बाएँ पैर का अँगूठा मैंने अवश्य देखा।'

ननद ने कहा—'भाभी, आपकी चित्रकला का यश तो बहुत विख्यात है। मेरा मन रखने के लिए आप कुछ भी करें, अपनी कला का उपयोग कर मुझे रावण का रूप दिखला दो।'

भोली सीताजी अपनी ननद की चतुराई और कुटिलता नहीं जान पायी। उन्होंने दासी द्वारा रंग-कूची मँगवाकर पहले रावण का अँगूठा बनाया, फिर उसे आधार बनाकर पूरा चित्र बना दिया। रावण का चित्र देखकर ननद मन-ही-मन मग्न हो उठी। उसने सीताजी की खूब प्रशंसा की और चित्र ले जाकर महल में टाँग दिया। फिर राम को चित्र दिखाकर बोली—

'राम भैया, देखो सीता भाभी ने रावण का कितना सुन्दर चित्र बनाया है? भाभी के मन में रावण दुबककर बैठा था। भाभी उसे भूल नहीं पायी। उसने चुपके-चुपके रावण का यह चित्र बनाया है।'

अपनी बहन की बात सुनकर और चित्र देखकर राजा (राम) का मन गुस्से से भर आया। अगले दिन धोबी ने भी सीताजी पर व्यर्थ का दोषारोपण कर दिया। राजा राम ने सीताजी को दुबारा वनवास दे दिया।

गीत आगे कहता है—'अरे वाह री ननद, वाह! आपने खूब व्यवहार निभाया। सीताजी को दुबारा वनवास करवा दिया।' गीत राम से भी कहने से नहीं चूकता—'अरे रामजी, आपने भी खूब करी। अपना यश बचाने और कायम रखने के कारण सीताजी को दण्डित कर दिया।'

एक और गीत में भी गायक ने सीता के वनवास पर राम से स्पष्ट और बेलाग कहा है—

'सिया ने दियो वनवास, राम जी आछी नी करी।'[17]

(देखें लोक रमंता राम, डॉ. पूरन सहगल पृ. 148 तथा वही, पृ. 152)

कहा नहीं जा सकता कि रामजी की भी कोई बहन थी अथवा नहीं? थी भी तो वह कहाँ विवाहित थी? लोक तथा कुछ पुराण कथाओं में तो वह ऋषिका थी। फिर महलों में बनी-ठनी कैसे रहती थी? लोक की महिमा अपर पार है। वस्तुतः लोक सामाजिक और पारिवारिक लोक-व्यवहारों को किसी-न-किसी माध्यम से कह देता है।

इस गीत की कथा को एक बार दरकिनार भी कर दें, तब भी सीता द्वारा अपनी चित्रकला का उत्कृष्ट प्रमाण देकर गायक आदिवासी समुदाय की चित्रकला को ही प्रदर्शित करना चाहता है। आदिवासी लोक-साहित्य में ऐसे अनेक प्रसंग हमें मिल जाएँगे, जिनमें इस समुदाय की कला-दक्षता एवं कलाप्रियता का उल्लेख हमें मिल जाता है। इसी सन्दर्भ में शबरी द्वारा अपनी कुटिया की भीतों पर राम की समस्त (अवतारी) लीलाओं का चित्रांकन भी तो आदिवासी समुदाय की कलाप्रियता और दक्षता का प्रमाण है। चित्रांकन, वास्तुशिल्प, नृत्य-गान, संगीत, केशसज्जा, शृंगार आदि कलाओं का उल्लेख आदिवासी समुदायों के साहित्य में हमें खूब मिल जाता है। फिर यह समुदाय किसी भी अंचल का क्यों न हो। थोड़े-बहुत अन्तर-परिवर्तन से हम जनजातियों की रुचियों, रहन-सहन, खान-पान, वेशभूषा अर्थात् सभ्यता और संस्कृति में समानता देख सकते हैं।

भील जाति में शिल्प कलाओं के प्रति विशेष रुचि देखी जाती है। भील स्त्रियाँ अपने घर-आँगन में मँडावण करती हैं। ये माँडने अत्यन्त आकर्षक होते हैं। अपने घरों की दीवारों पर विशेष प्रकार के एवं विविध प्रकार के चित्र उकेरे जाते हैं।

इस आदिवासी समुदाय में पिथौरा पर्व पार परिक रूप से मनाया जाता है। इस पर्व पर कई प्रकार के चित्रावण किये जाते हैं। ये चित्र एक विशेष शैली के होते हैं। इस शैली को हम पिथौरा शैली कह सकते हैं। भीली चित्रकला शैलियों में पिथौरा चित्र-शैली का विशेष स्थान है।

ऐसा ही चित्रांकन रुचि भारिया, कोरकू व अन्य जनजातियों में भी पाया जाता है।

सीताजी द्वारा घर-आँगन का मँडावण और द्वार तथा भीत चित्रावण का गीत-सन्दर्भ वस्तुतः आदिवासी समुदायों की अपनी कलाप्रियता का ही सन्दर्भ है। गीत के माध्यम से सीताजी और राम-लक्ष्मण की दिनचर्या का अति मनोरम चित्रण कर मानो गायक ने एक भील गृहिणी की दिनचर्या ही चित्रित कर दी हो—

'सीता मइया तपे तपस्या पंचवटी रे धाम।
लच्छमन वीरो करे रखारी, आसीसे सिरिराम॥

पेल परोड़े सीता जागे, लच्छमण जाग्यो रेहवे।
चेतमान वै करे चौकसी, तनक झपक नी लेवे॥
गाय गोठड़े सीता माता, जा गायाँ पुचकारे।
पाँचईऽगायाँ पंचवटी री, माता ने सत्कारे॥
सीता ने निकटायाँ देखे, मधर-मधर रंभावे।
सीता बछड़ा-बछड़ी छोडे, मीठो दूध-चुघावे॥
पेल बुहारी, फेर दूधारी, सीताजी रो काम।
सीता मइया तपे तपस्या पंचवटी रे धाम॥
नदी स्नान कर सीता मइया, लीपे आंगण द्वारो।
खड़िया गेरू का घोलण ती, मंडे मांडणो न्यारो॥
भाँत-भाँत रा रंग बिरंगा, पुस्प चुणी ने लावे।
पाँचइऽवट ने जल सिंचण कर, सिव ने पुस्प चढ़ावे॥
माता गौरा रगसा करजे, सत मत राखण हारी।
वीर लखन सिरि आर्य राम जी, आसा राखे थारी॥
पर्ण कुटी ती बाहर आवे, मुलकाता सिरि राम।
सीता मइया, तपे तपस्या, पंचवटी रे धाम॥
पर्ण कुटी रे द्वार सिया ने खूब करी चित्रावण।
रंग बिरंगी भाँत-भाँत री, अजब करी मंडावण॥
चार चुमेराँ कुटियाँ भीताँ, पसु पंछी चितराया।
दाणो चुगताँ सुन्दर पंछी, सीता ने दरसाया॥
कल-कल करती नदी उकेरी, हंस तेरता दीखे।
सिंघ-मिरग संग पाणी पीवे, तनक न हिरदै भीखे॥
खग-मृग आंगण में आ जावे, सीताजी रे हाम।
सीता मइया तपे तपस्या, पंचवटी रे धाम॥
कर असनान रामजी आया, लखन स्नान ने जावे।
दोई खाँदे सीतल जल रा, करसा भर ने लावे॥
सीता मइया पुस्प चुणे, फेर गजरा, हार बणावे।
गजरा पेहरे, वेणी बाँधे, मिरगी ने पेहरावे॥
घुरी-घुमचा कौड़ी-मणियाँ, नौसर हार बणाया।
बीच-बची में घंटी-घंटिका, घुंघरमाल बणाया॥
अजब कलाकारी सीता री, केहवे लच्छमन राम।
सीता मइया तपे तपस्या, पंचवटी रे धाम॥ [18]

आदिवासी समुदाय का यह गीत सीता के माध्यम से अपने समुदाय की कुशल गृहिणी की साधनामयी, स्वच्छतामयी, आस्थामयी, स्नेह-वात्सल्यमयी और कलामयी दिनचर्चा का सात्विक चित्रण करता है।

सीताजी पंचवटी में तपस्या कर रही हैं। लक्ष्मण भैया रक्षा का कार्य सम्हाल रहे हैं। श्रीराम जी सबको आशीर्वाद देते हैं।

सीताजी ब्रह्ममुहूर्त में जागकर अपने कार्य में लग जाती हैं। लक्ष्मण वीर बिना पलक झपकाए रात भर चौकस रहते हैं।

सीताजी उठते ही गायों के घर में जाकर उन्हें दुलारती हैं। बछड़ों व बछड़ियों को खोलकर उन्हें उनकी माताओं का दूध पिलाती हैं। फिर वे आँगन बुहारती हैं। गायों का दूध दोहती हैं।

उसके पश्चात् नदी-स्नान कर खड़िया और गेरू से चौक पूरती हैं। सुन्द्रर-सुन्दर माँडने माँडती हैं। फिर पुष्प चुनकर लाती हैं। पाँच वटवृक्षों को जल सिंचन कर भगवान शिव को पुष्प अर्पित कर गौरा (पार्वती) माता से अपने सत्त और लक्ष्मण तथा आर्य राम की कुशलता की प्रार्थना करती हैं।

उसके बाद वे पर्णकुटियों पर सुन्दर-सुन्दर चित्रावण करती हैं। कुटियों के चारों ओर सुन्दर-सुन्दर पशु-पक्षी चित्राती हैं। कल-कल करती नदी और उसमें तैरते हंस चित्राती हैं। एक ही घाट पर सिंह और मृग को जल पीते हुए दर्शाती हैं।

तभी मुस्कुराते हुए श्रीरामजी कुटिया से बाहर आ जाते हैं और वे नदी-स्नान करने चले जाते हैं। उनके लौट आने के पश्चात् लक्ष्मणजी नदी-स्नान करने जाते हैं। लौटते समय वे पानी के दो कलश कन्धों पर रख लाते हैं।

सीताजी वन के घोंघे, मणियाँ आदि चुनकर तथा उनके बीच में घण्टियाँ पिरोकर घुँघरमाला (बजने वाली माला) बनाकर गायों को पहनाती हैं। सीता का कला-कौशल देखकर राम-लक्ष्मण उनकी प्रशंसा करते हैं।

इस प्रकार सीताजी की दिनचर्या प्रार भ होती है जो निरन्तर चलती रहती है। यही दिनचर्या और कला-कौशल कमोबेश एक आदिवासी गृहिणी की भी होती है। आदिवासी संस्कृति एवं लोक-परम्परा का एवं पारिवारिक जीवन को जीवन्त करता यह गीत एक आचार संहिता की भाँति आदिवासी परिवारों की छवि उजागर कर देता है।

आदिवासी जगत् उमंग और उल्लास का जीवन है। अभावों को स्वभाव और विपन्नता को मान की मौज वाली सम्पन्नता में बदल लेने का जज्बा यदि देखना हो तो आदिवासी समुदायों में जाकर हम देख सकते हैं।

भले ही राम उनकी भीतों और दीवारों पर चित्रित नहीं होते। भले ही सीताजी और लक्ष्मण का चित्रांकन हमें उनकी भीतों पर नहीं मिले, किन्तु अन्तर्मन की भीतों पर राम-सीता और लक्ष्मण अंकित हैं। हनुमान तो स्वयं ही जनजाति के व्यक्ति थे। देवपुरुष थे। वे आज भी घोटेवाले बाबा के नाम से समुदायों में आस्था के देव हैं।

आदिवासी जन अपनी दीवारों पर जो चित्र उकेरते हैं, वे उनके ही अपने स्थापित देवी-देवता होते हैं। भराड़ी हो या देवारी, भैरव हों या काली, मेरी निजी मान्यता के अनुसार तो साँझी, दशामाता और गणगौर भी मूल रूप से आदिवासी समाजों के ही उत्सव-पर्व-व्रत हैं। गाय के गोबर से संझा की मँडावण, ऋतु-पुष्पों से सजावट, दशामाता पीपल वृक्षदेव की पूजा, गणगौर गिरि काननवासी गण (शिव) और गौरी की पूजा आदिवासी जनजातियों के ही प्रसंग लगते हैं। भले ही बाद में वे सर्वमान्य एवं सर्वपूज्य पर्व-त्योहार हो गये हैं। व्रत-त्योहारों के अलग-अलग देवता उन्होंने स्थापित किये हैं। कुलदेवता, गोत्रदेवता, वृक्षदेवता, ग्रामदेवता और ऐसे अनेक अंकन-चित्रांकन हम इस दिव्य और भव्य लोक में देख सकते हैं। इसके लिए हमारी दृष्टि भी वैसी ही भव्य और दिव्य होना चाहिए। वन जनजातियों का प्राणाधार है। प्रत्येक गोत्र का एक गोत्र वृक्षदेव। उसकी रक्षा 90-94 गोत्रों के इतने ही वृक्षदेव। यह है वन-रक्षा का रक्षाकवच।

वागड़ अंचल आदिवासी समुदाय का अंचल है। कहूँ! वनांचल है। गवरी बाई उसी अंचल की कृष्णभक्त लोक कवयित्री हुई हैं। वन के विषय में उन्होंने कहा है—

वन रा पूजूँ बिरछ अर, वन पसु वन रा लोग।
गवरी सरवर कूप जल, ई सब रगसा जोग॥
आदिवासी जगत रो सबदां नही बखाण।
गवरी गाणो, नाचणों, खांदे तीर कमाण॥
मति करो वन बिरछ ने, वागड़ रा मां बाप।
गवरी पोखे सब जणा, पसु पंखी ने घाप॥
बिरछ कार्‌याँ पापो बड़ो, जाणे हन्यो जीव।
गवरी ब्रछ देवत कहयो, सिरजण हारो जीव॥[19]

गवरी ने वन की जो महिमा बखानी है, वही परम और चरम है। वनवासी वनों की सन्तानें हैं। अलग-अलग अंचलों में भाषा और रीति-नीति में तनिक अन्तर स भव है। वन-संस्कृति और जन-संस्कृति परस्पर पूरक एवं पर्याय शब्द हैं।

राम स्वयं वनवासी रहे। 14 वर्षों तक उन्होंने जनजातियों के मध्य रहकर अपना जीवन बिताया। दुख-सुख में साझेदारी की। इसीलिए प्रत्यक्ष या परोक्ष 'राम' तो वनवासियों के अन्तर्घट में विराजित हैं।

यही कारण है कि आदिवासी जनजीवन में राम का अस्तित्व सदा से कायम है। वह कायम ही रहेगा। उनकी संस्कृति, कला, साहित्य, वास्तुशिल्प, उनकी जीवनधारा और उनके नृत्यगान सबमें राम ही राम बसते हैं।

आज भी आदिवासी साहित्य का अक्षय भण्डार वाचिक पर परा में सुरक्षित है। उनके अधर धरे गीतों को, गाथाओं को और कथाओं को सहेजने के लिए संकल्पवान शोधार्थियों की आवश्यकता है। और अन्त में वर्षा की चर्चा, सरसता की और हर्ष-उल्लास की चर्चा करता यह एक आदिवासी कन्या द्वारा गाया गया वर्षा-गीत पृथ्वी की तपन को शान्त कर ही देता है। मन को भी शीतल कर देता है।

'धराऊ दिशा ती इन्दर गरज्यो।
झमकण लागी बीजू हो राम।
आतमणे ती चन्दा आयो, लारे नवलख तारा हो राम।
लंका ती हणमत जी आया, गोठो खांदे धर्‌यो हो राम।
राम-राम रा भजन सुणाया, भजन भाव में झू या हो राम।
सीता राणी परगट होया, मधर-मधर मुलकावे हो राम।
धनस बाण ले राम जी परगट्या, धरती आणद हो जी राम।
झम-झमाझम बरखा होई, खेती माता हरसी हो राम।

बिरछ रुखड़ा झूमण लागा, ठण्डो वायरो चाल्यो हो राम।
सरत-सरोवर तरमर होया, सब रो हिरदो उमग्यो हे राम॥'[20]

उत्तर से बादल आया। इन्द्र राजा गरज उठा। बिजली चमकने लगी। पश्चिम दिशा से चन्द्रा आया, नवलख तारे साथ लाया। लंका से हनुमान आये। उनके कन्धे पर घोटा (गदा) है। उन्होंने राम-राम के भजन सुनाये। सब लोग झूम उठे।

मुस्कुराती हुई सीताजी प्रकट हुई। धनुष-बाण लेकर रामजी प्रगट हुए। धरती पर आनन्द छा गया। झमाझम वर्षा होने लगी। खेती माता हर्षित हो उठी। वृक्ष आनन्द से झूम उठे, ग्रीष्म (वैशाख-जेठ) की असह्य गर्मी शीतल हो गयी। ठण्डी हवा चलने लगी। सरिताएँ-सरोवर जल से सराबोर हो उठे और सबका हृदय उमंगित हो उठा।

यह वर्षा-गीत केवल गीत ही नहीं है। इसमें लय, ताल और नृत्यमयता भी निहित है। आदिवासी लोकजन जब भी आनन्द-विभोर हो उठता है, तब सारा अग-जग भूलकर नृत्यमय हो उठता है। ढोल बज उठता है। चंग खनक उठता है। पाँव थिरकने लगते हैं। हृदय हुलसित हो उठता है।

समूची आदिम संस्कृति उजागर हो उठती है। यही तो है आदिवासी संस्कृति की जीवन्तता। गीत की प्रत्येक पंक्ति के साथ 'राम' की टेक केवल ताल-लय के लिए नहीं, अपितु राम के प्रति आस्था और विश्वास की तथा भावाभिव्यक्ति की मिठास है, जो जन-मन में समायी हुई है।

सन्दर्भ

1. विरद-वखाण और गाथा साहित्य—डॉ. पूरन सहगल, पृष्ठ 7.

2-8. क्रमांक 2 से 8 श्री गमेरा जी खराड़ी, ग्वालियर कलां, तह. जावद, जिला नीमच (मालव लो.स. अनुष्ठान मनासा में संगृहीत).

9. लोक रमंता राम—डॉ. पूरन सहगल, गीत क्र. 3, पृष्ठ 32.

10. श्री गमेरा जी खराड़ी, ग्वालियर कलां, तह. जावद जिला-नीमच, म.प्र. (मालव लोक संस्कृति अनुष्ठान मनासा के संग्रहालय में सुरक्षित).

11. भीमाजी भील एवं सौ. सुगना बाई भील के सौजन्य से गाँव भीलखेड़ी, तह. मनासा, म.प्र.। (मालव लोक सं. अनु. मनासा में संगृहीत).

12-13. लोकगीतों में सीता-वनवास प्रसंग—डॉ. गायत्री वाजपेयी, पृष्ठ 11 से 19, जुलाई-अक्टूबर, 2004, चौमासा. आदिवासी लोककला अकादमी भोपाल.

14. गोदना गीत, जनजातियों में गोदना पर परा—डॉ. बजरंग बहादुर सिंह, चौमासा-नव बर 2002, फरवरी-मार्च पृष्ठ 52.

15. मगन जी भील एवं रुक्की-रामी भील, शेषपुर, मनासा, जिला नीमच, म.प्र. (लोक सं. अनु. मनासा के संग्रहालय में संग्रहीत).

16. संतो बाई भील गाँव सखानिया जावद-नीमच, म.प्र. (मालवल लो. सं. अनु. मनासा में संगृहीत).

17. लोक रमंता राम—डॉ. पूरन सहगल, पृष्ठ 148-152.

18. लच्छमण जी भील-माता रुंडी-पड़दां (मनासा).

19. गवरी—डॉ. पूरन सहगल, साखी प्रसंग.

20. वर्षागीत—मालव लोक संस्कृति अनु. संगृहीत. सौजन्य-रामी जी भील.

परधानों की वाचिक परम्परा में रामकथा

रोमा चटर्जी *अनुवाद : डॉ. के. जी. व्यास*

एक परधान-गोंडा* कलाकार ने मुझसे कहा था कि आपने खाली खेतों में पैदा होती ल बी घास देखी होगी। घास के बारे में उसका कहना था कि वे सीता के केश (सीता की लट) हैं। ये सीता के वही केश हैं जो उस समय राम के हाथ लगे थे, जब धरती फटी थी और पृथ्वी माता ने सीता को अपनी कोख में पुनः आश्रय (देखें चित्र 1) दिया था। मैंने सीता के केशों के बारे में इसी प्रकार की कहानियाँ पश्चिम बंगाल के पुरलिया के भूमिज आदिवासियों** के मुँह से भी सुनी हैं। स्थानीय जनजातीय कथाओं के अनुसार, दैवी युगल ने अपने वनवास का कुछ समय पुरलिया में बिताया था। यह रोचक है कि राम ने नहीं, अपितु सीता ने वनवास-यात्रा के दौरान सामान्यतः अपनी उपस्थिति के चिह्न छोड़े हैं। कथाओं में राम को एक आदर्श राजा-मर्यादा पुरुषोत्तम के रूप में प्रस्तुत किया गया है। कथाओं में जहाँ कहीं भी उनकी सांकेतिक उपस्थिति दर्ज है, वह महिमामण्डित उपस्थिति महान सुवर्णरेखा नदी की ही तरह है। सुवर्णरेखा नदी पूर्वी भारत की ऐसी नदी है जिसके बारे में कहा जाता है कि उसका उद्भव, राम द्वारा मुख-प्रक्षालन में प्रयुक्त पानी से हुआ है। वह धरती पर मौजूद अन्य किसी सामान्य नदी की तरह नहीं है। मध्य तथा पूर्वी भारत के जनजातीय समुदायों के विवरणात्मक संसार में उनकी (राम) उपस्थिति रहस्य से परिपूर्ण है। इन इलाकों में रामकथा बेहद प्रचलित है। इस कारण स्थानीय मान्यताओं में

सीता की लट *(चित्र : वेंकटरमन सिंह श्याम)*

* मैंने इस संयुक्त शब्द का उपयोग दो समुदायों के बीच मौजूद सांकेतिक सम्बन्ध को दर्शाने के लिए किया है। कई स्थानों पर उन्हें पृथक्-पृथक् भी दर्शाया है।

** मैं आदिवासी तथा जनजातीय शब्द का प्रयोग सन्दर्भ के अनुसार करती हूँ। मेरे लिए दोनों शब्दों का एक ही अर्थ है।

अनेक बार रामायण के प्रसंग तथा अभिप्राय दृष्टिगोचर होते हैं। वन में गर्भवती सीता के अल्पकाल के एकाकी प्रवास की महान भावुक कथा ने अनेक जनजातीय राजवंशों को अपने वंश के उद्भव से सम्बद्ध करने का अवसर प्रदान किया है। एक उदाहरण प्रस्तुत है जिसके अनुसार पुरलिया के बारभूमि के भूमिज राजा स्वेत-वाराह और नाथ-वाराह से अपनी उत्पत्ति मानते हैं। उल्लेखनीय है कि उनका लालन-पालन एक वाराह (सूअर) ने किया था। स्वेत-वाराह और नाथ-वाराह राजपूताने की गर्भवती महारानी के जुड़वाँ पुत्र थे जो तीर्थयात्रा पर पुरी जा रही थी। उसने अकारण ही उन जुड़वाँ पुत्रों का परित्याग किया था। भूमिज शिकारी (मिश्रा 1993) ने उन जुड़वाँ बच्चों को सूअर से मुक्त कराया था।

आदिवासियों ने अपने वंश का राजपूतीकरण तथा कतिपय पौराणिक कथाओं की मान्यताओं तथा विश्वास के आधार पर खुद को क्षत्रिय सिद्ध करने का प्रयास किया है। इसका विस्तार से उल्लेख सुराजित सिन्हा तथा अन्य विद्वानों ने (सिन्हा 1962) किया है। मैंने उसके स्थान पर, इस आलेख को रामायण की कथा पर केन्द्रित किया है जो मध्य प्रदेश के परधान-गोंड गायकों द्वारा गोंडी-रामायणी के अनुसार गायी जाती है। मैंने उस बदलाव की चर्चा की है जिसके अनुसार परधान-गोंड कलाकार गायकी की प्रेरणा से चित्रकला की ओर बढ़े हैं—खासकर उस समय जब आदिवासी समाज में गायकी की विवरण पर परा धीरे-धीरे विलुप्त हो रही थी। इन पेंटिंगों से आदिवासी पर पराओं को जीवनदान मिल सकता है पर उतना नहीं जितना सचित्र कहानियों से मिलता है। स्मरण हो कि सार्वभौम कला-जगत् (चटर्जी 2012) में परधान-गोंड कलाकार अपनी पेंटिंगों के लिए वि यात हैं। इस प्रकार वेंकटरमन सिंह श्याम (इस उल्लेख के उपरान्त केवल वेंकट) की सीता की लट शीर्षक वाली पेंटिंग जो इस आलेख की परिचय कथा पर आधारित है, वि यात है। वह भारत के सबसे अधिक प्रिय चरित्र की पौराणिक गाथा है। नगरीय इलाकों के श्रोताओं के बीच भले ही वह थोड़ी अल्पज्ञात कथा हो पर कतिपय बदलावों के साथ, वेंकट की इसी विषय पर बनायी पेंटिंगों की अनेक बार प्रदर्शनी लग चुकी है। यह वास्तविकता उन पेंटिंगों की लोकप्रियता को जाहिर करती है। मुझे परधान-गोंड पेंटिंगों के सन्देशों के बारे में बहुत कुछ कहना है पर उसके पहले बात जनजातीय समाज की।

मध्य प्रदेश के परधान गायक

परधान, गोंड जनजाति की उप-शाखा है। एक समय वे संभवत: गोंड राजाओं के दरबार में उनकी वंश-पर परा के गीत गाया करते थे। भारत के मध्य क्षेत्र में गोंड जनजाति का विस्तार नौवीं सदी से तेरहवीं सदी के बीच हुआ। इस इलाके में पहला गोंड राज्य चौदहवीं सदी के उत्तरार्द्ध में मुगल बादशाहों के अल्प राजनैतिक नियन्त्रण में स्थापित हुआ। गोंड राजाओं तथा राजपूत रियासतों के बीच स बन्ध थे। रानी दुर्गावती, गोंड शासकों में सबसे अधिक प्रसिद्ध थीं। वे चन्देल राजवंश की राजकुमारी थीं और गोंड राजा दलपतशाह की विधवा थीं। मुगल बादशाह अकबर के विरुद्ध हुए युद्ध में वह शहीद हुई थीं। अठारहवीं सदी में गोंडों के तीनों राज्यों ने मराठाओं के सतत आक्रमणों के आगे अन्ततः समर्पण किया। अबुल फजल की किताब आईने अकबरी (नाइट 2001) में गोंडों के राज्यों के अनेक संदर्भ मिलते हैं।

परधान तथा गोंडों के कुलों के बीच अनेक समानताएँ हैं। उनके कुल-नाम भी एक समान हैं। परधान-गोंडों को अभी भी गोंड समाज में संगीतज्ञ तथा गायक माना जाता है। वे उनके पुरोहित तथा ओझा भी हैं। एक ही नाम के गोंड तथा परधान कुलों के बीच मँगेतरी सम्बन्ध सम्भवत: उनके बीच के पुराने एवं अधिक प्रगाढ़ स बन्धों को जाहिर करता है। मँगेतरी एक यात्रा है। परधान-गोंड हर तीसरे साल इसे आयोजित करते हैं। इसके दौरान परधान-गोंड अपने मालिक/संरक्षक के घर जाकर गीत गाते हैं, उनका मनोरंजन करते हैं तथा बदले में सौगात पाते हैं। एक ही कुल-नाम (हिवाले,

1946) वाले गोंड ठाकुर (संरक्षक) तथा उसके परधान (दासैन्दी) के बीच संस्कारजन्य स बन्ध होता है। दासौन्दी शब्द का उद्भव दान शब्द से हुआ है। दासोंदी गायक ल बे विवरणात्मक गीत गाते हैं। उन गीतों में गोंड राजाओं की पर परागत कथाओं का विवरण होता है। उन गीतों को गोंडवानी कहते हैं। कुछ गीत रामायण या महाभारत की घटनाओं पर आधारित होते हैं। उन गीतों को क्रमश: रामायनी और पंडवानी कहते हैं। गाथाओं की बोली छत्तीसगढ़ी है जिसे बाना की मदद से गाया जाता है। बाना, एक तार वाला वाद्ययन्त्र है। माना जाता है कि बड़े देव ने यह वाद्ययन्त्र परधान-गोंडों (महावर, 2013) के पूर्वजों को भेंटस्वरूप प्रदान किया था।

नामों की समानता के बावजूद, गोंडी गाथायें या गीत, पौराणिक ग्रन्थों (रामायण तथा महाभारत) में वर्णित कहानियों से काफी हद तक अलग हैं। उन पर भारत के मध्य क्षेत्र के जनजातीय समूहों की जीवन्त पर पराओं का उल्लेखनीय प्रभाव है। इस प्रकार वे छत्तीसगढ़ की पँडवानी पर परा से अलग हैं। छत्तीसगढ़ की पँडवानी, अवधी महाभारत-जिसकी रचना अठारहवीं सदी के उत्तरार्द्ध में दोहा तथा चौपाइयों की शैली में (महावर, 2013) सबल सिंह चौहान द्वारा की गई थी, पर आधारित है। गोंडी रामायण के गायक, राम से अधिक महत्व लक्ष्मण को और उनके अपनी भाभी सीता से सहज तथा प्रगाढ़ स बन्धों को देने का प्रयास करते हैं। उसकी कुछ कहानियों में राम का उल्लेख सक्रिय नायक के स्थान पर बड़े भाई, सीता के पति तथा भगवान के रूप में ही है। परधान गायकों की मान्यता है कि उनकी पर परायें संस्कृतनिष्ठ शास्त्रीय संस्कृति से अलग हैं। उनका उद्भव पृथक् सांस्कृतिक कुल से हुआ है। इस मान्यता के कारण वे लिपि का उपयोग नहीं करते। उनकी बोली में नवेदा (जो वेदों में नहीं है) तथा लवेदा (वेदों से बेहतर) जैसे शब्द प्रयुक्त होते हैं। उनकी पर परा मौखिक है। वह किंवदन्तियों पर आधारित है। उसका स्रोत पुस्तक या ग्रन्थ नहीं है। वह वाचिक है। अब कथाओं की चर्चा करें ताकि उन दोनों के बीच के अन्त:सम्बन्ध को समझा जा सके। इस आलेख में प्रयुक्त सारा विवरण जनजातीय गाथाओं के विशेषज्ञ शेख गुलाब (1964) द्वारा संकलित गाथाओं पर आधारित है।

लक्ष्मण की सत् परीक्षा : सीता-वनवास

राजा राम की कारी अंजनी नामक बहन थी। उसका विवाह रायपतनगर के राजा से हुआ था। एक बार वह अपने भाई तथा भाभी के घर आई। पहरेदारों ने उसके आने की सूचना राम को दी। सूचना पाकर राम अपनी बहन का स्वागत करने महल से बाहर आये। उन्होंने उसके चरण स्पर्श किये और उसे आदरपूर्वक (चित्र 2) महल के अन्दर ले गये। राम ने लक्ष्मण को कहा कि बहुत दिनों के उपरान्त अपनी बहन आयी हैं इसलिए उनके स्वागत-सत्कार के लिए हिरण का मांस पकाया जाये। राम और लक्ष्मण तत्काल धनुष-बाण लेकर जंगल चले गये। वहाँ उन्होंने एक हिरण का पीछा किया और अन्तत: उसे उन्होंने अपने बाणों से मार गिराया। लक्ष्मण ने हिरण का शिकार कजली पहाड़ में किया था। वे उसे अपने कन्धों पर रखकर महल में वापस आये। इस दौरान राजमहल में बैठी ननद-भौजाई आपस में बातचीत करती रहीं। बातचीत के दौरान कारी अंजनी ने सीता से जानना चाहा कि चूँकि वे लंका में बारह साल तक रावण की कैद में थीं, बतायें कि रावण कैसा दिखता था? सीता ने बताया कि रावण दिखने में बहुत डरावना था। उसके दस सिर थे, बीस हाथ थे। पहाड़ जैसा शरीर था। बड़े-बड़े कान थे और सुरंग जैसे नाक के छिद्र थे। करिया पहाड़ जैसी बड़ी-बड़ी भौंहें थीं। सीता ने ज्यों ही रावण का चित्र पूरा किया, उसके डरावने चित्र को देखकर दोनों महिलाएँ मूर्च्छित हो गयीं। इसी बीच लक्ष्मण राजमहल में वापस आये। उन्होंने हिरण को नीचे उतारा और सीता को पुकारा। सीता अचेत थीं इसलिए उन्होंने उत्तर नहीं दिया। हार-थककर लक्ष्मण ने राजमहल में प्रवेश किया। उनका सामना रावण के चित्र से हुआ-वही रावण, जिसने कभी

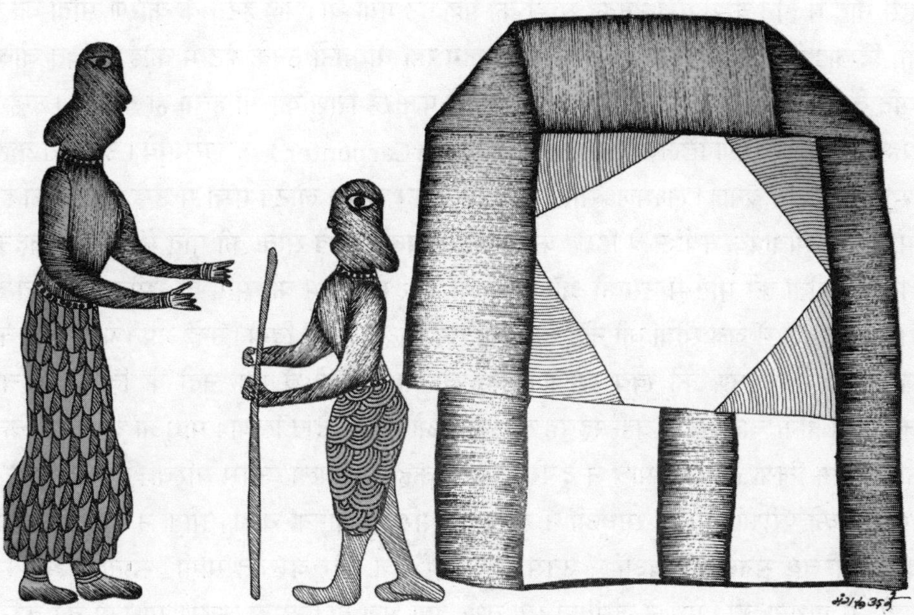

बदन महल में कारी अंजनी प्राप्त करते राम *(चित्र : मँगरू उइके)*

सीता का अपहरण किया था। लक्ष्मण ने सोचा यदि राम ने इसे अर्थात् रावण को राजमहल में देख लिया तो वे सीता का सिर काट देंगे। वहीं कारी अंजनी ने स्वीकार किया कि उसके कहने पर ही सीता ने रावण का चित्र बनाया है अर्थात् सीता निरपराध हैं। कारी अंजनी का उत्तर सुनकर लक्ष्मण क्रोध से लाल-पीले हो गये। उन्होंने रावण के चित्र को पीटना प्रारम्भ कर दिया। अचानक रावण उठ खड़ा हुआ। दोनों के बीच युद्ध प्रार भ हुआ। लक्ष्मण की तलवार के वार से फर्श पर जहाँ-कहीं भी रावण के खून की बूँदें गिरीं, उतने ही नये रावण पैदा हुए। सीता ने लक्ष्मण से कहा—"देवरजी! निराश नहीं हों। हम दोनों मिलकर इन सारे रावणों को एकत्रित कर लें। फिर उन्हें कुएँ में डाल दें। कुएँ का मुँह पत्थर से बन्द कर दें।" रावण का अन्त कर लक्ष्मण राजमहल से बाहर आये। उनका पूरा शरीर खून से नहाया हुआ था। वहाँ अचानक उनका सामना राम से हुआ। राम ने जानना चाहा कि वे किससे युद्ध कर रहे थे? लक्ष्मण ने सारी बात सच-सच बता दी। शंकालु राम क्रोधित हो बगीचे में चले गये। फूलों को निहारकर भी उनका गुस्सा शान्त नहीं हुआ। वे तालाब पर पहुँचे, जहाँ धोबी-धोबिन आपस में लड़ रहे थे। उन्होंने सुना कि धोबिन कह रही थी कि वो उसे छोड़कर चली जायेगी। धोबी कह रहा था कि वो उसे नही रोकेगा। वो राजा राम की तरह नहीं है जिन्होंने अपनी अपहृत पत्नी, जो लम्बे समय तक लंका में राजरानी की तरह रही, को वापस रख लिया। राम ने लक्ष्मण से सीता को जंगल ले जाने तथा वहाँ उनकी हत्या करने को कहा। लक्ष्मण घुमाने के बहाने सीता को जंगल ले गये। कुछ देर जंगल में निरर्थक घूमने के उपरान्त सीता थक गयीं। वे एक वृक्ष के नीचे विश्राम के लिए बैठ गयीं। उन्होंने लक्ष्मण को पानी लाने के लिए भेजा। लक्ष्मण दूर-दूर तक पानी तलाशते रहे। अन्ततः उन्हें छिता-रापतन (Chhita Raptan) नामक स्थान पर पानी मिला। लौटते समय उनके मन में विचार आया कि 'वे कैसे अपनी सीता भाभी, जिसने उनकी पुत्रवत देखभाल की है, की हत्या कर सकते हैं? पर मुझे अपने भाई के आदेश का पालन तो करना पडेगा।' वापस आकर उन्होंने सीता को, दीन-दुनिया से बेखबर, गहरी निद्रा

में सोता पाया। गहरी नींद में होने के कारण उनकी साड़ी का पल्लू हट गया था। पल्लू हटने के कारण सीता का पेट, जिसमें हलचल हो रही थी, दिखाई दे रहा था। हलचल को देखकर लग रहा था मानो उनके पेट में कोई जीवित जीव मौजूद है। लक्ष्मण ने सोचा यदि वे सीता की हत्या करते हैं तो उनके गर्भ में पल रहे शिशु की भी हत्या हो जायेगी। उन्हें शिशु-हत्या का पाप लगेगा। यह सोचकर लक्ष्मण छिलवाह बढ़ई (Chhilvaha Carpenter) के पास गये। उसे पूरी कहानी सुनाई। छिलवाह बढ़ई ने सीता की मूर्ति बनाई। लक्ष्मण, सीता की मूर्ति लेकर वापस लौटे। रास्ते में उन्हें हिरणों का झुण्ड दिखाई दिया। उनके मन में विचार आया कि क्यों न वे हिरण को मारकर उसकी आँखें सीता की मूर्ति में लगा दें। तदनुसार उन्होंने हिरण का शिकार किया, सीता की मूर्ति में उसकी आँखें लगायीं और मूर्ति राम को सौंप दी। सीता की मूर्ति देखकर राम विलाप करने लगे। उधर जंगल में जब सीता की नींद खुली तो उन्हें लक्ष्मण नहीं दिखे। उन्हें अपने पास पानी का पात्र रखा दिखा। उन्होंने कजलीवन में लक्ष्मण को खूब खोजा। उन्हें खोजते-खोजते वे एक नदी के किनारे पहुँचीं। घाट पर पहुँचकर उन्होंने जब पानी पीना चाहा, तभी वहीं रह रहे कुछ साधुओं ने उन्हें देख लिया। साधुओं को लगा कि उन्होंने राम की पत्नी सीता को पहचान लिया है। एक साधु ने दूसरे साधु से कहा—''चलो, उनसे परिचय पूछा जाये।'' दूसरे साधु ने कहा—''नहीं, हम उनकी परीक्षा लेंगे।'' साधुओं ने सीता का परिचय जानना चाहा। सीता ने राम की पत्नी के रूप में अपना परिचय दिया। परिचय सुनकर साधुओं ने उनसे प्रमाण में हवा और बरसात माँगी। सीता ने मेघ महाराज, जो झंझावात के देवता हैं, से प्रार्थना की। मेघ ने जोरदार हवा तथा वर्षा भेज दी। उसके कारण साधुओं की कुटिया पानी में बह गई। साधुओं ने हाथ जोड़कर सीता से झंझावात को बन्द करने तथा अपनी कुटिया की बहाली की प्रार्थना की। सीता ने मेघराज (पवन देव) से शान्त हो जाने के लिए अनुरोध किया। मौसम ठीक हो गया। सारे साधु सीता को अपने साथ अपनी कुटिया में ले गये। वहाँ उनकी देख-भाल प्रार भ की। नौ माह बाद सीता ने बच्चे को जन्म दिया। वे सब आनन्द से रहने लगे। एक दिन बच्चे को साधुओं के पास छोड़कर सीता उसके कपड़े धोने के लिए नदी गयीं। बच्चे को झूला झुलाते-झुलाते साधुओं की नींद लग गई। जब उनकी नींद खुली तो बच्चा झूले में नहीं था। उन्हें लगा कि बच्चे को भालू अथवा शेर ने मार डाला। साधुओं ने कुश घास की टहनी पर कुछ मन्त्र पढ़े। मन्त्र के प्रभाव से कुश घास बच्चे में बदल गयी। उन्होंने उसे झूले में रख दिया। ऐसा प्रतीत हुआ मानो कुछ घटा ही नहीं। बच्चे ने रोना प्रार भ किया। सीता को वह आवाज किसी बच्चे की लगी। वे लव को गोद में लेकर बाहर आयीं। उन्होंने लव जैसे ही एक और बच्चे को झूले में देखा। उस बच्चे को देखकर साधु गण भौचक्के रह गये। सीता भी भौचक्की रह गयीं। उन्हें लगा जैसे वे स्वप्न देख रहीं हैं। एक बच्चा उनकी गोद में है। दूसरा बच्चा जो हूबहू लव की तरह है, झूले में है। यह दृश्य देखकर सारे साधु डर के मारे भाग खड़े हुए। सीता ने दोनों बच्चों (चित्र 3) का लालन-पालन किया। कुछ समय बाद साधु लौट आये। सीता ने उन पर दबाव डालकर सच्चाई जानी। जब दोनों बालक बड़े हुए तो उन्होंने शिकार पर जाने के लिए सीता से धनुष-बाण दिलाने का आग्रह किया। एक बार जब वे जंगल में शिकार खेल रहे थे तो उनकी भेंट राम और लक्ष्मण से हुई। राम और लक्ष्मण ने उनका परिचय जानना चाहा। उन्होंने बताया कि वे लव और कुश हैं। वे छिता रापतन में रहते हैं। उनकी माता का नाम सीता है। उनके पिता रामचन्द्र तथा लक्ष्मण चाचा हैं। लव और कुश की परीक्षा लेने के लिए राम ने कहा कि वे उनके बाणों को रोककर दिखायें। यदि वे वास्तव में उनके पुत्र हैं तो ऐसा करने में सक्षम होंगे, अन्यथा नहीं। राम द्वारा चलाये बाण उन बालकों के पास तक गये तथा उन्हें बगैर स्पर्श किये लौट आये। तब राम ने लक्ष्मण से पूछा कि क्या उन्होंने सच में सीता का वध किया था? लक्ष्मण ने राम को सारी सच्चाई बता दी। जब सीता ने राम और लक्ष्मण को जुड़वाँ बच्चों के साथ कुटिया की ओर आते

साधु के आश्रम में सीता *(चित्र : मँगरू उइके)*

देखा तो वे पाताललोक की ओर भागीं। राम ने किसी प्रकार उनकी चोटी पकड़ ली। वे रोने लगे। उन्होंने सीता से क्षमायाचना की। उसके उपरान्त वे सब लौटकर राम के राजमहल बदन-महल आये तथा सुखपूर्वक रहने लगे।

अनेक रामगाथाओं से हटकर यह कहानी अनेक मायनों में रामायण महाकाव्य की मूल कहानी जैसी ही है। कहानी में दो उल्लेखनीय अन्तर हैं। पहला अन्तर है-रावण के खून में रक्तबीज के खून जैसे गुण जिसके कारण खून की प्रत्येक बूँद से हजार गुना अधिक शक्तिशाली एक और रावण का जन्म होता है। दूसरा अन्तर है-सीता की सक्रिय भूमिका जिसके कारण उन रावणों का सामूहिक वध होता है। रावण की छाया/प्रतिमूर्ति के उद्भव का उद्देश्य, अपनी हत्या का राम से बदला लेना है। यह कहानी भारत के सकल जनजातीय समाज की उस आम मान्यता से बिल्कुल अलग है, जिसके अन्तर्गत कोई व्यक्ति अपने कुत्सित उद्देश्य की पूर्ति के लिए किसी व्यक्ति को कोई खास चित्र बनाने के लिए उकसाता है। उस कुत्सित उकसावे की तुलना रावण की बहन शूर्पणखा या कैकेयी की बेटी के उकसावे से की जा सकती है। लेकिन जनजातीय कथा में वर्णित उपर्युक्त उकसावा सहज उत्सुकता का परिणाम है। उस उत्सुकता में लेशमात्र भी दुर्भावना (पटनायक, 2013) नहीं है। वह दुर्भावना रहित है। कथा में राम एक आम पति की तरह व्यवहार करते हैं। ऐसा पति जो शक्की होने के बावजूद अपनी पत्नी को बिना शर्त बेहद प्रेम करता है। उनका उक्त व्यवहार किसी विरोधाभासी राजकीय माँग या वैवाहिक जि मेदारियों के निर्वाह के विपरीत नहीं है। उपर्युक्त कथा ने राम की बहन के चरित्र को सकारात्मकता प्रदान की है जिसने दुर्भावना नहीं अपितु जिज्ञासा के वशीभूत हो रामायण के एक खास आख्यान से स बद्ध भ्रम को दूर कर हकीकत को उजागर किया है। वाल्मीकि के उपरान्त राम-भक्ति की भावनाओं के प्रभाव से रामायण की अनेक घटनाओं ने राम के स बन्ध में विरोधाभासों को जन्म दिया है। यह विरोधाभास उनके भगवान (विष्णु के अवतार) होने अर्थात् सर्वज्ञ होने या मनुष्य होने, जो एक राजा और एक पति हो और जिसका जन्म सीमित क्षमताओं के साथ हुआ हो, के कारण है।

ईश्वर का अवतार होने के कारण वे रावण का वध आसानी से कर सकते थे। कतिपय घटनाओं में लीला तथा माया के उपयोग ने विरोधाभासों को बल दिया है। इस कहानी में ईश्वरीय लीला की भूमिका वास्तव में माया का हिस्सा है। यह माया महत्त्वाकांक्षी रावण का वध करने तथा तीनों लोकों को उसके कष्टों से मुक्ति दिलाने के लिए थी। ईश्वरीय लीला के लिए उक्त भूमिका का पालन करना आवश्यक था। सीता की सच्चरित्रता के सम्बन्ध में उनके सन्देह को जिसे वाल्मीकि रामायण में प्रचारित किया गया है, वह सन्देह लीला का ही हिस्सा था। इस तरह मायावी सीता या सीता की छाया की कल्पना, जिनका उल्लेख रामायण की अनेक कथाओं में उपलब्ध है, वास्तव में सीता की पवित्रता की रक्षा के लिए की गई है। सीता वास्तव में भगवती लक्ष्मी का अवतार हैं। दूसरी ओर रावण की प्रतिछाया वास्तव में उसकी मायावी शक्ति है। उसने राम के विरुद्ध जीत हासिल करने के लिए अनेक बार इस मायावी शक्ति का प्रदर्शन किया है। यह सर्वज्ञात तथ्य है। लेकिन जनजातीय समुदाय में रावण का मायावी रूप एक हकीकत है। रावण के मायावी रूप के बारे में जनजातीय समाज तथा आदिवासी रामायण का स बन्ध क्या कहता है, उसकी पड़ताल के पहले हम भारतीय पर पराओं में प्रतिछायाओं के बारे में विचार-विमर्श करेंगे।

भारतीय मिथकों में खुद की छाया

नि न वाक्यांश पर विचार करें :

उड़ीसा में छाया कठपुतली का खेल, रावण छाया या रावण की छाया कहलाता है। इस खेल के मुख्य आख्याता खगेश्वर परधान हैं। उनके अनुसार रावण ही रामायण का मुख्य नायक है। रामायण की वास्तविक कथा सीता-हरण के बाद ही प्रारंभ होती है। छाया थियेटर के माध्यम से कही जाने वाली रामायण की प्रस्तुति को राम-छाया नहीं कहा जा सकता क्योंकि उसमें वर्णित राम का चरित्र तो उज्ज्वल है। यह रावण ही है जिसका चरित्र काला है। काला चरित्र होने के कारण स्वाभाविक है किउसकी छाया भी काली ही होगी। —शंखजीत डे (2014)

राम ने सीता की अग्नि परीक्षा क्यों ली?

यह केवल दिखावे के लिए थी—लिन्डा हेस (1999)

रामायण की सभी कहानियों, जिनमें छाया रावण का विवरण दिया गया है, में जोर देकर कहा गया है कि सीता ने कभी भी रावण की ओर दृष्टिपात नहीं किया। कुछ कथाओं में कहा गया है कि उन्होंने अपने अपहरण के समय, पुष्पक विमान से लंका की ओर जाते समय, समुद्र के पानी में रावण की प्रतिछाया (Reflection) देखी थी। इसी आधार पर उन्होंने रावण का चित्र बनाया था। भारत की पौराणिक कथाओं में प्रतिछायाओं का बहुत महत्त्व है। वे वस्तु तथा उसकी प्रतिछाया के बीच के भेद को धुँधला करती हैं, आन्तरिक तथा बाह्य के भेद को समाप्त करती हैं। यह हकीकत है। इस कारण जो हम बाहरी दुनिया में देखते हैं, वह हमारी ही (चटर्जी 2015) प्रतिछाया है।

छान्दोग्योपनिषद में वर्णित कहानी की व्याख्या को लेकर भारतीय विद्या के ज्ञाता डेविड शलमेन नश्वर शरीर को देखने की क्रिया और अभेद्य आत्मा के अन्त:स बन्धों की चर्चा करते हैं। देवाधिपति इन्द्र तथा दानवों के अधिपति विरोचन, प्रजापति के पास आत्मा के सत्य (अहम) की खोज में जाते हैं। प्रजापति कहते हैं कि "अपनी आँख में दिखने वाला व्यक्ति ही आत्मा है" (ibid : 1)। दोनों ही छात्र पानी के बर्तन में अपनी प्रतिछाया पर ध्यान केन्द्रित करते हैं और खुद को पहचान जाते हैं। विरोचन सन्तुष्ट हो वापस चले जाते हैं। उन्हें लगता है कि उन्होंने परावर्तित प्रतिछाया की मदद

से सत्य को समझ लिया है। इन्द्र सन्तुष्ट नहीं होते। उन्हें शंका बनी रहती है। उन्हें लगता है कि आत्मा के लिए नष्ट होता क्षणभंगुर शरीर सहायक नहीं हो सकता। कई वर्षों तक ध्यान करने एवं बार-बार प्रजापति के पास जाने के बाद उन्हें अनुभव हुआ कि आत्मा पृथ्वी पर स्वत: ही अपनी प्रतिछाया देख लेती है। वह अपने ही शरीर से बाहर आती है। आत्मज्ञान की खोज में अपनी इच्छा से प्रकाश में आती है। फिर भी ऐसा प्रत्येक प्रयास उसे कमजोर करता है। इन्द्र को अन्तत: ज्ञान प्राप्त होता है—आत्मा आईने तथा आँख में मौजूद है। वह आत्मचिन्तन की क्रिया में मौजूद है।

सीता ने जो कुछ भी देखा था, वह वे खुद नहीं अपितु उस राक्षस का प्रतिबि ब था जिसने उनका अपहरण किया था। वह प्रतिबि ब उनकी स्मृति में इतनी अच्छी तरह अंकित हो गया था कि जब उन्होंने उसका चित्र बनाया तो वह चित्र जीवन्त हो गया। राम ने सीता तथा उनके अपहरणकर्ता के बीच के गुप्त स बन्धों को देखा—वह वास्तव में सच्चाई थी, उनके मन में छुपे सन्देह की। सत्य पर सन्देह के कारण प्रतिछाया भी हकीकत बन जाती है। यह राम-भक्ति पर व्यंगात्मक राहत का उदाहरण है जो सीता की अग्निपरीक्षा को मात्र दिखावा प्रतिपादित करता है। राम अपने कृत्य से सारी दुनिया को दिखाना चाहते थे कि वे न्यायप्रिय हैं तथा व्यक्तिगत लिहाजों के परे हैं। उदाहरण द्वारा दर्शाया गया है कि प्रतिछाया की सत्यता, हकीकत के धरातल पर आकर, किस प्रकार खुद को सम्प्रेषित कर देती है। देखने-दिखाने का आग्रह दुधारी तलवार की तरह होता है। उसकी मंजिल ज्ञान को कमजोर करने वाली होती है।

जनजातीय रामायण की पर पराओं में रावण की प्रतिछाया की प्रस्तुति सामान्य है। अपेक्षाकृत कम सामान्य प्रस्तुति वह है जिसमें कहानी का अन्त सुखद होता है। जिसमें राम, सीता और उनके बच्चे, एक बार फिर सपरिवार रहने लगते हैं। सीता को दुबारा छोड़ने की कथा को रामायण में सामान्यत: स मलित नहीं किया जाता पर गोंडी रामायण की कथा में राम उस क्षण उनको खींचने का प्रयास करते हैं, जब वे धरती माता की गोद में समाधि ले रही थीं। इस अन्त का लक्षण स्वप्न जैसा है मानो वह स्वप्न अन्य स भावना व्यक्त कर रहा हो। जो स भव तो थी पर हकीकत नहीं बनी। यह उस अपरिहार्यता को तोड़ती है जिसे हम सामान्यत: भाग्य कहते हैं। वह स पूर्ण पौराणिक गाथा में व्याप्त है। ऐसा छाया-नाटक जिसकी कहानी छायाओं पर आधारित है। इस आलेख की प्रस्तावना में हमने देखा था कि परधान-गोंड गायक, विशुद्ध संस्कृत परम्परा का प्रतिकार, अपने विवरणों जिसे वे नवेदा कहते हैं, से करते हैं। इस प्रकार हम देखते हैं कि चरित्र-चित्रण द्वारा वे बहुत कुछ कह रहे हैं। वे कह रहे हैं कि विशुद्ध संस्कृत सम्मत रामायण की कथा की मुख्यधारा पर टिप्पणी करना उनका अधिकार है—ऐसी रामकथा जिसका मुख्य नायक आदर्श नहीं है, वह सामान्य मनुष्य है। वह भविष्य के लिए उम्मीद जगाता है। उम्मीद की ऐसी यात्रा जिसमें आत्म-चिन्तन द्वारा स्वत: को जानना सम्भव हो।

हाल के सालों में हुए आदिवासी अध्ययन इंगित करते हैं कि भारत की जनजातीय संस्कृति, उसकी मुख्यधारा की शात्रीय संस्कृति से हटकर है। उपर्युक्त जनजातीय पर पराओं को सामने लाने का प्रयास महत्वपूर्ण है। यह नहीं भूलना चाहिए कि ऐसी वर्णनात्मक धाराएँ, जिन्हें इस आलेख में खोजा गया है, भी किसी हद तक अत्यन्त प्राचीन सभ्यता की याददाश्त के स्रोत होते हैं। जैसे छाया रावण की लक्ष्मण से विविध रूप धारण कर युद्ध करने की वंशानुगत क्षमता, एक वैदिक कथा का स्मरण कराती है। वैदिक कथा के अनुसार सृष्टि की रचना ब्रह्मा के आदि जल में अपने प्रतिबिम्ब को देखने के कारण हुई थी। वेदों के अध्येता सदाशिव डांगे (2000) ने अपने जानकारीपरक अध्ययन में वेदों के सन्दर्भ से, युद्ध के देवता इन्द्र को युद्ध के लिए प्रस्थान करते समय मृदंग की धुन पर अपनी प्रतिछाया से युद्ध करते दर्शाया है। यह उल्लेख अथर्ववेद में उपलब्ध है। डांगे कहते हैं कि छाया वास्तव में इन्द्र की काली शक्ति है। इन्द्राणी उनकी उज्ज्वल शक्ति है। इस चर्चा के आधार पर रामायण की कुछ पर पराओं में राम की शक्ति सीता हैं। वे लक्ष्मण को रावण की छाया को हमेशा

पंचवटी वन में राम और लक्ष्मण को ले जाते हुए गुहा
(चित्र : वेंकटरमन सिंह श्याम)

के लिए समाप्त करने हेतु पुन: प्रयास करने के लिए प्रेरित करती हैं। इस मान्यता के अनुसार सीता राम का प्रक्षेपण है। यह उस मान्यता से मेल खाता है जिसमें राम का व्यक्तित्व कमतर नहीं होते हुए भी हमेशा रहस्यमय तथा पृष्ठभूमि में रहता है। अपनी गाथाओं में राम की रहस्यमय उपस्थिति से परधान–गोंड कलाकार वाकिफ हैं। वे अपनी पेंटिंगों में राम को शायद ही कभी केन्द्रीय भूमिका में प्रस्तुत करते हैं। मैंने वेंकट की पेंटिंग के भण्डार में केवल एक ही चित्र देखा है। चित्र में गुहक चन्देल राम, लक्ष्मण और सीता को वनवास (चित्र 4) के आरम्भिक दिनों में जंगल जाते समय नदी पार कराता है। यह पेंटिंग विशुद्ध गोंडी शैली में होते हुए भी उनकी विवरण पर परा को नहीं दर्शाती। वह सीता की लट (चित्र 1) के प्रकार की पेंटिंग है जिसमें सीता की वंशानुगतता तथा नागलोक से उनका स्पष्ट झुकाव परिलक्षित होता है। मँगरू उइके के सीता वनवास के प्रथम चित्र में राम की बहन को रावण से भी अधिक बड़े आकार में दर्शाया गया है। गोंडी रामायणी (चित्र 2) में ऐसा चित्रण स भवत: नारी को महत्त्व देने के लिए हो सकता है जो उनकी विवरण पर परा के लिए सच है।

संदर्भ

1. चटर्जी, रोमा, 2012, स्पीकिंग विद पिक्चर्स. फोक आर्ट एण्ड नरेटिव इमेजिनेशन इन इण्डिया. दिल्ली: राउटलेज.
2. चटर्जी, रोमा, 2015, ''दि मिरर एज फ्रेम. टाइम एण्ड नरेटिव इन दी फोक आर्ट ऑफ बंगाल'' इन रोमा चटर्जी एडी. वर्डिंग दि बर्ड. वीना दास एण्ड सीन्स ऑफ इनहेरिटेन्स. न्यूयॉर्क : फोर्डम यूनिवर्सिटी प्रेस 347371.
3. डांगे, सदाशिव ए., 2000, इमेजेज फ्रॉम वैदिक हि स एण्ड रिचुअल्स. : अर्यन.
4. डी, शंखजीत, 2014, रीव्हिजिटिंग रावन छाया. दि शेडो पपेटरी ट्रेडीशन ऑफ ओडीसा आ टर फोर्टी इयर्स ऑफ इट्स रीव्हायवल. एनएफएससी रिपोर्ट.
5. गुलाब, शेख. 1964, रामायनी : लक्ष्मन के सात परीक्षा. छिन्दवाड़ा : आदिमजाति अनुसन्धान एवं प्रशिक्षण संस्थान.
6. हेस, लिन्डा, 1999, ''रिजेक्टिंग सीता : इण्डियन रिस्पांस टू दी आइडियल मेन्स क्रूयल ट्रीटमेंट ऑफ हिज आइडियल वाइफ'' जर्नल ऑफ दी अमेरिकन एकेडेमी ऑफ रिलीजन. वॉल्यूम 67 (1)1-32.
7. हिवले, शामराव, 1946, परधान्स ऑफ अपर नर्मदा व्हेली. मुम्बई : आक्सफोर्ड यूनिवर्सिटी प्रेस .
8. नाइट, रोड्रिक, 2001, ''दि बाना, एपिक फिडल ऑफ सेण्ट्रल इण्डिया'' एशियन यूजिक. वॉल्यूम 32 (1)101-140.
9. महावर, निरंजन, 2013, फोक थियेटर बेस्ड ऑन दि एपिक महाभारत. दिल्ली, अभिनव.

10. मिश्रा, एम.के., 1993, ''इन्लुएंस ऑफ दि रामायण ट्रेडीशन इन दि फोकलोर ऑफ सेण्ट्रल इण्डिया'' इन के. एस. सिंह एण्ड बीरेन्द्रनाथ दत्ता, एडि. रामकथा इन ट्रायबल एण्ड फोक ट्रेडीशन्स ऑफ सेण्ट्रल इण्डिया. सीगुल, 15-30.
11. पटनायक, देवदत्त, 2013, सीता : एन इलस्ट्रेटेड रामायण. दिल्ली. पेंगुइन.
12. शलमेन, डेविड, 2006, ''इंट्रोडक्शन'' इन डेविड शलमेन एण्ड देवोराह थ्यागराजन एडिस. मास्कड् रिचुअल एण्ड परफार्मेंस इन इण्डिया. डान्स, हीलिंग एण्ड परफार्मेंस. एन अरबोर : यूनिवर्सिटी ऑफ मिशिगन प्रेस. 1-16.
13. सिन्हा, सुरजीत, 1962, ''स्टेट फॉर्मेशन एण्ड राजपूत मिथ इन ट्रायबल सेण्ट्रल इण्डिया''. मेन इन इण्डिया. वॉल्यूम 42 (1) 35-80.

राम-रज की हठ मची

डॉ. महेन्द्र भानावत

किस्सा तब का है जब रामचन्द्र भगवान, माता जानकी और लक्ष्मण वीर चौदह वर्ष का वनवास पूरा कर अयोध्या लौट रहे थे, तब देश-देशान्तर के लोग अयोध्या पहुँचे और खुशी में फूले नहीं समाये। इन सबमें वे आदिवासी भी थे जिन्होंने वनांचलों में भगवान राम की जितनी बन आई, सेवा-शुश्रूषा की, सान्निध्य लिया और अपने जीवन को धन्य किया। अयोध्या का हर घर, गली मार्ग, चौराहा, महल, मालिया, छाजा, कंगूरा अनन्त-अनन्त दीपकों की रोशनी से जगमगा उठा और वहाँ उपस्थित हर दिल ज्योति की जगमगाहट से अन्तर-बाहर ज्योतिर्धर हो गया। मेवाड़ में प्रचलित रामधारी ख्याल में साँगडिये रामदला की आरती के समय गाते हैं—

जगमग-जगमग जोत जगी रे।
रामजी की आरती होन लगी रे॥
केसर धूप कपूर की बतियां।
आरती करत सखा मिल सखियां॥
रामजी की रटना होन लगी रे।
काली कलूटी रात भगी रे॥ [1]

कहते हैं, ऐसी दीपकों की दिव्य-ज्योति सर्वत्र पूरे देश में की गई और तब से ही दीपावली का त्योहार प्रारम्भ हो गया, जो अब तक भी उसी श्रद्धा-भावना तथा आस्था-उमड़ाव का प्रतीक बना हुआ है। रामधारी याल आगे जाकर रासधारी ख्याल के नाम से जाने गये, किन्तु उनका कथानक रामजीवन का ही बना रहा।

राम की अगवानी में राम के भक्तों ने अयोध्या में अपनी उपस्थिति से रामदर्शन के प्रमाणस्वरूप राम-रज और उनकी अनुपस्थिति में राजपाट सँभालने वाली उनकी खड़ाऊँ का धोवन-पानी प्राप्त किया। अयोध्या से लौटकर भक्तों ने जहाँ-जहाँ राम-रज डाली, वहाँ कालान्तर में गेरू रंग की एक विशाल खान बन गई और जहाँ खड़ाऊँ के धोवन का छींटा गिरा, वहाँ श्वेत-धवल खड़ी की खान निकली।

राम-रज हड़मची

मेवाड़ में गेरू रंग की मिट्टी और डलों के रूप में जो खान-सम्पदा मिलती है, उस राम-रजी माटी को हड़मची कहते हैं। दरअसल उस राम-रज को प्राप्त करने की जो हठ-होड़ मची थी, वही हड़मची के रूप में आंचलिक पहचान बनी हुई है।[2] यही स्थिति खड़ी अर्थात् खड़िया मिट्टी की है। दीपावली पर हर घर की सफाई के उपरान्त हड़मची के घोल की लिपाई

कर आँगन में खड़ी से भाँति-भाँति के माँडने माँडे जाते हैं। इन माँडनों में चौक और आँगन की सज्जा के प्रतीक बड़े ही आकर्षक तथा मनमोहक सुहावनी भाँतों के माँडनों के साथ-साथ रामजी की खड़ाऊँ के रूप में पगल्याजी की दर्शना देते माँडनों की मुलकान राम-रंजन की सौगात देती है।

राम-पधारन का अयोध्या में विविध रूपों में मंगलाचार हो रहा है। एक हरजस में सियावर की जै-जैकार के साथ उन्हें बधाने का मंगलाचार गाया जाता है, जिसमें कहा गया है—आज का दिन बड़े ही आनन्द का है। अयोध्या में राम-लक्ष्मण-जानकी का पधारना हो रहा है। उनके मंगल गायन पर सोने-चाँदी की ईंटों से नवखण्ड वाला महल बनवाओ। सोने-चाँदी के कलश से उनकी आरती करो। रघुवर को कत्था-चूना लगा हुआ पान चबाने को दो। सोने की थाली में उन्हें भोजन कराओ। सोने की झारी में गंगाजल पिलाओ। सोने की थाल में रत्नजड़ित पासे से उन्हें खेलाओ। हिंगलू के ढोलिये पर फूलों की सेज सजाकर उन्हें पोढ़ाओ। आज का दिन बड़े आनन्द का है। अयोध्या में राम का पदार्पण हो रहा है—

आज को दन आनंद अयोध्या में राम पधार्या।
राम पधार्या ने लछमण आया, अयोध्या में हुया मंगलाचार॥
अयोध्या में हुया जैजैकार॥ अयोध्या.॥
सोना रूपा की ईंट पडावो, नौ खण्ड्यो हेल चुणावो॥ अयोध्या.॥
सोना रूपा को कलस मंगावो, सियावर ने जाय वंदावो॥ अयोध्या.॥
सोना रूपा की आरती संजोवो, सियावर ने जाय उतारो॥ अयोध्या.॥
पाको सो पान कलाई को चूनो, रघुवर ने जाई चबावो॥ अयोध्या.॥
सोना की थालों में भोजन परुसो, रघुवर ने जाय जिमावो॥ अयोध्या.॥
सोना की झारी में गंगाजल पाणी, सियावर ने जाय पिलावो॥ अयोध्या.॥
सोना की थाल जडाऊ का पासा, सियावर ने जाय खेलावो॥ अयोध्या.॥
हिंगलू को ढोल्यो ने फूलां छाई सेजां, सियावर ने जाय पोढावो॥ अयोध्या.॥
अयोध्या में राम पधार्या, आज को दन आनंद अयोध्या में राम पधार्या
राम पधार्या ने लछमण पधार्या, अयोध्या में हुवा मंगलाचार॥ अयोध्या॥ [3]

भारतीय पट्ट चित्रों की पर परा में कपड़े पर विशेष विधि से जो चित्र माँडे जाकर विशिष्ट वाचकों द्वारा ग्राम्य-जीवन में जो मनौती मूलक रंजन किया जाता है, वह चित्रफलक पड अथवा फड नाम से लोकप्रिय है। इनमें देवनारायण तथा पाबूजी की पडों ने पूरे विश्व में ख्याति अर्जित की है। इन पडों के अलावा उनके अत्यन्त लघु रूप में जो पडक्या प्रसिद्धि लिये हैं, उसे रामदला नाम से जाना जाता है। इसके प्रचलित अन्य नामों में 'भगवान का चँदोवा' तथा 'रामदला का पाटिया' है।

रामदला की पड

इस पड के साथ अन्य पड की तरह ल बी गाथा तथा उसकी गावणी अथवा गायकी नहीं होती। केवल चित्रफलक होते हैं, जिन्हें दर्शाकर एक-एक पंक्ति में वाचना की जाती है। इसमें राम से सम्बन्धित निम्नांकित चित्र-वाचना उल्लेखनीय है—

—अयोध्या नगरी में भगवान राम, सीता, लक्ष्मण क्रे दर्शन हैं।

—राजा दशरथ अपनी तीनों रानियों कौशल्या, कैकेयी और सुमित्रा के साथ मन्त्रणा कर रहे हैं।

—राम अपने भाई लक्ष्मण, भरत और चरत के साथ।

—सीता माता अपनी तीनों बहनों के साथ।

—दासी मंथरा को पाप सूझा। वह रानी कैकेयी के कान भरती है।

—कहती है राजा दशरथ ने दो वरदान दिये। उनकी माँग कर तुम पटरानी बन जाओ।

—वो कैसे?

—एक तो राम को वनवास माँगो।

—और दूसरा?

—दूसरा अपने बेटे भरत को राजगद्दी।

—रानी सोच में पड़ गई।

—मंथरा कैकेयी को उचकाती है।

—रानी दशरथ के महल जाती है।

—दशरथ प्रसन्न मुद्रा में बैठे हैं।

—रानी वर माँगकर उन्हें निराश करती है।

—सब ओर यह बात फूटती है।

—शोकमग्न रानियाँ और चारों बहुएँ।

—राम को पता लगता है। उनके राजतिलक की तैयारियाँ ठण्डी पड़ जाती हैं।

—सब ओर उदासी ही उदासी छाई है।

—राम दशरथ को नमन कर वन जाने की आज्ञा लेते हैं। सीता भी उनके साथ जाती है। लक्ष्मण भी तैयार होते हैं।

—राजा दशरथ गमगीन हो गिर पड़ते हैं। उन्हें होश नहीं आता है।

—राम-लक्ष्मण-सीता का वनवास।

—रामदल का पंचवटी में विश्राम।

—लक्ष्मण पहरे पर बैठे हैं।

—रात्रि को रावण की बहन शूर्पणखा आकर उन्हें विवाह के लिए मोहित करती है।

—लक्ष्मण परेशान हो उसके नाक-कान काट देते हैं।

—वह रोती-बिलखती चली जाती है।

—छद्म वेश में राक्षस सोने का मृग बनकर सीता को मोहित करने आता है।

—सीता उसके पीछे-पीछे भागती है। वह अलोप हो जाता है।

—सीतामाई राम से उसकी खाल लाने और अपनी कंचुकी बनाने को कहती है।

—राम जाते हैं। लक्ष्मण को सीता की देखभाल के लिए कह जाते हैं।

—राम के बाण से मृग 'हा लक्ष्मण' कहने का उच्चारण करता है।

—इसे सुन लक्ष्मण भाई के ऊपर संकट की छाया मान सीता के चारों ओर कार लगा सहायता को जाते हैं।

—पीछे से छद्मवेशी रावण साधु का वेश बना सीतामाता का हरण कर ले जाता है।

रामदला की पड

रामदला के इस चित्रपट को भोपे दिखाकर धानचून इकट्ठा करते हैं। कालान्तर में रामदला में रामचरिता यान के अलावा अन्यान्य तीर्थों, देवताओं, भक्तों तथा उन विशिष्ट यजमानों के चित्र-नाम भी जुड़ते गये, जिन्होंने रामदला वाचक को विशिष्ट भेंट-भेंटावण से स मानित किया।[4]

राम-कावड

ऐसा ही कुछ राम-कावड के वाचकों ने भी किया। प्रारम्भ में काष्ठ-निर्मित एक पाट अर्थात् पटिया की ही कावड थी, जिस पर राम-जानकी के चित्र मंडे होते थे। धीरे-धीरे रामजीवन की विविध झाँकियाँ दर्शाई गयीं और ज्यों-ज्यों चित्रकथा के रूप बढ़ते गये, त्यों-त्यों कावड में पाट जुड़ते गये और एक पाट की कावड ने आठ-आठ, दस-दस पाट तक का रूप ग्रहण कर लिया। लेकिन कावड का भी वही हश्र हुआ जो रामदला का हुआ। विभिन्न तीर्थों, देवी-देवताओं के अलावा वे यजमान अधिक जुड़ते गये, जो हर तीसरे वर्ष की फेरी में कावडियों को खासा इनाम ब शीश करते थे।

कावड का प्रारम्भिक रूप रामजीवन की चित्रात्मक गाथा का वाचन-श्रवण ही था। इसीलिए उसे 'रामजी की कावड' कहा गया। वाचक कावडिया भाट कावड को बड़े यत्न से लाल कपड़े में बाँधे रखता है और सुनाते समय पवित्र तन-मन से जमीन पर आसन लगाकर एक हाथ में, गोदी में थामे रहता है। दूसरे हाथ से पट-चित्रित चित्रों को मयूरपंख का स्पर्श दिये विशिष्ट लहजे में प्रत्येक चित्र का अरथावण करता है। प्रार भ में उसी लहजे में अपने गाम-नाम का परिचय देता कावड-वाचक प्रार भ करता है। पूरी कावड में लगभग सौ के करीब चित्र होते हैं। इन चित्रों से कई तरह की जानकारी मिलती है। रामायण के अलावा महाभारत के चरित्रों तथा लोकजीवन में चर्चित विशिष्ट व्यक्ति, सन्त, महन्त, विशिष्ट भक्त तथा प्रमुख दानदाता का स्मरण कावड में पाकर तत्कालीन समाज परिवेश का कई दृष्टियों से अध्ययन किया जा सकता है। पौराणिक आ यानों के चरित्रों पर भी जो कुछ दरसाव मिलता है, उनके साथ लोकजीवन में जुड़े जो मिथक हैं, वे भी बड़ी रोचक जानकारी संकेतित करते हैं। वाचन के समय कावडिया बार-बार राम का नाम उच्चरित कर सबको राम-शरणमय होने की सुगत देता है। यथा—

—ये देखो भगवान की कावड के दर्शन हैं।

—श्री रामचन्द्र भगवान की कावड है।

—यह देखो भगवान की कावड है।

—भगवान की कावड बाँचते हैं, सो ध्यान लगाकर सुनिये।

—यह श्री भगवान रामचन्द्रजी की रामायण कावड पढ़ते हैं।

—नाम तो देखो परमात्मा की कावड का दरसणा।

यहाँ कावड-पाठ के कुछ वाचन-कथन प्रस्तुत हैं—

—रियासत जोधपुर के रेणे वाले हैं। गाम हमारा भोपालगढ़ है। कोमी के राव हैं। नाम हमारा शैतानसिंघ है।

—ये श्री भगवान रामचन्द्रजी की रामायण कावड पड़ते हैं। इनको आप ध्यान लगाके सुणिये।

—ये श्री रामचन्द्र भगवान की कावड है।

—जैसे पाँच तो पाँडू हैं अर छठा भगवान हैं।

—अरजन और भीम नकुला सहदेवा।

—जेठलजी महाराज रा दरसण है।

—एक सोमती अमावस नी आई जिणरे कारणे पाँचूंई पाँडू हीमाले गलिया।

—मीरांबाई जल या मेडते र राणोजी गड चित्तौड। विष रा प्याला मोकलेर दो मीरां रे हात। इमरत कर मीरा विष अरोगियो। साय करी रघुनाथ। राणाजी समझियो नई ले जाती बैकुंठ।

—कंस री दूती कानजी ने जैर रो आंचल दे बिलमायो।

—मां जसोदा हाथ जोडे।

—चन्द्रावल गूजरी दई घमोडेरे कानजी हाराज माखण री चोरी करे। टाँगडी बाँध गूजरी उल्टा लटकावे।

—ये देखो भेरजी भाटी गाम पली में व्हीया। ऊँट दिया हेंद रूप कावडा में देखो।

—भगवान री कावड रा दरसण। मोरधज राजा। राणी संझावती। पेट रो पुत्तर चीर सिंघ ने चरायो।

—सत नी हारियो बांरो कारज श्री भगवान सरियो।

—वैणाराम छापरियो जोडायत मांडी। गाम तो देखो बावडी डाओला बंचीजे। कावड खोलाय इक्कीस रिपिया रोकडा, हात मण बाजरी धरम री दी ज्यांरो धरम कावडां बंचीजे। भगवान री कावड में।

—धन्ना भगत री खेती। तूंबा रा बीज बाया मोती निपजिया। बीज-बीज साधां बरताया। जाट धन्ना री खेती।

—कूंजोजी म्हाराज पुरमांडल में धरम रा बर्तन घडे। सब दिन में छै:। भगवान रे भगती रे कारणे तीन धरम रा बांटेर तीन ताव णीऊँ घरधंधा चलावे।

—रेदास भगत धरम री जोडी बणावे।

—कबीरजी म्हाराज काशी में धरम रा रेजा बिणे। सब दिन में बारे हाथ पिछोवडी बिणता। छै हाथ धरम री बांटतार छै हाथ पिछोवडीऊं घरधंधो चलावता। कबीरा-कबीरा क्या करोर सोचो आप शरीर। मन मरी माया मरी मर-मर गिया शरीर। आशा त्रिसना नी मरी केग्या दास कबीर।

—गिणका वेश्या उजेणी में सुवो पडायो। सेण भगत रा सांसा मेटिया। मिल्या हर नाई। किशन भगवान राजा बल री हाथां हजामत बिणाई।

—आंका तारिया बाँका तारिया। तारिया कालू कीर। सुवा पडावतांई मिलग्या रूकमण बीर।

—ये देखो भगवान री कावड रा दरसण है। धोरोधोरो गाम सांभेर में ऊंट दियो हेंदरूप। सती रो नाम कावडां बंचीजे।

—नामदे छींपो धरम री भांत चलावे।

—अणदोजी सोनी धरम रो गेणो घडे।

—डूंगरपुरी म्हाराज बाजां चेली चोवटण में भगत व्हीया।

—सूंडाला दुख भंजणार सदा नबाली बेस। सारा पेली सिमरजो गवरी पुत्र गणेश। उतरिया पाणी नी पडे, नलां पारडां नीर।

—ए ऐखो भगवान री कावड है। गोपियाँ गंगा में सिनान कर रई। कानजी म्हाराज कपडा ले उल्टा दरखत पे चडिया।

—देखो भगवान री कावड में किशन भगवान कालारदे में नाग नाथियो। फूँकार मारी बदन साँवलो पडियो।

—सगताराम कारीगर गाम दादाणो बंचीजे।

—श्री रामचन्द्र भगवान री कावड है। दियां री देवल है। देखो बद्रीनाराण रा छींका। धरमी ठाय-ठाय पग धरे। पापी उल्टा पडिया खुरडा खोतरे।

—गिया तो बद्दरी काया नर सद्दरी। नी गिया बदरी रेणा दलद्दरी।

—देखो सगजी मोडाणी गंगा सेठाणी मूंडवो बंचे। सेर रो हुकुम करे सवा सेर तोले। घर धरियाणी बैकुंठ में माले। भगवान आपोआप दरवाजे आया।

—देखो भागीरथ पि्डियारा। गरवर सूं गंगा आई। भागीरथ पिडियार लायो ज्यांरो एक नाम कावडां बंचीजे।

—देखो फतेसिंगजी चोबेदार जोडायत देखो। भगवान री कावड सोडीजीसा खोलाय ने सवासे रिपया दान रा दिया। फतेसिंगजी साब रो धरम कावडां बंचीजे है।

—एक नाम कावडां बंचीजे। जात रो रेबारी बंचीजे। बाघोजी रेबारी मूरत रंग ने तीजां ने गंगा कावड खोलाय दान दियो।

—गाम नेतडां बंचीजे। एक नाम कावडां बंचीजे। भगवान री कावड में भेरसिंगजी ठाकर जोडायत लाडी चवाणजीसा हंसां री पालकी रो दान कावड में पच्चीस रिपिया दिया ज्यांरो पुत्र कावडां बंचीजे।

—कंवर रूगसिंग चांपावतजीसा। पैंतीस रिपया रोकडा ओडावणी करी गाम बणाड में।

—मगनीराम बांगड गाम डीडवाणे बंचीजे है देखो।

—राजूरामजी तेली गाम बगडी रा बंचीजे। घाणी ले बैकुंठ में गिया हेंदरूप घाणी रो दान कावड में दियो ज्यांरो धरम कावडां बंचीजे है।

—एक नाम दूजो बंचीजे है। देखो भगवान री कावड रा दरसण है। रावल रूपांदे नगर में व्हीया। भगत केवाया कावडां में।

—जैसल तोलां देखलो भगवान री कावड में। ये परमात्मा री कावड। रावल रूपांदे नगर में व्हीया। जैसल तोलांदे कच्छभुज में भगत व्हीया इण सतियां रा नाम कावडां बंचीजे।

—एक नाम दूजो बंचीजे। लिकमोजी जात रा पिरोइत है जिंका रे जोडायत सुवा बंचीजे। बलदां रो दान दियो कावड में ज्यांरो पुत्र कावडां पच्चीस रिपिया बंचीजे।

—ये देखलो भगवान री भगती रा कावडां रा दरसण है। सवाईसिंगजी ठाकर जोडायत सोडीजी कावड खोलाय गाम पीपलली में दान दियो ज्यांरो पुत्र कावडां बंचीजे।

—एक नाम अमर बंचीजे है देखो। भगवान री भगती रे कारणे दियां री देवलां अमर बंचीजे। दूती ए देखो भगवान री कावड।

—देराणी कावड खोलावती जेठाणी आडी फिरी। पुत्र से टाँग लगायी। घाणी में माथो जम पिले। भगवान री कावड में।

—एक इण कावड खोलाय गऊ मिंदर रो दान दियो। उल्टी पडी गऊ कीचरे।

—राम-राम सब कहे दसरथ कहे न कोय। एकदाण दसरथजी राम-राम कहे क्रोड जून स पूरण होय।

—तीन राणी कैकया, कौसला, समीतरा रा दरसण है।

—गोपीचन्द भरतरी भजन करे। देखो भगवान री कावड रा दरसण है।

—राजा गरदबसैण रा दरसण है। देखो धरम कर पिछताया। हाथ-पग मिनख रा मूंडा-पूंछ गधा रा व्हीया।

—दूजो देखो भगवान री कावड रा दरसण। भूरसिंगजी ठाकर अर लाडी जात रा देखलो लखावतजीसा कावड खुलाई।

—गाम तो भगवान री कावड रूडवाडो बंचीजे। नैणजी पिरोईत ने चूली जोडायत कावड खोलाय।

—लुद्रवो देखो भगवान री कावड। बैल रो दान दियो ज्यांरो पुत्र कावड में छपियो।

—भगवान री कावड रा दरसण है देखलो। दिया री देवला बंचीजे।

—पेमाजी रेबारी मथुरी जोडायत ऊंटरो दान हवा पच्चीस रिपिया दिया। गाम तो जोजावर बंचीजे। ढाणी शेखावतां री।

—बीजा नाम कावडां बंचीजे। मोती पिरोईत हैं जिंका रे जोडायत देखो सूवा ने गंगा बंचीजे। कावडां खोलाय गाम तो चवे दान दियो ज्यांरो धरम कावडां बंचीजे।

—एक नाम अमर बंचीजे। देखो म्हादेव शंकर भगवान रो फोटू है।

—किशनसिंगजी ठाकर जिंका रे जोडायत लाडी जात रा। चंवाणजीसा कावड खोलाई। गाम तो सेवाणो बंचीजे भगवान री कावड में।

—बीजा जवारसींगजी ठाकर बंचीजे। जोडायत लाडी सोडीजी। गाम सेवाणो बंचीजे। कावडां खोलाय दान दिया ज्यांरो पुत्र कावडां अमर बंचीजे।

—एक नाम दूजो बंचीजे। तारादे राणी हरिचन्द राजा राईदास कंवर। विखो पडियो भारी जणे भरियो भंगी रे घर पाणी। नीं छोडी सत री वाणी। सत मत छोडो सांवरा सत छोड्यां पत जाय। सत रे बाँधी पिरथमी आण मिलेला आय।

—बेमाता हंस री असवारी।

—कालकादेवी सींघ री असवारी।

—ओ सरवण बेटो। मात-पिता री कावड ले अट्ठयोतर तीरथ कराया। जाय झिकोलिया समंदरां नीर। मामे दसरथ हांदियो तीर। मारियो भाणेज वीर। सुण रे मामा पाप कियो। भाणेजो मार कांई जस लियो।

—ये देखो भगवान री कावड रा दरसण है। हरि रे नाम री कावड है। दियां री देवला बंचे।

—या करमांबाई जाटणी। खीचडो पकायो। धाबला रो परदो किया। भगवान रुच-रुचने भोग लगायो। भगवान री कावड रा दरसण है।

—बल राजा बीलाडे व्हीया। अडाई पांवडा जमीं नापी। एक पांवडो जमीं घटगी। पीठ दे भाणजी री पूरी की।

—छदामोजी ब्राह्मण किशन भगवानूं बाथ घाल मिलिया। झूंपडी नीं जठे झरोखा व्हीया। परमात्मा री कावड रा दरसण है।

—जै बोला सरी रामचन्द्र भगवान की जै। सुण सभा जिंका री जै। ईश्वर रे वास्ते चडावे सो पावे। बावे सो लूणे। बंद कावड खोलावे ज्यांरो नाम अमर हो जावे।

—सरी रामचन्द्र भगवान की जै हो।[5]

रामजी के चीडा-चीडी

फसल पकाई पर जब मक्की के पौधे में माँजर-मूँछ का गुच्छा भुट्टे के सिर पर चोटी की तरह पत्तों के आवरण से बाहर निकलने को होता है, तब धीरे-धीरे श्वेत मूँछें कच्चेपन की कंचुकी छोड़ पक्केपन की प्रतीक रूप में भूरापन लेती हुई काली यानी गहरी भूरी दिखने लग जाती हैं। यह स्थिति भुट्टे में दाने आकर उसके पकने की स्थिति का दरसाव होता है। ऐसी स्थिति में कुछ भुट्टे उसके डंठल से अलग कर रामजी के नाम रख दिये जाकर या तो किसी देवरे में चढ़ा दिये जाते हैं

या फिर किसी साधु-तपसी को दे दिये जाते हैं। यही स्थिति ज्वार के कण भरे पके हुए गुच्छे की होती है जिसे पेंकडा कहा जाता है। सन् 1945 से 1952 के बीच मैं अपनी माँ के साथ अपने गाँव कानोड से बाप-दादा के छोटे से गाँव अरनिया जाया करता था और सप्ताह-दो सप्ताह रहता था, तब पटेल हेमाबा, भेराबा की चौपाल-धूणी पर कई लोग जब जाओ, तब ही बैठे तापते, तमाखू पीते मिल जाया करते थे।

मैं उनकी आपसी बतरस को बड़े ध्यान से सुना करता था। वहीं पता लगा कि कोई भी फसल पकने पर पहली बार उसे राम के नाम खेत से निकाल स्वयं उपभोग नहीं करते हैं, बल्कि धर्मार्थ अन्यों के लिए निकालते हैं। गेहूँ, मक्की, ज्वार, बाजरा, चीणा जैसी फसल का आंशिक हिस्सा उसके मूल डंठल सहित खेत में ही खड़ा छोड़ देते हैं ताकि कोई भी चीड़ा-चीड़ी उसे अपना चुग्गा बना सके। छोड़ते समय वे जोर-जोर से उनको हेला भी देते-कहते—

रामजी रा चीडा, रामजी रा खेत।
आओ रा चीडा, खाओ धप पेट॥

अर्थात् रामजी के सभी चीड़ा-चीड़ी और रामजी के ही सारे खेत। सभी चीड़ा-चीड़ी आओ, खाओ भरपेट।

यहीं पूरे गाँव की गायें चरने के लिए चोपे पर इकट्ठी होतीं। बचपन से गायें चराती-चराती साठ वर्षीय बुढ़िया गाँववालों के लिए 'गायां माँ' ही बनी हुई थी। छोटे-बड़े सभी उसे इसी नाम से जानते थे। चोपे से ठीक समय वह सारी गायों को चराने के लिए छापरडे ले जाती और संध्या को जब गायें आतीं तो धूल भरा आकाश गोधूलि का समय सार्थक करता लगता।

राम डींगरा

एक दिन मैं अपनी गाय चोपे छोड़ भलावणी देता गायां माँ से पूछ बैठा—माँ, गाँव की इतनी सारी गायों को घेरकर ले जाना और वापस सुरक्षित लाना हर एक के बूते की बात नहीं है। गायें भी कई तरह की रींडी-भींडी, छालर-मोगर, मारकाणी, भेटी देणी, बाड़ कूद फसल बिगाड़नी, हरियावड़ी तथा कई खोट की होती हैं। मां अपने हाथ में पकड़े लट्ठ को आकाश की ओर ऊँचा करती बोली—हरियावड़ी गाय के गले से लेकर दोनों पाँवों के बीच तक का लकड़ी का मोटा 'राम डींगरा' बाँध देते हैं। यों इशारों और आंकड़ बोली से सभी गायें मेरे इशारे को समझ जाती हैं। नहीं समझने पर हाथ में रखा 'रामलट्ठ' सब पर धाक जमाये रखता है। इसका जोर का एक सौटा पड़ जाये तो सब ठिकाने आ लगती हैं। कहावत भी है—'मार आगे भूत भागे।' अर्थात् लट्ठ की मार-वार से तो गाय क्या भूत तक भागते नज़र आते हैं। वैसे सबका रखवाला राम है—राम राखे एने कोण मारे। उम्र के अनुसार रामली, रामीबाई, रामी भाभी, रामा भाभा, रा या, रामल्या, नानोरामो, रामलाल, रामलला, रामशंकर, राम बा, रामरसिया जैसे नामों से कोई गाँव अछूता नहीं मिलेगा।

कहना नहीं होगा कि राजस्थानी आदिवासी जीवन संस्कृति और कला के किसी पक्ष का छुअन अथवा स्पर्श भगवान राम के बिना अधूरा है। कोई त्योहार, उत्सव अथवा उमंग का अवसर हो, घर की लिपाई-पुताई-सफाई हो, पशुओं को सजाने-सँवारने का मौका हो; राम का नाम, राम नाम के छप्पे, छापे और राम भगवान से स बद्ध माँडणे, थापे मुलकाते मिलेंगे। राम-रज हड़मची घर-बाहर की शोभा ही नहीं बनती, गायों, बैलों के सींग और शरीर तक उसके रंग-थापों से रंगे-थपे जाकर शोभित होते हैं।

रामजी का घोड़ा

राजस्थान में टिड्डीदलों की फसल बरबादी बहुप्रसिद्ध रही है। टिड्डी समूह रूप में आक्रामक तेवर लिये किसी खेत पर टूट पड़ता है और देखते-देखते पूरे खेत की खड़ी फसल चौपट कर देता है। छोटी ऊंदरी के कालाजी गोराजी देवरे पर केसोजी

ने बताया कि टिडुए मारवाड़ में बहुतायत से देखे जाते हैं। इसीलिए उधर इनके कई गीत मिलते हैं। एक गीत में टिडुए से विनती की गई है कि सब कुछ चौपट कर दिया है। फसलें की फसलें बरबाद हो गई हैं। मोठ बाजरे का कहीं नामो-निशां बाकी नहीं रहा। छोटे-छोटे बालक बिलख रहे हैं। खाने को तरस रहे हैं, अतः टिडुए तुम मेहरबानी कर इस देश से चले जाओ। भूलकर भी कभी मारवाड़ की धरती मत देखना। गीत की इन पंक्तियों में करुणा का रुआँसीभरा स्वर जब कानों में पड़ता है, तब श्रोता भी अपने को रोक नहीं पाता है। भीगे आँसुओं से वह भी अनुनय विनय करता पाया जाता है—

हारा टिडुआ रे... टिडुआ रे...
फेर मती आजे भोली मारवाड़ में
मोठ भी खाग्यो टीडु, बाजरो भी खाग्यो
खाग्यो हारे नानडिया रो नूर हारा...

इसीलिए रेगिस्तान का यह टिडु मेवाड़ में रामजी का घोड़ा नाम से आदरित है। इस क्षेत्र में इन्द्रदेव के कुपित होने से कई अकाल पड़े हैं, पर टिडुओं ने कभी इस क्षेत्र को बरबादी नहीं दी। कोई दल भी आक्रामक रूप में नहीं देखा गया। यदा-कदा कोई टिडु कभी उड़ता आ भी जाता है तो सभी प्रसन्न हो शुभ मानते हैं।

रामजी के घोड़े की तरह इधर रामदेव बाबा का घोड़ा भी चर्चित रहा। प्रसिद्धि है कि रामदेव अपने घोड़े पर सवार हो इधर से निकल रहे थे, तब किसी भक्त पर संकट आया सो वे अपने घोड़े को उसके चरवादार जरगा के भरोसे छोड़, कह गये कि तत्काल ही लौट रहा हूँ। जरगा घोड़े के साथ खड़ा-खड़ा उनकी बाट जोहता रहा, पर रामदेवजी नहीं लौटे। घोड़ा और जरगा खड़े-खड़े ही कंकाल हो गये। रामदेव को अचानक स्मरण आया। भूल का अहसास हुआ तो लौटे। देखा तो दोनों कंकाल रूप में मिले। दोनों को उन्होंने सरजीवित किया और जरगा की चाह के अनुसार उस पूरे पहाड़ी परिक्षेत्र में धूणी कायम कर उसका नाम ही जरगा रख दिया, तब से वहाँ जरगाजी का मेला लगता आ रहा है। रामदेवजी के साथ जरगा का नाम भी अमर बना हुआ है। सब राम में समाविष्ट हैं। राम-नाम सबमें बीज मन्त्र है, जो अपने में सर्वथा पूर्ण है। बीज निरन्तर फूलता, फूटता विकसित होता है। समग्र सृष्टि इसी राम-नाम से संचरित एवं संचालित है।

कद आवोला रमैया

भगवान राम के साथ इधर प्रत्येक आदिवासी गर्व महसूस करता है कि उन्होंने शबरी के घर मेहमानी की और उसके हाथ का बोर खाया। मेवाड़ में दो तरह के बोर मिलते हैं। एक तो पेमली बोर जो कि किंचित् हरापन लिये होता है और दूसरा चणबोर जो पकने पर लाल होता है और छोटे आकार का काँटेदार झाड़ियों में लगता है। यह ऊँची जमीन और सूखे स्थानों पर बहुतायत में मिलता है। दीपावली-पूजन पर मिट्टी के दीयों में शुभ-मंगल के प्रतीकार्थ चणबोर भी तेल को तरी देता है।

शबरी की तरह हर आदिवासी महिला मेलों-ठेलों या अन्यत्र उल्लास के अवसरों पर जब समूह रूप में गाती-नाचती-ठुमकती एकत्र होती है तो रामजी के रूप में अपने गाँव में रमैया का आह्वान कर फूली नहीं समाती है—

कद आवोला रमैया होरे गाम
ऊबी जोऊं बाटडली

अर्थात् मेरे गाँव कब आओगे रमैया! मैं खड़ी-खड़ी तु हारी बाट जो रही हूँ।

राम सर्वत्र व्याप्त हैं। चेतन में ही नहीं, जड़ में भी। वे हर समय अपनी उपस्थिति की छाँह तथा छाप देते लगते हैं। दो किनारों के बीच जैसे नदी सुरक्षित हो, निरन्तर प्रवाह लिये बहाव दिये रहती है, किन्तु उनसे मिलने का अहसास करती हुई भी मिल नहीं पाती है। आदिवासी जनजीवन में राम भी ऐसे ही रमते रहते हैं।

आदिवासी मानते हैं कि राम हमारे सबके आम हैं। उनके होने से ही हमारे चौपाये चुस्त-दुरुस्त हैं। रुंख-वनराई आबाद है। बस्ती आबाद है। नदी-नाले साबत हैं। कहीं कोई ओझका नहीं है, लेकिन जब अतिवृष्टि होकर जोर-शोर का पानी बस्ती को घेर लेता है। तालों-सरोवरों का पानी बेतहाशा होकर ओटे चलते बस्ती को जल-मग्न कर देता है। अनावृष्टि में सब ओर सूखा-ही-सूखा हो जाता है। वनराई की हरीतिमा टाटली हो जाती है। दुधारू पशुओं का दूध सूख जाता है। धरती धूजा मारने लगती है। लोग दाने-दाने के लिए मोहताज हो जाते हैं, तब लगता है राम ने रूठा मान लिया है। ऐसी स्थिति में गाँव के किसी राम नामधारी रामधनिया, रामरखिया, रामलछिया, रामरूणिया अथवा रामरसिया को पंच-पंचायती में बुलाकर पंचायती ढोल का डाका दिलाया जाता है। तब अतिवृष्टि का पानी संयत हो जाता है और अनावृष्टि में रिमझिम-झिरमिर बरसात होने लगती है। यही राम-नाम की सार्थकता है। अपने बचपन में कमलवाले तालाब के ओटे से अति वर्षित पानी पूरे गाँव में पसर गया था, तब ऐसा ही टोटका किया गया था और देखते-देखते पानी का बहाव मन्दा पड़ गया था। याद यह भी पड़ रहा है कि तब मन्ना मीणा के घर जिस बालिका ने जन्म लिया था, उसका नाम रामजन्मी रखा था जो चलता नाम रामजणी के रूप में जानी गई।

ऐसा भी होता है जब गाम पटेल की उपस्थिति में किसी होशियार समझे-बूझे ज्योतिषियों को बुलाकर राम मनावण का टीपणा दिखाया जाता है, महिलाएँ तब समूहबद्ध गीत गाती हुई टेर-पर-टेर देती हैं—

हारा जूना जोसी राम मिलण कद होसी।

अर्थात् हे जूने पुराने जोशी! हमारा राम-मिलन कब होगा?

राम-नाम की महिमा

सच तो यह है कि राम की ही पकड़ में पूरा पर्यावरण है। हवा, रोशनी, अगन, पानी, वनस्पति सबमें उसकी आतम बसी हुई है। सारे उसके इशारे में खूँटी-बंध हैं। वही रसवटी है। वही रसायन है। रस खान है। उसकी मुट्ठी में आकाश कैद है। उसके पाँवों में पृथिमी परिचालित है। उसकी हवाखोरी में सबकी साँसें हिंडोले ले रही हैं। उसकी अगन में सभी तपसी बने हुए हैं। उसके जल में सब जलजात बन खिलखिला रहे हैं। वही एक है। अनेकों में एक और एक में अनेकानेक।[6]

राजस्थान के मेवाड़-वागड़ में आदिवासियों की सबसे घनी बसावट है। किसी भी आदिवासी से जब उसका नाम पूछा जाता है तो वह प्रथमत: तो यही कहता है—'नाम तो श्रीराम को'। फिर अपना नाम जिस दिन वह पैदा हुआ, उस दिन से जोड़ता बताता है—'म्हारो नाम दीतो, होमो, मंगलो, हकरो, थावरो।' यहाँ दीतो से तात्पर्य दीतवार-रविवार से, होमा सोमवार से, मंगलो मंगलवार से, हकरो, हकरवार-शुक्रवार से तथा थावरो थावर-शनिवार से है।

लोककला की संस्था भारतीय लोककला मण्डल में रहते हमारी प्रार्थना ही—'थोडा नेडा बसोनी हारा राम रसिया' भजन की होती थी। मीरांबाई की छापवाला यह भजन आदिवासी भजन मण्डली से कलाकार दयाराम भील लाया था। वह भवाई नृत्य करते-करते भवाई नाम से ही अधिक जाना गया। इस भजन में मीरां का कृष्ण भी रामरसिया है। सौ से अधिक वर्ष पुराना यह भजन अब भी मुझसे विलग नहीं होकर अँधेरे का उजाला बन मेरा मार्ग प्रशस्त करता है—

थोडा नैडा बसोनी म्हारा राम रसिया
राम रसिया, मीरकणी रे हिरदां बसिया ओ रामा...
राज रे कारणिये हैं तो घोडी पलाणी रामा
ऊपर जीणा कसिया ओ रामा...
राज रे कारणिये हैं तो हेल चुणाया रामा
और लगाया जारी जसिया ओ रामा...
राज रे कारणिये हैं तो भोजनियो बणायो रामा
और बणाया घेवर चकिया ओ रामा...
बाई मीरां ने प्रभु राम मिलाद्यो
हरि रे चरणां में म्हारा मन बसिया
थोडा नैडा बसोनी म्हारा राम रसिया।

अर्थात् रामरसिया! तनिक मेरे नज़दीक आ बसो। मीरां के हृदय में आ बसो। तु हारे लिए मैंने घोड़ी पर जीण पलाण कसे। महल बनाकर झाली झरोखे लगवाये। भोजन में घेवर चकी बनाये। मीरां के प्रभु मुझे राम से मिला दो। उनके चरणों में मेरा मन बस गया है। तनिक नजदीक आकर सदा के लिए मेरे हृदय में बस जाओ।

सन्दर्भ

1. मेवाड़ के रासधारी—डॉ. महेन्द्र भानावत, भारतीय लोककला मण्डल, उदयपुर, पृ.19, वर्ष 1970.
2. उदयपुर के निकट के आदिवासी गाँव बड़ी ऊंदरी के सौ वर्षीय उदा पारगी से 2 जून, 2004 को हुई भेंट के दौरान बातचीत तथा जनजातियों के धार्मिक सरोकार—डॉ. महेन्द्र भानावत, मुक्तक प्रकाशन, उदयपुर, वर्ष 2006.
3. रामदला की पड—डॉ. महेन्द्र भानावत, भारतीय लोककला मण्डल, उदयपुर पृ. 4-5, वर्ष 1968.
4. वही, पृ. 1-14.
5. कावड, डॉ. महेन्द्र भानावत, कावड-पाठ, पृ. 13-29, भारतीय लोककला मण्डल, उदयपुर, वर्ष 1975 तथा पड कावड कलंगी, मुक्तक प्रकाशन, उदयपुर, वर्ष 1986.
6. आदिवासी लोक—डॉ. महेन्द्र भानावत, सुभद्रा पब्लिशर्स एण्ड डिस्ट्रीब्यूटर्स, दिल्ली, वर्ष 2015.

जनजातियों में रामधर्म : जीवन-शैली का स्वरूप

डॉ. श्रीकृष्ण 'जुगनू'

जनजातियों में श्रीराम और उनकी मर्यादाओं का महत्त्व न जाने कितने युगों से यथारूप विद्यमान है। श्रीराम जनजातियों में उस आदर्श के रूप में स्मृत है, जिन्होंने ल बे समय तक जिस राज्य-व्यवस्था का संचालन किया, वह सार्वकालिक रही। रघुकुल ने जन-जन के आचरण के योग्य जिस जीवन पद्धति को प्रवर्तित करते हुए जिन मर्यादाओं को नियमित किया, वे जनजातियों में आज 'रामस्मृति' के रूप में स्मरणीय हैं—यह उनके लिए 'रामधर्म' है। राम ने चौदह वर्ष के वनवास के दौरान वनेचर जातियों के बीच जो लोकप्रियता प्राप्त की, उसका प्रभाव आज तक विद्यमान है। निषादराज, केवट, शबरी जैसे पात्र रामकथा के अभिन्न अंग हैं। हर युग में उन पर राम के अनुग्रह के प्रसंगों को लिखा जाता रहा है। रघुवंश तक में किरात और किरातियों के प्रसंगों की अनदेखी नहीं हुई है। यही कारण है कि राम और वनवासियों का साहचर्य-सम्बन्ध अटूट रहा है। देखकर सीखने की सहजता के धनी जनजाति समुदायों ने राम से बहुत कुछ सीखा और जो सीखा, वह कभी अवधिपार नहीं हुआ।

जनजातीय क्षेत्र में रामधर्म का बड़ा महत्त्व है। जो मूल्यनिष्ठ जीवन जीता है, आचरण और व्यवहार में सार्वकालिक मूल्यों को महत्त्व देता है, वह रामधर्मी है। उसकी बात रामधर्म की बात है और उसका आचरण सर्वथा रामधर्माचरण है। इसके विपरीत जो जीवन में उक्त मूल्यों को महत्त्व नहीं देता है, उसके लिए कहा जाता है कि वह रामधर्मी नहीं है—वंत्रै तो रामधरम ई कोनी... वो बापड़ो रामधरम नीं पालै। जनजातियों में राम कभी अतीत नहीं हो सकते क्योंकि वे मूल्यगत होकर अपनी सार्वकालिक उपस्थिति रखते हैं। मरजाद या मर्यादा रूप में राम सदैव निर्देशन करते प्रतीति देते हैं। इसलिए कहा जाता है—

राम रिया सबै आरांम, राम निकलिया फाळ्या रा डांम।

अर्थात् यदि हृदय में राम है तो आराम है और राम के निकल जाने पर गर्म लोह के फाल से दागने जैसी पीड़ा होगी।

के तो राखै राम, कै राखै दवा-डांम।

अर्थात् जीवन या तो राम के रखने से रहता है या फिर औषधि-उपचार से ही स भव है।

वाग राखौ, वागौ राखौ, राखौ हिय में राम।
वचन रियां, कायां रियां, सब ठौड़े आराम॥

अर्थात् वचन का पालन करना चाहिए, शरीर को वस्त्रादि से जतनपूर्वक रखना चाहिए, हृदय में राम को विराजमान रखना चाहिए, यदि वचन का पालन किया, काया निरोग रही तो सभी स्थान पर सुख ही मिलेगा।

वनांचल और जनजाति समुदाय का विस्तार

राजस्थान के दक्षिणांचल में भील, मीणा जनजातियाँ मुख्य रूप से निवास करती हैं। इस अंचल के प्राचीन मेवाड़ और वागड़ तथा कांठल जैसी रियासतों में उक्त जनजातियों का मुख्य नगरों और पुरों से दूर गाँवों और पालों में टापरा-टापरा निवास देखा जा सकता है। आदिवासियों में श्रुत पर पराएँ बहुत समृद्ध मानी जा सकती हैं, क्योंकि अकेले बाँसवाड़ा जिले के घाटोल क्षेत्र में वनवासी भील समुदाय के 100 गोत्र विद्यमान हैं और सबके गोत्रों और अटकों के मूल नायक का अपना-अपना गौरवशाली आ यान प्रचलित रहा है। जोगी समुदाय के लोग उनके अटक आख्यानों को गाते हुए अपना जीवन चलाते हैं। पौराणिक सन्दर्भों से यह ज्ञात होता है कि कभी इस क्षेत्र में जनजाति राज्य के शासकों का प्रभुत्व था और उनके प्रभाव व कार्यों के सन्दर्भ में जो चर्चाएँ होती आई हैं, उसे आदिवासियों के आश्रितों, वंशप्रवाचकों ने स्मृत: किया, इसी क्रम में वे गेय होकर कण्ठ कोश बन गयीं।

आदिवासियों में मिलने वाले एक सौ आठ गोत्र हैं—इनकी 108 साखें हैं—अंगारी, अमरात, अहारा (अहार, अहीर) उठेड़, उदावत, कटारा, कपासा, कलउवा (कलासुआ), कसीटा, कूरिया, काटेड़, खरवड़, खराड़ी, खूंखड़, खोखरिया, गमेती, गराया (गरासिया), गेलोत (गहलोत), गोगरा, गोदा, गोरणा, घुघरा, घोड़ा, चदाणा, चह्वाण, चरपोड़, जोगात (जगावत), जोसियाला, झड़पा, डगासा, डागर, डामर (डामरल), डामोर, डेंडोर (हींडोर, डोडियार), डूंगरी, तंवर, तावड़ (तावेड़), तामड़, तेजोर, दमणात, दरांगी, दाणा (दायणा) तथा दाम (दायमा), धलोविया, धांगी, धोरण, नटारा, नेनामा (नीनामा, ननोमा या नगामा), नानोत तथा नबीबो।

इसके अतिरिक्त शेष गोत्रों में पड़ियार, पटेला, परमार, पाण्डेर, पाण्डोट, पारगी, पलिपी, बंडोड़ा, बड़, बरंडा, बरगट, बारोड़ (बरड़), बाणिया, बामणा (बामणिया, बूमड़िया), बूज (बोज), भगोरा, भदउवत, भणात, भाकलिया, भाटी, मण्डोत, मनात, मसार, महेड़िया, माल (मालर), मालीवाल, मावी (मारी, मोरी), मोगिया, रंगोत, रतनात, राठौड़, राणा (राणोत, रेड़ोत), रावत, रेलवात, रेवाल, रोत, लअर, लट्ट, वगाणा, वडेरा, वरहात, वराड़ा, वाहिहया, सदा, सरपोटा, सांगिया, सारल, सीवणा (सीवाणा), हड़ाता (हड़ाल), हरमर (हारमोर), हिण्डोर, हीराता (हीरोत, हुरात) तथा हेंता जैसे गोत्र आते हैं। इनमें परस्पर विवाह नहीं होता। विवाह के लिए माँ और पिता के गोत्र को टाला जाता है।

यूँ तो वंश जैसी परम्परा को सर्वदा स्मरणीय रखने के प्रारम्भिक प्रयासों की जानकारी का स्रोत वैदिक एवं उत्तर वैदिक साहित्य हैं ही, किन्तु पाणिनि के सूत्र (3,1, 145-46) 'गाथक' नाम से गाथा गाने वालों का संकेत करते हैं। इसके चौथे सूत्र में किसी प्रसिद्ध व्यक्ति से वंश-पर परा के चलने का संकेत मिलते हैं, जैसे मुखर से मौखिर। तब ऐसे लौकिक गोत्र गोत्रावयव कहे जाते थे। पिता के अज्ञात होने पर माता के नाम से भी वंश या गोत्र, पर परा आरम्भ मानी जाती थी। जनजातियों में इस प्रकार की पर पराएँ मिलना अध्ययन की दृष्टि से बहुत महत्त्वपूर्ण है।

आदिम संस्कृति में रामधर्म का स्वरूप

जनजातियों में सबके सब कुल-परिवार आदिम संस्कृति के जीवन्त प्रतिनिधि दिखाई देते हैं लेकिन वचन के निर्वाह में जिस मूल्यनिष्ठ शैली को स्वीकारते हैं, वह रामधर्म है। इस रामधर्म का कोई लिखित रूप नहीं, न ही इसका कोई निर्देश है लेकिन सत्य वचन, सामुदायिक हित-चिन्तन, आवश्यकता होने पर सभी का सहयोग, सभी को आदर, पुकार होने पर मदद के लिए प्रस्तुत रहना—जैसे कई विचार हैं जिनका पालन करना रामधर्म का पालन कहा जाता है। इनमें उक्त आचरण रामधर्म का रूप है, इसके लिए कहावत के रूप में सूत्र है—

बोलो तो हाँच, केवो तो हाँच, हामळो तो पण हाँच।

अर्थात् बोलो तो सत्य, कुछ सुनकर सुनाता हो तो सत्य कहे, मिलावट नहीं करें। कुछ सुनना भी हो तो सत्य सुनो।

संप राखौ, भेलां रो भाव राखो, आपणो इज नीं, परायो पण होचो।

अर्थात् मिल-जुलकर रहिये, हिल-मिलकर रहना चाहिए, अपना ही नहीं, परहित भी विचारना चाहिए।

कांम पड्यां नाटीन् जावणौ, टसको नीं राखणौ।
गज पुकारियां हरजी अरवाणां पगां दौड्या॥

किसी को कोई काम पड़ जाये तो भागकर जाना, दुराव नहीं रखना। हाथी ने पुकारा तो वैकुंठपति बिना जूते पहने ही भागकर आ गये थे।

वना कियां आवै तो मनवार करणी, आसण पै बेसावणो।
वणै आवै जो भांणो परूसणो, ठंडो जल आगो करणो॥

अर्थात् कोई अतिथि आ जाये तो उसको आदर देकर आसन पर विराजित होने को कहना, जैसा बन पड़े, वैसा भोजन करवाना और शीतल जल का पात्र उस तक पहुँचाना चाहिए।

रामजी भाव रा भूखा, कदी कई नीं माँगे।
मनुवार कियां रामजी काचा बोरां पण आरोगे॥

अर्थात् श्रीराम तो भाव के ही भूखे हैं, भक्ति से प्रसन्न होते हैं। उनके प्रति सहज रहना चाहिए। वे कभी कुछ नहीं मांगते हैं। मनुहार की जाये तो रामजी (शबरी के) कच्चे बेर तक जीम गये थे।

केवट सेवे रामजी, नंदी उतरै पार।
पण राम करै है जीवतां, भौ सागर उतार॥

अर्थात् केवट की तरह सेवा में तत्परता दिखाए जिसने रामजी को नदी के पार उतारा लेकिन सेवा का फल उसे राम ने ऐसा दिया कि जीते-जी भवसागर से पार लगा दिया।

इसी तरह जनजातियों में रामधर्म को आचरण स मत स्वीकारा गया है। यह धर्म स्मृतियों के लिए व्यवहार्य रहा है और उसको पुस्तकीय ज्ञान की अपेक्षा आगे-से-आगे बताते-चेताते हुए जीवन्त रखा जाता है। इसमें स्वदेश भाषा की सेवा का अनोखा भाव भी निहित मिलता है क्योंकि प्राय: उनकी बोलियों में ही यह रामधर्म व्यवहृत है। रामधर्म का यह निर्देश शास्त्रीय मत से भिन्न नहीं है, जिसमें कहा गया है कि जो कहे गये सार वचनों को आचरण में लाकर इच्छानुसार मनमानी करता है, वह न तो सुख को पाता है, न ही परमगति को प्राप्त करता है—य: शास्त्रविधिमुत्सृज्य वर्तते कामकारत:। न स सिद्धिमवाप्नोति न सुखं न परां गतिम्॥ (गीता 16, 23) यह बात इस अंचल के जनजातियों में इस तरह में यथारूप मिलती है—

कियो नीं करै, हियो नी मानै,
हामंलियौ नहीं करै तो कुण हमजावै,
चितचायौ करै तो नीं दाम पावै, नी राम।
अंत काले पछतावौ करे।

अर्थात् जो कहा हुआ नहीं करता, जिसका हृदय पर परा की साक्षी नहीं देता, जो सुनकर भी वचनों को आचरण में नहीं लाता, तो उसे कौन समझा सकता है। जो मनचाहा ही करता है, उसे न तो द्रव्य मिलता है और न ही राम भगवान्, ऐसों को अन्तत: पछतावा ही होता है।

इसी प्रकार जीवन के प्रत्येक व्यवहार में राम द्वारा प्रवर्तित मर्यादाओं का पालन करने के निर्देश वैसे ही मिलते हैं, जिनको प्राय: हमारी स्मृतियों में सुरक्षित रखा गया है। इसमें मुख्य रूप से सदाचार पर जोर दिया गया है। राम के कुलपुरोहित वसिष्ठ का एक वचन महाभारत में है और वसिष्ठ स्मृति में भी कि आचार से धर्म और धन दोनों फलते हैं— आचार: फलते धर्माचारात्फलते धनम्॥ (वसिष्ठस्मृति 6, 7 और उद्योगपर्व 113, 15) यह मत वागड़ व मेवाड़ की जनजातियों में इसी रूप में जीवन्त है— पाळ्या ऊं धरम ने धन दोई पळै नै फलै। इसी प्रकार समयानुकूल कर्तव्य-अकर्तव्य पर विचार किया जाता है। यथा—टेमसर कीधो काम नै टेमसर दीधो दान, आपाणौ, बाकी तो रागस रो। यह इस श्लोक का भाव रूप ही है—कालहीनं तु यद् दानं तं भागं रक्षसां विदु: ॥ (अनुशासनपर्व 23, 3) समयबद्ध सब काम उचित होता है। संक्रान्ति, ग्रहण, पूर्णिमा व अमावस्या पर जड़ी-बूटी का छेदन नहीं करना चाहिए। इसके लिए कहा है—हकरांत, गरेण, पूनम नै अंधार। रुंगड़ो, चारो ने जड़ेली ने वंचावणी। इसी प्रकार शयन, मलोत्सर्ग, शौचाचार, दंतधावन, स्नान, वस्त्र, भोजन, पेयजल, न करने योग्य चेष्टाएँ आदि के स बन्ध में भी निर्देश मिलते हैं। इसी प्रकार गृहस्थजनों, संन्यासियों, गुरु-शिष्य आदि को लेकर भी रामधर्म निर्धारित है।

चाल-चलावा सीता जैसा हो

जनजातियों और उनके बीच बसे लोक-समुदायों में स्त्रियाँ सदैव सीता जैसा 'चाल-चलावा' माँगती है। चाल-चलावा अर्थात् जीवन-शैली और वे चारित्रिक विशेषताएँ जिनको जनकनन्दिनी ने स्त्रीजनार्थ लोकादर्श के रूप में प्रस्तुत किया था। नारी-जीवन की सावधानियाँ तो जीवनभर हों ही, अन्तकाल में भी सीता की तरह का आदरभाव सुलभ हो। एक बुढ़िया की कहानी में यह भाव प्रदर्शित है जो जीवनभर तुलसी-पूजा करते हुए यही अपेक्षा रखती थी कि उसके लिए निर्बाध चलने का सामर्थ्य रहे, यदि मृत्यु आये जो अनायास, बिना किसी को कष्ट पहुँचाये निधन हो जाये। सीता जैसा आचरण देना, राम-लक्ष्मण उसको कन्धा देकर श्मशान तक पहुँचाए और जय-जयकार के बीच वैकुण्ठ में पहुँचाना—

जूना जुग री वात।
डुमड़ी डोकरी रोजीनां तुलसां जी री पूजा करती।
तुलसी क्यारौ सींचती। दीवौ करती, मंजरियां उतारती।
माला वणावती, सालग्राम भगवान रे चढ़ावती।
घड़ी-घड़ी मुंडां ऊं केवती जाती-
चटक चाल दीजै, मटक मौत दीजै।
सीताजी रौ चाल-चलावौ दीजै।
राम लछमण री काँध दीजै।
जै-जै करतां वैकुण्ठा पोंछावजै।

अर्थात् सीता जैसा चाल-चलावा अर्थात् आचरण आयु को बढ़ाने वाला है, यह आचरण इच्छित वंश को बढ़ाने वाला है, अभीष्ट धन को देने वाला है और अनिष्ट से निजात देने वाला है। यह निर्देश मनुस्मृति के उस श्लोक का आचरण सम्मत रूपक है जिसमें आया है—आचाराल्लभते ह्यायुचारादीप्सिता: प्रजा:। आचाराद्धनमक्षय्यमाचारो हन्त्यलक्षणम्॥ (मनुस्मृति 4, 156) चाल-चलावा अन्तकाल में शव के साथ जुड़ी क्रियाओं का भी द्योतक है। इसमें स्नान, शृंगार, मुँह में गंगामाटी,

गंगाजल देने जैसे कार्य आते हैं। जनकनन्दिनी ने सुहागिन ही अपनी समस्त लीलाएँ पूरी की थीं, ऐसे में महिलाएँ पति के रहते हुए ही सांसारिक क्रियाएँ पूरी कर महाप्रयाण चाहती हैं।

श्रीराम के दरबार में भविष्य का ज्ञान

रामजी की कृपा जनजातीय जीवन में सर्वत्र देखने को मिलती है। भविष्य के ज्ञान की जिज्ञासा सबको रहती है। यह कृषि उपज के रूप में भी जानी जाती है। इस प्रसंग में एक पर परा उल्लेखनीय है। डूँगरपुर जिले के भीलूड़ा गाँव में रघुनाथजी का मन्दिर वागड़ क्षेत्र में बड़ा प्रसिद्ध है। वहाँ पर रक्षाबन्धन को शाम के समय 'टी' आकार की एक लकड़ी का डण्डा अपार जनजातीय समुदाय की उपस्थिति में पूजा-अर्चना के बाद रोपा जाता है। ग्रामीण लोग इसे हरिया कहते हैं। यह सरिया या बल्ली का रूप है। इस हरिया के दर्शन के लिए ग्रामीण लोगों की भीड़ उमड़ पड़ती है। उसको राखी बाँधी जाती है। उसका पूजन किया जाता है। इसके उपरान्त नृत्य-गायन का दौर चलता है।

जब इस हरिया को उखाड़ा जाता है तो लोग उसे सँभालने और सहारा देने के लिए उमड़ पड़ते हैं। जोर-आजमाइश का यह दौर लगभग एक घण्टे तक लगातार रहता है। इसी दौरान इसे गाँव के लक्ष्मीनारायण मन्दिर ले जाया जाता है। पूरे रास्ते में लम्बा जुलूस चलता है। नाच-गान, कौतुक प्रदर्शन होते हैं। वहाँ जब इस हरिया को उछाला जाता है तो लोग जयकारा लगाते हैं। यह इसका रोचक प्रदर्शन है।

इसके बाद गाँव के अलग-अलग समुदायों के चार प्रतिनिधि आगे आते हैं। वे मिट्टी के बने कलशों में गाँव के तालाब का पानी भरकर लाते हैं। इन कलशों पर वर्षा के चारों महीनों आषाढ़, श्रावण, भाद्रपद और आश्विन के नाम लिखे जाते हैं। इस लेखन के बाद हरिया की लकड़ी से उन कलशों को फोड़ा जाता है। जब वे फूट जाते हैं, तब कलशों की ठीकरियों या टुकड़ों का निरीक्षण किया जाता है। देखा जाता है कि कलश पर लिखे गये मासों के नाम के कितने अक्षर सुरक्षित हैं। समझदारों द्वारा प्रत्येक अक्षर के 10-10 दिन मानकर देखा जाता है कि अगले वर्ष बारिश का क्या और कैसा संयोग रहेगा? जितने शब्द टूटे हुए होते हैं, उतने ही दिन वर्षा का योग मानकर एकराय होकर सबको बता दिया जाता है। इसी आधार पर अगले वर्ष आसपास के किसान खेती-बाड़ी का निर्धारण करते हैं। यहाँ पण्डितों द्वारा पंचांग के अनुसार भी आगामी वर्ष के फल का वाचन किया जाता है और लोगों को तद्नुसार आचरण करने का मन्तव्य दिया जाता है।

कहना न होगा कि जनजातियों के धर्म के स बन्ध में अध्येताओं की चाहे जो राय हो, लेकिन उनके लिए आचरण का आधारभूत पहलू रामधर्म का स्वरूप कहा जाता है और उसके स बन्ध में ज्ञात निर्देश अध्ययन का विषय है। उनके लिए पर परित 'रामस्मृति' समूचे समुदाय में आज कथनी से अधिक व्यवहार में पालनीय और आचरणीय ही अधिक बनी हुई है। इन नियमों का विस्तार से संकलन शेष है, किन्तु जो भी स्वरूप सामने आयेगा, वह हमारे जनजातीय स्मृति का वह स्वरूप होगा जो लिखित होकर धर्मशास्त्र का रूप ग्रहण करता है।

वन्य-जातियों में रामकथा

डॉ. रमानाथ त्रिपाठी

राम का पारिवारिक आदर्श साहित्यिक भाषाओं में ही मान्य नहीं हुआ, उसे जन-साधारण ने भी अपनाया। उन्होंने राम का चरित अपने परिवेश और अपनी समझ के अनुसार ढाल लिया। राम के प्रति पर परागत धर्म-भावना रखने वाले लोग इन साधारण लोगों की रामकथा सुनकर नाक-भौं सिकोड़ सकते हैं। अयोध्या और चित्रकूट की जनसभाओं में मैंने आदिम-जनों की रामकथा का परिचय दिया तो एक-दो वक्ताओं की विरोधात्मक टिप्पणियाँ सुनने को मिलीं। ऐसा दृष्टिकोण रखने से जनजातियों के साथ न्याय न होगा। 'जाकी रही भावना जैसी, प्रभु मूरत देखी तिन तैसी।' हमें गर्व करना चाहिए कि हमारे राम कितने महान हैं कि वे घोर अरण्य में रहने वाली जनजातियों तक पहुँचे हैं। जब भारत के ही साहित्यिक ग्रन्थों में रामकथा ने अनेक रूप विकसित किये तो जनजातियों की कथा के प्रति विराग क्यों?

मैं वन्य-जाति को आदिवासी कहना पसन्द नहीं करता, आदिम-जन कहता हूँ।[1] पूरे भारत में आदिम-जनों को 212 समूहों में विभाजित किया गया।[2] इनमें कई प्रजातियाँ (Races) ऐसी हैं जिनमें रामकथा प्रचारित है। राम उन्हें बहुत अपने लगे हैं। राम उन्हीं की तरह धनुर्धर हैं, उन्हीं की तरह वन-वन भटकते हैं। उन्हीं की तरह पशु-पक्षियों को प्यार करते हैं। परिवार के जनों के साथ, विशेषत: पत्नी के प्रति राम आदिम-जनों के समान ही सहृदय हैं।

वन-जातियों अथवा अल्प शिक्षित और अशिक्षित जनों में रामकथा का सरलीकरण हो गया है। जैसे कि रामकथाओं में पुत्रेष्टि-यज्ञ का जटिल व्यापार है, इसे साधारण-जन कैसे समझ सकता है। संथाल जाति की रामकथा बताती है कि किसी योगी ने दशरथ को चार आम दिये थे, इसी से रानियाँ गर्भवती हुईं। इस प्रकार का वर्णन जावा, तिब्बत और खोतान की रामकथाओं में भी है। किसी-किसी लोकगीत में तपस्वी दशरथ को जड़ी देते हैं। मुण्डा जनजाति के अनुसार ऋषि ने फल दिया था। इसे कौसल्या और सुमित्रा अकेले ही खा जाना चाहती थीं कि कैकेयी आ गयी, तब उसे भी खाने को दिया।[3] असम की कारबी रामकथा में सन्तरे का फल खाने को दिया जाता है। हरियाणा के लोकगीत में माली 'बूटी' लाता है, जिसे पीसकर तीनों रानियों को पिलाया जाता है। मंगोलियायी रामकथा में गूलर खिलाया जाता है।

मैं समझता था कि दक्षिण की वन्य-जातियों में रामकथा का अभाव होगा, क्योंकि वह आर्यावर्त से दूर पड़ता है। डॉ. तंकमणि अ मा ने 'रामकथा : विविध आयाम' ग्रन्थ में सूचना दी है कि वहाँ की जन-जातियों में रामकथा का प्रचार है। 'काटर' जाति की रामकथा में बताया गया है कि सीता का जन्म भूमि में गड़े सन्दूक से हुआ। उनके निर्वासन तक की कथा का प्रचार है। 'मलयर' जनजाति अपने को शूर्पणखा की सन्तान बताती है। 'मलयरयर' एक और जनजाति है जो घने वनों में रहती है। ये लोग अपने को गौतम-अहल्या की सन्तान बताते हैं, जिनका जन्म अहल्या के उद्धार के पश्चात् हुआ। इसी प्रकार 'उल्लाटर' लोग अपने को वाल्मीकि का वंशज मानते हैं।

रामकथा के पात्रों से ऐसा लगाव या जुड़ाव तो कुछ अन्य जनजातियों में भी है। सिंहभूम के भुइया अपने को हनुमान का वंशज बताते हैं। ओराँव राम-सीता को दादा-दादी और हनुमान को चाचा मानते हैं। वे बन्दर का मांस नहीं खाते। कोल शबरी को अपनी पूर्वजा मानते हैं। रायपुर के गोंड रावण को अपना पूर्वज बताते हैं।[4] संथाल, औराँब और मुण्डा लोगों की मान्यता है कि लंका के युद्ध के समय वे राम की सेना में थे। ओडिया-रामायण में वहाँ की कन्ध जनजाति को राम की सेना में दिखाया गया है। संथालों के अनुसार रावण-वध के पश्चात् राम ने लौटकर संथालों के साथ रहते हुए शिव-मन्दिर बनवाया था, जहाँ वे सीता के साथ नित्य पूजन के लिए जाते थे। छोटा नागपुर की असुर जनजाति के अनुसार जब उनका पूर्वज लोहा गला रहा था, तब हनुमान की शरारत से परेशान होकर उसने इनकी पूँछ में आग लगा दी। पूँछ की आग से लंका जल गयी। ऐसा बताया जाता है कि कारबी जनजाति अपने को बाली-सुग्रीव की सन्तान बताते हैं। वे बताते हैं कि चूँकि वे कावेरी नदी के प्रदेश से आये, इसलिए उनका यह नाम है। असम की ही तीवा जनजाति अपने को सीता की सन्तान बताती है। यह जनजाति मातृसत्तात्मक है। जब समाज के दो पक्षों में सत्यापन या वार्ता होती है तो बीच में तीन रेखाएँ खींची जाती हैं। ये लक्ष्मण-रेखाएँ मानी जाती हैं। इनका उल्लंघन नहीं हो सकता।[5] कुछ जनजातियाँ रामकथा में अपने जीवन की झलक पाती हैं। मध्य भारत की कोरवा जाति की रामकथा में राम-सीता-लक्ष्मण उन्हीं की तरह जूम की खेती करते हैं—अर्थात् वे जंगल काटकर आग लगा देते हैं और इसी प्रकार खेती करते जाते हैं। असम की जनजाति कारबी में भी राम आदि जूम की खेती करते हैं।[6] कहीं कोरवा और कारबी मूलत: एक ही जनजाति तो नहीं थी? साधारण लोगों की रामकथा में सीता दास-दासियों से घिरी राजरानी न होकर सामान्य गृहिणी हैं। बिर्होर और कारबी जनजाति की कथा में वे आँगन लीपते समय बायें हाथ से धनुष उठा लेती हैं। कई भाषाओं के लोकगीतों में भी यह प्रसंग है। मुण्डा जाति के जनकवि बुदू बापू की कविता के अनुसार सीता गूलर के पेड़ के नीचे बकरी चरा रही थीं, तब रावण उन्हें उठा ले गया।[7] कारबी रामकथा में सीता पीठ पर लदी टोकरी में भात और लाओ पानी (एक प्रकार की शराब) रखकर पिता को देने खेत पर जाती हैं। वे करघे पर सुन्दर वस्त्र बुन लेती हैं।[8]

ओड़िया भाषा की प्रसिद्ध कथा-शिल्पी डॉ. प्रतिभा राय बोंडा जनजाति पर शोधकार्य कर रही हैं। उन्होंने बताया है कि यह प्रजाति घोर अरण्य में रहती हैं। पुरुष प्राय: नग्न रहते हैं। यहाँ भी रामकथा पहुँची है। ये पहाड़ियाँ ओड़िशा के जयपुर (कोरापुट) से लगभग चालीस मील दूर हैं। कहा जाता है कि यहाँ बाली-सुग्रीव की कन्दराएँ हैं। यहाँ सीताकुण्ड भी है। यहाँ सीता ने स्नान किया था। डॉ. ब्रह्मदेव शर्मा ने 'बेजुबान' पुस्तक में जो वर्णन किया है, वह यहाँ संक्षेप में प्रस्तुत है। जेठ की दुपहरी में जब सीता माता इस कुण्ड में स्नान कर रही थीं, गाँव की कुछ लड़कियाँ उन्हें देखकर खिलखिला पड़ीं। सीता माता ने शाप दिया—'आज से तुम निर्वस्त्र घूमोगी, तु हारा सिर मुण्डित होगा। दुनिया के लोग तु हें देख ऐसे ही हँसेंगे।' तब से ये कमर में एक छोटा वस्त्र पहने, सिर मुँडाये, गले में एल्युमिनियम की कई हँसली तथा रंग-बिरंगी मालाएँ पहने दिखायी देती हैं। बाली-सुग्रीव की ये सन्तानें सीता के अभिशाप की जीती-जागती यादगार हैं।

मध्य-भारत की परजा और जुआंग जन-जातियों में भी इसी से मिलती-जुलती कथा प्रचारित है। इनके अनुसार जब सीता यहाँ से साधारण वस्त्र पहने हुए निकली थीं, इनकी पूर्वजाओं ने अपने सुन्दर वस्त्रों पर गर्व करते हुए सीता का उपहास किया था। तब सीता ने उन्हें शाप दिया था—'आज से तुम नंगी रहोगी।' तभी से ये स्त्रियाँ नंगी रहती हैं। जाड़े की रातें ये आग तापकर बिताती हैं। कितनी श्रद्धा है सीता के प्रति कि ये युगों से यह अभिशाप स्वेच्छा से ढोती आ रही हैं।

राम के प्रति कितना गहरा लगाव है इनका कि प्रकृति में जो भी अच्छाई-बुराई है, उसे ये राम-विषयक वर या शाप से जोड़ती आ रही हैं। कई ऐसी कथाएँ हैं जिन्हें साहित्यिक रामकथाओं में भी स्वीकृति मिल गयी है। इनमें एक है—गिलहरी-प्रसंग।

संथालों की रामकथा के अनुसार राम को एक गिलहरी मिली, वह सीता के विरह में रो रही थी। उसने राम को सीता का पता बताया। राम ने उसकी पीठ थपथपायी, इससे उसकी पीठ पर धारियाँ बन गयीं। मुण्डा और बिर्होर जातियों में भी यह प्रसंग है, यहाँ गिलहरी को रोता नहीं दिखाया गया है।

तेलुगु-रामायण में सेतु-बन्ध के समय गिलहरी समुद्र में गोता लगाकर बालू पर लोटती और उसे पुल पर झाड़ देती है। राम ने प्रसन्न होकर उसकी पीठ पर हाथ फेरा। राम ने आदेश दिया कि इसे चन्दन, मन्दार, चम्पक, पूगीफल, पुन्नाग, सहकार आदि वृक्षों से युक्त सुन्दर प्रदेश में छोड़ दिया जाये।

बांग्ला-रामायण में गिलहरियाँ समुद्र में कूदकर बालू में लोटकर उसे पुल पर झाड़ने लगीं। इससे संधियाँ भरने लगीं। हनुमान उन्हें पकड़कर समुद्र में फेंकने लगे। वे राम के पास जाकर रोयीं। राम ने हनुमान को बुलाकर कहा—'गिलहरियों का अपमान क्यों करते हो? जिसका जितना सामर्थ्य है, करने दो।' ऐसा कहकर राम ने उनकी पीठ पर हाथ फेरा। यहाँ धारी बनने का उल्लेख नहीं है।

सदय हृदय बड़ प्रभु रघुनाथ।
काष्ठ-बिड़ालेर पृष्ठे बुलाइल हात॥

ओड़िया-रामायण में बालू झाड़ने का कार्य चूहा कर रहा था। हनुमान उसकी प्रशंसा कर उसे राम के पास लाये। राम ने प्यार-सहित हाथ फेरकर कहा—'तुम परोपकार में निरत महात्मा हो।' राम की पाँच उँगलियाँ उसकी पीठ पर अंकित हुईं।

ओड़िया भाषा में गिलहरी-प्रयास एक मुहावरा बन गया है, जिसका अर्थ होता है कि एक शक्तिहीन (नम्रतावश कथन) का उसकी शक्ति के अनुसार किया गया प्रयास।

सीता का पता बताने और न बताने से स बन्धित कई वरशाप की कथाएँ भी उपलब्ध हैं। मुण्डा जनजाति की कथा के अनुसार बेर वृक्ष सीता की साड़ी के टुकड़े कर देता है, राम उसे अमरत्व का वरदान देते हैं। बगुला सीता का पता नहीं बताता तो उसकी गरदन खींच दी जाती है। बिर्होर और संथाल जाति की कथा में भी ये दोनों प्रसंग हैं। ओड़िया-रामायण में कुछ परिवर्तन है। मुर्गा सीता का पता बताता है, उसे सप्त-शाखा मुकुट धारण का वर मिलता है। पहाड़ों ने सन्धान नहीं दिया, वे हरियाली रहित होने का शाप पाते हैं। बगुले पर सीता के आँसू गिरे, वह श्वेत रंग का हो गया।

बन्दरों का काला मुख

संथालों के अनुसार लंका-दहन के पश्चात् पूँछ की आग बुझाने से हनुमान का मुख काला हो गया। इण्डोनेशिया की 'सेरीराम' कथा में आया है कि हनुमान ने नारद से आग बुझाने का उपाय पूछा। उन्होंने मुँह से बुझाने को कहा।

बांग्ला-रामायण में जब हनुमान अपनी पूँछ सागर में डुबाकर भी आग न बुझा पाये तो सीता के आदेश पर उन्होंने अपने मुख के अमृत से इसे बुझाया। इससे मुँह झुलस गया। उन्हें चिन्ता हुई कि जाति के लोग हँसेंगे। सीता ने कहा—'तु हारी जाति में कोई नहीं बचेगा। मेरे वचन से सभी के मुख काले हो जायेंगे।'

'मम बाक्ये सकलेर हबे मुख पोड़ा।'

लक्ष्मण का संयम

बिर्होर जाति की कथा के अनुसार लक्ष्मण 12 वर्षों तक केवल मिट्टी खाते रहे। अध्यात्म रामायण में वर्णन है कि जो व्यक्ति 12 वर्ष तक निद्राहार छोड़ देगा, वही मेघनाद का वध कर सकता है।

तेलुगु और कन्नड़-रामायणों में 14 वर्ष के संयम का उल्लेख है। बांग्ला-रामायण का वर्णन विस्तृत है। अगस्त्य ने बताया कि जिस व्यक्ति ने 14 वर्ष तक नारी-निद्रा-आहार का त्याग किया हो, वही मेघनाद को मार सकता था। राम के पूछने पर लक्ष्मण ने प्रमाण दिये—

1. मैं सीता के अलंकार नहीं पहचान सका, यह नारी का मुख न देखने का प्रमाण है।
2. मैंने नींद को बाण से बींधकर कहा था कि वह आपके अभिषेक तक न आये। अभिषेक के समय मैं झींम गया था और मेरे हाथ से छत्र गिर गया था।
3. आप मुझे फल देते थे, खाने को न कहते थे। मैं वे सभी फल रखता जाता था। राम ने हनुमान से वे सभी फल लाने को कहा। हनुमान नहीं उठा पाये। मैं उन्हें उठा लाया। गणना करने पर पता चला कि सात दिन के फल कम हैं। इन दिनों रामादि पर आपत्ति आयी हुई थी, अत: फलों का संग्रह ही नहीं हुआ था।

विश्वामित्र प्रवंचित

बिर्होर जाति की कथा के अनुसार दशरथ विश्वामित्र को धोखा देकर राम-लक्ष्मण के स्थान पर पहले भरत-शत्रुघ्न को देते हैं। छोटा नागपुर की कई जनजातियों में प्रसंग प्रचारित है कि नि:सन्तान दशरथ को एक ब्राह्मण ने चार पुत्रों का वर दिया था। शर्त यह थी कि कुछ दिनों के लिए दशरथ उसे पहले दो पुत्र देंगे। राजा ने उसे धोखा दिया। मार्ग में जब उसने भरत-शत्रुघ्न से पूछा कि किस मार्ग से चला जाये, नगर वाले या कठिनाइयों वाले वन-मार्ग से। दोनों भाइयों ने नगर वाला मार्ग चुना, इससे उनकी पोल खुल गयी। पूर्वांचल में इस प्रसंग का विशेष प्रचार हुआ। ओड़िया के सारलादास के महाभारत और बांग्ला-रामायण में यह प्रसंग है। पूर्वी भारत से यह इण्डोनेशिया पहुँचा, 'सेरीराम' कथा में भी उपलब्ध है। बांग्ला-रामायण में इसे रोचकता और विस्तार के साथ वर्णित किया गया है।

यहाँ यह प्रश्न उठता है कि भाषाओं की साहित्यिक कृतियों से ये जनजातियाँ प्रभावित हैं या जनजातियों से। मेरी समझ में द्वितीय बात ही अधिक सच है। प्रकृति के मध्य विचरण करने वाले भोले जनों की देन हैं।

खेद है कि राम के इन सरल श्रद्धालुओं को अपनत्व न देकर उन्हें लूटा-खसोटा गया। धूर्त व्यापारियों ने उनका भीषण शोषण किया है। इनके तूणीरों के बाण यदि कसमसा उठें तो आश्चर्य क्या?

अभी भी समय है कि उन्हें रामकथा के माध्यम से मु यधारा से जोड़ा जाये, साथ ही लोलुप व्यापारियों और धूर्त विदेशी धर्म-प्रचारकों तथा वोट-लोलुप राजनेताओं से इनकी रक्षा की जाये।

सन्दर्भ

1. श्री भगवानदास केला ने अपनी पुस्तक 'हमारी आदिम जातियाँ' में इन्हें आदिम जाति कहा है.
2. देखिए श्री डी.एन. मजुमदार और मदन-एन इंट्रोडक्शन टू सोशल एंथ्रोपोलॉजी, पृष्ठ 257-59 तथा प्रस्तुत लेखक का ग्रन्थ— 'चरितमानस और पूर्वांचलीय रामकाव्य', पृष्ठ 26,27.
3. मुण्डा जनजाति की महिलाएँ राम-जन्म से स बन्धित तीन पर्व भी मानती हैं—पांचजन्य सासाहिक : 3-1-91.
4. फादर कामिल बुल्के-रामकथा : उत्पत्ति और विकास पठनीय हैं.
5. देखिए 'वनबन्धु' मासिक, सित बर 1993 में प्रकाशित श्रीकृष्ण दामोदर सप्रे का लेख.
6. श्री वीरेन्द्र कुमार भट्टाचार्य, धर्म युग 24-8-80.
7. पांचजन्य, 13-1-91.
8. लेखक की पुस्तक-रामकथा : नये सन्दर्भ में समाहित.

लोक, जनजातीय जीवन, संस्कृति, कला और साहित्य में राम

नर्मदा प्रसाद उपाध्याय

राम, भारतीय अस्मिता के राग हैं। इस राग के बिना प्रत्येक भारतीय का जीवन- संगीत सूना है। यह राग हमारे आचरण में पीढ़ियों से संस्कार के रूप में प्रतिष्ठित है। यह राग न हो तो जीवन न हो, वह जीवन जिसे हम जीना चाहते हैं। इसलिए राम इस देश के प्राण हैं, स्पन्दन हैं, ऐसे ईश्वर हैं जो पूरी तरह मानवीय हैं और ऐसे मानव हैं जिनमें हम ईश्वर के दर्शन करते हैं। संसार में ऐसा कोई दूसरा उदाहरण नहीं है।

राम यों तो कथा के माध्यम से आते हैं लेकिन फिर कथा पीछे रह जाती है और राम ही कथा व कथानक दोनों हो जाते हैं। इस प्रश्न का अभी तक समाधान नहीं हो पाया कि यह कथा कितनी पुरानी है। लेकिन यह अवश्य कहा जा सकता है कि बुद्ध और महावीर के समय जनता में राम के प्रति अत्यन्त आदर का भाव था। बौद्ध जातकों के अनुसार बुद्ध अपने पूर्वजन्म में एक बार राम होकर भी जन्मे थे और जैन ग्रन्थों में 63 महापुरुषों में राम और लक्ष्मण की भी गिनती की जाती थी। इस तथ्य से यह अनुमान लगाया जा सकता है कि राम बुद्ध और महावीर के पूर्व से ही समाज में प्रतिष्ठित थे।

इक्ष्वाकु, दशरथ, जनक और सीता, कैकेयी तथा राम व अश्वपति के नाम वेद और वैदिक साहित्य में अनेक बार आये हैं, लेकिन विद्वान अभी तक यह स्वीकार नहीं करते कि ये नाम रामकथा के पात्रों के ही नाम हैं। सीता का उल्लेख वैदिक साहित्य में खेत में हल से बनाई हुई रेखा के रूप में आया है। यह रेखा सिरोर कही जाती थी तथा इसका समर्थन महाभारत से भी होता है। इन ग्रन्थों में सीता उस रूप में विद्यमान नहीं हैं, जिस रूप में वे स्वीकार की जाती हैं। इन अर्थों में सीता कृषि की अधिष्ठात्री देवी के रूप में वैदिक साहित्य में मान्य की गई हैं। विद्वानों का एक अनुमान यह भी है कि वेद में जो सीता कृषि की अधिष्ठात्री देवी थीं, वे ही बाद में ऐसी अयोनिजा कन्या बन गईं जिन्हें जनक ने हल चलाते हुए खेत में पाया। राम के स बन्ध में ऐसे विद्वान यह मानते हैं कि वेद में जो इन्द्र नाम से पूजित था, वही व्यक्तित्व कालक्रम में विकास पाकर राम बन गया।

हाल ही में हुए शोध इस तथ्य को लगभग प्रमाणित कर देते हैं कि राम के वनगमन का अपना पथ था, रामेश्वरम का सेतु मानव-निर्मित है तथा रामकथा ऐतिहासिक घटनाक्रम पर आधारित है। अयोध्या, चित्रकूट, पंचवटी और रामेश्वरम जैसे स्थान राम से सम्पृक्त माने जाते रहे हैं।

जहाँ तक रामकथा की पर परा का प्रश्न है, भारतीय पर परा वाल्मीकि को असन्दिग्ध रूप से आदिकवि मानती आई है तथा यह एक स्थापित मान्यता है कि रामावतार त्रेता युग में हुआ था। यह तथ्य इसलिए भी पुष्ट होता है, क्योंकि महाभारत में रामायण की कथा आती है लेकिन रामायण में महाभारत के किसी भी पात्र का उल्लेख नहीं है। इसी प्रकार रामायण में बुद्ध का उल्लेख नहीं है। एक संस्करण में यद्यपि इस प्रकार का उल्लेख है, लेकिन यह माना जाता है कि यह क्षेपक है।

राम, लक्ष्मण एवं सीता जंगल में

अब यह स्थापित हो चुका है कि रामायण बुद्ध से पूर्व का ग्रन्थ है। फ़ादर कामिल बुल्के का यह मानना है कि राम, रावण और हनुमान के विषय में स्वतन्त्र आख्यान काव्य-प्रचलित थे और इनके संयोग से रामायण काव्य जन्मा। दिनकर जी का भी यह मानना है कि राम, रावण और हनुमान—ये तीनों चरित्र तीन संस्कृतियों के प्रतीक हैं जिनका समन्वय और तिरोधान वाल्मीकि ने एक ही काव्य में दिखाया है। अन्तत: अवतारवाद की अवधारणा में राम ईसा की आरम्भिक सदियों में पूर्णत: स्थापित हो गये। राम की कथा में भारत की भौगोलिक एकता के दर्शन होते हैं। इस कथा की लोकप्रियता इस तथ्य से स्पष्ट है कि इस कथा पर भारत की सभी प्रमुख भाषाओं में रामायण रची गई।

यहाँ यह तथ्य भी उल्लेखनीय है कि एशिया के विभिन्न देशों की संस्कृतियाँ रामकथा से गहरे प्रभावित हुईं। आज भी बाली सहित इण्डोनेशिया और दक्षिण पूर्व एशिया के अनेक देशों में रामकथा की व्याप्ति है तथा वहाँ रामकथा से सम्बन्धित अनेक तीर्थ भी हैं। यहाँ यह तथ्य भी उल्लेखनीय है कि रामकथा में वैष्णव तथा शैव मतों की दूरी को कम किया गया है। रामकथा का विस्तार ऐसा हुआ है कि न केवल शैव और वैष्णव मतों की भिन्नता समाप्त हुई है, अपितु ब्राह्मण धर्म में जहाँ राम को विष्णु का अवतार माना गया है, वहीं बौद्ध धर्म में बोधिसत्व तथा जैन धर्म में आठवें बलदेव के रूप में उन्हें प्रतिष्ठित किया गया है। राम की भक्ति शिव की परमभक्ति हो गई है।

रामकथा की व्यापकता का अनुमान इस तथ्य से भली-भाँति लगाया जा सकता है कि न केवल साहित्य में अपितु संगीत, नाटक, नृत्य, शिल्प और चित्रकला जैसे विभिन्न अनुशासनों में रामायण के प्रसंग अपने-अपने ढंग से अभिव्यक्त होते रहे हैं। रामायण की कहानी अनेक तरह से रूपान्तरित होकर बार-बार जायमान होती रही है।

इस तरह यह स्पष्ट है कि राम का चरित्र युगों-युगों से भारतीय अस्मिता के संस्कारों को रचने वाला महान चरित्र रहा है। बिना राम के भारतीय लोकजीवन, साहित्य, संस्कृति और कला के तमाम अनुशासनों की पहचान ही नहीं बनती।

भारतीय लोकजीवन में राम इस तरह स पृक्त हैं कि वे लोक-काव्य और लोक के आचरण का अभिन्न अंग बन गये हैं। राम की जीवन-दृष्टि जातीय दृष्टि है, लोकमंगल की दृष्टि है और मर्यादा तथा ऐसी राजनीति की भी दृष्टि है जो रामराज्य के आदर्शों में अपने अस्तित्व की खोज करती है। राम की एक दृष्टि स्व के विसर्जन की दृष्टि है और एक दृष्टि काव्य की है जो वाल्मीकि और तुलसी सहित अनेक महान रचनाकारों की है।

काल के लम्बे प्रवाह में राम जैसे समर्थ और उज्ज्वल चरित्र जब लोक से एकात्म होते हैं तो उनका स्वरूप अन्तर-अनुशासिक हो जाता है और इस स्वरूप की सबसे बड़ी विशेषता यह होती है कि वह जातीय हो जाता है, लोक का हो जाता है, लोक में समाकर फिर वह लोक के अस्तित्व का अभिन्न अंग हो जाता है। वह स्वरूप भाषा और कौशल की तमाम सीमाओं को लाँघ लेता है और फिर उसकी अभिव्यक्ति इतनी सहज और सजीव हो जाती है कि बिना किसी भेद के वह प्रत्येक मन-मानस में समादृत हो जाता है। इसका एक उदाहरण मेरे पास है। मुझे लगभग 200 बरस पुरानी एक सचित्र पाण्डुलिपि मिली, जिसका शीर्षक है—'रघुवर विलास'। इसमें राम-विवाह के माध्यम से बुन्देलखण्ड में अपनाये जाने वाले तमाम रीति-रिवाजों के आधार पर चित्र बनाये गये हैं तथा विवाह के विभिन्न अवसरों पर गाये जाने वाले मंगल गीतों को इसमें सहेजा गया है। राम का विवाह एक आदर्श विवाह है। इसलिए लोक ने राम को इस रूप में ग्रहण किया। इसके अलावा राम के जन्म से लेकर उनके जीवन की तमाम घटनाएँ लोक के जीवन का अंग इसलिए बन गयीं, क्योंकि उनमें अद्‌भुत ग्रहणशीलता थी। न केवल बुन्देलखण्ड में बल्कि देश के प्राय: सभी अंचलों के संस्कार-गीतों में जन्म से लेकर विवाह तक राम ही नवजात शिशु के रूप में, राम ही वटु या बरुआ के रूप में, राम ही वर के रूप में और राम ही एक सजग राजा और मर्यादा व्यक्तित्व के रूप में ग्रहण किये गये हैं।

पहाड़ी राम दरबार

चैत से ही वर्ष की शुरुआत होती है और अयोध्या में राम का जन्म चैत में होता है। तब कौशल्या सारा घर चन्दन से लिपवाती हैं, मोतियों से चौक पुराती हैं, लेकिन बैसाख में यह ऋतु जहर हो जाती है, तब कैकेयी राम को वन भेजने का वर दशरथ से माँग लेती हैं। जेठ में लू चलती है और राम, लक्ष्मण तथा सीता वन में तपते हैं। आषाढ़ में घटा छा जाती है, पपीहा पुकारता है और अयोध्या में कौशल्या लक्ष्मण, राम और सीता के भीगने की कल्पना कर बिलखने लगती हैं। सावन-भादों की झड़ी में यही चिन्ता लगी रहती है कि मेरे बच्चे कहाँ होंगे? क्वाँर में कल्पना करती हैं कि राम घर होते तो मैं भी दान-दक्षिणा देती। कातिक आते ही लगता है कि घर-घर भले दीप जल रहे हों, लेकिन हमारी अयोध्या तो अँधियारी हो गई। अगहन के महीने में सीता का विवाह हुआ था। सोने के तारों की साड़ी सीता ने पहनी थी। पूस की रात तलवार की धार की तरह तीखी हो जाती है और याद आती है राम की कि कुश के आसन पर वे कैसे सोये होंगे? माघ में राम के बिना जीना कठिन लगता है। भरत पादुका पर चँवर डुलाते रहते हैं, फागुन में अबीर घोलते हैं और चिन्ता करते हैं कि वे किस पर अबीर छोड़ें।

लोककाव्य इस प्रकार पूरे ऋतुचक्र में चैत से फागुन तक, राम को रूपायित कर देता है। इस प्रकार के बारह मासे भोजपुरी में लिखे गये हैं।

यह अपने आपमें अत्यन्त विस्तार का विषय है कि विभिन्न लोकभाषाओं में राम को किस प्रकार वर्णित किया गया है। भोजपुरी में राम-विषयक प्रभूत साहित्य की रचना हुई। भोजपुरी काव्य में राम के जन्म से लेकर उनके वनवास और पुत्र-जन्म पर गाये जाने वाले सोहरों से लेकर उनके जीवन के विभिन्न प्रसंगों पर गीत गाये जाते हैं जिनसे कई कथानक जुड़े होते हैं। ऐसे अनेक गीत उद्धृत किये जा सकते हैं। एक सुन्दर गीत है जिसमें राम कौशल्या से कहते हैं कि हम तो मधुवन जा रहे हैं, तुम सीता को कैसे रखोगी? तब माँ कहती हैं कि मैं आँगन में कुआँ खुदवाऊँगी और सीता को इसी आँगन में स्नान कराऊँगी, खाँड और चिरौंजी खिलाऊँगी तथा अपने हृदय के बीच रखूँगी। राम सीता से कहते हैं, तुम हमारे साथ मत चलो बहुत कष्ट होगा। लेकिन सीता कहती हैं कि मैं भूख-प्यास सह लूँगी, जेठ की दुपहरी भी सह लूँगी और मैं तुम्हें देखकर सब सुख पाऊँगी। गीत इस तरह है—

राम जे चलेनि मधुबन के माई से अरज करइँ।
माई हम तो जाबइँ मधुबन के सितै कइसे रखबिउ॥ 1॥
आँगन कुइयाँ खनइबइ सितहिं नहवइबइ॥
बेटा खाँड़ चिरौंजी खिअइबइ हिरदइया बीच रखबइ॥ 2॥
राम जे चले मधुबन के सीता जे गोहन लागी।
सीता हमरे संग जनि चलहू बहुत दुःख पउबिउ॥ 3॥
सहबइ मैं भुखिया पियसिया जेठ दुपहरिया।
पिया देखि हम तोहरी सुरतिया सकल सुख पउबइ॥ 4॥

भोजपुरी में राम व उनके पुत्रों के जन्म से स बन्धित सोहर गीत बहुत हैं, इनमें से अधिकांश का अन्त करुणा में होता है। सीता के पुत्र-प्रसव से स बन्धित सोहर गीत में सीता की यह चिन्ता है कि सुनसान वन में जब पुत्र होंगे तो कौन उनके पास बैठेगा? कौन उनके केशपाश को ढीला करेगा और कौन रातभर उनके साथ जागेगा? इतने में ही वन में तपस्विनी आती है और वह सीता को आश्वस्त करती है कि वह सब करेगी। एक अन्य गीत में सीता के पास कोई नहीं आता,

तब वह जंगल में लकड़ी बीनकर आग जलाती हैं और उसी के उजाले में अपनी जुड़वाँ सन्तान का मुँह देखती हैं। गीत की दो पंक्तियाँ हैं—

कुस कै आढ़न कुस डासन बन फल भोजन,
सीता लकड़ी कै कइलीं अँजोर संतति मुख देखेलीं।

एक और गीत है जिसमें जंगल में ही नाई बुलाया जाता है और उसे कहा जाता है कि वह पुत्र-जन्म का शुभ समाचार (रोचना) सुनाने के लिए अयोध्या जाये। सीता सबको यह समाचार सुनाने का निर्देश देती हैं, लेकिन वे राम को संदेश नहीं भेजतीं। अनेक गीत ऐसे हैं जिनमें सीता के वनवास भेजे जाने को लोककाव्य में गाया गया है और भूमि में उनके समा जाने को भी शब्दों में बाँधा गया है। राम-विवाह से सम्बन्धित लोकगीतों की संख्या तो इतनी है कि उन्हें गिना नहीं जा सकता। एक गीत में सीता भगवान शंकर को माला चढ़ाते हुए यह आशीर्वाद माँगती हैं कि बाबा अन्न-धन चाहे कम देना, पर स्वामी के रूप में मुझे राम को देना जो मेरी नाव पार लगाएँगे और जिन्हें देखने से मन जुड़ जायेगा—

अन-धन चाहे जो दीहा शिव बाबा, स्वामी दिहा सिरीराम,
पार लगावैं जे मोरी नवरिया जेहि देखि हियरा जुड़ाइ॥

एक लोकगीत ऐसा है जिसमें राम के मुकुट के भीगने की चिन्ता की जाती है। उससे अधिक चिन्ता लक्ष्मण के दुपट्टे के भीगने की है, क्योंकि लक्ष्मण ही तो राम के रखवाले हैं। लेकिन इन दोनों के भीगने से अधिक चिन्ता सीता के माथे के सिन्दूर के भीगने की है, क्योंकि राम जो भी हैं वे सीता के ही कारण हैं और इसी सिन्दूर की ओजस्विता के कारण ही तो राम घर लौटेंगे।

भीजै त भीजै पटुकवा सेनुरवा न भीजइ हो।
अहै, सेनुरवा के साथ सिया घर लवटइँ हो॥

भोजपुरी लोककण्ठ पूरे भाव से इसी सीता की आराधना करता है और कहता है कि राम और लक्ष्मण को जब प्यास लगती है तो वह सीता ही हैं जो उन्हें अमृत घोलकर दे देती हैं।

राम लछिमनवाँ के लगली पियसिया
सीता देलीं अमरिति घोर।

भोजपुरी एक समृद्ध लोकभाषा है। इसके ऋतु-गीतों में होली, चैता, कजरी, हिण्डोला, कोन्हू, जतसार, रोपनी, धोबिया, कहरवा तथा सोहनी जैसे श्रमगीतों में राम का बार-बार स्मरण मिलता है और वे इतने लोकप्रिय हैं कि कुछ न हो तो वे रामा या राम की टेक के रूप में इनमें समाये हुए हैं। राम लोक के संघर्षमय जीवन के प्रतिनिधि हैं और इसीलिए वे लोकगीतों की आत्मा के रूप में प्रतिष्ठित हैं।

लोक-साहित्य में रामकथा के अनेक रूप हैं। राम आदिवासियों में अलग रूप में प्रतिष्ठित हैं और ग्रामीण जनता के राम का स्वरूप अलग है। राम कृषक भी हैं, गृहस्थ भी हैं। वे और लक्ष्मण घर-गृहस्थी के सभी कार्य करते हैं।

खेतिहर राम कैसे हैं—
राम बाधे हल, लइखन देवे माई
आउरी कि करबे जे...
सीताया देबे रोई जे...

अर्थात्—

राम, लक्ष्मण एवं हनुमान

राम हल चला रहे हैं।
लक्ष्मणजी जुताई करेंगे।
सीता के लिए और क्या काम है।
वे बीज बो देंगी।

एक बघेली लोकगीत में माता कौशल्या मेघ से प्रार्थना करती हैं कि—हे मेघ! तुम वन में मत बरसना, क्योंकि मेरे तीनों बच्चे वन में गये हुए हैं।

ओहिंतर बइठी कोसिला रानी, ते मेघा मनाव हो।
मेघा बरसा नहो, मोर मेघा, तुहिन मोर सब कुछ हो।

और एक दूसरे लोकगीत में वे कहती हैं कि—हे पूर्व में उठी बदली, तुम पश्चिम में मत बरसना। देखो, मेरे तीनों बच्चे वन को गये हुए हैं। आँगन मेरे लिए मरघट के समान है और दहलीज़ पर्वत की तरह, मेरे समूचे घर में अँधकार छाया हुआ है। मेरे तीनों बच्चे वन में गये हुए हैं।

पूरब केर उमही बदरिया, पछिम जिन बरसै,
तीनिउ जन बन मेहंइ हो।
अंगना त मोरे लेखे मरघट, डेहरी त परबत,
भीतर घर अंधियार, तीनिउ जन बन मेहंइ हो।

ऐसे लोकगीत भी हैं जिनमें जनक और राम दु:खी होते हैं क्योंकि उन्हें यह ज्ञात हो जाता है कि वनवास भी होगा और सीता का हरण भी।

प्रख्यात लोक-साहित्य के मर्मज्ञ पं. रामनारायण उपाध्याय ने राम के ऐसे उड़िया लोकगीतों को उद्धृत किया है जिनमें राम कृषक के रूप में कार्यरत हैं। बाहर बादल छाये हुए हैं, बिजली चमक रही है, तब सीता का मन टूटी-फूटी झोंपड़ी में उदास हो जाता है और वे लक्ष्मण से कहती हैं कि वे जाकर राम को घर जल्दी से बुला लाएँ।

विभिन्न लोकभाषाओं में राम की जीवन-यात्रा पर केन्द्रित असंख्य गीत लिखे गये। इन सबकी बानगी देना भी अपने आपमें एक पृथक् ग्रन्थ का विषय होगा। लेकिन इन लोकगीतों में राम की पूरी जीवन-यात्रा को बड़े भावप्रवण रूप में सँजोया गया है, इसके बारे में कोई संदेह नहीं। इन लोकगीतों में मर्म का उत्कर्ष तब दिखाई देता है, जब सीता धरती में समा जाती हैं। सीता तो ऐसा मिलन चाहती हैं जिसमें कभी वियोग न हो, इसलिए वे राम की आँखों में आँखें डाल देती हैं और फिर राम को निहारते-निहारते धरती में समा जाती हैं।

राम का व्यक्तित्व और कृतित्व इतना विराट है कि उसे भाषा या कण्ठ की सीमाओं में बाँधा नहीं जा सकता। यह एक आश्चर्यजनक तथ्य है कि राम जैसे ऐतिहासिक चरित्र से जुड़े असंख्य कथानक, असंख्य रूप से विस्तारित हो हमारे लोकजीवन और साहित्य में समा गये हैं। ऐसा ऐतिहासिक चरित्रों के स बन्ध में प्राय: नहीं होता। जो किंवदन्ती चरित्र होते हैं या जिनकी ऐतिहासिकता सीमित होती है, वे चरित्र असीमित विस्तार पाते हैं। राम साहित्य में और लोकजीवन में अपनी विविध भंगिमाओं को लिये ऐसे समाये हैं कि समय उनके लिए अर्थहीन हो गया है और इतिहास केवल संज्ञा।

राम को जनजातीय जीवन में या लोकजीवन में अद्‌भुत प्रतिष्ठा प्राप्त है। शास्त्रीय दृष्टि से जनजातीय जीवन और लोकजीवन को भिन्न माना जा सकता है, लेकिन मैं इन दोनों को अविभाज्य मानता हूँ। इसलिए कि भारतीय परिवेश में

जो लोक है, वह इतना समर्थ है कि जातीयता उसमें घुल-मिल गई है। दोनों अविच्छिन्न हो गये हैं। इसलिए भी कि राम को खण्डित स्वरूप में देखा ही नहीं जा सकता। वे राजा अवश्य हैं, लेकिन हैं सच्चे जनजातीय प्रतिनिधि अथवा लोकनायक जिनकी मर्यादा हमारी संस्कृति और संस्कारों की अनुशासन रेखा को खींचती है। राम चित्रकूट में जिन कोलों और भीलों के बीच रहते हैं और वे उनकी जिस तरह सेवा करते हैं, उन्हें देखकर जिस तरह हर्षित होते हैं, वह यह सिद्ध करता है कि राम अयोध्या के राजा नहीं बल्कि वहाँ के नागरिकों के नायक हैं।

राम जब उनके बीच जाते हैं तो उन्हें लगता है कि नवनिधियाँ उनके घर पर आ गई हैं। वे कन्द, मूल और फल भर-भरकर उनके पास चले आते हैं। यह भेंट उनके आगे रखकर वे उन्हें जोहार करते हैं और लिखे हुए चित्र की तरह खड़े-के-खड़े रह जाते हैं। उनकी आँखों से आँसुओं की एक नहीं अनेक मन्दाकिनी बहने लगती हैं। वे राम, लक्ष्मण और सीता से कहते हैं कि आप यहाँ सभी ऋतुओं में सुखपूर्वक रहें, हम सब प्रकार के जंगली जानवरों से बचाकर आपकी सेवा करेंगे तथा सरोवरों को, झरनों को आपको दिखाएँगे। मानस में यही सब कहते हुए तुलसी ने लिखा है—

यह सुधि कोल किरातन्ह पाई। हरषे जनु नव निधि घर आई।
कंद मूल फल भरि-भरि दोना। चले रंक जनु लूटन सोना॥
तिन्ह महँ जिन्ह देखे दोउ भ्राता। अपर तिन्हहि पूँछहिं मगु जाता।
कहत सुनत रघुबीर निकाई। आइ सबन्हि देखे रघुराई॥
करहिं जोहारु भेंट धरि आगे। प्रभुहि बिलोकहिं अति अनुरागे।
चित्र लिखे जनु जहँ जहँ ठाढ़े। पुलक सरीर नयन जल बाढ़े॥

राम को यदि भारतीय संस्कृति के रचयिता के रूप में प्रतिष्ठा दी जाये तो यह सर्वथा भारतीय संस्कृति के स्वरूप और उसकी आत्मा का परिचायक होगा। भारतीय संस्कृति समन्वय की संस्कृति है। संस्कृति वास्तव में हमारे संस्कारों का अन्दर से आलोकमान हो उठना है। वह हमारे संस्कारों की विकसित अवस्था है। इसमें हमारे विश्वास और कर्म दोनों ही समाहित हैं। भारतीय संस्कृति इस देश की विविधता में एकता का जीवन्त अनुवाद है। इस परिप्रेक्ष्य में यदि भारतीय संस्कृति की यात्रा पर दृष्टिपात किया जाये तो यह ज्ञात होगा कि यह यात्रा एकाकी यात्रा नहीं है, यह समन्वय की यात्रा है। अनेक यात्रियों की यात्रा है जिनके आचार भिन्न हैं, उनकी एक समान गन्तव्य की ओर की जाने वाली यात्रा है और यह यात्रा रामकथा के उज्ज्वल आलोक में प्रत्येक युग में आगे बढ़ती है।

राम के जीवन की कथा में भारत की भौगोलिक एकता तो ध्वनित होती ही है, साथ ही यह भी आश्चर्यजनक तथ्य सामने आता है कि इस देश की सभी प्रमुख भाषाओं में राम के जीवन को रचा गया है तथा जिनके प्रचार के कारण भारतीय संस्कृति की एकरूपता बढ़ी है। भारतवर्ष के विभिन्न क्षेत्रों के कवियों पर वाल्मीकि रामायण का व्यापक प्रभाव पड़ा। पूर्ववर्ती चरण में रामकथा के धार्मिक साहित्य एवं विभिन्न भाषाओं में लिखे गये साहित्य का संक्षिप्त उल्लेख किया गया है जिससे यह तथ्य पुष्ट होता है। राम के जीवन की यह कथा इतनी प्रेरक रही कि समूचा देश एक ही आदर्श की ओर उन्मुख रहा और भारत सहित सिंहल, तिब्बत, बर्मा और कश्मीर आदि में प्रचलित राम-कव्यों को यदि मिला दें तो यह मानना पड़ेगा कि रामकथा एशियाई संस्कृति का महत्त्वपूर्ण तत्त्व बन गई है।

भारतीय संस्कृति की रचना में शैव और वैष्णव मत महत्त्वपूर्ण रहे हैं, लेकिन रामकथा में ये एकाकार हैं। रामेश्वर में शिव की प्रतिष्ठा राम के द्वारा करना तथा हनुमान का रुद्रावतार माना जाना यह स्पष्ट करता है कि राम की दृष्टि में दोनों मतों में कोई अन्तर नहीं था। रामकथा में इन मतों की भिन्नता समाप्त हो गई है। वास्तव में राम ऐसे चरित्र हैं जो ब्राह्मण धर्म

में यदि विष्णु के अवतार हैं तो बौद्ध धर्म में बोधिसत्व हैं तथा जैन धर्म में आठवें बलदेव के रूप में वे प्रतिष्ठा पाते हैं तथा उनमें शिवभक्ति भी समाहित हो जाती है।

राम भारतीय संस्कृति के उन मूल्यों के प्रतिनिधि हैं, जिन मूल्यों ने भारत के जनमानस की मानसिकता और आचार दोनों को रचा है। वे मर्यादा पुरुषोत्तम कहे जाते हैं अर्थात् मनुष्य के गुणों की मर्यादा का अपने कृतित्व में अनुपालन करने वाले सर्वश्रेष्ठ व्यक्तित्व। राम के चरित्र में ये गुण अपनी पूरी उत्कृष्टता के साथ अभिव्यक्त हुए हैं— एक पुत्र के रूप में, भाई के रूप में, पति के रूप में, पिता के रूप में, शिष्य के रूप में और अयोध्या के राजा के रूप में। फिर इन सब भूमिकाओं में आदर्श भूमिका क्या होनी चाहिए, इसका निर्वाह उनके चरित्र में है। यह भी है कि इन भूमिकाओं के निर्वाह में ऐसी कौन-सी मानवीय दुर्बलताएँ हैं जो आड़े आ सकती हैं, लेकिन उन पर कैसे विजय पाई जा सकती है। राम यहाँ ईश्वर नहीं हैं, मानव हैं। इसलिए मनुष्यता क्या होती है, इसे उन्हें परिभाषित करना होता है और यही परिभाषा भारतीय संस्कृति की परिभाषा है। वे दुर्बल भी होते हैं और विकल भी होते हैं। माता सीता के अपहृत होने के बाद वे इतने विकल हो जाते हैं कि उन्हें लगता है कि सीता के जीवन के बिना उनका जीवन निरर्थक है। सीता को खोजते उन्हें रास्ते में किसी योद्धा का जब टूटा हुआ धनुष दिखाई देता है तो वे क्रोधित हो उठते हैं, देवताओं पर क्रोध करते हैं। कहते हैं कि मैं अपने बाणों की मार से तीनों लोकों की मर्यादा को नष्ट कर दूँगा। यह वाल्मीकि की कथा है और तुलसी के राम पेड़ों से, पक्षियों से, पशुओं से पूछते हैं—

हे खग, मृग, हे मधुकर श्रेनी,
तुम देखी सीता मृगनयनी।

राम की यह विकलता उन्हें मानवीय धरातल पर प्रतिष्ठित करती है। वे मनुष्य के उस व्यावहारिक मूल्य को स्थापित करते हैं जिसके कारण मनुष्य की पहचान बनती है।

राम और सीता का प्रेम अद्भुत है। यही समर्पण से भरपूर प्रेम हमारी संस्कृति का ऐसा मूल्य है जो आज भी पति और पत्नी को एकात्म रखता है। भवभूति कहते हैं कि राम की सीता के प्रति प्रीति उनके बाह्य और आन्तरिक तथा व्यक्त और अव्यक्त दोनों प्रकार के गुणों के कारण निरन्तर बढ़ती जाती है और रामचरित मानस के सुन्दरकाण्ड में तुलसी कहते हैं—

तत्त्व प्रेम कर मम अरु तोरा। जानत प्रिया एकु मनु मोरा।
सो मनु सदा रहत तोहि पाहीं। जानु प्रीति रसु एतनेहि माहीं॥

राम के चरित्र की सबसे बड़ी विशेषता है उसका लोकोन्मुख होना। पूरा रामचरित्र लोकमंगल का आ यान करता है। राम की पूरी जीवन-यात्रा का एक ही उद्देश्य था, लोकमंगल के लिए एक आदर्श प्रतिमान खड़ा करना। राम के चरित्र के अनेक पहलू हैं, लेकिन सबसे महत्त्वपूर्ण पहलू है अपने निजस्व का विसर्जन। अग्निपरीक्षा से निकली माता सीता का भी लोकोपवाद के कारण वे परित्याग कर देते हैं। राम की अपनी निजता तो कुछ है ही नहीं, जो कुछ भी है वह लोक का है, लोक के लिए है। इसलिए राम समग्रता के मानक हैं। निजस्व का यही विसर्जन और समग्र में समूचे लोक को समेट लेने की आकांक्षा भारतीय संस्कृति के वे मानक मूल्य हैं, जिन्हें राम ने अपने कृतित्व के माध्यम से रोपा। राम अन्तर्दृष्टि के प्रतिनिधि हैं, वे अपनी अन्तर्दृष्टि से विश्व को देखते हैं, घटनाओं का आकलन करते हैं—

ज्ञानहूँ गिरा के स्वामी बाहर अन्तरजामी।

राम रावण के वध के बाद उसके शव को स मान देते हैं, विभीषण से कहते हैं कि इस मृत्यु के साथ बैर समाप्त हो जाना चाहिए। कहते हैं कि वे तु हारे भी और मेरे भी बड़े भाई थे, इसलिए उनकी अन्त्येष्टि स मानपूर्वक होनी चाहिए—

मरणान्तानि वैराणि निर्वृत्तं नः प्रयोजनम्।
क्रियतामस्य संस्कारो ममाप्येष यथा तव॥

(वाल्मीकि रामायण, युद्धकाण्ड-111/100)

राम वन्य संस्कृति के भी संरक्षक हैं। जब रावण सीता का हरण कर रहा था, तब माता सीता ने कर्णिकार, गोदावरी और वनदेवताओं तथा वन के पशु-पक्षियों का आह्वान करते हुए कहा था कि राम से कहो कि रावण उनका हरण कर ले जा रहा है। राम ने वन्य संस्कृति को अद्‌भुत प्रतिष्ठा दी है। वाल्मीकि रामायण में सीता के साथ पूरा वन है। पुष्करणी, कमल, वन के पशु-पक्षी, पर्वत, जलप्रपात—ये सभी सीता के साथ हैं। वाल्मीकि हों, भवभूति या तुलसी—इन सभी ने तपोवन की परिक्रमा करते हुए वन्य संस्कृति के प्रति राम और सीता की प्रतिबद्धता को स्पष्ट किया है।

वाल्मीकि-रामायण में राम चिन्ता करते हैं कि इस हेमन्त में, इस ठण्ड में राज्य का सब सुख और भोग छोड़कर भरत तपस्यारत् रहते हुए मुट्ठीभर खाकर ठण्डी जमीन पर कैसे सो रहे होंगे। राम का चरित्र इसी वन्य संस्कृति का काव्य है।

ऐसे अनेक उदाहरण वाल्मीकि, तुलसी और भवभूति सहित विभिन्न रामायणों से दिये जा सकते हैं जिनमें उन मूल्यों को व्यक्त किया गया है जो मूल्य राम ने अपने कृतित्व के माध्यम से अपने युग में रोप दिये। वही मूल्य आज हमारी संस्कृति की उज्ज्वल पहचान हैं।

राम भारतीय कला की शाश्वत धरोहर हैं। वाल्मीकि के द्वारा रचित रामायण, रामचरित का आ यान करने वाला सर्वाधिक प्राचीन ग्रन्थ है तथा इसी आदिग्रन्थ को आधार बनाकर परवर्ती रामायण लिखी गईं जिनमें सर्वाधिक प्रसिद्ध रामचरितमानस है। रामचरितमानस की लोकप्रियता का अनुमान, जैसा कि पूर्व में उल्लेख किया गया है, इस तथ्य से लगाया जा सकता है कि पूरे दक्षिण और दक्षिण-पूर्व एशिया में रामायण के प्रसंगों को चित्रित और उत्कीर्णित किया गया है। अंगकोरवाट के मन्दिर इसका आदर्श उदाहरण हैं।

दक्षिण भारत के मन्दिरों की सरणि हो या उत्तर भारत के विशाल क्षेत्र में फैले हुए मन्दिर, रामायण के प्रसंगों का उत्कीर्णन बहुतायत से किया गया है। टेराकोटा में भी रामायण के प्रसंगों का अंकन मिलता है। उत्तर प्रदेश के भीटा गाँव में 5वीं शताब्दी में निर्मित एक मन्दिर में सुन्दर टेराकोटा शिल्प मिला है जिसमें राम तथा लक्ष्मण को वनवासी के रूप में दर्शाया गया है। दोनों अपने-अपने हाथों में धनुष-बाण लिये हुए हैं।

हाल ही में हुई खोजों से हरियाणा के नाचरखेड़ा नामक स्थान पर रामायण में वर्णित प्रसंगों का एक बड़ा पैनल मिला है जिसमें ब्राह्मी लिपि उत्कीर्ण है। गया जिले में भी एक छठी शताब्दी का मन्दिर मिला है जिसमें रामायण के प्रसंग उकेरे गये हैं। निषादराज की नाव से नदी पार करते राम तथा लक्ष्मण और सीता का सुन्दर अंकन इस मन्दिर में मिला है। इसी तरह गुप्तकालीन नाचना मन्दिर में पत्थर पर उत्कीर्ण छह पैनल मिले हैं जिन पर रामायण के प्रसंगों के अंकन हैं। ये पैनल वर्तमान में राष्ट्रीय संग्रहालय, नयी दिल्ली में हैं तथा इनका काल-निर्धारण 5वीं सदी के विद्वानों ने किया है। ये अंकन सीता के अपहरण के पूर्व के प्रसंगों के हैं। इनमें रावण को ऋषि के वेश में दर्शाया गया है। एक अंकन में बाली व सुग्रीव का युद्ध दर्शाया गया है जिसमें हनुमान का अंकन भी है।

लगभग चौथी-5वीं सदी के गुप्तकालीन शिल्प ललितपुर के निकट देवगढ़ में भी मिले हैं। ये भी पाषाण पर उत्कीर्ण किये गये हैं तथा वर्तमान में राष्ट्रीय संग्रहालय, नयी दिल्ली में हैं। इनमें से एक अंकन शूर्पणखा के प्रसंग का है। चालुक्यों के समय में भी रामायण के प्रसंग उत्कीर्ण किये गये। पट्टादकल के प्रसिद्ध अवशेष इसके साक्षी हैं जिनमें रामायण के प्रसंगों के अंकन बहुतायत से उपलब्ध हैं। हम्पी के अवशेष भी इस दृष्टि से महत्त्वपूर्ण हैं। उल्लेखनीय है कि हम्पी को

स्थानीय तौर पर किष्किन्धा भी कहा जाता है। एलोरा के कैलाश मन्दिर की दीवारों पर रामायण के प्रसंग बड़े जीवन्त रूप में अंकित हैं।

हाल ही में अयोध्या में किये गये उत्खनन में प्राचीन राममन्दिर के अवशेषों के प्रमाण भी मिले हैं।

राम और उनकी जीवनयात्रा के प्रसंगों पर केन्द्रित पाषाण शिल्प, धातु शिल्प तथा हाथीदाँत पर बनाये गये शिल्प बहुतायत से उपलब्ध हैं। इनके स बन्ध में विस्तार से वर्णन किया जाना एक पृथक् कृति का विषय होगा। पूर्व चरण में केवल एक झाँकी उत्कीर्णनों के स बन्ध में दी गई है।

भारतीय कला-पर परा में रामायण के अंकन विभिन्न चित्र-शैलियों में मनभावन रूप में किये गये हैं। भारतीय कला-पर परा में यद्यपि साक्ष्य बाद में मिलते हैं, लेकिन चित्रांकन के सन्दर्भ काफी पहले से मिलने लगते हैं। विदेशी आक्रान्ताओं के आक्रमण के कारण साक्ष्य प्राय: नष्ट हो गये। जहाँ तक सन्दर्भ का प्रश्न है, भवभूति के आठवीं शताब्दी में रचे गये 'उत्तररामचरित्' में एक सुन्दर प्रसंग आया है, जब राम और सीता को लक्ष्मण अयोध्या में उन भित्तिचित्रों को देखने के लिए आमन्त्रित करते हैं जिनमें उनकी स्वयं की कहानी को तूलिका से उरेहा गया है। इस प्रसंग का आर भ चित्रों से ही होता है। ऋषि अष्टावक्र राम के पास आये हैं। वे बातें ही कर रहे हैं कि लक्ष्मण आ जाते हैं और भगवान राम से कहते हैं कि—'उस चित्रकार ने हमारे बताये अनुसार आपके चरित् इस भीत के ऊपरी भाग में उरेहे हैं, उन्हें आर्य देखें। इस पर देवी सीता और भगवान राम उन चित्रों को देखने लगते हैं। इनमें सीता की अग्निपरीक्षा तक की पूरी कथा अंकित है। पहले उन दिव्य अस्त्रों के सजीव चित्र हैं जो भगवान राम को ताड़का-वध के लिए विश्वामित्र से प्राप्त हुए थे। राम उन्हें देखकर देवी सीता से उन्हें प्रणाम कराते हैं ताकि वे दिव्यास्त्र उनकी गर्भस्थ सन्तति को अनायास प्राप्त हो जायें। फिर मिथिला के वृत्तान्त हैं, जिन्हें देखकर मैथिली कहती हैं—'अहो, यहाँ खिलते हुए नवनील कमल से साँवले, स्निग्ध, मसृण, मांसल, सुभग देह वाले आर्यपुत्र को बनाया है। उन्होंने शंकर के शरासन को कुछ न समझकर तोड़ डाला है और विस्मय-चकित मेरे पिता (जनक) एकटक उनके भोले मुँह को, जिस पर काक-पक्ष शोभित हैं, देख रहे हैं।' उन्हें चित्र दिखाते हुए लक्ष्मण कहते हैं—'यह तो देखिए, आपके पिता तथा पुरोहित शतानन्द, वसिष्ठ आदि समधियों की अर्चा कर रहे हैं।' राम कहते हैं—'यह देखने ही योग्य हैं, विदेहों और रघुओं का स बन्ध, जहाँ दोनों ओर विश्वामित्र ही समधी हैं, किसे न रुचेगा?' देवी सीता विवाह के दृश्य को कहने लगती हैं—'यह आप चारों भाई गोदान-मंगल करके विवाह-दीक्षित हुए हैं। अहो, ऐसा लगता है कि मैं उसी स्थान और उसी समय में हूँ।'

राम को भी वैसा ही अनुभव होता है और वे सीता का ध्यान पाणिग्रहण के दृश्य की ओर आकृष्ट करते हैं। भवभूति ने इस स्थल पर सीता के हाथ का वर्णन बड़े सुन्दर शब्दों में किया है। लक्ष्मण इन चित्रों के स बन्ध में और विवरण देते हैं। भरत की वधू माण्डवी और शत्रुघ्न की वधू श्रुतकीर्ति के चित्र दिखाते हैं। इस विवरण के बाद प्रसंग का सर्वश्रेष्ठ अंश आता है। उर्मिला (लक्ष्मण-पत्नी) के चित्र को इंगित करके सीता लक्ष्मण से पूछती हैं—'वत्स, और यह कौन है?' लक्ष्मण लजा जाते हैं और मन-ही-मन मुस्कुराते हुए प्रसंग बदलने के लिए परशुराम काण्ड के चित्र दिखाने लगते हैं। इसी क्रम में वे लोग राम के किष्किन्धा पहुँच जाने तक के चित्रों को देखते हैं और उनके हृदय के प्रसंगानुकूल भाँति-भाँति के भावों की क्रिया तथा प्रतिक्रिया होती है।

इस प्रसंग से यह स्पष्ट है कि आठवीं शताब्दी में निश्चय ही भित्तिचित्र रामायण के प्रसंगों के आधार पर बने होंगे, जिनका सजीव वर्णन भवभूति ने किया है, किन्तु अब ये भित्तिचित्र या अन्य चित्र उपलब्ध नहीं हैं।

भारत में दसवीं शताब्दी से भोजपत्रों व ताड़पत्रों पर बनाये गये सचित्र ग्रन्थ व चित्र मिलते हैं। ईस्वी सन् 1020 में ताड़पत्रों पर लिखित रामायण प्राप्त हुई है। रामायण की लोकप्रियता के कारण उसकी अनेक अनुकृतियाँ तैयार की गयीं। अभी तक हुए शोधों के आधार पर ऐसी 2,000 हस्तलिखित पोथियों का पता चला है तथा जहाँ तक सचित्र पोथियों का प्रश्न है, वे समूचे भारत में मध्यकाल में चित्रित हुई हैं फिर वे चाहे राजस्थान की हों या पहाड़ की रियासतें हों अथवा दक्षिण भारत के सुदूर क्षेत्र के अंचल की। मुस्लिम प्रभाव के कारण सल्तनत काल या पूर्व मुग़ल काल की शैलियों में रामायण के अंकन नहीं मिलते हैं।

रामचरित्मानस के लिखे जाने के पश्चात् वाल्मीकि की रामायण की लोकप्रियता अत्यधिक बढ़ी तथा कलाकारों व उनके संरक्षकों का ध्यान वाल्मीकि रामायण की ओर गया, इसलिए 16वीं सदी के बाद रामायण के अंकन विभिन्न शैलियों में निरन्तर मिलने लगते हैं।

यह निश्चित ही एक विलक्षण तथ्य है कि सर्वप्रथम मुग़ल शैली में सुरक्षित रूप में रामायण के अंकन मिले। यह सचित्र रामायण अकबर के समय में तैयार की गई। इसकी एक सचित्र प्रति जयपुर के पोथीखाने में है तथा एक अमेरिका में। अकबर एक उदारमना सम्राट था तथा उसने अनेक हिन्दू ग्रन्थों का फ़ारसी में अनुवाद कराया तथा उन्हें सचित्र रूप से चित्रित भी कराया। उसके काल में रामायण का फ़ारसी अनुवाद अब्दुल क़ादिर बदायुँनी ने किया। रामायण की यह सचित्र पोथी नव बर, 1588 में पूर्ण हुई जिसमें कुल 176 चित्र थे। अब्दुल रहीम ख़ानख़ाना ने अपने चित्रकारों से सचित्र रामायण तैयार करवाई। इसका निर्माण ईस्वी सन् 1598-99 में पूर्ण हुआ। इसमें कुल 130 चित्र हैं तथा यह वर्तमान में फ्रीर गैलेरी, वाशिंगटन में है। इन 130 चित्रों में से 50 लघुचित्रों पर 12 विभिन्न चित्रकारों के नाम अंकित हैं।

मुग़ल क़लम में बनाये गये इन चित्रों की सबसे बड़ी विशेषता यह है कि चित्रकारों ने विषय के साथ पूरा-पूरा न्याय किया है। इनमें रेखाओं की गोलाई, आलेखन का अनुपात, सजीव एकचश्म चेहरे तथा वृक्षों का स्वाभाविक चित्रण बड़े सहज रूप में दिखाई देता है। सिन्दूरी, पीला, लाजवर्दी, हरे और नीले रंग को विशेष रूप में प्रयोग में लाया गया है। यह सही है कि अकबर के समय में हेरात क़लम की प्रधानता रही, लेकिन कश्मीर शैली का विशेष प्रभाव रहा। इन चित्रों पर देशज प्रभाव स्पष्ट दिखाई देता है क्योंकि केशो, लाल, मुकुन्द, मिस्कीन, माधौ, जगन, तारा, साँवला और राम जैसे हिन्दू चितेरों ने अकबरकालीन चित्रों को बनाया था। मुग़ल काल में बनाई गई इस रामायण की चित्रांकन पर परा का प्रभाव परवर्तीकाल में राजस्थानी व पहाड़ी शैलियों पर पड़ा। अकबर के उत्तराधिकारियों के समय में तथा दक्षिण में इस काल में रामायण के अंकन प्राय: नहीं हुए।

मेवाड़ के राजा जगतसिंह को यह श्रेय जाता है कि उन्होंने सर्वप्रथम रामायण का चित्रण अपने संरक्षण में करवाया। साहिबदीन नाम के एक चितेरे ने ईस्वी सन् 1652 में युद्धकाण्ड के प्रसंगों पर आधारित चित्र बनाये। रामायण के युद्धकाण्ड पर बनाये गये चित्र वर्तमान में ब्रिटिश यूज़ियम, लंदन में है। मनोहर नाम के हिन्दू चितेरे ने ईस्वी सन् 1649 में सर्वप्रथम रामायण के बालकाण्ड के प्रसंगों पर आधारित चित्र बनाये। इस सचित्र काण्ड के अनेक पृष्ठ वर्तमान में छत्रपति शिवाजी वास्तु संग्रहालय, मुं ई (पूर्व-प्रिंस ऑफ़ वेल्स यूज़ियम) में संरक्षित हैं। अरण्यकाण्ड के प्रसंगों पर आधारित चित्र ईस्वी सन् 1651 में बनाये गये तथा ये वर्तमान में ब्रिटिश यूज़ियम, लंदन में हैं। इस प्रकार नि:सन्देह मेवाड़ को यह श्रेय प्राप्त है कि प्राप्त जानकारी के आधार पर रामायण के सातों काण्डों पर आधारित चित्र ईस्वी सन् 1649 से 1653 के बीच वहाँ बनाये गये। साहिबदीन के बनाये गये चित्रों पर मुग़ल प्रभाव तो दिखाई देता है, लेकिन इन चित्रों की आत्मा में राजस्थान की मूल पर परा ही प्रतिष्ठित दिखाई देती है। पहाड़, पोशाख तथा हाथियों के चित्रण में अद्भुत

सौंदर्य झलकता है। सधे हुए हाथों से खींची गई जीवन्त रेखाओं में रमे हुए विविध रंग रामायण के प्रसंगों को सजीव कर देते हैं।

मेवाड़ की यह सचित्र रामायण प्रख्यात कलाविद् जे.पी. लॉस्टी ने संकलित की है तथा इस पर शोध-कार्य किया है। मेवाड़ क़लम की इस सचित्र रामायण के चित्रों को छत्रपति शिवाजी वास्तु संग्रहालय, मुम्बई की वेबसाइट पर देखा जा सकता है।

मेवाड़ के अलावा अन्य राजस्थानी शैलियों में भी स्फुट रूप से रामायण के प्रसंगों के अंकन हुए। कोटा-बूँदी में 19वीं सदी के उत्तरार्द्ध में रामायण के प्रसंगों पर आधारित चित्र बने। मुझे राम दरबार का एक सुन्दर अंकन झालावाड़ क़लम का प्राप्त हुआ जिसमें कोटा शैली की सम्पूर्ण विशेषताएँ देखने के लिए मिलती हैं।

मेवाड़ से जुड़े हुए मालवा व बुन्देलखण्ड अंचलों में रामायण के अंकनों की समृद्ध पर परा विद्यमान रही है। ओरछा में राजा वीरसिंह जूदेव के समय में वहाँ के राजमहल की भित्तियों पर रामायण उरेही गई। ये भित्तिचित्र रामायण के उस काल में फैले यश की सजीव कहानी कहते हैं। इन चित्रों का प्रभाव समकालीन मालवा क़लम पर भी पड़ा। ओरछा और दतिया की अष्टगढ़ियों की भित्तियों पर भी रामायण के सुन्दर अंकन हुए। इनमें टोड़ी फतेहपुर और चिरगाँव के भित्तिचित्र बड़े जीवन्त हैं।

बुन्देलखण्ड के सुदूर अंचल में पन्ना जिले की अजयगढ़ तहसील से मुझे सचित्र वाल्मीकि रामायण मिली। इस रामायण में कुल 55 चित्र विभिन्न प्रसंगों के थे, लेकिन अब केवल 36 चित्र ही उपलब्ध हैं। इनमें बालकाण्ड के 13, अयोध्याकाण्ड के 6, अरण्यकाण्ड के 3, किष्किन्धाकाण्ड के 2, सुन्दरकाण्ड के 5, युद्धकाण्ड के 5 व उत्तरकाण्ड के 2 चित्र हैं। ये चित्र ईस्वी सन् 1855 से 1860 के बीच बनाये गये। इन चित्रों पर बुन्देलखण्ड का लोकप्रभाव बड़ा स्पष्ट है। प्राय: प्रत्येक चित्र के पीछे उस घटना का देवनागरी लिपि में एक-एक पंक्ति में वर्णन किया गया है जो घटना चित्रित की गई है। बुन्देलखण्डी परिवेश तथा पोशाख व अलंकरण बड़े आनुपातिक रूप से उरेहे गये हैं।

इसी प्रकार का एक ग्रन्थ 'रघुवर विलास' है। इसकी रचना बुन्देलखण्ड की एक छोटी-सी स्टेट चरखारी में हुई थी। 'रघुवर विलास' का विषय रामविवाह है जिसमें रामविवाह के चित्रण के माध्यम से कवि ने बुन्देलखण्ड में प्रचलित उन रीति-रिवाजों का मोहक चित्रण किया है, जो विवाह के अवसर पर स पन्न होते हैं। ये चित्र वाल्मीकि रामायण के प्रसंगों से प्रभावित हैं।

पूर्वी मालवा की एक छोटी-सी रियासत राघौगढ़ में रामायण के प्रसंगों को केन्द्र में रखकर काफी चित्र बनाये गये। इसी तरह नरसिंहगढ़ में भी रामायण के प्रसंगों पर आधारित अंकन किये गये। भारत कला भवन, बनारस में मालवा शैली में चित्रित रामायण का पृष्ठ रखा है जिस पर हीरा रानी अंकित है जो बाद में हीरादे के नाम से प्रसिद्ध हुईं। यह रानी ओरछा के राजा पहाड़सिंह की पत्नी थीं तथा कलाप्रेमी शासिका थीं जिन्होंने अपने संरक्षण में ईस्वी सन् 1642 में रामायण के प्रसंगों के आधार पर लघुचित्र बनवाए। मालवा क़लम में किये गये रामायण के अंकनों में बन्दरों और राक्षसों को एक विशेष रूप में दर्शाया गया है। इन चित्रों में बन्दर गतिशील दिखाई देते हैं तथा राक्षस बड़े शक्तिशाली हैं। ज़्यादातर चेहरे एकचश्म बनाये गये हैं तथा आभूषण व वस्त्र मालवी हैं। मालवा की मोहक शाम को चित्रित करने का सफल प्रयास चितेरों ने किया है। भारत कला भवन में बालकाण्ड के 14, अयोध्याकाण्ड के 3, अरण्यकाण्ड के 8, किष्किन्धाकाण्ड के 5, सुन्दरकाण्ड के 4, युद्धकाण्ड के 22 तथा उत्तरकाण्ड के 4 चित्र हैं। पश्चिमी मालवा में बनाई गई रामायण के अंकन कनोड़िया संग्रह, पटना में भी हैं।

जहाँ तक पहाड़ी शैलियों का प्रश्न है, उसमें रामायण के प्रसंगों के सुंदर अंकन हुए हैं। पहाड़ी शैलियों के विशेषज्ञ डॉ. मोहिन्दरसिंह रंधावा ने ईस्वी सन् 1956 में कुल्लू के राजपरिवार में रामायण के प्रसंगों पर आधारित चित्र देखे थे तथा उन्हें ईस्वी सन् 1959 में प्रकाशित किया था। डॉ. बी.एन. गोस्वामी तथा डॉ. फिशर ने इन चित्रों का परिशीलन करने के बाद यह पाया कि ये चित्र पहाड़ की एक समन्वित शैली के चित्र हैं।

शांग्री रामायण के नाम से रामायण के प्रसंगों पर पहाड़ की एक छोटी-सी रियासत बाहु में चित्र बने। इन चित्रों की सबसे बड़ी विशेषता यह है कि यह अपने आपमें परिपूर्णता लिये हुए हैं तथा एक चित्र अपनी पूरी कथा स्वयं दर्शा देता है। यह चित्र गुलेर क़लम के सुप्रसिद्ध चित्रकार नैनसुख की पहली पीढ़ी के चितेरों ने बनाये हैं।

रामायण के विभिन्न प्रसंगों पर पहाड़ की विभिन्न शैलियों में बनाये गये चित्रों के सम्बन्ध में विशद् जानकारी विभिन्न कलाग्रन्थों व स्मारिकाओं में उपलब्ध है। इनमें डॉ. विश्वचन्द्र ओहरी के द्वारा सम्पादित 'एक्ज़ाइल इन फ़ॉरेस्ट' महत्त्वपूर्ण है। इस कृति में प्रकाशित चित्रों में पहाड़ों का नैसर्गिक सौंदर्य चित्रों में उतरा है। इनमें राम, लक्ष्मण और सीता पत्तियों के वस्त्र पहने हैं। राम के वनगमन से स बन्धित चित्र बड़े मनोहारी हैं। राजा दिलीपसिंह (ईस्वी सन् 1695-1741) के समय में बनी रामायण की शृंखला के कुछ चित्र डॉ. आनन्दकुमार स्वामी ने अपनी प्रसिद्ध कृति 'राजपूत पेंटिंग' में भी प्रकाशित किये।

पहाड़ों में काँगड़ा, बसोहली, चम्बा, मण्डी, नूरपुर और बिलासपुर पहाड़ी शैलियों के प्रमुख केन्द्र रहे। यहाँ रामायण के प्रसंगों पर आधारित चित्र बने।

राजस्थान और हिमाचल प्रदेश के अलावा बंगाल, उड़ीसा और असम में तथा दक्षिण भारत में भी रामकथा को केन्द्र में रखकर पट्टचित्र व लघुचित्र बनाये गये।

यह संक्षिप्त विहंगावलोकन है रामायण की चित्रांकन पर परा का जिसमें कतिपय प्रमुख अंकनों, उनकी शैलियों तथा विशेषताओं की ओर संकेत किया गया है।

वाल्मीकि की रामायण ने मध्यकाल में रामचरित्मानस के लिखे जाने के परिणामस्वरूप अद्भुत लोकप्रियता प्राप्त की तथा उसने कलाकारों के लिए उनकी कल्पनाशीलता के नये द्वार खोले। इन कलाकारों ने शब्दों की रामायण को रंगों और रेखाओं के माध्यम से कुछ इस तरह रचा कि यह रचाव हमारे कला-इतिहास की महान धरोहर बन गया।

रामायण हमारी सांस्कृतिक अस्मिता को रचने वाला महान ग्रन्थ तो है ही, वह साहित्य की दृष्टि से भी अत्यन्त महत्त्वपूर्ण ग्रन्थ है। रामकथा की लोकप्रियता इसी से सिद्ध है कि वह पूरे दक्षिण एशिया में आज भी अत्यन्त लोकप्रिय है तथा उत्तर और दक्षिण भारत की तमाम प्रतिनिधि भाषाओं में उसे वर्णित किया गया है। यदि उत्तर में तुलसी का रामचरित्मानस है तो दक्षिण में क बन रामायण। जैन 'पऊम-चरिउ' में रामकथा अपने ढंग से कही गई है। इसलिए यह तो असन्दिग्ध तथ्य है कि रामकथा अत्यन्त लोकप्रिय रही है, लेकिन यह तथ्य भी अपने स्थान पर विद्यमान है कि इस कथा में एकरूपता नहीं है। हर रामायण एक-दूसरे से अनेक प्रसंगों में भिन्न है।

रामकथा के प्रख्यात विद्वान रेवरेण्ड फ़ादर कामिल बुल्के ने अपने विद्वत्तापूर्ण ग्रन्थ में रामकथा सम्बन्धी विभिन्न साहित्यिक आख्यानों का विवरण दिया है। उनका मानना है कि रामकथा सम्बन्धी आख्यान काव्यों की वास्तविक रचना वैदिक काल के बाद, इक्ष्वाकु-वंश के राजाओं के सूतों ने आरम्भ की तथा इन्हीं आ यान काव्यों के आधार पर वाल्मीकि ने अपनी रामायण का सृजन किया। इस रामायण का उस समय के समाज में बहुत प्रचार था तथा लव-कुश उसका गान

करके और उसके अभिनेता उसके प्रसंगों का अभिनय कर जीविकोपार्जन करते थे। धीरे-धीरे रामचरित् की लोकप्रियता बढ़ती गई और उसे केन्द्र में रखकर साहित्य रचा जाता रहा।

संस्कृत उस समय की सबसे प्रतिष्ठित भाषा थी। इसलिए संस्कृत के धार्मिक साहित्य में रामकथा की अनेक रचनाएँ हुईं। इनमें रघुवंश, भट्टकाव्य, महावीरचरित्, उत्तर-रामचरित्, प्रतिमा-नाटक, जानकी-हरण, कुन्दमाला, अनर्घराघव, बालरामायण, हनुमन्नाटक, अध्यात्म-रामायण, अद्‌भुत-रामायण तथा आनन्द-रामायण जैसे काव्य शामिल हैं।

आधुनिक देशभाषाओं के काल में रामचरित् पर अनेक उत्कृष्ट काव्य लिखे गये। इनमें प्रमुख हैं—कम्बन-कृत तमिल रामायण (12वीं सदी), तेलुगु द्विपाद रामायण (12वीं सदी), मलयालम रामचरितम् (14वीं सदी), बंगला कृतवासी रामायण (15वीं सदी), उड़िया बलरामदास रामायण (15वीं सदी), कन्नड़ी तोरावे रामायण (16वीं सदी), मराठी भावार्थ रामायण (16वीं सदी) तथा तुलसीकृत रामचरित् मानस (16वीं सदी)। इस सूची में वे अनेक रामकाव्य सम्मिलित नहीं हैं जो विभिन्न युगों में, देश के विभिन्न अंचलों में, विभिन्न भाषाओं में रचनाकारों ने रचे। ये काव्य केवल भारत में ही नहीं रचे गये अपितु तिब्बत से लेकर हिन्दचीन और समूचे दक्षिणी एशिया में इनकी रचना हुई तथा रामकथा साहित्य का अभिन्न अंग बन गई।

यहाँ एक क्षेत्रीय उदाहरण देना पर्याप्त होगा। रामकथा का प्रचार-प्रसार सुदूर महाराष्ट्र के खानदेश अंचल तक हुआ। धूलिया के समर्थ वाग्देवता मन्दिर में तुलसी के समकालीन कवि जसवन्त के ग्रन्थ संरक्षित हैं। प्रख्यात साहित्यकार डॉ. मुरलीधर शहा ने जसवन्त की कृतियों पर महत्त्वपूर्ण कार्य किया है। जसवन्त कीर्तनकार थे। उनके अनेक पद राग-रागिनियों में आबद्ध हैं। उन्होंने मराठी मिश्रित खड़ी बोली में अपने सरस पदों की रचना की। जसवन्त ने स्फुट पदों में रामकथा की रचना की।

जिस प्रकार तुलसी को केवल अपने राम पर विश्वास है, उसी तरह जसवन्त को भी राम के अतिरिक्त किसी और पर विश्वास नहीं। वे कहते हैं—

नैरे मेरे और न सु काम
राज्या राम बिनु कछु ही न जान्यो
येक देव मोकु कैवल्य राम॥
येक बुंद की करी हो आशा
जलधर से प्रीती धसी हो राम॥

रामजन्म को उन्होंने राग-सारंग में इस तरह बाँधा है—

रामजन्म सुनी नाचत मुनीजन। नाचत गणगंधर्व किन्नर।
नाचत धरणी नाचत शेष। नाचत उमया सहित महेश।
नाचत मधवा पुष्पही बरखत। नाचत भानु मगमो हरखत।
नाचत विधि और नाचत ईश। नाचत अमर सहित तेतीस।
नाचे तरु बंश दंडक वनमो। नाचत जसवं प्रफुलित मनमो॥

जहाँ तक रामकाव्य के प्रमुख साहित्यिक ग्रन्थों का प्रश्न है, इनमें वाल्मीकि, भवभूति और तुलसी प्रमुख हैं।

वाल्मीकि आदिकवि हैं तथा उनके द्वारा रची गई रामायण ही अन्य रामकाव्यों का स्रोत है। वाल्मीकि ने क्रौंचवध को देखकर उपजी करुणा के वशीभूत होकर रामायण रची। यह कहा जाता है कि ब्रह्मा ने वाल्मीकि को आज्ञा दी कि तुम धर्म

के प्रतिमान, सत्य और करुणा के प्रतिमान राम की पूरी कहानी लिखो। उनसे जुड़ी हुई प्रत्येक घटना को लिखो। कुछ छोड़ो मत। तुमसे यदि कुछ छूटेगा तो ध्यान योग से वह तुम्हारे सामने उपस्थित हो जायेगा और तु हारी यह कथा जब तक यह पर्वत हैं तथा नदियाँ हैं, तब तक लोक में प्रचारित होती रहेगी और परलोक में भी प्रचारित होगी। एक सृष्टा ने वाल्मीकि के रूप में एक सृष्टा को पहचान लिया। ब्रह्मा ने उन्हें अपने बराबर स्थान दिया और तब वाल्मीकि आदिकवि का दायित्व सरस्वती की कृपा से निबाहने बैठे—

श्लोक एवास्त्वयं बद्धो नात्र कार्या विचारणा।
मच्छन्दादेव ते ब्रह्मन प्रवृत्तेयं सरस्वती॥
रामस्य चरितं कृत्स्नं कुरु त्वमृषिसत्तम।
धर्मात्मनो भगवतो लोके रामस्य धीमतः॥

(वाल्मीकि रामायण, बालकाण्ड, 2/31-32)

फिर वाल्मीकि ने साहित्य का इतिहास रच दिया। उन्होंने इतने भाव से रामायण रची कि वह युगों का कण्ठाहार बन गई। वह न केवल इस देश का इतिहास बनी बल्कि मानवमात्र की ऐतिहासिक यात्रा की साक्षी बन गई। वाल्मीकि की रामायण में कठोरता और ममता दोनों के अछोर विस्तार हैं, लेकिन विशेषता यह है कि राम के निर्णयों में ममता तिरोहित नहीं होती, वह विद्यमान रहती है। रामायण एक कहानीमात्र नहीं है, वह अपने आपमें एक स्वतन्त्र संसार है। इस काव्य में गोचर जगत् का सौन्दर्य मन के प्रवाह में घुल जाता है और एक अलौकिक रूप धारण कर लेता है। रामायण की प्रत्येक परिस्थिति वास्तविकता प्रतीत होती है। वाल्मीकि ने दशरथ, कौशल्या, राम, लक्ष्मण, सीता, भरत और विभीषण, इन सभी के द्वन्द्वों को शब्द दिये हैं। फिर राम जैसे सहनशील और मर्यादा पुरुषोत्तम की उस मानवीय वेदना को भी मार्मिक ढंग से चित्रित किया है, जब सीता के बिछोह में वे अपना मानसिक सन्तुलन ही प्रायः खो देते हैं और वन में एक वृक्ष से दूसरे वृक्ष की ओर दौड़ते हुए पूछते हैं कि कद ब बताओ! सीता कहाँ हैं, तु हारे पुष्प सीता को बड़े अच्छे लगते थे। उसके अंग तु हारे पल्लवों के समान स्निग्ध हैं। उसके अंगों पर तु हारे फूलों के रंग जैसे कौशेय वसन हैं। बिल्व, तुमने सीता को देखा है? तु हारे फलों के जैसे उसके स्तन हैं। कुटज, तुमने सीता को देखा है? उसके उरु तु हारे तने की तरह है। अशोक, तुम शोक दूर करने वाले हो, तुम सीता का पता क्यों नहीं बताते—

अस्ति कच्चित्त्वया दृष्टा सा कद बप्रिया प्रिया।
कद ब यदि जानीषे शंस सीतां शुभाननाम्॥
स्निग्धपल्लवसंकाशां पीतकौशेयवासिनीम्।
शंसस्व यदि सा दृष्टा बिल्व विल्वोपमस्तनी॥
ककुभः ककुभोरुं तां व्यक्तं जानाति मैथिलीम्।
लतापल्लवपुष्पाढ्यो भाति ह्येष वनस्पति॥

(वाल्मीकि रामायण, अरण्यकाण्ड, 60/12-13, 15)

वाल्मीकि-रामायण का सर्वाधिक भावप्रवण प्रसंग है सीता की अग्निपरीक्षा। एक ओर तो राम सीता के प्रति इतने व्याकुल हैं तो दूसरी ओर वह यह भी कहते हैं कि सीता! मैंने तुम्हें पाने के लिए युद्ध नहीं किया, अपितु सदाचार की रक्षा के लिए, लोकनिन्दा से बचने के लिए तथा कुल पर कुलवधू-हरण के लगे कलंक की शुद्धि के लिए युद्ध किया है। फिर सीता राम को फटकारती हैं। कहती हैं तुमने मेरा तिरस्कार नहीं किया, तुमने छोटे आदमी की तरह नारीत्व का तिरस्कार

किया है। मेरी भक्ति, मेरा शील इन सबकी तुमने अनदेखी की है। लेकिन राम कठोर हो गये हैं, वे सीता की परीक्षा लेते हैं और कहते हैं कि मैं केवल दाशरथि राम हूँ, मैं और नहीं जानता—

आत्मानं मानुषं मन्ये रामं दशरथान्मजम्।

और अन्ततः सीता तपाये हुए सोने की तरह दीप्त रूप में अग्नि के बाहर निकल आती हैं। तब राम कहते हैं कि मुझे विश्वास था कि सीता तो स्वयं में अग्निशिखा हैं। फिर दूसरा प्रसंग अग्निपरीक्षा का तब आता है, जब सीता वाल्मीकि के आश्रम से लौटती हैं और राम पुनः सीता को आदेश देते हैं कि वे अयोध्या की सभा में आकर शपथ करें कि मैं परिशुद्ध हूँ और फिर सीता शपथ लेती हैं—यदि मैंने मन से केवल राम की चिन्ता की हो, उनके अतिरिक्त किसी की भी चिन्ता न की हो, तो हे पृथ्वी! तुम फटो और मैं तुममें समा जाऊँ। यदि मैंने मन-वचन-कर्म से राम की ही अर्चना की हो तो—हे माँ वसुधा! तुम फट जाओ और मैं समा जाऊँ। यदि मेरा यह कहना सच हो कि मैं राम के अतिरिक्त किसी को नहीं जानती, तो हे वसुधा! तुम फट जाओ—

यथाहं राघवादन्यं मनसापि न चिन्तये।
तथा मे माधवी देवी विवरं दातुमर्हति॥
मनसा कर्मणा वाचा यथा रामं समर्चये।
तथा मे माधवी देवी विवरं दातुमर्हति॥
यथैतत् सत्यमुक्तं मे वेऽि रामात् परं न च।
तथा मे माधवी देवी विवरं दातुमर्हति॥

(वाल्मीकि-रामायण, उत्तरकाण्ड, 97/14-16)

वाल्मीकि-रामायण के विभिन्न भाषाओं में अनुवाद हुए। इस रामायण की अनेक टीकाएँ विभिन्न कालों में की गयीं। महाभारत के द्रोणपर्व और अग्निपुराण के पाँच से तेरह तक के अध्यायों में वाल्मीकि के नाम का उल्लेख करते हुए रामायण के सार का वर्णन है।

वाल्मीकि की रामकथा इसलिए अपने आपमें विशिष्ट है क्योंकि उसमें नारीचित्त की सजीव प्रतिमा नयी आभा के साथ रची गई है। वाल्मीकि रामायण में सतत् सीता के इन्हीं देवी रूपों का आ यान तो है ही लेकिन सीता की तेजस्विता को वाल्मीकि ने बड़े अप्रतिम रूप में रचा है। वे राम के प्रति मन, वचन और कर्म से इतनी समर्पित हैं कि वे राम से भी अधिक हो गयी हैं और यही सीता का सबसे बड़ा जीवनमूल्य है जो भारतीयता का भी जीवन-मूल्य है।

जैसा कि पूर्व में उल्लेख किया गया है कि कालिदास ने रघुवंश में राम की कथा अपने ढंग से कही है। उन्होंने पूरे रघुवंश का चित्र खींचा है। पहले सर्ग में राजा दिलीप के महर्षि वसिष्ठ के आश्रम में जाने से लेकर उन्नीसवें सर्ग में अग्निवर्ण श्रृंगार तक रघुवंश का वर्णन है। दसवें सर्ग में रामावतार, ग्यारहवें सर्ग में राम-सीता का विवाह, बारहवें सर्ग में रावण-वध, तेरहवें सर्ग में दण्डक वन से वापसी, चौदहवें सर्ग में राम द्वारा सीता का परित्याग और पन्द्रहवें सर्ग में रामाधि के स्वर्गारोहण तक का वर्णन है। कालिदास ने राम के जीवन की घटनाओं को विस्तार से वर्णित नहीं किया है अपितु इन घटनाओं के क्रम को संक्षेप में उसी तरह अपने काव्य में पिरो दिया है, जिस तरह वाल्मीकि ने अपनी रामायण में इन घटनाओं को क्रम दिया है। राम के जन्म के प्रसंग को वर्णित करते हुए कालिदास ने लिखा कि रघुवंश में दीपक के समान, अपरिमित तेजस्वी उस पुत्र से प्रसूतिगृह के दीपक मानो फीके पड़ गये—

रघुवंशप्रदीपेन तेनाप्रतिमतेजसः।
रक्षागृहगता दीपाः प्रत्यादिष्टा इवाभवन्॥

(रघुवंश, 10/68)

और आगे लिखा कि माता कौशल्या जो दुबली थीं, वे राम के शय्या के आने पर ऐसी शोभायमान हुईं, जैसे शरद ऋतु में पतली धार वाली गंगा अपने रेतीले तट पर चढ़ाये गये नीलकमल के साथ सुशोभित होती हो—

शय्यागतेन रामेण माता शातोदरी बभौ।
सैकता भोजबलिना जाह्नवीव शरत्कृशा॥

(रघुवंश, 10/69)

राम के जीवन की इस महान कथा के घटनाक्रम को कालिदास ने अपने ढंग से कहा है।

जब सीता को लक्ष्मण वन में छोड़ते हैं तो जब तक लक्ष्मण उनके दृष्टिपथ में रहते हैं, वे कुछ नहीं कहतीं, लेकिन उनके जाने के बाद मयूर नाचना छोड़ देते हैं, वृक्ष-कुसुम झरने लगते हैं जैसे उनके आँसू झर रहे हों और हिरणियों के मुख में रखे तृण मुख से छूट पड़ते हैं। सारा वन रो पड़ता है—

नृत्यं मयूराः कुसुमानि वृक्षा दर्भानुपात्तान् विजहुर्हरिण्यः।
तस्याः प्रपन्ने समदुःखभावमत्यन्तमासीत् रुदितं वनेऽपि॥

(रघुवंश, 14/69)

'रघुवंश' के बाद संस्कृत काव्य में सर्वाधिक महत्त्वपूर्ण राम केन्द्रित नाटक है भवभूति का 'उत्तररामचरित्'। राम के जीवन के करुण पक्ष ने भवभूति को सबसे अधिक उद्वेलित किया। उनके इस महान ग्रन्थ की पूर्व और पश्चिम के विद्वानों ने भूरि-भूरि प्रशंसा की है। मन के भीतर चल रहे अन्तर्द्वन्द्व, प्रेम का उज्ज्वल धरातल और नाटकीयता उनके इस नाटक की विशेषताएँ हैं।

भवभूति ने राम के दुःख को बाँटने के लिए प्रत्यक्ष रूप में गंगा, गोदावरी, तमसा, मुरला, वनदेवता और वासन्ती इन सबको इस प्रकार प्रस्तुत किया है मानो वे अयोध्यावासियों के निष्ठुर व्यवहार के विरोध में मानवीय संवेदनाओं के साकार प्रतिमान के रूप में खड़े हैं। भवभूति दुःखवादी नहीं हैं, लेकिन वे मनुष्य को मनुष्य बनाने वाली करुणा के पारखी हैं। भवभूति का जीवन-दर्शन यह है कि वास्तव में दुःख से अधिक दुःख की भावना करुणा का मूल कहलाती है। भवभूति ने राम की करुणा को, उनके विभक्त चित्त को बड़े सजीव रूप में शब्दों में बाँधा है। राम एक ओर तो उलाहना देते हैं उन लोगों को, जिन्हें सीता का अयोध्या में रहना उचित नहीं लगा और उन लोगों ने सीता के इस प्रकार के तृण की तरह परित्याग किये जाने पर भी दुःख व्यक्त नहीं किया और दूसरी ओर उन्हीं लोगों से वे कातर प्रार्थना करते हैं कि मैं उस जगह पर हूँ, जहाँ तुम्हारा वश नहीं है। तुम लोग नाराज़ न हो, मुझसे रोये बिना नहीं रहा जाता है।

न किल भवतां देवयाः स्थानं गृहेऽभिमतं तत-
स्तृणमिव वने शून्ये त्यक्ता न चाप्यनुशोचिता।
चिरपरिचितास्ते ते भावास्तथा द्रवयन्ति मा-
मिदमशरणैरद्यास्माभिः प्रसीदत रुद्यते॥

(उत्तररामचरित्, 3/32)

'उत्तररामचरित्' सात अंकों में लिखा गया भवभूति का कालजयी नाटक है, जिसके दृश्य करुणा से भरपूर हैं और जिनमें राम और सीता के उन अपरिमित दु:खों से साक्षात्कार कराया गया है जिसमें पूरा संसार और उसके व्यवहार सम्मिलित हैं।

गोस्वामी तुलसीदास रामकथा के ऐसे अमर गायक हैं कि उनके कारण ईश्वर के अवतार राम सदैव के लिए प्रत्येक युग की स्मृति में ऐसे अमर हुए कि जब तक सृष्टि है, तब तक उन्हें हमारे स्मृति-पटल से ओझल नहीं होना। गोस्वामी तुलसीदास की रामकथा प्रेम के आसपास घूमती है। रत्नावली के प्रेम में वे विह्वल होते हैं और बाद में उसके द्वारा धिक्कारे जाने पर वे रघुनाथ के प्रेम में विह्वल हो जाते हैं। प्रेम की परिधि वही रहती है, लेकिन केन्द्र बदल जाता है। तुलसी राममय हो जाते हैं। तुलसी ने रामकथा को जल के रूपक में बाँधा है। समुद्र से जल खींचा जाता है, वह बादल बनता है और बादल का रस एक जगह सिमटकर मानस-सर बनता है और जब वह उसमें नहीं समा पाता तो उससे रामकथा की एक सरयू निकलती है जो रामभक्ति की सुरसरिता में मिलती है। उसमें फिर अनेक कथाएँ मिलती हैं और वह फिर सागर हो जाती हैं। यह चक्र निरन्तर चलता है। इस चक्र को निरन्तर सन्त चलाते हैं जो राममय हो गये हैं, लेकिन फिर भी उन्हें तृप्ति नहीं मिलती—

जिन्ह के श्रवन समुद्र समाना। कथा तुहारि सुभग सरि नाना॥
भरहिं निरंतर होहिं न पूरे। तिन्ह के हिय तुह कहुँ गृह रुरे॥

तुलसी के राम काव्य में तो हैं, लेकिन वे इस काव्य के माध्यम से हमारे जीवन में हैं, हमारे धर्म की परिभाषा में हैं, हमारे जीवन के प्रत्येक पल में हैं और इसीलिए तुलसी का रामचरितमानस लोककण्ठ का काव्य बन गया है।

तुलसी के राम उनका घर हैं और राम को देखने की सर्वाधिक महत्त्वपूर्ण दृष्टि उनके लिए लोकमंगल की है। यह दृष्टि स्व को छोड़कर, लोक के लिए राम के रूप में एकाकार होने की दृष्टि है। तुलसी ने यद्यपि वाल्मीकि रामायण को केन्द्र में रखा, लेकिन उन्होंने घटनाओं को अपने दृष्टिपथ में तो उसी क्रम में रखा, और जब उन्हें काव्य में बाँधा तो दृष्टि भिन्न हो गई। वाल्मीकि-रामायण में यदि क्रौंचवध से उपजा हुआ क्रोध केन्द्र में है तो रामायण में राम और सीता का यश है। तुलसी ने लोकातीत सौन्दर्य से लेकर लोकातीत मनोदशा को राम और सीता के माध्यम से भाषा में बाँध लिया है। तुलसी के लिए इस काव्य का प्रयोजन विराट है। उनके लिए लोक को राममय बनाने का अर्थ उसे मंगलमय बनाना है और उनके काव्य की ज्योत्सना शिव से प्रकाशित है। वे कहते हैं—

भनिति मोरि शिवकृपा बिभाती।
शशि समाज मिनि मनहुँ सुराती॥

गोस्वामी तुलसीदास के इस रामकाव्य की दृष्टि यों तो पर परागत है, लेकिन उसकी व्यंजना अद्‌भुत है। भरत जब न-दीग्राम में कुटी बनाकर रहते हैं तो उस समय भरत की जो मनोदशा है, उसका गोस्वामीजी ने बहुत थोड़े शब्दों में, अद्‌भुत व्यंजना को समेटते हुए वर्णन किया है—

देह दिनहु दिन दूबर होई। घटइ तेजु बलु मुख छबि सोई॥
नित नब राम पेम पनु पीना। बढ़त धरम दलु मन न मलीना॥
जिम जलु निघटत सरद प्रकासे। बिलसत बेतस बनज बिकासे॥
सम दम संयम नियम उपासा। नखत भरत हिय बिमल अकासा॥

देह दिन-पर-दिन दुबली होती जाती है, लेकिन मुख पर वही छवि बनी हुई है। इसलिए कि नित्य राम के प्रति नया-नया प्रेम उमड़ता चला आ रहा है। भरत का हृदय शरद के आकाश की तरह निरभ्र है। इसमें सम-दम-संयम-नियम छोटे-छोटे नक्षत्रों की तरह गुँथे हुए झिलमिला रहे हैं, इसलिए कि राम का अचल और दोषहीन चन्द्रमा अपने तीव्र प्रकाश से इन्हें दीप्त कर रहा है।

भरत की प्रतीक्षा जब समाप्त होती है और वे राम से मिलते हैं, तब गोस्वामीजी को एक ही उपमा सूझती है जैसे प्रेमभाव और शृंगार रस मिल रहे हों। राम प्रेमभाव हैं और राम को अंग-अंग, रोम-रोम में अभिव्यक्त करने वाले भक्त शृंगार रस हैं। यहाँ भाव, रस में साकार होकर रस का आराध्य बन जाता है।

रामचरितमानस हो, बरवै रामायण हो, कवितावली हो सभी में तुलसी ने विभोर होकर राम के चरित्र को गाया है, उससे जुड़ी हुई घटनाओं को अपने काव्य में, सम्प्रेषणीय काव्य में इस तरह पिरोया है कि राम सबसे जुड़ जाते हैं। रामचरितमानस के सातों काण्डों में राम इतने सजीव रूप में विद्यमान हैं कि रामचरितमानस की चौपाई पढ़ो तो उसमें राम की छवि दीखती है और फिर सामने आँख उठाकर देखो तो भी राम समक्ष दिखाई देते हैं। और राम को निहारना, राम के प्रति यह सच्ची भक्ति की अभिव्यक्ति है। ऐसी भक्ति जिसकी तुलना केवल उस काम से की जा सकती है, जो कामी को नारी के प्रति होता है और लोभी को दाम के प्रति। क्या अद्‌भुत तुलना है—

कामिही नारि पियारि जिमि, जिमि लोभिहिं प्रिय दाम।
तिमि रघुनाथ निरंतर मोहि प्रिय लागहु राम॥

तुलसी भक्ति की तीव्रता को व्यक्त करने के लिए अनेक उपमाएँ दे सकते थे। चन्द्रमा और चकोर की, जल और मीन की, गगन और तारों की लेकिन उन्होंने घोर आसक्ति के उपादानों को चुना, इसलिए कि आसक्ति अकुलाहट की चरम-सीमा हो सकती है और अकुलाहट में, इस बेचैनी में उसे केवल अपने प्रिय का ही, अपने आराध्य का ही ध्यान रहता है।

रामकथा राम की ऐसी चिन्ता की कहानी है, जहाँ चिन्ता का अतिशय तो होता ही है, राम के प्रति प्रेम की पूर्णता भी होती है। प्राय: राम को लक्ष्मण और सीता के परिप्रेक्ष्य में ही हम देखते हैं, लेकिन राम तो समग्र के लिए जीते हैं। लक्ष्मण को जब शक्ति लगती है तो लक्ष्मण के शोक से अधिक चिन्ता उन्हें इस बात की होती है कि विभीषण कैसे रहेंगे? क्योंकि लक्ष्मण के जाने के बाद तो राम के रहने का भी कोई अर्थ नहीं। तुलसी कहते हैं—

गिरि कानन जैहैं साखामृग, हौं पुनि अनुज सँघाती।
व्है हैं कहा विभीषण की गति, रही सोच भरि छाती॥

तुलसी के राम ऐसे हैं कि वे हरेक की पीड़ा स्वयं ले लेते हैं। हमें जब पीड़ा होती है, तब राम का नाम ही याद आता है और राम से यह रिश्ता निरन्तरता का है। हम अकेले राम से ही स बद्ध नहीं होते बल्कि उन सबसे स बद्ध हो जाते हैं जो राम के हैं—

सो जननी सो पिता सोइ भाई, सो भामिनि सो सुतु सो हितु मेरो।
सोइ सगो सो सखा सोइ सेवकु, सो गुरु सो गुरु साहिबु चेरो॥
सो 'तुलसी' प्रिय प्रान समान, कहाँ लौं बनाइ कहौं बहुतेरो।
जो तजि देह को गेह को नेहु, सनेह सो राम को होइ सबेरो॥

राम का चरित्र ऐसा है कि वे उनके आगे विवश हो जाते हैं जो केवल उनके ऊपर आश्रित होते हैं। वे कौशल्या के आगे विवश नहीं होते जो उनकी सगी माँ हैं लेकिन सीता के आगे विवश हो जाते हैं, क्योंकि सीता का कोई दूसरा आश्रय

नहीं है। वे लक्ष्मण के आगे विवश हो जाते हैं, केवट के आगे विवश हो जाते हैं, यह राम की विशेषता है और उनकी मर्यादा तो विलक्षण है। उनके प्रत्येक आचरण में, कार्य में, मानवोचित मर्यादा दिखाई देती है। राम निश्छलता के साथ हैं। वे उन कोलों और भीलों के साथ, निषादराज और केवट के साथ अधिक अपनापन अनुभव करते हैं। उनकी आत्मीयता इन्हीं निश्छल लोगों के साथ है। राम अपने कृतित्व के माध्यम से धर्म का मर्म समझा देते हैं।

तुलसी के राम समग्रता के राम हैं। वे लोक के लिए समर्पित और प्रतिबद्ध हैं और इतने प्रतिबद्ध कि सीता के लिए अग्निपरीक्षा को वे अवश्य भावी बना देते हैं, उस सीता के लिए जो उन्हीं पर आश्रित है।

तुलसी के राम हमारे युगों-युगों से आदर्श रहे हैं, अनुकरणीय रहे हैं और आज भी वे हमारे जीवन में इतने घुले-मिले हैं कि बिना राम के हम अपने अस्तित्व की कल्पना तक नहीं कर सकते। राम हमारे जीवन का रस भी हैं और राग भी और इसीलिए वे हमारे अस्तित्व की आत्मा हैं, हमारे जीवन का गीत हैं और संगीत भी।

यह एक संक्षिप्त विहंगावलोकन है, झाँकी है राम की। ऐसे राम की जो हमारे लोक-जीवन, जनजातीय जीवन में समाये हैं, संस्कृति, कला और साहित्य में ऐसे समाविष्ट हैं कि इन अनुशासनों की पहचान उनके बिना नहीं हो सकती। राम के इस वैराट्य पर अनेक ग्रन्थ लिखे जा सकते हैं और लिखे गये हैं। इसलिए इस विहंगावलोकन में सब कुछ समेट लिया गया, यह कहना उचित नहीं है। यह अधूरापन है। और राम के चरित्र की प्रेरणा यही है कि अधूरे बने रहो, क्योंकि बिना अधूरेपन का अनुभव किये पूर्णत: के गन्तव्य की ओर चलने वाली यात्रा आर भ नहीं हो पाएगी। राम इसी यात्रा के आर भ किये जाने का संकल्प हैं।

जनजातीय जीवन और साहित्य में राम

डॉ. मोहन गुप्त

राम-एक ऐसा तत्त्व, एक ऐसा व्यक्तित्व जो न केवल वर्तमान भारत अपितु प्राचीनकाल के बृहत्तर भारत की सारस्वत चेतना और लोकचेतना में समान रूप से गहरे तक समाया हुआ है। मनीषी कहते हैं कि राम वह है जिसमें योगी रमण करते हैं, लेकिन लोक कहता है कि राम वह है जो उसमें रमण करता है। जन्म, अवसान, हर्ष, विषाद, आनन्द, उत्सव, विरह, मिलन सभी अवसरों पर वह राम का स्मरण करता है। रामकथा स भवत: विश्व की एकमात्र कथा है, जिसके प्रत्येक अंश से समान अवसर एवं परिस्थिति में लोक उससे तादात य स्थापित करता है और उसके हर्ष को स्मरण कर स्वयं अपने हर्ष में वृद्धि करता है तथा उसके दुख को स्मरण कर अपना दुख हल्का करता है। राम का पारिवारिक आदर्श साहित्यिक भाषा में ही मान्य नहीं हुआ, पौर या जनपदीय जीवन में ही मान्य नहीं हुआ, अपितु विभिन्न जनजातियों में भी वह पूरी तरह से अपनाया गया। यह बात अलग है कि उन्होंने राम का चरित्र अपने परिवेश और अपनी संस्कृति के अनुरूप ढाल लिया। वे घोर अरण्य में रहने वाली जनजातियों के हृदय तक पहुँचे। उनका चरित्र भारत के बाहर थाईलैंड, तिब्बत, इण्डोनेशिया, बाली, मंगोलिया, मलयद्वीप आदि देशों तक पहुँचा।

रामकथा के मर्मज्ञ विद्वान डॉ. रमानाथ त्रिपाठी का मानना है कि "पूरे भारत में आदिम-जनों को 212 समूहों में विभाजित किया गया। इनमें कई प्रजातियाँ ऐसी हैं जिनमें रामकथा प्रचारित है। राम उन्हें बहुत अपने लगे हैं। राम उन्हीं की तरह धनुर्धर हैं, उन्हीं की तरह वन-वन भटकते हैं। उन्हीं की तरह पशु-पक्षियों को प्यार करते हैं। परिवार के जनों के साथ, विशेषत: पत्नी के प्रति राम आदिम-जनों के समान ही सहृदय हैं।

वन्य-जातियों अथवा अल्प शिक्षित और अशिक्षित जनों में रामकथा का सरलीकरण हो गया है। जैसे कि साहित्यिक रामकथाओं में पुत्रेष्टि-यज्ञ का जटिल व्यापार है, इसे साधारण-जन कैसे समझ या समझा सकता है। संथाल जाति की रामकथा बताती है कि किसी योगी ने दशरथ को चार आम दिये थे, इसी से रानियाँ गर्भवती हुईं। इस प्रकार का वर्णन जावा, तिब्बत और खेतान की रामकथाओं में भी है। किसी-किसी लोकगीत में तपस्वी दशरथ को जड़ी देते हैं। मुण्डा जनजाति के अनुसार ऋषि ने फल दिया था। इसे कौशल्या और सुमित्रा अकेले ही खा जाना चाहती थीं कि कैकेयी आ गयी, तब उसे भी खाने को दिया। असम कारबी रामकथा में सन्तरे का फल खाने को दिया जाता है। हरियाणा के लोकगीत में माली बूटी लाता है, जिसे पीसकर तीनों रानियों को पिलाया जाता है। मंगोलियायी रामकथा में गूलर खिलाया जाता है।

मैं समझता था कि दक्षिण की वन्य-जातियों में रामकथा का अभाव होगा, क्योंकि वह आर्यावर्त से दूर पड़ता है। डॉ. तंकमणि अ मा ने 'रामकथा : विविध आयाम' ग्रन्थ में सूचना दी है कि वहाँ की जनजातियों में रामकथा का प्रचार है। 'काटर' जाति की रामकथा में बताया गया है कि सीता का जन्म भूमि में गड़े सन्दूक से हुआ।"

जनजातियों में गौड़ों की एक रामायण ही है। यद्यपि उसकी कथा प्रचलित रामकथा से भिन्न है लेकिन राम, लक्ष्मण, सीता, दशरथ, कौशल्या—ये पात्र वही हैं जो मूल रामायण के हैं। इसी प्रकार भीलों की भी अपनी रामकथा है। अन्य जनजातियों में उनके समाज के जन्म, विवाह, यात्रा, उत्सव आदि के गीतों में रामकथा समायी हुई है।

ये राम कौन हैं? इनका (वन्य-जातियों का) स बन्ध राम से कैसे हुआ? इतिहासकारों एवं समाजशास्त्रियों के लिए यह महत्त्वपूर्ण प्रश्न है। इसका उत्तर वाल्मीकि-रामायण में ही मिल जाता है। यह निश्चित है कि राम कोई आदिपुरुष नहीं है। जिस निर्गुण राम की बात भक्तों, दार्शनिकों द्वारा की जाती है, उस राम का जनजातीय जीवन में कोई स्थान नहीं है। स भवत: निर्गुण राम की सत्ता दशरथ पुत्र सगुण राम के बाद ही आई। क्योंकि स पूर्ण वैदिक वाङ्मय में दाशरथि राम-नाम का कोई व्यक्ति नहीं है। हो भी नहीं सकता क्योंकि राम का अवतार त्रेता युग में हुआ और अधिकांश वेदों का भाग उससे पूर्व लिखा गया। दाशरथि राम के ईश्वर के अवतार के रूप में मान्यता के बाद भारत और विश्व में ईश्वर स बन्धी प्रत्यय आने पर निर्गुण राम को मान्यता प्राप्त हुई होगी। जो भी हो जनजातीय जीवन में जो राम हैं, वह दशरथ-पुत्र, सीता का पति, लक्ष्मण का भाई और रावण का शत्रु रामचन्द्र ही है।

डॉ. रमानाथ त्रिपाठी के अनुसार—''लोक ने राम को मर्यादा पुरुषोत्तम सिद्ध किया है, जनजातियों को राम उनकी तरह धनुर्धारी लगते हैं। राजकुमार होते हुए भी राम का शौर्य और साहस उन्हें भाता है। राजपाट का व्यामोह छोड़कर वनवासी बनकर जिन्होंने चौदह वर्ष तक जंगलों की खाक छानी थी। राम वन्य-जीवन के पत्ते-पत्ते से परिचित हो लिये थे। वे जंगल के पेड़-पौधों, जीवन-जन्तु, बन्दर-भालू, पशु-पक्षियों और वन में रहने वाले आदिम-जनों के जीवन को बहुत नज़दीक से महसूस कर चुके थे। वे प्रकृति-प्रेमी थे। उन्होंने आदिवासियों की तरह चौदह वर्षों तक बहुत कम वल्कल वस्त्र पहने थे। घास-फूँस की झोंपड़ियों में रहे थे। प्राकृतिक कन्द-मूल खाकर जीवनयापन किया था। बीमार होने पर जंगल की जड़ी-बूटियों का ही प्रयोग किया था। लक्ष्मण को शक्ति लगने पर एक पर्वत की संजीवनी बूटी ही काम आयी है। लक्ष्मण राम की छाया बनकर राम के साथ रहे थे। लक्ष्मण स्वयं भी शूरवीर थे। उन्होंने जंगल में रहने वाले बन्दर-भालुओं से दोस्ती की थी। हनुमान, जामवन्त, बाली-अंगद ऐसे ही सहयोगी थे।''

14 वर्ष के वनवास के समय राम अपने भाई लक्ष्मण और प्रिया सीता के साथ वन में विचरण करते हैं। जब उनके युवराज बनने की घोषणा हुई तो उन्हें प्रसन्नता नहीं हुई। एक प्रशस्त नायक के रूप में उन्हें पता था कि अयोध्या का राज निरापद नहीं है, उसकी सीमा पर लंका के राक्षसराज रावण की चौकियाँ बनी हुई हैं। किसी भी राजा को उसकी प्रजा के लिए सुखी और समृद्ध राज्य देना है तो राज्य का निष्कंटक होना बहुत आवश्यक है और इसलिए कैकेयी के वरदान के ब्याज से जब वन जाने का प्रस्ताव हुआ तो उन्हें बड़ी प्रसन्नता हुई। उनका आशय यही था कि इस चौदह वर्ष की अवधि में वे इस देश के लोक जीवन में पैठ बनाकर उनकी शक्ति को एकत्र कर राज्य को निष्कंटक बनाकर राज्य करूँ तभी उचित होगा। उनकी स पूर्ण वनवास-यात्रा की कथा मुनियों के मिलन और जनजातियों के मिलन की कथा है। जिन वानर-भालुओं की सेना को उन्होंने एकत्र किया था, अनेक विद्वान् इसे स्वीकार करते हैं कि वस्तुत: वे सभी जनजातियाँ थीं। अपने आदिपुरुष को स्मरण कर अपने को वानर या भालू मानती थीं। कुछ जनजातियाँ आचरण में हीन और हिंसक होने के कारण राक्षस कहलाने लगी थीं। जब विद्वानों के इस निष्कर्ष को जनजातियों के विश्वास से मिलाया जाये तो यह धारणा और भी बलवती होती है। उदाहरण के तौर पर, जाति के आधार पर कोरकू जनजाति के चार गण निर्धारित हैं। गण स्वभाव के अनुसार होते हैं।

गण	स्वभाव
कोरो (आदमी)	ताजा व शुद्ध मांस खाने वाला
राक्षस (शैतान)	सड़े-गले व मरे हुए पशु-पक्षियों का मांस खाने वाला
सराहु (बन्दर)	भाजी पाला खाने वाला
बाना (रीछ)	मधुमक्खी का छत्ता तोड़ने वाला

इसमें बन्दर, भालू और राक्षस तीनों का सन्दर्भ है। इसके अतिरिक्त अनेक जनजातियाँ ऐसी हैं, जो अपने आपको रामकथा के नायकों अथवा प्रति नायकों का वंशज मानती हैं। 'मलयर' जनजाति अपने को शूर्पणखा की सन्तान बताते हैं, जिनका जन्म अहल्या के उद्धार के पश्चात् हुआ। इसी प्रकार 'उल्लाटर' लोग अपने को वाल्मीकि का वंशज मानते हैं।

रामकथा के पात्रों से ऐसा लगाव या जुड़ाव तो कुछ अन्य जनजातियों में भी है। सिंहभूमि के भुइयाँ अपने को हनुमान का वंशज बताते हैं। ओराँव राम-सीता को दादा-दादी और हनुमान को चाचा मानते हैं। वे बन्दर का मांस नहीं खाते। कोल शबरी को अपनी पूर्वजा मानते हैं। रायपुर के गोंड रावण को अपना पूर्वज बताते हैं। संथाल, ओराँव और मुण्डा लोगों की मान्यता है कि लंका के युद्ध के समय वे राम की सेना में थे। ओड़िया-रामायण में वहाँ की कन्ध जनजाति को राम की सेना में दिखाया गया है। संथालों के अनुसार रावण-वध के पश्चात् राम ने लौटकर संथालों के साथ रहते हुए शिवमन्दिर बनवाया था, वहाँ वे सीता के साथ नित्य पूजन के लिए जाते थे। छोटा नागपुर की असुर जनजाति के अनुसार जब उनका पूर्वज लोहा गला रहा था, तब हनुमान की शरारत से परेशान होकर उसने इनकी पूँछ में आग लगा दी। पूँछ की आग से लंका जल गयी। ऐसा बताया जाता है कि कारबी जन अपने को बाली-सुग्रीव की सन्तान बताते हैं। वे कहते हैं कि वे कावेरी नदी के प्रदेश से आये, इसलिए उनका यह नाम है। असम की ही तीवा जनजाति अपने को सीता की सन्तान बताती है। यह जनजाति मातृसत्तात्मक है। जब समाज के दो पक्षों में सत्यापन या वार्ता होती है तो बीच में तीन रेखाएँ खींची जाती हैं। ये लक्ष्मण-रेखाएँ मानी जाती हैं। उनका उल्लंघन नहीं हो सकता। इसी प्रकार छोटा नागपुर क्षेत्र के आदिवासी लोग हनुमानजी को अपना इष्टदेव मानते हैं। उनका विश्वास है कि हनुमानजी का जन्म राँची जिले के गुमला प्रमण्डल स्थित आंजन ग्राम में ही हुआ था। इनकी माता अंजनी यहीं निवास करती थीं। माता अंजनी के नाम पर ही उस गाँव का नाम बाद में आंजन पड़ा।

उक्त प्रसंगों से यह स्पष्ट है कि राम का सर्वग्राही चरित्र और उनका सर्वातिशयी स्वरूप इस देश की समग्र चेतना में व्याप्त था। रामकथा की घटनाओं, उसके नायक श्रीराम तथा सहयोगी एवं परिवार के सदस्य श्री हनुमान, सुग्रीव, अन्य वानर, लक्ष्मण, सीता इत्यादि को लोकचेतना ने अपनी-अपनी सामाजिक स्थिति और संस्कृति के अनुसार अंगीकार किया है। व्यापक लोकचेतना को स्थूल रूप से तीन भागों में बाँटा जा सकता है—1. पौर (नागर) अर्थात् बुद्धि प्रधान चेतना, 2. जनपदीय या जनजातीयेतर ग्रा य चेतना तथा 3. जनजातीय लोकचेतना। हमारा विषय इस तीसरे प्रकार की जनजातीय लोकचेतना में राम की व्याप्ति से स बन्धित है। लेकिन उसे स यक् रूप से समझने के लिए अन्य दो चेतनाओं में रामकथा की व्याप्ति किस प्रकार की है, यह जानना आवश्यक है। पौर या बुद्धि प्रधान लोकचेतना ने राम को ईश्वर का अवतार माना, उनको मर्यादा पुरुषोत्तम के रूप में स्वीकार किया तथा एक आदर्श राजा के रूप में उन्हें माना। वे संस्कृत तथा अन्य भारतीय भाषाओं के काव्य में एक धीरोदात्त चरित नायक के रूप में उभरे, जो धीर-गम्भीर, करुणानिधान एवं भक्त-वत्सल हैं। इस वर्ग की लोकचेतना अपने जीवन में रामकथा के चरित्र नायकों से कभी तादात्म्य स्थापित नहीं करती।

उनकी आराधना, उनका कीर्तन तथा उनके गुणगान में अपना जीवन सार्थक मानती है। श्रीराम का यही स्वरूप सगुण-निर्गुण ईश्वर के रूप में मान्य हुआ।

किन्तु जनपदीय ग्राम्य चेतना में रामकथा के पात्र सामान्य जन के दु:ख-सुख के साथी के रूप में उभरते हैं। राम के पारिवारिक मूल्यों को स्वीकार करते हैं तथा हर्ष-विषाद के प्रत्येक अवसर पर कोई सौभाग्यवती स्त्री सीता है, कोई माँ कौशल्या है, भाई राम, भरत या लक्ष्मण हैं। वनवासी जीवन में उनके दु:खों से यह लोकचेतना दु:खी होती है और विवाह आदि के हर्ष के अवसरों पर हर्षित होती है। उनका सोहर राम के जन्म का सोहर है। उनके यहाँ का विवाह राम-सीता का विवाह है और उनके यहाँ का कोई बिछोह राम-सीता का बिछोह है। आदरणीय विद्यानिवास मिश्र ने अपने एक व्या यान में जनपदीय लोकचेतना के इस स्वरूप का बड़ा सुन्दर चित्रण अनेक लोकगीतों के माध्यम से किया है, जिसमें बारहमासी हैं, सोहर गीत हैं, विवाह गीत हैं, विरह के गीत हैं तथा सीता-त्याग एवं लव-कुश के जन्म से स बन्धित गीत हैं। उनका मानना है कि कि लोक-साहित्य की यह एक विशेषता है कि वह नारी के प्रासाद, नारी की पीड़ा और नारी के तेज को केन्द्र में रखता है, दूसरी विशेषता है सामान्य जन के जीवन के राग-द्वेष से पूरा तादात य स्थापित कर रामकथा को बहुत आत्मीय बनाना। ''प्राय: सभी संस्कार-गीतों में जन्म से लेकर विवाह तक राम ही नवजात शिशु के रूप में, राम ही वटु या बरूआ के रूप में, राम ही वर के रूप में और वधू या विवाह के लिए प्रस्तुत हो रही कन्या सीता के रूप में लोक-दृष्टि से निरखे जाते हैं। मेले के गीतों में और तीर्थयात्रा के गीतों में तो राम की वनयात्रा ही मु य वर्ण्य विषय है। स्त्री के शोकगीत विरल हैं पर उनमें भाव यही है कि मेरे राम मुझे अकेले छोड़ गये, मैं कैसे जिऊँ, इनके बिना 'अजोधिया सूनी है'। मृत्यु के समय तो राम-नाम से अधिक का य कोई नाम नहीं है, जीवन का समग्र सत्य राम-नाम में ही सिमटा रहता है। ऋतुगीतों में बारहमासों, मजरियों, होलियों और चैतों में भी राम बसे हुए हैं। राम लोकजीवन के पूरे वृत्त बने हुए हैं। साहित्य में राम रामकथा के नायक हों, इतिहास-पुरुष हों, अवतार हों, साक्षात् परब्रह्म हों, जो भी हों पर लोकसाहित्य में राम कभी कहीं ठहरते नहीं, व्यतीत नहीं होते। वे ऋतुचक्र के साथ-साथ एक अवस्था से दूसरी अवस्था में संचरण करते रहते हैं।''

राम के भीजें मुकुटवा लखन सिर पटुकवा हो राम
मोरी सीता के भीजें सेनुरवा, लवटि घर आवैं हो राम॥
भीजै त भीजै पटुकवा, मुकुटवा न भीजइ हो।
भीजै त भीजै मुकुटवा, सिंदुरवा न भीजइ हो।
आहे सेन्दुरवा के साथै सिया घर लवटइ हो॥

... ...

किन मोरि अवध उजारी हो-बिलखै कउसिल्ला।
कहाँ गये राम कहाँ गये लछिमन कहाँ गये जनकदुलारी हो॥
बन गये राम बनै लछिमन बन गयी जनकदुलारी हो।
राम बिना मेरी सूरी अजोधिया लछिमन बिना चौपारी हो।
सीता बिना मोरी सूनी रसोइँया राम लखन ज्योनारी हो॥

एक सोहर गीत देखिए—

दशरथ बगिया लगवले लखन आये ढूंढले हो।

प्यारे रघुबर धनिया गरभ से हरिनवाँ लरवावेले हो।
कर जोड़ी हरिनी अरज करइ सुन कोसिल्ला रानी हो।
रानी सीता के होइहैं नंदलाल हमहीं कुछ दीहब हो॥
सोनवाँ मढ़इबो दुहूँ सिंगवा भोजनवाँ तिलचाउर हो।
हरिनी भुगतहुँ अजोधिया क राज अभै बन बिचरहुँ हो॥

आशय यह है कि जहाँ नागर या बुद्धि प्रधान चेतना रामकथा के उदात्त स्वरूप के अविरल प्रवाह में उसके चरित नायक के पराक्रम, उनके त्याग, शत्रु-विजय का उनका सामर्थ्य, पारिवारिक मूल्यों को निभाने की उनकी प्रतिज्ञा और तदर्थ दु:ख सहने की क्षमता के साथ चलती है, वहीं जनपदीय चेतना रामकथा के मार्मिक प्रसंगों को लेकर जिनमें भावप्रवणता अधिक है, उनके साथ अपने को पाती है और उन स्थितियों के गान के साथ उनकी मर्मान्तकता का गहरे अनुभव करती है। अपने जीवन के समान अवसरों पर वह रामकथा के उन्हीं प्रसंगों का स्मरण करती है जो हर्ष के अवसर पर हर्ष की, आनन्द के अवसर पर आनन्द की वृद्धि के साथ शोक के अवसरों पर सांत्वना प्रदान करते हैं।

इसकी तुलना में हम जब जनजातीय लोकचेतना को देखते हैं तो यह पाते हैं कि जनजातीय जीवन में रामकथा के पराक्रम स बन्धी प्रसंगों का बाहुल्य है। ये आदिवासी जन अपने को रामकथा के पात्रों का वंशज मानते हैं तथा उनमें से अनेक अपनी स्थिति को उनके अभिशाप या वरदान का परिणाम मानते हैं। विपत्ति के समय राम या हनुमान का स्मरण करके अपनी विपत्ति का उपचार भी करते हैं। किन्तु जहाँ जनजातीय चेतना ने जनपदीय लोकचेतना के प्रभाव में किंचित परिष्कृत कर लिया है, उनमें जनपदीय लोकचेतना के लक्षण भी दिखाई देते हैं। विभिन्न आदिवासी समूहों के, जिनमें मध्य प्रदेश के कोरकू, बैगा, भील, गोंड, भारिया, सहरिया व कोल भी शामिल हैं, उनके विकासक्रम का काल- निर्धारण करना कठिन प्रतीत होता है और स भवत: अभी तक हुआ भी नहीं है, किन्तु उनकी भाषागत प्रवृत्तियों, सामाजिक स्थितियों और रामकथा के प्रति उनके रुख को लेकर उनके पौर्वापर्य को किंचित समझा जा सकता है। मध्य प्रदेश की लोककला अकादमी द्वारा मध्य प्रदेश के जनजातीय समूहों को लेकर 'म.प्र. की जनजातीय सांस्कृतिक पर परा का साक्ष्य—सम्पदा' नामक एक ग्रन्थ प्रकाशित किया गया है, जिसमें वसन्त निरगुणे, महेशचन्द्र शाण्डिल्य तथा शेख गुलाब, इन विद्वानों ने कोरकू, बैगा, भील, गोंड, भारिया, सहरिया तथा कोल आदिवासी समुदायों के जीवन का अत्यन्त विस्तार से और गहरे से अध्ययन किया है। उन्हीं के साक्ष्य पर इन समूहों में राम के जीवन से जुड़े हुए साहित्य और गीतों के अध्ययन से यह स्पष्ट होगा कि इन आदिवासी समुदायों के जीवन में राम एक आदर्श पुरुष के रूप में तथा एक चरित्र नायक के रूप में गहरे से समाये हुए हैं तथा उनमें से अनेक समुदाय अपने आपको इन पात्रों का वंशज मानते हैं। इन समुदायों ने रामकथा में अपनी रुचि और सामाजिक परिस्थितियों के अनुसार मनचाहा परिवर्तन किया है और कहीं-कहीं तो इनकी रामायणों में महर्षि वाल्मीकि या उनकी अनुसारी रामायणों की कथा से बिलकुल भी सा य नहीं है। इन आदिवासी समूहों का लक्ष्य है रामकथा के नायकों का पराक्रम, त्याग और तपस्या-विषयक उनका सत्व तथा उनका चामत्कारिक व्यक्तित्व, और इसलिये देखा गया है कि इन समूहों में राम की अपेक्षा लक्ष्मण या हनुमान का चरित्र अधिक ग्राही है। प्रत्येक समूह से स बन्धित कुछ उदाहरण इस प्रकार हैं, जिससे उनकी अभिरुचि में रामकथा के विकासक्रम का भी पता चलता है।

जिन सात जनजाति समूहों का अध्ययन उक्त ग्रन्थ में किया गया है, उनमें कोरकू सबसे प्राचीन जान पड़ते हैं। यह उनकी भाषा तथा रामकथा के प्रति उनकी दृष्टि से भी स्पष्ट होता है। कोरकुओं में रामकथा से स बन्धित साहित्य नहीं मिलता है, किन्तु जिन देवी-देवताओं को वे पूजते हैं, उनमें रावण, मेघनाद और हनुमान शामिल हैं। वे दशहरे का त्योहार

भी मनाते हैं किन्तु रावण या कु भकरण के पुतलों के दहन जैसी पर परा उनमें नहीं है। ऐसा प्रतीत होता है कि चूँकि अनेक जनजातियाँ रावण या हनुमान को अपना पूर्वज मानती हैं, इसी कारण कोरकू जनजाति में इनके प्रति श्रद्धा उत्पन्न हुई होगी और वे इन्हें देवता के रूप में पूजते हैं। उनके अधिकांश त्योहार हिन्दू त्योहारों से मिलते हैं जिनमें गुड़ीपड़वा, देव-दशहरा, आखातीज, दीपावली, होली आदि शामिल हैं तथा विवाह आदि के रीति-रिवाज भी सामान्य हिन्दुओं जैसे ही हैं।

जहाँ अन्य जनजातियों की भाषा में हिन्दी की बोलियों से अत्यन्त सा य है और उन्हें समझा जा सकता है, वहीं कोरकू की भाषा अत्यन्त भिन्न प्रतीत होती है, जिससे यह अनुमान लगाया जा सकता है कि यह अत्यन्त प्राचीन जनजाति है। कोरकू जनजाति के अध्येता वसन्त निरगुणे तथा महेशचन्द्र शाण्डिल्य ने लिखा है कि भारत की जनसंख्या में चार विभिन्न जातियों के लोग हैं—ऑस्ट्रिक, द्रविड़, मंगोल और आर्य। इन चारों में ऑस्ट्रिक सबसे पुराने बताये जाते हैं। ऑस्ट्रिक वंश के ही लोग हैं—कोरकू। इनका ऑस्ट्रिक या आग्नेय नाम इसलिए पड़ा क्योंकि ये लोग भारत और यूरोप के अग्निकोण के हैं। भाषा के विषय में इन विद्वानों का मानना है कि कोरकू बोली ऑस्ट्रिक भाषा-परिवार की है। इस भाषा-परिवार को मुण्डा भाषा-परिवार भी कहा गया है। इस भाषा-परिवार में कोरकू के अलावा मुण्डारी, संथाली, खड़िया आदि बोलियाँ भी आती हैं। भाषाशास्त्र के अनुसार भाषाओं के सा य के विषय में मनुष्य के छह प्रसिद्ध सम्बन्ध—माता-पिता, पुत्र-पुत्री, भाई-बहन—के लिए जो शब्द होते हैं, उनके सा य से भाषा के साम्य को पहचाना जा सकता है। भारोपीय समूह की सभी भाषाओं में इन रिश्तों के विषय में शब्द सा य हैं, जबकि कोरकू बोली में इन स बन्धों के लिए सर्वथा भिन्न शब्द हैं। कोरकू बोली में अन्टे यानी माँ, बाटे यानी पिता, लमझना यानी दामाद, पति को ढोटा, पत्नी को जफाय, बड़े भाई को डाइटे, भौजाई को ऊ, बहू को किमिन, जेठानी को जाटाबाई, सास या ननद (पति से बड़ी) को कनकार, छोटी ननद को आजी, बाओं यानी बड़ा साला, टिंया यानी छोटा साला, कोनटे यानी पुत्र, कोनजई यानी पुत्री, लड़के को टारया, लड़की को टारई, भतीजे को कोसरे, भतीजी को कोसरेज, खाटबा यानी बड़ा बाप और बड़ी माँ को खाटमाई कहते हैं। किन्तु सम्बन्धों के इतने प्रकार उनके तीज-त्योहार, विवाह स बन्धी उनकी प्रथाएँ जिनमें सगोत्र में विवाह का निषेध है, ये सब बातें यह संकेत देती हैं कि अत्यन्त प्राचीनकाल में इनका स बन्ध आर्यों से रहा है।

यह बात भी नहीं है कि कोरकू जनजाति बोली में राम शब्द है ही नहीं। एक नृत्य के गीत में बोल इस प्रकार हैं—

राना तेरे राना बना भाई
चीट तेरे राम रे।
बाना जा फिफिर, नांदूबा जाना
चीट तेरे राम रे॥
चुरू-भुरू भाई पानी मा सागे
चीट तेरे राम रे।

हे राना! तेरे भाई बने रहें। तेरे बच्चे जीते रहें। तू रीछ और नन्दी की सेवा कर। तेरे बच्चे जीते रहेंगे। तू मुझे एक लोटा पानी पिला दे। तेरे बच्चे जीते रहें। यहाँ राम का उच्चारण आश्वासन के लिये एक स्थायी के रूप में है।

बैगा जनजाति के साथ जनजातियों के विकास की एक बड़ी छलाँग प्रतीत होती है। बैगा जनजाति ने सीधे ही आर्यों के देव ब्रह्मा से अपनी उत्पत्ति मानी है तथा वैदिक मान्यता की तरह सृष्टि की उत्पत्ति ब्रह्मा से मानी है। एक दिन ब्रह्मा ने जल में धरती बनाई, उसी समय धरती फोड़कर दो साधु निकले। पहला साधु ब्राह्मण और दूसरा साधु नागा बैगा था। ब्रह्मा ने ब्राह्मण को लिखने-पढ़ने के लिए काग़ज थमा दिया तथा नागा बैगा को टंगिया दे दिया। ब्रह्मा ने नागा बैगा को कोदों-

कुटकी देकर खेती करने का आदेश दिया, तब से बैगा जंगल काटकर खेती कर रहे हैं। बैगाओं में महादेव, पार्वती, ब्रह्मा के साथ विष्णु, राम और कृष्ण भी पूज्य देवों में से हैं। रामकथा के अंश स्पष्ट रूप से इस जनजाति में मिलते हैं।

साते समुंद बान गरजे लछमन औसान बान साजे
हथसारे हाथ ठिनके, घुड़सारे ठिनके,
बन भीतर सिंह बाघ गरजे, लछमन औसान बान साजे।

(औसान-आसन-धनुष। 'लछिमन बान शरासन आनू')

लक्ष्मण ने जब धनुष पर बाण चढ़ाया, तब सातों समुद्र गरज उठे। घुड़सालों में घोड़े हिनहिनाने लगे। लंका के हाथीशाला के हाथी चिंघाड़ने लगे। जंगल में सिंह और बाघ भयभीत हो दहाड़ने लगे। बैगाओं की भाषा अब हिन्दी की बोलियों के समीप आ गई है और इसके बोलों को समझा जा सकता है।

भील जनजातियों में आकर हम सभ्यता का एक और ऊपर का सोपान देखते हैं। संस्कृत भाषा में भिल्ल शब्द अनेक बार आया है। इसके अतिरिक्त पुलिन्द शब्द भी पुराणों और महाभारत में आया है, जो विद्वान् रसेल और हीरालाल के अनुसार भील जनजाति का ही वाचक है। भील अपने आपको महादेव का वंशज मानते हैं। इनके मन्त्रों में राम ने अनेकशः स्थान पाया है। एक सर्पनिवारक मन्त्र देखिए—

सात समुन्द मा सुनन काम, सुनन काम।
हिरणो हिंगुर बोल रे राम, बोल रे राम।
कहाँ उतारूँ लहरी ने नांग, लहरी रे नांग।
नी उतारू मेरे रे राम मेरे रे राम।।
राम की दया हो जाये रे राम, हो जाये राम
कहाँ सो जोगी आयो रे राम, आयो रे राम।
बाहर से जोगी आयो रे राम, आयो रे राम।

इनके पूज्य देवताओं में गणेश, राम, कृष्ण एवं वीर तेजाजी शामिल हैं।

जब हम गोंड जनजाति पर दृष्टिपात करते हैं तो पूरी रामायण से ही हमारा साक्षात्कार होता है। यद्यपि गोंडी रामायण की कथा प्रचलित रामायण से सर्वथा भिन्न है किन्तु राम के जन्म आदि के प्रसंग गोंडी गीतों में आते हैं। एक गोंडी सोहर इस प्रकार है—

ऐसन जनतेंव मैं राम का जनम हुई है होऽऽऽ॥
कारी कलुरिया।
रहातेंव मैं राम नहवातेंव होऽऽऽ॥

यदि मैं जानती कि राम का जन्म होगा तो अपनी काली गाय को दुहवाती और उस दूध से राम को स्नान कराती।

गोंडी रामायण सात अध्यायों का एक विस्तृत ग्रन्थ है। इसके मु य नायक लक्ष्मण हैं, राम नहीं और विभिन्न कथाओं के माध्यम से लक्ष्मण के सत्व की परीक्षा इसमें की गई है। अध्यात्म रामायण में तथा अन्यत्र यह प्रसिद्ध है कि मेघनाद को जीतने के लिये लक्ष्मण ने बारह वर्ष तक निद्रा, स्त्री और भोजन का परिहार किया था। यह बहुत बड़ी तपस्या है। गोंडी रामायण में विभिन्न स्त्रियों के माध्यम से उनके इसी सत्व की परीक्षा की गई है कि किसी भी स्थिति में स्त्री के किसी प्रकार के आकर्षण से वे विचलित नहीं होते। यों लक्ष्मण को इस रामायण में एक सामान्य जनजाति-पुरुष के रूप में प्रस्तुत

किया है। वे घरजमाई (लमसैन) का काम करते हैं, पशु चराते हैं, लकड़ी काटकर लाते हैं, खेत जोतते हैं, बारी गूँधते हैं। ससुर के घर सब काम करते हैं। लक्ष्मण का विवाह वासुकि (इनके अनुसार राम के मामा) की कन्या विजुलदई से इसी शर्त के साथ होता है कि वे तीन साल तक ससुर वासुकि के घरजमाई रहेंगे। यही तो लोकचेतना की विशेषता है कि वे रामकथा के इन प्रशस्त पात्रों को इतना आत्मीय बना देते हैं कि उन्हें दैनन्दिन काम में अपने स्तर पर ले आते हैं। गोंड रामायणी के कुछ उदाहरण इस प्रकार हैं—

अब आये हवै रामचंदर भैया
जब देखे हैं सीता रे माता
निकरे हवै लोटा मा पानी धरके
धुवाए हवै रामचंदर के गोड़ रे भैया
लेजा के बेठारै हवै पलका मा रे भाई
विजना लेके पवन डुलाये रहे है सीता

ऐसा बोले हवै सीता रे माता।
तब रामचंदर करथे विचारा।
राजा बासुक मामा हर रहे वीरा।
ओखर दूरी हवै बीजुल दई।
न हो तिस ते राजा वासुक की दूरी से लक्षमन केर बिहाव कर देतन।

अब चले हवै वासुक राजा रे भैया।
पहुँचे हवे नगर अजुध्या मा भाई
लगे हवे राम राजा के दरबार रे मालिक
बैठे हवै बड़े बड़े देवता रे दादा।
इनकी भाषा लगभग छत्तीसगढ़ी है।

जब हम भारिया जनजाति की बात करते हैं तो वे अपने आपको हिन्दू तो कहते ही हैं और साथ ही वे न केवल हिन्दुओं के सारे त्योहार मनाते हैं, अपितु सत्यनारायण की कथा जैसा आयोजन भी करते हैं। स्पष्ट है कि इस जनजाति में राम और उनकी रामकथा तो होगी ही। भारियाओं की रामकथा प्रचलित रामकथा के प्रसंगों की ही पुनरुक्ति है। अपने लोकगीतों में वे रामकथा के मार्मिक प्रसंगों को पिरो देते हैं। अपनी पहेलियों और मुहावरों में स्थान–स्थान पर राम का उपयोग करते हैं। सीता–हरण का एक प्रसंग उनके लोकगीत में इस प्रकार आया है—

अहा हो हाय सीता, हमरी हे राम,
रावण ने चुराये सीता हमरी हे रे।
ऐ ठंडो हे पानी गरम रख लाये॥ 2॥
अहा हो सीता हमरी हे राम।
रावण ने चुराये सीता हमरी हे राम॥

रावण ने चुराये सीता हमरी हे रे॥
एक पीर पिछोड़ा पीता बर धोती, पीता बर धोती,
अहा हो सीता हमरी हे राम। रावण.......॥

सहरिया जनजाति में आकर ऐसा लगता है कि जनजाति समूहों में राम और रामकथा की उपस्थिति का चक्र पूरा हो जाता है। लोक-व्यवहार में भी ये जनपदीय लोकचेतना के अत्यन्त समीप हैं। सामाजिक बदलाव, शहरी स यता तथा भौतिक साधनों के तीव्र प्रभाव के कारण सहरिया समाज की आदिम पहचान प्राय: लुप्त हो गई है। उनके सारे कार्य-व्यवहार अन्य ग्रामीणों जैसे ही हैं। कुछ लोग सहरियाओं को शबर जनजाति से जोड़ते हैं, लेकिन निश्चय ही यह शबर जनजाति सहरियाओं से भिन्न है। रामकथा के स बन्ध में भी उनकी लोकचेतना जनपदीय लोकचेतना से बहुत मेल खाती है। उनका लक्ष्मण न तो घरजमाई का काम करता है और न उनकी सीता बकरी चराती है। वे रामकथा के प्रशस्त पात्र ही बने रहते हैं तथा जन्म, विवाह, विरह, उत्सव आदि के अवसरों पर वे राम और उनके भाई लक्ष्मण, सीता, कौशल्या और दशरथ को उसी प्रकार स्मरण करते हैं, जिस प्रकार जनपदीय लोकजीवन में उनका स्मरण किया जाता है। सहरिया लोकजीवन में रामकथा से स बन्धित एक विशेषता यह है कि उनकी पहेलियों और मुहावरों में रामकथा के अनेक प्रसंगों की ओर संकेत है। यथा—

नौनिया नीको लगे, रजगिर्रा नहीं भाय।
ऐसा स्वापालिक छोड़िक, चित्त चौराई पैलाय।

रावण द्वारा सीताहरण पर मन्दोदरी का कथन—हे स्वामी! तुमने सीता को चुराकर अच्छा कार्य नहीं किया, सीताजी से मैं किसी बात में असुन्दर हूँ।

ब्याहे की सिव रैन, छैला की एक घटी।

मन्दोदरी रावण से कहती है—लंका के हज़ारों राक्षसों से बढ़कर हनुमान का कार्य है।

जाति रूद्र करे तरूवर सुनै, निकला मैं बड़ी दूरि।
हनुमान बैरी भये, तो, लाये संजीवन मूरि।

लक्ष्मण-राम के आदेश से सीता को वन में छोड़ने जा रहे हैं, लक्ष्मण सीता से कहते हैं—'सब कुछ भगवान शिव के हाथ में है, मेरी यह बात पेड़-पौधे सुन रहे हैं। मुझे जब बैरी के हाथों शक्ति लगी थी, तब हनुमान ही संजीवनी बूटी लाये थे।' पिछली कथाएँ कहकर लक्ष्मण सीताजी का मन बहलाते हैं।

धन्धे में से धन्धो व्यापो, धन्धो देखि हँसी
बिन पिता बालक भये, या मैया घर न हती।

सीताजी लव को गोद में उठाकर नदी-स्नान करने चली गयीं। वाल्मीकि को मालूम था कि लव झोली में सोया हुआ है। किसी काम से वाल्मीकि कुटिया में आये तो उन्होंने देखा कि झूले से लव गायब है। विचार करने लगे। सीता लव को न देखकर क्या कहेगी? सो, उन्होंने कुश घास से जीवित बालक बनाकर सुला दिया। सीताजी स्नान करके आती हैं, तो देखती हैं कि कोई और बालक झोली में सोया है। महर्षि से पूछा—यह क्या है? लव तो मेरी गोद में है। महर्षि को आश्चर्य हुआ, महर्षि ने हँसकर कहा—ये भी तु हारा बेटा कुश है। अब दो भाई हो गये, लव और कुश। अनोखा गोरख-धन्धा देखकर सीता हँसती हैं और कहती हैं—यह तो बिना माता-पिता के बालक पैदा हो गया।

सहरियाओं के शादी-विवाह, बन्ना गीत, जेवनार, अगवानी, गारी, बधाई, रसिया, लांगुरिया आदि सब वही हैं जो पास के गाँवों में गाये जाते हैं। सहरियों के एक लोकगीत में सबलगढ़ के एक कस्बे का उल्लेख आया है। जनजातियों के लोग प्राय: अपने पास के किसी कस्बे या शहर को बड़ी स्पृहा की दृष्टि से देखते हैं। जैसे छत्तीसगढ़ के एक लोकगीत में रायपुर का उल्लेख है, उसी प्रकार यहाँ सबलगढ़ का उल्लेख है। उस क्षेत्र में मैंने पाया कि सबलगढ़ या पास के गाँवों में और कस्बों में शादी-विवाह के अवसर पर लगभग वे ही गीत गाये जाते हैं, जो सहरिया लोग गाते हैं। इन गीतों में रामजन्म से लेकर और लव-कुश की उत्पत्ति तक की लगभग पूरी रामकथा विद्यमान है। उनके जेवनार नामक लोकगीत में जनकपुर में जानकीजी के विवाह के समय जो जेवनार हुई है, उसका सुन्दर विवरण है। बन्ना गीत में राजा दशरथ के पुत्र राम का स्मरण किया गया है। गोस्वामी तुलसीदास के रामचरितमानस में जब राम वन में विचरण करते हैं तो ग्राम-वधूरियाँ सीताजी से लक्ष्मण और राम का परिचय चाहती हैं। इस पर सीताजी लक्ष्मणजी का नाम तो ले देती हैं—

सहज स्वभाव सुभग तन गोरे, नाम लखन लघु देवर मोरे।

किन्तु पति का नाम न लेते हुए एक सुन्दर चितवन के साथ ग्राम-वधूरियों को सीताजी यह आभास करा देती हैं कि ये उनके पति हैं—

बहुरि वदन विधु अंचल ढाकी, पियतन चितय भौह करि बांकी।
खंजन मंजु तिरीछे नयननि, निज पति कहेउ तिनहिं सिय सयननि।

जिन्होंने गाँव की स्त्रियों को इस प्रसंग में देखा होगा, वे इस छवि को समझ सकते हैं। वैसा ही दृश्य सहरियाओं के एक जेवनार गीत में है—

तुमरि तो पुरियनि हम जेबै, पतिको नाव बतैयो, मेरे लाल।
अपने पति को नाम न ले, लक्ष्मण की भौजाई, मेरे लाल।
सोने की झारी गंगाजलु पानी, सजननि देउ पिबाई, मेरे लाल।

सहरियाओं का एक लोकगीत है—'जानकी को ब्याव'। इस लोकगीत में जानकीजी के बाल्यकाल से लेकर बचपन में उनके द्वारा धनुष का उठाया जाना, धनुष-यज्ञ स बन्धी जनक की प्रतिज्ञा, धनुष-यज्ञ में रावण और बाणासुर का आना, राम के द्वारा धनुर्भंग, लक्ष्मणजी का रोष, राम-वनवास, रावण के द्वारा सीता का हरण की पूरी कथा आती है। इस लोकगीत में जब योगी का वेश रखकर रावण सीता हरण के उद्देश्य से उनके पास आता है, तो वे कहती हैं—

सुनो राजा रावण, मोहे देवर की आन लग रही है।
मैं किस विध भिक्षा डारू, घायल गिरत।
माई कुँआरी बछिया को गोबर ले लो।
लीपकर पदाधर भिक्षा डालो, डगरे में गिरत डरो।

यह युक्ति बड़ी अद्भुत और मौलिक है। जानकीजी कहती हैं कि सुनो साधु महाराज! मैं लक्ष्मण की आन से बँधी हूँ। लक्ष्मण-रेखा पार करके मैं किस प्रकार तुम्हें भिक्षा दे सकती हूँ। (रावण कहता है) हे माई! कुंवारी गाय के गोबर से लक्ष्मण-रेखा को लीप दो और उस पर पटा बिछाकर मुझे भिक्षा दे दो। रावण का तर्क काम करता है और सीता-हरण हो जाता है। किसी महापण्डित रावण को यह युक्ति नहीं सूझ सकती। यह युक्ति स्पष्ट रूप से रावण को जनजातीय बना देती है। महर्षि वाल्मीकि के आश्रम में नवजात शिशुओं का रुदन हो रहा है। सीताजी ने नौ महीने बीतने के बाद दसवें मास में लव-कुश पुत्रों को जन्म दिया है। आश्रम में बधाइयाँ गायी जा रही हैं। सीताजी सोच रही हैं—यदि इस समय मेरे ससुरजी होते तो बच्चों के

नाम रखने के लिए ज्योतिषी के घर जाते। जेठानी होती तो लड्डू बनवाकर उनका दान करतीं। सास होती तो मंगल कलश भरवा देतीं। देवर होते तो शिशु-जन्म के गीत गवाते। ननद होती तो घर-आँगन साँतिया बना देती। सीता-निर्वासन तथा लव-कुश के जन्म सम्बन्धी अत्यन्त मार्मिक गीत सहरियाओं के लोकगीतों में हैं। आशय यह है कि सहरिया जनजाति समूह का जीवन बहुत गहरे तक राममय है।

कोल, भील और निषाद इन जनजातियों का प्रचुर मात्रा में उल्लेख पुराणों, महाभारत और रामायणों में आया है और उनकी उत्पत्ति के विषय में पौराणिक आ यानों में अनेक उल्लेख भी हैं। कुछ पौराणिक आख्यानों के अनुसार कोल, भील और निषादों की उत्पत्ति असंग के पुत्र वेन से हुई। अग्निपुराण और मत्स्यपुराण के आधार पर कोल सोमवंश के राजा गान्धार के पुत्र कोल से उत्पन्न हुए। कुछ अन्य के अनुसार ययाति और देवयानी के पुत्र यदु और तुर्वसु से कोलवंशीय जनजाति उत्पन्न हुई। आशय यह है कि उत्पत्ति से ही कोल जनजाति इस देश की मूल सामाजिक धारा से जुड़ी हुई है। अनेक पौराणिक कथाएँ इस प्रकार भी हैं कि वसिष्ठजी की गाय कामधेनु की रक्षा हेतु स्वयं नन्दिनी ने ही कोल, किरात, भील, किन्नर, खश, दरद आदि जातियों को उत्पन्न किया। रामायण काल से ही इन जातियों का उल्लेख भारतीय वाङ्मय में प्रचुर मात्रा में है। गोस्वामी तुलसीदासजी के रामचरितमानस में श्रीराम से कोल, किरात और भीलों के मिलन का अत्यन्त मार्मिक रूप से वर्णन किया गया है—

कोल किरात वेश सब आये,
रचे परन तृण सदन सुहाये।

भगवान श्रीराम की वहीं रहने की इच्छा जान सभी देवता कोल-किरात वनवासियों के वेश में आये और उन्होंने पत्तों और घास के सुन्दर घर बना दिये। इस चौपाई से स्पष्ट है कि त्रेता युग में कोल-भील मकान बनाने में दक्ष और श्रमशील थे।

यह सुधि कोल किरातन्ह पाई,
हरषे जनु नव-निधि घर आई।
कंद मूल फल भरि-भरि दोना,
चले रंक जनु लूटन सोना।

श्रीराम के आगमन का समाचार जब कोल-भीलों ने पाया तो वे ऐसे हर्षित हुए मानो नव-निधियाँ उनके घर पर ही आ गयी हों। वे पत्तों के दोनों में कन्द, मूल, फल, भर-भरकर चले मानो दरिद्र सोना लूटने चले हों।

चित्रकूट में भरत-आगमन के प्रसंग में गोस्वामी कहते हैं—

मिलहिं किरात कोल बनवासी,
बैखानस बटु जती उदासी।

भरतजी को ज्ञात होते ही कि भगवान राम चित्रकूट में हैं, वे उनसे मिलने आते हैं। तब उनकी भेंट कोल-किरातों से होती है, वे उनसे भगवान राम का समाचार पूछते हैं।

भगवान राम को भरतजी के आगमन का समाचार कोल-भील ही देते हैं।

सब समाचर किरात कोलन्हि आई तेहि अवसर कहे

भरतजी के साथ आये अयोध्यावासियों की सेवा करने में कोल पीछे नहीं हैं—

कोल किरात भिल्ल वनवासी,
मधु सुचि सुन्दर स्वादु सुधा सी।
भरि-भरि परन पुटीं रूचि रूरी,
कंद मूल फल अंकुर जूरी॥

भगवान राम की वनवासियों द्वारा सेवा तथा उनका प्रेम देखकर अयोध्यावासी अपने प्रेम को धिक्कारने लगे।

नर नारि निंदरहिं नेहु निज सुनि कोल भिल्लनि की गिरा।

इसी प्रकार विरहोण नामक आदिवासी जाति अपनी ही विर-होण-रामायण का पाठ करती है। इस रामायण के अनुसार हनुमानजी महान पराक्रमी थे, उन्होंने उछलकर सागर पार किया था। समुद्र के किनारे पहुँचकर तोते का रूप धारण किया और सीताजी के स्नान हेतु जल लाने वाली एक पनिहारिन के घड़े में अँगूठी डाल दी और स्वयं उस ओर उड़ चले। वहाँ माता सीता को अशोक-वाटिका में अपना स्वरूप दिखाया और उनसे सभी बातें कीं। लंका-दहन किया और समुद्र में डुबकी लगाकर हाथ से रगड़कर अपनी पूँछ की अग्नि बुझाई और उसी हाथ से अपना मुँह पोंछ लिया, जिससे उनका मुँह काला हो गया। इस प्रकार अनेक विचित्र बातें विरहोण रामायण में पायी जाती हैं।

इसी प्रकार सादरी एवं मुण्डारी बोलियों में भी रामकथा सम्बन्धी अनेक गीत एवं भजन बनाये गये हैं। मुण्डारी बोली के एक श्रेष्ठ कवि बुदूबाबू ने रामायण के आधार पर छोटे-छोटे गीतों की रचना की है। सादरी बोली में हनुमानशतक की रचनाएँ की गई हैं। इन्होंने श्रीराम, लखन, सीता, जामवन्त, अंगद, हनुमान एवं नल-नील की वीरता, सेवा-भक्ति एवं श्रद्धा के भावपूर्ण गीतों की रचना की है। मुण्डारी भाषा के लोकप्रिय बुदूबाबू के रामायण स बन्धी गीतों की भाषा अत्यन्त प्राचीन होने से बोधगम्य नहीं है। उनके एक गीत का हिन्दी भावार्थ यहाँ प्रस्तुत है—

प्रभु राम लखन की आज्ञा से
कोई कोई वीर
चलो-चलो कहकर उछल रहा है
सर पर ढोकर
पहाड़ पत्थर लाने के लिए
उत्तर दिशा की ओर चले।
प्रभु राम-लखन की आज्ञा से
वीर हनुमान राम-राम नाम लेते हुए
उत्तर दिशा से पहाड़ को उठे।
इसीलिए बुदू बाबू गीत बना रहे हैं
प्रभु राम-लखन की आज्ञा से।

इस प्रकार कोरकू, मुण्डारी से लेकर सहरियाओं तक पूरे भारतवर्ष में फैले लगभग सभी जनजाति समूहों में राम और रामकथा अत्यन्त गहरे से व्यास है। रामकथा के पात्रों को उन्होंने अपने जीवन में उतारा है, अपनी-अपनी सामाजिक परिस्थितियों के अनुसार कथा में परिवर्तन भी किया है तथा उन्हें आदर्श मानते हुए भी अपनों में से ही एक माना है। इसलिए जनजाति समूहों की सीता बकरी चराती है, उनके लक्ष्मण घरजमाई बनकर पशुओं को चराते हैं, उनका रावण

लक्ष्मण की आन से बचने के लिए कुँवारी गाय का गोबर लेकर लीपने का सुझाव देता है। यह परिवर्तन निश्चय ही एक नागर लोकचेतना या जनपदीय लोकचेतना नहीं कर सकती। इन आदिवासी जनों ने अपनी सहज प्राकृतिक बुद्धि से राम-नाम और राम व्यक्ति दोनों के महत्त्व को समझा। योगी तथा मुनिजन जो अपनी परिष्कृत बुद्धि से करते हैं, वही इन सहज मानवों ने अपनी सहज बुद्धि से अनुभव किया। यह जानना रोचक होगा कि आदिवासी मानस में कृष्ण-चरित्र या उसके पात्रों की लगभग अनुपस्थिति है। जहाँ कहीं भी कृष्ण से स बन्धित कुछ भजन मिलते हैं, वे जनपदीय लोकचेतना के सहचर्य के कारण हैं। कारण स्पष्ट है क्योंकि कृष्ण-चरित्र में दाम्पत्य नहीं है, उनकी आठ तो पटरानियाँ ही हैं और दम्पति शब्द पति और पत्नी का ही वाचक है। इसके अतिरिक्त कृष्ण प्रेम की विविध अभिव्यक्तियों और कलाओं की बारीकियों के सम्राट हैं और इसलिए उनकी पहुँच नागर समाज और जनपदीय समाज में बहुत अधिक है। ऐसा नहीं कि आदिवासियों में प्रेम नहीं है, किन्तु उनका प्रेम एक गृहस्थ और उनके रिश्तों का प्रेम है। एक पति-पत्नी, पिता-पुत्र, भाई-भाई या माता-पुत्र के प्रेम को आदिवासी बड़ी सहजता से समझ सकता है, इसलिए जनजाति समाज में राम और रामकथा की स्वीकृति और व्याप्ति बहुत अधिक है। ऐसा नहीं कि नागर और जनपदीय रामकथाओं ने जनजातीय रामकथाओं को ही प्रभावित किया हो, इसके विपरीत जनजातीय रामकथाओं ने जनपदीय और नागर रामकथाओं को भी प्रभावित किया है। इनमें गिलहरी का प्रसंग, सीता के द्वारा रावण का चित्र बनाना, हनुमानजी का मुँह किस प्रकार काला हुआ आदि कथाएँ प्रमुख हैं, जिन्होंने जनपदीय और नागर रामकथाओं को भी प्रभावित किया है।

संथालों की रामकथा के अनुसार राम को एक गिलहरी मिली, वह सीता के विरह में रो रही थी। उसने राम को सीता का पता बताया। राम ने उसकी पीठ थपथपायी, इससे उसकी पीठ पर धारियाँ बन गयीं। मुण्डा और बिहोर जातियों में भी यह प्रसंग है, यहाँ गिलहरी को रोता नहीं दिखाया गया है।

तेलुगु-रामायण में सेतु-बन्ध के समय गिलहरी समुद्र में गोता लगाकर बालू पर लोटती और उसे पुल पर झाड़ देती है। राम ने प्रसन्न होकर उसकी पीठ पर हाथ फेरा। राम ने आदेश दिया कि इसे चन्दन, मन्दार, चम्पक, पूगीफल, पुन्नाग, सहकार आदि वृक्षों से युक्त सुन्दर प्रदेश में छोड़ दिया जाये।

बाँग्ला-रामायण में गिलहरियाँ समुद्र में कूदकर बालू में लोटकर उसे पुल पर झाड़ने लगीं। हनुमान उन्हें पकड़कर समुद्र में फेंकने लगे। वे राम के पास जाकर रोयीं। राम ने हनुमान को बुलाकर कहा, गिलहरियों का अपमान क्यों करते हों? जिसका जितना सामर्थ्य है, करने दो। ऐसा कहकर राम ने उनकी पीठ पर हाथ फेरा। यहाँ धारी बनने का उल्लेख नहीं है—

सदय हृदय बड प्रभु रघुनाथ।
काष्ठ-बिड़ालेर पृष्ठे बुलाइल हात॥

अब प्रश्न यह उठता है कि भारत के समस्त भू-भाग में फैली इन वन्य-जातियों में राम और रामकथा का प्रवेश कब हुआ। वाल्मीकि रामायण, रामोपा यान, ब्रह्मरामायण, पुलस्त्यसंहिता, वसिष्ठ रामायण, शंकरसंहिता तथा आनन्द रामायण आदि संस्कृत ग्रन्थों के अवलोकन से यह स्पष्ट है कि दाशरथि राम अपने वनवास के समय जब इन वनवासियों से मिले, उसी समय से इनके मन और हृदय में उनका चरित्र गहरे से प्रवेश कर गया। श्रीराम ने इन वनवासियों से सम्पर्क करने और उन्हें संगठित करने के विशेष प्रयोजन से अपने वनवास का मार्ग इन जनजातीय क्षेत्रों में से होकर चुना। वे अयोध्या से पूर्व की ओर जाते हैं, विंध्याचल पर्वत के उस पार से दक्षिण की ओर प्रस्थान करते हैं, दण्डकारण्य में जहाँ आदिवासी बहुतायत में रहते थे, वहाँ बहुत समय व्यतीत करते हैं तथा उसके बाद गोदावरी के दक्षिण में होते हुए ऋष्यमूक पर्वत पर

जाते हैं और वहाँ वानर-भालुओं की सेना एकत्र करते हैं, जो कि एक प्रकार की जनजाति ही थी। जिन संस्कृत ग्रन्थों का मैंने ऊपर उल्लेख किया है, गोस्वामी तुलसीदास ने उन सबका सारांश लेकर अपनी रामचरितमानस के अयोध्याकाण्ड में इन वनवासियों से राम-मिलन के प्रसंग में वर्णित किया है, जो अत्यन्त ही हृदयग्राही है—

यह सुधि कोल-किरातन पाई। हरषे, जनु नव निधि घर आई।
कंद-मूल-फल भरि-भरि दोना। चले रंक जनु लूटन सोना।
तिन्ह-महँ जिनह देखे दोउ भ्राता। अपर तिन्हहि पूछहि भग-जाता।
कहत-सुनत रघुबीर-निकाई। आइ सबनि देखे रघुराई।
करहि जोहार, भेंट धरि आगे। प्रभुहि बिलोकहि अति अनुरागे।
चित्र-लिखे-जनु जहँ-तहँ ठाढ़े। पुलक शरीर, नयन जल बाढ़े।
राम सनेह-मगन सब जाने। कहि प्रिय बचन, सकल सनमाने।
प्रभुहि जोहारि बहोरि-बहोरी। बचन बिनीत कहहि कर जोरी।

दोहा : अब हम नाथ! सनाथ सब, भए देखि प्रभु-पाँय।
भाग हमारे आगमन, राउर कोसलराय॥
धन्य भूमि, बन, पंथ, पहारा। जहँ-जहँ नाथ! पाँउँ तुम धारा।
धन्य बिहग, मृग, काननचारी। सफल जनम भे तुमहि निहारी।
हम सब धन्य सहित-परिवारा। दीख दरस, भरि नयन तु हारा।
कीन्ह बास, भल ठाँउँ बिचारी। इहाँ सकल रितु रहब सुखारी।
हम सब भाँति करब सेवकाई। करि-केहरि-अहि-बाघ बराई।
बन बेहड़, गिरि, कंदर, खोहा। सब हमार प्रभु पग-पग जोहा।
तहँ-तहँ तुमहि अहेर खेलाउब। सर, निरझर, भल ठाउँ देखाउब।
हम सेवक परिवार-सभेता। नाथ! न सकुचब आयसु देता।

दोहा : बेद-बचन-मुनि-मन-अगम, ते प्रभु करूना-ऐन।
बचन किरातन-के सुनत, जिमि पितु बालक-बैन॥

रामहि केवल प्रेम पियारा। जानि लेउ, जो जान निहारा।
राम सकल बनचर तब तोषे। कहि मृदु बचन, प्रेम परिपोषे।

गोस्वामीजी के ये उद्‌गार आर्ष रामायणों से ही लिये गये हैं—

प्राप्येमं सुसमाचारं किराताद्याश्च हर्षिताः।
कंदमूलफनानीमे गृहीत्वा द्रष्टुमागताः।(आनन्दरामायण)
प्रणमंति पुरो धृत्वा कन्दमूलफलानि ते। प्रेम्णा परेण पश्यन्ति किराताः परमेश्वरम्॥

यत्रतत्रस्थिताः सर्वे ते चित्रलिखिता यथा। रोमांचितं शरीरं च चक्षुषी चाश्रुपूरिते॥
त्वां वीक्ष्य धन्यजन्मानो जाताः काननचारिणः। (पुलस्त्यसंहिता)
यो वेदवचसो मुनिमानसस्याग यः प्रभुः करुणाकरः।
किरातवचांसि स श्रृणोति यथा पिता बालकवचांसि॥ (शंकरसंहिता)

इन सभी वाक्यों का सारांश गोस्वामी तुलसीदासजी ने अपने वर्णन में दिया है।

इन सहज मानवों के लिए राम कौशल्यानन्दन, सीतापति, अयोध्यानरेश, दाशरथि राम ही हैं। कोई निर्गुण राम नहीं। निर्गुण राम की अवधारणा अगर किसी जनजाति समूह में उनके आध्यात्मिक स्तर पर आई भी है तो वह भी इस सगुण राम के अनन्तर। अनेक पौराणिक तथा ज्योर्तिवैज्ञानिक प्रमाणों, उपलब्ध रामसेतु के ऊपर समुद्र के बढ़ते हुए स्तर के आकलन तथा रघुवंश एवं कुरुवंश की पीढ़ियों के आकलन के आधार पर राम का काल लगभग 5000 ई.पू. ठहरता है। इसका आशय यह हुआ कि इन जनजातीय समूहों में राम तथा रामकथा की व्याप्ति इतनी प्राचीन है और अनेक स्तरों से होती हुई आज समग्र जनजातीय जीवन में उनके श्वास-प्रश्वास की तरह समायी हुई है। भौतिक स यता के बढ़ते प्रभाव के कारण आज जो आस्था धूमिल दिखाई देने लगी है, वह केवल इन जनजातियों में ही नहीं अपितु जनपदीय और नागर समाज में भी दिखाई दे रही है, बल्कि आधुनिकता के कल्मष से यह जनजातीय समाज तो अपेक्षाकृत कम धूमिल हुआ है।

आदिवासी जीवन-साहित्य, संस्कृति एवं कलाओं में 'राम'

(बघेलखण्ड के विशेष सन्दर्भ में)

डॉ. सेवाराम त्रिपाठी

''हर एक आवाज़ और गीत को/ उठाओ इतना ऊँचा/ कि धरती और आकाश झनझना उठें/ मुक्ति की ताल पर थिरक उठो/ और गूँजने दो इतनी गहराई से/ जैसे फनफनाते समुद्र की हुँकार।''

(जे स बेल्डन जॉनसन)

''आदिवासी/ इस शब्द को वे इस तरह बोलते हैं/ जैसे यह किसी महामारी का नाम हो/ इस शब्द को सुनकर वे ऐसे देखते हैं/ जैसे उन्होंने आकाश में उड़ती रकासी देख ली हो।''

(चामूलाल राठवा)

आदिवासी शब्द आज के दौर में कई सन्दर्भों में प्रयुक्त किया जाता है। भारतीय प्रजातन्त्र में यूँ तो समूचे वर्गों, समूहों के विकास के लिए कार्य करने के प्रयत्न हो रहे हैं क्योंकि यह एक प्रजातान्त्रिक देश है। इसके साथ ही भारत जैसे बहुधर्मी, बहुजातीय और बहुभाषायी देश में अनेक स यताओं, संस्कृतियों, रीति-रिवाजों, वेशभुषाओं एवं खान-पान वाले लोग एक ल बे अरसे से निवास कर रहे हैं। फिर भी इस देश के सबसे अधिक पिछड़े लोग घने जंगलों में, दुर्गम पर्वत-शृंखलाओं में, अनेक प्रकार की आपदाओं के बीच अपना जीवन-निर्वाह कर रहे हैं। भारतीय व्यवस्था में इन्हें आदिवासी, वन्य-जाति, जनजाति आदि के नामों से जाना-पहचाना जाता है। भारतीय संविधान के अनुच्छेद 342 के अनुसार 14 राज्यों में 212 आदिवासियों को अनुसूचित जनजाति के रूप में स्वीकारा गया है। भारतीय प्रजातन्त्र हर प्रदेश में पायी जाने वाली जनजातियों को अनुसूचित जनजातियों के रूप में नामांकित और घोषित करता है। इन्हें विशेष प्रकार की सुविधा देने के लिहाज से या यूँ कहें कि इन्हें समाज की मु यधारा से जोड़ने के लिये कई तरह के संवैधानिक प्रावधान किये गये हैं। इसके अन्तर्गत उनकी शैक्षणिक आर्थिक व्यवस्था के लिए, उन्हें शोषण, उत्पीड़न से मुक्ति के लिए, सामाजिक बराबरी के लिए और यही नहीं, उन्हें हर प्रकार से सहायता देने के लिए, उनके साथ होने वाले सभी प्रकार के भेदभावों के हटाने के प्रयत्न भी शामिल हैं। उन्हें हर जगह आरक्षण दिया गया है। उन्हें सामाजिक हितों के हर प्रकार के कल्याणों से जोड़ा गया है। उनके लिए हर प्रकार के शोषण, उत्पीड़न और अन्याय से मुक्ति के प्रयास किये गये हैं। उसमें भूमि सम्बन्धी सुरक्षा, सम्पत्ति सम्बन्धी सुरक्षा, स्त्रियों को देह-व्यापार से मुक्ति और अन्य उपक्रमों से जुड़े मुद्दे भी शामिल हैं। यही नहीं, उनका एक जनजातीय कार्य-मन्त्रालय भी उनके विकास के लिये कार्य कर रहा है। इन समूचे प्रावधानों के बावजूद

आदिवासी अभी भी समाज की मुख्यधारा में नहीं आ पाये। यह हम सबकी चिन्ता का बहुत बड़ा कारण है। आदिवासियों के सन्दर्भ में हर प्रकार के अध्ययन इस दौर में तेज़ी से किये जा रहे हैं। 1985 के पश्चात् स्त्री, दलित, आदिवासी, बच्चे, वृद्ध और नि:शक्त जनों पर प्रश्नांकन और विमर्श हो रहे हैं।

एक जलता हुआ प्रश्न यह है कि इक्कीसवीं शताब्दी के दूसरे दशक में भी आदिवासी समुदाय समाज की मुख्यधारा से कटा हुआ है। ज़ाहिर है कि आज़ादी के 70 वर्ष हम व्यतीत कर चुके हैं, लेकिन आदिवासियों की संस्कृति में उनके अधिकारों में और उनकी स्थिति में, उनकी मनुष्य सापेक्ष वास्तविकताओं में कोई विशेष सुधार दृष्टिगोचर नहीं होता। हाँ, यह ज़रूर है कि प्रयास भरपूर किये जा रहे हैं। रेखांकन यह है कि उनके प्रति विकास के बारे में सोचने और कार्यवाही अंजाम देने में एक दोगलापन है। उनके बारे में प्रशासन और सत्ताएँ चमक-दमक के वायदे ज़रूर पेश करती रहीं हैं और उन्हें ऊँचे उठाने के प्रयासों में अपनी महत्त्वपूर्ण भूमिका रेखांकित करती रही हैं। सोचने की बात यह है कि जिस देश में पाँच सौ करोड़ से ज़्यादा की सड़कें एक बारिश में नष्ट-भ्रष्ट और खराब हो जायें, पुल ढह जायें, आवागमन के रास्ते और साधन बन्द हो जायें और बीस-पच्चीस हज़ार गायें तड़प-तड़पकर मर जायें तो क्या ये जीवन्त प्रश्न नहीं हैं। दावा करने से सच्चाइयाँ झूठी नहीं हो जातीं। आदिवासी समाज आज भी दीन-हीन और अपंग है। उनका पर्वतीय जीवन से जो गहन और संवेदनात्मक रिश्ता रहा है, उन्हें उससे भी मरहूम कर दिया गया है। पुरखे, पुरखैत भूमि तथा वन उनकी अस्मिता के स्वाभिमान के पक्ष हैं। उनकी शिक्षा का महत्त्वपूर्ण संवाहक उनके मिथक हैं। सम्भवत: इसी से उनकी सामाजिक पहचान बनती है। उनकी अस्मिता आज भी एक यक्ष प्रश्न की तरह है। भूमि या धरती आदिवासियों की जीवन-रेखा है। जंगली उत्पादों पर वे अपना सहज उत्तराधिकार मानते हैं। वे इस स्थिति को सहज रूप में स्वीकार करने को उत्सुक नहीं हैं कि कोई उनके पार परिक स्वत्व को चुनौती दे। वे अपने ख़िलाफ़ इस कार्यवाही को बेजा हरक़त मानते हैं और इसके प्रति उनके मन में डर, अफसोस और गुस्सा है। खेती-किसानी, पेड़-पौधों, जंगलों, पर्वतों, गुफ़ाओं, कन्दराओं से उनका अभी भी आत्मीय और सघन रिश्ता है। एकान्त में रहना उन्हें पसन्द है। पर्वतों और पहाड़ों के प्रति, नदी, नालों और झरनों के प्रति वे अपना स्वत्व सहज और स्वाभाविक रूप में मानते हैं। जंगल के पेड़, झाड़ियाँ और इनसे उत्पन्न होने वाले तमाम तरह के फल उनकी ज़िन्दगी के महत्त्वपूर्ण हिस्से हैं। नदी, झरनों, कुण्डों एवं भरकों का पानी उन्हें तोष देता है। उनका परिवेश अग य भले ही रहा हो, किन्तु उसकी दूरी ने उनके सांस्कृतिक प्रभावों पर स्वाभाविक नियन्त्रण रखा है। उनका इतिहास-ज्ञान बहुत सीमित है। उनका स्मरण किया हुआ इतिहास पाँच-छह पीढ़ियों से ज़्यादा का नहीं होता। ऐसा माना जाता है। सर्वेक्षणों ने इस तथ्य को उजागर किया है। उनका जीवन यथार्थ कालान्तर में जातीय मिथकों से जुड़ जाता है। ये सही है कि उनकी सांस्कृतिक समग्रता भाषाओं, संस्थाओं और कथाओं के आधार पर समाज के शेष भाग में अलग से दीख पड़ती है। हाँ, उनका आन्तरिक स्वर और विशेषीकरण उसमें अलग रूप से शामिल होता है। केवल आदेश प्रसारित किये जा रहे हैं और ज़ाहिर है कि आदिवासी समुदाय इन्हें अपने पार परिक स्वत्व पर आक्रमण मानता है। दूसरी ओर उन्हें उनके पार परिक जीवन से काटकर एक स्तूप रूप में खड़ा करने के प्रयत्न हो रहे हैं। उनकी सभ्यता और संस्कृति जो एक प्रदीर्घ समय में विकसित हुई है, उसे नकारते हुये उन्हें अस य, बर्बर एवं निरीह मानकर उनकी लगातार उपेक्षा भी की जा रही है। यह स्थिति हमारी विकासात्मक अवधारणा को लगभग असंवेदनशील बना रही है। इस पर पुनर्विचार करने की ज़रूरत है। निर्मला पुतुल की 'संथाल परगना' पर लिखी गई इस कविता में आदिवासी समाज की बेचैनी को भरपूर देखा जा सकता है—"संथाल परगना/ अब नहीं रह गया संथाल परगना/ बहुत कम बचे रह गये हैं/ अपनी भाषा और वेशभूषा के यहाँ के लोग/ बाज़ार की तरफ़ भागते/ सब कुछ गड्ड-मड्ड हो गया है इन दिनों यहाँ/ उखड़ गये हैं

बड़े-बड़े पुराने पेड़/ और कंक्रीट के पसरते जंगल में/ खो गई है इसकी पहचान/ काया पलट हो रही है इसकी/ तीर, धनुष, मादल, नगाड़ा, बाँसुरी/ सब बटोरे लिये जा रहे हैं लोक संग्रहालय/ समय की मुर्दागाड़ी में लादकर।'' ऐसा ज़रूर लगेगा कि यह स्थिति केवल संथाल परगने भर की है। पूरा देश लगभग यही स्थिति झेल रहा है। आदिवासियों की पहचान का संकट बढ़ा है। इधर आदिवासी अंचलों में हलचल है। सोचने-समझने वाले वहाँ भी हैं। 'ग्लोबल गाँव का देवता' जैसा उपन्यास रणेन्द्र ने लिखा है, जिसमें आदिवासी समाज की दशा और दिशा पर अलग तरह से रेखांकन होता है। शोषण के तमाम रूप भी इसमें भयानक तरीके से उजागर किये गये हैं।

आदिवासी जीवन पर ग भीर विमर्श हो रहा है। उसे सभी पक्षों की तरफ़ से देखा और परखा जा रहा है। बेचैनी वहाँ भी भरपूर है। कुछ रचनाएँ हैं मसलन—'कब तक पुकारूँ' (रांगेय राघव), जिसमें नट जाति के जीवन का हाहाकार केन्द्रित है। उसमें जातीय अस्मिता के साथ स्त्री की चीख़-पुकार के असं य प्रश्न हैं। स्त्री की ख़ीझ को इस उपन्यास में इस रूप में व्यक्त किया गया है—''मुझे उठा ले, अपने पास बुला ले। दुःख दे-देकर, मुझे जिला-जिलाकर न मार। मेरा पाप क्या है? पराये मर्दों के संग सोई हूँ तो तूने मेरी जात ऐसे बनाई क्यों जिसे कोई हक़ नहीं है। तूने मुझे औरत बनाया क्यों?'' ('कब तक पुकारूँ, पृ. 107)।[1] 'शैलूष' (शिवप्रसाद सिंह), 'सूरज किरण की छाँव' (राजेन्द्र अवस्थी), 'सीता मौसी' (रमणिका गुप्ता), 'काला पादरी' (तेजिन्दर), 'जंगल जहाँ शुरू होता है', 'धार' (संजीव)। 'धार' उपन्यास में मैना का संघर्ष अत्यन्त महत्त्वपूर्ण है। इसमें यह लक्षित किया गया है—''यह धार हमारी शक्ति है और धार का भोंथरा होना ही मौत... धार बरक़रार रही तो सारा संसार ही आपका है।... इसलिये हमें धार की ज़रूरत है, सतत शान से ताज़ा धार चाहिये हमें, कोई भी कुर्बानी क्यों न देनी पड़े।'' ('धार', पृ. 165)[2], 'बाजत अनहद ढोल' (मधुकर सिंह), 'पठार पर कोहरा' (राजेश कुमार सिंह), 'अल्मा कबूतरी' (मैत्रेयी पुष्पा)।

इसी तरह कुछ कहानियाँ, जैसे—'अवशेष', 'बलि', 'शिलान्यास', 'बेला एक्का लौट रही'। कुछ आत्मकथाओं में आदिवासी समाज के शोषण तन्त्र के भयावह रूप सामने आये हैं, जैसे—'मुर्दहिया और मणिकर्णिका', 'जूठन', 'रामनगरी' आदि। उसी तरह आदिवासी साहित्य में कविताओं की ल बी भूमिका है। इन कविताओं में उस समाज की बेचैनी, तड़पन, समस्याओं और स्थितियों के अनेक चित्र प्रस्तुत हुए हैं। आदिवासी जीवन के सन्ताप, हाहाकार और उनका सार्थक हस्तक्षेप भी है। इनमें प्रमुख हैं—ग्रेस कुजूर, निर्मला पुतुल, भुजंग मेश्राम, अनुज लुगुन, भुवन सोरी, महादेव टोप्पो, अशोक सिंह और सुशील कुमार। प्रतीक के तौर पर यहाँ दो अंश द्रष्टव्य हैं—

1. ''वे दबे पाँव आते हैं तु हारी संस्कृति में/ वे तु हारे नृत्य की बड़ाई करते हैं/ वे तु हारी आँखों की प्रशंसा में कसीदे पढ़ते हैं/ वे कौन हैं? सौदागर हैं वे...।'' (निर्मला पुतुल)

2. ''...उठो कि अपने अँधेरे के ख़िलाफ़ उठो/ उठो अपने पीछे चल रही साजिशों के ख़िलाफ़/ अब उन्हें पता लग गया है/... आज न घने बीहड़ हैं/ ना तू है/ है केवल बीहड़ों में फैलता असन्तोष।'' (भुजंग मेश्राम)

सत्यनारायण मुण्डा का यह कहना मुझे सही लगता है कि—''आदिवासी जन व्यापक लोक का अभिन्न अंग हैं, चाहे वह उससे अलग-थलग ही क्यों न रहते आया है। आख़िर दुनिया के सारे मेहनतकश एक-सा जीवन जीते हैं। भद्र-वर्ग की विश्वव्यापी साजिशों का एक जैसा शिकार रहा है यह व्यापक लोक, फिर भी श्रम और संघर्ष के सौन्दर्य को निखारता चला आ रहा है। वह कभी नहीं हारता...।'' (आदिवासी साहित्य विमर्श, पृ. 165)[3] दूसरी ओर भारतीय समाज में उनकी स्थितियों को लेकर व्यापक परिवर्तन लक्षित किये जा रहे हैं। गंगासहाय मीणा मानते हैं—''आदिवासी साहित्य पाठक के अनुभव का विस्तार कर उसे उस भूगोल, समाज और इतिहास में ले जाता है, जिससे अधिकांश पाठक अपरिचित हैं।

यह आदिवासी जीवन और संस्कृति का मूलाधार है। आदिवासी साहित्य जीवन-जगत के प्रति एक अलग नज़रिया पेश करता है।... आदिवासी साहित्य एक अर्थ में किसी व्यक्ति या समुदाय के ख़िलाफ़ नहीं है, इसलिए यह साहित्य के वृहद् उद्देश्य को साधता हुआ अपने कर्तव्य-पथ पर आगे बढ़ रहा है। आदिवासी साहित्य के प्रति पत्रिकाओं, प्रकाशकों और सबसे ज़्यादा पाठकों का बढ़ता रुझान आशान्वित करता है।'' (आदिवासी साहित्य विमर्श, पृ. 12)[4]

हमारा जीवन जितना वर्तमान में है, उससे कहीं ज़्यादा अतीत में है। हम कभी मिथकों में जीते हैं तो कभी पौराणिक सन्दर्भों में। कभी-कभी आश्चर्य भी होता है कि वर्तमान में प्रकट अनेक सन्दर्भों को परे हटाकर हम मिथकों और पुराणों की दुनिया में ज़्यादा रम जाते हैं। ज़ाहिर है कि मिथकों का स्वभाव और प्रकृति कभी-कभी हमें बहुत जानी-पहचानी-सी लगने लगती है। डॉ. रमेश कुन्तल मेघ मानते हैं—''आधुनिक युग में मिथक में मूल आदिम, पुरामौखिक स्वरूप लगभग नहीं मिलते (कुछ बेहद आधुनिक कबीलों को छोड़कर)। उसमें कई बार दो फाँक हुई। सबसे पहले तो लोकायन द्वारा, जब उसमें पर परा द्वारा संवहन प्रमुख होता है, अत: उत्सवों, गीतों, गाथाओं, प्रथाओं का भी लोकधर्मी संयोजन होता गया। उसमें अलौकिकता रही, किन्तु वह द्वितीय भूमिका वाली होती गई और सामान्य लोकजीवन, लोकचित्त, लोकसमाज, गहरी परतों में प्रक्षेपित हुआ।'' (खिड़कियों पर आकाशदीप, पृ. 61)[5]

भारतीय प्रजातन्त्र के इतने वर्षों बाद हमारे जो सामाजिक मुद्दे हैं, वे बहुत नवीन नहीं हुए। हमें भयावह अँधेरे से लड़ती हुई मशालें क्यों दिखाई नहीं पड़तीं। आदिवासी व्यवस्था के अँधेरे से जूझ रहा है। उनके किरदार आज भी ज़िन्दा है। उनकी मान्यताएँ आज भी एक नया सपना पाले हुये आगे जाने को तैयार हैं। प्रश्न यह उठता है कि रेवांचल (बघेलखण्ड) की वादियों में आदिवासी समुदाय की संख्या क्या कम है? उन्हें विकास की धारा से जोड़ने के जो प्रयत्न हुए हैं, क्या वे काफी हैं? लगता है, उन्हें उनकी स्थिति को ठीक से देखने और मापने के प्रयास आधे-अधूरे हुए हैं। आदिवासियों को विकास की बहुत बड़ी धारा के रूप में परिवर्तित करने के प्रयास हो रहे हैं। लेकिन विकास की यह अवधारणा आदिवासी समूह को स्वीकार नहीं। उन्हें जिस स्तर का जीवन मुहैया कराने के प्रयास हो रहे हैं। आदिवासियों का विकास केवल वह नहीं जैसा व्यवस्थाएँ सोचती हैं। इन पर दूसरे नज़रिये से विचार करने की ज़रूरत है। आदिवासियों का एक बहुत बड़ा तबका अभी भी अपने इलाज के लिए दवाओं के स्थान पर दुआओं में विश्वास करता है। भारतीय विकास-प्रक्रिया में आदिवासी समूहों को अस्पृश्यता की नज़र से देखा जाता है। ये चीज़ें अभी तक हमारे समाज में रची-बसी हैं। आदिवासी समाजों में कोरकू, भील, बैगा, कोल, ओराँव, संथाल, नर्मदा घाटी की परधान जाति, छोटा नागपुर के आसपास की असुर नामक जनजाति तथा मुण्डा, खैरवार, गोंड, अगरिया, पाव, भूमिया, पनिका और कमर जैसे आदिवासी समूह हैं।

इन आदिवासी समूहों का उल्लेख करते हुए बहुत पहले एक खोजबीन की गई थी। उसके अनुसार ''बघेलखण्ड में लगभग 3,70,395 जनजातिक लोग बसते हैं। इनकी सभ्यता, संस्कृति एवं भाषा पृथक् अस्तित्व रखती है। इनकी कुछ उपजातियाँ ये हैं—1. अगरिया, 2. बैगा, 3. भुमिया, 4. गोंड, 5. कवर, 6. खैरवार, 7. माँझी, 8. मवासी, 9. पनिका, 10. पाव (पवरा), 11. बड़िया, 12. बियार, 13. सौर। ये परम संतोषी लोग दैवीय शक्ति में विशेष विश्वास रखते हैं। सुख-दुख में ये सदैव अपने देवताओं का स्मरण करते हैं। और उनकी आराधना में अपने जीवन की कमाई दिल खोलकर खर्च करते हैं। इनके देवी-देवता हैं—बड़कादेव, निंगोदेव, घनमासदाउ, दुलहादेव, मसानदेव, सरसाने, बघौत, भैंसासुरदेव, बाबा, देवी, मरी, कालिका, सारदादेवी, कालीदेवी, सीतलादेवी, धरौरिया बाबा, दुरसिन, बंदरिया, चिरकुटी, चण्डी, अष्टभुजा देवी, फूलमती, लोढ़ामाई, अलोपन, मरकाम, नोटिया, कोरीम, खुसेरा, टेकमा, पोया, मरपाची, सराई, नैताम, ओइमा, मोइमा, मराबी, धुरवा, सरपटिया, चिचमा आदि।... ये अर्धशिक्षित और अर्धविभूक्षित लोग अपने सीमित जीवन-साधनों में ही आनन्द

मनाते हैं। इनके गीत और नृत्य वास्तव में मौलिक और इनके जीवन के इतिहास हैं। उनमें गहराइयाँ हैं...। इनके मुख्य लोकगीत हैं—कर्मा, सैला, सुआ, सजनी, ददरिया, भजन, बम्बुलिया, बिरहा, रीना, फाग, मरमी, दोहा, पहेली, बालक्रीड़ा-गीत, कथागीत, पालने के गीत, संस्कार गीत, दुर्भिक्ष के गीत और स्वदेश प्रेम के गीत।'' (हिन्दी साहित्य का वृहद् इतिहास, भाग-16, सम्पादक-राहुल सांकृत्यायन, पृ. 258-59)[6]

ज़ाहिर है कि जनजातीय समूहों को किसी भी तरह अवशेष समझना भ्रामक है। समय और परिस्थितियों का प्रभाव ज़रूर पड़ता है। जनजाति या आदिम जनजाति शब्द भी सन्देह पैदा करते हैं। यह शब्द तो संविधान में प्रदत्त किये हुए हैं और इसी आधार पर इनकी जनसंख्या का निर्धारण होता है। डॉ. श्यामाचरण दुबे ने माना है—''जनजातियों के सामाजिक संगठन के स्वभाव और जटिलता में बड़ी भिन्नता पाई जाती है। उनकी पारिवारिक रचना और उत्तराधिकार की व्यवस्था में भी महत्त्वपूर्ण अन्तर है। भारत के अधिकांश आदिवासी समूहों में पुरुष की प्रधानता है और इनमें उत्तराधिकार का निर्णय पिता की पंक्ति में होता है। इसके विपरीत दक्षिण और उत्तर-पूर्व में उत्तराधिकार मात्र धारा द्वारा निर्णीत होते हैं। और पारिवारिक गठन मातृप्रधान होता है। विवाह के इच्छित रूपों में भी अलग-अलग समुदायों में अलग निर्णायक मान्यताएँ पायी जाती हैं।'' (समय और संस्कृति, पृ.-65)[7] मुझे लगता है कि आदिवासियों की स्थिति एवं उपस्थिति को लेकर कुछ भ्रामक धारणाएँ पायी जाती हैं, जिन्हें बहुत गम्भीरता से समझने की ज़रूरत है। यदि ऐसा नहीं होगा तो आदिवासियों को शोषण व उत्पीड़न से स भवत: नहीं बचाया जा सकेगा।

ये आदिवासी (जनजातियाँ) पूर्व में नंग-धड़ंग रहते थे। कभी कमर के पास मोटे कपड़े का पुछेटा लपेटते थे। लोग बताते हैं कि इनके यहाँ कौड़ी पहनने का रिवाज स्त्री-पुरुष, दोनों में रहा है। ये महुआ, ऊमर, पीपर और वन-जंगलों में पैदा होने वाले तरह-तरह के फल और कन्द-मूल खाकर जीते रहे हैं। हमारे देश से निकलने वाली जो पत्रिकाएँ प्रकाशित होती हैं, उनमें से कुछ में आदिवासी स्त्री के सौन्दर्य को भी आँकने का प्रयास होता रहा है। मुखपृष्ठों पर ज़्यादातर आदिवासी समूह के विभिन्न वर्गों की स्त्रियों को अंकित किया जाता रहा है। डॉ. धनंजय वर्मा ने सही लिखा है—''उनके यौन जीवन और रीति-रिवाजों के बारे में गुदगुदाने वाले सनसनीखेज ब्योरे तो खूब मिलते हैं, उनके पारिवारिक जीवन की मानवीय व्यथा नहीं। उनके अलौकिक विश्वास, जादू-टोने और विलक्षण अनुष्ठानों का आँखों देखा हाल तो मिलता है, उनकी ज़िन्दगी के हर सि त हाड़-तोड़ संघर्ष की बहुरूपी और प्रामाणिक तस्वीर नहीं। वो आज भी आदमी की अलग नस्ल के रूप में अजूबे की तरह पेश किये जाते हैं। विचित्र वेशभूषा में आदिम और जंगली आदमी की मानिन्द।'' (सापेक्ष, अंक, दिसम्बर-1986, पृ. 57)[8]

डॉ. हीरालाल शुक्ल ने लिखा है—''कन्ध क्षेत्र तथा बस्तर में राम के आगमन की कथा आज भी प्रचलित है। बड़े-बड़े कहते हैं कि किसी ज़माने में राम नाम के कोई राजकुमार थे। वह अपनी स्त्री और भाई को लेकर इसी दण्डकारण्य में भाग आये थे। उन दिनों दण्डकारण्य में दक्षिण के साहूकारों (राक्षसों) का भारी अत्याचार फैला था। सामन्त के अत्याचार के ख़िलाफ़ कन्धों ने उपयुक्त सरदार पा लिया। प्रास्कावंश के हनुमान और जा बाका (भालू) गोत्र के जामवान ने उनकी सहायता की थी। तमाम दूसरे-दूसरे गोत्रों के कन्ध उनकी सेना में सिपाही बन गये। टुकड़ों-टुकड़ों में बिखरी कन्ध जाति को राम ने एकजुट किया। दीन-हीन, दरिद्र मज़दूरों और किसानों की सेना ने बरक्षे, खाड़े, पत्थर और बाँस लेकर सामन्तवादी सभ्यता के विरुद्ध युद्ध किया और उलट-पुलट कर डाला। आगे चलकर जहाँ थे, वहाँ रहे। अछूत-अछोप जहाँ थे, वहीं रहे।'' कन्धिस्तान के कन्ध लोगों में यह अनुश्रुति प्रचलित है कि कन्ध जाति के प्रमुख सुग्री (रामायण

के सुग्रीव) के कहने पर राम ने एक ही तीर से सात वृक्षों को काट गिराया। यह कथा यथावत रामायण (04.11.1970-71) में मिलती है। (आदिवासी अस्मिता और विकास, पृ. 166)[9]

जब हम आदिवासी संस्कृति के बारे में विचार करते हैं तो बघेली अंचल कुछ बहुत भिन्न दिखाई नहीं पड़ता। समूचे देश में आदिवासियों की जो स्थिति है, उसी के कुछ रूप बघेलखण्ड अंचल में भी मिलते हैं। आदिवासी जीवन संस्कृति और सभ्यता के बारे में मुझे दो छोर दिखाई पड़ते हैं। एक छोर का रिश्ता 1980 के पहले के भारत का है और दूसरा छोर 1980 के बाद के भारत का। अब आदिवासी समूहों में सभ्यता और संस्कृति को लेकर इनके पढ़े-लिखे व्यक्तियों में अलग तरह की हरक़तें हैं। इनके भीतर भी विकास की प्रक्रिया अबाध गति से चल रही है। आदिवासी समाज के सन्दर्भ में कई तरह के छुटपुट बदलाव परिलक्षित किये जाते हैं। आदिवासी संस्कृति को हम उनके भौगोलिक वातावरण, रोज़मर्रा के जीवन और उनकी मानसिक संरचना में विद्यमान गति के रूप में भी देख सकते हैं। उनका विकास एक लिहाज से चौंकाने वाला भी है। विचित्रताओं से भरा हुआ भी है, लेकिन धीरे-धीरे ही सही, उनमें एक नयी करवट देखी जा सकती है। धनंजय वर्मा ने लिखा है—''आदिवासियों के आख्यान, उनके मिथक, उनकी परम्पराएँ आज इसलिये महत्त्वपूर्ण नहीं हैं कि वो बीते युगों की कहानी कहतीं हैं, बल्कि अपनी संस्थाओं और संस्कृति के ऐतिहासिक तर्क और बौद्धिक प्रासंगिकता के लिहाज से भी वो महत्त्वपूर्ण हैं। उनकी कलात्मक अभिव्यक्तियाँ, सौन्दर्यात्मक चेष्टाएँ और आनुष्ठानिक क्रियाएँ हमारी-आपकी कला-संस्कृति की तरह महज आराम के क्षणों को भरने वाली चीज़ें नहीं हैं, उनकी पूरी ज़िन्दगी से उनका एक क्रियाशील, प्रयोजनशील और पारस्परिक रिश्ता है, इसीलिए उनकी संस्कृति एक ऐसी अन्विति के रूप में आकार ग्रहण करती है जिसमें उनके जीवन और यथार्थ की पुनर्रचना होती है।'' (सापेक्ष, लोक संस्कृति पर केन्द्रित अंक, दिस बर-1986, पृ. 59)[10] इसी सन्दर्भ में आदिवासी स्त्री के शोषण पर जब निर्मला पुतुल लिखती हैं—''ये वो लोग हैं/ जो मेरी कविताओं में तलाशते हैं/ मेरी देह।''

अनुसन्धान बताते हैं कि गोंडों का एक समूह दक्षिणी तरफ़ है और दूसरा समूह पूर्वी बघेलखण्ड के जंगलों में अधिक रहता है। आदिवासी समाज कोई छोटा समाज नहीं है। स्वाधीनता और सामाजिक परिवर्तन में उसकी भूमिका महत्त्वपूर्ण है। आदिवासियों ने कितने बलिदान दिये हैं स्वाधीनता आन्दोलन में और सामाजिक संरचना में वे निरन्तर कार्य करते रहे। चाहे बिरसा मुण्डा हो या दशरथ माँझी। आदिवासी कृषि, व्यापार, मज़दूरी और शासकीय नौकरियों से जुड़े हैं। इनकी लोकभाषाओं में लोकगीत आज भी प्रचलित हैं। इन गीतों में हमारे समाज के कई-कई रूप उपलब्ध होते हैं। इन लोकगीतों में धान रोपने के, सामूहिक नृत्य करने के भी अनेक चित्र हैं। इनकी जीवन-शैली और इनकी आराधना-पद्धति बड़े लोगों की तुलना में अलग तरह की है। उनके नृत्य, उनके लोकगीत, उनके आचार-विचार उच्च-वर्गीय समाज से भिन्न हैं। इस भिन्नता के बावजूद मुझे लगता है कि उन्हें उनकी असलियत में पहचानना होगा। केवल लुभाने से या उन्हें टरकाने से किसी भी तरह काम नहीं चलेगा। नये सन्दर्भों में उनकी अलग तरह से पहचान स भव हो रही है।

आदिवासियों में प्रचलित रामकथा का स्वरूप समूचे देश में भिन्न-भिन्न प्रकार से मिलता है। कोई इन्हें पढ़ने की कोशिश करे तो ऐसा ही लगेगा। केरल की रामायण कथा के एक प्रसंग का उल्लेख करते हुये रति सक्सेना ने लिखा है—''राम हनुमान को पता लगाने को भेजते हैं तो वे दो लकड़ियाँ लेते हैं और उन्हें समुद्र में फेंककर समुद्र पार कर लेते हैं। तत्पश्चात् सीता के पास पहुँचकर देखते हैं कि उसे वापस लाना कठिन है। राक्षस उसकी पूँछ में आग लगा देते हैं पर हनुमान बचकर आ जाते हैं। तत्पश्चात् राम और रावण का युद्ध होता है, लक्ष्मण युद्ध में भाग नहीं लेता। तब राम मर जाते हैं तो लक्ष्मण लड़ने लगता है, दो-चार दिन बाद राम जीवित हो जाते हैं और रावण को मारकर सीता को ले आते हैं।''...

आदिवासी रामकथा में राम विशिष्ट पुरुष नहीं है, सीता भी सामान्य नारी है। आदिवासियों में वैवाहिक पद्धति में रूढ़िवादिता नहीं के बराबर होती है। स्त्री अपने प्रेमी के साथ रहने को स्वतन्त्र होती है, अत: उन्होंने अपनी दृष्टि से देखा पतिव्रता नारी आदि मान्यताएँ तो नागरीय संस्कृति है। आदिवासी नहीं। अत: उनकी सीता हर स्थिति में पवित्र है। वे राम को भी साधारण पुरुष मानते हैं। तभी युद्ध में वे पहले सफल नहीं होते। लव व कुश अवश्य उनके अपने हैं, क्योंकि जंगल की सन्तान हैं। अत: उनकी वीरता को अवश्य स्वीकारा गया है। (रंगायन, जनवरी-मार्च, 1999, पृ. 30)[11]

समूचे देश के आदिवासियों के बीच आरक्षण का निर्धारण और आदिवासी विकास की विभिन्न योजनायें। आदिवासी जीवन के बारे में अनावश्यक बातें करने से परहेज किया जाना चाहिये। श्यामाचरण दुबे ने एक ग भीर समस्या की ओर हमारा ध्यान आकर्षित किया है—''आदिवासी बहुल क्षेत्रों में आदिवासियों और गैर-आदिवासियों के सम्बन्धों में स्थायित्व आ गया था। अखिल भारतीय आदिवासी पहचान विकसित नहीं हुई थी। सच तो यह है कि कई जनजातियाँ अपने असली नामों से नहीं जानी जातीं। वे उन नामों से जानी जातीं हैं, जो उन्हें दूसरों ने दिये। उदाहरण के लिए, गोंडों का मूल नाम कोइतूर है और मिजो पहले लूशाई नाम से जाने जाते थे। उन्हें आदिवासी आदिम जनजाति, जाति और गिरिजन जैसी संज्ञाएँ सामाजिक कार्यकर्ताओं द्वारा दी गयी थीं, जो उनके कल्याण की योजनाओं से जुड़े थे।'' (समय और संस्कृति, पृ. 66)[12]

हमारे देश में रामकथा और कृष्णकथा की बहुत लम्बी पर परा रही है। महर्षि वाल्मीकि ने रामायण के द्वारा और समूचे भारतवर्ष की तमाम प्रान्तीयताओं में, जातियों में, समूहों में रामकथा का प्रचलन रहा है। भारत की कोई ऐसी भाषा नहीं है, कोई बोली नहीं है जिसमें रामकथा न विकसित हुई हो। रामकथा तो विदेशों में भी है। विदेशों में उसका विधिवत प्रचार-प्रसार हुआ है और इस कथा के आलोक में अभी भी अनेक तरह के कार्यक्रम होते हैं। अनेक तरह की योजनाएँ बनती रहती हैं। यह सही है कि वाल्मीकि और तुलसीदास के द्वारा रामकथा की संजीवनी शक्ति बढ़ी है। मैथिलीशरण गुप्त ने राम के जीवन को सुलभ बनाने का प्रयास किया—''राम तु हारा चरित स्वयं ही काव्य है/ कोई कवि बन जाये सहज स भाव्य है।'' सूर्यकान्त त्रिपाठी निराला ने 'राम की शक्ति पूजा' जैसी ल बी कविता लिखी। उसमें राम के संघर्ष का अलग सन्दर्भ है। अन्याय जिधर है, उधर शक्ति है—यह एक बड़ा प्रश्नवाचक है। इसके पूर्व रामकथा में रामायण, हनुमन्नाटक, उत्तर रामचरितम, रघुवंशम् की काफी ख्याति रही है। भवभूति ने 'एकोरस: करुणमेव' ऐसे नहीं कहा था। शम्बूक प्रसंग को विस्तार से उन्होंने ही उठाया था। तुलसी की रामकथा के द्वारा रामकथा की लोकप्रियता, भजन, कीर्तन, मानस पाठ, रामसंकीर्तन आदि विभिन्न रूपों में प्रचलित हुई। प्रवचन के रूप में भी वह हमारे समाज में जीवित है। और रामलीला ने उसकी लोकव्यापकता और बहुलता में चार चाँद लगा दिये हैं। भारतभूषण अग्रवाल ने 'अग्निलीक' नाटक में सीता-निर्वासन के प्रसंग को ग भीरता से रेखांकित किया है। रामकथा का प्रचलन भिन्न-भिन्न रूपों में हुआ है, भिन्न-भिन्न नज़रिये से उसे देखा भी गया है। इधर मैं एक 'असुर' नामक उपन्यास पढ़ रहा था। उसमें रावण के स्वरूप को एक भिन्न कोण से देखा गया है। उसे पराजितों की गाथा (रावण व उसकी प्रजा की कहानी) के रूप में चित्रित किया गया है। उसके लेखक हैं—आनन्द नीलकण्ठन। यह रामकथा का अलग स्वर है, मुझे लगता है कि इतनी रामकथाएँ हैं कि सबको समेटना किसी के वश की बात नहीं है। फ़ादर कामिल बुल्के का रामकथा के सन्दर्भ में काम असाधारण है। दृष्टियाँ अलग हैं और लोगों के स्वप्न अलग हैं। लोगों की चाहत का संसार भिन्न है। रामकथा के प्रसंग और दायरे अलग-अलग हैं। रामधारी सिंह दिनकर का मानना है कि—''उससे भी अधिक सम्भव यह है कि राम सचमुच ही ऐतिहासिक पुरुष थे और सचमुच ही उन्होंने किसी वानर जाति की सहायता से लंका पर विजय पायी थी। वानरों और राक्षसों के विषय में भी अब

यह अनुमान प्राय: हो चला है कि ये लोग प्राचीन विंध्य प्रदेश और दक्षिण भारत की आदिवासी आर्येतर जातियों के सदस्य थे; या तो उनके मुख वानरों के समान थे जिससे उनका नाम वानर पड़ गया अथवा उनकी ध्वजाओं पर वानरों और भालुओं के निशान रहे होंगे।'' (संस्कृति के चार अध्याय, पृ. 104)[13]

रावण के बारे में तीन प्रकार की कथाएँ प्रचलित हैं। उनके नायक प्राय: राम, रावण और हनुमान हुआ करते थे। और ये तीनों चरित्र तीन संस्कृतियों के प्रतीक के रूप में पहचाने जा सकते हैं। महर्षि वाल्मीकि ने अपनी रामायण में इसे प्रस्तुत किया है—''राम, रावण तथा हनुमान के विषय में पहले स्वतन्त्र आ यान काव्य प्रचलित थे। और इसके संयोग से रामायण काव्य की उत्पत्ति हुई है।'' (रामकथा, कामिल बुल्के)।[14] इस बात में दम है कि रामकथा का प्रचलन और उसकी लोकव्याप्ति का तकाजा यह हुआ कि—''रामकथा की लोकप्रियता ध्यान में रखकर बौद्धों और जैनियों ने भी राम को अपने धर्म में एक महत्त्वपूर्ण स्थान दिलाया। इस प्रकार रामकथा भारतीय संस्कृति में इतनी व्याप्त हो गई कि राम को उस समय के तीन प्रचलित धर्मों में एक निश्चित स्थान मिला। ब्राह्मण धर्म में विष्णु के अवतार के रूप में, बौद्ध धर्म में बोधिसत्व के रूप में और जैन धर्म में आठवें बलदेव के रूप में जो विशिष्ट महापुरुषों के रूप में से एक हैं।'' (हिन्दी साहित्य कोश, पृ. 451)[15]

आदिवासी समूहों में लोक-साहित्य की प्रचुरता है, लेकिन वहाँ रामकथा का जिस रूप में प्रचलन रहा है, वह साहित्य न तो सुरक्षित हो सका और न संरक्षित। केवल कुछ दन्तकथाएँ प्रचलित हैं या कुछ अंशों तक उनके थोड़े से लोकगीत। यह एक बड़ा प्रश्न है कि आदिवासी समूहों के भीतर रामकथा के विभिन्न आयामों को कैसे खोजा जाये। फ़ादर कामिल बुल्के मानते हैं कि—''आदिवासियों का साहित्य सुरक्षित न रह सका, केवल उनकी कुछ दन्तकथाएँ मिलती हैं। उन कथाओं में रामकथा का मूल रूप ढूँढ़ना व्यर्थ है।... यह दिखलाने का प्रयास किया गया है कि रामायण के वानर, ऋक्ष, राक्षस आदि वास्तव में आदिवासी ही हैं।''... मध्य प्रदेश की बैगा-भूमिया नामक जाति में प्रचलित एक दन्तकथा में सीता कृषि की अधिष्ठात्री देवी से सम्बन्ध रखती हैं।... इसके अनुसार माता जानकी के हाथ में छह उँगलियाँ भी थीं; उन्होंने छठी उँगली काटकर भूमि में रोप दी थी। कुछ समय के बाद उससे एक बाँस पैदा हुआ जिसके काण्डों की गाँठों के बीच सब प्रकार के बीज छिपे हुए थे। उस जाति के यहाँ हनुमान की एक जन्मकथा भी मिलती है, जिसमें हनुमान शिव के वीर्य से उत्पन्न माने जाते हैं।... टी.वी. नायक मध्य प्रदेश की अगारिया जाति में प्रचलित सहस्त्र स्कन्ध रावण के वध की कथा का उल्लेख करते हैं। (रामकथा, पृ.182-184)[16]

तुलसीदास जी ने रामचरितमानस में कोल-किरातों के प्रसंग का बहुत ही मनोहारी चित्रण किया है। अयोध्याकाण्ड का एक अंश दृष्टव्य है—''यह सुधि कोल किरातन्ह पाई/ हरषे जनु नव निधि घर आई/ कन्दमूल फल भरि-भरि दोना/ चले रंक जनु लूटन सोना... करहिं जोहारु भेंट धरि आगे/ प्रभुहिं विलोकहिं अति अनुरागे।... हम सब भाँति करब सेवकाई/ करि केहरि अहि बाघ बराई/ बन बेहड़ गिरि कन्दर खोहा/ सब हमार प्रभु पग-पग जोहा/ तहँ-तहँ तु हहि अहेर खेलाउब/ सर निरझर जलठाउँ देखाउब।''... नाथ लोग सब निपट दुखारी/ कन्दमूल फल अ बु अहारी/ कोल किरात भिल्ल बनबासी/ मधु सुचि सुन्दर स्वादु सुधा सी/ भरि-भरि परन पुटीं रचि रूरी/ कन्दमूल फल अंकुर जूरी/... देब काह हम तु हहिं गोसाँईं/ ईंधनु पात किरात मिताई।''

विंध्य प्रदेश और खासकर बघेलखण्ड इलाके में यूँ तो रामकथा की बहुतायत है, लेकिन आदिवासियों में रामकथा मौखिक रूप में तो ज़्यादा मिलती है पर लिखित में रामकथा के रूप में उसका कोई बहुत बड़ा साक्ष्य नहीं मिलता। तुलसी ने रामचरितमानस में राम के वनगमन के समय के प्रसंग में आदिवासी समूहों की कुछ ख़ास चर्चाएँ की हैं। इस सन्दर्भ

में उन्होंने यह भी बताया कि यहाँ के लोग चित्रकूट अंचल में किन-किन कठिनाइयों में रहते हैं। जब वे कहते हैं कि— ''नाथ हमार यहै सेवकाई/ लेहि न भूषण बसन चोराई।'' वे यह भी बताते हैं कि हम अशिक्षित हैं, गाँव में रहने वाले हैं। हमारे पास ऐसा कुछ नहीं है जो आपको दे सकें, लेकिन हमें आश्चर्य होता है कि आप अपनी पत्नी और छोटे भाई के साथ यहाँ से गुज़र रहे हैं। आपके पिता ने ऐसा क्यों किया? तो पता चलता है कि राम के जीवन में इन समूहों का क्या अर्थ है।

तुलसी ने जो चित्रित किया है, उसमें यह बताया गया है कि राम का स बन्ध निषादराज से, शबरी से, कोल व किरातों से कैसा था। इसके अक्स विंध्याचल में रहने वाले आदिवासी समूहों में उनके जीवनों में और उनकी स्थितियों में इतने ल बे के अरसे बाद भी जीवन्त हैं। यहाँ के लोकगीतों में और यहाँ की लोककथाओं में उसके कुछ अक्स और प्रतिछायाएँ हैं, लेकिन उसमें विस्तार नहीं मिलता। जो कथाएँ यहाँ प्रचलित हैं, जैसे रामकथा के एक पात्र लक्ष्मणजी का प्रसंग है। शहडोल जिले के आदिवासियों में उस कथा के कुछ प्रारूप मिलते हैं। उन कथाओं में सीता का उपाल भ बहुप्रचारित है। कुछ गीतों में रामकथा के प्रसंग फुटकर-फुटकर मिलते हैं, लेकिन उनका विस्तार कहीं दिखाई नहीं पड़ता। हमारे लोक में रामकथा यहाँ की जनता को अनेक रूपों में प्रभावित और उद्वेलित करती रही है। इस संस्कृति के आदर्शीकृत उज्ज्वल रूप में ही इसे परखा जाता है। आदिवासी समाजों में रामकथा का प्रचलन एक अलौकिक घटना के रूप में नहीं मिलता। वहाँ राम को ईश्वरत्व के रूप में न देखकर उसे भाईचारे के रूप में समानधर्मा, संगी-साथी के रूप में देखा-समझा जाता है। आदिवासी समाजों में उच्च जातियों में प्रचलित मान्यताओं के बरक्स रामकथा की संरचना अपनी तरह है। जिसमें क्या अच्छा है और क्या बुरा है, इस पर वे विचार नहीं करते। रामकथा आदिवासियों के नृत्यों में ख़ासकर अंचर कलि में कुछ बदल गई है। उनके गीत में बताया गया है कि सीता रावण के पास स्वयं जाती है।

वन में रहने वाले लोगों के यहाँ रामकथा के सम्बन्ध में अनेक कथाएँ बहुत सहज ढंग से व्यक्त की गई हैं। जैसे पुत्र की चाहत वाला यज्ञ आदिवासियों के यहाँ सामान्य तरीके से प्रस्तुत हुआ है। संथाल और मुण्डाओं में प्रचलित है कि किसी योगी ने दशरथ को चार आम दिये थे। रानियाँ इन्हें खाकर गर्भवती हुईं। ये जंगल में रहने वाले रामकथा के विभिन्न पात्रों से अपने खून के रिश्ते का उल्लेख करते हैं। जैसे सिंहभूमि के भुइयाँ अपने को हनुमान के वंश वाला मानते हैं। असम के कारबी बाली और सुग्रीव से अपने रक्त का रिश्ता जोड़ते हैं। उसी तरह रायपुर के गोंड अपने को रावण से जोड़ते हैं। और केरल के उल्लाटर वाल्मीकि से रिश्ता जोड़ते हैं। असम के तीवा आदिवासी अपने को सीता की सन्तान बताते हैं। उड़ीसा की बोंड़ा जनजातियों में माना जाता है कि कोट कुट के पास सीताकुण्ड में सीता कपड़े उतारकर नहा रही थीं। तभी उन्हें गाँव की लड़कियों ने देखकर हसउआ किया था। बताते हैं कि सीता ने श्राप दिया था कि अब तुम सब लोग नंग-धड़ंग घूमोगी और फिरोगी। मध्य प्रदेश में प्रजा और जुआंग जैसी जंगल में रहने वाली जातियों में लगभग इसी से मिलती-जुलती कहानियाँ प्रचलित हैं। अरुणाचल में शोंग गूम नामक एक पहाड़ है, जो तिरछा है। मिश्मी जनजाति की मान्यता है कि लक्ष्मण के शक्ति-बाण लगने पर हनुमान उस दवाइयों वाले पहाड़ को ले गये थे। चिकित्सा कराने के बाद लापरवाही की वजह से उन्होंने इसे यहाँ तिरछा ही छोड़ दिया था। तभी से यह तिरछा खड़ा है। डॉ. रमानाथ त्रिपाठी ने लिखा है कि—''वनवासियों की रामकथा में उनके जीवन की झलक है। इन्होंने भी रामकथा को अपने परिवेश के अनुसार ढाला है। मध्य प्रदेश की कोरबा जनजाति की रामकथा में राम उन्हीं की तरह जूम की खेती करते हैं अर्थात् जंगल में आग लगाकर उसकी भस्म में अन्न के बीज बोते हैं। फिर फसल काटकर आगे बढ़ जाते हैं। बिर्होर जाति की कथा में सीता गोबर से आँगन लीपते समय बायें हाथ से धनुष उठा लेती हैं। आसाम की कारबी जनजाति की कथा में सीता पीठ पर बँधी टोकरी में भात और लाओ पानी (शराब) रखकर खेत पर काम कर रहे किसान पिता जनक को देने जाती है। मुण्डा जनजाति के बुद्ध

बापू की रामकथा विषयक कविता में सीता जब गूलर के पेड़ के नीचे बकरी चरा रही थीं, तब रावण उनका हरण करता है।'' (भारतीय रामकथा का स्वरूप विकास, पृ. 36)[17]

गोंडों के यहाँ प्रचलित एक मिथ कथा में बताया गया है कि मेघराजा और मेघरानी के यहाँ दो लड़कियाँ थीं—सूरज और चन्द्रमा। चन्द्रमा खूबसूरत थी, इसलिए लक्ष्मण को लमसेना के रूप में उसकी नौकरी के लिये लगाया गया। इससे सूरज नाराज़ हो गई, क्योंकि वह सुन्दर नहीं थी। इस कथा में बताया गया है कि सूरज ने किसी तरह चन्द्रमा के गहने पहन लिये और चन्द्रमा का सिर काट डाला, क्योंकि उसको डर था कि चन्द्रमा का सिर फिर जुड़ जायेगा इसलिए उसके टुकड़े-टुकड़े कर डाले। इधर लक्ष्मण ने देखा कि उसकी पत्नी को कई टुकड़ों में काट डाला गया है। लक्ष्मण ने उसके माता-पिता और उसकी बहन से झगड़ा किया कि मेरी शादी कर दो। मेघराजा और मेघरानी ने उसे अपनी कुँवारी लड़की दे दी। उस लड़की को बाँस के भीतर रख दिया।

कथा इस प्रकार है—''हम तु हें अपनी लड़की देते हैं। उसे अपने घर ले जाओ पर जब तक तुम अपने घर के भीतर न हो जाओ, तब तक बाँस नहीं खोलना। लक्ष्मण ने कहा तुमने हमारी शादी की तैयारी नहीं की है, और अब तुम मुझे बाँस का एक टुकड़ा दे रहे हो। मैं इसे नहीं ले जाऊँगा, फिर माता-पिता ने एक छोटा-सा मण्डप बनाया और लक्ष्मण को हल्दी-तेल लगाया। खोखले बाँस को उन्होंने लड़की के कपड़े पहनाये और उसे तथा लक्ष्मण को साथ करके खम्भे के चक्कर लगाये। जब वह अपनी पत्नी के साथ जा रहा था, तब वह अपनी नव-विवाहिता को देखने से अपने को रोक नहीं पाया। इससे वह लड़की बाहर निकलकर आ गयी और बिजली बनकर आकाश में लुप्त हो गई। लक्ष्मण ने घास का धनुष-बाण बनाया और उसका पीछा करने लगा। बादल की गर्जना उसके लगातार पीछा करने से पैदा होती है।'' (मिथ्स ऑफ़ मिडिल इण्डिया, वेरियर एल्विन, अनुवाद—डॉ. सुरेश मिश्र, चौमासा, जुलाई-अक्टूबर, 2000, पृ. 115)[18]

वेरियर एल्विन ने एक कथा का और जिक्र किया, जो आदिवासियों के यहाँ प्रचलित है। कथा ल बी है, उसका एक अंश यहाँ प्रस्तुत है—''एक रात जब राम और सीता साथ-साथ लेटे हुए थे तो सीता ने लक्ष्मण के बारे में बड़े दुलार से चर्चा की। उसने कहा—'वह वहाँ अकेला सो रहा है, ऐसी क्या बात है कि वह औरत से दूर रहता है? वह शादी क्यों नहीं करना चाहता?'' इससे राम का दिमाग संदेह से चौंकन्ना हो गया। सीता आराम से सो गई, पर राम सोचता रहा। इसलिए वह रातभर जागता रहा। दूसरे दिन सुबह लक्ष्मण को उसने अपने सुनसान महल में भेजा और अचानक उससे पूछा—'क्या तुम सीता को प्यार करते हो?' लक्ष्मण ने पीठ फेर ली और मुश्किल से अपने भाई की तरफ़ देख सका। वह शर्म में डूबा हुआ बहुत देर तक जमीन पर टकटकी लगाये रहा।'' (वही, पृ. 117)[19]

इस कथा में यह भी बताया गया है कि लक्ष्मण कुल्हाड़ी लेकर जंगल चला गया, उसने बारह पहाड़ों के जंगल काटे। वहाँ से लकड़ी लाया, लकड़ी के ऊपर चढ़कर चिल्लाया कि लकड़ी में आग लगाओ यदि मैं शुद्ध, पवित्र और निष्कपट हूँ तो नहीं जलूँगा। जब आग लग गई तो राम, सीता और अन्य लोग देखते रहे। यहाँ यह भी उल्लेख है कि लक्ष्मण ने अपने भाई को छोड़ दिया, राम ने बहुत मनाया, लेकिन लक्ष्मण नहीं माने। सीता ने भी कोशिश की। एक बार वह लोमड़ी बन जाती है, एक बार अंजीर का पेड़ बन गई, लेकिन सीता ने उसे नहीं छोड़ा। एक बार वह तम्बाकू के पौधे में बदल गई। अन्त में लक्ष्मण को पता चलता है कि यह तो भउजी के कपड़े हैं। प्रगट होकर सीता ने कहा कि तुम मेरे कपड़े उतारने की क्यों कोशिश कर रहे थे। तात्पर्य यह कि लक्ष्मण ने अनेक परीक्षाएँ दीं। ऐसे तमाम मिथ मिल जाते हैं।

एक मिथ और है कि लंका के युद्ध में रावण को हराने के बाद राम ने अपनी सेना को एक भोज दिया। महादेवन पार्वती ने भोजन परोसा। पार्वती और महादेव ने नीची जाति के एक मंग जो गवइयों का काम करती है और बैलों को

बधिया बनाती है, उसकी तरफ ध्यान दिलाया। राम ने उस मंग लड़के को पवित्रता भंग करने के अपराध में हत्या कर दी। बताते हैं कि मारे गये लड़के की माँ अपने बेटे का सिर उठा ले गई और उसे फिर जीवित करने का प्रयास किया, इसलिए मंग औरत को हटाने को कहा जाता है जो सूर्य और चन्द्रमा के पास बेटे को जीवित करने के लिए गई थी। कथा यह बताती है कि उसी माता की टोकरी की छाया के कारण ग्रहण होता है।

आदिवासी समाजों में रामकथा के जो रूप मिलते हैं, उन्हें पूरी तरह तो व्यक्त नहीं किया जा सकता अंशत: उसके कुछ नमूने प्रस्तुत किये जा सकते हैं। श्री रामनिवास शुक्ल ने बघेलखण्ड के आदिवासी समूहों में जाकर एक शैला गीत प्राप्त किया था। उसे आकाशवाणी रीवा में शशिकुमार पाण्डेय द्वारा गाया जाता है—

सिया हरे रावन जाय, सिया रोमैं रथ पर बइठे।
रुदन सुना जब गीध जटायू, रथ पर पहुँचा जाय-सिया रोमैं रथ पर बइठे।
केखरि आहू बारी रे दुलारी
केखरि बहुआ कहाय-सिया रोमैं रथ पर बइठे।
राजा जनक केरि बारी रे दुलारी
दसरथ बहुआ कहाय-सिया रोमैं रथ पर बइठे।

रामकथा के जो रूप बघेली प्रक्षेत्र के आदिवासियों में मिलते हैं, वे व्यवस्थित तो नहीं हैं। मौखिक रूप में यात्रा करते-करते उनके प्रसंग भी बदल गये हैं, लेकिन रामकथा के प्रचलित रूपों से वे किंचित भिन्न हैं। डॉ. भगवती प्रसाद शुक्ल ने अपनी पुस्तक 'बघेली भाषा और साहित्य' में उसका विधिवत जिक्र किया है। वह इस प्रकार है—"अमरकण्टक और मण्डला की गोंड जातियों में एक कथा से स्पष्ट है कि आर्य संस्कृति के प्रतीक राम को आदिवासी नीची दृष्टि से देखते हैं। इस कथा में लछिमनजती किंगरी बजाते हैं और ब्रह्मचर्य व्रत से रहते हैं। एक दिन किंगरी की ध्वनि से आकृष्ट होकर इन्द्रकामिनी उनके पास जाती है, लछिमनजती के प्रहरी सिंह, भेड़िया, रीछ, बन्दर और सर्प को उनकी खाद्य सामग्री देकर वह वहाँ पहुँच जाती है, जहाँ जती का निवास है। इस साधु को देखकर वह काँप गई, पर उसने प्रेम-प्रदर्शन किया। साधु समाधिस्थ था। उसके ऊपर इन्द्रकामिनी का प्रभाव न पड़ा। न वह हिला, न डुला। इन्द्रकामिनी ने इसे अपना अपमान समझा। उसने बदला लेने का निश्चय किया। उसने लछिमनजती के बिस्तर पर लेटकर उसे इधर-उधर कर दिया और अपने कान का एक आभूषण वहीं छोड़कर चली आयी। जब सुबह सीता अपने ब्रह्मचारी देवर के पास भोजन देने गयीं, तो जो कुछ देखा आश्चर्य हुआ। वह अविल ब घर लौट आयीं और राम से सब कहा। राम वहाँ गये और लौटकर गाँव की सभी स्त्रियों को तथा मुकद्दम को बुलवाया। वह कर्णाभूषण सभी को दिखलाया और कहा कि जिस स्त्री के कानों में यह ठीक हो जायेगा, उसी से लक्ष्मण की शादी होगी; पर वह किसी के ठीक न हुआ। यद्यपि सभी स्त्रियाँ कल्पना कर रहीं थीं कि यदि यह आभूषण हमारे ठीक हो जाता, तो लक्ष्मण जैसे सिद्ध जती से शादी हो जाती। अन्त में वह आभूषण सीता को पहनाया गया। वह उनके ठीक हुआ। इस पर राम लक्ष्मण के ऊपर क्रोधित हो उठे और कहा कि वह हमारी स्त्री को हड़पना चाहता है। उन्होंने लक्ष्मण को अग्नि-प्रवेश की आज्ञा दी, पर वे न जले और एक नवजात शिशु भी न जला, जिसे लेकर उन्होंने अग्नि-प्रवेश किया था। फिर भी राम को संतोष न हुआ। उन्होंने जैतपुर के सभी गोंडों को एकत्र किया और वहीं के जंगल से लकड़ी कटवाकर आग लगवा दी। उसी में लक्ष्मण को झोंक दिया। लछिमनजती इस अग्नि से भी बाल-बाल बच आये। राम के षड्यन्त्रों से दुखी होकर जती ने कहा कि—'मैं काले नाग के साथ रह लूँगा, पर तु हारे साथ नहीं रह सकता।'... यह कहकर वे चले गये और सचमुच एक काले नाग के साथ रहने लगे। उसने अपनी पुत्री का विवाह इनसे

कर दिया। जंगणा (ब्यौहारी तहसील, जिला शहडोल, म.प्र. का एक गाँव) के गोंडों में प्रचलित इस स बन्ध की एक कथा में इन्द्रकामिनी के स्थान में सीता ही लछिमन का व्रत भंग करने आयी थी।'' (पृ. 19-20)[20]

यह बात सही है कि शिष्ट समाजों में इस तरह की न तो कोई धारणा है और न ही ऐसा सोचा जाता है। एक प्रसंग यह भी है कि सीता-हरण के पश्चात् अंगद व सुग्रीव ने राम से आभूषण पहचानने को कहा। लक्ष्मण इनकार करते हैं। वे कहते हैं कि मैं सीता माता के चरणों में पहने हुए आभूषणों को ही पहचान सकता हूँ। लक्ष्मण का कहना है—''नाहं जानामिकेयूरे, नाहं जानामि कुण्डले/ नूपुरे त्वभिजा नामि, नित्यं पादामि वन्दनात।'' वे कहते हैं कि मैं केवल सीता भाभी के पाँवों के नूपुर अर्थात् घुँघरू को ही पहचान सकता हूँ, इसके अलावा नहीं। इन्हें मैंने देखने का कभी प्रयास ही नहीं किया। इसे अतिरंजना न समझा जाये। आदिवासी समूहों में जो प्रचलित गाथा है, उसका आधार अपना है। इसका रिश्ता शिष्ट समाजों से प्राय: नहीं है। आदिवासी समूहों में भाभी के साथ स बन्धों को बहुत अन्यथा नहीं लिया जाता था।

डॉ. शुक्ल ने एक दूसरी कथा का जिक्र किया है, वह इस प्रकार है—''आदिवासियों के गीतों और कथाओं में राम का यह रूप किंचित भिन्न है। एक गीत में दशरथ सभा में बैठे हैं, उनका पाग गिर गया है, वे सम्हालने लगे। इससे उन्हें नहविष लग गया। सिर में दर्द उठा, पोर-पोर में फैल गया। प्रयास हुआ, औषधियाँ दी गईं पर अच्छा न हुआ। राम ने कोई औषधि नहीं दी। कैकेयी ने सुना तो जंगल से एक जड़ी ले आई, उसे कूटकर लगाया, तो विष शान्त हो गया और पीड़ा समाप्त हो गई। इस पर दशरथ ने राम को वनवास और कैकेयी-पुत्र भरत को राज सौंप दिया।'' यह कथा भी स य और अन्य समाजों में नहीं है। आदिवासी समूह की प्रचलित कथा से भी इसका कोई लेना-देना नहीं है क्योंकि आदिवासी समूहों में कोई छल-छद्म नहीं है। जो कुछ भी है सीधा-सच्चा और उनके समयों में जिस रूप में आया है, वही वहाँ प्राप्त होता है। उसे उसी रूप में देखा जाना चाहिये। हनुमान जी के बारे में बघेली आदिवासी जीवन में वि यात है कि वे राम के भक्त भी हैं और सेवक भी। आदिवासी लोकगीतों में इनका बंसी बजाना प्रसिद्ध है। यह भी माना जाता है कि इन्होंने एक राजा के लड़के को भगवान विष्णु से मिलाने में सहयोग दिया था। आदिवासी संस्कृति में किंवदन्तियों का बहुत महत्त्व है। वे राम, शिव-पार्वती, देवी-देवताओं और अन्यों के बारे में तरह-तरह से सोचते-विचारते हैं।''

आदिवासियों की एक दूसरी कथा में बताया गया है कि—''राम को लक्ष्मण पर अविश्वास था, क्योंकि इन्द्रकामिनी का वह कर्णाभूषण, जो लछिमनजती के पास वह छोड़ आई थी, केवल सीता के कानों में ठीक बैठा। राम ने लक्ष्मण को अपना शत्रु माना और ज़िन्दा जलाने की कोशिश की, पर लक्ष्मण भाग निकले। उन्होंने राम के साथ रहने की अपेक्षा एक सर्प के साथ रहना ठीक समझा। बारह वर्ष की सेवा से प्रसन्न होकर सर्प ने उनसे अपनी लड़की ब्याह दी। पर लक्ष्मण की असावधानी से वह लड़की असमय में विलीन हो गई।'' (वही, पृ. 354)[21]

तीसरी एक अन्य कथा में जिक्र आया है—''पौराणिक गाथाओं का रूप भी इन गीतों में मिलता है—राम का सोने की छड़ी लेकर चलना, हनुमान का बंसी बजाना और सोलह सौ सखियों से लंका में घेरना, सीता-लक्ष्मण का प्रेम, राधा-यशोदा की लड़ाई और कृष्ण का राधा को पीटना ऐसे ही उदाहरण हैं।'' (वही, पृ. 15)[22] रामकथा के विभिन्न रूप आदिवासी समूहों में प्रचलित हैं। इन सभी पाठों में बहुत भिन्नता भी मिलती है। रामकथा की इतनी मौखिक पर पराएँ हैं, जिसकी वजह से आसानी से आप किसी निर्णय पर नहीं पहुँच सकते। डॉ. शुक्ल लछिमनजती के सन्दर्भ में जिस कथा को उद्धृत करते हैं, उसका अपना आधार होगा। अपने एक लेख में अवधेश मिश्र ने बताया है कि—''बैगा जनजाति के मौखिक महाकाव्य 'लक्ष्मणजती' में अग्निपरीक्षा प्रसंग वाला दृश्य संयोजन अलग रूप में मिलता है।'' ताज्जुब है कि इसमें अग्निपरीक्षा सीता की न होकर लक्ष्मण जी की होती है और वे यह भी सूचित करते हैं कि कालान्तर में लक्ष्मणजती

धरती में प्रवेश कर जाते हैं। इस लेख में एक सूचना यह भी है कि लक्ष्मणजती मौखिक काव्य में लक्ष्मण राम से ज़्यादा महत्त्वपूर्ण भूमिका में हैं। और शूर्पणखा जैसी स्थिति इन्द्रकामिनी निभा रही है। यह रामकथा का स्थानीय कृत रूप माना जा सकता है। ''इन्द्र की एक अप्सरा इन्द्रकामिनी के षड्यन्त्र से राम को विश्वास हो गया कि सीता एवं लक्ष्मण के बीच अवैध स बन्ध हैं। इन्द्रकामिनी लक्ष्मण पर अनुरक्त थी किन्तु लक्ष्मण, जो एक ब्रह्मचारी का जीवन व्यतीत कर रहे थे, उसका प्रेम ठुकरा चुके थे। लक्ष्मण ने अग्निपरीक्षा द्वारा स्वयं को निर्दोष साबित करने का प्रस्ताव किया। राम ने इस चुनौती को स्वीकारा एवं बारह कमारों (लोहारों) से आग का एक वृत्त बनवाया, लक्ष्मण एक नवजात ब्राह्मण शिशु को गोद में लेकर इस वृत्त को पार कर गये। दुबारा राम ने जंगल की लकड़ियों का एक अग्निवृत्त बनवाया, लक्ष्मण इसे भी पार कर गये। अब राम को लक्ष्मण की शुचिता पर यकीन हो गया। किन्तु लक्ष्मण ने दुखी होकर पृथ्वी माता से शरण माँगी। पृथ्वी माता ने अपना हृदय खोल दिया एवं लक्ष्मण उसमें समा गये।'' Mahendra Kumar Mishra, Infulence of Ramayan on the folk lore of Central India, p. 24, उद्धृत अवधेश मिश्र के लेख से, पृ. 135)[23]

मिथकों में बड़ी शक्ति होती है, उसी तरह लोकाचारों में और लोक में प्रचलित मान्यताओं में भी, इसीलिए हमारे रचना-संसार में मिथकों की जबरदस्त भूमिका भी होती है। इतिहासज्ञ और पुरातत्त्ववेत्ता श्री एच.डी. साकलिया ने रामायण पर पुनर्विचार करते हुए देवर-भाभी के स बन्धों पर एक तथ्य प्रस्तुत किया है—''बड़े भाई की पत्नी पर छोटे भाई के अधिकार को मान्यता देने वाला लोकाचार... जब लक्ष्मण राम की सहायता को जाने से हिचकते हैं (मारीच-प्रसंग) तो सीता उन्हें डाँटती है—तुम मुझसे विवाह नहीं कर पाओगे (राम की मृत्यु के बाद)। स भवतः यह सामान्य व्यवहार था कि यदि बड़े भाई की मृत्यु हो जाती थी, तो छोटा भाई उसकी पत्नी को विवाह के माध्यम से प्राप्त कर सकता था।'' (वही, पृ. 135-36)[24]

हमारे लोकजीवन में और हमारे मिथकीय संसार में अनेक प्रकार के सन्दर्भ और प्रसंग आते हैं। फ़ादर कामिल बुल्के ने अपनी प्रसिद्ध पुस्तक 'रामकथा' में भारतवर्ष में प्रचलित सभी प्रकार की रामकथाओं को सन्दर्भ के अनुसार उद्धृत किया है। उसमें दो प्रकार के रूप मिलते हैं—एक तो लिखित रूप जो संस्कृत, कन्नड़, तमिल, तेलुगु, असमिया, कृतिवासी रामायण, आनन्द रामायण आदि तथा विदेशों तक में प्रचलित रामकथा को देखते-परखते हुए बहुत सारे प्रसंग रखे हैं। इस पुस्तक में रामकथा के मौखिक सन्दर्भों को भी उन्होंने रेखांकित किया है। ये दन्तकथाएँ भिन्न-भिन्न रूपों में प्रचलित हैं, जिसमें शबरी-विषयक दन्तकथाएँ, बोड़ो जाति में सीता-त्याग के सन्दर्भ में धोबी की कथा का अपरिष्कृत रूप पाया जाता है। उसी तरह कोराँव जाति में लंकादहन की कथा भी नये रूप में प्रचार में है। उसी तरह विहार और बंगाल की संथाल आदिवासी जाति समूहों में एक प्रचलित रामकथा के अनुसार गुरु की आज्ञा से आम खाकर दशरथ की पत्नियों का गर्भवती हो जाना, रावण-वध के बाद लौटकर राम का संथालों के यहाँ रहकर एक शिव मन्दिर का बनवाया जाना तथा रोज़ाना सीता के साथ पूजा का विधान होना। इसी के साथ यह भी सूचित है कि हनुमान राम के बाण के सहारे समुद्र पार करते हैं तथा लंका दहन के पश्चात् अपना मुँह जलाकर काला कर लेते हैं। आदिवासियों के बीच प्रचलित डॉ. डब्ल्यू रूबेन ने छोटा नागपुर की 'असुर' नामक जाति में प्रचलित दन्तकथा का उल्लेख किया है, जिससे ज्ञात होता है कि आदिवासी जातियों की भाँति असुरों के यहाँ भी सीता की खोज करते समय राम बगुले को दण्ड देते हैं। रामकथा हमारे देश में एक विशाल मिथकीय घटना है। प्रायः हमारे देश की हर भाषा और यहाँ की हर बोली में रामकथा के कोई न कोई चिह्न ज़रूर मिलते हैं। कभी वे रूपसंगत हैं और कभी वे रूपअसंगत हैं। समूची वास्तविकताओं के बावजूद उनकी स्थिति ज़रूर है। आदिवासी समूहों में उनकी उपस्थिति है। उसे उसी नज़र देखा जाना चाहिए।

अनुसन्धानों से मालूम पड़ता है कि हमारे मिथकीय संसार में रामकथा को अनेक तरह से चित्रित किया गया है। बघेली अंचल में एक कजरी आदिवासियों में प्रचलित एवं प्रसिद्ध है, जिसमें कुछ असर पूर्वी का भी दिखाई पड़ता है—

लछिमन कहाँ जानकी होइहैं, ऐसी विकट अँधेरी ना,
सोने का लोटा गंगाजल पानी, लछिमन कहाँ जानकी होइहैं ऐसी
सोने की थाली मां जेवना परोसा, लछिमन कहाँ जानकी होइहैं ना।

रीमाईं, रिमहाई या बघेली संस्कृति और स यता में राम का अस्तित्व और राम की कथाएँ प्रचुर मात्रा में हैं। लेकिन इन कथाओं में, लोकगीतों में, लोक-आ यानों में लोक-पर पराओं में रामकथा के अनेक प्रसंग बहुतायत से मिलते हैं। मैं जब भी आकाशवाणी से लोकगीत सुनता हूँ या बघेली उत्सव देखता हूँ या कोई भी कार्यक्रम देखता हूँ तो राम के जीवन को विभिन्न रूपों में चित्रित करने के अनेक सन्दर्भ दिखाई पड़ते हैं। चाहे हमारा सामान्य जीवन हो, चाहे हमारे लोक-संस्कारों के लोकगीत हों, यात्रागीत हों अथवा खेती-किसानी के गीत हों या ऋतुगीत हों—उन सभी में रामकथा के बहुत मनोहारी चित्र आपको सहज ही दिखाई पड़ते हैं। बघेली समाजों में राम के जन्म से लेकर बाल्यकाल के गीतों में, विवाह गीतों में, वनगमन के सन्दर्भ में, राम-रावण युद्ध के सन्दर्भ में या सीता के निष्कासन के सन्दर्भ में अनेक प्रकार के लोकगीतों का प्रचलन है।

आदिवासी समाजों में विभिन्न मान्यताओं को लेकर शिष्ट समाजों में उनके कई तरह के प्रभाव स्पष्ट रूप से दिखाई पड़ते हैं। आदिवासियों को शिष्ट समाज अलग-अलग रूपों में आँकना चाहता है। इस सन्दर्भ में श्री गोमती प्रसाद विकल का कहना है—"आदिवासी और अनुसूचित जनजातियाँ दिन भर के श्रम के उपरान्त स्वेच्छा से नाच-गाने का आयोजन रात में करते हैं। स्त्री-पुरुष की समान भागीदारी रहती है। बघेलखण्ड में कोल और गोंड आदिवासियों में इस प्रकार के लोकनृत्य बहुधा पाये जाते हैं। ठाकुर गोपालशरण सिंह ने गोंडों के लोकनृत्य का मार्मिक चित्रण प्रस्तुत किया है। झूम-झूम कर गोंड पुरुष ए, गाते और बजाते/ देख नारियों की उमंग यह, और दंग हो जाते।" (बघेली संस्कृति और साहित्य, पृ. 60)[25] कोल आदिवासियों के यहाँ दादर गाने का रिवाज है जिसे कोलहाई दादर कहा जाता है। उत्सवों के अवसरों पर कोल-कोलिन दोनों मिलकर गाते-नाचते हैं। नगड़िया भी बजाई जाती है। कोलहाई दादर को हर जगह हर अवसरों पर गाया जाता है। इस लोकगीत में राम-लक्ष्मण के वनवास के दौर का प्रसंग है। बोल इस प्रकार हैं—"रामा लछन दूनौं भइया हो/ वंशी कौन बजाई/ चारि महीना बरसा रितु आई/ रामा लछन दूनौं भइया हो, बंगला कौन छवाई/ चारि महीना जाड़ा रितु आई/ रामा लछन दूनौं भइया हो/ सेजिया कौउन बिछाई/ रामा लछन दूनौं भइया वंशी कौन बजाई/ चारि महीना गरम रितु आई/ रामा लछन दूनौं भइया हो/ बेनिया कौन डुलाई/ रामा लछन दूनौं भइया हो/ वंशी कौन बजाई।"

जहाँ तक आदिवासी स यता और संस्कृति में रामकथा के पदचाप का सन्दर्भ है। ऐसे लोकगीत और ऐसी कथाएँ हैं, जिनका सीधा रिश्ता रामकथा से जुड़ता है। ये रूप पहले तो आदिवासी समूहों में प्राप्त होते रहे हैं। लेकिन अब यत्र-तत्र बहुत कम रूप में मिलते हैं। या यूँ कहें कि आदिवासी समाजों में आधुनिकीकरण का जो विराट स्वरूप आया है या तो उनके जानने वाले कम बचे हैं या उनका प्रभाव कम-से-कम होता जा रहा है। श्रीमती विनोद तिवारी मानती हैं कि—"वस्तुत: बघेली लोकगीत तो रामकथा की पृष्ठभूमि पर ही आधारित है। राम यहाँ के जनसमाज में ऐसे रम गये हैं कि कहीं बालक के रूप में दूध पीते हैं, कहीं आदर्श पति के दायित्व का निर्वाह करते हैं, तो कहीं परम ब्रह्म परमेश्वर के रूप में दिखाई पड़ते हैं। इसी तरह सीता कभी घर लीपती हैं, कभी पानी भरने जाती हैं और कभी वन के किसी वृक्ष की छाँव में

राम की स्मृति में डूबी दिखाई देती हैं। सीता-कथा का सर्वाधिक मार्मिक प्रसंग उनका वनवास-काल है। निष्कलुष सीता को उनके पति राम ने गर्भावस्था में वनवास दिया।'' (लोकगीतों का तुलनात्मक अध्ययन, पृ. 211)[26]

आदिवासियों द्वारा गाये जाने वाले कुछ लोकगीत इस प्रकार हैं। एक कोलहाई दादर, जिसे कोलदहंका भी कहा जाता है। सतना जिले के अतरबेदिया गाँव के कमला कोल ने उसे इस रूप में बताया था—

चल दादा राम बगइचा मां आये।
छीता लखन का हीं साथै लिबाये॥

एक दूसरा लोकगीत है करमा। वह श्री लल्लू सिंह धुर्वे परस्मनिया पठार के डोंगरिया गाँव से प्राप्त हुआ है। इस करमा में राम ने पूछा और लक्ष्मण ने उसका जबाव दिया—

राम- **मर जइहा भुखबा पियास।**
लउट जाउ लछिमन भइया॥
लक्ष्मण- **खाय का लइ ल्याब बासी कलेवा**
पियंइ का तु मा मां पानी
न लउटब हो हम भइया॥

श्रीमती रामवती आदिवासी द्वारा आकाशवाणी रीवा में गायी गई एक भगत में राम का स्पष्ट संकेत इस प्रकार है—

राजा के दुआरे पड़ा है हिंडोलना
तु हें बुलाये लछिमन राम हो मां

आदिवासियों में गाये जाने वाले लोकगीत भले ही दो-दो पंक्तियों के होते हैं, लेकिन इन्हें गाने के लिए आदिवासियों को एक-एक घण्टे का समय चाहिए। मैंने अपने गाँव के पास आदिवासियों द्वारा गाये हुए लोकगीतों के विभिन्न प्रकारों में देखा है कि गीत छोटे होते हैं, लेकिन इनको गाने में वे काफी समय लेते हैं। लोकगीतों का गायन आदिवासियों के यहाँ ज़्यादातर लोकनृत्यों के रूप में होता है, जिसमें करमा (झूमर, लंगड़ा, लंहकी, ठांढ़ा, रागनी आदि) उसी तरह जो शैला गाया जाता है, उसके भेद हैं (लहंकी, गोछमी, ढिमरा, शिकार, बैठकी, चमका, चक्रवार और डण्डा) उसी तरह सुआ अटारी, हिंगाला और नैनजुगानी आदि हैं। विंध्य प्रदेश के आदिवासी लोकगीतों के बारे में श्रीचन्द जैन ने अपनी पुस्तक में सूचित किया था कि—''इनकी कहानियाँ भी बड़ी मनोरंजक होती हैं। रात में अपने बच्चों को पास बैठाकर जब ये कथाएँ कहने लगते हैं, तो भयावह रातें भी सुखप्रद हो जाती हैं।''

जनजातीय वास्तविकताओं में जो स्थितियाँ घटती हैं, उनको देखने का रिवाज अलग तरह का है। अवधेश मिश्र ने उल्लेख किया है—''जनजातीय समूहों में जहाँ पूरा समाज लोकायन के सृजन, प्रदर्शन आदि में संयुक्त रहता है, वहाँ राम-लक्ष्मण जैसे पुरुष पात्रों का भी जनजातीयकरण हो गया है। बैगा जनजाति में प्रचलित लोक-महाकाव्य 'लक्ष्मणजती' का उदाहरण हमारे सामने है, जिसमें राम, लक्ष्मण एवं सीता बैगा जीवन-शैली ही नहीं अपनाते, अपितु बैगाओं के एक अति-प्रचलित विधान देवर-भाभी विवाह (Levirate) से भी नैतिक धरातल पर जूझते हैं।'' (लोक संस्कृति में प्रतिरोध, पृ. 130, स पादक—प्रकाश त्रिपाठी)[27]

मैं अपने प्रारम्भिक जीवन को याद करता हूँ, तो मेरे गाँव में आदिवासी समूह की एक जनजाति कोल मेरे गाँव के पड़ोस में रहती है। उस गाँव का नाम है झिरिया, जो मुख्यत: कोलों की ही बस्ती है। वे अनेक प्रकार के लोकगीत गाते थे, उनके कुछ गीतों में राम से बहुत नज़दीकी रिश्ता रहा है। वहाँ रहने वाले जो पुराने आदिवासी थे, वे ज़्यादातर

काल-कवलित हो चुके हैं। वहाँ के एक आदिवासी रमरजवा ने अपनी टोली के साथ दीवाली के दिन कई वर्षों तक हमारे गाँव जमुनिहाई में रतजगा किया। वे गीत भले ही दो-दो पंक्तियों के गाते थे जिनमें करमा, शैला, दीवाली के गीत, ददरिया और राम के सन्दर्भ में अनेक गीत हुआ करते थे। धीरे-धीरे यह प्रथा भी समाप्त हो गई। बघेलखण्ड में आदिवासियों का जो समाज और समूह है, उसमें रामकथा का प्रचलन कई रूपों में मिलता है, लेकिन उसका कोई लैखिक इतिहास हमें स्पष्ट रूप से दिखाई नहीं पड़ता। उसके छोटे-छोटे प्रसंग ही हमारे सामने आते हैं। बघेलखण्ड इलाके में रामकथा और उनका व्यक्तित्व कई रूपों में और कई सन्दर्भों में मिलता है। निर्गुण रूप में, अयोध्या के राजा राम के रूप में, और कहीं राम के सामान्य आदमी के रूप में। राम के जीवन का यही सामान्य रूप आदिवासियों के जीवन में रचा-बसा है। रामकथा के सभी स्रोतों में प्रसिद्ध है कि राम-सीता और लक्ष्मण बारह वर्षों तक चित्रकूट में सामान्य आदमी की तरह आदिवासियों के साथ रहे हैं। उन्हें अपना मित्र भी बनाया, उनके साथ कोलों, किरातों, निषादों और वानरों जैसी वन्य जातियों के साथ सहभागिता भी रही। राम को इन सभी का कदम-कदम पर साथ मिला। मुझे लगता है कि जनजातियों ने राम के व्यवहार के कारण अपनत्व के कारण उन्हें हमेशा वांछित सहयोग किया। यहाँ राम-सीता का चित्रण राजा-रानी के रूप में नहीं है, एक सामान्य आदमी की तरह है जो सब लोगों के साथ घुल-मिल जाते हैं।

बघेलखण्ड अंचल की प्रसिद्धि इसी सन्दर्भ में भी हमेशा की जाती है। यहाँ आदिम जातियों का अखण्ड निवास रहा है। जैसी कि मान्यता है कि लक्ष्मण के नाम से रीवा की राजगद्दी बान्धवगद्दी के नाम से जानी जाती है। बघेलखण्ड में राजा राम के स्थान पर वनवासी राम की लोकप्रियता कहीं ज़्यादा है। रामकथा के रूप में जो लोकगीत, छुटपुट कथाएँ मिलतीं हैं—उनमें दशरथ, कौशल्या, कैकेयी, राम-सीता, लछिमन और हनुमान जैसे चरित्र मिलते हैं, बाकी पात्रों का उल्लेख तो यूँ भी बहुत कम मिलता है और इनका सन्दर्भ भी कम आता है। राम के जनजीवन में आदिवासी समाजों का स भवत: इसीलिए बड़ा महत्त्व रहा है। यह तुष्टीकरण का मामला नहीं है। यह एक सहज प्रक्रिया है। बहुत बड़े साक्ष्य तो उपलब्ध नहीं होते लेकिन छुटपुट ऐसी किंवदन्तियाँ हैं कि यहाँ के जनजातीय जीवन में यहाँ के आदिवासियों में, यहाँ के रीति-रिवाजों में और इनके बीच प्रचलित लोक-विश्वासों में, कार्य-व्यवहारों में रामकथा के असं य स्रोत हैं। हालाँकि ये स्रोत पुराने आदिवासियों के जीवन में ज़्यादा घने हुआ करते थे। अब तो उसके कुछ अवशेष ही यदा-कदा मिलते हैं। कुछ लोकगीतों की कुछ पंक्तियाँ यहाँ देखी जा सकती हैं—

1. जल भरन सीता जी चलीं, घूँघुर पग बाजैं।
2. बड़े भैया लिहिन कमान, लहुर भइया कुकुर डोरियान।
3. सिया सुकुमार वने कइसे जईहीं।
4. रामा चले हईं अहेरे, लखन चाले पाछे।

आदिवासी जीवन में जैसे पेड़-पौधों का बहुत महत्त्व है, नदी, पर्वत, जंगलों, खाइयों, खड्डों, वन्य-जीवों और वन के संसार का महत्त्व है, उसी तरह आदिवासी जीवन में शिकार का भी बहुत महत्त्व है क्योंकि यह उनका रोज़मर्रा का कार्य-व्यवहार है। पौराणिक पात्र तो वहाँ हैं ही, जैसे—शिव-पार्वती, कृष्ण की कथाओं के अलावा रामकथा के अनेक सन्दर्भ यहाँ सहज ही मिल जाते हैं। ऐसा लगता है कि पूर्वी हिन्दी के प्रभाव की वजह से राम का जनजीवन पूर्वी हिन्दी की तमाम बोलियों में बहुतायत से मिलता है जिसमें राम, लक्ष्मण, सीता, कौशल्या, दशरथ आदि उपस्थिति होते हैं। एक करमागीत प्रस्तुत है, जिसमें राम-लक्ष्मण के शिकार का मनोहारी वर्णन है। यहाँ राम-लक्ष्मण को धनुष धारण करने वाले के रूप में चित्रित नहीं किया गया बल्कि वे कुत्ता और तुपुक के साथ शिकार खेलने जाते हैं। कुछ पंक्तियाँ द्रष्टव्य हैं—

बड़े भइया लीन्हिन छोटकी तुपुकिया
छोटे भइया कुकुर डोरियान
रामा चला ले बान।
हर्रा के ओट, बहेरा के छहियाँ
हिरना कान डोलावै
हेरे के तुपुकिया तीन दाग दागिन
धरती मां मिरगा अर्रान।

रामकथा के सन्दर्भ में यह लोकगीत बघेलखण्ड में प्रचलित है। उनमें छत्तीसगढ़ी समाज की छाप भी आपको कभी-कभार मिल जायेगी। राम-लक्ष्मण शिकार खेलने गये। किसी समूचे गाँव में देखा गया। राम चलाले वन पारदी। राम ने लक्ष्मण को समझाया कि लक्ष्मण जंगल घना है और भयावह है, तुम लौट जाओ। किसी विकट परेशानी में फँस जाओगे। दूसरी बार यह भी समझाया कि धूप बहुत तप रही है, तुम फालतू में तप जाओगे। लेकिन लक्ष्मण ने उनकी आज्ञा न मानते हुए भाई के सहज प्रेम के कारण वे फिर भी नहीं लौटे। बहुरा तु बहुरा लछमन, भाय वन है रे/ घास तपै सुरुज सिरि आये बहुरा भाय। सीता जी ने भी कहा लक्ष्मण कुछ तो कलेवा कर लो। ''बहुरा तु बहुरा लछमन देवरा मर जइहा भुखन पियास/ खाइका का लइल्या बासी कलेवा, पियइ का पानी/ बड़े भइया लिहिन तुपुक बान, छोट भइया कुकुर डोरियान/ राम चलाले बान पारदी।'' बड़े भाई ने तुपुक तीर लिया, छोटी-सी डोरी में बाँधा, कुत्ता पकड़ा और दोनों शिकार के लिए निकल पड़े। एक वन नाकिन, दुसर वन नाकिन, तिसरे मां पहुँचे जाय/ एक वन चलिन, दूसर वन पार किहिन तब तिसरे वन मां मिरगा दिखान। राम तो तीरन्दाज हैं मिरगा हर्रा, बहेरा की ओट में छिपा बैठा है। राम ने देख लिया। हर्रा के ओट बहेरा छहियाँ मिरगा कान डोलावै। हेर कै तुपुकिया छाती मां तीन दागिन/ मिरगा पड़ा अर्रान।

यह विवेचन यहीं समाप्त नहीं होता, इसके अनेक पक्ष स भव हो सकते हैं। आदिवासी जीवन में रामकथा के सूत्रों, किंवदन्तियों, कथाओं, लोकगीतों और लोककलाओं में अनेक भिन्नताएँ हैं। बहुत दूर न जाकर मैं मध्य प्रदेश आदिवासी लोककला परिषद द्वारा आदिवासियों के साहित्य, सभ्यता, संस्कृति, जीवन और कलाओं के बारे में सोचूँ तो यह ज़रूर लगेगा कि प्राय: हर क्षेत्र में वहाँ काम सम्पन्न किये गये हैं। जातियों-उपजातियों के समूहों का साहित्य, वहाँ प्रचलित मान्यताएँ और उनके जीवन में व्याप्त लोककलाएँ विभिन्न रूपों में वहाँ संकलित की गई हैं, उन्हें संरक्षित रखने के भी प्रयास हुए हैं। सभी जनजातियों के मध्य रामकथा के जो रूप प्रचलित हैं, चाहे उनके जनजातीय गीत हों, कहावतें हों, लोककथाएँ हों, मूर्तिकला हो या चित्रकला हो—इन सभी में भिन्न-भिन्न कोणों से राम की उपस्थिति मिल जाती है। यह अकारण नहीं है। हाँ, शिष्ट समाजों में प्रचलित रामकथा और आदिवासी समूहों में प्रचलित रामकथा के प्रसंगों में एक अन्तर ज़रूर दिखाई पड़ता है। उसकी वजह यह है कि आदिवासियों में रामकथा की सहजता और स प्रेषणीयता है तथा आदिवासी समूहों का रामकथा से जो रिश्ता है, वह बराबरी का है, साथीपने का है। तभी वे रामकथा के विभिन्न रूपों और चरित्रों को बिना किसी लाग-लपेट के व्यक्त कर पाये। आदिवासियों का समाजशास्त्र शिष्ट जातियों के समाज से कई रूपों में भिन्न है। आदिवासी जीवन की व्ययथायें आदिवासी पढ़े-लिखे लोगों में भले ही कुछ कम हुई हैं, लेकिन अधिकांश आदिवासी जीवन अभी भी शोषण, उत्पीड़न और भयावह आतंकों तथा हाहाकार के कुचक्रों में है। विकास की जो हवाएँ बह रही हैं, उनका लाभ उन्हें अभी भी ठीक से नहीं मिल पा रहा है। ग्रेस कुजुर की काव्य-पंक्तियाँ हैं—''करोड़ों साल में बने/इन पर्वतों को/ फिर-फिर तोड़ा है/ और कुँवारी हवाओं को हर बार छेड़ा है/

जिसके धूल कणों में।'' आदिवासियों की रामकथा में प्रचलित इतने विस्तृत संसार में जो प्रश्न अभी भी अनुत्तरित हैं, उन्हें हमें खोजना होगा। शिवकुमार अर्चन के शब्दों में—

कोई तरस रहा उजियारे को
कोई सूरज बाँधे सोता है
ऐसा भी होता है।

सन्दर्भ

1. रांगेय राघव, कब तक पुकारूँ, पृ. 107.
2. संजीव, धार, पृ. 165.
3. गंगा सहाय मीणा (सम्पादक), आदिवासी साहित्य विमर्श, पृ. 165.
4. गंगा सहाय मीणा (सम्पादक), आदिवासी साहित्य विमर्श, पृ. 12.
5. डॉ. रमेश कुन्तल मेघ, खिड़कियों पर आकाशदीप, पृ. 61.
6. राहुल सांकृत्यायन, हिन्दी साहित्य का वृहद् इतिहास, भाग-16, पृ. 258-59.
7. श्यामाचरण दुबे, समय और संस्कृति, पृ. 65.
8. महावीर अग्रवाल (सम्पादक), सापेक्ष, अंक, दिस बर-1986, पृ. 57.
9. आदिवासी अस्मिता और विकास, पृ. 166.
10. महावीर अग्रवाल (सम्पादक), सापेक्ष, लोक संस्कृति पर केन्द्रित अंक, दिस बर, 1986, पृ. 59.
11. रति सक्सेना, रंगायन, जनवरी-मार्च, 1999, पृ. 30.
12. श्यामाचरण दुबे, समय और संस्कृति, पृ. 66.
13. रामधारी सिंह दिनकर, संस्कृति के चार अध्याय, पृ. 102.
14. फ़ादर कामिल बुल्के, रामकथा.
15. स पादन, हिन्दी साहित्य कोश, पृ. 451.
16. फ़ादर, कामिल बुल्के, रामकथा, पृ. 182 84.
17. भारतीय रामकथा का स्वरूप विकास, पृ. 36.
18. मिथ्स ऑफ़ मिडिल इण्डिया, वेरियर एल्विन, अनुवाद—डॉ. सुरेश मिश्र, चौमासा, जुलाई-अक्टूबर, 2000, पृ. 115.
19. मिथ्स ऑफ़ मिडिल इण्डिया, वेरियर एल्विन, अनुवाद-डॉ. सुरेश मिश्र, चौमासा, जुलाई-अक्टूबर, 2000, पृ. 117
20. भगवती प्रसाद शुक्ल, बघेली भाषा और साहित्य, पृ. 19-20.
21. वही, पृ. 354.
22. वही, पृ. 15.
23. Mahendra Kumar Mishra, Infulence of Ramayan on the folk lore of Central India, उद्धृत अवधेश मिश्र के लेख से, पृ. 135.
24. वही, पृ. 135-36.
25. गोमती प्रसाद विकल, बघेली संस्कृति और साहित्य, पृ. 60.
26. डॉ. श्रीमती विनोद तिवारी, लोकगीतों का तुलनात्मक अध्ययन, पृ. 211.
27. प्रकाश त्रिपाठी (सम्पादक) लोक संस्कृति में प्रतिरोध, पृ. 130.

असम क जनजातीय समाज पर रामचन्द्र का प्रभाव

डॉ. मुकुल राभा/*अनुवाद : डॉ. के. जी. व्यास*

भारत के उत्तर–पूर्व के राज्य मुख्यत: पहाड़ी इलाके हैं। इनमें से एक राज्य असम है। इस राज्य में प्राचीनकाल से ही अलग–अलग संस्कृतियों वाली अनेक जातियाँ और जनजातियाँ निवास करती रही हैं। पहाड़ी तथा मैदानी इलाकों में निवास करने वाली इन जातियों और जनजातियों की भाषा, सामाजिक रीति–रिवाज और धार्मिक पर पराएँ अलग–अलग हैं। उनकी शैक्षणिक, आर्थिक तथा राजनैतिक पृष्ठभूमि भी अलग–अलग है। इस भिन्नता के बावजूद वे एक साथ मिल–जुलकर शान्ति से रहते आये हैं।

सुशील बैद्यराज

असम में अलग–अलग धर्मावलर्ा बयों का पदार्पण हुआ और वे वहाँ की जातियों/जनजातियों और उप–जातियों से घुल–मिल गये। देखा गया है कि प्राचीनकाल से ही रामायण और महाभारत की अनेक घटनाओं, कहानियों तथा चरित्रों ने स्थानीय लोगों को प्रभावित किया है। रामायण के मुख्य चरित्र, ख़ासकर राम के चरित्र ने लोगों के मन–मस्तिष्क को प्रभावित किया है। सशक्त तथा ईमानदार होने के बावजूद, राम की कठिन परिस्थितियों को सहज तथा सामान्य तरीके से निपटाने की योग्यता ने जनजातीय समाज के छल–कपट रहित लोगों के निर्दोष मन को आकर्षित तथा प्रभावित किया था। असमिया समाज के भक्ति संगीत और गीतों में भगवान राम की महानता के दर्शन होते हैं। उदाहरण के लिए—

राम नामे गोंगाजोल
लोबोलोयकु मोन
ओ, बोइ आसे
ह्रिदोयेर माझे
ओई राम राम
ओई आसे ह्रिदोयेर माजे

ऊपर उल्लेखित पद का अर्थ है—जिस प्रकार हिन्दुओं ने गंगा नदी के प्रति भरपूर प्यार, सम्मान और भक्ति का प्रदर्शन किया है, उसी प्रकार

उनका भक्तिभाव और प्रेम भगवान राम के स्वभाव, कर्म और व्यक्तित्व के लिए है। उनका विश्वास है कि यदि सामान्य आदमी भी भगवान राम के व्यक्तित्व की विशेषताओं को अपने जीवन में उतार सके तो वह सभी प्रकार की आपदाओं, दुर्भाग्य और मन की अशान्ति से मुक्त हो सकता है।

रामायण—ख़ासकर भगवान राम की कथाओं और चरित्र के प्रभाव को मैदानी तथा पहाड़ी इलाकों में रहने वाले देउरी (Deuri), तिवा (Tiva) और कारबी (Karbi) समाज के कुछ व्यक्तियों में ही आंशिक रूप से देखा जा सकता है।

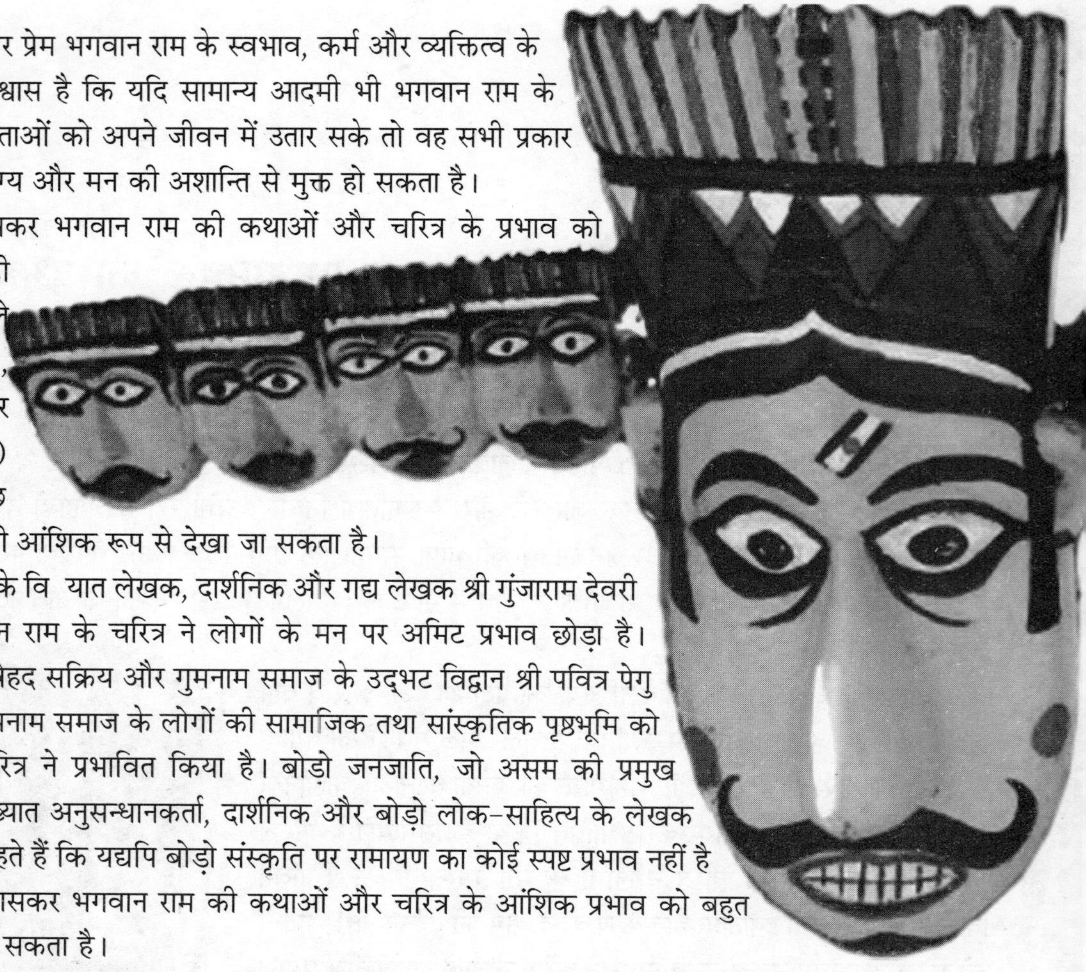

रावण

देउरी जनजाति के वि यात लेखक, दार्शनिक और गद्य लेखक श्री गुंजाराम देवरी कहते हैं कि भगवान राम के चरित्र ने लोगों के मन पर अमिट प्रभाव छोड़ा है। सांस्कृतिक रूप से बेहद सक्रिय और गुमनाम समाज के उद्‌भट विद्वान श्री पवित्र पेगु का विचार है कि गुमनाम समाज के लोगों की सामाजिक तथा सांस्कृतिक पृष्ठभूमि को भगवान राम के चरित्र ने प्रभावित किया है। बोड़ो जनजाति, जो असम की प्रमुख जनजाति है, के विख्यात अनुसन्धानकर्ता, दार्शनिक और बोड़ो लोक-साहित्य के लेखक डॉ. अनिल बोड़ो कहते हैं कि यद्यपि बोड़ो संस्कृति पर रामायण का कोई स्पष्ट प्रभाव नहीं है लेकिन उस पर—ख़ासकर भगवान राम की कथाओं और चरित्र के आंशिक प्रभाव को बहुत आसानी से देखा जा सकता है।

मैदानी इलाकों में रहने वाली कारबी जनजाति के उभरते एवं अपनी सामाजिक जि मेदारियों को भली-भाँति अनुभव करने वाले श्री जिरेन मिकिर (Shri Jiren Mikir) मानते हैं कि रामायण की कहानियों तथा भगवान राम द्वारा प्रस्तुत उदाहरणों ने लोगों की मानसिकता को गहराई से छुआ है। वि यात लेखक तथा साहित्यकार श्री हंगमिजी हन्चेदेव (Shri Hangmiji Hanchedev), जो पेशे से अभियन्ता हैं, कहते हैं कि पहाड़ी इलाकों में रहने वाला कारबू समाज भी रामायण की कथाओं तथा भगवान राम की महानता, शक्ति, कुशाग्र बुद्धि और उदारता से बेहद प्रभावित है।

यह उल्लेख करना उचित होगा कि लोगों के बीच कारबी रामायण भी काफी प्रचलित है। पहाड़ी कारबी की अत्यधिक प्रचलित सांस्कृतिक प्रस्तुति 'साबिन अलून' (Sabin Alun) या 'साबिन के गीत' कहलाती है। यह प्रस्तुति भगवान राम के साथ-साथ अनेक पौराणिक चरित्रों को प्रस्तुत करती है। इन्हें देखकर कोई भी व्यक्ति इस निष्कर्ष पर पहुँच सकता है कि कारबी समाज रामायण और उसके उदाहरणों द्वारा दी गई शिक्षाओं पर विश्वास करते हैं।

असम की एक अन्य जनजाति है राभा। इस जनजातीय समाज में रामायण की कथाओं और भगवान राम के चरित्र का स्थान महत्त्वपूर्ण तथा पूजनीय है। रामायण की कथाओं पर आधारित जनजातीय नाटक—'भारीगान' (Bhaarigan), राभा समाज में पिछले 400 सालों से प्रचलन में है। भारीगान के नाट्य मंचन में 'रावण-वध' और 'लक्ष्मणार शक्तिसेल'

सम्मिलित हैं। इन दोनों कथाओं में राम की सामाजिक जिम्मेदारी अपने अनुगामियों के प्रति स्नेह और देशभक्ति को प्रस्तुत किया जाता है। 'इश राम', 'हाय राम', 'राम बोला', 'हरी बोला', 'राम-राम' जैसे मुहावरे लोगों के मुँह से लगातार निकलते रहते हैं। भारीगान की कथाओं में इनका उल्लेख मिलता है। इससे स्पष्ट है कि असम के राभा जनजातीय समाज पर राम और उनके जीवन से जुड़ी अनेक प्रमुख घटनाओं का प्रभाव है।

राभा, असम की मूल जनजाति है। असम की अन्य जनजातियों की ही तरह राभा जनजाति की सांस्कृतिक विरासत बेहद समृद्ध है। वे मुख्यत: असम के गोलपारा, दक्षिण कामरूप जिलों तथा मेघालय के पूर्व और पश्चिम गारो हिल्स में निवास करते हैं। उपर्युक्त इलाकों के अलावा राभा समुदाय के लोगों की बिखरी आबादी अविभाजित गोलपारा, नालबारी, कामरूप, दरांग और नागाँव जिलों में भी निवास करती है।

भारीगान, मूलत: राभा जनजातीय समाज का नाटक है। यह असम के गोलपारा और दक्षिण कामरूप जिलों तथा मेघालय के पूर्व और पश्चिम गारो हिल्स में बेहद प्रचलित है। इसके नाट्य मंचन में रामायण की कथाओं, यथा—'लक्ष्मणार शक्तिसेल', 'रावण-वध' तथा 'सीता की अग्निपरीक्षा' इत्यादि घटनाओं को दिखाया जाता है। उपर्युक्त उल्लेखों से स्पष्ट है कि असम के प्रमुख जनजातीय समाज पर रामचन्द्र तथा उनके जीवन से जुड़ी अनेक प्रमुख घटनाओं का प्रभाव है। भारीगान में उनकी प्रस्तुति उसका सबसे बड़ा प्रमाण है।

भारीगान की प्रस्तुति में खोल, ताल या चाली की धुन पर ओझा लयबद्ध तरीके से गाता है। पालियों (Pallies) का समूह ओझा के गीत की पंक्ति को दुहराता है। अभिनेता खोल, ताल और गीत की धुन पर अभिनय करते हैं। वे लकड़ी के मुखौटे पहनते हैं। अभिनय की आवश्यकतानुसार इन मुखौटों का निर्माण उनके दल के लोगों द्वारा किया जाता है। भारीगान मंचन में प्रयुक्त वेशभूषा बहुत सादी होती है।

जनजातीय समाज द्वारा असम की संस्कृति को दिये योगदानों में भारीगान एक महत्त्वपूर्ण योगदान है। यह जनजातीय नाटक है। इसका मंचन किया जाता है। यह खूब प्रचलित है। गोलपारा में इसकी मान्यता स्थानीय कला के रूप में है। इसे गोलपारिया संस्कृति के महत्त्वपूर्ण हिस्से के रूप में भी जाना जाता है।

भारीगान के भौगोलिक विस्तार और उसकी संगीतमय प्रकृति को देखकर, उसके 14वीं सदी के पहले के जन्म तथा क्रमिक विकास को समझा जा सकता है। यद्यपि भारीगान की महिरावण-वध प्रस्तुति को माधव कण्डाली (Madhav Kandali) की रामायण और अनन्त कण्डाली (Anant Kandali) से हटाया जा चुका है, फिर भी रामायण की पाताल कण्डा (Pataal Kanda) कथा का अभी भी मंचन होता है।

भारीगान के मंचन के समय कलाकार द्वारा लकड़ी का मुखौटा पहना जाता है। भारीगान की प्रस्तुति के सिलसिले में जब कलाकारों को यात्रा करनी पड़ती है तो उन्हें लकड़ी के मुखौटों तथा अन्य सामग्री को भी अपने साथ ढोकर ले जाना पड़ता है। असम के लोगों के लिए उक्त सामग्री को ढोना भार बन्दी निया (Bhaar Bandhi Niya) है, इसलिए उस कला को भारीगान कहते हैं। भारीगान के नामकरण की उत्पत्ति के बारे में स्थानीय लोगों का अनुमान है कि चूँकि भारी का अर्थ वजनदार, बड़ा/लम्बा और गान का अर्थ गीत होता है, इसीलिए उसे भारीगान कहते हैं। भारीगान के मंचन का प्रारम्भ सामान्यत: दिन में होता है। वह पूरी रात चलता है। दूसरे दिन सबेरे उसका समापन होता

है। उपस्थित दर्शकों को इतनी लम्बी अवधि तक पर परागत गानों, संगीत और अभिनय की मदद से जुटाये रखने के कारण भी उसे भारीगान कहते हैं। कुछ लोग कहते हैं कि भाओरिया (Bhaoriya) जिसका अर्थ कलाकार होता है, उच्चारण की त्रुटि के कारण भेयरा (Bhaira) और बाद में बदलकर भारी (Bhaari) हो गया। इस प्रकार कालान्तर में वह भारीगान कहलाने लगा। कुछ विद्वान कहते हैं कि चूँकि भारीगान की विषय-वस्तु रामायण या महाभारत से उद्धृत है, दर्शनशास्त्रीय है इसलिए वह ज्ञान से परिपूर्ण अर्थात् गूढ़ (भारी) है। पुराने समय में ऐसी मान्यता थी कि पुराणों (रामायण एवं महाभारत) की विषय-वस्तु के गम्भीर (भारी) होने के कारण सामान्य व्यक्ति के लिए उसे समझना कठिन था। उन गूढ़ पौराणिक कथाओं को सरल और सहज गीतों के माध्यम से व्यक्त किया गया। इसलिए वह गायन भारीगान कहलाया।

जैसा कि पूर्व में वर्णित है, भारीगान के महत्त्वपूर्ण घटक, लकड़ी से बने मुखौटे (Mokha/mokha) होते हैं। उनका उद्‌भव कब हुआ या वे कैसे बनाये गये, ज्ञात नहीं है। स भवतः उनका निर्माण कुल्हाड़ी, चाकू, आरी इत्यादि की मदद से किया गया होगा। उल्लेखनीय है कि उन्हें बनाने वाले पहले स्नान करते हैं। भगवान शिव या भगवती काली को प्रणाम करते हैं। उसके बाद ही मुखौटा बनाने का काम प्रार भ करते हैं।

यदि कोई व्यक्ति कामरूप के पोसोटी और भावरिया (Posoti or Bhaoriya), दरांग के खुलिया भावना और मोथोनी (Khuliya Bhaona or Mothoni), गोलपारा के खरताल, सत्यापीर, दोतोरा गान, भारीगान, बंगशिपुरान गान, बउल जात्रा, बेनार गान, कृष्ण लीला, सदक पुजार गान, कार्तिक पुजार गान, हुदुम पुजार गान, गोवालिनिर गान और भासन जात्रा इत्यादि (Kharatal, Satyapeer, Dotora Gaan, Bharigaan, Bangshipuran Gaan, Baul Jatra, Benar Gaan, Krishna Leela, Sadak Pujar Gaan, Kartik Pujar Gaan, Hudum Pujar Gaan, Gowolinir Gaan or Bhasan Jatra) नाट्य कलाओं के मर्म को समझने का प्रयास करता है तो उसे उन नाटकों में अनेक जनजातीय घटक मिलते हैं। उसमें उस स्थान की जीवन-शैली, कला, पूजा-पाठ की विधियों, रीति-रिवाजों और धार्मिक कृत्यों सहित जनजातीय संस्कृति के दर्शन होते हैं।

गोलपारा की जनजातीय संस्कृति के विस्तार का कोई ओर-छोर नहीं है। कुशान गान, भारीगान, मारे पुजार गान इत्यादि (Kushan Gaan, Bhaarigaan, Mare Pujar Gaan) जैसे अनेक जनजातीय नाटकों में दरांग के ओझा पाली जनजातीय नाटकों से कुछ-न-कुछ सा य है। यद्यपि ओझा पाली में कुशान गान या भारीगान के मंचन जैसी स्वतन्त्रता नहीं है पर उनके नृत्य, संगीत और अभिनय एक जैसे हैं। ओझा पाली और भारीगान का संगीत और संस्कार एक जैसे हैं। भारीगान का मुखौटा तथा दरांग के धुलिया एवं बोरधुलिया के मुखौटे एक ही श्रेणी के हैं। भारीगान में कामरूप के लगभग विलुप्त खुलिया भाओरिया जनजातीय नाटक जो अब केवल दरांग में प्रचलन में है, के बीच अनेक समानताएँ हैं। दक्षिण गोलपारा की भारीगान प्रस्तुति में प्रमुख घटक अभिनय (भाव) और अभिनेता (भावेरिया) हैं। अभिनेता गीतों के बीच-बीच में, नृत्य के साथ-साथ पालिस (Paalis) की मदद से अपने संवाद बोलता है

नाट्य रूप में भारीगान की उत्पत्ति अज्ञात है। विदित है कि भारीगान के मंचन के लिए मुखौटों का भारी वजन, कलाकारों की पोशाक, स पत्ति और वाद्ययन्त्र इत्यादि को एक स्थान से दूसरे स्थान को ले जाना पड़ता है। इसलिए कहते हैं कि इस कला का नाम, भारी सामग्री को एक स्थान से दूसरे स्थान ले जाने के कारण पड़ा है।

उत्पत्ति के भूगोल तथा संगीतमय प्रकृति के कारण मंचन के दौरान भारीगान के गीत महत्त्वपूर्ण स्थान रखते हैं। भारीगान का मुख्य गायक अपने हाथ में याक की पूँछ के बालों से बना गुच्छा रखता है। वह रामायण तथा महाभारत की

कथाओं को पालिस के साथ गाता है। गीतों के महत्त्व को भारीगान के संगीत की रागनियाँ मन में उतारती हैं। भारीगान का मुख्य कथानक रामायण और महाभारत की कथाएँ होता है। ओझा की शहद जैसी मीठी आवाज़, जो गीतों के रूप में प्रस्तुत होती है, श्रोताओं का मन मोह लेती है। कुछ गीत भारीगान की प्रस्तुति के समय गाये जाते हैं—

''एत्येके सूनिए राम कोमोल लोषोन
धोनुते ब्रह्मनो ओस्त्रो जुरिलो तोखोन
रोबीर कीरोन जीनी घोरातार बान
सेई बाने रोघूनाथ पोरीलो ओज्ञान
तोरोनी तूमार सोरेन हेरो पोरिहोरि प्रोनाम
पोरोलूके श्री शोरोने देया प्रोभू स्थान''

हनुमान

रागनी

''तोरोनीर मून्डा काटे भूमि तोल पार
दूई खान्डा होए बीर पोरे भूमि तोले
तेरानीर कट्या मून्डा राम राम बूले
सुरि कोरी नीते पारे भाई दूई जोने
काटीया बोली दीवोनीया भोद्रा काली स्थाने''

रागनी

''ताहा शुनि राबोन राजा मोहा सुखी होइलू
पत्रोके गोलाई धोरी अलिंगन दीलू
सुनोहो ओहे पत्रो आमर बोसोन
तुमि जाइए आनो पुत्रो मूर मुहितो रावोन''

दोहा

''पात्रो शोलिलू एई सूरे ओई ओई ओ ठेकिलो राजार दुआरे''

रागनी के समाप्त होने के बाद रावण अपने पुत्र का आलिंगन करता है। दोनों प्रस्थान करते हैं। भारीगान में भगवान राम के लिए भक्तिगान गाये जाते हैं—

''हा हा हा रोघूनाथ
हा हा
ओ हे रोघूनाथ हे
हे ए ए...''

भारीगान का धुवा पाडा भगवान जगन्नाथ की महानता को समर्पित है। धुवा पाडा में मन्दिर में वितरित किये जाने वाले भोजन अर्थात् प्रसाद और लड्डुओं का वर्णन होता है।

''आन्ना बेसे बेंजन बेसे आरू बेसे पीठा.
जोगोन्नाथेर आना प्रोसाद खाइने लागे मीठा''

भारीगान की प्रस्तुति की महत्त्वपूर्ण बात यह है कि सारे संसार को पवित्र बनाने के लिए बहुत ऊँचे स्वर में भगवान विष्णु का नाम लिया जाता है।

''भूमि खान शुद्ध होइलू गुरूर सोरोन धोरी.
देवोगाइज्या शुद्ध होइलू बिश्नूर नाम स्मोरी
सोरोस्वती मजीरी पोद गाइरे बसिया
अमार कोंठे याके माउ आनोन्दो कोरिया''

भक्तिगीतों (स्तुति और धुवा वन्दना) के उपरान्त ओझा अन्तिम गीत गाता है।

''आइलोरे श्री राम जोद्धा धोरि राम आइलोरे...
... ओधोम पोतीराम आइलो होस्तेधेनु लोइया''

अन्तिम गीत के उपरान्त मंच पर 'लाखोर सुआ' का प्रवेश होता है। राम और लक्ष्मण की बचपन की घटनाओं तथा परिस्थितियों को 'लाखोर सुआ' कहा जाता है। भक्ति गीतों के अलावा 'झूना गीत' भी गाया जाता है। यह ओझा को कुछ समय के लिए विश्राम देने तथा श्रोताओं के मनोरंजन के लिए गाया जाता है। ये गीत स्थानीय परिस्थितियों तथा श्रोताओं की पसन्द के अनुसार गाये जाते हैं। वे भारीगान की प्रस्तुति का हिस्सा हैं। इनमें महत्त्वपूर्ण हैं—'बुरहा बुरहिर नकल' और 'कोबीराज नकल'—

''बाइफिया आइलो रे आइलो देशेदेशे नोलीतोर गोकुलोते
बाहाते औक्सोधेर जाली देन हाते मुरोली
ए... औसुध दिए भालो कोरिबो, मोरिए निबे शे बे''

पाती राभा के गीतों तथा नृत्यों में राम चिरैया का प्रभाव आसानी से देखा जा सकता है। पाती राभा के उक्त गीत तथा नृत्य अत्यन्त सुन्दर तरीके से, भारीगान से अपने अन्तरंग स बन्ध को दर्शाते हैं। यही स बन्ध भारीगान में भी दिखाई देता है।

''आसिलू ओ पोखी मोइसो राबगा हे दालेर ऊपोरे''

पद

मोइसो रंगा पोखी आसे दालरे ऊपोरे
जोले डूब दिए पोखी मोइसो भोजोन कोरे
मोइसो सोब धोरी खाय उदारे भोरिया
डाले पोरी आसे पोखी पाखा धूलिया
हेनो काले हुनूमान उतोर लागिया
पोखी बूले हुनूमान आमारो बोसोन

विभीषण

आमार स्थान ओ ताहिली की कारोन
हनूमान बोले पोखी आमारो बोसोन
अजि हेरुवालो मोई श्री राम लक्ष्मण
पोखी बोले सोई कोथा जानुए सीता
मोई देखिसु लोइ गोइसे पातालपुरिते
आमि खुद्र पोखी तोई पोरबोत आकार
हनूमान बुले पोखी जोदी पारो नीते
रूप माखी होए जाम पाखारो सोनेते
तहा सुनि हनूमान माखी रूप होहिलो
पखारो तोलाते जाईबोसिया रोहिलो
सेई खाने पोखिराज जोले डूब दिलो
ओति शीघरो पोखिराज पाताल प्रोवेसिलो
पोखी बोले हनूमान आमारो बोसोनो
तुमि जाओ आमि जाई आपन भूवोने
ताहि सुन हनूमानो पोखी के घोरिला
मातीरो तोलोते पाखी गोरिया रोहिलो
जोखोन प्रोभू रोघूनाथ हासते प्रोबेसिवो
मृत्यू भाबे सारी पोखी प्रोवोयोत होबो
पोखी मारी हनूमान की कर्मो कोरिलो
दोईबा गुरु निकोटे जाई कोर्शोन दिलो''

भारीगान के गीतों का अध्ययन करने से ज्ञात होता है कि उनकी लय रामायण तथा महाभारत के गीतों की लय तथा वक्तव्यों से मेल खाती है। भारीगान के कतिपय हिस्सों में बंगला भाषा का उपयोग हुआ है। सम्भव है ऐसा उन पौराणिक गीतों की तर्ज पर गीत बनाने के कारण हुआ हो। गीतों के सूक्ष्म अवलोकन से पता चलता है कि उनमें करूपी भाषा के अंश मिलते हैं। उदाहरण के लिए—

''नीलागे खान्डिबो, उसही पुष्पोक रोथ अनीसु सोजाई
तहा सुनि रावोन राजा रोथे तुलि लोईलो
जटाऊ पोखी अहि राजर रोथ सोपाईलो
रावोन कोले ओहि पाखी आमार बोले
रोथ सोपाई बोंधी अमार कोरिली कोई कारोन''

'कबीर गान नोकोल' में पर्यावरण पर समस्या तथा व्यंग गीत हैं। वे गीत कवि की स्वस्फूर्त तथा पृथक् शैली में अभिनेता द्वारा गाये जाते हैं—

''लंगोनाटे सोरी आसे कासा डाग डाग बेल
आजी काली आपिक लागे भालो गोंधोआ तेल
कोलिर काल...''

भारीगान की प्रस्तुति के अवसर पर गाये जाने वाले गीतों को सुनकर ऐसा लगता है मानो उनको उस समय लिखा गया है, जब असम के अधिकांश लोग बंगला भाषा बोलते थे। बंगला भाषा में लिखे जाने के पहले वे कामरूपी भाषा में लिखे गये थे। बाद में जब बंगला भाषा का विस्तार हुआ, तब भारीगान की भाषा तथा लय बदल गई। भारीगान की प्रस्तुति के अवसर पर गाये जाने वाले गाने 'रागनी' भी कहलाते हैं। भारीगान की प्रस्तुति में रागनी की भूमिका बहुत महत्त्वपूर्ण है। भारीगान प्रस्तुति में 'सीता-हरण', 'रावण-वध', 'दोधीमाथन', 'बाली- वध', 'तारनीसेन-वध' इत्यादि का मंचन होता है। ओझा, श्रोताओं को, गाना गा-गाकर बताता है कि रंगमंच पर आकर विभिन्न पात्र क्या-क्या करेंगे। रागनी गाकर वह पूरी कहानी सुनाता है। सीता-हरण नाटक में लक्ष्मण से शूर्पणखा कहती है—

तुमि जुआ होइया एकोला बोंछेहो रात्रि
रास क्रिया भूंजा अमी तुमारे सोंगे

शूर्पणखा की कामुक प्रार्थना सुनकर राम ने लक्ष्मण को उसके नाक और कान काटने का इशारा किया। इस क्षण को ओझा रागनी में निम्न प्रकार प्रस्तुत करता है—

रागनी

''श्री राम बोलेन भाई सारो उपोहास
इंगिते कारो भाई ईहार बिनास
क्रोधिते वीर मारिलो बान
एको बाने काटिले ताहारो नाक कान''

सहगान में पाली गाते हैं—'हान हान हान'। इसके बाद धनुष-बाण का प्रयोग कर लक्ष्मण शूर्पणखा की नाक और कान काटते हैं।

चन्द्रमा

भारीगान की रागनियों के सूक्ष्म अध्ययन से पता चलता है कि उन गीतों की लय किसी भी राग पर आधारित नहीं हैं। उन गीतों पर मिश्र राग का थोड़ा-बहुत प्रभाव है पर ओझा की आवाज़ में वे गीत जीवन्त हो जाते हैं। ओझा का स्वर और झाली तथा खोल जैसे संगीत वाद्यों की संयुक्त युगलबन्दी बेहद सुन्दर होती है। उन महान कहानियों को प्रस्तुत करने के लिए सावधानी से रची रचनाओं की निरन्तरता के साथ-साथ ख़ास स्वर चाहिए। स्वर, गीतों तथा वाद्ययन्त्रों का संगम प्रस्तुति को जीवन्त कर देता है। इन गीतों के आरोही तथा अवरोही स्वरों के अध्ययन से पता चलता है कि उनमें बहुत ऊँचे या बहुत नीचे स्वरों से बचा गया है। केवल शुद्ध स्वरों का ही उपयोग किया गया है। उन गीतों में, विविध रागों में से केवल राग विलावल का ही उपयोग किया गया है। उन गीतों में कहरवा ताल से मिलती-जुलती ताल का उपयोग है। भारीगान गीतों को 'लोहाटी' स्वरों में सँजोया गया है। भारीगानों के संगीत की गुणवत्ता अकल्पनीय है। 'भावना' (Bhaona) की ही तरह भारीगान भी मुख्यत: संगीत ही है। मंचन के दौरान पात्र बोलते नहीं हैं, केवल बातचीत होती है। गीतों के माध्यम से श्रोताओं को नायकों की महानता

का विवरण दिया जाता है। प्रस्तुति में भक्तिगीत, खेतिहर जीवन और सुख-दुख को व्यक्त करने वाले गीतों को सम्मिलित करने से वह प्रस्तुति, श्रोताओं के बीच बेहद ऊँचा स्तर हासिल करती है।

ऊपर वर्णित विवरणों से स्पष्ट है कि भारीगान ने रामायण से जुड़े आख्यानों तथा प्राचीन परम्पराओं के संवाहक के रूप में निर्णायक एवं महत्त्वपूर्ण भूमिका का निर्वाह किया है। विदित है कि प्राचीन परम्परा वर्तमान समाज की सहयोगी/पोषक तथा भावी उन्नति का पर्याय है। वह क्षेत्र की मौजूदा हकीकत तथा संस्कृति को भी प्रदर्शित करती है। जनजातीय नाटक भी क्षेत्र की सांस्कृतिक पहचान हैं। दक्षिण गोलपारा में भारीगान प्रचलित है तथा वह उस क्षेत्र में जनजातीय संस्कृति का प्रतिनिधित्व करता है। उसे गोलपारा में भी वही प्रतिष्ठा प्राप्त है। उम्मीद है कि अनुसन्धानकर्ताओं, साहित्यकों, नाटक लेखकों और समाज के प्रयासों से एक दिन वह अपनी पुरानी प्रतिष्ठा अवश्य हासिल करेगा। रामायण के आख्यानों का प्रभाव उसकी प्रतिष्ठा, जो जनजातीय समाज की भी पहचान है, को धूमिल नहीं होने देगा।

संक्षेप में कहा जा सकता है कि यह वास्तविकता है कि जब हम किसी शब्द को बार-बार सुनते हैं तो हम दैनिक जीवन में उसके उपयोग के आदी हो जाते हैं। यद्यपि कुछ क्षेत्रीय जनजातीय लोग भगवान राम के अपने दैनिक, सामाजिक तथा सांस्कृतिक जीवन पर उल्लेखनीय प्रभाव को अस्वीकार कर सकते हैं। बावजूद इस तथ्य के कि कई बार उनके मुँह से बचे रहने या ऐसा नहीं करने के लिए 'राम राम', 'हे राम' इत्यादि निकलता रहता है। इससे शब्दों की उस ताकत का ज्ञान होता है जो उसके बार-बार बोलने के कारण आत्मसात हो जाती है तथा अनायास प्रगट होती है।

वर्तमान में देश की आधी से अधिक आबादी युवा है। हम जानते हैं कि युवा ही वे वाहक हैं जो ज्ञान, संस्कृति, कला इत्यादि को अगली पीढ़ी तक पहुँचायेंगे। इसलिए यदि भारीगान कला को बचे रहना है तो वह युवा ही हैं जो उसे अंगीकार करेंगे, उसे व्यवहार में लायेंगे। इसलिए युवाओं पर ध्यान केन्द्रित कर उनका ध्यान इस खूबसूरत कला की ओर आकर्षित करना होगा। इसके लिए आवश्यक कदम उठाने होंगे।

प्रश्न है क्या भारीगान रामायण के मुख्य चरित्र राम को स्वीकार करने, उसे आत्मसात करने तथा उसे जनजातीय संस्कृति और परिवेश के अनुरूप सँजोकर रखने तथा प्रदर्शित करने में सक्षम होगा। यह सब क्या युवाओं को प्रभावित किये बिना आज सम्भव हो सकेगा?

उड़ीसा और छत्तीसगढ़ के लोकगीतों में रामायण की परम्पराएँ

डॉ. महेन्द्र कुमार मिश्रा/ *अनुवाद : डॉ. के. जी. व्यास*

रामायण की विरासत

भारत के किसी भी अंचल की क्षेत्रीय विरासत ऐसी नहीं है जिसका स बन्ध रामायण से नहीं हो। ऐतिहासिक रूप से रामायण का विस्तार ईसा से 400 साल पहले दक्षिण-पूर्व एशिया में हो चुका था। चौथी सदी में अवतारवाद (विविध रूपों में ईश्वर के अवतार) का सिद्धान्त विकसित (सांकलिया, 1982 : 21) हो चुका था। यह सच है कि चौथी सदी तक राम को ईश्वर के अवतार के रूप में मान्य किया जा चुका था।

भारत के मध्यक्षेत्र में स्थित प्राचीन दक्षिण कोशल क्षेत्र को मुख्य रूप से मध्य प्रदेश के रायपुर और बिलासपुर क्षेत्र और पश्चिमी उड़ीसा के कालाहाँडी, बोलंगीर, स बलपुर और सुन्दरगढ़ जिलों के रूप में पहचाना जाता है। दक्षिण कोशल की राजधानी कुशावती थी। उसका नामकरण राम के पुत्र कुश के नाम से हुआ था। कुशावती को पश्चिमी उड़ीसा और छत्तीसगढ़ (सिंहदेव, 1986 : 28-32) के कुछ पुरातत्त्वीय महत्त्व के स्थानों के साथ जोड़कर पहचाना गया है। इतिहासकारों ने रावण की लंका को भी खोजा है। ऐतिहासिक वास्तविकताओं (सांकलिया, 1982 : 163) के अनुसार रावण की लंका पश्चिमी उड़ीसा के शिवपुर में स्थित थी। इस प्रकार दक्षिण कोशल का इतिहास तथा पुरातत्त्व रामायण की विरासत है और वहाँ की वाचिक पर पराएँ तथा लोक-संस्कार रामायण पर आधारित हैं। उपर्युक्त साक्ष्य भारत के मध्यक्षेत्र में रामायण की लोकप्रियता को प्रदर्शित करते हैं।

मौजूदा अध्ययन मुख्यत: भारत के मध्यक्षेत्र में उपलब्ध लोकमान्यताओं से स बन्धित सामग्री पर आधारित है। उसका अध्ययन करते समय प्रतीत हुआ कि दक्षिण कोशल की स्थानीय पर पराओं पर रामायण का असर है। इसके अतिरिक्त उस महान ग्रन्थ की मान्यताओं के वैश्विक चरित्र पर स्थानीयता और अनेक जनजातियों के समूहों पर उसका असर इस सूक्ष्म अध्ययन का हिस्सा है।

रामायण के लेखकों ने भारत के विभिन्न अंचलों की भूमि, नदियों, पहाड़ों, जनजातीय संस्कृतियों और रीति-रिवाजों को समुचित महत्त्व प्रदान किया है। रामायण की मान्यताओं तथा क्षेत्रीय संस्कृतियों तथा उप-संस्कृतियों के एकात्म का उद्‌भव उस दैवी अवधारणा पर आधारित है जो ईश्वर के अवतारों को जनजातीय नायकों से जोड़ती है। उनका सम्बन्ध भारत के अनेक अंचलों की पर पराओं से है। ईश्वर के अवतार, अवतारों से जुड़ी कथाओं और विलक्षण घटनाओं को अपने क्षेत्र तथा स्थानों से जोड़कर, स्थानीय जनजाति ने बृहद् भारतीय संस्कृति का हिस्सा बनने का प्रयास किया है, जो एक प्रकार से राष्ट्रीय और सांस्कृतिक एकता को योगदान देता है। अनेक जनजातियाँ अपनी स्थानीय पर पराओं तथा

मान्यताओं के साथ-साथ भारत की महान गाथाओं में वर्णित पर पराओं की ओर आकर्षित हुई हैं। इस प्रकार रामायण भारतीय संस्कृति के समन्वय का केन्द्र बिन्दु है और उसका क्षेत्रीय संस्कृति समूहों पर बहुत अधिक प्रभाव है।

इस परिप्रेक्ष्य में मौजूदा अध्ययन का उद्देश्य यह प्रदर्शित करना है कि किस प्रकार रामायण की पर पराओं ने भारत के मध्यक्षेत्र की क्षेत्रीय पर पराओं को सामान्य रूप से तथा पश्चिमी उड़ीसा और छत्तीसगढ़ की विरासतों, जनजातीय समूहों, वर्ण-व्यवस्था, वाचिक पर पराओं, जनजातीय धर्मों और संस्कारों तथा जनजातीय कला को मुख्य रूप से प्रभावित किया है।

दन्तकथाओं और पौराणिक कथाओं में रामायण

कुछ दन्तकथाएँ जिनका स बन्ध रामायण से है, इस अंचल में मिलती हैं। वे निम्नानुसार हैं—

1. गन्धमादन पर्वत (पश्चिमी उड़ीसा), चित्रकूट वन (बस्तर तथा कोरापुट के लगे हुए वन) और मलयवंतगिरी (उड़ीसा का मलकानगिरी) और तुरतुरिया (छत्तीसगढ़) तथा भारत के मध्यक्षेत्र के दन्तकथाओं से सम्बद्ध स्थान जहाँ राम, लक्ष्मण और सीता के चरणचिह्न मिले हैं।
2. दण्डकारण्य में राम का आगमन लक्ष्मण और सीता के साथ हुआ था। सीता ने वहाँ शवरी नदी (वर्तमान में कोरापुट की कोलाब नदी) में स्नान किया था। राम ने पर्वत पर शिवलिंग का पूजन किया था। तदोपरान्त (साहू, 1977 : 333) वह पर्वत रामगिरी कहलाया।
3. कालाहाँडी जिले की कटपार-पुरुवाडी पर्वत शृंखला में पाताल-गंगा नामक एक पवित्र स्थान है। उस स्थान से जुड़ी दन्तकथा कहती है कि सीता की प्यास बुझाने के लिए लक्ष्मण ने अपने तीर से धरती का वेधन कर पाताल से जल प्राप्त किया था। यह प्राकृतिक झरना है। इस स्थान पर सीता और राम के शिला पर अंकित पदचिह्नों की पूजा की जाती है।
4. कुशावती नगर, जिसकी पहचान दक्षिण कोशल की राजधानी के रूप में है, को बोलंगीर (महापात्रा, 1971 : 67) के रानीपुर झारीयल के पुरातत्त्वीय स्थलों से जोड़कर देखा जाता है। रानीपुर झारीयल के पुरातत्त्वीय स्थलों के समूह में सोमेश्वर मन्दिर, ईंटों से बने इन्द्रलाठ मन्दिर तथा चौंसठ योगिनी मन्दिर स मिलित हैं। इस स्थान के निकट कहासिल ग्राम स्थित है। इतिहासकारों का विचार है कि इस ग्राम के नाम का उद्भव कुशास्थली या कुशावटी से हुआ है। मन्दिरों के स्थापत्य का काम दक्षिण कोशल के सोमवंशी महाराजाओं का है।
5. छत्तीसगढ़ अंचल में तुरतुरिया नामक एक स्थान है। लोककथाओं के अनुसार यह वाल्मीकि मुनि का स्थान है। इस क्षेत्र (गुप्ता, 1977 : 159) में सीता ने लव और कुश को जन्म दिया था।

स्थानीय समाज ने अपने ईश्वरों को, भगवान राम, जो ईश्वर के अवतार हैं, से जोड़कर महिमामण्डित किया है। यहाँ तक कि गढ़ा-मण्डला के गोंडों की देवी-देवताओं से स बन्धित जनजातीय कथाओं में भी भगवान राम का उल्लेख मिलता है। जनजातीय कथाओं के अनुसार पहला मनुष्य गोंड था। वह भगवान महादेव और पार्वती का पुत्र था। राम-रावण युद्ध के समय गोंड युगल रावण की राजधानी के पास जंगल में था। महादेव ने गोंडों को सन्तानहीन होने का श्राप दिया था और कहा था कि उनकी श्राप-मुक्ति तब तक नहीं होगी जब तक वे राम के लंका-आगमन पर चरणोदक का पान नहीं करते। गोंड युगल ने जंगल में रहकर राम के लंका-आगमन की प्रतीक्षा की। उनके लंका-आगमन पर पद-प्रक्षालन कर पूजा-अर्चना की। चरणोदक का पान किया। भगवान राम ने उन्हें रावणवंशी गोंड होने का वरदान दिया और कहा कि उन्हें तीन

पुत्र प्राप्त होंगे। उनके नाम अल्को, तल्को और कोरचो होंगे। उसके बाद राम ने रावण का वध किया। लंका से लौटते समय राम और सीता अपने साथ गोंडो को लाये। वे गोंड सूर्यवंशी गोंड कहलाए। उनका स बन्ध रावणवंशी गोंडों (नायक, 1973 : 138) से है।

मलकानगिरी की बोंडा जनजाति की रामकथा से जुड़ी एक दन्तकथा है। इस दन्तकथा के अनुसार जब राम, लक्ष्मण और सीता जंगल में विचरण कर रहे थे तब एक बोंडा महिला उन्हें देखकर दो कारणों से हँसी—पहला कारण था एक महिला के साथ दो पुरुष और दूसरा कारण था उनके महीन वस्त्र जो उनके गुप्तांगों को ठीक से नहीं ढँक पा रहे थे। सीता को वे वस्त्र ब्रह्मा ने दिये थे। सीताजी को जब यह बात ज्ञात हुई, तब उन्होंने बोंडा महिला को निर्वस्त्र रहने का श्राप दिया और कहा कि यदि तुम वस्त्र धारण करोगी तो उनकी गर्मी तु हारा शरीर कभी भी सहन नहीं कर पायेगा। इसी कारण आज भी बोंडा महिला का आधा शरीर ही ढँका होता है। वेरियर एल्विन द्वारा बोंडा ग्रामों से जुटाई दन्तकथाओं से यही ज्ञात होता है कि बोंडा महिलाएँ अपना शरीर ढँकने के लिए कपड़ों का उपयोग नहीं करतीं। यह विश्वास भी राम, लक्ष्मण और सीता (वेरियर एल्विन, 1935 : 63-4) से जुड़ा है। एक जलस्रोत जिसका नाम सीताकुण्ड है, बोंडा बसाहट में पाया जाता है।

उपर्युक्त दन्तकथाओं के माध्यम से बोंडा जनजाति ने अपने पूर्वजों को राम का समकालीन दर्शाने का प्रयास किया है। इस प्रयास से ज्ञात होता है कि भारत के अलग-अलग इलाकों में निवास करने वाली जनजातियों के बीच रामकथा की पहुँच असरदार थी।

भारत के मध्यक्षेत्र की अनेक जातियाँ तथा जनजातियाँ, जो शासक वर्ग में आती हैं, की दन्तकथाओं में रामायण के कुछ ख़ास आ यानों यथा राम द्वारा सीता को निर्वासित करने से लेकर लव और कुश को स्वीकारने तक को अपना माना है। इन्हें निम्न उपकथाओं में विभाजित किया जा सकता है—

1. राम ने सीता का त्याग लोकापवाद के कारण किया था।
2. त्याग तथा निर्वासित करते समय सीता गर्भवती थीं। वे जंगल में अकेली तथा असहाय थीं।
3. महर्षि वाल्मीकि ने उन्हें खोजा। अपने आश्रम में सीता का अपनी पुत्री की तरह भरण-पोषण किया।
4. लव और कुश का जन्म महर्षि वाल्मीकि के आश्रम में हुआ। उन्होंने ही उनका लालन-पालन किया तथा शिक्षा प्रदान की।
5. लव और कुश की आश्चर्यजनक तथा दैवी शक्तियों को देखकर राम ने उनको स्वीकार किया।
6. राम ने लव को उत्तर कोशल और कुश को दक्षिण कोशल का राज्य प्रदान किया।

यदि उक्त कथाओं को व्यावहारिक दृष्टिकोण से देखें तो ज्ञात होता है कि—

पिता समान साधु ने राजघराने की परित्यक्ता गर्भवती महारानी, जो जंगल में भटक रही थी, का लालन-पालन किया। महारानी ने दो जुड़वाँ बच्चों को जन्म दिया। बालकों ने शिक्षा प्राप्त की और आश्चर्यजनक कृत्यों को दर्शाकर महानायक बने। अन्ततः उन्होंने अपनी शक्ति तथा आश्रयदाता की मदद से अपना वंशानुगत राज्य-सिंहासन प्राप्त किया।

भारत के मध्यक्षेत्र की कुछ जातियों तथा जनजातियों ने उपरोक्त उद्धरण को अपने उद्भव की दन्तकथा से जोड़ा है। कुछ उदाहरण नि नानुसार हैं—

1. बारभूम का भूमिज : राजपूताना का राजकुमार अपनी गर्भवती रानी के साथ तीर्थयात्रा के लिए पुरी जा रहा था। रानी ने बारभूमि के निकट जुड़वाँ बच्चों को जन्म दिया। उन बच्चों को राजा की जानकारी के बिना छोड़ दिया। एक सूअर ने उन नवजात बच्चों का लालन-पालन किया। गजाल्गु वंश के भूमिज ने उन जुड़वाँ बच्चों को सूअर से मुक्त कराया।

उनका नाम स्वेतवाराह और नाथवाराह रखा। पटकुम के राजा विक्रमाजीत ने, जो उन जुड़वाँ बच्चों के क्षत्रिय होने के बारे में आश्वस्त थे, को अपना राज्य (सिन्हा : 1-34) प्रदान किया।

2. छोटा नागपुर का नाग राजा : नागों के ईश्वर पुण्डरीक नाग ने ब्राह्मण का वेश धारण कर ब्राह्मण कन्या से संसर्ग किया। ब्राह्मण कन्या ने पुरी के मार्ग में स्थित स्वेता ब नामक स्थान में बालक को जन्म दिया। बालक का पालन-पोषण मद्रमुण्ड (Madramunda) ने किया। वह बालक फनिक मुकुट राय (Phanik Mukut Ray) के नाम से जाना गया। बाद में वह बालक नागवंशी क्षत्रिय के रूप में मान्य हुआ (सिन्हा : 1-34) और उस राज्य का राजा बना।

3. भारत के मध्य क्षेत्र के चौहान : मानिकगढ़ राज्य के राजा हमीर देव की गर्भवती रानी अशावती (Ashavati) रामुद के वन में असहाय हो भटक रही थी। भिंजल जनजाति के मुखिया ने उसका अपनी पुत्री की तरह लालन-पालन किया। उसे पुत्र प्राप्त हुआ। पुत्र का नाम रमई देव रखा गया। पटना राज्य के चक्रधर पाणिग्रही नामक ब्राह्मण ने उसे शिक्षा दी। वहाँ आठ जनजातीय मुखियों ने अल्पतन्त्रीय राज्य स्थापित कर रखा था। रमई देव ने उन सबका वध कर उनका सिंहासन हासिल किया। उसके बाद उसने अपने पैतृक राज्य मानिकगढ़ (रेमसे, 1910 : 281-303) को भी जीता।

4. राज गोंड अवधारणा : भुंजिया जनजाति के मुखिया ने युद्ध में बिन्द्रा-नवागढ़ के राज गोंड सिंघलसाई (Singhalsai) का वध कर दिया। पटना के ब्राह्मण ने जंगल में भटक रही उसकी असहाय गर्भवती पत्नी को सहारा दिया। उस रानी ने पुत्र को जन्म दिया। पुत्र का नाम कचरा धरुआ (Kachra Dharua) रखा गया। वह बालक बड़ा हुआ। नायक बना और उसने भुंजिया जनजाति के मुखिया का वध कर अपना खोया पैतृक सिंहासन (गुप्ता, 1977 : 159) हासिल किया।

भुंजिया जनजाति के मुखिया का वध कुमदाफुलिया (Kumudaphuliya) गोंड ने किया। एक कु हार ने भुंजिया जनजाति के मुखिया की जंगल में भटक रही गर्भवती पत्नी को आश्रय दिया। उसने पुत्र को जन्म दिया। पुत्र का नाम तुलसीवीर (Tulsivir) रखा। उस बालक ने कुमदाफुलिया गोंड का वध कर खोलागढ़ का राज्य प्राप्त किया। (लेखक ने कालाहाँडी जिले के खालना की भुंजिया जनजाति की उत्पत्ति की गाथाओं को एकत्रित किया है, जिसका सार ऊपर वर्णित विवरणों के अनुसार है)। लेखक को जानकारी देने वाला व्यक्ति 68 वर्ष का है। वह भुंजिया जनजाति का है। वह ग्राम-प्रमुख है। उसका नाम डिगा चिन्दा (Diga Chinda) है।

हमें इसी प्रकार की उत्पत्ति-विषयक तत्त्व कवर्धा, रायगढ़, सक्ती, कोरिया और जशपुर (सिन्हा, 1962) के राजघरानों के राजप्रमुखों के बारे में प्राप्त हुए।

विभिन्न जनजातियों की उत्पत्ति स बन्धी गाथाओं से प्रतीत होता है कि उन सब गाथाओं का एक ही या समान उद्देश्य था अर्थात् अपनी जनजाति की उत्पत्ति को भारत के पौराणिक सूर्यवंश से जोड़ना। रामायण की कथा सूर्यवंश के राजाओं की कथा है, इसलिए उन्होंने अपनी वंशावली को लव और कुश के जन्म की संगत-कथा से जोड़ा। सिन्हा और श्रीनिवास ने भारतीय समाज की जातिप्रथा का अध्ययन किया है। उनका विचार है कि ब्राह्मणों की सहायता से, सांस्कृतिक प्रक्रिया की मदद से अनेक जातियों और जनजातियों ने उच्च सामाजिक, राजनीतिक और जातीय स्तर हासिल किया है।

मौखिक या वाचिक रामकथा

मध्य भारत, विशेषकर छत्तीसगढ़ और पश्चिमी उड़ीसा की जनजातीय मौखिक पौराणिक कथाओं में हमें रामायण के प्रभाव के चिह्न दिखाई देते हैं। हमने दो पौराणिक गाथाओं का जनजातीय संस्कृति और रीति-रिवाजों के आधार पर

परीक्षण किया है ताकि रामायण के प्रभाव को दर्शाया जा सके। पहली पौराणिक वाचिक गाथा कालाहाँडी के अहीर जनजातीय समाज से ली गई है। यह बाँसगीत कहलाता है। बाँस वाद्य तीन फुट लम्बा, संगीत पैदा करने वाला वाद्य है। उसमें 5 छेद होते हैं। उसे बाँसुरीवादक द्वारा पौराणिक गाथा गाते समय बजाया जाता है। गीत का नाम वाद्ययन्त्र के नाम से होता है। गान पूरी रात चलता रहता है। यह पौराणिक गान पश्चिम उड़ीसा की अहीर जनजाति की पुरातन संस्कृति को दर्शाता है। छत्तीसगढ़ में भी बाँसगीत का स्वरूप और कथासार पश्चिम उड़ीसा के बाँसगीतों के ही समान है। भाषा के अन्तर के बावजूद जनसामान्य में वह उतना ही प्रचलित है। कालाहाँडी के कापसी ग्राम का गौर बार्ड बाहजन नायल भजन ज्ञानवर्धक है। इस पौराणिक गाथा का नाम उसके नायक और नायिका के नाम पर कोतराबेना-रामेला (Kotrabaina-Ramela) है।

पौराणिक कहानी निम्नानुसार है—

कोतराबेना एक ग्रामीण किसान है। उसका काम गाय और भेड़ चराना तथा दूध-दही बेचना है। उसकी पत्नी रामेला बेहद सुन्दर थी। उसका पुत्र 6 माह का था। उस इलाके का राजा कामुक था। उसकी बुरी नजर सुन्दर महिलाओं पर रहती थी। कोतराबेन को हर पल डर सताता रहता था कि यदि राजा को उसकी पत्नी की सुन्दरता का पता चल गया तो उसकी पत्नी का अपहरण हो जायेगा। इस कारण उसने दूध-दही बेचने के लिए अपनी पत्नी का बेन्दुल नगर जाना वर्जित कर रखा था। एक दिन जब कोतराबेन अपनी बहन के घर मेहमानी के लिए गया था। उस दिन रामेला बेन्दल नगर देखने की इच्छा नहीं रोक पायी और अपने बच्चे को ननद के पास छोड़कर, दूध-दही बेचने के लिए बेन्दल नगर चली गई। राजा के सैनिकों ने उसे देखा तो वे उसका अपहरण कर राजा के महल ले गये।

कोतराबेन अपनी बहन के घर पर सो रहा था। उसके कुलदेवता ने स्वप्न में उसे रामेला के अपहरण की जानकारी दी। वह तत्काल घर लौटा। घर पहुँचकर उसे स्वप्न की सत्यता की जानकारी मिली। उसने अपने कुरमेल नामक जादुई साँड़ और उल्टिया गद्रा नाम की भेड़ को मय 12 लाख बैल और 12 लाख भेड़ों के जमा किया। उसने रामेला को राजा के चंगुल से मुक्त कराने के लिए नगर पर हमला कर दिया। पशुओं ने नगर को ध्वस्त कर दिया। कोतराबेन ने राजा को मार गिराया और रामेला को मुक्त किया पर गौर समाज रामेला को बिना सच्चरित्रता की परीक्षा दिये स्वीकार करने के लिए सहमत नहीं था। अपनी सच्चरित्रता सिद्ध करने के लिए रामेला ने अग्निप्रवेश किया। इसके बावजूद, समाज उसे पवित्र मानने के लिए सहमत नहीं हुआ। समाज चाहता था कि यदि उसका छह माह का बालक घुटने के बल चलकर माँ का स्तनपान करे तो उसे सच्चरित्र माना जायेगा। रामेला इस परीक्षा में भी सफल हुई। तब अहीर समाज ने उसे स्वीकार किया।

जनजातीय वन-संगीत में रामकथा के सीता-हरण से लेकर उनकी अग्निपरीक्षा तक के प्रसंग को सम्मिलित किया गया है। स्थानीय कथाओं में राम, सीता और रावण को क्रमशः कोतराबेन, रामेला और बेन्दुल के राजा के रूप में पेश किया गया है। लक्ष्मण ने सीता को तीन रेखाओं को पार नहीं करने वाली चेतावनी दी थी। उस चेतावनी का कोतराबेन द्वारा रामेला को बेन्दुल नहीं जाने देने वाली चेतावनी से साम्य है। रावण ने लक्ष्मण की अनुपस्थिति में सीता का अपहरण किया था। उसी प्रकार कोतराबेन की अनुपस्थिति ने रामेला को बेन्दुल जाने का अवसर प्रदान किया और वहाँ कामुक राजा द्वारा उसका बलात् अपहरण हुआ। राम ने वानरों तथा रीछों की सेना की मदद से लंका को ध्वस्त किया था। रामेला को प्राप्त करने के लिए उसी प्रकार कोतराबेन ने बैलों तथा भेड़ों की सेना की मदद से बेन्दुल नगर को ध्वस्त किया। कुरमेल साँड़ और उल्टिया गद्रा भेड़ की भूमिका हनुमान और जामवन्त जैसी है। सीता को अपनी सच्चरित्रता सिद्ध करने

के लिए दो परीक्षाओं—अग्निपरीक्षा तथा पातालगमन—से गुज़रना पड़ा था। उसी प्रकार रामेला को भी दो परीक्षाओं से गुज़रना पड़ा।

दूसरी जनजातीय कथा लक्ष्मण जती है। यह कथा भारत के मध्यक्षेत्र की बैगा जनजाति में प्रचलित है। बैगा जनजाति, गोंड जनजाति की उपशाखा है। यह द्रवड़ियन समूह में आती है। लक्ष्मण जती रामकथा का स्थानीय रूप है। इसकी विशिष्टता उसका पृथक् रूप है। इस गाथा में लक्ष्मण और सीता की भूमिका बदल जाती है। रामायण में सीता की अग्निपरीक्षा होती है पर बैगा जनजाति की कथा में लक्ष्मण को अपने को सच्चरित्र सिद्ध करने के लिए उक्त परीक्षा देनी पड़ती है। अलंकृत बैगा रात्रि में पाँच से छह घण्टे से अधिक समय तक, किंगरी वाद्य (Fiddle) पर लक्ष्मण जती गाता है।

इस गाथा की कहानी नि नानुसार है—

जाजतपुर के बैगा ग्राम में राम, लक्ष्मण और सीता कुटिया में रहते थे। वे खेती और भोजन जमा करने वाली बैगा जनजातीय जीवन-शैली का पालन करते थे। लक्ष्मण ब्रह्मचारी थे और तपस्वी का जीवन बिता रहे थे। इसलिए लोगों ने उन्हें लक्ष्मण जती का नाम दिया। वे बेहद अच्छी तरह से कांगरी बजाते थे। उनके संगीत को सुनकर इन्द्रसभा की इन्द्रकामनी उन पर आकर्षित हो गई। वह अनेक बाधाओं को पार कर मृत्युपुर आई और अन्ततः लक्ष्मण के शयनकक्ष में पहुँच गई। प्रेम के वशीभूत हो उसने सोते हुए लक्ष्मण की कामवासना को जगाने का प्रयास किया पर इन्द्रकामनी के सारे प्रयास निष्फल हुए। क्रोध के वशीभूत हो उसने अपनी चूड़ियाँ तोड़ दीं और उन्हें लक्ष्मण के बिस्तर पर बिखेर दिया। उसने दुर्भावनावश अपने कर्णफूलों को बिस्तर पर छोड़ा ताकि लक्ष्मण और सीता के सम्बन्धों पर सन्देह हो। उसके बाद वह चली गई। प्रातःकाल जब सीता लक्ष्मण की कुटी में उनके बिस्तर को ठीक करने पहुँचीं तो उन्हें बिस्तर पर टूटी चूड़ियों के टुकड़े मिले। सीता ने तत्काल राम को स्थिति की जानकारी दी। राम आये। उन्होंने लक्ष्मण के बिस्तर पर न केवल टूटी चूड़ियाँ देखीं वरन उन्हें कर्णफूल भी मिले। उन्होंने लक्ष्मण को जगाया और उनको उनकी चरित्रहीनता के लिए बहुत बुरा-भला कहा। लक्ष्मण, जो सत्यता से अनभिज्ञ थे, ने सारे आरोपों को नकारा पर वे अपने प्रयास में सफल नहीं हुए।

राम ने आभूषणों के मालिक को जानने के लिए तिकड़म अपनायी। उन्होंने मुकद्दम (गाँव के मुखिया) को गाँव की सभी महिलाओं को बुलाने का आदेश दिया। उन्होंने टूटी चूड़ियों और कर्णफूल की नाप लेकर उस नाप का मिलान उपस्थित महिलाओं की चूड़ियों और कर्णफूलों से किया। चूड़ियों और कर्णफूल के नाप का मिलान किसी भी महिला के आभूषणों से नहीं होने पर राम ने मुकद्दम से जानना चाहा कि क्या कोई महिला ऐसी बची है जिसके आभूषणों की जाँच नहीं हुई। मुकद्दम ने बताया कि सीता के आभूषणों की जाँच नहीं हुई है। यह ज्ञात होने पर राम ने खुद सीता की चूड़ियों और कर्णफूलों की जाँच की। जाँच में चूड़ियों और कर्णफूलों का नाप सीता के हाथ और कान से हुआ। इस कारण राम को विश्वास हो गया कि लक्ष्मण और सीता के बीच अवैध सम्बन्ध हैं। उन्होंने लक्ष्मण को बहुत बुरा-भला कहा। लक्ष्मण ने आरोपों का खण्डन किया तथा अपने आपको अग्निपरीक्षा के लिए प्रस्तुत किया। राम ने प्रस्ताव स्वीकार किया। उन्होंने 12 लुहारों को आग का गोला बनाने का आदेश दिया। लुहारों ने तदनुसार आग का गोला (अग्निकुण्ड) बनाया। उसी दिन गाँव की एक महिला ने बच्चे को जन्म दिया था। उस बच्चे को गोद में लेकर लक्ष्मण ने अग्निकुण्ड में प्रवेश किया और बच्चे सहित सही-सलामत बाहर आये। राम आश्चर्यचकित हुए। इसके बाद राम ने जंगली लकड़ियों की मदद से एक और अग्निकुण्ड बनाया। द्वितीय अग्निपरीक्षा में भी लक्ष्मण सफल हुए और सकुशल बाहर आये। राम उनकी सच्चरित्रता से सन्तुष्ट हुए पर लक्ष्मण ने ग्लानि तथा वेदना के कारण पृथ्वीमाता से शरण देने

की प्रार्थना की। पृथ्वीमाता ने अपना हृदय खोल दिया और लक्ष्मण (एल्विन, 1939 : 22-7) को अपने हृदय में स्थान प्रदान किया।

रामकथा से साम्य बैठाता उपर्युक्त जनजातीय स्वरूप वास्तव में रामायण की घटनाओं से सा य दर्शाने वाला स्वरूप है। इस जनजातीय कथा में लक्ष्मण, राम या सीता से अधिक महत्त्वपूर्ण हैं। हकीकत में इस कथा में लक्ष्मण ने सीता की भूमिका का निर्वाह किया है। इस कथा का मुख्य उद्देश्य लक्ष्मण के चरित्र को जती या यति के रूप में उकेरना है। इन्द्रकामनी का चरित्र शूर्पणखा के चरित्र का प्रतिबि ब है। राम, लक्ष्मण और सीता के क्लासिकल चरित्र को बैगाओं की वाचिक पर पराओं के मुताबिक बदला गया है। यह बदलाव बैगाओं की सामाजिक समस्याओं को सुलझाने के लिए है। बैगा समाज में अपनी बड़ी साली या भाभी पर, पति के बाद, जीजा का ही अधिकार होता है। भारत के मध्यक्षेत्र के जनजातीय समाज में देवर-भाभी के बीच अवैध स बन्ध बेहद सामान्य होते हैं। यह स्थिति परिवार के बड़े भाई के लिए मनोवैज्ञानिक समस्या पैदा करती है। यह स्थिति केवल बैगाओं में ही नहीं है। यह समस्या बैगाओं के अतिरिक्त भारत के मध्यक्षेत्र की अनेक जनजातियों और जातियों के साथ साथ गोंड, कांध, पहारिया, मुड़िया, परजा, भतरा समुदायों में भी विद्यमान है। जहाँ तक मध्य भारत में देवर-भाभी के बीच अवैध स बन्धों का प्रश्न है तो वेरियर एल्विन कहते हैं कि — ''मध्य भारत की अनेक जनजातियों में पति के छोटे भाई के रूप में लक्ष्मण शास्त्रोचित उदाहरण है जो अधिकांश जनजातियों में बड़े भाई की पत्नी के साथ स भोग करने तथा अवैध सम्बन्ध बनाने के लिए अधिकृत है।'' इन सभी जनजातियों में एक सामाजिक परिपाटी मौजूद है जिसके आधार पर भाई की मृत्यु-उपरान्त देवर को विधवा भाभी के साथ शादी करना तथा विवाहेतर शारीरिक स बन्ध बनाना होता है।

यह हकीकत इन क्षेत्रों के लोकगीतों से भी प्रगट होती है—

सजनी, नुआमाली अनिला
भौजा रसिया भतरा पिला
मैजी पसोरी देला

अर्थात् हे साथी, एक नवजवान भतरा लड़का नयी नवेली दुल्हन लाया है पर उसके सम्बन्ध बड़ी साली के साथ होने के कारण वह अपनी नयी नवेली पत्नी को भूल गया है।

दलखेरा, अंधरा घरके मू धाना गति गली,
देरा सुईचे बाली जनीना परिला
धरिडेला देना करि हितीगाला गुना
से गुनके धारीकारी डियारा, गाले देला चूमा।

ओ दलकारी (पत्ते खाने वाले), मैंने अँधेरे कमरे में धान सुखाने के लिए प्रवेश किया। मुझे नहीं मालूम था कि जीजा वहाँ आराम कर रहा है। उसने मेरा आलिंगन किया। मेरी नथनी गिर गई। नथनी उठाते समय उसने मेरे गालों को चूमा।

जनजातीय समाज में पति के उपरान्त महिला अपने जीजा का ही पक्ष लेती है। इन इलाकों में देवर-भाभी का सम्बन्ध भारतीय सुसंस्कृत परिपाटियों की तरह माँ-बेटे जैसा नहीं होता। भारतीय सुसंस्कृत परिपाटियों में छोटी बहन के पति के लिए बड़ी साली का स्थान माँ के जैसा होता है। यह स्थिति रामायण के पात्र, सीता और लक्ष्मण के स बन्धों से स्पष्ट रूप से प्रगट होती है। यह रामायणकालीन सामाजिक परिपाटी है। सांकलिया कहते हैं कि—"सामाजिक परिपाटी जिसके अनुसार बड़े भाई की पत्नी पर छोटे भाई का अधिकार होता है... जब लक्ष्मण सीता को अकेले छोड़ने को सहमत नहीं थे, तब सीता ने लक्ष्मण पर व्यंग कसा और उन्हें बुरा-भला कहा। उन्होंने कहा कि राम की मृत्यु के उपरान्त वे उनसे विवाह नहीं कर पायेंगे। स भवत: यह सामान्य परिपाटी थी जिसके अनुसार बड़े भाई की मृत्यु की स्थिति में देवर विवाह (सांकलिया, 1962 : 64) कर विधवा भाभी को प्राप्त कर सकता था।

बैगा जनजाति ने स भवत: रामायण के लक्ष्मण और सीता के विशुद्ध एवं आड बरहीन उदाहरण को, सामाजिक समस्याओं को सुलझाने के लिए अपनी जनजातीय संस्कृति में अपनाया। यह मुख्यत: संस्कृति के विशुद्धिकरण की प्रक्रिया है। इस प्रक्रिया को अपनाकर समाज असभ्य व्यवहारों और रीति-रिवाजों को छोड़, सुसंस्कृत व्यवहारों और रीति-रिवाजों अर्थात् परिष्कृत स यता को अपनाने का प्रयास करता है। लक्ष्मण को जती या साधु बताने के पीछे देवर के चरित्र को पवित्र बतलाना है। ऐसा उदाहरण, जिसे देखकर स्थानीय जनजातियाँ और उनकी संस्कृति प्रेरणा पा सके।

पौराणिक कथाओं के अतिरिक्त जनजातीय लोकगीतों, कहावतों और पहेलियों में पर्याप्त सामग्री उपलब्ध है, जो रामकथा से उनका स बन्ध जोड़ती है। उदाहरण के लिए, जब आसमान में हवाई जहाज उड़ता दिखाई देता है तब, ग्राम-गीत उसका सम्बन्ध रावण के पुष्पक विमान से जोड़ते हैं और गाते हैं—

सजनी उपारे जहाज गाला
सीता के रावण चुराए नेला
लंकागढ पुनि देला

हे मित्र, वायुयान जो अभी-अभी उड़ा। रावण ने सीता की चोरी की है। वह उन्हें चुराकर लंकागढ़ ले गया है।

पश्चिम उड़ीसा के हालिया (हल चलाने वालों के) लोकगीतों में तीन भाई यथा राम, लक्ष्मण और भरत, सीता के साथ कृषक परिवार का प्रतिनिधित्व करते हैं। राम हल चलाते हैं, लक्ष्मण जमीन को समतल करते हैं, भरत रोपे प्रदान करते हैं और सीता रोपे लगा रही हैं। मूल गीत निम्नानुसार है—

राम लैकाहना जे दुईगोती भई
के फन्दे नानगला के फप्दे अडा माई
पलहा पारासिडे भैरे भरता,
रुपिहे सीतामाई हो

राम और लक्ष्मण दो भाई हैं। एक खेत में हल चला रहा है। दूसरा भाई खेत को समतल कर रहा है। भरत भैया रोपे दे रहे हैं और सीता उन रोपों को खेत में लगायेगी।

एक कहावत है जो कहती है कि—जो सहनशील होते हैं, वे ही जंगलों में विचरण कर सकते हैं। जो ऐसा नहीं कर सकते, अपने को बरबाद कर लेते हैं (सहेलर जे बनवास और नई सहेलर जो उदुरनास)। दूसरी कहावत कहती है कि—जीवन का अन्त जमीन या महिला के लिए होता है। यह कहावत महाभारत (जमीन) और रामायण (महिला) की कहानी के मर्म को इंगित करती है। कुछ कहावतों में पौराणिक ज्ञान छुपा है। नीचे दी गई कहावतें जिनका भावानुवाद निम्नानुसार है, कहती हैं—

दो ख भे, सोलह पसलियाँ, उस पर बत्तीस द्वार। राम ने सीता से कहावत का उत्तर जानना चाहा। उत्तर है—घूमता चक्र। दूसरी कहावत इस प्रकार है— पहला, दूसरे पर बैठा है। एक गुलाब की कलियाँ गिनते आ रहा है। वे तीनों एकत्रित हुए। उन तीनों के 17 सिर हैं। बूझो वे कौन हैं? उत्तर है—रावण, कार्तिकेय और मोर। तीसरी कहावत इस प्रकार है—अनजान को इसे जानना चाहिए। एक युगल है, उसके 32 कान हैं। बूझो वे कौन हैं? उत्तर है—रावण और मन्दोदरी।

लोकगीतों की वाचिक परिपाटी पर रामायण का सीधा-सीधा प्रभाव है। उसके अतिरिक्त उसका प्रभाव जनजातीय लोक-संस्कारों पर भी है।

इस क्षेत्र के दो महत्त्वपूर्ण संस्कार भीम की पूजा तथा भतरुजीवन्ति ओशा (Bhatrujibanti Osha) हैं। इन दोनों संस्कारों पर रामायण का प्रभाव है। इन संस्कारों को इस क्षेत्र में मनाया जाता है।

रामायण से पानी बरसाने के लिए संस्कार : ऋषि शृंग की कथा

भारत के मध्यक्षेत्र की पौराणिक कथाओं, पूजा-विधियों तथा संस्कारों में भीम की उपासना का विवरण मौजूद है। इसका गहन अध्ययन अपेक्षित है। भीम वर्षा का देवता है। उनकी पूजा भरपूर वर्षा और उत्पादन के लिए की जाती है। उनकी पूजा प्रत्येक गाँव में की जाती है। उनकी मूर्ति लिंग के आकार के पत्थर की होती है। उनके साथ-साथ ग्राम की रक्षा करने वाली ग्रामदेवी की भी पूजा की जाती है। सूखे की स्थिति से निपटने के लिए वर्षा के देवता भीम को पर परागत ओझा विधि से आमन्त्रित किया जाता है। सात दिन तक सभी ग्रामों में विधि-विधान के साथ उनकी पूजा की जाती है। यदि बरसात की कमी के कारण फसल की स्थिति खराब होती है तो लोगों को लगता है कि इन्द्र देवता से केवल भीम ही बरसात माँगकर ला सकते हैं। जनजातीय धारणा है कि भीम, बरसात के सबसे बड़े देवता इन्द्रदेव के भतीजे हैं। जनजातीय समाज में चाचा द्वारा भतीजे को स मान देने की परिपाटी है, इसलिए लोगों को लगता है कि बिना किसी विघ्न-बाधा के चाचा इन्द्र से भीम ही पानी ला सकते हैं। इस कारण प्रत्येक ग्राम में पृथ्वी माता के साथ-साथ भीम की भी पूजा होती है। भीम को सन्तुष्ट करने के लिए कन्धेन (Kandhen) को भी आमन्त्रित किया जाता है। भीम और ग्रामवासी कन्धेन की युवा पुत्री का विधि-विधान से संगम कराया जाता है। मान्यता है कि उनके मेल से निश्चय ही बरसात होगी। ब्राह्मण बहुल ग्राम में सूखे की अवधि में लोग खूब धूम-धाम से ऋषि शृंग यजना (Rishyashringa Yajna) का आयोजन करते हैं। ऋषि शृंग वरण (Varana) वास्तव में रामायणकालीन कथा की नकल है। अपने राज्य को ग भीर सूखे से मुक्ति दिलाने के लिए महाराज दशरथ ने ऋषि शृंग को जराता द्वारा आमन्त्रित किया था। जराता—वास्तव में प्रकृति और पुरुष का जराता—ऋषि शृंग के रूप में मिलन है।

भीम और कन्धेन का मिलन वास्तव में रामायण की परम्परा है। पश्चिमी उड़ीसा और छत्तीसगढ़, मुख्यत: सूखा-प्रवण इलाके हैं। इन इलाकों के गैर-ब्राह्मण लोग ईश्वर की उपासना ब्राह्मणों की ही तरह वैदिक पद्धति से करते हैं। संस्कृत-भाषी पूजा-विधि पर उनकी पहुँच थोड़ा कठिन होती है, इसलिए उन्होंने ऋषि शृंग जराता घटना को भीम-कन्धना के विवाह से विधि-विधान के साथ जोड़ा। सूखे की प्राकृतिक समस्या को हल करने अर्थात् वर्षा कराने के लिए इस क्षेत्र के जनजातीय समाज ने रामायण की दैवी कथा की नकल की।

भतरुजीवन्ति ओशा (Bhatrujibanti Osha)

पश्चिमी उड़ीसा और छत्तीसगढ़ की दूसरी धार्मिक परम्परा भतरुजीवन्ति ओशा या भेजन्तिया ओशा (Bhaijiuntia Osha) है। इस पर परा को महिलाएँ मनाती हैं। मान्यता है कि कौशल्या जो दक्षिण कोशल की राजकुमारी थीं, से अयोध्या के राजा दशरथ का विवाह हुआ था। इस कथा के अनुसार— राम उनके भाई हैं। अपने भाई की ल बी आयु के लिए महिलाएँ माँ दुर्गा का उपवास रखती हैं। चूँकि कोशल की पहचान इस क्षेत्र से है इसलिए क्षेत्रीय विरासत को ज़िन्दा रखने के लिए महिलाएँ आश्विन माह की अष्टमी को माँ दुर्गा के सामने भतरुजीवन्ति परम्परा का पालन करती हैं। इस मान्यता से ऐतिहासिक सत्यता का राम से जोड़ने वाला कोई सीधा स बन्ध नहीं है, परन्तु जनजातीय समाज के पर परागत विश्वास को नकारा नहीं जा सकता।

क्लॉस कहते हैं—महाभारत और रामायण का समूचे भारत (Claus, 1981 :17) में मंचन होता है। इस मंचन में स्थानीयता का पुट होता है। यह सच है कि उन ग्रन्थों को पढ़ने या सुनने से लोगों की धार्मिक प्यास बुझती है। लेकिन उन्हें सुनने या पढ़ने का अवसर बहुत ही कम लोगों को मिलता है, इसलिए उसका लाभ पूरे समाज को नहीं मिलता। लोकमंचों पर रामलीला (रामायण के मंचन) का लाभ पूरे समाज को बिना उम्र या लिंग-भेद के मिलता है। इससे उनकी धार्मिक भावनाएँ तृप्त होती हैं और उन्हें भरपूर आनन्द का अनुभव होता है। अपने आदर्शों के चरित्र और विभिन्न घटनाओं को देखकर लोगों के नैतिक मूल्यों में वृद्धि होती है।

सन्दर्भ

1. क्लॉस, पी. जे., जे हाण्डु, डी. पटनायक (सम्पा). 1981, भारतीय पर परा 2, सीआईआईएल, मैसूर.
2. एल्विन, वेरियर, 1935. सांग्स ऑफ़ फॉरेस्ट, लंदन. 1950. बोन्डो हाईलेण्डर, लंदन.
3. गुप्ता, प्यारेलाल, 1977, प्राचीन छत्तीसगढ़ (हिन्दी), रायपुर.
4. महापात्रा, के. एन. 1971, पो-लो-मो-लो-की-ली ऑफ ह्वेन सांग इन एन. के. साहु (सम्पा.) न्यू आस्पेक्ट्स ऑफ हिस्ट्री ऑफ उड़ीसा. स बलपुर यूनिवर्सिटी.
5. नायक, टी. बी., 1973, दी ट्राइब्स ऑफ सेण्ट्रल इण्डिया, इन दी ट्रायबल प्यूपिल ऑफ इण्डिया, मिनिस्ट्री ऑफ आई एण्ड बी. (प्रकाशन डिविजन), नयी दिल्ली.
6. रेमसे, काब्डन, 1910, बेंगाल गजेटियर्स, यूडेटरी स्टेट्स ऑफ उड़ीसा, पटना स्टेट.
7. साहु, एन. के., 1977, उड़िया जटिरा इतिहास (उड़िया), भुवनेश्वर.
8. सिंहदेव, जे. पी., 1986, कल्चरल प्रोफाइल ऑफ साउथ कोशल, ज्ञान प्रकाशन, नयी दिल्ली.
9. सिन्हा, एस., 1962, स्टेट फॉरमेशन एण्ड राजपूत मिथ इन सेण्ट्रल इण्डिया, मेन इन इण्डिया, भाग-13 क्र. 1.
10. सांकलिया, एच. डी., 1982, दी रामायण इन हिस्टोरिकल पर्सपेक्टिव, मैकमिलन इण्डिया लिमिटेड, नयी दिल्ली.
11. श्रीनिवासन, एम.एन., कास्ट सिस्टम इन इण्डिया एण्ड अदर स्टेट्स, ओरियण्ट लांगमेन, ब बई.

रामकथा का लोक-विस्तार

वसन्त निरगुणे

रामकथा का लोक में जितना विस्तार हमें दिखाई देता है, उतना किसी और चरित का नहीं। विश्व में दो ही महानायक हुए हैं, जिनके चरित्र ने सम्पूर्ण संसार को प्रभावित किया है। उनमें से एक सृष्टि के प्रथम कवि वाल्मीकि के 'राम' हैं और दूसरे महाभारत के सूत्रधार 'कृष्ण'। अवतारवाद की दृष्टि से भी देखें तो मनुष्य के रूप में देव के समकक्ष अवतरित पूर्ण पुरुष 'राम' ही बैठते हैं। महाभारतीय कृष्ण चरित भी उन्हीं का विस्तारित रूप है। इसे ठीक से समझ लेना जरूरी है। ये दो कालों के महाचरितों की महागाथा है जो आज सारे विश्व में किसी-न-किसी रूप में गायी जाती है। गूँजती है। यहाँ देखने वाली बात यह है कि लोक में रामकथा खूब फैली और फली, लेकिन आदिवासी लोक में रामकथा के पैर उतने नहीं फैले। इसका कारण क्या है? यह विचारणीय प्रश्न है। जबकि आदिम समूहों का निवास आर्य संस्कृति यानी रामकथा से बहुत पहले का है। उनमें रामकथा का इतना विस्तार क्यों नहीं हुआ? मित्रो! इसके पीछे भी बहुत से कारण हैं जिस पर हम आज किंचित विचार करेंगे।

पहले हम लोक में रामकथा के विस्तार को भली-भाँति देख लें, फिर जनजातियों में रामकथा की स्थिति का जायजा लेंगे।

वाल्मीकि-रामायण में जिस तरह से रामकथा का पल्लवन हुआ है, वह भारतीय संस्कृति और मूल्यों का ही दर्पण कहा जा सकता है। बाद के रचनाकारों ने अपने समय के अनुरूप इस गौरव को अक्षुण्ण रख, राम एक प्रजा-वत्सल शासक व सद्गृहस्थ के रूप में स्वीकृत हुए। यह मानव से महामानव बनने की कथा थी और उससे बढ़कर नर से नारायण बनने की कथा थी। इसीलिए रामकथा जाति, धर्म, देश, काल को लाँघती हुई सारे विश्व में फैलती चली गयी। जिसमें सम्पूर्ण मानवता को बचाये रखने के सत्य के वे बीज भी थे, जो हर देश, काल और भूमि में पल्लवित होने की सामर्थ्य रखते थे। यही कारण है कि राम का चरित महालोकत्व ग्रहण करता चला गया जो समय का सौटंच बन गया। 'राम' को लोगों ने भगवान तो माना ही, उसे सृष्टि के रचयिता 'ब्रह्म' के समकक्ष बैठा दिया। राम देवत्रयी के खास देवता विष्णु के पूर्ण अवतार माने गये। वामन परशुराम से भी राम आगे निकल गये। महाभारत काल में कृष्ण के रूप में पूर्णावतार की एक और कड़ी जुड़ गयी। कृष्ण के बाद में कल्कि अवतार के रूप में 'बुद्ध' को माना गया। यह वह समय था, जब रामकथा वाल्मीकि-रामायण से आगे अध्यात्म रामायण की ओर बढ़ रही थी। इसके कारण रामकथा के पात्रों का चरित्र-चित्रण पारलौकिक हो उठा और इसका परिणाम यह हुआ कि रामकथा की मानवीय कमजोरियों को ढँकने की चेष्टा की गयी। जिसके लिए अनेक आख्यान रचे और जोड़े गये। इस तरह रामचरित विश्वजीवन विश्वसनीय ही नहीं, अलौकिक होता

चला गया। इस बात को देखने के लिए हमें उन देशों तथा उनकी भौमिक संस्कृतियों को समझना होगा, जहाँ–जहाँ रामकथा के बीज पहुँचे और वटवृक्ष के रूप में विकसित हुए।

इस कार्य में वाल्मीकि–रामायण के देश–काल के अनेक रूपान्तरण तो हुए। इसमें 'अध्यात्म रामायण' ने भी देशान्तर में अपनी महत्त्वपूर्ण भूमिका निभाई।

थाई देश का पूर्व नाम 'स्याम' रहा है। यहाँ सबसे पहले पाली भाषा में 'रामायण' पहुँची। जो रूपान्तरित होकर 'राम कित्ती' हो गयी। आजकल थाई भाषा में जिसे 'रामकीन' कहा जाता है। स्याम का लोक मूलतः भारतीय मूल का है, जिसकी स्मृतियों में रामकथा पहले से ही रची–बसी रही है। फिर भी पाली की 'रामकित्ती' थाई भाषा में 'रामकीन' होकर कई स्थानीय संस्कृति के अनुभावन तत्त्वों को ग्रहण करती हुई नया कलेवर प्राप्त करती है। वहाँ सीता का जन्म–प्रसंग बदल गया। वहाँ सीता को 'सीदा' कहा गया, जो सम्राज्ञी 'मोंतो' की कन्या है। ज्योतिषियों ने उसे सर्वनाशी कन्या बतलाया। सम्राट पिता लोंको ने उसे समुद्र में बहा दिया। वह कन्या मिथिलापति 'जोनोक' को जल में बहती मिली। तपस्यारत जोनोक (जनक) ने शिशुकन्या को एक गड्ढे में रख दिया और धरती से उसे पालने की प्रार्थना की। जनक की तपस्या समाप्त होने तक सीता जवान हो गयी। इसके बाद की कथा 'धनुष–यज्ञ' की तरह है, जहाँ राम धनुष भंग नहीं करते बल्कि शिवधनुष को उठाकर प्रतियोगिता जीत लेते हैं। जीत में उन्हें 'सीदा' मिलती हैं। इस तरह सीता लोंको (लंका) नरेश की पुत्री बैठती है, जिसका बाद में रावण ने हरण किया था। इसका जिक्र अन्य रामायणों में भी मिलता है। यहाँ सीता ने आत्महत्या करने की कोशिश की थी, तब हनुमान ने उन्हें इस जघन्य कार्य से रोका था। बाद में राम ने सुग्रीव, हनुमान आदि की सहायता से लंका विजय की थी।

क बोडिया में रामकथा वाल्मीकि–रामायण से पहुँची जिसे 'रामकेर' रामायण कहा जाता है। यहाँ रामायण में 'राम–रावण' युद्ध के वैष्णव या बुद्ध के दार्शनिक तत्व शामिल हो जाते हैं और वह 'सामेर संस्कृति' में पूरी तरह से रंग जाती है। यहाँ लोक और शास्त्र की रामायण पृथक्–पृथक् है।

श्रीलंका में अज्ञात कवि द्वारा रची गयी 12वीं शताब्दी की 'जानकी हरण' के रूप में रामायण मौजूद है। यहाँ विभीषण की प्रतिष्ठा है, जिसने रावण के वध के बाद लंका में राम के सहारे सुशासन किया था। बुद्ध लोग भी विभीषण को मान देते हैं।

चीन में रामायण का नायक भरत को माना गया है। यद्यपि चीन बुद्ध धर्म को मानता है, फिर भी वहाँ वाल्मीकि–रामायण के कई संस्करण मिलते हैं। यहाँ राजा शुद्धोधन को बुद्धावतार में दशरथ बताया गया है। 'राहुल की माँ महामाया को सीता तथा शिष्य आनन्द को भरत निरूपित किया गया है।' बुद्ध ने स्वयं अपने मुख से शिष्यों को यह कथा सुनाई थी। यह कथा 'दशरथ जातक' के नाम से पाली भाषा में मिलती है। भरत ने महानायक की तरह सिंहासन पर राम की चरण पादुकाएँ रखकर सुचारु राजकाज चलाया था। वन से लौटने के बाद राम तो भरत को ही राजसिंहासन सौंपना चाहते थे।

बर्मा में बौद्ध धर्म होने के बाद भी रामकथा लोकप्रिय हुई। यहाँ तक कि बुद्ध को राम का अवतार बताया गया है। वहाँ विष्णु के दशावतारों की मूर्तियाँ स्थित हैं। वहाँ की रामकथा में बहुत–सी किंवदन्तियाँ जुड़ गयी हैं—जैसे लक्ष्मण के लिए हनुमान संजीवनी बर्मा के पोपा पहाड़ से ही लाये थे। वहाँ 'रामलीला' का चलन है। वहाँ के कवि उतो ने तुलसी–रामायण से प्रेरणा ले 'रामगमन' रामायण की रचना की है।

लाओस को लवदेश कहते हैं जिसे 'स्वर्णभूमि' कहा जाता था। पहली शताब्दी के पूर्व ही यहाँ एक हिन्दुस्तानी ने अपना राज्य कायम किया था। वहाँ खमेर जाति के लोग रहते हैं, जो भारतीय मूल के वंशज हैं। वहाँ कांग नदी को गंगा

माना जाता है। लाओस में रामायण-कथा नृत्य, गीत और चित्र तथा शिल्पों में मिलती है। वहाँ की रामायण का नाम 'फालक फा लाम' है। वहाँ रामलीला भी होती है। वहाँ भी गौतम बुद्ध को राम का अवतार माना जाता है।

हमारे देश में रामकथा के विभिन्न भाषाओं में तीन सौ से अधिक ग्रन्थ उपलब्ध हैं। बनारस के डॉ. भानुशंकर मेहता ने एक हज़ार से अधिक रामायणों का होना बताया है। अनुवाद तो और भी अधिक हो सकते हैं। चित्रकूट शोध संस्थान में अनेक रामायण ग्रन्थ संकलित हैं।

पश्चिम बंगाल में कृतिवास रामायण 'रंगचीया' प्रचलित है जो वाल्मीकि-रामायण पर आधारित है। इसमें समय के प्रभाव के कारण राक्षसी वृत्तियों का वर्णन अधिक किया गया है। सीता-विवाह पर स्त्रियाँ बंगाल में प्रचलित शुभ शंख-ध्वनि करती हैं, जिसमें भक्तिभाव की प्रचुरता है।

उड़िया रामायण में कृतिवास रामायण की छाया अधिक है। यहाँ बलरामदास ने बहुत पहले रामायण रची। इसमें शिव और शक्ति का वर्णन किया गया है। उड़िया रामायण में कैकेयी की कलंक मुक्ति के लिए प्रार्थना की गयी है।

नेपाल में श्रेष्ठ कवि भानुभक्त की रची रामायण प्रचलित है जिसका आधार अध्यात्म रामायण है। इसमें सात काण्ड हैं।

असमिया रामायण वाल्मीकि रामायण का असमिया भाषा रूपान्तरण है। इसके कवि माधव कन्दली हैं, जिन्होंने इसे वराहमिहिर राजा महा माणिक्य के आग्रह पर रचा था। इसमें भी सात काण्ड हैं। असमिया रामकथा की पुनर्रचना में सन्त शंकर देव और उनके शिष्य माधवदेव की प्रमुख भूमिका है।

भूटान देश में लिंग गेसर गेलपो नाम से रामायण का मंचन होता है। लिंग गेसर गेलपो का मतलब लिंग का राजा है, जिसे राम की तरह दिखाया जाता है। उसकी पत्नी 'सेंगचांग डुकमो' यानी सीता माँ माना गया है। उसी तरह 'हारगर काल्प गेलपो' को रावण दिखाया गया है। जो सेंगचांग डुकमो को हरण कर लेता है। उसे छुड़ाने के लिए गेसर गेलपो उससे युद्ध करता है। इसकी भाषा भूटान की राष्ट्रीय भाषा 'डीजोग्खा' है। भूटान मूलतः बुद्धिष्ट देश है। इस रामलीला में बुद्धिस्ट वाद्यों और नाटकीय शैली का पार परिक प्रयोग देखा जा सकता है। इसकी वेशभूषा बेहद रंग-बिरंगी और कल्पनाशील होती है। युद्ध के दृश्य मार्शल आर्ट पर आधारित होते हैं।

गोंड रामायनी : रामकथा का जनजातीय रूप

राम एक ऐसे महारचित नायक हुए हैं, जिनके नाम से जीवन के हर क्षेत्र में और उनके चरित ने संस्कृति, साहित्य और कला के विभिन्न अनुशासनों को बहुत गहरे तक हर समय में प्रभावित किया है। रामकथा का विस्तार लोक से लगातार शास्त्र तक और लोक-समाजों से लेकर जनजातीय लोक तक समाया हुआ है। जनजातियों की चेतना में रामकथा को लेकर लोग प्रायः प्रश्नचिह्न लगाते हैं, आदिवासियों से राम का क्या स बन्ध है? देखा जाये तो राम का स बन्ध जनजातियों से अत्यन्त मानवीय, गहरा और पुराना है। वनवासी राम चौदह वर्ष तक वन्य-जातियों के स पर्क में रहे हैं। उनसे उनका जीवन्त स बन्ध था। इसका जिक्र स्वयं विश्व के प्रथम महाकाव्य रामायण के रचयिता वाल्मीकि ने किया है। कोल, किरात, निषाद उस समय राम के साथ थे। भीलनी शबरी की कुटिया में जाकर श्रीराम और लक्ष्मण शबरी के जूठे बेर खाते हैं।

यह सुनिश्चित है कि राम आदिम पुरुष नहीं हैं, वे त्रेता युग में राजा दशरथ के यहाँ पैदा हुए हैं। जनजातियाँ राम से पूर्व से चली आ रही हैं। उनकी अवधारणा में स्थानिक देवी-देवताओं और नायकों से आगे की जगह कभी नहीं थी! लेकिन राम के व्यक्तित्व ने सारे युगों में सबको प्रभावित किया। इतना चुम्बकीय चरित जनजातीय चेतना से कैसे अलक्षित

गोंड रामायनी पेंटिंग

रह सकता था। जब लोक राम को भगवान प्रतिष्ठित कर रहा था, तब जनजातियों में राम एक असामान्य पुरुष की तरह प्रवेश कर रहे थे। डॉ. रमानाथ त्रिपाठी ने ठीक लिखा है—'हमें गर्व करना चाहिए कि हमारे राम कितने महान हैं कि वे घोर अरण्य में रहने वाली जनजातियों तक पहुँचे हैं।' लोक ने राम को मर्यादा पुरुषोत्तम सिद्ध किया है। जनजातियों को राम उनकी तरह धनुर्धारी लगते हैं। राजकुमार होते हुए भी राम का शौर्य और साहस उन्हें भाता है। राजपाट का व्यामोह छोड़कर वनवासी बनकर जिन्होंने चौदह वर्ष तक जंगलों की खाक छानी थी। राम वन्य-जीवन के पत्ते-पत्ते से परिचित हो लिये थे। वे जंगल के पेड़-पौधों, जीव-जन्तु, बन्दर-भालू, पशु-पक्षियों और वन में रहने वाले आदिमजनों के जीवन को बहुत नजदीक से महसूस कर चुके थे। वे प्रकृति-प्रेमी थे। उन्होंने आदिवासियों की तरह चौदह वर्षों तक बहुत कम वल्कल वस्त्र पहने थे। घास- फूँस की झोंपड़ियों में रहे थे। प्राकृतिक कन्द-मूल खाकर जीवनयापन किया था। बीमार होने पर जंगल की जड़ी-बूटियों का ही प्रयोग किया था। लक्ष्मण को शक्ति लगने पर एक पर्वत की संजीवनी बूटी ही काम आयी है। लक्ष्मण राम की छाया बनकर राम के साथ रहे थे। लक्ष्मण स्वयं भी शूरवीर थे। उन्होंने जंगल में रहने वाले बन्दर-भालुओं से दोस्ती की थी। हनुमान, जामवन्त, बाली-अंगद ऐसे ही सहयोगी थे।

राम-लक्ष्मण का ऋतुओं से भी गहरा स बन्ध था, इतने वर्षों तक राम-लक्ष्मण और सीता प्रकृति के सान्निध्य में ऋतुओं के सारे रहस्यों को जान चुके थे। ठण्ड, गर्मी, वर्षा, पतझड़, बहार, पत्ते, फूल और फलों से परिचित हो चुके थे। नदी, पहाड़, ताल-तड़ाग, झरनों, खाई-खन्दकों, पगडण्डियों-मार्गों से परिचित हो चुके थे। पशु-पक्षी, नभचर-जलचर और थलचर के जीव-जन्तु मात्र से सम्पर्क में आ चुके थे। इनमें जो थोड़े विकसित थे, उनके भाषा-आचरण को जानकर

उनसे राम मानवीय सम्बन्ध बना चुके थे। जटायु, जामवन्त इसके उदाहरण हैं। समुद्र और पर्वत तक राम का रास्ता नहीं रोक रहे थे। जैसे सारा चराचर 'राम' के साथ खड़ा था। फिर आदिवासी तो मनुष्य जात ही थे, फिर ये राम के प्रभाव से कैसे अछूते रह सकते थे?

सबसे महत्त्वपूर्ण बात यह है कि राम उन्हीं की तरह जीवन जिये हैं। राम का धनुष आदिम आखेट युग की पहचान का अवशेष ही कहा जा सकता है। इन सब बातों के कारण राम और रामकथा किसी-न-किसी कोण से, रिश्ते से जनजाति लोक में प्रवेश करती है। रामकथा को जनजातियों ने अपने में कुछ इस तरह मिलाने की कोशिश की है, जैसे राम उनके अपने हैं। जनजातियों में पहुँचकर रामकथा का स्वरूप वैसा बिल्कुल नहीं रह जाता, जैसे वाल्मीकि रामायण या लोक की रामायण में मिलता है क्योंकि रामकथा की जटिलताओं को जनजातियों ने अत्यन्त सरलता के साथ ग्रहण किया। वहाँ पुत्र-प्राप्ति के लिए किसी प्रकार के यज्ञ की आवश्यकता महसूस नहीं की जाती है। संथाली लोग एक सरल उपाय रच लेते हैं, उनका काम किसी योग के द्वारा दशरथ को दिये गये चार आमों से काम चल जाता है। इसी जटिलता को कहीं तपस्वी की जड़ी, ऋषि के फल, माली की बूटी और साधु की खीर से हल कर लिया जाता है। जनजातीय जन रामकथा को अपनी संस्कृति के अनुरूप अपनी स्थानिक कल्पनाशीलता, रीतियों और मान्यताओं के आधार पर ढाल लेता है। यहाँ तक कि रामकथा का नया रूप ही हमारे सामने आ जाता है, तब लोगों को भरोसा ही नहीं होता कि रामकथा ऐसी हो सकती है। इसका सबसे बड़ा उदाहरण मध्य प्रदेश की सबसे बड़ी आदिम जनजाति गोंड में प्रचलित 'रामायनी' हो सकती है। जिसे आज से लगभग पचास वर्ष पूर्व गोंड जनजाति संस्कृति के अध्येता पद्मश्री शेख गुलाब ने मूल बोली में संकलित किया था। गोंड रामायनी के बारे में डॉ. टी.बी. नायक ने भूमिका में लिखा है—'ग्राम्य जीवन की सरलता लिये तथा आदिवासी (गोंड-परधान) संस्कार और जीवन-दर्शन का पुट लिये इस कथा का रूप और आकार बहुत कुछ बदल गया है। अत: रामायनी नाम से मूल रामायनी की स पूर्ण घटनाओं, प्रसंगों अथवा विचारों की अक्षरश: अपेक्षा करना यहाँ उचित न होगा, लगता है जैसे रामायण की मूल कथा को पकड़कर, इन सरल आदिवासियों ने उसे अपने आंचलिक वातावरण के अनुरूप आदिम संस्कारों से बद्ध कर एक ऐसा नया रूप दे दिया है, जो आधार कथा से भिन्न होते हुए भी अपने आपमें विशिष्ट है।'

गोंड रामायनी की मूलकथा का यहाँ पहली बार विशिष्टजनों के सम्मुख खुलने का सुखद अवसर है। मैं चाहता हूँ कि गोंड रामायनी की सातों कथाएँ आप तक पहुँचें, इसलिए रामायनी के प्रत्येक अध्याय का कथासार यहाँ प्रस्तुत करना उचित ही न होगा, बल्कि इस अवसर पर प्रासंगिक भी होगा। इसके पूर्व गोंड रामायनी की कुछ विशेषताओं का जिक्र करना चाहता हूँ—

1. गोंड रामायनी का यह रूप पूर्णत: वाचिक है।
2. इस कथा में रामजन्म से लगाकर राज्याभिषेक तक की घटनाओं का वर्णन नहीं है।
3. यह कथा मूलत: गोंड जीवन, संस्कार की कथा है।
4. इस कथा के महानायक 'राम' न होकर 'लक्ष्मण' हैं। पण्डुवानी में भीम नायक हैं।
5. गोंडों में बहुविवाह पद्धति कभी स्वीकृत रही है। रामायनी उसी पर परा की छाया है।
6. रामायनी में लक्ष्मण की सत्यता, शूरवीरता और सच्चरित्रता उसके पाँच विवाहों के माध्यम से बताई गयी है, जो लगभग काल्पनिक है।

7. कथा में गोंड जीवन के आदिम मूल्य, आचरण, विश्वास, तन्त्र-मन्त्र, जादू-टोना, रूप बदलने की शक्ति, इन्द्रजाल, युद्ध-परिवेश, वेशभूषा, धर्म-दर्शन, मिथक प्रतीक आदि का भरपूर उपयोग किया गया है।
8. गोंड रामायनी स्वप्न और स्मृति की कथा है। इस कथा की प्रमुख विशेषता समस्याओं का हल स्वप्न के माध्यम से किया गया है। इसका मतलब गोंडों का स्वप्न विज्ञान अत्यधिक विकसित था। कोई भी व्यक्ति किसी के स्वप्न में जा सकता है। लक्ष्मण अपने संकट स्वप्न के माध्यम से सीता को बताता है। सीता भी लक्ष्मण की स्थिति स्वप्न के माध्यम से जान लेती हैं। एक विवाह तो लक्ष्मण सीता के देखे गये सपने के आधार पर ही करते हैं। सीता ही इस विवाह के लिए लक्ष्मण को उकसाती हैं।
9. गोंड रामायनी काल-मुक्त है। इसमें अतीत, वर्तमान और भविष्य तीनों कालों की गजब की आवाजाही है। राम पत्र लिखकर लक्ष्मण की सहायता के लिए भीम आदि पाण्डवों को बुला लेते हैं। रामचन्द्र लक्ष्मण का भविष्य जानने के लिए सहदेव की सहायता लेते हैं। महादेव, इन्द्र, नारद भी आ जाते हैं। एक तरह से गोंड रामायनी कई समयों की समष्टि है। जबकि पण्डुवानी (महाभारत) रामायण के बाद की घटना है, लेकिन 'गोंड रामायनी' परधानों ने बाद में बुनी है।
10. गोंड रामायनी कथा-गायन का अद्‌भुत उदाहरण है। किंदरा बाजा यानी बाना एक आदिम वाद्य है, जो उन्हें गोंडों के आदिदेवता लिंगोपेन से मिला है। इसी से उत्पन्न संगीत पर परधान गायक गोंडवानी, पण्डवानी और रामायनी गाते हैं।

एक परधान गायक से मैंने पूछा कि गोंड रामायनी का नायक लक्ष्मण को क्यों माना गया है, राम को क्यों नहीं तो उसका बहुत सरल जवाब था। उसने कहा—लक्ष्मण में बहुत अधिक शक्ति थी। वह तपस्वी पुरुष था, वीरोचित था। राम भगवान थे। दोनों की जोड़ी अनूठी थी। लक्ष्मण का स्वभाव गोंडों से मिलता-जुलता है, इसलिए वह नायक है।

गोंड रामायनी का कथा-सार इस प्रकार है—

इन्द्रकामिनी 1-2 पहली कथा लक्ष्मण और इन्द्रकामिनी की दो अध्याय में कही गयी है। इन्द्र की पुत्री इन्द्रकामिनी लक्ष्मण के बाजे के संगीत पर विमोहित होकर इन्द्रपुरी से पृथ्वी पर आती है। वह वहाँ पहुँचती है, जहाँ लक्ष्मण के बाजे के संगीत की स्वर-लहरियाँ आ रही होती हैं। वह लक्ष्मण के महल में मक्खी बनकर प्रवेश करती है। लक्ष्मण नाग पलँग पर निद्रा निमग्न होता है। वह लक्ष्मण की सुन्दरता पर मुग्ध हो जाती है। वह मक्खी से इन्द्रकामिनी बन जाती है और लक्ष्मण को जगाने का प्रयास करती है, लेकिन वह नहीं जागता। वह चिढ़कर अपने वस्त्र, आभूषण आदि फैलाकर वापस मक्खी बनकर लक्ष्मण के जागने की प्रतीक्षा करती है।

इधर सीता लक्ष्मण के महल में आती है। उसकी हालत देखकर सीता को आघात लगता है। यह बात सीता राम को बताती है। राम चिन्तित होते हैं। पाण्डवों को सहायता के लिए आमन्त्रित करते हैं। भीम भी लक्ष्मण की यही दशा देखकर लौटता है। राम स्वयं सेना लेकर आते हैं। लक्ष्मण की दशा देखकर क्रोधित होते हैं। उसे बाँह झिंझोड़कर उठाते हैं। लक्ष्मण हड़बड़ा कर उठते हैं। नारद के कहने पर राम लक्ष्मण के सत की अग्निपरीक्षा लेते हैं। लक्ष्मण को लोहे के महल में बिठाकर बाहर से उसमें आग लगा दी जाती है। राम दुखी होते हैं।

राम भीम को आग बुझाने के लिए पानी लाने को कहते हैं। भीम पानी लाते हैं। इधर लक्ष्मण महल के भीतर सुरक्षित होते हैं। वे भीम का अहसान नहीं लेना चाहते इसलिए उसकी कावड़ का सारा पानी चुड़ैल के माध्यम से फैला देते हैं।

तिरियाफूल कथा

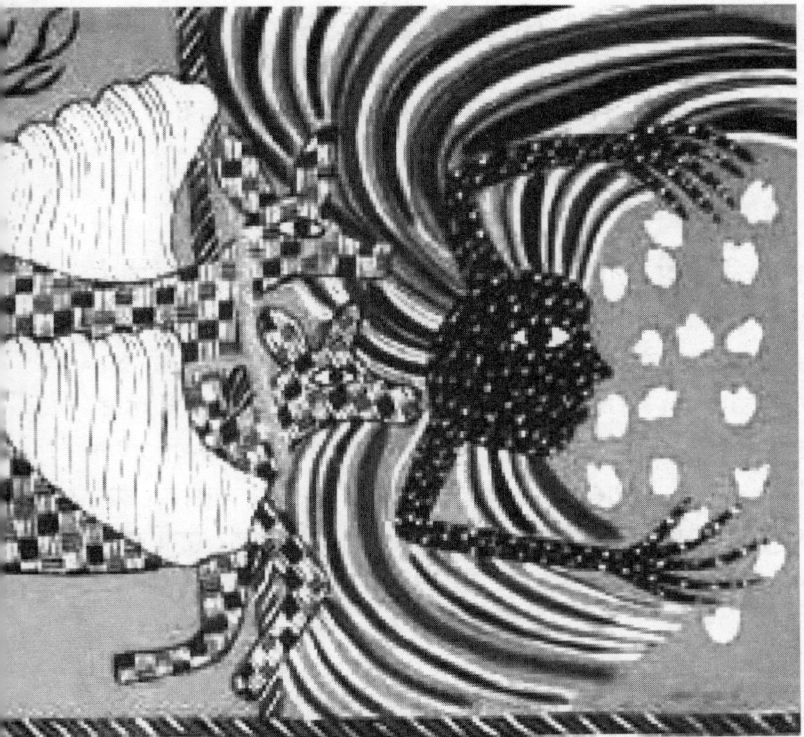

उसी पानी से महानदी बनी। लक्ष्मण सकुशल जलते महल से निकलते हैं। राम उसे गले से लगा लेते हैं। इस प्रकार दोनों भाइयों का पुनर्मिलन होता है। लक्ष्मण सत परीक्षा में खरे उतरते हैं।

दूसरे कथाक्रम में इन्द्रकामिनी मक्खी का रूप त्यागकर लक्ष्मण को जगाने की फिर कोशिश करती है, लेकिन वह नहीं जागता। उसे निद्रावस्था में ही इन्द्रलोक में उड़ाकर ले जाती है। वह वहाँ लक्ष्मण को बकरा बनाकर रखती है। एक दिन सीता लक्ष्मण का दुःख राम को बताती हैं। सीता राम को सपने में देखा सारा वृत्तान्त सुनाती हैं। राम चिन्तित होते हैं। पाण्डवों को बुलाते हैं। लक्ष्मण को छुड़ाने के लिए शंकर–पार्वती, कौरव–पाण्डव, हनुमान, राजा–महाराजा राम के साथ जाते हैं।

पाँचों पाण्डव और नारद एक तमाशा दल बनाकर इन्द्र की सभा में प्रवेश कर जाते हैं। वहाँ अपने नृत्य–गान से इन्द्र का मन विमोहित कर लेते हैं। नारद पुरस्कार में बाने पर खाल चढ़ाने के लिए एक जीवित बकरा माँगते हैं। योजनानुसार भीम राज्य के सारे बकरे पहले ही मार डालते हैं। राज्य में एक भी जीवित बकरा नहीं मिलता। तब इन्द्रकामिनी की सहेलियाँ महल में बकरा होने की बात बताती हैं। वही बकरा इन्द्र नारद को देकर विदा करते हैं। इस तरह नारद लक्ष्मण को छुड़ाने में कामयाब होते हैं।

इधर इन्द्रकामिनी को मालूम पड़ता है तो वह कुरींबाज बनकर राम के रथ पर टूट पड़ती है। भयंकर युद्ध होता है। रथ जमीन पर टूटकर गिर जाता है। यहाँ कुरींबाज इन्द्रकामिनी सीता से भिड़ जाती है। बीच में पड़कर नारद इन्द्रकामिनी को लक्ष्मण से विवाह करने का लालच देते हैं। इन्द्रकामिनी मान जाती है।

इन्द्रकामिनी और लक्ष्मण का विवाह एक नये महल में रचा जाता है। लक्ष्मण कुलदेव की पूजा के बहाने इन्द्रकामिनी को महल के सातों द्वार पार कर भीतर ले जाते हैं, जहाँ उसे कैद कर देता है। उस महल से इन्द्रकामिनी फिर कभी नहीं निकलती है। वह नागिन की तरह आज भी फुफकारती है। यही फुफकार संसार में आज तक हैजा जैसी बीमारी को फैलाती है।

तिरियाफूल

तीसरी कथा एक स्वप्न कथा है। सीता सपने में इन्द्र की सुन्दर दुर्लभ कन्या तिरियाफूल को देखती है और लक्ष्मण से उसे देवरानी के रूप में माँगती है। लक्ष्मण तिरियाफूल की खोज में निकल पड़ता है। आगे उसे दो साधु मिलते हैं। वे तिरियाफूल से मिलने का उपाय बताते हैं। लक्ष्मण उनके बताये अनुसार कार्य करता है, लेकिन तिरियाफूल की देवी निद्रा के प्रभाव के कारण दोनों बार लक्ष्मण को नींद लग जाती है। तीसरी बार में साधु कुछ नया उपाय बताते हैं। निद्रा देवी को बहलाने के लिए वह मक्के की लाई फैला देता है। देवी लाई खाने में लग जाती है। इधर दुर्लभ कन्या अपनी छह बहनों के साथ तालाब पर स्नान करने आती है। तालाब में उतरते ही सातों बहनें तिरियाफूल बन जाती हैं। स्नान कर जब वे श्रृंगार कर तैयार होती हैं, तब लक्ष्मण एक बहन का हाथ पकड़ लेता है। लक्ष्मण को देखकर सातों बहनें उसके सौन्दर्य पर मुग्ध हो जाती हैं। सभी लक्ष्मण को वरण करना चाहती हैं, लेकिन लक्ष्मण सिर्फ एक तिरियाफूल को चाहता है।

एक सुझाव के अनुसार आँख-मिचौली का खेल होता है, लक्ष्मण की आँख पर पट्टी बाँधी जाती है। लक्ष्मण जिसका हाथ पकड़ेगा, वही लड़की उसके साथ जायेगी। लक्ष्मण एक तिरियाफूल का हाथ पकड़ता है और बाकी छहों बहनें वापस इन्द्रलोक को चली जाती हैं। लक्ष्मण और तिरियाफूल तालाब किनारे रह जाते हैं। लक्ष्मण दुर्लभ कन्या को फिर से तिरियाफूल बनकर दिखाने की जिद करता है। तिरियाफूल लक्ष्मण को मान जाने को कहती है, लेकिन लक्ष्मण नहीं मानता। दुर्लभ कन्या तालाब में तिरियाफूल बनकर दिखाती है। इतने में तिरियाफूल को एक भौंरा उड़ाकर ले जाता है और उसे बाँस के बन में छिपा देता है।

लक्ष्मण फिर साधुओं के पास जाता है। साधु तिरियाफूल का पता बताते हैं। लक्ष्मण तिरियाफूल की खोज में निकल पड़ता है। बाँस के वन में तिरियाफूल को पाकर लक्ष्मण चलने लगता है। इतने में लाखों भौंरे लक्ष्मण पर आक्रमण कर देते हैं। परेशान लक्ष्मण धरती से प्रार्थना करता है। धरती फट जाती है और वह उसमें समा जाता है।

लक्ष्मण सीता के सपने में आता है। सहायता के लिए राम पाण्डवों को बुलाते हैं। सहदेव लक्ष्मण का पता बताते हैं। राम सेना लेकर जाते हैं। पहले भीम जाते हैं। भीम पर भी भौंरे टूट पड़ते हैं। बेहाल भीम समुद्र में छलाँग लगा देता है। बचकर राम के पास पहुँचता है। फिर राम हनुमान को भेजते हैं। हनुमान भौंरों को महाजाल में फँसा लेते हैं। लक्ष्मण और हनुमान तिरियाफूल को लेकर राम के पास पहुँचते हैं। बदनमहल में लक्ष्मण के फेंटा और कटारी के साथ तिरियाफूल का विवाह होता है। सीताजी प्रसन्न हो गयीं। लक्ष्मण का सत पूरा हो गया।

मचलादई

चौथी कथा में लक्ष्मण भाभी सीता से मिलने जाता है। वह भाभी से एक पहेली के अनुसार भोजन बनाने का हठ ठान लेता है। वह सीताजी से बिना जोते खेत के चावल, मक्खी के दूध, भरू घास के लाछे, लाल मुँह के चूजा, बिना पैर के बकरे, बिना आँख के घोड़े और कलेजे के पानी से बना भोजन बनाने को कहता है। सीता को वे चीजें कहीं नहीं मिलती हैं।

अन्त में एक जानकार बुढ़िया इस पहेली को बूझती है और सीता झटपट भोजन तैयार कर देती है। पर लक्ष्मण खाने में पसीना चूने के बहाने से भोजन करने से इनकार कर देता है। इससे सीता गश खाकर बेहोश हो जाती है। सीता उसी नींद की बेहोशी में एक सपना देखती है। वह चौंककर उठती है। लक्ष्मण दौड़कर सीता की खबर लेता है। सीता सपने में कलशापुर के राजा मछन्दर की पुत्री मचलादई के साथ लक्ष्मण का विवाह होते देखती है।

लक्ष्मण सीताजी के सपने को पूरा करने के लिए कलशापुर पहुँचता है। उसके साथ उसकी तान्त्रिक सेना रहती है। वह कलशापुर की सीमा में अपना पड़ाव डालता है। उसके साथ किंदरा बाजा, फड़की-कबूतर, भूत-चुड़ैल, सिंगी, तूमी, सूती, मटिया आदि हैं। वह सबको शहर घूमने को कहता है और स्वयं विश्राम करता है।

एक जगह बन्दरों का विवाह हो रहा था। मटिया अशरीरी सत्व दुल्हन बन्दरिया के पेट में घुस जाता है। उसे पेटदर्द होता है। फिर वह ठीक हो जाती है। इसके बाद वह बूढ़े बन्दर दूल्हे के पेट में घुसकर तमाशा करते हैं और वापस डेरे में आते हैं। अब भूत और चुड़ैल घूमने जाते हैं। वे राजमहल में पहुँचते हैं। वह मचलादई को सताते हैं। उसे पेट दर्द होता है। एक जानकार बुढ़िया उसका पेट ठीक कर देती है। रात को घेतवा भूत फिर राजकुमारी के पेट में घुस जाता है। सहेलियाँ उसे उसी बुढ़िया के डेरे में ले जाती हैं। राजकुमारी ठीक हो जाती है। वहीं पर वह पलँग पर सोये लक्ष्मण पर मोहित हो जाती है। वह वापस घर नहीं जाती। यह बात मछन्दर को मालूम पड़ती है तो वह आगबबूला हो जाता है। सैनिकों को वह मचलादई को पकड़कर लाने और लक्ष्मण को मार भगाने का आदेश देता है। भालू और बन्दर लक्ष्मण को घेर लेते हैं। बन्दरों के डर से लक्ष्मण भागता है। वह धरती में समा जाता है। लक्ष्मण सीता को सपना देते हैं। बचाने के लिए भीम आते हैं, लेकिन बन्दरों से भीम परेशान होकर वापस लौटते हैं। फिर हनुमान जाते हैं। हनुमान बन्दरों पर काबू पा जाते हैं। लक्ष्मण को धरती से निकालते हैं।

कलशापुर का राजा मछन्दर बाबा अवधूत के माध्यम से युद्ध करता है। अवधूत और महादेव में युद्ध होता है। महादेव को कमजोर पड़ते देख राम भीम को सहायता के लिए भेजते हैं। भीम भी हि मत हार जाते हैं। एक बार फिर हनुमान को भेजते हैं। अब हनुमान अवधूत को पटकनी दे देते हैं।

राजा मछन्दर राम की शरण में जाता है, मचलादई का विवाह लक्ष्मण से हो जाता है। सारे बाराती खाते-पीते, नाचते-गाते, आनन्द-उमंग में सराबोर हो जाते हैं। लक्ष्मण मचलादई को अपने महल में विदा करके ले आता है।

रानी पुफैया

पाँचवीं कथा रावण की पुत्री रानी पुफैया के विवाह की है। यह भी स्वप्न्कथा है। सीता के सपने को सच करने के लिए स्त्रीवेश में लक्ष्मण लंकागढ़ जाता है। अपनी चतुराई से वह रावण के ही माध्यम से उसकी पुत्री पुफैया के महल में पहुँच जाता है। वह अपने तान्त्रिक सैनिकों के जरिये रानी पुफैया और उसकी एक सौ बीस सहेलियों को लेकर समुद्र-स्नान के लिए निकल पड़ता है।

इधर लक्ष्मण को देर होने के कारण सीता और राम को चिन्ता होती है। वे पता करने हनुमान को भेजते हैं। हनुमान लक्ष्मण को स्त्री-वेश में देखकर आश्चर्य करते हैं। फिर लक्ष्मण अपना असली रूप दिखाते हैं। लक्ष्मण हनुमान को वापस भेज देते हैं।

लक्ष्मण पूर्व में बनाये गये पिल्लों को वापस लड़कियाँ बना लेता है। हजारों केवट लड़कियों को घेर लेते हैं और लक्ष्मण को जाल में कैद कर लेते हैं। यह देखकर रानी पुफैया लड़कियों को पेड़ की डालियाँ बना देती है। सारे केवट भाग जाते हैं और लक्ष्मण डालियों को फिर से लड़कियाँ बना देते हैं।

रानी पुफैया का लड़कियों को पेड़ की डाली बनाना

लक्ष्मण रानी पुफैया को लेकर सीता के झिंझरी महल में जाता है। सीता विवाह से पहले रानी पुफैया का जादू देखना चाहती है। रानी पुफैया पहले विवाह करना चाहती है। दोनों अपनी जिद पर अडिग होती हैं। बात बिगड़ती देखकर रानी पुफैया अपना जादू अपने पर ही कर लेती है। वह सहेलियों सहित नागिन बनकर पाताललोक चली जाती है।

बीजुलदई

राम और सीता लक्ष्मण का विवाह राजा वासुकि की कन्या बीजुलदई से करने का प्रस्ताव करते हैं। राजा वासुकि लक्ष्मण को लमसेना रखना चाहता है। राम और सीता लमसेना के रूप में लक्ष्मण को भेजने के लिए तैयार होते हैं।

लक्ष्मण ससुर राजा वासुकि के यहाँ लमसेनाई करते हैं। घर-आँगन, खेतीबाड़ी आदि का मेहनतकश काम करते हैं। ऐसा करते-करते बारह बरस बीत जाते हैं। एक दिन राजा वासुकि लक्ष्मण का विवाह करने को राजी होते हैं। लक्ष्मण को वे पहले तिल्ली बोने का काम देते हैं। लक्ष्मण तिल्ली बो देता है। अधिक बीमार होने के कारण राजा वासुकि लक्ष्मण का विवाह और जल्दी करना चाहता है। लक्ष्मण को अब राजा वासुकि खेत में बोई तिल्ली को बीन लाने का कठिन काम देते हैं। लक्ष्मण दुखी होकर भागने लगता है। बीजुलदई की सहेलियाँ उसे रोकती हैं और तिल्ली बीनने का उपाय बताती हैं। लक्ष्मण फड़की और कबूतरों के माध्यम से तिल्ली बिनवा लेता है। फिर राजा वासुकि लकड़ी चीरने का काम देते हैं। लक्ष्मण लकड़ी का लट्ठा चीर नहीं पाता, फिर भागने लगता है। बीजुलदई की सहेलियाँ सीता को जंगल में मार डालने की आज्ञा देते हैं। लक्ष्मण सीता को जंगल में छोड़ आते हैं। गवाह में लकड़ी का हाथ और हिरण की आँखें राम को दिखाते हैं।

उधर सीता दो साधुओं के आश्रम में एक बालक को जन्म देती है। दूसरा बालक साधु लोग कुश से बनाते हैं। सीता के लव और कुश दो बालक हो जाते हैं। लव-कुश तीर-धनुष लेकर पशुओं का शिकार करते हैं। वहीं जंगल में राम और लक्ष्मण से उनकी भेंट होती है। बालकों से प्रभावित राम और लक्ष्मण सीता के आश्रम में आते हैं। उन्हें देखकर सीता धरती में समाने लगती हैं। राम उसकी चोटी पकड़ते हैं। चोटी टूट जाती है, वही नागिन बन जाती है। फिर राम सीता को बाँह पकड़कर धरती में समाने से रोकते हैं।

अन्त में राम-सीता-लक्ष्मण लव-कुश का सुखद मिलन होता है। नगर में आनन्द छा जाता है

रामकथा और प्रदर्शनकारी रूप

राम एक ऐसे महाचरित नायक हैं, जिनके चरित ने साहित्य और कला के विभिन्न अनुशासनों को बहुत गहरे तक हर समय में प्रभावित किया है। यहाँ तक कि जीवन के प्रत्येक अंग को राम और उनकी रामकथा ने विमोहित किया है। रामकथा का विस्तार लोक से लगाकर शास्त्र और लोक समाजों से लेकर जनजाति लोक तक देखा जा सकता है। राम की यह कथा न जाने कितने रंग और रूपों में फैली है।

रामकथा के मौखिक और लिखित रूप की भी कोई कमी नहीं, फिर भी भारत में नृत्य और नाट्य में रामकथा का गुम्फन सर्वाधिक हुआ है जिनमें उसके अभिनय-पक्ष की सबसे अधिक सार्थक और सबल पहल हुई है। गायन की कई विधाओं में भी रामकथा की अभिनेयता मिलती है। खासकर एकल कथा-गायन और कथन-शैलियों में रामकथा के अभिनय-तत्त्व मौजूद होते हैं। ये तत्त्व रामकथा को प्रदर्शनकारी रूप प्रदान करते हैं। 'रामसत्ता' जैसे कीर्तनिया रूप में भी 'रामकथा' को पिरोया गया है।

पाताल लोक के राजा वासुकी के यहाँ लक्ष्मण की लमसेना और बीजुलदई से विवाह

पारम्परिक लीला नाट्यों में रामकथा का प्रदर्शनकारी रूप कुछ इस तरह से रूपायित हुआ है कि जहाँ राम का चरित एक कथा की अभिनेयता से ऊपर उठकर आध्यात्मिक अनुष्ठान तक पहुँचता है। जहाँ यह कथा एक भावलीला में परिवर्तित हो जाती है। उत्तर भारत की समस्त रामलीला लोक शैलियाँ इसी का उदाहरण बन जाती हैं, फिर तुलसी मंच की रामलीला हो अथवा पारसी शैली की रामलीला हो, उसमें अभिनय मात्र भावानुप्रवेश के रूप में मिलता है। तब लोग वहाँ अभिनय नहीं देखते, बल्कि वे चरित के भाव के उच्चतम तादात्म्य में खो जाते हैं। रामचरित मानस के रचयिता स्वयं तुलसी ने बनारस के अस्सी घाट पर ऐसी रामलीला के अभिनय की कल्पना की थी, बाद में तुलसी के परम शिष्य मेघा भगत ने इस परम्परा को आगे बढ़ाया था, जो अस्सी घाट पर आज भी जारी है, जिसे लगभग छह सौ वर्ष हो गये हैं। बनारस में ही रामनगर की 'राम-भरत मिलाप' रामलीला सारे विश्व में 'भावलीला' के लिए प्रसिद्ध है जिसमें लाखों भक्तजन सम्मिलित होते हैं। इसमें लेशमात्र का प्रदर्शन ही नहीं, भक्तिभाव का सैलाब उमड़ता देखा जा सकता है। फिर भी उसे देखने के लिए राजा-रंक दोनों शामिल होते हैं।

रामकथा के प्रदर्शनकारी रूप के दो ही आधार बहुत मजबूत रहे हैं। एक वाल्मीकि-रामायण और दूसरी रामचरितमानस। इन दोनों ग्रन्थों में जो भी रामकथा कही गयी है, उसे लोक और शास्त्रीय कलाओं ने ग्रहण किया है। क्षेत्रीयता में अनेक ग्रन्थों में वर्णित रामकथा को अनुस्युत किया जाता रहा है, जिनमें कृतिवास की रामायण दक्षिण की अध्यात्म रामायण और दोहा, चौपाई आदि छन्दों की बिल्कुल नई राधेश्याम रामायण तक शामिल है जिनके कारण रामकथा की अभिनेयता यानी प्रदर्शन प्रस्तुति में कुछ-न-कुछ नयापन अथवा रोचकता का सम्पुट मिला है।

रामकथा की अभिनेयता में सांगीकता की महत्त्वपूर्ण भूमिका होती है। सबसे महत्त्वपूर्ण बात यह है कि रामकथा का रूप प्रारम्भ से ही संगीत प्रधान रहा है। चाहे वाल्मीकि-रामायण हो अथवा रामचरितमानस। इन रामायणों की काव्यात्मकता इतनी प्रवाहमान है कि उसमें संगीत-पक्ष जैसे स्वाभाविक रूप से गुम्फित हो जाता है। स्वर, शब्द और अभिनय रामकथा का गुण होकर हमारे सामने आता है जिसने रामकथा को लोकप्रियता के चरम तक पहुँचा दिया है। स्वयं राम ने अपने दरबार में लव-कुश के मुख से गायन और संगीत के साथ वाल्मीकि द्वारा रचित रामायण को पहली बार सुना था जिसमें बालकों का बालसुलभ सहज अभिनय भी था।

नाटकों में रामकथा को बाँधने की कोशिश बहुत कम हुई है। बैले शैलियों में रामकथा बहुत कुछ सफल होती दिखाई देती है, उसका कारण भी यही है कि बैले में गीत, संगीत और अभिनय का मनोहारी समन्वय होता है। बैलेकार शान्तिवर्द्धन ने कठपुतली शैली में रामकथा बैले का सबसे अच्छा उदाहरण पेश किया है, जिसके आज तक देश-विदेश में हजारों प्रदर्शन हो चुके हैं, पुरुष पात्रों की कठपुतलियाँ अपने सधे हुए सपाट अभिनय से दर्शक-श्रोताओं को न केवल बाँधने में सक्षम होती हैं, बल्कि रामकथा में विगलित करने में भी समर्थ होती हैं जिसमें गीत-संगीत-अभिनय का भी उतना ही दाय है।

भारत में रामकथा के अपने-अपने तरह के प्रदर्शन और प्रस्तुति होती ही है लेकिन विदेशों में जो रामकथा पहुँची है, उसमें देशकाल, परिस्थिति के अनुरूप रामकथा और उसके प्रदर्शनकारी रूपों में बदलाव आया है जिसके कारण रामकथा की विभिन्न प्रदर्शन शैलियों का ही विकास और विस्तार हुआ। फिर भी रामकथा के मूल-सूत्र बिखरे नहीं, बल्कि सँवरे हैं। राम के प्रति भक्तिभाव की केन्द्रीयता बनी रही। भले ही वहाँ हिन्दू के साथ बुद्ध, मुस्लिम, ईसाई समाज के लोग क्यों न हो? खासकर भारत के पूर्वी देशों में रामकथा तेजी से ग्रहण की गयी जिनमें जनजातियों के लोग भी शामिल हैं।

थाई देश (पूर्व स्याम) में रामकथा पहुँचकर 'रामकित्ती' कहलाई। 'रामकीन' भी इसी का नाम है। क बोडिया में रामायण को 'रामकेर' कहा जाता है। सदियों से यहाँ बैले शैली में रामलीला होती है। श्रीलंका में अज्ञात कवि की रामायण प्रचलित है। श्रीलंका में आज भी रावणवंशी आदिवासी जातियाँ हैं, जो शूर्पणखा की पूजा करती हैं। उनका विश्वास है कि शूर्पणखा लंका के जंगलों में अभी भी जीवित है। चीन में रामायण का नायक भरत को माना जाता है। बर्मा में रामलीला का चलन है। लाओस में रामायण 'फालक का लाम' के नाम से प्रसिद्ध है। यहाँ भी 'रामलीला' की जाती है। बांग्लादेश में 'रंगचीया' नाम से रामायण प्रचलित है। भूटान में 'लिंग गेसर गेलपो' नामक राजा की रामायण है।

पार परिक लोकविधाओं, जिनके रूप आज शास्त्रीय कला तक पहुँचे हैं, उनमें दक्षिण का यक्षगान प्रमुख है, में रामायण की प्रस्तुति अपने आपमें लाजवाब होती है। महाराष्ट्र का दशावतार, कर्नाटक का रामनाट्यम, तमिलनाडु का तेरुकुट्ट आदि इसके उदाहरण हैं, जिनमें कथा के स पूर्ण प्रदर्शनकारी तत्त्व मिलते हैं। विदेशों में रामकथा प्रायः बैले रूप में मंचित की जाती है। यह सच है कि बिना गीत-संगीत के रामकथा का संवाद-अभिनय यानी प्रदर्शनकारी रूप पूरा नहीं होता। रामकथा को सुनने की बजाय लोकजन देखने में अधिक रुचि रखते हैं। कई लोग 'सीताराम की झाँकी' अथवा 'रामदरबार' देखकर ही विगलित होने लगते हैं; अपने आपको 'धन्य-धन्य' मानते हैं। राम के दिव्य 'दर्शन सुख' का अमृत आँखों को अजर-अमर करने में सक्षम होता है। मन्दिरों में रामझाँकी की मूर्तियों का जादुई असर और आकर्षण देखा जा सकता है।

बस्तर के आदिवासी जीवन, साहित्य और कला में राम

हरिहर वैष्णव

मुझे जब 'आदिवासी जीवन, साहित्य व कला में राम' विषयक आलेख लिखने का आमन्त्रण अयोध्या शोध संस्थान से पत्र द्वारा मिला और फिर आदिवासी तथा लोककला के सुप्रसिद्ध अध्येता श्री वसन्त निरगुणे जी का फ़ोन भी आया तो मैं यह सोचने पर विवश हो गया कि बस्तर के आदिवासी जीवन, साहित्य और कला में श्रीराम हैं कहाँ? कारण, बस्तर की आदिवासी संस्कृति में श्रीराम कहीं भी नहीं हैं। फिर मैंने अपने संग्रह की ओर देखा तो पाया कि कुछेक लोकगीतों में श्रीराम, सीता, लक्ष्मण और हनुमान का ज़िक्र हुआ तो है, किन्तु इतने से ही यह स्थापित कर देने का प्रयास करना कि बस्तर के आदिवासी जीवन, साहित्य और कला में राम हैं, उचित नहीं होगा।

इसके लिये हमें सबसे पहले बस्तर के आदिवासियों को दो वर्गों में विभाजित करना पड़ेगा। पहला वर्ग मूल आदिवासी यानी द्रविड़ और दूसरा वर्ग मिश्र आदिवासी यानी आर्य और द्रविड़ का स मिश्रण। पहले वर्ग में मुरिया (गोंड, माड़िया, अबुझमाड़िया, डण्डामी माड़िया) और धुरवा को रखा जा सकता है। यद्यपि यहाँ इन दो जनजातियों के साथ-साथ परजा, दोरला और गदबा जनजातियाँ भी निवास करती हैं, किन्तु जानकारों के मुताबिक परजा और गदबा जनजातियाँ ओड़िशा से आयी हैं, जबकि दोरलों का स बन्ध आन्ध्र प्रदेश (वर्तमान तेलंगाना) से बताया जाता है। वस्तुतः परजा और गदबा जनजातियों का ओड़िशा से आगमन बताया जाना राजनैतिक सीमाओं की दृष्टि से तो उचित हो सकता है, किन्तु सांस्कृतिक सीमा की दृष्टि से नहीं। बहरहाल, दूसरे वर्ग में हल्बा और राजा मुरिया या भतरा जनजाति को रखा जा सकता है। राजा मुरिया समुदाय के कुछ लोग अपने आपको भतरा भी कहते पाये जाते हैं, जबकि भतरा समुदाय के ही कुछ लोग अपने आपको राजा मुरिया से अलग मानते हैं। बहरहाल, इसी दूसरे वर्ग के आदिवासी समुदायों में प्रचलित लोक-साहित्य में हमें राम से सम्बन्धित कुछ चर्चा मिल जाती है, जबकि पहले वर्ग में नहीं। इस वर्ग में राम की नहीं अपितु रावण और मेघनाद की पूजा के कुछेक उदाहरण अवश्य ही आश्चर्यजनक रूप से मिलते हैं। भाई लक्ष्मीनारायण 'पयोधि' के अनुसार बस्तर के भोपालपटनम्-बीजापुर इलाके में दोरला जनजाति के बीच उनकी भाषा 'दोरली' में रामकथा प्रचलित रही है।

बस्तर से इतर छत्तीसगढ़ी परिवेश में हल्बा अपने आपको आदिवासी नहीं मानते, जबकि छत्तीसगढ़ की अनुसूचित जनजातियों में यह शामिल है। हल्बों में भी अपने आगमन को लेकर भिन्न-भिन्न मत हैं। कुछेक के अनुसार ये महाराष्ट्र से, तो कुछ के अनुसार वारंगल और कुछ के अनुसार ओड़िशा से आये हुए हैं। महाराष्ट्र में यह समुदाय बुनकरी व्यवसाय से जुड़ा हुआ है और आदिवासी वर्ग में परिगणित नहीं होता।

चूँकि राम की चर्चा आदिवासियों के उपर्युक्त दूसरे वर्ग तक ही सीमित है, अत: यह कहना कि बस्तर के आदिवासी जीवन, साहित्य और कला में राम की उपस्थिति है, अर्द्धसत्य ही होगा। अत: इसी दूसरे वर्ग में प्रचलित लोककथाओं या लोकगीतों के आलोक में हम यह चर्चा आगे बढ़ायेंगे। इसके साथ ही हम दूसरे आयामों से भी इस ओर देखने का प्रयास करेंगे।

जन-जीवन में राम

नामवाची संज्ञा के साथ 'राम' का प्रयोग : प्रश्न यह उठता है कि यदि बस्तर में राम का प्रभाव नहीं रहा है तो फिर यहाँ के रहवासियों के नाम के साथ 'राम' शब्द क्यों जुड़ा हुआ है? उदाहरण के लिए सुकालू राम, सायतू राम, जयराम, कोदू राम, जंगलू राम, बोटी राम आदि। बहुतेरे आदिवासी और गैर-आदिवासी मित्रों तथा परिचितों से चर्चा से यही निष्कर्ष निकला कि वास्तव में बस्तर के मूल आदिवासियों के नाम के साथ जुड़ने वाला 'राम' शब्द बाहर से यहाँ आ बसे विभिन्न समुदायों के साथ आ गया है। ये समुदाय हैं कलार, मरार (पनारा), राउत (यादव), कोस्टा, केंवट आदि। ये समुदाय प्राय: छत्तीसगढ़ी परिवेश से विगत कई दशकों से यहाँ आ बसे हैं।

एक तथ्य यह भी है कि जब कभी भी पाठशाला या किसी शासकीय/गैर-शासकीय विभागों/संस्थाओं में इन आदिवासियों के नाम लिखने के मौके आये, तब इन लोगों ने तो अपने मूल नाम बता दिये पण्डी, सायतू, मिटी, सोमारू, मँगलू, बुधरू, सुकरू आदि किन्तु लिखने वालों को ये नाम अधूरे लगे और उन्होंने इन नामों के अन्त में अपनी ओर से 'राम' जोड़ दिया जिसे इन आदिवासियों ने भी बिना किसी ना-नुकुर के स्वीकार कर लिया। नाम के साथ जुड़े इस 'राम' की तथाकथा न जानने वाले भ्रमवश इसे 'राम' का प्रभाव मानते हैं।

बाबा बिहारीदास का प्रभाव

सातवें दशक के अन्तिम चरण और आठवें दशक के आरं भक काल में तथाकथित बाबा बिहारीदास के प्रभाव के चलते बस्तर के आदिवासी जीवन में राम ने व्यापक जगह बनायी, किन्तु यह प्रभाव दीर्घकालीन नहीं बना रह सका। दरअसल यह प्रचारित किया गया था कि बस्तर के सबसे लोकप्रिय महाराजा प्रवीर चन्द्र भंजदेव, जो 1966 में गोलियों से भून दिये गये थे, की मृत्यु नहीं हुई थी बल्कि वे माँ दन्तेश्वरी की कृपा से चमत्कारिक रूप से जीवित थे और अब बाबा बिहारीदास के रूप में उन्होंने अपने आपको प्रकट किया है। लोगों को यह बताया गया कि कोई भी बाबा बिहारीदास की पहचान महाराजा प्रवीर चन्द्र भंजदेव के तौर न करे बल्कि इस तथ्य को गुप्त ही रखे। कारण बताया गया कि यदि यह प्रचारित हो जाता है कि बिहारीदास ही महाराजा प्रवीर चन्द्र भंजदेव है तो पुन: उन पर हमला हो सकता है और उन्हें मारा जा सकता है। भोले-भाले आम बस्तरिया जन ने इसे सच मान लिया और यही कारण था कि बस्तर का न केवल आदिवासी जन अपितु अन्य गैर-आदिवासी समुदाय भी बिहारीदास का भक्त बन बैठा था। बिहारीदास ने मांस-मदिरा का त्याग कर राम-नाम के जाप की दीक्षा दी। उसकी इस दीक्षा को चमत्कारिक ढंग से आदिवासी और गैर-आदिवासी समुदाय ने भी श्रद्धापूर्वक आत्मसात किया और देखते-ही-देखते मुर्गे-मुर्गियाँ, बतख, कबूतर आदि पक्षी तथा बकरे, सुअर आदि पशु पानी के मोल बिक गये। लोगों को इनके स्पर्श तक से परहेज हो गया। जिनके पशु-पक्षी बिक नहीं सके, उन्होंने उन्हें मुफ्त में दे दिया या फिर यहाँ-वहाँ छोड़ आये। गाँव-गाँव में राम-नाम का जाप होने लगा। युवक-युवतियों के दल राम-नाम उच्चारित करते, राम-नामी गीत गाते और नृत्य करते गाँव-गाँव घूम-घूमकर राम-नाम की महिमा

का बखान और मांस-मदिरा के अवगुणों की ओर लोगों का ध्यान आकृष्ट करने लगे। इन दलों द्वारा रामचरित का भी गायन किया जाता था। तब बस्तर का आदिवासी समाज दो फाड़ हो गया था। एक बहुत बड़ा वर्ग तो बिहारीदास के साथ था, किन्तु एक वर्ग ऐसा भी था जिनसे बिहारीदास की वास्तविकता छुपी नहीं रह सकी थी। आर भ में तो बिहारीदास का प्रभाव बना रहा किन्तु कुछ ही वर्षों बाद ऐसी कई घटनाएँ सामने आयीं जिनसे लोगों का बिहारीदास के प्रति मोहभंग हुआ और बहुतेरे लोग वापस अपनी मूल धारा में लौट गये।

अभिवादन में 'राम' : बस्तर अंचल में परस्पर अभिवादन के लिए पार परिक रूप से 'जोहार' ('जुआर' या 'जुहार') प्रचलित रहा है, किन्तु धीरे-धीरे 'राम-राम' और 'सीता-राम' ने जगह बना ली है। इधर 'जय श्रीराम' भी इस प्रयोजन के लिए प्रयोग में लाया जाने लगा है।

श्रीरामचरित और इसके पात्र

यह महज संयोग है या कि कुछ और, यह तो नहीं कहा जा सकता किन्तु कुछ लोग इस अंचल के कतिपय स्थानों के नाम के साथ श्रीरामचरित के कुछ पात्रों को जोड़कर देखते हैं। ऐसे उदाहरण निम्न हैं—

कारली : वर्तमान दन्तेवाड़ा जिले के जिला मु यालय दन्तेवाड़ा और गीदम के बीच कारली नामक स्थान है। कुछ लोग इस स्थान को गृद्धराज जटायु के साथ जोड़कर देखते हैं। बस्तर अंचल की लोकभाषा 'हल्बी' में 'करलई' का अर्थ होता है—'रुआँसा होना/ व्याकुल होना'। कतिपय लोगों का कहना है कि इसी जगह पर गृद्धराज जटायु 'करलई' (व्याकुल) हुए थे। इसी वजह से इस स्थान का नाम 'करलई' हुआ जो कालान्तर में बिगड़कर 'कारली' हो गया।

हारम : यह गीदम गाँव के एक मोहल्ले का नाम है। इस स्थान को भी गृद्धराज जटायु से ही जोड़कर देखा जाता है। कहा जाता है कि गृद्धराज जटायु ने मृत्यु से पूर्व अन्तिम बार 'हे राम!' या 'हा राम!' कहकर पुकारा था। यही 'हे राम!' या 'हा राम!' आगे चलकर 'हारम' हो गया।

गीदम : ऊपर वर्णित कस्बे गीदम के विषय में कहा जाता है कि यह स्थान गृद्धराज जटायु की नगरी था। यही कारण है कि इस स्थान का नाम 'गृद्धम' या 'गीधम' हो गया जो कालान्तर में बिगड़कर 'गीदम' नाम से जाना जाने लगा।

ताड़ोकी : बस्तर स भाग के नारायणपुर जिले के गाँव ताड़ोकी का स बन्ध 'ताड़का' से जोड़ा जाता है।

राकस हाड़ा : नारायणपुर जिले में ही नारायणपुर जिला मु यालय से लगभग 10 किलोमीटर पश्चिम दिशा में स्थित एक पहाड़ी को 'राकस डोंगरी' (राक्षस पहाड़ी) और पत्थरों/चट्टानों को 'राकस हाड़ा' (राक्षसों की हड्डी) कहा जाता है। इस 'राकस हाड़ा' के विषय में बताया जाता है कि इससे जली हुई हड्डी की दुर्गन्ध आती है। इसे श्रीराम द्वारा राक्षसों के संहार के साथ जोड़कर देखा जाता है और कहा जाता है कि उनके द्वारा मारे गये राक्षसों की हड्डियाँ पत्थरों/चट्टानों के रूप में परिवर्तित हो गयीं ।

सीतापाल : इसी के कुछ आगे सीतापाल नामक गाँव है। कहा जाता है कि इस गाँव में भगवान श्रीराम ने सीताजी एवं लक्ष्मण के साथ वर्षा के चार मास व्यतीत किये थे और इसके बाद वे यहाँ से बारसूर चले गये। बारसूर वर्तमान दन्तेवाड़ा जिले में स्थित है और माना जाता है कि पौराणिक काल में यह बाणासुर की नगरी रहा है।

चीतालंका : अबुझमाड़ में स्थित गाँव चीतालंका को सीतालंका का बिगड़ा रूप माना जाता है और इसे भी रामायणकालीन लंका नगरी से जोड़कर देखा जाता है, जहाँ रावण ने सीता को बन्धक बना रखा था।

लंका पल्ली : अबुझमाड़ में ही स्थित गाँव लंका पल्ली के विषय में कहा जाता है कि यह वही लंका है जिसका राजा रावण था। बताया जाता है कि इस गाँव में अभी भी रावण की प्रतिमा स्थापित है और उसकी पूजा वर्ष में एक बार की जाती है ।

लंका : अबुझमाड़ में ही स्थित गाँव लंका को ही कुछ लोग रामायणकालीन लंका कहते हैं।

सबरी : दक्षिण बस्तर की प्रमुख नदी सबरी के विषय में कहा जाता है कि रामायणकालीन शबरी के ही नाम पर इस नदी का नामकरण हुआ है।

रामारम : दक्षिण बस्तर के एक स्थान रामारम (रामाराम) को भी राम के साथ जोड़कर देखा जाता है। कहा जाता है कि वन-गमन के समय राम इस जगह से होकर गये थे ।

सीता-कुण्ड : बस्तर का प्रवेश-द्वार कहे जाने वाले चारामा गाँव के पास पहाड़ी पर सीता जी के स्नान-कुण्ड होने की बात कही जाती है। कहा जाता है कि वनवास-काल का कुछ समय राम-सीता-लक्ष्मण ने यहाँ बिताया था।

थोड़ी-सी दृष्टि यहाँ के मौखिक साहित्य की ओर डालना भी उचित होगा। इस क्रम में पहले मौखिक साहित्य और फिर लिखित साहित्य पर संक्षेप में चर्चा करते हैं।

(क) मौखिक साहित्य में राम

मौखिक साहित्य के अन्तर्गत हम पहले लोकगीतों की ओर दृष्टिपात करेंगे।

(क) **लोकगीतों में राम** : वे लोकगीत जिनमें हमें किसी-न-किसी रूप में राम की उपस्थिति मिलती है, वे ये हैं—

1. खेलगीत

चोखा चितरा गाँजा बाड़ी ने चरे
दागा दिले घरे ओले काय रे मामा
सदा रे रामो मामा ना सदा रे भेटो
डोली छतरो मामा डाँडी उबारो।

चोखा-चितरा मुर्गा बाड़ी में चारा चरता रहता है और डाँटने पर घर में घुस जाता है। हे मामा! हम-तुम जीवित रह गये तो राम-राम कहते रहेंगे और मर गये तो अगले जन्मों में भी भेंट होती रहेगी। हे मामा! हमारे सिर पर डोली और छत्र की डाँडियाँ खड़ी रहें।

2. खेलगीत

गाड़ा के गुड़ुँदा मिरी के कासो काय रामो गला बनवासो
हाये रँगे रसी तमर कोले बसी जिबार आय टेकसी बसी काय रसो रोय।

बस्तर के हल्बी-भतरी परिवेश, बल्कि प्रमुखत: भतरी परिवेश में खेलगीत गाने की पर परा रही है। रात में भोजनोपरान्त किशोर-किशोरी और युवक-युवती गाँव से बाहर किसी निर्धारित स्थल में एकत्र होकर गीत-संगीत से अपना मनोरंजन करते हैं। ये गीत प्राय: शृंगारिक होते हैं। दोनों पक्षों के द्वारा गीत गाते हुए नृत्य भी किया जाता है। इन्हीं गीतों को खेलगीत

कहा जाता है। प्रस्तुत गीत का अर्थ है—''गाड़ी के लिए गुड्डुँदा और मिर्च के लिए कास। राम गये वनवास। हे रंग-रंगीले साजन! टैक्सी में तु हारी गोद में बैठकर जाने की तमन्ना है।''

इस गीत में नायिका को प्रकारान्तर से कहते हुए देखा जा सकता है कि हम भी तुम्हारे साथ जायेंगी। कारण, राम के साथ सीता भी वनवास गयी थीं।

3. डाँडामाली

सुरु-सुरु चाटी ओकारिला माटी, पदम घुमरा गोटी
डंड गेली हाँडा कसट गेली रे, सोना के छिंवले माटी
सोना के छिंवले माटी रे डाँडामाली, रामोचन्द्रो फुलोबाड़ी
रामोचन्द्रो फुलोबाड़ी रे डाँडामाली,
इनसपिटर काजे लिखनी काड़ी हाँडा पटवाड़ी काजे बिड़ी।

नन्हीं-नन्हीं चींटियों ने खोदी है माटी, निकाली हैं गोटी। करतीं परिश्रम। कष्ट तब होता है, छूते ही सोना भी होता जब माटी। होता जब माटी, हे डाँडामाली! रामचन्द्र की फुलवारी, रामचन्द्र की फुलवारी रे डाँडामाली, इन्सपेक्टर के लिए काग़ज-कलम, पटवारी के लिए बीड़ी।

4. रामगीत

राम-लैखन जे एबे आसोत मने बे
राम-लछ्मन आले एबे बनबास जासोत
सीता सती सँगे एबे बनवासो बे
राम-लछ्मन आले एबे बनबासो जासोत
निकरुन आले होंदे एबे पंचबटी बे
सीता सती माता होंदे बनबासो बे
पंचबटी आले एबे जासोत मने बे
तीन झन आले एबे जासोत मने बे
सीता माता आले एबे जासोत मने बे
राजा सुना रघुपती तुमी सुना बलेसे
तुमचो सँगे मयँ राजा एयँदे बलेसे
तिरी नोयला मनुक राजा बड़े हिनमान
पुरुसो नोयला राजा एबे बड़े हिनमान
माता-पिता सँगे राजा नीं रएँ बलेसे
तुमचो सँगे मयँ राजा एयँदे बलेसे
सीता सती आले एबे बलेसे मने जे
राम-लछ्मन होंदे एबे बनबासो बे

तीन झन आले एबे जासोत मने बे
जाओत-जाओत आले एबे जासोत मने बे
पंचबटी बन एबे अमरला मने बे
तीन झन आले एबे अमरला मने बे
रामो संगे सीता सती माता बले बे
बने अमरुन आले एदे गेला मने बे (राम-लैखन हैं अब तो)
राम-लक्ष्मण अब वनवास जा रहे हैं
सती सीता के संग वनवास (जा रहे हैं)
राम-लक्ष्मण अब वनवास जा रहे हैं
निकलकर अब वे पंचवटी (की ओर जा रहे हैं)
सती सीता माता देखो वनवास (जा रही हैं)
वे पंचवटी की ओर जा रहे हैं
तीन जन अब जा रहे हैं
सीता माता अब जा रही हैं
'हे राजा रघुपति! आप सुनिये' कहती हैं
'आपके साथ मैं आऊँगी राजा' कहती हैं
'जिस पुरुष की पत्नी न हो वह हीन दृष्टि से देखा जाता है
जिस स्त्री का पति न हो वह हीन दृष्टि से देखी जाती है
मैं माता-पिता के संग नहीं रहूँगी, प्रिय
मैं आपके संग आऊँगी प्रिय' कहती हैं
सती सीता इस तरह कहती हैं
राम-लक्ष्मण देखो वनवास (जा रहे हैं)
तीन जन अब चले जा रहे हैं
जाते-जाते चले जा रहे हैं
वे अब पंचवटी-वन पहुँच गये हैं
तीन जन अब पहुँच गये हैं
राम के साथ सती सीता माता भी (हैं)
वन में (वे) पहुँच गये हैं।

5. धनकुल चाखना गीत

धनकुल-गायन के समय बीच-बीच में एकरसता को तोड़ने और रस-परिवर्तन के लिए मुख्य कथा से अलग हटकर कुछ गीत गाये जाते हैं, जिन्हें 'चाखना गीत' कहा जाता है। ये चाखना गीत दो प्रकार के होते हैं। पहला होता है—'देव चाखना' और दूसरा—'सादा चाखना'। 'देव चाखना' में देवी-देवताओं से स बन्धित गीत होते हैं, जिन पर देवी-देवता

रीझ जाते हैं और नृत्य करने लगते हैं, जबकि 'सादा चाखना' इससे भिन्न होते हैं और पूरी तरह मनोरंजक। यहाँ इसी तरह का का 'देव चाखना' गीत प्रस्तुत है, जिसमें हनुमान द्वारा लंका को जलाने का प्रसंग वर्णित है—

अछा मँजा लिया राम, अछा मँजा लिया राम
बहुत आनन्द आया राम, बहुत आनन्द आया राम
कोन गड़ के कुदलो हनुमान
किस गढ़ पर कूदे हनुमान
अछा सखी, कोन गड़ के कुदलो हनुमान,
अच्छा सखी री, किस गढ़ पर कूदे हनुमान,
चलो सखी, कोन गड़ के कुदलो हनुमान।
चलो री सखी, किस गढ़ पर कूदे हनुमान।
अछा मँजा लिया राम, अछा मँजा लिया राम
बहुत आनन्द आया राम, बहुत आनन्द आया राम
लंका गड़ के कुदलो हनुमान
लंका गढ़ पर कूदे हनुमान
अछा सखी, लंका गड़ के कुदलो हनुमान,
अच्छा सखी, लंका गढ़ पर कूदे हनुमान,
चलो सखी, लंका गड़ के कुदलो हनुमान।
चलो री सखी, लंका गढ़ पर कूदे हनुमान।
अछा मँजा लिया राम, अछा मँजा लिया राम
बहुत आनन्द आया राम, बहुत आनन्द आया राम
काय फल के खादलो हनुमान
कौन-सा फल खाया हनुमान ने
अछा सखी काय फल के खादलो हनुमान,
अच्छा सखी, कौन-सा फल खाया हनुमान ने,
चलो सखी काय फल के खादलो हनुमान।
चलो सखी, कौन-सा फल खाया हनुमान ने।
अछा मँजा लिया राम, अछा मँजा लिया राम
बहुत आनन्द आया राम, बहुत आनन्द आया राम
रामफल के खादलो हनुमान
रामफल को खाया हनुमान ने
अछा सखी रामफल के खादलो हनुमान,
अच्छा सखी, रामफल को खाया हनुमान ने,
चलो सखी रामफल के खादलो हनुमान।

चलो री सखी, रामफल को खाया हनुमान ने।

अछा मँजा लिया राम, अछा मँजा लिया राम

बहुत आनन्द आया राम, बहुत आनन्द आया राम

कोन गड़ के डासलो हनुमान

किस गढ़ को जलाया हनुमान ने

अछा सखी कोन गड़ के डासलो हनुमान,

अच्छा सखी, किस गढ़ को जलाया हनुमान ने,

चलो सखी कोन गड़ के डासलो हनुमान।

चलो री सखी, किस गढ़ को जलाया हनुमान ने।

अछा मँजा लिया राम, अछा मँजा लिया राम

बहुत आनन्द आया राम, बहुत आनन्द आया राम

लंका गड़ के डासलो हनुमान

लंका गढ़ को जलाया हनुमान ने

अछा सखी लंका गड़ के डासलो हनुमान,

अच्छा सखी, लंका गढ़ को जलाया हनुमान ने,

चलो सखी लंका गड़ के डासलो हनुमान।

चलो री सखी, लंका गढ़ को जलाया हनुमान ने।

(ख) लोक महाकाव्यों में राम

बस्तर अंचल में चार लोक महाकाव्य वाचिक पर परा के सहारे संचरित होते आ रहे हैं। ये चार लोक महाकाव्य हैं— लछमी जगार, तीजा जगार, आठे या अस्टमी जगार और बाली जगार। इनमें से पहले तीन जगार हल्बी भाषा में तथा चौथा भतरी भाषा में गाया जाता रहा है। इन दिनों आठे जगार का गायन कुछ कम होने लगा है, जबकि बाली जगार तो पूरी तरह लुप्त हो गया। यह अब बस्तर की पूर्वी सीमा से लगे ओड़िशा के नवरंगपुर जिले के कुछ हिस्से में ही गाया जाता है। इन लोक महाकाव्यों में राम, सीता, लैखन, बजरंगबली आदि का उल्लेख मिलता है, किन्तु केवल वन्दना आदि के तौर पर ही। इसके साथ ही 'लछमी जगार' के ही एक भिन्न संस्करण के अध्याय-7 से 12 में आयी कथाओं में इनकी उपस्थिति देखी जा सकती है। आइये, इन लोक महाकाव्यों पर बारी-बारी से नजर डालें।

1. लछमी जगार

सबसे पहले कोंडागाँव, सरगीपाल पारा की जगार गायिका यानी गुरुमायँ सुकदई कोराम द्वारा गाये गये 'लछमी जगार' को देखें। इस जगार के पहले खण्ड (मुर खँड/आरं भक खण्ड) के पहले अध्याय : सुमरनी (वन्दना) की कुछ पंक्तियाँ, जिनमें हमें राम और सीता की उपस्थिति मिलती है, इस तरह हैं—

खँड-1 : मुर खँड

खण्ड-1 : आरं भक खण्ड

अधया-1 : सुमरनी

अध्याय-1: वन्दना

1	हरी-हरी बले रामे-रामे	हरि-हरि हे राम-राम
	हरी-हरी रामे-रामे	हरि-हरि हे राम-राम
	जय-जय सिता के राम बाबा	जय-जय सीता-राम बाबा
	जय मायँ कालिका मायँ	जय माँ कालिका माता
5	दिया रानी मोके डामुर बाजा	दो रानी मुझे डमरु बाजा
	दिया रानी संखे धुनी	दो शंख की ध्वनि
	रामरतन के दे रानी	रामनाम का रत्न दो रानी
	जोतिस-रमायन दे	ज्योतिष और रामायण दो
6	कठुवा-फारा के दे रानी	ग्रन्थ-आसनी दो रानी तुम
	मोके तिलक-चन्दन के	दे मुझे तिलक-चन्दन भी दो
	तुचो रामरतन के दे रानी	अपना राम-रतन दो रानी
	रामरतन के दे	अपना राम-रतन दो
7	राज-राज तुय रमायन पड़सित	जगह-जगह तुम रामायण पढ़तीं
	देस-देस भजन गावसित	देश-देश में भजन गातीं
	मोके हुनी अधया के दे रानी	वही अध्याय मुझे दो रानी
	हुन गिआन के दे	वही ज्ञान दो मुझको
8	रमायन पढ्ढन जायँ रानी	मैं रामायण पढ़ रही हूँ रानी
	मयँ भजन गाउन जायँ	मैं भजन गा रही हूँ
	लखी-रमायन आय रानी	लखी-रामायण है हे रानी
	भगवत-पुरान आय	भगवत-पुराण है
11	मुँहि-मुँहे लुरो आया	कथा रहे मुखाग्र हे माता
	सरसती पुरुन जाओ	गीत स पूर्ण हो मेरा
	सर ने बिदिया एओ आया	मेरे स्वर में विद्या आये माता
	मोचो रमायन पुरा होओ	मेरी रामायण पूरी हो
12	तुचो नामना धरलो बिगर	तु हारा नाम लिये बिना
	तुचो नाव धरलो बिगर	तु हारा नाम लिये बिना

	मयँ गादी में नईं बसें आया	मैं आसन में न बैठूँ माता
	रमायन नईं पढ़ें	मैं रामायण नहीं पढ़ूँ
	एइन अगिया माँगें	रानी यही याचना करती रानी
	मयँ एइन बरदान माँगें	मैं यही वरदान माँगती
17	राम-लखन पाओ आया	राम-लखन पाएँ माता
	सिता-जानकी पाओ	सीता-जानकी पाएँ
	लखी-नरायन पाओ आया	लखी-नरायन पाएँ माता
	सत नरायन पाओ	सत नरायन पाएँ
25	बासू गाँयता पाओ आया	बासू गाँयता पाएँ माता
	लछू पुजारी पाओ	लछू पुजारी पाएँ
	पवनकुमार पाओ आया	पवनकुमार पाएँ माता
	बिरे हनुमान पाओ	वीर हनुमान पाएँ
	बजरँगबली पाओ आया	बजरंगबली पाएँ माता
	बासुत नाँग पाओ	बासुत नाग पाएँ

2. तीजा जगार

सरगीपाल पारा, कोंडागाँव की जगार गायिका (यानी गुरुमायँ) सुकदई कोराम द्वारा गाये गये तीजा जगार के पहले खण्ड (मुर खँड/आरम्भिक खण्ड) के पहले अध्याय सुमरनी की कुछ पंक्तियाँ जिनमें राम-सीता आदि का उल्लेख हुआ है—

1 : मुर खँड

1 : आरंभिक खण्ड

अधया 1 : सुमरनी

अध्याय 1 : वन्दना

1	हरी-हरी बले रामे-रामे	हरि-हरि राम-राम
	हरी-हरी बले रामे-रामे	हरि-हरि राम-राम
	जय-जय सिता के राम आया	जय-जय सीता के राम माता
	जय मायँ कालिका मायँ	जय माँ कालिका माता
	जय मायँ जागा रानी आया	जय माता जागा रानी माता
	जय मायँ दन्तेसरी	जय माँ दन्तेसरी
	जय मायँ माता-मावली आया	जय माँ माता मावली माता
	जय मायँ भगवान लोग आया	जय हो माँ भगवान माता

	जय मायँ माता मावली आया	जय माँ माता मावली
	जय मायँ माता मावली	जय माँ माता मावली
	जय मायँ सर बले सती आया	जय हो माँ सरसती माता
	इसबर-पारबती आया	इसबर-पारबती हे माता
	दुआरे बुरँदाबती आया	द्वार में माँ बुरँदाबती
	मोचो कंठे सरसती	मेरे कण्ठ में सरसती
	कंठे बसुन रा रानी	कण्ठ में वास करो हे रानी
	मोचो हिरदे लुरते जा।	मेरे ह्मदय में रमण करो
2	दिया रानी मोके डामुर बाजा	दो रानी मुझे डमरू बाजा
	दिया रानी मोके संखे धुनी	दो रानी मुझे शंख की ध्वनि
	रामरतन दिया रानी	रामनाम का रत्न दो रानी
	मोके तिलक-चन्दन दिया	मुझे तिलक-चन्दन दो
	मयँ बले रमायन पड्ढआयँ रानी	मैं भी रमायन पढ़ूँगी रानी
	मयँ बले भजन गाउआयँ	मैं भी भजन गाऊँगी
	राज-राज तुय रमायन पड़सिस	राज-राज्य तुम रमायन पढ़ती हो
	देस-देस भजन गावसित	देश-देश भजन गाती हो
	हुनी अधया के दे रानी	वही अध्याय मुझे दो रानी
	मोके हुन गिआन के दे	वही ज्ञान दो मुझको
	रमाएन पढ्ढन जायँ रानी	मैं रामायण पढ़ रही हूँ रानी
	मयँ भजन गाउन जायँ।	मैं भजन गा रही हूँ
3	सरसती बले सर देउआय	सरसती स्वर देती हैं
	सरसती सर देउआय	सरसती स्वर देती हैं
	गुरु देउआय गिआन आया	गुरु देता है ज्ञान माता
	गुरु देउआय गिआन	गुरु देता है ज्ञान
	माता-पिता जनम देउआत	माता-पिता जन्म देते हैं
	माता-पिता जनम देउआत	माता-पिता जन्म देते हैं
	रुप देउआय भगवान आया	रूप देता है भगवान माता
	रुप देउआय भगवान	रूप देता है भगवान
	गुरु गिआन के दे रानी	गुरु-ज्ञान दो हे रानी
	मोके गुरु गिआन के दे	मुझे गुरु-ज्ञान तुम दो
	तुचो नामना धरलो बिगर	तु हारा नाम लिये बिना

	तुचो नाँव धरलो बिगर	तु हारा नाम लिये बिना
	गादी ने नईं बसें रानी	आसन में न बैठूँ हे माता
	मयँ रमायन नई पढ़ें	मैं रामायण नहीं पढ़ूँ
	गुरु गिआन के दे रानी	गुरु-ज्ञान दो हे रानी
	मोके गुरु गिआन के दे।	मुझे गुरु-ज्ञान तुम दो
4	अधया छाँडुकलाय नईं होओ	अध्याय न भूला जाये माता
	अधया भुलुकुकलाय नईं होओ	अध्याय न भूला जाये
	मुँहे-मुँहे लुरो रानी	कथा रहे मुखाग्र हे माता
	मोके सरसती पुरुन जाओ	मेरा गीत पूरा हो जाये
	सर ने बिदिया एओ रानी	स्वर में विद्या आये रानी
	मोचो रमायन पुरा होओ	मेरी रामायण पूरी हो जाये
	एइन अगिया माँगें रानी	यही याचना करती रानी
	एई बरदान माँगें रानी	यही वरदान मैं माँगूँ रानी
	अगिया देउन जा रानी	आज्ञा दे जाओ हे रानी
	मोके बरदान देउन जा।	मुझे वरदान दे जाओ।
5	सुन आया तुय जागा रानी	सुनो माता तुम जागा रानी
	सुन आया धरती माता	सुनो माता हे धरती माता
	हरी-हरी बोली जागो आया	हरि-हरि बोलती जागो माता
	राम बोली बयठो	राम बोलती बैठो
	हरी बोली बले जागी गले	हरि बोलते जागने पर
	राम बोली बयठी गले	राम बोलते बैठने पर
	घिंवर होम मयँ देयँ आया	घी का होम मैं देती माता
	राजर होम देयँ।	राज का होम मैं देती।

3. धनकुल

खोरखोसा गाँव की गुरुमायँ द्वारा गाये गये लोक महाकाव्य 'धनकुल' के पहले अध्याय (सुमरनी) में भी राम-नाम विद्यमान है। देखें पहला पद—

अधया-1 : सुमरनी

अध्याय-1 : वन्दना

1	हरी बोल हरी बोल रामे-रामो	हरि बोलो हरि बोलो राम-राम
	हरी बोल हरी बोल रामे-रामो	हरि बोलो हरि बोलो राम-राम

सेई बले सालिकराम हरी बोल	वह भी शालिग्राम हरि बोलो
सेई बले सिता तो राम	वे भी सीता-राम
हरी-हरी बोली जगयँ परभू	हरि-हरि बोलते जागें प्रभु
राम बोली बयठयँ	राम बोलते बैठें

4. लछमी जगार

खोरखोसा गाँव की गुरुमायँ द्वारा गाये गये लोक महाकाव्य 'लछमी जगार' के पहले अध्याय (सुमरनी) में भी राम-नाम विद्यमान है। देखें पहला पद—

अधया-1 : सुमरनी

अध्याय-1 : वन्दना

1	हरी बोल हरी बोल रामे-रामो	हरि बोलो हरि बोलो राम-राम
	हरी बोल हरी बोल रामे-रामो	हरि बोलो हरि बोलो राम-राम
	सेई बले सालिगराम परभू	वे तो शालिग्राम प्रभु
	सेई बले सिता तो राम	वे तो सिता और राम
	हरी-हरी बोली जागयँ परभू	हरि-हरि बोलते जागें प्रभु
	मोर राम बोली बयठयँ	राम बोलते बैठें

5. आठे जगार

ग्राम सोनारपाल (बस्तर, छत्तीसगढ़) की गुरुमायँ हीरामनी एवं भानमती द्वारा गाये गये 'आठे जगार' (अष्टमी जगार) के भी पहले ही अध्याय (सुमरनी/वन्दना) में राम और सीता का उल्लेख मिलता है। देखें इस अध्याय के कुछ पद—

अधया-1 : सुमरनी

अध्याय-1: वन्दना

5	हरी बोल हरी बोल राम-राम जे	हरि बोल हरि बोल राम-राम
	हरी बोल हरी बोल राम-राम	हरि बोल हरि बोल राम-राम
	जय-जय सिता-राम हरी बोल	जय-जय सीता राम हरि बोल
	जय-जय सालिक राम।	जय-जय सालिकराम।
6	राम-नाम जे कोन बले जे	राम-नाम लेता है कौन
	'हरी-हरी बोल' जे कोन बले	'हरि-हरि बोल' कहता है कौन
	भानमती तो आय हरी बोल	भानमती है यह हरि बोल
	हिरामनी आय।	यह हीरामनी है।
9	कण्ठे लुरुन गेलिस आले जे	कण्ठ में वास करोगी तुम तो
	कण्ठे लुरुन गेलिस जाले	कण्ठ में वास करोगी तुम तो

किरिस्त्रा-पुरान पड़ें जे आया	किरिस्त्रा-पुराण पढ़ूँगी माता
मय राम नावँ धरेंदे।	राम-नाम मैं लूँगी।

6. लछमी जगार

खोरखोसा गाँव की जगार गायिका केलमनी द्वारा गाये गये इस 'लछमी जगार' के अध्याय-7 से 12 में राम-कथा आयी है, किन्तु इस राम-कथा का महर्षि वाल्मीकि अथवा तुलसीकृत रामायण/श्रीरामचरितमानस के राम से कोई स बन्ध नहीं जुड़ता। इन अध्यायों में आये राम-लक्ष्मण वस्तुतः जगन्नाथ और बलराम हैं। विस्तार-भय से यहाँ केवल अध्याय-7 के कुछ पद, जिनमें 'राम' का उल्लेख है, प्रस्तुत हैं—

अधया-7 : राम-राज ने भुक पड़तो

अध्याय-7 : राम-राज्य में अकाल

417	सुन मँडल राज आय परभू	शून्य मण्डल राज्य है प्रभु
	सुन मँडल राज आय परभू	शून्य मण्डल राज्य है प्रभु
	सुन मँडल राज परभू	शून्य मण्डल राज्य प्रभु
	सुन मँडल राज	शून्य मण्डल राज्य
	राम-लैखन राज आय परभू	राम-लखन का राज्य है प्रभु
	राम-लैखन राज	राम-लखन का राज्य
	बल-जगरनाथ आय परभू	बल-जगरनाथ (का राज्य) है प्रभु
	बल-जगरनाथ आय	बल-जगरनाथ (का राज्य) है
	भोला माहादेव आत परभू	भोला माहादेव हैं प्रभु
	पारबती रानी तो आत	पारबती रानी तो हैं
418	कैलासनँगरे भोला माहादेव	कैलासनँगर में भोला माहादेव
	कैलासनँगरे भोला माहादेव	कैलासनँगर में भोला माहादेव
	राम-लछमन आत परभू	राम-लछमन हैं प्रभु
	राम-लछमन आत	राम-लछमन हैं
	बल-जगरनाथ परभू	बल-जगरनाथ प्रभु
	बल-जगरनाथ	बल-जगरनाथ
	सुन मँडल राज आय परभू	शून्य मण्डल राज्य है प्रभु
	सुन मँडल राज	शून्य मण्डल राज्य
431	सुन बेटा तुय बली भदर	सुन बेटा तू बली भदर
	सुन बेटा तुय बली भदर	सुन बेटा तू बली भदर

	राम-लयखन राज बेटा	राम-लयखन का राज्य बेटा
	बल-जगरनाथ आय	बल-जगरनाथ (का राज्य) है
	सुन मँडल राज़ आय बेटा	शून्य मण्डल राज्य है बेटा
	सुन मँडल राज	शून्य मण्डल राज्य
	तुय काईं के खाउन जासे बेटा	तू कुछ भी खा जायेगा बेटा
	काईं के खाउन जासे	कुछ भी खा जायेगा
	आमके फाँसी देयदे बेटा	(वह) हमें फाँसी देगा बेटा
	आमके सुरी देयदे	(वह) हमें सूली पर लटकायेगा
445	सारी सहरिन दखोत एबे	शहर की सारी महिलाएँ देखतीं अब
	सारी सहरिन दखोत एबे	शहर की सारी महिलाएँ देखतीं अब
	नवय नँगरिन आत परभू	नौ नगरों की महिलाएँ देखतीं प्रभु
	नवय नँगरिन आत	नौ नगरों की महिलाएँ देखतीं
	आइग लागो रे राम-लयखन	आग लगे हे राम-लयखन
	आइग लागो रे राम-लयखन	आग लगे हे राम-लयखन
	तुमचो राजे तो आय बलोत	तु हारे राज्य में कहतीं
	तुमचो राज ने आय	तु हारे राज्य में
	लछमी मूँ तो नाईं परभू	लछमी का मुँह नहीं प्रभु
	लखी चो गँद नाईं	लखी का नामो-निशान नहीं
	आमी भाजी-डारा के खाते रलू	हम भाजी-पाला खाते थे
	पानिर आहार करु	पानी का आहार करते थे
	पानिर आहार करते रलू	पानी का आहार करते थे
	थिपाएक पानी नईं	बूँद भर पानी नहीं है
	काय के खाउन जिवाँ परभू	क्या खाकर जीएँगे प्रभु
	काय के खाउन रवाँ	क्या खाकर रहेंगे
	असन बलुन जासोत परभू	ऐसा कह जातीं प्रभु
	सारी सहरिन आत	शहर की महिलाएँ कहतीं
	नवय नँगरिन आत परभू	नौ नगरों की महिलाएँ प्रभु
	गुसा होउन गेला	गुस्सा हो गयीं
447	सारी सहरिन जासोत एबे	शहर की सारी महिलाएँ
	नवय नँगरिन जासोत एबे	नौ नगरों की महिलाएँ
	कछरी-दरबार गेला परभू	कचहरी-दरबार में गयीं प्रभु

कछरी-दरबार गेला	कचहरी-दरबार में गयीं
हाँडी के अपटुन गेला परभू	हाँडी पटक गयीं प्रभु वे
गगरा अपटुन गेला	गगरी पटक गयीं
भाजी-डारा के अपटोत परभू	भाजी-पाला पटक जातीं प्रभु
काँदा-कुलेया अपटोत	कन्द-मूल पटक जातीं
राम-लछ्मन दखोत परभू	राम-लछ्मन देखते प्रभु
बल-जगरनाथ आय	बल-जगरनाथ (देखते)
449 सुना राजा तुम राम-लयखन	सुनिये राजा आप राम-लयखन
सुना राजा तुमी राम-लयखन	सुनिये राजा आप राम-लयखन
आमी साँगुन जाउँदे राजा	हम बतला जायेंगे राजा
आमी साँगुन जाउँदे	हम बतला जायेंगे
लखी चो गँद तो नाईं राजा	लखी का नाम-निशान नहीं है राजा
लखी चो गँद नाईं	लखी का नाम-निशान नहीं है
आमी भाजी-डारा के खाते रलू	हम भाजी-पाला खाते थे
काँदा-कुलेया खाते	कन्द-मूल खाते थे
पानी चो आहार करते रलू	पानी का आहार करते थे
पानी चो आहार करते	पानी का आहार करते थे
खाले बँद ने आय परभू	नीचे बाँध में हे प्रभु
थिपाएक पानी नाईं	बूँद भर पानी नहीं है
एबे काय के पालन करवाँ परभू	अब कैसे पालेंगे प्रभु
कसन आमी खावाँ	कैसे हम खायेंगे
450 असन बलुन गेला एबे	ऐसा कह गयीं अब वे सब
असन बलुन गेला एबे	ऐसा कह गयीं अब वे सब
राजा सुनुन जाय परभू	राजा सुन लेते हैं प्रभु
राजा सुनुन जाय	राजा सुन लेते हैं
कोन छतरी आय परभू	कौन क्षत्रिय है प्रभु
कोन मन्तरी आय	कौन योद्धा है वह
खिर-समँदुर आँटे बलला	क्षीर समुद्र सुखा गया, कहते
खिर-समँदुर आँटे	क्षीर सागर सुखा गया
तल हात दखोत राजा	तल हाथ देखते राजा
उपर हात दखोत	ऊपर हाथ देखते

	मँगला तुसती पड़ला भगवान	मंगला-स्तुति पढ़ते भगवन
	मँगला तुसती पड़सोत	मंगला की स्तुति करते
	राम-लयखन आत एबे	राम-लयखन हैं अब
	बल-जगरनाथ एबे	बल-जगरनाथ (हैं) अब
	बल-जगरनाथ आत परभू	बल-जगरनाथ हैं प्रभु
	बल-जगरनाथ आत	बल-जगरनाथ हैं
	कछरी बँद तो करला राजा	कचहरी बन्द किया राजा ने
	कछरी बँद करला	कचहरी बन्द किया
	कछरी बँद करोत राजा	कचहरी बन्द करते राजा
	आपलो मँदिरे जात	अपने महल में जाते
453	धनऊ-काँड मोर धरोत एबे	धनुष-तीर लेते वे अब
	धनऊ-काँड मोर धरोत एबे	धनुष-तीर लेते वे अब
	भाला-बरछी धरोत परभू	भाला-बरछी लेते प्रभु
	तोप-बँदुक धरोत	तोप-बन्दूक लेते
	रयत निकरुन गेला परभू	प्रजा निकल आती प्रभु
	रयत निकरुन जाय	प्रजा निकल आती
	राम-लयखन आत परभू	राम-लयखन हैं प्रभु
	राम-लयखन आत	राम-लयखन हैं
	तियार होउन गेला परभू	तैयार हो गये प्रभु
	तियार होउन गेला	तैयार हो गये
460	एक दिन मोर होय एबे	एक दिन बीता अब
	दुय दिन मोर होय एबे	दो दिन बीत गये
	दुय दिन तो होय परभू	दो दिन बीत गये प्रभु
	बली भदर आय	बली भदर तो है
	अखे बड़ ने आसोत परभू	अखे बड़ में हैं प्रभु
	अखे बड़े आसोत	अखे बड़ में हैं
	भगवान लोग तो आत परभू	भगवान तो हैं प्रभु
	भगवान लोग तो आत	भगवान तो हैं
	राम-लयखन आत परभू	राम-लयखन हैं प्रभु
	बल-जगरनाथ	बल-जगरनाथ (हैं)
	भोला माहादेव आत परभू	भोला माहादेव हैं प्रभु
	भोला लिंग तो आत	भोला लिंग तो हैं

468	लखे बड़ के छाँडोत एबे	अखे बड़ छोड़तीं अब
	अखे बड़ के छाँडोत एबे	अखे बड़ छोड़तीं अब
	राजा-घरे गेला परभू	राजा के घर जातीं प्रभु
	सुन मँडले गेला	शून्य मण्डल में गयीं
	राम-लयखन लगे परभू	राम-लयखन के पास प्रभु
	राम-लछमन लगे	राम-लछमन के पास
	लगे जाउन जुआर झोकोत	पास जाकर अभिवादन करतीं
	लाफी जाउन बसोत	दूर जाकर बैठतीं

483	बलराम तो आत एबे	बलराम तो हैं अब
	बलराम तो आत एबे	बलराम तो हैं अब
	जगरनाथ तो आत एबे	जगरनाथ तो हैं अब
	राम-लयखन आत	राम-लयखन हैं
	भोला माहादेव आत परभू	भोला माहादेव हैं प्रभु
	राम-लयखन आत	राम-लयखन हैं
	भोला माहादेव राजा परभू	भोला माहादेव राजा प्रभु
	भोला माहादेव राजा	भोला माहादेव राजा
	तल हात दखोत परभू	तल हाथ देखते प्रभु
	उपर हात दखोत	ऊपर हाथ देखते
	मँगला तुसती पड़ोत भगवान	मंगला की स्तुति पढ़ते भगवान
	मँगला तुसती पड़सोत	मंगला की स्तुति कर जाते

(ग) लोककथाओं में राम

अंचल की कुछेक लोककथाओं में किसी-किसी प्रसंग में राम-नाम का उल्लेख मिल जाता है। ऐसी लोककथाओं एवं सम्बन्धित प्रसंगों पर एक विहंगम दृष्टि डालें :

1. हल्बी लोककथा 'बिरी बावन'

सरगीपाल पारा, कोंडागाँव निवासी जगार गायिका सुकदई कोराम द्वारा कही गयी इस लोककथा 'बिरी बावन' में केवल एक स्थान पर 'राम' शब्द अभिवादन के तौर पर प्रयोग में आया है। देखें, वह अंश—

बिरी बावन : बिरी बावन, तेबे भाई बिता मन बलसत—"दखा नूँ ना, दखा नूँ ना। कसन होसत एमन? बाबू काजे जाउआत ना!" बलसत। तेबे बिरी बावन बलेसे आया बिती के—"आया! मयँ डँडिक माहापरसाद लगे जायँसे।" आरू आपलो माहापरसाद बिता घरे गेलो। हुता सिता-राम झोकलो आरू एक डँडिक बसलो।

तब छहों भाइयों ने देखा और आपस में बातें करने लगे—"देखो तो, देखो तो! ये लोग कैसी हुई जा रही हैं? ये लोग बाबू के लिये जायेंगी जी।" बिरी बावन कहने लगा अपनी माँ से—"माँ! मैं थोड़ी देर के लिये माहापरसाद के पास जा रहा हूँ।" ऐसा कहकर अपने माहाप्रसाद के घर गया। वहाँ उससे सीता-राम कहकर भेंट की और थोड़ी देर बैठा।

2. हल्बी लोककथा 'सुरिज राजा'

सरगीपाल पारा, कोंडागाँव (बस्तर-छ.ग.) की जगार गायिका सुकदई कोराम द्वारा कही गयी इस लोककथा 'सुरिज राजा' में एक स्थान पर स बोधन के रूप में राम शब्द का प्रयोग देखने में आया है—

सुरिज राजा : सुरिज राजा, राजा सुनलो जाले बले उलटुन नी दखे। रानी हाक देउन-देउन थकली। काईं नी बाचली घरे। सब जरली। तेबे रानी बिचारली, इथा काय के खाउन रहेंदे? बाबा घर जायँदे बलते बाप बिता-घरे इली। आधा धुर होऊ रहे। दखेसे, बाप बिता-घर के बले आइग धरते रहे। ए राम भगवान! बलेसे, बाबा-घरे बले इले। इथाय बले आइग धरेसे। काहाँ जायँदे, बलेसे। रुख-छायँ ने उभलिसे आरू रद्रद्-रद्रद् गागेसे। बाप-बिता घर गेली। जसन चो हुसन गरिब-दुखी होला। आगे जसन रला हुसने होला। काईं नी रहे। खाउक अनाज नईं पिंधुक कपड़ा नईं। एक दिन काय बलेसे लेकी बाप बिता के— "खाउक निहाय बाबा। काय के खाउन रवाँ? तुय मके बुलाउक ने, बाबा। कोनी बले धरला जाले आनुन खाहासे।"

राजा ने सुना किन्तु पलटकर भी नहीं देखा। रानी उसे पुकार-पुकारकर थक गयी। घर में कुछ भी नहीं बचा। तब रानी विचार करने लगी, यहाँ मैं क्या खाकर रहूँगी? बाबा के घर जाऊँगी, ऐसा सोचकर पिता के घर आयी। अभी वह आधे रास्ते

में ही थी। देखती है, पिता का घर भी आग से जलने लगा था। हे राम भगवान! वह सोचने लगी, बाबा के घर भी आयी। यहाँ भी आग लगी हुई है। कहाँ जाऊँगी, सोचने लगी। एक पेड़ की छाँव में खड़ी थी और फूट-फूटकर रो रही थी। फिर पिता के घर गयी। वे लोग जैसे पहले थे, वैसे ही फिर से गरीब-दुखी हो गये। कुछ भी नहीं था। खाने को अन्न नहीं, पहनने को कपड़े नहीं। एक दिन लड़की अपने पिता से कहने लगी—''खाने को अन्न नहीं है, बाबा! क्या खाकर जीयेंगे? तुम मुझे बेचने ले चलो, बाबा! किसी ने खरीदा तो पैसे लाकर तुम लोग अपना जीवन बिताओगे।''

3. इसी तरह 'मामा-भाचा गँवर' (मामा-भांजा गौर) और 'सारदुल चो कहनी' (सारदुल की कहानी) शीर्षक हल्बी लोककथाओं में भी सम्बोधन के रूप में राम (हाय राम/हे राम!) का प्रयोग हुआ है, जबकि भतरी लोककथा 'कोलयार उआट' (लोमड़ी की युक्ति) में अभिवादनस्वरूप।

4. भतरी लोककथा 'लड़ई देव' : सुकदई कोराम द्वारा कही गयी इस भतरी लोककथा में एक स्थान पर राम का उल्लेख सम्बोधन के रूप में मिलता है। देखें वह अंश—

लड़ई देव

लड़ई देव, अड़कदायँ छुरी-फाँसिर मामला चलते रय। राजा सुनला आवरी ए राम भगवान! बली बल्ला। मोर रानी मरी जायसी बे। मुईं खुबे डँड ने ताके आनली आछे, बली कागत-कलम के पकाय देला। दरबार के छाड़ी करी हिटी पड़ते घरे जायसी आछे। बाटे मिचल साएब, कपतान साएब, इनिसपिटर साएब मन बसी रलाय। राजार जिबा के दखलाय आवरी काय होयला गुने काय काजे राजा अतक चाँडे-चाँडे जायसी आछे बली बलबाआत। काय होयला राजा के, आमे बले राजा लगे जाई दखूँ, बलबा आछेत।

उस समय छुरी-फाँसी का मामला चल रहा था। राजा ने सुना और 'हे राम' कहने लगा। मेरी रानी मर जायेगी। मैं उसे बहुत कष्ट सहन कर लाया हूँ। ऐसा कहते उसने कागज-कलम फेंक दी। दरबार छोड़कर गिरते-पड़ते घर की ओर जाने लगा। रास्ते में मिचल साहब, कप्तान साहब, इंस्पेक्टर साहब आदि बैठे थे। उन्होंने राजा को जल्दी-जल्दी जाते हुए देखा और सोचने लगे कि क्या बात हो गयी कि राजा इतनी हड़बड़ी में जा रहे हैं! वे कहने लगे, पता नहीं क्या हो गया राजा को, जरा हम भी तो चलकर देखें।

5. भतरी लोककथा 'जयसन राजा' : सुकदई कोराम द्वारा कही गयी इस भतरी लोककथा में कुछ स्थानों पर राम और हनुमान का उल्लेख मिलता है। इसमें भीम, अर्जुन, नारद आदि का भी उल्लेख है। देखें वह अंश—

जयसन राजा

जयसन राजा, बलबा के सबू लोक सुनलाय। नारद आपनर घरे गला। बरमार बेटा आय नारद। अड़कदायँ बरमा देव सब जिव मन के जनम पठायते रलाय। चँदरधजर जिव के दखलाय आवरी भकयायलाय। एतार मुरतू कसन ने होयला बली बरमा देव चकित होई गलाय। हँड़कीदायँ नारद अमरला। नारद के दखलाय बरमा देव आवरी ताके आपनर लगे हाक देई करी बल्लाय—''तुई एथान ले हयँ थान करलिस। पिलार जिव के खायलिस।'' बली करी रिसे-रिस उठाई करी गोट बड़गी मारी देलाय नारद के। नारद हयँ थान ले परायला। अड़कदायँ हयँ लगे सबू भगवान लोक मन बले रलाय। भिम, अरजुन, राम सबू भगवान लोक मन। तेबे सबू भगवान लोक मन पने 'जों जों' बल्लाय आवरी जिबाआत। जायते-जायते जिबाआत। अड़कदायँ हनुमान गोट डोंगरी के मुँडे बोई करी गोट बड़े माहा डोंगरी थाने बसी रला। हयँ दखला भगवान मन के आवरी मामा मन के काय होयला, एमन कोन थाने जिबाआत, बली करी हयँ मनर उपरे-उपरे जायसी आछे हयँ

मन के छाँय बनायते। अतक ने डोंगरिर छाँय के दखलाय सबू भगवान लोक मन आवरी उपरे नँजरायलाय। दखबा आछेत हनुमान आय डोंगरी के मुँडे बोई करी सँगे-सँगे जायसी आछे। हयँ मन डरलाय आवरी बलबा आछेत—''तुई डोंगरी के पकाव। हँके पकाई करी आव।''

ऐसा कहने पर सभी ने सुना। नारद अपने घर चला गया। बरमा का बेटा है नारद। उस समय बरमा देव सभी जीवों को जन्म दे रहे थे। चँदरधज के प्राण देखकर वे अचंभित रह गये। इसकी मृत्यु कैसे हो गयी, यह सोचकर बरमा देव आश्चर्यचकित हो गये। उसी समय नारद पहुँचा। नारद को बरमा देव ने देखा और उसे अपने पास बुलाकर बोले—''तुम यहाँ की बात वहाँ करते फिरते हो। तुमने बच्चे के प्राण हर लिये।'' यह कहते हुए क्रोधित होकर नारद पर एक लाठी से प्रहार कर दिया। नारद वहाँ से भाग गया। इस समय वहाँ पर सभी भगवान लोग भी थे। भीम, अर्जुन, राम सभी थे। तब सभी भगवान 'चलो, चलो' कहने लगे और वहाँ से चल पड़े। चलते-चलते जाने लगे। इस समय हनुमान एक पहाड़ी को सिर पर धारण किये एक बड़े-से पहाड़ पर बैठा था। उसने देखा भगवान लोगों को और मामा लोगों को क्या हो गया, ये लोग कहाँ जा रहे हैं, विचार करते हुए उनके ऊपर-ऊपर उन पर छाया बनाते जाने लगा। इतने में भगवानों ने पहाड़ी की छाया देखी और ऊपर ताकने लगे। देखा हनुमान था और वह पहाड़ी को सिर पर धरे उनके साथ-साथ चला जा रहा था। वे सभी डर गये और कहने लगे—''तुम पहाड़ी को फेंको। उसे फेंककर आओ।''

बलबा के हनुमान डोंगरी के कोन तो बाटे पकाय देला आवरी तले आसला। सबले पाट बाटे होई करी जायसी आछे। सबू लोक मिसी करी जिबाआत। बाटे गोटक असुर रला। हयँके चारा ना मिरे। तेबे नारद असुर लगे गला। ताके दखी करी असुर बलसी आछे—''तुय कसन आयलिस, नारद? दख नी। मोके बारा बरक होयला चारा ना मिरसी आछे। तुई कोनी थाने चारा दखलिआस आले साँग।''

ऐसा कहने पर हनुमान ने पहाड़ी को रास्ते में ही फेंक दिया और उनके पास चला आया। वह सबसे पीछे चला आ रहा था। सभी लोग मिलकर जाने लगे। रास्ते में एक असुर था। उसे चारा नहीं मिल रहा था। तब नारद असुर के पास गया। उसे देखकर असुर कहने लगा—''तुम कैसे आये, नारद? बारह वर्षों से मुझे चारा नहीं मिल रहा है। तुमने कहीं चारा देखा हो तो बताओ।''

असुर नारदर गोठ के धरी करी बाटे बसी देला आरू टोंड के सरग आरू पिरथी ले फाड़ी देला आछे। अड़की दायँ सब भगवान मन हईं काजे ले जिबाआत। हयँमन असुरर टोंड के ना दखोत। सबू लोक तार टोंड भितरे ओली देलाय। पेट भितरे गलाय आवरी 'आमे कोन थाने आयलू?' बली बलबाआत। हनुमान सबले पिटी बाटे रला। हयँ असुरर टोंड भितरे ना ओले। अतक ने नारद बलसी आछे हनुमान के—''सुन बाबू, हनुमान! सबू भगवान मन तो असुरर टोंड भितर काजे ले तार पेट भितरे ओली देलाय आछेत। तुई असन कर। असुरर गोटोक पाँय के खुँद आवरी गोटोक पाँय के उचाय देस। असन करले सबू भगवान मन तार पेट भितर ले निसकबाय।''

असुर नारद की बात मानकर रास्ते में बैठ गया और अपना मुँह स्वर्ग से धरती तक फाड़ लिया। इसी समय सभी भगवान उसी रास्ते से होकर जाने लगे। उन्होंने असुर के मुँह को नहीं देखा। सभी उसके मुँह में प्रवेश कर गये। पेट के भीतर जाकर 'हम कहाँ आ गये?' कहने लगे। हनुमान सबसे पीछे था। वह असुर के मुँह में नहीं घुसा। इतने में नारद हनुमान से कहने लगा—''सुनो बाबू, हनुमान! सभी भगवान तो असुर के मुँह के रास्ते उसके पेट के भीतर पहुँच गये हैं। तुम एक काम करो। असुर के एक पाँव को अपने एक पाँव से दबाओ और उसके दूसरे पाँव को उठा दो। ऐसा करने पर सभी भगवान उसके पेट से बाहर निकल आयेंगे।''

असन बलबा के हनुमान असुरर गोटोक पाँय के खुँदला आवरी दूसर पाँय के उचाय देला। तेबे सबू भगवान लोक मन असुरर पेट भितर ले तार कड़ बाट ले बाइरे निसकलाय। असुर मरी गला। भगवान लोक मन जिबा आछेत। जायते-जायते हयँमन चँदरधज लगे अमरलाय। चँदरकला मुँड के थापी करी बसी रला। भगवान मन हयँ लगे अमरलाय आवरी ताके हयँ लग ले गुच के बल्लाय। चँदरकला हयँ लग ले गुची देला। तेबे भगवान मन चँदरधजर धड़ आवरी मुँडी के सकली करी जोड़ी देलाय, बेद-बड़गी छिंआयलाय आवरी मंतर पड़ी देलाय। चँदरधज जिव पड़ला। जिव पड़बा के सबू भगवान लोक मन बलबाआत—''तुय एतार काजे अतक डँड होई करी एके आनके आसी रइस। आमके बल्ले काय आमे एतार सँगे तोके बिआ ना करी देतू! आमर इजित धरबा काजे एके चोर के आसी रइस! जों, आमे एके चोरी ना नेऊँ। बाहड़ी जाऊँ जयसन राजा लगे। माँगी करी तोके बिआ करी देबू।''

ऐसा कहने पर हनुमान ने असुर के एक पाँव को दबाया और दूसरे पाँव को उठा दिया। तब सभी भगवान असुर की गुदा के रास्ते पेट से बाहर आ गये। असुर मर गया। अब सभी भगवान जाने लगे। चलते-चलते वे सभी चँदरधज के पास जा पहुँचे। चँदरकला सिर थामे बैठी थी। सभी भगवान वहाँ पहुँचे और उसे वहाँ से हटने को कहा। चँदरकला वहाँ से हट गयी। तब भगवानों ने चँदरधज के धड़ और सिर को समेटकर जोड़ दिया, बेंत का स्पर्श कर दिया और मन्त्रोच्चारण कर दिया। इससे चँदरधज जीवित हो गया। उसके जीवित होने पर सभी भगवान उससे कहने लगे—''तुम इसीलिए इतने कष्ट उठाकर इसे लाये थे। हमें कहा होता तो क्या हम इसके साथ तु हारा विवाह न रचा देते! हमारी मान-हानि करने के लिए तुम इसे चुराने आये थे! चलो, हम इसे चुराकर नहीं ले जायेंगे। वापस चलो जयसन राजा के पास। माँगकर तु हारा विवाह कर देंगे।''

(घ) कहावतों, मुहावरों एवं पहेलियों में राम

एक-दो कहावतों, मुहावरों और पहेलियों में भी 'राम' मिल जाते हैं। इस समय मुझे महज दो कहावतें और एक मुहावरा याद आ रहे हैं। ये कहावतें हैं—तुचो राम-राम, मोके छेदे ना भेदे। इसका अर्थ है— 'तुम्हारे द्वारा राम-नाम का जाप करना या राम-नाम की कथा बाँचना अथवा राम-नाम का उच्चारण करना मुझ पर कोई प्रभाव नहीं डालता अर्थात् आप चाहे जो भी कहें, उसका कोई असर मुझ पर होने वाला नहीं है।' स भवत: हिन्दी की कहावत 'भैंस के आगे बीन बजाये, भैंस रहे पगुराय' के समतुल्य है यह हल्बी कहावत।

इसी तरह एक दूसरी कहावत याद आ रही है—'पेटे निंआय पिला, राम-लछमन नाव'। इसका अर्थ है—पेट में बच्चे का अता-पता नहीं है और पहले से ही उसका नामकरण राम-लक्ष्मण कर दिया जाना अर्थात् काम आर भ हुआ नहीं और परिणाम की घोषणा पहले ही कर दी गयी।

इसी तरह एक मुहावरा राम बनातो के रावन होतो प्रचलन में है। अर्थ है—सोचें कुछ और, हो जाये कुछ और। सोचें अच्छा और हो जाये बुरा।

(ड.) लिखित साहित्य में राम

जैसा कि हमने देखा, इस अंचल की लोकभाषाओं के अलिखित साहित्य में राम की उपस्थिति या चर्चा लगभग नहीं के बराबर है। ठीक इसी तरह लिखित साहित्य में भी राम स बन्धी कथा या गीत अथवा किसी भी विधा में किसी साहित्य का सृजन महज उँगलियों पर गिने जाने लायक ही हुआ है। प्रस्तुत हैं ऐसे ही कुछेक सृजन के उदाहरण।

1. **रामकथा** (हल्बी रामकथा-सार) : बस्तर के सुप्रसिद्ध साहित्यकार लाला जगदलपुरी द्वारा संक्षेपित एवं अनूदित 'रामकथा' (हल्बी रामकथा-सार) नामक पुस्तिका का प्रकाशन मध्य प्रदेश रामचरितमानस चतुश्शताब्दी समारोह समिति, भोपाल द्वारा वर्ष 1978 में किया गया था। इस पुस्तिका के प्रथम अध्याय (रामजनम) का एक छोटा-सा अंश प्रस्तुत है :

अध्याय-1 : रामजनम

त्रेता जुग चो बात आय। कोसल देस ने दसरथ नावँ चो गोटोक राजा राज करते रला। राजा दसरथ आपलो रयतमन के बेटा-बेटी असन पोसते रहत। तिहँचो रयत के काईं दुख नीं रहे। कोंसलिया, सुमित्रा आरू केकई तिनचो तीन झन रानीमन रहत। राजा के गोटकी दुख रहे। लोलो-बालो चो सुख दखतो काजे साद होते रहत। राजा आपलो फिकर के बसिष्ठ मुनि के साँगला। बसिष्ठ मुनि राजा घर चो पुरोहित रहत। तेबे बसिष्ठ मुनि राजा दसरथ के समझाउन बल्ला कि तुय फिकर नीं कर। तुचो घर चार झन बेटामन जनमदे। तुय पुत्रेष्टि जग्यँ करुन पकाव। बेटा जनमदे आरु तुचो बंस चो नाँव के उजर करदे। राजा बल्लो कि तुमी जसने हुकुम दिले मयँ हुसने करुकलाय तियार आसें। तुरत बसिष्ठ मुनि शृंगी रुसी के एवत बलुन खबर पठाला। खबर पातो धापड़े शृंगी रुसी इला आरु एउन भाती पुतुर-जग्यँ करतो काजे जोड़ा जोडुक बल्ला। जग्यँ होते रहे आरु एक दिन हवन-कुंड भीतर ले अगिन देवता परगट होला। परगट होउन भाती अगिन देवता राजा दसरथ के एक बटकी खीर के देउन बल्ला कि ए खीर के तुमी आपलो तीनों रानीमन के खोवाउन दियास। बेरा होले तिहँचो पुतुर होदे। असन बलुन आइग-देवता जाते गेला। राजा जानूँ खीर के महल भितरे नेते नीला आरू रानीमन के बाटुन खाहा बल्ला।

त्रेता युग की बात है। कोसल देश में दशरथ नाम के एक राजा राज्य करते थे। राजा दशरथ अपनी प्रजा का पालन अपनी सन्तान की भाँति करते थे। उनकी प्रजा को कोई दुःख नहीं था। कौशल्या, सुमित्रा और कैकेयी उनकी तीन रानियाँ थीं। राजा को एक ही दुःख था। उन्हें सन्तान-सुख देखने की बहुत लालसा थी। राजा ने अपनी यह चिन्ता वसिष्ठ मुनि को बतायी। वसिष्ठ मुनि राज-परिवार के पुरोहित थे। तब वसिष्ठ मुनि ने राजा दशरथ को समझाते हुए कहा कि तुम चिन्ता मत करो। तु हारे घर चार बेटे जन्म लेंगे। तुम पुत्रेष्टि यज्ञ करो। इससे बेटे जन्मेंगे और तु हारे वंश का नाम रोशन करेंगे। राजा ने कहा कि आप जैसी आज्ञा देंगे, मैं वैसा करने को तैयार हूँ। वसिष्ठ मुनि ने शृंगी ऋषि को तुरन्त बुलावा भेजा। सूचना पाते ही शृंगी ऋषि आये और पुत्रेष्टि यज्ञ के लिए सामग्री जुटाने को कहा। अभी यज्ञ चल ही रहा था कि एक दिन हवन-कुण्ड के भीतर से अग्निदेव प्रकट हुए। प्रकट होकर अग्नि देवता ने राजा दशरथ को एक कटोरी खीर दी और कहा कि यह खीर आप अपनी तीनों रानियों को खिला दें। समय आने पर उनके पुत्र जन्म लेंगे। ऐसा कहकर अग्नि देवता चले गये। राजा खीर को महल के भीतर ले गये और रानियों से उसे आपस में बाँटकर खाने को कहा।

2. **श्रीरामचरितमानस** (हल्बी पद्यानुवाद) : नारायणपुर (बस्तर, छत्तीसगढ़) निवासी बहुमुखी प्रतिभा के धनी कवि एवं कलाकार श्री रामसिंह ठाकुर ने श्रीरामचरितमानस का हल्बी में पद्यानुवाद किया, जिसका प्रकाशन 1991 में मध्य प्रदेश रामचरितमानस चतुश्शताब्दी समारोह समिति, गाँधी भवन, श्यामला हिल्स, भोपाल (म.प्र.) से हुआ था। इसका पुनः प्रकाशन राधाकृष्ण प्रकाशन, नयी दिल्ली द्वारा 2014 में छत्तीसगढ़ शासन के संस्कृति विभाग के सहयोग से हुआ है।

यहाँ इस ग्रन्थ के बालकाण्ड के एक श्लोक तथा दो सोरठे मूल सहित प्रस्तुत हैं। पहले एक श्लोक—

अक्षर अरथ रस पद चो, सुभ भरपूर जे करेसे।
गणेस भगवान माता सरसती चो, बिनती मयँ करेंसे॥ 1॥

वर्णानामर्थसंघानां रसानां छन्दसामपि।
मंगलानां च कर्त्तारौ वन्दे वाणीविनायकौ॥ 1॥
जिहँके सुमरले सपा सिध होय, देव मुखिया आत।
हाथी मुँह चो गुनी भगवान, दया करते जात॥ 1॥

कोंदा गोठयाएसे जेचो दया ले, खोड़िया डोंगरी चेघे।
कली चो महापाप के सारू, भगवान मोके दखे॥ 2॥
जो सुमिरत सिधि होइ, गन-नायक करिबर बदन।
करउ अनुग्रह सोइ, बुद्धि रासि सुभ गुन सदन॥ 1॥
मूक होइ बाचाल, पंगु चढ़इ गिरिबर गहन।
जासु कृपा सो दयाल, द्रवउ सकल कलि-मल दहन॥ 2॥

इस दिशा में थोड़ा-सा प्रयास इस आलेख के लेखक द्वारा भी किया गया, जिनका विवरण निम्नानुसार है—

1. हल्बी गीत 'राम बनवास' (राम जासोत बनवास आजी), रचना-काल, 1979।
2. हल्बी संकटमोचन हनुमानाष्टक (सुना दादा हनु चो कहानी), रचना-काल, 1980।
3. हल्बी भजन (राम बिन फोकहा सब सँवसार), रचना-काल, 1981।
4. हल्बी भजन (मन सुमर सिरी राम हरि), रचना-काल, 1981।
5. हल्बी भजन (राम भजन करले सुख भाई), रचना-काल, 1982।
6. हल्बी नाटिका (सीता-हरण), रचना-काल, 1989।

(च) कला में राम

इस अंचल की विभिन्न कलाओं में भी राम की उपस्थिति नहीं के बराबर ही मिलती है। पहले हम यहाँ की आदिवासी एवं लोककलाओं की बात करते हैं। यहाँ रूपंकर कला के अन्तर्गत घड़वा शिल्प, मृदा शिल्प, काष्ठ शिल्प, लौह शिल्प, प्रस्तर शिल्प, भित्ति चित्र आदि की समृद्ध पर परा तो है किन्तु इनमें से किसी भी विधा में राम की उपस्थिति 'नहीं' है। हाँ, प्रदर्शनकारी कला के अन्तर्गत 'ओड़िया नाट' (लोकनाट्य) में राम और राम-कथा के दर्शन होते हैं। मूलतः ओड़िशा से बस्तर आयी इस कला-विधा में पौराणिक आख्यान आदि की प्रस्तुति होती रही है। इसी तरह रामचरित पर आधारित नाट्य प्रस्तुतियाँ भी होती रही हैं। जगदलपुर के आगे ओड़िशा से लगे गाँव नगरनार एवं आसपास के इलाके में इन दिनों इन नाट्यों को 'ऑपेरा' कहा जाने लगा है।

वस्तुतः बस्तर अंचल का गोंड जनजातीय समुदाय जो वस्तुतः शिव और शक्ति का पुजारी रहा है, रामकथा से पूरी तरह अछूता रहा है। वह 'इस्पुराल' यानी प्रकृति को अपना ईश्वर मानता है। वह तन्त्र विद्या को मानता और जानता है। उसके देवता प्रकृति के साथ ही उसके पूर्वज भी हैं। वह अपने पूर्वजों की पूजा देवता के रूप में करता है यानी वह प्रेत-पूजक भी है। इन दिनों कुछ बाहरी प्रभाववश यह जनजाति अपने को रावण से जोड़कर देखने लगी है, लेकिन इस मुद्दे पर यह समाज एकमत नहीं है।

'रोंम-सीतमानी वारता' की तीन (हिन्दी) पंखुड़ियाँ

डॉ. भगवानदास पटेल

राम-सीता और लक्ष्मण वनखण्ड में (रोंम-सीतमा नं लसमण वनमा)

राम-सीता और लक्ष्मण रस्ते-रस्ते वनखण्ड में आने लगे हैं। वे तिल के खेत में से निकलते हैं। सीता के पैर में पायल बज रही है। इस पायल में तिल की एक डण्डी फँस जाती है। सीता अँधेरे में तिल की डंडी लेकर तिल की फलियाँ छिलती हैं। भूख के कारण वह राम से छुपकर तिलों को फाँक जाती हैं। सीता की चुगली खाता एक काला तिल सीता के हाथ में चिपका रहता है।

राम-सीता और लक्ष्मण भूखे प्यासे रस्ते-रस्ते वनखण्ड में आगे बढ़ते हैं। सीता लक्ष्मण से कहती है—'देवर मेरे, मैं राजमहल की रहने वाली हूँ! कभी इतना चली नहीं। अब हमारे बादल-महल कितनी दूर हैं। मैं थक गयी हूँ!' लक्ष्मण कहता है—'भाभी, हम तो अब आ ही गये हैं।' तीनों रास्ते पर जाने लगे हैं। वे एक वनखण्ड को छोड़कर दूसरे वनखण्ड में प्रवेश करते हैं। भूख-प्यास और चलने के कारण थकी सीता लक्ष्मण से कहती हैं—'मैं घर में ही घूमती-फिरती थी। जब-जब भूख लगती थी, तब-तब खाती थी, मगर इस वन में तो भूख के कारण मेरे पेट में चूहे कूद रहे हैं। अब और कितना दूर है हमारा घर? मैं तो थककर चूर हो गयी हूँ।' लक्ष्मण फिर सीता को फुसलाते हुए कहता है— 'भाभी, पहुँच ही गये हैं, वह जो वनखण्ड दिखाई दे रहा है, वही हमारा घर-बार है। अब तो पास में ही है। चतुर सीता मन-ही-मन प्रसन्न होती है और सोचती है—'बड़े-बड़े वृक्ष तो पास में ही दिखाई दे रहे हैं। वहीं हमारा घर होगा!' फिर से राम-सीता और लक्ष्मण रस्ते-रस्ते आगे बढ़ते हैं। बहुत चलने के बावजूद कहीं भी घर दिखाई नहीं देता। चारों ओर देखकर सीता लक्ष्मण से प्रश्न करती है—'देवर, तू मुझे बार-बार क्यों बहका रहा है? थकान के कारण मेरे पैर उल्टे पड़ रहे हैं। अब भी हमारा घर कितना दूर है?' अब लक्ष्मण कहता है—'भाभी, गरमी में भैंस भादों को याद करती है, तो क्या मिलता है? गरमी पूरी होने तक सूख जाती है। भाभी इस वन में हमारे पास बिछाने के लिए न घास है और न ही खाने के लिए पलाश है। हम तो गरीब आदमी हैं। वह जो पपैया-वन दिखाई दे रहा है, वही हमारी रहने की जगह है। अब पहुँच ही गये समझो!' तीनों चलते-चलते पपैया-वन में आने लगे हैं। ऊँचे-ऊँचे सागौन ध्रुव-तारे को छू रहे हैं। बगल में ही धूनी सुलगाई हुई है। राम अपनी धूनी के पास आते हैं और धूनी पर बैठ जाते हैं। चतुर सीता लक्ष्मण से कहती है—'देवर, तेरा भाई तो फिर किसी ऋषि की धूनी पर जाकर बैठ गया है।' लक्ष्मण कहता है—'भाभी, ये धूनियाँ तो अपनी ही हैं, हमें ऐसे में ही रहना पड़ेगा। ये धूनियाँ ही हमारा घर है!' सीता सन्न रह जाती है। उसके प्राण हहर-हहर जाने लगते हैं। वह सोचती है कि 'किस घर में रहूँ? इस वन में रहूँ? इस वन में कहाँ से कुछ निकालकर खाऊँ? किस कुएँ से पानी भरूँ?'

वह लक्ष्मण से पूछती है—'देवर, पीने का पानी-वानी है कि नहीं?' लक्ष्मण कहता है—'भाभी, जब प्यास लगती है तो हम सामने की दिशा में चलना शुरू कर देते हैं। सुबह से चलना शुरू करते हैं, तब कहीं दोपहर तक पहुँचते हैं। पानी तो यहाँ से बहुत दूर है। सामने जो डूँगर दिखाई दे रहा है, उसके पीछे है।' भूख और प्यास के कारण सीता के प्राण निकल रहे हैं। वह सोचती हैं—'ठीक है भगवान, जैसा भाग्य करता है, वैसा और कोई नहीं करता। जो विधाता ने लेख लिख दिया, वही सही है। तूने जोगियों का साथ करवा दिया। अब तो इस वन में ही हमारा डेरा है। हे भगवान! तुझे ऐसे लेख नहीं लिखने थे। चतुर सीता खड़ी-खड़ी ही लक्ष्मण से पूछती है—'देवर, कहाँ हैं हमारे बादल-महल?' 'भाभी, हम तो वन में धूनी बनाकर रहते हैं और हरि का नाम-स्मरण करते हैं। भाभी, इस वनखण्ड में बादल-महल कहाँ से होंगे भला?' 'देवर, तुम जोगी बने और मैं जोगन, यह बात तो सही है, मगर अब तक तुम लोगों को सब चलता था। पर अब तु हारे घर में गृहिणी आ गयी है। अब तु हें घर के बगैर नहीं चलेगा। घर होगा, फिर घर-गृहस्थी का सामान भी चाहिएगा। घर-संसार के ज्ञान की यह बात तू अपने भाई को समझा। जब तुम अकेले थे, तब जहाँ जँचता वहाँ सो जाते, जो मिलता वह खा लेते। मगर अब तो छोटा-बड़ा कैसा भी घर होना ही चाहिए। छोटी-सी सही झोंपड़ी चाहिए। तेरा भाई तो मुझे भोला-भाला लगता है। अरे देवर, तेरा भाई है, तू ही जाने! धूनी पर भजते हुए लेंगे हरि का नाम और करेंगे काम।' देवर-भौजाई दोनों बात करने लगते हैं। सीता कहती हैं—'देवर, हम झोंपड़ी बनाते हैं। ऐसे खड़े रहने से तो जलम (जनम) नहीं जायेगा और भक्ति भी पूरी नहीं होगी।'

वनखण्ड में देवर और भाभी मढ़ी (छोटी-सी झोंपड़ी) बनाते हैं। सीता उसमें भगवान के नाम की धूनी बनाती है। फिर सीता लक्ष्मण से कहती है—'देवर, माला जपने से काम का पार आने वाला नहीं है। तू अपने भाई को समझा कि हमें भूख लगी है, इसलिए माला जपना छोड़कर बनफल ले आये। तब तक हम यह तय करते हैं कि हमें कुआँ कहाँ खोदना है।'

राम एक वन छोड़कर दूसरे वन में फल लेने जाते हैं। थके-हारे सीता और लक्ष्मण सागौन के पत्ते ओढ़कर सो जाते हैं। सत्वादियों की आँखों में नींद गहराई है और दोनों हल्की-हल्की नींद में सो रहे हैं। दोनों भर नींद में सोये हुए हैं। पूर्व दिशा का पवन बहता है और दोनों के शरीर से सागौन के पत्ते उड़ जाते हैं। इसके कारण दोनों नंग-धड़ंग (नंगे-पुंगे) हो जाते हैं। दोनों गहरी नींद में सोये हुए हैं और राम बनफल लेकर रस्ते-रस्ते आ पहुँचते हैं। राम भाभी और देवर को पास-पास नंग-धड़ंग सोया देखते हैं। शंका के कारण राम दुःखी होते हैं। वे आवेश में आकर लक्ष्मण को मारने की तैयारी करते हैं। राम के पैरों की आहट से सीता की नींद टूट जाती है और वह चौंककर उठ बैठती है। अब राम और अधिक क्रोधित हो जाते हैं। लक्ष्मण पर झपटने लगते हैं। चतुर सीता राम से कहती है—'हे मेरे भरतार! तू किस पर गुस्सा करके आया है?' राम कहते हैं—'जितना बोली है, उतना बस कर! अब आगे मत बोलना। दूर खड़ा होकर मैं देख रहा हूँ। तुम दोनों नंगे ही सोए हुए थे। तुम लोगों का क्या भरोसा?' चतुर सीता सोचती है कि 'अगर मैं अपनी बात को जोर देकर समझाऊँगी, तो यह मानेगा नहीं। मुझे इसे ज्ञान से ही समझाना पड़ेगा।' यह सोचकर सीता राम से कहती है—'तुझे अपने भाई को मारना हो तो भले ही मार डाल। पर इसके पहले मेरी एक बात सुन। तू एक हाथ से ताली बजा।' राम एक हाथ से ताली बजाने का व्यर्थ प्रयत्न करते हैं और सीता से कहते हैं—'सीता, एक हाथ से भी कभी ताली बजती होगी?' सीता फिर कहती है—'अब तू एक लकड़ी से आग जला।' राम फूँफ-फूँककर बेहाल हो जाते हैं, मगर आग नहीं जलती। राम कहते हैं—'सीता, एक लकड़ी से कभी आग नहीं जलती।' सीता कहती है—'राम, एक हाथ से ताली नहीं बजती। एक लकड़ी से आग नहीं जलती, उसी तरह एक पंड (शरीर) से कुछ नहीं हो सकता। तू मन में हिसाब करके देख कि एक

भाई के बिना बैर भी नहीं वसूला जा सकता। जबकि तू तो अपने माँ जाये भाई को ही मारने के लिए पीछे पड़ा है। हम दोनों भाई-बहनों को थकान के कारण नींद आ रही थी। इसलिए सागौन के पत्ते ओढ़कर सो गये। हम गहरी नींद में सोये हुए थे कि पूरब देश का पवन बहा, इसमें हमारा क्या दोष?' राम अपनी गलती स्वीकार करते हैं, तब फिर सीता राम से कहती है, 'फालतू बातों को छोड़। हम वन में एक छोटा-मोटा कैसा भी कुआँ खोदते हैं। अपने कुएँ का पानी पीते हैं और घर के कुएँ पर ही नहाते-धोते हैं। फालतू बातें करने से काम नहीं सिमटेगा।'

राम वनखण्ड में नारियल बदारते (फोड़ते) हैं। वे हाथ में कुदाली लेकर कुआँ खोदने लगते हैं। लक्ष्मण कुएँ में से मिट्टी के टोकरे भरने लगते हैं और सीता भरे हुए टोकरे को सिर पर रख कुएँ के बाहर खाली करती है। पिता के घर सुख से रहने वाली सीता आज सिर पर टोकरे उठा रही है। देखो विधाता के लेख! धीरे-धीरे कुएँ में थोड़ा-थोड़ा निर्मल जल आने लगा है। राम पानी वाला नारियल फोड़कर पानी को बदाते (स्वागत) हैं। सीता राम से कहती है—राम, जुग तो बीत जायेगा, मगर हमारी निशानियाँ हमेशा बनी रहेंगी। चलो, अब हम छोटा-सा 'हरिया-बाग' बनाते हैं।

सीता राम से कहती हैं—'राम, ढील करने से देर हो जायेगी। अपने यहाँ पानी आ गया है। मजदूर और बढ़ई को बुलाओ, रहँट वाला कुआँ बनाना है।' राम बढ़ई को बुलाते हैं। वन में वालमो बढ़ई आता है। वह रूपे की रहँट और सोनावर (सोने) की माला (रस्सी) बनाता है। और ताँबेवर का घड़ा रहँट में जोड़ता है। अब राम रहँट चलाते हैं और लक्ष्मण 'पानत' (पानी सींचना) करते हैं। बगीचे में पानी आने लगा है। सीता क्यारियाँ बनाती है और क्यारियों में पिता से दहेज में मिले बीज बोती है। चतुर सीता देख-देखकर एक क्यारी में च पा के बीज बोती है तो दूसरी क्यारी में मरुआ के और तीसरी में मोगरे के। सीता बगीचे में रंग-बिरंगे फूलों के पौधे और वृक्ष लगाती है, और क्यारियों में पानी देती है। दूसरे दिन सुबह सीता घड़े में रखा हुआ ठण्डा पानी सींचती है। बीज में से धीरे-धीरे अंकुर फूटने लगे हैं, और फूल के पौधे बड़े होने लगे हैं। वृक्ष कमर से सिर तक बढ़ने लगे हैं और उनमें नयी डालियाँ, पत्ते और फूल आने लगे हैं। अब बाग में जूही, गुड़हल, मरुआ-मोगरा, गुलतेवड़ी, केतकी-केवड़ा और च पा जैसे भाँति-भाँति के फूल खिले हैं। हरिया-बाग में काले पंखों वाली कोयल कूक रही है, हरे पंखों वाले सुग्गे बोल रहे हैं। वृक्षों पर रंग-बिरंगे मोर गहक रहे हैं। असली चन्दन के झाड़ फूले हैं, और चारों तरफ फूलों की सुगन्ध फैल गयी है। सीता बाग में चारों ओर घूम रही है और सुगन्ध ले रही है। सुन्दर बाग देखकर खाये-पीये बिना ही उसकी भूख मिट जाती है।

रावण और लक्ष्मण (रावण नं लखमण)

मन्दोदरी के कपड़े लेकर बड़ा ही प्रसन्न लक्ष्मण अपनी छावनी में आता है। वह रावण के लिए मन्दोदरी जैसा ही बत्तीस-तैंतीस प्रकार का भोजन बनाता है। वह सोने के बड़े थाल और कटोरियों में भाँति-भाँति के भोजन परोसता है। फिर बत्तीस लक्षणों वाला लक्ष्मण हाथ-पैर धोकर मन्दोदरी जैसा श्रृंगार करता है। कमर में 'मेघाड़ामोर' का लहँगा, छाती पर काँचली (चोली) पहनता है। शरीर पर महीन शालू ओढ़ता है। गले में हार पहनता है। एक-एक बाल में मोती गूँथकर माँग में सिन्दूर भरता है, फिर कान के अनुसार लटकन पहनता है। कपाल में बिन्दी लगाता है, और आँखों में काजल आँजता है। चिबुक पर माख (मक्खी का आकार) और गाल पर फूलड़ी (छोटा-सा फूल) बनाता है। अब वह बायें हाथ में दर्पण लेकर अपना रूप निहारता है, तो देखता है कि मुँह पूनम के चाँद जैसा लग रहा है। नयन खाँड़ा की धार और पलकें भँवरे की पाँख जैसी हैं। आँखें तो भँवरों का समूह हैं। कुंकुमवर्णी ओंठ हैं। दाँत दाड़िम के दाने जैसे और नाक दिये की लौ जैसी है। वह हाथ में बड़ा थाल लेता है। बत्तीस लक्षणों वाला लक्ष्मण सचमुच मन्दोदरी का अवतार लग रहा है। वह छन-छन-

छन करता हुआ लंका की सीमा से गुजरता है। पर्वत पर नीले मोर गहक रहे हैं। वनराजी में पक्षी गा रहे हैं और लक्ष्मण रस्ते-रस्ते रावण के महल के करीब आ रहा है। वह लम्बा घूँघट निकालकर 'धम्-धम्' बादल-महल चढ़कर रावण के पास आता है। राजा रावण को भोजन का थाल देता है। राजा रावण जीमने बैठता है और लक्ष्मण फूट-फूटकर रोने लगता है। वह फूट-फूटकर रोता है और बार-बार हिचकियाँ भरता है। रावण आश्चर्य से उससे पूछता है—'रानी, तू क्यों रो रही है? तुझे किसी ने आँख दिखाई हो तो उसकी आँख फोड़ दूँ। गलत कहा हो तो उसका सिर फोड़ दूँ। तू अपने मन में धीरज रख और दिल खोलकर अपने दुःख का कारण बता।' रोने का अभिनय करता हुआ लक्ष्मण कहता है—'तू नयी लाड़ी लाया तो भले ही लाया, मगर उसके पीछे-पीछे लंका में राम का पूरा सैनिक दल उमड़ पड़ा है। वे तुझे मारे बगैर नहीं रहेंगे। फिर मेरा क्या होगा? अब तू ही बता, मैं रोऊँ नहीं तो क्या करूँ?' मन्दोदरी के वेश में आये लक्ष्मण के वचनों को सुनकर रावण उत्तेजित हो जाता है और कहता है—'रानी तू बहुत बोल चुकी! अब आगे कुछ भी मत बोलना। बन्दर और जोगी आये हैं, उन्हें तो मैं मिटाकर रख दूँगा। तू चिन्ता मत कर।' लक्ष्मण रावण के पेट में घुसकर रावण की मृत्यु का भेद जानने की कोशिश करता हुआ कहता है—'राजा, राम के दल में तो लक्ष्मण जैसा जोरावर योद्धा है। उस दिन केवल एक बन्दर आया और समूची लंका जलाकर चला गया। इस बार तो समुद्र को पार करके राम का पूरा दल आया है। अब हमारी क्या गत होगी?' रावण मन्दोदरी के वेश में छुपे लक्ष्मण को सांत्वना देता हुआ कहता है—'रानी! मुझे कौन मारेगा? मुझे कोई मार नहीं सकता। मेरा जीवन (प्राण) किसी को यों ही नहीं मिल सकता। मेरा जीव मेरे पास है ही नहीं। फिर मुझे कौन मार सकेगा?' अब लक्ष्मण रावण के हृदय में प्रवेश कर अपने पैर फैलाता है और उसके मन का गहरा भेद जानने के लिए प्रश्न करता है—'राजा, सबके पास होता है, उसी तरह तेरा जीव भी तेरे पास ही होगा ना? वह थोड़े ही अलग रखा होगा?' रावण अपना दिल खोलता हुआ कहता है—'रानी, तू सदा-सदा के लिए मेरी चिन्ता छोड़ दे। मेरा जीव तो मुझसे अलग आकाश में घूमते सूरज के रथ में है। सूरज के रथ में जो भँवरा है, उसमें मेरा जीव रहता है। अब तू शान्त हो जा। सूरज में रहने वाले भँवरे को न तो कोई नीचे गिरा सकता है और न ही मुझे मार सकता है।' लक्ष्मण अन्तिम दाँव आजमाने के लिए बेर जितने बड़े-बड़े आँसू टपकाने लगता है, और कहता है—'राम के दल में लक्ष्मण योद्धा है। वह बहुत जोरावर है। वह तो तुझे कुछ नहीं कर सकेगा ना?' रावण के हृदय के सारे दरवाजे खुल जाते हैं, और कहता है—'रानी, तू दुःखी क्यों होती है? लक्ष्मण मेरा कुछ भी नहीं कर सकता। मुझे मारने के लिए कितने सारे पराक्रम करने पड़ेंगे। कितनी सारी चीजें जुटानी पड़ेंगी। इसके अलावा योग्य व्यक्ति जब सही योग साध सकेगा, तभी मेरी मृत्यु हो सकेगी।' लक्ष्मण कहता है—'राजा, तू वास्तव में नहीं मर सकता है? मैं तो तेरे प्रेम के कारण रो रही हूँ। तू नहीं रहेगा, तो यहाँ मेरा कौन होगा?' रावण कहता है—'अब तो तुझे विश्वास हो गया ना कि मेरी मृत्यु यूँ ही रस्ते में नहीं पड़ी है। मेरा जीव मेरे शरीर में नहीं है, सो नहीं है। वह तो ऊँचे आकाश में सूरज के रथ में बैठे भँवरे में है। यदि भँवरे को नीचे गिराना हो, तो काफी कुछ पराक्रम करना पड़ेगा। उसके लिए तो सबसे पहले बारह घानियों का तेल चाहिए। सूरज उगे, उसके पहले ही सूर्य के सामने चूल्हा बनाकर उस पर कड़ाही रखनी पड़ेगी। कड़ाही के नीचे आग जलाकर उसमें तेल डालकर उसे उबालना पड़ेगा। सूर्य निकले, उसके पहले ही कड़ाही के दोनों कानों (कड़ों) पर पैर जमाकर खड़े हो, धनुष पर तीर चढ़ा, सूर्य के सामने तानकर खड़ा रहना पड़ेगा। जैसे-जैसे सूर्य आकाश के ऊपर चढ़ता जायेगा, वैसे-वैसे तीर का निशाना ऊँचे और ऊँचे ले जाना होगा। मध्याह्न होने पर जब सूर्य ठीक सिर पर आ जायेगा, तब सूर्य के रथ में बैठे भँवरे का प्रतिबि ब कड़ाही के तेल में पड़ेगा। इस योग को साधकर, धनुष पर तीर पूरी तरह खींचकर, सूर्य के रथ में रहने वाले भँवरे को बेधकर तेल में डालना पड़ेगा। यह भँवरा कड़ाही के तेल में गिरकर जब पूरी तरह से तल जायेगा, तभी मेरा जीव जायेगा।

उस समय भँवरे को मारने वाले को भी मूर्च्छा आ जायेगी, और उसकी भी मृत्यु हो जायेगी। यह पराक्रम वही वीर योद्धा कर सकता है, जिसने बारह वर्ष तक ब्रह्मचर्य का पालन किया हो। रानी, अब तू ही बता, तेरे रोने का कोई कारण है?' लक्ष्मण प्रसन्नता से अपनी छाती में मुक्का मारता है, और कहता है—'वाह रे राजा! वाह! तुझे अब दूसरा कौन मार सकता है? अब मेरे पास रोने का कोई कारण नहीं है। अब फिर मेरे सिवा तेरी मृत्यु के रहस्य को जानता भी कौन है? अब मुझे भी भूख लगी है। तू यह भोजन आरोग और मौज कर। अब मैंने अच्छी तरह से धीरज धर लिया है। अब तेरी चिन्ता करने का कोई कारण नहीं है।' लक्ष्मण 'धड़-धड़' बादल-महल उतरता है और जाते-जाते रावण के महल के कँगूरों को लात मारता जाता है, जिससे रावण के महल के कँगूरे काँपने लगते हैं। भोजन करते-करते रावण सोचता है कि 'मन्दोदरी के मन में से मेरी मृत्यु का भय निकल गया है, इसी आनन्द में वह पैर पटकती और छन-छन-छन करती हुई जा रही है।'

लक्ष्मण रस्ते-रस्ते लंका की सीमा की ओर आ रहा है। रावण की मृत्यु का भेद पाकर आते हुए उसके मन में आनन्द बहुत ज्यादा बढ़ गया है। इसलिए तेज गति से चलने के कारण उसके पैर जमीन को थोड़ा ही छू पा रहे हैं। छावनी में आकर मन्दोदरी के आभूषणों को एक-एक करके उतार देता है, और मन-ही-मन खुश होता हुआ सोचता है कि 'रावण के बच्चे! अब तू इस वीर (मरद) का तमाशा देख।'

रावण राजा के भोजन का समय होता है और मन्दोदरी रानी बड़े थाल में बत्तीस-तैंतीस प्रकार के भोजन सजाती है। वह सोलह शृंगार सजती है और हाथ में बड़ा थाल लेकर छन-छन-छन करती हुई रावण के बादल-महल चढ़ती है। पूर्व देश की हवा बह रही है और वह यौवन के भार से फटी जा रही है। वह रावण के सामने आती है और उसे भोजन देती है। रावण मन्दोदरी से कहता है—'रानी, पागल हो गयी है या बावरी? तू दो बार भोजन लेकर क्यों आयी?' अब रानी ठगी-सी ख भा बनकर खड़ी हो जाती है और रावण से कहती है—'मैं आज पहली बार ही भोजन लेकर आयी हूँ और रोज के समय ही आयी हूँ। मुझे तो लगता है कि तू पागल हो गया है।' 'अभी थोड़ी देर पहले ही तो तू मुझे जिमाकर गयी है और फिर से बड़ा थाल लेकर आ पहुँची है?' रावण की बात सुनकर मन्दोदरी सोच में पड़ जाती है और फिर कहती है—'हमारी सीमा में राम के दल ने पड़ाव डाला है। उनमें सत्वादी लक्ष्मण कुशल योद्धा है। वह युद्ध में जीतने के लिए भाँति-भाँति के करतब कर सकता है। राजा, वह यहाँ आकर कोई भेद तो नहीं ले गया?' रावण कहता है—'लक्ष्मण आया होता, तो कपड़ों का तो पता चलता ना? तेरे ही कपड़े थे। वही सोने के तारवाली चुनरी, वही तेरा लहँगा और वही काँचली (चोली)। फिर कपड़े तूने दिये हों तो तू जाने!' मन्दोदरी कहती है—'मेरे कपड़े तो मेरे पास ही हैं। बैरी के पास कहाँ से आये?' रावण कहता है—'रानी स्वयं मेरे द्वारा बड़े प्रेम से तेरे लिए खरीदे गये कपड़ों को क्या मैं नहीं पहचान सकता हूँ?' मन्दोदरी रावण को विश्वास दिलाती हुई कहती है— 'राजा! तू चाहे जो कहे, पर मैं सौगन्ध खाकर कहती हूँ कि आज मैं पहली बार ही आयी हूँ।' मन्दोदरी के साथ हुई बातचीत से रावण के मन में लक्ष्मण की कपट-लीला का चित्र स्पष्ट होता है। सदमे के कारण वह पलँग में औंधा लुढ़क जाता है। वह सोचता है—'हाय रे! मैंने खुद ने दुश्मन को 'परमोद' (भेद) दे दिया।'

अहंकार की मौत (मूआ अेंकार झी) : रावण-वध

रावण की मृत्यु का भेद जानकर बहुत ही खुश लक्ष्मण राम की छावनी में जाता है और रावण की मृत्यु का भेद जानने की घटना को विस्तार से सुनाता है। फिर वह कहता है—'हमें इसी वक्त बारह घानी के तेल और लोहे की एक कड़ाही की जरूरत पड़ेगी। हमें प्रात:काल में उगते सूर्य को साधना होगा।' लक्ष्मण राम को शान्ति से बैठे हुए देखकर सोचता है—

'राम तो ऋषि जैसे हैं। उनसे कुछ नहीं होगा। ये चीजें भी मुझे ही जुटानी होंगी।' लक्ष्मण रस्ते-रस्ते तेली के बाजार में आता है और एक तेली से कहता है—'बीरा, तू जो माँगे वह कीमत दूँगा। मुझे इसी समय बारह घानी का तेल चाहिए।' तेली कहता है—'मुँहमाँगी कीमत मिलती हो, तो बारह तो क्या चौबीस घानी का तेल दे सकता हूँ।' लक्ष्मण तेली को कीमत चुकाता है और बदले में तेली तेल देता है। वहाँ से लक्ष्मण रस्ते-रस्ते लुहार के घर आता है और उसे दाम चुकाकर एक बड़ी कड़ाही लेता है। वह सारी चीजें लेकर सैनिकों के दल में आता है और राम से कहता है—'भाई, तू न तो चलता है और न ही चलने ही देता है। दिन निकलने से पहले तो कड़ाही के नीचे सुलगाने के लिए लकड़ियाँ चाहिए। हमारा काम पूरा नहीं हुआ और दिन निकल आया, तो हमारी सारी मेहनत पर पानी फिर जायेगा।' लक्ष्मण की बात सुनकर राम सेना को आदेश देते हैं और राम का सैनिक-दल लकड़ियाँ इकट्ठी करके बड़ा ढेर लगा देता है।

बारह वर्ष तक ब्रह्मचर्य का पालन करने वाला बत्तीस लक्षणों से युक्त लक्ष्मण धरती पर चूल्हा बनाता है और उस पर कड़ाही रखता है। कड़ाही में तेल डालकर नीचे आग जलाता है। मुर्गों ने अपना स्थान छोड़ दिया है। वृक्ष पर पक्षी चहचहा रहे हैं। पीतवर्णा प्रभात हो गया है और सूर्यदेव निकलने की तैयारी कर रहे हैं। लक्ष्मण कसकर कमर बाँधता है। राम के नाम का स्मरण कर कड़ाही के दोनों कड़ों पर अपने पैर जमाकर स्थिर खड़ा हो जाता है। वह राम से कहता है—'भाई, अब तू मुझे बारह मन का धनुष और तेरह मन का तीर पकड़ा दे।' राम पैर की मदद से धनुष पर प्रत्यंचा चढ़ाते हैं और लक्ष्मण के हाथ में देते हैं। लक्ष्मण धनुष की प्रत्यंचा पर तीर चढ़ाता है। सुहावना सूरज उगा है। लक्ष्मण कड़ाही पर पैर रखकर सूर्य के सामने तीर साधकर खड़ा है। राम का दल इस अनोखे (नवलुं) दृश्य को देखता है और आश्चर्यचकित रह जाता है। धरती का स्वामी सूरज धीरे-धीरे आकाश-मार्ग में जैसे-जैसे ऊपर चढ़ता है, वैसे-वैसे लक्ष्मण तीर के लक्ष्य को ऊँचे और ऊँचे ले जाता है। आठ बजते हैं, नौ बजते हैं, दस और ग्यारह के बाद बारह बजने का समय होता है। कड़ाही के नीचे आग सुलग रही है और कड़ाही में तेल खौल रहा है। पृथ्वी का दीपक सिर पर आने की तैयारी में है और लक्ष्मण के 'धीरज' (सत् की परीक्षा) के क्षण आ गये हैं। नीचे तेल स्थिर हुआ है। मध्याह्न वेला है। सूर्य के रथ में विराजे भँवरे का प्रतिबि ब तेल में पड़ता है। उचित योग जानकर लक्ष्मण बल समेटकर सूर्य के सामने तीर छोड़ता है। तीर अपनी तेज गति के कारण सूर्य की किरणों के बीच से मार्ग बनाता हुआ निकल जाता है। सहस्र किरणें मण्डलाकार में फैल जाती हैं। बीच की जगह से सूर्य के रथ में बैठा हुआ भँवरा साफ-साफ दिखाई देने लगता है। लक्ष्मण तीर से बींधकर भँवरे को नीचे पृथ्वी पर कड़ाही में गिराकर तल देता है, और इसी के साथ रावण के प्राण निकल जाते हैं। तेल में गिरे भँवरे की तेज किरणों से उठी आग के कारण लक्ष्मण के आँखों के रतन बन्द हो जाते हैं। उसे मूर्च्छा आ जाती है और वह ध म से कड़ाही से नीचे धरती पर गिर पड़ता है। रावण का वध हुआ, योद्धा सो गया, अहंकार की मृत्यु हो गयी।

□□

लेखक सम्पर्क सूत्र

1.	**डॉ. भगवानदास पटेल**	:	304, मिथिला, विजया बैंक के ऊपर, जजिझ, बँगला चार रास्ता, बोड़कदेव, अहमदाबाद-15 फ़ोन-079-26871604 मो.-094281-09579
2.	**डॉ. अर्जुनदास केसरी**	:	सचिव, लोकवार्ता शोध संस्थान, सोनभद्र (उ.प्र.)-231216 फ़ोन: 05444-222625
3.	**डॉ. श्रीराम परिहार**	:	आजाद नगर, खण्डवा-450001
4.	**डॉ. पूरन सहगल**	:	मालव संस्कृति केन्द्र, मनासा, मध्य प्रदेश मो.-094240-41310
5.	**डॉ. रोमा चटर्जी**	:	समाजशास्त्र विभाग, दिल्ली स्कूल ऑफ इकोनॉमिक्स, दिल्ली विश्वविद्यालय, दिल्ली-110007 मो.-09810981939
6.	**डॉ. महेन्द्र भानावत**	:	382, श्रीकृष्णपुरा, उदयपुर-310001 मो.-093516-09040
7.	**डॉ. श्रीकृष्ण 'जुगनू'**	:	40, राजश्री कॉलोनी, विनायक नगर, उदयपुर (राजस्थान) मो.-099280-72766
8.	**डॉ. रमानाथ त्रिपाठी**	:	26, वैशाली, पीतमपुरा, दिल्ली-110034
9.	**डॉ. नर्मदा प्रसाद उपाध्याय**	:	85, इन्दिरा गाँधी नगर, आर.टी.ओ. कार्यालय के पास, केसरबाग रोड, इन्दौर-09 (म.प्र.)
10.	**डॉ. मोहन गुप्त**	:	132, महाश्वेता नगर, उज्जैन (म.प्र.) मो.-094071-40010
11.	**डॉ. सेवाराम त्रिपाठी**	:	6, रजनीगन्धा, शिल्पी उपवन, श्रीयुत नगर, अनन्तपुर, रीवा-486002, मो.-094251-85272

12. **डॉ. मुकुल राभा** : कर्मा कुटीर, 37 एन.एच., नजदीक इण्डियन ऑयल पेट्रोल प प, दुधनोल, जिला-गोलपाड़ा-783124 (असम)
मो.-09435843234

13. **डॉ. महेन्द्र कुमार मिश्रा** : स्टेट हैड, आईसीआईसीआई फाउण्डेशन फॉर इनक्लूसिव ग्रोथ, रूम नं. 301, स्टेट काउंसिल ऑफ एजुकेशन रिसर्च एण्ड ट्रेनिंग (एससीईआरटी), बीटीआई ग्राउण्ड, शंकर नगर, रायपुर-492001 (छत्तीसगढ़)
मो.- 08109665051

14. वसन्त निरगुणे : एचआईजी-7, उमा विहार, नया पुरा, कोलार रोड, भोपाल-462042 (म.प्र.)
मो.-09479539358

15. हरिहर वैष्णव : सरगीपाल पारा, कोंडागाँव, बस्तर-490226 (छ.ग.)
मो.-07697174308

आन्ध्र लोक साहित्य में उत्तर रामायण

प्रस्तावना

लोक साहित्य अनंत अनिर्णीत काल का निरंकुर सुषुप्त बीज है। वह अंतहीन, अंतिम रूप हीन, अमलिन, अनुभवों से चिर संचित अलिखित अक्षय भंडार है। साहसी संग्रहकर्ताओं की कलमों की पुकार से अनहद करते हुए वह अतल से पृथ्वी की अंधपरतों को छेदते हुए प्रस्फुटित होनेवाला बीजांकुर है। हाल ही में समाज में अपने लिए एक विशिष्ट स्थान बनानेवाला लोक साहित्य प्रवर्धमान चिरपरिवर्तनशील व चिरनवीन है। लोक साहित्य एक जाति विशेष की सभ्यता-संस्कृतियों को अपने में समेट कर आनेवाली पीढ़ी को पहुँचानेवाली अनर्घ अमूल्य निधि है। सुख-दुखों के द्वन्द्व से बने मानवेतिहास को समरस भाव से निधड़क उच्चस्वर में उद्गीत करनेवाला लोक साहित्य कई युगों तक जनता के आश्रय से वंचित रहा है। काल प्रवाह में काफी कुछ अपने को न्यौछावर करके भी वह बचे खुचे अपने को बटोर कर बाहर निकलनेवाले सहृदय अन्वेषकों का अंतहीन इंतजार कर रहा है। अनंत काल गर्भ में अपनी असीम शक्ति से वह जनता को अभिभूत करता आ रहा है। फलस्वरूप संग्रहकर्ताओं के सत्प्रयासों से यहाँ-वहाँ यह मोहज्ञवल लोक निर्झरी अपने निराकार को त्याग करके साकार दर्शन दे रही है। जानपदों के कंठ में ही अनवरत बहनेवाली इस चंचल गतिमान लोक-निर्झरी को लुप्त होने से बचाने की दिशा में यह लघु प्रयास अपनी सफलता को देखता है।

भक्त और भगवान को जोड़ने वाली कड़ी भक्ति है। अतिदुर्लभ भगवत प्राप्ति को 'भक्ति' सुलभ बनाती है। भक्ति साहित्य भक्ति-साधना को सुलभ बनाने का सरल साधन है। भक्त-कवि-गायकों ने भक्ति साहित्य को जन प्राचुर्य बनाने उसे गीतों में ढाला है। संगीत और साहित्यों का मधुर संगम भक्ति साहित्य में देखा जा सकता है। भारतीय भाषाओं में बड़ी मात्रा में उपलब्ध होनेवाला भक्ति साहित्य शतप्रतिशत तो न सही उसका अधिक भाग गीतिकाव्य, संकीर्तन, पद कविता, कीर्तन, कृति आदि कई रूपों में गेयता को ही अपना मूल प्रतिपाद्य मानता है। गीतों के रूपों में होने के कारण वह नीरस व शुष्क भक्ति दर्शन को अपने मधुर प्रेम रस में भिगोकर उसे जन रंजक एवं सरस बनाने में अत्यंत सफल हुआ है। द्रविड वेदज्ञ नालाइरा दिव्यप्रबंधकर्ता आलवार भक्तों से लेकर अन्नमाचार्य, क्षेत्रय्या, त्यागराजु, रामदासु, पुरंदरदासु, सूरदास, मीराबाई जैसे महान भक्त कवियों ने जन बाहुल्य को सम्मोहित करने के लिए इसी गीतितत्व को अपनाया था। शास्त्रबद्ध सांप्रदायिक संगीत व साहित्य से अलग होने पर भी लोक गीत भी भक्ति साहित्य के इसी 'संकीर्तन' स्वभाव से जुड़ी हुई लोक प्रक्रिया है।

संगीत के रागों के आरोहण अवरोहण नियमादि से अनभिज्ञ होने पर भी जानपदों के सुरीले कंठों से उच्च स्वर में गूँजनेवाले लोकगीत भक्तों के हृदय स्पर्श करके उन्हें ईश्वरोन्मुख बना देते हैं। लोक गीत भाषा-दर्शन-वेदांत की जटिलता से दूर सर्वसुलभ अनुभाव सार है। साधारण से साधारण लोगों में भगवान के प्रति अपार प्रेम और श्रद्धा भक्ति संचित हुई पायी जाती है। जानपदों की भक्ति सहज, सरल, निर्मल, निराडंबर व अकृत्रिम है। सीधे-सादे, भावुक

व्यक्तित्व संपन्न जानपदों को भक्ति साहित्य की शीर्षस्थ उपलब्धियों व पौराणिक कथाओं में भी वे प्रसंग और घटनाएँ ही ज्यादा मार्मिक लगती हैं जिनमें दुष्टों के हाथों में सन्मार्गी संत लोग सताये गये हों। इस कोटि के प्रसंगों से भरी रामायण कथा इसलिए उनको अत्यंत प्रिय लगती है। रामायण कथा में भी जानपदों के हृदयों को जीतनेवाला व सम्मोहित करनेवाला गुण राम की धीरोधात्तता की अपेक्षा सब की आँखों से आँसू बहा सकने वाली लवकुश के दुष्कर व असहनीय वनवास जीवन के अनुभवों में ज्यादा रमता है। इसलिए जन साधारण को भी रसार्थ व तन्मय करनेवाली उत्तर रामायण की कथा उनके लिए अत्यंत लुभावनी बन पड़ी है। इसका साक्ष्य प्रमाण यही है कि लोक गीत गायन से अल्प परिचित लोग भी सर्वप्रथम उत्तर रामायण अंश से जुड़े गीतों को बड़े चाव से गाते हैं। अपने अनुपम आदत-स्वभाव-संस्कारों के अनुरूप 'हरि अनन्त हरि कथा अनन्ता' आर्योक्ति को चरितार्थ करनेवाले अनेक अनोखे प्रसंगों को इस उत्तर रामायण में उन्होंने जोड़ा भी है।

जानपदों की उस अमूल्य अक्षय निधि से एक लंबे कथा गीत को चुनकर इस पुस्तक के परिशिष्ट भाग में संचित किया गया है। उत्तर रामायण का यह लंबा लोक कथा गीत आंध्र प्रदेश के कर्नूल जिले में नंद्याल शहर व उसके परिसर में अत्यंत प्रचलित है। इस कथागीत के छोटे-छोटे अंशों को घर में और घर बाहर काम धंधे निपटाते हुए विविध संदर्भों में गाने पर भी कथा गीत के रूप में आराम और फुरसत के समय ही गाते हैं। घरेलू वातावरण में खासकर शिवरात्रि, वैकुंठ एकादशी जैसे पर्व दिनों में स्त्रियों को एकजुट होकर इस कथा गीत को गाते व सुनते तादाम्य होते देखा जाता है। तीज-त्योहारों के दिनों में रात-जागरण करते स्त्रियाँ समय काटने तथा पुण्य कमाने के साधन के रूप में इसे गाया करती हैं। इसके अतिरिक्त इस कथा गीत के कुछ अंशों को खेत में काम करते समय व घर में बच्चों को सुलाने के लिए लोरी गीतों के रूपों में भी गाते हैं। आज मानव जीवन जितनी तेजी से विकसित हो रहा है उतनी ही तेजी से नये-नये जीवनोपयोगी उपकरणों का आविष्कार हो रहा है। उनका जीवन पर प्रभाव अनिवार्य है। तीज-त्योहारों के दिनों में रात-जागरण करते इन कथा गीतों के श्रवण-पाठन की जगह आज दूरदर्शन, सिनेमा आदि कई नये-नये मनोरंजन व दूरसंचार के साधन उपलब्ध हो गये हैं। इस प्रकार की जटिलावस्था में निर्वासन के निकट पहुँचने पर अनेक अविरल प्रयासों के बाद प्राप्त क्षेत्र विशेष की संस्कृति को अपने में समाहित करनेवाले लोकगीत रूपी इस राष्ट्रीय लोक संपदा को आगे आनेवाली पीढ़ी के लिए सुरक्षित रखना अत्यंत आवश्यक है। इसी श्रम साध्य दिशा में यह लघु प्रयास अपनी उपलब्धि को देखता है।

आंध्र संस्कृति को परावर्तित करनेवाले इस कथागीत को व्यापक परिप्रेक्ष्य में पहचानने और परखने हेतु, एतदद्वारा हिंदी भाषी व हिंदी प्रेमी बन्धुओं को आध्र लोक रामायण से अवगत कराने हेतु मैंने प्रस्तुत तेलुगु उत्तर रामायण का नागरी लिप्यंतरण तथा हिंदी अनुवाद किया है। इसके साथ साथ 'परिशिष्ट में संगृहीत उत्तर रामायण का कथा वैभव' प्रकरण में लिप्यंतरित एवं अनूदित इस कथागीत का सारांश व वस्तुगत बोध कराने का विपुल प्रयास भी किया है। इसके अतिरिक्त समीक्षा के दौरान उदाहरण के रूप में प्रस्तुत सभी लोक गीतों का नागरी में लिप्यंतरण किया है। लिप्यंतरित इन उदाहरणों के नीचे उनका सरल गद्यानुवाद भी प्रस्तुत किया है।

परिशिष्ट में संगृहीत उत्तर रामायण के इस लंबे कथागीत के साथ-साथ आंध्र लोक रामायण व लोक कथागीतों पर प्रकाश डालने के लिए आठ प्रकरणों में कुछ मुख्य-विषयं की चर्चा की गयी है। लोक साहित्य की विशेषताएँ और उसमें कथागीतों का महत्व, लोक साहित्य और भक्ति साहित्य का आपसी संबंध, आंध्र लोक साहित्य में रामायण-महाभारत कथाओं का चित्रण, अब तक हुए आंध्र लोक रामायणों के संग्रह कार्यों का सर्वेक्षण, आंध्र लोक रामायण

और उनका स्वरूप, आंध्र लोक रामायणों में अनोखे ढंग से चित्रित अवाल्मीकीय अंश, आंध्र लोक साहित्य में उत्तर रामायण की विशिष्टता, परिशिष्ट में संगृहीत उत्तर रामायण का कथा वैभव आदि विषय क्रम से इन आगे के प्रकरणों में चर्चित हैं।

अशिक्षित होते हुए भी मेरी शिक्षा-दीक्षा की मूल प्रेरणा बनी मेरी माताजी के प्रेम-सहयोग से ही इस कथा गीत को लिपिबद्ध करना मेरे लिए परम सौभाग्य की बात है। इस लघु प्रयास की प्रेरणा, प्रोत्साहन आदि सभी उन्हीं की देन है। मेरे श्रद्धा-सुमन व कृतज्ञतांजली की आदिवरणीया वे ही हैं। इस लघु प्रयास में अपने अमूल्य गीतों के द्वारा मुझे प्रत्यक्ष व परोक्ष रूप से सहायता पहुँचानेवाले उन सभी लेखकों और मित्रों का भी मैं अत्यंत आभारी हूँ।

यह प्रयास हिंदी में तेलुगु लोक साहित्य संबंधी पुस्तकों के अभाव को कम करने में अपनी सफलता देखेगा। आशा है कि सहृदय लोक साहित्य प्रेमी इसका रसास्वादन करके इस लघु प्रयास को सस्नेह अपनायेंगे।

प्रो. आई.एन. चन्द्रशेखर रेड्डी
एमिरिटस प्रोफेसर, हिन्दी विभाग,
श्रीवेंकटेश्वर विश्वविद्यालय,
तिरुपति

लोक साहित्य : कथा गीत

जीवन के उतार-चढ़ाव किंवा सुख-दुखों से नित्य जूझते हुए उनसे प्रतिस्पंदित होकर प्रतिक्रियात्मक अभिव्यक्ति करने की सृजनात्मक क्षमता मात्र मनुष्य में है। मनुष्य को अन्य प्राणियों से अलग महत्व प्रदान करनेवाले मूलभूत तत्व भी विचारसंप्रेषण शक्ति व अभिव्यक्ति की वैचारिक शक्ति ही है। ईश्वर ने अन्य जीवजंतुओं से अलग यह बहुमूल्य शक्ति व संपत्ति केवल आदमी को ही प्रदान की है। ईश्वर प्रदत्त इस अनुपम शक्ति के द्वारा अपने जीवन को सतत सुखमय बनाने के सत्प्रयासों ने मानव सभ्यता और संस्कृति का शिलान्यास किया है। भाषा वैज्ञानिकों का यह विचार है कि आदमी अनेक युगों तक भगवत्कृपा से प्राप्त अपनी इस विचार संप्रेषण व विचार-विनिमय शक्ति का उपयोग मौखिक ही करता रहा। कई सालों के बाद इस शक्ति के साथ अपनी बुद्धि व जीवन से प्राप्त अनुभूति सत्य के बल पर उसे और विकसित करके एक नया, स्थिर व शाश्वत रूप प्रदान करने के मोह ने लिपि का जन्म दिया। इससे स्पष्ट ध्वनित होता है कि भावनाओं के संप्रेषण की अपेक्षा उन्हें लिपिबद्ध करने की घटना अर्वाचीन है।

भारतीयों के सबसे प्राचीनतम भाव-ज्ञान उद्धार वेद वाङ्मय ही हैं। प्रारंभ में वेद लिपिबद्ध नहीं थे। वे अनुश्रुत ग्रंथों के रूप में अनेक युगों तक जनता के कंठ में ही वास किया करते थे। यह बड़ी विलक्षण प्रतिभा का परिणाम है कि भाषा के जटिल नियमों के बगैर वेद अनेक युगों तक जनता की जीभ पर ही सुरक्षित रहे। ध्वनि, शब्द, वाक्य आदि भाषिक इकाइयों को अपरिवर्तनीय रखने के लिए उनकी कठोर-निष्ठा, श्रद्धा-भक्ति सर्वथा सराहनीय है। लिपि के आविष्कार के साथ अपनी भावनाओं को स्थाई रूप प्रदान करने के लिए आदमी के स्वार्थ ने अपनी असीम अभिव्यक्ति की गरिमा को सीमाबद्ध किया है। क्योंकि आज भी आदमी न तो अपनी संपूर्ण भावनाओं को भाषा के द्वारा अभिव्यक्त करने में समर्थ है न ही अभिव्यक्त भावनाओं को पूर्ण रूप से लिपिबद्ध करने में। अतः भाषा व लिपि के कारण आदमी की भावाभिव्यंजना की सीमाएँ निश्चित हो गयी हैं। पंडितों के द्वारा लिखित शिष्ट साहित्य भाषा-लिपि की इन शृंखलाओं से जकड़ने पर भी लोक साहित्य उनसे परे आदमी के भाव-विचारों के सहज संप्रेषण का अक्षय भंडार रहा है। इसलिए लोक साहित्य की शक्ति असीम है। अपनी भाव-सुगंध अजस्र गति से सर्वत्र बिखेर कर सब को समान रूप से प्रभावित करने में वह अत्यंत सक्षम है। आदमी के सुख-दुखों से जुड़े रहने के कारण वह चिरंतन है और चिरनवीन भी है। वह मनुष्य जीवन के अनुकूल चिर संचित जाति विशेष की अक्षय-कला-निधि है।

लिपिबद्ध प्राचीनतम ज्ञान-स्रोत भंडार वेद विषय-विश्लेषण की जटिलता के कारण सर्वग्राह्य नहीं रहे। अध्ययन-विश्लेषण की अनुकरण की जटिलता के कारण वेद जन सुलभ नहीं बन पाये हैं। वेदों के बाद वेदों की तरह ज्ञान-विज्ञान के अन्यतम स्रोत रामायण, महाभारत, महाभागवत आदि पौराणिक ग्रंथ लिपिबद्ध हुए हैं। वेदों की तुलना में ये पौराणिक महाकाव्य अध्ययन-विश्लेषण-आस्वादन की दृष्टि से सरल होने के कारण जन सुलभ व लोकप्रिय हुए हैं।

युगानुरूप, जीवन के सापेक्ष्य में लिखे गये पंडितों के ये शिष्ट पौराणिक महाकाव्य आदर्शों के बंधनों में जकडने के कारण कुछ सीमा तक कृत्रिम ही हुए हैं। लेकिन नियम व कृत्रिम संस्कारों से परहेज रखनेवाले जानपद के इन पौराणिक कथाओं को भी अपनी इच्छा और अनुभवों के अनुकूल बदल लिया है। उनकी रसास्वादन व जीवन दृष्टि हमेशा सहज एवं अनोखी होती है। पौराणिक कथाओं में जहाँ जहाँ कठिन, जटिल व कृत्रिम प्रसंग हैं वहाँ उन्होंने अपने स्वभाव एवं संस्कारों के अनुरूप उन्हें बदल लिया है। इसलिए इन लोक कवियों के द्वारा लिखित रामायण, महाभारत, महाभागवत आदि पौराणिक कथाएँ पंडितों के द्वारा लिखित रचनाओं से भिन्न अनेक विचित्र एवं विलक्षण प्रसंगों एवं घटनाओं से ओतप्रोत दिखाई पड़ती हैं। यह हमेशा मतभेद का विषय रहा है कि पौराणिक कथा लेखन में लोक कवि पंडितों से प्रभावित हुए हैं या पंडितों ने लोक कवियों से प्रभावित होकर इनका अनुकरण किया है। लोक साहित्य पर काम करनेवाले अधिकांश विद्वानों ने इन दोनों को परस्पराश्रित माना है। इस संदर्भ में प्रसिद्ध लोक साहित्यविद् डॉ. त्रिलोचन पांडेय जी के निम्न विचार उल्लेखनीय हैं–'लोक वार्ता और साहित्य के संबंध अन्योन्याश्रित हैं। यदि साहित्य के रचयिता अपनी रचना प्रणाली में विभिन्न लोक तत्वों का प्रत्यक्ष या परोक्ष रूप से समावेश करते हैं तो साहित्य भी लोकवार्ता को प्रभावित करता है। साहित्य के विविध रूप जिन जातीय विशेषताओं पर प्रतिष्ठित हैं वे विशेषताएँ लोक समुदाय के जीवन से संबंध रखती हैं। प्रत्येक देश का आदिकालीन साहित्य मुख्यतया लोकतात्विक ही होता है और कालांतर में ये लोक तत्व उसमें स्थायी रूप से विद्यमान रहते हैं। जब कभी साहित्यकार जनता के अत्यधिक निकट पहुँचना चाहता है तो वह सर्वप्रथम जनता की लोकवार्ता से संपर्क स्थापित करता है।'[1] जो भी हो लोक कवियों के द्वारा रचित पौराणिक काव्यों में पंडितों की रचनाओं में अनुपलब्ध अनेक विचित्र मोड़, चमत्कारी घटनाएँ एवं विलक्षण प्रसंग दिखाई पड़ते हैं। इसलिए रसास्वादन में रोचकता, नवीनता, और विलक्षणता की अपेक्षा करनेवाली आम जनता के लिए लोक रामायण, महाभारत, भागवत आदि पौराणिक काव्य अत्यंत प्रिय हुए हैं।

जो स्थान शिष्ट साहित्य में पद-कविता व गीति काव्य के लिए दिया जाता है। वही स्थान व उससे बढ़कर पद लोक साहित्य में लोक गीतों को दिया जाता है। वैसे लोक साहित्य में लोक गीतों की अत्यंत महत्वपूर्ण शाखा मानी जाती है। गीतितत्व अतिप्राचीन है। आदमी के हृदय को अतिनिकटता से स्पर्श करके उसे आह्लाद पहुँचाने की शक्ति गीतितत्व में मौजूद है। आदमी के मन को सबसे ज्यादा प्रभावित करने का सुलभ साधन भी गीति तत्व ही है। गीति तत्व से आकर्षित होना आदमी की आदिम वृत्ति है। भावनाओं और विचारों की वाचिक भाषा में इसी गीति तत्व के कारण ही वाचक शक्ति किंवा उसकी संप्रेषण-शक्ति में वृद्धि होती है। गीति तत्व के इस महत्व को स्वीकारते हुए भाषा-वैज्ञानिक किंवा भाषा-शास्त्रियों ने भाषा की उत्पत्ति तक को गीति तत्व के साथ (सिंगिंग स्पिरिट) जोड़ दिया है। प्रसिद्ध तेलुगु आलोचक विद्वान श्री राल्लपल्लि अनंत कृष्ण शर्मा के अनुसार आदिम मानव ने अपने चारों तरफ के चित्र विविध मन भावनेवाली रमणीय प्रकृति के दर्शन से पुलकित होकर नृत्य करते हुए अपनी भावनाओं को संगीत के माध्यम से व्यक्त करने का जो प्रयत्न किया था। वही कविता के जन्म की आधारशिला बनी। खेल-खेल में गाने के कारण उसका नाम 'क्रीड़ागीत' व नृत्यगीत रखा गया। इसलिए यह मानना उचित होगा कि गेय पद और पद्य कविताओं में गेयपद ही प्राचीनतम है। फिर गेयपद कविता से पद्यकविता का जन्म हुआ है। आदमी की आदिम वृत्ति से जुड़े हुए इस गीतितत्व को लोक साहित्य में भी उच्चतम स्थान दिया जाता है। गीति तत्व के समूचे लक्षणों को संतुष्ट कर सकनेवाले लोकगीत लोकवार्ता में सबसे उच्चतम स्थान के अधिकारी हैं। तेलुगु लोकवार्ता में ये लोक गीत न केवल बड़ी मात्रा में उपलब्ध होते हैं बल्कि तेलुगु प्रदेश की चारों दिशाओं में अत्यधिक लोकप्रिय भी हुए हैं।

गीत में संगीत और साहित्य दोनों का समान महत्व रहता है। संगीत के बगैर साहित्य अपने पूर्णत्व को प्राप्त नहीं कर सकता है। इन दोनों क्षेत्रों में पुरुषों का योगदान ही ज्यादा है। इसलिए संगीत और साहित्य आदि ललित कलाओं में स्त्रियों की अपेक्षा पुरुषों को ही आदि स्थान दिया जाता है। जब कि लोक साहित्य में इन दोनों में आधिकारिक स्थान स्त्रियों का है। संगीत और साहित्य से सम्मिलित लोक गीतों को गाते हुए प्रायः हम स्त्रियों को ही ज्यादा देखते हैं। मानना पड़ेगा कि लोक गीतों से स्त्रियों का अटूट संबंध है। इसलिए तेलुगु लोक साहित्य में स्त्री गीतों को ही एक महत्वपूर्ण स्थान दिया जाता है। स्त्रियों के सुमधुर, कोमल, मनोहर कंठ से विविध संदर्भों में गाये जानेवाले गीत सहृदयों में भावोद्वेग पैदा करने में अत्यंत सक्षम हैं। आंध्र प्रांत की स्त्रियाँ प्रातः उठने से लेकर रात को घरेलू कामों से निपटकर सोने तक उठते-बैठते, खाते-पीते, अनेक प्रकार के लोक गीत गाती हैं। वे प्रायः काम करते गीतों को व गीतों में खोकर घरेलू कामों से निपटती हैं। लोरी गीत, धान कूटन के गीत, सयानी गीत, जांतगीत, रोपन सोहनी के गीत आदि इसी प्रकार विविध संदर्भों में स्त्रियों के द्वारा गाये जानेवाले लोक गीत हैं।

लोक साहित्य वर्ग वैषम्य भाव से कोसों दूर रहनेवाला है। अमीर से अमीर गरीब से गरीब इनके गाने के अधिकारी हैं। इतना ही नहीं लोक साहित्य समाज के सभी वर्गों की जनता को समान रूप से प्रभावित करके उनमें मानसिक उल्लास पैदा कर सकनेवाला सशक्त साधन भी है। इतनी बड़ी अनोखी क्षमता शक्ति शायद ही हम अन्यत्र देख सकते हैं। अध्ययन विश्लेषण की सुविधा के लिए विषय और संदर्भ के आधार पर स्त्रियों के द्वारा गाये जानेवाले लोकगीतों का अनेक वर्गों में वर्गीकरण किया जा सकता है। स्थूलतः स्त्रियों के गीतों को दो वर्गों में रखा जाता है।

1. आभिजात्य वर्गीय स्त्रियों के गीत व सांप्रदायिक स्त्रियों के गीत।

2. जानपदीय स्त्रियों के गीत व श्रमिक स्त्रियों के गीत।

भाषा संबंधी अंतर ही इन दोनों का सबसे बड़ा आधार बिंदु है। सांप्रदायिक स्त्रियों के गीतों की भाषा परिमार्जित, शुद्ध और शिष्ट होती है। तो श्रमिक स्त्रियों के गीतों की भाषा बोली विशेष, व्यावहारिक जनांचलिक होती है। तेलुगु में स्त्रियों के गीतों पर विशेष कार्य करनेवाले प्रसिद्ध लोक साहित्य विद् डॉ. जी.यस. मोहन जी ने स्त्रियों के गीतों का एक वर्गीकरण प्रस्तुत किया है। वह निम्नांकित है—

इन दोनों वर्गों की स्त्रियों के गीतों में वस्तुपरक व विषयपरक अंतर ज्यादा दिखाई नहीं पड़ता है। परन्तु उनके स्वरूप और आकार में थोड़ा सा अंतर अवश्य दिखाई पड़ता है। आभिजात्य वर्ग की स्त्रियाँ घरेलू वातावरण में आराम करते समय या फुरसत के समय गानेवाले गीत, कामकाजी श्रमिक स्त्रियों के गीतों की तुलना में अधिक लंबे होते हैं। कामकाजी स्त्रियाँ घर बाहर अनेक प्रकार के काम-धंधे निपटाते हुए गानेवाले गीत आकार में लघु होते हैं।

प्रस्तुत अध्ययन का विषय रामकथा से ही संबंध रखने के कारण पौराणिक गाथाओं से संबंधित वर्ग का विस्तृत वर्गीकरण प्रस्तुत करना उचित होगा। लोक साहित्य में उपलब्ध होनेवाली रामायण मुख्यतः स्त्रियों के कथात्मक लंबे गीतों से संबंध रखती हैं। वे मुख्यतया तीन प्रकार के हैं। 1. स्त्रियों के कथा गीत 2. व्रत कथाओं से संबंधित स्त्रियों के गीत 3. श्रमिक स्त्रियों के कथा गीत। फिर स्त्रियों के कथा गीत चार प्रकार के हैं। 1. रामायण संबंधी 2. महाभारत संबंधी 3. महाभागवत संबंधी 4. अन्य। तेलुगु में उपलब्ध लोक रामायण (तेलुगु में इन्हें जानपद रामायणालु कहा जाता है) स्त्रियों के कथा गीतों के रामायण वर्ग से संबंध रखती हैं। इनके साथ-साथ श्रमिक स्त्रियों के कथा गीतों में पौराणिक कथाओं से संबंधित वर्ग के गीतों में भी रामकथा से संबद्ध लंबे गीत दिखाई पड़ते हैं। उदा. रोपन के गीत, सोहनी के गीत आदि।

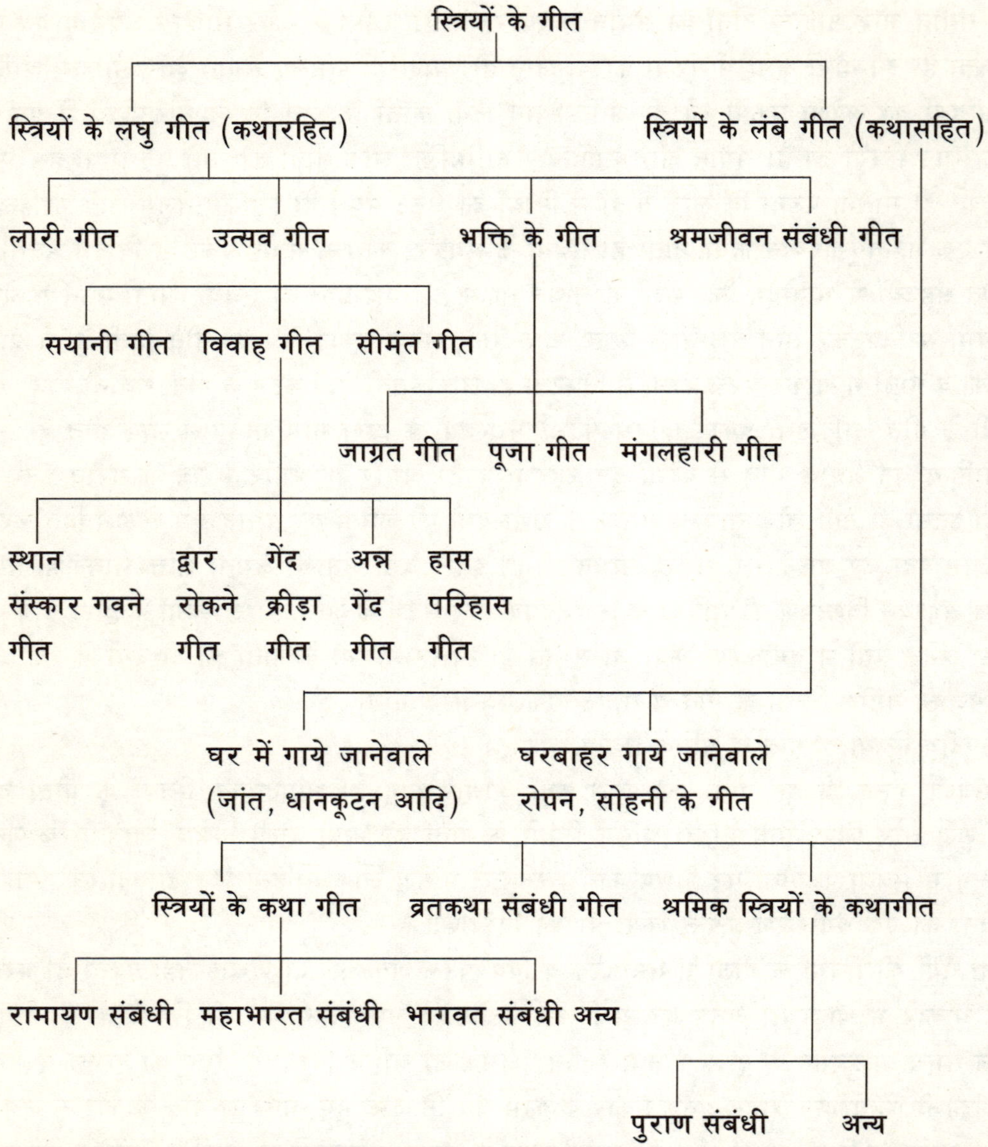

आंध्र लोक साहित्य में महाभारत की तुलना में रामायण का ही अधिक महत्व है। इसके पक्ष में कई तर्क दिये जा सकते हैं। सबसे प्रबल तर्क यह है कि आंध्र के लोक गीतों में स्त्रियों के गीतों की संख्या ही ज्यादा है। स्त्रियों के मनोनुकूल और उनके हृदयों को द्रवीभूत कर सकनेवाले प्रसंग व घटनाएँ महाभारत की तुलना में रामायण में ही अधिक मात्रा में मौजूद हैं। इससे बढ़कर स्त्रियाँ रामायण की 'सीता' के साथ जो तादात्म्य व आत्मानुभूति भावना प्राप्त करती हैं वह अन्य पौराणिक नारी पात्रों के साथ नहीं। इसलिए तेलुगु लोक साहित्य में रामकथा को एक अतुलनीय किंवा अप्रतिम स्थान प्राप्त हुआ है। तीज-त्योहारों के दिनों में रात को जागती हुई आंध्र की स्त्रियाँ लंबे लंबे कथात्मक पौराणिक गीतों को गाना सर्व साधारण है। इन गीतों के अंत में फलश्रुति को देखने से यही स्पष्ट होता है कि ये गीत स्त्रियाँ फुरसत के समय समय काटने व भगवन्नाम स्मरण से पुण्य कमाने के लिए गाती हैं। लंबे-लंबे

इन कथात्मक गीतों के लेखकों का सप्रामाणिक स्पष्ट व निश्चित पता नहीं प्राप्त कर सकने पर भी गाने वाले संदर्भ और उनकी उपयोगिता को देखते हुए यह मानना उचित होगा कि वे स्त्रियों का ही संचित अक्षय भंडार है। तेलुगु में स्त्रियों के अनेक पौराणिक कथा गीतों के संकलनकर्ता श्रीकृष्णश्री जी के निम्न विचार यहाँ पर उल्लेखनीय हैं। इन कथा गीतों के कृतिकर्ताओं के संदर्भ में उन्होंने लिखा है कि इनके रचयिता अज्ञात हैं। आदि या अंत में नाम संबंधी उद्गार अंकित करने से ही रचयिता का पता चल सकता है? इस रूप में कहने की अपेक्षा कि इस प्रकार के उद्गार कालांतर में लुप्त हो गये हैं, शुरू से ही नहीं थे कहना ज्यादा उचित होगा। आज तक लेखकों के नाम से कम से कम चार-पाँच रचनाएँ भी पंजीकृत नहीं हुई हैं। शायद पुरुष प्रधान समाज में स्त्रियों ने पुरुषों के सामने अपने नाम प्रकट करके उनको ललकारना उचित नहीं माना होगा। प्रसिद्ध संकीर्तनाचार्य ताल्लपाक अन्नमय्या की पत्नी ने यदि अपना नाम (सुभद्रा कल्याणमु की कवयित्री) प्रकट भी किया है तो उन महान संकीर्तनाचार्य की छत्रछाया में ही कर सकी हैं। इन गीतों की भाषा, शैली, छंद, रस आदि का सूक्ष्म विश्लेषण करने से पता चलता है कि उनके रचयिता पुरुष की अपेक्षा स्त्री होने की अधिक संभावनाएँ दिखाई पड़ती हैं।

इसके अतिरिक्त गीतों में वर्णित घेरलू वातावरण, सरस संवाद, स्त्रियोचित फलश्रुतियाँ, औचित्य को भी नकारते हुए दिखाई पड़नेवाली नारी पक्षधरता आदि को देखते हुए ये गीत स्त्रियों के ही मानना उचित लगता है। इन गीतों में श्रीराम में धीरोदात्त नायक के लक्षणों की परिपुष्टि की जगह सर्वत्र सीता के शील स्वभाव और पातिव्रत्य का ही कीर्तन हुआ है।[2] स्पष्ट है कि सुदूर इतिहास में क्या हुआ है यह कह पाना आज संभव नहीं है। इसलिए निश्चित रूप से कुछ कहना भी असंगत ही होगा। लेकिन आज उपलब्ध अधिकांश गीतों को गानेवाली स्त्रियाँ ही ज्यादा होने के कारण इनको उन्हीं के नाम से स्वीकारना अथवा उन्हीं को लेखक बनाना उचित होगा।

तेलुगु में उपलब्ध लोक रामायणों का काल निर्णय भी अस्पष्ट किंवा अनिर्णीत है। इस अस्पष्टता के बावजूद भी इस पर थोड़ा सा प्रकाश डालना उचित ही होगा। यह सर्व स्वीकृत विषय रहा है कि लोक वाङ्मय सभ्यता-संस्कृति के सापेक्ष्य जाति-विशेष की प्राचीनतम उपलब्धि है। तेलुगु में आदि कवि नन्नया से पहले ही लोकगीत आंध्र प्रांत में प्रचलित थे। नन्नया के बाद नन्नेचोडुडु, पालकुरिकि सोमनाथुडु जैसे तेलुगु कवियों ने अपने काव्यों में लोक तत्व का यथेष्ट उपयोग किया है। वीर शैव साहित्य ने सबसे ज्यादा लोक तत्व पद्धति को अपना लिया है। ध्यान देने की बात यह है कि इन सभी में छोटे छोटे लोक गीतों का ही अनुसरण पाया जाता है। इस समय तक लंबे गीतों के प्रचलन का कोई आधार नहीं मिलता है। श्रीकृष्ण जी के अनुसार स्त्रियों का सर्वप्रथम लंबा कथा गीत श्रीमती तिम्मक्का का 'सुभद्रा कल्याणमु' ही है। जो सन 1470 में लिखा गया था। इसलिए लंबे-लंबे कथागीत ई. 15वीं सदी के बाद ही जन मध्य में प्रचलित हुए होंगे। स्त्रियों के कथागीतों का काल निर्णय प्रस्तुत करते हुए श्रीकृष्णश्री जी ने एक महत्वपूर्ण आधार का उल्लेख किया है। वह यह है कि सीता के द्वारा 'वामन गुंटलाट' (एक प्रकार का खेल जो इमली के बीजों से काट में छेदों की सहायता से खेला जाता है।) खेल खेलना। 'सीता वामन गुंटलाट' नामक कथा गीत में सीता 'वामन गुंटलाट' खेल खेलती है। यह रचना सर्वप्रथम तमिलनाडु प्रांत में उपलब्ध हुई है। श्रीकृष्णश्री जी का कहना है कि 15वीं सदी तक तमिलनाडु के किसी भी ग्रंथ में इस 'वामन गुंटलाट' का उल्लेख नहीं मिलता है। इसलिए इस बात पर विश्वास प्रबल हो जाता है कि 16वीं सदी में यह तमिलनाडु पहुँची। इस तर्क के आधार पर तेलुगु लोकरामायणों में कुछ 16वीं सदी के बाद की हो जाती हैं। इसलिए यह मानना उचित होगा कि तेलुगु लोक रामायणों ने अधिकांश सन् 15वीं सदी के बाद कभी लिखी गयी होंगी व जन मध्य में प्रचलित हुई होंगी। उसी प्रकार परिशिष्ट में संगृहीत तेलुगु जानपद उत्तर रामायण और भी अर्वाचीन होने की संभावनाएँ हैं।

लोकोन्मुख साधना और भारतीय भक्ति साहित्य

मध्ययुगीन भक्ति चेतना ने संपूर्ण भारत को कन्याकुमारी से काश्मीर तक प्रभावित किया है। भक्ति की इस अमृत धारा ने जाति, प्रांत, भाषागत संकीर्णताओं को दूर करके भारतीयों को अलौकिक साधना की ओर उन्मुख किया था। मूलतः भारतीय साहित्य में दो ऐसी विराट व सम्यक चेतन-धाराएँ दिखाई पड़ती हैं। पहली उन्नीसवीं-बीसवीं सदी में राष्ट्रीय आंदोलन से उत्पन्न चेतना और दूसरी उससे अतिप्राचीन मध्ययुगीन भक्ति-चेतना। फिर इस भक्ति-चेतना के दो प्रमुख उत्थान दृष्टिगोचर होते हैं। पहला उत्थान वैदिक -पौराणिक काल में हुआ था। दूसरा शंकराचार्य के अद्वैतवाद की प्रतिक्रिया स्वरूप हुआ है। भक्ति-चेतना के इस पुनरुत्थान के अंतर्गत अनेक धार्मिक संप्रदायों का उल्लेख मिलता है। प्रभाव के रूप में अनेक विदेशी धर्मों का प्रभाव भी। भक्ति-चेतना का यह दूसरा उत्थान धर्मों के परस्पर संघर्ष काल में हुआ था। भक्ति-चेतना के इन दोनों उत्थानों के पीछे एक ही मूल उद्देश्य रहा है। ईश्वरीय साधना या भक्ति की नयी व्याख्या करना व कालांतर में लोक जीवन में हुए परिवर्तनों के सापेक्ष में भक्ति के लोकग्राह्य स्वरूप को निर्धारित करना था। भक्ति क्षेत्र के भारतीय मनीषी भक्ति की इस 'लोक सुलभ साधना' को निरंतर सुदृढ़ एवं परिष्कृत करते रहे हैं।

भारत एक ऐसी उर्वरक धरती है, जिसमें स्नेह-निष्ठा के जल से भक्ति-बीज के अंकुरित होने के लिए अतिप्राचीन काल से अनुकूल वातावरण था। भारतीय भक्ति का अतिप्राचीनतम रूप वेदों में ही दिखाई पड़ता है। यह भारतीयों की निष्ठा और परम सत्य के प्रति उनके समर्पण का परिचायक है। वेदों की ज्ञान उर्वरक भोगवती से उद्भूत भक्ति एक स्वस्थ वृक्ष के रूप में विकसित हुई है। मनीषियों, दार्शनिकों, कवियों व भक्तों के स्नेह-सिक्त सत्प्रयासों से उसने महावृक्ष का रूप धारण कर लिया है। उन के सत्प्रयासों से भक्ति-साधना के क्षेत्र में अनेक मार्ग व आयाम विकसित हुए हैं। उनमें प्रमुख है- 1. वैचारिक पक्ष 2. साधना पक्ष 3. लोकपक्ष। ये तीनों परस्पर आश्रित होते हुए भी इनका प्रचार व प्रसार अलग अलग ही हुआ है। शुद्धाद्वैत, विशिष्टाद्वैत, द्वैताद्वैत आदि भक्ति दर्शन वैचारिक पक्ष के अंतर्गत आते हैं। साधना पक्ष के अंतर्गत भक्ति-कवियों की संप्रेषणीयता, कवियों की लोक सुलभ साधना आती है। उनकी लोकोन्मुख साधना बाकी पर हावी होती दिखाई पड़ती है। कदाचित उन दोनों को अत्यधिक लोकग्राह्य व सरल संप्रेषित बनाने की दिशा में ही इसका विकास हुआ है।

मानव-सभ्यता के आरंभिक युगों में आदमी की आवश्यकताएँ उसकी आदिम आवश्यकताओं तक ही सीमित रही होंगी। तन ढकने के लिए वस्त्र, क्षुधा-पूर्ति के लिए अन्न, बाह्य वातावरण से बचने के लिए आवास—ये तीन ही आवश्यकताएँ आदमी की आदिम आवश्यकताएँ थीं। इन तीनों को जुटाना या प्राप्त करने का लक्ष्य ही उसके सामने था।

उसकी दैहिक-मानसिक शक्ति इसी लक्ष्य-पूर्ति पर लगी रहती थी। एक प्रकार से उसके जीवित रहने का मतलब भी यही था। इनको जुटाने का काम उसके लिए अपवित्र ही नहीं, अतिमहत्वपूर्ण भी था। धीरे-धीरे उसने अनुभव किया होगा कि ये समस्त वस्तुएँ उसे चारों तरफ की प्रकृति से प्राप्त हो रही हैं। धीरे-धीरे उसमें उस प्रकृति के प्रति जिज्ञासा विकसित होती रही। हवा, बादल, बारिश, जल, आग, पृथ्वी, पेड़-पौधे, पशु आदि प्रकृति के कण-कण के प्रति उसकी जिज्ञासा बढ़ती गयी। उसने अनुभव किया होगा कि इन पर उनका कोई नियंत्रण या अधिकार नहीं है। इतना ही नहीं, प्रकृति उसकी मुक्त-उदार सहायिका है। इन सारी वस्तुओं की आपूर्ति कराती हुई भी बदले में वह उससे कुछ नहीं लेती है। प्रकृति के इस मुक्त दान से मानव द्रवीभूत हुआ होगा। जिससे धीरे-धीरे उसके प्रति श्रद्धा और निष्ठा विकसित होती गयी। कदाचित यही कारण है कि संचित ज्ञान के प्रथम उद्गार माने जानेवाले वेदों में प्रकृति की व्यापक पूजा के वर्णन मिल जाते हैं। इतना नहीं नहीं, वैदिककालीन मानव को प्रकृति की अद्भुत-दिव्य शक्ति का आभास हो गया था। उसने प्रकृति के इन दिव्य तत्वों की देवताओं के रूप में कल्पना की थी। इंद्र, सूर्य, वरुण, मारुत, रुद्र आदि की प्रकृति के प्रतीक देवताओं के रूप में पूजा की जाती थी। प्रकृति पर इस दैवत्व के आरोपण के साथ ही ब्रह्म निरूपण, ईश्वरीय चिंतन, आध्यात्मिक चिंतन, अलौकिक चिंतन की शुरुआत हुई। इसी को भक्ति का बीजांकुर मान लेना चाहिए। ऋग्वेद में मानव और देवताओं के बीच में अटूट प्रेम का अनेक स्थलों पर वर्णन है। बीज रूप में उद्भूत यह श्रद्धा-प्रेम-भक्ति दर्शन आगे और समृद्ध और विकसित होता रहा। वैदिक काल में ही ब्रह्म तत्व ज्ञान का पूर्ण निरूपण किया गया है। आगे उपनिषद् काल में और उसके बाद ब्राह्मण काल में यह ब्रह्म तत्व ज्ञान किंवा ईश्वरीय-भक्ति-दर्शन और विकसित किया गया। साधना-उपासना के विधि-विधान, कर्म-कांड आदि को बड़ी मात्रा में परिभाषित ही नहीं, समर्थन भी किया गया। इन दार्शनिक, कर्म-विधानों में बौद्धिक पक्ष की ही प्रधानता होती रही। परिणाम स्वरूप यह विधि-विधान शुष्क और कठिन पड़ने लगा था।

पौराणिक युग में पुराणकर्ताओं ने जटिल भक्ति-दर्शन, पूजा के विध-विधान को सरल बनाने का भरसक प्रयास किया। उन्होंने साधना-उपासना के क्षेत्र में पहली बार हृदय पक्ष को महत्व दिया। हृदय पक्ष की विभिन्न वृत्तियों में यथा प्रेम, दया, अहिंसा, परोपकार आदि को ईश्वरीय साधना के अंतर्गत रखने का प्रयास किया है। शुष्क वेदांत दर्शन, जटिल कर्मकांड के स्थान पर ईश्वरीय-साधना को इस हृदय पक्ष की प्रधानता के साथ जन सुलभ बनाने का श्रेय इन्हीं पुराणकर्ताओं को देना चाहिए। उन्होंने यज्ञ, क्रतु, आदि भारी विधि-विधानों के स्थान पर श्रवणं, कीर्तनं, स्मरणं आदि नवधा भक्ति के विधान पर बल देकर ईश्वर-प्राप्ति के लिए सरल मार्ग भक्ति-मार्ग का नया सूत्रपात किया। अष्टादश पुराणों में ब्रह्म तत्व की अलौकिक लीलाओं के साथ-साथ लौकिक लीलाओं का भी वर्णन है। ईश्वर-तत्व के इस लौकिक निरूपण के पीछे पुराणकर्ताओं का यही उद्देश्य रहा है कि भक्ति का प्रसार जन-जन तक पहुँचाया जाय। जटिल दार्शनिक बातों, शुष्क निराकार ज्ञान की बातों को जो शिक्षित व शास्त्रों से घनिष्ठ संबंध रखनेवाले विशेष वर्ग की समझ तक ही सीमित थी, जन-जन तक पहुँचाने के लिए लौकिक पात्रों, अलौकिक लीलाओं का सहारा लिया गया है। वाल्मीकि ने राम नाम की इस महत्व स्थापना के साथ ईश्वरीय साधना के जन सुलभ मार्ग भक्ति मार्ग को प्रशस्त किया। जो वैदिक, उपनिषदीय, ब्राह्मण काल की भक्ति से अतिसुलभ स्वरूपा है। परन्तु इससे भी बढ़कर महाभारत और उसके परवर्ती ग्रंथों में और उसे लोक-सुलभ बनाया गया है। भक्ति का प्रचार और उसके प्रति आम जनता का जितना आकर्षण महाभारत काल और उसके बाद हुआ, उतना शायद ही उसके पूर्ववर्ती काल में हुआ हो। भक्ति की लोक सुलभ साधना महाभारत काल से और निखरी है।

महाभारत के रचनाकार महर्षि व्यासजी ने अपने समय के समस्त भक्ति दर्शन के सार को ग्रहण किया है। कर्म-कांड, ब्रह्म ज्ञान, वेदांत शास्त्र, तर्क ज्ञान आदि सभी का अपनी तार्किक दृष्टि से विश्लेषण किया। सत्य का शोधन किया, परखा और समन्वय तथा संपादन करने का प्रयास किया। महाभारत की रचना के साथ भक्ति के एक लोक ग्राह्य रूप की स्थापना हुई। इसका अनुसरण करके मानव लौकिक पुरुषार्थों की प्राप्ति बहुत सरल ढंग से कर सकता है। ईश्वरीय साधना किंवा मोक्ष प्राप्ति का यह सरल मार्ग ढूंढ़ कर उसे लोक सुलभ बनाने के बावजूद भी वेदव्यास ने अपनी साधना को पूर्ण होने का अनुभव नहीं किया। भगवान-कृपा-प्राप्ति के सरल मार्ग के अन्वेषण में अपनी साधना उन्हें अधूरी लगने लगी थी। श्रीमद्भागवत में इसका उल्लेख मिलता है। भगवान के महिमा-गायन से ही परमानंद प्राप्त करने का उनका विचार श्रीमद्भागवत की रचना के द्वारा व्यक्त हुआ है। श्रीमद्भागवत का मूल उद्देश्य भगवान के महिमा-गायन है। उन्होंने इसमें भगवान के प्रति श्रद्धा और प्रेम का निरूपण किया है। इस रूप में मानव जीवन में प्रेम के महत्व को 'श्रीमद्भागवत' में भगवान का महिमा-गायन के द्वारा प्रतिपादित किया गया है। भक्ति के क्षेत्र में हृदय पक्ष की यह पूर्ण पराकाष्ठा है। भक्ति के इस प्रतिपादन ने समस्त जनता में इसके प्रचार के लिए नये मार्ग खोल दिये। श्रीमद्भागवत में वर्णित प्रेम-स्वरूपा-भक्ति ने आम जनता पर अद्भुत एवं अभूतपूर्व प्रभाव डाला है। भागवत धर्म का प्रचार जन-जन तक पहुँचाने का रहस्य उसके लोकग्राह्य स्वरूप और हृदय पक्ष की प्रधानता ही है। मानव भीतर-बाहर प्रेममय होकर अपनी समस्त स्वार्थ-सिद्धि को त्याग करके भगवत लीला से अपने को अभिन्न मानकर उसके अनंत प्रेम रस में डूबना ही उसके लिए परम पुरुषार्थ है।

जीवन के प्रत्येक कर्म में ईश्वर के अंश को देखते हुए उसके लीला-गान में अपना सर्वस्व समर्पित करके उसके सान्निध्य-लाभ को उठाने का मार्ग भागवत में प्रतिपादित किया गया है। श्रीमद्भागवत में निरूपित व उल्लिखित सभी पात्र इसके प्रमाण हैं कि समस्त पाप कर्मों के करने के बावजूद भी वे भगवान के लीला-गायन मात्र से मुक्ति पाकर मोक्ष-गामी हो गये हैं। ईश्वरीय साधना में भक्त को किन-किन भावों से भगवान के साथ संबंध जोड़ना चाहिए, वे सभी चरित्र व प्रसंग बहुत ही सरल ढंग से प्रस्तुत कर दिये गये हैं। श्रीमद्भागवत में वर्णित पात्रों एवं प्रसंगों के द्वारा व्यास जी ने भक्ति के आदर्श पक्ष को लोक ग्राह्य ही नहीं, सरल व समस्त-साधना सुलभ बना दिया है। उन पात्रों-प्रसंगों के लीला गायन से भक्तों में न केवल अनुकरण करने का आकर्षण पैदा होता है, बल्कि भगवत-भक्ति के प्रति एक अचंचल विश्वास पैदा हो जाता है। श्रीमद्भागवत की यह लोक सुलभ साधना सर्वथा सराहनीय है। श्रीमद्भागवत की महिमा इसी में है कि वेद वेदांत के शुष्क, ज्ञान-विहीन, कठिन कर्म-कांडों से दूर हजारों गोपिकाओं का उद्धार भगवान ने प्रेम के बल पर किया है। भगवत भक्ति किंवा भगवत-प्राप्ति की इस लोक सुलभ साधना की स्थापना से महर्षि वेद व्यास भक्ति के क्षेत्र में अमर हो गये।

भारत में भक्ति का यह लोकग्राह्य स्वरूप फिर धीरे-धीरे मंद पड़ता गया है। इसका मूल कारण धार्मिक क्षेत्र में हुए उथल-पुथल ही हैं। धार्मिक क्षेत्र के निरंतर मतभेद व मंथन से भक्ति का लोक ग्राह्य रूप विवादास्पद हो गया है। ब्रह्म निरूपण व ईश्वरीय साधना के परस्पर खंडन मंडन से जो विषाक्त वातावरण खड़ा हो गया, उसने वैदिक भक्ति के विकास में बड़ा अवरोध खड़ा किया है। जैन, बौद्ध, गोरख पंथी आदि के प्रचार-प्रसार से जनता पर भागवत धर्म की पकड़ ढीली पड़ती गयी। जैन-बौद्धों का दार्शनिक पक्ष काफी सरल था। इससे बढ़कर जैन-बौद्ध धर्म के गुरुओं ने अपने धर्म के प्रचार के लिए सीधे जनता से संबंध स्थापित किया। गाँव-गाँव, गली-गली घूमकर उनकी अपनी भाषा में धार्मिक प्रचार करने का प्रयास किया। भारत में बहुत कम समय में इन धर्मों के प्रचार होने का यही मूल कारण

रहा है। उन्होंने जन की चित्तवृत्ति के अनुकूल दार्शनिक गंभीर बातों को सरल सोदाहरण बना दिया। जन मध्य में जाकर जगह-जगह प्रचार करने की इस साधना-पद्धति ने अभूत व अच्छे परिणाम दिए। जैन-बौद्ध गुरुओं ने इसलिए अपने धार्मिक प्रवचन के प्रचार में अधिक सफलता प्राप्त की है। जनता भी उनके प्रवचनों से प्रभावित होती रही।

महान आत्मा शंकराचार्य के आगमन तक भक्ति का यही मिश्रित वातावरण बना रहा। उन्होंने भक्ति क्षेत्र की इस असमंजस स्थिति को अपने अद्वैतवादी दर्शन के द्वारा दूर करने के सफल प्रयत्न किए। उन्होंने प्राचीन वैदिक व औपनषिदिक धर्म की पुनः साधना की है। शंकराचार्य की यह महानता रही है कि उन्होंने अपने अद्वैत दर्शन के लिए लोक-संपर्क को अत्यंत महत्व दिया। जन-जन तक अपने विचारों को पहुँचाने के लिए उन्होंने भारत भर का भ्रमण किया। स्थान स्थान पर पंडित-विद्वानों से ही नहीं, आम जनता से भी वाद-विवाद, विचार-विमर्श किया। संपूर्ण भारत में शंकर के अद्वैतवादी विचारों का बहुत प्रभाव रहा। परिणामस्वरूप तब तक लोकप्रिय भागवत धर्म की सहज अबाध गति में बाधा उपस्थित हुई। शंकर के इस मायावाद के कारण उपासना के क्षेत्र में जो साधारण जनता का सरल स्वीकृत मार्ग था, अनियमितता फैल गयी। सबसे बड़ी कठिनाई यह थी कि 'सेवक सेव्य भाव बिनु, भव न तरिय उरगादि' ब्रह्म तत्व निरूपण की यह अनियमितता भागवत धर्म की पुनःस्थापना व पुनर्व्याख्या का कारण बनी। इस दिशा में अनेक सत्प्रयास किए गये। उनमें श्री यमुनाचार्य का प्रयास सबसे महत्वपूर्ण है। उन्होंने अपने शिष्य श्री रामानुजाचार्य को 'बादरायण सूत्र' पर भाष्य लिखने को कहा। ये ही नहीं शंकर के अद्वैतवाद के विरोध में अनेक वैष्णवाचार्यों ने भक्ति-सिद्धांतों की पुनर्व्याख्या की है। उनमें विशिष्टाद्वैत के प्रवर्तक श्री मध्वाचार्य, द्वैताद्वैतवाद के श्री निंबार्काचार्य, शुद्धाद्वैतवाद के श्री वल्लभाचार्य आदि प्रमुख हैं। इन वैष्णवाचार्यों ने भक्ति सिद्धांतों की नयी व्याख्या के साथ-साथ वैष्णव संप्रदाय की पुनः प्राण-प्रतिष्ठा की है।

भक्ति का वैचारिक पक्ष पुनः इन वैष्णवाचार्यों के प्रयत्नों के द्वारा समृद्ध हुआ। परिणामस्वरूप शंकराचार्य के अद्वैत दर्शन से उत्पन्न अनियमितता धीरे-धीरे दूर होती गयी। अनुकरणयोग्य एवं विश्वसनीय सरल भक्ति मार्ग पुनः जनता के सामने प्रस्तुत हो गया। इस नये भक्ति दर्शन किंवा पुनर्जाग्रत नया भक्ति मार्ग उस समय अधिक लोकप्रिय, लोकरंजक व लोकग्राह्य हुआ, जब मध्ययुगीन भक्त कवियों ने उनसे प्रभावित होकर लोक-सरल-ग्राह्य साहित्य रचा। इन भक्ति कवियों की बड़ी विशेषता यही थी कि वैष्णवाचार्यों के द्वारा प्रतिपादित भक्ति सिद्धांतों को सरल संप्रेषित करके आम जनता तक पहुँचाया जाय। लोक मानस को भक्ति की ओर मोड़कर सरल आचरणयोग्य भक्तिमार्ग की व्याख्या करके लोकार्षण पैदा करना, उनका प्रमुख लक्ष्य रहा था। यज्ञ, व्रत, बृहद पूजा-विधान आदि से मंडित ईश्वरीय साधना उच्चवर्गीय समाज के लिए ही सरल-सुलभ वस्तु थी। मध्यवर्गीय व आम जनता इसका आचरण करने व इसके प्रति सोचने से ही वंचित थी। मध्ययुगीन भक्त कवियों ने इस दीवार को तोड़ दिया। इन्होंने समूचे में भारतीय समाज को प्रभावित किया है। उच्चवर्ग, निम्नवर्ग, शिक्षित-अशिक्षित सभी तक अपने भक्ति संदेश को पहुँचाने का प्रयास किया।

मध्ययुगीन भारतीय भक्त कवियों की यह लोक-सुलभ साधना अद्वितीय ही नहीं, सराहनीय भी है। इन्होंने अपने प्रेम-भाव मूलक भक्तिपरक संदेशों से भारत को धर्ममय बना दिया। उन्होंने अपने उपदेश-संदेश को पहुँचाने के लिए सामान्य जनता को ही प्रमुख लक्ष्य बना लिया है। इस लक्ष्य पूर्ति के लिए उन्होंने एक विशेष पद्धति अपनायी है। अपने समय तक प्राप्त सभी लोकार्षक प्रणालियों को उन्होंने अपनाया है। जैन-बौद्धों ने लोक-नाड़ी को अच्छी तरह पहचान लिया था। लोकचित्त के अनुकूल उन्होंने अपने साधना-संदेश को ढाला था। जन मध्य में जाकर अपने संदेश का प्रचार किया था। मध्ययुगीन भक्त कवियों ने भी इस लोक रंजक प्रणाली को अपनाया था। मध्य युगीन भक्त कवियों में अनेक

ऐसे हैं, जिन्होंने अपने कविता-पदों को जन मध्य में प्रचार किया था। मध्य युग तक पहुँचते-पहुँचते काव्य की पद शैली किंवा गीति शैली का पर्याप्त विकास हो चुका था। लोकचित्त को आकर्षित करने तथा भाव-संप्रेषण में अप्रतिम सफलता प्राप्त करने में गीति शैली ने बड़ी मात्रा में लोकप्रियता प्राप्त की थी। मध्ययुगीन कवियों में अधिकांश ने गीति शैली को अपनाया। मध्य युग तक संपूर्ण भारत में प्रादेशिक भाषाओं का विकास हो चला था। भारतीय भक्त कवियों ने प्रदेश विशेष में विकसित लोक भाषा को अपना लिया था। इतना ही नहीं, उन्होंने अपने काव्यों के काव्यत्व को भी पर्याप्त रूप में बदलने का प्रयास किया। लोक गीत, लोक धुन, साधारण जनता में प्रचलित लोक छंदों आदि लोकोपदानों को अपनाकर अपनी काव्य-संप्रेषणीयता को अतिसुलभ बना दिया है। इन भक्त कवियों ने अपने काव्यों में इन लोक प्रचलित काव्य रूपों को ही नहीं, सामान्य जनता में प्रचलित आचार-संस्कार, विश्वासों आदि को पर्याप्त महत्व देकर उन्हें लोकोन्मुख बनाया है। निम्नांकित लोकोक्ति मध्ययुगीन हिंदी भक्त-साहित्य की लोकधर्मिता पर काफी सीमा तक प्रकाश डालती है—

जो कुछ रहा सो अंधरा कहिगा,
कठवऊ कहे सि अनूठी।
बची-खुची सब जुलहा कहिगा
और कहै सो झूठी।।

अर्थात् साहित्य में उल्लेख करने हेतु जो कुछ उदात्त तत्व जीवन में है, उसे सूरदास, जो जन्मांध कहलाते हैं, नेत्रहीन होते हुए भी वर्णन कर गये हैं। तुलसी ने जो काठ के पर्याय माने जाते हैं, अप्रतिम-अतुलनीय साहित्य सर्जना की है। सरस्वती के वरदपुत्र इन दोनों भक्त कवियों की लेखनी से जो चूक गया था, उसे जुलाहा परिवार में जन्मे संत कबीरदास ने प्रभोवोत्पादक मसि-कागज से पूरा किया है। बाद के कवियों के लिए उन्होंने कुछ नहीं छोड़ा है। इसलिए अपने प्रयास में वे झूठ ही सिद्ध होंगे। उनका कथन बकवास व निस्सार ही होगा। स्पष्ट है कि यह लोकोक्ति सूर, कबीर, तुलसी की हिंदी काव्य जगत में महानता को रेखांकित करती है। इन तीनों का भक्ति साहित्य लोकचित्त से किंवा सामान्य जन मानस से गहरा संबंध रखता है। जन मानस किंवा लोक मानस से संबद्ध अनेक विशेषताएँ इनके साहित्य में देखी जा सकती हैं। इनके कथात्मक काव्यों में जनता में प्रचलित सुंदर लोक कथाओं का संयोजन है। गेय पद, भजन-कीर्तन, नृत्यगान से संबद्ध नहछू, सबदियों और अन्य प्रकार के लोकगीतों की धुन के अनुकूल छंदों और लोक भाषा आदि लोक साहित्य से संबंध रखनेवाले अनेक तत्व इनके काव्यों में बड़ी मात्रा में प्राप्त होते हैं। इससे बढ़कर सामान्य जनता में प्रचलित लोक विश्वास, आचार-संस्कार, व्रत-पर्व आदि का संयोजन भी उनके साहित्य में हुआ है। यह इसी बात का परिचायक है कि ईश्वरीय साधना व भक्ति-संदेश को लोक सुलभ बनाने के लिए लोक मानस के अनुकूल उन्होंने अपने भक्ति साहित्य को लोकोपदानों का भरमार बनाया है।

यह लोकोन्मुखता किंवा लोक-सुलभ साधना मात्र हिंदी के भक्त कवियों की ही नहीं, बल्कि भारत के सभी प्रादेशिक भाषा कवियों में देखी जा सकती है। मध्ययुगीन प्रारंभिक भारतीय भक्त कवियों ने रामायण-महाभारतादि पुराणों का अपनी प्रादेशिक भाषाओं में अनुवाद प्रस्तुत किया है। कहने की आवश्यकता नहीं है कि इन अनूदित काव्यों के मूलस्रोत संस्कृत भाषा में रचित पौराणिक महाकाव्य ही हैं। यह भी माना जाता है कि संस्कृत के इन पुराणों के प्रणेताओं ने तत्कालीन जनता में प्रचलित मौखिक लोक कथाओं, आख्यान-उपाख्यानों से पर्याप्त सहायता ली है। लोक कथाओं में प्रचलित विभिन्न प्रसंगों-घटनाओं, व्याख्यानों को जोड़कर पुराणों की रचना की है। ऐसा माना जाता है

कि आदिकवि वाल्मीकि ने भी जनता में प्रचलित विभिन्न लोक कथाओं के आधार पर ही रामायण के अनेक प्रसंगों व उपाख्यानों को गढ़ा है। कालांतर में यह लोकधर्मिता और भी ज्यादा होती रही। जैन-बौद्धों के द्वारा इस प्रकार के अनेक अभूत व अद्भुत प्रसंगों का मिश्रण इन्हीं लोक कथाओं के आधार पर भी हुआ है। प्रादेशिक भाषा कवियों ने इन स्रोत-ग्रंथों के प्राप्त आख्यान-उपाख्यानों के साथ-साथ अपने प्रदेश विशेष में प्रचलित लोक कथाओं से भी पर्याप्त आख्यान-उपाख्यान प्रसंगों को ग्रहण किया है। कदाचित यही कारण है कि उनकी राम कथाओं में अवाल्मीकीय प्रसंग ज्यादा दिखाई पड़ते हैं। तेलुगु में गोन बुद्धा रेड्डी कृत 'रंगनाथ रामायणमु', तमिल में कंबन कृत 'कम्ब रामायणमु', कन्नड़ में अभिनव पंप द्वारा रचित 'रामचंद्र चरित पुराण' अथवा 'पंप रामायण', मलयालम में अज्ञात कविकृत 'रामचरितम' तथा अय्यंपिल्लि आशान कृत, 'राम कथा पाट्टु' उड़िया में बलराम दास कृत 'जग मोहन रामायण', असमिया में माधव कंदली कृत 'असमिया रामायण', बंगला में कृत्तिवास कृत 'कृत्तिवास रामायण' आदि में लोकधर्मी अनेक अवाल्मीकीय प्रसंग यत्रतत्र बिखरे दिखाई पड़ते हैं। उन्होंने प्रदेश विशेष में प्रचलित व लोक जीवन में लोकप्रिय प्रसंगों को अपने काव्यों में स्थान दिया है। कहने की आवश्यकता नहीं है कि इस लोकोन्मुखता किंवा लोकधर्मिता के पीछे सामान्य जनता तक पहुँचने की ललक व लोक सुलभ साधना की बलवती इच्छा ही थी।

रामकथा के साथ-साथ, कृष्णकथा से संबद्ध अनूदित रचनाओं में भी इसी विशेषता को रेखांकित किया जा सकता है। कृष्णकथा पर आधारित अनूदित काव्यों में प्रादेशिक भाषा कवियों ने व्यास कृत 'महाभारत' और 'श्रीमद्भागवत' को आदि स्रोत बनाया है। इन दोनों के अतिरिक्त उन्होंने लोक प्रचलित मौखिक कथाओं से भी आख्यान-उपाख्यान ग्रहण किए हैं। हिंदी में सूरदास कृत 'सूर-सागर', तेलुगु में कवित्रय कृत 'महाभारत', पोतना विरचित 'महाभागवत', तमिल में विल्लिपुत्तुर कृत 'भारदम' तथा नल्ल पिल्लै कृत 'नल्ल पिल्लै भारतम', कन्नड़ में महाकवि पंपकृत 'विक्रमार्जुन विजय' अथवा 'पंपभारत' तथा नारायणप्पा अथवा कुमार व्यासकृत 'कन्नड़ भारत', लक्ष्मीश कृत 'जैमिनी भारत', मलयालम में शंकर पणिकर कृत 'भारत माला', उड़िया में सारलादास कृत 'सारला महाभारत' आदि में प्रदेश विशेष के लोकाख्यानों के प्रक्षेपण के लिए पर्याप्त महत्व दिया गया। व्यासकृत महाभारत व श्रीमद्भागवत से ज्यादा प्रदेश विशेष में इनका प्रचलन होने का मूल कारण यही लोकोख्यान ग्रहण करना ही है।

मध्ययुगीन प्रादेशिक भाषाओं के भक्त कवियों ने लोक सुलभ साधना के अंतर्गत लोक स्रोत से इन प्रसंगों एवं उपाख्यानों किंवा कथानक रूढ़ियों के साथ-साथ गीति शैली को बड़ी मात्रा में अपनाया है। गीति तत्व की सरल संप्रेषणीयता, साधारण जनता पर उसकी चित्ताकर्षक प्रवृत्ति से प्रभावित होकर उसे लोक संपर्क-स्थापना के सही एवं प्रभावी माध्यम के रूप में मान्यता दी गयी है। मध्ययुगीन भारतीय भक्त कवियों ने संस्कृत साहित्य से प्राप्त इस गेय पद्धति का पर्याप्त उपयोग किया है। इस लोकरंजक गीति शैली को अपनाकर उन्होंने अपने भक्ति-संदेश को आम जनता तक पहुँचाने में पर्याप्त सफलता प्राप्त की है। उन्होंने अपने गान-माधुर्य से प्रेम-भक्ति मूलक संदेश को सामान्य जनता के बीच प्रसारित किया। गीति शैली में किंवा गेय पदों में साहित्य संगीत की युगल शक्ति निक्षिप्त होती है। गेय पदों की इस दुधार शक्ति का उन्होंने भरसक उपयोग किया है। उनमें कई वाग्गेयकार कहलाये। मातुवु 'साहित्य' और धातुवु 'संगीत' के समान-संयोजन की अद्भुत प्रतिभा रखनेवाले गेय पद कवियों को ही वाग्गेयकार कहते हैं। उनकी एक विशेषता यह भी है कि एक हाथ में कोई न कोई संगीत-वाद्य लेकर नर्तन करते हुए अपने गेय पदों को जन मध्य में गाया करते थे। संगीत-साहित्य से ओतप्रोत उनके गेय पदों का जनता पर अतुलनीय प्रभाव पडना स्वाभाविक ही था। इन भक्त कवियों में अधिकांश के गेय पद भले ही शास्त्रसम्मत न हों, उसमें लोक चित्त को

मोहनेवाली अद्भुत शक्ति छिपी हुई है। इसलिए इन भक्त कवियों के गीत भारत के घर-घर में, गली गली में गूँजते सुनाई पड़ते हैं। इनमें अधिकांश गायक कवि थे। कवि गायक कम थे।

हिंदी में गेय पदों की एक सुदृढ़ परंपरा दिखाई पड़ती है। हिंदी में मूलतः दो प्रकार के गेय पदों का प्रयोग हुआ है। पहले प्रकार के गेय पद वे हैं, जिसकी राग-रागिनियों के बारे में स्वयं कवि ने अपनी कलात्मक प्रतिभा के सहारे कोई निदेश दिया है। हिंदी के अधिकांश भक्त कवियों ने लीला-गान संबंधी अपने गेय पदों में इस प्रकार के निर्देश किये हैं। दूसरे प्रकार के गेय पद वे हैं, जिनको गाने के लिए कोई सुनिश्चित राग-रागिनियों का निर्देश नहीं किया गया है। पहले प्रकार के गेयपद ही हिंदी में ज्यादा मिलते हैं। इससे संगीत के क्षेत्र में उनकी अप्रतिम प्रतिभा का पता चलता है। इनमें से कुछ ऐसे भी कवि थे, जो लिखते कम थे, ज्यादा गाया करते थे। हिंदी साहित्यकारों के सूरज माने जानेवाले सूरदास श्रीनाथ मंदिर में मौखिक रूप में पद निर्माण करके नित्य नवीन पद गाया करते थे। श्रीकृष्ण के प्रेम में आत्मविभोर होकर मीरा एक हाथ में एकतारा लेकर बजाती, अपने प्रभु श्रीकृष्ण के भजन गाया करती थी। लगभग उसी रूप में तेलुगु के पद कविता पितामह अन्नमाचार्य एक हाथ में चिडतलु, दूसरे हाथ में एक तारा के साथ संगीत की धुन में नर्तन करते हुए गाँव-गाँव घूमकर अपने मधुर संकीर्तन गाया करते थे। प्रसिद्ध राम भक्ति गायक कवि त्यागराजु तो संगीत के ही विलक्षण प्रतिभा के अधिकारी थे। तमिल के कंबन ने अपनी रामायण को विरूत्तम छंद में लिखकर उसे संगीतोपयोगी बना दिया। मलयालम में प्राप्त दोनों प्राचीनतम रामायण रामचरितमु, राम कथा पाट्टु अपनी गेयता के लिए प्रसिद्ध हैं। गेय पद रचनाओं के ये कुछ ही उदाहरण हैं। भारत भर में इसकी सुदृढ़ परंपरा देखी जा सकती है। इस रूप में मध्ययुगीन प्रादेशिक भाषाओं के कवियों ने अपनी लोक सुलभ साधना के लिए गीति तत्व को एक उपकरण के रूप में उपयोग करके भक्ति को लोकोन्मुख बना दिया है।

मध्ययुगीन भारतीय भक्त कवियों ने अपनी लोक सुलभ साधना की दिशा में लोक प्रचलित काव्य रूपों का ग्रहण भी किया है। ये काव्य रूप शास्त्रसम्मत नहीं होते हुए भी लोक रूप को दृष्टि में रखकर लोक गीतों के अनुरूप निर्मित किये गये हैं। हिंदी का 'सोहर' इसी प्रकार का एक काव्य रूप है। जो पहले नितांत एक लौकिक काव्य रूप किंवा लोक गीत मात्र था, जो जन्मोत्सव के अवसर पर गाया जाता था। इसी प्रकार तेलुगु प्रदेश में विभिन्न अवसरों पर गाये जानेवाले अनेक लोक गीत लोक प्रचलित हैं। जैसे जागरण के गीत या सुप्रभात गीत, जाजर गीत, सुव्वि के गीत, गोब्बि के गीत, लोरी गीत, मंगल गीत आदि। संकीर्तनाचार्य अन्नमाचार्य ने इन सभी लोक गीतों के रूपों को अपने संकीर्तनों का आधार बना लिया है। इन लोक गीतों के अनुकरण पर उन्होंने कृपावत्सल श्रीवेंकटेश्वर की भक्ति में आत्मविभोर होकर हजारों संकीर्तन गाये थे। श्रीवेंकटेश्वर के अन्यतम भक्त अन्नमाचार्य ने इस प्रकार के लोकगीतों की धुन व रूपों के अनुकरण पर ही संकीर्तन रचकर वेंकटेश्वर के भक्ति-संदेश को गाँव-गाँव एवं गली-गली में पहुँचा दिया है। उदाहरण के लिए 'तंदान पाटलु' नाम से आंध्र के लोकगीत बहुत प्रचलित हैं। इस प्रकार के गीतों को समूह में लोग गाते हैं। समूह में एक अपने हाथ में एकतारा लेकर 'तंदाना' कहकर गायेगा, तो बाकी समूह तंदाना या तंदनाना कहकर सहगान करते हैं। यह 'तंदान' बार-बार आवृत्त होकर गीत की लय व गति को बढाता है। श्रीवेंकटेश्वर के परब्रह्म स्वरूप का निरूपण करते हुए अन्नमाचार्य लोक गीत शैली में गाते हैं–

तंदनान अहि तंदनान पुरे
तंदनान भला तंदनान ।।टेक।।

ब्रह्ममोक्कटे पर ब्रह्म मोक्कटे पर

ब्रह्ममोक्कटे पर ब्रह्म मोक्कटे ।।तंदनान।।

कंदु वगु हीनाधिकमुलिंदु लेवु
अंदरिकि श्रीहरे अंतरात्म
निंडार राजु निद्रिंचु निद्रयु नोकटे
अंडने बंटु निद्र अदियु नोकटे
मेंडैन ब्राह्मणुडु मेट्ट भूमि योकटे
चंडालुन्डेटि सरि भूमि योक्कटे ।।तंदनान।।

अनुंगु देवतलकुनु अल काम सुखमोकटे
वन कीट पशुवुलकु काम सुखमोकटे
दिन महो रात्रमुलु तेगि धनाढयुन कोकटे
बोबर निरुपेदनु वोक्कट अवियु ।।तंदनान।।

कोरति शिष्टन्नमुलु गोनु नाक लोकटे
तिरुगु दुष्टान्नमुलु तिनु नाकलोकटे
परग दुर्गन्धमुलपै वायु वोकटे
वरूस बरिमलमु पै वायु वोकटे ।।तंदनान।।

कडगि येनुगु मीद गायु येन्डोकटे
पुडमि शुनकमुमीद बोलयु नेंडोकटे
कडु बुण्यलनु बाप कर्मुलन सरिगाव
जडियु श्रीवेंकश्वरु नाम मोकटे ।।तंदनान।।

अर्थात् इस चराचर सृष्टि में श्री हरि ही एक मात्र ब्रह्म हैं। वे ही परब्रह्म हैं। सृष्टि की प्रत्येक वस्तु सतत परिवर्तित व विकसित होती रहती है। परन्तु ब्रह्म अकेला ही शाश्वत व अपरिवर्तनीय हैं। सृष्टि के कण-कण में वे ही परब्रह्म व्याप्त हैं। उन से बने इस जगत में ऊँच-नीच और वर्ग वैषम्य रखने लायक वस्तु कोई नहीं है। समस्त प्राणी की अंतरात्मा श्री हरी ही हैं। अतः सृष्टि का प्रत्येक प्राण समान है। सब को जीने का समान अधिकार है। इस प्रकार की प्रगतिशील भावनाएँ प्रस्तुत संकीर्तन में व्यक्त हुई हैं।

इस प्रकार के लोक गीतों के रूपों पर आधारित गेय पद केवल अन्नमाचार्य ही नहीं, उनके बाद के श्री क्षेत्रय्या, भद्राचल रामदास, पुरंदर दास और त्यागराजु की रचनाओं में भी बड़ी संख्या में प्राप्त होते है। हिंदी के मध्ययुगीन भक्त कवियों ने तो इस प्रकार के लोक गीतों पर आधारित काव्य रूपों का भरमार ही लगा दिया है। उनमें से अधिकांश मध्ययुगीन भक्ति-साहित्य में अत्यधिक प्रचलित हुए हैं। वे हैं होरी, अखराहट, सोहर, शबद, रमैनी, ककहरा, चौंतासा, बाईसा, तीसी, चालीसा, सतसई, आरती, अठ पहरा, मंगला, बिरहुली, नहछू मंगल, बसंत,

हिंडोला, बारहमासा, चांचर, पचग, रास, कहरा, बचारी, साखी और बेलि। इनमें से अधिकांश को थोड़े संशोधन के साथ गेय पद लिखनेवाले भक्ति कवियों ने अपना लिया है। उदाहरण के लिए 'सोहर' लोकगीत को लिया जा सकता है। लोक जीवन में विभिन्न संस्कारों के अवसरों पर लोक गीत गाये जाते हैं। प्रत्येक घर परिवार में जन्मोत्सव जन्म संस्कार ऐसा अवसर है, सभी अतिप्रसन्न नाचते व गाते हैं। यह माना जाता है कि सोहर शब्द की व्युत्पत्ति ही संस्कृत के 'सूतिका गृह' और प्राकृत के 'सुइउर' से हुई है। सोहर लोकगीत हिंदी प्रदेश का अत्यंत प्राचीनतम गीत है। गीत में कहीं-कहीं सोहर शब्द का उल्लेख भी किया जाता है। तुलसीदास जी ने 'रामचरितमानस' के साथ-साथ 'जानकी-मंगल', 'पार्वती-मंगल' और 'रामलला-नहछू' में इसका अत्यधिक प्रयोग किया है। सूरदास के सूर-सागर में सोहर के गीत उपलब्ध होते हैं। सूर-सागर में संगृहीत एक सोहर गीत निम्नांकित है—

घनि घनि नंद जसोमति, घनि जग पावन रे।
धनि हरि लियौ अवतार, सुधनि दिन आवन रे।
दसएं मास भयौ पूत, पुनीत सुहावन रे।
संख चक्र गदा पद्म चतुर भुज भावन रे।

मध्ययुगीन भारतीय भक्त कवियों ने अपनी लोक सुलभ साधना में कथानक-रूढ़ियाँ, गेय पद शैली, लोक गीतों पर आधारित काव्य रूपों के साथ-साथ भाषा प्रयोग को अत्यधिक महत्व दिया है। सरल व्यावहारिक भाषा प्रयोग के साथ-साथ उन्होंने लोक जीवन में प्रचलित मुहावरे, कहावतें और पहेलियों का विशेष प्रयोग किया है। सरल व्यावहारिक भाषा प्रयोग से भाव-संप्रेषणीयता में सहायता मिलती है। साथ ही व्यक्त-भाव के साथ अपनापन व विश्व सामीप्यता बढ़ जाती है। भक्त कवियों की लक्ष्य पूर्ति में इसकी अत्यंत आवश्यकता थी।

किसी भी भाषा की भाव-प्रवणता अभिव्यंजक शक्ति उसमें व्यवहृत होनेवाले मुहावरों पर निर्भर होती है। मुहावरे भाषा में गति को पैदा करते हैं। इन अमूल्य मुहावरों का घनिष्ठ संबंध लोक जीवन से है। ये लोक जीवन में ही साँस लेकर लोक साहित्य में फलते फूलते हैं। इसलिए इनमें लोक चित्त को आकर्षित करने की अद्भुत शक्ति छिपी रहती है। कहावतें भी इसी प्रकार के भाषा उपकरण हैं। ये भी लोक मानस से अद्भुत होकर धीरे-धीरे साहित्य में अपना स्थान ग्रहण करते हैं। फिर पहेलियाँ परंपरा से प्रदत्त लोक-ज्ञान-विश्लेषण की पुंजीभूत संपदा है। पहेली बुझावन प्रक्रिया सामान्य सांसारिक ज्ञान की पुंजीभूत संपदा है। पहेली बुझावन प्रक्रिया सामान्य सांसारिक ज्ञान की परीक्षा लेती है। इसमें ज्ञान-वर्धक शक्ति और मनोरंजक शक्ति दोनों छिपी रहती हैं। भाषा की इस त्रिकोणात्मक शक्ति को मध्ययुगीन भक्त कवियों ने स्वीकार किया है। उन्होंने अपने भक्ति साहित्य को लोक सुलभ बनाने के लिए इन तीनों का यथावसर तथा यथोचित व अत्यधिक प्रयोग किया है। प्रदेश विशेष के लोक जीवन से इनका ग्रहण करके उन्होंने अपने भक्ति-साहित्य को लोकोन्मुख बना दिया है।

अपने भक्ति साहित्य में लोक पक्ष को और सुदृढ़ बनाने के लिए भारतीय भक्त कवियों ने लोक जीवन से संबंधित विविध रीति-रिवाजों, संस्कारों, लोक विश्वासों, पर्व-व्रत-उत्सव और प्रथाओं तथा परंपराओं का संयोजन किया है। आदमी परंपरा का श्रद्धालु होता है। जीवन के सुख-दुखों में परंपरा की नजरिये से उनके समाधान ढूंढ़ने का प्रयास करता है। पूर्व जीवन के सुख-दुखों के सापेक्ष उद्भूत हर्ष-उल्लास-शोक की रीति-रिवाज, प्रथाएँ-परंपराएँ व विश्वास के रूप धारण करते हैं। परंपराएँ व विश्वासों के घेरे में पर्व-व्रत-उत्सवों का आयोजन करता है। अपने संस्कारों से उनका विधिविधान तैयार करता है। ये विधि-विधान ही कालांतर में रीति-रिवाज बन जाते हैं। इस रूप में ये सब लोक

जीवन के अनुभवों, संस्कारों व मान्यताओं से निःसृत परंपरा से प्राप्त लोकाचारों के विविध रूप हैं। इन लोकाचारों को अपने भक्ति साहित्य में विशेष महत्व देकर भारतीय भक्त कवियों ने अपनी कृतियों को काफी जीवंत व सफल बनाया है। मध्ययुगीन भारतीय भक्त कवियों की कृतियों में लोकाचारों की इन विविध विशेषताओं को बड़ी मात्रा में ढूंढ़ सकते हैं। यह लोक साधना उनके अभिमत के अनुकूल ही थी।

भारतीय भक्ति साहित्य में इस लोक पक्ष ने अपनी अत्यंत महत्वपूर्ण भूमिका निभायी है। ईश्वरीय साधना व भक्ति के क्षेत्र में इस लोक निरूपण ने ऐसी सफलता प्राप्त की कि भक्ति-दर्शन की निगूढ़ जटिल बातें सरल स्वीकारयोग्य व अनुकरणयोग्य हो गयीं। भारतीय भक्ति साहित्य लोक कंठ की मधुर वाणी को अपने में सँजोकर अधिक सुलभ बन गया। भारत के गाँव-गाँव, गली-गली में आख्यान, उपाख्यान से भरे, गेय पदों से गुंजित लोक जीवन की सरलताओं को लेकर भारतीय भक्ति साहित्य लोक-सुलभ-गम्य तथा लोक प्रचलित व कालजयी बन गया है।

लोक साहित्य में रामायण एवं महाभारत कथाएँ

मिथकीय कथाएँ व पौराणिक आख्यान भारतीय सभ्यता और संस्कृति के अपृथक्करणीय ग्रंथ हैं। भारतीय जीवन न केवल इनसे प्रभावित है, बल्कि सतत इनसे विकासोन्मुख अपनी ऊर्जा प्राप्त करता आ रहा है। भारत में इन आख्यानों की ऐसी परंपरा और प्रसार रहा है, जो अटूट व अटल है। समय-समय पर भारतीय मेधा ने अपने चिंतन-मंथन से इनको सतत संशोधित, जीवनानुकूल, अधिक प्रामाणिक, जीवंत बनाने के सफल प्रयास किए हैं। इसलिए अविच्छिन्न परंपरा के होते हुए भी भारतीयों की यह अमूल्य पौराणिक संपत्ति चिरपरिवर्तनशील रही है। परिवर्तनशीलता जीवंतता के मौलिक तत्वों में एक है। इसी विशेषता के कारण ही बहुत प्राचीन माने जानेवाले भारतीय पौराणिक काव्य और उनके आख्यान आज भी प्रासंगिक एवं जीवनोत्तेजित करनेवाली क्षमता रखते हैं। इतना ही नहीं भारत में इनका प्रचार एवं प्रसार इतने बड़े पैमाने पर हुआ है कि ये भारतीय जनता की नस-नस में घुल मिलकर उनके जीवन के अभिन्न अंग बने हुए हैं। भारत में ऐसा कोई व्यक्ति नहीं होगा, जो इन आख्यानों से अपरिचित हो।

इन पौराणिक आख्यानों के लिपिबद्ध रूप कवि विशेष के नाम से बहुत बाद में जनता के सामने आये होंगे, ऐसा अनुमान किया जाता है। यह भी माना जाता है कि इन पौराणिक आख्यानों एवं काव्यों की सुदूर लंबी मौखिक परंपरा रही होगी। मौखिक परंपरा किंवा जनश्रुतियाँ जनता में प्रचलित अलिखित स्रोतों से कवि विशेष ने उन्हें ग्रहण कर लिया होगा। परन्तु यह बड़ा विवादास्पद विषय है कि लिपिबद्ध पुराण-काव्यों के आदि स्रोत जनता में प्रचलित मौखिक आख्यान परंपराएँ हैं या मौखिक आख्यान परंपराओं ने ही लिपिबद्ध काव्य-पुराणों से अपनी वस्तु को चुना है। इतना तो अवश्य है कि भारतीय भाषाओं में प्राप्त पुराण-काव्यों के अनेक विचित्र आख्यान-उपाख्यान इन्हीं मौखिक आख्यान परंपरा किंवा लोक साहित्य पर आधारित हैं। इन पुराण-काव्यों में विशेषकर रामायण और महाभारत में अनेक ऐसे आख्यान-उपाख्यान प्राप्त होते हैं, जो मूल लिपिबद्ध रूपों से सर्वथा भिन्न हैं। ये भिन्नताएँ प्रदेश विशेष में प्रचलित मौखिक काव्य-परंपराओं से ही अद्भुत हुई होंगी। इसलिए भारत में प्राप्त रामायण महाभारत के आख्यान-उपाख्यानों में अनेक स्तरों पर भिन्नताएँ दिखाई पड़ती हैं। इन भिन्नताओं को उस प्रदेश विशेष की जनता की मौलिक संपत्ति मान लेनी चाहिए। अतः पौराणिक-काव्यों से लोक साहित्य किंवा मौखिक काव्य परंपराओं का अत्यंत महत्वपूर्ण संबंध है।

अन्य पौराणिक आख्यानों की तरह लोक साहित्य में रामायण एवं महाभारत से संबंधित पौराणिक प्रसंग बड़ी संख्या में प्राप्त होते हैं। विविध संदर्भों में गाये जानेवाले छोटे-छोटे लोक गीतों से लेकर लंबे-लंबे स्वतंत्र कथागीत रचनाओं में भी इन पौराणिक कथाओं का उल्लेख मिलता है। लोक साहित्य में प्राप्त ये पौराणिक आख्यान मात्र धार्मिक ही नहीं, बल्कि भारतीयों के सुख-दुखों, सभ्यता-संस्कृति के आधारभूत व आदिस्रोत भी हैं। विश्व सभ्यता में

भारतीयों को शीर्षस्थ स्थान दिलानेवाले वेद और उनमें निक्षिप्त ज्ञान लोक सुलभ नहीं है। वेदों के बाद वेदों के समान ज्ञान और जन कल्याण के दिशा-निर्देशन कर सकनेवाले ग्रंथ पौराणिक काव्य और उनमें उल्लिखित आख्यान-उपाख्यान हैं। ये पौराणिक उपाख्यान लोक सुलभ होने के कारण सभी भारतीयों को माननीय एवं अनुकरणीय बन पड़े हैं। रामायण, महाभारत, महाभागवत आदि पौराणिक काव्य सभी भारतीयों को समान रूप से प्रभावित कर सकनेवाले कल्पनातीत हृदयोद्गार हैं। फिर इन तीनों में भी रामायण ने अपने आदर्श मानवीय गुणों से भारतीय जनमानस पर अपनी अमिट छाप छोड़ी है। उसमें वर्णित प्रसंग पारिवारिक, सामाजिक एवं मानवीय संबंध धर्म, नीति, आदर्श आदि की व्याख्याएँ यहाँ तक कि संपूर्ण जीवन-पद्धति भारतीयों की आचार संहिता का ही आधार बनी है।

रामायण में चित्रित अनेक प्रसंग जनता के हृदयों को अनोखे ढंग से स्पंदित करके रसोद्रेक करने में अत्यंत सक्षम हैं। धार्मिक व नैतिक मूल्य जीवन सापेक्ष्य होते हैं। महाभारत काल तक आते-आते भारतीय जीवन में कई विलक्षण परिवर्तन हुए। जीवन के सापेक्ष्य धार्मिक व नैतिक मूल्यों की पुनर्व्याख्या हुई। जीवन के लक्ष्य और उनकी पूर्ति के मार्ग बदलते गये। मानव जीवन में सरलता की जगह जटिलता अपना महत्व बढ़ाने लगी। जीवन की यह जटिलता महाभारत युग के बाद निरंतर बढ़ती गयी और संश्लिष्ट होती गयी। जीवन की जटिलता के सापेक्ष पर विकसित आदमी के जटिल मानसिक स्वभाव ने मानव जीवन के उच्चतम जीवनादर्श के रूप में रामायण को ही मानने के पक्ष में होगा, न कि थोड़ा बहुत जीवन के अनुकूल परिवर्तित महाभारतकालीन जीवनादर्श को। इसलिए भारतीयों का, खासकर जानपदों का झुकाव महाभारत की तुलना में रामायण की ओर ज्यादा दिखाई पड़ता है।[3]

रामायण एवं महाभारत के उपाख्यान ग्रहण में लोक चित्त की महत्वपूर्ण भूमिका होती है। जानपद अपने आप में सरल स्वभाव के होते हैं। वे कृत्रिमता से कोसों दूर सहज जीवन चाहनेवाले होते हैं। वे अमलिन, शांत, सरल, स्वतंत्र जीवन के प्रेमी हैं। सरलता उनकी विशेषता है, तो भावुकता उनकी आत्मा है। वे दूसरों के सुख-दुखों को अपना माननेवाले दयालु हैं। द्वेष, प्रतिशोध आदि गुणों के होते हुए भी प्रेम, अनुराग, स्नेह आदि से दूसरों के साथ जीवन बाँटने के मानवतावादी हैं। इन सभी कोमल वृत्तियों से संपन्न जानपदीय जन-मानस को धर्म-अधर्म की जटिल व्याख्या प्रस्तुत करनेवाली महाभारत की तुलना में रामायण अनुसरणीय किंवा प्रिय लगना उचित ही है।

जानपदों की सरल मानसिकता के कारण ही लोक साहित्य में महाभारत की अपेक्षा रामायण ने एक अतुलनीय व अद्वितीय स्थान प्राप्त कर लिया है। लोक साहित्य में रामायण की तुलना में महाभारत कथाश्रित लोक गीतों की संख्या ही अधिक है। नारी हृदय को जीतनेवाले, रसावेग और रोमांच किंवा तादात्म्य कर सकनेवाले प्रसंग व पात्र, विचित्र माया कथा प्रसंगों से भरी महाभारत की अपेक्षा रामायण में अधिक मात्रा में दिखाई पड़ते हैं। महाभारत कथा की कुंती, गांधारी, द्रौपदी, उत्तरा, दुस्सला, भानुमती, सत्यवती, सुदेष्णा जैसी नारी पात्र अपने शील, स्वभाव, चरित्रों के कारण स्त्रियों के सहज कोमल मन को द्रवीभूत कर सकने की क्षमता रखने के बावजूद रामायण की सीता की गरिमा के सामने फीकी पड़ जाती हैं। कुछ सीमा तक द्रौपदी जन सुलभ, जन रंजित, जन हृदयहारी पात्र होने पर भी सीता की तरह जनता के अनुराग, आत्मीय जनों के प्रति दिखानेवाली कसक, सहानुभूति आदि आम जनता से प्राप्त नहीं कर सकी हैं।

सीता और द्रौपदी दोनों पुरुष वर्ग के आभिजात्य, अहंकार, मिथ्या सम्मान के शिकार बने पात्र हैं। लेकिन इन दोनों के चरित्रों में अने स्तरों पर विलक्षण अंतर प्रस्फुटित होते हैं। द्रौपदी अपने प्रति हुए अपमान, अन्याय का विरोध अत्यंत सफल ढंग से कर सकनेवाली मानसिक धैर्य प्राप्त नारी के रूप में उभरती है। यहाँ तक कि अपने संपूर्ण

अपमानों का बदला लेने की क्षमता उसमें दिखाई पड़ती है। जबकि जानकी में वे गुण कहाँ? बगैर किसी अपराध की सजा भुगतनेवाली, पतिपरायण, अपने कष्टों को अंदर ही अंदर मूक रूप में सहनेवाली सहनशील सीता में ही जन मानस तल्लीन हो उठना स्वाभाविक है। सहनशील, करुणाशील, अनुरागमय सीता में आंध्र जनता अपनी माँ को देखती है। इसलिए उसे 'सीतम्म' कहकर संबोधन करती है। 'सीतम्म' उनकी माँ है। श्रीराम उनके पिता हैं। इसी बुनियादी धारणा की वजह से स्त्रियों के गीतों से समृद्ध तेलुगु लोक साहित्य में 'रामायण' और उसके विभिन्न उपाख्यानों को अत्यंत महत्वपूर्ण स्थान दिया गया है। अन्य पौराणिक कथाओं एवं प्रसंगों की अपेक्षा रामायण से संबद्ध स्त्रियों के लोकगीत ही बड़ी संख्या में प्राप्त होते हैं। जानपदीय हृदयों को उत्तेजित व स्पंदित कर सकने की जो शक्ति रामकथा में है, वह अन्यत्र दुर्लभ है।

जानपद अपनी मानसिकता और अपने जीवनानुकूल कथा प्रसंग, रस प्रधान स्थितियों को ही अपने गीतों के लिए चुनते हैं। विशेषकर वे करुण, हास्य, भयानक, वीर आदि रसों को अधिक महत्व देते हैं। लोक साहित्य में इसलिए इन्हीं का समावेश ज्यादा दिखाई पड़ता है। इस दृष्टि से भी रसोद्वेग जगाकर स्त्रियों को रुलाकर आँसू बहा सकनेवाले प्रसंग महाभारत की अपेक्षा रामायण में यत्र-तत्र दिखाई पड़ते हैं।

रामायण में चित्रित सीता से संबद्ध अनेक संवेदनशील व मार्मिक प्रसंगों के आधार पर आंध्र के जानपदों ने अनेक चित्ताकर्षक लोकगीतों की रचना की है।[4] कारण यही है कि सीता ने जितने कष्टों को झेला था, शायद ही इतिहास में किसी दूसरी नारी ने भोगा हो। इसलिए प्रताड़ित एवं अनेक दुखों से युक्त सीता के जीवन ने जन-मानस पर अमिट प्रभाव डाल दिया है कि स्त्री जीवन में संप्राप्त कष्टों को आंध्र प्रांत में 'सीतम्म कष्टालु' के रूप में अभिवर्णित किया जाता है। अनेक बाधाओं एवं कष्टों से पीड़ित नारी को देखने पर सायास ही सीता के कष्ट 'सीतम्म कष्टालु' भोग रही है, कहकर तसल्ली देने की परंपरा आंध्र प्रांत में सर्वत्र दिखाई पड़ती है। इतना ही नहीं, उस स्त्री पर 'सीता' के नाम का आरोप करके उसके मानसिक भार को हलका करने का प्रयास भी करते हैं। लोकगीत गानेवाले लोक गायक सीता के कष्टों को अपना मानकर और अपने कष्टों को सीता पर आरोप करके 'सीता' के प्रति तादात्म्य हो जाते हैं। इसलिए आंध्र प्रांत की स्त्रियाँ सीता को अपने से भिन्न नहीं मानती हैं। अपने सुख-दुखों की कहानी सीता को सुनाती हैं, तद्वारा मानसिक शांति की अपेक्षा भी करती हैं। जीवन में प्राप्त सुख-दुखों को सीता और राम के साथ जोड़कर उठते-बैठते, सोते-जागते, बोलते-गाते हर समय सीता-राम नाम स्मरण करके ही वे अपने जीवन को सफल व पुनीत बनाना चाहते हैं। इसलिए आंध्र लोक साहित्य के अनेक लोकगीतों की समाप्ति सीता-राम के नाम स्मरण से होती है। नित्य राम-नाम स्मरण करनेवाले इन जानपदों का जीवन ही राममय है। उनका तन-मन-धन रामार्पित है।

महाभारत के किसी भी पात्र व प्रसंग के साथ इस प्रकार के अटूट संबंध को नहीं देख सकते हैं। जानपदों की मानसिकता एवं कल्पनाशीलता विलक्षण होती है। निस्सहाय, निरपराधी, झूठे आरोपों के शिकार होकर असीम दुख झेलनेवाले पात्र व प्रसंग उनके चित्त को शीघ्र आकर्षित कर लेते हैं। रामायण के आख्यान-उपाख्यानों में इसी प्रकार के मार्मिक स्थलों ने इन लोक गायकों को अपनी ओर खींच लिया है। इतना ही नहीं, जानपदों की दृष्टि में सीता और राम भगवद् अंश के अवतार पात्र नहीं हैं। वे दुखों में रोनेवाले और सुखों में तन्मय होकर आनंद मनानेवाले साधारण से स्त्री-पुरुष हैं। शायद इस दृष्टि के कारण ही वे सीता और राम को अपने से अलग नहीं मानते हैं, बल्कि अपने में एक मानते हुए उनके साथ तादात्म्य हो उठते हैं। इसलिए सीता-राम न केवल उनके आदर्श पात्र बने हैं, बल्कि अत्यंत आत्मीय पात्र भी।

लोक रामायणों के संग्रह कार्य

'रामायण' भारतीयों का आदिकाव्य ही नहीं बल्कि भारतीयों की 'भावना' व जीवन-दर्शन का प्रतिबिंब भी है। वाल्मीकि रामायण के पूर्व अष्टादश पुराणों में राम और उनकी कथा का विवरण प्राप्त होता है। वाल्मीकि ने उन कथाओं से वस्तु ग्रहण की होगी। परन्तु इसके स्पष्ट प्रमाण प्राप्त नहीं होते हैं। वाल्मीकि के बाद वाल्मीकि से अत्यधिक प्रभावित तथा उन्हें अपने प्रिय कवि के रूप में माननेवाले महाकवि कालिदास के 'रघुवंश' में रामकथा के साथ-साथ सूर्यवंशीय राजाओं का विपुल व सुंदर वर्णन मिलता है। कालिदास के बाद संस्कृत में रामकथा की एक सुष्ट परंपरा प्राप्त होती है। संस्कृतेतर भारतीय भाषाओं में इतनी प्राचीन परंपरा मिलती नहीं है। परन्तु 10वीं शताब्दी ई.से सभी भारतीय भाषाओं में रामकथा साहित्य या रामायण काव्य लिखे गये हैं।

शिष्ट रामायणों की इस सुदृढ़ व समृद्ध परंपरा के समानांतर जनश्रुतियों के रूप में किंवा लोक प्रचलित लोकरामायणों की एक लंबी परंपरा रही होगी। यह कहना आज कल्पनाजनित व प्रतिबद्ध आक्षेप हो सकता है कि शिष्ट रामायणों का आधार लोक प्रचलित ये लोक रामायण ही रही होंगी। शिष्ट रामायणों का रस ग्रहण पांडित्य प्रतिभा की अपेक्षा करता है। वस्तुतः काव्य शास्त्रीय नियमों तथा साहित्यिक सूक्ष्मताओं के आलोक में ही इनका रसास्वादन संभव है। परन्तु लोक रामायणों की संप्रेषणीयता इनमें से किसी की भी अपेक्षा नहीं रखती है। उनका रूप गठन व शैली शिल्प की वैशिष्टचता लोकग्राह्य के लिए अतिसुलभ है। लोक चित्त को आकर्षित करने तथा उत्तेजित करने के सभी साहित्यिक संस्कार उनमें बहुत सरल रूप में भरे रहते हैं। उनमें व्यक्त विचार अनुभव प्रसूत है। वे जीवन के सुख-दुखों के निछोड़ से बने घोल मात्र ही हैं। इसलिए वे अपनी सरलता एवं सरसता में लोक चित्त को मोह लेते हैं। प्रामाणिक अनुभवों के सतत संशोधित होने के कारण ये लोक रामायण प्राचीन होते हुए भी अर्वाचीन लगती हैं। इनकी लंबी परंपरा तो है ही लेकिन इनके उद्भव के समय का पता लगाना आसान काम नहीं है बल्कि असंभव भी है।

कथा गायन भारतीयों की अतिप्राचीन साहित्यिक परंपरा है। वैदिक काल में ही ऋषि-आश्रमों में वेदों का पठन-गायन होता था। वेदों के उपरांत अष्टादश पुराण भी इसी शैली में लोक प्रचलित हुए। पुराणों का लोक प्रसार भी इसी गायन शैली में ही होता था। आदि काव्य माने जानेवाली वाल्मीकि रामायण भी लवकुश के द्वारा गायन शैली में ही लोक प्रसारित हुई थी। वाल्मीकि ने अपने आश्रम बालक व श्रीरामचंद्र जी के पुत्र लव और कुश को पूरी रामकथा को सुनाया था। फिर लव और कुश ने उसी रामकथा को अश्वमेध यज्ञ के पहले श्रीरामचंद्र जी के दरबार में गायन किया था। वाल्मीकि रामायण में उल्लिखित यह प्रसंग ही दो अमूल्य प्रमाण प्रस्तुत करता है। पहला किसी भी कथा के लोक प्रसार के लिए 'गायन' एक सरल साधन था। तथा जनता कथागायन को अत्यधिक पसंद करती थी।

दूसरा लोक कथा गायन आदि काव्य शिष्ट रामायण से भी प्राचीन है। ये दोनों प्रमाण लोक रामायण परंपरा को न केवल अतिप्राचीन सिद्ध करते हैं बल्कि शिष्ट रामायणों के लिए वे ही अजस्र स्रोत होने के तर्क प्रस्तुत करते हैं।

यह तथ्य यह सिद्ध कर देता है कि लोकरामायण शिष्ट रामायणों से अतिप्राचीन हैं। इस अतिप्राचीन परंपरा का उद्गम स्थल तक पहुँचने के लिए आज कोई साधन उपलब्ध नहीं है। न ही अतिप्राचीन काल में प्रचलित लोक रामायण आज प्राप्त ही होती है। अनेक युगों से जनता के कंठ में अनाश्रुत ही अजस्र धारा के रूप में प्रवाहित होनेवाली अनेक लोक रामायण अलिखित ही अथाह काल सागर में संगम हुई होंगी। यह इसलिए विश्वसनीय एवं प्रामाणिक लगता है कि आज उपलब्ध लोक रामायण संख्या में अत्यल्प हैं। काल प्रवाह से बचकर सहज जीवन बल से पोषित होकर लोक साहित्य के साहसी संग्रहकर्ताओं की लेखनियों के स्पर्श से बहुत कम रचनाएँ जनालोक में आ पायी हैं। संग्रहकर्ताओं की लेखनियों से दूर और भी कई रामायण जनता के मध्य में आने से वंचित हैं।

यह मानना पड़ेगा कि तेलुगु में लोक रामायणों के संग्रह कार्य कम ही हुए हैं। संग्रहकर्ताओं के कठिन प्रयासों से प्रकाश में आयी और जनता को अपने सहज सौंदर्य से अभिभूत करनेवाली लोक रामायण सख्या में बहुत ही कम हैं। आंध्र के सभी प्रदेशों में परिव्याप्त इन लोक रामायणों को संग्रह करने के कार्य अत्यंत अपेक्षणीय व प्रशंसनीय हैं। इस महती कार्य में योगदान देनेवाले महानुभाव नित्य स्मरणीय हैं। सभ्य जनता एवं पंडितों से भी प्रशंसित इस महती कार्य को आंध्र में सबसे पहले संपन्न करनेवाले विद्वानों में श्री नंदिराजु चलपतिराजु का नाम बड़ी आदर के साथ लिया जाता है। श्रीकृष्णश्री 'श्री पाद गोपाल कृष्णमूर्तिजी' के अनुसार वे स्त्रियों के वाणिबद्ध वाङ्मय के पितामह है। उन्होंने सन् 1900 ई. में और सन् 1903 ई. में स्त्रियों के द्वारा गाये जानेवाले अनेक गीतों का संग्रह करके प्रकाशित किया है। इन में अनेक छोटे गीतों के साथ साथ अनेक लंबे कथा-गीत भी संकलित हैं।

श्री राजु के स्तर के तथा श्री राजु जैसे लोक गीत संग्रह कार्य करनेवाले वरिष्ठ लोकविद् श्री मंगु रंगनाथ राजु जी हैं। उन्होंने सन् 1905 ई. में 'नूरु हिंदू स्त्रील पाटलु' (हिंदू स्त्रियों के सौ गीत) नामक शीर्षक के अंतर्गत स्त्रियों के गीतों के साथ-साथ 'तुलाभारमु' नाम से कुछ यक्षगानों को (आंध्र के लोक नाट्य रूप) भी प्रकाशित किया है। सन् 1905 ई. में और सन् 1950 ई. के बीच में छोटे-छोटे लोकगीतों के कई संग्रह प्रकाशित हुए हैं। लोकगीतों के संग्रह-कार्य में उल्लेखनीय योगदान 'आंध्र सारस्वत परिषद्' हैदराबाद संस्था की ओर से भी हुआ है। इसी लक्ष्यपूर्ति के लिए इस संस्था की स्थापना सन् 1955 ई. में हुई थी। इस संस्था ने रामायण, महाभारत, शैवागम वेदांत आदि विषयों से संबंधित लोकगीतों को संकलन करके प्रकाशित किया है। इसके साथ ही इस संस्था ने आंध्र की स्त्रियों के द्वारा गाये जानेवाले लोक गीतों के अनेक संग्रह भी प्रकाशित किये हैं। इसी साहित्यिक संस्था की ओर सन् 1955 ई. में श्रीकृष्णश्री के संपादन में 'स्त्रील रामायणपु पाटलु' (रामकथा पर आधारित स्त्रियों के गीत) शीर्षक से स्त्रियों के द्वारा गाये जानेवाले लंबे लोकगीतों का प्रकाशन हुआ है। इस ग्रंथ में लगभग 42 छोटी-बड़ी लोक रामायण संकलित हैं। श्रीकृष्णश्री के द्वारा लिखित इस ग्रंथ की भूमिका भी अत्यंत महत्व रखती है। इस भूमिका के द्वारा उन्होंने न केवल आंध्र लोक रामायणों का संक्षिप्त परिचय प्रस्तुत करते हुए उनकी विशेषताओं पर प्रकाश डाला है बल्कि लोक साहित्य के प्रति रुचि रखनेवाले तथा लोक साहित्य के संग्रहकार्य के प्रति प्रतिबद्ध संग्रहकर्ताओं को इस प्रकार के संग्रह कार्य करने की बलवती प्रेरणा दी है। इनसे प्रेरणा एवं प्रोत्साहन प्राप्त करके बाद में अनेक संग्रहकर्ताओं ने तेलुगु की लोग-रामायणों के संग्रह कार्य किए हैं।

स्त्रियों के द्वारा गाये जानेवाले लोक गीतों को संग्रह करके उनका वर्गीकरण विश्लेषण करके विविध पत्र-पत्रिकाओं में उन को उचित स्थान दिलाने की चेष्टा करनेवालों में श्रीकृष्णश्री के साथ- साथ श्री टेकुमल्ल कामेश्वरराव

भी अग्रणी हैं। इन के प्रयास अप्रतिम एवं अमोघ हैं। श्रीकृष्णश्री की लोक रामायणों से संबद्ध लेख 'भारती', 'किन्नेरा', 'गृहलक्ष्मी' आदि तेलुगु की प्रमुख पत्रिकाओं में प्रकाशित हुए हैं। उनमें 'स्त्रील कथा गेयमुलु' (स्त्रियों के कथागीत), 'स्त्रील गेय कथलु' (स्त्री कथा गेयमुलु) स्त्रियों के कथा गीत 'स्त्रील गेय कथलु', स्त्रियों की गीत-कथाएँ 'स्त्रील परमार्दिक गेयमुलु', स्त्रियों के वेदांत परक गीत 'देशी सारस्वत विभूति' ग्रामीण साहित्य विभूति, 'स्त्रील गेय कथा वाङ्मयमु' स्त्रियों के कथा गीत वाङ्मय नामक शीर्षकों से प्रकाशित हुए हैं। श्री टेकुमल्ल कामेश्वर राव जी ने 'गृहलक्ष्मी', 'सौभाग्य', 'किन्नेरा' नामक पत्रिकाओं में 'स्त्रील पाटलु' (स्त्रियों के गीत) नाम से अनेक लंबे गीतों का प्रकाशन करवाया है। उन्होंने सन् 1953-55 ई. के बीच उपर्युक्त पत्रिकाओं में प्रकाशित अपने लेखों को पुस्तकाकार में 'आंध्र जानपद गेय वाङ्मय चरित्र मोदटि संपुटमु' (आंध्र लोकगीत वाङ्मय का इतिहास-पहला खंड) शीर्षक से प्रकाशित किया है। इसमें रामकथा पर आधारित अनेक लोकगीत संगृहीत हैं।

लोक रामायणों पर काम करनेवाले एक और शीर्षस्थ विद्वान श्री नेदुनूरि गंगाधरमजी हैं। उन्होंने मिथकीय कथाओं पर आधारित लोक गीतों को 'पुराण साहित्यमु' नाम से अपने 'मुन्नीरु' नामक लोक साहित्य ग्रंथ में संग्रह करके प्रकाशित किया है। इसमें रामकथा से संबंधित अनेक लोक गीत उपलब्ध होते हैं। श्रीहरि आदिशेषुवु जी ने भी कथा गीतों को स्त्रियों के गीतों के रूप में स्वीकार किया है। मिथकीय वस्तु पर आधारित इन लोकगीतों को उन्होंने फिर रामायण कथा पर आधारित, महाभारत कथा पर आधारित तथा महाभागवत कथा पर आधारित गीतों के रूप में अलग-अलग वर्गीकरण किया है। लोक साहित्य के बहुमुख पारखी विद्वान आचार्य बिरुदु राजु राम राजु ने सन् 1958 में अपने शोध प्रबंध 'तेलुगु जानपद गेय साहित्यमु' को प्रकाशित करते हुए कहा था कि श्री नेदुनूरि जी ने कथागीतात्मक 50 लोक रामायणों को संग्रह किया है।[5] उन रचनाओं के नामोल्लेख करते हुए उन्होंने कुछ रचनाओं का संक्षिप्त परिचय व विशेषताओं का विश्लेषण भी किया है।

सन् 1972 ई. में 'जानपद कला संपदा' नामक ग्रंथ में आचार्य तूमाटि दोणप्पा जी ने रायलसीमा प्रदेश में विविध संदर्भों में गाये जानेवाले रामकथा पर आधारित अनेक लोक गीतों को संग्रह करके 'रायलसीमा पल्ले पाटलु-रामायणमु' (रायलसीमा प्रांत के ग्राम गीत और रामायण) नामक शोधपरक लेख को प्रकाशित किया है। इसमें संगृहीत कथागीत छोटे-छोटे होने पर भी रायलसीमा प्रदेश में लोकप्रिय राम कथांशों को स्पष्ट करने में अत्यंत सक्षम दिखाई पड़ते हैं। इनके बाद सन् 1982 ई. में डॉ. जी.यस. मोहन जी ने 'स्त्रील पाटलु-अनंतपुरमु मंडलमु' नामक शोध प्रबंध के लिए लगभग तीस कथागीतों को संग्रह किया है। उनमें 'श्री रामुल जननमु', 'एरुकल गद्दे' नामक दो रचनाएँ विशेष उल्लेखनीय हैं। जो आंध्र प्रदेश के अनंतपुर जिले में गाये जानेवाले राम कथा पर आधारित कथागीत हैं। सन् 1982 ई. में ही श्री एल्लोरा जी ने 'जानपद साहित्यमु' (लोक साहित्य) ग्रंथ के द्वारा अनेक लोकगीतों का संग्रह किया है। उसमें 'राम कथामृतमु' नामक अध्याय में 'रामनाममु', 'ऊर्मिल सुषुप्ति', 'आलोचनालोचनमु', 'लक्ष्मणोदार्पुलु', 'सीतम्म वेविल्लु' नामक लंबे गीतों के साथ-साथ रामकथा पर आधारित अनेक छोटे-छोटे गीतों का भी संग्रह करके प्रकाशित किया है।

सन् 1983 ई. में डॉ. रावि प्रेमलता जी ने 'तेलुगु जानपद साहित्यमु पुराणगाथलु' (तेलुगु लोक साहित्य : मिथकीय गाथाएँ) नामक शोध प्रबंध के लिए खासकर आंध्र के तेलंगाना जनपद में गाये जानेवाले अनेक रामायण गीतों को संग्रह किया है। सन् 1987 ई. में डॉ.चिगिचर्ला कृष्णा रेड्डी जी ने 'ग्रामीण संस्कृति-अनंतपुरमु जिला जानपद गेयालु' (ग्रामीम संस्कृति : अनंतपुर जिले के लोकगीत) नामक ग्रंथ में प्रकाशनार्थ अनेक लोक गीतों का संग्रह किया

है। इसमें विशेषकर (पृ. 53,56) उत्तर रामायण से संबद्ध एक लंबा लोक गीत संगृहीत हैं। इसके अतिरिक्त प्रस्तुत ग्रंथ के लेखक को भी उत्तर रामायण से संबंधित एक लंबा कथागीत प्राप्त हुआ है। जिसे उन्होंने सन् 1993 ई. में प्रकाशित किया है। यह लंबा कथागीत आंध्र प्रदेश के कर्नूल जिले के नंद्याल प्रांत में अत्यंत प्रचलित है।

इस प्रकार तेलुगु में अब तक प्रकाश में आयी लोक रामायण संख्या में अत्यल्प तो हैं। परन्तु वे यह सिद्ध कर देती हैं कि आंध्र में रंगनाथ रामायण, भास्कर रामायण, मोल्ल रामायण आदि शिष्ट रामायणों के समानांतर अनेक लोक रामायण प्रचलित थीं। आंध्र में इन लोक रामायणों का प्रचलन यह स्पष्ट कर देता है कि आंध्र की जनता इन लोक रामायणों से अत्यधिक निकट संबंध रखती है। इस घनिष्ठ संबंध के कारण ही समयानुसार आंध्र के लोक जीवन में हुए परिवर्तन इनमें परावर्तित हुए हैं। इन परिवर्तनों ने लोक रामायणों को अधिक प्रामाणिक, विश्वसनीय व जीवनानुकूल बना दिया है। इन परिवर्तनों के कारण ही शिष्ट रामायणों से भिन्न अनेक नये-नये उत्तेजित करनेवाले रोचक प्रसंगों ने इनमें स्थान प्राप्त किया है। वे प्रसंग और इनके द्वारा व्यक्त विचार जीवनानुभव प्रसूत हैं। इसलिए वे अत्यधिक सहज व प्रामाणिक तथा हृदयस्पर्शी होते हैं। जीवन को भिन्न कोण से परखने की इनकी अनोखी दृष्टि कभी-कभी पांडित्य प्रतिभा से लदी रामायणों से अधिक संप्रेषणीय व विश्वसनीय लगती है। कालानुसार प्रक्षिप्त ये प्रसंग जीवन के उतार-चढ़ाव के सूचक भी हैं। साथ ही सांस्कृतिक परिवर्तनों के कारणों एवं दिशाओं की ओर संकेत करनेवाले दीप स्तंभ भी हैं। इसलिए भारतीय संस्कृति को समझने में वे लोक रामायण अत्यधिक उपयोगी सिद्ध हो सकती हैं। भारतीय संस्कृति की संपूर्ण व समग्र पहचान इन लोक रामायणों से संभव है। अतः प्रकाशन से दूर आज भी जन हृदय में प्रचलित इन लोक रामायणों का संग्रहण-प्रकाशन कार्य भारतीय सभ्यता एवं संस्कृति की पुनर्रचना की दिशा में श्लाघनीय होंगे।

तेलुगु लोक रामायण और उनका स्वरूप

रामायण मात्र मिथकीय काव्य या रामकथा काव्य ही नहीं बल्कि वह भारतीयों के धर्म, भक्ति, श्रद्धा, आदर्श, सभ्यता व संस्कृति आदि के रूपबद्ध आदर्श राष्ट्रीय ग्रंथ हैं। रामायण लौकिक और अलौकिक साधना के लिए परम उपजीव्य कथा काव्य है। जिस लौकिक साधना से भारतीय अलौकिक जीवन प्राप्त करना चाहते हैं वह साधना रामायण में अतिसुलभ रूप में विवेचित है। रामायण भारतीय जीवन आदर्श का मेरुदंड है। रामायण भारतीय मूल्यों का उत्कृष्टतम मानदंड भी है। भारतीय जीवन के सुख-दुख, जय-पराजय, जीवन-मूल्यों के ह्रास-विकास के लिए रामायण ही साक्षी है। भारतीयों के पौराणिक, धार्मिक और साहित्यिक साधना के श्रेष्ठ रूप रामायण में प्राप्त होते हैं। रामायण इस रूप में भारतीय जीवन में काफी महत्व रखती है। इस अप्रतिम महत्व के कारण ही रामायण भारतीय जीवन का अभिन्न अंग बन गयी है।

रामायण के द्वारा भारतीय जीवन को अच्छी तरह समझा जा सकता है। भारतीय जीवन का विकास, संघर्ष, अच्छाई-बुराई रामायण में परावर्तित होती रही है। इसलिए रामायण भारतीय सांस्कृतिक विकास का अकथनीय साक्ष्य ग्रंथ भी है। भारतीय संस्कृति के सभी तत्व अपने श्रेष्ठ एवं आदर्श रूप में रामायण में परिलक्षित होते हैं। भारतीय संस्कृति भिन्नता में एकता की अनोखी संस्कृति है। जीवन की भिन्नता ही इस विलक्षणता का मूल कारण है। जीवन और साहित्य का आपसी संबंध व अटूट संबंध होता है। साहित्य जीवन संघर्ष से उद्भूत बौद्धिक संचित ज्ञान है। जीवन की आधारभूत सुविधाओं की भिन्नताएँ जीवन-संघर्ष को भी भिन्न बनाती हैं। इसलिए साहित्य में प्रादेशिक जीवन-संघर्ष अपने प्रामाणिक रूप में व विलक्षण रूप में परावर्तित होता है। यही जीवन में सांस्कृतिक भिन्नता के रूप में दिखाई पड़ती है। वही साहित्य में विलक्षण चित्रणों व पात्रों के सृजन के लिए कारण भी बनता है। इसलिए साहित्य में प्रादेशिक जीवन की पूरी संस्कृति ही झलकती है। प्रादेशिक जीवन भिन्न होने के कारण ही उस पर आधारित साहित्य भी भिन्न प्रकार का हो जाता है। ये भिन्नताएँ मात्र प्रदेश सापेक्ष ही नहीं होती हैं। बल्कि काल सापेक्ष भी होती है। जीवन व जीवन-मूल्य काल सापेक्ष ही होते हैं। समय के साथ संघर्ष पर आधारित मूल्य बदलते रहते हैं। साहित्य भी इन बदलने वाले मूल्यों को आत्मसात करता है। अतः एक ही साहित्य में मूल्यों के ह्रास-विकास तथा जीवन के उत्थान-पतन को रेखांकित किया जा सकता है। दूसरे शब्दों में सांस्कृतिक भिन्नताएँ काल सापेक्ष भी होती हैं।

अनेक स्तरों पर भिन्नताओं के होने के बावजूद एकता के भी सुदृढ़ सूत्र भारतीय जीवन या साहित्य में देख सकते हैं। जैसे गुलाब का पेड़ तो एक ही है। उसका जैविक व तात्विक तत्व भी एक ही है। पर उससे निकलनेवाले फूल भिन्न रंगों के हैं। यह बात मिथकीय कथाओं का ग्रहण और संप्रेषण के क्षेत्र में भी देखी जा सकती है। अनादि से भारत में अनेक मिथकीय कथाओं व साहित्यिक परंपराओं का प्रचार रहा है। परन्तु भारत के विभिन्न प्रदेशों में इन मिथकीय

कथाओं और साहित्यिक परंपराओं का ग्रहण और संप्रेषण एक जैसा नहीं रहा है। प्रादेशिक भिन्नताओं के आलोक में ही यह हुआ है। इसलिए उन मिथकीय कथाओं में तथा साहित्यिक परंपराओं में प्रादेशिक विशेषताएँ भी आ गयी। प्रादेशिक जन जीवन की समस्त विशेषताएँ तथा उनकी सांस्कृतिक मौलिक धारणाएँ उन मूल मिथकीय कथाओं में प्रक्षिप्त होती गयीं। इसी से भारत के विभिन्न प्रदेशों में एक ही मिथकीय कथा के विभिन्न रूप पाये जाते हैं। इसे उस प्रदेश विशेष की मौलिक देन मान लेनी चाहिए। रामायण या रामकथा इसका अपवाद नहीं है। रामकथा मूल में वाल्मीकि प्रसूत है। परन्तु प्रादेशिक भाषाओं में भिन्न कोटि की रामायण मिलती हैं। यह भी मान लेना चाहिए कि भारतीय भाषाओं में उपलब्ध होनेवाली अधिकांश रामायणों का मूल प्रेरणा-स्रोत वाल्मीकि रामायण ही है। प्रादेशिक भाषाओं में उपलब्ध होनेवाली रामायणों की भिन्नता के लिए मुख्य कारण प्रादेशिक भिन्नता, जनजीवन का बदलाव, सभ्यता-संस्कृति, आचार-व्यवहारों की भिन्नता, जलवायु की भिन्नता, भिन्न चिंतन धाराएँ तथा कल्पना वैषम्य आदि है। तेलुगु भाषा भी इसका अपवाद नहीं है। तेलुगु भाषा प्रदेश की विभिन्न अनोखी विशेषताओं के अनुरूप ही तेलुगु में भी भिन्न प्रकार की अनेक रामायण लिखी गयी है। उनकी संख्या एवं उनका परिचय देना यहाँ अनावश्यक है। परन्तु तेलुगु भाषा प्रदेश में बहु प्रचलित लोक रामायणों का परिचय देना इस विषय का मूल आशय है।

कवियों एवं पंडितों के द्वारा लिखित शिष्ट रामायणों का अध्ययन-विश्लेषण, व्याख्या-विवेचन कई बार कई स्तरों पर किया गया है। किंतु युग युगों से लोक कवि गायकों के अमंद कंठों में ही साँस लेते-गूंजने वाली कलम के स्पर्श से दूर लोक रामायणों की संख्या असीम एवं अनिर्णीत है। पानी पर तैरनेवाली बर्फ की तरह इनकी संख्या का सही अनुमान लगाना असंभव है। फिर भी लोक साहित्य के संग्रह कर्ताओं के साहसी तथा निष्ठा से भरे कार्यों के फलस्वरूप आज कुछ लोक रामायण अपने लिपिबद्ध रूप में उपलब्ध हो रही हैं। यह निर्विवाद रूप से कहा जा सकता है कि इनको छोड़कर और भी कई रामायण लोक गायकों के कंठों में ही वास करते हुए अजस्र बह रही हैं। प्रसिद्ध लोक साहित्य-विद् व चिंतक आचार्य बिरुदुराजु राम राजु दावा करते हैं कि उन्होंने इस प्रकार के प्रकाशित 50 लोक रामायणों को एकत्र किया है।[6] उनमें से कुछ रामायणों के नाम या शीर्षक भी उन्होंने दिये हैं। जैसे कूच कोंड रामायणमु, शारद रामायणमु, श्रीमद्रामायणमु, धर्मपुरी रामायणमु, राम सुधार्ववमु, मोक्षगुंड रामायणमु, सूक्ष्म रामायणमु, श्री राम दंडमुलु, रामायण गोब्बि पाट, श्रीराम जावलि, अडविशांत पेंड्लि, सेतु गोविंद नाममु आदि हैं।

मुख्यतया तेलुगु में अब तक तीन प्रकार की लोक रामायण प्रकाश में आयी हैं। दूसरे शब्दों में अब तक तेलुगु में तीन प्रकार की लोक रामायणों का प्रकाशन ही संभव हो सका है। पहले प्रकार के अंतर्गत उपर्युक्त सभी रामायण आती हैं। जिनमें रामकथा पूर्ण रूप से वर्णित है। रामकथा के कुछ इनेगिने अंशों के आधार पर लिखी गयी रामायण दूसरे प्रकार के अंतर्गत आती हैं। जैसे रामुलवारिअलुका, श्रीरामुल उग्गु पाट, शांता कल्याणमु, पुत्रिकामेष्टि, कौसल्य वेविड्लु, राघव कल्याणमु, सुंदरकांड पदमु, ऋषुला आश्रममु, सुग्रीव विजयमु, कोवेल रायभारमु, अंगद रायभारमु, कुशलव कुच्चल कथा, कुश लव युद्धमु, वेपूरि ब्रतुकम्म कुशलव पाट, कुशलव होममु, पाताल होममु, शतकंठ रामयणमु आदि इस प्रकार के अंतर्गत आनेवाली लोक रामायण हैं। तीसरे प्रकार के अंतर्गत आंध्रों की आत्मजा सीता को ही आधार बनाकर लिखी गयी रामायण आती हैं। सीता वसंतमु, सीता वामन गुंटलु, सीतम्मवारि अलुका, सीता पुट्टुक, सीता कल्यणमु, सीतनु अत्तवारिंटिकिम्पुट, सीता समर्ता, शुभ गोष्टि, सीता घडिया, सीता सुरटि, सीता मुद्रिकलु, सीता आनवालु, सीता अग्निप्रवेशमु, सीता वेविड्लु आदि इसी प्रकार की कृतियाँ हैं। ये तीनों प्रकार की रामायण तेलुगु के अथाह लोक साहित्य सागर गर्भ से चुनी हुई चंद मोतियाँ हैं। और भी अनेक इस प्रकार की बहुमूल्य मोतियाँ लोक-साहित्य-सागर के अनंत अंध गर्भ में अन्वेषकों की प्रतीक्षा करती होंगी।

उपर्युक्त लोक रामाणमों में रावण वध के बाद श्रीराम जी का राज्याभिषेक, सीता का वनवास, कुशलव जन्म, श्रीराम से कुशलव का युद्ध, कुशलव का राज्याभिषेक आदि उत्तर रामायण संबंधी प्रसंगों को लेकर लिखी गयी रामायण अत्यल्प हैं। आंध्र में 'सीता' पात्र अत्यंत लोक प्रिय पात्र है। अनेक दुखों से भरा उसके जीवन में वनवास का प्रसंग बहुत महत्व का है। बगैर अपने किसी अपराध के उसे दूसरी बार वनवास झेलते देखकर जानपदों के हृदय करुणा से पिघल जाते हैं। जानपद में इस प्रकार की मान्यता प्राप्त करने के कारण, बहुत कम संख्या में प्रकाशित होने के बावजूद उत्तर रामायण कथा से संबद्ध प्रसंग लोक गायकों के अतिप्रिय प्रसंग माने जाते हैं। आंध्र प्रदेश के तेलंगाना प्रदेश की 'बाल संतु' जाति के लोक गायकों का परिचय देते हुए डॉ. रावि प्रेमलता जी ने इसकी प्रकार का विचार प्रकट किया है। उन्होंने लिखा है कि तेलंगाना प्रांत में इस जाति के लोग घर-घर भीख माँगते हुए लोक गीतों को गाते अपनी जीविका चलाते हैं। उनसे उत्तर रामायण संबंधी गीत सुनकर श्री प्रेमलता जी लिखती हैं कि रावण वध के बाद रावण से मुक्ति प्राप्त करने पर भी सीता के दुख दूर नहीं हुए। धर्म रश्रक, प्रजा रक्षक श्रीराम एक साधारण धोबी की बातों पर विश्वास करके पतिव्रता सीता जी को दूसरी बार जंगल भेजने का प्रसंग जानपदों के भावावेग का कारण बनता है। रामकथा संबंधी गीत गाने के लिए जब मैंने उनसे पूछा तो उन्होंने सर्वप्रथम सीता के इस दूसरी बार के वनवास से संबद्ध उत्तर रामायण को ही गाकर सुनाया है।[7]

अब तक उपलब्ध उत्तर रामायण संख्या में कम होने पर भी जनता में उनके प्रति अत्यंत प्रेम और बार-बार सुनने की बलवती इच्छा दृष्टिगोचर होती है। उपर्युक्त रामायणों में जहाँ संपूर्ण रामकथा गायी गयी है वहाँ विधिवत उत्तर रामकथा वर्णित हुई है। उनके अतिरिक्त अलग स्वतंत्र रूप में कुशलायकमु, कुशलव कुच्चल कथा, कुशलवुल युद्धमु, वेपूरि ब्रतुकम्म कुशलव पाट, कुशलव होममु आदि उत्तर रामकथा पर ही आधारित कृतियाँ अब तक प्रकाश में आयी हैं। इनमें से अधिकांश तटवर्ती आंध्र और तेलंगाना प्रांत में गाये जानेवाली हैं। रायलसीमा प्रांत के गीत अभी प्रकाश में नहीं आये हैं, ऐसा विद्वानों का विचार है । 'स्त्रील रामायणपु पाटलु' नामक ग्रंथ के लिए गीतों का संकलन करते हुए श्रीकृष्णश्री और 'जानपद कला संपदा' नामक ग्रंथ के लिए भूमिका लिखते हुए राल्लपल्लि अनंतकृष्ण शर्मा जी ने इस बात का दुख प्रकट किया है।

इस रूप में स्वतंत्र रूप में प्रकाशित हुई रामायणों के साथ कथागीत वर्ग से अलग स्त्री या पुरुष विविध संदर्भों में गानेवाले छोटे-छोटे लोकगीतों में भी रामकथा से संबंधित अनेक प्रसंग पाये जाते हैं। उदाहरण के लिए सोहनी के गीत, जांत गीत, लोरी गीत, रोपन के गीत, सयानी गीत आदि इसी कोटि के अंतर्गत आते हैं। उनमें से मुख्य एवं रोचक लगनेवाले कुछ गीतों का यहाँ उल्लेख करना मैं आवश्यक मानता हूँ। आचार्य तूमाटि दोणप्पा जी ने रायलसीमा प्रांत के विविध संदर्भों में गाये जाने वाले इस प्रकार के अनेक गीतों को इकट्ठा करके प्रकाशित करवाया है।

सर्वप्रथम एक जांत गीत है। संदर्भ सीता स्वयंवर का है। राम ने शिव धनुष तो तोड़ दिया है। जनक महाराज के घर में विवाह के क्षण हैं। विवाह की तैयारी में भारी भीड़ व कोलाहल है। स्त्रियाँ विवाहोपयोगी वस्तुओं की तैयारी में अत्यंत व्यस्त हैं।

मुत्याल रव्राल मुत्तैदुलारा
इन्टिलो जेसेरु ऐ मेमि पनुले
गोधुमलु इसिरेरु गोड बूसेरु
पन्दिर्लु येसेरु पसुपु दन्चेरु

जनकुल सीतम्म पेंड्लि पनुलम्मा
नल्ल नल्लनि रूपु नयनालु येरुपु
वारि भाषाल तोड वाकिट निलिचि
भाम नडुगोच्चिन वारलेवरम्मा
सीता नडुगोच्चिन सिरि मन्तु लेवरु
कौसल्या तनयुले काकुच्चकुलुले
साकेत रामुल्ले शांत तम्मुल्ले
कूतुरु सन्नादि कुलमु दोड्डादि
अन्तकु सन्नोडे अइवोद्धि रामु
सिवु विल्लु विरिसिन सिरिये वोलनिरि

(इस गीत में काम करनेवाली स्त्रियाँ एक-दूसरे से प्रश्न कर रही हैं। जनक महाराज के महल में स्त्रियाँ विवाह की क्या-क्या तैयारियाँ कर रही हैं? गेहूँ पीस रही हैं, दीवारें पोत रही हैं। तम्बू डाल कर हल्टी कूट रही हैं। काले-काले और जिसकी आँखें लाल हैं। वह कौन है कि जो सीता के साथ रिश्ता तय करने आये हैं। शायद वह कौसल्या पुत्र हैं। इक्ष्वाकु वंशज हैं। शांता के छोटे भाई हैं। हमारी बेटी तो छोटी है। उनका कुल अति ऊँचा है। उससे भी बढ़कर अयोध्या के राम दुबले पतले और अतिसुंदर हँ। बताओ बाई कितना कन्याशुल्क दिया जा रहा है। शिव धनुष तोड़नेवाले श्रीराम ही कन्या शुल्क है।)

गाँवों में खासकर फुरसत के समय स्त्रियाँ या पुरुष कोलाट (एक फुट साइज की छोटी-छोटी रंगीन लाठियाँ) खेलते-खेलते गीत गाते हैं। इस प्रकार के गीतों में भी रामकथा के प्रसंग दिखाई पड़ते हैं। इसी प्रकार के निम्न गीत में भी रामकथा का प्रसंग आया है। निम्नगीत में रावण हनुमान संवाद है। रावण लंका के सामने अयोध्या को तुच्छ ठहराना चाहता है। इसलिए हनुमान के सामने लंका की तुलना अयोध्या से करने लगता है। इस प्रसंग पर आधारित निम्न गीत अत्यंत मनोहर बन पड़ा है—

माटिकि माटिकि नन्नु माटिमाटिकि नन्नु
वोरोरि अंटावु येराजु बन्टुवुर वोरी
श्री राम बंटुन्नी माराजु सुग्रीवुलु
अंजना तनयुड अनुमन्न नापेरु वोरी
मी पट्नमुलोन मी पट्नमुलोन
इट्लांटि रच्चलु येन्नेन्नि गलवुर वोरी
मा पट्नमुलोन मा पट्नमुलोन
इट्लांटि रच्चलु जालाटि बंड लेर वोरी
मी पट्नमुलोन मी पट्नमुलोन
इट्लांटि मेडलु एन्नेन्नि गलवुर वोरी
मा पट्मुलोन मा पट्नमुलोन
इट्लांटि मेडलु बोम्मरिन्ड्लेनेर वोरी

मी पट्नमुलोन मी पट्नमुलोन
इट्लांटि वनमुलु वेन्नेन्नि गलवुर वोरी
मा पट्नमुलोन मा पट्नमुलोन
इट्लांटि वनमुलु कुराकु पादुलेरा वोरी

(इस गीत में रावण-हनुमान संवाद है। रावण हनुमान को तथा राम को नीचा दिखाने के लिए अपने लंका नगर की तुलना अयोध्या से करने की कोशिश करता है। उसी कोशिश में रावण हनुमान से प्रश्न करता है कि बार-बार मुझे तू तू कहकर संबोधन कर रहे हो तुम किसका नौकर हो? हनुमान उत्तर देता है कि मैं श्रीराम का नौकर हूँ। सुग्रीव हमारा राजा है। मैं अंजनी देवी का पुत्र हूँ। मेरा नाम हनुमान है। फिर रावण प्रश्न करता है कि तेरे नगर में पंच मंडप (इसे तेलुगु में रच्च बंड कहा जाता है। यह वह जगह है जहाँ बैठकर पंच न्याय करते हैं) कितने हैं। हनुमान उत्तर देता है कि इस प्रकार के पंच मंडप हमारे नगर में गुसलखाने के पत्थरों (जालाटि बंड) की तरह अनेक हैं। फिर रावण प्रश्न छेड़ता है कि तेरे नगर में बड़े-बड़े भवन कितने हैं? हनुमान उत्तर देता है कि हमारे नगर में इस प्रकार के बड़े भवन बच्चों के खिलौनों के सदृश्य अनेक हैं। फिर प्रश्न करता है कि तेरे नगर में इस प्रकार के सुंदर वन कितने हैं? हनुमान उत्तर देता है कि हमारे नगर में इस प्रकार के उपवन साग-सब्जी की तरह अनेक हैं।)

'लक्ष्मण मूर्च्छा' से संबद्ध निम्न सोहनी-गीत गाती हुई आंध्र की स्त्रियाँ तन्मय होती हैं। इंद्रजित के बाण से बेहोश हुए लक्ष्मण को देखकर श्रीराम बिलख-बिलखकर रो रहे हैं। दोनों के बीच के प्रेम व रागात्मक संबंध और बड़े भाई होने के नाते अपने उत्तरदायित्व का स्मरण करते आँसू बहाने वाले श्रीराम को देखकर जनता की आँखें वाष्पाच्छादित हुए बिना रह नहीं सकती हैं।

मूर्छिल्लिन तम्मुनि मूर्छिल्लिन तम्मुनि
मुंदरेसुकुनि मुनिगे दुःखमुलो लक्ष्मणा
रामुलु मुनिगे दुखमुलो लक्ष्मणा
येडमु येडमे गानि येडमु येडमे गानि
येदटि केन्नडु रावु तोडलपै कोस्तिवय्य लक्ष्मणा
बोडिलोनि कोस्तिवय्य लक्ष्मणा
एद्दु कोम्मुलवाल एद्दु कोम्मुलवाल
इद्दरुंटिमि मनमु वोंटिगान्नइति नय्या
लक्ष्मणा सोंटि तिप्पलोच्चे नय्या
कूर्चिना मुत्याल कूर्चिना मुत्याल
कुच्चुलाला मनमु कूडि उंटिमि तम्मुडा
लक्ष्मणा दागु कुंटिवे लक्ष्मणा
याडरा सीतंटे येमि जेप्पुदु तम्मुडा
लक्ष्मणा येमि जेतुरा लक्ष्मणा
कोंड गर गर दिप्पि कोंड गर गर दिप्पि
कोनले दाटे से कोंड तल्लटिस्तादि लक्ष्मणा

तम्मुड़ा गुंडि तल्ल टिस्तादि लक्ष्मणा
पगवानि बाणालु पगवानि बाणालु
पैपैन वस्ताई पलुक वेमिरा तम्मुडा
लक्ष्मणा पार जूडर लक्ष्मणा
पगवाडु गादन्न पगवाडु गादन्न
मनवाडे अनुमन्न तेस्तुंडे संजीविनी
लक्ष्मणा तेच्चेने द्रोणाद्रिनी लक्ष्मणा।[8]

(प्रस्तुत गीत में अपने अचेत भाई लक्ष्मण को सामने रखकर श्रीराम दुःख के सागर में डूब गया है। विलाप करते हुए कह रहा है कि संकोचवश हमेशा दूर-दूर रहनेवाले हे लक्ष्मण! तुम्हारा सिर आज मेरी जाँघों पर आ गया है। आज तुम मेरी गोद में आराम कर रहे हो। बैल के सींगों की तरह हम मिल जुल कर थे। हे भाई तुम आज कहाँ छिप गये हो। अयोध्या में लोग प्रश्न करेंगे कि लक्ष्मण कहाँ है? सीता कहाँ है? तो उन्हें मैं क्या जवाब दूँ। पहाड़ों को भी कँपा देनेवाले शत्रु के बाण ऊपर गिर रहे हैं। तुम बोलते क्यों नहीं? ओ मेरे भाई आँखें खोलकर देखो। वह शत्रु नहीं है। हमारा हनुमान है। संजीवनी पर्वत को उठाकर ला रहा है।)

इस प्रकार लंबे-लंबे कथागीतों के अतिरिक्त विविध संदर्भों में गाये जानेवाले छोटे-छोटे लोक गीतों में भी रामकथा पर आधारित अनेक सुंदर व भावनोत्तेजित प्रसंगों का अत्यंत मार्मिक ढंग से चित्रण हुआ है। लंबे कथानक प्रस्तुत करने में असमर्थ होते हुए भी ये अपनी सहज लय व प्रवाहमयता के कारण श्रोताओं के हृदयों पर गहरी चोट करने में अत्यंत सफल होते हैं। इन गीतों की विलक्षणता यह भी है कि वे गीत रामकथा के मूल प्रसंगों पर आधारित होने के बावजूद पग-पग पर इनमें प्रादेशिक विशेषताएँ झलकती हैं। उदाहरण के लिए सीता विवाह के दौरान महल में काम करनेवाली स्त्रियाँ सीता के विवाह में राम के द्वारा दिये जाने वाले 'कन्याशुल्क' का उल्लेख करती हैं। यह प्रसंग शिष्ट रामायणों में मिलता नहीं है। लोक कवि गायक ने इसकी कल्पना की है। स्पष्ट है कि तेलुगु में उपलब्ध होनेवाली लोक रामायण अनोखी हैं। तथा शिष्ट रामायणों से एक कदम आगे बढ़कर जीवन की छोटी सी छोटी विलक्षणताओं को रामकथा के माध्यम से प्रतिबिंबित करती हैं। यह तथ्य यह सिद्ध करता है कि लोक साहित्य लोक जीवन का सच्चा प्रतिबिंब है।

लोक रामायणों में अवाल्मीकीय अंश

यह मतभेद का विषय रहा है कि लोक रामायणों का निर्माण पंडितों के द्वारा लिखित रामायणों के आधार पर हुआ है या शिष्ट रामायणकर्ताओं ने लोक रामायणों में प्रचलित व मार्मिक प्रसंगों को अपनी रचनाओं में स्थान दिया है। दूसरे शब्दों में लोक रामायण शिष्ट रामायणों के आधार हैं। या शिष्ट रामायण ही लोक रामायणों के आधार हैं। जो भी हो अपनी अनुश्रुत, अनिर्णीत, अस्थायी प्रवृत्ति के कारण लोक रामायणों को ही मूल मानने का पक्ष थोड़ा कमजोर ही लगता है। तेलुगु में वाल्मीकि रामायण के समानांतर अनेक शिष्ट रामायण लिखी गयी हैं। अधिकांश विद्वान आलोचकों का विचार है कि अधिकांश तेलुगु रामायणों में लोक रामायणों के अनेक विचित्र व जन प्रचलित प्रसंगों का अनुकरण देखने को मिलता है। स्पष्ट है कि इस प्रकार मार्मिक एवं जनानुकूल प्रसंग जन मध्य में प्रचलित होने के बाद ही शिष्ट रामायणकर्ताओं ने अपनी कृतियों में उनको स्थान दिया है। महत्व की बात यह है कि इन लोकधारणा-लोकविचार-लोकविश्वासों पर आधारित लोक रामायणों का काल निर्णय करना भी आसान नहीं है। इससे बढ़कर चिर परिवर्तनशील लोक रामायणों का कौन सा अंश या कौन सा प्रसंग कब किसने किस विश्वास के आधार पर जोड़ा है या तोड़ा है, कहना भी कष्टसाध्य है। इसलिए कौन किस का प्रेरणा स्रोत है। लोक रामायण शिष्ट रामायणों का है या शिष्ट रामायण लोक रामायणों का है, कहना कठिन है।

परन्तु एक जन धारणा सर्वत्र यह सुनायी पड़ती है कि आदि कवि वाल्मीकि हैं। उनके द्वारा रचित रामायण महाकाव्य ही आदि काव्य है। इसलिए इस शीर्षक के विषय पर चर्चा करना न तो विषयांतर है न ही अप्रासंगिक है। युग-युगों से प्रचलित शिष्ट रामायणों के प्रसंगों व कथाओं को जानपदों ने अपने विशेष संस्कार-व्यवहार, आचार-संहिता आदि पर आधारित अपने जीवन के अनुकूल बदल लिया होगा। इसमें बाह्य-भौतिक जीवन की अपेक्षा उनकी मानसिक वृत्ति के अनुकूल की दिशा में ये परिवर्तन ज्यादा हुए होंगे। क्योंकि आदमी का मन उसके समस्त कार्य-व्यवहारों को नियंत्रित एवं दिशा निर्देशन करता है। सृजनात्मक प्रक्रिया में भी भौतिक-बाह्य प्रभावों की अपेक्षा व्यक्ति के आंतरिक मन की धारणाएँ ही ज्यादा सक्रिय भाग लेती हैं। आदमी की प्रकृति और उसकी सृजनात्मक शक्ति के बारे में तेलुगु के प्रसिद्ध कवि और आलोचक आचार्य सी. नारायण रेड्डी जी के निम्न विचार इस संदर्भ में उल्लेखनीय हैं। उन्होंने लिखा है कि मानव की प्रकृति चमत्कारमय और आवेगबद्ध होती है। कुछ विचित्र प्रवृत्तियों से आच्छादित मानव प्रकृति का प्रतिबिंब ही कविता है।[9] आचार्य नारायण रेड्डी जी ने आवेग और चमत्कार इन दोनों प्रवृत्तियों को आदमी की प्रकृति के विशिष्ट लक्षणों के रूप में स्वीकार किया है। अलिखित, अनुश्रुत लोक साहित्य में इन दोनों की प्राचुर्यता अत्यधिक दिखाई पड़ती है। नागर-पंडितों की कल्पना और लोक-कवि-गायकों की कल्पना में अंतर होने के बावजूद लोक गायकों की मनःप्रवृत्ति बहुत कुछ आवेग और चमत्कार से प्रभावित होने के नाते अत्यंत विचित्र लगती

है। उनकी कल्पना इन विचित्र संस्कारों से प्रेरित होने के कारण ही लोक साहित्य में अनेक अनोखे, रोमांचकारी प्रसंग व भाव प्रस्फुटित होते हैं। वास्तव में ये गुण ही लोक साहित्य की आत्मा है। इन्हीं के कारण ही लोक-साहित्य आदमी के हृदय में अंदर तक घुसकर अनुपम प्रभाव उत्पन्न करता है।

लोक गायकों ने वाल्मीकि रामायण व अन्य रामायणों से कथा-प्रसंग ग्रहण करने पर भी अपने जीवन के सुख-दुख, आदत-संस्कारों के सापेक्ष उनमें अनेक परिवर्तन कर दिये हैं। शिष्ट रामायणों में जीवन के उच्चतम आदर्शों का प्रतिबिंब दिखाई पड़ता है। तो लोक गायकों के लोक रामायणों में जीवन का भोगा हुआ यथार्थ। जीवन के यथार्थ और उसके सापेक्ष्य अभिव्यक्त भावों के भंडार होने के नाते लोक रामायण शिष्ट रामायणों की तुलना में अत्यंत सहज, सरल, अनुकरणीय, अपने और श्रोताओं को अपने सौंदर्य से आकृष्ट कर सकने की क्षमता रखती हैं। लोक रामायणों में व्याकरणिक नियमों, काव्य शास्त्र नियमों की अपेक्षा रसावेश और भावोत्तेजना को ज्यादा महत्व दिया जाता है। आवेग, उद्वेग और चमत्कार आदि की प्रमुखता ने कहीं-कहीं लोक रामायणों के प्रसंगों को असाधारण और कभी-कभी औचित्य से भी दूर रख दिया है। उदारता से इस प्रकार के स्थलों को लोक गायकों की विचित्र व वैशिष्टय प्रवृत्ति के अंतर्गत ही मान कर उनके गीतों पर औचित्य दोष का आरोप नहीं करना चाहिए। इस प्रकार दोषारोपण करना उनके प्रति और उनके साहित्य के प्रति अन्याय ही होगा। लोक गायकों की मनोवृत्ति और अन्य कारणों से उत्पन्न ये परिवर्तन किसी एक के द्वारा किये गये परिवर्तन नहीं हैं। कालांतर में एक से दूसरे के संक्रमण में ये परिवर्तन निष्पन्न हुए होंगे। चिर परिवर्तनशील मानव जीवन भी इन परिवर्तनों के कारणों में एक हो सकता है। इन परिवर्तनों के कारण लोक रामायण अपने अनूठे प्रसंगों, चमत्कारी घटनाओं के बल पर शिष्ट रामायणों से अलग लगने पर भी रामकथा में समुचित संशोधन करके उसको एक नया लोकप्रिय रूप प्रदान करने में अत्यंत सक्षम है। तेलुगु लोक रामायणों का उल्लेख करते हुए आचार्य बिरुदुराजु राम राजु ने इसी बात की ओर संकेत किया है। उन्होंने लिखा है कि रामकथा के प्रति आंध्र जनता की बड़ी निष्ठा है। आंध्र के जनपद में सीता-राम के जीवन को बड़ी श्रद्धा के साथ उच्च आदर्श माना जाता है। इसलिए लोक गायकों ने अपनी इच्छा से जनजीवन के अनेक सामान्य प्रसंगों को भी अपने सरस चमत्कार वृत्ति में रंग कर उसमें जोड़ दिया है।[10]

अवाल्मीकीय अंशों से भरे उनके कल्पना-चमत्कार ने पंडितों की प्रशंसा भी प्राप्त कर ली है। इसलिए बाद के रामायणकर्ताओं ने निर्भीक होकर इन प्रसंगों को अपनी रचनाओं में प्रक्षिप्त किया है। उदाहरण के लिए तेलुगु में रंगनाथ रामायण कर्ता से लेकर अनेक लोगों ने लोक रामायणों में प्रचलित प्रसंगों को अपनी रचनाओं में समुचित स्थान दिया है। इसलिए लोक-गायकों द्वारा प्रक्षिप्त नये-नये अवाल्मीकीय परिवर्तनों ने रामकथा के पुरातत्वों के रूप में प्रशस्ति प्राप्त की है। ये अवाल्मीकी तत्व आंध्र के किसी एक जनपद से जुड़े हुए नहीं हैं। भिन्न बोलियों और भिन्न प्रदेशों के होते हुए भी इनमें भावना के स्तर पर बड़ी समता परिलक्षित होती है। इस प्रकार की भाव सादृश्यता किंवा भावात्मक एकता देखकर न केवल बड़ा आश्चर्य होता है बल्कि एक सुदृढ़ राष्ट्रीय एकता की भावना की पुष्टि हो जाती है कि भारत के सभी प्रदेशों की संस्कृतियों की मूल आत्मा एक है। तेलुगु लोक रामायणों में उपलब्ध होनेवाले इस प्रकार के बहुमूल्य अवाल्मीकीय अंशों का विवरण निम्नांकित है।

'सीता' पात्र लोक गायकों का अत्यंत प्रिय पात्र रहा है। इसी कारण से लोक रामायणों में सीता का चरित्र व व्यक्तित्व से जुड़े अनेक नये-नये आयाम दिखाई पड़ते हैं। उनमें सबसे महत्व रखनेवाली सीता के जन्म से संबद्ध घटना है। लोक रामायणों में सीता के जन्म को लेकर अनेक विचित्र धारणाएँ मिलती हैं। वाल्मीकि रामायण में चित्रित सीता

श्री महालक्ष्मी के अंश से हल जोतते समय जमीन से जनक महाराज को प्राप्त हुई अयोनिजा है। लेकिन लोक रामायणों में इस प्रसंग की अनेक विचित्र कहानियाँ गढ़ी गयी हैं। आंध्र के महबूबनगर जिले में प्राप्त एक लोक रामायण के अनुसार एक बार त्रिमूर्ति शिकार खेलने गये। शिकार खेलते-खेलते तीनों थक गये। ब्रह्म और विष्णु दोनों जल्दी सो गये। परन्तु शिव जागकर अपने शरीर पर लगी धूल से एक प्रतिमा तैयार करके बगल में रखकर सो गये। कुछ समय के बाद नींद से जगे विष्णु शिव के बगल में निरलंकार प्रतिमा को देखकर उसे सर्व आभूषणों से सजाया। उसके बाद ब्रह्म ने उठकर अति सुंदर लगनेवाली उस प्रतिमा में प्राण डाल दिये। इतने में विष्णु और शिव भी जाग गये। अति सुंदर लगनेवाली उस सुंदरी को देखकर तीनों उससे प्रेम करने लगे। तीनों में उसे प्राप्त करने के लिए होड़ सी हो गयी। इस विवाद का फैसला करने वे जांबवान के पास गये। जांबवान ने फैसला सुनाया कि जिन्होंने उस प्रतिमा को तैयार कर उसमें प्राण डाले हैं वे उसके माँ-बाप होंगे और जिन्होंने आभूषणों से उसे सजाया है, वह उसका पति बनेगा। इस फैसले से त्रिमूर्ति असंतुष्ट होने के कारण जांबवान ने उस सुंदरी युवती को शिशु बनाकर एक पेटी में रख कर भूदेवी को दिया। भूदेवी ने उसे सागर के जल में छोड़ दिया। वह पेटी सागर के तट पर सूर्य नमस्कार करनेवाले जनक महाराज के हाथों में पड़ी। संतान हीन जनक ने बड़े आनंद से उसे अपनाकर पाल-पोस कर बड़ा किया। इस लोक कथा गीत में ऐसा चित्रण भी मिलता है कि इस अतिसुंदर युवती सीता को प्राप्त करने के लिए श्रीविष्णु ने राम के रूप में अवतार लिया है।

आंध्र के मेदक जिले में गाये जानेवाले एक और कथागीत में इससे बढ़कर एक अनूठे प्रसंग का उल्लेख मिलता है। उसमें सीता रावण की दुहिता के रूप में चित्रित है। संतानहीन रावण संतान-प्राप्ति के लिए ब्रह्म की प्रार्थना करने पर ब्रह्म ने उसे दो खर्जूर फल दिये। रावण की पत्नी मंदोदरी ने उन पर विश्वास न करते हुए खाये बगैर उन्हें बाहर फेंक दिये। स्नानगृह के पास गिरे उन फलों से कुछ समय के बाद सीमा जन्म लेकर रोने लगी। स्नान करने गये रावण उसे देखकर अत्यंत प्रसन्न हुए। उसे अपनाते हुए जन्मकुंडली बनाने के लिए पंडितों को बुलाया। लेकिन पंडितों ने जन्मकुंडली के आधार पर सीता के जन्म से लंका नगर का नाश होगा समझकर उसे सागर में फेंक देने की सलाह दी। उनकी बातें मानते हुए रावण ने सीता को सोने की पेटी में रखवाकर सागर के जल में छोड़ दिया। वह पेटी सागर के किनारे तप करनेवाले जनक को मिली। संतानहीन जनक ने बड़े आनंद से उसे अपनाकर पाल-पोस कर बड़ा किया। इसी प्रकार 'शांत गोविंद नाममुलु' नामक लोक रामायण में भी सीता रावण को कमल के फूल में बैठी मिल जाती है। उपर्युक्त तीनों रचनाओं में सीता सागर से प्राप्त शिशु के रूप में चित्रित है। इस प्रकार सीता के जन्म से संबंधित अनेक विलक्षण प्रसंग व कहानियाँ लोक रामायणों में प्राप्त होती हैं। ये अंश अवाल्मीकीय होते हुए भी जनपदों में अति लोक प्रिय हुए हैं।

सीता जन्म के अतिरिक्त और भी अनेक अवाल्मीकीय अंश लोक रामायणों में प्राप्त होते हैं। उन में सीता-राम के विवाह से संबंधित स्वयंवर की घटना, मंथरा का राम के द्वारा घायल होना, राम- रावण के युद्ध प्रसंग में गिलहरी की कहानी, सुलोचना की कहानी, काल नेमि का इतिवृत्त, मैरावण की कथा, लक्ष्मण जी की हँसी (लक्ष्मण देवर नव्वु), रावण संहार के बाद शूर्पणखा द्वारा राम से बदला लेना आदि अत्यंत उल्लेखनीय प्रसंग हैं। स्थल और संदर्भ को देखते हुए इन सभी प्रसंगों की चर्चा यहाँ अनावश्यक ही लगती है। अंतिम प्रसंग जो उत्तर रामायण से संबंध रखने के कारण और अध्ययन विश्लेषण का मूल प्रतिपाद्य उत्तर रामायण होने के कारण उसकी चर्चा करना अनिवार्य हो जाता है।

लोक गायकों की कार्य-कारण की शक्ति व औचित्य सौंदर्य से पंडितों को अचंभित करनेवाला एक प्रसंग लोक उत्तर रामायण में दिखाई पड़ता है। वह है रावण संहार के बाद शूर्पणखा के पुनरागमन का प्रसंग। शिष्ट रामायणों में सीतापहरण के बाद फिर कहीं शूर्पणखा सक्रिय पात्र के रूप में नहीं उभरती है। परन्तु लोक रामायणों के उत्तर रामायण प्रसंग में फिर शूर्पणखा का उल्लेख पाया जाता है। उसमें अपने मान-अपमान के बाद राम के प्रति जो ईर्ष्या-द्वेष और प्रतिशोध की भावना राम रावण युद्ध में भाई और पुत्रों को खोने के बाद दुबारा भड़क उठती है। उसकी प्रतिशोध की ज्वाला दूसरी बार भी सीता-राम के प्रसन्नमय दांपत्य जीवन को जला कर राख बना देती है।

वाल्मीकि रामायण में राम के राज्याभिषेक के बाद सीता-राम का शांत व आनंदमय दांपत्य जीवन एक धोबी की बातों के कारण टूट जाता है। धोबी की बातों को मान्यता देते हुए गर्भवती सीता को अकरुण राम परित्याग करके पुनः जंगल भेज देता है। सीता वाल्मीकि आश्रम में लव-कुशों को जन्म देती हैं। वाल्मीकि गुरु से लव-कुश शिक्षा प्राप्त करते हैं। राम कनक सीता की सहायता से अश्वमेध यज्ञ का आयोजन करता है। यज्ञ के घोड़े को ब्राह्मण वेशधारी लव-कुश पकड़ते हैं। लव-कुश के साथ युद्ध में राम की पराजय होती है। इसे देखकर सीता भू प्रवेश करती है। राम लव-कुशों को राज्याधिकार सौंप कर स्वर्ग लौटता है। इस कथा में मुख्यतया सीता के द्वारा दूसरी बार वनवास भोगने का कारण धोबी की बातों के रूप में चित्रित हुआ है। लेकिन लोक रामायणों के गायकों ने इसमें औचित्य दोष को देखा है। उनको यह अयथार्थ एवं अविश्वसनीय लगा कि क्या राम जैसे राजा एक साधारण धोबी की बातों पर अपनी धर्म पत्नी को जंगल भेज देगा। इसलिए उन्होंने अपनी रचनाओं में एक अतिमनोहर प्रसंग की कल्पना करके सीता वनवास के लिए एक सुदृढ़ आधार प्रस्तुत किया है। लोक उत्तर रामायण में प्राप्त होनेवाला शूर्पणखा का प्रसंग इसी कल्पना चमत्कार किंवा सुनियोजित अभिव्यक्ति का परिणाम है। लगभग सभी तेलुगु की लोक रामायणों में यह प्रसंग दिखाई पड़ता है। यह मेदक जिले में 'बालसंतु' जाति के लोगों के द्वारा गायेजाने वाले कथागीत में ही नहीं, वेपूरि ब्रतुकम्म कुशलवपाट, कुशलायकमु, कुशलव कुच्चल कथा और कर्नूल जिले के नंद्याल में गाये जानेवाले उत्तर रामायण (इस पुस्तक के परिशिष्ट में संगृहीत) आदि में भी यह प्रसंग स्पष्ट रूप से दिखाई पड़ता है।

लोक रामायणों के कवि-गायकों ने धोबी के स्थान पर कामरूपी शूर्पणखा से निर्मित माया चित्र को सीता वनवास के सुदृढ़ आधार के रूप में माना है। रामकथा में शूर्पणखा अत्यंत महत्वपूर्ण स्थान रखती है। राम-रावण युद्ध का अगर मूल कारण सीता को मान लें तो सीतापहरण के लिए शूर्पणखा का पराभव ही मूल कारण है। रामकथा में इतना महत्व रखनेवाली शूर्पणखा शिष्ट रामायणों में सीतापहरण के बाद अचानक अदृश्य हो जाती है। फिर कभी सामने नहीं आती है। लोक गायकों ने इस शूर्पणखा को सीता-राम के आनंदमय दांपत्य जीवन में दूसरी बार भी विघ्न-बाधाएँ पैदा करनेवाली नारी के रूप में अतिसुंदर ढंग से उपयोग किया है। रावण संहार के बाद अयोध्या में राज-सुख भोगनेवाले राम को देखकर शूर्पणखा के हृदय में द्वेष प्रज्वलित हो उठता है। प्रतिशोध की ज्वाला उसमें भभक उठती है। 'कुशलवसुच्चल कथा' में यह प्रसंग अत्यंत सुंदर एवं रोचक ढंग से वर्णित है।

नल्ल वारम्मुलु तेल्ल वारम्मुलु
पच्च देहम्मुलु बाहुलु मीरा।
वेंडि कणतम्मुलु वेसिरि वारिकि
बंगारपु गोलुसुलु वेसिरिगा
अंगद हनुमंता सुग्रीवुलु

जांबवंत विभीषणु मेदलुगा
नीलज पिंगलुलु मोदलगुनु
आडुदमु कोडुदमु कडुद मनुचु
आट्लाडिरा वनमुनलोन
चुप्पनाति तापक तानोच्चे
दुःखिंचेनु तन चित्तमुलोन
मगवानि गानैति पगलु साधिन्चगनु
आडदानिनै यज्ञानि नैति
एमि सेतुननि येडवग दोडगे
दंड कमन्डलमुलु सकलमु दाल्चि
कावि वस्त्रमुलु गट्टेनु मेना।।[11]

(प्रस्तुत गीत में राजाराम अपने सभी साथियों के साथ शिकार खेलने वन चले। उनके साथ काले गोरे सभी प्रकार के रंगवाले विविध आभूषणों से सुशोभित लक्ष्मण, हनुमान, अंगद, सुग्रीव, नील आदि सभी थे। वन में शिकार खेलते आनंदमय राम को देखकर शूर्पणखा को बहुत बुरा लगा। वह चिंता करने लगती है कि अगर वह पुरुष होता तो वह राम से बदला लेती। स्त्री होने के कारण वह कुछ भी नहीं कर पा रही है। उसने निर्णय लिया कि यति वेश धारण करके सीता-राम के दांपत्य जीवन को वह भग्न करेगी। संन्यासिन के वेश में कमंडल, दंड, काषाय वस्त्र आदि पहन कर वह राम के पास गयी।)

इस प्रकार शूर्पणखा अपना वेश बदलकर एक यति के वेश में अपने भाई और पुत्रों के हत्यारे राम से प्रतिशोध लेने अयोध्या पहुँचती है। कुछ लोक रामायणों में शूर्पणखा यति के वेश में नहीं अति सुंदर युवती के रूप में भी चित्रित है। शूर्पणखा की माया से अनभिज्ञ राम उसे सीता के पास भेज देता है। सीता के साथ रहते हुए वह अपनी माया एवं अपनी कार्य-कुशलता से सीता के मन को जीत लेती है। सीता की प्रशंसा प्राप्त कर लेती है। सीता के अतिनिकट पहुँचती है। अत्यंत चालाकी से सीता के मुँह से संपूर्ण रामकथा सुनती है। इससे भी बढ़कर एक दिन राम की अनुपस्थिति में वह रावण की तस्वीर खींचने में सीता को विवश करती है। सीता रावण के पैर के अँगूठे मात्र का चित्र ही खींच पाती है। जिसे उसने रावण के यहाँ रहते समय देखा था।

रावण पटमु व्रासि इच्चिते
ब्रतुकुदुने नीलोकमुलोनु
रावणुडेक्कडे पटमु एक्कडे
व्रायुट एक्कड जेप्पवे वनेनु
अत्तलु आडबिड्डलु उंडग
पटमैते जानकि व्रायदुग
पटमु व्रायक पट्नमु कदलनु
अनुचु पलिकेनु आ यति तानु
अंतलोनु राघवुलु तमरप्पुडु

प्रयाण भेरि मेट्टु वेइंचे
भेरीरवमुनु भोरुन विनुचु
बेदरुचु शांत इट्लनि पलिके
रामु चित्त मेरीति उन्नदो
व्रायवे जानकी पटमनि पलिके
अप्पुड्ड जानकी इट्लनि पलिके
पदि नेललनु चेनुंटिनि गानि
पाप कर्मुनि कन्नुल चूड
जनकुनिगा भाविस्तिनि नेनु
अंगुष्टमोक्कटि येरुगुदुनु
अंत मात्रमे व्रायवे यनेनु
अंगुष्ठमु जानकि ताव्रासेनु
आमीद यति अंता व्रासे
काल्लु, व्रेल्लु, पिरुदुलु, पिक्कलु
आ भागमुलन्नियु व्रासे
नीरूपु नलुपु तेलुपे
वेन्नेलु पेरुलु पेरलंदुको नि
चक्कग दानि वज्रमुलु चेक्किकन्वेनु दान्नि
वैढूर्यमुलु पोदिगिन्वेनु दान्नि
व्रासेनु पटमु रम्यमुतो
परुगुन वच्चेनु पटमु पट्टुकोनि
चनुदेंचेनु ब्रह्म सन्निधि कप्पुड्ड
अन्न चच्चि आरु नेलालयेनु
नाटिनुंडि अन्ननु तागाननु
अन्न मारुगा चूसुकोंदुनु
पटमुन कायुवु पोयुमनियेनु
पटमुकु नायुस्सु ब्रह्म पोसेनु
परुगन वच्चेनु पटमु पट्टुकोनि।[12]

सीता के द्वारा बनाये गये अधूरे चित्र को शूर्पणखा पूरा कर लेती है। फिर चित्र लेकर ब्रह्मा के पास दौड़कर उनसे विनती करती है कि भाई पुत्रादि को खोकर कई दिन हो गये हैं। अब उनका कोई सहारा नहीं है। कम से कम चित्र देखकर चित्त को शांत करने के लिए रावण के चित्र में प्राण डाल दें। ब्रह्म चित्र में प्राण डालते हैं। फिर वह चित्र पकड़ कर शूर्पणखा अयोध्या दौड़ कर आती है। अयोध्या में चुपचाप उसे सीता के महल में छोड़ देती है। रावण का चित्र बार-बार सीता को सताने लगता है कि वह उसके साथ लंका आये। सीता रावण के चित्र की इस बाधा से मुक्ति

प्राप्त करने के लिए शांता की सहायता से उसे आग में डलवाती है और कुएँ में डुबाती है। लेकिन माया चित्र होने के कारण वह बार-बार सजीव होता है। आखिर राम का नाम लेकर उसे सीता के पलँग के नीचे रखा जाता है। रात को जब राम सीता स मिलने आता है तो पलँग के नीचे से माया चित्र ऊपर उठकर राम को जमीन पर गिरा देता है। इस माया चित्र को देखकर सीता के चरित्र पर शंका करके राम उसे दुबारा जंगल में भेजने का कठोर निर्णय करता है।

मेदक जिले में प्राप्त कथा गीत में यहाँ थोड़ा परिवर्तन दिखाई पड़ता है। ब्रह्मा से चित्र में प्राण डलवाने के बाद शूर्पणखा स्वयं उसे सीता की आँखों से छिपाकर उसके पलँग के नीचे रखती है। इसमें रावण का चित्र सीता को नहीं सताता है। रात को जब राम उस पलँग पर सोने लगता है तो वह उछल कर उसके सामने प्रकट होता है। उसे देखकर राम सीता के चरित्र पर शंका करके उसे जंगल में ले जाकर वध करने की आज्ञा देता है। इस पुस्तक के परिशिष्ट में संगृहीत उत्तर रामायण में भी चित्रपट का प्रसंग दिखाई पड़ता है। उसे सीता स्वयं राम की आँखों से छिपाकर रखने के लिए गुसलखाने में छिपा देती है। वहाँ वह राम के सामने प्रकट होता है। इस प्रकार आंध्र के सभी जनपदों में प्राप्त होनेवाला यह अवाल्मीकि अंश वाल्मीकि रामायण के प्रसंग से बेहतर कार्य-कारण को सिद्ध करता है। सीता परित्याग के लिए रामकथा से किसी भी रूप में संबंध नहीं रखनेवाले धोबी की बातों की अपेक्षा शूर्पणखा, शांता आदि कारण हैं कहना अत्यंत समीचीन लगता है। यह लोक गायकों की कार्य-कारण की शक्ति व औचित्य के प्रति उनकी सतर्कता का एक मर्मस्पर्शी उदाहरण है।

इस प्रकार अवाल्मीकि परिवर्तनों के लिए मुख्य रूप से लोक-कवि-गायकों की मनोवृत्ति, अनुभूति सत्य पर आधारित उनकी जीवन शैली आदि जिम्मेदार हैं। इनमें से अधिकांश उनके जीवनानुभवों से निष्पन्न अमोघ कल्पनाएँ हैं। साधारण से साधारण प्रसंग का भी वे बहुत चमत्कारी ढंग से उपयोग करते हैं। इस स्तर के एक प्रसंग का यहाँ उल्लेख करना असंगत न होगा। गली में कई प्रकार के खेल (जैसे गेंद, लट्टू आदि) खेलते हुए बच्चे राहीगरों को सताने के दृश्य आंध्र में ही नहीं सर्वत्र सर्व साधारण हैं। गलियों में बच्चों के द्वारा घायल लोग उनसे झगड़ा करके उनके प्रति द्वेष पालने के संदर्भ भी कई दिखाई पड़ते हैं। इस प्रकार की आम घटना से लोक-कवि-गायकों ने फायदा उठाते हुए अपनी रचनाओं में उनका सफल उपयोग किया है। सीता से विवाह रचकर राज्याभिषेक के लिए तैयार बैठे राम को लेकर मंथरा अकारण कैकेई से चुगलखोरी करती है। मंथरा के इस अकारण व्यवहार के कारण रामायण में महत्वपूर्ण मोड़ आता है। आखिर वही राम के वनवास का बलवती कारण बनता है। इतना महत्व रखनेवाला राम के प्रति मंथरा का व्यवहार अकारण है मानना लोक-कवि-गायकों को उपयुक्त नहीं लगा। इसलिए वे बचपन में राम से लट्टू खिलाते हैं। दस वर्ष की उम्र में राम एक बार लट्टू खेलते समय लट्टू जाकर मंथरा के पाँव में लगा। जिससे उसकी अँगुली में चोट आयी। पास में ही खेलनेवाले भरत ने अपने वस्त्र से पट्टी बाँधकर मंथरा को रक्त प्रवाह से बचाया। तब से मंथरा के मन में राम के प्रति द्वेष व भरत के प्रति प्रेम जाग गया।[13] प्रसंग छोटा व साधारण लगने पर भी इसका लोक गायकों ने कितना सटीक और सफल ढंग से उपयोग किया है, देखकर बड़ा विस्मय होता है।

लोक गायकों के इन अवाल्मीकीय अंशों के लिए उनके मानसिक स्वभाव व संस्कार भी काफी सीमा तक उत्तरदायी हैं। लोक-कवि-गायक अशिक्षित एवं गँवार होने पर भी अपनी भावनाओं को सहज रूप से व्यक्त करने में पंडितों से किसी रूप में कम नहीं हैं। अन्य देवताओं की तरह हनुमान भी उनके इष्ट देव हैं। लेकिन वे हनुमान को बंदरप्रवृत्ति से निरपेक्ष देखने में असमर्थ हैं। कम से कम बंदर संस्कार उन पर आरोपित करके व्यंग्य विनोद प्राप्त किये

बिना वे संतुष्ट नहीं होते हैं। उनकी भक्ति सहज एवं सायास निष्पन्न प्रेमामृत धारा है। 'लक्ष्मण देवर नव्वु' नामक रचना में इस प्रकार का एक मार्मिक प्रसंग दिखाई पड़ता है। अयोध्या में राम, लक्ष्मण, भरत-शत्रुघ्न आदि के विवाहोपरांत एक बड़ी दावत का आयोजन किया गया। अत्यंत आनंदोत्सव के साथ सभी ने उसमें भाग लिया। लेकिन सभी हनुमान को भूल गये। अभिमान धनी हनुमान दूर से ही यह सब कुछ देखता रहा। राम ने भी अपने भाई और मित्रों के साथ खाते हनुमान की ओर ध्यान नहीं दिया। यह जानकर हनुमान अपने गुस्से को अंदर ही दबाता रहा। काफी समय के बाद हनुमान के धीरे-धीरे वहाँ पहुँचने पर राम को अपनी गलती का अहसास हुआ। अपनी गलती को छिपाने के लिए राम उसे 'उत्तम पुरुष' के संबोधन से पुकार कर बहाना बनाते हैं कि उसे अपना समझ कर भोजन करने विशेष के लिए निमंत्रण नहीं दिया। हनुमान के गुस्से को शांत करने के लिए राम निम्न शब्दों में बहाना बनाते हैं।

इंटि वाडवु गनुक ऊरुकुंटिनि
पोत्तुन गूर्चोम्मि उत्तम पुरुष
नीवुंडगा गदा तम्मुल पंक्ति
भुजिइंप गलिगितिनि हनुमन्न विनुमा
पोत्तुन गूर्चोम्मि उत्तम पुरुषा

'घर का आदमी' कहकर अपनी गलती को छिपाने के बहाने बनानेवाले राम को देखकर हनुमान का गुस्सा कम नहीं हुआ। अपने स्वभाव के अनुसार वह राम और उनके साथ बैठे परिजनों पर व्यंग्य बाण चलाता है। वह राम पर जितना भी गुस्सा क्यों न करे राम प्रसाद को ठुकरानेवाला राम भक्त नहीं हो सकता। इसलिए सबके साथ फिर भोजन तैयार होता है। लेकिन अपने स्वभाव के अनुकूल थाली में भोजन सामग्री परोसकर पेड़ पर चढ़ जाता है। वहाँ से अन्न को गेंद बनाकर नीचे बैठे लोगों पर गिराने लगता है।

सर्वेशु भोजनमु वारागजूचि
मुंदरा पळ्ळेरमु एत्तुकोनिपोये
ताबोई हनुमन्न अविसि चेट्टेक्के

पेड़ से अन्न गिराकर हनुमान अपने गुस्से को शांत करता है। तब राम संयम बरतते हुए पेड़ के नीचे खड़े होकर हाथ पसार कर प्रेम से हनुमान को बुलाते हैं। हनुमान पेड़ से कूदकर तोते की तरह उनके हाथ पर बैठ जाता है। उसे नीचे उतार कर राम अपने गले से मोतियों की माला निकालकर पहनाते हैं। राम से माला प्राप्त करने पर पहले की तरह वह फिर लोक-कवि-गायकों का इष्ट देव बन जाता है। उस समय उसके क्रियाकलाप, व्यवहार आदि एक देवता के रूप में नहीं एक साधारण बंदर की तरह ही लगते हैं। जानपद उसे उसी रूप में देखकर ही अपनी श्रद्धा-भक्ति व्यक्त करते हैं। यह प्रसंग उनकी सरल मनोवृत्ति, व स्वभाव का एक मार्मिक उदाहरण बनता है। इस प्रकार लोक रामायणों में लोक-कवि-गायकों की मनोवृत्ति, स्वभाव-संस्कार, आदतों से परिचालित अनेक अवाल्मीकीय अंश दिखाई पड़ते हैं। ये न केवल उनकी प्रभावात्मकता को बढ़ाते हैं बल्कि उसे एक नया सृजनात्मक रूप ही प्रदान करते हैं।

लोक साहित्य में उत्तररामायण की कथा

सीता लोक कवि गायकों की परमप्रिय माँ हैं। सीता के जीवन चरित का गायन इसलिए उनके लिए बड़े उत्तेजक और मन को आह्लाद पहुँचानेवाला है। उस माई के गायन में उनका सुधबुध खोकर तल्लीन होना सर्वसाधारण है। बगैर अपने किसी अपराध के दो बार दुष्कर वनवास की सजा भोगनेवाली सीता का जीवन उन के लिए उच्च आदर्श और उनकी रचनाओं की प्रिय वस्तु बनी है। पहली बार कैकेई के कारण उनके वनवास जीवन के अति कटु अनुभव की अपेक्षा दूसरी बार अपने पति के द्वारा शील-चरित्र के लांछन से संप्राप्त वनवास जीवन का अनुभव उनके लिए और भी असहनीय है। जंगल में गर्भवती सीता के निस्सहाय जीवन के दुखों का गायन करते हुए लोक-कवि-गायकों की आँखों से अनायास ही आँसू टपकने लगते हैं। इसलिए दूसरी बार के इस वनवास जीवन ने जानपदों के हृदयों पर अपनी अमिट छाप छोड़ी है। इसलिए रामकथा से संबद्ध लोक गीत गानेवाले लोक गायक सर्वप्रथम 'सीता' का ही स्मरण करना किंवा सीता से संबद्ध लोक गीतों को अत्यंत कलात्मक व मार्मिक ढंग से गाना जानपदों में हम देखते हैं। अपने आत्मीय जनों से दूर अकेली साधनहीन गर्भवती सीता की निस्सहायता कठोर हृदयवालों को भी द्रवीभूत करती है। निस्सहाय सीता अपनी साधनहीनता पर रोती हुई निर्जन जंगल में बच्चे को जन्म देने का निम्न दृश्य हृदय स्पर्शी बन पड़ा है।

टेकुटाकुलु तेन्पेनम्मा
कोडुकुनु पंड बेट्टिंदि
निम्मल्लु कोट्टिंदि-नीडल्लु वेसिंदि
वट्टिमामिन्ड्लु कोट्टिंदि
कोडुकुकु उय्याल कट्टिंदि
पलगुल्लु तोटि बोड्डु कोसिंदि
केवुमनि कोडुकु केकेलु पेट्टे
एत्तुकुनेंदुकु अय्यलु लेरू
एमि चेदुना कोडुका
अरन्डमुन नन्निडिसि पेट्टि पोइरि
अनि एकमैन दुखमुतीय बट्टे।[14]

इसलिए सीता की निस्सहायता, निरीहता, निष्कपटता, सहनशीलता का उद्गीत गानेवाली उत्तर रामायण को ही लोक-कवि-गायकों ने अपने लोक गीतों में अत्यंत महत्वपूर्ण स्थान दिया है। संपूर्ण व समग्र रामकथा को प्रस्तुत

करनेवाली लोक रामायणों के अतिरिक्त तेलुगु में उत्तर रामायण की कथा स्वतंत्र रूप से प्रस्तुत करनेवाली अनेक रचनाएँ अत्यंत लोकप्रिय हुई हैं। कागज कलम के स्पर्श से दूर और भी कई रचनाएँ आंध्र की जनता में जीवंत हैं। उत्तर रामायण कथा पर आधारित स्वतंत्र रचनाओं में कुशलायकमु, कुशलव कुच्चल कथा, कुशलव कुच्चल चरित्र, कुशलवुल युद्धमु, वेपूरी ब्रतुकम्मा कुशलव पाट, कुशलव होममु आदि अब तक अत्यधिक प्रचलित हुई हैं। इन सभी में उत्तर रामायण की कथा ही अति सुंदर ढंग से चित्रित है। इनके अतिरिक्त जानपद विविध संदर्भों में गानेवाले सोहनी के गीत, जांत गीत, रोपन के गीत आदि में भी उत्तर रामायण के अंश पाये जाते हैं। ये लघु गीत होने पर भी नावक के तीर के समान हैं। श्रोताओं के हृदयों तक घुस जाने की असीम क्षमता इनमें पायी जाती है। स्वतंत्र काव्यों के रूप में उपलब्ध कुशलव कथा, कुशलवल तोट्टे, कुशलवुल युद्धमु रचनाओं को श्रीकृष्णश्री जी ने 'स्त्रील रामायणपु पाटलु' नामक ग्रंथ में संगृहीत किया है। अन्य रचनाओं को अलग-अलग संग्रहकर्ताओं ने एकत्र किया है।

राम के राज्याभिषेक के बाद एक धोबी के वचनों को सुनकर राम के द्वारा सीता का परित्याग, गर्भवती सीता वनवास, कुशलव का जन्म, वाल्मीकि के पास उनकी शिक्षा-दीक्षा, राम के द्वारा अश्वमेध यज्ञ का आयोजन, लवकुशों का युद्ध, सीता का भू प्रवेश आदि मुख्य प्रसंगों से भरी उत्तर रामायण की कथा का मूल आधार वाल्मीकि रामायण है। लेकिन लोक रामायणों की तरह उत्तर रामायण की कथा में भी लोक कवि गायकों ने अपने स्वभाव व संस्कारों के अनुरूप अनेक अवाल्मीकीय अंशों को जोड़कर उसे एक नया रूप व रमणीय काव्य बनाने का भरसक प्रयास किया है। अब तक प्राप्त उत्तर रामायण संबंधी कुछ मुख्य स्वतंत्र कृतियों का संक्षिप्त परिचय निम्नांकित है।

'कुशलव कुच्चला कथा' रचना का आरंभ राम के जन्म के साथ ही होता है। इसमें राम का बचपन, शिक्षा-दीक्षा, सीता के साथ विवाह, वनवास, रावण का संहार, राज्याभिषेक आदि मुख्य प्रसंग बहुत संक्षेप में चित्रित हुए हैं। राज्याभिषेक के बाद की कहानी विस्तार के साथ वर्णित हुई है। वाल्मीकि रामायण में धोबी की बातों को सुनकर सीता का परित्याग राम करता है। किंतु इसमें शूर्पणखा की वजह से गर्भवती सीता को वनवास करना पड़ता है। 'लोक रामायणों में अवाल्मीकीय अंश' शीर्षक के अंतर्गत विस्तार के साथ इस प्रसंग की चर्चा की गयी है। दयाशून्य राम गर्भवती सीता का जंगल में वध करने की आज्ञा देता है। लक्ष्मण के द्वारा जंगल में सीता पर बार-बार तलवार चलाने पर भी कभी वह फूल बन जाती है तो कभी हार। आखिर लक्ष्मण उसे वाल्मीकि आश्रम में छोड़ देता है। सीता के साथ अन्य बहू भी गर्भवती बनती हैं। अयोध्या में वाल्मीकि आश्रम से आगत स्त्रियों के द्वारा लक्ष्मण को इसका पता चलता है कि सीता ने बच्चों को जन्म दिया है। लक्ष्मण उनकी बड़ी मर्यादा करता है। अन्य बहुओं की तरह एक शुभ दिन सीता भी आश्रम में इस रूप में बच्चों को जन्म देती है। प्रथम सीता लव को जन्म देती है। वाल्मीकि आश्रम की स्त्रियाँ अत्यंत वैभव के साथ सीता की प्रसूति करती हैं। लवणासुर के संहार हेतु निकला भरत उस समय वाल्मीकि आश्रम के दर्शन करता है। यह जानकर अति प्रसन्न होता है कि सीता जीवित है और एक बेटे की माँ बनी है। वह आश्रमवासियों को पुरस्कार देता है। निम्न पंक्तियों में इसी प्रसंग का अति सुंदर ढंग से चित्रण किया गया है—

> लवणासुरुनि चंप बोवुचु
> चनुदेंचेनु भारतुडु आ रात्रि
> गुस गुस पोयेटि कांतल नेल्ला
> जाल कररांता वेंटना जूचे
> निर्गान्तिपडि इट्लनि पलिके

एंत वाडुगा तम्मुडुनेडु
येमन वच्चुनु तम्मुन्नइना
चंपा लेदुगा श्री लक्ष्मणुडु
दाचि वच्चेनु श्री लक्ष्ममणुडु
मर्ममु चेप्पेनु माकंदरिकि
चेतुलोनुन्ना चेरिरुमालु
सूर कत्ति चंदमु पोगुलनु
जाल कट्टलावेंट वेसि
पोलुपुग दर्भलु बोड्डु पइनुंचिरि
पूबोणुलु बोड्डु वोपुगा कोसिरि
मदिपुडितिमि मीत्डूप्पडु
बंगारपु चेटलु जेइन्वे
अनुंचु पुणुकुलु चेट्लोबोसि
पट्टु चीरलु पक्कु परिचि
पवलिंच बेट्टिरि बालुन्नि

इस गीत के द्वारा यह स्पष्ट होता है कि सीता के जीवित रहने की सूचना भरत यहाँ पर पहली बार प्राप्त कर रहा है। वह अति प्रसन्न होकर आश्रम की स्त्रियों को पुरस्कृत करके अयोध्या लौटता है। अयोध्या में राम को छोड़कर अन्य सभी को यह शुभ समाचार देता है। इसमें सीता अकेले लवराज को ही जन्म देती है। जिससे यह प्रश्न उठता है कि कुशराज कहाँ से आया। अन्य लोक कवियों के द्वारा लिखित उत्तर रामायणों में जनक महाराज अथवा वाल्मीकि के द्वारा लवराज की सृष्टि होती है। जबकि इसमें आश्रमवासियों के द्वारा लवराज का जन्म होता है।

अंतलोनु ऋषि पल्ले लोपल
जानकि सुतुडु पेरुगुतु वंडे
पुत्रुनि तोट्टेनु पुव्वल बंतुलु
तेच्चि गट्टेदननि जानकि तालेचे
कनकपु तोट्टिलो पुत्रुन्नि चूचि
कनिपेट्टुंडि वनमुलार
जानकि कदिलेनु चेलिकत्तेलतो
पाल्लुच्चरिंचेनु जानकि कपुडु
अच्चटि पुत्रुडु आकलि गोनेनु
इच्चटि कि तानेंदुकु वच्चितिनो
अन्दंद नडवग नन्देलु वेलयग
सुंदरि जानकि पुत्रुनि कडकु
सुदति तन पुत्रुन्नि चंकनु बेट्टुकोनि

जानकि कदलेनु चेलिकत्तेलतो
अच्चट मुनुलु जपमुलु चालिंचुक
जानकि पुत्रुडु तोट्टेनुलेडु
भयमुतोचेनु मुनुलंदरिकि
कुश दर्भकु जीवमुलु पोसिरि
कुशडनि बालुनि नाममु नुंचिरि
पवलिंप बेट्टिरि बालुनि यपुडु
पारिजातपु बंतुलु बट्टुक
जानकि वच्चेनु चेलिकत्तेलतो
तोडनु पुत्रुडु तोट्टिन पुत्रुडु
इदियेमनने जानकि देवि
वेलदि इद्दरु पुत्रुले नीकु
येलग राज्यमु लेले रम्मा
नीकु मुंदु की अधरवे तल्लि
अयोध्य पट्टमुनेलेदरु
आ पलुकुलु विनि जानकप्पुडु
आनंद मायेनु जानकि मनुसु
चाल वेडुक पोन्दुतुनुंडे

अर्थात् लव के जन्म के बाद सीता एक दिन उसे झूले को फूलों से सजाने के उद्देश्य से उसे साथ लेकर फूल चुनने जंगल में गयी। तप से निवृत्त आश्रमवासी-मुनिगण ने झूले को खाली पाकर सीता के कटु वचनों से बचने के लिए घास के तिनके में प्राण डालकर एक बच्चे की सृष्टि की। घास के तिनके से उत्पन्न होने के कारण उसका नाम कुशराज रखा गया। फूल चुन कर लौटी सीता ने झूले में दूसरे बच्चे को देखकर आश्चर्य प्रकट किया। आश्रमवासियों ने अपनी गलती को पहचान कर दोनों बच्चों को वरदान दिये कि वे भविष्य में अयोध्या के सम्राट बनेंगे। जिससे सीता प्रसन्न हो गयी।

इस प्रकार कुशराज के जन्म के बाद दोनों बच्चे वाल्मीकि आश्रम में पलते रहे। आश्रम के नियमों के अनुसार भिक्षाटन करनेवाले पुत्रों को देखकर सीता दुखी होती है। दुखी सीता को देखकर लवकुश दोनों युद्ध करने तलवार उठाते हैं। इस कोलाहल को देखकर लवकुश दोनों से आश्रमवासी सीता की पूर्व कहानी सुनाने की इच्छा प्रकट करते हैं। सीता अपने जीवन की संपूर्ण कथा उन्हें सुनाती है। जनक, दशरथ इत्यादि को आश्रमवासी दोष देने लगते हैं। सीता की बातों को सुनकर लवकुश उसे राम से पुनः मिलाने की शपथ लेकर चले जाते हैं। बाद के कुशलव युद्ध का प्रसंग इस लोक रामायण में नहीं है।

'कुशलव तोट्टे' अड़तीस पंक्तियों का लघु गीत है। इसमें सीता अपने दोनों बच्चों को झूले में (तोट्टि) में डालकर उन्हें शांत करने के लिए लोरी गाती है। उस लोरी में उन्हें दादा, पिता, चाचा आदि खिलौने लाने का बहाना बनाती है।

'कुशलवुल युद्धमु' एक लंबा कथा गीत है। किसी अज्ञात लोक-कवि-गायक से लिखा गया है। इस में अनेक अवाल्मीकीय अंश अत्यंत विलक्षण ढंग से चित्रित दिखाई देते हैं। राम के स्वप्न प्रसंग से इस कथा गीत का आरंभ होता

है। श्रीराम स्वप्न में सीता लवकुश को देखता है। स्वप्न में कुशलव अकारण ही सीता का परित्याग करनेवाले राम से प्रश्न करते हैं—

रत्न माणिक्यमुल मेड लोपलनु
इंद्र नीलम्मुलु इंपुतो मेरया
इंद्र नीला वज्र माणिक्यमुलु
पच्चलु केम्पुलु गोमेधिकमुलु
चिलुकलु हंसलु पावरम्मुलु
पुष्प रागमुलु पानुपुपैना
चंद्र कांतपु शय्यनंदुन
पग़डपु कोल्ल मन्चमु मीदा
पट्टु परुपुला परिमणम्मुलु
बोलोंसुलु तल्गडलनु नुंचिरि
हेम विंजामर्लु नेर्पुतो विसरा
भक्तितो लक्ष्मण्णा पादमुलोत्ता
पव्वलिंचिरि श्री राघवुलु
अतडेननि दिंपुतू वुंडे
सती तनयलु मुग्गरु वेल्लि
वेल्ली कन्नलमुंदर निलिपि
लक्ष्मणुड्डु वीणुलमूसे
यौदुरु राम मूर्तिकि पुत्रुलु
आ सत्यवति तनयुलु मीरू
अवुदुरौदुरनि शरणंटु उंचि
दीविंचि वारिकि शरमुलु इच्चे
अयोध्य राज्यमु मीरेलुदुरु

— — — — — — — — — — — —

अल्लंतट हरि सेनलु चूचि
अदुरुतु बेदुरुतु इट्लनि बलिके
श्रीरामुलु सेनलु वच्चारु
हरितो संदेहमुलु पन्नुदुरु
अन्नतो नेरम्मुलु चेप्पुदुरु
अवतलि केगंडनि ता पलिके
तोड पै वुन्ना बाललनु दीविंचि
चक्कनि चेकिल्ल मुद्दुलु बेट्टि

परगुन बालल आवलिकंपि
सेनल केदुरुग वच्चेनु तानु

(प्रारंभिक पंक्तियों में लवकुश राम समेत लक्ष्मण, भरत, शत्रुघ्न और उनकी सेना को पहचानते हैं। लक्ष्मण की वंदना करते हैं। लक्ष्मण उनको आशीष के साथ-साथ अनेक दिव्यास्त्र देता है। फिर वहाँ से लौटकर राम के साथ मिल जाता है।)

इसके बाद लवकुश लक्ष्मण को बेहोश करके हनुमान को बाँधकर अपनी माँ को भेंट के रूप में देते हैं। फिर राम अंगद, विभीषण आदि वीरों को लवकुश के यहाँ दूत के रूप में भेजता है। अपनी सहायता के लिए वैकुंठ से गरुड़ को भी बुला लेता है। लेकिन कुशलव के भय से गरुड़ राम का वाहन बनना नहीं चाहता है। राम हाथी सवार होकर कुशलव से युद्ध करता है। इस युद्ध में त्रिमूर्तियों की पत्नियों का भी प्रसंग है। आखिर पराजित होकर राम लवकुश के सामने अपनी गलती को स्वीकार करता है। युद्ध समाप्त हो जाता है। इसके अतिरिक्त इस कथा गीत में विष्णु के अवतार और श्री महाविष्णु के जागृति गीत आदि गीत भी हैं।

'कुशलव कुच्चल चरित्रमु' कृति 'कुशलव कुच्चल कथा' और 'कुशलव युद्धमु' के सम्मिश्रण से बनी रचना लगती है। इन दोनों में चित्रित अवाल्मीकीय अंशों के साथ-साथ इसमें कुछ और विचित्र वर्णन देखने को मिलते हैं। सीता परित्याग के समय उर्मिला आदि अनुज-वधू राम को रोकने की कोशिश करती हैं। दयाहीन राम की भर्त्सना भी करती हैं। इसके अतिरिक्त दशरथ और कैकेई से संबद्ध एक विचित्र कहानी इसमें है। बचपन में कुशलव अपनी माँ के मुँह से रामकथा सुनते हैं। दशरथ की कैकेई के वश में आने की कहानी चींटी के संवादों के बहाने अत्यंत सुंदर ढंग से सीता उन्हें सुनाती है।

आचार्य बिरुदुराजु राम राजु के अनुसार 'वेपूरि ब्रतुकम्मा कुशलवपाट' हनुमानदास की रचना है। इस कथा गीत को मुख्य रूप से तेलंगाना (वेपूरी प्रांत) क्षेत्र में दशहरा (दशहरे के समय स्त्रियाँ रंग-बिरंगे फूलों से ब्रतुकम्मा नाम की देवता को सजाकर उसे जलार्पण करते समय सामूहिक रूप से नृत्य करते गीत गाती हैं।) के समय स्त्रियाँ हाथों से तालियाँ पीटते या कोलाट खेलते गाने की परंपरा है। इसमें 'कुशलव कुच्चल कथा' की तरह कामरूपी शूर्पणखा के द्वारा छोड़े गये चित्र के कारण राम सीता का परित्याग करता है। वाल्मीकि आश्रम में सीता केवल कुश को ही जन्म देती है। सीता की अनुपस्थिति में झूले को खाली देखकर वाल्मीकि मंत्रों की सहायता से लव की सृष्टि करते हैं। बाद की कथा वाल्मीकि रामायण से मिलती-जुलती है।

डॉ. सी. कृष्णा रेड्डी जी के द्वारा संगृहीत आंध्र के अनंतपुर जिले में गाये जानेवाला कथा गीत 'दंडमो सीताराम दंडमो जयराम दंडमनि दंड मन्नोंरिकि गंडालु गाया वय्या रामा' भाव से, राम की प्रार्थना से प्रारंभ होता है। इसमें सीता परित्याग के कारण का उल्लेख नहीं मिलता है। सीधा सीता परित्याग के प्रसंग का वर्णन मिलता है।

एमि एरुगनि सीतनु एल्लनंपितेनु
लोकुलु एमन्नारु रामा
ना माटकु नीवु बदुलित्तिवि
एट्लुंटिवि लच्चुण्णा रामा
आमाट वन्टुने गड गड वनकिनाडु
किंदटे भोनगाडु रामा

मूसिना कन्नुलु मूसिनट्लुंडगा
सीता गगनमु केल्लानु
यन्नडु रानोडु मरदि वस्ताडनि
किल किल नव्वुतादि रामा
यति सेप्प नोत्ताडो कत सेप्प नोत्ताडो
किल किल नव्वुताडु रामा
कत सेप्प रालेदु यति सेप्परालेदु दंडमम्मा
वदिनगारु मायन्न सेलवाये नीपंतनीकादि
बावुलु अंटे माकु साल सम्मरमु

(लक्ष्मण राम को समझाता है कि अकारण सीता को घर से निकालना ठीक नहीं है। लेकिन राम के निर्णय में कोई परिवर्तन नहीं है। इसलिए लक्ष्मण इसकी सूचना सीता को देने चला जाता है। समाचार सुनकर पहले सीता प्रसन्न ही होती है।)

इसमें सीता अपने गर्भ के बारे में किसी को नहीं बताती है। वनवास के लिए प्रस्थान करते समय अपनी तीनों सासों से आशीर्वाद लेने जाती है। आशीर्वाद प्राप्त करके लक्ष्मण के साथ जंगल चली जाती है। इसमें सीता और लक्ष्मण पैदल ही चलकर अयोध्या नगर को पार करके जंगल पहुँचते हैं। पैदल चलते-चलते सीता थककर घायल होती है। घायल शरीर की पीड़ा से बचने के लिए यथाशीघ्र अपना संहार करने की लक्ष्मण से विनती करती है। लक्ष्मण के सभी बाण बेकार जाते हैं।

मूल गोंदिकाड मुग्गुरत्तगारु
ओमाट तेल्पुतानु रामा
यन्नडु रानि कोल्लि वस्तुंदनि
किल किल नव्वतारु रामा
यति सेप्प नोत्तुंदो कत सेप्पनोत्तुंदो
किल किल नव्वुतारु रामा
कत सेप्परालेदु यति सेप्परालेदु
दंडमम्मा अत्तगारु
नी कोडुकु सेलवाये नपंत माराडु
अडवुलकु पयनमत्तगारु
नीदु कोडुकु बलबद्रा
बलबद्रा शेकरुनि आरुनेल्लु जरिपिन
इप्पडाडिन माट एन्नोंड्लु कैननु एन्नि दिनमुल कैननु
ई माटा मनसुन ग्रिंगि रामा
कैकरो चिन्नत्त कैकम्म
सुमित्र नडिपेत्त, कौसल्य पेद्धत्त

मुग्गुरत्तगारिकि दंडमम्मा
मुंदर लच्चनुड्डु यनक सीतम्म
अडवुलकु पयन मइरि

इसके बाद अयोध्या नगर को पैदल ही पार करते समय नगर के बाद विविध प्रदेशों का उल्लेख किया गया है।

की कोकुनेटि वनमुलु दाटिरि
निम्मवनमुलु दाटिरि पीड वनमुलु दाटिरि
चीमल दूरनि चिट्टडवुलु दाटिरि
काकुलु अम्सलिंक काकुलु
दूरनि कारडवुलु दाटिरि
एनो कूयकु ओर नारामा
नडिसि नडिसि काल्ल बोब्बले पाइ
नडुवलेनु लच्चुमन्ना
वूपिन सेत्तुलु वत्पुलोक्किनवि
वूपलेनु लच्चुमुना
एंत दूरमैन एंत साम्राज्यमु
समसूदिमयन लच्चुना
अग्गंटि लच्चुनि कि कोपमु वच्चि
सूर्य बाणमु तोडिगिनाड्डु
सूर्य बानमु तोडिगि
सिरुसु धरिन्चिते किरिटमै निलिचेनु
ई बानमु वक्कटि दारि दप्पिनानि
इप्पडी लच्चुनुड्डु
चंद्र बानमु तोडिगेनु
चंद्र बानमु तोडिगि चेतुलु
गन्निंचिते कडियलके निंचे रामा
ई बानमु वक्कटि दारि तप्पिनादि
इप्पुड्डु लच्चुनुड्डु नागु बानमु
तोडिगेना रामा नागुबानमु
तोडिगि नड्डुमु गन्निंचिते
नड्डुमु डावै निल्चिना रामा
वकटि चूस्ते नम्मा रेंड्डु चूस्ते नम्म
मूड्डु चूस्ते नम्मा मूपलेकम्मा नीकु
नन्नु चंपक नीवयोध्य वेलिते

नीवेंटने नोच्चिते मीरम्मलकु
जोट्टिंतु विराममु राकु

(इस गीत के प्रारंभ में जंगल के विविध पेड़-पौधों का वर्णन है। पैदल चलते-चलते सीता पूर्णतया थक जाती है। पेड़-पौधों के लगने के कारण उसका शरीर भी घायल हो जाता है। घावों की पीड़ा से कराहती हुई सीता लक्ष्मण से अपने को मारने की प्रार्थना करती है। लक्ष्मण गुस्सा करते हुए सीता पर बाण चलाता है। लेकिन सीता को मारने में वह असमर्थ होता है। उसके सभी बाण बेकार जाते हैं। सीता धमकी भी देती है कि अगर उसे संहार किए बिना लक्ष्मण अयोध्या लौटेगा तो वह भी अयोध्या लौटेगी। वहाँ पहुँचकर भाइयों के बीच झगड़ा खड़ा करेगी।)

सीता को मारने में असमर्थ लक्ष्मण एक कस्तूरी मृग को मारकर उसकी आँखों को साक्ष्य प्रमाण के रूप में राम के पास ले जाता है। इन नकली आँखों पर विश्वास करके राम लक्ष्मण की ही निंदा करता है कि सीता संहार की आज्ञा देने पर भी उस गर्भवती सीता को उसे नहीं मारना चाहिए था।

कांचिनि भूमिलो कस्तूरि नेदुन्नि
कन्नु गुड्ल रक्तालु
दावुलकु निंचु कोनि वानगोट्टिन्नि
वेल्सु मूल गोइलन्नि विनि
अन्न मूकिगो वच्चेनो रामा
नीकु चूचि रम्मंटे चलकेमि वस्तिवि रामा
दुलमुबोमु तेरिना लच्चुना रामा।[15]

एक लंबा कथागीत मात्र होने के नाते इसमें संपूर्ण उत्तर रामायण रचना की तरह कुशलव का जन्म, अश्वमेध यज्ञ, कुशलव युद्ध आदि प्रसंग नहीं हैं।

उत्तर रामायण पर आधारित इस प्रकार की स्वतंत्र रचनाओं के साथ-साथ तेलुगु में इस कथांश के आधार पर बने अनेक लोक गीत मिल जाते हैं। ये गीत कथा गीत नहीं है। फुटकर गीतों के रूप में ये विविध संदर्भों में लोक-कवि-गायकों के द्वारा गाये जाते हैं। उनमें बहुत प्रचलित कुछ गीत नीचे उदाहरण के रूप में दिए जा रहे हैं।

रायलसीमा प्रांत में धान के खेतों में काम करती हुई स्त्रियाँ कोरस में गानेवाले सोहनी के गीतों में उत्तर रामायण से संबंधित अनेक विचित्र वर्णन दिखाई पड़ते हैं। खेत में काम करनेवाली स्त्रियाँ प्रत्येक चरण के अंत में लवकुमार सुनो कुशकुमार सुनो का संबोधन करके तल्लीन होकर अपने श्रम को भूल जाती हैं। कोरस में गानेवाले ये गीत अत्यंत सुंदर और सुनने के लिए श्रुतिमाधुर्य बन पड़े हैं। आचार्य तूमाटि दोणप्पा जी ने 'जानपद कला संपदा' शीर्षक ग्रंथ में इस प्रकार के एक गीत का संग्रह किया है।

अइवेद्दि पट्नान अदवरि सावडी
लवकुमारा विनुमन्ना कुशल कुमारा
साविडि वेनकाले साकलोरिंड्लम्मा
- - - - - - - - - - - - - - - - -
पगवानि पंचना पडिवुन्न आलिनि
येद्रि रामुलु गाद येलुतुन्डाडु

नाबोटि गाडैते नरिकि तुन्ड्ले चेतु
पुट्टेडु बुव्वोंडि पट्टेडु सद्दि
आ सद्दि लेकिंग येमेमि कूरलु
अटिकलतो मागिनवि अलरेणि पंड्लु
दुत्तलतो मागिनवि दूदिनिम्मल्लु
मुंतलतो मागिनवि मुंतमामिल्लु
कोंड मुक्किड़ि काय गोडिसिंत काय
सद्दैन कट्टेने सकिय सीतम्मा
आरेंडि अडवुलकु आतल्लि बोतादे

(अर्थात् अयोध्या नगर में एक धोबी की बातें सुनकर राम सीता का परित्याग करता है। अनेक फल, जलखावें व खाद्य सामग्री और लक्ष्मण के साथ सीता जंगल चली जाती है।)

वन के लिए प्रस्थान करने के पहले वह अपनी तीनों सासु माँओं से आशीर्वाद लेती है। यहाँ सीता के गर्भ का उल्लेख मिलता है। तीनों सासु माँ राम की ही निंदा करने लगती हैं कि करुणाहीन, कठिन राम गर्भवती सीता को अकारण ही जंगल में भेज रहा है।

अट्नुंचि आ तल्लि अत्त नगरोच्चे
अरोंडि अडविकी पयनालु अत्त
येप्पडु तिप्पलु तप्प लेदम्मा
पापिट्टि रामुलकु पदिनेल्ल गर्भिणी
वेर्रि रामुलकु वेरुतुमु चेप्प
सेमान बोवम्मा लाभान रावम्म
यम्म सीतम्म इठ्ल वस्तीवी
वोंटिगा वच्चिन वोड्डुरामेमि
कलिनडकोच्चिन कारणमेमि
वाणिंटि गुर्रालु कूलिपोइन्न
वाणिंटि येनुगुलु येनि पेइन्न
वाणिंटि वोन्टेल्लु वेट्टि बोइन्न
वाणिंटि पालकिलु पाडु बोइन्न
वाणिंटि दासीलु दाडि बोइन्न
रास वंशामनि मोस पोतिवि तल्लि
कासी गोत्रंबनि मोस पोतिवि तल्ली।[16]

(सीता अपने महल से सीधा आशीर्वाद लेने अपनी तीनों सासु माँओं के पास जाती है। पैदल ही आनेवाली सीता को देखकर वे राम की निंदा करती हैं कि उसके घोड़े, रथ, हाथी, ऊँट, पालकी आदि क्या नहीं रहे हैं। यह जानकर

कि सीता गर्भवती है आशीर्वाद देकर भेजती हैं। साथ ही यह भी कहती हैं कि राम के साथ विवाह करके सीता धोखा खा गयी है।)

सीता जंगल में तप करने आये जनक के आश्रम में बच्चे को जन्म देती है। इसके बाद श्रीराम के द्वारा अश्वमेध यज्ञ का आयोजन, कुशलव के युद्ध के साथ पत्नी समेत पुत्रों को अयोध्या ले जानेवाले प्रसंग से कथा सुखांत होती है।

स्पष्ट है कि लोक कवि गायकों के द्वारा कल्पित उत्तर रामायण की कथा विविधता को ली हुई है। सीता के दुखों के वर्णन से तादात्म्य होने की उनकी सरल सुलभ प्रकृति इन सभी लोक रामायणों में दिखाई पड़ती है। इन लोक रामायणों में कथा का केंद्र सीता ही है। सीता के साथ ही कथानक का विकास होता है। लोक कवि गायकों ने अपनी मनोवृत्ति के अनुकूल ही अनेक अवाल्मीकीय अंशों के साथ इन लोक रामायणों को अतिउत्तेजक व मर्मस्पर्शी बना दिया है। रामकथा में यह उत्तर राम कथा प्रसंग ही जानपदों को तथा लोक-कवि-गायकों को अत्यधिक प्रिय बन गया है।

परिशिष्ट में संगृहीत लोक उत्तररामायण का कथा-वैभव

परिशिष्ट में संगृहीत लोक उत्तर रामायण कर्नूल जिला, नंद्याल प्रांत में गाये जानेवाला एक लंबा कथा गीत है। इस अति लंबे कथा गीत को मेरी माताजी ने गाया है। मैंने उसमें आवश्यक संशोधन करके लिपिबद्ध किया है। बहुत बचपन से ही मैं इस कथा गीत को सुनता आ रहा हूँ। इसे मेरी माताजी ने अपने बचपन में अपने जन्म स्थल (चिन्न कोट्टाला, नंद्याल परिसर) में खेतों में काम करते हुए सीखा था। इसके कुछ गीतों को फुटकर रूप में विविध संदर्भो में खेती करते गाने पर भी कथा क्रम में फुरसत के समय आराम करते गाते हैं। खासकर वैकुंठ एकादशी, शिवरात्रि आदि पर्व दिनों में स्त्रियों को रात-जागरण करती हुई इस कथा गीत को गाती तन्मय व तादात्म्य होती मैंने कई बार देखा है।

इस कथा गीत का आरंभ शरणागत वत्सल, कलियुग में जनता के दुखों को दूर करने अवतरित हुए श्रीरामचंद्रजी की वंदना से होता है। राम के राज्याभिषेक के बाद पहले सीता परित्याग के कारण का उल्लेख मिलता है। यह 'कुश लव कुच्चल कथा' रचना के प्रसंग का स्मरण दिलाता है। इसमें भी अपनी प्रतिशोध की ज्वाला की पूर्ति के लिए रावण आदि राक्षसों के संहार के बाद शूर्पणखा यति वेश धारण करके अयोध्या पहुँचती है। डॉ. रावि प्रेमलता के द्वारा संगृहीत मेदक जिले में गाये जानेवाले कथागीत में शूर्पणखा यति वेश में नहीं अति सुंदर युवती के वेश में राम के पास नौकरी ढूँढ़ती आती है। राम उसे सीता की नौकरानी बना देता है। प्रस्तुत कथागीत में स्पष्ट वर्णन नहीं मिलता है कि शूर्पणखा यति वेश में या सुंदर युवती के वेश में आती है। बाद में उसके द्वारा मायाचित्र का निर्माण, उस चित्र को सीता के शयनकक्ष में उसकी चटाई के नीचे गुप्त रूप से रखने का प्रसंग है। (देखिए लोक रामायणों में अवाल्मीकीय अंश वाला अध्याय) उस चित्र को पहले सीता देखकर डर जाती है। क्योंकि वह उसमें रावण के रूप को पाती है। उसे राम की आँखों से दूर रखने के लिए गुसलखाने में उसे पत्थर के नीचे छिपाती है। राम दरबार में राज-काज से निपट कर सीता के पास लौटता है। राम के आगमन को देखकर सीता स्वयं स्नान के लिए उसे गुसलखाने में गरम पानी रखती है। राम के चरण स्पर्श से गुसलखाने के पत्थर के नीचे मौजूद रावण का चित्र जीवित होता है। क्रमशः उस का आकार पूरे घर में फैल जाता है। वह राम को युद्ध के लिए ललकारता है। इस दृश्य को देखकर सीता चकित रह जाती है। सीता के मन में रावण के प्रति प्रेम है समझकर राम उसके चरित्र पर ही शंका प्रकट करते हुए गुस्से में महल से चला जाता है। इससे इस कथागीत में रावण के चित्र की और शूर्पणखा से संबद्ध कथांश की समाप्ति हो जाती है।

'कुशलव कुच्चल कथा' और डॉ. रावि प्रेमलता के कथा गीत की तुलना में प्रस्तुत कथा गीत का यह प्रसंग कुछ अधूरा जान पड़ता है। क्योंकि उनमें इस प्रसंग के बाद सीता के चरित्र के प्रति शंकालु राम उसे जंगल में संहार करने

की आज्ञा देता है। माया वेशधारी शूर्पणखा और माया चित्र के बारे में कुछ और समाधान व विवरण प्राप्त नहीं हो पाया है। ऐसा लगता है कि शायद काल प्रवाह में समय के साथ इस कथागीत का वह अंश छूट गया हो। इन तीनों कृतियों में उपलब्ध होनेवाला यह प्रसंग बड़ा ही मार्मिक अवाल्मीकीय अंश है।

बाद में फिर अत्यंत विलक्षण ढंग से शिष्ट रामायणों की तरह धोबी के प्रसंग का वर्णन किया गया है। मरियाली सेट्टि नामक धोबी कपड़ों को ठीक से और सही समय पर साफ नहीं करनेवाली अपनी पत्नी को मारपीट करके घर से निकाल देता है। वह पति को छोड़कर मायके चली जाती है। ससुर पुनः उसे ससुराल ले आता है। उस समय मरियालि सेट्टि अपने ससुर से राम की मूर्खता का परिहास करता है। जिसने पराये घर कई दिन कैद हुई पत्नी को अपना लिया है। गुप्त वेश में वहाँ गये राम इन बातों को सुनकर बहुत दुखी होता है। लक्ष्मण को बुलाकर सीता को वध करने अयोध्या की पूरब दिशा के जंगल में ले जाने की आज्ञा देता है। लक्ष्मण विरोध करता है कि अकारण सीता को इस रूप में जंगल भेजना उचित नहीं है। जिससे कुपित होकर राम बाणों से अपने को मार कर सीता समेत अयोध्या राज्य ग्रहण करने को लक्ष्मण से कहता है। राम की ये बातें अवाल्मीकीय हैं। लोक-कवि-गायक राम को एक अवतार पुरुष की अपेक्षा एक साधारण मानव के रूप में देखना पसंद करते हैं। इसलिए वे राम पर साधारण मानव के शंकालु स्वभाव का आरोप भी करते हैं। अब तक के कथागीत में राम का प्रसंग होने पर भी आगे राम से ज्यादा लक्ष्मण और सीता का ही वर्णन दिखाई पड़ता है।

रामाज्ञा के अनुसार लक्ष्मण पहले सीता को यह समाचार सुनाता है। सीता बहुत दुखी होती है। पति परायण सीता लक्ष्मण के साथ जंगल जाने को तैयार होती है। रास्ते में अपनी तीनों सासु माँओं से आशीर्वाद लेने उनके पास चली जाती है। पहले कैकेई माँ के पास जाती है। कभी भी घर छोड़ कर नहीं आनेवाली सीता को आते देखकर कैकेई चटाई डालकर बिठाती है। कैकेई से राम के वनवास की कथा सुनाने के लिए सीता कहती है। सीता राम के वनवास की कथा की जगह सीता दूसरी बार भी वनवास जाने की अपनी निस्सहाय स्थिति के बारे में सूचना देती है। सीता साथ लक्ष्मण जंगल जा रहा है जानकर कैकेई सीता को धैर्य बँधाती है कि उसे प्राणों की चिंता करने की जरूरत नहीं है। यहाँ एक और रोचक प्रसंग का उल्लेख मिलता है। आंध्र की स्त्रियाँ मायके से ससुराल जाते समय हल्दी, कुंकुम, चावल, इत्यादि से गोद भर कर जाती हैं। जबकि यहाँ पर कैकेई सूर्य बाण, चंद्र बाण, नारायण बाण आदि को पीस कर उससे सीता की गोद भर कर भेजती है। इसके साथ-साथ सीता स्वयं अपने गर्भ के बारे में कैकेई को बताती है कि तीन महीनों के अंदर वह माँ बननेवाली है। यह भी प्रार्थना करती है कि इसकी सूचना वे अपने पुत्र को दे। सीता यहाँ पर कौसल्या से कहनेवाली सारी बातें कैकेई से कहती है।

आखिर वनवास के लिए प्रस्थान करने से पहले वह अंतिम बिदाई लेने राम के पास जाती है। सीता अपने दोनों हाथ जोड़कर निस्सहाय, नादान सी मुद्रा किए हुए राम के सामने खड़े होकर आशीर्वाद माँगती है। सीता की आँखों से आँख मिलाने में संकोच करके राम अपना मुख छिपाता है। कितनी बार प्रार्थना करने पर भी वह अपने मुख की दिशा ही नहीं बदलता है और न ही कोई उचित उत्तर देता है। अत्यंत करुणा से भरा हुआ यह प्रसंग लोक-कवि-गायकों के मन में सीता के प्रति रहनेवाली आत्मीयता व प्रेम का द्योतन करता है। दूसरी ओर राम के प्रति उनका कटु व्यवहार किंवा असंतोष का पर्दाफाश हो जाता है। लक्ष्मण राम को आशीर्वाद देकर सीता जंगल भेजने की सलाह देता है। आशीर्वाद की जगह राम फिर अयोध्या के पूरब के जंगल में सीता वध करने की आज्ञा देता है। लक्ष्मण दूसरी बार भी राम को समझाने की कोशिश करता है कि इस प्रकार अकारण सीता को जंगल भेजना उचित

नहीं है। इससे कुपित होकर राम लक्ष्मण की निंदा करता है कि वह उसे बाणों से मार कर सीता समेत अयोध्या का शासन करे। इन वचनों को सुनने के बाद भी लक्ष्मण में कोई परिवर्तन नहीं होता है। इससे राम आगबबूला होता है। लक्ष्मण को धमकाता है कि कल सुबह तक अगर सीता वध करके उसके साक्ष्य प्रमाण के रूप में उसकी आँखें निकालकर तुम नहीं लाओगे तो तुम्हें मेरे राम बाण का शिकार बनना पड़ेगा।

श्रीराम की बातें सुनकर विवशता में लक्ष्मण सीता के साथ वन प्रस्थान करता है। सीता और लक्ष्मण अयोध्या नगर के महल, भवन, वन-उपवन आदि पार करके पूरब में तीन करोड़ मुनिगण बसनेवाले घने जंगल में पहुँचते हैं।

कथागीत के इस अंश से संबंधित गीतों को स्त्रियाँ विविध संदर्भों में गाती हैं। इनको सुनने के बाद कठिन स्वभाववालों के हृदय भी करुणा से पिघलने लगते हैं। पैदल चलकर थकी सीता अपने घायल शरीर की पीड़ा को सहन नहीं कर सकती है। वह लक्ष्मण से विनती करती है कि वह तुरंत उसका संहार करे। उसकी निस्सहाय स्थिति देखकर लक्ष्मण और भी दुखी हो जाता है। उत्तर देता है कि उसका संहार करना उसके वश की बात नहीं है। घायल शरीर की असहनीय पीड़ा से बचने के लिए सीता बार-बार विनती करती है। तब भी लक्ष्मण में उसे मारने की हिम्मत नहीं होती है। आखिर सीता उसे धमकी देती है कि अगर वह उसे मारे बिना अयोध्या लौटेगा तो वह भी उसके साथ अयोध्या लौटेगी। तथा वहाँ भाइयों के बीच में झगड़े खड़ा करेगी। इससे लक्ष्मण को गुस्सा आता है। गुस्से में वह अनेक बाण सीता पर चलाता है। सभी बाण व्यर्थ जाते हैं। सूर्यबाण से सीता के चरणों को अलग करना चाहता है। तो वह उसका नूपुर बन जाता है। चंद्र बाण से उसका कमर तोड़ना चाहता है तो वह कमरबंद बन जाता है। ब्रह्मास्त्र से उसका गला काटना चाहता है तो वह उसके गले की हार बन जाती है। कथा गीत में यहाँ पर एक और अवाल्मीकीय अंश का वर्णन है। लक्ष्मण वनवास के दौरान पर्णकुटीर में रहते समय मृग शिकार संबंधी प्रसंग के बारे में विस्तार से जानना चाहता है कि राम की खोज करने उसके जाने के बाद सीता पर क्या बीता था। सीता यहाँ पर उस प्रसंग की पूरी जानकारी लक्ष्मण को देती है। वह कहती है कि रावण वेश बदल कर भीख माँगने आया था। लक्ष्मण के द्वारा खींची गयी रेखा पार करने के बाद वह बड़े शूल की सहायता से जमीन सहित उखाड़ कर उसे उठाकर रथ पर बिठा पर ले गया था। इस प्रकार सीता का स्पर्श किये बगैर पृथ्वी सहित उठाकर रथ में रखने की घटना भी अवाल्मीकीय है। वाल्मीकि रामायण में रावण अपने हाथों से सीता को उठाकर रथ में रखता है। यह जानपदों की शील-पातिव्रत्य के प्रति सूक्ष्म दृष्टि का परिचय देता है। बाद में जटायु के साथ संघर्ष आदि वाल्मीकि रामायण की ही तरह है।

कथागीत में लक्ष्मण के इस प्रकार विषयांतर करने का मूल उद्देश्य सीता का वध किये बिना उसे जंगल में सजीव छोड़ने का है। लेकिन उसे निराश ही होना पड़ता है। विषयांतर करने के बावजूद भी सीता पहले की तरह विनती करती है कि यथाशीघ्र उसका वध किया जाय। पुनः वह धमकी भी देती है कि अगर लक्ष्मण उसका वध किये बिना अयोध्या लौटेगा तो वह भी अयोध्या लौटेगी। अयोध्या में भाइयों के बीच में झगड़ा पैदा करेगी। लक्ष्मण कुपित होकर सीता पर राम बाण चलाता है, तो सीता के गर्भ में सूक्ष्माकारवाला कुशराज दिखाई पड़ता है। जिससे लक्ष्मण बाण चलाना रोकता है। सीता की जगह एक कस्तूरी मृग को मार कर उसकी आँखें राम को साक्ष्य प्रमाण के रूप में दिखाने अयोध्या ले चलता है। अकेली सीता जंगल में पेड़ के नीचे शरण लेती है।

रामाज्ञा के अनुसार अगले दिन सुबह सीता-संहार के साक्ष्य प्रमाण के रूप में मृग की आँखें लिए लक्ष्मण राम के पास पहुँचता है। उस प्रमाण पर विश्वास करके राम बिलख-बिलख कर रोता है। राम में दुख की तीव्रता यहाँ तक

बढ़ती है कि वह लक्ष्मण को दोषी ठहराता है। वह कहने लगता है कि सीता-संहार की आज्ञा देते ही उसे इस रूप में नहीं करना चाहिए था। इस अपराध में इसलिए उस का ही पाप अधिक है। यह राम के मन में सीता के प्रति रहनेवाले अथाह प्रेम का द्योतक है। इस प्रकार लक्ष्मण की निंदा करने के बाद संयम बरतते हुए लक्ष्मण से ही पूछने लगता है कि उसने सीता का वध कैसे किया? लक्ष्मण उत्तर देता है कि सीता पर चलाये गये सूर्य बाण, चंद्र बाण, नारायण बाण आदि बेकार गये हैं। आखिर राम बाण से सीता का वध संभव हो सका है। इसके बाद राम यह जानने की जिज्ञासा प्रकट करता है कि मरते समय सीता ने क्या कहा था। लक्ष्मण इसका जवाब इस रूप में देता है कि सीता अनेक जन्मों तक राम की पत्नी ही बनी रहना चाहती है और लक्ष्मण की भाभी होकर ही अनेक जन्म लेना चाहती है। इन बातों को सुनकर राम के मन में सीता के प्रति बड़ी अनुकंपा जागती है कि वह सीता को पुनर्जीवित पाने की अनियंत्रित इच्छा प्रकट करता है। इसलिए लक्ष्मण से सीता के मरण स्थल व मृत शरीर को दिखाने के लिए कहता है। राम को बहकाने की कोशिश करनेवाला लक्ष्मण यह सुनकर भयभीत हो जाता है। वह एक और बहाना बनाता है कि घास-फूस लकड़ी आदि इकट्ठा करके वह सीता की चिता जला कर आया है। उसकी राख भी नहीं बची है।

यह सुनकर राम का दुख और अधिक हो जाता है। दुख में लक्ष्मण की बातों पर विश्वास न करके ज्योतिषियों की मदद से सीता को ढूँढ़ना चाहता है। ज्योतिष बतानेवाले पंडितों को बुलाने राम हनुमान को भेजता है। हनुमान से पहले ही लक्ष्मण उनके पास पहुँचकर धमकी देता है कि वे राम का काम न करे। इसलिए हनुमान को खाली हाथ लौटना पड़ता है। राम फिर पंडितों को लिवा लाने लक्ष्मण को ही भेजता है। लक्ष्मण पहले ही पंडितों से स्पष्ट करता है कि वे ज्योतिष बताने का नाटक मात्र करें और राम से इतना कह दें कि सीता पृथ्वी पर जीवित नहीं है। लक्ष्मण की धमकी से प्रभावित पंडित उसी प्रकार पंचांग देखकर राम से झूठ बोलते हैं । बाद में लक्ष्मण स्वयं ब्राह्मण वेश धारण करके राम को ज्योतिष बताने आता है। बड़ा नाटक करते हुए बताता है कि सीता पृथ्वी पर जीवित नहीं है। लेकिन विधुर का जीवन राम के भाग्य में लिखा हुआ नहीं है। इसलिए उसे सोने की सीता को बनवाकर उससे विवाह करना चाहिए। उसी प्रकार अपने विवाह के साथ लाख गरीब ब्राह्मणों के विवाह भी कराना चाहिए। उसके अतिरिक्त सीता और सीता के शिशु को मारने के पाप से मुक्त होने के लिए सीता की सारी वस्तुएँ ब्राह्मणों को दान के रूप में देनी चाहिए। राम मायावेशधारी लक्ष्मण की इन बातों पर विश्वास करता है। उसकी बातों के अनुसार ही उससे बढ़कर और कोई दूसरा अच्छा ब्राह्मण नहीं मिलेगा समझकर सीता की सारी वस्तुएँ उसे दान के रूप में दे देता है। सीता की वस्तुएँ प्राप्त करके लक्ष्मण उन्हें सीता के महल में ही छिपा रखता है।

ब्राह्मण वेश छोड़ कर फिर लक्ष्मण बनकर वह सोने की सीता की तैयारी में जुट जाता है। कथागीत में यहाँ आलमूरू, कोडुमूरू जैसे गाँवों का उल्लेख मिलता है। वे सभी आंध्र के कर्नूल जिले में ही स्थित हैं। राम अनेक गाँवों से अनेक पदार्थ मँगाकर सीता की कनक मूर्ति तैयार करवाता है। उसके साथ विवाह भी कर लेता है। ब्राह्मणों के विवाहों का भी आयोजन करता है। इस प्रकार लक्ष्मण सीता के जीवित रहने का समाचार गुप्त रखते हुए, उसके जीवित रहते जिन सभी कार्यों के होने की संभावना रहती है उन सभी को बहुत संफल ढंग से करवाता है। यहाँ लोक-कवि-गायकों के सरल अमलिन व निष्कपट तटस्थ जीवन को प्रतिबिंबित करनेवाला एक और प्रसंग अत्यंत सुंदर ढंग से वर्णित है। सोने की सीता के साथ ही क्यों ने हो राम का विवाह राम का ही विवाह है। उसे वे अत्यंत मनोहर ढंग से करना व देखना चाहते हैं। इसलिए कथागीत में राम के विवाह का वर्णन अत्यंत सरस शैली में किया गया है। यहाँ गीतों की लयात्मकता, शब्द सृजन, अनुप्रयासयुक्त भाषा, लंबे समास पद आदि अत्यधिक हृदयस्पर्शी बन पड़े हैं।

इस प्रकार के अत्यंत वैभव व आनंदोत्सव के तुरंत बाद लोक-कवि-गायक एक करुणाजन्य और अति दुखदायक दृश्य का आयोजन करता है। जंगल में सीता अकेली है। प्रसूति की पीड़ा से कराह रही है। अपने एकाकीपन व अपने निस्सहाय जीवन को देखकर सीता रो रही है। इस दृश्य में अनायास ही श्रोताओं की आँखों से आँसू बहते हैं। यह सोचते हुए उसका दुख और तीव्र हो जाता है कि अगर वह अयोध्या में होती तो कौसल्या, कैकेई, सुमित्रा आदि सासु माँ उसकी कितनी सेवा करतीं। शादय दुख की घड़ी में आत्मीय जनों की याद सताती है। सीता लक्ष्मण का स्मरण करती है कि लक्ष्मण के कारण ही उसे यह सब कुछ झेलना पड़ रहा है। जंगल छोड़ आने का दायित्व लक्ष्मण का ही है। सीता की निस्सहाय व दयनीय स्थिति जानकर लक्ष्मण भूदेवी से प्रार्थना करके प्रसूतिका सीता को सहायता करने भेजता है। भूदेवी दाई बन कर सीता का उपचार करने जंगल पहुँचती है। सीता के प्रसव में वह सीता से माणिक की माँग करती है। माणिक लिये बगैर वह नाल काटने के लिए तैयार नहीं होती है। जनपद में दाइयों का अभाव और प्रसूति के समय दाई के द्वारा किए जानेवाले कटु व्यवहारों का बोध कथागीत का यह अंश प्रस्तुत करता है। आखिर सीता से माणिक प्राप्त करके फिर उसे लौटाती है कि बड़े लोगों की संपत्ति उनके पास नहीं टिकेगी? फिर मुफ्त में नाल काट कर अदृश्य हो जाती है।

बाद में अपने शिशु को लेकर सीता अकेली वाल्मीकि आश्रम में आती है। एक प्रकार से यह भी एक अवाल्मीकि अंश है। वाल्मीकि रामायण में सीता वाल्मीकि आश्रम में ही आश्रमवासियों की सहायता से बच्चों को जन्म देती है। कुछ अन्य लोक रामायणों में और भी अनेक चौंका देनेवाले प्रसंग गढ़े गये हैं। आचार्य तूमाटि दोणप्पा जी के द्वारा संगृहीत कथागीत में वाल्मीकि की जगह जनक महाराज के आश्रम में सीता का प्रसव संपन्न होता है। उस समय जनक वानप्रस्थाश्रम स्वीकार करके जंगल में तप करने आये थे। डॉ. रावि प्रेमलता के द्वारा मेदक जिले से संगृहीत कथागीत में भी सीता जंगल में जनक महाराज के आश्रम में बच्चे को जन्म देती है। इसकी एक और विलक्षणता है कि इस में जनक महाराज का अंधे के रूप में चित्रण किया गया है।

राजमहल में सोने के झूले में सोने लायक शिशु को जंगल में घास-पत्तों के बीच में सुलाती हुई सीता उसके दुर्भाग्य पर विलाप करती है। सीता के कष्टों का मार्मिक गायन करनेवाले लोक-कवि-गायकों का यह प्रसंग दिखाई पड़ता है। यहाँ पर मेदक जिले में गाये जानेवाले कथागीत का उदाहरण दिया जा रहा है—

टेकुटाकुलु तेन्पेनम्मा
कोडुकुनु पंड बेट्टिंदि
निम्मल्लु कोट्टिंदि-नीडल्लु वेसिंदि
वट्टिमामिन्ड्लु कोट्टिंदि
वट्टिमामिन्ड्लु कोट्टिंदि
कोडुकुकु उय्याल कट्टिंदि
पलगुल्लु तोटि बोल्लु कोसिंदि
केवुमनि कोडुकु केकेलु पेट्टे
एत्तुकुनेंदुकु अय्यलु लेरू
एमि चेदुना कोडुका
अरन्डमुन नन्निडिसि पेट्टि पोइरि
अनि एकमैन दुखमुतीय बट्टे।[17]

(सीता सागौन पेड़ के पत्तों को काटकर उन पर शिशु को सुलाती है। पेड़ की शाखाओं से छाया बनाकर लताओं को काटकर उनसे स्वयं झूला बनाती है। शिशु को झूले में डालकर सुलाने लगती है। सोचने लगती है कि रोने वाले बच्चे को उठाने को उसके सिवा और कोई नहीं है। अपनी इस निस्सहायता पर वह बिलख-बिलख कर रोने लगती है।)

छोटे शिशु को वहीं घास-फूसों में लिटाकर प्रसूतिका सीता समुद्र स्नान को निकलती है। रास्ते में अपने बच्चों के साथ एक पेड़ से दूसरे पेड़ पर उछलकूद करनेवाले बंदरों को सावधान करती है कि इस प्रकार करने से बच्चे नीचे गिर जायेंगे। बदले में बंदरों से ही उसे शिक्षा लेनी पड़ती है कि सीता की तरह वे अपने बच्चों को जंगल में अकेले छोड़कर नहीं आये हैं। यह प्रसंग भी लगभग सभी प्रदेशों के लोक उत्तर रामायणों में दिखाई पड़ते हैं। यह लोक-कवि-गायकों की सूक्ष्म दृष्टि का परिचायक है। उदाहरण के लिए मेदक जिले के कथागीत का उल्लेख किया जा सकता है—

चंकल बाल धरणि पड्ते
कोडुकेड दोरुकुताडु
एर्रि पट्टिंदा कोतुल्लारा
एर्रि पट्टिंदा कोतुल्लारा
चंकल्ल पिल्लल्ल धरणी मीद दिन्वंडि
चेट्टु मीद फलाल नारागिंचंडि...

(इस गीत में सीता बंदरों से कहती है कि इस प्रकार बच्चों सहित उछलकूद करने पर उनके प्राणों को हानि पहुँच सकती है। बच्चों को जमीन पर छोड़कर ही इस प्रकार करना चाहिए।)

उत्तर में एक प्रबुद्ध बंदर अपनी सलाह से सीता को ही प्रभावित करता है–

अरण्यमुलनु काडुकुने कंटिवा
आरंडविल पारेसि वस्तिवा...
मेमु चच्चिन तावुल बाललु चावालि
बाललु चच्चिन तावुल में मैंन चावालि
नीलेक्क मेमु पिल्लल निडिसि पेट्टमम्मा
बालुनि आरंडमुन इडिसि पेट्टोच्चिनावु
एड्डि सीतम्म एनुककु मर्लिंपो

(बंदर सीता से कहता है, तुम जंगल में बच्चे को जन्म देकर उसे जंगल में ही अकेला छोड़ आयी हो। हमारे बच्चों का जन्म-मरण हमारे साथ ही होगा तुम्हारी तरह हम बच्चों को छोड़कर नहीं जाते हैं। मूर्ख सीता वापस लौट जाओ और अपने बच्चों को हमेशा अपने साथ रखो।)

लोक-कवि-गायकों की कलमों से निकला यह मोड़ एक और अवाल्मीकीय अंश का आधार बनता है। बंदरों की बातों से प्रभावित होकर सीता स्नान करने जाते फिर आश्रम लौट आती है। अपने बच्चे को साथ ले जाती है। अपने बच्चे के साथ स्नान करके लौटकर वह देखती है कि झूले में एक और बच्चा है। चकित होकर वह वाल्मीकि से प्रश्न करने लगती है कि वह अपने बच्चे को अपने साथ ले गयी थी यह दूसरा बच्चा कहाँ से आया है। वाल्मीकि को अपनी गलती का बोध होता है। वे सीता से कहते हैं कि यह बच्चा त्रिमूर्तियों का प्रसाद है। तुम इसे पाल लो। इस प्रकार इस कथा गीत में लवराज का जन्म होता है। बात यह हुई थी कि बंदरों की बातों से प्रभावित होकर स्नान से लौट कर आयी

सीता अपने बच्चे को साथ ले गयी थी। सीता के जाने के बाद खाली झूले को देखकर वाल्मीकि ऋषि सीता के कटुवचनों से बचने के लिए तीन मुट्ठी भर बालू से मंत्र के बल पर बच्चे की सृष्टि करते हैं। मंत्र से जन्म होने के कारण 'मंत्राल लवन्ना' का नामकरण किया जाता है। यह अवाल्मीकीय अंश अन्य लोक रामायणों से थोड़ा अंतर के साथ दिखाई पड़ता है। मेदल जिले के कथागीत में सीता स्नान करने जाने के बाद खाली झूले को देखकर अंधे जनक महराज अपनी छाती से मिट्टी निकालकर लवराज की सृष्टि करता है। आचार्य तूमाटी दोणप्पा जी के द्वारा संगृहीत गीत में भी इस प्रकार का प्रसंग है। लेकिन 'कुशलव कुच्चल कथा' में न तो वाल्मीकि के द्वारा न जनक के द्वारा लवराज की सृष्टि की जाती है। इसमें आश्रमवासियों के द्वारा दूसरे बच्चे की सृष्टि की जाती है। वह भी महाराज की जगह कुशराज की।

अच्चट मुनुलु जपमुलु चालिन्चुक
जानकि पुत्रुडु तोट्टेनु लेडु
जेरिजाणल शपिंचि पोननुचु
भयमु तोचेनु मुनुलंदरिकि
कुश दर्भकु जीवमुलु पोसिरि
कुशडनि बालुनि नाममुनुंचिरि
पवलिंच बेट्टिरि बालुनि यपुडु
पारिजातपु बंतुलु बट्टुक

(मुनिगण अपना जप पूरा करके देखा कि झूला खाली है। बच्चा झूले में नहीं है। सीता के शाप से भयभीत होकर आश्रमवासी मुनिगण ने सीता के आने के पहले ही घास के तिनके में प्राण डालकर एक बच्चे की सृष्टि की। घास के तिनके से उत्पन्न होने के कारण उसका कुश राज नाम रखा गया।)

इस प्रकार आंध्र के सभी जनपदों में गाये जानेवाले कथागीतों में कथात्मक एकता दिखाई पड़ती है। सीता एक ही बच्चे को जन्म देती है। दूसरे बच्चे की सृष्टि कभी जनक के द्वारा, कभी वाल्मीकि के द्वारा या कभी आश्रमवासियों के द्वारा की जाती है।

दोनों बच्चों की शरारतें व शोरशराबे से बचने के लिए सीता झूले तैयार करवाती है। बच्चों को झूले में डालकर वह लोरी गाती है। लोक-कवि-गायकों के कंठ से निकला यह गीत आंध्र भर में अत्यंत लोकप्रिय हुआ है।

यह गीत कथा प्रसंग के अतिरिक्त आंध्र की स्त्रियाँ अपनी संतान को दुलार कर सुलाने के लिए भी गाती दिखाई पड़ती हैं। आंध्र के लगभग सभी लोक उत्तर रामायणों में इस कथा-प्रसंग के गीतों में भावात्मक एकता परिलक्षित होती है। तेलंगाना प्रांत में गाये जानेवाले गीत को नीचे उदाहरण के रूप में दिया जा रहा है—

नारचीरल तोडनु उय्याल वेसि
जानकि तनयुलकु जोलुलुपाडे
एडवकु कुशलवुड राम कुमार
उंगरामुलु कोनुचु उय्यालगोनुचु
ऊर्मिला पिनतल्लि वच्चेनेडवकु
पटुट्ंगीलु गोनुचु पुलिगोरु गोनुचु
भूदेवि अम्मम्म वच्चेनेडवकु

सभी आत्मीय जनों से दूर जंगल में मोटे कपड़े पहनते हुए कंदमूल खाते हुए जमीन पर ही सोनेवाली अपनी दुर्भाग्य संतान को देखकर सीता दुखी हो जाती है। बच्चों की रुलाई को बंद कराने के लिए राजमहल में सुख-भोगनेवाले सभी आत्मीय जनों को गीत के माध्यम से स्मरण करते हुए अपने मन को भी शांत करने के लिए सीता के असफल प्रयास को देखकर अनायास ही आँखों से आँसू टपक पड़ते हैं। इस गीत के गाने का ढंग, गाते हुए तन्मय होने की मुद्रा को देखकर ऐसा लगता है कि मानो लोक-कवि-गायकों का मन राम-रावण युद्ध दृश्यों की अपेक्षा कुशलव का जन्म और उसके बचपन के वर्णन में ज्यादा रमा है। इस प्रकार के मनोहर व अप्रतिम लोरी गीतों का सृजन करके लोक-कवि-गायकों ने आंध्र की जनता के हृदयों में एक अविस्मरणीय स्थान बना लिया है।

इस प्रकार सीता जंगल में अनेक कष्टों को झेलते हुए बच्चों को पाल-पोस कर बड़ा करती है। जब बच्चे सात साल के हो जाते हैं तो उन्हें क्षात्र-धर्म परक शिक्षा दिलाने का स्मरण आता है। जन्मतः प्रबुद्ध लवकुश वाल्मीकि गुरु के पास क्षात्र-विद्याओं को सीख कर अत्यंत शक्ति संपन्न बनते हैं। सारी विद्याएँ सिखाने के बाद वाल्मीकि उन्हें नसीहत भी देते हैं कि पूरब, पश्चिम, दक्षिण दिशा में जाने में कोई खतरा नहीं है। परंतु उत्तर दिशा में जाने से तुम कायर बनोगे। लवकुश गुरु के वचनों का पालन करते हैं। अगले दिन भोर सुबह बारह कोस दूर पूरब की यात्रा करते हैं। वहाँ उदीयमान लाल रंगवाले सूर्य को शत्रु मानकर उससे लड़ने को तैयार होते हैं। द्वन्द्व युद्ध में उसे घायल भी करते हैं। इससे भयभीत सूर्य उन्हें वरदान देता है कि जब कभी उसका स्मरण करें तो वह उन्हें नागास्त्र देगा। इसके बाद लवकुश घर लौटते हैं।

अगले दिन सुबह भी इसी प्रकार भोर ही बारह कोस दूर पश्चिम की यात्रा करते हैं। वहाँ उन का विरोध कर सकनेवाला कोई दिखाई नहीं पड़ता है। रास्ते में वे पेड़ों से फल तोड़कर घर लौटते हैं। अगले दिन फिर भोर सुबह ही उत्तर की दिशा में यात्रा करने पर उन्हें कदिरि के पहाड़ दिखाई पडते हैं। कदिरि के पहाड़ पार करने के बाद उन्हें अयोध्या नगर दिखाई पड़ता है। नगर में घूमते हुए काले रंगवाले एवं तिलकधारी राम को देखकर उसे पहचानते हैं। राम के वैभव पूर्ण जीवन और उस की सेना को देखकर ईर्ष्या करने लगते हैं। सोचने लगते हैं कि इतनी सेना अगर उनके पास होती तो वे कुछ भी कर सकते हैं। पूरे विश्व को जीत भी सकते हैं। उसके बाद उम्र में छोटे लवराज को जानबूझकर अकारण ही झगड़ा करने का मन होता है। चलते-चलते वह रास्ते में बच्चों के लट्टुओं को पाँव से मार कर गिरा देता है। उनसे झगड़ा कर बैठता है। मन में सूर्य का स्मरण करके नागास्त्र को प्राप्त करता है। उसकी सहायता से अयोध्या नगर में घूमते हुए सभी भवन, दुकान, धर्मशाला आदि को खाक में मिलाते हैं। एक-एक करके पूरे नगर को उखाड़ कर ध्वंस करने लगते हैं। कथागीत का यह प्रसंग भी अवाल्मीक है। वाल्मीकि रामायण में लवकुश वाल्मीकि गुरु के पास रामकथा का गायन सीखकर पूरी अयोध्या में गली-गली घूमकर उसका प्रचार करते हैं।

नगर के इस अकल्पनीय कोलाहल और कांड को देखकर लक्ष्मण राम को सेना समेत पाताल जागकर प्राणों की रक्षा करने की सलाह देता है। राम उसी प्रकार सेना समेत पाताल जाकर छिप जाता है। भागनेवाले राम के साथ युद्ध करना ठीक नहीं समझ कर लवकुश घर लौटते हैं। रास्ते में सीता के द्वारा लगाये गये शृंगार वन में आम, कटहल आदि तोड़कर अपनी माँ के पास ले जाते हैं। सीता फलों को पहचानती है। लवकुश से यह जानने के लिए प्रश्न करती है कि आज वे किस दिशा में और कहाँ गये थे। लवकुश अयोध्या और अन्य घटनाओं का पूरा परिचय देते हैं। राम की निंदा करनेवाले लवकुश को देखकर सीता विलाप करने लगती है। उन्हें समझाने लगती है कि राम से शत्रुता हरि से शत्रुता के समान है। अपने सामने शत्रु की प्रशंसा करनेवाली सीता पर उन को गुस्सा आता है। दोनों बच्चे अगर इसी रूप

में एक साथ हो तो इसी प्रकार के झगड़े मोल लेते होंगे। यह सोचकर उन्हें अलग-अलग कामों पर लगाने के लिए वह वाल्मीकि से विनती करती है। वाल्मीकि उम्र में बड़े कुशराज को फल-फूल इत्यादि इकट्ठा करने और छोटे लवराज को बगीचे की रक्षा का काम सौंपते हैं।

इधर अयोध्या में अश्वमेध यज्ञ के आयोजन की तैयारियाँ होती हैं।

यज्ञ में छोड़े जानेवाले घोड़े की सुरक्षा के लिए घोड़े से साथ हनुमान की नियुक्ति की जाती है। घोड़े के सिर पर यज्ञ से संबंधित विज्ञापन (जय रेखा) लगाया जाता है। उसके बगल में ही दूसरों से छिपाते हुए गुप्त रूप में लक्ष्मण लवकुश को संबोधन करते हुए विशेष सूचना लिखता है। कथागीत में वर्णित यह विशेष सूचना का प्रसंग भी अवाल्मीकीय है। पहले दिन घोड़ा पूरब की दिशा में यात्रा करता है। वहाँ उसे कोई रोकनेवाला व विरोध करनेवाला दिखाई नहीं पड़ता है। दूसरे दिन सूरज के सिर पर चढ़ने तक घोड़ा आगे बढ़ता है। तब भी उसका विरोध करनेवाला तथा रोकने वाला कोई दिखाई नहीं पड़ता है। घोड़ा प्रसन्न होता है कि अब तक उसे विजय ही प्राप्त हुई है। धीरे-धीरे वह अयोध्या लौटने लगता है। रास्ते में वह फूलों से लदे बगीचे को देखता है। बगीचे में घुसकर वह फूलों को पौधों को उखाड़ने लगता है। भोजन करके घर से लौटनेवाले लवराज यह देखकर उसे पकड़ लेता है। घोड़े के सिर पर लगे विज्ञापन को और विज्ञापन के वगल में गुप्त रूप से लिखी गयी सूचना को पढ़ लेता है। घोड़े की सुरक्षा के लिए नियुक्त हनुमान घोड़े को रोकते देखकर उसे छोड़ने के लिए कहता है। घोड़े को मुक्त किये बगैर लवराज बंदर कहकर उसका अपमान करता है। दोनों के बीच में युद्ध होता है। युद्ध में लवराज हनुमान को गंभीर रूप से घायल करके बेहोश कर देता है। यह देखकर लवराज सोच में पड़ जाता है कि बेहोश हुए हनुमान का देहांत हो गया है। बंदर को मार कर उस की लाश को वैसे ही छोड़ देना पाप समझकर वह उसे जलाने आग के लिए अपनी माँ के पास दौड़ता है। घटना का पूरा जायजा लेने के बाद सीता हनुमान को पहचानती है। अपने दोनों स्तन का पान निकालकर लव से कहती है कि वह उसे मूर्च्छित हनुमान को पिला दें। अपनी माँ का स्तन पीने से बंदर बलवान होगा समझकर लवराज स्वयं दूध पीकर दोने को पानी से साफ करके उस पानी को बंदर को पिलाता है। स्तन पान की महिमा से हनुमान फिर जीवित हो उठता है। परन्तु उसे खड़े होने पर भय लगता है कि उसे जीवित देखकर लवराज दुबारा मारेगा इसलिए वह धीरे-धीरे लुढ़कता हुआ अयोध्या पहुँचता है। अकेले लौटकर आनेवाले हनुमान को देखकर राम प्रश्न करता है कि सेना और साथ में गया घोड़ा कहाँ है? प्रश्न का समाधान दिये बगैर हनुमान अपनी नौकरी व पद छोड़ने के लिए तैयार होता है कि साँस रहे तो नमक बेचकर जीवन काटूँगा।

राम की आज्ञा पर लवराज के भय से पेड़ की आड़ से ही हनुमान भरत, शत्रुघ्न को बगीचे का रास्ता दिखाता है। जहाँ घोड़े को पकड़कर बाँध दिया गया था। भरत, शत्रुघ्न लवराज से घोड़ा छोड़ने की बात करते हैं। परन्तु लवराज नहीं मानता है उलटा भरत, शत्रुघ्न को युद्ध के लिए ललकारता है। युद्ध में भरत शत्रुघ्न के बाण लगकर लवराज बेहोश हो जाता है। जंगल में फल तोड़नेवाले कुशराज को इसका आभास मात्र होता है। वह तुरंत अपनी माँ के पास दौड़ता है। सीता उसे समझाती है कि राम से वैर न मोल लें। दुश्मन की प्रशंसा करनेवाली माँ पर कुशराज को गुस्सा आता है। आखिर माँ का आशीर्वाद प्राप्त करके वह बगीचा पहुँचता है। वहाँ अचेतन लवराज को देखकर कुशराज भरत शत्रुघ्न पर बाण चलाता है। वह लव को बंधन मुक्त करने में सफल हो जाता है। फिर लवकुश दोनों मिलकर भरत, शत्रुघ्न पर बाण चलाते हैं। युद्ध में पराजित होकर भरत, शत्रुघ्न दोनों बेहोश हो जाते हैं। छिपते-छिपते हनुमान अयोध्या पहुँच कर इसकी सूचना राम को देता है। समाचार सुनकर राम सेना और लक्ष्मण के साथ

फूलों के बगीचे के पास आता है। वहाँ पहुँचकर राम लवकुश को समझाने की कोशिश करता है कि वे घोड़े को छोड़ दें। लेकिन वे घोड़े को छोड़े बिना राम को युद्ध करने के लिए ललकारते हैं। युद्ध में एक-दूसर पर अनेक बाणों का प्रयोग करते हैं। कथागीत में लक्ष्मण ही लवकुश की ओर से गुप्त रूप से राम के साथ युद्ध करता है। लक्ष्मण राम के बाणों का उत्तर अपने बाणों से देता है। सभी बाण बेकार जाने के बाद राम अपनी पराजय को स्वीकार कर लेता है। राम पराजय को स्वीकार करने के बाद बच्चों के सिरों पर रखने के लिए छत्रक बनवाता है। उनके माँ-बाप, गुरु, कुल, गोत्र आदि के बारे में जानने के लिए प्रश्न भी करता है। लवकुश अपने माँ-बाप आदि का परिचय दिये बिना उलटा राम से ही प्रश्न करते हैं कि पहले वे अपना परिचय दें। राम अपने माँ-बाप आदि का परिचय देता है कि उसकी क्षत्रिय जाति है। काशी गोत्र है, वाल्मीकि गुरु हैं और दशरथ उनका पिता है, कौसल्या उसकी माँ है, सीता उसकी धर्म पत्नी है, भरत, शत्रुघ्न और लक्ष्मण उनके बलावन भाई हैं। राम का परिचय प्राप्त करके बच्चे अपनी माँ के पास दौड़कर आते हैं। माँ से अपने कुल, गोत्र, माँ-बाप, गुरु आदि के बारे में प्रश्न करने लगते हैं। सीता पहले उन्हें बहकाने की कोशिश करती है। फिर बल देने पर विवश होकर उनके माँ-बाप आदि का परिचय देती है। वे जाति के क्षत्रिय हैं। उनका गोत्र काशी गोत्र है। उनके गुरु वाल्मीकि हैं। दशरथ उनके दादा हैं, कौसल्या उनकी दादी हैं। राम उनके पिता हैं। सीता उनकी माँ हैं। लक्ष्मण, भरत और शत्रुघ्न उनके चाचा हैं। माँ से यह समाचार प्राप्त करके लवकुश अपने पिताजी राम के पास दौड़ आते हैं। उन्हें यह पूरा विवरण सुनाते हैं। बच्चों के मुँह से इन बातों को सुनकर राम अतिप्रसन्न होता है। दोनों को बड़े प्यार से गोद में लेकर अपनी जाँघों पर बिठा लेता है। प्रेम से यह जानना चाहता है कि उनकी माँ कहाँ हैं?

राम लवकुश के साथ आश्रम में सीता से मिलने जाता है। लक्ष्मण आदि के साथ आनेवाले राम को देखकर सीता सोने के कलशों में पानी भर सोने की थाली में श्रीराम के चरण रखवाकर अर्घ्य करती है। अर्घ्य जल को नीचे उंड़ेलने से पाप समझकर उसे अपने सिर पर डाल लेती है। सीता के पातिव्रत्य, प्रेमानुराग के प्रति लोक-कवि-गायकों की श्रद्धा भक्ति को यह दृश्य अत्यंत सफल ढंग से उभारता है। बाद में राम की आज्ञा के अनुसार सीता बगीचे में अचेत पड़े सबको पुनः जीवित करती है। फिर आनंदोत्सव से सभी अयोध्या नगर लौटते हैं। अयोध्या नगर में लवकुश की शरारतें और शोरगुल असहनीय हो जाता है। इससे बचने के लिए सीता भूदेवी से विनती करके भूप्रवेश करना चाहती है। भूदेवी सीता की प्रार्थना मानकर जगह देती है। सीता भूप्रवेश करने लगती है। तो राम उसे पकड़ कर बाहर निकालने का प्रयत्न करता है। यह प्रसंग भी अवाल्मीकीय अंश है। वाल्मीकि रामायण में लवकुश के युद्ध के बाद सीता भूप्रवेश करती है। लेकिन अनोखे ढंग से इस कथागीत में भूप्रवेश करनेवाली सीता को राम रोक देता है। बाद में अपने दोनों बच्चों को हाथों से लेकर अपनी जँघों पर बिठा लेता है। उनको आशीर्वाद देता है कि युग-युगों तक पृथ्वी पर उनकी पूजा होती रहेगी। राम उनका राज्याभिषेक करके सीता, लक्ष्मण, उर्मिला आदि सभी आत्मीय जनों के साथ सशरीर स्वर्ग चला जाता है। इस प्रकार अनेक अवाल्मीकीय व विलक्षण प्रसंगों से भरा यह कथागीत उत्तर रामायण की कथा जानपद और मनुष्य मात्र को अपनी ओर आकृष्ट करके उन्हें रसानंद देने में अत्यंत सक्षम है।

परिशिष्ट

तेलुगु जानपद उत्तररामायणमु

नागरी लिप्यांतरण	हिंदी अनुवाद
शरणु शरणु रामा शरणय्या राघव	शरण शरण हे राम शरण शरण हे राघव
शरणाग बिरुदुगल रामा	शरणागतवत्सल नामांकित हे राम
नीकिंका शरणय्या श्री रघुरामा	शरण शरण हे श्रीरघुराम!
शरणन्न वारुलकु मरणमेन्नडु लेदु	होगा नहीं मरण शरणापन्न का कभी शरण मे तेरे
शरणन्न वारुलकु मरणमेन्नडुलेदु	होगा नहीं मरण शरणापन्न का कभी शरण में तेरे
शरणाग बिरुदु गला रामा	शरणागत वत्सल नामांकित हे राम
नीक्किा शरणय्या श्री रघुरामा	शरण शरण हे श्री रघुराम!
अखल कल संहार अंभोज शेखरुड	सब दुष्टों के संहारक हे कमल शिरोभूषण
अखल कल संहार अंभोज शेखरुड	सब दुष्टों के संहारक हे कमल शिरोभूषण
अंभोज राम शरणय्या	शरण शरण हे शेष शयन राम
नीकिंका अइवध्या[1] राम शरणय्या	शरण शरण हे कोशलाधीश राम
कन्नवारिकि राम! विन्नवारिकि राम	देखनेवाले को हे राम सुननेवाले को हे राम
कन्नवारिकि राम! विन्नवारिकि राम	देखनेवाले को हे राम सुननेवाले को हे राम
कालिग्य[2] राम शरणय्या	कलियुग में नहीं और शरण हेराम
नीकिंका पट्टाभिराम शरणय्या	मात्र शरण है तेरे हे पट्टाभिराम!
शरणु शरणांटने	शरण शरण माँगती हुई
मायालेडी यादि माय पटमुलु रासि नादि	मायाविनी वह माया चित्र खींचने आयी
आ लेडी माय पटमुलु रासि नादि	मायाविनी वह माया चित्र खींच गयी
नालुगन सौरट्ल भूमिलेल्ल तिरिगि	घूम फिर कर चारों दिशाओं में
सीतम्म पंडिन सिरि साप[3] मीदने	सोयी हुई सीता की चटाई पर ही
पटमुले पारवेसिंदि	चित्र को फेंक गयी
वालेडी पटमुले पारवेसिंदि	मायाविनी वह चित्र को फेंक गयी
चिरुक नड्डुपुल तल्लि सीता मालक्ष्मि	चिर सौभाग्यवती माई सीता मालक्ष्मी
सिरिकन्नु तेरचि चूसिंदि	देखी उठाकर अपनी आँखें माई
तन पदिवेलतो पटमुनु बारचूस्तेनु	देखने से एकटक चुस्त आँखों से अपनी
रावणुनि रूपमु लुन्नाये	दिखाई दी रावण की सैन

पटमुलो रावणुनि रेखलुन्नाये
ई समयमंदुन्न ना रामु चूस्तेनु
बाणान खंडिंचु वेसु
नन्नोक्क बाणान खंडिंचु वेसु
चिरुक नडतल तल्लि सीता मालक्ष्मि
जालाटि[4] बंड क्रिन्देश
नातल्लि जालाटि बंड क्रिन्देश
लक्षलकु तीरिन्नि रच्च बंडल मीद
राजानुराजुलु रामुलु गूर्चोनि
पट्टि पंदेमु आडु तुंड्रि
अक्कड पगिडि पन्दे माडुतुड्रि
दिमि दिमि तालालु दिविक्रोट्टि म्रोगंगा
राज गुरुवुलनियेडि रणभेरि सोकिंदि
रतुल राम सालेल्लनन्ना
अप्पुडु श्रीराम सालेल्लनन्ना
रामुलोच्चे राकट[5] सीतम्म चूसिंदि
वेंडि कावुलकु वेन्नीळ्ळु पोसिंदि
पगिडि कावुल तो पाट्ल बड चेसिंदि
जालाटि बंड के पट्टा नातल्लि
जालाटि बंड के पट्टा मातल्लि
रामुल पादमु बंड पैन पडि
पटानि के पान मोच्चा
माया पटमु इल्लंता कप्पुकुन्डा
इल्लंता कप्पुकुंडा
मायपटमु युद्धानिकिलेचि कूर्चुन्डा
अंतमरुलुनु गोन्न
आ सीता नप्पुडु अंटकने मुट्टकने पोया
ओ देव अंटकने मुट्टकने पोया
मुनिगि पोइन गानि मुनिगि पोकुंडाने
पटमुलुनु रासु कुन्नादि
ई सीता प्रक्कलो पेट्टुकुन्नादि
अग्गै मन्डेने अयोध्या रामुलु
हारि बाटलु पट्टिनाडु
रामुडु रच्च बाटलु पट्टिनाडु

दिखाई दी चित्र में रावण की सैन
देखेगा राम अगर इस समय मुझे
मारेगा एक ही बाण से मुझे
मारेगा एक ही बाण से मुझे
चिर सौभाग्यवती माई सीता लक्ष्मी
छिपा दिया स्नानघाट के नीचे उसे
छिपा दिया सीता ने स्नानघाट के नीचे उसे
लाखों से भरे चौपाल पर
राजा सामंतों के साथ राम बैठकर
खेल रहा था दाँव शतरंज के
खेल रहा था वहाँ दाँव सोने के
दिमि दिमि गूँज बजते बाजा
बजी भेरी संग छोड़ गुरु राजा
पहने रत्नाभूषण निकले राम हे भाई
पहुँचने तब महल निकले राम हे भाई
देखा राम के आने को सीता माई ने
चाँदी की हांडियों में भरा गरम पानी
सोने की हांडियों में भरा ठंडा पानी
स्नानघाट के पास ले गयी माई
स्नानघाट के पास ले गयी माई
लगकर राम के चरण पत्थर पर
चित्र में हुए प्राण संचार
माया चित्र फैल गया घर भर
फैल गया घर भर
माया चित्र रण के लिए हुआ तैयार
अति मोह भी होकर
उस सीता का बिना स्पर्श किये बिना अंक भरे
हे देव बिना स्पर्श किए बिना अंक भरे
बिना डूबे डुबाने पर
रख दिया चित्र खींच कर
रख लिया सीता ने अपने मानस-पटल पर
जला आग बनकर आयोध्या राम
नापने लगा रास्ते श्रीराम
नापने लगा चौपाल के रास्ते श्रीराम

लक्षलकु तीरिन्न रच्च बंडल मीद	लाखों से भरे चौपाल पर
राजाना राजुलु रामुलुनु गूर्चोनि	राजा सामंतों के साथ राम बैठकर
पट्टि पन्देमु आडुतुंड्रि	खेल रहा था दाँव शतरंज के
वक्कड पगिडि पंदेमु आडुतुंड्रि	खेल रहा था वहाँ दाँव सोने के
साकलि मरियेलि सेट्टिवानि कोडुकु	मरियेल सेट्टी धोबी का बेटा
मासिन्न गुड्डलु मल्लबड उन्टेनु	देखकर ढेर पड़े गंदे कपड़ों को
वानालिनि वाडु मर्दिन्चा	डाँटा उसने अपनी भार्या को
ओ देव अदि पोइ पुट्निल्लु चेरा	हे देव रूठकर वह पीहर चली गयी
ओ देव दानि तंड्रि दनितोलिकोच्चा	हे देव बाप उसका उसे ले आया
ऊरि बट्टलेल्ला माद[6] कट्टुकोनि	बनाकर गठरी गाँव के सब गंदे कपड़े
ऊरिकिट वच्चिनाडु साकलोडु	आया धोबी गाँव के बाहर
ऊरिकिट काड कोच्चिनाडु	धोबीघाट आया गाँव के बाहर
कोट्टिन तिट्टिन इन्टलो उन्डालि मामा	डाँटने फटकारने पर पड़े रहना घर ही मामा
इल्लनेल्लि नालिनि सरियात्मा नेनेल मामा	घर से निकली उसे रखूँगा नहीं मामा
आयाल्लि सरियात्मा नेनेल मामा	रखूँगा नहीं उस भार्या को मामा
वेर्रि रामुलु गांग तिक्का रामुलु गांग	सनकी हो या पागल राम ने
शरपोइन सीतनु तेच्चि पट्नमुन्विनाडु	बनायी पटरानी परवास रही सीता को
ओ मामा अतिवेगमुगा एलुताडु	भार्या बनाकर रख लिया मामा
ना बोटि गाल्लैते	अगर मैं होता
ना ओक्का बाणान खंडिंतु मामा	एक बाण से उसे वध करता
साकल्लि मरियालि सेट्टिवानि कोडुकु	मरियाल सेट्टि धोबी के बेटे की
चेप्पिन्न माटलु चेवुलारा आलकिंचेनम्मा	बातों को सुना अपने कानों से
श्री रामु चेवुलारा आलकिंचे नम्मा	सुन लिया श्रीराम ने अपने कानों से
एर्रंग पंडिन कोर कंकि वाला	पकी लाल धान की फसल सी
तलनाल केसि नाडम्मा श्री राम	सर झुका लिया श्रीराम ने माई
तलनाल केसि नाडम्मा श्रीराम	सर झुका लिया श्रीराम ने माई
विनवोई लक्ष्मण विनकुल भूपाल	इक्ष्वाकु भूपाल सुनो भाई लक्ष्मण
सौमित्रि कुम्हार सोधकुल लक्ष्मण	सुमित्रा सुत हे पटु लक्ष्मण
कायरादुर सीतनिंका	रख नहीं सकता रे सीता को
लक्ष्मण खंडिंचि रम्मानि पलिके	कहा राम आओ वध करके सीता को
अइवध्यकु तूर्पुन पगलु चीकटि कोन	अयोध्या के पूरब में होता अँधियारा दिन में जहाँ
परदाच्चि मेन मुप्पै मूड्डु कोट्ल	कीकारण्य में तैंतीस करोड़ जहाँ
मुनुलुन्न स्थलमुन	मुनियों के रहते जहाँ
कुदुरु चक्कनि मंचि गुन्न चिंतलि क्रिंद	घनी फैली अच्छी इमली पेड़ के तने

खंडिंचि रम्मानि पलिके	कहा राम ने वध करके आने
श्रीरामु तेगटार्चि रम्मानि पलिके	कहा राम ने वध करके आने
कल्ल लेनि सीतनु इल्लेल्ल गोट्टिते	बेकसूर सीता को घर निकालने से
जनुलेमन्दुरो अन्ना	जन क्या समझेंगे भाई
मनसाटि दोर लेमनन्दुरो रन्ना	साथी राजा सामंत क्या सोचेंगे भाई
नाचेति बाणालु नी चेतनुन्नाइ	मुझ जैसे बाण हैं तुम्हारे पास भी
नन्नु संपर लक्ष्मणय्या नीविंक	वध करो मेरा लक्ष्मण
नन्नु संपि नीवदिन विद्दरु	मार कर मुझे तुम और तुम्हारी भावज
अइवध्य पट्नमुनु अतिवेगमुग एलरन्ना	राज करो अयोध्या में सुख से
अग्गै मंडेने लक्ष्मणा पेरुमाल्लु	जला आग बनकर लक्ष्मण
वारिबाटलु[7] पट्टिनाडु	रास्ता नापने लगा लक्ष्मण
लक्ष्मण वदिन बाटलु पट्टिनाडु	रास्ता भावज का नापने लगा
मरिदोच्चे राकट सीतम्मा चूसिंदि	देखा सीता ने देवर के आने
अप्पुडेमनि पलुकुतादि	तब कहने लगी तब ऐसा
मरिदि गदु लक्ष्मण ममुगन्न मातंड्रि	देवर लक्ष्मण मेरे प्रिय भाई
एक्कडोस्तिवन्न नीवु लक्ष्मण	तुम कैसे आये भाई
एक्कडोस्तिवन्न नीवु	तुम कैसे आये भाई
वदिनववु सीतम्म वैकुंठरालवु	वैकुंठवासी भावज सीता माई
अडुवुलके पयनमम्मा मनमिंक	जाना जंगल हमें माई
अडवुल के पयनमम्मा	जाना जंगल हमें माई
गोडु गोडुन दुःख सागे सीतम्म	रो पड़ी फूट-फूटकर सीता माई
गोट नीरुलु चिम्म सागे	बहाने लगी आँसू सीता माई
रंगैन मुत्याल सोरुगु देगिनट्लु	रंगीली मोतियों की टूटी लड़ी सी
राल कन्नुल तीर्थमम्मा सीतम्मा	गिरने लगे आँसू धारा सी
राल कन्नुल तीर्थमम्मा	बहने लगी सीता की आँखों से अश्रुधारा सी
अइवध्यकु तूर्पुन पगलु चीकटि कोन	अयोध्या के पूरब में होता अँधियारा दिन में जहाँ
परदाच्चिमेन मुप्पइ मूडु कोट्लु	कीकारण्य में तैंतीस करोड़ जहाँ
मुनुलुन्न स्थलमुन	मुनि रहते जहाँ
कुदुरु चक्कनि मंचि गुन्नचिंतलि क्रिंद	घनी फैली अच्छी इमली पेड़ के तने
खंडिंचि रम्मानि पलुके श्रीराम	कहा राम ने वध करके आने
तेगटार्चि रम्मानि पलिके	कहा राम ने वध करके आने
सुंदर लक्ष्मण वेनकेन सीतम्म	आगे आगे लक्ष्मण पीछे सीता माई
एप्पुडो बयलेल्लिनारु वाड्लिंक	कभी के निकले वे दोनों जंगल
एप्पुडनो बयलेल्लिनारु	कभी के निकले वे दोनों जंगल

मरिदि गुद लक्ष्मण ममुगन्न मातंड्रि	देवर लक्ष्मण मेरे प्रिय भाई
मूल द्वारमु काड मुग्गुरत्त गारितो	मूल द्वार के पास तीन सासों से भाई
मुच्चटलाडोस्ता मरिदि नेनिंक	लेकर आऊँगी आज्ञा मैं
वगवार्त तेलिपोस्तननेनु	खबर लेकर आऊँगी मैं
वदिनववु सीतम्म वैकुंठरालवु	वैकुंठवासी भावज सीता माई
अतिवेगमुग वेल्लवम्मा नीविंक	जाइए शीघ्र ही हे माई
अतिवेगमुग वेल्लवम्मा	शीघ्र ही जाइए हे सीता माई
चिरुत नडपुल तल्लि सीतामालच्चिमि	चिर सौभाग्यवती माई सीता लक्ष्मी
चिन्नत्त बाट पट्टिंदि मातल्लि	रास्ता छोटी सास का नापने लगी
कैकम्म बाट पट्टिंदि	कैकेई माई के पास जाने लगी
कोडलोच्चे राकट कैकम्म चूसिंदि	देखा सीता के आने को माई कैकेई
सिरिचापले परिचिनादि कैकम्म	बिछाई कैकेई सोने की चटाई
सिरिचापले परिचिनादि कैकम्म	बिछाई कैकेई सोने की चटाई
जनकुनि कूतुरिवि दशरथुनि कोडलिवि	जनक की बेटी हो दशरथ की बहू हो
रामुलकु भार्यवु लक्ष्मण्ण वदिनवु	राम की पत्नी हो लक्ष्मण की भावज हो
इल्लु वेल्लनि दानिवि एक्कडोस्तिवम्मा नीवु	निकलनेवाली नहीं कभी घर से कैसे आयी हो
सीतम्मा एक्कडोस्तिवम्मा नीवु	सीता माई यहाँ कैसे आयी हो
अलनाडु मीरंता अडवुलाकु पोइ नेटि	जंगल गये समय आप सब की
रामुल एतलन्नि कथा वड चेप्पु सीतम्मा	राम की व्यथाओं की कथा सुनाओ सीता माई
नीवोग कथ बड चेप्पु सीतम्मा	कथा सी सुनाओ तुम सीता माई
कथ लेमि चेप्पेनु ओ अत्ता कैकम्मा	कथा क्या कहूँगी हे सास कैकेई माई
वेतलु चेप्पु कोनु वस्ति नेनिंक	बाधाएँ बखान करने आयी
वेतलु चेप्पु कोनु वस्ति	बाधाएँ बखान करने आयी
अइवध्यकु तूर्पुन पगलु चीकटि कोन	अयोध्या के पूरब में होता अँधियारा दिन में जहाँ
परदाच्चिमेन मुप्पै मूडु कोट्लु	कीकारण्य में तैंतीस करोड़ जहाँ
मुनुलुन्न स्थलमुन	मुनि रहते जहाँ
कुदुरु चक्कनि मंचि गुन्न चिंतलि क्रिंद	घनी फैली अच्छी इमली पेड़ के तने
खंडिंचि रम्मनि पलिके	कहा राम ने वध करके आने
नी कोडुकु तेगटार्चि रम्मानि पलिके	कहा बेटे तुम्हारे ने वध करके आने
अडवुलाकु नीवु पयान मैतेनु	निकले अलग जंगल को
नीवेंट पयन मेवरम्मा सीतम्मा	सीता माई साथी तुम्हारा है कौन
नीवेंट पयन मेवरम्मा	साथी तुम्हारा है कौन
ननुगन्न नातंड्रि ना मरिदि लक्ष्मण	मेरा प्रिय भाई देवर लक्ष्मण
अडवुलाकु नावेंट पयन मैनाडु अत्ता	चलने जंगल मेरे साथ हे सास तैयार

ना मरिदि पयान मैनाडत्ता	हे सास देवर मेरा तैयार
निनु गन्न नी तंड्रि नी मरिदि लक्ष्मण	तुम्हारा प्रिय भाई देवर लक्ष्मण अगर
अडवुलकु नीवेंट पयान मैतेनु	साथ तुम्हारे जंगल जाने को तैयार
प्राणानिकि भयमु लेदम्मा सीतम्म	सीता माई नहीं कोई चिंता प्राणों की
प्राणानिकि भयमु लेदम्मा	नहीं कोई चिंता प्राणों की
सूर्य बाणमु गंध मेल्ल तीसा	सूर्यबाण को पीसकर
चंद्र बाणमु गंध मेल्ल तीसा	चंद्रबाण को पीसकर
नारायुननेटि नरसिंह बाणमु गंध मेल्ला तीसा	नारायणी नरसिंह बाण को पीसकर
मूडु बाणालनु गंध मेल्ल तीसिनादि	घोल करके तीनों के तीनों बाणों को पीसकर घोल बनाकर
कैकम्म दोरिनाल्लकि वंचिनादि	छान कर कैकेई
सीतम्म तिवाकुने[8] पोसिनादि	भर दिया सीता माई की गोद
कैकम्म	कैकेई
तिरिगिचूड पोइ रम्माना	और कहा जाने को बिना पीछे मुड़े
वेनुकुलु मुन्दुलु वेन्नु लेन्नि गानि	आगे पीछे अगर बाल निकलने पर
मुन्दु नी कोडुकुकु मूडुनेल्ल	तुम्हारे बेटे को तीन महीनों में
पसुपुलाडि उंटननि चेप्पु ओ अत्ता	हे सास कह दो बच्चा दे दूँगी मैं
ई माट मति नुंच मनेनु	कही बात मन में रखने की
मुंदरा लक्ष्मण वेनकने सीतम्म	आगे आगे लक्ष्मण पीछे सीता माई
एप्पुडनो बललेल्लिनारु वाड्लिंक	कभी के निकले वे दोनों जंगल
एप्पुडनो बयलेल्लिनारु	कभी के निकले वे दोनों जंगल
लक्षलाकु तीरिन्न रच्चबंडल मीद	लाखों से भरे चौपाल पर
राजानु राजुलु रामुलुनु कूर्चोनि	राजा सामंतों के साथ राम बैठकर
पट्टि पंदेमु लाडुतुंड्रि	खेल रहा था दाँव शतरंज के
अक्कड पगिजि पंदेमु लाडुतुंड्रि	खेल रहा था वहाँ दाँव सोने के
वदिनकु शरणु सेस्ते अन्नय्य कोमन्न	भावज को भाई से बचायेगा अगर
अक्करलु कलुगुननि	आयेगा गुस्सा समझकर
वदिननु शरणु सेयमाने लक्ष्मणा	कहा लक्ष्मण ने अपनी भावज से विदा लेने
वदिननु शरणुलु सेयामाना	कहा भावज से विदा लेने
तूर्पु मगिसाले[9] निलिचि ने सीतम्मा	सीता माई पूरब की ओर खड़ी हो गयी विदा लेने
रेंडु चेतुलु जोडिंचि कोनितल्लि	जोड़कर दोनों हाथ अपने सीता माई
अप्पुडेमनि पलुकुतादि सीतम्म	कहने लगी ऐसा सीता माई
अप्पुडेमनि पलुकुतादि	कहने लगी ऐसा सीता माई
शरणु शरणु राम शरणु शरणु राम	शरण शरण हे राम। शरण शरण हे राम।

शरणय्या राघवा शरणाग बिरुदु	शरण शरण हे राघव। शरणागत
गल रामा	वत्सल नामांकित हे राम।
नीकिंका शरणय्य श्री रघुरामा	शरण शरण हे श्री रघुराम
तूर्पुनुन्न रामुडप्पडु	पूरब की दिशा में बैठा राम
दक्षिणानिकि मल्लिनाडु	तब दक्षिण की ओर मुड़ा राम
रामुडु दक्षिणानिकि मल्लिनाडु	तब दक्षिण की ओर मुड़ा राम
दक्षिणमु मगिसाले निलिचिने सीतम्म	तब खड़ी हो गयी दक्षिण की ओर सीता माई
रेंडु चेतुलु जोडिंचि कोनि तल्लि	जोड़कर अपने दोनों हाथ सीता माई
अप्पुडेमनि पलुकुतादि सीतम्मा	कहने लगी ऐसा सीता माई
अप्पुडेमनि पलुकुतादि	कहने लगी ऐसा सीता माई
शरणन्न वारुलकु मरणमेन्नडु लेदु	होगा नहीं मरण शरणापन्न का कभी शरण में तेरे
शरणन्न वारुलकु मरणमेन्नडु लेदु	होगा नहीं मरण शरणापन्न का कभी शरण में तेरे
शरणाग बिरुदु गल रामा	शरणागतवत्सल नामांकित हे राम
शरणय्य श्री रघुरामा	शरण शरण हे श्री रघुराम
दक्षिणान उन्न रामुडप्पुडु	दक्षिण की ओर मुड़ा राम
पड़मटि के मल्लिनाडु	तब पश्चिम की ओर मुड़ा राम
रामुलु पडमटि के मल्लिनाडु	पश्चिम की ओर मुड़ा श्रीराम
पडमटि मगिसाले निलचने सीतम्मा	तब खड़ी हो गयी पश्चिम की ओर सीता माई
रेंडु चेतुलु जोडिंचि कोनि तल्लि	जोड़कर दोनों हाथ सीता माई
अप्पुडेमनि पलुकुतादि सीतम्मा	कहने लगी ऐसा सीता माई
अप्पडेमनि पलुकुतादि	कहने लगी ऐसा सीता माई
अखल कल संहारा अंभोज शेखरुड	सब दुष्टों के संहारक हे कमल शिरोभूषण
अखल कल संहारा अंभोज शेखरुड	सब दुष्टों के संहारक हे कमल शिरोभूषण
अंभोज राम शरणय्य नीकिंक	शरण शरण हे शेषशयन राम
अइवध्य राम शरणय्य	शरण शरण हे कोशलाधीश राम
पडमटिन उन्न रामुलप्पुडु	पश्चिम की ओर मुड़ा राम
उत्तरानिकि मल्लिनाडु रामुलु	तब उत्तर की ओर मुड़ा राम
उत्तरानिकि मल्लिनाडु	उत्तर की ओर मुड़ा राम
उत्तरपु मगिसाले निलचने सीतम्म	तब खड़ी हो गयी उत्तर की ओर सीता माई
रेंडु चेतुलु जोडिंचि कोनि तल्लि	जोड़कर अपने दोनों हाथ सीता माई
अप्पुडेमनि पलुकुतादि सीतम्म	कहने लगी ऐसा सीता माई
अप्पुडेमनि पलुकुतादि	कहने लगी ऐसा सीता माई
कन्नवारिकि राम विन्नवारिकि राम	देखनेवाले को हे राम सुननेवाले को हे राम
कन्नवारिकि राम विन्नवारिकि राम	देखनेवाले को हे राम सुननेवाले को हे राम

कालिग्य राम शरणय्य नीकिंका	कलियुग में नहीं और शरण हे राम
पट्ठाभिराम शरणय्य	शरण शरण हे पट्टाभिराम
वदिने शरणालु जेस्ते अन्नय्य केमन्न	भाई से बचायेंगे अगर भावज को
अक्करलु कलुगुननि शलविच्चि पंपमन्नाडु	आयेगा गुस्सा समझकर कहा लक्ष्मण ने आज्ञा देने को
लक्ष्मण शलविच्चि पंपमन्नाडु	कहा लक्ष्मण ने आज्ञा देकर भेजने को
विनवोई लछ्मणा विनकुल भूपाल	इक्ष्वाकु भूपाल सुनो भाई लक्ष्मण
सौमित्री कुमहार सोधकुल लछ्मणा	सुमित्रा सुत हे पटु लक्ष्मण
कायरादुर सीतनिंक लछ्मणा	रख नहीं सकता रे सीता को
खडिंचि रम्मानि पलिके	कहा राम ने लक्ष्मण से आओ वध करके सीता को
अइवध्यकु तूर्पुन पगटि चीकटि कोन	अयोध्या के पूरब में होता अँधियारा दिन में जहाँ
परदाच्चि मेन मुप्पै मूडु कोट्लु	कीकारण्य में तैंतीस करोड़ जहाँ
मुनुलुन्न स्थलमुन	मुनि रहते जहाँ
कुदुरु चक्कनि मंचि	घनी फैली अच्छी
गुन्न चिंतलि क्रिंद	इमली पेड़ के तने
खंडिंचि रम्मानि पलिके श्रीराम	कहा राम ने वध करके आने
तेगटार्चि रम्मानि पलिके	कहा राम ने वध करके आने
कल्ललेनि सीतनु इल्लेल्ल गोट्टिते	बेकसूर सीता को घर निकालने से
जनु ले मन्दुरोरन्ना	क्या समझेंगे जन भाई
मन साटि दोरलु एमंदुरो रन्ना	क्या सोचेंगे राजा सामंत साथी भाई
ना सेति बाणालु नी सेत उन्नाई	मुझ जैसे बाण हैं तुम्हारे साथ भी
नन्नु संपर लक्षुमण्णा नीविंका	वध करो मेरा लक्ष्मण
नन्नु संपर लक्षुमण्णा	वध करो मेरा लक्ष्मण
नन्नु संपि मीवदिने मीविद्दरु	मारकर मुझे तुम और तुम्हारी भावज
अइवध्य पट्नमुनु अतिवेगमुग	राज करो दोनों अयोध्या में सुख से
एलरन्ना मीरिंक अतिवेगमुग एलरन्ना	राज करो शीघ्र ही चैन से
अग्गै मंडेने लक्ष्मण पेरुमाल्लु	जला आग बनकर लक्ष्मण
विनवोई लक्ष्मण विनकुल भूपाल	इक्ष्वाकु भूपाल सुनो भाई लक्ष्मण
सौमित्री कुमार कुम्हार सोधकुल लक्ष्मण	सुमित्रा सुत हे पटु लक्ष्मण
करकर मनियेटि एर्रंग प्रोद्दु पोडिचेटालकु	भुरभुरी सी प्रभाती होने के समय तक
कनुगुड्लु रंगतालु[10] तेच्चेने तेच्चिनावु	लाओ खून से लथी पुतलियों को
ताकुंटे लक्ष्मण राम बाणानिकि	नहीं तो लक्ष्मण राम बाण का
बानिगोर्रेवि सुम्मि! नीवु लक्ष्मणा	हो जाओगे शिकार समझ लो तुम
मुंदरा लक्ष्मणा वेनकने सीतम्म	आगे आगे लक्ष्मण पीछे सीतामाई
एप्पुडनो बयलेल्लिनारु वांड्लिंक	कभी के निकले वे दोनों जंगल

एप्पुडनो बयलेल्लिनारु	कभी के निकले वे दोनों जंगल
लक्षलकु तीरिन्नि पच्चबंडल दाटि	पार किया लाखों से भरे चौपाल को
बंगारु मालदाटिनारु[11] अइवध्य	पार किया अयोध्या के सोने के महलों को
बंगारु मालदाटिनारु	पार किया सोन महलों को
एत्तैन मिद्देलुसित्तालु साविड्लु	ऊँची-ऊँची इमारतें आराम धर्मशालाएँ
एप्पुडो दाटिनारु अइवध्य	पार किया कभी के अयोध्या
एप्पुडो दाटिनारम्मा	पार किया कभी के अयोध्या
गुर्रालु पंडेटि कुटव्लु[12] दाटिरि	पार किया घुड़शाल को
एनग साललु दाटिनारु अइवध्य	पार किया हाथी शाल को
एनग साललु दाटिनारु	पार किया हाथी शाल को
पसिवाल्लु आडेटि पंदिर्लु दाटिरि	पार किया बच्चों के खेल वितानों को
पसिडि गडपलु दाटिनारु अइवध्य	पार किया अयोध्या की सोन देहलियों को
पसिडि गडपलु दाटिनारु	पार किया सोन देहलियों को
पच्चंग पूसिन्नि तंगेडलु दाटिरि	पार किया पीले पीले फूले पीले फूलों को
पसिमि तंगेडु दाटिनारु	पार किया पीले फूलों को
मुवन्नेलु दाटिनारु वाड्लिंक	पार किया दोनों ने पशुशाल को
पुल्लनेरडु दाटिनारु	पार किया कट्टे जामुन को
कडल कडल सीतम्म वेसिन्नि	आखिर सीता द्वारा लगाया
सिंगारपु वनमु दाटिरि अइवध्य	पार किया अयोध्या के श्रृंगार वन को
श्रृंगारवनमु दाटिरि	पार किया शृंगार वन को
अइवध्यकु तूर्पुन पगटि चीकटि कोन	अयोध्या के पूरब में होता अँधियारा दिन में जहाँ
परदाच्चि मेन मुप्पै मूडु कोट्लु	कीकारण्य में तैंतीस करोड़
मुनुलुन्न स्थलमुन	मुनि रहते जहाँ
कुदुरु चक्कनि मंचि गुन्नचिंतलि क्रिंद	घनी फैली अच्छी इमली पेड़ के
कूर्चुंड सीतम्म तल्लि वक्कड़	तने बैठी सीता माई
चूसिन्नि कन्नुलकु सुरिपामु सुरगपालु	बहाती अश्रुधारा बोली सीता माई
नन्नु संपरा लक्ष्मणा	मार दो मुझे लक्ष्मण
नीविंक संपिपोइ लक्ष्मणा	मार दो मुझे लक्ष्मण
निन्नु संपनु ना सेतुलाडवु तल्लि	हाथ मेरे अशक्त मारने तुझे माई
नेलतरो ने नेमि सेतु तल्लि	आता नहीं समझ में करूँ क्या
सीतरो ने नेमि सेतु	माई मैं क्या करूँ सीता माई
नडचिन्नि काल्लल्ल बोब्बलु पोइनाइ	चल चल कर पैरों में फफोले निकल आये
नन्नु संपरा लच्चुमण्णा[13]	मार दो मुझे लक्ष्मण
नेनिंक नडुव लेनु लच्चुमण्णा	चल नहीं सकती मैं और लक्ष्मण

निन्नु संपनु ना चेतुलाडवु तल्लि	हाथ मेरे अशक्त मारने तुझे माई
नेलतरो ने नेमि सेतु नातल्लि	आता नहीं समझ में करूँ क्या माई
सीतरो ने नेमि सेतु	मैं क्या करूँ सीता माई
ऊपिन्न सेतलकु ऊडवलु दिगिनाइ	चल चल कर पैरों में फफोले निकल आये
नन्न संपरा लच्चवण्णा नीविंग	मार दो मुझे लक्ष्मण
संपिपोरा लच्चुवण्णा	मार दो मुझे लक्ष्मण चल नहीं सक्ती मैं और लक्ष्मण
निन्नु संपनु ना चेतुलु आडवु तल्लि	हाथ मेरे अशक्त मारने तुझे माई
नेलतरो ने नेमि सेतु ना तल्लि	आता नहीं समझ में करूँ क्या माई
सीतरो ने नेमि सेतु	मैं क्या करूँ सीता माई
नन्नु संपक नीवु अइवध्यकु पोतेनु	मारे बिना अगर मुझे चले जाओगे अयोध्या
नीवेंट नेनोत्तुनन्ना मी किद्धरिकि	आऊँगी मैं साथ तेरे वहीं दोनों में
अतिपोरुले पेडदु नन्ना अन्नदम्मुलकु	बहुत झगड़ा कराऊँगी दोनों भाइयों में
सिगपोरुले पेडदुनन्ना	बहुत झगड़ा कराऊँगी भाइयों में
अग्गै मंडेने लक्ष्मण पेरुमाल्लु	जला आग बनकर लक्ष्मण
सूर्य बाणमु तोडिगिनाडु लक्ष्मणा	निकाला सूर्य बाण लक्ष्मण ने
काल्लकु खंडिंचि नाडु	काट दिया पैरों को
काल्लक खंडिंचिते नातल्लि सीतम्मकु	काटने से सीता माई के पैरों को
काल्ल कडियालै मोलिस अडविलो	बने पैरों के कड़े जंगल में
काल्ल गज्जलै मोलिसा	बने घुँघरू पैरों में
ई सारि बाणमु दारि तप्पिंदनि	सोचकर गया चूक अब की बार बाण
तिरिगि बाणमु तोडिगिनाडु लक्ष्मण	निकाला फिर दूसरा बाण लक्ष्मण ने
चंद्र बाणमु तोडिगिनाडु	निकाला चंद्र बाण लक्ष्मण ने
चंद्र बाणमु तोडिगि लक्ष्मण पेरुमार्लु	निकालकर चंद्र बाण लक्ष्मण ने
नडुमुलाकु खंडिंचिनाडु ना तल्लि	तोड़ा सीता माई की कमर को
नडुमुलाकु खंडिंचिनाडु	तोड़ा कमर को
नडुमुलाकु खंडिस्ते ना तल्लि सीतम्मकु	मारने से सीता माई की कमर पर
नडुमु डावै[14] निलिचिनादि अडविलो	बना कमर कस बंद जंगल में
नडुमु डावै निलिचिनादि	बना कमर कस बंद जंगल में
ई सारि बाणमु दारि दप्पिन्दन्टु	सोचकर गया चूक अब की बार बाण
तिरिगि बाणमु तोडिगि नाडु	निकाला फिर दूसरा बाण लक्ष्मण ने
ब्रह्म बाणमु तोडिगिनाडु	निकाला ब्रह्म बाण लक्ष्मण ने
ब्रह्म बाणमु तोडिगि लक्ष्मण पेरुमार्लु	निकालकर ब्रह्म बाण लक्ष्मण ने
मेडलाकुनु खंडिंचिनाडु सीतम्म	काटा सीता माई का गला
मेडलके खंडिंचिनाडु	काटा गला

मेडलकु खंडिस्ते नातल्लि सीतम्मकु	गला सीता माई का काटने से
मेड हारमै निलिचा अडविलो	बना हार गले का जंगल में
मेड हारमै निलिचा	बना हार गले का जंगल में
कारुंड पडवेन्दु ना चेति बाणमुलकु	मेरे हाथों के बाणों से जंगल में
कट्ट पडितिवि सुम्मी सीतम्म	हो गयी शिकार तुम सीता माई
कट्टु पडितिवि सुम्मी नीवु	हो गयी शिकार तुम सीता माई
नन्नु संपक नीवु अइबध्यकु पोतेनु	मारे बिना मुझे अगर चले जाओगे अयोध्या
नीयेंट ने नोत्तु नन्ना	आऊँगी मैं साथ तेरे वहाँ दोनों में
मी अन्न दम्मुलकु सिक पोरुले पेडदुनन्ना	बहुत झगड़ा कराऊँगी दोनों भाइयों में
अलनाडु मनमंता अडवुलकु पोइनपुडु	उस समय हम सब जंगल जाने पर
नीवल्ला नेर मेमम्मा सीतम्म	क्या कसूर था तुम्हारा सीता माई
नीवल्ल नेर मेमम्मा	क्या कसूर था तुम्हारा सीता माई
नीयन्न पोगाने नीवेल्लि पोतिवि	तुम भी गये जाने पर तुम्हारा भाई
मानि साटिन उंडा ना तंड्रि	था वह पेड़ के आड़ में हे भाई
मानि साटिन उंडि माय रावणुगाडु	माया रावण ने पेड़ के आड़ में रहकर
श्री राम गुरु धर्म कोदंड भिक्षन ना तंड्रि	कहा श्रीराम गुरु धर्म को दंड भिक्षा
श्री राम गुरु धर्म कोदंड भिक्षन्टे	कहने से श्रीराम गुरु धर्म को दंड भिक्षा
भिक्ष में लेवंटि ना तंड्रि	कहा मैंने नहीं भिक्षा
भिक्ष में लेवंटे मोक्ष में लेदनेनुना तंड्रि	नहीं भिक्षा नहीं मोक्ष कहा हे भाई
पत्रेल्ल सिटील्लो[16] पंड्लु बेट्टुकोनि	पत्तों में फल भरकर
मूल द्वारानिकोस्ति ना तंड्रि	मूल द्वार के पास आयी हे भाई
मूल द्वारमु वच्चि मुग्गु पेट्टनुपोते	मूल द्वार से झुककर भिक्षा देने लगी तो
मुट्टेदे लेदनेनु ना तंड्रि	कहा नहीं लूँगा हे भाई
तलवाकटि[17] काडोच्चि तग्गि बेट्टनु पोते	सदर दरवाजे से झाँककर भिक्षा देने लगी
तगिलेदे लेदनेनु ना तंड्रि	तो कहा नहीं छूऊँगा हे भाई
वेरंगि नेलदाटि वेगटि कोल्ल कोस्ते	आँगन में आकर भिक्षा देने लगी तो
गाज शूल मेसे नातंड्रि	गाजा शूल डाला हे भाई
गाज शूल मेसि गड्डा बेल्लगिंचि	गाजा शूल से ढेला उखाड़कर हे भाई
नन्नु संपक नीवु अइवध्यकु पोतेनु	मारे बिना मुझे अगर चले जाओगे अयोध्या
नीवेंट ने नोत्तुनन्ना	आऊँगी मैं साथ तेरे वहाँ दोनों में
मीविद्धरिकि अति पोरुले पेडदुनन्ना	बहुत झगड़ा कराऊँगी दोनों में
अति पोरुले पेडदुनन्ना ने निंका	बहुत झगड़ा कराऊँगी दोनों में
सिग पोरुले पेडदुनन्ना	बहुत झगड़ा कराऊँगी दोनों भाइयों में
अग्गै मंडेने लक्ष्मणा पेरुमार्लु	जला आग बनकर लक्ष्मण

अग्गि बाणमु तोडिगि नाडु लक्ष्मणा	निकाला आग का बाण लक्ष्मण
राम बाणमु तोडिगि नाडु	निकाला राम बाण लक्ष्मण
याप कायन्टोडु बाणाल कुशराजु	नीम का कच्चा फल जैसा कुश राजा
गर्भल चाटुन गेरू गेरूनतिरूग सागा कुशराजु	खखारता घूमने लगा पेट के अंदर कुश राजा
वोक्क बारि गाइ चिन्नय्य	बचाओ चाचा बस एक बार
नेनिंग नन्नोक्क बारि गासेनु	कहा लक्ष्मण ने बचाऊँगा मैं तुम्हें एक बार
एत्तिन बाणमु एत्तिनट्ले पेट्टि[19]	चढ़ाये बाण चढ़ा ही छोड़कर
कस्तूरी मेघ मडवेसा लक्ष्मणा	मारा लक्ष्मण ने कस्तूरी मृग को
कनुगुड्ल रगतालु तीसा	निकाली खून से लथी पुतलियों को
कनुगुड्ल रगतालु दोन्नेल्लो पेट्टु कोनि	रखकर दोनों में खून से लथी पुतलियों को
सीतम्म मुस्तीवुलु[20] दोन्नेल्लो पेट्टुकोनि	रखकर दोनों में सीता माई की चीजों को
तिरुगु बाटलु पट्टिनाडु लक्ष्मणा	लौटने लगा वापस लक्ष्मण
अइवध्य बाट पट्टानु	अयोध्या रास्ता नापने लगा लक्ष्मण
अइवध्यकु तूर्पुन पगटि चीकटि कोन	अयोध्या के पूरब में होता अँधियारा दिन में जहाँ
परदाच्चि मेन मुप्पै मूडु कोट्लु मुनुलुन्न स्थलमुन	कीकारण्य में तैंतीस करोड़ मुनियाँ रहते जहाँ
कुदुरु चक्कनि मंचि गुन्न चिंतलि क्रिंद	घनी फैली अच्छी इमली पेड़ के तने
कूर्चुंडा सीतम्म तल्लि	बैठ गयी सीता माई
वक्कड कूर्चुंडा सीतम्म तल्लि	वहाँ बैठ गयी सीता माई
लक्षलकु तीरिन्न पच्च बंडल मीद	लाखों से भरे चौपाल पर
राजानुराजुलु रामुलुनु गूर्चोनि	राजा सामंतों के साथ राम बैठकर
पट्टि पंदेमाडु तुंड्रि इक्कड	खेल रहा था दाँव शतरंज के
पगिडि पंदामाडु तुंड्रि	खेल रहा था वहाँ दाँव सोने के
करकर मनियेटि[21] एर्रंग पोद्दु पोडिसालकु	भुरभुरी सी प्रभाती होने समय तक
कनिगुड्ल रगतालु अन्न एदुट तेच्चि पेट्टा लक्ष्मण	रख दिया लक्ष्मण ने भाई के सामने खून से लथी पुतलियों को
अन्न एदुट तेच्चि पेट्टा	भाई के सामने रख दिया
कनुगुड्ल रगतालु कन्नुलारा चूसि	देखकर आँख भर खून से लथी पुतलियों को
गोडु गोडुन दुःख सागे श्रीराम	रोने लगा श्रीराम फूट फूटकर
गोट नीरुलु चिम्म सागे	बहाने लगा अश्रु धारा
नापापनि कन्नारा लच्चवण्णा नी पाप मधिकमायन	मेरे पाप से ज्यादा तेरा पाप हो गया लक्ष्मण
संपि रम्मन्न सीतनु लच्चुवण्णा	मारने को कहा सीता को लक्ष्मण
बासियाल राक पोतिवि	बचाकर क्यों नहीं आये लक्ष्मण
नापापानि कन्नारा लच्चुवण्णा	मेरे पाप से ज्यादा लक्ष्मण
नी पापमधिक मायान	तेरा पाप हो गया अधिक

अरटि बोदलांटि तोडलु लच्चुवण्णा	केले के तने जैसी जाँघें लक्ष्मण
अडवि पालु एट्ला चेस्तिवि	मिला दिया जंगल में कैसे
ना पापानि कन्नारा लच्चुवण्णा	मेरे पाप से ज्यादा लक्ष्मण
नी पाप मधिक मायन	तेरा पाप हो गया अधिक
संपि रम्मन्न सीतनु लच्चुवण्णा	मारने को कहा सीता को लक्ष्मण
बासियाल राक पोतिवि	बचाकर क्यों नहीं आये
ना पापानि कन्नरा लच्चुवण्णा	मेरे पाप से ज्यादा
नी पाप मधिग मायन	तेरा पाप अधिक हो गया लक्ष्मण
चेरकु तुंट लंटि चेतुलु लच्चवण्णा	ईख के टुकड़े जैसे हाथ लक्ष्मण
चेट्लु पालु एट्ला चेस्तिवि	छोड़कर जंगल में कैसे आये लक्ष्मण
ना पापनि कन्नरा लच्चुवण्णा	मेरे पास से अधिक लक्ष्मण
नी पाप मधिग मायेन	तेरा पाप हो गया लक्ष्मण
संपि रम्मन्न सीतनु	मारने को कहा सीता को
बासियाल राक पोतिवि	बचाकर क्यों नहीं आये लक्ष्मण
पेसर कायवंटि पेदवुले लच्चुवण्णा	मूँग के कच्चे फल जैसे ओंठ लक्ष्मण
सेदल पालु एट्ला चेस्तिवि	दीमकों को कैसे छोड़ आये
ना पापनिकन्नारा लच्चुवण्णा	मेरे पाप से अधिक लक्ष्मण
नी पाप मधिगमायेन	तेरा पाप हो गया लक्ष्मण
संपि रम्मन्न सीतनु लच्चुवण्णा	मारने को कहा सीता को
बासियाल राक पोतिवि	बचाकर क्यों नहीं आये
संपुते माना तम्मुडा लक्ष्मणा	ठीक है मारा अगर हे भाई लक्ष्मण
या बाणान गूल नोइ नीवदिन	गिर पड़ी किस बाण से तेरी भावज बताओ रे,
या बाणान गूल नोई	गिर पड़ी किस बाण से बताओ रे
सूर्य बाणमु दप्पा चंद्र बाणमु दप्पा	सूर्य बाण गया बेकार चंद्र बाण गया बेकार
नारायनु ननुयेटि नरसिंह बाणमु	नारायणी नरसिंह बाण भी गया बेकार
मूड्डु बाणालु दप्पा	तीनों बाण गये बेकार
राम बाणानिकि बान गोर्रेनु चेस्ति नन्ना वदिननु	राम बाण को भावज शिकार हो गयी हे भाई
बान गोर्रेनु चेस्तिनन्ना	हो गयी शिकार बाण का हे भाई
संपुते माना तम्मुड लक्ष्मणा	ठीक है मारा अगर हे भाई
कुलता मी वदिन एमन्टा कूलनन्ना	क्या कहती गिर पड़ी तेरी भावज
अडविलो एमंट कूलनन्ना	जंगल में क्या कहती गिर पड़ी तेरी भावज
कोटि वेइ जन्मलु एत्ति पुट्टिन गानि	शत करोड़ जन्म होने पर भी
गोइंदुल[22] भार्यननि कूल ओ अन्न	गोविंद की ही भार्या कहती गिर पड़ी हे भाई
गोइंदुल भार्यननि गूल ओ अन्न	गोविंद की ही भार्या कहती गिर पड़ी हे भाई

लक्ष वेइ जन्मलु एत्ति पुट्टिन गानि	हजार लाख जन्म होने पर भी
लक्ष्मणा वदिननि गूला ओ अन्ना	लक्ष्मण की ही भावज कहती गिर पड़ी हे भाई
लक्ष्मणा वदिननि गूल	लक्ष्मण की ही भावज कहती गिर पड़ी हे भाई
एन्नेन्नि जन्ममुलु एत्ति पुट्टिन गानि	कितने भी जन्म होने पर भी
रामुलुकु भार्यननि गूल ओ अन्ना	राम की ही भार्या कहती गिर पडी हे भाई
रामुलुकु भार्यननि गूल	राम की ही भार्या कहती गिर पडी हे भाई
संपुते माना तम्मुड	ठीक है मारा अगर हे भाई
बोन्देन्न चूपुदुवु पारा लक्ष्मणा	देह दिखाने आओ रे लक्ष्मण
नेनिंक ब्रतिक्रिंचि तेच्चु कुंडेनु	मैं ले आऊँगा उसे जिलाकर
सीतम्म कंडलु तवुलु तिंटायनि	सीता माई की मांस गीधड खायेंगे समझकर
कट्ट कंप एरि काल बेट्टि वस्तिनन्ना	जलावन इकट्टा करके आया जलाकर हे भाई
अडविलो काल पेट्टि वस्तिनन्ना	जंगल में जलाकर आया हे भाई
काल्वोस्ते माना तम्मुड लक्ष्मणा	हे भाई लक्ष्मण ठीक है जलाया अगर
बूडिदन्ना चूपुदुवु पारा	राख तो दिखाने आओ रे
नेनिंक ब्रतिकिंचि तेच्चु कुन्डेनु	मैं ले आऊँगा उसे जिलाकर
विनवोई लक्ष्मणा विनकुल भूपाल	इक्ष्वाकु भूपाल सुनो भाई लक्ष्मण
सौमित्री कुमहार सोधकुल लक्ष्मणा	सुमित्रा सुत हे पटु लक्ष्मण
इंक एवरु गानेरु सीत जाड इंक एवरु तेल्पेरु	अब कौन बतायेगा सीता की खबर कौन जानेगा सीता को
ब्राम्मलनु[23] पिलनंपु वेदमुलु चदिविंचु	बुलाओ ब्राह्मणों को पढ़ाओ वेदों को
सीत उन्न स्थलमु गनि ओरन्ना	देखकर सीता रहने का स्थान हे भाई
सीत उन्न स्थलमु गनिरे	देखकर सीता रहने का स्थल
अलविगान्नि वान्नि आन्जनेय बंटुनु	बुलाकर अतुलित बलशाली सेवक हनुमान को
रामुवाडकु पंपुताडु	भेजा राम ने ब्राह्मणों के पास
रामुलु रामु वाडकु पंपुताडु	भेजा राम ने ब्राह्मणों के पास
हनुमंतुनि कन्न मुंदु	हनुमान से पहले
लक्ष्मण पेरमार्लु ब्राह्मण वाडकु पोइनाडु	गया लक्ष्मण ब्राह्मण मुहल्ला
लक्ष्मण ब्राह्मण वाडकु पोइनाडु	गया लक्ष्मण ब्राह्मण मुहल्ला
विनवोइ ओइ एल्लमबोट्लु ओइ पुल्लम बोट्लु	सुनो रे एल्लम बोट्लु रे पुल्लम बोट्लु
हनुमंतुडोस्ताडु मिम्मल्नि पिलुस्ताडु	आयेगा हनुमान बुलायेगा तुम्हें
रामु बहु हेच्चुवाडु रामु बहु दोड्डवाडु	राम बहुत घमंडी राम बहुत स्वार्थी
पनुलु वड्डनि पल्कारि मीरिंगा	कहिए उनकी नौकरी नहीं चाहिए
पनुलु बड्डनि पलकारि	उनकी नौकरी नहीं चाहिए
अंत मात्रमु चेप्पि अन्न एदुरु वच्चिनाडु लक्ष्मण	कहकर इतना भाई के सामन आया लक्ष्मण

अन्न एदुरुगा वच्चिनाडु	भाई के सामने आया लक्ष्मण
अलविकानिवाडु आन्जनेय बंटु	अतुलित बलशाली सेवक हनुमान
ब्राह्मण वाडकु पोइनाडु	गया ब्राह्मण मुहल्ला
हनुमंतुडु ब्राह्मण वाडकु पोइनाडु	हनुमान गया ब्राह्मण मुहल्ला
ओरि एल्लम बोट्लु ओरि पुल्लम बोट्लु	रे एल्लम बोट्लु रे पुल्लम बोट्लु
रामु पिलुस्ताडु रंडय्य मिम्मलनु	बुलाया राम ने तुम्हें आओ रे
रामु पिलुस्ताडु रांडय्य	बुलाया राम ने तुम्हें आओ रे
रामु बहु हेच्चु वाडु रामु बहु दोड्डु वाडु	राम बहुत घमंडी राम बहुत स्वार्थी
पनुलु वद्दनि पलिकिरि ब्राह्मलु	कहा ब्राह्मणों ने नौकरी राम की नहीं चाहिए
पनुलु वद्दनि पलकिरि	नौकरी नहीं चाहिए
अलविकानिवाडु आंजनेय बन्टु	अतुलित बलशाली सेवक हनुमान
तिरुगु बाटलु पट्टिनाडु	लौटने लगा वापस
हनुमंतुडु रामु बाटलु पट्टिनाडु	हनुमान पहुँचा राम के पास
विनवय्य ओ अइवध्य रामुलु	सुनो जी हे कोशलाधीश राम
सीतम्म पोताने ब्राह्मलु	जाते ही सीता के ब्राह्मणों ने
मनकिंक माट इनक पोइरय्या ओ राम	नहीं सुनी हे राम हमारी बात
मनकिंक माट इनक पोइरय्य	नहीं सुनी हे राम हमारी बात
रामु बहु हेच्चु वाडु रामु बहु दोड्डुवाडु	राम बहुत घमंडी राम बहुत स्वार्थी
पनुलु वद्दनि पलकीरि ब्राह्मलु	कहा ब्राह्मणों ने नौकरी नहीं चाहिए
पनुलु वद्दनि पलकीरि	कहा नौकरी नहीं चाहिए
अग्गै मंडेने लक्ष्मण पेरुमार्लु	जला आग बनकर लक्ष्मण
हारी बाटलु पट्टिनाडु लक्ष्मण	रास्ता नापने लगा लक्ष्मण
ब्राह्मण वाडकु पोइनाडु	गया ब्राह्मण मुहल्ला
विनंडय्या ओ ब्राह्मणोत्तमुलारा	सुनो जी हे ब्राह्मणोत्तम
वेंडि पुस्काल[24] कट्ट वेल्लगने चदवंडि	जाते ही पढ़िए चाँदी का पुस्तक-पुलिंदा
पसिडि पुस्काल कट्ट वेल्लगनेचदवंडि	जाते ही पढ़िए सोने का पुस्तक-पुलिंदा
एडेडु कारणालु एल्लगाने चदवंडि	जाते ही बनाइए सात सात बहाने
सीत युन्न स्थलमुगनिरि मीरिंक	जान लो सीता रहने का स्थान
सीत लेदनि पलकारि	बताइए नहीं है सीता
सीत उन्नदनि चेप्पिनट्लइते मिम्मुल्लु	बतायेंगे अगर सीता है तो तुम्हें
वेगेतु मीमान्यालु वेगेतु	रद्द कराऊँगा तुम्हारे जागीर और पीटूँगा
मीजुट्टु पिक्तिुनन्ना नेनिंक	बाल खिंचवाऊँगा तेरे
ऊरेटि गट्टिन्तुनन्ना	जुलूस निकालूँगा रे
अंतमात्रमु चेप्पि लक्ष्मणा पेरुमार्लु	कहकर इतना लक्ष्मण

अन्न एदुरु जोच्चिनाडु लक्ष्मणा	भाई के सामने आया लक्ष्मण
अन्न एदुरु जोच्चिनाडु	भाई के सामने आया लक्ष्मण
वेंडि पुस्काल कट्ट चेतने पट्टिरि	पकड़े हाथ में चाँदी का पुस्तक-पुलिंदा
पसिडि पुस्काल कट्ट संकल्लो पेट्टिरि	रखे काँख में सोने का पुस्तक-पुलिंदा
राम वाडल कोच्चिनारु ब्राह्मलु	राम का मुहल्ला आये ब्राह्मण
राम वाडल कोच्चिनारु	राम का मुहल्ला आये ब्राह्मण
विनवय्या ओ अइवध्य रामुलु	सुनोजी हे कोशलाधीश राम
पंचांग चेपोच्चिनामु मेमिंक	पंचांग बाँचने आये हम
भागवतमु चेप्पोच्चिनामु	भागवत बाँचने आये हम
वेंडि पुस्काल कट्ट वेल्लगने चदिविरि	जाते ही पढ़ा चाँदी का पुस्तक पुलिंदा
पसिडि पुस्काल कट्ट बागुगने चदिविरि	पढा अच्छा सोने का पुस्तक पुलिंदा
एडेडु कारणालु वेल्लगने सदिविरि	गिना जाते ही सात सात बहाने
सीता उन्न स्थलमु गनिरि ब्राह्मलु	जान लिया सीता रहने का स्थान ब्राह्मण ने
सीत लेदनि पल्कीरि	कहा सीता नहीं है
गोड चाटुकु पोइ पै वाज्यंतमु	दीवार के पीछे जाकर शरीर भर
नर वेंटुकलेकुंड	काले बालों को सफेदी रंग कर
आ रूपमु इड्सिनाडु लक्ष्मण	बदला अपना वेश लक्ष्मण ने
ब्राह्मण वेशमु वेसिनाडु	लगाया ब्राह्मण वेश लक्ष्मण ने
वेंडि पुस्काल कट्ट चेतने बट्टेनु	लिया हाथ में चाँदी का पुस्तक-पुलिंदा
पसिडि पुस्काल कट्ट संकल्लो पेट्टेनु	लिया हाथ में सोने का पुस्तक-पुलिंदा
रामु एदुरु जोच्चिनाडु	आया राम के सामने ब्राह्मण
रामु एदुरु जोच्चिनाडु	आया राम के सामने ब्राह्मण
या देश परुडवो या राजु बिड्डवो	कौन देशवासी हो किस राजा के बेटे हो
एक्कड़ोस्तिवय्या नीवु ब्राह्मण	ब्राह्मण तुम कहाँ से आये हो
एक्कडोस्तिवय्या नीवु	तुम कहाँ से आये हो
सूर्यवंशीय राजुलाकु मेमु	सूर्य वंश के राम को हम
पंचांगमु चेप्पोच्चिनामु	पंचांग बाँचने आये हम
मेमिंक भागवतमु चेप्पोच्चिनामु	भागवत बाँचने आये हम
इंतकन्ना नाकु मंचि ब्राह्मणडिंक	इससे बढ़कर अच्छा कोई मिलेगा नहीं ब्राह्मण
चिक्कडने चिक्कडनि पंचांगमु चेप्पमन्नाडु	मिलेगा नहीं सोचकर कहा पंचांग बाँचने को
रामुलु ब्रागवतमु चेप्पमन्नाडु	कहा राम ने पंचांग बाँचने को
वेंडि पुस्काल कट्ट वेल्लगने चदिवेनु	पढ़ा जाते ही चाँदी का पुस्तक-पुलिंदा
पसिडि पुस्काल कट्ट बागुगने चदिवेनु	पढ़ा जाते ही सोने का पुस्तक-पुलिंदा
एडेडु कारणालु एल्लगने सदिवेनु	गिना जाते ही सात सात बहाने

सीत उन्न स्थलमु गनने ब्राह्मणुडु	जान लिया सीता रहने का स्थान ब्राह्मण ने
सीत लेदनि पल्कानु	कहा नहीं है सीता
मुंड रात नीकु लेदुरा श्रीराम	विधुर-जीवन नहीं तुम्हें श्रीराम
मुत्तइदु रालु उन्नादि श्री राम	सुहागिन है श्रीराम
मुत्तइदु रालु उन्नादि	सुहागिन है श्रीराम
सीतकुनु पति सीत बंगारु कनक सीतनु चेसि	सीता के स्थान पर कनक सीता को बनाकर
वीथिलो निलपेट्टि मूर्छकाल्लु पोसि	खड़ा करके गली में डालकर प्राण
पेंड्लि चेसुकोमनि पल्का ब्राह्मणुडु	कहा ब्राह्मण ने विवाह करने को
पेंड्लि चेसुकोमनि पल्का	कहा ब्राह्मण ने विवाह करने को
नी पेंड्लि तोडुकने बीदलइ पेंड्लिलंड्लु	तेरे विवाह के साथ गरीबों के विवाह
लक्षवेइ पेंड्लिलंड्लु दानमुलु	हजार लाख विवाहों का दान
चेइंच मनेनु ब्राह्मणुडु	करने को कहा ब्राह्मण ने
दानमुलु चेइंच मनेनु	कहा दान करने को
सीता मुस्तीवुलु ब्राह्मलकुगीन	अगर सीता की चीजें ब्राह्मणों को
दानालु जेस्तेनु सीतन्नु चंपिन	दान करोगे तो सीता को मारने का
शिशु हत्य कलसि पोननेनु ब्राह्मडु	कहा ब्राह्मणों ने शिशु-हत्या पाप दूर होगा
शिशु हत्य कलसि पोननेनु	शिशु-हत्या पाप दूर होगा
इंतकन्ना नाकु मंचि ब्राह्मडु	इससे बढ़कर कोई उत्तम ब्राह्मण
चिक्कडे चिक्कडनि सीता मुस्तीवुलु ब्राह्मलकु	मिलेगा नहीं समझकर सीता की चीजें ब्राह्मण को
रामुलु दानमुलु चेसिनाडु	किये दान राम ने
रामुलु सीतनु चंपिन्न शिशुहत्या	समझा राम ने मारने का पाप सीता को
समसि पोननेनु रामुलु शिशु हत्या कलसि पोननेनु	समझा राम ने शिशु-हत्या पाप टल गया
सीता मुस्तीवुलु तीसुकोनि ब्राह्मडु	सीता की चीजें लेकर ब्राह्मण
सीत मालकोच्चिनाडु ब्राह्मडु	पहुँचा सीता महल ब्राह्मण
सीत मालुलो दासि पेट्टे	छिपा दिया उन्हें सीता महल में
सीत मुस्तीवुलु सीत मालुलो दाचि	सीता की चीजें महल में छिपाकर
गोड चाटुकु पोइ पै वाज्यन्तमु	दीवार के पीछे जाकर शरीर पर
तेल्ल वेंटुकलेकुंड	सफेद बालों को काला रंगकर
आ रूपमु इडिसिनाडु ब्राह्मडु	बदला अपना वेश ब्राह्मण ने
लक्ष्मणुडै निल्चि नाडु	रहा बन कर लक्ष्मण
विनवोई लक्ष्मण विनकुल भूपाल	इक्ष्वाकु भूपाल सुनो भाई लक्ष्मण
सौमित्री कुमहार सोधकुल लक्ष्मण	सुमित्रा सुत हे पटु लक्ष्मण
यादेश परुडो या राजु बिड्डडो	कौन देशवासी किस राजा का बेटा
एंत बागुग चेप्पा तम्मुडा	कितना अच्छा बताया रे भाई

पंचांगमु एंत विनयमुगा चेप्पा तम्मुडा
या देश परुडन्ना या राजु बिड्डुडो
एंत बागुग जेप्पिनाडु पंचांगमु
एंत विनयमु चेप्पिनाडु
वेंडि पुस्काल कट्ट एल्लगाने सदिवेनु
पसिडिपुस्कालकट्ट बागुगने सदिवेनु
एडेडु कारणालु एल्लगने सदिवेनु
सीत उन्न स्थलमु गनेनु ब्राह्मडु
सीत लेदनि पल्कानु
मुंडरात नीकु लेदुरा श्री राम
मुत्तइदु रालु उन्नादि श्री राम
सीतकुनु पति सीत बंगारु कनक सीतनु
जेसि वीथिलो निलबेट्टि मूर्छ काललु पोसि
पेंड्लि चेसुकोमानि पल्का ब्राह्मडु
पेंड्लि चेसुकोमनि पल्का
नी पेंड्लि तोडुता बीदलई पेंड्लिंड्लु
लक्ष वेइ पेंड्लिंड्लु दानमुलु
चेइंच मनेनु लक्ष्मण
सीता मुस्तीवुलु ब्राह्मलकु नेनु
दानालु जेस्तेनु सीतन्नु चंपिना
शिशु हत्य कलसि पोननेनु लक्ष्मण
शिशु हत्य कलसि पोननेनु
इंतकन्न नाकु मंचि ब्राह्मडिंक
चिक्कडने चिक्कडनि सीता मुस्तीवुलु
ब्राह्मलकु तम्मुडा दानमुलुजेसिनानु
लक्ष्मणा सीतन्नु चंपिन्न शिशु हत्य
कलसि पोनंटि लक्ष्मण शिशु हत्य बरचि पोनंटि
या देश परुडो या राजु बिड्डुडो
एंत बागुग चेप्पिनाडु ओ अन्ना
पंचांगमु एंत विनयमुग चेप्पिनाडु
आलमूरु अंगट्लो अग्गि तेप्पिंचेनु
कोडुमूरु अगंट्लो कोलिमि तेप्पिंचेनु
मुंचि मूडु दोसिल्लु कोलिमि लोने पोसि
सीतकुनु पति सीता बंगारु कनक सीतनु

पंचांग कितना अच्छा बताया रे भाई
कौन देशवासी किस राजा का बेटा हे भाई
पंचांग कितना अच्छा बताया
कितना अच्छा बताया
पढ़ा जाते ही चाँदी का पुस्तक-पुलिंदा
पढ़ा अच्छा सोने का पुस्तक-पुलिंदा
गिना जाते ही सात सात बहाने
जान लिया सीता रहने का स्थान ब्राह्मण ने
कहा नहीं है सीता
विधुर का जीवन नहीं तुम्हें राम
सुहागिन है श्रीराम
सीता के स्थान पर कनक सीता बनाकर
खड़ा करके गली में प्राण उसमें डालकर
कहा ब्राह्मण ने उससे विवाह करने को
कहा उससे विवाह करने को
तेरे विवाह के साथ गरीबों के विवाह
हजार लाख विवाहों का दान
कराने को कहा ब्राह्मण ने लक्ष्मण
अगर मैं सीता की चीजें ब्राह्मणों को दान करने से
लक्ष्मण
शिशु-हत्या पाप टल जायेगा
शिशु-हत्या पाप टल जायेगा
इससे बढ़कर कोई मुझे उत्तम ब्राह्मण
मिलेगा नहीं समझकर सीता की चीजें
रे भाई ब्राह्मणों को दान दिया
समझा टल गया पाप हे लक्ष्मण
समझा शिशु-हत्या पाप टल गया लक्ष्मण
कौन देशवासी किस राजा का बेटा
कितना अच्छा बताया रे भाई
पंचांग कितना अच्छा बताया रे
मँगाकर आग आलमुर दुकान से
मँगाकर भट्ठी कोडुमूर दुकान से
तीन मुट्ठी भर भट्ठी में डालकर
सीता के स्थान पर कनक सीता को बनाकर

जेसि वीथिलो निलबेट्टि मूर्छ काललु पोसि	गली में खड़ा करके उसमें प्राण डालकर
नडिपिंचि चूसिनाडु लक्ष्मण	देखा लक्ष्मण ने उसे चलाकर
नडिपिंचि चूसिनाडु	देखा लक्ष्मण ने उसे चलाकर
तन पेंड्लि तोडुता बीदलै पेंड्लिलंड्लु	अपने विवाह के साथ गरीबों के विवाह
लक्षुवेइ पेंड्लिलंड्लु दानमुलु चेइंचुताडु	कराने लगा दान हजार लाख विवाह लक्ष्मण
लक्ष्मण दानमुलु चेइंचुताडु	लक्ष्मण दान करवाने लगा
एह्लु कलन्दुन चाट कल्लु तल्लुबाल	विवाह राम का बहुत ही सुंदर
चिन्न बालल	अति सुंदर
नाल्गु मुह्नु नाल्जिलिगेडि गोरु	विवाह में जुटे लोग मचाये अति
मल्लु कट्टेटि सोगसु	शोर राम का अतिमोहक
कंड्लु पेट्टेटि तीरु	आँखें राम की अतिमोहक
मर्लु सेर्लक मुह्नु	शोभित मुद्रा राम की अतिमोहक
गाजुल्लु वेसेटि संदनालु	नाचने लगी भीड़ अमित तोष से
पोसेटि तलंब्रालु	डालनेवाली अक्षत
चूसेटि नारी मणुलु एंतों इंतै	देखनेवाली नारियाँ बहुत अनोखा
एंतो इंतै उन्नादि रामुल पेंड्लि	विवाह राम का बहुत ही अनोखा
एंतो संबर मैनादि	बहुत ही चित्ताकर्षक
बद्राचलमेंतो[25] तीरै उन्नादि	बद्राचल लग रहा बहुत ही मोहक
अंतिंत अनरादु अंतिंत अनरादु	कह नहीं सकते कितना कह नहीं सकते इतना
वंतु पेट्टिन बाधमंतुनिपुरमादि	बखान करना संभव नहीं उस
एंतो विंतै उन्नादि	भगवान पुर में बहुत रहा वह अनोखा
बद्राचलमेंतो पेरैनदि	बद्राचल लग रहा अति अनोखा
रामुल पेंड्लि एंतो संबर मैनदि	विवाह राम का अति अनोखा
अंतिंत अनरादु अंतिंत अनरादु	कह नहीं सकते कितना कह नहीं सकते इतना
वंतु पेट्टिन बाधा भगवंतुनि पुरमुलो	बखान करना संभव नहीं उस भगवान पुर में
एंतो विंतै उन्नदि रामुल पेंड्लि	विवाह राम का रहा बहुत ही अनोखा
एंतो संबर मैनदि	बहुत ही रहा वह अनोखा
पेंड्लि चेसिवाल्लु संपति लाट कडिविल्लो	विवाह यहाँ वहाँ जंगल में
सीतत्म कडु भारमै उन्नादि	कटु तड़पने लगी सीता माई
अक्कड़ अति भार मै उन्नादि	वहाँ रही अति प्रसव पीड़ा से सीता माई
गोडु गोडुन दुःख सागे सीतम्म	रोने लगी फूट फूट कर सीता माई
गोट नीरुलु चिम्म सागे	बहाने लगी अश्रु धारा सीता माई
रंगैन मुत्याल सोरुगु तेगिनट्लु	रंगीली मोतियों की टूटी लड़ी सी
राल कंड्ल तीर्थमम्मा सीतम्मा	गिरने लगे आँसू धारा सी

राल कन्नुल तीर्थमम्मा	बहने लगी सीता की आँखों से अश्रुधारा सी
इंतमटुकु नेनु अइवध्यलोउन्टेनु	होती अगर मैं अयोध्या में
कौसल्य,सुमित्रा,कैक चिन्नत्ता मुग्गुरत्तगारु	कौसल्या, सुमित्रा, कैकेयी तीनों सास
जगडु सूसि तंदुरम्मा	करती होंगी झगड़ा राम से
राजाधिराजुलु भार्यलु अंदरु	राजाधिराज की भार्याएँ सब
विपुजोर कुंदु रम्मानकिंका	करती होंगी सहायता मेरी जुटकर
ईपु जोर कुंदुरम्मा	करती होंगी सहायता जुटकर
नन्न गन्न ना तंड्रि ना मरिदि लक्ष्मण	देवर लक्ष्मण मेरा प्रिय भाई
एमिहिंसलु पेड्तिवन्ना अडविलो	जंगल में देते हो कितनी पीड़ा हे भाई देते हो कितनी
एमि बाधलु पेड्तवन्न	पीड़ा हे भाई
सीतम्म शोकमु लक्ष्मणएरुकै	पता चला सीता का शोक लक्ष्मण को
भूदेवतम्मकु गज्ञल कोडवलि चेति किच्चिनाडु	भेजा लक्ष्मण ने दरांती देकर भूदेवी को
माय मंत्रसानिनि पंपा लक्ष्मण	भेजा लक्ष्मण ने माया धाय को
माय मंत्रसानिनि पंपा	भेजा माया धाय को
अडवियंदु नाकु आविताडु चिक्कडु	जंगल में स्त्री तक नहीं मिलती कोई
अतिग संतोषमन्नादि नातल्लि सीत	किया प्रकट संतोष सीता माई ने
संतोष मन्नादि	किया प्रकट संतोष सीता माई ने
उरिमै उरिमेनु मेरुपाइ मेरिसेने	बनकर कड़क कड़का बनकर चमक चमका
पिडुगाइ गुंकि नाडम्म कुशराजु	बनकर बिजली निकला कुश राजा
पिडुगाइ गुंकि नाडम्म	बनकर बिजली निकला कुश राजा
कारुंड पड़वेंदु सीत देवम्म	कीकारण्य में सीता माई
मंत्रसानम्म मूर्छिल्लु चेंदिनारु	धाय दोनों हो गयीं बेहोश
वाल्लिंक मूर्छिल्लु चेंदिनारु	हो गयी दोनों बेहोश
वाल्ल मूर्छिल्लु वाल्लु तेलुपुत लेचि	होश में दोनों आती आती
बाल बोड्डु गोयवे मंत्रसानम्म	बच्चे की नाल काटने को कहा सीता माई ने
बालबोड्डु गायवे	नाल काटो हे धाय
कोय डानिकि कोतु ने ओ देवि	काटने को तो काटूँगी हे देवी
नी सिरसु लो उंडेटि बंगारु चिगुर	तेरे सिर पर शोभित सोने के
माणिक्यमु	मूसढ माणिक माई
बालबोड्डु मीद पेट्टु सीतम्म	रखो बच्चो की नाल पर हे सीता माई
बाल बोड्डु गोस्तननेनु	काटूँगी तब मैं बच्चे की नाल
आर्लु वाल्लु तीरि अइवध्य पट्टणमु	ठीक ठीक होकर सब कुछ अयोध्या नगर
चेरिन नाटिकि रामुलाकु चेप्पिंचि	पहुँचने पर राम से कहकर
नाइँड्लु बंगारु गोडलु कट्टितुने	बनवाऊँगी सोने की दीवारों से तेरा घर

देवि बाल बोड्डु कोयवे मंत्रसानि	हे देवि, बच्चे की नाल काटो
बाल बोड्डु गोयवे	बच्चे की नाल काटो
आर्लु वाल्लु तीरि अइवध्य पट्टणमु	ठीक ठीक होकर सब कुछ अयोध्या नगर
चेरिन नाटिकि रामुलाकु चेप्पिंचि	पहुँचने पर राम से कहकर
नाइंड्लु बंगारु गोडलु कट्टिंचिन नाटिकि	बनाओगी सोने की दीवारों से मेरा घर
बाल बोड्डु कोसेने सीतम्म	तभी काटूँगी नाल हे सीता माई
बाल बोड्डु गोसेने	तभी काटूँगी नाल हे सीता माई
आर्लुवाल्लु तीरि अइवध्य पट्टणमु	ठीक ठीक होकर सब कुछ अयोध्या नगर
चेरिन्न नाटिकि रामुलाकु चेप्पिंचि	पहूँचने पर राम से कहकर
नीइंट्लो बंगारु बावुलु चेइंतुने	खुदवाऊँगी सोने के कुएँ तेरा घर
देवि बालबोड्डु गोयवे मंत्र सानम्म	हे धाय, नाल काटो बच्चे की
बाल बोड्डु गोयवे	नाल काटो बच्चे की
एंत चेप्पिन गानि विनलेदंटुने	करने पर भी विनती अस्वीकार करने पर
सीत देवि सिर सिल्लों उंडेटि चिरुव माणिक्यमु	सर पर शोभित मूसढ माणिक को सीता माई
बाल बोड्डु मीद पेट्टा सीतम्म	रखा बच्चे की नाल पर माई ने
बाल बोड्डु गोयमनेनु	कहा बच्चे की नाल काटने को
चिरुव माणिक्यान्नि कन्नुलाराचूसि	देखकर एकटक मूसढ माणिक का
पातेसु लाडुतादि मंत्रसानम्म	करने लगी मजाक धाय
पातेसु लाडुतादि	करने लगी मजाक धाय
एमम्म ओ मंत्रसानम्मा	ओ धाय हे माई
पातेसु लाडुतावे ना तल्लि	मजाक करती क्यों हे माई
बाल बोड्डु गोयवे	काटो बच्चे की नाल हे माई
दोड्डवारि सोम्मु माकु दक्कदु तल्लि	बड़ों की संपदा नहीं चाहिए हमें माई
नी सोम्मु नीकु पट्टम्मा सीतम्म	यह लो तेरी संपत्ति तुम ही हे सीता माई
मंत्रसानि चेतिलो चिरुवमाणिक्यमु	धाय ने मूसढ माणिक को
सीत देवि चेतुल्लो पेट्टिंदि	रख दिया सीता के हाथों में
बालबोड्डु गोसिनादि मंत्रसानम्म	काटी नाल बच्चे की धाय
मायमै पोइंदि	छिप गयी पल में धाय
कारुंड पडवेंदु मातल्लि सीतम्म	कीकारण्य में हमारी सीता माई
नेत्तुर कंदुलनु वडसि पट्टुकोनि	पकड़कर खून से लथे शिशुओं को
मुनिपल्ले जेरोच्चिनादि सीतम्म	पहुँच गयी मुनियों के गाँव सीता माई
तन पल्ले जेरोच्चिनादि	पहुँच गयी अपने गाँव सीता माई
मुनि पल्ले लोने वाल्मीकी गुरुवंचुन	मुनियों के गाँव में गुरु वाल्मीकि के पास
पाराटाकुलु तेच्चि पोत्तिल्लमर जेसि	पत्ते लाकर पोतड़ा बनाकर

पिल्ललनु पंडेसि नादि सीतम्म	सुलाया बच्चों को सीता माई ने
समुद्र स्नानिकि वेल्ला	गयी समुद्र स्नान करने सीता माई
अइपोये दारिलो कोम्म कोम्मन	जानेवाले रास्ते में टहनीटहनी पर
कोतुलु एगुरु कुंटाने उन्नाइ	करते रहे उछलकूद बंदर
कोतुलु एगुरु कुंटाने उन्नाइ	करते रहे उछलकूद बंदर
पिल्लवडने कोति पिल्लवडने कोति	गिर गया बच्चा हे बंदर गिर गया बच्चा हे बंदर
कनुको गल्ला सीतम्म मैनीवु	समझनेवाली माई बनी हे सीता माई
नेत्तर कंदुलनु वेल्लल्लो पुत्तुल्लो	खून से लथे शिशुओं को जलावन में जांगल में
वेसि पोतावम्मा मा पिल्ल माकु बरुवम्म	डाल कर जाती हो हे माई नहीं भार अपने बच्चे हमें
सीतम्म मापिल्ल माकु बरुवम्म	सीता माई नहीं भार अपने बच्चे हमें
कोतुल्ला माटलु विन्नादि ना तल्लि	सुनी बंदरों की बात सीता माई ने
एनक्कि तिरिगोच्चि नेत्तुरा कंदुलनु	लौटकर वापिस खून से लथे शिशुओं को
वडिसि पट्टुकोनि बंगारु बिंदे संक पेट्टुकोनि	पकड़कर हाथों से सने घड़े को कांख में रखकर
समुद्र स्नानि केल्ला सीतम्म	गयी समुद्र स्नान करने सीता माई
समुद्र स्नानि केल्ला	गयी समुद्र स्नान करने सीता माई
दोड्डवारि कोडलु एक्कड वस्तुन्नादि	सोचकर बड़ों की बहू कहाँ आ रही है
वलवेटि गंगम्म वेलनील्लु चलनील्लु	गरम पानी ठंडा पानी गंगा माई
एकमुनु जेसिनादि गंगम्म	मिला दिया दोनों को गंगा माई ने
वेलनील्लु चलनील्लु एकमुनु जेसिनादि	मिला दिया गरम व ठंडा पानी गंगा माई ने
वेलनील्लु चलनील्लु बालुनिकि पोसिंदि	नहाया गरम व ठंडा पानी से बच्चों को माई ने
गड्डु मीद पंडबेट्टा सीतम्म	सुला दिया उन्हें किनारे पर
पालगुंडमु जोच्चिनादि	जा गिर पड़ी दूध के गड्ढे में
पतिव्रता ना तल्लि पालेटि गंगम्म	पतिव्रता माई दूध की गंगा माई ने
पट्टि गड्डन पेट्टिनादि सीतम्मनु	किया किनारा सीता माई को
पट्टि गड्डन बेट्टिनादि	किया किनारा सीता माई को
नेत्तर कंदुलुनु वडि गट्टुकोनि	गोद में लेकर खून से लथे शिशु को
बंगारु बिंदेलतो नील्लु मुंचु कोनि	भरकर पानी सोने के घड़ों से
मुनि पल्ले बाट पट्टिन्दि ना तल्लि	रास्ता नापने लगी माई मुनियों का गाँव पहुँचने लगी
तन पल्ले जेरोच्चिनादि	अपना गाँव
मुनि पल्ले लोकि चेरोच्चे टालकु	पहुँचने तक मुनियों का गाँव
मंत्राल लवण्णा पुट्टा इक्कड़	यहाँ पैदा हुआ लवराजा
मंत्राल लवण्णा पुट्टा	पैदा हुआ लवराजा
तंड्रिरो ओतंड्रि ओ तंड्रि वाल्मीकी	हे बाप हे बाप हे बाप वाल्मीकि
ना बालनुनेने नेत्तुकोनि पोतिनि	उठाकर ले गयी अपने बच्चे को मैं

ई बालुडु एक्कडनुंचि वच्चा ओ तंड्रि
ई बालुडु एक्कडनुंचि वच्चा ओतंड्रि
पंड बेट्टे टप्पुडु चेप्पिंदि गुरुवालाकु
एत्तुक पोयेटप्पुडु सेप्पिंदि गादय्या
सीतम्म सेप्पिनादि गादय्या
मुनिपल्ले लोकि चेरोच्चे टालकु
वाल्मीकी गुरुवु पोत्तिल्लमरा जूसिनारु
वाल्मीकी पोत्तिल्लो बालुडु लेडय्या
दोड्डवारि कोडलु दूषिंचितादनि
मूडु पिसिकिल्ल इसुक मंत्रिच्चि सल्लिनाडु
वाल्मीकी मंत्राल लवण्णा पुट्टा
मंत्राल लवण्णा पुट्टेटि वेलकु
मुनिपल्ले चेरोच्चिनादि सीतम्म
तन पल्ले चेरोच्चिनादि
तंड्रिरो ओ तंड्रि ओ तंड्रि वाल्मीकी
ना बालुनि नेने नेत्तुकोनि पोतिनि
ई बालुडु एक्कडनुंचि वच्चा ओ तंड्रि
ई बालुडु एक्कडनुंचि वच्चा
इष्णु[26] ईश्वर सांबमूर्ति[27] नीकु
साक मनिच्चिनारम्मा सीतम्म
साक मनिच्चिनाराम्मा
पेद्दोडु कुशराजु पेट्टेने मंकु पोरुल्लु
चिन्नोडु लवराजु पेट्टेने मंकु पोरुल्लु
इद्दरु बालुलु पोरुल्ल का तल्लि
निलुव लेदु सीतम्म
धरणीन ताल लेदु सीतम्म
तंड्रि रो तंड्रि ओ तंड्रि वाल्मीकी
इद्दरि बालुल्ल पोरुलाकु नेनु
निलुव लेनु तंड्रि नेनु धरणीन
कारुंड पडवेंदु कोंड चीललु[28] तेच्चि
अल्लिकलु अल्लिंचि ऊयलवड काविंचम्मा
नागुबामु तेच्चि नडि कट्टु कट्टिंचि
उय्यिल कट्टिंचवम्मा सीतम्म
उय्यल कट्टिंचवम्मा

हे बाप कहाँ से आया यह बच्चा
कहाँ से आया यह बच्चा
बताया मात्र सुलाते समय गुरु से
ले जाते समय उठाकर बताया नहीं गुरु से
सीता माई ने बताया नहीं गुरु से
पहुँचने तक मुनियों का गाँव
गुरु वाल्मीकि पोतड़ा देखकर खाली
वाल्मीकि पोतड़े में था नहीं बच्चा
समझकर बड़ों की बहु शाप देगी
डाला मंत्र से तीन मुट्टी भर बालु
वाल्मीकी पैदा हुआ लवराजा
पैदा होने तक लवराजा
पहुँचने लगी मुनियों का गाँव सीता माई
पहुँचने लगी अपना गाँव माई
हे बाप हे बाप हे बाप वाल्मीकि
अपने बच्चे को मैं उठाकर ले गयी
कहाँ से आया यह दूसरा बच्चा बाप
कहाँ से आया यह बच्चा हे बाप
तुम्हें विष्णु, ब्रह्म और शिव ने
पालने को दिया हे सीता माई
पालने को दिया माई
रूठने लगा बड़ा कुशराजा
झगड़ने लगा छोटा लवराजा
दोनों बच्चों के झगड़ों से माई
रह नहीं पाती सीता माई
भू पर रह नहीं पाती सीता माई
हे बाप हे बाप हे बाप वाल्मीकि
दोनों बच्चों के झगड़ों से मैं
रह नहीं सकती हे बाप भू पर
कीकारण्य में लाकर जंगली अजगरों को
कशीदा काढ़कर बनाओ झूला हे माई
नाग साँप लाकर बीच में बाँधकर
बनाओ झूला हे सीता माई
बनाओ झूला हे सीता माई

पारुटाकुलु तेच्चि पोत्तलमर जेसि	लाकर पत्ते बनाकर पोतड़े
बालुलनु पंडेइ तल्लि नीविंक	बच्चों को सुलाओ तुम हे माई
जोल पाटलु पाडवम्मा	गाओ लोरियाँ हे माई
कारुंड पडवेंदु गोंड चीललु तेच्चि	कीकारण्य में लाकर जंगली अजगर
अल्लिकलु अल्लिंचि उय्याल अल्लिंचिनादि	कशीदा काढ़कर बनवाया झूला माई ने
सीतम्म उय्याल अल्लिंचिनादि	बनवाया झूला सीता माई ने
नागुबामुलु तेच्चि नटिकट्लु कट्टिंचि	लाकर नाग साँप बाँधकर बीच में
उय्याल कट्टिंचिनादि नातल्लि	बनवाया झूला सीता माई ने
उय्याल कट्टिंचिनादि	बनवाया झूला सीता माई ने
पारुटाकुलु तेच्चि पोत्तिलमर जेसि	लाकर पत्ते बनाकर पोतड़े
बालुल पंडेसि नादि ना तल्लि	सुला दिया बच्चों को माई ने
जोल पाटलु पाडुतादि	गाने लगी लोरियाँ सीता माई
अन्न एडकुरा कुशराजु एडकुरा	लाड़ला रो मत रे कुशराजा रो मत रो
लवराजु एडकुरा	लवराजा रो मत रे
अइवध्य बालुडा मातंड्रि एड़कुरा	अयोध्या कुमार मेरा लाड़ला रो मत रे
लालपूल्लो नुसि पट्टंगि नेननुचु	बनवाकर दूध के मन का मृदु रेशमी कुरता
कोडुका पट्टंगि नेननुचु	बेटा रेशमी कुरता लेकर
नीयव्व भूदेवि वच्चि एड़कुरा	नानी तेरी आयी रो मत रे
वच्चि एडकुरा कोडुका तेच्चि एडकुरा	आयी रो मत रे लायी रो मत रे
नीकिच्चि एडकुरा निनु एत्ति मुद्धाडि एडकुरा	देगा तुम्हें रो मत रे उठाकर तुम्हें चूमेगी रो मत रे
अइवध्या बालुडा मातंड्रि एडकुरा	अयोध्या लौंडा मेरा लाड़ला रो मत रे
दिष्टि पूसलुगा नुस सगिष्टंगि नेननुचु	बनवाकर दीठ के मनका मृदु रेशमी कुरता
कोडुका दिष्टंगि नेननुचु	बेटा दीठ का रेशमी कुरता
नी मुसलम्म कौसल्या वच्चि एड़कुरा	लेकर तेरी दादी आयेगी बेटा रो मत रे
वच्चि एडकुरा कोडुक तेच्चि एडकुरा	आयेगी रो मत रे लायेगी रो मत रे तुझे देगी रो मत
नीकिच्चि एडकुरा निनु एत्ति मुद्धाडि एडकुरा	रे तुम्हें चूमेगी रो मत रे
अइवध्या बालुडा मातंड्रि एडकुरा	अयोध्या लौंडा मेरा लाड़ला रो मत रे
अन्न एडकुरा कुशराजु एडकुरा	बेटा रो मत रे कुशराजा रो मत रे
लवराजा एडकुरा	लवराजा रो मत रे
अइवध्य बालुडा मा तंड्रि एडकुरा	अयोध्या लौंडा मेरा लाड़ला रो मत रे
पेट्टु गज्जाललो नुसि पुलिगोरु नेननुचु	बनवाकर छिल के के घुँघुरू बघनख
कोडुका पुलिगोरु नेननुचु	बेटा बनवाकर बघनख
निनु कन्न तंड्रि श्रीरामा वच्चि एडकुरा	आयेगा तेरा पिता श्रीराम बेटा रो मत रे
वच्चि एडकुरा कोडुका तेच्चि एडकुरा	आयेगा रो मत रे बेटा लायेगा रो मत रे

नीकिच्चि एडकुरा निनु एत्ति मुद्दाडु एडकुरा	देगा तुझे रो मत रे उठाकर चूमेगा रो मत रे
अइवध्य बालुडा मा तंड्रि एडकुरा	अयोध्या लौंडा मेरा लाड़ला रो मत रे
वेंडि गिन्नेल्लोना वेन्न पेट्टुकोनि	रखकर माखन चाँदी के प्यालों में
कोडुका वेन्न पेट्टुकोनि	बेटा रखकर माखन
नी पिनतंड्रि लक्ष्मणा वच्चि एडकुरा	आयेगा तेरा चाचा लक्ष्मण बेटा रो मत रे
वच्चि एडकुरा कोडुका तेच्चि एडकुरा	आयेगा रो मत रे बेटा लायेगा रो मत रे
नीकिच्चि एडकुरा निनु एत्ति मुद्दाडु एडकुरा	तुझे देगा रो मत रे तुझे उठाकर चूमेगा रो मत रे
अइवध्य बालुडा मा तंड्रि एडकुरा	अयोध्या का लौंडा मेरा लाड़ला रो मत रे
पगिडि गिन्नेलोना पालु बुव्व पोसुकोनि	डालकर दूध भात सोने के प्यालों में
कोडुका पालु तीसिकोनि	बेटा लेकर दूध-भात
नी पिन तल्लि ऊर्मिल वच्चि एडकुरा	आयेगी तेरी चाची उर्मिला रो मत र
वच्चि एडकुरा कोडुका तेच्चि एडकुरा	आयेगी रो मत रे बेटा लायेगी रो मत रे
नीकिच्चि एडकुरा निनु एत्ति मुद्धाडु एडकुरा	देगी तुझे रो मत रे उठाकर चूमेगी रो मत रे
अइवध्य बालुडा मातंड्रि एडकुरा	अयोध्या लौंडा मेरा लाड़ला रो मत रे
पस्य गुलाल मीद बटुलछ्ठु	हरे हरे रेशमी कपड़े
कोडुका नी कटु वक्ष कोडुका	बेटा बनवाकर तेरे नाम का बेटे
नी पिन तंड्रि भतृ[29] शत्रुघ्नलु वच्चि एडकुरा	आयेंगे तेरे चाचा भरत शत्रुघ्न रो मत रे
वच्चि एडकुरा कोडुका तेच्चि एडकुरा	आयेंगे रो मत रे बेटा लायेंगे रो मत रे
नीकिच्चि एडकुरा निनु एत्ति मुद्दाडु एडकुरा	देंगे तुझे रो मत रे उठाकर चूमेंगे रो मत रे
अइवध्या बालुडा मातंड्रि एडकुरा	अयोध्या लौंडा मेरा लाड़ला रो मत रे
एत्तंग पेंचेंग एडेंड्लु बालुडैनारु	खाते पीते हो गये बच्चे सात साल के
पिलवांड्लु ऊलोल्लु बालु लैनारु	हो गये बच्चे गाँव के
तंड्रिरो ओ तंड्रि ओ तंड्रि वाल्मीकी	हे बाप हे बाप हे बाप वाल्मीकि
राचबाललु वीरू माट बाललु चेस्तिवि	कुमार ये तो क्षत्रिय बने मात्र वाचाल
वाल्मीकी माट बाललु चेस्तिवि	वाल्मीकि बने मात्र वाचाल
अडवुल्लो परिगेत्तिनाडु वाल्मीकी	दौड़ने लगे जंगल में वाल्मीकि
सामु गरडि पट्टिनाडु	पकड़ने लगे व्यायाम तलवार तीर
तातल्लो वल तात वलतात वाल्मीकी	हे दादा, हे दादा, हे दादा वाल्मीकि
वोक्कटि सेपुते रेंडुगा एदुराडतारु	बतायेगा एक तो विरोध करते दो रूप में
बाललु रेंडुगा एदुराडुतारु	बच्चे विरोध करते दो रूप में
तातल्लो वलताता वलताता वाल्मीकी	हे दादा, हे दादा, हे दादा, वाल्मीकि
रेंडु चेप्पिते मूडुगा एदुराडुतारु	बतायेगा दो तो विरोध करते तीन रूप में
वाल्लिंक मूडुगा एदुराडुतारु	वे विरोध करते तीन रूप में
तातरो वलताता वलताता वाल्मीकी	हे दादा, हे दादा, हे दादा, वाल्मीकि

मूडु चेप्पिते आरुगा एदुराडुतारु	बतायेगा तीन तो विरोध करते छह रूप में
वाल्लिंक आरुगा एदुराडुतारु	बच्चे विरोध करते छह रूप में
तातरो वलताता वलताता वाल्मीकी	हे दादा, हे दादा, हे दादा, वाल्मीकि
आरु चेपिते एनिमिदि एदुराडुतारु	बतायेगा छह तो विरोध करते आठ रूप में
बाललु एनिमिदि एदुराडुतारु	बच्चे विरोध करते आठ रूप में
तातरो वलताता वलताता वाल्मीकी	हे दादा, हे दादा, हे दादा, वाल्मीकि
एनिमिदि चेपिते पदिगा एदुराडुतारु	बतायेगा आठ तो विरोध करते दस के रूप में
बाललु पदिगा एदुराडुतारु	बच्चे विरोध करते दस के रूप में
तातरो ओ तात ओ तात वाल्मीकी	हे दादा, हे दादा, हे दादा, वाल्मीकि
तगिन न्यायमु चेप्पितिवि	बताया सही न्याय बतायी दुनियादारी
वगन्यायमु वोकटन्न चेप्पावु	बताइये फिर कोई ऐसी दुनियादारी
माकिंक वगन्यायमु वकटन्न जेप्पावु	बताइये हमें कोई ऐसी दुनियादारी
विनंडय्य ओ बाल राजुल्लारा	सुनो रे बच्चे सुनो रे राजकुमार
तूर्पुकु सीमकु वेल्लंडि बाललु	जाओ रे बच्चे पूरब की सीमा तक
पडमटि सीमकु वेल्लंडि बाललु	जाओ रे बच्चे पश्चिम सीमा तक
दक्षिणमु सीमकु वेल्लंडि बाललु	जाओ रे बच्चे दक्षिण सीमा तक
उत्तरपु सीमकु पोइनट्लइते	अगर जाओगे उत्तर की सीमा तक
पंदराजु[30] लैतारन्न मीरिंक	बनोगे कायर राजा तुम दोनों
पंदराजु लैतारु	बनोगे कायर राजा तुम दोनों
कारु कोडन्न कूयने लेदु	मुर्गे बाँगने के पहले भोर सुबह
कदिरि चुक्कलु पोडवने लेदु	निकले नहीं अभी कदिरि के तारे
पिलवांड्ल कदिरि चुक्कलु पोडवने लेदु	बच्चे निकले नहीं अभी कदिरि के तारे
एराणि बिड्डलो एसिन पिलवांड्लो	बेटे किस रानी के नन्हे बच्चे किसके
भल्लुन तेल्लंग तेल्ल वारटालुकु	सहसा सुबह होने तक
पंड्रेड्रामडा नचिचिनारु बाललु	चले बारह कोस दूर बच्चे
पंड्रेड्रामडा निडिचिनारु	चले बारह कोस दूर बच्चे
तूर्पु सीमकु वेल्लिरे बाललु	गये बच्चे पूरब की सीमा तक
करकर मनियेटि एर्रंग पोद्दु पोडुस्तुंटे	भुरभुरी लालिम सुबह होते देख
अन्ना ओ अन्ना एव्वरो पगवाडु	हे भाई हे भाई समझकर उसे कोई शत्रु
मन मीदिकि युद्दानिकास्ताडनि	आयेगा हम पर युद्ध करने समझकर
एदिरि जट्टु कट्टिनाडु कुश राजु	तैयार हुआ लड़ने कुशराजा
पिच्चिगुद्दुलु गुद्दुताडु	मारने लगा मुक्के पागल सा कुश राजा
ओक्कोक्क गुद्दुकु सूर्य चंद्रादुलु	एक मुक्के में सूर्य-चंद्र
उक्कु पोडि रालुतुन्नादि	गिर रहा बन कर आटा लोहे का

अक्कड कनक पिडुगु संद माया	गिरने लगीं वहाँ सोने की बिजलियाँ
एमन्न ओ बालव राजुल्लारा	क्या है भाई हे बाल राजकुमार
मुंदुकु गालाना मीकु युद्धमु	आगे कभी होगा युद्ध तो
कलुगुनो नन्नु तलवंडी बालाल्लारा	लो मेरा नाम बाल राजकुमार
नेनिंग नाग वैशानिस्ताननेनु	कहा मैं तुम्हें दूँगा नाग बाण रे
पारिपाइन वानितो युद्धमु चेसितेनु	सोचकर भागनेवाले से युद्ध करने से
पंदा राजुलु मैता मन्ना मनमिंक	समझकर कायर राजा बनेंगे हम
पदरा पोतामु तम्मुडनेनु	चलो भाई चले हम
मुंदोस्ते बाललु दाव पिलवांड्लु	आगे बच्चे लौटते रास्ते में
पालपंड्ले देंचिनारु बाललु पनस	क्षीरी फल तोड़ लाये तोड़ लाये
पंड्ले देंचिनारु	कटहल के फल
कारुंड पडवेंदु नातल्लि सीतम्म	कीकारण्य में रहनेवाली माई सीता माई
चाट पट्टवम्मा नीवु सीतम्म	लाओ सूप हे सीता माई
साट पट्टवम्मा नीवु	लाओ सूप हे माई
साट पट्टगाने पंड्लु पोयगाने	दिये उंड़ेल फल सूप लाने पर
कासेपु निद्र पोइनारु बाललु	सो गये बच्चे थोड़ी देर
समपायमु आरगिंचिरि	खा लिया खाना पेट भर
कारु कोडन्न कूयलेदु कदिरि चुक्कलु पोडवलेदु	मुर्गे बाँगने के पहले निकले नहीं कदिरि के तारे
बाललकु कदिरि चुक्कलु पोडवलेदु	बच्चे निकले नहीं अभी कदिरि के तारे
ए रानि बिड्डुलो एसिरि बालुलो	बेटे किस रानी के धनी बच्चे किसके
दक्षिणापु सीम पडमटि सीम तिरिगि	दक्षिण सीमा पश्चिम सीमा घूम फिर कर
चूसिन गानि एदुरानि बंटु लेराया	था नहीं कोई लड़नेवाला देखने पर
बाललकु एदराडु बंट्लुलेराया	बच्चों से था नहीं कोई लड़नेवाला देखने पर
तिरिगोच्चे बाललु दारिन पिलवांड्लु	आगे लौटते रास्ते में बच्चे
पाल पंड्ले तेंचिनारु बाललु	क्षीरी फल तोड़ लाये तोड़ लाये
पनस पंड्ले देंचिनारु	कटहल के फल
कारुंड पडवेंदु नातल्लि सीतम्म	कीकारण्य में रहनेवाली माई सीता माई
चाट पट्टवम्मा नीवु सीतम्म	लाओ सूप हे सीता माई
साट पट्टवम्मा नीवु	लाओ सूप हे माई
साट पट्टगाने पंड्लु पोयगाने	दिये उंड़ेल फल सूप लाने पर
समपायमु आरगिंचिरि बाललु	खा लिया खाना पेट भर
कासेपु निद्र पोइनारु	सो गये बच्चे थोड़ी देर
एरानि बिड्डुलो एसिरि पिलवांड्लु	बेटे किस रानी के धनी बच्चे किसके
एक्कडकु सीमेल्लिनारु बाललु	निकले बच्चे किस प्रदेश के

उत्तरपु सीमेल्लिनारु	गये उत्तर की सीमा तक
भल्लुन तेल्लंग तेल्लवाराटाल्कु	सहसा सुबह होने तक
पंड्रेड्रामड नडिचिनारु बाललु	चले बारह कोस दूर
पंड्रेड्रामड नडिचिनारु	चले बारह कोस दूर
पंड्रेड्रामड नडिचि चूसिते	बारह कोस दूर चलकर देखने से
कदिरि कोंडलु कानिपिंचा अक्कड	दिखाई पड़े वहाँ कदिरि के पहाड़
कदिरि कोंडलु कानिपिंचा	दिखाई पड़े वहाँ कदिरि के पहाड़
वनिकोंप कूलन्ना वनिकोंप कालन्ना	नाश हो उसका घर नाश हो उसका घर
इदि एंत दूरमुंदन्न पट्टणमु	कितना दूर है भाई यह शहर
इदि एंत दूरमुंदन्न	कितना दूर है भाई यह शहर
मोकाट वोकजल्लि मोचेत वकजल्लि	एक कतार घुटनों तक कोहनी तक एक कतार
काल्ल गंटलु कट्टिरम्मा बालुलु	बाँध लीं घंटियाँ पैरों में बच्चे
इद्दरु आकाश मंदिरि आ बाल राजुलु	आगे बढ़े वे दोनों बच्चे
अग्रि कोंडलु दाटिनारु वाल्लिंक	पार किये आग के पहाड़ बच्चों ने
अग्रि कोंडलु दाटिनारु	पार किये आग के पहाड़ बच्चों ने
अग्नि कोंडलु दाटि चूसिते बाललकु	पार करके आग के पहाड़ देखने पर बच्चों को
अइवध्य कनिपिंचिनादि	दिखाई दिया अयोध्या बच्चों को
अक्कड अइवध्या कनिपिंचिनादि	दिखाई दिया वहाँ अयोध्या बच्चों को
वनिकोंप कूलन्ना वनिकोंप कालन्ना	नाश हो उसका घर नाश हो उसका घर
इदिएंत दूर मुंदन्न पट्नमु	कितना दूर है भाई यह शहर
इदि एंत दूर मुंदन्ना	कितना दूर है भाई यह शहर
नल नल्ल गुन्नाडु नामालु पेट्टिनाडु	काला काला है लगाया है तिलक
वाडेनेमो रामुडन्ना	है वही शायद राम हे भाई
पट्नानिकि वाडे नेमो रामुडन्ना	शहर का है वही शायद राम हे भाई
एंत गोज्ञवाडु एंत रंडवाडु	कितना कायर कितना लज्जाहीन
इंत दंडु एलुतुन्नाडे वीडिंक	कर रहा यह राज सेना पर इतनी
इंत मट्टुकु दंडु मन चेतुलुंटेनु	अगर होती सेना हमारे हाथों में इतनी
रवधूलि कट्टितुमन्ना मनमिंक	कर देंगे चकनाचूर हम
रवधूलि कट्टिन्तुमन्ना	कर देंगे चकनाचूर हम
सिन्नवाडु इंग मंत्राला लवण्णा	आगे छोटा लव राजा ने
चलकि जगडमु चेस्ताननेनु पट्नमुलो	कहा जंग छेड़ने को शहर में
चलकि जगडमु चेस्ताननेनु	कहा जंग छेड़ने को शहर में
दावन पिलवांड्लु बंगार्लु आडुतुंटे	खेल रहे थे लट्टू बच्चे रास्ते में
आडेटि बंगराल्लि कालदन्निनाडम्मा	मारा भाई पैर से लट्टुओं को रास्ते में

आडेटि बंगराल्नि काल्लदन्निनाडम्मा	मारा भाई पैर से लट्टुओं को
अलनाडु नाकु अभयमिच्चिन ब्राह्मन्नि	उस समय मुझे वर देने वाले ब्राह्मण को
एंटने मदियंदु तलसिनारु वाड्लिंक	याद किया मन में ब्राह्मण को
नाग वैशान्नंदिनारु	किया प्राप्त नाग बाण को
नाग वडिशांड्ल तो रुब्बुड्ड गुंडुलतो	नाग बाणों से व चट्टु गोलों से
पट्नानि के चेरिनारु वाड्लिंक	पहुँच गये वे शहर
पट्नानिके चेरिनारु	पहुँच गये वे शहर
लक्षलकु तीरिन्न पच्च बंडलु चूसि	देखा लाखों से भरे चौपालों को
बंगारु माल चूसिनारु	देखा सोने के महलों को
अइवध्य बंगारु माल चूसिनारु	देख लिया अयोध्या के सोन महलों को
एत्तैन मिद्देलु सित्तालु चूसिनारु	बड़ी-बड़ी इमारतों बड़ी-बड़ी शालाओं को
एप्पुडो कूलि पोयम्मा अइवध्य	तोड़-फोड़ किया कभी के अयोध्या को
एप्पुडो कूलि पोयम्मा	तोड़-फोड़ किया कभी के अयोध्या को
गुर्रालु पंडेटि कूटव्वलु चूचिरि	देख लिया घोड़ों के अस्तबलों को
एनग शाललु चूसिनारु वाड्लिंक	देख लिया दोनों ने हाथी शालाओं को
एनग शाललु जूचिनारु	देख लिया हाथी शालाओं को
विनवोइ लक्ष्मणा विनकुल भूपाल	इक्ष्वाक भूपाल सुनो भाई लक्ष्मण
सौमित्रि कुमहार सोधकुड लक्ष्मणा	सुमित्रासुत हे पटु लक्ष्मण
अंतनी मायगुंदन्ना लक्ष्मणा	लग रहा सब तेरी माया लक्ष्मण
पट्नमुलो अंता नी मायगुंदन्ना	लग रहा शहर में तेरी माया
दंडुन्न तीसुक दालाइनि तीसुक	लेकर अपनी सेना को अपने सहचरों को
पाताल में पारि पोया श्रीराम	भाग गया पाताल श्रीराम
प्राणालु दक्किंचु कुंडा	बचा लिया अपने प्राणों को
पारिपोइन वानितो युद्दमु चेसिते	भागनेवाले से करने से युद्ध
पंदराजुल मैता मन्ना मनमिंक	बनेंगे कायर राजा हम हे भाई
पदरा पोदामु तम्मुडनेनु	कहा चले अब हम भाई
तिरिगोस्त बाललु दावन पिलवांड्लु	आगे लौटते बच्चे रास्ते में
सीतम्म वेसिन्न श्रृंगार वनमुन	सीता द्वारा लगाया शृंगार वन में
पाल पंड्ले तेंचिनारु बाललु	तोड़ लिया बच्चों ने क्षीरी फल
पनस पंड्ले तेंचिनारु	तोड़ लिया बच्चों ने कटहल फल
मोकाट ओ जल्लि मोचेत ओ जल्लि	एक कतार घुटनों में एक कतार कोहनियों में
काल्ल गंटलु कट्टिनारु बाललु	बाँध ली घंटिकाएँ बच्चों ने पैरों में
काल्ल गंटलु कट्टिनारु	बाँध ली घंटिकाएँ बच्चों ने पैरों में
आकाश मंदिनारु	आगे बढ़े वे दोनों बच्चे

अग्नि कोंडलु दाटिनारु पिलवांड्लु	पार किया आग का पहाड़ दोनों ने
अग्नि कोंडलु दाटिनारु	पार किया आग का पहाड़ दोनों ने
कारुंड पडवेदु मातल्लि सीतम्म	कीकारण्य में रहनेवाली माई सीता माई
साट पट्टावम्मा नीवु सीतम्म	लाओ सूप माई तुम सीता माई
साट पट्टावम्मा नीवु	लाओ सूप तुम माई
साट पट्टागाने पंड्लु पोयगाने	दिये उंड़ेल फल सूप लाने पर
पंड्लु गुरुतु पट्टिनादि सीतम्म	पहचान लिया फल सीता माई ने
पंड्लु गुरुत पट्टिनादि	पहचान लिया फल सीता माई ने
विनंडन्ना ओ बाल राजुल्लारा	सुनो रे हे बाल राजा
ई पोद्दु दिनमंदु या सीम केल्लिंटिरन्ना	आज गये कहाँ थे हे भाई
मी रिंक या दिशकु पोइंटिरन्ना	तुम गये किस दिशा हे भाई
वनिकोंप गूलम्मावनि कोंप गालम्मा	नाश हो उसका घर नाश हो उसका घर माई
अदि एंत दूरमुंदम्मा पट्नमु	कितना दूर है वह शहर माई
अदि एंत दूर मुंदम्मा	वह कितना दूर है माई
भल्लुन तेल्लंग तेल्लवारटाल्कु	सहसा सुबह होने तक
पंड्रेड्रामड नडिचिनामु ओ तल्लि	चले थे माई हम बारह कोस दूर तक
पंड्रेड्रामड नडिचिनामु	चले थे बारह कोस दूर तक
पंड्रेड्रामड नडचि चूसितेनु माकु	बारह कोस चलकर देखने से हमें
अग्नि कोंडलु कानिपिंचा अक्कड	दिखाई पड़े वहाँ आग के पहाड़
अग्नि कोंडलु कानिपिंचा	दिखाई पड़े वहाँ आग के पहाड़
मोकाट वकजल्लि मोचेत वकजल्लि	एक कतार घुटनों में एक कतार
	कोहनियों में एक कतार
काल्ल गंटलु कडितिमम्मा मेमिंक	बाँध ली थीं घंटिकाएँ माई
काल्ल गंटलु कडितिमम्मा	बाँध ली थीं घंटिकाएँ माई
आकाश मंदितिमि ओकन्न तल्लिरो	बढ़े थे आगे हे माई
अग्निकोंडलु दाटिनामु मेमिंक	पार किया आग के पहाड़ों को माई
अइवध्य कनिपिंचिनादि	दिखाई दिया हमें अयोध्या माई
नलनल्ल गुन्नाडु नामालु पेट्नाडु	है काला काला लगाया तिलक
नंदि वानिवाला वाडेनेमो रामुलम्मा	है नंदी की तरह है शायद वही राम हे माई
पट्नानिकि वाडेनेमो रामुलम्मा	शहर का शायद है वही राम हे माई
यावाड चूसिन पूसिन गंधालु	देखा अगर किसी भी मुहल्ले में सुगंध
वरलु तीसिन कत्तुलम्मा पट्नमुलो	देखा अगर कहीं भी तलवार तो सिपाही शहर में
वगल तीसिन कत्तुलम्मा	तलवार ताने सिपाही शहर में
यावाड चूसिना दंडु मार्जान्तमु	देखा किसी भी मुहल्ले में सब में

राम राम यनि वाक्य मम्मा पट्नमुलो	राम राम नाम ही शहर में
राम राम यनि वाक्य मम्मा	राम राम नाम ही शहर में
एंत गोज्ञवाडु एंत रंडवाडु	कितना कायर वह कितना बेशरम
एंत दंडु एलु तुन्नाडु ओ तल्लि	कर रहा माई यह राज सेना पर इतनी
एंत दंडु एलु तुन्नाडु	कर रहा माई यह राज सेना पर इतनी
अंत मट्कु दंडु माचेतिलुंटेनु	अगर होती सेना हमारे हाथों में इतनी
रवधूलि कप्पिंतु मम्मा मेमिंक	कर देंगे चकनाचूर हम माई
गोड्डु गोड्डुन दुःख सागे सीतम्म	रोने लगी फूट फूट कर सीता माई
गोट नीरुलु चिम्म सागे	बहाने लगी अश्रुधारा सीता माई
रंगैन मुत्याल सोरुगु देगिनट्लु	रंगीली मोतियों की टूटी लड़ी सी
राल कन्नुल तीर्थमम्मा सीतम्म	गिरने लगे आँसू सीता माई की आँखों से धारा सी
राल कन्नुल तीर्थमम्मा	बहने लगे अश्रु सीता की आँखों से धारा सी
अइवध्य रामुलतो पग कट्टु कुंटेनु	करेंगे वैर अगर अयोध्या-राम से
हरिविडिचे कालमु ना तंड्रि	होंगे दूर हे भाई ईश्वर से
अडविलो पुडितिरा ना कोडुक कुमहार	पैदा हुए जंगल में हे मेरे लाड़ले
अडवि पालै तिरा ना तंड्रि	मिट जायेंगे जंगल में मेरे लाड़ले
पगवानि पौरुषमु मा मुंदर पोगिडिते	प्रशंसा करेगी अगर हमारे सामने शत्रु की
नलमु नालुगु तुंटलम्मा सीतम्म	काट लेंगे जीभ माई सीता माई
नलमु नालुगु तुंटलम्मा	काट लेंगे जीभ माई
तंड्रिरो ओ तंड्रि ओ तंड्रि वाल्मीकी	हे बाप, हे बाप, हे बाप वाल्मीकि
विद्धारि बालुल जोडड बाप मन्नादि	करने को कहा माई दोनों बच्चों को अलग
सीतम्म जोडड बाप मन्नादि	माई करने को कहा दोनों बच्चों को अलग
पेद्द वानिनिंक बाणाल कुशराजुनु	बड़े बाणों के कुशराजु को
पाल पंड्लकु पंपुताडु वाल्मीकी	भेजेगा वाल्मीकि क्षीरी फल तोड़ लाने को
पनस पंड्लकु पंपुताडु वाल्मीकी	भजेगा वाल्मीकि कटहल फल तोड़ लाने को
चिन्न वान्निंग मंत्राल लवण्णनु	छोटे मंत्रों के लवराजा को
पूल तोटकु काइलि पेट्टा वाल्मीकी	रखा वाल्मीकि बगीचे की रखवाली करने को
पूल तोटकु काइलि पेट्टा	रखा बगीचे की रखवाली करने को
एडेंड्लु अइंदि विमन्नु वंचिंदि	बीत गये सात साल बच्चे हुए शिक्षित
वेदन्नु सांभ्राणि एक धूपमु जेसि	लगाकर धूप लोबान की ढेर सी
अश्वान्नि लेपुतारम्मा अइवध्यलो	निकाले घोड़े को अयोध्या में माई
अश्वान्नि लेपुतारम्मा	निकाले घोड़े को अयोध्या में माई
मूतुम्मु सांभ्राणि एक धूपमु जेसि	लगाकर धूप अधिक लोबान को
अश्वान्नि लेपिनारू अइवध्यलो	उठाया अयोध्या में घोड़े को

अश्वमु वंबडि हनुमंतु बंटुनु	सेवक हनुमान को घोड़े के साथ
अंभार्लु पेट्टंपतारु वांड्लिंक	भेजने लगे वे हाथियों के साथ
विनवम्मा ओ रेक्कल अश्वमा	सुनो माई ओ परवाला घोडा
करकर मनियेटि एर्रंग पोद्दु पोडिचेलकु	भुरभुरी लालिम प्रभाती होने तक
पगवानितो पोरबडि तेस्तेने तेचिनावु	शत्रु से भिड़कर नहीं लाओगे अगर जीत
ताकुंटे अश्वमा राम बाणानिकि बाण गोर्रेवु	हे घोड़ा शिकार हो जाओगे राम बाण का
सुम्मि नीवु अश्वमा बान गोर्रेवु सुम्मि नीवु	हे घोड़ा शिकार हो जाओगे राम बाण का
जयरेखकु बदुलु जयरेख प्रक्कन	जयरेखा के बदले जयरेखा के बगल में
लक्ष्मण एमि रासुताडु प्रक्कन	लिखने लगा लक्ष्मण क्या बगल में
बदुलु जयरेख रासिनाडु	लिखने लगा प्रति जयरेखा बगल में
विनंडन्न ओ बाल राजुल्लारा	सुनो रे ओ बाल राजा
सति पति धर्मालु तेट पडेंदाक	सति पति के धर्म होने तक साफ
अश्वान्नि विडवाकंडन्न मीरिंक	मत छोड़ो भाई घोड़े को तुम
अश्वान्नि विडवाकंडन्न	मत छोड़ो भाई घोड़े को तुम
जयरेखकु प्रक्कन जयरेखा प्रक्कन	जयरेखा के बदले में जयरेखा के बगल में
लक्ष्मण इट्ट रासेनु प्रक्कन	लिखा ऐसा लक्ष्मण ने बगल में
बदुलु जयरेखा रासानु	लिखा प्रति जयरेखा बगल में
एदुमु सांभ्राणि एक धूपमु चेसि	लगाकर धूप अधिक लोबान को
अश्वान्नि लेपिनारम्मा अइवध्यलो	उठाया माई अयोध्या में घोड़े को
अश्वान्नि लेपिनारम्मा	उठाया माई अयोध्या में घोड़े को
तूर्पु सीम एल्लि चूसिन गानि	देखने पर जाकर पूरब सीमा तहाँ
एदुराड बंटु लेडाया इक्कड	रहा नहीं कोई लड़नेवाला वहाँ
एदुराड बंटु लेडाया	रहा नहीं कोई लड़नेवाला वहाँ
करकर मनियेटि एर्रंग पोद्दु पोडिचिवच्चि	भुरभुरी लालिम प्रभाती होकर जहाँ
दोड्डवारि अश्वमु एक्कडोचिंदनि	सोचकर बड़ों का घोड़ा आया कहाँ
शंखु तीर्थमु पोसिनाडु सूर्युडु	पिलाया शंख तीर्थ यहाँ सूरज
अजेयमु नाकु कलुग लेदनि जयमु	हुई नहीं हार मेरी जीत
कलिगिंदनि तिरुगु बाटलु पट्टिनादि	हुई मेरी समझकर लौटने लगा
अश्वमु अइवध्य बाट पट्टानु	घोड़ा अयोध्या लौटने लगा
तिरिगिवस्ता आरेक्कलश्वमु दाव लो	लौटते वापस रास्ते में वह परवाला घोड़ा
पूल तोटनु कल्ल जूसा अश्वमु	देखा फूलों के बगीचे को घोड़े ने
पूल तोटनु कल्ल जूसा	देखा फूलों के बगीचे को घोड़े ने
पूल तोटलो पडि आरेक्कलश्वमु	घुसकर बगीचे में वह परवाला घोड़ा
एरकमु पूलु मेस्तादि अश्वमु	चरने लगा किस ढंग के फूल घोड़ा

एरकमु पूलु मेस्तादि	चरने लगा किस ढंग के फूल घोड़ा
बोंडु मल्लेलु मेसिनादि अश्वमु	चरने लगा गेंदे फूलों को घोड़ा
गोंडु मल्लेलु मेसिनादि	चरने लगा जुही फूलों को घोड़ा
सन्न मल्लेलु मेसिनादि अश्वमु	चरने लगा चमेली फूलों को घोड़ा
इरजाजि पूलु मेसिनादि	चरने लगा मल्लिका फूलों को घोड़ा
मेसिनन्नि मेसि मेटिकि	चरकर जितना चर सकता
कल्लमे कट्टु कुन्नादि	बाँध लिया घोड़े ने बाकी लगाम सा
अश्वमु कल्लमे कट्टु कुन्नादि	बाँध लिया घोड़े ने बाकी लगाम सा
कल्लमु कट्टुकोनि पल्गाटि[31] काडिकि वच्चेटि येलकु	बाँधकर लगाम किवाड़ तक आते समय तक
अन्नमुलु तिनबोइन मंत्राल लवण्णा वच्चा	गया खाना खाने मंत्रों का लवराजा लौटा
एदुरुग मंत्राल लवण्णा वच्चा	सामने लवराजा लौटा
एनिग तोंडमु एगिरि पट्टुकोनि	लगाकर छलाँग पकड़ा लगाम
जयरेख चदुवु तुन्नाडु लवराजु	पढ़ने लगा जयरेखा लवराजा
जयरेख चदुवु तुन्नाडु	पढ़ने लगा जयरेखा लवराजा
विनवम्म ओ रेक्कलश्वमा पगवानितोडा	सुनो भाई ओ परवाला घोड़ा शत्रु से
करकर मनियेटि एर्रंग पोद्दु पोडिचालकु	भुरभुरी लालिम होने तक प्रभाती
तेस्तेने तेचिनाडु ताकुंटे अश्वमा	नहीं लाओगे अगर हे घोड़ा
राम बाणानिकि बाण गोर्रेवि सुम्मि नीवु	हो जाओगे शिकार तुम राम बाण का
अश्वमा बाण गोर्रेवि सुम्मि नीवु	हो जाओगे शिकार तुम बाण का
जयरेखकु बदुलु जयरेख प्रक्कन	जयरेखा के बदले में जयरेखा के बगल में
इक्कडेवडु व्रासिनाडु बदुलु	किसने लिखा जयरेखा जवाब में
जयरेख इक्कडेवडु व्रासिनाडु	किसने लिखा जयरेखा का जवाब
विनंडन्न ओ बाल राजुल्लारा	सुनो रे ओ बाल राजा
सतिपति धर्मालु तेट पडेंदाका	सति पति के धर्म होने तक साफ
अश्वान्नि विडुवाकांडन्ना मीरिंक	मत छोड़ो भाई घोड़े को तुम
अश्वान्नि विडुवाकांडन्ना	मत छोड़ो भाई घोड़े को तुम
एनिग तोंडमु वडचि पट्टुकोनि	पकड़कर घोड़े के लगाम को
गगनमंदे लेपिनाडु लवराजु	उठाया उसे गगन में लवराजा
गगन मंदे लेपिनाडु	उठाया उसे गगन में लवराजा
एनिग तोंडेमु लावु मूलुग सोंगलुपन्ना	कराहने लार टपकाने पर भी
अश्वान्नि विडुव लेदम्मा	नहीं छोड़ा माई घोड़े को
अश्वान्नि पट्टेट कि नीवेंत वाडुवुरा	तुम कितने बड़े हो पकड़ने घोड़े को
अश्वान्नि विडुवुरा बाला नीविंक	तुम बच्चे छोड़ दो घोड़े को
अश्वान्नि विडुवुरा बाला	तुम बच्चे छोड़ दो घोड़े को

अश्वान्नि विडुवुमना नुव्वेंतदानिवे	तुम कितने बड़े हो खोलने को कहने घोड़े को
नामीदि केल्लवे कोति	लड़ो मुझसे बंदर तुम
नामीदि केल्लमना नूवेंत टोडवु	तुम कितने बड़े हो मुझसे लड़ने को
नामीदि केल्लरा बाला नीविंग	लड़ो रे मुझसे बच्चा तुम
नामीदि केल्लरा बाला	लड़ो रे बच्चा मुझसे तुम
कोति तोकनु वडचि पट्टु कोनि	पकड़कर बंदर की पूँछ को
गेर्रु गेर्रुन त्रिप्पि कोट्टा	घुमा घुमाकर मारा भू पर बंदर को
वक्कटे एट्टुकु हनुमंतु बंटुकु	एक ही मार में सेवक हनुमान को
वच्चि पोये पान मैनादि दारिलो	रहा रास्ते में प्राण जाने को
क्रिंदने पडि पोइंदि	गिर गया बंदर नीचे को
संपिन कोतिनि पारवेस्ते गीन	अगर छोड़ दोगे वैसे मारे गये बंदर को
पापंबुलु वच्चुननि	समझकर होगा पाप मुझ को
अग्नि दान मडुग नोच्च तल्लिनि	आया माई के पास आग लेने को
अग्निदान मडुगनोच्च	आया लवराजा आग लेने को
कारुंड पडवेंदु ना कोडुका कुमहार	कीकारण्य में मेरा लाड़ला बेटा
अग्निदानमालरन्ना नीकिंक	क्यों चाहिए आग तुम को हे भाई
अग्नि दान मालरन्ना	क्यों चाहिए आग हे भाई
नलनल्ल गुन्नादि नामालु पेट्नादि	है काला काला लगाया तिलक
वंकमूति कोति वक्कटे वच्चिंदि तल्लि	हे माई तिरछा मुखवाला अकेला बंदर
अश्वमेंबडि वक्कटे वच्चिनदि तल्लि	घोड़े के साथ आया माई अकेला एक बंदर
आ कोतिनि नेनु संपिनानु गानि	मार दिया मैंने उस बंदर को अगर
पार वेस्तेगीन पापंबुलु वस्ताइ	छोड देगा तो पाप होगा मुझे समझकर
काल बेट्टुता मीयमनेनु वग्नि लो	जला दूँगा माई आग दो मुझ को
कालबेडता मीयमनेनु	जला दूँगा माई आग दो मुझ को
गोडु गोडुन दुःख सागे सीतम्म	रोने लगी फूट फूट कर सीता माई
गोट नीरुलु चिम्म सागे	बहाने लगी अश्रु धारा सीता माई
कोंत कालमु नेनु साकि नानंटेने	थोड़ा समय इसे पाला मैं कहती हुई
चनुबालु पिंडि पोस्तादि सीतम्म	निकालकर दिया स्तन्य सीता माई
चनुबालु पिंडि पोस्तादि	निकालकर दिया स्तन्य माई
ईकाल कोटि विषमु कल्पिस्त ना कोडुक	निकाल कर दूँगी विषैली गरल को भाई
कोंड बोइ नीवु[32] कोतिकि पोयन्ना	ले जाकर तुम इसे पिलाओ उस बंदर को
नीकिंक पापमु रादु अन्नादि	हे भाई होगा नहीं कोई पाप तुझे
मातल्लि चनुबालु मेमु त्रागिते	पीने से ही अपनी माई का स्तन्य
माकिंत बलमुंदि	मिला बल हमें इतना

दानिक्कि पोस्तेनु दानिकेंत बलमनि	पिलाने से उसे होगा कितना बल समझकर
दोन्ने कडिगि पोसिनाडु	पिलाया उसे साफ करके दोने को
दोन्ने लेत्तुक तागिनाडु लवराजु	पिया लवराजा उठाकर दोने को
दोन्ने कडिगि पोसिनाडु	पिलाया उसे साफ करके दोने को
दोन्ने कडिगि पोस्ते चच्चि पोइन कोतिकि	पिलाने से दोना साफ करके मरे बंदर को
मल्ला पान मोच्चिनादि कोतिकि	आ गये प्राण फिर बंदर को
मल्ला पान मोच्चिनादि	आ गये प्राण फिर बंदर को
पैकि लेस्तेनु मल्ल संपुताडनि	उठ गये तो अगर मारेगा फिर समझकर
पूल तात्लो नुंचि अइवध्य पट्नानिकि	फूलों के बगीचे से अयोध्या शहर
जेल्लु कट्टुक दोर्लिनादि आ कोति	लुढ़कने लगा वह बंदर घुटनों के बल पर
बेंडु कट्टुक दोर्लिनादि	लुढ़कने लगा वह बंदर
लक्षलकु तीरिन्न पच्च बंडलमीद	लाखों से भरे चौपाल पर
राजान राजुलु रामुलु गूर्चोनि	राजा सामंतों के साथ राम बैठकर
पट्टि पंदेमु आटु तुंड्रि इक्कड	खेल रहा था दाँव शतरंज के
पगिडि पंदमाटु तुंड्रि	खेल रहा था वहाँ दाँव सोने के
एमिरा हनुमंता नीवे वस्तिवि	आये हो अकेले क्यों रे हनुमान
अश्वमु एक्कडेल्लानु	गया कहाँ घोड़ा हे हनुमान
नी कोलुवु के दंडमु नीके दंडमु	तुम को सलाम सलाम तेरी नौकरी को
ऊपिरि उंटेनु उप्पम्मक तिंटानु	होगा अगर प्राण बेचकर जीऊँगा नमक
नी कोलुवु नाकु सालनेनु	बस तेरी नौकरी मुझ को
हनुमंतुडु नी कोलुवु नाकु सालननेनु	कहा हनुमान ने अब बस नौकरी तेरी
मंदि मार्भलमु भतृ शत्रघ्नुलु	बड़ी सेना भरत शत्रुघ्न सहित
दंडु पयनमु कट्टिनारु अइवध्य	निकली सेना अयोध्या की
दंडु पयनमु कट्टिनारु	निकली सेना अयोध्या की
राकुंटे माट्ठना ओरेइ हनुमंता	आओगे नहीं तो ठीक ओ हनुमान
दावन्ना जूपुदुवुरारा माकिंक	बताते जाओ रास्ता हमें
आचेट्टु चाटुनुंचि ई चेट्टु चाटुनुंचि	उस पेड़ के आड़ से इस पेड़ के आड़ से
इदिगो दाव अदे नंटाडु हनुमंतु	कहता है हनुमान रास्ता है वही
भ्रतृ शत्रुघ्नुल मंदि मार्भलमंता	भरत शत्रुघ्न व सेना भर
दंडु पयनमै वच्चिनारु	निकले सब तैयार होकर
पूल तोटकु दंडु पयनमै वच्चिनारु	निकले सब फूलों के बगीचे को तैयार
आरेक्क लश्वान्नि कन्नुलारा जूसि	देखकर आँखों से उस परवाले घोड़े को
अप्पुडेमनि पलुकताडु भरतुडु	कहने लगा भरत ऐसा
अप्पडेमनि पलकुताडु	कहने लगा भरत ऐसा

अश्वान्नि पट्टानिकि नुव्वेंत टोडवुरा	तुम कितने बड़े हो पकड़ने घोड़े को
अश्वान्नि विडुवरा बाला नीविंग	तुम बच्चे छोड़ दो घोड़े को
अश्वान्नि विडुवरा बाला	तुम बच्चे छोड़ दो घोड़े को
अश्वान्नि विडुवुमन नुव्वेंत टोडवु	कितने बड़े हो तुम कहने घोड़ा छोड़ने को
ना मीद केल्लरा भोज नीविंक	लड़ो मुझ से हे राजा तुम
ना मीद केल्लरा भोज	लड़ो मुझ से हे राजा तुम
अग्गै मंडेने भतृ शत्रुघ्नुलु	जले आग बनकर भरत शत्रुघ्न
मायनंबु वेसिनारु वाड्लिंक	छोड़ा दोनों ने माया बाण
मायनंबु वेसिनारु	छोड़ा दोनों ने माया बाण
माय अंबु पाया लवराजुकु तगिला	लगा लवराजु को जाकर माया बाण
मूर्चिल्लु चेंदि पन्नाडु लवराजु	हो गया बेहोश लवराजा
मूर्चिल्लु चेंदि पन्नाडु	हो गया बेहोश लवराजा
मूर्चिल्लु चेंदिन्न मंत्राल लवण्णनु	बेहोश हुए लवराजा को
रथम लोने वेसि इग्गु कुंटानु पोतारु	डालकर रथ में ले जाने लगे खींचते
वाड्लिंक इग्गु कुंटाने पोतारु	वे ले जाने लगे खींचते
पाल पंड्लकु पोइन बाणाल कुशराजुकु	तोड़ने क्षीरी फल गये बाणों के कुशराजा को
कुडिभुजमु कूलि नट्लाया अडविलो	लगा जंगल में मानो दाएँ भुजा गयी टूट
कुडि भुजमु कूलिनट्लाया	मानो दाएँ भुजा गयी टूट
बाणाल कुश राजुकु कुडि भुजमु कूलने अम्मा	टूट गयी दाएँ भुजा कुश राजा की माई
अडविलो कुडि भुजमु कूलनेनम्मा	जंगल में दाएँ भुजा टूटी माई
आनुंचि कुशराजु मेडिमेत्तु परुगु नोच्चानु	दौड़ते आया कुशराजा वहाँ से माई
तल्लंचुकु मेडिमेत्तु परुगुनोच्चानु	दौड़ते आया माई के पास
कारुंड पडवेंदु मातल्लि सीतम्म	कीकारण्य में माई सीता माई
साल दीवेनलु नाकु इय्यवे तल्लि	दे दो बहुत दुआएँ मुझे माई
कुडि भुजमु कूलिनट्लाया	लगा टूट गयी मेरी दाई भुजा
अडविलो कुडि भुजमु कूलिनट्लाया	जंगल में टूट गयी दाई भुजा माई
अइवध्य रामुलतो पगबट्टु कुंटिरि	वैर निभाया अयोध्या राम से भाई
अडवि पालैतीवा ना तंड्रि	हाय मिट गये हो जंगल में मेरे भाई
कन्न तल्लि नीवु कंटनीरु पेडिते	माई होकर अगर तुम आँसू बहाओगी
नलमु नालुगु तुंट लम्मा सीतम्म	काटूँगा जीभ हे माई सीता माई
नलमु नालुगु तुंट लम्मा	काटूँगा जीभ हे माई
साल दीवेनलु नाकु इय्यवे तल्लि	दे दो बहुत दुआएँ मुझे माई
नेनु वेल्लि पोतानना कुशराजु	चला जाऊँगा मैं कहा कुशराजा
नेनु वेल्लि पोतानना	चला जाऊँगा मैं कहा कुशराजा

पगवारि सेयि क्रिंदुगा ना कोडुक	शत्रुओं के हाथ नीचे मेरे बेटे के हाथ ऊपर
मी चेइ मीदुगा नन्ना अडविलो	जंगल में रहे आप के हाथ ऊँचा हे भाई
मी चेइ मिन्नु गानन्ना	हाथ आप के रहे ऊँचा हे भाई
तल्लि तोन कुशराजु साल दीवनेलु तीसुकोनि	बहुत दुआएँ लेकर माई से कुशराजा
कुशराजु मिडिमेत्तु परुगुनोच्चानु	दौड़ते आया कुशराजा
पूल ताटकु मिडिमेत्तु परुगुनोच्चानु	फूलों के बगीचे दौड़ते आया कुशराजा
मंत्राल लवण्णनु रथमु कोम्मुनजूसि	देखकर लवराजा को रथ पर
माय नंबु नेसिनाडु कुशराजु	छोड़ा माया बाण कुशराजा ने
माय नंबु नेसिनाडु	छोड़ा माया बाण कुशराजा ने
माय अंबु पाया कट्लु ऊडिपाया	गया माया बाण खुल पड़े बंधन
तुल्लिपडि लेचिनाडु लवराजु	उठ गया सँभलकर लवराजा
तुल्लिपडि लेचिनाडु	उठ गया सँभलकर लवराजा
लेय्यरा तम्मुडा पगवारि रथमुन	शत्रुओं के रथ से उठो भाई
एमि निद्र लोच्च तम्मुडा नीगिंक	आयी नींद कैसे तुझे भाई
एमि निद्र लोच्च तम्मुडा	आयी नींद कैसे तुझे भाई
तम्मुडु लेचेनु अन्न तम्मुडु याकस्तु लैनारु	उठ गया माई एक हो गये दोनों भाई
युद्धानि के पूनुतारु वाड्लिंक	तैयार हुए लड़ने जंग दोनों भाई
युद्धानि के पूनुतारु	तैयार हुए लड़ने जंग दोनों भाई
अलनाडु माकु अभयमु इच्चिन	उस समय हमें दिया अभय
ब्राह्मणय्य वेंटने	ब्राह्मण को सत्वर बच्चों ने
मदियंदु दलचिनारु बालुरु	याद किया मन में बच्चों ने
नाग वडिशा लंदिनारु	प्राप्त किया नाग बाण बच्चों ने
नाग वडिशालतो रुब्बुडु गुंड्लतो	नाग बाण से व चट्टू गोलों से बच्चे
दंडुनंता गूल्चिनारु पूलताट्लो	गिराया पूरी सेना को जंगल में बच्चों ने
दंडुनंता गूल्चिनारु	गिराया पूरी सेना को बच्चों ने
मंदि मार्बलमु भतृ शत्रुघ्नुलु	पूरी सेना भरत शत्रुघ्न सहित
दंडु अंता कूलि पोइरि	गिर गये सब जंगल में
पूल ताट्लो दंडु अंता कूलि पोइरि	गिर गये सब फूलों के बगीचे में
एदुरुगा वस्ते नन्नु संपुतारनि	आऊँगा अगर सामने मारेगा मुझे गुस्से में
आसेट्टु साटुनुंचि इसेट्टु साटुनुंचि	इस पेड़ के आड़ से उस पेड़ के आड़ से
अइवध्य बाट पट्टानु हनुमंतु	लौटने लगा अयोध्या हनुमान
अइवध्य बाट पट्टानु हनुमंतु	लौटने लगा अयोध्या हनुमान
अइवध्य जे रोच्चिनाडु	पहुँच गया अयोध्या हनुमान
लक्षलकु तीरिन्न रच्च बंडल मीद	लाखों से भरे चौपाल पर

राजान राजुलु रामुलुनु गूर्चोनि	राजा सामंतों के साथ राम बैठकर
पट्टि पंदेमु आडुतुंड्रि इक्कड	खेल रहा था वहाँ दाँव शतरंज के
पगिडि पंदेमाडुतुंड्रि	खेल रहा था वहाँ दाँव सोने के
एमिरा हनुमंता नीवे वस्तिवि	क्यों रे हनुमान आये हो अकेले
मंदि मार्बलमु भतृ शत्रुघ्नुलु	सेना भरत शत्रुघ्न सब
दंडु यंत एमैरि हनुमंता	क्या हो गये हनुमान सब
नीकोलुवु के दंडमु नी को दंडमु	तुम को सलाम सलाम तेरी नौकरी को
ऊपिरि उंटेनु उप्पम्मकु तिंटानु	होगा अगर प्राण जीऊँगा बेचकर नमक को
नी कोलुवु नाकु सालनेनु	कहा बस तेरी नौकरी मुझ को अब
रामुलु लक्ष्मण मंदि मार्बलमु	राम लक्ष्मण सेना सहचर सब
दंडु पयनमु कट्टिनारु	चलने को हुए तैयार सब
पूल ताटकु दावन्न चूपमन्नारु	कहा बताने को बगीचे के रास्ते को
आ सेट्टु साटु नुंचि ई सेट्टु साटु नुंचि	इस पेड़ के आड़ से उस पेड़ के आड़ से
अदिगो दाव अदेनंटाडु हनुमंतु	कहता है हनुमान रास्ता है वही
अदिगो दाव अदे नंटाडु	कहता है रास्ता है वही
रामुलु लक्ष्मण मंदि मार्बलमु	राम लक्ष्मण सेना सहचर सब
पूल तोट कोच्चिनारु वाड्लिंक	पहुँच गये वे फूल बगीचे तब
पूल तोट कोच्चिनारु	पहुँच गये वे फूल बगीचे सब
पूल तोट अश्वान्नि केल्लि चूसि	देखकर घोड़े को फूल बगीचे में
एमंटनि पल्कुताडु रामुलु	कहने लगा राम ऐसा
अप्पुडेमनि पल्कुताडु	कहने लगा राम ऐसा
ओक सेंप कोडिते पालु कारुताइ	मारने से एक गाल पर दूध निकलेगा
ओक सेंप कोडित रक्त मेल्लुतादि	एक गाल पर खून निकलेगा
अश्वान्नि विडवंडि बाला मीरिंक	छोड़ दो बच्चे घोड़े को
अश्वान्नि विडवंडि बाला मीरिंक	छोड़ दो बच्चे घोड़े को
अश्वान्नि विडुवमन नूवेंत टोडवुरा	कितना बड़े हो तुम कहने घोड़ा छोड़ने को
मामीद केल्लरा भोज नीविंक	लड़ो हम से तुम राजा
मामीद केल्लरा भोज	लड़ो हम से तुम राजा
अग्गै मंडेने अइवध्य रामुलु	जला आग बनकर अयोध्या राम
तेल्ल बाणमु तोडिगिनाडु रामुलु	निकाला बिच्छू बाण राम ने
तेल्ल बाणमु तोडिगिनाडु	छोड़ा बिच्छू का बाण राम ने
मेघाल साटुन्न लक्ष्मण पेरुमार्लु	बादलों के आड़ से लक्ष्मण ने
कोल्ल बाणमु तोडिगिनाडु लक्ष्मण	निकाला मुर्गा बाण लक्ष्मण ने
कोल्ल बाणमिडिसिनाडु	छोड़ा मुर्गा बाण लक्ष्मण ने

कोल्ल बाणमु पाया तेल्लनेरुकतिना	मुर्गा बाण ने जाकर खा लिया बिच्छू को
वारि बाणालु मध्यलो कलबडि	भिड़कर उनके बाण बीच में
मंटलाई मंडिपाया अडविलो	जल गये आग बनकर जंगल में
मंटलाई मंडिपाया	जल गये आग बनकर जंगल में
ईसारि बाणमु दारि दप्पिंदंट	समझकर अब की बार बाण लगा नहीं निशाने पर
तिरग बाणमु तोडिगि नाडु रामुलु	निकाला दूसरा बाण राम ने
पामु बाणमु तोडिगि नाडु	निकाला नाग बाण राम ने
पामु बाणमु तोडिगि नाडु	निकाला नाग बाण राम ने
पामु बाणमु तोडिगि अइवध्य रामुलु	निकालकर नाग बाण अयोध्या राम ने
पामु बाणमिडिसिनाडु अक्कड	छोड़ा नाग बाण वहाँ
पामु बाणमिडिसिनाडु	छोड़ा नाग बाण राम ने
मेघाल चाटुन लक्ष्मण पेरुमार्लु	बादलों के आड़ से लक्ष्मण
गरुट बाणमु तोडिगि नाडु लक्ष्मण	निकाला गरुड़ बाण लक्ष्मण ने
गरुट बाणमु इडिसिनाडु	छोड़ा गरुड़ बाण लक्ष्मण ने
गरुट बाणमु पायापामु लेरकतिना	गरुड़ बाण ने जाकर खा लिया साँपों को
वारि बाणालु मध्यलो कलवडि	भिड़कर उन के बाण बीच में
मंटलाइ मंडिपाया अडविलो	जल गये आग बनकर जंगल में
मंटलाइ मंडिपाया	जल गये आग बनकर
ईसारि बाणमु दारि दप्पिंदंटु	समझकर अब की बार बाण लगा नहीं निशाने पर
अग्गि बाणमु तोडिगि नाडु रामुलु	निकाला आग का बाण राम ने
अग्गि बाण मिडिसिनाडु	छोड़ा आग का बाण राम ने
मेघाल चाटुन लक्ष्मण पेरुमार्लु	बादलों के आड़ से लक्ष्मण ने
नील्ल बाणमु तोडिगिनाडु लक्ष्मण	निकाला पानी का बाण
नील्ल बाणमु पाया अग्गि आरि पाया	गया पानी का बाण बुझ गयी आग
वारि बाणालु मध्यन कलवडि	भिड़कर उनके बाण बीच में
मंटलाइ मंडिपाया अडविलो	जल गये आग बनकर जंगल में
मंटलाइ मंडिपाया	जल गये आग बनकर जंगल में
विनवोइ लक्ष्मणा विनकुल भूपाल	इक्ष्वाकु भूपाल सुनो भाई लक्ष्मण
सौमित्रि कुमहार सोधकुल लक्ष्मण	सुमित्रा सुत हे पटु लक्ष्मण
अंत नी माय गुंदन्न अडविलो	लगता है जंगल में सब तेरी माया
अंत नी माय गुंदन्न	लगता है सब तेरी माया लक्ष्मण
इद्धरि पिलवाड्ल नेत्तुलु मीदिकि	दोनों बच्चों को पहनाने
कुल्लाइ कुट्टिंचवन्ना नीविंक	बनवाओ तुम भाई अब टोपियाँ
मेरुवान पंपिंचवन्ना	भेजो भाई तुम मेरुवानी

इद्धरि बालुल नेत्तुल्ल मीदिकि	दोनों बच्चों को सर पर पहनाने
कुल्लाई कुट्टिंचिनाडु श्री राम	सिलवायीं टोपियाँ श्रीराम ने
मेर्वाणा पंपिंचिनाडु	भेजी मेरुवानी श्रीराम ने
मेर्वाणालनु तीस्कोनि बाललु	लेकर तोहफे बच्चे
तल्लंचुकु मिडिमेत्तु परुगुनोच्चिरि	दौड़ते आये माई के पास बच्चे
वाड्लिक मिडिमेत्तु परुगुनोच्चिरि	दौड़ते आये माई के पास बच्चे
चिन्नप्पुडु ऊगिन्न ऊयाल बदुलु	बचपन में झुलाये झूले के बदले में
मेर्वाणालु तेच्चि इच्चनारु	लाकर दिये तोहफे हमें
ऊयाल तीसिकोनि अइवध्य रामुलु	लेकर झूले को अयोध्या राम
अप्पुडेमनि पलकुताडु रामुलु	कहने लगा ऐसा श्रीराम
अप्पुडेमनि पलकुताडु	कहने लगा ऐसा श्रीराम
विनंडन्ना ओ बाल राजुल्लारा	सुनो रे ओ बाल राजा
मी तल्लि पेरेमि मी तंड्रि पेरेमि	कौन माई है कौन पिता क्या नाम उनका
गुरुवु दैवमु पेरेमि ओ बाला	हे बच्चे क्या नाम है गुरु का
गुरुवु दैवमु पेरेमि	क्या नाम है गुरु का
मी तल्लि पेरेमि नी तंड्रि पेरेमि	कौन माई है कौन पिता क्या नाम उनका
गुरुवु दैवमु पेरेमि ओ राजा	हे राजा क्या नाम है गुरु का
गुरुवु दैवमु पेरेमि	क्या नाम है गुरु का
इंटि पेरे इलकुल वांड्लु	कुल का नाम है इक्ष्वाकु
कुल में क्षत्रीय कुलमु	जाति है क्षत्रिय जाति
गोत्र मेमो काशि गोत्रमु	गोत्र है काशी गोत्र
गुरुवे वाल्मीकी गुरुवु	गुरु हमारे वाल्मीकि गुरु
इंटि इलवेलुपु देवुडु	घर का कुल देवता
कावेटि रंगडु बाला	कावेरी के श्रीरंगनाथ हैं बच्चे
कावेटि रंगडु	कावेरी के श्रीरंगनाथ हैं बच्चे
दशरथुडु ममुगन्ना तंड्रि	दशरथ हमारे पिता
कौसल्य ममुगन्ना तल्लि सीते नाकुलल्लसति	कौसल्या हमारी माई सीता मेरी भार्या
लक्षुवण्णा ना चिन्नि तम्मुडु	लक्ष्मण मेरा छोटा भाई
ऊर्मिल्ल ना मुद्धुल मरदलु	उर्मिला मेरी लाड़ली देवरानी
भरत शत्रुघ्नुलु बलमैन तम्मुलु	भरत शत्रुघ्न मेरे बलवान भाई
बाला बलमैन तम्मुलु	बच्चे मेरे बलवान भाई
तल्लि तंड्रि पेरु गुरुवु दैवमु पेरु	माता पिता के नाम गुरु के नाम
चेप्पिंचक पिलवांड्लु मिडिमेत्तु	जानकर दौड़ते आये बच्चे
परुगुनोच्चिरि तल्लंचुकु	माई के पास दौड़ते आये बच्चे

मिडिमेत्तु परुगुनोच्चिरि	दौड़ते आये बच्चे
कारुंड पडवेंदु तल्लिरो	कीकारण्य में हे माई सीतामाई
मातल्लि पेरेमि मा तंड्रि पेरेमि	कौन माई कौन पिता हमारे क्या नाम हैं उनके
गुरुवु दैवमु पेरेमि ओ तल्लि	गुरुदेव के नाम क्या है हे माई
गुरुवु दैवमु पेरेमि	गुरुदेव के नाम क्या है हे माई
मीतल्लि लेदन्ना मी तंड्रि लेदन्ना	नहीं है माई नहीं है पिता तुम्हारे हे भाई
गुरुवु दैवमु लेडन्ना मीकिंक	गुरुदेव नहीं है तुम्हारे हे भाई
गुरुवु दैवमु लेडन्ना	गुरुदेव नहीं है तुम्हारे हे भाई
मातल्लि लेकुंटे मा तंड्रि लेकुंटे	नहीं है अगर पिता माई
गुरुवु दैवमु लेकुंटे ओ तल्लि	नहीं है अगर गुरु देव हमारे माई
मेमेट्ल पुट्टिनामु	पैदा हुए कैसे हम हे माई
इंटि पेरे इलकुल वांड्लु	कुल नाम है इक्ष्वाकु
कुल में कुस्तील कुलमु[33] गोत्र	जाति है क्षत्रिय जाति गोत्र है
मेमो काशी गोत्रमु	काशी गोत्र
गुरुवे वाल्मीकी गुरुवु	गुरु वाल्मीकि गुरु
इंटि इलवेलुपु देवुडु कावेटि रंगडु	कुल देवता कावेरी के श्री रंगनाथ
बाला कावेटि रंगडु	बच्चे कावेरी के श्री रंगनाथ
दशरथुडु मी मुस्सीलब्बा[34]	दशरथ तुम्हारे दादा
कौसल्या मी मुस्सीलम्मा	कौसल्या तुम्हारी दादी
श्रीरामुडु मिमु कन्ना तंड्रि	श्रीराम तुम्हारे पिता
सीतत्म मिमु गन्ना तल्लि	सीतामाई तुम्हारी माई
लक्षुवण्णा मी पिन्ना तंड्रि	लक्ष्मण तुम्हारा चाचा
ऊमिल्ल मी पिन्न तल्लि	उर्मिला तुम्हारी चाची
भरत शत्रुघ्नुलु बलमैन पिन्नलु	भरत शत्रुघ्न तुम्हारे बलवान चाचा
बाला बलमैन पिन्नलु	बच्चे
तल्लि तंड्रि पेरु गुरु दैवमु पेरु	माता पिता के नाम गुरुदेव के
चेप्पिंचुक पिलवांड्लु	नाम जानकर बच्चे
मिडिमेत्तु परुगुनोच्चिरि तल्लंचुकु	दौड़ते आये पिता के पास बच्चे
मिडिमेत्तु परुगुनोच्चिरि	दौड़ते आये बच्चे
इंटि पेरे इलकुल वांड्लु	कुल नाम है इक्ष्वाकु
कुल में कुस्तील कुलमु	जाति है क्षत्रिय जाति गोत्र है
गोत्रमेमो काशी गोत्रमु	काशी गोत्र
गुरुवे वाल्मीकी गुरुवु	गुरु हमारे वाल्मीकि गुरु
इंटि इलवेलुपु देवुडु कावेटि रंगडु राजा	कुल देवता कावेरी के श्री रंगनाथ हैं राजा

कावेटि रंगडु	कावेरी के श्री रंगनाथ
दशरथुडु मा मुस्सिलब्बा	दशरथ हमारे दादा
कौसल्या मा मुस्सीलम्मा	कौसल्या हमारी दादी
श्रीरामु ममु कन्ना तंड्रि	श्रीराम हमारे पिता
सीतत्म ममु गन्ना तल्लि	सीता माई हमारी माई
लक्ष्मुवण्णा मा चिन्ना तंड्रि	लक्ष्मण हमारे चाचा
ऊमिल्ल मा चिन्न तल्लि	उर्मिला हमारी चाची
भरत शत्रुघ्नुलु बलमैन पिन्नलु	भरत शत्रुघ्न हमारे बलवान चाचा
बाला बलमैन पिन्नलु	राजा बलवान चाचा राजा
इद्दरि बालुल अद्दिकिनि तीरचुकोनि	लेकर दोनों बच्चों को गोद में
तोडल पैन जेर्चुकुन्नाडु श्री रामा	बिठा लिया जाँघों पर श्रीराम ने
तोडल पैन जेर्चुकुंडा	बिठा लिया जाँघों पर श्रीराम ने
विनंडन्ना ओ बाल राजुल्लारा	सुनो रे ओ बाल राजा
कारुंड पडवेंदु ना कोडुकु कुमाहारा	हे मेरे बेटे कीकारण्य में
मीतल्लि याड उंदन्ना अडविलो	कहाँ है तुम्हारी माई जंगल में
मी तल्लि याड उन्नादि	कहाँ है तुम्हारी माई जंगल में
मुंदरा रामुलु वेनकने लक्ष्मणा	आगे आगे राम पीछे लक्ष्मण
लवण्णा कुशलन्न सीत दग्गरि कोच्चिनारु	लवभाई कुशभाई आगे सीता के पास आये
वांड्लिंक सीत दग्गरि कोच्चिनारु	सब आये सीता के पास
रामुलोच्चे राकट सीतम्म चूसिंदि	देखा सीता ने राम के आने को
बंगारु चेंबुलतो उदकमुलुन तीसिकोनि	लेकर पानी सोने के लोटों से
मुंदु मूडु अडुगुलु नडचिवच्चिनादि	आयी तीन कदम आगे
बंगारु पल्लेमुलो पादमुलु पेट्टिंचि	रखकर सोने के थाल में
पादालु कडिगिंचि पादमुलु कडिगिनोटि नीळ्लु	कराकर साफ चरणों को उस पानी को
पारबोस्ते गीन पापंबुलोच्चुननि	समझकर फेंकेंगे अगर तो होगा पाप
पै धारा बोसुकुन्नादि सीतम्म	डाल लिया अपने सर पर सीता माई ने
पै धारा पोसुकुन्नादि सीतम्म	डाल लिया अपने सर पर सीता माई ने
पतिव्रतवै उंटे अडविलोन नीवु	पतिव्रता अगर हो तुम जंगल में
अमडालनु कनि उंटे	दिया अगर जुड़वे बच्चों को जंगल में
पूलताट्लो कूलिपोइन दंडुनंता लेपालि	फूलों के बगीचे में गिर पड़े सब को जीवित करो
ओ सीत दंडु नंता लेपालि	हे सीता सेना को सब जीवित करो
ना कष्टमु नाकु तप्प लेदंटुने सीत	हुए नहीं दूर अभी मेरे कष्ट
देवम्मा	समझकर सीता माई ने
पूल ताट्लो कूलि पोइन मंदिनंता लेपिनादि	जीवित किया सबको सीता माई ने

भरतुडु शत्रुघ्नडु मंदि मार्भलमु	भरत शत्रुघ्न सेना सब
दंडु अंता लेचिनारु पूल ताट्लो	उठ गये बगीचे में सेना सब
दंडु अंता लेचिनारु	उठ गये सेना सब
रामुलु लक्ष्मण्णा सीत देवम्म	राम लक्ष्मण सीता माई
लवन्न कुशलन्न भरत शत्रुघ्नुलु	लवभाई कुशभाई भरत शत्रुघ्न
मंदि मार्भलमंता दंडुपयनमु गट्टि	सेना सब हुए तैयार चलने
अइवध्य जेरोच्चिरि वांड्लिंक	हुए तैयार अयोध्या पहुँचने
अइवध्य जेरोच्चिरि	पहुँच गये अयोध्या वे सब
अइवध्यलोन दिनमु वाज्यंतमु	दिन भर अयोध्या में
इद्धरि पिलवांड्लु रवधूलि कप्पिंचुतारु	मचाने लगे खूब शोर दोनों बच्चे
वांड्लिंक रवधूलि कप्पिंचुतारु	मचाने लगे खूब शोर दोनों बच्चे
इद्धरि पिलवांड्लु पोरुलाकु तल्लि	झगड़ों से दोनों बच्चों की माई
निलुव लेदु सीतम्म धरणीन ताल लेदु सीतम्म	रह नहीं पाती सीता माई सहन नहीं पाती माई
भूदेव तम्मनु सारडुगु सोटडिगि	माँगकर मुट्ठी भर जमीन भूदेवी से सीता माई
भूमि पगुल कोट्टुकुंडा सीतम्म	समा गयी भू में सीता माई
भूमि पगुल कोट्टुकुंडा	समा गयी भू में सीता माई
इद्धरि पिलवांड्ल ताल लेक तल्लि	दोनों बच्चों को सँभाल नहीं पायी
भूमि लोने कुंगुतादि	समा जाने लगी भू में सीता माई
कूलि पोये सीतनु कन्नलारा जूसि	देखकर भू में समानेवाली सीता को
एडम सेंपेंटुकलु वडिचि पट्टुकोनि	पकड़कर केशों से सीता माई को
इग्गि गड्डा मीदि केसा श्रीरामा	खींच लिया श्रीराम ने तट को
इग्गि गड्डा मीदि केसा	खींच लिया श्रीराम ने तट को
इद्धरि बालल वद्दकिनि तीसुकोनि	लेकर गोद में दोनों बच्चों को
तोडल पैन जेर्चुकुंडा श्रीरामा	बिठा लिया जाँघों पर श्रीराम ने
तोडल पैन जेचुकुंडा	बिठा लिया जाँघों पर श्रीराम ने
विनंडन्ना ओ बाल राजुल्लारा	सुनो रे हे बाल राजा
मुंदु कालान मीकु नरलोक मंदुन	आगे नरलोक में तुम्हें भाई
नित्य पूजलु गान रन्ना बाललु	होगी पूजाएँ नित्य तुम्हें भाई
नित्य पूजलु गान रन्ना	होगी पूजाएँ नित्य तुम्हें भाई
इद्दरि बालुल सेमटलु तुडिचिनाडु	पोंछ दिया पसीना दोनों बच्चों का श्रीराम ने
रामुडु चेमटलु तुडिचिनाडु	पोंछ दिया पसीना श्रीराम ने
रामुलु सीत देवम्म लक्ष्मण ऊर्मिल्ल तो	राम सीता माई लक्ष्मण उर्मिला के साथ
सगा बोंदितो कैलास मेल्लि पोइरि	गये देह समेत कैलास
वांड्लिंक कैलास मेल्लिपोइरि	गये वे देह सहित सब कैलास

शरणु शरणु रामा शरणय्य राघव	शरण शरण हे राम शरण शरण हे राघव
शरणाग बिरुदु गल रामा	शरणागत वत्सल नामांकित हे राम
नीकिंका शरणय्या श्रीरघुरामा	शरण शरण हे श्री रघुराम!
कन्नवारिकि रामा! विन्नवारिकि रामा!	देखनेवाले को हे राम! सुननेवाले को हे राम!
कन्नवारिकि रामा! विन्नवारिकि रामा!	देखनेवाले को हे राम! सुननेवाले को हे राम!
कालिग्य राम शरणय्य	कलियुग में नहीं और शरण हे राम
नीकिंक पट्टाभिराम शरणय्या	मात्र शरण है तेरे पट्टाभिषिक्त हे राम!

संदर्भ सूची

1. लोक साहित्य का अध्ययन, डॉ. त्रिलोचन पांडेय, पृ. 137
2. स्त्रीला रामायणपु पाटलु, श्रीकृष्णश्री, भूमिका, पृ. 2
3. जानपद कला संपदा, आचार्य तूमाटि द्रोणप्पा, पृ. 61
4. स्त्रील गेय काव्यमुलु, भारती, विजय-श्रावणमु, पृ. 129-136
5. तेलुगु जानपद गेय साहित्यमु, आचार्य बी. रामराजु, पृ. 21
6. वही, पृ. 91
7. तेलुगु जानपद साहित्य-पुरा गाथलु, डॉ. रावि प्रेमलता, पृ. 279-80
8. जानपद कला संपदा, आचार्य तूमाटि द्रोणप्पा, रायलसीमा गेय पाटलु, पृ. 61-94
9. आधुनिकांध्र कवित्वमु, संप्रदायमुलु-प्रयोगमुलु, पृ. 877
10. जानपद गेय साहित्यमु, आचार्य बी. रामराजु, पृ. 93-94
11. स्त्रीला रामायणपु पाटलु, संपा. श्री कृष्णश्री, भूमिका, पृ. 272
12. वही, पृ. 174
13. मेदक जिले में गाये जानेवाले कथागीतों के आधार पर
14. मेदक जिले में गाये जानेवाले कथागीत, संग्रहकर्त्री, डॉ. रावि प्रेमलता
15. ग्रामीण संस्कृति (अनंतपुर जानपद गेयालु), डॉ. सी. कृष्णा रेड्डी, पृ. 54-56
16. जानपद कला संपदा, आचार्य तूमाटि द्रोणप्पा, पृ. 93-94
17. संग्रहकर्त्री, डॉ. रावि प्रेमलता, हैदराबाद।

बोली शब्दार्थ सूची

1. अयोध्या।
2. कलियुग।
3. चटाई जो टाट से बुनकर रंग डाली गयी है।
4. गुसलखाने के पास डाला गया बड़ा पत्थर। आंध्र के रायलसीमा प्रांत में जमीन की परतों से निकाले गए लंबे-चौड़े पत्थरों को गुसलखाने के पास डाल देते हैं। गुसलखाने में पत्थर बिछाते समय यह देखा जाता है कि पत्थरों के बीच में किसी भी प्रकार का जोड़ न हो। जिससे कि पानी जमीन पर न गिरे।
5. आने को।
6. बोरा।
7. रास्ता।
8. गोद।
9. मुख पर।
10. खून।
11. महल।
12. अस्तबल।
13. लक्ष्मण।
14. कमरबंद। कमर में पहननेवाला आभरण।
15. पेड़ के पीछे।
16. बाँस से बनायी गयी टोकरी।
17. मुख्य द्वार के पास आकर।
18. गरुड़।
19. रोक।
20. वस्तुएँ।
21. उगते समय।
22. गोविंद श्रीराम।
23. ब्राह्मणों को।

24. पुस्तकों को।

25. खम्मम जिले का बद्राचल तीर्थ स्थल।

26. विष्णु।

27. ब्रह्म।

28. अजगर।

29. भरत।

30. कायर।

31. कलिहानों में उपयोग करनेवाला छोटा द्वार।

32. ले जाकर।

33. क्षत्रिय कुल।

34. दादा।

सहायक ग्रंथ व पत्र-पत्रिकाएँ

(तेलुगु और हिंदी)

1. आधुनिकांध्र कवित्वमु-संप्रदायमुलु-प्रयोगमुल, आचार्य सी. नारायण रेड्डी, द्वितीय संस्करण, आंध्रबुक डिस्ट्रीब्यूटर्स, सिकंदराबाद, 1977
2. ग्रामीण संस्कृति (अनंतपुर जानपद गेयालु), डॉ.सी. कृष्णा रेड्डी, जानपद युव कलाकारुल संघम, सुब्बाराव पेट, अनंतपुरम, प्रथम संस्करण, 1987
3. जातिकि प्रतिबिंबमु-जानपद साहित्यमु, डॉ.यस.गंगप्पा, शशि प्रचुरणलु, गुंटूर, प्रथम संस्करण, 1984
4. जानपद कला संपदा, आचार्य तूमाटि द्रोणप्पा, प्रवर्धन पब्लिकेशन्ज, हैदराबाद, द्वितीय संस्करण, 1987
5. जानपद गेयालु (रेंडव संपुटि), एल्लोरा, विशालांध्र, नवीन विज्ञान प्रचुरणा, प्रथम संस्करण, 1959
6. जानपद गेय वाङ्मय परिचयमु, श्री हरि आदिशेषुवु, नवीन विज्ञान प्रचुरणा, प्रथम संस्करण, 1954
7. जानपद साहित्यमु, एल्लोरा, दीप्ति पब्लिकेशन्स, हैदराबाद, प्रथम संस्करण, 1982
8. जानपद साहित्य स्वरूपमु, डॉ. आर.वी.यस. सुंदरमु, जानपद विज्ञान भारती, बेंगलूर, प्रथम संस्करण, 1976
9. तेलुगु जानपद गेय गाथलु, आचार्य नायनी कृष्णकुमारी, नागलक्ष्मि आर्ट प्रिंटर्स, हैदराबाद, प्रथम संस्करण, 1977
10. तेलुगु जानपद गेय साहित्यमु, आचार्य बिरुदुराजु राम राजु, आंध्र रचइतल संघम, हैदराबाद, प्रथम संस्करण, 1958
11. तेलुगु जानपद साहित्यमु-पुरागाथलु, डॉ. रावि प्रेमलता, हैदराबाद, प्रथम संस्करण, 1983
12. मधुर कवितलु, एल्लोरा, प्रथम संस्करण, 1961
13. श्रीमद्रामायणमु, वाल्मीकि।
14. स्त्रील पाटलु, अनंतपुर मंडलमु, डॉ. जी.यस. मोहन, श्रीनिवास पब्लिकेशन्स, कल्याण दुर्गमु, प्रथम संस्करण, 1982
15. स्त्रीला रामायणपु पाटलु, संपा. श्रीकृष्णश्री, आंध्र सारस्वत परिषद्, हैदराबाद, प्रथम संस्करण, 1955
16. लोक साहित्य का अध्ययन, डॉ. त्रिलोचन पांडेय, लोक भारती प्रकाशन, इलाहबाद, प्रथम संस्करण, 1978
17. भारती (साहित्यिक पत्रिका) -विजय-श्रावणमु।

❑❑

रामकथा : वैश्विक सन्दर्भ

सम्पादकीय

एक प्रसिद्ध आलोचक को अक्सर मजाक में कहते सुना है कि बोलने से जीभ नहीं कटती लेकिन लिखने से हाथ कट जाते हैं। आशय यह है कि बोलने के नाम पर कई प्रकार की छूट ली जा सकती है लेकिन लिख देने से जवाबदेही बन जाती है। इस छूट के कारण कई बार संगोष्ठियों में गंभीर विमर्श नहीं हो पाते हैं लेकिन जब आप इस बात के लिए सतर्क होते हैं कि आपके व्याख्यान छपकर भी आयेंगे तो विषय के साथ अधिक न्याय हो पाता है। कई बार बहुत सारे विद्वानों के लिए व्याख्यान देना अधिक सहज होता है।

अयोध्या शोध संस्थान ने कुछ वर्षों पूर्व जब रामकथा के विख्यात विद्वान की जयन्ती पर वाराणसी में आयोजनों की शुरुआत की तो उसके पीछे उद्देश्य यह भी था कि ये समारोह दो-चार घण्टों की चर्चा तक सीमित न रहें बल्कि वक्तव्यों को लिपिबद्ध कर पुस्तक रूप में प्रकाशित भी किये जायें। इसी कारण इस वार्षिक आयोजन में विषय में एकरूपता रखने की कोशिश हुई जिससे कई वर्षों की सामग्री एक स्थान पर आ सके। फादर कामिल बुल्के के बहाने रामकथा के वैश्विक सन्दर्भों और विदेशियों द्वारा रामकथा पर किये गये कार्यों की चर्चा अधिक प्रासंगिक थी। इस चर्चा में शामिल होते हुए अब यह भी लगता है कि एक बार फिर बुल्के की रामकथा जैसा कोई ग्रन्थ तैयार हो और उनके बाद विश्व की विभिन्न भाषाओं में आयी रामकथा की जानकारी और उनका तुलनात्मक अध्ययन उसी गंभीरता से किया जाय।

वाराणसी में वर्ष 2009 से हो रहे फादर कामिल बुल्के जयन्ती समारोहों से यह सामग्री एकत्र करते हुए सुविधानुसार इसे कुछ अध्यायों में बांटा गया है। वैश्विक सन्दर्भ और विदेशियों की चर्चा के साथ ही कामिल बुल्के पर आलेखों को एक स्थान पर कर दिया गया है। फादर कामिल बुल्के पर अधिक से अधिक जानकारी एक स्थान पर उपलब्ध रहे इसके लिए कुछ पत्र-पत्रिकाओं और पुस्तकों से भी सामग्री ली गयी है। इसके साथ ही कामिल बुल्के की कुछ रचनाओं को भी इसमें शामिल कर लिया गया जो प्रायः अप्राप्य हैं और जिससे उनके कार्यों और दृष्टिकोण को समझने में आसानी होती है। जयन्ती के अवसर पर निबन्ध एवं ललित कला की प्रतियोगिताएँ भी होती रही हैं, इसके विजेताओं के निबन्ध भी इसमें लिए गये हैं।

आलोक पराड़कर

वैश्विक रामकथा

समुद्रपार तुलसीनिष्ठ विदेशी मनीषी

बद्रीनारायण तिवारी

**'गीत तुलसी ने लिखे, तो आरती सब की उतारी।
राम तो नाम है, गाथा कहानी है हमारी।'**

विश्व कवि तुलसी के सैकड़ों विदेशी भक्तों की अग्रिम पंक्ति में रूस के अलकसई वारान्निकोव भी हैं। द्वितीय विश्वयुद्ध के समय सोवियत रूस में स्टालिन का शासन था। एक अनीश्वरवादी साम्यवादी देश के निर्धन बढ़ई परिवार में जन्मे वारान्निकोव ने अपने श्रम-पुरुषार्थ से उच्च शिक्षा प्राप्त की। यह भी एक विडम्बना ही है कि संसार में अनेक भाषाओं के मनीषी रचनाकारों ने विभिन्न भाषाओं में साहित्य सृजन किया। प्रो. वारान्निकोव को भारतीय वाङ्मय में हिन्दी का तुलसी कृत 'रामचरितमानस' ही इतना प्रिय क्यों लगा? द्वितीय महायुद्ध (कर्फ्यू) के अन्धकार में मोमबत्ती जलाकर साढ़े दस वर्षों में 'मानस' का रूसी भाषा में दोहों-चौपाइयों में पद्यानुवाद किया। उसकी प्रतियाँ प्रकाशित होते ही रूस में हाथों हाथ बिक गयीं।

तुलसी के कालजयी ग्रन्थ-'रामचरितमानस' के प्रभाव से रूस में रामकथा के मंचन (बैले) मास्को के थियेटर में होने लगे। उसमें सभी कलाकारों द्वारा राम की लीला देखकर देश के प्रथम प्रधानमन्त्री पं. जवाहर लाल नेहरू तथा बाद में प्रधानमन्त्री श्रीमती इन्दिरा गाँधी ने सोवियत कलाकारों के रामकथा मंचन की अति प्रशंसा की थी। वारान्निकोव ने तुलसी को आन्तरिक रूप से समझा, तभी वह लिखते हैं—'...तुलसी ने विशेष रूप से समाज की दृढ़ता का ध्यान रखा। उस युग में प्रचलित अनेक पंथों की निन्दा उन्होंने इसलिए की कि वे समाज की समीकरण की शक्ति का विघटन कर समाज को शिथिल बना रहे थे। तुलसी को समाज का ध्यान बराबर रहा।' रूसी में वारान्निकोव कृत भूमिका का हिन्दी में अनुवाद लखनऊ विश्वविद्यालय के वरिष्ठ प्रोफेसर डॉ. केसरी नारायण शुक्ल ने किया था। डॉ. शुक्ल कुछ समय मास्को स्थित भारतीय दूतावास में भी कार्यरत रहे।

डॉ. शुक्ल ने प्रो. वारान्निकोव कृत मानस की वृहत रूसी भूमिका के हिन्दी अनुवाद की भूमिका बहुभाषाविद् विश्वयायावर महापंडित राहुल सांकृत्यायन से हिन्दी भूमिका की भूमिका लिखवाकर उसका महत्व अधिक बढ़ा दिया। वह भूमिका में लिखते हैं...."आज तो तुलसी की कीर्ति-कौमुदी विश्व के अन्य सभ्य देशों में भी फैल चुकी है। आज तुलसी सर्वत्र पूज्यते। तुलसी को समर्पित वारान्निकोव अपने जीवन काल में 'रामचरितमानस' पर लेखनी चलाते रहे। उन्होंने जीवन की अन्तिम इच्छा (वसीयत) में भी 'मानस' के बालकांड के पाँचवें दोहे को अपनी समाधि (कब्र) पर अंकित कराने की इच्छा व्यक्त की थी। रुसी भाषा के साथ ही देवनागरी हिन्दी में यह दोहा उनके पुत्र डॉ. प्योत्र वारान्निकोव ने अंकित कराया—

भलो भलाइहि पै लहहि लहहि निचाइहि नीचु।
सुधा सराहिअ अमरतां गरल सराहिअ मीचु।।

लेनिनग्राद के निकट 'कोमोरोव' की समाधि में शाश्वत तुलसी निष्ठा की जीवन्तता को देखकर स्वयमेव मस्तक झुक जाता है। सोवियत सरकार ने वहाँ के सर्वोच्च सम्मान 'लेनिन पदक' देकर तुलसी-मानस के निस्पृह मनीषी को सम्मानित किया। भारत ने अपनी कृतज्ञता हेतु 'मानस संगम' द्वारा कानपुर के 'तुलसी उपवन' मोतीझील में वारान्निकोव के 1990 शताब्दी वर्ष में मूर्ति स्थापित कराया। इसके अलावा दो अन्य विदेशी तुलसी-मानस भक्तों की मूर्तियाँ स्थापित करने की चर्चा विस्तृत लेख में आगे करेंगे।

तुलसी के 'मानस' ने हिन्दी को विश्वभाषा के रूप में प्रतिष्ठित किया। तुलसी और हिन्दी एक दूसरे के पर्याय हैं। 'मानस' के माध्यम से संसार को भारत की सांस्कृतिक एवं साहित्यिक विरासत से जुड़ने की प्रतिबद्धता पैदा हुई। इस सन्दर्भ में विदेश दो भागों में विभाजित है। ब्रिटिश साम्राज्य के अन्तर्गत जिन सुदूर पूर्व समुद्र पार मारीशस, फिजी, सूरीनाम, ब्रिटिश, गायना आदि सात देशों में जहाँ हमारे पूर्वज 150 वर्ष पूर्व भारत से जहाजों में भरकर भेजे गये थे, वह अपने साथ तुलसी का 'मानस' और 'हनुमान चालीसा' साथ में लेकर गये थे। वहाँ तुलसी की कृतियाँ उनका सम्बल थीं। वे प्रवासी भारतीय हिन्दी भाषा तथा संस्कृति की रक्षा करते हुए इन देशों में राष्ट्रपति, प्रधानमन्त्री एवं मन्त्री पदों पर आरूढ़ होकर शासक बने। वे चाहे सर शिव सागर राम गुलाम हों, या जगन्नाथ अनिरुद्ध, चाहे छेदी जगन या विवेकानन्द पाण्डेय आदि सभी की पृष्ठभूमि में तुलसी का 'मानस' और 'हनुमान चालीसा' ही था।

भारतीय विद्वानों के अतिरिक्त पाश्चात्य मनीषियों ने भी 'रामचरितमानस' को संसार की महान काव्य कृति की मान्यता प्रदान की। गार्सा द तासी ने 'मानस' को तुलसी की सर्वाधिक लोकप्रिय रचना बताते हुए भारत का सबसे अधिक पढ़ा जाने वाला ग्रन्थ बताया। तासी ने अयोध्या कांड में निहित धर्म, नीति, दर्शन, आचार, सज्जन-दुर्जन स्वभाव, नारी स्वभाव, श्रीराम की जितेन्द्रियता, दशरथ का वधू-स्नेह आदि का मनोवैज्ञानिक, प्रेरणादायी एवं मनोहारी वर्णन किया है।

डॉ. सर जार्ज अब्राहम ग्रियर्सन के शब्दों में—'रामचरितमानस महलों से लेकर झोपड़ी तक प्रत्येक हाथों में पाया जाता है। विश्व भ्रातृत्व की इससे सुन्दर कल्पना यानी चारों भाइयों का अटूट प्रेम वर्णनीय है।'

रामचरितमानस का उत्तम अनुवाद एफ.एस. ग्राउस ने किया था। उन्होंने अपनी कृति 'रामायन ऑफ तुलसीदास' में 'रामचरितमानस' को काव्य सौन्दर्य से परिपूर्ण माना है। 'मानस' में निहित श्रीराम की पितृभक्ति, सहजता तथा लक्ष्मण के साहस, सीता की पति भक्ति व भरत का निःस्वार्थ प्रेम की अति प्रशंसा की है। इंग्लैण्ड में ग्राउस द्वारा 'मानस' की अनूदित कृति का स्वागत किया गया। विश्व के अनेक विद्वानों ने ग्राउस के अनुवाद की श्रेष्ठता के अलावा 'मानस' के काव्य सौन्दर्य और भाषा का विस्तृत विवेचन किया है।

जे.एम. मैक्फी जैसे मनीषी की कृति—'दि रामायन ऑफ तुलसीदास एण्ड बाइबिल ऑफ नार्दर्न इण्डिया' में मानस की लोकप्रियता पर कहा गया है—'सचमुच रामचरितमानस उत्तर भारत की बाइबिल है।'

डब्लू डगलस पी हिल ने 'दि होली लेक ऑफ तुलसीदास' अपने अनूदित ग्रन्थ को ग्राउस के अनुवाद का ऋषि बताया है। इसे—'मानस, आध्यात्म रामायण, हनुमन्नाटक और प्रसन्नराघव' से प्रभावित होना बताया गया है।

रेवरेण्ड एडविन ग्रीब्ज ने अपनी कृति 'तुलसी ग्रन्थावली' में तुलसी की भक्ति भावना की पूर्णरूप से प्रशंसा की है। वर्तमान आस्थाविहीन जीवन में तुलसी की भक्ति शुभदायी फल देगी। उन्होंने उत्तर भारत की हिन्दी भाषा का आन्तरिक रूप से अध्ययन किया है। तभी 'छकाछक' और 'अघाता' जैसे शब्दों का प्रयोग अपनी 'तुलसी ग्रन्थावली' में किया है।

विन्सेन्ट ए. स्मिथ ने तुलसी को अपने युग का महान पुरुष तथा मध्य युगीन हिन्दी काव्य संसार के जादुई बगीचे का सबसे बड़ा वृक्ष कहा है। स्मिथ ने तुलसी द्वारा प्रयुक्त उपमाओं को कालिदास से भी श्रेष्ठ कहा है। 'अकबर द ग्रेट मुगल' ग्रन्थ में उन्होंने लिखा है 'तुलसीदास ने बहुत से अवतरणों में भारतीय कवियों की पारम्परिक भाषा का उपयोग किया है। तुलसी ने अपनी उपमाएँ परम्परा से न ग्रहण कर सीधे प्रकृति से ली है।'

हर्वर्ट एच. गोवेन डिरिडी ने 'ए हिस्ट्री ऑफ इण्डियन लिट्रेचर' ग्रन्थ लिखा जिसमें उनके अनुसार 'तुलसीदास जी ने केवल प्रसिद्धि पाने हेतु इस महान काव्य की रचना नहीं की वरन् विष्णु के अवतार राम की सच्ची भक्ति से ओत-प्रोत होकर अपने काव्य की रचना की थी।' यह कृति अमेरिका में न्यूयार्क से प्रकाशित हुई थी।

एफ.ई. की महोदय के अनुसार 'मानस' भारत का ही नहीं वरन् समस्त विश्व का प्रसिद्ध ग्रन्थ है उसमें अवधी रूप का प्रयोग किया है, साथ ही ब्रजभाषा के बहुत से शब्दों का प्रयोग हुआ है। उन्होंने कवि के प्रकृति ज्ञान एवं निरीक्षण शक्ति की बात करके 'मानस' के सातों कांडों की अति प्रशंसा की है।

भारत में ईसाई धर्म के प्रचारक बन आये इंग्लैण्ड पादरी ए.जी. एटकिन्स ने अंग्रेजी में 'रामचरितमानस' का पद्यानुवाद 'रामायन ऑफ तुलसीदास' नाम से बहुत प्रशंसित तथा चर्चित हुआ। उन्होंने दोहे, चौपाई आदि छन्दों को तदनुसार अंग्रेजी में रखकर एक नया प्रयोग किया। एटकिन्स के मतानुसार भारत को जानने के लिए 'मानस' को समझना अनिवार्य है। उन्होंने 'मानस' का गहराई से अध्ययन करते हुए वाल्मीकि रामायण और रामचरितमानस में अनेक विभिन्नताओं का विशद् वर्णन किया है। एटकिन्स के शब्दों में 'हिन्दी रामायण निश्चित रूप से ऐसा ग्रन्थ है कि जो लोग भारतीयों की कामनाओं-विशेषताओं को जानना चाहते हैं। उनके लिए 'मानस' प्राचीन संस्कृत काव्यों से अधिक प्रमाणित सिद्ध होगा क्योंकि संस्कृत ग्रन्थ केवल विद्वान-मनीषियों द्वारा ही समझा जा सकता है।'

फ्रांस की विदुषी कुमारी डॉ. शार्लोत वादविल को पेरिस विश्वविद्यालय में 'रामचरितमानस के स्रोत' पर डी. लिट., की उपाधि मिली। फ्रेन्च भाषा के प्रकाशित इस ग्रन्थ में 'वाल्मीकि रामायण और रामचरितमानस' में विभिन्न समानताओं तथा विषमताओं का विशद् विवेचन किया गया है। सुश्री वादविल के अनुसार 'मानस' की सर्वाधिक प्राचीन प्रति महाराजा काशीनरेश के यहाँ वाराणसी में है।

फ्रांस की दूसरी शोध छात्रा श्वेतलाना डेन्ज ने सन् 1999 के दिसम्बर में वाराणसी में आयोजित सोलहवें अन्तरराष्ट्रीय सम्मेलन में चर्चा करते हुए बताया कि फ्रेंचवासी भी तुलसी को श्रद्धा की दृष्टि से देखते हैं। इसके पूर्व सर्वप्रथम फ्रेंच भाषा में मर्मज्ञ विद्वान द तासी गार्सा ने न केवल तुलसीदास से सम्बन्धित नये तत्वों को विश्व के समक्ष उद्घाटित किया वरन् 'सुन्दरकांड' का फ्रांसीसी भाषा में अनुवाद भी प्रस्तुत किया। विद्वान द तासी गार्सा की—'इस्तुत्वार द आ त्रितरेत्यूर ऐंट ए हिन्दुस्तानी' की दूसरी जिल्द में प्रस्तुत वर्णन दिया है। मनीषी तासी का जन्म 20 जून 1794 को हुआ था।

पोलैण्ड के वारसा विश्वविद्यालय की तात्याना रुत्कोव्का ने पोलिश भाषा में 'मानस' के अनुवाद में उल्लेखनीय कार्य किया। प्रो. मारिया ब्रिस्की ने वाराणसी में ही शिक्षा ग्रहण की थी। इनके अनुसार पार्नोव्स्की तथा अनातोत्को ने भी 'रामचरितमानस' का पोलिश भाषा में अनुवाद किया। प्रो. ब्रिस्की पोलैण्ड के अनेक वर्ष राजदूत होकर भारत में रहे। उनकी सर्वाधिक प्रसिद्ध घटना की चर्चा सारे भारत में हुई, जब प्रो. ब्रिस्की ने अपना राजदूत का परिचय पत्र हिन्दी में भारत के राष्ट्रपति को दिल्ली में प्रस्तुत किया था।

जापान में तुलसी कृत रामचरितमानस का जापानी में लगभग डेढ़ दशक पूर्व उन इकेदा ने 'भगवान राम के चरित का सरोवर' नाम से सात खण्डों में अनुवाद प्रस्तुत किया है। टोकियो विश्वविद्यालय के हिन्दी विद्वान प्रो. दोई के कक्ष में गोस्वामी तुलसीदास का चित्र लगा था। जापान के ओसाका विश्वविद्यालय के हिन्दी विभागाध्यक्ष प्रो. कोएत्से कोगा के कानपुर के 40 दिवसीय प्रवास में मुझसे प्राय: नित्य भेंट होने पर मानस पर चर्चा होती थी। मेरे निवेदन पर जापान से हिन्दी में पत्र तथा 'मानस में लोकोक्तियाँ' अपनी हस्तलिपि में कोगा जी लिखकर भेजा। उसे उन्हीं की हस्तलिपि में 'मानस संगम' पत्रिका में प्रकाशित कराया। रामानन्द सागर द्वारा निर्मित 'रामायण' का भी जापानी कोष के साथ लिप्यंतरण कर लिया गया। आधुनिक तकनीक से भी 'रामायण' जापानी में तैयार हो गयी है। यह सब जापान के चर्चित हिन्दी विद्वान प्रो. दोई के शिष्यों का सत्प्रयास है। कोरिया के हानकूक विश्वविद्यालय से डॉ. सैंगओक होंग ने कोरिया-भाषा में 'मानस' का अनुवाद किया।

चीन के प्रसिद्ध साहित्यकार प्रो. जिन डिंग ह्यान ने 'मानस' का भावपूर्ण अनुवाद किया। मानस के विविध रूपों पर आलेखों को भी निबन्ध संग्रहों में संकलित किया। चीनियों में अधिक जनप्रिय बनाने के लिए 'रामचरितमानस' के दोहा, चौपाई, सोरठा, श्लोक आदि छंदों की जगह 'फूसामान' चीनी काव्य शैली का प्रयोग किया है। प्रो. ह्यान के मतानुसार मानस की तुलना चीन की किसी भी रचना से नहीं की जा सकती है। चीन एक नास्तिक देश है। चीनी जनता राम को एक आदर्श व्यक्ति, सीता को आदर्श पत्नी, लक्ष्मण, भरत आदि को आदर्श भाई मानती है। प्रो. ह्यान ने 'मानस' जैसे महान काव्य ग्रन्थ का चीनी भाषा में अथक परिश्रम एवं दीर्घ साधना के बाद अनुवाद पाँच वर्षों में किया। इस अनुवाद में 850 पृष्ठ हैं और अन्त में 522 पाद टिप्पणियाँ दी गयी हैं। इस विद्वान को भारत सरकार ने श्रेष्ठ 'मानस अनुवाद' हेतु सम्मानित किया था। थाईलैण्ड में थाई रामायण - 'राम कियेन' का हिन्दी में जिस प्रकार अनुवाद किया गया उसी प्रकार 'रामचरितमानस' का थाई भाषा में अनुवाद शिल्पाकोण विश्वविद्यालय के प्रो. चिराफट ने अथक परिश्रम करके किया।

अमेरिका की महिला जुली वोमे जो हिन्दू विश्वविद्यालय, वाराणसी की छात्रा रह चुकी हैं, कैलीफोर्निया के स्टैनफर्ड विश्वविद्यालय में अध्ययन के बाद वहीं कार्यरत हैं। उनसे 'मानस' सुनना बड़ा प्रिय लगता था। आज भी वह 'सुन्दरकांड' का प्रतिदिन पाठ करती हैं। अमेरिका के वुडलैंड की श्रीमती निकोल अपने हर पत्र के सम्बोधन में 'सीता राम' ही लिखती हैं। महात्मा गाँधी के वर्धा आश्रम में अमेरिका की एंजिल 'मानस' के 'सुन्दरकांड' से इतना प्रभावित थी कि हमारे यहाँ कानपुर के 'मानस संगम' के समारोह में 'सुन्दरकांड' का सस्वर पाठ करके हजारों श्रोताओं को भाव विभोर कर दिया। उन्होंने इसी से प्रभावित हो अमेरिका का वीसा वापस कर भारतीय नागरिकता लेकर अंजली नाम तक परिवर्तित कर लिया।

इतालवी भाषा में सर्वप्रथम तैस्सी तोरी ने यह मान्यता स्थापित की कि तुलसीदास ने अपने को वाल्मीकि की शैली और अभिव्यक्ति से सर्वथा स्वतन्त्र रखा। उन्होंने शोधार्थियों का मार्ग प्रशस्त किया। 32 वर्षीय डॉ. लुइजि पियो तैस्सीतोरी ने 40 पुस्तकें अनेक भाषाओं में लिखीं, जिनमें 'शंकराचार्य और रामानुजाचार्य का तुलसीदास पर प्रभाव' तथा 'वैसवाड़ी व्याकरण का तुलसीदास पर प्रभाव' प्रमुख है। उन्होंने स्वदेश त्यागकर भारतीय संस्कृति, जैन धर्म तथा पुरातत्व का कार्य करते हुए भारत के बीकानेर (राजस्थान) में चिर समाधि ली। डॉ. तैस्सीतोरी की प्रतिमा का लोकार्पण कानपुर के 'तुलसी उपवन' में इटली के प्रो. फरनान्दो बरतोलनी द्वारा हजारों लागों की उपस्थिति में सम्पन्न हुआ। 'मानस और विज्ञान' के शोधार्थी डॉ. राम लखन सचान ने शोधकर्ता के प्रति काव्यांजलि की पंक्तियाँ–'एक विदेशी जिसने पूजे हिन्दी हिन्दुस्तान....शोध प्रबन्ध लिखा तुलसी पर, मिली उपाधि महान......।'

इसके बाद तुलसी पर शोध प्रबन्ध लंदन विश्वविद्यालय में सन् 1918 में डॉ. जे.एन. कारपेंटर ने 'थियोलॉजी ऑफ तुलसीदास' शीर्षक से किया था।

नेपाल में नेपाली भाषा में प्रचलित 'कृतिवास' की रामायण पर विश्वकवि तुलसीदास का पूर्ण प्रभाव है। इसके बाद डॉ. कृष्णचन्द्र मिश्र तथा डॉ. सूर्यनाथ गोप के सत्प्रयास से 'रामचरितमानस' का नेपाली भाषा का पद्यानुवाद भी अतिचर्चित रहा। एफ.आर. आलचिन ने तुलसी की दो कृतियों 'विनय पत्रिका' और 'कवितावली' का अंग्रेजी में अनुवाद 'पेटीशन टू राम' तथा 'कवितावली' नाम से किया। न्यूयार्क (अमरिका) से 'बार्न एण्ड कम्पनी' द्वारा सन् 1964 में इसका प्रकाशन भी हुआ। यहूदी परिवार में जन्में डॉ. यल.डी. वार्नेट की चर्चित कृति 'विज्डम ऑफ दि ईस्ट, दि हार्ट ऑफ इण्डिया' में तुलसी के मतों एवं सिद्धान्तों की चर्चा एक पृथक अध्याय में की गयी है।

बेल्जियम में जन्में एक ऐसे तुलसी भक्त-हिन्दी योद्धा की चर्चा उन्हीं की लेखनी (हिन्दी) में दे रहा हूँ उनका नाम है फादर डॉ. कामिल बुल्के। वह सन् 1935 ई. में भारत आकर जीवन पर्यन्त यहीं रहे। डॉ. कामिल बुल्के की अपनी कलम से सन् 1971 में 'मेरे अपने तुलसी!' शीर्षक मूल हिन्दी लेख से उनका परिचय मिलता है। तुलसी के प्रति समर्पण भाव से भारतीय नागरिकता ले वह यहीं पर चिरनिद्रा में विलीन हुए–"......आज से लगभग छत्तीस वर्ष पूर्व (सन् 1971 ई. में लिखा) पहले मैं अपनी जन्मभूमि बेल्जियम में विश्व साहित्य विषयक एक जर्मन ग्रन्थ के पन्ने उलट रहा था कि मेरी आँखें रामचरितमानस की पंक्तियाँ पढ़ने लगीं–

'धन्य जनम जगतीतल तासू। पितहिं प्रमोदु चरित सुनि जासू।।
चारि पदारथ करतल ताके।। प्रिय पितु मातु प्रान सम जाके।।'

उस समय नागरी लिपि का काला अक्षर भैंस बराबर मेरे लिए लागू था और मैं भाषा का एक शब्द भी नहीं समझता था किन्तु उस ग्रन्थ में उद्धरणों का जर्मन अनुवाद किया हुआ था। मैंने यह चौपाई पढ़ ली। मेरी हृदय तन्त्री के तार झंकृत हो उठे और मुझे मानों एक मधुर संगीत सुनाई देने लगा। क्या मुझे उस समय अदृष्ट का संकेत मिल रहा था कि मैं उस कवि के देश में जाकर बस जाऊँगा, उसकी रचना से मोहित होकर उसके साहित्य का विशेष अध्ययन

करूँगा, उसी काव्य के कथानक पर अनुसन्धान करूँगा और बाद में उस कवि की जयंती के अवसर पर उसका गुणगान करने का सौभाग्य मुझे प्राप्त हो सकेगा।....सन् 1935 ई. में भारत पहुँचकर मैंने उस वर्ष हिन्दी का अध्ययन प्रारम्भ कर दिया था। खड़ी बोली का साधारण ज्ञान प्राप्त करने के बाद तुलसी की रचनाएँ पढ़ने लगा।.....इसके फलस्वरूप मुझ पर एक प्रकार का जादू हो गया। मैं आज तक तुलसी साहित्य का अनुशीलन करता रहता हूँ। मेरे हृदय और मेरे मानस, दोनों पर तुलसी की अमिट छाप लग गयी। मेरा यहाँ आजीवन बने रहने का विचार है किन्तु किसी कारण से भारत छोड़ना पड़े तो मैं अवश्य ही 'रामचरितमानस' की एक प्रति अपने साथ ले जाऊँगा।

कुछ पाठकों के हृदय में सम्भवत: यह प्रश्न उठता है कि आखिर एक विदेशी ईसाई के लिए तुलसी की रचना में क्या आकर्षण हो सकता है।...इसका वास्तविक कारण यह है कि तुलसी इतने महान हैं कि वह काल, देश और धर्म विशेष की सीमाएँ पार कर मानव मात्र को मुग्ध करने में समर्थ हैं।''

चेकोस्लोवाकिया के हिन्दी विद्वान एवं कवि डॉ. ओदोलेन स्मेकेल ने हिन्दी में एक दर्जन से अधिक पुस्तकें लिखी।तुलसी से प्रभावित हो उन्होंने 'राम' तथा 'गंगा' आदि पर भी रचनाएँ लिखीं।

संसार की किसी भाषा में सम्भवत: इतनी बड़ी संख्या में किसी साहित्यकार पर इतना शोध कार्य नहीं हुआ होगा जितना कालजयी कवि तुलसी पर हुआ। देश विदेश में जितने विश्वविद्यालयों में तुलसी विषयक शोध कार्य हुए उनकी सम्पूर्ण तालिका का विवरण एक दशक पूर्व 'बिब्लियोग्राफी ऑफ तुलसीदास' (तुलसी सन्दर्भ कोश) प्रकाशित किया जिसके समारोह की अध्यक्षता साहित्य मनीषी क्षेमचन्द्र सुमन ने की थी। मानस संगम के निवेदन को स्वीकार कर तत्कालीन प्रधानमन्त्री राजीव गाँधी ने लोकार्पण किया था। विश्व की लगभग पचास से अधिक भाषाओं-बोलियों में तुलसी साहित्य का अनुवाद हो चुका है। तुलसी साहित्य के प्रशंसकों की तालिका काफी विस्तृत है जिसमें रिनपोछे, डॉ. कुश विससर, प्रो. लीस लोट शीफर, युगोसाका, रोमानियन भाषा के विद्वान जार्ज इंका, डॉ. इवा एरादी, सुजैन, मैरियन, इवान साग आदि प्रमुख हैं।

अन्ततः वर्तमान समय में एक ऐसे विदेशी हिन्दी निष्ठ मनीषी रचनाकार की चर्चा कर रहा हूँ जिनका नाम है ब्रिटेनवासी डॉ. रूपर्ट स्नेल। क्रान्तिकारी लेखक जगदीश गुप्त 'जगेश' ने सुप्रसिद्ध साहित्य सेवी कृष्ण चन्द्र बेरी से मेरी काशी आने की चर्चा करने पर उन्होंने एक गोष्ठी रख ली। उसमें साहित्यकारों के साथ विशिष्ट अतिथि रूप में लंदन विश्वविद्यालय के हिन्दी के प्रो. डॉ. रूपर्ट स्नेल भी थे। उन्होंने सोलहवीं सदी की प्राचीन ब्रज भाषा पर काम किया और अपना शोध ब्रज भाषा में ही प्रस्तुत किया था। आपने हरिवंशराय बच्चन की आत्मकथा के चारों खण्डों का अंग्रेजी में अनुवाद किया और डॉ. धर्मवीर भारती की 'कनुप्रिया' पर महत्वपूर्ण टिप्पणियाँ प्रकाशित की हैं। 'रामचरितमानस' पर एक सरल पुस्तक प्रचार हेतु 'रामचरित रीडर' प्रकाशित की है।

डॉ. रूपर्ट स्नेल खड़ी बोली और ब्रज भाषा पर समान अधिकार रखने वाले हैं, ब्रज भाषा में कविताएँ भी लिखते हैं। उनके ब्रजभाषा के कुछ आधुनिक दोहों की बानगी द्रष्टव्य है–

दोहे अनगिनत रचि गये, करि तब गुन गन गान।
तुझ मुझको जो दो गिने, गनित को नाही ग्यान।।

रिषि मुनि तपसी यों करें शून्य कौ मन ध्यान।
शून्य ही यह जगत है बिनु सुनि वंशी तान।।
कहा न दीनौ विधि हमहिं, दुनियाँ कौ रस लेन।
दुखड़ा भोगन दिल दियौ, रोबन कूं दुहु नैन।।
राम तिहारो रंग तो, जनमत है सब ठौर।
कहुं दिखियत है लाल हरि, कबहुं स्यामल गौर।।
बुल बुल सी बानी बनी, गुलसी छवि अविनाश।
हुलसी अति मति सीय की, छवि लखि तुलसीदास।।

सन्त शिरोमणि गोस्वामी तुलसीदास ने जब रामकथा को लोक भाषा में 'रामचरितमानस' नाम से हारे-थके और टूटे हुए भारतीय जनमानस में परिचित कराया, तो इससे न सिर्फ भारतीय सीमाओं में वरन् समुद्रों की सीमाओं को भी लांघते हुए भारतीय अभारतीय का भेद मिटाते हुए, हर मन को नया उत्साह, नयी दिशा और एक नया सम्बल मिला।

कानपुर के वरिष्ठ विद्वान डॉ. बद्रीनारायण तिवारी ने यह व्याख्यान 10 सितम्बर 2010 को फादर कामिल बुल्के जन्मशती समारोह में दिया था।

ईसाई धर्मावलम्बी विद्वान एवं तुलसी साहित्य

एम. संतियागो

महाकवि तुलसीदास और उनकी श्रेष्ठ रचनाओं पर जितना चिन्तन-मंथन प्राच्य एवं पाश्चात्य हिन्दी विद्वानों ने किया है, उतना शायद ही किसी अन्य कवि या ग्रन्थों पर किया गया हो। चाहे हिन्दी साहित्य-सेवी हो अथवा इतिहासकार या विश्वकोश-लेखक, वैयाकरण हो अथवा भाषाशास्त्री सब ने इस महान् सन्त कवि और इनकी कृतियों का उल्लेख कहीं-न-कहीं अवश्य किया है। पाश्चात्य ईसाई विद्वान और मिशनरी तो गोस्वामी तुलसीदास के व्यक्तित्व और कृतित्व पर और भी अधिक मुग्ध प्रतीत होते हैं। तुलसी के प्रति इतने प्रबल आकर्षण के दो प्रमुख आधार थे—

(क) तुलसी-साहित्य और पवित्र बाइबिल के उपदेशों में सादृश्य।

(ख) उत्तर भारत में तुलसी और उनके 'रामचरितमानस' की अपार लोकप्रियता।

उपदेशों में पवित्र बाइबिल की समानता के सन्दर्भ में तो कुछ मिशनरियों एवं ईसाई विद्वानों ने यहाँ तक कहा कि तुलसीदास ईसाई धर्म से अत्यधिक प्रभावित थे। इनमें से कतिपय मनीषियों ने जनमानस में 'रामचरितमानस' के प्रति पूज्य भाव देख सम्मोहित होकर "The Book is indeed the Bible of Northern India"[1] "It is today every where appreciated and venerated and it has sometimes been called the Bible of the Hindu people of North India"[2] कहा। तुलसी साहित्य के प्रति इन विदेशी विद्वानों के आकर्षण का एक और कारण भी था। उनकी रचनाओं में इन्हें शेक्सपियर, मिल्टन, स्पेंसर जैसे पाश्चात्य साहित्यकारों की कृतियों की झलक दिखाई पड़ती थी। इन सभी कारणों से तुलसी और उनका साहित्य इन मिशनरियों एवं विद्वानों के सर्वाधिक गवेषणात्मक व समालोचनात्मक अध्ययन का विषय बना। तुलसी और उनके साहित्य का शोधपरक और विश्लेषणात्मक अध्ययन कर हिन्दी साहित्य को सम्पन्न करने वाले प्रमुख ईसाई विद्वानों एवं मिशनरियों का विवरण प्रस्तुत करना सार्थक होगा—

1. होरेस हेमन विल्सन

पाश्चात्य विद्वानों में प्राच्य विद्या विशारद होरेस विल्सन को तुलसी साहित्य-अध्ययन-परम्परा के प्रवर्तक के रूप में माना जाता है। सन् 1831 ई. में इन्होंने 'A Sketch of the religious sects of the Hindus' शीर्षक से बंगाल की एशियाटिक सोसाइटी की पत्रिका में एक लेख लिखा था। उसमें विल्सन ने तुलसीदास सम्बन्धी जनश्रुतियों, किंवदन्तियों एवं परम्पराओं को संकलित कर 'भक्तमाल' के आधार पर उनका जीवन वृत्तान्त प्रस्तुत किया था, जो

डॉ. ग्रियर्सन सहित परवर्ती तुलसी-अध्येताओं एवं शोधकर्ताओं के लिए मार्गदर्शक बना। विल्सन ने उक्त लेख में तुलसी की रचनाओं से भी कुछ सामग्री प्रस्तुत की। विल्सन का यह लेख पुस्तक के रूप में भी प्रकाशित हुआ, जिसका एक नवीन संस्करण सन् 1961 ई. में प्रकाशित कराया गया।

2. एडविन फेलिक्स थॉमस एटकिन्सन

बंगाल की एशियाटिक सोसाइटी के अध्यक्ष रहे एडविन टी. एटकिन्सन ने सन् 1874 ई. में प्रकाशित 'Gazetteer Statistical Description and Historical Account of the North Western Provinces of India' में तुलसीदास सम्बन्धी एक लेख लिखा था। इस लेख में एडविन महोदय ने तुलसी के जीवन, जन्मस्थान एवं निवास स्थान के सम्बन्ध में चर्चा की तथा कवि सम्बन्धी कुछ नये तथ्यों को उद्घाटित किया। प्रथम बार विश्लेषणात्मक ढंग से प्रस्तुत किये गये इस अध्ययन का अपना विशेष महत्व है।

3. फ्रेडरिक सांल्मन ग्राउस

सम्पूर्ण 'रामचरितमानस' को प्रथम बार अंग्रेजी में भाषान्तरित करने का गौरव प्राप्त फ्रेडरिक ग्राउस ने अनुवाद कार्य प्रकाशित होने के पूर्व प्रयोग के तौर पर सन् 1876 ई. में 'The Prologue to the Ramayana of Tulsidas A Specimen of Translation' शीर्षक से एक लेख लिखा था जो एशियाटिक सोसाइटी, बंगाल की पत्रिका में प्रकाशित हुआ। इसमें ग्राउस ने तुलसी के जीवनवृत्त पर संक्षेप में प्रकाश डाला है। जीवनवृत्त सम्बन्धी सामग्री इन्हें विल्सन की सूचना के आधार पर नाभादास कृत 'भक्तमाल' से प्राप्त हुई। ग्राउस ने उस लेख में तुलसी के दार्शनिक विचारों की भी विवेचना की है। 'मानस' के चरित्र-विन्यास, उसकी भाषा, उसके प्रकृति-चित्रण, वाल्मीकि रामायण से उसकी भिन्नता आदि विषयों पर सर्वप्रथम विचार व्यक्त करने वाले ग्राउस ही थे।'[3]

4. डॉ. जॉर्ज अब्राहम ग्रियर्सन

पाश्चात्य ईसाई विद्वान डॉ. जार्ज अब्राहम ग्रियर्सन तुलसी-साहित्य के विशेषज्ञ माने जाते हैं। कविवर तुलसी के जीवनवृत्त एवं कृतित्व का वैज्ञानिक पद्धति से सर्वप्रथम समीक्षात्मक अध्ययन प्रस्तुत करने का श्रेय इन्हीं को जाता है। भारत में अंग्रेज सरकार की प्रशासनिक सेवा में रहे तुलसी भक्त ग्रियर्सन ने तुलसी सम्बन्धी अपना प्रथम शोधपूर्ण अध्ययन् सन् 1886 ई. में आस्ट्रिया के वियेना शहर में सम्पन्न प्राच्यविदों के अन्तरराष्ट्रीय सम्मेलन में प्रस्तुत किया। 'The medieval vernacular literature of Hindustan with special reference to Tulsidas' शीर्षक से प्रस्तुत निबन्ध में डॉ. ग्रियर्सन ने कवि के जीवन, उनकी कृतियों एवं विचारों सम्बन्धी अनेक नवीन तथ्य उद्घाटित किये। सारगर्भित इस निबन्ध के लिए मिली प्रशंसा से उत्साहित होकर इन्होंने इसी निबन्ध को परिमार्जित एवं परिवर्तित कर 'Modern vernacular literature of Hindustan' नाम से पुस्तक के रूप में प्रकाशित कराया।

तुलसी के व्यक्तित्व एवं कृतित्व के बारे में ग्रियर्सन का और अधिक गंभीर अध्ययन सन् 1893 ई. में 'इण्डियन एण्टीक्वेरी' पत्रिका में प्रकाशित 'Notes on Tulsidas' नामक लेख से दृष्टिगत होता है। डॉ. ग्रियर्सन ने यह लेख पंडित सुधाकर द्विवेदी और बाबू रामदीन सिंह जैसे विद्वानों के सहयोग से तैयार किया था। इस लेख के प्रथम भाग

में इन्होंने तुलसीदास के जीवन सम्बन्धी तिथियों की गणना ज्योतिष के मान्य सिद्धान्तों के आधार पर की है और द्वितीय भाग में कवि की कृतियों की प्रामाणिकता का विश्लेषण किया है।

सन् 1898 ई. में डॉ. ग्रियर्सन ने 'प्रोसीडिंग्स ऑफ एशियाटिक सोसाइटी ऑफ बंगाल' में 'तुलसी के कवि-रामायण की रचना-तिथि' विषयक एक लेख लिखा। इस लेख में इस विदेशी विद्वान ने महामारी और उससे मिली-जुली जान पड़ने वाली घटनाओं सम्बन्धी कवितावली के छन्दों के सहारे यह विचार व्यक्त किया कि उन छन्दों में उल्लिखित महामारी प्लेग या ताऊन थी। इसी विषय पर इनका एक और लेख उसी पत्रिका में और उसी वर्ष प्रकाशित हुआ। 'तुलसीदास और बनारस में प्लेग' शीर्षक से प्रकाशित इस लेख में डॉ. ग्रियर्सन ने पंडित सुधाकर द्विवेदी के अनुमान का हवाला देते हुए यह विचार व्यक्त किया कि तुलसी अपने जीवन के संध्या काल में बाहुपीड़ा से पीड़ित थे, सम्भवतः यह प्लेग की गिलटी थी।

तुलसी साहित्य के मर्मज्ञ डॉ. ग्रियर्सन का एक अन्य लेख सन् 1903 ई. में रॉयल एशियाटिक सोसाइटी की पत्रिका में प्रकाशित हुआ। 'Tulsidas Poet and Religious Reformer' नामक इस लेख में इन्होंने तुलसी सम्बन्धी कुछ नवीन धारणाओं को भी सम्मिलित किया था। तुलसीदास की धार्मिक सुधारक की छवि को ध्यान में रखते हुए इन्होंने लिखा है, 'To my mind, the Religion of Northern India is marked by two great steps forward Buddhism and two thousand years later the teaching of Tulsidas'[4] सन् 1907 ई. में इन्होंने इसी पत्रिका के लिए 'Modern Hinduism and its debt to the Nestorians' शीर्षक से लेख लिखकर भक्ति-आन्दोलन पर ईसाई धर्म के कथित प्रभाव पर विचार किया।

सन् 1909 ई. में प्रकाशित 'एन्साइक्लोपीडिया ऑफ रेलिजियन एण्ड एथिक्स' में डॉ. ग्रियर्सन का तुलसीदास सम्बन्धी एक लेख संग्रहीत था। इस लेख में तुलसी के जीवन, सिद्धान्त एवं धर्म-दर्शन पर संक्षेप में प्रकाश डाला गया है। तुलसी सम्बन्धी डॉ. ग्रियर्सन का एक और लेख 'इम्पीरियल गजेटियर ऑफ इण्डिया' में सन् 1912 ई.में प्रकाशित हुआ। तुलसी कृत 'मानस' को शंभु कृत संस्कृत रामायण का ही अनुवाद कहनेवालों को चुप कराने के उद्देश्य से इन्होंने सन् 1913 ई. में रॉयल एशियाटिक सोसाइटी, लंदन की पत्रिका में 'Is the Ramacharitmanas of Tulsidas a translation?' शीर्षक से एक लेख लिखा जिसमें इन्होंने बड़ी सरलता से यह सिद्ध किया कि शंभु कृत 'रामायण' 'रामचरितमानस' का ही संस्कृत अनुवाद है। सर जॉर्ज ग्रियर्सन ने 'एनसाइक्लोपीडिया ब्रिटानिका' के सन् 1929 ई. के संस्करण में तुलसी के जीवनवृत्त की विवेचना करने के साथ ही, उत्तर भारत में रामचरितमानस के प्रभाव पर भी चर्चा की है।

उपर्युक्त लेख, निबन्ध व ग्रन्थ इस बात के प्रमाण हैं कि डॉ. ग्रियर्सन किस हद तक तुलसी और तुलसी साहित्य से अनुप्राणित थे। तुलसी सम्बन्धी इनका शोधकार्य वस्तुतः हिन्दी साहित्य के इतिहास की अमूल्य निधि है जिसके आधार पर परवर्ती तुलसी विषयक शोध अग्रसर होता आ रहा है।

5. डॉ. एल.पी. टेस्सीटोरी

तुलसीदास विषयक शोध-प्रबन्ध प्रस्तुत करने वालों में इतावली विद्वान डॉ.एल.पी. टेस्सीटोरी को प्रथम माना जाता है। इन्होंने 'इल रामचरितमानस एट रामायण' शीर्षक से समीक्षात्मक ग्रन्थ तैयार किया था जिस पर इटली के फ्लोरेन्स

विश्वविद्यालय ने सन् 1911 ई. में इन्हें पी.एचडी. की उपाधि से सम्मानित किया। इतालवी भाषा में लिखित इस शोध-प्रबन्ध में लेखक महोदय ने रामचरितमानस की कथावस्तु की तुलना वाल्मीकि रामायण की कथावस्तु से की है। इस प्रबन्ध पर आधारित एक लेख सन् 1911-12 ई. में 'जर्नल डेला सोसाइटी एशियाटिक इटालियाना' में मूल शीर्षक से प्रकाशित हुआ। इसका अंग्रेजी भाषान्तर सन् 1913 ई. में 'इण्डियन एण्टीक्वेरी' में प्रकाशित किया गया।

'मानस' और 'रामायण' इन दोनों ग्रन्थों की कथावस्तुओं की तुलनात्मक विवेचना करते हुए डॉ. टेस्सीटोरी ने लिखा है "As far as Ram's life is concerned, the thread of narrative is mainly one and the same in both the poems"[5]। किन्तु इनका यह भी कहना है कि तुलसीदास ने 'कथानक की बारीकियों एवं स्फुट ब्योरों को अपनी मनोनुकूलता के आधार पर लघु अथवा विराट रूप देने की अथवा उन्हें एक नवीन विन्यास में ही उद्भाषित कराने की चेष्टा की है।'[5] दोनों कवियों के दृष्टिकोण की भिन्नता के सम्बन्ध में विद्वान महोदय ने लिखा है कि 'तुलसी का दृष्टिकोण इतना यथार्थोन्मुख अथवा वस्तुपरक नहीं रहा है जितना वाल्मीकि का। इसके अतिरिक्त उनकी सम्पूर्ण काव्य-संसृष्टि में, नैतिक आदर्श का सूत्र भी संलग्न होता दिखाई देता है।'[7] तुलसी पर वाल्मीकि के प्रभाव के सम्बन्ध में टेस्सीटोरी का कथन है कि भले ही वाल्मीकि उनके लिए प्रेरणास्रोत रहे हों, जहाँ तक कथा-वर्णन की शैली है, तुलसी वाल्मीकि के प्रभाव से अछूते रहे हैं।'[8] डॉ. ग्रियर्सन ने लिखा है कि टेस्सीटोरी का यह कार्य 'प्राकृत भाषाओं के अध्येताओं के लिए अनुसन्धान पद्धति का उत्कृष्ट उदाहरण है।'[9]

6. पादरी जे.एन. कारपेंटर

पादरी जे.एन. कारपेंटर ने लंदन विश्वविद्यालय में 'The Theology of Tulsidas' नाम से एक शोध-प्रबन्ध प्रस्तुत किया जिसके लिए इन्हें सन् 1918 ई. में 'डॉक्टर ऑफ डिविनिटी' की उपाधि प्रदान की गयी। मद्रास स्थित 'द क्रिश्चियन लिटरेचर सोसाइटी फॉर इण्डिया' ने उसी वर्ष इसे प्रकाशित किया। कुल 202 पृष्ठों का यह ग्रन्थ दो खण्डों में विभक्त है। प्रथम खण्ड में पाँच अध्याय है और द्वितीय में नौ अध्याय। धर्मविषयक उपाधि हेतु लिखे जाने के कारण लेखक का पूरा ध्यान मानस की आध्यात्मिकता पर केन्द्रित रहा है। 'मानस' के आध्यात्मिक पक्षों को चुन-चुन कर, विभिन्न शीर्षकों के अन्तर्गत उन्हें वर्गीकृत कर डॉ. कारपेन्टर ने कवि के धार्मिक सिद्धान्तों पर निष्कर्ष निकाला है। यद्यपि इसमें आलोचनात्मक दृष्टिकोण का अभाव है, फिर भी लेखक का संग्रह कार्य प्रशंसनीय है।

7. जे.एम. मैक्फी

डॉ. जे. एम. मैक्फी ने सन् 1930 ई. में 'Ramayana of Tulsidas or the Bible of North India' नाम से एक ग्रन्थ की रचना की। कलकत्ता से प्रकाशित यह ग्रन्थ पादरी कारपेन्टर की 'The Theology of Tulsidas' की ही अनुकृति प्रतीत होती है। पुस्तक की भूमिका में तुलसीदास की जीवनी संक्षेप में दी गयी है। तदनन्तर रामकथा का सारांश प्रस्तुत किया गया है। पुस्तक के कुल 254 पृष्ठ हैं और 12 अध्याय। इन अध्यायों में मैक्फी ने तुलसीदास के धार्मिक एवं दार्शनिक सिद्धांतों को प्रतिपादित करने का प्रयास किया है। पुस्तक के अन्तिम अध्याय में इन्होंने 'भारतीय विचारधारा और जीवन में रामायण का भाग' विषय पर विचार किया है। ईसाई धर्म में तुलसी के प्रभावित होने के विषय में इन्होंने तटस्थ होकर 'मानस' का विश्लेषण किया है।

8. शार्लोर्त वादवील

फ्रांसीसी विदुषी कुमारी शार्लोर्त वादवील ने 20वीं सदी के उत्तरार्द्ध के प्रारम्भ में 'तुलसीदास रचित रामचरितमानस का मूलाधार व रचना विषयक एक समालोचनात्मक अध्ययन' नामक एक शोध प्रबन्ध पेरिस विश्वविद्यालय में प्रस्तुत किया था जिसके लिए इन्हें शोध-उपाधि प्राप्त हुई। यह शोध-प्रबन्ध फ्रांसीसी भाषा में लिखित है। 'मानस' के मूलाधार का वैज्ञानिक अध्ययन करती हुई शोधार्थी इस निष्कर्ष पर पहुँची कि 'शिवपुराण', 'भागवतपुराण', 'प्रसन्नराघव', 'हनुमन्नाटक' और 'आध्यात्म रामायण' ही इसके प्रमुख आधार हैं। डॉ. शार्लोर्त ने अपने इस शोध-प्रबन्ध में मानस के प्रत्येक कांड को विभिन्न भागों में विभाजित कर उनमें सम्मिलित पदों का सारांश प्रस्तुत किया है। साथ ही इन्होंने उन पदों पर किन-किन पदों का प्रभाव रहा है और उन पदों की रचना के पीछे कवि का उद्देश्य क्या था इन पर भी विचार करने का प्रयास किया है। जनमानस के बीच 'मानस' की अप्रतिम लोकप्रियता के पीछे तुलसी के 'समन्वयवादी दृष्टिकोण' को भी एक प्रमुख कारण मानते हुए शर्लोर्त ने लिखा है : "भारतीय बुद्धि के लिए समन्वयवाद स्वाभाविक है और यही तुलसीदास की धार्मिक प्रतिभा का विशेष लक्षण है। साहित्यिक कला के साथ-साथ यही लक्षण 'रामचरितमानस' की अद्वितीय सफलता और समग्र हिन्दू जाति पर उसके प्रभाव का मूल कारण है।"[10]

9. एल.टी. वाल्कॉट

सन् 1961 ई. में एल.टी. वाल्कॉट को 'रामचरितमानस और न्यू टेस्टामेंट' के तुलनात्मक अध्ययन सम्बन्धी शोध प्रबन्ध के लिए ऑक्सफोर्ड विश्वविद्यालय से डी.फिल् की उपाधि प्राप्त हुई। इस प्रबन्ध में शोधकार ने 'मानस' की कतिपय अवधारणाओं और पवित्र बाइबिल के 'नया-विधान' की अवधारणाओं के बीच के सादृश्य को प्रस्तुत करने का सराहनीय प्रयास किया है।

10. फादर कामिल बुल्के

हिन्दी साहित्य-जगत में आचार्य रामचन्द्र शुक्ल, आचार्य हजारी प्रसाद द्विवेदी जैसे महान् साहित्यकारों की श्रेणी में गिने जाने वाले रामकथा के पुरोधा, पद्मभूषण डॉ. कामिल बुल्के मूलतः बेल्जियम-निवासी थे। येसु समाजी मिशनरी के रूप में सन् 1935 ई. में भारत में पधारे फादर बुल्के भारतीय आत्मा में इतने रच-बस गये थे मानो भारत भूमि ही इनकी जन्मभूमि हो। कहा जाता है कि तुलसी भक्त फादर बुल्के के मन में 'रामचरितमानस' के प्रति अनुराग बेल्जियम के विद्यार्थी-जीवन में ही अंकुरित हो उठा था। जब वे विश्व साहित्य विषयक एक जर्मन ग्रन्थ का अवलोकन कर रहे थे, तभी 'रामचरितमानस' की निम्नलिखित पंक्तियाँ पढ़कर ये आत्मविभोर हो उठे—

'धन्य जनम जगतीतल तासू।
पितहि प्रमोद चरित सुनि जासू।।
चारि पदारथ करतल ताके।
प्रिय पितुमातु प्रानसम जाके।'

इन पंक्तियों का अर्थ स्पष्ट समझ में नहीं आने पर भी, 'उनकी हृदयतन्त्री के तार झंकृत हो उठे और उन्हें एक मधुर संगीत सुनाई देने लगा।'[11]

भारत आने के पश्चात् जब ये तत्कालीन बिहार प्रदेश (वर्तमान झारखण्ड प्रदेश) में स्थित गुमला के सन्त इग्नेशियस उच्च माध्यमिक विद्यालय में अध्यापन-कार्य कर रहे थे, इन्होंने हिन्दी का अध्ययन भी करना प्रारम्भ किया। 'गुमला वह चित्रकूट था जिसके घाट पर इन्होंने तुलसी के दर्शन किये थे और उनके निष्ठावान भक्त बन गये थे।'[12] सन् 1947 ई. में जब इन्होंने हिन्दी विषय पर स्नातकोत्तर-उपाधि प्राप्त कर ली थी तो डॉ. धीरेन्द्र वर्मा की प्रेरणा से 'रामभक्ति के विकास पर' शोध-कार्य प्रारम्भ किया जिसकी भूमिका में इन्हें 'रामकथा' पर प्रकाश डालना था। किन्तु बुल्के द्वारा इसके लिए संकलित सामग्री इतनी अधिक थी और इनके निष्कर्ष इतने रोचक थे कि डॉ. धीरेन्द्र वर्मा ने इन्हें अपना शोध-विषय संशोधित कर 'रामकथा के विकास' पर ही शोध-कार्य करने की सलाह दी। उस अमूल्य सलाह का प्रतिफल अब कीर्ति-स्तम्भ के रूप में जाज्वल्यमान है।

फादर बुल्के द्वारा प्रस्तुत 'रामकथा : उत्पत्ति और विकास' नामक शोध प्रबन्ध न केवल इस विषय पर हिन्दी में लिखा गया प्रथम शोध-प्रबन्ध है, बल्कि डॉ. धीरेन्द्र वर्मा के शब्दों में 'अपने ढंग की पहली ही है और अनूठी भी है। हिन्दी क्या किसी भी यूरोपीय अथवा भारतीय भाषा में इस प्रकार का कोई दूसरा अध्ययन उपलब्ध नहीं है।'[13] डॉ. धीरेन्द्र वर्मा का कथन यह भी है कि 'यह ग्रन्थ वास्तव में रामकथा सम्बन्धी समस्त सामग्री का विश्वकोश कहा जा सकता है।'[14] डॉ. प्रभाकर माचवे भी इस कथन पर सहमत हैं। वे कहते हैं कि ''डॉ. बुल्के का 'रामकथा उत्पत्ति और विकास, हिन्दी का एक अभूतपूर्व अपने ढंग का अकेला शोध-ग्रन्थ है। इसमें 'रामचरितमानस' को मूल आधार मानकर भारत की सभी भाषाओं और दक्षिणपूर्वी एशिया की सभी प्रमुख भाषाओं में लिखी रामायणों के परिपेक्ष्य में, डॉ. बुल्के ने एक-एक चरित्र की कहानी का विस्तार-संकोच बड़े विवरण के साथ वर्णित किया है।'[15]

'रामकथा : उत्पत्ति और विकास' विषयक शोध प्रबन्ध चार प्रमुख अध्यायों में विभक्त है। प्रथम अध्याय में पहले प्राचीन रामकथा साहित्य और बाद में अर्वाचीन रामकथा साहित्य का निरूपण हुआ है। द्वितीय अध्याय में रामकथा की उत्पत्ति और विकास पर विचार किया गया है। तृतीय में भारतीय साहित्य में उपलब्ध विभिन्न प्राचीन और आधुनिक रामकथा विषयक रचनाओं का विवरण दिया गया है और चतुर्थ अध्याय में उस विवरण के आधार पर रामकथा के एक-एक प्रसंग के प्राचीन और आधुनिक भारतीय और विदेशी विकास क्रम का निरूपण हुआ है।

इलाहाबाद विश्वविद्यालय के हिन्दी परिषद प्रकाशन ने सन् 1950 ई. में फादर बुल्के के उक्त शोध-प्रबन्ध को प्रकाशित किया। इसके संशोधित एवं संवर्धित संस्करण क्रमशः सन् 1962, 1971, 1993 और 1997 ई. में प्रकाशित हुए हैं। इससे फादर बुल्के की शोध-कार्य की महत्ता स्पष्ट परिलक्षित होती है। सन् 1997 ई. में केरल ग्रन्थ अकादमी ने इसका मलयालम रूपान्तर प्रकाशित कराया। ऑस्ट्रेलिया स्थित केनबेरा विश्वविद्यालय के हिन्दी उर्दू विभागाध्यक्ष डॉ. रिचर्ड बार्ज ने इसे अंग्रेजी में भाषान्तरित किया है।[16]

तुलसी साहित्य सम्बन्धी फादर बुल्के के दो अन्य महत्वपूर्ण ग्रन्थ प्रकाशित हुए हैं। 'रामकथा और तुलसीदास' नाम से एक ग्रन्थ सन 1978 ई. में इलाहाबाद की हिन्दुस्तानी अकादमी द्वारा प्रकाशित किया गया और दूसरा ग्रन्थ 'मानस कौमुदी' नाम से प्रकाशित हुआ है। इसे पटना के अनुपम प्रकाशन ने सन् 1979 ई. में प्रकाशित किया। फादर बुल्के द्वारा प्रारम्भ किये गये पर उनके स्वर्गवास के कारण अपूर्ण रह गये तुलसी सम्बन्धी दो अन्य कार्यो को 'ख्रीस्टनाथ' ने पूर्ण कर प्रकाशित कराया है। ये हैं : (i) 'हिये हेरि तुलसी लिखी...' जो बिहार की 'प्रज्ञा-ग्रन्थमाला'

के अन्तर्गत सन् 1989 ई.में नवज्योति निकेतन, पटना से प्रकाशित हुआ। (ii) 'विनय पत्रिका और नये विधान का तुलनात्मक अध्ययन' जिसे सन् 1992 ई. में इलाहाबाद के जयभारती प्रकाशन ने प्रकाशित किया। इन ग्रन्थों के अतिरिक्त फादर बुल्के ने तुलसी और उनके साहित्य सम्बन्धी अनेक शोधपरक लेख लिखे हैं जिनमें से महत्वपूर्ण लेखों को संकलित कर 'मंथन' नाम से प्रकाशित किया गया है।[17]

'रामचरितमानस' के प्रति अपने प्रेम के बारे में ये स्पष्ट कहते हैं : 'रामचरितमानस मुझे इसलिए प्रिय है कि इसमें भगवत्भक्ति के मूलभूत तत्वों का निर्देश दिया गया है।'[18] फादर बुल्के आगे कहते हैं 'तुलसी हृदय की भगवत्भक्ति का रहस्य समझकर किसी भी साधक को ईर्ष्या हो जाना स्वाभाविक है। तुलसी की भक्ति की झलक पाकर अनायास ही मन में यह अभिलाषा जगती है कि मैं भी अपने इष्ट (ईसा मसीह) के प्रति यह प्रार्थना करूँ—'कबहुं कहौं, यहि रहनि रहौंगो।'[19] फादर बुल्के के अनुसार, तुलसी की भक्ति 'हर धर्म और हर साधक पर लागू है, इसलिए हर ईसाई के लिए प्रेरणादायक है,'[20] 'तुलसी द्वारा प्रतिपादित भक्ति मार्ग के तात्विक सिद्धान्त किसी भी सम्प्रदाय विशेष से ऊपर उठकर मनुष्य मात्र के लिए हितकारी और प्रेरणादायक है।...अत: हम आस्तिक हों या नास्तिक, तुलसीदास से प्रेरणा लेकर....तुलसी की मूलभूत बातों को हृदयंगम कर लेते तो दुनिया स्वर्ग बन जाती।'[21]

फादर कामिल बुल्के कृत 'रामकथा' और तुलसी साहित्य सम्बन्धी उनकी अन्य रचनाएँ वस्तुत: हिन्दी साहित्य के लिए अमूल्य रत्नोपहार हैं। मौलिकता और गुणवत्ता के अतिरिक्त इन कृतियों का महत्व इसलिए भी है कि इनकी रचना एक विदेशी मूल के कैथोलिक ईसाई पुरोहित ने की है।

उपर्युक्त शोधकारों एवं समीक्षकों के अतिरिक्त कई अन्य ईसाई विद्वान भी हैं जिन्होंने अपनी-अपनी रचनाओं में तुलसी के व्यक्तित्व एवं कृतित्व सम्बन्धी विवरण प्रस्तुत किये हैं। तुलसी-साहित्य के संवर्धन में इनका अपना योगदान है। अत: इन विद्वानों और इनकी रचनाओं का उल्लेख करना उपादेय होगा—

(i) फ्रांसीसी प्राच्यविद् गार्सा द तासी (सन् 1794-1878 ई.) ने अपने 'इस्तवाद द ला लितरेत्योर ऐन्दुई ऐन्दुस्तानी' में गोस्वामी तुलसीदास के सम्बन्ध में प्रचलित जनश्रुतियों एवं भारतीय परम्पराओं को संकलित किया है।

(ii) सन् 1871 ई. में भारत में सांख्यिकी विभाग के महानिदेशक रहे सर विलियम विल्सन हण्टर (Sir William Wilson Hunter) ने सन् 1886 ई. में प्रकाशित 'Gazetteer statistical description and Historical account of the North Western Provinces of India' की द्वितीय जिल्द में तुलसीदास के जीवनवृत्त सम्बन्धी कुछ सामग्री प्रस्तुत की है।

(iii) 'British India' नामक ग्रन्थ के रचयिता रॉबेर्ट वॉट्सन फ्रेजेर (Robert Watson Frazer) ने सन् 1898 ई. में 'A Literary History of India' की रचना की। इसमें लेखक महोदय ने तुलसी का संक्षिप्त परिचय दिया है।

(iv) पादरी एडविन ग्रीव्स ने सन् 1899 ई. में नागरी प्रचारिणी सभा की पत्रिका के लिए तुलसी की काव्य-प्रतिभा पर एक विचारपूर्ण लेख लिखा। साथ ही, इन्होंने सन् 1918 ई. में प्रकाशित 'A Sketch of Hindi Literature' में तुलसी की जीवनी व कृतियों सम्बन्धी विवरण प्रस्तुत किये हैं।

(v) जे. ईस्टलिन कारपेन्टर ने 'Theism in Middle India' नामक अपने ग्रन्थ में तुलसी के जीवन एवं भारत के जनमानस पर उनके व्यापक प्रभाव पर प्रकाश डाला है। अपने विवेचन में कारपेन्टर डॉ. ग्रियर्सन से बहुत प्रभावित दिखाई पड़ते हैं।

(vi) सन् 1920 ई. में प्रकाशित अपने 'A History of Hindi Literature' में पादरी फ्रेंक ई कीय ने तुलसी की चर्चा करते हुए हिन्दी साहित्य में उनका स्थान निर्धारित करने का प्रयास किया है। मानस की कविता-कला के अनुपम सौन्दर्य की प्रशंसा करते हुए इन्होंने लिखा है कि 'इस ग्रन्थ का उद्देश्य चमत्कार-प्रदर्शन न होकर भक्ति के सिद्धांत का प्रचार करना है।'[22]

(vii) ' History of Indian Literature' के रचयिता विन्टरनिट्स (Winternits) ने अपनी पुस्तक में तुलसी सम्बन्धी जानकारियाँ प्रस्तुत की हैं।

(viii) 'The Early History of India' के रचयिता इतिहासकार विन्सेण्ट स्मिथ (Vincent Smith) ने अपनी पुस्तक 'Akbar : The Great Moghal' में तुलसी का उल्लेख करते हुए तुलसी को अकबर से भी महान बताया है। इनके अनुसार तुलसी अपने युग के महापुरुष थे।

(ix) इतिहासकार ट्रायम्बी ने 'A study of History' नामक अपने ग्रन्थ में तुलसी की चर्चा करते हुए 'रामचरितमानस' की लोकप्रियता का उल्लेख किया है।

इन विद्वानों के अतिरिक्त कतिपय ऐसे ईसाई मनीषी भी हैं जिन्होंने सन्दर्भानुसार तुलसी की चर्चा की है। इनमें से कुछ प्रमुख व्यक्तियों के नाम और इनकी कृतियाँ इस प्रकार हैं :

(क) सर चार्ल्स इलियट—Hinduism and Buddhism

(ख) ए.ए. मैक्डानॉल्ड—A History of Sanskrit Literature

(ग) विल डुरेण्ट—Story of Civilization

(घ) किसैन कीन—'Great Man of India' में संकलित 'Tulsidas who sang the songs of love' नामक लेख।

पाश्चात्य ईसाई मिशनरियों एवं विद्वानों ने हिन्दी भाषा का ज्ञान न होने पर भी उसे अत्यन्त अध्यवसाय से सीखा और भाषाओं तथा बोलियों का तुलनात्मक अध्ययन कर उसका निष्कर्ष निकाला। साथ ही, भारतीय काव्य-कला, आध्यात्म, भारतीय परम्पराओं एवं साहित्य की शैलीगत विशेषताओं को अत्यन्त ही निपुणता के साथ अध्ययन कर उद्घाटित करने का प्रयास किया। इनका यह कार्य सराहनीय ही नहीं, अपितु अभिनन्दनीय है। इन्होंने भारत की सांस्कृतिक चेतना, सामाजिकता, इतिहास और भौगोतिक स्थितियों का सूक्ष्म निरीक्षण कर उनके आधार पर रचे गये साहित्य के सौन्दर्य को न केवल देखा वरन् हृदय के अन्तर्तम् में अनुभव भी किया। परिणामतः हिन्दी के प्रचार-प्रसार और सुदूर विदेशी भूमि तक इसकी प्रतिष्ठा का श्रेय इन्हीं मनीषियों के सत्कर्मों को जाता है।

सन्दर्भ

1. J.M. Macfie, 'Ramayana of Tulsidas or the Bible of Northern India', Calcutta, 1930, Preface
2. F.E. Keay, A History of Hindi Literature, 1960. P. 51
3. कौशल्या भावनानी, हिन्दी भाषा, व्याकरण और साहित्य को पाश्चात्य विद्वानों की देन, पृ. 294
4. Grierson, 'Tulsidas : Poet and Religious Reformer', Journal of Royal Asiatic Society, London, 1903. P. 448.
5. Tessitory, Indian Antiquary, Dec. 1913, Bombay, P. 274-75.

6. कौशल्या भावनानी, हिन्दी भाषा, व्याकरण और साहित्य को पाश्चात्य विद्वानों की देन, पृ. 308
7. वही
8. कौशल्या भावनानी, हिन्दी भाषा, व्याकरण और साहित्य की पाश्चात्य विद्वानों की देन, पृ. 280
9. डॉ. जे.एच. आनन्द, पाश्चात्य विद्वानों का हिन्दी साहित्य, पृ. 511
10. बलवीर, अनुवादक, तुलसीदास रचित रामचरितमानस का मूलाधार व रचना विषयक एक समालोचनात्मक अध्ययन, 1959, भूमिका, पृ. 22
11. डॉ. भूपेन्द्र कलसी, 'रामकथा के पुरोधा' : बाबा कामिल बुल्के', डॉ. बुल्के स्मृति-ग्रन्थ, पृ. 159
12. डॉ. दिनेश्वर प्रसाद, 'कामिल बुल्के : जीवन रेखाएँ, वही, पृ. 9
13. डॉ. सिद्धनाथ कुमार, 'रामकथा : रामकथा का विश्वकोश', वही, पृ. 155
14. वही, पृ. 158
15. डॉ. प्रभाकर माचवे, 'हिन्दी-प्रेमी विद्वान कोशकार : डॉ. बुल्के, वही, पृ. 166
16. डॉ. सिद्धनाथ कुमार, 'रामकथा : रामकथा का विश्वकोश', वही, पृ. 155
17. 'मंथन', सम्पादक : डॉ. अमर कुमार सिंह, डॉ. भूपेन्द्र कलसी, एस. चाँद एण्ड कम्पनी, दिल्ली।
18. डॉ. भूपेन्द्र कलसी, 'रामकथा के पुरोधा : बाबा कामिल बुल्के, डॉ. बुल्के स्मृति-ग्रन्थ, पृ. 162
19. वही, पृ. 163, पाद्टिप्पणी।
20. वही।
21. वही, पृ. 164
22. कौशल्य भावनानी, हिन्दी भाषा, व्याकरण और साहित्य को पाश्चात्य विद्वानों की देन, पृ. 278

तमिलनाडु में जन्मे फादर डॉ. एम. संतियागो ने काशी विद्यापीठ से 'हिन्दी भाषा एवं साहित्य के विकास में ईसाई धर्म का योगदान' पर शोध किया है। डॉ. संतियागो ने 10 सितम्बर 2010 को वाराणसी के फादर कामिल बुल्के जन्मशती समारोह में इसके अंश प्रस्तुत किये थे।

ईरान से गहरा रिश्ता

अजहर देहलवी

भारतीय ग्रन्थों के संरक्षण और उनके प्रचार प्रसार में फारसी भाषा ने महत्वपूर्ण भूमिका अदा की है। वास्तव में भारत के संस्कृत में जितने भी महत्वपूर्ण ग्रन्थ रहे हैं उनका फारसी में अनुवाद हुआ है। बाद में उनका स्पेनिश में और लैटिन में तर्जुमा हुआ। उपनिषदों का दाराशिकोह ने अनुवाद किया। उपनिषद का पहले लैटिन में और फिर जर्मन में अनुवाद हुआ और इस प्रकार वे दूसरे देशों में पहुँचे। यह ईरानियों की एक महत्वपूर्ण भूमिका रही है।

वास्तव में ईरान की भौगोलिक स्थिति ऐसी है कि यह देश बीच में आता है। इस प्रकार इसका यूरोप और एशिया से सांस्कृतिक आदान-प्रदान होता रहा है। प्राचीन काल से यह किसी न किसी रूप में जारी है और यह ईरान के माध्यम से होता है। फारसी में तर्जुमे का फन इसी कारण बहुत विकसित हुआ है। दुनिया की कोई भी महत्वपूर्ण किताब आप ले लीजिए, उसका अनुवाद आपको फारसी में मिल जायेगा। भारतीय प्राचीन ग्रन्थों की ओर ईरान का ध्यान हमेशा से रहा है। इसकी कई वजहें हैं। पंडित जवाहर लाल नेहरू ने भी अपनी 'डिस्कवरी आफ इण्डिया' में लिखा है कि दूसरा कोई ऐसा देश नहीं रहा जिससे इतना आदान-प्रदान, इतना मेल-जोल रहा हो, हजारों वर्षों से। ईरानियों से हमारा इस प्रकार का सम्बन्ध रहा है और ईरानी इसकी बहुत कद्र भी करते हैं।

इस सिलसिले में एक बड़ी मशहूर कहानी है, ज्यादातर लोगों ने सुनी होगी, फिर भी मैं दोहराना चाहूँगा, खासकर युवा पीढ़ी के लिए। यह कहानी है बर्जुआह तबीब की। कहते हैं कि एक बार बादशाह ने सुना कि अमृत हिन्दुस्तान में मिलता है तो उसने वजीर को हिन्दुस्तान भेजा कि जाओ अमृत ले आओ, मैं अमर होना चाहता हूँ। वजीर यहाँ आया, घूमा फिरा लेकिन अमृत तो यहाँ था नहीं। तो जाते समय वह यहाँ से पंचतन्त्र लेता गया और बादशाह को इसे देकर बोला कि दुनिया में यही किताब एक ऐसी है कि यदि आप इसे पढ़ लेंगे तो अमर हो जायेंगे। पंचतन्त्र का संस्कृत से पहले पहलवी में अनुवाद हुआ, बाद में इसका अरबी और फिर फारसी में अनुवाद हुए।

इसी तरह बनारस शहर को एक खास अहमियत हासिल है। अबू रिहाल अल बेरूनी यहाँ संस्कृत सीखने के लिए आया। पहले तो पंडितों ने स्वीकार नहीं किया और फिर जब उसका इम्तिहान लिया तो वह उस इम्तिहान में सफल हो गया। पंडित को इसका यकीन नहीं आया, उसने कहा कि यह नहीं हो सकता। तुम कैसे जान सकते हो, तो उसने और मुश्किल सवाल उससे पूछा और वह उसमें भी कामयाब हो गया। बेरूनी बाहरी को कहते हैं, वह देहात का था। और फिर सभी जानते हैं कि उसने किताब लिखी किताब तारीख अल हिन्द अर्थात एक किताब जो यह बताती हो कि हिन्दुस्तान क्या है। यह बहुत मशहूर किताब है।

सभी जानते हैं कि वाल्मीकि को आदि कवि और रामायण को आदि काव्य कहा जाता है। फारसी में राम का शब्द उतना ही पुराना है जितनी खुद फारसी भाषा। फारसी के कई रूप हैं। इन सभी रूपों में राम और उनसे जुड़े चरित्रों का प्रचलन बहुत पुराना है। ईरान में महीने के 21 वें दिन के देवता को राम कहा जाता था। हर दिन का एक देवता होता था और 21 वें दिन का देवता राम को कहा जाता था। इसी प्रकार कई स्थानों के नाम भी राम से जुड़े हुए मिलते हैं मसलन रामक का मतलब है काली झील, इसी प्रकार रामकन्द या रामखंड के नाम से एक पहाड़ है जो आज भी अफगानिस्तान में मौजूद है। रामगर एक गाँव का नाम है, रामन बुखारा में है। बुखारा अब उजबेकिस्तान में है। ऐसे कई उदाहरण हैं।

इसी प्रकार अगर अनुवाद की दृष्टि से देखें तो फारसी में रामकथा के कई अनुवाद हुए हैं। मेरे विचार से रामायण के 30 के करीब अनुवाद फारसी में हो चुके हैं। राम और रामकथा से एक गहरा रिश्ता रहा है ईरान का। मेरा मानना है कि रामकथा के व्यापक और वैश्विक प्रभाव के अध्ययन के लिए रामकथा से सम्बन्धित ग्रन्थों का विश्वकोश तैयार किया जाना चाहिए।

तेहरान विश्वविद्यालय में रहे प्रो. अजहर देहलवी ने 10 सितम्बर 2010 को वाराणसी में आयोजित फादर कामिल बुल्के जन्मशताब्दी समारोह में यह व्याख्यान दिया था।

फ्रांसीसी साहित्य में रामकथा

विनीता सिंह

कलकत्ता (अब कोलकाता) में विलियम्स जोन्स ने एशियाटिक सोसायटी की स्थापना 1760 में की थी। इसके माध्यम से समस्त विश्व के समक्ष संस्कृत साहित्य का जो प्रचार-प्रसार हुआ, उससे प्रेरित होकर ब्रिटेन, आयरलैण्ड, स्विट्जरलैण्ड, फ्रांस, अमेरिका में एशियाटिक सोसायटी की शाखाएँ स्थापित होने लगीं।

एक फ्रांसीसी घुमक्कड़ विद्वान आँकलित दि पेरों (Anquetil Duperron) के मन में भी भारत यात्रा और वहाँ की सभ्यता-संस्कृति के अध्ययन की इच्छा जाग्रत हुई। उन्होंने अपनी भारत यात्रा के समय संस्कृत साहित्य के ग्रन्थों का संग्रह किया और उन्हें वे अपने साथ फ्रांस ले आये। उनकी कृतियों Voyage aux grandes Indes, 1771 तथा Antiquite de I'Inde, 1786 ने फ्रांसीसी विद्वानों में भारतवर्ष के बारे में जानने व समझने की जिज्ञासा जगायी क्योंकि इसके पहले भारतवर्ष का जो स्वरूप अंग्रेज व्यवसायियों ने दुनिया के सामने रखा था, वह एक ऐसे जंगली काले, अविकसित, असभ्य लोगों का था जिसमें किसी की रुचि हो ही नहीं सकती थी लेकिन आँकलित दि*पेरों ने इस मिथक को तोड़ते हुए फ्रांसीसी विद्वानों को बाध्य किया कि वे भारत की भाषाओं व साहित्य का अध्ययन करें। फ्रांसीसी में उपनिषदों का प्रथम अनुवाद उन्होंने 1808 में प्रस्तुत किया। तब तक Indianisme ने समस्त विश्व में एक वैचारिक धारा का रूप ले लिया था। फ्रांस में इसके पक्षधारक सिल्वैस्त्र द सासी, बि*र्नूफ, आँपैर, फोश, फूको, बैर्गैन, सिल्वैं लेवी, सेनार, विक्तौर आँरी, लकोंत द लिस्ल जैसे भारतविद् थे जिन्होंने संस्कृत साहित्य पर निरन्तर कार्य किया और उपनिषदों, पुराणों, रामायण, महाभारत के साथ धर्मशास्त्र, भगवद्गीता और ऋग्वेद का अनुवाद किया। पेरिस में कई संस्थाओं Ecole des langues Orientales, I'Ecole des hautes etudes तथा le Musee de Guimet ने भी संस्कृत साहित्य का अनुशीलन, चर्चाएँ और लेख तथा पुस्तकें प्रकाशित करना प्रारम्भ कर दिया। पेरिस के कालेज द फ्रांस में भी संस्कृत अध्ययन पीठ स्थापित किया गया जिसके प्रथम अध्यक्ष सेजी बने। 16 जनवरी 1815 को इस अवसर पर उन्होंने कहा, 'मेरे लिए बड़े सम्मान की बात है कि मैं साहित्य के उस रहस्यमय मन्दिर में प्रवेश कर रहा हूँ जिसमें विश्व की प्राचीनतम सभ्यता की जानकारी का संग्रहण है, उन्होंने यह भी कहा कि अब फ्रांसीसी भी उस समृद्ध भाषा का अध्ययन कर सकेंगे जिसकी कुंजी अब तक अंग्रेजों के हाथ में थी।

आँत्वान लेओनार सेजी (1773-1832) और यूजेन बि*र्नूफ (1801-1852) ने संस्कृत साहित्य के अध्ययन को नये आयाम दिये। सेजी ने सर्वप्रथम वाल्मीकि रामायण के यज्ञदत्त वध प्रसंग को बंगला लिपि में 1826 में प्रकाशित किया। सेजी ने अपने अध्ययन के लिए अंग्रेज विद्वान् विल्किन्स के संस्कृत व्याकरण को आधार बनाया। सेजी के 'अभिज्ञानशाकुन्तलम्' के 1830 के अनुवाद ने प्रथम बार यूरोपीय जनमानस को संस्कृत साहित्य के उस

लालित्य व सौन्दर्य का रसास्वादन कराया जो अन्यत्र दुर्लभ था और जिसने यूरोपीय विद्वानों को यह सोचने के लिए बाध्य कर दिया कि भारत में मुसलमानों के आगमन के पूर्व एक उच्चस्तरीय संस्कृति विद्यमान थी। भारतवर्ष ने कला, विज्ञान, साहित्य और दर्शन में चहुंमुखी उन्नति कर ली थी जिसका प्रमाण उसका समृद्ध संस्कृत साहित्य था। यूरोप के भाषाशास्त्रियों का भी ध्यान अब अपनी भाषाओं के स्रोत की तलाश में संस्कृत को सम्मिलित करने की तरफ गया क्योंकि उन्हें संस्कृत साहित्य व व्याकरण में ग्रीक और लैटिन भाषाओं से समानता दिखाई दी। 1833 में प्रोफेसर बि*र्नूफ ने संस्कृत साहित्य को वह अक्षय स्रोत बताया जिसमें वैविध्य है जिसका अनुशीलन अब भारत का अध्ययन मात्र करने का विषय नहीं रह गया है वरन् सृष्टि के सृजन व जातियों के उद्भव पर संस्कृत का विशाल साहित्य ही प्रकाश डाल सकता है।[1]

रामायण के फ्रांसीसी अनुवादक

बि*र्नूफ के शिष्य इपौलित फोश (1797-1869) ने फ्रांसीसी भाषा में वाल्मीकि रामायण के समस्त खण्डों का अनुवाद (1854-1858) प्रथम बार प्रस्तुत किया। इपौलित फोश ने अपने अनुवाद का आधार लैटिन और ग्रीक में अनूदित संस्कृत साहित्य को बनाया ही, साथ ही जहाँ पाठ्यान्तर हुआ, वहाँ अपने प्रोफेसर बि*र्नूफ की भी सहायता ली। उन्होंने सीधे संस्कृत से अनुवाद करते हुए संस्कृत भाषा को अनुवाद करने में सहज भाषा बताया। कालिदास के एक ग्रन्थ 'विक्रमोर्वशीयम्' का अनुवाद करते समय एक स्थान पर पाठ्यान्तर आने पर वे वाल्मीकि रामायण के उस प्रसंग का वर्णन करते हैं जहाँ पर उड़ने वाले पर्वतों के पंखों को कतरने का प्रसंग आया है। दक्षिण भारत में भी विद्वान लेखक इस पर कार्य कर रहे थे। 'कम्बरामायण' का भी फ्रांसीसी अनुवाद पाण्डीचेरी में जि*ल्यैं वैसों द्वारा 1861 में किया गया, जिसे वहीं के सरकारी प्रेस ने प्रकाशित किया।[2]

स्विट्जरलैण्ड के फोबूर विश्वविद्यालय के प्रोफेसर आल्फ्रेद रुसैल ने 1903-1907 के मध्य में वाल्मीकि रामायण के समस्त खण्डों का अनुवाद किया और 1910 में वाल्मीकि रामायण के मुम्बई से प्रकाशित दो संस्करणों कृष्णाचार्य (1888) व काशीनाथ पाण्डुरंग (1905) का तुलनात्मक अध्ययन कर उनमें पाठ्यान्तर तलाशा।[3] शार्लौत वौदविल ने 1955 में तुलसीदास के रामचरितमानस का अनुवाद किया। यायावर चित्रकार औलिव्ये जापैल ने चित्रात्मक संक्षिप्त रामायण राम की पदयात्रा : हिन्दुओं की बाइबिल (La marche de Rama : le Bible des hindous) के नाम से 1991-1992 में प्रकाशन किया। सैर्ज दैमित्रियैं ने 2006 में रामायण का नवीनतम अनुवाद प्रस्तुत किया, जिसे पेरिस के आल्बैं मिशैल ने प्रकाशित किया है।

फ्रांसीसी साहित्य में रामायण की चर्चा

प्रसिद्ध साहित्यकार जि*ल मिशले के अनुसार रामायण एक प्रकार की बाइबिल है जिसमें परम्परा, प्रकृति, समाज, कला, दृश्यावली, पादप, पशु, मौसम सबका समावेश है। उनके अनुसार रामायण मानवता की बाइबिल है। दया, करुणा व समस्त प्राणियों के प्रति जो प्रेम भाव रामायण में मिलता है वह अन्यत्र दुर्लभ है। राम-रावण युद्ध समाप्त होने के पश्चात् राम भावविभोर होकर हनुमान को गले लगा लेते हैं।[4] मिशले ने टिप्पणी की कि राम का एक वानर को गले लगाना यह दर्शाता है कि जब मनुष्य व पशु समभाव से गले मिलते हैं तो फिर संकुचित जाति प्रथा इसके सामने कहाँ से टिक सकती है और सभी लोग इस विशाल उत्सव में शामिल होकर एक दूसरे के गले लग जाते हैं।

ऐसे में दुष्टता का अस्तित्व समाप्त हो जाता है क्योंकि वह भी एक आवरण मात्र था जिसके नीचे मायावी शक्तियों के वशीभूत एक दीन प्राणी था।[5] फ्रांसीसी के महान कवि शार्ल मारी लकोंत द लिस्ल (1818-1898) ने संस्कृत ग्रन्थों से प्रभावित होकर काव्य ग्रन्थ 'प्राचीन काव्य' (Les Poemes antiques, 1881-1886) की रचना की जिसकी एक कविता का शीर्षक 'शिवधनुष' (L'Arc de Civa) हैं। लिस्ल के वर्णन की चर्चा करते हुए कई साहित्यकारों ने यहाँ टिप्पणी की कि धनुष की टंकार जो उस काव्य में ध्वनित होती है, वह अद्‌भुत है। धनुषभंग का वर्णन करते हुए लिस्ल लिखते हैं—

'देदीप्यमान स्वणास्त्र उठाकर,
उसको वे अपने कुशल बाजुओं तानते हैं।
धनुष मुड़कर, भयावह ध्वनि के साथ टूट जाता है।

लोग भय से कांपते हुए दण्डवत करते हैं। राजा कहते हैं—

वह रावण! सात गुना अधम और बदमाश भी किसी दिन
तुम्हारे अजेय शरों से धराशायी हो।' [6]

रामायण की तुलना फ्रांसीसी महाकाव्य 'La Chanson de Roland' से करते हुए एक विद्वान् आलोचक आदौल्फ दाब्रिल ने लिखा कि राम के उदात्त चरित्र ने कई यूरोपीय महाकाव्यों के नायकों को प्रेरणा दी। उनके अनुसार सीता में आर्य नारी के समस्त गुण-शील, सौन्दर्य व बुद्धिमत्ता विद्यमान हैं। वे फ्रांसीसी ग्रन्थों की नायिकाओं से जब सीता के चरित्र की तुलना करते हैं तो उन्हें ऐसा लगता है कि सीता का चरित्र 'पाल और विर्जीनी' की नायिका विर्जीनी की याद दिलाता है जो डूबते जहाज पर है और जिसे अपनी जान बचाने के लिए अपने भारी-भरकम वस्त्रों को उतारकर समुद्र में कूदना है। एक नाविक उसे बार-बार ऐसा करने के लिए कहता है लेकिन विर्जीनी अपने वस्त्रों को नहीं उतारती है और जलसमाधि ले लेती है।

अशोकवाटिका में सीता के कष्टों से द्रवित होकर हनुमान उनको अपनी पीठ पर बैठाकर लंका से उड़ा ले जाने का प्रस्ताव रखते हैं और सीता उसे अस्वीकार करते हुए कहती है कि आर्यनारी को किसी परपुरुष का स्पर्श नहीं करना चाहिए। आदौल्फ दाब्रिल के अनुसार सीता ने भी विर्जीनी के समान कष्टों का वरण किया लेकिन अपने नारी धर्म-शील और लज्जा को नहीं त्यागा। उनके अनुसार सीता में आर्यनारी के समस्त गुण विद्यमान हैं जो हैं -शील, सौन्दर्य, साहस और बुद्धिमत्ता।[7] लुई एनो (1824-1900) ने 'हिन्दू साहित्य का इतिहास' (Histoire de la litterature Hindoue, 1860) में लिखा कि आप कहीं से भी रामायण खोल लीजिए, उसके हर पृष्ठ पर कोई न कोई देवता विद्यमान हैं। यूनानी देवताओं के विपरीत ये देवता दयावान और उदार हैं। वे मेरी के पुत्र ईसा मसीह की तरह दयालु हैं। सदा नश्वर शरीर धारण कर लेते हैं चाहे वह राजा का हो या रंक का और हमारी दुखों को दूर करने के लिए वे स्वेच्छा से जन्म व मरण के कष्टों को सहन करते हैं। एनो की टिप्पणी है कि स्त्री का गहन सम्मान, विशुद्ध व उत्कट दाम्पत्य प्रेम, पुत्र व बन्धु का प्रगाढ़ स्नेह, महानतम व उदारतम भावनाएँ यदि सब कुछ एक साथ व्यक्त करना हो तो वह रामायण में प्राप्त होता है। एनो के अनुसार राम का चरित्र मर्यादा पुरुषोत्तम के नाम को सार्थक करता

है। यदि उनमें कहीं क्षणिक दुर्बलता भी है तो वह कवि द्वारा उन्हें मानव चरित्र के अधिक निकट लाने के लिए की गयी है। सिर्फ एक स्त्री ही राम के इस चरित्र के समक्ष टिकती है और वह है सीता। इतनी मोहक, इतनी शीलवान, इतनी स्नेहमयी छवि की नायिका और कहीं नहीं मिलती है। समस्त कष्टों, दुर्भाग्यों एवं विपरीत परिस्थितियों के होने पर भी राम और सीता का प्रेम बन्धन और प्रगाढ़ होता जाता है जो अन्यत्र दुर्लभ है। राम की कर्तव्य परायणता की चर्चा करते हुए वे कहते हैं कि राम का कठोर अनुशासन, उनका समस्त ऐश्वर्यों का त्याग जिसके लिए मानवजाति ललकती है, दूसरों के प्रति निष्ठा, आत्म त्याग ये विचार—एक ईसाई विचार है, रामायण में जिनकी प्रशंसा ईसा के पूर्व कर दी गयी।[8]

रामायण और विश्व के अन्य महाकाव्यों की तुलना

विद्वानों ने रामायण व होमर के महाकाव्य ओडिसी व इलियड की कई घटनाओं में साम्य मिलने पर चर्चाएँ प्रारम्भ कर दी कि होमर का प्रेरणा सूत्र कौन सा ग्रन्थ था-रामायण अथवा महाभारत। इन सब चर्चाओं को दरकिनार करते हुए एक विद्वान ने तो यह लिख दिया कि वाल्मीकि का यह महाकाव्य एक ऐसी ओडिसी है जिसकी परिणति इलियड में होती है। ग्रीक नायकों और देवताओं से भारतीय नायकों एवं देवताओं की तुलना की जाने लगी लेकिन संस्कृत साहित्य में रक्तरंजित रणभूमि में पुष्पवर्षा और देवताओं का आगमन, एक दुर्लभ प्रसंग है। विश्व के किसी भी देश का कोई भी साहित्य हिंसा के दृश्य को ऐसा स्वरूप नहीं दे पाया है जो लालित्य व चारुता से भरपूर हो। रंगभूमि में यत्र-तत्र पड़े शवों को पुष्पों के ढेर ढक लें और अप्सराएँ घायलों की सेवा में लग जाये।

रामकथा में मिलने वाला एक दूसरा प्रसंग है-मानव का प्रकृति के प्रति अनुराग, पशु-पक्षियों का मानव प्रेम, उनका मानव के साथ सहअस्तित्व तथा संरक्षण। युद्ध में वानर-रीछों का राम के साथ कन्धे से कन्धा मिलाकर भाग लेना और राम के द्वारा उनका पूर्ण सम्मान करना। इसके सम्बन्ध में विद्वानों ने लिखा है कि अन्य देशों के साहित्य में पशुओं और प्रकृति के प्रसंग आते हैं लेकिन मानव के साथ उनका ऐसा सहयोग और पारस्परिक भाव उनमें दुर्लभ है। रामायण में मनुष्यों के साथ मिलकर राक्षसों से युद्ध करते समय वानर और रीछ कहीं भी पीछे नहीं हैं। प्रकृति ने उन्हें जो हथियार दिये हैं, उनका प्रयोग करते हुए वे इस युद्ध में भाग ले रहे हैं।

रामायण एक प्रेरक ग्रन्थ

राम के चरित्र की तुलना अन्य महाकाव्यों के नायकों से करते हुए कई भारतविदों ने तो यहाँ तक कहा कि आर्य जाति का प्रतिनिधित्व करने वाले इस नायक की प्रेरणा से जर्मन और ईरानी भाषा के रचनाकारों ने अपने अमर पात्रों सिग्रीड व रुस्तम का सृजन किया है। कुछ विद्वान् तो यहाँ तक कहते हैं कि लूव्र के संग्रहालय में लगी राफाएल दिर्ब की तीन कलाकृतियों में सन्त जान व सन्त पाल का जो स्वरूप उकेरा गया है, वह रामराज्य के समय के राम का है जिसका वर्णन इपोलित फोश द्वारा अनूदित वाल्मीकि रामायण में मिलता है।

फ्रांसीसी विद्वानों के अनुसार राम एक ऐसे लोकोत्तर नायक हैं जो युग-युगांत तक लोगों को यह प्रेरणा देते रहेंगे कि परिवार, समाज, देश में हमारा आचरण कैसा होना चाहिए। विद्वानों का सम्मान किस तरह से करना चाहिए। निर्बल, असहाय, वृद्धों की रक्षा कैसे करनी चाहिए। यहाँ तक कि पशु-पक्षियों के प्रति भी प्रेम-अनुराग के साथ बन्धुत्व भाव होना चाहिए। अपने शत्रु की भी वह यदि किसी क्षेत्र में योग्य है, जो प्रशंसा करने से नहीं चूकना चाहिए।

विजय प्राप्त करने के पश्चात् शत्रु परिवार के साथ कैसा व्यवहार करना चाहिए। मानव मूल्यों के प्रति यह अनुराग सिर्फ रामकथा में ही मिल सकता है।

(ध्यानार्थ : फ्रांसीसी के कुछ स्वरों का उच्चारण करते समय होंठ गोल हो जाते हैं, जबकि हिन्दी में उनके उच्चारण में होंठ फैले रहते हैं जैसे – इ अत: इ* का तात्पर्य है कि इसका उच्चारण होंठ गोल करके करना चाहिए।)

सन्दर्भ

1. Burnouf, Eugene : De la langue et de la litterature Sanskrite, Extrait de la Revee de deux mondes, Paris, 1833
2. Vinson, Julien : Le Ramayana de Kamban, Pondichery, ed. Saligny, 1861
3. Roussel, A : Les anomalies de Ramayana, extrait de Journal asiatique, janvier, fevrier, Paris 1910.
4. Michelet, J. : Bible de I'humanite, Paris ed. F. Chamerot, 1864, P.4
5. Ibid. : pp. 75-76
6. Lisle, Leconte de : Poemes Antiuues, L'Arc de Civa, Paris, Alphonse Lemerre, s.d.p. 30
7. Avril Adolphe : Chanson de Roland, Paris, s.d.p. 12
8. Enault, Louis : Histoire de la litterature hindoue, Paris. ed. A Durand, 1860, p. 34-35

प्रो. विनीता सिंह वाराणसी स्थित सम्पूर्णानन्द संस्कृत विश्वविद्यालय में फ्रांसीसी भाषा की शिक्षिका हैं। यह शोध पत्र 10 सितम्बर 2010 को वाराणसी में आयोजित फादर कामिल बुल्के जन्मशती समारोह में पढ़ा गया।

इण्डोनेशिया में रामकथा

विनोद खन्ना

यह मेरा दुर्भाग्य है कि मेरी फादर कामिल बुल्के से कभी भेंट नहीं हो सकी लेकिन उन्होंने रामकथा पर जो कार्य किया है और इसे विश्वकोश बनाया है, उसे देखकर उनके प्रति श्रद्धा से सिर झुक जाता है। वे प्रेरणा के स्रोत हैं। जिस तरह से उन्होंने स्पष्ट रूप से हमारे सामने यह साबित किया है कि रामायण एक ही पुस्तक नहीं, सैकड़ों रामायण हैं और केवल भारत में ही नहीं किस तरह विश्व भर में फैली है, यह जानकारी उन्होंने जिस प्रकार एकत्र की वह उनके गंभीर शोध का परिणाम है।

मुझसे अक्सर पूछा जाता है कि क्या इण्डोनेशिया की रामायण और भारत की रामायण भिन्न है? जिन्होंने भी फादर कामिल बुल्के की पुस्तक पढ़ी है और नहीं भी पढ़ी है तो भी यह जानते ही होंगे कि भारत में ही कितने प्रकार की रामायण प्रचलित हैं। कुछ तो ऐसी हैं कि अगर आदि कवि वाल्मीकि उन्हें पढ़ते तो भौचक्के रह जाते। इसी प्रकार इण्डोनेशिया में भी कई रामायण हैं। कुछ वाल्मीकि से मिलती जुलती हैं और कुछ दूसरी रामायणों से। कुछ लोककथाओं पर आधारित हैं। रामकथा की इण्डोनेशिया की तरफ यात्रा दुनिया के सांस्कृतिक इतिहास का एक बहुत सुन्दर अध्याय है। व्यापारी वहाँ जाते थे वे किताबें ले जाते थे। इण्डोनेशिया के लोग उससे प्रभावित हुए। इस प्रकार भारत की संस्कृति वहाँ गयी। जावा में रामायण की दो प्रस्तुतियाँ बहुत ही शानदार ढंग से उभरकर आती हैं, एक साहित्य में और दूसरी मूर्तिकला में। साहित्य में जो लिखी है वह एक महाकाव्य है। उसमें संस्कृत के बहुत शब्द हैं लेकिन वह एक दूसरी भाषा है। लेखक के नाम पर थोड़ा वाद विवाद है। ज्यादातर लोग मानते हैं कि कवि का नाम था महाकवि योगीश्वर और इस शैली को कहते हैं ककविन। यह शब्द कवि से आया है और इसमें संस्कृत के छन्दों की शैली है। यह बहुत ही सुन्दर महाकाव्य है। कई विद्वानों का मत है, भारत के डा. योगेशचन्द्र भी इससे सहमत हैं कि भारत से बाहर बहुत सी रामायण लिखी गयी हैं लेकिन सबसे सुन्दर यह ककविन रामायण ही है। दिलचस्प बात यह है कि योगीश्वर ने यह रामायण वाल्मीकि के रामायण पर आधारित नहीं लिखी। संस्कृत का एक और महाकाव्य है जिसके कवि थे भट्टि इसलिए वह भट्टि काव्य भी कहलाता है और जो संस्कृत के विद्वान हैं वे जानते हैं कि भट्टि काव्य संस्कृत से ज्यादा मुश्किल है। योगीश्वर ने वहाँ से कथावस्तु ली है और दोनो में उत्तर कांड का अभाव है। पर जहाँ भी योगीश्वर को लगा कि भट्टि ने कहानी को न्यायपूर्ण ढंग से नहीं रखा है वहाँ उन्होंने वाल्मीकि रामायण की सहायता ली है और अपनी कल्पना का भी। उदाहरण के लिए, रावण जब सीता जी को डराने के लिए राम का सिर लेकर आता है तो भट्टि ने इसे बड़े संक्षेप में वर्णन कर दिया है लेकिन योगीश्वर इसका बड़े विस्तार से वर्णन करते हैं।

रामायण ककविन न सिर्फ भट्टि या न सिर्फ वाल्मीकि रामायण से प्रभावित है बल्कि इसमें भगवद्गीता, मनुस्मृति का भी प्रभाव दिखता है। इसमें जो और भी अच्छी बात है वह है कवि की सृजनात्मकता। इसमें जो एक सौन्दर्य है, पात्रों को जिस प्रकार गहराई से देखा गया है वह भट्टि में भी नहीं है। वाल्मीकि रामायण में त्रिजटा बूढ़ी राक्षसी है लेकिन जावा में, रामायण ककविन में त्रिजटा एक सुन्दर नारी है। वह विभीषण की बेटी है। सीता की वह हर तरह मदद करती है, अपनी जान को खतरे में डालकर भी। उसका एक वृत्तान्त मेरे लिए अविस्मरणीय है। रामचन्द्र जी की विजय होती है, सभी प्रसन्न हैं लेकिन जब रामचन्द्र जी सीता की पवित्रता पर सन्देह करते हैं, सभी लोग चुप रह जाते हैं लेकिन त्रिजटा चुप नहीं रहती। वह बेधड़क रामचन्द्र को फटकार लगाती है। वह कहती है कि यह सच है कि आप धर्म को बहुत अच्छी तरह जानते हैं लेकिन आज आप एक नेत्रहीन की तरह व्यवहार कर रहे हैं। दुनिया में सीता जी जैसी पतिव्रता और कोई नहीं। सीता जी की आपके प्रति जो भक्ति है वह अतुल्य है। अन्त में वह कहती है कि मुझे कुछ भय नहीं। आप चाहें तो मुझे मृत्यु दण्ड दे दें लेकिन इस प्रकार सीता जी का अपमान मेरे लिए असह्य है। मैंने रामायण साहित्य में कहीं और इस प्रकार का प्रसंग नहीं देखा है।

इण्डोनेशिया के साहित्य और इतिहास में रामकथा का जो प्रसंग सबसे लोकप्रिय है वह तब का है जब रामचन्द्र जी विभीषण को सिंहासन पर बैठाकर उन्हें नीति शास्त्र का प्रवचन देते हैं। वह कहते हैं कि अच्छे राजा में आठ देवताओं के गुण समाए होते हैं–इन्द्र, अग्नि, यम, कुबेर, सूर्य, चन्द्र, वरूण, वायु। रामायण ककविन में कई ऐसे प्रसंग हैं जो वाल्मीकि रामायण में नहीं मिलते हैं। सीताहरण के समय जब रावण जटायु को मार गिराने लगता है तो सीता जी अपनी अंगूठी निकालकर उसकी चोंच में रख देती है जिससे राम जी मान जाय कि यह सच है। जावा में 10 वीं शताब्दी में रामायण अत्यन्त लोकप्रिय थी। एक शताब्दी बाद देखें तो रामायण ककविन में उत्तरकांड न होने की कमी भी वहाँ पूरी होती है। एक राजा थे उन्होंने निश्चय किया कि महाभारत के सभी सर्ग का अनुवाद कर लिया जाय। उन्होंने देखा कि रामायण के उत्तर कांड का अनुवाद नहीं हुआ तो उत्तरकांड का भी अनुवाद करा लिया। यह ककविन से बिल्कुल भिन्न शैली में है। यह काव्य में नहीं है, गद्य में है। इसमें कल्पनाशक्ति का इस्तेमाल नहीं है। वाल्मीकि के उत्तर कांड के मुख्य भागों का सीधा सा अनुवाद है। एक और ककविन जो बहुत लोकप्रिय हुई वह अर्जुन विजय है। यह महाभारत का अर्जुन विजय नहीं है। यह उत्तर कांड के अर्जुन सहस्रबाहु पर आधारित है जिसने रावण को पराजित किया था। पूर्वी जावा में मूर्तिकला में भी रामकथा काफी लोकप्रिय रही है। हमें गर्व होना चाहिए कि वाल्मीकि ने एक ऐसी रामायण लिखी जो न सिर्फ भारत में बल्कि दूर देशों में भी लोकप्रिय है और इण्डोनेशिया के लोगों को गर्व हो सकता है कि उन्होंने इसे इतने सृजनात्मक ढंग से अपना लिया है।

इण्डोनेशिया के पूर्व राजदूत विनोद खन्ना ने यह व्याख्यान दो सितम्बर 2011 को वाराणसी में आयोजित फादर कामिल बुल्के जन्मदिवस समारोह में दिया था। विनोद खन्ना ने इण्डोनेशिया की रामलीला का विशेष अध्ययन किया है और पुस्तक भी लिखी है।

इण्डोनेशिया में रामकथा का विकास
(नृत्यनाट्य 'रामायना' के विशेष सन्दर्भ में)

अर्चना अग्रवाल

महर्षि वाल्मीकि कृत 'रामायण' संस्कृत साहित्य, अपितु कहना चाहिए कि भारतीय साहित्य की अप्रतिम उपलब्धि है। यह ऐसी गंगोत्री है जिससे निकली रामकाव्य गंगा की अजस्र धारा अपने प्रथम प्रस्फुटन काल से लेकर अद्यावधिपर्यन्त कवियों और रसिकों—दोनों को आप्यायित किये हुए है और देशकाल दोनों को अतिक्रान्त कर सतत प्रवाहित है। वाल्मीकीय रामायण न केवल भारत की समस्त भाषाओं के लिए उपजीव्य रहा है और उत्तर से लेकर दक्षिण तक, पूर्व से लेकर पश्चिम तक की सभी भाषाओं के साहित्य में विभिन्न रूपों में प्रतिफलित होता रहा है, बल्कि अपनी लोकप्रियता के घोड़े पर चढ़कर इसने दिग्विजय की है और चीन, तिब्बत, बर्मा, थाईलैंड, कम्बोडिया, मलेशिया से होते हुए सुदूर दक्षिणपूर्व के राज्यों—जावा, सुमात्रा, बाली तक पहुँचकर वहाँ की कलाओं में अभिन्नेन अनुस्यूत हो गया है।

रामायण की इण्डोनेशिया तक यात्रा किस समय, किन माध्यमों से हुई—इन बातों को जानने के हमारे पास कोई पुष्ट प्रमाण नहीं हैं। फिर भी उपलब्ध साक्ष्यों के आधार पर इतना तो अनुमान लगाया ही जा सकता है कि ये कथाएँ पहले पहल अपने मौखिक स्वरूप में भारत से जाने वाले व्यापारियों और दिग्विजयी सेनापतियों के लश्करों के साथ गयी होंगी, जिनमें यदा-कदा इन कथाओं को नृत्य गीत के साथ अभिनीत करने वाले अभिनेता भी सम्मिलित रहे हो सकते हैं। नवीं शती में बने प्राम्बानान के मन्दिरों के उत्कीर्णन इस तरह के अभिनेताओं की उपस्थिति के संकेत देते हैं और बहुत सम्भव है कि इन मन्दिरों के निर्माण के पहले ही ये कथाएँ मौखिक रूप से प्राचीन जावी भाषा में अनूदित होकर कही सुनी जाती रही हों।'[1]

इंडोनेशिया ने रामकथा का सबसे प्राचीन लिखित उदाहरण नवीं शती के आसपास मध्य जावा में 'ककविन' के स्वरूप में मिलता है। ऐसे कुछ प्रमाण उपलब्ध हैं जिनसे यह स्पष्ट अनुमान होता है कि यह संस्करण पाँचवीं शताब्दी में कश्मीर में प्रचलित रामायण के पाठ पर आधारित था। जावी संस्करण और कश्मीरी पाठ दोनों में ही वाल्मीकीय रामायण का उत्तरकांड नहीं मिलता है। जावा में उत्तरकांड का आगमन एक सदी बाद की घटना है जब इसे प्राचीन जावी भाषा में एक अलग ग्रन्थ के रूप में लिखा गया। बाद में इन दोनों ही ग्रन्थों का विकास स्वतन्त्र रूप से अलग-अलग होता रहा।

कुछ इंडोनेशियाई विद्वानों का कहना है कि जावा में रामायण का प्राचीनतम संस्करण सम्भवतः दसवीं शती के आसपास योगीश्वर द्वारा रचित 'रामायण ककविन'[2] है, जो संस्कृत के छन्दों में है और वाल्मीकीय रामायण से अधिक

सातवीं शती के 'भट्टिकाव्य' से प्रेरित प्रतीत होता है।[3] यह न केवल जावी भाषा के साहित्य का प्राचीनतम उदाहरण है, अपितु प्राचीन जावी भाषा का सबसे लम्बा महाकाव्य है जिसमें लगभग 2774 श्लोक हैं।[4]

उन्नीसवीं शती में सुराकार्ता के कलाप्रेमी शासक यशदिपुरा प्रथम ने 'सेरता रामा' के नाम से रामायण का एक रूपान्तर प्रस्तुत किया। इसके बहुत पहले 1367 ई. के लगभग मजापहित राज्य के आश्रित कवि म्पू तंतुलार उत्तरकांड को 'अर्जुनविजय ककविन' के रूप में परिशोधित कर चुके थे। इस नये संस्करण में अन्य महत्वपूर्ण बदलावों के साथ-साथ कुछ बौद्ध तत्वों का भी समावेश हो गया था। इसी संस्करण को पुनः यशदिपुरा प्रथम और द्वितीय ने 'सेरता सहस्रबाहु' के नाम से संशोधित कर प्रस्तुत किया। छन्द के आधार पर इसके दो रूप बने—'मचपत' और 'कावि मिरिंग।'[5]

जावा में इस्लाम के आगमन के साथ नया संस्करण सामने आया—'सेरत कांडा', जिसमें कुछ मुस्लिम तत्वों का भी समावेश था। उदाहरण के लिए विष्णु या शिव की जगह 'आदम' ने ले ली। इसी परम्परा का एक और पाठ है—'सेतर कांडानिंग रिंगित पूर्वा।' इसकी विशेषता यह है कि इसने रामायण और महाभारत की कथाओं को मिला दिया। यहाँ राम और सीता पांडवों के पूर्वज हो जाते हैं।

इंडोनेशिया में मिलने वाले रामायण के अन्य संस्करण हैं—'रामा कालिंग' और 'हिकाजात सरी रामा'। वस्तुतः सम्पूर्ण इंडोनेशिया में राम की लगभग दो सौ कथाएँ प्रचलित हैं, जिनके मूल में संस्कृत या प्राकृत की रामकथाएँ हैं।[6] ये सभी पाठ इस बात की ओर संकेत करते हैं कि यहाँ रामकथा हर पीढ़ी में अपने समय की सामाजिक-सांस्कृतिक आवश्यकताओं के अनुसार अपना स्वरूप परिवर्तित करती चली गयी।

चौदहवीं शती में इस्लाम के बढ़ते प्रभुत्व ने हिन्दू राजाओं को पहले पूर्वी जावा और अन्ततः बाली तक ढकेल दिया। वे अपने साथ अपनी संस्कृति, कला और साहित्य भी ले गये और इस तरह रामायण की कथा बाली द्वीप तक पहुँच गयी जहाँ आज तक लगभग उसी रूप में सुरक्षित है। रामायण बाली के हिन्दुओं के लिए आध्यात्मिक महत्व का ग्रन्थ है और उच्च स्वर में इसके पाठ को ईश-आराधन का साधन समझा जाता है।[7] यद्यपि इंडोनेशिया में कभी भी रामभक्ति धारा तो प्रवाहित नहीं हुई और उनका स्वरूप ईश्वरीय होने से अधिक मानवीय ही रहा, किन्तु वे सदा इंडोनेशियाई जनमानस के आदर्श बने रहे। अपने आकर्षक व्यक्तित्व, उच्च संस्कारों और विनम्र व्यवहार के साथ राम विशेष आदर के पात्र हैं। जावी भाषा में 'राम' शब्द सम्मान के साथ 'पिता' के लिए प्रयुक्त होता है क्योंकि पिता भी उसी तरह परिवार का रक्षक और पालक है जैसे राम। आज भी यह शब्द उच्च जावी भाषा में व्यवहृत होता है।[8] रामकथा इंडोनेशियाई जीवनशैली का अभिन्न अंग बन गयी है। उनकी हर तरह की कला, हर तरह के शिल्प में राम और उनका पावन चरित किसी न किसी रूप में अंकित मिलता है। यहाँ तक कि आधुनिक जीवन के साथ भी राम को तद्नुसार अनुकूलित कर लिया गया है। इंडोनेशिया की राजधानी जकार्ता के एक अत्याधुनिक मनोरंजन पार्क में एक गुहा-सुरंग रामकथा के लिए सुरक्षित है। यहाँ राम के जीवन की अन्य झांकियों के साथ राम रावण युद्ध का विद्युत-उपकरणों की सहायता से सजीव प्रदर्शन है, किन्तु यहाँ राम इक्कीसवीं सदी के मानव के रूप में दर्शाये गये हैं और युद्ध तीर-भालों से नहीं अपितु आधुनिकतम हथियारों से होता दिखाया गया है। इंडोनेशियाई बच्चों का यह पसन्दीदा स्थान है।

किन्तु आज भी रामायण की सर्वाधिक लोकप्रियता पारम्परिक नाट्य-नृत्य के माध्यम से है, जिसे वहाँ 'रामायना बैले' के नाम से जाना जाता है।

'रामायना बैले' का आरम्भ कब हुआ और इसका आरम्भिक स्वरूप कैसा था, इसका एक क्षीण अनुमान ही लगाया जा सकता है। मध्य जावा के प्रम्बानान (यह सम्भवत: 'परब्रह्म' का जावी उच्चारण है) शिव मन्दिर के प्रदक्षिना पथ की दीवारों पर उत्कीर्ण रामकथा के चित्रों की भांगिमाएँ और स्थानक आदि नृत्य मुद्राओं में दिखाई पड़ते हैं। यही सम्भवत: रामायणाधारित नाट्य नृत्य का आरम्भिक स्वरूप रहा होगा। इस चित्रमाला में जिस रामकथा का अनुसरण है, वह न्यूनाधिक रूप से वाल्मीकीय रामायण से साम्य रखती है—देवतागण शेषशायी विष्णु के पास जाते हैं और उनसे रावण के अत्याचारों से मुक्ति दिलाने हेतु अवतार ग्रहण करने की प्रार्थना करते हैं। विष्णु राजा दशरथ और कौशल्या के पुत्र राम के रूप में जन्म लेते हैं। साथ ही दशरथ की दूसरी रानियों-कैकेयी से भरत और सुमित्रा से लक्ष्मण और शत्रुघ्न का जन्म होता है। चारों भाई कालक्रम से विद्यादि में पारंगत होते हुए किशोरावस्था तक पहुँचते हैं, राम सब में बढ़-चढ़ कर हैं।

इसी समय विश्वामित्र यज्ञ में विघ्न डालने वाले राक्षसों का संहार करने के लिए राम और लक्ष्मण को माँग ले जाते हैं। विश्वामित्र के साथ जाते हुए आश्रम के मार्ग में ही उनका सामना राक्षसी ताड़का से होता है, जिसे राम मार देते हैं। आश्रम को विघ्नों से निरापद कर विश्वामित्र के साथ लौटते हुए राम लक्ष्मण मिथिला से गुजरते हैं, जहाँ सीता-स्वयंवर के लिए धनुष-यज्ञ का आयोजन है। राम शिव धनुष (इंडोनेशिया की लोक प्रचलित परम्परा में इसे जनक का धनुष कहा गया है।[9] यद्यपि 'रामायण ककविन' में इसे शिव का ही धनुष बताया है जिसका नाम 'गाण्डीव' है।) भंग कर सीता को पत्नी रूप में प्राप्त करते हैं। सीता समेत राम और लक्ष्मण अयोध्या के लिए प्रस्थान करते हैं। मार्ग में उनकी भेंट परशुराम (इंडोनेशियाई परम्परा में 'रामपरशु') से होती है। जो राम से प्रार्थना करते हैं कि वे अपने बाण से उनका वध कर दें। राम ऐसा ही करते हैं।[10] (इंडोनेशियाई परम्परा का यह प्रसंग वाल्मीकीय रामायण से बिल्कुल भिन्न है। यहाँ परशुराम का सम्बन्ध धनुष-भंग से बिल्कुल नहीं जोड़ा गया है। 'रामायण ककविन' में भी परशुराम राम से युद्ध के लिए उद्यत होते हैं और उनकी परीक्षा करने के लिए अपने धनुष की प्रत्यंचा चढ़ाने के लिए कहते हैं। जब सरलतापूर्वक वैसा करने में सफल रहते हैं तो परशुराम लज्जित होकर लौट जाते हैं।)

वृद्ध हो रहे दशरथ राम का राज्याभिषेक करना चाहते हैं, किन्तु कैकेयी उनके लिए चौदह वर्ष का वनवास और भरत के लिए राज्य माँगती है। प्रतिज्ञाबद्ध दशरथ को ऐसा ही करना पड़ता है और राम लक्ष्मण और सीता के साथ वनगमन करते हैं। शोक में दशरथ की मृत्यु हो जाती है। भरत राजा बनने से इंकार कर देते हैं और राम को वन में खोज कर उनसे वापस चलकर राज्य सम्भालने की प्रार्थना करते हैं। राम स्वयं तो नहीं लौटते किन्तु भरत के आग्रह पर अपनी खड़ाऊँ प्रतीक स्वरूप दे देते हैं, जिसे सिंहासन पर रखकर भरत राम के प्रतिनिधि के रूप में उनके लौटने तक राजकार्य देखना स्वीकार करते हैं।

वन में राम अनेक राक्षसों का संहार करते हैं। रावण की बहन शूर्पणखा सुन्दरी का रूप धर कर बारी-बारी से राम और लक्ष्मण के पास जाती है और अन्तत: लक्ष्मण द्वारा विरूपित होकर रावण के पास पहुँचती है। रावण मारीच को स्वर्ण-मृग बनकर राम को दूर ले जाने की आज्ञा देता है। राम सीता के आग्रह पर स्वर्ण-मृग के आखेट के लिए जाते हैं। चीत्कार सुनने पर सीता लक्ष्मण को भी राम के पीछे भेज देती है। अकेली सीता को मुनिवेशधारी रावण हर ले जाता है। मार्ग में जटायु रावण पर आक्रमण कर सीता को बचाने का प्रयत्न करता है, किन्तु हार जाता है। सीता किसी तरह उसे अपनी अंगूठी देने में सफल हो जाती है। (वाल्मीकीय रामायण और रामायण ककविन-दोनों में ही अंगूठी देने का प्रसंग नहीं है।) कुटी में लौटने पर सीता को न देखकर राम अत्यन्त व्याकुल होकर उसकी खोज में

निकलते हैं और मरणासन्न जटायु से सीता हरण का समाचार और प्रमाण स्वरूप अंगूठी प्राप्त करते हैं। अब राम-लक्ष्मण सीता की खोज में वन में आगे बढ़ते हैं, जहाँ मार्ग में एक शापग्रस्त देव, विरूपित कबन्ध से उनका सामना होता है। राम उसे मारकर उसका उद्धार करते हैं और वह पुनः देवत्व को प्राप्त करता है। इस तरह राम मगरमच्छी बनी हुई एक देवी को भी शापमुक्त करते हैं। (यह प्रसंग वाल्मीकीय रामायण और रामायण ककविन में नहीं है।)

आगे बढ़ते हुए राम लक्ष्मण की भेंट हनुमान से होती है जो उन्हें सुग्रीव से मिलाता है। सुग्रीव अपने भाई सुबाली, जिसने उसका राज्य और उसकी पत्नी-दोनों को बलपूर्वक छीन लिया था, के विरुद्ध राम से सहायता माँगता है। राम उसे सहायता का आश्वासन देते हैं और अपने बल का विश्वास दिलाने के लिए एक ही तीर से सात ताड़वृक्षों का बेधन कर देते हैं। राम के कहने पर सुग्रीव सुबाली को चुनौती देता है और दोनों के मल्ल युद्ध के समय राम सुबाली का बाण से वध कर देते हैं। सुग्रीव किष्किन्धा का राजा बनता है और सुबाली के पुत्र अंगद को युवराज घोषित किया जाता है। सीता की खोज के लिए हनुमान के नेतृत्व में वानरों का एक दल अलेंका (लंका) की ओर प्रस्थान करता है। महामेरू से छलांग लगाकर हनुमान समुद्र पार लंका पहुँच जाते हैं और रावण के राजमहल के उपवन में विभीषण की सुन्दरी पुत्री त्रिजटा के साथ शोकग्रस्त सीता को देखते हैं। वे सीता को राम का सन्देश देते हैं कि शीघ्र ही राम उनके उद्धार के लिए आ रहे हैं। तत्पश्चात् वे उपवन रक्षकों द्वारा पकड़ लिए जाते हैं और उनकी पूँछ में आग लगा दी जाती है किन्तु हनुमान बन्धन से छूटकर लंका को ही जलाते हुए वापस किष्किन्धा पहुँच जाते हैं और लंका का सारा समाचार वहाँ बताते हैं।

राम वानर सेना के साथ लंका की ओर प्रस्थान करते हैं किन्तु मार्ग में समुद्र बाधा है। राम रास्ता बनाने के लिए समुद्र को सुखा डालने के लिए उद्यत होते हैं। समुद्र डरकर सशरीर राम के पास आता है और सेतु बनाने का परामर्श देता है। वानर सेना समुद्र देव की सहायता से सेतु का निर्माण करती है। सारी सेना सरलतापूर्वक उस पार उतर जाती है। युद्ध के पूर्व समझौते के अन्तिम प्रयास के रूप में अंगद दूत के रूप में रावण के राजदरबार में जाता है और सीता को लौटाकर सन्धि कर लेने का प्रस्ताव देता है। अभिमानी रावण अवहेलना कर अंगद का ही कर्णपल्लव काटकर एक चुनौती पत्र में लपेटकर राम को भिजवाता है। रक्त से लथपथ अंगद भी लौटकर सारा समाचार बताता है। (वाल्मीकीय रामायण और रामायण ककविन में यह प्रसंग नहीं है। दूत अंगद का रावण कोई अहित नहीं कर पाता है) अत्यधिक अपमानित अनुभव करते हुए राम तत्काल चढ़ाई की आज्ञा देते हैं और युद्ध आरम्भ हो जाता है। भयंकर युद्ध में राम द्वारा इन्द्रजीत, कुम्भकर्ण और रावण अन्ततः मारे जाते हैं और विभीषण को लंका का राजा बनाकर सीता को साथ लेकर राम और लक्ष्मण अयोध्या वापस आते हैं, जहाँ भरत उनका स्वागत करते हैं और राम का राज्याभिषेक होता है।

सीता गर्भवती है यह जानकर राम उनके चरित्र के सम्बन्ध में शंकालु हो जाते हैं और सीता का निर्वासन हो जाता है। (यह प्रसंग वाल्मीकीय रामायण से भिन्नता रखता है, रामायण ककविन तो राम के राज्याभिषेकपर्यन्त ही है। वाल्मीकीय रामायण का उत्तरकांड इंडोनेशियाई परम्परा में अलग से विकसित हुआ है) लक्ष्मण उन्हें वन में छोड़ आते हैं। यहाँ-वहाँ भटकती सीता को वाल्मीकि के आश्रम में आश्रय मिलता है, जहाँ वे जुड़वां पुत्रों-लव और कुश को जन्म देती है। बालक वाल्मीकि के आश्रम में ही क्षत्रियोचित शिक्षा प्राप्त करते हैं। जब बालक कुछ बड़े हो जाते हैं तो सीता अपनी माता पृथ्वी की गोद में समा जाती है। वाल्मीकि लव और कुश के साथ राम के अश्वमेध यज्ञ में आते

हैं, जहाँ लव-कुश वाल्मीकि रचित रामकथा का गायन करते हैं। राम अपने चरित को बालकों के मुख से सुनकर आश्चर्यचकित होते हैं और तब वाल्मीकि उन्हें समस्त सच्चाई बताते है। दुखित राम कुश का राज्याभिषेक कर और लव को प्रधानामात्य बनाकर स्वयं संन्यास ग्रहण करते हैं। (यह प्रसंग वाल्मीकीय रामायण से भिन्न वर्णित हुआ है।)

प्रम्बानान मन्दिर की यह चित्रमाला 'रामायना बैले' या 'वायांग वोंग', जो इस विधा का प्राचीन नाम है, के जिस स्वरूप से प्रभावित रही हो सकती है, बहुत सम्भव है कि उसका उद्‌भव मध्य जावा में आठवीं शती के हिन्दू माताराम साम्राज्य (आठवीं से दसवीं शती ई.) के संरक्षण में हुआ हो। बाद में राजनीतिक परिवर्तनों के कारण यह पहले पूर्वी जावा और फिर बाली तक पहुँची, जहाँ इसका प्राचीन स्वरूप काफी हद तक अभी भी सुरक्षित है। हालांकि वहाँ भी आधुनिक तत्वों का समावेश हुआ है, जिसके फलस्वरूप प्रदर्शन के कई नये रूप भी निकल कर सामने आये हैं, किन्तु कथानक की दृष्टि से कोई विशेष परिवर्तन नहीं हुआ है।

जावा में 'वायांग वोंग' या 'रामायना बैले' का पुनरुद्धार अठारहवीं शताब्दी की घटना है, जब 1755 ई. में मध्य जावा के यशस्वी साम्राज्य के दो भागों-योग्याकार्ता और सुराकार्ता में विभाजन के बाद योग्याकार्ता के कलाप्रिय सुल्तान हेमाकुबुवाना प्रथम ने इस प्राचीन कला को पुनर्जीवित किया और जिसे उनके योग्य वंशजों हेमाकुबुवाना पंचम और अष्टम ने ऊँचाइयों तक पहुँचाया। बीसवीं शती के आरम्भ तक 'वायांग वोंग' उच्च दरबारी कला के रूप में प्रतिष्ठित रहा। इसका प्रदर्शन मनोरंजन-मात्र के लिए नहीं होता था अपितु यह एक तरह का राज्याश्रित अनुष्ठान था जिसमें पूजा की तरह पूर्ण शुचिता का निर्वहन किया जाता था। इसके आरम्भ होने को समय सूर्योदय काल था जब सुल्तान पूर्वाभिमुख होकर पूर्ण विधि-विधान से इसके दर्शन के लिए प्रतिष्ठित होता था। यह उनके द्वारा सूर्य के रूप में भगवान् विष्णु को सम्मान देने का प्रतीक माना जाता था।

बीसवीं शती के दूसरे दशक से राजनीतिक अस्थिरता के चलते यह कला उपेक्षित हो गयी। सुल्तान न तो उतने योग्य रह गये। न ही उनका प्रभुत्व ही रह गया। सन् 1945 ई. में स्वतन्त्रता प्राप्ति के पश्चात पुनः इस कला को प्रश्रय देने के प्रयास कुछ सरकार और कुछ निजी संस्थाओं-राजदरबार के पुराने वायांग कलाकारों द्वारा हुए हैं और योग्याकार्ता में लगभग वर्ष भर ही 'रामायना बैले' के छोटे-छोटे सार्वजनिक प्रदर्शन होते ही रहते हैं। वर्ष में एक बार वहाँ रामायना फेस्टिवल होता है जब देश भर के भिन्न समूह वहाँ एकत्र होकर अपनी कला का प्रदर्शन करते हैं और सम्पूर्ण रामायण का प्रदर्शन कई दिनों तक चलता है। 'सीता-हरण', 'बाली-सुग्रीव द्वन्द्व युद्ध', 'हनुमान का रामदूत के रूप में लंका जाना और लंका दहन कर लौटना', 'राम का राक्षसों विशेषकर रावण के साथ युद्ध' आदि प्रसंग सर्वाधिक लोकप्रिय हैं और सभी वर्ग, सभी आयु के दर्शकों द्वारा सराहे जाते हैं।

सन्दर्भ

1. राम : द आइडियल हीरो एंड मेनीफेस्टेशन ऑफ द गॉड इन द इंडोनेशियन थियेटर, रामायण पर आधारित अन्तरराष्ट्रीय संगोष्ठी में प्रस्तुत शोध-पत्र, लेखक : सोएडार्सोनी, पृ. 1
2. प्रो. अभिराज राजेन्द्र मिश्र ने इस पूरे ककविन का हिन्दी में अनुवाद प्रस्तुत किया है, सम्पूर्णानन्द संस्कृत विश्वविद्यालय, वाराणसी से प्रकाशित है। इसमें मूल कावि भाषा के श्लोक देवनागरी लिपि में दिये गये हैं और ग्रन्थ के आरम्भ में प्रो. मिश्र द्वारा लिखित एक विस्तृत भूमिका भी है।
3. वायांग वोंग, सुएडार्सोनी, पृ. 335

4. राम : द आइडियल हीरो एंड मेनीफेस्टेशन ऑफ द गॉड इन द इंडोनेशियन थियेटर, रामायण पर आधारित अन्तरराष्ट्रीय संगोष्ठी में प्रस्तुत शोध-पत्र, लेखक : सोएडार्सोनी, पृ. 5
5. एशियन्ट हिस्ट्री, आर्किपिलागो प्रेस, पृ. 138
6. राम : द आइडियल हीरो एंड मेनीफेस्टेशन ऑफ द गॉड इन द इंडोनेशियन थियेटर, रामायण पर आधारित अन्तरराष्ट्रीय संगोष्ठी में प्रस्तुत शोध-पत्र, लेखक : सोएडार्सोनी, पृ. 6
7. काजा एंड कलोड, इं. माडे बान्डम एवं फ्रेडरिक यूजीन द बोए, पृ. 67
8. राम : द आइडियल हीरो एंड मेनीफेस्टेशन ऑफ द गॉड इन द इंडोनेशियन थियेटर, रामायण पर आधारित अन्तरराष्ट्रीय संगोष्ठी में प्रस्तुत शोध-पत्र, लेखक : सोएडार्सोनी, पृ. 9
9. 'द रामायना रीलीफ्स ऑफ प्राम्बानान', डॉ. मोएरजीप्तो, डॉ. बाम्बाँग प्रासेत्यो, डॉ. इन्द्रो देवा कुसुमो दार्मोयो, पृ. 15
10. 'द रामायना रीलीफ्स ऑफ प्राम्बानान', डॉ. मोएरजीप्तो, डॉ. बाम्बाँग प्रासेत्यो, डॉ. इन्द्रो देवा कुसुमो दार्मोयो, पृ. 16-17

डॉ. अर्चना अग्रवाल रंगमंच पर नियमित लेखन करती रही हैं। एक परियोजना के सिलसिले में इंडोनेशिया की यात्रा करने के बाद तैयार इस शोधपत्र को उन्होंने वाराणसी में 10 सितम्बर 2010 को फादर कामिल बुल्के जन्मशती समारोह में प्रस्तुत किया।

रामकथा बाली में

करुणा सिंह

बालीद्वीप वर्तमान इण्डोनेशिया राष्ट्र के सत्ताइस प्रान्तों में एक स्वतन्त्र प्रान्त है। भौगोलिक दृष्टि से यह लघुकाय द्वीप पश्चिमस्थ जावा तथा पूर्वस्थ लोम्बोक के बीच स्थित है। इसका क्षेत्रफल पूर्व से पश्चिम प्रायः 210 किमी. तथा दक्षिण से उत्तर प्रायः 120 किमी. है। सम्प्रति इस द्वीप में तीस लाख निष्ठावान शैव-मतानुयायी हिन्दू रहते हैं। शैवों के अतिरिक्त वैष्णव तथा बौद्ध हिन्दू भी इस द्वीप के मूल निवासी हैं।

बालीद्वीप का हिन्दू धर्म मारीशस, सूरीनाम, ट्रिनिडाड तथा फिजी आदि की तरह डेढ़-दो सौ वर्ष प्राचीन नहीं है। वस्तुतः वह ईसा की प्रथम शती का है जब वहाँ भारतीय यायावरों का प्रवेश हुआ था। चूँकि बालीद्वीप में इस्लाम का प्रवेश कभी नहीं हो पाया फलतः वहाँ का आर्य धर्म प्राचीन वैदिक आर्य धर्म का स्मरण कराता है। इस नन्हें से द्वीप में आज से दो हजार वर्ष प्राचीन भारतीय संस्कृति अपने मूल तथा अविकृत रूप में सुरक्षित है। बालीद्वीप का भारताश्रित धर्म, दर्शन-आध्यात्म, कला, रंगमंच एवं सामाजिक परम्पराएँ सभी कुछ हमें आकर्षित करने वाली है।

एच. कर्न, सी. हुक्कास, जुइनबाल, पिगाड आदि आर.गोरिस एवं पर्वतजरक सरीखे विद्वानों ने एकमत से यह तथ्य स्वीकार किया है कि बालीद्वीप में लेखन कला भारत से ही आयी है। बालीद्वीप के राम-कथा के आदिगायक महाकवि म्यू योगीश्वर हैं। प्रायः समस्त पाश्चात्य एवं पौरस्त्य समीक्षक महाकवि योगेश्वर प्रणीत 'रामायण ककविन' को ही कवि भाषा की प्रथम एवं प्रारम्भिक काव्यकृति स्वीकार करते हैं। जिस प्रकार भारत की साहित्यिक एवं सांस्कृतिक परम्पराओं की आधारपीठ रामकथा है वैसे ही बालीद्वीप की रामकथा 'रामायण ककविन' भी वहाँ की साहित्यिक, सांस्कृतिक, धार्मिक एवं आचरण संहिता सम्बन्धी स्थापनाओं की आधारशिला रही है। योगीश्वर जी द्वारा रचित यह ग्रन्थ रामकथा का गौरव बिन्दु है। बालीद्वीप के साहित्य में सर्वाधिक पाण्डुलिपियाँ 'रामायण ककविन' की है। इसका मूल कारण बालीद्वीप में रामकथा की लोकप्रियता एवं इस ग्रन्थ का काव्य सौष्ठव है।

'रामायण ककविन' के रचनाकार एवं रचनाकाल के सन्दर्भ में विभिन्न विद्वानों की विभिन्न व्यक्तिगत धारणाएँ पिछले सौ वर्षो से यथावसर उत्पन्न एवं विकसित होती रही है। भारतीय विद्वानों के मतानुसार 'रामायण ककविन' योगीश्वर की ही रचना है। सम्पूर्णानन्द संस्कृत विश्वविद्यालय के पूर्व कुलपति डॉ. राजेन्द्र मिश्र, जो संस्कृत के यशस्वी प्राध्यापक, संस्कृत, हिन्दी एवं भोजपुरी के रससिद्ध कवि एवं प्रखर समीक्षक के रूप में प्रतिष्ठित है, उनका भी मानना है कि यह रचना योगीश्वर जी की ही है। डॉ. राजेन्द्र मिश्र जी को प्राचीन जावी भाषा का भी यत्नसिद्ध ज्ञान है जिसका प्रमाण है उनके द्वारा सम्पन्न यवद्वीपीय 'रामायण ककविन' का देवनागरी लिप्यन्तरण। डॉ. सन्तोसो

ने पारम्परिक मत प्रस्तुत करते हुए अपना मत इन शब्दों में प्रस्तुत किया–'दि रामायण ककविन इज ए प्रोडक्ट ऑफ कण्टीन्युअस रिशेपिंग एण्ड रिमाडेलिंग (The Ramayana Kakwin is a product of continuous reshaping and remodling)'

ग्रन्थ रचनाकार के रूप में योगीश्वर को मानने वाले डॉ. पर्वतरजक भी हैं। बालीद्वीप की स्थानीय परम्परा के अनुसार 'रामायण ककविन' की रचना योगीश्वर जी द्वारा मध्य जावा के मतराम शासक बलितुंग के शासनकाल (नवीं शती ई. का अन्तिम चरण एवं दसवीं का प्रथम चतुर्थांश) में की गयी। अनेक विद्वानों द्वारा बतायी गयी तिथियों का विश्लेषण करने के पश्चात हम इस निष्कर्ष पर पहुँचते हैं कि इसकी विश्वसनीय तिथि सम्राट बलितुंग का शासनकाल तथा उसके विकास की तिथि 11वीं शती का पूर्वार्ध सिद्ध होती है।

कथा विन्यास एवं कलेवर–'रामायण ककविन' कलेवर तथा साहित्य सौन्दर्य दोनों ही दृष्टियों से बाली की एक महान कृति है। इसमें कुल 26 सर्ग तथा 2778 श्लोक हैं। आर्या, मालिनी, वसन्ततिलका, वंशस्थ, पृथ्वी तथा शार्दूलविक्रीडित के साथ ही साथ 26वें सर्ग में दण्डक जैसे विशिष्ट छन्द का प्रयोग किया है। ग्रन्थ का सर्गानुसारी प्रतिपाद्य क्रम इस प्रकार है–

1. दशरथ प्रतापवर्णन, पुत्रेष्टियज्ञ, रामजन्म, विश्वामित्र द्वारा राम-लक्ष्मण याचना।
2. राम-लक्ष्मण द्वारा विश्वामित्र की यज्ञ-रक्षा, ताड़का-वध, मारीच-उत्सादन, मिथिला में धनुर्भंग तथा परशुराम-पराभव।
3. राज्याभिषेक, कैकेयी द्वारा व्याघात, राम वनगमन, दशरथ-मरण, भरत द्वारा रामानुनय, राम द्वारा भरत को सान्त्वना एवं राज धर्मोपदेश।
4. दण्डक प्रवेश, विराधवध, सुतीक्ष्णाश्रम-निवास, सूर्पणखा का लक्ष्मण से प्रेम एवं वैरुप्य, खर-दूषण-त्रिशिरा वध।
5. सूर्पणखा द्वारा रावण प्रबोध, मारीच की सहायता से रावण द्वारा सीता हरण।
6. रावण द्वारा जटायु-वध, राम-लक्ष्मण का सीतान्वेषण, जटायु से सीता-हरण वृत्त का ज्ञान, दीर्घबाहु (योजनबाहु) वध, शबरी से भेंट, राम-सुग्रीव मैत्री, सप्ततालोच्छेदन, बालि-वध, वर्षागमन।
7. सीता-वियोग में राम का सन्ताप, बानरों का सीतान्वेषण अभियान, स्वयंप्रथा का छल, सम्पाति द्वारा दिशा-निर्देश।
8. हनुमान का आकाश मार्ग से लंकागमन, अशोक वन में सीतादर्शन, रावण द्वारा सीता का उत्पीड़न हनुमान-सीता-वार्तालाप, सीता से पत्र एवं चूड़ामणि की प्राप्ति, अशोक वन विध्वंश।
9. अक्षय सहित अनेक राक्षस सैनिकों का वध, इन्द्रजीत द्वारा हनुमान का बन्धन, रावण द्वारा मृत्यु दण्ड, विभीषण द्वारा दूत के अवध्यत्व की मन्त्रणा।
10. हनुमान-रावण-संवाद, हनुमान के औद्धत्य से क्रुद्ध रावण का पूँछ जला देने का आदेश।
11. लंकादहन, सीता से विदा, राम को पत्र एवं चूड़ामणि समर्पण, राम की प्रणयवेदना, वानर-सैन्य का प्रस्थान।
12. लंका में पौर-जीवन-चर्या, उन्मुक्त कामकेलियों का वर्णन, राक्षस-प्रमुखों की मन्त्रणा।
13. रावण द्वारा परामर्श, प्रहस्त द्वारा युद्ध की मन्त्रणा, विभीषण द्वारा न्याय, षडगुण तथा जनानुराग द्वारा शान्ति स्थापना की मन्त्रणा।
14. सुमाली एवं कुम्भकरण द्वारा विभीषण का समर्थन, रावण द्वारा विभीषण का अपमान।

15. विभीषण की राम प्रति शरणागति, सागर के प्रति राम का रोष, वरुण द्वारा सेतु-निर्माण की मन्त्रणा।
16. नल द्वारा सेतु-निर्माण, वानरसेना का सागर-अतिक्रमण, सुवेलपर्वत विहार।
17. रावण द्वारा राम-लक्ष्मण के मायावी कटे शीश का प्रदर्शन, सीता का चितारोहण, त्रिजटा का अपने पिता विभीषण के पास गमन, सीता को सत्यनिवेदन।
18. रावण द्वारा शुक-सारण सम्प्रेषण, शुक-सारण द्वारा रावण को सन्धि की मन्त्रणा, अंगद-दौत्य।
19. युद्ध के लिए उभयपक्ष की तैयारी, युद्धारम्भ, युद्धवर्णन।
20. राक्षससेना का विनाश, इन्द्रजीत का अलक्ष्य होकर रात्रि में कूटयुद्ध, राम लक्ष्मण का नागपाश-बन्धन, विभीषण द्वारा इन्द्रजीत का उपद्रवण, राक्षसपक्ष का विजय महोत्सव।
21. नागपाश में जकड़े राम-लक्ष्मण का सीता को प्रदर्शन, सीता का विलाप एवं मूर्च्छा, विभीषण द्वारा त्रिजटा प्रबोध, देवों तथा ऋषियों द्वारा राम की स्तुति, राम को अपने देवत्व की अनुभूति, गरुड़ द्वारा नागपाश मुक्ति, धूम्राक्ष-प्रकम्पन एवं प्रहस्त-वध।
22. कुम्भकरणजागरण, कुम्भकर्ण द्वारा रावण-तिरस्कार, सुग्रीव की कुम्भकर्ण से मुक्ति, कुम्भकर्ण का वैरुप्य।
23. राम-लक्ष्मण द्वारा कुम्भकर्ण-वध, इन्द्रजीत द्वारा जृम्भकास्त्र से समस्त वानर-सेना का विनाश, हनुमान द्वारा हिमालय से औषधि-आनयन तथा वानर सेना का पुनर्जीवन, लक्ष्मण द्वारा इन्द्रजीत वध।
24. रावण का युद्धार्थ—निष्क्रमण, लक्ष्मण-शक्ति एवं विभीषण द्वारा उपचार, राम द्वारा ऐन्द्रस्थ की प्राप्ति, रावणवध, विभीषण-विलाप, राम द्वारा विभीषण प्रबोध तथा लंका-प्रशासनार्थ आदेश, राम द्वारा अष्टव्रतोपदेश, रावण का और्ध्वदेहिक, हनुमान द्वारा सीता को विजय का समाचार, सीता की अग्निपरीक्षा, शिवादी देवों द्वारा सीता की पवित्रता का अनुमोदन, हनुमान का अयोध्या-प्रस्थान, विभीषण-सुग्रीव की अयोध्या-यात्रा।
25. राम द्वारा सीता के प्रति यात्रापथ-वर्णन, भारद्वाज-आश्रम में आगमन।
26. राम-भरत-पुनर्मिलन, अयोध्या-महोत्सव एवं भोज का वर्णन, रामायण-माहात्म्य तथा रचनाकार की विनम्र प्रणति।

योगेश्वर कवि काव्यप्रतिभा के धनी थे। उन्होंने वाल्मीकि की मूलकथा में अनेक रोचक परिवर्तन किया है जो रसचर्वणा की दृष्टि से बड़े महत्व के हैं। कुछ प्रमुख नवीनताएँ हमारा ध्यान आकृष्ट करती हैं जैसे—

1. क्रुद्ध जटायु द्वारा रावण को घायल कर उसका रक्तपान तक करना।
2. हनुमान सीता की खोज करते हुए जब रात्रिवेला में खरगोश के समान लघु रूप धारण कर लंकापुरी में प्रवेश करते हैं और वहाँ नानाविध प्रणयकेलियों में डूबे तरुण राक्षस-मिथुनों को देखते हैं तब पवनपुत्र विषण्ण हो उठे क्योंकि उन्हें विरहविधुर राघव की स्मृति हो आयी। राम के प्रति उनकी करुणा जाग्रत हो उठी और वह अतिशय शोकार्त हो उठे। विहार-क्रीड़ा एवं भोजन पान में डूबे राक्षसों को वह क्षण भर भी न देख सके। उनका गीत-गायन तक नहीं सुन सकते थे। उनके नेत्रों से निरन्तर अश्रुपात होने लगा। हनुमान के चरित्र का यह उदात्त पक्ष तो भारतीय रामकथाकारों की भी लेखनी से अनंकित ही रह गया है। बालीद्वीप के रामकथा के हनुमान मेधावी, विद्वान, वीर, विनयी, वाग्मी, कर्तव्यनिष्ठ, अनहंकार तथा दया से युक्त हैं।
3. तुलसीदास जी ने राम जी की विरह वेदना को व्यक्त करते हुए कहा—

सुनि सीता दु:ख प्रभुसुख अयना, भरि आये जल राजीव नयना।

परन्तु योगीश्वर के राम की स्थिति कुछ और ही है। हनुमान ने सीता जी के द्वारा दिया गया चूड़ामणि और पत्र उन्हें एक साथ दिया। यहाँ उल्लेखनीय है कि भारतीय रामकथा परम्परा में देवी सीता के पत्र की परिकल्पना नहीं की गयी। हनुमान जी का नपे-तुले समयोचित सन्देश सुनकर सीता उत्फुल्ल हो उठती हैं और वह असीम करुणा से ओत-प्रोत एक लम्बा पत्र पवन पुत्र को दे देती हैं। चूड़ामणि हृदय से लगाकर राघव सीता की पाँति बाँच रहे हैं। प्रेम का सम्मोह अचानक घनीभूत हो उठता है। जब प्रियतमा के शब्दों से बनाये भावनालोक में हृदय डूब जाता है। तब आँखें स्वयं अक्षर वाचना छोड़ देती है। आँखों से सावन-भादों बरसने लगते हैं। अचानक राम की चेतना पुन: लौटती है। सीता का अवशिष्ट सन्देश पढ़ने के लिए हृदय पुन: उत्कंठित होता है। परन्तु प्रियतमा के सन्देश विहग कहाँ रहे? वे तो अविरल अश्रुवर्षा में जाने कब के धुल गये। राघव मन मसोस कर रह जाते हैं। कातर भाव से कह उठते हैं—भैया! लक्ष्मण! जल्दी आओ मेरा दुर्भाग्य तो देखो। अब मैं क्या करूँ। वैदेही के शब्दों को कहाँ ढूँढूँ? हाय! प्रिया की पाती को तो मैंने स्वयं ही नष्ट कर दिया।

सम्पूर्ण विश्व वाड्मय में ऐसा करुण सन्दर्भ मिलना कठिन है। योगीश्वर ने यहाँ कालीदास को लोक-संवेदनाओं में पीछे छोड़ दिया है। वैदेही के लिए विलाप करते राघव के हृदय को अभिव्यक्त करने में योगीश्वर को भी अभूतपूर्व सफलता मिली है। एक और उदाहरण वर्णन योग्य है। राम अपहरण कर ली गयी सीता के लिए कहते हैं—हे प्रिये! तुम्हारे वियोग में सूखे-मुरझाए ये पुष्प भी मुझ शठ की तुलना में श्रेष्ठ हैं, क्योंकि मैं तुम जैसी भार्या को खोकर भी मृत्यु का वरण नहीं कर पा रहा हूँ। प्रिये! मेरे प्रेम की परीक्षा लेने के लिए तुम कहीं छिप तो नहीं गयी हो? तुम परिहास तो नहीं कर रही? तुम्हारे अभाव में मेरा जीवन संशयापन्न हो उठा है और मैं मर कर भी तुम्हारे पास आना चाहता हूँ।

4. मानवीय संवेदनाओं के चित्रण में कवि ने अपनी वैयक्तिक सहृदयता का परिचय दिया है। श्रीराम की भर्त्सना से अपने पापों की प्रत्यक्ष अनुभूति करते हुए वानरराज बाली का मृत्यु की अन्तिम घड़ी में उमड़ा हुआ भ्रातृ स्नेह इसका सर्वोत्तम प्रमाण है। बाली कहता है-सुग्रीव! मेरे भाई! मेरे पास आओ! मुझे विदा दो! ईश्वर करे अगले जनम में हम दोनो पुन: सहोदर के रूप में पैदा हों, हमारा यही निवास स्थान हो, यहाँ यही ऋष्यमूक पर्वत ही, पके फलों वाला वृक्ष हो और मधु का अक्षय कोश हो। इन वचनों के साथ बाली ने अश्रुपूरित नेत्रों से अपना सुवर्ण मुकुट सुग्रीव के हाथों में रखा और कहा—अचिन्त्य परमेश्वर ने पृथ्वी पर हम दोनों को प्रसन्नता के साथ जीने नहीं दिया। इसलिए मैं पार्थिक खुशियाँ तुम्हें सौंपकर स्वर्ग सुख के लिए ऊपर जा रहा हूँ। ऐसी मार्मिक अभिव्यक्ति वाल्मीकि रामायण में भी नहीं है। निश्चय ही यह म्पू योगीश्वर की मौलिक उपलब्धि है।
5. शबरी के सन्दर्भ में कवि की कल्पना अद्‌भुत है जिसका कोई सूत्र वाल्मीकि अथवा भट्टि में नहीं प्राप्त होता। राम के पूछने पर शबरी अपने तप का कारण बताती है—शंकर के शाप के कारण विष्णु को वाराह रूप में उत्पन्न होना पड़ा। वाराह रूपधारी विष्णु ने एक पर्वत-गुफा में निवास किया और शबरी का भोजन खा लिया। फलत: वाराह विष्णु की मृत्यु हो गयी। उस वाराह का मांस शबरी ने खाया, जिससे उसकी त्वचा अतिशय काले रंग की हो गयी। इस विवरण के बाद ही शबरी राम से स्वयं को छूकर पवित्र कर देने का अनुरोध करती है। राम शबरी को छूते हैं, जिससे तत्काल उसे दिव्य वर्ण प्राप्त हो जाता है।
6. विश्वामित्र द्वारा राम लक्ष्मण की याचना के सन्दर्भ में कहीं भी वशिष्ठ का नामोल्लेख नहीं है।

7. सुबाहु का कोई उल्लेख नहीं है।
8. शिव के धनुष को पिनाक न कहकर दिव्य-गाण्डीव कहा है।
9. राम सीता के अतिरिक्त लक्ष्मण आदि के विवाह की चर्चा कवि ने छोड़ दिया है।
10. राम वन गमन सन्दर्भ में मन्थरा का कोई उल्लेख नहीं। कैकेयी स्वयं ईर्ष्याग्रस्त होकर भरत का राज्याभिषेक, राम का वनवास माँगती हैं।
11. तमसा तट पर राम नागरिकों के साथ ही साथ सुमन्त्र को भी रात में ही छोड़ कर चले जाते हैं।
12. भरत द्वारा तमसा तटवर्ती भयानक जंगलों एवं बीहड़ों में राम का अन्वेषण करना योगीश्वर की नयी कल्पना है। तमसा का भीषण वर्णन अपरिचयमूलक है।
13. चित्रकूट यात्रा में वाल्मीकि का कोई उल्लेख नहीं है जबकि अत्रि आश्रम में राम के जाने का वर्णन है।
14. सूर्पणखा राम के साथ मैथिली को देखकर अपने उस संकल्प पर लज्जित हो उठती है जिसमें राम को पति के रूप में वरण करना चाहती थी। वह सर्वप्रथम लक्ष्मण के पास ही विवाह का प्रस्ताव लेकर जाती हैं। लक्ष्मण उसे राम के पास भेजते हैं। लक्ष्मण केवल नाक काटते हैं जबकि मूल कथा में नाक कान दोनों।
15. मूलकथा में शरविद्ध मारीच स्पष्टतः सीता और लक्ष्मण का नाम लेता है। ककविन में यह क्रन्दनमात्र करता है, जिससे सीता को राम के संकटापन्न होने का भ्रम हो जाता है।
16. कबन्ध को दीर्घबाहु तथा देवी श्री का पुत्र कहा है।
17. पम्पा को कवि कम्प अथवा कम्पा के रूप में वर्णित करता है।
18. सीतान्वेषण—सन्दर्भ में वानर वीरों का ऋच्छबिल में प्रवेश एवं स्वयं प्रभा से मिलने के वृत्त को म्पू योगीश्वर ने वाल्मीकि के सर्वथा विपरीत प्रस्तुत किया है।
19. नागमाता सुरसा द्वारा हनुमान की शक्ति परीक्षण का वृत्त उपेक्षित कर दिया। सिंहिका राक्षसी को डाकिनी कहा है।
20. कवि योगीश्वर ने त्रिजटा को विभीषण की पुत्री एवं रूप-सौन्दर्य सम्पन्न एक सहृदय युवती के रूप में चित्रित किया है। सम्भवतः यह कवि का स्वाभिलक्षित परिवर्तन है। अन्यथा मूल कथा की त्रिजटा तो वृद्धा राक्षसी है।
21. ककविन के हनुमान सीता के समक्ष तब आते हैं जब सीता और त्रिजटा एक साथ होती है।
22. लक्ष्मण युद्ध में मेघनाथ को उसकी सात पत्नियों के साथ ही साथ मारते हैं।
23. लंका विजय के अनंतर भरत को सूचना देने के लिए हनुमान लंका से ही प्रस्थान करते हैं (वायुमार्ग से), जबकि मूल कथा में वह भारद्वाज आश्रम से जाते हैं।
24. राम द्वारा विभीषण को दिया गया अष्टव्रतोपदेश कवि का स्वयं का चिन्तन है। मूल कथा में यह प्रसंग नहीं है।
25. भोजोत्सव का वर्णन भी योगीश्वर का विशुद्ध मौलिक योगदान है। सारे पकवान बालीद्वीप के हैं।
26. रामायण ककविन का समापन वाल्मीकि की शैली में हुआ है। भट्टि का ग्रन्थ जहाँ व्याकरण शिक्षा ही ग्रन्थ रचना का लक्ष्य बताता है, वहीं योगेश्वर ने ग्रन्थ की फलश्रुति मोक्षप्राप्ति बताया है।

बालीद्वीप के कवि द्वारा रामायण में चित्रित रूप सौन्दर्य विविध है। एक ओर कवि जड़ जगत की सहजात एवं ऋतु परिवर्तनजन्य सुषमा को अभिव्यक्त करता है तो दूसरी ओर चेतन जगत की रमणीयताओं को। सूर्पणखा का रूप सौन्दर्य अमर्यादित तथा उद्दीपक था तो दूसरी ओर विदेहनन्दनी की सहजात सुन्दरता का वर्णन है। योगीश्वर कहते हैं, 'वे आँखें निरर्थक है, जिन्होंने वह लावण्य नहीं देखा, वे नासारन्ध निष्फल हैं, जिन्हें सीता के अंगों की गन्धानुभूति नहीं, वे श्रवणयुगल निर्गुण है, जिन्होंने उनकी मिठासपगी वाणी नहीं सुनी।' आगे उन्होंने कहा कि त्रिभुवन का साम्राज्य भी यदि सीता की प्राप्ति के लिए शुल्क रूप में चुकाना पड़े तो कम ही है। विष्णुपत्नी लक्ष्मी और शची इन्द्राणी सीता के रूप में लावण्य के समक्ष कुछ नहीं है।

इस वर्णन में अप्रस्तुत विधानों का स्वारस्य बड़ा ही मार्मिक है। लक्ष्मी, गौरी, शची, रोहणी तथा रति के भी रूप-लावण्य की अवमानना कर कवि ने मानो सीता के सौन्दर्य की अनिर्वचनीयता को पराकाष्ठा पर पहुँचा दिया है।

जब रावण के यतिवेष का वर्णन योगीश्वर करते हैं तो निश्चय ही एक कर्मकांडी पुरोहित का चित्र साकार हो उठता है-एक परम शान्त, सात्विक शुद्ध शैव संन्यासी। देदीप्यमान केशकुन्तल, बाहर निकली शिखा, निर्मल-धवल दन्तपंक्तियाँ, रुद्राक्ष की मालाएँ, कन्धे पर लटकता जलपात्र, लाक्षारस के समान लाल वल्कल वस्त्र। वह पर्यटन करता हुआ मन्त्र पाठ कर रहा था। इस प्रकार योगीश्वर नारी तथा पुरुष दोनों के ही अवरोचित सौन्दर्य निरूपण में दक्ष है। सीता के वियोग में जर्जर राम क्रोध एवं अमर्ष के आवेग में महाकाल का रूप धारण कर लेते हैं। वह श्रेष्ठ पर्वतों को धराशायी कर देने तथा सागर को सुखा देने की प्रतिज्ञा करते हैं। आज सारा संसार विशीर्ण हो उठेगा। पृथ्वी पिस जायेगी। कुबेर अवसन्न होंगे और यक्षगण काल के ग्रास बन जायेंगे। देवगण अब नहीं रहेंगे। अन्तरिक्ष चूर-चूर हो जायेगा। सीता वियोगी राम ने यह कहते कहते ही सृष्टि के विनाशार्थ धनुष पर कराल शर सन्धानित कर लिया।

महाकालवेशी राम का यह रूपांकन योगीश्वर ने विलक्षण रीति से किया है। सीता का अपहरण ? वह भी राम सरीखे महाधनुर्धर समरविजयी नायक की आँखों के सामने ? यह असह्य अपमान ही राघव को 'कालभैरव' बनने के लिए बाध्य कर देता है। सर्वाधिक आकर्षक स्थल वे हैं जहाँ कवि ने अत्यन्त मौलिक विचार व्यक्त किये हें। कवि कहता है-सचमुच दु:ख हृदयहीन है। बिना किसी पूर्व सूचना के वह आ धमकता है और सुख को ढक लेता है। परन्तु यही तो वास्तविक जीवन है -सुख एवं दु:ख की आवाजाही। कवि कहते हैं —दु:ख का रंग काला और सुख का लाल। फिर भी दोनों समन्वित हैं। यह समन्वय वाद्यवृन्द जैसा है, जिसमें तन्त्र (वीणा) एवं सुषिर (बांसुरी) एक ही साथ बजते हैं। यह शरीर भी एक वाद्य यन्त्र है, जिसे हम बजाते हैं। यह प्रसन्नता एवं अवसाद भरी ध्वनियों का संगम है।

रामकथा का वर्णन करते हुए रामलीला का वर्णन न हो तो अधूरा सा लगता है। डॉ. राजेन्द्र मिश्र जी को बाली में होने वाले रामलीला को देखने का सुअवसर प्राप्त हुआ है। वे कहते हैं कि बालीद्वीप में डेनपसार नगर जो बालीद्वीप की राजधानी भी है, वहाँ रामलीला होती है। वहाँ क्षीरावर्ण संस्कृति केन्द्र अर्धचन्द्र नामक खुले रंगमंच पर रामलीला प्रतिवर्ष अस्ति इंस्टीट्यूट के कलाकारों द्वारा प्रस्तुत की जाती है। तकनीकी दृष्टि से वहाँ की रामलीला वायांग-वांग कही जाती है। वह योगीश्वर के रामायण ककविन के अनुसार होती है। इसमें सभी पात्र मूक अभिनय करते हैं। उनके संवाद डलंग (सूत्रधार) बोलता है। सम्पूर्ण रामलीला की सफलता का दायित्व डलंग पर होता है। डलंग विद्यावैदुषी सम्पन्न मवितेन आदि पवित्र संस्कारों से सुसंस्कृत, तन्त्र-मन्त्र में पारंगत दैवीशक्ति सम्पन्न एक अद्‌भुत कलाकार है जो कि पालथी मारे, सारी रात एक आसन में बैठा रहता है। सम्पूर्ण रामकथा का संवाद उसे कंठस्थ होता है।

अद्भुत कला है डलंग की। क्षण भर में बादल जैसा गरजना, क्षण भर में ही रो देना और फिर पात्रों के भावानुसार हुंकार करना, ललकारना, सिसकना, प्राणों की भीख माँगना–सब डलंग के लिए सहज है। उठाना, गिराना, पलटना, घूंसा मारना, घसीटना और प्राणांत कर देना। मल्लयुद्ध की इन सारी गतिविधियों को मात्र अपनी वाणी से डलंग जिस कुशलता एवं सामर्थ्य से अभिव्यक्त कर देता है, वह अभूतपूर्व है। नाटक का उद्देश्य मनोरंजन भी होता है। अतः डलंग ढेर सारे मनमाने प्रयोग भी करता रहता है। बालीद्वीप का डलंग सारे संवाद बोली भाषा (बालीनीज) में बोलता है तथा श्लोकमात्र कवि भाषा में गाता है।

जिस देश में जिस भाषा में रामकथा लिखी गयी, राम वहीं के हो जाते हैं। ऐसा लगता है रामकथा के माध्यम से हम अन्य देशों से भी बड़ी सरलता से जुड़ सकते हैं, आत्मीयता स्थापित कर सकते हैं। राम हमारे और हम सब राम के हैं।

करुणा सिंह वाराणसी के डीजल रेल इंजन कारखाना कालेज में हिन्दी की प्रवक्ता हैं। उन्होंने यह व्याख्यान 10 सितम्बर 2010 को फादर कामिल बुल्के जन्मशती समारोह में दिया था।

फादर कामिल बुल्के

कामिल बुल्के : जीवन-रेखाएँ

दिनेश्वर प्रसाद

हिन्दी के धर्मयोद्धा और सन्त साहित्यकार डॉ. फादर कामिल बुल्के का जन्म बेल्जियम के पश्चिम फलैण्डर्स प्रान्त के रम्सकपैले नामक गाँव में एक सितम्बर, 1909 ई. को हुआ था। वहाँ उनके पूर्वज पिछली कई पीढ़ियों से रह रहे थे और आज भी उनके कई सम्बन्धी वहाँ रहते हैं। उनके दादा फिलिप बुल्के (जन्म : 17 जनवरी 1817 ई.) अपने पूर्वजों की तरह भूस्वामी थे। उनकी पहली पत्नी अमेलिया साउत की मृत्यु विवाह के कुछ ही समय बाद हो गयी थी। उनकी दूसरी पत्नी नतालिया सोफिया क्लाऊस (जन्म : 15 सितम्बर 1841 ई.) जो रम्सकपैले के समीपवर्ती दसेले गाँव की थीं, उनसे चौबीस वर्ष छोटी थीं और अपने पति की मृत्यु के नौ वर्ष पूर्व ही, अक्टूबर, 1893 ई. में परलोकवासी हो गयी थी। फिलिप बुल्के की मृत्यु 85 वर्ष की परिपक्व अवस्था में 28 अगस्त, 1902 ई. को हुई।

फिलिप बुल्के अपने पूर्वजों से भिन्न स्वभाव के थे। यद्यपि वह बहुत धर्मनिष्ठ थे किन्तु उनका विश्वास धन जोड़ने में नहीं, बल्कि भोगने में था। उनकी फिजूलखर्ची के कारण उनकी समस्त भू-सम्पत्ति बिक गयीं और जीवन के अन्त में वह दिवालिया हो गये। उनके दोनों पुत्र कामिल और अदोल्फ उनकी मृत्यु के बाद कई वर्षों तक रम्सकपैले में आजीविका के लिए संघर्ष करते रहे। पारिवारिक प्रतिष्ठा के उतार और बढ़ते हुए आर्थिक संकट के दिनों में ही उनका विवाह हुआ तथा अदोल्फ को पहली सन्तान हुई, जिसे पारिवारिक परम्परा के अनुसार अपने बड़े चाचा कामिल का नाम मिला। शिशु कामिल का जन्म समय से पूर्व-सात महीनों में—हुआ था और वह इतना दुर्बल था कि उसे बचने की आशा किसी को न थी। उसकी माँ मरिया बुल्के, उसके जन्म के बाद तीन दिनों तक रोती रहीं, किन्तु चौथे दिन से उसकी स्थिति में सुधार होने लगा और उसके जीवन की आशा बन्धने लगी किन्तु जब वह कुछ ही महीनों का था, बुल्के-परिवार को अपना गाँव छोड़ना पड़ा। कामिल और अदोल्फ, कठिन संघर्ष करते रहने के बावजूद, अपना पैतृक घर तक न बचा सके। दोनों समीप के दो अलग-अलग गाँव में बस गये—हाईस्त में कामिल और लिस्सेवेगे में अदोल्फ। लिस्सेवेगे में अदोल्फ की ससुराल भी थी।

फादर बुल्के के चाचा (कामिल) और उनके पिता के स्वभाव में बहुत अन्तर था। चाचा इस दुनिया के आदमी थे। वह बहुत व्यवहारकुशल व्यक्ति थे। उन्होंने लकड़ी का व्यापार आरम्भ किया और देखते-देखते लाखों फ्रैंक के स्वामी बन गये। लिस्सेवेगे के समीपवर्ती बन्दरगाह जेब्रुगे में उनका एक विशाल गोदाम था, जहाँ तरह-तरह की लकड़ियों के ढेर सारे कुन्दे छोटे-बड़े टीलों के रूप में जमा रहते थे। गोदाम के कारखाने में लकड़ी चीरने का काम होता था। लगभग डेढ़ सौ मजदूर सबेरे से शाम तक जहाजों से लकड़ी उतारने, उसे यथास्थान रखने, गाड़ियों पर लादने और कारखाने में चीरने में व्यस्त रहते थे। यद्यपि अपने अध्यवसायी स्वभाव के कारण वह व्यापार में लगने

के कुछ समय बाद ही सम्पन्न हो गये, किन्तु प्रथम विश्वयुद्ध की समाप्ति के बाद तो उनकी गणना आसपास में सबसे धनी लोगों में होने लगी। प्रथम विश्वयुद्ध में बेल्जियम के बहुत से गिरजाघर नष्ट हो गये थे, लड़ाई समाप्त होने के बाद पुराने गिरजाघरों की मरम्मत और नये गिरजाघरों के निर्माण का काम तेजी पर था, इसलिए लकड़ी का व्यापार उत्कर्ष पर था। फादर बुल्के के चाचा ने इससे बहुत धन कमाया और अपने गाँव हाइस्ट में, जो जेब्रुगे से ब्रूसेल्स जाने वाले मार्ग पर है, विशाल भवन बनाया। वह उस अभिजात वर्ग में सम्मिलित हो गये जो फ्लेमिश होते हुए भी फ्रेंच बन जाता था। देखते-देखते उनके पूरे परिवार का वातावरण बदल गया और न केवल घरेलू बातचीत फ्रेंच में होने लगी, बल्कि फ्रेंच शिष्टाचार भी बरता जाने लगा।

इसके ठीक विपरीत फादर बुल्के के पिता अदोल्फ थे। लिस्सेवेगे आने के पश्चात वह अपने बड़े भाई के लकड़ी कारखाने में प्रबन्धक के रूप में काम करने लगे। प्रथम विश्वयुद्ध में सैनिक के रूप में कार्य करने के बाद जब वह फिर घर लौटे, तो भाई के कारखाने में पुन: प्रबन्धक के पद पर नौकरी करने लगे। उनके बड़े भाई को यह पसन्द नहीं था कि वह उनके यहाँ कर्मचारी के रूप में नौकरी करें। वह उन्हें अपने व्यापार में साझेदार बनाना चाहते थे लेकिन उनके इस दबाव का अदोल्फ पर कोई प्रभाव नहीं पड़ा। उनको मालूम था कि लकड़ी के व्यापार से मिलने वाले अकूत धन का रहस्य क्या है? इसलिए वह भाई के व्यापार में साझेदार बनना नहीं चाहते थे। वह वेतनभोगी कर्मचारी के रूप में ईमानदारी से काम करते रहने के निश्चय पर अडिग रहे।

उनकी पत्नी मारिया भी उनकी तरह धर्मनिष्ठ थीं लेकिन पति-पत्नी के स्वभाव में बहुत अन्तर था। अदोल्फ का स्वभाव गंभीर, ठंडा और सख्त था। उनमें धर्मनिष्ठ व्यक्ति की मानवीयता सहज ही विद्यमान थी, किन्तु वह कवित्व और भावुकता के लोक के नहीं, बल्कि व्यवहार लोक के प्राणी थे। वह शरीर से भी बहुत बलिष्ठ और लम्बे थे। लेकिन मरिया देह से निर्बल और मन से अत्यन्त भावुक थी। उनकी अभिरुचि कविता में थी। उनका स्वभाव इतना कोमल और सरल था कि यदि पड़ोस के किसी परिवार में कोई बीमार पड़ता या किसी की मृत्यु होती, तो पता चलते ही वह सेवा और सहानुभूति के लिए उपस्थित हो जाती। अपने बच्चों पर उनका बहुत ममत्व था—विशेषत: अपनी पहली सन्तान कामिल बुल्के पर।

फादर बुल्के कहा करते थे कि मुझे पिता से घनिष्ठ शरीर और कर्मशक्ति तथा माता से भावुक हृदय और सेवा भाव मिला है और धर्म में निष्ठा माता और पिता दोनों से प्राप्त हुई। इसमें सन्देह नहीं कि उन्हें माता और पिता दोनों के सर्वोत्तम गुण मिले थे, किन्तु उनके आरंभिक जीवन पर सबसे अधिक प्रभाव माँ का पड़ा था। जब अनिवार्य सैनिक भर्ती का नियम लागू होने पर पिता प्रथम विश्वयुद्ध में लड़ाई पर चले गये, तो माँ ही बच्चों का सबसे बड़ा सम्बल थीं। उस समय कामिल, जूलियन, ग्रैबिएल और रोबर्ट, चारों बहुत छोटे थे। कामिल की उम्र लगभग पाँच वर्ष थी और रोबर्ट की लगभग डेढ़ वर्ष। जब अदोल्फ, जो हॉलैंड में युद्धबन्दी हो गये थे, लड़ाई समाप्त होने के बाद घर लौटे, तब भी परिवार के बच्चों की माँ से जो सहज समीपता थी, उसमें कहीं कोई अन्तर नहीं आया। भारत आने के बाद संन्यासी कामिल बुल्के को अपने अतीत के नाटक का जो पात्र भुलाये नहीं भूलता था, वह उनकी माँ थी। माँ का स्मरण उन्हें भावविह्वल कर देता था।

किन्तु फादर बुल्के के आरम्भिक जीवन पर पड़ने वाले कई अन्य प्रभाव भी थे, जो उनके मानस पर स्थायी रूप से अंकित हो गये थे। उन दिनों बेल्जियम का परिवेश बहुत धार्मिक था और आज भी वह यूरोप के बहुत से देशों की तुलना में कहीं अधिक धार्मिक है। न केवल बुल्के-परिवार का वातावरण धर्म से अनुप्राणित था, वरन् वह जिस गाँव

में निवास कर रहा था, वह शताब्दियों से प्रसिद्ध ईसाई तीर्थ है। लिस्सेवे में तेरहवीं शताब्दी में निर्मित कुंआरी मरियम का विशाल गिरजाघर है, जो अपनी कलात्मकता, चमत्कारपूर्ण कहानियों और ऊँची मीनार के लिए पूरे यूरोप में प्रसिद्ध है। बचपन में फादर बुल्के सवेरे-सवेरे वेदी की सेवा में हाथ बँटाने गिरजाघर जाया करते थे। वह गाँव में आयोजित कुंवारी मरियम के वार्षिक जुलूस में बड़े उत्साह से सम्मिलित होते थे। वह गाँव के जिस कान्वेन्ट में तीन वर्ष की उम्र में प्राथमिक शिक्षा के लिए गये थे, उसकी प्रधान मदर सुपीरियर गेरटूड का व्यक्तित्व उन्हें बचपन से ही एक रहस्यमय आकर्षण में बाँध रहा था। पता नहीं क्यों, मदर गेरट्रड का व्यक्तित्व उन्हें बचपन से ही एक रहस्यमय आकर्षण में बाँध रहा था। पता नहीं क्यों, मदर गेरटूड को शिशु बुल्के के परमप्रसाद-ग्रहण के दिन ही उनकी आकृति में क्या दिखाई पड़ा, जो उन्होंने उनसे कहा था 'भगवान से संन्यासी बनने का वरदान माँगना।' जब वह इंजीनियरिंग के प्रथम वर्ष की परीक्षा पास हुए, तो वह उनसे फिर बोली इतना परिश्रम क्यों करते हो? तुम्हें तो संन्यासी बनना है। जब वह एक दिन सच में संन्यासी हो गये, तो उनके सामने मदर गेरटूड के इन शब्दों का रहस्य अचानक उद्‌घाटित हो गया।

वस्तुतः मदर गेरटूड लिस्सेवेगे के गिरजाघर की दूसरी मीनार थीं। अपने सेवा-भाव और असाधारण व्यक्ति के कारण वह अपने जीवन-काल में ही आख्यान बन गयी थीं। वह ऐसी तेजस्वी धर्मसेविका थी, जो अन्याय से समझौता नहीं करती और लोकसेवा के लिए अपना जीवन तक उत्सर्ग कर सकती हैं। प्रथम विश्वयुद्ध के दिनों में अंग्रेज सिपाहियों का पीछा करते हुए जर्मन घुड़सवार सैनिक गाँव में घुस आये थे और उनकी खोज में घूम रहे थे। डर से लोगों ने अपने दरवाजे बन्द कर लिए थे लेकिन जब जर्मन घुड़सवार कान्वेन्ट के समीप आये, तो मदर गेरटूड जान की चिन्ता किये बिना बाहर निकल कर जोर से बोलीं—'काइन सोल्दात' यहाँ एक भी सैनिक नहीं और जर्मन आगे बढ़ गये। जब कभी फादर बुल्के मदर ग्रेरटूड की चर्चा करते, तो वह उनके धर्माचरण और सेवानिष्ठता के साथ उनके साहस की इस घटना का उल्लेख अवश्य करते।

लेकिन फादर बुल्के के आरंभिक जीवन पर अन्य कई प्रभाव पड़े थे। उनके परिवार से कुछ ऐसे लोगों की मित्रता थी, जो कलाओं की दुनिया के आदमी थे। उनमें एक थे—ब्रदर इल्देफोन्स, जो उपन्यास-लेखक और संगीतकार थे, दूसरे थे ब्रेम्स जो चित्रकार थे। उन पर अपने गाँव के प्राकृतिक सौन्दर्य से मंडित, हार्दिकतापूर्ण और सरल परिवेश का प्रभाव भी पड़ा था तथा बचपन से ही आत्मीय सम्बन्धों में जुड़े हुए साथियों और मित्रों को मंडली का भी। फादर बुल्के ने समवयस्क ग्रामवासी मित्रों के साथ लिस्सेवेगे की पहली फुटबाल टीम की स्थापना की थी। लिस्सेवेगे से तीन किलोमीटर की दूरी पर उत्तर समुद्र है, जिसका गर्जन आसपास के गाँवों तक दिन-रात सुनायी देता है। गाँव से समुद्र तक एक पक्की लम्बी सड़क है और फिर समुद्र के किनारे-किनारे एक पतली लम्बी सड़क जो साइकिल चलाने के लिए बनायी गयी है। फादर बुल्के अक्सर पैदल या साइकिल से समुद्र के किनारे जाया करते, उसके तट की समानान्तर सड़क पर तेज हवाओं के विपरीत साइकिल चलाते या बालू पर बैठकर मनोरंजन किया करते।

कान्वेन्ट की शिक्षा समाप्त होने पर फादर बुल्के का दाखिला गाँव के नगरपालिका स्कूल में हुआ, जहाँ के प्रधानाध्यापक उनके सहपाठी और मित्र रेमो के पिता थे। देखते-देखते वहाँ की शिक्षा भी समाप्त हो गयी। लिस्सेवेगे में उच्च विद्यालय नहीं था और वहाँ के जो लड़के-लड़कियाँ आगे पढ़ना चाहते थे, वे या तो ब्रुगे जाते या समीप के किसी कस्बे के उच्च विद्यालय में नाम लिखाते। ब्रुगे के उच्च विद्यालयों में हर विद्यार्थी का प्रवेश सम्भव नहीं था

लेकिन कामिल बुल्के जैसे प्रतिभाशाली छात्र के लिए यह कोई समस्या नहीं थी। 1921 ई. में उन्होंने ब्रुगे के सन्त फ्रांसिस जेवियर विद्यालय में नामांकन कराया, जहाँ वह 1928 ई. तक पढ़ते रहे। वह प्रतिदिन गाँव से ट्रेन द्वारा ब्रुगे जाते और सांझ को घर लौट आते। अपने विनम्र मधुर स्वभाव और बौद्धिक प्रखरता के कारण वह विद्यालय में अपने अध्यापकों और सहपाठियों के प्रिय हो गये थे। हाईस्कूल का अध्ययन पूरा करने के पहले ही उन्होंने यह सोच लिया था कि यहाँ से उत्तीर्ण होने के बाद वह इंजीनियरिंग पढ़ेंगे, क्योंकि उस समय इंजीनियरिंग की प्रवेश-परीक्षा सबसे कठिन समझी जाती थी। इसलिए 1928 ई. में उच्च विद्यालय की परीक्षा पास करने बाद वह इंजीनियरिंग की प्रवेश-परीक्षा देने लूवेन गये। स्वयं परिवार के लोगों को विश्वास नहीं था कि 19 बरस का कामिल इतनी कठिन परीक्षा में उत्तीर्ण हो सकेगा। किन्तु जब वह इस परीक्षा में प्रथम आये, तो उन्हें बड़ा आश्चर्य और प्रसन्नता हुई तथा गाँव लौटने पर बधाई देने वाले पड़ोसियों, मित्रों और सम्बन्धियों का तांता लग गया। लिस्सेवेगे के लिए तो अपने यहाँ के किसी लड़के के हाईस्कूल पास कर विश्वविद्यालय में प्रवेश करने की यह पहली घटना थी।

1928 ई. में फादर बुल्के ने लूवेन विश्वविद्यालय के इंजीनियरिंग कालेज में नामांकन कराया। लूवेन लिस्सेवेगे से लगभग डेढ़ सौ किलोमीटर दूर दक्षिण-पूर्व की ओर है। यह बेल्जियम की राजधानी ब्रुसेल्स के समीप है और यहाँ का विश्वविद्यालय यूरोप के सबसे पुराने और प्रतिष्ठित विश्वविद्यालयों में है। फादर बुल्के के अध्ययन काल में यह विश्वविद्यालय फ्लेमिश आन्दोलन का अत्यन्त महत्वपूर्ण केन्द्र था। यहाँ आते ही वह इस आन्दोलन में सम्मिलित हो गये और शीघ्र ही उनकी गणना इसके अग्रणी छात्र-नेताओं में होने लगी। होश सम्हालने के बाद के दिनों से ही उनके सामने यह बात स्पष्ट थी कि बेल्जियम के फ्रेंचभाषी लोग फ्लेमिश भाषियों के शोषक हैं, न केवल बेल्जियम की फ्रेंचभाषी अहंमन्य जनता फ्लेमिश भाषा को असंस्कृत और तुच्छ मानती हैं वरन् फ्रेंच भाषा और संस्कृति का भक्त फ्लेमिश अभिजात वर्ग भी उसे इसी दृष्टि से देखता है और दोनों की मिलीभगत से फ्लेमिश जनता अपने ही देश में परदेसी हो गयी है। हर फ्लेमिश गाँव की तरह लिस्सेवेगे में भी इन सब बातों की चर्चा हुआ करती थी। अदोल्फ बुल्के का पूरा परिवार मातृभाषा-भक्त था। लूवेन विश्वविद्यालय के फ्लेमिश आन्दोलनकर्ताओं की तरह फादर बुल्के भी फ्लेमिश जनता पर सरकार द्वारा फ्रेंच थोपे जाने के कट्टर विरोधी थे। वह इस आन्दोलन की गतिविधियों में भाग लेने के लिए अपनी कक्षाएँ तक छोड़ देते थे और यदि उनकी कक्षाओं में कोई अध्यापक फ्रेंच में व्याख्यान देता, तो वह जब तक बोलता रहता, फादर बुल्के अपने सहपाठियों के साथ जोर-जोर से फ्लेमिश गीत गाते रहते। लेकिन कामिल बुल्के, जो देखते-देखते अपने विश्वविद्यालय और नगर के भाषा-आन्दोलन के एक अत्यन्त लोकप्रिय छात्र नेता बन गये थे, अपनी असाधारण मेधा और कर्मशक्ति के कारण पढ़ाई का काम भी पूरा करते जा रहे थे और अपने विषय के बहुत अच्छे छात्र समझे जाते थे।

इंजीनियरिंग के द्विवर्षीय पाठ्यक्रम का पहला वर्ष समाप्त हो गया था। प्रथम वर्ष की परीक्षा सामने थी और फादर बुल्के इसकी तैयारी के लिए लिस्सेवेगे आ गये थे। इन्हीं दिन एक ऐसी घटना हुई जिसने उनके जीवन की धारा ही मोड़ दी। एक दिन सांझ के समय वह अपने अध्ययन-कक्ष में परीक्षा की तैयारी के विचार से कोई पुस्तक पढ़ रहे थे। घर के लोग कहीं बाहर गये हुए थे और उस एकांत का लाभ उठाकर वह एकाग्रतापूर्वक पुस्तक पढ़े जा रहे थे कि अचानक उसके पृष्ठ पर एक बिजली-सी कौंधी और उस आलोक में उन्होंने जान लिया कि उन्हें संन्यासी बनना है। उन्होंने पुस्तक रख दी और वह रोने लगे क्योंकि उन्होंने भविष्य की जो सुन्दर मूर्ति गढ़ी थी, वह अचानक टूट गयी थी लेकिन उन्होंने यह अनुभव किया कि वह प्रभु का बुलावा है और वह इसके सामने विवश है। उन्होंने

किसी प्रकार अपने को नियंत्रित किया, घर की कुंजी पड़ोसी को देकर घूमने चले गये और काफी रात गये घर लौटे। तब तक परिवार के लोग लौट आये थे लेकिन सदा प्रसन्न रहने वाले कामिल का बोझिल और बुझा-बुझा चेहरा देखकर किसी को उनसे बात करने का साहस नहीं हुआ। उन्होंने कई दिन इसी उदासी में गुजारे और परीक्षा देने लूवेन आ गये। उन्होंने परीक्षा दी और बहुत ऊँचे अंकों से उत्तीर्ण होकर दूसरे वर्ष की पढ़ाई में लग गये। वह इंजीनियरिंग के साथ-साथ नगर की जेसुइट सेमिनरी में बीच-बीच में लैटिन पढ़ने जाने लगे। सेमिनरी में उनके गुरु और पथप्रदर्शक फादरन साल्समैन थे, जो ईसाई नीतिशास्त्र के विश्वविख्यात आचार्यों में गिने जाते थे। उनके परम मित्र कार्लोस (डॉ. के.एल. देब्रिन्दत) के अतिरिक्त उनके संन्यास-सम्बन्धी निर्णय से कोई भी परिचित नहीं था। किन्तु दूसरे वर्ष की परीक्षा देने के बाद उन्होंने अपना वह निश्चय माता-पिता को बता देना चाहा और घर आने पर एक दिन उन्हें इसकी सूचना दे दी। माँ ने रोते हुए कहा, 'मैं प्रभु की इच्छा स्वीकार करती हूँ।' सदा की तरह शान्त और मितभाषी पिता बस इतना बोले 'तुम्हारा घर पर होना हमारे लिए कितना अच्छा होता!' दोनों बहुत विचलित थे क्योंकि उन्होंने वह स्वप्न देखा था कि उनका सबसे योग्य पुत्र इंजीनियर बन कर परिवार की गौरव-वृद्धि करेगा लेकिन उनके आस्तिक मन ने प्रभु की इच्छा को भक्ति-पूर्वक स्वीकार कर लिया।

फादर बुल्के 23 सितम्बर, 1930 ई. को गेन्त के समीपवर्ती नगर ड्रॉदंग्न के जेसुइट नवशिक्षालय में दाखिल हो गये, जहाँ वह दो वर्ष रहे। बाद की धर्म-शिक्षा के लिए उन्हें हॉलैंड के वाल्केनबर्ग के जेसुइट केन्द्र में भेज दिया गया। वहाँ उनका पाठ्यक्रम 12 सितम्बर, 1932 को आरम्भ हुआ और इस पाठ्यक्रम में सम्मिलित होने का अर्थ यह था कि अब इस नवसंन्यासी का वैराग्य अविचल हो गया है। कारण, ड्रॉदंग्न की धर्मचर्या समाप्त करने के बाद अन्य नवशिष्यों की तरह उनके सामने भी संन्यास-सम्बन्धी नियम पर पुनर्विचार कर विकल्प रखा गया था और उन्होंने यह कहा था कि उनका निर्णय अपरिवर्तनीय है। वाल्केनवर्ग कैथलिक जर्मनों का जेसुइट धर्मशिक्षा-केन्द्र था। फादर बुल्के के आत्मनिर्माण में वाल्केनवर्ग की भूमिका बहुत महत्वपूर्ण थी। यहाँ उन्होंने बहुत कुछ सीखा था और अपने ज्ञान को पहले से अधिक समृद्ध किया था। यहाँ उन्होंने न केवल लैटिन और ग्रीक में दक्षता प्राप्त की थी, वरन् ईसाई धर्म और दर्शन की उच्च जानकारी भी। वहाँ उन्होंने इतनी निष्ठा से जर्मन सीखी थी कि वह जर्मनों की तरह जर्मन बोलने और लिखने लगे थे। उनकी प्रारम्भिक रचनाएँ जर्मन भाषा में है, जिनके शीर्षक हैं 'मेरा गाँव' और 'मनुष्य मात्र की समानता' । दोनों रचनाएँ 1933 ई. में भाषा के अभ्यास के रूप में प्रस्तुत हुई थीं, किन्तु वे इतनी सुन्दर है कि उन्हें सरलता से फादर बुल्के के साहित्य-लेखन का प्रस्थानबिन्दु कहा जा सकता है। वाल्केनवर्ग में रहते समय उन्होंने गेटे, हाइने और रिल्के का साहित्य पढ़ा था और उनकी बहुत-सी कविताएँ मुख्यत: रिल्के की कविताएँ उन्हें कंठाग्र हो गयी थीं। यहीं रह कर उन्होंने दर्शन-शास्त्र में एम.ए. किया था और अपनी मेधा तथा धर्म-गुरुओं द्वारा प्रदत्त ज्ञान के गुणनफल के रूप में इतने अधिक ऊँचे अंक पाये थे कि उनकी अवस्था की तुलना में उनकी उपलब्धि को देख कर संघवासी आश्चर्य में पड़ गये थे। ग्रिगोरियन विश्वविद्यालय की इस परीक्षा में उन्हें नब्बे प्रतिशत अंक मिले थे। 1934 ई. में फादर बुल्के वाल्केनवर्ग से लूवेन की सेमिनरी में वापस आ गये। वहाँ उनके सामने दो विकल्प रखे गये – या तो वह स्वदेश में रहकर ही धर्म-सेवा का कार्य करें या स्वदेश से बाहर रहने का निर्णय करें। उन्होंने दूसरे विकल्प का चुनाव किया और यह इच्छा प्रकट की कि उन्हें धर्मसेवा के लिए भारत भेजा जाये। उन्होंने अपने प्रान्त के फादर लीवेन्स के विषय में वह सुना था कि उन्होंने भारतवर्ष के आदिवासियों के बीच बड़ा मूल्यवान सेवा-कार्य किया है और यह भी कि उनके लिए बहुत कुछ करना आवश्यक है। अधिकारियों ने उन्हें यह सूचित किया कि उन्हें

1935 ई. में किसी समय भारत भेजा जायेगा।

उन दिनों बेल्जियम में 19 वर्ष की उम्र में अनिवार्य सैनिक सेवा का नियम था। इसके स्थान में कोई व्यक्ति सेना के चिकित्सा विभाग में काम करने के लिए चिकित्सा विज्ञान का एकवर्षीय पाठ्यक्रम भी पूरा कर सकता था। फादर बुल्के ने बाहर जाने वाले मिशनरियों के लिए निर्धारित उष्ण कटिबन्धीय चिकित्सा के पाठ्यक्रम में नामांकन कराया, किन्तु इसके साथ वह लूवेन विश्वविद्यालय में डॉक्टर लमैत्र के निर्देशन में आइन्स्टाइन के सापेक्षवाद और उच्चतर गणित का भी अध्ययन करते रहे। जून, 1935 ई. में वह दोनों पाठ्यक्रम पूरे कर चुके थे। अक्टूबर में उनकी भारत-यात्रा आरम्भ होने वाली थी। अपने माता-पिता और परिवार के अन्य लोगों से मिलने और उनसे अन्तिम विदाई लेने के लिए वह अक्टूबर में लिस्सेवेगे आ गये। वह कई दिनों तक पड़ोसियों तथा रम्सकपैले, क्नौंके आदि गावों के सम्बन्धियों से भेंट करते रहे। सब लोग उन्हें यही सोच कर विदा दे रहे थे कि अब उनसे फिर कभी भेंट नहीं होगी। 20 अक्टूबर को उन्होंने माता-पिता तथा अन्य सभी स्वजनों और मित्रों से विदाई ली और जहाज से नवम्बर में बम्बई पहुँचे। उन्हें इस बात की प्रसन्नता थी कि माँ ने उन्हें पूरी खुशी से विदा किया था लेकिन जब वह बम्बई से राँची आये तो उन्हें परिवार के पत्रों से मालूम हुआ कि घर से उनके विदा होते ही माँ अपनी इस प्रिय सन्तान के वियोग का दु:ख नहीं सह सकीं और बेहोश हो गयीं। 10 नवम्बर, 1935 ई. को लिस्सेवेगे से माँ ने उन्हें जो पत्र लिखा उसके शब्द उनके ममत्वपूर्ण और धर्मनिष्ठ स्वभाव के विषय में बहुत-कुछ कह देते हैं—

प्रिय कामिल,

तीन सप्ताह पहले तुम चले गये। अब हम समझते हैं कि तुम अपने गन्तव्य पर पहुँच गये होगे। कामिल, विश्वास रखना कि मैं रोयी-बहुत रोयी, जब तुम चले गये। बात ऐसी नहीं थी कि मैं इसका विरोध करना चाहती थी कि तुम अपने बुलावे के अनुसार चले जाते। बात ऐसी बिल्कुल नहीं, क्योंकि मुझे तुम पर बहुत गर्व है, किन्तु मैं तो मातृहृदय हूँ और मैंने सारी आत्मा से बराबर तुम्हें प्यार किया और इसी कारण विदाई बहुत दु:खद हुई। बेटा, विश्वास रखना कि यदि मैं रोती हूँ, तो वह इसलिए नहीं कि मैं सुखी नहीं हूँ। मैं ईश्वर को धन्यवाद देती हूँ कि उसने मुझे ऐसी सन्तान दी और मैं तुम्हारे लिए बहुत प्रार्थना करूँगी, जिससे तुम सुदूर भारत में बहुत भलाई कर सको और इसलिए भी कि तुम्हारा स्वास्थ्य ठीक रहे।

तुम्हारी माँ, जो तुमको नहीं भूलती।

मनरेसा हाउस, राँची के येसुसंघी अधिकारियों ने 1936 की जनवरी में फादर बुल्के को दार्जिलिंग के सन्त जोसेफ कॉलेज में भौतिकी और रसायन विज्ञान के अध्यापन के लिए भेजा। लेकिन वहाँ का मौसम उनके अनुकूल नहीं पड़ा और वह जून में बीमार होकर राँची लौट आये। स्वस्थ होते ही वह अपने मिशन के सन्त इंग्नेशियस हाईस्कूल, गुमला में गणित अध्यापक नियुक्त हुए और अपने विषय के अध्यापन के अतिरिक्त हिन्दी का अध्ययन करने लगे। भारत आगमन के कुछ ही महीनों के भीतर उन्होंने यह अनुभव किया कि यहाँ की जनता की सेवा के लिए हिन्दी का ज्ञान आवश्यक है। उन्हें यह देखकर बड़ा दु:ख हुआ कि यहाँ एक विदेशी भाषा अंग्रेजी का बोलबाला है और यहाँ की जनभाषाएँ उपेक्षित हैं। उन्हें भारत की स्थिति बेल्जियम जैसी लगी, जहाँ मातृभाषा फ्लेमिश की उपेक्षा होती थी और फ्रेंच का वर्चस्व था। उन्हें यह स्थिति असह्य प्रतीत हुई और उन्होंने यह निश्चय किया कि वह भारत की बहुसंख्यक

जनता की मातृभाषा हिन्दी पढ़ेंगे और विदेशी भाषा अंग्रेजी के स्थान में उसे प्रतिष्ठित करने का यथासम्भव प्रयत्न करेंगे। अत: उन्होंने गुमला में हिन्दी का अध्ययन आरम्भ किया और वह हिन्दी के अध्यापन की घंटियों में क्लास में अपने विद्यार्थियों के साथ सबसे पिछली पंक्ति में बैठकर पढ़ने लगे। यद्यपि उन्हें हिन्दी गद्य के अध्ययन में अधिक अभिरूचि थी, किन्तु वह तुलसी की कविता से अभिभूत-जैसे थे। गुमला वह चित्रकूट था, जिसके घाट पर उन्होंने तुलसी के दर्शन किये थे और उनके निष्ठावान भक्त बन गये थे।

1938 ई. में पूरे वर्ष भर उन्होंने हजारीबाग के सीतागढ़ में पंडित बदरीदत्त शास्त्री से हिन्दी और संस्कृत पढ़ी। अपनी असाधारण मेधा और कर्मशक्ति के कारण उन्होंने हिन्दी और संस्कृत पर इतना अधिक अधिकार कर लिया कि वह सफलतापूर्वक पंचतन्त्र, वाल्मीकि-रामायण और तुलसी-साहित्य का अर्थ-निरूपण करने लगे। उनके विस्तृत भाषा ज्ञान के कारण शास्त्री जी उन्हें चलता फिरता शब्दकोश कहने लगे।

1939 ई. की जनवरी में यह कर्सियांग आ गये, जो दार्जिलिंग से कुछ पहले, नीचे पड़ता है। वहाँ का सेंट मेरी थियोलॉजियेट उस समय भारत में येसुसंघियों का एकमात्र धर्मशिक्षा कॉलेज था। वहाँ समस्त भारत के काथलिक संन्यासी धर्म-विज्ञान की शिक्षा पूर्ण करने आते थे। अपनी जलवायु और वैदुषिक स्तर के कारण वह भारत के बाहर के ये सुसंघियों का भी आकर्षण केन्द्र था। यहाँ फादर बुल्के चार वर्ष रहे और उन्होंने फादर बार्यात और वोल्कार्ट जैसे योग्य गुरुओं की शिक्षा पायी। फादर बार्यात के निर्देशन में ही उन्होंने न्याय-वैशेषिक के ईश्वरवाद पर लघु शोधप्रबन्ध लिखा, जो बाद में द थीज्म ऑफ न्याय-वैशेषिक के नाम से कलकत्ता के ओरिएण्टल इन्स्टीट्यूट से 1947 ई.में प्रकाशित हुआ। फादर वोल्कार्ट के परामर्श और सहयोग से उन्होंने 'द सेवियर' नामक पुस्तक तैयार की, जो उनकी मौलिक कल्पना की उपज थी। 'द सेवियर' में नया विधान के चार सुसमाचारों में उपलब्ध ईसा की जीवनी-सम्बन्धी सामग्री का व्यवस्थापन किया गया है। फादर बुल्के ने कर्सियांग में 'मुक्तिदाता' के नाम से इसका हिन्दी अनुवाद भी किया। जो 1940 में प्रकाशित हुआ। 'द सेवियर' और 'मुक्तिदाता' के कई संस्करण हुए हैं और इनकी एक लाख से अधिक प्रतियाँ बिकी हैं। 'मुक्तिदाता' का प्रथम संस्करण इस बात का प्रमाण है कि फादर बुल्के ने थोड़े समय के भीतर ही हिन्दी का कितना अधिक ज्ञान अर्जित कर लिया था। वस्तुत: यह कर्सियांग में अवकाश के समय हिन्दी और संस्कृत का अध्ययन करते रहे और 1940 ई. में उन्होंने हिन्दी साहित्य सम्मेलन की विशारद परीक्षा उत्तीर्ण की। इसी वर्ष एक ऐसी बात हुई जिससे उनका हिन्दी साहित्य सम्मेलन की विशारद परीक्षा उत्तीर्ण की। इसी वर्ष एक ऐसी बात हुई जिससे उनका हिन्दी सम्बन्धी उत्साह और भी बढ़ गया। काका कालेलकर कर्सियांग पधारे थे। वहाँ फादर बुल्के की अध्यक्षता में एक बड़ी सभा हुई, जिसमें उनका हिन्दी भाषण सुनकर काका साहब भाव विह्वल हो गये और वह बोले 'फादर बुल्के हम लोगों में से एक बन गये हैं।' इससे न केवल उनका हिन्दी-प्रेम बढ़ा वरन् हिन्दी के उच्चतर अध्ययन का संकल्प भी सुदृढ़ हुआ।

धर्मशिक्षा के अध्ययन-क्रम में 1941 ई. में उनका पुरोहिताभिषेक हुआ और वह ब्रदर बुल्के से फादर बुल्के बन गये। 1943 ई. में वह धर्म-साधना पूर्ण करने के लिए कोडाइकनाल (तमिलनाडु) भेज दिये गये। साधना की अवधि नौ महीने की थी। कोडाइकनाल से उन्होंने मनपाड की यात्रा की, जहाँ समुद्र तट पर सन्त फ्रांसिस जेवियर की गुफा है। 1944 ई. में प्रकाशित अपनी इस यात्रा के वृत्तान्त के अन्त में उन्होंने यह लिखा—'दोपहर में इस नगर से विदा होते समय मैं यह सोचने लगता कि अन्य किसी स्थान से कहीं अधिक मनपाड में कोई व्यक्ति इस कथन के सत्य का

साक्षात्कार कर सकता है—इस पृथ्वी पर केवल एक ही दु:ख और वह है सन्त नहीं होने का।'

समय बीतने के साथ फादर बुल्के की यह अनुभूति दृढ़ होती रही थी कि भारतीय जनता का हृदय जीतने के लिए उसकी भाषा में बात करनी होगी और यह भी कि यदि धर्मों की दीवार को तोड़ना है, तो उनके बीच हिन्दी के माध्यम से संवाद आरम्भ करना होगा। किन्तु उनके सामने समस्या यह थी कि वह किस विश्वविद्यालय में हिन्दी के स्नातकोत्तर अध्ययन के लिए प्रयत्न करें। उन दिनों कई विश्वविद्यालयों में हिन्दी में स्नातकोत्तर अध्ययन होता था, किन्तु इसमें विशेष प्रतिष्ठा काशी और इलाहाबाद की थी। 1940 में ही उन्होंने अपने मनोनुरूप विश्वविद्यालय के चुनाव के लिए उत्तर भारत के कई नगरों की यात्रा की थी। काशी में वह आचार्य रामचन्द्र शुक्ल से मिले थे, जिन्होंने उनके हिन्दी-प्रेम को बढ़ावा दिया था, किन्तु जब वह इलाहाबाद आये, तो वहाँ के परिवेश से बहुत प्रभावित हुए और यह निर्णय किया कि उन्हें जब कभी एम.ए. करने का अवसर मिलेगा, वह इलाहाबाद में ही अध्ययन करेंगे।

कोडाइकनाल से राँची आने पर उन्होंने इलाहाबाद विश्वविद्यालय के हिन्दी विभागाध्यक्ष डॉ. धीरेन्द्र वर्मा को पत्र लिखा कि वह हिन्दी में एम.ए. करना चाहते हैं, किन्तु कोई उत्तर नहीं मिला। अत: उन्होंने स्वतन्त्र छात्र के रूप में दूसरे वर्ष कलकत्ता विश्वविद्यालय से संस्कृत विषय के साथ बी.ए. की परीक्षा पास की और हिन्दी में नामांकन कराने इलाहाबाद पहुँचे। डॉ. धीरेन्द्र वर्मा ने उनसे कहा कि उनका विश्वास यह है कि कोई भी विदेशी हिन्दी में एम. ए. नहीं कर सकता। डॉ. वर्मा ने उनकी शैक्षिक योग्यता के सम्बन्ध में पूछताछ की और उनके हिन्दी-ज्ञान की परीक्षा करने के उद्देश्य से उन्हें 'विनयपत्रिका' के दो पद देकर उनका अर्थ निरूपण करने को कहा। जब उन्होंने फादर बुल्के का अर्थ निरूपण देखा, तो विस्मय और प्रसन्नता से अभिभूत हो गये और उन्हें एम.ए. में प्रवेश की अनुमति दे दी।

डॉ. धीरेन्द्र वर्मा के अतिरिक्त इलाहाबाद विश्वविद्यालय में उनके अध्यापक थे—डॉ. रामकुमार वर्मा, डॉ. रमाशंकर शुक्ल 'रसाल', देवी प्रसाद शुक्ल और डॉ. माता प्रसाद गुप्त। फादर बुल्के के सहपाठियों में प्रमुख थे—डॉ. धर्मवीर भारती और डॉ. जगदीश गुप्त। रघुवंश जी उस समय शोध कर रहे थे और फादर बुल्के से घनिष्ठ थे, फादर बुल्के भी उमाशंकर शुक्ल से ट्यूशन लेते थे, जो रघुवंश जी की तरह ही विभाग में शोध कर रहे थे। अपने मित्रों के माध्यम से वह हिन्दी के उन सभी साहित्यकारों के सम्पर्क में आये, जो या तो इलाहाबाद में रह रहे थे या इलाहाबाद आया करते थे। वह महादेवी और पंत जी से घनिष्ठ होते गये - विशेषत: महादेवी जी से, जिन्हें वह अपनी बड़ी बहन मानते और आजीवन दीदी के रूप में स्मरण करते थे। इलाहाबाद के बाहर के साहित्यकारों में मैथिलीशरण गुप्त और माखनलाल चतुर्वेदी से उनकी भेंट कई अवसरों पर हुई। मैथिलीशरण गुप्त से उनकी आत्मीयता आजीवन बनी रही।

1947 ई. में जब उन्होंने एम.ए. कर लिया, तो डॉ. धीरेन्द्र वर्मा की प्रेरणा से उन्होंने डॉक्टरेट के लिए रामभक्ति के विकास पर शोध आरम्भ किया। उनके शोध -निर्देशक डॉ. माता प्रसाद गुप्त थे। उन्होंने अपने प्रबन्ध के प्रथम अध्याय के लिए रामकथा के विकास से सम्बन्धित सामग्री का संकलन किया, जिसका परिमाण इतना अधिक था और जिसके निष्कर्ष इतने रोचक कि डॉ. धीरेन्द्र वर्मा ने उन्हें अपना विषय संशोधित कर केवल रामकथा के विकास पर कार्य करने की अनुमति दे दी। 1949 ई. में उन्हें डी.फिल. की उपाधि मिली और 'रामकथा : उत्पत्ति और विकास' शीर्षक ने उनका शोध प्रबन्ध 1950 ई. में इलाहाबाद विश्वविद्यालय की हिन्दी परिषद द्वारा प्रकाशित हुआ। उन्होंने बाद में भी इस विषय पर प्राय: 18 वर्षों तक अनुसन्धान किया। फलत: इसमें प्रभूत नवीन सामग्री का समावेश होता गया। रामकथा में संस्कृत, पालि, प्राकृत, अपभ्रंश, हिन्दी, बंगला, तमिल आदि सभी प्राचीन और आधुनिक भारतीय भाषाओं में उपलब्ध राम-विषयक विपुल साहित्य का ही नहीं, वरन् तिब्बती, बर्मी, इंडोनेशियाई, थाई आदि

एशियाई भाषाओं के समस्त राम-साहित्य का, इस कथा के विकास के अध्ययन की दृष्टि से, अत्यन्त वैज्ञानिक रीति से उपयोग हुआ है। इसके प्रकाशन के साथ ही फादर बुल्के की गणना भारतविद्या और हिन्दी के सबसे बड़े विद्वान में होने लगी। यही नहीं, यह विश्वकोषात्मक ग्रन्थ उनकी विश्वव्यापी कीर्ति का आधार बन गया। रामकथा की एक अन्य विशेषता यह भी है कि यह मूलतः हिन्दी माध्यम में प्रस्तुत हिन्दी विषय का पहला शोध-प्रबन्ध है। जिस समय फादर बुल्के इलाहाबाद में शोध कर रहे थे, उस समय पूरे देश में यह नियम प्रचलित था कि सभी विषयों के शोध-प्रबन्ध केवल अंग्रेजी में प्रस्तुत किये जा सकते थे। फादर बुल्के के लिए अंग्रेजी में शोध-प्रबन्ध प्रस्तुत करना सरल था, किन्तु यह बात उनके हिन्दी स्वाभिमान के विपरीत थी और उन्होंने आग्रह किया कि उन्हें हिन्दी में ही शोध-कार्य प्रस्तुत करने की अनुमति प्रदान की जाय। इलाहाबाद विश्वविद्यालय के तत्कालीन उपकुलपति डॉ. अमरनाथ झा ने उनके आग्रह पर शोध सम्बन्धी नियमावली में संशोधन कराया और उन्हें अनुमति दे दी। इसके बाद तो अन्य उत्तर भारतीय विश्वविद्यालयों में भी आधुनिक भारतीय भाषाओं में शोध-प्रबन्ध प्रस्तुत करने की अनुमति दी जाने लगी।

1950 ई. में सन्त जेवियर्स कालेज, राँची के हिन्दी विभागाध्यक्ष के रूप में फादर बुल्के की नियुक्ति हुई और वह स्थायी रूप से मनरेसा हाउस में रहने लगे, जो येसु संघियों का प्रमुख मठ है। किन्तु बीच बीच में हिन्दी भाषा और तुलसी साहित्य पर भाषण देने, रामकथा-सम्बन्धी नवीन सामग्री का संकलन करने, विभिन्न सरकारी और गैर-सरकारी साहित्य संस्थाओं की बैठकों में भाग लेने या मित्रों से मिलने के लिए वह छोटी बड़ी यात्राओं पर बाहर जाते रहे। 1950 ई. में बाद का उनका समस्त जीवन अत्यन्त कार्य-व्यस्त था। उनके आवास पर अक्सर सवेरे और दोपहर बाद उनसे मिलने वालों की भीड़ लगी रहती थी। 1960 ई. तक उनका बहुत समय अध्यापन और उसकी तैयारी में जाता था। वह इण्टर से लेकर बी.ए. (प्रतिष्ठा) तक की कक्षाओं में हिन्दी के अतिरिक्त कुछ-कुछ संस्कृत भी पढ़ाते थे। किन्तु वह शीघ्र ही यह अनुभव करने लगे कि विद्यार्थी विषय में रुचि नहीं लेते, बल्कि केवल परीक्षा पास करने में रुचि रखते हैं। इसलिए उन्हें अध्यापन से विरक्ति होने लगी। उन्होंने यह निश्चय किया कि वह अध्यापन से मुक्त होकर अपना सारा ध्यान शोध और हिन्दी सेवा पर केन्द्रित करेंगे। उन्होंने इसके लिए रोम अवस्थित अपने धर्माधिकारियों से अनुमति माँगी। संघ ने उन्हें अध्यापन-कार्य से मुक्त कर दिया, किन्तु इस शर्त के साथ कि वह विभागाध्यक्ष बने रहेंगे। बाद में भी वह कुछ वर्षों तक बी.ए. कक्षाओं में रामचरितमानस पढ़ाते रहे। किन्तु अब उन्हें अपनी योजना के अनुसार कार्य करने की पूरी स्वतन्त्रता थी।

उन्होंने सबसे पहले रामकथा के दूसरे संस्करण के लिए सामग्री-संकलन का कार्य किया और 1973 ई. में इसके तृतीय परिवर्द्धित संस्करण के प्रकाशन के बाद भी वह इस विषय पर अनुसन्धान करते रहे। हिन्दी में उनकी विशेषज्ञता का प्रधान क्षेत्र तुलसी साहित्य था। जैसे-जैसे उनका रामकथा-सम्बन्धी अध्ययन व्यापक होता गया, वैसे-वैसे तुलसी के प्रति उनकी श्रद्धा भी बढ़ती गयी। तुलसी में उन्हें न केवल रामकथा का सबसे मर्यादित रूप मिला, वरन् भगवद्भक्ति का ऐसा स्वरूप भी, जिसे वह ईश्वर भक्त मात्र के लिए आदर्श मानते थे। उन्होंने अपने इस महाकवि पर अनेक महत्वपूर्ण निबन्ध लिखे और वह बाइबिल का अनुवाद समाप्त करने के बाद तुलसी पर एक विस्तृत ग्रन्थ लिखना चाहते थे। उनका यह स्वप्न पूरा नहीं हुआ, किन्तु उनके निबन्धों और 'रामकथा और तुलसीदास' तथा 'मानस कौमुदी', इन दो पुस्तकों से उनकी तुलसी विषयक दृष्टि की जानकारी प्राप्त की जा सकती है।

यद्यपि वह बहुभाषाविद् थे और मातृभाषा फ्लेमिश के अतिरिक्त अंग्रेजी, फ्रेंच, जर्मन, लैटिन, ग्रीक, संस्कृत और हिन्दी के भी पंडित थे, किन्तु 1947 ई. में हिन्दी में एम.ए. करने के बाद वस्तुतः हिन्दी ही उनके मन, वचन और कर्म

की उनकी आत्मा और समस्त व्यक्तित्व की भाषा बन गयी थी। वह प्राय: पिछले 30 वर्षों से मुख्य रूप में हिन्दी में कार्य करते रहे थे और हिन्दी की सेवा के निमित्त ही अन्य भाषाओं का आश्रय लेते थे। उनका विश्वास था कि ज्ञान-विज्ञान के किसी भी विषय की सक्षम-से-सक्षम अभिव्यक्ति हिन्दी में सम्भव है और अंग्रेजी पर आश्रित बने रहने की धारणा निरर्थक है। उनका दृढ़ विश्वास था कि हिन्दी निकट भविष्य में ही समस्त भारत की सर्वप्रमुख भाषा बन जायेगी। अतएव हिन्दी में कार्य करने तथा अन्य भाषा-भाषियों के लिए हिन्दी सीखने की सुविधाओं के विस्तार के निमित्त उन्होंने कोश-निर्माण के क्षेत्र में कार्य किया। इस दिशा में उनका प्रथम कार्य 'ए टेक्निकल इंगलिश-हिन्दी ग्लॉसरी' है। उनका अंग्रेजी-हिन्दी कोश 1968 ई. में प्रकाशित हुआ। अब तक इसके चार संस्करण प्रकाशित हो चुके हैं और इसकी एक लाख से अधिक प्रतियाँ बिक चुकी हैं। 'रामकथा' की तरह उनका अंग्रेजी-हिन्दी कोश भी प्रसिद्ध हुआ और यह न केवल विभिन्न राज्य सरकारों द्वारा सरकारी कामकाज का प्रामाणिक कोश बन गया है, वरन् भारत सरकार के सभी केन्द्रीय कार्यालयों एवं समस्त भारतीय दूतावासों में अधिकारिक कोश के रूप में व्यवहरित होने लगा है।

फादर बुल्के ने शोध और कोश-निर्माण के क्षेत्र में ही नहीं, वरन्, अनुवाद क्षेत्र में भी उल्लेखनीय कार्य किया। उन्होंने मारिस मेंटरलिंक के विश्वप्रसिद्ध नाटक 'द ब्लू बर्ड' का 'नील पंछी' (1958 ई.) के नाम से अनुवाद किया, जो बिहार राष्ट्रभाषा परिषद (पटना) से प्रकाशित हुआ। यह अनुवाद मूल फ्रेंच से किया गया था। इसके बाद उन्होंने अनुवाद की एक बड़ी योजना में हाथ लगाया, जिसका लक्ष्य लैटिन से 'ओल्ड टेस्टामेण्ट' (पुराना विधान) और ग्रीक से 'न्यू टेस्टामेण्ट' (नया विधान) का हिन्दी अनुवाद प्रस्तुत करना था। इस योजना की पूर्ति के पहले चरण में उन्होंने नया विधान के सुसमाचार और प्रेरितचरित नामक भाग प्रकाशित किये और चर्च में होने वाले धार्मिक पाठों का अनुवाद तीन खण्डों में प्रकाशित किया। उनकी इन रचनाओं का अभूतपूर्व स्वागत हुआ और उन्होंने बाइबिल के हिन्दी भाषी पाठकों के अनुरोध पर सम्पूर्ण नया विधान का अनुवाद प्रस्तुत किया। नया विधान या हिन्दी बाइबिल के अब तक दो संस्करण हो चुके हैं। वह 1979 से 'ओल्ड टेस्टामेण्ट' का अनुवाद कर रहे थे जिसको पृष्ठ-संख्या लगभग दस सौ पचास है। वह उसके नौ सौ पृष्ठों का अनुवाद पूरा कर चुके थे, लेकिन उनकी मृत्यु के कारण यह कार्य अपूर्ण ही रह गया था और इसे मैंने पूरा किया।

फादर बुल्के का साहित्य बहुत विस्तृत है। उनकी छोटी-बड़ी पुस्तकों की कुल संख्या 29 है और शोध-निबन्धों की संख्या लगभग 60। इसके अतिरिक्त हिन्दी विश्वकोश तथा अन्य कई सम्पादित ग्रन्थों में सम्मिलित उनके लगभग सौ छोटे-बड़े निबन्ध हैं तथा उनके द्वारा सुरक्षित बहुत-सी रेडियो वार्ताएँ हैं, जिन्हें वह महत्वपूर्ण मानते थे। लेखन के अतिरिक्त वह कई महत्वपूर्ण संस्थाओं से जुड़े थे। वह बिहार राष्ट्रभाषा परिषद, काशी नगरी प्रचारिणी सभा और बेल्जियम रॉयल अकादमी के सम्मानित सदस्य थे। अपनी विद्वत्ता और श्रेष्ठ मानवीय गुणों के कारण वह 1974 ई. में गणतन्त्र दिवस के अवसर पर पद्मभूषण से अलंकृत हुए थे। 1981 में उन्हें बिहार राष्ट्रभाषा परिषद ने वयोवृद्ध साहित्य पुरस्कार से सम्मानित किया था और 1982 में उन्हें राँची एक्सप्रेस (दैनिक) द्वारा संचालित राधाकृष्ण पुरस्कार मरणोपरांत प्रदान किया गया है।

फादर बुल्के उन विदेशी संन्यासियों में थे, जो भारत आकर भारतीयों से अधिक भारतीय हो गये थे। उन्होंने यहाँ की जनता के जीवन से अपने को एकाकार कर लिया था। उन्हें देखकर कोई भी व्यक्ति यह अनुभव कर सकता था कि संन्यास का अर्थ जीवन और जगत का निषेध न होकर स्वत्व का निषेध है और स्व का ऐसा विस्तार, जिसमें पूरी दुनिया के लिए ममत्व भरा हुआ है। वह प्रत्येक आगन्तुक से इतने स्नेह से मिलते थे कि वह अभिभूत हो जाता था। वह

बारम्बार यह कहते थे कि मुझे सबसे अधिक सन्तोष तब मिलता है, जब मैं दूसरों के लिए कुछ कर पाता हूँ। उन्होंने दूसरों के लिए कुछ कर पाने के जो माध्यम चुने थे, उनमें एक था उनका समृद्ध पुस्तकालय, जिससे वह छात्रों, शोधार्थियों और परिचितों को पढ़ने के लिए पुस्तकें दिया करते थे। दूसरा माध्यम था दु:खी जनों को उचित परामर्श दे कर उनका मार्ग-दर्शन। उन्होंने इन सब कार्यों के लिए प्रतिदिन सवेरे नौ बजे से 12 बजे तक का समय निर्धारित कर दिया था और शुक्रवार को तो वह जैसे पूरी दुनिया के लिए दिन भर खाली थे। इसके अतिरिक्त देश-विदेश के बहुत से विद्वानों और सामान्य जनों की अनेकानेक प्रकार की जिज्ञासाओं से भरे पत्र उन्हें मिला करते थे और शायद ही कोई पत्र अनुत्तरित रहता था। इस प्रकार वह अहर्निश आजीवन आत्मदान-निरत थे और इस आत्मदान और लोक-सेवा का ही एक रूप उनका हिन्दी-सम्बन्धी कृतित्व था। पूर्णता और शुद्धता का आग्रह उनमें इतना अधिक था कि वह एक-एक तथ्य की प्रामाणिकता और एक-एक प्रयोग की उपयुक्तता की जाँच पर कभी-कभी घंटों परिश्रम करते थे।

फादर बुल्के बहुत वर्षों से अस्वस्थ चले आ रहे थे। 1950 ई. में आसपास ही उनके कान खराब हो गये थे और श्रवणयन्त्र लगाकर ही सुन पाते थे। उनका पक्वाशय बचपन से ही कमजोर था और भारत आने के बाद उन्हें पेप्टिक अल्सर हो गया था, जिससे वह 1970 ई. के आसपास मुक्त हो गये थे किन्तु पिछले 10-12 वर्षों से कई नये रोग उनके साथी हो गये थे। वह उच्च रक्तचाप तथा गुर्दे और हृदय की कमजोरी के शिकार थे और दमा तो जैसे उनका जीवन-सहचर था, किन्तु वह अपने रोगों की चिन्ता किये बिना निरन्तर कार्यरत थे। फिर भी, वह जिस रूप में अपनी जीवनी-शक्ति का बून्द-बून्द रस निचोड़ कर हिन्दी की सेवा कर रहे थे, उससे उनका शरीर टूटता जा रहा था। 1981 के आरम्भ से ही वह अशक्त होते जा रहे थे। किन्तु उनकी दुर्दम्य जिजीविषा हार मानने को प्रस्तुत नहीं थी। वह सोचते थे कि वह उसी वर्ष किसी समय बाइबिल का अनुवाद-कार्य पूरा कर लेंगे और तब अंग्रेजी-हिन्दी कोश का परिवर्द्धन आरम्भ करेंगे। वह जीवन की संध्या में तुलसी-सम्बन्धी अपने चिन्तन को पूरे विस्तार से शब्दबद्ध करना चाहते थे, किन्तु जून के अन्त में उन्हें गैंग्रीन हो गया। यद्यपि उनका इलाज माण्डर (राँची) और कुर्जी (पटना) अस्पताल में हुआ, किन्तु उनकी हालत सुधरने के बजाय बिगड़ती ही गयी। आठ अगस्त को वह पटना से दिल्ली ले जाये गये, जहाँ 17 अगस्त को सवेरे साढ़े आठ बजे उनकी मृत्यु हो गयी। उनका दफन दूसरे दिन दिल्ली के निकॉलसन कब्रगाह में उनके स्नेहियों और मित्रों की उपस्थिति में कर दिया गया। फादर बुल्के आज जीवितों के देश में नहीं हैं, लेकिन वह अपने हजारों हजार प्रशंसकों के हृदय में अब भी जीवित हैं। वस्तुत: वह एक ऐसी महान आत्मा थे, जिसकी स्मृति शताब्दियों तक बनी रहेगी और जिसके कृतित्व का महत्व दिनों-दिन बढ़ता जायेगा।

2014 में दिवंगत हुए और फादर कामिल बुल्के के निकट रहे दिनेश्वर प्रसाद ने यह आलेख 2009 में प्रकाशित 'हिन्दी चेतना' के डॉ. कामिल बुल्के विशेषांक के लिए लिखा था।

विदेशी जिसे हिन्दी ने अपना बना लिया

जगदीश प्रसाद बरनवाल 'कुन्द'

श्वेत वसन के भीतर से झांकते हुए सौम्य व्यक्तित्व वाले उन दाढ़ीवाले गौरांग तेजपुंज का छह फुटा लम्बा तन एक निष्काम योगी की भाँति किसी को भी अपनी ओर आकर्षित करने में समर्थ था। दोनों हाथ जोड़कर प्रणाम करने वाले और हिन्दी में ही बात करने वाले वह एक ऐसे उद्भट विद्वान थे जिन्होंने भारत-भूमि पर जन्म तो नहीं लिया, लेकिन मृत्युपर्यन्त भारत के ही रहे। उनके विषय में प्रश्न से ही उत्तर प्रस्तुत करता हुआ डॉ. धर्मवीर भारती का यह कथन काफी माने रखता है—'कौन सी थी वह प्रेरणा जिससे कैशोर्य में ही बेल्जियम में अपना भरा-पूरा परिवार छोड़कर मानवसेवा के लिए निकल पड़े होंगे बुल्के? क्या कभी याद नहीं आती घर की? रामचन्द्र तो चौदह वर्ष के बनवास के बाद घर लौट आये थे, पर बुल्के तो आजीवन प्रवास ले बैठे और ऐसा प्रवास कि अब भारत की संस्कृति, भारत की भाषा उन्हें भारतीयों से भी अधिक प्रिय हो चुकी है। सारी एशियाई भाषाओं के साहित्य को छानकर उन्होंने रामकथा के जितने आयाम खोज निकाले हैं, वह क्या कोई और कर पाया? 'हिन्दी-अंग्रेजी कोश' जैसा सटीक प्रामाणिक और उपयोगी कोश उन्होंने बनाया, क्या कोई और बना पाया? और साथ ही जीसस की सेवा में भी कोई कोताही नहीं। यहाँ तक कि बाइबिल का नया अनुवाद भी कर डाला।'

करोड़ों भारतीयों का चहेता यह यशस्वी सन्त फादर कामिल बुल्के के नाम से समूचे देश में आदर के साथ जाना जाता है। उनका जन्म बीसवीं शताब्दी के प्रथम दशक में 1 सितम्बर 1909 को पश्चिमी बेल्जियम के प्रान्त वेस्टफ्रन्डर्स में स्थित एक ग्राम रम्सकपैले में हुआ था। उन्होंने इंजीनियरिंग में बी.एससी. की उपाधि प्राप्त की और जर्मनी में दर्शनशास्त्र तथा आइंस्टीन के सापेक्षवाद सिद्धांत को समझने के लिए उच्च गणितशास्त्र का भी विशेष अध्ययन किया। 1935 ई. में एक अध्यापक के रूप में भारत आये और यहीं के होकर रह गये। 1938 ई. में उन्होंने प्रथम बार रामचरितमानस एवं विनयपत्रिका का आद्योपांत अध्ययन किया तथा हृदय पर एक अमिट प्रभाव धारण करते हुए तुलसी के प्रति समर्पित हो गये। वे फ्रेंच, अंग्रेजी, जर्मन आदि भाषाओं के भी अच्छे ज्ञाता थे, किन्तु हिन्दी, संस्कृत, अवधी के प्रति उनकी काफी रुचि तथा रामसाहित्य के प्रति अगाध श्रद्धा थी, जिसका परिणाम यह हुआ कि उन्होंने 1940 ई. में 'हिन्दी साहित्य सम्मेलन इलाहाबाद' की विशारद परीक्षा उत्तीर्ण की और कलकत्ता विश्वविद्यालय से संस्कृत विषय लेकर 1945 ई. में बी.ए. तथा इलाहाबाद विश्वविद्यालय 1947 ई. में हिन्दी से एम.ए. किया। डॉ. माता प्रसाद गुप्त के निर्देशन में 1949 ई. में 'रामकथा : उत्पत्ति और विकास' विषय पर शोध-प्रबन्ध प्रस्तुत कर डॉक्टरेट की उपाधि प्राप्त की। उन्हें राम से काफी प्यार था। वाल्मीकि के रामायण एवं तुलसी के रामचरितमानस में इनके प्राण बसते थे। वह कहते थे कि उन्हें राम में ईसा के दर्शन होते हैं। उन्होंने असाधारण निष्ठा के साथ देश-विदेश

के भिन्न-भिन्न विद्वानों द्वारा राम साहित्य पर प्रस्तुत अनेक सुलभ दुर्लभ ग्रन्थों का मनोयोगपूर्वक अध्ययन किया, तत्पश्चात् हिन्दी-विश्व को 'रामकथा' के नाम से एक ऐसी विलक्षण और अद्वितीय कृति दी जिसके पढ़ने के बाद राम से सम्बन्धित कोई विषय शेष नहीं रह जाता। प्रमुख भाषाशास्त्री डॉ. धीरेन्द्र वर्मा ने इस ग्रन्थ के विषय में लिखा है कि 'यह ग्रन्थ वास्तव में रामकथा-सम्बन्धी समस्त सामग्री का विश्वकोश कहा जा सकता है। सामग्री की पूर्णता के अतिरिक्त विद्वान लेखक ने अन्य विद्वानों के मत की यथास्थान परीक्षा की है तथा कथा के विकास के सम्बन्ध में अपना तर्कपूर्ण मत भी दिया है। वास्तव में यह खोजपूर्ण रचना अपने ढंग की पहली ही है और अनूठी भी है। हिन्दी क्या, किसी भी यूरोपीय अथवा भारतीय भाषा में इस प्रकार का कोई अध्ययन उपलब्ध नहीं है।'

'रामकथा : उत्पत्ति और विकास' पुस्तक चार भागों एवं इक्कीस अध्यायों में विभक्त है। प्रथम भाग में पाँच अध्यायों वैदिक साहित्य और राम कथा, वाल्मीकि कृत रामायण, महाभारत की रामकथा, बौद्ध रामकथा और जैन रामकथा के माध्यम से प्राचीन रामकथा-साहित्य पर प्रकाश डाला गया है। द्वितीय भाग रामकथा की उत्पत्ति विषयक है जिसमें चार अध्यायों—दशरथ जातक की समस्या, रामकथा का मूलस्रोत, प्रचलित वाल्मीकि कृत रामायण के मुख्य प्रक्षेप, रामकथा का प्रारम्भिक विकास में विचार किया गया है। तीसरे भाग में अर्वाचीन रामकथा साहित्य का सिंहावलोकन को प्रतिपाद्य बनाया गया है जिन्हें चार अध्यायों, संस्कृत धार्मिक साहित्य में रामकथा, संस्कृत ललित साहित्य में रामकथा, आधुनिक भारतीय भाषाओं में रामकथा, विदेश में रामकथा के परिप्रेक्ष्य में परखा गया है। चौथा भाग अपने में आठ अध्यायों—बालकांड, अयोध्याकांड, अरण्यकांड, किष्किन्धा कांड, सुन्दरकांड, युद्धकांड, उत्तरकांड और उपसंहार एवं परिशिष्ट को संजोए, रामकथा का विकास पर केन्द्रित है।

लगभग सात सौ पृष्ठों वाली इस मोटी पुस्तक का समर्पण उन्होंने आदिकवि वाल्मीकि को इन शब्दों में किया है-'जिनकी प्रतिभा ने रामकथा को भारत तथा निकटवर्ती देशों के साहित्य में एक अत्यन्त महत्वपूर्ण स्थान दिलाया और भारतीय संस्कृति का एक उज्ज्वल प्रतीक बना दिया, उन आदिकवि वाल्मीकि को रामकथा की दिग्विजय का प्रस्तुत विवरण सश्रद्धा समर्पित है। त्वदीयं वस्तु बाल्मीके तुभ्यमेव समर्प्यते।' वाल्मीकि रामायण के सम्बन्ध में उनका कहना था कि 'रामायण एशिया महाद्वीप का महत्वपूर्ण महाकाव्य है। इस काव्य में रामचन्द्र के चरित्र के माध्यम से भारतीय जीवन का जो समग्र आदर्श उपस्थित हुआ है, वैसा अन्य किसी रचना में नहीं। रामायण में भारतीय संस्कृति की आत्मा निहित है।' सुप्रसिद्ध रचनाकार बाबू अमृत राय उनके व्यक्तित्व से प्रभावित थे ही। उन्होंने रामकथा को हिन्दी का गौरव ग्रन्थ बताते हुए यह विचार व्यक्त किया है कि "जहाँ तक मेरी बात है, मेरा मन जो शुरू से ही उनके व्यक्तित्व से प्रभावित था, इस बीच उनके प्रति और बहुत श्रद्धालु हो गया था क्योंकि मैंने उनका यह महान ग्रन्थ 'रामकथा' पढ़ लिया था। ईमान की बात है कि उसे पढ़कर मैं बिल्कुल अवाक रह गया था। बार-बार यही एक बात मुझे हैरान करती रहती कि देखो, हिन्दुस्तान में और इस हिन्दी देश में वाल्मीकि को अगर छोड़ भी दें तो गोस्वामी तुलसीदास और उनके मानस और भगवान रामचन्द्र का नाम जपने वाले कितने असंख्य लोग हैं, लेकिन रामकथा का सांगोपांग अध्ययन करने के लिए सात समुंदर पार से बेल्जियम के एक कैथोलिक मिशनरी को आना पड़ा। जिस अपूर्व परिश्रम और अध्यवसाय से फादर बुल्के ने रामकथा पर यह शोध किया है, वह सबके बस की बात नहीं है। उनका ग्रन्थ हिन्दी का गौरव है।"

कोश-निर्माण के क्षेत्र में भी उनका योगदान उल्लेखनीय है। 1955 ई. में प्रकाशित, टेक्निकल इंग्लिश हिन्दी ग्लोसरी, पारिभाषिक शब्दावली के निर्माण से सम्बन्धित पाँच सौ पृष्ठों की एक महत्वपूर्ण पुस्तक है। हिन्दी सिखाने

वालों की समस्याएँ दूर करने के उद्देश्य से तैयार किया गया अंग्रेजी हिन्दी कोश, जिसका प्रकाशन 1968 ई. में हुआ, सबके लिए उपयोगी तथा सर्वाधिक व्यावहारिक एवं प्रमाणिक कोश माना जाता है। इसके सम्बन्ध में दी गयी प्रमुख विद्वान पं. इलाचन्द्र जोशी की सम्मति द्रष्टव्य है- 'यह कोश न केवल हिन्दी और अंग्रेजी के नये पाठकों के लिए उपयोगी सिद्ध होगा वरन् हम जैसे पुराने घिसे हुए लेखकों के लिए भी बड़े काम की चीज सिद्ध होगा। स्वयं मुझे अपने निबन्धों के लेखन में उससे बड़ी सहायता मिली है।'

स्वयं फादर कामिल बुल्के ने इस कोश की उपयोगिता के सम्बन्ध में प्रकाश डालते हुए लिखा है कि 'बारह वर्ष पूर्व (प्रथम संस्करण का प्रकाशन 1968 ई. में) मैंने 'ए टेक्निकल हिन्दी ग्लोसरी' प्रकाशित की थी। उस छोटे से कोश का इतना स्वागत हुआ कि मैंने सम्पूर्ण अंग्रेजी हिन्दी कोश तैयार करने का संकल्प लिया। यह कोश प्रमुख रूप से हिन्दी सीखने वालों की समस्याएँ दूर करने के उद्देश्य से लिखा गया है, फिर भी मुझे आशा है कि यह हिन्दी, भाषियों के लिए समान रूप से उपादेय होगा। अनुवादक निश्चय ही इससे लाभान्वित होंगे। इसमें अंग्रेजी के विद्यार्थियों का भी ध्यान रखा गया है। उनकी सुविधा के लिए अंग्रेजी शब्दों का उच्चारण हिन्दी में दिया गया है।'

जीवन के अन्तिम समय में 'विनयपत्रिका' के पाठ के प्रति उनका विशेष आग्रह हो चला था। पाठ के समय उनके मन को जो पद आकृष्ट करने वाले होते थे, उन्हें वह अलग नोट कर लेते थे। शायद उन पंक्तियों या पदों को संग्रहीत कर कोई अन्य ग्रन्थ लिखने की उनकी योजना रही हो। उनकी मृत्यु के उपरांत उनके शिष्य खिष्टनाथ ने (छद्मनाम) उन्हीं उद्धरणों के आधार पर 'विनयपत्रिका और नये विधान का तुलनात्मक अध्ययन' नामक एक निबन्ध संग्रह की रचना की है। इस सम्बन्ध में प्रस्तावना में उन्होंने उल्लेख किया है कि "प्रस्तुत रचना के लिए प्रथम प्रेरणा लेखक स्व. डॉ. फादर कामिल बुल्के से प्राप्त हुई। हमारा निबन्ध उन्हीं विद्वान द्वारा संकलित सामग्री पर आधारित है। जीवन के अन्तकाल में वह सन्त तुलसीदास कृत 'विनय पत्रिका' का पाठ करते हुए उससे चुने-चुने उद्धरण संग्रहीत करने लगे। पंक्तियों का संकलन अनेक विषयों के अनुसार विभाजित है, जैसे दार्शनिक दृष्टिकोण, भक्ति, परहित आदि। मुख्य शीर्षक के अन्तर्गत कुछ उपशीर्षक भी शामिल है। सम्पूर्ण सूची में संग्रहकर्ता का उद्देश्य काफी स्पष्ट दिखाई देता है। फादर बुल्के तुलसी भक्ति या साधना का सांगोपांग निरूपण करना चाहते थे। किन्तु अनायास फादर का देहांत हुआ। फलतः उनकी योजना अधूरी ही रही। जिस भावी रचना की फादर बुल्के आयोजन करते थे, वह मुख्यतः 'विनयपत्रिका' और कुछ अंश तक 'कवितावली' पर भी आधारित होने वाली थी।"

'विनय पत्रिका' के अध्ययन से उनके निराश मन में आशा का संचार होने लगता था। उन्होंने लिखा है कि "जब-जब मैं निराश हो जाता हूँ, 'विनय पत्रिका' पढ़ता हूँ। उसके द्वारा मैं अपने प्रभु की प्रार्थना करता हूँ। तुलसीदास जी मेरे समस्त अस्तित्व को भक्ति विमुग्ध कर देते हैं। मुझ जैसा एक ईसाई उनके प्रति अपने प्रेम को अन्य किस प्रकार प्रकट कर सकता है? वे मुझे मानवीय मर्यादा से ऊपर उठा देते हैं।" तुलसी के प्रति अनन्य श्रद्धाभक्ति प्रदर्शित करते हुए उन्होंने यहाँ तक लिख दिया है कि 'खड़ी बोली का साधारण ज्ञान प्राप्त करने के बाद मैं तुलसी की रचनाएँ पढ़ने लगा। इसके फलस्वरूप मुझ पर एक प्रकार का जादू हो गया। मेरे हृदय और मेरे मानस दोनों पर तुलसी की अमिट छाप लग गयी है। मेरा तो यहाँ आजीवन रहने का विचार है, किन्तु किसी कारण से मुझे भारत छोड़ना पड़ा तो मैं अवश्य ही रामचरितमानस की एक प्रति अपने साथ ले जाऊँगा।' दूसरों के दुःख से द्रवित होने वाले वह सच्चे पादरी थे और सच्चे भारतीय सन्त भी। नागपुर में जनवरी 1975 में आयोजित प्रथम विश्व हिन्दी सम्मेलन में एक गोष्ठी की अध्यक्षता करते हुए उन्होंने कहा था कि 'भारत धर्मपरायण देश है, किन्तु धर्म की प्रधानता

के बावजूद उसके ग्रन्थों में एकांगीपन नहीं, बल्कि मानवीय मूल्यों का सन्तुलन है।' रामायण, भारतीय संस्कृति और हिन्दी की समन्वयात्मक विशेषता उन्होंने उन शब्दों में व्यक्त की थी—'रामायण में जीवन के प्रति उदासीनता नहीं है। इसमें मानवीय मूल्यों का सुन्दर सन्तुलन है, इसलिए रामायण समस्त भारत में ही नहीं, समस्त दक्षिण पूर्व एशिया में व्याप्त है। धर्म और भौतिकता का समन्वय हमारी संस्कृति की विशेषता है। हम भारतीय संस्कृति की इस विशेषता को समस्त विश्व में तब तक नहीं पहुँचा सकते जब तक हिन्दी भारत में प्रतिष्ठित नहीं हो जाती। सन्त तुकाराम की 'भावना आम्हाचे लोक त्रिभुवन मध्ये' की भावना को लेकर यदि हिन्दी चलेगी तो वह विश्व-मानव की चेतना की वाहन बन सकेगी।'

फादर कामिल बुल्के सर्वधर्म-समन्वय के प्रतिरूप थे। ईसातुल्य उदार थे। उनमें ईसा की नैतिकता के दर्शन कर विष्णु प्रभाकर के शब्द फूट पड़े थे—'जब-जब उन्हें देखता तो मुझे सदा प्रभु ईसा की याद आ जाती थी। एक दीर्घकाय व्यक्ति जिसके नयनों से करुणा झरती है, जो हर किसी को स्नेह से सहेजता है, प्यार से थपथपाता है। कभी चुटकी लेकर के कोई शिशु शरारत से खिलखिला पड़ता है, तो कभी गम्भीर होकर कोई पंडित तर्क में उलझ जाता है लेकिन कर्म से विराम लेने का जैसे उसके पास कोई अवसर ही नहीं था। गाँधी का वैष्णवजन ऐसा ही रहा होगा। पर दुक्खे उपकार करे तोये मन अभिमान न आणे रे। फादर से मिलकर मन खिलता ही नहीं महद् भी होता था, इतना महद् कि लगता है जैसे विश्व मेरे अन्दर ही है, मैं रूपान्तरित हो रहता हूँ, प्रकृति और पुरुष सबके साथ।' उनके बिछावन पर एक ओर बाइबिल तथा दूसरी ओर रामचरितमानस की प्रति होती थी। गोस्वामी तुलसीदास की प्रशंसा करते हुए वह प्रायः कहा करते थे कि हे तुलसी!

सब धरती कागद करूँ, लेखनि सब बनराय।
सात समुद की मसि करूँ, तव गुन लिखा न जाय।।

उनमें एक साथ कई गुणों का समावेश था। उनके समग्र लेखन में दार्शनिक एवं वैज्ञानिक प्रवृत्तियों का परस्पर गहरा सामंजस्य दिखाई पड़ने के साथ ही, साहित्यिक संवेदनशीलता भी स्पष्ट रूप से परिलक्षित होती है। वह राँची के सन्त जेवियर्स कालेज में हिन्दी के विभागाध्यक्ष थे तथा अवकाश प्राप्ति के पश्चात राँची में ही बस गये। लगभग 73 वर्ष की अवस्था में घातक बीमारी गैंग्रीन के फलस्वरूप उनकी मृत्यु दिल्ली में 17 अगस्त 1982 को हो गयी। उन्होंने शीर्ष ग्रन्थ 'रामकथा' के अतिरिक्त कुछ और पुस्तकों की रचना की थी, जिनमें प्रमुख हैं—टेक्निकल इंग्लिश हिन्दी ग्लोसरी (1955 ई.), नीलपंछी (मोटरलिक के प्रसिद्ध नाटक 'ब्लू बर्ड' का हिन्दी अनुवाद, 1958 ई.) अंग्रेजी हिन्दी कोश (1968 ई.), मानस कौमुदी (1968 ई.) रामकथा और तुलसीदास (1978 ई.) तथा मुक्तिदाता (सन्त ल्यूकस के अनुसार ईसा मसीह का पवित्र सुसमाचार)।

हिन्दी के प्रति उनकी निष्ठा जैसी थी, अन्यत्र दुर्लभ है। उल्लेखनीय है कि इलाहाबाद विश्वविद्यालय में पहले हिन्दी के शोध-प्रबन्ध भी इंग्लिश में ही प्रस्तुत किये जाते थे। रामसाहित्य पर शोध के दौरान बुल्के जी के सामने यह स्थिति आयी, किन्तु उनके विशेष अनुरोध पर उन्हें शोध प्रबन्ध हिन्दी में ही प्रस्तुत करने की अनुमति मिल गयी। वे अपना भाषण सर्वत्र हिन्दी में ही करते। उनके सामने यदि कोई हिन्दी वाला व्यक्ति अंग्रेजी में बोलने की कोशिश करता तो उसे तुरन्त टोकते कि क्या तुम्हें हिन्दी नहीं आती? यही नहीं, परस्पर बातचीत के दौरान भी यदि कोई व्यक्ति बीच-बीच में अप्रचलित अंग्रेजी शब्दों का प्रयोग करता तो उससे बहुत नाराज होते थे। वह कहते थे कि हिन्दी के

विकास में सबसे बड़ी बाधा भारत के अधिकांश बुद्धिजीवियों और उच्च-मध्य वर्ग के लोगों का अंग्रेजीपरस्त होना है तथा हिन्दी प्रान्तों में हिन्दी को पूर्ण रूप से न अपनाया जाता है। वह देश के अनेक हिन्दी संस्थाओं – राष्ट्रभाषा प्रचार समिति-वर्धा, केन्द्रीय हिन्दी समिति, हिन्दी साहित्य सम्मेलन – बिहार, राष्ट्रभाषा परिषद आदि से भी जुड़े थे तथा हिन्दी के विकास के लिए कोई भी कदम उठाने से नहीं चूकते थे। भारतीयों द्वारा हिन्दी भाषा को शक्तिशाली बनाने के लिए जागरूक न होने पर वह क्षुब्ध होते थे। वह मानते थे कि हिन्दी ही एक ऐसी भाषा है जो पूरे देश को एक सूत्र में बाँध सकती है। हिन्दी के सम्बन्ध में उनके द्वारा व्यक्त किया गया विचार प्रासंगिक एवं अनुकरणीय है—'हिन्दी भाषा इतनी समृद्ध और सक्षम है कि सारा कामकाज सुचारु रूप से हिन्दी में किया जा सकता है। यह खेद की बात है कि हिन्दी भाषियों में भाषा के प्रति स्वाभिमान नहीं जगा, अन्यथा बहुत पहले हिन्दी देशव्यापी स्तर पर प्रचलित हो गयी होती। अचानक ही हिन्दी में कामकाज शुरू होने पर कुछ कठिनाइयाँ होना स्वाभाविक है। क्रमशः इनका निवारण हो जायेगा। जब मैं बेल्जियम से 1935 में आया तो भारतीय जनता में अपनी ही भाषा के प्रति घोर उपेक्षा पायी। यह देखकर मैंने हिन्दी पढ़ाने का संकल्प लिया। मैंने निश्चय किया कि हिन्दी की सेवा करूँगा। भारत में संस्कृत माँ है, हिन्दी गृहिणी और अंग्रेजी नौकरानी। इस तथ्य को कोई स्वाभिमानी भारतीय कैसे भुला सकता है।'

उल्लेखनीय है कि डॉ. बुल्के की जन्मभूमि में फ्रेंच भाषा का वर्चस्व था जबकि उनकी अपनी भाषा फ्लेमिश को नितान्त उपेक्षा की दृष्टि से देखा जाता था। अपनी ही धरती पर अपनी भाषा का अपमान उन्हें सह्य नहीं था, अतः विद्यार्थी जीवन में फ्रेंच में बढ़ते प्रभाव को रोकने एवं फ्लेमिश को सम्मानप्रद स्थान दिलाने के उद्देश्य से उन्होंने विरोध प्रदर्शन भी किया था। ऐसी ही स्थिति उन्हें भारतवर्ष में देखने को मिली। उन्होंने देखा कि यहाँ पर करोड़ों लोगों द्वारा व्यवहृत हिन्दी, जो यहाँ की धरती की भाषा है, उसे यथेष्ट सम्मान न देकर, अंग्रेजी का विशेष महत्व दिया गया है। इस पर उन्हें क्षोभ होता था। वह चाहते थे कि हिन्दी को, जो सर्वप्रिय एवं प्रत्येक दृष्टि से सम्पर्क भाषा है, समस्त भारतवासियों द्वारा लेखन, पठन एवं वचन में सदैव उपयोग में लाया जाये। वह सर्वतोभावेन हिन्दी को समर्पित थे। उन्हें भारत सरकार द्वारा पद्मभूषण की उपाधि से विभूषित किया गया था। हिन्दी के अनेक वरिष्ठ रचनाकारों से उनके अच्छे सम्बन्ध थे। आचार्य रामचन्द्र शुक्ल से भी उनकी भेंट हुई थी और वे उनसे काफी प्रभावित थे। इलाहाबाद निवास के समय डॉ. धीरेंद्र वर्मा व डॉ. रामकुमार वर्मा के निकट सम्पर्क में भी रहने का अवसर उन्हें प्राप्त हुआ था। धर्मवीर भारती एवं डॉ. जगदीश गुप्त उनके सहपाठी रह चुके थे। उनके अतिरिक्त महाप्राण निराला, सुमित्रानन्दन पंत, महीयसी महादेवी वर्मा, बाबू मैथिलीशरण गुप्त एवं माखन लाल चतुर्वेदी का भी दर्शन करने का उन्हें सौभाग्य प्राप्त हुआ था।

पत्रकार-साहित्यकार जगदीश प्रसाद बरनवाल 'कुन्द' ने हिन्दी के लिए काम करने वाले विदेशी विद्वानों पर महत्वपूर्ण लेखन किया है। उनका यह आलेख उनकी पुस्तक 'विदेशी विद्वानों का हिन्दी प्रेम' से लिया गया है।

एक महान रचनाकार

आलोक पराड़कर

एक अजीब-सी मुश्किल में हूँ इन दिनों—
मेरी भरपूर नफरत कर सकने की ताकत
दिनोंदिन क्षीण पड़ती जा रही
अंग्रेजों से नफरत करना चाहता
जिन्होंने दो सदी हम पर राज किया
तो शेक्सपीयर आड़े आ जाते
जिनके मुझ पर न जाने कितने एहसान हैं।

वरिष्ठ कवि कुँवर नारायण की कविता 'एक अजीब-सी मुश्किल' में इसी प्रकार गालिब, गुरुनानक, कंबन, त्यागराज, मुत्तुस्वामी जैसे नाम आते हैं। इस क्रम में हम फादर कामिल बुल्के को भी शामिल कर सकते हैं, जो दूर विदेश के हैं लेकिन कविता की पंक्तियों में ही कहें तो 'जिनके..... न जाने कितने एहसान हैं' और 'मन है कि मानता नहीं, बिना इन्हें अपनाए....'।

1935-40 का वह दौर था, स्वतन्त्रता के लिए लड़ते, तपते भारत का! परतन्त्रता की बेड़ियों में हमारा गुस्सा बार-बार उफान मार रहा था। आम भारतीयों के मन में क्रोध था, नफरत थी विदेशियों के प्रति जो हमारी संस्कृति को बदल रहे थे, उसे अपने ढंग से नष्ट कर रहे थे लेकिन ठीक उसी दौर में हमारे पास कामिल बुल्के भी थे, जो भारतीयों को उनकी भाषा, उनकी संस्कृति और उनके गौरव की स्मृति करा रहे थे। वे भारत आये थे मिशनरी कार्यों का प्रचार करने लेकिन वे यहाँ आकर क्या कहते हैं—

'जब मैं 1935 में भारत पहुँचा तो मुझे ये देखकर आश्चर्य हुआ और दुःख भी कि बहुत सारे शिक्षित लोग अपनी सांस्कृतिक विरासत और परम्पराओं से अनभिज्ञ हैं। उन्हें अंग्रेजी में बोलने में गौरव का अनुभव होता है।' फादर ने शायद उसी समय मन ही मन में कुछ तय किया, जिसने उनके जीवन की दिशा बदल दी और उसका परिणाम हमें आने वाले वर्षों में मिला जिसके कारण हम आज भी उनके प्रति श्रद्धावनत हैं।

फादर कामिल बुल्के ने एक स्थान पर लिखा है कि भगवान के प्रति धन्यवाद जिसने मुझे भारत भेजा और भारत के प्रति धन्यवाद जिसने मुझे इतने प्रेम से अपनाया लेकिन वास्तव में धन्यवाद तो हिन्दी और भारत की ओर से दिया जाना चाहिए जिन्हें बुल्के ने इतना कुछ दिया। भारत की संस्कृति में उनका मन ऐसा बसा कि वह न सिर्फ यहीं के होकर रह

गये बल्कि उन्होंने कई ऐसे कार्य किये जो न सिर्फ उनके अपने दौर में अद्वितीय कहे गये बल्कि आज भी छह सात दशकों बाद अद्वितीय बने हुए हैं। उन्होंने उस राम कथा के लिए कार्य किया जो खुद उन्हीं के शब्दों में भारतीय संस्कृति के आदर्शवाद का उज्ज्वलतम प्रतीक बन गयी है। उनका कार्य रामकथा के शोध एवं अध्ययन के लिए किसी मील के पत्थर की तरह, किसी प्रकाश स्तम्भ की तरह आज भी रोशनी दिखाता हुआ है। उन्होंने अंग्रेजी हिन्दी शब्दकोश तैयार किया जिससे भारत खासकर उत्तर भारत की कई पीढ़ियों ने अंग्रेजी को समझा और जाना।

मुंशी प्रेमचन्द के पुत्र और साहित्यकार अमृत राय ने उनके बारे में ठीक ही कहा है कि बार-बार यही एक बात मुझे हैरान करती रहती कि देखो, हिन्दुस्तान में और इस हिन्दी देश में वाल्मीकि को अगर छोड़ भी दें तो गोस्वामी तुलसीदास और उनके मानस और भगवान रामचन्द्र का नाम जपने वाले कितने असंख्य लोग हैं लेकिन रामकथा का सांगोपांग अध्ययन करने के लिए सात समुंदर पार से बेल्जियम के एक कैथोलिक मिशनरी को आना पड़ा। जिस अपूर्व परिश्रम और अध्यवसाय से फादर कामिल बुल्के ने रामकथा पर यह शोध किया है, वह सबके बस की बात नहीं है। उनका ग्रन्थ हिन्दी का गौरव है।

कामिल बुल्के भारतीय नहीं थे। वह एक सितम्बर 1909 को बेल्जियम देश के रैम्सकैपल में जन्मे थे। यह जानना भी कम रोचक नहीं होगा कि भारतीय संस्कृति और हिन्दी के लिए कार्य करने वाले यह मनीषी विज्ञान का स्नातक था। सिविल इंजीनियरिंग की पढ़ाई करने वाले बुल्के भारत में विज्ञान के अध्यापक बने और दार्जिलिंग एवं राँची में प्रवास किया। हालांकि बाद में उन्हें हिन्दी और संस्कृत से अधिक प्रेम हो गया था और उन्होंने इसका परिश्रमपूर्ण अध्ययन किया लेकिन उनकी रचनाओं में उनकी वैज्ञानिक दृष्टि हमेशा बनी रही। इलाहाबाद विश्वविद्यालय से हिन्दी में एम.ए. एवं डी. फ़िल् की उपाधि ग्रहण की। उनका शोध प्रबन्ध 'रामकथा : उत्पत्ति और विकास' जब छपकर आया तो लोग आश्चर्य में पड़ गये। जिस वैज्ञानिक दृष्टि और तार्किकता के साथ रामकथा के उपलब्ध ग्रन्थों के कथानकों की उन्होंने तुलना की है और अपने विचार सामने रखे हैं, वे सबको चौंकाते हैं।

1950 में छपी 'रामकथा : उत्पत्ति और विकास' की भूमिका में हिन्दी के प्रसिद्ध विद्वान और कामिल बुल्के के गुरु डॉ. धीरेन्द्र वर्मा ने इसे रामकथा सम्बन्धी समस्त सामग्री का विश्वकोश कहा है। डॉ. वर्मा ने लिखा है कि वास्तव में यह खोजपूर्ण रचना अपने ढंग की पहली ही है और अनूठी भी है। रामकथा से सम्बन्ध रखने वाली किसी भी सामग्री को उन्होंने छोड़ा नहीं है। हिन्दी क्या किसी भी यूरोपीय अथवा भारतीय भाषा में इस प्रकार का कोई दूसरा अध्ययन उपलब्ध नहीं है। रामकथा ग्रन्थ को उन्होंने कितनी मेहनत से तैयार किया था, इसके कुछ उदाहरण देखना यहाँ अप्रासंगिक नहीं होगा। मसलन इस ग्रन्थ के प्रथम भाग जिसमें उन्होंने प्राचीन रामकथा साहित्य का विवेचन किया है और वैदिक साहित्य, रामायण महाभारत, बौद्ध रामायण और जैन साहित्य को रामकथा के सन्दर्भ में पूरी तरह खंगाला है। इस अध्याय में वह व्यापक अध्ययन और शोध के बाद लिखते हैं, 'वैदिक काल में रामायण की रचना हुई थी अथवा रामकथा सम्बन्धी गाथाएँ प्रसिद्ध हो चुकी थीं, इसका निर्देश समस्त वैदिक साहित्य में कहीं भी नहीं पाया जाता। अनेक ऐतिहासिक व्यक्तियों के नाम रामायण के पात्रों के नामों से मिलते हैं, इससे इतना ही निष्कर्ष निकाला जा सकता है कि ये नाम प्राचीन काल में भी प्रचलित थे। ऋग्वेद में इक्ष्वाकु, दशरथ और राम, इन तीनों का एक-एक बार उल्लेख हुआ है, वे प्रभावशाली, ऐतिहासिक राजा थे, इतना ही परिचय इन स्थलों से मिल सकता है। इनका पारस्परिक सम्बन्ध असम्भव नहीं है, लेकिन इसका कोई निर्देश नहीं मिलता। आगे चलकर इनका वैदिक

साहित्य में और कहीं उल्लेख नहीं हुआ है। ऋग्वेद में सीता का भी एक बार उल्लेख हुआ है। लेकिन इस सीता का रामायण के उपर्युक्त अन्य ऐतिहासिक पात्रों से सम्बन्ध असम्भव ही है।'

वहीं द्वितीय भाग में उन्होंने रामकथा की उत्पत्ति और उसके प्रारम्भिक विकास की तर्कपूर्ण चर्चा की है। इसी प्रकार पुस्तक के तीसरे भाग में जहाँ अर्वाचीन रामकथा साहित्य का विश्लेषण है वहीं चौथे भाग में रामकथा की विभिन्न घटनाओं को लेकर उनका विकास दिखलाया गया है। ग्रन्थ के अन्त में रामकथा की व्यापकता और विभिन्न रामकथाओं की मौलिक एकता, विविध प्रभावों का सिंहावलोकन है तथा विभिन्न तर्कों एवं वैज्ञानिक दृष्टि के साथ उन्होंने अपना मत प्रकट किया है।

बाद में फादर बुल्के ने राँची के जेवियर्स कालेज में हिन्दी एवं संस्कृत के विभागाध्यक्ष का पद संभाला। 'रामकथा' के अतिरिक्त उन्होंने कई और ग्रन्थ लिखे जिनमें से 'रामकथा और तुलसीदास' है लेकिन उनका एक महत्वपूर्ण कार्य अंग्रेजी हिन्दी कोश के निर्माण का है जो उनकी रामकथा की ही तरह काफी लोकप्रिय है। उन्होंने बाइबिल का अनुवाद भी किया। अपने शोधकार्यों खासकर कोश निर्माण के लिए उन्होंने काफी समय वाराणसी में बिताया। काशी हिन्दू विश्वविद्यालय में, नागरी प्रचारिणी सभा में और ज्ञानमण्डल में वे बराबर आते जाते रहे। कई लोगों ने उन्हें साइकिल पर आते जाते देखा है। अपने कार्य के लिए घण्टों प्रतीक्षा करने में उन्हें अपमान नहीं लगता। अपनी एक पुस्तक में उन्होंने 'विद्यासंग्रहणेषु त्यक्तलज्जः सुखी भवेत्' की उक्ति का उल्लेख किया है अर्थात् विद्यासंग्रह के लिए लज्जा का त्याग कर देना चाहिए। कितने ही लोगों के पास उनके संस्मरण हैं। वास्तव में वे धुन के पक्के ही नहीं थे, एक निष्ठ साधना के पर्याय भी थे। काफी पहले से ही उन्हें कम सुनाई देने लगा था, शायद इसी कारण उन्होंने अध्यापन की जगह स्वाध्याय और लेखन की ओर अधिक ध्यान दिया। उन्होंने भारतीय नागरिकता ग्रहण कर ली थी। कुछ लोग यह भी बताते हैं कि उन्होंने बिहारी नाम रख लिया था। भारत और भारतीयता की इस सेवा का सम्मान करते हुए उन्हें पद्मभूषण तो मिला ही, कई समितियों में भी वे रहे राष्ट्रभाषा परिषद, केन्द्रीय हिन्दी समिति जैसी समितियों में।

कम सुनाई देने के साथ ही बाद में उन्हें कई रोगों ने घेर लिया था। उन्हें दिल्ली अखिल भारतीय आयुर्विज्ञान संस्थान में भर्ती कराया गया था। 17 अगस्त 1982 को दिल्ली में उनका निधन हो गया। दिल्ली के कश्मीरी गेट के क्षेत्र में निकल्सन कब्रगाह में वे दफन हैं। फादर कामिल बुल्के सच्चे अर्थों में ईसाई थे लेकिन वह सही अर्थों में भारतीय भी थे। उन्होंने उस देश के लिए अपना तन-मन-धन समर्पित कर दिया जो उनकी जन्मभूमि नहीं थी। भारतीय धर्म संस्कृति और साहित्य का गहन अध्ययन तथा उन पर तर्कपूर्ण मत प्रकट कर फादर कामिल बुल्के ने देश के विद्वानों और रचनाकारों में विशेष पहचान और स्थान बनाया। उनके जीवन और कार्यों को पश्चिम और पूर्व, ईसाई और भारतीय परम्परा के बीच सेतु के रूप में देखा जा सकता है। अरबी के कामिल शब्द का अर्थ योग्य और पूर्ण ज्ञाता के रूप में किया जाता है। कहना गलत न होगा कि फादर कामिल बुल्के अपने नाम को पूरी तरह सार्थक करते हैं।

यह व्याख्यान 10 सितम्बर 2010 को वाराणसी में फादर कामिल बुल्के जन्मशती समारोह में दिया गया।

राष्ट्र की एकता का सवाल

अजय तिवारी

फ़ैज़, अज्ञेय, केदार, नागार्जुन, शमशेर, मज़ाज, अश्क़, नेपाली...हिन्दी-उर्दू लेखकों की शताब्दी की धूम मची हुई है। थोड़े दिन पहले एक शताब्दी चुपचाप निकल गयी—फ़ादर कामिल बुल्के की (1 सितम्बर, 1909-17 अगस्त, 1982)। कोई नाम लेवा भी नहीं था। वे धर्म प्रचारक थे पर उनका कोई मठ नहीं बना; वे हिन्दी सेवी थे पर हिन्दी-मठाधीशों को सेवक चाहिए, हिन्दी सेवा से उन्हें कोई लेना-देना नहीं; वे श्रेष्ठ कोशकार थे पर अनुवादजीवी समय में उनकी मौलिकता को याद करना टीस पैदा करता है, वे रामकथा के अनुसन्धाता थे पर रामभक्तों को उनकी आवश्यकता नहीं है; वे तुलसीप्रेमी थे पर विमर्शों के अमर्ष में तुलसी स्वयं संकट में हैं...।

यह स्थिति कितनी विडम्बनापूर्ण है कि एक नि:स्वार्थ संस्कृतिकर्मी को अप्रासंगिक न होने पर भी उचित स्थान (या कम-से-कम उचित ध्यान) देने में इतनी कोताही है! इसे शीतयुद्ध की बची हुई सुबकियों का असर मानें या बाजारवादी संस्कृति का नतीजा कि जब तक सांस्कृतिक-वैचारिक टकराहटों में सीधा पक्ष-विपक्ष तय न हो अथवा कोई फलदायी प्रभामंडल न हो, तब तक हम बड़ी-से-बड़ी विभूति को याद नहीं करते। यह कहते समय एक सावधानी जरूर बरतनी चाहिए कि विश्व राजनीति में शीतयुद्ध का सूत्रपात प्रभुत्वशाली साम्राज्यवादी व्यवस्था ने किया था, अपेक्षा-बहिष्कार का साहित्यिक शीतयुद्ध प्रभुत्वशाली कुलीनतावादी बुद्धिजीवियों ने किया है। संघर्ष का रास्ता छोड़कर समझौता और 'खुलेपन' के सिद्धान्त ने समाजवादी व्यवस्था को नष्ट कर दिया, चापलूसी और 'उदारता' का व्यवहार प्रगतिशील सांस्कृतिक आन्दोलन को नष्ट कर रहा है।

फादर कामिल बुल्के ने अपना शोध-प्रबन्ध 'रामकथा : उत्पत्ति और विकास' 1949 में इलाहाबाद विश्वविद्यालय में जमा किया था। वह हिन्दी में लिखा गया हिन्दी का पहला शोध-प्रबन्ध था। इलाहाबाद विश्वविद्यालय में हिन्दी विभाग था लेकिन शोध-प्रबन्ध अंग्रेजी में जमा होते थे। बनारस हिन्दू विश्वविद्यालय में हिन्दी विभाग संस्कृत से अलग होकर स्वतन्त्र अस्तित्व में नहीं आया था। भारतवर्ष के किसी भी विश्वविद्यालय में हिन्दी और संस्कृत विभागों में नागरी लिपि और हिन्दी भाषा में शोध प्रबन्ध नहीं जमा होता था। बेल्जियम से आकर एक विदेशी हिन्दी प्रेमी ने नागरी लिपि और हिन्दी भाषा में शोध-लेखन की परम्परा का सूत्रपात किया, यह फादर कामिल बुल्के का असाधारण योगदान था।

इस प्रसंग में यह तथ्य स्मरणीय है कि जिस खड़ी बोली में हम अपना सांस्कृतिक (और राजनीतिक-आर्थिक भी) व्यवहार करते हैं, उस खड़ी बोली हिन्दी के पहले कवि अमीर खुसरो थे, वे बाहर से आये थे, उस खड़ी बोली के पहले कहानीकार रेवरेंड जे. न्यूटन थे, वे बाहर से आये थे, और उसके पहले शोधकर्ता फादर कामिल बुल्के थे,

वे भी बाहर से आये थे। इसमें हिन्दी का लचीलापन और ग्रहणशीलता जाहिर होती है, इन उदारमना-उदार विचार लोगों का हिन्दी में योगदान भी जाहिर होता है। ऐसे व्यक्तियों के प्रति उदासीनता हमारी किसी गम्भीर समस्या का संकेत करती है, जिसका समाधान हमारी सामाजिक संस्कृति को ही करना होगा।

हिन्दी के प्रति फादर बुल्के का लगाव किसी भावुकता अथवा स्वार्थ का परिणाम न था। वह बड़ी गहरी लोकतांत्रिक चेतना से उत्पन्न हुआ था। उनका एक छोटा-सा कथन उनके दृष्टिकोण की ठीक-ठीक पहचान करा देता है, 'अंग्रेजों ने सायास हिन्दी का प्रचार नहीं होने दिया क्योंकि वे जानते थे कि इस भाषा के प्रचार से लोगों के बीच एकता बनी रहेगी।' (उद्धृत, दिनेश्वर प्रसाद, 2002, फादर कामिल बुल्के, साहित्य अकादमी, नयी दिल्ली, पुनर्मुद्रण 2009, पृ. 95)

यह कथन बेहद महत्वपूर्ण है। इससे पता चलता है कि फूट डालने वाला हिन्दी शासन हिन्दी-विरोधी है। अंग्रेज भारत लूट रहे थे, जनता में एकता और जागृति आने देना उनके हितों में विपरीत था। जनता को लूटने वाले शासक उसकी एकता के विरुद्ध होते हैं और हिन्दी के प्रचार में बाधा डालते हैं। शासकों की फूटपरस्त नीति एक तरफ और जनता की एकता की आवश्यकता दूसरी तरफ, फादर कामिल बुल्के राष्ट्रीय एकता के लिए शासकों के बदले जनता की एकता को महत्व देते हैं और 'देश के सच्चे भावात्मक एकीकरण में अंग्रेजी सबसे बड़ी बाधा' मानते हैं। (रामकथा, वाणी प्रकाशन, नयी दिल्ली, 2010, पृ. 208) हिन्दी का प्रचार लोगों के बीच एकता लाने के लिए और लोगों की एकता देश के भावात्मक एकीकरण के लिए अनिवार्य है।

शोषण और वर्चस्व की भाषा से जनतन्त्र और राष्ट्रीयता की भाषा का फर्क कामिल बुल्के इसलिए पहचान सके कि खुद बेल्जियम में उनकी मातृभाषा फ्लेमिश पर फ्रांसीसी का ऐसा ही प्रभुत्व था। वे फ्लेमिश के अधिकार के लिए उभरे जनसंघर्ष में एक सत्याग्रही के रूप में हिस्सेदार थे। भारत आने पर वे हिन्दी के अधिकार के लिए संघर्ष में अग्रणी योद्धा थे। वे 1935 में भारत आये थे। जल्दी ही उन्होंने भारत की राष्ट्रीय एकता और ब्रिटिश भेदनीति के बीच मौजूद अन्तर्विरोध को पहचान लिया। उन्होंने कठिन स्वाध्याय द्वारा औपचारिक और अनौपचारिक दोनों तरीकों से हिन्दी में महारत हासिल की। जब उन्होंने हिन्दी के लिए काम शुरू किया, तब वास्तव में एक ही समय में दो कर्तव्य निभाये : अंग्रेज फूटनीति का विरोध और भारतीय जनता के भावात्मक एकीकरण का समर्थन।

स्वभावत: उनकी हिन्दी सेवा बहुत निरीह नहीं थी। वह अन्ध हिन्दीवादियों की भांति कुटिल और स्वार्थी भी नहीं थी। वह विवेकसम्पन्न दृढ़ता से परिचालित थी। इसलिए मूल्य गर्भित थी। उसकी मूल्यवत्ता का सम्बन्ध लोकतांत्रिक निष्ठा से था। हिन्दी के 'उज्जवल भविष्य' में विश्वास व्यक्त करते हुए उन्होंने कहा था, 'मुझे हिन्दी की अन्तर्निहित और अन्त:स्थित क्षमता पर, हिन्दी भाषी जनता के सहजबोध पर, अहिन्दीभाषी जनता की देश-भक्ति पर और भारत की समूची जनता के आत्म-सम्मान पर विश्वास है।' (उपर्युक्त, पृ. 205) हिन्दी भाषी और अहिन्दीभाषी जनता के प्रति एक साथ विश्वास प्रकट करके फादर बुल्के ने अपनी सहज उदारता ही नहीं, जनतांत्रिक दृष्टि का और भारत की राष्ट्रीयता के प्रति स्वीकार का परिचय दिया है। उनका दृष्टिकोण मूलत: साम्राज्य विरोधी था। इसीलिए बेल्जियम में वे फ्रांसीसी का विरोध करते हैं और भारत में अंग्रेजी का। वे फ्रांसीसी या अंग्रेजी सीखने का नहीं, उसके प्रभुत्व का और लोकभाषाओं के दमन का विरोध करते हैं।

यह बात हम नहीं भूल सकते कि एक बड़े परिप्रेक्ष्य और बड़े उद्देश्य के बिना बड़ा काम और बड़ा योगदान सम्भव नहीं होता। यह बड़ा उद्देश्य हमारा जनतांत्रिक लक्ष्य से जुड़ा रहता है। जनता की एकता से बड़ा और कौन सा

जनतांत्रिक लक्ष्य हो सकता है। इसलिए साम्राज्य-विरोधी और जनतांत्रिक मूल्य-दृष्टि कामिल बुल्के की विरासत का सबसे मूल्यवान पक्ष है। नवउदारवाद के दिनों में, जब दक्षिण वाम सभी धाराएँ, 'उत्तर' (अमरीका) की ओर बह रही हों, तब इस विरासत के प्रति उदासीनता जितनी स्वाभाविक है, उसे याद करना उतना ही आवश्यक भी है।

यह बात बरबस याद आती है कि गाँधी जी ने जब सम्पर्क भाषा के तौर पर हिन्दी के लिए आग्रह शुरू किया था, तब वे निर्विवाद रूप में स्वाधीनता आन्दोलन के सबसे महत्वपूर्ण नेता थे। और वे जनता में वही एकता कायम करने का संघर्ष कर रहे थे जिसे अंग्रेज रोक रहे थे। गाँधी जी ने 1931 में कहा था कि 'यदि स्वराज अंग्रेजी पढ़े भारतवासियों का है और केवल उनके लिए है, तो सम्पर्क भाषा अवश्य अंग्रेजी होगी। यदि वह करोड़ों भूखे लोगों, करोड़ों निरक्षर लोगों, निरक्षर स्त्रियों, सताये हुए अछूतों के लिए है तो सम्पर्क भाषा केवल हिन्दी ही हो सकती है।' (उद्धृत : रामविलास शर्मा, 1965, भाषा की भाषा-समस्या, राजकमल, दिल्ली, दूसरा संस्करण, 1978, पृ. 316)

एक तरफ उच्चात्माओं का स्वराज्य है, जिसकी भाषा अंग्रेजी है, दूसरी तरफ 'अन्तिम आदमी' का स्वराज्य है जिसकी भाषा 'केवल हिन्दी' है। इसलिए हिन्दी की सेवा केवल भाषा की शब्द और व्याकरण की-सेवा नहीं है, वह निरक्षर स्त्रियों और अछूतों की सेवा है, वह उस 'अन्तिम आदमी' के हितों की सेवा है, जिसे शिक्षा और जागरण की सबसे अधिक जरूरत है। हिन्दी-सेवा एक नैतिक और सामाजिक उत्तरदायित्व है, जिसका निर्णय सरल नहीं है। फादर बुल्के और महात्मा गाँधी की तरह निराला ने भी हिन्दी-सेवा को हिन्दीभाषी समाज के प्रति कर्तव्य के रूप में अपनाया था और परिणाम यह हुआ था कि -हिन्दी का यह स्नेहोपहार, यह नहीं हार मेरी.....।

अपने पराजय को हिन्दी सेवा का उपहार मानकर निराला उसे सहज बना रहे थे। इस निरक्षर जनता ने अपने अभाव और संघर्ष के बीच लम्बे इतिहास में भव्य सांस्कृतिक उपलब्धियाँ अर्जित की हैं। इस बात को निराला की तरह कामिल बुल्के ने भी पहचाना था। उसकी चर्चा आगे करेंगे। लेकिन यहाँ यह तथ्य रेखांकित करने योग्य है कि भाषा के प्रश्न को सामाजिक दायित्व और सांस्कृतिक परम्परा से जोड़कर देखने का काम गाँधी, निराला, बुल्के, सभी संघर्षशील मनीषियों की सामान्य विशेषता है। इसका औचित्य इस बात में है कि भाषा को दो ही चीजों से अर्थवत्ता मिलती है। मनुष्य के सामाजिक व्यवहार से और समाज की सांस्कृतिक परम्परा से।

इसे विडम्बना ही कहेंगे कि हमारे समय में समाज के दलित-उपेक्षित समुदायों से आने वाले अनेक बुद्धिजीवी सोचते हैं कि दलितों का फायदा अंग्रेजी से होगा। करोड़ों अशिक्षित, अभावग्रस्त और उपेक्षित दलितों के बीच से जो लोग निकलकर आ पाते हैं, वे सिर्फ ऊपर ही देखते हैं, अपने ही उस समाज की जरूरतों को, अपने ही समाज के विकास की उन चुनौतियों को नजरअन्दाज करते हैं। अंग्रेजी से उन्हीं दलितों का फायदा होता है जो आगे आ चुके हें और सत्ता में भागीदार बनने का प्रयत्न करते हैं। पूरे समाज में, दलित समुदाय में भी, भाषा के माध्यम से हम कुलीन और साधारण का विभाजन बहुत साफ-साफ देखते हैं। राजनीति के माध्यम से यह विभाजन दिखे या न दिखे, भाषा के माध्यम से सामाजिक संस्कृति का विभाजन हमें दिखाई देता है। गाँधी की तरह कामिल बुल्के ने भी इस विभाजन को पहचान कर अपनी सांस्कृतिक नीति तय की थी। इसीलिए हमें अपने समय के लिए उनसे रोशनी मिलती है।

जनसाधारण को अपनी चिन्ता का केन्द्र बनाने पर हमारे सभी कार्यों की दिशा उससे निर्धारित होती है। चरम व्यक्तिवाद के हमारे युग में यह कल्पना थोड़ा मुश्किल है कि नि:स्वार्थ भाव से जनसेवा का व्रत भी कभी लिया जाता था। फादर बुल्के भी जेसुइट मत के प्रचारक थे। उनकी धर्मसाधना और हिन्दी साधना साथ-साथ अग्रसर थी। एक

तरफ सेंट मेरी थियॉलॉजिएट, कर्सियांग से प्रशिक्षण पाना, दूसरी तरफ कलकत्ता विश्वविद्यालय से स्वतन्त्र विद्यार्थी के रूप में हिन्दी और संस्कृत से बी.ए. करना, एक तरफ हिन्दी साहित्य सम्मेलन, प्रयाग से विशारद की उपाधि लेना और दूसरी तरफ पुरोहिताभिषेक के बाद 'फादर' की उपाधि पाना—उनके लिए दोनों दिशाओं में विरोध न था। वे भारत आने से पहले सिविल इंजीनियर भी बन चुके थे और ईसाइयों के जेसुइट पंथ में 'ब्रदर' भी।

कुछ सन्देही जन यह मान सकते हैं कि भारत की जनता में धर्मप्रचार के लिए हिन्दी का समर्थन आवश्यक था। लेकिन उसके लिए अंग्रेजी का विरोध और भारत की भावात्मक एकता का समर्थन करना, हिन्दीभाषी जनता के सहजबोध और अहिन्दी भाषी जनगण की देशभक्ति का गुणगान करना आवश्यक नहीं था। बेल्जियम में शासक फ्रेंच और शासन फ्लेमिश के द्वन्द्व में उनका चुनाव वही था जो भारत में शासक अंग्रेजी और शासित हिन्दी (और भारतीय भाषाओं) के द्वन्द्व में था। सच तो यह है कि उनकी धर्मसाधना भी शासकों के पक्ष में न होकर भारतीय जनसाधारण के हितों के अनुकूल थी। इसीलिए उनके व्यक्तिगत धर्म-विश्वास और रामकथा सम्बन्धी शोध एवं तुलसी-प्रेम के बीच कोई अन्तर्विरोध नहीं रहा।

यह बात जरूर कही जा सकती है कि वे राम के भक्त नहीं, अध्येता थे और राम के प्रेमी भी, इसीलिए उन्होंने किसी भक्त से बढ़कर राम का इतिहास खोजा है, काल और देश दोनों दृष्टियों से। यह इतना परिश्रमसाध्य, विवेकपूर्ण और असाधारण शोध-कार्य है- 'रामकथा: उत्पत्ति और विकास'—कि उसे प्रत्येक शोधार्थी के लिए, कम से कम हिन्दी में, अनिवार्य पाठ्य पुस्तक बना दिया जाना चाहिए।

फादर बुल्के ने रामकथा के आदिगायक वाल्मीकि और रामचरित के सबसे बड़े गायक तुलसीदास, दोनों को एक ही संज्ञा दी है और वह है 'जनकवि'—"तुलसीदास वाल्मीकि की तरह जनकवि हैं।" (1977, रामकथा और तुलसीदास, हिन्दुस्तानी एकेडमी, इलाहाबाद, द्वितीय संस्करण, 1981, पृ. 50) वाल्मीकि जनकवि थे, तुलसी भी जनकवि हैं। वाल्मीकि ने पूरी भारतीय और एशियाई संस्कृति का निर्माण किया, तुलसी ने आधुनिक संस्कृति का निर्माण किया। अपने शोध में फादर बुल्के ने विस्तारपूर्वक दिखाया है कि 12वीं शताब्दी में कम्बन की तमिल रामायण से लेकर तुलसीदास के बाद सखी सम्प्रदाय के अनुयाइयों तक, भक्ति आन्दोलन के पाँच सौ सालों में देश की सभी भाषाओं का साहित्य राम-कथाओं से समृद्ध रहा है। भक्ति साहित्य को भारतीय संस्कृति का स्वर्ण युग कहा जाता है। उसे स्वर्ण युग बनाने में कहीं-न-कहीं, आंशिक रूप में ही सही, राम-कथा का योगदान भी होगा। यह बात ध्यान खींचती है कि कम्बन से तुलसी तक सभी भाषाओं के सभी भक्तकवि सामाजिक या आर्थिक दृष्टि से वंचित-उपेक्षित-बहिष्कृत स्तरों से आते थे। उनके दुखों और संघर्षों में रामकथा की अन्तर्निहित करुणा अवश्य सम्बल का काम करती होगी।

फादर बुल्के ने आदिकवि वाल्मीकि और हिन्दी कवि तुलसीदास को जनकवि बनाने वाले सूत्रों को खोजा है। वह पहले विचारक हैं जिसने यह पहचाना कि राम-कथा का विकास ऋग्वेद से नहीं बल्कि उपेक्षित समाज की लोकसंस्कृति के भीतर से हुआ है। ऋग्वेद में इक्ष्वाकु और दशरथ का एक-एक बार उल्लेख हुआ है। (क्रमश: 10.60.4 और 1.12.64) लेकिन दाशरथि राम, परशुराम और बलराम तीनों रामों का पहला उल्लेख 'रामायण' और फिर 'महाभारत' में हुआ है। (1950, रामकथा : उत्पत्ति और विकास, लोकभारती-पुस्तक विक्रेता और वितरक, इलाहाबाद, दूसरा संस्करण, पुनर्मुद्रण 2009, पृ. 2) वैदिक राम की गिनती 'असुर' राजाओं में हुई है—'प्रदु:शीमे

पृथवाने वेने प्र रामे वोचमसुरे....।' (10.93.14) दुःशीम, पृथु, वेन की तरह अपने यजमानों से फिरे राम भी असुर (वोचम् असुरे) राजा हैं। अतः वैदिक राम और रामायण के राम का कोई सम्बन्ध नहीं है।

दशरथ और राम की तरह सीता का उल्लेख भी ऋग्वेद में एक बार हुआ है। किन्तु वे जनक की पुत्री नहीं हैं। स्वयं राम से उनका कोई सम्बन्ध नहीं है। विपुल वैदिक साहित्य में सीता का उल्लेख अपेक्षाकृत अधिक हुआ है। और अनेक सन्दर्भों में हुआ है। ऋग्वेद में वे प्रजापति (सूर्य) की पुत्री और श्रद्धा की बहन हैं जो श्रद्धा के प्रेमी सोम को पति रूप में प्राप्त करती है। भोग के बदले में सोम उन्हें तीनों वेद प्रदान करते हैं। (पृ. 6-7) वेदाध्ययन स्त्रियों के लिए वर्जित नहीं था। 'पारस्कर गृह्यसूत्र' में भी सीता हैं लेकिन 'इन्द्रपत्नी सीता' के रूप में। (पृ. 15) ऋग्वेद में देवताओं की दो श्रेणियाँ हैं - प्रकृति की शक्तियों के रूप में, मानव-निर्मित साधनों के रूप में। (पृ. 9) कृषिकर्म से सम्बद्ध (क्यारी रूपी) सीता के सौन्दर्य का मानवीकरण ही नारी रूपी सीता है। (पृ. 17) फादर बुल्के का यह निष्कर्ष सही है कि 'अयोनिजा सीता के जन्म और तिरोधान' का वाल्मीकीय वृत्तान्त 'इस वैदिक सीता के व्यक्तित्व से प्रभावित है।' (पृ. 18)

बौद्धों की जातक कथाओं में ('जातक हवण्णना' में सुरक्षित 'दशरथ जातक' में) जिन आठ जातकों का उल्लेख है, उनमें राम भी हैं। विमाता के कारण वनवास हो जाने पर राजा के नौ पुत्र-पुत्रियों ने वन में कपिल मुनि के तपस्या स्थल पर 'कपिल-बन्धु' नगर बसाया। चूँकि 'राजसन्तान के विवाह करने योग्य वन में कोई नहीं था, इसलिए चारों राजकुमार अपनी बहनों से ही विवाह करने के लिए बाध्य हुए। ज्येष्ठ कन्या पिया अविवाहित रहकर सबों की माता मानी जाने लगी।' (पृ. 67-68) विभिन्न कथाओं की ओर विशेषतः दशरथ जातक की गम्भीर समीक्षा करते हुए कामिल बुल्के ने विचार किया, 'वनवास का कारण विमाता के षड्यन्त्रों का भय है, जो अनेक अन्य बौद्ध कथाओं में मिलता है। राम और सीता, भाई-बहन का विवाह, महत्वपूर्ण परिवर्तन कहा जा सकता है, लेकिन इसके लिए भी बौद्ध साहित्य में कई उदाहरण प्रस्तुत थे।' (पृ. 72)

यहाँ यह तथ्य उल्लेखनीय है कि तीसरी शताब्दी ईसा पूर्व में मौजूद 'रामायण' को कुछ विद्वान बौद्ध प्रभाव मानते हैं। खुद जातकों में गाथा और गद्य की भाषा अलग है, गद्य की टीकाएँ बहुत बाद की हैं और गाथा एवं टीका में बहुत जगह 'विरोध और असंगति' है। (पृ. 62) रामकथा का मूलस्रोत कुशीलवों की संस्कृति में-उनके लोक-आख्यान में है। कुशीलव का अर्थ है कु-शील-व, शील से भ्रष्ट। वाल्मीकि को—'ब्रह्माहन' कहा गया, उन पर ब्रह्म हत्या का दोष लगा, वे कु-शील हो गये; उनके अनुयायी भी कु-शील थे—हिन्दू भंगी वाल्मीकि के अनुयायी थे, मुसलमान भंगी लालवेग के, 'उर्दू लिपि में वाल्मीकि को आसानी से लालवेग पढ़ा जा सकता है।' (पृ. 33) स्वयं राम राज्य से बहिष्कृत होकर कुशीलव बन गये! 'लोकप्रिय नायक को निकट के जंगलों में निवास करना पड़ता है, एक क्रूर आदिवासी राजा उसकी पत्नी हर लेता है, और नायक असभ्य जातियों की सहायता से युद्ध करके उसे पुनः प्राप्त करता है। इस कथानक के काव्यात्मक वर्णन में अतिशयोक्ति का प्रयोग कितना स्वाभाविक था।' (पृ. 86)

अतिशयोक्ति केवल वाल्मीकि रामायण में ही नहीं है, बौद्ध गाथाओं में भी है। ज्यादा महत्वपूर्ण सूत्र यह है, जैसा अश्वघोष के 'बुद्धचरित' से पता चलता है कि बौद्धों की रामकथा में अपने लिए सामग्री क्यों मिली होगी : राम और बुद्ध दोनों पैदल बन जाते हैं, भूमि पर सोते हैं, राजमहल में माता (कौशल्या और गौतमी) विलाप करती हैं। (पृ. 71) चरित्र की मूल बातों में इन थोड़ी-सी समानताओं के अलावा कथानक और शिक्षाओं में बहुत अन्तर है। जिस तरह

कुछ विद्वान समानताओं के कारण वाल्मीकि पर बौद्ध प्रभाव देखते हैं, उसी प्रकार भिन्नताओं के कारण दूसरे विद्वान वाल्मीकि को बुद्ध-विरोधी घोषित करते हैं। आर्य-आक्रमण के सिद्धान्तकार हवीवर ने माना है कि राक्षस बौद्ध थे, उनसे संघर्ष ब्राह्मण धर्म की प्रतिष्ठा है। कामिल बुल्के विवादों में तो नहीं पड़ते लेकिन तथ्यों को दृढ़तापूर्वक रखने में नहीं चूकते। उनका यह उल्लेख अत्यन्त महत्वपूर्ण है कि राक्षस ब्राह्मण विरोधी तो हैं लेकिन खुद यज्ञ करते हैं और नरभक्षी हैं, यह बौद्ध होने का प्रमाण नहीं है। (पृ. 78) पूरी रामायण में केवल एक बार बुद्ध का उल्लेख है (3.109. 34) जहाँ राम बुद्ध को चोर, नास्तिक कहते हैं यह अंश परवर्ती प्रक्षेप है। (पृ. 78) यही नहीं, रामायण के तीन पाठ हैं। इनमें बुद्ध सम्बन्धी उल्लेख केवल दक्षिणात्य पाठ में है, गौंडीय और पश्चिमोत्तरीय पाठ में नहीं। इसलिए उसके सेवक होने में सन्देह नहीं है।

इसके अतिरिक्त कुशीलवों की लोक-आख्यान-गाथाओं में विकसित रामकथा ही पाली गाथाओं और वाल्मीकि रामायण का मूलस्रोत है। एक तरफ, 'रामायण रामकथा सम्बन्धी आख्यान-काव्य पर निर्भर है।' दूसरी तरफ 'रामायण की अपेक्षा पाली तिपिट की सामग्री पुराने आख्यान-काव्य की शैली और छन्द के कहीं निकट है।' (पृ. 77) वाल्मीकि और बौद्धों ने स्वतन्त्र रूप में अपनी सामग्री लोक-आख्यानों से ग्रहण किया है। इन आख्यान काव्यों का विकास छठी सदी ईसा पूर्व में हो गया था। बौद्ध तिपिटक चौथी सदी ईसा पूर्व में बने हैं। (पृ. 106) इन्हीं तिपिटकों में दूसरा पिटक है सुत्तपिटक। उसका पाँचवाँ भाग खुद्दक निकाय है। इसी के अन्तर्गत आठों जातक कथाए हैं। लोक प्रचलित आख्यान काव्य से रामकथा का सम्बन्ध पहचानना, उस लोककाव्य परम्परा का बहिष्कृत समुदायों में अन्तर्निहित स्रोत खोजना और लौकिक-धार्मिक सभी प्रकार के साहित्य में वर्णित रामकथा को उस आख्यान काव्य पर आधारित सिद्ध करना फादर कामिल बुल्के के अध्यवसाय और मौलिकता के साथ-साथ जनतान्त्रिक विवेक का परिचायक है। इस आख्यान-काव्य परम्परा का सम्बन्ध कोसल (वर्तमान अवध) से है, यह ऐतिहासिक तथ्य है, '. ..महाभारत की रचना पश्चिम भारत में हुई थी और रामायण की कौशल में, जहाँ सभ्यता और संस्कृति का विकास आगे बढ़ चुका था।' (पृ. 78) आदिकाव्य 'रामायण' से लेकर कैफी आजमी के 'दूसरा वनवास' तक, अपने विश्वव्यापी प्रसार के बावजूद, अवध से रामकाव्य-परम्परा का अटूट सम्बन्ध बना हुआ है। बौद्धों की अपेक्षा जैनियों ने रामकथा को बाद में अपनाया। उन्हें रामकथा की करुणा और लोकप्रियता के कारण उसे अपनाने की प्रेरणा मिली।

रामकथा की यात्रा बड़ी दिलचस्प है। राम इक्ष्वाकुवंशी थे, उस वंश के सूतों ने उनकी गाथाएँ और आख्यान सुनाये होंगे, कामिल बुल्के ने फुटनोट में लिखा है कि आदिरामायण (वाल्मीकि) सूतों की सम्पत्ति नहीं रह गया, वह 'काव्योपजीवी कुशीलवों द्वारा पहले जनता में लोकप्रियता प्राप्त करने लगा और बाद में दरबारों में प्रवेश कर सका।' (पृ. 106) बौद्ध पूरब में थे, कोसल में भी थे, उन पर रामकथा का प्रभाव पड़ा, जैनी पश्चिम में थे, महाभारत की रचना भी पश्चिम में हुई, दोनों में रामकथा के अनेक रूप मिलते हैं, इससे स्पष्ट होता है कि राम-आख्यान कोसल तक सीमित न रहा। आगे चलकर उसका विश्वव्यापी प्रसार हुआ।

फादर कामिल बुल्के के शोध की यह विशेषता है कि उसमें तथ्यों के प्रति अटूट आग्रह है और पूर्वाग्रहों के प्रति गहरा अस्वीकार। फादर बुल्के अपने धार्मिक विश्वास में दृढ़ थे। उन्होंने ईसा की जीवनी 'मुक्तिदाता' (1940) में लिखी, 'पर्वत-प्रवचन' और 'स्तुति माला' जैसी अनेक आराधनापरक पुस्तकें लिखीं, 'न्यू टेस्टामेंट' का अनुवाद किया 'नया विधान' (1947), 'द सेवियर' में न्यू टेस्टामेंट के चार सुसमाचारों के आधार पर ईसा की जीवन-सामग्री तैयार की, इस प्रकार के अनेक कार्य किये। दूसरी तरफ 'द थीइज़्म ऑफ न्याय ऐंड वैशेषिक' नामक लघुशोध

प्रबन्ध लिखा, 'रामकथा : उत्पत्ति और विकास' पर शोधकार्य किया, 'रामकथा और तुलसीदास' जैसी महत्वपूर्ण पुस्तक लिखी। उनके धार्मिक विश्वास और भारतीय संस्कृति से उनके प्रेम के बीच कोई अन्तर्विरोध या अन्तर्द्वन्द्व नहीं था। एक तो वे धर्म और संस्कृति का अन्तर समझते थे और उसे व्यवहार में अपनाते थे, दूसरे वे अपने विश्वास के साथ-साथ दूसरे के विश्वास का भी आदर करते थे इसलिए सच्ची धर्म-निरपेक्षता के संस्थापक थे। धर्मविरोध पर आधारित धर्मनिरपेक्षता प्रायः अतिवादी रूप लेकर अतीत और संस्कृति के परम्परा के विरुद्ध चली जाती है। कामिल बुल्के सर्वधर्म समभाव और सर्वभाषा समभाव के आदर्श पर अमल करते थे। यह भी धर्मनिरपेक्षता का एक स्तर है। उसका प्रभाव भी अधिक है।

तुलसीदास के विनयपदों के प्रसंग में रामविलास शर्मा को ईसाई सन्तों के आत्मनिवेदन की याद आयी थी। कामिल बुल्के को भी विनयपत्रिका पढ़कर बाइबिल के भजन याद आते हैं, 'विनयपत्रिका पढ़कर मुझे बाइबिल में संग्रहीत दाऊद की भजन-संहिता याद आती है और तुलसी के हृदय की भगवद्गीता के प्रति श्रद्धा और ईर्ष्या अनायास ही उत्पन्न हो जाती है।' (रामकथा और तुलसीदास, 1981 पृ. 68) ऐसी उदारता बीसवीं सदी के पहले भी देखने को मिली है। उर्दू, फारसी रामायण की चर्चा करते हुए उन्होंने बताया है कि 'रामकथा-विषयक उर्दू साहित्य अधिक महत्वपूर्ण नहीं है....उर्दू की अपेक्षा फारसी रामकथा-साहित्य अधिक प्राचीन है।' संयोग देखिए, उर्दू में जो चार रामायणें 19वीं सदी के उत्तरार्ध में लिखी गयीं, उन सबके रचयिता हिन्दू थे; 16वीं सदी में रामायण का फारसी पद्यानुवाद अकबर के आदेश पर अल बदायूंनी ने किया था! (रामकथा : उत्पत्ति और विकास, 2009 पृ. 205) इसीलिए कामिल बुल्के अल्पसंख्यकों को सुझाव देते हैं कि वे सांस्कृतिक परम्परा से अपने को जोड़ें। जहाँगीर के समय 'रामायण मसीही' की रचना करने वाले 'मुजफ्फरनगर निवासी मुल्ला मसीह' सम्भवतः ईसाई थे क्योंकि रामायण मसीही में ईसा, मरियम-आदि बाइबिल के पात्रों का उपमान के रूप में बहुधा उपयोग हुआ है।' (उप. पृ. 206) आदिकाव्य में रामायण के पात्रों की तुलना ब्रह्मा, इन्द्र, विष्णु, कामदेव से होती थी, (पृ. 103) मसीही रामायण में ईसा और मरियम से होती है। सांस्कृतिक वैविध्य का अक्षय भंडार है रामकथा।

शोधार्थी के लिए स्वयं मूल सामग्री का अवलोकन-अवगाहन पहली शर्त है। कामिल बुल्के दूसरे की सूचना को अपना प्रमाण बनाकर पेश नहीं करते। 'गौण रामायण' के उल्लेख में सर्वाधिक चर्चित 'भुशुंडीरामायण' की हस्तलिपि सुरक्षित होने की बात उन्होंने कही है, लेकिन 'प्रस्तुत लेखक इस रचना का अब तक निरीक्षण न कर सका।' डॉ. भगवती प्रसाद सिंह ने उसके बारे में जो लिखा है, उससे पता चलता है कि यहाँ रासलीला का आरोप भी है और 'सहना' सखी का समावेश भी। (पृ. 138-39) फलस्वरूप ज्ञानपरक भक्ति का माध्यम सीता और प्रेमपरक भक्ति का माध्यम सहजा, यहीं से रूपक, श्लेष आदि की परम्परा रामकाव्य में आती है। सखी-सम्प्रदाय की वासना और तद्नुरूप अलंकरण-प्रियता- 17वीं-18वीं शताब्दी के सांस्कृतिक वातावरण से रामकाव्य अछूता नहीं रहा। श्रृंगारी कवियों ने कृष्ण के साथ-साथ राम को भी रंग दिया।

आदि काव्य में आयु विषयक अतिशयोक्तियों और अवतारवाद की कल्पनाओं के कारण बालकांड के अनेक अंश और पूरा उत्तरकांड प्रक्षिप्त सिद्ध होता है। प्रक्षिप्त सामग्री को कामिल बुल्के ने अत्यन्त सावधानी, परिश्रम और विवेक से पहचाना है। यहाँ उसके विश्लेषण का अवकाश नहीं है। लेकिन 'राम को मुक्तिदाता के रूप में चित्रित

करने के उद्देश्य से विभिन्न पात्रों के उद्धार का अथवा उनके शाप की अवधि के अन्त का सम्बन्ध राम से (अथवा राम-दूतों से) स्थापित किया गया है।' (पृ. 584) अवतारवाद के साथ भक्ति का सम्बन्ध भी है। वासुदेव कृष्ण लगभग 'तीसरी शताब्दी ईसा पूर्व से विष्णु के अवतार माने जाने लगे;' राम पहली शताब्दी ईसा पूर्व के लगभग 'विष्णु के अवतार के रूप में स्वीकृत होने लगे।' (पृ. 591) कृष्ण के दो शताब्दी बाद राम को अवतार मानने का कारण पूर्वी भारत में धार्मिक टकराहट का विशेष वातावरण था, 'बौद्ध धर्म का अधिकाधिक प्रसार देखकर ब्राह्मणों ने भागवतों को अपनी ओर आकर्षित करने के उद्देश्य से भागवतों के इष्टदेव वासुदेव कृष्ण को विष्णु-नारायण का अवतार मान लिया है।' राम का चरित पहले से लोकप्रिय था, रामायण ने उस लोकप्रियता में वृद्धि की, उनकी वीरता के वर्णन में अलौकिकता बढ़ने लगी और 'कृष्ण की भांति राम भी व्ष्णु के अवतार माने जाने लगे।' (पृ. 114) गौतम बुद्ध को बहुत आगे चलकर छठी-सातवीं शताब्दी में विष्णु का अवतार बनाया गया। (उप.)

यदि राम को पहली शताब्दी ईसा पूर्व में विष्णु का अवतार बनाया गया तो रामायण में अवतारवाद की सारी सामग्री प्रक्षिप्त सिद्ध होती है। यों भी राम अगर विष्णु के अवतार थे तो उनकी तुलना विष्णु से करने का प्रश्न ही नहीं था। बालकांड के सर्ग 76 में परशुराम ने राम को विष्णु का अवतार कहा है। (श्लोक 17-19) किन्तु बालकांड के पहले ही सर्ग में विष्णु से राम की तुलना की गयी है— 'विष्णुना सदृशो वीर्य्ये'। (श्लोक 18) कामिल बुल्के ने अनेक उदाहरण देकर स्पष्ट किया है कि 'रामायण के अनेक पात्र राम की तुलना विष्णु से करते हैं।' (पृ. 103)

इस बात पर बल देना इसलिए जरूरी है कि 'अवतारवाद के कारण कथावस्तु में अलौकिकता की मात्रा अवश्य धीरे-धीरे बढ़ने लगी, फिर भी रामकथा का मुख्य दृष्टिकोण धार्मिक न बनकर शताब्दियों तक साहित्यिक ही रहा।' (पृ. 591) और दूसरे, 'रामभक्ति के आविर्भाव के पूर्व रामकथा का यह साहित्यिक रूप विदेश में फैल गया और उस पर बाद में रामभक्ति का प्रभाव नहीं पड़ा।' (उप.) रामकथा की व्यापकता और लोकप्रियता का कारण उसकी करुणा, संघर्षशीलता और चरित्रों की उदात्तता है, चमत्कार प्रेम और अवतारवाद नहीं, इस तथ्य को समझने में कामिल बुल्के ने कोई चूक नहीं की है इसलिए उनका पाठक भी उसे भलीभांति ग्रहण करता है। साहित्यिक मूल्य का सम्बन्ध अतिशयोक्तियों से नहीं, भावों और चरित्रों की गरिमा से है, रामकथा का अध्ययन यह बात भी हमारे सामने उद्घाटित करता है।

रामकथा के प्रसार का विवरण प्रस्तुत करते हुए कामिल बुल्के ने तीसरी शताब्दी में 'अनामक जातकम्' के चीनी अनुवाद से लेकर (पृ. 207) अट्ठारहवीं शताब्दी में एम. सोनेरा और डे पोलियो की फ्रांसीसी रामकथा तक (पृ. 224-25) एशिया और यूरोप में रामकथा के अस्तित्व का प्रमाण प्रस्तुत किया है। एशिया के देशों में यह प्रभाव तीसरी शताब्दी से ही दिखाई देने लगा था जबकि पश्चिमी देशों में उसका प्रवेश पन्द्रहवीं शताब्दी में यात्रियों और मिशनरियों के आवागमन के साथ शुरू हुआ। ऐसी लगभग बीस रामकथाओं का उल्लेख कामिल बुल्के ने किया है। फिर भी, एशियाई समाजों में रामकथा की जितनी गहरी पैठ हुई, पश्चिमी संस्कृतियों में उसकी तुलना में बहुत सतही प्रभाव रहा। पश्चिमी देशों में हल्के प्रभाव की रामकथाएँ हों या एशियाई देशों में व्यापक प्रभाव वाली रामकथाएँ, इस विश्व-प्रसार का मूल आधार वाल्मीकि की रामायण है। इसलिए कामिल बुल्के ने बिना किसी अतिरंजना के यह उचित मूल्यांकन किया है कि 'रामकथा न केवल भारतीय वरन् एशियाई संस्कृति का भी एक महत्वपूर्ण तत्व बन गयी

है। रामकथा की इस व्यापकता तथा लोकप्रियता का श्रेय वाल्मीकिकृत रामायण को है। ....अतः यह निःसंकोच कहा जा सकता है कि विश्व-साहित्य के इतिहास में शायद ही किसी ऐसे कवि का प्रादुर्भाव हुआ हो जिसने भारत के आदिकवि के समान इतने व्यापक रूप से परवर्ती साहित्य को प्रभावित किया हो।' (उप., पृ. 579)

और, भारत का यह आदिकवि कुलीनों की नहीं, कुशीलवों की संस्कृति का प्रतिनिधि था। विश्व-साहित्य में शायद ही ऐसा दूसरा कवि हुआ हो जिसने वाल्मीकि के समान समाज के तिरस्कृतों-बहिष्कृतों की संस्कृति को सार्वभौम गौरव प्रदान किया हो।

जनता से आत्मीय लगाव के बिना न रामकथा की लोकतांत्रिक संस्कृति को वाल्मीकि सत्ताधारियों की कुलीनतावाद संस्कृति से ऊपर रख सकते थे, न कामिल बुल्के उनके इस ऐतिहासिक महत्व को रेखांकित कर सकते थे।

अजय तिवारी हिन्दी साहित्य के वरिष्ठ आलोचक हैं। उनका यह आलेख 'नया ज्ञानोदय' मासिक पत्रिका से साभार प्रस्तुत है।

स्मृति से कभी दिवंगत नहीं

शमशेर बहादुर सिंह

स्वर्गीय फादर बुल्के उन थोड़े से लोगों में हैं जो स्मृति में कभी दिवंगत नहीं होते–उनका सौम्य प्यारा, दुबला-पतला चेहरा, खसखसी दाढ़ी, स्वभावतः मैत्रीपूर्ण संयत व्यवहार, उनकी कार्यनिष्ठा, उनकी सच्ची आस्था, उनके ईसा मसीह–जिनमें हमारे 'राम' भी झलकते हैं, उनको सहज सेवापरायणता बीमार और दुखियों से उनका पारिवारिक-जैसा हार्दिक लगाव और उनकी सेवा-शुश्रूषा के लिए मीलों तक साइकिल से चक्कर लगाना। सन् 1967-68 में जब मैं उनसे मिला था, मैंने देखा था, अधेड़ वय से अधिक होने पर कैसा युवाओं-जैसा उनमें उत्साह था। यह सब मेरे हृदय पर एक अमिट छाप छोड़ गया।

वे मेरे एक बहुत अच्छे हार्दिक विद्वान् मित्र डॉ. रघुवंश के बहुत घनिष्ठ और हार्दिक विद्वान् मित्र थे। इलाहाबाद विश्वविद्यालय में उनके हिन्दी शिक्षाकाल में रघुवंश-जैसे चिन्तनशील साहित्यिक विद्वान् मित्रों के सम्पर्क और स्वयं उनकी अपनी 'एडवांस्ड' साहित्यिक सुरुचि, लगन और अनथक श्रम ने उन्हें हिन्दी साहित्य में दीक्षित किया था, विशेषकर भक्ति साहित्य और रामचरितमानस के अनेक गूढ़ तत्वों में। अगर यह कहूँ कि भारतीय परिवेश में रामचरितमानस उनके लिए बाइबिल के न्यूटेस्टामेंट का दर्पण बन गया था, तो शायद मैं बहुत गलत न हूँगा।

राँची की एक गोष्ठी में एक बहुत सुंदर कथा उन्होंने सुनायी थी, जो मुझे कभी नहीं भूलेगी। एक बहुत मार्मिक कथा। कथा संक्षेप में यों है।

पूर्व काल में एक बार कुछ प्रसिद्ध ईसाई-धर्म-प्रचारक निर्जन से टापू में उतरे। वहाँ कुछ मास रहकर उन्होंने वहाँ के भोले-भाले वनवासियों को ईसा मसीह की शिक्षा में दीक्षित कर दिया, टापू के निवासी पूर्ण रूप से मसीह के प्रति आस्थावान हो गये। अपना कार्य समाप्त समझ कर धर्म-प्रचारक वहाँ से चल पड़े। अभी उनके जहाज तट से कुछ दूर ही गया होगा कि उन्होंने देखा कि एक वनवासी उनकी ओर लहरों पर दौड़ता हुआ चला आ रहा है। वह पास आकर आग्रहपूर्ण स्वर में चिल्ला कर बोला, 'गुरुजी, जरा रुकिये, आपने जो प्रार्थना हमें सिखायी थी, उसका एक अंश हमें फिर से सही-सही समझा दीजिए।' प्रचारकों के मुखिया ने कहा, 'भाई, तुम्हें किसी भी प्रार्थना या दीक्षा की आवश्यकता नहीं है। तुम अपनी आस्था के बल पर स्वयं ईसा मसीह के निकट पहुँच चुके हो। तुम्हारी शुद्ध आत्मा जैसा ठीक समझाती है। वही ठीक है। तुम आश्वस्त होकर वापस जाओ। तुम्हें किसी दीक्षा की आवश्यकता नहीं। तुम धन्य हो। हम तुम्हें प्रणाम करते हैं।'

विक्रम विश्वविद्यालय के हिन्दी विभाग के वरिष्ठ छात्र फादर राजू की कृपा से मुझे बुल्के जी का बाइबिल का अनुवाद देखने का सौभाग्य प्राप्त हुआ। जो प्रति उन्होंने मुझे दी, उसका अधिकांश मैं कई बार पढ़ गया। इतने सुन्दर

अनुवाद की कल्पना कठिनता से कर सकता था। खुद मेरी छिपी हुई महत्वाकांक्षा रही है कि मैं बाइबिल के कुछ थोड़े-से चुने हुए स्थलों का साहित्यिक अनुवाद करूँ। केवल अपनी साहित्यिक रचनात्मक मानसिक शान्ति के लिए। अभी तक हिन्दी में जो अनुवाद उपलब्ध रहा, उसकी एक प्रति कभी मेरे पास भी हुआ करती थी। वह कुछ भी हो—साहित्यिक तो नहीं ही था और शायद उनकी हिन्दी को अच्छी हिन्दी भी नहीं कहा जा सकता था। बुल्के जी ने अपना अनुवाद कार्य ऐसी सतर्कता और निष्ठा की भावना से किया है और इतना डूब कर किया है, और वह अच्छे गद्य का मर्म इतनी अच्छी तरह समझते थे कि फलस्वरूप हमारे हाथों में अब जो अनुवाद आया है, वह सचमुच आँखों से लगा लेने के काबिल है—केवल इसीलिए नहीं कि वह एक पवित्र ग्रन्थ है, बल्कि इसलिए भी कि वह इतना प्रवाहमय, सरस और हृदय को छूनेवाला है कि मन तृप्त हो जाता है। मूल यूनानी से किया गया एकदम प्रामाणिक अनुवाद तो वह है ही। मैंने इस अनुवाद के अनेक खण्ड कई बार पढ़े और उन्हें फिर पढ़ने को मन होता है। ईसा मसीह का पूरा शहीदी चरित्र आँखों के सामने साकार हो उठता है। कैसी घोर-विरोधी परिस्थितियों में कठमुल्ला, ढोंगी, पाखंडी तथा कथित धर्माचारियों के समक्ष मसीह की खरी शुद्ध आत्मा सूर्य के प्रकाश की तरह चमकती है। हिन्दी पाठक के लिए यह सब एक अत्यन्त सफल अनुवाद के कारण ही सम्भव हुआ है। मेरी बड़ी इच्छा थी कि इसी सन्दर्भ में बुल्के जी को एक पत्र लिखता और अपनी जिज्ञासाओं को उनके सम्मुख रखता। पर एक तो मैं इस अनुवाद को अभी और कई पढ़ जाना चाहता था और मेरी जिज्ञासाएँ बहुत महत्व न रखती थीं, वह केवल एक साहित्यकार की शैलीगत जिज्ञासाएँ थीं, और कुल मिलाकर यह मुझे कहीं-न-कहीं कुछ धृष्टता सी लगती थी।

एक बार यूनानी भाषा सीखने का बाल प्रयास करते हुए एक पाठ में बाइबिल के उद्धृत अंश पढ़कर तीव्र इच्छा हुई थी कि इस आध्यात्मिक ग्रन्थ का आस्वादन तो मूल में ही किया जाये, तभी सन्तोष हो सकता है। यह साध तो पूरी नहीं हुई, मगर बुल्के जी का हिन्दी अनुवाद भी लगभग मूल को ही पढ़ने-जैसा सुख और सन्तोष देता है। फादर कामिल बुल्के का अंग्रेजी-हिन्दी कोश इतना प्रामाणिक और सहज उपयोगी है कि प्रायः स्कूल-कालेज के विद्यार्थी और अध्येता उसी का सहारा लेते पाये जायेंगे।

ऐसा ही लोकप्रिय और ख्यात उनका शोध-ग्रन्थ रामकथा है। इसमें देश-देशान्तर में फैली रामकथाओं का सुन्दर शोधपूर्ण आकलन हुआ है। आज सभी विश्वविद्यालयों में इसका अध्ययन महत्वपूर्ण स्थान रखता है। अस्तु।

आज का हिन्दी जगत फादर बुल्के को अपने आधुनिक साहित्य मनीषियों के बीच हृदय से प्रतिष्ठित कर चुका है। ऐसे कर्मठ, सहृदय, उदारचेता साहित्य और समाजसेवी को कोई भी देशकाल सहज ही विस्मृत नहीं कर सकता।

प्रसिद्ध कवि शमशेर बहादुर सिंह द्वारा दिनेश्वर प्रसाद को लिखे गये पत्र का अंश।

हिन्दी में नहीं बोल सकते!

राफी मंजली

फादर कामिल बुल्के जन्म से जरूर विदेशी थे लेकिन उनकी आत्मा भारतीय है। वे जन्म से भारतीय नहीं थे लेकिन उनकी कर्मभूमि भारत रही। कर्म से, मन से, लगाव से, आत्मा से वे सच्चे भारतीय थे। जब लोग उन्हें विदेशी समझते या कहते थे तो वे कहते थे कि मैं उतना ही भारतीय हूँ जितना आप हैं। उनकी रामकथा आप देखिए कि यह किसे समर्पित है, वे ईसाई थे लेकिन उन्होंने इसे आदि कवि वाल्मीकि को समर्पित है। भारत के प्रति यह उनकी श्रद्धा है। उन्होंने रामकथा को भारतीय संस्कृति का प्रतीक माना है। फादर बुल्के हिन्दी को बहुत प्रेम करते थे। मुझे एक घटना याद आती है। 1970 में मैं इलाहाबाद के एक गुरुकल में रहता था। उसके फादर का वहाँ के विद्वानों और साहित्यकारों से बहुत अच्छा सम्बन्ध था। सुमित्रानन्दन पन्त, रामकुमार वर्मा, महादेवी वर्मा सहित कई साहित्यकार वहाँ आते थे। हम उन्हें सुनते रहते थे। फादर बुल्के भी वहाँ आते थे। कभी शोधकार्य के लिए तो कभी मित्रों से मिलने के लिए। एक बार मैंने उन्हें बताया कि कुछ अतिथि आपसे मिलने आये हैं। यह बात मैंने उनसे अंग्रेजी में कही और जैसे ही मैंने ऐसा कहा उन्होंने मुझे जोर से डांटते हुए कहा कि क्या हिन्दी में नहीं बोल सकते। ये बात हिन्दी में नहीं बोल सकते। मुझे बुरा नहीं लगा बल्कि उनका यह हिन्दी प्रेम देखकर अच्छा लगा। जब भी लोग उनसे अंग्रेजी में बात करते वे नाराज हो जाते और उन्हें डांटते हुए कहते कि हिन्दी में बात करो। उन्होंने हिन्दी को अन्तरराष्ट्रीय प्रतिष्ठा दिलाने के लिए जितना कार्य किया, उतना शायद किसी और ने नहीं किया। वह अतुल्य है। रामकथा पर उनका शोध हिन्दी में, देवनागरी लिपि में किया गया पहला शोध है। मेरी तुलसीदास और बाबा बुल्के के प्रति गहरी श्रद्धा रही है।

बिशप राफी मंजली ने वर्ष 2010 एवं वर्ष 2011 में वाराणसी में आयोजित फादर कामिल बुल्के के जन्मदिवस पर आयोजित दोनो ही समारोह में भाग लिया और विचार व्यक्त किये।

रामकथा मेरे शोध का विषय क्यों?

कामिल बुल्के

रामचरितमानस में यह लिखा है 'सबहि नचावत राम गोसाई', इसीलिए यदि तुलसी से पूछा जाता 'रामकथा मेरे अर्थात् फादर बुल्के के शोध का विषय क्यों? तो वह निश्चय ही यह उत्तर देते, क्योंकि भगवान ने उन्हें इसके लिए प्रेरित किया।'

इस विषय में मुझे अपने प्रिय कवि तुलसी का विरोध करने का साहस नहीं है, फिर भी यह निश्चित है कि परमात्मा ने मेरे कान में फुसफुसाकर यह नहीं कहा कि 'तुम भारत जाकर रामकथा पर शोध करो', लेकिन भगवान परिस्थितियों द्वारा भी हमें प्रेरित करते हैं, अतः प्रस्तुत वार्ता में सर्वप्रथम इस पर विचार किया जायगा कि किन परिस्थितियों में मुझे रामकथा पर शोध करने की प्रेरणा मिली।

मुझे लगता है कि इस प्रेरणा का बीज उस समय मेरे हृदय में बोया गया था, जब मैं स्वप्न में भी यह कल्पना नहीं कर सकता था कि मुझे किसी दिन भारत आने का सौभाग्य प्राप्त होगा।

मेरी जन्मभूमि बेल्जियम के उत्तर में फ्लेमिश भाषा बोली जाती है और दक्षिण में फ्रेंच भाषा। फ्रेंच विश्व भाषा है, अतः समस्त बेल्जियम में इसका बोलबाला था। फ्रेंच विश्वविद्यालय तथा उच्च माध्यमिक शिक्षा की माध्यम थी और उत्तर बेल्जियम के बहुत से मध्यवर्गीय परिवारों में भी फ्रेंच बोली जाती थी।

इस परिस्थिति के विरोध में फ्लेमिश भाषा का आन्दोलन प्रारम्भ हुआ जो मेरे विद्यार्थी जीवन के समय प्रबल होता जा रहा था। मैं भी इस आन्दोलन से सहानुभूति रखता था और 31 की उम्र में संन्यास लेने तक इसमें सक्रिय भाग लेता रहा।

इस मातृभाषा प्रेम का संस्कार लेकर मैं सन् 1935 ई. में राँची पहुँचा और यह देखकर दुख हुआ कि भारत में न केवल अंग्रेजों का राज्य है, बल्कि अंग्रेजी का भी बोलबाला है। मेरे देश की भांति उत्तर भारत का मध्यवर्ग भी अपनी मातृभाषा की अपेक्षा एक विदेशी भाषा को अधिक महत्व देता है। इसके प्रतिक्रिया-स्वरूप मैंने हिन्दी पंडित बनने का निश्चय किया। यह निश्चय एक प्रकार से मेरे शोध-कार्य की ओर प्रथम सोपान है।

हिन्दी का प्रारम्भिक ज्ञान प्राप्त करने के बाद मैंने हजारीबाग में सन् 1938 ई. में साल भर हिन्दी का अध्ययन किया और उसी वर्ष प्रथम बार समस्त रामचरितमानस तथा विनयपत्रिका का परिशीलन किया। इस अध्ययन के सिलसिले में मुझे अयोध्याकांड की पंक्तियाँ पढ़कर अत्याधिक आनन्द का अनुभव हुआ।

'धन्य जनमु जगतीतल तासू। पितहि प्रमोदु चरित सुनि जासू।
चारि पदारथ करतल ताके। प्रिय पितु मातु प्रान सम जाके।।'

बात यह है कि मैं बहुत पहले विश्व-साहित्य विषयक किसी पुस्तक में इन पंक्तियों का जर्मन अनुवाद पढ़कर प्रभावित हुआ था, किन्तु मुझे याद नहीं था कि ये तुलसीदास की पंक्तियाँ हैं। सन् 1938 ई. के उस दिन मुझे लगा कि जिस समय मैं यूरोप में पहली बार ये पंक्तियाँ पढ़कर द्रवीभूत हुआ था, उसी समय प्रभु ने मुझे बताना चाहा कि तुम इन पंक्तियों के रचयिता के देश में जाकर उसी कवि के शब्दों में तुलसी-प्रेमी जनता के सामने भगवत भक्ति का सन्देश दोहराते रहोगे।

वास्तव में मैं 30 से अधिक वर्षो से तुलसी जयन्ती के अवसर पर यही करता रहा। जो भी हो, सन् 1938 ई. में मेरे हृदय में तुलसी के प्रति जो श्रद्धा उत्पन्न हुई, वह निरन्तर बढ़ती रही। तुलसी के प्रति मेरी यह श्रद्धा मेरे शोध-कार्य की ओर द्वितीय सोपान है।

जब मेरा जेसुईट धर्मसंघ में प्रशिक्षण समाप्त हुआ, तो संघ के अधिकारी की ओर से मुझे हिन्दी में एम.ए. करने की अनुमति मिली। इसके लिए मैं इलाहाबाद गया। उस समय डॉ. धीरेन्द्र वर्मा वहाँ हिन्दी विभागाध्यक्ष थे। एम.ए. के द्वितीय वर्ष में डॉ. धीरेन्द्र वर्मा ने मुझसे पूछा कि 'आप हिन्दी में शोध कार्य करना चाहेंगे?' बड़े अचम्भे में पड़कर मैंने उत्तर दिया 'मैं हिन्दी में शोध-कार्य करूँ?' डॉ. धीरेन्द्र ने शान्त, बल्कि दृढ़ भाव से आश्वासन दिया कि आप अवश्य ही हिन्दी में शोध-कार्य कर सकते हैं। इसके बाद मुझे राँची के संघ-अधिकारी की ओर से शोध के लिए दो वर्ष मिले। एम.ए. के बाद जब शोध का विषय निर्धारित करने का समय आया, तो डॉ. धीरेन्द्र ने मेरे सामने ब्रज तथा गुजराती सूर-साहित्य का तुलनात्मक अध्ययन करने का प्रस्ताव रखा। मैं बड़े संकोच में पड़कर मौन रहा। तब उन्होंने मुस्कराते हुए कहा, 'सूर की अपेक्षा तुलसी आपको कहीं अधिक प्रिय है। ठीक है, आप डॉ. माताप्रसाद गुप्त के निर्देशन में अपने तुलसी पर काम कीजिए।' डॉ. धीरेन्द्र वर्मा की यह उदारता मेरे शोध-कार्य की ओर तीसरा और अन्तिम सोपान है।

मैंने डॉ. माताप्रसाद की सहायता से अपने शोध-कार्य की रूपरेखा तैयार की और मेरा विषय स्वीकृत हो गया। विषय का शीर्षक था 'तुलसी की रामभक्ति'। शोध प्रबन्ध की भूमिका का नाम था 'रामकथा का विकास।' रामकथा पर वर्ष भर अनवरत शोध-कार्य करने पर भूमिका आधी भी नहीं लिखी जा सकी, क्योंकि वाल्मीकि के पश्चात् समस्त भारतीय साहित्य राममय बन गया है और दक्षिण-पूर्व एशिया के साहित्य में रामकथा विषयक प्रचुर सामग्री विद्यमान है। इसलिए मैंने डॉ. माताप्रसाद के परामर्श से अपना विषय बदलवाया और 'रामकथा : उत्पत्ति और विकास' नामक शोध-प्रबन्ध प्रस्तुत किया। यहीं संक्षेप में मेरे शोध-कार्य के विषय निर्धारण की कहानी है। रामकथा पर शोध-कार्य प्रारम्भ करने की प्रेरणा मुझे इन तीन तत्वों से मिली -हिन्दी-प्रेम, तुलसी के प्रति श्रद्धा तथा डॉ. धीरेन्द्र वर्मा की उदारता। अब प्रश्न यह उठता है कि मैं क्यों उपाधि प्राप्त करने के बाद भी इस विषय पर इतने वर्षो से कार्य करता आ रहा हूँ और सम्भवतः और बहुत समय तक करता रहूँगा।

मानव हृदय को द्रवित करने की जो शक्ति वाल्मीकि द्वारा प्रस्तुत रामायण में विद्यमान है वह अन्यत्र दुर्लभ है। फलस्वरूप यह कथा अमर हो गयी और भारत के प्रायः सभी परवर्ती कवियों ने इस कथा को अपनी रचनाओं के विषय बनाया है। तुलसीदास के शब्दों में—'रामकथा के मिति जग नाहीं,' अतः विषय विस्तार की दृष्टि से रामकथा पर बहुत समय तक शोध-कार्य करना अस्वाभाविक नहीं कहा जा सकता। फिर भी रामकथा मुझे अन्य कारणों से इतने वर्षों तक आकर्षित करती रही। मेरी दृष्टि में वाल्मीकि के रामायण में कला का वास्तविक उद्देश्य चरितार्थ हुआ है। कला के उद्देश्य के विषय में बहुत लिखा गया है। कला मानव जाति की उच्चतम आकांक्षा की अभिव्यक्ति का

साधन है, अतः कला का उद्देश्य मनोरंजन मात्र नहीं हो सकता, उसका उद्देश्य मानव जीवन के उद्देश्य से अलग नहीं किया जा सकता है। आस्तिक होने के नाते मेरी दृढ़ धारणा है कि मनुष्य अनन्त सौन्दर्य के स्रोत से निकला है और उसी अनन्त सौन्दर्य तक पहुँचना मानव जीवन का वास्तविक उद्देश्य है। दूसरे शब्दों में, मनुष्य को इस लोक में अपना परलोक संवारना है। कलाकार को चाहिए कि वह सीमित सौन्दर्य की सृष्टि द्वारा मनुष्यों में अनन्त सौन्दर्य की पिपासा बनाए रखे, उनका मन बहलाकर अनन्त सौन्दर्य की ओर नये उत्साह से आगे बढ़ने की प्रेरणा प्रदान करे। यह तभी सम्भव है जब कलाकार नैतिकता का पूरा-पूरा ध्यान रखता है। आदिकवि ने यही किया। लोकसंग्रह का भाव एक प्रकार से वाल्मीकि रामायण तथा समस्त परवर्ती रामसाहित्य का सर्वस्व है। रामायण में कला तथा आदर्श का अद्वितीय समन्वय प्रस्तुत किया गया है। इस दृष्टि से संसार भर के प्राचीन महाकाव्यों में वाल्मीकि रामायण का स्थान निस्सन्देह अग्रगण्य है। वाल्मीकि द्वारा प्रस्तुत मानव धर्म में कहीं भी साम्प्रदायिकता का स्पर्श मात्र ढूँढ़ने पर भी नहीं मिलेगा। उनके द्वारा अंकित नैतिक आदर्श विश्वजनीन है। यह परवर्ती रामकथा के विषय में भी सच है। वास्तव में रामकथा आदर्श जीवन का वह दर्पण है, जिसे भारतीय प्रतिभा शताब्दियों तक परिष्कृत करती रही। इस प्रकार रामकथा भारतीय आदर्शवाद का उज्ज्वलतम प्रतीक बन गयी है। वाल्मीकि के परवर्ती रामकाव्य के कवियों में तुलसी का स्थान अद्वितीय है। उन्होंने वाल्मीकि के लोकसंग्रह का पूरा-पूरा निर्वाह किया है और उस रामकथा के सोने में भगवद्भक्ति की सुगन्ध जगा दी है।

तुलसीदास ने भगवद्भक्ति के विषय में जो सन्देश दिया है, वह वाल्मीकि के नैतिक आदर्श की भान्ति विश्वजनीन है। इष्टदेव के प्रति अनन्य आत्मसमर्पण के साथ-साथ अपने दैन्य की तीव्र अनुभूति तुलसी की भगवद्भक्ति की प्रमुख विशेषता है। उन्होंने कहीं भी कर्मकांड पर बल नहीं दिया, कहीं भी मन्दिर में होने वाली पूजा के लिए अनुरोध नहीं किया। भक्तिमार्ग की नींव नैतिकता है और अपनी उपर्युक्त प्रमुख विशेषता के कारण वह सब सम्प्रदायों के ऊपर उठकर मानव मात्र के लिए उपयुक्त है।

मैं जानता हूँ कि कुछ आलोचक तुलसी द्वारा प्रतिपादित दैन्य की निन्दा करते हुए कहते हैं कि दैन्य के कारण मनुष्य ऊँचा नहीं उठ पाता है। मैं तो कहूँगा कि मनुष्य तभी ऊँचा उठता है, जब वह अपनी स्थिति की वास्तविकता पहचान कर भगवान के सामने नतमस्तक होकर अपनी दीनता स्वीकार करता है। तुलसीदास के व्यक्तित्व की विशेषताओं में से उनका दैन्य मुझे सबसे अधिक प्रभावित करता है—

'हौं कहावत सब कहत सहत राम उपहास।
साहब सीतानाथ सों सेवक तुलसीदास।'

अतः रामकथा का लोकसंग्रह और तुलसी द्वारा प्रतिपादित भक्तिमार्ग की विश्वजनीनता, दोनों मुझे रामकथा पर शोध-कार्य करते रहने के लिए विवश करते हैं।

एक ईसाई की आस्था, हिन्दी-प्रेम और तुलसी-भक्ति

कामिल बुल्के

अव्याहतानुयोगी मुनिजनः अर्थात् साधु से कोई भी प्रश्न पूछा जा सकता है। संस्कृत की इस उक्ति के अनुसार लोग मुझसे ये नितान्त व्यक्तिगत प्रश्न पूछने में संकोच नहीं करते। 'विद्वान होते हुए भी आपका ईसा में इतना दृढ़ विश्वास कैसे? विदेशी होते हुए भी हिन्दी तथा भारतीय संस्कृति से इतना प्रेम कैसे? ईसाई होते हुए भी तुलसी पर इतनी श्रद्धा कैसे?' इस प्रकार के प्रश्नों का उत्तर देने के लिए, जब मैं अपने जीवन पर विचार करता हूँ, तो मुझे लगता है कि ईसा, हिन्दी और तुलसीदास—ये वास्तव में मेरी साधना के तीन प्रमुख घटक हैं और कि मेरे लिए इन तीन तत्वों में कोई विरोध नहीं, बल्कि गहरा सम्बन्ध है।

जहाँ तक विद्या तथा आस्था के पारस्परिक सम्बन्ध का प्रश्न है, मैं उन दोनों में विरोध नहीं पाता। मैं तो समझता हूँ कि भौतिकवाद मानवजीवन की समस्या हल करने में असमर्थ है। मैं यह भी मानता हूँ कि धार्मिक विश्वास तर्क-वितर्क का विषय नहीं है। इतना ही निवेदन है कि मुझे ईसा की शिक्षा से प्रेरणा तथा सुख-शान्ति मिलती है।

मेरा बचपन एक ईसा-भक्त माता की छत्र-छाया में बीता। उस समय मेरे हृदय में जो भक्ति का बीज बोया गया, वह उग कर इतना पनपता रहा कि मैंने 21 साल की उम्र में संन्यास लेने का संकल्प किया। मैंने सर्वप्रथम माता-पिता को इसके विषय में सब बता दिया और दोनों ने मुझे इसके लिए अनुमति दी। मैंने सन् 1935 ई. के बाद अपनी माता को नहीं देखा, किन्तु जब मैं रामचरितमानस में लक्ष्मण के प्रति सुमित्रा का यह उत्तर पढ़ता हूँ—

'पुत्रवती युवती जग सोई। रघुपति भगतु जासु सुत होई।'

तो मुझे अनायास ही अपनी माता याद आती हैं, क्योंकि अपने पहले बेटे का संन्यास लेने को संकल्प सुनकर उन्होंने उसे गौरव की बात समझा और सुमित्रा के शब्दों से मिलता-जुलता उत्तर दिया। परमात्मा के विषय में ईसा की शिक्षा सान्त्वना का स्रोत है। ईसा के अनुसार ईश्वर मनुष्यों का दयालु पिता है, जो हमारी प्रार्थनाएँ सुनता और पश्चात्ताप करने पर हमें क्षमा प्रदान करता है—'यदि तुम्हारा पुत्र तुम से रोटी माँगे, तो तुममें ऐसा कौन है, जो उसे पत्थर देगा अथवा मछली माँगे, तो उसे साँप देगा? बुरे होने पर भी यदि तुम लोग अपने बच्चों को सहज ही अच्छी चीजें देते हो, तो तुम्हारा स्वर्गिक पिता माँगने वालों को अच्छी चीजें क्यों नहीं देगा?'

'यदि किसी के एक सौ भेड़ें हों और उनमें एक भी भटक जाये, तो क्या वह 99 भेड़ों को पहाड़ छोड़कर उस भटकी हुई भेड़ को खोजने नहीं जायेगा? और यदि वह उसे पाये, तो विश्वास करो कि उसे उन 99 की अपेक्षा, जो भटकी नहीं थी, उस भेड़ के कारण अधिक आनन्द होगा। उस तरह मेरा स्वर्गिक पिता नहीं चाहता कि उन नन्हों में से एक भी खो जाये।'

पापियों के प्रति अनुकम्पा : एक प्रसंग

दयासागर ईश्वर के अवतार ईसा में भी दीन-दुखियों, पद दलितों तथा पापियों के प्रति अनुकम्पा तथा सहानुभूति थी। यहाँ पर इस सम्बन्ध में इंजील का केवल एक उदाहरण दिया जा सकता है : ''ईसा बड़े सबेरे फिर मन्दिर आये। सारी जनता उनके पास इकट्ठी हो गयी थी और वह बैठकर लोगों को शिक्षा दे रहे थे। उस समय शास्त्री व्यभिचार में पकड़ी गयी एक लड़की को ले और उसे बीच में खड़ा कर उन्होंने ईसा से कहा, 'गुरुवर! यह लड़की व्यभिचार करते हुए पकड़ी गयी है। संहिता में मूसा ने हमें ऐसी लड़कियों को पत्थरों से मार डालने का आदेश दिया है। आप इसके विषय में क्या कहते हैं?' ईसा ने झुककर उंगली से भूमि पर लिखते रहे। जब वे उनसे उत्तर देने के लिए आग्रह करते रहे, तो ईसा ने सिर उठाकर उससे कहा, 'तुम में से जो निष्पाप हो, वही सबसे पहले इसे पत्थर मारे' और वह फिर झुककर भूमि पर लिखने लगे। यह सुनकर बड़ों से लेकर छोटों तक, सबके सब, एक-एक कर के खिसक गये ईसा अकेले रह गये और वह लड़की बीच में खड़ी रही। तब ईसा ने सिर उठाकर उनसे कहा 'मैं भी तुम्हें दण्ड नहीं दूँगा। चली जाओ और अब से फिर पाप नहीं करना।'

जो कोई ऐसे परम दयालु ईश्वर में दृढ़ विश्वास करता है, वह आशावादी है और मुस्कराते हुए जीवन के पथ पर आगे बढ़ता जाता है। मनुष्य के विषय में ईसा की शिक्षा आश्चर्यजनक है। ईसा के अनुसार मनुष्य ईश्वर का प्रतिरूप है और हम ईश्वर को प्यार नहीं करते। प्रेम ही धर्म का सार है और उस प्रेम के दो रूप हैं, अर्थात ईश्वर का प्रेम और भ्रातृप्रेम। जब एक शास्त्री ने ईसा से पूछा कि धर्मसंहिता की सबसे बड़ी आज्ञा कौन-सी है, तो ईसा ने यह उत्तर दिया–'अपने प्रभु ईश्वर को अपने सारे हृदय, अपनी सारी आस्था और अपनी सारी बुद्धि से प्यार करो। यह सबसे बड़ी और पहली आज्ञा है। दूसरी आज्ञा इसी के सदृश-अपने पड़ोसी को अपने समान प्यार करो। इन्हीं दो आज्ञाओं पर समस्त संहिता और नबियों की शिक्षा अवलम्बित है।'

'जब तुम वेदी पर अपनी भेंट चढ़ा रहे हो और तुम्हें याद आये कि मेरे भाई को मुझसे कोई शिकायत है, तो अपनी भेंट वहीं बेदी के सामने छोड़कर पहले अपने भाई से मेल करने जाओ और तब आकर अपनी भेंट चढ़ाओ।' यदि तुम दूसरों के अपराध क्षमा करोगे, तो तुम्हारा स्वर्गिक पिता भी तुम्हें क्षमा करेगा। परन्तु यदि तुम दूसरों को नहीं क्षमा करोगे, तो तुम्हारा पिता भी तुम्हारे अपराध क्षमा नहीं करेगा। ईसा के अनुसार मनुष्य न केवल ईश्वर का प्रतिरूप है, बल्कि वह दूसरे मनुष्यों के लिए ईश्वर का प्रतिनिधि भी है। जो मनुष्य अपने जीवन के अन्त में भ्रातृप्रेम की परीक्षा में उत्तीर्ण हो जाते हैं, वे ही स्वर्ग के राज्य में प्रवेश कर पायेंगे। दूसरों से ईसा यह कहेंगे–'मैं भूखा था और तुम लोगों ने मुझे नहीं खिलाया, मैं प्यासा था और तुमने मुझे पानी नहीं पिलाया, मैं परदेसी था और तुमने मुझे अपने यहाँ नहीं ठहराया, मैं नंगा था और तुमने मुझे नहीं पहनाया, मैं बीमार और बन्दी था और तुम मुझसे नहीं मिलने आये।' इस पर वे पूछेंगे, 'प्रभु! हमने आपको कब प्यासा, परदेसी, नंगा, बीमार या बन्दी देखा और आपकी सेवा नहीं की?' और उन्हें यह उत्तर मिलेगा, 'मैं तुम लोगों से कहता हूँ-जो कुछ तुमने मेरे छोटे-से-छोटे भाइयों में से किसी एक के लिए नहीं किया, वह तुमने मेरे लिए भी नहीं किया।'

जो ईसा की इस शिक्षा पर विश्वास करता है, वह हर एक मनुष्य के प्रति श्रद्धा रखता है और दूसरों की सेवा करते हुए परम दयालु के प्रति अपने प्रेम का प्रमाण देना चाहता है। इस शिक्षा पर चलते-चलते उसके हृदय में एक अनिर्वचनीय आनन्द का संचार हो जाता है। और वह ईसा के इस कथन की सच्चाई का अनुमान करता है, 'संसार की जीवन ज्योति मैं हूँ। जो मेरा अनुसरण करता है, उसे जीवन की ज्योति प्राप्त होगी।'

‘कबहुंक हौं यहि रहनि रहोगो’

मैं हिन्दी तथा भारतीय संस्कृति के प्रति अपने आकर्षण का मूल स्रोत अपने विद्यार्थी जीवन का संस्कार मानता हूँ। मेरी जन्मभूमि बेल्जियम में दो भाषाएँ बोली जाती हैं—उत्तर में फ्लेमिश और दक्षिण में फ्रेंच। एक लम्बे अरसे से समस्त देश में—प्रशासन सेना, माध्यमिक तथा उच्च शिक्षा—फ्रेंच भाषा का बोलबाला था और उत्तर बेल्जियम का शिक्षित वर्ग आपस में फ्रेंच बोलना और फ्रेंच सभ्यता में जीना गौरव की बात मानता था। फ्लेमिश भाषा के समर्थकों का आन्दोलन प्रथम महायुद्ध के बाद जोर पकड़ने लगा और मैंने विद्यार्थी जीवन में अपनी मातृभाषा तथा फ्लेमिश संस्कृति की मर्यादा के लिए उत्तर बेल्जियम के सार्वजनिक तथा सामाजिक जीवन से फ्रेंच भाषा के बहिष्कार के अभियान में वर्षों तक सक्रिय भाग लिया। मैं सन् 1935 ई. में भारत पहुँचा और मुझे यह देखकर आश्चर्य भी हुआ और दु:ख भी कि बहुत से शिक्षित लोग अपनी सांस्कृतिक परम्परा से अनभिज्ञ हैं, अंग्रेजी बोलना और विदेशी सभ्यता में रंग जाना गौरव की बात मानते हैं। मैंने दृढ़ संकल्प किया कि जब उत्तर भारत में जीवन बिताना है, तो उत्तर भारत की जनता की भाषा का अधिकार प्राप्त करना मेरा कर्तव्य है। हिन्दी का वैज्ञानिक अध्ययन करने के लिए मुझे शीघ्र ही संस्कृत का भी ज्ञान आवश्यक जान पड़ा और संस्कृत सीखने के बाद मैं जान गया कि संस्कृत ही समस्त भारतीय संस्कृति की कुंजी है। वर्षों तक हिन्दी तथा संस्कृत साहित्य पढ़ते रहने से मेरा मानस अब भारतीय हो गया है। हाल में मुझे इसका स्पष्ट प्रमाण मिला। मेरे वयोवृद्ध पिताजी मुझे फिर एक बार देखना चाहते थे।

इसलिए मैं 14 साल के बाद अपनी जन्मभूमि वापस गया। सन् 1956 ई. में मैं प्रथम बार कान का इलाज कराने वापस गया था। पिताजी, भाई-बहन आदि रिश्तेदारों से मिलकर मुझे बड़ी खुशी हुई, किन्तु वहाँ के भौतिक उन्नति के वातावरण में मेरा मन नहीं रम सका। मैंने इस बात का स्पष्ट अनुभव किया कि अब मैं भारत का हूँ और भारत की सेवा में ही मेरे जीवन तथा मेरी साधना की सार्थकता है।

हिन्दी सीखने का जो संकल्प मैंने सन् 1935 ई. में किया था, वह मुझे कहाँ तक ले जायेगा, यह तो मैं उस समय नहीं जान सका, किन्तु अब सोचता हूँ कि जो हुआ, अच्छा ही हुआ। मुझे इस बात का गौरव है कि ‘अंग्रेजी-हिन्दी-कोश’ लिखकर मैं भारत की सेवा करने में समर्थ हो सका, क्योंकि मैं अपनी साहित्यिक साधना को अपनी आध्यात्मिक साधना का अंग मानता हूँ। मैं ईसा की भक्ति से प्रेरित होकर भारत तथा भारतीयों की यथाशक्ति सेवा करता हूँ। संन्यास लेने के बाद मैं अपनी साधना के प्रारम्भिक वर्षों में इस बात का सबसे अधिक ध्यान रखा करता था कि मेरे हृदय में भगवदभक्ति सर्वोपरि हो। अब तक भगवान के प्रति आस्था तथा भक्ति कम नहीं है, ऐसा विश्वास है किन्तु मैं इस बात का सबसे अधिक ध्यान रखता हूँ कि मेरे हृदय में प्रत्येक मनुष्य के प्रति प्रेम और सहानुभूति हो। मेरे लिए सबसे मधुर अनुभव तब होता है, जब मैं किसी का भार हल्का कर सका और इस संसार में मेरी यही अभिलाषा रह गयी है कि मैं अधिक से अधिक लोगों की सेवा कर सकूँ। तुलसीदास का भी यही मनोभाव था। उन्होंने निरन्तर दूसरों की सेवा में लगा रहने का वरदान माँगा था—

कबहुँक हौं यहि रहनि रहोंगो,
श्रीरघुनाथ कृपाल, कृपा तें सन्त स्वभाव गहोंगो।
जथा लाभ सन्तोष सदा काहू सों कछु न चहोंगो,
परहित निरत निरंतन मन क्रम वचन नेम निबहोंगो।

मेरी तुलसी-भक्ति की रामकहानी

सन् 1938 ई. में मैंने 'रामचरितमानस' तथा 'विनयपत्रिका' को प्रथम बार आद्योपान्त पढ़ा। उस समय तुलसीदास के प्रति मेरे हृदय में जो श्रद्धा उत्पन्न हुई और बाद में बराबर बढ़ती गयी, वह भावुकता मात्र नहीं है। साहित्य तथा धार्मिकता के विषय में मेरी धारणाओं से उस श्रद्धा का गहरा सम्बन्ध है। कला और साहित्य मानव जाति की महती उपलब्धियाँ हैं, मनुष्य की उच्च कल्पनाएँ तथा गहरी अनुभूतियाँ उनमें अभिव्यक्ति हो जाती हैं—इसलिए आस्तिक उन्हें मानव जीवन के उद्देश्य से अलग नहीं कर सकता। वह मानता है कि सौन्दर्य की सृष्टि कला तथा साहित्य का लक्ष्य है, किन्तु उसके लिए यहाँ का सीमित सौन्दर्य अनन्त सौन्दर्य का प्रतिबिम्ब है, जैसा कि उपनिषद में लिखा है—

तमेव भान्तमनभाति सर्वम्,
तस्य भासा सर्वमिदं विभातिं।

मनुष्य के हृदय में उस अनन्त सौन्दर्य की अभिलाषा बनी रहती है और इस कारण वह उसके प्रतिबिम्ब के प्रति, सीमित अनिवार्य रूप से आकर्षित हो जाता है। कलाकार तथा साहित्यकार को मनुष्य की इस स्वाभाविक सौन्दर्य-पिपासा को बनाये रखना तथा इसका उदात्तीकरण करना चाहिए—उसी में उसकी कला की सार्थकता है। इस कसौटी पर तुलसीदास का साहित्य खरा उतरता है। उन्होंने अवश्य लिखा है कि मैं 'स्वान्तःसुखाय' रघुनाथ गाथा की रचना करता हूँ, किन्तु 'कला कला के लिए' आदि कला की उद्देश्यहीनता विषयक सिद्धान्त उनके मानस से कोसों दूर हैं। उनकी धारणा है कि—

कीरति भनिति भूति भलि सोई।
सुरसरि सम सब कर हित होई।।

तुलसीदास के कारण मैंने वर्षों तक रामकथा साहित्य का अध्ययन किया है। लोकसंग्रह उस महान साहित्यिक परम्परा की एक प्रमुख विशेषता है और इस दृष्टि से तुलसीदास रामकथा परम्परा के सर्वोत्तम प्रतिनिधि हैं। उन्होंने रामचरित के माध्यम से जो भक्तिमार्ग का प्रतिपादन किया है, उसमें नैतिकता तथा भक्ति के अनिवार्य सम्बन्ध पर बहुत बल दिया गया है। तुलसीदास के अनुसार एक ओर नैतिकता के अभाव में भगवद्गीता नितान्त व्यर्थ है और दूसरी ओर भगवद्भक्ति के सहारे ही मनुष्य नैतिकता के मार्ग पर दृढ़ कदमों से आगे बढ़ सकता है।

इष्ट अलग है—भाव एक है

कुछ अन्य विशेषताओं के कारण भी मैं तुलसी के भक्ति मार्ग की ओर आकर्षित हो गया और उनका साहित्य पढ़ते-पढ़ते मेरे जीवन पर तुलसी की अमिट छाप पड़ गयी है। तुलसी ने धर्म के क्षेत्र में तर्क की सीमाओं का सुस्पष्ट शब्दों में उल्लेख किया है—(वाक्य ज्ञान अत्यन्त निपुन भव पार न पावै कोई। निसि गृह मध्य दीप बातन्ह तम निवृत्त न हि होई), निरे कर्मकांडी व्यर्थता (जोग जाग जप विराग तप सुतीर्थ अटत। बांधिवे को भव गयंद रेनु की रज बटत) तथा भक्तिमार्ग की आडम्बरहीनता पर बल दिया है। (सूधे मन सूधे वचन सूधे सकल करतूति। तुलसी सुधी सकल

विधि रघुवर प्रेम प्रसूति।) उन्होंने यह भी माना है कि भक्त में चातक की एकनिष्ठा ताप के साथ-साथ हंस का विवेक भी होना चाहिए—(राम प्रेम भाजन भरत बड़ेहि न एहि करतूति। चातक हंस सरायित टेक विवेक विभूति)।।

तुलसी के इस प्रकार के भक्तिपूर्ण उद्‌गार पढ़कर मैं भाव-विह्वल हो जाता हूँ—

एक भरोसो, एक बल, एक आस बिस्वास।
स्वाति सलिल रघुनाथवर चातक तुलसीदास।

और मुझे लगता है कि मैं तुलसीदास का हाथ पकड़कर साधना के पथ पर आगे बढ़ता हूँ।

तुलसी के इष्टदेव राम हैं और मैं ईसा को अपना इष्टदेव मानता हूँ, फिर भी मैं हम दोनों के भक्ति-भाव में बहुत कुछ समानता पाता हूँ। अन्तर अवश्य है—इसका एक कारण यह भी है कि मुझमें तुलसी की चातक-टेक का अभाव है।

हिन्दी के प्रति हिन्दी-भाषियों का कर्त्तव्य

कामिल बुल्के

आजकल अनेक समस्याएँ देश की प्रगति में बाधा डालती हैं और उसकी भावात्मक एकता के लिए घातक सिद्ध हो सकती हैं। उनमें से भाषा की समस्या विशेष रूप से सभी विचारशील नागरिकों के लिए चिन्ता का विषय बन गयी है। इस समस्या के अनेक पहलू हैं। मैं यहाँ पर कानून अथवा राजनीति की दृष्टि से नहीं, बल्कि सांस्कृतिक दृष्टिकोण से इस समस्या पर विचार करना चाहता हूँ। हिन्दी के प्रति अहिन्दी प्रान्तों के रुख के विषय में मुझे यहाँ पर कुछ नहीं कहना है। हिन्दी के प्रति हिन्दी-भाषियों का कर्त्तव्य मेरा विषय होगा।

मेरा दृढ़ विश्वास है कि यदि हिन्दी-भाषी बुद्धिजीवी अपनी भाषा का समुचित आदर करेंगे और उसके प्रति अपना कर्त्तव्य पूर्ण रूप से निभायेंगे, तो भाषा की समस्या अपने आप हल हो जायेगी। हम हिन्दी के प्रश्न को प्रचार तथा आंदोलन का विषय बनाकर वास्तविकता का ध्यान नहीं रखते। कठोर सत्य यह है कि हिन्दी प्रान्तों में हिन्दी और उसके साहित्य का समादर नहीं किया जाता है। बंगाल, महाराष्ट्र, तमिलनाडु आदि प्रान्तों के बुद्धिजीवी अपनी भाषा पर जितना गौरव करते हैं, अपने साहित्य से जितना प्रेम रखते हैं, उतना हम हिन्दी वाले नहीं करते।

संसार भर में शायद ही कोई देश होगा जहाँ उत्तर भारत की तरह साहित्यिक भाषा की वर्तनी में इतनी अनेकरूपता तथा अराजकता है जहाँ के बुद्धिजीवी अपनी बातचीत में विदेशी भाषा के शब्द मिलाकर इतनी खिचड़ी भाषा का प्रयोग करते हैं, जहाँ सूचना-पट्टों तथा विज्ञापनों में भाषा की इतनी दुर्गति कर दी जाती है, जहाँ विश्वविद्यालय के अधिकांश छात्र अपनी मातृभाषा की भद्दी भूलें किये बिना, दस पंक्तियाँ भी नहीं लिख पाते हैं। आशा थी कि हाई स्कूलों में अंग्रेजी के स्थान पर हिन्दी को रखने से यह शिकायत बहुत हद तक दूर हो जायेगी, किन्तु इस बात को हिन्दी प्रान्तों के सभी प्राध्यापक स्वीकार करते हैं कि इधर कई वर्षों से हिन्दी का स्तर बराबर गिरता जा रहा है।

मेरा विनम्र निवेदन है कि भाषा समस्या के समाधान के लिए अपने ही प्रान्तों में परिनिष्ठित खड़ी बोली का अभियान प्रवर्तित करना हिन्दी भाषियों का पहला और सबसे महत्वपूर्ण कर्त्तव्य है। इस सन्दर्भ में भारतेन्दु हरिश्चन्द्र का कथन आज भी महत्व रखता है—

निज भाषा उन्नति अहै सब उन्नति को मूल।
बिन निज भाषा ज्ञान के मिटे न हिय को शूल।।

(अ) हिन्दी-भाषी प्रान्तों में इस अभियान की एक प्रमुख बाधा है बुद्धिजीवियों की अंग्रेजी-परस्ती। उन लोगों का अंग्रेजी का मोह दूर करने में हम तभी सफल होंगे, जब हम अपने आन्दोलन को एक सांस्कृतिक तथा रचनात्मक

रूप दे पायेंगे। यदि हमारा आन्दोलन अंग्रेजी के विरोध तक सीमित रहेगा, तो वह उग्र रूप धारण करेगा और अंग्रेजी-परस्तों के मानस पर उसका निश्चय ही उलटा प्रभाव पड़ेगा। हमें स्पष्ट करना चाहिए कि हम किसी भी भाषा का समादर करने के लिए तैयार हैं। संसार की प्रत्येक विकसित भाषा के निर्माण में शताब्दियाँ लग गयी हैं। पीढ़ी-दर-पीढ़ी प्रतिभाशाली मनीषी उसे समृद्ध करते चले आ रहे हैं। उन भाषाओं की अपनी-अपनी मौलिकता है। उनमें से एक पर पूरा अधिकार प्राप्त करने से हम एक महान् आध्यात्मिक एवं एक सांस्कृतिक निधि के भागी, एक समृद्ध परिवार की बपौती के साझेदार बन जाते हैं। हमारा विरोध अंग्रेजी भाषा और उसके साहित्य से नहीं है। हम इस भाषा की समृद्धि और इसके साहित्य का महत्व समझते हैं, किन्तु हम यह भी जानते हैं कि हमारे सार्वजनिक जीवन में अंग्रेजी को जो स्थान मिला है, वह हमारी राजनीतिक पराधीनता का अवशेष है। हमारे सामाजिक जीवन में उसे जो स्थान प्राप्त है, वह हमारी मानसिक पराधीनता का प्रतीक है और हमारी शिक्षा-संस्थानों में जो अंग्रेजी माध्यम का प्रयोग चला आ रहा है, उससे हमारी प्रतिभा कुंठित हो गयी है।

शताब्दियों की परतन्त्रता के बाद अब हमारा स्वाभिमान धीरे-धीरे जाग रहा है। यह सन्तोष की बात है कि हमारे विद्यार्थियों ने स्वाभिमान के इस अभियान का नेतृत्व ले लिया है। उनके अनुरोध से अंग्रेजी विज्ञापन प्रायः लुप्त हो गये हैं—इस प्रकार हमारे नगरों के चेहरे पर जो दासता की कालिख लग गयी थी, वह छात्रों की जागरूकता के फलस्वरूप धुल गयी है। अब इस आंदोलन का दूसरा रचनात्मक चरण उतना ही महत्वपूर्ण है। क्या हमारा स्वाभिमान यह बरदाश्त कर सकता है कि उन विज्ञापनों तथा नाम-पट्टों के माध्यम से हम दुनिया के सामने इसका प्रमाण देते रहें कि हम अपनी ही भाषा ठीक तरह से नहीं लिख सकते हैं? अब तक मुझे एक भी शहर नहीं मिला, जहाँ दर्जनों स्थलों पर 'मिष्ठान्न भंडार' के हिज्जे में गलतियाँ न मिली हों।

इस सन्दर्भ में मेरा एक नम्र निवेदन भी है। इस आन्दोलन में उग्रता की गंध न आने पाये। जिस हथियार से महात्मा गाँधी देश में अंग्रेजों का साम्राज्य समाप्त कर स्वराज्य करने में समर्थ हुए, उसी अहिंसात्मक सत्याग्रह का सहारा लेकर हम अंग्रेजी का साम्राज्य समाप्त कर उत्तर भारत में हिन्दी का राज्य स्थापित कर सकते हैं। यदि हमारा आत्मविश्वास पक्का है, यदि हम दृढ़ प्रतिज्ञ होकर यह आन्दोलन आगे बढ़ाते रहें, तो हमें बल प्रयोग तथा हिंसात्मक कार्रवाई की जरूरत नहीं पड़ेगी और हमें सभी बुद्धिमान नागरिकों का सहयोग प्राप्त होगा।

शिक्षा-संस्थाओं में अंग्रेजी के स्थान की समस्या का भी ऐसा सन्तुलित समाधान किया जाये, जिसे सभी नागरिक सहर्ष स्वीकार कर सकें। दुनिया भर के सभी शिक्षा-शास्त्री यह बात मान लेते हैं कि मातृभाषा और प्रतिभा का एक रहस्यमय एवं अत्यन्त गहरा सम्बन्ध है। मातृभाषा के माध्यम से ही प्रतिभा का स्वस्थ विकास सम्भव है। मस्तिष्क में परिपक्वता आने से पहले किसी विदेशी भाषा के माध्यम से जानकारी तो प्राप्त की जा सकती है, किन्तु मस्तिष्क का स्वाभाविक विकास असम्भव-सा है। विदेशी भाषा को समस्त शिक्षा का माध्यम बना देने से मस्तिष्क पर एक प्रकार का जकड़-जामा पहना दिया जाता है जिससे उसकी मौलिकता के स्रोत सूख जाते हैं, उसकी सर्जनात्मक शक्तियाँ दुर्बल बनती हैं और एक कृत्रिम तथा निर्जीव अनुकरणशीलता उसकी मुख्य विशेषता रह जाती है। भारत में प्रतिभा की कमी नहीं है और बहुत-से मेधावी भारतीय साहित्यकारों ने अंग्रेजी में लिखने का प्रयास भी किया है। क्या वे अपनी रचनाओं के द्वारा अंग्रेजी साहित्य समृद्ध करने में समर्थ हुए? कदापि नहीं। यदि असाधारण प्रतिभा-सम्पन्न लेखकों की यह हालत है, तो अंग्रेजी के माध्यम से पढ़ने वाले साधारण विद्यार्थियों की बुद्धि निश्चय ही कुंठित हो जाती है। अतः मातृभाषा को समस्त शिक्षाक्रम का माध्यम बनाने का शिक्षा का स्तर गिरेगा—अंग्रेजी-परस्तों की यह

धारणा नितान्त अवैज्ञानिक तथा निर्मूल है। इसका अर्थ यह नहीं लगाना चाहिए, कि हमारी शिक्षा-संस्थाओं से अंग्रेजी अथवा अन्य भाषाओं का बहिष्कार करने में हमारे विद्यार्थियों का कल्याण है। अंग्रेजी का पूर्ण बहिष्कार चाहने वाले यह तर्क अवश्य दिया करते हैं कि फ्रांस, रूस, जर्मनी और जापान आदि में अंग्रेजी की जरूरत नहीं मानी जाती है, क्योंकि समस्त शिक्षा का माध्यम फ्रेंच, रूसी, जर्मन तथा जापानी है। ऐसे लोगों को याद दिलाना चाहिए कि उन देशों के विद्यार्थी विशेष रूप से विज्ञान के विद्यार्थी, कम-से-कम एक विदेशी भाषा की भी जानकारी रखते हैं। आजकल उन देशों में एक भी विद्वान ऐसा नहीं मिलेगा, जो दो-तीन विदेशी भाषाओं में अपने विषय का साहित्य न पढ़ सके। इस तरह हम देखते हैं कि जहाँ तक उत्तर भारत में अंग्रेजी के स्थान का प्रश्न है, उसे इस प्रकार सुलझाया जा सकता है कि हम पर एकांगीपन अथवा कट्टरपन का दोष नहीं मढ़ा जा सके। हम मेधावी विद्यार्थियों के लिए अंग्रेजी को सहायक भाषा के रूप में स्वीकार करते हैं, किन्तु साथ-साथ हमें अपने छात्रों की प्रतिभा के स्वाभाविक एवं स्वस्थ विकास की सुरक्षा के लिए इस माँग पर दृढ़ रहना चाहिए कि अन्ततोगत्वा शिक्षा के सभी स्तरों पर माध्यम के रूप में मातृभाषा का ही प्रयोग किया जाये। जहाँ तक सार्वजनिक जीवन तथा प्रशासन की भाषा का प्रश्न है, इतना ही कहना पर्याप्त है कि दुनिया भर में कहीं भी ऐसा कोई विकसित स्वतन्त्र देश ढूँढ़ने पर नहीं मिलेगा, जहाँ के नागरिक सार्वजनिक सभाओं में तथा प्रशासन के लिए एक विदेशी भाषा की शरण लेते हैं। क्या भारत हमेशा के लिए इसका अपवाद बना रहना स्वीकार कर सकता है?

(आ) आज हिन्दी की बोलियों के सम्बन्ध में एक भ्रान्त धारणा परिनिष्ठित खड़ी बोली की प्रगति के मार्ग में बाधा उपस्थित कर सकती है। कुछ लोगों का कहना है कि ब्रज, अवधी, भोजपुरी आदि उत्तर भारत की स्वतन्त्र और स्वाभाविक भाषाएँ हैं, किन्तु साहित्यिक खड़ी बोली, एक कृत्रिम भाषाएँ हैं, जो किसी की मातृभाषा न होकर जबरदस्ती उत्तर भारत के लोगों पर लादी जा रही है। यह धारणा भ्रामक है और हिन्दी प्रान्तों की साहित्यिक तथा सांस्कृतिक एकता के लिए ही नहीं, खड़ी बोली के विकास के लिए भी घातक सिद्ध हो सकती है। हिन्दी की बढ़ती हुई शक्ति को देखकर कुछ हिन्दी-विरोधी इस धारणा को बढ़ावा दे रहे हैं। वास्तव में आधुनिक हिन्दी खड़ी बोली 20 करोड़ लोगों की एकमात्र साहित्यिक भाषा है। इस विशाल जन समुदाय की शक्ति अपार है, किन्तु यदि हम सचेत न रहें, तो यह शक्ति असंगठित होकर बिखर सकती है। पिछले वर्ष भारत सरकार के 'वैज्ञानिक तथा तकनीकी शब्दावली आयोग' की ओर भारतीय भाषाओं में विश्वविद्यालय स्तर की पाठ्य पुस्तकों की एक प्रदर्शनी का आयोजन किया गया था। सभी उपलब्ध साधनों तथा स्रोतों से लाभ उठाकर उस प्रदर्शनी के लिए लगभग 5,000 पुस्तकें मिल सकीं। उनमें से लगभग 3,500 पुस्तकें हिन्दी की ही थीं और शेष डेढ़ हजार अन्य भारतीय भाषाओं की। मलयालम में 183 पुस्तकें थीं, तमिल में 116, गुजराती 78, पंजाबी में 71, बंगला में 65 तथा मराठी में भी 65। इन आंकड़ों से स्पष्ट हो जाता है कि हिन्दी की स्थिति सबसे अधिक सन्तोषजनक है। हिन्दी की यह संगठित शक्ति यदि बोलियाँ में बिखर जाये, तो इसका परिणाम उत्तर भारत के लिए कितना घातक होगा। वास्तव में मलयालम आदि अन्य भारतीय भाषाओं की भी बोलियाँ हैं तथा यूरोप के देशों में प्रत्येक भाषा की बहुत-सी बोलियाँ वर्तमान हैं, किन्तु वहाँ भी कोई यह कल्पना नहीं कर पाता कि एक परिष्कृत साहित्यिक भाषा का निर्माण हो जाने के बाद शिक्षा, सार्वजनिक जीवन तथा साहित्य के लिए फिर बोलियों का सहारा लेकर देश की सांस्कृतिक तथा साहित्यिक एकता को विच्छिन्न कर दिया जाये। जर्मनी में प्रत्येक प्रान्त की अपनी-अपनी बोली है, उच्च जर्मन अर्थात् राजभाषा किसी भी प्रान्त की बोली नहीं है, किन्तु प्राइमरी स्कूल से लेकर विश्वविद्यालय तक सभी शिक्षा संस्थाओं में इसी एक

राष्ट्रीय भाषा का परिनिष्ठित रूप सिखलाया जाता है और यही भाषा समस्त सांस्कृतिक, सार्वजनिक तथा साहित्यिक जीवन वहन करती है। यूरोप के देशों में प्राचीन साहित्य का अभाव नहीं है किन्तु हाईस्कूल के अन्त तक विद्यार्थियों के सामने केवल परिनिष्ठित जर्मन, फ्रेंच, अंग्रेजी आदि की रचनाएँ पढ़ाई जाती हैं। हमारे विद्यार्थी बचपन से ही अपनी हिन्दी पुस्तकों में डिंगल, मैथिली, ब्रज, अवधी आदि के उद्धरण पढ़कर एक ही शब्द के कई रूप देखते हैं जिससे उनके मन में यह विश्वास घर कर जाता है कि हिज्जे की अबाध स्वतन्त्रता हिन्दी की एक बड़ी सुविधाजनक विशेषता है। यदि हम चाहते हैं कि हमारे भावी नागरिक शुद्ध खड़ी बोली लिख सकें, तों हमें भाषा के शिक्षण में आमूल परिवर्तन करना पड़ेगा। वर्षों से मेरा दृढ़ विश्वास रहा है कि हमें शुद्ध खड़ी बोली की रचनाओं को ही हाईस्कूल के छात्रों के सामने रखना चाहिए।उनकी पाठ्य-पुस्तकों में संस्कृत, पुरानी हिन्दी तथा अन्य भारतीय भाषाओं के महान् कवियों की रचनाओं का परिचय खड़ी बोली में दिया जा सकता है जिससे विद्यार्थी भारतीय परम्परा से अनभिज्ञ न रहें।

यूरोप की विकसित भाषाओं के कोशों में केवल शुद्ध परिनिष्ठित भाषा के शब्द मिलते हैं। किन्तु हिन्दी के कोशों में प्रायः पद्य में प्रयुक्त अवधी ब्रज शब्द भी दिये जाते हैं। अब समय आ गया है कि आधुनिक हिन्दी के कोशों में केवल परिनिष्ठित खड़ी बोली के शब्द सम्मिलित किये जायें। कुछ लोगों की आशंका है कि इस प्रकार खड़ी बोली को प्रमुखता देने से बोलियों का अस्तित्व संकट में आ सकता है। यूरोप का इतिहास इसका प्रमाण है कि यह आशंका निर्मूल है। जंगल का प्राकृतिक सौन्दर्य, खेतों की हरियाली, बरसाती नदियों की अठखेलियाँ—यह सब बना रहता है, किन्तु सभ्यता के विकास की माँग है कि जंगल में सड़कें बनाई जायें, उद्यानों का निर्माण हो तथा नहरों की खुदाई हो। इसी तरह बोलियों के रहते साहित्यिक भाषाओं का निर्माण संस्कृति के विकास के लिए अनिवार्य है।

(इ) हिन्दी के विकास की दिशाओं के विषय में विचार करें। खड़ी बोली एक अत्यंत सरल भाषा है। इसकी यह सरलता इसके स्वाभाविक प्रसार का मुख्य कारण है। व्याकरण में जटिलता नहीं है। उच्चारण तथा वर्तनी में पूर्ण सामंजस्य है। इस भाषा का कामचलाऊ ज्ञान प्राप्त करना इतना आसान है कि बहुत से लोग न केवल इसका व्यस्थित अध्ययन अनावश्यक समझते हैं, बल्कि उसे और सरल बना देने के लिए शब्दों का लिंगभेद मिटाना, ने का प्रयोग निकालना आदि प्रस्ताव में रखने से नहीं हिचकते। ऐसे लोगों से मेरा नम्र निवेदन है कि खड़ी बोली के चार सौ साल का स्वाभाविक विकास हम किसी समित में बैठकर प्रस्तावों के द्वारा नहीं बदल सकते हैं। जो फ्रेंच सीखते हैं, वे शब्दों का लिंगभेद मिटाने की कल्पना नहीं करते, तो खड़ी बोली सीखने वाले इस अपेक्षाकृत सरल भाषा में कृत्रिम परिवर्तन करने की बात क्यों सोचते हैं? दूसरी ओर, इधर कुछ हिन्दी विद्वान तथा साहित्यकार इतनी क्लिष्ट तथा कृत्रिम हिन्दी लिखने लगे हैं कि खड़ी बोली की सबसे बड़ी विशेषता अर्थात् इसकी सुबोधगम्यता संकट में आ गयी है। अहिन्दी प्रान्तों में हिन्दी का प्रचार हमारा उत्तरदायित्व नहीं है। हम सरल स्वाभाविक परिनिष्ठित हिन्दी की उपादेयता बढ़ाते रहें। अन्य प्रान्तों के विद्यार्थी लाभ उठाने के उद्देश्य से अपने आप हिन्दी सीखने लगेंगे और अन्ततोगत्वा हिन्दी सम्पर्क भाषा मात्र न रहकर समस्त भारतीय संस्कृति की कुंजी बन जायेगी।

बुल्के साहित्य की सूची

(क) रामकथा

ग्रन्थ

1. रामकथा : उत्पत्ति और विकास, हिन्दी परिषद्, इलाहाबाद, 1950 (मलयालम अनुवाद : अभयदेव; साहित्य अकादेमी, त्रिचूर, 1978)
2. मन्थन (निबन्ध-संग्रह) : सम्पादक : डॉ. श्रीमती भूपेन्द्र कलसी, बिहार हिन्दी ग्रन्थ अकादमी, पटना, 1996

निबन्ध

1. आदिकवि वाल्मीकि का जीवनवृत्त; राष्ट्रकवि मैथिलीशरण गुप्त अभिनन्दन ग्रन्थ, 1959
2. रामकथा; हिन्दी साहित्य कोश, 1958
3. रामकथा का विकास; संगम, इलाहाबाद, अक्टूबर, 1948
4. रामकथा की दिग्विजय; इन्दिरा अभिनन्दन ग्रन्थ, भारतवाणी, 1975
5. रामकथा के सन्दर्भ में भारत और दक्षिणपूर्व एशिया का तादात्म्य सम्बन्ध; मानस-चिन्तन, इलाहाबाद, 1978
6. साहित्य में राम के लौकिक और अलौकिक रूप; रामायण महोत्सव ग्रन्थ, लखनऊ, 1977
7. रामचन्द्र क्यों?, छात्र पत्रिका, प्रयाग विश्वविद्यालय रजत जयंती अंक, 1948
8. हिन्दी राम साहित्य : हिन्दी साहित्य कोश, ज्ञानमण्डल, वाराणसी, 1958
9. रामकथा : उपरिवत्
10. रामभक्ति : उपरिवत्
11. रामकथा साहित्य में सीताहरण; हिन्दी अनुशीलन, इलाहाबाद, 1949
12. साहित्य में हनुमान; सन्त जेवियर्स कॉलेज पत्रिका, राँची, 1959
13. हनुमान की जन्मकथा; हिन्दी अनुशीलन, इलाहाबाद, (वर्ष 3 अंक 3), 1950
14. हनुमान के चरित्र-चित्रण का विकास, हिन्दी अनुशीलन, डॉ. धीरेन्द्र वर्मा विशेषांक, 1960
15. रामकथा साहित्य में भरत; ब्रह्मलोक, अगस्त-सितम्बर, 1972
16. कैकेयी का दोष-निवारण, जनभारती, 1954
17. शबरी चरित्र; शबरी : होली विशेषांक, चक्रधरपुर, 1961
18. पुरुषाद सौदास; भारतीय साहित्य : भटनागर अभिनन्दन-ग्रन्थ, वर्ष 5, अंक 2

रेडियो वार्ताएँ

1. वाल्मीकि रामायण की व्यापक भावभूमि; राँची, 8 फरवरी, 1965
2. रामकथा का काव्य; इन्दौर, 1973
3. रामकथा के विभिन्न स्रोत; दिल्ली, 11 नवम्बर, 1968
4. विदेशों में रामकथा; दिल्ली, 6 अगस्त, 1973
5. देश-विदेशों में रामकथा; इलाहाबाद, 9 अप्रैल, 1976
6. दक्षिण-पूर्व एशिया में रामकथा; राँची, 23 जून, 1981
7. रामकथाओं में वर्णित राम के विभिन्न रूप; भोपाल, 27 मार्च, 1969
8. साहित्य में हनुमान, राँची, 19 अगस्त, 1958
9. त्रिजटा-चरित्र; राँची, 25 मार्च, 1961
10. सेतुबन्ध; राँची, 25 अक्टूबर, 1963
11. श्रमशक्ति और एकता का प्रतीक : सेतुबन्ध; राँची, 30 जुलाई, 1973
12. रामकथा मेरे शोध का विषय क्यों ? राँची, 31 अगस्त, 1975
13. रामायण के मार्मिक प्रसंग : अन्य विवरण अनुल्लिखित

Books

1. The Ramayana of Hinduism : A course by Letters; Mangalore, 1958

Articles

1. About Valmiki : Journal of Oriental Institute, Vol-8, Dec. 1958
2. More about Valmiki; ibid, 1959
3. The three recensious of the Valmiki Ramayana; ibid, vol. 17, 1949
4. The Genesis of the Valmiki Ramayana Recensions; ibid, Vol. 5, 1955
5. The Ramayana : Its History and Character; The Poona Orientalist (Silver Jubilee Volume), 1961
6. Alberuni and the Ramakatha; Alberuni Commemoration Vol. 1, 1951
7. The Ramayana Tradition in Asia; Sahitya Akademi, New Delhi, 1980
8. The Significance of Ramakatha, Cultural Forum, Vol. 34, July 1967
9. La Naissance de Sita, (French); B.E.F.E.O., Vol. 46, No. 1, Nanoi, 1952
10. The Repudiation of Sita; Journal of Oriental Research Insti tute, Vol. 1, 1951
11. Sita's Friend Trijata; Indian Antiquary, Vol. 1, No. 1, 1964
12. An Indonesian Birth Stone of Hanuman; Journal of Oriental Research Institute, Vol. 3, 1955

13. The Characterization of Hanuman; Journal of Oriental Research Institute, Vol. 9, 1960
14. Surpanakha in the Ramakatha, Proceedings of the 26th International Congress of Orientalists, Delhi, Jan. 4-10, 1967

Radio Talk

1. The Ramayana : A.I.R. Foreign Service, Delhi, 1964

(ख) तुलसीदास

ग्रन्थ

1. रामकथा और तुलसीदास; हिन्दुस्तानी एकेडमी, इलाहाबाद, 1978
2. मानस-कौमुदी; अनुपम प्रकाशन, पटना, 1979

निबन्ध

1. मेरे अपने तुलसी, धर्मयुग, 1965
2. रामचरितमानस का रचनाक्रम; आलोचना, जुलाई 1953 (परिवर्द्धित रूप : हिन्दी अनुशीलन, वर्ष 6, 1954)
3. तुलसी के प्रति श्रद्धांजलि; राष्ट्रभारती, फरवरी, 1975
4. तुलसी का विश्वजनीन सन्देश और हिन्दी; विश्व हिन्दी दर्शन, 1975
5. गोस्वामी तुलसीदास का दैन्य; परमार्थ पथिक : स्वामी भजनानन्द सरस्वती अभिनन्दन ग्रन्थ, 1979
6. तुलसी साहित्य की उपादेयता; दैनिक जागरण : रजत जयन्ती विशेषांक, 20 नवम्बर, 1982
7. तुलसी के प्रति श्रद्धांजलि; तुलसी साहित्य : चिन्तन-अनुचिन्तन; जालान पुस्तकालय, कलकत्ता, 1980
8. लोकनायक तुलसी; मानस संगम, 1981
9. मानस की रूसी भूमिका; आलोचना, वर्ष 5, अंक 1, जनवरी, 1956
10. तुलसी के श्रीराम; श्री राममन्दिर स्मरणोत्सव : रौप्य महोत्सव, 1966
11. कम्बर और तुलसीदास; हिन्दी अनुशीलन, वर्ष 10, अंक 3, 1957

रेडियो वार्ताएँ

1. रामचरितमानस, राँची, 2 अगस्त, 1957
2. रामचरित्मानस की रामकथा; राँची, 24 जून, 1966
3. रामचरितमानस : मेरी दृष्टि में, जालन्धर, 31 मई 1973
4. रामचरितमानस का सामाजिक परिवेश; राँची, 26 अगस्त, 1968
5. रामगाथा के सन्दर्भ में रामचरितमानस, दिल्ली, 30 जुलाई, 1973
6. आदर्श जीवन के व्याख्याता, राँची, अगस्त, 1964

7. तुलसी का लोकानुराग; राँची, अगस्त, 1973
8. तुलसी का भक्तिमार्ग, इलाहाबाद, अगस्त, 1976
9. तुलसी : अन्य भाषाओं में; भोपाल, 31 जुलाई, 1979
10. मानस के पुरुषोत्तम राम; राँची, 9 अक्टूबर, 1978
11. सीताचरित्र : रामचरितमानस में; राँची, 9 सितम्बर, 1962

Article

1. De Ramayan ven Toelsidas (Flemish) K.C.T., Streven, Vol. 5, Jan. 1949.
2. The Wonder that is Tulsidas : God's Word among Men; Vidya Jyoti, Delhi, 1973.
3. Tulsidas The Encyclopaedia of Sikkhism, Panjabi University, Patiala, Nov. 1977.
4. Ramcharitamanasa and its Relevance to the Modern Age; International Seminar, Sahitya Akademi, Delhi, Dec. 1975.
5. Tulsidasa and Incarnation; Sevartham, Ranchi, 1979

(ग) हिन्दी भाषा और साहित्य

पुस्तिकाएँ

1. हिन्दी का भविष्य; राजा रामदेव आनन्दीलाल पोद्दार पंचम स्मृति भाषण, जयपुर, 16 अक्टूबर, 1976
2. हिन्दी प्रदेशों में हिन्दी की प्रतिष्ठा (स्मारिका), राष्ट्रीय हिन्दी प्रचार संस्थान, इलाहाबाद, 1978

भाषण

1. उद्घाटन भाषण : अखिल भारतीय साहित्यकार सम्मेलन, कानपुर, जनवरी, 1967 (संक्षिप्त रूपान्तर : धर्मयुग, 1967; साप्ताहिक हिन्दुस्तान, 1967, दिनमान 1952)
2. मुख्य अतिथि का अभिभाषण : जीवाजी विश्वविद्यालय (कोल्हापुर) का दीक्षान्त समारोह, 29 फरवरी, 1968

निबन्ध

1. हिन्दी साहित्य की विशेषताएँ, संगम, इलाहाबाद, 1948
2. कैकेयी महाकाव्य (केदारनाथ मिश्र प्रभात); बिहार, पटना, मई-जून 1951
3. भारतीय सामाजिक संस्कृति की माध्यम भाषा : हिन्दी; राष्ट्रभाषा सन्देश, भाग 10, अंक 16; 16 फरवरी 1975
4. हिन्दी शोध; हिन्दी अनुशीलन शोध विशेषांक, वर्ष 15, अंक 3-4, 1963
5. हिन्दी का गतिरोध; दिनमान, 17 फरवरी, 1972
6. हिन्दी की विरासत; विचार, भाग-1, आगरा विश्वविद्यालय, 1981

साक्षात्कार

1. हिन्दी का विरोध : देश की एकता का विरोध, भेंटकर्ता और तिथि अनुल्लिखित।
2. विरोधी हिन्दी की सामर्थ्य पहचानें; भेंटकर्ता : शरण आनन्द (तिथि अनुल्लिखित)
3. विश्वभाषा के रूप में हिन्दी की प्रतिष्ठा होनी चाहिए; भेंटकर्ता : डॉ. अमर कुमार सिंह एवं डॉ. श्रीमती भूपेन्द्र कलसी; डॉ. बुल्के स्मृति ग्रन्थ, 1987 (मूल तिथि अनुल्लिखित)

Booklet

1. The Future of Hindi (English version of the Raja R.A. Poddar Fifth Memorial Lecture); Jaipur, 16 Oct. 1976

Article

1. No other Language can rival Hindi in simplicity : SUNDAY, March 19, 1978.

(घ) ईसाई धार्मिक साहित्य और दर्शन

ग्रन्थ

1. ईसा-जीवन और दर्शन; सस्ता साहित्य मण्डल, दिल्ली, 1982
2. लूई की अमर कहानी; धार्मिक साहित्य समिति, राँची, 1958 (मराठी अनुवाद : जे. बेरानको, पुणे, 1959)

निबन्ध

1. एक ईसाई की आस्था, हिन्दी प्रेम और तुलसी भक्ति; धर्मयुग, 27 दिसम्बर, 1970 ई.
2. मैं क्रिसमस पर क्या सोचता हूँ?; धर्मयुग, 24 दिसम्बर, 1972

ग्रन्थ के अंश

हिन्दी विश्वकोश, नागरी प्रचारिणी सभा, वाराणसी, 1960 के निम्नलिखित अंश :

अगस्तिन सन्त : उत्तरी अफ्रीका; अगस्तिन सन्त : कैण्टरबरी; अथानासियस महान; अब्राहम; अवतारवाद; अवतारवाद : ईसाई धर्म; आर्चबिशप आदम; आदिपाप; आर्मिनियस याकोबस; आमोस; आरियस; आंथेनी। (ग्रन्थ-1)

ईश्वर; ईसाई धर्म; ईसा मसीह; उत्पत्ति ग्रन्थ; एजरा; एजियाह; एनक्विजिशन; एस्तेर; ऐंग्लिकन समुदाय; ओरिजेन; ओबह; कार्थूसियन; कार्डिनल; कार्मेलीय धर्मसंघ। (ग्रन्थ-2)

क्रिसमस; क्रूस और क्रूसदण्ड; कैथरीन; गिरजाघर (ग्रन्थ-3)

ग्रिगोरी; चर्च; चर्च का इतिहास। (ग्रन्थ-4)

जेसुइट; तीर्थ : त्रित्व। (ग्रन्थ-5)

दियोनिसियस; दोमिनिको; धर्मप्रचार; धर्म संघ; धर्म संसद; धर्म सुधार; नरक। (ग्रन्थ-6)

पर्व; पाप; पापस्वीकरण; पुनरुत्थान; पुरोहित; पोप; प्यूरिटनवाद; प्रभु प्रकाश। (ग्रन्थ-7)

प्राच्य चर्च; प्रायश्चित्त; प्रेसविटरीय चर्च; प्रोस्टेटैण्ट धर्म; फ्रांसिस; फ्रांसिस्की धर्मसंघ; बपतिस्मा; बर्बरा (सन्त); बिशप; बैपटिस्ट चर्च; भक्ति (ईसाई)। (ग्रन्थ-8)

मार्तिन; माला; मुक्ति; मुक्तिसेना; मैथोडिस्म। (ग्रन्थ-9)

रोमन काथलिक चर्च; लोयोला; लूथर; लोलार्ड (ग्रन्थ-10)

वेटिकन; संस्कार। (ग्रन्थ-11)

रेडियो वार्ताएँ

1. ईसा का प्रेम-सन्देश; पटना-राँची, 25 दिसम्बर, 1965
2. शान्तिदूत ईसा मसीह, राँची, 24 दिसम्बर, 1969
3. मानव जाति को ईसा मसीह का सन्देश; पटना-भागलपुर, 1979
4. ईसा धर्म, गौहाटी, 17 फरवरी, 1971
5. चर्च और मानवधर्म : ईसाई धर्म; अखिल भारतीय कार्यक्रम, 1980
6. बाइबिल में मानवधर्म; इलाहाबाद, 20 अप्रैल, 1969
7. क्रिसमस का महत्व; राँची, 25 दिसम्बर, 1970
8. गाँधी जी के कुछ प्रिय ग्रन्थ : बाइबिल, इलाहाबाद, जून 1962
9. भारतीय जीवन, संस्कृति और विकास में ईसाइयों की देन; राँची, 4 दिसम्बर, 1964

Books

1. The Saviour : The Four Gospels in One Narrative; Catholic Press, ranchi, 1942
2. Hindi Christian Names (Compiled and edited Jointly by R.P. Sah., S.J.; S.N. Wald, S.V.D. and C. Bulcks, S.J.); St. Paul's Publications, Allahabad, 1956

Article

1. Avatar and Incarnation; Apostolic Approach, Vol. 2, 1957
2. Christianity and non-Christian Religions, Apostolic Approach, Vol. 2, 1957
3. Ethics and Avataravada; The Clergy Monthly Supplement, 1958
4. Catholic Approach to Hinduism; The Clergy Monthly Supplement to Vol. 6, Sept 1963
5. Some Problems of Adaptation; Apostolic Approach, Vol. II, 1957
6. The Contribution of Missionaries to the Social and Educational Life of Ranchi District, with reference to Ranchi Proper; Ranchi Distt. Gazetteer, Patna 1970.

(ङ) कोश-सम्बन्धी कार्य

ग्रन्थ

1. A Technical English-Hindi Glossary; Dharmik Sahitya Samiti, Ranchi, 1955
2. अंग्रेजी-हिन्दी कोश; काथलिक प्रेस, राँची, 1968

निबन्ध

1. मेरी कोश-निर्माण वेदना; साप्ताहिक हिन्दुस्तान, 30 जून, 1968
2. कोश-निर्माण सम्बन्धी मेरे अनुभव; विश्व हिन्दी पत्रिका, तिथि अनुल्लिखित

(च) अनुवाद-साहित्य

बाइबिल-साहित्य

1. मुक्तिदाता (द सेवियर का अनुवाद) काथलिक प्रेस, राँची, 1942
2. पर्वत-प्रवचन (सरमन ऑन द माउण्ट का अनुवाद); काथलिक प्रेस, राँची, 1959
3. सन्त लूकस के अनुसार येसु खीस्त का पवित्र सुसमाचार; काथलिक प्रेस, राँची, 1963
4. चारों सुसमाचार, काथलिक प्रेस, राँची, 1970
5. प्रेरित चरित, धार्मिक साहित्य समिति, राँची, 1973
6. हिन्दी बाइबिल : न्यू टेस्टामेण्ट, काथलिक प्रेस, राँची, 1977
7. पवित्र बाइबिल; हिन्दी साहित्य समिति, इलाहाबाद, 1986
8. बाइबिल के तीन लघु उपन्यास : अनुपम प्रकाशन, पटना, 1987

धार्मिक पाठ-साहित्य

1. मरिया-संगत-सहचर : काथलिक प्रेस, राँची, 1954
2. पुण्य सप्ताह (खजूर इतवार, सोमवार, बृहस्पतिवार, पुण्य शुक्रवार और ईस्टर जागरण) : धार्मिक साहित्य समिति, राँची, 1957
3. पुण्य सप्ताह (ईस्टर रविवार का मिस्सा); धार्मिक साहित्य समिति, राँची, 1957
4. येसु संघ में प्रचलित स्तुतिमाला; काथलिक प्रेस, राँची, 1964
5. ख्रीस्त जयन्ती के तीनों मिस्सा; काथलिक प्रेस, राँची, 1964
6. व्रतधारण का ख्रीस्त याग (Missa in die Profession is Religiosarum) : काथलिक प्रेस राँची, 1966
7. रविवारीय पाठ-संग्रह; काथलिक प्रेस, राँची, 1972
8. पाठ-संग्रह, भाग-3; काथलिक प्रेस, राँची, 1973
9. दैनिक पाठ-संग्रह; काथलिक प्रेस, राँची, 1974
10. रात्रि-वन्दना; धार्मिक साहित्य समिति, राँची, 1980

धार्मिक विधि-साहित्य

1. उपविधियाँ : काथलिक प्रेस, राँची,1955
2. पुरोहित अभिषेक की धर्मविधि, काथलिक प्रेस, राँची, 1969

ललित साहित्य

1. नील पंछी (मारिस मेटरलिंक के फ्रेंच नाटक का अनुवाद); बिहार राष्ट्रभाषा परिषद, पटना, 1958

निबन्ध

1. हिन्देशिया में रामायण (मूल लेखक : हुईकास); राष्ट्रकवि मैथिलीशरण गुप्त अभिनन्दन-ग्रन्थ, 1958
2. रामकेर्ति : ख्मेर भाषा का रामायण (मूल लेखक : आर मार्तिनी); उपरिवत

(छ) विविध

निबन्ध

1. माता का हृदय; प्रयाग विश्वविद्यालय पत्रिका, 1948
2. स.हि भवति दरिद्रो यस्य तृष्णा विशाला; संगम, इलाहाबाद, 1948
3. चुहिया और संगतराश; हरसिंगार; इलाहाबाद, 1949
4. विनयमूर्ति आचार्य शिवपूजन जी; परिषद पत्रिका; पटना, अंक 3, 1963
5. स्वाभिमानी, स्वतन्त्रबुद्धि करुणामयी; महादेवी संस्मरण-ग्रन्थ, इलाहाबाद, 1967
6. एक आदर्श भारतीय : एक सौम्य व्यक्तित्व; (डॉ. कर्ण सिंह); आलेख प्रकाशन, दिल्ली, 1981
7. प्रसन्नचित आतिथ्यक आचार्य लालता प्रसाद सुकुल; तिथि : अनुल्लिखित।
8. कबीर; तिथि अनुल्लिखित।

रेडियो वार्ताएँ

1. धर्मनिरपेक्षता—मेरी नज़र में; अखिल भारतीय प्रकाशन, 4 दिसम्बर, 1964
2. भारतीयता की मेरी पहचान; पटना-भागलपुर 1979
3. भगवद्‌गीता के मेरे प्रिय प्रसंग; अन्य विवरण अनुल्लिखित

भाषण

1. विकलांगों के उद्धार में धर्म की भूमिका; गुरु नानक होम, 25 फरवरी 1977

Books

1. The Theises of Nyaya-Vaisheshika; Oriental Institute, Calcutta, 1947 (Second Edition : Motilal Banarasi Das, Delhi, 1967)

Article

1. MeinDorf (German), 1933 'मेरा गाँव' शीर्षक से डॉ. बुल्के स्मृति ग्रन्थ में सम्मिलित, 1987
2. Paaschjubel (Flemish): Bode Van Let heiling Hart, March 1933
3. Waarheem, met uw jeud? (Flemish), Bode Van Let heilting Hart, June 1933
4. A Visit to Manpad, Our Field, No. 2, Ranchi, March-April
5. Waar Vrizzinnigheid en religiosisteit it Samengaan (Flemish); Katholieke Missies, Tetringen, Holland, Oct. 1958
6. A Note on a Stanza of the Mohimna stotra, Annals of the Bhandarkar Institute, Vol. 37.

साक्षात्कार

1. डॉ. कामिल बुल्के : एक अन्तरंग साक्षात्कार (फरवरी, 1976). साक्षात्कारकर्ता : डॉ. दिनेश्वर प्रसाद, आलोचना, अंक 75, दिल्ली, 1987

सहायक ग्रन्थ एवं पत्रिकाएँ

ग्रन्थ

1. डॉ. बुल्के स्मृति ग्रन्थ : सम्पादक - डॉ. दिनेश्वर प्रसाद और डॉ. श्रवण कुमार गोस्वामी, प्रकाशक, डॉ. बुल्के स्मृति ग्रन्थ समिति, राँची, 1987
2. धर्मशास्त्र, ब्रिटिश एण्ड फॉरेन बाइबिल सोसाइटी, इलाहाबाद, 1944
3. नया नियम; भारत-लंका बाइबिल समिति, बंगलौर, 1965
4. भजन संहिता, बाइबिल सोसायटी ऑफ इंडिया, बंगलौर, 1972
5. नया व्यवस्थान, आर.पी. साह, पटना, 1973
6. The Fair Face of Flanders

पत्रिका

1. Our Field, Ranchi, 1940
2. मुक्तकण्ठ (फ्रा. कामिल बुल्के अंक), सं. शंकर दयाल सिंह, पारिजात प्रकाशन, पटना। (साहित्य अकादमी, दिल्ली से भारतीय साहित्य के निर्माता श्रृंखला के अन्तर्गत प्रकाशित पुस्तक 'फादर कामिल बुल्के' से)

पुरस्कृत निबन्ध

फादर कामिल बुल्के स्मृति निबन्ध प्रतियोगिता-2011

रामकथा के विदेशी विद्वान

विनय कुमार चौबे

गोस्वामी तुलसीदास हिन्दी के महानतम् रचनाकारों में से एक हैं। उनकी कीर्ति का अक्षय आधार उनके द्वारा रचित रामचरितमानस है, जिसकी रचना अवधी भाषा के दोहों-चौपाइयों में संवत् 1631 (सन् 1574) में अयोध्या में शुरू की और इसे पूरा करने में 2 वर्ष 11 माह 26 दिन लगे। इस ग्रन्थ के माध्यम से तुलसी जी ने राम के आदर्श रूप की प्रतिष्ठा की है, वे शीलवान तथा सौन्दर्य के आधार हैं। क्षात्र धर्म से प्रतिष्ठित दुष्टों का संहार एवं पीड़ित जनमानस को आशावान करने वाले हैं। वे सीता के लिए आदर्श पति, भरत के लिए आदर्श भाई, लक्ष्मण के लिए आदर्श अनुज तथा हनुमान के आदर्श सेवक रूप में स्थापित हैं। वास्तव में रामकथा कलिमल हरन करने वाली है तथा वे नीति और धर्म के संस्थापक भी हैं। इन्हीं विशेषताओं के कारण आचार्य हजारी प्रसाद द्विवेदी उन्हें लोकनायक कहते हैं। उनके शब्दों में 'लोकनायक वही हो सकता है, जो समन्वय कर सके। तुलसी का सारा काव्य समन्वय की विराट चेष्टा है। वे महात्मा बुद्ध के बाद भारत के सबसे बड़े लोकनायक थे।'

मानस की प्रसिद्धि इतनी बढ़ी कि उसने हिन्दी को विश्व भाषा के रूप में प्रतिष्ठित कर दिया। जिनके द्वारा पाश्चात्य देशों को हमारी संस्कृति एवं सभ्यता को समझने का अवसर प्राप्त हुआ। दूसरा कारण यह है कि ब्रिटिश साम्राज्य के दौरान 150 वर्ष पहले जो लोग मारीशस, युगाण्डा, फीजी आदि देशों में मजदूर के रूप में सात समुन्दर पार गये वे अपने साथ तुलसी का 'मानस' और 'हनुमान चालीसा' भी ले गये। यही ग्रन्थ उनका सम्बल था। बाद में इन्हीं की सन्तान प्रधानमन्त्री, मन्त्री आदि पदों पर आरूढ़ हुई जिसके कारण भी भारतीय संस्कृति की महत्ता प्रतिपादित हुई। यही उनकी अन्तर्भावना है।

भारतीय विद्वानों के अतिरिक्त विदेशी विद्वानों ने भी तुलसी के मानस को विश्व की महानतम रचनाओं में से एक माना है जिनका उल्लेख नीचे किया जा रहा है—

गार्सा द तॉसी : इन्होंने अपने ग्रन्थ 'इस्तवार द ला लितरेत्योर ऐन्दुई इन्दुस्तानी' में लिखा है कि मानस उत्तर भारत के घर-घर में विद्यमान हैं। अयोध्याकांड का वर्णन करते हुए वे कहते हैं कि इसमें नीति, धर्म, दर्शन, राम की पितृभक्ति आदि को भली-भांति देखा जा सकता है।

सर जार्ज अब्राहम ग्रियर्सन : वे अपनी पुस्तक 'मार्डन वर्नाकुलर लिट्रेचर ऑफ हिन्दुस्तान' में लिखते हैं कि 'मानस महलों से लेकर झोपड़ी तक प्रत्येक के हाथों में देखा जा सकता है। इसमें विश्व भ्रातृत्व प्रेम अर्थात चारों भाइयों का प्रेम दर्शनीय है।'

सर एफ.एस. ग्राउस : अपने ग्रन्थ 'रामायन ऑफ तुलसीदास' में मानस के काव्य सौन्दर्य की भूरि-भूरि प्रशंसा की है। इनका कहना है कि मानस में जीवन का उल्लास अपने चरमोत्कर्ष पर है।

प्रो. वारान्निकोव : रामभक्ति के विदेशी विद्वानों की अग्रिम पंक्ति में स्थापित वारान्निकोव भी हैं। इनका जन्म साम्यवादी एवं अनीश्वरवादी देश रूस के एक निर्धन बढ़ई परिवार में हुआ था। इन्होंने अपने परिश्रम एवं पुरुषार्थ के बल पर उच्च शिक्षा ग्रहण की। दूसरे विश्वयुद्ध (कर्फ्यू) के दौरान मोमबत्ती जलाकर साढ़े दस वर्षों में रूसी भाषा के दोहों चौपाइयों में इसका आछानुवाद किया। इनकी कृति इतनी प्रसिद्ध हुई की प्रकाशित होते-होते हाथों हाथ बिक गयी।

वारान्निकोव मानस की आन्तरिकता पर ध्यान केन्द्रित करते हुए कहते हैं कि तुलसी ने समाज की दृढ़ता पर ध्यान रखा। वे साम्प्रदायिक तत्वों की भर्त्सना करते हैं जो समाज को विघटित कर रहे हैं। उन्हें समाज का ध्यान बराबर रहता था।

जे.एम. मैक्फी : वे अपनी पुस्तक 'द रामायन ऑफ तुलसीदास एण्ड द बाइबिल ऑफ नादर्न इण्डिया' में कहते हैं –

'तुलसी का मानस उत्तर भारत की बाइबिल है।'

स्मिथ महोदय : स्मिथ महोदय ने रामचरितमानस को विश्व साहित्य के जादुई बगीचे का सबसे बड़ा वृक्ष कहा है। उनका कहना है कि मानस में प्रयुक्त उपमाएँ कालिदास से भी श्रेष्ठ हैं। वे इन उपमाओं को परम्परा से न ग्रहण करके प्रकृति से ग्रहण करते हैं।

फ्रांस की विदुषी कु. शार्लोर्त वादविल : वादविल ने पेरिस विश्वविद्यालय से 'रामचरितमानस के स्रोत' विषय पर डी.लिट. की उपाधि प्राप्त की है। इन्होंने वाल्मीकि रामायण एवं तुलसी के रामचरितमानस के समता विषमता का विशद अध्ययन किया है।

अमेरिका की महिला जुली वोमे : ये बनारस के काशी हिन्दू विश्वविद्यलय की छात्रा भी रह चुकी हैं तथा कैलिफोर्निया के स्टैनफोर्ड विश्वविद्यालय में अध्ययन कर वही कार्यरत है। वे रामचरितमानस का प्रतिदिन पाठ करती है तथा इन्हें सुन्दरकांड कण्ठस्थ है।

अमेरिका की कु. एंजिल : इन्हें मानस के सुन्दरकांड ने इतना अधिक आकर्षिक किया कि इन्होंने अमेरिका का वीसा वापस कर यहाँ की नागरिकता ले ली और अपना नाम बदलकर कु. अंजली रख दिया।

फादर कामिल बुल्के : बुल्के साहब सन् 1935 में भारत आये और यहीं के होकर रह गये। इन्होंने रामचरितमानस पर वृहद् अनुसन्धान किया। मंच से भी इन्होंने तुलसी का गुणगान किया तथा तुलसी मय हो गये। वे कहते हैं कि अपने देश में तुलसी की पहली पंक्ति ने इतना आकर्षित किया कि मुझे भारत आने को विह्वल कर दिया।

इस प्रकार कहा जा सकता है कि विश्व की सभी भाषाओं में इतना अधिक शोध नहीं हुआ जितना तुलसी की कालजयी कृति मानस पर हुआ। विद्वानों की सूची काफी लम्बी है जिसका उल्लेख करना अत्यन्त कठिन है। इधर के वर्षो में संगम संस्थान, कानपुर ने मानस पर हुए शोध कार्य का ब्यौरा प्रकाशित किया है तथा उसका प्रधानमन्त्री द्वारा लोकार्पण भी किया गया।

रामकथा के विदेशी विद्वान

सीमा यादव

भारत सम्बन्धी रचनाओं में 15वीं शताब्दी से ही पाश्चात्य यात्रियों व मिशनरियों के मध्य 'रामकथा' का अपना अलग स्थान है। भारतीय साहित्य की इस रचना का विदेशी व्यापकता की अपेक्षा लोकप्रिय होना कहीं अधिक आश्चर्यजनक प्रतीत होता है। इसका विस्तार विदेशी विद्वानों के सहयोग द्वारा सम्भव है, जिनमें फादर कामिल बुल्के का नाम सर्वाधिक उल्लेखनीय है। भारत के अतिरिक्त हिन्देशिया, हिन्दचीन, जावा, मलय, स्याम, बर्मा, कम्बोडिया, तिब्बत इत्यादि अनेक विदेशों में विदेशी विद्वानों द्वारा काफी प्रचलित 'रामकथा' विस्तृत होने लगी थी। जिन्दगी के दैनिक कार्य से लेकर मानवता के पाठ तक 'रामकथा' का प्रभाव दिखाई देने लगा था। रामकथा की महत्ता को अग्रसर करने में जिन विदेशी विद्वानों ने अहम भूमिका निभाई उनके नाम क्रमश: प्रमुख हैं—

1. जे. फेनिचियो—मिशनरी जेसुइट जे. फेनिचियो द्वारा रचित 'लिब्रो डॉ. सैंटा' का 1609 में प्रकाशन हुआ जिनमें दशावत के निरूपण के अन्तर्गत एक विस्तृत रामकथा है। इसमें दशरथ के यज्ञ से लेकर सीता अग्निपरीक्षा का उल्लेख है। इसकी विशेषता है कि रावण का नाम अरण्यकांड में है।

2. ए. रोजेरियुस—डच ईस्ट कम्पनी के पादरी की हैसियत से ए. रोजेरियुस ने 11 वर्षो तक डच में निवास किया। उनकी रचना ओपन दोरे एक संक्षिप्त रामकथा है।

3. पी. वलडेयुस—इनकी रचना 'ऑफगोडेरेथ डर ओस्ट इण्डिशे हेडेनन' 1658 में प्रकाशित हुई थी।

4. ओ. डैम्पर—आसिया (17वीं शताब्दी ई.)

5. डे फरिया—आसिया पोर्तुगेसा (17वीं शताब्दी ई.)

6. रलासियो एरयर—1644 ई. में रचित रामकथा

7. पुर्तगाली वृत्तान्त— (क) 1670 ई.
(ख) 1774 ई.
(ग) 1723 ई. के पूर्व

डॉ. कॉलेड इनके रचयिता थे। पुर्तगाल (क) में उत्तरकांड रामकथा है तथा पुर्तगाल (ख) में सीता की अग्नि से उत्पन्न माना गया है।

8. जे. टावर्नियें—भारत यात्रा

9. एम. सोनेरा—वोयाज ओस इण्ड ओरियन्टल 1782 में प्रकाशन

10. दिओगो गोंसाल्वेस—1615 में रचित, हिस्तोरिया रो मालावार थी। इसका प्रकाशन 1955 ई. में मुस्टेर में हुआ।

इसके अतिरिक्त डे पोलिये, जे.ए. दुब्बा. बोल्गेन इत्यादि अनेक विदेशी विद्वानों की सहभागिता 'रामकथा' के लिए रही है।

विदेशी विद्वानों द्वारा रामकथा का अनुवाद फ्रेंच जर्मन एवं सर्वाधिक अंग्रेजी भाषा में हुआ है। एफ.एस. ग्राउस मैडेफी, एटकिंस जगलस हिल प्रमुख विदेशी विद्वान थे जिनकी भाषा अंग्रेजी रही है।

विभिन्न देशों की 'रामकथा' का कालक्रम निम्न है—

800-900 ई. खोतान रामायण (तिब्बत)

ककविन रामायण (जावा)

1400-1500 ई. सिंहली रामकथा सेरीराम (मलय)

1500-1600 ई. रामकेर्ति (कम्बोडिया)

रामकियेन (स्यांम)

रामजातक

1600-1700 ई. पाश्चात्य वृतान्त

1600-1700 ई. फारसी (रामायण मसीही)

इस प्रकार 'रामकथा' भारतीय ही नहीं अपितु एशियाई संस्कृति की एक महत्वपूर्ण तत्व बन गयी। 'रामकथा' की लोकप्रियता प्रसिद्ध भाषा विदेशी विद्वान ग्रायसन के कथनों में पूर्णरूप से झलकती है—

'समस्त गंगा की घाटी में तुलसीदास की यह महान कृति इंग्लैण्ड में बाइबिल से भी अधिक लोकप्रिय हो गयी।'

अतएव 'रामकथा' को विश्व में उच्च स्तर पर पहुँचाने वाले विदेशी विद्वानों की रुचि व सहयोग से आज भी भारतीय संस्कृति की पहचान बरकरार है।

रामकथा के विदेशी विद्वान

बेबी गोल्डी कक्कड़

हमारे हिन्दू समाज में प्रायः देवताओं के तैंतीस करोड़ रूप माने गये हैं। प्रायः यह भी माना गया है कि इन सभी देवी-देवताओं की उत्पत्ति भी 'त्रिदेव' अर्थात् ब्रह्मा, विष्णु, महेश द्वारा हुई है।

ब्रह्मा—जो इस सम्पूर्ण सृष्टि के रचयिता हैं।

विष्णु—जो सृष्टि के पालनकर्ता हैं।

महेश—महाप्रभु शिवशंकर जी संहारकर्ता हैं।

इस सभी में सर्वाधिक पूज्य 'विष्णु' को माना जाता है। स्वयं ब्रह्मा और शिवशंकर जी उनके समक्ष नतमस्तक होते हैं क्योंकि सबके पालनकर्ता हैं। जो समय-समय पर अपने भक्तों की रक्षा के लिए मानव रूप में अवतरित हुए हैं। भगवान राम और कृष्ण ये दोनों ही भगवान विष्णु के अवतार माने जाते हैं, जिसका वर्णन हमारे साहित्यकारों ने भी किया है कि किस प्रकार भगवान अपने भक्तों की रक्षा के लिए मानवदेह धारण कर धरती पर अवतरित हुए हैं। संस्कृत कवि वाल्मीकि ने भी राम कथा को अपना प्रेरणास्रोत बनाकर 'वाल्मीकि रामायण' की रचना की। हमारे हिन्दी साहित्य में रीतिकालीन कवि केशवदास, आधुनिक में मैथिलीशरण गुप्त' निराला ने भी रामकथा पर अपनी रचनाएँ लिखी पर जो ख्याति गोस्वामी तुलसीदास जी को प्राप्त हुई वह आज तक किसी को भी नहीं मिली। उन्होंने अपनी सरल भाषा में रामचरितमानस को लिखा जो न केवल भारत का वरन् सम्पूर्ण विश्व साहित्य का महाकाव्य ग्रन्थ बन चुका है। आज तुलसीदास जी हमारे बीच नहीं हैं पर वे अपनी कृति 'मानस' द्वारा सर्वथा देदीप्यमान जाज्जवल्यमान रहेंगे। उनको चाहने वाले सैकड़ों देश भक्तों में केवल भारतीय ही नहीं वरन् विदेशी विद्वानों की भरमार है। इसी आधार पर अब हम अपने विषय रामकथा के विदेशी विद्वानों की चर्चा करेंगे—

तुलसीदास व उनके प्रभु रामचन्द्र जी से प्रभावित रचना 'रामचरितमानस' को चाहने वाले अनेक विदेशी या पाश्चात्य विद्वानों में हम सर्वप्रथम चर्चा करते हैं वारान्निकोव की।

वारान्निकोव—इनका जन्म अत्यन्त निर्धन बढ़ई परिवार में हुआ था जब दो वक्त की रोटी खाना बनाना भी मुश्किल कार्य था पर इनकी पढ़ाई की लगन में कम उम्र में इनको जीवट बना दिया इन्होंने मेहनत मजदूरी कर शोध तक की शिक्षा प्राप्त की। रामचरितमानस के प्रति इनकी ललक इस कदर जागी की जिस वक्त रूस का द्वितीय विश्वयुद्ध हो रहा था उस वक्त इन्होंने मोमबत्ती जलाकर उसका अपनी भाषा में अनुवाद किया, जिसकी प्रतियाँ रातों रात बिक गयी।

गार्सा द तासी—इन्होंने सर्वप्रथम 'मानस' का अपनी भाषा 'फ्रांसीसी' में मानस का अनुवाद किया। इनका मानना है कि मानस सर्वाधिक पढ़ा जाने वाला ग्रन्थ है जिसमें वर्णित आचार विचार, नीति, सज्जन दुर्जन, नर-नारी, पुत्र कर्तव्यपरायणता, पितृ स्नेह का सुन्दर वर्णन है जो स्वयं में एक मिशाल है।

ग्रियर्सन—इनका पूरा नाम जार्ज अब्राहम ग्रियर्सन है। इनको रामकथा का विशेषज्ञ माना जाता है। इन्होंने तुलसी काव्य का समग्र अध्ययन वैज्ञानिक पद्धति द्वारा किया है। इनका मत है कि 'रामचरितमानस' महल से लेकर झोपड़ी में रहने वालों के हाथ में पाया जाने वाला व सर्वाधिक पढ़ा जाने वाला ग्रन्थ है।

एफ.एस. ग्राउस—इन्होंने सर्वप्रथम मानस का अपनी भाषा में अनुवाद किया। इनकी रचना 'रामायन ऑफ तुलसीदास' है। इन्होंने कहा है 'मानस' में राम की पितृ भक्ति, लक्ष्मण का साहस, भरत की भ्रातस्नेह, सीता की पति परायणता प्रशंसनीय है।

जे.एम. मैक्फी—इन्होंने अपनी रचना 'रामायन ऑफ तुलसीदास एण्ड बाइबिल ऑफ नार्दन इण्डिया' में 'मानस' को उत्तर भारत का बाइबिल माना है।

एडविनग्रीब्ज—इन्होंने अपनी रचना 'तुलसी ग्रन्थावली' में रामचरितमानस की प्रशंसा करते हुए कहा है कि आज के आस्थाविहीन समाज में मानस मरे मुर्झाए मन को पुनर्जीवित करने का कार्य करता है।

ए. स्मिथ—इन्होंने माना है कि रामचरितमानस तुलसीदास जी हिन्दी के विशाल काव्य उपवन का जादुई विशाल वृक्ष है। साथ ही वह कालिदास से ज्यादा श्रेष्ठ भी हैं क्योंकि वह अति सरल भावबोधगम्य है।

ए.जी. एटकिन्स—इन्होंने हिन्दी रचना 'मानस' का 12 वर्षो तक अनुवाद (अंग्रेजी भाषा में) फिर अपनी रचना 'रामायण ऑफ तुलसीदास' में अंग्रेजी के साथ-साथ देवनागरी लिपि का भी प्रयोग किया। साथ ही छन्दशास्त्र का पूरा ध्यान रखते हुए प्रत्येक खण्ड में एक छन्द का प्रयोग अवश्य किया।

उनइकेदा—जापान विश्वविद्यालय के प्रोफेसर उनइकेदा ने भी तुलसी के राम से प्रेरित होकर रचना लिखी जो 'राम के चरित का सरोवर मान' शीर्षक से प्रकाशित हुई।

कारपेंटर—इन्होंने रामचरितमानस का समग्र अध्ययन कर उसके आध्यात्मिक पक्षों को चुन-चुन कर अपनी रचना-'थियोलॉजी ऑफ तुलसीदास' का निर्माण कार्य किया जो दो खण्डों में विभक्त है। इसका प्रथम खण्ड पाँच अध्यायों में विभक्त है और द्वितीय नौ अध्यायों में। इनके कार्य की काफी सराहना भी की गयी।

जिन डिंग हांग—प्रोफेसर जिन को अपने कार्य के लिए राष्ट्रपति पुरस्कार भी मिला क्योंकि चीन एक नास्तिक देश है जहाँ उन्होंने मानस को जन-जन तक पहुँचाने के लिए 'फूसामान' शैली का प्रयोग किया।

कामिल बुल्के—पाश्चात्य विद्वानों के मसीहा कामिल बुल्के हिन्दी साहित्य में रामचन्द्र शुक्ल व हजारी प्रसाद द्विवेदी के समकक्ष माने जाते रहे हैं। इन्होंने 1935 में भारत में कदम रखा और लम्बे समय तक यही के वासी बनकर रह गये। इनके मन में बचपन से ही भारत देश के प्रति अपार श्रद्धा भक्ति थी और यह तब और बढ़ी जब इन्होंने जर्मन भाषा में 'मानस' का अनुवाद पढ़ा जिसका सार था 'वह भारत देश धन्य है जहाँ पुत्र माता-पिता के चरणों में चारों धाम मानता है।

धन्य-जनम...प्रान सम जाके।

यह पंक्तियाँ पढ़ इनका मन रोमांचित हो उठा चारों ओर मानो मधुर ध्वनि सुनाई पड़ीं एवं इलाहाबाद विश्वविद्यालय

से शोध कार्य किया। इन्होंने काफी सामग्री भी जमा ली और इनकी रचना का नाम था—रामकथा : उत्पत्ति एवं विकास, जिसे कई पुरस्कारों से नवाजा गया।

पुरुष साहित्यकारों की भांति महिला लेखिकाओं ने भी तुलसीदास के बारे में बहुत कुछ लिखा—

जूलीवोमो—काशी हिन्दू विश्वविद्यालय की छात्रा थी जो बाद में कैलिफोर्निया में कार्यरत थी। वे तुलसीकृत मानस से इतनी प्रभावित थीं कि अपने देश में भी सुन्दरकांड का नित्य पाठ करती थीं।

श्वेतलानाडेंज—इन्होंने दिसम्बर सन् 1999 को भारत में आयोजित अन्तरराष्ट्रीय समारोह में तुलसीदास जी की खुल कर प्रशंसा करते हुए मानस को श्रेष्ठ ग्रन्थ माना है।

कु. एंजिल—इन्होंने तो वर्धा आश्रम में जब रामचरितमानस का पाठ सुना तो कानपुर में आयोजित एक 'मानस' कार्यक्रम में सायं रामकथा का सस्वर पाठ करने लगी। इसी प्रकार 'वादविल' ने भी मानस की प्रशंसा करते हुए श्रेष्ठ ग्रन्थ बताया है।

इस प्रकार पाश्चात्य मनीषियों में पुरुष और महिला दोनों ने ही रामकथा पर अपनी लेखनी चलायी है और आज भी रूपर्ट स्नेल—जैसे प्रोफेसर अपना कार्य जारी रखे हुए हैं। इन्होंने तो ब्रज व खड़ी में अपनी बात बताते हुए कहा है—राम तिहारो रंग तो, जनमत है सब ठौर, कहुं दिखियत है लाल हरि, कबहुं स्यामल गौर। इस प्रकार हिन्दी को विश्वभाषा का गौरव देने वाले तुलसीदास सदा ही अमर हैं और रहेंगे।

रामकथा कामिल बुल्के के दृष्टिकोण से

दीक्षा गुप्ता

कामिल बुल्के का जन्म एक सितम्बर 1909 ई. में बेल्जियम देश के रम्सकपैले नामक स्थान पर हुआ था। मिशनरी कार्य के लिए भारत आये और यहीं के नागरिक हो गये। इन्होंने अपना शोध कार्य (रामकथा : उत्पत्ति और विकास) सन् 1950 ई. में प्रस्तुत किया तथा इनकी मृत्यु 1982 ई. में हुई।

वाल्मीकि कृत 'रामायण' और तुलसीदास जी द्वारा रचित 'रामचरितमानस' जो हम भारतवासियों का प्राण है, हमारी आन व हमारी शान है तथा सभ्यता व संस्कृति पहचान है। इसमें कुल 7 कांड हैं जो निम्न हैं–

1. बालकांड, 2. अयोध्याकांड, 3. अरण्यकांड, 4. किष्किन्धाकांड, 5. सुन्दरकांड, 6. लंकाकांड, 7. उत्तरकांड।

इन सभी कांडों में प्रारम्भ से लेकर अन्त तक राम से सम्बन्धित विषयों पर चर्चा की गयी है। इनमें दशरथ वंशावली, राम की वंशावली, राम-सीता विवाह, राम का निर्वासन, रावण की वंशावली, सीता हरण, सीता खोज, राम का विजयी होकर लौट कर आना इन सभी विषयों पर चर्चा की गयी है, जिसमें मत भिन्नता के साथ-साथ मत एकता भी देखने को मिलता है।

रामकथा की उत्पत्ति और विकास—प्रथम भाग में रामकथा की उत्पत्ति और विकास से सम्बन्धित विषयों पर चर्चा की गयी है अत: दशरथ जातक की समस्या, समस्या का मूल स्रोत आदि विषयों की चर्चा देखने को मिलती है। द्वितीय भाग इस भाग में वैदिक साहित्य रामकथा जैन तथा बौद्ध सम्बन्धी रामकथा, वाल्मीकि कृत रामायण आदि का विवेचन है।

तृतीय भाग इस भाग में अर्वाचीन रामकथा साहित्य का सिंहावलोकन किया गया है।

1. **वैदिक साहित्य में हिन्दी रामकथा के पात्र**—राजा दशरथ श्री रामचन्द्र जी, अश्वपति जनक।
2. **वैदिक साहित्य में**—सीता, सावित्री तथा कृषि की अधिष्ठात्री देवी।
3. **वाल्मीकि कृत रामायण के मुख्य प्रक्षेप**—बालकांड, उत्तरकांड तथा अवतारवाद।
4. **संस्कृत में लिखित ग्रन्थ**—रामकथा, रामभक्ति की उत्पत्ति और विकास।

रामभक्ति की उत्पत्ति और विकास—अर्वाचीन रामकथा साहित्य में रामावतार की बढ़ोतरी के साथ-साथ राम भक्ति भी देखने को मिलता है। लेकिन प्राचीन रामकथा के निरूपण से ज्ञात होता है कि महाभारत के कई स्थलों पर तथा रामायण के कुछ संक्षिप्त अंशों पर रामावतार की प्रचार-प्रसार की वृद्धि हो रही है लेकिन रामभक्ति का निरूपण

नहीं किया गया है। आगे चलकर यह एक अद्वितीय ग्रन्थ बना। इसे वाल्मीकि के साथ-साथ तुलसीदास जी ने भी अपनी रचनाओं में स्थान दिया।

दशरथ की सन्तति

वाल्मीकि रामायण के अनुसार—इसके अनुसार दशरथ की तीन रानियाँ एवं चार पुत्र हैं।

तीन रानियाँ—कौशल्या, सुमित्रा व कैकेयी।

चार पुत्र—राम, लक्ष्मण, भरत व शत्रुघ्न।

जैन तथा बौद्ध कथाओं में—इसके अनुसार दशरथ की चार रानियों एवं उनसे उत्पन्न एक-एक पुत्र का उल्लेख मिलता है।

चार रानियाँ—कौशल्या, सुमित्रा, कैकेयी व सुप्रभा।

चार पुत्र—राम, लक्ष्मण, भरत व शत्रुघ्न।

तिब्बती रामायण में—इस रामायण के अनुसार केवल राम और लक्ष्मण का उल्लेख है।

खोतानी रामायण में—इस रामायण में राम और लक्ष्मण दशरथ के 'पौत्र' माने जाते हैं तथा 'सहस्रबाहु' इनके पिता माने जाते हैं।

सीता जन्म कथा

वाल्मीकि रामायण के अनुसार—वाल्मीकि रामायण में 'राजा जनक' को सीता का पिता माना गया है। सीता राजा जनक की पुत्री हैं, ऐसा वाल्मीकि रामायण में उल्लेखनीय है।

तिब्बती तथा खेतानी रामायण में—इस रामायण के अनुसार रावण को सीता का पिता माना गया है। कहा जाता है कि एक बार दशस्कन्ध रावण की पटरानी को एक कन्या उत्पन्न होती है, जिसके जन्म पत्र में लिखा होता है कि वह अपने पिता के नाश का कारण होगी। फलस्वरूप उसे समुद्र में फेंका जाता है तथा बचने पर भारतीय कृषकों के द्वारा पाली जाती है। इसका नाम 'लीलावती' भी है।

सेतुबन्ध के समय—सेतुबन्ध के समय नल के फेंके हुए पत्थरों के न डूबने का कारण बताया गया है।

राम-सीता विवाह

वाल्मीकि रामायण में—इस रामायण के अनुसार राम जी द्वारा धनुर्भंग के पश्चात उनका विवाह सीता से होता है तथा भाइयों के विवाह का भी वर्णन है।

तिब्बती रामायण में—चूँकि इस रामायण के अनुसार सीता कृषकों द्वारा पाली जाती है और उन कृषकों के अनुरोध से श्रीराम से वह अनुरोध करते हैं और उनका विवाह सीता से हो जाता है।

खोतानी रामायण में—इस रामायण में सीता का विवाह वन में राम और लक्ष्मण दोनों से हो जाता है।

परिवर्ती रामायण में—इस रामायण सीता को एक पतिव्रत्य स्त्री माना गया है।

राम का निर्वासन

वाल्मीकि रामायण में—इस रामायण के अनुसार राम के निर्वासन का कारण कैकेयी के कुटिलतापूर्ण षड्यन्त्रों के भय को माना गया है।

जैन तथा बौद्ध धर्म में—यह रामायण वाल्मीकि रामायण के अति निकट है।

पउमचरियम के अनुसार—इसके अनुसार दशस्कन्ध को वैराग्य हुआ, भरत को राजगद्दी मिली यह सुनकर श्री राम जी स्वेच्छा से चले जाते हैं।

तिब्बती रामायण में—इस रामायण के अनुसार दशरथ जी द्वारा यह निर्णय न लिए जा पाने के कारण कि राजगद्दी भरत को या राम को दिया जाये? राम स्वेच्छा से चले जाते हैं।

दशस्कन्ध रावण की वंशावली

वाल्मीकि रामायण में—विश्रवादेवर्णिनी के पुत्र वैश्रवण का चतुर्थ लोकपाल, धनेश बनना तथा पुष्पक प्राप्त कर लंका निवास।

पउमचरियम के अनुसार—सुकेश के तीन पुत्र हैं—बाली, सुमाली और रत्नश्रवा।

सुमाली के पुत्र वैश्रवण अपनी पत्नी कैकेयी से दशरथ रावण, भानुकर, चन्द्रणखा तथा विभीषण को जन्म देता है।

सेरी राम के अनुसार—रक्षवन्दी से रावण का जन्म होता है।

सीता-हरण

वाल्मीकि रामायण के अनुसार—इस रामायण के अनुसार दुष्ट राक्षस रावण सीता माता को वन में देखता है और उन पर मुग्ध हो जाता है तथा उनको हरण करने का विचार करता है तब रावण एक साधु के वेश में आकर भिक्षा माँगता है और जब सीता लक्ष्मण रेखा को पार करते हुए उन्हें भिक्षा देने आती है तो रावण उनका हरण कर लेता है। अन्य रामकथाओं में भिन्नता नहीं पायी जाती है।

सीता की खोज

वाल्मीकि रामायण के अनुसार—श्री रामचन्द्र जी कनक मृग का वध करने के पश्चात जब लौटकर अपनी कुटिया के पास आते हैं और सीता को कहीं न देखकर वह उन्मत्त (पागल) हो जाते हैं और कहते हैं कि—

हे खग मृग! हे मधुकर स्रेनी!
तुम देखी सीता मृग नैनी!

हनुमान-सुग्रीव से भेंट

वाल्मीकि रामायण के अनुसार—इस रामायण के अनुसार हनुमान जी साधु का वेश धारण करके राम और लक्ष्मण के पास आते हैं तथा अपना परिचय देते हुए कहते हैं कि सुग्रीव आपकी मित्रता चाहते हैं फलस्वरूप हनुमान जी अपने वेश में आकर राम और लक्ष्मण को अपने कन्धे पर बिठाकर ऋषिमुख पर्वत की ओर ले जाते हैं।

सन्थाली रामकथा के अनुसार—इस रामकथा के अनुसार हनुमान जी तरबूजों की रखवाली करते हैं जिसमें से एक तरबूज लक्ष्मण जी लेना चाहते थे जिसके कारण दोनों में भिड़न्त होती है और अन्त में सत्य ज्ञात होने पर हनुमान जी राम और लक्ष्मण को तरबूज खिलाते हैं।

सेरी रामकथा के अनुसार—इस रामकथा के अनुसार 'श्री रामचन्द्र जी को हनुमान का पिता कहा गया है।' हनुमान जी के जन्म के समय यह आकाशवाणी होती है कि बालक का नाम हनुमान रखा जाये तथा जो इसके शरीर के आभूषण को देख सकेगा वही इसका प्रभु तथा आराध्य होगा।

रंगनाथ रामायण के अनुसार—इस रामकथा के अनुसार हनुमान जी तपस्या करके ब्रह्मा जी से वरदान माँगते हैं और पूछते हैं कि मेरे प्रभु तथा मेरे आराध्य कौन होंगे? तब ब्रह्मा जी उत्तर देते हैं कि जो तुम्हारे शरीर के आभूषण को देख सकेंगे वही तुम्हारे आराध्य तथा प्रभु होंगे।

लंका-दहन

वाल्मीकि रामायण के अनुसार—इस रामायण के अनुसार हनुमान जी सीता माता को खोजते-खोजते अशोक वाटिका में पहुँचते हैं और सीता माता से मिलते हैं और उनसे उनकी अंगूठी लेते हैं फलस्वरूप वह पूरे वाटिका को तहस-नहस कर देते हैं जिससे उन्हें रावण के समक्ष प्रस्तुत किया जाता है तथा रावण यह आज्ञा देता है कि इसकी पूंछ में आग लगा दी जाये। तब सारे राक्षसी सेना उसके पूंछ में आग लगा देते हैं तत्पश्चात् हनुमान जी बन्धन मुक्त होकर विभीषण के घर को छोड़कर सम्पूर्ण लंका को जला देते हैं।

लंकाकांड

इस कांड में इतनी नीरसता पायी जाती है कि समस्त कवि वाल्मीकि जैसे महान कवि की तरह रचना ही नहीं कर सकते हैं। इस कांड को युद्ध कांड भी कहते हैं तथा राम एवं रावण में भयंकर युद्ध होता है तथा राम की विजय होती है और वे लक्ष्मण और सीता के साथ वापस अयोध्या लौट जाते हैं।

सीता की अग्नि परीक्षा

वाल्मीकि रामायण के अनुसार—चूँकि सीता को रावण बन्दी बनाकर रखता है तो इसलिए श्री राम जी उनको स्वीकारने के पहले उनसे अग्नि परीक्षा देने को कहते हैं तथा सीता माता अग्नि परीक्षा देती है तब श्री राम जी उन्हें स्वीकारते हैं और वापस लौटकर अयोध्या चले जाते हैं।

सीता का त्याग (धोबी का कथन)

वाल्मीकि रामायण के अनुसार—एक बार श्री रामचन्द्र जी वेश बदलकर अपने ग्राम में घूम रहे थे। जहाँ उन्होंने एक धोबी को देखा जो अपनी पत्नी को बाहर निकाल रहा था। उसकी पत्नी रात भर बाहर थी इसलिए वह उसके निकाल रहा था और कहा कि—मुझे क्या श्रीराम समझा है जो तुम रात भर बाहर रहो और मैं तुम्हें स्वीकार कर लूँगा। इस कथन को सुनकर श्री राम जी सीता का त्याग करते हैं। उस समय सीता माता गर्भवती थी और वह जाकर वाल्मीकि आश्रम में आश्रय लेती है। अन्य रामकथाओं में भी इसी का उल्लेख किया गया है।

लव-कुश जन्म कथा

वाल्मीकि रामायण के अनुसार—इस रामायण के अनुसार सीता माता लव को वाल्मीकि जी के आश्रम में ही जन्म देती है। एक बार सीता माता स्नान करने के लिए नदी में जा रही थी और उन्होंने लव को कुटिया में सुलाया हुआ था। वहीं पर वाल्मीकि जी बैठे हुए थे उन्होंने जब देखा कि लव कहाँ है? तो उन्हें लव नहीं दिख सका। वह कुटिया में सो रहा था तो वाल्मीकि जी मन ही मन सोचने लगे कि सीता आयेगी तो मैं उसे क्या जवाब दूँगा कि उसका पुत्र कहाँ है। कहीं कोई हिंसक पशु उठाकर न ले गया हो। ऐसा सोचते हुए उन्होंने वहाँ पर रखे कुशा से अपने तपोबल के द्वारा एक बालक की सृष्टि की। उसी समय सीता माता स्नान करके आती हैं और तभी उनका बालक भी उठ करके बाहर चला आता है, जिसे देखकर वाल्मीकि जी आश्चर्यचकित हो जाते हैं तथा सीता के पूछने पर कि यह बालक कौन है? वाल्मीकि जी कहते हैं कि लो इसे भी अपने पुत्र के समान समझो। इस प्रकार सीता माता के दो पुत्र लव और कुश (कुशा से उत्पन्न किया हुआ) हो गये।

उपसंहार

अतः इस प्रकार हम निष्कर्ष रूप में कह सकते हैं कि यह रामायण एक अद्वितीय ग्रन्थ है जो हमें प्रेरित करता है। वाल्मीकि जी ने अपने शिष्यों को रामायण सिखलाकर उसे ऋषियों, राजाओं व जनसाधारण को सुनाने का आदेश दिया। इसके बाद जैनियों तथा बौद्धों ने भी इसे अपनाया। 15वीं शताब्दी के पश्चात् इसका प्रचार प्रसार तेजी से होने लगा। यह भारतीय रामकथा एक अद्वितीय ग्रन्थ है। इसका प्रचार-प्रसार भारतीय रामकथा की अपेक्षा विदेशों में भी होने लगा इससे आश्चर्यजनक बात और क्या है?

इस रामायण में सीता का पतिव्रत्य, भरत का भ्रातृ प्रेम, कौशल्या का वात्सल्य आदि सभी का विवेचन किया गया है। यह रामकथा एक कथावस्तु या काव्यात्मक मात्र न रहकर हमारे जीवन का दर्पण सिद्ध हुई है। रामभक्ति के प्रादुर्भाव के पश्चात् समस्त वातावरण बदल दिया गया है। विभिन्न पात्रों की कुटिलता की रामभक्ति में लीन कर दी गयी है। यहाँ तक कि आदि रामायण का दुष्ट राक्षस रावण भी श्री राम के पतित पावन प्रभाव से पवित्र हो जाता है। अतः भारत की समस्त आदर्श भावनाएँ मर्यादा पुरुषोत्तम राम एवं पतिव्रत्य सीता में लीन कर दी गयी है। अतः यह रामकथा हमें प्रेरित करता है। अतः यह रामकथा हमारे उज्ज्वलतम भविष्य का प्रतीक है।

फादर कामिल बुल्के की रामकथा

श्रुति प्रकाश

फादर कामिल बुल्के का जन्म 1 सितम्बर 1909 को रम्सकपैले गाँव (बेल्जियम) में हुआ था। वे अपने पिता अदोल्फ और माता मारिया बुल्के के ज्येष्ठ पुत्र थे। वे कुल चार भाई बहन थे। बुल्के परिवार मूलतः सम्पन्न भूमिधरों का परिवार था परन्तु श्री बुल्के के जन्म के समय वह भारी संकट से गुजर रहा था। उनके दादा की कुछ आदतों के कारण पिछली कई पीढ़ियों की धन-सम्पदा समाप्त हो चुकी थी। फादर बुल्के के जन्म के बाद तीन महीनों के भीतर उनका रम्सकपैले का घर भी बिक गया। इसके बाद उनका परिवार लिस्सेवेगे में आकर बस गया। वहाँ मदर गेरट्रड के कान्वेन्ट में कामिल की प्रारम्भिक शिक्षा हुई। वपंतिस्मा के दिन ही मदर गेरट्रड ने शिशु कामिल से कहा 'प्रभु से संन्यासी बनने का वरदान माँगना।' फादर बुल्के सबसे अधिक प्रभावित अपनी माता से थे और उनके बाद उनके चरित्र पर किसी ने अमिट छाप छोड़ी तो वह थी मदर सुपिरियर गेरट्रड। फादर बुल्के शुरू से ही एक मेधावी छात्र थे। उन दिनों इंजीनियरिंग की पढ़ाई सबसे कठिन मानी जाती थी। फादर बुल्के ने इंजीनियरिंग की प्रवेश परीक्षा भी ऊँचे अंकों से उत्तीर्ण की और इसके बाद जब वह मदर गेरट्रड से आशीर्वाद लेने पहुँचे तो उन्होंने कहा 'इतनी परिश्रम क्यूं करते हो? तुम्हें तो संन्यासी बनना है।' इस बात का रहस्य उन्हें तब समझ में आया जब अचानक एक दिन उनके मन में संन्यास लेने की बात आयी। इंजीनियरिंग के प्रथम वर्ष में ही वे संन्यास लेने का मन बना चुके थे परन्तु घर वालों के समक्ष अपनी इच्छा प्रकट करने का साहस नहीं जुटा पा रहे थे। बी.एस.सी. इंजीनियरिंग के अन्तिम वर्ष की परीक्षा देकर जब वे लूवेन विश्वविद्यालय से लिस्सेवेगे वापस आये तो एक दिन जब सभी खाने की मेज पर बैठे थे, उन्होंने कहा मैं संन्यासी बनना चाहता हूँ। ये सुनकर माता (मारिया बुल्के) रोने लगी परन्तु खुद को सम्भालते हुए उन्होंने कहा, 'मैं स्वयं को धन्य मानती हूँ।' उनके पिता ने बस इतना ही कहा कि 'तुम्हारा घर पर ही रहना कितना अच्छा होता।' यूं तो संन्यासी होने की बात बुल्के परिवार के लिए नयी नहीं थी क्योंकि कामिल की बुआ एमेरांस सन्यासिनी थी और उनके छोटे भाई रोबर्ट ने बचपन में ही संन्यास ले लिया था परन्तु फिर भी कामिल का संन्यास लेना उनके परिवार के लिए आघात जैसा था। निश्चय ही उनके माता-पिता के अपने ज्येष्ठ पुत्र को लेकर देखे गये स्वप्नों का यह अप्रत्याशित अन्त था। 20 अक्टूबर 1935 को उन्हें विदाई देने के बाद फादर कामिल बुल्के की माता बेहोश हो गयीं। नवम्बर 1935 में फादर बुल्के पानी के जहाज से बम्बई में उतरे। फादर बुल्के की अक्षयकीर्ति में सबसे बड़ा योगदान उनके शोध प्रबन्ध रामकथा-उत्पत्ति और विकास का है। रामकथा का अपने जीवन का एक बड़ा केन्द्र बन जाना, इसे फादर कामिल बुल्के ईश्वर की नियति मानते हैं। उनका कहना है कि रामकथा के राम का नाम तो प्रभु

ने जन्म से ही उनके साथ जोड़ दिया था (रम्स)। अपने गुरु धीरेन्द्र वर्मा के आग्रह पर डॉ. माता प्रसाद गुप्त के निर्देशन में रामकथा पर जब वे शोध करने लगे तो भूमिका के लिए एकत्र सामग्री के विस्तार को भी उन्होंने ईश्वर का संकेत माना है। रामकथा के बारे में सबसे पहले उन्होंने तब जाना जब तुलसी की रामकथा की कुछ पंक्तियाँ उन्होंने एक जर्मन ग्रन्थ में अनुवाद में पढ़ी थी और भाव-विह्वल हो उठे थे। एक साक्षात्कार में उन्होंने कहा था कि क्या मुझे अदृष्ट का संकेत मिल रहा था कि 'मैं उसी कवि के देश में जाकर बस जाऊँगा, उसी काव्य के कथानक पर शोध करूँगा।' रामकथा से जुड़ने के प्रमुख कारण उसकी मार्मिकता, आदर्शमूलक स्वभाव पर आधारित सम्बन्ध और उसकी भक्तिभावना थे जो विशेषत: तुलसी की रामकथा में देखने को मिलती है। फादर बुल्के ने स्वयं ये कहा है कि उनके शोध प्रबन्ध रामकथा-उत्पत्ति और विकास का वैशिष्ट्य उसके अलग-अलग प्रसंगों का निरूपण ही है। अपने निबन्धों तथा शोध प्रबन्ध-रामकथा-उत्पत्ति और विकास में उन्होंने जिन विषयों पर प्रमुख रूप से विचार किया है वे हैं—

1. राम कथा की उत्पत्ति

2. मौखिक रूप में उपलब्ध रामगाथाओं का वाल्मीकि द्वारा संग्रथन तथा प्रबन्ध काव्य के रूप में उसका निरूपण।

3. वाल्मीकीय रामायण का प्रामाणिक पाठ

4. परवर्ती भारतीय व एशियाई साहित्य एवं संस्कृति पर वाल्मीकि का प्रभाव

5. रामकथा की विभिन्न परम्पराएँ

रामकथा की विभिनन परम्पराओं पर ही आधारित है रामकथा-उत्पत्ति और विकास के अधिकांश भाग। इसके अन्तर्गत उन्होंने शोध निम्नलिखित बिन्दुओं पर किया—

—वाल्मीकीय रामकथा परम्परा

(क) संस्कृत में रामकथा परम्परा

(ख) आधुनिक भारतीय भाषाओं में राम-कथा परम्परा

—रामकथा की बौद्ध परम्परा

—रामकथा की जैन परम्परा (गुणभद्र की रामकथा)

—रामकथा की विदेशी परम्परा

(क) तिब्बती खोतानी परम्परा

(ख) दक्षिण पूर्व एशियाई परम्परा

(ग) रामकथा की पाश्चात्य परम्परा

फादर कामिल बुल्के ने उन सभी विद्वानों से असहमति जताई है जो रामायण को वैदिक काल की कथा मानते हैं तथा उसके मूल स्रोतों के रूप में दशरथ जातक तथा होमर की इलियड को देखते हैं।

विदेशी विद्वान ए-वेबर दशरथ जातक और इलियाड को रामायण का मूल स्रोत बनाते हैं। दशरथ जातक के अनुसार दशरथ वाराणसी के राजा थे। विमाता के कुचक्र के कारण उन्हें अपने भाई लक्ष्मण और सीता के साथ हिमालय पर वनवास के लिए जाना पड़ता है। वहाँ से लौटने के बाद वे सीता से विवाह करते हैं और 16 हजार वर्ष शासन करते हैं। इसमें सीता हरण और राम-रावण युद्ध का कहीं वर्णन नहीं है। वेबर का कहना है कि रामायण में

सीता हरण और युद्ध का प्रसंग बाद में जोड़ा गया है जो कि पोरस द्वारा हेलन का अपहरण और ट्राय के युद्ध जो कि होमर द्वारा लिखी गयी इलियड में वर्णित है, से प्रभावित है।

फादर बुल्के इसका खण्डन करते हुए दशरथ जातक का रामायण से प्राचीन ग्रन्थ होने पर असहमति व्यक्त करते हैं और उसे रामकथा का विकृत रूप बताते हैं। स्त्री अपहरण और उसके कारण होने वाले युद्ध को वे सामान्य घटना मानते हैं और इसके लिए शुद्ध अनुमान और स्थूल समानता पर आधारित किसी भी दूरवर्ती स्रोत की बात को बेबुनियाद ठहराते हैं।

वैदिक साहित्य में सबसे ज्यादा कामिल बुल्के ने सीता पर अध्ययन व अनुसन्धान किया और पाया कि उनमें वर्णित सीता का तात्पर्य दो सीताओं से एक सीता सावित्री और दूसरी कृषि की अधिष्ठाती देवी सीता। वहाँ कई बार जनक और सीता का उल्लेख मिलता है परन्तु कहीं भी प्रामाणिक रूप से उनके पिता-पुत्री का सम्बन्ध स्थापित नहीं किया जा सकता। इस कारण फादर बुल्के रामचरितमानस को वैदिक काल के बाद की ऐतिहासिक कथा मानते हैं।

उन्होंने वाल्मीकि पर भी गहन अनुसन्धान किया और पाया कि अनेक प्राचीन ग्रन्थों में वाल्मीकि नाम के व्यक्तियों की चर्चा हुई है जिनमें वैयाकरण वाल्मीकि विष्णुभक्त गरुणवंशी सुपर्ण वाल्मीकि तथा महर्षि वाल्मीकि का उल्लेख है। इनमें से किसी के भी साथ आदिकवि वाल्मीकि की तुलना करना असम्भव है परन्तु बाद में वाल्मीकि का उल्लेख महर्षि के रूप में भी किया जाने लगा।

उपलब्ध सामग्रियों के अनुसार यह निर्विवाद माना गया है कि वाल्मीकि ही रामचरितमानस के रचयिता हैं। वाल्मीकि रामायण के प्रामाणिक पाठ में भी ये बात कही गयी है 'आदिकाव्यमिदं चार्ष पुरा वाल्मिकिना कृतम्'। महाभारत के शान्तिपर्व और द्रोण पर्व में भी उन्हें रामायण का रचयिता बताया गया है किन्तु उनके जीवन वृत्त के बारे में प्रमाणों का नितांत अभाव है।

फादर बुल्के ने अपना शोध प्रबन्ध आदिकवि वाल्मीकि को ही समर्पित किया है। उनके जीवनकाल में इसके तीन संस्करण प्रकाशित हुए और मृत्यु के पूर्व इसके चौथे संस्करण में उन्होंने छूटी हुई सामग्री को संकलित कर दिया। अपने अन्तिम समय में वे बाइबिल का हिन्दी अनुवाद कर रहे थे परन्तु जब उन्हें लगा कि उनका अन्तिम समय निकट है तो एक अन्य फादर को बुलाकर उन्होंने कहा 'अब मुझे अनुवाद की चिन्ता नहीं है, यदि प्रभु मुझे बुलाते हैं तो मैं उपस्थित हूँ।'

फादर कामिल बुल्के की रामकथा

श्रेया शुक्ला

जिस प्रकार भरे बादलों की आधी काली रात में कौंध उठने वाली बिजली सबको चौंका देती है इसी प्रकार फादर कामिल बुल्के जैसे विलक्षण चरित्र का जन्म मानवता, लोक-संस्कृति तथा सामूहिक चेतना का प्रतीक है। लाखों सजदे एक सच्चु सुर की इबादत में खुदा के आगे झुकते हैं, इन्हीं सुरों में से एक है फादर कामिल बुल्के जिसकी तान सहज ही दिन को छूकर भावविभोर कर देती है। फादर बुल्के उन साहसी और बहादुर दिलों में से एक है जिनके खून की एक-एक बून्द जिन्दगी के अँधेरों में प्रकाश फैलाएगी। 1909 में रम्सकपैले (बेल्जियम) में जन्मे फादर बुल्के का भरा-पूरा परिवार था। उनके परिवार में दो भाई, एक बहन, और माता पिता थे। उनके पिता व्यवसायी थे। माता कुशल गृहिणी थीं। उनका एक भाई वहीं रम्सकपैले में पादरी बन गया तथा एक भाई वही काम करता था। उसका भी भरा-पूरा परिवार था। उनकी बहन की शादी बहुत देर से हुई। शायद वह बहुत सख्त और जिद्दी थी इसलिए फादर के मन में उनके पिता और भाइयों के लिए बहुत अधिक लगाव न था। फादर को उनकी माँ और उनकी जन्मभूमि दोनों ही जान से प्यारी थी। फिर भी भारत में बसने के बाद वे केवल दो-तीन बार ही अपने परिवार से मिलने बेल्जियम गये। कितना अजीब है न, एहसासों का यह धरातल। ठीक उसी प्रकार जिस प्रकार कोई आदमी अपने कानों से पक्षियों की मधुर आवाज सुनकर अपने भीतर रोमांच का सोता फूटता महसूस कर सकता है। एहसासों की ऐसी ही उबड़-खाबड़ जमीन पर जन्में एक मिथक का नाम है फादर कामिल बुल्के।

इंजीनियरिंग के अन्तिम वर्ष में पहुँचकर फादर के मन में संन्यास लेने का विचार उत्पन्न हुआ। वे धर्मगुरु के पास गये और कहा कि वह संन्यास लेना चाहते है। धर्मगुरु ने उन्हें बताया कि संन्यास चाहने वाला संन्यास लेते समय कोई शर्त रख सकता है तो उन्होंने कहा कि वह भारत आना चाहते हैं और इस तरह फादर अपनी जन्मभूमि छोड़ अपनी कर्मभूमि आ गये।

भारत आकर उन्होंने कोलकाता से बी.ए. किया। उसके बाद इलाहाबाद से एम.ए. की परीक्षा उत्तीर्ण की। पर इन सबसे पहले वे दार्जिलिंग आये और वहाँ 'जिसेट संघ' में रहकर धर्माचार की पढ़ाई की। 1950 में प्रयाग विश्वविद्यालय के हिन्दी विभाग में रहकर कार्यभार भी संभाला। उन्होंने पी.एचडी. हिन्दी विषय से किया। उनका हिन्दी और भारत के प्रति विशेष लगाव था। उनका मानना था कि भारत संस्कृति की पाठशाला है। उनके मत से जिस प्रकार हिरन अपनी ही महक से परेशान पूरे जंगल में उसी वरदान को ढूँढ़ता फिरता है जिसकी गमक उसी में समाई है उसी प्रकार हिन्दी भाषा सभी भाषाओं में श्रेष्ठ तथा सभी भाषाओं की जननी है। उनका सपना था कि हिन्दी ही हमारी राष्ट्रभाषा

बने। 1950 में ही उन्होंने अपना शोध पूरा किया—रामकथा : उत्पत्ति और विकास। भारत तथा निकटवर्ती देशों के साहित्य में रामकथा की अद्वितीय व्यापकता, प्रामाणिकता और मौलिकता झलकती है। वास्तव में रामकथा जैसे महत्वपूर्ण ग्रन्थ का हिन्दी में शोध करने वाले फादर बुल्के निश्चय ही किसी विशुद्ध मानव की छवि से प्रतीत होते हैं। आधुनिक भारत के समान ही यूरोप भी ज्ञान, विज्ञान तथा साहित्य के क्षेत्र में निरन्तर यत्नशील है। हिन्दी में ऐसे अद्वितीय ग्रन्थ के शोधकर्ता फादर बुल्के को हम इन्हीं विद्याव्यसनी अन्वेषकों की श्रेणी में रख सकते हैं। वास्तव में रामकथा ग्रन्थ उनकी थीसिस है। पीएच.डी. करने के उपरान्त उन्होंने डी.फिल. के लिए रामकथा का विकास शीर्षक विषय चुना। हिन्दी जैसी जटिल भाषा को समझने के लिए उन्होंने हिन्दी भाषा और साहित्य एवं संस्कृत जैसी जटिल भाषा का पूर्ण परिश्रम के साथ अध्ययन किया। इस थीसिस के लिए उन्हें डी.फिल. की उपाधि मिली।

यह ग्रन्थ चार भागों में विभक्त है। प्रथम भाग में प्राचीन रामकथा साहित्य का विवेचन है। इसके पाँच अध्यायों में वैदिक साहित्य और रामकथा, वाल्मीकिकृत रामायण, महाभारत की रामकथा, जैन रामकथा, बौद्ध रामकथा आदि का उल्लेख किया है। द्वितीय भाग में रामकथा साहित्य की उत्पत्ति का विवेचन है। इसके चार अध्यायों के अन्तर्गत रामकथा साहित्य स्रोत के बारे में विद्वानों के मत, रामकथा का विकास, प्राचीन रामकथा आदि का उल्लेख किया गया है। तृतीय भाग में अर्वाचीन रामकथा साहित्य का उल्लेख है। यह भाग भी चार अध्यायों में विभक्त है। चतुर्थ भाग में विदेशों की रामकथा का सार दिया गया है। यह भाग सात कांडों के अनुसार सात अध्यायों में विभक्त है तथा सात अध्यायों में उल्लिखित सभी घटनाओं का पृथक-पृथक विकास दिखाया गया है। उपसंहार में रामकथा की व्यापकता, मौलिकता, एकता तथा प्रामाणिकता पर प्रकाश डालते हुए यह बताया है कि रामकथा जैसे अद्वितीय ग्रन्थ की महिमा भारत जैसे देश में ही नहीं अपितु सारे विश्व में अनुपम है। वास्तव में फादर कामिल बुल्के का यह ग्रन्थ विश्व में अनूठा है। यह अपने आप में पूर्ण है, अद्भुत है अनूठा है और पहला भी। हिन्दी क्या किसी भी यूरोपीय या अन्य भाषा में ऐसा ग्रन्थ मिलना कोहिनूर का हीरा मिलने जैसा है।

फादर बुल्के की मृत्यु एक जहरीले फोड़े के कारण हुई। विधि का यह विधान समझ में नहीं आता। जिसकी रगों में दूसरों के लिए सिर्फ अमृत ही भरा हो उसके लिए इस जहर का विधान क्यों हो? यह सवाल किस ईश्वर से पूछे? खैर, विधि का यह विधान आज तक न किसी के समझ में आया है और न ही कोई इसे समझ पाएगा। 19 अगस्त 1982 की सुबह दस बजे इस संन्यासी की आत्मा परमात्मा में विलीन हो गयीं। वहीं के निकलसन कब्रगाह में उन्हें ले जाया और वह जगह ऐसी प्रतीत हो रही थी कि मानो धरती की गोद में सुलाने के लिए कब्र अवाक् मुँह खोले कब से इन्तजार में लेटी हो। उस क्षण ऐसा प्रतीत हो रहा था मानो कि एक अमूल्य रत्न धरती में जा रहा हो। फादर बुल्के ने सोचा होगा कि उनकी मृत्यु पर कोई नहीं रोएगा क्योंकि उनका परिवार तो उनसे दूर था परन्तु उस क्षण रोने वालों की कमी नहीं थी। कह सकते हैं कि नम आँखों को गिनना स्याही फैलाना है। सुनहरे परिंदों के खूबसूरत पंखों पर सवार साँवले सपनों का एक हुजूम मौत की खामोश वादी की तरफ अग्रसर था। कोई रोक-टोक सके, कहाँ सम्भव था। फादर शान्त स्वभाव वाले विनम्र व्यक्ति में से थे। उनकी यादों से आज भी ये हवा महक रही है तथा जब-जब रामकथा का नाम लोगों की जुबान पर आयेगा, उनकी यादें ताजा होगी। फादर बुल्के ने रामकथा ही नहीं अपितु मानस कौमुदी, राम लक्ष्मण चरित्र आदि पुस्तकें भी लिखी। 1974 में उन्हें हिन्दी साहित्य में महत्वपूर्ण योगदान के लिए पद्मभूषण से भी सम्मानित किया गया। फादर बुल्के उन साहसी पक्षियों में से एक हैं जो अपनी जिन्दगी का आखिरी गीत गाने के बाद मौत की खामोश वादी में समा गये। अब कोई अपने जिस्म की हरकत और दिल की धड़कन देकर

भी उसे लौटाना चाहे तो वह पक्षी अपनी जिन्दगी के गीत दोबारा कैसे गा सकेगा। मुझे नहीं लगता कोई इस सोये हुए पक्षी को जगाना चाहेगा। मरने के बाद भी फादर अमर हैं। फादर को याद करना उदास शान्त संगीत को सुनने जैसा है। फादर को हम मानवीय करुणा की दिव्य चमक कह सकते हैं। जिसके सान्निध्य का हमें अभ्यास पड़ जाता है, उनके प्रति लोभ या राग हो सकता है। फादर मन से ही नहीं अपितु, संकल्प से संन्यासी थे। वैसे भी बाह्य अनुष्ठानों से कोई संन्यासी नहीं होता, संन्यास का आधार तो जीवन के मानवीय सरोकार है। फादर जैसे लोग जिन्दगी और जान की परवाह किये बिना लोगों की जिन्दगी में अँधेरे को चीरकर प्रकाश फैलाने में विश्वास रखते हैं। मरने के बाद भी वे हमारी यादों में अमर है जिसे कोई नहीं मिटा सकता है। सच ही है—हर मौत दे जाती है जीवन को नयी राह।

□□

लेखक सम्पर्क-सूत्र

1. **बद्रीनारायण तिवारी** : संस्कृत विद्वान, कानपुर में निवास, मो. : 09839030118
2. **एम. संतियागो** : बिशप, सम्प्रति वेटिकन सिटी-रोम
3. **अजहर देहलवी** : पूर्व प्रोफेसर, तेहरान विश्वविद्यालय,
   सम्प्रति : नोएडा में निवास, फोन-01123614990
4. **विनीता सिंह** : प्रोफेसर, फ्रेंच भाषा, सम्पूर्णानन्द संस्कृत विश्वविद्यालय, वाराणसी, मो. : 09450871520
5. **विनोद खन्ना** : पूर्व राजदूत, इण्डोनेशिया, सम्प्रति दिल्ली में निवास, मो. : 09811225518
6. **अर्चना अग्रवाल** : युवा लेखिका, नाट्य समीक्षक, अहमदाबाद
   मो. : 09724507398
7. **करुणा सिंह** : अध्यापिका, डीरेका इण्टर कालेज, वाराणसी
   मो. : 09794839179
8. **दिनेश्वर प्रसाद** : फादर कामिल बुल्के पर कई पुस्तकों का लेखन- सम्पादन, 2014 में दिवंगत
9. **जगदीश प्रसाद बरनवाल कुन्द** : लेखक-पत्रकार, मो. : 9450821934
10. **आलोक पराड़कर** : पत्रकार-कवि, मो. : 09415466001
11. **अजय तिवारी** : प्रसिद्ध आलोचक, दिल्ली में निवास
    मो. : 09717170693
12. **शमशेर बहादुर सिंह** : प्रसिद्ध कवि, 1993 में दिवंगत
13. **राफी मंजली** : बिशप, इन दिनों इलाहाबाद में

(संस्कृति विभाग उ.प्र. की स्वायत्तशासी संस्था)
द्वारा आयोजित
पद्मभूषण फादर कामिल बुल्के
स्मृति
निबन्ध/ललित कला प्रतियोगिता
वर्ष 2015
सोसाइटी फॉर मीडिया एण्ड सोशल डेवलपमेण्ट, वाराणसी

पद्मभूषण फादर कामिल बुल्के
LITTLE FLOWER HOUSE
VARANASI

फादर कामिल बुल्के जन्मदिवस समारोह, वाराणसी
30 सितम्बर 2014

संस्कृति एवं महिला कल्याण राज्य मंत्री (स्वतंत्र प्रभार) अरुण कुमारी कोरी

संस्कृति एवं महिला कल्याण राज्य मंत्री (स्वतंत्र प्रभार) अरुण कुमारी कोरी से
सम्मानित होते कलाकार एवं प्रतियोगिता के विजेता

फादर कामिल बुल्के जन्मदिवस समारोह, वाराणसी
दो सितम्बर 2011

इण्डोनेशिया के पूर्व राजदूत विनोद खन्ना का सम्मान

संस्कृतिकर्मी अर्चना अग्रवाल का व्याख्यान - प्रदर्शन

अयोध्या शोध संस्थान, अयोध्या, फैजाबाद
पद्मभूषण फादर कामिल बुल्के
निबन्ध/ललित कला प्रतियोगिता

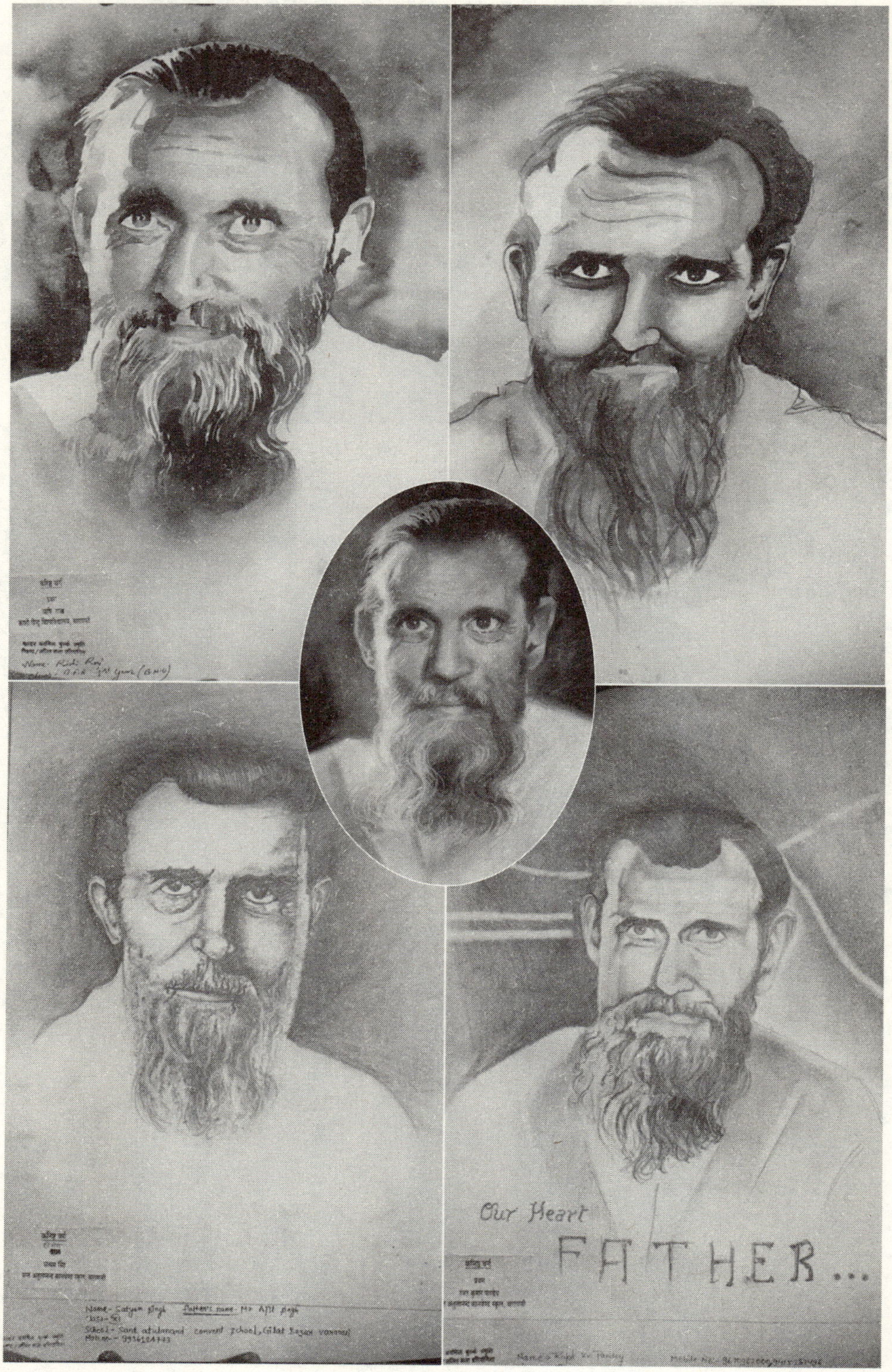
Our Heart
FATHER...

निबन्ध एवं ललित कला प्रतियोगिता-2011 के विजेता

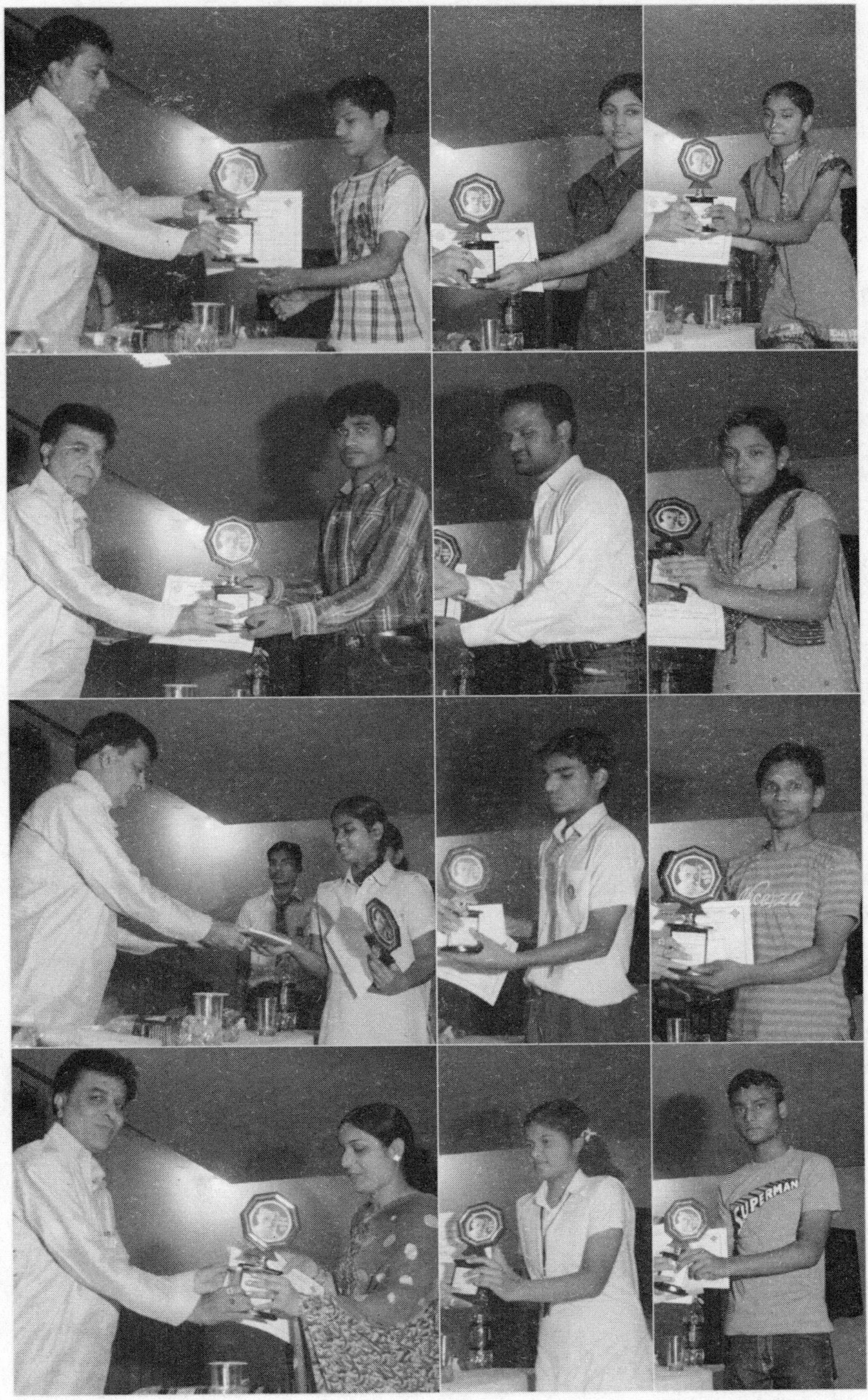

निबन्ध एवं ललित कला प्रतियोगिता-2011 के विजेता

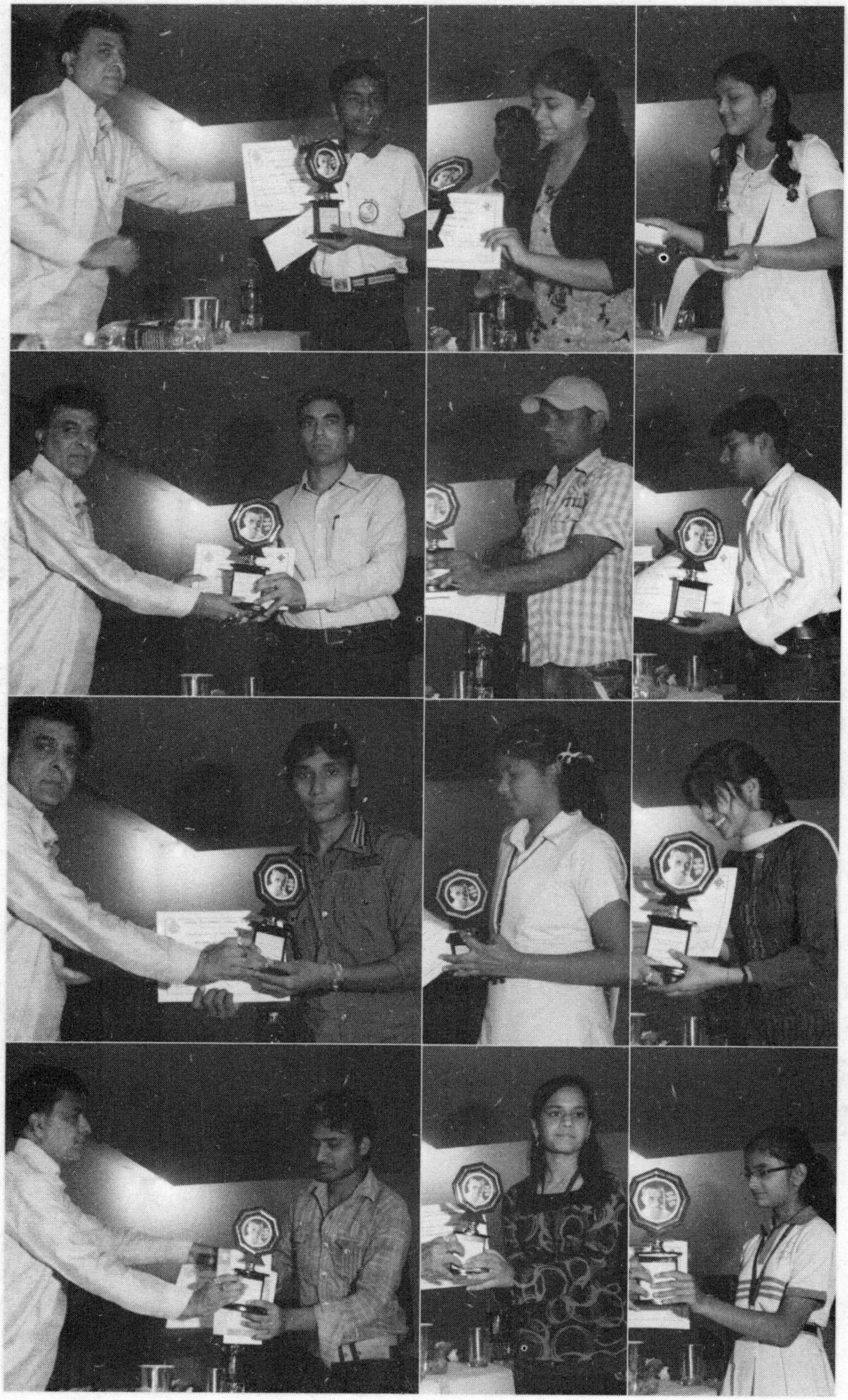

फादर कामिल बुल्के जन्मदिवस समारोह, 2011 – सांस्कृतिक कार्यक्रम

फादर कामिल बुल्के जन्मशताब्दी समारोह, वाराणसी,
10 सितम्बर, 2010

तेहरान विश्वविद्यालय के पूर्व प्राध्यापक प्रो. अजहर देहलवी

संस्कृत विद्वान डा. बद्री नारायण तिवारी

संस्कृति मंत्री सुभाष पाण्डेय द्वारा अतिथियों का सम्मान

फादर कामिल बुल्के जन्म दिवस समारोह, वाराणसी
02 सितम्बर, 2009

दीप प्रज्ज्वलन करते रामलीला विशेषज्ञ डा. भानुशंकर मेहता

मध्यप्रदेश आदिवासी लोककला परिषद के निदेशक कपिल तिवारी

नाट्य समीक्षक कुंवरजी अग्रवाल

प्रथम साक्षी

सम्पादकीय

भारतीय संस्कृति के मध्यकालीन स्वरूप को हम यदि रेखांकित करना चाहें तो उसे एक ही वाक्य में इस प्रकार कह सकते हैं- **'वह लोकमानस की राममयी चेतना की परिष्कृति का पर्याय है।'** यह भारतीय संस्कृति आज की नहीं है। पाँच हजार वर्षों से भी अधिक कालान्तराल से चली आ रही यह संस्कृति संपूर्ण विश्व में अपना अद्वितीय स्थान रखती है और हम भारतीयों को गर्व है कि हम उसी संस्कृति में जन्मे, पले, विकसित हुए तथा उसके विकास में तत्पर रहे हैं।

इस भारतीय संस्कृति के बीच श्रीराम कितने रूपों में आज तक फेले हैं, अभी तक उसकी व्याप्ति तथा स्वरूप का कोई स्पष्ट एवं सही मूल्यांकन नहीं हो सका है। यह शोध विशेषांक इसी दिशा में आकलन का अयोध्या शोध संस्थान द्वारा एक स्वल्प प्रयास मात्र है।

राम की व्याप्ति का आकलन सम्भव नहीं है। भारत की संपूर्ण विद्याओं, उपविद्याओं एवं कलाओं में वह सर्वत्र व्याप्त हैं। मूर्तिकला, चित्रकला, वाद्यकला, नृत्यकला, संगीत कला के स्रोत शिव एवं व्याप्ति राम हैं। राम कितने धर्मों में व्याप्त है, यह हमारे लिए आश्चर्य का विषय है- बौद्ध, जैन, योग, अद्वैत वेदान्त, द्वैतमत, वैष्णव, शैव आदि-आदि जितने भी भारतीय धर्मास्था के विषय हैं, उनमें राम सर्वत्र हैं। साहित्य और उसकी विविध विधाएँ- महाकाव्य, गीतिकाव्य, खण्डकाव्य, एकार्थक, चम्पू, रूपक, उपरूपक, कथा, दूतकाव्य, श्लिष्टकाव्य आदि में सर्वत्र राम हैं। भारतीय आर्यभाषा की संस्कृत काव्य परम्परा का श्रीगणेश आदिकाव्य वाल्मीकि रामायण से ही होता है। प्राचीन संस्कृत, प्राकृत, अपभ्रंश प्राचीन हिन्दी, हिन्दी लोकभाषा साहित्य के लिए राम जीवनाधार हैं। देश की हिन्दीतर भाषाएँ राममयी हैं। आप इस पत्रिका के माध्यम से देखेंगे कि तमिल, तेलुगु, मलयालम, कन्नड़, मराठी, गुजराती, उड़िया, असमिया, बंगला, पहाड़ी, कश्मीरी, पंजाबी, सिन्धी आदि भारतीय भाषाओं में १२वीं शती से विविध रूपों में रामकाव्य लिखे जा रहे हैं।

संस्कृत, प्राकृत, हिन्दी आदि भारतीय भाषाओं तथा आर्येत्तर भाषाओं में लिखी गईं 'रामायण' शीर्षक ग्रंथों की संख्या कितनी है- उसका आज कोई मानक साक्ष्य नहीं है- अतः हम भी, गोस्वामी तुलसीदास जी के ही शब्दों में कहते हैं- "रामायन सत कोटि अपारा।" रामकथा के विविध पात्रों- राम, लक्ष्मण, भरत, कौसल्या, दशरथ, कैकेयी, उर्मिला आदि पर कितने ग्रंथ लिखे गए, इसका कोई एक स्थान पर हमारे संकलित साक्ष्य नहीं है। रामकथाएँ देश की श्लिष्ट भाषाओं में ही नहीं, उनकी लोकभाषाओं में जन-जन के पास किन रूपों में हैं- हमने कभी उनकी शोध तालिका बनाने का प्रयास नहीं किया। राम सम्पूर्ण देश भर में हैं- सम्पूर्ण लोक में हैं- सर्जनात्मक सरणियों के विविध रूपों में और उनका शोध तथा

मूल्यांकन- यह हमारी राष्ट्रीय आवश्यकता है- क्योंकि सम्पूर्ण भारत देश १२वीं शती से लेकर आज तक राममय रहा है।

राम केवल भारत की आध्यात्मिक सत्ता से सम्बद्ध नहीं हैं, वरन् वे भारतीय लोक जीवन की लघुता एवं वृहत्तम इकाइयों से सम्बद्ध हमारे जीवन के प्रेरणा स्रोत रहे हैं। पूर्वी एशियायी देशों में व्याप्त रामकथा के विविध रूप आज भी अपने उसी रूप में सुरक्षित दिखाई पड़ते हैं। तिब्बत में खोतानी रामायण, इण्डोनेशिया में रामायण काव्यविन, जावा में सेरत रामायण, राम के लिंग रामायण, मलयद्वीप में हिकायत ऐरी राम आदि-आदि भी अपनी मान्यता रखते हैं। इनके अतिरिक्त हिन्द चीन, श्याम, वर्मा, मारीसस, नेपाल आदि देशों में रामकथा के संदर्भ पूरी प्रतिष्ठा के साथ वर्तमान हैं। योरोपीय भाषाओं में रामकथा का प्रसार-प्रचार सत्रहवीं शताब्दी से शुरू हो चला था। पुर्तगाली, फ्रांसीसी अंग्रेजी विद्वान, ईसाइयों एवं यहूदी विद्वानों ने रामकथा को स्वीकृति दी तथा भारत से वे मसाले, कपड़े ही अपने मुल्कों में नहीं ले जाते थे, वरन् रामायण जैसे धर्मग्रंथों को यहां से ले जाकर प्रचारित करते रहे हैं। वाल्मीकि रामायण तथा श्रीरामचरितमानस के सम्पादनों एवं उनकी नई आलोचना पद्धति से व्याख्या करने की सीख हम भारतीयों को विदेशी विद्वानों ने ही दी है। उन्नीसवीं शती में सर्वप्रथम एच०एन० विलसन ने रामायण की व्याख्या करके रायल एशियाटिक सोसायिटी में प्रकाशित कराया था। उसके बाद एल०पी० रेसिटरी, श्री जे०एन० कारपेंटर, सर जार्ज ग्रियर्सन आदि विद्वानों ने १६वीं शती में रामकथा एवं रामायणों पर व्यवस्थित कार्य करके प्रकाशित कराया। वीसवीं शती में विदेशों में तुलसीकृत रामायण तथा रामकथा पर विशेष कार्य हुए। रूसी विद्वान वरान्निकोव ने रूसी भाषा में श्रीरामचरितमानस का अनुवाद ही नहीं किया वरन् उसके प्रचार-प्रसार में अपना सारा जीवन लगा दिया। इटालवी विद्वान फादर कामिल बुल्के ने 'रामकथा' का जितना गम्भीर तथा व्यापक विश्लेषण किया है- वैसा दूसरा ग्रंथ इस विषय पर अभी नहीं है। फ्रांस की आलोचक विदुषी डॉ० शार्तल वोद्वील ने **'मानस के रचनाक्रम पर विचार'** शीर्षक से जैसा गम्भीर शोधकार्य किया है, हिन्दी के विद्वानों के लिए अभी भी वैसा सम्भव नहीं है।

इस प्रकार, इसे कहने में कहीं भी संकोच नहीं होना चाहिए कि आज आप विश्व की जिस भाषा में राम को खोजना चाहें, उन्हें वहीं प्राप्त कर सकते हैं। यही नहीं, रामकथा सदैव से ही हमारी सामाजिक, नैतिक एवं आध्यात्मिक व्यवस्था की धुरी बनी हुयी है। वह किसी भी शास्त्रग्रंथ- यथा- नीति, धर्म, अध्यात्म, भक्ति, आचरणनिष्ठा, लोक सम्बन्धों के संदर्भ, राज्यसत्ता, शासन व्यवस्था आदि के साथ अद्वैत सम्बन्ध बनाए हुए हमारे बीच में वर्तमान है। वह देश की समस्त भाषा एवं लोक जनों के बीच अपनी सम्पूर्ण प्रियता के साथ जन-जन का आज भी मार्ग दर्शन करने में समर्थ है। उसके व्यापक संदर्भ, ज्योतिष वेदांग, योग, शैव, जैन, बौद्ध मतों, काव्य के विविध रूपों, पुराण कथाओं तथा विविध कथाओं के रूप में भारत के केवल हिन्दी प्रदेश में ही नहीं सम्पूर्ण भारतीय भाषाओं-साथ ही भारतेतर एशियायी एवं योरोपीय भाषाओं में सर्वत्र फैले हुए हैं।

भारतीय परम्परा की आदिकथा का सम्बन्ध रावण-वध से रहा है। वाल्मीकि रामायण के पूर्व इसका प्रारम्भिक नाम पौलस्त्यवध रहा है। वाल्मीकि द्वारा इसमें रामजन्म, विवाह तथा उत्तराधिकारी की राज्य प्राप्ति का प्रकरण अर्थात् अयोध्याकांड का विस्तार जोड़ा।

वाल्मीकि रामायण के बाद सीता निर्वासन लवकुश के जन्म आदि के प्रसंग इससे जोड़े गए। चौथे स्तर पर राक्षसवंश आदि की उत्पत्ति का प्रश्न सम्बद्ध किया था। इस कथा के विस्तार में राजदरबारों में गायन करने वाली चारण जातियों, राजाओं के साथ जुड़े गायकों, अभिनेता, नटों का विशेष हाथ रहा है। यही नहीं, रामकथा से जुड़े धार्मिक या सामाजिक मन्तव्यों को बढ़ाने का कार्य विविध धर्मावलम्बियों ने भी किया है। इस दृष्टि से ब्राह्मण धर्मावलम्बियों, बौद्धों, जैनों, योगमत के विवेचकों का भी विशेष योगदान रहा है। वाल्मीकि रामायण की रचना का आधार मूलतः नैतिकता तथा अनैतिकता के बीच द्वन्द्व से रहा है किन्तु अनेक रामायणों में यह द्वन्द्व भी परिवर्तित किया गया। व्यापक मूल्यों से सम्बद्ध करके रामकथा को जिन रूपों में परिवर्तित किया गया है, आज उसका आकलन सम्भव नहीं है।

बौद्ध, जैन एवं संस्कृत का ललित साहित्य, वैष्णव धर्म परम्परा से सम्बद्ध रामकथाएँ, रामायण रचना की स्वतंत्र परम्पराएँ आज कितनी व्याप्त है, जिनका मूल्यांकन हमारे लिए सहज नहीं रह गया है। बारहवीं शती से लिखी जा रही भारतीय आर्य, आर्येतर तथा पहाड़ी एवं पूर्वी एशियायी भाषाओं का सही-सही आकलन करना हमारे लिए मुश्किल होता जा रहा है।

आधुनिक युग में विदेशियों द्वारा रामकथा, रामसाहित्य एवं गोस्वामी तुलसीदास जैसे कवियों एवं महीषियों के संदर्भ में जो शोध कार्य किया गया है, उसने हम भारतीयों को इस दिशा में आगे बढ़ने की महती प्रेरणा दी है। हिन्दी भाषा में डॉ० माताप्रसाद गुप्त, डॉ० उदयभानु सिंह आदि के नाम इस दिशा में विशेष उल्लेखनीय हैं। आधुनिक युग में पूरे देश की विविध भाषाओं की रामकथा तथा रामकाव्य को विदेशियों के इस अध्ययन ने विशेष रूप से प्रोत्साहित किया है। तमिल भाषा में श्री एन०वी० राजगोपालन, उड़िया में कृष्णाचरण साहु, कन्नड़ भाषा में श्री गोपालकृष्ण भट्ट, मराठी में दुर्गा भार्गव, तमिल में डॉ० एम० शेषन आदि-आदि विद्वानों के नाम इस दिशा में विशेष महत्त्वपूर्ण हैं।

रामकथा को भारत की किसी एक भाषा, किसी एक जाति, किसी एक मतवाद, किसी विशिष्ट सम्प्रदाय, किसी एक राजनीतिक मत, किसी एक विचारधारा से जोड़ना हमारी अज्ञानता तथा हमारी हठधर्मिता का प्रतीक है। राम स्वयं कहते हैं कि- **"सब मम प्रिय सब मम उपजाए"** फिर यह संकीर्णता कैसी ? ईसा पूर्व की शतियों से ही रामकथा समग्र भारतीयों के बीच पारस्परिक सौहार्द्र, प्रेम, आत्मीयता, नैतिक सद्भावना, मानवता, सौमनस्य, उदारता, भाई-चारा, सदाशयता आदि श्रेष्ठ मानवीय मूल्यों की स्थापना के प्रति संकल्पबद्ध रही है, अतः इसको किसी संकीर्ण परम्परा से जोड़ना सर्वथा अनुचित है।

सन् १२०६ से भारत में विदेशी सत्ता की स्थापना के ठीक बाद यह रामकथा सम्पूर्ण भारत के शिष्ट तथा लोक जन-चेतना के लिए सम्बल रही है। बारहवीं शती से यह रामकथा पूरे भारत की जन-चेतना के साथ तमिल, तेलुगु, मलयालम, कन्नड़, मराठी, गुजराती, राजस्थानी, पंजाबी, कश्मीरी, सिंधी, पहाड़ी, नेपाली, उड़िया, बंगाली, असमिया, संस्कृत, प्राकृत, अपभ्रंश, हिन्दी के विविध रूपों में लिखी जाती रही है। यह सम्पूर्ण कथा बिना किसी दबाव के भारतीयों की अपनी निजी संस्कृति एवं वैचारिक निष्ठा की सहज

संवाहिका रही है। पूरे देश को भारतीय सांस्कृतिक निष्ठा से जोड़े रहने का इसका अदम्य साहस हमें बारहवीं शती से आज तक अनवरत रूप में दिखाई पड़ता है।

खेद का विषय है कि हमारी भारतीय संस्कृति की संवाहिका रामकथा एवं उससे सम्बद्ध साहित्य को अभी तक राष्ट्रीय गौरव नहीं प्रदान किया गया है। हमारी इस रामकथा की अजेय परम्परा के सम्पर्क में आकर विदेशी विद्वान् गौरव का अनुभव करते हैं, किन्तु अभी हममें इससे सम्बद्ध अपेक्षित गौरव बोध नहीं आ सका है। रामकथा से सम्बन्धित पाण्डुलिपियों को संग्रहीत करने के लिए हमारे पास अभी तक कोई राष्ट्रीय ग्रंथागार नहीं है। हिन्दी में अभी तक समग्र देश में लिखी गई कथाओं, काव्यों, नाटकों आदि का कोई शब्दकोश नहीं हैं। आदिकाल से लेकर आज तक देश की सम्पूर्ण भाषाओं प्रकाशित राम साहित्य का कोई केन्द्रीय पुस्तकालय नहीं है। आज विश्व के सारे राष्ट्र अपनी सांस्कृतिक धरोहर को संचित करने में गौरव का अनुभव करते हैं और हम भारतीयों को अपनी इस रामकथा की प्राचीनत विश्वदुर्लभ संस्कृति की धरोहर को संचित करने का भाव कब उत्पन्न होगा।

'साक्षी' शोध पत्रिका का यह अनुसंधानपरक अंक यदि हमें इस बात के लिए प्रेरणा दे सका तो यह सम्पूर्ण वर्तमान भारतीय समाज के लिए विशेष-गौरव का विषय होगा। सबके राम सबके सामने हैं।

माघ, शुक्लपक्ष : बसन्त पंचमी **योगेन्द्र प्रताप सिंह**

शनिवार : वर्ष २००६

सम्पर्क सूत्र :

१५/६ स्टैनली रोड

सिविल लाइन्स, इलाहाबाद-१

कन्नड़ में रामकथा और 'तोरवे रामायण'

डॉ० टी०आर० भट्ट

भारतीय साहित्य में रामायण एक अमर काव्य है जिसको लेकर अन्य भारतीय भाषाओं की भांति कन्नड़ में काफी रामायण ग्रंथ लिखे हैं और रामायण के विभिन्न आख्यानों को लेकर प्राचीनकाल से आज तक खूब काव्य लिखे गये हैं। दक्षिण की अन्य भाषाओं की भांति रामायण ने कन्नड़ साहित्य को ही नहीं यहाँ के लोक-जीवन को एवं साहित्य को काफी प्रभावित किया है।

रामकथा के आरंभिक कन्नड़ कवि नागचंद्र (११४० ई०) से लेकर अय्या शास्त्री (सन् १६२५) तक करीब २५ रामायण काव्य-ग्रंथ लिखे गये हैं। कुमार वाल्मीकि के पूर्व भी कन्नड़ में रामकथा का निरूपण हुआ है। "चावुंउराय पुराण" नामक ग्रन्थ में रामकथा प्रासंगिक रूप में मिलती है लेकिन उसमें रामकथा मुख्य नहीं है। सर्व प्रथम कन्नड़ में उपलब्ध रामकथा नागचंद्र का "रामचरिन पुराण" है या "पंप रामायण" है। कवि नागचंद्र जान से जैन है। यह चंपू काव्य है। जैन रामायणों में ही यह उत्तम काव्य-ग्रंथ है। यह बताया जाता है कि सन् ६५० के करीब पोठन नामक कवि ने "भुवनैक्य रामाभ्युदय" नामक चंपू काव्य लिखा है। लेकिन यह ग्रंथ अब तक उपलब्ध नहीं है। इसके बाद 'कुमुदेंदु रामायण', 'रामविजय काव्य', 'उत्तर रामायण', 'अद्वैत रामायण', 'मूलक रामायण', 'मार्कण्डेय रामायण', 'शंकर रामायण', 'अध्यात्म रामायण', 'मूलबल रामायण', 'रामकथाभ्युदय,' 'निरुमलेष चरिते', 'वरदविट्ठल रामायण', 'रामकथावतार', 'जिन रामायण', 'अद्भुत रामायण', 'रामाश्वमेध', 'श्रीराम पट्टाभिषेक', 'शेष रामायण' आदि पच्चीस से अधिक रामायण कन्नड़ में मिलते हैं।

कन्नड़ में इतने रामायण ग्रन्थ मिलने पर भी "तोरवे रामायण" का अपना विशिष्ट स्थान है। इसका आधार भी वाल्मीकि रामायण है। अन्य रामायणों की अपेक्षा यह अधिक जनप्रिय है। इस रामायण के कवि हैं- कुमार वाल्मीकि। यह इनका काव्य-नाम है। इनका असली नाम है नरहरि। यह जान से ब्राह्मण हैं। ये तोरवे के नरसिंह देवता के भक्त थे। कवि उसी तोरवे नामक गाँव का निवासी होगा। कुमार वाल्मीकि ने अपने ग्रंथ में अपने जन्मवर्ष आदि के बारे में कोई सूचना नहीं दी है। ज्यादातर इतिहासकारों ने इनका काल १५०० शती माना है।

कुमार वाल्मीकि ने अपनी रामायण में राम की कथा कही है। वाल्मीकि रामायण में जो बड़े कथा प्रसंग हैं, उन्हें कुमार कवि ने संक्षेप में कह दिया है। वाल्मीकि रामायण में 'गंगावतरण' की कथा केवल दो छंदों में कहकर समाप्त किया है।

कुमार वाल्मीकि की शब्द संपत्ति अपार है। जब उनकी काव्य-धारा आगे बढ़ती है तो पाठकों को अपनी पदरम्यता से बहा ले जाती है। यहाँ पर व्यंग्य की अपेक्षा वाच्यार्थ ही प्रधान है। अर्थ व्यक्त करना ही कुमार वाल्मीकि की अभिव्यक्ति का मुख्य गुण एवं शक्ति है।

कन्नड़ की यह रामायण कन्नड़ रामायणों में ही अत्यंत जनप्रिय रही है। इसी तरह कुमार व्यास कृत 'भारत कथा मंजरि' भी उतनी जनप्रिय रही है। कर्नाटक में इस रामायण काव्य की कई प्रतियाँ देखने को मिलती हैं। सामान्य सहृदय भी इसे आसानी से पढ़कर इसका रस ग्रहण कर सकता है। वर्णन की विविधता न होने पर भी इसे पढ़कर पाठकों में भावना पैदा होती है। काव्य का युद्धकांड बहुत ही बड़ा है जो काव्य के आधे भाग तक फैला हुआ है। आज के संदर्भ में यह युद्ध-वर्णन ज्यादा हो सकता है। लेकिन उस युग का जीवन वीर-जीवन है। उस समय लोग अपने गाँव, अपने स्वामी, अपनी बहिनों की रक्षा के लिए एवं गो-सम्पत्ति बचाये रखने के लिए संतोष से लड़कर वीर स्वर्ग पाते थे। ऐसा युद्ध-वर्णन उन लोगों के लिए सहज ही था।

यह काव्य तो कथा प्रधान है। एक बार ईश्वर ने पार्वती के सामने श्रीराम के चरित्र की कथा कही। इसको नारद ने वाल्मीकि के सामने कहा। अयोध्या में दशरथ राज्य करता था। उन्होंने पुत्र न होने के कारण यज्ञ किया। इसके बाद तीनों को पुत्र पैदा हुआ। राम, लक्ष्मण आदि बड़े हुए और यज्ञ में विश्वामित्र की सहायता की। सीता का विवाह होता है। उसके बाद तीनों का होता है। वे सब वापस अयोध्या लौटते हैं। इसके बाद कैकेयी के कारण राम को वनवास जाना पड़ा, उनके साथ सीता, लक्ष्मण भी निकले। राम वहाँ राक्षसों को नष्ट करते हैं और सीता का अपहरण होता है। फिर राम और रावण के बीच युद्ध होता है और रावण मरता है। सीता मुक्त होती हैं। अग्नि परीक्षा के बाद राम सीता को स्वीकार करता है और अंत में राम अयोध्या में शासन करता है। यह तोरवे रामायण की मुख्य कथा है। वाल्मीकि रामायण और 'तोरवे रामायण' में कथा की दृष्टि से खास अंतर नहीं है। बीच-बीच में कुमार वाल्मीकि ने विस्तार की कथा जोड़ दी हैं। उत्तरकाण्ड की कथा न कह कर युद्ध-कांड का विस्तार से वर्णन किया है।

''तोरवे रामायण'' में जो राम है वह आदि कवि वाल्मीकि का ही पात्र है। कवि की दृष्टि में राम सामान्य मानव न होकर एक असाधारण पुरुष हैं। वह कई जगह अपनी दैवी शक्ति दिखाता है। इसमें कवि ने कथा का बहुत-सा भाग वाल्मीकि रामायण से लिया है। कई जगह अध्यात्म रामायण की छाया भी गोचर होती है। काव्य के आरंभ में शिव-पार्वती का संवाद, रावण-राम के वध के लिये यज्ञ करना आदि कथा-प्रसंग कवि ने अध्यात्म रामायण से लिये हैं। इसी तरह कवि ने कुछ पात्रों में परिवर्तन किया है। वाल्मीकि ने मंथरा को 'पापदर्शिनी' अगर कहा है तो कुमार वाल्मीकि ने 'पूर्वमाया तरूणि मंथरे' कहा है (माया का अवतार) कुमार वाल्मीकि ने और एक नवीनता दिखाई है। वाल्मीकि रामायण में रावण के परिवार के लोगों के मरने से उसका क्रोध बढ़ता जाता है। लेकिन यहाँ रावण में अनुताप, पश्चाताप अधिक पैदा होता जाता है। यहाँ रावण दुरंत नायक के रूप में गोचर होता है। वह अपने बुरे कर्म पर खूब पछताता है। एक दृष्टि से यहाँ उसका उदात्त व्यक्तित्व प्रकट होता हैं।

इस महाकाव्य में कुछ जगह कवि ने रसपूर्ण प्रसंगों का वर्णन किया है। राम वनवास चलते समय उनके बधु वर्ग एवं पुरजन खूब विलाप करते हैं। इसका बड़ा मर्मस्पर्शी वर्णन कवि ने किया है। बालि की मृत्यु के बाद तारा एवं रावण की मृत्यु के बाद मंदोदरी का रोने का प्रसंग अद्‌भुत है लेकिन पाठक युद्धकाण्ड जैसे पढ़ना जाता है तो वह ऊब जाता है। क्योंकि वहाँ युद्ध-वर्णन काफी विस्तृत है और पुनरावृत्ति है। इतना होते हुए भी कवि ने कई जगह अपनी मौलिकता दिखाई है। आज के संदर्भ में यह काव्य मध्यम वर्ग की कोटि में तो आती है लेकिन यह 'सहृदयों का सत्काव्य' कहा जा सकता है।

कुमार वाल्मीकि के वर्णन में कवि समय भर गया है। इनमें नयेपन के साथ अर्थाभिव्यक्ति हैं जिसके कारण वह हमें तृप्ति देती है। 'तोरवे रामायण' में अर्थालंकार करीब ३३००, शब्दालंकार ६१० तक हैं। इससे बहुत-सारे पद्य सालंकृत हैं। पांडित्यप्रिय श्लेष, अयहुति आदि अलंकार इसमें नहीं हैं, लेकिन साधारण जन को ध्यान में रख कर उन्होंने इस काव्य की रचना की है। यहाँ कवि का मुख्य लक्ष्य रामनाम महिमा का सामान्य लोगों में प्रसार करना है।

वाल्मीकि रामायण में चित्रित मानवीय अंतरंग, संकीर्णता और संघर्ष 'तोरवे रामायण' में नहीं मिलता। कुमार वाल्मीकि के सभी पात्र 'दिव्य लीला विनोदी' राम के दास हैं। उनका प्रत्येक अस्तित्व है नहीं। स्वतंत्र भी नहीं। यहाँ दैत्य मनोवृत्ति के पात्र-रावण, कुंभकर्ण, अतिकाय, इंद्रजीत सभी पात्र अंत में दैव के अंतरंग के भक्त बनते हैं। उनका द्वेष गुप्त भक्ति के रूप में परिवर्तित होता है। अतिकाय पात्र तो कुमार वाल्मीकि की ही सृष्टि है। ''तोरवे रामायण'' का अतिकाय महावैष्णव, वीर श्री भक्तिश्री का संगम है। वैष्णव शिरोमणि अतिकाय के लिये युद्ध-रंग विजय की भूमि न होकर मोक्षश्रीय स्वयंवर मंडप बन कर गोचर होता है।

कुमार वाल्मीकि के अनुसार रामावतार से सभी जीवों का उद्धार होता है। कवि ने अध्यात्म रामायण, आनंद रामायण के अध्ययन से प्रेरणा पायी होगी। कथा-निरूपण वाल्मीकि के समान कवि को सफलता नहीं मिली है। आदिकाव्य में बालकांड छोटा है। लेकिन कुमार ने इसको काफी विस्तार दिया है। इसी तरह अयोध्याकांड एकदम छोटा कर दिया है। अंगद में इंद्रवेश, मंथरा में माया का अवतार, नलोपाख्यान, हरिश्चंद्रोपाख्यान, शंबूकबध वृत्तांत, शूर्पनखी की पुत्री अयोमुखी की कथा आदि कई उपकथाओं ''तोरवे रामायण'' में कवि ने सम्मिलित की है। साथ ही इसमें कालिदास के 'रघुवंश' का प्रभाव भी लक्षित किया जा सकता है।

इस तरह 'तोरवे रामायण' में कुछ कमियाँ होते हुए भी, कन्नड़ के कई रामकथा के कवियों के लिये वाल्मीकि रामायण की अपेक्षा यह प्रेरणास्रोत एवं अनुसरण योग्य बन गया है। कुमार वाल्मीकि के बाद कई कवि इनकी कृति के प्रभाव में आ गये हैं। कर्नाटक के यक्षगान लोकनाट्य पर कुमार वाल्मीकि का प्रभाव पर्याप्त रूप में पड़ा है। एक दृष्टि से यक्षगान के कवियों के लिए कुमार वाल्मीकि 'आदि कवि' थे। यक्षगान के कवियों ने रामकथा से संबंधित कथा व्याख्यान 'तोरवे रामायण' से ही लिया है।

इस तरह कथा की दृष्टि से महान् कवि न होते हुए भी 'तोरवे रामायण' सामान्य पाठकों के हृदय की वस्तु बन गई है। कवि ने खुद अपनी कृति के संबंध में कहा है-- ''अज्ञरिगे हरुषोदय पेंपु'' (सामान्य लोगों के लिए हर्ष या आनंद देने वाला है)।

इस रामायण की कई हस्तप्रतियाँ (ताडपत्रों में) खूब संख्या में कर्नाटक में देखने को मिलती हैं। इससे इसकी लोकप्रियता सिद्ध होती है। इस तरह 'तोरवे रामायण' जन सामान्य की कृति बनकर आज भी जीवंत है। वाच्यार्थ प्रधान होते हुए भी अन्य व्यंग्यार्थ प्रधान महाकाव्य के अध्ययन के लिये सहायक बनकर कन्नड़ साहित्य में विशिष्ट एवं महत्वपूर्ण काव्य बन गया है।

तोरवे रामायण पर विभिन्न प्रभाव

आदि कवि वाल्मीकि रामायण

रघुवंश   अध्यात्म रामायण   आनंद रामायण   भास तात्पर्य निर्णय

नागचंद्र का
रामचरित पुराण
(कन्नड़)

कुमारव्यास

कुमार वाल्मीकि का तोरवे रामायण

तोरवे रामायण का कन्नड़ रामायण प्रभाव

नरहरि कवि का मैरावण कालग   बत्तलेश्वर रामायण   सुग्रीव हनुमद्रामायण   कपोत चरिते   यक्षगान कथानक

पुत्रकामेष्टि मत्तु सीताकल्याण
पादुका पट्टाभिषेक
पंचवटि-खरदूषण काळल (युद्ध)
वालि-सुग्रीवर काळग
चूड़ामणि-लंकादहन
सेतुबंधन
अंगद संधान

नागास्त्र कुंभकर्ण काळग
कुंभकर्ण काळग (युद्ध)
अतिकाय काळग
इंद्रजितु काळग
कालनेमि काळग
वावण वधे
श्रीराम पट्टाभिषेक

कंबन और तुलसीदास के नारी-पात्र

डॉ० एम० शेषन्

भारतीय वाङ्मय में नारी का महत्व :

शिव और शक्ति, पुरुष और प्रकृति जीवन के उद्‌भव और विकास की प्रेरकशक्ति के रूप में जाने जाते हैं। ब्रह्माण्ड भर में जो जीवन सत्ता है उसकी संचालक शक्ति के रूप में हमारे भारतीय दर्शन में इनको माना गया है। दार्शनिक दृष्टि से ही नहीं, सांस्कृतिक एवं सामाजिक दृष्टि से भी देखा जाय तो भी नारी और पुरुष का योग ही मानव-जीवन का आधार है। आद्याशक्ति के रूप में भारतीय वाङ्मय में नारी को महोन्नत स्थान दिया गया है। सामाजिक जीवन में परिवार एवं समाज के केन्द्र एवं सृष्टिधारिणी के रूप में उसे महत्व मिला है। बाइबिल में भी आदम की प्रेरकशक्ति के रूप में हव्वा को स्थान दिया गया है। इस तरह जीवन में अतुल स्थान रखने वाली नारी को, विश्व भर के साहित्यों में एवं अन्य कलाओं में प्रमुख स्थान मिला है। विश्वसाहित्य के आधे से अधिक अश नारी अथवा नारी समस्याओं पर केन्द्रित है। हार्दिक भावनाओं के आधार एवं सौन्दर्य की मूर्ति के रूप में और बाहरी मानवीय संवेदनाओं के प्रतिनिधि के रूप में उसे स्थान दिया गया है।

आदिकवि वाल्मीकि ने नारीत्व के चरमादर्श के रूप में सीता जी का जो चित्रण किया है वह आज तक भारतीय नारी के लिए अनुकरणीय आदर्श माना जाता है। रामचरित्र निस्सन्देह श्रेष्ठ है, लेकिन परवर्ती समाज और संस्कृति को प्रभावित करने में शायद सीता का स्थान अधिक महत्वपूर्ण है। 'सीतायाः चरितं महत्' जैसी उक्ति भविष्यवाणी की भाँति आज भी सार्थक बनी हुई है। ऐसे महान् चरित्र सीता को भारत की भिन्न-भिन्न भाषाओं के साहित्यकारों ने अपने रामायण काव्य में विशेष ध्यान देकर अपूर्व श्रद्धा के साथ प्रस्तुत किया है। इनमें हिन्दी में तुलसीदास और तमिल में कंबन का स्थान अनुपम है।

सीता के चरित्र के साथ-साथ इन कवियों ने अन्य नारी पात्रों का भी जो चित्रण किया है उनसे भारतीय संस्कृति के सामान्य जीवन-मूल्यों का तथा प्रादेशिक संस्कृतियों के विशिष्ट मूल्यों का ज्ञान होता है। दोनों कवियों की सृजन-प्रतिभा और व्यक्तियों के कुछ महत्वपूर्ण पहलुओं का उद्‌घाटन करना तथा दो संस्कृतियों के द्वारा स्वीकृत जीवन-मूल्यों का निर्णय करके उनके भारतीय तत्वों को खोज निकालना इस तुलनात्मक अध्ययन का उद्‌देश्य है।

हिन्दी साहित्य के रामभक्ति काव्यों में चित्रित नारी का स्वरूप मर्यादावादी दृष्टिकोण से अनुप्राणित होने के कारण मानव मन की कलुषित प्रेरणाओं से परें एवं पवित्र है। इस

मार्ग के प्रतिनिधि कवि संत तुलसीदास की नारी-निन्दा भी अंशतः नारी के प्रति अपनायी हुई दोहरी दृष्टि का द्योतक है।

तुलसीदास के काल तक पहुँचते-पहुँचते प्राचीन साहित्य में चित्रित नारी को कई परिवर्तनों से होकर गुजरना पड़ा था। सामाजिक जीवनगत वस्तुस्थितियों में परिवर्तन इसका प्रमुख कारण रहा है। वैदिक युग की आत्मनिर्भर नारी को मध्ययुग में कैसे घर की चार दीवारों की बन्दिनी बनना पड़ा था, यह उसके जीवन की विषमताओं की कहानी है, जिसका थोड़ा-बहुत आभास विभिन्न युगों के साहित्य में मिल जाता है।

धार्मिक साहित्य की उत्तरोत्तर जटिलता के कारण शिक्षा का द्वार बन्द होना, विवाह की आयु का उत्तरोत्तर कम होना, संन्यास की प्रवृत्ति के समर्थक विभिन्न कालों में प्रचलित धार्मिक सम्प्रदाय, समय-समय पर देश पर हुए विदेशी आक्रमण इत्यादि मध्ययुग के जीवन एवं साहित्य में नारी की पिछड़ी हुई दशा के प्रमुख कारण रहे हैं।

परिवर्तन की गतिशीलता सदा एक-सी नहीं रही। अक्सर यह देखा जाता है कि जब-जब समाज के नैतिक बन्धन ढीले पड़े, तब-तब नारी को छूट अधिक मिल पायी, फिर से विलास के अत्यधिक प्रसार के फलस्वरूप समाज को नारी के प्रति कट्टर बनना पड़ा। बारी-बारी से होने वाला सामाजिक दृष्टि की ढिलाई एवं कसावट का अधिक प्रभाव नारी-जीवन पर पड़ना स्वाभाविक था।

दूसरी स्मरणीय बात है नारी के प्रति अपनायी गयी दृष्टि का दोहरापन। यह लगभग सभी कालों में चलता आया है। निन्दा-स्तुतिपरक इस दृष्टिकोण के दो कारण हो सकते हैं। जीवन में नारी का संग एवं सहयोग की अनिवार्यता के कारण व्यहारपरक बुद्धि मानवमन को नारी की महत्ता स्वीकार करने के लिए बाध्य करती है। दूसरी ओर कामिनी रूप में नारी को अपने आत्मिक उत्थान के पथ का बाधक मानने की प्रवृत्ति, परम्परा से उस मन में जम गयी है। तुलसीदास की नारी विषयक दृष्टि का भी इन पारम्परिक तत्वों से प्रेरित होना स्वाभाविक हैं।

तमिल साहित्य में संघकाल से लेकर लगभग बारहवीं शताब्दी तक के साहित्य में चित्रित नारी-जीवन से स्पष्ट विदित है कि आरम्भ काल में उसे विवाह, विचरण, शिक्षा, धार्मिक अनुसरण आदि सम्बन्धी जो अधिकार प्राप्त थे उनमें कालान्तर से विशेष परिवर्तन नहीं आ पाया है। उत्तरकाल में बिरले स्थानों पर नारी सम्बन्धी कुछ टिप्पणियाँ दृष्टिगोचर होती है।

देश के अन्य भागों की अपेक्षा दक्षिण में परिवर्तन की मन्दगति के कुछ सम्भाव्य कारण हो सकते हैं- नारी-जीवन के विकास पर प्रतिरोध लगाने वाले कट्टर हिन्दी धर्मशास्त्रों की स्रोतभूमि से इस प्रदेश का दूर स्थित होना।

यहाँ के लोक-जीवन की परिस्थितियाँ कुछ भिन्न थीं। राजनीतिक विपत्तियों के विपरीत प्रभाव यहाँ के नारी जीवन पर कम पड़ा था। सती प्रथा, पर्दा आदि प्रथाओं का कट्टर अनुसरण इस काल में यहाँ न होना भी इस दृष्टि से विचारणीय है।

तुलसीदास से पूर्व के हिन्दी साहित्य एवं कंबन से पूर्व के तमिल साहित्य की काल-सीमा एवं क्षेत्र-सीमा विचारणीय हैं। तुलसीदास से पूर्व वैदिक काल से चलने वाले समस्त उत्तर भारत में व्याप्त एक विशाल परम्परा थी। उतने दीर्घ समय से बृहत्तर क्षेत्र में घटित होने वाली घटनाओं को लोक-मानस पर गहरा प्रभाव स्वाभाविक है। नारी विषयक टिप्पणियों की बहुलता इस दृष्टि से स्वाभाविक है। इसकी तुलना में सीमित भाषा-क्षेत्र के तमिल साहित्य में इनका स्वल्प-संख्यक होना भी स्वाभाविक है।

कंबन एवं तुलसी के नारी-पात्र :

रामकथा के नारी-पात्र मानव-स्वभाव की विविधताओं एवं जीवन की वास्तविकताओं तथा आदर्शों को प्रस्तुत करने वाले है। इनमें कुछ पात्र कथा में स्थान की दृष्टि से महत्वपूर्ण है, कुछ अपने चरित्र-बल के आधार पर, किसी विशेष आदर्श की स्थापना करने से अथवा किसी गर्ह्य तत्व की अवांछनीयता का प्रतिपादन करने से महत्व रखते है। कथा में स्थान, चारित्रिक बल इन दोनों दृष्टियों से रामायण के नारी-पात्रों में सीता का चरित्र सर्वाधिक महत्व का है। सीता के पश्चात् कथा की दृष्टि से महत्वपूर्ण नारी-पात्र शूर्पणखा तथा कैकेयी हैं। अपने चरित्र-बल के आधार पर व्यक्तिगत महत्व रखने वाले नारी-पात्र कौशल्या, सुमित्रा, मंथरा, तारा, मन्दोदरी, अनसूया, शबरी, स्वयंप्रभा, त्रिजटा, अहल्या, ताड़का आदि हैं।

दोनों कवियों की पात्र रचना की मूल प्रेरणा वाल्मीकि रामायण तथा अध्यात्म रामायण से होने के कारण पृष्ठिभूमि के रूप में उन काव्यों में चित्रित इन पात्रों का भी स्पर्श किया गया है।

दोनों के नारी-पात्रों का सांस्कृतिक अध्ययन :

भारतीय संस्कृति के उन्नायक गौरव ग्रन्थों में रामायण का प्रमुख स्थान है। अपने सांस्कृतिक मूल्यों के कारण रामकथा में यहाँ के जन-जीवन के लिए, नित्यप्रति जीवन के एक आदर्श के रूप में प्रतिष्ठित हैं। इसके अनेक सद्गुणसम्पन्न नारी-पात्र भारत की नारियों के लिए अनुकरणीय उदाहरण है। दुष्पात्रों के रूप में चित्रित नारियाँ एक चेतावनी के रूप में आती हैं।

रामायण के मूल पात्रों को कंबन और तुलसीदास ने जो रूप दिये हैं, उनमें भारतीय संस्कृति के सामान्य तत्व भी मिलते हैं और दोनों कवियों की अपनी-अपनी परम्पराओं के द्वारा अनुमोदित सांस्कृतिक मूल्यों का भी प्रतिष्ठापन हुआ है। ऐसे सामान्य एवं प्रादेशिक संस्कृतियों के आदर्श तथा मूल्यों का समावेश पारिवारिक सामाजिक एवं धार्मिक जीवन के सन्दर्भ में देखा जा सकता है।

विविध पारिवारिक सम्बन्धों द्वारा कंबरामायण तथा तुलसीरामायण में नारी के सुदृढ़ स्थान का प्रकाशन हुआ है। इससे प्रकट है कि पारिवारिक आदर्शों की स्थापना में नारी-पात्रों का भी महत्वपूर्ण रोल रहा है। इन दोनों कवियों के द्वारा अभिव्यक्त पारिवारिक आदर्श प्रमुखतः भारतीय संस्कृति की तद्विषयक प्रचलित मान्यताओं पर आधारित है

जिनका प्रकाशन अंशतः मूल रामकथा के द्वारा भी हुआ है। कंबन तथा तुलसीदास दोनों कवियों के चित्रण में सांस्कृतिक आदर्शों के प्रति इन कवियों का आग्रह परिलक्षित है। मर्यादावादी भक्त कवि तुलसीदास के चित्रण में पाबन्दियों का निर्वाह तथा कवि की भक्ति सम्बन्धी मान्यताओं का प्रतिपादन अधिक हुआ है।

सामाजिक दशा :

कंबन तथा तुलसीदास के समकालीन समाज की दशा का तुलनात्मक अध्ययन हमारे लिए आवश्यक होगा।

कंबन के युग में तमिल प्रदेश की सामाजिक स्थिति :

कंबन के युग में तमिल प्रदेश का समाज हर दृष्टि से सम्पन्न एवं समुन्नत था। चोळ राजाओं के उत्थानकाल में राज्य आर्थिक दृष्टि से स्वनिर्भर था। उस समाज में अन्न से लेकर आभूषणों तक के लिए दरिद्रता नहीं थी। विशेषकर कंबन की खास जन्मभूमि तंजाउर जिला 'अन्नमंडित चोळनाडु' (चोळनाडु चोरूडैत्तु) कहलाता था। राज्यकोष स्वर्ण से भरा हुआ था और जनसामान्य के लिए भी स्वर्ण सहज प्राप्य रहा। आभूषण गढ़ने की कला सर्वोन्नति पर थी। राज्य में स्वर्ण जाँचने के निगम बने हुए थे।[1]

विविध कलाओं का अभ्यास प्रचुर मात्रा में देशभर में चलता था। संगीत, नृत्यकला, चित्रकारिता, कढ़ाई, प्रसाधन कला आदि ललित कलाएं तथा बढ़ईगिरी, लोहारी, बुनाई आदि हस्तकलाएँ विकासोन्मुख थी। वर्णाश्रम प्रथा के अनुसार जातीय धर्मो का अनुसरण स्वतः चल रहा था तथा समाज में पूर्ण सामंजस्य था।[2]

राजा-प्रजा के पास मनोरंजन के लिए अवकाश था। मद्यपान, वेश्याएँ, नृत्य, नाटक, खेलकूद आदि सबके आयोजन होते थे। सम्पन्नता के फलस्वरूप विलासिता समाज में व्याप्त एवं सहज मान्य थी। पेशेवर धन्धे, शिक्षा आदि का भी प्रबन्ध था।

कंबन चोळ राजवंश के उत्थानकाल के कवि थे। उनका समय तृतीय कुलोत्तुंग चोळ के युग के प्रारम्भिक दशकों का माना जाता है। उस युग में समाज का ढाँचा सुदृढ़ था। युद्ध भी कभी-कभी होते थे। उनमें विजय बहुधा चोळों के पक्ष में रही। साम्राज्य की श्रीवृद्धि का फल सीधे प्रजा तक पहुँच पाता था। प्रजा सुखी एवं सम्पन्न थी। (आधार : पिल्लै : के० के० १९७२ : २९६ : २९७) चोळों के शासनकाल को तमिल संस्कृति का स्वर्ण-युग भी बताया गया है।[3]

तुलसीदास के युग की सामाजिक स्थिति :

तुलसीदास के युग में देश परतंत्र था और वह सामाजिक विघटन का युग था। प्रजा का एक वर्ग जो राज्याश्रित था, वह सुखी एवं सम्पन्न रहा। परन्तु अधिकांश जनता की दशा शोचनीय थी। उस युग के समाज के जटिल ढाँचें की स्पष्ट झलक प्रेमशंकर (१९७७ : ६८-७०) के निम्न शब्दों में मिल जाती है-

"तुलसी जिस मध्यकालीन समाज की उपज है, उसकी पहचान बहुत आसान नहीं, क्योंकि उनमें जिन्दगी कई परतों में चलती दिखायी देती है।"

"कला, स्थापत्य रचना की ऊँचाइयाँ सामन्तवादी व्यवस्था में स्वाभाविक रूप में देखी जाती है, क्योंकि शासक इनमें अपनी तुष्टि पाते है पर जहाँ तक सामान्य जन की जिन्दगी का प्रश्न है, वह सुखी कदापि नहीं कही जा सकती।"

"हिन्दू-मुसलमान के अपने धर्म थे, पर सामाजिक-राजनीतिक ऐक्य नहीं था- इस दृष्टि से एक बिखरा देश, असंगठित समाज।" तुलसीदास का समकालीन समाज भौतिकता एवं विलासिता का शिकार था। परन्तु यह सम्पन्न स्वनिर्भर राष्ट्र के स्वस्थ वातावरण में पनपी हुई भोग शक्ति नहीं थी, वरन् विलासी शासक वर्ग के प्रभाव से, लाचार जनता में व्याप्त विलासिता थी। धनी एवं स्वार्थान्ध शासक वर्ग की असाधारण लिप्सा एवं शक्ति के दुरुपयोग के कारण, जनता में आत्मविश्वास की कमी थी, दरिद्रता, दुराचार इत्यादि का प्रचार था।

दोनों कवियों के समकालीन समाज में नारी :

कंबन के युग में स्त्रियों की सामाजिक सुरक्षा की समस्या उतनी अधिक नहीं थी। उस काल में दक्षिण का भूभाग स्वतंत्र था, स्त्रियों को ललित कलाओं की शिक्षा की सुविधा थी। विशेषतः राजवंश एवं उच्चवर्ग की कन्याएँ नृत्य, संगीत आदि ललित कलाओं में निपुणता हासिल करती थीं। उन्हें सम्पत्ति का अधिकार था। राजमहिषियाँ तथा कुमारियाँ मन्दिरों के लिए अनुदान देती थीं। राजभवन के रनिवास, पाकशाला, स्नान-कक्ष आदि में नारियाँ नियुक्त की जाती थीं। उन्हें साज-सज्जा घुड़सवारी, जल-बिहार आदि के लिए पर्याप्त अवसर प्राप्त थे।[४]

तुलसीदास के युग में नारी की दशा अधिक सुरक्षित नहीं थी। उसका अपहरण तथा आग्रहपूर्वक रचे जाने वाले विवाह समाज में साधारण-से थे। "मुसलमान प्रजा को, चाहे किसी भी हिन्दू स्त्री से शादी करने का और उसे शादी के लिए मजबूर करने का अधिकार प्राप्त था।" (रामप्रतिपाल सिंह : १९७६ : १२७) "कामुक एवं नृशंस यवनों के कारण हिन्दू स्त्रियों का सतीत्व सुरक्षित नहीं था, इसलिए नारी स्वातंत्र्य पर अंकुश लगाना पड़ा।" (रामेश्वरदयालु अग्रवाल : १९७३ : ६३) इतिहासकारों के आधार से विदित है कि किस प्रकार उस मध्यकालीन समाज में नारी के प्रति विलासिता की दृष्टि रही, तथा वह बालविवाह, सती, पर्दा आदि सामाजिक कुप्रथाओं का शिकार बनीं थी।[५]

परिवार में उसकी दशा संतोषजनक नहीं थी। भगीरथ मिश्र (१९५४ :६) के शब्दों में "स्त्री को परिवार में बन्धन अनेक थे, भय अनेक थे, पर स्वच्छन्दता और अधिकार कम। नारी आर्थिक दृष्टि से पुरुष पर आश्रित थी। मुगलों और पठानों की कर सौन्दर्य लिप्सा ने उसे वासनात्मक आकर्षण एवं विलासात्मक महत्व ही दे रखा था।" सार यह कि तुलसीदास के युग में देश की वस्तुस्थितियाँ इस योग्य नहीं रही कि नारी को विचरण आदि की निर्बाध सामाजिक स्वतंत्रता दी जा सके।

नारी की सामाजिक दशा की अभिव्यक्ति :

समकालीन नारी-जीवन की वस्तुस्थितियाँ या तो प्रत्यक्षतः काव्यों में चित्रित होती हैं या कवियों के नारी विषयक मान्यताओं एवं आदर्शो का आधार बनकर कवि की समग्र नारी भावनां को प्रभावित करती हैं। कंबरामायण तथा तुलसीरामायण के नारी-पात्र पूर्णतः कवि

कल्पित नहीं है। आदिकवि ने पहले ही अपने ऐतिहासिक महाकाव्य में इन पात्रों के रूप गढ़ रखे थे। ये पात्र इन कवियों के काल के नहीं वरन् एक अन्य कवि के थे। कंबन तथा तुलसीदास ने अपने काव्यों में नारी-पात्रों के चित्रण में इस मूल ढाँचे को प्रमुखतः ग्रहण किया है। इन कवियों के द्वारा नारी-पात्रों के चित्रण में अन्य तत्वों का समावेश कम हुआ है। अस्तु, इन दोनों काव्यों के नारी-पात्रों के माध्यम से कवियों के काल की सामाजिक वास्तविकताओं के प्रकाशन के लिए अवकाश कम है। परन्तु फिर भी कवि को अपने साथ वाले समाज का अभिन्न अंग होना एवं उससे प्रेरणा ग्रहण करना स्वाभाविक है। इस नाते कंबन तथा तुलसीदास के द्वारा रामकथा विषयक नारी-पात्रों के चित्रण में भी अपने-अपने समय के लोक-जीवन के कुछ तत्त्व उभरकर आये हैं।

आधृत काव्यों में मूल काव्य से होने वाली भिन्नताएँ अथवा व्यतिमान बहुधा सोद्देश्य होते हैं। पात्रों में होने वाले व्यतिमान कवि की कुछ विशेष मान्यताओं एवं उन मान्यताओं को प्रभावित करने वाली उनके देशकाल की संस्कृति अथवा परिस्थिति के कारण भी होते हैं। इस प्रकार के व्यतिमान एक भिन्न युगीन संस्कृति के परोक्ष तथा आंशिक प्रतिपादक बन जाते है। नारी-पात्रों के चित्रण में अपनाये हुए परिवर्तन इस दृष्टि से विचारणीय है।

कंबन तथा तुलसीदास के युग में नारी की धार्मिक दशा :

कंबन के समकालीन समाज में हिन्दू राज्य धर्म पर स्थापित था। राज्याश्रित धर्म के रूप में शैव धर्म की प्रबलता थी, परन्तु वैष्णव धर्म भी उपेक्षित नहीं था। दोनों में सामंजस्य का अभाव नहीं रहा।[६] उस युग में राजवंश की महिलाएँ मन्दिरों में जाकर देवोपासना करती थी और वे अक्सर मन्दिरों के निर्वाह के लिए अनुदान भी दिया करती थीं। राजकुमारियाँ एवं महिषियाँ ही नहीं, वरन् कभी-कभी वेश्याएँ भी अनुदान देती थीं (आधार : पिल्लै के० के० १९७२ : ३१६)।

तुलसीदास के युग में हिन्दू धर्म राज्याश्रित नहीं रहा और उसकी स्थिति भी उतनी दृढ़ नहीं थी। वह अनेक छोटे-बड़े सम्प्रदायों में विभक्त था। धार्मिक दशा दुर्बल ही नहीं अपितु दूषित भी हो उठी थी। अतः शोचनीय अवस्था में थी। हिन्दू समाज में धर्माचार के नाम पर अनेक पाखण्डों एवं अन्धविश्वासों का पोषण हो रहा था।[७] अक्सर नारी को भी इन अन्धविश्वासों का शिकार बनना पड़ता था। सामाजिक सुरक्षा के अभाव में हिन्दू ललनाएँ एक ओर मुगलों की लिप्सा का शिकार बनीं, तो दूसरी ओर धर्म के नाम पर उनका सतीत्व अरक्षित था। अक्सर धर्म के रक्षक ब्राह्मण पुजारी ही एकान्त में धर्म के बहाने उसका सतीत्व हर लेता था और अगले दिन उस स्त्री को रथ पर जगन्नाथ जी की प्रतिमा के साथ बिटाकर सड़कों में घुमाया जाता था। (राजपति दीक्षित : १९५२; ५, ६)

कंबन तथा तुलसीदास के नारी-पात्रों के द्वारा प्रस्तुत पारिवारिक आदर्शों का मूल आधार पारम्परिक भारतीय संस्कृति है। दोनों कवियों ने वाल्मीकि रामायण से गृहीत पात्रों के मूल प्रारूप का परिष्करण एवं आदर्शीकरण करके इन पात्रों द्वारा पारिवारिक सम्बन्धों का अधिक ग्राह्य एवं उज्ज्वल चित्र उपस्थित किया है। कंब रामायण में नारी पात्रों के सामाजिक जीवन का जो रूप उभरकर आया है उससे उनके समकालीन समाज में सुखी-सम्पन्न जीवन के लिए नारी को प्राप्त अवकाश एवं उसकी स्वतंत्रता के लक्षण

परिलक्षित है। तुलसीदास द्वारा सीता के चित्रण में उनके युग की वस्तुस्थितियाँ का परोक्ष प्रभाव है। सम्भवतः नारी के प्रति प्रदर्शित तुलसीदास की तथाकथित कटुता का आंशिक कारण उनके समकालीन समाज की वास्तविकताएँ हो सकती है। शास्त्रोक्त संस्कारों का अधिक प्रकाशन तुलसीदास के नारी-पात्रों के द्वारा हुआ है।

कथावस्तु की परिसीमाओं से आबद्ध होने के कारण कंबन तथा तुलसीदास के नारी-पात्रों के चित्रण में, इन कवियों को अपने क्षेत्रीय अथवा युगीन संस्कृति-विशेष के प्रतिपादन के लिए गुंजाइश कम है। किन्तु फिर भी उनके नारी-पात्रों के इस पारिवारिक, सामाजिक एवं धार्मिक जीवन सम्बन्धी अध्ययन से विदित है कि इनके समकालीन जीवन में प्रचलित भारतीय संस्कृति की नारी-विषयक सामान्य मान्यताएँ एवं इनकी स्थानीय संस्कृति की कतिपय विशेषताएँ इनके काव्यों में उभर आयी हैं जिनकों हम उनकी मौलिक विशेषताएँ मान सकते हैं।

स्वभावतः नारी-पात्रों के चित्रण में भी प्रभाव एवं वैयक्तिक दृष्टि से कुछ समानताएँ हैं। नारी-पात्रों में कुछ समानताएँ और कुछ भिन्नताएँ दृष्टिगत होती हैं। ऐसी समानताएँ तथा भिन्नताएँ नारी के प्रति कवियों की दृष्टि, उनके व्यक्तिगत तथा मौलिक चिन्तन को समझने में सहायक है।

वाल्मीकि की तुलना में देखा जाय तो कंबन तथा तुलसीदास में पात्रों के आदर्शीकरण की प्रवृत्ति अधिक पायी जाती है। आदर्श के प्रति कंबन की दृष्टि से तुलसीदास की दृष्टि भिन्न है। व्यक्तिगत रूप में कंबन भक्त अवश्य थे किन्तु उन्होंने उसे अपने चरित्र-चित्रण का एक आधार नहीं माना। सामान्यतः लौकिक जीवन की दृष्टि से जो गुण उत्कृष्ट माने जाते हैं उनकी समष्टि को उन्होंने आदर्श माना है। इस दृष्टि से नारी के उत्कृष्ट आदर्श-पातिव्रत्य की प्रतिष्ठा उन्होंने अपने नारी-पात्रों के माध्यम से की है। तुलसीदास के सम्मुख भक्ति एवं चरित्रनिष्ठा के आदर्शों की स्थापना का तथा एक विघटित समाज को संगठित करने का दायित्व था। राम भक्ति उनकी आदर्शवादिता का अभिन्न अंग थी। उनके नारी-पात्रों पर भी इस दृष्टि का प्रभाव स्वाभाविक है। तुलसीदास की पात्र-प्रस्तुति पर अध्यात्म रामायण का भक्तिपरक प्रभाव दृष्टिगम्य है।

कंबन तथा तुलसीदास ने आधार काव्य के अनुसार नारी के पातिव्रत्य के आदर्श की सुदृढ़ प्रतिष्ठा की है, दोनों कवियों ने साथ-साथ पुरुष के संयम पर भी जोर दिया है। कंबन ने व्यक्तिगत एवं वर्गीय पात्रों के अतिरिक्त मानवेतर प्राणिजगत् के द्वारा भी पातिव्रत्य दाम्पत्य विषयक आदर्शो की स्थापना की है। सद्संस्कारों से हीन राक्षसियों में इसकी प्रतिष्ठा की है। तुलसीदास ने पात्रों के अतिरिक्त उपदेश, सैद्धान्तिक विवेचन आदि अन्य माध्यमों द्वारा इसकी पुष्टि की है। भारतीय नारी-जीवन का सांस्कृतिक आधार है- उसका पातिव्रत्य। कंबन और तुलसीदास ने उक्त प्रकार अपने काव्य में इसकी महत्ता स्वीकार की है।

कंबरामायण और तुलसीरामायण में चित्रित रामकथा के मूल पात्रों पर इनके समकालीन स्थानीय संस्कृति की भी परोक्ष छाप दृष्टिगोचर होती है। कंबन के चित्रण का आधार तमिल प्रदेश की लोक-बाला है जिसे विचरण, कलाओं के अभ्यास आदि के लिए पर्याप्त अवसर प्राप्त थें। नारी-पात्रों की साज-सज्जा, आचार आदि के वर्णन में स्थानीय रंग

गहरा है। कंबन ने अपने बृहत्तर महाकाव्य में लोक-जीवन के विशद चित्रण के अन्तर्गत अपने समकालीन नारी-जीवन के वैविध्य एवं विचार उतारा है। विभिन्न भूभागों की लोक-बालाओं के कार्य, मनोरंजन आदि के वर्णनों के द्वारा उनके वर्गीय पात्रों के व्यापार-क्षेत्र में विस्तार आ गया है। तुलसीदास के द्वारा नारी-पात्रों के चित्रण में अभिव्यक्त पारिवारिक एवं सामाजिक मर्यादाएँ परोक्षतः उनके समकालीन समाज में नारी की वस्तुस्थितियों की व्यंजना करती है। उन्होंने भी राज-परिवार के शुभाशुभ के साथ अपने वर्गीय पात्रों के घनिष्ठ सम्बन्ध पर स्वल्प प्रकाश डाला है। रामायण की मुख्य कथा राज परिवार की है और उसके पात्रों का ढाँचा पूर्व निश्चित है। इस कारण कंबन तथा तुलसीदास को अपने समकालीन नारी-जीवन की वास्तविक दशाओं के प्रकाशन के लिए कम अवकाश प्राप्त है। फिर भी उस सीमा के अन्तर्गत कंबन ने जिन सम्पन्न स्थितियों को, जीवन में प्रत्यक्ष देखा था, उनको अंकित करने की चेष्टा की है। तुलसीदास ने अपने समकालीन जीवन में (अनुभूत) नारी की अरक्षित दशा के लिए एक निवारण के रूप में नारी पर बन्धन की आवश्यकता प्रकट की है।

तुलसीदास शास्त्रोक्त धर्म के कट्टर अनुयायी थे। उन्होंने नारी के विवाह आदि अवसरों पर नारी-पात्रों द्वारा सम्पन्न होने वाले लौकिक तथा धार्मिक संस्कारों, प्रथाओं आदि पर आलोक डाला है। ऐसे प्रसंगों पर कंबन की दृष्टि उनके सामूहिक व्यापारों पर अधिक जमी हुई है।

कथा-प्रसंगों की व्याप्ति एवं संक्षिप्त कंबन तथा तुलसीदास के चित्रण में दृष्टिगम्य एक मुख्य अन्तर है। कंबन ने कहीं-कहीं भूल से भी अधिक विस्तार से काम लिया है। नारी-पात्रों से सम्बन्धित कथा-प्रसंगों के प्रति तुलसीदास की दृष्टि अधिक राम सापेक्षित रही है। राम-महिमा के प्रकाशन को दृष्टि में रखकर उन्होंने अपने नारी-पात्रों का विकास किया है। शूर्पणखा, अहल्या, तारा, ताड़का आदि नारी-पात्रों के चित्रण में तुलसीदास की संक्षिप्तता इस दृष्टि से उल्लेखनीय है।

कंबन के द्वारा अपने व्यक्तिगत एवं वर्गीय नारी-पात्रों के विरह, प्रेम आदि का चित्रण (तमिल प्रदेश के पंच भूभागी जीवन-व्यापारों की परम्परा के अनुरूप) 'अहम्' (अन्तरंग) के चित्रण की तमिल की प्रचलित प्राचीन साहित्यिक परम्परा से अंशतः प्रभावित है। भक्त एवं संत कवि तुलसीदास की प्रवृत्ति ऐसे वर्णनों की ओर उन्मुख नहीं हुई है।

कंबरामायण और तुलसीरामायण के नारी-पात्रों के मानसिक व्यापार तथा स्थितियाँ का चित्रण (वाल्मीकिरामायण के नारी-पात्रों की भाँति) भारतीय संस्कृति की नारी-विषयक सामान्य मान्यताओं से आबद्ध है। लोकानुभव सिद्ध मनोवैज्ञानिक तत्वों के आधार पर दोनों कवियों ने नारी-हृदय की सहज गति को गहराई के साथ उभारा है। दोनों का चित्रण समान रूप से सशक्त है।

मौखिक उपलब्धियाँ :

सीता के चरित्र में वाल्मीकि के मूल आधार पर अधिक आदर्श एवं दैवीपन की प्रतिष्ठा करके कंबन ने उसे एक आदर्श मानवी के रूप में प्रस्तुत किया है तथा लोकमाता के रूप में उसके दैवी अंश पर अधिक प्रकाश डाला है। तुलसीदास की सीता, अलौकिक

सिद्धियों से सम्पन्न राम-रूपी परम को चालित करने वाली आद्याशक्ति के रूप में प्रतिष्ठित है। उसमें कवि के समकालीन युगीन संस्कारों की भी प्रतिच्छाया है। दोनों कवियों के द्वारा सीता के पूर्व राम का नाटकात्मक चित्रण उनकी मौलिक नाटकात्मक कवि-प्रतिभा का प्रकाशक है। कंबन तथा तुलसीदास ने आधार काव्यों में अभिव्यक्त कौशल्या की कतिपय मानव सहज दुर्बलताओं का प्रकाशन नहीं करके एक प्रकार से पात्र का नव संस्कृतिकरण-सा कर दिया है। कंबन की प्रस्तुति अधिक सांकेतिक है। तुलसीदास ने अध्यात्मरामायण के आधार पर ब्रह्मज्ञानी के रूप में उसे प्रस्तुत किया है। दोनों कवियों ने कैकेयी को परिस्थिति के शिकार के रूप में अधिक उभारा है। तुलसीदास ने उसकी बौद्धिक योग्यताओं पर भी अधिक प्रकाश डाला है। अपनी भूल के लिए उसके पश्चाताप एवं अपराध-बोध की ओर कवि ने संकेत किया है। कंबन ने राम के साथ सुमित्रा के स्नेहस्निग्ध सम्बन्ध का प्रकाशन एक दो मौलिक प्रसंगों पर किया है। तुलसीदास ने उसकी कलाकारी योग्यताओं पर प्रकाश डाला है।

मंथरा के मानसिक कौशल को विशेष रूप से तुलसीदास ने उभारा है। शूर्पणखा में कंबन तथा तुलसीदास ने रूप-चेतना की प्रतिष्ठा की है। अहल्या के प्रति कंबन की दृष्टि अधिक उदार है। तुलसीदास की दृष्टि में उसका उद्धार अन्यत्र उल्लेखनीय, राम की कृपा का प्रकाशक एक प्रसंग है। कंबन के द्वारा तारा तथा मन्दोदरी की पात्र-परिणति पातिव्रत्य के सांस्कृतिक मूल्यों का सुदृढ़ स्थापक है। तारा का वैधव्य तथा मन्दोदरी का सहमरण पातिव्रत्य कंबन में कवि की अटल निष्ठा को प्रकट करते है। तुलसीरामायण की परिणति भी राम महिमा के प्रकाशक के रूप में है। (अध्यात्म रामायण के श्री आधार पर) मन्दोदरी की मानसिक योग्यताओं का उद्घाटन तुलसीदास की मौलिक विशेषता है। धान्य मालिनी तथा मन्दोदरी के वात्सल्य का मार्मिक प्रकाशन कंबरामायण में हुआ है। तुलसीरामायण में सुनयना एवं मैनावती आदि के वात्सल्य का चित्रण कवि की अपनी उद्भावना है। (अंशतः अध्यात्म रामायण के आधार पर) ताड़का, त्रिजटा, स्वयंप्रभा आदि पात्रों में राम-भक्ति अथवा रामकृपा से विवेक के जागरण की प्रतिष्ठा में उनकी निजी कवि-दृष्टि परिलक्षित है।

सती तथा पार्वती पातिव्रत्य के प्रतिष्ठान की दृष्टि से महत्व रखने वाले ऐसे नारी-पात्र हैं जिनके द्वारा तुलसीदास ने नारी-हृदय के मर्म की भव्य झाकियाँ उपस्थित की है। वर्गगत नारी-पात्रों के सामूहिक एवं मानसिक आचरण कवियों की निजी कल्पना से निःसृत है। कंबन ने इन वर्गगत पात्रों के द्वारा भी पातिव्रत्य का प्रतिष्ठान किया है। सामान्यतः कुलीन संस्कारों से हीन मानी जाने वाली राक्षसियों में भी इसे स्थापित किया है।

कंबन तथा तुलसीदास के द्वारा नारी-पात्रों के उद्घाटन में आदर्श की ओर उनकी उन्मुखता एवं उनकी परिष्कृत अभिरुचि अभिव्यंजित है। तुलसीदास का चित्रण उनकी भक्तिभावना से प्रेरित है। मूल से पाये जाने वाले कुछ व्यतिमान उनके अपने-अपने क्षेत्रीय संस्कृति के भेदों के कारण हैं; कुछ उनके व्यक्तिगत स्वभाव के अन्तर के कारण है।

नारी के प्रति दोनों कवियों की दृष्टि :

नारी के प्रति कंबन तथा तुलसीदास के दृष्टिकोण की भूमिका में उनका व्यक्तिगत स्वभाव, परिस्थितियाँ, पूर्ववर्ती मान्यताएँ आदि तत्व निहित है। इस विषय में इन दोनों की सामान्य दृष्टि भारतीय जन-जीवन में प्रचलित पातिव्रत्य सम्बन्धी विचारों से प्रेरित है।

पातिव्रत्य की उत्कृष्टता अथवा निकृष्टता के आधार पर नारी, कवियों की दृष्टि में व्यक्तिगत रूप में सम्माननीय अथवा निन्दनीय है। कंबन तथा तुलसीदास ने नारी के पातिव्रत्य को समाज-सापेक्षित धर्म के रूप में माना है- अर्थात् सतियों के बल पर समाज टिकता है अथवा उजड़ता है। कंबन का कथन है कि (१.२.५६) "स्त्रियों के पातिव्रत्य पर काल-दृष्टि भी टिकी हुई है।" उनकी दृष्टि में पातिव्रत्य तपोबल से भी उत्कृष्ट है। तुलसीदास का कहना है कि (३.५.७) "सहज अपावनि नारि पति सेवत सुभ गति लहइ। जस गावत श्रुति चारि अहजुं तुलसिका हरिहि प्रिय।"

कंबन जिस स्वतंत्र एवं स्वावलम्बी समाज के वासी थे उसके समक्ष नारी की सुरक्षा एक विकट समस्या नहीं थी। स्वभाव से वे सौन्दर्य चेतना एवं लौकिक रुचि से सम्पन्न थे तथा एक विलासमयी सामग्री जीवन के द्रष्टा (अभ्यस्त) थे। नारी के प्रति उनकी दृष्टि सामान्यतः सम्मानपरक ही नहीं, वरन् कुछ सीमा तक विलासितापरक भी है। साथ ही यह भी स्मरणीय है कि कंबन काम को जीवमात्र की एक सहज वृत्ति के रूप में मानते हैं। वे नारी में उद्दाम काम के विकास का डटकर वर्णन करते हैं। उनकी दृष्टि में काम के साधन-रूप में नारी निन्दनीय नहीं है। नारी-सौन्दर्य के प्रति कंबन की चेतना विशेष उल्लेखनीय है। सन्त एवं साधक तुलसीदास की दृष्टि इससे एकदम भिन्न थी। काम के पोषक के रूप में उन्हें नारी से चिढ़ थी। कंबरामायण में दशरथ (२.३.१७) तथा राम (३.५.४४) के द्वारा नारी को विश्वास के अयोग्य बताते हुए कहे गये उद्गार तथा इस प्रकार के कुछ अन्य कथन मिलते हैं जो कि स्वल्प संख्यक हैं। ये एक प्रकार से कवि-मानस पर पारम्परिक प्रभावों को प्रकट करते है। प्रसंग सापेक्षिकता के कारण इनका स्वर मन्द है। दूसरी बात यह है कि ऐसी टिप्पणियाँ कवियों की नारी-विषयक दृष्टि का पूर्ण प्रतिपादन नहीं कर सकती है।

कंबरामायण में अहल्या जैसे पात्र की कवि के द्वारा प्रदत्त उदात्तता में उनकी उदारता की एक झाँकी मिल जाती है। राम उसकी निर्दोषता मानकर उसे उसके पति के पास ले जाकर सौंपते हैं। इस प्रकार देखा जाता है कि नारी के प्रति उनकी दृष्टि सामान्यतः सम्मान एवं सहानुभूतिपरक थी एवं उनके बाह्य सौन्दर्य के प्रति भी सचेत रही है।

तुलसीदास उस विशाल क्षेत्र के निवासी थे जो साम्प्रदायिक हिन्दू धर्म के शास्त्रीय विधानों की विकास भूमि थी। कालान्तर में बदलती हुई युगीन आवश्यकताओं के अनुरूप इन विधानों ने नारी-जीवन पर जो प्रतिबन्ध लगाये थे; उनसे सम्बन्धित पारम्परिक मान्यताओं का प्रभाव उनके कवि-मानस पर पड़ना स्वाभाविक था। तुलसीदास साधक, भक्त एवं कवि थे। साधक के रूप में नारी का एक अवरोधक तत्व मानने की वृत्ति स्वाभाविक है। उनकी समकालीन परिस्थितियाँ चारित्रिक ह्रास की थी, एवं इस योग्य नहीं कि नारी को अधिक स्वतंत्रता दी जाय। स्वभाव से वे सन्त पुरुष थे। भक्ति के प्रचारक के रूप में वे स्त्री-पुरुष का अन्तर नहीं मानने वाले थे। इस प्रकार तुलसीदास की नारी सम्बन्धी धारणा के मूल में विविध शक्तियाँ हैं।

तुलसीदास की नारी पर की गयी (३.३६.४) "राखिअ नारि जदपि उर माहीं। जुवती सास्त्र नृपति बस नाहीं" (३.४४) "अवगुन मूल सूलप्रद प्रमदा मन दुख खानि" (१४.४) "जिमि सुतंत्र भयें बिगरहिं नारी" (५.५०.३) "ढोल गँवार सूद्र पसु नारी। सकल ताड़ना

के अधिकारी।" आदि उक्तियाँ उपर्युक्त परिस्थितियों की पृष्ठभूमि में विचारणीय हैं। ये तथा इस प्रकार के कुछ अन्य कथन तुलसीदास की नारी-विषयक दृष्टि के पूर्ण प्रतिनिधि नहीं है। इनमें भी कुछ प्रसंग सापेक्षित है, कुछ पारम्परिक उद्‌गारों के अनुवाद हैं। इस आदर्श स्रष्टा को अपनी समकालीन स्थिति को देखकर कभी उग्र होना पड़ता है।

नारी के प्रति तुलसीदास की दार्शनिक दृष्टि भी उल्लेखनीय है। एक रूप में वह उद्‌भव स्थिति संहारकारिणी आदि शक्ति है तो दूसरे रूप वह डुबाने वाली मायारूपिणी है। विद्या अथवा अविद्या की व्याप्ति के अनुरूप नारी कवि की श्रद्धा एवं सहृदयता का स्वल्पाभास (१.२५०) "डगहिं न संभु सरासनु कैसे, कामी बचनु सती मन जैसे।" "सहज एकाकिन्ह के भवनु कबहुँ कि नारि स्रष्टाहि।" (१.१०१.२) "कतबिधि सृजी नारि जग माहीं। पराधीन सपनेहुँ सुख नाहीं" (४.८.४) मूढ़ तोहि अतिसय अभिमाना। नारि सिखावन करसि न काना।" आदि कथनों में मिल जाता है। उनके द्वारा नारी-पात्रों के चित्रण से विदित है कि दुराचार के कारण नारी उनकी निन्दा एवं घृणा तथा सदाचार से प्रशंसा की पात्र है। रामोन्मुख होना उनके आदर्श नारी की एक योग्यता है।

कंबन तथा तुलसीदास की नारी-विषयक दृष्टि, पातिव्रत्य से सापेक्षित है। दोनों कवि पारम्परिक भारतीय मान्यता के अनुरूप, इस आधार पर नारी की श्लाघा करते हैं। नारी सौन्दर्य के प्रति कंबन की दृष्टि रसिकतापरक है जबकि तुलसीदास की दृष्टि शील, संयम की मर्यादाओं से आबद्ध है। कंबन की कवि-दृष्टि कट्टरता की चर्चा से दूर है। तुलसीदास की दृष्टि भी कट्टर नहीं है, दर्शक की दृष्टि-भेद से उसके सही रूप पर सन्देह पड़ने की सम्भावना है।

कंबन और तुलसीदास भी सामान्यतः काव्यों में चित्रित नारी के प्रति पारम्परिक निन्दा-स्तुतिपरक दृष्टिकोणों से प्रभावित हैं। इन दोनों कवियों की नारी-पात्रों की प्रस्तुति अंशतः दो भिन्न युग एवं क्षेत्रों के जीवन-मूल्यों पर आधारित है; इनसे दोनों कवि प्रभावित हैं। आशा है कि कवियों के नारी-पात्रों का यह तुलनात्मक अध्ययन उन मूल्यों एवं कवियों के व्यक्तित्वों को समझने में सहायक होगा।

संदर्भ :

१. Jewellers Art reached its high water marks under the cholas and the Tanjore Jewellers produced the most pleasing results by studying the dispositions of precious stones and pearls with a view to their color effect. (Shastri K.A.N., 1975 : 593)

२. It was a wonderful social harmony based not on equality of classes, but on a readiness to give and take, mutual goodwill that had its root down deep at the foundation of Communal life. (Shastri K.A.N., 1975 : 542)

३. The age of Imperial cholas (850-1200) was the golden age of Tamil Culture. The best and the most profuse part of the works reflected the peace, prosperity and imperialism of the chola period. (Harihara Rao V.N., 1973 : 170)

४. Women were placed under no restraint in their social life and activities, though modesty was considered to be the highest among their graces. The inscriptions give many examples of the women of the upper classes owning property in their right and disposing of it as they choose. Though kings and nobles indulged in a plurality of wives, monogamous family was doubtless, the normal unit of social life. The employment of female labourers in the less skilled occupations was perhaps quite common as at present. (Shastri K.A.N., 1975 : 552-553)

Our women of the Mughal Age did not enjoy a high position in Society. Purda and Child marriage had become common, on account of the conduct of Muslim rules and nobles; except those of the lower classes Hindu Women, did not move out of their houses. (Ashirbadilal Srivastava, 1977 : 521)

The beautiful legend behind their friendly ie. Tirugnana Sambandar (opponent of Jainism) and Tirumangai Alwar (Vaishnava antogonist to Buddhism) the currency of such a story in the eleventh and twelth centuries implies that Shaivism and Vaishnavism had not developed the relentless sectarian hostility. Hindusim was still an attitude to life as a whole which had not lost itself in an arid desert of sectarian rivalries (Shastri K.A.N., 1975 : 636-643)

Superstitions, belief in omans and astrology were common among the Hindus and Muslims alike. Belief in alchemy, charms, amulates and many such instruments of divine favour was a feature of the religious life of all classes of people during the Moghul age. (Ashirbadilal Srivastava, 1977 : 578).

कम्ब-रामायण में अभिव्यक्त सामाजिक अवधारणाओं का स्वरूप

डॉ० रवीन्द्रनाथ सिंह

राम-कथा ने भारतीय वाङ्मय को ही नहीं, अपितु विश्व-वाङ्मय को प्रभावित किया है। वाल्मीकि और तुलसीदास की तरह कम्बन भी तमिल-साहित्याकाश में राम-काव्य के दैदीप्यमान नक्षत्र हैं। तुलसीदास का 'रामचरितमानस' जैसे हिन्दी साहित्य का सर्वोत्तम राम-काव्य है, वैसे ही 'कम्बन' के महाकाव्य 'कम्ब-रामायण' का भी तमिल की राम-काव्य-धारा में महत्वपूर्ण स्थान है। जिस प्रकार से उत्तर भारत में सामान्य झोपड़ी से लेकर अट्टालिकाओं तक तुलसीदास तथा उनके महाकाव्य 'रामचरितमानस' को श्रद्धा एवं आदर प्राप्त है तथा उससे सम्पूर्ण जन-जीवन प्रेरणा प्राप्त करता है, तमिलनाडु में 'कम्बन' तथा उनके महाकाव्य 'कम्ब-रामायण' की भी लगभग यही स्थिति है।

कम्बन तमिल भाषा तथा भारतीय सांस्कृतिक-चेतना को सुन्दर रूप प्रदान करने वाले महान् कवि हैं। इस महाकवि का स्थान तमिल साहित्य में बहुत ही महत्वपूर्ण एवं समादरणीय है। कम्बन तमिल-साहित्य में 'कवि-चक्रवर्ती' के नाम से प्रसिद्ध हैं।

कम्बन का जन्म-काल सुनिश्चितरूपेण ज्ञात नहीं है। इनके व्यक्तिगत जीवन, माता-पिता, जन्म-स्थान कुल-गोत्र, वंश तथा गुरू आदि के विषय में तमिल-विद्वानों में मतैक्य का अभाव है। इनका जन्म काल नवीं, ग्यारहवीं तथा बारहवीं शताब्दी में विद्वानों द्वारा अपने-अपने ढंग से सिद्ध किया जाता है, किन्तु इनमें अपेक्षाकृत प्रामाणिक समय १२वीं शताब्दी प्रतीत होता है।[1] कम्बन ने अपने महाकाव्य 'कम्ब-रामायण' की रचना सन् ११७८ ई० में प्रारम्भ की; ऐसा अधिकांश तमिल-विद्वानों का मत है।

संस्कृत की वैदिक ऋचाओं से निस्सृत राम-कथा की वल्लरी सर्वप्रथम वाल्मीकि रामायण की उर्वर भूमि पर विकसित होती हुई; कालान्तर में सम्पूर्ण भारतीय वाङ्मय में व्याप्त हो गयी। तुलसीदास की भाँति; कम्बन ने भी तमिलनाडु की लोकभाषा- 'तमिल' में लिखकर तमिल-जनता का बड़ा उपकार किया है। तमिलनाडु में राम-कथा को जीवन-शैली के रूप में प्रतिष्ठित करने का महान् श्रेय भी इन्हीं दोनों ग्रंथों- 'वाल्मीकि रामायण' और 'कम्ब-रामायण' को प्राप्त है।

कम्ब-रामायण की कथा का मूल आधार वाल्मीकि-रामायण है। कम्ब-रामायण (कुल लगभग १०५०० वृत्त पद्य (छंद) की कथावस्तु वाल्मीकि-रामायण पर आधारित है। यही नहीं घटनाओं एवं प्रसंगों का क्रम भी वाल्मीकि रामायण का ही है, तथापि वाल्मीकि-रामायण की नींव पर कम्बन ने जो राम-काव्य-मन्दिर निर्मित किया है, उसकी अधिकांश शिल्पकारिता

मौलिक है। कम्बन की तूलिका ने कम्ब-रामायण के पात्रों के चित्रण, घटनाओं के प्रस्तुतीकरण, संवाद, प्रकृति-चित्रण आदि में जिन अनूठे एवं दिव्य रंगों का प्रयोग किया है, उनकी विशेषता यह है कि वे आज तक धूमिल नहीं हुए। परिस्थितियों के प्रस्तुतीकरण, घटनाओं के चित्रण, पात्रों के संवाद, पात्रों की मनोभावनाओं की अभिव्यक्ति इत्यादि में अभिनव परिवर्तन कवि की मौलिकता के प्रमाण हैं। कुछ परिवर्तन और वर्णन तो कवि की मौलिकता के अद्‌भुत प्रमाण हैं। कुछ परिवर्तन तो वाल्मीकि रामायण और रामचरित मानस से सर्वथा भिन्न हैं, यथा-

कम्ब-रामायण में सीता-हरण-प्रसंग वाल्मीकि रामायण तथा रामचरितमानस के पूर्णतः भिन्न है। वाल्मीकि रामायण (३/४९/१७-२३) के अनुसार रावण सीता को अपनी गोद में बिठाकर लंका ले जाता है। रामचरितमानस में रावण द्वारा सीता को बार-बार स्पर्श होने का वर्णन है। (३/२८), किन्तु कम्ब-रामायण का रावण सीता सहित आश्रम (कुटिया) के भूमि-खण्ड को उठाकर अपने रथ पर रख लेता है। (कम्ब रा० ३/८/७४-७५)। इस प्रकार से कम्बन ने सीता को अस्पृश्य रूप में प्रस्तुत किया है।

बारहवीं शताब्दी में दक्षिण भारत में चोल शासकों का शासन था। चोल साम्राज्य मात्र सैनिक दृष्टि से ही नहीं, अपितु आर्थिक एवं सांस्कृतिक दृष्टि से भी बहुत समृद्ध था। इस शताब्दी में चोल साम्राज्य अपनी उन्नति की पराकाष्ठा पर था। कम्ब-रामायण में सुसमृद्ध कोशलदेश के वर्णन में कम्बन-कालीन सुसम्पन्न समाज की स्पष्ट झलक मिलती है। इसकी पुष्टि इतिहास ग्रंथों से भी होती है (चोलवंश, ए. के. नीलकंठ शास्त्री)।

कवि तथा उसका काव्य तत्कालीन सामाजिक परिस्थितियों से प्रभावित होता है। कम्ब-रामायण के वर्णन में भी तत्कालीन सामाजिक व्यवस्था की स्पष्ट झलक मिलती है। तत्कालीन चोल साम्राज्य में लोगों का जीवन-स्तर बहुत उच्च था। शासन-व्यवस्था उत्तम थी, जनता में नैतिकता की भावना का प्राबल्य था, स्त्रियाँ सुशिक्षिता एवं पतिव्रता थीं। इसकी पुष्टि इतिहास-ग्रंथों से होती है (चोलवंश : ए०के० नीलकंठ शास्त्री)। कम्ब-रामायण का बालकांड कोशल देश (अयोध्या) के वर्णन से शुरू होता है, जिसमें कवि सरयू नदी तथा सुसम्पन्न अयोध्या नगरी के निवासियों का वर्णन करते हुए कहता है-

सूर्यवंश के नरेश जिस उत्तम धर्म का पालन सदियों से करते आ रहे हैं, उसी धर्म का पालन सरयू नदी भी कर रही है।[2] अयोध्या के नागरिकों का जीवन बहुत ही हर्षोल्लासमय था और वे सुसम्पन्न थे। सरयू की धारा कोशल देश की रमणियों के बनाये सुगंधपूर्ण कुंकुम, केसर, इलायची, शीतल चंदन, सिन्दूर, नागरमोथा, गुग्गुल आदि पदार्थों के मिलने से सर्वदा सुगंधित रहती है (जब स्त्रियाँ नदी में स्नान करती थीं, तब ये वस्तुएँ उसके प्रवाह में मिल जाती थीं और नदी का जल सुगंधित हो जाता था)।[3]

कम्बन कहते हैं कि अयोध्या के वैभव कितनी प्रशंसा करूँ ? वहाँ पर किसानों के द्वारा खेतों में हल जोतने पर सोना निकल पड़ता है, उसको समतल बनाते समय मिट्टी से रत्न निकलकर बिखर जाते हैं, शंख मोती उगलते हैं, धान की सुनहली बालियाँ खेतों में लटक रही हैं, मछलियाँ हैं और कोमल पत्तों वाले, कोमल गन्ने हैं ? भवरों, कमल के फूलों एवं किसानों का हर्ष से आनंदित मुखों से परिपूर्ण वह देश कितना सुन्दर हैं, वहाँ पर कोल्हुओं से गन्ने का रस झरने की भाँति बहता रहता है, बगीचों में पके हुए फलों का

मीठा रस चूता/गिरता रहता है, तो कहीं पुष्पों से मकरन्द झरकर नीचे गिर रहा है। ये सभी रस मिलकर लहराती हुई धारा बनकर, जब समुद्र में जाकर मिलते हैं, तब समुद्र की मछलियाँ इन रसों को पीकर मस्त हो जाती हैं।[४]

अयोध्या के लोगों का जीवन बहुत ही हर्षोल्लासमय था और वे सुसम्पन्न थे। वहाँ पर दानियों का कोई महत्व नहीं था, क्योंकि वहाँ पर कोई याचक (गरीब) ही नहीं था, शौर्य का भी महत्व नहीं था, क्योंकि वहाँ पर कोई विवाद या युद्ध नहीं होता था, सत्यवादियों का कोई विशेष महत्व नहीं था, क्योंकि वहाँ पर कोई झूट बोलने वाला नहीं था (क०रा०, नाट्टुप्पड़लम्, ५३)।

अयोध्या के लोग शीलवान हैं, इसलिए उनका सौन्दर्य नित्य-नवीन रहता है, वे सत्यवादी होते हैं, इसलिए वहाँ नीति स्थिर रहती है, वहाँ स्त्रियों का सम्मान होता है, इसलिए धर्म सुरक्षित रहता है, और वर्षा समय पर होती है, क्योंकि वहां की स्त्रियाँ पवित्र आचरणवाली हैं (क० रा०, बालकाण्ड, नाट्टुप्पड़लम्, ५६)।

अयोध्यानगरी में सभी नागरिक विद्वान् एवं सुशिक्षित हैं, इसलिए अलग से विद्याओं में पूर्ण पारंगत कहने योग्य कोई व्यक्ति नहीं है और उन विद्याओं में निपुण न होने वाला (अपंडित) भी कोई नहीं है। वहाँ पर धनवान कहलाने वाला कोई व्यक्ति नहीं है, क्योंकि वहाँ के सब लोग ही सब प्रकार के ऐश्वर्य से सम्पन्न हैं और वहाँ पर कोई गरीब भी नहीं है। वहाँ पर सम्पत्ति की रक्षा करने वाले रक्षक नहीं हैं, क्योंकि वहाँ के निवासियों के मन में चोरों का भय नहीं है (क०रा०, बालकाण्ड, नगरप्पड़लम्, ७३-७४)।

राजा जनता के हितकारी शासक थे। उन्हें अपनी प्रजा अत्यन्त प्रिय थी, जैसे कोई गरीब किसान अपनी छोटी सी खेती की बड़ी सावधानी से देख-भाल करता है, वैसे ही महाराज दशरथ अपनी प्रजा की रक्षा करते थे (क०रा० बालकाण्ड, शासन पटल - १२)।

दक्षिण भारतीय समाज में स्त्रियों को उत्तर भारत की तुलना में अधिक स्वतंत्रता प्राप्त थी। वे पुरुषों के समान ही पारिवारिक उत्सवों में भाग लेती थीं। कम्ब-रामायण में दक्षिण भारत की प्राचीन परम्परा तथा संस्कृति के अनुसार राम तथा उनके भाइयों के विवाह में सभी तीनों माताएँ अपनी-अपनी गणिकाओं (सेविकाओं) के साथ और अयोध्या की अन्य स्त्रियाँ भी पुरुषों के साथ बारात में सुसज्जित होकर मिथिला जाती हैं। कम्बन ने राजमाताओं के साथ-साथ बारात में जाने वाली स्त्रियों की संख्या का भी उल्लेख एवं वर्णन क्रमशः इस प्रकार से किया है।

तालाबों में विकसित मनोहर कमल-वन के मध्य शोभायमान किसी हंसिनी के समान केकयराज की पुत्री **कैकेयी** अपनी सहस्रों गणिकाओं के झुंड से घिरी हुई, अति सावधानी के साथ, रत्नों से अलंकृत शिविका में आसीन होकर चलीं, तब धीर-धीरे संगीत बजने लगा, उनके सौन्दर्य को देखकर देवलोक की सुन्दरियाँ भी लज्जित हो गयीं (क० रा०, बालकाण्ड, दशरथ-प्रस्थान पटल- ६४ (१/१३/६४))।

रुचिर नूपुर पहनी हुई, लाल रेखाओं से युक्त कमल-सदृश विशाल नेत्रों वाली दो हजार नारियों से घिरी हुई **माता सुमित्रा** नील रत्न खचित शिविका में बैठकर ऐसी चलीं कि दर्शक समझने लगे कि जल-भरे बादलों पर चमकने वाली विद्युतलता ही जा रही हो, उस समय वीणागान हो रहा था।[५] अपने मनोहर करों में मयूर, हंस, छोटे शुक, सारिकाएँ,

प्रतिमाएँ, सद्यः आवरण से निकले हुए शंख-समान चामर आदि वस्तुओं को लिए हुए असंख्य नारियाँ सुमित्रा के पार्श्व में जा रही थी।[६]

माता **कौशल्या** एक रत्नमय शिविका पर सवार हो कर चलीं। कली-सदृश स्तनों और अवर्णनीय लक्ष्मी से भी अधिक सौन्दर्यवाली, **विशिष्ट साठ सहस्र नारियाँ,** प्रवाल, रत्न, स्वर्ण, उज्ज्वल मरकत, मुक्ता तथा अन्य अनुपम अलंकरणों से युक्त चित्रस्थ प्रतिमाओं के समान, गाड़ियों में सवार होकर, **माता कौशल्या** को घेरकर चलीं।[७]

दक्षिण भारत में यह परम्परा है कि पुत्र के विवाह में उसकी माँ, बहनें, चाची, मामी, पुआ/बुआ, मौसी, दादी, नानी और परिवार से सम्बन्धित अन्य स्त्रियाँ भी पुरुषों के साथ बारात में जाती हैं। इस परम्परा का निर्वाह करते हुए ही कम्ब-रामायण में राम तथा तीनों अन्य भाइयों के विवाह में कौशल्या, कैकेयी, सुमित्रा तथा अयोध्या की स्त्रियों के अत्यन्त सज धजकर मिथिला जाने का वर्णन मिलता है।[८] तमिलनाडु में आज भी यह प्रथा विद्यमान है। वहाँ के विवाह के समय कुछ ऐसे नियम, विधि-विधान एवं कर्म सम्पादित होते हैं, जिसमें स्त्रियों की उपस्थिति परमावश्यक होती है, जैसे 'दृष्टिपरिहार' 'हारती', आँखों में काजल (अंजन) लगाने की प्रथा और वधू के गले में 'मंगलसूत्र' ननद (लड़के की बहन) भी बाँधती है आदि। रामचरितमानस में ऐसा वर्णन नहीं मिलता है।

दक्षिण भारत की संस्कृति में महिलाओं को तत्कालीन समाज में अधिक स्वतंत्रता प्राप्त थी। वे पुरूषों के समान ही जलाशयों (Swimming Pool तरण-तालों) में जाकर पुरुषों के (अपने प्रिय जनों-पतियों-नायकों) साथ जल-क्रीड़ा कर सकती थीं। महिलाओं के जल-क्रीड़ा का वर्णन, कम्बन ने बालकाण्ड में पूरे एक सर्ग "पुनलूविलैयाट्टुप्पड़लम" (जल-क्रीड़ा पटल) में वर्णित किया है। कुछ दृष्टान्त द्रष्टव्य हैं-

वे उत्तम नर और अप्सरा-सदृश नारियाँ उस पुष्प उद्यान से निकलकर शोभायमान पुष्पों से युक्त जलाशयों (जल-विहारों/तरण-तालों) की ओर ऐसे चले आये, जैसे वन्य गज हथिनियों के साथ चलते हैं। उनके जल-क्रीड़ा करने का दृश्य बहुत ही मोहक था[९].... ।

कम्बन ने नारियों की जलक्रीड़ा का सुन्दर वर्णन इस पटल में ३३ पद्यों में विस्तारपूर्वक किया है। रथ के समान जघन वाली, नारियल के फल सदृश स्तनों वाली एक अतीव सुन्दरी, जल में मग्न होकर इस प्रकार ऊपर उठी कि कंचुक में बँधे हुए उसके स्तन बाहर दिखाई देने लगे।[१०] पर्वतों को परास्त करने वाली उनकी सुन्दर स्वस्थ भुजाएँ, वस्त्रों के अन्दर न समाने वाली जघन घटों के समान स्तन-इन सबके परस्पर धक्का देते हुए संघर्ष से करने लगे; जिससे उस सरोवर का जल तटों को पार कर बाहर फैल गया[११] .... आदि। उपर्युक्त ढंग से जलक्रीड़ा करने के पश्चात् वीर वलयधारी पुरुष तथा स्त्रियाँ उस जलाशय से निकलकर, उसको शोभाहीन बनाते हुए किनारे आ गये और योग्य वस्त्रों तथा आभरणों को पहना।[१२] बालकाण्ड के इस 'पुनलूविलैयाट्टुप्पड़लम्' (जलक्रीड़ापटल) में आद्योपान्त उनके जलक्रीड़ा तथा सामूहिक स्नानानन्द का वर्णन है, जिसमें स्त्रियाँ/नायिकाएँ अपने पति/नायकों के साथ जल-क्रीड़ा करती हैं।

उत्तर भारत की तुलना में दक्षिण भारत में महिलाएँ अधिक स्वतंत्र प्रारम्भ से ही रही हैं। दक्षिण भारत में १२वीं शताब्दी में भी नारियों के मदिरापान को बुरा नहीं माना जाता था; इसके लिए उन्हें हेयदृष्टि से नहीं देखा जाता था, किन्तु आज २१वीं शताब्दी में यह

स्थिति उत्तर भारत में नहीं है (लगभग १००० वर्षों के बाद भी)। यही कारण है कि कम्ब-रामायण में बालकाण्ड के एक पूरे पटल- "उण्डाट्टुप्पड़लम्" (मद्यपान पटल) में विस्तारपूर्वक स्त्रियों के मद्यपान का ही वर्णन कम्बन ने किया है (६७ पद्यों में)।

कम्ब-रामायण कालीन-समाज में महिलाएँ अपनी इच्छानुसार सभी वैदिक-धर्म-सम्मत सत्कर्म करने में स्वतंत्र थीं। कम्ब-रामायण में महिलाओं के कन्दुक-क्रीड़ा खेलने, नृत्य करने-सीखने आदि का वर्णन मिलता है। कुछ दृष्टान्त देखें-

युवतियाँ गेंद खेतली हैं; तब उनके आभरणों से मोती गिरकर धरती पर बिखर जाते हैं, उन गिरे हुए मोतियों को परिजन बुहार-बुहारकर एक ओर एकत्र करते रहते हैं; इस प्रकार एकत्र मोतियों की राशियाँ; शीतल कांति बिखेरती हुई चन्द्रमा को भी मंद बना देती हैं।[१३] इससे यह प्रतीत होता है कि तत्कालीन समाज में महिलाओं के लिए स्टेडियम की भी व्यवस्था थी तथा वे शाम-को भी खेलती थीं।

नृत्यशालाओं में स्त्रियाँ प्रायः नृत्य सीखतीं और नृत्य करती थीं। वे नृत्य-कला में निपुण होती थीं। नृत्य में कुशल स्त्रियाँ एवं युवतियाँ, मर्दल-ताल, संगीत, आदि स्वरों के अनुसार शास्त्र-सम्मत ढंग से, विविध प्रकार से पदगतियाँ दिखलाती हैं। उनकी पद-गतियों का विश्लेषण करके, उन्हें समझाने वाली, उन स्त्रियों के पायल एवं पाँव ही नहीं, अपितु वहाँ के घोड़ों के पैर भी उन नृत्यांगनाओं की पद-गति का अनुकरण करके थिरकने (नाचने) लगते हैं।[१४]

कम्बन ने अहल्या का वर्णन बहुत ही सुन्दर ढंग से किया है, जो रामचरितमानस से भिन्न है। कम्बन की दृष्टि में अहल्या परिस्थितिवश पतित होती हैं। अतः वे निर्दोष हैं। गौतम मुनि के शाप से अभिशप्त अहल्या की जड़ता को कम्बन; विश्वामित्र और राम के सत्प्रयत्न से दूर करके, उनके चरित्र को समुज्ज्वल और जाज्वल्यमान बना देते हैं। राम की चरण-रज के स्पर्श से अहल्या के अपने पूर्व रूप को प्राप्त होते ही; राम अहल्या के चरणों की वंदना करते हैं तथा कहते हैं; हे माता! अब आप महान तपस्वी गौतम मुनि की सेवा में निरत हो जाओ। अब आप अपने आश्रम में जायें- यह कहकर राम ने अहल्या के चरणों की वंदना की।[१५] तत्पश्चात् सभी लोग गौतम मुनि के आश्रम में गये। गौतम इन अतिथियों के आगमन से अत्यन्त प्रसन्न हुए और आगे बढ़कर आदर के साथ उनका स्वागत-सत्कार किया।[१६] फिर विश्वामित्र ने गौतम से कहा कि अहल्या राम की चरण-रज से अपने पूर्व स्वरूप को प्राप्त हो गयी हैं। उन्होंने अपने मन से कोई प्राय नहीं किया है। वे मन से भी पवित्र हैं। अतः तुम इसे स्वीकार करो।[१७] इस प्रकार कम्बन की अहल्या के चरणों की वंदना राम ने माता कहकर किया। विश्वामित्र उनके उत्तम चरित्र की वकालत करके उन्हें पति द्वारा क्षमा प्रदान कराते हैं, जिससे गौतम उन्हें पुनः सहर्ष अपनी धर्म पत्नी के रूप में स्वीकार करते हैं।[१८] आज २१वीं शताब्दी में भी यह सन्दर्भ सर्वथा प्रासंगिक है तथा कम्बन ने इसके माध्यम से यह संदेश दिया है कि यदि कोई सचरित्र नारी परिस्थितिवश इस प्रकार की किसी घटना या बलात्कार का शिकार होती है, तो वह क्षमा की पात्र है। वह अपने परिवार में पूर्ववत् ससम्मान स्वीकार्य हो। आज आये दिन इस प्रकार की

घटनाएँ घटित हो रहीं हैं, ऐसी परिस्थितियों में कम्बन का यह विचार एवं संदेश सर्वथा वंदनीय नवीन एवं अनुकरणीय है।

कम्बन सर्वधर्म-समभाव की विचार धारा के प्रबल पक्षधर थे। कम्बन एक श्रीवैष्णव भक्त-कवि थे। श्री वैष्णव होने के कारण वैष्णव धर्म के प्रति उनकी आस्था स्वाभाविक थी, किन्तु कंबन उदार दृष्टि वाले तथा अत्यन्त सहिष्णु हैं। उन्होंने सभी धर्मों को समभाव एवं समान रूप से अपने महाकाव्य में प्रस्तुत किया। सर्व धर्म समभाव की उदारतावश ही शिव की प्रसंगानुसार प्रशंसा कम्ब-रामायण में मिलती है। कम्बन ने शिव तथा विष्णु को एक दूसरे से छोटा अथवा बड़ा बताने वालों की निंदा की है तथा उन्हें मूर्ख माना है। वे कहते हैं कि जो इस बात पर अनावश्यक झगड़ते एवं विवाद करते हैं कि शिव बड़े हैं या विष्णु बड़े हैं, वे मूर्ख हैं। ऐसे मूर्खों के लिए सुगति दुर्लभ होती है।[१६]

कम्बन ने विष्णु के समान ही शिव को भी महान् रूप में वर्णित किया है। (कम्ब-रामायण, युद्धकाण्ड, वीड़णनअड़ैक्कलपड़लम्)। कंबन ने सर्वधर्म समभाव की भावनावशात् ही शंकर को विष्णु सदृश माना है। वे विष्णु के द्वारा शंकर को वंदनीय कहलवाते हैं (कम्ब-रामायण, युद्धकाण्ड, मीट्टचिप्पड़लम्)। कंबन के मन में अन्य धर्मावलंबियों के प्रति विद्वेष तथा असहिष्णुता नहीं है। इस प्रकार की पंक्तियाँ तथा उक्तियाँ कम्ब-रामायण में अनेकत्र पायी जाती हैं। जिनसे सभी धर्मों के प्रति समभाव प्रकट होता है।

कम्ब-रामायण में मनावीय दुर्बलताओं से परित्राण और मानव-मात्र के कल्याण की भावना का प्राबल्य पाया जाता है। इस महाकाव्य में कवि ने वैदिक-पौराणिक विचारधारा का समर्थन किया है तथा अवैदिक, नास्तिक एवं उपदेवता-उपासना विषयक विचारों का खण्डन किया है। कम्ब-रामायण तमिल-भाषा और तमिल-संस्कृति का श्रेष्ठ महाकाव्य ही नहीं है, अपितु यह एक प्रामाणिक इतिहास भी है। इसमें कवि ने केवल अतीत को काव्य-शैली में दर्शाया ही नहीं है, अपितु शताब्दियों पहले भावी भारतवर्ष की जो कल्पना कम्बन के मन में थी उसे ही उन्होंने कम्ब-रामायण के बालकाण्ड के 'नाट्टुप्पड़लम्' (कोशल प्रदेश का वर्णन), 'नगरप्पड़लम्' (अयोध्या नगरी का वर्णन), 'शासनपटल' आदि सर्गों में चित्रित किया है। उनके मन में जिस **'सर्वथा महान् वृहत्तर भारत'** की जो कल्पना थी, उसे ही सम्भवतः यहाँ कम्बन ने प्रस्तुत किया है।

अंत में यह कहा जा सकता है कि भारतीय संस्कृति और साहित्य की विशाल परम्परा में महाकवि कम्बन और उनके महाकाव्य 'कम्ब-रामायण' का स्थान अद्वितीय है। तमिल संस्कृति एवं भारतीय संस्कृति, धर्म, साहित्य, भाषा आदि में जो कुछ उदात्त एवं महनीय है- उन सबको एक साथ कम्ब-रामायण में देखा जा सकता है, जिसमें भारतीय संस्कृति और आदर्श का जो कुछ सर्वोत्तम एवं श्लाघनीय है, उसकी ही ध्वनि निनादित हो रही है।

सन्दर्भ :

१ कम्ब-रामायण और रामचरितमानस के नारी पात्र : एक तुलनात्मक अध्ययन, लेखक : डॉ० रवीन्द्रनाथ सिंह, प्रका० हिन्दुस्तांनी एकेडेमी इलाहाबाद, १६६०, पृ० २, ३

२. कम्ब-रामायण, बालकांड, आट्रुप्पड़लम् (नदीपटल), १२

३. उपर्युक्त, १३

४. क० रा०, बालकाण्ड, नाट्टुप्पड़लम् (कोशलदेश पटल), पद्य संख्या- ८, १०
५. क० रा०, १/१३/६६
६. क० रा०, १/१३/६७
७. क० रा०, १/१३/६८-७०
८. क० रा०, बालकाण्ड, दशरथ-प्रस्थान पटल
९. क० रा०, बालकाण्ड, पुनल्विलैयाट्टुप्पड़लम् (जलक्रीड़ा पटल, १/१६/१) पद्य संख्या- १
१०. क० रा०, बालकाण्ड, पुनल्विलैयाटटुप्पड़लम्, १७
११. उपर्युक्त, १८
१२. उपर्युक्त, २६
१३. क० रा०, बालकाण्ड, नगरप्पड़लम् ४५
१४. क० रा०, १/३/४६, ५२
१५. कम्ब-रामायण, बालकाण्ड, अकळिकैप्पड़लम् ८३
१६. क० रा० १/६/८४
१७. क० रा०, १/६/८५
१८. क० रा०, १/६/८६
१९. कम्ब-रामायण, किष्किंधाकांड, नाड़विट्टपड़लम्, ४/१२/२४।

मलयालम रामकाव्य परंपरा : 'चित्ररामायण'

डॉ० एन०जी० देवकी

रामायण प्रत्येक भारतीय भाषा का आकार ग्रंथ है। उत्तर भारत में तुलसी रामायण का जो स्थान है वही केरल में एषुत्तच्छन द्वारा विरचित 'अध्यात्म रामायण किलिप्पाट्टु' का है। सोलहवीं शती में रचित इस लोकप्रिय कृति का पाठ साल में पूरे एक महीने-श्रावण (मलयालम कर्कडमास)- में नैरन्तर्य से किया जाता है। केरल के प्रसिद्ध त्योहार ओणम से पूर्व यह अनुष्ठान संपन्न होता है। श्रीरामचन्द्रजी की जीवन लीलाओं से केरल का भी सम्बन्ध माना जाता है। केरल का एक प्रसिद्ध तीर्थ स्थान 'शबरीमला' के मार्ग में स्थित 'शबरीपीठ' वनवास काल में राम-शबरी के दर्शन को प्रमाणित करता है। 'मला' शब्द मलयालम में पर्वत के लिए प्रयुक्त है।

मलयालम रामकाव्य परंपरा लोकगीतों से प्रारंभ होती है। चीरामन नामक कवि द्वारा रचित 'रामचरितम्' मलयालम का प्रथम गीत है। वाल्मीकि रामायण के युद्धकाण्ड पर आधारित इसकी रचना द्राविड छंद में की गई। इसके पश्चात् रामकथा के संपूर्ण स्वरूप को श्री अय्यिप्पिल्ली आशान ने गीतों में प्रस्तुत किया जिसका नाम 'रामकथाप्पाट्टु' रखा गया। तमिल शब्दों तथा द्राविड छंदों की अधिकता, गीतों में कथा रचना आदि इस कृति को लोकप्रिय बनाने वाले तत्व हैं। केरल के प्रथम गेयात्मक महाकाव्य के रूप में इसे माना जाता है। इस कृति का उद्देश्य रामचरित को संगीत के माध्यम से आस्वाद्य बनाना है।

स्वच्छन्द काव्य धारा से रामभक्ति को प्रश्रय देने वाले कवियों में निरणम कवियों का नाम उल्लेखनीय है विशेषकर रामपणिक्कर द्वारा पन्द्रहवीं शताब्दी में 'कण्णश्शरामायणम्' का। प्रस्तुत कृति परवर्ती समस्त रामकथापरक रचनाओं के लिए मार्गदर्शक एवं प्रेरणादायक रही है।

लगभग पन्द्रह सौ ईस्वी में पूनम नंपूतिरि ने 'भाषा रामायण चम्पू' मणिप्रवालम शैली में लिखा। 'गद्यपद्यमयं काव्यं चम्पूरित्यभिधीयते' के अनुसार प्रस्तुत काव्य में संस्कृत श्लोकों तथा मलयालम गद्यांशों का समावेश है। संस्कृतमय शैली की तुलना में संस्कृत-मलयालम भाषा का मिश्रित रूप जनता को सरल लगने लगा। प्रस्तुत चम्पूकाव्य में प्रसंगों में पूरी रामकथा वर्णित है। इसमें कुल पाँच ही काण्ड हैं- बालकाण्ड, अयोध्याकाण्ड, किष्किन्धाकाण्ड, युद्धकाण्ड एवं उत्तरकाण्ड। बालकाण्ड में छः प्रसंग हैं वे हैं क्रमशः रावणोद्भव, रामावतार, ताडकावध, अहल्यामोक्ष, सीतास्वयंवर और परशुराम विजय। अयोध्याकाण्ड में दो ही प्रसंग हैं- विच्छिन्नाभिषेक और खरवध। किष्किन्धाकाण्ड के प्रसंग हैं- सुग्रीवसख्यम्, बालीवध, उद्यानप्रवेश तथा अंगुलीयांकम्। युद्धकाण्ड में लंकाप्रवेश,

रावणवध, अग्निप्रवेश, अयोध्याप्रवेश एवं पट्टाभिषेक। उत्तरकाण्ड में सीतापरित्याग, अश्वमेघ तथा स्वर्गारोहण है। केरलीय दृश्यकला 'कूडियाट्टम के एक उपभेद 'चाक्यारकूत्तु' का अभिनय करने वाले चाक्यारों के लिए इस कृति के कई प्रसंग प्रियंकर हैं। विशेषकर किष्किन्धाकाण्ड का 'अगुलीयांक प्रसंग' चाक्यारों के लिए सर्वाधिक पसन्द है।

मलयालम रामकथात्मक काव्यों में सर्वाधिक लोकप्रिय सोलहवीं शताब्दी में जीवित एषुत्तच्छन द्वारा विरचित 'अध्यात्म रामायणम किलिप्पाट्टु' है। मलयालम में 'किलि' का तात्पर्य 'पक्षि' और 'पाट्टु' का गीत है। पक्षि के माध्यम से गेयात्मक शैली में रामकथा प्रस्तुत करने के कारण 'किलिप्पाट्टु' नाम प्रचलित हो गया। केरलीय गाँवों में प्रचलित नामजप परंपरा को स्मरण दिलाने वाला प्रारंभिक अंश अत्यन्त मनोरम है । जैसे -

श्रीरामा। रामा। रामा। श्रीरामचन्द्रा। जया। श्रीरामा रामा रामा श्रीरामाभद्रा जया
श्रीरामा रामा रामा सीताभिरामा जया श्रीरामा रामा रामा लोकाभिरामा जया
श्रीरामा रामा रामा रावणान्तका रामा श्रीरामा ममा हृदि रमतां रामा रामा।

काव्य को जनहृदय में चिरन्तन स्थान देने में काव्यगत शब्द और छंद कितना योग दे सकते हैं यह तथ्य रामायण से प्रमाणित होता है।

एषुत्तच्छन के पश्चात् रामकथात्मक काव्य लिखने वालों में केरलवर्मा का नाम उल्लेख्य है। उनकी दो कृतियाँ हैं- 'केरलवर्मा रामायण' और 'पाताल रामायण'। 'केरलवर्मा रामायण' का दूसरा नाम 'वाल्मीकि रामायण किलिप्पाट्टु' है। केरलवर्मा ने एषुत्तच्छन की कुछ पंक्तियों को ज्यों का त्यों 'पातालरामायण' में जोड़ दिया है। आट्टक्कथा (कथकलिपद) के रूप में रचित कोट्टारक्करा तम्पुरान का 'रामनाट्टम' साहित्यिक कृति के रूप में तथा नाट्यकला के क्षेत्र में विशेष उल्लेखनीय है। रामकथा के आठ प्रसंगों को आठ दिनों में प्रस्तुत करने योग्य पद्य रूप दिया गया। केरल में प्रसिद्ध तुल्लल कथा काव्य धारा के प्रमुख कवि श्री कुंचन नंपियार ने छः प्रमुख रामकथाश्रित तुल्लल् काव्य लिखे हैं। 'सीतास्वयंवर' इसमें उल्लेखनीय है। आधुनिक युग में रामकाव्य का वह स्वरूप नहीं रहा जो प्राचीन युग में था। मलयालम रामकाव्य परंपरा में सभी लक्षणों से युक्त महाकाव्य के रूप में अषकत्तु पद्मनाभ कुरुप् द्वारा रचित 'रामचन्द्रविलास' गणनीय है।

आधुनिक युगीन मलयालम पद्य साहित्य में कई खण्डकाव्यों के रूप में भी रामकथा की प्रतिष्ठा हुई है। मलयालम कवित्रय में प्रसिद्ध वल्लत्तोलनारायण मेनोन की 'कात्र्चनसीता' और कुमारनाशान की 'चिन्ताविष्टयाय सीता' इस श्रेणी में आती हैं। उसके बाद वयलार रामवर्मा का 'मा निषादा' उण्णिकृष्णन नायर का 'लक्ष्मण विषाद' आदि मलयालम के प्रमुख रामकाव्य हैं। आधुनिक युगीन रामकाव्य की एक प्रमुख विशेषता यह है कि कविगणों ने पौराणिक पात्र श्रीरामचन्द्रजी को मानवीय पृष्ठभूमि पर उतारकर अनेक विलाप काव्यों को जन्म दिया। इनमें एन०वी० कृष्णवारियर का 'चिंन्ताग्रस्त श्रीराम', डॉ० तोन्नक्कल नारायण का 'राम विलाप', ओ०एन०वी० कुरुप् की 'सरयू नदी की ओर', यूसफली केच्चेरी का 'राघवीयम्' आदि उल्लेखनीय हैं। रामकथा के अनेक प्रसंगों का आधुनिकीकरण इन रचनाओं का उद्देश्य है। इस प्रकार पाट्टु, चम्पु, किलिपाट्टु, आट्टक्कथा, महाकाव्य, खण्डकाव्य आदि अनेक विधाओं में मलयालम का रामकाव्य बिखरा पड़ा है।

पन्द्रहवीं शती में रचित तथा सन् १९९७ ई० में केरल विश्वविद्यालय, तिरुवनन्तपुरम से प्रकाशित चित्ररामायण (Ramayana in palm leaf pictures - chitraramayana) केरल की रामायण परंपरा की विलक्षण रचना है। इसके रचयिता अज्ञात हैं। प्रस्तुत कृति से इसके रचयिता के संबन्ध में मात्र यही सूचना प्राप्त है कि कृतिकार केरल के आलप्पुषा जिले के कोलिमुक्कु निवासी थे जिन्होंने अपने गुरु (जो एक ब्राह्मण कवि थे) की आज्ञा से प्रेरित होकर इसका अंकन किया था। संस्कृत के प्रोफेसर एवं केरल विश्वविद्यालय के ओरिएण्टल रिसर्च इन्स्टिट्यूट तथा हस्तलेख पुस्तकालय के निदेशक डॉ० के० विजयनजी ने इसका संपादन किया था।

सन् १४५३ ई० में ताडपत्रों में संपूरित 'चित्ररामायण' दुर्लभ तथा प्रायः अल्पचर्चित मलयालम रामकाव्य कृति है। इसमें संपूर्ण रामायण महाकाव्य चित्रों में अंकित है, अतः 'चित्ररामायण' नाम अत्यन्त संगत है। इसमें कुल ९८ फोलियो (folio) हैं और अधिकतर फोलियो में चार-चार चित्र हैं। सन् १९३४ ई० में यह कृति तिरुवनन्तपुरम के हस्तलेख पुस्तकालय को उपलब्ध हुई। प्रारम्भ से युद्धकाण्ड तक के चित्र इसमें उपलब्ध हैं। प्रत्येक काण्ड की ताडपत्र संख्या निम्नांकित हैं-

बालकाण्ड - १०

अयोध्याकाण्ड - ७

अरण्यकाण्ड - १८

किष्किन्धाकाण्ड - ८

सुन्दरकाण्ड -१२

युद्धकाण्ड - ४३

प्रस्तुत कृति में कुल ३१८ चित्र हैं। नमूने के लिए कुछ चित्र संलग्न हैं। अज्ञात कृतिकार ने आवश्यक संदर्भ संकेतों सहित रामायण की पंक्तियाँ भी उद्धृत की हैं। इनमें प्रायः अध्यात्म रामायण की पंक्तियाँ ही अंकित की गई हैं। कहीं कहीं वाल्मीकि रामायण के भी उद्धरण अंकित हैं। रामानन्द द्वारा विरचित मूल संस्कृत 'अध्यात्म रामायण' तथा 'वाल्मीकि रामायण' चित्ररामायण के अज्ञात लेखक की स्रोत सामग्री रही होगी जिसका प्रमाण चित्रों के साथ उद्धृत श्लोकों में उपलब्ध है।

वाल्मीकि महर्षि ने श्रीरामचन्द्रजी के मानवीय व्यक्तित्व को उजागर किया है। किन्तु मूल अध्यात्म रामायण तथा मलयालम के एषुत्तच्छन कृत 'अध्यात्म रामायण किलिप्पाट्टु' में राम का देवत्व निखर उठा है। शायद अध्यात्म तत्व के महत्व की स्थापना के लिए माया सीता की अवधारणा मूल अध्यात्म रामायण तथा एषुत्तच्छन के अध्यात्म रामायण किलिप्पट्टु में की गयी है। प्रस्तुत 'चित्ररामायण' में भी मायासीता की ही परिकल्पना है जो दो चित्रों- चित्र संख्या ११७ तथा ३११ से प्रमाणित होता है। ११७वें चित्र में सीता अपने को अग्नि में छिपा रखती हैं और माया सीता श्रीरामचन्द्रजी का अनुगमन करती है। ३११वें चित्र में मायासीता को अग्नि में प्रविष्ट होती हुई चित्रित की गयी है और अग्नि-देवता यथार्थ सीता को राम के हाथों सौंप देते हैं। ११७वें फोलियो में अध्यात्म रामायण के प्रस्तुत संदर्भ संबन्धी श्लोक भी उद्धृत किया गया है।

यथा

"त्वं तु छायां तदाकारं स्थापयित्वोटजे विश ।
अग्नवदृश्यरूपेण वर्षं तिष्ठ ममाज्ञया।"

(अध्यात्म रामायण, अरण्यकाण्ड, सप्तम सर्ग, श्लोक २-३)

चित्र सं० ११७ तथा चित्र सं० ३११ परस्पर पूरक हैं।

गोस्वामी तुलसीदास भी वनयात्रा में राम, सीता और लक्ष्मण के क्रम को लेकर अध्यात्म भाव अभिव्यक्त करते हैं। उनके अनुसार लक्ष्मण रूपी आत्मा को राम रूपी परमात्मा तत्व की प्राप्ति के लिए बीच में माया तत्व बाधक है।

परंपरा से भिन्न रावण का रूप चित्ररामायण में अंकित है । 'चित्ररामायण' में ऐसे छः चित्र हैं। फोलियो सं० ११४, १६६,१८४,२१०,२३६ और २६७ इसके लिए प्रमाण हैं। इनमें रावण के एक ही सिर है। अन्यत्र कहीं पाँच सिर और दो हाथों वाला रूप भी चित्रित है। चित्र सं० २१० में जो श्लोक उद्धृत है उसमें 'दशानन' ही अंकित है। जैसे-

एतस्मिन्नन्तरे बद्धोमुक्तो रामेण वै शुकः।
वानरैस्ताडः सम्यक् दशाननमुपारतः।।

शायद राक्षसों की मानवीय शक्ति का संकेत उनके रूप और भावों द्वारा व्यक्त कराने के उद्देश्य से चित्ररामायणकार ने ऐसा किया होगा। यह भी है कि राक्षस लोग अपनी इच्छाशक्ति के अनुसार रूप परिवर्तन करने में कुशल हैं।

परम्परा से एकदम भिन्न चित्र राम, सीता तथा लक्ष्मण की वनयात्रा की वेशभूषा में दृष्टव्य है। परम्परानुसार वल्कल वेश धारण कर चौदह वर्ष के वनवास के लिए राजमहल से निकलते हैं। लेकिन चित्ररामायण में आद्यन्त राजपरिवेषोचित वेशाभूषणों में राम, सीता तथा लक्ष्मण का चित्रण किया गया है। रेखाचित्र द्वारा अन्य लोगों से राम-लक्ष्मण की पहचान बनाये रखने के लिए शायद ऐसा चित्रांकन हुआ होगा।

चित्ररामायण में जिन वेशाभूषणों का चित्रण है उसका सादृश्य दसवीं शती में केरल में प्रचलित कला कूडियाट्टम से है (जो कथकलि का पूर्वरूप है)। केरल के मंदिरों के भित्तिचित्रों के वेशाभूषण भी इससे मेल खाते हैं।

चित्रों के साथ अंकित शब्दों से विदित होता है कि पन्द्रहवीं शताब्दी में ही मलयालम लिपि वर्तमान रूप में विकसित थी। चित्रों के साथ कहीं व्यक्तियों, स्थलों का नामोल्लेख है तो कहीं संस्कृत श्लोक मलयालम लिपि में अंकित है। ये श्लोक अधिकांश रूप में मूल अध्यात्म रामायण के हैं और कुछ वाल्मीकि रामायण के। अनुमानित होता है कि चित्ररामायणकार ने अपने समय में प्रचलित इन दोनों रामायणों को आधार माना होगा जो चित्रों के साथ उद्धृत श्लोकों से विदित होता है। ताड़पत्र, (palm leaves) तथा वर्तिका (stylus) चित्ररामायणकार की लेखन सामग्री रही। कागज तथा मुद्रणकला के आविर्भाव से पहले केरल में ताडपत्र का प्रचुर प्रयोग था।

चित्ररामायण केरल में पन्द्रहवीं शती में ही चित्रकला की रेखाचित्र शैली (line drawing) प्रचलित होने का दृष्टान्त है। केवल ३१८ चित्रों से संपूर्ण रामायण कथा क्रमशः अभिव्यक्त होती है। ताड़पत्रीय चित्रकला की एक नई शाखा भी इससे विकसित हुई। यह उल्लेख्य है कि शब्दों की अपेक्षा चित्रों के माध्यम से भावसंप्रेषण प्रभावशाली ढंग से होता है। अन्यत्र भी एकाध चित्र तो ताडपत्र में उपलब्ध होगें। किन्तु संपूर्ण रामायण के कथांश का क्रमशः चित्रण ताड़पत्रीय शैली में दुर्लभ है। वैसे तो चित्र रामायण के प्रायः सभी चित्र स्वसंवेध है। फिर भी जहाँ कहीं चित्रकार को उसकी व्याख्या की आवश्यकता महसूस हुई है वहाँ न्यूनतम शब्दों में (संस्कृत श्लोकों को मलयालम लिपि के माध्यम से) व्यक्त की गई है। कुल मिलाकर चित्र रामायण की विलक्षणता यह है कि इसमें संपूर्ण रामकथा चित्रों में अंकित है।

30. Sītā garlands Rāma in the presence of the God of Fire represented by the conventional pedastal oil lamp.

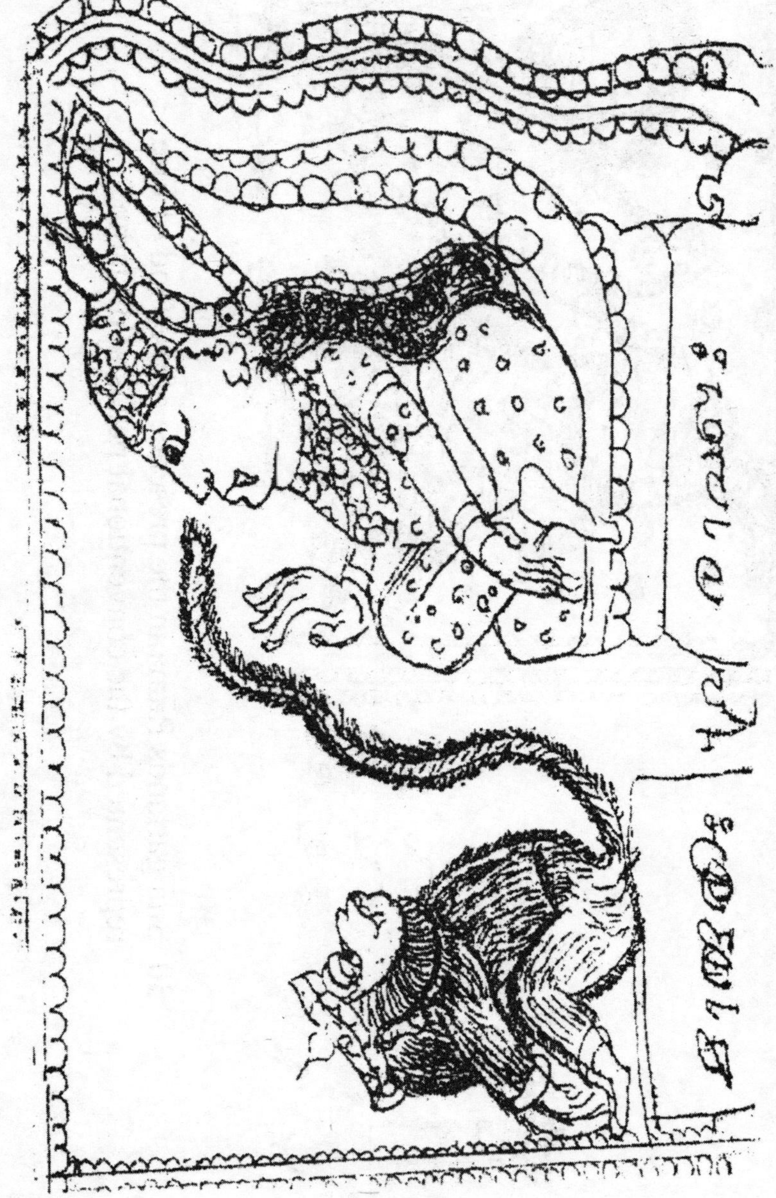

184. Hanuman in the presence of Ravana who appears with a single head. The monkey wags his tail at the face of Ravana to tease him.

30. Illusory Sītā entires fire and the God of fire gives back the real Sītā to Rāma.

30. Rāma is crowned king of Ayodhyā.

मलयालम साहित्य और रामकथा

डॉ० जॉर्जकुट्टी बटोत्त

रामकथा का महत्व सार्वकालिक और सार्वभौमिक है। देशकाल की सीमाओं को लांघकर वह आज भी लोगों को प्रभावित कर रही है। मानव जीवन के समस्त पहलुओं को गहराई से स्पर्श करने वाली है रामकथा। दरअसल रामकथा भारतीय जनता के भावों और विचारों से अभिन्न रूप से संबद्ध है। राम, भरत और लक्ष्मण के आपसी प्यार और परवाह का चित्रण इतना मर्मस्पर्शी है कि पाठकों के मन में भाईचारे की नवीन अनुभूतियाँ अपने आप जाग उठती हैं। इन भाइयों के पारस्परिक प्यार को देखकर पाठकों का निजी जीवन कभी सुधर जाता है तो कभी शिथिल हो गया भ्रातृसंबंध दृढ़ हो जाता है। रामायण में अनेकानेक घटनाओं और संवादों का विशद एवं प्रभावशाली वर्णन देखने को मिलता है। उनमें से कुछ संवाद मलयालम भाषा में लोकप्रिय हो गये हैं। मलयालम के अनेक प्रचलित प्रयोगों के आविर्भाव के मूल में रामकथा है। उदाहरणार्थ, किसी को सख्त निर्देश देने के लिए लोग प्रायः 'सुग्रीवाज्ञा' (कटु आज्ञा) शब्द का प्रयोग करते हैं। उसी तरह, प्राप्त करने में कठिन कार्य या पहुँचने में दुष्कर स्थान को सूचित करने के लिए 'बालिके रामला' (दुर्गम चढाई) का प्रयोग करते हैं। मतलब है कि रामकथा आज भी नाना प्रकार से लोगों को अत्यधिक प्रभावित कर रही है। भारत की लगभग सभी भाषाओं के साहित्य रामकथा से काफी मात्रा में प्रभावित हैं। भारत की प्रांतीय भाषाओं में सबसे पहले कन्नड़ में रामायण की रचना हुई। 'पंप रामायण' नामक कृति की रचना ई० बारहवीं शती में हुई। इसके बाद बिना विलंब तमिल में महाकवि कंबन ने ई० बारहवीं शती में ही 'कम्बरामायण' की रचना की। चौदहवीं शती में मलयालम में रामायण की रचना हुई। भारत की मुख्य भाषाओं में से एक है मलयालम। मलयालम के समृद्ध साहित्य को सर्वाधिक मात्रा में प्रभावित करने वाली कथा रामकथा ही है। रामकथा पर आधारित सैकड़ों रचनाएं मलयालम में लगातार प्रकाशित हुई हैं। पुराने जमाने से केरल के लोग रामकथा के प्रति विशेष रुचि रखते हैं तथा सायंकाल में रामनाम का जप करते हैं। हर साल 'करकिटकम' (प्रायः १५ जून से-१६ जुलाई तक) महीने में विशद रूप से रामायण पढ़ने की परंपरा यहाँ सदियों से चली आयी है। घोर वर्षा, भूख आदि से ग्रस्त दुर्दिनों को पार करने के लिए लोग रामायण का आश्रय लेते हैं। वर्षाकाल का यह महीना 'रामायणमास' (रामायण का महीना) नाम से अभिहित किया जाता है। वास्तव में रामकथा भारतीय संस्कृति एवं आध्यात्मिक जीवन का प्रेरणास्रोत है। लोभ, मोह आदि से ग्रस्त वर्तमान युग में रामकथा की प्रासंगिकता निरंतर बढ़ रही है।

अनेक पुराणों और उप-पुराणों में रामकथा संबंधी सूचनायें पर्याप्त मात्रा में मिलती हैं। ब्रह्माण्डपुराण (ई. चौथी शती), नरसिंहपुराण (ई. पाँचवी शती), कूर्मपुराण (ई. आठवीं शती), अग्निपुराण (ई. नवीं शती), नारदपुराण (ई. दसवीं शती), शिवपुराण (ई. पन्द्रहवी

शती), मार्कण्डेयपुराण (ई. सोलहवीं शती), आदि उनमें उल्लेखनीय हैं। यह सर्वविदित है कि वाल्मीकि कृत रामायण सबसे पुराना रामायण है। तुलसीदास (ई. १५३३-१६२३), सूरदास (ई. १४८३-१५८५), कबीरदास (ई. १३९८-१५१८) आदि हिन्दी कवियों ने रामकथा से प्रेरणा प्राप्त की थी। तुलसीदास कृत 'रामचरितमानस' बेहद प्रसिद्ध कृति हो चुकी है। उस युग के प्रसिद्ध मलयालम कवि है तुंचत्त एषुत्तच्छन (ई. सोलहवीं शती)। उन्होंने 'अध्यात्म रामायण किलिप्पाट्ट' नामक रामायण काव्य की रचना की। यह रामकथा पर आधारित मलयालम की सबसे पुरानी रचना मानी जाती है। केरल के लोगों के बीच इसका खूब प्रचार हुआ। गेय पदों के रूप में विरचित होने के कारण यह काव्यकृति तुरंत ही लोकप्रिय हो गयी। यहाँ तक कि बीज बोने वाले या फसल काटने वाले किसान एवं मजदूर लोग थकावट दूर करने के लिए निल-जुलकर इसके पद गाते हुए खेतों में कर्मनिरत हो जाते हैं। लेकिन वस्तुतः मलयालम में सर्वप्रथम प्रकाशित संपूर्ण रामायण कवि निरणम रामन कृत 'कण्णशरामायण' है। इस कृति की रचना चौदहवीं शती में ही हुई थी, पर लोकप्रिय नहीं हो पायी। कहा जाता है कि कुलशेखरा आषवार कृत 'पेरुमाल तिरुमोषी' नामक तमिल काव्य से प्रेरणा पाकर केरल में रामकथा रचने की परंपरा शुरू हुई। कावुंगल नीलकण्ठप्पिल्ला कृत 'अद्भुत रामायण' भी लगभग इसी काल में विरचित कृति है। इन सारी रामायण कृतियों में आदिकवि वाल्मीकि कृत रामायण से बड़ी समानताएं पायी जाती हैं।

रामायण में कथाओं और उपकथाओं की भरमार है। इन कथाओं और उपकथाओं पर आधारित कर मलयालम में अनेक कृतियों की सृष्टि हुई। नीलंचेरिल शंकरन नायर (ई. उन्नीसवी शती) कृत 'सीतापहरण', परवूर एषियत्त कोच्चम्बाली आशान (ई. उन्नीसवीं शती) कृत 'लंकादहन' आदि इनमें प्रमुख हैं। मलयालम की लक्षणयुक्त-प्रथम साहित्यिक कृति 'रामचरितम' शीर्षक काव्य है। उसके रचयिता चीरामन नामक भक्त कवि हैं। अषकत्तु पद्मनाभकुरूप कृत 'रामचन्द्रविलासम' मलयालम का संस्कृत भाषा युक्त सर्वप्रथम महाकाव्य है। केरलवर्मा तंपुरान नामक राजा ने वाल्मीकि रामायण का मलयालम में सर्वप्रथम सफल अनुवाद किया। इसके वर्षों बाद निरणम रामन द्वारा विरचित 'कण्णशरामायण' शुद्ध मलयालम की प्रथम तथा संपूर्ण रामायण कृति मानी जाती है। रामकथा अनेक मलयालम खण्डकाव्यों की भी जननी है। प्रसिद्ध कवि पी. कुजिरामन नायर कृत 'श्रीरामचरितम' (ई. १९३३) अत्यंत लोकप्रिय खण्डकाव्य है। उनकी अमर रचना 'सीतादेवी अथवा वरभिक्ष' शीर्षक खण्डकाव्य में सीता की उपेक्षा करने के लिए उद्यत राम को उनकी बहन शांता फटकारने का मार्मिक चित्रण हुआ है। सीता की असहायता को उजागर करने वाला यह खण्डकाव्य अत्यंत प्रसिद्ध हो चुका है। पति के घाव पर पट्टी बाँधने को अपने जीवन रूपी वस्त्र का उच्चतम लक्ष्य समझने वाली सीता की आँखों से बहने वाले आँसू पाठकों को द्रवीभूत करते हैं। रामकथा पर आधारित होकर महाकाव्यों, खण्डकाव्यों की ही नहीं मामूली कविताओं की भी बड़ी मात्रा में रचना मलयालम में हुई। प्रमुख समकालीन कवि विष्णुनारायन नंपूतिरी द्वारा रचित 'अहल्यामोक्ष' (ई. १९६६) इस कोटि की एक श्रेष्ठ कविता है। पी. कुंजिरामन नायर की कविता 'अहल्या' (ई. १९७०) भी इस श्रेणी की उल्लेख्य रचना है। रामकथा को अप्रत्यक्ष रूप से आधार बनाकर भी अनेक श्रेष्ठ काव्यों की रचना मलयालम में हुई। मतलब है कि रामकथा से केवल प्रेरणा पाकर कई रचनाएं

प्रकाशित हुईं। मलयालम के सुप्रसिद्ध कवि कुमारनाशान कृत 'चिंताविष्टयाय सीता' इस कोटि में आने वाली उत्कृष्ट रचना है।

रामकथा को आधार बनाकर अनेक नाटक रचनाएं भी मलयालम में अठारहवीं शती में ही प्रकाशित हुईं। नालुकेट्टिल कृष्ण मेनोन द्वारा विरचित 'रामायण', कोटुंगल्लूर कुंजिकुट्टन तंपुरान द्वारा रचित 'सीता स्वयंवर', मण्णन्तला नीलकण्ठन मूस द्वारा लिखित 'अत्भुत रामायण' नीलंचेरी शंकरन नायर कृत 'सीताहरण', पल्लत्तु रामन कृत 'रावणपुत्र' आदि अठारहवीं शती में प्रकाशित नाटकों में प्रमुख हैं। उन्नीसवीं शती में प्रकाशित नाटकों में माटशेरी माधव वारियर कृत 'लंका रावणपालिता' उल्लेखनीय है। बीसवीं शती में विरचित अपेक्षतया नवीन नाटकों में तिक्कोटियन कृत 'पुष्पवृष्टि', सी.एन. श्रीकंठन नायर 'कृत' 'कांचनसीता' आदि प्रमुख हैं। इन सभी नाटाकों में रामकथा के किसी न किसी पहलू को उजागर किया गया है। 'पुष्पवृष्टि' में भाई और भाभी की खुशी के लिए अपने को पूर्णतः न्योच्छावर करने वाले लक्ष्मण के आत्मसंघर्षों और दुविधापूर्ण मनःस्थितियों का सटीक चित्रण हुआ है। इसमें नाटकरकार ने रक्तसंबंधों की दृढ़ता एवं ऊष्मलता को उजागर किया है।[२] सामान्य जनता को रामकथा से परिचित कराने में इन नाटकों का योगदान अत्यंत महत्वपूर्ण है। इसका मुख्य कारण यह है कि नाटक मूलतः दृश्यमाध्यम होने के कारण अपढ़ व्यक्ति भी इसका आस्वादन कर सकता है। संस्कृत भाषा में विरचित रामकथावलंबी अनेक नाटकों का मलयालम में अनुवाद हुआ। रामभद्रदीक्षितर कृत 'जानकीपरिणय' का सुंदर अनुवाद कोट्टारत्तिल शंकुण्णी ने किया। उसी प्रकार भवभूति कृत 'उत्तररामचरित' का अनुवाद चात्तुक्कुट्टी मन्त्राटियार ने तथा शक्तिभद्रन कृत 'आश्चर्च चूडामणी' का अनुवाद कोटुंगल्लूर कुंजिकुट्टन तंपुरान ने किया।

केरल के कवियों और रचनाकारों ने केवल वाल्मीकि कृत रामायण से नहीं बल्कि उसके पश्चात् विरचित अन्य रामायणों से भी विषयवस्तु ग्रहण की। तमिल में विरचित 'कंपरामायण', 'अत्भुत रामायण' आदि से मलयालम के कई साहित्यकार प्रभावित हुए हैं। फलतः उनमें वर्णित घटनाओं का उल्लेख मलयालम साहित्य में काफी मात्रा में हुआ है। यह दूसरी बात है कि उनमें चित्रित कई घटनाएं 'वाल्मीकि रामायण' से मेल नहीं खाती हैं। रामायण से प्रेरणा पाकर विरचित होने वाली अधिकांश कृतियों में मूलकथा से थोड़ा-थोड़ा अंतर दीख पड़ता है। इसका कारण शायद यह है कि रामकथा के किसी न किसी एक पक्ष को लेकर प्रत्येक रचनाकार अपनी कल्पना के सहारे रचना की सृष्टि करता है। इस प्रकार कल्पना का मिलन होने पर मूल कथा से भिन्नता होने की संभावना अधिक है। मिसाल के तौर पर, 'सीतादुःख' शीर्षक गेय पदों का ग्रन्थ ले सकता है। किसी अज्ञात कवि द्वारा विरचित यह काव्य ई. नवीं शती में विरचित मानी जाती है। उसमें राम द्वारा परित्यक्त सीता के कटु दुःख का वर्णन हुआ है। राम की आज्ञा के अनुसार सीता को मारने के लिए लक्ष्मण उसे लेकर वन चलता है। लक्ष्मण घोर असमंजस में पड़ता है कि सीता की हत्या करे या न करे। पहले वे किसी जानवर के खून से और बाद में सीता की अंगुली के खून से लथपथ खड्ग दिखाकर माताओं सहित सबको विश्वास दिलाने का विफल प्रयास करता है कि उसने सीता की हत्या की है। माताएं हठ करने पर लक्ष्मण यह कहकर उन्हें चुप कराता है कि माताओं की धमनियों में बहने वाला खून और सीता के खून में कोई अंतर नहीं है।

रामकथा का प्रभाव मलयालम साहित्य पर ही नहीं केरल की कलाओं पर भी काफी मात्रा में पड़ा है। कथकली केरल राज्य का राष्ट्रीय नृत्य है। कथकली में नृत्य,गीत और अभिनय का एक साथ सुन्दर सम्मिश्रण होता है। रामायण को आधार बनाकर कथकली की रचना मलयालम में काफी संख्या में हुई। ई. १६७५ में कोट्टारक्करा तंपुरान द्वारा रचित 'रामनाट्टम' रामकथा पर आधारित मलयालम की प्रथम कथकली है। प्रस्तुत कथकली को आठ विभागों में विभक्त किया गया है। पुत्रकामेष्टी, सीतास्वयंवर, विच्छिन्नाभिषेक, खरवध, बालीवध, तोरणयुद्ध, सेतुबन्धन, अंतिम युद्ध इस प्रकार के आठ खण्डों में संपूर्ण रामकथा का संपादन हुआ है। केरल की प्रसिद्ध अन्य एक नृत्य कला है तिरुवातिरा। रामकथा का प्रभाव तिरुवातिरा पर भी प्रर्याप्त मात्रा में दर्शनीय है। तिरुवातिरा में नौ नारियों का गुट गीत गाते हुए नृत्य करती हैं और बीच-बीच में एक दूसरे से तालियाँ बजाती है। इसलिए यह 'कैकोट्टिक्कली' (तालियाँ बजाने वाला खेल) नाम से भी प्रसिद्ध है। 'निलविलक्कु' नामक विशेष प्रकार के परंपरागत दीप का प्रदक्षिण करते हुए नारियाँ तिरुवातिरा खेलती हैं। मंगल के मुहूर्तों पर, विशेष रूप से उत्सवों और त्योहारों के अवसर पर नारियाँ तिरुवातिरा खेलती हैं। तिरुवातिरा पर रामकथा का गहरा प्रभाव देखने को मिलता है। केरल का राष्ट्रीय त्योहार 'ओणम' के अवसर पर घर-घर की नारियाँ किसी एक के घर के आँगन में एकत्रित होकर तिरुवातिरा खेलती हैं। 'तुल्लल' केरल का प्राचीन कलारूप है। गीत, नृत्य, अभिनय, आदि का मिश्रण है यह कलारूप और उसमें प्रायः हास्यरस की प्रधानता होती है। लोकप्रिय कलारूप तुल्लल के उपज्ञाता कुंचन नंपियार हैं। उनका जीवनकाल ई. १७०५ से १७८० तक है। कुल मिलाकर पच्चास से अधिक उत्कृष्ट कृतियों के रचयिता हैं कुंचन नंपियार। रामकथा पर आधारित करीब दो दर्जन तुल्लल कृतियों की रचना उन्होंने की। अहल्यामोक्ष, ऐरावणवध, बालीविजय, कार्त्तवीर्यार्जुन विजय, हनुमदुत्भवं, सीतास्वयंवरं, बाल्युत्भवं, लंकामर्टनम, रावणोत्सवं, कुंभकर्णवध, आदि कृतियाँ रामकथा से बड़ी मात्रा में प्रभावित है। कुंचन नंबियार के अलावा कोटुंगल्लूर कोच्चुण्णि तंपुरान ने रामकथा पर आधारित आठ तुल्लल काव्यों की रचना की। उन्होंने सुंदरकाण्ड की विभिन्न घटनाओं को आधार बनाकर श्रेष्ठ तुल्लल काव्यों का प्रणयन किया। समुद्र लांघन, सीतादर्शन, सीता स्वांतन, तोरणयुद्ध, लंका दाह आदि घटनाओं को उन्होंने अपने तुल्लल काव्यों के लिए विषयवस्तु के रूप में स्वीकार किया। कंटियूर कुंजुवारियर द्वारा विरचित एक चर्चित तुल्लल काव्य है 'प्रतिप्रयाण'। रावण का वध करने के बाद राम सीता अयोध्या लौट आने का चित्रण उसमें हुआ है।

जाहिर है हिन्दी साहित्य देश की अन्य भाषाओं के समान मलयालम पर भी रामकथा का खूब प्रभाव पड़ा है। जिस प्रकार चन्द्रमा का प्रतिबिम्ब सागर, नदी, तालाब यहां तक कि कुएं के पानी में दीख पड़ता है। उसी प्रकार रामकथा का प्रभाव आकार में छोटी बड़ी कीर्तिओं में दर्शनीय है। यहां पर भी ध्यातव्य है कि जिस प्रकार चन्द्रमा का प्रतिबिम्ब मैले पानी में भी दीख पड़ता है उसी प्रकार निम्नस्तरीय कीर्तियों में भी रामकथा का चित्रण देखने को मिलता है। तात्पर्य है कि रामकथा पर आधारित सारी कीर्तियां उत्कृष्ट है यह कहना अनुचित होगा।

उपर्युक्त लघु अवलोकन के आधार पर निस्संदेह कहा जा सकता है कि रामकथा की महिमा आज भी पूर्ववत् बनी रहती है। जनजीवन का सर्वांगीण चित्रण रामकथा में दर्शनीय

है। उदाहरणार्थ, शंकालु पतियों द्वारा आज भी पत्नियों की उपेक्षा हो रही है। उसी प्रकार दूसरे की पत्नी पर आसक्त होने वाले लंपटों की संख्या भी कम नहीं है। अपने को निर्दोष साबित करने में असफल होकर स्वयं मृत्यु को वरण करने वाली पत्नियों की संख्या भी आज बढ़ रही है। मानवजीवन के समस्त पक्षों को ज्यों का त्यों प्रस्तुत करने वाली अमर रचना है रामायण। धर्म और अधर्म के बीच के घोर संघर्ष और धर्म की अंतिम विजय का चित्रण करने वाली रामकथा की महत्ता निरंतर बढ़ रही है। मलयालम साहित्य उस अमूल्य कृति से बेहद प्रभावित है। रामायण-साहित्य का अध्ययन कर जन-जन पुलकित हो रहे हैं। रामायण की तुलना कभी-कभी नारियल के पेड़ से किया जाता है। नारियल के पेड़ की कोई शाखा नहीं है; वह एकोन्मुख और ललित है। रामकथा भी अपेक्षतया ललित और एकोन्मुखी है। उसी तरह, नारियल के पेड़ के समस्त अंश उपयोगी हैं। रामकथा के समस्त भाग को मानव के लिए बेहद उपयोगी हैं। मानव जीवन अपूर्णता की ओर एक निरंतर सफर है। उस यात्रा में आलोक स्तंभ की भाँति रामकथा तथा उस पर आधारित रचनाएं मानव का पथप्रदर्शन कर रही है।

सन्दर्भ :

१. प्रोफेसर आर. एस. वर्मा जी : रामायणत्तिन्टे स्वाधीनं मलयाळत्तिल, वर्ष-१९८८, प्रकाशक-साहित्य प्रवर्तक सहकरण संघं, कोट्टयम, पृष्ठ-२५

२. डॉ० थॉमस पारक्कल : रामायणनाटकपर्यटनं, वर्ष-२०००, प्रकाशक-लाइफनेट क्रियेषन्स, कोट्टयम, पृष्ठ-३३।

•

तेलुगु की राम काव्य-परंपरा और रंगनाथ रामायण

डॉ० आई०एन० चंद्रशेखर रेड्डी

रामायण या रामकथा पर आधारित राम काव्य किसी एक भाषा में सृजित काव्य नहीं बल्कि वह समस्त भारतीय संस्कृति का संचित अक्षय कोश है। वह भारतीय जनजीवन की आचार संहिता है। भारतीय आदर्शों का प्रामाणिक दस्तावेज है। भारतीय जीवन से अनभिज्ञों के लिए वह मार्ग दर्शिका है। भारतीय मूल्यों का जीवनानुकूल विकसित अनुभव सार है। वह मानवीय आदर्श जीवन का भारतीयकरण है। साथ ही पौराणिक इतिवृत्त पर आधारित विष्णु के अवतार की दिव्य कथा भी है। रामायण कर्ता ने उसे दिव्य स्तर से उठाकर मानव जीवन के सर्वोच्च आदर्श के रूप में प्रतिष्ठित किया है। मानव जीवन के समस्त सुख-दुख, समस्त समस्याओं का रामकथा पर आरोप करके दिव्यात्मा राम उनमें से गुजरते हुए, मानवोचित समाधान प्रस्तुत करते हुए दिखाया गया है। इस रूप में रामायण समस्त मानव जीवन की समस्याओं का मानवोचित समाधान प्रस्तुत करता है। रामायण पाठकों को दिव्य लोक से उतार कर पृथ्वी पर खड़ा करता है। इसलिए अन्य पौराणिक कथाओं की तुलना में राम कथा मनुष्य मात्र के लिए अधिक प्रामाणिक एवं विश्वसनीय हो गया है। राजा-प्रजा, व्यक्ति-समाज, समस्त पारिवारिक संबंध आदि सभी जीवनानुकूल एवं अनुकरणोग्य रूप में रामायण में सृजित है। इस कारण से भी रामायण भारतीय संस्कृति का प्रतिबिंब ही माना जाता है।

आंध्र में आरंभिक काव्य महाभारत कथा पर आधारित अनूदित काव्य है। फिर भी रामकाव्य की जो प्रशंसा तेलुगु प्रदेश में हुई है वह अन्य काव्य को प्राप्त नहीं है। आंध्र दशरथ पुत्र राम के दिव्य पद-धूलि से पवित्र हुई पुण्य भूमि है। यह मान्यता है कि वनवास के समय राम का दंडकारण्य जीवन आंध्र में ही गुजरा है। आन्ध्र का 'भद्राचलम' प्रदेश ही इस का साक्ष्य प्रमाण है। आंध्र में रामकथा के विभिन्न साहित्यिक रूप प्राप्त होते हैं। आंध्र के रामायणों के उपजीव्य ग्रंथ वाल्मीकि रामायण है। वाल्मीकि ऋषि हैं। राम के साथ जीनेवाले पवित्र चरित्र हैं। वाल्मीकि ने रामकथा के बिखरे प्रसंगों को वेद, उपनिषद तथा पुराणों से प्राप्त किया है। साथ ही लोक जनता में विभिन्न रूपों में प्रचलित प्रसंगों को भी ग्रहण करके उसे अतिसुन्दर एवं मानवजीवनानुकूल काव्य बना दिया है। वाल्मीकि की दृष्टि में रामायण सिर्फ दुष्ट-मोचन करने वाले काव्य के रूप में नहीं बल्कि मानव जीवन के उच्चादर्श स्थापित करनेवाला काव्य है। वाल्मीकि ने रामायण में कथा कहने की शैली को भी इसी के अनुकूल बना दिया है। जन-जन में आदर्श की स्थापना करने के लिए उसे लव-कुश के माध्यम से जन-जन में प्रसारित किया है। मानवीय-आदर्शों के प्रचार के लिए इस से अलग सरल माध्यम हो ही नहीं सकता है। इसलिए प्रत्येक प्रदेश-देश की जनता ने

उस में अपने आदर्शों को ही देखा है। अपने जीवनानुकूल पाकर उसे अपना लिया है। अपनी आचार संहिता बना ली है। वाल्मीकि रामायण ने इस रूप में आसेतु-हिमाचल को प्रभावित किया है। इस में आंध्र भी अपवाद नहीं है। आंध्र के रामायण बाकी भाषाओं से एक सीढ़ी आगे है। आंध्र के कवि-लेखकों ने रामायण को विविध साहित्यिक रूपों में ढाल कर प्रस्तुत किया है। निम्न सूची इस का साक्ष्य प्रमाण प्रस्तुत करती है। काव्य-रूप को आधार बनाकर तेलुगु में प्राप्त होने वाले रामायणों को निम्न कोटियों में रखा जा सकता है।

१.	पद्य रामायण	भास्कर रामायण, मोल्ल रामायण, रघुनाथ रामायण, गोपिनाथ रामायण, आंध्र वाल्मीकी रामायण, आंध्र श्रीमद्रामायण, श्रीकृष्ण रामायण, रामायण कल्प वृक्ष, निर्वचनोत्तर रामायण, उत्तर रामायण आदि।
२.	द्विपद रामायण	रंगनाथ रामायण, कट्टा वरदराज रामायण आदि।
३.	प्रबंध काव्य	रामाभ्युदय आदि।
४.	अनेकार्थी काव्य	राघव पांडवीय आदि।
५.	शुद्ध तेलुगु काव्य	शुद्ध तेलुगु रामायण आदि।
६.	चित्र काव्य	निरोष्ठ्य रामायण आदि।
७.	उदाहरण काव्य	सीता कल्याण, लक्ष्मण विजय आदि।
८.	राम महिमा काव्य	सीता रामांजनेय संवाद आदि।
९.	शतक काव्य	रघुवीर शतक, दाशरथी शतक आदि।
१०.	यक्षगान	सुग्रीव विजय आदि।
११.	गद्य काव्य	कुशलवोपाख्यान आदि।
१२.	नाटक	उत्तररामायण का अनुवाद, पादुका पट्टाभिषेक आदि।
१३.	गीति काव्य	शारद रामायण, धर्मपुरि रामायण, संक्षेप रामायण आदि।
१४.	आलोचना	रामायण विशेष, षोडशि रामायण रहस्य, रामायण चरित्र, भास्कर एवं रंगनाथ रामायण की भूमिकाएँ आदि।

तेलुगु में विविध काव्य रूपों में रचित ये रामायण यह स्पष्ट करते हैं कि तेलुगु प्रदेश में रामायण अत्यंत लोकप्रिय है। उस की यह विविधता किसी और भारतीय भाषा में देखी नहीं जा सकती है।

१. आंध्र में रामायण की लोकप्रियता

बड़ी संख्या में ही नहीं अत्यंत गहराई के साथ आंध्र के जीवन में जुलमिल जाने से राम काव्य अपना सानी नहीं रखते हैं। इस के कई कारण हैं। रामायण सर्वोच्च सामाजिक, धार्मिक एवं राजनीतिक आदर्शों का प्रामाणिक ग्रंथ है। उस में सर्वोच्च मानव-जीवन विधान का पट्टाभिषेक किया गया है। उस में अर्थ, काम, मोक्षादि का यथा संभव सरल उद्घाटन किया गया है। धर्म के अनुसार धर्म, अर्थ, काम और मोक्ष आदि के पालन से होने वाले

मंगल भविष्य की स्थापना इसमें स्पष्ट की गयी है। इस के साथ ही पारिवारिक जीवन से संबंध रखने वाली रागात्मकता, आत्मीयता, माता-पितृ भक्ति, भातृ प्रेम, वृद्धों की सेवा, मैत्री आदि की सर्वोच्च स्थापना रामायण में की गयी है। समस्त सद्गुणों से मंडित राम के चरित्र वर्णन से इन में सभी आदर्शों की प्रतिष्ठा हुई है। परंपरा के अनुसार चले आ रहे मानवादर्शों को रामायण समर्थन करता है। साथ ही उनकी वकालत करके सामाजिक जीवन को पुष्ट बनाता है। दुष्टों का नाश, शिष्टों की रक्षा, सत्य वचनों का पालन, एक पत्नी व्रत, पातिव्रत्य, क्षमा, दया, शरणागति आदि उदात्त मूल्यों की शिक्षा भी रामायण देता है। रामायण के सभी पात्र मानव जीवन के उच्चादर्श पात्र हैं। रामायण में वेदों से कीर्तिमान साक्षात देवादेव श्री महाविष्णु राम बनकर अवतरित हुए हैं। वेद धर्म की रक्षा करने वाले हैं। वेद रूपी राम भी धर्म की रक्षा हेतु ही राम बने हैं। रामायण धर्म का पालन करने वाले राम का तथा काम को ही मुख्य मानकर समस्त अधर्मों का पालन करने वाले रावण के जीवन की तुलना करके प्रस्तुत करता है। साथ ही पुरुषार्थ की महिमा का गायन करता है। इसी वजह से रामायण सर्वजन रंजक हुआ है।

युग युगों से मनुष्य समाज में ही जी रहा है। अपने वैयक्तिक जीवन के साथ अनेक सामाजिक प्रयोजनों को निभाते हुए वह अपने जीवन को धन्य बना रहा है। इस के लिए कभी-कभी अपने कुछ वैयक्तिक सुखों को भी उसे त्यागना पड़ता है। इसे भी वह सहर्ष करता आया है। इस से अलग अपने सुख के लिए समाज को अहित पहुंचाने वाले राक्षस माना जाता है। राम ने समाज के सुख के लिए राज्य के सुख के लिए उच्च मानवीय आदर्शों के लिए अपने वैयक्तिक सुखों को त्याग दिया है। रामायण राम की इस कथा को ही उच्च स्वर में गाता है। वैयक्तिक हित से ज्यादा सामाजिक हित बड़ा होता है, यही आदर्श रामायण प्रस्तुत करता है। रामायण प्रत्येक मानव में यही चेतना पैदा करने की कोशिश करता है। मनुष्य मात्र के लिए प्रति इसी मंगल कामना की वजह से रामायण युग निरपेक्ष मनुष्यों का चरमादर्श बन गया है। रामायण मनुष्य को व्यक्ति के रूप में, नागरिक के रूप में तथा पारिवारिक सदस्य के रूप में कैसे जीना है, आदर्श की स्थापना करता है। रामायण लौकिक कर्मों का समर्थन करता है। वह चतुर्विध पुरुषार्थों का भी समर्थन करता है। इस रूप में रामायण मनुष्य को धर्म मार्ग पर चलने के लिए प्रोत्साहित करने वाली साहित्यिक कृति है। इसी महोन्नत आदर्श के कारण ही रामायण आंध्र में अत्यंत लोकप्रिय हुआ है। अपने वैशिष्ट्य के बावजूद निम्न रामायणों ने आंध्र की जनता को अत्यधिक प्रभावित किया है। आंध्र के रामायणों के लिए उपजीव्य ग्रंथ वाल्मीकि रामायण ही है। आंध्र में प्रचलित अनेक रामायण इस मूल रामायण के अनुसार ही सृजित हैं। साथ ही ऐसे भी रामायण तेलुगु में प्राप्त होते हैं जिन में अवाल्मीकि अंश अधिक हैं। निम्न विवेचन इस बात की पुष्टि प्रस्तुत करता है।

१. **रंगनाथ रामायण :-** सब से प्राचीन रामायण माना जाता है। द्विपद छंद में लिखा गया है। लगभग सन् १२८० में लिखा गया माना जाता है। यह गोना बुद्धा रेड्डी प्रणीत माना जाता है। इस के विरोध में कई विचार प्रकट किए गए हैं। इस में कई अवाल्मीकि अंश प्राप्त होते हैं।

२. **भास्कर रामायण :-** सन् १४वीं सदी में लिखा गया पद्यबद्ध रामायण है। यह चंपू शैली में रचा गया है। इस में अरण्यकांड तथा युद्धकांड में कुछ भाग हुलक्की भास्कर

के द्वारा, बाल, किष्किंधा, सुंदरकांड को उनके पुत्र मल्लिखार्जुन भट्ट, अयोध्याकांड उनके शिष्य कुमार रुद्रदेव के द्वारा, युद्धकांड का उत्तर भाग उनके मित्र अयूयलार्य के द्वारा रचा गया, माना जाता है। इस में भी बड़े पैमाने में अवाल्मीकि अंश देखे जा सकते हैं।

३. **मोल्ल रामायण :-** मोल्ल रामायण भी चंपू शैली में लिखा गया पद्यबद्ध काव्य है। इस की लेखिका आतुकूरि मोल्ल है। यह प्रबंध युग में अत्यंत लोकप्रिय हुआ है। कवइत्री का जीवन काल विवादास्पद है। मुख्यता श्री कृष्णदेवरायल के युग की तथा सन् १३, १४ वीं सदी की मानी जाती है। महाकवि पोतना की तरह यह माना जाता है कि रामायण लिखने की प्रेरणा इन्हें साक्षात राम से प्राप्त हुई है। कुछ परिवर्तनों के होते हुए भी यह वाल्मीकि रामायण का अनुसरण ही करता है।

४. **उत्तर रामायण :-** तेलुगु में दो प्रमुख उत्तर रामायण प्राप्त होते हैं। रंगनाथ कर्ता गोना बुद्धा रेड्डी के पुत्र काच विभुडु तथा विट्ठल विभुडु ने मिलकर उत्तर रामायण नाम से काव्य लिखा। ये दोनों कवि १४वीं सदी के माने जाते हैं। दूसरा कंकंटि पाप राजु के द्वारा लिखा गया उत्तर रामायण है। ये आन्ध्र के नेल्लूरू जिले के हैं। यह पद्य काव्य है। इन्होंने प्रबंध काव्य शैली को ही अपनाया है। यह काव्य १६ बीं सदी का माना जाता है।

५. **रामाभ्युदय :-** इसका कवि अय्यलराजु रामभद्र कवि हैं। रामाभ्युदय एक प्रबंध काव्य है। कवि ने सन् १५१४ में अलिय रामराजु के भानजे गोब्बूरि नरसराजू को इसे समर्पित किया है। इस में भी कई अवाल्मीकी अंश दिखाई पड़ते हैं।

६. **रघुनाथ रामायणमु :-** इसका कवि तंजावूर के राजा रघुनाथ नायक हैं। इनका समय सन् १५३५ से १६७३ तक माना जाता है। इस के बालकांड के २६ पद्य मात्र प्राप्त होते हैं।

७. **कट्टा वरदराज रामायण :-** इसका कवि कट्टा वरदराजु हैं। इनका समय सन् १७वीं सदी माना जाता है। यह वाल्मीकि के अनुसरण पर लिखा गया है। यह एक द्विपद काव्य है। इस में रंगनाथ रामायण के उद्धरण प्राप्त होते हैं।

८. **अच्च तेलुगु रामायण :-** रंगनाथ रामायण के बाद यह आंध्र में अधिक प्रचलित हुआ है। कवि सार्वभौम उपाधि प्राप्त कूचिमंचि तिम्मकवि इसके लेखक हैं। इनका समय १८वीं सदी माना जाता है। पूरा रामायण छः कांडों में है।

९. **गोपिनाथ रामायण :-** यह आधुनिक रामायण है। कवि श्री गोपिनाथ वेंकट कवि है। इनका समय १९वीं सदी माना जाता है।

१०. **श्रीमदांध्र वाल्मीकि रामायण :-** यह भी आधुनिक काल में रचा गया है। इसके कवि श्री वाविल कोलनु सुब्बाराव हैं। यह वाल्मीकि के अनुसरण में लिखा गया है। अवाल्मीकी अंश भी इस में प्राप्त होते हैं।

११. **श्रीमद्रामायण कल्प वृक्ष :-** इसके कवि श्री विश्वनाथ सत्यनारायण हैं। इन को ज्ञानपीठ पुरस्कार प्राप्त है। यह आधुनिक काल में अत्यंत लोकप्रिय हुआ पद्य काव्य है।

१२. **आनंद रामायण** :- संस्कृत के आनंद रामायण को तेलुगु के गुंडु लक्ष्मण कवि ने अनुवाद किया है। श्री नूतलपाटि पेर राजु ने इस का गद्य में अनुवाद किया है।

१३. **आध्यात्म रामायण** :- संस्कृत आध्यात्म रामायण का श्री कंचर्ल शरभ कवि, काणादमु सोमयाजि, मामिडन्न सुभद्रांबा, बुलुसु वेंकटेश्वर्लू ने तेलुगु में अनुवाद प्रस्तुत किया है।

१४. **गद्य रामायण** :- श्री वाविल्ल रामस्वामि शास्त्री, देवराज सुधि, नोरि गुरुलिंग शास्त्री, दोड्ड वेंकट रामि रेड्डी, सरस्वतुल सुब्बराम शास्त्री, मोडेपर्ति गुन्नय्या, श्रीपाद सुब्रमण्य शास्त्री, पुरिपंडा अप्पल स्वामी, उषाश्री आदि ने सरल गद्य में रामायण का तेलुगु में अनुवाद किया है।

१५. **गीति रामायण** :- श्री एम.एस. रामाराव ने रामायण को गीति काव्य के रूप में रचा है। स्वयं इसे गाया भी है। यह आंध्र में अत्यंत प्रचलित हुआ है।

स्पष्ट है कि आंध्र के कवियों ने रामायण रचने में कोई कसर नहीं छोड़ी है। अपने प्रदेश में प्रचलित विविध प्रसंगों को इस में जोड़कर रामायण को एक सरस काव्य बनाया है। फिर भी रंगनाथ रामायण, भास्कर रामायण, मोल्ल रामायण तथा श्रीमद्रामायण कल्प वृक्ष आदि ही आंध्र में अधिक प्रचलित हुए हैं।

२. रंगनाथ रामायण का कवि

तेलुगु में अत्यंत प्रचलित और अत्यंत प्राचीन रंगनाथ रामायण का कवि गोना बुद्धा रेड्डी हैं। परन्तु इस के संदर्भ में अनेक वाद-विवाद हैं। मौलिक एवं सर्वतर्क विवरण के अभाव में अब भी यह विषय मतभेद का बना हुआ है। कवि के संदर्भ में पहला संदेह इसलिए प्रकट किया जाता है कि तेलुगु में सामान्यतया कवि के नाम से रामायण का नाम जोड़कर प्रयोग किया जाता है। यह प्रवृत्ति तमिल, बंगला, मराठी आदि भारतीय भाषाओं में भी देखी जा सकती है। जब कि गोना बुद्धा रेड्डी रामायण की जगह यह रामायण 'रंगनाथ रामायण' नाम से लोकप्रिय है। इसलिए सहज ही आलोचक इसे मानने के लिए तैयार नहीं है कि कोई रंगनाथ नामक व्यक्ति इसके कवि हो सकते हैं। परन्तु इस का विरोध अनेक आलोचकों ने किया है। इस सन्दर्भ में व्यक्त तर्क-वितर्कों को प्रस्तुत करना उचित लगता है। काव्य के आरंभ में इस का उल्लेख गोना बुद्धा रेड्डी ने किया है कि उन्होंने अपने पिताजी विट्ठलनाथ के नाम से यह रामायण रचा है। परन्तु इस का उल्लेख कहीं भी मिलता है कि उनका नाम रंगनाथ था। परन्तु काव्य का नाम 'रंगनाथ रामायण' पड़ गया। आलोचकों के एक वर्ग का विचार है कि किसी रंगनाथ नामक कवि ने इसे लिखा है। इस वर्ग में श्री राल्लपल्लि अनंतकृष्ण शर्मा, वेटूरि प्रभाकर शास्त्री, जनमंचि शेषाद्रि शर्मा, बंडारू तम्मप्पा आदि शामिल हैं। परन्तु सी.पी. ब्रौन, पिंगलि लक्ष्मीकांतम, आचार्य जी, नागय्या आदि ने गोना बुद्धा रेड्डी को ही रंगनाथ रामायण का कवि माना है। काव्य में तो इस का मुख्य रूप से उल्लेख है। परन्तु नामाकरण में परंपरा संबंधी विषमता है। काव्य ग्रहण करने वाले के नाम से कृति का नामकरण परंपरा विरोधी माना जाता है। कवि के नाम से कृति का नामकरण परंपरानुसरण माना जाता है। इस के विरोध में समर्थकों ने कुछ तर्क दिये हैं। वे इस प्रकार हैं। गोना बुद्धा रेड्डी जी के पिताजी का पूरा नाम (जिनके नाम से गोना बुद्धा रेड्डी ने अपने रामायण को समर्पित किया है।) पांडुरंग विट्ठलनाथ रहा होगा।

(विट्ठल महाराष्ट्र के पंडरीपुर में प्रचलित पाडुरंग विट्ठल नाथ का नाम) इसलिए अंकित करने के बाद इस का नाम रंगनाथ रामायण पड़ गया होगा।

पिंगली लक्ष्मीकांतम जी के अनुसार आरंभ से ही इस का नाम रंगनाथ रामायण था। न कि बाद में इस का नाम इस रूप में प्रचलित हो गया। श्री सी.पी. ब्रौन ने भी इस का समर्थन किया है। उनके अनुसार "This translation of Ramayana is always attributed to a poet named Ranganatha, but his name is no where mentioned in the book; while it is asserted in each volume that the author was Buddha Raj, who wrote it at the desire of his father Vittal Raj." इस के अतिरिक्त आचार्य जी, नागय्या जी ने अपने तर्क इस दिशा में प्रस्तुत किए हैं। गोना बुद्धा रेड्डी ही रंगनाथ हैं। गद्दी पर बैठने के पहले उनका नाम गोना बुद्धा रेड्डी था। परन्तु गद्दी पर बैठने के बाद उन्होंने अपना नाम रंगनाथ के रूप में बदल लिया था। यह भी है कि राजा बनने के पहले ही उन्होंने रामायण रचा होगा। जो राजा बनने के बाद उनके नाम से लोकप्रिय हुआ होगा। क्यों कि राजा के द्वारा दो-दो नाम रखना सहज ही था। उनके पिताजी के भी दो नाम इतिहास में प्राप्त होते हैं।

राल्लपल्लि अनंतकृष्ण शर्मा यह मानते हैं कि रंगनाथ नाम से कोई कवि रहा होगा। उन्होंने रामायण लिखकर अपने समय के राजा गोना बुद्धा रेड्डी के नाम से अंकित किया होगा। इस की जानकारी मिलने पर तत्कालीन पंडितों ने मूल की पहचान करके रंगनाथ के नाम से ही इसे प्रचार किया होगा। आगे इस विषय पर शोधाध्ययन हुए हैं। रंगनाथ नामक कवि की पहचान करने की कोशिशें भी हुई हैं। बंडारू तम्मय्या नामक आलोचक ने इसे स्पष्ट किया है कि चक्रपाणि रंगनाथ, जो वीर शैव हैं, रंगनाथ रामायण के कवि हैं। लेकिन गहराई से एवं दार्शनिक दृष्टि से विचार करने पर इस के विरोध में तर्क प्राप्त होते हैं। चक्रपाणि रंगनाथ पाल्कुरिकि सोमनाथ के समकालीन हैं। वे भी उनके शिष्य हैं। ऐसे में अपने गुरू से परादस्त होने के बाद इस वैष्णव ग्रंथ को लिखा है, यह मानना भी उचित नहीं होगा। यहाँ एक और तर्क दिया जाता है कि वीर शैव में दीक्षा लेने के पहले चक्रपाणि वैष्णव थे। फिर भी वैष्णव विशिष्टाद्वैत सिद्धांत का अनुसरण करते हैं। यह शिव-केशव के अभेद को नहीं मानता है। इसलिए दार्शनिक दृष्टि से परखने पर विशिष्टाद्वैती चक्रपाणि के द्वारा न होकर अद्वैती गोना बुद्धा रेड्डी के द्वारा ही यह लिखा गया है, मानना अधिक तर्क संगत लगता है। इसकी पुष्टि इससे भी होती है कि विशिष्टाद्वैती चक्रपाणि के द्वारा अहोबिल (कर्नूलजिला, आंध्र प्रदेश में स्थित लोकप्रिय नृसिंह मंदिर) यात्रा के दौरान बीच में श्री शैल (लोकप्रचलित शैव मंदिर) के शिखर के दर्शन हो जाने के डर से अपनी आंखें बंद रखने की बात कही जाती है। यह उनके कट्टर वैष्णव घोषित करता है। ऐसे कट्टर वादी अपने रामायण में शिवलिंग की प्रतिष्ठा की बात कैसे लिख सकता है ? यह कुछ असंभव सा लगता है। अतः गोना बुद्धा रेड्डी राजा ने ही गद्दी पर बैठने के पहले ही इसे लिखा होगा। तथा गद्दी पर बैठने के बाद अपने नाम बदलने के कारण बदले हुए नाम के साथ इस का नाम रंगनाथ रामायण पड़ा होगा। यही मत आज आंध्र में अधिक प्रचलित है।

३. रंगनाथ रामायण का कथा-वैशिष्ट्य

भारतीय भाषाओं में लिखे गए रामायणों का उपजीव्य ग्रंथ वाल्मीकि रामायण है। भारतीय भाषाओं के कवियों ने अपने देश और काल के अनुसार वाल्मीकि रामायण में

परिवर्तन करके उनको नया रूप दिया हैं। कहीं मूल के साथ कहीं मूल से अलग प्रसंग-पात्र आदि का सृजन उन्होंने किया है। ये परिवर्तन प्रदेश विशेष के वैशिष्ट्य को परावर्तित करते हैं। साथ ही वाल्मीकि रामायण को और जनरंजक बनाने के मार्ग को सुगम बनाते हैं। रंगनाथ रामायण वाल्मीकि रामायण की तरह अनेक कांडों में रचा गया द्विपद (दो चरणों वाले छंद) काव्य है। कवि ने सहज ही इस में सहज भाषा का प्रयोग किया है। साथ ही अनेक जन प्रचलित विविध प्रसंगों को यथोचित प्रयोग किया है। अतः रंगनाथ रामायण वाल्मीकि रामायण पर आधारित होते हुए भी अनेक मौलिक प्रसंग और मौलिक उद्भावनाओं के साथ जन रंजक बना है। इस में कोई संदेह नहीं है कि वाल्मीकि के द्वारा रचित रामायण ही अधिक प्रामाणिक है। क्योंकि वाल्मीकि और राम समकालीन थे। रामायण के अरण्यकांड के प्रसंग से इस की पुष्टि होती है। इस से बढ़कर वाल्मीकि ने रामायण रचकर उसे लव-कुश के द्वारा प्रचारित करवाया, यह भी माना जाता है। ऐसे में वाल्मीकी से अलग कथा रचना करना अप्रामाणिक माना जायेगा। परन्तु बाद के कवियों ने अपने तर्क-वितर्क तथा सूक्ष्म निरीक्षण से नये-नये प्रसंगों को जोड़कर रामायण को और रसात्मक बनाया है। ये भी वाल्मीकि के पूरक ही हैं। न कि वाल्मीकि के विरोध में कुछ रचा गया है। कहीं-कहीं स्थानीय संस्कृति के अनुसार प्रसंगों को तोड़ा मरोड़ा गया है। ये उक्त रामायण के वैशिष्ट्य के रूप में ही सामने आते हैं। रंगनाथ रामायण में भी ऐसे वैशिष्ट्य अनेक प्राप्त होते हैं। वैशिष्ट्य संबंधी कुछ मौलिक प्रसंग नीचे दिये जा रहे हैं। सुविधा के लिए इन्हें 'काण्ड' के आधार सजाया गया है।

१. बालकाण्ड :

वाल्मीकि रामायण में वाल्मीकि नारद से ऐसे पुरुष की कथा सुनाने के लिए कहते हैं जो अत्यंत धर्मात्मा, सत्यवाचक, सर्वगुणसंपन्न और वीर है। रंगनाथ रामायण में भी वाल्मीकि ऐसा ही प्रश्न करते हैं। परन्तु प्रश्न दूसरे ढंग से किया गया है कि ऐसे पुरुष का जन्म क्या हुआ है या होने वाला है। जवाब में नारद दशरथ की कथा सुनाते हैं। वाल्मीकि रामायण में गौतम मुनि अहल्या को यह शाप देते हैं कि अनेकों वर्षों तक तुम आहार हीन होकर हवा को ही खाकर तड़पती हुई, दूसरे लोगों को अदृश्य होकर धूलि धूसरित होकर पड़ी रहो। जब दशरथ का पुत्र इस आश्रम में आवेगा तब तुम पापरहिता बनकर पवित्र बन जाओगी और तुम्हारा शाप विमोचन होगा। राम का सम्मान करके तुम सम्मानित होगी। इस रूप में कहीं भी वाल्मीकि ने अहल्या को पत्थर बन जाने का शाप नहीं दिया है। क्योंकि पत्थर बनने से अपने पाप का दंड भोगने का अवसर उसे प्राप्त नहीं होगा। इसलिए अहल्या का पत्थर बन जाना तथा राम पदचालन से फिर वह स्त्री बन जाना वाल्मीकि रामायण में दिखाई नहीं पड़ता है। लेकिन रंगनाथ रामायण में कवि ने अहल्या को पाषाण बनाया है। फिर राम चरण स्पर्श से उन्हें निज रूप हुआ है।

मंथरा के प्रसंग को भी रंगनाथ रामायण कर्ता ने जोड़ा है। बचपन में एक बार राम लक्ष्मण समेत गेंद खेलते समय मंथरा ने उनकी गेंद को पकड़कर दूर कहीं फेंक दिया। इस से कुपित होकर राम ने अपने हाथ की लकड़ी से मंथरा के पैर पर मारा। मंथरा के पैर पर चोट आयी। उस ने कैकेयी से इसकी शिकायत की। बच्चों को अनुशासन में रखने के

लिए दशरथ ने इस प्रसंग के बाद उन्हें गुरू के यहां पढ़ने के लिए भेजा। बचपन के इस प्रसंग के कारण मंथरा के मन में राम के प्रति प्रतिशोध की भावना जागी। यह प्रसंग वाल्मीकि रामायण में नहीं है। परन्तु तेलुगु के कवि ने लोकप्रचलित इस प्रसंग को ग्रहण किया। सीता और राम के वनवास के लिए आवश्यक एक सरल तर्क का सृजन किया है। इस के अतिरिक्त बालकांड में दशरथ के चरित्र को लेकर, कुमारस्वामी के जन्म संबंधी विचार, क्षीरसागर मंथन संबंधी कथा, शिव धनु तोड़ते समय शिवधनु की कथा आदि मौलिक उद्‍भावनाएँ रंगनाथ रामायण में दिखाई पड़ती हैं।

२. अयोध्याकांड :

काकासुर वध संबंधी रंगनाथ रामायण में दिखाई पड़ती है, जो वाल्मीकि रामायण में नहीं है। जब कि वाल्मीकि रामायण में इस का उल्लेख सुन्दर कांड में है। रंगनाथ रामायण के सुन्दरकांड में भी इस का उल्लेख मात्र है। मूल कथा तो अयोध्याकांड में चित्रित हुई है। इस से गोना बुद्धा रेड्डी के कथा-संघटन प्रतिभा का पता चलता है। शंबरासुर वध संबंधी प्रसंग में भी एक मौलिक उद्धावना दिखाई पड़ती है। मंथरा कैकेयी से दशरथ के द्वारा दिए गए वरदानों को याद दिलाती है। शंबरासुर के साथ हुए युद्ध की याद दिलाती है। इंद्र के लिए दशरथ ने शंबरासुर से युद्ध किया था। रात हो गयी थी। रात में राक्षस ने अनेक माया-कार्य किये थे। धवलांग मुनि की सहायता से प्राप्त शिक्षा के बल पर कैकेयी ने उस राक्षस को मारा। रंगनाथ रामायण में इस का चित्रण है। वाल्मीकि रामायण में धवलांग मुनि का उल्लेख नहीं है। उस की दया से कैकेयी ने कोई विद्या नहीं सीखी। राक्षस के साथ युद्ध करते समय बेहोश हुए दशरथ की रक्षा करने हेतु उसे रथ पर दूर ले गयी। इस रूप में धवलांग की कथा अवाल्मीकि अंश है। उसी रूप में उर्मिला की नींद संबंधी घटना भी अवाल्मीकि अंश ही है। लक्ष्मण के द्वारा १४ साल नींद को त्यागने का उल्लेख वाल्मीकि रामायण में नहीं है। रंगनाथ ने इसे लोक जनता से प्राप्त किया है। लक्ष्मण वनवास के समय उर्मिला चौदह साल पूरा सोयी पड़ी थी। यह रंगनाथ रामायण की मौलिक उद्‍भावना ही है। श्रावण कथा में भी रंगनाथ ने श्रावण का नाम यज्ञदत्त रखा है। कौसल्या के पश्चाताप का प्रसंग रंगनाथ रामायण में दशरथ की मृत्यु के बाद है। राम को वनवास भेजने के कारण उसने दशरथ की निंदा की थी। इसे स्मरण करके कौशल्या पश्चाताप करती है। वाल्मीकि रामायण में दशरथ की मृत्यु के पहले ही दशरथ के द्वारा अपने शाप के बारे में बताने के पहले ही दशरथ की निंदा करने से पश्चाताप करती है।

भरत के युवराज के रूप में गद्‍दी पर बैठते समय की भी रंगनाथ रामायण में एक मौलिक उद्‍भावना है। इस में भी वनवास करने वाले राम से भरत प्रार्थना करता है कि वे आकर गद्‍दी संभाल लें। राम तब पिताजी की आज्ञा का उल्लेख करते हुए एक और मौलिक बात कहते हैं। कैकेयी के विवाह के अवसर कैकेयी के पिताजी ने दशरथ से एक शर्त रखी थी कि कैकेयी की कोख से जन्म लेनेवाले को ही गद्‍दी पर बैटने का अवसर दिया जायेगा। यह प्रसंग वाल्मीकि रामायण में नहीं है। परन्तु रंगनाथ रामायण में युवराज के रूप में राम को गद्‍दी पर बिठाते समय दशरथ राम से कहते हैं कि इस समय भरत गांव में नहीं है उसके लौटने पर यह कहा नहीं जा सकता है कि उस के मन में क्या है ?

अतः उस के आने के पहले ही गद्दी संभाल ले। यह कहकर दशरथ राम को गद्दी पर बिठाते हैं।

३. अरण्यकांड :

कांड विभाजन में कवि ने काफी आजादी ली है। इस कांड में वर्णित अत्रि आश्रम का वर्णन वाल्मीकि रामायण में तथा भास्कर रामायण में अयोध्याकांड में ही है। परन्तु रंगनाथ रामायण में यह अरण्यकांड में है। उसी प्रकार वाल्मीकि रामायण के सुन्दरकांड के हनुमान के महेंद्र पहाड़ से सागर लांघने के प्रसंग से लेकर मैनाक के द्वार आतिथ्य, सुरसा की परीक्षा, सिंहिका का ग्रहण जैसे प्रसंग किष्किंधाकांड में ही वर्णित हुए हैं। इन को देखने से पता चलता है कि रंगनाथ रामायण के कवि ने मूल के अनुसार न होकर स्वतंत्र ढंग से कांड विभाजन किया है। रंगनाथ रामायण के अरण्यकाण्ड में जंबुमालि वृत्तांत है। जो अवाल्मीकि प्रसंग है। यह भास्कर रामायण में भी दिखाई पड़ता है। जंबुमाली शूर्पणखा का पुत्र है। इस के संहार से कुपित होकर बदला लेने के लिए वह राम-लक्ष्मण के पास आती है। वाल्मीकि तथा अन्य रामायणों में सिर्फ राम से मोहित होकर आने की बात कही गयी है। रंगनाथ रामायण के कवि की यह मौलिक कल्पना अधिक औचित्य पूर्ण लगती है। इसके अतिरिक्त राम की अनुपस्थिति में सीता के अपहरण के संदर्भ में लक्ष्मण रेखाओं का उल्लेख भी रंगनाथ रामायण में चित्रित हुआ है।

४. किष्किंधाकांड :

बालि संहार के प्रसंग में मरूत्तडु नामक मुनि पहले ही सुग्रीव से सत्पताळ वृक्षों को एक ही बाण से काटने वाले व्यक्ति के हाथों बालि मारा जाएगा, कहा गया है। यह भी अवाल्मीकि प्रसंग है। इसी प्रसंग में सप्त ताळ वृक्षों को एक बाण से काटने पर उनके अंदर से एक स्त्री बाहर निकलती है। दुर्वासा मुनि के द्वारा शापग्रस्त इस स्त्री सा सुन्दर कहानी यहाँ सृजित की गयी है। यह भी अवाल्मीकि प्रसंग ही है। इस के अतिरिक्त इस कांड में रावण के कैद में रहने वाली सीता को चंद्र के द्वारा अमृत्तान्न खिलाने का चित्रण है। इस की वजह से साल भर बिना कुछ खाये सीता रह पायी हैं। रंगनाथ रामायण में पाया जाने वाला यह भी एक अवाल्मीकि प्रसंग ही है।

५. सुन्दरकांड :

लंका प्रवेश के पहले ही हनुमान लंखिनि नामक राक्षस-स्त्री का संहार करते हैं। मरते समय लंखिनि की स्मृति के रूप में इस का उल्लेख किया जाता है कि बहुत पहले ब्रह्मा ने कहा था कि जिस दिन उस की मृत्यु किसी बानर के हाथ से होगी उस दिन लंका का नाश होगा। इसी का स्मरण करती हुई लंखिनि मर जाती है। उसके बाद ही हनुमान लंका प्रवेश करते हैं। यह प्रसंग भी अवाल्मीकि है। दक्षिण में प्रत्येक गांव की रक्षा के लिए ग्रामीण देवता की कल्पना की गयी है। यह प्रसंग इसी का समर्थन करता है कि लंका नगर की रक्षा लंखिनि नामक देवता करती थी। इस के अतिरिक्त इस कांड में पुष्पक विमान का, सीता की खोज के समय हनुमान की मानसिक स्थिति, चूड़ामणि प्रदान की घटना, अक्षय कुमार

का वध, मधुवन का प्रसंग आदि रंगनाथ रामायण में विशिष्ट रूप में चित्रत हुए हैं जो अवाल्मीकी प्रसंग हैं।

६. युद्धकांड :

विभीषण के राज्य बहिष्कार का प्रसंग वाल्मीकि से भिन्न है। रंगनाथ रामायण में रावण भरी सभा में विभीषण को लात मारता है। दूसरे सामंतों की सहायता से विभीषण बच जाता है। उस के बाद विभीषण अपनी माँ के पास जाता है। माँ के उपदेश पर वह राम की शरण में जाता है। यह भी अवाल्मीकी प्रसंग ही है। रंगनाथ रामायण में दिखाई पड़नेवाला तथा पूरे आंध्र में प्रचलित प्रसंग गिलहरी की भक्ति का प्रसंग है। आंध्र में यह 'उडुता भक्ति' के रूप में प्रचलित है। राम के द्वारा सेतु बंधन करते समय अनेक वानरों के साथ-साथ एक गिलहरी ने भी भाग लिया है। एक गिलहरी सागर के पानी से अपने शरीर को गीला करके अपने शरीर पर रेत लगाकर ले जाकर उसे सेतु पर डालती है। इस रूप में वह सेतु बंधने में पूरी निष्ठा के साथ राम की मदद करना चाहती है। अत्यंत अल्प रूप में ही सही वह पूरी भक्ति एवं श्रद्धा के साथ राम की सहायता करती है। फलतः राम उसे पास बुलाकर उसके पीठ पर अपनी उंगलियाँ फेरते हैं। गिलहरी के पीठ पर तब से तीन रेखाएँ बन गयी है। आंध्र में उडुता भक्ति (तेलुगु में उडुता का मतलब गिलहरी है।) के रूप में प्रसिद्ध है। सेतु बंधन में ही राम की सहायता करने वाले नल की पूर्व कथा भी अवाल्मीकी प्रसंग है। बचपन में नल पशुकण्व नामक मुनि के आश्रम में रहा करता था। आश्रम की सारी चीजें सागर में डालकर सब को परेशान करता था। एक दिन मुनि ने शाप दिया कि उसके द्वारा फेंकी गयी कोई भी चीजें पानी में नहीं डूबेगी। यही शाप राम के लिए वरदान सिद्ध होता है। नल की सहायता से राम सेतु बंधन में सफल हो जाते हैं। यह भी अवाल्मीकी प्रसंग है।

सुलोचना का प्रसंग भी अत्यंत महत्वपूर्ण अवाल्मीकी प्रसंग है। सुलोचना इंद्रजीत की पत्नी और आदि शेष की बेटी हैं। वह परम पतिव्रत है। इंद्रजीत की मृत्यु का समाचार सुनकर वह अतिदुखी होती है। पति को दी गयी शिक्षा के बारे में भी सोचती है। बेटों को विभीषण के पास भेजती है। स्वयं अपने ससुर रावण के पास जाकर पति की लाश को लाने की बात कहती है। क्योंकि वह पति के साथ सती होना चाहती है। परन्तु रावण अपनी अशक्तता प्रकट करता है कि वह लाश को नहीं ला सकता है। तब सुलोचना अनुमति मांगती है कि वह स्वयं युद्ध क्षेत्र में जाकर इंद्रजीत की लाश को लाये। अनुमति प्राप्त करके वह राम के पास जाती है। पति-भिक्षा मांगती है। राम इंद्रजीत को पुनर्जीवित करने को उद्यत होते हैं तो बीच में हनुमान उन्हें रोकते हैं। बीच में सुग्रीव उससे बोलती है कि अगर तुम पतिव्रता हो तो अपने पति से बात कर सकती हो। तब सुलोचना पति से बोलते हैं। इंद्रजीत आंखें खोलकर बताता है कि तुम्हारे पिताजी ने ही मुझे मारा है। कोई दूसरा मुझे मार नहीं सकता है। यह कहकर फिर वह मर जाता है। राम सुलोचना को इंद्रजीत की लाश को सौंपते हैं। सुलोचना पति की लाश के साथ सती होकर स्वर्ग चली जाती है। यह कहानी आंध्र की लोक जनता में अत्यंत प्रचलित है। रंगनाथ रामायण कर्ता ने इसे लोकसाहित्य से ग्रहण किया है। यह पूरी तरह अवाल्मीकी प्रसंग है। इससे कवि के

लोकसाहित्य की ओर झुकाव का भी पता चलता है। यह प्रसंग आनंद रामायण में दिखाई पड़ता है। इसके अतिरिक्त युद्धकांड में समुद्र का राम को आतिथ्य, अंगद रावण संवाद, राम-लक्ष्मण नागास्त्र से बंदी होना, रावण-कुंभकर्ण संवाद, माया सीता का प्रसंग, रावण का निर्वेद, कालनेमि कथा, भरत के दुस्वप्न का प्रसंग, हनुमान और माल्यवंत का युद्ध, रावण के द्वारा पाताल होम करना, लक्ष्मण की हंसी आदि अवाल्मीकी प्रसंग रंगनाथ रामायण को मूल से दूर ले जाने पर भी अधिक सार्थक, जनसुलभ, अत्यंत सहज बनाने में महत्वपूर्ण भूमिका निभाते हैं। इस दृष्टि से रंगनाथ रामायण आंध्रों के विशिष्ट सृजन के रूप में सामने आता है।

रंगनाथ रामायण का पात्र-वैशिष्ट्य :

कथानक, पात्र-सृजन आदि की चर्चा अलग-अलग करने पर भी ये सभी शिल्प तत्व एक दूसरे के पूरक हैं। सब मिलकर ही काव्य को श्रेष्ठ बनाते हैं। काव्य-लक्ष्य की पूर्ति भी करते हैं। रंगनाथ रामायण के पात्र और उनका व्यवहार, उससे संबद्ध कथानक का विकास अपने आप में निराला ही है। इस कारण से ही रंगनाथ रामायण अन्य रामायणों में अपनी पहचान को बनाये रखता है। यद्यपि रामायण के सभी प्रमुख पात्र इस में दर्शन देते हैं। उन में राम, सीता, लक्ष्मण, हनुमान, दशरथ, भरत, कैकेयी, मंथरा, रावण, मंदोदरी, सुग्रीव, अंगद, सुलोचना, इंद्रजीत, विभीषण, कुंभकर्ण आदि शामिल हैं। रंगनाथ रामायण में इनका चित्रण अत्यंत मनोहर, सहज एवं हृदय स्पर्शी रूप में अंकित हैं। कहीं-कहीं कवि की प्रतिभा ने मूल को ही मांझ दिया है। वाल्मीकि ने राम को विष्णु के अवतारी रूप में, सर्वधर्मानुसरण करने वाले उत्तम मानव के रूप में चित्रित किया है। रंगनाथ रामायण में भी राम की यही छवि उभरती है। इसके अतिरिक्त राम के साथ जीने वाले तथा उनका दुश्मन रावण भी उन्हें विष्णु का अवतार मानकर व्यवहार करते हैं। यह मूल रामायण में व्यक्त भाव से अलग है। रंगनाथ रामायण कर्ता गोना बुद्धा रेड्डी ने प्रत्येक पात्र के सृजन में थोड़ी बहुत अपनी छाप छोड़ी है।

राम :

रंगनाथ रामायण में गोना बुद्ध रेड्डी ने राम को अवतारी पुरुष मानते हुए भी पूर्ण मानव के रूप में ही चित्रण किया है। ऐसे कुछ संदर्भ इस में प्राप्त होते हैं कि जहाँ राम अपने को अवतारी पुरुष मानते हुए व्यवहार करते हैं। इस के अतिरिक्त राम का स्वभाव तथा व्यवहार सामान्य मनुष्य की तरह ही है। जो लोक जीवन से काफी निकट संबंध रखता है। बचपन में राम सामान्य बालक के रूप में अपने खेल में बाधा पहुंचाने वाले लोगों से बदला लेने की प्रवृत्ति रखने वाले के रूप में चित्रित हुआ है। बचपन में गेंद खेलते समय मंथरा उनके खेल में बाधा पहुंचाती है। राम उसे घायल करते हैं। आवेश से भरी यह बचपनी चेष्टा है। ताड़का को मारते समय भी गुरू की आज्ञा के अनुसार स्त्री हत्या करते हैं। रंगनाथ रामायण का राम भी वाल्मीकि राम की स्त्री हत्या के प्रति मानसिक द्वन्द्व का शिकार नहीं होते हैं। ये दोनों सामान्य मनुष्य के स्वभाव को ही स्पष्ट करते हैं।

रंगनाथ रामायण में राम बंधु, गुरू, मित्र आदि सभी के द्वारा साक्षात श्री महाविष्णु के रूप में प्रशंसित होने पर भी कोई प्रतिक्रिया व्यक्त नहीं करते हैं। जब कि वाल्मीकी

रामायण में रावण संहार के बाद अपनी प्रशंसा करने वाले सभी से यह स्पष्ट कर देते हैं कि वह सामान्य राजा हैं। (अहंतु मानुषम मन्ये रामं दशरथात्मजम) प्रशंसा सुन कर भी रंगनाथ रामायण का राम कोई प्रतिक्रिया व्यक्त नहीं करते हैं। पिताजी के द्वारा वनवास भेजने के प्रसंग में भी अपने भाइयों एवं सगे संबंधियों से अलगाने का दुख नहीं होता है मानो स्थित प्रज्ञ की तरह वनवास के लिए तैयार होते हैं। रंगनाथ रामायण में राम ऐसा व्यवहार करते हैं कि वनवास पहले से योजनाबद्ध है तथा राक्षस संहार के लिए आवश्यक है। यहां राम सर्वंतरयामी और भविष्यतवेत्ता के रूप में दर्शन देते हैं। यह भी रंगनाथ रामायण की मौलिकता मानी जा सकती है।

जितेंद्रीय एंव स्थितप्रज्ञ होने पर भी कई संदर्भों में रंगनाथ रामायण के राम मानव सहज प्रकृति से ओत प्रोत दिखाई पड़ते हैं। दशरथ के निधन पर समाचार सुनने के बाद तथा सीता वियोग से पीड़ित होने पर भी राम बिलख-बिलख कर रोते हैं। बेहोश, चिढ़, विलाप आदि गुण उन में दिखाई पड़ते हैं। धीरोदात्त नायक होते हुए भी रंगनाथ रामायण कर्ता ने उन्हें मानव समीप चित्रण किया है। अशोक वन से मुक्त करके अपनी आज्ञा के अनुसार विभीषण के द्वारा साथ लायी गयी सीता पर वे संदेह प्रकट करते हैं। रंगनाथ रामायण का यह प्रसंग राम के चरित्र पर जरूर आरोप करता है। सीता का अग्नि प्रवेश प्रसंग को याद करने वाला प्रत्येक आंध्रवासी राम के प्रति आक्रोश व्यक्त करने के लिए विवश हो जायेगा। अशोक वन से पधारनेवाली सीता को देखकर रंगनाथ रामायण के राम में दया की जगह गुस्सा जन्म लेता है। यहाँ गुस्सा अकारण है। अपराध रावण का है सीता का नहीं है। उन पर गुस्सा प्रकट करना ठीक नहीं है। इस से बढ़कर सीता पर संदेह अपने कारणों से नहीं बल्कि समाज के कारण है, कहना भी ठीक नहीं है। रंगनाथ रामायण में ''पगवानि इंटिलोपल नुन्न निन्नु तगिलि वरिंचुट धर्मंबु कादु'' (अर्थात् शत्रु के घर में रह कर आयी तुम्हें स्वीकार करना धर्म सम्मत नहीं है।) राम के द्वारा कहलवाया गया है। फिर अग्नि से पुनीत होने के बाद राम यह स्पष्ट करते हैं कि सीता के शील पर उन्हें कोई संदेह नहीं होने पर भी लोकोपवाद से बचने के लिए ऐसा करना पड़ा है। इस के अतिरिक्त रंगनाथ रामायण में राम धर्म रक्षक, राजनीति-कुशल के रूप में भी चित्रित हुए है।

सीता :

रामा + आयण की दृष्टि से सीता का चरित ही रामायण है। इस रूप में रामायण के अतिमुख्य पात्रों में सीता एक है। रंगनाथ रामायण में सीता अयोनिजा तथा नारी सुलभ चेष्टाओं से ओतप्रोत ही चित्रित हुई हैं। कवि ने बहुत पहले ही राम के महाविष्णु अवतार के रूप में तथा सीता को साक्षात श्री महालक्ष्मी के रूप में चित्रित किया है। फिर भी कवि ने जगह-जगह पर नारी सुलभ चेष्टाएँ तथा व्यवहार करते सीता को दिखाया है। कवि ने उन्हें प्रतिव्रता नारी, उत्तम पत्नी, आदर्श गृहिणी, प्रेम की प्रतिमूर्ति, विदुषी, वात्सल्य से ओत-प्रोत नारी के रूप में खड़ा किया है। माया मृग के संदर्भ में उन्हें एक साधारण स्त्री के रूप में दिखाया है। अग्नि परीक्षा के दौरान भी वे विचलित नहीं होती हैं। रंगनाथ रामायण का यह वैशिष्ट्र्य है कि उस में सीता को राम की पत्नी के रूप में ही नहीं बल्कि राम की भक्तिन के रूप में दर्शाया है। रामनामांकित अंगूठी देखकर वे मुर्छा सी हो जाती

हैं। नेत्रों से भाष्प निकलते हैं। इस संदर्भ में रंगनाथ रामायण कर्ता उनका भक्तिन रूप को भी आविष्कार किया है। उन्होंने लिखा है-

आपुण्यु डंगुलीयकमप्पुडिच्चे
निच्चिन गौकोनि इपुडु प्राणमुलु वच्चेगा यनुचु नेव्वग नूरडिल्लि
रामु जूचिनि कंट राम रागिल्लि - सेम मेर्पडा भद्रसिंहसनमुन
ब्रेमतो गूर्चुंडा बेट्टिन करणि - नामणि मुद्रिक नक्कुन जेर्चि
यनुरक्ति नर्घय पाद्यमुलु लिच्चिनट्लु - कनुगव हर्षाश्रुकणमुलु दोरुग
धूपंबु दीपंबु दोड्तोड नोसगि - येपार साष्टांग मेरगिन पगिदि
बुलकिंचि तिलकिंचि पोलति मूर्छिल्लि तेलिसि

अर्थात् अनुमान अशोक वन में बंदी के रूप में रहने वाली सीता के पास जाकर राम के द्वारा दी गयी अंगूठी को दिया। अंगूठी को देखकर पहचान कर सीता स्वस्थ्य हो गयी। उनके प्राणों में प्राण लौट आये। थोड़ी तसल्ली के साथ अनुभव किया कि उसने सचमुच राम को ही देख लिया न कि अंगूठी को। हनुमान को अपार प्रेम से वहाँ बिठाया। उस के बाद उस मुद्रिका को गले में लेकर मानो उसी को आर्घय-प्रणाम किया। इस रूप में करते समय उनके नेत्रों से आंसू निकल आये। उस के साथ ही धूप-दीप आदि भक्ति से समर्पित करते समय साष्टांग प्रणाम करने की मुद्रा में सीता आ गयीं। इसे देखकर हनुमान गद-गद हो गए। सीता सिर्फ राम की पत्नी ही नहीं बल्कि उनकी भक्तिन के रूप में हनुमान ने अनुभव किया है। काकासुर प्रसंग में रंगनाथ रामायण की सीता एक सामान्य स्त्री के रूप में व्यवहार करती है। इस प्रसंग में वह निष्ठुर बनती है। हनुमान से कहती है कि राम को धीर-शूर समझ कर मेरे पिताजी ने इनके साथ विवाह कराया है। परन्तु रावण की बंदी से मुझे छुड़ाने में राम ने मेरी उपेक्षा की है। इसके अतिरिक्त अपहरण के प्रसंग में लक्ष्मण के साथ की गयी निष्ठुर बातों के कारण ही यह सब कुछ हुआ। इन संदर्भ में वे अपनी ग्लानी भी प्रकट करती हैं। सीता धीमती के रूप में भी चित्रित हुई है। भयानक राक्षस स्त्रियों के बीच में वास करते हुए भी वे कभी भय का शिकार नहीं हुई है। राक्षस स्त्रियों के द्वारा सताये जाने पर भी वे दृढ़ चित्त के साथ, युक्ति-युक्ति और धर्मानुकूल तर्क दे कर उन से बचती रही है।

रावण :

रामायण में रावण प्रति नायक पात्र है। उस में बुराइयों के साथ-साथ अच्छाइयाँ भी हैं। वह ब्रह्म वंश में पैदा होकर क्षत्रीय धर्म को स्वीकारने वाला है। वह धीरोदात्त नायक तथा इंद्रियों पर नियंत्रण प्राप्त वीर है। फिर चलितेंद्रीय भी है। रंगनाथ रामायण में रावण से संबंध रखने वाला एक अवाल्मीकी प्रसंग हैं। खर तथा दूषण के वध के बाद अकंपन के सुझाव पर सीतापहरण के लिए रावण मारीच की शरण में जाता है। मारीच उसे उपदेश देता है कि परायी स्त्री के मोह में पड़ने से उस का सर्वनाश हो जायेगा। मारीच के इस उपदेश से सीता हरण को छोड़कर रावण लंका लौटता है। दूसरे रामायणों में परस्त्रियों पर रीझनेवाला रावण रंगनाथ रामायण में रावण नैतिकता का पालन करने वाले के रूप में चित्रित हुआ है। वह आध्यात्मिक पालक भी है। कैकेसी तथा मंदोदरी से राम के साथ विरोध की चर्चा करते समय यह स्पष्ट होता है कि उसे राम की अच्छी पहचान है परन्तु

वह शूर्पणखा के द्वारा सीता के सौन्दर्य का वर्णन सुनकर कामुक होकर दूसरी बार सीता का अपहरण करने का प्रयत्न करता है। अकंपना, खर, दूषण आदि के द्वारा राम की वीरता के बारे में सुन कर सीता के अपहरण के लिए वह माया का अनुसरण करता है। बल से लायी गयी सीता को रावण राज महल में रखने की जगह अशोक वन में रखता है। नंदीश्वर, नल-कुबर, पुंजिकस्तला को लेकर ब्रह्म का शाप आदि दूसरे रामयणों में रावण को रोकते हैं तो रावण सीता का अपहरण मात्र करके उसे अशोक वन में रखता है। सीता के साथ कोई अनाचार नहीं करता है। रंगनाथ रामायण में देवताओं के उन शापों के अतिरिक्त अपने पूर्व जन्म के बारे में जाननेवाला रावण सीता को महालक्ष्मी तथा राम को साक्षात महाविष्णु के रूप में पहचान कर अपने संहार के लिए आये लोगों के रूप में मान लेता है। दुष्ट, दुर्निवार एवं दुराचार करने वाला रावण सीता के साथ अनाचार नहीं करने का जो कारण रंगनाथ रामायण में दिखाया गया है वह सर्वथा मौलिक एवं विशिष्ट है।

अशोक वन भंग के प्रसंग में हनुमान के बारे में सुनकर रावण उसे रोकने के लिए अपने पुत्र अक्षय कुमार तथा इंद्रजीत आदि को बारी-बारी से भेजता है। हनुमान को बंदी बनाकर अपने दरबार में लाने पर रावण अपने स्तर को भूलकर एक साधारण वानर बंदी के साथ स्वयं सवाल करता है। इस प्रसंग में रंगनाथ रामायण कर्ता जो गोना बुद्धा रेड्डी है, जो एक छोटा सामंत राजा है। रावण से इसी रूप में बंदी हनुमान से सवाल करवाया है। अन्य संदर्भों में रावण चरित्र अन्य रामायणों की तरह है। रंगनाथ रामायण का रावण अपने किए पर पश्चाताप भी करता है। बल्कि उसी में अपने मोक्ष को देखता है।

हनुमान :

प्रत्येक रामायण में हनुमान चरित्र का अनुपम स्थान देखा जा सकता है। रंगनाथ रामायण में भी हनुमान को उच्च स्थान दिया गया है। किष्किंधाकांड में पहली बार हनुमान का चरित्र दर्शन देता है। हनुमान सूक्ष्मग्राही, अतुलित बलशाली, पंडित एवं व्यवहार दक्ष हैं। वायु वेग, मनोवेग से बढ़कर बेगवान तथा काम रूपी हैं। रंगनाथ रामायण में हनुमान से संबंधित एक महत्वपूर्ण अवाल्मीकी प्रसंग हैं। सेतु बंधन के पहले शिवलिंग की प्रतिष्ठा के लिए राम हनुमान को वाराणसी से शिवलिंग लाने के लिए भेजते हैं। किंतु मुहूर्त निकलते देखकर हनुमान के लौटने के पहले ही सैकत से लिंग बनाकर उसकी प्रतिष्ठा करते हैं। शिव लिंग लेकर लौटनेवाले हनुमान इसे देख कर दुखी होते हैं। तब राम हनुमान को आज्ञा देते हैं कि सैकत लिंग को हटाकर उसकी जगह उनके द्वारा लाया गया शिवलिंग को रखे। सैकत लिंग को हटाने के प्रयास में हनुमान घायल होकर गिर पड़ते हैं। फिर राम के स्पर्श से हनुमान ठीक हो जाते हैं। बाद में हनुमान के प्रति आत्मीयता की वजह से बाद में हनुमान के द्वारा लाये गये शिवलिंग को ही अग्रपूजा करायी जाती है। बाकी अधिकांश प्रसंग प्रचलित रामायणों की तरह ही है। इस रूप में ऋष्यमूक पर्वत श्रृंखलाओं में राम के दर्शन करने से लेकर राम के राज तिलक के समय सीता के द्वारा रत्नों के हार से पुरस्कृत होने तक हनुमान रहित रामायण दिखाई नहीं पड़ता है। राजनीतिज्ञ, साहसी, अतुलित बलशाली, कार्यदक्ष, सीता-दुखक्षयक, राम-लक्ष्मण के प्राण रक्षक, भक्त एंव निष्काम कर्म योगी के रूप में रंगनाथ रामायण में हनुमान चित्रित हुए हैं।

लक्ष्मण :

रंगनाथ रामायण में लक्ष्मण धीरोद्धत नायक के रूप में हुए हैं। रंगनाथ रामायण में भी लक्ष्मण आदर्श भाई के रूप में चित्रित हुए हैं। रंगनाथ रामायण में अनेक जगहों पर लक्ष्मण को आदिशेष के अवतार के रूप में वर्णित किया गया है। राम के जीवन पर्यन्त में लक्ष्मण आदि शेष के रक्षक कवच में रक्षा करते रहे हैं। आदिशेष के अवतार रूपी होने के कारण लक्ष्मण में हमेशा सांप के डंसने जैसा गुस्सा देखा जा सकता है। राम के साथ वनवास करने से लेकर राम के पुनः राज तिलक होने तक सभी प्रसंगों में रंगनाथ रामायण कर्ता ने लगभग मूल का ही अनुसरण किया है। लक्ष्मण से संबंधित दो प्रसंग अवाल्मीकी दृष्टि से उल्लेखनीय है। एक तो सुलोचना का प्रसंग है। सुलोचना इंद्रजीत की पत्नी है। साथ ही आदिशेष की बेटी है। लक्ष्मण आदि शेष का ही अवतार हैं। इस रूप में इंद्रजीत और लक्ष्मण के बीच में बंधुत्व है। परन्तु इस की अभिव्यक्ति कहीं भी नहीं हो पायी है। धर्म की रक्षा हेतु ऐसा संभव नहीं हो सका है। परन्तु इंद्रजीत की मृत्यु के बाद सुलोचना के सती होने के प्रसंग में लक्ष्मण का पितृतुल्य हृदय विह्वल हो उठता है।

दूसरा प्रसंग लक्ष्मण की हंसी है। शायद इस प्रसंग को रंगनाथ रामायण कर्ता ने लोक परंपरा से संग्रह किया है। आंध्र लोक परम्परा में एक लोगगीत अत्यंत प्रचलित है। वह है 'लक्ष्मण देवर नव्वु' (लक्ष्मण की हंसी)। रावण संहार के बाद राम अयोध्या लौट आते हैं। सिंहासन पर आरूढ़ होने के बाद उत्सव मनाया जाता है। इस प्रसंग में चौदह वर्षों तक नींद से दूर रहनेवाले लक्ष्मण को नींद आती है। नींद आने के पहले सभा मर्यादाओं को भूलकर अचानक लक्ष्मण सभा में ही अकारण हंस पड़ते हैं। इस प्रसंग में लोक कवि गायकों ने लक्ष्मण और उर्मिला के प्रणव-प्रेम और चौदह साल के विरह के बारे में सुंदर वर्णन प्रस्तुत किया है। उसी के अनुसरण में रंगनाथ रामायण कर्ता ने लक्ष्मण के द्वारा हंसाया है। इस का क्या कारण है अकेले लक्ष्मण ही जानते हैं। कवि ने इस संदर्भ में लक्ष्मण के परकाया प्रवेश किया है। शायद लक्ष्मण ने इसलिए हंसा है कि वह चौदह साल पत्नी के वियोग में रहा है। चौदह वर्षों के बाद अपनी प्रियतमा से मिलने का मौका आया है। परन्तु चौदह साल से निद्रादेवी से वह दूर रहा है। निद्रादेवी से हुए समझौते के अनुसार चौदह वर्षों के बाद निद्रादेवी को भी मौका मिला है। लक्ष्मण चाहता है कि वह अपनी प्रियतमा उर्मिला से बात करे। परन्तु इस के पहले ही निद्रा देवी उसे अपने कब्जे में ले लेती हैं। ऐसी स्थिति का बोध होने के बाद उसे हंसी आयी होगी। इस हंसी में विरह है वियोग है गंभीर स्थिति की अगंभीर रूप में लेने की विवशता है। लक्ष्मण का यह प्रसंग भी रंगनाथ रामायण की मौलिक, उद्भावना माना जा सकता है।

राम, सीता, रावण, हनुमान, लक्ष्मण आदि इन पात्रों के अतिरिक्त रंगनाथ रामायण में दशरथ, भरत, इंद्रजीत, कुंभकर्ण, विभीषण, सुग्रीव, बालि, तारा, कैकेयी, कौसल्या आदि पात्रों का यथासंभव मौलिक परिकल्पना की गयी है। पात्र-परिकल्पना के संदर्भ में गोना बुद्धा रेड्डी की सृजन-प्रतिभा स्थानीय मानसिकता तथा लोकोन्मुखता की ओर झुका हुआ देखा जा सकता है। जिससे उनका रामायण अधिक सहज व लोकचित्ताकर्षी बन पड़ा है। प्रादेशिक संस्कृति की परिपूर्ति हेतु कवि ने जगह जगह पर उनके चरित्रों में मौलिक लक्षणों की प्रतिष्ठा की है।

५. रंगनाथ रामायण और आंध्र के अन्य रामायण :

आंध्र के रामायणों में रंगनाथ रामायण का अपना वैशिष्ट्य है। रंगनाथ रामायण आंध्र का सबसे प्राचीन रामायण है। यह द्विपद छंद में अत्यंत सरल भाषा में रचा गया है। प्रथम रामायण होने के कारण जन-जन में यह अधिक प्रचलित हो गया है। बाद के सभी रामायण उस के प्रभाव से या उस की प्रतिक्रिया में लिखे गये हैं। आंध्र के मध्य युगीन रामायण या राम कथाओं में उसके साथ तुलनीय दो ही काव्य प्राप्त होते हैं। वे हैं १. भास्कर रामायण तथा २. मोल्ल रामायण। इन में भी मोल्ल रामायण कविइत्री मोल्ला के द्वारा रचित है। तो दूसरा भास्कर रामायण कविगण के द्वारा रचित है। इन में से रंगनाथ रामायण के साथ भास्कर रामायण ही अधिक तुलनीय है।

रंगनाथ रामायण देशीय छंद में रचा गया है। तो भास्कर रामायण मार्गी छंद में रचा गया है। रंगनाथ रामायण एककर्ता कृत है तो भास्कर रामायण बहुकर्ता कृत माना जाता है। हुलक्कि भास्कर का पुत्र मल्लिखार्जुन भट्ट के द्वारा बाल, किष्किंधा, सुन्दरकाण्ड, भास्कर के शिष्य कुमार रुद्रदेव के द्वारा अयोध्याकांड, भास्कर के द्वारा अरण्यकांड, युद्ध कांड के के लगभग १५०० पद्य रचे गये हैं। शायद कवि ने उम्र ढलने के बाद रामायण रचना शुरू करने के कारण अपने मित्र, पुत्र तथा शिष्य की सहायता से इसे पूरा किया होगा। भास्कर के नेतृत्व में रचे जाने के कारण ही इसका नाम भास्कर रामायण पड़ गया। जो भी हो भास्कर रामायण रंगनाथ रामायण के बाद रचे जाने के कारण उसकी छाप भास्कर रामायण पर देखी जा सकती है। खास कर इस में कथा-प्रसंग, भाव अलंकार-पदबंधादि शिल्प तत्वों का अनुकरण देखा जा सकता है। उदाहरण के लिए कुछ कथा प्रसंगों को यहाँ उद्धृत करना उचित होगा। रामायण के आदि भाग में ही रंगनाथ रामायण में रावण पीड़ित ब्रह्मादि देवता क्षीरसागर शयन श्री महाविष्णु के पास जाकर निवेदन करते हैं तो भास्कर रामायण में ब्रह्मादि देवता उनसे मिलने निकलते ही वे ही स्वयं वहाँ पधारते हैं।

श्रीराम जन्म प्रसंग दोनों रामायणों में भिन्न है। रंगनाथ रामायण में नव महीनों के बाद श्रीराम, भरत, लक्ष्मण, शत्रुध्न का जन्म होता है। परन्तु यह घटना भास्कर रामायण में बारह महीनों के बाद होती है। उस में भी रंगनाथ रामायण में श्रीराम का जन्म दोपहर को होता है तो भास्कर रामायण में इस का उल्लेख नहीं है। रंगनाथ रामायण में भरत पुष्य नक्षत्र के मीन लग्न में, लक्ष्मण-शत्रुध्न आश्लेष नक्षत्र के कर्काटक लग्न में पैदा हुए दिखाया गया है। जबकि भास्कर रामायण कर्ता ने वाल्मीकि रामायण का अनुसरण किया है। उस में तिथि-नक्षत्रों के बारे में यह कहा गया है-

ततश्च द्वादशे मासे चैत्रे नावमिके तिथौ
नक्षत्रेदिति दैवत्ये स्वोच्च संस्थेषु पंचसु -

शैशव क्रीड़ाओं के समय रंगनाथ रामायण में गेंद-क्रीड़ा खेलते समय गेंद को पकड़ने के कारण राम मंथरा को चोट पहुंचाते हैं। यही मंथरा के गुस्से का कारण बनता है। वह जाकर कैकेयी से शिकायत करती है। कैकेयी दशरथ से बताती है तो दशरथ रामादि को गुरूकुल में भेजने की व्यवस्था करते हैं। भास्कर रामायण में इस का उल्लेख तक नहीं है। यह अवाल्मीकी भी है।

भास्कर रामायण में शिवधनुर्भंग तथा श्रीराम का विवाह महोत्सव आदि का वर्णन बहुत संक्षेप में है। जबकि रंगनाथ रामायण में इस का वर्णन बहुत विस्तृत एवं अतिमनोहर ढंग से हुआ है। पुण्य स्त्रियाँ उबटन लगाने से लेकर वर, वधु को तैयार करना, ग्रह-शांति आदि निभाना, दान देना आदि का बहुत सुंदर चित्रण है। कल्याण मंडप को सजाने का बहुत सुंदर वर्णन इस काव्य में है। श्रीराम के द्वारा एक-एक आभूषण पहनने से उनके अवतार के लक्ष्य को जोड़ कर कवि ने अनुपम वर्णन किया है।

वनवास के समय राम सीता को अपने साथ मत आने की बात कहते हैं। कई कारणों को बताकर सीता साथ चलने की बात दुहराती है। फिर भी राम इनकार करते हैं। इस से सीता को गुस्सा आता है। भास्कर रामायण में इस का सजीव चित्रण है। यह प्रसंग रंगनाथ रामायण में नहीं है। जब कि सीता राम को जवाब देती है "नीवु पुरुषाकृतिं गैकोनिन इंतिवनुट ना जनकुडेरंगगडु" (अर्थात् तुम पुरुषाकार में रहने वाली अबला हो, यह बात मेरे पिताजी नहीं जानते हैं) सीता के द्वारा गुस्सा करने का यह प्रसंग वाल्मीकि रामायण में भी नहीं है। इस संदर्भ में वाल्मीकि ने सीता के मुँह से "स्त्रियं पुरुष विग्रहं" कहकर बहुत हल्के ढंग से मजाक का सृजन किया है।

कांड विभाजन में तथा वर्गीकरण में भी दोनों रामायणों में अंतर पाया जाता है। रंगनाथ रामायण में किष्किंधाकांड में ही हनुमान का सागर लांघना, मैनाक, सुरस, सिंहिका आदि राक्षसों को मारने का चित्रण है। हनुमान के द्वारा सुवेचल पर्वत पर चढ़ने का प्रसंग भी किष्किंधाकांड में ही वर्णित है जबकि भास्कर रामायण में वाल्मीकि रामायण का ही अनुसरण किया गया है। हनुमान के द्वारा महेंद्रगिरि से सागर को लांघना, मैनकादि प्रसंग सुंदरकांड में ही वर्णित है। सीतान्वेषण के दौरान हनुमान के द्वारा सीता को देखने के प्रसंग में भी दोनों रामायणों में काफी अंतर पाया जाता है। रावण के अंतःपुर में सीता की तलाश करते हुए हनुमान पहले मंदोदरी को देखते हैं। उसका वर्णन वाल्मीकी ने इस रूप में किया है-

मुक्तामणि समायुक्तमै इभषणै स्सुनिभूषितं,
विभीषयंती मिव च स्वश्रिया भवनोत्तमम,
गौरीं कनक वर्णामिष्टा मंतः पुरेश्वरीम
कपि म्रंडोदरीं तत्र शयनां चारुरूपिर्णी,

तर्कयामस सीतेति रूपयौवन संपदा-

रंगनाथ रामायण कर्ता ने-

"आ रावणुनि शय्या नभिनव यौव-नारूढयैदेवतांगन करणि नुन्न मडोदरि" (अर्थात् रावण के शयनागार में अभिनव यौवना बनकर देवता की तरह है) भास्कर रामायण कर्ता ने इसी प्रसंग में लिखा है-

अरयंगा निदि निर्मलांबर सुगंधा कल्पयुक्तांगि या
धरणीयासन वासितास्य रुचिकृत्तांबल रागांचिता

धर युत्फुल्ल नवप्रसून विलसद्दम्मिल्ल केलीकृत
स्मर मुद्रांकिता कंठ गाढ सुरत श्रांत प्रसुप्ताक्षियुन

(अर्थात् निर्मल आकाश में सुगंध से भरी सुंदर आकृति वाली, धरणी से उद्भूत रुचिर रागांचिता, धरणी से विकसित नवप्रसूनों से शोभित व केलिविलास में डूब कर मुद्रांकित होकर, सुरत में श्रांत हुई युक्तांगी स्त्री) रंगनाथ रामायण में आजन्म ब्रह्मचारी होने के नाते हनुमान मंदोदरी को देवता स्त्री के रूप में चंद्रकला के रूप में, बादलों में चमकनेवाली बिजली के रूप में देखा है, कहने में औचित्य है। वाल्मीकी के वर्णन को रंगनाथ रामायणकर्ता ने और निखारा है। जबकि भास्कर रामायण में "केलीकृत स्मर मुद्रांकिता कंठ गाढ सुरत श्रांत प्रसुप्ताक्षियुन" कहना उचित नहीं हैं।

सीतान्वेषण के लिए लगा समय तथा रावण के द्वारा सीता को दी गयी समयावधि के संदर्भ में दोनों रामायणों में अंतर है। लगता है कि भास्कर रामायणकर्ता ने समय पर ज्यादा ध्यान नहीं रखा है। सीतान्वेषण के समय वाल्मीकि के अनुसार हनुमान सिर्फ एक पूरी रात तथा एक दिन का अधिकांश समय लंका में रहे। हनुमान सागर-लांघकर सुवेचल पर्वत पहुंचकर उस संध्या तक वहीं रहे। प्रदोष काल के समय वे लंकापुरि पहुंचे। उसी रात को उन्होंने सीता की तलाश की है। हनुमान के अशोकवन पहुंच कर पेड़ पर चढ़कर सीता के दर्शन करने तक अभी रात बाकी थी। (किंचिच्चिेषा निशाभवतो) उस विरात में रावण अशोक वन आकर सीता के दर्शन करते हैं। दीप लेकर उस समय दासियों ने रावण का अनुसरण किया था। सीता से बात करने के बाद रावण अंतःपुर लौट जाता है। राक्षस स्त्रियाँ सीता पर गुस्सा करते समय त्रिजटा नींद से उठकर अपना स्वप्न वृत्तांत बताती है। उस के बाद सीता और हनुमान के बीच में बातचीत हुई। उस के बाद अशोक वन का भंग, अक्षयकुमार का संहार, हनुमान-रावण संवाद, लंका दहन, सीता-हनुमान का पुनःसमागम आदि सभी प्रसंग बिना किसी देरी के संपन्न होते हैं। इस पूरे प्रसंग के घटित होने के लिए सिर्फ एक पूरी रात और एक दिन का अधिकांश समय ही लगा है।

भास्कर रामायण में हनुमान एक पूरी रात सीता की तलाश करके एक पूरा दिन अशोक वृक्ष पर बिताकर, रात के समय रावण आकर सीता से बात करने के बाद अगले दिन लंकादहन के बाद सागर को लांघते हैं। अर्थात दो पूरी रातें, दो पूरे दिन हनुमान लंका में रहे हैं। यह अवाल्मीकि ही है। रंगनाथ कर्ता ने वाल्मीकि का ही अनुसरण किया है। रावण के द्वारा सीता को अशोकवन में देखने जाते समय उस के साथ मंदोदरी थी। इस का चित्रण रंगनाथ रामायण में है। सीता की बातों से क्रुद्ध होकर रावण जब सीता का संहार करने तलवार उठाता है तो मंदोदरी बीच बचाव करती है। उसे नैतिक उपदेश भी देती है। उस के बाद हनुमान और सीता का मिलन, अशोक वन का भंग, अक्षयकुमार का संहार, हनुमान-रावण संवाद, लंका-दहन आदि वाल्मीकि रामायण की तरह ही है। समय भी लगभग वही बताया गया है। इस रूप में रंगनाथ रामायण में वाल्मीकि रामायण की तरह समय पर ध्यान रखा गया है।

रावण के द्वारा सीता को दी गयी समयावधि संबंध में भी भास्कर रामायण में किंचित अस्पष्टता है। भास्कर रामायण में सीता अशोक वन में हनुमान से यही कहती है कि किसी भी रूप में हृदय पर पत्थर रखकर वे सिर्फ एक महीना राम का इंतजार करेंगी। वही

लंकादहन के बाद सागर लांघनेवाले हनुमान से सीता कहती है कि वह किसी भी रूप में तीन महीने के अंदर राम समागम नहीं होने पर तीन महीने बाद वे जिंदा नहीं रहेंगी। यहाँ भास्कर रामायणकर्ता की भूल या असावधानी स्पष्ट हो जाती है। रंगनाथ रामायण में रावण ने सीता को दो महीने का समय दिया है। दो महीने के बाद वह रावण को स्वीकार नहीं करेगी तो उसे मारकर मांस खाने के लिए राक्षस स्त्रियों को आज्ञा देता है। वाल्मीकि रामायण में सीता दो महीने का समय देती हैं।

कुंभकर्ण की नींद तथा उसे प्राप्त शाप-मृत्यु के संदर्भ में भी दोनों रामायणों में अंतर पाया जाता है। रंगनाथ रामायण में ब्रह्मा कुंभकर्ण को 'नीवुडुगनियट्टि निदुर बोम्मनुचु' (अर्थात् तुम इस रूप में सदा सो जाओगे) कह कर शाप देते हैं। रावण ब्रह्मा से प्रार्थना करने पर ब्रह्मा ने शाप का परिहार किया कि वह छः महीनों में एक बार नींद से जागेगा। भास्कर रामायण में इस के अतिरिक्त कुछ और जोड़ा गया है।

अनिन नप्पितामहु डिट्टु लनिये नारु
नेलल कोकनाडु भोजनादुलकु देलियु
नाडु वीडजयूयुडु रित्तनाडु देलुप
बलिमि देलियु नाडीतनि बलमु दूरु।

(अर्थात् प्रार्थना करने पर ब्रह्मा ने कहा कि छः महीनों में एक दिन यह भूख लगने पर जागेगा। ऐसा जागने पर यह विजयी होगा। अन्यथा अन्य दिनों में जगाने पर इस के बल का क्षय होगा। भास्कर रामायण के अनुसार ब्रह्मा का वरदान प्राप्त कुंभकर्ण छः महीने के पहले ही जगाया गया। इसलिए युद्ध में मारा गया। यह अवाल्मीकी प्रसंग है।

रावण संहार के प्रसंग में बाण से रावण का सर काटने पर वह फिर जुड़ जाता है। कई बार प्रयत्न करने पर भी राम-रावण को मार नहीं पाते हैं। ऐसे में राम निराश हो जाते हैं। ऐसी स्थिति में विभीषण रावण की मृत्यु रहस्य को बताता है कि रावण की नाभि भाग में रहनेवाले अमृत कलश को ध्वंस करने से रावण के सिरों के पुनःजीवित होना बंद हो जायेगा। रावण मर जायेगा। यह प्रसंग भास्कर तथा रंगनाथ दोनों रामायणों में पाया जाता है। जब कि वाल्मीकी रामायण में थोड़ा भिन्न है। बार-बार जुड़नेवाले रावण के सर को देखकर मातुलि राम को ब्रह्मास्त्र प्रयोग करने का सुझाव देता है।

सीताग्नि प्रवेश प्रसंग में राम के वचनों में एकरूपता दिखाई नहीं पड़ती है। कुछ अनुचित एवं कठोर बातें राम से कहलवायी गयी हैं। भास्कर रामायण में सीता को अशोक वन में बुलाने के बाद उनके शील पर संदेह व्यक्त करते हुए कहते हैं-

घनतर सौंदर्यमुगल
निनु जूचि दशाननुंडु निश्चलमतियै
मनसिजरागमु नोंदक
मनमुन धैर्यंबु गलिगि मसलुने चेपुमा?

(अर्थात् अत्यंत रमणीय तुम्हारा सौन्दर्य देखकर रावण मन में किसी राग के बगैर कैसे धैर्य के साथ रहा होगा, बताओ ?) इस रूप में कहना अनुचित है। जब कि रंगनाथ रामायण में-

पगवानि इंटि लोपन नुन्न निन्नु - दगिलि वरिंचुटा धर्मंबु गादु
आलि गोल्पडिपोइ यक्कटा मगुड - देलेडितंडनु तिट्रल वादुनकु
वेरचि तेच्चिति गानि वेलदि निन्नोल्ल - नोरुपैन चोटुल नुंडु पोम्मनि।

(अर्थात् दुश्मन के घर में रहने वाली तुम्हें फिर से स्वीकार करना धर्म सम्मत नहीं होगा। पत्नी के घर जानेवाले पति के रूप में गालियाँ सुनने से डर कर तुम्हें लाया हूँ। फिर भी तुम अपनी इच्छा के अनुसार कहीं भी रह सकती हो।) राम के इस रूप में कहना थोड़ा बहुत उचित लगता है। वाल्मीकि रामायण में भी इस भिन्न विचार व्यक्त होने पर भी औचित्य के बाहर नहीं हैं। राम ने कहा- "नीवु जन शंकित चारित्रवु, नादुपज्ञनु निलिचिनट्लैन कनुकलक वानि मुंदटि पेनुदीपमु वोले दाय विधमैति जूमी! दुष्टुडु चूचे निन्नु कडु दोसपु चूडूकलचे, तदंक संभ्रष्टवु नैतिवि नीपै स्नेह मोहमुलु नाकु लेवु, चनुमिच्चट नुंडि नीकु मोदावहमैन भंगि नेटकैननु नीकु ननुज्ञ इच्चिति।"

(संस्कृत रामायण का तेलुगु अनुवाद से) (अर्थात तुम जनों के द्वारा शंकित चरित्र हो। मेरी आज्ञा माननेवाली हो तो मैं तुम को अपने पास रख नहीं सकता हूँ जिस रूप में नेत्र रोग से पीड़ित व्यक्ति दीप को सहन नहीं कर सकता है। दुष्ट रावण तुझे दोषी नेत्रों से देखा है। इस रूप में तु दोषी हो गयी हो। तुझ पर मुझे कोई प्रेम-मोह नहीं है। यहाँ से जाओ अपनी इच्छा के अनुसार कहीं भी जाओ। मैंने तुझे अनुमति दी है।) वाल्मीकि रामायण के राम के ये वचन भी भास्कर रामायण से तर्क पूर्ण व उचित लगते हैं।

रंगनाथ रामायण तेलुगु का प्रथम राम कथाश्रित काव्य है। १०वीं सदी में महाभारत कथाश्रित अनूदित काव्यों से तेलुगु साहित्य के इतिहास का शुभारंभ होता है। उसके तुरंत बाद वैष्णव धर्म की प्रतिक्रिया में शैव धर्म का उत्थान तथा शैव काव्यों का विकास तेलुगु में देखा जा सकता है। वैष्णव कवि मार्गी छंद में शास्त्रीय काव्य रचे हैं तो शैव कवि जन-जन तक पहुँचने के लिए सामाजिकता के साथ-साथ देशी छंद एवं लोक भाषा का प्रयोग किया है। शैव कवियों ने ज्यादातर द्विपद छंद का प्रयोग किया है जो गीतात्मकता के लिए भी अनुकूल है। इसी गीति तत्व के कारण ही शैव काव्य अधिक लोकप्रिय व जनाकर्षक बने हैं। गोना बुद्धा रेड्डी ने अपने समय की इस साहित्य परंपरा और उसकी सीमाओं को गहराई से पहचाना और परखा है। उन्होंने अपने भाव-संप्रेषण के लिए दोनों के समेकित रूप को अपनाकर जनता में व्यापक स्तर पर समन्वय करने का प्रयत्न किया। रंगनाथ रामायण वैष्णव काव्य है। फिर भी गोना बुद्धा रेड्डी ने शैव धर्म की कोई निंदा अपने काव्य में नहीं की। बल्कि हरि-हर समन्वय के लिए आवश्यक प्रश्रय शैव धर्म को दिया है। राम के द्वारा शिव की पूजा तथा रामेश्वर में लिंग प्रतिष्ठा के माध्यम से शैव धर्म-उदारता तथा सहिष्णुता का परिचय दिया है। द्विपद छंद तथा मार्गी-देशी प्रवृत्तियों का अनुसरण करके, उसमें गीतितत्व को घोलकर भाषा के स्तर पर भी चित्ताकर्षक समन्वय की स्थापना की है। इसी वजह से गोना बुद्धा रेड्डी तेलुगु के कवित्रय माने जाने वाले नन्नया, तिक्कना, एरना तथा नन्नेचोडुडु की पंगत में बैठने योग्य कवि बन गए हैं। उन्होंने तिक्कना के हरिहराद्वैत का अपने काव्य में विस्तार दे कर धार्मिक सहिष्णुता का नया पाठ अपने समय के लोगों को पढ़ाया है। गीति तत्व की मधुरिमा से रंगनाथ रामायण आंध्र की गली-गली एवं गांव-गांव में गूंज उठा है, इसमें कोई अत्युक्ति नहीं है।

•

नेपाली रामायण : महाकवि भानुभक्त का सर्जनात्मक वैशिष्ट्य

डॉ० पवन अग्रवाल

रामकथा, हिन्दू धर्म के साथ-साथ भारतीय संस्कृति के स्पंदन को परिपूर्णता प्रदान करने वाली कथा है। राम के जन्म स्थान-अयोध्या से लेकर, राम के लक्ष्य को फलीभूत करने वाले स्थल, लंका तक साथ-साथ, जहाँ-जहाँ भारतीय मनीषा का प्रतिफलन हुआ, वहाँ-वहाँ रामकथा अपने विभिन्न कलेवरों में प्रणीत हुई और उसने जनमानस को आप्लावित किया। परिणामतः लोक से लेकर परिनिष्ठित जन तक पूज्य, वन्दनीय और अनुकरणीय बनी रही।

भारत के निकटवर्ती क्षेत्र नेपाल भी अपनी शैव-शाक्त साधनाओं के पश्चात् भी रामकथा से अछूता नहीं है। यहाँ की एक नदी का नाम भी रामभक्त हनुमान के नाम पर 'हनुमंते' प्राप्त होता है। आज भी रामनवमी तथा विजयादशमी के उत्सव यहाँ धूम-धाम से मनाये जाते हैं। रामकथा से संबंधित अनेक लोकगीत जनमानस में व्याप्त हैं। इसका कारण संभवतः यह है कि नेपाल का एक नगर जनकपुर राम की ससुराल, और सीता के मायके के रूप में विख्यात है। जनकपुर से कुछ दूर स्थित स्थान-'धनुषा की ख्याति' सीता-राम के स्वयंवर-स्थल के रूप में है। ऐसी स्थिति में निश्चित ही एक भावात्मक लगाव विकसित होना स्वाभाविक है और नेपाल में भी रामकथा के प्रति आस्था भी।

नेपाल में रामकथा को अनुप्राणित करने में १६वीं शती के प्रसिद्ध कवि भानुभक्त कृत रामायण का विशेष महत्व है। स्व० मोतीराम भट्ट ने इस संबंध में खोज की है। (नेपाल तुलसी संत कवि श्री भानुभक्त रामायण-आमुख) विद्वानों के अनुसार कवि भानुभक्त का जन्म नेपाल राज्य के एक छोटे प्रदेश के पश्चिम में 'सतगण्डकी' सलिला द्वारा सिञ्चित 'तनहूँ' उपपत्यका के 'रम्धा' नामक ग्राम में संवत् १८७१ (सन् १८१४) आषाण २६ को हुआ था। (भानुभक्त रामायण-प्रस्तावना, पृ० १४) "भारतीय भाषाओं में रामकथा, पुस्तक के लेखक श्री रामनारायण वैद्य का मत है कि यह स्थान काठमाण्डू से लगभग अस्सी मील दूर है।" (भारतीय भाषाओं में रामकथा, परिशिष्ट-२)

कवि भानुभक्त, नेपाल निवासी-ब्राह्मण कुल के प्रख्यात् विद्वान-आचार्य श्रीकृष्ण के ज्येष्ठ पुत्र-धनञ्जय के पुत्र थे। पितामह के सानिध्य में कवि भानुभक्त ने संस्कृत व्याकरण की शिक्षा ग्रहण की। किंवदन्ती है कि २२ वर्ष की आयु में उनकी भेंट एक श्रमिक घसियारे से हुई और उन्होंने जनसाधारण की समझ में आने वाली जनभाषा में रामकथा लिखने का

साहस किया। कवि भानुभक्त ने अपनी कृति की रचना नेपाली भाषा में की। विद्वानों का मत है कि कवि भानुभक्त कृत नेपाली रामायण सन् १८५२ में पूर्ण हुई। अध्येता श्री रामनारायण वैद्य के अनुसार सात काण्डों मे वर्णित इस रामायण के 'बालकाण्ड' का प्रणयन सन् १६४१ तक हो चुका था। तत्पश्चात् एक मुकदमें के सिलसिले में जेल में बंद कवि ने पाँच माह की अवधि में 'अयोध्याकाण्ड', 'अरण्यकाण्ड', 'किष्किंधाकाण्ड' और 'सुन्दरकाण्ड' की रचना की। 'युद्धकाण्ड' और 'उत्तरकाण्ड', जेल से छूटने के बाद लिखे गये। इस प्रकार सन् १८५२ ई० में यह नेपाली रामायण पूर्ण हुई। (भारतीय भाषाओं में रामकथा-श्री रामनारायण वैद्य, पृ० २२२) संवत् १६२५ (सन् १८६८ ई०) आश्विन शुक्ल पञ्चमी के दिन ५४ वर्ष की अवस्था में कवि की मृत्यु हो गई। (भानुभक्त रामायण, प्रस्तावना, पृ०१४)

'भानुभक्त रामायण' का प्रकाशन सन् १६५४ में हुआ। इसका द्वितीय संस्करण हिन्दी-अनुवाद सहित भुवनवाणी ट्रस्ट, मौसम बाग, लखनऊ से सन् १६६० ई० में प्रकाशित हुआ। इसका हिन्दी अनुवाद श्री नन्दकुमार आमात्य और सुश्री तपेश्वरी आमात्य द्वारा किया गया।

'भानुभक्त रामायण' के अध्येताओं ने एकमत से स्वीकार किया है कि 'भानुभक्त रामायण' पर 'अध्यात्म रामायण' का प्रभाव है, जोकि 'ब्रह्माण्ड पुराण' के अन्तर्गत व्यास जी की रचना मानी जाती है। 'अध्यात्म रामायण' का रचनाकाल १२वीं-१३वीं शताब्दी रहा है। (भारतीय भाषओं में रामकथा, श्री रामनारायण वैद्य, पृ० ६१) यहाँ यह उल्लेखनीय है कि 'अध्यात्म रामायण' से यह रामायण प्रभावित अवश्य है किन्तु स्तुतियों, दार्शनिक विचारों और आध्यात्मिक चर्चाओं या कुछ प्रसंग विशेष; जैसे-अहिल्या उद्धार, स्वयंप्रभा का परिचय आदि, प्रस्तुत ग्रंथ में 'अध्यात्म रामायण' की अपेक्षा संक्षिप्त हैं। इसका कारण यह है कि कृतिकार का ध्यान केवल कथा कहने पर अधिक है, काव्य का अवकाश अर्थात् मार्मिक या विशेष स्थल पहचानकर, अपने विवेकानुसार वर्णित करने का लोभ नहीं है। जब कि गोस्वामी तुलसीदास, कवि केशवदास, मैथिलीशरण गुप्त, हरिऔध आदि कवियों ने रामकथा के साथ-साथ अपनी कवित्व शक्ति एवं युगानुकूलता को ध्यान में रखकर नवीन उद्भावनायें भी प्रकट की हैं।

उल्लेखनीय है कि 'भानुभक्त-रामायण', 'अध्यात्म रामायण' और तुलसीदास कृत 'श्रीरामचरितमानस' के समान सात काण्डों में विभाजित है। 'अध्यात्म रामायण' के शिल्प एवं कलेवर से अधिक प्रभावित होने के कारण नेपाली रामायण की तुलना करने के लिए गोस्वामी जी की बहुचर्चित 'श्रीरामचरितमानस' को आधार बनाया जा रहा है।

सात काण्डों में विभाजित 'भानुभक्त रामायण', जनभाषा-नेपाली' में रची गयी है, वहीं गोस्वामी जी ने अवधी को प्रश्रय दिया है।

'भानुभक्त रामायण' के 'बालकाण्ड' का प्रारंभ ब्रह्मा-नारद के संवाद से होता है। यहाँ नारद कलियुग में व्याप्त कष्टों एवं पापों का वर्णन करते हुए, उनसे निवारण का उपाय ब्रह्मा जी से पूछते हैं। ब्रह्मा जी नारद को राम और रामायण का महात्म् बताते हुए, कलियुग मुक्ति का आधार घोषित करते हैं। तत्पश्चात् पार्वती की जिज्ञासा पर शिवजी रामकथा सुनाते हैं। सर्वप्रथम, ब्रह्मा के पास रावण के पापों से त्रस्त पृथ्वी के पहुँचने पर

रामावतार के विधान की चर्चा करके, राजा दशरथ के उत्तराधिकारी की चिन्ता से लेकर राम-विवाह के पश्चात् अयोध्या लौटने तक की कथा प्रस्तुत काण्ड में सुनाते हैं। जबकि तुलसी कृत 'मानस' में ब्रह्मा-पृथ्वी संवाद से पूर्व मंगलाचरण, गुरु स्तुतियों श्री रामचरितमानस का महात्म तथा रूपक सहित याज्ञवल्क्य-भारद्वाज संवाद, सती की कथा, पार्वती विवाह, कामदेव का भस्म होना, नारद अभिमान, मनु-शतरूपा, भानुप्रताप की कथा, रावण का जन्म और अत्याचार तक का वर्णन है। तत्पश्चात् तुलसी की कथा और भानुभक्त रामायण की कथा समानान्तर चली है।

'भानुभक्त रामायण' में 'अयोध्याकाण्ड' की कथा श्रीरामचरितमानस' की भाँति राम के राज्याभिषेक से आरंभ होकर, वनमार्ग में अत्रि-अनुसुइया से भेंट तक चलती है जबकि 'श्रीरामचरितमानस' में भरत द्वारा पादुका-स्थापना, नन्दिग्राम और श्री भरत जी के चरित्र-श्रवण की महिमा पर समाप्त होती है। 'भानुभक्त रामायण' में वर्णित 'अत्रि-अनुसुइया प्रसंग 'श्रीरामचरितमानस' में 'अरण्यकाण्ड' के अन्तर्गत आया है। 'भानुभक्त रामायण' में 'अरण्यकाण्ड' के अन्तर्गत अत्रि से विदा लेकर वनमार्ग में राम, लक्ष्मण, सीता के प्रशस्त होने से कथा प्रारंभ होती है और शबरी-उद्धार तक का प्रसंग अनस्यूत है। जबकि 'श्रीरामचरितमानस' में नवधा-भक्ति उपदेश, पम्पासुर प्रस्थान, नारद-राम संवाद, संत-लक्षण और सत्संग की महिमा पर काण्ड समाप्त हुआ है।

'भानुभक्त रामायण' के 'किष्किंधाकाण्ड' की कथा पम्पासुर प्रस्थान से लेकर राम-सुग्रीव मिलन, बालि वध से होती हुयी लंका पहुँचकर, सीता का पता लगाने के लिए, हनुमान द्वारा समुद्र-लंघन के प्रारंभ पर समाप्त होती है। 'श्रीरामचरितमानस' में वर्णित श्रीराम-गुण-महात्म के अतिरिक्त कथा 'भानुभक्त रामायण' समान है।

'भानुभक्त रामायण' के 'सुन्दरकाण्ड' में हनुमान के लंका प्रस्थान से लेकर सीता मिलन, लंका दहन और वापस आकर राम-हनुमान मिलन और संवाद तक की कथा वर्णित है जबकि 'श्रीरामचरितमानस' में हनुमान से सीता का समाचार प्राप्त करने के उपरान्त श्रीराम का सेना सहित समुद्र तट पर पहुँचकर, समुद्र पर क्रोधित होने का प्रसंग है।

कवि भानुभक्त ने अपनी नेपाली रामायण के छठवें काण्ड का नामकरण 'श्रीरामचरितमानस' की भाँति 'लंकाकाण्ड' न रखकर 'युद्धकाण्ड' किया है जो कि 'अध्यात्म रामायण' में मिलता है। 'भानुभक्त रामायण' के 'युद्धकाण्ड' की कथा राम को सेना सहित समुद्र के किनारे पहुँचकर, समुद्र पार की चिंता से प्रारंभ होकर, रावण वध के पश्चात् राम के अयोध्या आगमन, राज्याभिषेक और विभीषण, सुग्रीव आदि को विदा करने के प्रसंग पर विराम पाती है। जबकि 'श्रीरामचरितमानस' के 'लंकाकाण्ड' में नल-नील द्वारा समुद्र पर सेतु बांधने के प्रसंग से लेकर, लंका विजयोपरांत श्रीराम-सीता का अयोध्या-प्रस्थान तक का ही प्रसंग उल्लिखित है।

'भानुभक्त-रामायण' का सातवाँ काण्ड- 'उत्तरकाण्ड', 'श्रीरामचरितमानस' से नामकरण की समानता के अतिरिक्त वस्तुपक्ष से पूर्णतः भिन्न है। इसमें 'अध्यात्म रामायण' के प्रसंग ग्राह्य हैं।

विदित हो कि 'भानुभक्त रामायण' के 'उत्तरकाण्ड' में राज्याभिषेक के उपरान्त, शिव-पार्वती का पुनः संवाद है। इस संवाद में पार्वती जी, शिव के समक्ष, राज्याभिषेक के

उपरान्त श्रीराम द्वारा पृथ्वी पर बिताये गये समय और लीलाओं के प्रति जिज्ञासा प्रकट करती हैं -

"पृथ्वीमा कति वर्ष राज् हुन गयो लीला तहाँ कुन् भया।
कस्ता रीत्सित राज्य छोड़ि रघुनाथ् बैकुण्ठ धाम मा गया।।

(भानुभक्त रामायण, उत्तरकाण्ड, छंद-१)

अर्थात् पृथ्वी पर कितने वर्ष तक राज्य किया गया और किस-किस प्रकार की लीला हुई और किस प्रकार श्री रघुनाथ राज्य को छोड़कर बैकुण्ठ-धाम को पधारे।

तदोपरान्त शिवजी ने बताया कि राज्याभिषेक के उपरान्त सप्तऋषि प्रभु राम से मिलने पहुँचे और राम के कार्य की सराहना करते हुये, इन्द्रजीत-वध को महत्वपूर्ण बताया। रावण, कुंभकरण की अपेक्षा इन्द्रजीत का वध, विशेष मानने का कारण, जब राम ने अगस्त ऋषि से पूछा तो उन्होंनें इन सभी के जन्म की कथा सुनाई। ब्रह्मा पुत्र पुलस्त्य और देवपुत्री के पाणिग्रहण से विश्रवा का जन्म हुआ, जिन्हें भारद्वाज ऋषि ने अपनी पुत्री दी, जिससे कुबेर का जन्म हुआ। कुबेर की तपस्या से प्रसन्न होकर ब्रह्मा ने पुष्पक विमान दिया और विश्वकर्मा ने लंका का निर्माण किया।

तत्पश्चात् राक्षस राज सुमाली ने अपनी पुत्री कैकसी को विस्त्रवा के पास ऋतुदान के लिए भेजा। विस्त्रवा की अनुकम्पा से कैकसी के रावण, कुंभकरण, विभीषण और सूपर्णखा का जन्म हुआ। इसके बाद कैकसी द्वारा रावण को कुबेर के प्रति उकसाना, रावण द्वारा ब्रह्मा को प्रसन्न करना, सोमाली द्वारा रावण को लंका पर अधिकार करने को प्रेरित करना और अंततः अधिकार के प्रसंग वर्णित हैं। इसके पश्चात् रावण-मंदोदरी का विवाह, मेघनाथ जन्म, कुबेर की पराजय, मेघनाथ द्वारा इन्द्र को पराजित करना, इन्द्र को मुक्त कराने के लिए ब्रह्मा द्वारा मेघनाथ को वरदान देना; रावण द्वारा बल मापने के लिए कैलाश को उठाना, शंकरजी द्वारा रावण को मनुष्य एवं वानरों द्वारा मारे जाने का श्राप, कार्तिवीय तथा बालि द्वारा रावण के मान-मर्दन की कथा है। तत्पश्चात् नारायण के विराट स्वरूप का वर्णन है। यहीं राम की जिज्ञासा पर अगस्त द्वारा कही गई बालि-सुग्रीव के जन्म की कथा है। इसके बाद पुनः रावण-सनत्कुमार संवाद है जो रावण के हृदय में हरि के हाथों मोक्ष प्राप्त करने के लिए प्रेरणा बनता है और रावण, सीता-हरण का संकल्प लेता है।

उपर्युक्त प्रसंगों के पश्चात् राम द्वारा पुष्पक विमान वापस भेजना तथा ब्राह्मण के लड़के की मृत्यु का कारण शूद्र को मानकर राम द्वारा उसका वध करने का प्रसंग है। सम्भवतः यह शम्बूक वध प्रसंग हैं। इसमें पात्र का नामोल्लेख नहीं है।

तत्पश्चात् 'उत्तरकाण्ड' में वर्णित है कि राम राज्य के दस हजार वर्ष व्यतीत होने पर, ऋषि-मुनियों-देवताओं द्वारा सीता के माध्यम से प्रभु को बैकुण्ठ पधारने का संदेश दिया गया। इसी उपक्रम में सीता पर अपयश लगा, वन भेजने की घटना फलीभूत हुई।

इस कथा के पश्चात् च्यवन एवं भार्गव ऋषि द्वारा राम के पास आकर मधु-दैत्य के आतंक का परिचय देना, राम द्वारा शत्रुध्न को भेजना तथा मधु-दैत्य की पराजय के उपरान्त, मथुरा का राज्य शत्रुध्न को प्रदान करने का प्रसंग है।

इसके पश्चात् लव-कुश जन्म, सोने की सीता के साथ अश्वमेघ यज्ञ, वाल्मीकि द्वारा कुश को तत्व ज्ञान, श्री राम की सभा में लव-कुश का गायन, श्री राम का पहचानना तभी सीता के पृथ्वी में समा जाने का प्रसंग है।

इन प्रसंगों के उपरान्त कौशल्या द्वारा राम के पैर पकड़कर मुक्ति का उपाय पूछना वर्णित है-

"कौशल्या राम लाई त्रिभुवन पतिका नाथ् रमानाथ जानी।
कुन् पाठ्ले बन्ध छुट्ला भनिकन मनमा खुप् ठुलो पीर मानी।।
आइन् पाऊ परी फेर् विनति पनि गरिन् रामजी का चरण्मा।
कुन्पाठ्लेबध छुट्छन् यतिमकन् कहू आज आयाँ शरण्मा।।

(उत्तरकाण्ड, छंद १६४)

राम द्वारा उपाय सुनकर कौशल्या का देह त्यागने का प्रसंग है। उपर्युक्त प्रसंग के पश्चात् राम की आज्ञा से भरत द्वारा गंधर्वों का संहार करके पुत्रों को पुस्करावति (पुरी) पुरुकल राज्य, तक्षसिला पुरा (तक्षराज) सौंपने का प्रसंग है। तत्पश्चात् लक्ष्मण भी पश्चिम प्रदेश का राज्य राम की आज्ञा से पुत्रों को सौंपते हैं।

इस प्रसंग के उपरान्त काल का ऋषि वेष में राम के पास आना; ऋषि काल और राम की गुप्त वार्ता; दुर्वासा ऋषि का आगमन; लक्ष्मण के रोकने पर क्रोधित होना; आदर एवं भय के कारण राम की आज्ञा की अवहेलना करके दुर्वासा को लक्ष्मण द्वारा राम के पास ले जाना; दुर्वासा द्वारा राम को ब्रह्मा का संदेश सुनाना; लक्ष्मण को आज्ञा की अवहेलना करने के कारण, राम द्वारा स्वयं से अलग करना, लक्ष्मण द्वारा सरयू में समाधि लेने का प्रसंग है।

इस प्रसंग के बाद राम, भरत-शत्रुध्न को बुलाते हैं और उनके साथ सरयू में समाधि लेकर बैकुंठ पहुँचकर नारायण रूप को ग्रहण करते हैं। इसी प्रसंग पर कथा समाप्त होती है।

उपर्युक्त विवेचन के आधार पर बोध होता है कि 'उत्तरकाण्ड' तथा कुछ प्रसंगों के अतिरिक्त गोस्वामी जी की श्री 'रामचरितमानस' और बहुश्रुत रामकथा के सभी प्रसंग 'भानुभक्त रामायण' में प्राप्त होते हैं। यहाँ तक कि समानता प्रतीत होती है। जैसे- रामजन्म, विश्वामित्र आगमन, अहिल्या-उद्धार, सरस्वती द्वारा कैकेयी की मति फेरना, लक्ष्मण-गुह के मध्य दार्शिनिक चर्चा, सीता का अग्निप्रवेश कर छाया रूप में वनवास में रहना, अपहरण, सीता के प्रति रावण का पूज्य भाव, बालिवध, सेतु, बंधन, रावण के नाभिकुण्ड में अमृत, रावण वध आदि कथायें। कई बार तो प्रासंगिक पंक्तियाँ श्री 'रामचरितमानस' से हू-बहू मिलती है। जैसे-

"सुनत बचन दससीस रिसाना । मन महुँ चरन बंदि सुखु गाना।।"

(श्री रामचरितमानस)

"सीता नाई मानले चिन्हि कन मनमा मातृवत बुद्धि गर्दो।"

(भानुभक्त रामायण)

ठीक इसी प्रकार राम द्वारा एक बाण से रावण के छत्र, मुकुट काटने का प्रसंग है -

"छत्र मुकुट ताटंक सब हते एक ही बान।"

(श्री रामचरितमानस)

"तेस बाण ले दस छत्र मुकुट सब काटो खसाल्यो तसै"

(भानुभक्त रामायण)

उपर्युक्त प्रसंगों को उल्लिखित करने का तात्पर्य यह नहीं है कि 'भानुभक्त रामायण' पर 'श्रीरामचरितमानस' का प्रभाव है, बल्कि दोनों ग्रन्थों में 'अध्यात्म रामायण' से ग्राह्य बहुप्रसंगों की पुष्टि होती है। इसके अतिरिक्त 'भानुभक्त रामायण' में बहुत से प्रसंग ऐसे हैं जो 'मानस' से भिन्न हैं अथवा 'भानुभक्त रामायण' की कथा में उनके क्रम में परिवर्तन आ गया है। जैसे-कलियुग वर्णन 'मानस' में 'उत्तरकाण्ड' के अंतर्गत है जबकि कवि भानुभक्त ने इसे 'नारद-ब्रह्मा संवाद' का आधार बनाया है।

इस प्रकार 'मानस' के विश्वामित्र, राक्षसों से यज्ञ की रक्षा करने के लिए, राजा दशरथ से राम की याचना करते हैं। वहीं 'भानुभक्त रामायण' में भी विश्वामित्र का उपर्युक्त कार्य सिद्धि हेतु आना वर्णित है, किन्तु मूलरूप से मारीच-सुबाहु का वध ध्येय है। इसीलिए विश्वामित्र के साथ पहुँचने पर जब राम की भेंट इनसे नहीं होती तो राम विश्वामित्र के साथ मिलकर यज्ञ का विधान करके, मारीच-सुबाहु को आकर्षित कर बुलाने का षड्यंत्र रचते हैं-

"विश्वामित्र जिलाइ भन्नु पनि भो मारिच सुबाहु कहाँ ।
बस्छन् यज्ञ ठुलो गरी लिनभुया ती आऊँत्या की यहाँ।।"

(भानुभक्त रामायण, बालकाण्ड, छंद-८३)

अर्थात् विश्वामित्र से उन्होंने (राम ने) कहा कि मारीच और सुबाहु कहाँ रहते हैं। उनसे तो भेंट नहीं हुई । उन्हें मारा किस प्रकार जाये! उन्हे यहाँ तक बुलाने के लिए यज्ञ करना चाहिए।

इसी प्रकार 'भानुभक्त रामायण' में 'केवट प्रसंग' श्रीरामचरितमानस की भाँति 'राम वनवास' के प्रसंग में नहीं हैं बल्कि 'अहिल्या उद्धार' के पश्चात् विश्वामित्र के साथ जनकपुर जाने वाले मार्ग में घटित किया गया है -

"ताहाँ देखि चल्या र जल्दि रघुनाथ् गंगाजिका तीर झन्या।
तर्नाको प्रभु ले जसै मन गन्या माझी चरणूमा पन्या।।"

(बालकाण्ड; छंद ९६)

अर्थात् वहाँ से चलकर रघुनाथ जी शीघ्र गंगा जी के किनारे पर पहुँचे। जैसे ही प्रभु ने तैरकर पार होने के लिए सोचा वैसे ही मल्लाह उनके चरणों में आ गिरा।

इसी भाँति 'मानस' में विश्वामित्र द्वारा राम-लक्ष्मण को 'सीता-स्वयंवर' में ले जाने का प्रसंग है, किन्तु 'भानुभक्त रामायण' में उल्लिखित है कि विश्वामित्र राम से, जनक से भेंट कर, शिव-धनुष को देखने की प्रार्थना करते हैं -

"हे राम्! जाऊँ जनक्जिका पुरमहाँ राजा जनक् छन् बड़ा।

गर्नन् आदर भक्तिले हजुरका सामने हुन्या छन् खड़ा।।
ताहाँ एक् शिव कों धनुष पनि छ बेस् देखियला त्यो पनि।

(बालकाण्ड, छंद-८७)

विश्वामित्र की प्रार्थना सुनकर राम-लक्ष्मण, विश्वामित्र के साथ, जनकपुर पहुँचते हैं। राम को देखकर एवं उनके पराक्रम को सुनकर, जनक राम की शिव-धनुष देखने की आकाँक्षा जानकर, शिव-धनुष मंगाते हैं और वचन देते हैं कि यदि राम शिव-धनुष उठा लेगें तो वह सीता से उनका विवाह कर देगें-

"ये बीचमा ऋषिर्थ्यैं भन्या जनकले राम ले उचालन् धनु।
सीता छोरि म दिन्छु रामकृन गरुन् बीहा बहुत क्या भनुँ।।"

(बालकाण्ड, छंद-१०४)

तत्पश्चात् विवाह-प्रसंग है जिसमें राम का विवाह सीता से, लक्ष्मण का उर्मिला से तथा जनक अपनी भतीजी श्रुतिकीर्ति एवं माण्डवी का विवाह क्रमशः भरत तथा शत्रुध्न से करते हैं-

"राम् लक्ष्मण दुइलाइ ता जनक ले आपना ति छोरी दिया।
भाईका त भरत जिलाइ रति वीर् शत्रुघन लाई दिया।।
सीता पत्नी भइन रमापतिकि ता लक्ष्मणजिकी उर्मिला।
पत्नी हुन् श्रुतिकीर्ति ता भरत की शत्रुघन की माण्डवी।।"

(बालकाण्ड, छंद ११२-११३)

उपर्युक्त पंक्तियों में श्रुतिकीर्ति को भरत की तथा माण्डवी को शत्रुघन की पत्नी बताया गया है जबकि 'मानस' में भरत की पत्नी का नाम 'माण्डवी' तथा शत्रुघन की पत्नी का नाम श्रुतिकीर्ति बताया गया है।

'भानुभक्त रामायण' में 'परशुराम-आगमन', 'वाल्मीकि रामायण' की भाँति बारात के अयोध्या लौटते समय वर्णित है और मात्र 'परशुराम-राम-विवाद' की चर्चा है जबकि 'मानस' में परशुराम का आगमन स्वयंवर-स्थल पर होता है और परशुराम-लक्ष्मण संवाद' कथा में विशेष कौतूहल एवं रोमांच उपस्थित कर देता है।

'भानुभक्त रामायण' में चित्रकूट में राम-भरत की भेंट के समय 'मानस' की भाँति लक्ष्मण के हृदय में भरत के आगमन पर शंका प्रकट नहीं की गई है। 'स्वर्णमृग' प्रसंग में भी आलोच्य रामायण के अन्तर्गत लक्ष्मण का उत्तेजनावश सीता को 'धिक् चण्डि' कहकर संबोधित किया गया है जबकि मानसकार ने लोक मर्यादा का ध्यान रखा है। साथ ही लक्ष्मण, राम को खोजने के लिए सीता को वनदेवी के सुपुर्द करके, जाते हैं किंतु 'मानस' में परोक्ष रूप में और लोक में 'लक्ष्मण रेखा' प्रसंग बहुश्रुत है।

इसी प्रकार 'भानुभक्त रामायण' में उल्लिखित है कि शबरी द्वारा राम को सीता का पता बता दिया जाता है और सुग्रीव से भेंट कर कार्य पूर्ण करने का उपक्रम ज्ञात होता है-

"सीता लंकाविषे छन् अब त हजुरले भेट सुग्रीव लाई।
बक्स्याजावस् ति गर्नन् जति जति अरु काम बिल्कुलै पार लाई।।

(अरण्यकाण्ड, छंद-११८)

अर्थात् सीता लंका में हैं। जब आप सुग्रीव से भेंट करेंगें तो जो काम होंगे, सब अवश्यमेव पूर्ण होंगे।

कवि भानुभक्त ने समुद्र का आकार चार सौ कोस वर्णित किया है। साथ ही हनुमान तथा विभीषण की भेंट का उल्लेख, सीता-खोज प्रसंग में नहीं किया है जबकि 'मानस' में यहीं से हनुमान को अशोक वाटिका में कैद सीता का पता लगता है। इसी भाँति 'नेपाली रामायण' में सीता, हनुमान को लंका-दहन से पूर्व ही चूड़ामणि प्रदान कर देती हैं जबकि 'मानस' में 'लंकादहन' के उपरान्त प्रसंग आता है। इसी प्रकार 'भानुभक्त रामायण' में उल्लिखित है कि सेना सहित समुद्र तट पर पहुँचने पर, राम को अपेक्षा थी कि समुद्र स्वयं उनके पास आयेगा। समुद्र के न आने पर वे क्रोधित होते है और अपना अपमान समझते हैं-

"भेटै आज गरेन् हेर तिमिले यस्को तमाशा भनी।" (युद्धकाण्ड, छंद-७१)

अर्थात् इसका तमाशा तो देखो कि आज इसने मुझसे भेंट तक नहीं की। जबकि 'मानस' में राम द्वारा समुद्र से मार्ग देने की याचना है।

"भानुभक्त रामायण" में अंगद-रावण संवाद नहीं है बल्कि रावण के दूत-सुक से संदेश भेजने का उल्लेख है। इसी प्रकार कुंभकरण को जगाने एवं उसके युद्ध भूमि में आने का प्रसंग साधारण है, 'मानस' की भाँति विनोद एवं कौतूहलपूर्ण नहीं।

'भानुभक्त रामायण' में लक्ष्मण को शक्ति मेघनाथ के द्वारा माने जाने का उल्लेख नहीं है बल्कि रावण द्वारा मारने का उल्लेख है। (युद्धकाण्ड के छंद-११४, ११५, ११६, ११७ देखे जा सकते है।) इसी भाँति संजीवनी बूटी प्रसंग भी मानस की भाँति नहीं है। 'नेपाली रामायण' में लक्ष्मण शक्ति तथा उससे पूर्व राम की सेना के घायल होने पर, राम द्वारा हनुमान को द्रोणाचल पर्वत से बूटी लाने का आदेश दिया जाता है जबकि 'मानस' में सुषेण वैद्य का प्रसंग भी है। हनुमान के बूटी लाने पर सेना-चैतन्य हो जाती है-

"पृथिवि तल गिन्याका वीर् बचाऊन लाई।
हुकुम प्रभुजिको भो वीर् हनुमान लाई।।
ढिल नगर हनुमान्! क्षीर सागर् छ जाऊ।
तहि छ अगम द्रोण लीयेर आऊ।।" (युद्धकाण्ड, छंद-१०७)

इसके अतिरिक्त 'जयंत-प्रसंग' में मानस में वर्णित, जयंत को राम द्वारा तिनके से मारने के स्थान पर कंकर से मारने का उल्लेख है।

उपर्युक्त प्रसंगों के अतिरिक्त कुछ प्रसंग ऐसे हैं जिसमें लोक-मर्यादा का उल्लंघन है। जैसे 'चित्रकूट-प्रसंग' में कैकेई द्वारा राम के चरणों में गिरकर क्षमा माँगने का प्रसंग-

"कैकयी रघुनाथ का चरणमा रुँदै खुप् तहाँ।।" (अयोध्याकाण्ड, छंद-११३)

इसी प्रकार 'उत्तरकाण्ड' में कौशल्या का मुक्ति का मार्ग जानने के लिए राम के चरणों में गिरना वर्णित है-

"आइन पाऊ परी फेर् विनति पनि गरिन् रामजी का चरण मा।।"
(उत्तरकाण्ड, छंद-६४)

इसी भाँति सीता की विदा के समय विदेह-जनक का चरणों पर गिरना उल्लिखित है-

"जाना तो मतलब बुझी जनकजी राम का चरण मा परया।।" (बालकाण्ड)

उपर्युक्त विवेचन से ज्ञात होता है कि 'भानुभक्त रामायण' में बहुश्रुत रामकथा के प्रसंगों से कुछ प्रसंगों में नवीनता है।

कथोपकथन की दृष्टि से विचार करने पर ज्ञात होता है कि कथा के प्रवाह में कथोपकथन सहज ही आ जाते हैं। यह सीधे और सहज है तथा हृदय ग्राह्य भी। कुछ कथोपकथन मुख्यतः अध्यात्म एवं नीति संबंधी प्रसंगों में अपेक्षाकृत अधिक आये हैं। जैसे लक्ष्मण-गुह संवाद, लक्ष्मण-राम संवाद, ब्रह्मा-नारद संवाद, राम-शबरी संवाद, बालि-राम, तारा-राम संवाद और राम-सीता संवाद आदि।

जहाँ तक चरित्र चित्रण का प्रश्न है, वहाँ उल्लेखनीय है कि 'भानुभक्त रामायण' में राम का वर्णन पूर्णतः ब्रह्म के रूप में हुआ है। भारतीय रामकथा के अध्येता श्री रामनारायण वैद्य लिखते हैं- "वाल्मिकी के मर्यादापुरुषोत्तम राम नेपाली रामायण में पूर्णतया पुरुष से ब्रह्म बन चुके हैं और उनके चरित्र में न मानवीय दुर्बलताएँ रह जाती हैं, न मानवीय मनोभाव। उन्हें सुःख-दुःख व्यापते ही नहीं। इसके फलस्वरूप ऐसा लगता है कि कवि भगवान राम की कथा लिख रहा है, मानव राम या अवतार राम की नहीं।" (भारतीय भाषाओं में रामकथा, श्री रामनारायण वैद्य, पृ० २२४)

विदित हो कि आलोच्य ग्रंथ में जब राक्षस कबन्ध द्वारा राम से उनका परिचय पूछा जाता है तो राम स्वयं का परिचय भगवान के रूप में भी देते हैं,-

"उत्तर श्री रघुनाथ ले पानि दिया हाँसेर विस्तार गरी।
सून्यो राम भनी तहाँ र मन ले चीन्हग्यों इनै हुन हरि।।"

(अरण्यकाण्ड, छंद १०५)

अर्थात् रघुनाथ ने भी हँसकर उत्तर दिया; राम कहकर पुकारे जाते हैं और मन में हरि समझकर पहचाने जाते हैं।

तदोपरान्त भी कई स्थलों पर राम साधारण लगते हैं। विशेषतः सीता से बिछोह के पश्चात् उनका विलाप, कई स्थलों पर मानवीय स्वाभावानुकूल प्रतीत होता है। किन्तु ऐसे प्रसंगों को कवि ने कहीं भी विस्तार नहीं दिया।

'भानुभक्त रामायण' में लक्ष्मण को 'मानस' की भाँति वीर, पराक्रमी, आज्ञाकारी एवं उग्र स्वभाव वाला बताया है किन्तु सीता हरण प्रसंग में सीता उलाहना सुनकर 'धिक् चण्डि' कहना, 'मानस' की मर्यादानुकूल नहीं है।

रावण को ग्रंथ में ज्ञानी, विवेकशील, बलशाली, पराक्रमी, मर्यादित आचरण वाला योद्धा दर्शाया गया है। यहाँ पर रावण का राम से वैर प्रारब्ध और मोक्ष के फलीभूत है।

सीता सर्वत्र पूज्या या देवी, पतिपरायण, स्वाभिमानी स्त्री के रूप में चित्रित हैं। उद्देश्य की दृष्टि से विचार करने पर बोध होता है कि सर्वप्रथम कवि भानुभक्त का मूल उद्देश्य रामकथा को नेपाली भाषा में लिखकर, नेपालवासियों के लिए सुगम बनाना है।

साथ ही कवि का मानना है कि राम का अवतार 'गीता' एवं 'मानस' की भाँति भक्तों को कष्टों से मुक्ति दिलाने के लिए हुआ है-

"भू भार हर्न निमित्त आज भगवान यस् पृथ्वीतल मा धर्‍या।"

शिल्प की दृष्टि से विचार करने पर ज्ञात होता है कि 'भानुभक्त रामायण' में कथात्मकता अधिक है, काव्य कम। अर्थात् इसमें स्वाभावोक्ति अधिक है, अप्रस्तुत योजना कम। कहने का तात्पर्य यह कि पूर्व रामकथाओं से प्रभावित होने के पश्चात् भी, राम कथा के विशेष मर्म स्थल को पहचानकर, अवसरानुकूल-युगानुकूल प्रसंग, सांस्कृतिक संदर्भ, उपदेशात्मकता मौलिकता आदि अन्स्यूत करने के लिए, गोस्वामी जी आदि ने जो अवसर जुटाये हैं और वहाँ अपने काव्य-कौशल से मंत्र-मुग्ध कर दिया है, ऐसे अवसर कवि भानुभक्त की रामायण में नहीं प्राप्त होते हैं। सांस्कृतिकता या क्षेत्रीयता मुख्य रूप से भाषिक प्रयोग तक ही सीमित है। कुछेक स्थल कथा में ढूँढे जा सकते हैं। जैसे राम को वरमाला पहनाकर सीता का छम-छम करते जाना-

"सीताजी पनि रामका शिर-उपर् माला फनक्को धरी।
छम् छम् पाउ गरी फिरिन् घरमहाँ मंगल् भयो तेस् धरी" (बालकाण्ड, छंद-१०७)

इसी प्रकार अशोकवाटिका में रावण सीता को धमकाते हुये कहता है-

"तर्कारी भुटुवा बनाउनु असल् मीठा मसाला धरी।" (सुन्दरकाण्ड, छंद-४३)

इसी भाँति सीता के समक्ष हनुमान का स्वरूप लाल मुँह, पीला शरीर और गौरेया के समान छोटे आकार का वर्णित है-

"लाल् मुख् पीत शरीर् पनि अधिक् सानू भङेरा सरी।"

कथा में उपमा और रूपक अलंकारों का ही प्रयोग अधिक है। जहाँ तक 'नेपाली रामायण' की शैली का प्रश्न है, वहाँ उल्लेखनीय है कि इसमें शिखरिणी, शार्दूलविक्रिड़ित तथा बसन्तलतिका जैसे संस्कृत छंदों का प्रयोग है। पुस्तक की प्रस्तावना में उल्लिखित है-

"लिपि नागरी, भानुभक्त रामायण की भाषा नेपाली, किन्तु छन्द रचना में संस्कृत छंदों का अनुकरण है। शिखरिणी, शार्दुल विक्रिड़ित, बसन्तलतिका आदि संस्कृत छंदों की शैली पर ही काव्य रचना है।" (भानुभक्त रामायण, प्रस्तावना, पृ० १५)

यहाँ यह भी उल्लेखनीय है कि नेपाली भाषा में लिखे होने पर भी भाषा में अरबी-फारसी के शब्दों का प्रयोग भी हुआ है। जैसे- हजुर, हुकुम आदि।

कुल मिलाकर यह कहा जा सकता है कि कथा एवं शिल्प के स्तर पर कोई विशेष चमत्कृत कर देने वाले तत्व आलोच्य ग्रंथ में नहीं है, किन्तु कथा कहने की कला में कवि निपुण है। साथ ही शैव-शाक्त साधना पूर्ण क्षेत्र में रामकथा का प्रसार, प्रचार करने हेतु जनभाषा नेपाली की ग्राह्यता निश्चित ही ग्रंथ को विशिष्ट बना देती है। निश्चत ही कवि भानुभक्त कृत नेपाली रामायण राष्ट्रीय-सांस्कृतिक एकता में सार्थक भूमिका निर्वाह करके, रामकथा को नेपाल में सुलभ बनाने में पूर्ण समर्थ है।

मराठी भावार्थ रामायण : महाकवि एकनाथ कृत

डॉ० पद्मा पाटील

महाराष्ट्र की भूमि सन्तों की भूमि के नाम से परिचित है। उसके सांस्कृतिक इतिहास में भागवत धर्म के सन्तों का कार्य अत्यन्त महत्त्वपूर्ण है। तेरहवीं शती के अन्त में सन्त आन्दोलन शुरू हुआ। तत्कालीन महाराष्ट्र में यादवकालीन राजा रामदेव राव यादव का अमल था। मुसलमानी आक्रमण का संकट बार-बार सारी प्रजा को तकलीफ में डाल देता था। अवर्षणादि प्रकृतिदत्त संकट तो थे ही। सामाजिक परिस्थिति ऐसी थी कि विविध विषमताओं के साथ संघर्षरत जनता को भक्तिमार्ग के मध्यममार्ग का पर्याय सन्तजनों ने उपलब्ध करा दिया। साधारण, आम लोग अज्ञानी थे, ऐसी परिस्थिति में सन्तआंदोलन शुरु हुआ। उसका स्वरूप बड़ी मात्रा में धार्मिक और सांस्कृतिक था। तत्कालीन सामाजिक जीवन अलग शक्तियों और प्रेरणाओं के संघर्ष से सिद्ध होने वाला जिंदा प्रवाह था। उसमें सर्वप्रथम चक्रधर, मुकुंदराय, ज्ञानेश्वर, नामदेव, जनाबाई आदि सन्तों ने अपनी ओर से साम्प्रदायिकता के विरोध में प्रयास किए। उनके पश्चात् के दो सौ वर्ष मानो महाराष्ट्र में धार्मिक और सांस्कृतिक क्षेत्र में तमोयुग था। इस तमोयुग का अन्त सन्त एकनाथ के कर्तृत्व से हुआ। उन्होंने और उनके बाद के सन्तों ने अपने व्यक्तिव और अपने साहित्य सृजन द्वारा नए युगधर्म का उद्घोष और प्रसार कर सांस्कृतिक पुनरुज्जीवन की प्रक्रिया को सचेत किया। व्यक्तिगत अध्यात्मसाधना के साथ-साथ लोकसमन्वय के कार्य को भी महत्वपूर्ण स्थान दिया। वारकरी सम्प्रदाय में भक्ति का स्थान ना केवल साधन बलिक साध्य भी है। ज्ञानेश्वर के मतानुसार भक्ति का मतलब विट्ठल का सहज प्रकाश है। वारकरी सम्प्रदाय के इतिहास में सन्त नामदेव का उद्घोष था। "आम्हां सापडले वर्म। करू भागवत धर्म" इस उद्घोष में महाराष्ट्र की सांस्कृतिक परम्परा में निहित युगसापेक्षता और परिवर्तन की आत्मा है। "ज्ञानेश्वर से लेकर चली आई इस युगसापेक्ष परिवर्तनशील महाराष्ट्रीय सांस्कृतिक परम्परा का भागवतधर्म के साथ समन्वय कर सन्त एकनाथ ने उसे कालसापेक्ष रूप प्रदान किया।"[1]

परिणामतः सोलहवीं शताब्दी में भागवतधर्म का पुनरुज्जीवन हुआ। भागतव धर्म में स्वधर्मरक्षा और जनजागरण को प्राधान्य मिला। सन्त एकनाथ के 'भावार्थ रामायण' ग्रंथरचना की बुनियाद यही है। सोलहवीं शताब्दी तक चले आए वारकरी सम्प्रदाय ने शास्त्रप्रामाण्य और जातिव्यवस्था को स्पर्श न करते हुए स्त्रीशू, दादिकों को आत्मविकास का भक्तिमार्ग खुला किया। साधारण वर्ग के लोगों को विश्वास हो गया कि भक्तिमार्ग द्वारा आध्यात्मिक उन्नति, नैतिक सामर्थ्य, दुःख पर नियंत्रण प्राप्त करने में कोई बाधा नहीं आएगी, यह मार्ग तो सर्वजन सुलभ मार्ग है। परिणाम स्वरूप इस वारकरी सम्प्रदाय में विविध जाति के लोग शामिल हुए। ग्रामव्यवस्था के सारे लेहनेदारों का सन्निवेश होने वाले

इस सम्प्रदाय को तात्त्विक अधिष्ठान प्रदान करने का कार्य तेरहवीं शताब्दी से लेकर एकनाथ तक की सोलहवीं शताब्दी तक के सारे सन्तों ने किया। ज्ञानेश्वर एकनाथ के साहित्य में सहानुभूति है, पददलितों दृधार की लगन है, मानवता का अविष्कार है, मूढ़ जनों को कार्यप्रवण करने की निष्ठा है। सन्तों ने अपने आचरण और ग्रंथों द्वारा अन्तःशुद्धता, कर्तव्यनिष्ठा, भूतदया, क्षमाशीलता, परोपकार आदि गुणों का परिपोष किया है। दकियानुसी कर्मकाण्डों का निषेध किया परंतु कर्मप्रवृत्ति बनाए रखी। विवेक और नीति को प्रथम स्थान दिया। मनुष्य की महत्ता सामाजिक प्रतिष्ठा पर निर्भर नहीं अपितु व्यक्तिगत चारित्र्यशुद्धता पर निर्भर रहती है, इस बात पर सन्तों ने जोर दिया। सामाजिक विषमता से उत्पन्न न्यूनत्वभाव को नष्ट कर प्रगति के सहायक जीवनमूल्यों का प्रचार किया। संक्षेप में सन्तआंदोलन सामाजिक संघर्ष से लोगों को परावृत्त करने वाली पलायनवादी प्रतिगामी शक्ति नहीं बल्कि धार्मिक जीवन की मर्यादा में रहकर अपने अधिकारों के लिए सुयोग्य मार्ग से संघर्षरत रहने वाली प्रगतिशील प्रवृत्ति थी। यह प्रवृत्ति लोकसमन्वय कहलाती है। बारकरी सम्प्रदाय की लोकसमन्वय की प्रवृत्ति केवल व्यक्तिगत आत्मसाधना जितनी मर्यादित नहीं थी बल्कि अपने साथ सभी को उन्नति की ओर ले जानेवाली सर्वसमावेशक थी। संत एकनाथ तथा संत तुकाराम ने सामान्य जनों की प्रवृत्ति और निवृत्ति का सुंदर समन्वय किया है। एकनाथ ने 'भावार्थ रामायण' में कहा है-

"अवतारात्रे सामर्थ्य पूर्ण। प्रपंचपरमार्थी सावधान।"[२]

न केवल भावार्थ रामायण में किन्तु भागवत ग्रंथ में भी ऐसे विचारों का पुनरुच्चार किया है। अतः वारकरी सम्प्रदाय के सभी सन्तों का कार्य सामाजिक दृष्टि से अधिक व्यापक और अमूल्य है।

महाकवि एकनाथ का जीवनकाल १५३३ ई० से लेकर १५९९ ई० तक माना जाता है। वे महाराष्ट्र के भागवत धर्म तथा वारकारी सम्प्रदाय के महान आधारस्तम्भ माने जाते हैं। उन्होंने अपने ग्रंथलेखन, कीर्तन-पुराण, अभंग, भारूड, स्फुट पदों द्वारा और खास कर अपने विशुद्ध आचरण, से समाज में सद्विचार और सद्भक्ति का प्रसार किया। उनके आचरण, उनकी भक्ति, उनकी सहिष्णुता आदि सारी बातें सर्वश्रुत हैं, परन्तु उनके ग्रन्थों में भी इसके प्रमाण मिल जाते है। भगवत्गीता के एकादश स्कंध की उनकी टीका जितनी समाजप्रिय हैं, उतनी ही उनकी अन्य रचनाऐं भी प्रभावकारी हैं- 'हरुनामलकं', 'चिरंजीवपद', 'आनन्दलहरी', 'स्वात्मसुख', 'शुकाष्टक' आदि छोटे ग्रंथों द्वारा भी उनका कार्य कृर्तृत्व और भक्तिभाव परिलक्षित हो जाता है।

'भागवत' के एकादश स्कंध की उनकी टीका द्वारा एक महान कार्य हुआ है। इस ग्रंथ में १८,८०० ओवी द्वारा प्राकृत भाषा में संस्कृत भाषा का अनुवाद (भाष्य) है।

संत एकनाथ ने अपना स्पष्टीकरण देते हुए सिद्ध किया कि अपनी सहज भाषा में अध्यात्मज्ञान प्राप्त करना साधारण जनों और सन्तों का भी अधिकार है। वाराणसी में रहकर उन्होंने दो महत्वपूर्ण ग्रंथ लिखे, पहला रुक्मिणीस्वयंवर और दूसरा उपरोल्लेखित एकादश स्कंध की टीका। वैसे उनकी ग्रंथसम्पदा सीमित नहीं है। नाथ भागवत, अभंगगाथा, भारूड. भाण्डार, चतुः श्लोकी भागवत और स्फुट रूप में हिंदी पदयरचना विख्यात है।

एकनाथपूर्णकालीन संतसाहित्य उत्कट भक्तिरसपूर्ण था। उसमें शांत तथा वीर रस प्रधान था। ''एकनाथ ने मराठी साहित्य को अधिक मात्रा में व्यापक स्वरूप प्रदान किया।[३] स्फुट और संकीर्ण रचनाओं की तरह ग्रंथों का सृजन होने लगा। उसी तरह आध्यात्मिक स्वरूप के ग्रंथों की तुलना में कथात्मक ग्रंथ सृजन में भी पर्याप्त प्रमाण बढ़ा। इसकी बुनियाद में उनका रुक्मिणी स्वयंवर है। आख्यानक काव्य लेखन की अग्रसर परम्परा का यह मूल स्रोत है। रामचरित समान अनेक वीर रसात्मक, करुणरम्य और स्फूर्तिदायी घटनाओं से ओतप्रोत विषय एकनाथ ने चुने। अतएव तत्कालीन सुशिक्षित तथा आम लोगों को अनेकविधि रसों से परिपुष्ट साहित्य का आस्वाद लेने का अवसर मिल गया।

उनकी अन्य रचनाऐं इस प्रकार है, तुलसीमहात्म्य, रुक्मांगद कथा, सीता-मंदोदरी एकात्मता। उन्होंने ये पौराणिक आख्यान भी लिखे। उसी तरह वे प्रह्लाद, उपमन्यू, सुदामा, ध्रुव आदि भक्तों के चरित्रों का लेखन करते रहे थे। उनके 'अभंग' एकनाथ की अभंगगाथा के रूप में लोगों के सामने आए। उनके कुछ पद और हिंदी पद्यरचना प्रसिद्ध हैं। परन्तु उनकी रचनाओं में से सबसे जनप्रिय प्रकार है, 'भारूडों' का। आज चार सौ वर्षों बाद भी उनके भारूड साधारण जनों में प्रिय है। उनकी संख्या लगभग तीन सौ है। उनके स्वरूप तथा विषय भी अलग-अलग हैं, जैसे कि बाल सन्तोष, वासुदेव, अंधा, वाहया, भुत्या, फकीर, महार, गारुडी (मदारी) डोंबारी। उन पर 'भारूड' रचना कर मानों उन्होंने ग्रामशकट के इन पहियों पर संस्कार किए हैं। उनकी आत्मा को जागृत कर भक्ति का संदेश दिया। भारूडों के लेखन द्वारा वे सर्वहारावर्ग तथा नीचस्तरीय लोगों के बीच पहुँच गए।

एकनाथ की लोकसमन्वय की विचारधारा उनकी अनेक साहित्यकृतियों द्वारा सामने आती है। मराठी साहित्य को पाण्डित्य और प्रौढ़त्व उन्होंने ही प्रदान किया। एकनाथ का साहित्य मानो पाण्डित्य और वत्सलता, विदग्धता और सात्विकता, सामर्थ्य और सहृदयता का मनोहर संगम है। यद्यपि साहित्य में पाण्डित्य है परंतु वह केवल पंडितों के लिए नहीं, समाज के निचले स्तरवाले अज्ञानी लोगों के लिए भी लिखा गया है। उन्होंने उस वर्ग के सुखदुःख की बात की। डॉ० सदानन्द मोरे लिखते हैं,

''एकनाथ ने स्वयं पैष्ण में रहकर पंढरपुर के वारकरी लोगों के पक्ष में काम किया।''[४]

एकनाथ की महत्वपूर्ण और अन्तिम रचना है- 'भावार्थ रामायण' रामायण की रचना वे पूर्ण नहीं कर सके। उन्होंने गावबा (शिष्य) के प्रति जिम्मेदारी सौंप दी।

'भावार्थ रामायण' एकनाथ के व्यक्तित्व के अनेक पहलुओं को उजागर करने वाली साहित्यकृति है। ज्ञानेश्वर की विश्वात्मक ईश्वर की कल्पना एकनाथ के भावार्थ रामायण में जनताजनार्दन के रूप में अभिव्यंजित हुई है। एकनाथ के लिखे ४४ अध्याय ग्रंथ में हैं। शेष रचना उनके शिष्यों की मानी जाती है। सहज ही है कि भावार्थ रामायण की रचना पर प्रवर्तक की वाणी और विचारधारा की छाया है और भी एक सहज बात है, अपनी भावार्थ रामायण रचना की प्रेरणा स्वंय श्रीराम द्वारा मिली ऐसे उद्गार एकनाथ के हैं तो फिर इस ग्रंथ की मूल प्रेरणा क्या है? आदर्श राजा का चरित्रगायन या स्वधर्मरक्षणार्थ रामचरित्र लेखन? हो सकता है इसका उत्तर तत्कालीन सामाजिक तथा प्रशासकीय, राजनीतिक

परिस्थिति के अनुरूप हों- समय की ही माँग रही होगी कि धीरोदात्त, नीतिमान, सदाचरणी, नृपश्रेष्ठ क्षत्रिय राजा राम परिस्थिति का मार्गदर्शन करें।

'भावार्थ रामायण' के सन्दर्भ में विचार करते समय एक बात ध्यान में आती है कि ज्ञानेश्वर से लेकर एकनाथ के 'भावार्थ रामायण' लेखन तक की अवधि में रामकथा पर आधारित कोई भी काव्यरचना उपलब्ध नहीं है। केवल एक है कान्हो विमलदास की।[५] परन्तु कवि पंद्रहवें शती का है। सोलहवीं शताब्दी में एकनाथ रामकथालेखन करने प्रवृत्ति हुए उसका कारण तत्कालीन राजनीतिक गतिविधियाँ और परिस्थिति है। धर्मरक्षा का हेतु प्रधान कारण है, बार-बार इसका उद्घोष होता रहता है। ''राम का अवतार धर्मसुरक्षा हेतु हुआ है'' उक्ति का बार-बार उल्लेख रामायण के सभी काण्डों में आया है। एकनाथ ने 'भावार्थ रामायण' में ब्रह्मदेव के मुख से रावण के अत्याचारों का वर्णन किया है। वह वर्णन और तत्कालीन समाज में होते रहे सत्ताधारियों के अत्याचारों का वर्णन साम्य रखता है।

स्वधर्मरक्षा 'भावार्थ रामायण' का मुख्य सूत्र है। तत्कालीन परिस्थिति की यह प्रतिक्रिया है और वह साधारण जनमानस की आकांक्षाओं द्वारा प्रकट हुई है। अतः एकनाथ समाज को नवजागरण की प्रेरणा देने वाले और साहित्य को अलग स्वरूप प्रदान करने वाले सजग प्रतीत होते हैं। तत्कालीन महाराष्ट्र पर विजयनगर के मराठी राज्य की सत्ता नहीं थी फिर भी मुसलमानी सत्ताएँ उससे डरती थीं। इतिहास साक्षी है कि इसी कारण अन्य सभी सत्ताओं ने संगठित होकर इस मराठी राज्य का अंत किया। ऐसी स्थिति में 'राम अवतार धारण करें और हमें मुक्ति दें' ऐसी विचारधारा सामान्य जनों की होना अस्वाभाविक नही था।

इसी पृष्ठिभूमि पर एकनाथ युगप्रवर्तक साबित होते हैं। समग्र रामकथा पर आधारित उनका 'भावार्थ रामायण' यह पहला ग्रंथ है। उन्होंने स्वयं रामकथा का उद्देश्य स्पष्ट किया है-

''फेडावया देवांची सांकडी। स्वधर्मु वाढवावया वाढी
नामें उभवावया मोक्षाची गुढी। सूर्यवंशा गाढी दशा आली।।''

'भावार्थ रामायण' का उद्देश्य यहाँ स्पष्ट हो जाता है। एकनाथ का 'भावार्ध रामायण' प्रदीर्घ काव्यलेखन का प्रतिनिधित्व करने वाला ग्रन्थ है। रामायण में एकनाथ की लोकसमन्वय की दृष्टि विशेष रूप से नजर आती है। रामकथा के माध्यम से अन्याय का विरोध, जुल्म अत्याचारों का प्रतिकार, स्वधर्मरक्षा, आदि का बोध कराने का उनका उद्देश्य स्पष्ट हो जाता है। युद्धकाण्ड की ओवी में हनुमान और भरत का सम्भाषण है- और एक बार आकर मिलने का वादा करते हुए हनुमान भरत से कहते हैं,

''उभवोनी रामराज्याची गुढी। तुटेल देवांची बांधवडी
सीता सोडवीन तातडी। येथे रोकडी आणीन''[६]

हनुमान द्वारा युद्ध का हेतु स्पष्ट हुआ है। कहते हैं कि 'भावार्थ रामायण' वाल्मीकि रामायण के आधार पर लिखा गया है परन्तु उसमें ऐसे अनेक स्थल हैं जहाँ एकनाथ की स्वतंत्र प्रज्ञा की झलक प्रतीत होती है। कई जगहों पर काल्पनिक प्रसंगों की योजना है तो कहीं पर संस्कृत सुभाषितों का विवेचन है।

'भावार्थ रामायण' में आध्यात्मिक, नैतिक और लोकसमन्वय के विचार पुनः पुनः प्रतीत होते हैं। एकनाथ का जीवनविषयक दृष्टिकोण रामकथा में उजागर हुआ है। अज्ञान, परतंत्रता का विरोध तथा भक्तिपराङ्मुख साधारण जनों के उद्धार करने की उनकी तीव्र लगन रामकथा रूप में अभिव्यक्त हुई है। 'भावार्थ रामायण' में उल्लेखित हर व्यक्तियों, स्थलों, वस्तुओं, घटनाओं प्रकृति के उपादानों के उल्लेखों द्वारा उनका सर्वस्पर्शी व्यक्तित्व ही सामने आता है। सात्विक प्रवृत्ति, न्याय बातों का समर्थन, दंभ, ठगी, लालचीपन का तीव्र तिरस्कार नजर आता है। अहंकार झूठी विद्वत्ता, झूठमूठ की भक्ति को उन्होंने निंदय माना है।

एकनाथ ने जीवन के अन्त तक जुल्म, अत्याचार का प्रतिकार, दंभ का तिरस्कार, अंधश्रद्धा का पर्दाफाश, श्रद्धाजागरण का उपदेश किया। समाज में मौजूद बुराईयाँ, असंगतियाँ दूर करने के प्रयत्न किए। ''स्वयं श्री राम ने रामकथा लिखने को प्रवृत्त किया'' ऐसा कहने में ईश्वर भक्ति की आड़ में उनका सामाजिक दायित्व ही सामने आता है। नवजागरण, भक्ति प्रसार, स्वधर्मरक्षा आदि हेतु तो थे ही।

'पूर्ण रामायण' में रामचरित्र के प्रसंगों के उल्लेख हैं, उनका वर्णन है, वे श्लेष अलंकार का कार्य करते हैं। वे एकनाथ कालीन सामाजिक, राजनीतिक परिस्थिति का निर्देश करते हैं। तत्कालीन समाजदर्शन उनकी सामाजिक उन्मुखता सिद्ध करती है। उनके व्यक्त्वि के सभी विशेष प्रकट होते हैं। लोकसमन्वय उनका उद्देश्य था। अतः उन्होंने ईश्वर भक्ति से अवगुंठित अपना उद्देश्य स्पष्ट किया। रामकार्य की प्रशंसा उनका प्रच्छन्न हेतु था। काव्यरचना की प्रेरणा रामकथा की रचना की पृष्ठभूमि में थी। किसी भी साहित्य में लोकपरम्परा का स्थान महत्वपूर्ण होता है। उसकी विशेषता यह कि जनमानस में प्रिय आकृतिबंध का चयन रचना के लिए करना। एकनाथ ने 'ओवी' के माध्यम से रामकथा, उसकी सारी विशेषताओं के साथ 'भावार्थ रामायण' द्वारा प्रस्तुत की। लोकसमन्वय से ही सामाजिक जीवन और संस्कृति का नैरंतर्य रहा है। लोकसमन्वय कार्य का प्रत्यक्ष प्रमाण निर्देशित करना कठिन है पर अपेक्षित दीर्घकालीन परिणाम अनुभव होते हैं। साहित्य किसी भी युग का हो वह राजनीतिक गतिविधियाँ, सांस्कृतिक वातावरण और सामाजिक जीवन के प्रभाव से लिप्त होता ही है।

''भावार्थ रामायण'' सिर्फ रामकथा नहीं, राम के सहवास में, उसके वनवास तथा लंकाप्रवास के दरमियाँ जो भी व्यक्ति आए उनकी भी कथा है। चाहे वह पशु, पक्षी, वानर हो, शत्रु हो, मित्र हो, बनवासी हो, सेवक हो, राजपुरुष हो या स्त्री। स्थलवर्णन हो या घटनावर्णन। ऐसे सम्बन्धित 'बहुजन' व्यक्तियों का रामायण एकनाथ ने बड़ी आत्मीयता से लिखा। उनके व्यक्तित्व का प्रतिबिंब इस तरह उनके 'भावार्थ रामायण' में दृष्टिगत होता है, जैसे हनुमान का जन्म, चील से पायस उड़ा ले जाना, गंगावतरण, कद्रुविनिता की कथा, बाली-सुग्रीव की जन्मकथा, सागर से हुई राम की पूजा, लंका स्थित कई घटकों का वर्णन, गजेंद्रमोक्ष की कथा, शोषित, सर्वहारा अज्ञानी, मूढ़मति लोग तथा सेवकभाव रखने वाले निम्नस्तरीय लोगों का उत्कृष्ट समन्वय 'भावार्थ रामायण' में है। एकनाथ के सामाजिक दायित्व निभाने के कार्य का प्रमाण यहाँ मिल जाता है।

अतः 'भावार्थ रामायण' ऐसा ही एक दीपस्तम्भ है। वह जनजागरण का सुस्पष्ट स्वर है। हेतुतः की हुई रचना है। इसमें स्वधर्मरक्षा की आशा है पर परधर्म की सहिष्णुता भी है। अत्याचार, अनाचार, जुल्म का प्रतिकार है। न्याय, समता स्वतंत्रता, आत्मभाव आदि के उदाहरण हैं। स्वामी, सेवक, बंधु, पति, पत्नी, माता, पुत्र, भाभी, देवर ऐसे पारिवारिक सम्बन्धों का मनोज्ञ चित्रण है ही। परन्तु उसके साथ सत्तान्ध राज्यकर्ता, उसकी सेना, बन्दीजन की आकांक्षा, परस्परपूरक हितसम्बन्ध आदि का भी चित्रण है और वह बहुत मनोहर है। आज के जमाने में इतना पथदर्शक है कि उसकी अन्य कमियाँ नजर नही आती। कोई भी समाज मुट्ठीभर आभिजात्यों का नहीं होता। अज्ञानी, निरीह, ईश्वरी लीला में विश्वास रखनेवाले जनसमुदाय का भी होता है। इसी जनसमुदाय के अन्तः प्रेरणा जागृत करने एकनाथ ने 'भावार्थ रामायण' लिखा। वह साहित्यिक कसौटी पर खरा उतरता है या नहीं इसकी चर्चा यहाँ अस्थान पर होगी। 'भावार्थ रामायण' लोकसमन्वय की परम्परा के प्रकाश में आभामय सूर्य है। एकनाथ स्वयं गंभीर, जीवनवादी थे। प्रतिगामियों का विरोध शांति से सह लिया था। उनकी गृहस्थी सफल हुई थी। उन्होंने घर-गृहस्थी में रहकर ही परमार्थ साध्य किया। अपने भागवत में वे कहते हैं-

"देहीं असोनि नाहि अहंकृति। गेही असोनि नाही गृहासक्ति।
शेखी लोकांमाजी लौकिक स्थिति। सुखें वर्तती लोकांसरिसे"[७]

यही उनकी जीवनयापन की निरपेक्ष पद्धति थी, उनकी जीवननिष्ठा थी। उनके साहित्य में कहीं पर भी प्रवृत्ति-निवृत्ति में विरोध दृष्टिगत नहीं होता। उनके 'भावार्थ रामायण' में वशिष्ठ ने राम के प्रति उपदेश दिया है-

"केवळ निष्कर्म राहणे। तें जीवन समाधी चे लक्षण
तें ही केवळ अपक्वपणे। परिपक्व चिन्ह ते एक।।
सर्व भूतांचे गुणावगुण। जगाचे दोष दर्शन
दिसतां न मोडे ब्रह्मपण। ते समाधी पूर्ण पूर्णत्वें।।
भूतांचे सकळ मळ। ज्याचे दृष्टी होती निर्मळ
ते समाधिसुखकल्लोळ। येर समूळ भूतादिभाव।।
अवताराये सामर्थ्य पूर्ण। प्रपंचपरमार्थी सावधान
उभयतां दिसों नेदी न्यून। तें निजचिह्न अवधारी।।
अंतरी निरपेक्ष निर्मळ। बाल्य नाना अर्थी तळमळ
लाघवी लोक झकवी सकळ। तैसी कळवळ मुक्तासी।।
बाह्य कार्यकारणावेशा। गुरगुर करी व्याघ्र जैसा
अंतरी मृदु लोणी तैसा। कोणा ही सहसा खुपेना"[८]

प्रवृत्ति निवृत्ति की एकरूपता की तरह व्यक्तिविकास और समाजधारणा का उत्तम समन्वय दृष्टिगोचर होता है। उन्होंने रामायण में राम के मुख से लोकसंग्रह, लोकसमन्वय की तीव्र लगन बार बार प्रकट की है। एकनाथ ने आदर्श पुरुष का अनुकरण करने की साधारण जनों की प्रवृत्ति परिलक्षित कर अंतिम क्षण तक कर्तव्यतत्पर रहने का संदेश दिया

है। ऐसे करने से परमसुख की प्राप्ति हो जाती है। एकनाथ के जीवन और साहित्य में भी अध्यात्म की सर्वश्रेष्ठ भूमिका से व्यावहारिक कर्तव्यों और सामाजिक गुणों का समन्वय किया गया है। देह चिरंतन नहीं यह सत्य है परंतु देह ईश्वर भक्ति का साधन होने से उसकी निर्मलता आवश्यक है। उसमें भूतदया, करुणा, वात्सल्य, परोपकार आदि गुण निहित होते हैं। उसके लिए निरिच्छ भाव भी जरूरी नहीं और भोगलालसा भी जरूरी नहीं। 'भावार्थ रामायण'' के बालकाण्ड में उन्होंने लिखा है-

''हे भोगवे न त्यागवे। निजपुरुषार्थ लाघवें
भगवन्मार्गी लावावे। तरीच पावावे परमसुख।।''[९]

ऐसी लोकसमन्वय की परम्परा जागृत रखने वाले एकनाथ अपने साहित्य के बारे में लिखते हैं-

''ज्ञानी निवती परमार्थबोधें। पण्डित निवती पदबंधें
लोक निवती कथाविनोदें। ग्रंथसंबंधें जग निवे।।''[१०]

उनका साहित्य अध्यात्म की रुचि रखने वाले ज्ञानी भक्तों, शब्दलालित्य से हर्षित होने वाले पंडितों और कथाविनोद से आनन्द उठाने वाले साधारण लोगों की अभिरुचि के अनुरूप है। उन्होंने केवल पण्डितों का विचार नहीं किया, परंतु समाज के निचले स्तर के असंस्कृत लोगों का भी विचार किया है।

एकनाथ ने सामाजिक जीवन का दर्शन, धर्म, नीति, व्यवहार, साहित्य आदि अनेक पहलुओं का परामर्श अपनी समनवय बुद्धिपूर्वक ले लिया है। उनका विशाल दृष्टिकोण और सर्वस्पर्शी व्यक्तित्व को अनुभव करते ही यह बात परिलक्षित होती है कि एकनाथ केवल भक्त, क्षमाशील सन्त आदि में सीमित नहीं रहते बल्कि उनका स्वार्थ और परमार्थ का अभिन्नतत्व, अध्यात्म से जुड़े आचार, विचार और व्यवहार की एकात्मकता दिखाने की कुशलता पाठक को विस्मित कर देती है। लोकसमन्वय की परम्परा के प्रकाश में उनका 'भावार्थ रामायण' एकमात्र कालजयी सूर्यकृति महसूस होती है। स्पष्ट है कि संत एकनाथ का साहित्य उनके लोकसंग्रह के विचारों से अनुप्राणित है एवं उद्‌बोधनपरक भी। उनके भारुडादि साहित्य में उनका सूक्ष्म तथा व्यापक समाज निरीक्षण दृष्टिगत होता है।

संदर्भ :

१. श्री कुलकर्णी श्री० रं०, मध्ययुगीन मराठी साहित्य : एक पुनर्विचार, राजहंस प्रकाशन, पुणे १९९५, पृ० ८५

२. श्री इनामदार हे. वि.(संपा.), संत एकनाथ दर्शन, कॉन्टिनेन्टल प्रकाशन, पुणे., बालकाण्ड अ।। ओ. २४३, पृ० ७७

३. श्री. सरदार गं० बा०, संतवाङमयाची फलश्रुती, श्रीविद्या प्रकाशन, पुणे० १९८२. पृ० ८९

४. डॉ० मोरे सदानंद, वारी-एक आनंदयात्रा, लोकमुद्रा, २२ जून २००८. पृ० ४

५. श्री कुलकर्णी श्री रं०, मध्ययुगीन मराठी साहित्य : एक पुनर्विचार, राजहंस प्रकाशन, पुणे०, १९९५, पृ० १३०

६. संत एकनाथ, भावार्थ रामायण, श्री प्रभु तेंडूलकर बा० अ० (संपा.) मुबई, १८६३ युद्धकाण्ड, अ ४८ ओ.१०४

७. श्री सरदार गं० बा० संत वाङ्मयाची फलश्रुती, श्रीविद्‌या प्रकाशन, पुणे., १६८२. पृ० १३०

८. संत एकनाथ, भावार्थ रामायण, श्री प्रभु तेंडुलकर बा. अ. (संपा.) मुबंई, १८६३. बालकाण्ड, अध्याय ११. ओ. २३४, ३५ ३५ ३८, ४३, ४८, २५०

६. वही, वही, बालकाण्ड, अध्याय ११, ओ. ६६-६८

१०. वही, वही, बालकाण्ड, अध्याय १४, ओ. १८३।

मराठी में रामकथा की परम्परा : लोक जीवन एवं जनचेतना के संदर्भ में

डॉ० त्रिभुवन राय

रामकथा भारतीय साहित्य का एक अक्षय प्रेरणा स्रोत रहा है। आदिकाव्य रामायण से इसकी जो परंपरा प्रारंभ हुई, भारत की विभिन्न भाषाओं में वह अद्यावधि प्रवहमान है। भारत की आर्य भाषाओं के साथ द्रविण परिवार की तमिल, तेलुगु, कन्नड और मलयालम आदि में भी इसका जो स्वरूप विकास प्राप्त होता है, वह सहज ही सहृदयों का ध्यान आकृष्ट करता है। असल में वाल्मीकि ने अपने 'रामायण' में इसका जो मार्मिक एवं प्रेरक रूप प्रस्तुत किया, परवर्ती रचनाकारों को उसने गहरे में आकृष्ट एवं प्रभावित करने के साथ-साथ रचनात्मक स्तर पर व्यापक चुनौती भी प्रस्तुत की। परिणामस्वरूप विभिन्न समयों एवं भाषा के प्रातिम रचनाकारों ने उसे पारंपरिक रूप के साथ नये-नये रूपों में देखने और सिरजने की कोशिश की है। वृहद्धर्म पुराण में संभवतः इसीलिए रामायण को समस्त काव्यों, इतिहास एवं पुराण आदि का मूल स्रोत कहा गया है-

रामायणं महाकाव्यमादौ वाल्मीकिना कृतम्।
तन्मूलं सर्वकाव्यानामितिहास पुराणयोः।

रामकथा वस्तुतः भारत की सांस्कृतिक चेतना एवं जन-मानस की आस्था एवं विश्वास का दृढ़ आधार भी रहा है। भारतीय साहित्य इनका प्रतिष्ठापक एवं वाहक होने के कारण संस्कृत, पालि, प्राकृत और अपभ्रंश के बाद हिन्दी, बंगला, उड़िया, मराठी आदि आधुनिक भारतीय भाषाओं में इसकी मूल चेतना विद्यमान रही है। अतएव मराठी जैसी समृद्ध एवं महत्वपूर्ण भाषा में रामकथा की परंपरा का विकास स्वाभाविक है। कहते हैं कि मराठी में सबसे पहले रामकाव्य का श्रीगणेश शैल्य अयाचित ने किया था; किन्तु प्राप्त साहित्य के आधार पर मराठी में रामकथा के आद्यप्रवर्तक के रूप में महान संत स्वामी एकनाथ का नाम ही सामने आता है। महात्मा तुलसीदास एवं उनके 'रामचरितमानस' से प्रेरणा ग्रहण करके तत्कालीन परिस्थितियों सामाजिक एवं राष्ट्रीय जागरण के उद्देश्य से प्रसुप्त मराठी जनमानस को उद्बोधित करने के लिए उन्होंने अपने सुप्रसिद्ध भावार्थ रामायण की रचना संवत् १६५३ में की।

स्वामी एकनाथ ने अपने जीवन काल में काशी की यात्रा दो बार की थी। गोस्वामी तुलसीदास ने अब तक अपने 'रामचरितमानस' की रचना पूरी करके काशी में प्रायः स्थायी रूप से रहने लगे थे। सहज ही वह यहाँ रहकर रामकथा के प्रचार-प्रसार के साथ अपनी

मानसेतर रचनाओं में भी निमग्न होंगे। काशी में दोनों महात्माओं की भेंट अस्वाभाविक नहीं कही जा सकती। यहाँ अपने प्रवास काल में एकनाथ ने मानस की कथा भी सुनी होगी और इसके प्रणेता से साक्षात् भेंट भी की होगी। अपनी मातृभाषा में रामकथा के प्रणयन की प्रेरणा उन्हें प्रत्यक्ष अथवा परोक्ष रूप में तुलसीदास से अवश्य प्राप्त हुई होगी। एकनाथ हिन्दी के अच्छे जानकार थे। हिन्दी में रचित उनके अभंग इसके ठोस प्रमाण हैं। 'रामचरितमानस' की रचना संवत् १६३४ में पूरी हो चुकी थी और एकनाथ ने अपने भावार्थ रामायण का प्रारंभ संवत् १६५३ में किया था। इस समय तक उनकी अवस्था लगभग चौसठ वर्ष की हो चुकी थी। अतः यह स्वीकार करने में संकोच नहीं होना चाहिए कि रामायण की रचना के समय वह एक तपे हुए सिद्ध साधक के रूप में समादृत हो चुके होंगे। स्वामी एकनाथ धर्म एवं अध्यात्म साधना के साथ-साथ समाज को भी खुली आँखों से देख रहे थे। अतः हिन्दू-सामज के अधःपतन से उनका उद्देलित होना बहुत स्वाभाविक था। चेतना शून्य मृतप्राण समाज को संजीवनी देने के उद्देश्य से रामकथा की ओर उनका आकृष्ट होना बहुत स्वाभाविक था। हिन्दी में रामचरितमानस के साथ बंगला में कृत्तिवास रामायण की भी अब तक रचना हो चुकी थी। मराठी के समीपवर्ती क्षेत्र की भाषा कन्नड में भी कुमदेन्दु ने भी अपनी 'रामायण' प्रस्तुत कर दी थी। कन्नड के ही देवप्प का 'रामविजय चरित' भी अब तक लिखा जा चुका था। संत एकनाथ रामकथा संबंधी इन गतिविधियों से सर्वथा अपरिचित रहे होंगे, यह कहना कठिन है। इनके क्रम में 'भावार्थ रामायण' की रचना मराठी के लिए ही नहीं संपूर्ण भारतीय भाषाओं के लिए एक ऐतिहासिक एवं सांस्कृतिक महत्व की घटना थी।

एकनाथ भी तुलसीदास की ही भांति संस्कृत के प्रकाण्ड पंडित थे। परन्तु लोकहित में उन्होंने भी राम कथा को लोकभाषा में प्रस्तुत करना श्रेयष्कर समझा। लोकभाषा मराठी के प्रति उनके भीतर गहरी अनुरक्ति थी, यह उनके इस कथन से स्पष्ट है- 'माझी मराठी भाषा चौखड़ी'। प्राकृत (तत्कालीन मराठी) में रामकथा के प्रणयन के कारण उन्हें भी अपने समय के पंडितों का उसी प्रकार कोप-भाजन होना पड़ा था, जिस प्रकार काशी के पंडितों के कोप का शिकार तुलसीदास को होना पड़ा था। किन्तु दूरदर्शी सिद्ध रचनाकार इसकी कब और कहाँ परवाह करते हैं। उनकी दृष्टि तो उस निरवधि काल पर टिकी होती है, जो मानवता के धरातल पर मूल्यांकन का सबसे बड़ा बटखरा लिए चलता है। और कौन नहीं जानता कि इस बिंदु पर इन दोनों ही रचनाकारों को जो यना एवं प्रतिष्ठा प्राप्त हुई, कम ही रचनाकारों को उसका सौभाग्य मिल पाता है।

एकनाथ के भावार्थ रामायण का मूल स्रोत वाल्मीकि रामायण है। इसके अतिरिक्त 'अध्यात्म रामायण' तथा 'आनन्द रामायण' का प्रभाव भी एकनाथ की रामकथा पर लक्षित होता है। वाल्मीकि रामायण के विभिन्न पाठों में प्राप्त कथाओं से भावार्थ रामायण की कथा की तुलनात्मक परीक्षा करते हुए फादर कामिल बुल्के ने इसकी कथा के वैशिष्ट्य को संक्षेप में किन्तु प्रभावी रूप में उद्घाटित किया है।

एकनाथ वारकरी संप्रदाय के एक प्रमुख संत एवं कीर्तनकार थे। इसलिए उन्होंने अपनी कथा में रोचकता पैदा करने के लिए पृथक-पृथक प्रसंगों की अवतारणा की है। इस

दृष्टि से उन्होंने कुछ प्रसंगों को विस्तारित भी किया है। उदाहरण के लिए सीता-हरण के प्रसंग में हेममृग बना मारीच मरते समय छद्म रूप से जब राम के स्वर में आर्तनाद करता है और सीता लक्ष्मण से भाई की सहायता के लिए जाने को कहती हैं तब लक्ष्मण के उनकी बात न मानने पर सीता उनके प्रति अनेक दुर्वचन कहती हैं। 'रामचरितमानस' में तुलसीदास ने इस प्रसंग को सांकेतिक व्यंजना के साथ केवल एक ही चौपाई में समाप्त कर दिया है। चौपाई है-

मरम बचन सीता जब बोली।
हरि प्रेरित लक्षिमन मति डोली।।

भावार्थ रामायण की रचना कुल सात काण्डों में हुई है। ये हैं बालकाण्ड, अयोध्याकाण्ड, अरण्यकाण्ड, किष्किंधाकाण्ड, सुन्दरकाण्ड, और उत्तरकाण्ड। इनमें युद्धकाण्ड सबसे विस्तृत है। कहते हैं कि युद्धकाण्ड के चौवालीस अध्यायों को जब एकनाथ स्वामी लिख चुके थे तब उनका स्वर्गवास हो गया। अतः इसके शेषभाग को उनके शिष्य गावबा ने पूरा किया। ओवी छन्द में रचित भावार्थ रामायण अपनी विशालता के कारण ही महत्वपूर्ण नहीं है, वरन् संत एकनाथ की असामान्य प्रतिभा, व्युत्पत्ति और वैदग्ध्यपूर्ण रचना कौशल के साथ उनके लोक मंगलकारी दृष्टिकोण के कारण भी यह भारतीय साहित्य का एक समादृत महाकाव्य बन पड़ा है। आध्यात्मिकता के साथ जनजागरण की चेतना का मणिकांचन योग इसकी अपनी विशिष्टता है। रामचरितमानस में यदि तुलसीदास की रूपक-योजना सहृदयों का आकृष्ट करती है तो भावार्थ रामायण में आध्यात्मिक रूपकों की संयोजना संत एकनाथ को मराठी के एक अप्रतिम रचनाकार के रूप में प्रतिष्ठित करती है। इस दृष्टि से 'अजापासूनी उत्पत्ति होत। दशेंद्रिय अति समर्थ।' अज (परब्रह्म, रघुवंशी अज) से दशेन्द्रिय (दश इन्द्रियाँ दशरथ) की उत्पत्ति हुई। इस प्रकार संत एकनाथ ने राजा दशरथ की तीनों रानियों को क्रमशः सद्विद्या, शुद्धमेधा तथा अविद्या और मंथरा को कुविद्या कहा है- ज्येष्ठ कौशल्या ते सद्विद्या। सुमित्रा से शुद्धमेधा। कैकेयी ते अविद्या। मंथरा कुविद्या तीपासी। इसी प्रकार दशरथ के चार पुत्रों को उन्होंने आत्मप्रबोध (लक्ष्मण), भावार्थ (भरत), निज निर्धार (शत्रुघ्न), तथा आनंद विग्रह (राम) कहा है। राम और सीता को उन्होंने चैतन्यघन परमात्मा और उसकी चित्तशक्ति के रूप में प्रस्तुत किया है। इस संदर्भ में स्वयं राम का कथन है- माझे स्वरूप चैतन्यधन, सीता चित्तशक्ति संपूर्ण। राम-रावण युद्ध के धरातल पर भी आध्यात्मिक अर्थो की योजना संत एकनाथ की अपनी विशेषता है।

भावार्थ रामायण इस दृष्टि से भी महत्वपूर्ण है कि इसमें युगीन यथार्थ को चित्रित करके कवि ने तत्कालीन समस्याओं के निदान की झलक भी प्रस्तुत की है। सत्ता के पैरों तले साधारण जनता उस समय किस तरह से कुचली जा रही थी इसे संत एकनाथ ने अपनी आँखों देखा था। हिन्दू समाज की दुर्दशा और उसके कारणों का भी उन्होंने अनुभव किया था। इसलिये रामायण-रचना के मूल में निहित उद्देश्य उनके भीतर सुस्पष्ट थे। बालकाण्ड में रामकथा के रहस्य को बतलाते हुए वह कहते हैं, स्वधर्म की ग्लानि को दूर करना, दुष्टों का विनाश, गो-ब्राह्मण की रक्षा, देवद्रोही, विश्वद्रोही एवं ब्रह्म द्रोही रावण को दण्डित करने के साथ रामराज्य की स्थापना ही इसका प्रयोजन है।

उस युग में स्त्रियों पर, विशेषकर हिन्दू स्त्रियों पर किस तरह से अत्याचार ढाया जाता था, इसका प्रभावशाली चित्रण उन्होंने सीता हरण के प्रसंग में किया है। किन्तु एकनाथ की सीता एक जाग्रत निर्भीक नारी के रूप में रावण से यह कहे बिना नहीं रहती कि दूसरों की पत्नियों का बलात अपहरण करने वाले राजाओं का विनाश सन्निकट होता है। यहाँ कवि ने स्पष्टतया तत्कालीन यवन शासकों को चेतावनी दिलवायी है। युद्धकांड में रावण के अत्याचारों के वर्णन में तत्कालीन मुस्लिम शासक के अत्याचारों की सच्चाई स्वतः सामने आ जाती है। संत एकनाथ ने अत्याचारी मुस्लिम शासकों को राक्षस के रूप में चित्रित करते हुए उन्हें गोमांस भक्षक एवं गोहत्या में विशेष रुचि रखने वाले हिन्दू विद्वेषी के रूप में प्रस्तुत किया है। राम के राज्याभिषेक के समय उन्होंने काल विपर्यय की चिन्ता किये बिना अनेक क्षत्रपतियों, गढ़पतियों और म्लेच्छ राजाओं को विनम्रतापूर्वक भेंट अर्पित करते हुए दिखया है। इसका प्रयोजन वस्तुतः हिन्दू जनता के भीतर बैठे म्लेच्छ शासन के आतंक को दूर करना था। इसी तरह क्षत्रपति संबोधन के द्वारा भी वह महाराष्ट्र की जनता को एक संदेश देना चाहते थे। और आश्चर्य नहीं होना चाहिए यदि कुछ समय बाद ही शिवाजी जैसे पराक्रमी व्यक्ति के रूप में यह संबोधन अनायास अपनी अर्थवत्ता प्राप्त कर लेता है।

हिन्दू समाज की एक बहुत बड़ी दुर्बलता उसमें व्याप्त जाति भेद और वर्णगत उच्चता एवं नीचता की भावना रही है। इसके चलते ही समाज के तथाकथित उच्चवर्गीय लोग समाज के एक वर्ण को अस्पृश्य तक घोषित करते रहे हैं। एकनाथ स्वामी इस भेदभाव को अनुचित एवं अमान्य बतलाते हैं। इसीलिए विवाह के बाद राम के अयोध्या लौटने पर जब हजारों स्त्री-पुरुष अपने सारे भेद-भाव भुलाकर उनके दर्शन के लिए उमड़ पड़ते हैं तब जातीय श्रेष्ठता के दंभ में अग्निहोत्री ब्राह्मणों के एक वर्ग की अनुपस्थिति पर एकनाथ तीखा प्रहार करते हैं। उनकी आध्यात्मिकता को वह वहाँ राम के दर्शन के लिए उत्सुक खड़ी एक वारांगना से भी हेय बतलाते हैं। इसी प्रकार वह उन सन्यासियों पर व्यंग्य करते हैं, जो अपने आश्रय धर्म के भ्रष्ट होने की चिंता में दूर ही खड़े रहते हैं। इसी समय जब पिंगला नामक वारांगना रामदर्शन में मग्न थी तब अनजाने ही एक संन्यासी से वह टकरा गयी। इस पर संन्यासी ने क्रोधित होकर उसकी बांह पर अपने दण्ड से प्रहार किया। वेश्या ने संन्यासी से कहा, परमेश्वर की उपस्थिति में सभी प्राणी समान होते हैं। सर्वाभूति वही परब्रह्म अंशीभूत होता है। अतः आपका व्यवहार उचित एवं मानवीय नहीं है। वस्तुतः एकनाथ भी तुलसीदास की तरह भक्ति एवं अध्यात्म के क्षेत्र में विभेद के नहीं समता के पोषक थे। वह स्वयं ऋग्वेदीय ब्राह्मण कुल में पैदा हुए थे, फिर भी उच्च वर्गीय ब्राह्मणों के दंभ और उनकी काल-वाह्य पुरातन प्रियता से सतत् संघर्ष करते रहे। वह मानते थे कि स्वार्थों के वशीभूत ब्राह्मणों ने हिन्दू समाज को भ्रष्ट बनाने में कोई कसर नहीं छोड़ी है। अतः अवसर मिलते ही वह ब्राह्मणों पर प्रहार करने से नहीं चूकते। इस दृष्टि से अयोध्याकाण्ड में ब्राह्मणों के विरुद्ध उनकी टिप्पणियाँ ध्यान देने योग्य हैं। एकनाथ की प्रगतिशील दृष्टि का परिचय वहाँ भी मिलता है। जहाँ बालिवध के पश्चात् सती होने के लिए तत्पर तारा को वह राम द्वारा सती होने के स्थान पर रामार्पण अर्थात् राम भक्ति में शेष आयु लगाने का उपदेश दिलवाते हैं- 'तैसे न करावे आपण। जीवित्व करावे रामार्पण।'

भावार्थ रामायण में यदि सुंदरकाण्ड और लंकाकाण्ड का विस्तार अपेक्षा से अधिक दिखाई देता है तो यह कवि की अपनी योजना एवं उद्देश्यपरकता के अनुकूल ही है। कृति का प्रतिपाद्य वस्तुतः आततायी राक्षस राज का विनाश एवं रामराज्य की प्रतिष्ठा है। इसका अवकाश कृतिकार को विशेष रूप से इन्हें दो कांडों में प्राप्त होता है। सुंदरकाण्ड में इस दृष्टि से यदि बलशाली हनुमान के पराक्रम का स्फूर्तिप्रद ओजस्वी वर्णन हुआ है तो लंकाकाण्ड में प्रभु राम के अप्रतिम शौर्य एवं धीरता संवलित पराक्रम का विशद वर्णन सहृदयों को अनायास विस्मय विमुग्ध करता दिखाई देता है। भावार्थ रामायण की रचना के समय कृतिकार के सम्मुख जहाँ एक ओर साधारण जन थे वहीं दूसरी ओर ज्ञानी साधक और विद्वान साहित्यिक उपस्थित थे। साधारण जन को जहाँ वह रामकथा के भावार्थ से परिचित कराना चाहते थे वहीं ज्ञानी जनों को उसकी आध्यात्मिकता की गहराईयों में ले जाना चाहते थे और साहित्य रसिकों को उसकी नवनवोन्मेषशालिनी सौंदर्य रानी से साक्षात कृत कराना चाहते थे। इसलिए उन्होंने अपने रामायण को 'भावार्थ' नाम प्रदान किया। अयोध्याकाण्ड में उन्होंने इस ओर संकेत करते हुए लिखा है –"ग्रंथी बोलावा मुख्यार्थ। पदीदावावा परमार्थ।"

श्रीकृष्णदास मुद्गल कृत रामायण :

पैठनवासी श्रीकृष्णदास मुद्गल मध्यकाल के चर्चित राम भक्त और संत एकनाथ के समकालीन थे। इनके द्वारा रचित रामायण का केवल युद्धकाण्ड ही उपलब्ध हो सका है। इनके युद्धकाण्ड में कुल ७८ अध्याय और ८००० ओवियाँ हैं। ओजस्विता से सराबोर वीर रस से पूर्ण यह एक अत्यन्त उत्तेजक रचना है। यही कारण है कि स्वराज्य की स्थापना के पश्चात् शिवाजी महाराज ने अपने प्रत्येक किले पर इसका पठन अनिवार्य कर दिया था। कहते हैं, इसके पठन से योद्धाओं का उत्साह तीव्र गति से बढ़ जाता था। दशरथी राम और दशमुख रावण का युद्ध वर्णन तो अद्भुत है। रचनाकार ने दोनों को वीरों में सर्वोत्तम कहा है। उनके शब्दों में यदि राम कृतांत थे तो रावण साक्षात मृत्यु था। राम यदि दावाग्नि थे तो रावण वड़वानल जैसा था। राम सिंह सदृश्य बलवान थे तो रावण शार्दूल जैसा पराक्रमी था। युद्धभूमि में जब दोनों ने अपने-अपने धनुष से भयप्रद टंकार किया तो संपूर्ण ब्रह्माण्ड भय से प्रकंपित हो उठा। इस प्रकार के वर्णन सहज ही योद्धाओं को भरपूर उत्तेजना प्रदान करते थे। अतएव उसके महत्व से इन्कार नहीं किया जा सकता।

कवि मुक्तेश्वर रचित संक्षेप रामायण (ई० सन् १६२०) :

संत एकनाथ के बाद कवि मुक्तेश्वर ने अपने नाना की रामकथा की परंपरा को आगे बढ़ाते हुए 'संक्षेप में रामायण' की रचना की। उन्होंने अपने रामायण में केवल सुंदरकाण्ड और युद्धकाण्ड की कथा को कुल ६६१ श्लोकों में प्रस्तुत किया। उनके आधारभूत ग्रंथ 'प्रसन्न राघव' और 'हनुमन्नाटक' हैं। मुक्तेश्वर संस्कृत के विद्वान रचनाकार थे। उन्होंने अपनी प्रारंभिक काव्य रचना संस्कृत वृत्तों में की थी। इसलिए 'संक्षेप रामायण' की रचना भी प्रायः मालिनी, भुजंग प्रयात आदि छंदों में हुई है। मुक्तेश्वर का उद्देश्य भी रामकथा के माध्यम से हिन्दुओं में स्वराज्य भावना को उद्दीप्त करना था। इसलिए सहज ही उनकी रामकथा भी ओजस्वी भावों से ओतप्रोत वीररसात्मक है।

समर्थ रामदास प्रस्तुत रामकथा :

अनन्य रामोपासक समर्थ रामदास का जन्म एकनाथ की मृत्यु के नौ वर्ष पश्चात् हुआ था। कहते हैं कि एकनाथ महाराज की समाधि के पास यह भविष्यवाणी हुई थी कि समर्थ साक्षात् हनुमान का अवतार होगा। श्रीकृष्णा के किनारे रहकर जगत विरक्त होकर उद्धार करेगा और हमारे शेष कार्य को पूर्ण करेगा। (समर्थ चरित्र, ज०स० करंदीकर, पृ० ७-६) इस अनुश्रुति से एक बात स्पष्ट है कि समर्थ रामदास एकनाथ से प्रभावित ही नहीं उन्हीं के पथ के पथिक हैं। राष्ट्रहित में जन जागरण एवं स्वाधीनता की चेतना के संचार की भावना उन्हें भी संचालित कर रही थी। तुलसीदास की तरह शक्ति की साधना उन्हें भी काम्य थी। वह मानते थे कि शक्ति के अभाव में बोलना, योग धारण करना यहाँ तक कि राजनीतिक व्यवहार सब कुछ व्यर्थ है। भगवान राम ने शक्ति की उपासना के बल पर ही कोटि देवताओं का उद्धार किया। इसलिए शक्ति स्वरूपा भवानी माता की दासता स्वीकार करना श्रेयस्कर है तभी तो महीन्द्र भी उनके दास्य को स्वीकार करने की इच्छा रखते हैं। वह कहते हैं-

तुझेनि योग धारणे। शक्ति विण वृथा-वृथा।।
मुक्त केल्या देव कोटी . . . . .
बोलता भवानी माता। महीन्द्र दास्य इच्छिती।।

(समर्थ ग्रन्थ भण्डार, ल.रा. पांगारकर, राजकारण व राजकारणी पुरुष आणि प्रसंग, पृ. ३८३)

जगत के उद्धार के लिए वह कवि व्यापार एवं काव्य की सत्ता को महत्वपूर्ण मानते हैं (द्रष्टव्य, दासबोध, पहला दशक, सातवाँ रामास का २१वाँ श्लोक) इसलिए सकल सृष्टि के आधार के रूप में वह कवि को प्रतिष्ठा प्रदान करते हैं। किन्तु दीठ (धृष्ठ) और पाठ कविता के स्थान पर वह सहज प्रासादिक कविता के प्रति अपनी विशेष पक्षधरता प्रकट करते हैं। तुलसीदास की तरह वह भी नर स्तुति में काव्य कौशल के प्रदर्शन की प्रवृत्ति को हेय मानते हैं। काव्य की चरितार्थता समर्थ रामदास भी तुलसीदास की ही भाँति लोकहित एवं मंगल विधान में मान्य करते हैं। (दारुबेध, १२/१०/२२) काव्य का धर्म उनकी दृष्टि में भी परोपकार ही है। परोपकार के संदर्भ में उनके यहाँ भेदभाव के लिए कोई स्थान नहीं है। उनका स्पष्ट कथन है कि व्यक्ति चाहे वह शूद्र ही क्यों न हो, उसके प्रति सहानुभूति का भाव ही प्रदर्शित करना चाहिए। उनके मत में सच्चा साधु पुरुष वह है, जो दूसरे की अंतरात्मा को पहचानकर उसके दुःख को दूर करने का प्रयत्न करता है- मेटो कोणी एक नर। धडे माहार चांमार। त्याचे राखावे अंतर। या नाव भजन। दुख भेदावे कोणाला।

रामदास जिन दिनों पंचवटी में राम भक्ति में लीन थे, कहते हैं उन्हीं दिनों उन्होंने रामकथा को संक्षेप में १२५ श्लोकों में प्रस्तुत किया था। इसमें राम दर्शन के लिए उनकी आन्तरिक तड़प का सहज साक्षात्कार होता है। इसमें जहाँ एक ओर आराध्य की परम श्रेष्ठता का वर्णन है वहीं दूसरी ओर भक्त पर कृपा करने की आकुल प्रार्थना दिखाई देती है। यही भाव उनके प्रसिद्ध भक्ति गीत 'अनुदिन अनुतापे तापलो रामराया' में भी दीख पड़ता है। (द्रष्टव्य प्राचीन गीत भंडार, पृ० ६१-६२) रामकथा की दृष्टि से उन्होंने बाद में

सुंदरकाण्ड और युद्धकाण्ड के रूप में द्विकाण्डात्मक रामायण की रचना प्रस्तुत की। केवल इन्हीं दो काण्डों के प्रति उनके विशेष अनुराग के मूल में जहाँ उनकी हनुमान के प्रति गहन निष्ठा एवं राम के प्रति सनर्पित भक्ति भावना थी वहीं इनके शौर्य एवं पराक्रम के वर्णन के माध्यम से वह महाराष्ट्र की जनता में बल का संचार करना चाहते थे। निश्चय ही इसकी प्रेरणा उन्हें एकनाथ से प्राप्त हुई होगी। वह मानते थे कि जिस महापराक्रमी प्रभु राम ने देवों को मुक्त करके स्वधर्म का पुनरुद्धार किय., उस राम की महत्ता ही सर्वश्रेष्ठ है। अतः उसका वर्णन ही देश की जनता को अपने विस्मृत स्वत्व को पहचानने में संजीवनी का काम कर सकती है। समर्थ रामदास वस्तुतः अकर्मण्यता की हद तक भाग्यवाद को जीने वाले हिन्दू समाज को जगाना चाहते थे। उन्हें कर्मण्यता एवं प्रयत्नवाद में दीक्षित करना चाहते थे। इसलिए उन्होंने राम भक्त हनुमान और अपने आराध्य राम के शौर्य पराक्रम एवं धैर्य के वर्णन एवं चित्रण तक ही अपने को सीमित रखा।

तुलसीदास के रामराज्य की भांति समर्थ रामदास ने 'आनन्दवन भुवन' की परिकल्पना प्रस्तुत की। राम-रावण के युद्ध को उन्होंने शिवाजी औरंगजेब काल के परिप्रेक्ष्य में देखा। स्वराज्य की भावना को दृढ़ता प्रदान करने के लिए उन्होंने 'बुडाला औरंग्या पापी' तक की घोषणा करते हुए कहा कि व्यक्ति-करनी के बीच धर्म के आधार पर भेद करके दूसरे को काफिर कहने वाले और उन पर अत्याचार ढानेवाले दुष्ट पापी मारे गये और युद्ध के मैदान से भाग गये- "गलाले पलाले मेले ......" यह ठीक है कि औरंगजेब के रूप में समर्थ रामदास ने जिस अन्यायी और पापी सत्ता के विनाश की परिकल्पना की थी। वह उनके सम्मुख साकार नहीं हो पायी, परन्तु इसमें सन्देह नहीं कि स्वाधीनता एवं स्वाभिमान की जिस चेतना का अंकुर उन्होंने अपनी रामकथा के माध्यम से रोपा वह समय के साथ-साथ वर्तमान ही होता रहा।

समर्थ रामदास का औरंगजेब के प्रति विरोध वस्तुतः उसकी जन विरोधी नीतियों के कारण था। वह न तो मुसलमानों के विरोधी थे और न ही इस्लाम के। धार्मिक सहिष्णुता के वे पोषक थे, शिवाजी की नीतियाँ इसका प्रमाण हैं। समाज, राजनीति और धर्म सभी क्षेत्रों में समर्थ रामदास का योगदान अविस्मरणीय है। उनकी सबसे बड़ी विशिष्टता यह थी कि वह शब्दों से कम महत्व आचार को नहीं देते थे। उनकी मान्यता थी कि कविता ग्रंथ रूप में ही नहीं आचार रूप में भी होती है। स्पष्ट है, उनकी दृष्टि में कथनी के साथ करनी और रहनी का भी अपेक्षित बदलाव में योग होता है। अपने जीवन, साधना एवं त्यागमय आचरण के बल पर ही वह शिवाजी के मार्गदर्शक बन सके थे। १७वीं शताब्दी के गिरिधर स्वामी ने अपने प्रसिद्ध ओवी ग्रंथ समर्थ प्रताप में उनके वैशिष्ट्य को रेखांकित करते हुए कहा है-

समर्थ देवें जें जें केलें।
ते कोण्हीं न सेल ऐ किलें देखिलें।
भक्ति ज्ञान वैराग्य गाजलें।
न भूतो न भविष्यति।। (१९/५२)

साधिका वेणाबाई रचित रामायण :

श्रीमती वेणाबाई स्वामी समर्थ रामदास की प्रमुख शिष्या थीं। दुर्दैव से वह बाल्यावस्था में विधवा हो गई थीं। स्वभाव से ही वह अत्यंत शांत और विरागी वृत्ति की थी। समर्थ रामदास का शिष्यत्व स्वीकार करते समय संबंधियों के विरोध के बावजूद वह अपने निश्चय पर अडिग रही। समर्थ महाराज की कृपा से वह कथा कीर्तन करने लगी। उनके कीर्तन धीरे-धीरे इतने लोकप्रिय हुए कि छत्रपति शिवाजी महाराज भी उनका कीर्तन आदर भाव से सुनते थे। इन्होंने आदिकाण्ड, अयोध्याकाण्ड, अरण्यकाण्ड, किष्किंधाकाण्ड और सुंदरकाण्ड आदि पाँच काण्डों में अपने रामायण की रचना की। गुरू के प्रभाव से हनुमान के प्रति उनके मन में अगाध निष्ठा एवं भक्ति भावना थी। सीता की खोज के संदर्भ में हनुमान के अतुलनीय पराक्रम एवं शौर्य के वर्णन में यह सहज ही लक्षित होता है। सीता और हनुमान के बीच का इनका संवाद वर्णनातीत आस्वाद्य मात्र है, ऐसा विद्वानों का मत है। इसी तरह इनका रावण-हनुमान संवाद भी बड़ा रोचक बन पड़ा है। इन्होंने सीता स्वयंवर शीर्षक एक खंडकाव्य भी लिखा, जो अपेक्षाकृत अधिक सरस एवं उत्कृष्ट रचना के रूप में प्रतिष्ठित है। राम-गुह संवाद के प्रसंग को लेकर इन्होंने 'कौल' शीर्षक से एक छोटी सी स्फुट कविता भी लिखी है। कौल का अर्थ है वचन, प्रतिज्ञा। रावण के साथ राक्षसों के संहार के बाद जब राम अयोध्या के सिंहासन पर आरूढ़ हुए तब जनता के प्रति उनके दिये गये वचनों एवं प्रतिज्ञा का वर्णन इसकी विषयवस्तु है। इसकी रचना कुल ४४ श्लोकों में हुई है। इनकी रामकथा पर सहज ही गुरू समर्थ रामदास का प्रभाव दिखाई देता है। यद्यपि इन्होंने अपनी रचनाओं के छन्द और व्याकरण के बंधनों को अमान्य किया है तथापि रचनागत वैदग्ध्य, कल्पना वैभव एवं वर्णनगत सहज सौन्दर्य पाठकों का ध्यान आकृष्ट किये बिना नहीं रहते।

वामन पंडित और कवि नागेश प्रस्तुत रामकथा :

उद्‌भट विद्वान् एवं महाकवि वामन पंडित ने रामकथा के संदर्भ में 'सीता स्वयंवर' भरत भाव नाम के दो कथा काव्यों की रचना प्रस्तुत की है। इनके कथानक कवि ने वाल्मीकि रामायण से ग्रहण किये हैं। इनके प्रशिष्य कवि नागेश ने 'सीता-स्वयंवर' नाम से एक दीर्घ आख्यान काव्य की रचना की। मराठी जनसमाज में इसका रुचिपर्वूक पठन किया जाता रहा है।

श्रीधर स्वामी प्रणीत 'राम विजय' :

मराठी रामकाव्य परंपरा में श्रीधर स्वामी का 'राम विजय (ई० स० १७०३) एक अत्यंत समादृत एवं लोकप्रिय महाकाव्यात्मक ग्रंथ है। इसकी लोकप्रियता का अनुमान इस तथ्य से लगाया जा सकता है कि चतुर्मास में महाराष्ट्र की धर्म प्राण जनता प्रायः रात्रि में इसका पाठ करती है। देहातों में तो अधिकाधिक लोग इसका सामूहिक रूप से श्रवण करते रहे हैं। इसकी भाषा शैली सरल सुबोध एवं प्रासंगिक है। इसके कथोपकथन रोचक एवं कलात्मक है। इसके माध्यम से कवि ने साधारण जनता के भीतर भक्तिभावना के संचार के साथ-साथ धैर्य के साथ-साथ संकटों का सामना करने की शक्ति प्रदान करने की सफल कोशिश की है। यही कारण है कि युगबोध से असंपृक्त होते हुए अपने पारंपरिक स्वरूप में भी यह महाकाव्य मराठी जन-चेतना का कंठहार रहा है।

गिरधर स्वामी रचित रामायण :

समर्थ रामदास के प्रतिभाशाली शिष्यों में से एक गिरधर स्वामी ने अब्द रामायण, मंगल रामायण, छंदो रामायण, सुंदर रामायण, संकेत रामायण, करुण रामायण आदि कुल छह ओवीबद्ध रामायणों की रचना की। इनमें अब्द रामायण का वैशिष्ट्य यह है कि इसमें प्रभु राम की आयु कब कितनी थी, इसे दिया गया है। उदाहरण के लिए वनवास प्रस्थान के समय प्रभु राम की अवस्था यदि २८ वर्ष थी तो माता सीता १७ वर्ष की थीं। सुन्दर रामायण की विशेषता यह है कि लवकुश ने इसे अपने स्वरों में प्रस्तुत किया है। करुण रामायण में राम के प्रति भक्त हनुमान के साथ समर्थ रामदास और गिरधर स्वामी के हृदय की आर्तपुकार सुनाई पड़ती है।

कवि मोरो पंत के एक सौ आठ रामायण :

उच्चकोटि के राम भक्त कवि मोरोपंत ने विभिन्न छंदों एवं शैलियों में कुल एक सौ आठ छोटे-बड़े रामायणों की रचना करके मराठी रामकथा परंपरा में अपने ही ढंग का एक प्रतिमान स्थापित किया। इनके १०८ रामायणों में अब तक कुल १०६ रामायण ही उपलब्ध हो पाये हैं। इनमें मंत्र रामायण की रचना इन्होंने सर्वप्रथम की। 'श्रीराम जय राम जय जय राम' इस त्रयोदशाक्षरी मंत्र की साधना इसकी अपनी विशिष्टता है। इसके प्रत्येक काण्ड की प्रत्येक आर्या इसी मंत्र से प्रारंभ होती है। इसका युद्धकाण्ड सहज ही वीर रस से परिपूरित है। नामांक रामायण की विशेषता यह है कि इसके प्रत्येक छंद के प्रथम चरण के आरंभ में 'रा' और द्वितीय चरण के आरम्भ में 'म' रखा गया है। निरोष्ठ रामायण में 'प' वर्गीय ओष्ट्र्य व्यंजनों को व्यवहृत किये बिना ही राम कथा प्रस्तुत की गयी है। इसी प्रकार 'लघुरामायण', दिव्यरामायण और 'सौम्य रामायण' में लघु और दीर्घ वर्णों की कवि की योजना सहृदयों का ध्यान आकृष्ट करती है। इसी तरह से अन्य रामायणों में भी कवि की शब्द चमत्कृति पाठकों को विस्मित किये बिना नहीं रहती। 'सार रामायण' में दोहा, सोरठा जैसे हिन्दी छंदों का प्रयोग भी कवि की विशिष्ट क्षमता का प्रमाण है। छंदगत वैविध्य के साथ आचार्य भामह की शब्दगत चमत्कृति पर मोरोपंत के कवि का उनके रामायणों में असाधारण अधिकार दिखाई देता है। इस दृष्टि से अपने क्षेत्र में उन्हें अप्रतिम कहा जा सकता है।

मराठी रामकथा परंपरा की अन्य उल्लेखनीय काव्यकृतियाँ :

मराठी रामकाव्य परंपरा की उपरिचर्चित प्रतिष्ठित कृतियों के अतिरिक्त समय-समय पर अन्य अनेक रचनाएँ भी सामने आयीं। इनमें मेरू स्वामी कृत ओवीबद्ध रामायण के साथ तंजावर के कवि माधव का श्लोक बद्ध रामायण भी अपनी सरसता के कारण उल्लेखनीय कहा जा सकता है। इस तरह कवि आनंद तनय की श्लोकबद्ध रामायण भी मराठी कीर्तनकारों के बीच अत्यंत प्रिय रही है। कवि निरंजन माधव का नाम भी मराठी राम काव्य परंपरा के रचनाकारों के बीच आदर के साथ लिया जा सकता है। इन्होंने चिद्‌बोध रामायण, रामकर्णामृत, मंत्र रामायण और निर्वोष्ठ राघव चरित की रचना की है। इनका निर्वोष्ठ रामायण इस बात के लिए उल्लेखनीय कहा जायेगा कि इसकी रचना ओष्ट्र्य व्यंजनों प, फ, ब, भ, म- के व्यवहार के बिना हुई है। जिस प्रकार हिन्दी में सूरदास और

तुलसीदास आदि भक्त कवियों ने मुक्तक पदों की गीतात्मक शैली में रामकथा के विभिन्न प्रसंगों का गायन किया है, उसी प्रकार मराठी के भक्त रचनाकारों ने भी रामकथा के विभिन्न प्रसंगों को गीतात्मक धरातल पर प्रस्तुत करके आराध्य राम एवं सीता के प्रति अपनी भावनाओं को निवेदित किया है। इस दृष्टि से 'राम माझा वना गेला', कसा मला टाकुनि गेला राम, कधिं मेटेल रघुपति (एकनाथ); अशोकच्या वनीं सीता (तुकाराम), धाव रे रामराया, जाउं नको रे रामा, पृथ्वी तुला राघव नीरबीला, छत्र सिंहासिनीं अयोध्येचा राजा (समर्थ रामदास); धन्यते कौसल्या जननी, धन्य शरयूतीर, धन्य अयोध्यापुरी (दिनकर); प्राणविसांच्या रामा (रघुनाथ पंडित); सजण सखा राम माझा (विट्ठल वीडकर); भूमिवाला भृणे नृपाला (अमृतराय); श्रीराम म्यां परिणिला (गोविंद वणीकर); कौशल्या मृणे वा रामा, माझ्या रामाला आणा कोणि जा गे (माधव); माझ्या बाठा (बाला) रघुवीरा (जीवन तनय) आदि गीतात्मक कविताएँ उल्लेख्य हैं। (द्रष्टव्य, प्राचीन गीत भांडार, संपादक ना. ग. जोशी) इसी प्रकार संत ज्ञानेश्वर, नामदेव, एकनाथ, तुकाराम महाराज आदि के अभंगों में भी रामकथा के अनेक प्रसंग आये हैं। तुकाराम ने अपने अभंगों में रामचरित्र का गायन ही नहीं किया, वरन् अपने आदर्श रामराज्य की कल्पना भी प्रस्तुत की है। उन्होंने कहा है, रामराज्य का प्रारंभ होते ही सभी नर-नारी, गोवत्स आनंदित हो उठे। वहाँ किसी को भी किसी बात का अभाव नहीं था। भू माता सबके लिए पर्याप्त अन्न देती थी। गाय, भैंस पर्याप्त मात्रा में दूध दही आदि देती थीं। जाले रामराज्य आनंदली सक्ले, तुकामृणे गायी वत्से नर-नारी बाले। धरणी धरी पिके गामी वोडल्या मैसी। मराठी लोकगीतों में रामकथा के अनेग प्रसंगों का गायन भी ध्यान आकृष्ट करता है। उदाहरण के लिए लोक गायक पोतराज का 'नाशिक त्रिंबक' शीर्षक गान उल्लेखनीय है। इसमें पोतराज ने लोक के धरातल पर पंचवटी प्रसंग एवं सीता राम के प्रति अपनी संमर्पित अनुराग भावना मार्मिक रूप में व्यक्त की है। देखिए-

नाशिक त्रिबक/ईच्या वाटेनं मी का जाऊ।
वाटेन मी का जाऊ/ आधी रामची भेट धेऊ।
भेट धेऊन-/ मग सीतेचा गुंफा पाहू।।
राम कुंडावरी/ पालखी कूणाची!
आंघोळीला आली/ जानकी रामाची!
सरलं दलईण/ सरता अभंग मला ये तो।
रामाच्या तक्तावरी/ कुंचा मोराचा ढाळवीतो।।

(द्रष्टव्य, एक होता राजा, संपादिका डॉ० सरोजिनी बाबर, पृ० ६१-६२)

इसी प्रकार मराठी के सुप्रसिद्ध शायर परशुराम ने अपनी लावणियों के माध्यम से भी रामकथा के विभिन्न प्रसंगों को मनोरंजन पूर्ण ढंग से प्रस्तुत करते हुए साधारण जनता के बीच नीति और धर्म को प्रचारित करने का कार्य किया है।

हिन्दी की तरह मराठी में भी रामकथा के मार्मिक प्रसंगों पर आधारित जातागीतों की परंपरा प्रचलित रही है। जैसे हिन्दी क्षेत्रों में बचपन में हमारी आँखे माताओं द्वारा गाये जाने वाले सुमधुर मार्मिक जातागीतों से खुलती थीं, उसी प्रकार महाराष्ट्र के देहातों में भी

जातागीत बच्चों में सद्संस्कार ही नहीं रोपते थे उन्हें रामकथा के विभिन्न प्रसंगों से अनजाने ही परिचित करा पाते थे। आज के दौर में तो यह परंपरा प्रायः लुप्त होती जा रही है।

आधुनिक काल में मराठी में रामकथा :

आधुनिक काल में सांगली रियासत के राजकवि साधुदास (श्रीगोपाल गोविन्द मजूमदार) ने 'वनविहार', 'रणविहार' और 'गृह विहार' शीर्षक तीन पारंपरिक ढंग के महाकाव्यों में जैसा कि इनके शीर्षकों से ही स्पष्ट रामकथा के तीन प्रमुख अंशों को आधार बनाया है। 'वनविहार (१६१२ ई०) में वनवास काल की प्रमुख घटनाओं के वर्णन के साथ प्रकृति का व्यापक चित्रण इसकी अपनी विशेषता है। मराठी के विदग्ध पंडित कवियों की तरह शब्द गत चमत्कृति के प्रति इसमें कवि की रूझान स्पष्ट है। इसी कारण यह क्लिष्टता दोष से यह बच नहीं पाया है। हाँ 'रण-विहार' (१६१६ ई०) और 'गृहविहार' (१६१८ ई०) में कवि ने इस दोष को परिमार्जित करने का भरपूर प्रयास किया है। इन तीनों में मराठी के अध्येताओं ने गृह विहार को सर्वोत्कृष्ट मान्य किया है। इसमें सहज ही रावण-वध के बाद राम के राज्याभिषेक के बाद रामराज्य का प्रभावी एवं रमणीय वर्णन हुआ है।

विद्याधर वामन भिडे (१८६१-१६३६ ई०) ने भी इसी काल में पंडित काव्य परंपरा में 'राघवीय परीवाह' शीर्षक से एक महाकाव्य प्रस्तुत किया। इसमें नैसर्गिकी प्रतिभा के स्थान पर कवि ने अपने पांडित्य को ही प्रदर्शित करने का प्रयत्न किया है। इसी कारण यह इतना क्लिष्ट हो उठा है कि शीर्षकों का अर्थ समझने के लिए भी कोश की सहायता जरूरी हो जाती है। हाँ इसमें छंदों पर कवि का प्रभुत्व देखते ही बनता है। इसमें एक सर्ग में सौ से अधिक वृत्तों का प्रयोग छंद पर कवि के असाधारण अधिकार को ही प्रकट करता है। शिवराम पंत की प्रदीर्ध कविता 'अहल्याजार' और भगवंत गोविन्द तोडवाले रचित 'रावण मंदोदरी संवाद' भी इस काल की उल्लेखनीय कृतियाँ हैं। किन्तु आधुनिक मराठी काव्य में जो लोकप्रियता ग. द. माडगूलकर के 'गीत रामायण' (१६५७ ई०) को मिली, वह शायद ही किसी अन्य कृति को प्राप्त हुई हो। इसकी एक लाख अथवा उससे अधिक प्रतियों का बिकना इसका प्रमाण है। साहित्यिक धरातल पर भले ही इसे क्लैसिक रचना का गौरव न प्राप्त हुआ हो, परन्तु सीता परित्याग के प्रसंग को इसमें जिस मार्मिक तरलता से प्रस्तुत किया गया है, वह सहृदयों की आँखों को अश्रुपूरित किये बिना नहीं रहता। लक्ष्मण से सीता का यह कहना कि 'मैं पतिव्रता होकर भी परित्यक्ता हूँ। अग्निदेव के कथन का कोई मोल नहीं है। मेरे लिए राघव पति नहीं मात्र राजा हैं; फिर मैं कहाँ जाऊँ ? पति के चरणों को कहा प्राप्त करूँ ? पैर के नीचे की काँपती धरती का क्या करूँ ? पाठक और श्रोता दोनों को गहरे में झकझोर जाता है -

भज सांग लक्ष्मण जाउं कुठे
पति चरण पुन्हां भी पाहुं कुठे ?

अग्नि ठरला असत्यवक्ता
नास्तिक ठरवी देवच भक्तां

पतिव्रता मीतारि परित्यक्ता
चरणिंच्या धरेसि कंप सुरे
*** * ***
पती न राघव, केवल नृपती
बोलतां पुन्हां ही जीम थरे (प्रकरण ५५)

सुधीर फड़के के गायन ने इसकी द्रवणशीलता को जैसे द्विगुणित कर दिया है। कहते हैं, इसकी एक प्रस्तुति को सुनकर आचार्य विनोबा भावे की आँखे भी सजल हो उठी थीं।

मराठी नाटक एवं रंगमंच के क्षेत्र में विष्णुदास भावे ने १८४३ ई० में सांगली के अपने आश्रयदाता के सम्मुख 'सीता स्वयंवर' शीर्षक स्वरचित अभिनव नाटक का प्रदर्शन करके एक नये युग का आरंभ किया। उनकी प्रेरणा से बाद में अनेक नाटक मंडलियाँ और नाट्य लेखक इस क्षेत्र में आये। नाटककार और नाट्य प्रस्तोता के रूप में भावे का व्यक्तित्व अपने ढंग का अनूठा था। उनके भीतर एक ही साथ एक नाटककार, दिग्दर्शक, पत्रकार, शिक्षक, कपड़ेवाला, रंगवाला, सभी का समावेश था। रामकथा से सबसे पहले सीता स्वयंवर आख्यान पर नाटक तैयार करने का विचार उनके भीतर आया। इस नाटक के साथ भावे का नाट्य व्यवसाय केवल महाराष्ट्र के लिए ही नहीं, वरन् संपूर्ण भारत के लिए एक महत्वपूर्ण सामाजिक, सांस्कृतिक घटना सिद्ध हुआ। इससे देश में नाट्य क्षेत्र में जो सजगता आयी, उससे पुराख्यानों को लेकर अनेक नाटक सामने आये। १८८५ में उन्होंने अपना नाट्य कविता संग्रह प्रकाशित किया। इसमें दशरथ विवाह, रामजन्म आख्यान विश्वामित्र यज्ञ रक्षण और तारका वध, अहिल्योद्धार, भार्गवगर्व मोचन आख्यान, राघव वन प्रवेश,, भरत भाव, शूर्पणखा विडंबना और खरदूषण वध, बाली वध और हनुमान का किष्किंधा आगमन आदि विभिन्न प्रसंगों पर अपनी नाट्य योजना को विस्तृत संकेतों के साथ प्रस्तुत किया। नृत्य, गायन और अभिनय का जो सम्यक समावेश उन्होंने नाटक के क्षेत्र में किया, उसका प्रभाव बाद के मराठी नाटकों में भी दिखाई देता है।

'सीता स्वयंवर' इस आख्यान पर विट्ठल वीडकर ने नाट्य रीति से सप्रसंगात्मिक तथा अनेक वृत्तात्मक काव्य की रचना की। इस में उनका प्रारंभिक वक्तव्य है-

महाराष्ट्रे होत्साते चतुर जनिं हे मान्य करिती।
मनाच्चे उल्हासे रचिन तरि मी नाट्यकरिती।।

(सीता स्वयंवर, सर्ग १, श्लोक १०)

प्रकट है नाट्य रूप में प्रस्तुति का भाव इसमें कवि के भीतर प्रबल रूप में विद्यमान था।

विष्णुदास भावे के 'सीता स्वयंवर' के बाद अन्नासाहब किर्लोस्कर का करुण रस प्रधान नाटक 'राम राज्य वियोग' का प्रदर्शन महत्वपूर्ण घटना थी। रचनाकार के असामयिक निधन के कारण इसे पूरा नहीं कर पाया था। इसलिए इसका मंचन भी बहुत बिलम्ब से २० अक्टूबर, १८८४ को पुणे में हुआ। इसके पहले मंचन के अवसर पर भास्कर नामक जिस लड़के ने कैकेयी की भूमिका निभायी थी, वह बाद में भास्कर बुआ बखले के रूप में प्रसिद्ध हुआ। अन्ना साहब ने इसके प्रथम तीन अंकों का प्रणयन किया था। पहले अंक में

राम के विरुद्ध विद्रोह की आग भड़काने वाली मंथरा को कारागार में बंदी दिखाया गया है। दूसरे में मंथरा राम के प्रति कैकेयी के भीतर द्वेष भाव जगाती है। वृषपर्वा के साथ हुए युद्ध में दशरथ के द्वारा दिये गये वरदान की वह कैकेयी को याद दिलाती है। तीसरे अंक में दिये गये वचनों की आपूर्ति की मांग पर महाराज दशरथ को गहरा आघात लगता है। इससे सहज ही करुण प्रसंग की अवतारणा होती है। अगले अंकों (चौथे, पाँचवे) में राम के त्याग का प्रदर्शन और अयोध्या की जनता द्वारा उनका अनुसरण दिखलाया गया है। करुण रस से परिपूरित यह नाटक एक श्रेष्ठ कृति के रूप में दर्शकों को बाँधती दिखाई देती है। इसके अधूरा रहने का एक कारण राम और सीता के उपयुक्त कलाकारों का न मिलना भी था। इससे मराठी नाटक की मंचीय सजगता एवं प्रत्यक्ष जुड़ाव की साफ झलक मिलती है।

स्वतंत्रता पूर्व काल में कृ०प० खाडिलकर द्वारा लिखा गया 'सीता स्वयंवर' भी अपनी दृष्टि विशेष के कारण उल्लेखनीय बन पड़ा है। इसमें नाटककार ने परंपरागत आख्यान के संदर्भ में तत्कालीन अंग्रेजी राज एवं देश की पराधीन चेतना पर स्थान-स्थान पर टीका की है। यहाँ रावण की तुलना नाटककार ने ब्रिटिश राज से की है। सहज ही इसमें प्रकारांतर से स्वतंत्रता संघर्ष की झलक प्राप्त होती है।

स्वातंत्र्योत्तर काल में सीता परित्याग के प्रसंग को लेकर लिखा गया माम वरेरकर (भार्गव राम विट्ठल वरेरकर) का नाटक 'भूमि कन्या सीता' (१९५५ ई०) जनतंत्रीय चेतना के एक प्रभावी नाटक के रूप में सामने आता है। इसमें जहाँ एक ओर उर्मिला के माध्यम से स्त्री के समानाधिकार की बात उठाई गयी है, वहीं दूसरी ओर भूमि पुत्र शंबूक के प्रति सीता के उदार मानवतावादी दृष्टि को उभारा गया है। इसके साथ ही सीता की दायित्व चेतना यहाँ स्वाभिमानी व्यक्तित्व को भी प्रतिष्ठा प्राप्त हुई है।

रजक विजय के रूप में मामा वरेरकर ने यहाँ शंकालु पुरुष के चरित्र को उभारते हुए पुरुष वर्चस्ववादी दृष्टि की चुटकी ली है। उसकी पत्नी शंबूक के साथ रही, इस पर वह संदेह करता है; किन्तु तीन महीने तक वह रखैल कुशिला के साथ रहता है, इसको लेकर उसके भीतर कोई प्रश्न नहीं उठता। इस सवाल के उठाने पर उसका उत्तर है- "मी पुरुष आहे" (मैं पुरुष हूँ। मतलब यह कि पुरुष के लिए जैसे सब कुछ की छूट है)

सीता के चरित्र पर लोक के संदेह को लेकर उनके निर्वासन के राजा राम के निर्णय पर उर्मिला इतनी क्षुब्ध होती हैं कि वह यह पूँछे बिना नहीं रहती कि मैं यहाँ चौदह वर्षो तक अयोध्या में वंदिनी रही; फिर मेरे प्रति किसी ने संदेह क्यों नहीं प्रकट किया। मेरे लिए अग्नि दिव्यता की बात क्यों नहीं की गयी? सीता को मानना पड़ता है कि निष्ठा का अतिरेक शुद्ध निर्दयता का रूप ले लेता है। दुधर्ष लोकेषणा-लोक में प्रतिष्ठा की कामना-सीता के अनुसार राम को इतना निर्मम बना देती है कि वह भावना शून्य होकर उनके निर्वासन का निर्णय लेते हैं। परन्तु राम राज्य की प्रतिष्ठा की तुलना में सीता के लिए स्त्री जाति की प्रतिष्ठा अधिक महत्वपूर्ण है। अतः राम के आग्रह पर भी वह दुबारा पवित्रता की शपथ लेने के लिए प्रस्तुत नहीं होती। नाटक के अंत में वह पूरी दृढ़ता से कहती हैं- रामराज्याच्या प्रतिष्ठापेक्षाही स्त्री जाती ची प्रतिष्ठा अधिक महत्वाची वाटते मला। ...... स्त्री जाती ची ही मानखंडना ही भूमि कन्या के व्हांटी सहनकरणार नाहीं। (पृ० ८९)

उनके हृदय की विशालता जहाँ शंबूक को भूमिपुत्र अपने भाई के रूप में स्वीकार करने में दिखाई देती है वहीं मातृत्व के गौरव के लिए सन्नद्ध होने में उनके आत्म गौरव की झलक मिलती है।

मराठी में रामकथा के अनेक प्रसंगों को रचनाकारों ने उपन्यास के फलक पर भी सफलतापूर्वक उतारा है। तिलक आगरकर युग में प्रो० बेहरे ने 'अहिल्योद्धार' और 'सीता वनवास' शीर्षक से दो उपन्यासों की रचना की। स्वातंत्र्योत्तर काल में सीता को लेकर अनेक प्रभावी उपन्यास सामने आये हैं। इनमें सुमति क्षेत्र माडे का 'मैथिली' और आनंद साधले का 'वैदेही' अपनी सीमाओं में भी महत्वपूर्ण औपन्यासिक कृतियों के रूप में पाठकों का ध्यान आकृष्ट करते हैं। 'मैथिली' में सीता भारतीय नारी के पारंपरिक आदर्शो का परिपालन करते हुए भी एक दृढ़ निश्चयी नारी के रूप में चित्रित की गयी हैं। वह पूरे स्वाभिमान एवं गौरव के साथ अपने मातृत्व का निर्वाह करती हैं। इतना ही नहीं संशयवादी राम पर प्रहार करते हुए वह अपनी संतति पर उनके अधिकार को भी अमान्य करती है। आनंद साधले ने अपने लघु उपन्यास 'वैदेही' में सीता को स्त्रीवादी दृष्टि से उभारने का प्रयास किया है। श्यामला बनारसे ने अपने 'स्वामिनी' उपन्यास में स्त्री-मनोविज्ञान की दृष्टि से सीता को एक ईर्ष्यालु और द्वेषी स्त्री के रूप में चित्रित किया है। शूर्पणखा को (नाक-कान कटवाकर) अपमानित करने का दोष भी उन्होंने सीता के ऊपर मढ़ा है। यहाँ लेखिका की सहानुभूति शूर्पणखा और रावण के प्रति स्पष्ट है। इसी तरह 'दक्षिणायन' में भी लेखिका ने रावण का पक्ष लेते हुए राम को द्रविण इतिहास को बदलने वाले व्यक्ति के रूप में अंकित किया है। लेखिका ने इसमें रावण को एक सत्कर्मी शिवभक्त के रूप में चित्रित किया है। इस प्रकार द्रविणों के प्रति आर्यो की आक्रामकता को उकेरने के मूल में लेखिका की दृष्टि पश्चिमी विशेषकर अंग्रेज इतिहासकारों से परिचालित दीख पड़ती है।

स्पष्ट है कि मध्यकाल में ही नहीं, आधुनिक काल में भी मराठी में राम कथा की परंपरा अविच्छिन्न रही है। इसने जनचेतना को समय-समय पर प्रभावित एवं उत्प्रेरित ही नहीं किया, उसमें आने वाले बदलावों को भी प्रतिबिम्बित किया है। उपर्युक्त विवेचन से यह भी प्रकट है कि रामकथा के तीन प्रसंगों ने मराठी रचनाकारों एवं जनमानस को विशेष रूप से प्रेरित एवं आकर्षित किया है। ये हैं- राम-रावण युद्ध, सीता स्वयंवर एवं सीता निर्वासन के प्रसंग, सीता स्वयंवर के प्रति रूझान जहाँ महाराष्ट्र के लोकजीवन की उत्सवप्रियता का संकेत देती है, वहीं सीता निर्वासन का प्रसंग उसकी तार्किकता एवं भावना प्रवणता का परिचय देता है। राम-रावण युद्ध का संदर्भ अन्याय एवं अत्याचार के प्रति क्षुब्ध जनमानस की सुसुप्त प्रतिक्रिया के रचनात्मकता के स्तर इतनी व्यापकता से अंकित करने का अवसर प्रदान करता है कि छत्रपति शिवाजी और उनके मराठे योद्धाओं के रूप में एक बदला हुआ परिदृश्य ही सामने आता है। अतएव लोक जीवन एवं जन चेतना को परिपुष्ट, सुदृढ़ एवं समृद्ध बनाने में मराठी रामकथा की भूमिका से इन्कार नहीं किया जा सकता।

संदर्भ :

१. आधुनिक मराठी वाङ्मयाचा इतिहास (भागपहिल १८७४ से १९२०) लेखक अच्युत नारायण देशपांडे

२. मराठी वाङ्मयाचा इतिहास, खंड चौथा संपादक प्रा. रा. श्री. जोग एम. ए.

३. मराठी वाङ्मयाचा इतिहास, खंड पांचवा, भाग पहिला संपादक रा. श्री जोग, एम. ए.

४. रामकथा (उत्पत्ति और विकास) लेखक रेवरेंड फादर कामिल बुल्के

५. राष्ट्रकवि मैथिलीशरण गुप्त अभिनंदन ग्रंथ प्रधान संपादक- डॉ० वासुदेव शरण अग्रवाल

६. हिन्दी विश्वकोष, खंड १०

७. गोस्वामी तुलसीदास और समर्थ गुरूरामदास की भक्ति भावना का तुलनात्मक विवेचन (अप्रकाशित शोध प्रबंध) लेखक, डॉ० दूधनाथ धर दुबे।

ओड़िआ रामायण : महाकवि बलराम का सांस्कृतिक अनुशीलन

डॉ० अजयकुमार पटनायक

संस्कृत के तीनों उपजीव्य काव्य पर आधारित ओड़िआ के तीनों ग्रंथ मूल काव्यों से भिन्न ठेठ ओड़िआ जीवन व संस्कृति को अभिव्यंजित करते हैं। ओड़िशा के जातीय जीवन के निर्माण में इन तीनों की ऐसी महत्त्वपूर्ण भूमिका रही है कि ओड़िआ पाठकों ने मूल कृतियों को भुलाकर इन्हें ही मूल महाभारत, रामायण एवं भावगत मान लिया। पन्द्रहवीं सदी में महाभारत की रचना कर सारलादास ने इस परम्परा की पहल ही नहीं की, बल्कि ओड़िआ साहित्य की विधिवत् शुरूआती नींव रखी। फिर सोलहवीं सदी के सूर्योदय के साथ रामायण की कथा को लेकर बलराम दास ने शुद्ध ओड़िआ शैली में ओड़िआ चरित्रों की अवतारणा की। जगन्नाथ दास का भागवत तो ओड़िआ का सर्वाधिक लोकप्रिय ग्रंथ है। इसे पढ़ने के लिए आम जनता ने ओड़िआ भाषा सीखना शुरू कर दिया। ओड़िआ जाति की संस्कृति को लेकर निर्मित भागवत का बार-बार वाचन करने के लिए गाँव-गाँव में भागवत घरों की स्थापना की गई।

इन तीनों ठेठ ओड़िआ ग्रंथों से यह तो स्पष्ट है कि इनमें ओड़िशा की मिट्टी की महक समायी हुई है। सर्वप्रथम चौदहवीं सदी में किसान परिवार में जन्मे सिद्धेश्वर परिड़ा नामक एक व्यक्ति देवी सारला की सेवा में अपने को समर्पित कर स्वयं उनका दास कहलाया। यह देवी जी का ही वरद हस्त है कि सारला दास के नाम से परिचित इस भक्त ने तमाम संस्कृत ग्रंथों के आधार पर ओड़िआ भाषा में पुराण साहित्य को ओड़िआ अस्मिता के साथ रचने का बीड़ा उठाया। अष्टादश पर्व समन्वित 'महाभारत' को ठेठ ओड़िआ शैली में उतारने के कारण इन्हें 'ओड़िशा का व्यास' कहा गया। कारण सारला दास ने संस्कृत महाभारत का हू-ब-हू अनुवाद किये बिना इसमें अपनी मौलिकता का काफी हद तक समावेश किया है। 'चण्डीपुराण', 'बिलंका रामायण', आदि कई पौराणिक रचनाओं के स्रष्टा होने पर भी अकेला महाभारत ही उनकी प्रचण्ड प्रतिभा को आँकने के लिए पर्याप्त है। सारला दास के मौलिक चिन्तन एवं कतिपय अभिनव उद्भावना के कारण यह महाभारत लोगों में 'सारला महाभारत' के नाम से मशहूर हुआ।

सारला महाभारत की एक और विशेषता है कि इसी ग्रंथ के जरिए ओड़िआ में सर्वप्रथम राम-कथा को अभिव्यक्ति मिली। वन पर्व में भगीरथ का जन्म तथा गंगा जी के द्वारा सगर वंश का उद्धार आदि रामायणीय उपाख्यानों का वर्णन है। साथ ही रामचन्द्र के

जन्म से लेकर रावण वध और अयोध्या प्रत्यावर्त्तन तक लंकाकाण्ड की सारी घटनाओं का संक्षिप्त वर्णन इसमें किया गया है। महाभारत के वन पर्व में रामायण के उल्लेख को कोई अप्रासंगिक न समझे, इसी कारण सारला दास ने वनवास के समय युधिष्ठिर की जिज्ञासा हेतु ऋषि मार्कण्डेय के द्वारा रामायण की कथा कहलवायी है। इसके अतिरिक्त एक 'सप्तकाण्ड रामायण' की रचना कर सारला दास ने कई और अभिनव परिकल्पनाओं का समावेश कराया है। उदाहरण के लिए, पुत्रेष्टि यज्ञ के समय परशुराम का प्रवेश, ताड़का वध के उद्देश्य से जाने वाले श्रीराम का गोकर्ण मुनी आश्रम के दर्शन, मातंग पर्वत पर विचरण, नन्दादेवी में स्नान, तुंग पर्वत में दिगम्बरी देवी की आराधना, ध्यानशील पर्वत में दिग्वासिनी बेताली देवी के दर्शन और वर लाभ, पद्मनाभ पर्वत में तिमिंगिल का उद्धार, पारिजात पर्वत में पंचमुखी काली के दर्शन, गोमती नदी के किनारे मुकुन्द ऋषि के साथ श्रीराम की सलाह, कुब्जासुर का अयोध्या अवरोध और राम के द्वारा निधन आदि कई ऐसे काल्पनिक प्रसंग हैं। लेकिन ग्रंथ के असम्पूर्ण होने के कारण उसकी विशेष चर्चा नहीं हो पायी है।

इसके पश्चात अर्जुनदास नामक एक भक्त-कवि ने 'रामविभा' नामक एक लम्बी कविता की रचना की, जिसमें रामायण के राम-विवाह प्रसंग विस्तार से वर्णित है।

पन्द्रहवीं सदी में ओड़िआ साहित्य के भक्ति काल में पाँच ऐसे भक्त कवि हुए जिन्होंने संस्कृत के भक्ति-साहित्य का गहरा अध्ययन कर उसके निचोड़ से ओड़िआ भक्ति साहित्य को परिपुष्ट किया। ये पाँच साहित्यकार हैं- बलराम दास, जगन्नाथ दास. अनन्त दास, यशोवन्त दास एवं अच्युतानन्द दास। ये पाँचों मित्र 'पंच सखा' के नाम से परिचित हैं। तथा इनका विपुल साहित्य 'पंचसखा साहित्य' कहलाता है। सभी जगन्नाथ जी के अनन्य भक्त हैं। बलराम दास ने 'रामायण' की रचना की तो जगन्नाथ दास ने 'भागवत' की। दोनों ही ग्रंथ ओड़िआ सभ्यता एवं संस्कृति से सराबोर हैं। बलराम इन पाँचों में सबसे बड़े एवं प्रतिभावान माने जाते हैं।

बलराम दास के पिता ओड़िशा के सूर्यवंशी राजा गजपति प्रताप रुद्रदेव के मंत्री थे। कहते हैं, शूद्र कुल में जन्में बलराम द्वारा पवित्र रामायण ग्रंथ रचना को देखकर परम्परावादी पण्डितों ने राजा के सामने बलराम दास की झूठी शिकायत कर दी। उन पर विश्वास करके राजा प्रताप रुद्रदेव ने बलराम को बन्दी तो बना लिया, पर उनकी अलौकिक प्रतिभा से प्रभावित होकर उन्हें मुक्त कर दिया और उनसे माफी माँगी।

जगन्नाथ जी के अनन्य भक्त बलराम दास जगन्नाथ मन्दिर में स्थित जगमोहन मण्डप में बैठकर रामायण की रचना करते थे। इसीलिए उसका नाम 'जगमोहन रामायण' पड़ा। फिर जगन्नाथ जी के प्रति समर्पित कवि यहाँ तक कहते हैं कि मेरे अन्दर प्रविष्ट होकर मेरे आराध्य स्वयं जगन्नाथ जी जो कहते हैं, मैं उसी को लिखता जाता हूँ। अतः नामकरण के पीछे यह समर्पित भावना भी उत्तरदायी है। साथ ही जग भर को मोहित करनेवाली कथा होने के कारण भी कवि ने इसे 'जगमोहन रामायण' कहा है। लेकिन सारलादास कृत महाभारत के लोकप्रिय छन्द 'दाण्डी' का प्रयोग कर पूरी रामायण की रचना करने के कारण इसे 'दाण्डी रामायण' भी कहा जाता है।

न केवल ओड़िआ साहित्य में, बल्कि समूचे उत्तर भारत में सर्वप्रथम रामायण के रूप में 'जगमोहन रामायण' का नाम लिया जाता है। सन् १४७३ में जन्में बलराम ने अगर तीस साल की उम्र में भी काव्य निर्माण प्रारम्भ किया हो, तो भी भाव समुद्र, लक्ष्मी पुराण, ब्रह्म गीता, विराट गीता, ब्रह्माण्ड भूगोल, ब्रह्मपुराण, कलि भागवत् आदि ३७ ग्रंथों में से पहला ग्रंथ 'जगमोहन रामायण' की रचना सोलहवीं सदी की शुरूआत में ही हो गई थी। तब तक दक्षिण भारत के कम्बन, शम्भुदास जैसे कतिपय कवियों को छोड़कर भारत भर में किसी और रामायण की रचना नहीं हुई थी। यहाँ तक कि 'रामचरितमानस' एवं 'कृत्तिवासी रामायण' जैसी लोकप्रिय राम-कथाएँ भी जगमोहन रामायण से कम से कम अर्द्धशताब्दी परवर्त्ती कृतियाँ हैं।

बलरामदास ने कथावस्तु वाल्मीकि कृत रामायण के ढाँचे पर ही रखी। राम के जन्म से लेकर वैकुण्ठ सिधारने तक का वर्णन इसमें है। काव्यारम्भ में मंगलाचरण के तौर पर जगन्नाथ जी की लम्बी स्तुति की गई है। फिर शिव-पार्वती के संवाद जोड़े गये हैं जो बाल्मीकि रामायण में नहीं मिलते। इस संवाद के पीछे भी कवि ने ब्रह्मा-शिव संवाद की एक रोचक परिकल्पना की। एक दिन ब्रह्मा जी शिव जी से मिलने कैलाश पहुँचे तो उन्हें अस्वस्थता के कारण चिन्तित पाया। अस्वस्थता के कारण एवं निराकरण के बारे में शिवजी के पूछने पर ब्रह्मा जी ने बताया कि यह दक्ष प्रजापति के यज्ञ में विघ्न डालने का परिणाम है और इसका एक मात्र उपचार है रामनाम का जाप। शिव जी ने वही किया और स्वस्थ हो गये। शिव जी से यह प्रसंग सुनकर पार्वती के मन में पूरी रामकथा सुनने की उत्कण्ठा जागी। शिव जी ने विष्णु के सहस्रनामों में से राम नाम को सर्वश्रेष्ठ बताया और पार्वती जी को पूरी राम-कथा सुनायी। एक तरफ इस कथा के माध्यम से बलराम दास ने जहाँ वाल्मीकि के महामानव राम को भगवान विष्णु के अवतार में रूपान्तरित कर दिया, वहीं दूसरी तरफ तत्कालीन शैव और वैष्णव सम्प्रदायों में निहित तिक्तता को भी काफी हद तक लाघव करने में कामयाब हुए।

बलराम दास कृत जगमोहन रामायण का सबसे बड़ा वैशिष्ट्य है ओड़िशा राज्य के प्रति स्नेह-श्रद्धा का उद्रेक कराना। हिमालय स्थित कैलाश पर्वत की जगह दास जी ने ओड़िशा के ढेंकानाल जिले के कपिलास पर्वत को स्थापित किया है। किष्किन्धाकाण्ड में बणाइ और बामण्डा के जनजाति के लोग श्रीराम की सेना के रूप में दृष्टिगोचर हुए हैं।

वाल्मीकि रामायण के 'बालकाण्ड' को 'आदिकाण्ड' कहकर बलराम ने सौधमालिनी अयोध्या को कुटीरमयी ग्राम्य परिवेश में ढाला है। सम्भवतः सौध-सम्प्रदायों से भिन्न ग्रामीण उत्कल ही उनकी दृष्टि में था। मूल रामायण में किसी एक वेश्या द्वारा विमोहित करके ऋष्यशृंग को अयोध्या लाने की बात कही गई, पर जगमोहन रामायण में जरता नामक वेश्या के नेतृत्व में काममोहिनी समेत बारह वेश्याओं को ऋष्यशृंग को अयोध्या लाने के कार्य में नियुक्त किया गया है। गंगासागर संगम के प्रसंग में बलराम ने ओड़िशा के विभिन्न तीर्थ स्थलों का वर्णन किया है। साथ ही राजा हरिश्चन्द्र उपाख्यान ओड़िआ रामायण का एक अभिनव संयोजन है। मूल रामायण में न होने पर भी बलराम ने उल्लेख किया है कि विष्णु को सीता के पति के रूप में वरण करने हेतु ब्रह्मा ने जनक महर्षि को शिवधनुष प्रदान किया था।

अयोध्याकाण्ड में रामचन्द्र को निषादराज गुहक के आतिथ्य-प्रदान आदि प्रसंग में बलराम जी ने ओड़िशा की आदिवासी संस्कृति तथा समाज का विस्तृत चित्र प्रदान किया है। साथ ही मंथरा के पूर्व जन्म का वर्णन मूल रामायण में न होने पर भी ओड़िआ रामायण में दिया गया है। अरण्यकाण्ड में गया तीर्थ का महात्म्य भी एक और नया संयोजन है। गया में श्रीराम का पिण्डदान, फाल्गु नदी को और ब्राह्मणों को श्राप, चन्द्रभागा तीर्थ एवं एकाम्र तीर्थ प्रसंग, गोपालों को लक्ष्मण का अभिशाप और राम का वरदान प्रसंग आदि बलराम दास की नई संयोजनाएँ हैं। इसके अतिरिक्त श्रीराम का शबरी से जूठे बेर ग्रहण एवं चकोर दम्पत्ति को अभिशाप आदि मूल रामायण में नहीं हैं।

किष्किन्धाकाण्ड में मरुत राजा और लीलावती हरण प्रसंग, राम के साथ बगुले का वार्तालाप, वक पंचक, कुक्कुटी का वर लाभ, पर्वत और वृक्षों को अभिशाप आदि प्रसंगों की अवतारणा में बलराम दास का स्वातंत्र्य सराहनीय है।

सुन्दरकाण्ड में कवि ने हनुमान को सर्वशक्तिमान तथा सभी देवी-देवताओं के शक्तिधर के रूप में चित्रण किया है। मूल रामायण की भाँति बलराम ने हनुमान जी को बिल्ली की आकृति का मर्कट न बनाकर अदृश्य रूप में लंकागढ़ में प्रवेश कराया है। मूल रामायण में गिलहरी प्रसंग नहीं है, पर जगमोहन रामायण में सेतु बाँध के निर्माण में गिलहरी के योगदान का वर्णन है।

युद्धकाण्ड को लंकाकाण्ड कहकर बलराम दास ने इसमें कुकुरमुत्ता एवं रामताली के जन्म वृत्तांत का समावेश कराया है। साथ ही इसमें संयोजित संत पण्डा उपाख्यान भी ओड़िआ रामायण की मौलिकता जाहिर करता है।

उत्तरकाण्ड में वाल्मीकि रचित निमि राजा, मित्रा, वरुण और उर्वशी उपाख्यान वशिष्ठ और निमि का पुनः देह-प्राप्ति, ययाति उपाख्यान आदि का मूल कथा से असंपृक्ति देख बलराम दास ने इन्हें अपनी रामायण में संयोजित नहीं किया है।

उपर्युक्त भिन्नताओं को जोड़कर अगर विवेचन किया जाय, तब भी जगमोहन रामायण वाल्मीकि कृत रामायण का अनुवाद कत्तई नहीं है और न ही इसे वाल्मीकि रामायण का उत्कलीकरण ही कहा जा सकता है। वस्तुतः मूल रामायण की कथावस्तु के आधार से कवि ने ओड़िशा की तत्कालीन परिस्थिति, जन-जीवन के आदर्श, सांस्कृतिक गतिविधि, मानवीय दृष्टिकोण के विचार से अपना ग्रंथ निर्माण किया है। विषय एवं शैली दोनों में कवि की मौलिकता स्पष्ट परिलक्षित होती है।

बलराम दास सोलहवीं सदी के कवि होने के कारण उनकी रामायण में तत्कालीन समाज-चित्र का प्रतिबिम्बित होना स्वाभाविक है। तत्कालीन समाज की धर्म-धारणा, रीति-नीति, आचार-व्यवहार, लोक-विश्वास, पर्व-त्योहार, विवाह-विधि, खान-पान, रहन-सहन, चाल-चलन, व्यापार-वाणिज्य, युद्ध कौशल आदि के बारे में कवि ने प्रत्यक्ष या परोक्ष रूप से उल्लेख किया है। स्वभावतः बलरामदास एक निष्ठावान समाज संस्कारक थे। संस्कार चेतना उनकी प्रत्येक रचना में प्रतिबिम्बित होती हुई लक्षित होती है। वे हमेशा एक जाति वर्गहीन समन्वय प्रधान समाज की परिकल्पना करते थे। सम्भवतः यही कारण है कि धर्म को व्यापार बनाने वाले ढोंगी ब्राह्मण-पुरोहितों के प्रति उनके मन में अच्छी धारणा नहीं

थी। गया माहात्म्य के वर्णन-प्रसंग में कवि ने इस पाखण्डी-वृत्ति का तिरस्कार किया है। उत्कलीय धार्मिक उदारता का ही प्रभाव है कि बलराम दास ने श्रीकृष्ण, जगन्नाथ और रामचन्द्र के बीच अभेदत्व का प्रदर्शन किया है।

रूप वर्णन, युद्ध कौशलादि वर्णन एवं प्रकृति-वर्णन में बलराम दास की काव्यिक कुशलता अत्यन्त चित्ताकर्षक बन पड़ी है। बारह रूपवती गणिकाओं के साथ वेश्याश्रेष्ठ जरता की नौयात्राकालीन दृश्य का उल्लेख करते हुए कवि ने उनके रूप तथा वेश-प्रसाधन का जैसा चित्ताकर्षक चित्र प्रस्तुत किया है, वह वास्तव में योगी-ऋषियों को विचलित कर देनेवाला साबित हुआ है। सीता जी के विवाह कालीन रूप-वर्णन भव्यता का प्रदर्शन कर दास जी ने विचक्षण कवित्व शक्ति का परिचय दिया है। कुशध्वज राजा की दुहिता वेदमती ने विष्णु को पति के रूप में पाने के लिए घनघोर तपस्या शुरू कर दी। उनके अपरूप सौन्दर्य वर्णन में कवि की लेखनी ने अद्भुत दक्षता प्रदर्शित कर दी है। नौकशी राक्षस की कन्या निकषा द्वारा विश्रवा ऋषि के सामने प्रणय-भिक्षा करनेवाला दृश्य भी चमत्कार बन पड़ा है। प्रत्येक रूप-वर्णन में कवि बलराम का स्वातंत्र्य लक्षणीय है। वीर वेश एवं युद्ध-वर्णन में कवि की लेखनी बज्र निनाद कर उठती है। प्रकृति चित्रण करते समय चाहे वह वर्षा वर्णन हो या वसन्त, कवि की तल्लीनता देखते ही बनती है।

चरित्र-चित्रण का जहाँ तक प्रश्न है, मूल ग्रंथ के चरित्रों में बलराम दास ने उत्कलीयता का प्रलेप देकर निखारा है। लेकिन मूल चरित्र की आत्मा को उन्होंने अक्षुर्ण रखा है। दुष्ट हो चाहे शिष्ट पात्रानुकूल चित्रण में कवि की कलम को कमाल हासिल है। वातावरण के अनुसार वीर, रौद्र, करुण, वीभत्स तथा शृंगार रस के परिपाक में कवि बलराम निश्चित रूप से अद्वितीय प्रतिभा के अधिकारी हैं।

उग्र जातीयतावादी होने के कारण बलराम दास ने अपने राज्य-प्रेम का परिचय दिया है। जन्मभूमि उत्कल को जगन्नाथ जी की पवित्र भूमि मानते हुए कवि ने उत्कल के नद, नदी, कानन, पर्वत, तीर्थ व मन्दिरों को रामायण की रंगभूमि के रूप में चित्रित किया है। वनवास के दौरान राम, लक्ष्मण एवं सीता जी को ओड़िशा के प्रमुख स्थलों से परिचित कराया है। राम के पक्ष में युद्ध करनेवाली सेना को कोणार्क क्षेत्र के अधिवासी के रूप में उन्होंने चित्रण किया है। विभिन्न प्रसंगों में याजपुर का विरजा क्षेत्र, बामण्डा, धडलिगिरि, उदयगिरि आदि इतिहास प्रसिद्ध स्थलों का उल्लेख किया है। साथ ही प्राची, ऋषिकुल्या, चित्रोत्पला जैसी नदियों में राम के स्नानादि का वर्णन है। इस प्रकार बलराम दास ने राम-कथा को ओड़िआ जन-मानस से जोड़ा है और वैष्णव मत के भक्ति मार्ग को प्रशस्त करने का माध्यम बनाया। तत्कालीन शैव-वैष्णव मैत्री को प्रगाढ़ बनाकर रखने के लिए कवि ने शैव और राम की एक-दूसरे के प्रति स्नेह व श्रद्धा को दर्शाया है। उन्होंने कुछ ऐसी कथाएँ भी अपनी रामायण में जोड़ दी हैं जिनसे ओड़िआ आदिवासियों का राम के प्रति श्रद्धा बने। किम्बदन्ती के अनुसार पुरी में पूजित होने से पहले जगन्नाथ जी 'नीलमाधव' के नाम से शबरराज विश्वाबसु द्वारा जंगल में पूजे जाते थे। आराध्य एवं आराधक के इसी सम्बन्ध को अधिक मजबूत बनाने हेतु बलराम जी ने रामायण में शबरी उपाख्यान को सम्मिलित किया। सीताहरण के बाद राम जब पत्नी की खोज में घूमते हुए शबरी के गाँव

में जा पहुँचे तो शबरी ने उन्हें आम खिलाये और उन्हें खिलाने से पहले वह चूस-चूस कर देखती थी कि कहीं कोई आम खट्टा तो नहीं है ?

ग्रंथ के स्थान-स्थान पर बलराम दास ने जगन्नाथ जी और उनकी नित्यस्थली श्रीक्षेत्र पुरी के माहात्म्य का वर्णन कर उत्कलीय जगन्नाथ-संस्कृति प्रीति को उजागर किया है। ओड़िआ संस्कृति से सरकार इस ग्रंथ के साथ ओड़िशावासियों का लगाव तो है ही, पर जगतनाथ जगन्नाथ से सम्बन्धित वैष्णव-चेतना के कारण यह ग्रंथ सर्वजनादृत होने का औचित्य भी रखता है।

•

बंगाल का कृत्तिवासी रामायण : एक संक्षिप्त परिचय

डॉ० शैलेन्द्र कुमार त्रिपाठी

भारतीय साहित्य का मध्ययुग इस मायने में महत्व का है कि इस समय एक ऐसे साहित्य का अर्जन एवं सर्जन हो रहा था जिसे जीवनोन्मुख तो माना ही गया साथ ही ऐतिहासिक दृष्टि से इसे साहित्यिक मिथक के रूप में भी देखा गया। अपनी 'वर्णानाम अर्थसंघानाम् रसानाम् छन्द सामऽपि' कहने वाली रचना में जब रचनाकार 'नानापुराण निगमागम् सम्मतूं यतू' की बात करता है, साथ ही 'क्वचितू+अन्यत्र+अपि' की सम्भावना अगर छोड़ देता है यह अस्वाभाविक नहीं है।

भारतीय साहित्य का मध्यकाल विभिन्न संस्कृति-भाषा रूपों के समन्वय का काल भी रहा है। न जाने कितनी संस्कृतियों का संघात और संयोग मध्यकालीन भारतीय साहित्य को मिलता रहा है जिससे कुछ बनता, नवीन होता चला गया है। बंगला भाषा की रामकथा को इस सन्दर्भ में देखना रोचक होगा। बंगला साहित्य की कथा कहते हुए अध्यापक सुकुमार सेन महोदय का कहना है- "कृत्तिवास रामायण की रामायण बंगला साहित्य का एक प्रधान काव्य है। रचना के पश्चात् से ही यह काव्य जैसा अभूतपूर्व सम्मान प्राप्त करता चला आ रहा है वैसा आदर काशीराम दास के महाभारत को छोड़कर किसी तीसरे बंगला काव्य को प्राप्त नहीं हुआ। कृत्तिवास की रामायण केवल काव्य रस जुटाकर बंगालियों के श्रवण और मन को तृप्त करके ही विरत नहीं हुई, किन्तु इस अनवद्य काव्य से बंगाल के तमाम नर-नारी इन छः सौ वर्षों से नैतिक शिक्षा और आध्यात्मिक परितृप्ति पाते आ रहे हैं। ....ऐसा काव्य आहार और औषधि दोनों ही होता है। ....कृत्तिवास का रामायण बंगालियों का जातीय काव्य है।"

इतना ही नहीं, सुकुमार सेन इस तथ्य की ओर भी प्रकाश डालते हैं कि इस ग्रन्थ का समुचित सम्मान मुस्लिम समुदाय ने भी किया था। कृत्तिवास के पिता का नाम वनमाली और माता का नाम मालिनी था। गौड़ेश्वर के अनुरोध और आदेश पर कृत्तिवास ने सात काण्ड रामायण पांचाली की रचना की थी। दरअसल इस तरह के आग्रह आदेश के पीछे तत्कालीन शासक वर्ग की स्वयं को महिमामंडित करने की लालसा न रहती होगी ऐसा नहीं कहा जा सकता। पर कृत्तिवास ने गौड़ेश्वर का नामोल्लेख नहीं किया है। सुकुमार सेन ने इस रामायण की भाषा बदलते रहने की बात भी स्वीकार की है। उन्हीं के शब्दों में- "पन्द्रहवीं शताब्दी के आरम्भ की ओर कृत्तिवास ने अपने काव्य की रचना की थी, अतएव इस काव्य की भाषा पुरानी तो होनी ही चाहिए। किंतु काव्य के अत्यन्त जनप्रिय होने के

कारण लोगों के मुख में इसकी भाषा बदलते-बदलते बिल्कुल आधुनिक हो गई है। अन्यान्य दोष भी थोड़े बहुत न आ घुसे हों, ऐसी बात नहीं है।"

डाक्टर सेन के शब्दों में एक अध्येता की व्यावहारिक समझ का प्रमाण मिलता है। हम बराबर यह सुनते आ रहे हैं कि- 'रामायण सत् कोटि अपारा' तथा अपनी सीमित बुद्धि में रामचरितमानस, वाल्मिकी, अध्यात्म, राधेश्याम, भुशुण्डि, पउमचरिय, रामचन्द्रिका, आनंद, अद्भुत रामायण जैसी रामकथाओं को देखते रहे हैं। अब ऐसे में एक सामान्य सी बात तो सामने आ ही जाती है कि- राम की कथा की बहुत दिनों से (कम से कम हजार सालों से) चर्चा होती रही है। पढ़ने वाले इस पर चिन्तन मनन करते रहे हैं। यह परम्परा के रूप में भाषा-भूगोल की सीमाओं का अतिक्रमण करती रही है। श्रुति-परम्परा की साहित्यिक-धरोहरें अगर आस्वाद की बहुआयामी मिथकीय वृत्तियों का कारण बनें, तो इसमें आश्चर्य तो नहीं होना चाहिए।

रामकथा के स्वरूप और लेखकों के सम्बन्ध में प्रवाद आम बात है। कृत्तिवास और उनके रामायण के बारे में भी यह तथ्य अपवाद नहीं है। कृत्तिवास ने पुराणों से रामकथा में सहायता पायी या वाल्मीकी रामायण से उन्हें सहायता मिली, बंगला भाषा के विद्वानों में मतभेद है। एक उद्धरण प्रायः दिया जाता है-

एइ सब गाइल गीत जैमिनी भारते।
सम्प्रति जे किछु गाई वाल्मीकिर मते।। उत्तरकाण्ड/कृत्तिवास

अर्थात् यहाँ तक मैंने जैमिनी भारत के अनुसार कथा का क्रम रखा है आगे का जो वर्णन होगा वह वाल्मीकी के अनुसार होगा। कृत्तिवास हो या तुलसी किसी भी आख्यान के लिए रचनाकार को शास्त्र, लोक और पारम्परिक रूढ़ियों से रूबरू होना पड़ेगा। कृत्तिवास के लिए भी वे तमाम विवाद होते रहे जो किसी प्रसिद्ध रचनाकार की नियति से बंधे हैं। वे मौलिक रचनाकार नहीं हैं अनुवादक हैं। उन्हें संस्कृत की जानकारी नहीं थी। कृत्तिवास की प्रामाणिकता संदिग्ध है। यह तुलसीदास कृत रामचरितमानस से शताधिक वर्ष पूर्व की रचना है। जब तुलसी की कृति पर कई आरोप लगते रहे हैं। विवाद होता रहा है। ऐसे में कृत्तिवास भी तो रामकथा ही लिख रहे थे। सन् १३१५ बंगाब्द में रवीन्द्रनाथ ने कृत्तिवास की मौलिकता का समर्थन किया था। कृत्तिवास बंगला भाषा के आदि कवि माने जाते हैं। सुकुमार सेन मानते हैं कि- 'तुर्की आक्रमण के पश्चात्, पन्द्रहवीं शताब्दी से लेकर अंग्रेजी अधिकार के पूर्वकाल अठारहवीं शताब्दी के मध्य भाग तक बंगला साहित्य प्रायः गीतिमूलक था। अर्थात बंगला साहित्य साधारणतया पढ़ा और दुहराया नहीं जाता था- मंजीरे, मृदंग और चामर के साथ अकेले अथवा दलबद्ध रूप में गाया जाता था। मालूम पड़ता है कि अत्यन्त प्राचीन काल में इस शैली के काव्य के पंचालिका अथवा कठपुतली के नाच के साथ गाए जाने के कारण ही बाद को बंगला काव्य का साधारण नाम पाँचाली हो गया।'

यह सब देखते हुए कि कृत्तिवास को कोई समृद्ध पूर्व परम्परा नहीं मिली थी, उनकी मौलिकता असंदिग्ध लगती है। कृत्तिवास के रामायण पर बंगला की प्रकृति का प्रभाव है। यह प्रकृति बहुआयामी है। भौगोलिक प्रकृति हो या चारित्रिक गठन की प्रवृत्ति की प्रकृति कृत्तिवास दोनों में परम निष्णात है। कृत्तिवास रामायण पढ़ने के बाद एक आम बंगाली की

कई चारित्रिक खूबियों को हम देख सकते हैं। वाल्मीकी से लेकर तुलसी तक की रामकथा में रावण को पुत्र मृत्यु से हुए शोक में साधारण चरित्र की तरह नहीं दिखाया गया है। कृत्तिवास की रामायण में रावण रोते हुए धूल में लोटने लगता है। एक संवेदनशील साधारण चरित्र की तरह-

पुत्र शोके कान्दि राजा गड़ा गड़ि जाय
दश मुण्ड कलेवर धूला ते लोटाय लंकाकाण्ड/कृत्तिवास

इतना ही नहीं राम भी रावण की मृत्यु के बाद हाय-हाय करते हैं और धनुष धारण करना अस्वीकार कर देते हैं। इसे अब क्या कहा जाय- कि-

पर्व्वत जिनिया अंग-धरणी लोटाय।
देखिया दयाल राम करे हाय हाय।।
रावण वधिया दुख हइल अपार।
ना धरिव धनु राम कैला अङ्गीकार।। लंकाकाण्ड/कृत्तिवास

रावण का वध करने के बाद राम को अपार कष्ट हो और वह शोकार्त्त हो, धनुष ग्रहण करने से अस्वीकार कर दें। सच तो यह है कि इस तरह की भाव प्रवणता से किसी आख्यानात्मक काव्य की सीमा बन जाती है। कृत्तिवास ने बंगला के लोक मानस को नजदीक से देखा था। रीति-रिवाज और संस्कार तक कृत्तिवास की रामायण में उसी तरह से है जो सदियों से चले आ रहे हैं और यथावत् हैं। भावुकता की मात्रा सीमा का अतिक्रमण कर जाती है कृत्तिवास की रामकथा में। विभीषण पुत्र राक्षस तरणीसेन की मृत्यु के बाद राम की सम्पूर्ण सेना अस्त्र-शस्त्र छोड़कर विलाप करने बैठ जाती है। इसमें राम लक्ष्मण भी शामिल हैं-

शोकाकुल हइया कान्देन विभीषण।
श्री राम लक्ष्मण आर जत कपिगण।।
सुग्रीव अंगद कान्दे वीर हनुमान ।
कान्देन सुषेण आदि मन्त्री जाम्बुवान।। लंकाकाण्ड/कृत्तिवास

कहना न होगा कि यह भावप्रवणता बंगीय धरती की निजी विशेषता है-

कृत्तिवास ने अपनी रामकथा को बंगीय परिवेश में ही चित्रित किया है। रावण राम के सामने जब युद्ध के लिए आता है तो वह धनुष बाण फेंककर एक साधारण बंगाली की तरह गले में वस्त्र ड़ालकर प्रणाम करता है-

हातेर धनुक बाण फेले भूमि तले।
कर जुड़ि करे स्तव वस्त्र दिया गले।। लंकाकाण्ड/कृत्तिवास

कृत्तिवास का लंकाकाण्ड जिसे युद्धकाण्ड भी कहा जाता है वह अधिक चर्चित हुआ। निराला जी की प्रसिद्ध रचना 'राम की शक्ति पूजा' पर कृत्तिवास की छाया हिन्दी के समीक्षक देखते हैं। यहाँ यह कहना आवश्यक है कि कृत्तिवास के अन्य काण्ड भी कथा की दृष्टि से पर्याप्त सबल है तथा शिल्प के हिसाब से लोक रुचि के अनुकूल है। उदाहरण हेतु कई प्रसंग दिये जा सकते हैं जैसे- सुन्दरकाण्ड में सीता का पता लगाने के लिए गए

हनुमान जब सीता से कहते हैं कि माता आप मेरी पीठ पर बैठ जाएँ मैं आपको यहाँ से ले चलूँगा। सीता जो उत्तर देती हैं वह एक साधारण स्त्री के लोकमानस का उत्तर है। तुलसी के मानस की सीता जो सुन्दरकाण्ड में वर्णित हैं उनका मानसिक गठन इस प्रकार का नहीं है-

केमने तोमार पृष्ठे आमिहव स्थिर
सागरे पड़िले खावे हाङ्गर कुमीर
पर पुरुषे स्पर्श नाहिं लय मन
कि करिव बले धरि आनिल रावण
रावणेर मते कि करिवे मोरे चुरी
ताके मारि उद्धारह तबे बाहादुरी । सुन्दरकाण्ड/कृत्तिवास

इसी तरह राजा दशरथ मानस में अपने पुत्र न होने के कारण ग्लानि प्रकट करते हैं परन्तु कृत्तिवास जब उन ग्लानि के कारणों को गिनाते है तो वह लोक मानस के निकट होते हैं-

अपुत्रक आमि पाइ मने बड़ दुःख
प्रभाते ना देखे लोक अपुत्र केर मुख
तर्पणेर काले आमि पितृलोक आनि
अञ्जलि करिया दिइ तर्पणेर पानि
शीत जल उष्ण हय नाकेर निश्वासे। आदिकाण्ड/कृत्तिवास

कहा जा सकता है कि अनुकरण या अनुहरण से दूर होने पर भी कृत्तिवास को अगर बंगला साहित्य का पिता माना जाता है तो यह स्वाभाविक है कि इसके पीछे उनकी अपनी सूझबूझ थी। जो पुनः रचना करने में समर्थ थी। श्रीमद्भागवत् में कंस की कथा आती है कि वह कृष्ण वध के लिए अपने कई अनुचरों को भेजता है। कृत्तिवास में रावण भी अपने अनुचरों को आदेश देता है कि वे बचपन में ही श्री राम का वध कर दें, क्योंकि उसको आकाशवाणी हुई है कि दशरथ के घर उसका वध करने वाला चक्रपाणि पैदा हो गया है-

एइ काले आकाशे हैल दैव वाणी।
दशरथ घरे ते जन्मिल चक्रपाणि ।।
शुनिया चिन्तित बड़ राजा दशानन।
डाक दिया बले, शुन शुक ओ सारन।।
एके-एके देखे आइस पृथिवी भुवने।
आमार शत्रुर जन्म हइल कोन खाने।।
एखनि मारिबे तारे अति शिशुकाल।
प्रबल हइले सेई बाड़िवे जञ्जाल।। कृत्तिवास/आदिकाण्ड

तात्पर्य यह कि कृत्तिवास पूरी तरह से लोक और शास्त्र की समन्वित भूमिका पर बल देते हैं। श्रीमद्भागवत् से उनकी परिचित अवश्य रही होगी। भागवत् का प्रभाव कृत्तिवास पर देखा जाना स्वाभाविक है। सच तो सर्जक का अपना होता है जिसे हम समाज

या संसार का सच कह लेते हैं। संसार या समाज सर्जक तो नहीं हुआ करता। वैसे भी भारतीय साहित्य का मध्यकाल अपने आप में विलक्षण है। यह पूरा का पूरा मूल्यात्मक साहित्य है। लोक और शास्त्र का मिथक यहाँ व्यक्ति सत्य से अलग नहीं है। डॉ० गोविन्द चन्द्र पाण्डे का मानना है- "प्राचीन और मध्यकालीन विचारधारा में एक परम मूल्य का स्वीकार मिलता है जो स्वरूपतः स्वतन्त्र सत् हैं और मनुष्य के लिए उसके चरम ज्ञान में व्यक्त होता है। मनुष्य का यह चरम ज्ञान ही उसके जीवन को परम सुखी बनाता है। चरम मानव मूल्य चरम मूल्य की मानवीय अभिमुखता और अनुकूलता में है। प्राचीनों के अनुसार यह चरम मूल्य सब सत्ताओं के लिए आदर्शभूत अतीन्द्रिय, ज्ञानगम्य और सदात्मक है। मध्यकाल ने इसे भक्ति लभ्य पुरुषोत्तम के रूप में अवधारित किया है। प्राचीनों के अनुसार मानव जीवन की सार्थकता यहीं और समाज के अन्दर ही है। उनका आदर्श मानव दार्शनिक और नागरिक है। मध्यकाल में मानव सार्थकता परलोक में है और उसका आदर्श मानव भिक्षु सन्त और भक्त है। प्राचीन काल में धैर्य, न्याय और बुद्धिमानी मुख्य सद्गुण माने जाते थे। मध्यकाल में त्याग, निस्वार्थता, श्रद्धा और भक्ति पर जोर था।"

यह उद्धरण तथ्यपरक मुझे इसलिए भी लगा कि एक साधारण विद्यार्थी की तरह मध्यकाल को अगर देखा जाय तब भी यह सब बातें वहाँ घटित होती ही हैं। मनुष्य का विश्वास उसकी श्रद्धा ईश्वर को कहां नहीं देख लेती। खास कर जब कृत्तिवास की बात हो रही हो तो एक बात और सामने रखना चाहिए कि यहाँ के भद्रलोक की भावुकता और श्रद्धा की स्थिति यह है कि राक्षस भी श्रीराम को रोम-रोम में देखते हैं। यह विचारने की बात है कि अपने विरोधी में इतनी खूबियाँ देखने के बाद भी राक्षस लड़ते हैं।

विश्व रूप रामेर देखिल निशाचर
ब्रह्माण्ड एकैक लोम कूपेर भितर
पर्व्वत कन्दर देख कत्त नद नदी
जन लोक तपलोक ब्रह्मलोक आदि
तुमि ब्रह्म तुमि विष्णु तुमि महेश्वर
कुबेर वरूण तुमि यम पुरन्दर
तुमि चन्द्र तुमि सूर्य तुमि दित्रारात्रि
अनाथेर नाथ तुमि अगतिर गति
तुमि सृष्टि तुमि स्थिति तोमाते प्रलय
तुमि रजस्तमों गुणे तुमि विश्वमय लंकाकाण्ड/कृत्तिवास

जैसे गीता या भागवतकार या परवर्ती कवि तुलसी के शब्दों में कहा जाय तो 'रोम-रोम महाराजइ कोटि कोटि ब्रह्माण्ड' जैसा भाव कृत्तिवास के यहाँ मिलता है। पार्थक्य है तो सिर्फ इतना कि यह रूप सबको सुलभ नहीं है दूसरे कवियों के यहाँ। परन्तु कृत्तिवास ने इसे राक्षसों के लिए भी सुलभ करा दिया है। यह रचनाकार की शक्ति भी है सीमा भी। कृत्तिवास में राम स्वर्ग छोड़कर पृथ्वी पर आने हेतु दुखी हैं। कृत्तिवास के राम विधाता को इस बात के लिए कोसते भी हैं कि वर देते समय विधाता को यह ध्यान नही रहता कि वे स्वयं विपत्ति में पड़ सकते हैं और भगवान को स्वर्ग का सुख छोड़कर धरती पर जाना

पड़ेगा। जो उन्हें सहज काम्य नहीं है वह सोचते हैं कि ललाट में कितना दुःख लिखा है आखिर स्वर्ग छोड़कर पृथ्वी पर जाने से और बड़ा कष्ट आखिर हो क्या सकता है?

जन्मेर नामे ते प्रभु हेंट करे माथा।।
वरेर समय ब्रह्मा हन आगुआन ।
विपदे पड़िले वले, रक्ष भगवान।।
कतवार दुःख पाव ललाटे लिखन।
पृथिवी ते जाव स्वर्ग करिया त्यजन।। आदिकाण्ड/कत्तिवास.

कृत्तिवास की भक्ति पदार्थ-अपदार्थ भेद नहीं मानती। भगवान अगर केवल भक्तों और सज्जनों के लिए है तो वह भगवान कैसे ? एक बात और है, कृत्तिवास का कवि उस समय होता है जब बंगला साहित्य की दशा और दिशा की शुरुआत होनी थी इसलिए कृत्तिवास की तुलना तुलसी के साथ हो न हो इस पर भी विचार करना चाहिए। अब तुलसी के लंकाकाण्ड में दोनों सेनाओं के योद्धा अगर इस बानगी पर उतर आयें तो क्या कहना-

प्रथमे गौरव द्वितीयते गालागालि।
तृतीये ते ठेलाठेली परे चूला-चूलि।।

अर्थात् युद्ध में पहले तो योद्धा सम्मान भाव प्रदर्शित करते हैं फिर गाली गलौज करते हैं और अन्त में ठेला ठेली भी करते हैं। अब ऐसे में हम इस लोक कवि से किस रचनात्मक अनुशासन की उम्मीद कर सकते हैं। जो ज्ञानियों में ज्ञानी हनुमान को मसखरा से अधिक नहीं रहने देता। रावण वध के बाद सीता हनुमान को कुछ देने की मंशा प्रकट करती हैं तो हनुमान कहते हैं कि मुझे उन राक्षसियों को विविध प्रकार से तंग करने की अनुमति दें जिन्होंने आपको तंग किया था-

दन्त उपाड़िया चुल छिड़ि गोछे-गोछे।
आछड़िया प्राण लव बड़-बड़ गाछे।।
समुद्रेर तीरे आछे बालि खरशाण।
ताते मुख घयाड़िया लइव पराण।।

कृत्तिवास की रचना विलक्षणता को देखकर ही 'बंड्ग भाषाओ साहित्य' में स्वर्गीय दीनेश चन्द्र सेन को कहना पड़ा था- कृत्तिवासी रामायण को पढ़कर राम रावण का भयंकर युद्ध भी भीषण नहीं, गैरिक-रेणु-रंजित संकीर्तन भूमि की तरह लगता है। एक हद तक वात विचारणीय भी है। भाषा -कथा- शिल्प-की दृष्टि से वह समय बंगला रामायण के लिए बहुत उपयुक्त नहीं था दूसरी ओर पांचाली शैली का अनुकरण (डॉ० सुकुमार सेन मानते हैं कि बंगला भाषा के जन्म मुहूर्त्त में ही उसके साहित्य ने जो अपनी मूल धारा, मूल स्वर, अर्थात् गीति काव्य को खोज पाया, यह परम सौभाग्य का विषय है) लोक आकर्षण और उसे भाव जगत की रस व्यंजना पूर्ति के लिए जितना भी आवश्यक रहा हो, एक महाकाव्य की गरिमा और जीवन्तता के लिए यह समीक्षकों में विचार का विषय बन ही गया। नहीं तो रामलीलाओं के प्रदर्शन में मानस के रचनाकार तुलसी कहाँ पीछे रहे। इतना अवश्य कहा जा सकता है कि जनसाधारण की रुचि सम्मत सामग्री देते हुए वह भरसक अपने 'स्वा' को जन में विलीन नहीं करते। यह रचनाकार का 'स्व' ही समीक्षकों की दुनिया में बहुधा

पहचान के लिए अनिवार्य तत्व होता है। कृत्तिवास ने इसका ध्यान नहीं रखा है। जब वर्णन करते हैं तो करते रहते हैं, सामने सुनने वाले पर प्रभाव की चिन्ता उन्हें नहीं रहती। वे खांटी लोक से जुड़ते चले जाते हैं। कृत्तिवासी रामायण का गान भी पांचाली की तरह होता था। युद्ध में वाद्यध्वनियों की एक लम्बी तालिका कृत्तिवास प्रस्तुत करते हैं-

एक लक्ष दगड़, दुइ लक्ष करताल।
दुइ सहस्त्र घण्टा बाजे, मृदंग विशाल।।
भेउरी झांझरि बाजे, तिन लक्ष काड़ा।
चारि लक्ष जयढाक, छय लक्ष पड़ा।
बाजिल चौरासी लक्ष, शंख आर वीणे।।
तिन लक्ष तासा बाजे दामामार सने।
ढेमचा खेमचा बाजे दुइ लक्ष ढोल।
तिन लक्ष पाखोआज विस्तर मादल।।

कहना न होगा कि गायन शैली होने के कारण पुनरावृत्ति की सम्भावना बढ़ जाती है और कृत्तिवासी रामायण के साथ ऐसा संयोग बार-बार घटित हुआ है। फिर भी निरक्षर और साक्षर दोनों के लिए आज भी बंगला के दो जातीय ग्रन्थ है। एक कृत्तिवासी रामायण दूसरा काशीराम दास का महाभारत। अपनी सीमा और शक्ति में हर रचना का महत्व होता है परन्तु कुछ रचनाओं से हमारे समग्र जातीय संस्कृति की अनुगूंज सुनाई देती है। कदाचित् कृत्तिवास का रामायण इसका प्रमाण है। बंगला भाषा और बंग जगत् के लिए यह रचना गर्व का कारण है।

दीनेश चन्द्र सेन ने अपने द्वारा सम्पादित कृत्तिवासी रामायण की भूमिका में लिखा है यदि सूर्य और चन्द्रमा के समान बंगाल के कोने कोने का अंधकार दूर करने वाले कृत्तिवास न होते तो विश्व के आदिकवि वाल्मीकी बंगाली जनता के लिए दुर्लभ आकाश- कुसुम ही रह जाते।

सच तो है एक रचनाकार और एक रचना की शक्ति से अगर हम अपने अतीत को जान सकें और भविष्य को बेहतर बना सकें तो साहित्य अपनी संज्ञा में सार्थक होगा। अस्तु।।

सन्दर्भ :

१. बंगाला साहित्येर कथा (सुकुमार सेन), अनु. भोलानाथ शर्मा

२. कृत्तिवासी रामायण, (दीनेश चन्द्र सेन)

३. मूल्य मीमांसा, (गोविन्द चन्द्र पाण्डे)

४. प्राचीन भारत के कलात्मक विनोद (हजारीप्रसाद द्विवेदी)

५. रामकथा, (कामिल बुल्के)

६. हिन्दी साहित्य की दार्शनिक पृष्ठिभूमि, (विश्वम्भर नाथ उपाध्याय)

७. बंग भाषाओं साहित्य, (दीनेश चन्द्र सेन)

८. कृत्तिवासी बंगला रामायण और रामचरितमानस का तुलनात्मक अध्ययन (डॉ० रमानाथ त्रिपाठी)।

कृत्तिवासी रामायण का सांस्कृतिक अनुशीलन

डॉ० अनुज प्रताप सिंह

आर्ष बचनों से परिलक्षित होता है कि च्यवन ऋषि एवं उनके अनुवर्ती वंशज समय-समय पर रामायण का गान करते रहे हैं। उन्हीं की परम्परा में आगे चलकर रत्नाकर (वाल्मीकि) द्वारा रामचरित्र का जो संस्करण हुआ, वही आज कल 'वाल्मीकीय रामायण' का आधार बना।

वृहत्तर भारत में आधुनिक भारत, पाकिस्तान, अफगानिस्तान, ईरान, बलख, बरमा, दक्षिण पूर्व, एशिया तथा हिन्द महासागर के द्वीप पुंज भी सम्मिलित थे। उस समय के लिए इन सबको दृष्टि में रखना होगा।

गोस्वामी तुलसीदास के एक सौ वर्ष पूर्व सन्त कृत्तिवास हुए थे। बंगभाषा के वे आदि कवि माने जाते हैं। प्रारम्भ में संस्कृतियों और रुढ़िवादियों ने इस रचना का बड़ा विरोध और उपहास किया था, पर कृत्तिवास अडिग रहे।

कालान्तर में यह रचना बंगला में अति लोकप्रिय हुई। अनुवाद के माध्यम से आज यह विश्व स्तर पर लोकप्रिय हो रही है। कृत्तिवास का जन्म १४३३ ई० की ११ फरवरी रविवार, माघसंक्रान्ति रात्रिकाल में हुआ। १४८० ई० में उनका निर्वाण हुआ। १४६७-१४७२ ई० के मध्य उन्होंने इस रामायण की रचना की। उनके जीवन के उक्त पाँच वर्ष सर्वाधिक महत्व के थे। कृत्तिवास पढ़े लिखे एवं सुलझे हुए व्यक्ति थे। इस रामायण मे कुल छः काण्ड हैं :-

१. आदिकाण्ड, २. अयोध्याकाण्ड, ३. अरण्यकाण्ड,
४. किष्किन्धाकाण्ड, ५. सुन्दरकाण्ड, ६. लंकाकाण्ड

यह छंद में पांचाली गान है। बंगाल में आज भी यह बहुत लोक प्रिय है। कृत्तिवास-छंद, व्याकरण, ज्योतिष और धर्म तथा नीतिशास्त्र के पण्डित थे। समाज और परिवार से वे जुड़े थे। राम, विष्णु, शिव और शक्ति में उनकी आस्था थी।

भारत दुनियाँ का महान् आस्तिक देश है। यहाँ शुभारम्भ देवता, देवी की स्तुति से होता है। इसमें राम पंचायतन की वंदना मंगलाचरण में है। इसमें अंशावतार राम की कथा है। प्रभु ने चार अंशों में अवतार लिया है- १. राम, २. भरत, ३. लक्ष्मण, ४. शत्रुघ्न। प्रारम्भ में वाल्मीकि की कथा है, वे रत्नाकर दस्यु से भक्त कवि वाल्मीकि हो जाते हैं। अर्थात् रत्नाकर का पाप-क्षय हो जाता है। घर वालों ने उनके पाप को लेना स्वीकार नहीं किया। रत्नाकर का मोह भंग हो जाता है। भारतीय संस्कृति की रीढ़ि आस्तिकता है। इसी

के प्रभाव से उलटा नाम जपने वाला दस्यु रत्नाकर भी अच्छे मार्ग पर आ जाता है; राम भक्त हो जाता है। राम नाम का अति प्रभाव प्रस्तुत है। वाल्मीकि नाम मिट्‌टी के टीले बमरौड़ से बाहर होने के कारण पड़ा। ब्रह्मा उसका वाल्मीकि नाम रखकर उनको रामायण रचने का वरदान देते हैं। वाल्मीकि अनपढ़, पिंगलहीन थे। नारदजी उनको रामायण की रचना का आभास देते हैं।

सरोवर के किनारे के एक वृक्ष के नीचे राम नाम का जाप कर रहे थे। पास में सुन्दर सरोवर था। क्रौंच का एक युग्म विलास कर रहा था। व्याध ने वाण मारा, आकुल होकर क्रौंच मुनि के पास गिरा, मुग्धकाल में पक्षी को मारने के कारण उन्होंने व्याध को नरकगामी होने का शाप दिया। पंछी की संवेदना में उनके मुँह से अनुष्टुप छन्द फूट पड़ा। संवेदना हमारी संस्कृति की महान् धरोहर है। आश्रम में भरद्वाज और नारद आते हैं, राम कथा का प्रारूप तैयार होता है। वह संवेदना विपुल विस्तार पा जाती है। राम सीता क्रमशः क्रौंच-क्रौंची हैं, तो रावण व्याध है। पूरी कथा में प्रतीक विधान है।

सूर्यवंशी दशरथी राम की कथा का प्रारम्भ हो जाता है। तीन गर्भ से चारों भाई उत्पन्न हुए। मिथिला में लक्ष्मी जी वैदेही के रूप में प्रकट हुई। धनुष को तोड़कर राम ने जिनसे विवाह किया। पिता के आदेश से वे वन चले गये, जहाँ रावण ने सीता का हरण किया। आगे राम सुग्रीव की मित्रतता और बालि की हत्या हुई। सीता की खोज हुई और रावण का वध हुआ। पाँच माह का गर्भ था, तो राम ने सीता का परित्याग किया। वाल्मीकि के आश्रम में सीता ने लव-कुश को जन्म दिया। एकादश सहस्र वर्ष पर्यंत राम ने राज्य किया-फिर वे स्वर्ग चले गये।

सूर्यवंश (राम) के वर्णन के उपरान्त चन्द्रवंश (मिथिला जनक) का वर्णन है- जहाँ लक्ष्मी सीता रूप में प्रकट होती हैं। फिर सूर्य वंश का लम्बा वर्णन है। भारत के महान् वंशधर ही इसकी संस्कृति के आदर्श हैं। संस्कृति, अपसंस्कृति, मानव संस्कृति, राक्षस संस्कृति, पशु-पक्षी संस्कृति, देव-संस्कृति, शास्त्रीय और लोक संस्कृति का यहाँ समन्वय है। साथ-साथ अभिशापों और आशीर्वादों की भी कथाएँ चलती हैं।

प्रस्तुत रचना में हमारी सांस्कृतिक सम्पदा प्रतिष्ठित है। इसमें हमारे संस्कार, वर्ण व्यवस्था, आश्रम व्यवस्था और पुरुषार्थ चतुष्टय की सम्यक् प्रतिष्ठा है। रीति-रिवाज और इनके मूल स्रोत भी हैं। हमारी संस्कृति की जड़ें बड़ी गहरी हैं, क्योंकि इसकी ऊँचाई सर्वाधिक है। ऊँचा वृक्ष स्वस्थ जड़ वाला ही हो सकता है। भारतीयता की सम्पूर्ण उच्चता इसकी संस्कृति में है। इसी से असंख्य झंझावतों के उपरान्त भी यह अपने ढंग से अद्यावधि बनी हुई है। इसको बनाने या सजोने में लम्बा समय लगा है, पीढ़ियों की तपस्या और कुर्बानी इसमें सन्निहित है। भारत में ग्रीक, शक, हूण, कुषाण आदि आक्रमणकारी जातियाँ आती गईं और भारतीय संस्कृति में मिलती गयीं। हमारी वर्ण व्यवस्था को भी सबने स्वीकार कर लिया। साथ में अपनी संस्कृति से हमें प्रभावित भी किया। आज सब नदी की धारा हो गयी हैं। भारतीय संस्कृति में महान् समन्वय है। यह महा समुद्र है। सबके गुण, कर्म, स्वभाव का संगम हुआ।

कृत्तिवास रामायण में भारतीय संस्कृति के सभी घटक मिल जाते हैं। सबके उदाहरण भी मिल जाते हैं। पुंसवन यज्ञ और संस्कार की बात है। राजा युवनाश्व ने पुंसवन जल को त्रुटिवश पी लिया- फिर उसी को गर्भ रह गया। पेट को फाड़कर संतान हुई, उसी वेदना से वह मर भी गया। संतान का नामकरण संस्कार हुआ 'मान्धाता'। वह अयोध्या का प्रतापी राजा हुआ। मुचकुन्द, इक्ष्वाकु, सतावर्त, आर्यावर्त, भरत आदि सूर्यवंशी राजाओं के उपाख्यान हैं। उनको हम अपनी संस्कृति का संवाहक कह सकते हैं। सत्य हरिश्चन्द्र आज तक अद्वितीय हैं। सत्य संस्कृति का प्रमुख अंग है। दान, कर्तव्यपालन, धर्मार्थ दृढ़ता, तीर्थ महात्म्य, दाह संस्कार, गृहस्थ धर्म पालन, दास धर्म पालन आदि के आदर्श उदाहरण हैं। सगर वंश का उपाख्यान आदर्श आचरण का उदाहरण हैं याज्ञिक जीवन के कई उपाख्यान हैं। कई अश्वमेधों का वर्णन हैं। गंगा का जन्म और मृत्युलोक में सगर का गंगा को लाने का उपक्रम तथा भगीरथ के जन्म की कथा है। मृत्युलोक की कथा सुनकर नारायण (विष्णु) के द्रवित होने से जो जल प्रवाहित हुआ उसी जल को ब्रह्मा ने सादर अपने कमण्डलु में भर लिया। यही गंगा के जन्म की कथा है। उसी को भागीरथ धरती पर ले आते हैं। गंगा तो हमारी संस्कृति की मूलधारा है। सगर वंश के उद्धार की कथा है। दिलीप की गो सेवा, रघु की दान शीलता, अज का विवाह, दशरथ का जन्म, दशरथ कौशल्या विवाह, वर्णन हैं धार्मिकता और सात्विक सामन्तवादी संस्कृति के साथ कथा का विकास होता है। हिमांचल की राजकुमारी के साथ दशरथ का दूसरा विवाह होता हैं। मन्थरा कैकेयी के साथ आयी थी। सिंहल के शासक सुमित्र की पुत्री सुमित्रा से उन्होंने तीसरा विवाह किया। स्वयंवर प्रथा से सभी विवाह हुए हैं। तीनों रूप, गुणशील सम्पन्न थी। शनि प्रकोप की कथा है अंधक मुनि के शाप की कथा है। राजा दशरथ को कोई पुत्र नहीं था। वे पुत्र के लिए श्रृंगी ऋषि को बुलाकर राजा दशरथ पुत्रेष्टि यज्ञ करते हैं। फलतः नारायण का चार अंशों में जन्म होता हैं। उधर जनक जी के हल जोतते समय लक्ष्मी का सीता के रूप में जन्म होता है। इन्हीं के साथ देवतागण वानर रूप में जन्म लेते हैं-

नर रूपे जन्मिलेन प्रभु नारायण
वानर-रूपेते जन्म मिल देवगण। (आदिकाण्ड पृ० १५६)

दशरथ के चारों पुत्रों का अन्नप्राशन और नामकरण होता हैं। पाँच वर्ष पूरा होने पर पाटी पूजन के उपरान्त चारों भाइयों का शास्त्र और शस्त्र विद्यारम्भ का संस्कार होता है।

कथा में याज्ञिक संस्कृति की रक्षा की गई है। यज्ञ रक्षा के लिए विश्वामित्र राम को माँगने के लिए अयोध्या जाते हैं, क्योंकि जब ऋषि लोग यज्ञ करते थे तो वहाँ मारीच रक्त बरसाता था। विश्वामित्र उपाय सुझाते हैं कि प्रभु का राम के रूप में अवतार हुआ है। मैं उनसे इस कार्य के लिए माँग लाता हूँ। वे अयोध्या जाते हैं, पर दशरथ राम को देने से असहमत होते हैं, वे पुत्र वियोग की दारुणता का वर्णन करते हैं। अन्धक मुनि के शाप की बात भी वे करते हैं। वे छल से भरत और शत्रुघ्न को उनके साथ कर देते हैं। सत्य का पता चलने पर मुनि कोप करते हैं- फिर राजा राम को देना स्वीकार करते हैं। यज्ञ की रक्षा करना राजा/क्षत्रिय का धर्म होता है। इसी संरक्षण से याज्ञिक संस्कृति का विकास हो सका था। राम-लक्ष्मण विश्वामित्र के साथ जाकर राक्षसों का वध करते हैं। सर्वप्रथम वे

ताड़का का वध और अहल्या का उद्धार करते हैं। इस अभियान में राम तीन कोटि राक्षसों का संहार करते हैं। तदुपरान्त वे मिथिला गमन करते हैं। असुर निकन्दन राम की सर्वत्र स्तुति होती है।

उधर सीता जी देवी देवता से रघुबर की याचना करती हैं। स्वयंवर प्रथा से सीता का विवाह होता है। राम शिव धनुष को तोड़ते हैं। इसके साथ उनके अन्य तीन भाइयों का भी विवाह सीता की चचेरी बहनों से होता है। शास्त्र और लोक रीति से विवाह सम्पन्न होते हैं। आदर्श संस्कारों और उत्सव का वर्णन है। सीता-राम विवाह आदर्श विवाह माना जाता है। आज भी सबके विवाह में सीता-राम का विवाह गीत गया जाता है। यहाँ हर कन्या, बहू और माँ क्रमशः सीता हैं और हर बालक, युवा राम हैं। यह प्रसंग शास्त्रीय और लौकिक संस्कृतियों का सुन्दर समन्वय है। मिथिला और अयोध्या में वैवाहिक संस्कार सम्पन्न होते हैं। इनके साथ राज संस्कृति, ऋषि संस्कृति, नगर, कानन और ग्रामीण संस्कृतियों के विविध और आदर्शरूप चित्रित हैं। क्षत्रिय कुल रीति से चारों विवाह सम्पन्न होते हैं। सूर्यवंश और चन्द्रवंश की संस्कृतियों का संगम होता है। वर्ण व्यवस्था और आश्रम व्यवस्था का भी संगम हैं। पुरुषार्थ चतुष्टय (धर्म, अर्थ, काम, मोक्ष) के प्रसंग भी यथा स्थान हैं। परशुराम के दर्प का विनाश हो जाता हैं। सगुन और अपशगुन भी होते हैं। भविष्य में सबके फल भी सामने आते हैं।

आगे अयोध्याकाण्ड की कथा चलती है। रामचन्द्र के राजा होने का प्रस्ताव होता है। राजा दशरथ गृहस्थ आश्रम से वानप्रस्थ आश्रम में जाने का मन बना लेते हैं।

इसी समय भरत को राज्य और राम को वनवास दिलाने की सलाह मन्थरा कैकेयी को देती है।अन्य हलचलों के साथ सांस्कृतिक हलचल भी उत्पन्न हो जाती है। राजा दशरथ धर्म संकट में पड़ जाते हैं। पिता की सत्य रक्षा के लिए राम वन-गमन करते हैं। यह भारतीय संस्कृति की श्रेष्ठता हैं। सत्य की रक्षा सबसे आवश्यक है। राजा दशरथ भी प्राण छोड़ देते हैं। राम के साथ सीता और लक्ष्मण भी वन गमन करते हैं। १४ वर्ष तक वे कंदमूल फल खाकर जटा और वल्कल धारण कर काननचारी रहे। बहु विवाह की प्रथा थी। सात सौ सामान्य रानियाँ राजा दशरथ को थीं। इस प्रथा का कुपरिणाम भी सामने है। राम वन गमन मार्ग में अनेक ऋषि-मुनि और भक्त मिलते हैं। सबके साथ राम यथोचित व्यवहार करते हैं। राम मर्यादावादी संस्कृति के अनुगामी हैं। जहाँ मर्यादा टूटती है, वहाँ अपराधी को दण्ड देने में भी विलम्ब नहीं करते हैं। जयंत काक जब सीता जी पर चंचु प्रहार करता है, तो उस पर ऐसे वाण का संधान करते हैं कि उसकी रक्षा इन्द्र भी नहीं कर पाते हैं, अन्त में वह उनके पास ही प्राण रक्षा के लिए आता है। राम क्षमा कर देते हैं।

भरत ननिहाल से आकर अयोध्या का दारुण दुःख देखते हैं। वे राम वन गमन का कारण जानना चाहते हैं। वे कहते हैं कि न उन्होंने किसी की स्त्री का अपहरण किया, न किसी का धन चुराया-फिर किस अपराध में वे वन गये। भरत जी पिता मरण को राम वनगमन का समाचार पाकर भूल जाते हैं। अद्‌भुत भ्रातृभाव है। भरत-सा भाई संसार में दुर्लभ है। किसी भी जाति में इस तरह का उत्सर्ग नहीं मिलता है। हमारी संस्कृति में उत्सर्ग प्राण के समान समाया हुआ है। प्रस्तुत रचना में अनेक उदाहरण हैं। भरत-शत्रुघ्न दोनों

कैकेयी और मन्थरा की भर्त्सना करते हैं कहते हैं कि यह हमारे कुल में कभी नहीं हुआ कि ज्येष्ठ के रहते अनुज को राजा बना दिया जाय।

कौशल्या वशिष्ट सहित भरत की मंत्रणा और दशरथ अन्तेष्टि होती है। उनका अन्तिम संस्कार शास्त्र, राज वंशीय और लोक रीति के अनुसार होता है। जब भरत से राज्य ग्रहण का प्रस्ताव आता है, तो वे अस्वीकार कर देते हैं। वे राम को वापस लाने के लिए वन यात्रा करते हैं।

राम से वे चित्रकूट में मिलते हैं। राम पुलकित होकर भरत को गले से लगा लेते हैं। अवध परिवार भी साथ में था। सब की अद्भुत मिलन दर्शनीय है। सबके उदार और उच्च संस्कार सामने आते हैं। भरत जी चन्द्र से बार-बार क्षमा माँगते हैं। पर राम को राज्य को न पाने की तनिक भी चिन्ता नहीं है। लौटने के नाम पर वे स्पष्ट कहते हैं कि मैं पिता के वचन को मानकर १४ वर्षों के लिए वन में आया हूँ, इस बीच वापस होने का कोई औचित्य नहीं बनता है। राम पितृ श्राद्ध करते हैं। फाल्गु नदी में स्नान कर वे श्राद्ध करते हैं। वंश के अनुसार वे सब कर्मकाण्ड करते हैं। पिता की अंतिम दशा का वर्णन सुनकर राम बहुत दुखी होते हैं। वशिष्ठ जी की सलाह से भरत जी राम से आज्ञा पाकर प्रजा पालन के लिए अयोध्या वापस आ जाते हैं। राम की पादुका को अवध के सिंहासन पर पधराकर नन्दिग्राम में प्रजा पालन का कार्य करने लगते हैं। पादुका का ही राज्याभिषेक हो जाता है। दशरथ के लिए सीता जी भी पिण्डदान करती हैं। पुत्र और पुत्रवधू को समान अधिकारी बताया गया है। फाल्गु में उन्होंने बालू का पिण्डदान किया था। राम के वापस आने पर तुलसी, नदी, और ब्राह्मण झूठ बोलते हैं कि अभी श्राद्ध कर्म नहीं हुआ है। सीता तीनों को शाप देती हैं। गया का माहात्म्य वर्णन है। उसका इतिहास कहा गया है। हिन्दू धर्म और संस्कृति में उसका आज भी महत्व है।

अरण्यकाण्ड राम के चित्रकूट निवास के विशेष रूप से जुड़ी है। निर्लिप्त भाव से भरत जी अवध और राम चित्रकूट में हैं, दोनों अपने-अपने कर्तव्य पालन में हैं। दोनों त्याग और शील की धुरी हैं। चित्रकूट के दक्षिण में स्थित अनुसूया का आश्रम है। सीता को वे पतिव्रता धर्म का उपदेश देती है। उस समय चित्रकूट के आस-पास राक्षस थे। सब यज्ञ और प्राणियों का विनाश कर रहे थे। राम को उनको भी नष्ट करना था। फलतः वे दक्षिण के अरण्य में आगे बढ़ते हैं। ऐसे संकट काल में भी वे नित्य संध्या वन्दन करते हैं। मर्यादा से वे कभी नीचे नहीं उतरते हैं। इस काण्ड में वे काननवासी, ऋषियों, प्राणियों और संस्कृतियों की रक्षा राक्षसों से करते हैं। दण्डकारण्य में राक्षसों का भयंकर वर्चस्व था। ऋषि और ब्राह्मण संस्कृतियाँ संकट में थीं। पंचवटी में शूर्पनखा मर्यादाच्युत आचरण के लिए दण्डित होती है और वह रावण को राम के विपरीत करती है। इस समय पंचवटी का प्रान्त मारीच के अधीन था। रावण उससे परामर्श करता है। रावण को मारीच उपदेश देता है कि राम से विग्रह मत कीजिए। रावण कुछ नहीं मानता है। अन्त में मारीच को भी उसके दुराचरण (अपसंस्कृति) में सम्मिलित होना पड़ता है। मारीच माया मृग का रूप धारण करता हैं वह स्वर्ण मृग रूप में पंचवटी के आश्रम में आता है। वह सबको मुग्ध कर लेता है। उसके चर्म के लिए सीता जी विशेष रूप से मुग्ध हो जाती हैं। राम सीता को लक्ष्मण को सौंपकर मृगया के लिए चले जाते हैं। मायावी मारीच की माया ध्वनि को सुनकर सीता

प्रेषित लक्ष्मण भी आश्रम से बाहर चले जाते हैं। इधर रावण आश्रम को सूना पाकर सीता हरण कर लेता है। यहाँ राक्षसी संस्कृति का चरमोत्कर्ष देखा जा सकता हैं। सीता रावण को बहुत कुछ कह जाती हैं, पर उस पर कोई प्रभाव नहीं पड़ता है। वह सीता जी को पुष्पक विमान पर चढ़ाकर तेजी से आकाश मार्ग की ओर चल देता है-

रावण बलिल, सीता, भाव अकारण,
पाइले एमन रत्न छाड़े कोन् जन।
जानकी बलेन, शोन् दुष्ट निशाचर,
अल्पायु ह्इया तुवि जानि यम घर
कुपिल रावण राजा सीतार वचने,
चालाइल रथखान त्वरित गगने।

(अरण्यकाण्ड, पृ० ३६३)

आगे गिद्ध जटायु अन्यायी रावण से युद्ध करता है। वह घायल होकर पृथ्वी पर गिर जाता है। आगे सुपार्श्व पक्षी (सम्पाती का पुत्र) रावण को लंका जाने में बाधा उत्पन्न करता हैं। हमारे ये पशु-पक्षी भी संस्कृति की रक्षा यथा शक्ति करते रहे हैं। सभी अवरोधों को **ध्वस्त** करता हुआ रावण सीता को लेकर लंका पहुँच जाता है। रावण महाबली था, देवता, राक्षस, किन्नर और ग्रह-नक्षत्र उसकी सेवा में लगे रहते थे। वह महान् सुरक्षा के मध्य अभेद्य गढ़ लंका में रहता था- फिर सीता हरण जैसे अपराध से भयभीत होकर रात दिन बेचैन रहता था। रावण सीता से लंका के रनिवास में रहने के लिए कहता है, तो वह क्रोधित होकर कहती हैं-

राम ध्यान, राम प्राण, राम से देवता,
राम बिना अन्यजने नाहि जाने सीता।
शुनिया सीतार वाक्य निरस्त रावण
ताँर काछे नियुक्त करिल चेड़ीगण। (अरण्यकाण्ड, पृ० ३७०)

सीता का चरित्र आदर्श चरित्र है। वे एक पतिव्रता हैं। सीता जैसी पत्नी और राधा जैसी प्रेमिका विश्व साहित्य में दुर्लभ है। सीता जी कड़े पहरे में अशोक वन (वाटिका) में रहने लगती हैं। शुर्पनखा सीताजी को कटुवचन कहती है-

शूर्पनखा आसि बले निष्ठुर बचन,
गले नख दिया तोर बधिव जीवन।
काटिल देवर तोर मोर नाक कान,
सेई कोपे आजि तो बधिव पराना।

सीता शील और धरती के प्रतीक रुप में भी हैं। वे सब कुछ सहन करती हैं। देवता लोग सीता जी के आहार की व्यवस्था करते हैं।

इधर राम सीता के लिए विलाप करते हुए खोज करते हैं। अपशगुन का फल सामने आता है। चकवा-चकई को रैनि वियोग का शाप राम स्वयं देते हैं। आगे जटायु मिलते हैं। राम को सीता की सही सूचना मिलती है और बताते हैं कि मैं आपके पिता का मित्र हूँ।

राम शोक व्यक्त करते हैं। राम-लक्ष्मण जटायु का चिता संस्कार करते हैं। प्रेत कर्म का विधिवत सम्पादन करते हैं। गोदावरी से तर्पण करते हैं। आगे राम कबन्ध का उद्धार करते हैं। वे शबरी का भी उद्धार करते हैं।

आगे किष्किंधाकाण्ड की कथा प्रारम्भ होती है। सुग्रीव से राम की मित्रता होती है। वनवासी संस्कृति भी हमारे सामने आती है। राम सबको लेकर अपना अभियान चलाते हैं। किष्किंधा के निवासियों, केवट, निषाद, शबरी आदि के साथ उनके उदार व्यवहार सराहनीय हैं। वास्तव में वे दीन सिन्धु हैं। मित्र सुग्रीव के लिए बालि वध करते हैं। राम भक्त वत्सल हैं। राम का व्यक्तित्व साम्प्रतं लोक से ऊपर हैं। अर्थात् वे किसी-न-किसी रूप में पहले थे, अपने अवतार काल में रहे और आज भी हैं। इसी प्रकार वे लोक में रहते हुए परलोक से भी जुड़े रहे। उनका लोकोत्तर चरित्र भी समय-समय पर प्रकाशित होता है। बालि सब समझता है, पर विलम्ब से। उसका भी राज्योचित दाह संस्कार और श्राद्ध होता है। पुत्र का पिण्डदान सर्वश्रेष्ठ बतलाया गया है। उसके वध पर राम को पश्चाताप नहीं होता, क्योंकि वह धर्म विरुद्ध आचरण कर रहा था। धर्महीन के वध से पाप नहीं होता है। वैश्य, शूद्र, क्षत्रिय और ब्राह्मण की जातीय व्यवस्था है। सबको अपने-अपने ढंग से संस्कार करने का उल्लेख हैं। गृहस्थ और संन्यासी के संस्कार सर्वाधिक सम्पन्न होते हैं।

शक्ति पूजा पर कवि ने अधिक बल दिया है। इस सन्दर्भ में वंशीय प्रभाव का होना स्वाभाविक है। बंगाल का दुर्गापूजा आज भी प्रसिद्ध है।

सुन्दरकाण्ड में सीता की खोज के प्रसंग में हनुमान जी लंका जाते हैं। वे वहाँ की संस्कृति का दर्शन करते हैं- भक्ष्यांभक्ष्य आहार, मद्यपान, भोग विलास देखते हैं। उनको विपरीत संस्कृति दिखाई पड़ती है। राक्षसी सामन्ती वैभव का चित्रण है। प्रायः लोगों का जीवन भोगवादी संस्कृति से सम्बद्ध है। सब तामसी हैं। दास-दासियों की अपार संख्या है। लंका के लोग भी अवध की दानशीलता, यज्ञशीलता, त्याग और सात्विकता की सराहना करते हैं।

ग्राम, नगर, कानन, आश्रम, देव, दानव और मानव संस्कृतियों का यहाँ सुन्दर समन्वय हैं। लंका में दानव संस्कृति का ही बाहुल्य है। लंका राजमहल में १०,००० रानियों का उल्लेख है, जो सती, यती, तपसी, राजा और द्विज के घर की हैं। सबका अपहरण किया गया है। लंका के लोग भी रावण को कुकर्मी मानते हैं। शून्य स्थान पर वे सीता हरण की निन्दा करते हैं। सबका अवलोकन और श्रवण हनुमान जी करके सीता जी से भेंट करते हैं।

रावण में शोषण और आतंक की प्रवृत्ति है। वह विभीषण के साथ दुर्व्यवहार करता हैं। अमानवीय संस्कृति दिखाई पड़ती है। सब अवध से विपरीत लगता है। अयोध्या की संस्कृति उत्सर्ग की संस्कृति है और लंका की ग्रहण या लोभ की है- रावण कटुवचन के साथ विभीषण पर प्रहार करता है। फलतः विभीषण राम से मिलने का मन बनाता है। राक्षसी/दानवी संस्कृति से उसका मानवीय संस्कृति में प्रवेश होता है। राक्षस कपटी और दुराचारी हैं, विभीषण सन्त स्वभाव का है। रावण के घोर अन्याय के उपरान्त वह बड़े भाई कुबेर से विचार-विमर्श करने के लिए उनके पास जाता है। कुबेर भी राम की शरण में

जाने का उपदेश देते हैं। वे तर्क देते हैं कि 'यदि बड़ा भाई दुष्ट है, तो उसको छोड़ देने पर अपयश नहीं मिलता है।' एक शंका विभीषण के राज लोभ की सामने आती है, पर वह इससे अनासक्ति जताता है।

अरण्य और लंकाकाण्ड में आसुरी संस्कृति अधिक है। रावण की दरबारी संस्कृति का चित्रण बहुत ढंग से है। सब की आचार संहिता है- आने-जाने, उठने-बैठने, अभिवादन, सन्देशा, स्वीकृति, अस्वीकृति और सलाह देने की। लंका की अपनी याज्ञिक एवं तांत्रिक संस्कृति भी है। मेघनाथ तप और यज्ञ का अनुष्ठान करता है। यहाँ के अनेक लोगों को विविध सिद्धियाँ प्राप्त हैं। सामंती संस्कृति का विकसित रूप मिलता है। रावण का अनुशासन और आतंक अपने ढंग का है। तामसी संस्कृति के अनेक चित्रण हैं। वहाँ नर-माँस भक्षण, मद्य पीना और रक्त पीना भी है। लोगों में मिथ्या अहंकार और भ्रम है। रावण इन्द्रजाल या माया जाल भी फैलाता है। संग्राम करने की अनुमति के रूप में रावण धूम्राक्ष के हाथ में पान-सुपाड़ी देता है। मेघनाद युद्ध में जाते समय माँ मन्दोदरी से कहता है- हे माँ, मेरे पिता संसार के प्रभु हैं, वे अष्ट पालों को हराकर दुर्जय प्रतापी बन गये हैं। किसके रोब-दाब के कारण तुम इतने वैभव को भोग रही हो। ऐसे व्यक्ति की निन्दा तुम नारियों के समाज में कर रही हो। तुम नारी जाति की हो इस कारण तुम्हारे वाक्य भी वैसे ही हैं। पति निन्दा महापाप है। क्यों ऐसा कर रही हो? वह अनेक विसंगतियों का उदाहरण देता है। परायी पत्नी के अपहरण (देवताओं द्वारा) के भी उदाहरण देता है। इसके उपरान्त दो लाख विधवाओं ने हाथ जोड़कर कहना प्रारम्भ किया- 'हे राक्षसों के नाथ, हम लोगों का निवेदन सुनों, हमारे पतियों ने युद्ध कर प्राण दिये, उनके कारण हम शोकाकुल हैं। जब दिन में दोपहर हो जाता है, तो सारी विधवाएँ हविष्य अन्न पकाने बैठ जाती हैं। लंका नगरी के घर-घर में चूल्हा जलने लगता है- कहने में दिल फट जाता है कि हम लोग नित प्रतिदिन अपनी हाँड़ी फेंक देती हैं।' (खण्ड २, लंकाकाण्ड, पृ० १८१) इन्द्रजीत मेघनाथ किसी की न सुनकर निकुम्भिला यज्ञ का अनुष्ठान करता है। करोड़ों बकरे काटे और यज्ञ में होम किये गये। दस हजार ब्राह्मण यज्ञ में बैठे थे। यज्ञ के उपरान्त वह दूसरी बार युद्ध में आता है। राक्षसी माया के बल से वह आकाश में छिपकर युद्ध करता है। मकराक्ष युद्ध में गो चर्म, गाय, बछिया और बैल का उपयोग करता है कि रामदल इन पर वार नहीं कर सकता है। बात भी सच है की उसने बहुत बड़ी समस्या उत्पन्न कर दी। वह अपने पिता को (खर) प्रतिशोध लेने के लिए व्याकुल है। वह रामदल के रक्त से पिता का तर्पण करना चाहता है। स्वयं राम के सामने वह आकर कटु वचन बोलने लगता है। राम गो-हत्या से डरते हैं। वे तीन पग पीछे हट गये। उन्होंने पवन बाण से गाय-बैल को उड़ाया। फिर उसका वध किया। राम वैष्णवी या मर्यादावादी संस्कृति की रक्षा करते हैं। विभीषण के तरणीसेन से अपनी स्तुति को सुनकर वे शस्त्र रख देते हैं, विभीषण से कहते हैं, मैं अपने भक्तों पर शस्त्र नहीं चला सकता। लगता है अब सीता का उद्धार नहीं हो सकेगा और मैं अयोध्या वापस नहीं जा सकूँगा। तरणी कटुवचन कहने लगता है, लक्ष्मण क्रोधित होते हैं, विभीषण की सलाह से राम उससे युद्ध करते हैं, भयंकर युद्ध होता है- फिर ब्रह्मशास्त्र से राम उसकी मनोकामना पूरी करते हैं। इसीलिए वह रामनामी रथ सजाकर लड़ने आया; उसकी शुत्रभाव की शक्ति यहाँ सफल होती है। उसकी मृत्यु पर विभीषण और राम दोनों

फूट-फूट कर रोते हैं। राम कहते हैं कि यदि तुमने पहले कह दिया होता कि यह अपना पुत्र हैं, तो मैं युद्ध न करता। राम-लक्ष्मण, सारे बानर और जामवन्त रोने लगते हैं। राम ने फिर कहा मित्र तुम कितने कठोर हृदय के हो कि अपने पुत्र के वध के लिए ब्रह्मशास्त्र प्रयोग के लिए कहा, स्वयं तुमने अपने संतान का वध कराया; फिर अब क्यों रो रहे हो।

युद्ध के अवसरों पर बाजे सबसे अधिक बजते हैं। ऐसे बाजों में बंगाली अधिक हैं। तरणी सेन जब युद्ध में आता तो जो बाजे बजे उनका परिचय इस प्रकार है- शहनाई, नगाड़े, करताल, बाँसुरी, घड़ियाल, डफ, धौंसा, सितार, चौतार, मृदंग, घण्टा, जयढोल, वीणा, भेडरी, भोरंग, शंख, पखावज, पिनाक, निशाचरी डंके, झांझ, दुंदुभी आदि। (लंकाकाण्ड पृ० २२६, २२७)

रावण से शेल द्वारा घायल लक्ष्मण को लेकर राम विलाप करते हैं, जिसके अभूतपूर्व बन्धुभाव का आदर्श रूप सामने आता है। यही रावण, राम-लक्ष्मण को चुराकर अपनी देवी को बलि चढ़ाने का उपक्रम करता है। देवी पूजन पर वंशीय प्रभाव है। अन्त में उसी की बलि हो जाती है। तदुपरान्त उसकी रानी रणचण्डी, उन्मत्ता काली सी नग्न रूप में भी युद्ध करती है। बंगाल की शक्तिपूजा का प्रभाव हैं आज भी इस रूप की पूजा बंगाली सबसे अधिक करते हैं। अतः वहाँ शक्तिपूजा की परम्परा आदिम हैं उसके पेट से अहिरावण का जन्म और जन्म लेते ही उसका योद्धा रूप धारण करना प्रदर्शित है। माँ के साथ रामदल से वह भी लड़ता है। शाक्त संस्कृति बंगाल और आसाम में आज भी सर्वाधिक है।

रावण तीसरे दिन युद्ध भूमि में आने के लिए तैयार होता है। मन्दोदरी उसको समझाती है कि शक्ति रूपिणी महालक्ष्मी रूपा सीता हैं। लोग इनको अनेक जप, तप करके भी नहीं पाते और ये बिना अर्चना के ही हमारे दरवाजे पर पड़ी हैं, पर रावण शक्ति की अवमानना करता है। वह अप्रत्यक्ष देवी की पूजा करता है, पर प्रत्यक्ष शक्ति सीता की अवमानना करता है; विलास की वस्तु मानता और प्रतिशोध का माध्यम बनाता है। फलतः उसका विनाश, उसके दरवाजे पर ही हो जाता है। वह अनसुनी करके युद्ध के लिए चल पड़ता हैं। घोर युद्ध होता है। रावण छल-कपट सब करता है, पर राम अपने आदर्श या मर्यादा से च्युत नहीं होते हैं। जब रावण राम-राम का जाप करने लगता है तो वे शस्त्र रख देते हैं। देवताओं की प्रार्थना पर माँ सरस्वती रावण की बुद्धि पुनः बदल देती है और वह राम को कटुवचन कहने लगता है। राम पुनः शस्त्र उठा लेते है, और भयंकर युद्ध पुनः प्रारम्भ हो जाता है। रावण के सिर कटते और जुड़ते जाते हैं। राम हैरान हो जाते हैं। सिर कटा रावण भी युद्ध करता है। राम के अनेक शस्त्र व्यर्थ होने लगते हैं। रावण के बाणों से राम का तन जर्जर हो जाता है। सौ बार उन्होंने रावण के सिर काटे, पर सब जुड़ते गये। रावण बार-बार घायल और अचेत होता है चैतन्य होकर वह अम्बिका की स्तुति करने लगता है- (लंकाकाण्ड, पृ० ३८३, ३८४) रावण को अम्बिका अभयदान देती हैं। वह पुनः युद्ध करने लगता है। देवी के चमत्कार सामने आने लगते हैं। वे रावण की रक्षा करने लगती हैं। राम विभीषण से कहने लगते हैं- हे विभीषण! रावण के रथ की ओर देखो। स्वयं वलद वरणी (बादल के समान श्याम रंग वाली भगवती) की गोद में राजा दशानन बैठा है। राम चिन्तित हो जाते हैं। ब्रह्मा देवताओं के साथ चण्डी की आराधना करते हैं।

राम रोने लगते हैं। धूलि नीले कमल के समान वे लोटने लगे। लक्ष्मण और वीर हनुमान भी रोने लगे। शक्ति पूजन का अच्छा समय भी नहीं था। अन्त में ब्रह्मा ने राम को उपदेश दिया और वे प्रसन्न हुए। रात्रि बीतने पर और दिशाओं में प्रकाश आ जाने पर राम ने स्नान तथा दान किया; वन पुष्प और फल मूल से सागर के तट पर जाकर ब्रह्म विधान के अनुसार उन्होंने कल्प किया। रघुपति ने दुर्गा की पूजा कर स्तुति और नमन किए और चण्डी पूजन का गीत विरचित हुआ। चण्डीपाठ करने के उपरान्त राम ने उत्सव किया। गीत-गायन और नाटक प्रदर्शन हुआ। इसी प्रकार ८ दिन देवी आराधक के बीत गये। नवमी में रघुपती ने भगवति की आराधना के लिए फलमूल की व्यवस्था की। वेदोक्ति विधि के अनुसार सारी सामग्री जुटाई गई। सारे कपि विविध पुष्प लाने गये- अशोक, कांचन, गुड़हल, मल्लिका, मालती, पलाश, पाटली, मौलश्री और गन्ध राज आदि। विभिन्न प्रकार के वनपुष्प, थल कमल, कदम्ब, पारुल, लाल पंखुड़ियों वाले शतदल, कुमुद, कल्हार, नल, आँवले की पत्ती, पारिजात, हर सिंगार, करवी, कनकचम्पा, सहस्र पत्रवाला कोकनद, अतसी, अपराजिता (जिससे दुर्गा प्रसन्न होती हैं) झम्पक और नागेश्वर, काठमल्लिका, गुलमेंहदी, जूही, द्रोण, पुल्क, माधवी, चाँदनी, तुलसी, अलसी, धातकी, भूचम्पक, केतकी पद्मवक्र और कृष्णकलि, सोनजूही, कुर्ची, गुलाब पुष्प, मनोहर कृष्णचूड़ा आदि। पुष्पों का ढेर चन्दन चर्चित केले के साथ रखा गया। बानरों ने अनोखे वनफलों के द्वारा नैवैद्य आयोजन किया। राम सानन्द शंकरी पूजा करते हैं। सात्विक भाव से विधान आदि के अनुसार रघुनाथ पूजा करने लगे पर चंडिका प्रसन्न न हो सकी। नीलकमल लाने के लिए हनुमानजी देवीदह जाते हैं, राम चण्डिका की आराधना में लग जाते हैं। वे स्तुति करने लगते हैं। १०८ कमल लेकर हनुमानजी आते हैं। देवी एक हटा देती हैं। राम व्यग्र हो जाते हैं। पुनः स्तुति करने लगते हैं। एक कमल के अभाव में राम अपने एक नेत्र को (कमलनयन) निकालने के लिए बाण उठाते हैं, तो कात्यायिनी उनका हाथ पकड़ लेती हैं। अन्त में देवी उनको वरदान देती हैं और वे दशमी को अपना अनुष्ठान पूरा करते हैं। लंका में भी शक्ति पूजा होती हैं रावण और मन्दोदरी द्वारा विशेष रूप से। दशमी को राम रावण युद्ध पुनः प्रारम्भ हो जाता है। रावण मरणासन्न हो जाता है। राम लक्ष्मण राजनीति पढ़ने जाते हैं। वह रघुनाथ के दर्शन की इच्छा प्रकट करता है। रघुनाथ उसके पास जाते हैं। रावण दोनों को नीति की शिक्षा देता है। सब अपने-अपने धर्म का पालन करते हैं, यह सबसे सबल संस्कृति है। रावण की मृत्यु पर विभीषण और मन्दोदरी के दीर्घतम् विलाप होते हैं। राम भी रोते हैं। यह मानवीय संस्कृति है। राम वैर भाव नहीं पालते हैं वे करुणा सागर हैं। मन्दोदरी को राम अवैधव्य का वरदान देते हैं। वह नारी धर्म का पालन करती है, तो विभीषण बंधु धर्म का पालन करता है। राम का आदेश पाकर विभीषण रावण का अग्नि संस्कार करता है, तर्पण करता है मात्र वही बचा भी है। राम विभीषण का राज्याभिषेक करते हैं। सीता को राम के सम्मुख लाया जाता है। मन्दोदरी उनसे मिलने जाती है। सीता जी के जाते समय मन्दोदरी ने आकर प्रणाम किया। उसका अंग धूर से धूसरित था और बाल बिखरे हुए थे। मन्दोदरी ने कहा- 'हे जनक नन्दिनी तुम्हारे ही कारण मैं अनाथिनी बनी। सारी नगरी के साथ रावण को क्रोध की आग में जलाकर तुम आनन्द से संभाषण करने जा रही हो। यह आनन्द तुम्हारा

अकस्मात निरानन्द में बदल जायेगा। अगर मैं सती हूँ और पति के प्रति ही मेरा मन रहा हो तो मेरा यह शाप खण्डित नहीं हो सकता।' बात सच है सती का शाप व्यर्थ नहीं जाता है। भविष्य में सीता जी पर अनेक बार राम को सन्देह होते रहे। उनको लंका में ही अग्नि परीक्षा देना पड़ी, तब राम ने उनको ग्रहण किया। अयोध्या आते हुए राम ने कहा- सुग्रीव की शक्ति, बानरों का स्वार्थ त्याग और विभीषण के गुण से मैंने लंका पर विजय प्राप्त की। मैं सभी सेनापतियों का गुण बखानता हूँ। मेरे सारे कर्मों को हनुमान जी ने सफल किया हैं वे सजल नयन से बिदा माँगते हैं। सब उनका राज्याभिषेक देखना चाहते हैं, राम सबको साथ ले लेते हैं।

अयोध्या जाते समय वन गमन के स्मरणीय स्थलों का परिचय देते हैं। सब में राम कुलाचार के अनुसार मिलते हैं। ऐसा कहीं से भी स्पष्ट नहीं होता कि राम के मन में प्रतिशोध, दुःख या कुंठा है। उनका शिष्टाचार सराहनीय है। सबसे पहले वे सौतेली माँ कैकेयी से मिलते हैं, माँ कहकर अभिवादन करते हैं। अन्य लोगों से भी वे सद्भाव के साथ मिलते हैं। दूसरे दिन शास्त्र और कुलरीतियों के अनुसार राम का राज्याभिषेक होता है। सबको दान और सम्मान दिया जाता है। बानरों को रत्न, आभूषण और वस्त्र देकर विदा किया जाता है। राम से मिलने आये हुए ब्राह्मणों को दान दिया जाता है। किष्किंधा समाज का विशेष सम्मान होता है, सुस्वाद युक्त भोजन कराया जाता है। चारों भाई साथ बैठकर भोजन करते है। सीता जी रसोई बनाकर स्वयं परोसती हैं, बन्दरों को भी। हनुमान जी को छोड़कर सभी वापस चले जाते हैं।

उपसंहार :

राम मात्र भरत के ही नहीं, विश्व के संस्कृति पुरुष प्रमाणित होते हैं। विश्व की संस्कृति पर उनकी छाप है। इसके लिए गहन अनुशीलन की आवश्यकता है। राम ने मानव रूप से आदर्श देव संस्कृति को उपस्थित किया है। मर्यादावादी संस्कृति का उन्होंने प्रवर्तन किया। वे सदाचार से युक्त लोक मंगली, गुणवान, वीर्यवान, धर्मज्ञ, कृतज्ञ, समर्थ, प्रियदर्शी हैं। सत्य शिव और सत्यवादी, दृढ़व्रती, चरित्रवान, सुन्दर और कोमल जो हो वही हमारी संस्कृति का आदर्श हो सकता है, जैसे राम और कृष्ण दोनों शास्त्रीय और लोक संस्कृतियों की रक्षा करते हैं। लोक संस्कृति के प्रमुख ३ घटक हैं- १. लोक परम्परा, २. लोक साहित्य, ३. लोक विश्वास

१. लोक परम्परा :

ग्राम देवी देवताओं की पूजा, कुल देवता की पूजा अर्चना, कुल गुरु का आदर सत्कार, पितर पूजा, आतिथ्य सत्कार, पुत्र जन्म पर नंदी मुख श्राद्ध। स्वयं जातकर्म, नवजात शिशुओं का नामकरण, चूड़ाकरण संस्कार, उपनयन संस्कार, लोक जीवन में खेलकूद, कुल गुरु पद्धति से अध्ययन, शिशुओं का वस्त्राभूषण, व्याह बरातें आदि।

२. लोक साहित्य :

लोक गीत, लोक वाद्य, लोकनृत्य, लोकोक्तियाँ आदि।

३. लोक विश्वास :

शकुन, अपशकुन, स्वप्न विचार, छींक विचार, मनौतियाँ, भूत-प्रेत की मान्यता अंग स्फुरण आदि। प्रस्तुत रचना कृत्तिवास रामायण में सबकी सम्यक् प्रतिष्ठा है। ऊपर सबके उदाहरण भी दिये गये हैं। इस प्रकार कृत्तिवास रामायण एक सांस्कृतिक ग्रन्थ भी है।

बंगाल की लोकभाषा और लोकजीवन : रामकथा के सापेक्ष्य में

डॉ० श्रीनारायण पाण्डेय

जिन दो अवतारों का प्रभाव हमारे जीवन पर सबसे अधिक पड़ा है, उनमें एक 'रामावतार' है तो दूसरा 'कृष्णावतार'। एक के हाथ में धनुष बाण है तो दूसरे के हाथ में बंशी। बंगाल को बंशी वादक कृष्ण जितना पसन्द आये उतना युद्ध व कर्मक्षेत्र के नर देवता राम नहीं। बंगाल के उच्चस्तरीय सांस्कृतिक जीवन में भले इसका अभाव खटकता हो, लोक जीवन उससे अछूता नहीं रहा।

हम जिस भूमि भाग को **'बंगाल'** और जहाँ के रहने वालों को **'बंगाली'** नाम से सम्बोधित करते हैं, उनकी भाषा और संस्कृति का निर्माण मुख्य रूप से चार भाषा-संस्कृतियों (Language Cultures) के मिश्रण से हुआ है। ये हैं आस्ट्रिक, द्राविड़, मंगोल एवं आर्य। ये भाषा संस्कृतियाँ आगे चलकर आर्य-भाषा संस्कृति में समाहित हो गयीं। बंगाल के लोक-जीवन की मूल धारा आर्यभाषा संस्कृति हो चली है। किन्तु इसका अर्थ यह नहीं है कि अन्यान्य धाराएँ बिल्कुल ही समाप्त हो गयी हैं। वे भी बची हैं। जिनके अवशेष हमें यहाँ के व्रतों, धार्मिक विश्वासों, पूजा-अर्चना, लोक-विश्वासों आदि से मिलते हैं। सच तो यह है कि उत्तर भारत के अन्यान्य प्रान्तों में बराबर आक्रमणों के कारण लोक-जीवन का प्राचीन एवं क्रमिक रूप नहीं मिलता जब कि बंगाल ने आज तक उसे सुरक्षित रखा है। आगे चल कर हम देखते हैं कि आर्य-संस्कृति, जिसका मूल स्रोत संस्कृत भाषा थी पौराणिक कथा कहानियों के माध्यम से बंगाल के जन-जीवन में प्रवेश किया। रामकथा भी इसी माध्यम से पहले आयी और फिर जन-जीवन के बीच गयी। अतः रामकथा की इस बंगाल-यात्रा के सिलसिले में बंगाल में आर्यो के इतिहास का सामान्य-परिचय अप्रसांगिक न होगा।

आर्य बंगाल में कब आये इसके सम्बन्ध में निश्चित समय का उल्लेख नहीं किया जा सकता किन्तु अनुमान किया जाता है कि ईसा की पहली सदी या उसके कुछ पहले से ही युद्ध, यात्रा, वाणिज्य, धर्म प्रचार आदि के लिए आर्य यहाँ आने लगे थे। गुप्त राजाओं के काल में आर्य प्रभाव, बंगाल में भली-भाँति सुदृढ़ हुआ है। इसका प्रमाण हमें उस काल में प्राप्त ताम्रपत्रों एवं शिलालेखों से प्राप्त होता है। इसी समय में पश्चिम से कुछ ब्राह्मणों को बुलाकार उनको कुछ जमीने दान में देकर यहाँ बसाया गया था। राज दरबार में इनका काफी सम्मान होता था। इन ब्राह्मणों ने ही संस्कृत-शास्त्र शासित आचार-अनुष्ठान एवं धर्म

विश्वासों का प्रचार आरम्भ किया। रामायण और महाभारत तथा पुराण की कहानियाँ भी इन्हीं के द्वारा प्रचारित की गयीं। किन्तु उस काल में इनका कार्य-स्थल राजदरबार ही था। लोक-जीवन के बीच इनका उतना प्रचार नहीं हुआ था। ब्राह्मणों द्वारा परिचालित यह आर्य-संस्कृति अपना रूप ले ही रही थी कि उसी बीच मुसलमानों का आक्रमण हो गया। राज दरबार छिन्न-भिन्न हो गये। धर्म प्रचारक पंडित तथा अन्यान्य सांस्कृतिक संरक्षण कर्त्ता या तो बाहर भाग गये या मौन होकर बैठ गये। फलस्वरूप करीब दो शताब्दियों तक किसी भी प्रकार का उल्लेखनीय सांस्कृतिक प्रयास दिखायी नहीं पड़ता।

हमने ऊपर चर्चा की है कि इसी काल में आर्यो द्वारा रामायण व महाभारत तथा पुराणों का प्रचार किया जा रहा था। इसको भी मुसलमानी आक्रमण से गहरा धक्का लगा था। आर्यो द्वारा परिचालित इस धारा के साथ-साथ यहाँ की लौकिक धारा भी विभिन्न रूपों से कहीं आर्य संस्कृति में मिलकर तो कहीं अलग प्रवाहित हो रही थी। यो तो प्रचार-प्रसार रामायण-महाभारत आदि के विभिन्न पात्रों और घटनाओं का हुआ था किन्तु लोक-जीवन में अधिक प्रतिष्ठा कृष्ण की ब्रज लीला, चण्डी, मनसा आदि की ही थी। राम का प्रभाव उस काल के लोक-जीवन पर उतना नहीं देखा जाता।

१५वीं शताब्दी में जब बंगाल में सांस्कृतिक चेतना पुनःजाग्रत हुई तो रामकथा भी हमारे सामने आयी। आज तक के अनुसंधानों के आधार पर कहा जा सकता है कि कृतिवास ओझा की लिखी रामायण बंगाल में लिखी गयी राम साहित्य की पहली रचना है। इसके बाद तो रामकथा से विभिन्न अवतरणों को लेकर बहुत से लेखकों ने अन्य रचनाएँ कीं। बंगाल में रामकथा का अपना वैशिष्ट्य है। यदि 'बंगला भाषा में रामकथा' का अनुसंधान कर इस सामग्री को सामने लाया जाए तो राम-साहित्य पर कुछ नये तथ्यों के सामने आने की सम्भावना है। (१८वीं सदी तक के बंगला राम-साहित्य की एक अपूर्ण सूची श्री बदरीनारायण श्रीवास्तव का निबन्ध-हिन्दी अनुशीलन के धीरेन्द्र वर्मा विशेषांक में छपी है।)

हम इस बात की चर्चा ऊपर ही कर आये हैं कि बंगाल के लोक-जीवन में रामकथा विशेष दूर तक प्रवेश नहीं कर सकी थी अतः उसका कोई क्रमिक विकास सुसंयत रूप में हमें नहीं मिलता। फिर भी धार्मिक अनुष्ठानों, व्रत, पूजा, कीर्तन, कथा, लोक-विश्वास, लोकोक्ति आदि के बीच हमें राम का उल्लेख मिलता है। यहाँ पर हम उन्हीं के बीच आये हुये तथ्यों को रखने की चेष्टा करेगें।

धर्म के अन्तर्गत, बीजमंत्र, मूर्तिपूजा, व्रत, कीर्तन, कथा को रखा जा सकता है। बंगाल में दीक्षा लेने के लिए पाँच देवताओं का नाम रखा गया है। जिनमें शिव, सूर्य, गणेश, विष्णु, शक्ति है। इनमें विष्णु के अन्तर्गत राम नाम में भी दीक्षा लेते है। विष्णु के अवतारों में राम भी एक अवतार हैं इसी रूप में इनकी पूजा होती है।

मंदिरों में राम की मूर्ति स्थापित करके पूजा करने की प्रथा बंगाल में बहुत कम ही पायी जाती है। इसी से जितनी अधिक संख्या शिव और काली के मंदिरों की है उनकी तुलना में राम मन्दिर नगण्य है। मुर्शिदाबाद जिले में बहरमपुर के पास 'रघुनाथ वटी तथा 'अयोध्यानगर' नाम के दो गाँव है। इन दोनों स्थानों पर रघुनाथ जी (राम) के प्राचीन

मन्दिर हैं। जिनमें राम, लक्ष्मण, सीता और हनुमान की मूर्तियाँ हैं। 'रघुनाथ वटी' के एक स्थानीय व्यक्ति रामपद घोष से जबानी यह मालूम हुआ कि यहाँ पर पहले रामायत सम्प्रदाय के साधु आया करते थे और कुछ दिन रहकर पुनः चले जाते थे। इसी तरह एक बार वे साधु यहाँ पर आये थे और कीर्तन कर रहे थे कि इसी बीच नवाब सिराजुदौला यहाँ पर आये। उन्होंने आकर इन लोगों को देखा और फिर इन को कुछ जमीन देकर एक मन्दिर बनाने के लिए कहा। उसी समय से यह मन्दिर बना हुआ है। आज मन्दिर की अवस्था गिरी हुई है। परन्तु पुराने खण्डहरों को देखकर पता लगता है कि एक समय यहाँ पर निश्चय ही बड़ी धूमधाम रही होगी। आज राम, सीता, लक्ष्मण, हनुमान के साथ इस मन्दिर में बलराम, रेवती, रसिक राय (कृष्ण), कृष्ण-राधा की मूर्तियाँ भी रखी हैं। उन्हीं से यह भी मालूम हुआ कि इसी कि एक शाखा दरभंगा जिले के चानरागंज में भी है। इस मंदिर के साथ ४४ बीघे जमीन भी थी जो आज बहुत कुछ निकल गयी है। अयोध्यानगर (चाल्ते मालते) में इस तरह की सूचना नहीं मिल सकी। यहाँ पर भी मन्दिर में राम, सीता, लक्ष्मण, हनुमान की मूर्ति है। राम की मूर्ति पत्थर की है। राम आसन मारे बैठे हुए हैं। यहाँ के लोगों का कथन है कि ये रघुनाथ जी यहीं पास के बड़े ताल से निकले थे। यहाँ पर रामनवमी के समय बड़ा मेला होता है। इसी तरह की राम मूर्तियाँ, बहरमपुर के दयामयी कालीवाड़ी, रामदास पांडेय के अखाड़े में, गोपाल अखाड़े में, श्री धीरेन्द्रनाथ बनर्जी के घर में तथा इलाहीपुर के रघुनाथ मंदिर में पाई जाती हैं। धीरेन्द्रनाथ जी का भी कहना है कि उनके पूर्वज कहते थे कि यहाँ पर पहले रामायत सम्प्रदाय के साधु आये थे, उन्हीं का बनाया हुआ यहाँ एक मन्दिर था। वे यहाँ पर एक सफेद पत्थर की बनी हनुमान जी की मूर्ति भी स्थापित कर गये है। यह राम, सीता, लक्ष्मण तथा हनुमान की मूर्ति भी उन्हीं के द्वारा ही स्थापित की हुई है।

ये मूर्तियाँ कुछ तो नीम की लकड़ी से और कुछ दारू की लकड़ी से बनी हैं। केवल अयोध्यानगर की राम मूर्ति ही पत्थर की है। कुछ मूर्तियों में राम खड़े हैं और कुछ में बैठे हैं। किन्तु लक्ष्मण और सीता सब खड़े ही दिखाये गये हैं। लक्ष्मण की मुद्रा अधिकांश मन्दिरों में छत्र लिए हुए है। हनुमान हाथ जोड़े या तो खड़े हैं या बैठे हैं। केवल बहरमपुर में सफेद पत्थर से निर्मित मूर्ति में ही हनुमान पर्वत और गदा लिए हैं तथा उनके पैर के नीचे अहिरावण पड़ा हुआ है।

मूर्ति पूजा के रूप में राम को बंगाल में उतना महत्व नहीं दिया गया है। डॉ० सुकुमार सेन का मत है कि शायद रामायत साधुओं द्वारा १७-१८वीं शताब्दी में ही रामपूजा का प्रचार बंगाल में हुआ है और यह पूजा लगता है, पश्चिम से आयी है। मुगलकाल में अयोध्या और आगरा की ओर से बहुत से लोग यहाँ युद्ध और व्यापार करने आये थे, उन्हीं के द्वारा रामायत सम्प्रदाय के साधुओं को आश्रय मिला और मठों की स्थापना हुई। इस प्रकार की रामायत घाटी में सबसे प्राचीन चन्द्र-कोना है। हमने भी ऊपर रामायत सम्प्रदाय के कुछ मठों का उल्लेख किया है। रामायत सम्प्रदाय के प्रचार-प्रसार के साथ उत्तर भारत में राम-साहित्य का प्रचार-प्रसार जुड़ा हुआ है। अतः उत्तर भारत में विशेष कर बंगाल-आसाम में स्थापित इनकी गद्दियों का यदि अध्ययन किया जाय तो इस पर आधिकारिक रूप से कुछ कहा जा सकता है कि राम पूजा बंगाल में कब से प्रचलित हुई।

राम की मूर्ति की पूजा न सही, राम साहित्य की कुछ घटनाओं के चित्र ६वीं शताब्दी से ही मिलते हैं और आज भी मन्दिरों की दीवारों पर वे दिखायी पड़ते हैं। इस प्रकार का सबसे प्राचीन चित्रसेन राजाओं के युग में बने त्रिवेणी के पास के मन्दिरों पर पाया गया है। उसकी दीवालों पर रामायण व महाभारत की कहानियों के प्रस्तर चित्र खुदे थे। ये चित्र यों टूट-फूट गये हैं किन्तु चित्रों का संकेत देने वाले कुछ अक्षर बचे हैं। जैसे, सिताविवाहः "रामेण रावणवधः" इत्यादि। १८वीं शताब्दी के बने बड़ा नगर (मुर्शिदाबाद) के मन्दिरों पर भी राम-रावण के चित्र बने हैं। यह मन्दिर ईटों का बना है। जिस पर साँचे में ढ़ालकर तरह-तरह की मूर्तियाँ आग में पकाकर मन्दिर में लगायी गयी हैं।

व्रतों के अन्तर्गत राम का उल्लेख केवल दो व्रतों में आता है। एक 'रामनवमी का व्रत' और दूसरा 'दशपुतुलेर व्रत'। बंगाल में कितने व्रतों को प्रधान रूप से करना चाहिए इस पर एक उक्ति प्रचलित है-

शयन उत्थान पास भोड़ा।
मध्ये खाने भीमे छोड़ा ।।
दुइ छेलेर जन्म तिथि।
अष्टमी नवमी दुटी।।
पागला चौदस पागली आठ।
एइ निए काल काटे।।

(श्री हरिदास चक्रवर्ती-घाट बन्दर से प्राप्त।)

यहाँ पर दो लड़को की जन्म तिथि अष्टमी, नवमी में अष्टमी कृष्णाष्टमी है तथा नवमी रामनवमी है। रामनवमी के दिन यहाँ पर व्रत की प्रथा प्रचलित है।

दश पुतुलेर व्रत-यह कुमारी कन्याओं का व्रत है। जब लड़कियाँ पाँच वर्ष की हों तब ४ वर्ष के लिये अनुष्ठान करके इस ब्रत को पालन करने का नियम है। इसके करने से हर तरह की मनोकामना पूरी होती है। चैत्र की संक्रान्ति से आरम्भ करके वैशाख की संक्रान्ति तक यह व्रत किया जाता है। इस व्रत में लड़कियाँ नीचे लिखे मन्त्र को पढ़ती हैं-

एवार पूजि, वर नेबो, रामेर मतो पति पाबो।
एवार पूजि, वर नेबो, सीतार मतो सती होबो।
एवार पूजि, वर नेबो, लक्ष्मणेर मतो देवर पाबो।
एवार पूजि, वर नेबो, दशरथेर मतो श्वसुर पाबो।
एवार पूजि, वर नेबो, कौशल्यार मतो शासुड़ी पाबो।

इसी प्रकार और भी पाँच देवताओं का नाम दिया गया है। इस व्रत में बंगाल की लड़कियाँ, राम की तरह पति, लक्ष्मण सा देवर, सीता सा सतीत्व, दशरथ सा ससुर एवं कौशल्या सी सास की कामना कर रही है।

कीर्तन :

जब कभी कीर्तन किया जाता है तो उसमें भी राम का नाम लिया जाता है। साधारणतया तो कीर्तन सब समय होता है किन्तु वैशाख के महीने में विशेष रूप से किया जाता है।

श्री कृष्ण चैतन्य प्रभु नित्यानन्दो।
हरे कृष्ण हरे राम राधा गोविन्दो।

कथा :

जिस प्रकार उत्तर प्रदेश में श्रीमद्भागवत या रामायण की कथाओं का प्रचार है उसी प्रकार बंगाल में 'रामायानी' कथा का प्रचार है। इसमें रामायण कथा कही जाती है। यों तो 'रामायनी' कथा किसी महीने में कही जा सकती है किन्तु विधान वैशाख महीने का है। आज भी बंगाल में यह कथा यथेष्ठ प्रचलित है। इसी सिलसिले में एक रोचक घटना का उल्लेख कर देना अनुचित न होगा। कहा जाता है कि रामायनियों का एक दल कहीं कथा कहने गया था। जब प्रधान गायक कथा कहने लगे तो बीच में उनको हनुमान का नाम भूल गया। उन्होंने अपने साथियों से पूछना आरम्भ किया-

आचीरे प्राचीरे वेड़ाय तार नाम कि ?

(जो प्राचीरों पर घूमता फिरता है उसका नाम क्या है ?)

दश आना छः आना भागें आमरा जानी कि ?

(प्रधान गायक अन्यान्य साथियों को केवल छः आने हिस्सा देता था अतः उन्होंने कहा छः आने का भाग लेने पर हम लोग क्या जाने ?)

फिर गायक ने कहा -

आज थेके भाग देबो समान समान।
(आज से बराबर का हिस्सा दूँगा)

इस पर और लोग राजी हो गये और उन्होंने कहा-

आचीरे प्राचीरे वेड़ाय वीर हनुमान।

(दीवालों पर हनुमान घूमता है।) इस कहानी का प्रचार यथेष्ट मात्रा में है। इस प्रकार हम देखते हैं, कि बंगाल के धार्मिक विश्वासों में राम-नाम भी जुड़ा हुआ है।

नामों पर राम प्रभाव :

प्राचीन तथा आधुनिक नामों में राम-साहित्य में आये विभिन्न पात्रों के आधार पर रखे गये नाम मिलते हैं। जैसे- रामचन्द्र, रामचरण, रामवल्लभ, रामानन्द, रामदास, रामजय, रामकान्त, रामगति, राम नन्दन, रघुनाथ, दशरथ, भरत, लक्ष्मण सौमित्री, अंजनी कुमार, सीताराम इत्यादि। किन्तु सीता का नाम शायद ही किसी लड़की का रखा जाता है। सीता को बंगाल में 'जन्म दुःखिनी सीता' कहा जाता है। इसी से इस नाम को रखना लोग पसंद नहीं करते। नामों की तरह गाँव के नामों पर भी राम का प्रभाव पड़ा है। रघुनाथपुर, जयरामपुर, रामनाम, अयोध्यानाम् रघुनाथगंज, रघुनाथवटी इत्यादि ।

लोक विश्वास :

राम ने रावण का संहार करके ऋषि मुनियों की रक्षा की थी। परवर्ती काल में रावण राक्षस बन गया और राम देवता हुए। रावण अनिष्ट का सूचक हुआ और राम उस अनिष्ट

को दूर करने वाले बने। इस विश्वास की जड़ धीरे-धीरे गहरे बढ़ती गयी और फल यह हुआ कि किसी भी अनिष्ट को दूर करने के लिए राम नाम का व्यवहार होने लगा। जिससे आज जब किसी को सन्तान होती है तो वहाँ प्रसूतिका गृह की दीवारों तथा दरवाजों पर राम नाम लिख दिया जाता है और यह विश्वास किया जाता है कि इस घर में किसी भी प्रकार के खराब देवता या भूत-प्रेत प्रवेश नही करेंगे।

अब हम कुछ लोकोक्तियों का जिक्र करेंगे जिनकी रचना रामकथा के आधार पर हुई है।

एगुले राम पेछुले रावण।	(उभय संकट)
रावणेर गुष्ठी वा रावणेर संसार।	(बड़े परिवार का होना)
रावणेर दोषे होय समुद्र बन्धन ।	(दूसरे के दोष का दंड भोगना)
रावणेर हाथे यथा मारीच कुरंग।	(दूसरे हाथ की कठपुतली)
सीता हारा होये रामेर वाँपुरे आदर।	(पराजय में विवशता)
लक्ष्मणेर फल धोरा ।	(आनुगल)
एक रामे रक्षा नाई सुग्रीव दोसर ।	(शक्ति का भय)
राम ना होते रामायण।	(पूर्वाभास)
राम राज्य।	(सुख का समय)
राम रावण युद्ध।	(बड़ों का विरोध)
एक तो हनुमान तार आवार रामेर बान।	(दोहरी शक्ति)
जनम दुःखिनी सीता, नाई माता नाई पिता।	(अभागिन)

जटायूर रथ गेला। (विशेष देखिये- बाँगला प्रवाद- श्री सुशील कुमार दे) इस प्रकार बंगाल के इन प्रवादों में राम, रावण, सीता लक्ष्मण, हनुमान, सुग्रीव, जटायु आदि के उल्लेख आये हैं। भरत का उल्लेख बहुत कम मिलता है। लोक-जीवन में प्राप्त राम के जिस रूप की चर्चा हम ऊपर कर आये हैं उससे लगता है कि राम-साहित्य बंगाल के लोक-जीवन को ऊपर से भले ही न स्पर्श कर सका हो पर उसकी जड़ बहुत गहरे नहीं गयी है। जैसा कि कृष्ण, काली, शिव-पार्वती की पूजा-उपासना ही यहाँ अधिक प्रचलित रही है। लोक-जीवन में रामायण के आदर्शो का अभाव देखकर श्रद्धेय रवीन्द्रनाथ ठाकुर ने लिखा था कि 'बंगाल के ग्राम्य साहित्य (ग्राम्य छड़ा) में हर गौरी एवं राधाकृष्ण की कहानियों के अलावा सीताराम व राम-रावण की कथा भी मिलती है, किन्तु उनके अनुपात में कम। यह बात स्वीकार करनी पड़ेगी कि पश्चिम में जहाँ कि रामायण की कथा ही जन-साधारण में विशेष रूप से प्रचलित है, वहाँ पर पौरुष की चर्चा बंगाल की अपेक्षा अधिक है। हमारे देश में हरगौरी की कहानी स्त्री-पुरुष तथा राधाकृष्ण की कहानी नायक-नायिका के रूप में विभिन्न तरह से वर्णित है, किन्तु उसका दायरा संकीर्ण है, उसमें मनुष्यत्व की सर्वांगीण खुराक नहीं पायी जाती। हमारे देश में राधाकृष्ण की कथा के सौन्दर्य पक्ष एवं हरगौरी की कथा के हृदयपक्ष की चर्चा की गयी है, किन्तु उसमें धर्म की अवतारणा नहीं हुई है। उसमें वीरता, महानता, अविचलित भक्ति व कठोर त्याग के आदर्श

नहीं है। राम सीता का दाम्पत्य हमारे देश में प्रचलित हरगौरी के दाम्पत्य की अपेक्षा बहुत ही श्रेष्ठ है, उन्नत है और विशुद्ध है, वह जैसे कठोर गम्भीर है उसी तरह स्निग्ध और कोमल है। रामायण में एक ओर कर्तव्यों की दुरूह कठोरता और दूसरी और भावों का अपरिसीम माधुर्य, एक जगह मिला हुआ हैं। उसमें दाम्पत्य, मातृप्रेम, पितृ भक्ति, प्रभु भक्ति, प्रजावत्सलता आदि मानव-जीवन के जितने उच्चकोटि के गुण है, उनके श्रेष्ठ आदर्श प्रस्फुटित हुए हैं। उसमें सब तरह की हृदय वृत्तियों को महत् धर्म के नियमों से कदम कदम पर संयमित करने के लिए कठोर शासन का विधान है। मनुष्य को सब तरह से मनुष्य बनाने के उपयुक्त इस प्रकार की शिक्षा और किसी देश की किसी साहित्य में नहीं है। बंगाल की भूमि में वही रामायण की कहानी हरगौरी व राधाकृष्ण की कहानी के ऊपर सर उठाकर नहीं आ सकी। राम को जिन्होंने युद्व व कर्म क्षेत्र में नर देवता का आदर्श कह कर ग्रहण किया है उनका पौरुष, कर्तव्य निष्ठा व धर्म परायणता का आदर्श हम लोगों की अपेक्षा उच्चतर है। पश्चिम में राम को लोकजीवन का आदर्श बनाने का श्रेय तुलसीदास जी को है। एक कहावत है 'खादिम गुणे पीर जिन्दा'। सेवक के गुण से ही देवता जिन्दा रहता है।

संदर्भ ग्रन्थ :

१. बंगला साहित्येर इतिहास (प्रथम खण्ड पूर्वाद्व), श्री सुकुमार सेन

२. बांगालीर इतिहास (आदि पर्व), श्री नीहार रंजन राय

३. बांगला देशेर इतिहास, श्री रमेशचन्द्र मजूमदार

४. बांगला -प्रवाद, श्री सुशील कुमार दे

५. मेयेदर ब्रत कथा, श्री विभूति भूषण भट्टचार्य व श्री पशुपति चट्टोपाध्याय

६. बंग भाषा व साहित्य, श्री दिनेशचन्द्र सेन

७. लोक साहित्य, श्री रवीन्द्रनाथ ठाकुर।

आदिवासी-जनभाषाएँ तथा रामकथा

डॉ० अर्जुनदास केसरी

आदिवासी शब्द पर भले कुछ लोगों को आपत्ति हो, किन्तु वह 'इबोदिजिनक्त' अथवा जनजाति की अभिव्यक्ति के लिए रूढ़ हो चुका है। वैसे तो विश्व भर में अगणित जनजांतियाँ हैं; किन्तु भारत की मुख्य जनजातियों में गोंड़-मझवार, खरवार, कोल, पनिका, मुण्डा या धांगर, चेरो, कोरवा, घसिया, भील, हो, बैगा, वादी, परहिया, पठारी, भुरतिया, मुरिया, धरकार, बैसवार, बुक्सा, भोटिया, राजी, थारु, जौनसार, भुइया आदि मुख्य हैं। इनके अतिरिक्त अगरिया, सहारिया, वनमानुष भी हैं। भारत में कुल २१२ प्रकार की जनजातियाँ थी। बाद में तरमीन के अन्तर्गत विभिन्न राज्यों के हिस्सों में जनजातीय समुदायों की कुल संख्या ५५० थी, जबकि प्रत्येक जनजाति सात कूरियों-उपजातियों में विभक्त है। सन् १६७१ की जनगणना के अनुसार भारत के विभिन्न राज्यों असम, आंध्रप्रदेश, उड़ीसा, उत्तर प्रदेश, केरल, गुजरात, तमिलनाडु, त्रिपुरा, नागालैण्ड, पश्चिम बंगाल, बिहार, मणिपुर, मध्य प्रदेश, महाराष्ट्र, मेघालय, कर्नाटक, राजस्थान, हरियाणा, हिमाचल प्रदेश, अंडमान निकोबार द्वीप समूह, अरुणाचल प्रदेश, गोवा, दमन दीव, दादर नागर हवेली, मिजोरम, लक्षद्वीप, समूह में आदिवासियों की जनसंख्या ३,८०,१५,१६२ थी।[1] जो जनसंख्या वृद्धि की दर से कुछ अधिक ही बढ़कर भारत की कुल संख्या का ७ प्रतिशत या उससे अधिक हो चुकी है।

आदिवासी-समाज-समुदाय या वर्ग कबीलों और वनजारों का जीवन जीता है। जहाँ चारा वहीं मारा का उक्ति उस पर पूरी तरह चरितार्थ होती है। अतः उसकी भाषा कुल मिलाकर एक भाषा या बोली नहीं रह गयी है, उस पर स्थानीय भाषाओं और बोलियों का प्रभाव है। उड़ीसा के आदिवासियों की भाषा उड़िया है तो बिहार के आदिवासियों की भाषा बिहारी, छत्तीसगढ़ के आदिवासियों की भाषा छत्तीसगढ़ी, जौनसारियों की भाषा जौनसारी, सिक्किम के आदिवासियों की भाषा नेपाली, उत्तरी हिमालय में निवासित जनजातियों की भाषा स्थानीय पहाड़ी। सब मिलाकर कहा जा सकता है कि आदिवासियों की जनभाषा, अबूझ पहेली, अगम्य, जनसामान्य के लिए अबोधगम्य और मिलजुल कर खिचड़ी हो गयी है।[2]

भाषा के अध्ययन के लिए लोककथाएं और लोकगाथाएं या कि लोकगीत अहम् भूमिका निभाते हैं। डॉ० ग्रियर्सन ने अपने भाषा सर्वेक्षण में इन्हीं का आधार ग्रहण किया है। मध्य प्रदेश, बिहार और उत्तर प्रदेश सहित छत्तीसगढ़ चतुष्कोण पर स्थित है। जिनकी संस्कृतियों और भाषाओं का आपस में आदान प्रदान होता रहता है यही कारण है कि यहाँ

६२.८ प्रतिशत बिहारी बोली जाती है जिस पर पश्चिमी भोजपुरी का प्रभाव अधिक है, जिसके लगभग ३५ प्रतिशत शब्द धड़ल्ले से आदिवासियों द्वारा भी बोले जाते हैं उस पर बघेली का भी कम प्रभाव नहीं है। इस क्षेत्र में 'कोलवरियन परिवार' के मुण्डाओं की कोलवारी भी बोली जाती है।[३]

जो भी हो, आदिवासियों का साहित्य जनसाहित्य है जिसकी मौखिक परंपरा ही रही है। लिखित साहित्य के अभाव के कारण उसका शास्त्रीय विवेचन फिलहाल भविष्य के गर्भ में है। अब तक के अध्ययन से जो बात छनकर सामने आयी है, उससे तो यही सिद्ध होता है कि आदिवासियों की जनभाषाएं-बोलियां चाहे जो रही हों, उनमें विविध पक्षों पर स्तरीय अध्ययन--अनुशीलन किया जाना अपेक्षित और अनिवार्य है।

जहाँ तक आदिवासी जनभाषा और साहित्य में रामकथा का सवाल है, वह प्रभूत, अप्रतिम, मौलिक और महत्वपूर्ण है। श्रीराम और उनके वंशजों का जन्म अयोध्या में हुआ था और अयोध्या के आसपास तब गहन अरवी थी। अयोध्या छोड़कर जब श्रीराम को वन जाना हुआ तब भी उन्होंने विंध्यारवी का ही चयन किया जहाँ अधिक से अधिक वनवासी, आदिवासी-गिरिवासी ही निवास करते थे। अतः क्यों न आदिवासियों के लिए श्री राम प्रियपात्र होते और क्यों न श्रीराम के लिए आदिवासी सखा-मित्र-भक्त होते। सेबरी का आतिथ्य उसका सबसे पुष्ट प्रमाण है। वेदज्ञ, शास्त्रज्ञ महापण्डित रावण ने श्रीराम के मर्म और महिमा को नहीं जाना, परन्तु अपट, अनभिज्ञ आदिवासियों ने उनको ठीक से जाना-समझा और उनका उचित समादर किया। यही कारण है कि श्रीराम से सम्बन्धित कथाओं का सर्वत्र प्राधान्य मिलता है। जनजातीय लोकगाथा लोरिकायन सहित अन्य अनेक गाथाओं का श्रीगणेश ही 'राम' से होता है-

"राम न राम-गुन गावै के ठाकुर,
भजली नाम हो तोहर।
देविया न सुमिरली भगवती,
के शक्ती हो जाना तोहार।
राम राम रघुनन्न, धन-धन करता नाथ भगवान,
कहलंऽ के रामउं न नउवांऽ हम लेऽहल।।[४]

आदिवासियों में राम आरंभ से ही पूज्य और प्रेरणा के स्रोत रहे हैं। मध्यप्रदेश, बिहार, उत्तर प्रदेश, छतीसगढ़, में प्रागैतिहासिक कालीन शैलाश्रय (गुहाचित्र) बहुतायत से प्राप्त हुए हैं। उनमें भी रामकथा के दृश्य चित्र बने हैं जिनसे सिद्ध होता है कि आज से पाँच हजार वर्ष अथवा उससे भी पूर्व श्रीराम की कल्पना की गयी थी। सोनभद्र जनपद में सीताकुण्ड नामक स्थान पर सोन के तटीय पहाड़ियों में मृग का पीछा करते धनुर्धर (राम) का मनमोहक चित्र बना हुआ है जिसकी खोज पहली बार सन् १९८१ ई० में इन पंक्तियों के लेखक ने की थी।[५] छातुग्राम और सीताकुण्ड में धनुष-वाण लिए दो हाथी पर सवार चित्र दिखाया गया है, जो अद्भुत है। हाथी के पीछे दो अन्य व्यक्ति भी चलते दिखाये गये हैं। ऐसे चित्र मध्यप्रदेश के भीमबैठका में मिले थे, जिनका वर्णन डॉ० यशोधर मठपाल ने किया हैं।

डॉ० जगन्नाथ पाल ने अपने शोध निबंध 'रामकथा क्षेत्र की प्रागैतिहासिक पृष्ठभूमि' में लिखा है कि- "धनुष-वाण से बालक्रीड़ा करते, धनुष-वाण धारण किये सीता-स्वयंबर में सम्मिलित होते, वन-वन विचरण करते, धनुष-वाण से आखेट करते राम की जो छवि हमारे मानस-पटल पर बनती है, विंध्यक्षेत्र के शिलाचित्रों में धनुष-दाण धारण किये मनुष्यों के बहुत से चित्र उसी छवि का स्मरण दिलाते हैं। सम्भव है राम और उनका युग इतिहास के पहले काल से सम्बद्ध हो और ऐतिहासिक काल में क्रमशः विकसित होती हुई इस कथा को कालांतर में वर्तमान स्वरूप प्राप्त हुआ हो।"[६]

इस बात की पुष्टि तब और हो जाती है जब ढाई सौ वर्ष पूर्व लिखी बाबा झामदास कृत 'रामाणवि' तृतीय भाग के अंतिम पृष्ठ पर रामकथा के चित्र का हम अवलोकन करते हैं। कवीन्द्र केसरी द्वारा बनाये गये इस रेखाचित्र में केवट द्वारा श्री राम-जानकी, लक्ष्मण को नौका में चढ़ाकर गंगापार करते दिखाया गया है। गंगा तट पर एक हरिण भी है।[७]

आदिवासी वनवासी होते हैं। राम भी चौदह वर्ष वनवास के वनों में ही बिताये। जाहिर है कि उनका चरित्र वनवासियों को भाया होगा। राजपुत्र राम-लक्ष्मण और कोमलांगी सीता को देखकर वनवासियों में करुणा उपजी होगी। आदिवासियों के करमा गीतों में अनेकशः राम के चरित्र का वर्णन आया है। वनवासी राम का एक मार्मिक प्रसंग प्रस्तुत है-

"सीता वन में गइल।
भूखि जागी कहां भोजन पइब....?"

"एक कंदामूल खोदि खाइब।
पीयब हाथ जोरि पानी।"
वन में चले रघुराई हो।।

"नींद लगी कहां आसन पइब...?
गड़ि जइहंऽ कासा कुसी हो....?
वन में चले रघुराई!
टपकि-टपकि बूंद बरसे,
भींजत राम-लखन दूनों भाई हो।।"

वनगमन के अवसर पर अयोध्यावासी दुखी होते और कहते हैं- "एक वन में राम, दूसरे में लक्ष्मण जायेंगे लेकिन, जनक-दुलारी किस वन में आयेंगी ? अभी तो राम के पीछे वह गुंथी चली जा रही हैं। गांव की नर-नारियां पूछती हैं- "आप सब को खाने के लिए भोजन कहां मिलेगा?" तो राम उत्तर देते हैं- "कंदमूल खोद कर खा लेंगे, अंजली में पानी पी लेंगे।" वे फिर पूछते हैं- "नींद लगेगी तो सोयेंगे कहाँ ? जमीन पर सोने पर तो कांटे गड़ जायंगे।" राम निरुत्तर हो आगे बढ़ जाते हैं तो पानी बरसने लगता है और तब भी वे भींगते चले जा रहे हैं। लगता है तुलसी ने इन्हीं से.........पर्णकुटी करिहौं कित ह्वै"- वाला भाव ग्रहण किया था।

श्रीराम, लक्ष्मण, जानकी तीनों भूखे हैं। वे वन-वन हरिण ढूंढ़ रहे हैं, अन्ततः वह मिलता नहीं है तो वे उदास हो वैसे ही पर्णकुटी में जाकर सो जाते हैं- हर्रा-बहेड़ा का

ओट लेकर। ग्राम वासियों से रहा नहीं जाता तो वे कहते हैं- "आप सभी विश्राम करें, अब हम आखेट को जा रहे हैं और मादा रोझ मारकर लायेगें। उसी से आप अपनी क्षुधा तृप्त कर लीजिएगा।

प्रसंग लम्बा और गाथात्मक है- अंत में वह रोझ भी नहीं मिलता और तीनों वनवासी निराहार सो जाते हैं। है ऐसा प्रसंग किसी भाषा के किसी राम-कथा में?

"रामबन हिंड़ली के दुइ बन हिंड़ली,
नांही, मिलत हरिना मेरुगवा हे राम।
घरे महें लौटलि आवैं हे राम!
हर्रा के आवां बहेड़ा के ओट-ले
हे राम! अब रोझनी कान्ह डोलावैं हे राम
बड़ भइया जा तूं घाट-घाट ओरियां हे राम!

आदिवासी करुणा ही जीता है, अतः कारुणिक दृश्य ही उसे अधिक तन्मय करते हैं। देखिए लक्ष्मण शक्ति पर राम सहित आदिवासियों की मनोदशा कैसी हो जाती है! राम विलाप करते हैं- "क्या कहूँ? लगता है, यहाँ आकर अनुज लक्ष्मण का भी साथ छूट जायगा, उनका सिर दक्षिण की ओर लटक गया है। (मरने का संकेत) हे हनुमत! संजीवनी बूटी ला देते तो भाई की जान बच जाती।" हनुमान वीर मानुष जान सधुवानी बूटी लाकर देते और उसे पीकर लक्ष्मण उठ बैठते हैं-

"आइ गइली बनवां में" छूटत लखन भइया,
दखिने लंगे लखन भइया गिरल जात बा हो।
एक ठे संजीवन बूटी आनि देता।

*　　*　　*

बायां हाथे हनुमत जी परबत उठावत।
तब से परवत में दीपक बारल,
चलि आवें परबत के समान हो।
पीयत के सधुवाना बूटी
जीवा बचि जात बा हो।।"[10]

अब आइए देखते हैं कि सीता के प्रति कैसी करुणा जगती है- वनवासियों में! सीता झूला झूलते गिर पड़ती हैं, वह अचेत हो जाती हैं, फुफुती छितरा जाती और केश बिखर जाते हैं। उसे देख वनवासी स्त्रियां तुरंत ननद-भौजाई का नाता जोड़ती तथा गोंद में उठाकर पोखरा के तट ले जाकर पानी का छींटा देकर उन्हें सचेत-स्वस्थ कर देती हैं। उनकी तिरनी (फुफुती) केश लम्बे-लम्बे आठ-आठ मूठा के हैं। उन्हें वे धूप में सुखाती हैं। क्या अद्‌भुत चित्रात्मक दृश्य है यह-

"हिया रे सीता भौजी गिरइ अनाचेत।
हिया हो तिरनी गइले छितिराई।
"किया हो उठावै आठ मुठा तिरनी,
किया रे उठावै लामी केस।"

हनुमान जब संजीवनी बूटी लेने जाते हैं तो वहाँ अंधेरा छाया होता है, संजीवनी मिले तो कैसे मिले ? सूखे वृक्ष तले वे दीपक जलाते हैं। यह प्रसंग कही अन्यत्र उपलब्ध नहीं है। यह आदिवासियों की अपनी निजी अवधारणा और मौलिक कल्पना है। हनुमान किसी से पराजय स्वीकार नहीं करते, परन्तु आदिवासियों से स्वीकार कर लेते हैं-

> **"सरर-सरर बान मारे,**
> **देखत हनुमान हार माने ऽऽऽ।"**

जबकि हनुमान के तीर-कमान सोने-चांदी के अथवा प्रक्षेपास्त्र की शक्ति वाले रहे होंगे और आदिवासियों के बांस और सरपत के ही बने हैं, देखिए-

> **"बांसेन क धनुष-बान**
> **सरपत क तीर-कमान**
> **लोहे क गोलिया लगावे**
> **संजीवनी चीन्हीं न पावे।"**

इसी प्रकार रावण के 'अहम्' की बात भी आदिवासी समाज में कहीं गयी है। कहते हैं- हे रावण! तुम बड़े घमण्डी हो, रुको दोनों तापसी (राम लक्षमण) आ रहे हैं। तुम्हारे अग्निवाण और चक्रवाण उनके अमोध वाणों के समक्ष नाकामयाब रहेंगे। वे तापसी तुम्हारा गर्व चूर-चूर कर देंगे-

> **"तैं रावण बड़े गारभी हो**
> **आवत हैं दूनों तापसी।**
> **का करि हैं अगिनबान**
> **का करि हैं चाकरा बान**
> **मारि हैं अगिनबान,**
> **भूजि हैं चाकरा बान।**
> **तैं रावन बड़ा गारमी हो।"**

इस तरह एक नहीं; अनेक कथा प्रसंग आये हैं जिनमें रामकथा की मौलिक, सहज, स्वाभाविक, मार्मिक और कारुणिक उद्‌भावना के सर्वत्र दर्शन होते हैं। आदिवासी रामकथा सुनता है तो उसे अपनी तरह से आत्मसात् कर उसे अपने प्रसंगों से जोड़कर, अपनी भाषा-बोली का जामा पहनाकर अपने लोकगीतों, लोकाख्यानों में अभिव्यक्त करता है। वसंत निरपुणे ने ठीक लिखा है कि- "परधान गायक 'पडवानी' और 'रामायनी' के आख्यान भी गाते हैं, लेकिन वैसे ही नहीं, जैसा हम लोग पढ़ते या सुनते आये हैं, वह एक जनजातीय समृति और संस्कार, जीवनबोध और सांस्कृतिक परंपरा के भीतर जैसे फिर से रचे गये हैं। इस प्रक्रिया में जनजातीय कल्पनाशीलता और मनोकामना विश्व की भी एक छाप मूलआख्यानों में अंकित हुई है। इसलिए उनका सृजनात्मक मूल्य है। इन्हें मूल आख्यान के क्षेपक मात्र समझना उचित नहीं है।"[१२]

संत तुलसी लोक के आराधक महाकवि थे। उन्होंने इसी कारण 'नानापुराणनिगमागम' के साथ-साथ 'क्वचिदन्यलोऽपि' कहा। उनका यह अन्यतोऽपि व्यापक लोक है जहाँ से

उन्होंने बहुत कुछ ग्रहण किया था। उन्होंने आदिवासी जनभाषाओं का अनेकशः प्रयोग किया है और आदिवासी रामकथा-प्रसंगों से अनेक क्षेपक कथा प्रसंग भी ग्रहण किये हैं।

तात्पर्य यह कि आदिवासी जनभाषाएं तथा रामकथा एक व्यापक विषय है। उसके समग्र अध्ययन के लिए प्रत्येक क्षेत्र की लोककथाओं, लोकगाथाओं, लोकगीतों, लोकनाटकों, लोकसुभाषितों तक को छानना पड़ेगा और तब उस पर किया गया शोध कार्य अपना पृथक् महत्व प्रतिपादित करेगा, इसमें तनिक भी संदेह नहीं है। अतः जरूरत इस बात की है कि शोध-संस्थान, अकादमियां, निदेशालय टीम बनाकर इस कार्य को संपादित करने में सार्थक सहयोग प्रदान करें।

सन्दर्भ :

१. आदिवासी जीवनः केसरी, अर्जुनदास (डॉ०), पृष्ठ ६-७

२. करमा : चतुर्वेदी, संजय (डॉ०), भूमिका भाग, पृष्ठ ११

३. गजेटियर ऑफ मिरजापुर (१६११), पृष्ठ १०३-१०४

४. लोरिकायनः केसरी, अर्जुनदास (डॉ०), पृष्ठ २

५. 'आज' ८.५.७३ सीताकुण्ड के शैलचित्र, केसरी, पृष्ठ ७

६. श्रीरामलीला स्मारिका : (२००७), पृष्ठ ६६

७. रामाणवि : बाबा झामदास कृत, पृष्ठ २१६

८. करमाः केसरी, अर्जुनदास (डॉ०), पृष्ठ २३

६. वही, पृष्ठ २४

१०. वही, पृष्ठ २८

११. वही, पृष्ठ ५२

१२. चौमासा "आदिम आख्यान परंपरा" अंक-७५, पृष्ठ ४४

•

असमिया राम-साहित्य की परम्परा

प्रो० भूपेन्द्र रायचौधुरी

असम में रामायण की परंपरा ई० चौथी शती से मानी जा सकती है। ई० चौथी से द्वादश शती तक प्रायः आठ सौ वर्षों की अवधि में असम में पुष्पवर्मा, शालस्तंभ और ब्रह्मपाल के राजवंशजों ने शासन किया था। इनके समय में रामायण और महाभारत की कथाओं ने लोक समाज में काफी प्रभाव विस्तार किया था।[१] लोक साहित्य के रूप में प्रचलित 'डाक-प्रवचन' में भी दूर-वाणिज्य के लिए 'लंका' का प्रयोग हुआ है।[२] असमिया मंत्र साहित्य एवं विवाह के गीतों में पर्याप्त मात्रा में रामायण की कथाओं के उल्लेख प्राप्त होते हैं। परंतु लिखित रूप में रामकथा का उल्लेख दशम-एकादश शती में प्रणीत 'कालिका-पुराण' में मिलता है। इस पुराण के सप्तविंश तथा षष्ठितम अध्यायों में राम-सीता का विवाह, राम-रावण युद्ध तथा राम की विजय हेतु ब्रह्मा द्वारा दुर्गा पूजा करने के वर्णन उपलब्ध हैं।[३]

वस्तुतः तेरहवीं शती के अंतिम भाग में राज्याश्रित कवियों ने राम-साहित्य की रचना में प्रवृत्त हुए। असम की प्राकृतिक, सामाजिक और राजनैतिक विडम्बनाओं के बावजूद प्राक्-शंकरदेव काल के कुछ राम-साहित्य उपलब्ध हैं।

त्रयोदश-चतुर्दश शती का प्राचीन असम कोई एक अखण्ड राज्य नहीं था, यह छोटे-छोटे राज्यों में विभक्त था। पश्चिम में कामरूप और परवर्ती काल में कमतापुर राज्य था। यह राज्य वर्तमान कामरूप (अविभक्त), गोवालपारा (अविभक्त) तथा उत्तरबंग (बंग्लादेश) के कुछ अंशों का मिलाजुला रूप था। त्रयोदश शती के अंत तक इसकी राजधानी उत्तरबंग के कमतापुर[४] में स्थानांतरित हुई और १४९८ ई० तक कमतापुर ही असमिया साहित्य चर्चा का प्रधान केन्द्र बना।

यद्यपि कमतापुर के शासनकाल का क्रमिक विवरण उपलब्ध नहीं होता है, फिर भी कामरूपर बुरंजी, चरित पोथियों, मुसलमान इतिहासकार की फारसी रचनाओं से कमतापुर शासनकाल का इतिहास कुछ हद तक प्राप्त होता है। प्रातः डेढ़ सौ वर्षों के शासनकाल में कामरूप-कमता राज्य में संध्या, सिंहध्वज, प्रतापध्वज, दुर्लभनारायण, इन्द्रनारायण, ताम्रध्वज, फिंगुवा, आरिमन्त, शुकरांक, मृगांक, नीलध्वज, चक्रध्वज, नीलाम्बर, दुर्लभेन्द्र इत्यादि अनेक राजाओं के नाम प्राप्त होते हैं।[५]

राजा और राजवंशों के सघन परिवर्तन के कारण राजनैतिक स्थिरता का अभाव था। इसके अतिरिक्त त्रयोदश शती के प्रथम भाग में ही मुसलमानों ने कई बार असम पर आक्रमण किया। दिल्ली सम्राट मुहम्मद गोरी की आज्ञा से बंग देश का शासनकर्ता बख्तियार

खिलजी ने १२०४ ई० में प्रथम बार कामरूप पर आक्रमण किया।[६] १२०४ तथा १२२६ ई० के दो मुसलमान आक्रमणों को तत्कालीन कामरूप का राजा पृथु[७] ने निरस्त किया था, पर १२२८ ई० में उन्हें पराभूत करके नसिरूद्दीन इवाज ने एक प्रतिनिधि राजा को शासक बनाया। फलतः १२५५ ई० में बंग नवाब मालिक उजबेक कामरूप पर आक्रमण करने आया, पर वह बंदी बनाया जाता है और मृत्यु दण्ड से दंडित होता है। इसके बाद षोड़श शताब्दी तक मुसलमानों का प्राचीन असम की तरफ कूच नहीं हुआ था।

राजनैतिक अस्थिरता के बावजूद जिस राजा के कारण असमिया साहित्य-चर्चा का शुभारंभ हुआ, उसका नाम है दुर्लभनारायण नीलध्वज के बाद दुर्लभनारायण ने १२६५ ई० से कमतापुर का शासनभार सम्भाला[८], इनके समय ही कनौज से गौड़ होते हुए सात कायस्थ और सात ब्राह्मण परिवार असम आये थे[९] श्रीमंत शंकरदेव के पूर्वज चण्डीवर इन कायस्थ परिवार में था। दुर्लभनारायण के समय ही असमिया कवियों को राज्याश्रय मिला था। यह परम्परा उनके पुत्र इन्द्रनारायण तक चलती है। इनके समकालीन बराही राजा महामाणिक्य, जिनके राज्याश्रित कवि माधव कन्दलि ने रामायण की रचना की थी, के संबंध में काफी मतभेद है। देवेन्द्र नाथ बेजबरूवा के 'असमीया भाषा आरू साहित्यर बुरंजी' के अनुसार जयंता राजा विजयमाणिक्य ही माधव कन्दलि के संरक्षक महामाणिक्य हैं।[१०] पं० हेमचन्द्र गोस्वामी ने बराही राजा विचारपति फा के पौत्र महामाणिक्य को ही माधव कन्दलि का आश्रयदाता माना है[११]। चतुर्दश शती के राजा महामाणिक्य के राज्य के संबंध में काफी मतभेद है। कनकलाल बरुवा के अनुसार नगाँव की कपिलीघाटी में इनका राज्य था[१२]। डॉ० महेश्वर नेओग ने इन्हें कछारी (बोड़ो) राजा माना है और पाट-हेड़म्ब (डिमापुर) में इनकी राजधानी[१३]; कालिराम मेधि[१४] और डिम्बेश्वर नेओग[१५] ने इन्हें त्रिपुरा का राजा बताया ।

अतः तत्कालीन राजनैतिक उथल-पुथल के समय दुर्लभनारायण और महामाणिक्य के संरक्षण में राम-साहित्य का श्रीगणेश हुआ।

राम साहित्य : वर्गीकरण

असमिया रामायण कहने पर 'सप्तकांड रामायण' को ही समझा जाता है। इसके अतिरिक्त रामायण की कथाओं पर आधारित कुछ खण्ड-काव्य लिखे गये हैं। आधुनिक काल में भोलानाथ दास ने 'सीताहरण काव्य' लिखकर राम-साहित्य को संजीवित रखा। रामकथा पर काफी नाटक भी लिखे गये हैं। आलोचना की सुविधा के लिए मोटे तौर पर असमिया राम-साहित्य को इस तरह वर्गीकृत किया जा सकता है :

क. सप्तकाण्ड रामायण और राम-साहित्य

१. माधव कन्दलि – पंचकांड रामायण
२. शंकरदेव – उत्तरकाण्ड
३. माधवदेव – आदिकाण्ड

ख. अन्य रामकथाकार और राम-साहित्य

४. हरिबर विप्र – लवकुश युद्ध

५. अनंत कन्दलि	–	रामायण
६. दुर्गाबर कायस्थ	–	गीति - रामायण
७. अनन्त ठाकुर आता	–	श्री राम कीर्तन
८. रघुनाथ महंत	–	(क) शत्रुंजय
		(ख) अद्‌भुत रामायण
		(ग) कथा रामायण
९. शिष्ट भट्टाचार्य	–	कथा-किष्किन्धा
१०. श्री चन्द्र भारती	–	महिरावण वध
११. पंचानन	–	पातालिकांड रामायण
१२. गंगा (राम) दास	–	सीता वनवास
१३. धनंजय	–	गणक - चरित्र
१४. कन्दलि	–	शक्तिशेल
१५. कृत्तिवास पंडित	–	अंगद-रामबर
१६. भवदेव विप्र	–	नागाक्ष-युद्ध
१७. अद्‌भुत आचार्य	–	(क) महिरावण वध
		(ख) शतस्कन्धरावण वध
१८. गंगादास	–	लवकुटार युद्ध
१९. भवानीदास	–	रामाश्वमेध
२०. (अज्ञात)	–	रावण बध
२१. भोलानाथ दास	–	सीता-हरण
२२. दुर्गाप्रसाद शर्मा फुकन	–	लवण - वध
२३. तीर्थनाथ गोस्वामी	–	(क) राम-वनवास
		(ख) सीता-हरण
		(ग) बाली वध
		(घ) लवकुशर युद्ध
		(ङ) लवणदैत्य वध
२४. ज्योतिप्रसाद अगरवाला	–	ज्योति-रामायण

माधव कन्दलि : पंचकाण्ड रामायण

श्रीमंत शंकरदेव के पूर्वकालीन कवियों में माधव कन्दलि निःसन्देह श्रेष्ठ कवि थे। श्रीमंत शंकरदेव ने 'उत्तराकाण्ड' (रामायण) का अनुवाद करते समय अपने को 'खरगोश' और कन्दलि को 'हस्ती' के साथ तुलना करके उनके पांडित्य की स्वीकृति के लिए 'अप्रमादी कवि' विभूषण का प्रयोग किया है :

पूर्व कवि अप्रमादी माधव कन्दलि आदि
बिरचिला पदे राम कथा।
हस्तीर देखिया लाद शशा ज़ेन फारे मार्ग
मोर भैल तेहणय अवस्था।[१६]

खेद है कि माधव कन्दलि जैसे 'अप्रमादी कवि' के बारे में विशेष पता नहीं चलता है। अन्तःसाक्ष्य से केवल इतना विदित होता है कि उनका एक अन्य नाम कविराज कन्दलि है और उन्होंने बराही राजा महामाणिक्य के आदेशानुसार सप्तकाण्ड रामायण की रचना की है :

कविराज कन्दलि ज़े आमाकेसे बुलिवय
करिलोहों सर्वजन बोधे।
रामायण सुपयार श्री महा माणिके ज़े
बराह राजार अनुरोधे"
सात-काण्ड रामायण पद बन्धे निबंधिलो
लम्भा परिहरि सारोधृत।
महामाणिकर बोले काव्यरस किछो दिलों
दुग्धक मथिले ज़ेन घृत[१७]"

माधव कन्दलि ने अपने को 'विप्र', 'द्विज', कहा है, जिससे उनके ब्राह्मण होने में कोई संदेह नहीं है ।

बहिःसाक्ष्य के अन्तर्गत 'कथा गुरूचरितं' (गुरू-चरित-कथा) में माधव कन्दलि के शिष्य राघवाचार्य महेन्द्र कन्दलि के टोल (आलिपुखुरी, बरदोना) में आने का उल्लेख मिलता है।[१८] महेन्द्र कन्दलि शंकरदेव के गुरू थे। डॉ० महेश्वर नेओग ने 'कथा गुरूचरित' में उल्लिखित राघवाचार्य के गुरू माधव कन्दलि को 'रामायण' के रचनाकार होने की संभावना व्यक्त की है।[१९]

माधव कन्दलि के समय के संबंध भी अनुमान का ही सहारा लिया गया है। डॉ० कृष्णनारायण प्रसाद 'मागध' ने उनका समय लगभग १४०० ई० बताया है।[२०] डॉ० मागध का यह अनुमान डॉ० महेश्वर नेओग के इस मत पर प्रतिष्ठित है- पर उनके (माधव कन्दलि) १४०० ई० तक जीवित रहने का अनुमान किया जा सकता है।[२१]

पं० हेमचन्द्र गोस्वामी ने अपने 'माधव कन्दलि' शीर्षक निबंध में महामाणिक्य का वंशानुक्रम विचारपति फा से निरूपित किया है तथा उनका समय १२६९ शक (१३४७ ई०) बताया है। यहीं उन्होंने माधव कन्दलि की 'रामायण' रचना का भी काल निर्दिष्ट किया है[२२]। पं० गोस्वामी के तथ्य के आधार पर असम के इतिहासकार वेणुधर शर्मा ने महामाणिक्य को कछारी (बोड़ो) राजा कहा है और माधव कन्दलि की रामायण का रचना काल १३४७ ई० निरूपित किया है।[२३] अतः इस निष्कर्ष पर पहुँचना उचित होगा कि माधव कन्दलि चतुर्दश शती के कवि थे।

कहना चाहिए कि भारतीय प्रादेशिक आर्य भाषाओं का प्राचीनतम राम-साहित्य असमिया रामायण है। इस सन्दर्भ में फादर कामिल बुल्के का कथन है- "भारत की प्रादेशिक आर्य भाषाओं का प्राचीनतम राम-साहित्य असमिया, बंगाली तथा उड़िया में सुरक्षित है। तीनों भाषाओं में एक-एक रामायण सर्वाधिक लोकप्रियता प्राप्त कर सका; असमिया में माधव कन्दली का, बंगाली में कृत्तिवास का तथा उड़िया में बलरामदास का रामायण। इनमें से १४वीं शताब्दी ई० के अंत का माधव कन्दली कृत रामायण सबसे प्राचीन

है[२४]।" फादर कामिल बुल्के ने असमिया रामायण को बंगाली और उड़िया रामायण से भी प्राचीन स्वीकार कर माधवदेव कृत आदिकांड को कृत्तिवासीय[२५] रामायण से प्रभावित कहना परस्पर विरोधी है।

माधव कन्दलि कृत रामायण के अन्तःसाक्ष्य से ज्ञात होता है कि उन्होंने सप्त काण्ड रामायण की रचना की थी, परन्तु शंकरदेव (१४४९-१५६८) के समय में भी आदि और उत्तराकाण्ड न मिलने के कारण इन दोनों काण्डों को परवर्ती काल में जोड़ना पड़ा। माधव कन्दलि रामायण में कुल ५२२६ छन्द हैं। अयोध्या से लेकर लंकाकाण्ड तक छन्दों के क्रम इस प्रकार हैं- अयोध्या : ११२६, अरण्य : ७७३, किष्किन्धा : ६०३, सुन्दर : ८५४ और लंका : १८७०।

माधव कन्दलि ने वाल्मीकि रामायण का गौड़ीय या पूर्वभारतीय पाठ का अनुसरण किया है। फादर बुल्के ने गौड़ीय पाठ के कुछ प्रसंगों के उल्लेख किये हैं जो माधव कन्दलि रामायण में उपलब्ध हैं, यथा- राम की कुश पादुकाओं का उल्लेख, सीता की जन्म-कथा में मेनका का वृतांत, राम के प्रति तारा का शाप, विभीषण पर रावण का पाद-प्रहार, शरणागति के पूर्व विभीषण द्वारा अपनी माता से तथा अपने भाई कुबेर से भेंट, कालनेमि का वृतांत, समुद्रलंघन के वर्णन में सुरसा का प्रथम स्थान में उल्लेख, सम्पाति के पास सुपर्श्व का आगमन। माधव कन्दलि रामायण में वर्णित वाल्मीकि रामायण भिन्न प्रसंग हैं -

(१) सीताहरण के समय सुपार्श्व का रोकना।

(२) हनुमान का लंका की वाटिका का विध्वंस करने के पूर्व वृद्ध ब्राह्मण के रूप में रावण से भेंट करना।

(३) नल को दिये हुए वरदान का वह स्पष्टीकरण कि उसके स्पर्श से पत्थर नहीं डूबेंगे[२६]।

(माधव कन्दलि ने तुलसीदास या कृत्तिवास की तरह अन्य पुराण, उप-पुराणों से कथा का संयोजन नहीं किया है। अनुवाद करते समय कवि ने सतत सौन्दर्य और पाठकों की रुचि के प्रति ध्यान रखा है। कहीं भी साम्प्रदायिक या धार्मिक मतवाद को महत्व देकर काहिमक सौन्दर्य को विनष्ट नहीं किया है। इस संदर्भ में डॉ० सत्येन्द्र नाथ शर्मा का वक्तव्य अति महत्वपूर्ण है- "इस रामायण की रचना करते समय कवि ने राम को विष्णु के अवतार के रूप में स्वीकार किया है अवश्य, पर भक्ति-प्रवाह में न बहकर वाल्मीकि रामायण के प्रमुख मानवीय स्तर को परिवर्तित करने की कोशिश नहीं की है। पदों में बार-बार ईश्वरत्व थोपकर राम-लक्ष्मण-भरतादि के चरित्रों का मानवीय आवेदन विनष्ट नहीं किया है।[२७]

वस्तुतः वाल्मीकि रामायण की तरह माधव कन्दलि के राम भी आदर्श मानव हैं, सुख-दुखातीत ईश्वर नहीं। अनुवाद करते समय माधव कन्दलि ने वाल्मीकि रामायण के अपरिहार्य श्लोकों को नहीं छोड़ा है, परन्तु अनेक स्थलों में उन्होंने भावानुवाद का आश्रय लिया है और कथाओं को संक्षेप किया है। इसीलिए माधव कन्दलि कृत रामायण एक लौकिक महाकाव्य के रूप में उभरा है। लोक-रुचि के प्रति जागरूक कवि ने रामायण की रचना के समय अपनाने वाली नीति का इस प्रकार खुलासा किया है-

वाल्मीकि रचिला शास्त्र गद्य पद्य छन्दे।
ताहाक विचार अमि करिया प्रबन्धे।।
आपोनार बुद्धि अर्थ ज़ि मत बुजिलो।
संक्षेपे करिया ताक पद बिरचिलो।
समस्त रसक कोने जानिबाक पारे।
पक्षी सब उरइ ज़ेन परवा अनुसारे।।
कवि सब निबंधय लोक व्यवहारे।।
कतो निज कतो लम्मा कथा अनुसारे।।
देववाणी नुहि इटो लौकिक हे कथा।
एतेके इहार दोष नलैबा सर्वथा।।[२८] (किष्किंधाकांड)

(वाल्मीकि ने गद्य-पद्य छन्दों में शास्त्र की रचना की है जिसे चिंतन-मनन के द्वारा मैंने अपनाया है। अपनी बुद्धि के अनुसार जो समझ पाया उसके आधार पर संक्षेप में पदों की रचना की। महाकाव्य के समस्त रसों को भला कौन समझ सकता है। पक्षीकुल अपने पंख की शक्ति के अनुसार ही उड़ते हैं। लोक-रुचि के अनुसार ही कथा को काव्यबद्ध किया गया है, कहीं अपने अनुसार और कहीं विस्तार से। यह कथा लौकिक है, देववाणी नहीं। इसलिए इसमें कभी दोष नहीं देखना चाहिए।)

माधव कन्दलि ने असम के जन-जीवन, प्रकृति को बड़े ही भव्य रूप में उपस्थित किया है, यथा-राम को वन से लौटा लाने के लिए भरत के साथ जाने वाले लोग असम के विभिन्न वर्ण एवं वृत्तियों के हैं[२९], लंका-वर्णन में असम के अनेक पेड़ पौधों के नाम मिलते हैं[३०]। अतः डॉ० सत्येन्द्र नाथ शर्मा का कथन अधिक प्रासंगिक लगता है- ''चतुर्दश शती का असमिया समाज, असमीया जीवन धारण की प्रणाली, शिल्प, धर्म-विश्वास, खाद्याखाद्य, जाति और व्यवसाय, फूल-फल, पशु-पक्षी, राजकीय व्यवस्था आदि के सम्पूर्ण चित्रण न सही पर कुछ आभास इस ग्रंथ (माधव कन्दलि कृत रामायण) में उपलब्ध है। जनता के जीवन का प्रतिबिम्ब पड़कर कन्दलि की रामायण का वर्णन अधिक आकर्षक हुआ है।[३१]

माधव कन्दलि की भाषा भावानुसारिणी है। विभिन्न प्रसंगों, भावों, परिस्थितियों इत्यादि के वर्णन में कवि को पर्याप्त सफलता मिली है। जनभाषा के सफल प्रयोग में इन्हें अद्वितीय कहा जा सकता है। विभिन्न अलंकारों के प्रयोग शब्द-चयन, भाषा की सांगीतिक विशेषताओं को उभारने में इन्होंने जो उदाहरण प्रस्तुत किये हैं, उनसे परवर्ती असमिया साहित्यकारों को नयी दिशा मिली। शंकरदेव जैसे युग-प्रवर्तक साहित्यकार ने भी माधव कन्दलि को 'अप्रमादी कवि' की गरिमा प्रदान करके इनकी महत्ता को स्वीकारा है। वस्तुतः माधव कन्दलि कृत रामायण असमिया जीवन, भाषा-साहित्य तथा संस्कृति की अमूल्य धरोहर है।

शंकरदेव : उत्तराकांड

महापुरुष श्रीमंत शंकरदेव (१४४९-१५६८ ई०) असम में न[illegible] वैष्णव धर्म के प्रवर्तक थे। उन्होंने मुख्यतः कृष्ण भक्ति साहित्य की रचना की है। अपवाद स्वरूप एक बरगीत (सुन सुन रे, सुर-वैरि प्रमाना), 'राम-विजय' नाटक और 'उत्तराकांड रामायण' का अनुवाद किया था। इस संदर्भ में गुरु-चरित पोथी में उल्लेख मिलता है कि जब अनंत कन्दलि

नामक एक विद्वान ब्राह्मण ने रामायण रचना की योजना बनायी तब एकदिन स्वप्न में माधव कन्दलि ने शंकरदेव को उनकी कृति रामायण को बचाने का आदेश दिया। दूसरे दिन शंकरदेव ने अपने प्रिय शिष्य माधवदेव से कहा- 'तुम्हारे पिता के शास्त्र को ढकने का प्रयास हो रहा है। अतः तुम आगे और मैं पीछे संभालकर इसे सम्पूर्ण बनाते हैं।' इसीलिए माधवदेव ने 'आदिकांड और शंकरदेव ने 'उत्तराकांड' की रचना की है।[३२]

'उत्तराकांड' में कुल ७६२ छंद हैं। राम और लव-कुश की वन्दना, गुरू-स्तवन एवं रचना के प्रतिपाद्य का संकेत एवं रामायण और रामकथा का माहात्म्य-कथन के पश्चात् कवि ने राम-कथा का श्रीगणेश किया है। सीता-वनवास, सीता का वाल्मीकि आश्रम में जाना और लव-कुश के जन्म से लेकर सीता का पाताल प्रवेश, पृथ्वी के प्रति राम का क्रोध और ब्रह्मा द्वारा राम का प्रबोधन आदि विषयों को समेटकर श्रीराम के स्वर्ग-गमन तक वर्णन उपलब्ध हैं। श्रीराम की सभा में लव-कुश द्वारा रामायण गाने के क्रम में सम्पूर्ण राम-कथा को संक्षेप में कवि ने वर्णन किया है। शंकरदेव ने मूल वाल्मीकि रामायण के स्थान पर वैयक्तिक रुचि के आधार पर इस कांड की रचना की है जिससे यह सुसम्बद्ध और कवित्तपूर्ण हो सकी है। उन्होंने शम्बूक-वध, कुत्ता-ब्राह्मण-विवाद, गृध्र-उलूक-विवाद जैसे प्रसंगों को छोड़ दिया है। हनुमान-जन्म-वृत्तांत को भव्य रूप में प्रस्तुत किया है। उत्तराकांड का सबसे मार्मिक प्रसंग हैः सीता का पाताल-प्रवेश। राम के प्रति सीता के रोष को कवि ने विस्तार से वर्णन किया है; नमूने के रूप में :

एकेश्वरी नारी मइ नोहो स्वतन्तरी।
नोवारिले राखिवे रावणे निले हरि।।
चाहिलो लंकाते अपमाने मरिबाक।
गैया एइ हनुमन्ते बाधिले आमाक।।[३३]

(मैं अकेली नारी हूँ, स्वतंत्र नहीं। रावण ने मेरा हरण किया, पर राम मुझे रक्षा नहीं कर सके। अपमान के कारण मैं लंका में प्राण त्यागना चाहती थी, पर इस हनुमान ने वहाँ जाकर मुझे रोका)।

राम भक्ति को अधिक महत्व देने के कारण यह एक भक्तिपरक रचना बनी है। इस कृति से शंकरदेव की शास्त्रीयता, वर्णन-कुशलता, चारित्रिक मनस्तातिकता, काव्यिक-रमणीयता निखर पड़ी है।

माधवदेव : आदिकांड- गुरू शंकरदेव के आदेशानुसार महापुरुष माधवदेव (१४८६-१५९६ ई०) ने आदिकांड रामायण की रचना की है। इसमें १४६१ छंद हैं।

डॉ० सत्येन्द्र नाथ शर्मा[३४] और डॉ० महेश्वर नेओग[३५] ने इसे वाल्मीकि रामायण का अनुवाद भर माना है। श्रीतीर्थनाथ शर्मा ने इस कृति में मौलिकता का आकलन किया है।[३६] परंतु रामायण के दो विद्वान फादर कामिल बुल्के[३७] तथा डॉ० रमानाथ त्रिपाठी[३८] ने अपने-अपने शोध-ग्रंथों में इसे कृत्तिवासीय रामायण पर आधारित स्वीकार किया है। प्रो० कृष्णनारायण प्रसाद 'मागध' ने माधवदेव कृत आदिकाण्ड रामायण और कृत्तिवासीय रामायण का अंतरंग परीक्षण के बाद इस तथ्य को दृढ़ता से नकारा है।[३९] माधवदेव का 'आदिकाण्ड' उनकी मौलिक प्रतिभा का परिचायक है। कवि ने सामग्री वाल्मीकि रामायण के

अतिरिक्त 'महाभारत', 'पद्ममपुराण', (पाताल खण्ड), 'हनुमन्नाटक', 'वृहदधर्म पुराण', 'रघुवंश', इत्यादि ग्रंथों से संजोयी है। माधवदेव ने 'आदिकांड प्रस्तुत करते समय अपनी नीति से काम लिया है। उन्होंने वाल्मीकि रामायण के कुछ प्रसंगों को छोड़ दिया है और कुछ प्रसंगों को संक्षिप्त किया है। 'पद्ममपुराण से स्वीकार करने वाली क्रष्यश्रृंग-कथा में पर्याप्त आदि-रस का संयोजन हुआ है। माधवदेव ने महापुरुषीय धर्म के एकराणीयां' आदर्श को विष्णुभक्ति के माध्यम से उपस्थापित किया है- 'तोमान भकति रहे जेन मते, कृपा करा नारायण'[४०]। (हे नारायण कृपा करो जिससे तुममें भक्ति बनी रहे।)

हरिहर विप्र लवकुशर युद्ध- कमतापुर राजा दुर्लभनारायण के राज्याश्रित कवि हरिहर विप्र के जीवन के संबंध में ज्ञात नहीं होता है। वे शंकरदेव पूर्व कवियों में अन्यतम हैं। इनकी तीन रचनाएँ उपलब्ध होती हैं- लवकुशर युद्ध, वब्रुबाहनर युद्ध और ताम्रध्वजर युद्ध।

'लवकुशर युद्ध' जैमिनीय भारत (अश्वमेध पर्व, अध्याय २५-३८) के आधार पर रचित कुल ५६२ पदों की रचना है। रावण वध कर श्रीरामचन्द्र सीता-लक्ष्मणादि के साथ अयोध्या पहुँचने से लेकर रामाश्वमेघ तक की कहानी इस खण्ड-काव्य का वर्ण्य है। श्रीरामपुत्र लव और कुश द्वारा राम-सेना का पराभव तथा दोनों वीर पुत्रों के पराक्रम को कवि ने बड़े ही रोचक ढंग से प्रस्तुत किया है। इस खंड-काव्य में कवि की नवीन उद्भावनाएँ देखी जा सकती हैं, यथा- उरुलि मंगल, राम द्वारा पंचदेव की पूजा, भरत आदि का 'जोड़ा नाम' (जुड़ि गीत) गाना, स्वर्ण आभरण से सीता के गर्भ को ढंकना, सीता विलाप इत्यादि। कवि ने असम के ग्रामीण वातावरण को उकेरा है।

अनंत कन्दलि : रामायण

अनंत कन्दली के जन्म और मृत्यु-वर्ष का पता नहीं चलता है। डॉ० सत्येन्द्र नाथ शर्मा ने इनका जन्म समय १५२०-१५३० ई. के बीच और १६०० ई० तक जीवित रहने का अनुमान किया है।[४१] अन्तःसाक्ष्य से पता चलता है कि वे कामरूप जिलान्तर्गत हाजो के निवासी थे और उनके पिता रत्न पाठक हाजो देवालय के कथा-वाचक थे।

अनुमान किया जाता है कि अनंत कन्दलि ने सम्पूर्ण रामायण का अनुवाद किया था जिसके कारण माधव कन्दलि की रामायण को बचाने के लिए शंकरदेव और माधवदेव ने दो काण्डों का अनुवाद किया था। यद्यपि उनकी रामायण के पाँच कांड उपलब्ध होने की बात कही जाती है, परन्तु अब तक तीन कांड ही उपलब्ध हो सके हैं- अयोध्या, अरण्य और किष्किन्धा। डॉ० कृष्णनारायण प्रसाद 'मागध' ने सन् १५४५-१५५५ ई० के बीच इसकी रचना किये जाने का अनुमान किया है।[४२]

अनंत कन्दलि रामायण और वाल्मीकि रामायण को मिलाकर देखने पर स्पष्ट होता है कि कंदलि ने वाल्मीकि का हूबहू अनुवाद नहीं किया है। उसके अनेक प्रसंग छोड़ दिये हैं और कुछ प्रसंगों को संक्षिप्त किया है। कहना चाहिए कि उनकी कृति पर माधव कन्दलि रामायण का प्रभाव पड़ा है। उन्होंने स्पष्ट रूप में स्वीकार किया है कि माधव कन्दलि ने रामायण की रचना की है, उसे सुनकर मेरे मन में भी कुतूहल जगा- 'माधव कन्दलि बिरचिला रामायण, ताक शुनि आभार कौतुक करे मन।' डॉ० सत्येन्द्र नाथ शर्मा ने इस

संबंध में टिप्पणी की है- "वस्तुतः माधव कन्दलि के पदों को जरा इधर-उधर करके या छन्द बदलकर और वैष्णव रंग देकर अनन्त कन्दलि ने रामायण की रचना की है।"[४३] उदाहरण के रूप में निम्नांकित पंक्तियां देखी जा सकती हैं :

"चन्द्रर उदये ज़ेन कुमुद प्रकाश
रामक देखिया सर्वजनर उल्लास" (माधव कन्दलि, अयोध्या)

"चन्द्रर उदये ज़ेन कुमुद प्रकाश
राम मुख देखि भैला सबारे उल्लास" (अनन्त कन्दलि, अयोध्या)

अतः अनन्त कन्दलि कृत 'रामायण- 'भागवतीयं या वैष्णव' अथवा 'नवीन संस्करण' हो गयी है, क्योंकि इसमें भागवत का प्रभाव पड़ा है। मूलत : अनन्त कन्दलि वैष्णव और कृष्ण भक्त हैं। उन्होंने राम और कृष्ण में अभेद मानकर (ज़ेहि कृष्ण संहि राम) 'रामायण' का प्रारंभ और अंत कृष्ण के स्तवन से किया है। कवि ने कतिपय स्थलों पर मौलिकता का प्रदर्शन किया है, यथा- सीता-सौन्दर्य (अयोध्या), राम-सौन्दर्य (अयोध्या), अयोध्या की सजावट (अयोध्या), सीता-विवाह (अरण्य), राम-विरह (अरण्य), सुग्रीव राज्यारोहण और मल्ल युद्ध (किष्किधा) इत्यादि।

दुर्गाबर कायस्थ : गीति-रामायण

दुर्गाबर कायस्थ षोड़श शती के प्रथमार्द्ध के कवि हैं। अन्तःसाक्ष्य से पता चलता है इनके पिता का नाम चन्द्रधर कायस्थ था। उन्होंने बाहुबल शिकदार का उल्लेख किया है जिससे अनुमान किया जा सकता है कि उनकी प्रेरणा (या आज्ञा) से गीति-रामायण की रचना की थी। उनकी रचना में कोचराजा विश्वसिंह (१५१०-१५४० ई०), उनकी अड़तालीस महिषियों एवं अठारह राजकुमारों के उल्लेख होने से अनुमान किया जाता है कि यह रचना उस समय की है।

दुर्गाबर रामायण में कुल ९९४ (४९० + ३१६ + ८१ + ७६ + ७८) छंद हैं। प्राप्त पोथी में अरण्य से लेकर उत्तराकांड तक ही वर्णन मिलते हैं। परन्तु अरण्य कांड के एक पद में स्पष्ट कहा गया है कि उन्होंने अयोध्या कांड का वर्णन समाप्त किया है:

अयोध्याकाण्डर कथा भैला समापति।
अरण्यकाण्डर कथा शुनियो सम्प्रति।।

वस्तुतः 'गीति-रामायण' में अरण्य से उत्तराकाण्ड (रामाभिषेक) तक की कथा निबद्ध है। कवि ने गीतों में रामायण की रचना की है। इसीलिए डॉ० वाणीकांत काकति जैसे आलोचक ने टिप्पणी की है कि गीति-रामायण वाल्मीकीय रामायण का अनुवाद या भावानुवाद नहीं है। डॉ० काकति ने इसे वाल्मीकि महाकाव्य का ग्रामीण संस्करण कहा है।[४४] वस्तुतः असम की ओजापालि परम्परा का प्रभाव कवि पर पड़ा है। अहिर, रामगिरि, वसंत, मालचि, श्री माल्हार, मेघमंडल इत्यादि प्रायः बाईस रागों से सम्बद्ध कुल अट्ठावन गीत इस कृति में उपलब्ध होते हैं।

मौलिकता और नवीनता की दृष्टि से डॉ० कृष्णनारायण प्रसाद 'मागध' ने 'गीति-रामायण' के निम्नांकित प्रसंगों की ओर संकेत किया है।[४५] यथा-

(क) अरण्य में सीता द्वारा माया- अयोध्या की सृष्टि और मदन-चतुर्दशी उत्सव
(ख) राम और सीता की द्युत-क्रीड़ा
(ग) चकवा-वक प्रसंग
(घ) दशरथ का पिण्डदान
(ङ) शूर्पणखा प्रसंग
(च) खर-दूषण-त्रिशिरा प्रसंग
(छ) स्वर्णमृग-प्रसंग
(ज) धनुषरेखा-प्रसंग
(झ) सीता-जन्मकथा
(ट) रावण-सुपार्श्व संवाद
(ठ) विलाप वर्णन-सीता, राम, बाली, तारा इत्यादि के विलाप।

अनन्त ठाकुर : श्रीराम-कीर्तन

अनन्त ठाकुर कायस्थ परिवार के थे और शंकरदेव के वंशज थे। उनकी मृत्यु सन् १६७४ ई० हुई थी। अनुमान किया जाता है 'श्रीराम कीर्तन' की रचना १६५५ ई० में की थी। इसमें ११०५ पदों को स्थान मिला है। कीर्तन की शैली में प्रस्तुत होने के कारण इसे-श्रीराम-कीर्तन' कहा जाता है। अन्तःसाक्ष्य से ज्ञात होता है कि वाल्मीकीय रामायण के सातों काण्डों की कथा का सारांश कलापचन्द्र द्विज ने 'रामायण चन्द्रिका' में प्रस्तुत किया था। इसी कृति का सार कवि अनन्त ठाकुर ने 'श्रीराम-कीर्तन' में उपस्थापित किया है।[४६]

अनन्त ठाकुर ने सम्पूर्ण रामकथा को कुल तिरसठ कीर्तनों में किया है। इस कृति की विशेषताएँ हैं- रामकथा की संक्षिप्तता, रचनारीति की सरलता तथा सहजता, गेयता और मधुरता। कवि ने शंकरदेव की इस प्रकार प्रशस्ति की है:

"नमो नमो श्रीमन्त शंकर पूर्णकाम।
कीर्तनर छंदे बिरचिला गुणनाम"

'श्रीराम-कीर्तन' को डॉ० सत्येन्द्र नाथ शर्मा ने 'पॉकेट रामायण' की संज्ञा दी है।[४७] वस्तुतः मूल प्रसंगों को न छोड़ कर सातों काण्डों की कथाओं को सहज-सरल रूप में प्रस्तुत किया गया है। श्रीराम के चरित्र को उन्होंने गंभीरता पूर्वक चित्रण किया है उन्हें ईश्वर माना है।

रघुनाथ महन्त :

राम-कथाकारों में रघुनाथ महन्त का विशेष स्थान है। इनके जीवन के संबंध में विशेष विवरण उपलब्ध नहीं है। अन्तःसाक्ष्य से उनके पूर्वज का नाम सतानन्द था, जिन्हें शंकरदेव ने दीक्षा देकर 'बरभक्त' की उपाधि दी थी। इन बरभक्त की सातवीं पीढ़ी में रघुनाथ महन्त का जन्म हुआ था। उनकी रचनाओं के काल निरूपण के आधार पर डॉ० कृष्णनारायण प्रसाद 'मागध' ने कवि का जीवनकाल सन् १७१०-१७८१ ई० अनुमान किया है।[४८]

रघुनाथ महन्त की तीन कृतियाँ हैं :

१.	शत्रुंजय	-	रचनाकाल सन् १७३६ ई० (अनुमानित)
२.	अद्‌भुत रामायण	-	रचनाकाल अज्ञात (सन् १७३६ - १७८१ ई०)
३.	कथा-रामायण (अपूर्ण)	-	रचनाकाल सन् १७८१ ई० (")

शत्रुंजय में कुल २१३० पद हैं। यह एक एकार्थ काव्य है। काव्य का प्रारंभ 'श्रीकृष्णाय नमः' से किया गया है। इसमें मूलकथा पुराण शैली-वाल्मीकि और भरद्वाज के संवाद-में वर्णित हुई है। वाल्मीकि कथावाचक और भरद्वाज श्रोता हैं। भरद्वाज प्रश्न करते हैं और वाल्मीकि उत्तर देते हैं। 'शत्रुंजय' में वर्णित कथाओं को इस तरह वर्गीकृत किये जा सकते हैं :

(क) वानर जाति और रावणादि राक्षसों की जन्म-कथा (पद २८-१८०)
(ख) वाली- (के सेनापति हनुमान) की दिग्विजय कथा (पद १८१-१६२७)
(ग) राम-कथा (रामायण) (पद १६२८-२०७४)
(घ) कृष्ण-कथा (कृष्णायण) (पद २०७५-२१०६)

पुस्तक की समाप्ति से पूर्व शेष बाईस पदों में बुद्ध अवतार के कारण असम में वामाचारी तांत्रिकों से पनपने वाले पाखण्ड आचरण पर कड़ा प्रहार है। इससे बचने के लिए वैष्णव भक्ति को अपनाने, वैष्णव भक्ति के प्रवर्तक शंकरदेव की महत्ता, कवि परिचय, कवि की आकांक्षा आदि को वर्ण्य बनाया है।

अद्‌भुत रामायण में कुल ७०० पर हैं। इसमें प्रतिपाद्य कथानक के मूल स्रोत के बारे में कुछ ज्ञात नहीं होता है। संस्कृत 'अद्‌भुत रामायण' के साथ इसका कोई सादृश्य नहीं है। संस्कृत अद्‌भुत रामायण में सीता द्वारा रावण को वध करने की कथा है, जबकि असमिया अद्‌भुत रामायण में सीता के पाताल प्रवेश के बाद पुत्रों के विरह को न सह पाने के कारण वासुकि नाग को भेज कर लव-कुश का हरण कर पाताल ले जाना तथा हनुमान द्वारा योगबल से उनके उद्धार की कथाएँ वर्णित हुई हैं। ये वर्णन अत्यन्त अद्‌भुत एवं विस्मयकारी हैं। कथा के अंत में कवि ने वक्ता-श्रोता के रूप में मार्कण्डेय ऋषि तथा युधिष्ठिर का उल्लेख किया है :-

इटो कथा एहिमाने समापति भैल।
मार्कण्डेय ऋषि युधिष्ठिर आगे कैल।। ६८८

कथा-रामायण

शीर्षक से ही पता चलता है कि रामायण का यह गद्य रूप है। आर्य भाषाओं में रचित रामायणों में इसका महत्व गद्य रूप के कारण है। इस कृति का मंगलाचरण असम्पूर्ण रूप में उपलब्ध है। परन्तु उसमें उनकी विद्वता झलकती है। 'कथा-रामायण' के केवल प्रथम तीन काण्ड (आदि, अयोध्या और अरण्य) ही उपलब्ध हैं। संभवतः इसके पूर्ण होने के पूर्व ही रघुनाथ महन्त की मृत्यु हुई होगी। कथा रामायण को नारद-वाल्मीकि संवाद के रूप में

प्रस्तुत किया गया है। नारद हैं कथावाचक और वाल्मीकि श्रोता। इसके अतिरिक्त रघुनाथ महन्त शंकरदेव के भक्ति-दर्शन से प्रभावित दिखाई देते हैं। अतः श्रीरामचन्द्र पूर्ण ब्रह्म के रूप में स्वीकृत हुए हैं। उनकी कृति में शंकरदेव, माधवदेव और अनन्त कन्दलि के प्रभाव दिखाई पड़ते हैं; यथा-

मोर पारिषद बुलि केहो न जानय।
नीच बुलि अतिशय गंरिहा करय।।६०८
कोटि एक देवो रावणक नोहे सम।
सेहि भैल अधम कोन आछय उत्तम।।६०९ – माधवदेव, आदिकाण्ड

अहो मेरि पार्षद रावणक केहो न जानय। कोनो एक
देव जाक समान नाहि हय, सिटो रावण भैल।
आर कोन उत्तम थिक? -कथा-रामायण, पृष्ठ ८, अनुच्छेद १५

शिष्ट भट्टाचार्य : किष्किन्धाकाण्ड

शिष्ट भट्टाचार्य के जीवन के बारे में कोई जानकारी नहीं मिलती है। प्रतीत होता है रघुनाथ महंत की कृति 'कथा-रामायण' को सम्पूर्ण बनाने की दृष्टि से शिष्ट भट्टाचार्य ने 'किष्किन्धाकाण्ड' की रचना की थी। यह कृति गद्य में है। इसका रचनाकाल १७८१ ई० है। इसमें कुल ग्यारह अध्याय हैं जिसमें किष्किन्धाकाण्ड की सम्पूर्ण कथा आ गयी है। माधव कन्दलि की रामायण का प्रभाव 'किष्किन्धाकाण्ड' में देखने को मिलता है, यथा-

शांत कटिबाक पारि सज्जनर मन।
भांगिले गढ़िब पारि सुवर्ण भाजन।।
दुर्जनर मन शांत करण नज़ाय।
मृत्तिकार पात्र गढ़ नलवे दुनाई।। ३४९० -माधव कन्दलि

'जेन सुवर्न्नर भाजन भग्न हैलेवो गढ़ लवय सज्जन सकलर मन सिमत हय। जेन मृत्तिकार पात्र मोर भग्न हैले गढ़ नलवेः दुर्जनरो मन सिमत हय'

-कथा-रामायण (किष्किन्धाकाण्ड) अनुच्छेद १२५

श्रीचन्द्रभारती : महीरावण-वध

कवि के संबंध में किंचित् मतभेद है। अनन्त कन्दलि का अन्य एक नाम चन्द्र भारती था। उपेन्द्र चन्द्र लेखारू ने 'महीरावण-वध' के कवि के रूप में श्रीचन्द्र भारती लिखा है।[४९] इस कृति में कुल २२९ छन्द हैं। इसका अन्य नाम 'पातालीखण्ड रामायण' भी मिलता है।

महीरावण और अहीरावण की कथाएँ वाल्मीकि रामायण में नहीं है। 'आनन्द रामायण' में अवश्य मैरावण और ऐरावण की कथाएँ मिलती हैं। प्रस्तुत कृति में महीरावण रावण का पुत्र है। रावण के आग्रह पर महीरावण नींद की अवस्था में राम-लक्ष्मण को हरण कर पाताल ले जाता है। हनुमान खोजते हुए पाताल प्रवेश कर बेताल चण्डी के सामने बलि देने के लिए कैद राम-लक्ष्मण को उद्धार कर लाते हैं। पुस्तक का सर्वाधिक महत्वपूर्ण चरित्र हैं : हनुमान। वह न केवल वीर हैं, पर सच्चा रामभक्त होने के साथ-साथ

बुद्धिमान और व्यवहार कुशल भी हैं। सहज-सरल भाषा में लिखित यह काव्य असम में अति लोकप्रिय है। राम-भक्ति का प्रचार ही कवि का उद्देश्य है-

रामर चरणे सबे करियोक सेव।
गुणि चोवा राम बिने आछ कोन देव।।
परम पुरूष देवतारो देव हुइ।
संसारी जनत प्रभु देखन्त बिलाई।। १२८

पंचानन : पातालिकाण्ड, रामायण

प्रस्तुत काव्य में कुल दो सौ चौहत्तर पद हैं। कवि पंचानन के संबंध में अन्तःसाक्ष्य और बहिसाक्ष्य से कुछ भी ज्ञात नहीं होता है। अवश्य इतना कहा जा सकता है कि कवि ने रघुनाथ महंत के बाद इस काल की रचना की है। डॉ० मागध ने अनुमान किया है कि इस काव्य की रचना 'अद्‌भुत रामायण' के पश्चात् ही हुई होगी।[५०]

'पातालिकाण्ड रामायण' की कथा सीता के पाताल प्रवेश के बाद प्रारंभ होती है। पातालपुरी में सीता माता वसुमती के साथ रहती हैं। पर पुत्रों- लव-कुश की चिन्ता से क्षीण होती जाती हैं। लव-कुश को हरण कर पाताल ले आना, हनुमान द्वारा उद्धार करने की कथा विस्तृत रूप में वर्णित है। वसुमती सीता और लव-कुश को हनुमान के साथ अयोध्या भेजती हैं। पत्नी और पुत्रों को पाकर राम प्रसन्न होते हैं। परन्तु सीता राम से यह कह कर अन्तर्ध्यान होती हैं कि अब इस जीवन में उनका मिलन नहीं होगा। सीता के पुनः पाताल लौटने के साथ ही कथा समाप्त होती है। यह अनुमान करना असंगत न होगा कि असम की जनगोष्ठियों में प्रचलित किसी लोककथा को ही कवि ने छन्द-बद्ध कर इस खण्ड-काव्य की रचना की है।

गंगा (राम) दास : सीता-वनवास

इस खण्ड काव्य में कुल चार चौ साठ छन्द हैं। कवि के संबंध में कोई जानकारी नहीं मिलती है। असमिया साहित्येतिहासकारों ने गंगादास कृत 'सीता-वनवास' का रचना-काल सन् १७००ई० के पश्चात् माना है। काव्य में कथा-वाचक (वक्ता) है जैमिनी और श्रोता (प्रश्नकर्ता) है जनमेजय। वनवास की अवधि समाप्त होने पर राम अयोध्या लौटना, राज्याभिषेक एवं राम द्वारा राज्य संभालना, सीता को पंचामृत (पुंसवन संस्कार) दिये जाने से लेकर सीता का वनवास, लव-कुश का जन्म, राम के अश्वमेघ के घोड़े को लव-कुश द्वारा रोकना और अंत में रामादि के साथ सीता और लव-कुश का मिलन दिखाया गया है। इस प्रकार कथा की समाप्ति सुखान्त है। कवि मूलतः कृष्ण भक्त होने पर भी उन्होंने कृष्ण और राम को अभिन्न माना है। कवि गंगादास के राम परम ब्रम्ह, जगतकारण और विष्णु के अंशावतार हैं। कवि को चतुर्व्युह का सिद्धान्त मान्य है :

आछिंला श्रीराम दशरथर तनय।
अवतार भैला विष्णुह चारि अंश हुइ।।५

'सीता-वनवास- एक सफल खण्ड-काव्य बनने के बावजूद लवण-वध प्रसंग (छंद ३०६-४०८) ने इसे किंचित् शिथिल किया है।

धनंजय : गणक-चरित्र

कवि धनंजय कृत 'गणक-चरित्र' में कुल १४६ छंद हैं। इस कृति का अन्य एक नाम 'मन्दोदरीर मणिहरण' भी है।[५१] कवि के संबंध में कोई जानकारी नहीं मिलती है। काव्यशास्त्रीय दृष्टि से यह एकार्थकाव्य है। इसे आहोमकालीन (१७००-१८२६ ई०) साहित्य के अन्तर्गत रखा जाता है। इस काव्य की कथावस्तु के संबंध में दो-तीन टिप्पणियाँ मिलती हैं, पर डॉ० सत्येन्द्र नाथ शर्मा का मत विचारणीय है- 'हनुमान संबंधित प्रचलित किम्बदन्ती पर आश्रय लेकर संभवतः गणक-चरित्र की रचना की गयी है।'[५२] कहना चाहिए ज्योतिष चर्चा करने वाले पण्डित को असम में 'गणक' कहा जाता है।

'गणक-चरित्र' का कथासार हैः रावण अशोक वन में बन्दी सीता को प्रलोभित करने के उद्देश्य से माया द्वारा राम-लक्ष्मण, हनुमान, जाम्बवन्त, सुग्रीव, नल, नील, अंगद आदि को निर्मित करता है। रावण उन्हें मंगल-वाद्य के साथ लेकर अशोक वन पहुँचता है। वहाँ वह सीता के सामने छलपूर्वक राम की हत्या कर सीता को प्राप्त करना चाहता है। इधर सुबेल पर्वत पर विराजमान राम मंगल-वाद्य के संबंध में जाम्बवान से पूछते हैं। तब जाम्बवान की सलाह पर राम वास्तविकता जानने के लिए हनुमान को लंका भेजते हैं।

हनुमान गणक (ज्योतिषी) के वेश में लंका प्रवेश करता है। वह मन्दोदरी के पास पहुँचकर स्वर्ण बिलाड़ (बिलाऊ) बनता है। मन्दोदरी स्वर्ण बिलाड़ को पकड़वाकर पंचामृत खिलाती है और गोद में लिए सो जाती है। मन्दोदरी के सोने पर हनुमान उसके ऊर्ध्व वस्त्र को फाड़कर, स्तनों पर नखक्षत कर गले में पड़े माणिक हार उतार कर अशोक वन पहुँचता है। वहाँ रामादि के साथ उपस्थित रावण के ज्योतिषी (हनुमान) के गले पर पत्नी का हार देखकर जिज्ञासा प्रकट करता है। तब गणकवेशी हनुमान बताता है कि रावण के अन्तःपुर में अघटन घटित हुआ है। उसके बाद रावण का अन्तःपुर लौट जाना, मन्दोदरी के सतीत्व पर संदेह प्रकट करना, मन्दोदरी द्वारा सत्य का शपथ लेना, उसे आग में डालकर विश्वास की परीक्षा लेने का प्रस्ताव करना, अंत में द्वाररक्षक द्वारा हनुमान की बातों को उजागर करने पर मन्दोदरी द्वारा रावण को फटकारने के वर्णन उपलब्ध होते हैं। कथा काल्पनिक है, पर धनजंय कन्दलि ने उसे ही मौलिक सूझ-बूझ के साथ अपूर्व काव्य का रूप दिया है। ध्यातव्य है कि मन्दोदरी के मणिहरण संबंधी असमिया लोकगीत भी उपलब्ध हैं।

कन्दलि : शक्तिशेल

कन्दलि कृति 'शक्तिशेल' काव्य में कुल १०२ छंद है। डॉ० सत्येन्द्र नाथ शर्मा[५३] ने इसे रामसरस्वती की रचना मानने के विपरीत डॉ० मागध[५४] ने खण्डन किया है।

'शक्तिशेल' का अन्य एक नाम 'लक्ष्मणर शक्तिशेल' भी है। इस काव्य की कथा वस्तु लंकाकांड की एक छोटी-सी घटना-लक्ष्मण को शक्ति लगने पर उसकी चिकित्सा से संबंधित है। पुत्र इन्द्रजीत या मेघनाद के वध के कारण रावण पुत्रशोक में कालान्तक मूर्ति धारणकर रणक्षेत्र में आता है। लक्ष्मण-विभीषण को बचाने के लिए रावण का सामना करता है। रावण शक्तिशेल द्वारा लक्ष्मण को धराशायी करता है। मूर्च्छित अवस्था में लक्ष्मण को देखकर राम का विलाप करना, गंधमादन पर्वत से रात के भीतर हनुमान द्वारा विशल्यकरणी लाने का

रोमांचकारी वर्णन उपलब्ध है। कवि ने रामायण से कथा का कंकाल मात्र लिया है, शेष विस्तार काल्पनिक है। कथा-वस्तु के वर्णन पर लोककथा की छाप दीखती है। हास्य और वीर रसों का परिपाक हुआ है।

कृत्तिवास पंडित : अंगद रायबर

'अंगद रायबर' लघु एकार्थ काव्य है। संभवतः ईसा की अठारहवीं शतीं में इसकी रचना हुई है। काव्यवस्तु के रूप में अंगद के दौन्यकर्म-रामदूत के रूप में अंगद का रावण की राजसभा में जाना और वहाँ किये गये कार्यों का वर्णन है।

भवदेव विप्र : नागाक्ष-युद्ध

संभवतः ईसा की अठारहवीं शती में रचित 'नागाक्ष-युद्ध' का अन्य एक नाम है : श्रीरामचन्द्ररअश्वमेघ यज्ञ। कवि के संबंध में जानकारी नहीं मिलती है। कवि ने 'रामायण' के 'उत्तराकाण्ड' के आधार पर काव्य-रचना करने का संकेत इस प्रकार किया है-

बिप्र भवदेवे गोविन्दर पदसेवि।
उत्तराकाण्डक चायि रचिलन्त कवि ।।
रामर अश्वमेधर कथा अनुपाम।
शुना निरन्तरे मन करा उयशाम।। २३८

परन्तु डॉ० सत्येन्द्र नाथ शर्मा ने कहा है। कि नागाक्ष-युद्ध का विवरण रामायण-उत्तराकाण्ड में उपलब्ध नहीं है, बल्कि यह उत्तर रामकालीन कथा है।[५५]

इस काव्य में मुख्यतः हनुमान के वीरत्व का वर्णन है। प्रथम खण्ड में हनुमान की जन्म-कथा, शैशवकालीन वीरत्व आदि की कथाएँ हैं। द्वितीय खण्ड में कुलगुरू वशिष्ठ के परामर्श से श्रीराम के अश्वमेघ के लिए नागाक्षपुरी के राजा नागाक्ष के सर्व सुलक्षण घोड़े लाने का रोमांचकर वर्णन है। लंका से दूर एक छोटे द्वीप का नाम नागाक्षपुरी है। वहाँ का राजा नागाक्ष है। इस द्वीप के प्राणी का आधा (उर्द्ध भाग) मनुष्य जैसा है और निम्न भाग साँप जैसा है। नागाक्ष हनुमान के आग्रह को ठुकराकर घोड़े देने के लिए असहमत होता है। फलतः पाँच दिनों तक लगातार युद्ध चलता है। अंत में हनुमान द्वारा राजा को उखाड़ फेंकने के डर से नागाक्ष घोड़ा देने के लिए तैयार होता है। वस्तुतः हनुमान के शौर्य, वीर्य, पराक्रम को दिखाना ही कवि का अभीष्ट रहा है। कवि ने राम-लक्ष्मण को अभेद माना है-

राघवर लक्ष्मण। भिन्न नाहि कलेवरा।।२४४

कवि भवदेव विप्र ने राम-भक्ति को ही मोक्ष का साधन स्वीकार किया है-

रामर तुष्ट भैले तुष्ट सकले देवता।
रामे तप जप यज्ञ रामे पिता माता।।
राम दरशने एड़ाइबो महाकष्ट।
अवश्ये मुकुति पाइबो पाप हुवैबे नष्ट।।२६५

अद्‌भुत आचार्य :

यह अनुमान किया जाता हैं कि 'अद्‌भुत आचार्य' कवि की उपाधि है, मूल नाम नहीं। इनके नामांकित दो रचनाएँ उपलब्ध हैं- (क) महिरावण वध और (ख) शतस्कन्ध रावण-वध।

राम-रावण के युद्ध के समय महिरावण द्वारा राम-लक्ष्मण का अपहरण और हनुमान द्वारा उनके उद्धार की कथा इस काव्य का वर्ण्य है। रचना गेय है।

डॉ० सत्येन्द्र नाथ शर्मा ने यह टिप्पणी की है कि 'अद्‌भुत रामायण' की कथा के आधार पर अद्‌भुत आचार्य ने 'शतस्कन्ध रामायण' की रचना की है। संभवतः ग्रंथकार का प्रकृत नाम अद्‌भुत आचार्य नहीं है, अद्‌भुत रामायण की कथा को लेकर काव्य रचना करने के कारण 'अद्‌भुत आचार्य' का नाम अंकित किया है।[५६] इस खण्ड काव्य में सीता की उलाहना से सिंहल-द्वीप निवासी शतसन्ध रावण के साथ राम-लक्ष्मण का युद्ध एवं पराभव तथा सीता का महाकाली रूप धारण कर राक्षसों का वध करने की कथाएँ वर्णित हैं।

गंगादास : लवकुशर युद्ध

अट्‌ठारहवीं शती में गंगादास, भवानीदास और सुबुद्धि राय ने संयुक्त रूप से 'जैमिनीय अश्वमेध पर्व' यानी लवकुशर युद्ध की रचना की।

भवानीदास : रामाश्वमेध

अट्‌ठारहवीं शती में भवानीदास ने (गंगादास और सुबुद्धिराय के साथ संयुक्त रूप में) 'रामाश्वमेध' की रचना की। इसमें कुल ६७८ पद हैं। इस काव्य के वर्ण्य-विषय हैं- सीता-परित्याग, वाल्मीकि आश्रम में सीता का निवास, लव कुश का जन्म और राम के यज्ञाक्ष को बाँधना, राम-सेना एवं रामादि से लव-कुश का युद्ध और विजय, अनन्तर राम-सीता का मिलन तथा लव-कुश का रामायण-गायन। जनमेजय प्रश्नकर्ता हैं और जैमिनी कथावाचक हैं।

अज्ञात : रावण-वध

गौहाटी विश्वविद्यालय के पाण्डुलिपि-विभाग में 'रावण-वध' की हस्तलिखित एक प्रति जीर्णावस्था में प्राप्त हुई है। प्रतिलिपि के आरंभिक और अन्तिम पत्र उपलब्ध न होने के कारण कवि के नाम का पता नहीं चलता है। जीर्ण खण्ड के अंतरंग परीक्षण से स्पष्ट होता है कि कवि ने युद्धों के वर्णन में विशेष रुचि ली है। रचना भक्तिपरक होने के कारण कवि ने राम-चरित्र को अमृत के समान घोषित किया है-

रामचरित साक्षाते अमृत शुना सभासद लोक।
तेजि आन काम बोल राम राम पुरुष उद्धार होक।।११३

भोलानाथ दास : सीताहरण काव्य

नगाँव में जन्मे-पले भोलानाथ दास (१८५८-१९२९ ई०) कृत 'सीताहरण काव्य' का एकांश उनकी छात्रावस्था में 'आसाम विलासित्री' पत्र में प्रकाशित हुआ था। सन्‌ १८८८ ई० में यह काव्य पूर्ण होता है। कवि ने इसे 'वैदेही-हरण' भी कहा है। कवि ने रामायण के

अरण्यकाण्ड की कथा के आधार पर इस काव्य का वर्ण्य स्वीकार किया है। प्रस्तुत काव्य सात सर्गों में विभाजित है- १. सूचना, २. युद्ध, ३. वार्ता, ४. मारीच-प्रसंग, ५. आन्दोलन, ६. देव-मंत्रणा एवं ७. हरण। आधुनिक असमिया साहित्य में यह प्रथम खण्ड-काव्य है।

दुर्गाप्रसाद शर्मा फुकन : लवण-वध

डिब्रूगढ़ में जन्में लम्बोदर के पुत्र देवराम ही दुर्गाप्रसाद शर्मा फुकन के नाम से प्रसिद्ध हुए। उन्होंने ६३ छंदों के इस लघु काव्य की रचना १६१६ ई० में की थी। रावण के भांजे लवण (मधु का पुत्र) को च्यवन मुनि के आग्रह से वध करने के लिए राम-भातृ शत्रुध्न सेना सहित मथुरा प्रयाण करते हैं। शत्रुघ्न लवण को ललकारते हैं और दोनों में भीषण युद्ध होता है। अंत में शत्रुध्न विष्णु-अस्त्र चलाकर लवण का वध करते हैं। प्रासंगिक रूप में लव-कुश के जन्म और उनके द्वारा रामायण-कथा का गीतों में गायन करना वर्णित है। कवि ने दशरथ को दानी मानी शास्त्र पारंगत, रामादि को विष्णु अंश, सीता को लक्ष्मी का अवतार घोषित किया है। रचना लघु होने पर भी भक्तिमूलक है।

तीर्थनाथ गोस्वामी

(सन् १८७५ - १६६५ ई०) गोलाघाट के धलर सत्र के अधिकारी तीर्थनाथ गोस्वामी ने यदुमणि छापाखाना स्थापित कर अनेक धार्मिक कृतियों का संकलन-प्रकाशन किया है। उन्होंने रामकथा के विभिन्न प्रसंगों को लेकर पाँच लघु आख्यान-काव्यों की रचना की है, यथा- (१) राम-वनवास, (२) सीता-हरण, (३) बालि-वध, (४) लव-कुशर युद्ध और (५) लवण ।

राम-वनवास : में कुल ३२५ पद हैं। कथा राम के राज्यारोहण की तैयारी से प्रारम्भ होकर राम के वनव्यसोपरांत राजा दशरथ की मृत्यु के साथ समाप्त होती है।

सीता हरण : में ४५६ पद हैं। अयोध्याकाण्ड और अरण्यकाण्ड के प्रसंगों पर इस काल में सीता को अशोक वन में रखे जानें, इन्द्र द्वारा सीता को पायस प्रदान करने, शूर्पणखा-विलाप, सीता-विलाप आदि को कवि ने काव्य-वर्ण्य बनाया है।

वालि-वध : में कुल २७६ पद हैं। किष्किन्धाकांड के पूर्वार्द्ध की कथा पद्यबद्ध की गयी है। सुग्रीव के राज्यारोहण के साथ कथा समाप्त होती है।

लव-कुशर युद्ध : कुल ६७ पदों से पूर्ण हुआ है। रामाश्वमेध के उल्लेख के पश्चात् यज्ञाश्व छोड़े जाने से कथा प्रारंभ होती है। लव-कुश के साथ रामादि के युद्ध होने के पश्चात् राम-सीता मिलन से कथा पूर्ण होती है।

लवण दैत्य-वध : में कुल १०५ पद हैं। मथुरा के लवण दैत्य को शत्रुघ्न द्वारा वध करने की कथा को संक्षेप में वर्णन किया गया है।

ज्योतिप्रसाद आगरवाला : ज्योति-रामायण

असम के प्रख्यात कलाकार ज्योतिप्रसाद आगरवाला (सन् १६०३ से १६५१ ई०) ने रामायण आधुनिक असमिया कविता में लिखने की योजना बनायी थी। उन्होंने ३१८ पदों में

बालकांड के राम-सीता विवाह तक ही वर्णन किया है। अकाल मृत्यु होने के कारण यह अधूरी है। वस्तुतः बच्चों को दृष्टि में रखकर कवि ने विषय को रोचक बनाया था। इस कृति के संबंध में डॉ० मागध का विचार है- मात्र संक्षिप्त रामायण के रूप में परीक्षण करने पर कहना पड़ेगा कि इसमें कवि की भाषा की पकड़, अकृत्रिम और गम्भीर अनुभव, योग्य एवं रमणीय कल्पना के अनुपम रूप मिलते हैं। निस्सन्देह कलेवर की संक्षिप्तता के बावजूद 'ज्योति-रामायण' एक अभिनव कृति है। यह कवि की उत्तम काव्यकारिता का प्रमाण है।[४७]

रामकथा-विषयक असमिया नाटक

असम में वैष्णव धर्म के प्रवर्तक-प्रचारक महापुरुष शंकरदेव ने रामकथा पर आधारित नाटक लिखा। 'राम-विजय' नाटक ब्रजावली या ब्रजबुलि भाषा में है और यह श्रीमंत शंकरदेव की अंतिम रचना है। नव-वैष्णव धर्म के प्रचार-प्रसार के कारण असम में विभिन्न सत्रों की स्थापना होती है। शंकरदेव के आदर्श को स्वीकार कर कुछ सत्रों के अधिकारों (सत्राधिकार) ने यह न्यूनतम एक पौराणिक नाटक लिखने की परंपरा बना ली। फलतः विभिन्न सत्रों में ऐसे नाटकों का अभिनय होता रहा है। इस प्रकार अनेक नाटक सत्रों में संरक्षित है और अप्रकाशित भी। इससे असम के जनजीवन में काफी प्रभाव पड़ा है।

कालिराम मेधि, बिरिंचि कुमार बरुवा, सत्येन्द्र नाथ शर्मा, केशवानन्द देव गोस्वामी आदि विद्वत्जनों द्वारा संकलित, विभिन्न सत्रों से शोधार्थ संग्रहित और प्रकाशित नाटकों के आधार पर डॉ० मागध ने उनके 'असम-प्रान्तीय राम-साहित्य' में एक सूची प्रस्तुत की है जो निम्नप्रकार है[४८] :

(क) अंकिया नाटक

नाटककार	नाटक	रचनाकाल	प्रका०/अप्रकाशित
१. श्रीमंत शंकरदेव	राम-विजय	१५६८ ई०	प्रकाशित

(ख) पौराणिक नाटक[४९]

२. नित्यानन्द देव	२. मारीच-बध	१७५० ई०	अप्रकाशित
	३. सीता-पातालगमन	के पूर्व	
३. दीन गोपाल	४. दुर्वासा-भोजन	१७५० ई०	अप्रकाशित
	५. सीता-हरण	के पूर्व	अप्रकाशित
	६. सीता-वर्णन	'	अप्रकाशित
४. कैवल्यानन्द देव	७. राम-जन्म	१७८२ ई० के पूर्व	"
५. विश्वम्भर देव	८. वालि-बध	१७५० - १८०० ई०	"
६. रामचन्द्र देव	९. राम-वनवास	"	"
७. अनन्त देव	१०. सिन्धुमुनि वध	"	"
८. भक्तरंजन देव	११. लक्ष्मणर शक्तिशेल	"	
९. रामानन्ददेव गोस्वामी	१२. पाताली काण्ड	"	"
१०. परमानन्द देव गोस्वामी	१३. तरणीसेन-वध	"	"

	१४. रावण-वध	"	"
११. भद्रदेव आता	१५. सीता-हरण	१८१७ ई० के पूर्व	प्रकाशित
१२. लक्ष्मीदेव आता	१६. रावण-वध	१८४० ई० के पूर्व	"
१३. योगेश्वर	१७. अहल्या-हरण	१८४६ ई० के पूर्व	अप्रकाशित
१४. कृष्णकान्त	१८. हरि-हर लीला	१८५० ई० के पूर्व	"
१५. गोपाल	१९. पाताली-काण्ड	"	"
१६. रमाकान्त	२०. पाताली-काण्ड	"	"
१७. जयदेव	२१. राम-वनवास	१८५० ई० के पूर्व	अप्रकाशित
१८. जयनाथ देव	२२. सीताहरण (अथवा वालि वध)	१८६८ ई०	"
१९. मोहन चन्द्र	२३. मैरावण-वध	१८६८ ई०	"
२०. रामरुद्र आता	२४. सीता-हरण	१८७० ई० के पूर्व	"
२१. दामोदर	२५. रामाश्वमेध	१८७० ई० के पूर्व	"
	२६. राम-स्वर्गारोहण	१८७७-१९०० ई०	"
२२. पूर्णकान्त	२७. लंका-दहन	१८९० ई०	"
२३. रमाकान्त	२८. रावण-वध	१८७७ ई०	"
	२९. शतस्कंधरावण-वध	१८७७-१९०० ई०	प्रकाशित
२४. चिरंजीव दास	३०. सीतार पातालगमन	१८९२ ई०	अप्रकाशित
२५. कमलाकांत	३१. कपीन्द्र विजय	१८९२ ई०	"
२६. वृन्दावन देव गोस्वामी	३२. श्रीरामचन्द्र	१८५०- १८८१ ई०	"
२७. वासुदेव दास	३३. लक्ष्मण-वर्जन	१८५० - १९०० ई०	"
२८. माणिकचन्द्र द्विज	३४. लक्ष्मण-दिग्विजय	"	"
२९. दत्तदेव	३५. सीतार अयोध्यागमन	"	"
३०. (अज्ञात)	३६. राम-हनुर युद्ध	"	"
३१. (अज्ञात)	३७. लवकुशर युद्ध	"	"
३२. दीननाथ	३८. सीता-वनवास	१८७० - १९२० ई०	"
३३. शुभेश्वर	३९. तरणीसेन-वीरबाहु वध	१८७०-१९३० ई०	"
३४. लम्बोदर	४०. रामाश्वमेध (या १८८०-१९२० ई० उत्तराकाण्ड)		"
३५. हरेन्द्र दास	४१. दुर्वासा भोजन	१९११ ई०	"
३६. गोपाल देव गोस्वामी	४२. राम-गंगास्नान	१८८०- १९२० ई०	"
३७. धनेश्वर आता	४३. बालि-वध	१८९०-१९२० ई०	"
३८. (अज्ञात)	४४. हनुमानर पाताल	१८९० - १९३० ई०	"
३९. विश्वम्भर	४५. रावण-वध	१९०० - १९३०	"
	४६. सहस्रस्कंधरावण वध	१९०० - १९३० ई०	

	४७. दशरथर तीर्थयात्रा	"	"
४०. (अज्ञात)	४८. महिरावण-दशानन वध	"	"
४१. रत्नकान्त	४६. महिरावण-वध	१६३६ ई०	"
४२. रत्नेश्वर	५०. महिरावण-वध	१६२०-१६४० ई०	"
४३. आत्मानन्द	५१. लवणदैत्य-वध	"	"
४४. रुद्रकांत गोस्वामी	५२. सीता-हरण	१६३०.१६४० ई०	"
४५. हरेन्द्र कलिता	५३. शतस्कंधरावण-वध	१६४०-१६५० ई०	"

(ग) आधुनिक नाटक :

४६. रमाकान्त चौधुरी	५४. सीता-हरण	१८७० ई०	प्रकाशित
४७. (अज्ञात)	५५. सीता-स्वयंवर	१८८१ ई०	प्रकाशित
४८. पूर्णकान्त शर्मा	५६. हरधनु-भंग	१८६३ ई०	"
४६. देवनाथ बरदलै	५७. वैदेही-विच्छेद	१६०१ ई०	"
५०. चक्रधर वरुवा	५८. मेघनाथ-वध	१६०४ ई०	"
५१. दुर्गेश्वर शर्मा	५६. वालि-वध	१६०८ ई०	"
५२. दुग्धनाथ खाओन्द	६०. सीता-हरण	१६१३ ई०	"
५३. बलराम पाठक	६१. लव-कुश	१६१५ ई०	"
५४. अपूर्व कुमार भूञा	६२. लव-कुश	१६१८ ई०	"
५५. आनन्द बरुवा	६३. विसर्जन	१६३३ ई०	"
५६. अतुलचन्द्र हजारिका	६४. श्रीराम चन्द्र	१६३६ ई०	"
	६५. सीता	१६५२ ई०	"
५७. दण्डीनाथ कलिता	६६. अग्नि-परीक्षा	१६३७ ई०	"
५८. करुणाधर बरुवा	६७. सीता	१६३७ ई०	"
५६. सुरेन्द्र नाथ शइकीया	६८. लक्षण	१६४७ ई०	"
६०. मित्रदेव महन्त	६६. वैदेही-वियोग	१६५० ई०	"
६१. लक्ष्मधर चौधुरी	७०. रक्ष कुमार	१६५२ ई०	"
६२. गोपालचन्द बरा	७१. जनक	"	"
६३. ब्रज शर्मा	७२. श्रीरामचन्द्र	१६५०-१६६० ई०	"
	७३. सीता	१६६० ई०	"
६४. गुरुदत्त भागवती	७४. गुहक चाण्डाल	१६६१ ई०	"
६५. ललित शर्मा बरुवा	७५. भक्त गुइक	१६६१ ई०	"
६६. रोहिणी कुमार शर्मा	७६. सीता-हरण	१६७३ ई०	प्रकाशित

राम-कथा विषयक आधुनिक नाटकों की संख्या और अधिक हो सकती है। इन नाटकों के अतिरिक्त एकांकी एवं आकाशवाणी-दूरदर्शन से प्रचारित-प्रसारित नाटकों का लेखा-जोखा लेने से इस प्रकार की संख्या की बढ़ोत्तरी हो सकती है।

अनूदित राम साहित्य :

वस्तुतः संस्कृत एवं हिन्दी से राम-साहित्य का अनुवाद असमिया में हुआ है।

(क) संस्कृत से अनूदित : श्रीराम आता अथवा श्रीरामदेव चलिहा (जन्म १५०३ ई०) ने 'अध्यात्मरामायण' का अनुवाद किया है। सम्प्रति इसके मात्र 'सुन्दर-काण्ड' की प्रति प्राप्त हुई है। इस सचित्र प्रति में २७७ पद्य हैं। कमलेश्वर चलिहा (जन्म १६०४ ई०) ने 'उत्तराकाण्ड रामायण' का अनुवाद किया है। इस कृति में १२४ सर्ग और २६४७ पद्य हैं। अनुमान किया जाता है कि शंकरदेव ने केवल मुख्य-कथाओं को ही 'उत्तराकांड' में स्थान देने के कारण कवि कमलेश्वर चलिहा ने इस काण्ड को सम्पूर्ण रूप से अनुवाद किया होगा।

(ख) हिन्दी से अनूदित : आहोम राजा कमलेश्वर सिंह के दरबारी कवि श्रीकान्त सूर्य विप्र ने 'तुलसीदासी रामायण' अर्थात् 'रामचरितमानस' का अनुवाद किया था। मंत्री पूर्णानन्द बुढ़ागोहात्रि के आग्रह पर अनूदित करने के कारण उनकी प्रशस्ति मिलती है।[६०] यह रचना सन् १७९५ ई० के पश्चात् हुई होगी। अब तक 'तुलसीदासी रामायण' के दो कांड-लंका और उत्तराकांड ही उपलब्ध हो सके हैं। मुद्रित लंकाकाण्ड में कुल १९२६ पद्य हैं। 'रामचरितमानस' के लंकाकाण्ड का श्रीकान्त सूर्यविप्र ने हूबहू अनुवाद किया है। 'उत्तराकाण्ड' में कुल ११३७ पद हैं। श्रीकान्त ने अपनी कृति को 'रामलीला'[६१] कहा है। किन्तु असमिया साहित्येतिहासकार इसे 'तुलसीदासी रामायण' कहते हैं। लोक समाज में इसे 'हंस-काकी रामायण' (संभवतः काक-गरुड़ प्रसंग के कारण) के नाम से पहचाना जाता है।

'रामचरित-मानस' का देशप्राण कृष्णनाथ शर्मा ने स्वतंत्रता संग्राम के दौरान जेल में रहते समय सन् १९४२ ई० में असमिया अनुवाद किया था, पर अनुवाद कार्य सम्पूर्ण नहीं हो सका था। इसे गद्य में सम्पूर्ण रूप में अनुवाद किया है श्रीबापचन्द्र महंत और श्रीमती केशदा महंत ने। असम साहित्य सभा के आग्रह पर महंत दम्पत्ति ने अनुवाद का कार्य किया। इसका प्रकाशन काल १९८० ई० है।

असमिया भिन्न भाषाओं का राम-साहित्य :

असम में करबी-पहाड़ है, जहाँ करबी यानी मिकिर नामक जनवाठ्ठी का निवास है। वहाँ लोक-परम्परा में प्रचलित राम-कथा का संकलन 'छाबिन आलुन' नाम से डिफु साहित्य सभा ने किया था। यह कृति सन् १९७६ ई० में प्रकाशित हुई है। 'साबिन-आलुन' लगभग ढाई हजार पंक्तियों की लोकगाथा है। इसके राम-लक्ष्मण और सीता क्रमशः नारायण (परब्रम्ह) और उनकी पत्नी (लक्ष्मी) के अवतार है। श्री रङबङ तेराङ ने 'साबिन-आलुन' को माधव कन्दलि रामायण से प्रभावित माना है,[६२] पर अंतरंग तुलना में काफी अंतर है।

अन्य एक रामायण है :

'खामति रामायण' इसे लिक्-चाओं लामाङ' भी कहा जाता है। असम के उत्तर लखीमपुर और अरुणाचल के लोहित अंचल में 'खामति जाति' का निवास है। खामति ताई जाति की एक शाखा है। ये लोग हीनमानी बौद्धमत के अनुयायी हैं। इनमें प्रचलित 'लिक्-चाओ लामाङ' (श्रीरामकाव्य) का 'चाओ आलङ् लामाङ् (श्रीरामावतार कथा) कुल १२, ६७८ पंक्तियों में पूर्ण हुआ है। यह रामकथा पैंतीस अध्यायों में विभक्त है। कथा काण्डों में विभक्त नहीं है। कथावाचक है स्वयं भगवान बुड और श्रोता हैं आनन्द एवं अन्य शिष्य'। ग्रंथ का रचनाकाल नहीं जाना जा सकता है। मूल वाल्मीकि रामायण के आधार होने पर भी कहीं भी उनका नामोल्लेख नहीं मिलता है। इसका लेखक बौद्धधर्मावलम्बी हैं जिन्हें वाल्मीकीय रामायण के अतिरिक्त कृत्तिवासी रामायण की भी जानकारी थी। खामति-समाज की अनेक रीति-रिवाजों, लोक-विश्वासों इत्यादि की झलक इसमें प्रत्यक्ष हो उठी है। बौद्ध राम-साहित्य की दृष्टि से खामति-रामायण का एक अलग महत्व हमेशा बना रहेगा।

उपसंहार :

असम में रामकथा की एक समृद्ध परम्परा रही है। शंकरदेव के पूर्व अर्थात् असम में नव-वैष्णव आन्दोलन प्रारंभ होने के पहले से ही राम-काव्य की नींव पड़ गयी थी। अवव्य भक्ति आन्दोलन के बाद इसमें गति आयी। उपलब्ध राम-साहित्य भक्ति-रस से सिक्त है। श्रीमंत शंकरदेव ने श्रीकृष्ण-भक्ति एवं भागवत को महत्व देने के कारण उनके समकालीन और परवर्ती कवियों में कृष्ण-साहित्य की जितनी रचना हुई, राम-साहित्य की रचना सीमित दायरे में ही हो सकी। फिर भी शंकरदेव ने माधव कन्दलि विरचित 'रामायण' को सम्पूर्ण करने का सार्थक प्रयास किया था- 'उत्तराकाण्ड' का अनुवाद स्वयं करके और 'आदिकाण्ड' का दायित्व उनके शिष्य माधवदेव को देकर। असम के विभिन्न रामाख्यानों का मूल उपजीव्य वाल्मीकि रामायण होने पर भी अधिकतर काव्यों और नाटकों में माधव कन्दलि रामायण और कहीं-कहीं कृत्तिवासी रामायण का प्रभाव दिखाई पड़ता है। आधुनिक युग में भक्ति का स्वर पांथिकता की सीमा से ऊपर उठकर अधिक मानवतावादी हो गया है। इस दृष्टि से 'सीता-हरण' (भोलानाथ दास) और 'ज्योति-रामायण' के नाम लिये जा सकते हैं। यह उल्लेख किया जा सकता है कि असम में कोई रामोपासक सम्प्रदाय न होने के बावजूद असमिया साहित्य के सारस्वत भण्डार को प्रभूत राम-साहित्य ने समृद्ध किया है।

संदर्भ :

१. डॉ० सत्येन्द्र नाथ शर्मा, रामायणर इतिवृत्त, पृ० २५०

२. डाक-प्रवचनः निर्याड़ रोहि मा जाहुरे लंका; पातपछला लाभत खोवा, लंकाट बणिज हातते पाबा।

३. कालिका पुराण, ३७/१-२०/६०, २७-३२

४. डॉ० फ्रांसिस बुकानन, सेंट्रल भिउ ऑफ द हिस्ट्री ऑफ कामरूप, पृ० १२१

५. डॉ० भूपेन्द्र रायचौधुरी, शंकरदेव पूर्व असमिया साहित्य, शोध-पत्रिका, पृ० ११-१२

६. पद्मनाथ गोहात्रिबरूवा, असमर बुरंजी, पृ० २२
द्रष्टव्य : वेणुधर शर्मा, बुरंजीर सफ़ुरा, पृ० १४४

७. गुणाभिराम बरुवा, आसाम बुरंजी, पृ० ३३
८. असमर बुरंजी, पृ० २३
६. श्रामचरण ठाकुर, गुरूचरित, पृ० १६
१०. डॉ० लीला गगै, 'माधव कन्दलि आरु महामाणिक्यं' शीर्षक लेख, पृ० २७
११. पं० हेमचन्द्र गोस्वामी रचनावली, पृ० ३३४-३५
१२. रामायणर इतिवृत्त, पृ० ७२
१३. असमीया साहित्यर रूपरेखा, पृ० ५१२
१४. असमीया व्याकरण आरू भाषातत्व, पृ० ७०
१५. नतुन पोहरत असमीया साहित्यर बुरंजी, पृ० ८६
१६. रामायण (उत्तरकाण्ड), पृ० ४४०
१७. रामायण (लंकाकांड), पृ० ४१८
१८. तेहे पाठशाला मचिबर निबार करि ओझा छात्र पातिले तारेपरा ईश्वरबोधे माने। सबाके पाठ दियाई : देउ बोलायः ताके नसइ छात्र भागिः माध कन्दलिइ शिष्य राघ आचार्यत कलेगैः पाछे तेओं आहि महिन्द्र कन्दलिक धरिलेहिः बोले शुद्रकहे ओजा कै बामुनक पाठ दिओवा देउ बोलोवा किंतु नकराना।
गुरू-चरित-कथा, पृ० २२-२३
१६. महेश्वर नेओग रचनावली, पृ० ५१७
२०. असम प्रान्तीय राम-साहित्य, पृ० ५२
२१. महेश्वर नेओग रचनावली, पृ० ५१७
२२. पं० हेमचन्द्र रचनावली, पृ० ३३५
२३. बुरंजीर सफुँरा, पृ० ३२०
२४. फादर कामिल बुल्के, रामकथा, पृ० १८७
२५. माधवदेव कृत असमिया बालकांड की सबसे बड़ी विशेषता यह है कि वह कृत्तिवासीय रामायण पर आधारित है। -रामकथा, पृ० १८८
२६. रामकथा, पृ० १८७ -१८८
२७. रामायणर इतिवृत्त, पृ० २५४
तुलनीय : उपेन्द्र चन्द्र लेखारू, असमीया रामायण साहित्य, पृ० ४०
२८. रामायण, किष्किन्धाकांड, छंद ३६६६ - ३६६८
२६. क्षत्री वैश्यगण कायस्थ सज्जन
नट भाट तेली तांती।
ठठारि सोणारि कँसार सेखांरी
भरतर लगे जान्ति।। अयोध्याकाण्ड, पृ० छंद २३८१
३०. सरल पियाल खर निखर खजुर।
शाल ताल तमाल जमारि बीजपुर।।
अश्वत्थ कपित्थ बट नारंग बदर।
तेन्तेलि कर्न्टाकि आम जाम नागेश्वर।। सुन्दरकाण्ड, छंद ४०६२ - ४०६४
३१. असमीया साहित्यर समीक्षात्मक इतिवृत्त, पृ० ८०
३२. आरु माध कन्दलिर कविता रामायण ढ़ाकि तुचकै गुचाबर
मन दिले अनन्त कन्दलिए। तेहे गुरूजनत विप्रे स्वप्नते
सरनापन हर प्रार्थिले रबर हेतु।। पाचे गुरूजने बोले

बरायो तोमार मितार शास्त्र कविता गुचाबजे खोजेः आमि
धरो गोरतः तुमि छेका आगेः तेहे आद्ये उत्तरा करिछे।
-गुर-कथा-चरित् पृ० १०१

३३. उत्तराकांड रामायण, छंद ७०७६-८५

३४. माधवदेवट 'आदिकाण्ड' वाल्मीकिर आदिकांडर चमु अनुवाद।
-असमीया साहित्यर इतिवृत्त, पृ० ६१

३५. गुरूर उपदेशत गुरूर उत्तरकांडर समकै आदिकांड रामायण भाडिले।' -असमिया साहित्यर रूपरेखा, पृ० १२०

३६. Ahikanda in the metrical rendiung of the first book of the ramayan .... The beanky of him (madharadeva) hire in its elegant veres and homely mimilies. The work nowhere reads like a tramlation. The appropriate use of Assamers prorerbn with a abight touch of humour given the work the Haraur of an original work. — T. N. shannra, Aspects of Eanly Assamese Litereture. P. 1577 – 58

३७. रामकथा, पृ० १८८

३८. रामचरितमानस और पूर्वांचलीय रामकाव्य, पृ० १०२, २७१

३९. वस्तुत उपरि विद्वानों (फादर बुल्के और रमानाथ त्रिपाठी) के निष्कर्षों से मैं विनम्र असहमति प्रकट करते हुए कहना चाहूँगा कि उनके निष्कर्ष भ्रांत तो हैं ही, वे उनकी ऊपरी एवं पल्लवग्राही अध्ययन के परिणाम होने के कारण पूर्णततः मिथ्या है। -असम-प्रांतीय राम-साहित्य, पृ० १३३

४०. रामायण, आदिकाण्ड, छंदः १४६०

४१. असमीया साहित्यर समीक्षात्मक इतिवृत्त, पृ० १५८

४२. असम-प्रान्तीय राम-साहित्य, पृ० १६२

४३. रामायणर इतिवृत्त, पृ० ३२६

४४. वाणीकांत रचनावली, 'लौकिक गीत' शीर्षक लेख, पृ० ४८

४५. असम-प्रन्तीय राम-साहित्य, पृ० १८०-८१

४६. श्रीराम-कीर्तन से -

सात काण्ड रामायण वाल्मीकिर कृत।
तार सार उद्धारिया करिया विवृत।।
रामायण-चन्द्रिका चैलन्त तार नाम।
कलापचन्द्र जे द्विज महन्त उपाम।।६
तार सार अर्थ मइ पाइवो किवाधिक।
एके ज्ञानहीन ताते बुद्धित अल्पित।।
तथापितो हृदीश्वर देव अनुग्रहे।
तार ज़ेन अर्थ पाओं करिबो संग्रहे।।७

४७. रामायणर इतिवृत्त, पृ० ३४६

४८. असम-प्रान्तीय राम-साहित्य, पृ० २०६

४९. असमीया रामायण साहित्य, पृ० ११४

५०. असम-प्रांतीय राम-साहित्य, पृ० २५१

५१. 'गणक-चरित्र' बा 'मन्दोदरीर मणिहरण', सं० विष्णुराम दास, एजेन्सी कम्पनी, डिब्रूगढ़।

५२. कथा-रामायण (भूमिका), पृ० १५

५३. वही

५४. किन्तु रचयिता रामसरस्वती वाली बात ठीक नहीं प्रतीत होती।' -असम-प्रांतीय राम-साहित्य, पृ० २७२

५५. रामायणर इतिवृत्त, पृ० ३७५

५६. वही, पृ० ३६१

५७. असम-प्रान्तीय राम-साहित्य, पृ० ३०७

५८. वही, पृ० ३०८-३११

५६. असम में शंकरदेव और माधवदेव के नाटकों को ही अंकिया-नाट कहा जाता है, अन्य रचनाकार के नाटकों को नहीं।

डॉ० मागध ने जिन शंकरदेव भिन्न नाटककारों के नाटकों को 'अंकिया नाट' के अंतर्गत रखा है, उन्हें पौराणिक नाटकों के अंतर्गत रखना समीचीन होगा।

६०. बुढ़ागोहात्रि मंत्रीवर पूर्णानन्द नाम ज़ार।
महामंत्री वंशे जन्म धरि।।
सिजनर आदेशत निबन्धिलो पद ज़त।
व्यक्त अर्थ बिचारि बिचारि। ११२५ (लंकाकांड)

६१. (क) भणिल श्रीराम-लीला अति मनोहर। २८४ (उत्तराकांड)

६२. (ख) केबले सुन्दर बर राम-लीला मम। ४६६ (उत्तराकांड)

६३. (ग) भणिल राम-लीला परम एकान्त। ११३७ (उत्तराकांड)

६२. The popular ballad SABIN –ALUN is belived tobe influcnced by this king (Maha Manikya). Since the poet translator hailed trom the kandali area of Nowgrng, it migut not be impossible on his pont to exeveise none influmu among the darbis in the adgacant region. Thus the tale of Ram in sabin & Alum may be taken on the echo of madhab Kandali. This putn the date of sabin-Alum in the 14th e=century.

Rong Bong Terang, SABIN – ALUN : THE KARBI RAMAYAN, an antide in the souvenir All India Tribal conference, 1978, Guwahati P 36.

असमिया का कन्दलि रामायण : लोक चेतना के विकास के परिप्रेक्ष्य में

डॉ० पुष्पा सिंह

२१वी शताब्दीं में भूमण्डलीकरण के कारण हम बाजारवाद की ओर अग्रसर हो रहे है। अर्थ की प्रधानता बढ़ गई है। वैश्विक क्षितिज छोटा सा लगने लगा है। प्रभुत्व की इच्छा रखने वाले आपस में टकरा रहे हैं। हम दिनों-दिन स्व की समृद्ध के सपने संजोए मस्तिष्क से आन्दोलित होते जा रहे हैं। अतः हृदय तत्व कमजोर पड़ता जा रहा है। फलस्वरूप शांति का उजाड़ होता जा रहा है। प्रसाद जी के शब्दों में-

> **''ज्ञान दूर और क्रिया भिन्न हो**
> **इच्छा क्यों पुरी हो मन की।''**

आज जीवन के इस भगदड़ में प्रभुत्व सम्पन्न समाज में, स्व के बंधन में बंधे समाज के लिए धार्मिक साहित्यों का अध्ययन, मनन और विश्लेषण अति आवश्यक है। इतिहास गवाह है कि जब-जब असामाजिक तत्वों का प्रभाव तेज हुआ है तब-तब धर्म के द्वारा ही शांति की स्थापना की गई है। इसी परिप्रेक्ष्य में रामकालीन युग पर एक नजर डाल लेना समीचीन होगा। तत्युगीन समाज विकट समस्या से जूझ रहा था। समस्या थी दो जातियों तथा संस्कृतियों का टकराव। लोक में अपने प्रभुत्व की आकांक्षा रखनेवाली दो विरोधी शक्तियों 'आर्य-अनार्य' आपस में टकरा रही थी। रामायण में वर्णित युद्ध आर्य-अनार्य में संघटित अथवा ब्राह्मणवादी ब्राह्मण तथा ब्राह्मणवाद विरोधी भारत का संघर्ष है, इस विषय में कोई संदेह नहीं है। देवी प्रसाद चट्टोपाध्याय का मानना है कि- ''भारतवर्ष में पुरोहित तन्त्र ब्राह्मणवाद के समर्थकों को देवता कहा गया तथा इसके विरोधियों को राक्षस, दैत्य तथा दानव की संज्ञा दी गयी।''[२] भारत के सुदूर दक्षिण की राक्षस जाति महाप्रतापी रावण के नेतृत्व में संगठित होकर धीरे-धीरे उत्तर के राज्यों को आक्रान्त करने लगी। 'काम' को जीवन का परमपुरुषार्थ मानने वाली यह राक्षस जाति न केवल राजनैतिक महत्वाकांक्षा से ही प्रेरित थी अपितु आर्य-संस्कृति के प्रतीक 'गो-ब्राह्मण' की भी कट्टर शत्रु थी।''[३] लोककंटक बने इन आसुरी शक्तियों से त्राहि मचा हुआ था। लोक के समक्ष एक ही प्रश्न था, अनार्यो पर कैसे विजय प्राप्त किया जाए? देवता तथा ऋषि-महर्षि देश की पतनोन्मुखी स्थिति को देख इसका राजनीतिक समाधान ढूंढ़ने के लिए सचेष्ट हुए। स्वयं ब्रह्मा ने नारायण का आश्रय लिया। उनसे 'लोक-रक्षा हेतु 'राम' रूप में अवतार लेने का आग्रह किया-

> **''अनन्तरे ब्रह्मा देवे सेहि समयत।**
> **सर्वलोक हित तेवे चिन्तिया मनत।।**

चराचर जगत कुशल कारणे।
राम रूपे अवतार हैबा नारायण"[४]

लोक-रक्षा के निमित्त अयोध्या के राजा दशरथ के घर नारायण ने 'राम' रूप में अवतार लिया। लेकिन राम के पौरुष्य का उपस्थापन लोक-मानस पर कैसे हो, इसका ध्यान कर ब्रह्मा नारद मुनि सहित वाल्मीकि के आश्रम में पहुँचे और वाल्मीकि को जगत् की जटिलता से अवगत करवाया तथा उनसे रामकथा वर्णन करने का आग्रह किया। ब्रह्मा को विदित था कि वाल्मीकि की लेखनी ही राम को पूर्ण श्लोक बनाने में सक्षम है-

"बाल्मीकिर मुखे सेइ दिव्य कथामृत।
श्लोकबन्धे करान्यो सर्बब जनत विदित ।।"[५]

वाल्मीकि के 'राम' ने पराजित जाति को विश्वास का बल देकर अन्याय के प्रतिरोध के लिए तैयार किया, जिसके फलस्वरूप आर्य धर्म की रक्षा के साथ नव जागरण का उदय हुआ। "इसलिए राम और रावण का संघर्ष यथार्थ में धर्म-अधर्म का संघर्ष स्वीकार किया जाता है।"[६]

त्रेतायुग में तो स्वयं राम अवतार धारणकर लोक चेतना को उद्‌बुद्ध किए। लेकिन जब-जब लोक चेतना का ह्रास होता है। तब तब कुशल कवि की वाणी में राम अवतार धारण कर लोक रक्षा के कार्य को पूर्ण करते हैं।

१३वीं-१४वीं शताब्दी में भारत में अन्य हिस्सों की तरह ही असम की सामाजिक, राजनीतिक धार्मिक स्थिति डावाडोल थी। फलस्वरूप लोक चेतना का ह्रास हो चला था। सत्य कहें तो उस समय असम समाज नामक कोई समाज था ही नहीं। सैकड़ों विरोधी जनगोष्ठियों का यहाँ जमघट था, जो अपने-अपने अस्तित्व की रक्षा के लिए आपस में टकरा रही थी। "इस प्रदेश में बसने वाली जातियों में जितना वैविध्य और वैचित्र्य मिलता है कि शायद भारत में ही नहीं, विश्व के किसी भी प्रदेश में इतनी जातियों का एक स्थान पर समागम न हुआ होगा। वैदिक युग के आर्य, असुर, यक्ष, राक्षस, पौराणिक युग के गंधर्व, नाग, किन्नर, गरूड़, पिशाच, मध्य युग के यवन, शक, हूण, कुशान, नाग, आदिवासी और कबीले की विविध जातियाँ असम में निवास करती रही हैं, जिनके खान-पान, धार्मिक-विश्वास, रीति-रिवाज में बहुत भेद है।"[७]

असम नाम की व्युत्पत्ति बहुत बाद में हुई। असम का प्राचीन नाम प्राग्ज्योतिषपुर था। कलिका पुराण के अनुसार 'ब्रह्मा' ने इसी स्थान पर सर्वप्रथम नक्षत्रों की रचना की इसी कारण यह प्रागज्योतिषपुर के नाम से प्रसिद्ध हुआ। 'असम अपेक्षया आधुनिक नाम है, जिसका अर्थ है- "अतुलनीय या अनुपम।"[८] परम्परागत मान्यता के अनुसार 'असम' शब्द उन आहोमों की प्रचण्ड शक्ति के प्रतीक के रूप में प्रयुक्त हुआ था जो १३वीं सदी में यहाँ आए थे।" असम के असुर राजा सम्भवतः द्रविड़ तथा मंगोल जाति के अनार्य थे। पहले 'इण्डो-चीनी' जातियों के भीतर मनरण्मेर 'तिब्बती-बर्मी' और 'श्याम-चीनी' नामक तीन तरह की जातियाँ असम प्रदेश में आयी थीं। कुरुक्षेत्र युद्ध के समय असम में अनार्य राजा ही राज्य करते थे। तथापि आर्य सभ्यता तथा आर्य धर्म का स्रोत प्रबल था। उसी सभ्यता का आश्रय लेकर असम अथवा कामरूप भारत का अग्रगण्य प्रदेश हो सका।"[९] आर्यो का

स्रोत प्रबल होने के बादजूद भी अनार्यो की प्रचुरता के कारण आर्य धर्म का विस्तार रुग्णावस्था में था। कारण इन जनगोष्ठियों की अपनी-अपनी परम्पराएँ थी, जो उस समय तक रूढ़ियाँ बन चुकी थी। रूढ़ियों से ग्रस्त विभिन्न गोष्ठियों-जातियों की सबसे बड़ी आवश्यकता थी- उन्हें सही दिशा देने की, रूढ़िविनिर्मुक्त बनकर एकजुट समाज के संगठन की। आर्य धर्म की प्रतिष्ठा की।

कवि कन्दलि ने भी युगीन परिस्थितियों का प्रत्यक्ष साक्षात्कार किया। लोक की पतनोन्मुखी दशा को देख उनका मन विचलित हो उठा होगा। लेकिन लोक चेतना उद्‌बुद्ध करने का उन्हें रास्ता नहीं दीख रहा था। जिसकी पूर्ति बराही नरेश महामाणिक्य ने की। माधव कन्दलि बराही नरेश त्रिपुरा के शासक, महामाणिक्य के राज कवि थे। देश की विषम परिस्थिति को देख राजा ने अनुभव किया कि 'रामकथा' के आदर्श पात्रों के चरित्र-गान द्वारा देश की विषम परिस्थिति को सम बनाया जा सकता है। इन तथ्यों से यह तो स्पष्ट है कि पूर्वोत्तरीय क्षेत्र में भी किसी न किसी रूप में रामकथा फल-फूल रहा था। लोकगीत-वियागीत आदि में रामकथा से यह स्पष्ट है कि असम में रामायणी-साहित्य का प्रचार अति प्राचीन है। इस सत्य का उद्‌घाटन बराही-कछारी राजा महामाणिक्य का रामायण के प्रति आदर भाव से ही हो जाता है। यहाँ यह वर्णन कर देना उचित जान पड़ता है कि- "असम का इतिहास १३वीं शताब्दी से पूर्व वैज्ञानिक और स्पष्ट नहीं है।"[१०] सामान्य रूप से यह विश्वास किया जाता है कि प्राचीन असम शाक्त मत का केन्द्र था। इसके साथ ही शैव धारा भी प्रवाहमान रही। डॉ० राधाकृष्णन ने ठीक ही स्वीकार किया है कि प्राचीन काल के आर्यो ने अनेक अनार्य देवताओं और परम्पराओं को आत्मसात कर लिया। ऐसे में वैष्णव धर्म अथवा 'राम कथा' अपना कैसे प्रभुत्व जमाता। महामाणिक्य इस तथ्य से अन्जान नहीं थे कि 'रामकथा' का लोक के लिए किया गया प्रयत्न आस्था के सुदृढ भित्ति पर खड़ा है। आर्य-अनार्य को एक धरातल पर लाने के लिए स्थानीय भाषा में 'रामायण' की रचना अति आवश्यक है। क्योंकि रामायण आर्य-अनार्य का पुण्य संगम स्थली है। जहाँ आर्य राम से प्रभावित होकर हनुमान, जाम्बवान, सुग्रीव आदि बन्दर, काग, जटाऊ आदि पक्षी; तथा विभीषण आदि राक्षस तक उनके शरणागत हुए थे। "ऐसा प्रतीत होता है कि रामायण-युद्ध के जरिए ही आर्यीकरण सम्पन्न हुआ, अनार्य आर्यो के ब्राह्मणवादी धर्म-आदर्श ग्रहण किए।"[११] अतः लोक में प्रेरणा और सजीवता प्रदान करने के उद्‌देश्य से राजा ने अपने आश्रित कवि माधव कन्दलि को परब्रह्म राम को सामाजिक क्षेत्र में उतारने का आग्रह किया, जिसके परिणाम स्वरूप लोक की जीवनधारा में नवीन संस्कृति का प्रादुर्भाव हो सके। राजा के वाक्य को शिरोधार्य कर कन्दलि ने वाल्मीकि रामायण का सम्पूर्ण मंथन किया और वहाँ से सार तत्व को ग्रहण कर देश-काल और पात्र के अनुसार 'सप्तकाण्ड रामायण' की रचना की-

> **"महामाणिकर बोले काव्यरस किछो दिलों**
> **दुग्धक मथिले येन घृत।।"**[१२]

कन्दलि द्वारा रचित सात काण्डों में आज केवल पाँच काण्ड ही उपलब्ध है। ऐसा माना जाता है कि रामायण के आदिकाण्ड तथा उत्तरकाण्ड कछारी और मरान युद्ध में

नष्ट हो गए। इसलिए शंकरदेव और माधवदेव ने क्रमशः उत्तरकाण्ड और आदिकाण्ड की रचना किया।

कन्दलि का इष्ट था जनमानस परिष्कार तथा लोक विहित आदर्शों की पुनः प्रतिष्ठा। लोक चेतना जागृत करने के लिए मर्यादा पुरुषोत्तम राम के चरित्र से बढ़कर दूसरा आलम्बन और क्या हो सकता था। मानो कन्दलि 'राम' के जरिए ही आर्य-अनार्य के मध्य सेतु का निर्माण करना चाहते थे। शशी शर्मा राम कालीन समाज का वर्णन करते हुए लिखते हैं "बहुत सम्भव है तत्कालीन भारत के आर्य अपने कौशल व प्रयुक्त ज्ञान द्वारा यहाँ के स्थानीय अनार्यो को विस्मित कर, अपने आपको अनार्यो से श्रेष्ठ होने का दावा किए हों।"[१३] लोक की दुर्दशा के प्रतिक्रिया स्वरूप कवि मन में राम का आदर्श जागृत हुआ। वह आदर्श जो लोक के लिए राजसी सुख-भोग का त्याग कर वनवासी बनता है, रक्षः संस्कृति से लोक की रक्षा करता है और लोकहित के लिए अपनी पत्नी तक का त्याग कर देता है। जिसने बाह्य विजय ही नहीं वरन् लोक हृदय और मानस पर भी विजय प्राप्त किया। कन्दलि को राम में लोक चेतना जागृत करने वाला प्राकृतिक धर्म का मनोहर रूप के दर्शन हुए-

> **"देखय गम्भीर कोटि समुद्रत करि।**
> **क्षमागुणे कोटि बसुन्धरा नुहिं सरि।।**
> **धैर्य कोटि एक मेरू नुहि पटन्तर।**
> **भ्रमत समान नुहि कोटि महेश्वर।।**
> **कोटि एक सूर्य्य सम नुहिं प्रतापत।**
> **एक कोटि यमसम नुहिके क्रोधत।।"[१४]**

वाल्मीकि रामायण के आधार पर ही कन्दलि ने राम के आदर्श स्वरूप का वर्णन किया है। यहाँ राम के व्यवहार में कोई ईश्वरीय अंश नहीं है। स्वयं राम भी इससे अन्जान हैं। लेकिन यथा स्थान कवि राम के ईश्वरीय रूप का वर्णन करना नहीं भूलते 'श्री राम लक्ष्मण नारायण अवतार।'[१५] ऐसा प्रतीत होता है कि समकालीन लोकमानस की भावनाओं का ख्याल रखते हुए कवि 'राम' में साधारण मनुष्य सा भाव भंगिमा, कर्तव्यनिष्ठा का समावेश किया है। अन्यथा लोक में संघर्ष की भावना को प्रेरित करना असंभव होता। जनता इससे अंजान नहीं कि भगवान के लिए तो सब सम्भव है, लेकिन एक शरीरधारी मनुष्य, वह भी राजपुत्र लोक के लिए संघर्ष करे, विलाप करे, साधारण जन के साथ उठे-बैठे, जनसाधारण के लिए आश्चर्य का विषय बन जाता है। इस उदात्त चरित्र के प्रति जनता आकर्षित होती है। फलस्वरूप शनैः शनैः लोक चेतना जागृत होता है और लोक में नवजागरण का उदय होता है। इस दृष्टि से यह मान्य होगा कि आरम्भ से लंका विजय तक राम प्रगतिशील तरुण समाज के नेता हैं और राम के अनुगामी लक्ष्मण आदि प्रगतिवादी आदर्श के दृढ समर्थक।

लोक चेतना का प्रथम शर्त है, लौकिक विश्रृंखलता को जड़ सहित उखाड़ फेंकना। कन्दलि युगीन समाज जाँति-पाँति, ऊँच-नीच, अमीर-गरीब की अमानवीय भावना से ग्रस्त

था। धनी और शासक समुदाय की स्वार्थपूर्ण असामाजिक लिप्सा और शक्ति के दुरुपयोग के कारण साधारण जन का जीवन दुःख और शोक का आवास बन चुका था, जिसका परिणाम था दरिद्रता, आचरणहीनता, आत्मविश्वास की कमी, जीवन के प्रति उदासीनता और निर्वेद। इन तमाम अपवादों से लोक को विमुख करने हेतु लोक-जीवन के प्रति एक प्रबल आकर्षण उत्पन्न करना आवश्यक था, जो धार्मिक चेतना पर आधारित हो। लोक चेतनामय हो उठे, राम में उनकी अनुरक्ति बढ़े, इसलिए प्रारम्भिक अवस्था से ही सामाजिक विश्रृंखलता को दूर करने का प्रयास किया गया है। राम जन्म के समय राजा दशरथ का दरबार प्रत्येक जन के लिए खुला है। राजा आने वाले सभी आगन्तुक का समभाव से सम्मान करते हैं-

"नट भाट तेली माली दुखी भिक्षुजन।
अन्न पाने महादाने सन्तोषिला मन।।
आसिलेक खटनीया नृपति यतेक।
दिला वस्त्र अलंकार प्रसाद अनेक।।"[१६]

लोक चेतना की दृष्टि से कवि प्रारम्भ से ही सफलता का सोपान पर कदम रख देते हैं। राम लोक में व्याप्त जाँति-पाँति हेतु वे चण्डाल गुह राज से मित्रवत व्यवहार करते हैं। राम द्वारा सम्मान को पाकर गुहराज का जीवन धन्य हो जाता है-

"केर मइ हीन जाति चण्डाल अधम।
तुमि त्रिजगत गुरू ईश्वर परम।।"

x x x x

"नाहिके तोमात जाति आचार बिचार।
तयु पदे शरण करोक मात्र सार।।
एतेक तोमार तात करूणा मिलय।
येइ सेइ मते येन अमृत पिवय।।"[१७]

भिलनी द्वारा प्रदत्त बैर को खाने के बाद तो लोक मानस से छुआ-छूत की भावनाओं का स्वतः ही नाश हो जाता है। राम लोक प्रचलित इस घृणित प्रथा के प्रति सजग हैं इसका निर्मूल नाश हो, इसलिए अयोध्या से लंका तक के पदयात्रा में बानर-भालू, पशु-पक्षी, राक्षस आदि सभी के गले लगते हैं और जाँति-पाँति से ग्रसित समाज को उर्द्धमुख करते हुए मनुष्य को मनुष्यता का पाठ पढ़ाते हैं। कन्दलि ने असमिया रामायण की रचना कर जातीय जागरण का जो बीजारोपण किया उसके लिए असम समाज चिरकाल तक ऋणी बना रहेगा। इन्ही के पद चिन्हों को श्रीमंत शंकरदेव ने कमोवेश मात्रा में अपनाया और उनके द्वारा रोपित बीज पर जलदान कर विशाल वृक्ष के रूप में खड़ा किया।

जातीय जागरण का स्थायित्व बहुत हद तक बौद्धिक जागरण पर निर्भर करता है, जिसकी पूर्ति नायक के उदात्त चरित्र द्वारा की जाती है। यदि नायक गुणवान, वीर्यवान, धर्मज्ञ, कृतज्ञ, सत्यवादी, दृढ़व्रत ,सत्य-चरित्रवान, सम्यभाव, लोकरंजन, लोकरक्षण, असुर संहारक, सुदक्ष, अद्वितीय, संयत चित्त, जितेन्द्रिय आदि का प्रतिरूप है तो लोक पर इसका

प्रभाव त्वरित होता है। राम सर्वगुण सम्पन्न हैं, इसलिए तो वे पुरुषोत्तम हैं। बाल्यावस्था से ही अपने कृत्यों द्वारा जन-गण के मन को मोहने की उनमें अगाध क्षमता है-

"पितृ मातृ चरणत, सेवात सतते रत,
देव द्विज गुरूर चरणें
करन्त भकति नित, सदाइ धर्म्मत चित्त
दम्भ अहंकार नाहि मनें।"[१८]

बौद्धिक जागरण का काम तब और भी आसान हो जाता है जब नायक में स्थानीय भाव-भंगिमा के लक्षण विद्यमान हों। क्योंकि लोक की भावनाएँ नायक की भावनाओं से जुड़ी होती है और नायक इन्हीं भाव-भंगिमाओं के साथ लोक में बौद्धिक जागरण लाने का प्रयास करता है। अतः इसी का ध्यान कर कन्दलि ने वाल्मीकि के राम से अपने राम तथा अन्य पात्रों के चरित्र में थोड़ा बदलाव कर दिया है। वनवास के समय राम का कैकेयी के लिए नागिन शब्द का प्रयोग करना, अपनी गैर मौजूदगी में अपनी माँ कौशल्या के स्वास्थ्य का चिन्तन करना, लक्ष्मण द्वारा पिता को बूढ़ा शब्द से उच्चारित करना आदि व्यवहार लोक जीवन से ही सम्बन्धित है।

जैसे-

"सकल राज्यर लोक भैलोहो असार।
बापकर गोसानीक करिलेक सार।।
आज्ञा दियो प्रभुमोक बोलो बारे बार।
बुढ़ार आगत काटि करिबों दोहार।।"[१९]

इन्हीं भाव-भंगिमाओं सहित लोक-जागरण का प्रादुर्भाव तब तूल पकड़ता है जब राजकुमार राम का संघर्षमय स्वरूप उभर कर सामने आता है। मारीच और सुबाहु द्वारा जब यज्ञादि क्रियाओं को दूषित किया जाने लगा, तब देश के ऋषि-महर्षि आर्य-धर्म की रक्षा के निमित्त सजग हो राष्ट्रीय-नवजागरण के कार्य में संलग्न हुए। उनकी मेधशाला में अमोघ अस्त्र-शस्त्रों का निर्माण होने लगा। आगामी अगम घटनाओं को सुगम बनाने के उद्देश्य से लोकनायक के निर्माण का संकल्प लिया गया। निर्माण का प्रथम बीड़ा वशिष्ठ मुनि ने उठाया। उनके कदम स्वतः ही अयोध्या की ओर चल पड़े। वहाँ पहुँच कर राजा दशरथ से मारीच और सुबाहू के संहार के निमित्त राम-लक्ष्मण को माँगे। वशिष्ठ मुनि इन दोनों राजकुमारों को लेकर पैदल ही चल पड़े। अब प्रश्न उठता है आखिर मुनि पदयात्रा क्यों किए ? इसके पीछे उनका क्या उद्देश्य था ? उत्तर है- मुनि का उद्देश्य था राम का सम्पूर्ण निर्माण। मारीच और सुबाहू का संहार तो ब्याज मात्र था। उनका लक्ष्य था लोक-रक्षा। रावण जैसे अत्याचारी महाशक्ति का संहार आसान नहीं था। इन तमाम राक्षसी शक्तियों के संहार के निमित्त राम को संघर्षशील बनाना जरूरी था। इसलिए मुनि राम-लक्ष्मण को राज-दरबार से निकाल कर, कंटकाकीर्ण मार्ग पर चलाते हुए तपोवन तक की यात्रा पूर्ण करते हैं और उन्हें नाना ज्ञान-आयुध प्रदान कर संघर्ष के लिए तैयार करते हैं।

उनका दूसरा उद्देश्य था राम को बृहत भारत के जनसमुदाय का समर्थन प्राप्त हो। इस उद्देश्य की पूर्ति रथारूढ़ राम से सम्भव नहीं होती। जब राम-लक्ष्मण गुरु का पदानुकरण करते हुए कंटकाकीर्ण मार्ग पर चलते हैं, तब लोक इन सुकुमार बालकों को देख आवाक् रह जाता है।

"देखन्त लोकर मन हरन्त सबार"[२०]

उनमें स्फूर्ति उत्पन्न होती है। कर्म करने की जिज्ञासा उत्पन्न होती है। मानो इस पद के जरिए कवि लोक मानस को उद्बुद्ध कर संघर्ष की भावना का सूत्रपात करते हैं।

मनोबल तथा संघर्ष ये सब व्यक्ति तथा समाज सापेक्ष है। व्यक्ति तथा समाज मनोबल रूप से असामाजिक तत्वों के विरुद्ध संघर्ष करने में कहाँ तक सक्षम है अथवा उन असामाजिक तत्वों के विरुद्ध लोक में संघर्ष की भावना का उदय कैसे हो ? इसका दायित्व बहुत हद तक गुरू के कन्धे पर होता है। लोक का ध्यान कर ब्रह्मा ने इसका दायित्व वाल्मीकि तथाा बराही राजा ने कन्दलि के सुपुर्द किया। कन्दलि ने राम को गुरू भक्ति की श्रेष्ठ उपमा से उपमित किया। गुरू भक्ति से परिपूर्ण राम-लक्ष्मण दिन-रात जागरण कर आसुरीशक्तियों से यज्ञ की रक्षा करते हैं। इसी के अनन्तर मारीच और सुबाहू का संहार होता है। इनका संहार होते ही लोक में खलबली मच जाती है, इसका कारण था सुकुमार बालकों द्वारा असुरों का संहार। जो कार्य देवताओं के लिए भी दुष्कर था उसे देखते ही देखते सुकुमार बालकों ने पूर्ण किया। यह सफलता गुरू भक्ति का ही श्रेय था, जो राम को पैतृक धरोहर के रूप में प्राप्त हुआ था। दशरथ राम-लक्ष्मण से गुरु के प्रति कर्तव्य-बोध का सीख देते हैं।

"दशरथ दुइको शिक्षा दिला बारे बार।
पालिबाहा दुइ भाइ ऋषिर बचन।।
थाकिबाहा सदाइ ऋषिर बुजि मन।
ऋषिर क्रोधत तबे बंशे हैबों नाश।।
सर्बदाइ थाकिबा ऋषिर पालि आश।।"[२१]

समकालीन रूढ़ी-ग्रस्त लोक-मानस का परिष्कार के लिए गुरू-शिष्य परम्परा का उद्घाटन अति आवश्यक था। कवि ने गुरू की महत्ता स्थापति करते हुए यह स्पष्ट कर दिया है कि गुरू-कृपा के फलस्वरूप ही राम ने सीता स्वयंवर में धनुष-भंग किया, गुरू कृपा से ही नल-नील द्वारा विशाल समुद्र पर सेतु निर्माण किया गया-

"तोमार सारथि नल आछन्त बानर।
बीर विश्वकर्मे ताक दिया आछेबर।।
शुनियोक पात्र मोर सुभाषय नल।
तुमि छुइले वृक्ष शिला नयाइबेक तल।।"[२२]

इस प्रकार हम देखते हैं कि बराही राजा ने माधव कन्दलि को जिस महानू लक्ष्य की पूर्ति के लिए रामायण की रचना करवायी उस उद्देश्य की पूर्ति कन्दलि ने बहुत ही कुशलता तथा दक्षता से की। समाज में उत्तम संस्कार का श्रीगणेश करना परम आवश्यक

तत्व था, जिससे समाज प्रबुद्ध हो तथा समाज में 'शील' तत्व का आगमन हो। इस कार्य में असमिया भाषा के प्रथम रचयिता माधव कन्दलि को पूर्ण सफलता मिली और सामाजिक चेतना उद्‌बुद्ध हुई।

लोक प्रचलित परम्पराएँ लोक की रीढ़ होती है। उसकी आशा, आकांक्षा सब उसी से जुड़ी होती है। लोकमन को वशीभूत करने के लिए काव्य में लोक परम्परा, लोक विश्वास का निर्वाहन आवश्यक है। कन्दलि भी इसके अपवाद नहीं हैं। रामायण में जहाँ कहीं भी परम्परागत रीति-रिवाज, संस्कार आदि की बात आती है तो वे सीधे असम की लोक-परम्पराओं से जुड़ जाते हैं और बड़ी कुशलता के साथ उक्त स्थल पर स्थानीय परम्पराओं का उपस्थापन कर लोकमन को राम-सीता से कसकर बाँध देते हैं। लोक विश्वास दो प्रकार के माने गये हैं- सर्वमान्य और धार्मिक। कन्दलि रामायण में युगानुरूप इन दोनों प्रकार के लोक-विश्वासों का निर्देश मिलता है। राम राज्याभिषेक की बात सुनकर माताओं द्वारा विष्णु पूजन करना 'कौशल्या, सुमित्रा दुयो विष्णुक पूजन्त' तथा अयोध्या की प्रजा द्वारा राम के कल्याणार्थ पूजा-अर्चना करना-

"अयोध्यात आछे नर नारी जतमान।
धर्म आचरिया साधे रामर कल्याण।।"[२४]

धार्मिक विश्वास पर आधारित है। इस तथ्य से यह भी पुष्टि हो जाता है कि तद्‌युगीन समाज में शैव, शाक्त के अनन्तर विष्णु पूजा का भी प्रचलन था।

लोक-विश्वास व लोक परम्पराएँ लोक जीवन की चालिका शक्ति है। शुभ-अशुभ विषयक विश्वास और स्वप्न तत्व विशेष रूप से उल्लेखनीय है। सुग्रीव का बाली को युद्ध के लिए प्रत्याह्वान करते समय प्रतिकूल प्रकृति परिवेश 'माथार उपरे काक शगुने बनाय,[२५] लोक विश्वास पर ही आधारित है। अवश्य यह चित्र वाल्मीकि रामायण के आधार पर चित्रित है। लेकिन तारा का स्वप्न, 'स्वप्नर कथा कहों, शुनियोक प्रभु, तयु, हृदयत लागि गेल माटि'[२६] जैसे अमंगलीय स्वप्न और प्रतिकूल प्रकृति परिवेश कवि की मौलिक उद्‌भावना है।

लोक जीवन के मध्य स्वप्न, अभिशाप आदि का आज भी प्रचुर प्रभाव है। अशिक्षा व विज्ञान सम्मत शिक्षा के अभाव के कारण आज भी इन अन्ध परम्पराओं से समाज मुक्त नहीं हो पाया है, जिसके फलस्वरूप एकांश समाज आज भी शोषित हो रहा है। लेकिन कवि कन्दलि अपने रामायण में अन्ध-विश्वास व कुसंस्कारों के विरूद्ध कहीं एक शब्द का भी प्रयोग नहीं किए हैं बल्कि समाज में प्रचलित परम्पराओं को ही अविष्कृत भाव से रूपायित कर दिए हैं।

ज्योतिष की अवधारणा भी लोक विश्वास पर ही अवलम्बित है। रावण द्वारा लाए गए राम के छद्‌म सिर को देख सीता विलाप करती हुई ऋषि-मुनियों के भविष्यवाणी का स्मरण करती हैं 'आलखनी सीता नोहे विधवार योग।।'[२७] राम भी लंका गमन करने से पूर्व ज्योतिष के अनुसार शुभ मुहूर्त का विचार करते हैं।

लोक विश्वासों के अलावा लोक संस्कार भी समाज के लिए विशेष महत्व रखते हैं। भारतीय संस्कृति में जन्म से मृत्यु तक के अनेक पारिवारिक उत्सवों और संस्कारों को

महत्व मिला है। कन्दलि रामायण में भी यथोचित स्थान पर इसका वर्णन किया गया है- यथा-जन्मोत्सव, जातकर्म, नामकरण इत्यादि। 'इनके वर्णन में कवि ने प्रायः स्थानीय रस्मों, उबटन, ताम्बूल, पुष्प, चन्दनादि का भी उल्लेख किया है। इसके अतिरिक्त विवाह और अन्त्येष्टि संस्कार पर भी कवि का विशेष ध्यान गया है।

विवाह संस्कार के समय अधिकांश वस्त्राभरण और आभूषण 'पुराणों' पर ही आधारित है। तथापि स्थानीयता को संकेत करने की दृष्टि से नेत वस्त्र, शाँखा 'शाँखा ज्यौति आति करे'[२८] मेखला का उल्लेख है। इसके अलावा स्थानीय प्रसाधन, बासाघर, बासि बिया के लोकाचार और नारियों द्वारा की जाने वाली मंगल ध्वनि उरूलि (लघुध्वनि) का भी उल्लेख किया गया है।

"सेहि समयत भैला महा महोत्सव।
उरूलि जोकार बहुबिध जय रव।।
करिलन्त स्नान दान उठि प्रभातत।
कराइलन्त बासि बिहा करिबे मनत।।"[२९]

इस तरह यहाँ भी स्थानीय लोक चेतना साकार हो रही है। अन्त्येष्टि संस्कार का वर्णन भी कन्दलि ने परम्परागत आधार पर ही किया है। जैसे दशरथ और बालि का पिण्डदान 'हेरा पिण्डलोबाँ बने येहेन मिलिल।'[३०] और जटाऊ का अन्त्येष्टि संस्कार आदि। इसके अलावा खेल, मनोरंजन के साधन, स्थापत्य कला आदि के चित्रण में कवि ने मौलिक रंग भरने का प्रयत्न किया है। यथा- हनुमान लंका में प्रवेश करने के उपरान्त राक्षसों का जो खेल देखते हैं, वस्तुतः वे असम के प्राचीन खेल हैं। राम के भवन में असम के स्थापत्य कला का परिचय मिलता है, इसमें काठ-बाँस, खेर आदि का प्रयोग दिखाया गया है। भित्ति-चित्र के भी वर्णन हैं। इन समस्त मौलिक उद्भावनाओं के पीछे कवि का एक मात्र उद्देश्य असम के विभिन्न जनगोष्ठियों को, आर्य-अनार्य जातियों को मर्यादित कर एक जुष्ठ समाज का गठन करना था। अबोध जनता को जब यह ज्ञात होता है कि रामायण के घर-बार, वस्त्राभूषण, रहन-सहन, लोकाचार, संस्कार प्रायः हमारे जैसे ही है तो उनका मन स्वतः ही राम के प्रति आकर्षित होता है और लोक राम-सीता को अपने ही आँगन की ऊपज समझ उनके आदर्शों को ग्रहण करने पर उतारू हो जाता है।

सामाजिक विश्रृंखलता और अज्ञानता पर विजय प्राप्त करने के उपरान्त नायक के लिए राष्ट्रीय जागरण व सुरक्षा का कार्य आसान हो जाता है। इस कार्य के लिए उसे एक विशेष दायित्व का निर्वाह करना पड़ता है, वह है जनसमर्थन। क्योंकि लोक चेतना जनसमर्थन के बगैर असम्भव है। राष्ट्र-निर्माण राष्ट्र के प्रत्येक व्यक्ति के संगठनात्मक पद्धति पर ही निर्भर करता है और निर्भर करता है राष्ट्रनायक के कुशल प्रतिनिधित्व पर। कुशल प्रतिनिधित्व ही नायक को लोकनायक का स्वरूप प्रदान करता है। यह विशेषता राम के चरित्र में पूर्णरूपेण परिलक्षित होता है।

सर्वविदित है कि राम-जन्म का हेतु लोक-कल्याण था- 'साधिबन्त जगतर परम कल्याण'[३१] असुरों के संहार के निमित्त ही राम नर रूप में धरती पर अवतार लिये। अवतारी राम चाहते तो क्षण में ही राक्षसी शक्तियों का विनाश कर देते। लेकिन क्या लोक

निर्माण का कार्य केवल असुरों के संहार से ही सम्पन्न हो जाता ? नहीं, जब तक लोक में व्याप्त विश्रृंखलता, अज्ञानता को दूर कर उन्हें आध्यात्मिक स्तर पर एकबद्ध नहीं किया जाता, तब तक लोक निर्माण का कार्य पूर्ण नहीं हो सकता था। अतः उक्त कार्य को पूर्णता प्रदान करने हेतु उन्हें अयोध्या की सीमा को लांघना ही था। राम के मार्ग प्रशस्त करने में माता कैकेयी के योगदान को कभी विस्मृत नहीं किया जा सकता। राम, लक्ष्मण और सीता सहित कार्य सिद्धि का संकल्प कर वन की ओर चल पड़ते हैं और 'तिनिहन्ते मिलि, हरिषे भ्रमन्त, नाना विध बन देश।'[३२] राम का यह कर्म पराजित जाति के जीवन में नण्य चेतना संचार करने में समर्थ था। जनमानस को बटोरने के लिए उन्हें जीवन के दारुण पीड़ाओं और यातनाओं से गुजरना जरूरी था।

"जगत तारण हेतु, बने बन भ्रमन्त ईश्वर दुखे।"[३३]

कन्दलि रामायण में राम द्वारा गंगा पार करते समय केवट-प्रसंग नहीं है जबकि तुलसी दास ने इस प्रसंग को काव्य कौशल की दृष्टि से शीर्षकोटि पर पहुँचा दिया है। यहाँ उस काव्यात्मक सौन्दर्य का अभाव है। राम का चलकर गंगा पार करने के पीछे कवि का उद्देश्य स्थानीय जन को हर एक मुसीबतों के प्रति सचेष्ट करना होगा। क्योंकि असम सैकड़ों नद-नदियों का गढ़ है। यह निश्चित है कि तत्युगीन समाज में जनसाधारण के लिए समयानुसार नाव की व्यवस्था करना मुश्किल होगा। लोक चेतना को उद्बुद्ध कराने के लिए 'राम का गंगा पार अवतरण' कवि कौशल का अनूठा नमूना है। राम अपनी छवि को लोकमन पर स्थापित करते हुए पंचवटी तक की यात्रा पूर्ण करते हैं और 'पंचवटी देशत बंचिला कतोकाल'।[३४] अब आगामी योजना को कैसे सिद्ध किया जाए। आखिर रावण जैसे अत्याचारी, दुराचारी महाशक्ति का विनाश कैसे हो ? इसका कोई तो कारण होना चाहिए इसी परिप्रेक्ष्य में सीता-हरण हुआ। राम साधारण मनुष्य सा विलाप करते सीता की खोज में निकल पड़े और गाछ, वृक्ष लता, तना सबसे अपनी संवेदना स्थापित करते हुए सीता का पता पूछने लगे। इसका पाठन करते ही तुलसी दास द्वारा विरचित पंक्ति स्वतः ही मानस पर उपस्थित हो जाता है-

"हे खग! मृग, हे मधुकर श्रेणी
तुम देखी सीता मृगनयनी।।"[३५]

घायल पक्षी जटाऊ से राम को रावण द्वारा सीता-हरण की सूचना मिलती है। राम उसी दिशा में चल पड़ते हैं और चलते-चलते 'ऋष्यमुख पर्वतक पाइला दुयोजन।'[३६] वहीं उनकी भेट विशाल बानरी सेना से होती है। राम वहाँ बालि-वध कर सुग्रीव, जामवन्त, हनुमान जैसे वीर बानर, भालू का सहयोग प्राप्त करते हैं। इस प्रकार इस पद यात्रा में राम अपने आदर्श के फलस्वरूप जिस तरह ऋषि-मुनियों के चित्त पर विजय प्राप्त करने में समर्थ हुए थे ठीक उसी प्रकार बानर, भालू, राक्षस रूप में चित्रित एक विपुल संख्या में अनार्यों का साथ पाने में भी सफलता प्राप्त किए। आर्य-अनार्य के संयोग से सेतु का निर्माण कर दुघर्ष विरोधी शक्ति रावण पर विजय प्राप्त कर राष्ट्रीय नवजागरण का सूत्रपात किए।

राम का कार्य यहीं पूर्ण नहीं हुआ था, अभी आदर्श राज्य की स्थापना करना बाकी था। एक आदर्श राजा के लिए प्रजा की सुख-सुविधा ही सर्वोपरि होती है। प्रजा में यदि

थोड़ा भी संदेह उत्पन्न हुआ कि उस राज्य का संचालन डगमगाने लगता है। राज्य में ऐसी स्थिति उत्पन्न न हो इसके लिए राजा को प्रत्येक क्षण तत्पर रहना पड़ता है। राम तो आदर्श राजा थे। उनके लिए परिवार से बढ़कर उनकी प्रजा थी। प्रजा में लेशमात्र भी असन्तोष न फैले, इसका उन्हें सतत् ध्यान रहता था। प्रजा के हित के लिए राम ने अपना सर्वस्व, अपनी पत्नी तक का त्याग कर दिया। उस सीता का जिसकी खोज में राम दर-दर भटकते रहे, जिसके लिए राम ने लंका पर चढ़ाई की। उसी सीता का त्याग प्रजा-हित के लिए कर दिया। कैसा आश्चर्य है। इस तरह यहाँ भी सत्य, शील और सौन्दर्य की स्थापना का उत्कर्ष देखते हैं। समकालीन राजनीतिक परिस्थितियों को सही मार्ग दिखाने के लिए राम-राज्य से बढ़कर कोई उपाय हो ही नहीं सकता था।

अन्ततः यह स्वीकार किया जाएगा कि 'राम मनुष्य की समस्त मर्यादा-पूर्ण आशा-आकांक्षाओं का सर्वोत्तम केन्द्र है। उनका चरित्र हमें जीवन संग्राम में जूझने का संदेश देने वाला है। वह सभी वर्णो और सभी कोटि के मनुष्यों को कृतार्थ करने के लिए प्रेरित करता है।''[३७] इस दृष्टि से कन्दलि रामायण तत्त्व चिंतन औरं लोक चेतना से सम्पकृत उच्चकोटि का ग्रन्थ है। स्थानीय लोक चेतना को परिष्कृत करने में कन्दलि रामायण की भूमिका प्रशंसनीय है और विशिष्ट।

सन्दर्भ :

१. जयशंकर प्रसाद, कामायनी

२. देवी प्रसाद चट्टोपाध्याय, Indian Philosophy, p. 101

३. सं० नगेन्द्र 'भारतीय महाकाव्य', रामाश्रय शर्मा- रामायण (संस्कृत) वाल्मीकि, पृ० ३४

४. कन्दलि रामायण - आदिकाण्ड

५. वही

६. सं० नगेन्द्र 'भारतीय महाकाव्य', रामाश्रय शर्मा- रामायण (संस्कृत) वाल्मीकि, पृ० ३४

७. डॉ० विजयेन्द्र स्नातक-जनक अरविन्द लिखित 'असम की गोद में' की भूमिका।

८. ताराकान्त झा, श्रीराम विश्वकोश, प्रथम खण्ड

९. हेम बरूआ, लोहित और निलाचल, पृ० १५१

१०. ताराकान्त झा, श्रीराम विश्वकोश, प्रथम खण्ड

११. श्रीशशी शर्मा : माधव कन्दलि रामायण, ऐतिहासिक विश्लेषणात्मक भूमिका, पृ० ११

१२. कन्दलि रामायण, ६६८५

१३. श्रीशशी शर्मा : माधव कन्दलि रामायण, ऐतिहासिक विश्लेषणात्मक भूमिका, पृ० १०

१४. कन्दलि रामायण- आदिकाण्ड

१५. कन्दलि रामायण- उत्तरकाण्ड

१६. कन्दलि रामायण- आदिकाण्ड

१७. वही

१८. वही

१९. कन्दलि रामायण- अयोध्याकाण्ड

२०. कन्दलि रामायण- आदिकाण्ड

२१. वही

२२. वही

२३. वही

२४. कन्दलि रामायण- अरण्यकाण्ड

२५. कन्दलि रामायण- किष्किंधाकाण्ड

२६. वही

२७. कन्दलि रामायण- लंकाकाण्ड

२८. कन्दलि रामायण- आदिकाण्ड

२९. वही

३०. कन्दलि रामायण- अयोध्याकाण्ड

३१. कन्दलि रामायण- आदिकाण्ड

३२. कन्दलि रामायण- अरण्यकाण्ड

३३. वही

३४. वही

३५. तुलसीदास- रामचरितमानस

३६. कन्दलि रामायण- अरण्यकाण्ड

३७. सं० भारतीय महाकाव्य- विजयेन्द्र स्नातक : रामचरितमानस (हिन्दी) तुलसी, पृ० २०७।

हिमाचल प्रदेश की लोक कथाओं के परिप्रेक्ष्य में रामकथा

डॉ० निधि सिन्हा

रामायण और महाभारत भारतीय जीवन एवं भारतीय संस्कृति के आधार स्तम्भ हैं। भारतीय संस्कृति के गुणों से अनुस्यूत रामकथा मानवीय आदर्शो से युक्त ऐसे अनेकानेक चरित्रों को हमारे समक्ष प्रस्तुत करती है, जिनकी तद्‌युगीन महत्ता तो थी ही, आज भी विखण्डित एवं उच्छृंखल समाज को एकता के सूत्र में बाँधने में पूर्णतः सक्षम है। जहाँ रामकथा मनुष्य, परिवार और समाज के सम्मुख अनुकरणीय आदर्शो की स्थापना करती है, वहाँ 'महाभारत की कथा' इसके विपरीत है। 'रामकथा' के अन्तर्गत राम, हितों को सर्वोपारि रख सिंहासन त्यागते हैं, लेकिन निस्वार्थी भरत उसे नहीं स्वीकारते। महाभारत' में कौरव सिंहासन पर विराजमान हैं और पाण्डवों के हक को नकारते हैं। 'रामायण' का संघर्ष सद्‌वृत्तियों के लिए है। 'महाभारत' में असद्‌वृत्तियाँ चहुँ ओर व्याप्त है। 'रामायण' में जीवन की मर्यादा रेखांकित है, इसके विपरीत 'महाभारत' पग-पग पर व्यवस्थित जीवन की चरित-कहानी कहता प्रतीत होता है। 'रामायण' का शत्रु-पक्ष भी आदर्श मण्डित है। महाभारत का मित्र भी अग्राह्य है। ऐसे जन-मानस को आह्लादित करने वाली रामकथा के पात्र हमारा पथप्रदर्शन करते हैं। तुलसी की रामराज्य की कल्पना आज के युग में सामाजिक चेतना का आदर्श है। राजनीति और नैतिकता का जितना सुन्दर समन्वय रामकथा में देखने को मिलता है वह अन्यत्र नहीं।

भारतीय जीवन की सर्वाधिक दृढ़भित्ति परिवार है। भारतीय संस्कृति में रामकथा के माध्यम से पारिवारिक जीवन के लिए एक ऐसे आदर्श की प्रतिष्ठापना की गई है, जिसके द्वारा लोक में विनष्ट होती हुई मर्यादाओं को सुरक्षित रखा जा सके। कैकेई का कोप, विभीषण का रावण के प्रति द्रोह, बालि-सुग्रीव आदि से सम्बन्धित ऐसे अनेकानेक प्रसंग रामायण में वर्णित हैं, जिनके कारण रामकथा भारतीय संस्कृति में लोकमंगलकारी आदर्शो को प्रस्तुत करती है।

अमर गाथा रामकथा हमारी अक्षुण्ण भारतीय संस्कृति की अमूल्य धरोहर है। महर्षि वाल्मीकि से लेकर आज-तक अनेक विद्वानों ने इस कथा का गान किया है। भारत में ही नहीं, विदेशों में भी रामकथा पूर्णतः व्याप्त है, श्रद्धेय है। रामकथा हमारे लोक-जीवन से ओत-प्रोत अमरकथा है, जिसमें लोक-जीवन अपनी सम्पूर्ण गरिमा के साथ मूर्त हुआ है। इसमें लोकसंग्रह की भावना की प्रमुखता है। इस कथा में कर्म के उज्ज्वलतम रूप की प्रतिष्ठा हुई है जो मनुष्य के हृदय को सहज ही प्रभावित करती है।

जीवन, धर्म साहित्य और कला से युक्त भारतीय संस्कृति का मूल स्रोत लोक-जीवन, लोक-कला, लोक-धर्म में निहित रहा है। रामकथा में व्याप्त इस महान् संस्कृति का उद्‌घाटन

अनेक लोक भाषाओं में हुआ है। पहाड़ी लोक भाषाओं में रामकथा के विभिन्न प्रसंगों को बखूबी उकेरा गया है। पहाड़ी लोक-रामायण में लोकजीवन से सम्बन्धित परम्पराओं और मान्यताओं का भावयुक्त शैली में व्यक्त किया गया है। हिमाचल प्रदेश में मनाए जाने वाले सांस्कृतिक पर्व-दशहरा, दीपावली, रामनवमी आदि अति लोकप्रिय है। कुलू का दशहरा मर्यादा पुरुषोत्तम श्रीराम की विजय गाथा का गान करता प्रतीक होता है। हिमाचल प्रदेश की भिन्न-भिन्न लोकभाषाओं में रामकथा का चित्रण है, जो वहाँ के लोकगायकों और लोक-कवियों के रामकथा के प्रति असीम लगाव को व्यंजित करता है। जनचेतना हेतु हिमाचल की चम्बयाली, मंडयाली, बिलासपुरी, कांगड़ा, कुलू, लाहुल, ऊना आदि विभिन्न लोकभाषाओं में रामचरित के सम्बन्धित अनेक प्रसंगों का उल्लेख किया गया है- जैसे दशरथ का पुत्रेष्टियज्ञ, पुत्रजन्म, सीता-स्वयंवर, परशुराम संवाद राम-वन-गमन, सीता-हरण, भिलनी-प्रसंग, हनुमान-राम-मिलन, मंदोदरी-रावण-संवाद आदि।

उक्त प्रसंगो का हिमाचल की लोक भाषाओं में चित्रण अग्रभासित है। कांगड़ा की लोक भाषा कांगड़ी में रामायण को रमैण कहा जाता है। यहाँ लोक रामायण की परम्परा बहुत पुरानी है। कांगड़ा एक पुराना जनपद है। यहाँ के लोगों का जीवन जितना सरल है उतनी ही सरल उनकी भावों को अभिव्यंजित करने की शाक्ति। राजा दशरथ की पुत्रेच्छा का भाव विह्वल वर्णन कांगड़ी भाषा में इस प्रकार किया गया है-

इक दिन भुलूला पंडत,
राजे दशरथे दें घर आया।
चनण-चौकी राजें डाही दित्ती,
पणत जिआ बठाई बे आंऽ।
अपनी विथा पणत सुणादा,
राजे दसरथे अपणी विथा दित्ती सुणाई वे आंऽ।
बोलदा सादियां तिन कित्तिआं,
न घर अंसेया होई वे आंऽ।
तां पंडत मुंहों बोलदा।
क्या कारण होयै वे आंऽ।
क्या राजा तू कित्ते पाप भारी ?
क्या तै जीव सताये वे आंऽ।।
तां घर अंसेया तुसां दें नी।।

इसके पश्चात् पंडित द्वारा श्रृंगी ऋषि के शाप का वर्णन भी कांगड़ी भाषा में मिलता है।

कुलू की बोली 'कुल्लई' कहलाती है। कुल्लई बोली में भी रामायण की कथा कई प्रकार से सुनी, गाई और मनाई जाती है। रामजन्म-प्रसंग का वर्णन कुल्लई बोली में किया गया है। योद्धा राजा दशरथ के जब कोई सन्तान नहीं हुई, तब यत्नोपरान्त राजा दशरथ के चार बेटे हुए, जिसका वर्णन कुल्लई में इस प्रकार किया गया है-

दशरथा रे जमो बेटे, राम जी
तिन्हा रे महारे चौमके घौरा

दशरथा रे जमो बेटे, राम जी
धौरा ज़ोमू सुना सा ज़ौरा
राखस दूत नौशले भौगी
दशरथा रे जोमे बेटड़े राम जी,
लंका लागी नौगरी औगी

उस समय राक्षसों का बोलबाला था। विश्वामित्र ऋषि के साथ जाकर राम-लक्ष्मण ने राक्षसों का नाश किया था, जिसका उल्लेख लोक-रामायण में मिलता है।

'ऊना' क्षेत्र के लोगों में भी रामकथा का बहुत प्रचार है। नवरात्रों में रामचन्द्र के प्रति यहाँ के लोगों का प्यार प्रत्यक्ष देखने को मिलता है। 'ऊना' क्षेत्र के लोक-साहित्य में राजा दशरथ द्वारा पुत्रेष्टि-यज्ञ का उल्लेख लोक-कवि ने अति सुन्दर ढंग से किया है, जिसका संक्षेप में वर्णन निम्न है-

संसा दशरथ दा कनै गुरु अग्ग अर्ज:
हे गुरू! अज चिन्ता होई ऐ-हे गुरू!
दर्पण में मैं चेहरा देख्या
चिट्टे केस हन धाए।
साढ़े नौ हजार उमर गेई ऐ
साड़े पुत्र न जाए।।

गुरु वशिष्ठ के कहने पर श्रृंगी ऋषि ने राजा दशरथ को वेद-विधि अनुसार पुत्रेष्टि यज्ञ कराने की आज्ञा दी-

सुणे वचन जद श्रृंगी मुनि नैं
हस बशिष्ठ समझाए।
पुत्तर अंस तुसीं यग कराओ
होणगे सुन्दर जाए।।
शुभ दिन समां विचार मुनि नैं
या फिर यग रचाया।
प्रभु दी किरपा अपार होई फिर
दशरथ भाग जगाया।
होए पुत्र चार उन्हां दैं
राम लक्ष्मण प्यारे।
भरत शत्रुघण सोहणे चारे
सुन्दर सब ते न्यारे।।
यज्ञोपरान्त चार पुत्रों का जन्म हुआ।

हिमाचल प्रदेश के 'मण्डी' क्षेत्र में आज भी रामचर्चा कई रूपों में होती है। रामचर्चा से सम्बन्धित लोकगीत, लोककथा मण्डी क्षेत्र में आज भी प्रचलित हैं। राम के वनवास का प्रसंग मण्डयाली (मण्डी की भाषा) उपभाषा में इस तरह दिया गया है-

फुलवाड़ी दा रस्ता बता दो सखी,
मोरे राम चले बणबासैं।
हाथां बिच करंडी, फुल्ला कन्ने भर दी।
हाथां बिचा गड़वी, जला कन्ने भर दी।
स्नान करा दे सखि, मेरे राम चले बणबास

सीता-हरण, श्रवण कुमार आदि से सम्बन्धित अनेक प्रसंगों का उल्लेख मण्डयाली लोकगीतों में किया गया है।

'कुल्लई लोकभाषा में पंचवटी के अनेक प्रसंगो का उल्लेख मिलता है। राम के समझाने पर भी कि-

मिरग नी होला मेरीए सीते,
छली सा ए लंका रा रावण सीते।

सीता के न मानने पर राग को विवश होकर जाना पड़ा। लक्ष्मण के सीता को न छोड़कर जाने पर सीता द्वारा अपशब्द बोलना-

लक्ष्मणा तौबे बोला सा हांऊ कुलछणा
रामा-बे पोई मुसीबत,
तू बेठादा भावी रे लाले। (लालच में)
राम गया था हेड़ा बें,
सो पुहता ढौग-ढंगाले।
तेरे तीर कमान कीझी बे हुए
हांउ सा पाए पीर निहासे।

अन्ततः लक्ष्मण को जाना पड़ा। फिर-

कार लांगी सीता भूलकर,
जो लक्ष्मण खींची रेख।
झट उठाई रावण गोदी न, छोड़ जोगी रा भेख।

बिलासपुरी लोकसाहित्य में राम के दो रूपों का वर्णन है- प्रथम पुरुषोत्तम राम जिसका उल्लेख तुलसी ने रामचरितमानस में किया है और दूसरा रूप है निराकर राम जिसकी उपासना कबीर ने की है। बिलासपुर में रामकथा का आधार 'रामचरितमानस' ही है। बिलासपुरी लोक-रामायण में रामजीवन के अन्तर्गत अनेक प्रसंगों का चित्रण किया गया है। सीता-मन्दोदरी संवाद की एक झाँकी बिलासपुरी लोकभाषा में प्रस्तुत है-

सिया संग मिलन को मंदोदरी चली आई।
नो लख तारा ओढ़ चुनरिया लाई।
आगे बैठी सिया राणी चन्द्रमा मस्तक लगी।
नौ लख तारे की जोत छपाई।
तुम सीता सतवन्ती कहिए, लक्ष्मण की भरजाई।
मेरे पति संग कैसे चली आई ?

मैं सीता सतवन्ती कहिए, लछमण की भरजाई।
दस रावण के दस सीस कटाओआं।
मेघनाथ कुंमकर्ण के ताई चलीं आई।

उक्त पंक्तियों में कहने का तात्पर्य यह है कि सीता, रावण के वंश का नाश करने के लिए चली आई। इसी प्रकार **कुल्लई** लोक भाषा में मंदोदरी-रावण-प्रसंग को बड़े ही सुन्दर ढंग से उकेरा गया है। जब रावण ने सभी मंत्रियों और नर-नारियों को, अपनी सभा में बुलवाया, तब मंदोदरी, रावण को समझाते हुए कहती है-

रहे मौन सब नर नारी, मंदोदरी राणी फरमाया।
तेरे बचण दा जतन पती जी, पैहलां था दरसाया।
मैं फरमाया, विभीषण फरमाया, लत मार नै ओहनूं नसायां।
ओ ही बचणगे सुनो पती जी, जो शरण राम दी जाया।

अन्ततः राम-रावण युद्ध हुआ। रावण की हार हुई। राम ने लंका का राज विभीषण को सौंपा। लोकगायकों ने उसका चित्रण किया है-

राम सिया लेई धरा जो चले हो,
रामा लंका रे राज कुसेरे हो।
रामा राज दित्ते भगत भभिखणा जो,
रामा हो बणबासा पूरे हो। (चम्बयाली लोकभाषा)

रामायण का शायद ही कोई ऐसा प्रसंग हो जिसका वर्णन हिमाचल प्रदेश की लोकभाषाओं में न हुआ हो। लोक भाषाओं में चित्रित **रामकथा** से सम्बन्धित अनेकानेक प्रसंगों का उल्लेख करने से आलेख का आकार अति विस्तृत हो जाता, इसलिए प्रस्तुत आलेख में लोक भाषाओं में **रामकथा** को अति संक्षेप में प्रस्तुत किया गया है। जिससे सिद्ध होता है कि **वाल्मीकि** कृत **रामायण** और तुलसीकृत **रामचरित** केवल हिन्दी, अंग्रेजी, असमिया, तेलुगु आदि भिन्न-भिन्न भाषाओं में ही अंकित नहीं है, अपितु जन-चेतना हेतु लोकभाषाएँ भी इससे पूर्णतः समृद्ध हैं।

सहायक पुस्तकें :

रामचरितमानस

वाल्मीकि रामायण

मानस चन्दन (त्रैमासिक पत्रिका)

पहाड़ी लोक रामायण (मु०स०लाल चन्द प्राथी)

पंजाब की संस्कृति और रामकाव्य की परम्परा

डॉ० जयप्रकाश

सिखों के दसवें गुरु, खालसापंथ के संस्थापक, एक साथ संत और सिपाही श्री गुरुगोबिन्द सिंह एक महान कवि भी थे। उन्होंने ब्रजभाषा, पंजाबी तथा फारसी- इन तीनों भाषाओं में काव्य-रचना की थी। जिस ग्रंथ में उनकी सब रचनाएँ संकलित हैं, (दसवें गुरु होने के कारण) उसको 'दसमग्रंथ' कहा जाता है। 'दसमग्रंथ' अपने मूल रूप में गुरुमुखी लिपि में उपलब्ध होता है। इसमें १४२८ पृष्ठ हैं, जिनमें से लगभग ५० पृष्ठों में पंजाबी और फारसी की रचनाएँ हैं, शेष पृष्ठों में हिन्दी यानी ब्रजभाषा की रचनाएँ हैं[1] इस ग्रन्थ के महत्व का अनुमान इसी बात से लगाया जा सकता है, कि इसका स्थान सिख धर्म की वृहत्त्रयी (श्री गुरुग्रंथसाहिब श्री दसमग्रंथ तथा भाई गुरुदास की रचनाएँ) में विशेष आदरणीय है। ये तीनों ग्रंथ सिख धर्म एवं उसके दर्शन को समझने के लिए बहुत ही महत्वपूर्ण हैं।

श्री गुरुगोबिन्द सिंह (१६६६ ई.-१७०८ ई.) के पिता नवम गुरु श्री तेग बहादुर जी थे। दिल्ली के चाँदनी चौक में उन्होंने हिन्दुओं को बलात् मुसलमान बनाने की औरंगजेब की नीति के विरोध में शहादत दी थी और सिख धर्म की प्रतिरोधक क्षमता को और अधिक प्राणशक्ति से भर दिया था। हिन्दुओं को लगा था कि उनको अपने धर्म की रक्षा के लिए एक और संरक्षक शक्ति मिल गई। शस्त्राभ्यास तो गुरु हरगोबिन्द जी के समय से ही सिख धर्म का अभिन्न अंग बन गया था। नवम गुरु के बलिदान ने इसे तीव्रता दे दी, जो दशम गुरु में ज्वालामुखी बन गई। सिखों का धार्मिक एवं पूज्य ग्रंथ तो 'श्री गुरुग्रन्थ साहिब' ही है, जिसे 'आदिग्रंथ' भी कहा जाता है, लेकिन भारतीय संस्कृति में जो अध्यात्म एवं जागतिक जीवन समेकित है, उसकी व्यापक समझ 'दसमग्रंथ' से होती है।

इस 'दसमग्रंथ' में कुछ रचनाएँ अध्यात्म और भक्तिभाव की हैं जैसे 'जापु', 'अकाल उसतति', 'बिचित्र नाटक', 'तेंतीस सवैये', कुछ रचनाएँ दार्शनिक हैं जैसे- 'गिआन प्रबोध' कुछ रचनाएँ लीला-परक हैं जैसे 'चउबीस अवतार', कुछ रचनाएँ युद्धपरक हैं जैसे 'ससम्र नाममाला' एक रचना नीतिपरक है- 'चरित्रोपाख्यान' और एक रचना फारसी में औरंग़ज़ेब को लिखा गया पत्र है, जिसमें उसके कुकृत्यों के लिए उसे फटकारा गया है। पंजाबी भाषा में उनकी रचना 'चंडी दी बार' है। 'चंडीचरित्र' नाम से उनकी 'प्रथम' और 'द्वितीय' दो रचनाएँ मिलती हैं। 'महदी मीर', 'ब्रह्मावतार', 'रुद्रावतार' तथा 'हिकायतें' उनकी अन्य रचनाएं हैं। इस प्रकार उनकी रचनाओं की संख्या सोलह है। इन रचनाओं का सम्पादन भाई मनीसिंह ने श्री गुरुगोबिन्द सिंह जी की जीवनलीला समाप्त होने के बाद की थी। भाई

मनीसिंह श्री गुरुगोबिन्द सिंह जी के साथ कई सालों तक रहे थे। इसलिए उनकों जो भी रचना मिलती गयी, उसकी एक प्रति वे माता सुन्दरी, जो श्री गुरुगोबिन्द सिंह की धर्मपत्नी थीं और विधवा हो गई थीं, के पास दिल्ली भेजते गए। इसका विस्तृत विवरण डॉ० महीप सिंह ने अपनी शोधपुस्तक में दिया है।[२]

'दसमग्रंथ' में उन्हीं पौराणिक आख्यानों को काव्य-रचना का आधार बनाया गया है, जिनमें प्रभु अवतार लेकर आसुरी शक्तियों को समाप्त करते हैं। 'चंडीचरित्र', 'कृष्णावतार' तथा 'रामावतार' ऐसी ही रचनाएँ हैं। बाद वाली ये दोनों रचनाएँ ('कृष्णावतार' तथा 'रामावतार') उनकी रचना 'चडबीस अवतार' के अंश हैं। राम-कथा का विवरण उनकी दो रचनाओं में आता है।

'बिचित्र नाटक' में रामकथा :

परमसत्ता से इंस संसार की सृष्टि हुई है। यह सृष्टि उसकी लीला है, उसका नाटक है। इसलिए इस प्रतिपाद्य के कारण ही इस कृति का नाम 'बचित्तर नाटक' पड़ा है। इसकी यह वर्तनी स्थानीय उच्चारण तथा गुरुमुखी लिपि में तथा पंजाबी भाषा में संयुक्ताक्षरों के न होने के कारण है। इसकी भाषा ब्रज ही है। इस कृति में इस संसार को कालदेवता का 'तमासा' कहा गया है- ''बैर बढाई लराइ सुरासुर आपइ देखत बैठ तमासा'' भारतीय दार्शनिक मनीषा इस संसार को नाटक की तरह सत्य-असत्य मानती आयी है। श्री शंकुक का 'चित्र-तरंग-न्याय' इसी ओर इंगित करता है। जिसमें अभिनेताओं को चित्र में बने हुए घोड़ों की तरह सत्य की प्रतीति किन्तु असत्य रूप में बताया गया था। इस कृति में कुल आठ अध्याय हैं। पहले अध्याय में १०१ छंदों में काल-देवता की स्तुति और उसकी महिमा का गान किया गया है। इसके दूसरे अध्याय में रघुवंश का वर्णन किया गया है। सूर्यवंश की परम्परा में राजा रघु और उनसे चले वंश में राजा दशरथ का उल्लेख किया है और उसी क्रम में राम, भरत, लक्ष्मण और शत्रुध्न का नाम आया है। इस वंश-परम्परा में रघु के पुत्र अज और अज के पुत्र दशरथ का उल्लेख करते हुए उनके चारों पुत्रों का नामोल्लेख हुआ है। यह परम्परा-उल्लेख सीता के दोनों पुत्रों- लव और कुश के द्वारा बसाए गये दो नगरों- 'लाहौर' तथा 'कसूर'- के उल्लेख तक पहुँच जाता है। कवि का लक्ष्य कालिदास की भाँति रघुवंश का वर्णन नहीं है, अपितु 'सोढी वंश' का वर्णन है, जिसमें कवि का जन्म हुआ था। यह उसकी आत्मकथात्मक कृति है। यह रामकथा 'सोढी वंश' तथा 'बेदीवंश' के पूर्वक्रम के रूप में प्रसंगवश आई है, इसलिए बहुत ही संक्षिप्त है। कवि रघु से लव-कुश तक के राजाओं का नामोल्लेख कर आगे बढ़ गया है-

''प्रिथम काल जब करा पसारा।
ओंकार ते स्रिसटि उपारा।।
कालसैण प्रथमै भयो भूपा।
अधिक अतुल बल रूप अनूपा।।१/१०

- - - - - - - - - -

कालकेत दूसर भूप भयो।
क्रूर बरस तीसर जग ठयो।। १/११

- - - - - - - - - - -

तिन ते होत बहुत न्रिप आए।
दच्छ प्रजापति जिन उपजाए।। १/१६

- - - - - - - - - - -

ता ते सूरज रूप को धरा।
जा ते बंस प्रचुर रवि करा।। १/१६

- - - - - - - - - - -

तिन के बंस बिखै रघु भयो।
रघुबंसहि जिह जगहिं चल्यो।।
ता ते पुत्र होत भयो अज वर।।
महारथी अरु महा धनुरधर।। १/२०

- - - - - - - - - - -

जब तिन भेस जोग को लयो।
राजपाट दसरथ को दयो।। १/२१

- - - - - - - - - - -

प्रथम जयो तिह राम कुमारा।
भरथ लछमन सजबिदारा।। १/२२

- - - - - - - - - - -

सीअ सुत बहुरि भए दुइ राजा। १/२३
तही तिनै बांधे दुइ पुरवा।
एक कसूर दुतीय लहुरवा।।१/२४

'बिचित्रनाटक' में रामकथा के पात्रों का अतिसंक्षिप्त उल्लेख यह प्रकट करता है कि कवि इस बात के लिए गर्व का अनुभव करता है कि उसकी वंश-परम्परा रघुवंश तथा सूर्यवंश का अपने आदि रूप में स्पर्श करती है। यहां रामकथा का गायन न तो उसका अभीष्ट था और न ही उसने किया है।

'रामावतार' : 'चउबीस अवतार' के अन्तर्गत एक रचना मात्र :

भारतीय धर्म-साधना में 'अवतार' की अवधारणा लोकरक्षण की भावना से जुड़ी हुई है। 'श्रीमद्भागवत' आदि भक्ति-परक ग्रंथों में, विभिन्न पुराणों में, 'देवीभागवत' में, 'रामचरितमानस' में अवतार का कारण आसुरी शक्तियों से लोक की रक्षा को उसी प्रकार माना गया है, जिस प्रकार गीता में 'यदा यदा हि धर्मस्य ग्लानिर्भवति भारत' वाले श्लोक में अभिमत प्रकट किया था, जिसके साथ स्वर में स्वर मिलाते हुए गोस्वामी तुलसीदास ने 'जब जब होइ धरम की हानी' की चौपाई लिखी थी। श्री गुरुगोबिन्द सिंह ने भी विष्णु भगवान के २४ अवतारों की कथा को कविता में निरूपित करने से पहले अपनी अवतार-संबंधी धारणा व्यक्त की है :

"जब जब होत अरिस्ट अपारा।
तब तब देह धरत अवतारा।।

काल सभन को पेख तमासा।
अंतह काल करत है नासा।।"

'काल' शब्द यहाँ परमसत्ता का वाचक है, जिसकी उपासना पहले के नौ गुरुओं ने की थी और जिसके लिए 'अकाल पुरुख' शब्द का सिख धर्म में व्यवहार आज भी होता है। वैदिक साहित्य में 'विष्णु' शब्द 'व्यापक' के अर्थ में प्रयुक्त होता था। इसलिए विष्णु की कल्पना उस विराट् सत्ता की ही कल्पना है, जिसके चौबीस अवतारों में दस अवतार प्रमुख माने गये हैं। इस कवि ने यों तो चौबीस अवतारों का ही वर्णन किया है, किन्तु विष्णु के प्रमुख दस अवतारों में 'रामावतार' तथा 'कृष्णावतार' का वर्णन विशेष मनोयोग तथा युग-संदर्भ के साथ जोड़कर किया है। इस ग्रंथ में निरूपति चौबीस अवतार ये हैं- मच्छ, कच्छ, नर-नारायण, महामोहिनी, बैराह, नृसिंह, बावन, परसराम, ब्रह्मा, रुद्र, जलन्धर, बिसन, मधुकैटभ का संहारक (हयशीर्ष), अरहंत देव, मनु राजा, धनवन्तर, सूर्य, चन्द्र, राम, कृष्ण, नर, बऊध, (उद्धव), तथा निहकलंकी (कल्कि)। विष्णु के इन २४ अवतारों के अतिरिक्त ब्रह्मा के सात (बाल्मीक, कस्सप, सुक्र, बाचेस, बिआस, षट, कालदास) तथा रुद्र के दो (दत्तात्रेय तथा पारसनाथ) अवतारों का भी निरूपण किया है। इन सब अवतारों के नामों की वर्तनी में जो परिवर्तन हुआ है, वह स्थानीय बोली और उच्चारण के प्रभाव के कारण हुआ है।

'रामावतार' का रचना-वर्ष १७५५ विक्रमी संवत् है। अर्थात् १६६८ ई० यह तथ्य अन्तस्साक्ष्य से प्रमाणित होता है-

"संमत सत्रह सहस पचावन।
हाड़ बदी प्रथमा सुख-दावन।।
तब प्रसाद करि ग्रंथ सुधारा।
भूल परी लहु लेहु सुधारा"[३]

इस रचना में कुल ८६४ छंद हैं। इस रचना का उद्‌देश्य दुःख और पाप से निवृत्ति है।[४] आचार्य मम्मट ने 'काव्यप्रकाश' में काव्य रचना के दो महदुद्‌देश्य मानें हैं, उनमें 'शिवेतरक्षति' भी है। यह कृति भी 'आधि-श्याधि' के नाश के साथ-साथ विष्णु की भक्ति को प्रयोजन मान रही है। जनता के कष्ट-निवारण के लिए ही नवम गुरु और अपने पिता श्री तेग बहादुर जी को बलिदान के लिए प्रेरित किया था और स्वयं अपने चार पुत्रों का भी बलिदान इस कवि ने देखा था- साथ ही जीवन भर मुगलों से लोक-पीड़क राजाओं से स्वयं भी युद्ध किया। इसीलिए इस कवि ने राम के वीरतापूर्ण चरित्र को कविता का विषय बनाया। 'रामावतार' के ८६४ छंदों में से लगभग ४०० छंद इसीलिए युद्ध से संबंधित हैं।

'रामावतार' : 'बचित्र नाटक' का अंश : अन्तस्साक्ष्य :

'रामावतार' में कुल सत्ताइस अध्याय हैं। इनमें से पहले, चौथे, पाँचवें, छठे, सातवें, आठवें, दसवें, ग्यारहवें, बारहवें, चौदहवें, पंद्रहवें, सोलहवें, सत्रहवें, अठारहवें, इक्कीसवें, तेइसवें, चौबीसवें तथा पच्चीसवें अध्याय की समाप्ति-प्रदर्शी पुष्पिकाओं में इस रचना को 'बचित्र नाटक' के अन्तर्गत ही माना गया है। उदाहरण के लिए चौबीसवें अध्याय की

समाप्ति पर जो पुष्पिका दी गयी है, वह यह है- ''इतिस्री बचित्र नाटके रामावतारे तिहू भिरातन सेना सहित जीबो।।२४।।'' अध्याय संख्या दो, तीन, नौ, तेरह, उन्नीस, बीस, बाईस तथा छब्बीस की पुष्पिका में 'बचित्र नाटक' का उल्लेख नहीं है। वहाँ केवल उस अध्याय में आगत कथा का ही संकेत है। 'रामावतार' के प्रारम्भिक अध्याय की पुष्पिका में भी 'बचित्र नाटक' का उल्लेख है। इसके अंतिम अध्याय की पुष्पिका में 'रामायण' की समाप्ति की सूचना दी गई है- ''इति स्री रामाइण समापतमसतु।''

गुरुमुखी लिपि में उपलब्ध हिन्दी के ग्रंथों का गम्भीरता से अनुशीलन करने वाले विद्वान-द्वयः डॉ० धर्मपाल मैनी तथा डॉ० मनमोहन सहगल : से जब मैंने इस संदर्भ में चर्चा की, तो उन्होंने यह धारणा व्यक्त की कि 'बचित्र नाटक' एक वृहदाकार रचना थी। 'चउबीस अवतार' कृति भी इसी का एक अंश थी। 'रामावतार' 'चउबीस अवतार' कृति के अन्तर्गत आता है, इसलिए पुष्पिकाओं में 'बचित्र नाटक' का बार-बार उल्लेख हुआ है। मुझको भी यही बात ठीक लगती है। डॉ० जोधसिंह, डॉ० महीप सिंह, डॉ० जयभगवान गोयल, डॉ० प्रेमप्रकाश सिंह तथा डॉ० रतन सिंह जग्गी जैसे विद्वानों ने 'बचित्र नाटक' तथा 'चउबीस अवतार' इन दोनों कृतियों को स्वतन्त्र ग्रंथ माना है। 'रामावतार' की ये पुष्पिकाएँ जो साक्ष्य दे रही हैं, उससे इन विद्वानों के अभिमत को समर्थन नहीं मिलता है।

रामावतार का प्रतिपाद्य :

सिखों के दसवें गुरु श्री गुरुगोबिन्द सिंह का साहित्यिक प्रतिपाद्य उनके जीवन-लक्ष्य की तरह द्वि-आयामी है। उनका जीवन शस्त्र और शास्त्र, अध्यात्म और जागतिकता तथा राग और विराग दोनों को समन्वित करता है। उनकी 'जापु', 'अकाल उसतति' जैसी रचनाएँ निराकार परमात्मा की स्तुतियाँ हैं, जिसे सिखधर्म में 'अकाल' कहा जाता है। 'चंडीचरित्र' 'चउबीस अवतार' जैसी रचनाओं में 'श्रीमद्भागवत' की कथा का आधार लेकर वीरता की प्रेरणा देने वाले आख्यान-नायकों के प्रति श्रद्धा प्रकट की गई है। 'रामावतार' तथा 'कृष्णावतार' इनमें प्रमुख हैं। 'कृष्णावतार' में रचना के उद्देश्य का निरूपण बहुत साफ-साफ कर दिया गया है-

> **''दसम कथा भगौत की भाखा करी बनाइ।**
> **अवर वासना नाहिं मोंहि धर्मजुद्ध की चाइ।।''**

इस अन्तस्साक्ष्य से 'श्रीमद्भागवत्' की कथा का आधार संपुष्ट होता है और यह भी समझा जा सकता है कि इसके दशम स्कन्ध से श्रीकृष्ण के अवतार की कथा का आधार लिया गया है। इसके नवें स्कन्ध में रघुवंश के साथ-साथ रामकथा का वर्णन किया गया है, जो प्रसंगवश है, अति संक्षिप्त है। विष्णु के इन चौबीस अवतारों में एक बात सर्वनिष्ठ है, और वह है- धर्मयुद्ध। 'रामावतार' के आरम्भ में वही बात कही गई है, जो 'श्रीमद्भागवद्गीता' में ''यदा-यदा हि धर्मस्य ग्लानिर्भवति भारत। अम्युत्थानमधर्मस्य तदात्मानं सृजाम्यहम्'' में कही गई थी। इसी अवतारवादी कारणभूत सत्य को तुलसीदास ने 'जब जब होइ धरम की हानी.....वाली चौपाई में प्रगट किया था। यहीं से 'रामावतार' की रचना का प्रारम्भ होता है-

"अब मैं कहौं राम अवतारा। जैसे जगत मों करा पसारा।।
बहुत काल बीतत भयो जबै। असुरन बंस प्रगट भयो तबै।।
असुर लगे बहु करन बिखाधा। किनहूँ न तिनैं तनक मै साधा।।"

यह विवरण अधर्म की वृद्धि का है। इस अधर्म के मूलोच्छेद के लिए ही भक्ति आंदोलन ने अवतारवाद की धारणा प्रस्तुत की थी, जिसका आधार पौराणिक और भक्तिशास्त्रीय है। 'शरणागति' के छः अनुषंगों (षड्विधा शरणागतिः) में से एक अनुषंग 'रक्षयिष्यतीति विश्वासः' है अर्थात् प्रभु अवश्य ही रक्षा करेंगे, यह विश्वास शरणागति के स्वरूप में केन्द्रीय भाव के रूप में अवस्थित है। पुराणों के साथ-साथ भक्तिकाव्य की साक्षी है कि प्रभु ने अवतार लेकर असुरों से युद्ध किया और उनका वध किया। रावण, कंस, शुम्भ-निशुम्भ, हिरण्याक्ष, मधु-कैटभ जैसे दैत्यों, राक्षसों के वध की कथाएं यही बताती हैं। अर्थात् अवतार के साथ 'धर्मयुद्ध' की अवधारणा बहुत गहराई से जुड़ी है। दशमेश जी का जीवन-वृत्त भी निरन्तरित धर्म-युद्ध को प्रकट करता है। अत्याचार यहाँ बलात् धर्म परिवर्तन के रूप में है, मन्दिरों के ध्वंस के रूप में है, प्रजा के शोषण और उत्पीड़न के रूप में है, सांस्कृतिक आक्रमण के रूप में है। इस धर्मयुद्ध में कूदने और बलिदान देने की परम्परा सिखों के गुरुओं की बहुत पुरानी रही है। गुरुगोबिन्द सिंह उसकी दसवीं कड़ी हैं। पहली कड़ी के रूप में गुरुनानक देव ने खुरासान से आए आक्रान्ता बाबर के अत्याचारों से क्षुब्ध होकर उसे ललकारा था- 'खुरासान खसमाणा कीन्हां हिन्दुस्तान डराइया।' इसलिए 'रामावतार' की रचना की पृष्ठभूमि में राम का शौर्य-वृत्त प्रेरणा-भूमि है, अवतारवाद की भक्ति प्रवणता उतनी प्रेरक नहीं है। इस संत सिपाही ने चौबीस अवतारों की कथाओं को काव्यरचना के लिए चुना ही इसलिए है कि उनसे धर्मयुद्ध की प्रेरणा मिलती है। इसीलिए 'चंडीचरित्र' की भी रचना की है। यह भी ध्यान रखने की बात है कि दशम गुरु ने जहाँ एक ओर 'निर्मल संप्रदाय' की स्थापना करने के लिए अपने पाँच शिष्यों को काशी में भारतीय दर्शन में निष्णात होने के लिए काशी भेजा था, वहीं पाँच शिष्यों के अगुवाई में 'खालसा पंथ' की नींव डाली थी। 'खालसापंथ' में युद्धकता केन्द्र में थी और 'निर्मल सम्प्रदाय' में दर्शन और पांडित्य। शस्त्र और शास्त्र दोनों में निपुणता गुरु गोबिन्द सिंह को काम्य थी।

'रामावतार' की कथा-संरचना :

इस कृति की कथा के कई स्रोत हैं। एक स्रोत 'श्रीमद्भागवत' का ग्यारहवाँ स्कन्ध है, दूसरा श्रोत है भारतीय समाज में प्रचलित रामकथा का श्रुतज्ञान, जो महर्षि वाल्मीकिकृत 'रामायण', महर्षि व्यास (?) के द्वारा रचित 'अध्यात्म रामायण' तथा गोस्वामी तुलसीदास के द्वारा रचित 'रामचरितमानस' की कथा के लोकप्रचलित मौखिक रूप से अनुप्राणित है। कहीं-कहीं कालिदास कृत 'रघुवंश' का छायाभास भी झिलमिला उठता है।

इसकी कथा का आरम्भ 'रघुवंश' के निरूपण से होता है, जिसमें राजा रघु, उनके पुत्र अज, उनके पुत्र दशरथ से होती हुई कथा राम, लक्ष्मण, भरत तथा शत्रुघ्न की कथा को विस्तार से प्रकट करती है। कथा की समाप्ति लव-कुश के शासनाधिरोहण से होती है।

रघु तथा अज का तो नामोल्लेख भर हुआ है। राजा दशरथ के द्वारा सन्तान प्राप्ति के लिए यज्ञ किए जाने तथा यज्ञ-पुरुष के द्वारा क्षीरपात्र दिए जाने की घटना में थोड़ा विस्तार आया है। रामादि चारों भाइयों के जन्म की यह घटना परम्परा-अनुमोदित ही है। यहाँ अयोध्या तथा सरयू नदी का सादर उल्लेख हुआ है। इस पहले अध्याय में ही ताड़का-वध, के साथ-साथ सुबाहु-वध का वृतान्त आया है। दूसरे अध्याय में सीता-स्वयंवर, तीसरे में अवधपुरी में प्रवेश, चौथे में राम-वनवास तथा विराध एवं सुबाहु के वध, पाँचवें में वन में प्रवेश एवं शूर्पणखा की, छठे में खर-दूषण के वध, सातवें में सीता हरण, आठवें में सीता की खोज, नवें में सीता-खोज के लिए हनुमान को भेजने तथा देवांतक-नरांतक वध, दसवें में प्रहस्तयुद्ध तथा कुम्भकर्ण वध, ग्यारहवें में त्रिमुंड-वध, बारहवें में महोदरमंत्री के वध, तेरहवें में इन्द्रजीत के वध, चौदहवें में अतिकाय-वध, पन्द्रहवें में मकराक्ष-कुंभ-अनुकुंभ के वध, सोलहवें में लक्ष्मण-मूर्च्छा, सत्रहवें में रावण-वध, अट्ठारहवें में मंदोरी-विभीषण-संवाद तथा विभीषण के राज्याधिरोहण तथा राम-सीता-पुनर्मिलन, उन्नीसवें में अयोध्या आगमन, बीसवें में माताओं से मिलन तथा लवण नामक दैत्य के वध, इक्कीसवें में लव-कुश के जन्म, बाइसवें में लव के द्वारा लक्ष्मण वध, तेइसवें में लव के द्वारा घोड़े को बाँधनें तथा राम के वध, चौबीसवें में सीता के द्वारा सब को जीवित किए जाने, पच्चीसवें में सीता के साथ राम के पुत्रों के द्वारा अयोध्या में प्रवेश तथा सीता के भूमि में प्रवेश तथा राम का देह-त्याग, छब्बीसवें में तीनों भाईयों का पत्नियों के साथ देह-त्याग तथा चारों दिशाओं के राज्य को चार भाइयों को लव के द्वारा दिए जाने तथा सत्ताइसवें अध्याय में उपसंहार की कथा कही गई है।

इस सत्ताइस-अध्यायी कथा संरचना से कुछ बातें स्पष्ट हो जाती हैं। पहली बात यह है कि इस रामकथा में केंद्रीय भाव दुष्ट-दलन का है। दूसरी बात अध्यायों का विभाजन युद्ध-आधारित है। तीसरी बात कथा का फलागम चारों दिशाओं में कुश, भरत-पुत्र, लक्ष्मण-पुत्र तथा शत्रुध्न-पुत्र को प्रशासन देकर निष्कंटक अखंड राज्य की सुख-शांतिमय स्थापना है। यह दशम गुरु का अपना स्वप्न भी है, उनके अपने समय का सच है, रामकथा की तत्कालीन प्रासंगिकता है, धर्मयुद्ध के हित में रामकधा की वीरोचित प्रेरणास्पदता है। तीसरी बात यह है कि इस कृति की रामकथा पूर्वरचित ग्रंथों की रामकथा के सभी साँचों को तोड़ती है। वह किसी भी एक साँचें में समाती नहीं है। इसका कारण उसमें आए वे परिवर्तन हैं जो गुरुगोबिन्द सिंह जी के दिक-काल की देन हैं। चौथी बात जो इस कृति में उभरती है कि इसमें अध्यात्म और भक्ति का प्रतिपाद्य शौर्य प्रतिपाद्य के साथ घुल-मिल गया है।

'रामावतार' में संस्कृति और मूल्य-चिन्ता :

संस्कृति किसी भी समाज की परा-संरचना हुआ करती है। इसकी अभिव्यक्ति सूक्ष्मता और स्थूलता दोनों में होती है। सूक्ष्मता में यह भाव-बोध, मूल्यों और चिन्ताओं में अभिव्यक्त होती है, और स्थूलता में यह उपयोगिता और सौन्दर्यबोध के सम्मिलित रूप में प्रगट होती है और 'सभ्यता' कहलाती है। 'रामावतार' में संस्कृति के सूक्ष्म और स्थूल दोनों आयाम खुले है।

मूल्यचिन्ता :

सबसे पहले संस्कृति के सूक्ष्म आयाम अर्थात् भावबोध, मूल्यों तथा चिन्ताधाराओं पर विचार कर लिया जाय। इस रचना के उपसंहारभूत सत्ताइसवें अध्याय में इस कथा के माहात्म्य के साथ-साथ इसके रचनाकाल तथा कृपाण की वन्दना की गई है। कथा के माहात्म्य वाला छन्द मूल्य-संपदा की दृष्टि से महत्वपूर्ण है :

"जो इह कथा सुनै अरु गावै।।
दूख पाप तिह निकट न आवै।।
बिसन भगत् कीए फल होई।।
आधि व्याधि छूवै सकै न कोई।।" (छंद सं० ८५६)

इस कथा में व्याप्ति विष्णु की भक्ति की है, यह स्वीकारोक्ति तो बहुत स्पष्ट है। इसके कारण आधियों और व्याधियों से मनुष्य बच जाता है। लेकिन, इस कथा के पारायण से भी दुःख तथा पाप से मुक्ति मिलती है। रचनाकार ने पाप से निवृत्ति को सर्वोपरि मूल्य के रूप में यहाँ स्थापित किया है। सवाल है कि पाप क्या है ? भारतीय दर्शन के आदि-आचार्य महर्षि वेदव्यास ने बहुत पहले इस प्रश्न का उत्तर यह कहकर दे दिया था कि पर-पीडन ही पाप है- 'पापाय पर-पीड़नम्'। पर-पीड़ा देने का काम मनुष्य के चित्त की तमोगुणी वृत्तियाँ करती हैं, जिनकों गीता में 'आसुरी संपद्' कहा गया है। गुरुगोबिन्द सिंह ने परपीड़न-कारी शक्तियों के खिलाफ ही 'धर्मयुद्ध' स्वयं भी किया था और अपने पिता के साथ-साथ अपने चारों पुत्रों का बलिदान अपनी आँखों से देखा था। धर्मयुद्ध का अर्थ है-धर्म की स्थापना, धर्म की रक्षा के लिए किया जाने वाला युद्ध। इतिहास गवाह है कि औरंगजेब का शासन बलात् धर्म-परिवर्तन करवा रहा था। इसके विरुद्ध युद्ध धर्मयुद्ध था। मुगलों के प्रशासकीय अत्याचारों का विलोम रामराज्य था, तत्कालीन राजकीय जन-उत्पीड़न के उच्छेद की कल्पना की पौराणिक मुक्तिस्थली राम का प्रशासन था, जहाँ 'दैहिक-दैविक-भौतिक तापा। राम राज्य नहिं काहुँहिं व्यापा' का शान्तिप्रद साम्राज्य था। गुरुगोबिन्द सिंह के लिए राम 'धर्म की ध्वजा हैं'- "रण पेख रामं। धुजं धरम धामं।।" (छंद सं० ६६)।

इस बलिदानी भाव तथा शौर्यवृत्ति की विरोधी चिन्ताधारा 'स्व'-केन्द्रितता है। यह स्वकीयता विषयासक्ति की ओर ले जाती है और मनुष्य की बलिदानी चेतना को समाप्त करती है, युद्ध से भगाती है, परहित से मनुष्य को विरत करती है। पाप का प्रवेश द्वार यही स्व-पोषणता है। चारों पुरुषार्थों- धर्म, अर्थ, काम तथा मोक्ष में से मध्यवर्ती 'अर्थ' तथा 'काम' ही पाप के जनक हैं। 'धर्म' और 'मोक्ष' तो पाप से मुक्ति के मार्ग हैं। इसीलिए गोस्वामी तुलसीदास ने 'रामचरितमानस' की समाप्ति पर 'काम' और 'दाम' से एकान्त निवृत्ति की ही प्रभु से याचना की है-

"कामिहिं नारि पियारि जिमि, लोभिहिं प्रिय जिमि दाम।
तिमि रघुनाथ निरंतर प्रिय लागहु मोहिं राम।।"

(रामचरितमानस, उत्तरकांड, १३० (ख))

'रामावतार' में जगह-जगह पर 'काम' की निन्दा की गई है तथा धनलिप्सा के विरोधी भाव 'दानशीलता' की प्रशंसा की गई है। इसका अर्थ है-लोभ की निन्दा। 'काम' और 'दाम' की लिप्सा का यह निषेध रघुवंशी संस्कृति की परम्परा का निर्वाह भी है। कालिदास ने 'रघुवंश' के आरम्भ में जिन सांस्कृतिक मूल्यों के प्रति रघुवंश की प्रतिबद्धता दिखाई है, उसमें जहाँ अनेक उदात्त मनोभूमियाँ वर्णित हुई हैं, वहाँ 'आजन्मशुद्धता' के साथ 'त्यागार्थ अर्थसंग्रह' तथा 'प्रजोत्पत्ति के लिए ही गार्हस्थ्य' की भी चर्चा हुई है। रघुवंशी राजाओं में योग से देहत्याग ('योगेनान्ते तनुत्यजाम्') की संस्कृति विद्यमान थी।[६] 'रामावतार' में श्री राम भी योग-पद्धति से देहत्याग करते हैं। राम की शुचिता की भी सराहना की गई है- ''राम परम पवित्र हैं रघुवंश के अवतार।''[७] राम के अवतार रूप की, उनके धर्ममय रूप की, उनकी आदर्शमयता की प्रशंसा अनेक स्थलों पर की गई है। राम की श्लाधा का एक कारण उनकी वह धीरता है, जो विकार के हेतु के उपस्थित होने पर भी चेतना को विकार-ग्रस्त नहीं करती- 'विकारहेतौ सति विक्रियन्ते येषां न चेतांसि त एव धीराः गीता में इसी मनोभूमि को स्थिरप्रज्ञता कहा गया है। यही प्रवृत्तिमयी निवृत्ति है, वेदान्त की जीवनमुक्ति है, सुख-दुःख में समता की मनोदशा है, योगस्थता है। गोस्वामी तुलसीदास ने राम की वन्दना करते हुए इसी भावदशा को सम्मुख रखा था- ''प्रसन्नतां या न गताऽभिषेकतः तथा न मम्ले वनवासदुःखतः।'' दशमग्रंथान्तर्गत 'रामावतार' के रचनाकार के मन में भी भरत के सुख-दुःख-समभाव का आदर के साथ निरूपण किया गया है-

**''तिन बनवासी रघुबर जानै।
दुख सुख समकर सुख दुख मानै।।
बलकर धर कर अब बन जैहैं।
रघपत संग हम बन फल खैहें।।[७]**

यहाँ भ्रातृ-प्रेम ही नहीं, ऐश्वर्य के प्रति अनासक्ति ही नहीं, 'सुखदुःखे समे कृत्वा' के निर्देश का अनुपालन भी पराकाष्ठा पर है। भ्रातृप्रेम और निष्ठाओं का महत् रूप उस स्थल पर भी प्रकट हुआ है, जहाँ सुमित्रा लक्ष्मण को राजभवन को त्याग कर वन को घर और घर को वन समझते हुए राम-सीता के साथ सेवार्थ वन को जाने का आदेश देती हैं।[८] एक भाई के द्वारा दूसरे भाई के लिए राज-त्याग की महत्ता तब और बढ़ जाती है, जब इस कविता के रचनाकाल में सल्तनत को हथियाने के लिए भाइयों की निर्मम हत्याएँ की जा रही हों, पिता के खिलाफ बगावत की जा रही हो तथा वैभव के लिए पिता को कैदखाना में डाला जा रहा हो। दशमेश न केवल अपने जीवन में पितृभक्ति में डूबे हुए थे, अपने काव्य में भी पितृभक्ति के आदर्श की संस्कृति को निरूपित कर रहे थे-

**''पित आगिआ ते बन चले तजि ग्रहि राम कुमार।
संग सीआ म्रिगलोचिनी जाकी प्रभा अपार।।''[९]**

ये त्याग के मूल्य, मर्यादाओं के ये अनुपालन, आदर्शों की आचरण में ये अभिव्यक्तियाँ कुल के संस्कारों, विधाओं के अर्जन तथा शास्त्रों के पठन-पाठन से आती हैं। राजा रघु का वंश तो शैशव में विद्याओं के अभ्यास के लिए प्रसिद्ध ही रहा है- 'शैशवेऽभ्यस्त विद्यानाम्'। गुरुगोबिन्द सिंह ने इस कृति में शास्त्रज्ञान[१०] विद्यार्जन[११], यज्ञ,[१२]

वेदाध्ययन[13] आदि। का सादर उल्लेख किया है। भारतीय शास्त्रों वेद को ही प्रमाण माना गया है। भारतीय संस्कृति का आद्य रूप वैदिक संस्कृति रही है। उसमें 'मातृदेवोभव', 'पितृदेवो भव' तथा 'गुरुर्देवो भव' तथा स्वाध्यायान्मा प्रमदः' जैसे निर्देश दिए गये हैं। रघुवंशियों का आचरण इसी व्यवस्था की मर्यादाओं में बँधा मिलता है। गुरु गोबिन्दसिंह की कविता में इसी प्रकार के आचरण के प्रति श्रद्धाभाव प्रदर्शित किया गया है। गुरु और ऋषि की एकाकारता प्राचीन भारत में पुराणों में तथा शास्त्रों में यत्र-तत्र वर्णित रही है। सिख धर्म में, जिसकी गुरु-परम्परा में स्वयं गुरुगोबिन्दसिंह आते है, गुरु का स्थान शीर्ष पर रहा है। सम्भवतः इन्हीं कारणों से 'रामावतार' में ऋषियों को बहुत आदर दिया गया है। ये गुरुजन ऋषि भी हैं विप्र भी हैं, नीति-निर्देशक भी हैं-

> **"सभै बिप्प आगसत ते आदि लै कै।**
> **भ्रिगं अंगुरा बिआस ते लै बिसिसटं।।**
> **बिस्वामित्र अउ बालमीकं सु अत्तरं।**
> **दुरबासा सभै कसप ते आदि लै के।।"**[14]

राम ने इन ऋषियों (अगस्त्य, भृगु, अंगिरा, व्यास, वसिष्ठ, विश्वामित्र, वाल्मीकि, अत्रि, दुर्वासा, कश्यप) की पूजा-वन्दना की तथा इनके साथ ज्ञान-चर्चा की- "भई रिख रामं बड़ी गिआन चरचा।" ऋषिगण की उपस्थिति और उनके साथ राजा की ज्ञान-चर्चा धर्म से अनुशासित राजव्यवस्था को सूचित करती है। इसीलिए राम का राज्य आदर्श राज्य के रूप में एक मिथक बन गया। इस रामराज्य के लिए एक ही वाक्य उपयुक्त है- 'न भूतो न भविष्यति'। 'रामावतार' में इस रामराज्य के प्रति एक श्रद्धाभाव से पूर्ण कामनाशीलता अभिव्यक्त हुई है। गोस्वामी तुलसीदास का प्रमाण है कि रामराज्य में दैहिक, दैविक या भौतिक किसी भी प्रकार का ताप लोगों को कष्टित नहीं करता था- "दैहिक दैविक भौतिक तापा। राम राज्य नहिं काहुहिं व्यापा।" केशवदास ने 'रामचंद्रिका' में बताया है कि अयोध्या में अधोगति केवल जड़ों की ही होती थी- "मूलन की ही अधोगति तहँ केसव गाइय।" गुरुगोबिन्द सिंह रामराज्य का विवरण देते हुए कहते हैं-

> **"नचात चार मंगना।।**
> **सुंजान देव अंगना।।**
> **कमी न कउन काज की।।**
> **प्रभाव राम राज की।।"**[15]

प्रजाहित में राजा की कर्तव्य-परायणता तथा लोकहित के प्रति आद्यान्त प्रतिबद्धता यहाँ ध्वनित है। एक अन्य स्थल पर कहा गया है कि राम ने अपने राज्य में सबके दुःख हर लिए थे।[16] लोक-हित का मूल्य राजा के लिए सर्वोपरि अभिव्यक्त किया गया है। 'रामावतार' में उन स्त्रियों की निन्दा की गई है, जो यौन-शुचिता से वर्जित हैं। कामासक्ति की भी इस कृति में भरपूर निन्दा की गई है। कैकेयी के द्वारा राम को वनवास दिए जाने की वर-याचना के अवसर पर राजा दशरथ की कामासक्ति और कैकेयी की निर्लज्जता की घोर निन्दा की गई है।[17] कैकेयी की निन्दा का कारण उसकी निर्लज्जता और अधर्मरूपता है-

> **"अलज्ज धामं।। निलज्ज वामं।।**
> **असोभ करणी।। ससोभ हरणी।।**

निलज्ज नारी।। कुकरम कारी।।
अधरम रूपा।। अकज्ज कूपा।।"

अब राजा दशरथ की कामासक्ति से उत्पन्न विवशता देखिए, जिसके साथ 'तिरिया-हठ' का दंश मिला हुआ है-

"इह बिध केकई हठ गहयो बर माँगन न्रिप तीर।
अति आतर किआ कहि सकै बध्यो काम के तीर।
बहु विध पर पाइन रहे। मोरे बचन अनेक।
गहिअउ हठि अबला रही मान्यो बचन न एक।।"[१८]

इसके ठीक विपरीत सीता की प्रशंसा पति-परायणता के लिए बार-बार की गई है। सीता की प्रशंसा का पहला अवसर राम के वन-गमन का है, जहाँ सीता वन के सभी कष्टों को सहने की प्राथमिकता देंती हैं, लेकिन राजमहल में पति के बिना रहना नहीं चाहतीं।[१९] दूसरा अवसर युद्ध की समाप्ति के समय सम्पूर्ण राम की सेना के वानरों-भालुओं को जीवित करने का है। वहाँ भी सीता अपने वचन में राम के प्रति मनसा-वाचा-कर्मणा एकनिष्ठता का ही वास्ता देती हैं और इसी के बल पर मृत सेना को जीवित करने की प्रभु से याचना करती हैं। तीसरा अवसर सीता के भूमि में समा जाने का है-

"जउ मन बच करमन सहित राम बिना नहीं अउर।।
तउ ए राम सहित जीऐ कह्यो सीआ तिह ठउर।।"[२०]
"जउ मेरे बच करम करि छदै बसत रघुराइ।।
प्रिथी पैंड मुहिं दीजिऐ लीजै मोहिं मिलाइ।।"[२१]

इसीलिए सीता के लिए जिस उपमान का प्रयोग किया गया है, वह है- "महां सुभ्र गीता"।[२२] 'रामावतार' में नारी-विषयक दो प्रकार के उल्लेख मिलते हैं। एक ओर वे नारियाँ हैं, जो दुःशीलता से परिपूर्ण हैं। कैकेयी और शूर्पणखा ऐसी ही नारियाँ हैं। एक में स्वार्थपरता है तो दूसरी में कामान्धता है। एक स्थल पर अप्रस्तुत के रूप में 'वेश्या' का भी उल्लेख मिलता है, जो कवि की समकालीनता की देन है- "जिम रूप हीण बेस्या प्रभाव।"[२३] लेकिन, दूसरी ओर वे स्त्रियाँ हैं, जिनकी छवि बहुत ही उज्ज्वल और अनिंद्य है। सीता, मन्दोदरी जैसी नारियाँ इसी कोटि में आती हैं। अयोध्या की नारियों की प्रशंसा उनकी 'सुशीलता' के कारण की गई है।[२४] स्त्रियों की सुशीलता तथा पुरुषों की मर्यादामयता के सम्मिलित प्रभाव से कुल का सुयश बढ़ता है। राम के वन-गमन को जाने के लिए उद्यत लक्ष्मण रघुवंश के लज्जित होने की आशंका को सामने रख कर तर्क को अपने पक्ष में कर लेते हैं- "जउ हट बैठ रहीं धरि मो जस कियों चलिहै रघुबंस लजैहै"।[२५] यहां 'मो जस कियों चलिहै' तथा रघुवंश लजैहैं ये दो वाक्यांश सुयश के ध्वंस की चिंता को प्रकट कर रहे हैं और यशस्विता को एक श्रेष्ठ जीवन मूल्य को स्थापित कर रहे हैं। सीता की अग्निपरीक्षा[२६] को भी इसी शुचिता-परक जीवनमूल्य के रूप में देखा जाना चाहिए, इस शर्त के साथ कि राम की मर्यादाशीलता ही इसकी अधिकारिणी हो सकती है।

परम्परा से चली आ रही शूद्रक-वध की कथा भी इस रचना में समाविष्ट है।[२७] 'शूद्रक' का अर्थ है- शूद्र को करने वाला, शूद्र की रचना करने वाला। 'क' व्याकरण में

स्वार्थी प्रत्यय होता है। जो शक्तियाँ, जो व्यवहार समाज को विघटित कर समाज के लिए संकट उत्पन्न करते हों, उनका उच्छेद ही समाज के लिए श्रेयस्कर होता है। शूद्रक-वध का यही प्रतिकार्थ है। इस लोकअहित के प्रतीकार्थ की सूचना ब्राह्मण के पुत्र की अकाल-मृत्यु से मिलती है। शूद्रक की अधोमुखी तपश्चर्या में जो अधोमुखता है, वह समाज की स्वाभाविकता के प्रतिकूल आचरण की ओर संकेत है, सम्पूर्ण समाज के स्वास्थ्य को खराब करने की परम्परा का सूत्रपात है-

"हुतो एक सूद्रं दिसा उत्तर मद्धं।।
झुलै कूप मद्धं पर्यो औष मुक्खं।।
महां उग्र तेजा तपस्यात उग्रं।।
हन्यो ताहि रामं असं आप हत्थं।।"

यह अधोमुखी तपश्चर्या उस वैदिक धर्म के खिलाफ पड़ती है, जो तत्कालीन समाज को संघटित रखने के लिए उत्तरदायी था। यह परम्पराओं का संघर्ष है, परम्परागत धर्म को दृढ़ता देने का प्रयास है। 'रामावतार' की केन्द्रीय प्रतिज्ञा है- "न धरम हारो।" यह धर्म केवल वैयक्तिक नहीं है, सामाजिक भी है, राष्ट्रीय भी है। इसकी सामाजिकता वर्णाश्रम व्यवस्था[२९] की वाचक थी। रामराज्य की महिमा का गायन इसी सामाजिक संघटन-क्षमता के कारण भी हुआ है, जो वैदिक धर्म की अनुशासन-अनुरूपता भी थी।

'रामावतार' में जो अध्यात्म है, वह भी त्रि-आयामी है। इसमें निहित आध्यात्मिकता का एक आयाम सिख गुरुओं की अकाल-निष्ठा एवं उसकी आराधना से जुड़ा हुआ है। दूसरा आयाम अवतारी राम के प्रति भक्तिभाव एवं उनके ईश्वरत्व को समर्पित है। इसका ही विस्तृत विवरण राम-कथा है। तीसरा आयाम बहु-देवतावाद है, जिसके अन्तर्गत शिव, शक्ति आदि की उपासना आती है। इसके अनेक प्रसंग 'रामावतार' में आए हैं। ब्रह्मा का भी उल्लेख हुआ हैं। अनेक देवयोनियों की भी चर्चा प्रसंगवश हुई है-

"पत्र जग्गण भरै सद्द देवी करै नद्द भैरों ररै गीत गावै।।
भूत औ प्रेत बैताल बीरं बली मास आहार तारी बजावै।।
जच्छ गंध्रब अउ सरव बिद्दिआधरं मद्धि आकास भयो सद्द देवं।।
लुत्थ बिदुत्थरी हूह कूहं भरी मच्चीयं जुद्ध अनूप अतेवं।।"[३०]

'रामावतार' में संस्कृति के भौतिक विवरण :

'रामावतार' में आध्यात्मिकता और भौतिकता एक साथ चलती है, क्योंकि इसके केन्द्र में धर्म भी है और युद्ध भी है। कवि की 'धर्मयुद्ध' की चाह ने इसे एक 'युद्ध-काव्य' का रूप दे दिया है। इसलिए इसमें अनेक युद्धों के वर्णन सविस्तार मिलते हैं। कवि का मन भी युद्धों के वर्णन में खूब रमा है। इसलिए जो भी भौतिक विवरण आए हैं, वे या तो कथा की माँग पर आए है; या राजत्व से जुड़कर आए हैं; या युद्ध से जुड़कर आए है; या अप्रस्तुत विधान के रूप में आए हैं। सर्वाधिक भौतिक पदार्थ युद्ध के प्रसंगों से जुड़े हैं। इनमें रथ, आयुद्ध, अश्व, गज, सैनिक आदि प्रमुख हैं। राजसत्ता से जुड़े विवरणों में वैभव-प्रदर्शी वस्तुएँ हैं तथा दान की वस्तुएँ हैं। यथा-

(अ) “भाँति भाँतिन दै लए सनमान आन न्रिपाल।
अरब खरबन दरब दै गज राज बाज बिसाल।।
हीर चीर न को सकै गन जटन जीन जराइ।
भाऊ भूखन को कहै बिध तेन जात बताइ।।”[३१]

(आ) “पसम बसत्र पटंबरादिक दीए भूपन भूप।।
रूप अनूप सरूप सोभित कउण इन्द्र करूप।।[३२]

युद्ध के अवसरों पर आयुधों का नाम-परिगणन-शैली में वर्णन किया गया है[३३] वाद्ययंत्रों के विवरण भी इसी शैली में दिये गए हैं। इन राजसभाओं और युद्धों के वर्णन में नर्तकों, बाजीगरों, भिक्षुकों, सेवकों, विद्वानों का भी उल्लेख हुआ है।

'रामावतार' की भाषा वैविध्य-पूर्ण है। सामान्यतः इसकी भाषा ब्रज है। इसकी लिपि गुरुमुखी है। गुरुमुखी लिपि की अपनी सीमाएँ हैं। इसमें संयुक्ताक्षर नहीं होते हैं। अर्धाक्षर भी पूरा लिखा जाता है। इसलिए इसके लिप्यंतरित रूप में यही विशेषता आ गई है। कहीं कहीं इसमें संस्कृत भाषा की छाया दिखाई पड़ने लगती है। अनुस्वार को लाने के लिए किया गया है-

“रिपं पेख रामं।। हठ्यो धरम धामं।।
करे नैण रातं।। धनुर वेद ग्यातं।।”[३४]

कहीं-कहीं भाषा अपभ्रंश को आत्मसात् करने लगती है। एक स्थल पर कवि ने इसे 'भाखा पिंगल दी' उपशीर्षक भी दे दिया है। इसका एक नमूना यह है-

“भट हुंके धुंके बंकारे।। रण बज्जे गज्जे नग्गारे।।
रण हुल्ल कलोलं हुल्लालं।। ढल हल्लं ढल्लं उच्छालं।।
रण उठ्ठे कुट्ठे मुच्छाले।। सर छुट्टे जुट्टे भीहाले।।
रतु डिग्गे भिग्गे जोधाणं।। कणणंछे कच्छे किक्काणं।।”[३५]

कहीं-कहीं ब्रज भाषा पंजाबी के निकट पहुँच गई है। ऐसे अवसरों पर संबंधकारकीय परसर्ग 'की' का स्थान पंजाबी भाषा के संबंधकारकीय परसर्ग 'दी' ने ले लिया है- “पाई धूम लुझारी रावण राम दी”। पंजाबी भाषा में 'ई' ध्वनि से अन्त होने वाले एकवचनीय शब्द बहुवचन में 'याँ' या 'आँ' प्रत्ययान्त हो जाते हैं। यह प्रवृत्ति भी कहीं-कहीं आ गई है जैसे-

“जुट्टे वीर जुज्झारे धग्गां बज्जीआँ।।”
“बज्जे संगलीआले हाठाँ जुटीआँ।।”
“वाहि फिरे तरवारी सूरे सूरीआँ।”

उर्दू-फारसी के अनेक शब्द भी इस भाषा में आ गए हैं। यह सब इसलिए हुआ है कि यह भाषा युद्ध-लोक की है, वीररसप्रसू है, वातावरण की स्वाभाविक अभिव्यक्ति की भाषा है। यह भाषा रामकथा की होकर भी तत्कालीन युद्ध-संकुल समाज की भाषा है। लेकिन, जहाँ राम के प्रति अभिव्यक्ति सश्रद्ध है, वहाँ भाषा ओजहीन है, प्रसादगुण सम्पन्न

है, संयुक्ताक्षरों से विरहित है, पूरी तरह ब्रज है और राम भी वहाँ पूरी तरह देवता हैं। देव-स्तुति की संस्कृति भाषा के धरातल पर वहाँ स्वयमेव आ गई है-

"नरदेव देव राम है।।
अभेव धरम धाम है।।
- - - - - - - -
अनेक संत तारणं ।।
अदेव देव कारणं ।।"[३६]

इस प्रकार इस संत-सिपाही ने इस काव्यकृति के द्वारा रामकाव्य की परम्परा और भारतीय संस्कृति को अपने युग-संदर्भों से जोड़कर एक विशिष्ट छवि दी है। इसमें कवि का ध्यान रीतिकाल-सुलभ काव्यकला तथा काव्य-शिल्प पर बहुत कम रहा है, वीररसात्मक प्रेरकता पर अधिक रहा है। इस दृष्टि से यह कृति रामकाव्य परम्परा में एक युद्धक संस्कृति की रचना बनकर अपने वैशिष्ट्य में सबसे अलग स्थान बनाती है।

संदर्भ :

१. डॉ० महीप सिंह, गुरुगोविन्द सिंह और उनकी हिन्दी कविता, आमुख, नई दिल्ली : नेशनल पब्लिशिंग हाउस, १९६९ ई०

२. उपरिवत्, पृ० ६२

३. दशमग्रंथ, रामावतार

४. "जो इह कथा सुनै अरु, गावै।
दुःख पाप तिह निकट न आवै।।
बिसन भगति की ए फल होई।
आधि व्याधि छ्वै सकै न कोई।।"
-दशमग्रंथ, रामावतार, अध्याय-२७, छंद सं० ८५६

५. विस्तार के लिए देखिए :-

(अ) (सम्पा०) डॉ० जोध सिंह, श्री दशमग्रन्थ रत्नावली, साहित्य अकादमी, नई दिल्ली, २००० ई०
(आ) डॉ० जयभगवान गोयल, गुरु गोबिन्दसिंह का वीर काव्य, गुरुगोबिन्द संस्थान, पटियाला, १९६६ ई०
(इ) डॉ० रतन सिंह जग्गी, दशम ग्रंथ की पौराणिक पृष्ठभूमि, भारतीय साहित्य मन्दिर, दिल्ली, १९६५ ई०
(ई) डॉ० प्रेमप्रकाश सिंह, वाणी: गुरुगोबिन्द सिंह फाउंडेशन, चंडीगढ़ १९६८ ई०
(उ) डॉ० महीप सिंह, गुरुगोबिन्द सिंह और उनकी हिन्दी कविता, नेशनल पब्लिशिंग हाउस, दिल्ली, १९६९ ई०

६. कालिदास, रघुवंश, सर्ग-१, श्लोक-५-८

७. रामावतार, अध्याय-४, छंद सं० २७७

८. "दास को भाव धरे रहीयो सुत मात सरूप सिआ पहिचानो।।
तात की तुल्लि सीआ पति कउँ करि कै इह बात सही कर मानो।।
जेतक कानन के दुख हैं सम सो सुख कै तन पै अनमानो।।
राम के पाइ गहे रहीयो बन कै घर को घर कै बन जानो।।"
- उपरिवत् अध्याय-३, छंद सं० २६०

९. उपरिवत्, अध्याय-३, छंद सं० २६२

१०. "सासत्रं गिआता। ससत्रं ख्याता।।"- उपरिवत्, अध्याय-२, छंद सं० १४०

११. (अ) "सीअ निरख नाथ मन महि रिसान।
दस अउर चार बिदि्दआ निधान।।"- उपरिवत्, अध्याय-१३, छंद सं० ४७७

(आ) "रिप कर्‍यो सस्सत्र अस्त्रं बिहीन।
बहु सस्सत्र सासत्र बिदि्दआ प्रबीन।।- उपरिवत्, अध्याय-१४, छंद सं० ५१३

१२. (अ) "बाजमेध पूरन कीआ जग्गा" - उपरिवत्, अध्याय-२५, छंद सं० ८३०

(आ) "जेतिक कहे सु जग्ग बिधाना।
बिध पूरब कीने ते नाना।।"- उपरिवत्, अध्याय-२५, छंद सं० ८३१

(इ) "राजसूय कीने दस बारा।।
बाजमेधि इक्कीस प्रकारा।।
गवालंभ अजमेघ अनेका।।
भूम मद्ध करम कीए अनेका।।
नागमेध खट जग्ग कराए।
जउन करे जनमे जय पाए।।"- उपरिवत्, अध्याय-२५, छंद सं० ८३२-३३

१३. (अ) "बैठ-बैठ करे लगे सब बिप्र बेद बिचार।।" उपरिवत्, अध्याय-१, छंद सं० ५७

(आ) "करें देव अरचा।। ररै बेद चरचा।।" उपरिवत्, अध्याय-१, छंद सं० ६४

(इ) "अनंत दान पाइ कै।।
चले दिजं अघाइ कै।।
दुरंत आसिखें रड़ैं।।
रिचासु बेद की पड़ैं।।- उपरिवत्, अध्याय-३, छंद सं० १६०

१४. उपरिवत्, अध्याय - २०, छंद सं० ६६६

१५. उपरिवत्, अध्याय - ३, छंद सं० १६४

१६. "सुढर महा रघुनन्दन ।।
जगपत गुनगन बन्दन ।।
धर धर लौ नर चीने ।।
सुख दै दुख बिन कीने ।।

अर हर नर कर जाने ।।
दुख हर सुख कर माने ।।
पुर धर नर बरसे हैं ।।
रूप अनूप अभै हैं ।।" - उपरिवत् अध्याय - २०, छंद सं० ७०४-७०५

१७. उपरिवत्, अध्याय - ३, छंद सं० २१२-२३२

१८. उपरिवत्, अध्याय - ३, छंद सं० २३४-२३५

१६. "सूल सहौं तन सूक रहौं पर सी न कहौं सिर सूल सहौंगी।।
बाघ बुकार फनीन फुकार सुसीस गिरो पर सी न कहौंगी ।।
बास कहा बनबास भलो नहीं पास तजो पिय पांइ गहौंगी ।।
हास कहा इह उदास समै ग्रिह आस रहो पर मैं न रहौंगी ।।
- उपरिवत्, अध्याय - ३, छंद सं० २४६

२०. उपरिवत्, अध्याय - २४, छंद सं० ८२३

२१. उपरिवत, अध्याय - २५, छंद सं० ८४६

२२. उपरिवत्, अध्याय - ५, छंद सं० २६५

२३. उपरिवत्, अध्याय - १४, छंद सं० ५१६

२४. "नरेस देस देस के ।।
सुभंत बेस बेस के ।।
बिसेख सूर सोभहीं ।।
सुसील नारि लोभहीं ।।"

-उपरिवत्, अध्याय - ३, छंद सं० १६१

२५. उपरिवत्, अध्याय - ३, छंद सं० २५३

२६. "धंसो आग मद्धं ।। तबै होइ सुद्धं ।।
लई मान सीसं ।। रच्यो पावकीसं ।।

गई पैठ ऐसे।। घनं बिज्ज जैसे ।।
स्रुतं जेम गीता।। मिली तेम सीता ।।
धंसी जाइ कै कै।। कढ़ी कुंदन हवै कै।।
गरे राम लाई।। कबं क्रित गाई ।।

- उपरिवत्, अध्याय - १८, छंद सं० ६४८-६५०

२७. उपरिवत्, अध्याय - २०, छंद सं० ६६६-७०१

२८. उपरिवत्, अध्याय - २५, छंद सं० ८३७-८४०

२६. (अ) "जे तिनकी सरनी परे कर दै लए बचाइ ।
यौ नाहि कोऊ बाचिआ किसन, बिसन, रघुराइ।।"

- उपरिवत्, अध्याय - २५, छंद सं० ८३६

(आ) "प्रभू हैं ।। अजू हैं ।।
अजै हैं ।। अभै हैं ।।
अजा हैं ।। अता हैं।।
अलै हैं ।। अजै हैं ।।"

-उपरिवत्, अध्याय - २०, छंद सं० ७०६-७०७

(इ) काल पुरख की देह मौं कोटिक बिसन महेस ।
कोटि इन्द्र ब्रह्मा किते रवि ससि क्रोर जलेस ।।

-चउबीस अवतार

३०. उपरिवत्, अध्याय - ६, छंद सं० ३८६

३१. उपरिवत्, अध्याय - १, छंद सं० ४८

३२. उपरिवत्, अध्याय - १, छंद सं० ४६

३३. उपरिवत्, अध्याय - ६, छंद सं० ३१५, ३४१

३४. उपरिवत्, अध्याय - १, छंद सं० ७८

३५. उपरिवत्, अध्याय - २, छंद सं० ११८-११६

३६. उपरिवत्, अध्याय - ३, छंद सं० २०३, २०५

पंजाब का रामकाव्य

डॉ० सूर्यप्रसाद दीक्षित

पंजाब में रामकाव्यों की एक सुदीर्घव्यापी परम्परा विद्यमान है। इसका श्रेय मुख्यतः खालसा पंथ के प्रवर्तक दशम गुरु और महान संत योद्धा गुरु गोबिन्द सिंह को दिया जाना चाहिए। उन्होंने 'दशावतार' तथा 'रामावतार' जैसे ग्रन्थों की रचना करके हताश हिन्दू जनता को रामोपासना की ओर प्रेरित किया। उनके पूर्व उत्तर भारत में रामभक्ति-धारा अपने पूरे प्रवाह और प्रताप के साथ प्रादुर्भूत हो चुकी थी। गुरु गोबिन्द सिंह ने यह अनुभव किया कि अपने धर्म की रक्षा करने के लिये निर्णायक युद्ध करना अनिवार्य है। उन्होंने श्री राम को शौर्य एवं सत्साहस के प्रतीक रूप में स्थापित किया। गुरु गोविन्द सिंह ने गुरु नानक देव की वाणी को ''गुरु ग्रन्थ'' के रूप में प्रतिष्ठित किया और दशम ग्रन्थ में हिन्दी पंजाबी आदि भाषाओं के प्रतिनिधि भक्त कवियों का समावेश किया।

गुरु गोबिन्द सिंह भक्ति के साथ-साथ मूलतः वीर रस के कवि थे। उन्होंने अपने भक्तों को शास्त्र के साथ-साथ शस्त्र धारण करने का प्रबोध दिया। उनका जीवन सर्वस्व त्याग का उदाहरण बन गया। उन्होंने यह अनुभव किया कि अपने अस्तित्व की रक्षा के लिए आत्मोत्सर्ग करना जरूरी है। इसके लिए उन्होंने श्री राम का आदर्श जनसाधारण के समक्ष प्रस्तुत किया। यद्यपि उस बीच रामकृष्ण भक्ति में मधुरोपासना भी प्रचलित थी, किन्तु श्री राम के वीर व्यक्तित्व के समक्ष यह रूप उन्हें काम्य नहीं लगा। गुरु गोबिन्द सिंह ने प्रत्येक परिवार से एक युवा का आह्वान किया और उन सबकी सेना तैयार करके आक्रामक शक्तियों का मुकाबला किया। उनका काव्य बलिदानी परम्परा का काव्य है, जिससे प्रेरित होकर पंजाब के अनेक कवि रामभक्ति की दिशा में अग्रसर हुये। गुरु गोबिन्द सिंह की कृतियों का मूल प्रतिपाद्य है-

१. दशम ग्रंथ में संकलित विभिन्न रचनाओं का परस्पर विरोध।

२. दशम ग्रंथ में संकलित किसी एक की प्रबंध के विषय में स्वविरोधी विचार।

३. दशम ग्रंथ में संकलित रचनाओं का सिक्ख ''श्रुति'' आदि ग्रंथ से विरोध।

डॉ० हरिभजन सिंह के मतानुसार ये विरोध तात्त्विक नहीं हैं। दशम ग्रंथ में संकलित रचनाओं में सर्वाधिक महत्व 'बिचित्र नाटक' का है। 'बिचित्र नाटक' में सभी युगों की अवतार-कथाएँ दी गयी हैं। 'बिचित्र नाटक' से गुरु गोबिन्द सिंह का अभिप्राय उस विचित्र घटना-प्रवाह से है, जो कल्प के आदि से अंत तक एवं तदुपरांत भी निरंतर घटित होता रहता है। इस प्रबंध-संग्रह का उद्‌देश्य आसुरी शक्तियों के द्वंद्व, अभ्युदय एवं नाश के चित्र

उपस्थित करना ही है। वस्तुतः यह पद्य प्रबंधों का संग्रह है। इसमें अवतारवाद का सिद्धांत सुस्पष्टरुप से अंगीकृत है। इसमें एक नवीन संप्रदाय (पंथ) की उद्घोषणा की गई है। यह संप्रदाय वैष्णव शाक्त, शैव आदि मतों तथा इस्लाम से भिन्न है।

गुरु गोविंद सिंह के प्रादुर्भाव-काल में हिन्दी-पंजाबी-काव्य का स्वर स्त्रैष था, जबकि इनके काव्य का स्वर पौरुषेय एवं रस वीर है। 'बिचित्र नाटक' या 'अपनी कथा' नामक ऐतिहासिक प्रबंध गुरु गोविंद सिंह द्वारा लिखित आत्मकथा है।

गुरु गोविंद सिंह से प्रभावित होकर कई कवि इस क्षेत्र में सक्रिय हुये। जैसे-

१. सहजराम :

महात्मा सहजराम का जन्म संवत् १७३० में हुआ था। इन का जन्म स्थान नूरपुस्थल (पश्चिमी पंजाब) है। आपके दीक्षा गुरु भाई सेवाराम थे। निधन संवत् १८२५ (सन् १७६८ ई०) में बताया जाता है।

आपकी दो रचनाएँ 'आसावरियां' और 'परचियां' पर्याप्त प्रसिद्ध हैं। इन रचनाओं का प्रमुख भाग पंजाबी भाषा में है। सहजराम सामान्यतया निर्गुण ब्रह्म के उपासक रहे हैं। उनके मतानुसार ब्रह्म और जीव में तात्विक एकता है।' इन्होंने कृपा और प्रेम के सिद्धान्त को मान्यता दी है। हरिभक्ति के बिना वे जीवन को मृतवत् समझते हैं।

२. गुलाब सिंह :

सुप्रसिद्ध भक्तकवि, निर्मल-पंथी साधु गुलाब सिंह का आविर्भाव संवत् १७८९ वि० में हुआ था। इनके माता-पिता क्रमशः गौरी और रुया नाम के थे। लाहौर जनपद के सेवबग्राम वासी चब्बे जाति के एक कृषक परिवार में इनका जन्म हुआ था। ये महात्मा मान सिंह के शिष्य थे। इन्होंने संस्कृत के कई ग्रंथों का हिन्दी (ब्रज) में अनुवाद किया। इनके द्वारा रचित भाव रसामृत, मोरव पंथ, अध्यात्म रामायण और प्रबोध चन्द्रोदय नामक ग्रंथ संप्रति उपलब्ध हैं। इन सभी ग्रंथों का रचना-काल ईसा की अठारहवीं शताब्दी का अंतिम चरण है। इन ग्रंथों के अतिरिक्त 'कर्मविपाक' और 'स्वप्नाध्यायी' नामक दो अन्य ग्रंथों का भी पता लगा है।'

निर्मल पंथ साहित्य का शुभारंभ गुलाब सिंह ने ही किया था। उपलब्ध ग्रंथों में मात्र 'भावरसामृत' ही इन का मौलिक ग्रंथ है। अवशिष्ट सभी ग्रंथ अनूदित हैं। इनकी ईश-भावना प्रायः राम-मार्गी भक्तों की ईश-भावना के सम तुल्य ही है। इन्होंने गुरु नानक और गुरु गोविंद सिंह की भी वन्दना की है। ईशप्राप्ति-साधनविषयक उनका विचार सिक्ख गुरुओं से काफी भिन्न हैं

गुलाब सिंह ने परम-सुख की उपलब्धि के निमित्त पुण्य, दान, त्याग और भक्ति की आवश्यकता स्वीकार की हैं। इनके इष्ट देव श्री राम हैं, अतः उनके रूप, गुण और शील की झाँकी अत्यंत विस्तार पूर्वक इन्होंने चित्रित की है।

३. हृदयराम भल्ला :

रामकथा में अग्रगण्य कवि हृदयराम भल्ला क्षत्रिय कुलोत्पन्न माने जाते हैं, परन्तु यह मान्यता प्रामाणिक नहीं है। इन्होंने स्वकीय काव्यकृति 'हनुमान नाटक' में अपना निवास

स्थान पंजाब के दक्षिण का प्रदेश बताया है तथा पिता का नाम कृष्णदास सूचित किया है। 'हनूमान नाटक' नाम से प्रख्यात हृदयराम की रचना जहांगीर-काल में संवत् १६८० वि० में संपन्न हुई थी। इस ग्रंथ का अभियान 'राम-गीत' तथा 'रामचन्द्र गीत' भी है।[३]

४. अणीराय :

महान् सिख संत योद्धा गुरु गोविन्द सिंह के आनंदपुरीय दरबार के कवियों में अणीराय का नाम विख्यात है। इन्होंने पंजाबी काव्यशैली में 'जंगनामा' की रचना की थी। इनके जीवनवृत्त का कोई प्रामाणिक विवरण उपलब्ध नहीं है। 'जंगनामा' नामक ग्रंथ के कुछ भाग की भाषा अमिश्रित पंजाबी है जिससे अनुमान किया जा सकता है कि ये स्वयं भी पंजाबी थे। हिन्दी में सर्व प्रथम 'वार' लिखने का श्रेय अणीराय को ही है।'जंगनामा' श्री गुरु गोविंद सिंह में हिन्दुत्व की रक्षा के लिए युद्धरत गुरु गोविन्द सिंह के प्रति सहानुभूति व्यक्त की गई है। इस ग्रंथ में लेखक का दृष्टिकोण साहित्यिक है, ऐतिहासिक नहीं वह मुख्यतः नाटकीय है, इतिवृत्तात्मक नहीं।

इस ग्रंथ में अणीराय ने सालंकार और निरलंकार दोनों शैलियों में राम-युद्ध का वर्णन किया है। इनकी भाषा खड़ी बोली मिश्रित ब्रज है। 'वार' छंद की रचना में पंजाबी शब्दों का भी प्रयोग किया गया है।

५. सेनापति :

प्रसिद्ध रीतिकवि सेनापति जी गुरु गोविंद सिंह के आनन्दपुरीय दरबार के एक सम्मानित कवि थे। इनको सुदीर्घकाल पर्यंत गुरु गोविंद सिंह की सन्निधि में निवास करने का सुअवसर समुपलब्ध हुआ था। इनका मौलिक प्रबंध 'गुरु शोभा' सन् १७०१ ई० में संपन्न हुआ। इनकी दूसरी कृति 'चाणक्यनीति का भाषानुवाद' है। 'गुरुशोभा' सेनापति रचित एक मौलिक प्रबंध हैं। इसमें गुरु गोविंद सिंह के जीवनचरित का प्रामाणिक विवरण ऐतिहासिक कालक्रम के अनुसार प्रस्तुत किया गया है। इनकी मौलिक कृति 'गुरुशोभा' में अत्युक्तिविरहित संयत वाणी का प्रयोग किया गया है। इस कृति में यत्र तत्र रामस्तुति विषयक अनेक छंद प्राप्य हैं।

इन पंच कवियों के अतिरिक्त इस संदर्भ में कुछ प्रसिद्ध रचनाओं का उल्लेख करना अपेक्षित होगा। इनमें सर्वोपरि हैं-

क. दशमग्रंथ :

यह सिक्खों का धर्मग्रंथ है। यह ग्रंथ 'मंगलाचरण पुराण' नाम से भी प्रसिद्ध है। ग्रंथ में आई पुष्पिकाओं में यही नाम अनेक बार आया है। इसमें राम भक्ति का सन्देश सन्निहित है।

इससे प्रेरित एवं इसी परंपरा में रचित अन्यान्य रामकाव्य हैं-

१. अनूप-रामायण - कीरत सिंह

२. अध्यात्म-रामायण - (अज्ञात) अनुवाद गुलाब सिंह

३. आदि-रामायण - सोढ़ी मिहरबान

४. आत्म-रामायण	-	हरि सिंह
५. इक श्लोकी-रामायण	-	गुरुदित्त सिंह
६. कीरत-रामायण	-	कीरत सिंह
७. कौशलेश-कवितावली	-	रत्नहरि
८. गुरु ग्रन्थ साहिब	-	सम्पादित
९. तुलसीकृत संस्कृत मंगल दा टीका	-	बुध सिंह
१०. प्रेम-पचीसी	-	साहब राम
११. बाल्मीकि-रामायण	-	अनुवाद संतोख सिंह
१२. बाल्मीकि-रामायण	-	अनुवाद हरिनाम कवि
१३. महा-रामायण	-	सोहन सिंह वेदी
१४. महा-रामायण	-	कीरत सिंह
१५. महा-रामायण	-	स्वामी राम प्रकाश निरंजनी
१६. रामावतार	-	गुरु गोविंद सिंह
१७. रामायण	-	कपूर चंद त्रिखा
१८. रामायण पुराण	-	साहब राय
१९. राम-चरित्र	-	कृष्ण लाल
२०. राम हृदय स्तोत्र	-	गुलाब सिंह
२१. रामाश्वमेध	-	अनुवाद ज्ञानीसंत सिंह
२२. रामायण	-	चन्द कवि
२३. रामाश्वमेध	-	अनुवाद हरिनाम कवि
२४. राम कथा	-	बग्गा सिंह
२५. रघुवर पद रत्नावली	-	रत्नहरि
२६. रघुवर लीला	-	रत्नहरि
२७. रामचन्द्रोदय	-	निहाल
२८. राम गीता	-	अनुवाद गोविंद दास
२९. राम गीता	-	अनुवाद गुलाब सिंह
३०. राम गीता	-	मोहर सिंह
३१. राम हृदय-खंडिनी	-	गोविन्द दास
३२. रामायण पाप खंडिनी	-	चंदहरि
३३. रामचरित रामायण	-	वसावा सिंह
३४. रामचन्द्र चन्द्रिका	-	हरिनाम

३५. रामचरितमानस सटीक	-	ज्ञानी संत सिंह अमृतसरी
३६. रामाश्वमेध भाषा	-	संत निहाल सिंह
३७. राम रछिया	-	स्वामी रामानन्द
३८. राम नाम प्रताप प्रकाश	-	युगलानन्य शरण
३६. रामायण	-	निहाल कवि
४०. राम रहस्य	-	रत्न हरि
४१. लव कुश कथा	-	साहब दास
४२. लघु रामायण	-	राम सिंह
४३. ललित ललाम	-	रत्नहरि
४४. विनय पत्रिका	-	गोपल सिंह
४५. विनय वारही (द्वादसी)	-	रत्नहरि
४६. सार-रामायण	-	बाबा रामदास
४७. सुधा-सिन्धु रामायण	-	भाई वीर सिंह बल्ल
४८. सतसैया रामायण	-	कीरत सिंह
४६. सुखदायक रामायण	-	श्री निवास उदासी
५०. हनुमन्नाटक	-	हिरदेराम भल्ला आदि।

उपर्युक्त कवियों/कृतियों में अत्यंत महत्वपूर्ण लेखन है बाबा रामदास का। पंजाब के संत कवियों में वे अग्रगण्य हैं। उन्होंने १८६५ वि० में 'सार रामायण' की रचना की थी। बाबाराम दास ने उदासी सम्प्रदाय में दीक्षा ली थी। वे पटियाला नरेश साहब सिंह के पूज्य थे। राजा ने उन्हें यथेष्ट जमीन-जायदाद दी थी, जिसका 'वाणी विरध प्रताप' में उल्लेख है। पटियाला में आज भी उनकी देहरी (गद्दी) विद्यमान है।

संप्रति बाबा रामदास की पाँच पाण्डुलिपियाँ प्राप्य हैं-

१. सार रामायण, २. द्रोपदी चरित्र, ३. रासमंडल पंचाध्यायी, ४. लीला रास मंडल, ५. रुक्मिणी मंगल।

'सार रामायण' में सात काण्ड हैं। इसकी कथावस्तु वाल्मीकि रामायण, अध्यात्म रामायण और 'रामचरित मानस' से प्रभावित दिखाई देती हैं। यह मूलतः ब्रज भाषा में रचित है। बाबा रामदास की स्फुट रचनाओं के दो और संकलन उपलब्ध हुए हैं-

१. वाणी रामदास, २. वाणी बिरध प्रताप

इस ग्रंथ में संत, गुरुनाम, तप, संयम और भक्ति की महिमा विभिन्न राग-रागनियों के माध्यम से प्रस्तुत की गयी हैं। वस्तुतः उनका सारा काव्य राममय है। उदाहरणार्थ-

> **"रामनाम ब्रह्म रटत बीते कलप अनन्त**
> **रामदास श्री राम का आदि न पाई न अंत।**

कोटि जुगति सों जू करत चरन कमल को ध्यान,
रामदास महिमा बड़ी, गावत संत सुजान।।"

इस प्रकार स्पष्ट है कि बाबा रामदास ने राम के अवतारी स्वरूप का, दास्य भक्ति और ग्यारह आसक्तियों का सुन्दर प्रतिपादन किया है। उनके अतिरिक्त पंजाब में जो रामकाव्य रचे गये हैं, उनमें अधिकतर ग्रन्थ भारतीय साहित्य की मूल्यवान निधि हैं।

संदर्भ :

१. सहजराम आसावारियां, पृ० २६७

२. निर्मल भूषण, पृ० ७६ / निर्मल पंथ दर्शन, पृ० २७८

३. हनूमान नाटक १४/१४३

अपभ्रंश रामायण पउमचरिउ

डॉ० रामकिशोर शर्मा

रामकथा की लोकप्रियता ने विभिन्न युगों तथा भाषाओं के साहित्यकारों दार्शनिकों तथा धार्मिक सम्प्रदायों को अपनी ओर आकर्षित किया। अपनी मान्यताओं तथा आदर्शों के अनुकूल समय-समय पर रामकथा को पुनर्सृजित करते रहे हैं। विभिन्न धार्मिक सम्प्रदायों में भी इसके स्वरूप में अन्तर विकसित हुआ है। स्वयंभू ने 'पउमचरिउ' (पद्मचरित) में जो रामकथा प्रस्तुत की है वह जैन परम्परा से गृहीत है। जैन परम्परा की रामकथा वाल्मीकि रामायण की कथा से पर्याप्त भिन्न है। जैनों के यहां मान्यता है कि प्रत्येक कल्प में महापुरुषों में से नौ बलदेव नौ वासुदेव, नौ प्रतिवासुदेव होते हैं। ये तीनों समकालीन रहते हैं, राम लक्ष्मण तथा रावण आठवें बलदेव, वासुदेव और प्रतिवासुदेव माने गए हैं। 'पउमचरिउ' में बलदेव राम हैं वासुदेव लक्ष्मण हैं और प्रतिवासुदेव रावण है। स्वयंभू अन्य जैन रचनाकारों की तरह वानर और राक्षस दोनों को विद्याधर वंश का मानते हैं। विमलसूरि ने अपने प्राकृत ग्रंथ 'पउमचरिउ' में विद्याधरों की उत्पत्ति पर प्रकाश डाला है। श्री ऋषभ ने तपस्या करने के उद्देश्य से अपने सौ पुत्रों में से भरत को अपना राज्य सौंपा था और दीक्षा ली थी। बाद में नमि और बिनमि उनके पास पहुँचे और राज्य लक्ष्मी माँगने लगे। उन्हें विविध विद्याएँ मिल गईं तथा उन्हें वैताढ्य पर्वत (विजयार्ध) पर अर्थात् विन्ध्य प्रदेश में अपना राज्य स्थापित करने का परामर्श दिया गया। ये दो राजकुमार विद्याधरों के पूर्वज हैं। (रामकथा- कामिल बुल्के, पृ० ५० पर उद्धृत) कामिल बुल्के का मानना है कि विमलसूरि ने 'पउमचरिउ' लिखकर पहले पहल लोकप्रिय रामकथा को जैन धर्म के साँचे में ढालने का प्रयत्न किया है।' (वही, पृ० ५०)

स्वयंभू जिन की उपासना के बाद बड़ी विनम्रता के साथ आत्म निवेदन करते हैं और कहते हैं कि मेरे समान कुकवि कोई दूसरा न होगा, न तो मैं कुछ व्याकरण जानता हूँ और न वृत्ति सूत्र का व्याख्यान ही कर सकता हूँ, मैंने पाँच महाकाव्यों को नहीं सुना है और न पिंगल-प्रस्तार आदि छंद लक्षण ही जानता हूँ और न प्रत्याहार तथा संधि पर ही बुद्धि स्थित है-

बुहयण सयंभु पह विन्नवइ मइं सरिसउ अण्णु णत्थि कुकइ।
वायरणु कयावि न जाणियउं न वि वित्ति सुत्तु वक्खाणियउ
णहु पच्चाहार हो तत्तिकिय णउ संधिहे उप्परि बुद्धि थिय।

स्वयंभू कथा को सरोवर का रूपक प्रदान करते हुए कहते हैं -

राम कहाणइ एह कमागय।
अक्खरपास जलोह मणोहर सुअलंकार सद्दमच्छोहर।
पीह समास पवाहावंकियं स वकयपायय पुलिणालंकियं
देसी भासउभय तडुज्जलं कवि दुक्कर घणसद्दसिलायल।।

तुलसीदास पउमचरिउ की रचना से अवश्य ही परिचित रहे होंगे क्योंकि विनम्रता प्रदर्शन, सरोवर का रूपक तथा देशी भाषा के प्रति लगाव तुलसी के मानस में पउमचरिउ के समान है।

स्वयंभू ने प्राकृत में निबद्ध पद्मचरित (रामचरित) को अपभ्रंश में इसीलिए प्रस्तुत करना चाहा होगा कि प्राकृत भाषा उनके समय तक जनसाधारण के लिए सुबोध नहीं रह गयी थी। शताब्दियों के भाषिक परिवर्तन के परिणाम स्वरूप लोकभाषा तथा रूढ़ प्राकृत काव्यभाषा में पर्याप्त अंतर पैदा हो गया था। स्वयंभू को अपना विचार तथा भाव जनसाधारण तक पहुँचाना था। इसलिए वे परम्परित पिंगलशास्त्र की परवाह न करके देशी भाषा अपभ्रंश में रचना का संकल्प लेते हैं-

सामाण भासं छुडु मा विहडउ।
छुडु आगम-जुत्ति किंपि घडउ।।
छुडु होंति सुहासिय वयणाइ।
गामेल्ल भासं परिहरिणाइ।।

स्वयंभू के समक्ष राम का मानवीय चरित्र ही प्रधान रहा। डॉ० नामवर सिंह का विचार इस संदर्भ में उद्धृत किया जा सकता है- 'राम के यथार्थ मानव चरित्र को इस जैन कवि ने जैसा अनुभव किया, वैसा बिना किसी लाग-लपेट के सामने रख दिया, न राम के दोषों पर परदा डालना और न गुणों को अत्यधिक उजागर करना। स्वयंभू के राम वाल्मीकि के राम की ही तरह अपनी संपूर्ण मानवीय दुर्बलताओं और मानवीय शक्ति के प्रतिनिधि बनकर आते हैं। एक ओर वे दैवी विपत्तियों के विरुद्ध पौरुष के प्रतिमान हैं तो दूसरी ओर शक्तिहत लक्ष्मण के मुमुर्ष शरीर पर असहाय साधारण आदमी की तरह विलखनेवाले करुणा विगलित नवनीत हैं।' (हिन्दी के विकास में अपभ्रंश का योग, पृ० १८७)

'पउमचरिउ' में वर्णित रामकथा अपेक्षाकृत अधिक तर्क संगत तथा प्रभावशाली है। वाल्मीकि से लेकर तुलसी तक रामकथा के जिस रूप से जन साधारण का अधिक परिचय है उससे यह कथा काफी अलग है। उल्लेख किया जा चुका है कि पउमचरिउ में रावण, हनुमान, सुग्रीव आदि विद्याधर जाति के हैं। हनुमान जिस वंश से सम्बन्धित हैं उसमें पताकाओं पर कपि का चित्र बना रहता है इसलिए उस वंश को कविध्वजी वंश कहा जाता है। रूप परिवर्तन की कला में विद्याधर जाति विशेष रूप से पारंगत हैं। रामचरितमानस में भी हनुमान जी कई बार रूप परिवर्तित करके सामने आते हैं। वे पहले-पहल जब राम से मिलते हैं तो वटु वेश में मिलते हैं। लंका में सीता की खोज करने के क्रम में तो वे अनेक अलौकिक रूप धारण करते हैं कभी मसक रूप कभी विराट रूप। हनुमान खर-दूषण के दामाद हैं। अनंग कुसुम जो हनुमान की पत्नी है वह खर की लड़की और शम्बूक कुमार की बहन है। हनुमान की दूसरी पत्नी पुष्परागा सुग्रीव की बेटी और अंगद की बहन है। शम्बूक

कुमार तथा खरदूषण के वध तथा चन्द्रनखा (जिसे तुलसीदास ने शूर्पनखा कहा है) की बेइज्जती को सुनकर हनुमान को क्रोध आ गया। उन्होंने कहा कि-

मइँ हणुवन्ते कुद्धएण महि जीविउ लक्खण-रामहुँ।
दिवसे चउत्थए पट्ठवमि पन्थें खर-दूसण मामहुँ।।

(पंचचालीसमो संधि, घत्ता १०)

हनुमान के क्रुद्ध होने पर राम और लक्ष्मण का जीवन कैसे संभव है। चौथे ही रोज मैं उन्हें खर-दूषण मामा (ससुर) के पथ पर भेजूँगा। जब सुग्रीव के दूत हनुमान को चन्द्रनखा की कामातुरता तथा विरह से विह्वल होकर अपने स्तनों को विदीर्ण करने एवं खर, दूषण को राम-लक्ष्मण के विरुद्ध युद्ध करने की प्रेरणा देने की सूचना दी तो हनुमान बहुत लज्जित हुए। दूतों ने माया सुग्रीव के वध तथा कोटि शिला के उद्धार की बातें बताईं तो हनुमान बड़े प्रसन्न हुए। 'पउमचरिउ' में बालि की जगह माया सुग्रीव का वर्णन आता है। इसी माया सुग्रीव ने असली सुग्रीव के राज्य तथा पत्नी का अपहरण कर लिया था। लक्ष्मण ने इसी माया-सुग्रीव का वध किया। फलस्वरूप सुग्रीव ने राम-लक्ष्मण का साथ दिया 'पउमचरिउ' में हनुमान के पास भी विमान है। वह हनुरूह द्वीप के लक्ष्मीनगर में बने राजभवन में रहते हैं। यहाँ 'हनुमान' में भक्त का दैन्यभाव नहीं है उनकी वीरता तथा श्रेष्ठता की सराहना राम स्वयं करते हैं-

अज्जु यणोरह अज्जु दिहि पहु साहणु अज्जु पचण्डउ।
चिन्ता सायरें पडियऍण जं मारुइ लद्धु तरण्डउ।।

आज ही मेरा मनोरथ सफल है, आज ही मेरा भाग्य है, आज ही मेरी सेना प्रचंड है क्योंकि आज ही चिन्तासागर में पड़े हुए मुझे हनुमान रूपी नाव मिली है।' लंका जाते हुए हनुमान जी अपने नाना महेन्द्र से भिड़ गए उन्हें पराजित करके अपने वश में कर लिया। बाद में उन्हें अपना परिचय बताया कि वह उनकी पुत्री अंजना के पुत्र हैं और उनके नाती हैं। महेन्द्र से भी राम की सेना में सम्मिलित होने का निवेदन किया। हनुमान ने अपने नाना के आगे जिस तरह अपना परिचय दिया वह कवि की कल्पना की ऊँचाई का परिचायक है। स्वयंभू में उपमा तथा सादृश्य विधान की अद्भुत क्षमता है-

तुहुँ देव दिवायरू तेय पिण्डु। हउँ किपि तुहारउ किरण सण्डु।
तुहुँ वर-मयल ञ्छणु भुवण तिलउ। हउँ किंपि तुहारउ जोण्ह निलउ।
तुहुँ पवर समुद्दु सारु। हउं किपि तुहारउ जल तुसारु।

आप यदि तेज पिण्ड दिवाकर हैं और मैं आपका ही थोड़ा सा किरण समूह हूँ। आप भुवन तिलक चन्द्र हैं और मैं आपका ही छोटा सा ज्योत्स्ना निकेतन हूँ, आप श्रेष्ठ महासमुद्र हैं और मैं भी आपका ही एक जलकण हूँ। (पउमचरिउ, छायालीसमो संधि-कड़वक ११)

'पउमचरिउ' में मन्दोदरी यद्यपि रावण को पर स्त्री गमन से बचने की सलाह देती है लेकिन बाद में रावण के कहने पर सीता देवी को समझाने का भी उपक्रम करती है। वह कहती हैं 'हे सीता अंगों को सजा लो, चूड़ियाँ पहन लो, चूड़ामणि कंठा और कटिसूत्र ले

लो, धरती का भोग करो और अपने मनुज जीवन को सफल बनाओ।' (एक्कूण पण्णासमो संधि कड़वक १३) मन्दोदरी की मिन्नतों के बदले सीता रावण को उपदेश दे देती हैं- मैं चाहती हूँ कि रावण जिन शासन में अपना मन लगाए, वह मुझे न देखे, मधु और मांस का भक्षण न करे, अपने शील की रक्षा करे। वह पर स्त्री के सेवन से बचें।

स्वयंभू को जहाँ भी अवसर मिलता है वे जिन धर्म के नियमों, उपनियमों को अवश्य प्रस्तुत करते हैं। उनके अधिकांश पात्र जिन-शासन में निष्ठा और विश्वास रखते हैं। चाहे राम हों या रावण दोनों जैन धर्म के नियमों तथा आचरणों के पालन में रुचि रखते हैं। रावण भी पूर्ण जिन भक्त है। लेकिन उसकी मानसिकता सांसारिक भोग के प्रति अधिक है। हनुमान जब रावण को बोधि अनुप्रेक्षा सुनाते हैं तो उसके मन में हनुमान के वचन गड़ जाते हैं। कवि स्वयंभू ने रावण के द्वन्द्व को बड़े मार्मिक ढंग से अभिव्यंजित किया है। रावण एक ओर जिनवर के उपदेश से नहीं चूकना चाहता किन्तु दूसरी ओर उसे काम भेद रहा है। एक ओर नरक का भय दूसरी ओर काम के वाणों से छिन्न होते अंग। एक ओर दुष्कर्मों का पाश दूसरी ओर जानकी का हँसता मुख। एक ओर घिनौना आहत शरीर दूसरी ओर सीता का यौवन। अधर्म के भय तथा सौन्दर्य और भोग्य वस्तुओं के प्रति आकर्षण का जो चित्र रावण के माध्यम से अंकित किया गया है, वह धर्मनिष्ठ तथा संसार के राग के प्रति अनुरक्त सामान्य मनुष्य का ही चित्र है। विरक्ति और आसक्ति के इस द्वन्द्व की पीड़ा का अनुभव हर प्रबुद्ध भारतीय करता है। अन्ततः मनुष्य का अहंकार आड़े आता है और वह अपनी दुष्कर्म प्रवृत्ति को भी तर्कसंगत मानने लगता है।

'पउमचरिउ' में राम की माँ का नाम अपराजिता है। दशरथ के चारों पुत्रों का जन्म स्वाभाविक तरीके से हुआ है। दशरथ ने कैकेयी को दो वरदान दिए हैं लेकिन वरदान देने की परिस्थितियाँ भिन्न हैं। विभीषण रावण का हित चिन्तक तथा सही अर्थ में भाई था। एक दिन उसने सागर बुद्धि भट्टारक से पूछा कि 'जयलक्ष्मी के प्रिय रावण की विजय, जीवन और राज्य कितने समय तक अविचल रहेगा। भट्टारक ने बताया कि दशरथ के पुत्र राम और लक्ष्मण के द्वारा राजा जनक की कन्या के कारण हुए युद्ध में रावण मारा जाएगा। विभीषण ने तय किया कि वह दशरथ और जनक दोनों के सिर तुड़वा देगा। नारद ने यह खबर दशरथ और जनक को दे दी। दोनों अपनी प्रतिमा स्थापित करके कौतुक मंगल नगर चले गए। विभीषण के दूत प्रतिमाओं का ही सिर काटकर लौट आए। कौतुक मंगल की पुत्री कैकेयी ने स्वयंवर में दशरथ के गले में माला डाल दी, उपस्थित सभी राजाओं ने दशरथ पर आक्रमण कर दिया। कैकेयी स्वयं सारथी बनकर रथ पर सवार हो गयी, दशरथ ने सभी राजाओं को पराजित कर दिया। इसी समय दशरथ ने दो वरदान दे दिए। जनक के एक कन्या सीता और एक पुत्र भामंडल था। बर्बर शबर, पुलिन और म्लेच्छों ने जनक के राज्य का अपहरण करने के लिए आक्रमण कर दिया तो जनक ने दशरथ से सहायता मांगी। राम-लक्ष्मण दोनों दशरथ से आज्ञा लेकर जनक के राज्य की रक्षा की, फलस्वरूप जनक ने सीता का विवाह राम से करने का निर्णय लिया। नारद को पउमचरिउ में खल पात्र के रूप में प्रस्तुत किया गया है। उन्हें कलह प्रिय कहा गया है। राम तथा सीता के विवाह में भी उन्होंने अवरोध पैदा किया। नारद की भयंकरता से सीता डर गई तो अनुचरों ने नारद का गला पकड़कर बाहर कर दिया। नारद सीता का चित्र लेकर भामंडल नामक

राजकुमार के पास ले गए और वह चित्र देखकर वह सीता से विवाह के लिए कटिबद्ध हो गया। विद्याधर चन्द्रगति ने अपने पुत्र भामंडल के लिए सीता का हाथ माँगने के लिए जनक को पकड़वा लिया। जनक ने बताया कि मैंने राम के साथ सीता के विवाह का निर्णय कर लिया है। चन्द्रगति ने अपने यहाँ रखे वज्रावर्त और समुद्रावर्त धनुष तोड़ने का प्रस्ताव रखा। जनक दोनों धनुषों को लेकर अपने नगर चले गए। वहीं स्वयंवर में राम ने दोनों धनुष तोड़ दिए। वहीं भविष्यवाणी हो गई कि इस कन्या के कारण बहुत से राक्षसों का विनाश होगा। भामंडल सीता का ही जुड़वा भाई था जिसका पालन चन्द्रगति के यहाँ हुआ था। उसने बाद में अपने अपराध को स्वीकार किया।

स्वयंभू द्वारा किए गए कुछ कथा परिवर्तनों का ही यहाँ जिक्र किया गया है। ये परिवर्तन पहले विमलसूरि ने अपनी रचना 'पउमचरिउ' में ही कर दिये थे। प्रस्तुत कृति में लक्ष्मण राम से अधिक बलशाली दिखाए गए हैं। शत्रुओं को दंड देना तथा उनका संहार करना उन्हीं का दायित्व है। रावण का वध भी लक्ष्मण के ही हाथों हुआ है। स्वयंभू लक्ष्मण की वीरता की सराहना तो करते हैं किन्तु उनकी हिंसक वृत्ति के कारण उन्हें नरक भी भेज देते हैं। 'पउमचरिउ' के कवि स्वयंभू के लिए राम न तो आराध्य हैं और न परात्पर ब्रह्म हैं, इसी तरह सीता भी न जगत् जननी हैं और न आराध्या देवी। विभीषण तथा हनुमान में भी किसी तरह की भक्ति भावना का समावेश नहीं किया गया है। इस कृति में पक्ष और विपक्ष धर्म और अधर्म की पक्षधरता तथा विरोध है। रावण परस्त्री का अपहरण करता है इसलिए यह दुराचरण अक्षम्य है। इस पाप के कारण कोई भी विनाश से बच नहीं पाता है।

हनुमान विभीषण के आगे प्रश्नों की झड़ी लगा देते हैं-

पइं होन्तेण वि छम्मु ण जाणिउ। रयणी वंसहो खउ आणिउ।
पइं होन्तेण वि णिय कुल मइलिउ। वउ चारित्तं सीलु ण पालिउ।।

तुम्हारे रहते हुए वह रावण ने धर्म न समझा। रजनीचर वंश का विनाश ला दिया। तुम्हारे रहते हुए कुल को मैला किया और चारित्र्य व्रत और शील का पालन नहीं किया। हनुमान, राम और लक्ष्मण द्वारा किए गए वीरतापूर्ण कार्यों से भी विभीषण को परिचित कराया है। हनुमान विभीषण को धर्म की पक्षधरता के लिए उत्साहित करते हैं जिसे विभीषण ने अच्छी तरह से समझ लिया। विभीषण ने अपनी विवशता भी बताई कि रावण को सीता के मुख के आगे शेष धर्म-कर्म, परिवार कुछ भी नहीं दिखाई देता। मैंने फेसला किया है कि युद्ध शुरू होते ही मैं राम के साथ हो जाऊँगा।

स्वयंभू ने जितने नारी पात्रों को प्रस्तुत किया है उनके चरित्र से अधिक उनके सौन्दर्य चित्रण में रुचि प्रदर्शित की है। कैकेयी, सीता, मन्दोदरी आदि के सौन्दर्य चित्रण में वे मनोहारी उपमानों की कल्पना करते हैं। भारत देश के प्रत्येक क्षेत्र की स्त्रियों के अंग विशेष अधिक शोभन तथा आकर्षक होते हैं। विधाता ने विभिन्न क्षेत्रों की स्त्रियों के अंग विशेष के सौन्दर्य को लेकर सीता की देह यष्टि तथा रूप सौन्दर्य का सृजन किया है। सीता के नख सिंघालियों के नखों के समान हैं, स्तन का अग्र भाग माकन्दिकाओं की तरह है। भुजशिखर पश्चिमदेश की सत्रियों की तरह, दाँत कर्नाटक देश की स्त्रियों की तरह, भौहें उज्जैन की स्त्रियों की तरह, कपोल काशी देश तथा भाल चित्तौड़ देश की स्त्रियों की तरह

निर्मित है। रूप-सौन्दर्य की भारतीय समग्रता की यह निर्मिति अपने आप में अद्वितीय है। स्वयंभू ने नारी के त्याग और वीरता का भी प्रभावशाली वर्णन किया है। जीवंत नगर की राजकुमार वनमाला मन से लक्ष्मण के प्रति अनुरक्त है। वह हर जन्म में लक्ष्मण से ही विवाह करना चाहती है। भरत ने एक पत्र भेजकर यह सूचित किया कि राम, लक्ष्मण वन चले गए हैं पता नहीं कब तक लौंटें अतः वनमाला का विवाह किसी अन्य व्यक्ति से कर दें। वनमाला को जब इसकी सूचना हुई तो वह कितनी व्यथित हुई उसका चित्रण द्रष्टव्य है-

किं पइसरमि वलन्ते हुआसर्णे। किं समुद्दें किं रण्णें सु-भीसणे
किं विसु भुज्जमि किं अहिं चप्पमि। किं अप्पउं करवन्ते कप्पमि।
किं करिवर दन्तहिं उर भिन्दमि। किं करवालहिं तिलुतिलु छिन्दमि।।

(क्या जलती आग में प्रवेश कर जाऊँ। क्या समुद्र या रण में, क्या विष खालूँ, क्या सर्प का आलिंगन कर लूँ। क्या आरी से देह चिरा दूँ। क्या हाथी के दाँत से हृदय विदीर्ण करा लूँ। क्या तलवार से तिल तिल छेद डालूँ।)

वनमाला सारी वनस्पतियों, जीवों, जन्तुओं को साक्षी बनाकर लक्ष्मण के लिए आत्महत्या का संकल्प लेती है। स्वयंभू नारी के स्वाभिमान, त्याग और सौन्दर्य का चित्र खूब मन लगाकर तथा अभिभूत होकर करते हैं। लेकिन कहीं-कहीं वे जैन धर्म की वैराग्य भावना में नारी को बाधक मानते हुए उसकी निन्दा भी करते हैं। राम जब सीता के वियोग में तड़प रहे हैं तब दो चारण ऋद्धिधारी मुनि राम को स्त्री से विरक्त रखने के लिए स्त्रियों के अनेक अवगुणों का बखान करते हैं। मध्यकालीन भक्तों में जो नारी की निन्दा मिलती है वास्तव में वह जैन धर्म का ही प्रभाव है। मुनियों के उत्तर में राम नारी की प्रसंशा करते हैं, मुनि लोग नारी की अनेक बुराइयां परिगणित करते हुए उसकी संघर्ष चेतना पर अनायास प्रकाश डाल देते हैं। आहार के लिए पीसना और रात में मृतक की भाँति सो जाना, दिन में जीवित रहना। इस प्रकार श्वास लेते, छोड़ते तथा जीते मरते हुए स्त्री का जन्म व्यतीत हो जाता है। मृत्यु के बाद तो सभी की देह का नाश होता है क्या स्त्री क्या पुरूष। किन्तु स्वयंभू घर गृहस्थी के लिए दिन भर खटती नारी रात में मुर्दा हो जाती है, कहकर नारी की पीड़ा को अच्छी तरह से उन्मीलित किया है-

आहार हो पिसिवउ सीवियउ। णिसि मडउ दिवसें संजीवियउ
णीसासुसासु करन्ताहुँ। गउ जम्मु जियन्त-मरन्ताहुँ।।

स्त्री का बड़ा ही वीभत्स चित्र मुनियों ने राम के सामने प्रस्तुत किया किन्तु राम पर उसका कोई असर नहीं हुआ। उनकी देह सीता के वियोग से जल रही थी। वे वनदेवी से सीता का पता पूछते हैं, फिर तो प्रकृति में ही सीता के अंगों और उपांगों का दर्शन करने लगते हैं।

स्वयंभू के महाकाव्य में वीर और शृंगार रस की गहरी अभिव्यंजनाएँ हुई हैं लेकिन अन्य रसों तथा भावों के चित्रण में भी वे सिद्धस्त हैं। राम यद्यपि विशिष्ट महापुरुष हैं लेकिन उन्हें अनेक शत्रुओं से दुर्धर्ष युद्ध करना पड़ता है। स्वयंभू अपभ्रंश के द्वित्व व्यंजनों तथा अनुरणात्मक ध्वनि बिम्बों द्वारा युद्ध का वातावरण साकार कर देते हैं। हनुमान और रावण की सेना के युद्ध का एक दृश्य द्रष्टव्य है-

हण-वलहँ णिसण्णइं धरणियल। जलयरह व सुक्कई उवहिं जलें।
पण-वलइँ सु-संता वियहँ किह। दुपुत्तैहिं उभय कुलाहिंजिह।।

(पउमचरिउ एवक वण्णासमो सन्धि)

हजारीप्रसाद द्विवेदी ने सूरदास के विषय में कहा है कि सूर को उपमा पर उपमा देने की झक सी लग जाती है। लेकिन यह बात सूर के लिए उतनी सार्थक नहीं है जितनी स्वयंभू के लिए। स्वयंभू के काव्य में उपमाओं की भरमार है। चाहे युद्ध वर्णन हो अथवा किसी नायिका का सौन्दर्य वर्णन हो अथवा किसी सरोवर या उपवन का वर्णन हो स्वयंभू अनेक मौलिक उपमानों से अपनी बेजोड़ कल्पना शक्ति का परिचय देते हैं। स्थूल के लिए सूक्ष्म उपमान तथा सूक्ष्म के लिए स्थूल उपमान देने की कला उनके पास है। वे रूपकों के द्वारा संपूर्ण दृश्य को मूर्त्त कर देते हैं। तुलसीदास रामचरितमानस में रूपक-विधान के अन्तर्गत अपनी रचनाशीलता की शक्ति प्रदर्शित करते हैं लेकिन उनके पहले ही स्वयंभू ने रूपक-विधान के शिखर को छू लिया था। उपमा पर उपमा देने की धुन निम्नलिखित छन्द में देखिए-

सुमरइ भिच्चु सु-सामि दया इव। सुमरइ करहु करीर-लया इव।
सुमरइ मत्त हत्थि वणराइ व। सुमिरइ मुणिवरु गइ पवरा इव
सुमरइ णिद्धणु धण सम्पत्ति व। सुमरइ सुरबरू जम्मुधत्ति व।।

(पण्णसमो संधि कड़वक १०)

वे धर्म क्षेत्र से चुने गए उपमानों का ऐसा प्रयोग करते हैं कि संपूर्ण भाव पवित्र हो उठता है।

एक जगह उन्होंने सीता को महानदी कहा है। राम का वर्णन गज के रूप में किया। राम रूपी महागज उस विशाल वृक्ष की कन्दरा से निकल आया। दो तुणीर ही उसका विपुल कुंभस्थल था। पुंखावली रूपी भ्रमरमाला से वह व्याप्त हो रहा था। करधनी से झंकृत हो रहा था। विशाल वाणों रूपी दाँतों से भयंकर था। स्थूल और लम्बे बाहु ही उसकी विशाल सूँड़ थी (छब्बीसमो संधि, कड़वक १३)। आकाश के लिए सरोवर का विस्तृत सांगरूपक विधान स्वयंभू की कल्पना की उड़ान तथा मौलिक उद्भावना का परिचायक है। निशा को निशाचरी के रूप में मानवीकृत करते हुए स्वयंभू उसकी भयंकरता का चित्र अंकित करते हैं। महाकवि स्वयंभू का प्रकृति चित्रण भी अद्भुत है। वह उपमा, रूपक तथा उत्प्रेक्षा आदि सादृश्यमूलक अलंकारों के द्वारा प्रकृति की बिम्ब विद्यायिनी छटा की निर्मिति करते हैं। उनमें शब्दों के श्लिष्ट द्वयार्थी प्रयोग भी प्रचुर मात्रा में मिलते हैं। विन्ध्याचल का वर्णन करते हुए वे द्वव्यार्थक शब्दों के विन्यास से उपमेय और उपमान के सादृश्य को अंकित करते हैं। विन्ध्याचल मृदंग की तरह ताल सहित (वृक्ष और संगीत का ताल) बैल की तरह सशृंग और चोटी कामदेव की तरह महानल (दावानल तथा शिव के तीसरे नेत्र की आग) से जल रहा है, जलद की तरह जलयुक्त तथा भट की तरह व्रण (घाव-जंगल) युक्त था-

मुरवोव्वं सतालु स-वंसहरु। विसहो व्व स-लिंग महत्त डरू।
मयणो व्व महापणल दद्ध तणु। जलउ व्वं स वारि भडु।।

(सत्तवीसमोसंधि कड़वक २)

स्वयंभू की काव्य शैली की एक प्रमुख विशेषता यह है कि वे शब्दों की पुनरावृत्ति करके अपनी कविता में अद्‌भुत प्रभाव पैदा करते हैं। पुनरावृत्ति से पात्रों के भावावेश भाव की सत्वरता एवं आकुलता का बोध होता है। कहीं-कहीं वर्णन का वैशिष्ट्य मात्र निर्दिष्ट होता है। युद्धरत दो दलों के क्रिया-कलापों का चित्रण इसी शैली में हुआ है-

उहय-वलेंहि पडियाग्गिम-खन्यइं। उहय-वलेहिं णच्चत्ति कवन्यइं।
उहय-वलेंहि मुसुमूरियं धयवडं। उहय-वलेंहि लोट्टाविय भडं थड।।

आठ पंक्तियों के छन्द में प्रत्येक पंक्ति में 'उहय वलेंहि' की आवृत्ति हुई है।

कथानक के निर्वाह, संगठन, पूर्वापर सापेक्षता, वस्तु वर्णन, भाव व्यंजना सभी दृष्टियों से 'पउमचरिउ' केवल अपभ्रंश का ही नहीं बल्कि संपूर्ण भारतीय भाषाओं में प्रथम कोटि की रचना है।

प्राकृत और अपभ्रंश साहित्य में रामकथा

डॉ० सभापति मिश्र

संस्कृत भाषा जब जनभाषा के स्तर से उठकर तथा संस्कारित होकर धर्म, राजनीति, प्रशासन, शिक्षा और गूढ़ दार्शनिक विचारों की अभिव्यक्ति का माध्यम बन गयी तो धीरे-धीरे उसका लोक से सम्बन्ध कम होने लगा। अब वह आभिजात्य वर्ग की भाषा मात्र बन कर रह गई तथा देव वाणी हो गई। फलतः जनभाषा के स्थान पर किसी न किसी मानुषी वाणी का जन्म होना ही था।[१] प्राकृत ऐसी ही भाषाएँ हैं,[२] जो लोक के गर्भ में पलकर तथा पोषण प्राप्त कर कालान्तर में अधिकाधिक शक्तिशाली होकर कुलीन वर्ग की भाषाएँ बनी है। किन्तु उनके 'बानी' से भाषा बन जाने पर तथा लोक से ऊपर उठ जाने पर पुनः दूसरी मानुषी-बानी के जन्म की आवश्यकता लोक ने अनुभव किया और पुनः नवीन 'बानी' का उदय हुआ जिसमें जनता अपना सुख-दुःख, राग-द्वेष, प्रेम-घृणा आदि व्यक्त कर सके। प्राकृत और अपभ्रंश ऐसी ही जनभाषाएँ हैं, जो लोक में अपनी पूर्ववर्ती भाषा (बानी) को च्युत करके उत्पन्न हुई और फिर संस्कारित होकर तथा व्याकरणबद्ध होकर आभिजात्य वर्ग की भाषा के रूप में स्वयं को स्थापित कर लीं।[३]

वस्तुतः जब भी कोई वाणी लोक में उत्पन्न होती है, तो उसके संस्कार, मिथक, परम्पराएँ सुख-दुःख, इतिहास-बोध, रूढ़ियाँ, लोकाचार सभी कुछ वह अपना लेती है। ये सब उसकी अपनी हो जाती हैं और चूँकि राम और उनकी कथा लोक में उसके मनोमस्तिष्क और हृदय-लोक में सदियों से विराजमान रहती आ रही थी, अतः इन नवीन भाषाओं ने भी उसे अपनाया तथा उसकी अर्चना की।

प्राकृत साहित्य का अधिकांश भाग जैन श्रमणों अथवा उसके अनुयायियों द्वारा रचा गया है। संभव है, अन्य रचनाकारों ने भी इस भाषा में साहित्य सृजन प्रभूत मात्रा में किया हो, किन्तु उचित संरक्षण के अभाव में ऐसी रचनाएँ बहुत ही कम मात्रा में उपलब्ध है। ऐसी उपलब्ध रचनाएँ जैन भाण्डागारों में ही उपलब्ध होती हैं। जैन भण्डागारों ने ऐसी दुर्लभ रचनाओं को संरक्षित करके सराहनीय कार्य किया है।

जहाँ तक रामकथापरक साहित्य की बात है वह भी अधिकांशतः, इन्हीं जैन आचार्यों तथा कवियों द्वारा रचित है। फलतः इनमें जैन धर्म की मान्यताओं, धार्मिक खण्डन -मण्डनात्मक प्रवृत्ति और कवियों की उत्कृष्ट काव्यप्रतिभा तथा कल्पनाओं के कारण इनके द्वारा रचित रामकथा में थोड़ा बहुत परिवर्तन अवश्य हुआ है। इनके यहाँ रामकथा के दो रूप दिखाई पड़ते है, (१) विमल सूरि की रामकथा, परम्परा तथा (२) गुण भद्राचार्य की परम्परा। प्रथम परम्परा में सीता जनक की औरस पुत्री हैं जबकि द्वितीय परम्परा में सीता

को रावण और मन्दोदरी की आत्मजा कहा गया है। इनमें विमलसूरि की रामकथा-परम्परा को अधिकांश कवियों की स्वीकृति प्राप्त है-

प्राकृत-साहित्य के जिन ग्रन्थों में रामकथा का वर्णन मिलता है, वे निम्नलिखित हैं-

पउमचरियं :

इसके रचनाकार विमल सूरि हैं। विद्वानों ने इसका रचना काल चतुर्थ शताब्दी के पूर्व माना है।[४] सन् ६६० ई० में रविषेण ने इसका संस्कृत रूपान्तर किया था जो लोक में 'पद्मचरित' के नाम से प्रसिद्ध है। विमल सूरि के अनुसार पद्मचरित आचार्यो की परम्परा से चला आ रहा है। यह नामावलीबद्ध था।[५] परन्तु इसका इतना ही अर्थ है कि कथा के प्रधान पात्रों, स्थानों तथा भवान्तरों आदि के नाम ही उसमें होंगे। पल्लवित कथा स्वरूप स्वयं विमल सूरि ने ही निर्मित किया है। रामकथा का जैनरूप इस कृति में मिलता है। पुराण शैली में ग्रथित इस कृति में ११८ उद्देश (अध्याय) है। समस्त कथा का विस्तार ८००० से भी अधिक पद्यों में हुआ है। प्रचलित रामकथा के सम्बन्ध में श्रेणिक राज की अनेक शंकाओं का समाधान करने के लिए गौतम गणधर ने यह कथा कही है। प्रसिद्ध रामकथा के सभी प्रमुख पात्र इसमें मिलते हैं, सभी प्रधान पात्र जैन धर्म में दीक्षित दिखाए गए हैं और अनेक स्थलों पर मानवीकरण का प्रयास किया गया है। जैसे- राक्षसों को विद्याधर कहना, वानरों की उत्पत्ति, हनुमत् जन्म कथा, हनुरूहपुर में जन्म लेने के कारण हनुमान नाम पड़ना।[६] रावण के दशमुखों का स्पष्टीकरण करते हुए कहा गया है कि उसके गले में एक हार था जिसमें दश प्रतिबिम्ब दिखने से उसका नाम दशानन पड़ा आदि।[७]

जैन परम्परानुसार प्रत्येक कल्प में ६ बलदेव, ६ वासुदेव और ६ प्रतिवासुदेवों का आविर्भाव होता है। राम जिन्हें यहाँ पर 'पद्म' कहा गया है, इस मान्यतानुसार ८वें वासुदेव, लक्ष्मण ८वे बलदेव तथा रावण ८वाँ प्रतिवासुदेव है। बलदेव और वासुदेव किसी राजा की विभिन्न रानियों के पुत्र हैं। वासुदेव अपने भाई बलदेव के साथ मिलकर प्रति वासुदेव से युद्ध करके उसका बध करते हैं। दिग्विजय कर वे भारत के तीन खण्डों पर अधिकार कर अर्द्धचक्रवर्ती नरेश बन जाते हैं। मरने पर वासुदेव को नरक जाना पड़ता है जबकि बलदेव अपने भाई की मृत्यु के कारण शोकाकुल होकर जैन दीक्षा लेकर तप करते हुए अन्ततः मोक्ष को प्राप्त करते हैं। प्रतिवासुदेव सदैव वासुदेव का विरोध करते हैं और उनके हाथों चक्र से मारे जाते हैं। यहाँ पर राक्षस और वानर दोनों विधाधर की विभिन्न शाखाएँ बताई गई है।[८]

विमलसूरि के अनुसार राम 'पवमुप्पल दलच्छो' अर्थात कमल-दल के समान नेत्र वाले हैं।[९] अर्थात् कमलदल तुल्य नेत्र वाले राम का वर्णन होने के कारण उनकी रामकथा को 'पउमचरियं' कहते हैं। वस्तु वर्णन के अनुसार इसके पाँच चरण हैं, जिनका विवरण इस प्रकार है-

पर्व १-२० रावणचरित, रावणादि भाइयों की उत्पत्ति,रावण बालि संघर्ष

पर्व २१-३२ अयोध्याकाण्ड, रामादि भाइयों की उत्पत्ति, सीताजन्म, विवाह, वनगमन

पर्व ३३-५३ अरण्यकाण्ड, वनभ्रमण, सीताहरण एवं अन्वेषण।

पर्व ५४-७७ युद्धकाण्ड, सेतुबंध, राम-रावण-युद्ध, सीता से राम का महा मिलन, लंकावास।

पर्व ७८-११८ उत्तरकाण्ड, राम प्रत्यानयन, दोनों भाइयों का अभिषेक, दिग्विजय एवं अर्द्धचक्रवर्ती नरेश बनना, रामादि का वैराग्य, दीक्षा ग्रहण एवं तप, स्वर्गारोहण।

विमल सूरि के अनुसार राक्षस राज रत्नश्रवा से कैकसी में दशमुख (रावण) भानुकर्ण (कुम्भकर्ण), चन्द्रनखा (सूर्पणखा) और विभीषण- ये चार सन्तानें उत्पन्न हुई। दशमुख अपने मौसेरे भाई वैश्रवण का महानूवैभव देखकर अपने भाइयों सहित तप करके विभिन्न विद्याओं को प्राप्त कर लिया। इसके पश्चात् मन्दोदरी तथा अन्य छह विद्याधर कन्याओं के साथ विवाह करके कालान्तर में वैश्रवण और यम को परास्त करके उनसे पुष्पक विमान प्राप्त कर लंका लौट आया। उसने वानरराज बालि के पास संदेश भेजा कि वह स्वयं आकर दशमुख को प्रणाम करे और अपनी बहन श्रीप्रभा का विवाह उसके साथ कर दे। बालि जो जिनवरेन्द्र के अतिरिक्त किसी भी अन्य को प्रणाम नहीं करता, ने सुग्रीव को राज्य देकर स्यवं जैन धर्म में दीक्षित हो गया। सुग्रीव श्रीप्रभा का विवाह दशमुख से करके अपनी प्रजा का पालन करने लगा। किन्तु रावण इससे सन्तुष्ट नहीं हुआ। फलस्वरूप रावण और बालि का युद्ध हुआ, जिसमें बालि विजयी होता है। वह रावण द्वारा उठाए हुए पर्वतों को शिव की भाँति अपने पैर के अँगूठे से दबा देता है।[१०] रावण को यहाँ पर धर्मज्ञ रूप में चित्रित किया गया है। उसे जैन मन्दिरों का उद्धारक और पशु वध युक्त यज्ञों पर प्रतिबन्ध लगाने वाला कहा गया है। यही नहीं, वह नलकूबर की पत्नी उपरम्भा के प्रणय प्रस्ताव को भी स्वीकार नहीं करता।[११] यहाँ पर बालब्रह्मचारी के रूप में प्रसिद्ध हनुमान के चरित्र में परिवर्तन किया गया है। कवि उन्हें पवनंजय और अंजना सुन्दरी का पुत्र मानता है और उन्हें दशमुख के सम्बन्धी के रूप में प्रस्तुत करता है। वह चन्द्रनखा की पुत्री अनंगकुसुमा के साथ ही विवाह नहीं करते अपितु अनेक कन्याओं के साथ भी विवाह करते हैं। वह वरुण के विरुद्ध रावण की सहायता करते हुए भी वर्णित किए गए हैं।

सम्भवतः यह परिवर्तन संस्कृत रामकथा से अपना पार्थक्य सिद्ध करने तथा ब्राह्मण रामकथा-परम्परा को गलत और असत्य सिद्ध करने के लिए कवि ने जानबूझकर किया है, क्योंकि यह प्रवृत्ति सभी ब्राह्मण धर्मेत्तर रामकथाओं में किसी न किसी रूप में पायी जाती है।[१२] यहाँ तक कि अत्यन्त उदार माने जाने वाले जैन कवि स्वयंभू (अपभ्रंश कवि) तक इस मनोवृत्ति से मुक्त नहीं हो सके हैं।

पउमचरियं (पूर्व २१-३२) के अनुसार राजा दशरथ का अपराजिता (कौशल्या) तथा सुमित्रा के साथ विवाह हो जाने पर नारद ने उन्हें सूचना दी कि दशमुख का छोटा भाई विभीषण उन्हें मारना चाहता है क्योंकि उसने किसी नैमित्तिक के द्वारा सुना है कि राजा दशरथ का पुत्र सागर के मार्ग से आकर जनकतनया सीता के कारण दशमुख का वध करेगा। अतः उन्हें सावधान रहना चाहिए। कवि के अनुसार नारद ने जनक को भी यही बात बताई थी। सीता की उत्पत्ति के बारे में कहा गया है कि वे राजा जनक और उनकी पत्नी विदेहा की औरस पुत्री हैं उनके भामण्डल नामक एक सहोदर भाई भी था।[१३]

एक बार राजा जनक म्लेच्छों द्वारा पीड़ित किए जाने पर दशरथ-पुत्र राम और लक्ष्मण की सहायता से कष्टमुक्त होकर उनके पराक्रम पर विशेष प्रसन्न हुए और अपनी

पुत्री राम को देने का निश्चय किया। इसके लिए वे एक स्वयंवर का आयोजन करते हैं। उस स्वयंवर में राम एक महान् धनुष पर प्रत्यंचा चढ़ाकर सीता को पत्नी रूप में प्राप्त करते हैं।

राजा दशरथ के वैराग्य होने पर कैकेयी उनके द्वारा पूर्व प्रदत्त वरों की याचना करती हैं और अपने दोनो पुत्रों भरत और शत्रुघ्न में से ज्येष्ठ पुत्र के लिए राज्य माँगती हैं, जिसे सुनकर राम स्वतःही सुमित्रा कुमार लक्ष्मण और अपनी पत्नी सीता सहित अरण्य चले जाते हैं। कैकेयी को अब अपने कृत्य पर पश्चाताप होता है और भरत को राम प्रत्यानयन हेतु जाने के लिए प्रेरित करती है। भरत राम के पास जाकर उनसे राज्य ग्रहण करने की प्रार्थना करते हैं किन्तु राम वन से राजधानी लौटना अस्वीकार कर देते है। अतएव निराश होकर भरत राजधानी लौटकर राज्य का संचालन करने लगते हैं। उन्होंने प्रतिज्ञा की कि राम प्रत्यानयन के बाद वे जैन मुनि से दीक्षा ग्रहण कर लेंगे।[१४]

राक्षस राज रत्नश्रवा का दौहित्र और चन्द्रनखा का पुत्र शम्बूक एक वन में सूर्यहास खड्ग की सिद्धि के निमित्त कठोर साधना कर रहा था। साधना पूर्ण होने पर वह दिव्य खड्ग प्रकट हुआ। संयोगवश उसी समय वहाँ लक्ष्मण पहुँच गये और उस खड्ग से बांस काटते हुए उन्होंने शम्बूक का मस्तक भी काट डाला। चन्द्रनखा अपने पुत्र के दुःख से दुःखी होकर वन-वन भटकने लगी। इस क्रम में वह उस स्थान पर पहुँची, जहाँ राम और लक्ष्मण विद्यमान थे। चन्द्रनखा उनसे प्रणय निवेदन करती हुई उनकी पत्नी बनना चाही, जिसे उन्होंने अस्वीकार कर दिया। अतः उन पर कुपित होकर उसने अपने भाई दशमुख और पति को शम्बूक-वध का समाचार सुनाया। उसकी ओर से आए हुए खर-दूषण और उसकी सेना को लक्ष्मण अकेले ही रोक लेते हैं। उसी समय दशमुख भी अपनी बहन का संदेश सुनकर वहाँ आ जाता है। वह अवलोकिनी विद्या द्वारा ज्ञात करता है कि लक्ष्मण ने राम को अपने पास बुलाने के लिए 'सिंहनाद' का संकेत बताया था। वह सीता के रूप पर आसक्त होकर राम को उनसे दूर करने के लिए स्वयं 'सिंहनाद' करता है। जिसके कारण राम लक्ष्मण के पास चले जाते हैं। सीता को अब अकेली पाकर वह उनका हरण कर लेता है।[१५]

इधर जब राम और लक्ष्मण वापस आते हैं, तो सीता वहाँ नहीं मिलती है। वह उनकी निरन्तर खोज करते हुए वानरराज सुग्रीव और हनुमान से मिले, जो वस्तुतः विद्याधर थें। राम उनसे मित्रता कर उनके शत्रु साहसगति का वध कर देते है; क्योंकि उसने सुग्रीव का रूप धारण कर उनके राज्य और पत्नी, दोनों पर अधिकार कर लिया था। अब सुग्रीव के कहने पर विद्याधर सीता की खोज करने जाते हैं। रत्नजटी से सुग्रीव को ज्ञात होता है कि सीता का हरण दशमुख ने किया है। यह सुनकर विधाधर भयभीत हो जाते हैं और दशमुख से युद्ध से इन्कार कर देते हैं। सुग्रीव को स्मरण होता है कि अनन्तवीर्य (रावण के गुरू) ने कहा था कि जो व्यक्ति कोटिशिला को उठा लेगा, उसी से रावण की मृत्यु होगी। सभी लोग विमान पर आरूढ़ होकर कोटिशिला के पास गए। वहाँ लक्ष्मण उसे उठा लेते हैं किन्तु विधाधर दशमुख के भय से मुक्त नहीं हो पाते। अतएव सुग्रीव हनुमान को विभीषण की सहायता से दशमुख को समझाने के लिए भेजते हैं। हनुमान मार्ग में अपने नाना को परास्त करते हैं, क्योकि उन्होंने हनुमान की माता अंजनासुन्दरी को घर से निकाल दिया

था। हनुमान लंका पहुँचने पर विभीषण द्वारा निर्मित कराई गई प्राचीर पार कर दधिमुख का वध कर, उसकी पुत्री लंकासुन्दरी को परास्त कर उसके साथ रमण करते हैं। यहाँ पर उन्हें रूद्रावतार के स्थान पर कामदेव का अवतार बना दिया गया है। हनुमान सीता को देखते हैं और उनसे राम का संदेश कहकर उनके संदेश को प्राप्त करते हैं। सीता प्रत्यभिज्ञान रूप में अपना उत्तरीय प्रदान करती हैं। हनुमान ने रावण के प्रासादों, उद्यानों को भग्न कर दिया था। वे इन्द्रजीत द्वारा बाँधकर रावण के पास ले जाये गये। हनुमान उसे समझाकर तथा अंत में उसे धमका कर सारे बंधन तोड़ राम के पास लौट आते हैं।[१६]

सेतुबंध का प्रंसग यहाँ परिवर्तित रूप में दिखाई पड़ता है। कथा के अनुसार समुद्र नामक एक राजा जब वानरवाहिनी को रोक देता है, तो नल उसे पराजित कर देता है। अतएव वह लक्ष्मण को अपनी चार कन्याएँ अर्पित करता है। उधर विभीषण दशमुख से सीता को लौटाने का अनुरोध करता है तो दखमुख क्रोधित होकर उसे अपने नगर से बाहर निकाल देता है। विभीषण अपनी समस्त सेना के साथ राम से आकर मिल जाता है। सीता का सहोदर भाई भामण्डल भी उसी समय सहायता के लिए आ जाता है। दोनों ओर से भयानक युद्ध होता है। दशमुख लक्ष्मण पर शक्ति का प्रहार करता है किन्तु द्रोणमेघ की पुत्री विशल्पा उनकी चिकित्सा कर उन्हें स्वस्थ कर देती है।[१७]

उधर दशमुख जब सीता से प्रणय-निवेदन करता है तो सीता उसे ठुकरा देती हैं। अतः वह क्रुद्ध हो जाता है और कहता है कि वह राम का वध करके उसके साथ रमण करेगा। सीता व्यथा के आधिक्य से संज्ञाहीन होकर भूमि पर गिर पड़ती हैं। वह सीता की इस कारुणिक अवस्था को देख कर राम-लक्ष्मण को पराजित करने के बाद सीता को लौटाने की बात करता है किन्तु युद्ध में वह राम के हाथों मारा जाता है।[१८] उसका भाई भानुकर्ण और दोनों पुत्र-इन्द्रजित और मेघवाहन राम-लक्ष्मण द्वारा मुक्त कर दिये जाते हैं और वैराग्य धारण कर तप करने चले जाते हैं। मन्दोदरी, चन्द्रनखा आदि भी उन्हीं का अनुसरण कर साधना-पथ का वरण करती हैं।[१९]

राम सीता से मिलने स्वयं लंका जाते हैं। वहाँ देवगण सीता के उज्ज्वल चरित्र की भूरि-भूरि प्रशंसा-कर पुष्पवर्षा करते है। वहाँ राम और लक्ष्मण छह वर्षो तक रहकर अनेक विवाह करते हुए सुखपूर्वक निवास करते हैं। फिर अयोध्या लौट आते हैं। भरत वैराग्य धारण कर जैन धर्म में दीक्षित हो जाते हैं। सीता गर्भवती हो जाती है। एक बार राम जब सीता के मोदार्थ जैनचैत्यालय का दर्शन करा रहे थे। उसी समय नागरिकों द्वारा सीता के चरित्र पर चर्चा हुई। दुःखी होकर राम ने उन्हें अपने सहायक कृतान्तवदन द्वारा जिन मंदिर के दर्शन के बहाने गंगा के तटवर्ती वन में भेज दिया। वहाँ विलाप करती हुई सीता को पुंडरीकपुर नरेश बज्रसंघ अपने राजगृह ले जाकर आश्रय देते हैं। वहाँ पर सीता लवण और अंकुश नामक दो पुत्रों कों जन्म देती हैं। दोनों पुत्र दिग्विजय करने निकल पड़ते हैं। तभी नारद के मुख से उन्हें अपनी माता के निर्वासन का प्रसंग सुनने को मिलता है। अतः क्रुद्ध होकर दोनों राम की राजधानी पर आक्रमण कर देते हैं। सिद्धार्थ और नारद के संयुक्त प्रयास से युद्ध रुक जाता है। राम दोनों कुमारों को अपना पुत्र स्वीकारते हैं। सुग्रीवादि शुभेच्छाओं के आग्रह पर राम सीता को अपने पास बुलाते हैं और अपनी शुद्धता हेतु प्रमाण माँगते हैं। सीता अग्नि परीक्षा देने के लिए तैयार हो जाती हैं। तीन सौ हाथ

गहरे अग्नि कुंड में प्रचण्ड अग्नि प्रज्जवलित की जाती है। सीता अपने सतीत्व की शपथ लेते हुए उस महान् अग्निकुंड में प्रवेश करती हैं। उस समय विकराल रूप धारण की हुई वह अग्नि स्वच्छ जल के रूप में बदल जाती है। स्थिति इतनी भयावह हो जाती है कि वह जलधारा कुंड का अतिक्रमण कर चारों ओर फैलने लगती है। अतः जनता उनसे अपने सतीत्व के तेज को शान्त करने की प्रार्थना करती है। सीता उसे स्पर्शमात्र से शान्त कर देती है। सीता अब सहस्रदल कमल पर विराजमान दिखाई पड़ती हैं। राम सीता के पास जाकर क्षमा की याचना करते हैं और उनसे अपने साथ रहने की प्रार्थना करते हैं। सीता उनके इस प्रस्ताव को अस्वीकार करके जैन धर्म में दीक्षित हो जाती हैं। तपस्या द्वारा वह स्वर्ग प्राप्त करके इन्द्रपद की अधिकारी होती हैं।[२०]

कालान्तर में राम भी जैन धर्म में दीक्षित होकर तप करके कैवल्य पद प्राप्त करते हैं। लक्ष्मण को नरक जाना पड़ता है। अंत में कहा गया है कि लक्ष्मण, दशमुख आदि भी अनेक जन्म लेने के बाद मुक्त हो जाते हैं।

सेतुबंध या रावणवहो :

पन्द्रह आश्वासों (अध्यायों) में विभक्त १२९१ पद्यों में समाप्त प्रवरसेन का महाकाव्य 'सेतुबंध या' रावणवध उत्कृष्ट कोटि का महाकाव्य है। इस कृति के 'सेतुबंध और रावण वध' दोनों ही नाम मिलते हैं। आश्वासों की समाप्ति पर पुष्पिका में कृति का नाम 'दसमुखवध' (दसमुहवह) मिलता है। प्रवरसेन ने कृति के प्रारंभ तथा अंत में यही नाम दिया है।[२१] कथा की परिणति भी रावणवध में ही होती है। अतः 'रावणवध' भी कृत का उपयुक्त नाम है।[२२] दण्डी और वाणभट्ट ने कृति का नाम 'सेतुबधं' और 'सेतु' दिया है।

'सेतुबंध' की कथा बहुत संक्षिप्त है। कवि ने सीता के विरह में संतप्त राम को वर्षाऋतु के बीत जाने की प्रतीक्षा करते हुए चित्रित किया है। हनुमान सीता का समाचार लाते हैं। राम कपि सेना सहित लंका की ओर प्रस्थान करते हैं किन्तु समुद्र को मार्ग में बाधक पाकर छुब्ध होते हैं। विभीषण राम की शरण में आता है और राम उसका अभिषेक करते हैं। आगे बड़े विस्तार से समुद्र पर सेतु बाँधे जाने की कथा हैं समुद्र को पार करके सेना सहित सुबेल पर्वत पर राम पहुँचते हैं। राम की सेना के आने का समाचार पाकर रावण चिन्तित होता है। आगे रावण के कारण त्रस्त सीता का भी कवि ने चित्रण किया है। कवि ने दोनों सेनाओं का विस्तृत वर्णन किया है और अंत में युद्ध का वर्णन करके रावण, कुम्भकर्ण की पराजय और अवसान दिखाया है। सीता सहित राम-लक्ष्मण अयोध्या लौटते हैं और भरत के अनुराग को पूरा करते हैं।

कृति के आधे से अधिक भाग (१-८ आश्वास) में सेतुबंध की घटना प्रधान है तथा अन्तिम भाग में रावण वध का प्रसंग मुख्य है। कृति में कथा बहुत धीरे-धीरे बढ़ती है, विशेष करके कृति के प्रथम भाग में। सेतुबंध उत्कृष्ट कवि-कल्पना प्रधान वर्णनों से युक्त एक उत्कृष्ट महाकाव्य है। भव्यवर्णन कृति की अद्वितीय विशेषता है। प्रकृति के सूक्ष्म संश्लिष्ट वर्णनों की ओर कवि ने अधिक उत्साह दिखाया है। सीता वियोग में राम चन्द्रमा की शीतल किरणों की निन्दा करते हैं। रात्रि को बुरा कहते हैं। राम दुर्बल होकर भी हनुमान द्वारा सीता के जीवित होने का आश्वासन पाकर ही जीवित हैं।

णिन्दइ मिअंककिरणें खिज्जइ कुसुमाउहे जुउच्छइ रअणिं।
झीणो वि णवर झिज्जइ जीवेज्जपिएत्ति मारुइं पुच्छन्तो।।
धीरेत्ति संठ विज्जइ मुच्छिज्जइ मअणपेलवेत्ति गणेन्तो।
धरइपिअत्ति धरिज्जइ विओअतणुएंत्ति आमुअइ अंगानि।।[२४]

लक्ष्मण बड़े भाई राम की और अपनी शक्ति से समुद्र और रावण को तृणवत् समझते हैं। वे रावण के विषय में न बात करते हैं और न ही उसकी चिन्ता करते हैं। कवि ने लक्ष्मण की इस दशा का भावात्मक चित्रण किया है।

णवरि सुमित्तातणओ आसंडन्तो गुरुस्स णिअअं च बलम्।
ण अ चिन्तेइ ण जम्पइ उअहिं सदसाणणं तणं व गणेन्तो।।[२५]

सेतुबंध जैसी उत्कृष्ट रचना का आगे के कवियों पर व्यापक प्रभाव पड़ा है। इसके अनुकरण पर ही रावणवध, गौडवध, शिशुपालवध आदि काव्य सृजित हुए हैं।

रामलखन चरियं- यह ग्रन्थ मूलतः 'चउपन्नमहापुरिसचरियं' का रामलखन चरियं अंक है। इसका रचना काल ९ वीं शताब्दी है। इसके रचनाकार शीलाचार्य नामक जैनकवि है।[२६] कथा एवं शिल्प की दृष्टि से यह रामकथा आचार्य विमल सूरि की परम्परा के अन्तर्गत आती है। क्योंकि कवि ने उन्हीं की रामकथा का अनुकरण किया है। इस पर आंशिक प्रभाव वाल्मीकि कृत रामायण का भी है।

वासुदेवहिंडि- इसके रचनाकार संघाराम हैं। यह ५०० ई० में लिखी गई है। संघाराम ने सर्वप्रथम प्राकृत साहित्य में सीता को रावण और मन्दोदरी की आत्मजा के रूप में प्रस्तुत किया है। गुणभद्राचार्य ने इन्हीं की प्रेरणा से अपनी रामकथा 'उत्तर पुराण' में सीता को रावण-तनया कहा है।

कहावली- इसके रचनाकार भद्रेश्वर हैं। इसका रचनाकाल ११वीं शताब्दीं है। कवि ने इस ग्रन्थ के 'रामायणम्' प्रकरण में अपनी रामकथा का वर्णन किया है। भद्रेश्वर द्वारा वर्णित रामकथा अत्यन्त संक्षेप में कही गई है।

सीयाचरिय- इस ग्रन्थ के प्रणेता भुवनतुंग सूरि हैं। इसकी कथा का कलेवर 'जैनधर्म के अनुकूल है। राम-सीता के पावन चरित का वर्णन करना कवि का प्रधान प्रयोजन है। प्रभाव की दृष्टि से यह विमल सूरि के 'पउमचरियं' से प्रभावित है। इसका रचनाकाल ११वीं शताब्दी के आस पास है। भुवन तुंग सूरि की दूसरी रामकथा से सम्बंधित रचना 'रामलक्खन चरियं' है। इसकी रचना ११वीं शताब्दी में हुई।[२७] इस कृति में राम और लक्ष्मण के लोकपावन उज्ज्वल चरित्र का वर्णन है। इसमें राम लक्ष्मण को जैन धर्म के उपदेशों से परिचित कराते हैं।

इस प्रकार प्राकृत-साहित्य में रामकथा अपने विविध रूप में विद्यमान है। इस कथानाक को जैन परम्परा के सांचे में ढाला गया है।

अपभ्रंश साहित्य में रामकथा : संस्कृत, पालि और प्राकृत की रामकथा का प्रभाव अपभ्रंश भाषा के रामकथा-साहित्य पर भी पड़ा। किन्तु इनमें सबसे अधिक प्राकृत की रामकथा ने प्रभावित किया। विमल सूरि और गुणभद्राचार्य की रामकथा-परम्परा अभी

लोक में विद्यमान थी। संयोग से, स्वयंभू प्रभृति सुयोग्य कवियों का सान्निध्य प्राप्त हुआ जिन्होनें उत्कृष्टतम रामकथा -साहित्य की रचना की। इन रचनाओं में स्वयंभू कृत 'पउम-चरिउ' (रामायण) पुष्पदन्त विरचित 'महापुराण' और रइधूकृत **'पउमचरिउ'** (पद्मपुराण) विशेष प्रसिद्ध है। वस्तु, शिल्प और काव्य सौन्दर्य की दृष्टि से यह उत्कृष्ट कोटि का काव्य है।

पउमचरिउ अथवा रामायण पुराण- पउमचरिउ के रचनाकार महाकवि स्वयंभू है और इसका रचनाकाल आठवीं शताब्दी माना जाता है। डॉ० नामवर सिंह के अनुसार स्वयंभू अपभ्रंश रामकथा के आदि कवि वाल्मीकि हैं। सम्प्रदाय की दृष्टि से ये जैन धर्म के उपासक थे, किन्तु जैन मुनि नहीं, जैसा कि माना जाता है।[२८] इनकी चार रचनाएं मिलती हैं (१) पउम-चरिउ (२) रिट्ठणेमिचरिउ (३) णायकुमार चरिउ और (४) स्वयंभू छन्द। इनमें सबसे प्रसिद्ध रचना 'पउमचरिउ' है। स्वयंभू की यह कृति पांच काण्डों में विभक्त है, विद्याधरकाण्ड, अयोध्याकाण्ड, सुन्दरकाण्ड, युद्धकाण्ड और उत्तरकाण्ड। ९० संधियों में विन्यस्त इस रचना की ८३ संधियां ही कवि की रचना है। शेष ७ संधियों को उनके पुत्र त्रिभुवन ने पूरा किया है। इस कृति का परिमाण १२००० श्लोक के बराबर है।

स्वयंभू अपनी रचना को जन सामान्य तक पहुँचाना चाहते थे, इसी लिए वे तत्कालीन आभिजात्य वर्ग की भाषा के मोह में न पड़कर 'अपनी बानी' देशी भाषा (अपभ्रंश) में अपनी राम कथा प्रस्तुत की है। गुरू और आचार्य की वन्दना करके कवि रामकथा प्रारम्भ करता है।

इय चउवीस वि परम जिण पणवेप्पिणु भावे।
पुणु आरंभिय रामकह, रामायण कावे।[२९]

आगे कवि ने रामकथा की परंपरा का उल्लेख किया है। स्वयंभू ने रविषेणाचार्य द्वारा गृहीत रामकथा परम्परा का अनुसरण किया है। मूलकथा का प्रारम्भ अन्य जैन कृतियों के समान ही हुआ है। स्वयंभू अपनी रामकथा का आरम्भ यद्यपि विद्याधरकाण्ड से करते हैं किन्तु वास्तविक कथा अयोध्याकाण्ड से आरम्भ होती है। कथा के अनुसार राम और लक्ष्मण राजा दशरथ के पुत्र हैं। सीता राजा जनक की औरस पुत्री हैं। इनका एक सहोदर भाई भामण्डल है। सीता के वयस्क होने पर राजा जनक उनके विवाह के निमित्त एक स्वयंवर का आयोजन करते हैं, जिसमें देश के कोने-कोने से वीर, महावीर अपनी शक्ति का परिचय देने आये किन्तु सीता के प्रात्यर्थ रखे हुए महान धनुषों की प्रत्यंचा चढ़ाने में सफल नहीं हुए। तब दशरथ कुमार राम और लक्ष्मण उन महान धनुषों-समुद्रावर्त और वज्रावर्त पर प्रत्यंचा चढ़ा देते हैं। इस पर प्रसन्न होकर देवतागण उन पर पुष्प वर्षा करते हैं। सीता के साथ राम का विवाह होता है। स्वयंभू ने राम के साथ-साथ लक्ष्मण की शक्ति का परिचय देने के लिए रंगभूमि में दो धनुषों की आयोजना की है।

सीता पतिगृह में सुखपूर्वक निवास करने लगती है। किन्तु दुर्भाग्य से राजा दशरथ द्वारा पूर्वप्रदत्त वरदान की याचना करते हुए कैकेयी राम के वनगमन की प्रस्तावना तैयार करती है। फलतः राम लक्ष्मण और सीता के साथ अरण्य के लिए प्रस्थान करते हैं।[३०]

किन्तु भरत उन्हें वापस बुलाने के लिए छह दिन बाद उस वन में पहुँचते हैं, जहाँ राम अपने अनुज और भार्या के साथ रह रहे थे। भरत उनसे वापस राजधानी चलने की प्रार्थना करते हैं और उनके प्रति महान प्रेम को व्यक्त करते हुए कहते हैं-

थक्कु देव मंजाहि पवासहों। होंहि तरडंड बंसहो।
हउ सत्तहणु भिच्च तडवें वि। लक्खण मंति सीय महुएवि।[३१]

अर्थात् हे देव, आप रुकें। वन में प्रवास न करें। यदि आप ऐसा करते हैं तो विनाश हो जायेगा। मैं और शत्रुघ्न आपका दास हूँ। लक्ष्मण मंत्री और देवी सीता महादेवी हैं।

वन में राम, लक्ष्मण और सीता अनेक कष्टों को सहते हुए, बाधाओं को पार करते हुए प्रवास करते हैं। किन्तु शम्बूक वध और रावण की पापवृत्ति के कारण सीता का हरण होता है। जटायु और एक विद्याधर दुष्ट रावण को सीता-हरण से रोकने का प्रयास करते हैं किन्तु सफल नहीं होते। अबला सीता को वह दुष्ट लंका उठा ले जाता है। राम सीता का बार-बार स्मरण कर विलाप करते हैं। यहाँ पर राम के मानवी रूप का पता चलता है। सीता के प्रति उनके महान् प्रेम की अभिव्यक्ति करता हुआ कवि कहता है-

हिण्डन्ते भाग मडफ्फरेंण। वण देवय पुच्छिय हल हरेण।।
खणे खणे बेयारहि काँह मई। कहें कहि मिदिट्ठ जहकन्त पहं।।
बलु एम भणेप्पिणु संचालिउ।तावग्गए वण गइन्दु मिलिउ।।
हे कुंजर कामिणि गइ गमण। कहें कहि मिदिट्ठ जह मिगणयण।।
सिय पडिखेण वेयारियउ। जाणल सीयए हचकारियउ।।
क्त्यइ दिट्ठइं इन्दीवरह। जाणह धण णयणहं दीहरइं।।[३२]

राम सीता को वन में खोजते-खोजते अन्ततः विरहाधिक्य के कारण अपने लतागृह में जाकर भूमि पर अधीर होकर गिर पड़ते हैं। हनुमान और सुग्रीव से राम और लक्ष्मण की भेंट होती है। राम का दूत बनकर हनुमान सीता का अन्वेषण करते हुए लंका पहुँचकर असली विद्या और लंकासुन्दरी को परास्त करते हैं। एक बाटिका में हनुमान सीता को देखते हैं और उन्हें राम द्वारा प्रदत्त संदेश और उनका आंगुलियक प्रदान करते हैं। सीता की कारुणिक दशा सारे संसार को संतप्त करने वाली है। वह कृशकाय और मलिनवसना रहकर निरंतर राम का स्मरण करती रहती हैं। हनुमान जब उनसे अपने साथ चलने के लिए कहते हैं, तो वे राम और लक्ष्मण के पौरुष पर विश्वास करते हुए निशाचरों के विनाश के बाद ही उनसे मिलना चाहती हैं।[३३] यहाँ सीता हनुमान से राम को अपना चूड़ामणि और संदेश प्रेषित करती हैं।

राम लक्ष्मण, हनुमान और सुग्रीव आदि की सहायता से रावण पर आक्रमण कर देते हैं। युद्ध में रावण लक्ष्मण के हाथों मृत्यु को प्राप्त करता है। इसके पूर्व कवि ने रावण द्वारा लक्ष्मण पर शक्ति-प्रहार करने का उल्लेख किया है।[३४] युद्धोपरान्त सीतादि पुष्पक विमान से अयोध्या पहुँचते हैं। जहाँ समस्त प्रजाजनों के समक्ष सीता अग्नि परीक्षा देती हैं। सीता के सतीत्व के तेज से अग्नि शान्त हो जाती है। राम सीता से क्षमायाचना करते हैं। सीता जैन धर्म में दीक्षित हो जाती हैं।[३५] यहीं पर ८३वीं संधि का समापन होता है। शेष सात संधियों

में त्रिभुवन ने जैनधर्मानुसार राम को दीक्षित कर तप द्वारा मोक्ष प्राप्त कराया है और लक्ष्मण आदि मृत्यु को प्राप्त करते हैं।

महापुराण :

'महापुराण' की रचना दसवीं शताब्दी तक हो चुकी थी इसके रचनाकार पुष्पदन्त हैं। इसके दो भाग हैं- आदिपुराण और उत्तरपुराण। यह रचना १०२ संधियों में विन्यस्त है। इसकी रामकथा में गुणभद्राचार्य की परम्परा का अनुकरण है। इस काव्य की संधि ६९ से ७९ तक १० संधियों में आठवें बलदेव, वासुदेव, प्रतिवासुदेव राम, लक्ष्मण और रावण की कथा है। रामादि के पूर्व जन्मों का कवि ने वर्णन किया है। यहाँ राम की माता का नाम सुबला बताया गया है। लक्ष्मण कैकेयी के पुत्र हैं। उनका जन्म अयोध्या में नहीं अपितु काशी में हुआ था क्योंकि राजा दशरथ पहले काशी के नरेश थे, अयोध्या तो वह बाद में गये। सीता जनक की पुत्री न होकर विद्याधर रावण और मंदोदरी की पुत्री थीं। हनुमान रुद्र के अवतार न होकर कामदेव के अवतार थे और वे लंका में मसक बनकर नहीं, भ्रमर बनकर गए थे। राम श्यामवर्ण के नहीं पद्म वर्ण के थे। श्यामवर्ण तो लक्ष्मण का था।

'महापुराण' के अनुसार राम और लक्ष्मण के अनेक विवाह होते हैं। सीता को रावण वाराणसी से अपहृत करता है। जब उनका राम से विवाह हो चुका था और वे क्रीड़ा कर रहे थे। वानर रूपधारी विद्याधरों की सहायता से राम रावण पर चढ़ाई करते हैं और लक्ष्मण के हाथ से रावण मारा जाता है। राम लौटकर राज्य सँभालते हैं। हिंसारत लक्ष्मण कालान्तर में मरकर नरक जाते हैं, और राम जिन भक्ति के प्रताप से केवल ज्ञान प्राप्त करके मोक्ष प्राप्त करते हैं और कालान्तर में लक्ष्मण भी शिवपद प्राप्त करते हैं।[३६]

पद्मपुराण अथवा बलहद्दचरिउ :

'पद्मपुराण' के रचना रइधू नामक जैन कवि हैं। इनका साहित्यिक नाम सिंहसेन था किन्तु यह उस नाम से उतना प्रसिद्ध नहीं हुए जितना कि रइधू से। पं० परमानन्द जैन ने उनके २३ ग्रंथ बताए हैं।[३७] आमेर के भाण्डागार में 'पद्मपुराण' की जो प्रतियां मिली हैं उसमें १२ संधियां विद्यमान हैं। रचना काल की दृष्टि से यह १६वीं शताब्दी की रचना ठहरती है। इस रचना में राम की कथा विद्यमान है। इसकी दूसरी संधि में रावण के दिग्विजय का वर्णन है, उसके यम तथा बालि से हुए कुछ युद्धों का भी उल्लेख है। इसकी तृतीय संधि में हनुमत की उत्पत्ति, दशरथ और जनक की कथाएँ हैं। चतुर्थ संधि में दशरथ और कैकेयी के विवाह की सूचना है। आगे राम और सीता का विवाह, राम का वनवास, सीताहरण, हनुमदादि से मित्रता तथा सीता के लंका में होने की सूचना[३८] राम-रावण युद्ध तथा रावण के स्थान पर विभीषण का राज्यारोहण तथा राम का लंका से बहुत सम्पत्ति लेकर लौटने की कथा दो संधियों में वर्णन करके आगे लोकापवाद् के कारण सीता का निर्वासन, लवकुश जन्म तथा फिर सबके पुनर्मिलन की कथा एक संधि में कही गई है।[४०] 'महापुराण' की नौवीं संधि में सीता के शील की परीक्षा का करुण प्रसंग है। वे अन्त में दीक्षा लेकर सब त्याग देती हैं। राम उनकी वन्दना करते हैं। अन्तिम दो संधियों में राम, लक्ष्मण, रावणादि, लवकुश के पूर्व जन्मों की कथा तथा निर्वाण गमन की कथा है। राम कथा के लिए कवि ने जैन सम्प्रदाय में प्रचलित रामकथा की परम्परा का ही अनुसरण किया है।

प्रस्तुत कृति की राम कथा रविषेणाचार्य के **पद्मपुराण** के आधार पर व्यक्त की गई है। काव्यकला की दृष्टि से यह ग्रन्थ उच्चकोटि का है। इसमें विभिन्न रसों का परिपाक सुन्दर ढंग से हुआ है। कथा के मार्मिक स्थलों की कवि को अच्छी पहचान है जो माता कौशल्या के पुत्रशोक, राम वनवास पर भरत के विलाप तथा सीताहरण के समय व्यक्त हुई है।

जैन रामायण :

इसके रचनाकार हेमचन्द्र सूरि हैं। यह एक योगशास्त्र से सम्बन्धित रचना है। यह **सीता रावण कथानकम्** के नाम से प्रसिद्ध है। रचनाकाल की दृष्टि से यह बहुत प्राचीन है। ऐसा प्रतीत होता है कि हेमचन्द्र ने उस समय लोक में प्रचलित किसी रामकथा का संकलन किया है।

जैन रामकथाओं में प्रारंभ में ही उन लौकिक ग्रन्थों का उल्लेख मिलता है जिनमें राम का शिकार करना, रावण आदि का मांसाहारी होना, कुम्भकर्ण की छः महीने की निद्रा, रावण के राक्षस तथा सुग्रीव के वानर होने की कथाएँ वर्णित है। जैन कवियों ने रामकथा को जैन धर्म के प्रचार और प्रसार का माध्यम बनाया है। इन कवियों द्वारा निबद्ध रामकथा का साहित्यिक सौष्ठव सराहनीय है।

सन्दर्भ :

१. डॉ० हरदेव बाहरी -हिन्दी भाषा, पृष्ठ १५

२. प्रकृति :संस्कृतम्। तत्रभवंप्राकृतमुच्यते मार्कण्डेय -प्राकृतसर्वस्व, पृ० २

३. प्रकृतेःआगतं प्राकृतम् । प्राकृतिः संस्कृतम् धनिक -दशरूप कावलोक २.६४

४. ए०वी० कीथ - हिस्ट्री आफ संस्कृत लिटरेचर, पृष्ठ ३४

५. स्वामी करपात्री जी- रामायण-मीमांसा, पृ० १२६

६. विमल सूरि- पउमचरियं, उद्देश, १५-१८

७. डॉ० रामसिंह तोमर, प्राकृत और अपभ्रंश साहित्य तथा उनका हिन्दी साहित्य पर प्रभाव, पृ० ६

८. स्वामी करपात्री जी- रामायण-मीमांसा, पृ० १२६

९. विमल सूरि- पउमचरियं, २५-८

१०. विमल सूरि- पउमचरियं, पर्व, ६

११. वही, पर्व, १२

१२. डॉ० नामवर सिंह, हिन्दी के विकास में अपभ्रंश का योग, पृ० १८०

१३. विमल सूरि- पउमचरियं, पर्व, २१

१४. वही, पर्व, ३२

१५. वही, पर्व, ४४

१६. वही, पर्व, ५३

१७. वही, पर्व, ६१-६४

१८. वही, पर्व, ७३

१९. वही, पर्व, ७५

२०. विमल सूरि- पउमचरियं, पर्व, १०१, १०२

२१. प्रवरसेन- रावणवहो, पद्य १.१२ तथा १५.६५

२२. दण्डी- काव्यादर्श १.३४
२३. वाण- हर्षचरित १.१४
२४. प्रवरसेन- रावणवहो, पद्य ११.४८-४६
२५. वही, ११.४५
२६. डॉ० कृष्णदत्त अवस्थी, भारतीय वाङ्मय में सीता का स्वरूप, पृ० १२५
२७. स्वामी करपात्री जी- रामायण-मीमांसा, पृ० १३०
२८. डॉ० नामवर सिंह, हिन्दी के विकास में अपभ्रंश का योग, पृ० १८१
२६. स्वयंभू-पउमचरिउ १.२
३०. वही, २.२३
३१. वही, २, २४, ८
३२. वही, ३, ३६
३३. वही, २. ५०. १३
३४. डॉ० नामवर सिंह- हिन्दी के विकास में अपभ्रंश का योग, पृष्ठ १८८
३५. स्वयंभू- पउमचरिउ २. ८३
३६. डॉ० रामसिंह तोमर- प्राकृत और अपभ्रंश साहित्य तथा उनका हिन्दी साहित्य पर प्रभाव, पृष्ठ १०५
३७. पं० परमानंद जैन- रयधू विषयक लेख, अनेकान्त वर्ष ५, किरण १२, पृष्ठ ४०४
३८. रइधू- पद्मपुराण, संधि ५
३६. वही, संधि ६, ७
४०. वही, संधि ११, १२।

रामायण और फारसी साहित्य : आलोचनात्मक परिचय

डॉ० अब्दुल कादिर जाफरी

रामायण हिन्दू धर्म की प्राचीन युद्धीय (रज़मिया) कथा है जिसके रचयिता महर्षि वाल्मीकि हैं। उसमें श्री रामचन्द्र के जीवन काल का पद्य में क्रमबद्ध चित्रण है। संस्कृत और हिन्दी में रामायण से तात्पर्य राम के चरित्र से सम्बन्धित रचना ही होती है। वाल्मीकि ने अपने शिष्यों को रामायण सिखाकर उसे राजाओं, ऋषियों तथा जनसाधारण को सुनाने का आदेश दिया था। रामायण के कथानक को लेकर प्राचीन काल में नाटकों का अभिनय भी हुआ था। इस प्रकार रामकथा भारतीय संस्कृति में इतने व्यापक रूप से फैल गई कि राम को उस समय के तीन प्रचलित धर्मों में एक निश्चित स्थान प्राप्त हो गया। ब्राह्मण धर्म में विष्णु के अवतार, बौद्ध धर्म में बोधिसत्व तथा जैन धर्म में आठवें बलदेव तीर्थंकर के रूप में। आगे चलकर संस्कृत धार्मिक साहित्य में संस्कृत ललित साहित्य की प्रत्येक शाखा में अन्य भारतीय भाषाओं के साहित्य में और भारत के निकटवर्ती देशों के साहित्य में भी रामकथा ने एक महत्वपूर्ण स्थान प्राप्त कर लिया। इस अत्यन्त विस्तृत रामकथा साहित्य में रामकथा की व्यापकता तथा लोकप्रियता का अनुमान लगाया जा सकता है। बौद्ध त्रिपिटक की कथाएं और सम्भवतः महाभारत के द्रोण तथा शान्तिपर्व की अत्यन्त संक्षिप्त राम कथाएँ वाल्मीकि के पूर्व रामकथासम्बन्धी आख्यानकाव्य पर निर्भर हैं। इस प्रकार रामकथा विषयक आख्यान काव्य का एक ही मूल स्रोत अर्थात् एक ऐतिहासिक घटना है। इसी प्राचीन आख्यान काव्य के आधार पर वाल्मीकि ने रामायण की रचना की थी। वाल्मीकि रामायण प्राचीनतम मानी जाती है किन्तु उसके साथ यह भी कहा जाता है कि वाल्मीकि रामायण प्राचीनतम नहीं है, एक विचारधारा के अनुसार सबसे प्राचीन रामायण शंकर की लिखी हुई बहुत विस्तृत रामायण थी जो नहीं मिलती। उस पुस्तक का नाम 'महारामायण' बताया जाता है। उसे शंकर ने पार्वती को सुनाया था, उसमें तीस लाख चालीस हजार श्लोक थे और वह सात काण्डों में विभाजित थी।

महाभारत के विपरीत रामायण रामचन्द्र और उनसे सम्बद्ध लोगों के बारे में एक क्रमबद्ध कथा और यह पुस्तक महाभारत की तुलना में अधिक सुसज्जित, सभ्य और नैतिक मूल्यों पर आधारित समाज की व्याख्या करती है। डॉ० राजबली पाण्डेय ने लिखा है कि महाभारत में रामकथा प्राचीन हो चुकी थी इसमें **"अपि चायं पुरा गीतः श्लोको वाल्मीकिना भुवि"** से स्पष्ट होता है कि महाभारत से पहले वाल्मीकि रामायण की रचना हो चुकी थी।

संस्कृत रामायणों में वाल्मीकि के पश्चात् आध्यात्म रामायण सबसे महत्वपूर्ण है। यह रामायण चौदहवी शताब्दी ई० में लिखी गई और ब्रह्माण्ड पुराण का एक भाग समझी जाती है। कहा जाता है कि इसकी रचना केरल में हुई थी, इसमें भी वाल्मीकि रामायण की तरह

सात काण्ड हैं जिनमें ६४ सर्ग और ४२०० श्लोक हैं। इसकी बुनियाद भी शिव-पार्वती संवाद है।

वाल्मीकि रामायण में राम केवल एक मनुष्य मात्र हैं, इसलिए उनसे अपेक्षा नहीं की जा सकती कि वह राम को **श्रेष्ठतम मानव** (Super Human Being) के रूप में प्रस्तुत करेंगे किन्तु आध्यात्म रामायण उसी अवतारवाद और भक्तिवाद की द्योतक है जिसके प्रचारक और अनुयायी तुलसीदास हैं। आध्यात्म रामायण के चरित्र भी कहीं-कहीं तुलसी के चरित्रों की तुलना में साभ्य दिखते हैं जिससे यह प्रतीत होता है कि सत्रहवीं शताब्दी में आध्यात्मिकता, सभ्यता, संस्कृति और नैतिक मूल्यों का प्रचलन अधिक हो चुका था।

तीनों रामायण अपने-अपने स्थान पर अद्वितीय हैं, यद्यपि तीनों में ही कर्म, भक्ति और ज्ञान पर विवेचना की गई है फिर भी, तीनों में प्रधान मत अलग-अलग हैं। ज्ञान और भक्ति के साथ वाल्मीकि ने अधिक बल आदर, व्यवहार, नीति, गृहस्थ जीवन, आदर्श पति और पत्नी वर्त धर्म, आदर्श मातृभाव पर दिया है पूर्ण और सच्ची मानवता की जो छवि वाल्मीकि ने प्रस्तुत की है, वह बेमिसाल और अद्वितीय है।

आध्यात्म रामायण का मूल विषय अद्वैत वेदान्त है। कर्म और भक्ति के साथ यह पुस्तक आध्यात्मिक ज्ञान का भण्डार है। इसका सार बड़ा गहन है, इसलिए यह पुस्तक केवल बड़े अनुभवी विद्वानों और महात्माओं के ही पढ़ने योग्य है।

तुलसीदास का सबसे बड़ा योगदान यह है कि उनके समय तक ज्ञान, कला, दर्शन, आध्यात्म-ज्ञान सभी कुछ संस्कृत ग्रन्थों में थे और वह केवल ब्राह्मणों तक ही सीमित थे। तुलसी ने हिन्दी में रामचरितमानस लिखकर साधारण जनता तक पहुँचा दिया और मानस की भाषा को हर प्रकार की विशेषताओं से अलंकृत किया कि उसने हर रामायण से अधिक लोगों का दिल जीत लिया। यह पुस्तक गीता से साहित्यक और विचारात्मक दृष्टि से बढ़कर मानी जाती है, वाल्मीकि ने रामायण के २४००० श्लोक को ५०० सर्गों में सात काण्डों में रघुवीर का जीवन चित्रित किया है। वाल्मीकि द्वारा प्रस्तुत परम्परा के अनुसार हर रामायण में सात काण्ड होते हैं। १. बालकाण्ड, २. अयोध्याकाण्ड, ३. अरण्यकाण्ड, ४. किष्किंधाकाण्ड, ५. सुन्दरकाण्ड, ६. युद्धकाण्ड (बाद में इसे लंकाकाण्ड बना दिया गया), ७. उत्तरकाण्ड। यही स्थिति रामचरितमानस में भी है। वाल्मीकि कृत रामायण का पाठ एक रूप नहीं है, इस रचना के तीन पाठ प्रचलित हैं। कथानक के दृष्टिकोणों से तीनों पाठों की तुलना करने पर सिद्ध होता है कि कथा वस्त् से जो अन्तर पाये जाते हैं, वे गौण हैं। प्रथम और विशेषकर तृतीय भाग की सामग्री से रामकथा की अद्वितीय व्यापकता प्रमाणित होती है, इस प्रकरण में रामायण का दाक्षित्य पाठ ही सबसे अधिक प्रामाणिक माना जाता है। इस व्यापक प्रसार के साथ-साथ कथानक में परिवर्द्धन और परिवर्तन भी होते रहे जिसके फलस्वरूप विविध रामकथाओं की उत्पत्ति हुई जो सदैव एक दूसरे से भिन्न प्रतीत होती हैं किन्तु विभिन्न राम कथाओं में मौलिक एकता पाई जाती है।

आध्यात्म रामायण राम भक्तिवाद, अवतारवाद और वैष्णववाद का एक बड़ा संग्रह है। तुलसी के रामचरितमानस का सबसे बड़ा स्रोत यही है। आध्यात्म रामायण ने इन्हें भक्ति के रस से नहला दिया है, यह अनोखी बात सबसे पहले इसी रामायण ने प्रस्तुत की

कि रावण ने सीता हरण नहीं किया बल्कि केवल सीता की माया का हरण किया था। वास्तविक सीता को तो राम ने पहले ही सुरक्षित स्थान पर रख दिया था। रामचरितमानस में यह बात इसी रामायण से ली गई है।

रामायण के प्राथमिक काण्डों (अर्थात अयोध्याकाण्ड से युद्धकाण्ड तक) के कथानक पर आदि कवि की छाप इतनी स्पष्ट है तथा इनमें आधिकारिक कथावस्तु की गति ऐसी आगे बढ़ी कि बाद में राम कथाओं में इन काण्डों के कथानक का अपेक्षाकृत कम विकास हुआ। अर्वाचीन रामकथा साहित्य में वास्तविक सीता के स्थान पर माया सीता का हरण वर्णित है किन्तु इस महत्त्वपूर्ण परिवर्तन का कारण स्पष्टतया आदर्शवाद तथा भक्तिभावना है। इसके अतिरिक्त माया सीता के इस वृतान्त का क्रमिक विकास देखकर किसी स्वतंत्र रामकथा की कल्पना नितान्त निर्मूल सिद्ध हो जाती है। अतः अत्यन्त विस्तृत रामकथा साहित्य में जो वैभिन्नय आ गया है, वह वाल्मीकि कृत रामायण के विकास तथा उसके कथानक पर विभिन्न प्रभावों का परिणाम माना जा सकता है। वाल्मीकि रामायण से स्वतंत्र प्राचीन काल से जनसाधारण में प्रचलित, सर्वथा भिन्न कथाओं का अस्तित्व मानने की कोई आवश्यकता प्रतीत नहीं होती है।

रामायण और विशेष रूप से रामचरितमानस ने अपनी शैली विचारात्मक और साहित्यिक विशेषताओं के कारण संसार के समस्त साहित्यों में अपना विशेष स्थान बना लिया है।

फ़ारसी भाषा अत्यन्त मधुर है। इसने केवल इस्लाम ही नहीं अपितु दूसरे धर्मों के प्रचार और प्रसार में भी भाग लिया है। उपर्युक्त तथ्यों, जिनका वर्णन अत्यन्त संक्षेप में किया गया। उनको हर समय और हर काल में ध्यान में रखते हुए फारसी में संस्कृत और हिन्दी के प्रसिद्ध रामायणों के विभिन्न अनुवाद किये गये और उपरोक्त रामकथाओं को स्वतंत्र रूप से भी लिखा गया जिनकी संख्या गद्य और पद्य दोनों में लगभग २५ (पच्चीस) से अधिक पाई जाती है। उनका केवल संक्षिप्त आलोचनात्मक परिचय ही यहाँ प्रस्तुत है।

१. **पहली रामायण** का अनुवाद **मुल्ला अब्दुल क़ादिर बदायूनी** ने अकबर के आदेशानुसार १५८४ ई० से करना आरम्भ किया और १५८९ ई० में समाप्त किया। उसके सहयोगी नकीब खां, हाजी सुल्तान थानेसरी और फैजी थे।

२. इसी समय की एक रामायण फ़ारसी में पायी जाती है, जिसके बारे में कुछ आलोचकों का विचार है कि यह अनुवाद भी **मुल्ला अब्दुल क़ादिर बदायूनी** का ही है।

३. जहांगीर के काल में रामायण के दो अनुवाद फारसी में किये गये। एक अनुवाद **मुल्ला सादुल्लाह मसीह पानीपती** द्वारा किया गया इसके अनुवाद के लिए मसीह ने लगभग बारह वर्ष वाराणसी में रहकर संस्कृत का गहन अध्ययन किया और उसके पश्चात् (५४०७) छन्दों में फारसी पद्य में उसका अनुवाद किया।

४. दूसरा अनुवाद जहांगीर के ही काल में प्रसिद्ध **कवि गिरधर दास** द्वारा पद्य में किया गया जो ५९०० छन्दों में है।

५. **श्री गोविन्द के पुत्र गोपाल** ने रामायण का अनुवाद फारसी गद्य में १६८५-८६ में किया।

६. **श्रीराम के पुत्र चन्द्रामन वेदिल कायस्थ** ने रामायण की कथा फारसी गद्य और पद्य दोनों में लिखी। १६८५-८६ ई० में गद्य में लिखी और १६६३-६४ में एक रामायण पद्य में लिखी और उसका नाम "निगारिस्ताने राम" रखा इसमें लगभग ४६०६ छन्द हैं।

७. **अमर सिंह** ने एक रामायण फारसी गद्य में १७०५ ई० में लिखी और उसका नाम **'अमर प्रकाश'** रखा। अमर प्रकाश के प्रकाशक ने अमर सिंह की बहुत प्रशंसा की है। अमर सिंह ने अपनी पुस्तक के अन्त में अपने परिवार की वंशावली भी दी है और यह भी लिखा है कि **गोविन्द दास कायस्थ ने अकबर के समय में रामायण का अनुवाद हिन्दी में किया था।**

८. **अमानत राय लाल पूरी, दिल्ली में अली अमजद** के दरबारी थे उनके देहान्त के पश्चात् उनकी बहिन रहीमुन्निसा के दरबार से सम्बन्धित रहे। अमानत राय ने रामायण की कथा की फारसी पद्य में रचना की और उस पर २५ वर्ष तक कार्य किया और १७५५ ई० में पूर्ण किया। इस पुस्तक का नाम **"तरजुमए-कामिल-रामायण श्री वाल्मीकि जी"** रखा। यह पुस्तक ४०,००० छन्दों पर आधारित है।

९. वाल्मीकि रामायण का एक दूसरा अनुवाद मिलता है किन्तु इसके लेखक का नाम नहीं पता चल सका यह गद्य में लिखा गया है और कहीं-कहीं इसमें पद्य भी मिलते है इसमें **६४ चित्र** भी हैं।

१०. **मिश्र रामदास काविल शाही** दरबार से सम्बन्धित था उसने १८६१ ई० में फारसी में **'रामनामः'** लिखा जिसमें ३०७६ छन्द हैं।

११. मुन्शी रूप किशोर के पुत्र मुन्शी जगन किशोर हुस्न **फिरोजावादी भटनागर** (कायस्थ) वंश में फिरोजाबाद में १८६६ ई० में पैदा हुए। उर्दू और फारसी की शिक्षा शेख कल्लन और उमराव वेग से पाई। जगनकिशोर ने २१ वर्ष की अवस्था में **"बहारे अयोध्या"** नामक पुस्तक फारसी में लिखी यह कविता (मसनवी) ६१६ छन्दों पर आधारित है। जगनकिशोर का देहान्त १८६६ ई० में हुआ।

१२. बाबू लालता प्रसाद के पुत्र **मुंशी बांके लाल ज़ार** ने १८८४ ई० में १४१ छन्दों में रामायण का सारांश **"सुलास-ए-रामायण"** के नाम से लिखा।

१३. उन्नीसवीं शताब्दी में **मक्खनलाल ज़फर ने रामाश्वमेध** को पद्य में लिखकर और उसका नाम **"मसनवी जहाने ज़फर"** रखा इसमें लगभग ७२२० छन्द हैं।

१४. **देवीदास कायस्थ ने तुलसी रामायण को फारसी** गद्य में लिखा।

१५. फारसी पद्य में एक दूसरी रामायण मिलती है किन्तु उसके रचयिता का **नाम नही** मिल पाता है।

१६. **हर वल्लभ सेठ** ने रामायण कथा का **एक कसीदा (कविता)** २४२ छन्दों पर आधारित फारसी में लिखा।

१७. फारसी में २४६ छन्दों पर आधारित एक दूसरा कसीदा राम और सीता की कथा का मिलता है किन्तु इसके रचयिता का पता नहीं लग पाया है।

१८. **राम महादेव वली** ने फारसी में रामकथा १५६ छन्दों पर आधारित लिखी।

१६. **राय मुंशी परमेश्वरी सहाय मसरूर और लाला चन्दामल चन्द** ने तुलसी रामायण की कथा को संक्षिप्त में १५६ छन्दों में फारसी में लिखा।

२०. **मुंशी हरलाल रुस्वा** ने उन्नीसवीं शताब्दी में वाल्मीकि रामायण और तुलसी रामायण का अनुवाद फारसी में १८८१-८२ में किया और उसका नाम रामायण-ए-फारसी रखा।

२१. **मोहन सिंह** ने भी फारसी पद्य में एक रामायण लिखी।

२२. फारसी गद्य में **आनन्दघन खुश** ने एक रामायण लिखी।

२३. **जय किशन इशरत** कश्मीर में ब्राह्मण वंश में पैदा हुये और प्रसिद्ध कवि और लेखक खान आरजू के शिष्य थे। इशरत ने **'रामसीता'** के नाम से फारसी पद्य में एक पुस्तक लिखी। खान आरजू के अनुसार इशरत की यह पुस्तक मसीह पानीपती की रामकथा से अच्छी है।

इन पुस्तकों को पढ़ने के पश्चात् निःसंदेह कहा जा सकता है कि रामायण केवल उपदेश ही नहीं अपितु महान गुणों का आचरण करने वालों की कहानी भी सुनाती है और एक आदर्श समाज उपस्थित करती है और इन्हीं कारणों से संसार के लगभग सभी बड़े साहित्यों में इसका अनुवाद हुआ और इसकी कथा को उस साहित्य में अपने शब्दों में लिखा गया।

□□

लेखक परिचय

1.	डॉ० टी०आर० भट्ट	:	आचार्य एवं अध्यक्ष हिन्दी-विभाग, कर्नाटक विश्वविद्यालय 'प्रज्ञाश्री', कल्याण नगर, 6ठां क्रास धारवाड़ (कर्नाटक)
2.	डॉ० एम० शेषन	:	पूर्व आचार्य एवं अध्यक्ष हिन्दी-विभाग, मद्रास विश्वविद्यालय 'गुरुकृपा' प्लाट-790, डॉ० रामास्वामी सलई के०के० नगर, चेन्नई - 600078
3.	डॉ० रवीन्द्रनाथ सिंह	:	रीडर एवं अध्यक्ष हिन्दी तथा भाषा विभाग मद्रास क्रिश्चियन कॉलेज, चेन्नई - 600059
4.	डॉ० एन०जी० देवकी	:	प्रोफेसर हिन्दी विभाग कोच्चिन विज्ञान एवं प्रौद्योगिकी विश्वविद्यालय, कोच्चि - 682022 (केरल)
5.	डॉ० जार्जकुट्टी बटोत्त	:	प्रोफेसर हिन्दी विभाग सेंट थामस कॉलेज पाला कोट्टयम, केरल
6.	डॉ० आई०एन० चंद्रशेखर रेड्डी	:	आचार्य, हिन्दी विभाग श्री वेंकटेश्वर विश्वविद्यालय तिरुपति - 517502 (आ०प्र०)
7.	डॉ० पवन अग्रवाल	:	रीडर हिन्दी विभाग लखनऊ विश्वविद्यालय, लखनऊ (उ०प्र०)
8.	डॉ० पद्मा पाटील	:	अध्यक्ष, हिन्दी विभाग शिवाजी विश्वविद्यालय, कोल्हापुर (महा०)
9.	डॉ० त्रिभुवन राय	:	2/सी-6, सेक्सरिया कम्पाउण्ड मुकुंदराव जाघव मार्ग, परेल विलेज, मुम्बई-400012

10. डॉ० अजय कुमार पटनायक : पूर्व अध्यक्ष, हिन्दी विभाग
रेवेंशा विश्वविद्यालय, कटक
प्लाट 1032/2402, प्रगतिनगर
सरकारी बालक उच्च विद्यालय के सामने
युनिट-8, भुवनेश्वर-751003 (उड़ीसा)

11. डॉ० शैलेन्द्र कुमार त्रिपाठी : रीडर, हिन्दी-विभाग
विश्वभारती केन्द्रीय विश्वविद्यालय, शांति निकेतन
18, नीचू बंगला, हिन्दी भवन परिसर
शांति निकेतन, पश्चिम बंगाल-731235

12. डॉ० अनुज प्रताप सिंह : अन्तू रोड, वार्ड-10
अमेठी, सुलतानपुर (उ०प्र०)

13. डॉ० श्रीनारायण पाण्डेय : पूर्व आचार्य एवं अध्यक्ष
हिन्दी-विभाग
वर्दवान विश्वविद्यालय, वर्दमान
412/3 एफ, बक्सी खुर्द
दारागंज, इलाहाबाद

14. डॉ० अर्जुनदास केसरी : सम्पादक : लोकवार्ता शोध पत्रिका
लोकवार्ता, शोध संस्थान
राबर्ट्सगंज, सोनभद्र (उ०प्र०) - 231216

15. डॉ० भूपेन्द्र रायचौधुरी : प्रोफेसर हिन्दी-विभाग
गौहाटी विश्वविद्यालय, गुवाहाटी
58, गौहाटी विश्वविद्यालय परिसर
गुवाहाटी - 781014 (असम)

16. डॉ० पुष्पा सिंह : प्रवक्ता हिन्दी
मार्घेरिटा महाविद्यालय
मार्घेरिटा, तिनसुकिया (असम)

17. डॉ० निधि सिन्हा : रीडर हिन्दी
डी०ए०वी (पी०जी०) कालेज
देहरादून (उत्तराखण्ड)
तपोवन एन्क्लेव, ए०पी०ओ०, तपोवन
देहरादून-248001

18. डॉ० जयप्रकाश : पूर्व आचार्य एवं अध्यक्ष
हिन्दी-विभाग
पंजाब विश्वविद्यालय, चण्डीगढ़
1436, पुष्पक परिसर
सेक्टर-4 (बी), चंडीगढ़-16004

19. डॉ० सूर्यप्रसाद दीक्षित : पूर्व आचार्य एवं अध्यक्ष
हिन्दी विभाग, लखनऊ विश्वविद्यालय
डी-54, निराला नगर
लखनऊ - 226007 (उ०प्र०)

20. डॉ० रामकिशोर शर्मा : आचार्य एवं अध्यक्ष
हिन्दी विभाग, इलाहाबाद विश्वविद्यालय
408/15जी, बक्शी खुर्द
दारागंज, इलाहाबाद-6

21. डॉ० सभापति मिश्र : अध्यक्ष, हिन्दी-विभाग
हंडिया पोस्ट ग्रेजुएट कॉलेज
हंडिया, इलाहाबाद
सावित्री सदन, खदरान
पो०-हंडिया, इलाहाबाद

22. डॉ० अब्दुल कादिर जाफरी : अध्यक्ष, अरबी एवं फारसी विभाग
इलाहाबाद विश्वविद्यालय,
इलाहाबाद